Kohlhammer

Damrau/Zimmermann

Betreuungsrecht

Kommentar zum materiellen
und formellen Recht

erläutert von
Dr. Walter Zimmermann
Honorarprofessor an der Universität Regensburg,
Vizepräsident des Landgerichts Passau a. D.

4., neu bearbeitete Auflage

Verlag W. Kohlhammer

Gesamtherstellung: W. Kohlhammer Druckerei GmbH + Co. KG, Stuttgart
Printed in Germany
ISBN 978-3-17-021392-0

Inhalt

Vorwort

Das Betreuungsrecht hat eine sehr große Bedeutung bekommen; Ende 2009 gab es in Deutschland mehr als 1,2 Million Betreuungen, mehr als 1 % der Bevölkerung steht unter Betreuung. Das Betreuungsrecht wurde mehrfach geändert; inzwischen gibt es drei Änderungsgesetze (1. BtÄndG, 2. BtÄndG, 3. BtÄndG); daneben treten zahlreiche Änderungen zum Beispiel des Vergütungsrechts (VBVG statt BVormVG), des Verfahrensrechts (FamFG statt FGG), des Kostenrechts (KostO), des Gerichtsverfassungsrechts (GVG) und der Aufgabenverteilung zwischen Richter und Rechtspfleger (RPflG).

Die 1. Auflage des vorliegenden Kommentars, begründet von Prof. Dr. Jürgen Damrau und mir, erschien im Dezember 1991 unter dem Titel „Betreuungsgesetz" und erläuterte die durch das Betreuungsgesetz geänderten Bestimmungen aus zahlreichen Gesetzen. Die 2. Auflage erschien 1995 unter dem geänderten Titel „Betreuung und Vormundschaft". Sie erläuterte auch das Vormundschaftsrecht, da § 1908 i BGB auf rund 50 Bestimmungen aus dem Vormundschaftsrecht verweist. Die 3. Auflage (2001) änderte den Titel erneut: „Betreuungsrecht". Die vorliegende 4. Auflage behält diesen Titel bei. Da die Vormundschaftsgerichte ab 1.9.2009 abgeschafft wurden und jetzt Betreuungsgerichte heißen, ist das Betreuungsrecht als besonderes Rechtsgebiet installiert.

Das FGG ist weggefallen, an seine Stelle tritt seit 1.9.2009 das FamFG; demgemäß ist dieser Teil der Kommentierung völlig neu geschrieben worden. Für das Verfahren gelten die allgemeinen Regeln in §§ 1 bis 110 FamFG, die deshalb, soweit für die Betreuung einschlägig, mit Hinweisen versehen wurden, die §§ 168 (Vergütungsverfahren), 271 bis 339 FamFG wurden ausführlich erläutert.

Literatur und Rechtsprechung sind teilweise bis Mai 2010 ausgewertet.

Prof. Dr. Jürgen Damrau hat an der 3. und 4. Auflage nicht mehr mitgewirkt, weil er seine Arbeitskraft auf andere Rechtsgebiete konzentriert.

Passau, im Mai 2010 — Walter Zimmermann

Abkürzungsverzeichnis

aA	anderer Ansicht
Abs	Absatz
aaO	am angegebenen Ort
aF	alte Fassung
AG	Ausführungsgesetz; Amtsgericht (mit Ortsnamen)
Alt	Alternative
Aufl	Auflage
BayObLG	Bayerisches Oberstes Landesgericht
BeckRS	Beck Rechtssammlung (Internet)
BerHG	Beratungshilfegesetz
BGBl	Bundesgesetzblatt
BGH	Bundesgerichtshof; Entscheidungssammlung
BRAGO	Bundesgebührenordnung für Rechtsanwälte (aufgehoben)
BR-Drucks	Bundesrats-Drucksache
BSG	Bundessozialgericht
BSHG	Bundessozialhilfegesetz (aufgehoben)
BtÄndG	Betreuungsrechtsänderungsgesetz
BtBG	Betreuungsbehördengesetz
BT-Drucks	Drucksachen des Deutschen Bundestages
BtBG	Betreuungsbehördengesetz
BtG	Gesetz zur Reform der Vormundschaft und Pflegschaft für Volljährige (Betreuungsgesetz) v 12. September 1990
bt-info	Zeitschrift des Verbandes freiberuflicher Betreuer
BtPrax	Betreuungsrechtliche Praxis (Zeitschrift)
BVerfG	Bundesverfassungsgericht
BVormVG	Berufsvormündervergütungsgesetz (aufgehoben)
BWNotZ	Zeitschrift für das Notariat in Baden-Württemberg
DAVorm	Der Amtsvormund (Zeitschrift)
Diss	Dissertation
DIV-Gutachten	Deutsches Institut für Vormundschaftswesen, Gutachten
DNotZ	Deutsche Notar-Zeitschrift
DRiZ	Deutsche Richterzeitung
eAnO	einstweilige Anordnung
EGBGB	Einführungsgesetz zum BGB
ElsLothNotz	Notariats-Zeitschrift für Elsaß-Lothringen
ErbStG	Erbschaftsteuergesetz
EStG	Einkommensteuergesetz
FamFG	Gesetz über das Verfahren in Familiensachen und in den Angelegenheiten der freiwilligen Gerichtsbarkeit
FamG	Familiengericht
FamRÄndG	Gesetz zur Vereinheitlichung und Änderung familienrechtlicher Vorschriften (Familienrechtsänderungsgesetz)
FamRZ	Zeitschrift für das gesamte Familienrecht
Festschr, FS	Festschrift
FEVG	Gesetz über das gerichtliche Verfahren bei Freiheitsentziehungen (aufgehoben)
FF	Forum Familien- und Erbrecht (Zeitschrift, ab 1997)
FGG	Reichsgesetz über die Angelegenheiten der Freiwilligen Gerichtsbarkeit (aufgehoben)
FGPrax	Praxis der Freiwilligen Gerichtsbarkeit (Zeitschrift)
FPR	Familie, Partnerschaft, Recht (Zeitschrift)
FuR	Familie und Recht (Zeitschrift)
gem	gemäß
ges	gesetzlich

GewStG	Gewerbesteuergesetz
GG	Grundgesetz
GKG	Gerichtskostengesetz
GmbHRdsch	Rundschau für GmbH
GoA	Geschäftsführung ohne Auftrag
Gruchot	Gruchot, Beiträge zur Erläuterung des Deutschen Rechts (1857–1933)
GVBl	Gesetz- u. Verordnungsblatt
GVG	Gerichtsverfassungsgesetz
HeimG	Heimgesetz
HessRspr	Hessische Rechtsprechung (1900–1935)
HEZ	Höchstrichterliche Entscheidungen (1948–1950)
HGB	Handelsgesetzbuch
HintO	Hinterlegungsordnung v 10.3.1937
HK-BUR	Bauer/Birk/Klie/Rink, Heidelberger Kommentar zum Betreuungs- und Unterbringungsrecht, 1992 ff
hM	herrschende Meinung
HRR	Höchstrichterliche Rechtsprechung (1928–1942)
Hrsg	Herausgeber
hrsg	herausgegeben
idF	in der Fassung
iE, iErg	im Ergebnis
idR	in der Regel
IherJB	Iherings Jahrbücher (1858–1942)
insbes	insbesondere
InsO	Insolvenzordnung
iSd	im Sinne des
iSv	im Sinne von
iVm	in Verbindung mit
JFG	Jahrbuch für Entscheidungen in Angelegenheiten der freiwilligen Gerichtsbarkeit und des Grundbuchrechts (1924–1943)
JMBlNRW	Justizministerialblatt Nordrhein-Westfalen
JR	Juristische Rundschau (Zeitschrift)
JurBüro, JB	Juristisches Büro (Zeitschrift)
JuS	Juristische Schulung (Zeitschrift)
Justiz	Die Justiz, Amtsblatt des Justizministeriums Baden-Württemberg
JVBl	Justizverwaltungsblatt (Zeitschrift)
JVEG	Justizvergütungs- und Entschädigungsgesetz
JW	Juristische Wochenschrift (Zeitschrift)
JWG	Jugendwohlfahrtsgesetz
JZ	Juristenzeitung
KG	Kammergericht; Kommanditgesellschaft
KGaA	Kommanditgesellschaft auf Aktien
KGJ	Jahrbuch für Entscheidungen des Kammergerichts in Sachen der freiwilligen Gerichtsbarkeit (1881–1922)
KJHG	Kinder- und Jugendhilfegesetz v 26.6.1990
KostO	Kostenordnung
KrG	Kreisgericht (DDR)
krit	kritisch
LG	Landgericht
LM	Lindenmaier und Möhring, Nachschlagewerk des Bundesgerichtshofes
LPartG	Lebenspartnerschaftsgesetz
LS	Leitsatz
LZ	Leipziger Zeitschrift für Deutsches Recht (bis 1933)
MDR	Monatsschrift für Deutsches Recht (Zeitschrift)
mE	meines Erachtens
MedR	Medizinrecht (ab 1983 ff)
MinBl	Ministerialblatt
MittBayNotV	Mitteilungen des Bayerischen Notarvereins

MittRhNotK	Mitteilungen der Rheinischen Notar-Kammer
Motive I–V	Motive zum Entwurf eines Bürgerlichen Gesetzbuches für das Deutsche Reich, 5 Bände, 1888
Mugdan	Die gesamten Materialien zum Bürgerlichen Gesetzbuch für das Deutsche Reich, hrsg v B Mugdan, Bd I–V, 1899
MünchKomm	Münchener Kommentar zum BGB
mwN/m Nachw	mit weiteren Nachweisen
NdsRpfl	Niedersächsische Rechtspflege (1947 ff)
nF	neue Fassung
NEhelG	Gesetz über die rechtliche Stellung der nichtehelichen Kinder
NJ	Neue Justiz (ab 1947)
NJOZ	Neue Juristische Online Zeitschrift
NJW	Neue Juristische Wochenschrift
NJWE-FER	NJW-Entscheidungsdienst Familien- und Erbrecht
NJW-RR	NJW-Rechtsprechungsreport Zivilrecht (1986 ff)
NWB	Neue Wirtschaftsbriefe
OGH	Oberster Gerichtshof für die Britische Zone
OLG	Oberlandesgericht
OLGE	Die Rechtsprechung der Oberlandesgerichte auf dem Gebiete des Zivilrechts (1900–1928)
OLGZ	Entscheidungen der Oberlandesgerichte in Zivilsachen einschließlich der freiwilligen Gerichtsbarkeit (ab 1965)
OVG	Oberverwaltungsgericht
PKH	Prozesskostenhilfe
PStG	Personenstandsgesetz
RPflG	Rechtspflegergesetz
RefE	Referentenentwurf
RelKErzG	Gesetz über die religiöse Kindererziehung v 15.7.1921
RG	Reichsgericht
RGBl	Reichsgesetzblatt
RGRK	Reichsgerichtsräte-Kommentar
RGZ	Entscheidungen des Reichsgerichts in Zivilsachen
RNotZ	Rheinische Notarzeitschrift
Rpfleger	Der Deutsche Rechtspfleger (Zeitschrift)
RPflJb	Rechtspflegerjahrbuch
RsDE	Rechtsdienst der Lebenshilfe
Rspr	Rechtsprechung
RuP	Recht und Psychiatrie (ab 1983)
RuStAG	Reichs- u Staatsangehörigkeitsgesetz
Rz	Randziffer
SächsA	Sächsisches Archiv für Bürgerliches Recht und Prozess
SchlHA	Schleswig-Holsteinische Anzeigen
SeuffA	Seufferts Archiv für Entscheidungen der obersten Gerichte in den deutschen Staaten
SGB	Sozialgesetzbuch
SJZ	Süddeutsche Juristen-Zeitung
StGB	Strafgesetzbuch
StPO	Strafprozessordnung
str	streitig, strittig,
stRspr	ständige Rechtsprechung
sog	so genannt
TPG	Transplantationsgesetz
ua	unter anderem
unstr	unstreitig
VBVG	Vormünder- und Betreuervergütungsgesetz
VerschG	Verschollenheitsgesetz

VersR	Versicherungsrecht
vgl	vergleiche
VKH	Verfahrenskostenhilfe
VO	Verordnung
Voraufl	Vorauflage
Vorbem, Vorb	Vorbemerkung
VRegV	Vorsorgeregisterverordnung
VVG	Gesetz über den Versicherungsvertrag
Warn	Warneyers Jahrbuch der Entscheidungen des RG
WBVG	Wohn- und Betreuungsvertragsgesetz
WürttZ	Zeitschrift für die freiwillige Gerichtsbarkeit und die Gemeindeverwaltung in Württemberg (bis 1941)
ZAkDR	Zeitschrift der Akademie für Deutsches Recht (1934–1944)
zB	zum Beispiel
ZblFG	Zentralblatt für freiwillige Gerichtsbarkeit u Notariat (bis 1922)
ZblJugR	Zentralblatt für Jugendrecht u Jugendwohlfahrt
ZErb	Zeitschrift für Erbrecht
ZEV	Zeitschrift für Erbrecht und Vermögensnachfolge (Jahr, Seite)
ZfF	Zeitschrift für das Fürsorgewesen
ZfJ	Zentralblatt für Jugendrecht (Jahr, Seite)
ZfSH	Zeitschrift für Sozialhilfe
ZPO	Zivilprozessordnung
ZRP	Zeitschrift für Rechtspolitik (ab 1968)
ZSEG	Gesetz über die Entschädigung von Zeugen und Sachverständigen (aufgehoben)
ZustErgG	Zuständigkeitsergänzungsgesetz
zutr	zutreffend
ZVerglRW	Zeitschrift für vergleichende Rechtswissenschaft
ZVG	Gesetz über die Zwangsversteigerung
ZZP	Zeitschrift für Zivilprozess

Literaturverzeichnis

Abram, Zwangsweise Zutritt des Betreuers zur Wohnung, FamRZ 2004, 11
Ackermann, (Sicht einer Betreuungsbehörde), FuR 1994, 280
Ackermann, Die örtlichen Betreuungsbehörden, BtPrax-Spezial 2006, 4
Adler, Berufsbetreuer als freier Beruf, Diss Konstanz 1998
Albert/Keese u.a., Bioethik und Betreuerhandeln, BtPrax 1998, 221
Alberts, Sterben mit Genehmigungsvorbehalt, BtPrax 2003, 139
Albrecht, Genehmigung eines Behandlungsabbruchs, MedR 2000, 431
Albrecht, Zur Umsetzung einer Patientenverfügung, MittBayNot 2006, 51
Alperstedt, Die Unterbringungsvoraussetzungen und ihre Anwendung in der Praxis, BtPrax 2000, 95 und 2000, 149
Alperstedt, Willensfreiheit und Unterbringung, Rpfleger 2000, 481
Amelung, Probleme der Einwilligungsfähigkeit, R&P 1995, 20
Anger, Die Arbeit der gesetzlichen Betreuer, BtPrax 1994, 131
Arbeitskreis, Diskussionsvorschläge ... Von der justizförmigen zur sozialen Betreuung, BtPrax 1999, 182
Arnold/Kloß, Offene Psychiatrie, ambulante Behandlung und Betreuungsgesetz, FuR 1996, 263
Bach/Deinert, Entschädigung von Vormündern, Pflegern u Betreuern, Rpfleger 1992, 89
Bach, Entschädigung und Vergütung von Betreuungspersonen, BtPrax 1995, 8
Bach, Kostenregelungen für Betreuungspersonen, 1996, 2. Aufl 1999
Bahrenfuss (Hrsg), FamFG (Kommentar) 2009
Barth/Wagenitz, Unentgeltlichkeit und Vergütung im Betreuungsrecht, FamRZ 1994,71
Bassenge/Roth, FamFG/RPflG (Kommentar), 2009
Bauer/Hasselbeck, Fürsorglicher Zwang zum Wohle des Betreuten, FuR 1994, 293
Bauer, Zwangsbefugnisse des Betreuers im Aufgabenkreis „Wohnungsangelegenheiten"?, FamRZ 1994, 1562
Bauer/Birk/Rink/Klie, Betreuungs- und Unterbringungsrecht, 1993 f (Loseblatt-Kommentar)
Bauer/Klie, Patientenverfügungen, Vorsorgevollmachten – richtig beraten?, 2005
Bauer/Knieper, Haftung des Betreuers wegen Verletzung der Aufsichtspflicht, BtPrax 1998, 123
Baumann, (Altersvorsorgevollmacht) NJW 1996, 2418 und MittRhNotK 1998, 1
BdB, Professionalisierung und Pauschalierung bei selbständigen Berufsbetreuern, 2007
BdB, Praxishandbuch Betreuung, 2007
Becker-Schwarze, Patientenautonomie aus juristischer Sicht, FPR 2007, 52
Berensmann, Zwischen Freiheit und Sicherheit, BtPrax 1994, 92
Bergmann, Das Unterbringungsrecht in den neuen Bundesländern, NJ 1991, 211
Bergmann, Neues Betreuungsrecht, NJ 1992, 104
Bestelmeyer, (Vergütungsfragen) FuR 1996, 273
Bestelmeyer, Die Berufsbetreuer-, Verfahrenspfleger- und Nachlaßpflegervergütung nach neuem Recht, FamRZ 1999, 1633
Bestelmeyer, Vergütung des Berufsbetreuers (Anm.), Rpfleger 1999, 536
Bienwald/Sonnenfeld/Hoffmann, Betreuungsrecht, 4. Aufl 2005
Bienwald, (Staudinger/Bienwald), BGB, 2006
Bienwald, Zum Diskussions-Teilentwurf eines Gesetzes über die Betreuung Volljähriger, FamRZ 1988, 902 und 1012
Bienwald, Einschränkung der Betreuung nach § 1908 d BGB, FamRZ 1994, 484
Bienwald, Anlage von Geld des Betreuten, BtPrax 1995, 20
Bienwald, Auf- und Abrundung von Betreuervergütungen, Rpfleger 1996, 436
Bienwald, Betreuer mit dem Aufgabenkreis nach § 1896 Abs. 3 BGB, Rpfleger 1998, 231
Bienwald, Notwendigkeit und Umfang einer Reform des Vormundschafts- und Pflegschaftsrechts, FamRZ 1987, 533 und 1000
Bienwald, Rechtsstellung des Betreuers, Blätter der Wohlfahrtspflege 1991, 279
Bienwald, Vergütungsbewilligung nach Absolvierung einer Probezeit?, BtPrax 1994, 134
Bienwald, Verhältnis des beabsichtigten Beistandsrechts zum Betreuungsgesetz, FamRZ 1994, 10
Bienwald, Zur Rechtsstellung der Betreuungsstelle, DAVorm 1995, 287

Bienwald, Zur Stellung des Betreuers nach dem Betreuungsgesetz, in: Beiträge zum Recht der sozialen Dienste und Einrichtungen Heft 7 1989, 1–46
Bienwald, Zur Umsetzung des BtG in der Praxis, FamRZ 1992, 1125
Bienwald, Zur Verweigerung der Aufwandspauschale gem. § 1836 a BGB gegenüber elterlichen Betreuern, FamRZ 1995, 463
Bienwald, Zur Anwendung von § 1 BVormVG, BtPrax 1998, 210 und FamRZ 2000, 935
Bienwald, Reichweite des Betreuerauftrags in Angelegenheiten der Vermögenssorge, FamRZ 1998, 1567
Bienwald, Vorsorgevollmacht, BtPrax 1998, 164
Bienwald, Von der lebendigen Betreuung zur toten Betreuungsbürokratur, Rpfleger 1998, 462
Bienwald, Zu den Leitlinien (des VGT) zur … Weiterentwicklung des Betreuungsrechts, BtPrax 1999, 179
Bienwald, Geltendmachung von Aufwand und Vergütung, Rpfleger 1999, 429
Bienwald, Zur vormundschaftsgerichtlichen Genehmigung eines Grundstückserwerbs für den Betreuten, Rpfleger 2000, 435
Bienwald, Zur Bestattungspflicht des Betreuers, BtPrax 2000, 107
Bienwald, Anwendung von § 1 BVormVG auf Verfahrenspfleger, FamRZ 2000, 935
Bienwald, Notwendige Kenntnisse zur Führung rechtlicher Betreuungen, BtPrax 2000, 155
Bienwald, Schuldenregulierung als Betreueraufgabe?, BtPrax 2000, 187
Bienwald, Entscheidung über die Einstellung der künstlichen Ernährung, FamRZ 2002, 492
Bienwald, Sind privatrechtliche Vergütungsvereinbarungen im Betreuungsrecht zulässig?, Rpfleger 2002, 423
Bienwald, Maßgeblichkeit einer Patientenverfügung, MDR 2003, 694
Bienwald, Persönliches Budget und rechtliche Betreuung, FamRZ 2005, 254
Bienwald, Garantenpflicht eines Betreuers zur Verhinderung von Straftaten des Betreuten, FamRZ 2008, 1028
Bienwald, Der Bevollmächtigte als Verfahrensbevollmächtigter seines Auftraggebers im Verfahren zur Bestellung eines Betreuers gem. § 1896 III BGB, Rpfleger 2009, 290
Bienwald/Oetjen, Betreuungsvereine in Deutschland, 1994
Bietenbeck, Die gerichtliche Praxis bei der Anordnung von Entmündigungen und Gebrechlichkeitspflegschaften (rechtstatsächliche Untersuchung), Diss Münster 1990
Binschus, (Rechtsprechungsübersicht) ZfF 1997, 182
Binschus, Patientenautonomie am Lebensende, ZfF 2000, 241
Birmanns, (Erfahrungsbericht) NWB 1996, 2653
Birmanns, Das neue Betreuungsrecht in der Praxis, NWB 1999, 3503
Birmer, Zum Diskussionsteilentwurf der Bundesregierung zum Gesetz über die Betreuung Volljähriger (BtG), DRiZ 1988, 376
Bittler/Ramstetter/Thar, Formulare für Betreuer, 2005
Bobenhausen, Konkurrenzen zwischen dem Willen des Betreuten und des Betreuers, BtPrax 1994, 158
Bobenhausen, Wohnungskündigung durch den Betreuer, Rpfleger 1994, 13
Böhm, (Zahl der Betreuerbestellungen) BtPrax 1996, 83
Böhm/Wienand/Zenz, Das Betreuungsrecht im dritten Jahr, FuR 1994, 253
Böhm/Lerch/Röslmeier/Weiß, Handbuch für Betreuer, 1999 ff
Böhmer, Das BtG und seine Bedeutung für die Tätigkeit des Standesbeamten, StAZ 1992, 65
Böhmer, Die Prüfung der allgemeinen Ehefähigkeit beim Aufgebot unter besonderer Berücksichtigung des Betreuungsgesetzes, StAZ 1990, 213
Böhmer, Verfügungen des Betreuers im Rahmen der vorweggenommenen Erbfolge, MittBayNot 1996, 405
Bohnert, Unterbringungsrecht, 2000
Bonefeld, Betreuer oder gesetzlicher Vertreter und Testamentsvollstrecker, ZErb 2007, 2
Bork/Jacoby/Schwab, FamFG (Kommentar), 2009
Bork, Die Prozeßfähigkeit nach neuem Recht, MDR 1991, 97
Borutta, Fixierung in der Pflegepraxis, 1994
Brill (Hrsg), Zum Wohle des Betreuten (Zur Reform), 1990
Brosey, Zulässigkeit einer stationären Zwangsbehandlung des Betreuten, BtPrax 2008, 108
Brucker, (ehrenamtliche Betreuung) BtPrax 1997, 139
Brucker, Aufgaben der örtlichen Betreuungsbehörde, NDV 1996, 330
Brucker, Erfahrungen aus der Fortbildung zum Betreuungsgesetz, FuR 1994, 285

Brucker, Aufgaben und Organisation der Betreuungsbehörde, 1999
Brucker, Besser betreuen, 2008
Bühler, Einführung in das BtG für das Amtsnotariat im württ. Rechtsgebiet, BWNotZ 1991, 153
Bühler, Vorsorgevollmacht zur Vermeidung einer Gebrechlichkeitspflegschaft oder Betreuung, BWNotZ 1990, 1
Bühler, Zum BtÄndG und zur Vorsorgevollmacht, BWNotZ 1999, 25
Bumiller/Winkler, FGG (Kommentar), 7. Aufl 1999
Bumiller/Harders, FamFG, 9. Aufl 2009
Bundesminister der Justiz (Hrsg), Das BtG in der Praxis – ein Leitfaden, 1992
Burckhardt, Das Argwohn-Prinzip, DRiZ 1988, 346
Bürgle, Auf dem Weg zu einem neuen Betreuungsrecht, NJW 1988, 1881
Bürgle, Probleme des Vormundschaftsrechts, AnwBl 1989, 507
Chauvistre, Vorsorgevollmacht und rechtliche Betreuung, 1999
Christmann, Zwangsvollstreckung und Betreuung, DGVZ 1995, 66
Coen, Aufsicht des Betreuungsvereins über Vereinsbetreuer nach § 1908f BGB, NJW 1999, 535
Coeppicus, (Falldiskussion) BtPrax 1997, 131
Coeppicus, Aushöhlung des Rechtsschutzes in Unterbringungssachen (§ 70 g Abs 3 Satz 3 FGG), BtPrax 1994, 126
Coeppicus, Betreuungsrechtliche Auswirkungen der Pflegeversicherung, BtPrax 1995, 16
Coeppicus, Das BtG schützt Betroffene nicht, FamRZ 1993, 1017
Coeppicus, Die Betreuung mit dem Aufgabenkreis der Aufenthaltsbestimmung, FamRZ 1992, 741
Coeppicus, Durchführung und Inhalt der Anhörung in Betreuungs- und Unterbringungssachen, FamRZ 1991, 892
Coeppicus, Spruchrichterprivileg bei Anordnung einer Betreuung, NJW 1996, 1947
Coeppicus, Verschaffung des unmittelbaren Eindrucks vom Betroffenen, FamRZ 1992, 16
Coeppicus, Behandlungsabbruch, mutmaßlicher Wille und Betreuungsrecht, NJW 1998, 3381
Coeppicus, Freiheit zur Krankheit, BtPrax 1999, 130
Coeppicus, Faszinierende Zahlen im Betreuungsrecht, Rpfleger 2000, 50
Coeppicus, Sachfragen des Betreuungs- und Unterbringungsrechts, 2000
Coeppicus, Vorschläge für ein sachgerechtes Verfahren in Betreuungs- und Unterbringungssachen, ZRP 2000, 91
Coester, Die sorgerechtliche Indikation bei der Sterilisation behinderter Volljähriger, ZBlJR 1989, 350
Coester, Von anonymer Verwaltung zu persönlicher Betreuung, Jura 1991, 1
Crefeld, Betreuungswesen als Aufgabe kommunaler Sozialpolitik, BtPrax 1994, 147
Crefeld, Der Sachverständige im Betreuungsverfahren, FuR 1990, 272
Cypionka, Die Auswirkungen des BtG auf die Praxis des Notars, DNotZ 1991, 571
Cypionka, Fortfall der Entmündigung Volljähriger, NJW 1992, 207
Dahle, Zivilrechtliche Unterbringung in der Forensik, BtPrax 1994, 199
Damrau, Auswirkungen des Testamentsvollstreckeramts auf die Betreuung, ZEV 1994, 1
Damrau, Der Steuerberater als Betreuer, Steuerberaterkongress-Report 1993, 469
Damrau, Erlöschen des Testamentsvollstreckeramts durch Bestellung eines vorl. Betreuers, ZEV 1995, 66
de Boer, Lebenswertes Leben für demente alte Menschen, BtPrax 1994, 182
Dehtweg, Verfahrenspflegschaft im Betreuungsverfahren, BtPrax 2006, 17
Deinert, Aufgaben und Organisation der Betreuungsbehörde nach dem neuen Betreuungsrecht, DAVorm 1989, 1019
Deinert, Aufwandspauschale im Betreuungsverfahren, Rpfleger 1996, 392
Deinert, Haftung und Haftungsübernahme im Betreuungsverhältnis, BtPrax 1993, 185
Deinert, Zur Neuregelung des Vormundschafts- und Pflegschaftsrechts, ZfF 1989, 247
Deinert/Lütgens/Meier, Die Haftung des Betreuers, 2004
Deinert/Walther, Handbuch der Betreuungsbehörde, 2006
Deinert, Rechtsprechung zum Aufwendungsersatz und zur Vergütung des Betreuers/Vormunds, RsDE 1994, 33
Deinert, Vergütung des Betreuers nach § 1836 Abs. 2 BGB, DAVorm 1994, 749 ff; 1107 ff
Deinert, Was kostet der Betreuer, BtPrax 1996, 86
Deinert, Pflichten des Betreuers nach dem Tod des Betreuten, ZfF 1997, 76
Deinert, Neue Zahlen zur Praxis des Betreuungsrechts, FamRZ 1998, 934
Deinert, Fragen und Antworten zu § 1908k BGB, bt-info 1999, 19
Deinert, Kindschaftsrechtsreform und Betreuertätigkeit, BtPrax 1999, 3

Deinert, Die Heranziehung des Betreuten, seiner Familienangehörigen und Erben zu den Betreuungskosten, FamRZ 1999, 1187
Deinert, Das Recht des psychisch Kranken (Vorschriftensammlung), 2000
Deinert, Betreuertätigkeit und Freiheitsentziehungen nach dem PsychKG, BtPrax 2000, 191
Deinert, Der Betreuer in Ehe- und Lebenspartnerschaftssachen, BtPrax 2005, 16
Deinert, Betreuungszahlen 2005, BtPrax 2006, 3
Deinert, Kirchenaustritt und Betreuung, FamRZ 2006, 243
Deinert, Zur Qualität der Weiterbildung von Betreuern, BtPrax 2006, 58
Derben, (Bürokosten des Betreuers) BtPrax 2001, 16
Derben, Berufsbild …für die berufsmäßig ausgeübte rechtliche Betreuung, BtPrax 2006, 23
Derleder, Betreuung alter Menschen, FuR 1996, 309
Deutler, „Betreute“ als Geschäftsführer, GmbHRdsch 1992, 252
Deutscher Juristentag, Sitzungsbericht, 1988, 499
Diekmann, Die Unterbringung, BtPrax 2009, 49
Dieckmann, Empfiehlt es sich, das Entmündigungsrecht, das Recht der Vormundschaft und der Pflegschaft über Erwachsene sowie das Unterbringungsrecht neu zu ordnen?, JZ 1988, 789
Dieckmann/Jurgeleit, Die Reform des Betreuungsrechts, BtPrax 2002, 135 und 197
Diederichsen, Zur Reform des Vormundschafts- und Entmündigungsrechts in der Bundesrepublik Deutschland, FS für M. Keller, Zürich 1989, 3
Diederichsen, Zivilrechtliche Haftungsverhältnisse im Betreuungsrecht, FS für Deutsch, 1999, 131 ff
Diederichsen, Die Vergütung von Betreuern vermögender Betreuter, FS Bienwald 2006, 49
DIV-Gutachten, Vormundschaften und Pflegschaften für Volljährige, ZBlJR 1987, 597, 618
Dodegge/Roth, Betreuungsrecht, 3. Aufl 2009
Dodegge, Elektrokrampftherapie, FamRZ 1996, 74
Dodegge, Entwicklungen des Betreuungsrechts, jährlich ab NJW 1993
Dodegge, Gewalt gegen Ältere zu Hause, BtPrax 1996, 173
Dodegge, Warum bestellen die Gerichte so viele Betreuer?, BtPrax 1996, 8 (dazu *Schloemer*, BtPrax 1996, 15; *Wolter-Henseler*, BtPrax 1996, 12)
Dodegge, Die Vorsorgevollmacht im Lichte des BtÄndG, BtPrax 2000, 99
Dodegge/Zimmermann, PsychKG Nordrhein-Westfalen (Kommentar), 2000
Döring, Verwirkung des Beschwerderechts des Betreuten, Rpfleger 1996, 346
Dressing, Verfügungsbeschränkungen der §§ 1812, 1813 Abs 1 Nr 1 bei der Veräußerung girosammelverwahrter Investmentfonds durch den Betreuer, Diss Trier 1998
Dröge, Die Zwangsbetreuung, Diss Göttingen, 1997
Dröge, Betreuungsanordnung gegen den Willen des Betroffenen, FamRZ 1998, 1209
Dröge, Patientenverfügung und Erforderlichkeit einer Betreuungsmaßnahme, BtPrax 1998, 199
Eberbach, Staatliche Genehmigung zum Sterben, MedR 2000, 267
Egen, Das Ende der Entmündigung und Vormundschaft, Diss Bonn 1994
Ehl/Wessels, Reformiertes Betreuungsrecht (Bochumer Modell), BtPrax 1994, 79
Eichler, Qualitätsstandards in der gesetzlichen Betreuung, 1999 und BtPrax 2001, 3
v Eicken, Ernst, Zenz, Fürsorglicher Zwang (Rechtstatsachenforschung), 1990
v Einem, Auswirkungen des BtG auf das Sozialrecht, VR 1992, 341
van Els, Ein Vormundschaftsrichter für alte und/oder behinderte Volljährige, DAVorm 1988, 201
Elsbernd/Stolz, Zwangsbehandlung und Zwangsernährung in der stationären Altenhilfe, BtPrax 2008, 57
Elzer, Die Teilnahme von Betreuern an Strafverfahren, BtPrax 2000, 139
Elzer/Jaspert, Grundfragen zur rechtlichen Betreuung, JA 1999, 890
Enderlein, Geschäftsunfähigkeit und Einwilligungsvorbehalt, JR 1998, 485
Epple, Einfluß der Betreuungsverfügung auf das Verfahren, die Führung und Überwachung der Betreuung, BtPrax 1993, 156
Erman/Holzhauer, BGB-Kommentar, 9. Aufl 1993
Erman/Roth, BGB-Kommentar, 12. Aufl 2008
Ernst, Entbindung von der Pflicht zur Berufsverschwiegenheit durch Betreuer, NJW 2005, 3120
Eisenbart, Stellvertretung in Gesundheitsangelegenheiten, MedR 1997, 305
Faustmann/Ludwigs, Das Betreuungsrecht, 1997

Felix, Verfassungswidrige Inanspruchnahme Dritter? (Neuregelung der Betreuervergütung), FuR 2000, 102 ff, 156 ff
Felix, Sachverhaltsermittlung durch Sozialleistungsträger und Aufgabe des Betreuers, BtPrax 2006, 199
Fesel, Weiterbildung als Qualitätssicherung der Betreuerfähigkeit, BtPrax 1999, 186
Fiala/Keppel, Schutzlücken in der Vermögensschaden – Haftpflichtversicherung des Betreuers, BtPrax 2008, 198
Finger, Die Sterilisation geistig Behinderter und § 1905 BGB, DAVorm 1989, 11 und 449
Finger, Eheschließung Geschäftsunfähiger, StAZ 1996, 225
Firsching/Dodegge, Familienrecht 2. Halbband Vormundschafts- und Betreuungsrecht, 6. Aufl 1999
Fischer, Vergütung der Berufsbetreuer, JB 1994, 708
Foerster, Das neue BtG – Gedanken aus psychiatrischer Sicht, MedR 1991, 180
Formella, Aufsicht über die persönliche Betreuung, Rpfleger 1994, 238
Formella, Der Vertreter des Vertreters, BtPrax 1996, 208
Formella, Entlassung des Betreuungsvereins unter gleichzeitiger Bestellung eines Vereinsbetreuers, BtPrax 1995, 21
Formella, Überwachung der persönlichen Situation des Betreuten im Rahmen der Kontrolle des Einzelbetreuers, BtPrax 1994, 52
Formella, Wenn der Betreute stirbt, BtPrax 1999, 176
Fratzky, Kann der Betreuer die Wohnung des Betreuten gegen dessen Willen betreten?, BtPrax 2000, 239
Friedrichs, Das neue BtG, MDR 1992, 5
Fröschle, Maximen des Betreuerhandelns und die Beendigung lebenserhaltender Eingriffe, JZ 2000, 72
Fröschle, Studienbuch Betreuungsrecht, 2006
Fröschle (Hrsg), Praxiskommentar Betreuungs- und Unterbringungsverfahren, 2009
Fröschle, Ausweichstrategien von Betreuern, BtPrax 2004, 46
Fröschle, Delegation von Betreueraufgaben, BtPrax 2006, 5
Fröschle, Der Betreuungsplan, BtPrax 2006, 43 und 199
Fröschle, Der gewöhnliche Aufenthalt im Vergütungsrecht, BtPrax 2006, 219
Fröschle, Beteiligte und Beteiligung am Betreuungs- und Unterbringungsverfahren nach dem FamFG, BtPrax 2008, 155
Fröschle, Haftung im Verein und in der Behörde, BtPrax 2008, 190
Frost, Arztrechtliche Probleme des neuen Betreuungsrechts, Diss Tübingen 1994
Ganner, Das österreichische Sachwalterrecht, BtPrax 2008, 3.
v Gaessler, Aufbau einer Betreuungsbehörde, BtPrax 1992, 11
Geiser, Fürsorgliche Freiheitsentziehung als Rechtsgrundlage für Zwangsbehandlung, FS für Bernhard Schnyder, 289
Geistert, Vereinsbetreuer zwischen Anspruch und Wirklichkeit, DAV 1995, 1095
Geistert, Wieviel Betreuungen kann ein Vereinsbetreuer führen?, BtPrax 1994, 2
Gernhuber/Coester-Waltjen, Lehrbuch des Familienrechts, 4. Aufl 1994
Giesler, Leitlinien für die Betreuervergütung, FuR 1994, 260
Göpel/Neumann/Nigbur, Erste Erfahrungen zur pauschalierten Vergütung, BtPrax 1999, 187
Gregersen, Profis im Betreuungswesen (Umfrageergebnisse), BtPrax 1997, 177
Gregersen, Kilometerpauschale, Rpfleger 1997, 526
Gregersen, Ausgewählte Fragen zum BtÄndG, BtPrax 1999, 16
Gregersen, Betreuungsrecht im siebten Jahr, Justiz im Wandel 1999, 47
Gregersen, Rechtliche Betreuung – was ist das?, BtPrax 1999, 211
Gregersen/Deinert, Die Vergütung des Betreuers, 2. Aufl 2000
Grell, Qualifikation des Verfahrenspflegers, Rpfleger 1993, 321
Griep, Anspruch der Betreuungsvereine auf Vergütung für Vereinsbetreuer, FamRZ 1994, 350
Grohall, Die gesellschaftliche Bedeutung der rechtlichen Bedeutung, BtPrax 2002, 13
Grothe, Befreite Betreuer und Rechenschaftslegung nach Beendigung der Betreuung, Rpfleger 2005, 173
Grüner, Das BtG und seine Ausstrahlung in das Sozialrecht, ZfSH 1993, 338
Guttenberger, Haager Übereinkommen über den internationalen Schutz von Erwachsenen, BtPrax 2006, 83
Hahn, Auswirkungen des Betreuungsgesetzes auf das Erbrecht, FamRZ 1991, 27
Hansen, Aktuelle Probleme der Betreuervergütung, SchlHA 1998, 29
Hansen, Neue Vergütungsprobleme im Betreuungsrecht, SchlHA 2000, 53
Harm, „Angelegenheiten“ einer volljährigen Person, Rpfleger 1998, 89

Harm, Verpflichtung des ehrenamtlichen Betreuers, BtPrax 1996, 213
Harm, Zur Dokumentation von Vergütungsanträgen, BtPrax 1998, 136
Harm, Die Personensorge im Betreuungsrecht, BtPrax 2005, 181
Harm, Qualität der Betreuungsarbeit, BtPrax 2006, 48
Harnacke, Zwangsvollstreckung gegen Personen, die unter Betreuung stehen, DGVZ 2000, 161
Haupt/Seeber/Jänner, Patientenverfügungen und Bevollmächtigungen in gesundheitlichen Angelegenheiten älterer psychisch kranker Menschen, Nervenarzt 1999, 256
Heck/Heck, Fünf Jahre Umsetzung des BtG, FuR 1996, 268
Heck, Praxis des Betreuungswesens in einem Landkreis, FPR 2000, 294
Hellmann (Hrsg), Beiträge zur Reform des Vormundschafts- und Pflegschaftsrechts für Menschen mit geistiger Behinderung, 1986
Hellmann (Rechtsprechungsübersicht), BtPrax 1997, 126
Hellmann, Betreuungsvereine, Perspektiven und Probleme, BtPrax 1992, 4
Hellmann, Die Reformdiskussion über das Vormundschafts- und Pflegschaftsrecht, Recht und Psychiatrie 1986, 78
Helms, Widerruf und Anfechtung wechselbezüglicher Verfügungen bei Geschäfts- und Testierunfähigkeit, DNotZ 2003, 104
Helms, Reform des internationalen Betreuungsrechts durch das Haager Erwachsenenschutzabkommen, FamRZ 2008, 1995
Heistermann, Verfahrenspflegschaft, DAV 1998, 287; BtPrax 1999, 53
Henn-Baier, Die rechtliche Betreuung im Spannungsfeld zwischen Hilfe und Bevormundung, Diss 2005
Hennig, Das schwedische Betreuungsrecht, BtPrax 2000, 194
HK-BUR, Heidelberger Kommentar zum Betreuungs- und Unterbringungsrecht, Loseblatt
Hoffmann, Familienangehörige als vormundschaftsgerichtlich bestellte Betreuer, 1996
Hoffmann, Zur Situation ehrenamtlich tätiger Vormünder und Pfleger von Volljährigen, FuR 1991, 190
Hoffmann, Forschung mit und an betreuten Menschen, BtPrax 2004, 216
Hoffmann, Pflicht von Arzt und Betreuer, BtPrax 2007, 143
Hoffmann, Persönliche Betreuung im Betreuungsrecht, BtPrax 2008, 95
Hoffmann, Information einwilligungsunfähiger Erwachsener vor ärztlichen Maßnahmen, RuP 2005, 52
Hoffmann, Betreuung von Menschen mit minderjährigen Kindern, BtPrax 2007, 95
Hoffmann, Auslegung von Patientenverfügungen, BtPrax 2009, 7
Hoffmann/Korte, Praxis des Betreuungsrechts in Altenpflegeheimen, BtPrax 2001, 17
Hoffmann/v Ferber, BtG – Zwei Jahre Bewährungsprobe in der Praxis, BtPrax 1994, 38
Hohloch, Beschwerdebefugnis der Tochter im Betreuungsverfahren (Urteilsanm), JuS 1996, 750
Hohloch, Kind des Betreuers als Testamentserbe (Urteilsanm), JuS 1998, 953
Holzhauer, Abschied von der Entmündigung, FuR 1990, 249
Holzhauer/Bruder, Empfiehlt es sich, das Entmündigungsrecht, das Recht der Vormundschaft und Pflegschaft über Erwachsene sowie das Unterbringungsrecht neu zu ordnen?, 1988 (Deutscher Juristentag)
Holzhauer, Der Umfang gerichtlicher Kontrolle privatrechtlicher Unterbringung nach § 1906 BGB idF des BtG, FuR 1992, 249
Holzhauer, Sachverständigenbegutachtung im Betreuungsrecht, NZS (Neue Zeitschr f Sozialrecht) 1996, 255
Holzhauer, Verfassungsrechtliche Beurteilung des Entwurfs eines Betreuungsgesetzes, ZRP 1989, 451
Holzhauer, Zur klinischen Prüfung von Medikamenten an Betreuten, NJW 1992, 2335
Holzhauer/Reinicke, Betreuungsrecht, 1993
Holzhauer, Schenkungen aus dem Vermögen Betreuter, FamRZ 2000, 1063
Horndasch/Viefhues (Hrsg), Kommentar zum Familienverfahrensrecht, 2009
Jäckle, Das neue deutsche Betreuungsrecht, FS für Hanisch 1994
Jantzen, Subjektivität, Vernunft, Gerechtigkeit: Überlegungen zum gesellschaftlichen Zusammenhang des BtG, BtPrax 1994, 43
Jensen/Röhlig, Altersvorsorgevollmacht oder Testament (Urteilsanm.), Rpfleger 1994, 462
Jansen, FGG (Kommentar), 2. Aufl 1969–1971, Bd 1–3
Jansen/v. Schuckmann/Sonnenfeld, FGG (Kommentar), 3. Aufl 2006
Jensen/Röhlig, Das neue Betreuungsrecht, Leitfaden 1993
Jensen/Röhlig, Rechtsschutz und Betreuung, FamRZ 1994, 617
Jochum, Drohender Wohnungsverlust durch fristlose Kündigung bei Mietzahlungsverzug, BtPrax 1994, 201

Jörg, Betreuung über den Tod hinaus, BadWürttNotZ 1994, 31
Jünger, Das Betreuungsgesetz, 1991
Jürgens, ua, Betreuungsrecht, Kommentar, 1995, 3. Aufl 2005
Jürgens, Betreuung wider Willen, BtPrax 1992, 47
Jürgens, Einzelfragen zur Tätigkeit des Betreuers, BtPrax 1998, 212
Jürgens/Kröger/Marschner/Winterstein, Betreuungsrecht kompakt, 6. Aufl 2007
Jürgens, Vertretung eines Betreuers?, BtPrax 1994, 10
Jürgens, Betreuer zwischen rechtlicher Vertretung und persönlicher Betreuung, BtPrax 1998, 129
Jurgeleit (Hrsg), Betreuungsrecht (Kommentar), 2009
Jurgeleit, Der geschäftsunfähige Betreute unter Einwilligungsvorbehalt, Rpfleger 1995, 282
Kaminski, Betreuen statt Bevormunden, Recht und Psychiatrie 1988, 16
Karmasin, Aufwendungsersatzanspruch des Betreuers, BtPrax 1998, 133
Karmasin, Überblick über die Neuregelung der Betreuervergütung durch das BtÄndG, FamRZ 1999, 348
Keidel, FGG, 15. Aufl. 2003
Keidel, FamFG, 16. Aufl 2009
Keinath-Vogel, Modellprojekt zur Förderung und Unterstützung ehrenamtlicher Tätigkeit im Betreuungswesen, FuR 1992, 270
Kemper, (Rspr-Übersicht), FuR 1996, 248
Kemper, Das Betreuungsrecht in der gerichtl Praxis (Rspr-Übersicht), FuR 1994, 272
Kemper, Probleme des Betreuungsrechts in der gerichtlichen Praxis, FuR 1992, 261
Kern, Arzt und Betreuungsrecht, MedR 1993, 245
Kern, Die Bedeutung des Betreuungsgesetzes für das Arztrecht, MedR 1991, 66
Kern, Fremdbestimmung bei der Einwilligung in ärztliche Eingriffe, NJW 1994, 753
Kierig/Kretz, Formularbuch Betreuungsrecht, 2000
Kierig, Das Behindertentestament und seine Bedeutung für den Betreuer, BtPrax 2007, 205
Kierig, Einstweilige Anordnungen, BtPrax 2008, 160
Kiermeier, Betreuung für Migranten und Migrantinnen, BtPrax 1999, 163
Kirsch, Vergütung des Verfahrenspflegers, Rpfleger 1992, 379
Kirsch, Vergütung im neuen Betreuungsverfahren, Rpfleger 1994, 244
Kirsch, Zum Betreuungsgesetz-Entwurf, Rpfleger 1989, 485
Kirschbaum, Die Bedeutung von Verfahrenspflegschaften, BtPrax 2006, 21
Klie, Datenschutz in der Arbeit der Betreuungsbehörde, BtPrax 1998, 3
Klie, Gesetzliches Vertretungsrecht für Angehörige, BtPrax 2002, 91
Klie, Qualität in der Betreuung, BtPrax 2006, 7
Klüsener, Anwaltsbeiordnung im Unterbringungsverfahren, FamRZ 1994, 487
Klüsener, Der Rechtspfleger im Betreuungsrecht, Rpfleger 1991, 225
Klüsener, Die Vergütung des Rechtsanwalts als Verfahrenspfleger, Rpfleger 1992, 466
Klüsener, Leitgedanken zur Reform des Vormundschafts- und Pflegschaftsrechts, Rpfleger 1989, 217
Klüsener/Rausch, Praktische Probleme bei der Umsetzung des neuen Betreuungsrechts, NJW 1993, 617
Knieper, Geschäfte von Geschäftsunfähigen, Diss 1999
Knittel, Betreuungsgesetz, Kommentar, Loseblattausgabe, 2 Bände, ab 1992
Knittel, Vergütungsfragen nach dem neuen Recht, Betrifft: Betreuung 1/1999, 27
Knittel/Seitz, Der freie Wille als Ansatzpunkt zum Schutz der Autonomie, BtPrax 2006, 18
Koch H.J., Der klinische Anhörungstermin im Unterbringungsverfahren, 1995
Koch-Straube, Die alltäglichen Zwänge, BtPrax 1994, 152
Köhle, Zwangsvorführung durch die Betreuungsbehörde, BtPrax 1995, 93
Kollmer, Personensorge und Betreuungsrecht, Rpfleger 1995, 45
Kollmer, Selbstbestimmung im Betreuungsrecht, Diss Regensburg 1992
Konrad, Aufgaben des psychowissenschaftlichen Sachverständigen im neuen Betreuungsrecht, RuP 1992, 2
Konrad, Die zivilrechtliche Unterbringung Volljähriger im Vergleich zur öffentlich-rechtlichen Unterbringung, Diss Münster 1999
Krauß, Vermeidung einer Betreuung durch Erteilung einer Vollmacht, BWNotZ 1999, 86
Kröger, Beamte als Vormund und Pfleger (Betreuer), SchlHA 1992, 85
*Kröll*s, Das Betreuungsrecht im Zeichen der Entwicklung des Sozialstaatssystems, BtPrax 2002, 140
Kübler, Das sog Behindertentestament unter bes Berücksichtigung der Stellung des Betreuers, Diss München 1998
Küsgens, Vergütungsvorschriften des Betreuungsrechts, BtPrax 2000, 242

Kunze, Weiterentwicklung regionaler Versorgungsstrukturen als Aufgabe von Betreuern?, BtPrax 1995, 2
Labuhn/Labuhn/Veldtrup, Familien- und Vormundschaftsgericht, 3. Aufl 1999
Lachwitz, Das neue Betreuungsrecht, Perspektiven für Menschen mit geistiger Behinderung, FuR 1990, 266
Lachwitz, Das Vormundschaftsrecht ist veraltet, ZRP 1987, 364
Lachwitz, Menschen mit geistiger Behinderung im Spannungsfeld, BtPrax 1995, 114
Lachwitz, Reform des Vormundschaftsrechts und die Grundrechte geistig behinderter Menschen, DAVorm 1989, 343 und 453
Langenfeld, Vorsorgevollmacht, Betreuungsverfügung und Patiententestament, zugl Diss Konstanz 1994
Langenfeld/Langenfeld, Vorsorgevollmacht in der notariellen Praxis, ZEV 1996, 339
Langholf, Zur Reform des Betreuungsrechts, BtPrax 2000, 54
Lantzerath, Pensenzahl für Rechtspfleger, BtPrax 1994, 95
Lantzerath, Vieles bleibt noch zu tun, BtPrax 1992, 13
Lantzerath/Schimke, Finanzierungsleitfaden für Betreuer und Verfahrenspfleger, 1994
Laufs, Zivilrichter über Leben und Tod?, NJW 1998, 339
Leimbach/Jungkurth, Das neue Betreuungsrecht (aus amtsrichterlicher Sicht), FuR 1994, 276
Leister, Gedanken eines Amtsrichters zur Neuregelung von Entmündigung, Vormundschaft und Pflegschaft, DAVorm 1987, 297 (Erwiderung dazu *Kemper*, DAVorm 1987, 418)
Lempp, Diskussionsentwurf eines Gesetzes über die Betreuung Volljähriger, DAVorm 1988, 573
Lempp, Zur Neuregelung des Rechts der Entmündigung und der Vormundschaft und Pflegschaft, FamRZ 1987, 766
Leutheusser-Schnarrenberger, Das BtG, BtPrax 1992, 3
Limmer, Vorsorgevollmacht, ZNotP 1998, 322
Lindemann, Bedeutung der Ehrenamtlichkeit, DAV 1996, 159
Lipp, Freiheit und Fürsorge, 2000
Lipp, Privatautonomie, Sterbehilfe und Betreuung, DRiZ 2000, 231
Lipp/Sauer, Steueramnestiegesetz und Betreuung, BtPrax 2004, 83
Lipp, Betreuung und Zwangsbehandlung, JZ 2006, 661
Lipp, Zwangsbehandlung eines Betreuten nach der aktuellen Rechtsprechung, BtPrax 2009, 53
v Looz, Wie höre ich an?, BtPrax 1997, 86
Löhnig, Vergütung im Betreuungsrecht, FamRZ 1997, 202
Lübbesmeyer, Das Verfahren zur Bestellung eines Betreuers nach den Diskussions-Teilentwürfen eines BtG, 1991
Marschner, Das Verhältnis von Vormundschaftsrecht und Unterbringungsrecht bei der Zwangsbehandlung, RuP 1990, 66
Marschner, Plädoyer für die Abschaffung der zivilrechtlichen Unterbringung, Recht und Psychiatrie 1986, 47
Marschner, Was bringt das neue Betreuungsrecht?, RuP 1991, 146
Marschner/Volckart, Freiheitsentziehung und Unterbringung, 2001
Marschner, Gesetzestexte und Rechtswirklichkeit (grundrechtsorientierte Unterbringung), RuP 1998, 68
Martin, Die Betreuung mit dem Aufgabenkreis Gesundheitssorge, 2002
Marx, Macht und Ohnmacht in Betreuungsbeziehungen, in Betrifft: Betreuung Nr. 2/2000, 33
May, Betreuungsrecht und Selbstbestimmung (Medizinethische Materialien), 1998
May/Gawrich/Stiegel, Empirische Erfahrungen mit wertanamnestischen Betreuungsverfügungen, 1997
Mayer, Medizinische Maßnahmen an Betreuten, Diss Würzburg 1997
Mees-Jakobi/Stolz, Rechtliche und psychologische Aspekte einer Betreuung, BtPrax 1994, 83
Meier, Handbuch Betreuungsrecht, 2001
Meier, Betreuung und Fahreignung, BtPrax 2008, 253
Meier, Zur Haftung des Berufsbetreuers, BtPrax 1999, 57
Meier, Zur gerichtlichen Haftung in Betreuungssachen, BtPrax 2005, 131
Meier, Suizid, Patiententestament, Altersvorsorgevollmacht und Zulässigkeit der Vertretung in Gesundheits- und höchstpersönlichen Angelegenheiten, BtPrax 1994, 190
Meier, Demenz und rechtliche Betreuung, BtPrax 2006, 159
Meier, Haftung des Betreuers in Krankenversicherungsangelegenheiten, BtPrax 2008, 153

Meier/Neumann, Handbuch Vermögenssorge, 2006
Merchel, Praxisnahe Evaluation als Bestandteil von Qualitätsentwicklung in der Betreuungsarbeit, BtPrax 2006, 12
Metzler-Müller, Das BtG in der Praxis – Die Implemention des § 1896 BGB durch die hessischen Vormundschaftsrichter, Diss Frankfurt 1993
Milke, Wenn eine betreute Person vermisst wird, BtPrax 1993, 84
Mitko, Der Einwilligungsvorbehalt, Diss Regensburg 1994
Mückenheim, Rechtsgeschäfte alter Menschen in besonderen Zwangslagen, Diss Hamburg 1997
Müller, (Altersvorsorgevollmacht) DNotZ 1997, 107
Müller, Betreuung und Geschäftsfähigkeit, 1998
Müller, Wirksamkeit von Zuwendungen des Betreuten an seinen Betreuer, ZEV 1998, 219
Müller, Organisation der Betreuungsbehörden, BtPrax 1996, 90
Müller, Auswirkungen des BtÄndG auf die Vorsorgevollmacht in Angelegenheiten der Personensorge, DNotZ 1999, 107
Müller-Bohlen/Paape, PEG (Künstliche Ernährung), BtPrax 2000, 183
Müller-Freienfels, Privatvorsorge und Staatsfürsorge im Altenrecht, FS für M. Keller, Zürich 1989, 35
Mümmler, Kostenrechtliche Auswirkungen des BtG, JurBüro 1991, 323
Münchener Kommentar zum BGB (MünchKomm), 5. Aufl (Band Familienrecht II), 2008
Münchener Kommentar zur ZPO (MünchKomm), Band 4 (FamFG) 2009
Mulke, Einflüsse und Folgen des Gesetzes über die Betreuung, med Diss, Kiel 1990.
Neuhausen, Rechtsgeschäfte mit Betreuten, RNotZ 2003, 157
Neumann, Wohnungsangelegenheiten, BtPrax 2008, 246
Nitzinger, Das Betreuungsrecht im internationalen Privatrecht, Diss Regensburg 1998
Oberloskamp (Hrsg), Vormundschaft, Pflegschaft und Beistandschaft für Minderjährige, 2. Aufl 1998
Oberloskamp, Mehr Einzelvormünder/Einzelpfleger statt Amtsvormünder/Amtspfleger?, FamRZ 1988, 7 (Rechtstatsachen); dazu *Lempp*, DA Vorm 1988, 329
Oberloskamp, Qualifikation des Sachverständigen gem § 68 b FGG, BtPrax 1998, 18
Oberloskamp/Schmidt-Koddenberg/Zieris, Hauptamtliche Betreuer und Sachverständige. Ausbildungs- u. Anforderungsprofil im neuen Betreuungsrecht, 1992
Oelhoff, (§ 1908 f BGB) BtPrax 1996, 136
Oelkers, Internationales Betreuungsrecht, Diss Osnabrück 1996
Oeschger, Curriculum zum Berufsbild eines Berufsbetreuers, BtPrax 1999, 59
Pachler, Gedanken zu einem neuen Entmündigungsrecht, DRiZ 1987, 54
Palandt, BGB-Kommentar, 69. Aufl 2010 (Betreuungsrecht bearb v *Diederichsen*)
Pardey, Alltagsprobleme im Betreuungsrecht (§§ 1904, 1906 IV BGB), BtPrax 1995, 81
Pardey, Aufklärungsinteresse contra Datenschutz – Schweigepflicht im Betreuungsrecht, Rpfleger 1990, 397
Pardey, Betreuung für Volljährige, ZRP 1988, 330
Pardey, Betreuung Volljähriger: Hilfe oder Eingriff, Rpfleger 1989, 229
Pardey, Drittschützende freiheitsentziehende Maßnahmen nach § 1906 BGB, FamRZ 1995, 713
Pardey, Fremdverwaltung unter neuen Namen oder Verstärkung der Selbstbestimmung?, RpflStudH 1991 Heft 5, 152
Pardey, Verfassungsrechtliche Rahmenbedingungen einer gesetzlichen Neuregelung der bürgerlich-rechtlichen Betreuung Volljähriger, Diss Göttingen 1988
Pardey, Vermeidung von Diskriminierung durch Verzicht auf Begriffsbildung, Rpfleger 1987, 402
Pardey, Vollzugsdefizite oder Fortschreibungsbedarf im Betreuungsrecht, Rpfleger 1995, 393
Pardey, Vormundschaft und Pflegschaft, 1988 (Rechtstatsachen)
Pardey, Wider die Formulare zur Bestimmung von Aufgabenkreisen (bei Pflegschaften und Beistandschaften), Rpfleger 1988, 451
Pardey, Zumutbare Betreuung? – Verfassungsrechtliche Aspekte einer Betreuung nach dem BtG, in: Beiträge zum Recht der sozialen Dienste und Einrichtungen, Heft 15, 1991
Pardey, Schutz persönlicher Daten Betreuter, BtPrax 1998, 92
Pardey, Rechtsgrundlagen ärztlichen Handelns bei der Unterbringung Erwachsener, BtPrax 1999, 83; 126
Pardey, Betreuungs- und Unterbringungsrecht in der Praxis, 2004
Paßmann, (Betreuung bei Pflegeversicherung), BtPrax 1996, 81
Paßmann, Betreuung endet mit dem Tod, BtPrax 1994, 202
Paßmann, Wahlrecht und Betreuungsbedürftigkeit, BtPrax 1998, 6

Paßmann, Die Betreuungsbedürftigkeit, Maßstäbe und Kriterien, o. J.
Perau, (Altersvorsorgevollmacht), MittRhNotK 1996, 285
Peters, Die Betreuung Volljähriger, Diss Bayreuth 1992
Peters, Gedanken zu einer Reform des Entmündigungs-, Vormundschafts- und Pflegschaftsrechts für Volljährige, DAVorm 1990, 177
Pieroth, Die Verfassungsmäßigkeit der Sterilisation Einwilligungsunfähiger gemäß dem BtG-E, FamRZ 1990, 117
Pitschas, Funktionen und Folgen formaler Organisation der Betreuung, BtPrax 1994, 74
Platz, Bankgeschäfte mit Betreuten, 2005
Pöschl, Die Anordnungsvoraussetzungen der Betreuung und des Einwilligungsvorbehalts in ihrem Verhältnis zu den Regelungen der Geschäftsfähigkeit, Diss Augsburg 1999
Pohl, Verfahrenspflegschaft, BtPrax 1992, 19 und 56
Pommer, Unterbringung im Rechtsvergleich, 2003
Pomorin, Umsatzsteuerliche Behandlung von Betreuerleistungen, BtPrax 2001, 21
Popp, Zwangsbehandlung von psychisch Kranken im Betreuungsrecht, 2003
Poschmann, Der Betreuungsverein „Fürsorge" eV, BtPrax 1995, 91
Propst, Betreuungsrecht – wohin?, BtPrax 2002, 7
Prütting/Helms, FamFG, 2009
Raack, Der Kosten-Nutzen-Effekt bei der Berufsbetreuung, BtPrax 1992, 15
Raack/Thar, Betreuungsrecht (Leitfaden), 1995; 2. Aufl 1999
Rausch, Betreuung bei Auslandsbezug, BtPrax 2004, 137
Rausch/Rausch, Betreuung Geschäftsfähiger gegen ihren Willen?, NJW 1992, 274
Reckers, PsychKG Sachsen-Anhalt, 1993
Redding, Das Betreuungsrecht aus der Sicht der Kranken- bzw Pflegekasse, Die Betriebskrankenkasse 1999, 203
Reichel, Zum Unterbringungsrecht in den neuen Bundesländern, FamRZ 1990, 131
Reis, Sterilisation bei mangelnder Einwilligungsfähigkeit, ZRP 1988, 318
v. Renesse, Skizze zu einer Strukturreform des Betreuungsrechts, bt-info 1999, 14
Renner, Vorsorgevollmacht, NotBZ 1998, 85
Renner, Erben und Vererben unter bes Berücksichtigung einer Betreuung, BtPrax 1999, 167
RGRK, BGB-Kommentar, 13. Aufl 1999 (Betreuungsrecht bearb v *Dickescheid*)
Richardi, Verabreichung eines Arzneimittels an Einwilligungsunfähige, in FS für Medicus 1999, 449
Richter, Betreuerprofil, BtPrax 1996, 167
Richter, Das Betreuungsgesetz, Stand der Reformüberlegungen, FamRZ 1989, 909
Riedl, Die Vormundschaft zwischen Privatrecht und öffentlicher Fürsorge unter besonderer Berücksichtigung der Berufsvormundschaften, 1988
Riegel, Vorauswahl von Berufsbetreuern, BtPrax 2005, 143
Rieger, Die mutmaßliche Einwilligung in den Behandlungsabbruch, 1997
Rink, Anforderungen an das Vormundschaftsgericht und die Vormundschaftsrichter aufgrund des BtG, FuR 1990, 253
Rink, Die Unterbringung Erwachsener durch Maßregel nach § 1846 BGB, FamRZ 1992, 512
Rink, Einheitsentscheidung im Betreuungsrecht?, Rpfleger 1989, 14
Rink, Kritische Anmerkungen zum Verfahren in Betreuungs- und Unterbringungssachen, RuP 1991, 148
Rink, Wirksamkeit von Entscheidungen in Betreuungs- und Unterbringungssachen, FamRZ 1992, 1011
Rink/Bauer, Richterliche Erfahrungen mit den Grundsätzen des neuen Betreuungsrechtes in der Praxis des geltenden Pflegschafts-/Entmündigungsrechtes, FamRZ 1988, 1229
Ritz-Mürtz, Das neue BtG, MittBayNot 1991, 233
Roth, Ehe und Betreuung, BtPrax 2007, 100
Rothenburg, Fachlichkeit in der „gesetzlichen Betreuung", BtPrax 2000, 200
Röthel, Das Betreuungsrecht im IPR, 2006, 90
Röttgers/Nedjat, Zur Verhältnismäßigkeit im Betreuungsverfahren, BtPrax 2000, 245
Rudolf/Bittler, Vorsorgevollmacht, Betreuungsverfügung, Patiententestament, 2000
Rudolf/Winzen, Was tun bei rechtlicher Betreuung und Unterbringung: Wie Vorsorge treffen? 1999
Ruhl, Einstweilige Anordnungen im Betreuungs- und Unterbringungsrecht, FuR 1994, 254
Saage/Göppinger, Freiheitsentziehung und Unterbringung, 3. Aufl 1994
v. Sachsen Gessaphe, Die vergessene Vormundschaft und Pflegschaft über Volljährige, FamRZ 1991, 1151

v. Sachsen Gessaphe, Der Betreuer als gesetzlicher Vertreter für eingeschränkt Selbstbestimmungsfähige, Habilitation 2000
v. Sachsen Gessaphe, Privatautonome Vorsorge für den Zivilprozeß, ZZP 2000, 25
Saliger, Sterbehilfe mit staatlicher Genehmigung, JuS 1999, 16
Sass/Kielstein, Medizinische Betreuungsverfügung in der Praxis, 1998
Schach, Reform des Vormundschaftsrechts?, DAVorm 1988, 211
Schach, Zum 2. Teil des Diskussions-Teilentwurfes eines Gesetzes über die Betreuung Volljähriger, DAVorm 1989, 123
Schell, Betreuungsrecht und Unterbringungsrecht (Ratgeber für die Pflegenden), 3. Aufl 1999
Schimke, Datenschutz und Betreuungsrecht, BtPrax 1993, 74
Schimke, Wohin entwickelt sich die Vergütung?, BtPrax 1998, 171
Schlegelberger, FGG (Kommentar), 2 Bände, 7. Aufl 1956; Nachtrag 1957
Schleicher, Minderung der Vergütung in den neuen Bundesländern, BtPrax 1994, 156
Schneider, Heimverbringung Alter und Gebrechtlicher, Diss Regensburg 1998
Schlüter/Liedmeier, Die Reform des Vormundschafts- und Pflegschaftsrechts, Zeitschrift für Gerontologie 1990, 282
Schlund, Rechtsstellung des Betreuers bei lebensbeendenden Maßnahmen, JR 2000, 64
Schmidt, Das neue Betreuungsrecht, DRiZ 1992, 373
Schmidt/Böcker/Bayerlein/Mattern/Schüler, Betreuungsrecht, 3. Aufl 1999
Schmidt/Bayerlein/Mattern/Ostermann, Betreuungspraxis und psychiatrische Grundlagen, 2006
Schmidt Th., Die Entmündigung von den Anfängen des BGB bis zu ihrer Ablösung durch das Institut der Betreuung, Diss Kiel 1998
Schmidt Helga, Sechs Jahre Betreuungsgesetz, BtPrax 1998, 100
Schneider, Heimverbringung Alter und Gebrechlicher, Diss Regensburg 1998
Schnupp, Entmündigung wird durch Betreuung ersetzt, DöD 1992, 82 und 108
Scholle, (Reform) NDV 1989, 54
Scholz/Glade, Betreuungsrecht (AnwaltSkript), 1999
Schreiber, Die medikamentöse Versorgung als Heilbehandlung gem § 1904 BGB nF im zukünftigen BtG, FamRZ 1991, 1014; dazu *Nedopil*, FamRZ 1993, 24
Schreieder, (Abgabe in Betreuungssachen) BtPrax 1998, 203
Schulte, Anmerkungen zur Reform des Entmündigungs-, Vormundschafts- und Pflegschaftsrechts, ZRP 1986, 249
Schulte, Die „sozialstaatliche Umsetzung" des Betreuungsrechts, RuP 1991, 162
Schulte, Betreuungsrecht und soziale Grundsicherung, BtPrax 2006, 210
Schulte-Bunert/Weinreich, FamFG, 2009
Schulz, Haftung der Anstellungskörperschaft für Behördenbetreuer?, BtPrax 1995, 56
Schumacher Christa, Freiheitsentziehende Maßnahmen bei der Betreuung, 1997
Schumacher (Hrsg), Vormundschaftsgerichtstag, 1989
Schumacher, Wohnraummiete und -betreuung, NZM 2003, 257
Schumacher, Hypertrophie der Verfahrensgarantien im Betreuungsgesetz-Entwurf?, ZRP 1989, 7
Schumacher, Rechtsstaatliche Defizite im neuen Unterbringungsrecht, FamRZ 1991, 280
Schumacher, § 1908k BGB, BtPrax 2000, 237
Schumacher/Jürgens, Anmerkungen zum Betreuungsgesetzentwurf, Recht und Psychiatrie 1988, 2
Schwab, Betreuung und private Fürsorge, FS für Gernhuber, 1993, 815
Schwab, Das neue Betreuungsrecht, FamRZ 1990, 681
Schwab, Das neue deutsche Betreuungsrecht – ein Fortschritt?, Schriftenreihe deutscher Jura-Studenten in Genf, 1996
Schwab, Die Ehefähigkeit und das neue Betreuungsrecht, FS für Rebmann, 1989, 685
Schwab, Probleme des materiellen Betreuungsrechts, FamRZ 1992, 493
Schwab, Strukturfragen des geplanten Betreuungsrechts, FS für Mikat 1989, 881
Schwab, Stellvertretung bei der Einwilligung in die medizinische Behandlung, FS für Henrich 2000, 511
Schweitzer, Heilbehandlung und Selbstbestimmung (Zulässigkeit ambulanter Zwangsbehandlung?), FamRZ 1996, 1317
Seichter, Einführung in das Betreuungsrecht, 2001
Seitz/von Gaessler, Betreuungsrechtliche Entscheidungen Band 1 (1992/93), 1996; Band 2 (1994/95) 1998; Band 3 (1996/7) 1999
Seitz, Das OLG Frankfurt und die Sterbehilfe, ZRP 1998, 417
Seitz, Bemerkungen zur Rspr des OLG Celle zum Betreuungsrecht, BtPrax 1994, 204
Seitz, Betreuungsrecht auf dem Weg ins Jahr 2001, BtPrax 1999, 215

Soergel, BGB-Kommentar, 13. Aufl 1999 ff (Betreuungsrecht bearb v *Zimmermann*, 2000)
Sonnenfeld, Aufenthaltsbestimmung, FamRZ 1995, 393
Sonnenfeld, Betreuungs- und Pflegschaftsrecht, 2001
Sonnenfeld, Rechtsmittel in Betreuungs- und Unterbringungssachen, BtPrax 2008, 167
Spanl, Anhörung im Betreuungsverfahren bei Vergütungsfestsetzung, Rpfleger 1992, 378
Spanl, Vermögensverwaltung durch Vormund und Betreuer, 2001
Spranger, Haftung des Betreuers nach dem Tod des Betreuten, BtPrax 1999, 174
Städtetag Nordrhein-Westfalen, Stärkung des ehrenamtlichen Elements im Bereich der Erwachsenenvormundschaft, DAVorm 1988, 207
Ständeke-Otto, Mittellosigkeit, BtPrax 1995, 92
Stahl/Carle, Steuerliche Rechtsstellung des Betreuers eines steuerunehrlichen Betreuten und strafrechtliche Risiken, DStR 2000, 1245
Stalinski, Die einvernehmliche Zwangsbehandlung, BtPrax 2000, 59
Staudinger, BGB-Kommentar, 12. Aufl 1993 ff (Betreuungsrecht bearb v *Bienwald*, 1999)
Steffen, BtG und landwirtschaftliches Sondererbrecht, AgrarR 1992, 129
Stein, Orientierungsleitfaden für einen Bericht eines Betreuungsvereins an die Aufsichtsbehörde, BtPrax 1995, 133
Stein, Umsetzung des Betreuungsrechts in Sachsen-Anhalt, BtPrax 1995, 130
Stimpfig, Prüfkriterien für Gutachter und Gutachten, BtPrax 1998, 225
Stockert, Bestattung durch den Betreuer, BtPrax 1996, 203
Stoffregen, Zwangseinweisung in die Psychiatrie, BtPrax 2008, 172
Stolz, BtG: Umsetzungsdefizite, FamRZ 1993, 642
Stolz, Einführung in das BtG für Amtsrichter im württembergischen Landesteil, BWNotZ 1991, 164
Stolz, Standards in der gesetzlichen Betreuung, BtPrax 1998, 87
Strätling/Eisenbart/Scharf, Stellvertreterentscheidungen in Gesundheitsfragen …, MedR 2000, 251
Straile, Kampf um die Aufwandsentschädigung, FuR 1998, 165
Suschowk, Faktische Girokonto-Sperre im Betreuungsrecht, JurBüro 1997, 508
Tachau, Strafrechtliche Garantenstellung des Betreuers, BtPrax 2008, 195
Tänzer, Budgetassistenz und rechtliche Betreuung, BtPrax 2008, 16
Taupitz, Von der entrechtenden Bevormundung zur helfenden Betreuung: das neue BtG, JuS 1992, 9
Thar, Einwilligung in die Heilbehandlung, BtPrax 1994, 74
Thar, Arbeitshilfen und Formulare für ehrenamtliche Betreuer, 2005
Thar, Waffenfund in der Wohnung des Betreuten, BtPrax 2008, 6
Tietze, Ambulante Zwangsbehandlungen im Betreuungsrecht, 2005
Tischler, Mitwirkung der Betreuers bei Verlängerung der Betreuung, BtPrax 1996, 216
Tschepe, Aktuelle Probleme des Bt-Rechts im Notariat, AnwBl 1993, 357
Uhlenbruck, Stellvertretung in Gesundheitsangelegenheiten, FS für Deutsch 1999, 849
Veit, Betreuungsverhältnis zwischen gesetzlicher und rechtsgeschäftlicher Vertretung, FamRZ 1996, 309
Vennemann, Der Betreuungsrichter an der (zu) kurzen Leine, BtPrax 1994, 3
Verrel, Richter über Leben und Tod (Sterbehilfe)?, JR 1999, 5
Verrel, Zivilrechtliche Vorsorge ist besser als strafrechtliche Kontrolle, MedR 1999, 547
Vormundschaftsgerichtstag, (2.) 1991; (3.) 1993; (4.) 1995; (5.) 1997
Vormundschaftsgerichtstag, Betrifft: Betreuung Nr 1 (1999); Nr 2 (2000)
Vormundschaftsgerichtstag, Leitlinien zur rechts- und sozialpolitischen Diskussion um die Weiterentwicklung des Betreuungsrechts, BtPrax 1999, 123
Wagenitz/Engers, Betreuung, rechtliche Betreuung, sozialrechtliche Betreuung, FamRZ 1998, 1273
Wagner, Umsetzung des Betreuungsrechts in Nordrhein-Westfalen (Erfahrungsbericht eines Betreuungsvereins), FuR 1994, 84
Wagner, Das Haager Übereinkommen vom 13.1.2000 zum internationalen Schutz Erwachsener, BtPrax 2007, 230
Waldner/Mehler, Probleme des § 172 BGB, insbes bei der Vorsorgevollmacht, MittBayNot 1999, 261
Walther, Vorführungen und Zuführungen, BtPrax 1997, 42
Walther, (Akteneinsichtsrecht für Betreuungsbehörden), BtPrax 1998, 225
Walther, Betreuungsbehörde und Verfahrenspflegschaften, BtPrax 2004, 225
Walter, Vorsorgevollmacht und Überwachungsbetreuung, ZEV 2000, 353
Walter, Die Vorsorgevollmacht, Diss Regensburg 1997
Walter, Betreuung und elterliche Sorge, FamRZ 1991, 765
Walter, Annahme und Ausschlagung einer Erbschaft, ZEV 2008, 319

Weber, Der Einfluß des Betreuungsgesetzes auf die freiheitsentziehende Unterbringung, 1995
Weigert, Vergütungspflicht von Zeitaufwendungen des Betreuers, BtPrax 1998, 98
Weise, (Altersvorsorgevollmacht), NJW 1996, 2418
Weiß, Aufwendungsersatz bei Mittellosigkeit des Betreuten, Rpfleger 1994, 51
Weitbrecht, Erkrankungen mit Demenz, FuR 1994, 289
Welti, Budgetassistenz und rechtliche Betreuung, BtPrax 2009, 64
Wenker, Die Aufnahme des „Antrags" auf Bestellung eines Betreuers, BtPrax 1993, 161
Wesche, Neues Betreuungsrecht erfordert neuen Betreuungspfleger, DAVorm 1988, 499
Wesche, Auswahl des Vormundes oder Pflegers, Rpfleger 1988, 453
Wesche, Einheitsentscheidung im neuen Betreuungsrecht, Rpfleger 1989, 225
Wesche, Das neue Betreuungsrecht, Rpfleger 1990, 441
Wesche, Die Geldverwaltung durch Betreuer, BtPrax 2003, 56
Wesche, Geldverwaltung durch Betreuer, BtPrax 2003, 56
Wesche, Vergütungsbetreuer oder Verfahrenspfleger, Anhörung im Betreuungsverfahren bei Vergütungsfestsetzung, Rpfleger 1992, 377
Wesche, Zum neuen Betreuungsrecht (Verh. Rechtspfleger und Richter), Rpfleger 1993, 227
Wesche, Gerichtliche Genehmigung bei der Geldverwaltung, BtPrax 2004, 49
Wesche, Der Betreute in der Zwangsvollstreckung, BtPrax 2006, 3
Weser, Die Auswirkungen des BtG auf die notarielle Praxis, MittBayNot 1992, 161
Wessels, Familiäre Konflikte in der Betreuung, BtPrax 1998, 64
Wetterling/Veltrup/Neubauer/Neubauer, Betreuung von Süchtigen, BtPrax 1995, 86
Wiegand, § 1846 als allgemeine Ermächtigungsgrundlage des Vormundschaftsrichters für eine zivilrechtliche geschlossene Unterbringung hilfloser Erwachsener?, FamRZ 1991, 1022
Wienand, Kernprobleme des Betreuungsrechts, FuR 1990, 36
Wienand, Die Finanzierung der Betreuungsvereine, FuR 1990, 281
Wienand, Landesausführungsgesetze zum BtG, FuR 1992, 266
Wienand/Reis (Hrsg), BtG auf dem Prüfstand, 1992
Windel, Darf der Betreuer sein Aufenthaltsbestimmungsrecht gegenüber dem Betreuten zwangsweise durchsetzen?, BtPrax 1999, 46
Winzen, Was tun bei rechtlicher Betreuung und Unterbringung?, 1999
Witte, Betreuungsvereinsfinanzierung, R u P 1994, 174
Wojnar, Der Betreute, ein unbekanntes Wesen, BtPrax 1992, 16
Wojnar, Freiheitsentziehende Maßnahmen und Demenz, BtPrax 1995, 12
Wojnar, Einsatz von Psychopharmaka in der Betreuung demenzkranker Menschen, BtPrax 1999, 11
Wolf, Personenbezogene Entscheidungen im Diskussionsentwurf eines Betreuungsgesetzes, ZRP 1988, 313
Wolfsteiner, (Altersvorsorgevollmacht), NJW 1996, 2417
Wolter-Henseler, Ansichten zum Betreuungsrecht, BtPrax 1995, 38
Wolter-Henseler, Betreuung und Arzneimittel (§ 1904 BGB), BtPrax 1994, 183
Wolter-Henseler, Betreuung zur Durchsetzung von Ansprüchen gegenüber der Pflegeversicherung, BtPrax 1996, 142
Wolter-Henseler, Betreuungswesen und seine Bedeutung für die gemeindepsychiatrische Versorgung, BtPrax 1995, 127
Wüstenberg, Der Betreute als Allgemeingefährlicher (§ 63 StGB), BtPrax 2004, 185
Wüstenberg, Die Genehmigungspflicht des Betreuers zur Abhebung oder Überweisung von Beträgen bis 3.000 Euro, Rpfleger 2005, 178
Wüstenberg, Das Ausscheiden des Betreuten aus einer BGB-Erwerbsgesellschaft oder einer Partnerschaftsgesellschaft, Rpfleger 2002, 295
Wüstenberg, Der Betreute als Vereinsmitglied, BtPrax 2005, 138
Wüstenberg, Verletzung des sexuellen Selbstbestimmungsrechts des Betreuten, BtPrax 2006, 12
Wüstenberg, Urhebervergütungsrecht insbesondere psychisch Kranker, BtPrax 2009, 205
Wunder, Betreuung und Menschenwürde, NDV 2000, 367
Wussow, Umfang und Grenzen der ärztlichen Aufklärungspflicht, VersR 2002, 1337
Zander, Selbständigkeit und Gefährdung von Betreuten, BtPrax 1994, 161
Zeller, Berufsbetreuer und das neue Rechtsberatungsgesetz, BtPrax 2006, 170
Zenz, v Eicken, Ernst, Hofmann, Vormundschaft und Pflegschaft für Volljährige, 1987; (bespr von *Bienwald*, FamRZ 1987, 1000)
Zierl, Sachwalterschaftsprobleme in Österreich, Rpfleger 1989, 225
Zimmermann/Damrau, Das neue Betreuungs- und Unterbringungsrecht, NJW 1991, 538

Zimmermann, Das neue Verfahren in Unterbringungssachen, FamRZ 1990, 1308
Zimmermann, Das neue Verfahren in Betreuungssachen, FamRZ 1991, 270
Zimmermann, BayUnterbrG (Kommentar), 3. Aufl 2009
Zimmermann, ThürPsychKG (Kommentar), 1994
Zimmermann, Der Steuerberater als Betreuer, DStR 1994, 26
Zimmermann, Erlöschen des Vergütungsanspruchs im Betreuungsrecht, Rpfleger 1996, 9
Zimmermann, Wahlrecht des Betreuten, FamRZ 1996, 79
Zimmermann, Vergütungsfähige Stunden im Betreuungsrecht, FamRZ 1998, 521
Zimmermann, Ratgeber Betreuungsrecht (dtv), 8. Aufl 2008
Zimmermann, Probleme des neuen Betreuervergütungsrechts, FamRZ 1999, 630
Zimmermann, Gerichtskosten in Betreuungssachen, JurBüro 1999, 344
Zimmermann, Die steuerliche Behandlung der Betreuervergütung, BtPrax 1999, 133
Zimmermann, Die Vergütung des Anwalts als Betreuer, ZAP 1999, Fach 11, 533
Zimmermann, Kosten des vorläufigen Betreuers (Anm), Rpfleger 1999, 535.
Zimmermann, Betreuungsrecht von A bis Z (dtv), 2000
Zimmermann, Betreuervergütung und Bundesverfassungsgericht, BtPrax 2000, 47
Zimmermann, Aktuelle Fragen des Betreuungsrechts, in Betrifft: Betreuung Nr. 2/2000, 12
Zimmermann, Betreuung und Testamentsvollstreckung, FS Dieter Schwab 2005, 1099
Zimmermann, Richter- und Rechtspflegerhaftung im Betreuungsrecht, BtPrax 2008, 185

Weitere Literatur:
Findet sich bei den einzelnen Vorschriften.

Amtliche Materialien:
Bundesminister der Justiz, Diskussions-Teilentwurf, Gesetz über die Betreuung Volljähriger, Teil I, 1987;
Bundesminister der Justiz, Diskussions-Teilentwurf, Gesetz über die Betreuung Volljähriger, Teil II, 1988;
Regierungsentwurf BT-Drucks 11/4528;
Stellungnahme des Bundesrates zum RegE BT-Drucks 11/4528 Anlage 2;
Gegenäußerung der Bundesregierung BT-Drucks 11/4528 Anlage 3;
Beschlussempfehlung und Bericht des Rechtsausschusses des Bundestages BT-Drucks 11/6949.

Zum **1. BtÄndG**: BT-Drucks 960/96 und 13/7158.
Über praktische Auswirkungen des BetreuungsG: BT-Drucks 13/7133
Zur **Sozialen Betreuuung**: BT-Drucks 13/10301
Zur **Reform des FGG**: BT-Drucks 16/6308 und 16/9733
Zum **2. BtÄndG**: BT-Drucks 15/2494
Zum **3. BtÄndG**: BT-Drucks 16/8442

Teil I Kommentierung der auf die Betreuung anwendbaren Vorschriften der §§ 1632–1908 k BGB

Bürgerliches Gesetzbuch: §§ 1632, 1698 a, 1698 b BGB

Vorbemerkungen

1. Übersicht. Das BGB kennt verschiedene Formen der Wahrnehmung fremder Interessen durch gerichtlich bestellte gesetzliche Vertreter. 1

	Vormundschaft	Betreuung	Pflegschaft
Wesen	Ersetzt Fürsorge der Familie, betrifft Vertretung in allen Angelegenheiten; der elterlichen Sorge angenähert	Vertretung in bestimmten Aufgabenkreisen, ausnahmsweise in allen Angelegenheiten	betrifft Vertretung in einzelnen Teilgebieten
Materielles Recht	§§ 1773–1894 BGB	§§ 1896–1908 k BGB sowie einzelne Vorschriften aus §§ 1784–1894 (§ 1908 i)	§§ 1909–1921 BGB, hilfsweise §§ 1773–1894 (§ 1915); §§ 1960, 1961
Verfahrensrecht	§§ 151 ff FamFG	§§ 271 ff FamFG	§§ 340, 151 Nr 5 FamFG
Alter des Betroffenen	Minderjährige	Volljährige, geschäftsfähig oder geschäftsunfähig	Minder-, Volljährige, geschäftsfähig oder geschäftsunfähig
Wirkungskreis	folgt aus dem Gesetz	ergibt sich aus dem Bestellungsbeschluss	ergibt sich aus dem Bestellungsbeschluss

2. Stellung. Vormund, Betreuer und Pfleger üben eine Fürsorgetätigkeit für Personen aus, die nicht in der Lage sind, ihre Angelegenheiten selbst wahrzunehmen. Sie haben die Stellung eines amtlichen Organs[1], handeln aber nicht in Ausübung öffentlicher Gewalt[2], sondern stehen dem Mündel, Betreuten, Pflegling als Subjekt des Privatrechts gegenüber (Ausn Jugendamt und Betreuungsbehörde). Demgegenüber hielt das BVerfG[3] die Vormundschaft unter Hervorhebung ihrer öffentlich-rechtlichen Elemente für Ausübung öffentlicher Gewalt, um dem Mündel den Schutz des Art 104 Abs 2 GG zu gewähren. Diese Notwendigkeit ist zwischenzeitlich durch Änderung der §§ 1800, 1631 b und Einführung des § 1906 durch das BtG entfallen. Zuzugeben ist, dass das Vormundschaftsrecht auch öffentlich-rechtliche Bestandteile enthält[4]. 2

1 RGZ 151, 57/62.
2 BGHZ 17, 108 = NJW 1955, 867; RGZ 132, 257, 259; RGRK-*Dickescheid* Rz 2 vor § 1773; *Müller-Freienfels*, Die Vertretung beim Rechtsgeschäft, 1955, S. 355; *Schreiber* AcP 178 (1978), 531/9.
3 BVerfGE 10, 302 = NJW 1960, 811.
4 Vgl die ges Unfallversicherung, § 2 Abs 1 Nr 10 SGB VII.

3 Jedoch überwiegen die privatrechtlichen, da die Stellung des Vormunds weitgehend der des Inhabers der elterlichen Sorge nachgebildet ist; die Unterschiede zwischen dem Vormund und dem elterlichen Sorgerechtsinhaber (verstärkte Aufsichts- und Genehmigungsrechte des VormG) sind mehr quantitativer als qualitativer Art. Die Vorschriften, die die Pflichten und Aufgaben des Vormunds gegenüber dem Vermögen und der Person des Mündels regeln, haben privatrechtlichen Charakter. Daraus folgt, dass der nach §§ 1773 ff bestellte Vormund als solcher Inhaber eines grundrechtlich geschützten Pflege- und Erziehungsrechtes sein kann[5]. Nicht so weit der elterlichen Sorge angenähert ist die Betreuung. Dies erklärt sich einmal daraus, dass es sich um Volljährige handelt, die zwar der Hilfe und Fürsorge bedürfen, aber nicht mehr erzogen werden; zum anderen umfasst die Fürsorge nicht Person und Vermögen des Betreuten im vollen Umfang, sondern im Grundsatz nur die Teilgebiete, bei denen ein Bedürfnis für Hilfe besteht. Noch weniger angelehnt an die elterliche Sorge ist die Pflegschaft – soweit man die verschiedenen Formen der Pflegschaft überhaupt zusammenfassen darf – denn sie erfasst nur Teilbereiche, bei denen Hilfe gewährt wird, und kann sich auf Minderjährige oder Volljährige erstrecken.

4 **3. Aufsicht.** Da mit den Befugnissen von Vormund, Betreuer und Pfleger amtliche Pflichten unlösbar verknüpft sind, werden sie einer Aufsicht unterstellt (§§ 1837 ff, 1908 i, 1915). Oberstes Aufsichtsorgan ist (soweit es um Betreuung geht) das Betreuungsgericht (§ 1837). Es wird unterstützt durch den Gegenbetreuer (§§ 1792, 1799) und die Betreuungsbehörde (§ 7 BtBG). Aufsichtsmittel sind Gebote, Verbote, Ordnungsmittel (§§ 1837, 1908 i, 1915), Entlassung (§§ 1886, 1908 b, 1915) sowie die Erteilung bzw Verweigerung der insbes nach §§ 1810 ff, 1821 ff, 1896 ff, 1908 i, 1915 erforderlichen Genehmigungen. Unter der Aufsicht des Betreuungsgerichts handeln Betreuer selbstständig: **Grundsatz der Selbständigkeit**[6]. Sie (und grundsätzlich nicht das Betreuungsgericht) entscheiden – Betreuer und Pfleger im Rahmen ihrer Aufgabenkreise – über alle Bereiche der Personen- und Vermögenssorge des betreuten Pfleglings. Nur wenn sie den Rahmen der Gesetzmäßigkeit und der Zweckmäßigkeit überschreiten, pflichtwidrig oder die Belange des Schutzbefohlenen gefährdend handeln, darf das Betreuungsgericht aufgrund seiner Aufsichtspflicht einschreiten. Ist dieser Rahmen gewahrt, kann das Betreuungsgericht nur Ratschläge erteilen. Nicht befugt ist das Betreuungsgericht, bindende Anweisungen für die Tätigkeit zu geben. Vormund, Betreuer und Pfleger, nicht das Gericht, vertreten Mündel, Betreuten, Pflegling (Ausnahme: § 1846). Der gesetzliche Rahmen ist verschieden weit, je nachdem, ob es sich um eine gewöhnliche oder eine befreite Betreuung handelt (vgl §§ 1852 ff), je nachdem wer Betreuer ist, ob eine (Privat) Person, die Betreuungsbehörde, ein Verein oder ein Angestellter des Vereins.

5 **4. Verfahren. – a) Zuständigkeit.** Die sachliche Zuständigkeit für Betreuungssachen liegt beim Amtsgericht, Abt Betreuungsgericht (§§ 23 a Abs 2 Nr 1, Abs 2 Nr 1, 23 c GVG); für Vormundschaft und Pflegschaft für Kinder ist das Familiengericht zuständig, für sonstige Pflegschaften das Betreuungsgericht, für Nachlasspflegschaften das Nachlassgericht. Landesrechtlich ist es nach Art 147 EG, § 486 FamFG zulässig, auch anderen Behörden, zB Notariaten, betreuungsgerichtliche Aufgaben zu übertragen. So ist in Württemberg (etwa: OLG-Bezirk Stuttgart; vgl § 1 Abs 4 BaWüLFGG) der Bezirksnotar im Wesentlichen zuständig, aber nicht für Unterbringungen. Die funktionelle Zuständigkeit liegt teils beim Rechtspfleger, teils beim Richter (§§ 3, 15 RPflG). Die örtliche Zuständigkeit folgt aus § 272 FamFG.

---

5 *Lindacher* FamRZ 1963, 166 mwN.

6 BGHZ 17, 108, 116 = NJW 1955, 867; BGHZ 20, 313, 321 = NJW 1956, 1148.

b) **Amtsverfahren.** Das Gericht wird weitestgehend von Amts wegen tätig (§ 1896) und ermittelt den Sachverhalt von Amts wegen (§ 26 FamFG). 6

5. **Weitere Reglungen.** Das Betreuungsrecht des BGB wird ergänzt durch das VBVG, FamFG, RPflG, KostO sowie das BtBG. 7

6. **Zum zwischenstaatlichen Recht.** Vgl Art 24 EGBGB; § 104 FamFG; Erwachsenenschutz – Übereinkommen v 13.1.2000 (BGBl II 2007, 324), das aber nur im Verhältnis zu Frankreich und Schottland gilt. 8

7. **Landesrecht.** Solche Regelungen finden sich in Form der Ausführungsgesetze der einzelnen Bundesländer zum Betreuungsrecht, der 16 verschiedenen Unterbringungs- bzw PsychKG – Gesetze, der Befreiungen für die Betreuungsbehörde (§ 1908 i Rz 63 ff). Ferner gestattet § 19 RPflG, die funktionelle Zuständigkeit anders zu regeln. Nach § 23 d GVG können Zuständigkeiten auf einzelne Amtsgerichte konzentriert werden. 9

8. **Einigungsvertrag.** Der Einigungsvertrag hat in Art 234 §§ 14 und 15 EGBGB Vormundschaft und Pflegschaft behandelt; Vormundschaften und Pflegschaften wurden in solche des BGB übergeleitet. Das BtG ist nach der Wiedervereinigung in Kraft getreten, gilt also von vornherein für Gesamtdeutschland. 10

§ 1632 BGB Herausgabe des Kindes; Bestimmung des Umgangs …

(1) Die Personensorge umfasst das Recht, die Herausgabe des *Kindes* von jedem zu verlangen, der es den *Eltern oder einem Elternteil* widerrechtlich vorenthält.

(2) Die Personensorge umfasst ferner das Recht, den Umgang des *Kindes* auch mit Wirkung für und gegen Dritte zu bestimmen.

(3) Über Streitigkeiten, die eine Angelegenheit nach Absatz 1 oder 2 betreffen, entscheidet das *Familiengericht* auf Antrag eines *Elternteils*.

(4) …

1. **Anwendbarkeit.** § 1632 Abs 1, 2 und 3 ist im **Betreuungsrecht** sinngemäß anzuwenden (§ 1908 i Abs 1), nicht aber § 1632 Abs 4 (Familienpflege). Statt *Kind* ist Betreuter zu lesen, statt *Eltern* Betreuer, anstelle des Familiengerichts ist das Betreuungsgericht (AG) zuständig. 1

2. **Herausgabe (Abs 1).** Ein Betreuer mit dem Aufgabenkreis „Personensorge" hat ua das Recht, die „Herausgabe" des Betreuten zu fordern; der Aufgabenkreis „Aufenthaltsbestimmung"[1] oder „alle Angelegenheiten" reicht ebenfalls aus. Hat beispielsweise die Tochter das Personensorgerecht und hält sich die betreute Mutter besuchsweise bei ihrem Sohn auf, dann kann die Tochter aus § 1632 Abs 1 verlangen, dass die Mutter wieder „herausgegeben" wird. Dazu muss nicht vorher ein Einwilligungsvorbehalt nach § 1903 BGB angeordnet werden[2]; denn es geht nicht um die Abgabe rechtsgeschäftlicher Willenserklärungen. 2

3. **Umgangsbestimmung (Abs 2).** Ein Betreuer mit dem Aufgabenkreis „Personensorge" hat ferner das Recht, den „Umgang" des Betreuten zu bestimmen. Er hat deshalb zB das Recht, das Altenheim anzuweisen, bestimmte Personen nicht zum Betreuten zu lassen. Das sind Personen, die schädlichen Einfluss auf 3

1 OLG Frankfurt FamRZ 2003, 964 = FGPrax 2003, 81.
2 AA HK-BUR-*Bauer* § 1632 Rz 26.

den Betreuten ausüben, die ihm seine Vermögenswerte wie zB Taschengeld abschwatzen, ihn zu bestimmten rechtlichen Schritten drängen wollen und beunruhigen. Dazu muss nicht vorher ein Einwilligungsvorbehalt nach § 1903 angeordnet werden[3]; die Umgangsbestimmung hat damit überhaupt nichts zu tun. Umfasst der Aufgabenkreis des Betreuers weder allgemein die Personensorge noch im Besonderen die Regelung des Umgangs, ist er nicht zu **Kontaktverboten** gegenüber Dritten, insbesondere den Eltern des Betroffenen, befugt[4]. Die Regelung des **Besuchsrechts** kann dem Betreuer zugewiesen werden[5]. Verwandte des Betreuten haben kein gegenüber einem Umgangsbestimmungsrecht des Betreuers höherrangiges Umgangsrecht[6]. Doch muss ein vernünftiger nachvollziehbarer Grund für ein Kontaktverbot bestehen[7], sonst kann das Betreuungsgericht dem Betreuer entsprechende Weisungen erteilen (§ 1837).

4 **4. Durchsetzung (Abs 3).** Die sinngemäße, also nur entsprechende Anwendung auf das Betreuungsrecht ergibt:

5 **a) Herausgabe.** Erfolgt die Herausgabe nicht freiwillig, ist der Betreuer darauf angewiesen, beim Betreuungsgericht eine entsprechende **Herausgabeverfügung** zu beantragen. Hierzu hat der Richter den Betreuten persönlich anzuhören, weil es um eine wichtige Frage des Wohls des Betreuten geht. Die Vollstreckung erfolgt nach §§ 88 ff FamFG. Zur Befolgung des Herausgabebeschlusses kann der Dritte mit Ordnungsgeld bzw Ordnungshaft angehalten werden (§ 89 FamFG), notfalls kann zusätzlich angeordnet werden, dass Gewalt angewandt werden kann (§ 90 FamFG). Da §§ 4, 8 BtBG keine konkrete Pflicht der Betreuungsbehörde zur Hilfe begründen und § 88 Abs 2 FamFG wohl nicht entsprechend anwendbar ist, bleibt nur, dass der Betreuer einen Gerichtsvollzieher beauftragt. Der Herausgabebeschluss ist nach §§ 58 ff FamFG mit befristeter Beschwerde anfechtbar. Die Herausgabe kann auch durch eine **einstweilige Anordnung** geboten werden (§ 49 Abs 2 FamFG), wobei die Anhörung ggf nachzuholen ist[8].

6 **b) Umgang.** Der Betreuer kann beim Betreuungsgericht einen entsprechenden Beschluss, der einem Dritten der Umgang mit dem Betreuten verbietet, beantragen. Der Richter hat den Betreuten hierzu persönlich anzuhören. Auch hier ist das Wohl des Betreuten der zentrale Aspekt, der nach § 26 FamFG aufzuklären ist. Der Dritte ist als Gegner Beteiligter im Sinne des § 7 Abs 2 Nr 1 FamFG. Die Entscheidung lautet zB, dass dem … verboten wird, den Betreuten aufzusuchen und dem Dritten ein Ordnungsgeld angedroht wird; Kostenentscheidung: § 81 FamFG. Es genügt nicht, wenn im Beschluss als Begründung angegeben wird, dass der Betreute nach den Besuchen seiner Schwester jeweils „verwirrt" war etc, weil das nicht konkret genug ist. Gegen den Beschluss ist Beschwerde (§§ 58 ff FamFG) statthaft[9].

7 Das Umgangsrecht kann auch in der Weise geklärt werden, dass der Dritte sich zunächst an das Verbot des Betreuers hält, dann aber beim Betreuungsgericht beantragt, dass der Betreuer angewiesen wird (§ 1837 Abs 1 BGB; vgl § 1837 Rz 11), entsprechende Besuche zu gestatten. So ist es, wenn zB die betreute Mutter bei ihrer Tochter lebt und die Tochter allen anderen Verwandten einen Besuch verbietet, die Betreute also vom Kontakt mit der Umwelt abschließt. Eine

3 BayOblG FamRZ 2000, 1524; aA HK-BUR-*Bauer* § 1632 Rz 46.
4 OLG München FamRZ 2008, 1030.
5 BayOblG FamRZ 2000, 1524.
6 BayObLG FamRZ 2002, 907 (Schwester des Betreuten).
7 OLG Hamm Rpfleger 1985, 294 (Kind).
8 OLG Frankfurt FamRZ 2003, 964 = FGPrax 2003, 81.
9 Vgl den Fall BayObLG FamRZ 2002, 907.

einstweilige Verfügung (§§ 935 ff ZPO) scheidet daneben aus. Der Kontakt des Betreuten mit seinem Anwalt[10], auch schon vor Mandatserteilung, Verfahrenspfleger, Abgeordneten, Menschenrechtskonvention, Behörden, Botschaften, Gerichten, Staatsanwaltschaft, Polizei usw kann weder vom Betreuer noch vom Betreuungsgericht unterbunden werden. Der Kontakt mit nahen Angehörigen (Eltern, Kinder, Geschwister, Geschwisterkinder) kann nur ganz ausnahmsweise unterbunden werden, weil ihnen möglicherweise Grundrechte zur Seite stehen[11], vgl Art 6 Abs 1, 1 Abs 1, 2 Abs 1 GG. Hier kommt es darauf an, festzustellen, was der Betreute wünscht und was seinem Wohl dient.

c) **Zuständig** ist jeweils der Richter, nicht der Rechtspfleger[12]; § 15 Abs 1 Satz 1 Nr 7 RPflG. **8**

§ 1698 a BGB Fortführung der Geschäfte in Unkenntnis der Beendigung der elterlichen Sorge

(1) [1]Die *Eltern* dürfen die mit der Personensorge und mit der Vermögenssorge für das *Kind* verbundenen Geschäfte fortführen, bis sie von der Beendigung der *elterlichen Sorge* Kenntnis erlangen oder sie kennen müssen. [2]Ein Dritter kann sich auf diese Befugnis nicht berufen, wenn er bei der Vornahme eines Rechtsgeschäfts die Beendigung kennt oder kennen muss.

(2) Diese Vorschriften sind entsprechend anzuwenden, wenn die *elterliche Sorge* ruht.

1. Anwendbarkeit. § 1698 a BGB ist im **Betreuungsrecht** sinngemäß anzuwenden (vgl § 1908 i Abs 1 BGB, welcher auf § 1893 Abs 1 BGB verweist und dieser auf §§ 1698 a, b). Statt *Kind* ist Betreuter zu lesen, statt *Eltern* Betreuer. **1**

2. Inhalt der Regelung. Endet die Betreuung (zB durch Tod des Betreuten, Aufhebung bzw Entlassung des Betreuers), dann endet an sich auch die Vertretungsbefugnis des Betreuers (§ 1902 BGB). Dasselbe gilt, wenn der Aufgabenkreis beschränkt wird, zB wenn die Vermögenssorge gestrichen wird. Der Betreuer würde ab jetzt als Vertreter ohne Vertretungsmacht handeln (§ 179 BGB), also sich selbst verpflichten, obwohl er vom Ende seines Amts noch nichts weiß. Zum Schutze des Betreuers bestimmt daher § 1698 a BGB, dass er noch wirksam handeln kann, solange ihm die Beendigung des Amts nicht bekannt ist oder bekannt sein muss (**Abs 1 Satz 1**); für solche Tätigkeiten wird er noch vergütet und erhält dafür Ersatz seiner Aufwendungen. Er verpflichtet den Betreuten, im Falle des Todes die Erben. Kennt der Geschäftsgegner (Dritte) die Beendigung des Amts oder muss er sie kennen, dann hat er keine Ansprüche gegen den Betreuten oder dessen Erben; er kann sich nicht auf die wegen Satz 1 fortwirkende Rechtsmacht des Betreuers berufen (**Abs 1 Satz 2**). **2**

3. Kennenmüssen. Der Beteiligte (Betreuer, Dritte) wird so behandelt, als habe er das Ende des Amtes tatsächlich gekannt, wenn er es kennen musste. Das ist gleichbedeutend mit „infolge Fahrlässigkeit nicht kennen“. **3**

10 BayObLG Rpfleger 1990, 361.
11 KG FamRZ 1988, 1044; *Jürgens/Klüsener*, BGB § 1632 Rz 12.
12 *Jürgens/Klüsener*, § 1632 Rz 10.

§ 1698 b BGB Fortführung dringender Geschäfte nach Tod des Kindes

Endet die *elterliche Sorge* durch den Tod des *Kindes*, so haben die *Eltern* die Geschäfte, die nicht ohne Gefahr aufgeschoben werden können, zu besorgen, bis der Erbe anderweit Fürsorge treffen kann.

1 **1. Anwendbarkeit.** § 1698 b BGB ist im **Betreuungsrecht** sinngemäß anzuwenden (§ 1908 i Abs 1, welcher auf § 1893 Abs 1 BGB verweist und dieser auf §§ 1698 a, b BGB). Statt *Kind* ist Betreuter zu lesen, statt *Eltern* Betreuer, anstelle des Familiengerichts ist das Betreuungsgericht zuständig. Die Vorschrift berechtigt den Betreuer, bestimmte Notgeschäfte noch in Vertretung der Erben vorzunehmen[1] und verpflichtet ihn sogar hierzu. Bei Verstoß würde er aus § 1833 BGB haften. Im Übrigen ist die Sicherung des Nachlasses des verstorbenen Betreuten Sache der Erben und bei einem Fürsorgebedürfnis Aufgabe des Nachlassgerichts bzw eines vom Nachlassgericht zu bestellenden Nachlasspflegers (§§ 1960, 1962 BGB). Die Verpflichtung trifft nur einen Betreuer, der vor dem Tod des Betreuten einen ausreichenden Aufgabenkreis hat (der Gesundheitsbetreuer muss sich nicht nach dem Tod des Betreuten um eine Dachreparatur kümmern). Seit der Neuregelung des Vergütungsrechts ist streitig, ob solche Tätigkeiten noch besonders vergütet werden; vgl § 5 VBVG.

2 **2. Unaufschiebbare Geschäfte.** Darunter fallen zB: dringende Reparaturen (Wasserrohrbruch usw), Beseitigung von Gefahrenquellen (Gas abstellen, Heizung im Winter einschalten), Versorgung von Haustieren. **Nicht unaufschiebbar** sind: Kündigung der Wohnung, Bezahlung von Schulden, Auflösung der Wohnung, Bestattung, Bezahlung der Beerdigungskosten, Erbauseinandersetzung. Die Zustimmung zur Organentnahme richtet sich nicht nach § 1698 b BGB, sondern nach dem TPG; es handelt sich grundsätzlich um keine *erbrechtliche* Frage, die Leiche wird nicht vererbt, sie gehört nicht den Erben (von denen § 1698 b BGB spricht).

3 Auch die Frage, wer die **Totenfürsorge** hat, hat nichts mit dem Erbrecht zu tun, weil (wenn der Erblasser nichts angeordnet hat) nach Gewohnheitsrecht die Totenfürsorge den nächsten Angehörigen zusteht[2], hilfsweise den Personen, welchen sie der Verstorbene anvertrauen wollte (das sind nicht zwingend die Erben des Vermögens); die Totenfürsorge betrifft die Frage der Gestaltung und des Ortes der Beerdigung. Hiervon zu unterscheiden ist die gesundheitspolizeiliche Frage, wer für die Bestattung zu sorgen hat; sie ist geregelt in den Bestattungsgesetzen der Länder. Schlagen die nächsten Angehörigen die Erbschaft aus, haben sie gleichwohl nach den Regelungen in den Bestattungsgesetzen der Länder die Bestattungskosten zu tragen, es sei denn, sie sind selbst sozialhilfebedürftig. Die erbrechtliche Frage, dass die Erben die Kosten der Bestattung zu zahlen haben (§ 1968 BGB), wird davon nicht berührt; wenn die Erben die Erbschaft wegen Überschuldung ausschlagen, unterbleibt die Suche nach weiteren Erben, der Staat wird Erbe (§ 1936 BGB).

---

1 LG Koblenz FamRZ 1995, 1376.

2 BGH FamRZ 1978, 15; FamRZ 1992, 657; Palandt/*Edenhofer* Rz 9 vor § 1922.

Erster Titel. **Vormundschaft (§§ 1773–1895 BGB), soweit auf die Betreuung anwendbar**

§ 1784 BGB Beamter oder Religionsdiener als Vormund

(1) Ein Beamter oder Religionsdiener, der nach den Landesgesetzen einer besonderen Erlaubnis zur Übernahme einer *Vormundschaft* bedarf, soll nicht ohne die vorgeschriebene Erlaubnis zum *Vormunde* bestellt werden.

(2) Diese Erlaubnis darf nur versagt werden, wenn ein wichtiger dienstlicher Grund vorliegt.

Schrifttum: *Kröger*, Der Beamte als Vormund und Pfleger (Betreuer), SchlHA 1992, 85; *Deinert*, Die Betreuung als beamtenrechtliche Nebentätigkeit, DAV 1995, 1031.

1 **1. Geltungsbereich.** § 1784 ist auf den **Betreuer** gem § 1908 i Abs 1 BGB entsprechend anwendbar, ebenso auf den Gegenbetreuer, Verfahrenspfleger, nicht aber auf den Behördenbetreuer (§ 1897 Abs 1 BGB). Wenn der Behördenbetreuer auf Verlangen der Behörde entlassen wird, er indes die Betreuung als Privatperson weiterführen will (§ 1908 b Abs 4 BGB), ist § 1784 BGB anwendbar[1], falls der Betreuer noch Beamter ist.

2 **2. Sinn der Vorschrift.** § 1784 soll verhindern, dass dienstliche Interessen beeinträchtigt werden[2]. Das Betreuungsgericht soll den Beamten nicht vor Erteilung der Erlaubnis zum Betreuer ernennen, auch dann nicht, wenn es mit der Erteilung der Genehmigung rechnet. Der Verstoß hat keine Nichtigkeit zur Folge. Für eine Bestellung zum Betreuer unter Entlassungsvorbehalt (wenn die Genehmigung versagt wird) ist kein Platz, weil § 1790 BGB in § 1908 i BGB nicht für anwendbar erklärt ist.

3 **3. Beamte nach den Landesgesetzen.** Die Vorschrift ist anzuwenden auf Beamte nach den Landesgesetzen (Landesbeamte, Beamte der Gemeinden, Gemeindeverbände sowie der dem Landesrecht unterstehenden Stiftungen, Anstalten und Körperschaften des öffentlichen Rechts); entsprechend auf **Richter** im Landesdienst (dh solche am AG, LG, OLG, Arbeitsgericht, Sozialgericht, Verwaltungsgericht). Sie gilt auch für **Angestellte und Arbeiter** dieser Dienststellen, setzt also nicht den beamtenrechtlichen Begriff des Beamten voraus[3]. Zwar geht der historische Gesetzgeber vom beamtenrechtlichen Begriff aus, er will aber das öffentliche Interesse schützen. Wenn der Staat heute seinen Arbeitern und Angestellten in Tarifverträgen und Anstellungsverträgen das Einholen einer Genehmigung vor Übernahme einer Vormundschaft zur Pflicht macht, dann tut er dies auch im öffentlichen Interesse. Es wäre also widersprüchlich, § 1784 nur auf Beamte anzuwenden. Für **Bundesbeamte, Bundesrichter** fehlt, historisch bedingt, eine Regelung[4]. Da die Bundesbeamten gem § 65 BBG und entsprechend die Bundesrichter gem § 46 DRiG zur Übernahme der Betreuung eine Genehmigung brauchen, ist § 1784 BGB auf sie entsprechend anzuwenden. Entsprechendes gilt für **Soldaten** (§ 21 SoldG). Diese Personen brauchen für die Übernahme einer Betreuung nicht nur eine **Nebentätigkeitsgenehmigung**[5], sondern müssen die Einkünfte auch an den Dienstherrn abführen, soweit bestimmte Beträge überschritten werden.

---

1 HK-BUR-*Deinert* § 1784 Rz 14.
2 Motive IV S. 1072.
3 MünchKomm-*Wagenitz* § 1784 Rz 2; HK-BUR-*Deinert* § 1784 Rz 8; aA Staudinger-*Engler* § 1784 Rz 3.
4 Vgl Motive IV S. 1073.
5 Dazu *Deinert* DAVorm 1995, 1031; *Kröger* SchlHA 1992, 85.

4 **4. Religionsdiener.** Die Landesgesetze enthielten bis zur Weimarer Reichsverfassung (vgl Art 137 Abs 3) entsprechende Regelungen (vgl für Preußen Art 72 AGBGB). Heute finden sich keine Regelungen mehr in den Landesgesetzen. Welche staatskirchenrechtliche Stellung die Religions- oder Glaubensgemeinschaft hat, ob sie insbesondere eine Religionsgemeinschaft des öffentlichen Rechts oder des Privatrechts ist, ist unerheblich. Ob es sich um eine Religionsgesellschaft handelt, muss ggfs durch Auslegung ermittelt werden. Zu den Religionsdienern gehören Pfarrer, Kirchenbeamte, in der Kirchenverwaltung eingesetzte Personen. Das Gericht wird bei Anhaltspunkten für eine solche Tätigkeit ermitteln müssen (§ 26 FamFG), ob der Ausgewählte einer Genehmigung seiner Religionsgemeinschaft, zB auch aufgrund Anstellungsvertrags, bedarf.

5 **5. Betreuung Angehöriger.** Die unentgeltliche Betreuung eines Angehörigen ist nach § 42 Abs 1 BRRG, § 65 BBG (nur anzeigepflichtig, aber) nicht genehmigungspflichtig. Wer *Angehöriger* ist, ist nicht definiert; Verwandtschaft ist nicht erforderlich. Unentgeltlichkeit liegt vor, wenn nur Aufwendungen ersetzt werden, sei es auch in Form der Aufwendungspauschale (§ 1835 a BGB). Für diesen Personenkreis ist somit § 1784 BGB nicht einschlägig.

6 **6. Verstoß gegen § 1784 BGB.** Ist gegen § 1784 BGB verstoßen worden, so ist die Bestellung zum Betreuer nicht deswegen nichtig oder anfechtbar (es handelt sich nur um eine Soll-Vorschrift). Wenn die Genehmigung nachträglich versagt wird, berührt dies die Wirksamkeit ebenfalls nicht. Der Betreuer ist aber dann gem § 1888 BGB zu entlassen; diese Regelung tritt neben § 1908 b BGB.

7 **7. Abs 2.** Was ein wichtiger Grund ist, ergibt sich aus dem beamtenrechtlichen Nebentätigkeitsrecht[6]; doch ist Abs 2 als Bundesrecht gegenüber Landesrecht vorrangig. Wird die Genehmigung versagt, so kann der Beamte hiergegen zum Verwaltungsgericht klagen, der öffentliche Angestellte (§ 11 BAT) zum Arbeitsgericht. Das Betreuungsgericht ist an die Entscheidung des Dienstherrn bzw Gerichts gebunden.

§ 1785 BGB Übernahmepflicht

Jeder Deutsche hat die Vormundschaft, für die er von dem Familiengericht ausgewählt wird, zu übernehmen, sofern nicht seiner Bestellung zum Vormund einer der in den §§ 1780 bis 1784 bestimmten Gründe entgegensteht.

1 Für die Betreuung gelten §§ 1785, 1786 BGB (Ablehnungsgründe) nicht, weil in § 1898 Abs 2 BGB ausdrücklich geregelt ist, dass keine Pflicht zur Übernahme einer Betreuung besteht. Umstritten ist, ob § 1785 BGB für den Verfahrenspfleger gilt; wer auf den Verfahrenspfleger § 1915 Abs 1 BGB anwendet[1], kommt zwangsläufig zu § 1785 BGB. Das ist indes nicht richtig: der Verfahrenspfleger ist kein Pfleger im Sinne des § 1915 BGB, seine Stellung ist nicht im BGB geregelt, sondern in §§ 276, 317 FamFG; er ist „Beteiligter" (§ 274 Abs 2 FamFG). Dabei soll eine rechtskundige Person beigeordnet werden, die dieselben Aufgaben wie ein Anwalt hat; lediglich aus fiskalischen Gründen wurde die Verfahrenspflegschaft auch anderen Personen eröffnet. Deshalb hat der Verfahrenspfleger keine Übernahmepflicht[2]. Die Frage ist von Bedeutung, weil nichtberufsmäßige (= ehrenamtliche) Verfahrenspfleger keine Vergütung erhalten, auch nicht, wenn der Betroffene vermögend ist (vgl § 278 FamFG).

---

6 BVerwG NJW 1996, 139.
1 So *Pohl* BtPrax 1992, 19.
2 BVerfG NJWE-FER 2000, 282/3.

§ 1787 BGB Folgen der unbegründeten Ablehnung

(1) Wer die Übernahme der *Vormundschaft* ohne Grund ablehnt, ist, wenn ihm ein Verschulden zur Last fällt, für den Schaden verantwortlich, der dem *Mündel* dadurch entsteht, dass sich die Bestellung des *Vormundes* verzögert.

(2) Erklärt das Familiengericht die Ablehnung für unbegründet, so hat der Ablehnende, unbeschadet der ihm zustehenden Rechtsmittel, die *Vormundschaft* auf Erfordern des Familiengerichts vorläufig zu übernehmen.

1. Geltungsbereich. § 1787 Abs 1 BGB ist für die **Betreuung** für entsprechend anwendbar erklärt worden (§ 1908 i Abs 1 BGB), § 1787 Abs 2 BGB dagegen nicht, denn eine vorläufige Betreuung kennt das Betreuungsrecht zwar (§§ 300, 301 FamFG), aber nicht für den Fall der Weigerung, das Betreueramt zu übernehmen. Die Verweisung passt nicht[1]: Zwar besteht eine öffentlich-rechtliche Pflicht zur Übernahme einer Vormundschaft (vgl § 1788 BGB), aber keine Pflicht zur Übernahme einer Betreuung (vgl § 1898 Abs 2 BGB); im Gesetzgebungsverfahren war eine solche Verpflichtung geplant gewesen (daher rührt § 1898 Abs 1 BGB), als dies später anders beschlossen wurde, hat man wohl vergessen, die Verweisung auf § 1787 BGB aus § 1908 i Abs 1 BGB wieder herauszunehmen. Es gibt auch keine Pflicht, auf einen Brief des Betreuungsgerichts, in dem man gefragt wird, ob man zur Übernahme einer Betreuung bereit ist, zu antworten. Deshalb hat § 1787 keinen unmittelbaren Anwendungsfall. Er kann allenfalls in den Fällen (zusätzlich) analog angewandt werden, in denen ein bestellter Betreuer die Betreuung „niederlegt", dh die Arbeit einstellt, ohne dass eine Entlassung durch das Betreuungsgericht erfolgt. 1

2. Herrschende Meinung. Die hM[2] bejaht die Anwendbarkeit des § 1787 Abs 1 BGB im Betreuungsrecht, zB dann, wenn die ausgewählte Person rechtswidrigerweise ihre Zustimmung versagt oder auf die Anfrage, ob sie bereit zur Übernahme ist, nicht binnen angemessener Frist reagiert. Zuständig ist dann das Betreuungsgericht, nicht das Familiengericht. 2

3. Voraussetzungen der Schadensersatzpflicht sind (wenn man von der hM ausgeht) die grundlose Ablehnung und ein Verschulden des „Betreuers". Es handelt sich um ein gesetzliches Schuldverhältnis, nicht eine unerlaubte Handlung. Der Anspruch **verjährt** daher nicht nach § 852 BGB, sondern (da § 197 Abs 1 Nr 2 BGB aufgehoben wurde) nach §§ 195 ff, 199 BGB. Der Schadensersatzanspruch ist im Prozessweg zu verfolgen, wobei das Prozessgericht (bei Betreuung) alle Voraussetzungen des § 1787 BGB (ohne Bindung an Entscheidungen des Betreuungsgerichts) festzustellen hat. Die Schadensersatzpflicht erstreckt sich auf den Verzögerungsschaden (zB weil ein Einwilligungsvorbehalt nicht rechtzeitig angeordnet werden konnte, so dass sich der Betroffene schädigte; Zinsverlust durch verspätet angelegtes Geld; Verluste wegen Verjährung oder Ablauf von Rechtsmittelfristen; erhöhte Kosten wegen der Verspätung) sowie die Kosten, die durch die grundlose Weigerung entstanden sind, keine Haftung für Schaden infolge (ersatzweiser) Bestellung eines ungeeigneten Betreuers. Fehlende Maßnahmen des Betreuungsgerichts aus §§ 1846, 1908 i Abs 1 BGB schließen den Anspruch gegen den Betreuer nicht aus. 3

---

1 AA *Dodegge/Roth* Rz D 140.

2 HK-BUR-*Bauer* § 1787 Rz 4; MünchKomm-*Wagenitz* § 1787 Rz 15; *Knittel* § 1787 Anm I; *Jürgens* § 1898 Rz 6; *Bienwald* § 1908 i Rz 30.

§ 1788 BGB Zwangsgeld

(1) Das Familiengericht kann den zum *Vormund* Ausgewählten durch Festsetzung von Zwangsgeld zur Übernahme der *Vormundschaft* anhalten.

(2) Die Zwangsgelder dürfen nur in Zwischenräumen von mindestens einer Woche festgesetzt werden. Mehr als drei Zwangsgelder dürfen nicht festgesetzt werden.

1 **Zwangsgeld.** Es ist im Betreuungsrecht nicht zulässig, den als Betreuer Ausgewählten durch Festsetzung von Zwangsgeld zur Amtsannahme zu bewegen (§ 1898 Abs 2 BGB); § **1788 gilt** also **nicht entsprechend** (§ 1908 i Abs 1 BGB). Ebenso ist es mE bei Verfahrenspflegern. Dagegen kann das Betreuungsgericht den Betreuer zur Befolgung seiner Anordnungen (zB Vorlage des Vermögensverzeichnisses, der jährlichen Abrechnung, der Bescheinigung über den Sperrvermerk) durch Festsetzung von Zwangsgeld anhalten (§§ 1908 i Abs 1, 1837 Abs 3 BGB). Das Verfahren richtet sich nach § 35 FamFG. Das Zwangsgeld wird mit den Verfahrenskosten (§ 119 Abs 5 KostO) nach § 1 JBeitrO beigetrieben. Es fließt in die Staatskasse. Das Zwangsgeld ist keine Strafe; kann der Betreuer nicht zahlen, wird es nicht (wie eine Geldstrafe) in eine Freiheitsstrafe umgewandelt.

2 **Unzulässig** ist ein Zwangsgeld zur Erzwingung von Zweckmäßigkeitshandlungen; wegen ungebührlichen Verhaltens des Betreuers gegenüber dem Betreuungsgericht; wenn die Anordnung des Betreuungsgerichts nachträglich durchgeführt wurde[1] oder nicht mehr durchgeführt werden kann[2], wenn der Zweck bereits erreicht ist[3] oder wenn der Betreuer inzwischen entlassen ist; nach beendigter Betreuung oder nach dem Ende des Amtes kann der Betreuer mit Zwangsgeld nur noch zur Rückgabe der Bestallungsurkunde oder zu einer formell ordnungsmäßigen Schlussrechnung gezwungen werden. Unzulässig ist Zwangsgeld ferner gegen Betreuungsbehörde und Betreuungsverein (§ 1837 Abs 3 Satz 2 iVm § 1908 i Abs 1 BGB); gegen Behördenbetreuer (§ 1908 g Abs 1 BGB); zulässig ist es jedoch gegen Vereinsbetreuer. Die Beitreibung hat zu unterbleiben, wenn der Betreuer zwischenzeitlich der Aufforderung nachgekommen ist[4].

§ 1791 a BGB Vereinsvormundschaft

(1) [1]Ein rechtsfähiger Verein kann zum Vormund bestellt werden, wenn er vom Landesjugendamt hierzu für geeignet erklärt worden ist. [2]Der Verein darf nur zum Vormund bestellt werden, wenn eine als Einzelvormund geeignete Person nicht vorhanden ist oder wenn er nach § 1776 als Vormund berufen ist; die Bestellung bedarf der Einwilligung des Vereins.

(2) Die Bestellung erfolgt durch Beschluss des Familiengerichts; die §§ 1789, 1791 sind nicht anzuwenden.

(3) [1]Der Verein bedient sich bei der Führung der Vormundschaft einzelner seiner Mitglieder oder Mitarbeiter; *eine Person, die den Mündel in einem Heim des Vereins als Erzieher betreut, darf die Aufgaben des Vormunds nicht ausüben. [2]Für ein Verschulden des Mitglieds oder des Mitarbeiters ist der Verein dem Mündel in gleicher Weise verantwortlich wie für ein Verschulden eines verfassungsmäßig berufenen Vertreters.*

---

1 BayObLG Rpfleger 1997, 476.
2 BayObLG FamRZ 1984, 197.
3 BayObLG FamRZ 1998, 1197.
4 Vgl BayObLG Rpfleger 1979, 215.

(4) Will das Familiengericht neben dem Verein einen Mitvormund oder will es einen Gegenvormund bestellen, so soll es vor der Entscheidung den Verein hören.

1. Geltungsbereich. § 1791 a gilt nur teilweise für **Betreuungen**: statt § 1791 a Abs 1 gelten § 1900 Abs 1 und § 1908 f; statt § 1791 a Abs 2 gelten §§ 38, 286 FamFG; § 1791 a Abs 3 Satz 1, 1. Halbs wird durch § 1900 Abs 2 Satz 1 ersetzt. **Nur § 1791 a Abs 3 Satz 1, 2. Halbs. und Satz 2** gelten entsprechend (§ 1908 i). § 1791 a Abs 4 wird ersetzt durch § 1899, soweit es um Mitbetreuer geht. Wird einem Betreuungsverein ein Gegenbetreuer bestellt, so ist § 1791 a Abs 4 nicht ausdrücklich für entsprechend anwendbar erklärt (vgl § 1908 i); dennoch wird man § 1791 a Abs 4 entsprechend anwenden, weil dies der grundsätzlichen Bevorzugung der Betreuungsvereine entspricht. 1

2. Verweisung. Die Verweisung auf Abs 3 Satz 1, 2. Halbs würde sinngemäß bedeuten: wenn ein Betreuungsverein ein Heim unterhält, dann darf derjenige, der eine Person umsorgt, nicht deren Betreuer im Rechtssinne sein. Die Verweisung hat keinen Wert: denn aus § 1897 Abs 3 ergibt sich deutlicher, dass solche Personen als Betreuer ausgeschlossen sind. „Erzieher" gibt es bei Volljährigen ohnehin nicht. 2

3. Haftung. Hinsichtlich der Haftung stehen Mitglieder und Angestellte einem Vorstandsmitglied des Betreuungsvereins gleich. Der Verein haftet also dem Betreuten für diese gem §§ 1833, 31. §§ 278, 831 sind insoweit nicht anwendbar. Das Betreuungsgericht kann den Angestellten des Vereins wegen Pflichtwidrigkeit nicht entlassen; es muss in solchem Fall den Verein gem § 1837 anhalten, den Pflichtwidrigkeiten zu begegnen[1]. 3

§ 1792 BGB Gegenvormund

(1) [1]Neben dem *Vormund* kann ein *Gegenvormund* bestellt werden. [2]Ist das *Jugendamt Vormund*, so kann kein *Gegenvormund* bestellt werden; das Jugendamt kann *Gegenvormund* sein.

(2) Ein *Gegenvormund* soll bestellt werden, wenn mit der *Vormundschaft* eine Vermögensverwaltung verbunden ist, es sei denn, dass die Verwaltung nicht erheblich oder dass die *Vormundschaft* von mehreren *Vormündern* gemeinschaftlich zu führen ist.

(3) Ist die *Vormundschaft* von mehreren *Vormündern* nicht gemeinschaftlich zu führen, so kann der eine *Vormund* zum *Gegenvormund* des anderen bestellt werden.

(4) Auf die Berufung und Bestellung des *Gegenvormunds* sind die für die Begründung der *Vormundschaft* geltenden Vorschriften anzuwenden.

Schrifttum: *Spanl*, Rpfleger 1992, 142.

1. Geltungsbereich. § 1792 BGB ist auch auf die **Betreuung** entsprechend anwendbar (§ 1908 i BGB). Näheres zum „Gegenbetreuer" vgl §§ 1799, 1810, 1812, 1836, 1854, 1892 BGB, § 1897 BGB; § 1908 b BGB; § 1908 i Rz 8. 1

2. Gegenbetreuer. Der Gegenbetreuer tritt neben den Betreuer zu dessen Beaufsichtigung (§ 1799 BGB). Rechtliche Mittel, den Betreuer zur Erfüllung seiner Pflichten anzuhalten, hat der Gegenbetreuer nicht[1], dies obliegt dem Betreuungsgericht (§ 1837 BGB), das der Gegenbetreuer informiert (§ 1799 BGB). Der 2

---

1 BayObLG Rpfleger 1993, 403 = FamRZ 1994, 991.

1 KGJ 27, 11.

Gegenbetreuer darf den Betreuten nie vertreten (vgl § 1902), nicht einmal in Notfällen; er ersetzt auch nicht den Betreuer als **Vertreter**, wenn der Betreuer verhindert ist oder sich im Interessenwiderstreit befindet. Zur Vertretung vgl § 1899 Abs 4 BGB. In bestimmten Fällen bedarf der Betreuer bei Verfügungen der Zustimmung des Gegenbetreuers, wo ein solcher fehlt, der Zustimmung des Betreuungsgerichts (§§ 1809, 1810, 1812, 1814, 1824 BGB). In anderen Genehmigungsfällen soll der Gegenbetreuer vom Betreuungsgericht gehört werden (§ 1826 BGB), er soll die Rechnung des Betreuers prüfen (§§ 1842, 1891 BGB). Der Gegenbetreuer ist vom Mitbetreuer zu unterscheiden, vgl § 1899 BGB.

3 **3. Unzulässige Bestellung.** Die Bestellung eines Gegenbetreuers ist unzulässig, wenn die Betreuungsbehörde Betreuerin ist (§§ 1908 i Abs 1, 1792 Abs 1 Satz 2 BGB). Ein Verstoß macht die Bestellung nichtig; dem Behördenbetreuer, Verein, Vereinsbetreuer dagegen kann ein Gegenbetreuer bestellt werden. Die Behörde kann aber zum Gegenbetreuer bestellt werden. Ein Gegenbetreuer soll bestellt werden, wenn Vermögen des Betreuten zu verwalten ist (**Abs 2**). Unzulässig ist die Bestellung ferner, wenn dadurch das Gericht von der Überwachung des Betreuers entlastet werden soll[2]. Trotz Vorhandenseins einer **Vermögensverwaltung** muss ein Gegenbetreuer nicht bestellt zu werden (Abs 2, 2. Halbs):

4 a) **Wenn die Verwaltung unerheblich** ist. Maßgebend ist die Erheblichkeit der Verwaltungsarbeit, zB Verrechnung laufender Einnahmen und Ausgaben, mehrere Immobilien, Vermögen in der Schweiz[3], nicht die Größe des Betreutenvermögens[4].

5 b) **Wenn mehrere Betreuer** die Vermögensbetreuung gemeinschaftlich führen (§§ 1797 Abs 1, 1899), eine Aufteilung unter die Betreuer nach Aufgabenkreisen (§§ 1797 Abs 2, 1896 BGB) also unterblieben ist. Ist Letzteres der Fall, so kann jeder Mitbetreuer zugleich zum Gegenbetreuer des anderen Mitbetreuers bestellt werden (**Abs 3**).

6 **4. Ermessen.** Auch wenn umfangreiches Vermögen vorhanden ist, **muss kein Gegenbetreuer** bestellt werden. Die Entscheidung trifft das Betreuungsgericht nach pflichtmäßigem Ermessen. Sie ist nur beschränkt nachprüfbar in der Rechtsbeschwerde. Wenn das Betreuungsgericht rund 20 Jahre lang ohne Gegenbetreuer das Vermögen des Betreuten überprüft hat, stellt es nicht zwingend einen Ermessensfehlgebrauch dar, wenn nun plötzlich ein Gegenbetreuer bestellt wird. Gegenbetreuer werden sehr selten bestellt.

7 **5. Abs 4.** Nach Abs 4 sind die für die Begründung der Betreuung geltenden Vorschriften auf die Bestellung anzuwenden. Wird nachträglich ein Gegenbetreuer bestellt, ist wie bei der Bestellung eines weiteren Betreuers *ohne* Erweiterung des Aufgabenkreises zu verfahren; eine persönliche Anhörung des Betreuten ist also nicht zwingend erforderlich[5]. Ob der Richter[6] oder der Rechtspfleger[7] für die Bestellung **zuständig** ist, ist umstritten (vgl § 15 RPflG). Der Gegenbetreuer erhält eine **Vergütung** und Aufwendungsersatz (umstritten ist seit 1.7.2005 nach welchen Regeln: wie ein Betreuer, § 5 VBVG?; wie ein Pfleger, § 3 VBVG?; für wie lange? vgl § 5 VBVG Rz 31). Das Amt endet nach denselben Vorschriften wie das Amt des Betreuers.

---

2 OLG Frankfurt FamRZ 2009, 247.
3 BayObLG FamRZ 2004, 1992.
4 BayObLG FamRZ 1994, 325; BayObLGZ 14, 210/2.
5 BayObLG FamRZ 1994, 325.
6 Dafür zutreffend *Bassenge/Roth* RPflG § 14 Rz 21 mwN.
7 MünchKomm-*Wagenitz* § 1792 Rz 13.

6. Rechtsmittel. Gegen die Bestellung eines Gegenbetreuers wie auch gegen deren Ablehnung kann der Betreute **Beschwerde** einlegen; ferner der Betreuer aus eigenem Recht (§§ 58, 59 FamFG)[8], weil er ein rechtlich geschütztes Interesse hat, die Vermögensverwaltung ungestört durchzuführen; da er haftet, muss er sich auch gegen die Mitwirkung eines Gegenbetreuers wehren können. Die Beschwerdebefugnis der in § 303 FamFG genannten Angehörigen umfasst auch die Gegenbetreuung[9]. 8

§ 1795 BGB Ausschluss der Vertretungsmacht

(1) Der *Vormund* kann den *Mündel* nicht vertreten:

1. **bei einem Rechtsgeschäft zwischen seinem Ehegatten, seinem Lebenspartner oder einem seiner Verwandten in gerader Linie einerseits und dem *Mündel* andererseits, es sei denn, dass das Rechtsgeschäft ausschließlich in der Erfüllung einer Verbindlichkeit besteht;**
2. **bei einem Rechtsgeschäft, das die Übertragung oder Belastung einer durch Pfandrecht, Hypothek, Schiffshypothek oder Bürgschaft gesicherten Forderung des *Mündels* gegen den *Vormund* oder die Aufhebung oder Minderung dieser Sicherheit zum Gegenstand hat oder die Verpflichtung des *Mündels* zu einer solchen Übertragung, Belastung, Aufhebung oder Minderung begründet;**
3. **bei einem Rechtsstreit zwischen den in Nummer 1 bezeichneten Personen sowie bei einem Rechtsstreit über eine Angelegenheit der in Nummer 2 bezeichneten Art.**

(2) Die Vorschrift des § 181 bleibt unberührt.

Übersicht

8 BayObLG FamRZ 2004, 1992; FamRZ 1994, 325; LG Frankfurt MDR 1977, 579 zur Pflegschaft; *Jürgens/Klüsener* § 1792 Rz 8; aA MünchKomm-*Wagenitz* § 1792 Rz 14 (Beschwerderecht nur aus Betreuteninteresse); RGRK-*Dickescheid* § 1792 Rz 10.

9 BayObLG FamRZ 1994, 325.

I. § 1795 Abs 2 iVm § 181 BGB (Grundzüge des Verbots des „Insichgeschäfts“)

1 **1. Zielsetzung und Bedeutung.** § 1795 BGB gilt für die **Betreuung** sinngemäß (§ 1908 i Abs 1 BGB). Ziel des § 181 BGB ist der Schutz des Vertretenen vor Gefahren, die sich aus den **Interessenkollisionen** ergeben, wenn der Vertreter auf beiden Seiten eines Rechtsgeschäfts auftritt: gerade beim gegenseitigen Vertrag sind natürlicherweise die Interessen der beiden Seiten entgegengesetzt. Das Gesetz stellt nicht auf eine wirkliche Interessenkollision im Einzelfall ab, sondern untersagt Insichgeschäfte grundsätzlich. Geschäfte zwischen Betreutem und Betreuer können deshalb nur wirksam geschlossen werden, wenn dem Betreuten hierfür ein Ergänzungsbetreuer bestellt wird (Rz 47).

2 **2. Auslegungsprobleme.** Insbesondere die ältere Rspr verstand § 181 BGB als formale Ordnungsvorschrift und lehnte jede vom Wortlaut abweichende, nach dem Gesetzeszweck ausweitende oder einschränkende Auslegung ab. Diese Auslegung sei durch Rechtssicherheit und Verkehrsschutz geboten. Die Gegenansicht rückt den Gesetzeszweck stärker in den Vordergrund und lässt daher das am Wortlaut orientierte vorgebliche Verkehrsinteresse zurücktreten, wo es gilt, Missbräuche zu verhindern oder wo ein Interessenkonflikt nicht besteht; dabei aber wird nicht auf den Einzelfall abgestellt, sondern nach Fallgruppen vor-

gegangen. Wo der Wortlaut zu weit ist, wird nach dem Zweck einschränkend ausgelegt, wo er zu eng ist, wird durch Analogie geholfen.

3. Unmittelbare Anwendung der Vorschrift. – a) **Verträge** kann der Betreuer als ges Vertreter des Betreuten nicht mit sich selbst im eigenen Namen handelnd schließen, er kann also zB weder vom *geschäftsunfähigen* Betreuten etwas kaufen noch diesem etwas verkaufen; der Betreuer kann mit dem *geschäftsunfähigen* Betreuten keinen „Pflegevertrag" des Inhalts schließen, dass er dem Betreuten gegen Zahlung einer monatlichen Summe in seinem Haus ein Zimmer zur Verfügung stellt und ihn mit der eigenen Familie zusammen verköstigt. Desgleichen ist es ausgeschlossen, dass der geschäftsunfähige Betreute und er (zusammen mit anderen) einen Gesellschaftsvertrag abschließen. Der Betreuer kann nicht als Vertreter des Betreuten eine mit ihm, dem Betreuer, in gerader Linie verwandte Person zum Geschäftsführer einer Gesellschaft bestellen[1]. 3

b) **Einseitige Rechtsgeschäfte** kann der Betreuer als ges Vertreter nicht sich selbst gegenüber vornehmen und umgekehrt. Fälle sind: Kündigung, Vollmachterteilung, Zustimmung, Anfechtung, Mitteilung von Vermögensverzeichnissen[2]. Rechnungen und dgl (§ 1796 Rz 6). Lebte der Betreute schon vor Anordnung der Betreuung beim Betreuer in Kost und Logis gegen Zahlung einer Summe, so kann der Betreuer nach seinem Amtsantritt weder selbst die Kündigung aussprechen noch umgehend als Betreuer kündigen. 4

c) **Mehrvertretung.** § 181 BGB untersagt auch die Mehrvertretung. Ist ein Betreuer für mehrere Betreute bestellt, sei es zB als Berufsbetreuer oder für Geschwister (vgl § 1775 BGB), so kann er nicht, für einen Betreuten handelnd, einem anderen Betreuten, auch für diesen handelnd, etwas verkaufen, er kann nicht für Geschwister handelnd eine Erbengemeinschaft auseinandersetzen, selbst dann nicht, wenn noch andere Personen außer den Geschwistern als Miterben beteiligt sind[3]. Ausnahme: die Auseinandersetzung erfolgt völlig nach den ges Regeln (§§ 2046 ff BGB), denn dann erfolgt sie in Erfüllung einer Verbindlichkeit (Rz 19)[4]. 5

4. Einschränkende Auslegung des § 181 BGB. – a) Betreuter und Betreuer auf derselben Seite. Der Betreuer kann für den Betreuten und zugleich für sich selbst handeln, wenn es um einen Vertrag geht, bei dem ein Dritter beteiligt ist und Betreuter und Betreuer auf derselben Seite auftreten[5] und keine Rechtsfolgen zwischen Betreuer und Betreutem durch das Rechtsgeschäft begründet werden. **Beispiele:** Betreuter und Betreuer sind Eigentümer eines Autos; sie verkaufen es an einen Dritten. Oder: Sie sind Miterben eines Grundstücks (**Erbengemeinschaft**) und veräußern das Nachlassgrundstück: keine Bestellung eines Ergänzungsbetreuers erforderlich[6], wohl aber bei einem Grundstück eine Genehmigung nach § 1821 Nr 1 BGB. Der Betreuer nimmt zwar zugleich „mit sich" das Rechtsgeschäft vor, aber von der Interessenlage her findet § 181 BGB keine Anwendung. 6

b) **Rechtlich nur vorteilhafte Geschäfte, Schenkungen.** Insichgeschäfte sind zulässig, wenn sie dem Betreuten *nur* einen rechtlichen Vorteil bringen. Diese einschränkende Auslegung lehnt sich an § 107 an, findet hier aber auch bei 7

1 OLG Düsseldorf MittBayNot 2007, 327.
2 Ablehnend *Damrau* ZEV 1994, 1 ff bezüglich solcher Mitteilungen.
3 BGHZ 21, 229 = NJW 1956, 1433; RGZ 93, 334; OLG Hamm FamRZ 1993, 1122.
4 BGHZ 21, 229 = NJW 1956, 1433.
5 BGHZ 50, 8/10; RGZ 127, 103/105.
6 OLG Frankfurt NJW-RR 2007, 1308; OLG Jena NJW 1995, 3126 (Mutter und Kind als Miterben); ebenso im Fall OLG Stuttgart Rpfleger 2003, 501; KGJ 40, 1.

Geschäftsunfähigkeit des Betreuten Anwendung[7]. Der Betreuer kann also seinem geschäftsunfähigen volljährigen Sohn, den er betreut, Geld und Wertpapiere schenken. Im Übrigen besteht Rechtsunsicherheit, etwa beim Verschenken eines Gesellschaftsanteiles (Rz 28) oder eines **Grundstücks**[8]. Der BGH[9] meint: Die Übereignung eines Grundstücks an einen Minderjährigen ist auch dann lediglich rechtlich vorteilhaft, wenn es mit einer Grundschuld belastet ist. Für die Belastung mit einem Nießbrauch gilt dies jedenfalls dann, wenn der Nießbraucher auch die Kosten außergewöhnlicher Ausbesserungen und Erneuerungen sowie die außergewöhnlichen Grundstückslasten zu tragen hat[10]. Das ist zumindest zweifelhaft. Die aus der Eigentumsübertragung folgende Haftung des Erwerbers für die gewöhnlichen öffentlichen Lasten des Grundstücks begründet keinen Rechtsnachteil iSd § 107 BGB. Der Betreuer kann Miteigentumsanteile an einem Grundstück an den Betreuten verschenken, obwohl die Aufhebung der Gemeinschaft für eine bestimmte Zeit ausgeschlossen wird[11]. Andererseits: die Schenkung von Wohnungseigentum sei nicht nur rechtlich vorteilhaft[12].

8 c) **Beschlüsse in Gesellschafterversammlungen.** Bei Beschlüssen in der Gesellschafterversammlung oder in der Vereinsversammlung kann der Betreuer alle Betreuten zugleich vertreten[13]. Über die dogmatische Begründung für die Unanwendbarkeit des § 181 BGB herrscht dabei Streit[14], das Ergebnis rechtfertigt sich aus der insoweit fehlenden Interessenkollision. Diese kann aber bei Beschlüssen über die Änderung des Gesellschaftsvertrages gegeben sein; bei solchen Beschlüssen ist daher § 181 BGB anwendbar. Zur Gründung der Gesellschaft vgl Rz 3.

9 d) **Gesamtvertretung von Mitbetreuern.** Bei der Gesamtvertretung, also auch bei Mitbetreuern mit demselben Aufgabenkreis (§§ 1797 Abs 1, 1899 BGB), kann ein Betreuer zugleich für den anderen handeln, wenn er dazu bevollmächtigt ist[15]. Zwar nimmt der Handelnde zugleich als Vertreter eines Dritten (des Mitbetreuers) das Geschäft wahr, aber eine Gefahr des Interessenwiderstreits besteht nicht, obgleich die Betreuer verschiedener Ansicht darüber sein können, was dem Betreuten am meisten nützt.

10 **5. Ausdehnende (analoge) Anwendung von § 181 BGB. – a) Betreuer und Unterbevollmächtigter.** Bei wörtlicher Anwendung des § 181 BGB fällt die Vornahme eines Rechtsgeschäfts durch den Betreuer mit einem Unterbevollmächtigten, genauer: mit jemanden, dem er als ges Vertreter des Betreuten Vollmacht erteilt hat, nicht unter diese Vorschrift. Dennoch besteht ein Interessenwiderstreit zwischen dem Betreuer für sich selbst handelnd und dem durch den Unterbevollmächtigten handelnden Betreuten. Deshalb ist die entsprechende Anwendung von § 181 geboten[16].

---

7 BGHZ 59, 236 = NJW 1972, 2262; BGH NJW 1985, 2407; BGH NJW 1989, 2542/3.

8 BayObLG NJW 1998, 3574: zum Kind.

9 BGH NJW 2005, 415. Dazu *Böttcher* Rpfleger 2006, 293; *Führ/Menzel* FamRZ 2005, 1729; *Wojcik* DNotZ 2005, 655; *Sonnenfeld* NotBZ 2005, 154; *Wilhelm* NJW 2006, 2353; *Rastätter* BWNotZ 2006, 1; *Schmitt* NJW 2005, 1090. Andererseits: LG Coburg MittBayNot 2008, 224 (Schenkung eines belasteten Grundstücks).

10 Vgl dazu andererseits BayObLG NJW 2003, 1129 (bei Nießbrauchsbelastung nicht lediglich rechtlich vorteilhaft).

11 LG Münster FamRZ 1999, 739 = Rpfleger 1999, 73.

12 OLG München ZEV 2008, 246.

13 BGH NJW 1970, 33 für GmbH; BGH NJW 1976, 49 für Personalgesellschaft.

14 Vgl Soergel-*Leptien* § 181 Rz 20.

15 Für Eltern unstr; für Personal-Gesellschafter BGH NJW-RR 1986, 778; vgl BGH NJW 1975, 1117.

16 Für Rechtsgeschäft: OLG Frankfurt OLGZ 1974, 347 = DNotZ 1974, 435; *W. Blomeyer* AcP 172 (1972), 1, 15; Soergel/*Leptien* § 181 Rz 29; Erman/*Holzhauer* § 1795 Rz 6.

b) **Betreuer und Eigenbevollmächtigter.** Was zur Untervollmacht gesagt ist (Rz 10), gilt sinngemäß auch zur Eigenbevollmächtigung, also dem Fall, dass der Betreuer als ges Vertreter für den Betreuten handelt, und der Betreuer in eigener Sache nicht selbst handelt, sondern einen Vertreter für sich selbst bestellt. 11

c) **Materielle Personenidentität trotz verschiedener Personen.** Trotz Fehlens der vom Wortlaut des § 181 geforderten Personenidentität ist die (analoge) Anwendung des § 181 BGB geboten, wo das Rechtsgeschäft **gegenüber verschiedenen Personen** vorgenommen werden kann, von denen eine der Betreuer ist (dann läge Personenidentität vor), aber zwecks Vermeidung des § 181 BGB eben einer anderen Person gegenüber vorgenommenn wird, aber materiell den Betreuer betrifft. Hier ist insbes § 182 Abs 1 BGB zu nennen[17]. **Beispiel:** Der Betreuer verkauft als ges Vertreter ein Auto. Der Käufer handelt, ohne Vollmacht zu besitzen, für den Betreuer. Nun genehmigt der Betreuer das Handeln des vollmachtlosen Vertreters, aber nicht sich selbst gegenüber, sondern dem Käufer gegenüber. **Weiteres Beispiel:** Der als Vorerbe eingesetzte Betreuer hat über eine Sache verfügt. Der Betreute ist **Nacherbe.** Der Betreuer kann nicht durch Zustimmung dem Erwerber der Sache gegenüber für den Betreuten handeln[18]. 12

d) **Materielle Personenidentität bei Vornahme gegenüber Behörde.** Trotz Fehlens der vom Wortlaut des § 181 geforderten Personenidentität ist die Vorschrift ferner (analog) anwendbar, wo das Rechtsgeschäft gegenüber einer Behörde vorgenommen werden kann oder vorgenommen werden muss, aber materiell den Betreuer selbst betrifft. Solche Fälle sind §§ 875 Abs 1, 876 Satz 3, 880 Abs 2, 1064, 1168 Abs 2, 1183, 1255 Abs 1 und §§ 376 Abs 2, 1945, 2081 BGB. **Beispiel:** Der Betreute hat ein Wegerecht am Grundstück des Betreuers. Als ges Vertreter des Betreuten erklärt der Betreuer, dass er das Recht aufgebe. Die Erklärung gibt der Betreuer dem Grundbuchamt gegenüber ab (§ 875 Abs 1 Satz 2). Die Erklärung fällt unter § 181[19], kann also nicht gemäß § 1821 Abs 1 Nr 1 BGB vom Betreuungsgericht genehmigt werden. **Beispiel:** Der Betreute hat ein Wohnrecht am Erbbaurecht des Betreuers. Der Betreuer erwirbt das Eigentum am Grundstück und erklärt die Aufhebung des Erbbaurechts. Für den Betreuten erklärt er die Zustimmung dazu dem Grundbuchamt gegenüber (§ 876 Satz 3 BGB). Das Betreuungsgericht kann keine Genehmigung gem § 1821 Abs 1 Nr 1 erteilen, weil die Zustimmung namens des Betreuten gegen § 181 BGB verstößt[20]. **Beispiel:** Der Betreute hat eine Hypothek am Grundstück des Betreuers. Für den Betreuten vereinbart der Betreuer einen Rangrucktritt mit einem anderen Hypothekar und stimmt diesem als Eigentümer dem Grundbuchamt gegenüber zu, §§ 1183, 880 Abs 2 Satz 3 BGB[21]. – Der Betreuer ist Vorerbe, der Betreute Nacherbe. Der Betreuer erklärt namens des Betreuten die **Ausschlagung** (§ 1945 BGB) und wird nun Vollerbe (§ 2142 Abs 2 BGB). Das Betreuungsgericht könnte die Ausschlagung nicht gem § 1822 Nr 2 BGB genehmigen; die Ausschlagung verstößt gegen § 181 BGB[22]. – Der Betreuer ist zum Alleinerben eingesetzt; bei ges Erbfolge wäre der Betreute Alleinerbe. Der 13

17 MünchKomm-*Schramm* § 181 Rz 24; aA Soergel-*Leptien* § 181 Rz 31.
18 Vgl Rz 27; MünchKomm *Grunsky* § 2113 Rz 15, aA OLG Hamm NJW 1965, 1489, Soergel-*Leptien* § 181 Rz 31; Soergel-*Harder* § 2113 Rz 9.
19 Unwirksam; BGH NJW 1980, 1577.
20 Vgl OLG Düsseldorf MittRhNotK 1993, 89.
21 Soergel-*Leptien* § 181 Rz 30.
22 *Buchholz* NJW 1993, 1161; aA OLG Frankfurt FamRZ 1964, 154; BayObLGZ 1983, 213, 220 = Rpfleger 1983, 482; *Coing* NJW 1985, 6/9; Soergel-*Leptien* § 181 Rz 30; zweifelnd MünchKomm-*Wagenitz* § 1795 Rz 5.

Betreuer kann das Testament nicht durch Erklärung gegenüber dem Nachlassgericht **anfechten**[23].

14 e) **Schuldübernahme, Bürgschaft usw.** Eine analoge Anwendung des § 181 BGB wird auch teilweise für die Fälle der Interzession befürwortet, also wenn der Betreuer sich als Vertreter des Betreuten einem Gläubiger gegenüber für eine *eigene* Schuld verbürgt oder eine Garantie übernimmt oder gem § 414 BGB eine Schuldübernahme vereinbart[24]. Dass es an einer Personenidentität fehlt, steht der analogen Anwendung ebenso wenig entgegen wie ein Schutzinteresse des Gläubigers, dem die Konstellation in aller Regel nicht verborgen bleiben kann[25]. Gleiches hat für einen namens des Betreuten erklärten Schuldbeitritt für eine Forderung gegen den Betreuer zu gelten.

15 **6. Prozessführung und Verfahrenshandlungen.** Eine unmittelbare Anwendung des § 181 BGB scheidet aus, da Verfahrenshandlungen keine Rechtsgeschäfte sind; das Vorhandensein einer Regelung in § 1795 Abs 1 Nr 3 BGB rechtfertigt im erhöhten Maße eine Analogie[26]. Deshalb kann der Betreuer nicht im Namen des Betreuten gegen sich im eigenen Namen oder als Vertreter eines Dritten einen Rechtsstreit führen. Bei einem Verstoß gilt der Betreute als nicht vertreten; hinsichtlich der prozessualen Folgen vgl §§ 56, 89, 551 Nr 5, 579 Nr 4 ZPO. Im Bereich der **freiwilligen Gerichtsbarkeit** ist § 181 BGB nur entsprechend anzuwenden, wo es sich um echte Streitsachen handelt[27]. Im Bereich der Rechtsfürsorgesachen der freiwilligen Gerichtsbarkeit, zB in Erbscheinsverfahren oder bei der Anmeldung zum Handelsregister, bleibt § 181 BGB unanwendbar. Durch § 181 BGB ist der Betreuer jedoch nicht gehindert, zu **entscheiden, dass ein solcher Prozess nicht geführt wird**, denn diese Entscheidung ist kein Rechtsgeschäft, gehört auch noch nicht zum Rechtsstreit, sondern ist betreuerliche Verwaltung[28]. Hier ist indes **§ 1908 b Abs 1 BGB** (der § 1796 BGB entspricht) anwendbar. Der Aufgabenkreis des Betreuers kann insoweit eingeschränkt werden; der zu bestellende Ergänzungsbetreuer trifft dann die Entscheidung[29], vgl Rz 24.

16 Im **Strafverfahren** bewirkt die analoge Anwendung des § 181 BGB, dass der Betreuer als ges Vertreter des Betreuten keinen **Strafantrag** gegen sich selbst als Täter stellen kann[30].

17 Der Betreuer als ges Vertreter ist an einer Entscheidung über das **Zeugnisverweigerungsrecht** im Zivilprozess gem § 181 BGB analog verhindert, wenn er selbst Partei ist. Im Strafverfahren gegen den Betreuer als Beschuldigten kann dieser gem § 52 Abs 2 Satz 2 StPO nicht über das Zeugnisverweigerungsrecht entscheiden. In beiden Fällen ist ein Ergänzungsbetreuer zu bestellen, der allerdings nur dann über die Zeugnisverweigerung zu befinden hat, wenn der verstandesunreife Betreute überhaupt zur Aussage bereit ist. Es ist also zunächst eine Prüfung der Verstandesreife vorzunehmen[31]. Ob diese Reife vorhanden ist, darüber entscheidet auch bei einer Vernehmung durch Polizei oder Staatsanwalt

---

23 RGZ 143, 350.
24 Staudinger-*Dilcher* § 181 Rz 22 mNachw.
25 AA hM vgl Soergel-*Leptien* § 181 Rz 34.
26 KG JFG 1, 48/52.
27 BayObLG NJW 1962, 964.
28 BGH NJW 1975, 345/6; BayObLG Rpfleger 1981, 302; BayObLG FamRZ 1982, 1134; KG OLGE 14, 273/4; KGJ 31, 10.
29 BayObLG Rpfleger 1981, 302; BayObLG FamRZ 1982, 1134.
30 RGSt 73, 113; BayObLG NJW 1956, 1608.
31 OLG Stuttgart Rpfleger 1982, 183.

die jeweilige Verhörsperson mit bindender Wirkung für das Betreuungsgericht; vorausgesetzt wird dabei, dass der Betreute überhaupt aussagebereit ist[32].

7. Wirksame Insichgeschäfte. – a) Gestattung. Die in § 181 BGB genannte Gestattung des Insichgeschäfts scheidet beim *geschäftsunfähigen* Betreuten aus (vgl Rz 46), weil es keine Institution gibt, die zur Gestattung befugt wäre. Insbesondere kann das **Betreuungsgericht ein Insichgeschäft nicht genehmigen**[33]; eine gleichwohl erfolgte Genehmigung ist mangels Rechtsgrundlage nichtig. Vgl Rz 46. Der geschäftsfähige Betreute dagegen kann Insichgeschäfte gestatten. **18**

b) Erfüllungsgeschäfte. In Erfüllung einer Verbindlichkeit ist das Insichgeschäft wirksam. Voraussetzung ist, dass die Verbindlichkeit rechtswirksam besteht. **Beispiel:** Hat der Betreuer Aufwendungsersatz zu beanspruchen (§ 1835 BGB) oder wurde die Vergütung festgesetzt, so kann er den erforderlichen Betrag dem Betreutenvermögen entnehmen und auf sich selbst übereignen. Ebenso ist es bei Erfüllung einer Nachlassverbindlichkeit[34]. Die **Erfüllung eines Vermächtnisses** ist Erfüllung einer Verbindlichkeit (§ 2174 BGB), auf den rechtlichen Vorteil kommt es daher nicht an[35]. Der Betreuer kann daher den Betreuten vertreten, wenn dem Betreuten ein Grundstück vermacht ist und in Erfüllung des Vermächtnisses die Auflassung erklärt wird. Somit spielt es auch keine Rolle, ob die *vermachte* Eigentumswohnung mit einem Nießbrauch belastet ist. **19**

II. § 1795 Abs 1 (Familienrechtliche Erweiterung des § 181)

1. Zielsetzung und Bedeutung. – a) Gesetzliche Vertreter (Eltern, Vormund, Pfleger, Betreuer) werden zum Schutz des Kindes, Pfleglings und Betreuten schärfer angefasst als *gewillkürte* Vertreter, schon weil deren Überwachung weniger effizient ist. Von daher wird § 181 BGB gewissermaßen durch § 1795 Abs 1 BGB ergänzt, wobei sich ein gewisser Gleichlauf ergibt. **20**

b) Ziel des § 1795 Abs 1 BGB ist also der Schutz des Betreuten; es soll eine abstrakte Gefährdung der Betreuteninteressen vorhanden sein, eine konkrete Gefährdung im Einzelfall ist nicht erforderlich. Anders bei § 1796 BGB. **21**

2. Auslegungsprobleme. Ebenso wie § 181 BGB kann § 1795 Abs 1 BGB, insbes Nr 1, als **formale Ordnungsvorschrift** behandelt werden; die Gegenansicht rückt hier wie dort indes den **Gesetzeszweck** stärker in den Vordergrund. Damit wird auch ein erstrebenswerter Gleichlauf beider Vorschriften erreicht, vor allem aber zum Schutz des Betreuten eine Analogie ermöglicht und eine den Wortlaut einschränkende Auslegung vorgenommen, wo eine Gefährdung des Betreuten nicht gegeben ist. Die Fallgruppen entsprechen weitgehend denen zu § 181 BGB. **22**

3. Nr 1 (Rechtsgeschäfte zwischen Betreutem und Ehegatten des Betreuers). – a) Ehegatte und geradlinige Verwandte. Die Vorschrift setzt eine bestehende Ehe des Betreuers voraus; sie ist nicht anwendbar bei einem Rechtsgeschäft mit dem rechtskräftig geschiedenen Ehegatten des Betreuers[36]. **Verwandte** des Betreuers **23**

32 OLG Stuttgart FamRZ 1985, 1154.
33 BGH NJW 1956, 1433; FamRZ 1961, 473; OLG Hamm FamRZ 1975, 510; MünchKomm-*Wagenitz* § 1795 Rz 18.
34 BayOblG FamRZ 2001, 51/52.
35 BayObG Rpfleger 2004, 564.
36 BGH FamRZ 1958, 178/9; BGH LM Nr 4 zu § 1795; OLG Düsseldorf NJW 1965, 400; zum Vormund.

in gerader Linie sind insbesondere dessen Kinder, Enkelkinder und seine Eltern, Großeltern (§ 1589 Abs 1 Satz 1 BGB). Eine Ausdehnung auf andere Verwandte, Lebensgefährten oder Verschwägerte des Betreuers ist nicht zulässig[37]; bei erheblichen Interessengegensätzen bleibt § 1796 BGB. Mit „Lebenspartner" ist der *gleichgeschlechtliche* registrierte Partner gemeint (§ 1 LPartG). Über verschiedengeschlechtliche Lebensgefährten vgl § 1796 Rz 5.

24 b) **Unmittelbare Anwendung der Vorschrift. – aa) Verträge.** Erfasst werden alle Verträge, insbes die **gegenseitigen Verträge**, aber auch **Gesellschaftsverträge, Erbauseinandersetzungsverträge.** So kann der Betreuer keine Erbauseinandersetzung zwischen seinem Betreuten und der eigenen Frau oder seinem Vater durchführen. **Rückforderungsansprüche.** Hat der Betreute kurz vor Feststellung seiner Geschäftsunfähigkeit durch einen Sachverständigen seinen Sparbrief auf seine Frau übertragen, welche später zur Vermögensbetreuerin bestellt wurde, ist die Betreuerin ausgeschlossen bei der Prüfung der Frage, ob gegen sie ein Rückforderungsanspruch (§§ 105, 812 BGB) geltend zu machen ist[38].

25 bb) **Einseitige Willenserklärungen.** Es kommen hier die einseitigen Willenserklärungen des Betreuers als ges Vertreter des Betreuten gegenüber seinem Gatten oder gradlinigen Verwandten in Betracht. Die Vorschrift ist anwendbar bei Rechtsgeschäften **„zwischen"** den fraglichen Personen. Damit sind auch **einseitige Willenserklärungen** der einen Person, die sich an die andere Person wenden, ihr zugehen, gemeint, zB Anfechtung, Kündigung, Zustimmung. Es kann der Betreute, vertreten durch seinen Betreuer, einen Vertrag mit dem Vater des Betreuers nicht anfechten. Veräußert ein Dritter eine Sache des Betreuten an den (nicht gutgläubigen) Ehegatten des Betreuers, so kann der Betreuer nicht namens des Betreuten die Zustimmung dem Ehegatten gegenüber erklären (§ 185 Abs 2 BGB). Der Betreuer kann nicht für den Betreuten als **Nacherben** die Zustimmung zu einer Veräußerung eines Nachlassgrundstücks durch den Vorerben, den Vater des Betreuers, diesem gegenüber abgeben[39].

26 **Kein einseitiges Rechtsgeschäft „zwischen"** dem Betreuten und dem Gatten/ Verwandten liegt vor, wenn die letztgenannten diese gegenüber dem Betreuer als Vertreter des Betreuten (§ 131 BGB) vornehmen, zB Anfechtung, Rücktritt, Kündigung erklären[40]. Dies ergibt sich aus dem Wortlaut: „der Vormund kann nicht".

27 c) **Einschränkende Auslegung** des § 1795 Abs 1 Nr 1 BGB. – aa) **Betreuter und Ehegatte auf derselben Seite.** Der Betreuer kann für den Betreuten und zugleich können sein Ehegatte und/oder seine gradlinigen Verwandten ein Rechtsgeschäft vornehmen, wenn Betreuter und Ehegatte **auf derselben Seite** auftreten. Anders als bei § 181 BGB (vgl Rz 6) bildet dieser Fall für § 1795 BGB kein Problem wegen des anderen Wortlauts (§ 181: „mit sich"; § 1795 Abs 1 Nr 1 BGB: „zwischen"). **Beispiel:** Ein Hausgrundstück gehört dem Betreutem und dem Ehegatten des Betreuers. Der Betreuer kann beim Verkauf durch seinen Ehegatten und den Betreuten, den Betreuten vertreten.

28 bb) **Rechtlich nur vorteilhafte Geschäfte.** Vgl Rz 7. Wenn das Rechtsgeschäft dem unter Einwilligungsvorbehalt stehenden oder geschäftsunfähigen Betreuten nur einen rechtlichen Vorteil (zum Begriff vgl Kommentare zu § 107 BGB) bringt, ist die Vorschrift unanwendbar[41]. **Beispiel:** die Mutter des Betreuers

---

37 BayObLG BtPrax 1998, 72/3.
38 BayObLG FamRZ 2005, 1196 (L).
39 BayObLGZ 5 (1905), 412 = KGJ 28, 296.
40 Vgl BayObLG FamRZ 1977, 141/3.
41 BGH NJW 1975, 1885; BayObLG FamRZ 1974, 659; aA noch BGH FamRZ 1962, 464.

schenkt dem geschäftsunfähigen Betreuten, vertreten durch den Betreuer, Wertpapiere, Gesellschaftsanteile[42]. Auch kann der Betreuer mit seinem Gatten oder gradlinigen Verwandten einen **Vertrag zugunsten Dritter** (§ 32 BGB), zugunsten des Betreuten, schließen.

cc) **Beschlüsse in Gesellschafterversammlungen.** An Beschlüssen in Gesellschafterversammlungen oder in Vereinsversammlungen kann der Betreuer als Vertreter des Betreuten neben seinem Ehegatten und gradlinigen Verwandten mitwirken; § 1795 Abs 1 Nr 1 BGB ist ebenso wie § 181 BGB einschränkend auszulegen. Etwas anderes gilt aber für Änderungen des Gesellschaftsvertrages 29

d) **Ausdehnende (analoge) Anwendung.** – aa) **Ebenso wie § 181 BGB** nicht durch eine **Untervollmacht** des Betreuers als ges Vertreter umgangen werden darf, darf § 1795 Abs 1 Nr 1 BGB nicht auf diese Weise umgangen werden. **Beispiel:** Der Betreuer möchte für den Betreuten einen Kaufvertrag mit seinem, des Betreuers, Ehegatten abschließen; selbst ist ihm dies durch § 1795 Abs 1 Nr 1 BGB unmöglich; auch wenn der Betreuer einem Dritten Untervollmacht erteilt und dieser namens des Betreuten mit dem Ehegatten des Betreuers den Vertrag schließt, bleibt – obgleich vom Wortlaut her § 1795 Abs 1 Nr 1 BGB unanwendbar ist – diese Vorschrift dennoch analog anwendbar. Ebenso ist § 1795 Abs 1 Nr 1 BGB anzuwenden, wenn ein **Mitbetreuer** als Gesamtvertreter dem anderen Vollmacht erteilt zum Abschluss eines Rechtsgeschäfts mit seinem (des bevollmächtigenden) Ehegatten oder Verwandten[43]. 30

bb) **Bevollmächtigung durch Ehegatten.** Was zur Untervollmacht gesagt ist (Rz 30) gilt sinngemäß (wie bei § 181 BGB) auch für die Bevollmächtigung durch den Ehegatten oder Verwandten des Betreuers. **Beispiel:** Der Ehegatte des Betreuers erteilt einem Dritten Vollmacht; der Dritte schließt aufgrund derselben einen Kaufvertrag mit dem Betreuten, vertreten durch den Betreuer; § 1795 Abs 1 Nr 1 BGB bleibt (analog) anwendbar. 31

cc) **Materielle Wirkung für Ehegatten.** § 1795 Abs 1 Nr 1 BGB ist analog anwendbar, wenn der Betreuer ein Rechtsgeschäft vornimmt, das er **gegenüber verschiedenen Personen** vornehmen kann, aber zwecks Vermeidung eines Verstoßes gegen den Wortlaut des § 1795 Abs 1 Nr 1 BGB (nicht seinem Ehegatten oder Verwandten gegenüber vornimmt, sondern) den anderen gegenüber vornimmt, das aber materielle Wirkung gegenüber dem Gatten äußert. Die Fälle sind zu denen nach § 181 BGB gleich gelagert (Rz 12). **Beispiel:** Ein Nichtberechtigter verfügt über eine Sache des Betreuten zugunsten des Vaters des Betreuers. Der Betreuer kann dem Rechtsgeschäft nicht durch Genehmigung seinem Vater gegenüber (§ 182 BGB) Wirksamkeit verleihen (Rz 25); auch wenn er die Genehmigung dem Verfügenden gegenüber erteilt, bleibt die Verfügung wegen Verstoßes gegen § 1795 Abs 1 Nr 1 BGB analog unwirksam. **Beispiel:** Vorerbe ist der Gatte des Betreuers; Nacherbe ist der Betreute. Der Vorerbe tritt eine zum Nachlass gehörende Hypothekenforderung an einen Dritten ab (§§ 2114 Satz 3, 2113 BGB). Der Betreuer genehmigt dies namens des Betreuten nicht seinem Gatten gegenüber, sondern dem Dritten gegenüber; dennoch ist § 1795 Abs 1 Nr 1 BGB entsprechend anwendbar[44]. 32

---

42 Hierzu OLG Bremen NZG 2008, 750 (Schenkung von voll einbezahlten Kommanditanteilen nur rechtlich vorteilhaft); OLG Zweibrücken FamRZ 2000, 117; LG Aachen Rpfleger 1994, 104; LG Mainz Rpfleger 2000, 15; MünchKomm-*Wagenitz* § 1795 Rz 7.

43 Anders für Personalgesellschafter mit Gesamtvertretung zu § 181 BGB: BGH NJW 1975, 1117.

44 Vgl BayObLGZ 5 (1905), 412; KGJ 28, 296; KGJ 33, 184.

33 dd) **Rechtsgeschäfte gegenüber Behörden.** Obgleich der Wortlaut des § 1795 Abs 1 Nr 1 BGB nicht erfüllt ist, ist die Vorschrift (wie bei § 181, Rz 13) analog anwendbar, wo das Rechtsgeschäft **gegenüber einer Behörde** (statt gegenüber dem Ehegatten oder Verwandten des Betreuers) vorgenommen werden kann oder vorgenommen werden muss, aber materiell den Ehegatten oder Verwandten des Betreuers betrifft. Solche Fälle sind §§ 875 Abs 1, 876 Satz 3, 880 Abs 2, 1064, 1168 Abs 2, 1183, 1255 Abs 1 BGB und §§ 376 Abs 2, 1681 Abs 2, 1945, 2081 BGB. **Beispiele:** (1) Der Betreute hat ein Wegerecht am Grundstück des Ehegatten des Betreuers. Der Betreuer erklärt als ges Vertreter dem **Grundbuchamt** gegenüber, dass er das Recht aufgebe; § 1795 Abs 1 Nr 1 BGB ist hier analog anwendbar. (2) Der Ehegatte des Betreuers und ein Dritter haben Grundschulden am Grundstück des Betreuten. Dritter und Ehegatte vereinbaren den Rangrücktritt des Ehegatten. Für den Betreuten als Eigentümer stimmt der Betreuer durch Erklärung gegenüber dem Grundbuchamt (§ 880 Abs 2 BGB) zu. § 1795 Abs 1 Nr 1 BGB ist analog anwendbar[45]. (3) Desgleichen ist keine Anfechtung der Verfügung von Todes wegen durch den Betreuer als Vertreter des Betreuten gegenüber dem **Nachlassgericht** möglich, wenn seine Frau kraft Gesetzes zur Alleinerbin berufen ist, § 2081 BGB[46]. Zur Ausschlagung vgl § 1822 BGB.

34 ee) **Verträge zugunsten des Ehegatten.** § 1795 Abs 1 Nr 1 BGB ist ferner analog dahin auszulegen, dass die Vorschrift nicht nur den Fall der formalen Beteiligung des Ehegatten oder Verwandten am Rechtsgeschäft erfasst, sondern jeden Vertrag, der nach seinem Inhalt Wirkungen zwischen Betreutem und den Verwandten des Betreuers erzeugt, wie zB ein Vertrag zugunsten Dritter (§ 328 BGB), des Gatten als Dritten (Rz 28).

35 e) **Wirksames Erfüllungsgeschäft.** Ein Rechtsgeschäft zwischen dem Betreuer als ges Vertreter des Betreuten und dem Ehegatten des Betreuers oder gradlinigen Verwandten des Betreuers ist wirksam, wenn es **ausschließlich in der Erfüllung einer Verbindlichkeit** besteht. Die Regelung entspricht der in § 181 BGB. Dabei wird die Gültigkeit des Grundgeschäfts vorausgesetzt[47]. Keine Erfüllungsgeschäfte sind die Erfüllungssurrogate, wie insbes die Leistung an Erfüllungs Statt. Die **Auseinandersetzung** unter Miterben kann dann als ausschließlich in der Erfüllung einer Verbindlichkeit bestehend angesehen werden, wenn sie genau den gesetzlichen Bestimmungen entspricht; die Umwandlung von Gesamthandseigentum in Bruchteilseigentum entspricht aber nicht dem Gesetz, das eine solche Auseinandersetzung nicht bestimmt[48]. Eine **Gestattung** des Verwandtengeschäfts, zB durch **Befreiung seitens des Betreuungsgerichts**, ist nicht möglich (Rz 45).

36 **4. Nr 2. – a) Alternative 1: Übertragung der Mündelforderungen.** Die Regelung verbietet die **Übertragung** einer Forderung des Betreuten gegen den Betreuer durch den Betreuer als ges Vertreter des Betreuten, wenn die Forderung durch Pfandrecht, Hypothek, Schiffshypothek oder Bürgschaft gesichert ist. Ob das Pfandrecht oder die Hypothek auf dem Eigentum eines Dritten oder dem des Betreuers lastet, macht keinen Unterschied[49]. Die Vorschrift ist auszudehnen auf eine **Grundschuld**, wenn durch sie die Forderung des Betreuten gegen den

---

45 Vgl *Dölle* FamR Abs 2, S. 705; BayObLGZ 9 (1909), 413 = SeuffA 64 (1909) Nr 34.
46 Vgl RGZ 143, 350.
47 Vgl BGH FamRZ 1961, 473/5.
48 BGHZ 21, 229 = NJW 1956, 1433.
49 KGJ 43, 147/53.

Betreuer gesichert wird[50]. Analoge Anwendung auch auf das **Sicherungseigentum**[51].

37 b) **Alternative 2: Belastung der Betreutenforderungen.** Die Vorschrift verbietet die Belastung einer Forderung des Betreuten gegen den Betreuer durch den Betreuer als ges Vertreter, wenn die Forderung durch Hypothek usw gesichert ist. Der Betreuer kann also zB die hypothekarisch gesicherte Forderung des Betreuten gegen sich (Betreuer) nicht verpfänden zur Absicherung einer Forderung eines Dritten gegen den Betreuten, erst recht nicht zur Absicherung einer Forderung des Dritten gegen sich selbst (den Betreuer). Ist die **Forderung** des Betreuten gegen den Betreuer **nicht gesichert**, kann der Betreuer als Vertreter des Betreuten diese zum Beispiel mit einem Pfandrecht belasten, wenn der Pfandgläubiger einen Anspruch auf Bestellung dieses Pfandrechts hat; anderenfalls verstößt die Pfandrechtsbestellung gegen § 1804 BGB.

38 c) **Alternative 3: Aufhebung der Sicherheit.** Die Vorschrift verbietet die **Aufhebung** einer der Sicherheiten (Hypothek usw), die die Forderung des Betreuten gegen den Betreuer absichern. Der Betreuer als Vertreter des Betreuten kann also zB keinen Vertrag über die Aufhebung der Bürgschaft schließen, er kann dem Grundbuchamt gegenüber keinen Verzicht auf die Hypothek erklären, wenn diese auf dem Eigentum eines Dritten ruht (ungeachtet §§ 1804 und 1822 Nr 8 BGB). Die Aufhebung einer Sicherheit unterfällt zudem § 1822 Nr 13 BGB, zB wenn die gesicherte Forderung nicht gegen den Betreuer gerichtet ist. Als ein Rechtsgeschäft, das „die Aufhebung dieser Sicherheit zum Gegenstand hat", wird auch die **Kündigung der Forderung** angesehen[52], weil auch dadurch die Sicherheit ende; eine solche Kündigung des Betreuers als ges Vertreter des Betreuten oder im eigenen Namen verstößt schon gegen § 181 BGB. Auch die **Erfüllung der Forderung** seitens des Betreuers, die nicht gegen § 181 BGB verstößt, wird als Rechtsgeschäft zwecks Aufhebung der Sicherheit angesehen, weil die Sicherheit damit endet[53]. Beim Betreuer sind zudem, wenn man § 1795 Nr 2 BGB für unanwendbar hält, §§ 1812, 1813 BGB zu beachten.

39 d) **Alternative 4: Minderung der Sicherheit.** Die Vorschrift verbietet dem Betreuer als ges Vertreter die Minderung einer Sicherheit, die die Forderung des Betreuten gegen den Betreuer sichert. **Beispiel:** Der Betreuer kann keinen Rangrücktritt mit einem anderen Hypothekar vereinbaren.

40 e) **Analoge Anwendung bei Schuldübernahme.** Eine analoge Anwendung der Vorschrift wird im folgenden Fall bejaht, bei dem zwar nicht die Forderung übertragen oder die Belastung verringert wird: Das Grundstück eines Dritten oder des Betreuers ist mit einer Hypothek zugunsten des Betreuten belastet, das dessen Forderung gegen den Betreuer sichert; der Dritte bzw der Betreuer veräußerte das Grundstück, wobei der Erwerber auch die persönliche Schuld des Betreuers übernimmt. Der Betreuer als Vertreter des Betreuten kann die **Schuldübernahme** nicht gem § 116 BGB genehmigen[54], zumal der Betreuer als Veräußerer sich selbst als Vertreter des Betreuten das Ersuchen um Genehmigung mitteilen müsste, was gegen § 181 BGB verstößt, wenn man diese Mittei-

50 RGRK-*Dickescheid* § 1795 Rz 15; Erman/*Holzhauer* § 1795 Rz 12; aA KG JFG 11, 66; *Dölle*, FamR II, S. 706: anwendbar auch auf isolierte Fremdschuld; aM Staudinger-*Engler* § 1795 Rz 27; *Gernhuber/Coester-Waltjen*, FamR § 61 IV 3: keine analoge Anwendung auf Grundschuld und Sicherungsgrundschuld.

51 *Dölle*, FamR II, S. 706; MünchKomm-*Wagenitz* § 1795 Rz 32.

52 Erman/*Holzhauer* § 1795 Rz 12; MünchKomm-*Wagenitz* § 1795 Rz 33.

53 KGJ 24, 17; KGJ 23, 245; aA Gernhuber/*Coester-Waltjen*, FamR § 61 IV 3; Enn-*Kipp* § 116 Fn 14; *Brachvogel* Gruchot 47 (1903), 551, da der Verlust der Sicherheit nicht auf Grund des Rechtsgeschäfts eintrete, sondern kraft Gesetzes.

54 RGZ 68, 37; RG WarnR 1915 Nr 140; *Raape* JW 1927, 1226.

lung als geschäftsähnliche Erklärung wie eine Willenserklärung behandelt. Eine analoge Anwendung ist außer in den von der Rspr zu § 416 BGB entschiedenen Fällen stets bei einer Schuldübernahme anzunehmen, wenn sich die Forderung des Betreuten gegen den Betreuer richtet und durch Pfandrecht oder Bürgschaft gesichert ist. Als Vertreter des Betreuten kann der Betreuer der Übernahme (Vertrag Betreuer-Übernehmer) nicht zustimmen (§ 415 BGB); der Betreuer kann auch nicht als Vertreter des Betreuten den Vertrag mit dem Übernehmer schließen (§ 414 BGB).

41 f) **Alternative 5: Verbot von Verpflichtungsgeschäften.** Die Vorschrift verbietet alle Verpflichtungsgeschäfte, die auf Rechtsgeschäfte der Alternativen 1–4 gerichtet sind. Auch wo eine wirksame Verpflichtung besteht, sind die Rechtsgeschäfte der Alternativen 1–4, obgleich sie **Erfüllungsgeschäfte** sind, nicht von der Anwendbarkeit des § 1795 Nr 2 BGB ausgenommen[55].

42 g) **Unanwendbarkeit der Nr 2.** Keine Anwendung findet Nr 2 auf ein Rechtsgeschäft, durch das der Betreuer für den Betreuten eine durch Hypothek am Grundstück des Betreuers gesicherte Forderung von einem Dritten erwirbt, oder wenn er sich persönlich Rechte Dritter gegen den Betreuten übertragen lässt[56]. Doch kann dies möglicher Weise Anlass zum Einschreiten des Betreuungsgerichts nach § 1796 BGB bieten. Die Vorschrift ist erst recht nicht anwendbar, wenn der Betreuer für eine Forderung des Betreuten gegen ihn dem Betreuten ein Grundpfandrecht an seinem Grundstück einräumt[57].

43 5. **Nr 3: Rechtsstreitigkeiten. – a) Arten.** Bei den Rechtsstreitigkeiten spielt es keine Rolle, ob der Betreute auf der Kläger- oder auf der Beklagtenseite steht, wenn Gegner der Gatte oder ein gradliniger Verwandter des Betreuers ist. Erfasst werden echte privatrechtliche Streitsachen, auch solche der freiwilligen Gerichtsbarkeit[58], aber nicht Verfahren der Rechtsfürsorge. Daher findet Nr 3 keine Anwendung auf das Erbscheinsverfahren[59]. Bei Nichtbeachtung vgl Rz 46. Zur Frage, ob der Betreuer berechtigt ist, die Entscheidung zu treffen, dass ein Rechtsstreit geführt wird oder nicht, siehe Rz 44. Der Betreute wird im Rechtsstreit durch einen Ergänzungsbetreuer vertreten (§ 1899 BGB). Der nicht prozessfähige Betreute ist im eigenen Prozess nicht Partei, sondern Zeuge[60]. Er hat aber ein Zeugnisverweigerungsrecht: a maiore ad minus ist dies dem Betreuten gem § 383 ZPO Nr 3 BGB zu gewähren. Zur Ausübung desselben ist primär der Betreute selbst berufen: wenn er nicht aussagen will, so muss er nicht aussagen[61]. Ist der Betreute zur Aussage bereit, so kommt es auf seine Einsichtsfähigkeit in das Wesen des Zeugnisverweigerungsrechts an. Bejaht das Gericht diese, so kommt es wiederum nicht auf den ges Vertreter an[62]. Nur wenn das Gericht diese Einsichtsfähigkeit verneint, dann muss hier der **Ergänzungsbetreuer** darüber entscheiden, ob vom **Zeugnisverweigerungsrecht** Gebrauch gemacht werden soll[63]. Bei Rechtsstreitigkeiten des Betreuten mit anderen, dem Betreuer nahestehenden Personen, kann nicht gem § 1796 Abs 1 BGB verfahren werden, weil diese Vorschrift den gleichen Personenkreis erfasst und

---

55 KG OLGE 5, 362.

56 Staudinger-*Engler* § 1795 Rz 22.

57 Auch § 1795 Abs 1 Nr 1 und § 181 sind unanwendbar, weil lediglich rechtlich vorteilhaft.

58 AA RGRK-*Scheffler*, 11. Aufl, Rz 12: keinerlei FGG-Verfahren; offen geblieben in BGH FamRZ 1980, 675/6.

59 BayObLG NJW 1961, 2309 = FamRZ 1962, 36; mE bei unklarer testamentarischer Erbfolge bedenklich.

60 BGH NJW 1965, 2253/4; Zöller/*Greger*, ZPO § 373 Rz 5.

61 Vgl MünchKomm-*Damrau*, ZPO § 383 Rz 8.

62 BayObLG NJW 1967, 206/9; NJW 1998, 614.

63 BayObLG NJW 1967, 206; NJW 1998, 614; OLG Hamm OLGZ 1972, 157.

weil es sich um keine Frage der Vertretung handelt. Vielmehr kann allenfalls nach § 1837 Abs 2 u 3 BGB vorgegangen werden.

Nr 3 ist im **Erbrecht** bedeutsam. **Beispiel:** Betreuer von B sind ihr Vater und ihre Schwester. Nach dem Tod der Mutter wird der Vater Alleinerbe. Der Vater und Betreuer ist gem § 181 BGB iV mit § 1795 Abs 2 BGB von der Vertretung der B insoweit ausgeschlossen, als es um die Prüfung und Geltendmachung von Ansprüchen geht, die der B als Pflichtteilsberechtigter zustehen; denn er müsste Ansprüche nach §§ 2303, 2325 BGB gegen sich selbst als Alleinerben geltend machen. Soweit es um die Geltendmachung des Pflichtteilsergänzungsanspruchs nach § 2329 Abs 1 BGB gegen schon vor dem Erbfall mit einem Anwesen beschenkte Schwester geht, ist der Vater zwar nicht ausgeschlossen, aber nach § 1795 Abs 1 Nr 1 und 3 BGB gehindert, hinsichtlich dieses Anspruchs für die B rechtsgeschäftliche Erklärungen abzugeben oder die B bei der gerichtlichen Geltendmachung dieses Anspruchs zu vertreten, da er mit der Schwester **in gerader Linie verwandt** ist. 44

b) Unanwendbarkeit der Nr 3. Keine Anwendung findet Nr 3 auf die außergerichtliche Geltendmachung eines Anspruchs[64] und auf die Befriedigung eines gegen den Betreuten gerichteten (begründeten) Anspruchs, weil es sich um die Erfüllung einer Verbindlichkeit nach Nr 1 handelt. Ebenfalls unanwendbar ist Nr 3 auf die Entscheidung, ob ein **Aktivprozess** geführt wird; einem zu bestellenden Ergänzungsbetreuer, § 1899 BGB, obliegt dann die Durchführung des Rechtsstreits. Sollten wegen des Interessengegensatzes Bedenken seitens des Betreuungsgerichts darüber bestehen, ob die Entscheidung des Betreuers, zu klagen oder nicht zu klagen, sachgerecht ist, so kann es nach §§ 1908 b, 1796 BGB vorgehen, dem Betreuer insoweit teilweise die Vertretung entziehen und den betreffenden Aufgabenkreis einem Ergänzungsbetreuer übertragen (§ 1899 BGB). Geht die Entscheidung des Betreuers dahin, den Betreuten verklagen zu lassen (**Passivprozess**), also einen vom Ehegatten oder gradlinigen Verwandten geltend gemachten Anspruch nicht zu befriedigen, so kann die Klage nur dem dann bestellten Ergänzungsbetreuer zugestellt werden – oder bei Gefahr im Verzug einem Prozesspfleger gem § 57 ZPO. 45

6. Keine Befreiung von Abs 1. Rechtsfolge eines Verstoßes. Von den Verboten des Abs 1 kann das Betreuungsgericht keine Befreiung erteilen, es kann dem gegen § 1795 Abs 1 verstoßenden Rechtsgeschäft auch nicht durch eine Genehmigung Wirksamkeit verschaffen[65]. Das ist zB von Bedeutung, wenn das Betreuungsgericht das Geschäft gem § 1812 oder §§ 1821, 1822 BGB (unter Nichtbeachtung des § 1795 BGB) genehmigt hat[66]. Auch der Betreuer selbst kann einem unter Nichtbeachtung des § 1795 Abs 1 BGB vorgenommenen Rechtsgeschäft nicht durch **Genehmigung** Wirksamkeit verschaffen[67]. Für Rechtsgeschäfte, die unter Abs 1 fallen, fehlt dem Betreuer die Vertretungsmacht; es gelten §§ 177 ff BGB. **Verträge sind schwebend unwirksam**[68]. Die Genehmigung kann der geschäftsfähige ehemalige Betreute oder der wegen fehlender Vertretungsmacht des Betreuers bestellte Ergänzungsbetreuer erteilen. **Einseitige Rechtsgeschäfte** vertragen keinen Schwebezustand; tätigt der Betreuer für sich selbst oder für den Betreuten handelnd ein solches, so ist es nichtig (§ 180 BGB). 46

7. Richtige Sachbearbeitung: Ergänzungsbetreuer. Da der Betreuer den Betreuten nicht vertreten kann, muss zur Durchführung des Rechtsgeschäfts oder Rechtsstreits ein **Ergänzungsbetreuer** (**§ 1899 BGB**) vom Betreuungsgericht 47

---

64 BayObLG FamRZ 2004, 906; NJW 1961, 2309; KG OLGE 14, 273.
65 BGHZ 21, 229, 234; aA für Mehrvertretung Soergel/*Leptien* § 181 Rz 42; Staudinger-*Dilcher* § 181 Rz 40: das Betreuungsgericht könne die Mehrvertretung gestatten.
66 BGH FamRZ 1961, 473/5; RGZ 71, 162/9; RG WarnR 1937 Nr 22.
67 BayObLG NJW 1960, 577.
68 BGH FamRZ 1973, 370; BGH FamRZ 1961, 473; RG WarnR 1937 Nr 22.

bestellt werden; er wird nicht pauschal nach § 5 VBVG bezahlt, sondern erhält Auslagen und Vergütung nach geleisteten Stunden gem §§ 6, 3 VBVG. Sind mehrere Betreute am geplanten Rechtsgeschäft beteiligt, zB bei einer Erbauseinandersetzung zwischen dem Ehegatten des Betreuers und zwei Geschwistern als Betreute, kann der Ergänzungsbetreuer nicht für beide Betreute handeln, weil damit gegen § 181 BGB verstoßen würde; dann ist für jeden Betreuten ein besonderer Ergänzungsbetreuer zu bestellen. Dabei darf keine Person bestellt werden, welche die Interessen voraussichtlich nicht mit dem entsprechenden Nachdruck vertreten würde[69]; es ist eine Farce, wenn ein Anwalt Betreuer ist und sein Sozius zum Ergänzungsbetreuer bestellt wird.

III. Besonderheiten für Behörde, Verein

48 Die Vorschrift gilt auch für die Behörde oder den Verein als Betreuer. Zwei Betreute, die von verschiedenen Bediensteten derselben Behörde vertreten werden, können keinen Vertrag miteinander abschließen wegen Verstoßes gegen § 181 BGB, weil sie von derselben Behörde vertreten werden. Doch wurde es nicht als Insichprozess angesehen, dass das Jugendamt als Vertreter des Mündels gegen den eigenen Rechtsträger (vertreten durch eine andere Behörde) prozessierte[70].

§ 1796 BGB Entziehung der Vertretungsmacht

(1) Das *Familiengericht* kann dem *Vormund* die Vertretung für einzelne Angelegenheiten oder für einen bestimmten Kreis von Angelegenheiten entziehen.

(2) Die Entziehung soll nur erfolgen, wenn das Interesse des *Mündels* zu dem Interesse des *Vormundes* oder eines von diesem vertretenen Dritten oder einer der in § 1795 Nr. 1 bezeichneten Personen in erheblichem Gegensatz steht.

1 **1. Entzug der Vertretungsmacht.** § 1796 BGB gilt gem § 1908 i Abs 1 für den **Betreuer.** Statt Familiengericht ist dann zu lesen „Betreuungsgericht“. Die Vorschrift ist ziemlich überflüssig, weil in § **1908 b Abs 1 BGB eigenständig geregelt** ist, dass bei wichtigem Grund oder Teil-Ungeeignetheit des Betreuers dieser teilweise entlassen werden kann, dh sein Aufgabenkreis beschränkt werden kann. Wird dem Betreuer die Vertretungsmacht (ganz oder teilweise) entzogen, ist kein Ergänzungspfleger (§ 1909 BGB), sondern für den restlichen Aufgabenkreis gem § 1899 Abs 4 BGB ein **„Ergänzungsbetreuer“** zu bestellen. Der Betreute hat dann zwei Betreuer (Mitbetreuer).

2 **2. Einzelne Angelegenheiten.** Das Betreuungsgericht kann nach dem Wortlaut des § 1796 BGB **nur die Vertretung für bestimmte Rechtsgeschäfte entziehen,** nicht die Sorge für die Person oder für das Vermögen[1]. Handelt der Betreuer in anderen Angelegenheiten (außer bei Rechtsgeschäften) gegen Interessen des Betreuten, hat das Betreuungsgericht nach § 1837 Abs 2 BGB vorzugehen oder gem § **1908 b Abs 1 BGB** die Vermögenssorge oder Personensorge ganz oder teilweise zu entziehen und einen Ergänzungsbetreuer (§ 1899 BGB) zu bestellen. Die Eingriffsschwelle ist dabei höher: bloßer Interessengegensatz genügt nicht[2]. § 1796 BGB trifft den Fall, dass in einer bestimmten Angelegen-

69 Vgl OLG Frankfurt Rpfleger 1997, 162.
70 OVG Berlin NJW 1988, 1931.
1 KGJ 45, 42; KG JFG 17, 31; aA *Jürgens* § 1796 Rz 8: der Betreuer werde insgesamt von der Besorgung der Angelegenheit ausgeschlossen.
2 Vgl *Damrau* ZEV 1994, 1/2.

heit die Interessen des Betreuten und des Betreuers (oder eines von ihm vertretenen Dritten oder einer ihm nahe stehenden Person) sich derart gegenüberstehen, dass der Betreuer aus diesem Grund nicht geeignet erscheint, die Belange des Betreuten zweckentsprechend wahrzunehmen. Bei dauerndem Interessenwiderstreit ist die gänzliche Entlassung des Betreuers geboten (vgl § 1908 b BGB). Dass das vom Betreuer vorzunehmende Rechtsgeschäft der **Genehmigung** des Betreuungsgerichts bedarf, zB eine Erbausschlagung, schließt den Entzug der Vertretungsmacht wegen Interessengegensatzes nicht aus. **Meinungsverschiedenheiten zwischen dem Betreuer und dem Betreuungsgericht** über die Frage, ob eine Maßnahme dem Betreuteninteresse schadet oder nützt, lassen die Anwendung der Vorschrift dann nicht zu, wenn der Betreuer an der Angelegenheit nicht persönlich im oben aufgezeigten Sinn, sondern ausschließlich als Vertreter des Betreuten beteiligt ist[3]; hier bleiben nur Maßnahmen gem §§ 1837 Abs 2 BGB. Ist die Vertretungsmacht schon kraft Gesetzes ausgeschlossen (§ 1795 BGB), kommt eine Entziehung nicht in Frage[4].

3. Geltung für Behörde, Verein. Die Vorschrift gilt auch, wenn die **Behörde** oder ein **Verein** Betreuer sind. Bei Meinungsverschiedenheiten zwischen der Behörde und dem Betreuungsgericht darüber, ob eine Maßnahme dem Interesse des Betreuten nützlich oder schädlich ist, ist ebenfalls nicht § 1796 BGB anwendbar (vgl Rz 1), sondern auch hier ist an Maßnahmen gem § 1837 Abs 1 Satz 1 zu denken, notfalls an § 1908 b Abs 1 Satz 1. Auch danach muss nicht die Entlassung ausgesprochen werden, wenn die minder weitgehende Maßnahme, die Bestellung eines Ergänzungsbetreuers genügt. Die Entziehung wurde als geboten angesehen bei Abschluss eines Lehrvertrages zwischen Mündel und der Stadtgemeinde, bei der das Jugendamt besteht[5]; §§ 1795 Abs 1 Satz 2, 181 BGB sind nicht anwendbar, weil das Jugendamt nicht Vertreter der Stadt ist. 3

4. Zwingende Vorschrift bei Interessengegensatz. Das Betreuungsgericht muss die Vertretung entziehen, wenn die Voraussetzungen des Abs 1 Satz 2 vorliegen. Bei der Frage des Vorliegens eines **erheblichen Interessengegensatzes** hat das Gericht keinen Ermessensspielraum; es handelt sich vielmehr um einen unbestimmten Rechtsbegriff[6]; Folge: umfangreichere Nachprüfbarkeit auf Rechtsbeschwerde hin. Ein Interessengegensatz besteht, wenn die Förderung des einen Interesses nur auf Kosten des anderen möglich ist[7]. Das Betreuungsgericht hat zu prüfen (§ 26 FamFG), ob ein solcher Interessengegensatz besteht. Dazu muss es konkret feststellen, worauf die Interessen des Betreuten gerichtet sind und welche Maßnahmen der Betreuer treffen oder unterlassen will[8]. Es kann diese Feststellungen und damit die Prüfung der Frage, ob ein Interessengegensatz besteht, nicht dem Ergänzungsbetreuer überlassen[9] oder gar zunächst zur Prüfung der Frage, *ob* ein Interessengegensatz besteht, einen Pfleger oder Betreuer bestellen[10]. Diese vom Betreuungsgericht getroffene Vorentscheidung ist für den Ergänzungsbetreuer nicht bindend[11]. Wirklicher, nicht bloß möglicher Widerstreit ist erforderlich[12]; doch genügt Gefährdung[13], die gegeben ist, wenn konkrete Umstände 4

3 BayObLG JW 1927, 1217.
4 BayObLG RJA 15, 178 = Recht 1916 Nr, 1540.
5 KG JFG 8, 88.
6 Erman/*Holzhauer* § 1796 Rz 1; aA BGH NJW 1975, 345, 347; BayObLG Rpfleger 1981, 302.
7 KGJ 29, 25/6; KG OLGE 18, 298; KG SeuffA 72 (1917) Nr 221; BayObLG RJA 15, 178; KG NJW 1966, 1320/2
8 BayObLGZ 1981, 44/9; KG JFG 17, 31.
9 BGH NJW 1975, 345; KG NJW 1966, 1320; betr. Ergänzungspfleger.
10 Vgl aber Soergel-*Strätz* § 1629 Rz 37.
11 OLG Hamburg OLGE 43, 365.
12 OLG Stuttgart FamRZ 1983, 831; KG OLGE 18, 305; OLG Frankfurt MDR 1964, 419; OLG Hamburg OLGE 43, 365; OLG München DFG 1938, 58.
13 BayObLG RJA 15, 178; KG JFG 17, 31/35.

darauf hinweisen, dass der Betreuer in seinem eigenen Interesse handeln wird statt im Interesse des Betreuten[14]. Die Entziehung ist anzuordnen, wenn es gilt, den Betreuer an der Vornahme gewisser Handlungen zu hindern; es muss nicht stets dann ein weiterer Betreuer bestellt werden; wenn kein Bedürfnis für rechtsgeschäftliches Handeln besteht, hat es mit der Entziehung der Vertretungsmacht des Betreuers sein Bewenden[15]. Die vom Betreuer beabsichtigte Handlung darf indes nicht **bloßes Verwaltungshandeln** sein, sondern muss auch eine Vertretung des Betreuten erfordern[16]. Auch der wirkliche Widerstreit ist nur Anlass zur Entziehung, nicht gesetzlicher Ausschließungsgrund[17]; die **Entscheidung wirkt** also **konstitutiv.** Ohne Belang ist, ob den Betreuer ein Verschulden trifft[18]. Ist zu erwarten, dass der Betreuer trotz Interessengegensatzes im Sinne des Betreuten handeln wird, ist die Vorschrift nicht anzuwenden[19].

5 Der Interessengegensatz muss zwischen dem **Betreuten einerseits und dem Betreuer** oder seinem Ehegatten oder gradlinigen Verwandten (§ 1795 Abs 1 Satz 1 Nr 1 BGB) oder einem vom Betreuer vertretenen Dritten andererseits bestehen. Bei einem Interessengegensatz des Betreuten zu **anderen Personen,** die dem Betreuer nahe stehen, wie zB Lebensgefährte, Bruder oder Freund des Betreuers, scheint § 1796 BGB unanwendbar; wenn aber, wie meist, die Interessen dieser Person zugleich (zumindest mittelbar) Interessen des Betreuers sind, ist § 1797 BGB einschlägig[20]. Das Betreuungsgericht kann in solchen Fällen auch nach § 1837 Abs 1 Satz 2 vorgehen oder den Betreuer bei Vernachlässigung der Interessen des Betreuten nach § 1908 b BGB entlassen; bereits getätigte Rechtsgeschäfte sind gegebenenfalls wegen **Missbrauchs der Vertretungsmacht**[21] analog §§ 177 bis 180 BGB unwirksam.

6 5. **Interessengegensatz gegeben.** Der Interessengegensatz wurde bejaht, wenn die Ausschlagung der **Erbschaft** des Betreuten deren Anfall für den Betreuer bringt; wenn der Betreuer (oder der Elternteil) zugleich **Testamentsvollstrecker** ist und der Betreute (Mündel) Erbe[22]. Die Doppelstellung als Testamentsvollstrecker einerseits und als gesetzlicher Vertreter des Erben andererseits führt (wegen §§ 215 bis 2219, 2219, 2221 BGB) praktisch immer zu einem Interessengegensatz[23]. Der BGH[24] dagegen lehnt eine solche „generalisierende Betrachtungsweise" ab und stellt auf den Einzelfall ab. Hat die verstorbene Mutter des Betreuten in einem „Behindertentestament" diesen zum Vorerben und eine nahe Angehörige der Betreuerin zur Nacherbin und Testamentvollstreckerin bestimmt, rechtfertigt dieser Umstand die Annahme eines bei der Betreuerin deshalb bestehenden erheblichen Interessengegensatzes[25]. Auch im Erbscheinsverfahren sind solche Gegensätze denkbar[26], wenn ein Beteiligter das Testament

---

14 Vgl BayObLG Rpfleger 1982, 180/1; KG OLGE 16, 36.
15 BayObLG OLGE 33, 367.
16 KG JFG 15, 231/4; KG JFG 17, 31/6.
17 KG OLGE 10, 9.
18 OLG Hamburg OLGE 43, 365.
19 KG JFG 17, 31, 35 = DFG 1938, 130; vgl auch BGH NJW 1955, 217; BayObLG Rpfleger 1981, 302.
20 Vgl MünchKomm-*Schwab* § 1796 Rz 3.
21 Vgl Soergel-*Leptien* § 177 Rz 15.
22 OLG Hamm FamRZ 1993, 1122; BayObLG Rpfleger 1977, 440; vgl KGJ 48, 141; *Haegele* Rpfleger 1963, 333; ablehnend *Damrau* ZEV 1994, 1 ff soweit es um die Einreichung und Prüfung eines Vermögensverzeichnisses (§§ 1640, 1802, 2215), die jährliche Rechnungslegung und -überprüfung (§§ 1840, 2218) sowie die Rechenschaftsablegung (§§ 1698, 1890, 2218) geht.
23 OLG Nürnberg FamRZ 2002, 272; dazu *Schlüter* ZEV 2002, 158; BayObLG Rpfleger 1977, 440; OLG Schleswig NJW-RR 2007, 1597; OLG Zweibrücken FGPrax 2004, 30; OLG Hamm FamRZ 1993, 1122.
24 BGH NJW-RR 2008, 963.
25 OLG Zweibrücken FGPrax 2004, 30 = ZEV 2004, 161 (Anm. *Spall*) = Rpfleger 2004, 162.
26 OLG Köln NJWE-FER 2000, 231.

in einem bestimmten Sinn verstehen will. Ebenso bei Pflichtteilsansprüchen (einschränkend aber die Rspr, vgl Rz 7). Die Bestellung eines Ergänzungsbetreuers für die Prüfung und Geltendmachung von **Pflichtteils- und Pflichtteilsergänzungsansprüchen** des Betroffenen gegen Vater und Schwester, die zu seinen Betreuern bestellt sind, ist auch dann erforderlich, wenn ein Sozialhilfeträger diese Ansprüche nach § 93 SGB XII auf sich übergeleitet hat[27]. Interessengegensatz besteht, wenn die Mutter des Betreuers im Hause des Betreuten wohnt und über Mieterhöhungen zu befinden ist[28]. Einen Interessengegensatz zwischen Betreuer und Betreutem, wenn beide Gesellschafter einer Handelsgesellschaft sind, wird man jedenfalls bei ungewöhnlichen Beschlüssen im Sinne von § 164 HGB annehmen müssen.

6. Kein Interessengegensatz. Der Interessengegensatz wurde verneint, wenn das Betreuungsgericht die Unrichtigkeit der Vorwürfe, die den Interessengegensatz begründen sollen, feststellt[29]; wenn der Betreuer im Prozess des Betreuten gegen einen Dritten (als ges Vertreter) **nicht als Zeuge aussagen kann**[30], weil er als Partei zu vernehmen ist (bedenklich). Im Strafprozess gegen den Ehegatten oder einen Verwandten des Betreuers gilt Entsprechendes[31]. Zum Fall des Strafprozesses gegen den Betreuer vgl § 1795 Rz 17. **Pflichtteilsansprüche** des Betreuten gegen den Betreuer rechtfertigen keinen Entzug der Vertretungsmacht, solange kein Interessengegensatz bei der Erfüllung des Pflichtteilsanspruchs (insbes keine Gefährdung des Anspruchs) ersichtlich ist[32]. Etwas anderes gilt dann, wenn der Betreute seinerseits ein Interesse an der Geltendmachung oder Sicherstellung des Anspruchs hat[33]; so wird es im Regelfall sein, denn dass der Betreute wegen seines geistigen Zustandes das Verlangen nicht mehr artikuliert oder das Problem der Zahlungsunfähigkeit des Anspruchsgegners nicht erkennen kann spielt keine Rolle. Entsprechendes gilt, wenn der Betreuer Vorerbe, der Betreute Nacherbe ist oder einen Vermächtnisanspruch gegen den Betreuer hat; das Vorhandensein der Rechte gem § 2306 rechtfertigt für sich allein ebenfalls nicht die Annahme eines erheblichen Interessengegensatzes[34]; doch ist das eine Frage des Einzelfalls. 7

7. **Entziehung.** Die Entziehung der Vertretungsmacht des Betreuers wird mit ihrer Mitteilung an diesen wirksam, § 287 FamFG[35]. Eine stillschweigende Entziehung ist möglich; sie liegt in der Bestellung eines Ergänzungsbetreuers und der entsprechenden Mitteilung an den Betreuer[36]. Der **Beschluss** muss den Kreis der Angelegenheiten, die der Vertretungsmacht des Betreuers entzogen werden, genau bezeichnen und mit Gründen versehen sein; vgl §§ 38, 39 FamFG. Zuständig ist der Richter, §§ 3 Nr 2 a, 15 RPflG[37]. Vor Erlass sind der Betreute und der Betreuer zu hören, Art 103 GG. **Beschwerderecht** des Betreuers aus §§ 58 ff, 303 Abs 4 FamFG; des Betreuten aus §§ 58, 59 FamFG. 8

27 BayObLG FamRZ 2004, 906.
28 BGH NJW 1975, 1518/9.
29 BayObLG Recht 1913 Nr 1474.
30 OLG Hamm Rpfleger 1984, 270; KG OLGE 46, 197; OLG Dresden JW 1931, 1380.
31 Vgl OLG Hamm Rpfleger 1972, 21.
32 BayObLG Rpfleger 1982, 180; BayObLG Rpfleger 1981, 302; KG JW 1936, 2748, KG OLGE 18, 305; vgl Soergel/*Dieckmann* § 2317 Rz 7.
33 BayObLG bei *Goerke* Rpfleger 1982, 264/5.
34 OLG Frankfurt FamRZ 1964, 154.
35 KGJ 30, 34.
36 BayObLG FGPrax 2003, 268 = FamRZ 2004, 906 (Anm. *Bienwald*); OLG Hamm FamRZ 1974, 31/3; KG NJW 1966, 1320; KGJ 31, 10/12.
37 *Jürgens/Klüsener* § 1796 Rz 8.

9 **8. Haftungsfragen.** Bei Verletzung des § 1796 BGB tritt die Haftung des Staates gem Art 34 GG, § 839 BGB ein. Mit Wegfall des Interessengegensatzes wird der Betreuer nicht wieder automatisch uneingeschränkt Vertreter des Betreuten. Es bedarf der **Aufhebung der Entziehung**, wo eine solche nicht von vornherein zeitlich befristet ist oder nur ein bestimmtes Ereignis betrifft[38].

§ 1797 BGB Mehrere Vormünder

(1) [1]Mehrere *Vormünder* führen die *Vormundschaft* gemeinschaftlich. [2]Bei einer Meinungsverschiedenheit entscheidet das *Familiengericht*, sofern nicht bei der Bestellung ein anderes bestimmt wird.

(2) …

(3) …

Übersicht

Rz

1 **1. Anwendbarkeit auf Betreuung.** Nur § 1797 Abs 1 BGB ist auf die Betreuung anwendbar, nicht Abs 2 und Abs 3 (§ 1908 i Abs 1 BGB). Zuständig ist dann anstelle des Familiengerichts das Betreuungsgericht. Die Bestellung von **Mitbetreuern** ist in § 1899 BGB geregelt; für diese gilt gem § 1908 i der § 1797 Abs 1 Satz 1 BGB (Gesamtvertretung, wenn eine Aufteilung gem § 1899 Abs 1 Satz 2 fehlt) und § 1797 Abs 1 Satz 2 BGB (Meinungsverschiedenheiten unter den (Gesamt-) Mitbetreuern). Die Vorschrift ist auch auf Meinungsverschiedenheiten unter mehreren **Gegenbetreuern** entsprechend anwendbar, nicht aber auf solche zwischen Betreuer und Gegenbetreuer (vgl § 1799 Rz 6). Mitbetreuer sollen nicht bestellt werden, wenn dadurch mehrfach Vergütung anfällt (§ 1899 Abs 1 Satz 3 BGB).

Übersicht:

Mitbetreuer mit demselben Aufgabenkreis (gemeinsame Mitbetreuung)		**Mitbetreuer mit verschiedenem Aufgabenkreis** (geteilte Mitbetreuung)
Gemeinsame Vertretung	Keine gemeinsame Vertretung, weil andere Regelung des Betr-Gerichts, § 1899 Abs 3	Jeder Betreuer ist für seinen Aufgabenkreis zuständig
bei Streit entscheidet das Betr-Gericht, § 1797 Abs 1 Satz 2 BGB		Streitentscheidung durch Betr-Gericht bei Pflichtwidrigkeit nach § 1837 Abs 2 BGB, sonst nach § 1798 BGB

38 Staudinger/*Engler* Rz 26.

2. Abs 1. Mitbetreuer mit Gesamtvertretung. Bei Mitbetreuung ist zu unterscheiden: hat jeder Betreuer einen anderen Aufgabenkreis (**geteilte Mitbetreuung**), sind beide Betreuer voneinander unabhängig. Streit kann nur auftauchen bezüglich der Frage, ob ein Problem in den einen oder anderen Aufgabenkreis fällt sowie wenn ein Problem mehrere Aufgabenkreise tangiert. **Mitbetreuer mit demselben Aufgabenkreis (gemeinsame Mitbetreuung)** dagegen führen die Betreuung gemeinschaftlich („Gesamtvertretung"). Dabei müssen nicht alle Mitbetreuer in Person handeln; es genügt, wenn einer handelt und die anderen dies genehmigen[1]. Auch die Erteilung einer Vollmacht ist zulässig (§ 1795 Rz 9). So kann auch eine faktische Aufteilung der Aufgaben auf die Mitbetreuer erreicht werden, ohne dass die Gesamtvertretung und Gesamtverantwortung geändert wird. 2

a) **Allgemeines.** Wirkt bei **gemeinsamer Mitbetreuung** ein Betreuer nicht mit, so sind §§ 177 ff entsprechend anwendbar[2]. Jedoch genügt die Zustellung an *einen* Betreuer (§ 170 Abs 3 ZPO). Auch hat jeder Mitbetreuer ein selbstständiges Beschwerderecht (§ 303 Abs 4 Satz 2 FamFG). Willenserklärungen gehen dem Betreuten wirksam zu, wenn sie nur einem der Mitbetreuer zugehen. Die Mitbetreuer haften als Gesamtschuldner (§ 1833 Abs 2 BGB). Sie haben sich gegenseitig zu überwachen. Wegen der gegenseitigen Überwachung und Gesamthaftung braucht ein Gegenbetreuer auch bei erheblichem Umfang der Verwaltung nicht bestellt zu werden (§ 1792 Abs 2 BGB) und die Mitwirkung des Betreuungsgerichts ist eingeschränkt (§§ 1810 Satz 2, 1812 Abs 3 BGB); der Mitbetreuer kann bei Gesamtvertretung nicht zugleich Gegenbetreuer sein (arg e contrario aus § 1792 Abs 3 BGB). **Scheidet ein Betreuer aus**, dann ist bei gemeinsamer Vertretung der verbleibende Betreuer alleinvertretungsberechtigt; bei getrennten Aufgabenkreisen ist für den Aufgabenkreis des ausgeschiedenen Betreuers dagegen ein neuer Betreuer zu bestellen (§ 1908 c BGB). 3

b) **Meinungsverschiedenheiten.** Bei Meinungsverschiedenheiten entscheidet bei **gemeinsamer Mitbetreuung** das Betreuungsgericht; funktionell zuständig ist der Richter (§ 15 Nr 7 RPflG). Der Betroffene ist vorher zu hören (nicht notwendig persönlich). In folgender Reihenfolge ist vorzugehen: 4

aa) Hat das Betreuungsgericht im Bestellungsbeschluss (ausnahmsweise!) etwas über Meinungsstreit angeordnet (§ 1899 Abs 3, 1. Halbs BGB, unten Rz 8), dann gilt dies. 5

bb) Liegt ein eiliger Fall vor (§ 1899 Abs 3, 2. Halbs BGB), dann kann der präsente Betreuer entscheiden. 6

cc) Anderenfalls entscheidet das Betreuungsgericht den Streit der Betreuer. Hier sind zwei Fälle zu unterscheiden: (1) Das Betreuungsgericht kann nur der einen oder anderen Meinung beitreten, nicht eine eigene, neue Meinung aufstellen, weil dies der bloßen Überwachungsfunktion des Betreuungsgerichts und der Selbstständigkeit des Betreuers widerspräche[3]. (2) Wenn eine Meinung pflichtwidrig wäre, so dass ein Fall des § 1837 vorliegt. Unter dieser Voraussetzung kann das Betreuungsgericht sich auch für keine der vertretenen Auffassungen entscheiden und alle entgegen gesetzten Anträge ablehnen, dann unterbleibt die Handlung. 7

---

1 *Dölle* FamR II, S. 709; aA *Fuchs* ZblFG 5 (1904/05), 231.
2 Vgl RGZ 81, 325.
3 Zur Vormundschaft: OLG Dresden OLGE 40, 95 = JW 1919, 1000 = ZblFG 19, 210; aM *Blume* IherJb 49 (1905), 282; M. *Lion*, Mitvormundschaft, Diss Rostock, 1904, S. 40.

7a **Mehrheitsentscheidung.** Das Betreuungsgericht kann, was sehr selten ist, bei der Bestellung oder später[4], nicht aber nach Entstehen einer bestimmten Meinungsverschiedenheit, anordnen, dass diese durch **Mehrheitsbeschluss** der Mitbetreuer oder durch einen Dritten entschieden werden soll. Es kann nicht anordnen, dass stets die Ansicht eines bestimmten Mitbetreuers maßgeblich sein soll, sog Stichentscheid; dies widerspräche dem Grundsatz der Selbstständigkeit des Betreuers; auch steht einer solchen Rangordnung der Betreuer der Sinn des § 1833 Abs 2 Satz 2 BGB entgegen. Seine Entscheidung kann das Betreuungsgericht im Übrigen für einen oder auch für mehrere Konflikte treffen.

7b **Beschluss des Betreuungsgerichts.** Das Betreuungsgericht entscheidet den Streit der Betreuer durch Beschluss. Auf ihn ist **§ 40 Abs 3 Satz 1 FamFG** entsprechend anzuwenden; denn durch den Beschluss wird (analog) die Zustimmung eines anderen zu einem Rechtsgeschäft ersetzt[5]. Der Beschluss wird somit erst mit Rechtskraft wirksam. Das Gericht sollte durch entsprechende Fassung seines Beschlusses dies zum Ausdruck bringen. Das Gericht könnte aber auch die sofortige Wirksamkeit des Beschlusses anordnen (§ 40 Abs 3 Satz 2 FamFG).

7c **Rechtsmittel.** Die Entscheidung des Betreuungsgerichts wird erst mit Rechtskraft wirksam (§ 40 Abs 3 Satz 1 FamFG). Gegen den Beschluss ist die befristete Beschwerde statthaft (§§ 58 ff FamFG); die Frist beträgt ein Monat (kein Fall des § 63 Abs 2 Nr 2 FamFG); der frühere Streit um die Beschwerdefrist dürfte sich erledigt haben (jedenfalls würden §§ 39, 17 Abs 2 FamFG helfen). Wo es nicht um die Zustimmung zu einem bestimmten Rechtsgeschäft geht oder es damit nicht genug ist, muss der beim Betreuungsgericht mit seiner Auffassung unterlegene Betreuer indes bei der künftigen Abwicklung mitwirken, wozu ihn das Betreuungsgericht gem § 1837 BGB notfalls anhalten wird.

8 3. **Abs 2** ist auf die Betreuung nicht anwendbar; die entsprechende Regelung findet sich in § 1899 Abs 1 Satz 2 BGB. **Abs 3** BGB gilt ebenfalls nicht; denkbar wäre, dass ein Betroffener in einer Betreuungsverfügung anordnet, dass er zwei Personen als Mitbetreuer haben will (§ 1897 Abs 4 BGB).

§ 1798 BGB Meinungsverschiedenheiten

Steht die Sorge für die Person und die Sorge für das Vermögen des *Mündels* verschiedenen *Vormündern* zu, so entscheidet bei einer Meinungsverschiedenheit über die Vornahme einer sowohl die Person als das Vermögen des *Mündels* betreffenden Handlung das *Familiengericht*.

1 1. **Zweck.** § 1798 ist auf die Betreuung anwendbar (§ 1908i Abs 1). Zuständig ist das Betreuungsgericht. Besteht Mitbetreuung und sind die Aufgabenkreise *nicht* auf die beiden Betreuer aufgeteilt, gilt bei Meinungsverschiedenheiten **§ 1797 Abs 1 Satz 2.** Sind die Aufgabenkreise aufgeteilt, handelt zwar jeder Betreuer in seinem Aufgabenkreis selbstständig. Meinungsverschiedenheiten kann es trotzdem geben, wenn der Betreute einen Betreuer für die Personensorge und einen für die Vermögenssorge hat, die Maßnahme in beide Aufgabenkreise fällt und wenn beide sich nicht einigen können. **Beispiel:** der vermögende Betreute soll eine teure Reha-Behandlung erhalten, die der Gesundheitsbetreuer für zweckmäßig, der Vermögensbetreuer für überflüssig hält. – Wenn der Widerspruch des

---

4 AA Staudinger/*Engler* § 1797 Rz 34; *Dölle*, FamR II, S. 710.

5 KGJ 26, 18; RGRK-*Dickescheid* § 1797 Rz 10; *Keidel/Engelhardt*, FGG § 53 Rz 6; aA Staudinger/*Engler* § 1797 Rz 37; MünchKomm-*Wagenitz* § 1797 Rz 9: der unterlegene Mitvormund müsse mitwirken.

einen Betreuers eine Pflichtwidrigkeit, die das Einschreiten des Betreuungsgerichts nach § 1837 Abs 2 rechtfertigt, darstellt, ist § 1798 nicht einschlägig, sondern § 1837. **§ 1797 Abs 1 Satz 2** greift nicht ein, weil die Mitbetreuer verschiedene Aufgabenkreise haben. § 1798 ist nur einschlägig, soweit das Betreuungsgericht keine Bestimmung nach § 1899 Abs 3, 1. Halbs getroffen hat.

2. Inhalt und Beschwerderecht. Zum Inhalt der Entscheidung des Betreuungsgerichts und zum Beschwerderecht vgl § 1797 Rz 4 ff. 2

Entsprechende Anwendung. Die Vorschrift ist entsprechend anwendbar bei Meinungsverschiedenheiten zwischen **Mitbetreuern**, zu wessen Aufgabenkreis eine Tätigkeit gehört, über die inhaltliche Abgrenzung der Aufgabenkreise also (geteilte Mitbetreuung; Beispiel: die Betreuer streiten darum, ob die Wohnungsauflösung zur Personen- oder Vermögenssorge gehört), wenn eine Tätigkeit nicht nur die in § 1798 genannten beiden, sondern (auch) andere Aufgabenkreise tangiert; zwischen Betreuer und Ergänzungsbetreuer (s § 1899 Rz 10); schließlich auch auf Meinungsverschiedenheiten unter mehreren **Gegenbetreuern** mit unterschiedlichen Aufgabenkreisen, nicht aber auf solche zwischen Betreuer und Gegenbetreuer; vgl dazu § 1799 Rz 6[1]. 3

§ 1799 BGB Pflichten und Rechte des Gegenvormunds

(1) [1]Der *Gegenvormund* hat darauf zu achten, dass der *Vormund* die *Vormundschaft* pflichtmäßig führt. [2]Er hat dem *Familiengericht* Pflichtwidrigkeiten des *Vormundes* sowie jeden Fall unverzüglich anzuzeigen, in welchem das Familiengericht zum Einschreiten berufen ist, insbesondere den Tod des *Vormundes* oder den Eintritt eines anderen Umstandes, infolge dessen das Amt des *Vormundes* endigt oder die Entlassung des *Vormundes* erforderlich wird.

(2) Der *Vormund* hat dem *Gegenvormund* auf Verlangen über die Führung der *Vormundschaft* Auskunft zu erteilen und die Einsicht der sich auf die *Vormundschaft* beziehenden Papiere zu gestatten.

1. Funktion des Gegenbetreuers. § 1799 ist auf die Betreuung anwendbar (§ 1908 i Abs 1). Zur Frage, wann ein Gegenbetreuer zu bestellen ist, vgl § 1792. § 1799 umschreibt den Pflichtenkreis des Gegenbetreuers im Allgemeinen. Der Gegenbetreuer ist **niemals, auch nicht hilfsweise** bei Verhinderung des Betreuers, **gesetzlicher Vertreter des Betreuten**[1], sondern hat **nur** als **Überwachungsorgan** den Betreuer zu beaufsichtigen, ohne aber selbst in die Verwaltung des Betreuers eingreifen zu können[2]. Bei Pflichtwidrigkeiten und in allen Fällen, in denen das Betreuungsgericht einschreiten muss, obliegt ihm die **Anzeigepflicht.** Die Anzeige ist unverzüglich (vgl § 121) zu machen, wenn eine Pflichtverletzung des Betreuers vorliegt (§ 1837), wenn dieser zu entlassen ist (§ 1908 b) oder ein neuer Betreuer zu bestellen ist. Ganz allgemein hat der Gegenbetreuer stets auf das Interesse des Betreuten bedacht zu sein und alles, was dieses Interesse beeinträchtigen könnte, zu unterlassen[3]. Bei der befreiten Betreuung kann die **Bestellung eines Gegenbetreuers ausgeschlossen** werden (§§ 1852, 1854). 1

2. Rechte und Pflichten. Die Aufgabe des Gegenbetreuers liegt nicht in der Wahrnehmung der Angelegenheiten des Betreuten selbst, sondern im Sinne einer zusätzlichen Kontrolle in der Überwachung der Amtsführung des Betreuers; er 2

---

1 *Gernhuber* FamRZ 1976, 187, 193.
1 KGJ 27, 11.
2 BGH NJW 1956, 789; OLG Frankfurt FGPrax 2009, 18.
3 BGH NJW 1956, 789.

soll hierdurch das Betreuungsgericht bei seiner Aufsichtspflicht entlasten[4]. Im Einzelnen sind die Rechte und Pflichten im Gesetz verstreut geregelt. Er hat bei dem Vermögensverzeichnis mitzuwirken (§ 1802 Abs 1 Satz 2) und muss sich wegen seiner Aufsichtspflicht und seiner Beteiligung an der Vermögensverwaltung (vgl §§ 1840, 1842, 1854 Abs 3, 1891) möglichst bald nach seiner Bestellung eine Übersicht über das Betreutenvermögen und dessen sichere Anlage verschaffen[5]. Zur Abgabe (§ 273 FamFG) muss er nicht gehört werden[6]. Vielfach sind Maßnahmen des Betreuers an **seine Genehmigung** gebunden (vgl §§ 1809 ff, 1824, 1832). Unter den Voraussetzungen des § 1826 soll er vor der Entscheidung des Betreuungsgerichts angehört werden. Ihm steht ein Anspruch auf Aufwendungsersatz zu (vgl § 1835); der *berufsmäßige* Gegenbetreuer hat einen Vergütungsanspruch (§ 1836 BGB; VBVG; zur Streitfrage bezüglich der Höhe vgl § 5 VBVG Rz 31), der ehrenamtliche Gegenbetreuer nie. Zur Festsetzung vgl § 168 FamFG. Andererseits unterliegt auch der Gegenbetreuer der Aufsicht des Betreuungsgerichts (§ 1837) und hat nach §§ 1839, 1891 Abs 2 dem Betreuungsgericht Auskunft zu erteilen. Zur Beendigung seines Amtes vgl §§ 1882 ff, 1895, 1908 b.

3 **3. Haftung.** Verletzt der Gegenbetreuer schuldhaft seine Pflichten, so trifft ihn die **Haftung** aus § 1833 (vgl § 1833 Rz 1).

4 **4. Abs 2.** Abs 2 gibt dem Gegenbetreuer keinen klagbaren Anspruch, weil die Verpflichtung des Betreuers öffentlich-rechtlicher Natur ist, die mit Hilfe der Zwangsmittel aus §§ 1837, 1886 durchgesetzt wird[7].

5 **5. Beschwerderecht.** Inwieweit es besteht ist unklar. Ein allgemeines Beschwerderecht aus §§ 58, 59 FamFG (Beeinträchtigung eines *eigenen* Rechts), etwa mit der Begründung, dass das Betreuungsgericht seinen Vorschlägen oder Bedenken nicht gefolgt oder dass seine Zustimmung durch das Betreuungsgericht ersetzt worden sei, steht ihm nicht zu[8]; ebenso nicht, wenn seine vorgeschriebene Anhörung (§ 1826) unterblieben ist[9]. Auch gegen die Bewilligung einer Vergütung an den Betreuer wird man ihm kein Beschwerderecht zubilligen können. Anders aber, wenn seine eigene Vergütung in Frage steht (vgl § 168 FamFG).

6 **6. Meinungsverschiedenheiten.** Meinungsverschiedenheiten zwischen Gegenbetreuer und Betreuer sind nicht nach § 1797 Abs 1 oder § 1798 (analog) zu klären; erst wenn das Verhalten des Betreuers nach Ansicht des Gegenbetreuers nicht mehr nur weniger zweckmäßig, sondern schon pflichtwidrig ist, kann er durch Anzeige gem Abs 1 eine Klärung durch das Betreuungsgericht herbeiführen.

§ 1800 BGB Umfang der Personensorge

§ 1800 ist auf die Betreuung nicht anwendbar (§ 1908 i BGB). Der Betreuer ist nicht Erzieher des (volljährigen!) Betreuten. Der Aufgabenkreis *Personensorge* ist in §§ 1896 ff BGB selbstständig geregelt; nur auf § 1632 Abs. 2, Abs. 3 BGB wird in § 1908 i BGB verwiesen.

---

4 OLG Frankfurt FGPrax 2009, 18; BayObLG BtPrax 2004, 197.
5 RGZ 79, 9/11.
6 BayObLG FamRZ 1997, 439.
7 Mit anderer Begründung *Enneccerus/Kipp* § 118 I 3; *Gernhuber/Coester-Waltjen*, FamR § 70 VII 4.
8 BGH NJW 1956, 789; KGJ 27, 11; KGJ 38, 44/7.
9 AA RGRK-*Dickescheid* § 1799 Rz 9; MünchKomm-*Wagenitz* § 1799 Rz 11.

§ 1801 BGB Religiöse Erziehung

§ 1801 BGB ist auf die Betreuung nicht anwendbar (§ 1908 i BGB). Das religiöse Verhalten des (volljährigen!) Betreuten geht den Betreuer nichts an. Ob er aus finanziellen Gründen (zwecks Ersparnis der landesrechtlich geregelten Kirchensteuer) den **Kirchenaustritt** des Betreuten (im Rahmen der Vermögenssorge) erklären darf, ist daher zweifelhaft und landesrechtlich verschieden geregelt: in Bayern ist ein Austritt durch den Betreuer nicht möglich, in Niedersachsen ist die Genehmigung des Betreuungsgerichts notwendig, in den anderen Ländern ist der Austritt zulässig[1].

§ 1802 BGB Vermögensverzeichnis

(1) [1]Der *Vormund* hat das Vermögen, das bei der Anordnung der *Vormundschaft* vorhanden ist oder später dem *Mündel* zufällt, zu verzeichnen und das Verzeichnis, nachdem er es mit der Versicherung der Richtigkeit und Vollständigkeit versehen hat, dem *Familiengericht* einzureichen. [2]Ist ein *Gegenvormund* vorhanden, so hat ihn der *Vormund* bei der Aufnahme des Verzeichnisses zuzuziehen; das Verzeichnis ist auch von dem *Gegenvormund* mit der Versicherung der Richtigkeit und Vollständigkeit zu versehen.

(2) Der *Vormund* kann sich bei der Aufnahme des Verzeichnisses der Hilfe eines Beamten, eines Notars oder eines anderen Sachverständigen bedienen.

(3) Ist das eingereichte Verzeichnis ungenügend, so kann das *Familiengericht* anordnen, dass das Verzeichnis durch eine zuständige Behörde oder durch einen zuständigen Beamten oder Notar aufgenommen wird.

Schrifttum: *Drews*, Der Stichtag für das Vermögensverzeichnis, Rpfleger 1980, 178; *Spanl*, Der umstrittene Stichtag, Rpfleger 1990, 278.

1. Anwendungsbereich. § 1802 BGB ist auf die **Betreuung**, sofern diese mit einer Vermögensverwaltung verbunden ist, gem § 1908 i Abs 1 BGB entsprechend anwendbar. Ein anfänglicher Redaktionsfehler wurde durch das 2. BtÄndG behoben. Statt „Familiengericht“ ist zu lesen „Betreuungsgericht“. 1

2. Allgemeines. Abs 1. Das Vermögensverzeichnis dient dem Betreuungsgericht zur Überwachung des Betreuers und damit zugleich dem Betreuten für sein späteres Herausgabeverlangen (§ 1890 BGB). Das Verzeichnis ist unverzüglich nach Bestellung anzufertigen und an das Gericht weiterzuleiten; meist dauert dies aber einige Zeit, nämlich wenn der Betreuer zuerst die Unterlagen besorgen muss. Die **Aufzeichnungspflicht** besteht schlechthin; weder das Betreuungsgericht noch zuwendende Dritte (vgl § 1803 BGB) können hiervon Befreiung erteilen. Die Aufzeichnungspflicht besteht auch insoweit, als das Vermögen des Betreuten von einem **Testamentsvollstrecker** oder sonstigen Verwalter, zB bei Gütergemeinschaft, Eröffnung des Insolvenzverfahrens, Pflegschaft verwaltet wird[1]; insofern hat der Betreuer einen Auskunftsanspruch gegen den Verwalter. Der Betreuer reicht dann ein Verzeichnis ein, dessen Teil I das von ihm selbst verwaltete Vermögen erfasst, und Teil II das vom Testamentsvollstrecker verwaltete Vermögen. **Existiert bereits ein Verzeichnis**, zB das des Testamentsvollstreckers, dann kann der Betreuer sich darauf beziehen, muss dieses aber in seine Versicherung der Richtigkeit und Vollständigkeit einbeziehen. **Wechselt der Betreuer**, so ist ein neues Verzeichnis erforderlich, zB indem auf das frühere Verzeichnis Bezug genommen wird; der bisherige Betreuer ist zuvor für seine Amtszeit rechnungslegungspflichtig, so dass an sich das alte und das anschlie- 2

---

1 *Deinert* FamRZ 2006, 243.

1 KG RJA 17, 34; vgl auch KG JW 1934, 1293 zu § 1640.

ßende neue Verzeichnis überstimmen müssen oder die Differenzen aufzuklären sind.

3 **3. Umfang.** Zu verzeichnen ist das gesamte Vermögen, **Aktiva**, wozu auch Forderungen, Lebensversicherungen, Pflichtteilsansprüche nach dem Tod des Erblassers, aber nicht das Einkommen, zählen, **und Passiva.** Eine Verpflichtung, die amtlichen Vordrucke zu benutzen, besteht nicht. Zu den Forderungen gehören auch Ansprüche, zB auf Rückzahlung aus § 812 BGB, wenn der Betroffene im Zustand der Geschäftsunfähigkeit noch verfügte oder wenn Personen vor Anordnung der Betreuung Gegenstände weggenommen oder über Konten unberechtigt verfügt haben. Bei Grundbesitz verlangt der übliche Vordruck die Grundbuchbezeichnung, Einheitswert, Brandversicherungswert, Baujahr, Verkehrswert; das ist durch § 1802 BGB nicht gedeckt. Die straßenmäßige Bezeichnung genügt, wenn dadurch keine Unklarheiten über Lage und Größe entstehen[2]. Der Betreuer hat die einzelnen Gegenstände so genau zu bezeichnen, dass Zweifel über die Identität ausgeschlossen sind[3]; die Angabe „Gemälde" genügt daher nicht, mindestens muss die Größe und der Gegenstand der Darstellung angegeben werden (Fotos sind zweckmäßig). Wertpapiere sind entsprechend den Angaben im Bankdepotauszug durch Bezugnahme darauf aufzuführen, der Depotauszug muss nicht abgeschrieben werden. Kleinigkeiten (wie Hausrat, Wäsche, übliche Bücher) ohne besonderen Wert können pauschal angegeben werden[4]; denn dem Wandel in der Bewertung gebrauchter Gegenstände ist Rechnung zu tragen[5]. Große Schwierigkeiten bereitet die Frage, wie Briefmarken- und Münzsammlungen und Ähnliches zu verzeichnen sind: Es kann nicht jede einzelne Marke verzeichnet werden, die Angabe „Briefmarkensammlung 30 Bände" ist ebenfalls ohne Aussagekraft. Letztlich kann nur eine sachkundige Person hier eine brauchbare Beschreibung angeben, notfalls helfen Fotos.

4 Bei den Schulden ist Schuldgrund, Zinssatz und Summe anzugeben[6]. Die Erleichterungsvorschrift des § 1640 Abs 1 Satz 3 BGB gilt für den Betreuer nicht unmittelbar[7], erst recht nicht § 1640 Abs 2 BGB. Der Betreuer kann ggf Hilfe gem Abs 2 zuziehen (Rz 13). Das **Einkommen** ist nach § 1802 BGB grds nicht beim Vermögen zu verzeichnen; doch kann das Betreuungsgericht Angaben darüber nach § 1839 BGB fordern (so die Vordrucke). Die Einkommensquelle (zB der Rentenanspruch als solcher) dagegen stellt einen Vermögenswert dar, der aber nicht verzeichenbar ist. Gleichwohl verlangen die üblichen Vordrucke die Angabe, wer die Rente bezahlt.

5 **Gemeinschaften.** Steht der Betreute mit anderen Personen in ungeteilter **Gemeinschaft**, Bruchteilsgemeinschaft wie Gesamthandsgemeinschaft (Gesellschaft, Erbengemeinschaft, Gütergemeinschaft), so sind alle in die Gemeinschaft fallenden Sachen aufzuführen und der Anteil des Betreuten zu verzeichnen[8]. Entsprechendes gilt bei einer Berufung des Betreuten zum Nacherben hinsichtlich des Nachlasses[9].

---

2 OLG Schleswig FGPrax 2004, 238.
3 KG OLGE 24, 45.
4 OLG Schleswig FGPrax 2004, 238; *Dölle*, FamR II, S. 729.
5 *Oberloskamp/Pollack/Band* S. 155.
6 RGZ 80, 65/6.
7 RGRK-*Dickescheid* Rz 8; MünchKomm-*Wagenitz* § 1802 Rz 3; *Schultheis* ZblFG 7 (1906/07), 190; aA Staudinger/*Engler* § 1802 Rz 12.
8 KGJ 35, 24; KGJ 36, 38; MünchKomm-*Wagenitz* § 1802 Rz 7.
9 KGJ 20, 225.

6 **Belege** brauchen dem Verzeichnis nach § 1802 nicht beigefügt zu werden[10], können aber vom Betreuungsgericht gem §§ 1837 Abs 2, 1839 BGB verlangt werden; gleichwohl sollte der maßgebliche Kontoauszug in Kopie beigefügt werden.

7 **Stichtag für das Vermögensverzeichnis** ist nach dem Wortlaut des § 1802 BGB die Anordnung der Betreuung, also scheinbar das Datum des Beschlusses. Die Anordnung wird indes erst mit ihrer Mitteilung an den bestellten Betreuer wirksam, § 287 Abs 1 FamFG[11]; *dies* ist der Stichtag, nicht erst der Tag der Verpflichtung des Betreuers nach § 289 FamFG[12]. Der Betreuer muss jedoch auch für die Erfassung der Vermögenswerte Rechnung tragen, die vor der Wirksamkeit der Anordnung der Betreuung, evtl sogar vor Anordnung der Betreuung, unberechtigt entfernt wurden (unberechtigte Abhebungen aufgrund von Vollmachten usw). Diese Werte sind als Forderungen in das Vermögensverzeichnis aufzunehmen[13].

8 **Zu- und Abgänge.** Auch alle späteren Zu- und Abgänge von Vermögensgegenständen (zB durch Erbschaften) sind zu verzeichnen und dem Betreuungsgericht unverzüglich als Ergänzungsverzeichnis einzureichen. **Umschichtungen**, die als regelmäßige Zu- und Abgänge des verzeichneten Vermögens anzusehen sind, wie zB Zinsen oder die laufenden Einnahmen und Ausgaben sind keine Zu- und Abgänge in diesem Sinn; sie gehören in die Jahresrechnung (§ 1840 Abs 2 BGB) und sind nicht in das Verzeichnis nachträglich aufzunehmen. Ist **kein Vermögen vorhanden**, so ist dies vom Betreuer zu erklären und die Richtigkeit zu versichern.

9 **Wertangaben** sind nicht erforderlich[14]; sie werden aber auf den üblichen Vordrucken verlangt[15]. Auch Staatsbibliotheken und Museen geben in ihren Verzeichnissen keine Werte an. Das Betreuungsgericht verlangt gleichwohl in den Vordrucken die Angabe des Verkehrswertes, was durch § 1802 BGB nicht gedeckt ist. Das Betreuungsgericht möchte den Wert des Vermögens aus anderen Gründen kennen: zur Klärung, ob Mittellosigkeit vorliegt (wer muss die Betreuervergütung zahlen?) und zur Berechnung der Gerichtsgebühr (§ 92 KostO). Beides hat mit § 1802 BGB nichts zu tun. Zwar sind die zugrunde zu legenden Geschäftswerte an sich von Amts wegen zu ermitteln; doch verlangt § 31 Abs 2 KostO, dass der Beteiligte einen Wert vorschlägt; die Beibringung eines Gutachtens kann das Betreuungsgericht nicht verlangen, es allenfalls selbst einholen (mit den Kostenfolgen des § 31 Abs 2 KostO). Soweit es um Anhaltspunkte für die Frage, ob Mittellosigkeit (§ 1836c BGB) vorliegt, geht, ist eine Wertangabe erst bei der ersten Vergütungsabrechnung erforderlich; eine Mitwirkungsobliegenheit des Antragstellers (Betreuers) folgt hier aus § 168 Abs 2 FamFG. Letztlich sollte also der Betreuer Wertangaben machen.

10 Schwierigkeiten bereitet in der Praxis die Frage nach dem **Verkehrswert von Grundbesitz**, wenn dieser vor langer Zeit erworben oder bebaut wurde. Eine Schätzung durch einen Sachverständigen ist nicht veranlasst. Aus dem Grundbucheintrag bzw den Unterlagen des Vermessungsamts ergibt sich die Fläche. Der Grundstückswert kann meist bei der Gemeinde erfragt werden (Richtwert je m^2 nach dem BauGB, §§ 195, 199 BauGB), davon kann man einen Abschlag

10 KGJ 36, 38; MünchKomm-*Wagenitz* § 1802 Rz 7.
11 OLG Schleswig FGPrax 2004, 238; vgl *Drews* Rpfleger 1980, 178; *Spanl* Rpfleger 1990, 278; *Kierig/Kretz*, S. 230.
12 AA *Jürgens* § 1802 Rz 3.
13 LG Berlin Rpfleger 1981, 110.
14 AA OLG Schleswig FGPrax 2004, 238; Verkehrswert.
15 *Firsching/Dodegge*, FamR II, Rz 337.

von ca 20 % machen. Dazu kommt der Gebäudewert. Das Gebäude kann überschlägig geschätzt werden aus dem Brandversicherungswert (wobei man den Wert der Grundmauern außer Betracht lassen kann), den man (bei versicherten Gebäuden) von der Brandversicherungsanstalt erfährt. Brandversicherungswert (fiktiv per 1914) mal für das laufende Jahr geltendem Multiplikator abzüglich Abschlag für Alter und Zustand plus Bodenwert ergeben eine ungefähren Verkehrswert. Die entsprechenden Unterlagen erhält der Betreuer vom Grundbuchamt, Finanzamt, Brandversicherung. Schwierigkeiten bereitet auch die **Bewertung von Sammlungen**, von Kunstgegenständen, wertvollem Inventar. Für das eigentliche Ziel des Verzeichnisses (Rz 2) sind ohnehin keine Wertangaben erforderlich. In den sonstigen Fällen müsste eine Bewertung durch Sachverständige erfolgen, deren Kosten in keinem Verhältnis zum (meist geringen) Wert stehen.

11 Bei **Lebensversicherungen** ist der Verkehrswert identisch mit dem Rückkaufswert (zu erfragen bei der Versicherungsgesellschaft).

12 Die **eidesstattliche Versicherung** auf die Richtigkeit und Vollständigkeit kann vom Betreuer während der Dauer seines Amtes nicht verlangt werden (vgl § 1890 Rz 5); bei Erstellung des ersten Vermögensverzeichnisses hat er lediglich eine einfache Versicherung der Richtigkeit abzugeben (vgl § 1802 Abs 1 Schlusssatz).

13 **4. Zuziehung von Hilfe. Abs 2.** Der Betreuer kann nach § 1802 Abs 2 BGB Hilfe zuziehen; auf Kosten des Betreuten (§ 1835 BGB), Rz 19. Welche „Beamte“ hier gemeint sind, ist unklar. Die Hilfe durch einen Notar kann darin bestehen, dass er bei Ermittlung des Vermögens und der Erstellung eines übersichtlichen Verzeichnisses Beistand leistet. Sachverständige sind heranzuziehen, wenn der Betreuer das Vermögen selbst nicht beschreiben kann (zB wertvolle Gemälde, alte Münzen).

14 **5. Gegenbetreuer.** Ist ein **Gegenbetreuer** vorhanden, so ist dieser zuzuziehen und hat selbstständig die Richtigkeit und Vollständigkeit zu versichern. Ist kein Gegenbetreuer vorhanden, so bedarf es nicht zum Zwecke der Inventarisierung der Bestellung eines Gegenbetreuers. **Mitbetreuer** mit gemeinsamer Vermögenssorge haben das Verzeichnis gemeinsam zu erstellen (§ 1899 Abs 3 BGB). Bei Mitbetreuern mit aufgeteiltem Aufgabenkreis (§ 1899 Abs 1 BGB) beschränkt sich die Aufzeichnungspflicht auf das Vermögen, das vom Aufgabenkreis umfasst wird.

15 **6. Zeitpunkt der Aufstellung.** Der Betreuer hat **unverzüglich** nach seiner Bestellung die **Aufzeichnungen** zu beginnen und binnen einer dem Vermögen angemessenen Frist ohne besondere Aufforderung das Vermögensverzeichnis einzureichen[16]. Im Falle der Säumigkeit des Betreuungsgerichts kommt eine **Haftung des Staates** gem Art 34 GG, § 839 BGB in Betracht[17], wenn zB der Betreuer dadurch Geld unterschlagen kann. Das Verzeichnis kann berichtigt werden, wenn zB neues Vermögen auftaucht oder sich Irrtümer bei der ursprünglichen Aufzeichnung herausstellen. Das Betreuungsgericht kann notfalls im Aufsichtswege gem § 1837 BGB den Betreuer zur Einreichung des Verzeichnisses zwingen. In Frage kommt die Androhung, Fristsetzung und schließlich die Verhängung eines Zwangsgeldes zwischen 5 und 25.000 Euro (§ 1837 Abs 3 BGB; § 35 FamFG); hilft auch das nicht, kommt die Entlassung des Betreuers in Betracht. Das Betreuungsgericht hat die Erfüllung dieser Pflichten auch dann zu überwachen, wenn kein Misstrauen gegen den Betreuer

---

16 Motive IV, S. 1100.
17 RG Gruchot 60 (1916), 1015/8.

besteht[18]; es kann nicht von der Verpflichtung befreien; würde es befreien, käme Staatshaftung gem Art 34 GG, § 839 BGB in Frage[19].

Prüfungsumfang. Das Gericht hat das Verzeichnis nur formell zu prüfen; seine materielle Richtigkeit und Vollständigkeit sind nur dann zu prüfen, wenn Bedenken hinsichtlich der Ordnungsmäßigkeit bestehen[20]. In einem solchen Falle kommt Amtsermittlung in Frage (zB Erholung von Bankauskünften). Ferner ist zu prüfen, ob Guthaben gesperrt sind (§ 1809 BGB), verzinslich angelegt sind, Hinterlegungen anzuordnen sind (§ 1818 BGB), Befreiungen in Frage kommen (§ 1817 BGB), Rücknahme von Befreiungen (§ 1908 i Abs 2 BGB). **16**

Betreuungsbehörde. Die Betreuungsbehörde als Betreuerin ist in einigen Ländern von der Aufzeichnungspflicht nach § 1802 BGB befreit (vgl § 1908 i Rz 63). Wo die Behörde nicht nach Landesrecht von der Pflicht zur Aufzeichnung befreit ist, dort scheidet Zwang gem § 1837 Abs 3 BGB aus. **17**

7. Ungenügendes Verzeichnis. Abs 3. Das Betreuungsgericht kann das Verzeichnis gem § 1802 Abs 3 BGB von der zuständigen Behörde, die sich nach Landesrecht bestimmt, vgl § 61 Abs 1 Nr 2 BeurkG (nicht von der Betreuungsbehörde!), oder von einem Notar fertigen lassen. Diese Ersatzvornahme wird das Betreuungsgericht insbes anordnen, wenn der Betreuer pflichtwidrig seiner Aufzeichnungspflicht nach Ablauf einer Frist nicht nachkommt[21] oder wenn es den begründeten Verdacht hat, dass das eingereichte Verzeichnis inhaltlich fehlerhaft bzw unvollständig ist. Daneben kommt auch die Entlassung des Betreuers im Aufgabenkreis Vermögenssorge in Betracht (§ 1908 b BGB). Das Betreuungsgericht kann gem § 1802 Abs 3 BGB auch gegen eine **Behörde als Betreuer** vorgehen; für diese ist keine Privilegierung vorgesehen. **18**

8. Kosten der Vermögensaufzeichnung. Die Kosten der Vermögensaufzeichnung (zB Aufwand des Betreuers, Beschaffung von Unterlagen) gehen grundsätzlich zu Lasten des Betreuten. Wegen der Pauschalierung (§§ 4, 5 VBVG) wird der Zeitaufwand des Betreuers nicht besonders vergütet. Bei **Abs 2** darf aber der Betreuer nicht mutwillig Kosten verursachen[22]; ein Vermögensverzeichnis aufzustellen ist meist eine einfache Angelegenheit, so dass die Beiziehung eines Notars[23] wohl sehr selten, die Zuziehung von Sachverständigen nur in Sonderfällen in Frage kommt. Das Problem ist allerdings, dass der Betreuer (wenn er nicht sachkundig ist) nicht selbst beurteilen kann, ob das Gemälde, die Sammlung, das Buch etwas wert ist und ob er also Kosten für Sachverständige verursachen darf. Überflüssige Aufwendungen darf der Betreuer nicht vom Betreuten ersetzt verlangen (§§ 670, 1835 BGB). Im Falle des **Abs 3** kommt die Beauftragung eines Notars durch das Betreuungsgericht ohne Weiteres in Betracht. Überflüssige Kosten: wenn der Grund der Zuziehung eine Pflichtwidrigkeit des Betreuers war, hat er den dadurch verursachten Mehraufwand dem Betreuten gem § 1833 BGB zu ersetzen[24]. **19**

---

18 Vgl RGZ 88, 264.
19 Vgl RG Gruchot 60 (1916), 1015.
20 LG Berlin JR 1955, 261; *Dölle*, FamR II, S. 728.
21 Staudinger/*Engler* § 1802 Rz 17; MünchKomm-*Wagenitz* § 1802 Rz 14.
22 RGRK-*Dickescheid* § 1802 Rz 10, *Jürgens/Klüsener* § 1802 Rz 11 stellen darauf ab, ob Zuziehung in Anbetracht des Vermögens angemessen ist.
23 Notarkosten nach § 52 KostO.
24 *Dölle*, FamR II, S. 730; Staudinger/*Engler* § 1802 Rz 27.

§ 1803 BGB Vermögensverwaltung bei Erbschaft oder Schenkung

(1) Was der *Mündel* von Todes wegen erwirbt oder was ihm unter Lebenden von einem Dritten unentgeltlich zugewendet wird, hat der *Vormund* nach den Anordnungen des Erblassers oder des Dritten zu verwalten, wenn die Anordnungen von dem Erblasser durch letztwillige Verfügung, von dem Dritten bei der Zuwendung getroffen worden sind.

(2) Der *Vormund* darf mit Genehmigung des *Familiengerichts* von den Anordnungen abweichen, wenn ihre Befolgung das Interesse des *Mündels* gefährden würde.

(3) [1]Zu einer Abweichung von den Anordnungen, die ein Dritter bei einer Zuwendung unter Lebenden getroffen hat, ist, solange er lebt, seine Zustimmung erforderlich und genügend. [2]Die Zustimmung des Dritten kann durch das *Familiengericht* ersetzt werden, wenn der Dritte zur Abgabe einer Erklärung dauernd außerstande oder sein Aufenthalt dauernd unbekannt ist.

1 **1. Geltungsbereich.** Die Vorschrift ist auf eine **Betreuung**, welche mit Vermögenssorge verbunden ist, entsprechend anwendbar (§ 1908i Abs 1 BGB). Statt Familiengericht ist zu lesen „Betreuungsgericht“.

2 **2. Ausschlussanordnung. – a) Allgemeines.** Wer dem Betreuten etwas schenkt oder vererbt, kann zuvor (im Testament, Erbvertrag, bei Schenkung):

3 aa) einen bestimmten Betreuer von der Verwaltung völlig ausschließen (vgl § 1909 Abs 1 Satz 2 BGB); dann ist ein weiterer Betreuer zu bestellen (§ 1899 Abs 4 BGB), erst mit deren Wirksamwerden (§ 287 Abs 1 FamFG) ist die Verwaltungsbefugnis des ursprünglichen Betreuers erloschen. Ist dem volljährigen Enkel zB der Vater als Betreuer bestellt, kann die Großmutter bestimmen, dass das von ihr dem Enkel weitervererbte Vermögen vom Sohn nicht verwaltet werden darf; Grund ist häufig, dass Befürchtungen an der Sachkunde und Korrektheit bestehen. Diese Fälle haben mit § 1803 BGB nichts zu tun. Oder:

4 bb) Der Erblasser oder Schenkende kann sich mit der weniger weitgehenden Maßnahme einer Verwaltungsanordnung nach § 1803 BGB (zB dass das Geld auf einem Sparbuch bleiben soll, das Haus nicht verkauft werden soll) begnügen. Solche Anordnungen sind lästig und oft unvernünftig. § 1803 BGB, der dem § 1639 BGB entspricht, gilt auch für den Behörden- und Vereinsbetreuer. Erfasst werden **unentgeltliche Zuwendungen**, insbes Schenkung und Ausstattung (§ 1624 BGB) sowie **Erwerb von Todes wegen** als Erbe, Vermächtnisnehmer, Pflichtteilsberechtigter[1] und Auflagenbegünstigter. Anordnungsberechtigt ist nur der Zuwendende. Auch Surrogate werden entsprechend § 1638 Abs 2 BGB erfasst (allg Meinung).

5 **b) Zeitpunkt. Grenzen.** Die Anordnungen nach § 1803 BGB binden nur dann, wenn der Erblasser sie durch letztwillige Verfügung, auch im Erbvertrag (§§ 2278, 2299 BGB), bzw der Dritte **zusammen mit der Zuwendung**, keinesfalls später, getroffen hat. Die Anordnung braucht nicht ausdrücklich zu erfolgen, sie kann, wie stets mangels anderer ges Regelung, auch stillschweigend geschehen[2]. Inhaltlich können sie den Betreuer freier stellen, aber auch einschränken, beispielsweise Befreiung von den Beschränkungen der §§ 1807 ff, 1814 ff BGB einerseits, Erweiterung der Hinterlegungspflichten andererseits.

---

1 Vgl OLG Hamm FamRZ 1969, 662.

2 BayObLG FamRZ 1964, 522 mwN; einschränkend MünchKomm-*Wagenitz* § 1803 Rz 3.

c) **Grenzen der Anordnungsmacht: – aa) Weder Erblasser noch Dritter** können die Beschränkungen der Vertretungsmacht, die sich zB aus §§ 1821 ff BGB ergeben, beseitigen[3], da diese im öffentlichen Interesse zum Schutz des Betreuten geschaffen sind. 6

bb) **Weder Erblasser noch Dritter** können den Numerus clausus der gem §§ 1821, 1822 BGB genehmigungspflichtigen Rechtsgeschäfte erweitern[4] und so dem Betreuungsgericht Aufgaben zuweisen, die das Gesetz nicht vorsieht. 7

d) **Verpflichteter.** Die Verwaltungsanordnung durch den Erblasser **verpflichtet nur den Betreuer,** nicht den unter Betreuung stehenden **Erben.** Demgemäß bildet sie, wenn sie sich auf den Pflichtteil bezieht, auch keine Beschränkung iSv § 2306 BGB[5]. Bei einer Schenkung bildet sie keine Auflage. Ergibt die Auslegung, dass die Verwaltungsanordnung in Wirklichkeit eine Auflage oder Bedingung ist, die den Betreuten als solchen verpflichten soll, entfällt § 1803 BGB. 8

e) **Abweichungen durch den Betreuer.** Die Anordnungen nach § 1803 BGB binden den Betreuer nur im Innenverhältnis, sie beschränken nicht seine Vertretungsmacht (§ 1902 BGB) nach außen. Befolgt der Betreuer die Anordnungen nicht, sind seine Geschäfte also wirksam. Die Abweichung macht aber den Betreuer schadensersatzpflichtig (§ 1833 BGB) und verpflichtet das Betreuungsgericht zum Einschreiten (§ 1837 BGB). Lehnt das Betreuungsgericht das Einschreiten ab, so hat der Zuwendende ein Beschwerderecht aus §§ 58, 59 FamFG. 9

3. **Abweichungen nach Abs 2.** Abweichungen sind nach Abs 2 (bei **Erwerb von Todes wegen**) lediglich mit Genehmigung des Betreuungsgerichts und nur dann statthaft, wenn das Interesse des Betreuten gefährdet ist, nicht aus bloßen Zweckmäßigkeitsrücksichten[6]. Vgl den ähnlichen in § 2216 Abs 2 BGB. Streitig ist, ob auch dann eine Gefährdung von Mündelinteressen vorliegt, wenn dem Betreuten durch die Verwaltungsanordnung mit Wahrscheinlichkeit ein höherer Gewinn entgeht. Unter Berücksichtigung dessen, dass sich die Verwaltungsanordnungen sogar auf den Pflichtteil beziehen können, muss man auch in dem sicheren Entgang kleinerer Gewinne eine Gefährdung erblicken[7]. **Beispiel** einer Anordnung: Geld müsse auf dem Sparbuch bleiben, aber mit einem Sparbrief oder ähnlichem wären ohne größeres Risiko höhere Zinsen zu erzielen. Weicht der Betreuer mit Genehmigung des Betreuungsgerichts von einer Verwaltungsanordnung des Erblassers ab, so liegt darin nicht eine Anfechtung des Testaments[8]. Ein etwa vorhandener **Gegenbetreuer** ist vom Betreuungsgericht gem § 1826 BGB tunlichst zu hören. Die **Betreuungsbehörde** als Betreuerin ist uU nach Landesrecht (§ 1908 i Rz 63) teilweise von Abs 2 befreit, bedarf zu Abweichungen also keiner Genehmigung des Betreuungsgerichts, darf aber ebenfalls nur bei Gefährdung der Interessen des Betreuten abweichen. 10

4. **Abweichungen nach Abs 3.** Abweichungen nach Abs 3 (betrifft **Schenkungen**) sind möglich, wenn der Schenker zustimmt, aber auch nur dann; eine Gefahrdung des Interesses des Betreuten ist (anders als bei Abs 2) weder 11

---

3 OLG Hamburg OLGE 16, 247.
4 KGJ 40, 227/30.
5 Vgl KGJ 35, 26.
6 RG SeuffA 60 (1905) Nr 194.
7 AA RG SeuffA 60 (1905) Nr 194; KGJ 35, 26/29; Staudinger/*Engler* § 1803 Rz 14; RGRK-*Dickescheid* § 1803 Rz 9: bei größeren entgehenden Gewinnen. Aber: Was ist klein, was groß?
8 KGJ 35, 26, 28.

erforderlich noch ausreichend. Stimmt der Schenker nicht zu, kann von seinen Anordnungen nicht abgewichen werden. Seine Weigerung kann durch das Betreuungsgericht nicht beseitigt werden; eine Ausnahme gilt nach Satz 2: wenn der Schenker zB geistig verwirrt oder unbekannten Aufenthalts ist, kann das Betreuungsgericht seine Zustimmung ersetzen. Die Genehmigung des Schenkers ersetzt nicht eine notwendige betreuungsgerichtliche Genehmigung (zB gem §§ 1812, 1821 BGB), erübrigt sie aber eventuell (Auslegungsfrage).

12 5. **Ende der Verwaltungsanordnungen.** Die Verwaltungsanordnungen nach § 1803 BGB enden, da sie sich nur an den Betreuer wenden (Rz 8), mit der Beendigung der Betreuung, wenn sie in einer letztwilligen Verfügung getroffen sind und kein früherer Zeitpunkt vom Erblasser bestimmt ist. Ist ein Zeitpunkt für das Ende der Anordnung bestimmt, handelt es sich um eine erbrechtliche Auflage. Im Falle der Zuwendung unter Lebenden mit Verwaltungsanordnung endet die Bindung des Betreuers ebenfalls mit der Beendigung der Betreuung oder zu einem früheren vom Schenker festgesetzten Zeitpunkt; dies gilt auch beim **Tod des Schenkers**; für Abweichungen von den Anordnungen greift dann Abs 2 ein[9]. Bei Anordnungen für die Zeit nach Beendigung der Betreuung handelt es sich um eine Auflage (§ 525 BGB).

§ 1804 BGB Schenkungen des Vormunds

[1]Der *Vormund* kann nicht in Vertretung des *Mündels* Schenkungen machen. [2]Ausgenommen sind Schenkungen, durch die einer sittlichen Pflicht oder einer auf den Anstand zu nehmenden Rücksicht entsprochen wird.

Schrifttum: *Böhmer*, Verfügungen des Betreuers im Rahmen der vorweggenommenen Erbfolge, MittBayNot 1996, 405; *Holzhauer*, Schenkungen aus dem Vermögen Betreuter, FamRZ 2000, 1063.

1 1. **Geltungsbereich.** Auf den **Betreuer** ist die Vorschrift gem § 1908 i Abs 2 sinngemäß anwendbar; aber **§ 1908 i Abs 2 erweitert** die Möglichkeiten des Betreuers, etwas zu verschenken. Darüber hinaus ist § 1908 zu beachten. Die Erfahrung zeigt, dass Betreuer dazu neigen, sich und andere aus dem Vermögen des Betreuten großzügig zu bedenken; was man jetzt schon (bevorzugt an nahe stehende Personen) verschenkt, fällt später nicht mehr in den Nachlass. Selbst mit Spenden an karitative Organisationen kann man sein eigenes Ansehen steigern, auf Kosten des Betreuten.

2 2. **Fallgruppen.** Bei unentgeltlicher Hingabe von Vermögenswerten sind mehrere Fallgruppen zu unterscheiden:

3 a) **Anstandsschenkungen** (zum Geburtstag, zu Weihnachten, zur Hochzeit; im kleinen üblichen Umfang) an beliebige Personen, auch Pflegepersonal, Heimpersonal: der Betreuer kann sie aus dem Vermögen des Betreuten als Vertreter des Betreuten ohne Genehmigung des Betreuungsgerichts machen, §§ 1908 i Abs 2 mit § 1804;

4 b) **Gelegenheitsgeschenke,** weil § 1908 i Abs 2 den § 1804 insofern erweitert (vgl § 1908 i Rz 80); der Betreuer kann sie ohne Genehmigung des Betreuungsgerichts vornehmen;

5 c) **Ausstattungen:** Sie sind keine Schenkungen im Rechtssinne, sondern eine unentgeltliche Leistung besonderer Art, so dass §§ 1908 i Abs 2 Satz 1, 1804 unanwendbar sind, eine besondere Regelung also erforderlich war; § 1908

---

9 MünchKomm-*Wagenitz* § 1803 Rz 11.

entspricht dem § 1902 Abs 1 aF[1]. Die Ausstattung unterliegt nicht der Formvorschrift des § 518; die Formvorschriften für bestimmte Vermögensgegenstände (Grundstücke § 311 b; Leibrenten § 761) sind aber einzuhalten. Mit Genehmigung des Betreuungsgerichts können Ausstattungen versprochen und gewährt werden (zB die **Übergabe eines Hofs, eines Geschäfts**). Es handelt sich um eine Außengenehmigung: ohne den Beschluss des Betreuungsgerichts ist die Ausstattungsverpflichtung bzw Gewährung unwirksam.

d) **Ausstattungsähnliche Schenkungen.** Wird die „Ausstattung" einer anderen Person als dem Kind gewährt (zB dem Pflegepersonal; dem Enkel von den Großeltern) oder *überschreitet sie die Angemessenheit* im Hinblick auf die Vermögensverhältnisse (zweifelhafte Abgrenzung, denn was ist „angemessen"), so handelt es sich (bezüglich des übersteigenden Teils) um eine unwirksame Schenkung, die auch durch Genehmigung des Betreuungsgerichts nicht wirksam wird[2]. Hierin liegt für den Empfänger eine gefährliche Unwägbarkeit; Rspr dazu, was angemessen ist, gibt es nicht. Ob der überschießende Teil wirklich Schenkung oder Gegenleistung ist, richtet sich nach §§ 516 ff; keine Schenkung läge vor, wenn damit eine jahrzehntelange unentgeltliche Mitarbeit auf dem elterlichen Hof entgolten werden sollte[3], unterstellt, dass die Wertrelationen stimmen. 6

e) **Schenkungen im engeren Sinne.** Von ihnen handelt § 1804; er entspricht §§ 1641, 2205 Satz 3. Ob eine Schenkung in diesem Sinne vorliegt, beurteilt der Betreuer in eigener Verantwortung. Bedarf der Vorgang aber aus anderen Gründen (zB nach §§ 1813, 1821) der Genehmigung des Betreuungsgerichts, muss das Betreuungsgericht die Frage, ob eine zulässige Schenkung vorliegt, in die Prüfung mit einbeziehen[4]. Die Vorschrift verbietet nur Schenkungen (vgl § 516), dagegen nicht das Unterlassen eines Erwerbs (§ 517), zB einer Mieterhöhung. Die **Ausschlagung einer Erbschaft** oder eines Vermächtnisses fällt nicht unter § 1804, sondern unter § 1822 Nr 2. Ebenso ist es beim Erbverzicht, Pflichtteilsverzicht. Erlass des angefallenen Pflichtteils (§ 397) dagegen fällt unter § 1804. Eine Leihe (§ 598) ist keine Schenkung[5]. § 1804 betrifft auch die Zustimmung des Betreuers (§ 107) zu einer Schenkung des unter **Einwilligungsvorbehalt** stehenden Betreuten[6]. Der Vormund kann auch nicht für den Mündel die Zustimmung zu einer Schenkung des Verwalters des Gesamtguts der Gütergemeinschaft (§ 1425) aussprechen[7] oder sonst für den Mündel eine Zustimmung zu einer Schenkung eines Dritten, zB des Testamentsvollstreckers (§ 2205) oder des Ehegatten (vgl § 1375 Abs 3, 2. Halbs) oder gem § 185 erklären, wenn eine Rechtsposition des Mündels ohne Gegenleistung aufgegeben wird. Unter Umständen kann auch die Aufgabe oder **Minderung einer Sicherheit**, die für eine Forderung des Betreuten bestellt ist, eine Schenkung sein[8]. Auch in der Bestellung einer Sicherheit kann eine Schenkung liegen, wenn auf die Bestellung der Sicherheit kein Anspruch besteht; gleiches gilt für die Einräumung des Vorrangs[9]. Im Hinblick auf § 1822 Nr 13, der die Aufgabe einer Sicherheit durch den Betreuer genehmigungspflichtig macht, ist die Frage hier von geringer Bedeutung. Eine Schenkung liegt ferner vor, wenn der Bezugsberechtigte einer Lebensversicherung geändert wird[10]; wenn ein Grundstück unter Vorbehalt eines Nießbrauchs oder 7

1 BT-Drucks 11/6949 S. 76.
2 BayObLGZ 1996, 118 und BtPrax 1998, 72.
3 BGH FamRZ 1965, 430.
4 BayObLG FamRZ 1999, 47/8; OLG Hamm FamRZ 1987, 751.
5 *Jürgens/Klüsener* § 1804 Rz 8.
6 Vgl OLG Stuttgart FamRZ 1969, 39/40.
7 RGZ 91, 40.
8 KG JW 1937, 2597.
9 RGZ 48, 133/66; KG DNotZ 1927, 530.
10 OLG Hamm FamRZ 1985, 206/207.

Wohnrechts aufgelassen wird[11]. Keine Schenkung liegt vor bei einer Zuwendung zur Abgeltung zweifelhafter Erbschaftsansprüche[12]; hier handelt es sich vielmehr um einen **Vergleich** (§ 1822 Nr 12). Gem § 517 sind Erb- und Pflichtteilsverzicht (§ 2346) und die Ausschlagung von Erbschaft und Vermächtnis keine Schenkung. Der Erlassvertrag über den Pflichtteilsanspruch kann hingegen schenkungshalber erfolgen (und ist dann trotz § 1822 Nr 2 wegen § 1804 nicht genehmigungsfähig). Legt der Betreuer Geld des Betreuten in der Weise an, dass der Rückzahlungsbetrag im Falle des Todes des Betreuten einem Drittbegünstigten zufließen soll (§ 331 BGB), so unterliegt diese Vereinbarung selbst nicht dem Schenkungsverbot[13].

8 Verboten sind auch **gemischte Schenkungen.** Sie liegt nicht nur vor, wenn die Unentgeltlichkeit überwiegt[14], sondern wenn keine volle Gleichwertigkeit vorliegt (Verkauf des Grundstücks im Verkehrswert von 100.000 Euro für 60.000 Euro ist also eine gemischte Schenkung); das ist der Sinn des § 1804. In der Praxis wird oft versucht, durch die **Konstruktion von Gegenleistungen** eine Gleichwertigkeit von Leistung und Gegenleistung zu erreichen und so § 1804 zu umgehen. So überträgt der Betreute sein Anwesen und erhält als Gegenleistung nur das lebenslange Wohnrecht, Recht der Gartennutzung und der Pkw-Nutzung. Diese „Gegenleistungen" werden dann mit ihrem Jahreswert unter Berücksichtigung der Lebenserwartung des Übertragenden hochgerechnet und ergeben uU eine angebliche Gleichwertigkeit (vgl § 117 Abs 2).

9 **3. Verstoß gegen Satz 1.** Anstandsschenkungen sind wirksam, aber nicht genehmigungsfähig. Eine andere Schenkung kann durch das Betreuungsgericht nicht genehmigt werden, weil ein Genehmigungstatbestand fehlt; eine Genehmigung wäre unwirksam Der Verstoß gegen Satz 1 begründet **Nichtigkeit**, selbst bei Genehmigung durch das Betreuungsgericht[15]. Auch **vorweggenommene Erbfolgen**, zB aus steuerlichen Gründen, können eine (gemischte) Schenkung darstellen und fallen dann unter § 1804[16]. Der Mündel kann auch nach Erreichen der Volljährigkeit die Schenkung nicht genehmigen (vgl § 141); es bleibt nur die Neuvornahme. Das Geschenkte kann nach §§ 985, 812 zurückverlangt werden; § 932 ist, weil es an der Vertretungsmacht des Betreuers fehlt, nicht anwendbar[17]. § 177 ist bei einem Verstoß des Betreuers gegen § 1804 nicht anwendbar[18]. Der **Betreuer haftet** gem § 1833. Bei Schenkung des Betreuers im eigenen Namen aus dem Mündelvermögen greifen §§ 932, 816 Abs 1 Satz 2 ein[19]. Das Schenkungsverbot kann auch nicht durch Pflegerbestellung umgangen werden, weil auch dem Pfleger Schenkungen verboten sind (§ 1915 verweist auf § 1804). Erlaubt ist dem Betreuer nur die Erfüllung eines rechtswirksamen Schenkungsversprechens, das er bei Amtsantritt vorgefunden hat[20].

10 Der **geschäftsfähige Betreute** kann selbst wirksam schenken[21], auch an den Betreuer. Der *geschäftsfähige* Betreute kann ferner eine Vollmacht erteilen, die zu Schenkungen berechtigt. Der Betreute kann den Betreuer zum Erben einsetzen oder ihm ein Vermächtnis zuwenden, falls er testierfähig ist. § 14 HeimG

11 OLG Hamm NJW-RR 1992, 1170.

12 RG Recht 1920 Nr 685.

13 BayObLG FGPrax 2002, 221.

14 *Jürgens/Klüsener* § 1804 Rz 7.

15 BayObLG FamRZ 1999, 47; 1996, 1359; 1988, 210; OLGE 32, 19; OLG Hamm FamRZ 1985, 206/7; MünchKomm-*Wagenitz* § 1804 Rz 11; Palandt/*Diederichsen* § 1804 Rz 1.

16 OLG Frankfurt FGPrax 2008, 18 (Eigentumswohnung gegen Pflegeverpflichtung); BayObLG FamRZ 1996, 1357; dazu *Böhmer* MittBayNot 1996, 405.

17 MünchKomm-*Wagenitz* § 1804 Rz 11.

18 MünchKomm-*Wagenitz* § 1804 Rz 8.

19 Vgl *Dölle*, FamR, II, S. 701.

20 *Eckstein*, AcP 107 (1911), 410.

21 Vgl LG Ansbach NJW 1988, 2387 zum früheren Recht.

ist hierauf nicht analog anwendbar[22]. Doch kann das Testament im Einzelfall wegen § 138 sittenwidrig und damit nichtig sein[23].

Wirksam sind Schenkungen durch den vertretungsberechtigten Gesellschafter einer offenen Handelsgesellschaft, zu deren Gesellschaftern der Betreute gehört[24], denn hier ist das Gesellschaftsrecht, nicht das Vormundschaftsrecht einschlägig; auch handelt nicht „der Betreuer". 11

4. Anstandsschenkungen (Begriff: § 534; § 2330) sind vom Verbot des Satzes 1 ausgenommen. Ob eine Anstandsschenkung vorliegt, kann der Betreuer nicht vom Betreuungsgericht feststellen lassen, da eine Anstandsschenkung keiner Genehmigung bedarf[25]. Im Streitfalle wird die Frage im Schadensersatzprozess gegen den Betreuer (§ 1833) entschieden (vgl auch § 1843) bzw im Rückforderungsprozess gegen den „Beschenkten". Etwas anderes gilt für den Fall, dass das Geschäft aus anderen Gründen der Genehmigung bedarf, zB gem §§ 1812, 1821; dann ist das Geschäft nur genehmigungsfähig, wenn zugleich eine Anstandsschenkung vorliegt[26]. Will der Betreuer als Vertreter des Betreuten eine Anstandsschenkung *an sich selbst* (oder seine Angehörigen) machen (§§ 181, 1795 Abs 2), ist für den Betreuer ein Ergänzungsbetreuer zu bestellen[27]. 12

a) **Sittliche Pflicht**[28]. Das Bestehen einer sittlichen Pflicht zu einer Schenkung ist grundsätzlich zurückhaltend zu beurteilen[29]. Sie kann nur mit größter Vorsicht bejaht werden, kommt heute kaum mehr vor und ist keinesfalls mit der allgemeinen Nächstenliebe identisch. Ungenügend ist, dass eine Schenkung im Rahmen des noch sittlich zu rechtfertigenden bleibt oder objektive Umstände den Betreuten zu einer solchen Schenkung veranlassen konnten. Stets ist auch der letztlich bezweckte Erfolg zu berücksichtigen[30] und gerade wenn dieser zweifelhaft ist, so ist auch auf das Vermögen des Betreuten Rücksicht zu nehmen[31]. Das Wohl des Betreuten verlangt im Regelfall, dass sich sein Lebensstandard nicht durch die Weggabe verschlechtert. 13

Einer sittlichen Pflicht hat es möglicherweise vor 80 Jahren entsprochen, ein ungültiges Testament im Interesse des Familienfriedens zu verwirklichen[32] oder ein Wohnrecht aufzugeben[33]. Eine sittliche Pflicht wurde bejaht für die Schenkung des hälftigen Miteigentums an einem Familienwohnheim an die weitgehend unversorgte Ehefrau, die zum gemeinsamen Nutzen im Gewerbebetrieb des Ehemannes mitgearbeitet hatte[34]; ferner im Falle einer Schenkung zur Unterstützung notleidender Geschwister[35]; heute wäre das kaum mehr vertretbar. Die Abtretung von Grundstücken zu Bauzwecken seitens eines Großgrundbesitzers an eine Stadtgemeinde in der Zeit dringendster Wohnungsnot wurde als Anstandsschenkung beurteilt[36]; dies ist keinesfalls vertretbar. Bei der Prü- 14

---

22 BayObLG FamRZ 1998, 702.
23 BayObLG FamRZ 2003, 713; OLG Braunschweig FamRZ 2000, 1189.
24 RGZ 125, 380.
25 BayObLG Rpfleger 1988, 22; BayObLGZ 15, 573.
26 BayObLG FamRZ 1999, 47.
27 OLG Karlsruhe BtPrax 2000, 177/8 = FGPrax 2000, 145; *Jürgens/Klüsener* § 1804 Rz 13.
28 Dazu *Keim* FamRZ 2004, 1081; BayObLG NJW-FER 1998, 81; LG Traunstein MittBayNot 2005, 231.
29 KG OLGE 3, 109; BGH FamRZ 1984, 580.
30 OLG Hamm FamRZ 1987, 751; KG OLGE 3, 109; OLG Karlsruhe LZ 1917, 1282.
31 KG OLGE 3, 109; zu weitgehend KG JFG 13, 183.
32 KG JW 1936, 393; KG JW 1938, 1169.
33 OLG Köln OLGZ 1969, 264.
34 OLG Karlsruhe OLGZ 1990, 457.
35 BGH FamRZ 1986, 1079.
36 BayObLGZ 22, 249/251.

fung, ob eine Schenkung einer sittlichen Pflicht entspricht, ist auf den Willen des Betreuten Rücksicht zu nehmen[37].

15 Wenn **Kinder ihre Eltern pflegen** oder betreuen, begründet das für sich allein noch keine sittliche Pflicht zu größeren Schenkungen an die Kinder[38]. Es besteht keine sittliche Pflicht, eine Lebensversicherung im Wert von 60.000 DM auf den zu übertragen, der den Betreuten pflegte und damit selbst einer sittlichen Pflicht folgte[39]. Eine sittliche Pflicht, künftigen Erben zu Lebzeiten Grundbesitz oder sonstiges Vermögen zu übertragen (vorweggenommene Erbfolge) besteht nicht, auch wenn dadurch erhebliche Steuern gespart werden können[40]; auch nicht, wenn die Kinder die Eltern pflegten, vgl § 1618 a[41].

16 b) **Einer auf den Anstand zu nehmenden Rücksicht** entspricht eine Schenkung, wenn ihr Unterbleiben nach den Anschauungen der mit dem Schenkenden sozial gleichgestellten Kreise nicht unterbleiben könnte, ohne dass der Schenkende eine Einbuße in der Achtung und Anerkennung dieser Kreise erleiden würde[42]. Dabei konnte es sich nach überholter Rechtsprechung um hohe Geldbeträge handeln, wenn dadurch der Lebensstandard überhaupt nicht und das Vermögen „nicht nennenswert" berührt werden[43]. Solche Anstandsschenkungen mag es früher gegeben haben; heute ist das überholt. Allenfalls Trinkgelder oder kleine Gaben bei Spendensammlungen fallen noch darunter. Die Umwelt weiß, dass der Geschäftsunfähige nichts mehr wirksam wegschenken kann, so dass er durch das Unterlassen nicht in der Wertschätzung seines Umfelds sinkt.

17 5. Das Schenkungsverbot des § 1804 ist **nicht verfassungswidrig**[44].

§ 1805 BGB Verwendung für den Vormund

[1]Der *Vormund* darf Vermögen des *Mündels* weder für sich noch für den *Gegenvormund* verwenden. [2]Ist das *Jugendamt Vormund* oder *Gegenvormund*, so ist die Anlegung von Mündelgeld gemäß § 1807 auch bei der Körperschaft zulässig, bei der das *Jugendamt* errichtet ist.

1 **1. Geltungsbereich.** Gem § 1908 i Abs 1 BGB gilt § 1805 BGB entsprechend auch für den **Betreuer.** Die Bestimmung ist dann wie folgt zu lesen: „Der Betreuer darf Vermögen des Betreuten weder für sich noch für den Gegenbetreuer verwenden. Ist die Behörde Betreuer oder Gegenbetreuer, so ist die Anlegung von Geld des Betreuten gemäß § 1807 BGB auch bei der Körperschaft zulässig, bei der die Betreuungsbehörde errichtet ist."

2 **2. Vermögenstrennung.** Die Vorschrift besagt, dass das Vermögen des Betreuten von dem des Betreuers streng zu trennen ist[1] und zwar in jeder Hinsicht. Zu

---

37 OLG Karlsruhe BtPrax 2000, 177 = FGPrax 2000, 145 = Rpfleger 2000, 391.

38 BayObLG FamRZ 1999, 47: Übertragung von Grundbesitz im Wert von 1,8 Mio DM für Pflegeleistungen.

39 OLG Hamm FamRZ 1985, 206.

40 BayObLG FamRZ 1996, 1359; OLG Frankfurt FGPrax 2008, 18; vgl aber OLG Hamm FamRZ 1987, 751.

41 BayObLG BtPrax 1998, 72.

42 BGH NJW 1981, 111; BayObLG FamRZ 1999, 47.

43 BayObLG Rpfleger 1988, 22.

44 BayObLG FamRZ 1996, 1359; aA *Canaris* JZ 1987, 993/8: Übermaßverbot. Für eine verfassungskonforme Reduktion des Schenkungsverbots *Holzhauer* FamRZ 2000, 1063; OLG Karlsruhe FGPrax 2000, 145 (bei der Frage, ob eine Schenkung einer sittlichen Pflicht entspricht).

1 Allgemeine Meinung, vgl Palandt/*Diederichsen* § 1805 Rz 1. Unzutreffend deshalb OLG Rostock FamRZ 2005, 1588 (zust. *Bienwald* FamRZ 2005, 1589), wonach im Einzelfall die Betreuerin die Rente des Betreuten über ihr Girokonto laufen lassen darf, um Kontogebühren zu sparen. Bei öffentlichen Sparkassen verbieten die jeweiligen Satzungen teilweise derartige Vermischungen, vgl *Platz*, Bankgeschäfte mit Betreuten, 2005, S. 239.

trennen sind auch die Gelder der Betreuten untereinander[2]. Die Bildung von **Sammelkonten**, auf dem sich alle Gelder mehrerer Betreuter befinden, ist unzulässig[3]. Unklar ist, ob § 1805 BGB nur das Aktivvermögen meint oder auch die Schulden; mE trifft letzteres zu. Die alten und neuen Konten des Betreuten lauten weiterhin auf seinen Namen, der Betreuer wird lediglich als Vertreter vermerkt. Schon die Einzahlung auf das Konto des Betreuers stellt eine Verwendung von Betreutengeld dar, selbst wenn es ein **Anderkonto** (Konto, das auf den Namen des Betreuers lautet mit Vermerk: „Betreuung XY") ist (vgl § 1806 Rz 2). Es dürfen auch keine Sammelkonten geführt werden, über die die *Ausgaben* aller Betreuten laufen[4], weil dadurch erst durch Buchungen festgestellt werden kann, wie hoch das aktuelle Vermögen des jeweiligen Betreuten ist. Durch § 1805 BGB ist auch die Errichtung von **Gemeinschaftskonten (Gemeinschaftsdepots)** jeder Art (Und-Konto: zwei Personen dürfen nur gemeinsam verfügen; Oder-Konto: jeder der beiden Inhaber darf verfügen) untersagt[5]; der Betreuer und der Betreute dürfen kein gemeinsames Konto führen; der Betreute darf nicht mit anderen Personen, zB mit seiner Ehefrau, ein gemeinschaftliches Konto führen. Vorhandene Gemeinschaftskonten sind aufzulösen und in zwei Einzelkonten zu spalten (im Zweifel im Verhältnis 50 zu 50; § 430 BGB). § 1805 BGB betrifft Vermögen jeder Art, auch Gegenstände und Rechte.

Der Betreuer darf wegen § 1805 BGB **Sachen des Betreuten** (zB leer stehende Wohnung, Garten, Auto) nicht unentgeltlich nutzen. Wenn der Betreuer eine im Eigentum des Betreuten stehende Wohnung anmieten will, ist der Abschluss eines Mietvertrages mit einem Ergänzungsbetreuer notwendig und die Zahlung der üblichen Miete. 3

Arbeitsverhältnisse. Der Betreuer darf den Betreuten nicht unentgeltlich für sich **arbeiten** lassen; Letzteres folgt aus dem Fehlen einer dem § 1619 entsprechenden Vorschrift[6] bzw aus der analogen Anwendung des § 1805[7]. Da der Betreuer kein Erziehungsrecht gegenüber dem Betreuten hat, darf er ihn auch nicht zwecks Ausbildung, zu Fortbildungszwecken oder Beschäftigungstherapie oder zu unbezahlten Arbeiten (zB als Gärtner, Hausmeister, Bote) heranziehen. Anders ist es, wenn eine Hausgemeinschaft besteht; hier darf in üblicher Weise im Haushalt bzw Geschäft unentgeltlich mitgearbeitet werden[8]. Die **entgeltliche Beschäftigung** des Betreuten ist durch § 1805 nicht verboten[9]; das wäre vom Sinn der Regelung (den Betreuten nicht ausnutzen zu dürfen) nicht gedeckt. Möglich ist auch, dass der Betreuer (zB die Tochter) vom Betreuten (zB dem Vater) eine Wohnung anmietet oder mit ihm einen Pflege- oder Darlehensvertrag schließt. Zum Vertragsschluss bedarf es dann wegen §§ 1795 Abs 2, 181, 1908 i Abs 1 der Bestellung eines Ergänzungsbetreuers (§ 1899 Abs 4), was die Überprüfung der Angemessenheit des Lohns bzw sonstiger Gegenleistungen sicherstellt. 4

Befreiung von § 1805. Eine Befreiung von § 1805 kann im Übrigen weder ein Pfleger noch ein Betreuer noch das Betreuungsgericht genehmigen. Das Verbot gilt auch für den Fall, dass die Zuwiderhandlung für den Betreuten vorteilhaft wäre. Ein **Verstoß gegen § 1805** macht ein Rechtsgeschäft, zB ein Darlehen, nicht nichtig[10]; oftmals scheitert ein solches Rechtsgeschäft indes an einem 5

2 OLG Köln FamRZ 1997, 899; MünchKomm-*Wagenitz* § 1805 Rz 3.
3 OLG Köln FamRZ 1997, 899.
4 So aber Palandt/*Diederichsen* § 1805 Rz 1.
5 Vgl LG Krefeld Rpfleger 2001, 302; *Platz*, Bankgeschäfte mit Betreuten, S. 241.
6 *Gernhuber/Coester-Waltjen*, FamR § 72 Abs 2 Satz 1; Staudinger-*Engler* § 1805 Rz 2; alle zum Vormund.
7 *Dölle*, FamR II, S. 749; Erman/*Holzhauer* § 1805 Rz 3.
8 *Jürgens* § 1805 Rz 9.
9 Abw RGRK-*Scheffler*, 11. Aufl, § 1805 Rz 2.
10 RG JW 1917, 288 = WarnR 1917 Nr 84.

Verstoß gegen §§ 1795, 181. In jedem Fall besteht bei Geld Verzinsungspflicht (§ 1834); im Übrigen gelten §§ 1833, 1837, 1886 BGB; §§ 246, 266 StGB. § 1805 verbietet nicht, dass der Betreuer seine **Auslagen** (Aufwendungen, § 1835) und die festgesetzte Vergütung dem Vermögen des Betreuten entnimmt.

6 **Handelsgesellschaften.** Die Einlage von Geld des Betreuten bei einer **OHG oder KG**, deren Teilhaber der Betreuer ist, bedeutet im Hinblick auf die gesamthänderische Beteiligung des Betreuers eine Verwendung für den Betreuer, aber fällt nicht unter die §§ 1795, 181[11]. Bei Einlage bei einer jur Person, zB GmbH, AG, auch wenn der Betreuer maßgeblich an ihr beteiligt ist, liegt hingegen § 1805 nicht vor. Zu beachten bleiben dann aber §§ 1807 ff. Gegen eine **Prokura des Betreuers** im Erwerbsgeschäft des Betreuten (§ 1822 Nr 11) bestehen keine Bedenken[12].

7 **3. Gegenbetreuer.** Das Verbot des Satzes 1 betrifft den Betreuer sowie den Gegenbetreuer. Die Aufgabe des Gegenbetreuers, den Betreuer zu überwachen, macht seine Einbeziehung erforderlich.

8 **4. Geldanlage.** Nach **Satz 2** ist, wenn die **Betreuungsbehörde** Betreuerin ist, die Anlegung von Geld des Betreuten zB bei der **Stadt- oder Kreissparkasse**, zulässig. Das gilt auch für den **Behördenbetreuer**, § 1908 g Abs 2; ist er bei der Betreuungsbehörde der Stadt beschäftigt, darf er Geld des Betreuten bei der Sparkasse dieser Stadt anlegen. Ein Verzicht auf die Mündelsicherheit ist aber durch Satz 2 nicht gestattet. Gemäß § 56 Abs 3 Satz 1 SGB VIII (KJHG) kann das Mündelgeld auf **Sammelkonten** gegeben werden, wenn dies den Interessen des Mündels dient (zB wegen höherer Verzinsung) und sofern die sichere Verwaltung, Trennbarkeit und Rechnungslegung des Geldes einschließlich der Zinsen jederzeit gewährleistet ist; das Jugendamt bedarf der Genehmigung des Betreuungsgerichts. Auf Betreuungsbehörden ist diese Regelung nicht anwendbar[13], sie dürfen keine solchen Sammelkonten führen. Das Betreuungsgericht darf derartiges nicht genehmigen, die kommunale Aufsichtsbehörde darf es nicht anordnen. Auch **Betreuungsvereine** dürfen keine Sammelkonten führen.

§ 1806 BGB Anlegen von Mündelgeld

Der *Vormund* hat das zum Vermögen des *Mündels* gehörende Geld verzinslich anzulegen, soweit es nicht zur Bestreitung von Ausgaben bereit zu halten ist.

Schrifttum: *Derlien*, Vorschriften über die mündelsichere Anlegung von Vermögen, Diss Hamburg 1963; *Berger*, Vorschriften über die Verwaltung von Mündelvermögen, Diss Bochum 1975; *Sichtermann*, Das Recht der Mündelsicherheit, 3. Aufl 1980; *Thümmel*, Die Vorschriften zur Anlegung von Mündelgeld, 1983 (wirtschaftswiss Untersuchung); *Jünger*, Geldanlage für Mündel und Betreute, FamRZ 1993, 147; *Oertzen/Hötzel*, Substanzerhaltende Geldanlage und Mündelsicherheit, DB 1994, 2303; *Vogt*, Mündelsicherheit der Anlage in Investmentanteilscheinen, Rpfleger 1997, 281; *Fiala/Behrendsen*, Gefahren bei der Anlage und Verwaltung von Fremdgeldern, Rpfleger 1997, 281; *Hoffmann*, (zu § 1811 BGB) BtPrax 2000, 242; *Werkmüller/Oyen*, Die Verwaltung des Vermögens unter Betreuung stehender Personen, Rpfleger 2003, 66; *Wesche*, Die Geldverwaltung durch Betreuer, BtPrax 2003, 56; *Fiala/Nerb*, Geldanlagen für Mündel und Betreute, 2003; *Platz*, Bankgeschäfte mit Betreuten, 2005.

---

11 Vgl RG JW 1917, 288 = WarnR 1917 Nr 84.
12 BayObLGZ 18, 53/5.
13 *Jürgens* § 1805 Rz 7; aA *Holzhauer/Reinicke* § 1908 g Rz 3.

1. Geldanlage. § 1806 gilt entsprechend für die Betreuung (§ 1908 i Abs 1). §§ 1806 ff unterscheiden wie folgt: 1

a) **Bei Beginn der Betreuung** vorgefundenes Bargeld und Guthaben auf Girokonten ist vom Betreuer baldigst **verzinslich** *anzulegen* (§ 1806, 1. Halbs) und zwar auf die in § 1807 genannte Art und Weise, soweit das Geld nicht für Ausgaben benötigt wird; nur mit Genehmigung des Betreuungsgerichts kann er Geld auch anders anlegen (§ 1811). Zins ist die nach der Laufzeit bemessene, gewinn- und umsatzunabhängige Vergütung für den Gebrauch eines auf Zeit überlassenen Kapitals[1]. Nicht notwendig ist, dass der Zins „fortlaufend" entrichtet wird; deshalb fällt auch Abzinsung (zB aus 90 Euro werden in 4 Jahren 100 Euro) oder Zinsthesaurierung (der Zins wird jeweils zum Kapital geschlagen) darunter. Die Zinshöhe muss nicht von Anfang an fest bestimmt sein. Ein Mindestzins ist bei § 1806 nicht vorgeschrieben. Gewinnbeteiligungen, Ausschüttungen von Investmentfonds (auch Renten- und Geldmarktfonds), Dividenden sind ertragsabhängig und daher keine Zinsen in diesem Sinne[2]. 2

b) **Ebenso ist mit hinzukommendem Geld** (zB Einnahmen aus Lohn, Renten, Vermietung, Kapitaleinkünfte) zu verfahren. 3

c) **Erwirbt der Betreute** etwas durch Erbschaft oder Schenkung, sind zusätzlich eventuelle Verwaltungsanordnungen (§ 1803) zu beachten. 4

d) **Geld, das für Ausgaben** benötigt wird (sog Verfügungsgeld), muss nicht verzinslich angelegt werden (§ 1806, 2. Halbs). 5

2. Zwingende Vorschrift. Die Regelung des **§ 1806 ist zwingend**[3]; eine Befreiung ist nur gemäß § 1817 (seit 1999) oder § 1803 möglich[4], nicht durch den Betreuten. Die Pflicht betrifft auch Bargeld, soweit es in Händen des Betreuten selbst ist[5]. Die Anlagepflicht erstreckt sich auch auf gering verzinsliches bzw unverzinsliches Geld auf Girokonten[6]. Selbstverständlich ist eine Anlage zu suchen, die einen möglichst hohen Zins unter Berücksichtigung von Sicherheit und Liquidität bietet[7]; zu beachten ist, dass schon ein geringfügig höherer Zins als der übliche Zins das Risiko vervielfacht. Die Anlagepflicht erstreckt sich nicht auf Vermögen, das einer Testamentsvollstreckung unterliegt[8] oder dem Anteil an einer Erbengemeinschaft[9]. **Andere Vermögensstücke**, zB vorhandene oder anfallende (nicht mündelsichere) **Wertpapiere oder Wertsachen** (Briefmarkensammlungen, Gemälde, Bauland) zu versilbern und einer verzinslichen und mündelsicheren Anlage zuzuführen, ist nicht geboten. Der Betreuer muss jedoch prüfen, ob das Interesse des Betreuten eine Umwandlung erforderlich macht. Kommt er dieser Prüfungspflicht nicht oder nur mangelhaft nach, so haftet er aus § 1833[10]. Eine Pflicht, aus den Einnahmen des Betreuten, **Ersparnisse zu bilden**, ergibt sich aus § 1806 nicht[11]; der Betreuer entscheidet aufgrund seiner 6

1 BGH NJW 1979, 806; BGH NJW-RR 1992, 592.
2 AA *Platz*, Bankgeschäfte mit Betreuten, S. 244.
3 BayObLG FamRZ 2005, 389.
4 RGRK-*Dickescheid* § 1806 Rz 10; Staudinger-*Engler* § 1806 Rz 13; aA KGJ 24, 8, 11; BayObLGZ 22, 154.
5 BayObLGZ 17, 124/8: Taschengeldersparnisse.
6 Vgl *Sichtermann*, Recht der Mündelsicherheit, S. 14; *Berger*, Vorschriften über die Verwaltung von Mündelvermögen, S. 46; RGRK-*Dickescheid* § 1806 Rz 4; aA Staudinger-*Engler* § 1806 Rz 2.
7 LG Kassel FamRZ 2003, 626.
8 OLG Celle OLGZ 1967, 485. Allerdings hat auch der Testamentsvollstrecker das Vermögen ordnungsgemäß zu verwalten, § 2216.
9 Vgl MünchKomm-*Wagenitz* § 1806 Rz 5.
10 RGZ 137, 320/3; KG RJA 4, 4/5; KG NJW 1968, 1836; LG Göttingen BB 1957, 907.
11 OLG Düsseldorf Rpfleger 1980, 471; BVerwG FamRZ 1991, 871.

Personen- und Vermögenssorge, in welchem Umfang Ersparnisse, auch aus dem Einkommen des Betreuten, zu bilden sind.

7 **3. Bereitzuhaltendes Geld.** Geld (Bargeld oder Guthaben), welches zur Bestreitung von Ausgaben bereit zu halten ist, muss vom Betreuer nicht verzinslich angelegt werden (§ 1806, 2. Halbs). Der Sinn der Regelung ist: wenn Geld eingeht, in absehbarer Zeit aber Ausgaben anfallen (zB Unterhalt, Miete, Handwerkerrechnungen für bereits ausgeführte Arbeiten), dann ist es nicht sinnvoll, das Geld für einige Tage oder Wochen oder Monate zinsbringend anzulegen; zum einen, weil Zins meist nur bei einer längeren zeitlichen Bindung des Geldes gewährt wird (Sparguthaben müssen uU gekündigt werden; sog Festgeld hat eine Laufzeit von mindestens 30 Tagen), zum anderen, weil der Zeitaufwand des Betreuers in keinem Verhältnis zu einigen Euro Zinseinnahme steht. Deshalb kann man auch Geld „bereithalten“, das erst in einigen Monaten benötigt wird, und muss es nicht verzinslich anlegen.

8 **Geldanlage in Grundbesitz.** Entscheidet sich der Betreuer dafür, Geld zB in Grundbesitz anzulegen, ist die Rechtslage unklar. Unter *Ausgaben* iSv § 1806 sind mE nicht Vermögensumschichtungen zu verstehen, sondern die üblichen Alltagsausgaben. Folge ist, dass das für Sachanlagen vorgesehene Geld § 1806 unterfällt und der Betreuer sich an §§ 1807 ff, 1811 halten muss[12]; denn diese Bestimmungen wollen das Risiko des Betreuten verringern, was für das ganze Geldvermögen des Mündels gilt. Kein bereit zu haltendes Geld ist für **Notfälle** vorgesehenes Geld[13]; es ist verzinslich anzulegen.

9 **Sperrvermerk.** Verzinslich angelegtes Geld wird mit Sperrvermerk versehen, bereit zu haltendes nicht (§ 1809); zu dessen Abhebung vgl § 1813 Abs 1 Nr 3. Da Banken (insbes Sparkassen) verzinslich angelegtes von bereit zu haltendem Geld nicht unterscheiden können, muss der Betreuer in diesem Fall bezüglich des bereit zu haltenden Geldes auf einen Verzicht auf den Sperrvermerk (vgl § 1809 Rz 2) dringen. Gem § 1813 Abs 1 Nr 3 iVm Abs 2 ist ihm dann die Abhebung von Geld ohne Genehmigung des Betreuungsgerichts möglich. Doch darf nach dem Grundsatz der Vermögenstrennung auch bereitzuhaltendes **Geld nicht auf** einem **Anderkonto des Betreuers** angelegt werden[14]. Geld (auch bereitzuhaltendes) mehrerer Betreuter darf in keinem Fall auf einem **Sammelkonto** (Treuhandkonto) des Betreuers, eines Betreuungsvereins oder einer Betreuungsbehörde verwaltet werden, selbst wenn aus der internen Buchführung jederzeit zweifelsfrei ermittelt werden kann, welcher Betrag welchem Betreuten zuzuordnen ist[15].

4. Vermögensumschichtung. – a) Anderweitige nutzbringende Verwendung des
10 **Geldes.** Gestützt auf Motive IV, S. 1110, wird folgende Auffassung vertreten: wenn der Betreuer das Geld des Mündels *demnächst* in **Grundstücken, Gold, Beteiligungen** anlegen wolle, dann handle es sich um Geld, das zur Bestreitung von Ausgaben „bereitzuhalten“ sei, so dass es sich nicht um eine genehmigungsbedürftige „anderweitige Anlegung“ im Sinne des § 1811 handle[16]. Dieser Meinung kann nicht zugestimmt werden. Zum einen sind Vermögensumschich-

12 Vgl LG Berlin BB 1966, 1170; aA Soergel-*Damrau* § 1806 Rz 2.

13 OLG Celle MDR 1959, 212; aA LG Berlin Rpfleger 1973, 356: 1.000 DM.

14 OLG Oldenburg Rpfleger 1979, 101; KG NJW 1967, 833; *Sichtermann*, Recht der Mündelsicherheit, S. 51; aM Staudinger-*Engler* § 1806 Rz 8; Erman/*Holzhauer* § 1805 Rz 2; *Beitzke* ZblJR 1967, 237; *Schütz* NJW 1967, 1569; Protokolle VI, S. 308 = *Mugdan* IV, S. 1089: bedenklich; MünchKomm-*Wagenitz* § 1806 Rz 16: zuweilen zulässig.

15 OLG Köln FamRZ 1997, 899.

16 KG OLGE 30, 149 = RJA 13, 78; BayObLGZ 22, 26 = OLGE 42, 112 = JW 1922, 396; KG JW 1937, 637 = JFG 14, 501; OLG Frankfurt NJW 1953, 67; hL.

tungen keine laufenden Ausgaben im Sinne des § 1806, 2. Halbs[17]; zum anderen könnten so die §§ 1807 ff leicht umgangen werden, ein müheloser Zinsgewinn bis zur anderweitigen Anlage würde verschenkt. Auch solche anderweitigen Anlagen sind also nach § 1811 genehmigungspflichtig[18].

Anlage von Bargeld und Girokontoguthaben			
soweit zur Bestreitung von Ausgaben bereitzuhalten:	soweit nicht bereit zu halten, sondern anzulegen:		
	verzinsliche Anlage	andere Anlegung als nach § 1807	Anlegung in Sachwerten
keine verzinsliche Anlage notwendig, § 1806, 2. Alt	in der Form des § 1807	nach § 1811 genehmigungspflichtig Befreiung nach § 1817	

b) **Anlage in Aktien usw.** Will der Betreuer das Geld verzinslich, aber anders als nach §§ 1807–1810 vorgeschrieben, anlegen, so ist die Genehmigung nach § 1811 erforderlich. Die Anlegung des Geldes in nichtmündelsicheren **Aktien** ist – obgleich keine Zinsen, sondern Dividenden gezahlt werden – als anderweitige verzinsliche Anlegung zu behandeln[19], auf die § 1811 anwendbar ist. Gleiches gilt für Investmentanteile, auch Immobilienfonds, Rentenfonds, Aktienfonds, selbst in Form von sog Tradingfonds (Investmentanteile ohne unmittelbaren Ausgabeaufschlag). Wegen der Voraussetzungen, unter denen die Genehmigung zu erteilen ist, vgl § 1811 Rz 4. 11

5. **Folgen von Zuwiderhandlungen.** Zuwiderhandlungen und Verzögerungen haben für den Betreuer die allgemeinen Folgen: Schadensersatz (§ 1833), Zwangsgeld (§ 1837), Entlassung (§ 1908 b). Die **vorschriftswidrige Anlage ist aber wirksam.** Eine Nichtigkeit gem § 138 Abs 1 kommt jedoch bei kollusivem Zusammenwirken von Betreuer und Dritten in Betracht; der Betreute hat in diesem Falle auch gegen den Dritten einen Schadensersatzanspruch gem § 826. Ob dem § 1806 genügt ist, ist nicht erst bei der Rechnungslegung zu prüfen, sondern bereits vorher im Rahmen und aufgrund der allgemeinen Aufsichtspflicht[20]. 12

6. **Behörden- und Vereinsbetreuer.** Die Vorschrift gilt grundsätzlich auch für den Behörden- und Vereinsbetreuer. Landesrechtliche Befreiungen der Behörde als Betreuerin von § 1806 gibt es nicht. 13

7. **Besitzrechte des Betreuers.** Beim **Betreuer** (mit Vermögenssorge) ergibt sich das Problem, wie er in den Besitz, etwa vorhandenen Bargelds kommt, wenn der Betreute die Herausgabe verweigert: man wird einen **Anspruch auf Herausgabe des Bargelds** nur dann annehmen können, wenn entweder ein Einwilligungsvorbehalt angeordnet ist (§ 1901 Rz 8) oder wenn der Betreute geschäftsunfähig ist. Ist der Betreute geschäftsfähig und ist kein Einwilligungsvorbehalt angeordnet, dann kann und darf der Betreute rechtswirksam handeln: es fehlt eine 14

---

17 Von Motive IV, S. 1110 verkannt.

18 Erman/*Holzhauer* § 1806 Rz 1; MünchKomm-*Wagenitz* § 1806 Rz 8; Enn-*Kipp* § 114 Abs 4 Satz 10 Fn 21; *Kipp* Gruchot 66 (1923), 510; *Derlien*, Vorschriften über die mündelsichere Anlegung von Vermögen, S. 20; *Dölle*, FamR II, S. 733; *Josef* AcP 117 (1919), 395; zweifelnd OLG Celle MDR 1959, 212.

19 KG JFG 17, 209; BayObLGZ 22, 26 = JW 1922, 396 = OLGE 42, 112; BayObLGZ 22, 124 = JFG 1, 78; KG DFG 1938, 69; aA *Dölle*, FamR II, S. 733; *Kipp* Gruchot 66 (1923), 497, 510; *Berger*, Die Vorschriften über die Verwaltung von Mündelvermögen, S. 61.

20 RGZ 88, 264, 267; KG ZblJR 1953, 125.

Rechtsgrundlage, die ihn verpflichtet, seinem Betreuer sein Geld zu überlassen. Dann gelangt der Betreuer nur auf freiwilliger Basis in den Besitz des Geldes. Der geschäftsunfähige Betreute kann nicht rechtsgeschäftlich handeln; für ihn handelt (ausschließlich!) sein Betreuer; deshalb ist diesem ein Anspruch auf Herausgabe des Geldes zuzuerkennen. Zwang gegen den Betreuten – sei er geschäftsunfähig oder unter Einwilligungsvorbehalt – setzt einen Herausgabetitel voraus, der im Zivilprozess zu erstreiten ist (§ 1901 Rz 8).

§ 1807 BGB Art der Anlegung

(1) Die im § 1806 vorgeschriebene Anlegung von *Mündelgeld* soll nur erfolgen:

1. **in Forderungen, für die eine sichere Hypothek an einem inländischen Grundstücke besteht, oder in sicheren Grundschulden oder Rentenschulden an inländischen Grundstücken;**
2. **in verbrieften Forderungen gegen den Bund oder ein Land sowie in Forderungen, die in das Bundesschuldbuch oder in das Landesschuldbuch eines Landes eingetragen sind;**
3. **in verbrieften Forderungen, deren Verzinsung vom Bund oder einem Land gewährleistet ist;**
4. **in Wertpapieren, insbesondere Pfandbriefen, sowie in verbrieften Forderungen jeder Art gegen eine inländische kommunale Körperschaft oder die Kreditanstalt einer solchen Körperschaft, sofern die Wertpapiere oder die Forderungen von der Bundesregierung mit Zustimmung des Bundesrats zur Anlegung von Mündelgeld für geeignet erklärt sind;**
5. **bei einer inländischen öffentlichen Sparkasse, wenn sie von der zuständigen Behörde des Landes, in welchem sie ihren Sitz hat, zur Anlegung von Mündelgeld für geeignet erklärt ist; oder bei einem anderen Kreditinstitut, das einer für die Anlage ausreichenden Sicherungseinrichtung angehört.**

(2) Die Landesgesetze können für die innerhalb ihres Geltungsbereichs belegenen Grundstücke die Grundsätze bestimmen, nach denen die Sicherheit einer Hypothek, einer Grundschuld oder einer Rentenschuld festzustellen ist.

Schrifttum: bei § 1806.

Übersicht

1. Geltungsbereich. Die Vorschrift gilt für die **Betreuung** (§ 1908 i Abs 1 BGB). **Textgeschichte.** Die Fassung des § 1807 BGB nach dem Ges v 23. März 1931 (RGBl I, S. 69) wurde wiederholt geändert, zuletzt durch Ges v 19. April 2006 (BGBl 2004, 866). 1

2. Formen der Geldanlage. Geld kann risikoreich angelegt werden, aber auch risikoarm („konservativ"). Der Zweck des § 1807 BGB ist, für Mündelgeld eine Anlage vorzuschreiben, die Risiken möglichst ausschaltet und die Unversehrtheit des Vermögens des Betreuten gewährleistet. Vor Währungsverfall und Währungsreform kann auch § 1807 BGB nicht schützen. Wenn der Betreuer von einer **Anlegung in anderen Vermögenswerten** Abstand nimmt (vgl § 1806 Rz 10), und sich für eine **verzinsliche Anlegung** vorhandener oder später anfallender Mündelgelder entscheidet, so schreibt das Gesetz verschiedene Anlagearten vor (§ 1807 BGB). Zwischen diesen Arten hat der Betreuer die Wahl, die er pflichtmäßig zu treffen hat. Bei einer Anlage größerer Beträge bei einer Sparkasse mit gesetzlicher Kündigungsfrist wird er in Anbetracht der geringen Verzinsung fast stets seine Pflicht (objektiv) verletzen; § 1833 BGB[1]. Zur Zeit der Einleitung der Betreuung **bereits vorhandene Anlagen** müssen nicht notwendig in Anlagen nach § 1807 BGB umgewandelt werden; der Betreuer entscheidet darüber nach pflichtgemäßem Ermessen. Der Erblasser oder der zuwendende Dritte können den Betreuer von der Vorschrift des § 1807 BGB gem § 1803 BGB, das Betreuungsgericht kann den Betreuer davon nach Maßgabe von §§ 1811, 1817 BGB, **befreien.** Der Betreuer *soll* das Geld nur mit **Genehmigung** des Gegenbetreuers oder **des Betreuungsgerichts** anlegen (§ 1810 BGB); das Betreuungsgericht prüft, ob die Anlage den Grundsätzen wirtschaftlicher Vermögensverwaltung entspricht, zB ob der Zins marktgerecht ist. 2

3. Bedeutung der §§ 1807 ff. Die Bedeutung der §§ 1807 ff BGB reicht über das Vormundschaftsrecht hinaus; vgl BGB §§ 234, 238, 1079, 1083, 1288, 1908 i, 2119 BGB. 3

4. Verstoß gegen § 1807. Ein Verstoß gegen § 1807 BGB macht die Anlegung nicht unwirksam, verpflichtet aber den Betreuer zum **Schadensersatz** (§ 1833 BGB) und kann zum Eingreifen des Betreuungsgerichts (§ 1837 BGB), notfalls zur Entlassung des Betreuers (§ 1908 b BGB) führen. Dass der Betreuer das Mündelgeld überhaupt in einer der Arten des § 1807 BGB angelegt hat, befreit ihn nicht ohne Weiteres von der Verantwortung. Er ist zB schadensersatzpflichtig (§ 1833 BGB), wenn er sich bei Nr 1 bezüglich der Sicherheit einer Grundschuld fahrlässig auf eine (falsche) amtliche Grundstückstaxe über den Wert des Grundstücks (vgl Nr 1) verlässt, vgl § 1833 Rz 12[2]. Hat jedoch das Betreuungsgericht die Anlage genehmigt, so haftet er idR nicht (vgl § 1833 Rz 15). 4

5. Betreuungsbehörde. Behördenbetreuer. Die Betreuungsbehörde und der Behördenbetreuer können Gelder auch bei der Körperschaft anlegen, von der die Behörde errichtet ist (§§ 1908 i Abs 1; 1805 Satz 2; § 1908 g Abs 2), also zB bei der jeweiligen Stadt- oder Kreissparkasse. Das ist aber nur eine Ausnahme von § 1805, nicht von § 1807; die Anlegung gilt damit nicht ohne Weiteres als 5

1 LG Bremen Rpfleger 1993, 338; *Fiala/Behrendsen* Rpfleger 1997, 281.
2 RG JW 1910, 708; RG JW 1914, 931.

mündelsicher. Eine **Befreiung von** § 1807 ist nach Landesrecht nicht möglich (vgl § 1908 i Rz 63). Die für das Jugendamt geltenden Privilegierungen (§ 56 Abs 2 SGB VIII) sind auf die Behörde als Betreuerin nicht anwendbar.

6 **6. Abs 1.** § 1807 unterscheidet Fälle der objektiven Mündelsicherheit (Nr 1 bis 4; **Anlageform**) von den Fällen der subjektiven Mündelsicherheit (Nr 5; **Anlageinstitut**). Die einzelnen Fälle:

7 a) **Nr 1.** Der Betreuer darf Mündelgeld nur in **sicheren Hypotheken, Grund- oder Rentenschulden** an inländischen Grundstücken anlegen.

8 Für die Anlage in Grundpfandrechten an **ausländischen Grundstücken** gilt § 1811. Die Landesgesetze lassen im Allgemeinen ein Grundpfand als mündelsicher gelten, wenn die Belastung 1/2 des Grundstückswertes nicht übersteigt (Rz 23). Die Vorschrift gilt nur für die Anlegung von Mündelgeld in Hypothekenforderungen; sie gilt nicht, wenn eine **bereits vorhandene Forderung** des Mündels durch eine Hypothek gesichert werden soll; daher ist § 1807 Abs 1 Nr 1 nicht anwendbar, wenn der Vater das Auseinandersetzungsguthaben des Kindes durch eine Hypothek an dem von ihm übernommenen Nachlassgrundstück sichern will[3].

9 Die Anlage von Mündelgeld in durch Hypotheken gesicherte Privatdarlehen kommt in der Praxis (fast) nicht mehr vor, allenfalls noch im Familienkreis. Die dazu notwendige Schätzung des Grundstückswerts ist zu teuer, Liquidität besteht nicht, der Zinsvorteil wiegt das höhere Risiko nicht auf, vor Geldentwertung besteht kein Schutz (wie die Erfahrungen von 1923 und 1948 gezeigt haben). **Nr 1 hat** daher **nur noch historische Bedeutung.** Die Anlage in ungesicherten Privatdarlehen ist unzulässig. An sich bzw seine Familie darf der Betreuer keine Darlehen geben (§§ 1795, 181); dazu müsste ein Ergänzungsbetreuer bestellt werden.

10 b) **Nr 2.** Forderungen sind verbrieft, wenn über sie eine urkundliche Unterlage ausgestellt ist. Es ist nicht erforderlich, dass es sich um Wertpapiere handelt. So genügt also auch ein Schuldschein oder eine sonstige schriftliche Vereinbarung[4].

11 Nicht hierher gehören **Sparbücher der Landesbanken,** weil diese eigene Rechtspersönlichkeit haben, so dass das Land nicht direkt haftet[5]. Die Finanzkrise 2008 hat die Instabilität mancher Landesbanken gezeigt. Zu den verbrieften Forderungen zählen Schuldverschreibungen, Anleihen, Schatzanweisungen. Den verbrieften Forderungen sind die **Buchschulden**, die in das Schuldbuch des Bundes bzw der Länder eingetragen sind, gleichgestellt. Hier sind vor allem der **Bundesschatzbrief**, die **Bundesobligation, Finanzierungsschätze des Bundes, Bundesanleihen** zu nennen[6]. Sie können gebührenfrei bei der Finanzagentur der Bundesrepublik GmbH in Frankfurt verwahrt werden (während die Banken und Sparkassen Depotgebühren verlangen). Zusammenstellung der landesrechtlichen Schuldbuchgesetze bei Art 97 EGBGB.

12 c) **Nr 3.** Eine **Forderung** ist **verbrieft**, wenn darüber eine Urkunde besteht. Die Verzinsung wird vom Bund oder einem Bundesland „gewährleistet", wenn Bund/Land die Bürgschaft übernommen, Schuldmitübernahme oder Schuldbeitritt erklärt haben oder aus einem sonstigen Rechtsgrund von Bund/Land die Zinsen verlangt werden können. Merkwürdig ist, dass Nr 3 nur die Garantie der

3 KG JFG 8, 53.
4 Protokolle IV S. 764.
5 HM, wenngleich die vielzitierte Entscheidung KG DJZ 1931, 1024 zu § 1807 Nr 4 und nicht zu Nr 2 ergangen ist; vgl Rz 9; aA *Dölle*, FamR II, S. 735.
6 Überblick bei *Platz*, Bankgeschäfte mit Betreuten, S. 254.

Zinszahlung verlangt, nicht auch der Kapitalrückzahlung. In Anlagen, bei denen die Rückzahlung des Kapitals nicht ebenfalls garantiert ist, sollte der Betreuer kein Geld stecken.

d) Nr 4. – aa) Erklärung der Bundesregierung. Gemäß Entscheidung der BReg v 21. Juni 1950[7] erklärt diese mit Zustimmung des Bundesrates, welche **Wertpapiere** oder **Forderungen** mündelsicher sind. Sie kann Wertpapiere jeder Art zu mündelsicheren erklären. Auch Aktien, Investmentanteile und ausländische Wertpapiere könnten daher uU für mündelsicher erklärt werden, können diese Eigenschaft aber auch durch Widerruf jederzeit wieder verlieren. 13

bb) Pfandbriefe. Durch die **VO über die Mündelsicherheit der Pfandbriefe** und verwandter Schuldverschreibungen v 7. Mai 1940[8] sind diese Papiere generell für mündelsicher erklärt worden, wenn sie den Anforderungen der VO genügen. 14

cc) Schiffspfandbriefe. Durch die VO über die Mündelsicherheit der Schiffspfandbriefe v 18. März 1941[9] sind Schuldverschreibungen der Schiffspfandbriefbanken generell für mündelsicher erklärt worden. 15

dd) Forderungen gegen kommunale Körperschaften. Für verbriefte Forderungen jeder Art gegen kommunale Körperschaften oder deren Kreditanstalten ist durch Bekanntmachung die Anlegung von Mündelgeld in verbrieften Forderungen v 7. Juli 1901[10] betreffend eine generelle Erklärung über die Mündelsicherheit abgegeben. Verbriefte Forderungen gegen eine inländische kommunale Körperschaft oder die Kreditanstalt einer solchen Körperschaft sind zur Anlegung von Mündelgeld geeignet, wenn die Forderungen von Seiten des Gläubigers kündbar sind oder einer regelmäßigen Tilgung unterliegen. Zu den kommunalen Körperschaften – der Begriff ist weit auszulegen[11] – zählen Gemeinden, Gemeindeverbände, Zweckverbände, Landkreise, aber auch Verbände, an denen die Kommunen nur mittelbar beteiligt sind wie zB Sparkassen- und Giroverbände. Nicht unter § 1807 Nr 4 fallen kirchliche Körperschaften. Beispiele für Kreditinstitute der Gemeinden sind die Sparkassen; hingegen zählen nicht alle Girozentralen und Landesbanken hierher, weil diese nicht alle von kommunalen Körperschaften getragen werden[12]. 16

ee) Landesrechtliche Vorschriften. Gemäß EGBGB Art 212 sind landesrechtliche Vorschriften, nach denen gewisse Wertpapiere für mündelsicher erklärt sind, in Kraft geblieben; erweitert werden kann der Kreis der Wertpapiere durch Landesgesetz nicht mehr. 17

ff) Sammelverwahrung von Wertpapieren. Vgl die VO über die Sammelverwahrung von Mündelwertpapieren v 29. September 1939[13]. Der Betreuer bedarf nicht der (zusätzlichen) gerichtlichen Genehmigung, wenn er zur Sammelverwahrung geeignete, also vertretbare Wertpapiere (§ 1807 Abs 1 Nr 2 bis 4) in Sammelverwahrung geben will. Ist ein Gegenbetreuer vorhanden (§ 1810), so bedarf er dessen Genehmigung (§ 1812), weil darin eine Verfügung über das Wertpapier liegt. 18

7 BGBl S. 262.
8 RGBl I, S. 756 = BGBl III, 404 – 12.
9 RGBl I, S. 156 = BGBl III, 404 – 13.
10 RGBl S. 263 = BGBl III, 404 – 10.
11 *Sichtermann*, Recht der Mündelsicherheit S. 33.
12 *Sichtermann*, Recht der Mündelsicherheit S. 34; *Platz*, Bankgeschäfte mit Betreuten, S. 256.
13 RGBl I, S. 1985 = BGBl III, 4130 – 2.

19 e) Nr 5. – aa) **Öffentliche Sparkassen.** Welche **Sparkasse** als **öffentlich** zu gelten hat, richtet sich nach Landesrecht[14] (es gibt auch private Sparkassen); ebenso die Frage, welche Behörde für die Erklärung der Mündelsicherheit zuständig ist. **Bausparkassen** zählen nicht hierher; soll das Mündelgeld dort angelegt werden, kommt der Weg über § 1811 in Betracht[15]. Die Mündelsicherheit der Sparkassen erstreckt sich nicht nur auf Betreuungen, die in dem betreffenden Land geführt werden, sondern auf das gesamte Bundesgebiet. Die Einlage soll nur mit **Sperrvermerk** vorgenommen werden (§ 1809). Die von den Sparkassen ausgegebenen **Sparkassenbriefe**, Namensschuldverschreibungen, und **Sparkassenobligationen**, Inhaber- und Orderschuldverschreibungen, fallen unter Nr 5, weil es sich auch hierbei um eine Anlage „bei einer öffentlichen Sparkasse" handelt. Gleiches gilt von **Termingeld** bei einer Sparkasse. Dass Termingeld eine kurzfristige verzinsliche Anlage bildet, steht der Anwendung der Nr 5 nicht entgegen, da der Zeitfaktor in § 1807 keinen Niederschlag gefunden hat[16]. Im Jahr 2005 ist die sog **Gewährträgerhaftung** bei Sparkassen weggefallen (bisher haftete der Träger, zB die Stadt für die Stadtsparkasse); deshalb können jetzt auch Sparkassen insolvent werden. Allerdings gehören sie Sicherungseinrichtungen an (vgl Rz 20).

20 bb) **Andere Kreditinstitute.** Kreditinstitute, die einer Sicherungseinrichtung angehören, sind praktisch alle deutschen Geschäftsbanken und Genossenschaftsbanken sowie die deutschen Zweigstellen ausländischer Banken. Diese Gruppen unterhalten sog Einlagensicherungsfonds, die jedenfalls bei nicht zu großen Einlagen im Falle der Insolvenz des Kreditinstituts die Rückzahlung der Einlage sicherstellen (ohne dass allerdings ein Rechtsanspruch bestünde, bei einer großen Bankenkrise ist also das Geld verloren). Es handelt sich um drei Einrichtungen: Einlagensicherungsfonds des Bundesverbandes deutscher Banken; Garantiefonds des Bundesverbandes der Deutschen Volksbanken und Raiffeisenbanken (BVR); Einlagensicherungsfonds der öffentlichen Banken (VÖB). Das Einlagensicherungs- und Anlegerentschädigungsgesetz v 16. Juli 1998, zuletzt geändert 25. Juni 2009 (BGBl 1998, 1842; 2009, 1528) besagt: der Entschädigungsanspruch ist auf den Gegenwert von **50.000 Euro begrenzt** (§ 4 EAEG), ab 1. Januar 2011 voraussichtlich auf 100.000 Euro, früher 20.000 Euro mit 10 % Selbstbeteiligung. Die bestehenden Sicherungseinrichtungen können aber bessere Sicherungen gewähren (§ 11 EAEG). Es bestehen zahlreiche einschränkende Klauseln. Dem Betreuer obliegt die Prüfung, ob das Kreditinstitut, bei dem er das Mündelgeld anlegen will, einem Sicherungsfonds angeschlossen ist und ob dieser in Bezug auf die Höhe der Einlage ausreichend ist[17]; notfalls sollte er die Gelder auf verschiedene Banken verteilen. Legt der Betreuer Geld bei einer Bank an, die keinem Sicherungsfonds angehört, haftet er aus § 1833[18]. Das Betreuungsgericht hat die Mündelsicherheit der Anlage im Rahmen der jährlichen Rechnungsprüfung (§ 1840) zu kontrollieren, wenn kein Gegenbetreuer vorhanden ist. Erteilt bei Fehlen eines solchen das Betreuungsgericht die Genehmigung gem § 1810 Satz 2, so hat es auch aus diesem Anlass die Mündelsicherheit zu überprüfen.

21 Die **Anlageart muss vom Einlagen-Sicherungsfonds** gedeckt sein. Nach dem Gesetzeswortlaut kann alles Geld bei dem Kreditinstitut in jeder beliebigen Weise angelegt werden, wenn nur die Bank dem Sicherungsfonds angeschlossen ist. Aber der Fonds deckt nicht jede Form der Geldanlage, zB nicht vom

---

14 RGZ 117, 257.
15 *Sichtermann*, Recht der Mündelsicherheit S. 41 f.
16 Vgl *Sichtermann*, Recht der Mündelsicherheit S. 40; *Christian* ZblJR 1981, 287, 298; aA *Stemmler* BWNotZ 1968, 137.
17 Informationen erhält man über Internet unter „Bankenverband. Einlagensicherung".
18 LG Waldshut-Tiengen FamRZ 2008, 916.

Kreditinstitut ausgegebene **Inhaberpapiere** (zB § 6 Abs 10 des Statuts der Geschäftsbanken), nicht Anlagen in Fremdwährung. Nach dem Gesetzeszweck muss der Gesetzeswortlaut einschränkend interpretiert werden: auch die Anlagenart muss vom Sicherungsfonds gedeckt sein[19], anderenfalls ist die Anlageart nicht nach §§ 1806, 1807 erlaubt; die Hinterlegungspflicht nach § 1814 ändert daran nichts. Inhaberpapiere dürfen sonach nur mit Genehmigung nach § 1811 erworben werden. Der Einlagensicherungsfonds deckt Wertpapierdepots nicht ab, weil diese nach dem DepotG ohnehin dem Kunden gehören und daher keine „Einlagen" sind.

f) **Mündelsicherheit nach Bundes-Sonderregelungen.** In Sondergesetzen sind noch Schuldverschreibungen einzelner Geldinstitute für mündelsicher erklärt, etwa der Landwirtschaftlichen Rentenbank[20]. **22**

7. Absatz 2. Einschlägige landesrechtliche Vorschriften finden sich in der AGBGB einiger Länder. In der Regel ist bestimmt, dass eine Hypothek, Grundschuld, Rentenschuld als „sicher" und daher zur Anlegung von Mündelgeld geeignet anzusehen ist, wenn sie innerhalb der ersten Hälfte des Verkehrswertes liegt (zB BayAGBGB Art 67). **23**

§ 1808 BGB Hilfsweise Anlegung von Mündelgeld

(aufgehoben)

§ 1809 BGB Anlegung mit Sperrvermerk

Der *Vormund* soll Mündelgeld nach § 1807 Abs. 1 Nr. 5 nur mit der Bestimmung anlegen, dass zur Erhebung des Geldes die Genehmigung des *Gegenvormundes* oder des Familiengerichts erforderlich ist.

Schrifttum: Vor § 1806.

1. Geltungsbereich. § 1809 gilt entsprechend für den **Betreuer** (§ 1908 i Abs 1). Zuständig ist dann das Betreuungsgericht, nicht das Familiengericht. **1**

2. Sinn der Vorschrift: Hat der Betreuer für den Betreuten Geld *angelegt*, könnte er das Geld nach § 1813 Abs 1 Nr 3, 2. Alt ohne Genehmigung des Betreuungsgerichts zurückfordern, abheben und für sich verwenden. Durch umständliche Gesetzestechnik (§ 1813 Abs 2 Satz 1 erklärt Abs 1 Nr 3 für unanwendbar, wenn eine „Bestimmung" vorliegt, die § 1809 nennt) wird Rückzahlung und Abhebung für genehmigungspflichtig gemacht. **2**

3. Geldanlegung. § 1809 gilt nach seinem Wortlaut nur für Anlagen, die der Betreuer tätigt. Sie ist aber entsprechend anzuwenden auf Anlagen, (zB Sparbücher) die der Betreuer bei Beginn seines Amts vorfindet (vgl Rz 10). Für § 1807 Abs 1 Nr 1 bis 4 gilt § 1809 nicht, lediglich für Anlagen nach § 1807 Nr 5. § 1809 gilt dabei auch für Guthaben unter 3.000 Euro (trotz § 1813 Abs 1 Nr 2), wenn sie sich auf Termingeldkonten oder Sparkonten befinden. Für Abhebungen und Überweisungen von einem **Giro- oder Kontokorrentkonto** besteht wegen § 1813 Nr 3, 1. Alt seit 1. September 2009 keine Genehmigungspflichtigkeit mehr. § 1809 gilt ferner für Geldanlagen bei Instituten, die nur mit Sondergenehmigung gem § 1811 getätigt werden durften, dh bei Banken, die **3**

19 *Jünger* FamRZ 1993, 147.
20 Ges idF v 15. Juli 1963, BGBl I, S. 465; § 18 Abs 3.

nicht dem Einlagensicherungsfonds angehören[1]. Geld, das der Betreuer zur Bestreitung von laufenden Ausgaben bereithält (§ 1806), fällt nicht unter § 1807 und demgemäß auch nicht unter § 1809, was § 1813 Abs 1 Nr 3 klarstellt. **Zinsen**, die noch nicht zum Kapital geschlagen sind, brauchen nicht gesperrt angelegt zu werden[2].

4 4. **Wirkung des Sperrvermerks:** der Betreuer bleibt in der Vertretungsmacht beschränkt (§§ 1813 Abs 2, 1812). Die Genehmigung des Betreuungsgerichts ist Voraussetzung für die Wirksamkeit der Abhebung des Geldes; ist gem § 1809 Geld angelegt, so wird die Sparkasse oder das Kreditinstitut, abweichend von § 808, nicht durch Leistung an den Inhaber des Buches, sondern nur durch Zahlung nach Maßgabe der Genehmigung befreit; zahlt die Bank dem Betreuer das Geld aus, obwohl die Genehmigung des Betreuungsgerichts fehlt, und unterschlägt der Betreuer das Geld, muss die Bank nochmals zahlen[3]. Der Sperrvermerk steht aber nicht der **Pfändung** des Guthabens entgegen; Genehmigung des Gegenbetreuers oder des Betreuungsgerichts ist dazu nicht erforderlich, denn der Sperrvermerk hat nur die Bedeutung, dass er das Bestehen einer obligatorischen Abrede zwischen Betreuer und Sparkasse nachweist; er wirkt nicht gegen Dritte. Dem stünde auch § 137 entgegen[4].

5 5. **Pflicht zur Versperrung. – a) Verpflichtung des Betreuers.** Der Betreuer darf das Geld des Betreuten nicht einfach bei der Bank in üblicher Weise *anlegen*; trotz der Formulierung „soll" ist er verpflichtet, das Sparguthaben, Termingeld, den Sparbrief usw mit einem Sperrvermerk anzulegen (erzwingbar[5] mit Zwangsgeld, § 1837 BGB; § 35 FamFG)¸ entscheidend ist also, ob eine „Geldanlage" vorliegt oder nur eine gewöhnliche Kontoeröffnung. Legt der Betreuer entgegen § 1809 das Geld **ohne Sperrung** an, so ist der Vertrag mit dem Geldinstitut trotzdem wirksam; auch wird dieses durch Auszahlung an den Betreuer trotz Fehlens einer Genehmigung von Gegenbetreuer oder Betreuungsgericht befreit. Der Verstoß gegen § 1809 macht aber den Betreuer schadensersatzpflichtig (§ 1833). Auch das Kreditinstitut, das es versäumt, den (ehrenamtlichen)Betreuer auf die Notwendigkeit einer Sperrung aufmerksam zu machen, haftet dem Betreuten als Vertragspartner aus culpa in contrahendo (§§ 311 Abs 2, 241 Abs 2, 280 Abs 1)[6].

6 b) **Vereinbarung mit Geldinstitut.** Der Betreuer erfüllt seine Verpflichtung durch eine schuldrechtliche Vereinbarung mit dem Geldinstitut, wonach er sich selbst einer Verfügungsbeschränkung unterwirft. Dieses bringt den Sperrvermerk im Sparbuch und auf der Kontokarte an. Lehnt dieses die Sperrung des Geldes ab (zB aus Rationalisierungsgründen, Abwehr gesteigerter Haftung), darf der Betreuer das Geld dort nicht anlegen, sondern muss zu einer anderen Bank gehen. Ist der vereinbarte **Sperrvermerk versehentlich** bei einem Sparbuch **nicht angebracht**, so muss die Bank die Verfügungsbeschränkung des Betreuers trotzdem gegen sich gelten lassen und kann wegen Fehlens der erforderlichen Genehmigung nicht mit befreiender Wirkung an ihn zahlen[7].

7 c) **Bestimmte Geldinstitute,** nämlich die **Sparkassen**, sind uU kraft Gesetzes oder Satzung verpflichtet, Geld, das erkennbar Mündelgeld ist, wenn es sich nicht um *bereit zu haltendes* Geld handelt (vgl § 1806), nur unter den Voraussetzungen

1 *Jürgens/Klüsener* § 1809 Rz 6; *Oberloskamp/Pollack/Band* S. 175.
2 KG DJ 1938, 1428; OLG Naumburg ZAkDR 1938, 243.
3 BGH NJW 2006, 430; RGZ 85, 416/22.
4 KGJ 43, 58 = OLGE 27, 132.
5 Beispiel: BayObLG FamRZ 2005, 385.
6 MünchKomm*Wagenitz* § 1809 Rz 12; LG Kempten NJW-RR 1991, 1268.
7 KGJ 43, 58 = OLGE 27, 132; RGZ 85, 416, 422; OLG Karlsruhe ZblJR 1982, 790.

des § 1809 zurückzuzahlen. Die besondere Vereinbarung einer Sperrung ist dann nicht nötig: ohne Genehmigung gem § 1812 kann die Sparkasse in diesem Fall auch dann nicht an den Betreuer mit befreiender Wirkung leisten, wenn entgegen der Anordnung der Satzung kein Sperrvermerk eingetragen ist; dem Vermerk im Sparbuch kommt auch in diesem Fall nur deklaratorische Wirkung zu, vgl § 1814 Rz 15[8]. Bereit zu haltendes Geld (§ 1806) kann der Betreuer in solchen Fällen nur mit ausdrücklicher abweichender Vereinbarung bei der Sparkasse einzahlen.

d) **Das Betreuungsgericht** hat sich alsbald davon zu überzeugen, dass der **Sperrvermerk eingetragen** ist[9]; es darf nicht damit bis zur nächsten Rechnungslegung (vgl § 1840) warten[10]. Das Betreuungsgericht kann zB die Vorlage der Sparbücher mit Sperrvermerk verlangen oder eine Bescheinigung des Geldinstituts (erzwingbar nach § 1837); selbst darf es die Sperrung nicht veranlassen. Die Abhebung des Geldes ist eine Verfügung über die Forderung und daher nach § 1812 genehmigungspflichtig. 8

e) **Entsperrung.** Die Genehmigung der Abhebung *ist* vom Betreuungsgericht zu erteilen, wenn die Abhebung, Überweisung usw der Erfüllung einer Verbindlichkeit des Betreuten, auch gegenüber dem Betreuer (zB Zahlung von Vergütung, Auslagenersatz), dienen soll und nicht eine Pflichtwidrigkeit (§ 1837) vorliegt[11]; dies entspricht dem Grundsatz der Selbstständigkeit des Betreuers. Die Genehmigung kann vom etwa vorhandenen Gegenbetreuer oder vom Betreuungsgericht erteilt werden; die Zustimmung der einen Stelle macht eine Ablehnung der anderen Stelle wirkungslos. Das Betreuungsgericht muss den Gegenbetreuer gemäß § 1826 hören. Die Genehmigung des Betreuungsgerichts ist auch bei Mitbetreuern mit gemeinschaftlicher Amtsführung notwendig, weil in § 1809 eine dem § 1812 Abs 3 entsprechende Regelung fehlt[12]. Die Genehmigung zur Abhebung (= Rechtsgeschäft) fällt seit 1. 9. 2009 unter § 40 Abs 2 FamFG, wird also **erst mit Rechtskraft** (§§ 45, 63 Abs 2 Nr 2 FamFG) **wirksam**, was die Sache verzögert; der Beschluss ist auch dem Betreuten mitzuteilen (§ 41 Abs 3 FamFG). Auf die Genehmigung finden die §§ 1832, 1828 bis 1831 Anwendung. 9

6. Vorher schon angelegte Betreutengelder § 1809 ist entsprechend anzuwenden auf Mündelgelder, die schon vor der Anordnung der Betreuung bei einer Sparkasse angelegt waren[13]. Die Gegenmeinung[14] hält § 1809 nicht für anwendbar, gestattet dem Betreuungsgericht allerdings, den Betreuer anzuhalten, solche Gelder nachträglich sperren zu lassen, falls ein Bedürfnis vorliegt. Der Schutzzweck der Vorschrift gebietet aber auch die Sperrung bereits angelegter Gelder. 10

7. Ende der Betreuung. Mit dem Ende der Betreuung endet automatisch die Sperrung des Mündelgeldes; eine betreuungsgerichtliche Genehmigung ist nicht mehr erforderlich[15]. Das Betreuungsgericht hat aber zu Beweiszwecken das Ende der Betreuung zu bescheinigen. 11

8 RGZ 79, 9, 14 = JW 1912, 353.
9 RG JW 1910, 288.
10 OLG Oldenburg Rpfleger 1979, 101; RGZ 88, 266.
11 Vgl BayObLGZ 1959, 1.
12 MünchKomm-*Wagenitz* § 1809 Rz 9.
13 *Bienwald* BtPrax 1998, 15; *Blank* BtPrax 1998, 21; Staudinger/*Engler* § 1809 Rz 27; MünchKomm-*Wagenitz* § 1809 Rz 3; *Dölle*, FamR II, S. 761; RGZ 154, 110, 113 lässt die Frage offen; teils unrichtig LG Mönchengladbach BtPrax 1997, 203.
14 RGRK-*Scheffler*, § 1809 Rz 6.
15 OLG Colmar Recht 1910 Nr 3356; aA KGJ 21, 199, 202 = OLGE 2, 263.

12 8. **Befreiungen.** Befreite Betreuer (vgl § 1857a Rz 2) müssen keinen Sperrvermerk anbringen lassen (§§ 1857a, 1852 Abs 2). Sonstige Betreuer können vom Betreuungsgericht nach § 1817 befreit werden. Ferner könnten Erblasser und Schenker nach § 1803 befreien.

13 9. **Geschäftsfähige Betreute.** Der Sperrvermerk hindert nur den Betreuer am Abheben von Geld, nicht den *geschäftsfähigen* Betreuten. Etwas anderes gilt bei Bestehen eines Einwilligungsvorbehalts (§ 1903); durch diesen wird der geschäftsfähige Betreute in der Handlungsfähigkeit beschränkt; er kann nicht mehr ohne Einwilligung des Betreuers über seine Konten verfügen. Der geschäftsunfähige Betreute kann gleichfalls nicht über seine Konten wirksam verfügen (§ 104 Nr 2).

§ 1810 BGB Mitwirkung von Gegenvormund oder Familiengericht

[1]Der *Vormund* soll die in den §§ 1806, 1807 vorgeschriebene Anlegung nur mit Genehmigung des *Gegenvormundes* bewirken; die Genehmigung des *Gegenvormundes* wird durch die Genehmigung des *Familiengerichts* ersetzt. [2]Ist ein *Gegenvormund* nicht vorhanden, so soll die Anlegung nur mit Genehmigung des *Familiengerichts* erfolgen, sofern nicht die *Vormundschaft* von mehreren *Vormündern* gemeinschaftlich geführt wird.

Schrifttum: § 1806.

1 1. **Geltungsbereich.** § 1810 gilt gem § 1908i entsprechend für den **Betreuer;** statt „Familiengericht" ist dann „Betreuungsgericht" zu lesen. Gegenbetreuer gibt es fast nie, deshalb käme nur eine Genehmigung des Betreuungsgerichts in Betracht. Obwohl der Betreuer hier das Geld *mündelsicher* angelegt hat, soll nach Auffassung des Gesetzgebers noch eine (vorherige oder nachträgliche) Genehmigung des Betreuungsgerichts eingeholt werden; geprüft wird vom **Rechtspfleger,** ob die Anlage wirtschaftlichen Grundsätzen entspricht, zB ob der Zins marktgerecht ist (der Rechtspfleger ist allerdings kein Bankfachmann). Die Anlage kann auch nachträglich, sogar schlüssig, erteilt werden[1], zB indem bei Rechnungslegung keine Beanstandung erfolgt. Es handelt sich nur um eine **Soll-Vorschrift;** in der Praxis wird keine Genehmigung erholt, wenn zB Geld auf einem Sparbuch angelegt wird.

2 2. **Fälle des § 1810 BGB. Drei Fälle unterscheidet § 1810:**
- Ein Gegenbetreuer ist bestellt (sehr selten!): dann ist dessen Genehmigung erforderlich. Rz 3 bis 4.
- Es ist kein Gegenbetreuer bestellt, aber Mitbetreuung in Vermögenssachen besteht (§ 1899); auch das ist selten. Hier müssen beide Betreuer einig sein, dann entfällt die Genehmigung des Betreuungsgerichts Rz 5.
- Es ist weder ein Gegenbetreuer noch ein Mitbetreuer in Vermögenssachen bestellt; das ist der Regelfall. Die Genehmigung des Betreuungsgerichts ist erforderlich (Rz 6). Ausnahme bei Befreiung.

3 Die **Genehmigung des Gegenbetreuers,** die der Kontrolle des Betreuers dient, kann formlos gegenüber dem Betreuer oder dem Geldinstitut erklärt werden. Zur fehlenden Genehmigung vgl Rz 6.

4 3. **Genehmigung des Betreuungsgerichts.** Die Genehmigung des Betreuungsgerichts ist hier, ebenso wie nach § 1812, nicht subsidiär: Der Betreuer kann die Genehmigung des Gerichts an Stelle der Genehmigung des Gegenbetreuers einholen. Nicht erforderlich ist, dass der Gegenbetreuer zuvor die Genehmigung

1 *Jürgens* § 1810 Rz 4.

verweigert hat oder an der Abgabe einer Erklärung verhindert ist. Ein etwa vorhandener Gegenbetreuer ist gem § 1826 zu hören. Zum Beschwerderecht des Gegenbetreuers, wenn das Betreuungsgericht an Stelle des Gegenbetreuers oder entgegen seiner Erklärung die Anlegung genehmigt, vgl §§ 58 ff FamFG. Die Ersetzung wird nicht schon mit der Bekanntgabe des Beschlusses nach § 40 Abs 1 FamFG wirksam, sondern nach § 40 Abs 2 FamFG erst mit Rechtskraft des Beschlusses (vgl. § 1809 Rz 9). § 40 Abs 3 FamFG ist nicht anwendbar[2], da es sich nicht um die echte Ersetzung einer primär erforderlichen Erklärung eines anderen handelt; außerdem ist die Genehmigung nicht, wie es § 40 Abs 3 FamFG seinem Zweck entsprechend voraussetzt, zur Wirksamkeit des Geschäfts erforderlich (oben Rz 1).

Mitbetreuung. Keiner Genehmigung bedarf die Geldanlage, wenn Mitbetreuer die Betreuung gemeinschaftlich führen (§ 1899). Einigen diese sich nicht, so entscheidet das Betreuungsgericht (vgl § 1797). Das Betreuungsgericht kann die Mitwirkung eines Mitbetreuers also nicht ersetzen. Wenn bei Mitbetreuung zusätzlich ein Gegenbetreuer vorhanden ist, muss dieser zustimmen. Ist die Vermögenssorge nur einem Mitbetreuer zugewiesen (§ 1797 Abs 2), so ist die Genehmigung des Gegenbetreuers oder Betreuungsgericht einzuholen. 5

Fehlende Genehmigung. Die fehlende Genehmigung des Betreuungsgerichts (oder des Gegenbetreuers) berührt die Wirksamkeit der Anlage nicht, da es sich um eine **Ordnungsvorschrift** („soll") handelt (Innengenehmigung); §§ 1828 ff sind nicht anwendbar. Schadensersatzpflichten des Betreuers gem § 1833 nur wegen Fehlens der Genehmigung sind kaum denkbar. Anders bei der Abhebung (vgl § 1832 Rz 1), da die Genehmigung dort Teil des Rechtsgeschäfts ist. 6

Befreiung von § 1810 bei befreiter Betreuung, vgl § 1857a Rz 2. Sind Vater, Mutter, Ehegatte oder Abkömmling des Betreuten Betreuer, so ist gem §§ 1908i Abs 2 Satz 2, 1857a, 1852 Abs 2 der § 1810 nicht anwendbar, dh sie brauchen zur Geldanlage keine Genehmigung des Betreuungsgerichts oder des Gegenbetreuers. Das gleiche gilt gem § 1908i Abs 2 Satz 2 für **Vereinsbetreuer** (§ 1897 Abs 2 Satz 1) und Behördenbetreuer (§ 1897 Abs 1). Ist Betreuer ein Verein (§ 1900 Abs 1) oder eine **Behörde** (§ 1900 Abs 4), so sind auch diese gem §§ 1908i Abs 1, 1857a, 1852 von der „Pflicht" nach § 1810 befreit. Das Betreuungsgericht hat gemäß § 1908i Abs 2 Satz 2 das Recht, in den dortigen Fällen die Befreiung aufzuheben. Ferner ist für alle Arten von Betreuern eine **Befreiung nach § 1817** möglich und in seltenen Fällen nach 1803 denkbar (Anordnung des Zuwendenden). Die Genehmigung kann auch nachtraglich erteilt werden. 7

§ 1811 BGB Andere Anlegung

¹Das *Familiengericht* kann dem *Vormund* eine andere Anlegung als die in § 1807 vorgeschriebene gestatten. ²Die Erlaubnis soll nur verweigert werden, wenn die beabsichtigte Art der Anlegung nach Lage des Falles den Grundsätzen einer wirtschaftlichen Vermögensverwaltung zuwiderlaufen würde.

1. Geltungsbereich. § 1811 gilt gem § 1908i auch für den **Betreuer**; statt „Familiengericht" ist dann „Betreuungsgericht" zu lesen. 1

2. Allgemeines. Nach der Urfassung des Satzes 1 konnte dem Vormund nur „aus besonderen Gründen" eine von §§ 1807, 1808 abweichende Anlage gestattet werden. Da die Rspr in dem Geldverfall nach dem 1. Weltkrieg keine 2

2 KGJ 38, 44 = RJA 10, 167/8 zum FGG.

„besonderen" Gründe, sondern „allgemeine" wirtschaftliche Verhältnisse erblickte[1] und § 1811 nicht anwandte, erfolgte (zu spät) die Änderung der Vorschrift durch Streichung der „besonderen Gründe" in Satz 1 und Anfügen des Satz 2[2].

3 3. **Begriff der anderen Anlegung.** Fraglich ist, welche Anlegung eine andere als die in § 1807 vorgeschriebene und allgemein gestattete ist. Eine verbreitete Meinung[3] besagt, andere Anlegungen seien nur verzinsliche, aber eben nicht unter § 1807 fallende Geldanlagen, ferner die Anlage in Aktien und Investmentanteilen. **Geldanlage in Sachwerten** (Gold, Kunstwerke, Grundstücke) falle nicht unter § 1811, sei allenfalls nach §§ 1812, 1821 ff genehmigungsbedürftig. Zutreffend ist: **§ 1807 nennt verzinsliche und mündelsichere** Anlagen; **§ 1811 meint alle sonstigen Geldanlagen**[4], also auch in verzinslichen, aber nicht mündelsicheren Anlagen (zB Inhaberschuldverschreibungen kleinerer Privatbanken, Anlagen bei ausländischen Banken), in Aktien, Investmentanteilen, Grundstücken, Kunstwerken, Edelmetallen. Dies folgt zum einen aus dem Wortlaut; zum anderen wäre eine andere Auslegung nicht sinnvoll: sogar vor der betulichen Anlage auf Sparbuch soll das Betreuungsgericht eingeschaltet werden (§ 1810), vor dem Kauf von Inhaberschuldverschreibungen einer deutschen Großbank ist die Genehmigung des Betreuungsgerichts erforderlich; aber der Kauf von fünfzig Gemälden eines Sonntagsmalers *zwecks Geldanlage* wäre genehmigungsfrei (bzw wäre allenfalls über §§ 1812, 1821 ff genehmigungspflichtig oder später nach § 1837 Abs 2 zu beanstanden).

4 4. **Genehmigung im Allgemeinen.** Der Gesetzestext (Satz 1) besagt eindeutig, dass andere Anlegungen im Grundsatz immer zu genehmigen sind[5]; nur dann, wenn dies einer wirtschaftlichen Vermögensverwaltung *zuwiderlaufen* würde, darf das Betreuungsgericht die Genehmigung versagen (Satz 2). Die aA dagegen sieht die andere Anlage als Ausnahmefall an[6]; sie stützt sich auf die Entstehungsgeschichte der Norm. Damit erschwert die aA dem Betreuer, das Vermögen des Betreuten zu bewahren; die Inflationen der Vergangenheit haben gezeigt, dass gerade die vermeintlich mündelsicheren Geldanlagen in diesen Situationen die schlechtesten waren; aber auch in regulären Zeiten ergibt die Langzeituntersuchung kein gutes Bild für die „mündelsicheren Anlagen". Andererseits: Als die deutschen Aktienkurse im Frühjahr 2000 den Höchststand erreichten, wurde gejubelt, dass man mit Fondsanlagen das Geld „problemlos" verdoppeln und verdreifachen könne[7]; drei Jahre später waren über 70 % verloren. Hinter den Genehmigungsanträgen der Betreuer steht oft das Provisionsinteresse des Bankberaters.

5 **Kriterien für eine Geldanlage** sind: Sicherheit, Rentabilität und Liquidität. Diese drei Ziele bilden ein magisches Dreieck, sie können nicht gleichzeitig optimal

1 Vgl BayObLGZ 22, 26 = JW 1922, 396; KG Recht 1923 Nr 1355.

2 G v 23. Juni 1923; RGBl I, S. 411.

3 KG OLGE 30, 149; BayObLGZ 22, 26; OLG Frankfurt NJW 1953, 67; Staudinger-*Engler* § 1811 Rz 3; *Jürgens* § 1811 Rz 6.

4 Ebenso OLG Celle MDR 1959, 212; Palandt/*Diederichsen* § 1811 Rz 1; MünchKomm-*Wagenitz* § 1811 Rz 3; *Dölle* § 126 Abs 2 Satz 3 a; *Josef* AcP 117, 395.

5 LG Göttingen NJW 1960, 1465; LG Mannheim NJW 1962, 1017; LG Hannover FamRZ 1965, 163; Staudinger-*Engler* § 1811 Rz 2; gegen die Annahme einer Ausnahme auch MünchKomm-*Wagenitz* § 1811 Rz 4.

6 RGZ 128, 309; besondere Gründe, zB die Notwendigkeit Aktien-Bezugsrechte auszuüben, forderte BayObLG JFG 1, 78; oder Darlehen an die Mutter, um diese vor dem Ruin zu retten, KGJ 37, 65.

7 So *Hoffmann* BtPrax 2000, 242. Höchststand am 7. März 2000: 8.136 Punkte; drei Jahre später, am 12. März 2003, war der Deutsche Aktienindex auf 2.202 gefallen. Dann stiegen die deutschen Aktien des DAX-Sektors wieder: am 16. Juli 2007: DAX 8.105; dann ging es wieder abwärts: 6. März 2009: 3.666 Punkte. Und wieder aufwärts: April 2010: 6.100 Punkte.

erreicht werden: eine Anleihe, die eine höhere Rentabilität als die landesübliche hat, hat ein *viel* höheres Risiko. Anlagen in Grundstücken sind (wenn kein überhöhter Preis bezahlt wird) ziemlich sicher, aber wenig liquide und wenn die Lage des Grundstücks schlecht ist, ist es nicht vermietbar und der Wert sinkt. Die Beteiligung an einem Wirtshaus kann sehr rentabel sein, ist aber unsicher und nicht liquide.

Voraussetzungen der Genehmigung. – a) Die andere Anlage muss in ihrer Sicherheit in etwa der mündelsicheren Anlage entsprechen[8]. – b) Sie muss einen höheren Ertrag aufweisen bzw andere wirtschaftliche Vorteile gegenüber der Anlage nach § 1807 haben. – c) Sie muss eine gewisse Liquidität aufweisen, dh in einer den Umständen entsprechenden Zeit zu marktgerechten Preisen zu Geld gemacht werden können. – d) Bei größeren Vermögen ist eine **angemessene Streuung** erforderlich; wer nur zehntausend Euro hat und diese in ausländische Aktien anlegen will, handelt nicht wirtschaftlich vernünftig; bei einem Millionenvermögen ist es falsch, es *nur* mündelsicher anzulegen; hier müssen zB Aktien und Grundstücke einbezogen werden. Die Streuung ist der einzige allgemein anerkannte Anlagegrundsatz. – e) Bei Betreuten muss ferner berücksichtigt werden, wie der Betreute früher sein Vermögen angelegt hatte (§ 1901). 6

Geldanlagerisiken. Geldanlagen haben ua folgende **Risiken:** Konjunktur-, Inflations-, Liquiditätsrisiko; Änderung der steuerlichen Situation; Psychologie des Marktes; Einfluss der Nebenkosten; Erhöhung des Risikos durch Kreditfinanzierung. Bei **verzinslichen Wertpapieren** ferner: Bonität (ist der Schuldner zahlungsfähig?, sog Rating, schlechte Schuldner müssen einen höheren Zins zahlen); Zinsänderungsrisiko (steigt der Marktzins, sinken die festverzinslichen Papiere im Kurs); Kündigungsrisiko (der Schuldner behält sich manchmal das Recht vor, bei Sinken des Zinses die Anleihe zu kündigen); Auslosungsrisiko (manche Anleihen können nach einem Auslosungsverfahren „zu früh" zurückbezahlt werden). Bei **Aktien** ferner: Insolvenzrisiko (AG wird insolvent); Kursrisiko (Aktienkurse fallen und steigen); eine sichere Kursprognose ist nicht möglich; Dividende schwankt und richtet sich nach dem Gewinn; Psychologische Verfassung der Marktteilnehmer. Bei **Investmentanteilen** ferner: Fondsmanagement; hohe Ausgabekosten und laufende interne Kosten; bei Immobilienfonds leer stehende Objekte. Bei **Auslandsanlagen** zusätzlich: Währungsrisiko (ausländische Währung steigt oder sinkt im Kurs); Transferrisiko (der Ausländer darf aufgrund ges Bestimmungen Zins und Tilgung nicht nach Deutschland überweisen); Länderrisiko (unterschiedliche Bonität der Länder); Änderung von Doppelbesteuerungsabkommen; Informationsdefizit. 7

5. Prüfung durch das Gericht. – **a) Kein Ermessen.** Nach Satz 1 „kann" das Gericht die andere Anlage gestatten; nach der hier vertretenen Auffassung wird hier dem Betreuungsgericht kein Ermessen eingeräumt[9]; das Betreuungsgericht muss die andere Anlegung gestatten, wenn es keinen Versagungsgrund dartun kann. Nach Satz 2 „soll nur" das Betreuungsgericht die Genehmigung in bestimmten Fällen verweigern; das ist wie „darf nur" zu lesen[10]. – b) **Begründung:** Sowohl die Versagung als auch die Genehmigung setzen voraus, dass im Beschluss die allgemeinen wirtschaftlichen Verhältnisse, die konkrete Zusammensetzung des Vermögens des Betreuten sowie die Sicherheit und Ertragskraft der begehrten Geldanlage erörtert werden. Wenn dem Rechtspfleger die ent 8

8 *Jürgens* § 1811 Rz 3.
9 Für Ermessen die hM, OLG München FamRZ 2009, 1860; OLG Köln FamRZ 2001, 708; OLG Schleswig Rpfleger 2000, 112.
10 AA RGRK-*Dickescheid* Rz 2: das „soll" besage nur, dass die Geschäfte wirksam seien; MünchKomm-*Wagenitz* § 1811 Rz 4: das Betreuungsgericht habe einen Spielraum.

sprechenden Kenntnisse fehlen, kann er notfalls ein Sachverständigengutachten einholen. Dabei ist indes zu berücksichtigen, dass niemand wirtschaftliche Entwicklungen voraussagen kann, wenn ein Gutachter dies könnte, würde er nicht zum mäßigen Stundensatz des JVEG arbeiten; deshalb hilft ein Gutachten nur beschränkt.

9 6. **Einzelfälle:** Man sollte grundsätzlich die Anlage bei einer Bank, die keinem Einlagensicherungsfond angeschlossen ist, als zu unsicher ansehen[11]. Da die Einlagensicherungsfonds sich nicht auf von Mitgliedsbanken ausgegebene **Inhaberpapiere** erstreckt, muss bei dieser (häufig zinsgünstigen) Anlageform im Einzelfall eine Auskunft beim Bundesaufsichtsamt für das Kreditwesen in Berlin eingeholt werden. Der Erwerb von Volkswagen-**Aktien** wurde im Jahre 1961 wegen möglicher Kursschwankungen abgelehnt[12]; es ist aber falsch, verallgemeinernd die Anlage in Aktien für nicht genehmigungsfähig zu halten.[13] In der Krise 2008/2009 sind allerdings selbst die Aktienkurse der bedeutendsten deutschen Banken um rund 90 % gefallen, teils um 98 %. Die Anlage in deutschen Renten- und Aktienfonds (**Investmentanteilen**) ist für zulässig anzusehen[14]. Das LG Bielefeld hat sogar die Anlage in US-Investmentanteilen gestattet[15]. Als nicht ausreichend sicher wurde die Geldanlage bei einer KG mit GmbH-Komplementärin, die auf dem ausländischen Grundstücksmarkt tätig ist, angesehen[16]. Über kanadische Staatsanleihen: BayObLG Rpfleger 1985, 182; Argentinische Staatsanleihen wurden nicht mehr zurückbezahlt. Bei **Industrieanleihen** trägt man das Risiko, dass das Unternehmen insolvent wird; der etwas höhere Zins rechtfertigt nicht das vielfach höhere Risiko. Ein Darlehen des Betreuten an seine Mutter fällt unter § 1811[17]. Die Anlage eines Teils des Vermögens in offenen Immobilienfonds wurde für zulässig erachtet[18]. Die Anlage in Gold (ein Kilobarren) wurde in der Zeit der Finanzkrise 2008 genehmigt[19]; desgleichen 2001 die Anlage von 300.000 DM in einem offenen Immobilienfonds[20]. Die Anlage in **Zertifikaten** auf Aktien stellt keine Aktienanlage dar, sondern ist eine Schuldverschreibung der Bank; man trägt also zusätzlich das Insolvenzrisiko der Bank. Nicht akzeptabel sind Anlagen in ausländischen Zertifikaten (Zusammenbruch der Bank Lehman Brothers im September 2008) oder bei ausländischen Banken (Bankenkrise Island 2008; Zusammenbruch der Kaupthing-Bank).

10 7. **Verfahren.** Vgl §§ 40 Abs 2, 41 Abs 3 FamFG (§ 1809 Rz 9). Auf die Gestattung durch das Betreuungsgericht sind **§§ 1828 ff nicht anzuwenden**[21]. Eine dem Betreuer allgemein, nicht auf den einzelnen Fall bezogene Gestattung war früher unzulässig[22]; anders aber jetzt § 1817. Das Betreuungsgericht hat vor der Genehmigung den Gegenbetreuer zu hören (§ 1826). Zur Ermittlung der Geeignetheit der Anlage kann sich das Betreuungsgericht gem § 26 FamFG auch an das Bundesaufsichtsamt für das Kreditwesen, Berlin, wenden. Die Entscheidung ist dem Rechtspfleger übertragen (§ 3 Nr 2 a RPflG); gegen die Verweige-

---

11 Vgl RGRK-*Dickescheid* § 1811 Rz 5; Erman/*Holzhauer* § 1811 Rz 8.

12 LG Berlin JR 1961, 183; ablehnend bei Aktien ferner KG DFG 1938, 69; vgl weiter *Sturm* DB 1976, 805.

13 OLG München FamRZ 2009, 1860.

14 OLG Schleswig Rpfleger 2000, 113 = FGPrax 2000, 23; OLG Köln FamRZ 2001, 708; *Münchmeyer* DRiZ 1963, 229 aus Bankensicht; *Vogt* Rpfleger 1996, 389. Es gibt eine Fülle von Entscheidungen der Betreuungsgerichte zu einzelnen Investmentfonds, zu erfragen beim Bundesverband der Investmentgesellschaften, nachzulesen im Internet unter www.bvi.de.

15 LG Bielefeld NJW 1970, 203.

16 LG Darmstadt NJW 1979, 274.

17 OLG Köln FGPrax 1999, 26.

18 OLG Frankfurt FamRZ 2003, 59.

19 LG Kempten FamRZ 2009, 724.

20 OLG Frankfurt FGPrax 2002, 257.

21 RG JW 1938, 3167 = WarnR 1939 Nr 84.

22 RG JW 1917, 290; *Engelmann* JW 1923, 1022; LG Göttingen BB 1957, 907.

rung der Erlaubnis ist die Beschwerde gegeben (§ 11 RPflG; §§ 58 ff FamFG).

8. Fehlen einer Erlaubnis. Bei Fehlen einer Erlaubnis sind die Verträge betreffend die Geldanlage, dh zB der Aktienkauf, dennoch wirksam[23], der Betreuer macht sich aber eventuell schadensersatzpflichtig gem § 1833[24]. Andererseits entbindet die Genehmigung nach § 1811 den Betreuer auch nicht von der Verantwortung dem Betreuten gegenüber; auch dann kommt bei einer Fehlanlage eine Haftung des Betreuers in Betracht, wenngleich die Genehmigung des Betreuungsgerichts häufig bewirkt, dass dem Betreuer kein Schuldvorwurf gemacht werden kann[25]. Gerade dann kann auch eine Staatshaftung gem Art 34 GG, § 839 BGB in Betracht kommen. 11

Behörde als Betreuer. Eine bundesrechtliche Befreiung von § 1811 in dem Sinne, dass die Behörde als Betreuer (§ 1900 Abs 4) zu anderen Formen der Geldanlage als gemäß § 1807 keiner Genehmigung des Betreuungsgerichts bedarf, gibt es nicht, da § 56 Abs 2 SBG VIII nur auf das Jugendamt, nicht aber auf die Behörde als Betreuer anwendbar ist[26]. Einzelne Länder haben aber in ihren AGBtG die Behörde als Betreuerin von § 1811 befreit, dh die Behörde kann derartige Geldanlagen tätigen, ohne die Genehmigung des Betreuungsgerichts einholen zu müssen. Beispielsweise bestimmt § 3 des Hamburgischen AGBtG, dass § 1811, soweit die Aufsicht des Betreuungsgerichts in vermögensrechtlicher Hinsicht gegenüber der zum Betreuer bestellten Behörde nicht angewendet wird. Ebenso § 2 des Hessischen AGBtG, Art 1 Abs 3 BayAGBtG, § 2 Berliner AGBtG, § 5 AGBtG Sachsen-Anhalt. Bei Bestellung eines **Behördenbetreuers** gelten diese Ausnahmen nicht. 12

§ 1812 BGB Verfügung über Forderungen und Wertpapiere

(1) [1]Der *Vormund* kann über eine Forderung oder über ein anderes Recht, kraft dessen der *Mündel* eine Leistung verlangen kann, sowie über ein Wertpapier des *Mündels* nur mit Genehmigung des *Gegenvormundes* verfügen, sofern nicht nach den §§ 1819 bis 1822 die Genehmigung des Familiengerichts erforderlich ist. [2]Das gleiche gilt von der Eingehung der Verpflichtung zu einer solchen Verfügung.

(2) Die Genehmigung des *Gegenvormundes* wird durch die Genehmigung des *Familiengerichts* ersetzt.

(3) Ist ein *Gegenvormund* nicht vorhanden, so tritt an die Stelle der Genehmigung des *Gegenvormundes* die Genehmigung des *Familiengerichts*, sofern nicht die *Vormundschaft* von mehreren *Vormündern* gemeinschaftlich geführt wird.

Schrifttum: *Brüggemann*, Der sperrige Katalog, FamRZ 1990, 5; *Damrau*, Das Ärgernis um §§ 1812, 1813 BGB, FamRZ 1984, 842; *Spanl*, Das Girokonto in der Vormundschaft, Rpfleger 1989, 392; *Holzhauer*, Abhebungen des Betreuers vom Konto des Betreuten unter 5.000 DM immer genehmigungsfrei? BtPrax 1994, 42; *Suschowk*, Faktische Girokontosperre im Betreuungsrecht, JurBüro 1997, 508; *Dressing*, Verfügungsbeschränkungen der §§ 1812, 1813 Abs 2 Nr 2 bei Veräußerung girosammelverwahrter Investmentanteile durch den Betreuer, Diss Trier 1998; *Grziwotz*, Girokontoverwaltung ohne Kontrolle, FamRZ 2008, 1908. Vgl auch Schrifttum zu § 1821.

23 RG JW 1917, 288/90.
24 Staudinger-*Engler* § 1811 Rz 4.
25 Vgl BGH MDR 1961, 466; BGH JZ 1964, 324.
26 MünchKomm-*Wagenitz* § 1811 Rz 13.

Übersicht

1 **1. Grundsätzliches.** § 1812 ist auf die **Betreuung** anwendbar ist (§ 1908 i Abs 1); statt „Familiengericht“ ist dann zu lesen: „Betreuungsgericht“. Die schwer verständliche Vorschrift (vgl Tabelle) bestimmt zum Schutz des Betreuten, dass der Betreuer in einigen Fällen nur mit Genehmigung des Gegenbetreuers oder des Betreuungsgerichts Verfügungen treffen und sich insoweit auch nur mit deren Genehmigung verpflichten kann. Die Rechtsprechung hat die Vorschrift sehr weit ausgelegt. Das ist nicht zu billigen, im Gegenteil: sie muss nach ihrem Zweck einschränkend ausgelegt werden. § 1812 bezweckt keinen umfassenden Schutz des Betreuten[1].

2 Die Rechtsprechung argumentiert dabei begrifflich mit dem Wortlaut der Vorschrift; der Sinn der Regelung wird gewöhnlich überhaupt nicht erörtert und berücksichtigt. Es muss indes beachtet werden, dass der damalige Gesetzgeber den Begriff „Verfügung“ nicht im heutigen rechtstechnischen Sinne kannte[2] und dass

1 BGH FamRZ 2010, 207; OLG Karlsruhe NJW-RR 2008, 235.
2 Vgl *Wilhelm*, Begriff und Theorie der Verfügung; in: Wissenschaft und Kodifikation des Privatrechts im 19. Jahrhundert, Bd II, 1977, S. 213 ff, insbes S. 220 ff.

nur die Veräußerung, einschließlich der Aufgabe des Rechts, sowie die Belastung des Rechts und die Kündigung der Leistung erfasst werden sollten[3].

Damrau hat daher vorgeschlagen, das Genehmigungserfordernis nur für Leistungsansprüche auf Geld oder Wertpapiere zu erstrecken[4]; in erster Linie wollte man dem Betreuer die **Veruntreuung** solcher leicht zu unterschlagenden Gegenstände erschweren. Daher steht weniger die Versagung einer Genehmigung als die Kontrolle des Verbleibs von eingezogenem Geld im Vordergrund. Unerfreulich ist die Knebelung des Betreuers, soweit sie darin liegt, dass auch belanglose **Kleinigkeiten des täglichen Lebens** (wie Austritt aus einem Sportverein, Kündigung eines Zeitschriftenabonnements) nach § 1812 genehmigungspflichtig sein könnten, wenn man § 1812 Nr 1 wörtlich nimmt. Andererseits hat die Änderung des § 1813 Abs 1 Nr 3 (ab 1.9.2009) die Handlungsmöglichkeiten des Betreuers bedenklich erweitert. Die Praxis schränkt § 1812 ein; veröffentlichte Entscheidungen zu § 1812 sind inzwischen sehr selten, was diese Gepflogenheit der Praxis zeigt. 3

Übersicht zu § 1812: 3a

Fälle der **§§ 1819 bis 1822**	**Sonstige Verfügungen** iSv § 1812, Verpflichtungen hierzu	
Immer Genehmigung des Betreuungsgerichts erforderlich, Genehmigung des Gegenbetreuers oder Mitbetreuers genügt nicht	Keine Genehmigung erforderlich – bei befreiter Betreuung (§ 1857 a Rz 6); – in den Fällen des § 1813 Abs 1, wichtige Erweiterung bei Girokonten, mit Ausnahme von § 1813 Abs 2; – bei vorheriger Befreiung durch Betreuungsgericht nach § 1817; – bei vorheriger allgemeiner Ermächtigung durch Betreuungsgericht, § 1825.	Sonst (sowie bei § 1813 Abs 2) Genehmigung des Gegenbetreuers oder Mitbetreuers oder des Betreuungsgerichts erforderlich.

2. **Gegenstand der Verfügungsbeschränkung** sind nicht alle Verfügungen, sondern nur die in § 1812 genannten. Abs 1 Satz 1 betrifft zB nicht Verfügungen über bewegliche Sachen wie Bargeld, Schmuck.[5] 4

a) **Forderungen.** Der Begriff beschränkt sich nicht auf das Schuldrecht. 4a

b) **Andere Rechte,** kraft deren der Betreute eine (Geld- oder sonstige) Leistung verlangen kann[6]. Der Girovertrag mit einer Bank verpflichtet diese zu Dienstleistungen,die Kündigung des Girovertrages gegenüber der Bank ist daher eine genehmigungspflichtige Verfügung[7], selbst wenn auf dem Konto kein Cent Guthaben mehr ist; das ist absurd, weil die Kontoverbindung als solche wertlos ist. Die Rechtsprechung hat auch den Anspruch auf Rechnungslegung[8] und den **Mietvertrag**[9] „als auf eine Leistung gerichtet“ angesehen und dem § 1812 5

3 *Damrau* FamRZ 1984, 8425.
4 *Damrau* FamRZ 1984, 8424; zustimmend Palandt/*Diederichsen* § 1812 Rz 5; aA MünchKomm/*Wagenitz* § 1812 Rz 14; Erman-*Saaf* § 1812 Rz 1; RGRK-*Dickescheid* § 1812 Rz 6.
5 BGH FamRZ 2010, 207.
6 Zur Frage der Verfügung, wenn der deutsche Betreute nach österreichischem Recht erbt vgl OLG München FamRZ 2009, 731.
7 Vgl LG Meiningen FamRZ 2008, 1375.
8 RG LZ 1913, 855; aA *Damrau* FamRZ 1984, 842/6.
9 OLG Hamm FamRZ 1991, 605; LG Berlin Rpfleger 1973, 135; Erman-*Holzhauer* § 1812 Rz 2; aA *Damrau* FamRZ 1984, 842.

unterworfen; für den Betreuten bedarf es des Schutzes aus § 1812 aber insoweit nicht mehr, weil die Kündigung des Mietvertrages nun nach § 1907 einer Genehmigung bedarf. Der Anspruch auf **Herausgabe einer beweglichen Sache** wird von der hM im Schrifttum[10] nicht dem § 1812 unterworfen. Dieses Ergebnis wird von der hM damit begründet, dass der Betreuer auch zur Übereignung gem §§ 929, 930 keiner Genehmigung bedarf; dann aber soll er auch in dem Falle, dass er über den Anspruch auf Herausgabe gem § 931 verfügt, keiner Genehmigung bedürfen. Nach der von *Damrau* vertretenen Ansicht folgt dieses Ergebnis bereits aus dem Zweck des § 1812[11].Verlangt ein Nachlasspfleger (für den § 1812 ebenfalls gilt) von einem Dritten (zB Betreuer) die Herausgabe von Nachlass, bedarf das nicht der Genehmigung des Gerichts[12]. § 1812 ist schon anwendbar, bevor bei einem österreichischen Nachlass die Einantwortung erfolgte[13].

6 c) **Wertpapiere,** dh Urkunden, in denen das verbriefte Recht verkörpert ist, so dass das Recht nicht ohne das Papier geltend gemacht werden kann, fallen unter § 1812. Wegen hinterlegter Wertpapiere und Hypothekenbriefe vgl § 1819.

7 **3. Verfügung. – a) Begriff.** Unter „Verfügung" versteht man heute die unmittelbare Einwirkung auf ein bestehendes Recht[14], also seine Übertragung (Inhaberwechsel), Belastung, Aufgabe oder sonstige Inhaltsänderung. Diese Definition erfasst bereits beträchtlich mehr Fälle, als der historische Gesetzgeber mit § 1812 zu erfassen gedachte (vgl Rz 1); die Rechtsprechung hat darüber hinaus im Rahmen des § 1812 den Begriff noch erweiternd ausgelegt.

8 **b) Verfügungen über Geldforderungen.** Die **Abtretung** einer Forderung ist auf Seiten des Zedenten eine Verfügung; dabei macht es keinen Unterschied, ob die Forderung hypothekarisch gesichert ist oder nicht[15]. Sogar in der Überweisung von einem Sperrkonto auf ein anderes Sperrkonto wurde eine genehmigungspflichtige Verfügung gesehen[16]. Der **Erlass** bildet auf Seiten des Gläubigers eine Verfügung; auch der bedingte Erlass fällt unter § 1812[17]. Die **Annahme von Geld**, zB die **Abhebung von einem Girokonto** (vgl aber § 1813 Abs 1 Nr 3), bildet eine Verfügung[18]; zwar wird im Rahmen anderer Vorschriften, die auch den Begriff der Verfügung enthalten, die Annahme einer Leistung vielfach nicht als eine Verfügung des Annehmenden angesehen; aber § 1813 als Ausnahmevorschrift gegenüber § 1812 zeigt (ebenso wie die Gesetzesmotive[19]), dass mit § 1812 grundsätzlich auch die Annahme einer Geldleistung erfasst werden sollte. Zur notwendigen Vorgenehmigung der Annahme, bei deren Fehlen der Betreute zwar Eigentümer wird, es aber mangels Genehmigung an der schuldbefreienden Wirkung fehlt, vgl § 1831 Rz 5. Unanwendbar ist § 1812 bei bereitzuhaltendem Geld iSv § 1806, wie § 1813 Abs 1 Nr 3, 1. Alt jetzt klarstellt.

---

10 *Dölle*, FamR II, S. 754; RGRK-*Dickescheid* § 1812 Rz 4; aA Enn-*Wolff* § 115 II 1; Staudinger-*Engler* Rz 24; differenzierend Erman-*Holzhauer* § 1812 Rz 5: § 1812 ist anwendbar bei Anlagewerten und Kostbarkeiten; dagegen MünchKomm/*Wagenitz* § 1812 Rz 17.

11 *Damrau* FamRZ 1984, 842/6; Protokolle IV, S. 782.

12 OLG Karlsruhe NJW-RR 2008, 313.

13 OLG München NJW-RR 2009, 372.

14 Vgl BGHZ 1, 294/304; 75, 226; 101, 26; BGH FamRZ 2010, 207.

15 KGJ 24, 20; LG Dresden SächsA 1902, 248; KG OLGE 5, 410; OLG Colmar ZblFG 17, 36.

16 LG Münster Rpfleger 1989, 455.

17 BGH NJW 1966, 652; RGZ 115, 153/6; OLG Karlsruhe BadRprax 1904, 246; OLG Colmar OLGE 6, 296/7.

18 RG JW 1938, 3167; KG JFG 6, 267/8; KG OLGE 44, 81; KGJ 50, 220; KGJ 38, 44; RG DRiZ 1930 Nr 512; RG LZ 1928, 893.

19 Motive IV, S. 1125 und Motive I, S. 128.

Die **Kündigung einer Geldforderung** bildet dann eine Verfügung, wenn der Betreute Gläubiger einer solchen Forderung ist[20]. Aus dem Begriff der Verfügung folgt die Einschränkung auf Gläubiger jedenfalls nicht. Die **Aufrechnung** von Seiten des Betreuers ebenso wie der Aufrechnungsvertrag, den der Betreuer schließt, wurden von der Rechtsprechung (beim Vormund) als Verfügung angesehen[21]. Gegen diese Ansicht spricht bereits, dass in aller Regel auch der Gegner aufrechnen kann, eine solche Aufrechnung indes nicht dem § 1812 unterfällt[22]. Eine Ausnahme bildet folgender Fall: Ist eine Geldleistung vom Betreuer ohne die nach § 1812 erforderliche Genehmigung angenommen worden und kommt daher der Leistung keine Erfüllungswirkung zu, so steht dem weiterbestehenden Anspruch des Betreuten ein Anspruch des Gegners aus § 812 gegenüber. 9

Im Einzelfall ist es fraglich, ob ein solcher Anspruch aus § 812 überhaupt gegen den Betreuten besteht. Das RG hat noch deutlicher in einer anderen Entscheidung[23] ausgesprochen, dass ein Eigentumserwerb am Geld ohne Rechtsgrund nichts anderes ist als eine Kreditaufnahme. Da eine Kreditaufnahme des Betreuten gem § 1822 Nr 8 der Genehmigung bedarf, diese aber fehlt, hat das RG den Eigentumserwerb des Betreuten (Mündels) am Geld verneint[24]. Nur „soweit tatsächlich auf Kosten (des Zahlenden) etwas in das Vermögen (des Betreuten) gelangt ist", weil der Betreuer das Geld für den Betreuten (Mündel) verwandt hat, hat das RG die §§ 812 ff angewandt. 10

Erklärt nun der Gegner die Aufrechnung, so ist diese wegen Umgehung des Zwecks des § 1812 unwirksam[25]. 11

Leistung an Erfüllungs Statt. Eine Verfügung wurde darin gesehen, dass der Betreuer statt der Geldleistung einen anderen Leistungsgegenstand an Erfüllungs Statt angenommen hat[26]. Im umgekehrten Fall indes, in dem der Betreuer statt des geschuldeten Leistungsgegenstandes Geld an Erfüllungs Statt annimmt, besteht wegen des Schutzzwecks des § 1812 eine Genehmigungspflicht[27]. **Schuldübernahme.** Ist der Betreute Gläubiger einer Forderung und genehmigt der Betreuer in seiner Vertretung den Schuldübernahmevertrag zwischen dem Schuldner und einem Dritten (§ 415), so wurde darin eine Verfügung erblickt[28]. Das Schweigen des Gläubigers steht gem § 416 der Genehmigung der Schuldübernahme gleich. Im Schweigen des Betreuers (Vormunds) auf eine Mitteilung entsprechend § 416 wurde deshalb eine genehmigungsbedürftige Verfügung iSd § 1812 gesehen[29]. 12

Vertragsänderungen. Sie fallen unter den heutigen Begriff der Verfügung, ob auf Seiten beider Vertragspartner, kann vom hier eingenommenen Standpunkt aus dahingestellt bleiben. Die Rechtsprechung hat demgemäß die Vereinbarung der Unkündbarkeit einer Darlehensforderung des Betreuten auf bestimmte Zeit[30], 13

---

20 BGHZ 1, 294/306; vgl OLG Kiel OLGE 8, 367. Über sonstige Kündigungen vgl BayObLG FamRZ 2001, 50.
21 OLG Darmstadt ZblFG 13, 593; OLG Celle OLGZ 1967, 483; aA *Damrau* FamRZ 1984, 842/7.
22 RG BankA XVI, 358; KG JFG 15, 214; OLG Nürnberg WM 1957, 1317/20; vgl *Damrau* FamRZ 1984, 842/7.
23 RGZ 81, 261, 264; ferner: OLG Dresden OLGE 26, 114; OLG Hamburg NJW 1953, 938.
24 AA *Dölle*, FamR II, S. 802; *Gernhuber/Coester-Waltjen*, FamR § 60 IV 11 Fn 46; Staudinger-*Engler* § 1829 Rz 34.
25 OLG Stuttgart MDR 1954, 229; *Damrau* FamRZ 1984, 842/6; aA OLG Nürnberg WM 1957, 1317; RGRK-*Dickescheid* § 1812 Rz 10; MünchKomm-*Wagenitz* § 1812 Rz 29.
26 Vgl OLG Darmstadt HessRspr 1913, 289/90; aA *Damrau* FamRZ 1984, 842/7.
27 Motive IV, S. 1125; *Damrau* FamRZ 1984, 842/7.
28 RG SoergRspr 1909, 440; aA Erman-*Holzhauer* § 1812 Rz 2; *Damrau* FamRZ 1984, 842/7: § 1833 sei ein ausreichender Schutz.
29 OLG Bamberg LZ 1916, 1503; aA *Damrau* FamRZ 1984, 842/7.
30 KG OLGE 14, 262.

die Änderung des Zinssatzes und von Zahlungsbestimmungen[31] sowie die Stundung einer Forderung als Verfügungen, die dem § 1812 unterfallen, angesehen[32]. Die Zustimmung des Betreuten als Nacherben zu **Verfügungen des Vorerben** wurde mehrfach als Verfügung im Sinne des § 1812 angesehen[33]. Der **Anzeige von einer Abtretung** kommt eine eigenständige Wirkung gem § 409 zu, wenn die Abtretung unwirksam ist, zB wegen Fehlens der Genehmigung gem § 1812. Der Schuldner kann in solchem Falle wegen der Anzeige mit befreiender Wirkung an den scheinbaren Zessionar leisten. Um dies zu verhindern, muss die Anzeige als rechtsgeschäftsähnliche Mitteilung, die wie eine Willenserklärung behandelt wird, dem § 1812 unterworfen werden[34].

14 Die **Genehmigung der Leistung an einen Dritten** durch den Betreuer steht der Leistung an den Betreuer gleich und unterfällt § 1812[35]. Die **Genehmigung einer Verfügung** eines Dritten, wenn diese (nähme sie der Betreuer vor) dem § 1812 unterfiele, stellt eine Verfügung dar[36].

15 c) **Verfügungen über Wertpapiere.** Die Annahme von Wertpapieren bildet nach Sinn und Zweck des § 1812 eine Verfügung[37]. Demzufolge ist es genehmigungspflichtig, wenn der Betreuer Aktien oder Anleihen des Betreuten veräußert; es wäre genehmigungspflichtig, wenn bei einem Aktiensplit neue Aktien dem Depot des Betreuten automatisch gutgeschrieben werden. Auch der Anspruch auf Herausgabe eines Wertpapiers fällt unter § 1812, das ergeben die Gesetzesmotive und ein Vergleich mit dem Wortlaut des § 1813 Abs 1 Nr 1[38]. Auch die Verfügung über die Wertpapiere selbst, also deren Übereignung oder Verpfändung, sind gem § 1812 genehmigungspflichtig[39].

16 **4. Prozesshandlungen.** Für Prozesshandlungen (wie **Klageerhebung**) besteht keine Genehmigungspflicht, weil diese keine Verfügungen darstellen. Unrichtig ist daher nach *Damrau* eine Entscheidung, wonach die Zusage des Betreuers, die Berufung zurückzunehmen, genehmigungsbedürftig nach § 1812 ist[40]. Auch dann, wenn Prozesshandlungen Auswirkungen auf das materielle Recht haben, sind sie nicht gem § 1812 genehmigungspflichtig. So sind das **Anerkenntnis**[41] gem ZPO § 307 und der **Verzicht** gem § 306 ZPO genehmigungsfrei. Nach allgM muss aber der Betreuer, obgleich sein prozessuales Handeln nach außen hin wirksam ist, eine Genehmigung nach § 1812 einholen (sog **Innengenehmigung**), wenn sich hinter der Prozesshandlung ein Rechtsgeschäft verbirgt, das unter die Genehmigungspflicht gem § 1812 fällt; wird eine solche Innengenehmigung nicht eingeholt, so kommt eine Schadensersatzpflicht gem § 1833 in Betracht. **Beispiel:** In der Klageerhebung liegt eine Kündigung des Darlehens.

---

31 BGHZ 1, 294, 305 = NJW 1951, 645, 648; OLG Karlsruhe Recht 1904 Nr 2620; KG RJA 5, 197/8.

32 AA *Damrau* FamRZ 1984, 842/5.

33 RG LZ 1928, 893; ebenso OLG Dresden ZblFG 11, 548; OLG Dresden ZblFG 7 (1906/07), 205; KG SeuffA 66 (1911) Nr 153; aA *Damrau* FamRZ 1984, 842/6.

34 OLG Colmar ElsLothZ 41, 47 = ZblFG 17, 36; *Damrau* FamRZ 1984, 842/8.

35 BayObLGZ 8, 380/3 = Recht 1907 Nr 3014.

36 KGJ 43, 63; BayObLG OLGE 4, 414.

37 RGZ 79, 9 = JW 1912, 352; RG BankA XVI, 358; *Damrau* FamRZ 1984, 842/7.

38 RGZ 79, 9/12; *Damrau* FamRZ 1984, 842/7.

39 OLG Dresden OLGE 26, 114 = SächsA 1912, 425.

40 OLG Posen SeuffA 62 (1907) Nr 139 = OLGE 15, 148.

41 KGJ 45, 264; *Rosenberg/Schwab/Gottwald*, Zivilprozessrecht, § 132 IV 4 b; *Henckel*, Prozessrecht u materielles Recht, 1970, S. 129; Zöller-*Vollkommer*, ZPO, Rz 7 vor § 306; aA *Brüggemann* FamRZ 1989, 1137.

Prozessvergleich. Der Prozessvergleich hat nach hM eine Doppelnatur, er ist Prozesshandlung und Rechtsgeschäft zugleich. Der Prozessvergleich bedarf daher zu seiner Wirksamkeit der Genehmigung gem § 1812, wenn in ihm eine Verfügung über Geld oder Wertpapiere liegt, vgl § 1822 Nr 12[42]. Der Urkundsbeamte der Geschäftsstelle hat sich vor Erteilung der Vollstreckungsklausel für den gerichtlichen Vergleich nachweisen zu lassen, dass die Genehmigung des Betreuungsgerichts erteilt ist und dass diese vom Betreuer gem § 1829 dem Gegner mitgeteilt ist[43]. Der Nachweis ist durch öffentliche Urkunden (Zustellung durch den Gerichtsvollzieher) gem §§ 726, 794, 795 ZPO zu führen. Der Nachweis erübrigt sich dann, wenn sich aus dem Vergleich selbst ergibt, dass die betreuungsgerichtliche Genehmigung dem Gericht vorgelegen hat, vor dem der Vergleich geschlossen wurde. 17

Zwangsvollstreckung. Betreibt der Betreuer zugunsten seines Betreuten die Zwangsvollstreckung, so bedarf er zur Empfangnahme des Erlöses aus der Vollstreckung der Genehmigung gem § 1812. Wird umgekehrt ein Anspruch des Betreuten zugunsten eines Gläubigers gepfändet und diesem zur Einziehung überwiesen, so ist dazu eine Genehmigung nicht erforderlich[44]. 18

5. Nicht genehmigungsbedürftige Maßnahmen. Nicht genehmigungsbedürftig sind: Die **Mahnung**, da sie keine Verfügung darstellt. Nicht genehmigungsbedürftig ist das **Erteilen der Quittung** (§ 368), da sie keine Verfügung darstellt[45]. Die Erteilung einer **Vollmacht** ist auch dann nicht genehmigungsbedürftig, wenn sie zu einer genehmigungsbedürftigen Verfügung bevollmächtigt[46]. Macht der Bevollmächtigte von der Vollmacht Gebrauch, so bedarf indes die Verfügung der Genehmigung gem § 1812. Der Vertrag, durch den der Betreuer den Betreuten zur Zahlung von Dienstleistungen verpflichtet, ist nicht genehmigungsbedürftig.[47] 19

6. Rechtspflicht zur Verfügung. Besteht eine rechtliche Pflicht des Betreuten zu einer dem § 1812 unterfallenden Verfügung, so entfällt das Genehmigungserfordernis wohl nicht[48]. Das ergeben die Gesetzesmotive und der Gesetzeszweck; ferner kann in dieser Hinsicht für § 1812 nichts anderes gelten als für §§ 1821, 1822[49]. 20

7. Verpflichtung zur Verfügung, Abs 1 Satz 2. Soweit der Betreuer zu der Verfügung einer Genehmigung bedarf, kann er auch die Verpflichtung zu einer *solchen* Verfügung nur mit Genehmigung des Betreuungsgerichts wirksam eingehen. Anderenfalls könnte die Erfüllung der Verpflichtung durch die Zwangsvollstreckung erreicht werden. Abs 1 Satz 2 unterstellt also nicht *alle* Verpflichtungen des Betreuten durch den Betreuer einer Genehmigungspflicht. Bedarf der Vertag keiner Genehmigung, wird er nicht dadurch genehmigungsbedürftig, wenn zur Erfüllung (zB Bezahlung der Dienstleistung) die Verfügung über Geld notwendig ist[50]. 21

42 RGZ 56, 333; RGZ 133, 259.
43 OLG Nürnberg MDR 1960, 318; *Berner* Rpfleger 1953, 287.
44 OLG Colmar OLGE 24, 46; *Damrau* FamRZ 1984, 842/8.
45 BayObLGZ 8, 380/3.
46 KG OLGE 5, 410; LG Frankfurt FamRZ 1975, 354; Staudinger-*Engler* § 1812 Rz 29; aA *Dölle*, FamR II, S. 756.
47 BGH FamRZ 2010, 207.
48 AA BayObLG NJW 1974, 1142.
49 Vgl dazu *Damrau* FamRZ 1984, 842/8.
50 BGH FamRZ 2010, 207.

22 8. **Auswirkungen auf den Grundbuchverkehr**[51]. Das Grundbuchamt hat die Gesetzmäßigkeit einer beantragten Eintragung zu prüfen; damit obliegt es ihm, auch die Vertretungsmacht des Betreuers, die durch § 1812 beschränkt wird, zu untersuchen.

23 a) **Löschung einer Hypothek auf Betreutengrundstück.** Die Löschung der auf dem Grundstück des Betreuten lastenden Hypothek auf Antrag des Betreuers:

24 aa) **Löschung** unter Vorlage einer **löschungsfähigen Quittung** nebst Zustimmung gem § 27 GBO ist letztlich Aufhebung einer verdeckten Eigentümergrundschuld gem § 875. Ob es sich bei der Eigentümergrundschuld um ein Recht handelt, „kraft dessen der Betreute eine Leistung verlangen kann“, ist zweifelhaft[52]. Aber selbst wenn man dies bejaht, so muss man nach dem Zweck des § 1812, den Betreuten vor Veruntreuungen zu schützen, zur Genehmigungsfreiheit gelangen[53]. Ob durch die Löschung **nachfolgende Rechte aufrücken** oder ob dies nicht der Fall ist, weil keine solchen existieren, spielt im Zusammenhang mit § 1812 keine Rolle; wohl aber ist dieser Umstand unter dem Gesichtspunkt des **Schenkungsverbots** gem § 1804 bedeutsam. Ist der Betreute weder durch eine Löschungsvormerkung gem § 1179 aF oder gem § 1179 nF zur Löschung verpflichtet, so kann in der Löschung, die ein Aufrücken nachfolgender Grundstücksrechte zur Folge hat, dann eine Schenkung liegen, wenn diese ohne Gegenleistung erfolgt. Eine Schenkung ist dem Betreuer in keinem Falle möglich, auch dann nicht, wenn das Betreuungsgericht zustimmt.

25 bb) **Die Löschung der** auf dem Grundstück des Betreuten lastenden **Hypothek auf Antrag des Betreuers** unter **Vorlage einer abstrakten Löschungsbewilligung** des Hypothekars unterscheidet sich von der Löschung aufgrund einer löschungsfähigen Quittung dadurch, dass die Löschungsbewilligung den materiellen Rechtsvorgang nicht anzugeben braucht. Es kann sich um eine berichtigende Löschung[54] oder um eine Löschung rechtsändernder Art[55] handeln, und demgemäß kommt auch der Zustimmung gem § 27 GBO unterschiedliche Bedeutung zu. Nach der von *Damrau* vertretenen Ansicht kann es dahingestellt bleiben, ob im einen oder anderen Fall begrifflich eine Verfügung über ein Recht auf Leistung vorliegt oder nicht; denn nach dem Gesetzeszweck ist eine Genehmigung gem § 1812 nicht erforderlich[56].

26 b) **Löschung einer Hypothek des Betreuten an einem fremden Grundstück. – aa) Löschungsfähige Quittung.** Es erfolgt die Vorlage einer löschungsfähigen Quittung. Diese darf der Betreuer nur erteilen, wenn der Betreute wegen der gesicherten Forderung befriedigt worden ist. Zur Annahme der Forderung bedarf der Betreuer der Genehmigung gem § 1812. Wurde diese Genehmigung erteilt, so ist durch die Befriedigung des Betreuten von Seiten des Eigentümers/Schuldners gem § 1163 eine (verdeckte) Eigentümergrundschuld entstanden; der Eigentümer/Schuldner hat gem § 1144 einen Anspruch auf Erteilung einer Quittung, der eine materiell-rechtliche Bedeutung nicht zukommt. Eine geson-

---

51 Vgl *Falk*, Familienrechtliche Probleme im Grundbuchverfahren, BWNotZ 2008, 48.

52 Zweifelnd: KG JW 1936, 2745.

53 LG Limburg NJW 1949, 787; KG JW 1936, 2745; aA BayObLG Rpfleger 1985, 24 (mit abl Anm *Damrau*); OGHZ 1, 41, 47; OLG Hamm Rpfleger 1976, 309; LG Würzburg MittBayNotV 1972, 239 = MittRheinNotK 1973, 5.

54 So war die Rechtslage im Fall KG OLGE 26, 171; das Gericht hat die nach GBO § 27 erforderliche Zustimmung, weil sie keine materiell-rechtliche Erklärung enthält, für nicht genehmigungsbedürftig gem § 1812 angesehen.

55 So war die Lage in den Fällen: OLG Hamm Rpfleger 1976, 309; OLG Colmar ElsLothNotZ 1918, 185; diese Gerichte haben die Genehmigungspflicht bejaht.

56 Vgl *Damrau* FamRZ 1984, 842/9.

derte Genehmigung zur Erteilung der löschungsfähigen Quittung ist dann überflüssig. Nicht anders liegt der Fall, in dem die Erteilung der löschungsfähigen Quittung betreuungsgerichtlich genehmigt wurde: hierin liegt die Genehmigung zur Annahme des Geldes[57]. Das Grundbuchamt wird also auf eine löschungsfähige Quittung des Betreuers hin eine Eintragung nur vornehmen, wenn die gerichtliche Genehmigung zur Annahme der Hypothekenforderung oder zur Erteilung der löschungsfähigen Quittung vorgelegt wird.

bb) Löschungsbewilligung. Löschung einer Hypothek des Betreuten an einem fremden Grundstück auf eine Löschungsbewilligung des Betreuers hin. Einer solchen Löschungsbewilligung können verschiedene materiell-rechtliche Vorgänge zugrunde liegen: Der Betreuer hat diese erteilt, weil der Betreute wegen der gesicherten Forderung befriedigt wurde. Die löschungsfähige Quittung kann erteilt worden sein, weil die Hypothek aufgegeben werden soll (§ 875). Die löschungsfähige Quittung kann auch der bloßen Berichtigung des Grundbuchs dienen, wenn die Hypothek zB nie entstanden war oder wenn sie gem § 1181 erloschen war[58]. Im erstgenannten Fall bedarf der Betreuer zur Geldannahme der Genehmigung gem § 1812[59]. Im zweitgenannten Fall müsste die Aufgabe der Hypothek gem § 1822 Nr 13 gerichtlich genehmigt werden[60], wenn nicht sogar § 1804 eingreift. Im dritten Fall liegt keine materiell-rechtliche Verfügung vor, so dass eine betreuungsgerichtliche Genehmigung nicht in Betracht kommt[61]. Vermag das Grundbuchamt der Löschungsbewilligung nicht zu entnehmen, welcher der drei genannten Fälle vorliegt, ist die Löschungsbewilligung also völlig abstrakt, so wird es im Interesse des Betreuten auf der betreuungsgerichtlichen Genehmigung (sei es gem § 1812 oder gem § 1822) bestehen[62]. 27

c) Überschreibung einer Hypothek des Betreuten auf einen neuen Gläubiger aufgrund einer Bewilligung des Betreuers. Eine solche Bewilligung bedarf der Angabe eines Rechtsgrundes für die Umschreibung. Handelt es sich um eine Abtretung der Hypothekenforderung, so ist diese genehmigungspflichtig gem § 1812[63]. Handelt es sich um eine Berichtigung des Grundbuchs, so hat das KG ebenfalls das Genehmigungserfordernis bejaht, obgleich in diesem Fall keine materiell-rechtliche Verfügung vorliegt[64]. Das KG hat dies damit begründet, dass dem Betreuer nicht die Möglichkeit gegeben werden soll, durch Ausnutzung der dem formellen Recht angehörenden Berichtigungsbewilligung (versteckt) über Vermögenswerte des Betreuten zu verfügen; zwar wäre eine solche Verfügung wegen Fehlens der betreuungsgerichtlichen Genehmigung gem § 1812 unwirksam, es könne sich indes ein gutgläubiger Erwerb weiterer Personen anschließen. Diese Entscheidung steht im Widerspruch zu jener, wonach die Löschung zu Berichtigungszwecken genehmigungsfrei ist[65], widerspricht dem Grundsatz der Selbstständigkeit des Betreuers[66] und der Genehmigungsfreiheit von Prozesshandlungen. 28

57 BayObLG Recht 1907 Nr 3014; KGJ 50, 220; KGJ 27, 169.
58 OLG Colmar ElsLothNotZ 1905, 39 = ElsLothZ 30 (1905), 300.
59 KG SeuffA 56 (1901) Nr 5, KGJ 27, 169, KGJ 33, 43; BayObLGZ 8, 380 = Recht 1907 Nr 3014; OLG Dresden ZblFG 11, 548; KGJ 44, 280; KGJ 50, 220; KG JW 1932, 1387, 611; KG HRR 1931 Nr 512.
60 OLG Dresden ZblFG 7 (1906/07), 204; KG OLGE 8, 35.
61 KG OLGE 26, 171.
62 *Damrau* FamRZ 1984, 842/9.
63 Vgl LG Dresden SächsA 1902, 248; KGJ 24, 20; KG SeuffA 66 (1911) Nr 153; KGJ 42, 215; KG OLGE 25, 290.
64 KGJ 42, 215/8; ebenso KG OLGE 25, 390.
65 KG OLGE 26, 171.
66 *Damrau* FamRZ 1984, 842/9.

29 9. **Ausnahmen, befreite Betreuung:** §§ 1813, 1817, 1825 (allgemeine Ermächtigung), § 1852 ff (befreite Betreuung), § 1857a (Behörde und Verein). Die **Genehmigung** des Gegenbetreuers ist **nicht erforderlich**, wenn das Geschäft schon nach den §§ 1819–1822 genehmigungsbedürftig ist. Auch nicht, wenn der Betreuer aufgrund einer Vollmacht über den Tod hinaus für den Erblasser handelt[67]. Ebensowenig, wenn der Betreuer mit Zustimmung des Testamentsvollstreckers über Betreutenvermögen verfügt, das der Testamentsvollstreckung unterliegt[68]. Schließlich greift § 1812 auch dann nicht ein, wenn über Forderungen des Betreuten von Dritten auf Grund gesellschaftsrechtlicher Vertretungsmacht verfügt wird, zB wenn der Betreute Gesellschafter einer OHG ist, und über deren Forderung verfügt wird.

30 10. **Genehmigung, Abs 2** greift ein, wenn der Gegenbetreuer verhindert ist oder die Genehmigung verweigert. Der Betreuer kann sich aber auch unter Umgehung des Gegenbetreuers unmittelbar an das Betreuungsgericht wenden. Für die Erteilung der Genehmigung sind also sowohl der Gegenbetreuer als auch das Betreuungsgericht zuständig, ebenso wie nach § 1810. Das Betreuungsgericht hat den Gegenbetreuer zu hören (§ 1826).

31 11. **Gegenbetreuer fehlt, Abs 3.** Bei Fehlen eines Gegenbetreuers muss die Genehmigung vom Betreuungsgericht erteilt werden. Wird die Betreuung von Mitbetreuern gemeinschaftlich geführt (§ 1899), ohne dass ein Gegenbetreuer vorhanden ist, so entfällt die Genehmigung des Betreuungsgerichts. Zu den Grundsätzen, wann die Genehmigung zu erteilen oder zu versagen ist, vgl § 1828 Rz 9. Bei Fragen des zweckmäßigen Verhaltens, die der Betreuer allein zu entscheiden hat (Näheres § 1837 Rz 10ff), kann das Betreuungsgericht die Freigabe nur verweigern, wenn der Betreuer sein Ermessen überschreitet und damit pflichtwidrig handelt[69].

32 12. **Materiell-rechtliche Konsequenzen.** Weitere materiell-rechtliche Konsequenzen der Genehmigungsbedürftigkeit der Annahme der Leistung durch den Gegenbetreuer: der Schuldner kann auch vom Gegenbetreuer eine Bestätigung der Leistung verlangen, denn (da die Annahme der Leistung der Genehmigung bedarf) nur so kann er die Wirksamkeit seiner Leistung beweisen[70]. Solange der Betreuer nicht die Genehmigung des Gegenbetreuers mitgeteilt hat, und zwar in einer als Beweis dienlichen Form, solange fehlt es an einer erforderlichen Mitwirkung des Gläubigers, so dass der Schuldner nicht in **Schuldnerverzug** gerät[71], wohl aber der Betreute in Gläubigerverzug[72].

33 13. **Folgen des Verstoßes gegen § 1812.** Ein Verstoß gegen die Vorschrift hat die Folgen aus §§ 1828 bis 1831, 1832. Der Schuldner wird durch die Leistung an den nicht empfangsberechtigten Betreuer nicht frei[73]. Hat er **ohne die in den §§ 1812, 1813 vorgeschriebene Genehmigung** gezahlt, so kann er (nach einer bestrittenen Auffassung, Rz 10) mit seiner Forderung aus ungerechtfertigter Bereicherung nicht gegenüber der Forderung des Betreuten **aufrechnen.**

34 14. **Bankgeschäfte**[74]. Eine Bank (Sparkasse) muss nicht zum Schutz des Betreuten die Einhaltung betreuungsrechtlicher Vorschriften überprüfen. Die Pflichten

---

67 RGZ 106, 185/6; hM.
68 OLG Celle OLGZ 1967, 483.
69 KG JW 1937, 1552.
70 KGJ 50, 220; RGZ 79, 9.
71 Erman-*Holzhauer* § 1812 Rz 8.
72 Erman-*Holzhauer* § 1812 Rz 8.
73 BGH NJW 2006, 430; RGZ 79, 9; MünchKomm/*Wagenitz* § 1812 Rz 42; *Josef* ArchBürgR 40 (1914), 349.
74 Vgl *Platz*, Bankgeschäfte mir Betreuten, 2005.

aus §§ 1812, 1813 BGB betreffen grundsätzlich nicht die beteiligten Kreditinstitute, sondern allein die Betreuer und das Betreuungsgericht[75]. Jedoch besteht für die Bank bei Verfügungen nicht befreiter Betreuer ein erhöhtes Ausfallrisiko. Wenn eine Bank entgegen §§ 1812, 1813 BGB eine Auszahlung an einen Betreuer vornimmt, ohne dass die erforderliche Genehmigung des Betreuungsgerichts vorliegt, wird sie gegenüber dem Betreuten nicht frei. Der Betreute behält seine Einlagenforderung und die Bank ist darauf verwiesen, den angewiesenen Betrag zurückzubuchen und trägt das Risiko der Uneinbringlichkeit des Rückforderungsanspruchs gegen den Empfänger[76].

Wenn ein Betreuter, ges vertreten durch den Betreuer, ein **Girokonto eröffnet**, ist dies genehmigungsfrei. Die Einzahlung oder Überweisung auf dieses Konto ist für sich genommen noch keine irgendwie genehmigungspflichtige Anlage von Geld im Sinne von §§ 1806, 1807. Die Kündigung (Auflösung) des Kontos dagegen ist nach §§ 1812, 1831 genehmigungsbedürftig[77]. Ist der Betreute Inhaber eines **Schrankfachs** bei der Bank, bedarf der Zutritt zum Fach (oder die gewaltsame Öffnung, wenn der Schlüssel fehlt) keiner Genehmigung des Betreuungsgerichts, weil keine Verfügung vorliegt. Dasselbe gilt, wenn der Betreuer den Inhalt des Schrankfachs entnimmt. 35

15. Verfahren: – a) Genehmigung des Gegenbetreuers. Die Genehmigung des Gegenbetreuers richtet sich gem § 1832 nach §§ 1828 bis 1831; im Falle der Genehmigung des Betreuungsgerichts sind die Vorschriften direkt anwendbar. Die Annahme der geschuldeten Leistung unterfällt dabei nicht § 1831 als einseitiges Rechtsgeschäft, seine Gültigkeit hängt nicht von der vorherigen Zustimmung des Gegenbetreuers ab: der Schuldner wird dadurch, dass der Betreuer seine (noch nicht genehmigte) Leistung annimmt, nicht gegen seinen Willen einer Ungewissheit, einem Schwebezustand ausgesetzt[78]. Verweigert der Gegenbetreuer die Genehmigung, so wird sich der Betreuer an das Betreuungsgericht wenden. Dessen Zustimmung ersetzt die des Gegenbetreuers. Das Betreuungsgericht entscheidet also nicht eine Meinungsverschiedenheit zwischen Betreuer und Gegenbetreuer, sondern entscheidet an Stelle des Gegenbetreuers. Daher entscheidet nicht gem § 15 RPflG der Richter, sondern gem § 3 Nr 2 b RPflG der **Rechtspfleger**[79]. Da der Gegenbetreuer nur Kontrollorgan ist (§ 1792), kann der Gegenbetreuer den Betreuer auch nicht mit Hilfe des Betreuungsgerichts zu Maßnahmen nach § 1812 zwingen. Bei **Meinungsverschiedenheiten zwischen Mitbetreuern** entscheidet das Betreuungsgericht (vgl § 1797); wo es der Maßnahme nach § 1812 zustimmt, ersetzt es zugleich die Zustimmung des unterliegenden Mitbetreuers (vgl § 1797). 36

b) Genehmigung des Betreuungsgerichts. Die Entscheidung (Beschluss, §§ 38, 39 FamFG) ist *auch* dem Betreuten mitzuteilen (§ 41 Abs 3 FamFG). Sie wird nicht schon (wie unter Geltung des FGG) mit Bekanntgabe an den Betreuer wirksam (§ 40 Abs 1 FamFG); da der Beschluss in den Fällen des § 1812 die Genehmigung eines *Rechtsgeschäfts* zum Gegenstand hat, wird der Beschluss erst mit Rechtskraft wirksam (§ 40 Abs 2 FamFG). Es muss also entweder die Beschwerdefrist für alle Beschwerdeberechtigten abgelaufen sein oder es liegt ein allseitiger Rechtsmittelverzicht vor. Ein Rechtskraftvermerk der Geschäftsstelle wird auf dem Beschluss angebracht (§§ 15, 16 FamFG), aber nur auf Antrag. 37

---

75 BGH NJW 2006, 430.
76 BGH NJW 2006, 430.
77 LG Meiningen FamRZ 2008, 1375.
78 Erman-*Holzhauer* § 1812 Rz 8; KG HRR 1931 Nr 512; aA RG DRiZ 1930 Nr 512 im Rahmen der Aufwertungsfrage.
79 Erman-*Holzhauer* § 1812 Rz 10; MünchKomm/*Wagenitz* § 1812 Rz 40; *Dallmayer/Eickmann* RpflegerG 1996, § 14 Rz 107; aA RGRK-*Dickescheid* § 1812 Rz 23.

38 Materiellrechtlich wirksam ist die Verfügung aber erst, wenn der Betreuer die Entscheidung dem Gegner gem § 1829 Abs 1 Satz 2 bekannt gibt. Ein Fall des § 40 Abs 3 FamFG, also die Ersetzung der Zustimmung (des Gegenbetreuers), liegt auch dann nicht vor[80], wenn der Betreuer sich zunächst an den Gegenbetreuer gewandt, dieser aber die Genehmigung verweigert hat, obgleich sogar der Wortlaut des § 1812 Abs 2 von „ersetzen" spricht: denn nach der Konzeption des Gesetzes ist das Betreuungsgericht (auch) neben dem Gegenbetreuer zur Genehmigung berufen.

39 c) **Rechtsmittel.** Bei Verweigerung der Genehmigung hat der Betreuer, der Betreute und der Verfahrenspfleger die **Beschwerde**[81] nach §§ 58 ff FamFG, wobei sich die Beschwerdefrist nach § 63 Abs 2 Nr 2 FamFG richtet. Gegen die Erteilung der Genehmigung hat der Betreuer kein Beschwerderecht, weil er von der Genehmigung nicht Gebrauch machen muss. Auch ein Negativattest ist beschwerdefähig[82]. Bei Versagung der Genehmigung hat der Geschäftsgegner und der Gegenbetreuer mangels Betroffenheit kein Beschwerderecht. Eine Sprungrechtsbeschwerde (§ 75 FamFG) ist eventuell statthaft.

40 16. **Anwendung auf Pfleger.** Gemäß § 1915 gilt die Vorschrift auch für den Pfleger, insbesondere für den Nachlasspfleger.

§ 1813 BGB Genehmigungsfreie Geschäfte

(1) Der *Vormund* bedarf nicht der Genehmigung des *Gegenvormundes* zur Annahme einer geschuldeten Leistung:

1. **wenn der Gegenstand der Leistung nicht in Geld oder Wertpapieren besteht;**
2. **wenn der Anspruch nicht mehr als 3.000 Euro beträgt;**
3. **wenn der Anspruch das Guthaben auf einem Giro- oder Kontokorrentkonto zum Gegenstand hat oder Geld zurückgezahlt wird, das der *Vormund* angelegt hat;**
4. **wenn der Anspruch zu den Nutzungen des Mündelvermögens gehört;**
5. **wenn der Anspruch auf Erstattung von Kosten der Kündigung oder der Rechtsverfolgung oder auf sonstige Nebenleistungen gerichtet ist.**

(2) [1]Die Befreiung nach Absatz 1 Nr. 2, 3 erstreckt sich nicht auf die Erhebung von Geld, bei dessen Anlegung ein anderes bestimmt worden ist. [2]Die Befreiung nach Abs. 1 Nr. 3 gilt auch nicht für die Erhebung von Geld, das nach § 1807 Absatz 1 Nr. 1 bis 4 angelegt ist.

Schrifttum: *Holzhauer*, Abhebungen des Betreuers vom Konto des Betreuten unter 5.000 DM immer genehmigungsfrei, BtPrax 1994, 42; *Wüstenberg*, Die Genehmigungspflicht des Betreuers zur Abhebung oder Überweisung von Beträgen bis 3.000 Euro, Rpfleger 2005, 177; *Grziwotz*, Girokontoverwaltung ohne Kontrolle, FamRZ 2008, 1908; *Sorg*, Wesentliche Änderungen in Betreuungssachen, BWNotZ 2009, 90. Vgl ferner das Schrifttum zu § 1812.

1 1. **Allgemeines.** § 1813 Abs 1 Nr 3 wurde geändert durch Ges v 6.7.2009 (BGBl 2009, 1696; die Neufassung gilt auch für Betreuungen, die schon vorher eingerichtet wurden (Art 229 § 18 EGBGB). § 1813 gilt auch für den Betreuer (§ 1908 i Abs 1). Die **Annahme einer geschuldeten Leistung** durch den Betreuer bedarf nach § 1812 Abs 1 Satz 1 (als Verfügung) grundsätzlich der Genehmigung des Betreuungsgerichts (§ 1812 Abs 3) bzw des Gegenbetreuers, falls (was ganz selten ist) einer bestellt ist; das BGB will auf diese Weise eine Unterschlagung des Geldes durch den Betreuer erschweren. § 1812 ordnet eine Reihe

---

80 KGJ 38, 44; *Joseph* Recht 1908, 849.
81 Zum Geschäftswert des Beschwerdeverfahrens vgl BayObLG NJOZ 2004, 3873.
82 LG Meiningen FamRZ 2008, 1375.

von Ausnahmen (§ 1813 Abs 1) und Gegenausnahmen (Abs 2) an. Dies erleichtert dem Betreuer und dem Betreuungsgericht (bzw dem Gegenbetreuer) die Arbeit. Die Betragsgrenze in Nr 2 wurde 1991 von 300 DM auf 5.000 DM hinaufgesetzt und durch das FernAbsG v 27.6.2000 (BGBl I, S. 897) auf 3.000 Euro erhöht.

Haftung der Bank. Wenn eine Bank entgegen §§ 1812, 1813 BGB eine Auszahlung an einen Betreuer vornimmt, ohne dass die erforderliche Genehmigung des Betreuungsgerichts vorliegt, wird sie gegenüber dem Betreuten nicht frei; der Betreute behält seine Einlagenforderung und die Bank ist darauf verwiesen, den angewiesenen Betrag zurückzubuchen und trägt das Risiko der Uneinbringlichkeit des Rückforderungsanspruchs gegen den Empfänger[1]. 2

2. Anwendungsbereich. Die Vorschrift gilt nach ihrem Wortlaut nur für die „Annahme einer geschuldeten Leistung". § **1813 gilt** also **nicht für sonstige Verfügungen**, soweit sie dem § 1812 unterfallen[2]. Eine analoge Anwendung der Vorschrift auf andere Verfügungen, zB Abtretungen, sollte dennoch nicht generell ausgeschlossen werden[3]. So ist zB eine Kündigung (etwa eines Sparguthabens) genehmigungsfrei, soweit sie sich auf eine genehmigungsfreie Leistung bezieht[4]. Wird ein anderer Gegenstand als **Leistung an Erfüllungs Statt** angeboten, so sollte nach Sinn und Zweck der Vorschrift diese angewandt werden, wenn an Erfüllungs Statt Geld angeboten wird; sie sollte nicht angewandt werden, wenn an Erfüllungs Statt andere Gegenstände angeboten werden (vgl § 1812 Rz 12). Die **Aufrechnung** fällt (von Ausnahmefällen abgesehen) nicht unter § 1812 (vgl § 1812 Rz 9). 3

Übersicht. § 1813 Abs 1 ist nur einschlägig, wenn Genehmigungspflicht bestünde, also nicht, wenn 4
- eine **befreite Betreuung** vorliegt (§§ 1857a Rz 6); oder wenn
- das Betreuungsgericht eine allgemeine Ermächtigung nach § 1825 erteilte; oder wenn
- das Betreuungsgericht nach § 1817 befreite.

Bei Nr 1, 4, 5 bestehen keine **Rückausnahmen.**
Nr 2: mit Rückausnahme nach Abs 2 Satz 1, teils besteht also Genehmigungspflicht, teils nicht.
Nr 3: mit zwei Rückausnahmen nach Abs 2 Satz 1 und Satz 2.

3. Absatz 1. – a) Nummer 1. Die Vorschrift befreit von der Genehmigungspflicht, wenn nicht Geld oder Wertpapiere geleistet werden, zB bei der Annahme der Lieferung einer gekauften Sache oder bei der Annahme der Leistung geschuldeter Handwerkerdienste. Wird aber im Beispiel statt der Sache Schadensersatz in Geld geleistet, so entfällt die Genehmigungsfreiheit gem § 1813[5]; es bleibt bei § 1812. Es bleibt auch bei der Genehmigungspflicht, wenn an Erfüllungs Statt Geld oder Wertpapiere geleistet werden (Rz 1). 5

b) Nummer 2. Bei einem Anspruch bis 3.000 Euro bedarf die Annahme des Geldes, auch eines Teilbetrages, der Genehmigung (ausgenommen in den Fällen Nr 3). Maßgehend ist die **Höhe des Gesamtanspruchs**, nicht die einzelne Teil- 6

---

1 BGH NJW 2006, 430; LG Mannheim FamRZ 2008, 640.
2 Vgl KG OLGE 1, 485 = SeuffA 56 (1901) Nr 5; *Damrau* FamRZ 1984, 842/9.
3 AA OLG Köln Rpfleger 1986, 432.
4 RGRK-*Dickescheid* § 1813 Rz 2; Erman-*Holzhauer* § 1813 Rz 6; *Jürgens* § 1813 Rz 15; aA *Dölle*, FamR II, S. 759.
5 RGRK-*Dickescheid* § 1813 Rz 3; *Dölle*, FamR II, S. 758; Erman-*Holzhauer* § 1813 Rz 2; MünchKomm/*Wagenitz* § 1813 Rz 6; aA Staudinger-*Engler* § 1813 Rz 1.

leistung. Dies entspricht dem Willen des Gesetzgebers[6]. Beträgt der Kontostand auf dem Termingeldkonto 5.000 Euro, bedarf die Abhebung von 100 Euro der Genehmigung nach § 1812; bei einem Kontostand von 3.000 Euro dagegen dürfen 2.900 Euro ohne Genehmigung abgehoben werden, was auf den ersten Blick befremdet. Sinn der Regelung: anderenfalls könnte der Betreuer erhebliche Beträge ohne Kontrolle abheben, indem er den Gesamtbetrag splittet. Die Arbeit des Betreuers wird dadurch nicht wesentlich erschwert, weil die meisten Betreuten auf dem Konto ohnehin nicht mehr als 3.000 Euro haben und Befreiungen nach §§ 1817, 1825 möglich sind (vgl Rz 4). **Zinsen** und Kosten bleiben außer Betracht, Nr 4 (stecken im Sparbuch-Guthaben von 3.002 Euro vier Euro Zinsen, gilt das Konto als eines mit 2.998 Euro Guthaben, so dass reichlich Unklarheiten bestehen, wenn ein Konto viele Jahre besteht und die Zinsen nicht isoliert abgehoben wurden). Bei Gesamthandforderungen ist der Anteil des Betreuten am Auseinandersetzungsguthaben maßgebend[7]. Die **Genehmigungsfreiheit gem Nr 2 gilt nicht,** wenn es sich um die Abhebung einer Geldanlage mit Sperrvermerk handelt (§ 1809 mit § 1813 Abs 2 Satz 1), weil dann die Genehmigung des Gegenbetreuers oder des Betreuungsgerichts zur Abhebung erforderlich ist (Abs 2 Satz 1). Die Änderung des § 1813 Abs 1 Nr 3 ab 1.9.2009 lässt Nr 2 unberührt[8].

7 c) **Nummer 3.** Erfasst sind zwei verschiedene Fälle:

8 aa) **Auszahlung oder Überweisung** aus einem **Bankguthaben, das sich auf einem Giro- oder Kontokorrentkonto befindet.** Die frühere Regelung ging vom Geldwesen des 19. Jahrhunderts und somit vom Bargeldverkehr aus; sie berücksichtigte nicht, dass ein Girokonto heute der Zahlungsabwicklung dient. Deshalb wurde Nr 3 ab 1.9.2009 geändert. Nr 3 erfasst aber nur Girokonten (das ist ein von Kreditinstituten für Bankkunden geführtes Kontokorrentkonto zur Abwicklung des Zahlungsverkehrs). Nr 3 gilt also nicht für **Sparkonten** (sei es über Sparbuch oder Sparzertifikate oder sonstige Namen), auch nicht für **Termingeldkonten** (Festgeldkonto). Es kommt bei Nr 3 nicht darauf an, ob der Betreuer, der Betreute oder Dritte das Geld auf das Konto einbezahlt oder überwiesen haben; auch nicht, ob das Guthaben unter oder über 3.000 Euro beträgt[9]. Die Neuregelung benachteiligt den Betreuten, weil sie das Risiko der Geldunterschlagung durch den Betreuer erhöht[10]. Dass der Täter durch die Neuregelung leichter festgestellt werden könnte, wie die Gesetzesbegründung[11] meint, verringert die Gefahr für das Vermögen des Betreuten nicht.

9 **Internetbanking.** Will ein nicht befreiter Betreuer hinsichtlich des Kontos des Betreuten nicht nur am Bankschalter verfügen, sondern durch Einwurf von Überweisungen in den Bankbriefkasten, durch Internetbanking oder EC-Karte, ergeben sich durch die Neufassung der Nr 3 keine Schwierigkeiten mehr. Eine Bank (Sparkasse) muss nicht zum Schutz des Betreuten die Einhaltung betreuungsrechtlicher Vorschriften überprüfen. Die Pflichten aus §§ 1812, 1813 BGB betreffen grundsätzlich nicht die beteiligten Kreditinstitute, sondern allein die Betreuer und das Betreuungsgericht[12]. Wenn die Bank bei Verfügungen entgegen

---

6 Protokolle IV S. 782; OLG Karlsruhe FamRZ 2001, 786; OLG Köln FGPrax 2007, 124; FamRZ 1995, 187; LG Mannheim FamRZ 2008, 640; OLG Colmar ElsLothZ 28, 147; Erman-*Holzhauer* § 1813 Rz 3; RGRK-*Dickescheid* § 1813 Rz 4; *Gernhuber/Coester-Waltjen*, FamR § 72 Abs 3 Satz 12; *Holzhauer* BtPrax 1994, 42; aA AG *Herborn* FamRZ 1999, 1690; AG Emden FamRZ 1995, 1081; LG Saarbrücken FamRZ 1992, 1348; *Suschowk* JurBüro 1997, 508.
7 KG JFG 6, 267 = JW 1932, 1387.
8 BT-Drucks 16/10.798 S. 38.
9 BT-Drucks 16/10.798 S. 38.
10 *Grziwotz* FamRZ 2008, 1908.
11 BT-Drucks 16/10.798 S. 38; zutreffend *Grziwotz* FamRZ 2008, 1908.
12 BGH NJW 2006, 430.

§§ 1812, 1813 BGB eine Auszahlung an einen Betreuer vornimmt, ohne dass die erforderliche Genehmigung des Betreuungsgerichts vorliegt, wird sie gegenüber dem Betreuten nicht frei.

bb) Rückzahlung von Geld, das der Betreuer angelegt hat. (1) Mit **Rückzahlung** ist Barempfang, Barabhebung gemeint, aber auch Überweisung[13]; anderenfalls könnte der Betreuer das übliche Überweisungsverfahren nicht nutzen, sondern müsste eine Barkasse führen. (2) Es muss sich um vom Betreuer *angelegtes* Geld handeln, also nicht um nach § 1806 zur Bestreitung von Auslagen bereit gehaltenes Geld. Wegen der Sonderbestimmungen des Abs 2 kommt versperrt angelegtes Geld in Betracht (vgl § 1806); ferner Geld, das gemäß § 1811 zwar ohne Sperrvermerk, aber trotzdem „angelegt" wurde[14]. Geld, das gemäß § 1807 Abs 1 Nr 1 bis 4 angelegt wurde, kann trotz Nr 3 wegen Abs 2 Satz 2 nicht ohne Genehmigung abgehoben werden; Geld, das gemäß § 1807 Abs 1 Nr 5 angelegt wird, ist gesperrt anzulegen (§ 1809) und kann dann (trotz Nr 3) gem Abs 2 Satz 1 nicht ohne Genehmigung abgehoben werden. **Überweisungen Dritter auf ein Girokonto** des Betreuten sind nicht wie Einzahlungen des Betreuers zu behandeln[15]. Die Änderung der Nr 3 zwingt nicht mehr zu Konstruktionen. **Überziehungskredit** darf (auch auf einem Girokonto) nur mit Genehmigung des Betreuungsgerichts in Anspruch genommen werden (§ 1822 Nr 8), auch bei befreiter Betreuung. 10

d) Nummer 4. Nutzungen (vgl § 100), insbes Darlehenszinsen, Hypothekenzinsen[16], Miet- und Pachtzinsen. Der Betreuer darf deshalb einen **Mietzins** von 4.000 Euro bar ohne Genehmigung des Betreuungsgerichts entgegennehmen; aber auch Überweisung auf das Girokonto des Betreuten ist genehmigungsfrei möglich. Sind Zinsen eines Sparguthabens oder Festgeldguthabens auf Grund von Satzungsbestimmungen der Sparkasse oder besonderer Vereinbarung zwischen Bank und Betreuer dem Kapital zugeschrieben worden, so bedarf der Betreuer zu ihrer Abhebung der Genehmigung (vgl § 1809). Sonst (wenn also die Zinsen auf ein gesondertes Konto gutgeschrieben werden) bleibt es bei der Regelung der Nr 4, auch wenn das Geld nach § 1809 angelegt ist[17] und wenn die Nutzung (Zinsgutschrift) selbst einen höheren Wert als 3.000 Euro hat, ist also die Annahme genehmigungsfrei[18]. 11

Nach Ansicht des BSG sind **Rentenzahlungen** wie Nutzungen anzusehen, so dass der Betreuer zu ihrer Entgegennahme keiner Genehmigung bedarf[19]. Dies gilt auch dann, wenn die Rente zunächst auf ein Konto überwiesen wurde, denn den Charakter einer Nutzung verliert sie dadurch nicht[20]. Neben dem Betreuer ist der Betreute zur Entgegennahme der Rente als einer Sozialleistung befugt (SGB I § 36), wenn nicht der Betreuer diese durch schriftliche Erklärung eingeschränkt hat (SGB I § 36 Abs 2) und wenn der Betreute nicht geschäftsunfähig ist. Damit keine Unklarheit durch Vermischung der Gelder eintritt, musste der Betreuer früher ein **Sonderkonto** einrichten, auf das *nur* die Rente fließt (sowie evtl Einnahmen aus Zinsen und Mieten), damit er darüber ohne Genehmigung verfügen kann; das ist durch die Änderung der Nr 3 nicht mehr notwendig. 12

---

13 *Jürgens* § 1813 Rz 10; aA OLG Köln Rpfleger 1986, 432.
14 RG WarnR 1939 Nr 84 S. 215
15 OLG Karlsruhe NJWE-FER 2001, 292.
16 KG OLGE 14, 262; KG DJ 1938, 1428; OLG Naumburg ZAkDR 1938, 243.
17 KG DJ 1938,1428/9.
18 *Dölle*, FamR II, S. 758; RGRK-*Dickescheid* Rz 6; aA ohne Begr *Gleißner* Rpfleger 1985, 482.
19 BSG MDR 1982, 698; Erman-*Holzhauer* § 1813 Rz 5. Offen gelassen von OLG Karlsruhe FGPrax 2001, 23.
20 *Damrau* WM 1986, 1022.

13 e) **Nummer 5. Kosten einer Kündigung:** Sollte eine Kündigung Kosten (zB eines Anwalts) verursacht haben und der Gegner dem Betreuten erstattungspflichtig sein und zahlen wollen, dann ist zur Annahme keine Genehmigung erforderlich. **Kosten der Rechtsverfolgung:** wenn dem Gegner die Prozesskosten (zB nach § 91 ZPO) auferlegt wurden und er diese Kosten an den Betreuer zahlen will, dann ist zur Annahme keine Genehmigung erforderlich. **Nebenleistungen** vgl §§ 224, 1115 BGB, § 4 ZPO; darunter fallen vertragliche und gesetzliche Zinsen, zB Verzugszinsen, Kosten, Provisionen, Vertragsstrafen, Schadensersatz neben der geschuldeten Leistung. Die Höhe des Wertes der Nebenleistungen ist unbeschränkt.

14 **4. Absatz 2.** Abs 2 bestimmt, dass zahlreiche Fälle, die an sich nach Abs 1 genehmigungsfrei wären, doch genehmigungspflichtig (§ 1812) bleiben. Die Gegenausnahme nimmt also die Befreiung wieder zurück: Ist die Geldanlage so erfolgt, dass zur Rücknahme der Einlage die Genehmigung des Gegenbetreuers oder des Betreuungsgerichts erforderlich ist (§ 1809), so bleibt es dabei. Das gleiche gilt für Geld, das zwar ohne Sperrvermerk nach § 1809, wohl aber gemäß § 1807 Abs 1 Nr 1 bis 4 angelegt ist; wenn zB die Staatsanleihe an den Betreuer zurückgezahlt wird, ist die Annahme des dem Konto bereits gutgeschriebenen Geldes erstaunlicherweise genehmigungspflichtig.

15 **5. Besonderheiten bei geschäftsfähigen Betreuten.** Ein geschäftsfähiger Betreuter kann, neben dem Betreuer, seine Rente selbst entgegennehmen. Ist für ihn ein **Einwilligungsvorbehalt** angeordnet (§ 1903), so ändert dies daran nichts: einem Minderjährigen ist nach § 36 SGB I ab dem 15. Lebensjahr das Recht eingeräumt, Sozialleistungen entgegen zu nehmen, weil der Gesetzgeber dies offenbar als rechtlich vorteilhaft ansieht; der Gesetzgeber behandelt den Betreuten mit Einwilligungsvorbehalt vergleichbar (vgl SGB X § 11), so dass auch ihm die Entgegennahme der Rente (neben dem Betreuer) möglich ist[21]. Ein **geschäftsunfähiger Betreuter** kann Rentenzahlungen nicht mit befreiender Wirkung entgegennehmen. Bei den üblichen Zahlungen auf ein Bankkonto des Betreuten tauchen diese Probleme indes nicht auf: es ist Sache der Bank, nicht an einen Geschäftsunfähigen zu leisten.

16 **6. Pflegschaft.** § 1813 gilt für **Pfleger** (§ 1915) entsprechend.

§ 1814 BGB Hinterlegung von Inhaberpapieren

[1]Der *Vormund* hat die zu dem Vermögen des *Mündels* gehörenden Inhaberpapiere nebst den Erneuerungsscheinen bei einer Hinterlegungsstelle oder bei einem der in § 1807 Abs. 1 Nr. 5 genannten Kreditinstitute mit der Bestimmung zu hinterlegen, dass die Herausgabe der Papiere nur mit Genehmigung des *Familiengerichts* verlangt werden kann. [2]Die Hinterlegung von Inhaberpapieren, die nach § 92 zu den verbrauchbaren Sachen gehören, sowie von Zins-, Renten- oder Gewinnanteilscheinen ist nicht erforderlich. [3]Den Inhaberpapieren stehen Orderpapiere gleich, die mit Blankoindossament versehen sind.

1 **1. Allgemeines.** Der Schutz des Betreuten nach § 1812 ist nicht genügend; § 1814 (anwendbar auf die Betreuung nach § 1908 i; statt Familiengericht ist dann zu lesen: Betreuungsgericht) wurde geschaffen, weil Inhaberpapiere besonders leicht verloren gehen können, vgl §§ 932, 935[1]. Die Vorschrift ist **zwingend**, auch gegenüber vertrauenswürdigen Betreuern[2], gilt bei vorgefundenen

---

21 *v Einem*, Verwaltungsrundschau 1992, 341/344.
1 Motive IV, S. 1129 f.
2 RGZ 80, 252/7.

wie hinzukommenden Wertpapieren. Die Pflicht besteht kraft Gesetzes ohne Anordnung des Betreuungsgerichts. **Befreiung:** § 1817. Jedoch kann der Betreuer, anstatt zu hinterlegen, auch nach § 1815 vorgehen und die Papiere in Namenspapiere umschreiben lassen. Die in §§ 1082, 2116 bestimmte Hinterlegungspflicht geht vor[3].

Wenn der Betreuer sein Amt antritt, kann er **Wertpapiere im Vermögen des Betreuten** vorfinden, die auf verschiedene Weisen verwahrt sein können: 2

(a) **Eigenverwahrung des Betreuten** (zB Pfandbriefe oder Investmentanteile in der Schublade, im Banksafe): dann hat der Betreuer bei einer der in § 1807 Abs 1 Nr 5 genannten Banken ein Wertpapierdepot einzurichten, diese Papiere dort einzuliefern und eine Sperrung nach § 1809 mit der Bank zu vereinbaren. Unzulässig ist nach § 1814, bei der Bank ein Schließfach (Safe) zu mieten und dort die Papiere zu verwahren. – (b) Wertpapiere des Betreuten **im Kunden-Depot einer Bank.** Die Bank gehört zu den in § 1807 Abs 1 Nr 5 genannten Banken. Die Verwahrung bei der Bank kann (wie meist) durch Girosammelverwahrung erfolgen (dh der Kunde hat kein Eigentum am nummernmäßig bezeichneten einzelnen Stücken, sondern Bruchteilseigentum am Gesamtbestand der Wertpapiere dieser Gattung; der Gesamtbestand befindet sich bei einer Wertpapiersammelbank). Einzelheiten regelt das DepotG. Findet der Betreuer im Vermögen des Mündels solche depotverwahrte Papiere vor, ist nur noch die Vereinbarung des Sperrvermerks (§ 1809) veranlasst. – (c) Sind die Papiere im Falle (b) dagegen bei einer Bank verwahrt, die keinem Einlagensicherungsfonds angehört, wie einige wenige kleine Privatbanken, fragt sich, ob der Betreuer die Wertpapiere in das Depot einer gesicherten Bank übertragen lassen muss (und dann dort den Sperrvermerk vereinbaren muss). Die hM[4] verneint das wegen § 1793. Da die Gefahr der Veruntreuung durch den Betreuer[5] bzw der Unterschlagung durch Bankpersonal bei beiden Bankgruppen gleich groß sein dürfte und im Insolvenzfalle die Wertpapiere nicht zum Bankvermögen gehören, trifft die hM zu[6]. 3

Bei freiwilliger **Hinterlegung von nicht hinterlegungspflichtigen Papieren** ist nicht § 1819, sondern es sind §§ 1812, 1813 anzuwenden. 4

2. Befreiung. Von der Hinterlegungspflicht ist der Betreuer befreit in den Fällen des § 1857a (Behörden- und Vereinsbetreuer), §§ 1853, 1908i Abs 2, §§ 1803, 1817 (Entbindung durch den Zuwendenden oder das Betreuungsgericht). Andererseits kann nach § 1818 die **Hinterlegungspflicht ausgedehnt** werden, ebenso in den Fällen des § 1908i Abs 2. 5

3. Gegenstand der Verpflichtung. Dies sind: 6

a) **Schuldverschreibungen auf den Inhaber** (§§ 793 ff), Pfandbriefe, Anleihen, Grund- und Rentenschuldbriefe, wenn sie auf den Inhaber gestellt sind (§§ 1195, 1199, 1200); **Inhaberaktien** (AktG §§ 10, 24); **Inhaberinvestmentanteilscheine** (KAGG § 18 Abs 2 Satz 1); 7

b) **deren Erneuerungsscheine (Talons)** (§ 805); blanko indossierte **Orderpapiere**[7]. 8

3 Staudinger-*Engler* § 1814 Rz 7; *Gernhuber/Coester-Waltjen*, FamR § 72 III 6; aA MünchKomm/*Wagenitz* § 1814 Rz 4.

4 RGZ 137, 320, 323; LG Hamburg MDR 1957, 420; MünchKomm/*Wagenitz* § 1814 Rz 3; Staudinger-*Engler* § 1814 Rz 3.

5 Motive IV, S. 1130.

6 AA RGRK-*Dickescheid* § 1814 Rz 5.

7 HGB §§ 363 ff; WG Art 13, 14, 16, 77; Art 15, 16, 17, 19 ScheckG.

9 **4. Ausnahmen nach Satz 2.** Ausgenommen sind:

10 a) **Inhaberpapiere,** die verbrauchbare Sachen iSv § 92 sind, zB Banknoten, zu den Betriebsmitteln eines Erwerbsgeschäfts zählende **Blankowechsel, Inhaberschecks;**

11 b) **deren Zins-, Renten- und Gewinnanteilscheine (Kupons)** (vgl aber § 1818). Nicht hinterlegungspflichtig sind die Inhaberzeichen des § 807 sowie die gar nicht zu den Inhaberpapieren zählenden Legitimationspapiere des § 808, insbesondere **Sparbuch**, Sparbriefe, Pfandschein und Depotschein.

12 c) **Namenspapiere** (zB Namensaktien).

13 5. **Alleineigentum.** Die hinterlegungsbedürftigen Papiere müssen dem Betreuten gehören. Die Vorschrift ist nicht anwendbar, wenn er nur **Miteigentümer** ist oder nur eine Gesamthandberechtigung innehat. Dann ist die Zustimmung der anderen Mitberechtigten erforderlich. Ferner ist erforderlich, dass die Papiere im Besitz des Betreuten sind, also insbesondere nicht einem Dritten verpfändet oder zum Nießbrauch gegeben sind[8]. Auf Stückekonto geschriebene Inhaberpapiere gehören noch nicht zum Betreutenvermögen; der Betreuer ist daher aus § 1814 zur Hinterlegung solcher Stücke nicht verpflichtet, möglicherweise aber aus § 1793 mit der Folge einer Schadensersatzpflicht nach § 1833 im Falle schuldhafter Unterlassung[9].

14 6. **Hinterlegungsstellen.** Dies sind in der Praxis die in § 1807 Abs 1 Nr 5 genannten Banken und Sparkassen. Der Betreuer lässt dort auf den Namen des Betreuten ein Wertpapierdepot errichten und liefert die Papiere ein; die Bank gibt die Papiere dann, soweit möglich, in die kostengünstige Sammelverwahrung; andernfalls verwahrt die Bank die Papiere im Streifbanddepot. Keine praktische Bedeutung hat die Verwahrung beim **Amtsgericht** (§ 1 Abs 2 HintO) oder den **Staatsbanken** (§ 27 HintO) oder bei der Bundesbank (vgl § 19 Abs 1 Nr 5 BBankG) mit den Landeszentralbanken.

15 7. **Wirkung der Hinterlegung,** wenn zugleich mit der Bank eine **Sperrung** vereinbart wurde: Die Herausgabe kann nur mit Genehmigung des Gerichts verlangt werden. Der Betreuer unterliegt der Verfügungs- und Verpflichtungsbeschränkung nach § 1819. Er kann jedoch die Hinterlegungsstelle ermächtigen, die Wertpapiere bei einer Wertpapiersammelbank in **Sammelverwahrung** zu geben; dazu bedarf er keiner gerichtlichen Genehmigung (VO v 29.9.1939, RGBl I, S. 1985). **Unterlässt der Betreuer die** Abrede einer **Sperre,** so verbleibt es bei der Genehmigungsbedürftigkeit nach § 1812[10]. Ist mit der Bank Sperrung vereinbart oder nach der Sparkassensatzung die Sperre auf dem Hinterlegungsschein (oder sonstwo) zu vermerken, letzteres aber unterlassen worden, haftet die Bank trotz § 793 Abs 1 Satz 2 bei ungenehmigter Herausgabe[11].

16 8. **Verstoß gegen die Hinterlegungspflicht.** Dies kann den Betreuer schadensersatzpflichtig machen (§ 1833). Das Betreuungsgericht hat unverzüglich zu **kontrollieren,** ob der Betreuer seiner Hinterlegungspflicht nachgekommen ist, und hat ihn unter Anwendung von Zwangsmitteln (§ 1837) dazu anzuhalten[12];

8 *Dölle*, FamR II, S. 741.
9 RGZ 137, 320; dazu *Graßhoff* JW 1933, 159.
10 RGZ 79, 9/14.
11 RGZ 79, 9/16.
12 RGZ 80, 252/6; RG LZ 1918, 692; OLG Kiel OLGE 36, 218.

notfalls ist der Betreuer zu entlassen (§ 1908 b). Der Staat haftet gem Art 34 GG, § 839 BGB.

9. Kosten der Hinterlegung. Die Kosten der Hinterlegung hat der Betreute zu tragen, auch bei der freiwilligen Hinterlegung. 17

10. Vollstreckung. Die nach § 1814 verhängte Sperre hindert Gläubiger des Betreuten nicht, in die Papiere zu **vollstrecken**[13]. Mit der Beendigung der Betreuung **endet** die Sperre von selbst (vgl § 1809 Rz 11). 18

11. Behörde, Verein. § 1908 i Abs 1 verweist auf § 1857 a, dieser auf § 1853. Somit sind Betreuungsbehörde und Verein als Betreuer von der Hinterlegungspflicht befreit, nicht aber der Behördenbetreuer bzw der Vereinsbetreuer. 19

12. Entsprechende Anwendung. § 1814 gilt auch für den **Pfleger** (§ 1915). 20

§ 1815 BGB Umschreibung und Umwandlung von Inhaberpapieren

(1) [1]Der *Vormund* kann die Inhaberpapiere, statt sie nach § 1814 zu hinterlegen, auf den Namen des *Mündels* mit der Bestimmung umschreiben lassen, dass er über sie nur mit Genehmigung des *Familiengerichts* verfügen kann. [2]Sind die Papiere vom Bund oder einem Land ausgestellt, so kann er sie mit der gleichen Bestimmung in Schuldbuchforderungen gegen den Bund oder das Land umwandeln lassen.

(2) Sind Inhaberpapiere zu hinterlegen, die in Schuldbuchforderungen gegen den Bund oder ein Land umgewandelt werden können, so kann das *Familiengericht* anordnen, dass sie nach Absatz 1 in Schuldbuchforderungen umgewandelt werden.

1. Wahlmöglichkeit. § 1815 (in der seit 1.9.2009 geltenden Fassung) gilt für die Betreuung (§ 1908 i Abs 1; statt Familiengericht ist dann zu lesen: „Betreuungsgericht"). Seit bei Banken und Sparkassen hinterlegt werden kann, hat § 1815 kaum mehr einen Sinn, denn Umschreibung bzw Umwandlung ist teuer. **Befreiung** nach § 1817 ist möglich. 1

a) Umschreibung in Namenspapiere. Statt die Inhaberpapiere nach § 1814 zu hinterlegen, kann der Betreuer die Umschreibung in Namenspapiere (Rektapapiere) (§ 806) wählen; der Verlust des Papiers ist dann weniger gefährlich. Zur Umschreibung ist der Aussteller allerdings nicht verpflichtet (§ 806 Satz 2) und dazu auch in aller Regel nicht bereit. 2

b) Umwandlung in Buchforderungen. Der Betreuer kann bei Inhaberpapieren, ausgestellt von der Bundesrepublik Deutschland (Staatsanleihen), ferner die Umwandlung in Buchforderungen wählen[1]. Hinsichtlich der von den Ländern ausgegebenen Inhaberschuldverschreibungen besteht ebenfalls ein Umwandlungsrecht, die Schuldbuchgesetze der Länder verweisen auf RSchuldG § 1. Die Vorschrift ist auf Inhaberpapiere, die von Gemeinden oder Gemeindeverbänden ausgegeben sind, entsprechend anzuwenden. 3

c) Kein Wahlrecht. Das Wahlrecht entfällt, wo der Betreuer als Person nicht hinterlegungspflichtig ist: gem § 1803 bei Anordnung des Schenkers bzw Erb- 4

---

13 OLG Colmar OLGE 24, 45.

1 ReichsschuldbuchG v 31. Mai 1891 idF v 31. Mai 1910 (RGBl S. 840) § 1; ReichsschuldenO v 13. Februar 1924 (RGBl I, S. 95) § 21; Bek. des Bundesministeriums der Finanzen v 8.7.1963, BGBl I, S. 462.

lassers; gem §§ 1853, 1855, 1908 i Abs 2 bei befreiter Betreuung; gem § 1857 a für Behörde und Verein; gem § 1817 bei Aufhebung der Hinterlegungspflicht durch das Betreuungsgericht.

5 **2. Wirkung.** Bei der **Umschreibung** in Namenspapiere wie bei der **Umwandlung** in Buchforderungen hat der Betreuer mit dem Aussteller zusätzlich zu vereinbaren, dass er über das Namenspapier bzw die Schuldbuchforderung nur mit Genehmigung des Betreuungsgerichts verfügen kann; die Abrede, dass eine Verfügung mit Zustimmung des Gegenbetreuers zulässig ist, genügt nicht dem § 1815. Die Folgen der Abrede entsprechen dem § 1809; die verwaltende Stelle haftet für die Beachtung der Sperre. Daneben ergeben sich Verpflichtungsbeschränkungen für den Betreuer (§ 1820). **Rückumwandlung** des Namens- in ein Inhaberpapier ist eine genehmigungspflichtige Verfügung; ebenso die Einziehung der Buchforderung (vgl § 1813).

6 Das Betreuungsgericht kann den Betreuer grundsätzlich nicht zwingen, die **Umwandlung** von Inhaberpapieren in Buchforderungen vorzunehmen; nur bei Inhaberpapieren, die vom Bund oder einem Land ausgestellt sind, kann das Betreuungsgericht (Rechtspfleger, § 3 Nr 2 b RPflG) die Umwandlung anordnen (**Abs 2**). Dies hat nur insoweit einen Sinn, als bei Bankverwahrung laufende Gebühren anfallen, bei Schuldbucheintragung dagegen nicht. Zwangsmittel: § 1837. Auch haftet der Betreuer für den aus einer Verzögerung entstehenden Schaden gem § 1833.

7 Dem Betreuungsgericht kann die Befugnis, die Umwandlung verlangen zu können, gem §§ 1803 (Erbschaft, Schenkung), 1853, 1855, 1908 i Abs 2 (Befreiung) genommen werden; sie fehlt bei Behörde und Verein als Betreuer (§ 1857 a) und wenn das Betreuungsgericht die Hinterlegungspflicht aufgehoben hat (§ 1817).

8 **3. Kosten.** Die **Kosten** der Umschreibung oder Umwandlung hat der Betreute zu tragen.

9 **4. Keine Verpflichtung zur Hinterlegung.** Wird eine Umschreibung oder Umwandlung vorgenommen, obgleich keine Verpflichtung zur Hinterlegung besteht (§§ 1814, 1817), so bleiben §§ 1812, 1813 anwendbar.

10 **5. Behörde, Verein.** Zur Befreiung vgl § 1814 Rz 13.

§ 1816 BGB Sperrung von Buchforderungen

Gehören Schuldbuchforderungen gegen den Bund oder ein Land bei der Anordnung der *Vormundschaft* zu dem Vermögen des *Mündels* oder erwirbt der *Mündel* später solche Forderungen, so hat der *Vormund* in das Schuldbuch den Vermerk eintragen zu lassen, dass er über die Forderungen nur mit Genehmigung des *Familiengerichts* verfügen kann.

1 **1. Sinn der Regelung.** Manchmal gehören zum Vermögen des Betreuten „Forderungen gegen den Bund oder die Länder, die nicht als Wertpapiere „verbrieft" sind, sondern zur Kostenersparnis lediglich in ein sog Staatsschuldbuch eingetragen sind, zB **Bundesschatzbriefe, Bundesobligationen.** Der Betreuer kann solche Wertrechte entweder erwerben, indem er sie bei einer Bank zugunsten des Wertpapierdepots des Betreuten kauft und den Sperrvermerk anbringen lässt oder er erwirbt sie zwar bei einer Bank, lässt den Betreuten aber im Bundesschuldbuch eintragen. Der Betreuer hat dann mit der Stelle, die das Schuldbuch führt (Finanzagentur GmbH der Bundesrepublik, Frankfurt), den Sperrvermerk

zu vereinbaren. Das Betreuungsgericht darf aber nicht von Amts wegen unmittelbar die Sperrung herbeiführen[1], weil es nicht gesetzlicher Vertreter des Betreuten ist; nur im Falle des § 1846 kann das Betreuungsgericht unmittelbar tätig werden.

2. **Wirkung:** vgl § 1815 Rz 5, § 1809 Rz 3; Weigerung oder Verzögerung durch den Betreuer: vgl § 1815 Rz 6; Kosten: vgl § 1815 Rz 8; Befreiungen: § 1815 Rz 1; § 1817. Zu Verpflichtungsgeschäften hinsichtlich Buchforderungen vgl § 1820 Abs 2. Bezüglich der **Zinsen** unterliegt der Betreuer nicht dem Sperrvermerk (vgl §§ 1813 Abs 1 Nr 4, 1820, 1814 Satz 2). 2

3. **Behörde, Verein.** Die Behörde und der Verein als Betreuer sind gem §§ 1908 i, 1857 a, 1853 ebenfalls von der Pflicht nach § 1816 befreit. Die Vorschrift gilt für **Pfleger** (§ 1915) entsprechend. 3

§ 1817 BGB Befreiung

(1) [1]Das *Familiengericht* kann den *Vormund* auf dessen Antrag von den ihm nach den §§ 1806 bis 1816 obliegenden Verpflichtungen entbinden, soweit
1. der Umfang der Vermögensverwaltung dies rechtfertigt und
2. eine Gefährdung des Vermögens nicht zu besorgen ist.
[2]Die Voraussetzungen der Nummer 1 liegen im Regelfall vor, wenn der Wert des Vermögens ohne Berücksichtigung von Grundbesitz 6000 Euro nicht übersteigt.

(2) Das *Familiengericht* kann aus besonderen Gründen den *Vormund* von den ihm nach den §§ 1814, 1816 obliegenden Verpflichtungen auch dann entbinden, wenn die Voraussetzungen des Absatzes 1 Nr. 1 nicht vorliegen.

1. **Textgeschichte.** § 1817, anwendbar auf die Betreuung nach § 1908 i Abs 1, wurde zuletzt geändert durch das FGG-ReformG vom 17.12.2008 (BGBl 2008, 2585); statt Familiengericht ist zu lesen „Betreuungsgericht". Ab 1.1.2002 gilt nicht mehr der Betrag von 10.000 DM, sondern der Betrag 6.000 Euro. Durch die Neufassung von § 1813, wonach der Betreuer ohne Genehmigung über Giro- und Kontokorrentkonten verfügen kann, ist die Bedeutung der Regelung gesunken. Die Führung von Betreuungen soll damit erleichtert werden. 1

2. **Absatz 1.** Der Betreuer, Vormund, Pfleger (§ 1915) kann **auf seinen Antrag durch Beschluss** des Betreuungsgerichts von allen Verpflichtungen der §§ 1806 bis 1816 **entbunden** werden. § 1806: verzinsliche Anlage des Geldes (wegen der verloren gegangenen Zinseinnahme kann aber Haftung drohen, § 1833); § 1807: Abweichungen von den Mündelgeldanlageregeln; § 1808 entfällt; § 1809: keine Versperrung mehr erforderlich; § 1810: keine Genehmigung des Betreuungsgerichts in den Fällen der §§ 1806, 1807 mehr erforderlich; § 1811: andersartige Anlage auch ohne Genehmigung des Betreuungsgerichts (Haftungsgefahr!); § 1812: keine Genehmigung mehr zur Verfügung über eine Forderung; § 1813: Ausnahmen von § 1812; § 1814 Hinterlegung von Inhaberpapieren; § 1815 Umschreibung von Inhaberpapieren; § 1816 Sperrung von Buchforderungen. 2

3. **Voraussetzungen der Befreiung nach Abs 1: – a) Geringer Umfang der Vermögensverwaltung;** zB Wert des Geldvermögens beträgt nicht mehr als 6.000 Euro. Renten werden hierbei nicht kapitalisiert[1]. Liegt das Vermögen etwas darüber, zB bis 10 %, kann der Regelfall mE noch bejaht werden. 3

---

1 AA Staudinger-*Engler* § 1816 Rz 1; *Dölle*, FamR II, S. 744.

1 Palandt/*Diederichsen* § 1817 Rz 2.

4 b) **Gefährdung des Vermögens nicht zu besorgen.** Das ist der Fall, wenn der Betreuer vertrauenswürdig ist, weil er zB dem Betreuungsgericht seit Jahren als zuverlässig bekannt ist[2].

5 c) **Entscheidung:** sie kann sich auf einzelne oder alle Vorschriften erstrecken. Sie kann jederzeit geändert (dh zurückgezogen) werden, § 48 FamFG.

6 **4. Absatz 2.** Die Vorschrift betrifft nur Befreiungen von §§ 1814, 1816 (so der bisherige § 1817). Eine Betragsobergrenze (wie bei Abs 1) gibt es hier nicht. **Besondere Gründe** müssen die Befreiung im **Einzelfall** rechtfertigen[3]. Nach § 1817 Abs 2 kann nur von §§ 1814, 1816, nicht aber von den Beschränkungen nach § 1812 befreit werden. Befreiung von § 1815 ist überflüssig, da sie in der Befreiung von § 1814 mit enthalten ist. Als **besondere Gründe** werden anerkannt: die Vermögensverhältnisse des Betreuers, die eine Garantie für den Betreuten darstellen; eine etwaige Sicherheitsleistung; Einrichtungen zur Aufbewahrung des Vermögens (eigener Banksafe); der Betreute ist gegen Verlust durch Versicherungen abgedeckt[4]; ferner, wenn die Hinterlegung wegen der damit verbundenen Kosten zu einer Schädigung des Betreuten führen würde, während jeder Nachteil bei Unterlassung der Hinterlegung ausgeschlossen ist[5].

7 Streitig ist, ob auch die **besondere Vertrauenswürdigkeit** des Betreuers ohne Hinzutreten weiterer Umstände eine Befreiung gestattet. Dies wird teilweise verneint, da es eine Klassifizierung der Betreuer bedeuten würde[6]; nur Vorteile für das Betreutenvermögen werden anerkannt[7]. Dem kann man nicht folgen; auch für das Gericht gibt es unbekannte Personen und solche, deren bisherige Vertrauenswürdigkeit amtsbekannt ist[8]. Besonderer Grund ist auch die Interessengemeinschaft zwischen Betreuer und Betreutem[9]. Nicht nötig ist es, dass die besonderen Gründe die Befreiung zwingend gebieten, sondern ausreichend, dass sie die Befreiung vorteilhaft erscheinen lassen; auch eine partielle Befreiung von einzelnen Bindungsvorschriften oder eine **Befreiung unter Auflagen** oder befristet ist zulässig.

8 **5. Verfahrensfragen.** Die „besonderen Gründe“ bilden einen **unbestimmten Rechtsbegriff**[10], sind also Gegenstand der Überprüfung mit der Rechtsbeschwerde. Zur Anhörung des Gegenbetreuers vgl § 1826. Zuständig ist der Rechtspfleger nach §§ 3 Nr 2 b, 15 RPflG. Die Befreiung sollte zweckmäßiger Weise auf dem Betreuerausweis vermerkt werden[11].

---

2 *Wesche* BtPrax 2004, 53.
3 RGZ 80, 252/6; KG JW 1935, 1881.
4 RGRK-*Dickescheid* § 1817 Rz 2; KGJ 20, 220.
5 KGJ 20, 220/5; Protokolle IV S. 787.
6 RGZ 80, 252/7; RGRK-*Dickescheid* § 1817 Rz 2; *Gernhuber/Coester-Waltjen*, FamR § 73.
7 KG NJW 1970, 813; RGZ 80, 252/7; *Dölle*, FamR II, S. 745; MünchKomm-*Wagenitz* § 1817 Rz 2; RGRK-*Dickescheid* § 1817 Rz 2.
8 Protokolle IV, S. 786 f; KGJ 20, 220, 225; Staudinger-*Engler* § 1817 Rz 26; Erman/*Holzhauer* § 1817 Rz 1.
9 RGZ 80, 252/7.
10 Erman-*Holzhauer* § 1817 Rz 1; aA RGRK-*Dickescheid* § 1817 Rz 3.
11 MünchKomm/*Wagenitz* § 1817 Rz 3; *Dölle*, FamR II, S. 745.

§ 1818 BGB Anordnung der Hinterlegung

Das *Familiengericht* kann aus besonderen Gründen anordnen, dass der *Vormund* auch solche zu dem Vermögen des *Mündels* gehörende Wertpapiere, zu deren Hinterlegung er nach § 1814 nicht verpflichtet ist, sowie Kostbarkeiten des *Mündels* in der im § 1814 bezeichneten Weise zu hinterlegen hat; auf Antrag des *Vormundes* kann die Hinterlegung von Zins-, Renten- und Gewinnanteilscheinen angeordnet werden, auch wenn ein besonderer Grund nicht vorliegt.

1. Allgemeines. § 1818 ist auf die Betreuung anwendbar (§ 1908 i Abs 1); statt Familiengericht ist dann zu lesen: „Betreuungsgericht". Während nach § 1817 der Betreuer aus besonderen Gründen von der Hinterlegungspflicht befreit werden kann, erlaubt § 1818 umgekehrt eine Erweiterung der Hinterlegungspflicht über die Hinterlegungspflicht für Inhaberpapiere gem § 1814 hinaus. § 1818 hat kaum praktische Bedeutung. 1

2. Halbsatz 1. – a) Anwendungsbereich: Die Befugnis aus § 1818, 1. Halbs ist dem Betreuungsgericht auch gegenüber den in § 1908 i Abs 2 Satz 1 genannten befreiten Betreuern einzuräumen, wenn es zugleich die Befreiung nach § 1908 i Abs 2 Satz 2 außer Kraft setzt. Auf die Behörde und den Verein als Betreuer dagegen ist § 1818 nicht anwendbar (§§ 1908 i Abs 1, 1857 a)[1]. In den sonstigen Fällen gibt § 1837 Abs 2 Satz 2 dem Betreuungsgericht die Möglichkeit, anzuordnen, dass Wertpapiere zu hinterlegen sind. 2

b) Gegenstand des Halbsatzes 1. Die Vorschrift betrifft nur: 3

aa) Wertpapiere, die nicht unter § 1814 fallen, nicht aber andere Urkunden, die keine Wertpapiere sind, zB Schuldscheine. Demnach unterliegen dem § 1818 zB Papiere nach § 808, wie Sparbücher, Sparbriefe; Hypothekenbriefe, Namensaktien. 4

bb) Kostbarkeiten: Für den Begriff ist die allgemeine Verkehrsanschauung maßgebend[2]; zu denken ist insbes an Schmuck, Gold und Antiquitäten (vgl §§ 5, 9 HinterlO). 5

c) Besonderer Grund. Als **besonderer Grund** (ein unbestimmter Rechtsbegriff) ist es anzusehen, wenn der Betreuer keine ausreichende Aufbewahrungsmöglichkeit hat. Kein besonderer Grund ist die **Unzuverlässigkeit des Betreuers**; liegt sie vor, muss er entlassen werden (§ 1908 b). Bei Vorliegen eines besonderen Grundes muss das Betreuungsgericht die Hinterlegung anordnen, es hat **kein Ermessen**[3]; im Unterlassen läge dann eine Amtspflichtverletzung, die gem Art 34 GG, § 839 BGB einen Schadensersatzanspruch auslösen kann. 6

3. Halbsatz 2. – a) Ohne besonderen Grund kann die Hinterlegung von Zins-, Renten- und Gewinnanteilscheinen angeordnet werden, wenn der Betreuer selbst dies beantragt. Der Betreuer hat keinen Anspruch auf die Anordnung im Falle des Halbs 2. Die Regelung hat keinen Sinn mehr, weil Zinsscheine ohne Weiteres bei der Bank eingeliefert werden können und auch üblicher Weise zusammen mit dem Wertpapier ins Depot gegeben werden. 7

---

1 AA MünchKomm/*Wagenitz* § 1818 Rz 8 bezüglich der Behörde.
2 RGZ 105, 204.
3 RGRK-*Dickescheid* § 1818 Rz 4; Erman-*Holzhauer* § 1818 Rz 1; aA MünchKomm/*Wagenitz* § 1818 Rz 5; *Dölle*, FamR II, S. 746; Staudinger-*Engler* § 1818 Rz 2: freies Ermessen.

8 b) **Besonderer Grund.** Bei Vorliegen eines besonderen Grundes hat das Betreuungsgericht die Hinterlegung auch von **Zins-**, **Renten-** und **Gewinnanteilscheinen** gem Halbs 1 anzuordnen (bei Halbs 2 dagegen ist ein Antrag erforderlich).

9 4. **Hinterlegung.** Zur Durchführung und Wirkung der Hinterlegung: vgl § 1814 Rz 15, ferner § 1819.

10 5. **Verfahren.** Zuständig ist der Rechtspfleger nach §§ 3 Nr 2 b, 15 RPflG. Dem Betreuer steht im Falle des 1. Halbs gegen die Anordnung der Hinterlegung und im Falle des Halbs 2 gegen ihre Ablehnung die Beschwerde zu (§§ 58 ff FamFG). Kommt der Betreuer der Anordnung nicht nach, hat das Betreuungsgericht gem § 1837 Abs 3 vorzugehen und **Zwang** anzuwenden. Zur Anhörung des Gegenbetreuers vgl § 1826.

§ 1819 BGB Genehmigung bei Hinterlegung

[1]Solange die nach § 1814 oder nach § 1818 hinterlegten Wertpapiere oder Kostbarkeiten nicht zurückgenommen sind, bedarf der *Vormund* zu einer Verfügung über sie und, wenn Hypotheken-, Grundschuld- oder Rentenschuldbriefe hinterlegt sind, zu einer Verfügung über die Hypothekenforderung, die Grundschuld oder die Rentenschuld der Genehmigung des *Familiengerichts*. [2]Das gleiche gilt von der Eingehung der Verpflichtung zu einer solchen Verfügung.

1 1. **Normzweck.** § 1819 gilt für die Betreuung (§ 1908 i Abs 1); dann ist statt Familiengericht zu lesen: „Betreuungsgericht". Zur Zurücknahme der nach §§ 1814, 1818 hinterlegten Gegenstände ist schon nach diesen Bestimmungen die Genehmigung des Betreuungsgerichts erforderlich. § 1819 macht die Genehmigung für **Verpflichtungen** und **Verfügungen während der Hinterlegung** erforderlich. **Beispiel:** Der Betreuer könnte sonst über den hinterlegten Goldbarren (§ 1818) gem § 931 verfügen; § 1812 ist unanwendbar. Genehmigungspflichtig sind Verfügungen und Verpflichtungen bezüglich der Inhaberpapiere, Wertpapiere, Kostbarkeiten und auch bezüglich der in den Wertpapieren verbrieften Kapitalforderungen, soweit es sich um Hypotheken-, Grundschuld- oder Rentenschuldbriefe handelt. Es wird dabei eine Hinterlegung mit Sperrvermerk gem §§ 1814, 1818 vorausgesetzt. Zum Verfügungsbegriff siehe § 1812 Rz 4. Zu den Grundschuldrechten gehören nicht deren **Nebenleistungen**, wie zB Grundschuldzinsen, soweit eine Verfügung über diese nicht die Briefübergabe oder deren Surrogat erfordert.

2 Eine Verfügung iSv § 1819 ist auch die **Einlösung** eines ausgelosten und gekündigten Wertpapiers[1].

3 2. **Wirkung:** Die Vertretungsmacht des Betreuers wird mit Wirkung gegenüber Dritten beschränkt. Entgegenstehende Geschäfte sind unwirksam (vgl aber § 1829).

4 3. **Keine Beschränkung.** Die Beschränkung entfällt Dritten gegenüber mit der Herausgabe, auch wenn die hinterlegten Gegenstände ohne die erforderliche Genehmigung zurückgenommen wurden und selbst, wenn der Dritte bösgläubig ist (Grenze § 826). § 1819 ist nicht anwendbar, wenn hinterlegungspflichtige Papiere und Kostbarkeiten nicht hinterlegt wurden oder wenn der Sperrvermerk fehlt. Immerhin kann das Geschäft in beiden Fällen genehmigungsbedürftig

1 OLG München BayZ 1926, 288; vgl auch RGZ 115, 153.

nach §§ 1812, 1813 bleiben. Hat der Betreuer **hinterlegt, ohne dazu verpflichtet zu sein** (vgl § 1814 Rz 1), zB als befreiter Betreuer, so ist § 1819 nicht anzuwenden, allenfalls §§ 1812, 1813. Auch wenn die Hinterlegung nach § 1803 angeordnet, aber nicht gesetzlich vorgeschrieben ist, scheidet § 1819 aus, da der Kreis der genehmigungspflichtigen Fälle nicht durch private Anordnungen über den gesetzlichen Rahmen ausgedehnt werden kann[2].

4. Genehmigung. Die Genehmigung des Betreuungsgerichts (Rechtspfleger, §§ 3 Nr 2b, 15 RPflG) richtet sich nach §§ 1828 ff. Der Gegenbetreuer ist gem § 1826 zu hören. 5

5. Behörde, Verein. Da die **Behörde** und der **Verein** als Betreuer gem §§ 1908 i Abs 1, 1857 a die Stellung eines befreiten Betreuers haben und gem § 1853 von der Hinterlegungspflicht gem § 1814 befreit sind und auf sie § 1818 nicht anwendbar ist (§ 1818 Rz 2), greift für sie auch § 1819 nicht ein. 6

§ 1820 BGB Genehmigung nach Umschreibung und Umwandlung

(1) Sind Inhaberpapiere nach § 1815 auf den Namen des *Mündels* umgeschrieben oder in Buchforderungen umgewandelt, so bedarf der *Vormund* auch zur Eingehung der Verpflichtung zu einer Verfügung über die sich aus der Umschreibung oder der Umwandlung ergebenden Stammforderungen der Genehmigung des Betreuungsgerichts.

(2) Das gleiche gilt, wenn bei einer Buchforderung des *Mündels* der im § 1816 bezeichnete Vermerk eingetragen ist.

1. Verpflichtungsgeschäfte. Die Vorschrift gilt für **Betreuer** (§ 1908 i) entsprechend; dann ist anstelle des Familiengerichts das Betreuungsgericht zuständig. Die Genehmigung zur Verfügung über umgeschriebene oder in Buchforderungen umgewandelte Inhaberpapiere oder über Buchforderungen mit Sperrvermerk ist schon nach §§ 1815, 1816 erforderlich. § 1820 dehnt die Genehmigungspflicht auf Verpflichtungsgeschäfte aus. Die Beschränkung nach § 1820 wirkt wie jene nach § 1812 Abs 1 Satz 2 und § 1819 Satz 2: Unwirksamkeit des Rechtsgeschäfts. Eine Gültigkeit von Verpflichtung (wie Verfügung) ist indes dann möglich, wenn die Sperrung mit dem Institut zwar vereinbart war, aber die Bank sich so verhält, als gäbe es sie nicht; ein **Sperrvermerk selbst fehlt**, zB weil die Abrede der Sperrung vergessen wurde. Dann aber liegt eine Vertragsverletzung der Bank vor, für die diese dem Betreuten gegenüber haftet. Die Vorschrift ist unanwendbar, wenn der Betreuer seiner Verpflichtung, die Sperrung zu vereinbaren, nicht nachgekommen ist. In den beiden letztgenannten Fällen kann aber § 1812 eingreifen. 1

2. Keine Beschränkung. Wie bei der Hinterlegung tritt auch bei Umwandlungen und Umschreibungen, zu denen der Betreuer nicht verpflichtet ist, die Beschränkung nicht ein. Die Sperrwirkung fällt Dritten gegenüber fort, sobald die Umschreibung oder der Sperrvermerk gelöscht sind oder sobald die Umwandlung rückgängig gemacht worden ist, auch wenn die dazu erforderliche gerichtliche Genehmigung gefehlt hat und selbst wenn der Dritte bösgläubig ist. Zur Haftung der Bank vgl Rz 1. 2

3. Zinsen. Nur das Stammrecht unterliegt den Beschränkungen der §§ 1815, 1816, 1820, nicht Nebenleistungen, insbes Zinsen. Die Genehmigung des Betreuungsgerichts, nicht des Gegenbetreuers, richtet sich nach §§ 1828 ff. 3

2 KGJ 40, 231.

Vorbemerkungen zu den §§ 1821, 1822

Übersicht

1 **1. Allgemeines.** Genehmigungen des Betreuungsgerichts (bzw Familiengerichts, Nachlassgerichts) können sog **Außengenehmigungen** oder **Innengenehmigungen** sein (Rz 12). Sie können vor Abschluss des Geschäfts (sog **Vorgenehmigung**) oder nachher (sog **Nachgenehmigung**) erteilt werden.

2 § 1821 erklärt Geschäfte über Grundstücke und Schiffe für genehmigungsbedürftig. § 1822 beschränkt den Betreuer bei besonders bedeutsamen, im Einzelnen aufgeführten Geschäften. Die Aufzählung in §§ 1821, 1822 ist jedoch nicht erschöpfend. Es finden sich verstreut im Gesetz zahlreiche weitere Fälle, in denen eine Genehmigung des Betreuungsgerichts erforderlich ist, insbesondere: §§ 1904, 1905, 1906, 1907, 1908. Die Genehmigung des Gegenbetreuers genügt in diesen Fällen oftmals nicht. **Allgemeiner Grundsatz** ist, dass Genehmigungsvorbehalte gesetzlich verankert sein müssen; fehlt eine Vorschrift, kann das Betreuungsgericht keine Genehmigung fordern.

3 **2. Befreiung von Genehmigungspflichten.** §§ 1821, 1822 sind nicht nur Ordnungsvorschriften, sondern sie beschränken die Vertretungsmacht des Betreuers mit den Rechtsfolgen aus §§ 1829 bis 1831. – a) §§ 1821, 1822 (anwendbar auf die Betreuung gem § 1908 i Abs 1) sind für alle Arten der Betreuung zwingend. Eine Befreiung ist nur ausnahmsweise bei der Vormundschaft des Jugendamts durch § 56 Abs 2 SGB VIII vorgesehen; auf die Betreuungsbehörde ist das SGB VIII aber nicht anwendbar. Die Behörde kann daher nicht von §§ 1821, 1822 befreit werden. – b) Für die **Betreuungsbehörde** als Betreuer räumt § 1908 i Abs 1 Satz 2 dem Landesrecht die Möglichkeit ein, diese in vermögensrechtlicher Hinsicht von der Aufsicht des Betreuungsgerichts zu befreien (zB § 1837 BGB). Der Behördenbetreuer oder der Verein bzw Vereinsbetreuer können nicht befreit werden. Das Landesrecht hat davon unterschiedlich Gebrauch gemacht.

4 **3. Landesrechtliche Befreiungen für die Betreuungsbehörde** gibt es in folgenden Ländern: Baden-Württemberg; Bayern; Berlin; Bremen; Hamburg; Hessen; Sachsen-Anhalt: **Keine Befreiungen** gibt es in Brandenburg; Mecklenburg-Vorpommern; Niedersachsen; Nordrhein-Westfalen; Rheinland-Pfalz; Saarland; Sachsen; Schleswig-Holstein; Thüringen. **Einzelheiten** vgl § 1908 i Rz 63.

5 **4. Besondere Fälle. – a) Anwendbarkeit der §§ 1821, 1822.** Die Vorschriften sind auch anzuwenden, wenn der Betreute dem Dritten zur Vornahme des

Geschäfts verpflichtet ist, vgl § 1828[1]. In der Regel ist aber schon die Wirksamkeit der Verpflichtungsgeschäfte an das Vorliegen einer Genehmigung geknüpft, um zu verhindern, dass auf dem Wege über Prozess und Vollstreckung die unzulässige Verfügung doch durchgeführt und das Verfügungsverbot dadurch umgangen werden kann. Auch dann bleibt das Rechtsgeschäft genehmigungspflichtig, wenn nicht der Betreuer selbst handelt, sondern ein vom Betreuer durch **Vollmacht** bestellter rechtsgeschäftlicher Vertreter. Die Vollmacht selbst bedarf nicht der Genehmigung gem §§ 1821, 1822, wobei es keinen Unterschied macht, ob sie sich nur auf ein genehmigungspflichtiges Geschäft bezieht oder ob sie sich auch auf andere Rechtsgeschäfte erstreckt. Schließt der Vertreter ein genehmigungsbedürftiges Rechtsgeschäft, so bedarf dieses zu seiner Wirksamkeit der Genehmigung. Auch wenn der **Betreute geschäftsfähig** ist, bleiben die Geschäfte nach §§ 1821, 1822, die der *Betreuer als gesetzlicher Vertreter* vornimmt, genehmigungsbedürftig. Eine andere Frage ist, ob die Genehmigungspflicht dadurch umgangen werden kann, dass der *geschäftsfähige* Betreute seinem Betreuer rechtsgeschäftliche Vollmacht erteilt, so dass dieser kraft Vollmacht und nicht infolge von § 1902 tätig wird (vgl § 1902 Rz 5).

b) **Unanwendbarkeit der §§ 1821, 1822.** Die **Vorschriften gelten nicht**, wenn der Betreute zur Abgabe der **Willenserklärung verurteilt** ist, § 894 ZPO[2]. Mit Rechtskraft des Urteils gilt die Erklärung zB zur Auflassung als abgegeben. Selbstverständlich darf der Betreute nur verurteilt werden, wenn eine wirksame Verpflichtung zur Auflassung bestanden hat, die eventuell von einer Genehmigung gem § 1821 abhängt. §§ 1821, 1822 gelten ferner nicht für **Prozesshandlungen.** Eine unmittelbare oder entsprechende Anwendung des § 1821 ist ausgeschlossen[3]. So ist der **Klageverzicht** eines unter Betreuung stehenden Klägers als Prozesshandlung wirksam, falls Prozessfähigkeit vorliegt, auch wenn die nach materiellem Recht notwendige Genehmigung des Betreuungsgerichts nicht vorliegt[4]. Allerdings kann sich der Betreuer uU schadensersatzpflichtig machen. Entsprechendes gilt für das **Anerkenntnis** (vgl § 1812). Nur der **Prozessvergleich** bedarf der Genehmigung des Betreuungsgerichts, weil dieser nach hM eine Doppelrechtsnatur hat, also Prozesshandlung und Rechtsgeschäft zugleich ist[5]. Der Urkundsbeamte der Geschäftsstelle hat sich vor Erteilung der Vollstreckungsklausel für den gerichtlichen Vergleich durch öffentliche Urkunden gem §§ 794, 795, 726 ZPO nachweisen zu lassen, dass die gerichtliche Genehmigung rechtskräftig ist und dem Gegner mitgeteilt ist, zB durch Zustellungsurkunde[6]. Da die Prozesshandlungen Wirkungen auslösen können, die denen von Rechtsgeschäften nach §§ 1821, 1822 gleichkommen, ist nach allgM der Betreuer verpflichtet, zu den entsprechenden Prozesshandlungen eine Genehmigung des Betreuungsgerichts einzuholen. Da davon nicht die Wirksamkeit der Prozesshandlung (nach außen) abhängt, spricht man von einer Innengenehmigung. 6

5. Gegenstand der Genehmigung. – a) Grundsätzliches. Ein Rechtsgeschäft ist genehmigungsbedürftig, wenn es sich auf das Vermögen des Betreuten bezieht und wenn es im Namen des Betreuten abgeschlossen wird. 7

1 KGJ 38, 219/23; KG OLGE 33, 363; BayObLG FamRZ 1977, 141.

2 KGJ 45, 264; BayObLGZ 1953, 111; RGRK *Dickescheid* Rz 13 vor § 1821, Staudinger-*Engler* §§ 1821, 1822 Rz 22; Zöller/*Stöber*, ZPO § 894 Rz 7; aA Enn-*Kipp* § 115 V 5; Stein/Jonas/*Münzberg*, ZPO § 894 Rz 24; *Dölle*, FamR II, S. 787; *Müller* FamRZ 1956, 44.

3 BayObLG MDR 1953, 561.

4 BGH FamRZ 1955, 359; *Pohle* JZ 1956, 53; Zöller/*Vollkommer*, ZPO, Rz 7 vor § 306; aA *Brüggemann* FamRZ 1989, 1137.

5 RGZ 56, 333; RGZ 133, 259.

6 OLG Nürnberg MDR 1960, 318; *Berner* Rpfleger 1953, 287.

8 b) **Genehmigungsbedürftige Geschäfte.** Zum Betreutenvermögen gehört auch eine **Gesamthandsbeteiligung** zB an einer Gesellschaft des BGB[7], am Gesamtgut der fortgesetzten Gütergemeinschaft, an einer Erbengemeinschaft[8]. Veräußert also die Gesellschaft oder die Erbengemeinschaft ein Grundstück, so ist dazu gem § 1821 die Genehmigung des Betreuungsgerichts notwendig; zur Veräußerung des Erbanteils oder des Gesellschaftsanteils, vgl § 1822 Rz 13 ff. **Zur Beteiligung des Betreuten an einer jur. Person oder OHG**, vgl unten Rz 7 und § 1822 Rz 28 ff.

9 Über Betreutenvermögen verfügt der Betreuer auch, wenn er der Verfügung zustimmt, die ein **Nichtberechtigter über Betreutenvermögen** getroffen hat, vgl § 1812[9]. Soll aber über Vermögen eines Dritten verfügt werden und ist zu dessen Verfügung die Zustimmung des Betreuten erforderlich, so enthält diese **Zustimmung** nicht eine Verfügung über Betreutenvermögen; Beispiel: § 1365. Bedarf der Erbbauberechtigte zur Belastung seines Rechts der Zustimmung des Eigentümers, der durch einen Betreuer vertreten wird, so bedarf diese nicht gerichtlicher Genehmigung[10]; die Zustimmung zur Verfügung wird (hier) nicht als Verfügung im Sinne des § 1821 angesehen. Eine Verfügung über das Betreutenvermögen ist auch die **Zustimmung des als Nacherben** berufenen Betreuten zu einer Verfügung des Vorerben[11]; zB über ein Grundstück (vgl §§ 2113, 1821 Abs 1 Nr 1), weil der Nacherbe schon ein Anwartschaftsrecht hat.

10 c) **Genehmigungsfreie Geschäfte.** Rechtsgeschäfte der jur Person, der OHG, des Testamentsvollstreckers. Rechtsgeschäfte, die nur mit Wirkung für oder gegen eine jur Person oder eine OHG und KG, an der der Betreute beteiligt ist, abgeschlossen werden, sind nicht im Namen des Betreuten abgeschlossen und bedürfen auch nicht der Zustimmung des Betreuers oder des Betreuten. Sie sind deshalb nicht genehmigungspflichtig[12]. Anders verhält es sich bei einer **BGB-Gesellschaft**[13]. Auch die Geschäfte einer **GmbH und einer AG** sind nicht genehmigungspflichtig, auch dann nicht, wenn der Betreute Alleingesellschafter ist[14]. Geschäfte des **Testamentsvollstreckers** sind genehmigungsfrei, da dieser nicht Vertreter der (betreuten) Erben ist, sondern eine private Amtsstellung innehat[15]. Kann der Testamentsvollstrecker indes nicht allein über einen Gegenstand verfügen (zB bei einem Insichgeschäft), sondern bedarf er dazu der Zustimmung des Erben, der durch einen Betreuer vertreten wird, so ist die Genehmigung des Betreuungsgerichts erforderlich, wenn das Rechtsgeschäft – nähme es der Betreuer vor – der Genehmigungspflicht der §§ 1821, 1822 unterläge[16]. Überlässt der Testamentsvollstrecker dem Betreuten Mittel zum Erwerb eines Grundstückes oder genehmigt er eine auftragslose Geschäftsführung des Betreuers, so handelt es sich um Geschäfte des Testamentsvollstreckers, die nicht der Genehmigungspflicht unterliegen[17]. Nicht genehmigungsbedürftig sind auch Geschäfte des vom Erblasser mit Wirkung über den Tod hinaus

---

7 OLG Hamburg FamRZ 1958, 333.
8 BGHZ 56, 275/84 = NJW 1971, 1805; OLG Düsseldorf JMinBl NRW 1960, 101; KGJ 27, 169, 171; BayObLG JW 1921, 581; KGJ 38, 219.
9 RGZ 115, 153/6; KGJ 43, 63; BayObLG OLGE 4, 414.
10 LG Frankfurt FamRZ 1975, 354.
11 RGZ 148, 385/92; KG Recht 1931 Nr 490; OLG Dresden Recht 1906 Nr 477; BayObLG NJW 1960, 965; RG SeuffA 78 (1924) Nr 192; RG LZ 1928, 893; OLG Hamm Rpfleger 1969, 347 mit Anm *Haegele*.
12 RGZ 54, 278; RGZ 125, 380; BGH NJW 1971, 375.
13 Vgl OLG Hamburg FamRZ 1958, 333.
14 RGZ 133, 10/1.
15 BGH ZEV 2006, 262; RGZ 106, 185/7; KG OLGE 38, 259/60; KG OLGE 39, 262/3; OLG Celle OLGZ 1967, 483.
16 BGH NJW 1971, 1805.
17 Vgl RGZ 91, 69.

Bevollmächtigten, unabhängig davon, ob die Vollmacht vom Erblasser ausdrücklich über den Tod hinaus erteilt ist oder ob sie kraft §§ 172, 173 wirksam ist[18]. Der Betreuer kann die Vollmacht zum Schutz des Betreuten widerrufen. **Verneint** das Gericht die **Genehmigungsbedürftigkeit** eines Geschäfts, ist der bestellte Ergänzungsbetreuer beschwerdeberechtigt[19].

6. Auslegungsgrundsätze für §§ 1821, 1822. Eine klare Trennung von genehmigungspflichtigen und genehmigungsfreien Rechtsgeschäften ist für den Rechtsverkehr unabdingbar. Für eine auf den Einzelfall abgestellte Beurteilung ist daher nach hM kein Raum. Es muss nach hM eine **formale Auslegung** erfolgen[20]; allerdings sollten nur wirtschaftlich bedeutsame Rechtsgeschäfte dem Genehmigungszwang unterworfen werden, so dass meines Erachtens eine Auslegung der Vorschriften nach dem Zweck der Normen, dem Schutz des Betreuten, angebracht ist. Keinesfalls darf eine Auslegung zu einer unübersehbaren Zahl von genehmigungsbedürftigen Geschäften führen[21]. Rspr und Lehre neigten in der Vergangenheit allerdings mehr dazu, im Zweifel eine Genehmigungsbedürftigkeit zu bejahen. 11

7. Folgen fehlender Genehmigung. Ist die Genehmigung notwendig (sog Außengenehmigung, zB §§ 1812, 1921, 1822) und fehlt sie, ist das Geschäft unwirksam. Ist die Genehmigung nur empfohlen (sog Innengenehmigung, zB § 1823), ist ihr Fehlen unschädlich. Einzelheiten §§ 1828–1831. 12

8. Genehmigungskriterien und Verfahren. Das Betreuungsgericht (außerhalb der Betreuung uU das Familien- oder Nachlassgericht) entscheidet nach pflichtgemäßem **Ermessen**[22]. Maßgebendes Kriterium ist das Interesse des Betreuten, wie es sich zur Zeit der Entscheidung darstellt, wobei alle in Betracht kommenden Umstände des Einzelfalls zu berücksichtigen sind, nicht nur die finanzielle Lage. Dazu ist der Sachverhalt von Amts wegen zu ermitteln (§ 26 FamFG); das wird in der Praxis oft vernachlässigt. Stellungnahmen des Verfahrenspflegers genügen nicht. Zuständig ist der Rechtspfleger (§§ 3 Nr 2 b, 15 RPflG), nicht wie früher der Richter. In den Fällen § 1821 und § 1822 Nr 1 bis 4, 6 bis 13, soll das Gericht den Betroffenen vor Erteilung der Genehmigung anhören (§ 299 Abs 1 FamFG). Ist der Betroffene geistig nicht mehr zugänglich, ist die Bestellung eines **Verfahrenspflegers** zu prüfen (§ 276 FamFG). Gegebenenfalls muss das Betreuungsgericht ein Sachverständigengutachten einholen, etwa über die Gleichwertigkeit bei Erbauseinandersetzung, über den angemessenen Preis bei Veräußerung eines Grundstücks des Betreuten. Ein im Vergleichswege abgegebenes Schuldanerkenntnis kann vom Betreuungsgericht erst dann genehmigt werden, wenn das Gericht die gegenüber dem Betroffenen behaupteten Forderungen daraufhin geprüft hat, ob ihre Höhe, Plausibilität, mögliche Durchsetzbarkeit und rechtliche Grundlage schlüssig dargelegt sind[23]. 13

Ein Vertrag, mit dem ein Betreuter ein Grundstück auf einen Angehörigen überträgt, um diesen Vermögensgegenstand bei einer absehbaren späteren Inanspruchnahme staatlicher Unterstützung dem Zugriff des Sozialhilfeträgers zu entziehen, ist sittenwidrig und darf vom Betreuungsgericht nicht genehmigt werden[24]. 14

---

18 RGZ 106, 185; RGZ 88, 345; KG Recht 1917 Nr 1790.
19 OLG Köln FGPrax 1999, 26.
20 BGH NJW 1962, 2344; 1970, 33; 1985, 136.
21 BGH NJW 1962, 2344; BGH NJW 1970, 33; BGH NJW 1985, 136.
22 BGH NJW 1986, 2829; BayObLG NJW-RR 1997, 1163; FamRZ 1998, 455; BayObLG NJW-RR 2000, 1030; NJW-RR 2003, 1587.
23 BayObLG NJW-RR 2003, 1587.
24 OLG Frankfurt FamRZ 2005, 60; OLG Hamm NJW-RR 2010, 83 = ZEV 2009, 471.

15 Auf Rechtsbeschwerde kann die Ermessensausübung nur auf Rechtsfehler nachgeprüft werden. In erster Linie kommt es auf das Interesse des Betreuten an[25]. Wichtig ist ferner, ob die jeweilige Gegenleistung angemessen ist. Auch steuerliche Aspekte sind vom Betreuungsgericht bei der Prüfung der Genehmigungsfähigkeit zu berücksichtigen.

16 Die gerichtliche Genehmigung (Beschluss) selbst wird erst **mit Rechtskraft wirksam** (§ 40 Abs 2 Satz 1 FamFG), was im Beschluss auszusprechen ist (§ 40 Abs 2 Satz 2 FamFG). Die vom Rechtspfleger erteilte Genehmigung kann richterlich überprüft werden, indem der Betroffene bzw sein Verfahrenspfleger gegen den Beschluss befristete Beschwerde einlegt (§ 63 Abs 2 Nr 2 FamFG). Die frühere Lösung des Anfechtungsproblems über einen beschwerdefähigen Vorbescheid[26] ist damit entfallen. Zur Wahrung des rechtlichen Gehörs des Betreuten ist ihm gegebenenfalls für das Genehmigungsverfahren ein Verfahrenspfleger zu bestellen (§ 276 FamFG), der gegen die Genehmigung Beschwerde einlegen kann.

17 Von der Rechtskraft des Beschlusses ist das Wirksamwerden der Genehmigung gegenüber dem Geschäftspartner zu unterscheiden: Wird zB ein Grundstück des Betreuten vom Betreuer veräußert, wird die Genehmigung **dem Erwerber gegenüber erst wirksam** wenn sie dem Vertragspartner durch den Betreuer mitgeteilt wird (§§ 1828, 1829 Abs 1 Satz 2 BGB).

§ 1821 BGB Genehmigung für Geschäfte über Grundstücke, Schiffe oder Schiffsbauwerke

(1) Der *Vormund* bedarf der Genehmigung des *Familiengerichts*:
1. **zur Verfügung über ein Grundstück oder über ein Recht an einem Grundstück;**
2. **zur Verfügung über eine Forderung, die auf Übertragung des Eigentums an einem Grundstück oder auf Begründung oder Übertragung eines Rechts an einem Grundstück oder auf Befreiung eines Grundstücks von einem solchen Recht gerichtet ist;**
3. **zur Verfügung über ein eingetragenes Schiff oder Schiffsbauwerk oder über eine Forderung, die auf Übertragung des Eigentums an einem eingetragenen Schiff oder Schiffsbauwerk gerichtet ist;**
4. **zur Eingehung einer Verpflichtung zu einer der in den Nummern 1 bis 3 bezeichneten Verfügungen;**
5. **zu einem Vertrag, der auf den entgeltlichen Erwerb eines Grundstücks, eines eingetragenen Schiffs oder eines Rechts an einem Grundstück gerichtet ist.**

(2) Zu den Rechten an einem Grundstück im Sinne dieser Vorschriften gehören nicht Hypotheken, Grundschulden und Rentenschulden.

Schrifttum: *Wufka*, Vormundschaftsgerichtliche Genehmigung und Doppelbevollmächtigung des Notars, MittBayNotV 1974, 131; *Schmidt*, Plädoyer für die Doppelbevollmächtigung, MittBayNotV 1974, 253; *Meyer-Stolte*, Vormundschaftsgerichtliche Genehmigungen im Grundstücksverkehr, Rechtspfleger-Jahrbuch 1980, 336; *Mohr*, Die vormundschaftsgerichtliche Genehmigung einer Auflassungsvormerkung, Rpfleger 1981, 175; *Klüsener*, Vormundschaftsgerichtliche Genehmigungen im Liegenschaftsrecht, Rpfleger 1981, 461; *Eickmann*, Vormundschaftsgerichtliche Genehmigungen im Zwangsversteigerungsverfahren, Rpfleger 1983, 199; *Senft*, Sicherungsgrundschuld und Minderjährigenschutz, MittBayNotV 1986, 230; *Böttcher*, Vormundschaftsgerichtliche Genehmigungen im Grundstücksrecht, Rpfleger 1987, 485; *Böttcher/Spanl*, Vormundschaftsgerichtliche Genehmigungen im Grundstücksverkehr, RpflJb 1990, 193; *Brüggemann*, Der sperrige Katalog (§§ 1821, 1822 BGB; Anwendungskriterien, Grenzfälle), FamRZ 1990, 5 u 124; *Labuhn*, Vormundschaftsgerichtliche Genehmigungen, 2. Aufl 1995; *Mayer*, Der

25 BGH NJW 1986, 2829; BayObLG Rpfleger 1998, 22; OLG Koblenz Rpfleger 2005, 665.
26 BVerfG NJW 2000, 1709; BayObLG FamRZ 2005, 828.

Anspruch auf vormundschaftsgerichtliche Genehmigung von Rechtsgeschäften, FamRZ 1994, 1007; *Damrau*, Auswirkungen des Testamentsvollsteckeramtes auf elterliche Sorge, Vormundschaft und Betreuung, ZEV 1994, 1; *Jaspersen*, Die vormundschaftsgerichtliche Genehmigung in Fällen mit Auslandsbezug, FamRZ 1996, 393; *Labuhn/Veldtrup/Labuhn*, Familiengericht und Vormundschaftsgericht, 1999; *Wertenbruch*, Familiengerichtliche Genehmigungserfordernisse bei der GbR mit minderjährigen Gesellschaftern, FamRZ 2003, 1714; *Ivo*, Grundschuldbestellung durch Minderjährige, ZNotP 2004, 17; *Fembacher*, Grundstücksüberlassung an Minderjährige und Pflichtteilsanrechnung, MittBayNot 2004, 24; *Braun*, Die vormundschaftsgerichtliche Genehmigung der Grundschuldbestellung in Ausübung einer Belastungsvollmacht, DNotZ 2005, 730.

Übersicht

Rz

1. Textgeschichte. § 1821 gilt für die **Betreuung** gem § 1908 i Abs 1. Die Nr 3 ist eingefügt durch SchiffsGDVO Art 2 Nr 26 (vom 21. Dezember 1940, RGBl I, S. 1609); vgl auch SchiffsG und SchiffsRegO. Dadurch wurde die ehemalige Nr 3 zur Nr 4 und die ehemalige Nr 4 zur Nr 5. Durch das FGG-ReformG (Abschaffung der Vormundschaftsgerichte) wurde der Gesetzestext ab 1.9.2009 angepasst: statt Vormundschaftsgericht Familiengericht. 1

2. Grundsätzliches zur betreuungsgerichtlichen Genehmigung, vgl vor § 1821. Zuständig ist in Betreuungssachen das Betreuungsgericht, sonst das Familiengericht, bei Nachlasspflegschaften auf Grund § 1962 das Nachlassgericht. 2

3. Abs 1 Nr 1. Verfügung über Grundstücke oder Recht am Grundstück. Die Nummer 1 soll nur das bereits vorhandene Grundvermögen schützen. 3

a) 1. Alternative: Verfügung über ein Grundstück; Verpflichtung zur Verfügung vgl Nr 4. Verfügung ist jede unmittelbare Einwirkung auf ein bestehendes Recht, sei es durch Übertragung, Belastung, Inhaltsänderung oder Aufgabe. Hauptfall der Verfügung über ein Grundstück ist die **Eigentumsübertragung** durch Auflassung und Eintragung (§§ 873, 925). Auch eine Rückauflassung aufgrund 4 eines vertraglichen oder gesetzlichen Rücktrittsrechts ist genehmigungsbedürftig[1]. Der Auflassung ist gleichzustellen die Bewilligung der **Grundbuchberichtigung** hinsichtlich des Eigentums, wenn sie formell zu Lasten des Betreuten geht[2]. Unter die Vorschrift fällt auch der materiell-rechtliche Verzicht auf die Grundbuchberichtigung[3]. Die Verfügung über den Anteil an einem Grundstück, gleichviel, ob es sich um Bruchteils- oder **Gesamthandseigentum** handelt, ist eine Verfügung über das Grundstück; die Verfügung der Gesamtheit der Miterben über ein Nachlassgrundstück zB schließt die Verfügung jedes einzelnen Miterben über den seinem Erbteil entsprechenden Anteil ein[4]. Verfügung ist auch die **Umwandlung des Eigentums** zur gesamten Hand in Bruchteilseigentum und die reale Teilung eines nach ideellen Bruchteilen gemeinschaftlichen Grundstücks[5]. Die betreuungsgerichtliche Genehmigung des schuldrechtlichen **Kausalgeschäfts** umfasst regelmäßig auch das dingliche Vollzugsgeschäft[6] und umgekehrt[7]. § 1458 BGB (Gütergemeinschaft) ist nicht anwendbar, wenn für einen der Ehegatten ein Betreuer bestellt ist[8]. Ein Vertrag, mit dem ein Betreuter ein Grundstück auf einen Angehörigen überträgt, um diesen Vermögensgegenstand bei einer absehbaren späteren Inanspruchnahme staatlicher Unterstützung dem Zugriff des **Sozialhilfeträgers** zu entziehen, ist sittenwidrig und darf vom Betreuungsgericht nicht genehmigt werden[9].

5 aa) **Fälle fehlender Verfügung über das Grundstückseigentum.** Keine Verfügung über ein Grundstück ist die Abtretung des Anspruchs auf Herausgabe[10]; denn diese Verfügung kann das Eigentum weder übertragen noch belasten. Sie geht lediglich auf Einräumung des Besitzes, der seinerseits kein Recht an einem Grundstück ist. Keine Verfügung über ein Grundstück ist die Abtretung des Anspruchs auf Auflassung; vgl aber § 1821 Nr 2. Keine Verfügungen über ein Grundstück sind ferner die Abtretung einer Eigentümergrundschuld[11]; auch die Kündigung der Hypothek ist keine unmittelbare Einwirkung auf das Eigentum, sondern nur eine mittelbare; unmittelbar wirkt sie nur auf das Hypothekenrecht[12]. Die Stimmabgabe in der Hauptversammlung zur Veräußerung eines einer Aktiengesellschaft oder GmbH gehörigen Grundstücks bedarf auch dann nicht der Genehmigung, wenn die Satzung die Zustimmung der Hauptversammlung anordnet[13], ebenso wenig die Veräußerung des Geschäftsanteils an einer GmbH, auch wenn das Vermögen der GmbH nur in einem Grundstück besteht; möglicherweise folgt eine Genehmigungspflicht aber aus § 1822 Nr 3[14]. Nicht genehmigungsbedürftig ist die bloße Übertragung des Besitzes, zB aufgrund **Miete**, da sie keine Verfügung über ein Grundstück ist[15]. Keine Verfügung ist (auf Seiten des Erwerbers) der Erwerb des Grundstücks durch Annahme des Auflassungsangebots; nur der entgeltliche Erwerb durch den Betreuten bedarf nach Nr 5 der betreuungsgerichtlichen Genehmigung.

---

1 BayObLG FamRZ 1977, 141.
2 KGJ 42, 215.
3 RGZ 133, 259; BGH LM Nr 1 zu ZPO § 306 = FamRZ 1955, 359; *Pohle* JZ 1956, 53.
4 BGH NJW 1971, 1805; BayObLG JW 1921, 581; KGJ 38, 219/22.
5 BGH NJW 1971, 1805; BayObLGZ 1, 419/20; OLG Colmar Recht 1908 Nr 3140.
6 KG JW 1937, 42; KGJ 24, 238; KGJ 28, 6/7.
7 RGZ 130, 148; RG SeuffA 85 (1931) Nr 104.
8 BayObLG Rpfleger 2005, 140.
9 OLG Frankfurt FamRZ 2005, 60; OLG Hamm NJW-RR 2010, 83.
10 Staudinger-*Engler* §§ 1821, 1822 Rz 37.
11 KG JFG 9, 262/8 = JW 1932, 1389.
12 BGHZ 1, 294/8 = NJW 1951, 645.
13 *Walter* WürttZ 1929, 297; *Josef* WürttZ 1931, 53.
14 RGZ 133, 7.
15 RGZ 106, 109/12.

6 **bb) Verfügung über das Grundstück durch Belastung.** Auch die Belastung des Grundstückes ist eine Verfügung über das Grundstück selbst, nicht eine solche über das Recht am Grundstück[16], für die Abs 2 anwendbar wäre. Genehmigungsbedürftig ist daher die Bestellung einer **Hypothek, Grund- oder Rentenschuld**[17], zur Restkaufgeldhypothek siehe Rz 9, einer Eigentümergrundschuld[18], die Bewilligung von Vorkaufsrecht und **Auflassungsvormerkung**[19], die Zuschreibung eines Betreutengrundstücks zu einem anderen belasteten Betreutengrundstück als dessen Bestandteil[20], da die Haftung sich auf das bisher unbelastete Grundstück erstreckt (§ 1131). Die Belastung eines Grundstückes eines Betreuten mit einer Grundschuld zur Kaufpreisfinanzierung durch den Käufer bedarf auch dann der betreuungsgerichtlichen Genehmigung, wenn die im Kaufvertrag enthaltene **Belastungsvollmacht** bereits genehmigt worden ist[21]. Zur Kreditaufnahme durch den Betreuten vgl § 1822 Nr 8.

7 **cc) Änderung des Inhalts des belastenden Rechts.** Auch die Änderung des Inhalts eines das Grundstück belastenden Rechts ist eine Verfügung über das Grundstück, wenn die Änderung die Haftung des Grundstücks betrifft[22]. Hierzu zählen: Erhöhung der Hypothekenzinsen[23]; Ausschluss des Kündigungsrechts bei einer Hypothek[24]; Änderung der Fälligkeit der Hypothek[25]; Umwandlung der Hypothek in eine Grundschuld[26], nicht aber die Umwandlung der Grundschuld in eine Hypothek, denn der verfügende Teil ist hier der Grundschuldgläubiger[27]. Die Kündigung der Hypothek ist eine Verfügung über die Hypothek, nicht aber über das Grundeigentum (Rz 1).

8 **dd) Fälle fehlender Belastung des Grundstücks.** Keine Verfügung über das Grundstück ist die Umwandlung einer Grundschuld in eine Hypothek (vgl Rz 7); die Zustimmung zum **Rangrücktritt** einer Hypothek sowie zu ihrer Löschung, auch wenn dadurch nachrangige Rechte Dritter aufrücken[28]; die **Unterwerfung unter die Zwangsvollstreckung** nach § 794 ZPO oder § 800 ZPO[29]; der Antrag auf Zwangsversteigerung zum Zwecke der **Auflösung der Gemeinschaft**, die Genehmigung ist aber erforderlich nach § 181 Abs 2 Satz 2 ZVG. Keine Verfügung über das Grundstück liegt vor, wenn für eine (genehmigte) Grundschuld am Grundstück des Betreuten eine Sicherungsabrede getroffen wird (sog **Zweckerklärung**), in der festgelegt wird, für welche Forderung die

---

16 RGZ 154, 41/6.
17 Vgl RGZ 154, 41/6.
18 KG JFG 9, 262 = JW 1932, 1388.
19 OLG Frankfurt FamRZ 1997, 1342 = FGPrax 1997, 84; OLG Oldenburg DNotZ 1971, 484; OLG Celle Rpfleger 1980, 187; RGZ 118, 230/4; *Brüggemann* FamRZ 1990, 5, 10; aA LG Stade MDR 1975, 933.
20 *Brüggemann* FamRZ 1990, 5/7 und 124/8; *Klüsener* Rpfleger 1981, 461/4.
21 OLG Zweibrücken FamRZ 2005, 832; *Braun* DNotZ 2005, 730.
22 AA *Dölle*, FamR II, S. 770: nach dem Zweck des § 1821 sollen nur den Betreuten belastende Verfügungen erfasst werden.
23 BayObLG KGJ 47, 260.
24 KGJ 29, 20.
25 BGHZ 1, 294/306.
26 BayObLGZ 2, 795/99.
27 AA *Gernhuber/Coester-Waltjen*, FamR § 60 VI 4.
28 OLG Hamm Rpfleger 1976, 309/10; OLG Schleswig SchlHA 1963, 273; *Scheyhing* SchlHA 1964, 45; Staudinger-*Engler* § 1821 Rz 60; *Dölle*, FamR II, S. 771.
29 KGJ 32, 280/2; BayObLG KGJ 47, 260; KGJ 32, 273; *Dölle*, FamR II, S. 212; *Klüsener* Rpfleger 1981, 461/9; Staudinger-*Engler* § 1821 Rz 54; aM KGJ 21, 19; BayObLGZ 3, 439/45; OLG Darmstadt OLGE 21, 286; Colmar OLGE 21, 287; Colmar Recht 1909 Nr 2483.

Grundschuld haften soll[30]. Bei der Prüfung, ob die Bestellung der Grundschuld betreuungsgerichtlich genehmigt werden kann, ist selbstverständlich auch zu untersuchen, welchem Zweck die Grundschuld dienen soll und ob in Anbetracht dessen die Grundschuldbestellung dem Betreuteninteresse dient[31]. Wird die Zweckerklärung in die Grundschuldbestellung einbezogen und somit die gesicherte Forderung gem § 1822 Nr 8 oder Nr 10 betreuungsgerichtlich genehmigt, kann eine Änderung der gesicherten Forderung nicht mehr ohne betreuungsgerichtliche Genehmigung vorgenommen werden[32]. Keine Verfügung liegt vor, wenn mehrere Grundstücke gem § 890 Abs 1 vereinigt werden, die Eigentumsverhältnisse und Belastungen nicht verändert werden.

9 ee) **Grundstücksbelastungen anlässlich des Grundstückserwerbs.** Die Genehmigung nach § 1821 Nr 1 ist nicht erforderlich bei Belastung im unmittelbaren tatsächlichen und rechtlichen Zusammenhang mit dem Erwerb des Grundstücks[33], wobei es keinen Unterschied macht, ob eine Restkaufgeldhypothek bestellt wird oder ob eine Hypothek nebst persönlicher Schuld unter Anrechnung auf den Kaufpreis übernommen wird. Auch bei Grundschuldbestellungen im Zusammenhang mit einem Grundstückserwerb, durch die Mittel für andere Zwecke als die Kaufpreisfinanzierung (zB für die Renovierung des gekauften Hauses) beschafft werden sollen, besteht keine Genehmigungspflicht nach Nr 1[34]. Es handelt sich hier um eine besondere Gestaltung der Gegenleistung für den Erwerb des Grundstücks, um eine Modalität der Zahlung des Kaufpreises, der seinerseits genehmigt ist, denn der **Erwerb** selbst ist **nach Nr 5 genehmigungsbedürftig.** Diese Grundsätze sind nicht auf den Fall übertragbar, dass der Veräußerer sich eine unwiderrufliche Vollmacht zur Verfügung über das Grundstück des Betreuten (Erwerbers) einräumen lässt[35] und gelten auch nicht für eine Vereinbarung des Liegenbelassens eines Rechts gem § 91 Abs 2 ZVG[36]. Ein tatsächlicher und rechtlicher Zusammenhang mit dem Grundstückserwerb besteht auch dann, wenn die Belastung später, aber aufgrund eines Vorbehalts beim Erwerb erfolgt, denn die Genehmigung deckt bereits den Vorbehalt und seine Ausnutzung[37].

10 ff) **Wohnungseigentum. Erbbaurecht.** Den Grundstücken stehen gleich: Wohnungseigentum und Teileigentum nach dem WEG, Erbbaurecht nach ErbbauRG, die landesrechtlich bestehenden Erbpachtrechte Art 63 EG, nach Maßgabe des Landesrechts die unter Art 67, 68, 74 EG fallenden Rechte.

11 b) **2. Alternative. Verfügung über ein Recht an einem Grundstück.** Zu den Rechten am Grundstück iSv Nr 1 zählen Erbbaurecht, Nießbrauch, Dienstbarkeiten, Reallasten und Vorkaufsrechte sowie Dauerwohnrechte und Dauernutzungsrechte nach dem WEG § 31; jedoch sind diese Rechte zum Teil unübertragbar, vgl §§ 1059, 1092, 1098 Abs 1 iVm §§ 514, 1111 Abs 2. Vgl auch § 1107: Danach stehen die einzelnen auf Grund der Reallast zu fordernden Leistungen den Hypothekenzinsen gleich, fallen also nicht unter § 1821 Nr 1, sondern § 1813 Abs 1 Nr 4. Deshalb scheidet auch eine Verfügung über diese durch Belastung aus. In Betracht kommen daher hier **Verfügungen durch Aufgabe des Rechts,** zB Verzicht auf Dienstbarkeit, Löschung der Reallast[38]. Auch

30 BayObLG FamRZ 1986, 597; dazu *Böttcher* Rpfleger 1987, 489.
31 LG Frankenthal MittBayNotV 1986, 263.
32 Vgl *Senft* MittBayNotV 1986, 230/2.
33 HM; RGZ 108, 356/62; RGZ 110, 173/5; BGHZ 24, 372 = NJW 1957, 1187; aA KGJ 32, 232.
34 BGH NJW 1998, 453 = FamRZ 1998, 24 = ZEV 1998, 76 mit Anm *Zimmermann* ZEV 1998, 111; Anm *Gschoßmann* MittBayNot 1998, 236.
35 OLG Celle OLGZ 1974, 164/8.
36 Vgl *Haegele* Rpfleger 1970, 232.
37 OLG Frankfurt Rpfleger 1981, 19; aA *Klüsener* Rpfleger 1981, 461/6.
38 KG RJA 4, 181.

die Zustimmung des Inhabers eines das Grundstücksrecht (Erbbaurecht) belastenden Rechts (zB Hypothek) zur Aufhebung des belasteten Rechts (Erbbaurechts) gem § 876 ist eine Verfügung, weil unmittelbare Einwirkung auf das belastete Recht (Erbbaurecht): es ist aufgehoben; es handelt sich aber nicht um eine Verfügung über das belastende Recht (Hypothek), das auch wegfällt: diese Einwirkung ist nur mittelbare Folge[39]. Soweit die Ausübung eines Grundstückrechts einem anderen überlassen werden kann, zB beim Nießbrauch, ist dies genehmigungsfrei möglich, da es keinen Rechtsübergang herbeiführt. Nicht hierher gehören gem **Abs 2 Verfügungen über Hypotheken, Grund- und Rentenschulden** wie zB die Abtretung oder Aufhebung der Grundschuld, die Kündigung der Hypothek[40]; hier ergeben sich Beschränkungen des Betreuers aus §§ 1812 und 1819; Verfügungen über **Rechte an Grundstücksrechten** fallen schon dem Wortlaut nach nicht unter den § 1821 Nr 1. Genehmigungsfrei gem § 1821 Nr 1 ist zB die Bestellung des Nießbrauchs an einer Grundschuld; sie kann aber unter § 1812 fallen[41]. Schon gar nicht erfasst werden von § 1821 Nr 1 obligatorische Rechte, die sich auf Grundstücke beziehen wie Miete und Pacht.

4. Abs 1 Nr 2. Grundstücksbezogene Forderungen. – a) Genehmigungsbedürftige Verfügungen. Die Vorschrift behandelt Ansprüche, die wirtschaftlich ebenso wertvoll sind wie die unter Nr 1 fallenden Grundstücke und Grundstücksrechte. 12

aa) **1. Alternative.** Genehmigungsbedürftig sind danach alle Verfügungen über Forderungen, die auf Übertragung des Eigentums gerichtet sind: Die Abtretung des Anspruchs auf Auflassung, die Abtretung der Rechte aus dem Meistgebot (§ 81 Abs 2 ZVG), der Verzicht auf den Anspruch auf Auflassung, die Wiederaufhebung eines Grundstückskaufvertrages[42] oder eines Schenkungsversprechens[43]; auch die Verfügung über das übertragbare Vorkaufsrecht (§ 514) oder Wiederkaufsrecht (§ 497) und über einen durch Auflassungsvormerkung gesicherten Anspruch[44]; die Übertragung eines zugunsten des Betreuten bestellten Options- oder Ankaufsrechtes. Genehmigungsbedürftig ist auch die Verfügung über das Anwartschaftsrecht auf Erwerb des Grundstückseigentums. 13

bb) 2. Alternative. Eine Verfügung über eine **Forderung, die auf die Begründung eines Rechts am Grundstück** gerichtet ist, ist zB der Erlass des Anspruchs auf Bestellung eines Nießbrauchs. Ansprüche auf Bestellung oder Übertragung von Hypotheken und Grundschulden werden gem Abs 2 von Nr 2 nicht erfasst. 14

cc) **3. Alternative:** Als Beispiel einer Verfügung über einen Anspruch auf **Befreiung eines Grundstücks** von einem Recht ist der Erlass des Befreiungsanspruchs zu nennen[45]. 15

b) Nicht unter Nr 2 fallende Verfügungen. Nicht unter Nummer 2 fallen Verfügungen über Ansprüche auf Begründung oder Übertragung von **Hypotheken,** Grund- und Rentenschulden gemäß **Abs 2.** Die Abtretung einer Hypothekenforderung durch den Betreuer ist genehmigungsfrei gem § 1821, sie fällt vielmehr unter den § 1812. Keine Verfügung iSd § 1821 Nr 2 (anders aber § 1812 16

39 OLG Düsseldorf Rpfleger 1993, 337.
40 BGHZ 1, 295/303.
41 KGJ 40, 163/166.
42 RG WarnR 1926 Nr 70.
43 OLG Karlsruhe FamRZ 1973, 378.
44 KG HRR 1929 Nr 2079.
45 Protokolle IV S. 791.

Rz 8) ist die Annahme der geschuldeten Leistung[46]. Nicht unter Nr 2 (und auch nicht unter § 1831) fällt die Ausübung eines Options- oder Ankaufsrechtes, wenn dieses in der Annahme eines bindenden Angebots auf Grundstücksübereignung besteht[47]; ebenso wenig die Einräumung eines Options- oder Ankaufsrechtes (vgl unten Rz 21); denn Nr 2 soll verhindern, dass Vermögenswerte aus dem Betreutenvermögen abfließen, nicht aber einer Vermehrung des Betreutenvermögens im Wege stehen[48]. Auch die nach Eigentumsumschreibung bewilligte Löschung der Auflassungsvormerkung fällt nicht unter Nr 2[49].

17 **5. Abs 1 Nr 3. Schiffsbauwerke.** Schiffsbauwerke sind halbfertige Schiffe (§ 76 Abs 1 SchiffsRG). Für nicht ins Schiffsregister eingetragene See- oder Binnenschiffe gilt Nr 3 nicht; sie werden wie bewegliche Sachen behandelt (§§ 929 a, 932 a). Die Rz 2–16 gelten entsprechend.

18 **6. Abs 1 Nr 4. Verpflichtungsgeschäfte bezüglich Nr 1 bis Nr 3.** Durch Nr 4 sollen Umgehungen der Nr 1 bis 3 verhindert werden. Auch ist mit der Genehmigungsbedürftigkeit des Verpflichtungsgeschäfts bezweckt, den Betreuten vor Schadensersatzverpflichtungen wegen Nichterfüllung (bei Nichtgenehmigung einer Verfügung gem Nr 1 bis 3) zu bewahren. ZB sind genehmigungsbedürftig: Verkauf eines Grundstücks des Betreuten und Verpflichtung, eine Hypothek am Grundstück des Betreuten zu bestellen (zu Nr 1); Verpflichtung des Betreuten zur Abtretung seines Auflassungsanspruchs oder zum Erlass seines Anspruchs auf Bestellung einer Dienstbarkeit (zu Nr 2); ein Vertrag, durch den einem Minderjährigen ein Grundstück geschenkt wird, wenn sich der Schenker nicht nur die Rechte nach §§ 528, 530 vorbehält, sondern weitere Fälle der Rückübertragung begründet und sich der Minderjährige zur Mitwirkung an der Rückübertragung verpflichtet[50].

19 **Nicht genehmigungspflichtig** wegen Abs 2 ist eine Verpflichtung des Betreuten, seine Hypothek oder Grundschuld abzutreten (vgl aber § 1812). Nicht genehmigungspflichtig ist eine Verpflichtung des Betreuten zur Belastung des Grundstücks dann, wenn die Schenkung des Grundstücks unter dieser Auflage erfolgte. Es handelt sich um einen zurückbehaltenen Teil des Grundstückswertes[51]. Auch eine Schenkung an den Betreuten mit aufschiebend bedingter Pflicht zur Rückübertragung ist genehmigungsfrei[52], auch wenn die Rückübertragungspflicht mit einer Vormerkung gesichert wird[53]. Ist die Genehmigung zur Verpflichtung erteilt, bedarf es zur Erfüllungsverfügung regelmäßig keiner erneuten Genehmigung, umgekehrt enthält die Genehmigung der Verfügung auch die Genehmigung des Verpflichtungsgeschäfts. Fehlt für die Verpflichtung, die Hypothek zu bestellen, die betreuungsgerichtliche Genehmigung, so ist dies unschädlich, wenn die Hypothekenbestellung selbst genehmigt wird[54].

20 **7. Abs 1 Nr 5. Erwerbsverträge. – a) Entgeltlicher Erwerb.** Der Genehmigungspflicht unterliegt hier nur die schuldrechtliche Vereinbarung[55], auch eine Tauschvereinbarung. Das dingliche Erfüllungsgeschäft seitens des Betreuten, die Zahlung des Kaufpreises, fällt bei Überweisung unter § 1812; doch deckt

46 RGZ 108, 357/64.
47 Vgl OGH DNotZ 1951, 124 mit krit Anm *Hense* S. 130 f.
48 RGZ 108, 357/64; ebenso mit anderen Begründungen: KGJ 24, 103; KGJ 51, 174.
49 LG Oldenburg Rpfleger 1972, 401.
50 OLG Köln FamRZ 1998, 1326.
51 BayObLGZ 1967, 245; BGHZ 24, 372, 374; OLG Köln DRiZR 1929 Nr 750; KG JW 1935, 55.
52 *Klüsener* Rpfleger 1981, 461/7; aA LG Bonn BWNotZ 1974, 132; Erman/*Holzhauer* § 1821 Rz 15.
53 LG Saarbrücken MittRheinNotK 1990, 109; *Klüsener* Rpfleger 1981, 461/7.
54 RGZ 154, 41/6.
55 RGZ 108, 357/64.

die betreuungsgerichtliche Genehmigung des Grundgeschäfts auch das Erfüllungsgeschäft und ersetzt gem § 1812 Abs 2 auch die Genehmigung des Gegenbetreuers. Genehmigungsbedürftig ist nur der entgeltliche Erwerb. Der Erwerb eines Grundstücks auf Grund einer **Schenkung** bedarf nicht betreuungsgerichtlicher Genehmigung. Problematisch sind die gemischten Schenkungen. Es wird behauptet, eine Genehmigungspflicht bestehe auch dann nicht, wenn das Grundstück belastet ist[56] oder wenn die Schenkung mit einer Auflage verbunden ist, insbesondere der, das geschenkte Grundstück zugunsten des Schenkers zu belasten, zB mit einem Nießbrauch. In dieser Allgemeinheit kann das nicht gesagt werden; es kommt auf den Einzelfall an, ob die Lasten noch echte **Auflagen** sind oder bereits Entgeltcharakter haben[57]. Die gegenteilige Ansicht[58], nur dann sei eine Auflage vorhanden, wenn das vorhandene Vermögen des Betreuten überhaupt nicht berührt werde, die Übernahme dinglicher Lasten könne danach also Gegenstand einer Auflage sein, eine Schuldübernahme könne keine Auflage sein, ist zu eng. Entsprechend diesem Meinungsstreit hat das LG Köln die Schenkung eines mit einer Hypothek belasteten Grundstücks mit der Bestimmung, der beschenkte Betreute (Mündel) habe auch die persönliche Schuld zu übernehmen, unter § 1821 Nr 5 subsumiert[59], während das LG Düsseldorf hierin nur eine Auflage erblickte und die Genehmigungspflicht verneinte[60].

b) **Vorkaufs- und Wiederkaufsrecht.** Unter Nr 5 fällt auch die Ausübung des Vorkaufs- und Wiederkaufsrechts seitens des Betreuten, nicht aber die Ausübung des Miterbenvorkaufsrechts (§ 2034), wenn ein Grundstück zum Nachlass gehört, denn bei der gebotenen formalen Auslegung (Rz 11 vor § 1821) kann die Genehmigungspflicht nicht auf den **Erbteilserwerb** ausgedehnt werden[61]. Kommt der Vertrag durch Ausübung eines Options- oder Ankaufsrechts zustande, indem der berechtigte Betreute auf diese Weise ein ihm bindend gemachtes Angebot annimmt, so ist nur der Vertrag selbst genehmigungspflichtig, nicht auch die Ausübung des Options- oder Ankaufsrechts; ebenso, wenn dieses den Verkäufer nur verpflichtet, im Falle eines Verkaufs zunächst dem Options- oder Ankaufsberechtigten ein Angebot zu machen. Ein mit der Maßgabe bedingt abgeschlossener Kaufvertrag, dass der Betreute die Wirksamkeit des Vertrages durch Erklärung gegenüber dem Verkäufer herbeiführen kann (auch hier wird von Options- oder Ankaufsrecht gesprochen[62]), ist sofort nach Nr 5 genehmigungspflichtig, die spätere Ausübung des Options- oder Ankaufsrechts gesondert nach § 1831[63]. 21

c) **Bieten in der Zwangsversteigerung.** Zum Bieten in der Zwangsversteigerung bedarf der Betreuer der Genehmigung des Betreuungsgerichts analog § 1821 Nr 5[64]. Nicht genehmigte Gebote sind mangels Vertretungsmacht des Betreuers zurückzuweisen (§ 71 Abs 2 ZVG). Zur Vereinbarung des Bestehenlassens eines Rechts nach § 91 Abs 2 ZVG bedarf der Betreuer der betreuungsgerichtlichen Genehmigung gem § 1821 Nr 1; bei Bestehenlassen eines Grundpfandrechts greift § 1822 Abs 2 ein mit der weiteren Folge der Genehmigungspflicht gem 22

---

56 BayObLGZ 1968, 1 = NJW 1968, 940; vgl § 1822 Rz 46.

57 KG JW 1935, 55; RG JW 1915, 513; *Dölle*, FamR II, S. 772; Staudinger-*Engler* § 1821 Rz 87; vgl BayObLGZ 26, 307.

58 *Coing* NJW 1949, 260; *Klüsener* Rpfleger 1981, 461/6.

59 LG Köln MittRheinNotK 1974, 363.

60 LG Düsseldorf MittRheinNotK 1973, 654.

61 *Brüggemann* FamRZ 1990, 5, 6 und 9; Staudinger-*Engler* §§ 1821, 1822 Rz 44; zweifelhaft; aA Schleswig SchlHA 1956, 262; vgl auch OGH DNotZ 1951, 124; MünchKomm-*Wagenitz* § 1821 Rz 43.

62 Vgl *Hense* DNotZ 1951, 128; *Baur* DNotZ 1951, 313.

63 Vgl *Hense* DNotZ 1951, 128.

64 Unstr; vgl *Eickmann* Rpfleger 1983, 199, 203; *Brüggemann* FamRZ 1990, 5, 7.

§ 1812[65]. Für den Erwerb der Rechte aus dem Meistgebot (§ 81 Abs 2 ZVG) seitens des Betreuten ist Nr 5 anwendbar[66].

23 8. Abs 2. **Hypotheken, Grund- u Rentenschulden.** Diese fallen nicht unter § 1821, da das BGB sie zum Kapital-, nicht zum Grundvermögen rechnet. Verfügungen über Hypotheken, Grund- und Rentenschulden fallen demgemäß unter § 1812; Verträge, die auf den entgeltlichen Erwerb dieser Rechte gerichtet sind, können unter §§ 1807 Abs 1, 1810 fallen.

24 9. **Anwendbarkeit auf Eltern, Pfleger und Betreuer.** Die Vorschrift ist auf **Betreuer** (§ 1908 i) und **Pfleger** (§ 1915) anwendbar. Beim Betreuten ist auf ihr Interesse, auch auf ideelle Interessen abzustellen, in erster Linie auf ihre Wünsche. Wenn eine 86-jährige Betreute das von den **Eltern** gekaufte Grundstück nicht verkaufen will und eine finanzielle Notwendigkeit hierfür nicht besteht, darf die Veräußerung daher nicht vom Betreuungsgericht genehmigt werden, auch wenn der erzielbare Preis sehr günstig ist[67]. Wenn Betreute Grundstücke auf Angehörige übertragen, damit sie dem Zugriff des Sozialhilfeträgers entzogen werden, darf dies nicht genehmigt werden[68]. Für die Genehmigung von Grundstücksgeschäften nach dem **Vermögensgesetz** ist nach einer Auffassung[69] die Bestellungsbehörde zuständig, nach richtiger Meinung[70] das Betreuungsgericht (Entstehungsgeschichte, Sachnähe, Unabhängigkeit). **Für Eltern** ist das **Familiengericht** zuständig (§ 1643), **für Nachlasspflegschaften** das **Nachlassgericht** (§ 1962).

§ 1822 BGB Genehmigung für sonstige Geschäfte

Der *Vormund* bedarf der Genehmigung des *Familiengerichts*:

1. **zu einem Rechtsgeschäft, durch das der *Mündel* zu einer Verfügung über sein Vermögen im Ganzen oder über eine ihm angefallene Erbschaft oder über seinen künftigen gesetzlichen Erbteil oder seinen künftigen Pflichtteil verpflichtet wird, sowie zu einer Verfügung über den Anteil des *Mündels* an einer Erbschaft;**
2. **zur Ausschlagung einer Erbschaft oder eines Vermächtnisses, zum Verzicht auf einen Pflichtteil sowie zu einem Erbteilungsvertrage;**
3. **zu einem Vertrag, der auf den entgeltlichen Erwerb oder die Veräußerung eines Erwerbsgeschäfts gerichtet ist, sowie zu einem Gesellschaftsvertrag, der zum Betrieb eines Erwerbsgeschäfts eingegangen wird;**
4. **zu einem Pachtvertrag über ein Landgut oder einen gewerblichen Betrieb;**
5. **(entfällt)**
6. **zu einem Lehrvertrage, der für längere Zeit als ein Jahr geschlossen wird;**
7. **zu einem auf die Eingehung eines Dienst- oder Arbeitsverhältnisses gerichteten Vertrage, wenn der *Mündel* zu persönlichen Leistungen für längere Zeit als ein Jahr verpflichtet werden soll;**
8. **Aufnahme von Geld auf den Kredit des *Mündels;***
9. **zur Ausstellung einer Schuldverschreibung auf den Inhaber oder zur Eingehung einer Verbindlichkeit aus einem Wechsel oder einem anderen Papiere, das durch Indossament übertragen werden kann;**

65 *Eickmann* Rpfleger 1983, 199/202.
66 *Eickmann* Rpfleger 1983, 199/203.
67 BayObLG Rpfleger 1998, 22 = FGPrax 1997, 227.
68 OLG Frankfurt FamRZ 2005, 60.
69 LG Berlin FamRZ 1996, 56.
70 *Bendref* ZOV 1992, 250.

10. zur Übernahme einer fremden Verbindlichkeit, insbesondere zur Eingehung einer Bürgschaft;
11. zur Erteilung einer Prokura;
12. zu einem Vergleich oder einem Schiedsvertrag, es sei denn, dass der Gegenstand des Streites oder der Ungewissheit in Geld schätzbar ist und den Wert von 3 000 Euro nicht übersteigt oder der Vergleich einem schriftlichen oder protokollierten gerichtlichen Vergleichsvorschlag entspricht;
13. zu einem Rechtsgeschäfte, durch das die für eine Forderung des *Mündels* bestehende Sicherheit aufgehoben oder gemindert oder die Verpflichtung dazu begründet wird.

Schrifttum: *Berner*, Vormundschaftsgerichtliche Genehmigung von Prozeßvergleichen und Vollstreckungsklauseln, Rpfleger 1953, 287; *Kropp*, Die Zwangsvollstreckung in das unbewegliche Vermögen eines Minderjährigen? MDR 1960, 464; *Woeste*, Geschäfte mit einer Personalgesellschaft oder Miterbengemeinschaft, deren Gesellschafter oder Mitglieder Minderjährige sind, DB 1957, 421; *Müller*, Zur vormundschaftsgerichtlichen Genehmigung bei GmbH-Beteiligungen von Minderjährigen, Mündeln, Pfleglingen, JR 1961, 326; *Knopp*, Gründung Stiller Gesellschaften bei Beteiligung Minderjähriger, NJW 1962, 2181; *Knopp*, Über die Genehmigungsfreiheit des Beitritts von Mündeln oder Minderjährigen zu Genossenschaften, BB 1964, 200; *Biddermann*, Der minderjährige Gesellschafter, 1965; *Paulick*, Der Beitritt Minderjähriger zu einer eingetragenen Genossenschaft mit unbeschränkter Haftpflicht, FamRZ 1966, 526; *Stöber*, Der minderjährige Gesellschafter einer OHG oder KG, Rpfleger 1968, 2; *Hörter*, Die vormundschaftsgerichtliche Genehmigung beim Abzahlungskauf, MDR 1968, 547; *Haarländer*, Die vormundschaftsgerichtliche Genehmigung nach § 1822 Nr 3, 2. Alternative BGB bei Änderungen des Gesellschaftsvertrages von Personalgesellschaften, Diss Hamburg 1971; *Winkler*, Die Genehmigung des Vormundschaftsgerichts zu gesellschaftsrechtlichen Akten bei Beteiligung Minderjähriger, ZGR 1973, 177 = Mitt BayNotV 1973, 67 ff; *Märkle*, Stille Beteiligung minderjähriger Kinder am elterlichen Betrieb nach vorausgegangener Kapitalschenkung, BWNotZ 1974, 95; *Winter*, Das Erfordernis vormundschaftsgerichtlicher Genehmigungen bei Lebensversicherungsverträgen Minderjähriger, ZVersWiss 1977, 145; *Eickmann*, Vormundschaftsgerichtliche Genehmigungen im Zwangsversteigerungsverfahren, Rpfleger 1983, 199; *Hilbert*, Versicherungsverträge und Vormundschaftgericht, VersR 1986, 948; *Wolf*, Vermögensschutz für Minderjährige und handelsrechtliche Haftungsgrundsätze, AcP 187 (1987), 319; *Pardey*, Vormundschaftsgerichtliche Genehmigungen bei der Regelung des Unterhalts für nichteheliche Kinder, FamRZ 1987, 873; *Stahl*, Minderjährigenschutz im Gesellschaftsrecht und vormundschaftsgerichtliche Genehmigung, 1988; *Gerken*, Zur vormundschaftsgerichtlichen Genehmigung bei Abtretung von GmbH-Anteilen, Rpfleger 1989, 270; *Spanl*, Girokonto in der Vormundschaft, Rpfleger 1989, 392; *Brüggemann*, Der sperrige Katalog (§§ 1821, 1822 BGB: Anwendungskriterien – Grenzfälle), FamRZ 1990, 5 u 124; *Winkler*, Erwerb von GmbH-Anteilen durch Minderjährige und vormundschaftsgerichtliche Genehmigung, ZGR 1990, 131; *Oelers*, Aktuelle Probleme der vormundschaftsgerichtlichen Genehmigung im Gesellschaftsrecht aus notarieller Sicht, MittRheinNotK 1992, 69; *Kurz*, Die Problematik des § 1822, NJW 1992, 1798; *Klüsener*, Vormundschaftsgerichtliche Genehmigungen nach § 1822 BGB (Übersicht), Rpfleger 1993, 133; *Hilsmann*, Minderjährigenschutz durch das VormG bei der Änderung von Gesellschaftsverträgen, 1993; *Kerkloh*, Wohl des Betreuten im Rahmen der §§ 1821, 1822, Diss Münster 1993; *Fortun*, Erfordernis vormundschaftsgerichtlicher Genehmigung bei Unternehmensakquisition, NJW 1999, 754

Übersicht

1 **1. Anwendungsbereich.** § 1822 ist (ohne Nr 5) auf die **Betreuung** anwendbar (§ 1908 i Abs 1); § 1822 ist (ganz) auf den Pfleger anwendbar (§ 1915). Für Eltern gelten gem § 1643 Nr 1, 3, 5 und 8 bis 11; statt Nr 2 wird die Ausschlagung einer Erbschaft usw in § 1643 Abs 2 gesondert geregelt.

2 **Textgeschichte.** Nr 12 wurde geändert durch BtG vom 12. September 1990 (BGBl I, S. 2002): die Summe von 300 DM wurde durch die Summe von 5.000 DM ersetzt und der Halbsatz betreffend einen gerichtlichen Vergleichsvorschlag angefügt. Nr 12: Umstellung auf 3.000 Euro (Ges v 27.6.2000; BGBl 2000, 897). Seit 1.9.2009 ist infolge Abschaffung der Vormundschaftsgerichte das Familiengericht zuständig, bei Betreuung aber das **Betreuungsgericht** und bei Nachlasspflegschaften das Nachlassgericht.

2. Nr 1. Verfügungen. Genehmigungsbedürftig sind: 3

a) **Verpflichtung zur Verfügung über das Vermögen im Ganzen.** Sie ist nur wirksam, wenn sie sich auf gegenwärtiges Vermögen bezieht und öffentlich beurkundet ist (§ 311 b Abs 3). Der Wille der Vertragspartner muss auf eine Verpflichtung zur Übertragung des gesamten gegenwärtigen Vermögens gehen (sog Gesamttheorie); die Vorschrift ist unanwendbar, wenn ein einzelner oder mehrere Vermögensgegenstände Vertragsobjekte sind, selbst wenn diese praktisch nahezu das ganze Vermögen umfassen[1]. Die hL folgt hier wegen der formalen Auslegung und wegen der Rechtssicherheit (sonst wäre bei jedem wertvollen Einzelstück die Vertretungsmacht zweifelhaft) nicht der Auslegung zu § 419 aF, § 1365, sondern der zu § 311 b Abs 3. Die Nr 1 betrifft nur das *Verpflichtungsgeschäft*, nicht dessen Erfüllung durch eine oder mehrere Verfügungen. Für die Verfügungen gelten §§ 398, 929 ff, 873; dafür kann eine betreuungsgerichtliche Genehmigung erforderlich sein, wie zB gemäß § 1821 für die Auflassung. Soweit dem Betreuungsgericht die das Vermögen ausmachenden Einzelgegenstände bekannt sind, wird es auch die Verfügung über diese – soweit erforderlich – mit genehmigen. Ob die Genehmigung die Verfügung mit umfasst, ist Auslegungssache[2]. Wo ausnahmsweise eine Verfügung über eine Vermögensmasse im Ganzen möglich ist, wird das Erfordernis der betreuungsgerichtlichen Genehmigung besonders angeordnet (vgl §§ 1411, 1416; 1484; 1492). Die **Testamentserrichtung** durch den testierfähigen Betreuten ist nicht genehmigungspflichtig oder -fähig. Eine Zustimmung des Betreuers braucht er nicht, auch nicht bei Bestehen eines Einwilligungsvorbehalts. Der Betreuer kann niemals als gesetzlicher Vertreter des Betreuten für diesen ein Testament errichten. 4

b) **Verfügung über angefallene Erbschaft.** Die Verpflichtung zur Verfügung über eine angefallene Erbschaft oder einen Miterbenanteil (§ 1922 Abs 2), zB der Erbschaftskaufvertrag (§§ 2371 ff, 2385), der Verpflichtungsvertrag zur Nießbrauchbestellung an der Erbschaft (§ 1089), **Erbauseinandersetzungsverträge** (vgl Nr 2), erbrechtliche Auslegungsverträge[3], sind genehmigungsbedürftig. Die Genehmigung der Verpflichtung zur Übertragung der Erbschaft deckt die Verfügung über Nachlassgegenstände nur, soweit diese dem Betreuungsgericht bekannt sind (vgl Rz 4); dann ist die Mitgenehmigung anzunehmen. Auch der Gesetzgeber erwähnt die Verfügung über den Erbanteil neben der Verpflichtung zur Übertragung[4]. Zur Verfügung über einzelne Nachlassgegenstände vgl § 1821 Rz 3. 5

c) **Verpflichtung zur Verfügung über einen künftigen gesetzlichen Erbteil oder einen künftigen Pflichtteil.** Sie ist nur unter künftigen gesetzlichen Erben möglich (§ 311 b Abs 5). Eine eventuelle **Verpflichtung zum Erbverzicht** oder Pflichtteilsverzicht fällt auf Seiten des Verzichtenden ebenfalls unter den § 1822 Nr 1, da die Aufgabe einer Rechtsstellung ebenfalls eine Verfügung ist[5]. Der Verzichtsvertrag selbst mit dem Erblasser (§ 2346), worin der Betreute den Verzicht leistet, ist genehmigungsbedürftig analog § 2347. 6

---

1 HM; BGH FamRZ 1957, 121; aA die sog Einzeltheorie, *Reinicke* DNotZ 1957, 505; *Dölle*, FamR II, S. 765; *Gernhuber/Coester-Waltjen*, FamR § 60 VI 5.
2 Vgl MünchKomm/*Wagenitz* Rz 4.
3 BGH Rpfleger 1986, 181.
4 Teilweise aA MünchKomm/*Wagenitz* Rz 7.
5 AA MünchKomm/*Strobel* § 2347 Rz 6: § 2347 analog.

7 d) **Verfügung über einen Erbanteil.** Die Verfügung über einen Erbanteil, zB Verpfändung an den Sozialhilfeträger, an eine Bank. Da die Vermögensmasse hier im Ganzen durch ein Rechtsgeschäft auf den Erwerber übergeht (§ 2033 Abs 1), ist in Nr 1 nicht nur das Verpflichtungsgeschäft (oben Rz 4), sondern auch das Verfügungsgeschäft für genehmigungsbedürftig erklärt.

8 **3. Nr 2. Erbschaften. – a) Genehmigungsbedürftigkeit.** Genehmigungsbedürftig ist:

9 aa) **Ausschlagung der Erbschaft** (§§ 1942 ff), auch die Ausschlagung mit dem Ziel der Geltendmachung des Pflichtteils[6]; auch die Anfechtung der Annahme, da sie als Ausschlagung gilt, §§ 1954, 1957 Abs 1[7], die Ausschlagung eines angefallenen Erbhofes (§ 11 HöfeO); einer Nacherbschaft, eines Miterbenanteils. Es liegt nicht im Interesse einer durch ein Behindertentestament als nicht befreite Vorerbin eingesetzten Betreuten, wenn der Ergänzungsbetreuer die Erbausschlagung und Geltendmachung des Pflichtteilsanspruchs für die Betreute betreibt, um damit die Kosten der Heimunterbringung aus eigenen Mitteln der Betreuten zu bestreiten[8]. Die Ausschlagung einer (nicht überschuldeten) Erbschaft durch den Betreuer ist in der Regel nicht genehmigungsfähig; dies gilt besonders, wenn dadurch ein Zugriff des **Sozialhilfeträgers** verhindert wird[9]. Auch wenn die Erbschaft einem Bruder anwächst, entspricht es nicht ordentlicher Vermögenssorge, sie auszuschlagen. § 83 Abs 1 InsO ist nicht analog anwendbar.

10 Zur **Ausschlagungsfrist** §§ 1828 Rz 14, 1831 Rz 7[10].

11 bb) **Ausschlagung des Vermächtnisses** (§ 2180).

12 cc) **Verzicht auf den Erbteil bzw Pflichtteil,** gemeint ist der **Erlassvertrag** (§ 397) über den entstandenen Pflichtteilsanspruch (§§ 2303 ff), also nach dessen Anfall[11]. Er ist formlos durch Vertrag mit dem Erben möglich. Wegen der Geschäfte über den künftigen Pflichtteil vgl oben Rz 5 und §§ 311 b Abs 5, 2346 Abs 1, 2347.

13 dd) **Erbteilungsvertrag** (§§ 2042 ff). Es handelt sich um jeden Vertrag zwischen den Miterben, durch den die Erbengemeinschaft, sei es hinsichtlich des ganzen Nachlasses, sei es hinsichtlich eines einzelnen Gegenstandes, aufgehoben werden soll[12]. Gleiches gilt für den vertraglichen Aufschub der **Auseinandersetzung**[13]. Ob es sich um einen gerichtlichen (§§ 363 ff FamFG) oder außergerichtlichen Vertrag handelt, ist unerheblich. Ein Vertrag, durch den die Erbschaft im Ganzen an einen Dritten verkauft wird, fällt nicht unter Nr 3, sondern unter Nr 1; ebenso die **Veräußerung eines Erbanteils.** Die Veräußerung eines Nachlassgegenstandes durch sämtliche Miterben ist grundsätzlich genehmigungsfrei; erst die Aufteilung des Erlöses unterliegt dem Genehmigungserfordernis[14]. Anders aber, wenn der Nachlassgegenstand einem Genehmigungserfordernis

---

6 OLG Köln FamRZ 2008, 1113.
7 BayObLG FamRZ 1983, 834.
8 OLG Köln ZEV 2008, 196.
9 OLG Hamm ZEV 2009, 471; OLG Stuttgart ZEV 2002, 367 mit abl Anm *Mayer*; aA LG Aachen NJW-RR 2005, 307.
10 KG OLGE 41, 76; BayObLG FamRZ 1969, 434.
11 Protokolle VI, S. 394.
12 KGJ 42, 49.
13 Enn-*Kipp* § 115 II 5.
14 AA Erman-*Holzhauer* § 1822 Rz 6; *Brüggemann* FamRZ 1990, 124/8, die eine Teilung nach den gesetzlichen Regelungen für genehmigungsfrei halten; aber die Einziehung der Geldforderung, deren Mitinhaber der Betreute ist, fällt unter § 1812.

unterliegt, zB die Veräußerung eines **Nachlassgrundstücks** durch den Betreuten als Alleinerben oder alle Miterben fällt unter § 1821 Nr 1[15]; die Veräußerung anderer Nachlassgegenstände ggf dem § 1812. Genehmigungsbedürftig ist bereits der schuldrechtliche Vertrag[16], weil anderenfalls § 1822 Nr 2 im Prozesswege umgangen werden könnte. Die Genehmigung erfasst dann auch entsprechende Verfügungen, zB die Auflassung von Grundstücken, § 1821[17] und die Einziehung des Kaufpreises (vgl § 1812).

b) Genehmigungsfreie Geschäfte. Nicht genehmigungsbedürftig sind die **Annahme einer Erbschaft**[18], das **Verstreichenlassen der Ausschlagungsfrist**[19], der Antrag auf Erteilung eines Erbscheins, die Annahme eines Vermächtnisses und deren Anfechtung (es fehlt eine dem § 1957 entsprechende Bestimmung), die Anfechtung der Ausschlagung, die als Annahme der Erbschaft wirkt (§ 1957), die Erbteilungsklage (§ 2042), die Erhebung der Klage auf Anerkennung des Teilungsplanes (§ 2042), die Auseinandersetzung durch einen Testamentsvollstrecker (§ 2204), die Anerkennung eines Testamentes, wenn damit nicht ein Verzicht auf den Pflichtteil verbunden ist, der Antrag auf Verkauf eines Erbschaftsgegenstandes (§§ 2042, 753); die Zurückweisung einer Berechtigung, die durch Vertrag zugunsten Dritter auf den Todesfall begründet ist[20]; zum Antrag auf Teilungsversteigerung eines Grundstücks vgl § 1821 Rz 8. 14

4. Nr 3. Erwerbsgeschäfte. Genehmigungsbedürftig ist der Vertrag, der auf den entgeltlichen Erwerb eines Erwerbsgeschäfts gerichtet ist, und zwar nicht nur die dinglichen Erfüllungsgeschäfte[21], sondern schon das Kausalgeschäft[22]; anderenfalls könnte dies auch Schadensersatzverpflichtungen für den Betreuten zur Folge haben. Zum **Neubeginn** eines Erwerbsgeschäfts vgl auch § 1823. In einer Gesellschaft übt der Betreuer die Rechte des Gesellschafters für den Betreuten aus[23], bei der OHG und KG auch die **Geschäftsführung** und Vertretung, wenn nicht der Gesellschaftsvertrag anderes bestimmt. Verpflichtet hierzu ist der Betreuer hierzu aber nicht; gegebenenfalls kommt in Betracht, dass eine (andere) in Geschäftsdingen erfahrene Person zum Betreuer bestellt wird. 15

a) Begriff des Erwerbsgeschäfts. Erwerbsgeschäft ist jede regelmäßig ausgeübte, auf selbstständigen Erwerb gerichtete Tätigkeit, gleichgültig ob es sich um Handel, Fabrikation, Handwerk, Landwirtschaft, wissenschaftliche, künstlerische oder sonstige Tätigkeit handelt[24]. Deshalb ist an sich auch die **Praxis des Arztes, Rechtsanwalts**, Steuerberaters und Wirtschaftsprüfers ein Erwerbsgeschäft[25]. Die früher anderslautende Rspr[26] entspricht nicht mehr den inzwischen gewandelten Anschauungen der verstarkten Kommerzialisierung, so dass auch der Verkauf durch die Erben gem § 1822 Nr 3 genehmigungspflichtig ist[27]. Durch eine vorübergehende Schließung verliert ein Gewerbebetrieb nicht die Eigenschaft eines Erwerbsgeschäfts[28]. Die Rechtsform, in der das Erwerb- 16

---

15 Dazu *Sonnenfeld* NotBZ 2001, 322 (Minderjährige).
16 AA KGJ 42, 49.
17 MünchKomm/*Wagenitz* § 1822 Rz 13; RGRK-*Dickescheid* Rz 8.
18 BGHZ 92, 259 = NJW 1985, 136; KG NJW 1962, 64; OLG Koblenz FamRZ 2008, 1031.
19 OLG Koblenz FamRZ 2008, 1031.
20 *Brüggemann* FamRZ 1990, 5/11.
21 AA MünchKomm/*Wagenitz* Rz 13.
22 Vgl *Krückmann* LZ 1925, 6; *Dölle*, FamR II, S. 774.
23 RGZ 123, 289/99.
24 BayObLG FamRZ 1996, 119/121; RGZ 133, 7/11; RGZ 144, 1/2.
25 MünchKomm/*Wagenitz* § 1822 Rz 11.
26 RGZ 144, 1; anders noch RGZ 115, 172.
27 KG NJW 1976, 1949; RGRK-*Dickescheid* § 1822 Rz 12; MünchKomm/*Wagenitz* § 1822 Rz 11; aA Erman-*Holzhauer* § 1822 Rz 7.
28 BGHZ 7, 208.

geschäft betrieben wird, spielt keine Rolle; so fällt unter Nr 3 der Erwerb aller Geschäftsanteile einer GmbH oder AG. Zur BGB-Gesellschaft vgl Rz 20, 21. Zum Erwerb von Beteiligungen an GmbH oder AG vgl Rz 21. Kein Erwerbsgeschäft liegt vor bei bloßer Kapitalbeteiligung ohne Beteiligung an Gewinn und Verlust[29] oder bei Gründung einer Grundstücksverwaltungsgesellschaft, wenn nur das Privatvermögen verwaltet wird[30].

17 b) **Erwerb des Erwerbsgeschäfts.** Ein Erwerb liegt auch dann vor, wenn die Verbindlichkeiten nicht übernommen werden[31], oder wenn die Firma nicht weitergeführt wird[32].

18 aa) **Unentgeltlicher Erwerb.** Der unentgeltliche Erwerb, zB durch Schenkung oder Erbschaft, bedarf nach dem Gesetzeswortlaut keiner gerichtlichen Genehmigung. Gerade Handelsgeschäfte können zu einer ganz erheblichen Verschuldung des Erben (Mündels, Betreuten) führen, dennoch kann nach früher allgemeiner Meinung keine Genehmigung unentgeltlichen Erwerbs in Betracht kommen[33]. Das BVerfG[34] hat es als mit dem allgemeinen Persönlichkeitsrecht Minderjähriger (Art 2 Abs 1 iVm Art 1 Abs 1 GG) für nicht vereinbar erklärt, dass Eltern, und entsprechend der Vormund, kraft gesetzlicher Vertretungsmacht bei Fortführung eines ererbten Handelsgeschäfts den Minderjährigen finanziell unbegrenzt verpflichten können. Eine gesetzliche Regelung erfolgte sodann durch das MinderjährigenhaftungsbeschränkungsG v 25.8.1998[35] durch Anfügung des § 1629 a BGB. Für die (volljährigen) Betreuten bleibt es dabei, dass unentgeltlicher Erwerb nicht nach Nr 3 genehmigungspflichtig ist, die Rspr des BVerfG aber weiter zu berücksichtigen ist: nach Aufhebung der Betreuung muss der Betreute die Möglichkeit haben, sein Leben ohne unzumutbare Belastungen, auf deren Begründung er keinen Einfluss hatte, weiterzuführen.

19 bb) **Entgeltlicher Erwerb.** (1) Auch der **entgeltliche Erwerb eines Teiles eines Erwerbsgeschäfts** ist genehmigungsbedürftig, weil aus diesem Erwerb das gleiche wirtschaftliche Risiko erwachsen kann wie aus dem Erwerb einer Alleininhaberschaft[36].

20 (2) **Entgeltlicher abgeleiteter Erwerb.** Er bedarf der Genehmigung, wenn eine Mitinhaberschaft in der Form des **Gesamthandanteils** erworben werden soll. Es kann sich handeln zB um eine Miterbenberechtigung, wenn die Erbengemeinschaft Inhaberin des Erwerbsgeschäfts ist, um eine Gesamthänderstellung bei der BGB-Gesellschaft (§ 719), bei der **OHG**, aber auch bei der KG[37]. Dabei wird von Nr 3, 1. Alternative nur der Fall der Anteilsübertragung durch Vertrag zwischen ausscheidendem und eintretendem Gesellschafter (mit Zustimmung der anderen Gesellschafter[38]) erfasst[39]; der Fall des Mitgliederwechsels durch Vertrag des ausscheidenden und des eintretenden Gesellschafters jeweils mit den übrigen Gesellschaftern unterfällt dem § 1822 Nr 3, 2. Alternative[40]. Die Ent-

29 BGH FamRZ 1957, 121.
30 LG Münster FamRZ 1997, 842.
31 OLG Kassel OLGE 10, 11; RG Recht 1907 Nr 3826.
32 RG WarnR 1908 Nr 70.
33 Vgl BGHZ 92, 259 = NJW 1985, 136.
34 BVerfGE 72, 155 = NJW 1986, 1859; hierzu BayObLG FamRZ 1997, 842.
35 BGBl 1999, 2487; dazu *Peschel-Gutzeit* FPR 2006, 455.
36 RGZ 122, 370.
37 HM; BGHZ 17, 160 = MDR 1955, 667 mit Anm *Nipperdey*; = LM Nr 3 zu § 1822 Nr 3 mit Anm *Fischer* = NJW 1955, 1067 mit Anm *Ganssmüller*.
38 Die Zustimmung macht noch keinen Vertrag; *Brüggemann* FamRZ 1990, 124/7.
39 Vgl MünchKomm/*Ulmer* § 719 Rz 13.
40 BGHZ 38, 26.

geltlichkeit hat der BGH früher auch für den Fall bejaht, dass dem Betreuten (Mündel) die **Beteiligung unentgeltlich überlassen** wurde[41]; denn die Gegenleistung des Mündels liege in der Übernahme der Mithaftung. Der Erwerbsvertrag ist aber von der gesetzlichen Folge der Gesellschafterhaftung zu unterscheiden. Die schenkweise Übertragung eines GmbH-Anteils ist nicht nach § 1822 Nr 3 genehmigungspflichtig[42].

(3) **Anteile an Kapitalgesellschaften.** Der Erwerb von Anteilen an Kapitalgesell- 21
schaften (Aktien, GmbH-Anteilen usw) ist grundsätzlich nicht als Erwerb eines Erwerbsgeschäfts, sondern nur als Kapitalanlage und damit als Geldanlage im Sinne der §§ 1806 ff anzusehen[43]; Aktienerwerb ist nach § 1811 genehmigungspflichtig. Eine (gesamthänderische) Mitinhaberstellung entsteht nicht; Inhaber des Erwerbsgeschäfts ist allein die juristische Person, die auch grundsätzlich allein haftet. So auch die ältere Rspr[44] zur GmbH. Die spätere Rspr des KG hat die juristische Form, dh die eigene Rechtspersönlichkeit der GmbH für nicht entscheidend erachtet und auf den wirtschaftlichen Erfolg abgestellt[45]; eine Genehmigungspflicht beim Erwerb eines **GmbH-Anteils** soll danach von der Zahl der Mitgesellschafter, dem Maß der Beteiligung und dem persönlichen Verhältnis des Mündels abhängen. *Hachenburg*[46] hatte diese Rspr verworfen; sie widerspricht auch den Auslegungskriterien des BGH zu §§ 1821, 1822[47]. Jedenfalls dann, wenn die Beteiligung eines Minderjährigen an einer GmbH 50 % übersteigt oder wenn nur Minderjährige an einer GmbH beteiligt sind und sie alle Anteile und damit das Unternehmen der GmbH insgesamt veräußern, neigt der BGH[48] zur Anwendung von Nr 3. OLG Hamm[49] hat den Erwerb von GmbH-Anteilen dem § 1822 Nr 3 unterworfen, obgleich wirtschaftlich jeder Mündel nur mit 1/4 beteiligt war. Das KG[50] hat in einem vergleichbaren Fall Genehmigungsfreiheit angenommen. Im Schrifttum reichen die Ansichten von der Genehmigungsbedürftigkeit bei jedem Erwerb eines GmbH-Anteils[51] bis zur Genehmigungsfreiheit, wenn dem Mündel nicht alle Anteile an der GmbH gehören[52]. Meines Erachtens besteht eine Genehmigungsbedürftigkeit jedenfalls dann, wenn eine Beteiligung erworben wird, die so groß ist, dass der Anteilinhaber schon unternehmerisch tätig ist (zB Sitz im Aufsichtsrat); denn wenn schon der Erwerb einer einzigen Aktie nach § 1811 genehmigungspflichtig ist, kann es bei einem größeren Posten kaum anders sein[53]. Eine Genehmigungspflicht für den Erwerb von GmbH-Anteilen kann sich aus § 1822 Nr 10 ergeben.

(4) **Stille Beteiligung.** Obgleich keine gesamthänderische Mitberechtigung ent- 22
steht, ist auch die Rechtsnachfolge in eine nur schuldrechtliche **stille Beteiligung** an einem Handelsgeschäft (§§ 335 ff HGB) als Erwerb eines Erwerbsgeschäfts zu behandeln[54].

41 BGH BB 1959, 471.
42 BGH FamRZ 1989, 605.
43 Vgl BGH NJW 1989, 1926.
44 KGJ 34, 89.
45 KG JW 1926, 600; KG JW 1927, 2578.
46 JW 1926, 600.
47 BGHZ 52, 316/19 = NJW 1970, 33; vgl Rz 8 vor § 1821.
48 BGH DNotZ 2004, 152.
49 FamRZ 1984, 1036 = Rpfleger 1984, 354 mit abl Anm *Damrau.*
50 NJW 1976, 1946; vgl dazu *Damrau* Rpfleger 1985, 62.
51 *Müller* JR 1961, 326/9.
52 *Gerken* Rpfleger 1989, 270, 272; *Winkler* ZGR 1990, 131/3.
53 Vgl *Damrau* Rpfleger 1985, 62 mwN; *Brüggemann* FamRZ 1990, 124/6.
54 Ebenso: *Stahl*, Minderjährigenschutz, 1988, S. 117.

23 c) **Veräußerung eines Erwerbsgeschäfts.** Auch die Verpflichtung zur Veräußerung eines Erwerbsgeschäfts bedarf der Genehmigung. Als Veräußerung ist auch die **Verpfändung** und Belastung mit einem **Nießbrauch** anzusehen[55]. Es handelt sich dabei zwar nicht um eine volle Veräußerung, doch um eine vorübergehende Teilveräußerung, die entsprechend zu behandeln ist. Die unentgeltliche Veräußerung fällt regelmäßig unter § 1804 Satz 1; sie ist unheilbar nichtig. Nach Ansicht des BGH[56] soll die Veräußerung des **gesamten Inventars** eines Hofes nicht unter Nr 3 fallen; das erscheint jedoch bedenklich wegen der Zweckbindung des Hofinventars[57].

24 Die **Auflösung eines Erwerbsgeschäfts,** zB einer OHG durch Vertrag, steht einer Veräußerung nicht gleich[58]; ebenso wenig die Kündigung des Gesellschaftsvertrages[59] und der Verkauf der OHG durch Liquidatoren[60].

25 Auch die **Veräußerung eines Teils eines Erwerbsgeschäfts** ist genehmigungsbedürftig; so, wenn es sich um das Ausscheiden aus Gesamthandsgemeinschaften handelt, zB aus einer OHG[61] oder aus einer KG[62]. Nicht als eine Veräußerung eines Teils eines Erwerbsgeschäfts, sondern als eine Änderung des Gesellschaftsvertrags, hat es die Rspr (zu Unrecht) angesehen, wenn nur ein Teil der gesellschaftsrechtlichen Beteiligung veräußert wird[63]. Die Veräußerung von Anteilen an **Kapitalgesellschaften** ist nur genehmigungsbedürftig, wenn sie bei wirtschaftlicher Betrachtungsweise der Veräußerung des Geschäfts nahe kommt. Handelt es sich jedoch um gewöhnliche Kapitalanlagen, so bestimmen sich die Voraussetzungen für die gerichtliche Genehmigung bei der Verwaltung nach den §§ 1806 ff. Die Veräußerung der **stillen Beteiligung** ist als Veräußerung eines Erwerbsgeschäfts anzusehen[64].

26 d) **Gesellschaftsvertrag.** Genehmigungsbedürftig ist der Gesellschaftsvertrag, der zum Betriebe eines Erwerbsgeschäfts eingegangen wird.

27 Genehmigungspflichtig ist die Eingehung eines Gesellschaftsvertrages, also der Vertragsschluss seitens des Betreuten. Ob der Betreute eine „Gegenleistung" für seine Beteiligung an der Gesellschaft zu erbringen hat oder ob er ohne diese, also unentgeltlich, beteiligt wird, spielt hier keine Rolle[65]; anders beim Erwerb einer Beteiligung; vgl Rz 20. Deshalb ist auch eine Beteiligung des Betreuten an einer Personengesellschaft aufgrund der sog **Eintrittsklausel** genehmigungsbedürftig[66], gleichgültig, ob man in der Eintrittserklärung einen Vertragsschluss oder die Ausübung eines Optionsrechts erblickt[67]. Gleiches gilt für den **Gesellschafterwechsel**, wenn der Eintritt durch Vertrag des minderjährigen Eintretenden mit den anderen Gesellschaftern vollzogen wird. Genehmigungsfrei ist hingegen der Erwerb einer gesellschaftlichen Beteiligung kraft Gesetzes, insbesondere kraft Erbfalls aufgrund der sog **Nachfolgeklausel**, wenn also im Gesellschaftsvertrag

---

55 *Brüggemann* FamRZ 1990, 124, 126; aA MünchKomm/*Wagenitz* § 1822 Rz 19.
56 LM § 1822 Ziff 3 Nr 2 = DNotZ 1953, 648.
57 AA RGRK-*Dickescheid* Rz 19; Staudinger-*Engler* §§ 1821, 1822 Rz 73, da Höfe auch ohne Inventar verpachtet werden.
58 BGHZ 52, 316, 319 = NJW 1970, 33, hM; aA Schlegelberger-*Geßler*, HGB § 131 Rz 17; *Westermann*, Handbuch der Personengesellschaften Bd I, Rz 619; vgl auch § 1823 Rz 4.
59 AA *Wiedemann*, Übertragung und Vererbung von Mitgliedschaftsrechten, 1965, S. 246.
60 KG JFG 23, 94.
61 RGZ 122, 370; KG OLGE 40, 96; BayObLGZ 21, 218/21.
62 BGHZ 17, 160; OLG Karlsruhe NJW 1973, 1977: sogar bei einer Zwergbeteiligung.
63 BGH DB 1968, 923; *Winkler* ZGR 1973, 177/203.
64 AA RGRK-*Dickescheid* § 1822 Rz 21.
65 Vgl Hamm OLGZ 1974, 158; *Brüggemann* FamRZ 1990, 124/9.
66 KG JW 1933, 118.
67 *Fischer*, in: Großkomm z HGB § 139 Rz 179; *Stahl*, Minderjährigenschutz, 1988, S. 122.

der Übergang der Beteiligung auf einen oder mehrere Miterben bestimmt ist. Auch das Verlangen nach einer Kommanditistenstellung gem § 139 Abs 1 HGB bedarf keiner betreuungsgerichtlichen Genehmigung[68], weil dadurch nicht die Gesellschafterstellung erworben, sondern eine bereits vorhandene zum Vorteil des Betreuten umgewandelt wird.

aa) **Beteiligung an Gründungsverträgen.** Die Beteiligung des Betreuten an dem Gründungsvertrag einer Gesamthandsgemeinschaft, die ein Erwerbsgeschäft betreiben will, macht den Vertrag genehmigungsbedürftig. Beispiele: Gründung einer **OHG**; einer **KG**, auch wenn der Betreute nur Kommanditist wird[69]; die Vereinbarung über die Fortsetzung einer durch den Tod eines Gesellschafters aufgelösten oder in Liquidation befindlichen Handelsgesellschaft unter Beteiligung eines Betreuten[70]; die Fortsetzung des Geschäfts eines Einzelkaufmannes durch die Witwe und ein unter Betreuung stehendes volljähriges Kind als OHG[71] oder KG. Wird das durch Erbfall mehreren Betreuten angefallene Einzelhandelsgeschäft vom Betreuer für die Betreuten fortbetrieben, so entsteht erst durch einen ausdrücklichen Vertrag unter ihnen eine OHG[72], wobei jeder Betreute durch einen eigenen Betreuer vertreten sein muss, § 181[73]. Auch eine **BGB-Gesellschaft** kann zum Betrieb eines Erwerbsgeschäfts eingegangen werden, falls sie auf längere Dauer angelegt und mit Gewinnerzielungsabsicht betrieben wird[74] oder wenn ein Kleingewerbe als Außengesellschaft betrieben werden soll[75] oder wenn gewerblich nutzbare Immobilien von erheblichem Wert verwaltet, vermietet oder verwertet werden sollen[76]. Dasselbe gilt für Familiengesellschaften bürgerlichen Rechts mit sog Haftungsbeschränkung[77]. 28

Auch Verträge zur **Gründung von Kapitalgesellschaften**, die zum Betriebe eines Erwerbsgeschäfts errichtet werden sollen und bei denen ein Betreuter beteiligt ist, sind genehmigungsbedürftig. Die Beteiligung bei der Gründung von AG und GmbH ist nicht nur eine Vermögensanlage. Zwar betreibt die juristische Person – und nicht die Gesellschafter – das Erwerbsgeschäft, aber die Gründer sind bis zur Eintragung der Gesellschaft Unternehmer des Erwerbsgeschäfts. Das folgt für die AG[78] aus § 41 Abs 1 AktG und für die GmbH[79] aus § 11 Abs 2 GmbHG. Zur Genehmigungsbedürftigkeit der Gründung einer GmbH gem § 1822 Nr 10 vgl Rz 44 ff. 29

Die Vereinbarung einer **stillen Gesellschaft** (§§ 335 ff HGB), wobei der Betreute der „Stille" ist, ist zwar ein Gesellschaftsvertrag, zweifelhaft kann aber sein, ob der Vertrag in allen Fällen zum „Betrieb" eines Erwerbsgeschäfts eingegangen wird. Das hängt von der Ausgestaltung des Vertrages im Einzelfall ab[80]; der Vertrag ist nach § 1822 nicht genehmigungsbedürftig, wenn vom Betreuten eine einmalige Kapitaleinlage geleistet wird, der Betreute am Verlust nicht beteiligt ist, und an der Betriebsführung nicht mitwirkt (doch besteht evtl eine Geneh- 30

---

68 BGHZ 55, 267/9 = NJW 1971, 1268.
69 HM; BGHZ 17, 160; *Winkler* ZGR 1973, 177, 179; Staudinger-*Engler* §§ 1821, 1822 Rz 67 und 77.
70 Vgl RGZ 127, 153/7; aA *Winkler* ZGR 1973, 177/180.
71 Vgl RGZ 127, 154/7.
72 BGHZ 92, 259 = NJW 1985, 136.
73 RG LZ 1922, 685/6.
74 BayObLG FamRZ 1996, 119.
75 BayObLG Rpfleger 1979, 455, 456.
76 BayObLG FamRZ 1997, 842.
77 BayObLG FGPrax 1997, 105.
78 RGRK-*Dickescheid* § 1822 Rz 23; aM *Dölle*, FamR II, S. 216.
79 Vgl BGH NJW 1989, 1926; RGRK-*Dickescheid* § 1822 Rz 23; aM *Winkler* ZGR 1973, 177/182.
80 BGH NJW 1957, 672.

migungspflicht nach § 1811). Das Schrifttum ist insoweit völlig zerstritten[81].

31 Zum Schutz des Betreuten muss jede Beteiligung als stiller Gesellschafter betreuungsgerichtlich genehmigt werden, nach § 1822 oder nach § 1811[82].

32 Auch ein Gesellschaftsvertrag über eine stille Gesellschaft ist genehmigungsbedürftig, wenn der Betreute derjenige ist, der das Erwerbsgeschäft betreibt und **einen stillen Gesellschafter aufnimmt;** denn auch hier kann nicht differenzierend darauf abgestellt werden, ob es sich um einen typischen oder atypischen Vertrag handelt[83]. Die **Unterbeteiligung des Betreuten** an einer Beteiligung an OHG oder KG ist ein Gesellschaftsvertrag, der im Regelfall auch eine Beteiligung am Verlust bedeutet; sie bedarf daher der betreuungsgerichtlichen Genehmigung[84]. Für den Fall, dass der Betreute weder am Verlust noch an der Geschäftsführung beteiligt ist, wird aus den oben genannten Gründen die Genehmigungspflicht nicht entfallen[85].

33 **bb) Änderungen eines Gesellschaftsvertrages.** Der Wortlaut von § 1822 Nr 3 spricht gegen eine Genehmigungspflicht. Da der Vertrag nur so genehmigt worden ist, wie er dem Gericht vorgelegen hat, ist eine Änderung, auch wenn sie nicht schon aus anderen Gründen der Genehmigung bedarf, genehmigungsbedürftig; anderenfalls könnte so die betreuungsgerichtliche Genehmigung umgangen werden[86]. Etwas anderes gilt nur dann, wenn die Änderung schon im genehmigten Vertrag inhaltlich genau festgelegt war und die Gesellschafter sich dazu verpflichtet hatten, und dann, wenn Änderungen durch Mehrheitsbeschluss vorgenommen werden können[87]. Das einverständliche **Ausscheiden eines Gesellschafters** bei Verbleiben des Mündels in der Gesellschaft ist vom BGH als Abänderung des Gesellschaftsvertrages als genehmigungsfrei angesehen worden[88]. Der Aufnahmevertrag mit einem neu eintretenden Gesellschafter bei einer Gesamthandsgesellschaft bedarf der Genehmigung, wenn einer der bisherigen Gesellschafter unter Betreuung steht, weil damit ein neuer Gesellschaftsvertrag zum Betrieb eines Erwerbsgeschäfts abgeschlossen wird[89]. Wegen der Auflösung einer Gesellschaft durch Vertrag vgl § 1823. Folgt man der Rspr des BGH, wonach Änderungen des Gesellschaftsvertrages nicht genehmigungsbedürftig sind, dann sind auch **Umwandlungen** genehmigungsfrei gemäß Nr 3, jedenfalls soweit es sich um formwechselnde oder verschmelzende handelt.

---

81 Überblick bei: Gernhuber/*Coester-Waltjen*, FamR § 60 VI 6 Fn 40.

82 *Koenigs*, Die stille Gesellschaft, 1961, S. 80 ff; *Klauss/Wittelbach*, Die stille Gesellschaft, 1973, Rz 51; *Brüggemann* FamRZ 1990, 124/7; *Klüsener* Rpfleger 1990, 321/9; MünchKomm/*Wagenitz* § 1822 Rz 26; aA: auch bei atypischer Ausgestaltung des Vertrages genehmigungsfrei: Gernhuber/*Coester-Waltjen*, FamR § 60 VI 6 mit Fn 40; *Fischer* JR 1962, 202 f.

83 *Koenigs*, Die stille Gesellschaft, 1961, S. 83; *Knopp* NJW 1962, 2184; aA Gernhuber/*Coester-Waltjen*, FamR § 60 VI 6 Fn 41; KG OLGE 21, 290.

84 OLG Hamm Rpfleger 1974, 152; *Bilsdorfer* NJW 1980, 2788; aA *Blaubrock*, Unterbeteiligung und Treuhand an Gesellschaftsanteilen, 1981, S. 158.

85 AA *Ulbrich*, Unterbeteiligungsgesellschaft an Personengesellschaftsanteilen, 1982, S. 106.

86 RG HRR 1932 Nr 1754; *Stöber* Rpfleger 1968, 2/5; *Merkel* BB 1963, 455; *Biddermann*, Der minderjährige Gesellschafter, 1965, S. 68 ff; *Friess* DB 1969, 957; *Knopp* BB 1962, 939; RGRK-*Dickescheid* Rz 27; MünchKomm/*Wagenitz* § 1822 Rz 28; aA Nr 3 solle nur die Eingehung des Gesellschaftsvertrages erfassen – BGHZ 38, 26 = JR 1963, 180 mit abl Anm *Beitzke* = JZ 1963, 598 m zust Anm *Duden*; BGH WM 1972, 1368; OLG Frankfurt BB 1968, 764 m zust Anm *Esch*; KG RJA 12, 48 und die hM im Schrifttum; RGRK-*Dickescheid* § 1822 Rz 27; Staudinger-*Engler* §§ 1821, 1822 Rz 78.

87 *Knopp* BB 1962, 939.

88 BGH NJW 1961, 724.

89 OLG Düsseldorf DB 1951, 443; *Beitzke* JR 1963, 183; *Stöber* Rpfleger 1968, 2/8; aM BGHZ 38, 26 = NJW 1962, 2344; *Winkler* ZGR 1973, 177/206.

e) **Verstoß gegen die Genehmigungspflichten nach Nr 3.** Bei einem Verstoß gegen die Genehmigungspflicht nach Nr 3 ist zu unterscheiden zwischen dem nicht genehmigten Erwerb eines Erwerbsgeschäfts, das nur vom Betreuten betrieben wird, und der nicht genehmigten Beteiligung an einer Gesellschaft. Beim nicht genehmigten Erwerb eines Erwerbsgeschäfts, das nur vom Betreuten betrieben wird, führt der Mangel der Genehmigung nicht zur Unwirksamkeit der vom Betreuer für den Betreuten getätigten einzelnen Ausführungsgeschäfte, zB dem Einkauf von Waren; denn diese Ausführungsgeschäfte unterfallen selbst nicht dem § 1822 Nr 3, sondern allenfalls § 1823[90]. Bei dem ungenehmigten Abschluss eines Gesellschaftsvertrags ist zwischen der Gründung einer Kapitalgesellschaft und einer **Personengesellschaft** zu unterscheiden. Ein Verstoß führt im letzteren Fall zu einer unwirksamen Beteiligung des Betreuten. Eine Haftung des Betreuten ist ausgeschlossen. Er kann auch nicht aus dem Gesichtspunkt des faktischen Gesellschaftsverhältnisses in Anspruch genommen werden[91]. Erbrachte Einlagen kann der Betreute kondizieren, einschließlich einer Nutzungsentschädigung, § 818 Abs 1[92], aber ohne eine Gewinnbeteiligung[93]. Gleiches gilt für die Gründung einer **Kapitalgesellschaft,** indes nur bis zu deren Eintragung ins Handelsregister. Mit der Eintragung der **GmbH** ins Handelsregister wird der Mangel des Gesellschaftsvertrages geheilt[94]; das ergibt sich aus dem Bestandsschutzgedanken des § 75 GmbHG; eine wirksame Übernahme des Geschäftsanteils durch den Betreuten liegt indes nicht vor. 34

5. **Nr 4. Pachtverträge.** Pachtverträge des Betreuten, ohne Rücksicht, ob er daran als **Pächter oder Verpächter** beteiligt ist. Ein **Landgut** ist eine zum selbstständigen Betrieb der Landwirtschaft eingerichtete Grundstückseinheit oder -mehrheit nebst Wohnhaus und notwendigen Wirtschaftsgebäuden. Auf die Größe kommt es nicht an[95]. Genehmigungsbedürftig ist auch die Verpachtung von Einzelparzellen oder des Inventars (vgl § 98), wenn ohne diese ein selbstständiger Betrieb nicht aufrechterhalten werden kann[96]. Genehmigungsbedürftig ist ferner die Anpachtung oder Verpachtung eines **gewerblichen Betriebs.** Die Praxis eines Freiberuflers (Arzt, Anwalt) hat dieselbe wirtschaftliche Bedeutung wie ein Gewerbebetrieb und zählt daher ebenfalls hierher[97]. Als gewerblicher Betrieb ist auch der land- und forstwirtschaftliche **Nebenbetrieb** anzusehen; wenn er nicht zugleich mit dem Landgut ge- oder verpachtet wird, bedarf seine An- oder Verpachtung gesonderter betreuungsgerichtlicher Genehmigung. Neben Nr 4 kann auch § 1907 Nr 5 anwendbar sein. 35

6. **Nr 5. Miet- und Pachtverhältnisse.** Die Vorschrift gilt im Betreuungsrecht nicht (§ 1908 i Abs 1); der Sachverhalt ist dort in § 1907 speziell geregelt. 36

7. **Nr 6. Lehrvertrag.** Vgl die Bestimmungen des BerufsbildungsG v 14. August 1969 (BGBl 1969, 112) und §§ 21 ff HandwO. 37

8. **Nr 7. Dienst-, Arbeitsvertrag.** Es handelt sich um Verträge, durch die der Betreute zur Leistung von Diensten verpflichtet wird. Die Verträge, nach denen er Dienstberechtigter wird, können nur unter § 1907 Abs 3 fallen. Nach dem Sinn der Regelung werden nicht nur Verträge erfasst, die auf bestimmte Zeit von mehr als einem Jahr geschlossen sind, sondern auch solche, die auf unbestimmte 38

---

90 OLG Breslau OLGE 26, 270; OLG Hamburg OLGE 30, 150.
91 BGH NJW 1983, 749; BGHZ 17, 165.
92 *Stahl*, Minderjährigenschutz, 1988, S. 62.
93 AA MünchKomm/*Wagenitz* § 1822 Rz 30; offen BGHZ 17, 160/7.
94 *Roth*, GmbHGes, § 75 Bem 3; Scholz-*Emmerich*, GmbHGes, § 2 Rz 68.
95 KG JFG 13, 318 = JW 1936, 1469.
96 KG JFG 13, 318/22 = JW 1936, 1469 mit zust Anm Vogels; aA MünchKomm-*Wagenitz* § 1822 Rz 33: die Liquidation eines Betriebs falle nicht unter den Begriff „Verpachtung".
97 MünchKomm/*Wagenitz* § 1822 Rz 34.

Zeit geschlossen sind und die nicht vor Ablauf eines Jahres durch ordentliche Kündigung gekündigt werden können.

39 **Genehmigungsfreie Verträge bei Nr 6, 7.** Keiner Genehmigung bedarf die **Kündigung** oder vertragliche Aufhebung eines Lehr-, Dienst- oder Arbeitsvertrages, wohl aber nach der hier vertretenen Ansicht die spätere Vertragsänderung. Keiner Genehmigung nach Nr 7 bedarf der **Beitritt zur Gewerkschaft**, weil dieser nicht zu persönlichen Dienstleistungen verpflichtet[98]. Fehlt die erforderliche Genehmigung, so greift die Lehre vom faktischen Arbeitsverhältnis ein: der Vertrag ist ex nunc nichtig; der Betreute hat bis dahin den Anspruch auf Arbeitsentgelt[99].

40 **9. Nr 8. Kreditverträge. – a) Kreditaufnahme-Verträge.** Hierunter fallen die **Darlehensaufnahme**, ggf auch der Darlehens*vor*vertrag[100], auch wenn das Darlehen dinglich gesichert wird[101]; daneben aber, unabhängig von der Rechtsform, alle Arten von Kreditgeschäften, bei denen es sich um Aufnahme von Geld handelt, das der Betreute zurückzahlen soll. Auch **Teilzahlungskredit**, also die Darlehensgewährung an den Betreuten, die diesem zur Erfüllung eines gesonderten Kaufvertrages dient, fällt unter Nr 8[102]. **Stundung des Kaufpreises** durch den Verkäufer ist nach hM genehmigungsfrei, obwohl Stundung Kreditgewährung ist. Inanspruchnahme von **Kontokorrentkredit, Überziehungskredit auf dem Girokonto**, ist genehmigungspflichtig[103]; empfehlenswert ist es deshalb, den Kreditrahmen vom Betreuungsgericht genehmigen zu lassen[104]. Schuldanerkenntnis oder -versprechen, die der Kreditaufnahme dienen, sind genehmigungsbedürfig[105]. Die Genehmigung der Bestellung einer Grundschuld (§ 1821 Nr 1), die zur Sicherung einer Kreditaufnahme dienen soll, erfasst nicht ohne Weiteres auch die Kreditaufnahme selbst (weil es hier zB auch um den Zinssatz geht), wenn sich die Genehmigung nicht gerade auf diese Kreditaufnahme bezogen hat[106]. Eine **allgemeine Ermächtigung** gem **§ 1825** ist möglich.

41 **b) Nicht genehmigungsbedürftige Kreditverträge** gemäß Nr 8 (aber evtl nach anderen Regelungen, zB § 1821 Nr 1, § 1822 Nr 10) sind die Bestellung einer **Sicherheit** für eine Schuld, zB Verpfändung, Sicherungsübereignung[107]; zur Sicherungszession beachte § 1812. Sie ist rechtlich nicht als Teil des Kreditaufnahmevertrages anzusehen und unterliegt nicht den für das Grundgeschäft gültigen Regeln. Nicht genehmigungsbedürftig ist auch die Verpflichtung des Betreuten zum Ersatz der Aufwendungen für die Beschaffung eines Darlehens, mögen sie auch die Darlehenssumme kürzen[108]. Sie steht mit dem Darlehen zwar in wirtschaftlichem, nicht aber in unmittelbarem rechtlichen Zusammenhang. Zur Aufnahme eines Darlehens auf den **Kredit einer OHG oder KG**, an der ein Betreuter beteiligt ist, bedarf der geschäftsführende Gesellschafter keiner Genehmigung. Nicht genehmigungspflichtig ist nach hM der Kauf unter **Stundung des Kaufpreises**[109], der **Ratenzahlungskauf**, ebenfalls nicht die Umwandlung einer bestehenden Schuld in ein Darlehen. Die spezielle Genehmigung zur Abhebung

98 Erman/*Holzhauer* Rz 24; aA LG Essen NJW 1965, 2302.
99 *Richardi*, in: Münchener Handbuch des ArbeitsR I § 44 Rz 70.
100 RAG 21, 129, 141.
101 KG Recht 1912 Nr 3100.
102 LG Mannheim MDR 1962, 482; LG Bremen FamRZ 1963, 658; aA LG Berlin NJW 1963, 110, weil der wirtschaftliche Zweck der Kauf sei.
103 KG Rpfleger 2010, 76 (Dispositionskredit).
104 *Spanl* Rpfleger 1989, 392/4.
105 KG OLGE 21, 289.
106 OLG Celle NJW 1954, 1729.
107 OLG Celle NJW 1954, 1729.
108 BGH FamRZ 1957, 120 = MDR 1957, 410 mit zust Anm *Beitzke*.
109 BGH WM 1972, 698; trotzdem bedenklich.

der bei einer Bank hinterlegten Wertpapiere des Betreuten (§ 1814) ermächtigt den Betreuer nicht, die Papiere für Darlehen des Betreuten bei der Bank zu verpfänden, vgl § 1812[110]. Nicht unter Nr 8 fällt das sog **Policendarlehen;** dabei handelt es sich um die Vorauszahlung auf die Lebensversicherungssumme, nicht um ein Darlehen iSd § 488 Abs 1[111]. Ebenso liegt keine Kreditaufnahme vor, wenn an den Betreuer der Kaufpreis für eine nicht genehmigte und daher unwirksame Grundstücksveräußerung bezahlt wird[112], also Geld ohne Rechtsgrund bezahlt wird; das passt schon vom Sinn und Wortlaut der Nr 8 her nicht.

c) **Kredit bei verweigerter Genehmigung.** Ist die **Kreditaufnahme nicht gestattet** und wird die Genehmigung später verweigert, so hat der Betreute das Geld gem § 812 zurückzugewähren. § 818 Abs 3 (Wegfall der Bereicherung) greift ein, ebenso § 819. Oftmals wird der Betreuer aus Rechtsunkenntnis den Mangel des rechtlichen Grundes nicht positiv wissen, also fahrlässig handeln, womit § 819 unanwendbar ist. Positive Kenntnis des Betreuers schadet dem Betreuten gem § 166[113]. Der Betreute ist auf Schadensersatzansprüche gegen den Betreuer gem § 1833 angewiesen; die Bösgläubigkeit des Betreuers kann nicht zu Lasten des Geschäftsgegners gehen. 42

10. Nr 9. Schuldverschreibungen, Wechsel etc. Die Begründung jeder wechselmäßigen Haftung bedarf betreuungsgerichtlicher Genehmigung, so dass der Betreute ohne diese weder das Akzept erteilen noch Aussteller oder Indossant eines Wechsels sein kann. Zu empfehlen ist, die betreuungsgerichtliche Genehmigung auf der Urkunde vermerken zu lassen. 43

11. Nr 10. Bürgschaften etc. – a) Grundsatz. Eine fremde Verbindlichkeit wird erfahrungsgemäß leicht ohne die gebotene Vorsicht übernommen, wenn der Übernehmer hofft, dass der eigentliche Schuldner die Schuld tilgen werde oder wenn er auf seinen Rückgriffsanspruch vertraut. Gegen diese Gefahr will die Vorschrift den Betreuten schützen[114]. Von daher ist der Wortlaut der Vorschrift zu weit gefasst und ist einschränkend dahin zu interpretieren, dass nur Fälle erfasst werden sollen, in denen der Betreute einen Ersatzanspruch gegen den eigentlichen Schuldner hat[115], in denen er also die Verbindlichkeit eines Dritten als wirtschaftlich fremde, nicht als eigene übernimmt[116]; ein solcher Ersatzanspruch fehlt (Nr 10 ist daher nicht einschlägig), wenn zB bei einem Grundstückskauf eine Belastung in Anrechnung auf den Kaufpreis übernommen wird. Zu den in Nr 10 bezeichneten Geschäften kann dem Betreuer eine **allgemeine Ermächtigung** erteilt werden (§ 1825). 44

b) **Einzelfälle. – aa) Zunächst die Bürgschaft,** auch als Bürgschaft auf erstes Anfordern. 45

bb) **Übernahme anderer Verbindlichkeiten.** Ferner alle Arten von Übernahmen fremder Verbindlichkeiten, Schuldübernahme, Schuldbeitritt (§§ 414 ff), sofern der Betreute einen Ersatzanspruch gegen den Erstschuldner hat. Fehlt ein solcher Ersatzanspruch, weil die Übernahme unentgeltlich erfolgen soll, so ist § 1804 zu beachten. Auch eine Schuld des Betreuers ist für den Betreuten eine fremde 46

110 Dresden OLGE 26, 114; KG OLGE 5, 409.
111 LG Berlin ZVersWes 1963, 233.
112 Vgl RGZ 81, 262/4; *Dölle*, FamR II, S. 802.
113 Staudinger-*Engler* Rz 34; aA MünchKomm/*Wagenitz* § 1822 Rz 57.
114 RGZ 158, 210/5.
115 RGZ 133, 7, 13.
116 BGHZ 60, 385; BGH NJW 1983, 1780; RGZ 158, 210/15; BayObLG FamRZ 1964, 526; aM KG OLGE 9, 461; KGJ 51, 174/180.

Schuld[117]. Genehmigungsbedürftig sind ferner: die Übernahme einer Gesamthaftung, § 426[118], die Verpfändung für fremde Verbindlichkeiten[119], die Sicherungsübereignung und Sicherungsabtretung für eine fremde Schuld[120]; Erfüllungsübernahme, § 329[121]; dass der Betreute dem Schuldner gegenüber zur Leistung verpflichtet ist und nicht dem Gläubiger gegenüber, macht keinen Unterschied.

47 cc) **Gesetzliche Haftung für fremde Schuld.** Dabei spielt es keine Rolle, ob die Haftung für die fremde Verbindlichkeit ausdrücklich übernommen wird oder ob sie sich kraft Gesetzes aus den Erklärungen des Betreuten ergibt[122]. Streitig ist, ob die Vorschrift *entsprechend* anzuwenden ist, wenn es sich rechtlich zwar um eine eigene, wirtschaftlich aber um eine fremde Schuld handelt. Die Frage ist von Bedeutung bei der **Beteiligung des Betreuten an einer Genossenschaft** (zB **Volksbank, Raiffeisenbank**) und an einer **GmbH**, weil die Haftung des Betreuten formal als Verbindlichkeit gegenüber der juristischen Person ausgestaltet ist, es sich wirtschaftlich aber um Schulden der juristischen Person gegenüber deren Gläubigern handelt.

48 Der BGH hat für die Genossenschaft mit beschränkter Haftpflicht entschieden, dass eine gerichtliche Genehmigung für den Beitritt nicht mehr erforderlich sei, weil eine bloße Nachschusspflicht gegenüber der Genossenschaft bestehe[123]. Die Gegenansicht betont zu Recht die Schutzbedürftigkeit des Betreuten. Sie befürwortet eine Analogie zu Nr 10[124]. Streitig ist, ob die Teilnahme eines Betreuten an der Gründung einer GmbH unter Nr 10 fällt. Die Frage ist insbes dann von Bedeutung, wenn es sich nicht um eine erwerbswirtschaftlich tätige Gesellschaft handelt. Mit der hM ist die Beteiligung des Betreuten dann als genehmigungspflichtig anzusehen, wenn die Einlage noch nicht voll geleistet ist, so dass der Betreute evtl den Fehlbetrag der Mitgesellschafter aufzubringen hat, § 24 GmbHG[125]. Mit Rücksicht auf § 31 Abs 3 GmbHG nimmt eine Gegenansicht stets die Genehmigungspflicht an[126]. Indes kann auch eine Prüfung der GmbH durch das Betreuungsgericht nicht verhindern, dass zu einem späteren Zeitpunkt verbotene Rückzahlungen erfolgen, für die der Betreute haftet. Eine dritte Ansicht hält die Mitgründung durch einen Betreuten für genehmigungsfrei[127], weil § 1822 Nr 10 nur die rechtsgeschäftliche Übernahme einer fremden Verbindlichkeit erfasse.

49 Der **Erwerb eines Geschäftsanteils an einer GmbH** bedarf nur in den Fällen der Genehmigung gemäß § 1822 Nr 10 wegen der damit verbundenen Schuldübernahme (im Übrigen aber nach § 1811), in denen dem Betreuten die rechtliche Möglichkeit verbleiben soll, nach seiner Inanspruchnahme durch die Gesellschaft Regress zu nehmen, sei es beim Rechtsvorgänger oder bei dem Gesellschafter, für dessen Ausfälle er nach §§ 24, 31 Abs 3 GmbHG einzustehen hat. Kommt eine Haftung für rückständige Leistungen (§ 16 Abs 3 GmbHG) und eine Ausfallhaftung (§§ 24, 31 Abs 3 GmbHG) nicht in Betracht, weil der Rechtsvorgänger alle fälligen Verbindlichkeiten getilgt und die Mitgesellschafter ihre Stammeinlagen geleistet sowie das entgegen § 30 GmbHG entnommene

---

117 OLG Hamburg HansGZ 1916 B 95 = ZBlFG 17, 40.
118 BGHZ 60, 385; BayObLG Rpfleger 1977, 304; OLG Hamm FamRZ 2001, 53.
119 Hypothek: RGZ 63, 76; BayObLGZ 9, 50; Wertpapiere: OLG Hamburg SeuffA 63 (1908) Nr 15; Bankguthaben: OLG Königsberg JW 1933, 2072.
120 Forderung: RG HRR 1936 Nr 336; Hypothek: RGZ 76, 89, 93; RG SeuffA 91 (1937) Nr 127; Grundschuld: RG JW 1915, 141; Rostock OLGE 31, 346; Zinsraten einer für den Mündel eingetragenen Hypothek: KG JW 1932, 1386.
121 AA Staudinger-*Engler* § 1822 Rz 122.
122 RGZ 75, 357.
123 BGHZ 41, 71; OLG Hamm FamRZ 1966, 456; aA *Brüggemann* FamRZ 1990, 124/5.
124 OLG Braunschweig FamRZ 1963, 657; aA OLG Karlsruhe FamRZ 1963, 655; OLG Oldenburg NJW 1963, 1551; OLG Hamm NJW 1966, 1971.
125 KG NJW 1962, 54.
126 OLG Stuttgart OLGZ 1978, 426; KGJ 44, 142/4; KG JW 1927, 2578.
127 *Zelz* GmbHRdsch 1959, 92; *Winkler* ZGR 1990, 131/8.

Vermögen der Gesellschaft erstattet haben, so fehlt schon die fremde Verbindlichkeit, für die der Erwerber einzustehen hätte[128].

50 **dd) Änderung eines Gesellschaftsvertrages.** Die Änderung des Gesellschaftsvertrages ist nach der hier vertretenen Ansicht schon nach § 1822 Nr 3 genehmigungspflichtig, nach der Rspr des BGH indes nicht (Rz 33). Auch wenn man der letztgenannten Ansicht folgt, so muss man die Vertragsänderung wohl dann als nach Nr 10 für genehmigungspflichtig ansehen, wenn der Gegenstand der Änderung eine Verschärfung der Haftung des Betreuten herbeiführen kann, zB bei Kapitalerhöhung[129] oder bei Nebenleistungen[130].

51 c) **Unanwendbarkeit.** Nicht unter Nr 10 fallen bei einem geschenkten Grundstück die Übernahme der auf ihm ruhenden (geringwertigeren) Lasten[131] und nach heute allgemeiner Meinung bei einem gekauften Grundstück die Übernahme der persönlichen Forderung einschließlich der dinglichen Lasten unter Anrechnung auf den Kaufpreis[132], weil sie hier als eigene ohne Mitschuldner oder Rückgriffsmöglichkeit übernommen werden. Aus dem gleichen Grunde sind ferner genehmigungsfrei die Sicherungsabtretung, wenn sie nicht die Schuld eines Dritten, sondern eine eigene Schuld des Betreuten sichern soll, die Tilgung einer fremden Schuld, die Vereinbarung nach § 91 Abs 2 ZVG[133], die Erfüllungsübernahme, wenn kein Rückgriff gegen den Schuldner erfolgen soll[134]; ebenso der Erbschaftskauf, bei dem der Käufer gem § 2382 dem Gläubiger gegenüber haftet und gem § 2378 dem Verkäufer gegenüber es sich um Schulden des Käufers handelt[135]; anders aber, wenn § 2378 vertraglich abbedungen wurde. Nicht unter Nr 10 fällt die sog Zweckerklärung für eine (bereits betreuungsgerichtlich genehmigte) Grundschuld, also die Abrede, mit der festgelegt wird, für welche Forderung die Grundschuld haftet; durch diese Zweckerklärung wird nämlich die bereits bestehende dingliche Haftung nicht verändert und auch keine (zusätzliche) fremde Verbindlichkeit übernommen, wenn nach der Zweckerklärung die Grundschuld für eine Darlehensschuld eines Dritten haften soll[136]. Die Rechtsgeschäfte können aber nach anderen Vorschriften (zB § 1804) untersagt genehmigungsbedürftig (zB nach § 1812) sein.

52 **12. Nr 11. Prokuraerteilung.** §§ 48 ff HGB. Der mit Genehmigung des Betreuungsgerichts bestellte Prokurist hat die volle Rechtsstellung der HGB §§ 49, 50; er braucht die Geschäfte, die für einen Betreuer als gesetzlicher Vertreter des Betreuten als Kaufmann genehmigungsbedürftig wären, nicht genehmigen zu lassen[137]. Das gleiche gilt, wenn in einem von dem Betreuten ererbten Erwerbsgeschäft bereits ein Prokurist vor dem Erbfall bestellt war[138]. Der Betreuer kann nicht sich selbst zum Prokuristen bestellen (§ 1795 Abs 2). Sonstige Bevollmächtigte kann der Betreuer ohne Genehmigung bestellen[139], auch Handlungsbevollmächtigte gem § 54 HGB; ihnen kann er aber nicht mehr Rechte übertragen, als er selbst besitzt. Die **Erteilung der Vollmacht** bedarf keiner betreuungsgerichtlichen Genehmigung. Eine Genehmigung für die Erteilung der Prokura ist nicht erforderlich, wenn Prokura für eine GmbH erteilt werden

---

128 BGHZ 107, 23; ablehnend *Müller* JR 1989, 331; *Winkler* ZGR 1990, 131.
129 *Müller* JR 1961, 152.
130 *Scholz/Winter* § 15 Rz 152 GmbHG.
131 KG JW 1935, 55.
132 RGZ 158, 210/6; RGZ 133, 7/13
133 Staudinger-*Engler* § 1822 Rz 118.
134 RGZ 158, 210/6.
135 AA AG Stuttgart BWNotZ 1979, 177 = FamRZ 1971, 182 LS.
136 BayObLG FamRZ 1986, 597.
137 RGZ 106, 185/6.
138 OLG Hamm BB 1956, 900.
139 OLG Hamm FamRZ 1972, 270/2.

soll, an der ein Betreuter beteiligt ist[140]; nichts Anderes gilt für OHG und KG; auch nicht für den Widerruf der Prokura (§ 52 HGB). Ein Verstoß gegen Nr 11 macht die ohne Genehmigung erteilte Prokura unheilbar unwirksam, § 1831; sie wird auch durch Eintragung in das Handelsregister nicht wirksam, selbst gegenüber gutgläubigen Dritten nicht[141].

53 **13. Nr 12. Vergleich. – a) Genehmigungsbedürftigkeit.** Hierunter fällt der Vergleich, § 779; auch Prozessvergleich, Anwaltsvergleich; Abfindungsvergleich mit der Versicherung nach einem Personenschaden (zB Unfall; Arzthaftpflicht)[142]. Schriftlichkeit des Vergleichs ist nicht erforderlich[143]. Nicht genehmigungsbedürftig ist der vom Testamentsvollstrecker über einen Nachlassgegenstand geschlossene Vergleich. Ein im Vergleichswege abgegebenes Schuldanerkenntnis kann betreuungsgerichtlich erst dann genehmigt werden, wenn das Gericht die gegenüber dem Betroffenen behaupteten Forderungen daraufhin geprüft hat, ob ihre Höhe, Plausibilität, mögliche Durchsetzbarkeit und rechtliche Grundlage schlüssig dargelegt sind; die Billigung durch den Verfahrenspfleger genügt nicht[144].

54 **Schiedsvertrag:** §§ 1025 ff ZPO. Darunter fällt auch ein Prozessfinanzierungsvertrag mit Erfolgsbeteiligung und Schiedsgerichtsvereinbarung[145]. Mit „nicht in Geld schätzbaren" Sachen sind wohl nichtvermögensrechtliche gemeint.

55 **b) Keine Genehmigungsbedürftigkeit.** Dies ist dann der Fall, wenn der Vergleichsgegenstand 3.000 Euro nicht übersteigt. Maßgebend für den Wert ist der Gegenstand des Streites oder der Ungewissheit, nicht der Anspruch selbst, auch nicht die Summe, auf die man sich einigte. Beispiel: gefordert werden 5.000 Euro, man einigt sich auf 2.000 Euro (genehmigungspflichtig, da Streitgegenstand 5.000 Euro wert ist). Die Höhe des Gegenstandes ist oft unklar, wenn zB auf alle wechselseitigen Ansprüche verzichtet wird, ohne dass sie vorher berechnet werden. Die Genehmigungsfreiheit bei Werten bis 3.000 Euro gilt nicht, wenn nach anderen Bestimmungen Genehmigungspflicht besteht, zB nach § 1821 Nr 1[146].

56 Die Genehmigungspflicht entfällt ferner, wenn der **vom Gericht vorgeschlagene Vergleich** geschlossen wird. Der Vorschlag muss schriftlich oder protokolliert sein, kann von einem Richter (Kammervorsitzender, Berichterstatter) oder (in seinem Zuständigkeitsbereich) Rechtspfleger stammen; der Vorschlag kann sich auch auf Punkte beziehen, die nicht zum Streitgegenstand des Verfahrens gehören[147]. Der allgemeine Ratschlag des Gerichts, „sich zu einigen" genügt nicht; denn § 1822 Nr 12 unterstellt, dass der Zivilrichter anstelle des Betreuungsrichters (bzw Rechtspflegers) den Vergleich dahin geprüft hat, dass er dem Wohl des Betreuten entspricht. Anders als bei sonstigen zivilgerichtlichen Vergleichen übernimmt also das einen Vergleich vorschlagende Gericht dieselbe Haftung wie das Betreuungsgericht, das sonst die Genehmigungsfähigkeit des Vergleichs hätte prüfen müssen. Das Protokoll kann um den Vorschlag berichtigt werden, § 164 ZPO; der telefonische Vorschlag nachträglich schriftlich fixiert werden. Der Vergleich selbst kann auch außergerichtlich geschlossen werden. Zum Räumungsvergleich vgl § 1907.

---

140 KG OLGE 27, 369.
141 RGZ 127, 153/8.
142 Dazu *Hoffmann/Schwab/Tolksdorf* DAR 2006, 666.
143 OLG Frankfurt Rpfleger 1977, 362.
144 BayObLG NJW-RR 2003, 1587.
145 OLG Hamm Rpfleger 2000, 547.
146 OLG Colmar OLGE 6, 66.
147 BT-Drucks 11/4528 S. 109.

14. Nr 13. Sicherheiten. Die Vorschrift ist nur anwendbar, wenn für eine Forderung eine Sicherheit besteht, die gerade der Realisierung dieser Forderung bei Zahlungsunfähigkeit des Schuldners dient[148]. 57

a) **Aufgabe einer Sicherheit.** ist zB der Verzicht auf die Hypothek, § 1168, wenn die gesicherte Forderung bestehen bleiben soll[149], die Aufhebung der Hypothek (§§ 875, 1183) bei Bestehenbleiben der Forderung[150], der Verzicht auf Sicherungseigentum und Sicherungsabtretung, der Verzicht auf das Pfandrecht (§ 1253), der Verzicht auf eine geleistete Sicherheit iSv § 232 BGB, § 108 ZPO, Freigabe des Bürgen, Freigabe vom Gerichtsvollzieher gepfändeter Sachen, gepfändeter Rechte und Forderungen (§ 843 ZPO). Nr 13 gilt auch, wenn der Betreute hinsichtlich der in Frage kommenden Forderung nur Nacherbe ist. Die Rücknahme des Versteigerungsantrags oder des Beitritts zum Verfahren der Zwangsversteigerung oder Zwangsverwaltung seitens eines Gläubigers, der nur eine persönliche Forderung verfolgt; dadurch geht das relative Veräußerungsverbot (§ 23 Abs 2 ZVG) und das Recht auf Befriedigung aus dem Grundstück verloren[151]. 58

b) **Minderung einer Sicherheit.** Rangrücktritt, § 880[152], Umwandlung einer Briefhypothek in eine Sicherungshypothek nach § 1186, weil dadurch die Rechtsverfolgung erschwert wird; die Umwandlung der Sicherungshypothek in eine Briefhypothek ist hingegen keine Minderung der Sicherheit[153], Neuanlage in weniger sicherer Hypothek, Verteilung der Gesamthypothek auf die einzelnen Grundstücke, § 1132 Abs 2. 59

c) **Verpflichtungsgeschäfte.** Genehmigungsbedürftig sind die Verfügungs- wie auch die Verpflichtungsgeschäfte. 60

d) **Unanwendbarkeit der Vorschrift.** Die Vorschrift gilt nicht, wenn der Betreute zur Abgabe der Erklärung verurteilt ist, § 894 ZPO (Rz 6 vor § 1821). Nicht Nr 13, sondern §§ 1812, 1821 gelten, wenn das Rechtsgeschäft nicht nur die Sicherheit, sondern auch die gesicherte Forderung mitbetrifft[154], so die Entgegennahme der Hypothekenvaluta Zug um Zug gegen Erteilung der Löschungsbewilligung. § 1807 bleibt zu beachten. Nicht unter Nr 13 fällt die Löschung einer Hypothek, wenn dem Betreuten nur der Nießbrauch an der verzinslichen Hypothekenforderung zusteht. Anwendbar ist aber § 1812. Wurde das Grundstück des Betreuten mit Genehmigung des Betreuungsgerichts (§ 1821 Nr 1) mit einer Fremdgrundschuld belastet, so liegt in der Vereinbarung zwischen dem Betreuten und dem Grundschuldinhaber, die Grundschuld solle als Sicherheit für die Darlehensschuld eines Dritten dienen (sog Zweckerklärung), kein genehmigungsbedürftiges Rechtsgeschäft; die dingliche Haftung des Betreuten wird dadurch nämlich nicht verändert und der Betreute übernimmt dadurch auch keine zusätzliche persönliche Haftung[155]. 61

148 BGH WM 1966, 575.
149 KG OLGE 8, 359.
150 KG OLGE 10,10.
151 *Brüggemann* FamRZ 1990, 124/6; *Eickmann* Rpfleger 1983, 199/200.
152 RG Recht 1920 Nr 2443; BayObLGZ 17, 172.
153 OLG Dresden OLGE 29, 372.
154 RG Warn 1939 Nr 84.
155 BayObLG Rpfleger 1986, 223.

§ 1823 BGB Genehmigung bei einem Erwerbsgeschäft des Mündels

Der *Vormund* soll nicht ohne Genehmigung des *Familiengerichts* ein neues Erwerbsgeschäft im Namen des *Mündels* beginnen oder ein bestehendes Erwerbsgeschäft des *Mündels* auflösen.

1 **1. Zweck der Vorschrift.** Die Vorschrift gilt für die Betreuung (§ 1908 i Abs 1); dann ist anstelle des Familiengerichts das Betreuungsgericht zuständig. Zum Begriff des Erwerbsgeschäfts vgl § 1822 Rz 15 ff. Es soll verhindert werden, dass der Betreuer, nur um den Bereich seiner Verantwortung einzuengen, das Erwerbsgeschäft auflöst. Abgesehen von § 1823 ist der Erwerb, die Veräußerung und der Gesellschaftsvertrag zum Betrieb eines Erwerbsgeschäfts nach § 1822 Nr 3, der Pachtvertrag über ein bestehendes Geschäft nach § 1822 Nr 4 genehmigungsbedürftig; die Bedeutung von § 1823 reduziert sich auf diese Weise auf den Fall, dass der Betreuer ein Geschäft aus dem Nichts aufbaut und dann auflösen will. Dieser Fall kann von § 1822 nicht erfasst werden, denn es handelt sich um kein Rechtsgeschäft.

2 **2. Erwerbsgeschäft. – a) Beginn.** Der Beginn eines Erwerbsgeschäfts liegt auch vor, wenn die Erben eines Alleingeschäftsinhabers eine Gesellschaft gründen; wenn nach dem Tode eines Gesellschafters dessen Erben mit den anderen Gesellschaftern die Weiterführung der aufgelösten, aber nicht liquidierten Gesellschaft vereinbaren; wenn der Betreute ein Eintrittsrecht ausübt, das ihm durch den Tod eines Gesellschafters angefallen ist; diese Fälle werden alle auch von § 1822 Nr 3 erfasst[1].

3 **b) Kein Beginn** ist die Fortführung eines bestehenden Geschäfts, sei es, dass es schon vor Anordnung der Betreuung betrieben wurde, sei es, dass es während der Betreuung dem Betreuten zufällt, zB durch Schenkung oder Erbfall; Erwerb eines Geschäfts vgl § 1822 Nr 3. Auch die Änderung des Geschäftszwecks fällt nicht unter § 1823, wenn nicht im Einzelfall in der Änderung die Begründung eines neuen Geschäfts gesehen werden muss.

4 **3. Auflösung des Geschäfts.** Als **Auflösung des Geschäfts** ist auch der Auflösungsbeschluss bei einer Personengesellschaft anzusehen; desgleichen die Veräußerung der Beteiligung und die Kündigung des Gesellschaftsvertrages[2].

5 **4. Verstoß gegen die Vorschrift.** Ein Verstoß lässt die Wirksamkeit der Rechtsgeschäfte bei Beginn und Auflösung des Erwerbsgeschäfts unberührt, da es sich nur um eine **Ordnungsvorschrift (Innengenehmigung)** handelt („soll"). Das Registergericht darf die Eintragung des Beginns des Geschäfts im Handelsregister nicht vom Nachweis der Genehmigung abhängig machen[3], weil § 1823 nur eine Ordnungsvorschrift ist. Hinsichtlich der Beendigung des Geschäfts kann der Registerrichter die Eintragung nicht von der betreuungsgerichtlichen Genehmigung abhängig machen. – Haftung des Betreuers nach § 1833; Zwangsmittel des Betreuungsgerichts: §§ 1837, 1908 b.

6 **5. Verfahren.** Die Entscheidung trifft der Rechtspfleger (§§ 3, 15 RPflG). Anzuhören sind der Gegenbetreuer nach § 1826, der Betreute nach § 299 FamFG. Die Genehmigung zum Betrieb eines Erwerbsgeschäfts wird selten zu erteilen sein, da der Beginn eines solchen durch den Betreuten, vertreten durch den Betreuer, recht außergewöhnlich ist.

---

1 BGHZ 52, 316/9 = NJW 1970, 33.
2 *Winkler* ZGR 1973, 205.
3 MünchKomm/*Schwab* Rz 4; KGJ 20, 160.

6. Entsprechende Anwendung. Die Vorschrift gilt für den Pfleger gemäß § 1915. Für Eltern gilt § 1645. 7

§ 1824 BGB Genehmigung der Überlassung von Gegenständen an den Mündel

Der *Vormund* kann Gegenstände, zu deren Veräußerung die Genehmigung des *Gegenvormundes* oder des *Familiengerichts* erforderlich ist, dem *Mündel* nicht ohne diese Genehmigung zur Erfüllung eines von diesem geschlossenen Vertrages oder zu freier Verfügung überlassen.

1. Zweck der Vorschrift. Die Vorschrift gilt für die **Betreuung** (§ 1908 i Abs 1). 1
Der Betreuer könnte bei den genehmigungsbedürftigen Geschäften die Genehmigung dadurch umgehen, dass er dem unter *Einwilligungsvorbehalt* stehenden *geschäftsfähigen* Betreuten derartige Geschäfte abschließen lässt und ihm die zur Erfüllung erforderlichen Gegenstände (zB ein Wertpapier) übergibt; mit der Erfüllung wären die Geschäfte wirksam (§§ 110; 1903 Abs 1 Satz 2). § 1824 macht daher auch die Überlassung durch den Betreuer von der Genehmigung des Betreuungsgerichts oder Gegenbetreuers abhängig. Die Gegenstände, auf die sich die Vorschrift bezieht, sind in §§ 1812, 1813, 1819, 1820, 1821, 1822 genannt. Fehlt die Genehmigung, so tritt die Wirkung nach § 110 nicht ein[1], der Vertrag bleibt unwirksam. Die Wirkung richtet sich dann nach §§ 107, 108, 1812, 1829 ff. Zuständig für die Genehmigung ist der Rechtspfleger (§§ 3, 15 RPflG).

2. Ersetzung der Genehmigung des Gegenbetreuers. Auch bei § 1824 ersetzt die Genehmigung des Betreuungsgerichts in Analogie zu § 1812 Abs 2 die Genehmigung des Gegenbetreuers. 2

3. Geschäftsfähige Betreute. Wenn der Betreute *geschäftsfähig* ist und nicht unter Einwilligungsvorbehalt steht (§ 1903), kann der Betreuer ohne Genehmigung des Betreuungsgerichts dem Betreuten Gegenstände überlassen. 3

§ 1825 BGB Allgemeine Ermächtigung

(1) Das *Familiengericht* kann dem *Vormunde* zu Rechtsgeschäften, zu denen nach § 1812 die Genehmigung des *Gegenvormundes* erforderlich ist, sowie zu den im § 1822 Nr. 8 bis 10 bezeichneten Rechtsgeschäften eine allgemeine Ermächtigung erteilen.

(2) Die Ermächtigung soll nur erteilt werden, wenn sie zum Zwecke der Vermögensverwaltung, insbesondere zum Betrieb eines Erwerbsgeschäfts, erforderlich ist.

1. Allgemeines. § 1825 gilt auch für die Betreuung (§ 1908 i Abs 1); in diesem Fall ist das Betreuungsgericht zuständig. Es handelt sich um eine Ausnahme von dem Grundsatz, dass das Betreuungsgericht jedes Geschäft für sich prüfen und genehmigen soll. § 1825 ergänzt § 1817, der ebenfalls Befreiungen gestattet. Es gibt also folgende Möglichkeiten: Befreiung: 1
- von §§ 1806 bis 1811, 1813: nach § 1817 Abs 1;
- von §§ 1814, 1816: § 1817 Abs 2, Abs 1;
- von § 1812: nach § 1825 Abs 1 bzw § 1817 Abs 1;
- von § 1822 Nr 8, 9, 10: nach § 1825 Abs 1.

---

1 RGRK-*Dickescheid* Rz 2.

2 Das Betreuungsgericht soll die Möglichkeit haben, den Betreuer für die Teilnahme am Wirtschaftsleben ausreichend beweglich zu machen, denn die Genehmigung des Gerichts dauert meist längere Zeit. Deshalb ist auch eine Befreiung für bestimmte **Gruppen von Rechtsgeschäften möglich.** Die Ermächtigung muss ausdrücklich erteilt werden[1]; die Anweisung an den Pfleger, einen umfangreichen Nachlass zu teilen, enthält deshalb nicht die stillschweigende Ermächtigung zu Veräußerungen; die Pflegschaft zur Verwaltung eines großen Baugeschäfts nicht die Berechtigung, Wechsel zu begeben (§ 1822 Nr 9). Die Befreiung vom Genehmigungserfordernis des § 1812 ist bei nennenswerter Vermögensverwaltung zweckmäßig (vgl ferner § 1817). So kann zB eine laufende Kontoüberziehung (§ 1822 Nr 8) bis zu einem bestimmten Betrag oder eine allgemeine Ermächtigung für Bankgeschäfte (§ 1812) erteilt werden, die nicht nach § 1813 Abs 1 Nr 1 genehmigungsfrei sind[2]. Eine Befristung ist zulässig.

3 **2. Ermächtigung.** Die Ermächtigung wird entsprechend § 1828 dem Betreuer gegenüber erteilt; sie kann von Amts wegen geändert oder zurückgenommen werden. Dies wird insbesondere dann der Fall sein, wenn die Voraussetzungen von **Abs 2** nicht (mehr) vorliegen. Solange die Ermächtigung nicht widerrufen ist, sind die Geschäfte des Betreuers in ihrem Rahmen wirksam, auch wenn die Voraussetzungen von Abs 2 nicht gegeben sind. Die Haftung des Staates bestimmt sich dann nach § 839 BGB, Art 34 GG. Für die „Erforderlichkeit" in Abs 2 kommt es ua auf die Häufigkeit der Vorgänge an[3]. Die Einschränkung nach Abs 2 ist nicht verbindlich und zB bei Betreuungen oft wenig sinnvoll; hat der Betreute monatliche Renteneinkünfte und **monatliche Heimkosten** in derselben Höhe, dann sollte die Genehmigung nicht mit der Begründung verweigert werden[4], es handle sich nicht um den Betrieb eines Erwerbsgeschäfts; denn in Abs 2 steht nur „soll". Allerdings ist die Bedeutung des § 1825 durch die seit 1.9.2009 geltende **Änderung des § 1813 Abs 1 Nr 3** stark geschrumpft; denn danach besteht Genehmigungsfreiheit, wenn der Anspruch das Guthaben auf einem Giro- oder Kontokorrentkonto zum Gegenstand hat.

4 **3. Verfahren.** Die Aufnahme der Ermächtigung in die Bestallungsurkunde ist nicht vorgeschrieben, aber zulässig. Es entscheidet der Rechtspfleger (§§ 3, 15 RPflG). Wird die Ermächtigung später zurückgenommen, so hat das Betreuungsgericht die Bestallungsurkunde zu berichtigen, davon hängt aber die Wirksamkeit der Rücknahme nicht ab. Gegen die Erteilung der allgemeinen Ermächtigung nach § 1825 hat der Gegenbetreuer das Recht der Beschwerde.

§ 1826 BGB Anhörung des Gegenvormunds vor Erteilung der Genehmigung

Das *Familiengericht* soll vor der Entscheidung über die zu einer Handlung des *Vormundes* erforderliche Genehmigung den *Gegenvormund* hören, sofern ein solcher vorhanden und die Anhörung tunlich ist.

1 **1. Ordnungsvorschrift.** Die Vorschrift gilt auch für die Betreuung; sie war in § 1908 i Abs 1 aufgrund eines Redaktionsversehens nicht genannt; der Fehler wurde durch das 2. BtÄndG behoben. Bei der Betreuung tritt an die Stelle des Familiengerichts das Betreuungsgericht. Allerdings hat § 1826 fast keine Bedeutung, weil Gegenbetreuer selten bestellt werden. Es handelt sich nur um eine

1 RG HRR 1930 Nr 791; aA OLG Frankfurt JW 1931, 1380 mit abl Anm *Bernstein*.
2 OLG Köln Rpfleger 1994, 503.
3 OLG Köln FGPrax 2007, 124.
4 OLG Karlsruhe FGPrax 2001, 23: Pflegeheimkosten monatlich 5.600 DM, finanziert durch 2.800 DM Pflegeversicherung und 3.000 DM eigene Rente: früher Fall des § 1825.

Ordnungsvorschrift; der Gegenbetreuer hat keinen Anspruch auf mündliche oder schriftliche Anhörung, auch nicht darauf, dass seine Bedenken berücksichtigt werden[1]. Die Vorschrift gilt auch, wenn das Betreuungsgericht im Falle des § 1812 Abs 2 die Genehmigung des Gegenbetreuers ersetzen will. Ein Verstoß kann eine Schadensersatzpflicht des Staates begründen (§ 839 BGB, Art 34 GG). Von der Anhörung kann das Betreuungsgericht als untunlich zB absehen, wenn die Entscheidung dringlich und der Gegenbetreuer nicht einmal telefonisch erreichbar ist.

2. Beschwerderecht des Gegenbetreuers. Wird der Gegenbetreuer nicht angehört, hat er ein eigenes Beschwerderecht gem § 59 FamFG[2]. So kann er seine Meinung in der zweiten Instanz zu Gehör bringen. Das Beschwerderecht entfällt, wenn die Genehmigung rechtskräftig geworden ist und dem Gegner mitgeteilt wurde. Ist er gehört worden, aber mit seiner Meinung nicht durchgedrungen, so dass das Betreuungsgericht, zB im Fall des § 1812 Abs 2, seine Genehmigung ersetzt hat, steht ihm die Beschwerde aus eigenem Recht nicht zu[3]. 2

§ 1827 BGB [Anhörung des Mündels]

(aufgehoben)

Die Anhörung des Betreuten ist jetzt in § 299 FamFG geregelt. 1

§ 1828 BGB Erklärung der Genehmigung

Das *Familiengericht* kann die Genehmigung zu einem Rechtsgeschäfte nur dem *Vormunde* gegenüber erklären.

Schrifttum: *Breit*, Zur Lehre von der vormundschaftsgerichtlichen Genehmigung, ZblFG 4 (1903/4), 389, 473, 569; *Müller*, Rücknahme der wirksam gewordenen vormundschaftsgerichtlichen Genehmigung bei Täuschung des Richters, JR 1962, 326 = Justiz 1957, 155; *Müller*, Zur Bedeutung der vormundschaftlichen Genehmigung im Zivilprozess, JR 1962, 441; *Zettel*, Die vormundschaftsgerichtliche Genehmigung, JuS 1982, 751; *Jaspersen*, Die vormundschaftsgerichtliche Genehmigung in Fällen mit Auslandsbezug, FamRZ 1996, 393; *Reiß*, Die Wirksamkeit vormundschaftsgerichtlich genehmigter Geschäfte, RNotZ 2001, 203; *Neuhausen*, Rechtsgeschäfte mit Betreuten, RNotZ 2003, 158.

Übersicht

1 KGJ 27, 111; KGJ 38, 44.
2 KGJ 27, 11; KGJ 38, 44.
3 OLG Hamm NJW 1966, 1127; KGJ 27, 11/4.

I. Allgemeines

1 **1. Betreuung.** § 1828 ist auf die Betreuung anwendbar (§ 1908 i Abs 1); anstelle des Familiengerichts ist dann das Betreuungsgericht zuständig (bis 31.8.2009 war das Vormundschaftsgericht zuständig). § 1828 ist auch auf Pfleger anwendbar (§ 1915). Ein Testamentsvollstrecker ist bei der Ausführung des Testaments grundsätzlich unbeschränkt verfügungsbefugt und bedarf keiner vormundschafts-, betreuungs- oder nachlassgerichtlichen Genehmigung, selbst wenn der Erbe in seiner Geschäftsfähigkeit beschränkt ist[1].

2 Die Vorschrift enthält **zwingendes Recht.**

3 **2. Zweck.** § 1828 verhindert, dass der Betreuer bei der **Nachgenehmigung** übergangen werden kann. Er soll von der Genehmigung Kenntnis erlangen, damit er Gelegenheit hat, zu prüfen, ob eine Genehmigung noch den Interessen des Betreuten entspricht, und sich entscheiden kann, ob er das Geschäft durch Mitteilung der Genehmigung an den Geschäftsgegner wirksam werden lassen will oder nicht[2], vgl § 1829 Abs 1 Satz 2. Bei der **Vorgenehmigung** gilt dies nicht. Zu unterscheiden sind der Beschluss des Rechtspflegers, der die Genehmigung erteilt; das Wirksamwerden dieses Beschlusses nicht schon mit der Bekanntgabe an den Betreuer, sondern erst mit Rechtskraft (§§ 40 Abs 2, 45 FamFG); die Mitteilung der Genehmigung durch den Betreuer an den Geschäftsgegner (§ 1829 Abs 1 Satz 2).

4 **3. Anwendungsbereich.** Die Vorschrift ist nicht nur anwendbar bei Rechtsgeschäften, die der Betreuer im Namen des Betreuten vornimmt, sondern auch bei solchen, die der Betreute **mit** Zustimmung des Betreuers eingeht. Sie gilt auch für die Entscheidung, durch die eine Genehmigung des Gegenbetreuers ersetzt wird, wenn die Genehmigung nicht nur durch eine Ordnungsvorschrift, sondern als Wirksamkeitsvoraussetzung vorgeschrieben ist (vgl §§ 1809, 1812, 1813 Abs 2). Hat die Genehmigung jedoch auf die Wirksamkeit des Rechtsgeschäfts

1 BGH ZEV 2006, 262.
2 Motive IV, S. 1154; RGZ 121, 30/7.

keinen Einfluss, so in den Fällen, in denen sie nur als Ordnungs- oder **Sollvorschrift** vorgesehen ist (§§ 1810, 1823), oder als **Innengenehmigung**, so ist § 1828 unanwendbar (vgl § 1832 Rz 1). Das gleiche gilt in den Fällen, in denen das Betreuungsgericht die bereits verweigerte Genehmigung des Betreuers ersetzt oder im Fall des § 1811[3]. Wenn kein Rechtsgeschäft vorliegt, gilt sie nicht (zB Einwilligung des Betreuers in gefährliche medizinische Maßnahmen).

4. Rechtsnatur der Genehmigung. Die Genehmigung (und ihre Verweigerung) erfolgt durch einen gerichtlichen Beschluss und ist ein Hoheitsakt staatlicher Fürsorge für den Betreuten; als solcher untersteht sie unabdingbaren Vorschriften[4]. 5

a) Frühere herrschende Meinung. Nach der Auffassung einer heute überholten, aber ehemals herrschenden Meinung hat die Genehmigung zugleich rechtsgeschäftliche Eigenschaften[5], weil das Gericht gewissermaßen als gesetzlicher Mitvertreter des Betreuten tätig werde, so dass auch gewisse Vorschriften über Willenserklärungen für sie (zumindest entsprechend) gelten sollen; so über die Möglichkeit der stillschweigenden Erteilung[6], über die Auslegung[7], über die Rückwirkung bei nachträglicher Genehmigung nach § 184[8]. Auch die Anfechtung nach §§ 119, 123 soll zulässig sein[9]; es soll die Genehmigung des Betreuungsgerichts gerade so, als ob sich der Betreuer geirrt hätte, oder als ob er getäuscht worden *wäre*, angefochten werden können. Die Anfechtung soll durch den Betreuer oder, falls dieser selbst beteiligt ist, durch einen besonders zu bestellenden Ergänzungsbetreuer erklärt werden[10]. Ist aber eine Anfechtung des Geschäfts möglich durch einen Beteiligten, dessen Willensbildung gerade fehlerfrei war? 6

b) Heutige Auffassung. Die Genehmigung des Betreuungsgerichts hat **keine rechtsgeschäftlichen Eigenschaften.** Die Genehmigung ist kein Akt der Vertretung des Betreuten. Nur weil die Genehmigung privatrechtliche Wirkungen nach sich zieht darf sie nicht zum Bereich des Privatrechts gezählt zu werden; desgleichen nicht deshalb, weil sie als Mitwirkung für bestimmte privatrechtliche Rechtshandlungen bei der Verwaltung des Betreuers vorgeschrieben ist. Eine Aufspaltung der Genehmigung in einen öffentlich-rechtlichen und einen privatrechtlichen Teil ist unstatthaft. Die **Genehmigung ist ein staatlicher Hoheitsakt**, kein privates Rechtsgeschäft[11]. Sie kann ausgelegt werden. Soweit die in den Normen über Willenserklärungen niedergelegten Vorschriften Ausfluss allgemeiner Rechtsgedanken sind, die auch im öffentlichen Recht gelten, können sie unbedenklich entsprechend angewandt werden[12]. Wurde die betreuungsgerichtliche Genehmigung aufgrund eines **Irrtums des Gerichts** erteilt, so kommt eine Rücknahme gemäß § 48 Abs 1 FamFG, beschränkt gemäß § 48 Abs 3 FamFG, in Betracht; weder das Gericht noch der Betreuer noch ein zu bestellender Pfleger können die Genehmigung nach § 119 BGB wegen Irrtums anfechten. Hat der Betreuer das Betreuungsgericht durch **Täuschung** zur Erteilung der Genehmigung veranlasst, kommt eine Überschreitung der Vertretungsmacht durch Missbrauch in Frage. **Irrte der Betreuer**, kann er seine Mitteilung 7

3 RG JW 1917, 288/90; 1938, 3167.
4 RGZ 121, 30/6.
5 RGZ 71, 162/170; 137, 324, 345.
6 RGZ 137, 345.
7 RGZ 59, 277; 99, 72.
8 RGZ 76, 364/6; 142, 59/62.
9 RG HRR 1934 Nr 1035.
10 *Breit* ZblFG 4 (1903/04) 594.
11 MünchKomm/*Wagenitz* § 1829 Rz 5; RGRK-*Dickescheid* § 1829 Rz 3; Staudinger-*Engler* § 1829 Rz 20; Erman-*Holzhauer* § 1829 Rz 6.
12 *Müller-Freienfels*, Die Vertretung beim Rechtsgeschäft, 1955, S. 386.

an den Gegner wegen Irrtums oder Täuschung nach §§ 119 ff BGB anfechten.

8 c) **Rechtsnatur der Mitteilung der Genehmigung.** Anders als die Genehmigung ist die Mitteilung der Genehmigung durch den Betreuer an den Vertragspartner ein privatrechtliches Rechtsgeschäft und unterliegt uneingeschränkt den Vorschriften über **Willenserklärungen** (vgl § 1829 Rz 6).

II. Voraussetzungen der Erteilung

9 **1. Allgemeines.** § Die Genehmigung ist zu erteilen, **wenn** sie **dem Wohl und Interesse des Betreuten** dient (vgl § 1901 Abs 2). Es handelt sich um einen unbestimmten Rechtsbegriff, der im Instanzenzug voll nachprüfbar ist[13]; die hM nimmt dagegen eine **Ermessensentscheidung** des Betreuungsgerichts an[14]. Maßgebend sind die Belange des Betreuten[15], nicht die Interessen Dritter, auch nicht die des Betreuers oder der Angehörigen des Betreuten (zB deren steuerliche Vorteile) oder des anderen Vertragsteils. Ob ein Geschäft dem Betreuteninteresse entspricht, ist nach dem Zeitpunkt der Entscheidung des Gerichts und nicht nach demjenigen des Vertragsschlusses zu beurteilen[16]. Das Geldinteresse ist nicht schlechthin bestimmend, auch Vorteile nichtvermögensrechtlicher Art fallen ins Gewicht. Der „Familienfrieden" rechtfertigt aber nicht, dem Schwächsten etwas billiger oder kostenlos abzunehmen.

10 Bei der Prüfung der Vorteilhaftigkeit darf das Geschäft nicht in seine Bestandteile zerlegt und die Genehmigung versagt werden, wenn nur einzelne Punkte dem Betreuten nachteilig sind. Entscheidend muss vielmehr die Abwägung aller in Betracht kommenden Umstände sein, das Geschäft **muss im Ganzen gesehen** dem Betreuten vorteilhaft sein[17]; die Genehmigung kann also nicht allein deshalb versagt werden, weil der Betreute für Verbindlichkeiten einer Personengesellschaft mithaftet[18]. Rechtsfehlerhaft ist es auch, jedes Geschäftsrisiko vom Betreuten fernzuhalten[19]. Kommt der Betreute mit dem zu genehmigenden Geschäft einer **Rechtspflicht** nach, so *hat* das Betreuungsgericht die Genehmigung zu erteilen[20]. Das Betreuungsgericht hat den Sachverhalt vor der Erteilung oder Versagung der Genehmigung hinreichend und von Amts wegen (§ 26 FamFG) aufzuklären; die Genehmigung eines die Interessen des Betreuten verletzenden Rechtsgeschäfts kann eine Schadensersatzpflicht des Staates zur Folge haben, Art 34 GG, § 839 BGB[21].

11 **2. Öffentliches Interesse.** Es ist nicht Sache des Betreuungsgerichts, bei der Prüfung, ob ein Geschäft genehmigt werden kann, öffentliche Interessen, zB das Interesse an besserer landwirtschaftlicher Ausnutzung oder Interessen der Staatskasse, gegenüber dem Betreuteninteresse wahrzunehmen und durchzusetzen[22]. Eine Genehmigung kann auch mit der Begründung versagt werden, dass die gesetzlichen Bestimmungen, in deren Rahmen das Geschäft abgeschlossen

---

13 OLG Karlsruhe FamRZ 1973, 378/9; OLG Stuttgart OLGZ 1980, 114.
14 BGH NJW 1986, 2829; BGH VersR 1974, 358; BayObLG FamRZ 1990, 208; FamRZ 1996, 119/122; NJOZ 2004, 1721.
15 BayObLGZ 1977, 121/6.
16 KG OLGE 43, 382.
17 BayObLG FamRZ 1990, 208.
18 OLG Hamm OLGZ 1983, 148.
19 BayObLG FamRZ 1990, 208; aA OLG Köln OLGZ 1966, 306.
20 RG SeuffA 78 (1924) Nr 192; KG JW 1938, 1600.
21 Vgl RGZ 148, 385; BGH NJW 1986, 2829; BGH VersR 1974, 58.
22 MünchKomm/*Wagenitz* § 1829 Rz 18; RGRK-*Dickescheid* § 1829 Rz 11; aA OLG München JFG 23, 275/85: Durchsetzung der Wehrpflicht!

war, für den Betreuten zu ungünstig seien. Soll der Betreute zB etwas verkaufen zum behördlich zulässigen Höchstpreis, darf die Versagung der Genehmigung darauf gestützt werden, dass ein Verkauf bei diesem Preis zur Zeit nicht dem Interesse des Betreuten entspricht[23]; betroffen sind Geschäfte in Zusammenhang mit Zwangswirtschaft, Kriegswirtschaft, Währungsumstellung. Das öffentliche Interesse kommt aber dann zur Geltung, wenn die Wirksamkeit des Geschäfts in Frage steht (zB §§ 134, 138); wenn solche Nichtigkeitsgründe entgegenstehen, ist die Genehmigung zu versagen. Ein Vertrag, mit dem ein Betreuter ein Grundstück auf einen Angehörigen überträgt, um diesen Vermögensgegenstand bei einer absehbaren späteren Inanspruchnahme staatlicher Unterstützung dem Zugriff des **Sozialhilfeträgers** zu entziehen, ist sittenwidrig und darf vom Betreuungsgericht nicht genehmigt werden[24].

3. Prüfung in rechtlicher Hinsicht. Das Geschäft ist auch nach der rechtlichen Seite zu prüfen; einem **offensichtlich rechtlich unzulässigen** Geschäft ist die Genehmigung zu versagen[25], so zB wenn erkennbar ist, dass der Vertreter des Betreuten kraft Gesetzes bei einem Geschäft ausgeschlossen ist[26]. Bloße **Zweifel über die Rechtswirksamkeit** berechtigen hingegen nicht zur Ablehnung der sachlichen Entscheidung; denn wenn das Geschäft rechtswirksam ist, würde dem Betreuten so auch ein ihm vorteilhaftes Geschäft entgehen; ist das Geschäft aber rechtsunwirksam, schadet die Genehmigung nicht[27]. Auch bei teilweiser Nichtigkeit hat das Betreuungsgericht sachlich über die Genehmigung des Geschäfts zu befinden[28]. Das Betreuungsgericht darf nicht das Genehmigungsverfahren bis zur Klärung der Frage der Rechtswirksamkeit des Geschäfts im ordentlichen Prozess oder bis zur Entscheidung wirtschaftlicher Fragen (Ausübung des Vorkaufsrechts) **aussetzen**[29]. Das Betreuungsgericht darf auch nicht wegen der Zweifel an der Rechtswirksamkeit die Genehmigung versagen[30]. Nach aA kann das Betreuteninteresse stets die Vermeidung eines unsicheren Prozesses verlangen[31] oder jedenfalls dann, wenn die Kosten des Streits über die Rechtswirksamkeit die Vorteile des Geschäfts übersteigen[32]: letztlich ist das eine Frage des Einzelfalls. 12

III. Die Genehmigung

1. Zeitpunkt der Genehmigung. Die Genehmigung kann **zeitlich vor oder nach Abschluss des Rechtsgeschäfts** erteilt werden. Beide Arten der Genehmigung werden, anders als in §§ 182 ff, sprachlich nicht unterschieden[33]. Wann sie eingeholt wird, bestimmt der Betreuer nach seinem Ermessen; das Betreuungsgericht kann insbesondere nicht den vorherigen Abschluss des Rechtsgeschäfts verlangen[34]. Die **Vorgenehmigung des Betreuungsgerichts** zu einem Vertrage setzt voraus, dass der wesentliche Inhalt des genehmigungsbedürftigen Geschäfts feststeht; dies ist dann auch für die Genehmigung genügend[35]. Fehlt es hieran, so 13

23 LG Göttingen BB 1947, 156; LG Hamburg MDR 1947, 265; OLG München JFG 23, 275.
24 OLG Frankfurt FGPrax 2004, 284.
25 BayObLG FamRZ 2001, 51; KG JFG 14, 249; OLG München JFG 15, 177/83; MünchKomm/*Wagenitz* § 1829 Rz 22.
26 BayObLG FamRZ 1983, 92; KG JW 1935, 1439.
27 BayObLGZ 1963, 1/6; FamRZ 1969, 434; KG FamRZ 1963, 467/8.
28 KG JFG 14, 249.
29 KGJ 52, 50.
30 OLG München JFG 15, 177/83.
31 OLG Celle ZblJR 1960, 62.
32 KG OLGE 12, 347/9.
33 Protokolle IV S. 799; vgl RG LZ 1919, 529.
34 BayObLGZ 1960, 277/83; KG OLGZ 1966, 78/9.
35 BayObLG NJOZ 2004, 1721; KG OLGE 18, 292; KGJ 36, 29.

kann auch ein Bescheid, der die Genehmigung nur in Aussicht stellt, nicht verlangt werden[36]; das Betreuungsgericht darf nicht statt der Genehmigung nur einen **Vorbescheid** erteilen[37]; solche Vorbescheide sind im FamFG ohnehin unzulässig. Ist die Genehmigung dem Betreuer *vor* Abschluss des Geschäfts erteilt, so ist das Geschäft mit dem Abschluss wirksam, ohne dass es einer besonderen Mitteilung an den Gegner bedürfte, weil jetzt der Betreuer die uneingeschränkte Vertretungsmacht hat, vgl § 1829 Rz 1[38]. Die Vorgenehmigung hat nicht zur Folge, dass der Betreuer eine Pflicht zum Abschluss des Geschäfts trifft.

14 **Zeitpunkt bei Nachgenehmigung.** Für die Nachgenehmigung ist nach dem Tode des Betreuten ebenso wie bei sonstiger Beendigung der Betreuung kein Raum mehr[39]; der Vertrag bedarf der Genehmigung (vgl § 179) der Erben oder des nicht mehr unter Betreuung stehenden Betroffenen (Ausnahmen § 1893 Rz 2, 3). Eine dennoch erteilte Genehmigung ist wirkungslos[40]. Die Folgen des guten Glaubens an den Fortbestand der Vertretungsmacht regelt § 1893. Bei der Nachgenehmigung werden Verträge nach dem Sinn der Kontrollfunktion des Betreuungsgerichts rückwirkend zum Vertragsschluss wirksam (die aA erzielt dieses Ergebnis mit § 184). Soll ein Rechtsgeschäft nur innerhalb einer Frist wirksam abgeschlossen werden können, so hat die nach Fristablauf erteilte Genehmigung keine Wirkung mehr[41]. Soweit der Betreuer überhaupt verfügen kann, bleiben zwischenzeitliche Verfügungen wirksam, vgl § 184 Abs 2[42]. Zur Fristversäumung bei **Ausschlagung einer Erbschaft** vgl § 1822 Rz 9 und § 1831 Rz 7.

15 **2. Umfang der Genehmigung.** Dem Umfang nach erfasst die Genehmigung den Vertrag, so wie er dem Betreuungsgericht unterbreitet ist, dh mit dem **Inhalt**, der sich aus der vorgelegten Vertragsurkunde, verbunden mit den ergänzenden gesetzlichen Bestimmungen, ergibt[43], auch wenn der wahre Sachverhalt für den Betreuten günstiger wäre[44]. Wurde ein nicht formbedürftiges Geschäft mündlich geschlossen, kann das Betreuungsgericht zwar keine schriftliche Fixierung verlangen[45]; allerdings ist der Sachverhalt (Geschäftsinhalt) vom Betreuungsgericht nach § 26 FamFG zu erforschen, so dass es doch zu schriftlichen Unterlagen kommt. Mündliche, dem Betreuungsgericht **unbekannte Nebenabreden** und Zusicherungen werden von der Genehmigung nicht erfasst[46]; sie bleiben schwebend unwirksam bis zu einer eventuellen späteren betreuungsgerichtlichen Genehmigung. Insoweit tritt Nichtigkeit ein (vgl § 1829); § 139 ist nicht anzuwenden, weil nicht bekannt ist, wie das Betreuungsgericht sonst entschieden hätte. Zu beachten ist, dass bei der Vorgenehmigung der Inhalt des Vertrages nicht in allen Einzelheiten feststehen muss, so dass spätere ergänzende Vereinbarungen von Nebenpunkten zulässig sind; für die Beteiligten ist das gefährlich, weil gerade in einem vermeintlichen Nebenpunkt der Nachteil stecken kann, so dass die Wirksamkeit des ganzen Vertrages zweifelhaft sein kann.

---

36 BayObLG FamRZ 1983, 92; KG OLGZ 1966, 78.
37 BayObLG FamRZ 1983, 92; JZ 1958, 542; KG OLGZ 1966, 78/80; dazu Rz 23.
38 KG OLGZ 1966, 78/9.
39 BayObLGZ 1964, 349.
40 Zweifelnd BayObLG NJW 1965, 397; aA LG Memmingen MitBayNotV 1983, 76: wirksam.
41 RGZ 118, 145; KGJ 50, 71.
42 RGZ 76, 364/6; RGZ 142, 59/62.
43 RGZ 132, 76/8.
44 OGH JR 1950, 245/6.
45 OLG Frankfurt Rpfleger 1977, 362.
46 RGZ 132, 76/8.

3. Gegenstand der Genehmigung. Dies ist jedes einzelne genehmigungspflichtige Geschäft. Die Genehmigung der Bestellung einer Grundschuld erfasst zB nicht ohne Weiteres die Aufnahme des Kredites, den die Grundschuld sichern soll[47]. Jedoch enthält die Genehmigung des **obligatorischen** Geschäfts regelmäßig auch die des **dinglichen Geschäfts**, ebenso umgekehrt. Auch ist die betreuungsgerichtliche Genehmigung **grundsätzlich ausdrücklich** zu erteilen (§ 38 FamFG). 16

Einwilligungsvorbehalt. Steht der geschäftsfähige Betreute unter Einwilligungsvorbehalt, kann er selbst mit Zustimmung des Betreuers rechtsgeschäftliche Erklärungen abgeben. Da die Genehmigung wesentlicher Bestandteil des abzuschließenden Rechtsgeschäfts ist (vgl Rz 7 ff), ist nicht etwa (nur) die Zustimmung des Betreuers Gegenstand der Genehmigung. Vielmehr muss das Geschäft selbst genehmigt werden[48]. Die gegenteilige Auffassung würde dazu führen, dass dem Partner des Betreuten nach § 109 Abs 1 das Recht des Widerrufs bis zur Mitteilung der betreuungsgerichtlichen Genehmigung zustände, weil die Zustimmung des Betreuers als einseitiges Rechtsgeschäft wegen Fehlens der Genehmigung nach § 1831 unwirksam wäre. Die Wirksamkeit des Vertrages richtet sich jedoch, sobald der Betreuer die Zustimmung erteilt hat, ausschließlich nach den §§ 1829, 1830[49]. Ist der Betreute (noch) geschäftsfähig und besteht kein Einwilligungsvorbehalt, kann er dem Betreuer Vollmacht erteilen; die Genehmigungserfordernisse durch das Betreuungsgericht entfallen dann ohnehin. 17

4. Nebenbestimmungen. Die Genehmigung kann an **aufschiebende Bedingungen** (zB günstigere Gewährleistung, längere Verjährung, höherer Kaufpreis) geknüpft werden; es handelt sich dann um eine Verweigerung der Genehmigung unter gleichzeitiger Vorgenehmigung für das Geschäft, welches den Bedingungen entspricht[50]. Im Grundbuchverkehr ist im Falle der bedingten Genehmigung der Eintritt der Bedingung in der Form des § 29 GBO nachzuweisen[51]. **Auflösende Bedingungen** sind aus Gründen der Rechtssicherheit unzulässig[52]. Das Betreuungsgericht kann nicht unter einer **Auflage** genehmigen[53]; bei einer solchen Auflage würde das Geschäft sofort wirksam, die Erfüllung der Auflage könnte durch Zwangsgeld (§ 1837) erzwungen werden[54]. Die aA verwechselt vermutlich die Auflage mit der aufschiebenden Bedingung. 18

5. Erklärung der Genehmigung. – a) Gegenüber dem Betreuer. Die Genehmigung kann nur (anders als die Genehmigung des § 182) dem Betreuer gegenüber (oder seinem Bevollmächtigten) erklärt werden; es genügt also kein Aktenvermerk oder eine Erklärung des Betreuungsgerichts gegenüber dem Betreuten, gegenüber dem Geschäftsgegner[55] oder dem Grundbuchamt[56]. Dass der Genehmigungsbeschluss nach § 41 Abs 3 FamFG *auch* dem Betreuten mitzuteilen ist, steht dem nicht entgegen, weil Zweck jener Regelung ist, dem Betreuten ein Rechtsmittel zu ermöglichen. Wird die Genehmigung solchen Personen und somit unwirksam mitgeteilt, wird sie nicht dadurch wirksam, dass *diese* Personen die Genehmigung an den Betreuer weiterleiten; eine Versagung gegenüber solchen Personen ist andererseits noch nicht unabänderbar und unanfechtbar 19

47 OLG Celle NJW 1954, 1729.
48 *Breit* ZblFG 4 (1903/04) 399ff; *Predari* Gruchot 52 (1908) 17 FF; aM *Meyer* Gruchot 52 (1908) 1 ff.
49 RGRK-*Dickescheid* § 1829 Rz 21.
50 BayObLG FamRZ 1974, 320/1; RGZ 85, 416/21; KG JW 1937, 1551.
51 KG HRR 1940 Nr 1077.
52 KG JW 1937, 1551.
53 AA BayObLG Rpfleger 1985, 235.
54 BayObLGZ 22, 325/331.
55 BayObLG FamRZ 1996, 242.
56 BayObLG NJW 1960, 2188.

geworden[57]. Zur Erklärung gegenüber dem **Notar** vgl § 1829 Rz 11. Ein **Verzicht des Betreuers auf die Mitteilung der Genehmigung** ist bedeutungslos, da die Vorschrift zwingend ist. [58] Ist der Betreuer, der das Geschäft abgeschlossen hat, inzwischen entlassen, muss die Genehmigung dem neuen Betreuer gegenüber erklärt werden[59]; zum Wechsel des Betreuers nach Erhalt der Genehmigung von Seiten des Betreuungsgerichts vgl § 1829 Rz 6. Ist die Betreuung inzwischen beendet, kann das Geschäft überhaupt nicht mehr genehmigt werden. Nicht erforderlich ist, dass der Betreuer die Genehmigung persönlich entgegennimmt; eine **Bevollmächtigung Dritter zur Entgegennahme ist zulässig,** §§ 10, 11 FamFG[60]. Eine stillschweigende Bevollmächtigung wird angesichts § 11 FamFG nicht mehr möglich sein[61]. Eine Vermutung für die Bevollmächtigung des Notars gibt es nicht (jedoch ist § 11 Satz 4 FamFG zu beachten). Die Vollmacht zur Entgegennahme der Genehmigung beinhaltet nicht auch eine **Vollmacht zur Entgegennahme der Verweigerung** der Genehmigung[62]; dies ist also eine Frage der Formulierung. Der Dritte muss die Genehmigung kraft seiner Vollmacht entgegen nehmen[63]. Die Ermächtigung bleibt ohne Wirkung, wenn der Bevollmächtigte sich nicht für zur Empfangnahme der Erklärung und zu deren Weitergabe berechtigt hält.

20 Der Genehmigungsbeschluss braucht nicht **vom Betreuungsgericht selbst bekannt gegeben** zu werden. Auch eine andere Abteilung des Gerichts oder ein anderes Gericht kann **dem Betreuer** auf Ersuchen des Betreuungsgerichts die Genehmigung bekanntmachen[64]. Auch dieses Ersuchen einer Mitteilung kann stillschweigend vorgenommen werden. Die Rspr hat im Ersuchen um Eintragung im Grundbuch kein Ersuchen um Mitteilung gesehen[65], wohl aber in der Rücksendung der Prozessakten einschließlich der betreuungsgerichtlichen Genehmigung des gerichtlichen Vergleichs[66].

21 **b) Form.** Eine Form war für die Genehmigung nicht vorgeschrieben; **Schriftform** war aber üblich. Aus §§ 38, 39, 40 Abs 2, 41 Abs 3 FamFG folgt jetzt, dass die Genehmigung der Schriftform bedarf. Sie kann aber mündlich erklärt werden. In der Rspr zum FGG wurde mehrfach beiläufig ausgesprochen, dass die Genehmigung auch **stillschweigend** erklärt werden kann; bejaht wurden stillschweigende (schlüssige) Genehmigungen indes nur bei Erfüllungs- und Kausalgeschäft[67]. Für andere Fälle ist eine stillschweigende Genehmigung idR abzulehnen. Unstreitig kann aber nur dann eine Genehmigung angenommen werden, wenn das Betreuungsgericht den Willen hat, die für erforderlich gehaltene Genehmigung zu erteilen; die **Empfehlung** des Betreuungsgerichts zum Abschluss eines Vertrages ist noch keine Genehmigung[68]; ebenso wenig liegt sie in dem **Inaussichtstellen** einer Genehmigung oder in der Genehmigung zur privatrechtlichen Versteigerung[69].

57 BayObLG FamRZ 1996, 242.
58 BayObLG FamRZ 1989, 1113; OLG Düsseldorf NJW 1959, 391.
59 BayObLGZ 21, 375.
60 BGH NJW 1954, 1925.
61 AA RGRK-*Dickescheid* § 1829 Rz 23 (zum FGG).
62 OLG München JFG 23, 346.
63 RG Warn 1922 Nr 98.
64 BayObLG NJW 1960, 2188.
65 RGZ 59, 277.
66 BayObLG NJW 1960, 2188; *Breit* ZblFG 4 (1903/04), 482.
67 Kausalgeschäftsgenehmigung umfasst stillschweigend die Genehmigung des Vollzugsgeschäfts; KG RJA 3, 59: Genehmigung eines Vergleichs unter Miterben umfasst die Auflassung der Nachlassgrundstücke; vgl RGZ 130, 148/50; 137, 324, 345; 114, 35/8; 59, 277/8: Genehmigung der Auflassung nach § 1821 Nr 1 umfasst stillschweigend das Grundgeschäft nach § 1821 Nr 4.
68 RGZ 137, 324, 345; BayObLGZ 5, 450/3; MünchKomm/*Wagenitz* § 1829 Rz 23.
69 KG OLGZ 1993, 266.

Der Bescheid des Betreuungsgerichts, dass ein bestimmtes Rechtsgeschäft keiner betreuungsgerichtlichen Genehmigung bedürfe (**Negativattest**), steht einer gerichtlichen Genehmigung *nicht* gleich[70]. Es wird nur die Genehmigungsbedürftigkeit unter rechtlichen Aspekten untersucht und verneint, ungeachtet dessen, dass auch genehmigungsfreie Rechtsgeschäfte für den Betreuten negativ sein können. Ob das Rechtsgeschäft von der wirtschaftlichen Seite her dem Interesse des Betreuten entspricht, wird also beim Negativattest nicht untersucht. Das Negativattest stellt nicht einmal die Genehmigungsfreiheit bindend fest, es spricht nur eine tatsächliche Vermutung dafür[71]. Der Genehmigungszwang dient nicht öffentlichen, sondern privaten Interessen, nämlich denjenigen des Betreuten. Der BGH hat sich damit bei der Abwägung zwischen Rechtssicherheit einerseits und Schutz des Betreuten andererseits zugunsten des Betreuten entschieden. Die **Möglichkeit einer vorsorglichen Genehmigung**, nämlich für den Fall der Genehmigungsbedürftigkeit, steht dem **Betreuungsgericht** offen[72]. Dem **Grundbuchamt** muss die rechtskräftige Genehmigung in der Form des § 29 GBO nachgewiesen werden. 22

c) **Wirksamwerden der Erklärung.** Der Beschluss wird erst mit Rechtskraft wirksam (§ 40 Abs 2 FamFG). Hat er die Genehmigung dem anderen Teil mitgeteilt, kann er sich nicht mehr darauf berufen, dass sie ihm nicht formell bekannt gemacht worden sei[73]. **Dem anderen Teil gegenüber** wird die Genehmigung durch die Mitteilung des Betreuers **wirksam** (§ 1829), auch wenn die Darstellung des Genehmigungsbeschlusses ungenau ist und er falsche Paragrafen nennt, wenn nur der rechtliche Erfolg, der mit dem Rechtsgeschäft bezweckt wird, erkennbar genehmigt ist[74]; Voraussetzung ist aber stets, dass die Genehmigung rechtskräftig ist. 23

6. Materiell-rechtliche Mängel. Materiell-rechtliche Mängel des genehmigten Geschäfts werden durch die Genehmigung nicht geheilt[75]. Umgekehrt wird aber auch die **fehlende Genehmigung**, zB bei einem Grundstücksgeschäft, nicht durch Auflassung und Eintragung nach § 311 b Abs 1 Satz 2 ersetzt[76]. Ob materiell-rechtliche Mängel vorliegen, zB weil der Kaufpreis zu niedrig angegeben oder weil die Zusicherung von Eigenschaften nicht beurkundet (§ 311 b) ist, kann unter den Beteiligten nur im Prozesswege entschieden werden[77]. Hat das Betreuungsgericht genehmigt, ohne die Nichtigkeit eines Teiles des Rechtsgeschäfts zu erkennen, so wird es durch den Wegfall des nichtigen Teiles nicht zu einem anderen, nicht genehmigten Rechtsgeschäft, das schwebend unwirksam wäre. Vielmehr ist die Aufrechterhaltung des nicht von der Nichtigkeit erfassten Teiles nach § 139 zu prüfen[78]. Wurde dem Betreuungsgericht ein **Scheinvertrag** vorgelegt, so ist nur der (nach § 117 nichtige) Scheinvertrag genehmigt, nicht aber der dem Betreuungsgericht zur Zeit der Genehmigung unbekannte wirklich abgeschlossene Vertrag[79]. Zu beachten ist, dass auch die betreuungsgerichtliche Genehmigung einen **Mangel der Vertretungsmacht nicht heilt:** überschreitet der Betreuer seinen Aufgabenkreis, so bindet der Vertrag den Betreuten nicht, es greift vielmehr § 177 ein; eine (schlüssige) Erweiterung des 24

70 BGH NJW 1966, 652; aA *Schantz* JW 1936, 629; *Bergerfurth* NJW 1956, 289; *Müller* JR 1962, 441.
71 OLG Hamm FamRZ 1991, 605.
72 BayObLG FamRZ 1963, 663; OLG Düsseldorf JMBlNRW 1960, 101; aA RGRK-*Dickescheid* § 1829 Rz 11; MünchKomm/*Wagenitz* § 1829 Rz 24 für bereits geschlossene Geschäfte.
73 BayObLG MDR 1963, 502.
74 OGH 2, 114.
75 BGH NJW 1974, 1374.
76 RGZ 99, 72; 132, 76.
77 KG OLGE 43, 384 Fn 1.
78 BGH FamRZ 1954, 110.
79 RG SeuffA 81 (1927) Nr 191.

Aufgabenkreises liegt in der Genehmigung des Betreuungsgerichts in der Regel nicht[80].

IV. Verfahren

25 **1. Antrag oder von Amts wegen.** Das Betreuungsgericht kann die Genehmigung auch ohne Antrag des Betreuers erteilen, weil weder BGB noch FamFG das Erfordernis eines Antrags nennen[81]; in der Praxis wird aber ein Antrag gestellt. Das Ersuchen um Genehmigung kann also zB auch der Geschäftsgegner oder der Notar stellen. Die gegenteilige Ansicht[82] würde dazu führen, dass das Betreuungsgericht die (noch nicht rechtskräftige) Genehmigung ohne Antrag nicht mehr abändern dürfte, auch wenn ein Fehler erkannt werden würde[83]. Das Betreuungsgericht kann erst recht zu einem Vertrag, um dessen Genehmigung nicht nachgesucht war, weil der Betreuer ihn irrtümlich für nicht genehmigungsbedürftig gehalten hat, die Zustimmung versagen[84]. Eine **Pflicht, um Genehmigung nachzusuchen**, besteht für den Betreuer weder dem Geschäftsgegner noch dem Betreuungsgericht gegenüber[85]. Das Betreuungsgericht muss sich über die tatsächlichen und rechtlichen Aspekte des Rechtsgeschäfts (auch steuerliche Nachteile) durch Ermittlungen in eigener Zuständigkeit orientieren[86]; es besteht Amtsermittlungspflicht (§ 26 FamFG); gegebenenfalls ist ein Sachverständigengutachten einzuholen (unrichtig, wenn dem Betreuer die Vorlage dieses Gutachtens lediglich aufgegeben wird, weil das Betreuungsgericht *selbst* ermitteln muss). Bei Verletzung dieser Pflicht kommt eine Schadensersatzpflicht des Staates in Betracht, Art 34 GG, § 839 BGB[87]. Zweifel über die Rechtswirksamkeit eines zu genehmigenden Geschäftes berechtigen nicht zur Aussetzung des Verfahrens. Gegen den Willen des Betreuers sollte ein Rechtsgeschäft nicht genehmigt werden[88]; geschieht dies doch, braucht der Betreuer von der Genehmigung keinen Gebrauch zu machen (§ 1829). **Zuständig** für die Genehmigungen ist grundsätzlich der **Rechtspfleger.**

26 **2. Anhörung des Betroffenen.** Das Gericht *soll* den Betreuten persönlich anhören (§ 299 FamFG); die Anhörung des Gegenbetreuers richtet sich nach § 1826. Im Übrigen ist Art 103 GG und der Grundsatz des fairen Verfahrens zu beachten. Spricht sich der Betreute ausdrücklich gegen eine Genehmigung aus, muss sichergestellt werden, dass er Rechtsmittel einlegen kann und nicht vorschnell vor vollendete Tatsachen gestellt wird. Vor allem bei Doppelvollmacht des Notars besteht diese Gefahr[89].

27 In einem vom BVerfG behandelten Erbfall war ein Nachlasspfleger für den ganzen Nachlass bestellt worden, obwohl schon 13 Miterben mit 19/20 der Erbanteile bekannt waren; der Nachlasspfleger tätigte ein Grundstücksgeschäft; die Miterben wurden nicht gehört. Das BVerfG[90] hat anlässlich dieses Falles die §§ 55, 62 FGG für mit Art 19 Abs 4 GG unvereinbar angesehen, soweit sie den in ihren Rechten Betroffenen jede Möglichkeit verwehren, eine gerichtliche Nachprüfung zu erreichen. Der Rechtspfleger sei vor Erlass

80 Vgl BayObLG Rpfleger 1986, 471.
81 BayObLGZ 1981, 44/47; BayObLGZ 1964, 240/246.
82 BGH DNotZ 1967, 320; MünchKomm/*Wagenitz* § 1829 Rz 31.
83 RGRK-*Dickescheid* § 1829 Rz 12.
84 KG NJW 1976, 1946.
85 BGHZ 7, 208/14; BGH NJW 1986, 2829; bedenklich, der Betreuer macht sich uU schadensersatzpflichtig; aA die hM, MünchKomm/*Wagenitz* § 1829 Rz 10.
86 Zum Umfang der Ermittlungen BGH NJW 1986, 2829; RGZ 148.385; KG FamRZ 1963, 467.
87 BGH NJW 1986, 2829; RG WarnR 1908 Nr 486.
88 BayObLG FamRZ 1977, 141/4; DNotZ 1964, 32/5; KG Recht 1920 Nr 922 = KGJ 52, 43.
89 Vgl *Jürgens* § 1829 Rz 8.
90 BVerfGE 101, 397 = NJW 2000, 1709.

einer in den Anwendungsbereich der §§ 62, 55 FGG fallenden Verfügung verpflichtet, diese durch einen beschwerdefähigen **Vorbescheid** anzukündigen. Bei Aufhebung des FGG hat der Gesetzgeber der Auflage des BVerfG durch ein neues Regelungssystem (§§ 40, 41 FamFG) Rechnung getragen[91]. Der bis 31.8.2009 zulässige Vorbescheid ist damit entfallen und seitdem allenfalls noch in Altfällen (Art 111 FGG-ReformG) zulässig.

3. Erlass und Wirksamwerden des Genehmigungsbeschlusses. Aus § 38 FamFG folgt, dass die Genehmigung durch Beschluss (nicht mehr durch „Verfügung", doch ist eine falsche Bezeichnung umzudeuten) zu erfolgen hat; Schriftform ist notwendig, mündliche Genehmigungen entfalten keine Wirkung mehr. Die Entscheidung des Betreuungsgerichts wird wirksam gegenüber dem Betreuer nicht schon mit dem Erlass und auch nicht schon mit Bekanntgabe der Genehmigung (wie im Falle des § 40 Abs 1 FamFG), sondern erst mit Rechtskraft (§ 40 Abs 2 Satz 1 FamFG); dies ist im Beschluss auszusprechen (§ 40 Abs 2 Satz 2 FamFG). Der Ausspruch ist aber kein Wirksamkeitserfordernis, es handelt sich hier nur um eine Ordnungsvorschrift, so dass der fehlende Ausspruch die Genehmigung nicht nichtig macht. 28

Der Beschluss muss eine **Rechtsmittelbelehrung** enthalten (§ 39 FamFG); fehlt sie: § 17 Abs 2 FamFG. Rechtsmittel ist die befristete Beschwerde (§§ 58 ff FamFG), wobei die Frist auf zwei Wochen verkürzt ist (§ 63 Abs 2 Nr 2 FamFG). Der Genehmigungsbeschluss ist den „Beteiligten" bekannt zu geben; demjenigen Beteiligten, dessen erklärtem Willen der Beschluss nicht entspricht ist der Beschluss zuzustellen (§ 41 Abs 1 FamFG); doch ist diese Bekanntgabeform kein Wirksamkeitserfordernis. Ausdrücklich bestimmt § 41 Abs 3 FamFG, der (wie das Wort „auch" zeigt) neben § 41 Abs 1 FamFG tritt, dass der Beschluss auch demjenigen, für den Rechtsgeschäft genehmigt wird, bekannt zu geben ist; das ist zB der Betreute (vgl § 275 FamFG). Das rechtliche Gehör kann also nicht durch den Betreuer (bzw Nachlasspfleger) wahrgenommen werden; ist der Betreute aufgrund seines geistigen Zustandes nicht mehr in der Lage, das rechtliche Gehör selbst wahrzunehmen, muss ihm vom Betreuungsgericht ein Verfahrenspfleger bestellt werden, dem der Genehmigungsbeschluss zuzustellen ist. 29

Nach § 1828 kann das Betreuungsgericht die Genehmigung nur dem Betreuer gegenüber erklären. Das ist kein Widerspruch zu § 41 Abs 1, 3 FamFG[92]. Die Bekanntgabe an den Betreuer ist Wirksamkeitsvoraussetzung. Nur die Mitteilung an den Betreuten bzw dessen Verfahrenspfleger setzte die Beschwerdefrist in Lauf. Sinnvoll ist, dem Betreuer den genehmigenden Beschluss erst dann mitzuteilen, wenn er rechtskräftig ist, also versehen mit dem Rechtskraftvermerk. 30

Die Genehmigung wird gegenüber dem anderen Teil bei der *vorherigen* Genehmigung mit der Vornahme des Rechtsgeschäfts seitens des Betreuers, bei der *Nachgenehmigung* mit der Mitteilung der *rechtskräftigen* betreuungsgerichtlichen Genehmigung durch den Betreuer an den Geschäftsgegner wirksam (vgl § 1829). 31

4. Änderung. Vor Rechtskraft kann die Genehmigungsentscheidung **geändert** werden (davon geht § 48 Abs 3 FamFG „Abänderung" aus). Ab Eintritt der formellen Rechtskraft (§ 45 FamFG) ist eine Änderung nur noch möglich, wenn sich die zugrunde liegende Sach- oder Rechtslage nachträglich wesentlich geändert hat (§ 48 Abs 1 FamFG). Die Genehmigung kann aber **nicht mehr geändert** werden, sobald sie (oder die Verweigerung) dem anderen Teil gegenüber wirk- 32

91 BT-Drucks 16/6308 S. 197.
92 BT-Drucks 16/6308 S. 197.

sam geworden ist, § 48 Abs 3 [93]; danach (also ab Mitteilung durch den Betreuer an den Vertragsgegner) *nicht* mehr[94], weder von Amts wegen noch im Beschwerdeweg. Trotz § 48 Abs 3 FamFG. Gleichwohl muss eine Beschwerdemöglichkeit bejaht werden, wenn infolge gewichtiger Rechtsfehler, zB Nichtgewährung des Gehörs für den Betreuten[95], das Genehmigungsverfahren rechtsstaatliche Mindestanforderungen nicht erfüllt oder ein Beteiligter das Wirksamwerden unter Ausnutzung der Doppelvollmacht rechtsmissbräuchlich herbeigeführt hat (§ 1829 Rz 11)[96]. Bei mehreren am Rechtsgeschäft beteiligten Betreuten ist die Zurücknahme der Genehmigung für einen Betreuten auch dann noch möglich, wenn sie für einen anderen bereits bindend geworden ist[97].

33 5. **Anfechtung.** Der Genehmigungsbeschluss wie auch die Ablehnung der Genehmigung unterliegen der befristeten Beschwerde (§§ 58 ff FamFG, 11 RPflG); Frist: § 63 Abs 2 Nr 2 FamFG. Darüber entscheidet in Betreuungssachen das Landgericht. Wird die Wirksamkeit der Genehmigung angegriffen, entscheidet das Prozessgericht[98].

34 **Die Beschwerde** steht zu: – a) Wenn die **Genehmigung verweigert** ist, dem Betreuten selbst (§ 59 Abs 1 FamFG); nicht dem Betreuer persönlich[99], sondern dem Betreuer als dem gesetzlichen Vertreter des Betreuten, [100] wovon mangels gegenteiligen Verhaltens des Betreuers auszugehen ist; nicht dem früheren Betreuer; nicht dem Geschäftsgegner[101]; nicht Angehörigen des Betreuten[102].

35 b) **Gegen die erteilte Genehmigung:** beschwerdeberechtigt ist der Betreute selbst (§ 59 Abs 1 FamFG). Der Betreuer hat grundsätzlich kein Beschwerderecht, denn er braucht von der Genehmigung keinen Gebrauch zu machen[103]; er ist daher nicht beschwert. Ausnahmsweise hat der Betreuer im Namen des Betreuten ein Beschwerderecht, wenn scheinbar in seine Kompetenz eingegriffen wird, zB weil das Betreuungsgericht die Genehmigung unmittelbar dem Geschäftsgegner übersendet[104], wenn das Betreuungsgericht vor Wirksamkeit des Vertrages (§ 1829) diesen mit dem Genehmigungsvermerk versieht[105], wenn das Betreuungsgericht die Genehmigung gegen den Willen des Betreuers erteilt[106], wenn das Rechtsgeschäft gar nicht genehmigungsbedürftig war[107] oder wenn Betreuer und Geschäftsgegner missbräuchlich zusammenwirken[108].

36 c) **Gegen einen Negativattest** (vgl Rz 22) steht dem Betreuer im Namen des Betreuten ein Beschwerderecht zu[109].

---

93 Zur Rechtslage unter dem FGG: BayObLG NJW 1965, 397 für Nachgenehmigung; KG OLGE 40, 20 für Vorgenehmigung.
94 Zur Rechtslage unter dem FGG: OLG Stuttgart FamRZ 1998, 1323; BayObLG FamRZ 1998, 1325; OLG Celle FamRZ 1997, 899; BayObLG FamRZ 1989, 1113.
95 AA OLG Stuttgart FamRZ 1998, 1323 (vor BVerfG NJW 2000, 1709!).
96 Vgl OLG Celle FamRZ 1997, 899.
97 BayObLG NJW 1960, 2188.
98 KGJ 53, 39/41; KG JW 1937, 2975.
99 AA MünchKomm/*Schwab* § 1828 Rz 37, weil die Amtsführung betroffen sei.
100 BayObLZ 5, 76; KG OLGZ 1965, 375.
101 OLG München FamRZ 2009, 1861; OLG Rostock NJW-RR 2006, 1229; OLG Frankfurt Rpfleger 1979, 423.
102 BayObLG FamRZ 1995, 302.
103 BayObLG MDR 1963, 502.
104 BayObLGZ 1963, 1/6; aA MünchKomm/*Schwab* § 1829 Rz 39.
105 KGJ 52, 46.
106 Vgl Rz 21; BayObLGZ 1963, 1/6; KGJ 52, 43.
107 BayObLGZ 1963, 1/6; KGJ 52, 30.
108 Vgl BayObLG FamRZ 1998, 1325 und § 1829 Rz 9 aE.
109 BayObLGZ 1964, 240/244; *Jansen* FGG § 20 Rz 35.

d) **Dem Geschäftsgegner** steht grundsätzlich kein Beschwerderecht zu, da es sich **37**
um eine interne Angelegenheit zwischen Betreuer und Betreuungsgericht handelt[110], selbst dann nicht, wenn er auf Vornahme des Geschäfts Anspruch hatte[111]. Ihm steht hier nur der Prozessweg offen[112]. Die Rspr billigt ihm ausnahmsweise dann ein Beschwerderecht zu, wenn die Genehmigung ihm gegenüber wirksam und damit unabänderlich geworden ist, das Betreuungsgericht diese Genehmigung aber nicht gelten lassen, sondern ändern will[113], wenn die Genehmigung zurückgenommen werden soll[114] und wenn er die Genehmigungsbedürftigkeit bestreitet[115]. Gilt jedoch die Genehmigung nach § 1829 Abs 2 als verweigert, ist ein Beschwerderecht des Geschäftsgegners nicht gegeben.

e) **Beschwerdegrund.** Die Beschwerde kann darauf gestützt werden, dass das **38**
Betreuungsgericht den unbestimmten Rechtsbegriff des Wohls des Betreuten verkannt hat (vgl Rz 9).

§ 1829 BGB Nachträgliche Genehmigung

(1) [1]Schließt der *Vormund* einen Vertrag ohne die erforderliche Genehmigung des *Familien*gerichts, so hängt die Wirksamkeit des Vertrages von der nachträglichen Genehmigung des *Familiengerichts* ab. [2]Die Genehmigung sowie deren Verweigerung wird dem anderen Teile gegenüber erst wirksam, wenn sie ihm durch den *Vormund* mitgeteilt wird.

(2) Fordert der andere Teil den *Vormund* zur Mitteilung darüber auf, ob die Genehmigung erteilt sei, so kann die Mitteilung der Genehmigung nur bis zum Ablaufe von vier Wochen nach dem Empfange der Aufforderung erfolgen; erfolgt sie nicht, so gilt die Genehmigung als verweigert.

(3) Ist der *Mündel* volljährig geworden, so tritt seine Genehmigung an die Stelle der Genehmigung des *Familien*gerichts.

Schrifttum: vgl bei § 1828.

Übersicht

110 OLG Rostock FGPrax 2006, 215; OLG Frankfurt Rpfleger 1979, 423; BayObLGZ 21, 335 und 24, 248.
111 RGZ 56, 124; KG RJA 15, 90; BayObLGZ 2, 254.
112 KGJ 38, 56.
113 KG JFG 13, 23; KG JFG 23, 119.
114 BayObLG NJW 1960, 2188; KGJ 52, 46.
115 BayObLG FamRZ 1977, 141; NJW 1964, 2111; OLG Hamm FamRZ 1984, 471.

I. Zweck. Anwendungsbereich.

1 **1. Vorgenehmigung.** § 1829 ist auf die Betreuung nach § 1908 i Abs 1 anwendbar; dann tritt an die Stelle des Familiengerichts das Betreuungsgericht (bis 31.8.2009 war das Vormundschaftsgericht zuständig). Geschäftsfähige Betreute können dem Betreuer rechtsgeschäftliche Vollmacht erteilen oder selbst handeln (wenn kein Einwilligungsvorbehalt besteht); dann sind §§ 1821 ff gegenstandslos. § 1829 ist ferner auf die Pflegschaft anwendbar (§ 1915); bei Nachlasspflegschaft ist das Nachlassgericht zuständig.

2 § 1829 behandelt nicht den Fall, bei dem der Betreuer das Rechtsgeschäft **mit vorheriger Genehmigung** des Betreuungsgerichts abgeschlossen hat. In diesem nicht ausdrücklich gesetzlich geregelten Fall ist das Geschäft von Anfang an gültig, wenn es sich im Rahmen der Genehmigung hält (vgl § 1828). Das gilt auch, wenn dem Vertragsgegner die Genehmigung von dem Betreuer nicht mitgeteilt oder nicht bekannt war; es sind beide Teile ohne die Möglichkeit der Aufforderung nach § 1829 Abs 2 gebunden; der Dritte kann sich aber bei dem Betreuungsgericht erkundigen, ob die Genehmigung erteilt ist (§ 13 Abs 2 FamFG). Das Gericht darf in diesem Falle die Auskunft nicht verweigern[1]. **Einseitige Rechtsgeschäfte** können allein auf diesem Wege wirksam vorgenommen werden (vgl § 1831), also nicht durch nachträgliche Genehmigung; nur zu einem Vertrage kann die Genehmigung auch nachträglich erteilt werden.

3 **2. Nachgenehmigung.** Die Struktur der Genehmigung wurde durch das FamFG ab 1.9.2009 geändert: der Beschluss des Gerichts, der die Genehmigung eines Rechtsgeschäfts zum Gegenstand hat, wird **erst mit Rechtskraft wirksam**; dies ist in der Entscheidung auszusprechen (§ 40 Abs 2 FamFG). Die Rechtskraft wird nachgewiesen durch einen Rechtskraftvermerk auf dem Genehmigungsbeschluss (§ 46 FamFG).

4 § 1829 behandelt den Fall, dass der Betreuer den Vertrag abgeschlossen hat, bevor die erforderliche betreuungsgerichtliche Genehmigung nach § 1828 erteilt war. Die Wirkung ähnelt § 177: **schwebende Unwirksamkeit**. Der Betreute ist nicht gebunden[2]. Der Betreuer entscheidet darüber, ob er die Genehmigung einholen will; wurde ihm die Genehmigung erteilt, so entscheidet er, ob er sie dem Gegner mitteilt oder nicht. § 162 ist nicht anwendbar, wenn der Betreuer die Genehmigung nicht beantragt oder durch Hinweis auf Nachteile des Geschäfts für den Betreuten deren Erteilung verhindert[3]. Der Betreuer selbst kann sich persönlich (mit Schadensersatzfolge) nicht dem anderen Teil gegenüber verpflichten, die Erteilung der Genehmigung zu beantragen, weil ihn dies in seiner Entscheidungsfreiheit beeinträchtigt[4]. Der andere Teil ist gebunden, selbst wenn er das Erfordernis der Genehmigung nicht kannte; er kann sich aber

1 RGRK-*Dickescheid* § 1829 Rz 2.
2 MünchKomm/*Wagenitz* § 1829 Rz 3.
3 BGH NJW 1970, 1414; RG JW 1921, 1237.
4 Vgl RGRK-*Dickescheid* § 1829 Rz 3.

davon befreien nach § 1829 Abs 2 oder nach § 1830. Vertrag im Sinne des § 1829 ist auch die dingliche Einigung[5].

II. Beendigung des Schwebezustands durch den Betreuer (Abs 1)

1. Entscheidung des Betreuers durch Mitteilung. Der Betreuer kann den Schwebezustand dadurch beenden, dass er die Entscheidung des Betreuungsgerichts dem anderen Teil mitteilt. Der Zugang der Entscheidung des Betreuungsgerichts bei dem Betreuer hat diese Wirkung noch nicht[6]. Der Betreuer entscheidet pflichtgemäß darüber, ob er die ihm vom Betreuungsgericht erklärte Genehmigung oder Verweigerung dem anderen Teil mitteilen und dadurch wirksam machen will, vgl § 1828 Rz 1[7]. Die Verhältnisse können sich seit der Beantragung der Genehmigung verändert haben. Dann hat der Betreuer es in der Hand und ist dem Betreuten gegenüber verpflichtet, auch noch nach erteilter Genehmigung zu prüfen, ob er das Geschäft durch Mitteilung der Genehmigung an den Vertragspartner wirksam werden lassen will. Der Betreuer soll nach der Vorstellung des Gesetzes die letzte Instanz sein, die untersucht, ob das Geschäft *noch jetzt* im Betreuteninteresse liegt; dabei übersieht das Gesetz allerdings, dass der Geschäftspartner einen Kontrahenten, der *sofort verbindlich* abschließen kann, vorzieht, sich also nur bei fehlenden anderen Interessenten auf Derartiges einlässt. Auf die Entscheidungsfreiheit kann der Betreuer nicht verzichten[8], weil er dem Betreuten gegenüber verpflichtet ist nachzuprüfen, ob die Mitteilung im Interesse des Betreuten liegt[9]. Auch hier ist § 162 nicht anwendbar, wenn der Betreuer die Mitteilung der Genehmigung an den Gegner unterlässt[10]. Die Genehmigung ermächtigt den Betreuer nur, den Vertrag durch die Mitteilung wirksam werden zu lassen, sie verpflichtet ihn aber nicht dazu[11]. War das **Vertragsangebot** des Geschäftsgegners an den Betreuten **befristet**, so muss die Mitteilung des Betreuers von der erteilten Genehmigung dem anderen Teil innerhalb der Frist zugehen. 5

a) **Mitteilung.** Die Mitteilung ist nicht nur eine reine Tatsachenanzeige, sondern auch eine einseitige **empfangsbedürftige Willenserklärung**[12], weil sie auf einen Rechtserfolg, die Wirksamkeit des Vertrages, gerichtet ist. Die allgemeinen Grundsätze über Rechtsgeschäfte, zB über die Geschäftsfähigkeit des Mitteilenden, die Anfechtung[13], sind deshalb anzuwenden (zumindest analog). Der Betreuer kann nicht auf die Mitteilung verzichten[14], zB durch die Vereinbarung, dass der Zugang der Genehmigung des Betreuungsgerichts beim Betreuer als Mitteilung der Genehmigung vom Betreuer an den Gegner gelten soll[15]; wegen Besonderheiten bei der Doppelvollmacht des Notars siehe Rz 11. Der andere Teil kann aber in dem Sinne verzichten, dass er dem Betreuer gestattet, dessen Entschluss, von der Genehmigung Gebrauch zu machen, in anderer Weise als durch die Mitteilung zu bestätigen. § 151 Satz 1 ist entsprechend anzuwenden; denn die Entschließungsfreiheit des Betreuers ist nicht eingeengt, wenn er zB vereinbarungsgemäß statt der Mitteilung an den Gegner die Einreichung des 6

5 BayObLGZ 19, 183.
6 BayObLG OLGE 4, 114.
7 RGZ 132, 257/61.
8 KG HRR 1928 Nr 615.
9 KH JFG 1, 81.
10 RG JW 1921, 1237.
11 RGZ 76, 364; RGZ 132, 257/61.
12 BayObLG FamRZ 1989, 540; vgl *Zunft* NJW 1959, 517; aA Erman-*Holzhauer* § 1829 Rz 5.
13 BayObLGZ 28, 514.
14 RG HRR 1928 Nr 1426; KG Recht 1928 Nr 1058.
15 Vgl aber BayObLG JFG 1, 347.

Vertrages beim Grundbuchamt vornimmt[16]. Nicht ausreichend ist daher die Vereinbarung, dass das Unterlassen eines Widerrufs binnen einer Frist[17] oder dass der Zugang der betreuungsgerichtlichen Genehmigung beim Betreuer als Genehmigung gelten soll (s oben).

7 b) **Inhalt.** Die Mitteilung an den anderen Teil muss zum Inhalt haben, dass der Betreuer die Entscheidung des Betreuungsgerichts als endgültig und die Sache für ihn erledigend ansehe[18]. Die bloße Mitteilung mit dem Hinweis des Betreuers, von ihr vorläufig keinen Gebrauch machen zu wollen, reicht daher nicht aus, den Vertrag wirksam werden zu lassen. Andererseits ist es idR nicht als eine die endgültige Unwirksamkeit des Vertrages herbeiführende Mitteilung iSd Abs 1 Satz 2 aufzufassen, wenn der Betreuer dem Vertragsgegner erklärt, das Gericht habe nur unter bestimmten einschränkenden Bedingungen den Vertrag genehmigt[19]. Erst recht ist es nicht als Mitteilung der Verweigerung der Genehmigung anzusehen, wenn er die Bekanntgabe der Verweigerung mit der Erklärung, er werde sich damit nicht abfinden, verbindet[20]. Hat das **Beschwerdegericht** der Beschwerde gegen die Erteilung einer betreuungsgerichtlichen Genehmigung stattgegeben, also die Genehmigung verweigert, so wird die Beschwerdeentscheidung dem Vertragsgegner gegenüber erst unter den Voraussetzungen des § 1829 Abs 1 Satz 2 oder Abs 2 wirksam[21].

8 c) **Mitteilender.** Die Mitteilung von der Genehmigung ist, wenn der **Betreuer wechselt**, Aufgabe desjenigen, der gerade zur Zeit der Mitteilung Betreuer ist[22]. Wenn das Betreuungsgericht den **Genehmigungsbeschluss unmittelbar an den Geschäftsgegner** schickt (statt an den Betreuer), führt dies nicht zur Wirksamkeit des Geschäfts[23]; ebenso führt die unmittelbare Mitteilung der Versagung der Genehmigung nicht zur Unabänderbarkeit oder Unanfechtbarkeit[24]. Nach Beendigung der Betreuung ist die Mitteilung durch den Betreuer grundsätzlich wirkungslos[25]; anders aber (nach hM), wenn nicht der Betreuer selbst, sondern dessen Bevollmächtigter nach Beendigung des Amts des Betreuers die Mitteilung macht. Die Mitteilung kann nicht durch Geschäftsführer ohne Auftrag[26] erfolgen.

9 d) **Vollmacht zur Mitteilung.** Andererseits ist es nicht erforderlich, dass der Betreuer persönlich mitteilt; Mitteilung durch Bevollmächtigte ist zulässig (unstreitig). Auch gegen die Erteilung einer Generalvollmacht bestehen unter dem Gesichtspunkt des § 1829 keine Bedenken[27], da diese Vollmacht jederzeit widerruflich ist und daher keine Einschränkung der Entscheidungsfreiheit des Betreuers darstellt. Die Vollmacht zur Mitteilung der betreuungsgerichtlichen Genehmigung beinhaltet nicht zwingend zugleich auch die Vollmacht zur Mitteilung der *Verweigerung* der Genehmigung[28]; doch kann sie in dieser Form erteilt werden (Regelfall). Der zum Empfang der Genehmigung durch das

16 KG HRR 1928 Nr 615; BayObLGZ 22, 139; aA RG HRR 1929 Nr 1649; RGZ 121, 30/6; OLG München DR 1943, 491.
17 LG Mainz ZblFG 4, 269.
18 BayObLG FamRZ 1989, 540; KG 38,62: KG OLGE 44, 82; HRR 1931 Nr 1139; BayObLGZ 27, 85.
19 OLG München JFG 23, 275.
20 OLG München HRR 1936 Nr 265.
21 BGH NJW-RR 2003, 955.
22 BayObLGZ 21, 375; RG Recht 1929 Nr 1520.
23 KGJ 34, 49; KG JFG 2, 118/9.
24 BayObLG FamRZ 1996, 242.
25 RGZ 130, 124.
26 RG HRR 1929 Nr 1649.
27 AA KG RJA 17, 3/7.
28 BayObLG Rpfleger 1988, 482; OLG München JFG 23, 346.

Betreuungsgericht nach § 1828 Bevollmächtigte kann auch zur Mitteilung an den anderen Teil nach § 1829 Abs 1 Satz 2 bevollmächtigt sein, sog Doppelvollmacht[29]; vgl Rz 11.

e) **Mitteilungsempfänger.** Die Genehmigung braucht **nur dem Vertragsgegner mitgeteilt** zu werden, nicht etwa auch den auf Seiten des Betreuten mitbeteiligten Vertragspartnern[30]. Sind auf beiden Seiten Betreute beteiligt, so wird der Vertrag erst mit der gegenseitigen Mitteilung der Genehmigungen durch beide Betreuer wirksam[31]. 10

f) **Doppelbevollmächtigung.** Es ist nach absolut hM zulässig, dass der **Betreuer** zB in einer Kaufvertragsurkunde **den Notar bevollmächtigt**, beim Betreuungsgericht die Genehmigung zu beantragen, den Genehmigungsbeschluss des Betreuungsgerichts entgegenzunehmen und die Genehmigung im Namen des Betreuers dem Vertragsgegner mitzuteilen (drei verschiedene Vorgänge!); der Vertragsgegner bevollmächtigt in derselben Urkunde den Notar seinerseits, für sich die Genehmigung entgegenzunehmen[32]. In diesem Falle bilden die Kenntnisnahme von der Genehmigung und deren Bekanntgabe an den anderen Teil einen einheitlichen inneren Vorgang; dieser innere Vorgang muss (nicht nur für den Grundbuchverkehr) nach außen zutage treten, indem der Doppelbevollmächtigte (zB der Notar) den Willen kundgibt, die Genehmigung nach ihrem Eingang sich selbst als dem Vertreter des anderen Vertragsteils mitzuteilen und mitgeteilt zu haben[33]. Nicht genügt ein bloßer Vermerk über die „Kenntnisnahme" der Genehmigung[34], wohl aber ein Vermerk über das „Gebrauchmachen" der Genehmigung[35] oder auch (materiell-rechtlich) das bloße Gebrauchmachen vom genehmigten Vertrag, zB durch Einreichung beim Grundbuchamt[36], erst recht in Verbindung mit einem Vermerk über die Kenntnisnahme[37]. Dass dies geschehen ist, hat der Rechtspfleger bzw Richter notfalls festzustellen. 11

Da Mitteilung der Genehmigung und Empfangnahme für den Gegner letztlich *ein* innerer Vorgang ist, ist im Grundbuchverkehr formellrechtlich ein **Nachweis in der Form des § 29 GBO** nicht nötig[38]. Es genügt daher formellrechtlich auch das bloße Einreichen der Vertragsurkunde nebst einer Ausfertigung der rechtskräftigen betreuungsgerichtlichen Genehmigung[39]. Der Notar kann die ihm erteilte Vollmacht selbst beurkunden, § 7 BeurkG steht nicht entgegen[40]. Der Betreuer kann nicht Doppelbevollmächtigter sein, zugleich den Betreuten bei der Mitteilung und den Geschäftsgegner bei deren Empfangnahme vertreten, da ihm (auf Seiten des Betreuten) niemand das Auftreten für beide Seiten gem § 181 gestatten kann, vgl § 1795[41]. In der notariell beurkundeten Vereinbarung, mit Zugang der Genehmigung beim Notar solle diese *als allen Beteiligten mitgeteilt* 12

29 RG Warn 1922 Nr 98; BayObLGZ 22, 156; unstreitig.
30 KG HRR 1935 Nr 182.
31 KG OLGE 3, 300/2.
32 BayObLG FamRZ 1988, 1321; 1989, 1113; 1997, 1426; 1998, 1325; KEHE GBO § 20 Rz 83.
33 RGZ 121, 30/3; BayObLG FamRZ 1997, 1426; 1998, 1325; OLG Hamm Rpfleger 1964, 313; OLG Neustadt MDR 1957, 752; OLG Frankfurt DAVorm 1970, 95.
34 OLG Zweibrücken DNotZ 1971, 731.
35 OLG Hamm Rpfleger 1964, 313.
36 RGZ 121, 30; OGHZ 1, 198/200.
37 BayObLGZ 22, 156.
38 BayObLG 22, 156; OLG Hamm Rpfleger 1964, 313; aA *Meyer-Stolte* Rpfleger 1967, 302; *Wufka* MittBayNotV 1974, 131.
39 *Haegele/Schöner/Stöber* Grundbuchrecht Rz 3740.
40 *Winkler*, § 7 Rz 7 BeurkG; aA *Jansen* BeurkG § 7 Rz 7; *Wufka* MittBayNotV 1974, 131/2.
41 *Dölle*, FamR II, S. 299; aA BayObLG OLGE 43, 384.

gelten, hat die Rechtsprechung keine Doppelvollmacht, sondern einen unzulässigen Verzicht auf die Mitteilung erblickt[42].

13 Die **Doppelbevollmächtigung darf nicht missbraucht werden,** dem Betreuten die Beschwerde (§ 58 FamFG) unmöglich zu machen[43]. Auf die Gefahren der Doppelbevollmächtigung sollten die Beteiligten hingewiesen werden[44]. Im Falle des Missbrauchs hat die vor Erlass des FamFG ergangene Rechtsprechung angenommen, dass dem Betreuten das Beschwerderecht trotz der früheren §§ 55, 62 FGG erhalten bleibe[45]. Das BVerfG[46] hat demzufolge entschieden: der Rechtspfleger sei vor Erlass einer in den Anwendungsbereich der §§ 62, 55 FGG fallenden Verfügung verpflichtet, diese durch einen beschwerdefähigen Vorbescheid anzukündigen. Das FamFG hat den Vorbescheid abgeschafft und schreibt statt dessen vor, dass die Genehmigung dem Betreuten selbst mitgeteilt werden muss (§ 41 Abs 3 FamFG) und dass sie erst mit Rechtskraft wirksam wird (§ 40 Abs 2 FamFG). Der Mitteilungsweg des § 1829 Abs 1 Satz 2 wurde durch das FamFG nicht verändert.

14 Die **Doppelvollmacht ist bedenklich**, weil sie § 1828 umgeht: der umständliche Mitteilungsweg ist vom Gesetz gewählt worden, damit der Betreuer Vorteile für den Betreuten bis zuletzt ausschöpfen kann, die notarielle Vertragspraxis beseitigt den § 1828 mit Billigung der Rspr, obwohl er unverzichtbar ist; da der Betreuer nicht weiß, wann die Genehmigung dem Notar mitgeteilt wird, kann er die Möglichkeit, davon nicht Gebrauch zu machen, gar nicht wählen[47]. Er müsste zuvor vom Notar gefragt werden.

15 **g) Form.** Die **Mitteilung der Genehmigung** (durch den Betreuer an den Vertragsgegner) ist **formfrei** und bedarf daher nicht der Form, die etwa für den Vertrag selbst vorgeschrieben ist. Sie kann mithin auch konkludent erfolgen[48]. Dem **Grundbuchamt** muss bei der Auflassung (§ 20 GBO), bei der es die Eintragung auf der Grundlage des Nachweises des materiellen Rechts vornimmt, **in der Form des § 29 GBO nachgewiesen** werden: (1) Erteilung der rechtskräftigen Genehmigung des Betreuungsgerichts gegenüber dem Betreuer; (2) Mitteilung der Genehmigung an den Vertragsgegner; (3) Entgegennahme dieser Mitteilung durch den Vertragsgegner[49]; das ist nicht einfach, weshalb auch die Doppelvollmacht entwickelt wurde (Rz 11); der Nachweis des Mitteilungsweges (also Nr 2, 3) ist bei der Doppelvollmacht entbehrlich. In den Fällen, in denen die Eintragung auf der Grundlage der formellrechtlichen Bewilligung vorgenommen wird (§ 19 GBO, zB bei der Bestellung einer Hypothek), bedarf es nicht des Nachweises der materiell-rechtlichen Voraussetzungen der Rechtsänderung, weshalb hier der Nachweis der Mitteilung an den Gegner entbehrlich ist; hier genügt die Vorlage der betreuungsgerichtlichen Genehmigung und der Beweis von deren Zugang beim Betreuer (dadurch erbracht, dass der Betreuer die Genehmigung vorlegt) als Nachweis der Vertretungsmacht (§ 1828) des Betreuers.

16 Der **Zeitpunkt der betreuungsgerichtlichen Genehmigung** – Vorgenehmigung oder Nachgenehmigung – ist belanglos, wenn sie jedenfalls im Zeitpunkt der

---

42 BayObLG FamRZ 1989, 113; OLG Düsseldorf NJW 1959, 391; aA *Wangemann* NJW 1955, 531.

43 BayObLG FamRZ 1989, 1113; FamRZ 1991, 1076; FamRZ 1997, 1426; FamRZ 1998, 1325; OLG Stuttgart FamRZ 1998, 1323.

44 BayObLG JFG 7, 87.

45 BayObLG FamRZ 1989, 1113/7; FamRZ 1991, 1076; OLG Celle NdsRpfl 1996, 158; OLG Stuttgart FamRZ 1998, 1323 mit zu Recht abl Anm *Vollkommer*, FamRZ 1999, 667; BayObLGZ 28, 514; BayObLG HRR 1930 Nr 296; JFG 6, 101; OLG Karlsruhe JZ 1970, 258.

46 BVerfG FamRZ 2000, 731 = FGPrax 2000, 103.

47 Zweifelnd auch Gernhuber/*Coester-Waltjen* FamR § 60 IV 5 Fn 24.

48 BGHZ 15, 97/101; RGZ 121, 30.

49 OLG Oldenburg DNotZ 1957, 543; *KEHE* GBO § 20 Rz 82.

Eintragung vorliegt[50]. Kennt der Geschäftsgegner, wie der Betreuer weiß, die Genehmigung des Vertrages, so reicht es aus (weil schlüssige Mitteilung materiell-rechtlich genügt), wenn er dem anderen Teil erkennen lässt, dass er auch weiterhin an dem genehmigten Vertrage festhalten will[51]. Allein darin, dass der Betreuer im Beisein des anderen Vertragsteils die Genehmigung entgegennimmt und die Niederschrift unterzeichnet, liegt jedoch noch keine Mitteilung[52].

h) **Wirksamwerden des Vertrages.** Mit der **Mitteilung der Genehmigung** an den Geschäftsgegner wird der Vertrag vom Zeitpunkt der Vornahme ab (ex tunc) voll wirksam[53]. Über diese Rechtslage hat der beurkundende Notar die Beteiligten aufzuklären[54]. Zwischenzeitliche Verfügungen des Betreuers oder Akte der Zwangsvollstreckung werden durch die Rückwirkung der Vertragsgenehmigung nicht unwirksam[55]. Nach der Mitteilung an den Geschäftsgegner kann weder das Betreuungsgericht noch das Beschwerdegericht die Genehmigung ändern, § 48 Abs 3 FamFG[56]. Nach der Mitteilung an den Vertragsgegner kann sich der Betreuer nicht mehr darauf berufen, dass ihm die Genehmigung nicht formell bekannt gemacht worden sei[57]. **Mängel des Vertrages** selbst kann die Genehmigung nicht heilen[58]. Sollte sich der Vertrag als nichtig erweisen, so wird die Genehmigung von selbst hinfällig[59]. 17

Behauptet der Betreuer den Tatsachen zuwider das Vorliegen der Genehmigung des Betreuungsgerichts, kann er nicht nach Maßgabe des § 179 als Vertreter ohne Vertretungsmacht in Anspruch genommen werden[60]; denn §§ 1829–1830 enthalten eine Sonderregelung. Der Geschäftsgegner kann nach § 1830 von dem Vertrage loskommen, wenn die wahrheitswidrige Behauptung bei Abschluss des Vertrages erfolgte. Auch wenn sie später erfolgte und damit § 1830 nicht eingreift, (vgl § 1830 Rz 1) ist § 179 nicht anwendbar, weil dann bei Vertragsschluss keine dem § 179 entsprechende Rechtslage bestanden hat. In jedem der beiden Fälle haftet der Betreuer dem Gegner evtl aus unerlaubter Handlung (§ 826) und § 311 (culpa in contrahendo)[61], dem Betreuten nach § 1833. Der Betreute schuldet Herausgabe des Erlangten, ihn trifft aber keine Haftung aus § 311[62]. 18

i) **Mitteilung der Verweigerung.** Mit der Mitteilung an den Geschäftsgegner, dass die Genehmigung verweigert ist, wird der **Vertrag hinfällig.** Es kann dann nur ein neues Geschäft abgeschlossen und zur Genehmigung vorgelegt werden. Auch wenn gegen die Verweigerung der Genehmigung Beschwerde eingelegt wird und es (wegen der Unkenntnis des Gerichts von der Mitteilung der Verweigerung) daraufhin zur Genehmigung kommt, lebt der Vertrag nicht wieder auf; die Genehmigung geht ins Leere. Eine Neuvornahme des Geschäfts ist auch dann notwendig, wenn der Vertrag unter einer Bedingung genehmigt wurde oder wenn die Genehmigung teilweise verweigert wurde[63]. Die Unwirksamkeit des Vertrages tritt auch ein mit der Mitteilung, dass ein Teil des Vertrages nicht genehmigt ist. Diese Wirkungen können nicht im Wege der Vereinbarung beseitigt, der frühere Schwebezustand kann nicht wieder her- 19

---

50 *Demharter* GBO § 19 Rz 70; *KEHE* GBO § 19 Rz 190.
51 BGHZ 15, 97; OLG Celle MDR 1965, 577.
52 KG OLGE 42, 114.
53 RGZ 142, 59/62.
54 BGHZ 19, 9.
55 RGZ 76, 364/6; 142, 59/62; Motive IV S. 1155.
56 OLG Stuttgart FamRZ 1998, 1323; BayObLG FamRZ 1998, 1325; § 1828 Rz 21; vgl hierzu aber BVerfG ZEV 1996, 237 und FGPrax 2000, 103.
57 BayObLG MDR 1963, 502.
58 OLG Hamm JMBlNRW 1951, 93: gesVeräußerungsverbot.
59 OLG Karlsruhe JFG 2, 121/3.
60 Staudinger-*Engler* § 1829 Rz 11; aA *Dölle*, FamR II, S. 807.
61 Vgl BGH LM Nr 1 zu § 307; Nr 14 zu § 276 Fa.
62 Gernhuber/*Coester-Waltjen* FamR § 60 IV 11.
63 RGRK-*Dickescheid* § 1829 Rz 6; aA Erman-*Holzhauer* § 1829 Rz 9, falls der Geschäftsgegner durch die Versagung in keiner Weise beschwert wird.

gestellt werden[64]. Das Empfangene ist dem Betreuten nach Bereicherungsgrundsätzen herauszugeben[65]. Mit der Mitteilung, dass die Genehmigung versagt ist, wird der Vertrag selbst dann hinfällig, wenn die Mitteilung nicht der Wahrheit entsprach, weil das Betreuungsgericht noch keine Entscheidung gefällt hatte[66]; das Verhalten des Betreuers zeigt, dass er von der (eventuellen) Genehmigung keinen Gebrauch machen will.

20 2. **Keine Mitteilung des Betreuers.** Der Betreuer kann den Schwebezustand mittelbar auch dadurch beenden, dass er auf die Anfrage des Antragsgegners nach der Entscheidung des Betreuungsgerichts **eine Mitteilung überhaupt unterlässt**[67]. Selbst wenn die Genehmigung zu diesem Zeitpunkt bereits erteilt ist, gilt sie nach Ablauf von vier Wochen als verweigert (Abs 2). Liegt das Verhalten des Betreuers im Interesse des Betreuten, erwächst dem Betreuer daraus auch keine Schadensersatzpflicht gegenüber dem Dritten. Teilt der Betreuer die Genehmigung ausschließlich im eigenen Interesse dem Vertragspartner nicht mit, so haftet er evtl aus § 826 und § 311 (culpa in contrahendo)[68].

III. Beendigung des Schwebezustandes durch den anderen Teil (Abs 2)

21 1. **Aufforderung.** Der andere Vertragspartner kann den Betreuer zur Mitteilung darüber auffordern, ob die Genehmigung erteilt ist. Die Mitteilung der Genehmigung kann dann nur bis zum Ablaufe von vier Wochen nach dem Empfange der Aufforderung erfolgen; erfolgt sie nicht (oder verspätet), so gilt die Genehmigung als verweigert. Zwar hängt der Eintritt der Rechtsfolge aus § 1829 Abs 2 nicht davon ab, ob der zur Mitteilung auffordernde Vertragsteil sich dieser Folge bewusst ist. Die Anforderungen an den Inhalt der Aufforderungserklärung dürfen aber nicht zu gering bemessen werden; ihr Inhalt muss hinreichend klar sein[69]. Der Empfänger der Aufforderung muss erkennen können, dass es sich nicht um eine bloße Sachstandsanfrage, sondern um eine Erklärung von rechtserheblicher Bedeutung handelt[70].

22 Die Wirksamkeit des Vertrages ist an die Einhaltung der Frist geknüpft, gleichviel ob das Betreuungsgericht bereits genehmigt hatte oder nicht[71] oder auch aus welchem Grunde die Mitteilung unterblieben ist; selbst auf Arglist oder Verschulden kommt es nicht an. Gilt die Genehmigung als verweigert, kann später nur ein neu abgeschlossenes Rechtsgeschäft genehmigt werden, da die früheren durch den Betreuer abgegebenen Erklärungen hinfällig geworden sind. Der Vertragsgegner kann sofort nach Vertragsschluss die Aufforderung abgeben[72]. Die Aufforderung ist eine einseitige empfangsbedürftige Willenserklärung[73]. Stehen dem Betreuer mehrere Personen als Vertragsgegner gegenüber, so müssen, wenn das Innenverhältnis zwischen diesen, das eigentlich maßgeblich ist,

---

64 KGJ 25, 17; Colmar OLGE 18, 292.
65 RGZ 81, 261.
66 *Breit* ZblFG 4 (1903/04), 582; OLG Stettin LZ 1926, 60: Mitteilung von Versagung stehe dem Schweigen gleich; offen RGZ 130, 148/52.
67 RGZ 130, 148/52; RGZ 132, 257, 260.
68 Gernhuber/*Coester-Waltjen* FamR § 60 IV 5 Fn 19.
69 RGZ 130, 148/153.
70 OLG Düsseldorf DNotZ 2003, 863.
71 RGZ 130, 148/52.
72 RGZ 130, 148/52.
73 Staudinger-*Engler* § 1829 Rz 20; aA Erman-*Holzhauer* § 1829 Rz 7; RGRK-*Dickescheid* § 1829 Rz 16; *Huken* DNotZ 1966, 389: geschäftsähnliche Handlung.

nicht zu klären ist, alle die Aufforderung erlassen[74], wobei sie Vollmacht erteilen können.

2. Fristbeginn. Fristverlängerung. Die Frist in Abs 2 betrug früher zwei Wochen. Durch das FGG-ReformG wurde sie ab 1.9.2009 **auf vier Wochen verlängert**. Diese Verlängerung erfolgte[75], weil § 40 Abs 2 Satz 1 FamFG die Rechtskraft des Genehmigungsbeschlusses zur Wirksamkeitsvoraussetzung erhoben hatte. Da die Beschwerdefrist zwei Wochen (§ 63 Abs 2 Nr 2 FamFG) beträgt, verstreichen (falls kein Rechtsmittelverzicht erfolgt) bis zum Eintritt der Rechtskraft mindestens zwei Wochen. Die Frist beginnt mit Zugang der Aufforderung[76]. Die Frist kann durch Vereinbarungen verkürzt oder verlängert werden. Gegen die Versäumung der Frist gibt es weder eine Wiedereinsetzung noch eine Anfechtung der Wirkung des Fristablaufs[77], wohl aber einen Angriff, wenn die Fristsetzung unklar war. Erteilt das Betreuungsgericht die Genehmigung erst nach Ablauf der Frist und teilt der Betreuer sodann (verspätet) die Genehmigung dem Geschäftspartner mit, so kann der Geschäftspartner den Anschein eines gültigen Vertrages nicht mit der Beschwerde mit dem Ziel der Rücknahme der Genehmigung zerstören[78], da diese nach § 48 Abs 3 FamFG unabänderlich geworden ist. Die Unwirksamkeit des Vertrages kann aber im Prozess, zB durch Feststellungsklage geklärt werden. Setzt der andere Teil zur Annahme seines Angebots eine Frist, so ist er nach Ablauf der Frist nicht gebunden, wenn der Betreuer nicht vorher die Genehmigung des Betreuungsgerichts mitteilt. 23

IV. Beendigung des Schwebezustandes durch den Betreuten (Abs 3)

1. Beendigung der Betreuung. Die Aufforderung des anderen Teils ist an den ehemaligen (geschäftsfähigen) Betreuten zu richten, wenn die Betreuung (ganz oder jedenfalls im betreffenden Aufgabenkreis) aufgehoben wurde, § 177 Abs 2. Eine Entscheidung des Betreuungsgerichts ab dieser Zeit ist unwirksam. Wird jedoch die Versagung der Genehmigung noch rechtzeitig durch den Betreuer mitgeteilt, ist der Dritte nicht mehr gebunden. Das Geschäft ist hinfällig. Der ehemalige Betreute kann es nicht mehr genehmigen[79], allenfalls neu abschließen. Wird die Betreuung während der Vierwochenfrist aufgehoben, obliegt die Genehmigung ihm, jedoch rechnet der Fristbeginn bereits von dem Empfang der Aufforderung, nicht vom Wirksamwerden der Aufhebung an[80]. Die Genehmigung kann ausdrücklich wie auch konkludent erfolgen (vgl § 182). Die Entlastungserklärung des ehemaligen Betreuten für den Betreuer bei der Beendigung der Betreuung (vgl § 1892 Abs 2 Satz 2) enthält nicht auch die Genehmigung noch schwebend unwirksamer Geschäfte[81]. Die Annahme einer schlüssigen Genehmigung setzt voraus, dass der ehemalige Betreute die Genehmigungsbedürftigkeit kannte und das fragliche Rechtsgeschäft heilen wollte[82]. Die Genehmigung ist (wobei es keinen Unterschied macht, ob sie auf Aufforderung hin oder ohne diese erfolgt) dem Geschäftsgegner zu erklären (§§ 177 Abs 2, 182), das schlüssige Verhalten muss gerade diesem gegenüber in 24

74 KGJ 36, 160; aA *Huken* DNotZ 1966, 388; Staudinger-*Engler* § 1829 Rz 18: stets sei das Innenverhältnis entscheidend.
75 BT-Drucks 16/6308 S. 347.
76 RGZ 130, 148/52
77 *Dölle*, FamR II, S. 801.
78 KGJ 53, 39; KG JW 1937, 2975.
79 Vgl RGZ 130, 124.
80 Vgl Staudinger-*Engler* § 1829 Rz 28.
81 Vgl RG LZ 1930, 1390.
82 RGZ 95, 70/71; OLG Hamm NJW-RR 1992, 1186; aA OLG München VersR 1989, 467; LG Koblenz VersR 1991, 209.

Erscheinen treten[83]. Die Genehmigung ist wie jede Willenserklärung anfechtbar. Einen Anspruch auf Genehmigung durch den ehemaligen Betreuten nach dem Ende der Betreuung hat weder der Betreuer[84] noch der Vertragsgegner[85]. Das Genehmigungsrecht bezüglich des (schwebend) unwirksamen Vertrages kann **verwirkt** werden[86], umgekehrt kann das Berufen auf die fehlende Genehmigung bei einem durchgeführten Vertrag erhebliche Zeit später rechtsmissbräuchlich sein[87].

25 **2. Tod des Betreuten.** Beim Tod des Betreuten nach der Genehmigung, aber vor deren Mitteilung, treten die Erben an seine Stelle; sie können durch ihre Genehmigung den Vertrag wirksam machen[88]. Zum Fall des Todes des Betreuten vor Erteilung der Genehmigung vgl § 1828 Rz 11. Zum Fall der Unkenntnis des Betreuers vom Tod des Betreuten vgl § 1893 Rz 2.

§ 1830 BGB Widerrufsrecht des Geschäftspartners

Hat der *Vormund* dem anderen Teile gegenüber der Wahrheit zuwider die Genehmigung des *Familiengerichts* behauptet, so ist der andere Teil bis zur Mitteilung der nachträglichen Genehmigung des *Familiengerichts* zum Widerrufe berechtigt, es sei denn, dass ihm das Fehlen der Genehmigung bei dem Abschlusse des Vertrages bekannt war.

1 **1. Allgemeines.** Die Vorschrift gilt auch für **Betreuer** (§ 1908i Abs 1). Wird ein Vertrag ohne die erforderliche Genehmigung des Betreuungsgerichts geschlossen, ist der Vertragspartner gebunden (vgl § 1829 Abs 2). Hatte der Betreuer den Vertragspartner insoweit belogen, bestraft § 1830 den Betreuten (!), indem er dem Vertragspartner ein Widerrufsrecht gibt. Eine ähnliche Regelung enthält § 109 Abs 2 bei zustimmungsbedürftigen Willenserklärungen Minderjähriger. Vorausgesetzt ist eine **unwahre Behauptung vor oder bei Vertragsabschluss**; ein Widerrufsrecht besteht nicht, wenn der Betreuer *nach* Vertragsschluss die unwahre Behauptung einer Genehmigung macht[1]. § 1830 ist ferner anwendbar, wenn der Geschäftsgegner irrtümlich das Vorliegen einer Genehmigung annimmt und der Betreuer zu diesem erkannten Irrtum treuwidrig schweigt[2]. Nicht gefordert ist die Kausalität der unwahren Behauptung für das Zustandekommen des Vertrages[3].

2 **2. Widerruf.** Der Widerruf ist ein einseitiges empfangsbedürftiges Rechtsgeschäft und muss gegenüber dem Betreuer erklärt werden. Voraussetzung des Widerrufsrechts ist eine objektiv unwahre Behauptung des Betreuers über die Erteilung der Vor-Genehmigung; Verschulden des Betreuers in Bezug auf die Unwahrheit ist nicht erforderlich. Das Widerrufsrecht besteht auch dann, wenn der Gegner den Vertrag nicht für genehmigungsbedürftig hielt. Kennt der andere Teil das Fehlen der Genehmigung, so kann er nicht widerrufen. Kennenmüssen reicht nicht aus. Die Ausübung des Widerrufsrechts ist nicht befristet; das Recht fällt jedoch bei Zugang der Mitteilung von der nachträglichen Erteilung der Genehmigung fort.

---

83 OGH JR 1950, 245; aA wohl BayObLG JW 1927, 1218.
84 BGH NJW 1951, 398.
85 BGH WM 1963, 811.
86 Vgl OLG Hamm StAZ 1967, 99.
87 BGH FamRZ 1961, 216.
88 BayObLG NJW 1965, 397; KG OLGE 4, 416.
1 Staudinger-*Engler* § 1830 Rz 5.
2 MünchKomm-*Wagenitz* § 1830 Rz 2; aA RGRK-*Dickescheid* § 1830 Rz 2.
3 RGRK-*Dickescheid* § 1830 Rz 3.

3. Kein Widerrufsrecht. Es entfällt ferner bei einem **Verzicht** des Gegners auf das Widerrufsrecht; zu Unrecht wird dieser schon in der Aufforderung des Gegners gem § 1829 Abs 2 erblickt[4]. Richtiger Weise kann dies nur angenommen werden, wenn die Aufforderung gem § 1829 Abs 2 in Kenntnis des Widerrufsrechts erfolgt[5]. Für eine Anfechtung wegen Irrtums oder Täuschung ist neben dem Widerrufsrecht kein Raum[6]. § 179 ist nicht anwendbar (vgl § 1829 Rz 11). Hat der unter Einwilligungsvorbehalt stehende Betreute mit Zustimmung des Betreuers **den Vertrag abgeschlossen,** so gilt § 1830, wenn der Betreuer oder der Betreute wahrheitswidrig die Genehmigung behauptet hatte. Hat der unter Einwilligungsvorbehalt stehende Betreute ohne Zustimmung des Betreuers den Vertrag abgeschlossen, so gilt § 1830 entsprechend[7]. Genehmigt der Betreuer das Geschäft des Betreuten, nachdem ihm die betreuungsgerichtliche Genehmigung erteilt wurde, so wird damit der Vertrag vollwirksam; genehmigt der Betreuer den Vertrag des Betreuten, ohne dass er die gerichtliche Genehmigung schon erhalten hätte, so sind von diesem Zeitpunkt an §§ 1829, 1830 anwendbar. 3

4. Haftung. Im Falle des § 1830 kann sich eine Haftung gegenüber dem anderen Teile (§§ 823 ff) wie auch gegenüber dem Betreuten (§ 1833) ergeben. 4

5. Beweislast. Die Beweislast für die unwahre Behauptung des Betreuers und den eigenen Widerruf vor Mitteilung der betreuungsgerichtlichen Genehmigung trägt der Geschäftsgegner; der Betreuer trägt die Beweislast für die Kenntnis des Geschäftsgegners vom Fehlen der Genehmigung. 5

§ 1831 BGB Einseitiges Rechtsgeschäft ohne Genehmigung

[1]Ein einseitiges Rechtsgeschäft, das der *Vormund* ohne die erforderliche Genehmigung des *Familiengerichts* vornimmt, ist unwirksam. [2]Nimmt der *Vormund* mit dieser Genehmigung ein solches Rechtsgeschäft einem anderen gegenüber vor, so ist das Rechtsgeschäft unwirksam, wenn der *Vormund* die Genehmigung nicht vorlegt und der andere das Rechtsgeschäft aus diesem Grunde unverzüglich zurückweist.

1. Allgemeines. § 1831 ist auf die **Betreuung** anwendbar (§ 1908 i Abs 1); statt „Familiengericht" ist dann „Betreuungsgericht" zu lesen. Nach §§ 1915, 1960, 1962 ist § 1831 auch auf die Nachlasspflegschaft anwendbar; dann ist das Nachlassgericht zuständig. Satz 2 lautete früher: „nicht *in schriftlicher Form* vorlegt"; das Formerfordernis wurde durch das FGG-ReformG (BGBl 2008, 2586) ab 1.9.2009 als überflüssig gestrichen, weil ohnehin nur etwas „vorgelegt" werden kann, was in Schriftform existiert. 1

Einseitige Rechtsgeschäfte ertragen keinen Schwebezustand. Daher muss dem Betreuer bei einseitigen Rechtsgeschäften die betreuungsgerichtliche Genehmigung im Zeitpunkt des Wirksamwerdens schon erteilt sein. Dies ist gemäß Satz 1 bei *nicht empfangsbedürftigen* Rechtsgeschäften der Zeitpunkt der Vornahme, bei *empfangsbedürftigen* der Zeitpunkt des Zugehens der Willenserklärung; denn letztere werden nicht mit der Abgabe, sondern mit dem Zugang wirksam[1]. Soll nach dem Inhalt der Willenserklärung die Wirkung erst später eintreten (Befristung) oder hängt die Wirkung von einer aufschiebenden Bedingung ab, so sind nicht diese Zeitpunkte, sondern der Zeitpunkt des Zugangs für die betreu- 2

4 Staudinger-*Engler* § 1830 Rz 9.
5 *Breit* ZblFG 4, 591; vgl aber *Wilhelm* NJW 1992, 1666.
6 Staudinger-*Engler* § 1830 Rz 10.
7 *Jürgens* § 1830 Rz 3.
1 Vgl KG JFG 6, 108/10; aA *Dölle*, FamR II, S. 806.

ungsgerichtliche Genehmigung maßgeblich[2]. Anders aber, wenn die Wirkung des Rechtsgeschäfts von dem **Zugang** der betreuungsgerichtlichen Genehmigung abhängig gemacht wird; hier bleibt der Gegner nicht im Ungewissen, weil bis dahin die Willenserklärung keine Rechtswirkungen hat.

3 **2. Arten der genehmigungsbedürftigen Willenserklärungen.** Nach dem Zweck des Gesetzes ist zu differenzieren zwischen einseitigen genehmigungsbedürftigen Willenserklärungen, die amtsempfangsbedürftig sind (Rz 6), solche, die mittels Klage geltend gemacht werden müssen (Rz 11) und den übrigen (Rz 4), die diese Besonderheiten nicht aufweisen.

4 **a) Einseitige Rechtsgeschäfte ohne Besonderheit.** Einseitige Rechtsgeschäfte sind zB: die **Aufrechnung**, die **Kündigung** (vgl § 1812), auch die **Kündigung eines Mietverhältnisses** (§ 1907 Abs 1 Satz 1); die Kündigung eines Mietverhältnisses über Wohnraum durch den Betreuer ohne vorherige Zustimmung des Betreuungsgerichts ist daher nichtig[3]. Einseitige Rechtsgeschäfte sind ferner die **Anfechtung**, der **Rücktritt vom Vertrag**, die **Erteilung der Prokura** (§ 1822 Nr 8), die Aufgabeerklärung gem § 875 Abs 1 Satz 2, 4. Alt, die Ermächtigung gem § 112, die Genehmigung der Verfügung eines Nichtberechtigten, die Anfechtung des Erbvertrages (§ 2282 Abs 2), die Zustimmung zur Aufhebung eines Erbvertrages (§§ 2291, 2290 Abs 3). Ob der Betreuer oder der Betreute selbst das einseitige Rechtsgeschäft vornimmt, ist gleichgültig; die gemäß § 111 (bei Einwilligungsvorbehalt) erforderliche Einwilligung des Betreuers muss ebenfalls vor der Vornahme des Rechtsgeschäfts durch den Betreuten erfolgen, kann aber der gerichtlichen Genehmigung nachfolgen, da diese sich auf das Rechtsgeschäft selbst bezieht, nicht auf die Einwilligung des Betreuers.

5 **Nicht unter § 1831 fallen:** die Erteilung einer **Vollmacht**; das **Vertragsangebot** und die **Annahme eines Angebots**, da beide nur Teile eines Vertrages sind und damit unter § 1829 fallen[4]; die Zustimmung des Betreuers zu einem vom Betreuten geschlossenen Vertrag, denn die Genehmigung wird dem Vertrag, nicht der Zustimmung des Betreuers erteilt; es ist daher § 1829 anwendbar; die **Annahme** der geschuldeten Leistung[5]; sie ist zwar nach §§ 1812, 1813 genehmigungsbedürftig, doch ist keine sofortige Klarheit erforderlich, weil der Leistende die Vorlage der Genehmigung unschädlich abwarten kann, nachträgliche Genehmigung genügt. Die aA hält dies für inkonsequent; bei Leistungen, deren Annahme betreuungsgerichtlicher Genehmigung bedarf, müsse eine einseitige Willenserklärung des Betreuers, die Leistung als vertragsgemäß gelten zu lassen, zur Leistung selbst hinzutreten.

6 **b) Amtsempfangsbedürftige Willenserklärungen.** Auf amtsempfangsbedürftige Willenserklärungen ist § 1831 Satz 2 sinngemäß nicht anwendbar. Es ist zu differenzieren[6]: Bei Rechtsgeschäften, die binnen einer Frist vorzunehmen sind, muss die gerichtliche Genehmigung innerhalb der Frist erteilt sein, soweit nicht § 206 zum Zug kommt. Besteht keine gesetzliche Frist, muss das Amt dem Einreicher eine angemessene Frist setzen; es kann die Erklärung nicht ohne weiteres zurückweisen, weil kein Bedürfnis danach besteht. Erforderlich ist stets die Mitteilung der Genehmigung an die Behörde; durch deren Unterlassen scheitert die Willenserklärung.

---

2 MünchKomm/*Wagenitz* § 1831 Rz 4.
3 LG Berlin NZM 2001, 807.
4 RG Gruchot 71 (1931), 77.
5 MünchKomm/*Wagenitz* § 1831 Rz 3; Erman-*Holzhauer* § 1831 Rz 8; KG HRR 1931 Nr 512.
6 MünchKomm/*Wagenitz* § 1831 Rz 9.

7 **Ausschlagung der Erbschaft.** Dafür ist § 1831 grundsätzlich anwendbar. Die Ausschlagungserklärung ist gemäß § 1944 innerhalb einer bestimmten Frist gegenüber dem Nachlassgericht abzugeben (also amtsempfangsbedürftig) und nach § 1822 Nr 2 durch das Betreuungsgericht genehmigungspflichtig. Der Betreuer kann dann frei entscheiden, ob er von einer erteilten Genehmigung Gebrauch macht[7]. Grundsätzlich muss die Ausschlagungserklärung zusammen mit der Genehmigung des Betreuungsgerichts innerhalb der Ausschlagungsfrist beim Nachlassgericht eingehen. Zur Fristwahrung genügt es aber, wenn der Betreuer die Genehmigung nach Datum, Gericht und Aktenzeichen nennt, ohne sie sogleich schriftlich im Original (bzw Ausfertigung, beglaubigte Abschrift) beizufügen[8]. Man sollte es genügen lassen, wenn das Betreuungsgericht *dem Nachlassgericht* die Genehmigung mitteilt.[9] Die Genehmigung nebst Nachweis der Bekanntmachung an den Betreuer kann *innerhalb* der Ausschlagungsfrist nachgereicht werden[10], muss also nicht gleichzeitig mit der Ausschlagungserklärung abgegeben werden. Ausreichend ist aber auch, wenn der Betreuer innerhalb der Frist gegenüber dem Nachlassgericht ausschlägt und die Genehmigung innerhalb der Frist beim Betreuungsgericht beantragt wird; wird sie erst nach Fristablauf erteilt, handelt es sich um einen Fall höherer Gewalt, die eine Hemmung der Frist bewirkt, § 206[11]. Nach aA[12] ist die Frist versäumt, der Betreute hat indes einen Ersatzanspruch gegen den Staat (§ 839 BGB, Art 34 GG); dies ist wenig praxisnah und ohne Erfolg in Fällen, in denen die notwendigen Ermittlungen des Betreuungsgerichts über den Nachlass längere Zeit erfordern; denn dann fehlt die Amtspflichtverletzung. Der Fristlauf ist vom Genehmigungsantrag bis zur Bekanntmachung der Genehmigung an den Betreuer gehemmt; dann läuft die restliche Frist (§ 209)[13].

8 Bei der **Anerkennung der nichtehelichen Vaterschaft** (§§ 1592 Nr 2, 1596 Abs 1) genügt es, wenn die Genehmigung erst nachträglich erteilt wird[14]. Auch bei dem Antrag auf **Änderung des Namens** (§ 2 NamensänderungsG) kann die gerichtliche Genehmigung nachfolgen[15]. § 1831 sollte ferner auch in folgenden Fällen nicht angewandt werden: Ablehnung der fortgesetzten Gütergemeinschaft (§ 1484 Abs 2) entsprechend der Ausschlagung der Erbschaft[16]; § 1491 Abs 3: Verzicht auf Anteil am Gesamtgut gegenüber dem Nachlassgericht[17]. § 1492 Abs 3: Aufhebung der fortgesetzten Gütergemeinschaft durch Erklärung gegenüber dem Nachlassgericht[18]. Auch bei Antrag auf Zwangsversteigerung zum Zwecke der **Aufhebung der Gemeinschaft** (§ 181 Abs 2 Satz 2 ZVG) muss es genügen, wenn der Betreuer auf Fristsetzung hin die betreuungsgerichtliche Genehmigung nachreicht[19]; für die Entlassung aus der Staatsangehörigkeit (§ 19 StAG) muss Gleiches gelten[20].

---

7 OLG Frankfurt OLGZ 1966, 337; BayObLG FamRZ 1996, 1161; aA LG Berlin NJOZ 2008, 512.
8 Vgl *Sonnenfeld/Zorn* Rpfleger 2004, 533.
9 *Sonnenfeld/Zorn* Rpfleger 2004, 533.
10 RGZ 118, 145; BGH FamRZ 1966, 504; BayObLG FamRZ 1969, 436; *Sonnenfeld/Zorn* Rpfleger 2004, 533; aA KGJ 42, 84/91.
11 BayObLG FamRZ 1983, 834/5; OLG Frankfurt FamRZ 1966, 259; *Jürgens* Rz 5; *Klüsener* Rpfleger 1993, 133.
12 *Dölle*, FamR II, S. 807.
13 MünchKomm/*Leipold* § 1944 Rz 20.
14 MünchKomm/*Wagenitz* § 1831 Rz 9; RGRK-*Dickescheid* § 1831 Rz 9; aA Soergel-*Gaul* § 1600 d Rz 3 mwN. Vgl BayObLG NJWE-FER 1997, 10 (Vaterschaftsanfechtungsklage); OLG Zweibrücken NJW-RR 1996, 710 (Namensänderung).
15 RGRK-*Dickescheid* § 1831 Rz 17.
16 AA Staudinger-*Felgenträger* § 1484 Rz 15.
17 AA RGRK-*Finke* § 1491 Rz 8.
18 AA RGRK-*Finke* § 1492 Rz 6.
19 MünchKomm/*Wagenitz* § 1831 Rz 9; aA *Zeller* § 15 ZVG Rz 14; *Steiner/Riedel* § 181 ZVG Anm 5.
20 MünchKomm/*Wagenitz* § 1831 Rz 9; aA *Lichter/Hoffmann*, Staatsangehörigkeitsrecht, § 19 Rz 4.

9 Bei **Erklärungen gegenüber dem Grundbuchamt** ist § 1831 nicht anwendbar. **Beispiel:** § 875 Abs 1, 1. Alt: Aufgabe eines Rechts durch Erklärung gegenüber dem Grundbuchamt. Abzulehnen ist die Auffassung, auch die Bewilligung gem § 19 GBO falle unter den § 1831, mag sich diese auf ein materiell-rechtlich einseitiges Rechtsgeschäft beziehen oder auf einen Vertrag, wie zB die Hypothekenbestellung (§ 873). Bei der Bewilligung handelt es sich um eine Erklärung, die dem Verfahrensrecht zuzuordnen ist, auf das sich § 1831 nicht bezieht. Fehlt im Beispiel die betreuungsgerichtliche Genehmigung beim Eingang der Eintragungsbewilligung, die auch die materiell-rechtliche Erklärung enthält, so entsteht für das Grundbuchamt nicht der Zustand, dass es für unbestimmte Zeit über die Wirksamkeit des Geschäfts im Unklaren bleibt. Das Grundbuchamt kann durch Zwischenverfügung (§ 18 GBO) dem Bewilligenden eine Frist zur Nachreichung der Genehmigung setzen und bei deren fruchtlosem Verstreichen das Eintragungsgesuch zurückweisen. Nach dem Gesetzeszweck ist daher § 1831 nicht anwendbar[21].

10 Wird das einseitige Rechtsgeschäft nicht gegenüber dem Grundbuchamt, sondern gegenüber dem Begünstigten vorgenommen (zB § 875 Abs 1 Satz 2, 2. Alt) und tritt zusätzlich die Eintragungsbewilligung zur Eintragung im Grundbuch hinzu, so muss eigentlich im Zeitpunkt des Zugangs der Willenserklärung gem § 1831 die Genehmigung des Betreuungsgerichts vorliegen, was dem Grundbuchamt nachzuweisen ist, weil anderenfalls die Verfügungsmacht des Betreuers zur Bewilligung der Grundbucheintragung fehlen würde. Fehlt indes die Genehmigung oder ist sie später erteilt als die materiell-rechtliche Aufgabeerklärung, so liegt in der Eintragungsbewilligung eine Wiederholung der zunächst nichtigen materiell-rechtlichen Erklärung[22], so dass auch in diesem Fall die Einreichung der betreuungsgerichtlichen Genehmigung auf eine Zwischenverfügung hin ausreicht[23].

11 c) **Mittels Klage geltend zu machende Willenserklärung.** Darunter fällt nur noch der Scheidungsantrag (früher § 607 ZPO; jetzt § 125 Abs 2 Satz 2 FamFG). Hat der Betreuer die einseitige Willenserklärung **im Prozesswege durchzusetzen**, so ist auch hier § 1831 mangels Schutzbedürfnis unanwendbar. Es genügt, wenn die familiengerichtliche Genehmigung bis zur letzten mündlichen Verhandlung in der Revisionsinstanz vorgelegt wird[24]. Soweit aber materiell-rechtlich eine Frist zu wahren ist, muss diese Frist eingehalten werden.

12 3. **Form der Vorlage der Genehmigung (Satz 2).** Wurde dem Betreuer zB die Genehmigung für eine Kündigung erteilt und spricht er dann die Kündigung aus, ohne die Genehmigung beizufügen, dann hat der Empfänger zwei Möglichkeiten: er kann die Kündigung akzeptieren; oder er kann die Vorlage der Genehmigung verlangen (allerdings muss er das unverzüglich tun; § 121); Satz 2 ähnelt § 174. Die Genehmigung kann in **Urschrift, einer Ausfertigung oder einer beglaubigten Abschrift** der betreuungsgerichtlichen Genehmigung vorgelegt werden; eine einfache Fotokopie genügt nicht, auch nicht ein Telefax oder Zusendung als E-Mail-Anhang. §§ 125 ff sind nicht anwendbar, da die betreuungsgerichtliche **Genehmigung selbst kein Rechtsgeschäft** ist (vgl § 1828 Rz 4 ff). Satz 2 findet keine Anwendung auf amtsempfangsbedürftige Willenserklärungen[25]; denn Behörden und Gerichte sind nicht „andere" iSv Satz 2. Seit 1.9.2009 (FGG-ReformG) ist es nicht mehr möglich, dass das Betreuungsgericht die Genehmigung in mündlicher Form erteilt; die Genehmigung des Gerichts

---

21 KG JW 1936, 2745; OLG Celle Rpfleger 1980, 187; MünchKomm/*Wagenitz* § 1831 Rz 8; RGRK-*Dickescheid* § 1831 Rz 7; aA: die betreuungsgerichtliche Genehmigung muss spätestens zugleich mit der Bewilligung beim Grundbuchamt eingehen: KGJ 24, 216; LG Flensburg Rpfleger 1966, 267; *Demharter* GBO § 19 Rz 69.

22 *Güthe/Triebel* GBO § 19 Rz 48.

23 Im Ergebnis ebenso *Klüsener* Rpfleger 1981, 461/3.

24 BGH FamRZ 1966, 504; RG 86, 15.

25 RGRK-*Dickescheid* § 1831 Rz 14; Staudinger-*Engler* § 1831 Rz 22.

muss nun in Schriftform erfolgen (vgl § 38 FamFG). In dem Beschluss wird ferner ausgesprochen, dass dieser erst mit Rechtskraft wirksam wird (§ 40 Abs 2 Satz 2 FamFG); in der Rechtsmittelbelehrung erfolgt ein Hinweis auf die Beschwerdefrist (zwei Wochen; §§ 39, 63 Abs 2 Nr 2 FamFG). Der Gegner kann daher das Rechtsgeschäft auch dann noch zurückweisen, wenn zwar die Genehmigung, aber nicht zusätzlich ein Rechtskraftzeugnis (§ 46 FamFG) vorgelegt wird[26].

4. Heilung. Ist die Unwirksamkeit eingetreten, so ist eine **Heilung** durch **nachträgliche Erteilung**, bei Satz 2 durch nachträgliche Vorlegung in schriftlicher 13
Form[27] oder durch eine Rücknahme der Zurückweisung **nicht möglich**. Das Geschäft (zB die Kündigung) muss wiederholt werden; Folge ist bei einer Wohnungskündigung, dass sie uU erst zum nächsten Kündigungszeitpunkt wirkt, also noch Miete zu zahlen ist (und der Betreuer uU für seinen Fehler haftet, § 1833).

§ 1832 BGB Genehmigung des Gegenbetreuers

Soweit der *Vormund* zu einem Rechtsgeschäfte der Genehmigung des *Gegenvormundes* bedarf, finden die Vorschriften der §§ 1828 bis 1831 entsprechende Anwendung; abweichend von § 1829 Abs. 2 beträgt die Frist für die Mitteilung der Genehmigung des *Gegenvormunds* zwei Wochen.

1. Rechtsnatur der Genehmigung des Gegenvormunds. § 1832 war im Verwei- 1
sungskatalog des § 1908 i Abs 1 ursprünglich nicht aufgeführt; der Fehler wurde durch das 2. BtÄndG behoben. Der zweite Halbsatz wurde durch das FGG-ReformG (BGBl 2008, 2586) mit Wirkung ab 1.9.2009 eingefügt. § 1832 gilt somit auch für den **Gegenbetreuer**. Anders als die familiengerichtliche Genehmigung (vgl § 1828) ist die Genehmigung des Gegenvormundes ein **Rechtsgeschäft**[1], auf das die allgemeinen Vorschriften über Rechtsgeschäfte (insbesondere auch die Vorschriften über die Anfechtung von Willenserklärungen) uneingeschränkt anzuwenden sind. Die Vorschrift gilt nur, wo die Genehmigung des Gegenbetreuers die Vertretungsmacht des Betreuers beschränkt, zB bei §§ 1812, 1813 Abs 2, auch ggf bei § 1809, nicht in den Fällen bloßer Ordnungsvorschriften wie bei § 1810[2].

2. Entsprechende Anwendung der §§ 1828 bis 1831. Die entsprechende 2
Anwendung von § 1828 ergibt, dass der Gegenbetreuer seine Genehmigung nur dem Betreuer gegenüber erklären kann. Gemäß **§ 1829** wird die Nachgenehmigung ebenso wie die Verweigerung des Gegenbetreuers erst wirksam, wenn sie der Betreuer dem Vertragsgegner mitteilt (§ 1829 Abs 1). Der Vertragsgegner kann den Betreuer zur Mitteilung der Genehmigung des Gegenbetreuers auffordern (§ 1829 Abs 2); vgl Rz 3. Dem Betroffenen, der nicht mehr unter Betreuung steht, steht bei schwebend unwirksamen Verträgen das Genehmigungsrecht zu (§ 1829 Abs 3). Bei wahrheitswidriger Behauptung des Vorliegens der Genehmigung des Gegenbetreuers seitens des Betreuers hat der Vertragsgegner ein Widerrufsrecht (§ **1830**). Bei einseitigen Rechtsgeschäften muss die erforderliche Genehmigung des Gegenbetreuers im Zeitpunkt des Wirksamwerdens der Erklärung des Betreuers vorliegen (§ **1831**); der Geschäftsgegner kann auch bei Vorliegen der Genehmigung des Gegenbetreuers das einseitige Rechtsgeschäft zurückweisen, wenn die Genehmigung des Gegenbetreuers nicht

26 BT-Drucks 16/6308 S. 347.
27 RG LZ 1930, 1390; JW 1928, 1405; OLG Karlsruhe JFG 2, 212/2.
1 MünchKomm/*Wagenitz* § 1832 Rz 3; Palandt/*Diederichsen* § 1832 Rz 1.
2 MünchKomm/*Wagenitz* § 1832 Rz 2.

schriftlich vorgelegt wird (§ 1831 Satz 2). Auf die Schriftform finden hier §§ 125, 126 Anwendung.

3 **3. Zweiwochenfrist.** § 1829 Abs 2 lautet: „Fordert der andere Teil den *Vormund* zur Mitteilung darüber auf, ob die Genehmigung erteilt sei, so kann die Mitteilung der Genehmigung nur bis zum Ablaufe von vier Wochen nach dem Empfange der Aufforderung erfolgen; erfolgt sie nicht, so gilt die Genehmigung als verweigert." Die Gründe, die zu einer Verlängerung der Frist (von zwei auf vier Wochen) für die Mitteilung in § 1829 Abs 2 führen, sollen bei § 1832 nicht vorliegen, da der Gegenbetreuer die Genehmigung als sofort wirksame rechtsgeschäftliche Erklärung abgebe, meint die Gesetzesbegründung[3].

§ 1833 BGB Haftung des Vormunds

(1) [1]Der *Vormund* ist dem *Mündel* für den aus einer Pflichtverletzung entstehenden Schaden verantwortlich, wenn ihm ein Verschulden zur Last fällt. [2]Das gleiche gilt von dem *Gegenvormunde.*

(2) [1]Sind für den Schaden mehrere nebeneinander verantwortlich, so haften sie als Gesamtschuldner. [2]Ist neben dem *Vormunde* für den von diesem verursachten Schaden der *Gegenvormund* oder ein *Mitvormund* nur wegen Verletzung seiner Aufsichtspflicht verantwortlich, so ist in ihrem Verhältnisse zueinander der *Vormund* allein verpflichtet.

Schrifttum (Auswahl): *Schreiber*, Die Haftung des Vormunds im Spannungsfeld von öffentlichem Recht und Privatrecht, AcP 178 (1978), 533; *Pardey*, Staatshaftung für Vormünder, Pfleger, Betreuer?, FamRZ 1989, 1030; *Deinert/Schreibauer*, Die Haftung bei einer Schadensverursachung durch den Amtsvormund, Amtspfleger, Amtsbeistand, Behördenbetreuer, DAVorm 1993, 1143; *Schulz*, Haftung der Anstellungskörperschaft für Behördenbetreuer?, BtPrax 1995, 56; *Wolf*, Die Haftung des Einzelvormunds mit Berücksichtigung der Pfleger- und Betreuerhaftung, Diss 1997; *Bauer/Knieper*, Haftung des Betreuers wegen Verletzung der Aufsichtspflicht, BtPrax 1998, 123; *Diederichsen*, Zivilrechtliche Haftungsverhältnisse im Betreuungsrecht, FS für Deutsch, 1999, 131 ff.; *Meier*, Zur gerichtlichen Haftung in Betreuungssachen, BtPrax 2005, 131; *Locher*, Die Haftung des Betreuers, FamRB 2005, 308 und 339; *Deinert/Lütgens/Meier*, Die Haftung des Betreuers, 2007; *Zimmermann*, Richter- und Rechtspflegerhaftung im Betreuungsrecht, BtPrax 2008, 185; *Fröschle*, Haftung im Verein und in der Behörde, BtPrax 2008, 190; *Bernau/Rau/Zschieschach*, Die Übernahme einer Betreuung, ein straf- und zivilrechtliches Haftungsrisiko? NJW 2008, 3756; *Meier*, Haftung des Betreuers in Krankenversicherungsangelegenheiten, BtPrax 2008, 142.

Übersicht

3 BT-Drucks 16/6308 S. 347.

1. Allgemeines. Die Vorschrift, die auf die **Betreuung** nach § 1908 i Abs 1 anwendbar ist, regelt die Haftung des Betreuers und Gegenbetreuers, aber nur gegenüber dem Betreuten. Die Haftung des Betreuers gegenüber der Staatskasse ist in § 1833 nicht geregelt[1]. Gegenüber Dritten haftet der Betreuer (bzw Gegenbetreuer) nach den allgemeinen Grundsätzen, zB nach §§ 823, 826, 832, 840 (vgl Rz 26). Die Haftung nach § 1833 ist eine Folge des zwischen Betreuer (Gegenbetreuer) und Betreutem bestehenden gesetzlichen **Schuldverhältnisses familienrechtlicher Art**[2]. Sie beginnt mit der Bestellung (§ 1896) und endet grundsätzlich mit Beendigung der Betreuung oder dem Ende des Amtes[3]. Sie besteht selbst dann, wenn die Betreuung später als unzulässig aufgehoben wird[4]. Abzulehnen ist die Ansicht[5], § 1833 sei analog anwendbar, wenn **trotz Endes der Betreuung** der Betreuer, ohne Widerspruch zu finden, weiter „als Betreuer" tätig wird; hier greifen die Regeln über Geschäftsführung ohne Auftrag ein[6]. Etwas anderes gilt nur in den Fällen des § 1893 iVm §§ 1698 a oder 1698 b. Die Haftung erfasst auch den Betreuer, der nicht hätte bestellt werden sollen oder dürfen (zB § 1897 Abs 3). Zur Haftung im Fall der Ablehnung der Übernahme des Betreueramts vgl § 1787. 1

Zur Möglichkeit einer **Haftpflichtversicherung** des Betreuers vgl § 1835 Abs 2 (auf Kosten des Betreuten nur bei ehrenamtlicher Betreuung); ferner bestehen zum Teil **Sammelhaftpflichtversicherungen** für ehrenamtliche Betreuer[7], allerdings mit Haftungshöchstbeträgen zwischen 26.000 und 100.000 Euro. Meist wird hier ferner verlangt, dass dem Betreuer der Aufgabenkreis „Vermögenssorge" ausdrücklich übertragen war[8] und mit Hilfe weiterer Klauseln eine Haftungsübernahme abgelehnt. Anwälte und Steuerberater sind als Berufsbetreuer zwar meist über ihre allgemeine Berufshaftpflicht versichert, aber mit unterschiedlichen Einschränkungen je nach Versicherungsgesellschaft. Unternehmensfortführungen sind meist von der Haftung ausgeschlossen, so dass eine Zusatzversicherung notwendig sein kann. Bei einem „wissentlichen Pflichtenverstoß" ist nach den Bedingungen (zB § 4 AVB-WB[9]) die Haftung der Versicherungsgesellschaft ausgeschlossen, wobei aus Indizien auf die „Wissentlichkeit" geschlossen werden kann, etwa bei Fehlern infolge Arbeitsüberlastung oder wenn Auszahlungsvoraussetzungen und Kontonummern des Empfängers vom Betreuer nicht persönlich überprüft werden. 2

1 OLG Düsseldorf FamRZ 1999, 1166 = FGPrax 1999, 54.
2 Vgl BGH NJW 1955, 867 zur Vormundschaft.
3 Vgl RG DR 1940,726.
4 Vgl RGZ 84,92; RG HRR 1933 Nr 1588.
5 RG JW 1938, 3116.
6 *Dölle*, FamR II, S. 713; HK-BUR-*Deinert/Lütgens* § 1833 Rz 60; aA MünchKomm/*Wagenitz* § 1833 Rz 5.
7 Vgl HK-BUR-*Deinert/Lütgens* § 1833 Rz 311 (Länderübersicht).
8 *Fiala/Keppel* BtPrax 2008, 198.
9 *Prölss/Martin* VVG (Kommentar) § 4.

3 Der BGH[10] vertritt die Auffassung, dass § 1833 auf den **Verfahrenspfleger** entsprechend anwendbar ist, da sein Zweck auch auf den Verfahrenspfleger zutreffe.

4 Er habe das rechtliche Gehör für den Betreuten wahrzunehmen; den tatsächlichen oder mutmaßlichen Willen des Betreuten zu erforschen und in das Verfahren einzubringen. Über Ablauf und Ergebnis des Gesprächs mit dem Betreuten habe der Verfahrenspfleger das Gericht zu informieren. Eine darüber hinausgehende Pflicht zur Aufklärung von Umständen, die für die Würdigung des Betreuerhandelns, insbesondere für die Wirtschaftlichkeit des von ihm beabsichtigten Rechtsgeschäfts, von Bedeutung sein könnten, treffe den Verfahrenspfleger hingegen nicht.

5 **2. Geltungsbereich.** § 1833 gilt für den (berufsmäßigen oder ehrenamtlichen, der Haftungsmaßstab ist also grundsätzlich nicht unterschiedlich) **Betreuer.**

6 **a) Betreuungsbehörde als Betreuer.** Die Betreuungsbehörde als solche kann zur Betreuerin bestellt werden (§ 1900 Abs 4). Sie haftet dann unmittelbar für ihre mit der Wahrnehmung der Betreuung beauftragten Mitarbeiter; da die Behörde aber keine juristische Person ist, ist mit Behördenhaftung die Haftung des Kreises (bzw der Stadt), der die Betreuungsbehörde errichtet hat, gemeint. Zwei Anspruchsgrundlagen kommen in Betracht: (1) § 839 BGB, Art 34 GG, denn die Bediensteten der Behörde üben öffentliche Gewalt aus[11]. Dabei kann der Kreis (bzw die Stadt) nicht auf den Anspruch aus § 1833 verweisen[12]. (2) Daneben besteht die Haftung aus § 1833; diesem Anspruch aus § 1833 ist der Vorzug zu geben, weil dem Betreuten innerhalb des gesetzlichen Schuldverhältnisses § 282 zugute kommt und § 839 Abs 3 nicht eingreift[13]. Die Grundsätze über die beschränkte gerichtliche Nachprüfung der auf einer Ermessensentscheidung beruhenden Verwaltungsakte, die die Rspr herausgebildet hat, sind im Rahmen der Haftung der Behörde nach § 1833 nicht anzuwenden[14]. Der Behördenmitarbeiter, der tätig wurde, haftet dem Geschädigten nicht unmittelbar. Haftet die Behörde kann sie den Mitarbeiter nur im Rahmen von Art 34 Satz 2 GG in Regress nehmen.

7 Zur Haftung des Behördenbetreuers vgl § 1897 Rz 28 ff.

8 **b) Verein als Betreuer.** § 1833 gilt ferner, wenn ein Verein Betreuer ist (was sehr selten der Fall ist). Er haftet sowohl für das Verschulden eines verfassungsmäßig berufenen Vertreters (nach § 31), dh des Vorstandes und der Organe, als auch (gem §§ 1791 a Abs 3 Satz 2, 1908 i Abs 1) für das Verschulden eines sonstigen Mitglieds oder angestellten Mitarbeiters, deren er sich zur Führung seiner Betreuung bedient. Für angeworbene Personen, die dann selbstständig als Einzelbetreuer tätig werden, haftet der Verein nicht. Daneben steht die Eigenhaftung der handelnden Personen, die durch § 31 nicht ausgeschlossen wird. Bei Betreuung durch den Verein haftet der für den Verein Tätige nicht aus § 1833, weil er selbst nicht Betreuer ist.

9 Zur **Haftung der Vereinsbetreuer** vgl § 1908 f Rz 10. Der Verein hat seine angestellten Mitarbeiter gegen Haftpflicht zu versichern (§ 1908 f Abs 1 Nr 1 analog). Eine andere Frage ist, ob der Verein für seinen Vereinsbetreuer haftet, wenn dieser zB Geld des Betreuten unterschlägt; grundsätzlich hat der Verein eine

---

10 BGH NJW 2009, 2814.
11 Vgl zu Jugendamt BGHZ 45, 362/5 = NJW 1966, 1808/10; KG FamRZ 1976, 371; *Jürgens* § 1833 Rz 13; zur Haftung des Jugendamts für den Amtspfleger vgl OLG Celle FamRZ 1999, 785; *Fröschle* BtPrax 2008, 190.
12 Vgl BGHZ 13, 105.
13 Vgl BGHZ 9, 255/7; OLG Nürnberg FamRZ 1965, 454.
14 Vgl BGHZ 9, 255.

Aufsichtspflicht und haftet aus §§ 241, 280[15]. **Mitglieder**, die nicht der Personalhoheit des Vereins unterliegen, werden sich selbst versichern müssen.

c) **Gegenbetreuer.** Auch Gegenbetreuer haften (§ 1833 Abs 1 Satz 2). 10

3. **Voraussetzungen des Ersatzanspruchs:** – a) **Pflichtverletzung** (vgl auch 11 § 1837). Der Betreuer hat die allgemeine Pflicht zu treuer und gewissenhafter Führung der Betreuung, wobei der Aufgabenkreis der Betreuung maßgebend ist; Handeln außerhalb des Aufgabenkreises ist immer Pflichtverletzung. Neben dieser allgemeinen Pflicht bestimmt das Gesetz noch besondere Einzelpflichten. Andererseits soll der Betreuer Wünschen des Betreuten entsprechen (§ 1901). Verzichtet er auf etwas, was rechtlich möglich ist, aber vom Betreuten ausdrücklich nicht gewünscht wird und aus wirtschaftlichen Gründen auch nicht notwendig ist (zB Mieterhöhung bei langjährigen Hausmitbewohnern), haftet er nicht[16].

Beispiele für Pflichtverletzungen: das Nichtstellen eines Prozesskostenhilfe- 12 antrags, so dass der Betreute mit Kosten belastet wird; mangelhafte Vermögensverwaltung[17]; Geld unverzinslich angelegt, § 1806[18]; Geldanlage bei einer Bank, deren Einlagensicherung ungenügend ist[19]; **verspätete Beantragung von Rente**[20] **oder Sozialhilfe**[21], Wohngeld, sonstigen staatlichen Leistungen. Nichteinholen der Genehmigung des Betreuungsgerichts vor bestimmten ärztlichen Maßnahmen (§ 1904)[22], vor Sterilisation (§ 1905), vor Unterbringung (§ 1906), vor Wohnungskündigung (§§ 1907, 1831); Unterlassen einer Anmeldung zur Krankenversicherung[23]; Verzögerung der Wohnungsräumung, nachdem sie vom Betreuungsgericht genehmigt wurde; verspätete Beantragung der Genehmigung der Wohnungskündigung[24]. Abschluss eines Unterhaltsabfindungsvertrages kurz vor einer Währungsreform[25]. Unterlassen von gerechtfertigten Mieterhöhungen, von Unterhaltsklagen, Unterhaltsvollstreckung. Bewilligung der Löschung einer Vormerkung, ohne dass die gesicherte Leistung erbracht ist[26]. Unter besonderen Umständen kann der Betreuer verpflichtet sein, für den Betreuten eine Haftpflichtversicherung abzuschließen[27]; eine grundsätzliche Pflicht hierzu besteht nicht[28]. Wasserleitungen des leer stehenden Hauses vor dem Winter nicht „winterfest“ gemacht[29]; Pflichtwidriges Nicht-Kündigen der Wohnung des Betreuten[30]. Unterlassen der Geltendmachung von Gewinnansprüchen[31], von Bereicherungsansprüchen[32].

---

15 Vgl dazu OLG Celle BtPrax 2008, 221; LG Stade FamRZ 2008, 2232 (Vorinstanz).
16 *Jürgens* § 1833 Rz 5.
17 LG Berlin FamRZ 2010, 492.
18 Vgl RGZ 137, 320; LG Bremen Rpfleger 1993, 338: keine Anlage größerer Beträge auf zinsungünstiges Sparbuch; BayObLG FamRZ 2005, 389 (13.400 Euro zuhause verwahrt, also ohne Zinsertrag).
19 LG Waldshut-Tiengen FamRZ 2008, 916.
20 OLG Stuttgart DAVorm 1966, 115; LG Berlin FamRZ 2002, 345; BtPax 2001, 83; LG Köln FamRZ 2006, 1874 (Hinterbliebenenrente nicht beantragt).
21 OLG Schleswig FamRZ 1997, 1427; LG Offenburg FamRZ 1996, 1356.; LG Köln FamRZ 1998, 919 (Aufgabenkreis Personensorge sei notwendig).
22 Vgl OLG München FamRZ 2007, 1128 (Einstellung der Sondenernahrung).
23 OLG Brandenburg FamRZ 2008, 916; BSG FamRZ 2002, 1471.
24 *Meier* BtPrax 1999, 57.
25 BGHZ 9, 255, BGHZ 22, 72, RG JW 1923, 828.
26 OLG Hamm FamRZ 1995, 696 für Nachlasspflegschaft.
27 Vgl BGH FamRZ 1980, 874; OLG Hamm JR 1978, 201; *Peters* FamRZ 1997, 595 für Eltern.
28 BGH NJW 1980, 2249; OLG Hamm VersR 1982, 77.
29 OLG München OLG-Report 2000, 318.
30 LG Berlin FamRZ 2000, 1526.
31 BGH FamRZ 2005, 358.
32 OLG München Rpfleger 2006, 14.

13 **Keine Pflichtverletzung** ist es, wenn der Betreuer bei Verfolgung der Ansprüche des Betreuten nach dem „gebräuchlichen Geschäftsanstand“ verfährt[33]. Wenn der Betreute Sachen seines Vermieters beschädigt[34]. Ob ein Rechtsmittel eingelegt werden muss, ist sorgfältig zu prüfen. Notfalls ist der **Rat des Betreuungsgerichts** (§ 1837 Abs 1) oder der Betreuungsbehörde (§ 4 BtBG) einzuholen[35]. Der Betreuer darf ein Haus nicht in Zeiten ansteigender Preise voreilig verkaufen[36], Wertgutachten nicht ohne Prüfung hinnehmen[37]. Für den Anwalt als Betreuer kann die Durchführung einer haltlosen Klage eine Pflichtverletzung sein[38], aber auch für Nichtjuristen[39]. Ferner liegt eine Pflichtverletzung vor, wenn die Einreichung einer Klage vor Ablauf der **Verjährungsfrist** versäumt wird[40]. Es dürfen aber an ihn keine übertriebenen Anforderungen gestellt werden, jedenfalls, insbes bei der Frage des anzuwendenden ausländischen Rechts, keine höheren als an einen Richter[41]. Ob eine Pflichtverletzung in der Vermögensverwaltung vorliegt, ist an Hand des Gesamtverhaltens des Betreuers zu prüfen; einzelne Ausgabenposten dürfen nicht willkürlich herausgegriffen werden[42]. Als Pflichtverletzung des Gegenbetreuers oder Kontrollbetreuers (§ 1896 Abs 3) kommt namentlich die Verletzung der Pflicht, den Betreuer zu überwachen, in Betracht.

14 b) **Verschulden. – aa) Allgemein.** Der Betreuer hat als eigenes Verschulden Vorsatz und Fahrlässigkeit zu vertreten (§ 276). Er hat nicht etwa nur für die Sorgfalt wie in eigenen Angelegenheiten einzustehen; wohl aber ist auf den Lebenskreis des Betreuers Rücksicht zu nehmen[43]. Das heißt, wenn einem nicht rechtskundigen Betreuer ein Sozialhilfebescheid, den Betreuten betreffend, zugestellt wird, der plausibel ist, liegt kein Verschulden vor, wenn er kein Rechtsmittel einlegt[44]. Dringende Abhaltung durch eigene Geschäfte lassen die Schuld nicht entfallen[45]. Ebensowenig kann sich der Betreuer auf Arbeitsüberlastung oder die geringe Honorierung berufen. Ist die Betreuungsbehörde überlastet, hat die Trägerkörperschaft für die unzureichende Personalausstattung der Behörde einzustehen[46]. Auskunft und Rat des Betreuungsgerichts entheben den Betreuer nicht der eigenen sorgfältigen Prüfung. Der *geschäftsfähige* Betreute kann in das gesetzliche Schuldverhältnis zwischen ihm und dem Betreuer nicht in der Weise eingreifen, dass er die Haftung für leichte Fahrlässigkeit ausschließt[47]. Wohl aber kann er einen Erlassvertrag schließen.

15 Die **Genehmigung eines Geschäfts durch das** Betreuungsgericht schließt Verschulden nicht begriffsnotwendig aus[48], da § 1829 gerade die Doppelprüfung (Vieraugenprinzip) mittels Genehmigung des Betreuungsgerichts und Mitteilung derselben durch den Betreuer an den Geschäftsgegner vorsieht und damit den Schutz des Betreuten bezweckt, nicht aber die Entlastung des Betreuers[49]. Eine

---

33 Vgl OLG Koblenz DAVorm 1953/54, 82.
34 BGH FamRZ 1995, 282; LG Flensburg FamRZ 2008, 2232.
35 RG JW 1922, 1006; OLG Stuttgart MDR 1956, 169.
36 BGH MDR 1967, 473.
37 BGH FamRZ 1983, 1220.
38 RG Warn 1932 Nr 76.
39 OLG Hamburg NJW 1960, 1207.
40 BGH VersR 1968, 1165.
41 Vgl OLG Hamburg NJW 1960, 1207.
42 Vgl für Stiefvater als Vormund OLG Hamburg HansRGZ 1936 B 280.
43 RG JW 1911, 1016; BGH FamRZ 1964, 199; RGRK-*Dickescheid* § 1833 Rz 7; Staudinger-*Engler* § 1833 Rz 4.
44 OLG Schleswig FamRZ 1997, 1427.
45 KG OLGE 4, 414.
46 OLG Stuttgart DAVorm 1966, 155; KG DAVorm 1975, 439.
47 *Epple* BWNotZ 1992, 27/9 und BtPrax 1993, 156/8.
48 BGH NJW 2004, 220; FamRZ 1964, 199; FamRZ 1983, 1220.
49 BGH MDR 1962, 466; BGH FamRZ 1964, 199; RG LZ 1922, 329; vgl *Josef* DRiZ 1926, 246.

Haftung des Betreuers kommt insbesondere dann in Betracht, wenn er versäumt, dafür Sorge zu tragen, dass dem Betreuungsgericht vollständig die tatsächlichen, insbes wirtschaftlichen Umstände bekannt werden[50], während bei unrichtiger Beurteilung rechtlicher Fragen eine Haftung des Betreuers praktisch weitgehend ausscheidet, wenn das Betreuungsgericht das Rechtsgeschäft genehmigt hat[51]. Es muss ferner bedacht werden, dass für die Genehmigung der Rechtspfleger zuständig ist, der nicht Volljurist ist, so dass von einem Betreuer, welche Rechtsanwalt ist, uU verlangt werden muss, dass er Fachliteratur zu Rate zieht[52].

bb) Hilfskräfte. Zieht der Betreuer zur Erfüllung seiner Aufgaben Hilfspersonen hinzu und fügen diese dem Betreuten Schaden zu, so haften *diese* dem Betreuten nicht nach § 1833, sondern nach den allg. Vorschriften (zB Vertragsverletzung, Delikt). Für die Frage, ob der Betreuer dafür aufzukommen hat, kommt es darauf an, oh die Zuziehung zulässig oder unzulässig war. War die Heranziehung unzulässig, weil der Betreuer die Aufgabe selbst erledigen musste, so haftet er dem Betreuten aus § 1833 für den Schaden, ohne dass es auf ein Verschulden der Hilfskräfte ankäme[53], sein Verschulden an der Schädigung liegt in der unzulässigen Heranziehung Dritter. Bei zulässiger Heranziehung Dritter, die den Betreuten schädigen, haftet der Betreuer gem § 1833 nur, wenn ihm bei der Auswahl, Unterweisung oder Beaufsichtigung ein Verschulden zur Last fällt[54]. An einer solchen Beaufsichtigung fehlt es, wenn ein Betreuer einen Anlagevermittler für Geldanlagen einschaltet und dieser eine Anlage bei einer Bank empfiehlt, die nicht einlagengesichert ist[55]; die Gier nach Mehrgewinn kann also zur Haftung führen, denn jeder noch so kleine Gewinn über dem Durchschnittszins führt zu einer Vervielfachung des Risikos. 16

Abzulehnen ist es, die Unterscheidung zwischen zulässiger und unzulässiger Heranziehung Dritter danach zu treffen, ob der Betreuer die Aufgabe selbst hätte wahrnehmen können[56] oder ob er sie nicht selbst vornehmen konnte, zB zahnärztliche Hilfe gewähren, wenn der Betreuer nicht Zahnarzt ist. Ebenso darf nicht innerhalb zulässiger Heranziehung Dritter für die Frage der Haftung des Betreuers danach unterschieden werden, ob der Betreuer die Tätigkeit selbst hätte ausführen können. Mittelbar würde so der Betreuer gezwungen, weitgehend alle Aufgaben selbst wahrzunehmen; dies verlangt das Gesetz indes nicht von ihm. Abzulehnen ist es folglich auch, die Unterscheidung zwischen zulässiger und unzulässiger Heranziehung Dritter danach zu treffen, ob es sich um eigentliche oder uneigentliche Betreuergeschäfte handelt; Letztere seien übertragbar. Eine abstrakte Einteilung ist nicht möglich, was sich insbes auch daran zeigt, dass selbst Betreuergeschäfte, die der Genehmigung des Betreuungsgerichts bedürfen, also besonders wichtig sind, durch Bevollmächtigte des Betreuers vorgenommen werden können. Als Grundsatz kann daher nur festgehalten werden, dass der Kreis der Aufgaben, die der Betreuer persönlich vornehmen muss, eng und nur aus der Situation des Einzelfalles heraus bestimmbar ist. 17

cc) Mitverschulden des Betreuten. Das Mitverschulden des Betreuten ist zu berücksichtigen, § 254[57]. Ein Mitverschulden kann (selten) vorliegen, wenn der Betreute von einem ihm zustehenden Beschwerderecht (§§ 58 ff FamFG) keinen Gebrauch macht[58]. 18

50 Vgl RG JW 1910, 708; RG JW 1911, 934; RG Recht 1914 Nr 1581.
51 RGZ 132, 257; BGH FamRZ 1964, 199/200.
52 Fall BGH NJW 2004, 220.
53 HM, Erman-*Holzhauer* § 1833 Rz 4; Staudinger-*Engler* § 1833 Rz 25.
54 Staudinger-*Engler* § 1833 Rz 25; Erman-*Holzhauer* § 1833 Rz 4; aA MünchKomm/*Wagenitz* § 1833 Rz 9.
55 LG Waldshut/Tiengen BtPrax 2008, 87 (Schaden ca 125.000 Euro).
56 Dann soll § 278 analog gelten, MünchKomm/*Wagenitz* § 1833 Rz 9.
57 Vgl KG JW 1933, 184.
58 Zurückhaltend Gernhuber/*Coester-Waltjen* FamR § 71 V 2.

19 c) **Schaden.** Der Betreuer haftet für jeden Vermögensschaden des Betreuten. Dieser kann auch darin bestehen, dass der Betreute gem § 278 einem Dritten für eine Schädigung durch den Betreuer[59] oder seine berechtigter Weise zugezogenen Hilfskräfte einzustehen hat. Bei Schäden, die nicht Vermögensschäden sind, kann eine Geldentschädigung nicht aus § 1833, sondern nur aus der konkurrierenden Anspruchsgrundlage des § 253 hergeleitet werden. Für die Schadensersatzpflicht gegenüber einem Erben ist es unerheblich, ob der Schaden die ungeteilte Erbmasse oder das dem Betreuten bereits zugeteilte Vermögen betroffen hat[60]. Auf Zuwendungen Dritter, die den Schaden ausschließen, kann der Betreuer sich nicht berufen[61]. Der Anspruch wird auch nicht dadurch berührt, dass der Betreute (zB bei fehlerhaftem Abfindungsvertrag) demzufolge höhere Unterhaltsforderungen gegen seine Eltern hat; Rechtsgedanke des § 843 Abs 4[62]. Kein Schaden soll vorliegen, wenn der Betreuer für den Betreuten keine Sozialhilfe beantragt hat, so dass der Lebensbedarf anderweitig (Spenden Dritten) gedeckt wurde; denn anderenfalls wäre die Sozialhilfe verbraucht worden und hätte nicht angespart werden können[63].

20 4. **Mehrere Betreuer (Absatz 2)** können insbesondere verantwortlich sein, wenn es sich um Mitbetreuung gem § 1899 handelt. Bei geteilter Betreuung ist jeder Betreuer grundsätzlich nur für seinen Aufgabenkreis verantwortlich[64]. Aber eine Mitverantwortung kann auch bei Mitbetreuung bestehen, soweit sich die Aufgabenkreise überschneiden. Mitverantwortlichkeit kann ferner bei dem in Satz 2 behandelten Fall (Betreuer und Gegenbetreuer) bestehen. Mitverantwortliche haften dem Betreuten gegenüber als Gesamtschuldner, untereinander hingegen (hilfsweise) nach Kopfteilen (§ 426), jedoch mit der Ausnahme des Abs 2 Satz 2 (zB: Betreuer hat einen Fehler gemacht, Gegenbetreuer übersieht dies; beide haften nach außen voll; im Innenverhältnis haftet nur der Betreuer). Eine **Mithaftung des Staates** kann sich aus Art 34 GG, § 839 BGB ergeben. Im Innenverhältnis haften aber nach § 841 Betreuer und Gegenbetreuer allein.

21 5. **Schadensersatzanspruch. – a) Geltendmachung.** Der Anspruch kann schon bei bestehender Betreuung vor dem **Prozessgericht** (AG, LG) geltend gemacht werden (§ 1843 Abs 2), nicht vor dem Betreuungsgericht. Dann muss dem geschädigten Betreuten ein Ergänzungsbetreuer bestellt werden (§§ 1899 Abs 4, 1796). Das Betreuungsgericht darf nicht mit den Mitteln des § 1837 den Betreuer zum Ersatz des Schadens *zwingen* oder durch Beschluss über den Ersatzanspruch entscheiden (§ 1843 Rz 4). Nach hM[65] darf der Schadensersatzanspruch im **Vergütungsfestsetzungsverfahren** (§ 168 FamFG) nicht berücksichtigt werden; wenn der Betreute also gegenüber dem Vergütungsfestsetzungsantrag des Betreuers die Aufrechnung mit eigenen Schadensersatzansprüchen einwendet, wird trotzdem festgesetzt; gegen den Titel kann sich der Betreute mit Klage nach § 767 ZPO wehren.

22 b) **Verjährung.** Der Anspruch verjährte bis 30.8.2009 in 30 Jahren (§ 197 Abs 1 Nr 2 aF BGB); seit 1.9.2009 gilt die Regelverjährung von drei Jahren (§§ 195, 199; Übergangsrecht: Art 229 § 23 EGBGB).

59 Erman-*Holzhauer* § 1833 Rz 5.
60 RG Warn 1913 Nr 63.
61 RGZ 96, 143.
62 Vgl BGH NJW 1957, 138.
63 LG Offenburg FamRZ 1996, 1356.
64 Vgl zur Vormundschaft OLG Dresden SeuffA 72 (1917) Nr 222.
65 zB KG NJW-RR 2007, 1598 (zum Nachlasspfleger); OLG München OLG-Report 2006, 139; OLG Celle RVG-Report 2004, 120; OLG Frankfurt JurBüro 1998, 195.

c) **Beweislast des Betreuten** für Pflichtverletzung, Schuld, Schaden, ursächlichen Zusammenhang[66]. Ist die Pflichtverletzung erwiesen, und lassen allg. Erfahrungsgrundsätze auf ein Verschulden des Betreuers schließen, so kommt dem Betreuten der prima-facie-Beweis zugute[67]. 23

d) **Gerichtsstand.** Es gelten §§ 12 ff, 31 ZPO, nicht § 32 ZPO. 24

6. **Haftung des Betreuers gegenüber dem Betreuten nach sonstigen Bestimmungen.** Eine über § 1833 hinausgehende Haftung, zB aus § 823 Abs 1 oder 2, § 826, wird durch § 1833 nicht ausgeschlossen. Nicht anwendbar ist § 1833 auf die Haftung der Gehilfen; diese richtet sich nach den allgemeinen Grundsätzen. Gegenüber dem Institut der positiven Vertragsverletzung (§ 280) ist § 1833 die speziellere Regelung. 25

7. **Haftung gegenüber Dritten** Die Haftung gegenüber Dritten wird nicht durch § 1833 geregelt[68]. Maßgeblich für die Haftung des Betreuers ist vielmehr insbesondere das Deliktsrecht. Bei Vertragsverletzungen und auf Vertragserfüllung haftet der Betreuer dem Dritten grundsätzlich nicht unmittelbar; vielmehr muss der Betreute (zunächst) gem § 278 für seinen Betreuer haften (und kann dann beim Betreuer gem § 1833 Rückgriff nehmen). Schließt der Betreuer als gesetzlicher Vertreter des Betreuten einen Altenheimvertrag, haftet der Betreuer daher selbst nicht[69]. Ausnahmsweise haftet der Betreuer (trotz § 278) bei Vertragsverletzungen dem Dritten gegenüber (direkt) selbst für Verschulden bei Vertragsverhandlungen, wenn er *besonderes* Vertrauen für sich in Anspruch genommen hat[70]. Die Behörde bzw der Behördenbetreuer haben Amtspflichten vornehmlich gegenüber dem Betreuten; in Ausnahmefällen bestehen sie auch dem Gegner gegenüber[71]. Der Betreuer mit dem Aufgabenkreis „Aufenthaltsbestimmung" hat keine allgemeine Einstandspflicht aus § 832 (**Aufsichtspflichtverletzung**), wenn der Betreute Dritte schädigt[72], etwa wenn er unbedacht über die Straße läuft und dadurch einen Autofahrer zur Vollbremsung mit Schaden zwingt, fremde Sachen anzündet. 26

Wenn der Betreute **gegen strafrechtliche Bestimmungen** verstößt kann das nicht durch einen entsprechenden Aufgabenkreis zur Straftat des Betreuers gemacht werden[73]. Wenn der Betreute Ladendiebstähle begeht, aber schuldunfähig ist, wird das Verfahren eingestellt (§ 170 Abs 2 StPO) oder der Täter untergebracht (§ 63 StGB); der Betreuer kann strafrechtlich nicht zur Verantwortung gezogen werden. Wenn der Betreute dem Kaminkehrer den Zutritt zum Haus verwehrt, ist nicht der Betreuer heranzuziehen, sondern von der Behörde nach § 1 Abs 3 Schornsteinfegergesetz zu vollstrecken[74]. 27

8. **Entsprechende Geltung.** § 1833 gilt entsprechend für Pfleger (§ 1915), zB den Nachlasspfleger (§§ 1960, 1961). 28

66 RGZ 76, 185; RG JW 1911, 984.
67 *Baumgärtel* Beweislast § 1833 Rz 1.
68 OLG Düsseldorf FGPrax 1999, 54 = BtPrax 1999, 74.
69 AG Essen NJWE-FER 2000, 237.
70 BGH FamRZ 1995, 282; LG Flensburg BtPrax 2008, 228.
71 BGH NJW 1987, 2664.
72 LG Bielefeld NJW 1998, 2682; AG Düsseldorf FamRZ 2008, 1029. Nachweise zur Frage der Aufsichtspflicht bei *Bernau/Rau/Zwieschack* NJW 2008, 3756.
73 Das OLG Celle FamRZ 2008, 1026 hält es allerdings für möglich, dass der Betreuer strafrechtlich gehalten ist, Verstöße des Betreuten gegen das Tierschutzgesetz zu verhindern (nicht überzeugend, vgl *Bernau/Rau/Zwieschack* NJW 2008, 3756); die Betreute hielt 49 Kaninchen „nicht artgerecht" in der Wohnung. Es wäre Sache der Behörde gewesen, nach Erlass eines Verwaltungsaktes zu vollstrecken.
74 AG Neuruppin FamRZ 2005, 2096.

§ 1834 BGB Verzinsungspflicht

Verwendet der *Vormund* Geld des *Mündels* für sich, so hat er es von der Zeit der Verwendung an zu verzinsen.

1 **1. Betreuung.** Die Vorschrift gilt für den Betreuer (gem § 1908 i Abs 1) entsprechend.

2 **2. Zinspflicht.** Der Betreuer darf Geld des Betreuten nicht für sich verwenden (§ 1805 Satz 1); tut er es trotzdem, muss er zumindest Zinsen zahlen. Die Zinspflicht ist unabhängig davon, ob den Betreuer ein Verschulden trifft und ob dem Betreuten durch die Verwendung ein Schaden entstanden ist (entgangener Zins). Geld ist dabei Bargeld, aber auch Geldforderungen (zB Sparguthaben, Girokontoguthaben), über die der Betreuer zu seinen Gunsten verfügt. Die bloße **Vermischung** des Betreutenbargeldes mit eigenem Geld ist zwar unzulässig, aber noch keine Verwendung. Bei Verwendung des vermischten Geldes: anteilige Verzinsung nach § 1834[1]. Eine Verwendung von Mündelgeld ist auch gegeben, wenn der Betreuer es auf das eigene Konto (auch zinsloses Girokonto) einzahlt[2]; ferner, wenn der Betreuer dieses für eigene Zwecke ausgibt. Für die Verwendung anderer Vermögenswerte (Pkw; Wohnung) gilt § 1834 nicht, aber § 1805. **Verfahren**: das Betreuungsgericht (Rechtspfleger) kann den Betreuer auffordern, den Zinsbetrag dem Vermögen des Betreuten zuzuführen. Sträubt er sich, kommt die Bestellung eines Ergänzungsbetreuers in Betracht, der den Anspruch vor dem Prozessgericht durchsetzt (vgl §§ 1908 i Abs 1, 1843 Abs 2).

3 Der **Zinssatz** beträgt 4 % (§ 246); für die Verjährung gelten §§ 195, 199, 207. Ein weiterer Schaden des Betreuten kann unter den Voraussetzungen des § 1833 oder der § 823 BGB, §§ 246, 266 StGB geltend gemacht werden.

4 **3. Behörden- und Vereinsbetreuer.** § 1834 gilt auch für den Behörden- und Vereinsbetreuer, auch wenn also der Beamte oder Angestellte, der die Betreuung als Sachbearbeiter führt (§ 1900 Abs 2, Abs 4), das Geld *für sich* verwendet. Nach § 1805 Satz 2 darf die Behörde als Betreuerin das Geld des Betreuten bei der die Betreuungsbehörde errichtenden Körperschaft anlegen, zB bei der Stadt- oder Kreissparkasse (§ 1807 Nr 5). Diese ordnungsgemäße Anlegung stellt keine Verwendung des Mündelgeldes „für sich" im Sinne von § 1834 dar[3]. Auf Sammelkonten (Zusammenfassung der Guthaben mehrerer Betreuten) darf das Geld nicht angelegt werden . Auch der Behördenbetreuer kann Geld bei dieser Sparkasse anlegen (§ 1908 g Abs 2). Der Verein darf dagegen das Geld nicht bei einer vereinseigenen Bank anlegen.

5 **4. Surrogate.** Erwirbt der Betreuer (im eigenen Namen) mit dem Geld des Betreuten Gegenstände, so fallen diese nicht ins Eigentum des Betreuten, sondern in dasjenige des Betreuers; eine dem § 1646 entsprechende Vorschrift (Mittelsurrogation) fehlt. Der Gesetzgeber hat die Stellung der Eltern als so unvergleichbar mit derjenigen des Betreuers gesehen, dass auch eine Analogie zu Gunsten des Betreuten ausscheidet.

---

1 Staudinger-*Engler* § 1834 Rz 7; MünchKomm/*Wagenitz* § 1834 Rz 4.
2 MünchKomm/*Wagenitz* § 1834 Rz 3.
3 Staudinger-*Engler* § 1834 Rz 8.

Vergütung und Aufwendungsersatz

Vorbemerkungen vor den §§ 1835, 1836

Vergütung und Aufwendungsersatz für die verschiedenen Betreuertypen sind im Gesetz unübersichtlich geregelt. Die §§ 1835–1836a sind auf den Vormund zugeschnitten, gelten über § 1915 auch für den Pfleger, über § 1908i für den Betreuer. Vergütung und Aufwendungsersatz sind streng zu trennen: 1
- verfahrensrechtlich, dh in der Geltendmachung, bestehen Unterschiede (vgl § 168 FamFG);
- materiellrechtlich ist die Vergütung beim Berufsbetreuer streng pauschaliert (§§ 4, 5 VBVG), bei den Sonderformen der Betreuung (§ 6 VBVG) und beim Pfleger (§ 3 VBVG) aber nicht. Der Berufsbetreuer kann in den Regelfällen der Betreuung überhaupt keine Aufwendungen gesondert geltend machen.

Im Einzelnen gilt:

1. Nicht berufsmäßiger Betreuer. Er erhält:
- Vom vermögenden Betreuten eine Vergütung (§ 1836 Abs 2) sowie Ersatz seiner Aufwendungen (§ 1835 Abs 1) einschließlich beruflicher Dienstleistungen (§ 1835 Abs 3), der Kosten bestimmter Haftpflichtversicherungen (§ 1835 Abs 2), aber ohne Kfz-Haftpflichtversicherung (§ 1835 Abs 2).
- Vom mittellosen Betreuten nichts, dafür aber aus der Staatskasse (keine Vergütung, sondern) nach seiner Wahl Ersatz der konkreten Aufwendungen (§ 1835 Abs 4) oder eine Aufwandsentschädigung von derzeit 323 Euro jährlich (§ 1835a).

2. Berufsmäßiger Betreuer. Er erhält: 3
- Vom vermögenden Betreuten eine pauschalierte Vergütung (§ 1836 Abs 1 Satz 2; Höhe: VBVG), eventuell Ersatz beruflicher Dienstleistungen (§ 1835 Abs 3).
- Vom mittellosen Betreuten nichts, dafür aber in den *Regelfällen* der Betreuung aus der Staatskasse eine pauschalierte Vergütung (§ 1836; Höhe: VBVG), die Mehrwertsteuer sowie Ersatz der konkreten Aufwendungen einschließt.

3. Betreuungsverein als Betreuer. Er erhält (wenn *kein* Vereinsbetreuer bestellt wurde): 4
- Vom vermögenden Betreuten keine Vergütung (§ 1836 Abs 3), keine Aufwandsentschädigung (§ 1835a Abs 5), keinen Ersatz bestimmter Haftpflicht- (oder Kfz-) Versicherungskosten oder allgemeiner Verwaltungskosten (§ 1835 Abs 5). Nur konkrete Aufwendungen werden vom Betreuten ersetzt (§ 1835 Abs 1 und 5).
- Vom mittellosen Betreuten nichts, auch nicht aus der Staatskasse, §§ 1835 Abs 4, Abs 5, 1836 Abs 3.

4. Vereinsbetreuer. Der Verein erhält, wenn ein Vereinsmitarbeiter zum Vereinsbetreuer bestellt wurde: 5
- vom vermögenden Betreuten eine pauschalierte Vergütung einschließlich Mehrwertsteuer und Ersatz der Aufwendungen (§ 7 VBVG).
- vom mittellosen Betreuten erhält der Verein nichts, dafür aber aus der Staatskasse eine pauschalierte Vergütung (§§ 4, 5 VBVG).
- keinen Ersatz bestimmter Haftpflichtversicherungskosten, § 1835 Abs 2.
- keine Aufwandspauschale, § 1835a.

6 Der Vereinsmitarbeiter ist selbst ohne Anspruch (§ 7 Abs 3 VBVG); er erhält seinen Lohn vom Verein.

7 5. **Betreuungsbehörde als Betreuer.** Die Betreuungsbehörde als Betreuer erhält (wenn kein Mitarbeiter zum Behördenbetreuer bestellt wurde):
- vom vermögenden Betreuten keine Vergütung, § 1836 Abs 3; aber Ersatz konkreter Aufwendungen (§ 1835 Abs 1).
- vom mittellosen Betreuten nichts, auch nicht aus der Staatskasse, § 1836 Abs 3.
- keinen Ersatz der Haftpflichtversicherungskosten, § 1835 Abs 5.
- keine Aufwandspauschale, §§ 1835 a Abs 5.

8 6. **Behördenbetreuer.** Die Behörde erhält, wenn ein Mitarbeiter zum Behördenbetreuer bestellt wurde:
- vom vermögenden Betreuten eine Vergütung (§ 8 VBVG, § 1836 Abs 2), ferner Ersatz der Aufwendungen (§ 1835 Abs 1).
- vom mittellosen Betreuten erhält die Behörde nichts, auch nicht von der Staatskasse (§ 1835 Abs 5; § 1836 Abs 3).
- keinen Ersatz der Versicherungskosten, § 1835 Abs 2.
- keine Aufwandspauschale, § 1835 a Abs 5.

9 Der Behördenbetreuer ist selbst ohne Anspruch (§ 8 Abs 3); er bekommt Lohn von der Behörde.

10 7. **Verfassungsrecht.** Das BVerfG hat sich schon mehrfach mit Vergütungsfragen des Pflegschafts- und Betreuungsrechts befasst[4]. Es hat die von 1992 bis 1998 geltende Regelung nicht beanstandet[5], lediglich die Meinung vertreten, die Mehrwertsteuer sei nicht im Höchststundensatz (damals 75 DM, in Ausnahmefällen 125 DM) inbegriffen gewesen. Die Vorenthaltung einer angemessenen Vergütung für Verfahrenspfleger, welche Mitarbeiter eines Betreuungsvereins sind, soll allerdings gegen die Verfassung verstoßen[6]. Auch *nebenberufliche* Berufsbetreuer haben einen Vergütungsanspruch[7]. Die ab 1999 geltende Neuregelung (also der maximale Stundensatz von 60 DM) wurde ebenfalls vom BVerfG nicht beanstandet[8]; in der Literatur wurde die Verfassungsmäßigkeit des Vergütungsrechts des BVormVG allerdings vereinzelt angezweifelt[9]. Das VBVG ist verfassungsrechtlich nicht zu beanstanden[10].

§ 1835 BGB Aufwendungsersatz

(1) [1]Macht der *Vormund* zum Zwecke der Führung der *Vormundschaft* Aufwendungen, so kann er nach den für den Auftrag geltenden Vorschriften der §§ 669, 670 von dem *Mündel* Vorschuss oder Ersatz verlangen; für den Ersatz von Fahrtkosten gilt die in § 5 des Justizvergütungs- und -entschädigungsgesetzes für Sachverständige getroffene Regelung entsprechend. [2]Das gleiche Recht steht dem Gegenvormund zu. [3]Ersatzansprüche erlöschen, wenn sie nicht binnen 15 Monaten nach ihrer Entstehung gerichtlich geltend gemacht werden; die Geltendmachung des Anspruchs beim *Familiengericht* gilt dabei auch als Geltendmachung gegenüber dem Mündel.

---

4 BVerfG 47, 285, 321; 54, 251, 270; 54, 301, 313; 75, 284, 292; 77, 308, 332; 94, 372, 390.
5 BVerfG FamRZ 2000, 345 = BtPrax 2000, 77.
6 BVerfG FamRZ 2000, 414; dazu *Zimmermann* BtPrax 2000, 47.
7 BVerfG NJW 1999, 1621.
8 BVerfG FamRZ 2000, 729; BtPrax 2000, 30; BVerfG FamRZ 2000, 1277; BVerfG FamRZ 2000, 1280; BVerfG FamRZ 2000, 1284; OLG Hamm BtPrax 2000, 37.
9 *Felix* FuR 2000, 102.
10 BGH FamRZ 2006, 381; OLG Celle FamRZ 2009, 78; OLG Hamm FGPrax 2006, 209.

(1 a) [1]Das *Familiengericht* kann eine von Absatz 1 Satz 3 abweichende Frist von mindestens zwei Monaten bestimmen. [2]In der Fristbestimmung ist über die Folgen der Versäumung der Frist zu belehren. [3]Die Frist kann auf Antrag vom *Familiengericht* verlängert werden. [4]Der Anspruch erlischt, soweit er nicht innerhalb der Frist beziffert wird.

(2) [1]Aufwendungen sind auch die Kosten einer angemessenen Versicherung gegen Schäden, die dem *Mündel* durch den *Vormund* oder Gegenvormund zugefügt werden können oder die dem *Vormund* oder Gegenvormund dadurch entstehen können, dass er einem Dritten zum Ersatz eines durch die Führung der *Vormundschaft* verursachten Schadens verpflichtet ist; dies gilt nicht für die Kosten der Haftpflichtversicherung des Halters eines Kraftfahrzeugs. [2]Satz 1 ist nicht anzuwenden, wenn der *Vormund* oder Gegenvormund eine Vergütung nach § 1836 Abs. 1 Satz 2 in Verbindung mit dem Vormünder- und Betreuervergütungsgesetz erhält.

(3) Als Aufwendungen gelten auch solche Dienste des *Vormunds* oder des Gegenvormunds, die zu seinem Gewerbe oder seinem Beruf gehören.

(4) [1]Ist der *Mündel* mittellos, so kann der *Vormund* Vorschuss und Ersatz aus der Staatskasse verlangen. [2]Absatz 1 Satz 3 und Absatz 1 a gelten entsprechend.

(5) [1]Das *Jugendamt* oder ein Verein kann als *Vormund* oder Gegenvormund für Aufwendungen keinen Vorschuss und Ersatz nur insoweit verlangen, als das einzusetzende Einkommen und Vermögen des *Mündels* ausreicht. [2]Allgemeine Verwaltungskosten einschließlich der Kosten nach Absatz 2 werden nicht ersetzt.

Schrifttum: *Damrau*, Vergütung und Aufwendungsersatz für den Berufsvormund, Festschrift für Mühl, 1981, S. 123; *Damrau*, Verjährung von Aufwendungsersatzansprüchen des Vormunds und Pflegers, Rpfleger 1983, 93; *Domke*, Zum Verbot der reformatio in peius bei der Vergütung des Vormunds/Pflegers, Rpfleger 1984, 94; *Bobenhausen*, Entschädigung für Vormund und Pfleger, Rpfleger 1985, 482; *Mümmler*, Kostenrechtliche Auswirkungen des BtG, JurBüro 1991, 323; *Bach/Deinert*, Entschädigung von Vormündern, Pflegern u Betreuern, Rpfleger 1992, 89; *Kirsch*, Vergütung des Verfahrenspflegers, Rpfleger 1992, 379; *Klüsener*, Die Vergütung des Rechtsanwalts als Verfahrenspfleger, Rpfleger 1992, 466; *Deinert*, Vergütungshöhe des Berufsbetreuers, Rpfleger 1992, 329; *Wesche/Spanl*, Vergütungsbetreuer oder Verfahrenspfleger, Rpfleger 1992, 377/8; *Kirsch*, Vergütung des Verfahrenspflegers, Rpfleger 1992, 379; *Seitz*, Ansprüche von Berufsbetreuern auf Vergütung und Aufwendungsersatz, BtPrax 1992, 82; *Sonnenfeld*, Vergütung und Auslagenersatz, Rpfleger 1993, 97; *Deinert*, Rahmenbedingungen für selbständige Berufsbetreuer, BtPrax 1993, 16; *Ständeke-Otto*, Rechtsanwälte als Verfahrenspfleger, BtPrax 1993, 16; *Fromann*, Vergütung des Berufsbetreuers und des nebenberuflichen Betreuers, BtPrax 1993, 41; dazu auch *Winterstein*, in BtPrax 1993, 44; Brandstätter, Mehrwertsteuerersatz für den Berufsbetreuer? BtPrax 1993, 53; *Ständeke-Otto*, BtPrax 1993, 125; *Rogalla*, Verfahrenspfleger, BtPrax 1993, 146; *Jochum*, Ersatz der Mehrwertsteuer für den Berufsbetreuer, BtPrax 1993, 54; *Bühler*, Aufwendungsersatz und Vergütung für Betreuer, Vormünder und Pfleger, BWNotZ 1993, 108; *Schlöpke*, Vergütung von Verfahrenspflegern in Unterbringungssachen, Rpfleger 1993, 435; *Bach*, Entschädigung und Vergütung von Betreuungspersonen, BtPrax 1993, 182 u 1994, 5; *Barth/Wagenitz*, Unentgeltlichkeit und Vergütung im Betreuungsrecht, FamRZ 1994, 71; *Griep*, Vergütung für Vereinsbetreuer, FamRZ 1994, 350; *Lantzerath/Schimke*, Finanzierungsleitfaden für Betreuer und Verfahrenspfleger, 1994; *Bienwald*, Vergütungsbewilligung nach Absolvierung einer Probezeit?, BtPrax 1994, 134; *Schleicher*, Minderung der Vergütung in den neuen Bundesländern, BtPrax 1994, 156; *Deinert*, Aktuelle Rechtsprechung, DAV 1994, 371; *Kirsch*, Rechtsprechungsübersicht, Rpfleger 1994, 240; *Tempelmeyer*, Die Mittellosigkeit des Mündels, Diss Konstanz 1994; *Weiß*, Aufwendungsersatz bei Mittellosigkeit des Betreuten, Rpfleger 1994, 51; *Witte*, Betreuungsvereinsfinanzierung, R&P 1994, 174; *Bach*, Entschädigung und Vergütung von Betreuungspersonen, BtPrax 1995, 8; *Bienwald*, Zur Verweigerung der Aufwandspauschale gem § 1836 a BGB gegenüber elterlichen Betreuern, FamRZ 1995, 463; *Bienwald*, Mehrwertsteuererstattung bei Vergütung eines Betreuers (§ 1836 Abs 2 BGB), BtPrax 1995, 43; *Ständeke-Otto*, Mittellosigkeit, BtPrax 1995, 92; *Bach*, Kostenregelungen für Betreuungspersonen, 1996; *Bestelmeyer*, (Vergütungsfragen) FuR 1996, 273; *Bienwald*, Auf- und

Abrundung von Betreuervergütungen, Rpfleger 1996, 436; *Deinert*, Aufwandspauschale im Betreuungsverfahren, Rpfleger 1996, 392; *Zimmermann*, Erlöschen des Vergütungsanspruchs im Betreuungsrecht, Rpfleger 1996, 9; *Deinert*, Aufwandsentschädigung ehrenamtlicher Betreuer gem § 1836 a BGB, 1996; *Hansen*, Aktuelle Probleme der Betreuervergütung, SchlHA 1998, 29; *Zimmermann*, Vergütungsfähige Stunden im Betreuungsrecht, FamRZ 1998, 521; *Harm*, Zur Dokumentation von Vergütungsanträgen, BtPrax 1998, 136; *Karmasin*, Aufwendungsersatzanspruch des Betreuers, BtPrax 1998, 133; *Schimke*, Wohin entwickelt sich die Vergütung?, BtPrax 1998, 171; *Nolte*, Stundensatz des Berufsbetreuers, BtPrax 1998, 175; *Karmasin*, Überblick über die Neuregelung der Betreuervergütung durch das BtÄndG, FamRZ 1999, 348; *Gregersen/Deinert*, Die Vergütung des Betreuers, 2. Aufl 2000; *Zimmermann*, Probleme des neuen Betreuervergütungsrechts, FamRZ 1999, 630; *Zimmermann*, Steuerliche Behandlung der Betreuervergütung, BtPrax 1999, 133; *Zimmermann*, Vergütung des Anwalts als Betreuer, ZAP Fach 11, 1999, 533; *Bestelmeyer*, (Vergütung) FamRZ 1999, 1633; *Zimmermann*, Vergütung des Nachlasspflegers, ZEV 1999, 329; *Hansen*, Neue Vergütungsprobleme im Betreuungsrecht SchlHA 2000, 53; *Zimmermann*, Betreuervergütung und BVerfG, BtPrax 2000, 47; *Lütgens*, Umsatzsteuer auf Aufwendungen, BtPrax 2000, 71; *Zimmermann*, Vergütung des Verfahrenspflegers des Kindes, FPR 2000, 232; *Küsgen*, Vergütungsvorschriften des Betreuungsrechts, BtPrax 2000, 242; *Deinert/Lütgens*, Die Vergütung des Betreuers, 5. Aufl 2008; *Zimmermann*, (Rechtsprechung zum Vergütungsrecht) FamRZ 2006, 1802; 2008, 1307.

Übersicht

I. Allgemeines

1. Gesetzesgeschichte. § 1835 wurde seit 1969 laufend geändert (vgl Vorauflage), zuletzt durch das FGG-ReformG vom 17.12.2009 (BGBl 2009, 2585). Die Auslegung der §§ 1835–1836 e wurde lange Zeit beeinflusst durch eine Entscheidung des BVerfG von 1980[1], wonach ein Berufsvormund (Rechtsanwalt) eine Honorierung (konstruiert als Aufwendungsersatz) vom Staat verlangen kann, wenn er Vormundschaften über mittellose Mündel führt; die gesetzliche Regelung erfolgte später in § 1836 Abs 2 (nun als Vergütung). Die alte Rspr kann daher nicht unbesehen übernommen werden; es sind je nach Gesetzeslage fünf Zeitspannen zu unterscheiden: bis 1980; 1980–1991; 1992–1998, 1999–2004; ab 1.7.2005. 1

2. Anwendungsbereich. § 1835 gilt wegen § 1908 i Abs 1 auch für die Betreuung. Statt Familiengericht ist dann „Betreuungsgericht" zu lesen. (1) **Der Berufsbetreuer kann *im Regelfall einer Betreuung* keinen speziellen Ersatz von Aufwendungen** verlangen. Sie sind in seiner Vergütung pauschal inbegriffen (§ 4 Abs 2 Satz 1 VBVG); im Gesetzgebungsverfahren hat man die Aufwendungen auf drei Euro je Vergütungsstunde geschätzt. Dasselbe gilt für berufsmäßige Verfahrensbeistände eines Kindes (§ 158 Abs 7 FamFG). (2) In den sehr seltenen *Sonderfällen der Betreuung* (§ 6 VBVG) dagegen kann der Betreuer den konkreten Ersatz seiner Aufwendungen nach § 1835 verlangen. (3) Ehrenamtliche Betreuer fallen unter § 1835, erhalten also Ersatz ihrer Aufwendungen (konkret oder pauschal). (4) Verfahrenpfleger können in der Regel nach § 1835 abrechnen (§ 277 Abs 1 FamFG), desgleichen ehrenamtliche Verfahrensbeistände eines Kindes (§ 158 Abs 7 FamFG). (5) Nachlasspfleger und Vormünder können nach § 1835 abrechnen. 2

§ 1835 anwendbar	§ 1835 nicht einschlägig
Für Berufsbetreuer in den Sonderfällen der Betreuung. Für ehrenamtliche Betreuer. Für Verfahrenspfleger.	Für Berufsbetreuer im Regelfall. Für berufsmäßige Verfahrensbeistände eines Kindes.

1 BVerfGE 54, 251 = NJW 1980, 2179.

2a **3. Ersatz von Aufwendungen des Betreuers (Übersicht)**

Der Betreuer ist	Der Betreute ist	Die Aufwendungen zahlt
Berufsbetreuer (im Regelfall der Betreuung)	mittellos	Staatskasse: § 1835 Abs 4 BGB, aber pauschal als Teil der Vergütung; § 4 VBVG
	vermögend	der Betreute selbst, § 1835 Abs 1 BGB, aber pauschal als Teil der Vergütung; § 4 VBVG
ehrenamtlicher Betreuer	mittellos	Staatskasse: entweder konkret nachgewiesene Aufwendungen (§ 1835 Abs 1 BGB) oder 323 Euro Pauschale jährlich (§ 1835 a BGB)
	vermögend	der Betreute selbst, § 1835 Abs 1 BGB

II. Aufwendungsersatz, Abs 1

3 **1. Inhalt des Anspruchs.** Ehrenamtliche Betreuer, Berufsbetreuer *in den Sonderfällen* der Betreuung, Vormünder, Verfahrenspfleger können vom Betreuten (bzw aus der Staatskasse) **Vorschuss** auf ihre künftigen Aufwendungen (zB Fahrtkosten) fordern (§ **669**), ferner **Ersatz** bereits getätigter Aufwendungen (§ **670**) nebst 4 % Zinsen (§§ 246, 256; Rz 39) ab dem Aufwendungstag, auch wenn kein Verzug vorliegt; sowie Befreiung von eingegangenen Verbindlichkeiten (zB noch nicht bezahlte Aufwendungen), evtl Sicherheitsleistung (§ 257). Vorschuss für die Zeit von etwa drei Monaten erscheint angemessen[2]. Bei fehlender Bestellung ist kein Ersatz möglich[3], ebenso nicht für den Aufwand *vor* Bestellung[4]. Ein Aufwand *nach* Beendigung der Betreuung kann ersatzfähig sein, wenn die Voraussetzungen der §§ 1698 a, b vorliegen. Zum Ersatz bei nicht ordnungsgemäßer Bestellung zum Betreuer bzw Aufhebung der Betreuung vgl § 1836 Rz 36. Verfahrenspfleger können Aufwendungsersatz nur von der Staatskasse verlangen, § 277 Abs 5 FamFG. Für **Berufsbetreuer** in den *Regelfällen* der Betreuung **ist § 1835 nicht einschlägig;** da sind die Aufwendung in der **Vergütungspauschale** inbegriffen (§ 4 Abs 2 Satz 1 VBVG); anders in den Fällen des § 6 VBVG.

4 **2. Verhältnis zu § 1835 a.** Der ehrenamtliche Betreuer kann seine Aufwendungen notieren, einzeln nachweisen und dann nach § 1835 ersetzt verlangen. Er kann stattdessen (wenn er keine Vergütung erhält, vgl § 1835 a Rz 7) pauschal (derzeit) 323 Euro pro Jahr verlangen.

5 **3. Aufwendungen** sind an sich freiwillige Vermögensopfer, die der Betreuer für den Betreuten erbringt. Das passt nicht, weil der Betreuer die Fahrtkosten für einen Besuch beim Betreuten nicht „freiwillig“ aufwendet wie ein Urlauber, sondern in Erfüllung seiner Pflichten aus dem Betreuungsverhältnis. Besser ist

---

2 LG Göttingen NdsRpfl 1993, 218.
3 LG Koblenz FamRZ 2005, 2017.
4 OLG Stuttgart FamRZ 2005, 655.

daher eine andere Definition: Aufwendungen sind Auslagen bzw Vermögensleistungen (auch durch Eingehen von Verbindlichkeiten), die zum Zwecke der Führung der Betreuung[5]

- freiwillig oder
- in Sonderfällen (Rz 40) auf Weisung des Betroffenen oder
- auf Weisung des Gerichts (nach § 1837 BGB)

erbracht werden; sie können aber auch als notwendige Folge der Führung des Amts entstehen, zB Steuern[6].

Erstattungsberechtigt sind der Betreuer (§ 1908 i Abs 1), Mitbetreuer, Vormund, Mitvormund, Gegenvormund (Abs 1 Satz 2), Gegenbetreuer, Nachlasspfleger, sonstige Pfleger (§ 1915), Verfahrenspfleger (§ 277 FamFG). 6

Erstattungspflichtig ist der vermögende Betreute (Mündel, Pflegling, Nachlass); bei deren Mittellosigkeit (auch) die Staatskasse (Abs 4); bei Verfahrenspflegschaften ist immer (auch bei Vermögen) zunächst die Staatskasse erstattungspflichtig (§ 277 Abs 5 FamFG). 7

4. Ersatzfähige Aufwendungen. Nur Aufwendungen, die der rechtsmäßigen Amtsführung (also dem Aufgabenkreis[7]) zuzuordnen sind, können ersetzbar sein[8]. Wer nur die Gesundheitssorge hat, hat keine Passbilder zu besorgen. Es muss ferner danach unterschieden werden, ob Ersatz vom Betreuten oder aus der Staatskasse gefordert wird. 8

a) Ersatz aus der Staatskasse bzw vom Betreuten. Von der Staatskasse und vom Betreuten sind alle notwendigen Aufwendungen zu ersetzen, die unmittelbar *der Führung der Betreuung* dienen. Was somit von der Krankenkasse oder vom Sozialamt oder von der Justizkasse wegen Bewilligung von Prozesskostenhilfe (bzw. Verfahrenskostenhilfe) zu tragen ist, ist keine aus der Justizkasse erstattungsfähige Aufwendung im Sinne des § 1835 BGB. § 1835 Abs 1 und 3, 4 haben nicht die Aufgabe, den Umfang der Sozialleistungen der öffentlichen Hand zu erweitern. Nun mag es Fälle geben, in denen das Sozialamt zu Unrecht die Zahlung von Kleinbeträgen verweigert und der Zeitaufwand des Betreuers zum Durchsetzung ein Vielfaches kostet. Das BayObLG[9] hat es für vertretbar gehalten, dass mit dieser Erwägung dem Betreuer im Einzelfall eng mit seiner Tätigkeit verbundene Sachaufwendungen erstattet werden, obwohl diese bei strikter Beachtung der Grundsätze eigentlich für den Betroffenen bei einem zuständigen Sozialleistungsträger geltend zu machen wären (es ging um zwei Passbilder für 16 DM). 9

Seit der **Reform des Vergütungsrechts** (1.7.2005) werden Berufsbetreuer in den Regelfällen der Betreuung nach Pauschalen bezahlte, die die Aufwendungen einschließen (§§ 4, 5 VBVG); nicht mehr nach tatsächlichem Aufwand. Es sind Fälle denkbar, in denen die Aufwendungen (zB Fahrtkosten) höher sind als die Pauschale, so dass der Berufsbetreuer „drautzahlt". Da er aber eine größere Zahl von Betreuungen führt, hat er anderseits Fälle, in denen überhaupt keine Aufwendungen anfallen, so dass langfristig ein Ausgleich stattfindet. 10

---

5 Vgl *Karmasin* BtPrax 1998, 133.
6 *Knittel* § 1835 Rz 1; HK-BUR-*Bauer* § 1835 Rz 30.
7 OLG Düsseldorf FamRZ 2005, 2019 (Telefonate).
8 BayObLG FGPrax 2003, 76.
9 BayObLG FGPrax 2003, 76.

11 **Ersatzfähig sind zB: Berufliche Dienste** vgl § 1835 Abs 3. Sind sie aus der Staatskasse zu vergüten, ist für die Erforderlichkeit ein strenger Maßstab anzulegen[10]. Im Übrigen hat der Betreuer ggf Beratungshilfe bzw Prozesskostenhilfe (Verfahrenskostenhilfe, §§ 76 ff FamFG) zu beantragen.

12 **Bürounkosten**[11] allgemeiner Art (Miete, Personal, Strom usw) können nicht (anteilig) als Aufwendungen angesetzt werden[12]. Beim Berufsbetreuer fließen sie in den Regelfällen der Betreuung über den Stundensatz (§ 4 VBVG) ein. Sonderfälle: vgl „Hilfskräfte".

13 **Dolmetscherkosten** bei Ausländern[13]. Vgl § 9 Abs 3 JVEG. Evtl Kosten eines Dolmetschers für russische Gebärdensprache bei einem gehörlosen Betreuten[14].

14 **Allgemeine Fachliteratur,** Einführungskurse, Fortbildungskosten, Kosten des Erfahrungsaustauschs, Kosten einer Supervision sind als Allgemeinkosten nicht über § 1835 Abs 1 BGB erstattungsfähig[15].

15 **Fahrtkosten** für Besuche beim Betreuten, für Fahrten zu Behörden, Gerichten usw in der Betreuungsangelegenheit. Bei öffentlichen Verkehrsmitteln sind die tatsächlichen Kosten zu erstatten. Bei Verwendung des eigenen Pkw zeigt die Verweisung auf § 5 JVEG, dass der Betreuer 0,30 Euro je Fahrtkilometer erhält (zuvor 0,27 Euro, davor 0,52 DM), evtl zuzüglich MwSt. Dieser Betrag gilt, wenn die Staatskasse zahlungspflichtig ist, aber auch dann, wenn der (vermögende) Betreute zu zahlen hat[16]. Auch wenn ein Betreuungsverein mit seinen Mitarbeitern im Arbeitsvertrag einen höheren km-Satz vereinbart hat, ist nicht unbedingt der höhere Satz anzusetzen, weil es sich um eine versteckte Vergütung handelt. Anschaffung von Winterreifen ist nicht ersatzfähig[17]. Parkgebühren sind erstattungsfähig[18]. Zu beachten ist, dass der **Berufsbetreuer** in den sog Regelfällen der Betreuung die Fahrtkosten nicht gesondert abrechnen kann (§ 4 Abs 2 Satz 1 VBVG; anders in den Sonderfällen, § 6 VBVG); sie stecken pauschal im Stundensatz. Da der Berufsbetreuer diesen pauschalen Stundensatz auch dann erhält, wenn er den Betreuten überhaupt nicht besucht, hat sich die alte Streitfrage, wie oft ein Betreuer den Betreuten besuchen darf (wofür jedes mal vergütungspflichtige Stunden und Fahrtkosten anfielen), seit der Reform (1.7.2005) erledigt. Freilich ist in solchen Fällen die Entlassung des Betreuers wegen Ungeeignetheit (§ 1908 b BGB) zu prüfen; früher hielt man idR *einen* Besuch im Monat für angebracht[19]. Jetzt ist die Fahrtkostenregelung nur noch für ehrenamtliche Betreuer, ehrenamtliche Verfahrenspfleger, Nachlasspfleger etc relevant, weil diese Personen die Kosten konkret erstattet erhalten.

16 **Fotokopien** (soweit von anderer Seite angefordert oder sonst notwendig[20]). Auch die Kopien des Betreuers (zB aus der Gerichtsakte) für seine Handakten

10 BayObLG FamRZ 1998, 1050.
11 Dazu *Derben* BtPrax 2001, 16.
12 BayObLG FamRZ 2001, 653; OLG Zweibrücken FGPrax 2003, 28 (Büromaterial).
13 *Dodegge/Roth* F 13; *Lantzerath/Schimke*, Finanzierungsleitfaden, S. 29.
14 LG Düsseldorf FamRZ 2007, 2108.
15 BGH NJW-RR 2007, 1373; BT-Drucks 11/4528 S. 204 und 11/6949 S. 69
16 BT-Drucks 960/96 S. 22.
17 LG Koblenz BtPrax 1997, 247.
18 *Dodegge/Roth* F 14; aA LG Koblenz FamRZ 1998, 1533: keine Parkgebühren neben der Kilometerentschädigung.
19 Nachweise bei *Dodegge/Roth* F 9.
20 LG München I FamRZ 1997, 450; LG Hamburg BtPrax 2003, 43.

sind zu vergüten[21]. Auf Fremdgeräten: bezahlter Betrag; auf eigenen Geräten: die Praxis bewilligt 0, 15 Euro je Seite[22]. § 7 JVEG ist nicht einschlägig[23].

Gesundheitsschäden des Betreuers: Verletzt sich der Betreuer aus Anlass der Betreuung (zB er stürzt beim Betreuten auf dessen Treppe) sind die Behandlungskosten keine Aufwendungen. Personenschäden des ehrenamtlichen Vormunds/Betreuers sind aber über die gesetzliche Unfallversicherung abgedeckt (§ 2 Abs 1 Nr 10 SGB VII)[24]; Berufsbetreuer dagegen sind nicht durch SGB VII geschützt[25]. 17

Hilfskräfte[26]: werden kanzlei*fremde* Personen für delegierbare, über die allgemeine Führung der Betreuung hinausgehende Tätigkeiten, zB für Sortieren von zahlreichen Belegen, kompliziertere Kontenabrechnung, Buchführung und Vermögensverwaltung eingesetzt, ist das diesen bezahlte Honorar als Aufwendung erstattungsfähig[27], falls die Betreuung dadurch insgesamt verbilligt wird[28]. Die Kosten des Einsatzes von Hilfskräften für nicht delegierbare Leistungen (zB der Anwalt lässt durch einen freien Mitarbeiter Besuche beim Betreuten durchführen) sind dagegen im Regelfall nicht als Aufwendung erstattungsfähig. Die Kosten des Einsatzes des eigenen Personals, soweit fallbezogen, können bei der Betreuung ab 1999 nicht mehr durch eine Anpassung des Stundensatzes ausgeglichen werden, weil die Vergütungssätze nach dem VBVG jetzt starr sind; in den verbliebenen Fällen (etwa bei der Nachlasspflegschaft, falls nicht mittellos) können diese Kosten, wenn sie zu einer Verbilligung führen, als Aufwendungen oder durch einen höheren Stundensatz geltend gemacht werden. 18

Lebensunterhalt. Auslagen für den Lebensunterhalt des Betreuten (zB Einkauf von Lebensmitteln), Miete, Medikamente, ärztliche Behandlung usw sind beim mittellosen Betreuten nicht über Abs 4 aus der Staatskasse zu erstatten, sondern gegebenenfalls beim Sozialamt bzw bei der Krankenkasse geltend zu machen[29]. 19

Mehrwertsteuer: Hat der Rechtsanwalt als Berufsbetreuer auf seine Vergütung Mehrwertsteuer zu zahlen (sie steckt in der Vergütungspauschale, § 4 Abs 2 Satz 1 VBVG), kann deren Erstattung nicht über Abs 1 erfolgen, weil es sich nicht um Aufwendungen für den Betreuten handelt, sondern um Erfüllung der eigenen Steuerschuld[30]. Führt dagegen ein Anwalt, der Berufsbetreuer ist, für den Betreuten einen Prozess, kann er seine RVG-Gebühren zuzüglich darauf entfallender MwSt (RVG VV 7008) über § 1835 Abs 3 und 1 als Aufwendung ersetzt verlangen. Für Pfleger (wie Nachlasspfleger) und Vormünder ist § 3 Abs 1 Satz 3 VBVG zu beachten. Der ehrenamtliche Betreuer ist in der Regel nicht umsatzsteuerpflichtig; ist er es, zB als Rechtsanwalt, kann er neben der Vergütung aus § 1836 Abs 2 BGB zusätzlich die Umsatzsteuer verlangen. 20

---

21 LG München I FamRZ 1997, 450; aA LG Berlin FamRZ 1995, 496; LG Paderborn FamRZ 1993, 237.

22 LG Darmstadt FamRZ 2000, 1046; aA LG Koblenz FamRZ 2001, 114; *Bach* BtPrax 1995, 9 (Anwendung von GKG KV 9000).

23 Palandt/*Diederichsen* § 1835 Rz 9

24 *Damrau/Stolle* Rpfleger 1991, 289, *Deinert* BtPrax 1996, 42.

25 *Knittel* § 1835 Rz 12.

26 Vgl *Bienwald* FamRZ 2003, 158 (teils durch VBVG überholt).

27 OLG Bremen FamRZ 2000, 555; aA LG Memmingen FamRZ 1999, 459, das unrichtig meint, Aufwendungen seien nur Porto-, Telefon-, Reisekosten sowie die Auslagen des § 1835 Abs 3 BGB. Zum Ganzen vgl BGH NJW-RR 2006, 145.

28 BayObLG FamRZ 2004, 565; OLG Bremen FamRZ 2000, 555: der Verein rechnete 2 Stunden der Vereinsbetreuerin ab, ferner 1 Stunde zu 45 DM für konkrete Arbeiten der Bürokraft.

29 BayObLG FGPrax 2003, 76.

30 AG Mühldorf Rpfleger 1993, 154; *Bach* BtPrax 1995, 9; aA LG Duisburg Rpfleger 1993, 242.

21 **Mehrwertsteuer auf Aufwendungen** (zB Fahrtkosten) wird erstattet[31]; der *Betreute* kann sie in seltenen Fällen eventuell als Vorsteuer abziehen, der Berufsbetreuer nicht. Denn § 1835 BGB verlangt Ersatz der vollen Aufwendungen, nicht der aus irgendwelchen Gründen gekürzten Aufwendungen; die Verzinsungspflicht (§ 256 BGB) und das Recht zur Entnahme aus dem Vermögen bei Nichtmittellosen zeigt, dass der Betrag zeitgleich (also in jeder Hinsicht ungekürzt) zu erstatten ist. Die aA lehnt die Erstattung der Mehrwertsteuer aus der Staatskasse bei *umsatzsteuerpflichtigen* Betreuern ab[32]. Im Falle des § 4 Nr 26 UStG („Kleinunternehmer") ist ein Berufsbetreuer selbst nicht umsatzsteuerpflichtig.

22 **Passbilder:** gehören zum allgemeinen Lebensbedarf und sind vom Betreuten oder vom Sozialamt zu zahlen.

23 **Pflegekosten:** Pflegt der Betreuer den Betreuten selbst in seinem Haushalt, kann er die Barauslagen für Lebensmittel, Kleidung, Betteinlagen, Medikamente usw über § 1835 Abs 1 nur vom vermögenden Betreuten abrechnen (nicht aus der Staatskasse); die Pflegedienste als solche sind keine Aufwendungen iSv Abs 1. Notwendig ist der Abschluss eines Pflegevertrages mit dem Betreuten, dem zu diesem Zweck ein Ergänzungsbetreuer zu bestellen ist; dann könnte die Bezahlung der Pflegeleistung aus Vertrag gefordert werden.

24 **Porto, Telefon, Telefax:** jeweilige Entgelte[33]. Bei Funktelefonen (sog Handy) soll nur Anspruch auf Ersatz der Gesprächs(mehr)kosten bestehen, wenn der gewöhnliche Apparat oder die öffentliche Telefonzelle unzumutbar sind[34]; überholt. Postnachsendeauftrag[35].

25 **Rechtsberatungskosten.** Die Kosten der Einholung eines *konkreten* Rats (zB bei einem Anwalt in einer Vermögensverwaltungsfrage, bei einem Steuerberater) fallen unter § 1835 Abs 1[36]. Bei einem Berufsbetreuer ist das aber durch die Pauschale (§§ 4, 5 VBVG) abgedeckt. Wenn der Betroffene sich aber gegen die Betreuung wehrt und der Betreuer einen Anwalt einschaltet, damit er nicht als Betreuer abgelöst wird, sind die Anwaltskosten des Betreuers keine ersatzfähigen Aufwendungen[37].

26 **Schäden,** die der Betreute dem Betreuer zufügt (zB zerkratztes Auto; zerrissene Kleider) sind keine Aufwendungen; sie sind vom Betreuten aus § 823 zu ersetzen, soweit nicht ein Fall des § 827 vorliegt. Vgl ferner: Vermögensschäden; Gesundheitsschäden.

27 **Schlüsseldienst:** Kosten erstattungsfähig[38].

28 **Schreibkräfte:** Beauftragt der private Betreuer eine Schreibkraft mit dem Abtippen der Jahresabrechnung und des sonstigen Betreuungs-Schreibwerks, ist das der Schreibkraft bezahlte Honorar eine nach § 1835 Abs 1 ersetzbare Aufwen-

---

31 OLG Hamm FamRZ 2000, 549; OLG Frankfurt FGPrax 2000, 111; OLG Frankfurt BtPrax 2000, 263; OLG Zweibrücken Rpfleger 2000, 549; LG Darmstadt FamRZ 2000, 1046.

32 OLG Dresden Rpfleger 2000, 16 (vom OLG Dresden inzwischen aufgegeben, BtPrax 2000, 217); LG Leipzig FamRZ 1999, 1607; AG Rotenburg/Wümme FamRZ 2000, 179. Bei OLG Brandenburg FamRZ 2000, 1441 ist der Sachverhalt unklar.

33 Aber nicht die Kosten der Beschaffung, Einrichtung und Wartung des Telefons, des Telefaxgeräts, vgl *Lantzerath/Schimke*, Finanzierungsleitfaden, S. 29.

34 LG Frankenthal JurBüro 1998, 39; LG Essen bei Dodegge NJW 1998, 2717.

35 OLG Zweibrücken FGPrax 2005, 216.

36 AA Erman-*Holzhauer* § 1835 Rz 2.

37 AG Völklingen FamRZ 1996, 229.

38 OLG Köln FamRZ 2005, 1199.

dung[39]. Bei einem Berufsbetreuer mit Büro stecken die Kosten des Schreibpersonals in den Stundensätzen, können nicht anteilig zusätzlich geltend gemacht werden[40].

Schreibpapier, Ordner (aber nicht, wenn sie beim Berufsbetreuer anfallen). **29**

Telefonauslagen, auch für ein Mobiltelefon[41]. **30**

Übernachtungskosten, soweit Übernachtungen notwendig sind, in angemessener Höhe; ein **Zehrgeld** kann nicht nach den Sätzen des JVEG gefordert werden, sondern nur in Höhe des die Selbstkosten der Verpflegung übersteigenden Betrags als Aufwendung. **31**

Verdienstausfall: Besucht der zB als Handwerker beruflich tätige (ehrenamtliche) Betreuer den Betreuten wegen eines akuten Problems während der Arbeitszeit und erleidet er dadurch einen Verdienstausfall, ist die Ersatzfähigkeit umstritten: (1) Nach einer Meinung liegt keine *bare* Aufwendung vor; ein Ersatz über Abs 1 entfällt[42]. (2) Die aA bejaht zu Recht Aufwendungen, teils allerdings nur bei Stundenlohnempfängern[43]. Für eine solche Differenzierung ist kein ausreichender Grund ersichtlich (sie beruht nur auf der leichteren Nachweisbarkeit); für Ersetzbarkeit spricht, dass durch bezahlten Einsatz von Vertretern sonst dasselbe Ergebnis erzielbar wäre. **32**

Vergütung. Wird eine Betreuung als ungerechtfertigt aufgehoben, gehört die Vergütung, die der Betroffene an den Betreuer zahlte, nicht zu den Auslagen im Sinne des § 1835[44]. **33**

Vermögensschäden, die der Betreuer bei der Amtsführung erleidet (zB Autoschaden bei der Fahrt zum Betreuten; Betreuer beschmutzt seine Kleidung in der verwahrlosten Wohnung des Betreuten), sind nicht als Aufwendung zu ersetzen[45]. Deshalb ist auch ein Autoschaden nicht zu ersetzen[46]. Anders mag es sein, wenn der Betreuer in einem Notfall eine Rettungshandlung zu Gunsten des Betreuten unternimmt, § 683[47]. **34**

Verpflegungsmehraufwand bei länger dauernden Reisen (Richtschnur: § 6 JVEG, der aber nicht unmittelbar anwendbar ist)[48]; **35**

Versicherungskosten: § 1835 Abs 2 (Rz 50). **36**

Vertretung: Überträgt der Betreuer seine sämtlichen Aufgaben einem Urlaubsvertreter, ist die diesem bezahlte Vergütung keine erstattungsfähige Aufwendung[49]. Richtig wäre eine Anwendung von § 1899 Abs 4 BGB, § 6 Satz 2 **37**

39 Palandt/*Diederichsen* § 1835 Rz 9.
40 BayObLG FamRZ 2001, 653; LG Koblenz FamRZ 2002, 638; aA OLG Bremen FamRZ 2000, 555.
41 AA LG Koblenz FamRZ 1998, 1533: Mehraufwendungen für Mobiltelefon nicht notwendig.
42 *Bach* BtPrax 1995, 10; *Knittel* § 1835 Rz 3, MünchKomm/*Wagenitz* § 1835 Rz 20; Erman-*Holzhauer* § 1835 Rz 1.
43 Staudinger-*Engler* § 1835 Rz 7; RGRK-*Dickescheid* § 1835 Rz 5; *Bobenhausen* Rpfleger 1985, 430 bei Arbeitnehmern; *Seitz* BtPrax 1992, 85; *Bühler* BWNotZ 1993, 108 bei Arbeitnehmern und Selbstständigen in Sonderfällen.
44 OLG München FamRZ 2006, 730.
45 HK-BUR-*Bauer* § 1835 Rz 34.
46 LG Bückeburg NJW-RR 2002, 506.
47 Umstritten, vgl MünchKomm/*Wagenitz* § 1835 Rz 22 mwN.
48 LG Augsburg JB 1993, 87.
49 OLG Frankfurt FGPrax 2002, 178.

VBVG. Hat der Betreuer eine Vertretung (zB für die Aufsicht über die eigenen Kinder) engagiert, damit der Betreute besucht werden kann, sind die Kosten erstattungsfähige Aufwendungen iSv Abs 1[50]. Überlässt aber eine zur Berufsbetreuerin bestellte Rechtsanwältin ihrem Ehemann die Anfertigung von Schriftsätzen und die Wahrnehmung von Besprechungstermine, dann ist das eine unzulässige Delegation der Betreueraufgabe und es wird nichts ersetzt[51].

38 **Zeitaufwand** ist im Übrigen nur über § 1836 Abs 2 oder Abs 3 vergütungsfähig.

39 **Zinsen** (4 %) auf die Auslagen (§ 256), auch ohne Verzug, auch von der Staatskasse[52], ab Aufwendung.

40 **b) Ersatz vom *vermögenden* Betreuten.** Vom *vermögenden* Betreuten sind zusätzlich alle Auslagen des Betreuers für den Betreuten zu ersetzen, die auf Weisung des (geschäftsfähigen) Betreuten erfolgten (§ 670). Darunter fallen auch Zahlungen für Einkauf von Lebensmitteln, Kleidung, Medikamente und verauslagte Miete. Wenn aber der Betreuer hier gegenüber dem Geschäftspartner als Vertreter des Betreuten auftritt, wird der Betreute unmittelbar verpflichtet, es liegen keine „Aufwendungen" vor, der Betreuer mit Vermögenssorge kann die Zahlung aus dem Vermögen des Betreuten vornehmen[53].

41 **5. Nicht ersatzfähige Aufwendungen.** Aufwendungen des Betreuers, die nicht der Führung der Betreuung dienen (wie Geschenke), sowie solche *außerhalb* seines Aufgabenkreises sind nicht über § 1835 Abs 1 erstattungsfähig[54]. Aufwendungen *nach* Beendigung der Betreuung sind ebenfalls nicht nach dieser Vorschrift erstattungsfähig. Auch der Zeit- und Kostenaufwand für die **Bestattung** des Betreuten fällt nicht unter § 1835 Abs 1 BGB; solche Aufwendungen können aber eventuell über §§ 1698 a, b zu erstatten sein, auch Geschäftsführung ohne Auftrag kommt in Betracht. Überflüssige Aufwendungen sind nicht erstattungsfähig. **Supervisionskosten** (Beratung durch Psychologen) sind nicht erstattungsfähig[55]; ebenso wenig **Geburtstagsgeschenke** für den Betreuten. Beim Streit um die Erforderlichkeit (und damit Ersetzbarkeit) ist die Sicht bei der Aufwendung (ex ante und nicht ex post) maßgeblich und zwar aus dem Blickwinkel des Betreuers[56], nicht aus demjenigen eines unbeteiligten Dritten. Aufwendungen können nicht ersetzt werden, wenn der Aufwendende aus Fahrlässigkeit nicht erkannte, dass die Aufwendung überflüssig war[57].

42 **Eltern,** die Betreuer ihrer volljährigen Kinder sind, haben ebenfalls den Aufwendungsersatzanspruch des § 1835 Abs 1, wenn sie zB Fahrtkosten, Anwaltskosten im Rahmen der Betreuung auslegen[58], aber nicht für Lebensmittel, Kleidung usw. Das Abgrenzungsproblem bleibt; denn natürlich können nicht allgemeine Besuchsfahrten, Geburtstagsgeschenke usw dem Vermögen des betreuten Kindes entnommen werden und auch nicht über Abs 4 aus der Staatskasse gefordert werden[59].

---

50 *Bach* BtPrax 1995, 10; *Seitz* BtPrax 1992, 85.
51 OLG Frankfurt FGPrax 2004, 29.
52 BayObLG BtPrax 2001, 39.
53 Vgl. BGH FamRZ 2010, 207 (Dienstleistungsvertrag); *Dodegge/Roth* F 8.
54 Für einen Ermessensspielraum unrichtig LG Osnabrück NdsRpfl 1993, 253.
55 OLG Frankfurt FamRZ 2004, 1751; zu Ausnahmen vgl BGH NJW-RR 2007, 1373.
56 BayObLG BtPrax 1998, 146; MünchKomm/*Wagenitz* § 1835 Rz 10.
57 RGRK-*Dickescheid* § 1835 Rz 5; Staudinger-*Engler* § 1835 Rz 3.
58 BGH BtPrax 1997, 29 zu § 1836 a (jetzt § 1835 a); LG Kaiserslautern FamRZ 1995, 52; *Bienwald* FamRZ 1995, 463 mwN.
59 Vgl *Coeppicus* BtPrax 2003, 164.

6. Erlöschen des Anspruchs (Abs 1 Satz 3). Der Anspruch gegen die **Staatskasse** 43
(auch auf evtl. Zinsen auf die Auslagen[60]) ist nach 15 Monaten ab der Entstehung erloschen, wenn er nicht vorher beim Betreuungsgericht geltend gemacht wurde, dh beziffert zur Erstattung eingereicht wurde (eventuelle Belege können nach Fristablauf nachgereicht werden[61]). Diese kurze Frist ist ärgerlich und wohl nur eingeführt worden, um von der häufigen Fristversäumung zu profitieren. Denn da keine Verzinsung erfolgt und die offenen Beträge insgesamt nicht hoch sind, wird der Staatshaushalt weder verunklart noch gefährdet. Die Frist[62] gilt auch, wenn ein Anwalt Betreuer ist (zu § 1835 Abs 3 vgl Rz 47). Die Frist beginnt mit Entstehung des Anspruchs (nicht erst mit Beendigung der Betreuung oder Pflegschaft). Entstanden ist der Anspruch auf Erstattung mit der Aufwendung; die Fahrt vom 9.4. muss also spätestens am 9.7. des nächsten Jahres beim Betreuungsgericht abgerechnet werden. Beim Tod des Betreuten können solche Ansprüche bei Fortführung von Aufgaben noch nach dem Tod entstanden sein[63]. Fristberechnung § 186 ff BGB, § 16 Abs 2 FamFG. Das Erlöschen des Anspruchs ist vom Betreuungsgericht von Amts wegen zu beachten; es muss nicht von der Staatskasse eingewandt werden. Wird das Erlöschen übersehen und durch Beschluss festgesetzt, kann der Beschluss nach Rechtskraft nicht mehr aufgehoben werden.

Das Verhältnis des Erlöschens des Anspruchs zu dessen **Verjährung** ist unklar[64]. 44
Ist der Anspruch wegen rechtzeitiger Anmeldung nicht erloschen, kann er noch verjähren (die Verjährung begründet nur ein Leistungsverweigerungsrecht, § 214). Die Verjährungsfrist beträgt drei Jahre (§ 195)[65], eine Hemmung nach § 207 Abs 1 Satz 2 Nr 3 bis 5 kommt in Frage.

Die **15-Monatsfrist kann verlängert werden**[66] (nicht nur die im Falle des § 1835 45
Abs 1a gesetzte Frist ist verlängerbar); der Verlängerungsantrag muss aber *vor* Fristablauf eingehen; die Verlängerungsverfügung selbst kann auch *nach* Fristablauf ergehen und durch Mitteilung wirksam werden. Der Antrag muss nicht zwingend schriftlich gestellt werden (vgl § 23 FamFG). Eine Verlängerung ohne Antrag ist ebenfalls wirksam. Es handelt sich um eine Ausschlussfrist. Früher wurde angenommen, dass es gegen die Versäumung der Frist keine **Wiedereinsetzung** gibt[67], denn auf § 15 Abs 3 Satz 6 ZSEG wurde im damaligen Gesetzestext nicht verwiesen; seit Inkrafttreten des FamFG fehlt überhaupt eine Verweisung, § 17 Abs 1 FamFG spricht dafür, dass wohl seit dem 1.9.2009 eine Wiedereinsetzung möglich ist. Das Gericht trifft keine Pflicht, den Berufsbetreuer vor dem Fristablauf zu bewahren[68], etwa durch einen Anruf. Verboten ist es aber nicht, wohl auch fair. Im Einzelfall kann es rechtsmissbräuchlich sein, wenn der Fristablauf angewandt wird[69], etwa wenn falsche Hinweise des Gerichts („Frist läuft erst am … ab“) dafür ursächlich waren.

Für den **Anspruch gegen den (vermögenden) Betreuten** gilt dieselbe Frist wie 46
wenn die Staatskasse zahlungspflichtig wäre (was gegenüber der Staatskasse verfristet ist, kann also auch nicht mehr gegenüber dem Betreuten geltend gemacht werden). Doch unterbricht auch die Anmeldung beim Betreuungs-

60 OLG Frankfurt OLG-Report 2006, 437.
61 Palandt/*Diederichsen* § 1835 Rz 18.
62 Zur Beweislast für die Fristwahrung (sie liegt beim Betreuer) vgl LG Koblenz FamRZ 2008, 1659.
63 OLG Köln FamRZ 2001, 189.
64 Vgl dazu OLG Schleswig NJW 2003, 1538; OLG Dresden FamRZ 2000, 187.
65 Zur Nachforderung von Aufwendungen, wenn das Finanzamt seine Auffassung ändert, vgl OLG Köln FamRZ 2005, 239.
66 MünchKomm/*Wagenitz* § 1835 Rz 30; Palandt/*Diederichsen* § 1835 Rz 19.
67 BayObLG FGPrax 2004, 77; LG Koblenz FamRZ 2003, 1970.
68 OLG Dresden FamRZ 2004, 137; BayObLG FGPrax 2004, 77.
69 OLG Koblenz FamRZ 2003, 168; MünchKomm/*Wagenitz* § 1835 Rz 31.

gericht den Fristablauf gegenüber dem Betreuten[70] (aber nicht umgekehrt[71]).

47 Hat der Betreuer ausnahmsweise einen Erstattungsanspruch nach § 1835 Abs 3, zB weil er als **Anwalt** anwaltsspezifische Dienste geleistet hat, ist der Fristablauf zweifelhaft. Denn der Vergütungsanspruch gegen seinen Mandanten unterliegt der dreijährigen Verjährung (§ 195), wobei Verjährung mit dem Schluss des Jahres beginnt, in dem der Anspruch entstanden ist (§ 199). Fällig wird der Anspruch des Anwalts, wenn der Auftrag erledigt oder die Angelegenheit *beendet* ist (§ 8 RVG). Gegenüber seinem Mandanten hat der Anwalt also mindestens 36 Monate Zeit; nach § 1835 Abs 1 wären es nur 15 Monate. Jedenfalls dann, wenn die anwaltsspezifischen Dienste **gegenüber der Staatskasse** abgerechnet werden, spricht der Zweck der Regelung, große Zahlungsrückstände bei Staatskasse zu verhindern, dafür, sie als Sonderregelung gegenüber der Verjährungsregelung anzusehen; Folge ist, dass auch hierfür die gesetzliche Ausschlussfrist des § 1835 Abs 1 gilt[72], und für den Beginn der Frist allein auf das Entstehen des Anspruchs, nicht dagegen auf § 8 RVG abgestellt wird.

48 Anders ist es meines Erachtens, wenn sich der Aufwendungsersatzanspruch gegen den **vermögenden Betreuten** richtet; denn nach dem Zweck des § 1835 Abs 3 sollen einem Betreuten keine Vorteile daraus erwachsen, dass sein Betreuer zufällig Rechtsanwalt, Arzt, Steuerberater, Handwerker usw ist. Würde der vermögende Betreute, vertreten durch einen Laien als Betreuer, einem Anwalt einen Auftrag erteilen, würde der Vergütungsanspruch des Anwalts unzweifelhaft nicht unter Abs 3 fallen, sondern nach §§ 195 ff verjähren. Es kann nicht anders sein, wenn der Betreuer selbst Anwalt ist.

49 **7. Abweichende Frist (Abs 1 a).** Das Betreuungsgericht (Rechtspfleger) kann schon vor Ablauf der 15-Monatsfrist den Betreuer auffordern, seinen Anspruch zu beziffern (die Frist, die zu setzen ist, beträgt mindestens zwei Monate; eine Belehrung über Folgen der Fristversäumnis erforderlich; der Beschluss ist bekannt zu geben, § 15 FamFG; Zustellung ist zweckmäßig). Das wurde aus dem früheren § 15 ZSEG übernommen. Einen Sinn hat eine solche Fristsetzung im Betreuungsrecht nicht; sie kommt in der Praxis nicht vor. Auch diese Frist ist (auch mehrfach) verlängerbar (Abs 1 a Satz 3). Wird innerhalb der Frist der Anspruch nicht angemeldet, erlischt er (Abs 1 a Satz 4). Gegen die Versäumung ist eine Wiedereinsetzung nach bisher hM (Rz 45) nicht möglich, weil es sich um keine gesetzliche Frist handelt (§ 17 Abs 1 FamFG).

III. Haftpflichtversicherung, Abs 2

50 **1. Satz 1, 1. Halbsatz. – a) Ansprüche des Betreuten (1. Alternative).** Betreuer können einmal ihr eigenes Haftungsrisiko **dem Betreuten gegenüber** durch Abschluss einer Versicherung mildern. **Beispiel:** Der Betreuer versäumt es, rechtzeitig einen Rentenantrag zu stellen, die Rente wird daher erst ab einem späteren Zeitpunkt bezahlt; eine Forderung verjährt; der Betreuer ist dem Betreuten gem § 1833 haftbar. Eine andere Frage ist, ob Vorsatztaten des Betreuers, zB Unterschlagung, überhaupt versicherbar sind.

---

70 Vgl OLG Hamm FGPrax 2007, 171.
71 AA MünchKomm/*Wagenitz* § 1835 Rz 29.
72 OLG Frankfurt FGPrax 2004, 121; OLG München OLG-Report 2006, 139; BayObLG FGPrax 2003, 177; LG Münster FamRZ 2008, 1659; OLG Schleswig NJW 2003, 1538; aA OLG Schleswig FamRZ 2001, 1642.

b) **Ansprüche Dritter (2. Alternative).** Nach Satz 1, 1. Halbsatz, 2. Alternative, sind auch die Kosten einer Versicherung als Aufwendungsersatz anzusehen, wenn diese Versicherung das Risiko abdeckt, dass der **Betreuer einem Dritten zum Schadensersatz verpflichtet** ist, weil er diesem bei der Führung der Betreuung Schaden zugefügt hat. **Beispiel:** Der Betreuer beaufsichtigt den Betreuten mangelhaft; dieser verletzt einen Dritten, so dass der Betreuer nach § 832 für den Schaden verantwortlich ist. 51

c) **Keine Versicherung von Schäden des Betreuers.** Dagegen kann sich der Betreuer nach § 1835 Abs 2 nicht auf Kosten des Betreuten gegen Schäden versichern, die **der Betreute ihm selbst zufügt**[73]. **Beispiel:** der geschäftsunfähige Betreute befindet sich bei seinem Betreuer zu Besuch und beschädigt ein Möbelstück des Betreuers. Gerade durch die Änderung des Abs 2 im Gesetzgebungsverfahren wird deutlich, dass eine solche Versicherung auch nicht unter Abs 1 subsumiert werden sollte. Nicht unter Abs 2 kann ferner eine Versicherung gegen Schäden subsumiert werden, die **Schäden** abdeckt, **die der Betreuer sich selbst** bei der Amtsführung zufügt. Anteilige Kosten einer Eigenversicherung, zB einer Kaskoversicherung, können ebenfalls nicht als Aufwendungen ersetzt werden[74]. Kraft Gesetzes ist der ehrenamtlich tätige Betreuer bei Personenschäden **unfallversichert** gemäß § 2 Abs 1 Nr 10 SGB VII[75]. 52

d) **Angemessenheit der Versicherung.** Die Kosten der angemessenen Versicherung sind als Aufwendungen dem Betreuer zu ersetzen. Die meisten Bundesländer haben **Sammelversicherungen** abgeschlossen, in denen *ehrenamtliche* Betreuer bis zu einer bestimmten Deckungssumme automatisch versichert sind[76]. 53

2. **Kfz-Haftpflichtversicherung (Abs 2 Satz 1, 2. Halbsatz).** Die Kosten einer Kraftfahrzeug-Haftpflichtversicherung sind von der Erstattungsfähigkeit als Aufwendungsersatz ausgenommen. Auch die Kaskoversicherung ist daher nicht erstattungsfähig. 54

3. **Versicherung bei Berufsbetreuern (Abs 2 Satz 2).** Abs 2 Satz 2 schließt die Erstattungsfähigkeit der Kosten einer Haftpflichtversicherung bei **Berufsbetreuern** aus. Erhält der Berufsbetreuer eine Vergütung nach § 1836 Abs 1 Satz 2 und dem VBVG, dann steckt die Versicherungsprämie in der Vergütung; dem Berufsbetreuer wird angesonnen, sich auf eigenen Kosten zu versichern, was seinen Gewinn weiter schmälert. Damit taucht ein Problem bei größeren Vermögen auf: beträgt zB die jährliche Versicherungsprämie bei 2.500 Euro, während die Betreuervergütung sich nur auf 1.320 Euro beläuft, dann würde der Betreuer mit Verlust arbeiten; er wird die Betreuung ablehnen, so dass letztlich die Behörde zum Betreuer bestellt werden muss. Dagegen gilt der Ausschluss nicht, wenn der ehrenamtliche Betreuer wegen des Vermögens des Betreuten eine Vergütung nach § 1836 Abs 2 erhält. Er kann nicht zusätzlich zu seiner Vergütung Ersatz der Versicherungskosten verlangen, weil diese Position bei der Bemessung der Höhe der Vergütung berücksichtigt werden muss; wer wegen Verwaltung eines Millionenvermögens seine Berufshaftpflichtversicherung erhöhen muss, muss letztlich Ersatz des Betrages – über seine Vergütung hinaus erhalten. 55

73 *Bach* BtPrax 1993, 183; *Lantzerath/Schimke*, Finanzierungsleitfaden, S. 30.

74 So aber: *Seitz* BtPrax 1992, 82, 85; *Sonnenfeld* Rpfleger 1993, 97, 98; wie hier: Erman-*Holzhauer* § 1835 Rz 3; MünchKomm/*Wagenitz* § 1835 Rz 37.

75 Vgl *Deinert* BtPrax 1996, 42; *Damrau/Stolle* Rpfleger 1994, 289.

76 *Knittel* § 1835 Rz 23; *Deinert/Schreibauer* BtPrax 1993, 190.

56 **4. Sonstige Fälle des Ausschlusses.** Keine Erstattung der Kosten der Haftpflichtversicherung erfolgt bei Berufspflegern (§§ 1915, 1836) und Berufsvormündern (§ 1835 Abs 2). Vereinsbetreuern und Behördenbetreuern (§ 1897 Abs 2) werden die Kosten einer Versicherung gem Abs 2 ebenfalls nicht ersetzt (§ 7 Abs 3 VBVG und § 8 Abs 3 VBVG). Auch Verein (§ 7 VBVG) und Behörde (§ 8 VBVG) erhalten keinen Aufwendungsersatz für Versicherungen (§ 1835 Abs 2); vgl Abs 5.

IV. Berufliche Dienste des Betreuers, Abs 3

57 **1. Dienstleistungen allgemein.** § 1836 Abs 1 Satz 1 zeigt, dass die Dienstleistungen, die der Betreuer in Erfüllung der Betreuung erbringt, grundsätzlich unentgeltlich zu gewähren sind. Das kann aber dann nicht gelten, wenn dem Betreuten **fachmännische Hilfe** zugute kommt, für die er normalerweise Kosten hätte, zB für einen Arzt, Rechtsanwalt, Steuerberater. Kann der Betreuer die erforderlichen Dienste selbst aufgrund seines Berufs oder Gewerbes leisten, so kann er dafür (zusätzlich[77] zur Vergütung nach §§ 4, 5 VBVG) die angemessene (dh in Vergütungsordnungen wie RVG, GOÄ, PsychThG festgelegte, hilfsweise übliche) Vergütung verlangen. Diejenigen gewerbe- bzw berufsspezifischen Dienste des Betreuers (auch: eines Ergänzungsbetreuers[78]), für die ein anderer Betreuer, der die hierfür erforderliche Qualifikation nicht hat, berechtigterweise (zB Aufgabenkreis!) einen entsprechend qualifizierten Dritten hinzugezogen hätte, sind somit nach § 1835 Abs 3 als „Aufwendung" erstattungsfähig[79]. „Beruf" setzt eine entsprechende Ausbildung voraus. Ein **anwaltlicher Betreuer** oder **Steuerberater** als Betreuer kann daher für die Anfertigung der Einkommensteuererklärung zusätzlich zur Vergütung nach dem VBVG nach Abs 3 eine Vergütung nach der SteuerberatergebührenVO verlangen[80]. Fertigt dagegen ein Betreuer, der nicht zum Personenkreis des § 3 StBerG gehört, die Einkommensteuererklärung des Betreuten gleichermaßen sachkundig an, kann er dafür nicht nach Abs 3 abrechnen; das gilt als mit der Vergütung nach §§ 4, 5 VBVG abgegolten. Voraussetzung ist ferner, dass der Betreuer mit den Diensten eine Angelegenheit *innerhalb* seines Aufgabenkreises besorgt hat und dass er die Erledigung dieser Angelegenheit aus seiner Sicht für *erforderlich* halten durfte[81]. Die Tätigkeit muss von der allgemeinen Betreuertätigkeit abgrenzbar sein. Ein **Vereinsbetreuer** hat keinen Anspruch nach § 1835 Abs 3 (§ 7 Abs 1 Satz 2 VBVG).

58 **Umfang der Erstattung.** Die Erforderlichkeit ist genau zu prüfen, denn die Versuchung für den Betreuer ist groß, zwar zweckmäßige, aber nicht *unbedingt* erforderliche Berufsdienste zu erbringen. Die Gruppe der medizinischen, psychologischen, therapeutischen und sozialen Berufe ist hier besonders problematisch. Ein Betreuer mit dem Aufgabenkreis „Gesundheitssorge", der selbst Therapeut ist, kann nach Meinung des BayObLG Stunden für psycho-soziale Therapie (Gespräche in polnischer Sprache) aufwenden und über Abs 3 abrechnen[82]; sehr bedenklich. Der Fall zeigt in seiner Größenordnung die absurden Folgen, wenn der Betreuer zugleich Geschäftsmann ist und seinen Honorarumsatz selbst bestimmen kann. Wenn in Berlin ein Niederbayer für einen anderen Niederbayern zum Betreuer bestellt wird, kann er das Dialektgespräch nicht zusätzlich

77 BGH FamRZ 2010, 199; MünchKomm/*Wagenitz* § 1835 Rz 2.
78 LG Darmstadt FamRZ 2005, 735.
79 BayObLG FamRZ 1998, 1050; BVerfG FamRZ 2000, 1280/82; 2000, 1284/5.
80 LG Düsseldorf NJW-RR 2008, 1606.
81 BayObLG FamRZ 1998, 1050.
82 BayObLG FamRZ 1998, 1050 (die Betreuerin rechnete 181 Stunden zu je 57 DM, also 10.317 DM, ab).

nach Abs 3 abrechnen, selbst wenn er im Übrigen Hochdeutsch spricht. Eine Betreuerin, welche Sozialpädagogin ist, kann nicht ein sozialtherapeutisches Konzept erstellen, aufgrund dieses Konzepts mit dem Betreuten Kino- und Tierparkbesuche durchführen und dies über Abs 3 abrechnen, weil es sich lediglich um eine einfache Gestaltung des Tagesablaufs handelt[83]. Wer zum Betreuer einer gehörlosen Person bestellt wurde, weil er die Gebärdensprache beherrscht, kann grundsätzlich keinen weiteren Aufwendungsersatz gemäß Abs 3 für die Kommunikation mit der betreuten Person verlangen[84].

Bei **Leistungen aus dem Gesundheitsbereich** und Erstattung aus der Staatskasse 59 ist zu beachten, dass über Abs 3 BGB keine zusätzlichen staatlichen Sozialleistungen begründet werden können; was Sozialamt und Krankenkasse nicht bezahlen müssten, kann schwerlich der Justizfiskus zahlen müssen. Wenn der Gesunde nur Leistungen nach Prüfung durch die Krankenkasse erhält, kann diese Prüfung beim psychisch Kranken nicht der Rechtspfleger übernehmen, wenn die Staatskasse zahlen soll. Wenn ein Gesunder Rechtskosten nur dann aus der Staatskasse erhält, wenn er zugleich die Voraussetzungen der Prozesskostenhilfe (Verfahrenskostenhilfe) bzw des Rechtsberatungsgesetzes erfüllt, darf ein Betreuter nicht besser gestellt werden und auf dem Umweg über Abs 3 in den Genuss staatlicher Leistungen kommen[85].

Für **Dienste, die von jedermann geleistet werden können,** kommt eine Bezahlung 60 nach Abs 3 auch dann nicht in Betracht, wenn der Betreuer kraft seines Berufes zu ihnen besonders geeignet ist, zB als gewerblicher Hausverwalter[86]. Jede Betreuung bringt rechtliche Probleme mit sich; wenn jemand zum Betreuer bestellt wird, geht das Gericht davon aus, dass er sie selbst bewältigen kann[87]. Wenn ein Deutsch-Pole zum Betreuer eines Polen bestellt wird, dann wegen seiner Sprachkenntnisse, er kann daher nicht nach Abs 3 Dolmetscherdienste abrechnen. Die Abgrenzung zur Fallgruppe, die unter Abs 3 fällt, ist schwierig; eine genaue Grenzlinie konnte bisher nicht gefunden werden; auch die Abgrenzung danach, ob die Amtstätigkeit verlassen wird oder nicht[88], hilft kaum weiter.

Erkennt ein Betreuer, zB ein ehemaliger Bankangestellter, dass die **besondere** 61 **Schwierigkeit der Vermögensverwaltung** derart aus dem Rahmen üblicher Betreuungen fällt, dass ihre Wahrnehmung zu den Sätzen des VBVG billigerweise nicht erwartet werden kann[89], muss er gegebenenfalls Teile hiervon entgeltlich durch Dritte (Rechtsanwälte, Steuerberater usw.) wahrnehmen lassen. Er kann als Vertreter des Betreuten einen entsprechenden **Dienstleistungsvertrag** mit einem Dritten schließen.[90] Ist dies nicht möglich oder nicht zweckmäßig, kommt ausnahmsweise in Betracht, nach Bestellung eines Ergänzungsbetreuers, eine **vertragliche Vereinbarung** mit dem Betroffenen zu treffen, wonach die Vermögensverwaltung unter diesen besondern Umständen gesondert vergütet wird[91]. Über Abs 3 kann jedenfalls in einem solchen Fall nicht ohne Weiteres ein Zuschlag gewährt werden. Die Abrechnung als Aufwendung

83 BayObLG JB 1999, 264.
84 OLG Köln FamRZ 2008, 921.
85 Vgl BGH NJW 2007, 844.
86 BVerfG NJW 1980, 2179/81; KG DJZ 1933, 914; aA KG RJA 16, 59.
87 Vgl LG Mainz NJW-RR 2006, 1444.
88 So MünchKomm/*Wagenitz* § 1835 Rz 42.
89 Fall OLG München FamRZ 2008, 1560: Vermögen ca 10 Millionen Euro, Zeitaufwand in 3 Monaten ca 100 Stunden. Das Honorar nach §§ 4, 5 VBVG betrug ca 1.000 Euro.
90 BGH FamRZ 2010, 199 = NJW-RR 2010, 292.
91 OLG München FamRZ 2008, 1560; MünchKomm/*Wagenitz* § 1835 Rz 42. Nach BGH FamRZ 2010, 199 (mit Anm *Bienwald*) ist eine Vereinbarung aber nur zulässig für Leistungen, die „*außerhalb* der eigentlichen Betreuung liegen". Vgl. § 4 VBVG Rz 42.

i. S. von § 1835 Abs 3 nach Honorarordnungen für Steuerberater oder Wirtschaftsprüfer kommt jedenfalls dann nicht in Betracht, wenn der Betreuer nicht zu einer dieser Berufsgruppen gehört.

62 Nicht mehr zu folgen ist der alten Rspr[92], die dem Vormund dann einen Aufwendungsersatzanspruch zubilligt, wenn seine Dienste (ohne besondere Qualifikation) über das Maß dessen hinaus gehen, was von einem sonstigen geeigneten Vormund zumutbarer Weise als eigene Leistung erwartet werden konnte. Hier kommt nur eine Vergütung gem § 1836 in Betracht, mag ihm auch in dem Fall, dass der Betreuer selbst (und nicht im Namen des Betreuten) Hilfspersonen hinzuzieht, ein Aufwendungsersatzanspruch in Höhe von deren Vergütung zustehen.

63 **2. Rechtsanwaltsdienste.** Der Anwalt als Berufsbetreuer wird pauschal nach der höchsten Vergütungsstufe (§ 4 VBVG) vergütet. Daneben und zusätzlich kann er in bestimmten Fällen zusätzlich Leistungen nach dem RVG abrechnen (Abs 3). Zur Frist vgl Rz 47 ff.

64 a) **Für Tätigkeiten, die von jedermann geleistet werden können,** kann der Anwaltsbetreuer nicht über Abs 3 eine Vergütung nach dem RVG verlangen[93]; beispielsweise für Mahnschreiben oder für Einziehung einer Schuldsumme, auch nicht für den Abschluss eines Mietvertrags oder für Unterhaltsverhandlungen[94]; auch nicht für eine Wohnungskündigung; für den Abschluss eines Grabpflegevertrages[95]; auch nicht unbedingt für die Vertretung in einem Räumungsprozess wegen Nichtzahlung der Miete[96]; denn dies wird mit dem Höchststundensatz für Anwälte (§§ 4, 5 VBVG) abgegolten[97]. Ausnahmen sind auch hier möglich, zB bei wiederholter Mahnung, wenn ein verständiger Laie sich in dieser Situation anwaltlicher Hilfe bedient hätte[98].

65 b) **Für Tätigkeiten im Rahmen der Betreuung** kann ein Rechtsanwalt (zusätzlich zur Vergütung nach VBVG) über Abs 3 nach dem RVG abrechnen, wenn für eine Tätigkeit **Anwaltszwang** bestand, etwa bei Prozessen vor dem Landgericht (§ 78 ZPO)[99].

66 c) **Ferner kann ein Anwaltsbetreuer** über Abs 3 nach dem RVG abrechnen, wenn ein Laie in einem derartigen Fall **üblicherweise einen Anwalt hinzugezogen** hätte[100]; wenn sich die zu bewältigende Aufgabe als eine für den Beruf des Rechtsanwalts spezifische Tätigkeit darstellt[101] (das BGH-Kriterium „anwaltsspezifisch" ist allerdings unscharf und daher wenig hilfreich). Dann kommt eventuell auch eine Gebühr für eine Beratung in Betracht[102]. Läuft gegen den Betreuten ein **Strafverfahren** kann der Anwaltsbetreuer seine Beiordnung als Pflichtverteidiger beantragen; liegt kein Fall notwendiger Verteidigung vor (§ 140 Abs 2 StPO), ist es in der Regel ausgeschlossen[103], dass der Anwalt nach Abs 3 eine Vergütung nach dem RVG (fiktive Pflichtverteidigergebühren) erhält.

---

92 KG JW 1935, 1251.
93 BVerfG NJW 1980, 2179/81.
94 Unterhaltsprozess dagegen anwaltsspezifisch, BayObLG FamRZ 2002, 573.
95 LG Karlsruhe FamRZ 2004, 403.
96 LG Mainz NJW-RR 2006, 1444.
97 BayObLG NJW 2002, 1660.
98 BayObLGZ 1981, 62/8.
99 BayObLG FamRZ 1989, 214.
100 BVerfG FamRZ 2000, 345.
101 BGH NJW 2007, 844.
102 LG Göttingen Rpfleger 1990, 460.
103 LG Mainz FamRZ 2009, 251; OLG Köln FamRZ 2009, 1707.

d) **Kann der Anwaltsbetreuer** demnach gemäß RVG abrechnen und führt der Betreute einen auswärtigen Prozess, stehen dem Anwaltsbetreuer die Gebühren eines **Verkehrsanwaltes** zu, wenn ein nicht-rechtskundiger Betreuer sich eines Verkehrsanwalts bedient hätte[104]. Ist der Rechtsanwalt berechtigt, seine Auslagen nach dem RVG zu bestimmen, so darf er auch nach RVG VV 7002 seine Portoauslagen pauschalieren[105]. Die anfallende **Mehrwertsteuer** (RVG VV 7008) steht im untrennbaren Zusammenhang mit der Aufwendung; sie ist deshalb zu erstatten[106]. 67

e) **Der Anwaltsbetreuer** ist verpflichtet, für die gerichtliche Vertretung des Betroffenen, wenn dieser mittellos ist, **Prozesskostenhilfe** (bzw **Verfahrenskostenhilfe,** §§ 76 ff FamFG) zu beantragen[107]. Liegen die Voraussetzungen der §§ 114 ff ZPO vor, auch diejenigen der Anwaltsbeiordnung (§ 121 ZPO; § 78 FamFG), ist dem Betreuten auch für die Verfahrensführung durch seinen Anwaltsbetreuer Prozesskostenhilfe unter dessen Beiordnung als Prozessbevollmächtigter zu gewähren[108]. Ein Laien-Betreuer kann nicht die vollen Rechtsanwaltsgebühren nach Abs 3 „verauslagen“ und von der Staatskasse nach Abs 4 Erstattung verlangen. Diese RVG-Gebühreneinnahmen verringern die Betreuervergütung (§§ 4, 5 VBVG) nicht. (1) Im Falle der **Bewilligung** erhält der Anwaltsbetreuer aber nur die geringeren Gebühren nach § 49 RVG aus der Staatskasse[109]; Abs 3 ist dann gegenstandslos. (2) Wird der **Prozesskostenhilfeantrag zurückgewiesen** und führt der Anwaltsbetreuer dennoch das Geschäft für den Betreuten, so steht dies der Geltendmachung von Anwaltsgebühren als Aufwendungsersatz für die beruflichen Dienste des Anwaltsbetreuers gegen die Staatskasse (Abs 3) zwar grundsätzlich nicht entgegen[110]; eine Zahlung von Anwaltsgebühren aus der Staatskasse über Abs 3 kommt nach Ansicht des BGH[111] aber allenfalls dann in Betracht, wenn mit einer für den Betreuten ungünstigen Entscheidung im PKH-Prüfungsverfahren nicht gerechnet werden konnte oder die Ablehnung der PKH unrichtig war. Es ist nicht Sinn von Abs 3, dass ein Betreuter Leistungen aus öffentlichen Kassen erhält, die ein Nichtbetreuter nicht bekäme. Die PKH ist das speziellere Verfahren, das auch deshalb den Vorzug verdient, weil dort die Erfolgsaussichten geprüft werden[112]. Zwar werden auch im Verfahren auf Aufwendungsersatz nur Aufwendungen ersetzt, die der Betreuer für erforderlich halten durfte (§ 670), aber diese Prüfung ist nicht so intensiv wie jene im Verfahren auf PKH. Kommt demnach ausnahmsweise Abs 3 zur Anwendung, kommt die Zahlung der vollen Wahlanwaltsvergütung nicht in Betracht[113]; nur die geringeren Sätze des § 49 RVG sind aus der Staatskasse zu erstatten. Wenn ein Anwalt zum Betreuer bestellt wird, damit er einen Schadensersatzanspruch des Betreuten bei einem auswartigen Gericht geltend macht, kann er im Prozess als Verkehrsanwalt beigeordnet werden, § 121 ZPO[114]. Läuft ein Strafverfahren gegen den Betreuten und wird der Anwaltsbetreuer als **Pflichtverteidiger** beigeordnet (§ 140 StPO) wird er aus der Staatskasse honoriert. Erfolgte keine Beiordnung als Pflichtverteidiger, kann der Anwaltsbetreuer die Vergütung für die Strafverteidigung nach RVG VV 68

104 OLG München NJW 1959, 539.
105 LG Berlin Rpfleger 1970, 338.
106 KG Rpfleger 1983, 150.
107 BGH NJW 2007, 844; OLG Köln FamRZ 2009, 1707; LG Göttingen Rpfleger 1990, 460.
108 BGH NJW 2007, 844.
109 OLG Frankfurt/M NJW-RR 2001, 1516; BayObLG BtPrax 2004, 70.
110 OLG Frankfurt/M NJW-RR 2001, 1516; BayObLG BtPrax 2004, 70 (wenn dem Wohl des Betreuten dienlich).
111 BGH NJW 2007, 844; zustimmend OLG Köln BtPrax 2009, 248.
112 OLG Bremen FamRZ 1986, 189.
113 BGH NJW 2007, 844; LG Zweibrücken FamRZ 2003, 477 (Verwaltungsrechtstreit wegen Heimkosten).
114 OLG Hamm FamRZ 2000, 763.

5100 ff nicht über § 1835 Abs 3 aus der Staatskasse verlangen[115]. Tritt der Anwalt trotzdem auf, ist das durch die Pauschale nach §§ 4, 5 VBVG abgegolten.

69 f) **Bei mittellosen Betreuten** ist der Anwaltsbetreuer ferner verpflichtet, für die außergerichtliche Beratung und Vertretung seines Betreuten in dessen Namen **Beratungshilfe** zu beantragen[116]; dann kann er (bei Bewilligung) gegenüber der Staatskasse nach §§ 44 ff RVG abrechnen. Die Subsidiaritätsklausel des § 1 Abs 1 Nr 2 BerHG steht nicht entgegen. Denn zu einer kostenfreien Rechtsberatung ist ein anwaltlicher Berufsbetreuer nicht verpflichtet. Beauftragt ein Berufsbetreuer, der selbst nicht Anwalt ist, einen Rechtsanwalt, so sind dessen Honorarforderungen keine Aufwendungen des Betreuers, die dieser (bei einem vermögenslosen Betreuten) über Abs 3 von der Staatskasse ersetzt verlangen kann; Schuldner des Anwaltshonorars ist der Betreute selbst; ist der Betreute mittellos, so muss er zunächst Beratungshilfe in Anspruch nehmen, bevor er, vertreten durch seinen Betreuer, einen Rechtsanwalt endgültig beauftragen darf[117].

70 g) **Für den Anwalt, der Kontrollbetreuer oder Gegenbetreuer** ist, gelten dieselben Grundsätze. Neben der Vergütung nach §§ 4, 5 VBVG steht ihm ein Anwaltshonorar nach § 1835 Abs 3 nur bei anwaltsspezifischer Tätigkeit zu[118].

71 h) **Rechtsanwalt als Verfahrenspfleger.** Aufwendungsersatz und Vergütung richten sich nach § 277 FamFG. Die Führung einer Verfahrenspflegschaft als solcher gilt noch nicht als anwaltlicher Dienst im Sinne von Abs 3. Von fiskalisch interessierter Seite wird darauf hingewiesen, dass die Anwaltsqualifikation ohne bereits einfließe, weil ihm der Höchststundensatz zugebilligt werde; da das aber nur 33,50 Euro je Stunde sind (§ 3 VBVG), also weniger, als für einen Handwerksgehilfen zu zahlen ist, kann das nicht ernst gemeint sein. Die Korrektur erfolgt über Abs 3: Werden im Rahmen der Verfahrenspflegschaft *anwaltsspezifische* Dienste erbracht, sind sie nach § 1835 Abs 3 iVm dem RVG gesondert zu honorieren[119]. Was anwaltsspezifische Dienste freilich genau sind bleibt unklar[120]. Auch in einer Unterbringungssache kann ein zum Verfahrenspfleger bestellter Rechtsanwalt seine Tätigkeit nur dann nach dem RVG abrechnen, wenn sie „berufsspezifisch" ist[121]. Das hängt davon ab, ob ein qualifizierter Laie als Verfahrenspfleger anwaltlichen Rat gesucht hätte[122]. Die Beurteilung der Frage, ob die Erklärung des Betroffenen bei der richterlichen Anhörung, er bleibe freiwillig in der Anstalt, beachtlich ist oder nicht, erfordert beispielsweise keine anwaltstypischen besonderen Rechtskenntnisse[123].

72 Denkbar ist, dass ein Anwalt **schon im vorhinein wissen** will, ob er nach dem RVG abrechnen kann, weil er andernfalls das Mandat nicht annehmen will. Hat

115 LG Mainz NJW-RR 2008, 1605; OLG Schleswig NJW-RR 2008, 91 (betrifft aber noch die Rechtslage vor dem 1.7.2005).
116 BGH NJW 2007, 844; BVerfG NJW 2000, 2494; OLG Frankfurt FamRZ 2010, 64; OLG Köln FamRZ 2009, 1708.
117 OLG Köln FGPrax 2009, 112.
118 OLG Köln FGPrax 2008, 155.
119 BVerfG FamRZ 2000, 1280/2; 2000, 1284/5; OLG Schleswig NJW-RR 2009, 79; OLG München NJW-RR 2009, 355; OLG Köln OLG-Report Hamm 2008, 334.
120 Berechtigte Kritik daher bei MünchKomm/*Wagenitz* § 1835 Rz 46.
121 LG Aachen FamRZ 2003, 706; LG Koblenz JB 2001, 472; LG Leipzig FamRZ 2001, 864; aA KG FamRZ 2003, 936; LG Mönchengladbach FamRZ 2005, 922.
122 BGH NJW 2007, 844; OLG München NJW-RR 2009, 355; LG Mönchengladbach FamRZ 2005, 922.
123 OLG München NJW-RR 2009, 355.

das Gericht bei der Bestellung eines Anwalts die Feststellung getroffen, seine in Anspruch genommene Tätigkeit sei als anwaltliche Tätigkeit zu werten, kann er dann Vergütung nach dem RVG verlangen[124]. Wird der Anwalt sowohl bei der vorläufigen wie bei der endgültigen Unterbringung tätig können jeweils (also doppelt) Gebühren nach dem RVG anfallen[125]. Vgl. § 51 Abs 3 Satz 1 FamFG.

3. Wahlrecht des Anwaltsbetreuers. Unklar ist, ob der Betreuer, der zB Rechtsanwalt ist und anwaltliche Tätigkeiten erbracht hat, die an sich als Aufwendungen gem § 1835 Abs 3 zu vergüten sind, diese Tätigkeiten nach seiner Wahl als Aufwendung (nach dem RVG) oder gemäß § 1836 abrechnen kann; meist wird das bejaht[126]. Der Streit war früher bedeutsam: denn damals konnte der Anwaltsbetreuer nach der geleisteten Stundenzahl abrechnen. Verdiente er für die Betreuerstunde 40 Euro und führte er einen Prozess mit einem Zeitaufwand von fünf Stunden, dann war klar: Betrug das Anwaltshonorar 2.000 Euro war es besser, danach abzurechnen und die fünf Stunden (die nur 200 Euro einbrachten) aus der Betreuerabrechnung herauszunehmen. Betrug der Zeitaufwand 20 Stunden und war der Streitwert klein, so dass das Anwaltshonorar nur 200 Euro betrug, war die Abrechnung über Betreuertätigkeit günstiger, weil sie 800 Euro (20 mal 40) einbrachte. Seit Einführung der Vergütungspauschalen (1.7.2005) kann in den Regelfällen der Betreuung nicht nach Stunden abgerechnet werden. Deshalb stellt sich das Problem nur noch in den Sonderfällen der Betreuung, wenn nach Stunden abgerechnet wird (§ 6 VBVG); meines Erachtens muss in diesen Fällen der Anwalt immer nach dem RVG abrechnen, er kann sich nicht die jeweils günstigste Abrechnungsmethode heraussuchen, weil er bei einem gewöhnlichen Mandat auch nicht wählen kann. 73

V. Festsetzung und Durchsetzung der Ansprüche nach Abs 1 bis 3

1. Vermögender Betreuter. Nach § 168 FamFG kann das Betreuungsgericht durch Beschluss Aufwendungen (Auslagen; zu unterscheiden von der Vergütung) nur festsetzen: 74

- den Ersatz von Aufwendungen, wenn die Staatskasse zahlungspflichtig ist;
- den Ersatz von Aufwendungen, wenn dem Betreuer *nicht* die Vermögenssorge übertragen ist;
- nicht in den Fällen der Pauschalvergütung (§§ 4, 5 VBVG).

a) Betreuer mit Vermögenssorge. Die verauslagten Aufwendungen bzw der Vorschuss für künftige Aufwendungen (zB hohe Fahrtkosten) können unmittelbar vom vermögenden Betreuten gefordert werden. Wenn der Betreuer die Vermögenssorge hat, kann er den Betrag selbst aus dem Vermögen des Betreuten entnehmen, ohne dass *hierfür* eine Genehmigung durch das Betreuungsgerichts erforderlich wäre[127]. §§ 1805, 1834 stehen nicht entgegen; eine Betreuer-/Pflegerbestellung ist nicht nötig, da es sich um ein Erfüllungsgeschäft handelt, §§ 1795, 181[128]. Ist kein Geld nach § 1806 bereitgehalten worden oder zwar Vermögen, aber kein Geld vorhanden, hat er Anspruch auf Genehmigung des Betreuungsgerichts nach §§ 1812 ff, 1821 ff, um auf das angelegte Vermögen 75

124 OLG Schleswig NJW-RR 2009, 79.
125 OLG München NJW-RR 2006, 931.
126 BayObLG NJW 2002, 1660; FamRZ 1999, 462; OLG Köln NJW-RR 2003, 712; OLG Hamm FamRZ 2007, 1186; LG Münster FamRZ 2009, 151; *Seitz* BtPrax 1992, 82, 86. Gegen ein Wahlrecht MünchKomm/*Wagenitz* § 1835 Rz 43.
127 LG Koblenz FamRZ 1999, 458.
128 BayObLG Rpfleger 1981, 302; RGZ 127, 103/6.

zurückzugreifen, soweit die Aufwendungen nicht pflichtwidrig waren[129]. Der Betreuer hat ferner ein Zurückbehaltungsrecht gem § 273 am Vermögen des Betreuten (vgl § 1890). Der Gegenbetreuer, der Auslagenersatz oder Vorschuss verlangt, muss sich an den Betreuer als gesetzlichen Vertreter des Betreuten wenden; ebenso der Pfleger, es sei denn ihm obläge die Vermögensverwaltung. Der entnommene Betrag ist in der jährlichen Abrechnung aufzuführen.

76 Ist der Betreute vermögend und hat der Betreuer die Vermögenssorge, ist eine **Festsetzung der Auslagen durch das Betreuungsgericht unzulässig**[130], wie der Wortlaut von § 168 Abs 1 FamFG zeigt, aber nicht nichtig[131]; sie ist unbeachtlich und auf Beschwerde hin aufzuheben. Auch die Mehrwertsteuer auf Aufwendungen ist nicht festsetzbar[132]; vgl § 1835 Rz 21. Da dem Betreuungsgericht die Entscheidung über die Auslagenerstattung nicht zusteht, auch nicht darüber, dass dem Betreuer ein Ersatz in einer bestimmten Sache zusteht, darf es auch nicht, wenn es eine Vergütung gem § 1836 festsetzt, Vergütung und Auslagen in einer Pauschalsumme zusammengefasst festsetzen. Auch anlässlich der Prüfung der Rechnungslegung (vgl § 1843) darf keine *Entscheidung* des Betreuungsgerichts über Auslagen ergehen[133], wohl aber eine Beanstandung. Das Betreuungsgericht kann aber eine Entnahme der Auslagen genehmigen. Versäumt der Betreuer die Entnahme aus dem Vermögen und wird nicht freiwillig bezahlt, muss er den ehemaligen Betreuten bzw dessen Erben **vor dem Zivilgericht auf Zahlung verklagen;** dieses entscheidet nach Grund und Höhe[134]. § 168 FamFG ist nicht einschlägig, die analoge Anwendbarkeit zweifelhaft.

77 b) **Betreuer ohne Vermögenssorge.** Ist der Betreute zwar vermögend, der Betreuer aber ohne Vermögenssorge, kann er das Geld dem Vermögen des Betreuten rein tatsächlich **nicht entnehmen.** Hier kann der Betreuer die Festsetzung seiner Auslagen durch das Betreuungsgericht beantragen (§ 168 Abs 1 FamFG). Der Betreute ist vor der Entscheidung zu hören; kann er sich nicht ausreichend verständlich machen, ist ihm in zweifelhaften Fällen ein Verfahrenspfleger zu bestellen. Zuständig für die Festsetzung ist der Rechtspfleger. Der Festsetzungsbeschluss ist ein Vollsteckungstitel gegen den Betreuten (§ 86 FamFG), so dass für eine Klage gegen den Betreuten kein Rechtsschutzbedürfnis besteht. Rechtsmittel gegen den Beschluss: §§ 58 ff FamFG. Zweifelhaft ist, ob ein Anwaltsbetreuer seine Anwaltsdienste (§ 1835 Abs 3) gegen den Betreuten nach § 11 RVG festsetzen lassen kann. Dies wird von der hM verneint, da der Betreute nicht Auftraggeber und der Anwaltsbetreuer nicht Prozessbevollmächtigter sei[135]. Der **Betreute** kann im obigen Fall ebenfalls die Festsetzung durch das Betreuungsgericht beantragen, § 168 FamFG.

78 **3. Mittelloser Betreuter.** Ist der Betreute mittellos, gilt Abs 4, Rz 80 ff.

79 **4. Nachweis, Überprüfung.** Die einzelnen Aufwendungen sind, soweit möglich, durch Belege nachzuweisen; eine Pauschale gibt es nicht (Sonderfall: § 1835 a BGB); eine Schätzung ist aber möglich (vgl § 287 ZPO). Wenn die jährliche Rechnungsprüfung durch das Betreuungsgericht ergibt, dass der Betreuer überhöhten Aufwendungsersatz (zB Fahrtkosten 2 Euro je km) aus dem Vermögen des Betreuten entnommen hat, wird es dies beanstanden (§ 1837 BGB) und den

129 KG JW 1935, 546.
130 OLG Köln FamRZ 1998, 1451; BayObLG FamRZ 1999, 465/6; 1996, 1166/7.
131 Vgl BayObLG FamRZ 1993, 849; mißverständlich BayObLG FamRZ 1996, 1166/7.
132 LG Chemnitz FamRZ 2000, 178.
133 BayObLG FamRZ 1996, 242; BayObLG Rpfleger 1981, 302.
134 OLG Köln FamRZ 1998, 1451; BayObLG FamRZ 1999, 465/6.
135 OLG München NJW 1965, 1026 mit Anm *Haenecke* S. 1814; OLG Frankfurt NJW 1966, 2129; KG Rpfleger 1977, 225; aA *Schneider* MDR 1972, 155.

Betreuer zur Rückzahlung auffordern. Der Betreuer kann angehalten werden (§ 1837), beanstandete Auslagen in Zukunft nicht mehr dem Vermögen des Betreuten zu entnehmen[136]. Soweit es sich um Zweckmäßigkeitsfragen handelt (zB Anzahl der Besuche), hat das Betreuungsgericht allerdings keine Beanstandungsmöglichkeit. Es kann bei der Vormundschaft einen Pfleger (und bei der Betreuung einen weiteren Betreuer, § 1899) zur Rückforderung **beanstandeter Entnahmen** (Klage vor dem Zivilgericht) einsetzen (§ 1843 Abs 2); eine Rückfestsetzung nach § 168 FamFG gibt es nicht. Äußerstenfalls kann das Betreuungsgericht den Betreuer wegen der beanstandeten Auslagenerstattung gänzlich entlassen (§ 1908 b).

VI. Mittellosigkeit des Betreuten, Abs 4

1. Allgemeines (Satz 1). Ist der Betreute mittellos, zahlt die Staatskasse an den Betreuer den Vorschuss auf künftige Aufwendungen und den Ersatz bereits getätigter Aufwendungen. In den Regelfällen der Betreuung ist der Aufwendungsersatz allerdings im Pauschalhonorar inbegriffen (§§ 4, 5 VBVG), so dass eine gesonderte Zahlung nur in den Fällen § 6 VBVG sowie bei der Vormundschaft und Pflegschaft in Frage kommt. Wann Mittellosigkeit vorliegt, war früher sehr streitig[137]. Es ergibt sich nun aus §§ 1836 c, d; die Neuregelung knüpft an das Sozialhilferecht an. 80

2. Tod des Betreuten. Stirbt der Betreute, ehe der Betreuer seine Aufwendungen (und seine Vergütung) bei der Staatskasse abgerechnet hat, so bestimmt sich die Frage, ob Mittellosigkeit vorliegt, anders: hier ist keine Rücksicht auf das Schonvermögen nach § 90 SGB XII mehr zu nehmen[138]. Kommt mit dem Tode eine Lebensversicherung zur Auszahlung und hatte der Betreute bereits im Versicherungsvertrag die Versicherungsgesellschaft zur Leistung an einen Bezugsberechtigten verpflichtet, fällt die Versicherungssumme nicht in den Nachlass, er bleibt also ggf mittellos[139], die Staatskasse muss den Betreuer zahlen. Der Erbe haftet der Staatskasse nicht voll; aus § 1836 e Abs 1 Satz 3 iVm §§ 102 Abs 3, 4 SGB XII ergibt sich, dass der nach dem SGB festgelegte Erbenfreibetrag nicht für Aufwendungsersatzansprüche in Anspruch genommen werden darf. 81

3. Hilfe eines Rechtsanwalts; Prozesskostenhilfe. Auch wenn die Staatskasse zahlungspflichtig ist, ist denkbar, dass berufliche Dienste, wie zB solche eines Anwalts, zusätzlich zur Vergütung nach §§ 4, 5 VBVG über § 1835 Abs 3 aus der Staatskasse zu bezahlen sind. Vgl Rz 66 ff. 82

Soweit der Rechtsanwalt nach dem RVG abrechnen darf, kann er **Fahrt-, Telefon- und Portokosten** nach den RVG-Sätzen ersetzt verlangt (RVG VV 7000 ff)[140]. 83

4. Erlöschen des Anspruchs gegenüber der Staatskasse (Satz 2). Der Anspruch auf Aufwendungsersatz gegenüber der Staatskasse erlischt nach den Grundsätzen des Abs 1 Satz 3 und Abs 1 a. Vgl Rz 43 ff. 84

5. Verfahren. Zu beachten ist, dass in den Regelfällen der Betreuung der Ersatz der Auslagen nicht gesondert begehrt werden kann, weil er in der Pauschale 85

---

136 BayObLG Rpfleger 1981, 302.
137 Vgl *Tempelmeyer*, Die Mittellosigkeit des Mündels, Diss Konstanz 1994.
138 So schon die hM, LG Koblenz FamRZ 1998, 1448; 2000, 173, zur aF.
139 LG Koblenz FamRZ 2000, 173.
140 LG Berlin Rpfleger 1970, 338.

steckt (§§ 4, 5 VBVG). Nur in den Ausnahmefällen (§ 6 VBVG) sowie bei Vormundschaft und Pflegschaft gilt:

86 a) **Feststellung. Festsetzung.** Will der Betreuer des mittellosen Betreuten Ersatz seiner Aufwendungen aus der Staatskasse, dann gibt es zwei Möglichkeiten:

87 (1) Er beantragt *ohne Weiteres* Ersatz. Dann kann die **Feststellung** der aus der Staatskasse zu erstattenden Auslagen (und deren Anweisung) **durch den Urkundsbeamten der** Geschäftsstelle des Betreuungsgerichts im Verwaltungsweg erfolgen (§ 168 Abs 1 Satz 4 FamFG, welcher für das *Verfahren* auf das JVEG und somit auf die Zuständigkeit des Urkundsbeamten verweist). Das wird zum Teil „Zahlbarmachung" genannt. Wenn der Betreuer mit eventuellen Kürzungen durch den Urkundsbeamten nicht einverstanden ist, kann er die Festsetzung durch Beschluss nach § 168 Abs 1 Satz 1 FamFG verlangen (ein Verfahren nach dem JVEG scheidet aus). Das Betreuungsgericht kann aber auch von sich aus durch Beschluss festsetzen, wenn es dies für angemessen hält (§ 168 Abs 1 Satz 1 FamFG).

88 (2) Der Betreuer kann aber auch von Anfang an *ausdrücklich die Festsetzung* beantragen. Dann hat das Betreuungsgericht durch **Beschluss des Rechtspflegers** die aus der Staatskasse zu ersetzenden Aufwendungen (bzw den Vorschuss) der Höhe nach festzusetzen (§ 168 FamFG).

89 b) **Zuständigkeit.** Sie liegt beim Betreuungsgericht, bei Nachlasspflegschaft beim Nachlassgericht, in Familiensachen beim Familiengericht. Funktionell zuständig für die Festsetzung ist der Rechtspfleger, §§ 3 Nr 2b, 15 RPflG[141]. Für die Festsetzung in Unterbringungssachen ist allerdings der Richter zuständig[142]. Für die Feststellung im Verwaltungsverfahren ist in beiden Fällen der Urkundsbeamte zuständig.

90 c) **Weiteres Verfahren.** Die materiell-rechtlichen Bestimmungen des JVEG gelten nicht. Zum **Inhalt des Antrags** vgl § 168 FamFG. Der Betreute muss nicht gehört werden (vgl § 168 Abs 4 FGG), wenn der Staat zahlungspflichtig ist; wenn er aber insoweit leistungsfähig ist, dass er durch monatliche Rückzahlungen an die Staatskasse oder Einsatz eines Teils seines Vermögens letztlich die Betreuung ganz oder teilweise selbst zahlen muss, ist er auch vor einer Feststellung oder Festsetzung zu hören; gegebenenfalls ist ihm hierfür ein Verfahrenspfleger zu bestellen (§ 276 FamFG).

91 Die Tatsachen, die zur **Feststellung der Mittellosigkeit** eines Betreuten erforderlich sind, sind von Amts wegen (§ 26 FamFG) zu ermitteln; vgl aber § 168 Abs 2 Satz 3 FamFG. Nur wenn die Mittellosigkeit feststeht, kann dem Betreuer Aufwendungsersatz aus der Staatskasse gewährt werden; auch wenn weder das Vorhandensein von Mitteln noch die Mittellosigkeit feststeht, muss die Staatskasse zahlen, weil der Betreuer keinen Einfluss auf die Gründlichkeit der Amtsermittlung hat[143]. Zum **maßgeblichen Zeitpunkt** für die Frage, ob Mittellosigkeit vorliegt, vgl § 1836d Rz 10ff.

92 **Gegen die gerichtliche Festsetzung** ist die Beschwerde (Frist: § 63 FamFG) zum LG zulässig, wenn der Beschwerdegegenstand 600 Euro übersteigt oder die Beschwerde zugelassen wurde (§ 61 Abs 1 und 2 FamFG); anderenfalls ist nur die Erinnerung statthaft (§ 11 Abs 2 RPflG). Eine weitere **Beschwerde** des

141 *Lappe* FamRZ 1996, 1347; LG Krefeld FamRZ 1996, 1347; unrichtig AG Nettetal FamRZ 1996, 623: Richter sei zuständig.
142 BayObLG Rpfleger 1993, 483; *Schlöpke* Rpfleger 1993, 435.
143 AA LG Frankfurt FamRZ 1993, 218 mit abl Anm *Bienwald*.

Betreuers gegen den Beschluss des Landgerichts zum OLG ist unstatthaft; denkbar ist die Rechtsbeschwerde zum BGH, falls sie vom LG zugelassen wurde (§ 70 Abs 1 FamFG).

VII. Besonderheiten für Behörde und Verein, Abs 5

Bei **Amts- und Vereinsvormundschaft** besteht kein Anspruch auf Vorschuss; 93
Aufwendungsersatz wird nur insoweit gewährt, als ausreichendes Mündelvermögen vorhanden ist. Allgemeine Verwaltungskosten werden niemals ersetzt (Abs 5 Satz 2), selbst wenn der Mündel vermögend ist; desgleichen werden die Kosten einer Haftpflichtversicherung (Abs 2) in keinem Fall ersetzt. Die Vorschrift ist nicht entsprechend anzuwenden, wenn der Einzelvormund Angestellter eines Vereins ist, der zur Vereinsvormundschaft (§ 1791 a) zugelassen ist. Die entsprechende Anwendung des Abs 5 scheidet auch aus, wenn ein **Beamter oder Angestellter** von seiner Behörde dazu abgestellt ist, eine Reihe von Einzelvormundschaften zu übernehmen (§ 1791 b); in diesen Fällen kann für die Haftpflichtversicherung Aufwendungsersatz verlangt werden. Es ist Sache des Vereins und der Behörde, vom Mitarbeiter den Aufwendungsersatz zurückzuverlangen.

VIII. Entsprechende Anwendung auf Pfleger

Gemäß § 1915 gilt die Vorschrift für **Pfleger** und gem § 1908 i für **Betreuer** 94
entsprechend. Dem **Jugendamt** als Pfleger und der **Behörde als Betreuer** werden nach Abs 5 Satz 2 die allgemeinen Verwaltungskosten und die Kosten einer Haftpflichtversicherung niemals ersetzt. Das gleiche gilt für einen **Verein** als Pfleger oder **Betreuer.** Bei Mittellosigkeit des Mündels können Verein und Behörde (Jugendamt, Betreuungsbehörde) als Pfleger und Betreuer auch keinen Vorschuss und keinen Ersatz für Aufwendungen verlangen (Abs 5 Satz 1); bei vermögenden Mündeln erhalten sie von diesem Aufwendungsersatz. **Vereinsbetreuer und Behördenbetreuer** (§ 1897 Abs 2) haben selbst keinerlei Anspruch auf Aufwendungsersatz (§§ 7 Abs 3, 8 Abs 3 VBVG). Anstelle vom Vereinsbetreuer kann der Verein Aufwendungsersatz nach § 1835 Abs 1 und bei Mittellosigkeit des Mündels nach § 1835 Abs 4 verlangen (§ 7 Abs 1 VBVG). Einen Anspruch auf Erstattung einer Haftpflichtversicherung nach § 1835 Abs 2 hat er nicht. Anstelle des Behördenbetreuers hat die Behörde einen Aufwendungsersatzanspruch gegen den vermögenden Mündel nach § 1835 Abs 1, weitergehende Ersatzansprüche hat sie nicht (§ 8 VBVG).

IX. Aufwendungsersatz bei Verfahrenspflegern

Die konkreten Aufwendungen (zB Fahrtkosten) des **Verfahrenspflegers im** 95
Betreuungsverfahren werden ab 1.1.1999 aus der Staatskasse ersetzt, und zwar sowohl dann, wenn der Betreute mittellos ist wie auch, wenn er vermögend ist (§ 277 Abs 5 Satz 1 FamFG). Das Verfahren ergibt sich aus §§ 277 Abs 5 Satz 2, 168 FamFG (vgl oben Rz 74). Der von der Staatskasse bezahlte Betrag wird aber vom vermögenden Betreuten mittels Gerichtskostenrechnung zurückverlangt. Denn die Bestellung eines Verfahrenspflegers ist zwar gerichts*gebühren*frei (§ 93 a Abs 1 KostO); die *Auslagen* des Gerichts (dazu zählen auch die an den Verfahrenspfleger bezahlten Beträge, dh Aufwendungsersatz und Vergütung, § 137 Nr 16 KostO) werden aber vom Betreuten erhoben, falls er leistungsfähig im Sinne von § 1836 c (dh nicht mittellos) ist (§ 93 a Abs 2

KostO). Beim mittellosen Betreuten (Betroffenen) zahlt also letztlich die Staatskasse, beim Vermögenden dieser selbst.

96 Dasselbe gilt für die Aufwendungen des **Verfahrenspflegers in Unterbringungssachen** nach §§ 317, 318 FamFG (Verweisung auf § 277 FamFG), wie sich aus § 128 b KostO ergibt. Beim **Verfahrensbeistand für das Kind** differenziert § 158 Abs 7 FamFG: der ehrenamtliche Verfahrensbeistand kann seine Aufwendungen abrechnen; beim berufsmäßigen Verfahrensbeistand stecken sie in der Pauschale. Der Aufwendungsersatz ist stets aus der Staatskasse zu zahlen (§ 158 Abs 7 Satz 5 FamFG).

97 Die Anwendung des RVG ist bei Rechtsanwälten, die als Verfahrenspfleger tätig werden, ausgeschlossen (§ 1 Abs 2 RVG; § 277 Abs 1 FamFG klammert § 1835 Abs 3 ausdrücklich aus); das BVerfG[144] hat aber entschieden: wenn ein Verfahrenspfleger für den Betroffenen Dienste erbringt, für die ein nichtanwaltlicher Verfahrenspfleger seinerseits einen Rechtsanwalt zugezogen hätte, kann er nach § 1835 Abs 3 in Anwendung des RVG abrechnen. Vgl Rz 71. Zur Vergütung vgl § 1836.

§ 1835 a BGB Aufwandsentschädigung

(1) [1]Zur Abgeltung seines Anspruchs auf Aufwendungsersatz kann der *Vormund* als Aufwandsentschädigung für jede *Vormundschaft*, für die ihm keine Vergütung zusteht, einen Geldbetrag verlangen, der für ein Jahr dem Neunzehnfachen dessen entspricht, was einem Zeugen als Höchstbetrag der Entschädigung für eine Stunde versäumter Arbeitszeit (§ 22 des Justizvergütungs- und -entschädigungsgesetzes) gewährt werden kann (Aufwandsentschädigung). [2]Hat der *Vormund* für solche Aufwendungen bereits Vorschuss oder Ersatz erhalten, so verringert sich die Aufwandsentschädigung entsprechend.

(2) Die Aufwandsentschädigung ist jährlich zu zahlen, erstmals ein Jahr nach Bestellung des *Vormunds*.

(3) Ist der *Mündel* mittellos, so kann der *Vormund* die Aufwandsentschädigung aus der Staatskasse verlangen; Unterhaltsansprüche des *Mündels* gegen den Vormund sind insoweit bei der Bestimmung des Einkommens nach § 1836 c Nr. 1 nicht zu berücksichtigen.

(4) Der Anspruch auf Aufwandsentschädigung erlischt, wenn er nicht binnen drei Monaten nach Ablauf des Jahres, in dem der Anspruch entsteht, geltend gemacht wird; die Geltendmachung des Anspruchs beim *Familiengericht* gilt auch als Geltendmachung gegenüber dem *Mündel*.

(5) Dem *Jugendamt* oder einem Verein kann keine Aufwandsentschädigung gewährt werden.

1 **1. Textgeschichte, Anwendungsbereich.** Die Vorschrift wurde durch das 1. BtÄndG v 25.6.1998 (BGBl 1998, 1580) mit Wirkung ab 1.1.1999 eingefügt. Eine entsprechende Regelung fand sich früher in § 1836 a, betraf aber nur die Abgeltung *geringfügiger* Aufwendungen. Die Pauschale betrug zunächst (1992) jährlich 300 DM, dann (1994) 375 DM, schließlich (1999) 600 DM. Ab 1.1.2002 betrug die Pauschale 312 Euro. Sodann erfolgten Änderungen durch G. v. 5.5.2004 (BGBl 2004, 718) und durch das FGG-ReformG v 17.12.2008 (BGBl 2008, 2586). Derzeit beträgt die Pauschale 323 Euro.

144 BVerfG FamRZ 2000, 1280 und 1284.

Anwendungsbereich: die Vorschrift gilt nach § 1908 i Abs 1 auch für Betreuer und nach § 1915 für Pfleger. Für ehrenamtliche Verfahrenspfleger gilt § 1835 a nicht, wie § 277 FamFG zeigt. 2

2. Zweck der Regelung. Die Vorschrift will den wirklich ehrenamtlich tätigen Betreuern, Vormündern und Pflegern die Mühe ersparen, entweder Geringfügigkeiten abzurechnen und nachzuweisen oder diese Kosten aus eigener Tasche zu zahlen; gleichwohl muss er uU wegen der Einkommensteuer Aufzeichnungen über seine Ausgaben machen. Durch den pauschalierten Ersatz soll die Tätigkeit Ehrenamtlicher gefördert werden. Früher hatten Berufsbetreuer nach den tatsächlich aufgewandten Stunden abzurechnen; da war es lukrativer, die Betreuungen, welche keinen Zeitaufwand erforderten, nebenher ehrenamtlich zu führen und dafür nach § 1835 a abrechnen. Seit der Änderung des Vergütungsrechts (2005) werden Berufsbetreuer pauschal vergütet, die Pauschale wird auch bezahlt, wenn keinerlei Arbeit anfällt; die Problematik ist damit entfallen. 3

3. Pauschale Aufwandsentschädigung, Abs 1 Satz 1. Zu unterscheiden sind: Ersatz von Aufwendungen (§ 1835) und Vergütung; § 1835 a betrifft nicht die Vergütung. Ferner ist bei den Aufwendungen des Betreuers zu differenzieren: 4

a) **Betreuer steht eine Vergütung zu.** Wenn dem Betreuer (Vormund, Pfleger) eine Vergütung zusteht, weil er Berufsbetreuer (Berufsvormund, Berufspfleger) ist, dann ist weiter zu unterscheiden: in den Regelfällen der Betreuung sind mit den Stundensätzen (27 bis 44 Euro, § 4 Abs 1 VBVG) die Aufwendungen abgegolten (§ 4 Abs 2 Satz 1 VBVG), ausgenommen solcher nach § 1835 Abs 3 BGB. Der Berufsbetreuer muss seine gesamten Aufwendungen aber notieren, damit er die Betriebsausgaben für seine Einkommensteuererklärung zusammen stellen kann. In den seltenen Sonderfällen der Betreuung (§ 6 VBVG) dagegen (und bei Pflegschaften, Vormundschaften) muss der Berufsbetreuer seine Aufwendungen *im Einzelnen* zusammenstellen und sie gemäß § 1835 vom (vermögenden) Mündel (Betreuten, Pflegling) fordern; bei dessen Mittellosigkeit von der Staatskasse; er kann also nicht die Pauschale des § 1835 a geltend machen. 5

Dasselbe gilt, wenn ein **ehrenamtlicher Einzelbetreuer** eine Vergütung erhält, zB weil der Betreute vermögend ist. Zwar steht diesem Betreuer die Vergütung nicht zwingend zu, weil § 1836 Abs 2 von „*kann bewilligen*" spricht; faktisch aber besteht eben doch ein Anspruch, weil Nichtbewilligung idR ein Ermessensfehlgebrauch ist. Würde ihm eine Vergütung von weniger als 323 Euro zustehen, kann er nach einer Meinung darauf verzichten und stattdessen die (höhere) Aufwandspauschale nach § 1835 a fordern[1]. 6

b) **Betreuer steht keine Vergütung zu.** Erhält der Betreuer dagegen keine Vergütung (zB als ehrenamtlich tätiger Betreuer eines Mittellosen), hat er die **Wahl:** 7

aa) **Er kann seine Aufwendungen** im Einzelnen aufschreiben, belegen und nach § 1835 abrechnen (das wird er tun, wenn es sich um mehr als 323 Euro jährlich handelt, zB weil hohe Reisekosten angefallen sind); oder 8

bb) **er fordert gemäß § 1835 a** die Pauschale; dann braucht er dem Gericht keine Belege vorlegen und keine Kleinstaufwendungen (Porto, Telefon usw) notieren, macht uU sogar einen bescheidenen Gewinn. Da der Betreuer am 9

1 Vgl *Knittel* § 1835 a Rz 1.

Jahresanfang nicht wissen kann, welche Aufwendungen anfallen werden, wird er (entgegen der Vorstellung des Gesetzgebers) vorsorglich doch Belege sammeln und sich Notizen machen; denn vielleicht überschreiten seine Auslagen doch 323 Euro. Die Wahl kann jedes Jahr neu getroffen werden. Bis zum Fristablauf bzw bis zur gerichtlichen Festsetzung kann sich der Betreuer noch anders entscheiden und vom Pauschalantrag zur konkreten Abrechnung wechseln und umgekehrt.

10 **Familienangehörige als Betreuer.** Ist zB ein Elternteil (Vater, Mutter) Betreuer eines behinderten volljährigen Kindes, so dass er diesem Unterhalt schuldet, war früher streitig, ob die Eltern die Aufwandspauschale aus der Staatskasse fordern können, weil man kostenlos wahrzunehmende familienrechtliche Aufgaben annahm. Der BGH[2] hat die Streitfrage dahin entscheiden, dass auch den Familienangehörigen die Pauschale zusteht.

11 **4. Höhe der Pauschale.** Sie beträgt derzeit je Betreuer und je Betreuung für ein ganzes Jahr 323 Euro (19 mal 17 Euro, § 22 JVEG). In den ehem. DDR-Ländern erfolgt keine Kürzung der Pauschale, wie aus Art 4 BtÄndG folgt[3]. Dauert die Betreuung weniger als ein Jahr, ist sie entsprechend zu vermindern[4].

12 Führt der Betreuer **zwei oder mehr Betreuungen,** kann er die eine pauschal, die andere spezifiziert nach § 1835 abrechnen. Ist er (nicht berufsmäßiger) Betreuer eines mittellosen und eines vermögenden Betreuten, erhält er für den mittellosen Betreuten keine Vergütung und daher die Aufwandspauschale nach § 1835 a, für den Vermögenden eine Vergütung (§ 1836 Abs 2) und daher Aufwendungsersatz nur nach Einzelaufschreibung (§ 1835 Abs 1). Bei mehreren Geschwistern als Betreuten liegen (trotz § 1786 Abs 1 Nr 8) mehrere Betreuungen im Sinne von § 1835 a vor[5].

13 Bei **Mitbetreuung** (zB beide Eltern sind Betreuer ihres volljährigen Kindes) kann die Pauschale doppelt gefordert werden. [6]

14 Bei **Vertretungsbetreuung** (§ 1899 Abs 4 BGB) wird die Pauschale nur einmal bezahlt und zwischen dem Hauptbetreuer und seinem Vertreter aufgeteilt[7], wobei sich die Betreuer dazu äußern können, wie viele Monate jeder für sich in Anspruch nimmt. Ist ein Berufsbetreuer bestellt und ein ehrenamtlicher Betreuer als dessen Vertreter, dann ist tageweise zu teilen (§ 6 Satz 2 VBVG ist nicht unmittelbar einschlägig). Ist ehrenamtlicher Betreuer bestellt und als dessen Vertreter ein Berufsbetreuer, ist es ebenso; natürlich darf nicht die Zahlung an den Berufsbetreuer einfach voll von den 323 Euro des ehrenamtlichen Betreuers abgezogen werden[8], weil dieser sonst oft nichts mehr bekäme.

15 **5. Vorschuss, Ersatz (Abs 1 Satz 2).** Einen Vorschuss auf die Pauschale gibt es wegen Abs 2 nicht. Hat der Betreuer auf seine konkreten Aufwendungen schon

---

2 BGH FamRZ 1996, 1545; BayObLG FamRZ 1996, 247; LG Münster FamRZ 1996, 248; 1997, 389; LG München I FamRZ 1996, 1566.

3 *Bienwald* FamRZ 1999, 1324.

4 *Knittel* § 1835 a Rz 6.

5 *Knittel* § 1835 a Rz 2.

6 BayObLG FamRZ 2003, 479; OLG Jena FamRZ 2005, 478; OLG Frankfurt FGPrax 2002, 115; LG Hannover JurBüro 2003, 102; LG Frankfurt FGPrax 2002, 115; LG Münzingen FamRZ 2005, 478; LG Mönchengladbach FamRZ 2003, 559; aA LG Kempten Rpfleger 2001, 348; LG Münster BtPrax 2001, 220. Differenzierend OLG Zweibrücken FamRZ 2002, 1061.

7 OLG Köln BtPrax 2004, 77; LG Münster MDR 1996, 1262; LG Frankenthal BtPrax 2001, 88.

8 LG Nürnberg FamRZ 2008, 719.

einen Vorschuss erhalten (§ 1835) oder sind ihm einzelne Aufwendungen bereits ersetzt worden, sind die entsprechenden Beträge von der Pauschale abzuziehen.

6. Fälligkeit der Pauschale (Abs 2). Der Aufwendungsersatzanspruch wird (bei Einzelabrechnung, § 1835) mit Anfall der Aufwendung, dh sofort, fällig. Die Pauschale nach § 1835 a dagegen ist erst ein Jahr nach der *Bestellung* des Betreuers erstmals fällig, also nicht zum Schluss eines Kalenderjahres (31.12.), sondern irgendwann im Jahresverlauf. Die Bestellung in diesem Sinne ist erfolgt, sobald sie dem Betreuer mitgeteilt, dh wirksam wurde (§ 287 FamFG); das ist nicht zwingend das Datum des Bestellungsbeschlusses. Die weiteren Beträge sind dann zwei, drei usw Jahre später fällig. Stirbt der Betreute, muss nicht das ganze Jahr abgewartet werden, weil Abs 2 dem Betreuungsgericht nur eine Arbeitsersparnis bei einer laufenden Betreuung verschaffen will; die anteilige Pauschale ist dann sofort fällig. **Dauert die Betreuung** insgesamt **weniger als ein Jahr,** ist die (gekürzte) Pauschale ebenfalls mit Amtsende fällig; hier muss nicht noch einige Monate zugewartet werden, bis das Jahr voll ist[9]. 16

7. Schuldner der Pauschale. – a) Betreuter mittellos (Abs 3, 1. Halbs). Ist der Betreute mittellos oder gilt er als mittellos, hat die Staatskasse die Pauschale zu bezahlen; zur Frage, wann eine Person als mittellos gilt, vgl § 1836 c. 17

Bedeutung von Unterhaltsansprüchen bei der Frage der Mittellosigkeit **(Abs 3, 2. Halbs).** Die Einfügung stellt zweierlei ausdrücklich klar. (1) Ein Betreuter gilt (entgegen § 1836 c Nr 1) als mittellos, auch wenn er Unterhaltsansprüche gegen den Betreuer hat; die Staatskasse hat also die Pauschale zu zahlen. (2) Wenn die Staatskasse dann wegen der bezahlten Pauschale beim Betreuten Regress nimmt (§ 1836 e Abs 1 und 2), darf sie seine Unterhaltsansprüche gegen den Betreuer nicht verwerten, entgegen § 1836 c Nr 1 Satz 2 und § 1836 e Abs 2. Denn die Betreuung ist ein Rechtsverhältnis, das das Eltern-Kind-Verhältnis überlagert, und zusätzliche Pflichten bringt, weshalb nicht aus § 1618 a entnommen werden darf, dass Eltern keine Aufwandsentschädigung geschuldet wird. Dies gilt aber nur im Verhältnis zur Staatskasse. Verlangt der Unterhaltspflichtige die Pauschale vom vermögenden Betreuten, kann dieser mit Unterhaltsforderungen aufrechnen[10]. 18

b) Ist der Betreute „vermögend“ (im Gesetz als „nicht mittellos“ bezeichnet), hat er die Pauschale selbst zu begleichen. Ein Vorschuss auf die Pauschale *als solche* kann weder von der Staatskasse noch vom Mündel selbst gefordert werden, auch nicht dem Mündelvermögen entnommen werden. Da aber ein Vorschuss nach § 1835 Abs 1 gefordert werden kann (zB für eine teure Bahnfahrt) und der Betreuer bei der Anforderung sich noch nicht entscheiden muss, wie er abrechnen wird, und der Vorschuss nach § 1835 a Abs 1 Satz 2 auf die Pauschale anzurechnen ist, ist faktisch doch ein Vorschuss möglich. 19

8. Erlöschen des Anspruchs, Abs 4, 1. Halbs. Für die ab 1.1.1999 fälligen Ansprüche gilt Abs 4, 1. Halbs (sowohl für den Anspruch gegen den vermögenden Betreuten wie gegen die Staatskasse): Die Zahlung erfolgt nur auf **Antrag** (Abs 1 sagt, dass der Betreuer den Betrag *verlangen* kann); sie wird nicht von Amts wegen bewilligt. Der Antrag kann auch schon vor **Fälligkeit** (Abs 2) gestellt werden; auch für alle künftigen Jahre im Voraus. Die Pauschale ist irgendwann während des Kalenderjahres fällig (vgl Abs 2), nachdem der einjährige Tätigkeitszeitraum abgelaufen ist. Am darauf folgenden 31.12. beginnt eine Dreimonatsfrist zu laufen, mit deren Verstreichen der Anspruch erloschen 20

9 *Knittel* § 1835 a Rz 6.
10 BR-Drucks 960/96 S. 23.

ist; ein Erlöschen tritt also immer nur mit Ablauf eines 31.3. ein[11], nie eines anderen Tages. **Beispiel:** Betreuerbestellung am 2.2.2008. Pauschale ist erstmals am 2.2.2009 fällig. Am 31.12.2009 beginnt die Dreimonatsfrist. Der Erstattungsantrag muss spätestens am 31.3.2010 beim Amtsgericht eingehen; Telefax genügt. – Der Betreuer hat im ungünstigsten Fall 15 Monate Zeit, im günstigsten Fall 27 Monate (Bestellung 1.1.2009, Fälligkeit also 1.1.2010, Erlöschen 1.4.2011), um zu überlegen, ob Einzelabrechnung oder Pauschale für ihn günstiger ist.

21 **9. Fristwahrung durch Anmeldung, Abs 4, 2. Halbs.** Die Regelung entspricht § 1835 Abs 1 Satz 3. Da die Erlöschenfrist auch gegenüber dem vermögenden Betreuten gilt, soll der Betreuer bei Zweifeln hinsichtlich der Mittellosigkeit nicht gezwungen sein, den Betreuten und die Staatskasse vorsorglich parallel in Anspruch zu nehmen[12]. Meldet er den Anspruch bei der Staatskasse an, fordert dann das Geld vom Betreuten, bekommt aber von ihm nichts, kann er trotz Fristablaufs noch Zahlung aus der Staatskasse verlangen. Die Anmeldung beim Betreuten dagegen unterbricht nicht die Frist gegenüber der Staatskasse. Eine abweichende (zB kürzere) Frist kann vom Betreuungsgericht nicht angeordnet werden; eine **Fristverlängerung** gibt es nicht (vgl die von § 1835 Abs 1 Satz 4 abweichende Regelung). Jedoch kann es im Einzelfall treuwidrig sein, wenn die Regelung angewandt wird[13]; doch hat das Betreuungsgericht keine *Pflicht*, den Betreuer vor dem Fristablauf durch Hinweise zu bewahren[14]. Beim Einführungsgespräch sollte aber der Rechtspfleger darauf hinweisen; das verlangt die Fairness. Wiedereinsetzung bei **Fristversäumung** wird von der hM nicht bewilligt[15] (angesichts § 17 FamFG zweifelhaft).

22 **10. Jugendamt, Verein (Abs 5).** Sowohl das Jugendamt als auch der Verein können, wenn sie Betreuer bzw Vormünder sind, keine Pauschale nach § 1835 a erhalten.

23 **11. Verfahren. – a) Betreuer hat Vermögenssorge.** Wenn der Betreuer die Vermögenssorge hat, kann er den Betrag selbst aus dem Vermögen des Betreuten entnehmen, ohne dass *hierfür* eine Genehmigung durch das Betreuungsgerichts erforderlich wäre (§ 168 FamFG). Der entnommene Betrag ist in der jährlichen Abrechnung aufzuführen. Eine Festsetzung durch das Betreuungsgericht ist hier unzulässig.

24 **b) Betreuer hat keine Vermögenssorge.** Ist der **Betreute zwar vermögend, der Betreuer aber ohne Vermögenssorge,** kann er das Geld dem Vermögen des Betreuten nicht entnehmen. § 168 Abs 1 Satz 1 Nr 1 FamFG bestimmt, dass der Betreuer (ebenso wie der Betreute) die Festsetzung durch das Betreuungsgericht beantragen kann. Der Betreute ist vor der Entscheidung zu hören (§ 168 Abs 4 Satz 1 FamFG); gegebenenfalls ist ihm ein Verfahrenspfleger zu bestellen. Zuständig für die Festsetzung ist der Rechtspfleger. Der Festsetzungsbeschluss ist ein Vollsteckungstitel gegen den Betreuten (§§ 86, 95 FamFG). Rechtsmittel gegen den Beschluss: §§ 58 ff FamFG, 11 RPflG.

25 **c) Betreuter mittellos.** Ist der Betreute mittellos und will der Betreuer Ersatz seiner Aufwendungen aus der Staatskasse, dann gibt es zwei Möglichkeiten: – (1) Er beantragt *ohne Weiteres* Ersatz. Dann kann die Feststellung und Anweisung der aus der Staatskasse zu erstattenden Auslagen durch den **Urkunds-**

11 OLG Frankfurt FGPrax 2004, 288.
12 BR-Drucks 960/96 S. 24.
13 OLG Frankfurt FGPrax 2001, 205 (falscher Hinweis des Gerichts).
14 LG Koblenz FamRZ 2006, 970.
15 LG Koblenz FamRZ 2003, 1970; MünchKomm-*Wagenitz* § 1835 a Rz 10.

beamten der Geschäftsstelle des Betreuungsgerichts im Verwaltungsweg erfolgen (§ 168 Abs 1 Satz 4 FamFG). Das Betreuungsgericht kann auch von sich aus durch Beschluss festsetzen, wenn es dies für angemessen hält (§ 168 Abs 1 Satz 1 FamFG). – (2) Der Betreuer kann stattdessen oder nachträglich ausdrücklich die Festsetzung beantragen, zB wenn der Anspruch nach Grund oder Höhe zweifelhaft ist. Dann hat das Betreuungsgericht (Rechtspfleger) durch **Beschluss** die zu ersetzende Pauschale der Höhe nach festzusetzen (§ 168 Abs 1 Satz 1 Nr 1 Fam FG). Zum weiteren Verfahren vgl § 1835 Rz 90.

Gegen die gerichtliche Festsetzung ist die befristete **Beschwerde** (Frist: § 63 **26**
FamFG) zum LG zulässig, wenn der Beschwerdegegenstand 600,00 Euro übersteigt (§ 61 FamFG) oder die Beschwerde (vom Richter oder Rechtspfleger) zugelassen wurde, § 61 Abs 2 FamFG; bei Beträgen unter 600,01 Euro ist nur noch die befristete Erinnerung zulässig (§ 11 Abs 2 RPflG). Eine Rechtsbeschwerde zum BGH ist unzulässig, außer das Landgericht hat sie zugelassen (§ 70 FamFG).

12. Gegenbetreuer, Gegenvormund. Auf den Betreuer bzw Vormund ist **27**
§ 1835 a zugeschnitten; auf den Gegenbetreuer, Gegenvormund ist § 1835 a entsprechend anzuwenden[16]. Zwar wurde der Gegenvormund bisher immer im BGB erwähnt, wenn eine Vorschrift auf ihn anwendbar sein sollte; aber im BtG wurde er mehrfach vergessen. Da ein Grund für die Nichtanwendbarkeit fehlt, bleibt nur eine Analogie.

13. Betreuungsbehörden, Betreuungsvereine. Für den Betreuer gilt § 1835 a **28**
wegen § 1908 i Abs 1. Ist ein Betreuungsverein als solcher Betreuer, erhält er keine Pauschale nach § 1835 a (§§ 1908 i Abs 1, § 1835 a Abs 5). Vereinsbetreuer (§ 1897 Abs 2) haben selbst keinen Anspruch aus § 1835 a (§ 7 VBVG), ebenso nicht der Verein, dessen Mitarbeiter sie sind (denn § 7 VBVG nennt § 1835 a nicht). Die Behörde als Betreuer (§ 1900 Abs 4) hat keinen Anspruch aus § 1835 a (§§ 1908 i Abs 1, 1835 a Abs 5). Der Behördenbetreuer (§ 1897 Abs 2) hat ebenfalls keinen Anspruch aus § 1835 a (§ 8 VBVG), auch nicht an seiner Stelle die Behörde.

14. Pfleger, Verfahrenspfleger. Die entsprechende Anwendung von § 1835 a auf **29**
die Pflegschaft (§ 1915) ist zulässig, bei der Nachlasspflegschaft aber nicht sinnvoll[17]. Ein Anwalt, der zB zum Ergänzungspfleger bestellt ist, aber nicht Berufspfleger iSv § 1 VBVG ist, kann die Aufwandsentschädigung fordern. **Verfahrenpfleger** können nicht nach § 1835 a abrechnen, weil § 277 FamFG die Anwendung des § 1835 a untersagt. Ebenso ist es beim Verfahrenspfleger in Unterbringungssachen (§ 318 FamFG verweist auf § 277 FamFG) und beim Verfahrensbeistand des Kindes (§ 158 Abs 7 FamFG verweist auf § 277 FamFG).

15. Steuerliche Behandlung[18]. Zweifelhaft ist, ob der Betrag von 323 Euro der **30**
Einkommensteuer unterliegt. Es handelt sich um sonstige Einkünfte im Sinne von § 22 Nr 3 EStG. Dort gibt es eine Freigrenze von 256 Euro; die konkreten Einzelaufwendungen können von den 323 Euro abgezogen werden und sind nachzuweisen; doch werden 25 % pauschal ohne Nachweis anerkannt. Steuerfreiheit nach § 3 Nr 26 EStG („Übungsleiterpauschale") oder nach § 3 Nr 12 EStG besteht nicht. Seit 1.1.2007 kann bei Beträgen bis 500 Euro Steuerfreiheit

16 Ebenso HK-BUR-*Bauer/Deinert* § 1835 a Rz 24 b.

17 *Zimmermann* ZEV 1999, 329; vgl BayObLG Rpfleger 1994, 213.

18 Dazu Rundschr. des BMF v 25.11.2008, IV C 4 – S. 2121/07/0010, abgedruckt Bundessteuerblatt I 2008, 985; DStR 2008, 2479; HKH-BUR-*Bauer/Deinert* § 1835 a Anlage 2.

nach § 3 Nr 26 a EStG bestehen. Bei *einer* einzigen ehrenamtlichen Betreuung im Kalenderjahr oder *zwei* besteht also faktisch Einkommensteuerfreiheit.

31 **Beispiel:** Ein nebenberuflicher Betreuer erhält für die Betreuung von zwei Personen zweimal 323 Euro, also insgesamt 646 Euro. Nach Abzug des Freibetrags nach § 3 Nr 26 a EStG (500 Euro) betragen die Einkünfte 146 Euro, liegen also unterhalb der Freigrenze des § 22 Nr 3 EStG von 256 Euro. Es besteht Einkommensteuerfreiheit.

§ 1836 BGB Vergütung des Vormunds

(1) [1]Die *Vormundschaft* wird unentgeltlich geführt. [2]Sie wird ausnahmsweise entgeltlich geführt, wenn das Gericht bei der Bestellung des *Vormunds* feststellt, dass der *Vormund* die *Vormundschaft* berufsmäßig führt. [3]Das Nähere regelt das Vormünder- und Betreuervergütungsgesetz.

(2) Trifft das Gericht keine Feststellung nach Absatz 1 Satz 2, so kann es dem *Vormund* und aus besonderen Gründen auch dem *Gegenvormund* gleichwohl eine angemessene Vergütung bewilligen, soweit der Umfang oder die Schwierigkeit der vormundschaftlichen Geschäfte dies rechtfertigen; dies gilt nicht, wenn der Mündel mittellos ist.

(3) Dem *Jugendamt* oder einem Verein kann keine Vergütung bewilligt werden.

Schrifttum: bei § 1835.

Übersicht

I. Allgemeines

1. Gesetzesgeschichte. Der Gesetzgeber kam mit § 1836 dem Auftrag des BVerfG[1], eine Regelung für den Berufsvormund zu schaffen, nach. § 1836 Abs 1, Abs 2 ist mit dem Grundgesetz vereinbar[2]. Die Vorschrift wurde laufend geändert (vgl Vorauflage). Ab 1.7.2005 wurde das Vergütungsrecht erneut grundlegend umgestaltet, das BVormVG durch das VBVG ersetzt. Die letzte Änderung erfolgte mit Wirkung vom 1.9.2009 durch das FGG-ReformG vom 17.12.2008 (BGBl 2008, 2586). 1

2. Anwendungsbereich. § 1836 ist auf den Vormund zugeschnitten; die Regelung ist auch auf den Betreuer anwendbar (§ 1908 i). § 1836 betrifft die Vergütung, § 1835 betrifft den Ersatz von Aufwendungen (Auslagen). 2

II. Vergütung des Berufsbetreuers, Abs 1

1. Problematik der Regelung Seit 1.7.2005 ist die Vergütung des Betreuers (§§ 1896 ff BGB) nicht mehr im BVormVG, sondern im Wesentlichen im VBVG geregelt[3]. Die Kerngedanken sind: 3

1 BVerfG 54, 251 = NJW 1980, 2179.
2 BVerfG FamRZ 2000, 1277.
3 2. BtÄndG vom 21. April 2005 (BGBl 2005, 1073).

4 a) **Mehr als 50 Differenzierungen.** Die seit 1.7.2005 geltende Regelung enthält eine Flut von Differenzierungen; bezahlt wird die Existenz als Betreuer, selbst wenn keine Tätigkeit anfällt:

5 aa) **Eine gestaffelte Stundenabrechnung** erfolgt beim Berufsbetreuer in den Regelfällen der Betreuung, wobei es vier Gruppen zu je vier Stundenkontingenten gibt:
- der nichtmittellose Betreute ist im Heim – ist nicht im Heim;
- der mittellose Betreute ist im Heim – ist nicht im Heim.

6 Hier gibt es ferner drei verschiedene Vergütungsgruppen (§ 4 VBVG: 27 bzw 33,50 bzw 44 Euro je Stunde).

7 bb) **Keine Pauschalierung,** sondern eine Abrechnung nach tatsächlich angefallenen Stunden erfolgt beim Sterilisationsbetreuer und beim Ergänzungsbetreuer in den Fällen der Verhinderung *rechtlicher* Art (§ 6 VBVG). Hier gilt auch ein anderer Stundensatz (nämlich der des § 3 VBVG, nicht der des § 4 VBVG), wobei es vier Möglichkeiten gibt (§ 3 Abs 1 VBVG nennt drei: nämlich je Stunde 19,50 bzw 25,00 bzw 33,50 Euro; § 3 Abs 3 nennt als vierte Variante: „höherer“ Satz).

8 cc) **Beim ehrenamtlichen Betreuer** eines vermögenden Betreuten wurde die Höhe der Vergütung nicht geregelt (§ 1836 Abs 2 BGB).

9 b) **Aufwendungen.** Die Stundensätze des Berufsbetreuers in den Regelfällen der Betreuung enthalten die Aufwendungen (Auslagen) und die Umsatzsteuer (§ 4 Abs 2 Satz 1 VBVG); jede Fahrt zum Betreuten mindert daher den Gewinn des Berufsbetreuers. In den übrigen Fällen gelten für die Aufwendungen §§ 1835, 1835 a.

9a **2. Übersicht zur Vergütung des Betreuers**

Berufsmäßiger Betreuer im Regelfall	Vergütung nach Pauschalen (27 bis 44 Euro je fiktiver Stunde), nicht nach tatsächlichem Zeitaufwand	§§ 4, 5 VBVG
Berufsmäßige Betreuer in Sonderfällen (§§ 1899 II, IV BGB)	Vergütung nach tatsächlichem Zeitaufwand zu ermäßigten Sätzen (19,50 bis 33,50 Euro + MwSt je Stunde), im Einzelfall höhere Vergütung	§§ 6, 3 VBVG. Nicht §§ 4, 5 VBVG.
Vereinsbetreuer	Vergütung nach Pauschalen (27 bis 44 Euro je fiktiver Stunde), nicht nach tatsächlichem Zeitaufwand	§§ 4, 5, 7 VBVG
Vereinsbetreuer in Sonderfällen (§§ 1899 Abs 2, Abs 4 BGB)	Vergütung nach tatsächlichem Zeitaufwand zu ermäßigten Sätzen (19,50 bis 33,50 Euro + MwSt je Stunde), im Einzelfall höhere Vergütung	§§ 6, 3, 3 Abs 3 VBVG. Nicht §§ 4, 5 VBVG.

Verein als Betreuer	Keine Vergütung	§ 1836 Abs 3 BGB, § 7 VBVG
Behördenbetreuer	bei vermögenden Betreuten Vergütung möglich, zahlungspflichtig ist der Betreute	§ 1836 Abs 2 BGB, § 8 Abs 1 VBVG. Nicht §§ 4, 5 VBVG.
Behördenbetreuer	Bei mittellosen Betreuten keine Vergütung	§ 8 Abs 1 VBVG
Betreuungsbehörde als Betreuer	Keine Vergütung	§ 1836 Abs 3 BGB, § 8 VBVG
Ehrenamtlicher Betreuer einer mittellosen Person	Keine Vergütung, aber pauschaler Ersatz von 323 Euro jährlich aus der Staatskasse	§ 1835 a BGB
Ehrenamtlicher Betreuer einer „vermögenden" Person	Vergütung möglich, zahlungspflichtig ist der Betreute; dann kein Anspruch auf die Pauschale von 323 Euro	§ 1836 Abs 2 BGB

3. Unentgeltlichkeit als Grundsatz (Satz 1). Als Grundsatz bestimmt § 1836 Abs 1 Satz 1, dass die Betreuung (Vormundschaft; Pflegschaft) unentgeltlich geführt wird; das ist verfassungsgemäß[4]. Der Grundsatz gilt nur für *nicht* berufsmäßige (= ehrenamtliche) Betreuer *mittelloser* Personen; die ehrenamtlichen Betreuer vermögender Personen können eine Vergütung erhalten (§ 1836 Abs 2), die Berufsbetreuer müssen auf Antrag immer eine Vergütung erhalten (§ 1836 Abs 1 Satz 2; § 1 VBVG). Selbst der ehrenamtliche Betreuer mittelloser Personen erhält versteckt eine kleine Bezahlung (§ 1835 a). Der Grundsatz ist gleichwohl an die Spitze gestellt, um den (nach Meinung des Gesetzgebers) wünschenswerten Vorrang ehrenamtlichen Engagements hervorzuheben; es handelt sich lediglich um einen rechtspolitischen Programmsatz, der an sich nicht in ein Gesetz gehört. Die Unentgeltlichkeit gilt theoretisch auch für den Rechtsanwalt (vgl § 1 Abs 2 RVG). 10

4. Vergütungsvereinbarungen[5]. Der *geschäftsfähige* Betreute kann mit seinem (berufsmäßigen oder ehrenamtlichen) Betreuer eine aus seinem Vermögen zu zahlende Vergütung wirksam vereinbaren (dafür ist aber dann das Festsetzungsverfahren nach § 168 FamFG nicht eröffnet); das Problem ist freilich, ob der Betroffenen die Tragweite tatsächlich begriffen hat[6]. In Betracht kommt ferner, dass für einen *geschäftsunfähigen* Betreuten ein Ergänzungsbetreuer bestellt wird und dann eine vertragliche Vereinbarung mit dem Betroffenen, vertreten durch den Ergänzungsbetreuer, getroffen wird, wonach eine umfangreiche Vermögensverwaltung gesondert vergütet wird[7]. Nach Ansicht des BGH[8] ist eine Vereinbarung aber nur zulässig für Leistungen, die *„außerhalb* der eigentlichen 11

4 BVerfG 54, 251 = NJW 1980, 2179; BVerfG BtPrax 1999, 70.

5 Hierzu *Bienwald*, Sind privatrechtliche Vergütungsvereinbarungen im Betreuungsrecht zulässig? Rpfleger 2002, 423; *Diederichsen*, Die Vergütung von Betreuern vermögender Betreuter, FS Bienwald 2006, 49.

6 Deshalb hat LG Hannover FamRZ 2002, 1063 bei einem „schwach begabten und leicht beeinflussbaren" Betreuten die Vergütungsvereinbarung nicht gelten lassen.

7 OLG München FamRZ 2008, 1560; MünchKomm/*Wagenitz* § 1835 Rz 42; aA LG Köln FamRZ 2009, 371.

8 BGH FamRZ 2010, 199 = NJW-RR 2010, 292.

Betreung liegen"; damit soll Missbrauch vermieden werden. Eine zusätzliche Bezahlung kann über § 1835 Abs 3 erlangt werden. Vgl § 1835 Rz 61.

12 5. **Allgemeine Voraussetzungen eines Vergütungsanspruchs.** Eine Vergütung wird frühestens ab Beginn des Amts geschuldet[9]; sie endet mit Beendigung des Amts, kann jedoch unter den Voraussetzungen der §§ 1893, 1698 a, b noch für eine spätere Zeit geschuldet werden. Die Vergütung wird auch dann geschuldet, wenn die Betreuung nicht hätte angeordnet werden dürfen oder (auf Beschwerde) als von Anfang an unberechtigt aufgehoben wird[10]; Voraussetzung des Vergütungsanspruchs ist nur eine wirksame Bestellung zum Betreuer; wird sie zu Unrecht angeordnet, kann der (vermögende) „Betreute" aber versuchen, über Staatshaftung (§ 839 BGB, Art 34 GG) einen Teil der Vergütung vom Land zurückzuerhalten. Der Vergütungsanspruch ist **abtretbar.**[11] Zur **Besteuerung** der Vergütung vgl § 1896 Rz 197 ff.

13 6. **Vergütung beim Berufsbetreuer (Satz 2).** Wenn ein Betreuer (auch ein Gegenbetreuer[12]) die Betreuung berufsmäßig führt, also um damit seinen Lebensunterhalt zu verdienen, wird er vergütet; Einzelheiten regelt das VBVG (Satz 3); kommentiert in Teil II dieses Buches.

14 a) **Die Berufsmäßigkeit** muss durch Beschluss[13] des Betreuungsgerichts (§§ 38, 286 Abs 1 Nr 4 FamFG) festgestellt worden sein. Obwohl an sich der Rechtspfleger für die Feststellung zuständig ist erfolgt sie wegen des Sachzusammenhangs durch den Richter[14], §§ 6, 15 RPflG (anders bei Kontrollbetreuung, § 15 RPflG; § 1896 Abs 3 BGB). Wann Berufsmäßigkeit vorliegt regelt § 1 VBVG. Ein Antrag ist nicht erforderlich; die Feststellung ist von Amts wegen zu treffen. Der Betreuer kann auf die Berufsmäßigkeit nicht verzichten (aber er kann später die Frist für den Vergütungsantrag verstreichen lassen), wer (zB als Anwalt) an sich Berufsbetreuer ist kann gleichwohl im Einzelfall ehrenamtlicher Betreuer sein (etwa wenn der Anwalt Betreuer seines alten Vaters wird[15]; aber auch sonst[16]). Ein **Wahlrecht** zwischen Berufsbetreuung und ehrenamtlicher Betreuung hat der Betreuer nicht[17].

15 **Zweck der Feststellung** der Berufsmäßigkeit ist, für den Betreuer von vornherein Kalkulierbarkeit hinsichtlich der Vergütungsfrage zu schaffen[18]. Nicht erforderlich ist eine solche Feststellung beim Vereins- bzw Behördenbetreuer (§§ 7 Abs 1 Satz 2, 8 Abs 1 VBVG), hier ist die Berufsmäßigkeit selbstverständlich. Die Feststellung der Berufsmäßigkeit ist für das spätere Vergütungsfestsetzungsverfahren bindend. Deshalb kann die Berufsmäßigkeit auch nicht (etwa weil die Zahl der Betreuungen des Betreuers gesunken ist) *rückwirkend* aufgehoben werden[19]. Hier bleibt nur, den Berufsbetreuer zu entlassen und als ehrenamtlichen Betreuer neu zu bestellen; das ist aber nicht sinnvoll. Aus der Formulierung **„bei der Bestellung"** entnehmen manche[20], die Berufsmäßigkeit müsse gleichzeitig mit der Bestellung des Betreuers erfolgen; das ist nicht richtig: wurde sie

9 OLG Stuttgart FamRZ 2005, 655; BayObLG FamRZ 2001, 575.
10 BayObLG FamRZ 1997, 701; BayObLG FamRZ 1999, 1603; OLG Karlsruhe OLG-Report 2002, 232.
11 AA (wegen § 203 StGB) LG Düsseldorf FamRZ 2010, 328.
12 OLG Schleswig FGPrax 2006, 166; BayObLG BtPrax 2004, 195.
13 OLG Brandenburg FamRZ 2004, 1403 lässt einen Aktenvermerk genügen (zum FGG).
14 BayObLG FamRZ 2001, 1484.
15 LG München I FamRZ 1999, 1235; *Deinert/Lütgens*, Vergütung des Betreuers Rz 469.
16 Vgl OLG Köln FamRZ 2009, 76.
17 MünchKomm/*Wagenitz* § 1836 Rz 8.
18 BT-Drucks 13/10.331 S. 27.
19 BayObLG FamRZ 2000, 1450; MünchKomm/*Wagenitz* § 1836 Rz 6.
20 *Bienwald* in Anm zu OLG Naumburg FamRZ 2009, 370.

vergessen oder ergibt sich nachträglich (etwa wegen Änderung der Verhältnisse) die Berufsmäßigkeit, kann sie **nachträglich festgestellt** werden[21]; auch noch konkludent bzw inzident im Festsetzungsverfahren[22]. Wurde die Berufsmäßigkeit „beschlossen", aber versehentlich nicht in den Beschluss eingefügt, ist der Beschluss zu ergänzen[23]. Hinsichtlich der Rückwirkung ist zu unterscheiden: bei Änderung der Verhältnisse kann die Feststellung der Berufsmäßigkeit nur mit Wirkung für die Zukunft erfolgen; bei Änderung wegen Übersehen oder auf Beschwerde des Betreuers hin ist eine Rückwirkung möglich[24]. Eine Feststellung, dass die Betreuung nicht berufsmäßig geführt werde, ist in § 1836 nicht vorgesehen und überflüssig. Die „Gleichzeitigkeit" ist in § 286 Abs 1 Nr 4 FamFG übrigens nicht enthalten.

b) **Stundensatz.** Die Einordnung des Berufsbetreuers in eine der drei Vergütungsgruppen des § 4 VBVG erfolgt im Regelfall im Bestellungsbeschluss oder in einem späteren Beschluss nicht. Jedoch wäre sie zulässig, weil der Betreuer andernfalls seinen Verdienst nicht kalkulieren kann, wenn er nicht vorher verbindlich erfahren kann, ob ihm seine Vorbildung nur 27 oder 44 Euro verdienen lässt. Sie wäre als Vorentscheidung über den Anspruchsgrund aufzufassen und isoliert anfechtbar[25]; insoweit wäre sie keine unanfechtbare Zwischenentscheidung im Sinne von §§ 38, 38 FamFG, weil sie ein Teilstück abschließend entscheidet. Für das spätere Festsetzungsverfahren wäre sie bindend[26]. **16**

c) **Rechtsmittel hinsichtlich der Berufsmäßigkeit.** Statthaft ist die Beschwerde (§§ 58 ff FamFG). Der vermögende Betroffene, der die Vergütung selbst zahlen muss, ist meines Erachtens beschwerdeberechtigt, wenn die Berufsmäßigkeit bejaht wird; bei Zahlungspflicht der Staatskasse ist der Betreute hinsichtlich der Frage der Berufsmäßigkeit nicht beschwerdeberechtigt. Der Betreuer, der sich für einen Berufsbetreuer hält, ist beschwerdeberechtigt, wenn die Berufsmäßigkeit verneint wird[27]; er kann stattdessen auch das Amt ablehnen (vgl 1898 Abs 2 BGB). Die Staatskasse ist nach früher hM nicht beschwerdeberechtigt[28]; ebenso nicht die Betreuungsbehörde. Indes ist das jetzt hinsichtlich der Staatskasse angesichts der weiten Fassung des § 304 Abs 1 Satz 1 FamFG zweifelhaft. Dem ehemaligen Betreuer steht ein Beschwerderecht gegen die Bejahung der Berufsmäßigkeit des derzeitigen Betreuers nicht zu[29]. **17**

d) **Rechtsanspruch.** Wird die Berufsmäßigkeit festgestellt, hat der Betreuer einen Rechtsanspruch auf eine Vergütung (§ 1 Abs 2 Satz 1 VBVG). Schuldner ist der Betreute, ist der Betreute mittellos (§ 1836 c) oder gilt er als mittellos (§ 1836 d; Teilmittellosigkeit) ist Anspruchsgegner auch die Staatskasse. Nach § 1836 c ist die Haftung des Betreuten beschränkt. Zahlt die Staatskasse geht der Vergütungsanspruch des Betreuers gegen den Betreuten auf die Staatskasse über (§ 1836 e), die dann versuchen kann, ihn zu Geld zu machen. **18**

e) **Höhe der Vergütung des Berufsbetreuers.** Sie ergibt sich aus §§ 4, 5, 6 VBVG; vgl die Übersicht Rz 9 a. In den Regelfällen der Betreuung (§§ 4, 5 VBVG) **19**

21 OLG Naumburg FamRZ 2009, 370, BayObLG FamRZ 2001, 1484.
22 OLG Hamm FamRZ 2004, 1324; OLG Brandenburg FamRZ 2004, 1403.
23 OLG Hamm FamRZ 2008, 1115.
24 OLG Dresden FamRZ 2003, 935; MünchKomm/*Wagenitz* § 1836 Rz 6.
25 BayObLG FamRZ 1996, 250.
26 MünchKomm/*Wagenitz* § 1936 Rz 7.
27 BayObLG FamRZ 2001, 867.
28 BayObLG FamRZ 2001, 1484; OLG Frankfurt FGPrax 2004, 122; OLG Brandenburg FamRZ 2003, 323; OLG Hamm FGPrax 2001, 18; aA OLG Köln FamRZ 2001, 1643 (anders gelagerter Fall).
29 OLG Köln FamRZ 2008, 1117.

erfassen die im VBVG genannten **Pauschalvergütungen** auch die Auslagen und die Mehrwertsteuer. Ebenso ist es beim Verfahrensbeistand des Kindes (§ 158 Abs 7 FamFG). In den Fällen des § 1835 Abs 3 kann der Berufsbetreuer zusätzlich eine Vergütung erlangen (bei Mittellosigkeit aus der Staatskasse), wenn er Leistungen erbringt, die zu seinem Beruf oder Gewerbe gehören. Die Abgrenzung ist schwierig. Das wird missverständlich als Aufwendungsersatz bezeichnet, obwohl der Berufsbetreuer allenfalls seine Zeit aufwendet, die aber durch die Pauschalen nach §§ 4, 5 VBVG ohnehin bereits abgedeckt ist (freilich zu einem geringen Lohn). Vgl § 1835.

20 Nur noch in den Sonderfällen der Betreuung (§ 6 VBVG), ferner beim Vormund, beim Pfleger (zB Nachlasspfleger) und beim Verfahrenspfleger (§ 277 FamFG) wird die Vergütung nach der Zahl der tatsächlich aufgewandten, aber auch wirklich erforderlichen **Stunden** abgerechnet. Beim Verfahrenspfleger gestattet § 277 FamFG nach Wahl des Gerichts Stundenabrechnung oder Pauschalierung (§ 277 Abs 2, 3 FamFG). Zur Abgrenzung, welche Stunden bei Stundenabrechnung erforderlich waren und welche nicht, vgl § 2 VBVG.

III. Vergütung bei ehrenamtlichen Betreuern (Abs 2)

21 **1. Übersicht.** Hat das Betreuungsgericht die Berufsmäßigkeit der Betreuertätigkeit (Voraussetzungen: § 1 VBVG) nicht durch Beschluss festgestellt, gilt der Betreuer als ehrenamtlicher Betreuer. Grundsätzlich erhält der ehrenamtliche Betreuer keine Vergütung, weder vom Betreuten noch aus der Staatskasse. Unter den Voraussetzungen des Abs 2 kann das Betreuungsgericht aber dem Betreuer und „aus besonderen Gründen auch dem Gegenbetreuer“ eine angemessene Vergütung bewilligen. Zahlungspflichtig ist der Betreute, niemals die Staatskasse. Ist der Betreute mittellos, erhält der ehrenamtliche Betreuer keine Vergütung, wohl aber Aufwendungsersatz (§ 1835) bzw die Aufwandspauschale nach § 1835 a.

Der Betreute ist mittellos	Der Betreute ist nicht mittellos	
Der ehrenamtliche Betreuer erhält keine Vergütung, aber Ersatz der konkreten Auslagen (§ 1835 BGB) oder der pauschalierten Auslagen (§ 1835 a).	Wenn Umfang oder Schwierigkeit der Betreuung dies rechtfertigt (§ 1836 II): Vergütung + Ersatz der konkreten Auslagen.	Wenn Umfang oder Schwierigkeit der Betreuung dies nicht rechtfertigt: Keine Vergütung, aber Ersatz der konkreten Auslagen (§ 1835 BGB) oder der pauschalierten Auslagen (§ 1835 a).

22 **2. Voraussetzungen einer Vergütung. – a) Betreuter nicht mittellos (Abs 2, 2. Halbs).** Wann Mittellosigkeit vorliegt, ergibt sich aus §§ 1836 c, d. Es kommt auf die wirtschaftlichen Verhältnisse zur Zeit der Vergütungsfestsetzung an. Nicht allein das Aktivvermögen ist entscheidend, sondern auch der Überschuss des Aktivvermögens über die Schulden. Das vom Gesetzgeber benutzte Wort „mittellos“ ist hier unangebracht: wer ein Einfamilienhaus besitzt, gilt (da das Haus als Schonvermögen zählt) als mittellos, obwohl ein solches Haus viel wert sein kann. Da Teil-Mittellosigkeit wie Mittellosigkeit behandelt wird (§ 1836 d), ist gemeint, dass eine Vergütung nur bewilligt werden kann, wenn der Betreute die Vergütung entweder aus seinem Einkommen, soweit es nicht geschützt ist, und bzw oder seinem Vermögen, soweit es nicht geschützt ist, vollständig zahlen kann.

23 **b) Umfang der Geschäfte.** Er muss zeitlich etwas über das Durchschnittsmaß hinausgegangen sein, damit eine Vergütung gerechtfertigt ist. Allein die Größe

des Vermögens rechtfertigt noch keine Vergütung[30], wenn nicht noch eine Tätigkeit hinzukommt; umfangreich muss sie nicht sein. Die Tätigkeit des Betreuers kann sich auch lediglich im Bereich der Personensorge gehalten haben. Es ist nicht Voraussetzung für eine Vergütung, dass Geschäfte im Rahmen der Vermögensverwaltung erledigt wurden[31]. Bei der Beurteilung des Umfangs ist eine Gesamtschau vorzunehmen. Ist der *ehrenamtliche* Betreuer Rechtsanwalt (was nur denkbar ist, wenn er Verwandte, Ehegatten oder Freunde betreut, denn andernfalls ist er immer Berufsbetreuer, auch wenn er nur *eine* Betreuung führt) und tätigt umfangreiche Geschäfte für den Betreuten, die ihm über § 1835 Abs 3 nach dem RVG honoriert werden, dann dürfen diese Geschäfte nicht bei der Bemessung der Vergütung nach Abs 2 berücksichtigt werden[32], auch nicht in Form einer Pauschalsumme für berufliche Dienste und Betreuervergütung[33].

c) Schwierigkeit der Geschäfte. Was schwierig ist, kann nicht abstrakt definiert werden. Es wird sich um Vorgänge handeln müssen, die nicht jedermann tätigen kann. **24**

3. Ermessen des Betreuungsgerichts. Sind die angeführten Voraussetzungen gegeben, so *kann* das Betreuungsgericht eine angemessene Vergütung gewähren. Es liegt im pflichtgemäßen Ermessen[34] des Betreuungsgerichts, zu bestimmen, ob sie gewährt wird. Eine Vergütung entfällt zB, wenn der Vormund Vermögen des Mündels unterschlagen hat[35]. Nur ausnahmsweise hat das Betreuungsgericht bei der Bemessung einer Vergütung kein Ermessen auszuüben, nämlich wenn derjenige, der das Vermögen von Todes wegen oder unter Lebenden zugewandt hat, gem § 1803 die Höhe der Vergütung festgelegt hat[36]. Dass ein Ermessen vorliegt hat nur insoweit Bedeutung, als auf die Rechtsbeschwerde des BGH das Ermessen nur beschränkt nachprüfen darf. **25**

4. Höhe der Vergütung. – a) Angemessenheit. Das Gesetz sagt nichts zur Höhe der Vergütung, lediglich, dass sie angemessen sein muss. Es besteht kein vorgeschriebener Rahmen, keine feste Taxe. Alle relevanten Umstände des Einzelfalles sind zu berücksichtigen. Die Vergütung richtet sich nicht nach §§ 3, 4, 5 VBVG, nicht starr nach der beruflichen Qualifikation des Betreuers (die für die Führung der Betreuung nutzbaren Fachkenntnisse sind in Abs 2 nicht genannt), nicht nur nach der Höhe des Vermögens des Betreuten und den Geschäften des Betreuers. **26**

b) Bemessungsgesichtspunkte. *Nach früherer Rspr:* Umfang des Aktivvermögens des Betreuten[37], Umfang des Reinvermögens nach Abzug der Schulden[38], Umfang der Einkünfte aus dem Vermögen[39]; dass die Vergütung des Vormunds nicht aus den Einkünften bezahlt werden kann, sondern aus der Substanz zu leisten ist, verbietet nicht jede Vergütung[40], Umfang der flüssigen **27**

30 Ein hohes Vermögen (im Fall: 167.000 DM) ist aber ein Indiz für eine schwierige Vermögensverwaltung, OLG Düsseldorf FGPrax 2000, 197.
31 RGZ 147, 317 gegen BayObLGZ 33, 147.
32 BayObLG FamRZ 1989, 214 = NJW-RR 1989, 136.
33 KG OLGE 16, 28; 40, 97.
34 BayObLG NJW 1988, 1919; KG OLGZ 1981, 176/8.
35 Vgl RGZ 154, 110/7.
36 *Dölle*, FamR II, S. 814; Staudinger-*Engler* § 1836 Rz 12.
37 BayObLGZ 1959, 262; FamRZ 1998, 1052.
38 BayObLG Rpfleger 1981, 111/2; RGZ 149, 172/9.
39 BayObLG FamRZ 1989, 1113/7.
40 BayObLGZ 1952, 289/90.

Mittel[41], Umfang der Arbeit des Vormunds[42] und Bedeutung seiner Geschäfte[43]. Erfolg des Betreuers[44]. Pflichteifer des Vormunds[45]. Da § 1836 Abs 2 eine Billigkeitsregelung darstellt, hat die frühere Meinung auch das Vermögen und Einkommen *des Vormunds* (!) berücksichtigt[46], was aber nicht mehr vertretbar ist. Aber nahe Verwandtschaft zum Betreuten verlangt vom Betreuer die Bereitschaft zu geringerer Vergütung[47]. Untreue des Betreuers bzw Unterschlagung wird idR eine Ablehnung der Vergütung nahelegen[48]. Ansprüche gegen Dritte auf Vergütung der Tätigkeit als Betreuer verringern regelmäßig die Höhe der Vergütung[49]. Wird ein Rechtsanwalt wegen seines Berufes als ehrenamtlicher Betreuer ausgewählt, so ist eine Vergütung idR angemessen[50]. Falls der Betreuer auf die Vergütung Mehrwertsteuer zu zahlen hat ist das zu berücksichtigen[51].

28 c) **Vergütung nach Zeitaufwand.** Zwar darf die Angemessenheit sich nicht *nur* nach dem Zeitaufwand des ehrenamtlichen Betreuers richten, doch ist dies der wesentliche Bemessungsfaktor[52]. Daneben ist die berufliche Qualifikation des Betreuers zu berücksichtigen, seine Verantwortung (und Haftung), ferner Umfang und Schwierigkeit der Tätigkeit sowie die Höhe des Vermögens. Die Frage ist letztlich, **wie viel je Stunde** zu bezahlen ist. Der Stundensatz richtet sich jedenfalls nicht nach dem VBVG, weil dieses nur für Berufsbetreuer bzw gegenüber der Staatskasse gilt[53]. Das BayObLG[54] hat ausgeführt: „Auch bei einem Nichtberufsbetreuer wird die Vergütung vorrangig durch die Leistungen des Betreuers und nicht durch den Wert des betreuten Vermögens bestimmt. Der Zeitaufwand ist von erheblicher Bedeutung, deshalb in seiner ungefähren Größenordnung festzustellen und ggf. zu schätzen. Eine Bemessung der Vergütung unter Zugrundelegung eines Stundensatzes scheidet grundsätzlich aus." [55] Das ist zumindest missverständlich, denn Leistung wird bei uns üblicherweise an der Stundenzahl gemessen und der Stundenlohn nach der Qualifikation des Leistenden und nicht durch Intuition oder mystische Versenkung erkannt. Das OLG Köln[56] ist bei einem Rechtsanwalt bei knapp 322 Stunden innerhalb von ca 8 Monaten und einem Ansatz von ca 44 Euro je Stunde zu einer Vergütung von 14.000 Euro zuzüglich Umsatzsteuer und Aufwendungsersatz gekommen.

29 d) **Prozentsätze des Vermögens.** Eine Vergütung, die sich *nur* nach Prozentsätzen des Vermögens richtet, ist bei ehrenamtlichen Betreuern (im Gegensatz zur früheren Rechtslage) nicht mehr zulässig.[57] Bei Nachlasspflegern kommt sie (wegen § 1915 Abs 1 Satz 2) noch gelegentlich vor, bei Testamentsvollstreckern ist sie sogar häufig (Anwendung von privaten Tabellen, § 2221 BGB).

---

41 AA wohl: KG OLGE 40, 97 Fn 1.
42 *Bobenhausen* Rpfleger 1985, 426.
43 OLG Hamburg OLGE 14, 264; BayObLG FamRZ 1998, 1052.
44 OLG Köln Rpfleger 1975, 92; BayObLG FamRZ 1998, 1052.
45 KGJ 45, 48, 53; OLG Köln Rpfleger 1975, 92.
46 KGJ 45, 48, 53; aA MünchKomm/*Schwab* § 1836 Rz 14.
47 KGJ 45, 48, 53; KG JW 1938, 1265.
48 BayObLG NJW 1988, 1919; BayObLGZ 1951, 346/51.
49 KGJ 45, 60.
50 BayObLG Rpfleger 1987, 67; OLG Köln Rpfleger 1975, 92.
51 Vgl BGH NJW 1975, 210, 211; OLG Köln FamRZ 1996, 233; BayObLG FamRZ 1998, 1052.
52 OLG Köln FamRZ 2009, 76.
53 BayObLG FamRZ 1998, 1052.
54 BayObLG FamRZ 1998, 1052.
55 Ähnlich schon BayObLGZ 1988, 65/68; FamRZ 1999, 681. Dagegen geht OLG Köln FamRZ 2009, 76 von einer Stundenabrechnung aus.
56 OLG Köln FamRZ 2009, 76.
57 OLG Celle FGPrax 2008, 241.

e) **Vergütungsmindernde Gesichtspunkte.** Die Festsetzung durch das Betreuungsgericht stellt einen Vollstreckungstitel dar (§ 86 FamFG), so dass der spätere Zivilprozess entfällt. Eine nachlässige und oberflächliche Geschäftsführung des Betreuers ist daher mE vergütungsmindernd zu berücksichtigen. Die Auffassung, die mangelhafte Amtsführung könne nur in einem gesonderten Schadensersatzprozess, in der Herausgabeklage gegen den Betreuer, im Entlassungsverfahren, berücksichtigt werden, ist angesichts § 86 FamFG nicht mehr haltbar. Eine Haftpflichtversicherung des Betreuers führt nicht dazu, dass die Nachlässigkeit unberücksichtigt bleibt, weil es sich bei Abs 2 um eine Billigkeitsentscheidung handelt. Ist bereits ein Prozess über einen Schadensersatz gegen den Betreuer (§ 1833) anhängig, kann das Betreuungsgericht auch sein Verfahren aussetzen. 30

f) **Vergütung höher als beim Berufsbetreuer?** Es ist umstritten, ob die Vergütung des ehrenamtlichen Betreuers höher sein darf als die Vergütung eines vergleichbaren Berufsbetreuers. Teils wird das verneint (die Vergütung müsse geringer sein als beim Berufsbetreuer, weil der ehrenamtliche Betreuer keine Bürokosten habe)[58]. Teils wird gesagt, sie könne bis an die Vergütung eines Berufsbetreuers (als Obergrenze) heranreichen[59]. Richtig ist dagegen, dass die Vergütung in Ausnahmefällen durchaus **höher sein kann** als die Vergütung eines Berufsbetreuers. Denn es muss gesehen werden, dass eine Vergleichbarkeit der Stundensätze (im Gegensatz zur Rechtslage bis 1.7.2005 unter Geltung des BVormVG, als Berufsbetreuer nach Stunden abrechneten und der Stundenlohn nicht fixiert war) nicht mehr möglich ist, weil der Berufsbetreuer jetzt nach Pauschalen bezahlt wird, mit der Folge, dass er selbst dann honoriert wird, wenn keine Arbeit anfällt, aber bei Betreuung eines Multimillionärs, der Zuhause wohnt, ab dem 2. Jahr nur 2.376 Euro einschließlich Auslagen und Umsatzsteuer verdient wird (§ 5 VBVG Rz 7) und der Ausgleich durch andere Betreuungen, bei denen keine Arbeit anfällt, fehlt. Da das VBVG für ehrenamtliche Betreuer nicht gilt und die dort genannten Stundensätze politisch beeinflusst sind, § 1836 Abs 2 aber auf Angemessenheit abstellt, kann die Vergütung des ehrenamtlichen Betreuers somit höher sein als die Vergütung, die er bekäme, wäre er Berufsbetreuer[60]. Zusätzlich kann er Ersatz seiner konkreten Aufwendungen verlangen und wenn er (wie zB als Rechtsanwalt) umsatzsteuerpflichtig ist, die Umsatzsteuer[61]. 31

g) **Ermessen des Betreuungsgerichts.** Das Gericht hat nach § 1836 Abs 2 ein Ermessen; bei der Bewilligung einer Vergütung für einen ehrenamtlichen Gegenbetreuer müssen „besondere Gründe" hinzutreten. Die Diskussion leidet darunter, dass sie keine konkreten Fälle nennt, sondern sich in Allgemeinheiten verhält. Im Falle BayObLG FamRZ 1998, 1052 forderte ein Universitätsprofessor bei einem Vermögen des Betreuten von rund 5, 5 Millionen DM als ehrenamtlicher Betreuer für sieben Jahre Tätigkeit 618.000 DM + MwSt und 36.000 DM Aufwandsentschädigung. Er ging von einem Stundensatz in Höhe von 400 DM aus. Das war offensichtlich unangemessen hoch. Im Übrigen nennen die veröffentlichten Entscheidungen keine Zahlen. Die Mittellosigkeit, nach der § 1836 Abs 2 differenziert, ist ein untaugliches Kriterium. Wer 10.000 Euro auf dem Sparbuch hat, gilt als nicht mittellos, gleichwohl ist es 32

---

58 LG Kassel FamRZ 2006, 1302; LG Kleve BtPrax 2008, 138; BayObLG FamRZ 1998, 1052 („allenfalls in Ausnahmefällen gleich hoch").

59 BayObLG FamRZ 2004, 1138; LG Kassel NJOZ 2009, 4520.

60 OLG Köln FamRZ 2009, 76; OLG Karlsruhe NJW-RR 2007, 1084; OLG Köln NJOZ 2008, 3698; OLG München FamRZ 2009, 78 (monatlich pauschal 1.078,80 Euro bewilligt); LG München II FamRZ 2008, 1118; *Deinert/Lütgens*, Vergütung des Betreuers Rz 434; aA *Fröschle* Betreuungsrecht 2005 Rz 673.

61 OLG Köln FamRZ 2009, 76.

nicht vertretbar, bei einem so kleinen Vermögen dem ehrenamtlichen Betreuer eine höhere Vergütung zuzubilligen, als einem Berufsbetreuer. Verfügt der Betreute über ein differenziert angelegtes Vermögen von 2 Millionen Euro und ist der ehrenamtliche Betreuer wöchentlich eine halben Tag damit befasst, kann es nicht richtig sein, ihm nur 1.100 Euro jährlich zuzusprechen, weil ein Berufsbetreuer wegen § 5 Abs 1 VBVG nur 1.320 Euro im Jahr erhalte und der ehrenamtliche Betreuer sich die Mehrwertsteuer spare. Denn da bekäme er nur rund 5 Euro je Stunde; dafür arbeitet kein Vermögensverwalter (hier kommt man in die Mindestlohndebatte der Politiker).

33 h) **Einmalige/Periodische Zahlung.** Die Vergütung kann nach dem Ermessen des Betreuungsgerichts in einer einmaligen Vergütung bei Beendigung des Amtes oder in periodischen Zahlungen bestehen[62]. Das Betreuungsgericht kann auch die Vergütung für ein besonderes Geschäft bewilligen[63].

34 i) **Erlöschen des Anspruchs.** § 2 VBVG (15-Monatsfrist) bezieht sich nur auf Berufsbetreuer. Der Anspruch des ehrenamtlichen Betreuers gegen den vermögenden Betreuten unterliegt lediglich der gewöhnlichen Verjährung (§§ 195, 199 BGB)[64] und ist nach § 207 Satz 2 Nr 4 gehemmt.

IV. Gegenbetreuer, Mitbetreuer

35 Ein Gegenbetreuer, welcher *Berufs*betreuer ist, erhält nach Abs 1 Satz 2 immer eine Vergütung, bei einem mittellosen Betreuten aus der Staatskasse, beim vermögenden Betreuten von diesem selbst. Ist der Gegenbetreuer nur ehrenamtlich tätig, erhält er gem Abs 2 bei Mittellosigkeit des Betreuten keine Vergütung, bei Vermögen des Betreuten eine Vergütung von diesem, *aber nur aus besonderen Gründen.* An seine Vergütungsvoraussetzungen sind daher nach älterer Auffassung höhere Anforderungen zu stellen als an diejenigen des Betreuers[65]. Eine volle Entschädigung seiner Dienste soll er nicht erhalten[66]; auch müsse seine Vergütung hinter derjenigen des Vormunds zurückbleiben[67]. Da heute sehr selten von der Möglichkeit, einen Gegenbetreuer zu bestellen, Gebrauch gemacht wird (vgl § 1792), ist die Tatsache der Bestellung indes bereits Indiz für besondere Gründe, die auch eine Vergütung rechtfertigen; wird zu diesem Zweck (Überwachung; § 1799) ein Rechtsanwalt (der nicht ohnehin Berufsbetreuer ist) bestellt, so spricht auch dies für besondere Umstände[68]. Bei **Mitbetreuern** kann die Vergütung unterschiedlich sein, auch wenn sie denselben Wirkungskreis haben, zB mit Rücksicht auf unterschiedlichen Einsatz. Bei getrennten Wirkungskreisen (§ 1797 Abs 2) kann sich schon aus der unterschiedlichen Bedeutung eine unterschiedliche Vergütung rechtfertigen.

V. Verfahren bei Vergütungsfestsetzung

36 **1. Allgemeines. – a) Ordnungsgemäße Bestellung.** Der Betreuer erhält eine Vergütung (und Auslagenersatz), wenn er wirksam bestellt wurde (vgl § 287

62 BayObLG Rpfleger 1987, 67; OLG Karlsruhe FamRZ 2007, 1270 (monatliche Pauschale); Palandt/*Diederichsen* § 1836 Rz 10.
63 MünchKomm/*Schwab* § 1836 Rz 17.
64 Palandt/*Diederichsen* § 1836 Rz 7.
65 OLG Hamm OLGZ 1971, 307; aA Erman-*Holzhauer* § 1836 Rz 24; RGRK-*Dickescheid* § 1836 Rz 25.
66 KG OLGE 42, 112; KG DFG 1937, 145; wieso eigentlich nicht?
67 BayObLGZ 1975, 103 = Rpfleger 1975, 222.
68 BayObLG Rpfleger 1975, 222.

FamFG); unschädlich ist, ob die Betreuung zu Unrecht angeordnet wurde und ob sie später (zB auf Beschwerde) aufgehoben wurde[69]. War die **Betreuung überflüssig,** schuldet der vermögende Betreute dem Betreuer gleichwohl die Vergütung, weil es nur auf die formale Wirksamkeit der Bestellung ankommt; wird die Betreuung auf Beschwerde als von Anfang an überflüssig aufgehoben, kann der „Betreute" versuchen, über Staatshaftung (§ 839 BGB; Art 34 GG) einen Teil der Vergütung aus der Staatskasse zurückzuerhalten[70]. Überschreitet der Betreuer in den Fällen des § 6 VBVG seine Befugnisse, hat dies zur Folge, dass die entsprechende Zeit nicht vergütungsfähig ist; in den „Regelfällen der Betreuung" spielt dies bei Berufsbetreuern keine Rolle, weil sie pauschal bezahlt werden. Fehlt eine wirksame Bestellung (zB weil der Betreuungsrichter nur die Bitte äußerte, tätig zu werden, und eine Umdeutung in eine Bestellung unmöglich ist) kann der Betreuer Zeitaufwand und Mühen nur unter dem Gesichtspunkt der Staatshaftung (§ 839, Art 34 GG) ersetzt erhalten, indes nicht im größeren Umfang als bei wirksamer Bestellung zum Betreuer. Die Vergütung kann auch für die Zeit nach Beendigung der Betreuung bewilligt werden, wenn die Voraussetzungen der §§ 1908 i Abs 1, 1893, 1698 a, 1698 b gegeben sind[71].

b) **Materiell-rechtliche Einwendungen und Einreden des Betreuten.** Darüber hatte *früher* das Prozessgericht zu entscheiden, weil der Festsetzungsbeschluss des Betreuungsgerichts kein Vollstreckungstitel war[72], sondern ihm ein Zivilprozess zu folgen hatte. Jetzt ist der Festsetzungsbeschluss zugleich ein Titel (§§ 168, 86 FamFG), weshalb diese **Einwendungen** meines Erachtens im Festsetzungsverfahren zu berücksichtigen sind, wenn sich der Betreute darauf beruft; die hM allerdings berücksichtigt die Einwendungen in der Regel nicht, sondern verweist den Betreuten auf eine Klage nach § 767 ZPO. Gegebenenfalls kann somit eine Beweisaufnahme nach FamFG-Verfahrensrecht erforderlich sein. Solche Einwendungen sind zB: **mangelhafte Betreuertätigkeit,** Aufrechnung, insbes mit einem Schadensersatzanspruch des Betreuten aus § 1833; Erlöschen des Anspruchs durch Erfüllung; Verzicht[73]. Der oft gehörte Einwand, der Richter habe (falsch) gesagt, die Betreuung zahle der Staat[74], ist unbeachtlich. **Vereinbarungen über die Höhe der Vergütung.** Zwar ist in § 1836 eine Bindung des Betreuungsgerichts an eine Vergütungsabsprache nicht vorgesehen, doch wäre sie wirksam, wenn der Betreute bei Vereinbarung geschäftsfähig war (Rz 11); allerdings bindet die Vereinbarung im Festsetzungsverfahren (das nur nach dem VBVG läuft) nicht[75]; wegen des überschießenden Betrages muss der Betreuer also vor dem Prozessgericht klagen. 37

c) **Entstehen des Anspruchs.** Der privatrechtliche Anspruch des Betreuers gegen den Betreuten bzw gegen die Staatskasse entstand nach früherer Auffassung für Grund und Höhe erst durch den Bewilligungsbeschluss des Vormundschafts- 38

---

69 BayObLG FGPrax 1997, 67; FamRZ 1998, 1053; OLG Brandenburg FamRZ 1996, 230 zur Pflegschaft; Staudinger-*Engler* § 1836 Rz 11.

70 Vgl den von *Meier* BtPrax 2000, S. 110 geschilderten Fall.

71 BGH FamRZ 1967, 462/3.

72 KG FamRZ 1998, 188/9 und Rpfleger 1988, 261, BayObLG NJW 1988, 1919 und BtPrax 1999, 196 zu einem Altfall; OLG Köln FamRZ 1991, 483; OLG Zweibrücken Rpfleger 1992, 54; OLG Düsseldorf Rpfleger 1978, 410; gegen eine Berücksichtigung von Einwendungen im Festsetzungsverfahren sprach, dass sonst uU eine umfangreiche Beweiserhebung durch das Betreuungsgericht erforderlich sei.

73 LG München I FamRZ 1999, 1235, Erlass (frühere Rspr: Für Berücksichtigungsmöglichkeit: KGJ 45, 49, 53; BayObLGZ 15, 107, 110 Recht 1914 Nr 1287; KG NJW 1957, 1441. Gegen Berücksichtigungsmöglichkeit bei Bestrittenheit: BayObLG MDR 1990, 54; KG MDR 1991, 57; KG NJW 1957, 1441).

74 So etwa LG Koblenz FamRZ 2009, 371.

75 BayObLG FamRZ 2002, 130.

gerichts[76], also mit dem Zugang der Entscheidung beim Betreuer; dies deshalb, weil es sich um eine Ermessensentscheidung handle, der Vormund vor der Bewilligung keinen Anspruch auf Vergütung habe. So ist es jetzt noch beim ehrenamtlichen Betreuer; nach § 1836 Abs 2 steht die Bewilligung einer Vergütung im Ermessen des Gerichts („so *kann*"). Anders ist es beim Berufsbetreuer: er hat nach jetziger Rechtslage[77] einen **Rechtsanspruch** auf die Vergütung (§ 1 Abs 2 VBVG: *so hat*). Der Vergütungsanspruch des Berufsbetreuers entsteht (in den Regelfällen der Betreuung) mit Zeitablauf, also letztlich tageweise[78]. Im Insolvenzverfahren des Berufsbetreuers gehört der Anspruch daher auch schon vor Festsetzung zur Insolvenzmasse; demgemäß kann die Vergütung auch im Insolvenzverfahren des Betreuten zur Tabelle angemeldet werden[79]. Beim Tod des Berufsbetreuers gehört der Vergütungsanspruch schon vor Festsetzung zum Nachlass.

39 **2. Festsetzung. – a) Betreuter vermögend.** Wenn der Betreuter nicht mittellos ist, erhält sowohl der Berufsbetreuer (§ 1836 Abs 1) als auch der ehrenamtliche Betreuer (§ 1836 Abs 2, in der Regel) eine Vergütung, die der Betreute selbst zahlen muss. Das Betreuungsgericht setzt auf Antrag des Betreuers oder des Betreuten oder von Amts wegen die Vergütung dem Grunde und der Höhe nach durch Beschluss fest (§ 168 FamFG). Ist zweifelhaft, ob dem Betreuer überhaupt eine Vergütung zusteht und würde die Festsetzung der Höhe besonders arbeitsaufwendig sein, kann eine (anfechtbare) Vorabentscheidung über den Anspruchsgrund ergehen[80]. Funktionell zuständig für die Festsetzung ist der Rechtspfleger (§§ 3 Nr 2 b, 15 RPflG); eine bloße Feststellung und Anweisung durch den Urkundsbeamten ist nicht möglich, weil sich der Anspruch gegen den Betreuten richtet.

40 **b) Betreuter mittellos.** Will der Betreuer des mittellosen Betreuten seine Vergütung aus der Staatskasse, dann gibt es zwei Möglichkeiten:

41 (1) Er beantragt *ohne Weiteres* Ersatz. Dann kann die **Feststellung** der aus der Staatskasse zu zahlenden Vergütung **durch den Urkundsbeamten der** Geschäftsstelle des Betreuungsgerichts im Verwaltungsweg erfolgen (§ 168 Abs 1 Satz 4, welcher für das *Verfahren* auf das JVEG, somit auf die Zuständigkeit des Urkundsbeamten, verweist). Wenn der Betreuer mit den Kürzungen nicht einverstanden ist, kann er die Festsetzung durch Beschluss nach § 168 FamFG (nicht: nach dem JVEG) verlangen. Das Betreuungsgericht kann aber auch von sich aus durch Beschluss festsetzen, wenn es dies für angemessen hält (§ 168 FamFG).

42 (2) Der Betreuer kann aber auch von Anfang an *ausdrücklich die Festsetzung* beantragen. Dann hat das Betreuungsgericht (Rechtspfleger) durch Beschluss die zu zahlende Vergütung nach Grund und Höhe festzusetzen (§ 168 FamFG). Sobald dieser Beschluss rechtskräftig ist, ist der Betreuer vor Rückforderungsansprüchen geschützt.

43 **c) Inhalt des Antrags.** Vgl § 168 Abs 2 FamFG.

44 **d) Verfahren des Betreuungsgerichts.** Das Betreuungsgericht hat die zur Festsetzung der Vergütung erforderlichen Tatsachen von Amts wegen zu ermitteln[81],

---

76 RGZ 127, 103, 106; BGH NJW 1975, 210, 211.
77 Anders als vor BVerfGE 54, 251.
78 BayObLG FamRZ 1996, 372/3.
79 Vgl BayObLG FamRZ 1989, 1119.
80 BayObLG FamRZ 1996, 250.
81 § 26 FamFG; BayObLG FamRZ 1996, 244.

also zB die berufliche Einordnung in eine der drei Vergütungsgruppen des § 4 VBVG. Der Betreute muss **gehört** werden (vgl § 168 Abs 4 Satz 1 FamFG), wenn er selbst zahlen muss (dh vermögend ist); ist er mittellos, muss er nicht gehört werden; wenn er aber insoweit leistungsfähig ist, dass er durch monatliche Rückzahlungen an die Staatskasse oder Einsatz eines Teils seines Vermögens letztlich die Betreuung ganz oder teilweise selbst zahlen muss, ist er auch vor einer Feststellung oder Festsetzung zu hören. In beiden Fällen ist dem Betreuten hierfür gegebenenfalls ein Verfahrenspfleger zu bestellen[82]. Zur **Feststellung der Mittellosigkeit** und zum maßgeblichen Zeitpunkt vgl § 1836 d.

e) **Beschluss des Betreuungsgerichts.** Zuständig für die *Festsetzung* ist der Rechtspfleger[83]. Für die Festsetzung in Unterbringungssachen (zB Verfahrenspflegervergütung) ist allerdings der Richter zuständig[84]. Für die *Feststellung* im Verwaltungsverfahren ist in beiden Fällen der Urkundsbeamte zuständig. Ist der Betreute nach der Festsetzung verstorben, kann der Betreuer unter Vorlage des Erbscheins (zu erlangen nach § 792 ZPO; § 13 FamFG beim Nachlassgericht) beim Betreuungsgericht die Umschreibung des Festsetzungsbeschlusses gegen die Erben verlangen (§ 727 ZPO; § 86 FamFG) und dann gegen diese vollstrecken. Die Festsetzung der Vergütung kann auch **nach dem Tode des Betreuten** aus dem Nachlass erfolgen[85], auch von Amts wegen oder auf Antrag der Erben des Betreuten bzw des Betreuers[86]; dann richtet sie sich mE von vorneherein gegen die Erben. Die materiell-rechtlichen Bestimmungen des JVEG gelten nicht. 45

f) **Beschwerde, Erinnerung.** Gegen den Vergütungsbeschluss ist die befristete Beschwerde (Frist: 1 Monat, § 63 Abs 1 FamFG) zum LG statthaft, wenn der Beschwerdegegenstand 600 Euro übersteigt (§ 61 Abs 1 FamFG). Bei einem Beschwerdegegenstand bis 600 Euro ist nur befristete Erinnerung zulässig, über die der Richter endgültig entscheidet (§ 11 Abs 2 RPflG) oder die Beschwerde zulässt, § 61 Abs 2 FamFG. Die Zulassung kann durch den Richter oder den Rechtspfleger erfolgen[87]. Die Nichtzulassung der Beschwerde ist unanfechtbar. Eine Verschlechterung (reformatio in peius), dh eine Herabsetzung der Vergütung im Beschwerdebeschluss ist nicht zulässig, wenn nur der Betreuer gegen die Vergütungsfestsetzung Beschwerde einlegt[88]; anders, wenn nur der Betreute oder wenn beide Beschwerde einlegen. – Die Beschwerdebefugnis (§ 59 FamFG) haben die Zahlungspflichtigen bzw Vergütungsberechtigten. Die Staatskasse (Bezirksrevisor) ist beschwerdeberechtigt, wenn sie selbst zahlen soll (§ 304 FamFG). 46

g) **Rechtsbeschwerde.** Eine weitere Beschwerde gegen den Beschwerdebeschluss des Landgerichts zum OLG[89] ist unzulässig (ausgenommen bei Altverfahren, Art 111 FGG-ReformG). Seit 1.9.2009 kann allenfalls Rechtsbeschwerde zum BGH eingelegt werden, was voraussetzt, dass das LG sie zugelassen hat; außerdem muss die Rechtsbeschwerde durch einen beim BGH zugelassenen Anwalt erfolgen (§ 10 Abs 4 FamFG). Die Zulassung ist nach eingetretener Rechtskraft nicht nachholbar[90]. Wenn sie beschlossen, aber versehentlich nicht im Beschluss zum 47

---

82 OLG Karlsruhe Rpfleger 1996, 27.
83 RPflG §§ 3 Nr 2 b, 15, vgl *Lappe* FamRZ 1996, 1347.
84 BayObLG Rpfleger 1993, 483; LG Kaiserslautern FamRZ 1996, 896; *Schlöpke* Rpfleger 1993, 435.
85 BayObLG FamRZ 1999, 1609 – FGPrax 1999, 182; FamRZ 1996, 372; Rpfleger 1990, 361; KG NJW 1957, 1441; Staudinger-*Engler* § 1836 Rz 12.
86 OLG Düsseldorf Rpfleger 1987, 20; Staudinger-*Engler* § 1836 Rz 13.
87 OLG Hamm Rpfleger 2000, 271; LG Gera Rpfleger 2000, 271.
88 BayObLG FamRZ 1997, 185; FamRZ 1996, 1166; FamRZ 1995, 692; *Domke* Rpfleger 1984, 94.
89 BayObLG, KG.
90 OLG Zweibrücken FamRZ 1999, 1167; BayObLG BtPrax 1999, 195; hM bei der Revisionszulassung, MünchKomm/*Walchshöfer* § 546 ZPO Rz 50 mwN; *Musielak/Ball*, ZPO, § 546 Rz 23.

Ausdruck gekommen ist, kommt Berichtigung in Frage. Eine willkürliche Nichtzulassung verstößt gegen Art 101 Abs 1 Satz 2 GG[91].

48 h) **Abänderung des Beschlusses.** Früher unterlag die Vergütungsfestsetzung der unbefristeten Beschwerde. Im FamFG ist alles befristet worden. Folge ist, dass mit formeller Rechtskraft des Beschlusses Änderungen nicht mehr zulässig sind. Eine spätere Herabsetzung der Vergütung mit der Folge, dass der Mehrbetrag gem §§ 812 ff herauszugeben ist, gibt es nicht mehr. Wenn allerdings die Staatskasse die Vergütung nicht durch Beschluss festsetzte, sondern im Verwaltungsverfahren einfach zur Zahlung anwies, fehlt ein rechtskräftig gewordener Beschluss und die Staatskasse kann das Verfahren wieder aufgreifen, etwa mit der Begründung, der Berufsbetreuer sei in eine niedrigere Vergütungsstufe einzuordnen.

VI. Die Durchsetzung des Vergütungsanspruchs

49 1. **Vermögender Betreuter, Betreuer mit Vermögenssorge.** Wenn der Betreuer die Vermögenssorge hat, kann er die Vergütung nach Wirksamwerden (aA nach Rechtskraft) des Festsetzungsbeschlusses (§ 40 Abs 1 FamFG) selbst aus dem Vermögen des Betreuten entnehmen, ohne dass *hierfür* eine Genehmigung durch das Betreuungsgericht erforderlich wäre. Ist kein Bargeld nach § 1806 bereit gehalten worden oder zwar Grundstücksvermögen, aber kein Geld vorhanden, hat er Anspruch auf Genehmigung des Betreuungsgerichts nach §§ 1812 ff, 1821 ff, um auf das angelegte Vermögen zurückzugreifen, zB durch Kreditaufnahme unter dinglicher Absicherung (§§ 1821 Abs 1 Nr 1, 1822 Nr 8) oder Veräußerung von Immobilien. Der Betreuer hat ferner ein Zurückbehaltungsrecht gem § 273 am Vermögen des Betreuten (vgl § 1890), zB gegenüber den Erben des verstorbenen Betreuten. Der entnommene Betrag ist in der jährlichen Abrechnung aufzuführen[92].

50 2. **Vermögender Betreuter, Betreuer ohne Vermögenssorge.** Ist der Betreute zwar vermögend, der Betreuer aber ohne Vermögenssorge, kann er die festgesetzte Vergütung dem Vermögen des Betreuten mangels Zugriffsmöglichkeit nicht entnehmen. Wurde nicht bezahlt, musste früher (bis 1998) der Betreuer den Betreuten vor dem Zivilgericht auf Zahlung verklagen. Jetzt bestimmt § 168 Abs 1 Satz 1 Nr 1 FamFG, dass auch hier der Betreuer die Festsetzung durch das Betreuungsgericht beantragen kann. Der Festsetzungsbeschluss ist ein Vollsteckungstitel gegen den Betreuten (§ 86 Abs 1 Nr 1 FamFG).

51 3. **Betreuter ist mittellos.** Ist der Betreute mittellos, zahlt die **Staatskasse,** § 1 VBVG. Wird erst verspätet festgesetzt, kann der Betreuer theoretisch einen evtl Zinsschaden (Verzug) aus Staatshaftung beim LG einklagen; praktisch ist das sinnlos. Fehlt ein solcher Schaden, fragt sich, ob die Staatskasse (die ja inzwischen mit dem vorenthaltenen Geld gearbeitet hat) aus Bereicherung (§§ 812, 818) Ersatz schuldet und in welcher Höhe sie leisten muss[93].

91 BVerfG FamRZ 1991, 295 zum Zivilprozess.
92 BayObLG FamRZ 1993, 849.
93 Vgl hierzu BayObLG FGPrax 1999, 39: 6 % Zinsen bei Rückzahlung von Gebühren; *Schön* NJW 1993, 3289; § 238 AO.

VII. Behörde und Verein, Abs 4

1. Behörde. Die **Betreuungsbehörde als Betreuerin** erhält keine Vergütung, weder vom vermögenden Betreuten (§ 1836 Abs 3) noch bei Mittellosigkeit des Mündels aus der Staatskasse. 52

Wenn Beamte oder Angestellte der Behörde als **sog Behördenbetreuer** bestellt wurden, dann findet § 1836 Abs 2 und 3 BGB Anwendung (§ 8 VBVG): zu Lasten des vermögenden Betreuten kann der Behörde eine Vergütung bewilligt werden; ist der Betreute mittellos scheidet eine Vergütung aus der Staatskasse aus, weil sonst letztlich nur Geld zwischen öffentlichen Kassen hin- und hergeschoben würde. 53

2. Verein. Der **Betreuungsverein als Betreuer** erhält keine Vergütung, weder vom vermögenden Betreuten (§ 1836 Abs 3) noch bei Mittellosigkeit des Mündels aus der Staatskasse. Deshalb lässt der Verein sofort einen Vereinsbediensteten zum Vereinsbetreuer bestellen (§ 1897 Abs 2 BGB). 54

Der **Vereinsbetreuer** erhält selbst keine Vergütung und keinen Aufwendungsersatz (§ 7 Abs 3 VBVG). Aber der Verein kann für ihn abrechnen und erhält das Geld (§ 7 Abs 1 VBVG: bei vermögenden Betreuten ist dieser zahlungspflichtig (§ 1836 Abs 2 BGB), bei mittellosen Betreuten die Staatskasse (§§ 1, 4 ff VBVG). 55

VIII. Entsprechende Anwendung auf Pfleger und Betreuer

§ 1836 findet in vollem Umfang entsprechende Anwendung auf den Pfleger (§ 1915) und den Betreuer (§ 1908 i). Zur Vergütung der Nachlasspfleger vgl Kommentierungen bei § 1960[94]. 56

IX. Vergütung des Verfahrenspflegers

1. Vergütung. Dafür gilt § 277 FamFG. 57

2. Unterbringungsverfahrenspfleger. Auch dafür gilt § 277 FamFG. Jedoch stellt sich vor allem hier die Frage, ob Rechtsanwälte, die als Verfahrenspfleger im Unterbringungsverfahren (§ 1906 BGB; PsychKG/UnterbrG) bestellt wurden, nicht über § 1835 Abs 3 BGB nach dem RVG abrechnen können. Vgl dazu § 277 FamFG Rz 22. 58

3. Verfahrensbeistand des Kindes. Er wird zB bei Unterbringung des Kindes bestellt und wird besser als ein Verfahrenspfleger bezahlt, nämlich nach § 158 FamFG. 59

§ 1836a

(aufgehoben)

§ 1836b

(aufgehoben)

---

94 *Zimmermann* ZEV 1999, 329.

§ 1836c BGB Einzusetzende Mittel des *Mündels*

Der *Mündel* hat einzusetzen

1. [1]nach Maßgabe des § 87 des Zwölften Buches Sozialgesetzbuch sein Einkommen, soweit es zusammen mit dem Einkommen seines nicht getrennt lebenden Ehegatten oder Lebenspartners die nach den §§ 82, 85 Abs. 1 und § 86 des Zwölften Buches Sozialgesetzbuch maßgebende Einkommensgrenze für die Hilfe nach dem Fünften bis Neunten Kapitel des Zwölften Buches Sozialgesetzbuch übersteigt. [2]Wird im Einzelfall der Einsatz eines Teils des Einkommens zur Deckung eines bestimmten Bedarfs im Rahmen der Hilfe nach dem Fünften bis Neunten Kapitel des Zwölften Buches Sozialgesetzbuch zugemutet oder verlangt, darf dieser Teil des Einkommens bei der Prüfung, inwieweit der Einsatz des Einkommens zur Deckung der Kosten der *Vormundschaft* einzusetzen ist, nicht mehr berücksichtigt werden. [3]Als Einkommen gelten auch Unterhaltsansprüche sowie die wegen Entziehung einer solchen Forderung zu entrichtenden Renten;

2. sein Vermögen nach Maßgabe des § 90 des Zwölften Buches Sozialgesetzbuch.

1 **1. Textgeschichte.** § 1836c wurde mit Wirkung ab 1.1.1999 durch das 1. BtÄndG v 25.6.1998 (BGBl 1998, S. 1580) eingefügt und mehrfach geändert.

2 **2. Zweck der Regelung.** Aufwendungen, Aufwandspauschale, Vergütung (des Betreuers, Vormunds usw) hat der vermögende Betreute selbst zu zahlen, beim mittellosen zahlt die Staatskasse. Aufwendungen und Vergütung des Verfahrenspflegers zahlt immer (auch bei vermögenden Betroffenen) die Staatskasse; sie nimmt dann Regress beim vermögenden Betroffenen. Die Frage, wann jemand mittellos ist, ist daher außerordentlich wichtig.

3 **3. Einsatz des Einkommens (Nr 1 Satz 1).** Das Einkommen des Betreuten, das eine bestimmte Grenze übersteigt, ist vom Betreuten ganz oder teilweise einzusetzen, dh der Überschuss ist grundsätzlich vom Betreuten zur Deckung der Kosten der Betreuung an die Staatskasse bzw an den Betreuer zu zahlen.

4 **a) Einkommen.** § 82 Abs 1 SGB XII definiert das Einkommen (alle Einkünfte in Geld oder Geldeswert, also auch Sachbezüge). Auch die „Zahlungen“ der Pflegeversicherung an den Betreuten gehören zu dessen Einkommen[1]; doch sind dann entsprechende Abzüge zu machen.

5 **Kein sozialhilferechtliches Einkommen** sind:
Sozialhilfe (Hilfe zum Lebensunterhalt, Grundsicherung, sonstige Hilfen nach SGB XII);
Grundrente nach BundesversorgungsG und bestimmte Renten nach dem BundesentschädigungsG;
Erziehungsgeld; Kindererziehungsrenten;
Unterstützungsleistungen für SED-Opfer;
Motivationsleistungen aus dem Europäischen Sozialfonds;
Leistungen der Stiftung „Mutter und Kind“;
Blindenführhundleistungen; Soforthilfe für HIV-Infizierte;
bestimmte weitere Sozialbezüge[2].

6 Das Gesetz stellt in dieser ersten Stufe auf das Einkommen des Betreuten und seines nicht *getrennt lebenden* Ehegatten ab. Beide werden als Wohn- und

---

1 BayObLG FamRZ 2000, 562; aA LG Koblenz BtPrax 2000, 222; *Jürgens* BtPrax 2000, 71; er weist darauf hin, dass es sich idR um Sachleistungen handelt.

2 vgl *Deinert* FamRZ 1999, 1187/90.

Wirtschaftsgemeinschaft behandelt. Das Einkommen der Eltern eines Betreuten wird nicht berücksichtigt[3].

Abzüge. Was davon abzuziehen ist, ergibt sich aus § 82 Abs 2 SGB XII; nämlich 7

- Lohnsteuer, Einkommensteuer, Kirchensteuer,
- Pflichtbeiträge zur Kranken-, Renten-, Arbeitslosen-, Pflegeversicherung,
- Freiwillige Versicherungsbeiträge wie zB Kranken-, Unfall-, Haftpflicht-, Hausrat-, Sterbegeldversicherung,
- Fahrtkosten zur Arbeit, nach Schätzung,
- sonstige Ausgaben, deren Abzug angemessen erscheint
- Erwerbstätigenfreibetrag. Die Höhe beträgt 50 % des höchsten Eckregelsatzes, also ½ von 359 Euro (ZPO – PKHB Nr 1). Das ist der Betrag, der für den *erwerbstätigen* Betreuten zusätzlich abzuziehen ist; bei Rentnern, Arbeitslosen wird dieser Betrag somit nicht abgezogen.

Dies führt zum **bereinigten Einkommen.** 8

b) **Einkommensgrenze.** Dieses bereinigte Einkommen wird verglichen mit der maßgebenden Einkommensgrenze. Sie ergibt sich aus §§ 82, 85 Abs 1, 86 SGB XII; maßgebend sind die Einkommensgrenzen für Hilfe in besonderen Lebenslagen. Der Grenzbetrag ergibt sich aus dem zweifachen Eckregelsatz der Sozialhilfe, den Kosten der Unterkunft sowie einem Familienzuschlag. Der Eckregelsatz erhöht sich jährlich zum 1. Juli (Dynamisierung). Die Veränderung errechnet sich aus der Veränderung des Rentenwertes. Ab 1.7.2008 betrug der Eckregelsatz 351 Euro, das ergab einen geschützten Gesamtbetrag von 702 Euro in den alten und neuen Bundesländern (zweifacher Eckregelsatz von 351 Euro). Dazu kamen die Kosten der Unterkunft (Miete) sowie ein Familienzuschlag von 70 % des Eckregelsatzes, dh von 246 Euro, für den Ehegatten sowie für jede unterhaltene Person. Der **maßgebliche Eckregelsatz** beläuft sich ab 1.7.2009 auf 359 Euro monatlich für einen ledigen Betreuten (in den alten und neuen Bundesländern seit 1999 gleich hoch; früher galten verschiedene Beträge); der Einkommensfreibetrag beträgt somit ab 1.7.2009: **718 Euro.** Dazu kommt ein **Familienzuschlag** in Höhe von 90 % (früher 80 %) des Regelsatzes eines Haushaltsvorstandes (seit 1.7.2009 somit 323 Euro) für den Ehegatten und für jeden versorgten Unterhaltsberechtigten. Wenn also der Betreute seine bei ihm wohnende Nichte finanziell mitversorgt, ist der Zuschlag zu gewähren. Mit „Lebenspartner" ist der *gleichgeschlechtliche* (Mann/Mann, Frau/Frau) gemeint, § 1 LPartG. Für Lebensgefährten (Mann/Frau) gilt die Regelung nicht. 9

Dazu kommt die **Miete** zuzüglich Nebenkosten: ob hierbei auf die Kaltmiete[4] oder die Warmmiete[5] abzustellen ist, ist streitig und bislang nicht entschieden; notfalls sind die Nebenkosten nach § 287 ZPO zu schätzen[6]. Bewohnen mehrere Personen die Wohnung und haben sie Einkommen, ist (wie auch im PKH-Recht) der Umrechnungsschlüssel streitig: zunächst kommt es auf die getroffene Vereinbarung an, hilfsweise auf das Verhältnis der Einkünfte und auf das Verhältnis der genutzten Flächen, die Kopfteile. 10

---

3 OLG Zweibrücken FamRZ 2001, 222; aA *Dodegge/Roth* F 258.
4 *Knittel* § 1836 c Rz 7.
5 LG München I BtPrax 2000, 134.
6 BayObLG FamRZ 2000, 562.

11 **Beispiele:** – 1) Wenn der ledige Betreute im Monat 1.000 Euro netto Rente einnimmt und hiervon 300 Euro *Kalt*miete zu zahlen hat, verbleiben ihm 700 Euro, also weniger als der Grundfreibetrag von 718 Euro; er braucht für die Betreuung nichts an die Staatskasse oder an den Betreuer zahlen, da der Grenzbetrag von 718 Euro nicht überschritten wird. – 2) Ist der Betreute verheiratet, zahlt 400 Euro Miete und nimmt er (bereinigt) netto 1.440 Euro monatlich ein, braucht er ebenfalls nichts an die Staatskasse zu zahlen, weil der Grenzbetrag von 718 + 323 + 400 = 1.441 Euro nicht überschritten wird. – 3) Der ledige Betreute wohnt im Heim und hat ein monatliches Nettoeinkommen von 2.000 Euro. Davon geht der Freibetrag von 718 Euro weg, ferner die Kosten der Unterkunft, welche aus den Heimkosten herauszurechnen[7] und der Höhe nach eventuell zu schätzen sind.

12 c) **Nr 1 Satz 2.** Die Vorschrift entspricht § 87 Abs 1 SGB XII und soll zum Ausdruck bringen, dass durch die Zahlungen des Betreuten für die Betreuung im Ergebnis nicht eine erhöhte Sozialhilfebedürftigkeit begründet werden darf. Hat der Betreute ein Einkommen von zB 1.500 Euro und wird von ihm verlangt, hiervon 200 Euro monatlich für Krankenhilfe aufzuwenden, darf bei der obigen Rechnung nur noch von 1.300 Euro ausgegangen werden. Dem Sozialhilfebescheid kann entnommen werden, wie viel vom Einkommen für Bedarf in besonderen Lebenslagen aufgewandt werden muss. Die Justizkasse darf nicht dadurch aufgefüllt werden, dass die Sozialhilfekasse geleert wird.

13 d) **Angemessene Beteiligung.** Nicht jeder Euro, der die maßgebende Grenze übersteigt, ist vom Betreuten einzusetzen. Denn § 87 SGB XII besagt, dass die Aufbringung der Mittel in *angemessenem* Umfang zuzumuten sein muss, wenn das zu berücksichtigende Einkommen die maßgebende Grenze übersteigt. Es handelt sich um einen unbestimmten Rechtsbegriff[8]; es kommt auf die Verhältnisse des Einzelfalls an, die daher vom Betreuungsgericht zu ermitteln sind. Es kommt auf besondere Belastungen an. **Heimkosten** sind solche Belastungen.

14 **Beispiele:** (1) Hat der Betreute monatliche Einnahmen von 2.140 Euro, wovon 1.720 Euro an das Heim zu zahlen sind (bei 740 Euro Unterkunftsanteil), dann sind von ihm an sich 682 Euro im Monat einzusetzen (2.140 minus 740 minus 718). Ein Teilbetrag ist noch abzuziehen als besondere Belastungen. Nun ist zu untersuchen, welche Ausgaben vom Rest der Betreute noch zu bestreiten hat, um seine Lebensführung nicht unzumutbar einschränken zu müssen bzw wieviel hiervon als reines Taschengeld zu betrachten sind. Jedenfalls ist nur ein Teil der 682 Euro an die Staatskasse abzuführen[9]. (2) Bei einem Einkommen von 1.458 Euro, Kosten der Unterkunft von 500 Euro, einem Grundfreibetrag von 690 Euro verblieben als „freier Betrag" 268 Euro. Eine monatliche Zahlung von 150 Euro war nicht unangemessen[10].

15 e) **Ehegatteneinkommen.** Einzusetzen ist das Einkommen des Betreuten, nicht das seines Ehegatten. Das Ehegatteneinkommen kann aber dazu führen, dass der Betreute sein eigenes Einkommen vollständig einzusetzen hat, weil das Einkommen des Ehegatten zur Deckung des sonstigen Bedarfs ausreicht. Ferner ist das Ehegatteneinkommen insoweit von Bedeutung, als es Unterhaltsansprüche begründen kann: bei Erfüllung erhöhen sie das Einkommen des Betreuten; bei Nichterfüllung tritt die Staatskasse in Vorlage und nimmt beim Ehegatten Regress (§ 1836 e).

16 f) **Unterhaltsansprüche, Nr 1 Satz 3.** Sie gelten als Einkommen. Wird aber kein Unterhalt bezahlt, dann ist § 1836 d zu beachten. Die Rückzahlung der zugunsten des Betreuers festgesetzten und aus der Staatskasse gezahlten Vergütung

---

7 BayObLG FamRZ 2000, 563.
8 BayObLG FamRZ 2000, 563.
9 BayObLG FamRZ 2000, 563.
10 LG Koblenz FamRZ 2007, 1769; in einem Fall wurden bei einem „freien" Betrag von 640 Euro monatlich 500 Euro für angemessen gehalten, LG Koblenz FamRZ 2007, 236.

durch den Betreuten ist anzuordnen, damit die Staatskasse den Anspruch selbst verfolgen kann; das Bestehen der Unterhaltsansprüche ist vor der Anordnung der Rückforderung vom Betreuungsgericht nicht zu prüfen[11].

4. Einsatz des Vermögens (Nr 2). – a) Grundsatz. Hier wird in § 1836c Nr 2 auf § 90 SGB XII verwiesen. Vermögen ist für die Kosten der Betreuung einzusetzen; das kann der Betreute nicht verhindern, indem er zB bei einer Lebensversicherung mit der Versicherungsgesellschaft einen „Verwertungsausschluss" vereinbart[12]. Zweifelhaft ist, ob ein dem Betreuten zustehender Nachlass, der unter Testamentsvollstreckung steht, als nicht zugriffsfähiges Vermögen aufgefasst werden kann[13]. Die **Abgrenzung Einkommen – Vermögen** ist (wie auch bei der PKH) wegen der unterschiedlichen Freibeträge von Bedeutung. Dabei muss man die **Ansparfälle** von den **Nachzahlungsfällen** unterscheiden (unten Rz 26). 17

b) Definition. Vermögen in diesem Sinne sind auch Vermögenswerte und Ansprüche, die in absehbarer Zeit realisiert werden können, zB der Anspruch auf Schenkungsrückforderung, auf Erbauseinandersetzung[14], Auflösung einer Kapitallebensversicherung[15], auf ein Grundstück[16]. Der derzeit nicht fälliger Sparbrief ist realisierbar[17], zB unter Abzug von Zwischenzins oder Beleihung. Ist für einen Pflichtteilsverzicht kein Geld geflossen liegt insoweit kein Vermögen vor[18]. An der „Verwertbarkeit" von Vermögen des Betreuten fehlt es, wenn der Verwertung ein rechtliches oder tatsächliches Hindernis entgegensteht, wenn die Verwertung wirtschaftlich unvertretbar ist oder wenn sie nicht in angemessener Zeit durchgeführt werden kann[19]. Das ist aber nicht der Fall, wenn die Aktienkurse gefallen sind oder die Grundstückspreise zurückgegangen sind. Zu berücksichtigen ist allerdings, dass manche Objekte nur innerhalb einer Spanne von Monaten oder ein bis zwei Jahren einen Käufer finden, der einen vertretbaren Preis bezahlt, anders als bei Aktien, die einen täglichen Marktpreis haben. Auch Anteile an Miteigentümergemeinschaften sind verwertbar[20]. 18

c) Erbengemeinschaften. Als (vorübergehend) mittellos gilt andererseits auch, wessen Vermögen derzeit nicht verwertet werden kann, zB weil eine Erbauseinandersetzung noch nicht abgeschlossen ist[21]; anders ist es, wenn eine Darlehensaufnahme möglich ist oder wenn der Grundbesitz der Erbengemeinschaft inzwischen veräußert ist[22]. Gilt der Betroffene, obgleich Mitglied einer Erbengemeinschaft, wegen fehlender Verwertbarkeit eines Erbanteils als mittellos, so scheidet die Festsetzung einer Regresszahlung auch zum Zwecke der dinglichen Absicherung des bei später eintretender Leistungsfähigkeit des Betreuten festsetzbaren Rückgriffsanspruches durch eine Zwangshypothek aus[23]. 19

d) Bei der Prüfung des Schonvermögens ist grundsätzlich auf die einzelnen Vermögensgegenstände abzustellen und nicht etwa auf den **Überschuss der** 20

11 OLG Düsseldorf Rpfleger 2003, 28; BayObLG FPR 2002, 69.
12 LG Köln FamRZ 2009, 1092.
13 So OLG Köln ZEV 2009, 402.
14 LG Arnsberg FamRZ 1998, 119.
15 LG Koblenz FamRZ 2010, 329.
16 OLG Frankfurt FGPrax 2001, 152.
17 LG Frankenthal NJOZ 2001, 1988.
18 LG Hannover 2008, 817.
19 BayObLG NJW-RR 2001, 1515.
20 LG Osnabrück NdsRpfl 2005, 254.
21 OLG Schleswig FGPrax 2003, 127; OLG Oldenburg Rpfleger 2000, 456; LG Münster FamRZ 1999, 1362.
22 LG Koblenz FamRZ 2000, 981; LG Arnsberg FamRZ 1998, 1119.
23 OLG Frankfurt FGPrax 2003, 33.

Aktiva über die Passiva[24]; das BayObLG[25] meint: solange ein dem Betroffenen zustehender Gegenstand nicht aus seinem Vermögen abgeflossen sei, müsse er dem Aktivvermögen zugerechnet werden. Dabei wird aber nicht beachtet, dass, sobald ein Titel vorliegt, jederzeit Vollstreckungsmaßnahmen Dritter drohen. Es hat keinen Sinn, einen Betreuten, der sich titulierten Forderungen gegenüber sieht, als vermögend zu betrachten, die Festsetzung der Vergütung aus der Staatskasse daher abzulehnen und dann wieder von vorne zu beginnen, weil der Gläubiger inzwischen (noch ehe der Betreuer das Geld entnehmen konnte) vollstreckt hat, so dass jetzt sicher Mittellosigkeit vorliegt. Aber nur aktuelle Verbindlichkeiten, die alsbald zu befriedigen sind, zählen und sind abzuziehen. Das gilt jedenfalls immer dann, wenn ein rechtskräftiger Vollstreckungstitel vorliegt[26]; ebenso, wenn ein Kostenträger einen entsprechenden Leistungsbescheid erlassen hat[27]. Aber auch eine vorliegende unbestrittene Rechnung zählt und ist meines Erachtens vom Vermögen abzuziehen (sonst würde sich der Betreute auch wegen Betrugs strafbar machen). **Eventuelle künftige Schulden** können noch nicht berücksichtigt werden[28]. Steht eine Zahnsanierung bevor will das BayObLG[29] daher keine Rückstellung erlauben. Letztlich geht es um die Frage, ob man den Betroffenen zugunsten der Staatskasse als „zahnlos“ existieren lassen will. Bei der Bestattungsvorsorge geht es auch nur um künftige Verbindlichkeiten, die aber von der hM (Rz 27) privilegiert werden, weil andernfalls aus der Staatskasse ein Sozialbegräbnis zu zahlen wäre.

21 e) **Ein Betreuter** ist nicht gehalten, **sparsam zu leben**, um die Staatskasse zu entlasten[30].

22 f) **Hausgrundstück.** Nicht einzusetzen ist demnach ua das angemessene Hausgrundstück[31] oder Betriebsgrundstück[32], § 90 SGB XII. Die Angemessenheit bestimmt sich nach der Zahl der Bewohner, dem Wohnbedarf, der Grundstücksgröße, der Hausgröße, dem Zuschnitt und der Ausstattung des Wohngebäudes sowie dem Wert des Grundstücks einschließlich des Wohngebäudes. Maximale Wohnflächen von 120 bis 156 qm werden diskutiert[33], Wohngebäude und Flächenumgriff bis etwa 500 qm[34]; bei einem größeren Garten kommt es darauf an, ob ein Teil abtrennbar und wirtschaftlich zB durch Verkauf verwertbar ist. Beim Wert des Anwesens gibt es keine starren Grenzen; es kommt darauf an, ob sich der Verkehrswert (dh der bei einem Verkauf erzielbare Betrag) im unteren Bereich der Vermögenswerte vergleichbarer Objekte am Wohnort des Betroffenen hält[35]. Wenn allerdings der allein stehende Betreute auf Dauer in einem Pflege- oder Altersheim wohnt, das Haus also nicht mehr selbst bewohnt, ist das Anwesen nicht mehr geschützt[36]. Ebenso ist es bei einer Eigentumswohnung, auch dem Hälfteanteil hieran[37].

---

24 OLG Hamm Rpfleger 1999, 391 = BtPrax 1999, 197; BayObLG NJW-FER 1999, 35 = JurBüro 1999, 261.

25 BayObLG FGPrax 2004, 25.

26 AA BayObLG FGPrax 2004, 25: selbst titulierte Verbindlichkeiten bleiben außer Betracht.

27 OLG Zweibrücken BtPrax 1999, 32; LG Koblenz FamRZ 2004, 1899.

28 LG Detmold FamRZ 2009, 544.

29 BayObLG FGPrax 2005, 119.

30 AA AG Betzdorf FamRZ 2004, 904, das dem Betreuten den Kauf von Möbeln für 823 Euro, Waschmaschine für 1.220 Euro und Zimmerbrunnen für 54 Euro als „Luxus“ übel nahm.

31 Es heißt nicht mehr, wie bis 1990, das *kleine* Hausgrundstück; dazu *Schulte* NJW 1991, 546.

32 Falls der Betroffene noch selbst erwerbstätig ist; BayObLG FamRZ 1999, 1234.

33 BayObLG FamRZ 1996, 245: Höchstgrenze für Familienheim 130 qm.

34 BayObLG FamRZ 1996, 245/6; JurBüro 1999, 261.

35 BVerwG FamRZ 1991, 697.

36 BVerwG NJW 1992, 1402.

37 BayObLG FGPrax 1997, 102.

g) **Ist das Haus belastet,** ist *nicht* auf den Überschuss der Aktiva über die Passiva abzustellen, sondern auf den einzelnen Vermögensgegenstand[38]; es kommt darauf an, ob der Verkauf zu einem vernünftigen Ergebnis führt. Ein Geldbetrag ist nur dann zur baldigen Beschaffung eines Hausgrundstücks bestimmt (§ 90 Abs 2 Nr 3 SGB XII), wenn der Empfänger der Sozialleistung konkret damit befasst ist, ein Eigenheim im Sinne des Gesetzes zu bauen oder zu erwerben[39]. Ist eine Immobilie nicht geschützt und eine Verwertung in absehbarer Zeit möglich, muss der Betreuer seinen Vergütungsanspruch nach Ansicht des OLG Schleswig durch zwangsweise Verwertung des Immobilie des Betreuten realisieren und kann grundsätzlich nicht auf die Staatskasse zurückgreifen[40]; freilich gilt das nur bedingt, denn die Zwangsversteigerung dauert länger als ein Jahr und dem Betreuer ist nicht zuzumuten, solange auf seine Vergütung zu warten[41]; deshalb wird die Staatskasse die Vergütung vorerst zahlen müssen und dann Regress beim Betreuten nehmen müssen und erst in diesem Zusammenhang ist die Immobilie zur Zwangsversteigerung zu bringen. Bei nicht erfüllten Unterhaltsansprüchen wird die Sache nicht anders gehandhabt (§ 1836 d). 23

h) **Barbeträge.** Ferner sind kleinere Barbeträge (als Vermögen) nicht einzusetzen (§ 90 Abs 2 Nr 9 SGB XII); nach der dazu ergangenen DurchführungsVO[42] ist das ein Betrag von 2.600 Euro. Der Betrag von 2.600 Euro ist um 614 Euro zu erhöhen, wenn der Betroffene verheiratet ist und um 256 Euro für jede Person (zB die Tochter) zu erhöhen, die vom Betroffenen überwiegend unterhalten wird. Der erhöhte Schonbetrag für einen Blinden ist seit 2005 entfallen[43]. Auch die erhöhten Freibeträge für Kriegsopfer sowie für Personen, die in einer Werkstatt für Behinderte[44] arbeiten oder nach dem BVG[45] gelten nicht mehr, weil entsprechende Verweisungen fehlen. Auch bei schwerstpflegebedürftigen Person gilt der Betrag von 2.600 Euro und nicht 4.901 Euro[46]. 24

i) **Unzumutbare Härte.** Bei unzumutbarer Härte muss auch sonstiges Vermögen nicht eingesetzt werden (§ 90 Abs 2 SGB XII); Härte heißt: wenn die Anwendung der Regelvorschriften zu einem den Leitvorstellung des Abs 2 nicht entsprechenden Ergebnis führen würde[47]. Die Gesamtsituation muss gewürdigt werden[48]. Dabei können auch das Krankheitsbild und sonstige persönliche Umstände des Betreuten berücksichtigt werden[49]. 25

j) **Ursprung des Vermögens:** grundsätzlich kommt es nicht darauf an. Wenn Guthaben aber aus Schmerzensgeldzahlungen herrührt wird der Einsatz als Härte angesehen[50]. Entschädigungen nach dem StrRehaG für eine zu Unrecht verhängte Freiheitsentziehung müssen nicht eingesetzt werden[51]. **Ansparung:** wenn das Guthaben aus angespartem Erziehungsgeld[52] herrührt, wird, da Erziehungsgeld nicht als Einkommen zählt, der Einsatz als Härte angesehen. 26

38 BayObLG FamRZ 1999, 1234.
39 OLG Hamm FamRZ 2006, 506.
40 OLG Schleswig NJOZ 2004, 591.
41 LG Schweinfurt FamRZ 2002, 1146 meint, ein halbes Jahr Warten sei dem Betreuer zumutbar.
42 VO vom 27.12.2003, BGBl 2003, 3022; BayObLG FamRZ 2002, 701.
43 *Dodegge/Roth* F 270.
44 AA OLG Celle FGPrax 2003, 130.
45 OLG Köln FamRZ 2007, 1043; OLG Frankfurt FGPrax 2004, 72.
46 LG Koblenz FamRZ 2006, 507.
47 BayObLG FamRZ 1996, 245/7.
48 BayObLG FamRZ 1998, 1054 Nr 661.
49 BayObLG NJOZ 2004, 588.
50 BVerwG FamRZ 1995, 1348; OLG Frankfurt NJW-RR 2009, 11; OLG Hamm FGPrax 2007, 171; OLG Jena FGPrax 2005, 125 (Verschüttungsunfall, Ursache der Betreuung, Schmerzensgeld 110.000 Euro); LG Köln BtPrax 1998, 196.
51 LG Verden FamRZ 2004, 221.
52 BVerwG NJW 1998, 397.

Ebenso ist es, wenn Zahlungen einer Stiftung „Hilfswerk für behinderte Kinder“ angespart werden[53]. Wer die Opferentschädigungsrente, bezahlt wegen einer Straftat, anspart, für den ist die Verwertung dieses „Vermögens“ unzumutbar[54]. Andernfalls würde der sparsame, gewissenhafte Mensch benachteiligt, der konsumfreudige Bürger privilegiert (was allerdings das System des Sozialrechts ist). **Nachzahlung.** Wenn ein Guthaben aus Rentennachzahlungen entstanden sind, darf es nicht als „Vermögen“ bewertet werden. Wer, wäre die Rente laufend in richtiger Höhe bezahlt worden, nichts einzusetzen hätte, kann nicht zahlungspflichtig werden, wenn nun die Rückstände in einer Summe von mehr als 2.600 Euro nachentrichtet werden. So ist es auch, wenn Kindergeld nachgezahlt wird[55]. In den Nachzahlungsfällen muss also der Betrag auf die jeweiligen Monate aufgeteilt werden. **Abfindungen** für den Verlust des Arbeitsplatzes, für Unterhalt und sonstige monatliche Einkünfte sind als Einkommen anzusehen. Ein Kapitalbetrag, den die Betroffene auf Grund eines gerichtlichen Vergleichs als Abfindung für einen laufenden Unterhaltsanspruch erhalten hat und auf dessen ratenweisen Einsatz sie zur Deckung ihres laufenden Unterhaltsbedarfs angewiesen ist, ist nach Ansicht des OLG Hamm[56] wegen Härte nicht einzusetzen; richtigerweise handelt es sich um eine Vorauszahlung, die auf die entsprechenden Monate aufzuteilen ist.

27 k) **Wenn ein vom Betreuten** bewohntes Hausgrundstück zwar als verwertbares Vermögen anzusehen ist (weil es zB zu groß ist), kann gleichwohl die Verwertung für ihn und seine unterhaltsberechtigten Angehörigen eine besondere Härte bedeuten, so dass das Haus unter § 90 SGB XII fällt, etwa uU wenn beim Verkauf nicht mehr als eine Schuldentilgung herauskommt[57]. Der Einsatz eines Wohnmobils kann im Einzelfall eine Härte sein[58]. Vermögen ist nicht heranzuziehen, wenn dadurch die Aufrechterhaltung einer angemessenen **Alterssicherung** wesentlich erschwert würde, § 90 Abs 3 SGB XII[59]. Wer in wohlhabenden Tagen Geld auf einen **Bestattungsvorsorgevertrag** zahlte, für den ist es in der Regel nicht zumutbar, den Vertrag zu kündigen, damit er den Betreuer und die Gerichtskasse zahlen kann[60]. Dasselbe gilt für Mittel aus einer Sterbegeldversicherung des Betroffenen im Falle einer Vertragsbeendigung[61].

28 **Verwertung nicht geschützter Immobilien.** Dies ist zB kein Härtefall, wenn der Betreute das Haus nicht selbst bewohnt; oder wenn er keine nahen Angehörigen mehr hat und durch Verkauf des Hauses unter gleichzeitiger Bestellung eines unentgeltlichen Wohnrechts auf Lebenszeit sichergestellt ist, dass er weiterhin im Haus wohnen bleiben kann[62]; oder wenn ohnehin die Zwangsversteigerung des Anwesens bevorsteht[63]. Dass bei Verwertung des Hauses die Mieteinnahmen wegfallen begründet keine unzumutbare Härte[64].

---

53 LG Hamburg Rpfleger 2003, 503.
54 AA BayObLG FGPrax 2005, 119 (10.114 Euro) und FGPrax 2002, 73.
55 LG Gießen FamRZ 2009, 457.
56 OLG Hamm FGPrax 2003, 223.
57 Vgl BayObLG FamRZ 1998, 1054 Nr 661.
58 BVerwG FamRZ 1998, 547.
59 OLG München BtPrax 2009, 72 = FGPrax 2009, 74; LG Koblenz FamRZ 2010, 329.
60 OLG Frankfurt FGPrax 2001, 115.
61 OLG Zweibrücken FGPrax 2006, 21 (angespart waren 3003 Euro); OLG Schleswig FGPrax 2007, 230.
62 BayObLG FamRZ 1996, 245: Zweifamilienhaus auf 1.006 qm Fläche, Wert 1,3 Mio DM. Verwertung zumutbar; keine Härte, weil bei Belastung mit Wohnrecht um 760.000 DM verkäuflich; Rente monatlich 1.924 DM.
63 BayObLG FGPrax 1997, 102/3.
64 OLG München FGPrax 2005, 210; LG Osnabrück NdsRpfl 2009, 13.

Keine Härte ist der Einsatz einer **Lebensversicherung**, trotz des geringen Rückkaufwertes[65]. Hier kann aber der Schutz wegen Alterssicherung eingreifen. 29

5. Entsprechende Anwendung. § 1836 c ist entsprechend anwendbar auf Pfleger (§ 1915)[66]. 30

6. Gesetzestexte: 31

§ 82 SGB XII Begriff des Einkommens

(1) Zum Einkommen gehören alle Einkünfte in Geld oder Geldeswert mit Ausnahme der Leistungen nach diesem Buch, des befristeten Zuschlags nach § 24 des Zweiten Buches, der Grundrente nach dem Bundesversorgungsgesetz und nach den Gesetzen, die eine entsprechende Anwendung des Bundesversorgungsgesetzes vorsehen und der Renten oder Beihilfen nach dem Bundesentschädigungsgesetz für Schaden an Leben sowie an Körper oder Gesundheit, bis zur Höhe der vergleichbaren Grundrente nach dem Bundesversorgungsgesetz. Bei Minderjährigen ist das Kindergeld dem jeweiligen Kind als Einkommen zuzurechnen, soweit es bei diesem zur Deckung des notwendigen Lebensunterhaltes benötigt wird.

(2) Von dem Einkommen sind abzusetzen
1. auf das Einkommen entrichtete Steuern,
2. Pflichtbeiträge zur Sozialversicherung einschließlich der Beiträge zur Arbeitsförderung,
3. Beiträge zu öffentlichen oder privaten Versicherungen oder ähnlichen Einrichtungen, soweit diese Beiträge gesetzlich vorgeschrieben oder nach Grund und Höhe angemessen sind, sowie geförderte Altersvorsorgebeiträge nach § 82 des Einkommensteuergesetzes, soweit sie den Mindesteigenbeitrag nach § 86 des Einkommensteuergesetzes nicht überschreiten,
4. die mit der Erzielung des Einkommens verbundenen notwendigen Ausgaben,
5. das Arbeitsförderungsgeld und Erhöhungsbeträge des Arbeitsentgelts im Sinne von § 43 Satz 4 des Neunten Buches.

(3) Bei der Hilfe zum Lebensunterhalt und Grundsicherung im Alter und bei Erwerbsminderung ist ferner ein Betrag in Höhe von 30 vom Hundert des Einkommens aus selbständiger und nichtselbständiger Tätigkeit der Leistungsberechtigten abzusetzen, höchstens jedoch 50 vom Hundert des Eckregelsatzes. Abweichend von Satz 1 ist bei einer Beschäftigung in einer Werkstatt für behinderte Menschen von dem Entgelt ein Achtel des Eckregelsatzes zuzüglich 25 vom Hundert des diesen Betrag übersteigenden Entgelts abzusetzen. Im Übrigen kann in begründeten Fällen ein anderer als in Satz 1 festgelegter Betrag vom Einkommen abgesetzt werden.

(4) (weggefallen)

§ 85 SGB XII Einkommensgrenze

(1) Bei der Hilfe nach dem Fünften bis Neunten Kapitel ist der nachfragenden Person und ihrem nicht getrennt lebenden Ehegatten oder Lebenspartner die Aufbringung der Mittel nicht zuzumuten, wenn während der Dauer des Bedarfs ihr monatliches Einkommen zusammen eine Einkommensgrenze nicht übersteigt, die sich ergibt aus
1. einem Grundbetrag in Höhe des zweifachen Eckregelsatzes,
2. den Kosten der Unterkunft, soweit die Aufwendungen hierfür den der Besonderheit des Einzelfalles angemessenen Umfang nicht übersteigen und
3. einem Familienzuschlag in Höhe des auf volle Euro aufgerundeten Betrages von 70 vom Hundert des Eckregelsatzes für den nicht getrennt lebenden Ehegatten oder Lebenspartner und für jede Person, die von der nachfragenden Person,

65 BVerwG FamRZ 1998, 547; LG Köln FamRZ 2009, 1092; LG Koblenz FamRZ 2010, 329.
66 Zur Anwendbarkeit auf die Nachlasspflegschaft vgl *Zimmermann* ZEV 1999, 329.

ihrem nicht getrennt lebenden Ehegatten oder Lebenspartner überwiegend unterhalten worden ist oder für die sie nach der Entscheidung über die Erbringung der Sozialhilfe unterhaltspflichtig werden.

§ 86 SGB XII Abweichender Grundbetrag

Die Länder und, soweit landesrechtliche Vorschriften nicht entgegenstehen, auch die Träger der Sozialhilfe können für bestimmte Arten der Hilfe nach dem Fünften bis Neunten Kapitel der Einkommensgrenze einen höheren Grundbetrag zu Grunde legen.

§ 87 SGB XII Einsatz des Einkommens über der Einkommensgrenze

(1) Soweit das zu berücksichtigende Einkommen die Einkommensgrenze übersteigt, ist die Aufbringung der Mittel in angemessenem Umfang zuzumuten. Bei der Prüfung, welcher Umfang angemessen ist, sind insbesondere die Art des Bedarfs, die Art oder Schwere der Behinderung oder der Pflegebedürftigkeit, die Dauer und Höhe der erforderlichen Aufwendungen sowie besondere Belastungen der nachfragenden Person und ihrer unterhaltsberechtigten Angehörigen zu berücksichtigen. Bei schwerstpflegebedürftigen Menschen nach § 64 Abs. 3 und blinden Menschen nach § 72 ist ein Einsatz des Einkommens über der Einkommensgrenze in Höhe von mindestens 60 vom Hundert nicht zuzumuten.

(2) Verliert die nachfragende Person durch den Eintritt eines Bedarfsfalles ihr Einkommen ganz oder teilweise und ist ihr Bedarf nur von kurzer Dauer, so kann die Aufbringung der Mittel auch aus dem Einkommen verlangt werden, das sie innerhalb eines angemessenen Zeitraumes nach dem Wegfall des Bedarfs erwirbt und das die Einkommensgrenze übersteigt, jedoch nur insoweit, als ihr ohne den Verlust des Einkommens die Aufbringung der Mittel zuzumuten gewesen wäre.

(3) Bei einmaligen Leistungen zur Beschaffung von Bedarfsgegenständen, deren Gebrauch für mindestens ein Jahr bestimmt ist, kann die Aufbringung der Mittel nach Maßgabe des Absatzes 1 auch aus dem Einkommen verlangt werden, das die in § 19 Abs. 3 genannten Personen innerhalb eines Zeitraumes von bis zu drei Monaten nach Ablauf des Monats, in dem über die Leistung entschieden worden ist, erwerben.

§ 90 SGB XII Einzusetzendes Vermögen

(1) Einzusetzen ist das gesamte verwertbare Vermögen.

(2) Die Sozialhilfe darf nicht abhängig gemacht werden vom Einsatz oder von der Verwertung

1. eines Vermögens, das aus öffentlichen Mitteln zum Aufbau oder zur Sicherung einer Lebensgrundlage oder zur Gründung eines Hausstandes erbracht wird,
2. eines Kapitals einschließlich seiner Erträge, das der zusätzlichen Altersvorsorge im Sinne des § 10 a oder des Abschnitts XI des Einkommensteuergesetzes dient und dessen Ansammlung staatlich gefördert wurde,
3. eines sonstigen Vermögens, solange es nachweislich zur baldigen Beschaffung oder Erhaltung eines Hausgrundstücks im Sinne der Nummer 8 bestimmt ist, soweit dieses Wohnzwecken behinderter (§ 53 Abs. 1 Satz 1 und § 72) oder pflegebedürftiger Menschen (§ 61) dient oder dienen soll und dieser Zweck durch den Einsatz oder die Verwertung des Vermögens gefährdet würde,
4. eines angemessenen Hausrats; dabei sind die bisherigen Lebensverhältnisse der nachfragenden Person zu berücksichtigen,
5. von Gegenständen, die zur Aufnahme oder Fortsetzung der Berufsausbildung oder der Erwerbstätigkeit unentbehrlich sind,

6. von Familien- und Erbstücken, deren Veräußerung für die nachfragende Person oder ihre Familie eine besondere Härte bedeuten würde,
7. von Gegenständen, die zur Befriedigung geistiger, insbesondere wissenschaftlicher oder künstlerischer Bedürfnisse dienen und deren Besitz nicht Luxus ist,
8. eines angemessenen Hausgrundstücks, das von der nachfragenden Person oder einer anderen in den § 19 Abs. 1 bis 3 genannten Person allein oder zusammen mit Angehörigen ganz oder teilweise bewohnt wird und nach ihrem Tod von ihren Angehörigen bewohnt werden soll. Die Angemessenheit bestimmt sich nach der Zahl der Bewohner, dem Wohnbedarf (zum Beispiel behinderter, blinder oder pflegebedürftiger Menschen), der Grundstücksgröße, der Hausgröße, dem Zuschnitt und der Ausstattung des Wohngebäudes sowie dem Wert des Grundstücks einschließlich des Wohngebäudes,
9. kleinerer Barbeträge oder sonstiger Geldwerte; dabei ist eine besondere Notlage der nachfragenden Person zu berücksichtigen.

(3) Die Sozialhilfe darf ferner nicht vom Einsatz oder von der Verwertung eines Vermögens abhängig gemacht werden, soweit dies für den, der das Vermögen einzusetzen hat, und für seine unterhaltsberechtigten Angehörigen eine Härte bedeuten würde. Dies ist bei der Leistung nach dem Fünften bis Neunten Kapitel insbesondere der Fall, soweit eine angemessene Lebensführung oder die Aufrechterhaltung einer angemessenen Alterssicherung wesentlich erschwert würde.

§ 1836 d Mittellosigkeit des Mündels

Der *Mündel* gilt als mittellos, wenn er den Aufwendungsersatz oder die Vergütung aus seinem einzusetzenden Einkommen oder Vermögen
1. nicht oder nur zum Teil oder nur in Raten oder
2. nur im Wege gerichtlicher Geltendmachung von Unterhaltsansprüchen aufbringen kann.

I. Allgemeines

1. Textgeschichte. § 1836 d wurde mit Wirkung ab 1.1.1999 eingefügt durch das BtÄndG v 25.6.1998 (BGBl 1998, 1580). **Anwendungsbereich.** § 1836 d gilt wegen § 1908 i Abs 1 auch für Betreuer (und wegen § 1915 für die Pflegschaft). Für die Verfahrenspflegschaft gilt die Regelung nicht, weil dafür immer die Staatskasse vorleistungspflichtig ist. 1

2. Mittellosigkeit. Primärer Vergütungsschuldner ist der Betreute, auch wenn er mittellos ist; bei Mittellosigkeit hat allerdings die Staatskasse für ihn einzuspringen, kann sich aber durch Rückgriff gegenüber dem Betreuten schadlos halten, wenn dieser wieder zu Einkommen bzw Vermögen kommt. 2

§ 1836 d definiert im Zusammenhang mit § 1836 c den Begriff Mittellosigkeit. Wer ein schönes Einfamilienhaus in München-Grünwald und 2.600 Euro Sparguthaben hat sowie im Monat eine Rente von 718 Euro bezieht ist nach dem üblichen Sprachgebrauch nicht wirklich mittellos (sondern vielleicht angesichts des Wertes der Immobilie Millionär); das Gesetz macht ihn mittels § 1836 c zum Mittellosen. Wer 1.200 Euro Monatsrente bezieht und eine Betreuervergütung von 1.000 Euro jährlich schuldet, ist ebenfalls nicht wirklich mittellos; das Gesetz behandelt ihn aber in § 1836 d wie einen Mittellosen, es fingiert aus sozialpolitischen Gründen: Ein Betreuter *gilt als* mittellos, wenn er den konkreten Aufwendungsersatz iSv § 1835 oder die Aufwandspauschale iSv § 1835 a oder die Vergütung des Betreuers nicht aus dem Teil seines Einkommens, das er nach § 1836 c Nr 1 einzusetzen hat, und auch nicht aus dem Teil seines Vermögens, das er nach § 1836 c Nr 2 einzusetzen hat, zahlen kann. 3

II. Fiktion der Mittellosigkeit (Nr 1)

4 **1. System der Regelung.** § 1836 d Nr 1 stellt klar, dass auch derjenige Betreute als mittellos *gilt*, der Aufwendung, Vergütung einschließlich der Abschläge, Vorschüsse und Pauschalzahlungen nicht in *einem* Betrag begleichen kann, sondern entweder überhaupt nicht oder nur in Raten. In beiden Fällen tritt die Staatskasse *in voller Höhe* in Vorlage und versucht ihrerseits, beim Betreuten Regress zu nehmen (§ 1836 e). Hat der Betreute ein Vermögen von 3.000 Euro und kostet die Betreuung 500 Euro ist es also nicht zulässig, 400 Euro Vergütung gegen den Betreuten (Schonvermögen 2.600 Euro) und 100 Euro gegen die Staatskasse festzusetzen[1]. Für die Regresszahlungen an die Staatskasse können hingegen Raten festgesetzt werden (im Beispiel würde die Staatskasse 400 Euro vom Betreuten verlangen und hätte einen Ausfall von 100 Euro). Letztlich wird also die Liquidität des Betreuers verbessert.

5 Wer mehr Einkommen hat, als von ihm nach § 1836 c einzusetzen ist, bei dem wurde vor 1999 von einem Teil des Rspr die Meinung vertreten, er könne Vergütung und Aufwendungsersatz in Raten *an den Betreuer* zahlen (zB einem Betrag von 1.000 Euro in Monatsraten von 50 Euro). Andere meinten, der Betreuer habe Anspruch auf Zahlung in *einer* Summe, weshalb Mittellosigkeit vorliege und die Staatskasse einspringen müsse. Wer ein Vermögen von knapp über 4.500 DM hatte, bei dem erfolgte früher eine gespaltene Festsetzung: er hatte den 4.500 DM übersteigenden Betrag selbst zu zahlen, den Rest zahlte die Staatskasse[2].

6 **2. Pflichten gegenüber der Staatskasse.** Die Problematik liegt darin, dass der Betreuer durch Gestaltung der Abrechnungszeiträume (maximal 15 Monate, § 2 VBVG) Einfluss auf die Mittellosigkeit nehmen kann. Jedoch ist es nicht Aufgabe des Betreuers, seine Zeiträume gezielt so auszuwählen, dass die Staatskasse günstig gestellt wird[3]. Macht der Betreuer seine Vergütung innerhalb des Zeitrahmens des § 9 VBVG geltend, so kann ihm eine Vergütung aus der Staatskasse nicht mit der Begründung versagt werden, dass bei einer ihm möglichen früheren Geltendmachung, etwa jeweils nach Ablauf eines Betreuungsquartals, noch eine Festsetzung gegen den Betreuten möglich gewesen wäre[4]. Das wird zum Teil aus Billigkeitsgründen eingeschränkt: Muss der Betreuer erkennen, dass künftig eine Festsetzung gegen den Betroffenen wegen dessen allmählichen Vermögensverfalls nicht möglich sein wird, und stellt er gleichwohl *schuldhaft* den Vergütungsantrag im Rahmen des ihm Möglichen und Zumutbaren nicht so zeitig, dass er die Vergütung noch aus dem Vermögen des Betroffenen erhalten kann, so könne seine Vergütung nach den allgemeinen Grundsätzen von Treu und Glauben auf die Vergütung gekürzt werden, die für die Betreuung eines mittellosen Betroffenen anzusetzen wäre[5].

7 Der Betreuer ist nicht verpflichtet, durch sparsames Wirtschaften und Knapphalten des Betroffenen **Rücklagen** zu bilden[6], damit die Staatskasse geschont wird. Er muss nicht die Befriedigung anderer Gläubiger zurückzustellen, um die eigenen Vergütungsansprüche zu sichern, solange das Gericht noch nicht über die Vergütungsansprüche entschieden hat[7]. Andererseits hat er die Vergütung aus dem Vermögen des Betreuten zu entnehmen, sobald der Vergütungsfestsetzungsbeschluss wirksam (nicht auch „rechtskräftig") geworden ist.

---

1 AA anscheinend MünchKomm/*Wagenitz* § 1836 d Rz 4, wonach der Vormund die Wahl habe und sich teilweise an den Mündel halten könne.
2 Vgl LG Koblenz FamRZ 1998, 1149 zur aF.
3 OLG Köln BtPrax 2002, 264.
4 BayObLG FamRZ 1998, 507.
5 OLG München NJOZ 2009, 2088; BayObLG FamRZ 2004, 305.
6 OLG Düsseldorf FamRZ 1999, 1169.
7 LG Saarbrücken FamRZ 2003, 60.

3. Verfügbarkeit des Einkommens. Da nur darauf abgestellt wird, dass der Betreute die Zahlungen nicht aufbringen kann und die Gründe für dessen Zahlungsunfähigkeit nicht maßgebend sind, gilt ein Betreuter auch dann als mittellos, wenn er zwar ein höheres Einkommen (bzw Vermögen) hat, aber aufgrund von **Pfändungen** (die Worte „und pfändbaren" wurden zwar gestrichen[8], doch hätte eine andere Auslegung keinen Sinn), Abtretungen, oder aus sonstigen Gründen die Zahlungen an den Betreuer nicht oder jedenfalls nicht in *einem* Betrag leisten kann. 8

4. Verfügbarkeit des Vermögens. Denkbar ist, dass der Betreute zwar Vermögen hat, dieses aber nicht in angemessener Zeit realisierbar ist, etwa weil Ackergrundstücke erst verkauft werden müssen, eine Erbengemeinschaft mit Beteiligung des Betreuten erst aufgelöst werden muss. § 1836 d geht davon aus, dass der Betreuer alsbald vergütet wird und nicht in ferner Zukunft. Deshalb ist in solchen Fällen von Mittellosigkeit auszugehen. Gleichwohl erwartet die Rechtsprechung, dass der Betreuer mit der Geltendmachung seines Anspruchs eine angemessene Zeit (einige Monate) zuwartet, bis Vermögensgegenstände veräußert sind[9], Notfalls muss der Betreuer das Vermögen auch gegen den Willen des Betreuten verwerten[10]. Die Festsetzung einer Regresszahlung zum Zwecke der dinglichen Absicherung des bei später eintretender Leistungsfähigkeit des Betreuten festsetzbaren Rückgriffsanspruchs durch eine Zwangshypothek scheidet aus[11]. Als mittellos hat das OLG Köln[12] einen Betreuten angesehen, der zwar Alleinerbe eines Wertpapiervermögens von 70.000 Euro war, aber unter Testamentsvollstreckung stand, wobei der auszuzahlende Reinertrag nicht genügte, um die Betreuervergütung zu zahlen. Mittellos ist auch, wer Aktivvermögen hat, über dessen Vermögen aber das Insolvenzverfahren eröffnet wurde, weil dann nur noch der Insolvenzverwalter verfügungsberechtigt ist; oder wenn ein Grundstück in absehbarer Zeit nicht verwertbar ist[13]. 9

5. Maßgebender Zeitpunkt. Berufsbetreuer können nur für jeweils drei Monate (oder ein Mehrfaches davon) abrechnen (§ 9 VBVG). Dadurch tauchen Fragen nach dem Stichtag auf. 10

a) Für die Höhe der Vergütung, dh für die pauschalen Stundenansätze nach § 5 VBVG, kommt es auf die wirtschaftlichen Verhältnisse des Betreuten in der abgerechneten Betreuungszeit an[14], nicht auf den Antragszeitpunkt und nicht auf den Zeitpunkt der Entscheidung durch das Betreuungsgericht. Damit taucht die Frage auf, wie abzurechnen ist, wenn innerhalb dieses Zeitraums der Betreute mittellos wird. **Beispiel:** Abrechnungszeitraum 10.1. bis 9.4. Der Betreute hat ein Sparguthaben von 5.000 Euro. Am 20.2. werden Heimkosten von 2.400 Euro bezahlt. Also war der Betreute bis 20.2. „vermögend" und ab 20.2. war er mittellos. Der Betreuer stellt am 20.4. den Vergütungsantrag, über den das Gericht am 20.12. entscheidet. – Ist taggenau abzurechnen[15] oder kann die Mittellosigkeit nur für jeweils ein oder drei Monate einheitlich festgestellt werden? Bei „Einheitlichkeit stellt sich die Frage, zu wessen Lasten das gehen soll. Vgl § 5 VBVG Rz 48. 11

---

8 BR-Drucks 960/96 S. 31.
9 OLG Schleswig FamRZ 2004, 979; LG Koblenz FamRZ 2002, 970; LG Schweinfurt FamRZ 2002, 1146; AG Sinzig FamRZ 2006, 730; MünchKomm/*Wagenitz* § 1836 d Rz 12. Rechtsprechung aus der Zeit vor Änderung des Vergütungsrechts (2005) ist nur noch beschränkt einschlägig.
10 OLG Schleswig NJOZ 2004, 591.
11 OLG Frankfurt, FGPrax 2003, 33 = BtPrax 2003, 85.
12 OLG Köln ZEV 2009, 402 (bedenklich).
13 OLG Frankfurt FamRZ 2009, 250.
14 OLG Brandenburg FamRZ 2007, 2109; OLG Dresden BtPrax 2007, 256; OLG Hamburg FamRZ 2008, 91; OLG Frankfurt Rpfleger 2008, 419; LG Halle/Saale FamRZ 2009, 371.
15 OLG Hamburg FGPrax 2008, 154.

12 b) **Eine andere Frage** ist, auf welchen Zeitpunkt es bei der **Bestimmung des Vergütungsschuldners (dh des Zahlungspflichtigen)** ankommt (§ 1 Abs 2 Satz 2 VBVG); das ist grundsätzlich der Zeitpunkt der Entscheidung des Betreuungsgerichts bzw des LG als Beschwerdegericht[16]; also nicht der Tag der Antragstellung oder des Eingangs des Antrags bei Gericht. War der Betreute im Abrechnungszeitraum vermögend, sind also die höheren Stundenansätze von der Staatskasse zu zahlen, wenn er bei Entscheidung über den Vergütungsantrag mittellos ist. Ist der Betroffene zur Zeit der Antragstellung noch vermögend, zum Zeitpunkt der Entscheidung aber schon mittellos, hat der Betreuer keine Möglichkeit, Geld einzubehalten (kein Zurückbehaltungsrecht); er kann nur den Antrag umstellen auf Zahlung aus der Staatskasse.

13 **6. Beweisfragen.** Den antragstellenden Betreuer treffen nur die Obliegenheiten des § 168 FamFG; er muss also ggf. Kontoauszüge vorlegen[17] und sich zu Unterhaltsansprüchen des Betreuten äußern[18]. Das Betreuungsgericht (Rechtspfleger) hat dann von Amts wegen zu ermitteln (§ 26 FamFG). Kann die Mittellosigkeit nicht geklärt werden, etwa weil der Betreuer nicht die Vermögenssorge hat und der Betroffene nicht mitwirkt, ist von Mittellosigkeit auszugehen[19] und die Staatskasse zur Zahlung verpflichtet. Anschließend kann die Staatskasse nach dem Ergebnis ihrer Ermittlungen einen Rückforderungsbescheid gegen den Betroffenen erlassen (§ 1836 e), gegen den der Betroffene Beschwerde einlegen kann.

III. Unterhaltsansprüche (Nr 2)

14 Ein in knappen finanziellen Verhältnissen lebender Betreuter kann uU Unterhaltsansprüche gegen wohlhabende volljährige Kinder oder Eltern oder Ehegatten haben (§§ 1361, 1569 ff, 1601 ff BGB), so dass er, da er werthaltige Forderungen hat, an sich nicht mittellos ist. Realisierbare Unterhaltsansprüche sind Aktivvermögen[20], fließende Geldeingänge sind Einkommen. Nr 2 stellt dazu klar, dass ein solcher Betreuter solange als mittellos gilt, als die **Unterhaltsverpflichteten nicht freiwillig leisten,** sondern verklagt werden müssten. Das muss vom Betreuer im Vergütungsantrag dargelegt werden, zB durch Vorlage des Schriftwechsels. Eine bestimmte Form der Geltendmachung der Unterhaltsansprüche ist nicht vorgeschrieben[21], so dass die mündliche Ablehnung der Zahlung durch den Unterhaltsverpflichteten genügen kann. Das Betreuungsgericht muss den angeblich Unterhaltsverpflichteten nicht mündlich anhören oder sonst Ermittlungen wegen des Anspruchs durchführen.

15 Wird der Betreute dann als mittellos behandelt, weil ihm (möglicherweise) zustehende Unterhaltsansprüche gerichtlich geltend gemacht werden müssten, hat das Betreuungsgericht die Vergütung gegen die Staatskasse festzusetzen und zugleich die Verpflichtung des Betreuten auszusprechen, an die Staatskasse im Rahmen des Rückgriffs eine Zahlung in Höhe von … Euro zu leisten (§ 1836 e); das Bestehen der Unterhaltsansprüche hat das Betreuungsgericht selbst grund-

16 OLG München FGPrax 2009, 21; BtPrax 2007, 131; BayObLG FamRZ 1996, 372; KG FamRZ 1998, 188; OLG Zweibrücken BtPrax 1999, 32; LG Halle/Saale FamRZ 2009, 371.
17 LG Kleve FamRZ 2000, 564.
18 Vgl OLG Düsseldorf FamRZ 2001, 1099; LG Kleve BtPrax 1999, 201, LG Duisburg FamRZ 2006, 507.
19 OLG Frankfurt FamRZ 1996, 819; LG Zwickau FamRZ 2009, 250; LG Osnabrück FamRZ 1996, 1349; LG Duisburg BtPrax 2000, 42.
20 LG Kleve BtPrax 1999, 248.
21 BayObLG FamRZ 2002, 417.

sätzlich nicht zu prüfen[22]. Im Beschluss ist durch einen Zusatz kenntlich zu machen, dass der Titel nur die Grundlage für die Pfändung möglicher Unterhaltsansprüche zur Einziehung und Überweisung sein soll[23]. Das Betreuungsgericht kann aber nicht festsetzen, dass der Unterhaltsverpflichtete Zahlungen an die Staatskasse oder an den Betreuten zu leisten hat. Der Betreuer (oder ein Ergänzungsbetreuer) mit dem Aufgabenkreis „Vermögenssorge“[24] muss den Unterhalt einklagen[25] oder aber die Staatskasse klagt. § 1836 e Abs 2 beseitigt zu Gunsten der Staatskasse die an sich bestehende Unpfändbarkeit der Unterhaltsansprüche (§ 850 b ZPO) und ermöglicht der Staatskasse so den Zugriff auf die Ansprüche, der ihr ansonsten aus Rechtsgründen verschlossen wäre. Die Staatskasse erlangt mit der Festsetzung des Rückgriffsbetrages einen Titel gegen den Betreuten (§ 1 Abs 1 Nr 4 b JBeitrO) und wird so in die Lage versetzt, den (möglichen) Unterhaltsanspruch im Wege der Pfändung und Überweisung (§§ 829, 835 ZPO) einzuziehen. Zahlt der Unterhaltsverpflichtete nicht freiwillig ist aber eine Klage (im FamFG „Antrag“ genannt) gegen den Unterhaltsverpflichteten vor dem Familiengericht notwendig. Im Ergebnis werden dadurch der Aufwand und das Risiko der Durchsetzung des Anspruchs auf die Staatskasse verlagert[26].

Der Wille des Betreuten, seine nächsten Verwandten nicht verklagen zu wollen, **16**
ist insoweit unbeachtlich, weil der Betreute nicht mittelbar über staatliche Mittel verfügen kann. Wie hoch der Unterhaltsanspruch ist, richtet sich nach dem BGB-Unterhaltsrecht. Der Unterhaltsanspruch gegen die Eltern umfasst auch die Betreuerkosten (§§ 1610, 1613)[27], soll jedoch nicht die Kosten des Verfahrenspflegers umfassen[28] (kein Sonderbedarf nach § 1613 Abs 2 BGB); dies ist jedoch zweifelhaft.

§ 1836 e BGB Gesetzlicher Forderungsübergang

(1) [1]Soweit die Staatskasse den *Vormund* oder *Gegenvormund* befriedigt, gehen Ansprüche des *Vormundes* oder *Gegenvormunds* gegen den *Mündel* auf die Staatskasse über. [2]Nach dem Tode des *Mündels* haftet sein Erbe nur mit dem Wert des im Zeitpunkt des Erbfalls vorhandenen Nachlasses; § 102 Abs. 3 und 4 des Zwölften Buches Sozialgesetzbuch gilt entsprechend, § 1836 c findet auf den Erben keine Anwendung.

(2) Soweit Ansprüche gemäß § 1836 c Nr. 1 Satz 2 einzusetzen sind, findet zugunsten der Staatskasse § 850 b der Zivilprozessordnung keine Anwendung.

Schrifttum: *Nerreter*, Kostenersatz durch Erben nach § 92 c BSHG, ZfF 1999, 141.

I. Textgeschichte, Anwendungsbereich

§ 1836 e gilt gemäß § 1908 i Abs 1 BGB auch für die Betreuung und gemäß **1**
§ 1915 für den Pfleger. § 1836 e wurde mit Wirkung ab 1.1.1999 durch das 1. BtÄndG v 25.6.1998 (BGBl 1998, 1580) eingefügt und durch G v 27.12.2003

---

22 BayObLG FamRZ 2002, 417, OLG Düsseldorf FamRZ 2003, 326.
23 BayObLG FamRZ 2002, 417.
24 Nach aA ist der Aufgabenkreis „Personensorge“ erforderlich, vgl § 1896 Rz 47.
25 LG Kleve FamRZ 2000, 1534.
26 BayObLG FamRZ 2002, 314; *Wagenitz/Engers*, FamRZ 1998, 1273/1279.
27 OLG Nürnberg FamRZ 1999, 236; LG Kleve FamRZ 2000, 1534; aA LG Verden Rpfleger 2000, 550.
28 LG Braunschweig BtPrax 1999, 34.

(BGBl 2003, 3022) ab 1.1.2005 geändert (Ersatz des BSHG durch SGB XII). Durch G v 24.9.2009 (BGBl 2009, 3142), in Kraft **seit 1.1.2010, wurde Abs 1 Satz 2 gestrichen**; er lautete: „Der übergegangene Anspruch erlischt in zehn Jahren vom Ablauf des Jahres an, in dem die Staatskasse die Aufwendungen oder die Vergütung bezahlt hat.“ Übergangsrecht Art 229 § 23 EGBGB. Durch die Neuregelung wurde die Frist von 10 Jahren somit auf 3 Jahre verkürzt. Zweck war die Anpassung an die Regelverjährung in § 195 BGB. Schon der frühere § 1836 e gilt nur hinsichtlich solcher Tätigkeiten oder Aufwendungen, die ab 1.1.1999 erbracht oder gemacht worden sind[1]; die Vergütung für 1998 ist also nicht Gegenstand des § 1836 e BGB; die Erbschaft von 1998 ist unschädlich. Für Sachverhalte vor 1999 (Erstattungsanspruch der Staatskasse gegen den vermögend gewordenen Betreuten?) war das damalige VormG nicht zuständig[2]. Die spätere Rückforderung von vor 1999 bewilligter Vergütung, weil der Betreute später Vermögen erbte, richtete sich nach altem Recht[3].

II. Übergang des Anspruchs auf die Staatskasse

2 Wenn die Staatskasse den Betreuer (Vormund usw) bezahlt hat (zB wegen fingierter oder tatsächlicher Mittellosigkeit des Betreuten), geht der Anspruch des Betreuers gegen den Betreuten auf die Staatskasse über (vgl § 412 BGB); Abs 1 Satz 1. Die Regelung gilt sowohl für den Fall, dass die Staatskasse zu Recht bezahlt hat wie auch, dass zu Unrecht bezahlt wurde. Eine Abtretung oder Überleitungsanzeige entfällt und wäre gegenstandslos. Rückforderungsansprüche des Sozialhilfeträgers sind nicht vorrangig gegenüber dem Anspruch der Staatskasse.

3 1. **Praktischen Sinn** hat die Regelung zB in folgenden Fällen:

- einem Vermögenden wird ein Verfahrenspfleger bestellt (nach § 93 a Abs 2 KostO kann die an den Verfahrenspfleger bezahlte Vergütung vom Betreuten durch Kostenansatz erhoben werden, wenn der Betreute nicht mittellos im Sinne von § 1836 c ist);
- für einen Mittellosen wird die Betreuervergütung aus der Staatskasse bezahlt; dann erwirbt er Vermögen (zB durch Erbschaft);
- es stellt sich heraus (zB aus der Vermögensaufstellung des Betreuers), dass der Betreute zu Unrecht für mittellos gehalten wurde (verschwiegenes Vermögen; Unterhaltsansprüche);
- der Betreute könnte die Vergütung aus seinem Einkommen ganz oder teilweise bezahlen, aber nur in Raten (§ 1836 d Nr 1);
- der Betreute könnte einen Teil der Vergütung aus seinem Vermögen bezahlen (zB Vermögen 3.600 Euro; Vergütung 1.200 Euro; Schonvermögen 2.600 Euro; 1.000 Euro sind aus dem Vermögen zu zahlen);
- der Betreute hat Unterhaltsansprüche, welche nicht freiwillig erfüllt werden, gegen vermögende Verwandte, Ehepartner (§ 1836 d Nr 2), welche realisiert werden;
- der Betreute besaß nur Gegenstände, die zum Schonvermögen nach des § 1836 c Nr 2 BGB iVm § 90 Abs 2 Nr 8 SGB XII gehörten, wie zB das selbst genutzte Haus. Wenn der Betreute ins Heim umzieht oder verstirbt, erlischt die Privilegierung als Schonvermögen.

---

1 BayObLG NJW-RR 2002, 943; OLG Schleswig FamRZ 2000, 562; OLG Zweibrücken BtPrax 2000, 40; LG Trier BtPrax 2000, 132.
2 BayObLG Rpfleger 1999, 390.
3 Vgl LG Osnabrück FamRZ 2000, 488.

2. Rückgriff der Staatskasse gegen den Betreuten. – a) Gegenstand. Nur **Ansprüche** des Betreuers gegen den Betreuten gehen über; nicht also: Ansprüche des Betreuten gegen Dritte (zB Forderungen; sie gelten als Vermögen, § 1836 c Nr 2). Gemeint sind wohl nur Ansprüche auf Vergütung und Aufwendungsersatz, nicht sonstige Ansprüche des Betreuers (zB auf Darlehensrückzahlung). 4

b) Höhe. Der Anspruch des Betreuers gegen den Betreuten geht nur bis zur Höhe der erbrachten Leistungen der Staatskasse über. Weiterhin ist der Rückgriff nur im Rahmen der durch § 1836 c bestimmten Leistungspflicht zulässig[4]. 5

c) Verzinsung. Sie ist nicht angeordnet. Wenn der Betreute die Betreuervergütung an die Staatskasse voll zurückbezahlt hat, hat ihm die Staatskasse praktisch nur ein zinsloses Darlegen gegeben. 6

3. Erlöschen des Anspruchs gegen den Betreuten (Abs 1 Satz 2 aF). Die Frist betrug früher 10 Jahre. Wenn die Staatskasse für die Betreuung für 1999 am 1.12.2000 zahlte, erlosch der Anspruch mit Ablauf des Jahres 2010. Diese Regelung (Satz 2) wurde mit Wirkung ab 1.1.2010 **gestrichen.** Der Anspruch ist jetzt der Verjährung unterworfen; die Frist beträgt drei Jahre (§§ 195, 199). Innerhalb der Frist muss das Betreuungsgericht einen Beschluss erlassen, der die an die Staatskasse zu leistenden Zahlungen der Höhe nach festsetzt (§ 168 FamFG); dieser Beschluss muss ferner iSv § 40 Abs 1 FamFG wirksam geworden sein, dh dem Zahlungspflichtigen zugehen. 7

4. Verfahren beim Rückgriff gegen den Betreuten. – a) Ermittlungen. Das Betreuungsgericht (Rechtspfleger) ordnet nur dann die Zahlung der Vergütung (bzw Aufwandsersatz; Aufwandsentschädigung) aus der Staatskasse an, wenn es sich von der Mittellosigkeit des Betreuten durch Amtsermittlung überzeugt hat. Der Antragsteller (Betreuer) *soll* deshalb, falls er die Vermögenssorge hat oder sonst Kenntnisse besitzt, die persönlichen und wirtschaftlichen Verhältnisse des Betreuten im Antrag darzulegen (§ 168 Abs 2 Satz 1 FamFG). Wenn der zeitliche und kostenmäßige Aufwand zur Ermittlung der wirtschaftlichen Verhältnisse in keinem vernünftigen Verhältnis zum wirtschaftlichen Ertrag für die Staatskasse steht, kann das Betreuungsgericht die weiteren Ermittlungen abbrechen und von einer Festsetzung der vom Betreuten an die Staatskasse zu leistenden (Rück-) Zahlungen absehen. **Beispiel:** Es müsste noch auf umständliche Weise die Miete ermittelt werden; dann könnte sich eine Rückzahlung um 10 Euro ergeben. 8

b) Beschluss. Ergibt sich dagegen eine Teilleistungsfähigkeit des Betreuten (zB Einkommen oberhalb der Freigrenze; Vermögen knapp über 2.600 Euro), setzt das Betreuungsgericht durch Beschluss fest, wann der Betreute wie viel an die Staatskasse zu zahlen hat, § 168 Abs 1 Satz 2 FamFG (zB. ... monatlich 106 Euro jeweils am 10. des Monats, erstmals am 10.2 ...); ein Endzeitpunkt ist im Beschluss nicht anzugeben; er wird von der Justizkasse errechnet (ebenso wie im PKH-Verfahren). Der Betreute hat seine (Rück-) Zahlungen an die Landeskasse zu leisten (§ 168 Abs 2 Satz 2 FamFG durch Verweisung auf § 120 Abs 2 ZPO). Dieser Rückzahlungsanordnungsbeschluss kann gleichzeitig mit dem Beschluss ergehen, der die Vergütung und den Ersatz von Aufwendungen aus der Staatskasse festsetzt, aber auch noch später (§ 168 Abs 1 Satz 3 FamFG). Zuständig ist der Rechtspfleger, §§ 3, 15 RPflG; der Richter allenfalls nach §§ 6, 8 Abs 1 RPflG. 9

4 Umkehrschluss aus § 1836 e Abs 1 Satz 3; BR-Drucks 960/96 S. 32.

10 c) **Rechtsmittel.** Gegen den Beschluss ist (bei Beschwerdewert ab 600,01 Euro) die befristete Beschwerde nach §§ 58 ff FamFG, 11 Abs 1 RPflG statthaft; bei einem Beschwerdewert unter 600,01 Euro nur die Erinnerung (§ 11 Abs 2 RPflG), außer das Betreuungsgericht (Richter; Rechtspfleger) hat die Beschwerde zugelassen. Über die Beschwerde entscheidet das LG.

11 d) **Ende der Rückzahlungen.** Das Betreuungsgericht soll die vorläufige Einstellung der (Rück-) Zahlungen bestimmen, wenn der Betreute bereits alles zurückbezahlt hat (§ 168 Abs 2 Satz 2 FamFG verweist auf § 120 Abs 3 Nr 1 ZPO; die Verweisung auf Nr 2 hat kaum einen Sinn).

12 e) **Änderung der Ratenhöhe.** Das Betreuungsgericht kann seinen Beschluss (zB die Ratenhöhe) jederzeit ändern, wenn sich die maßgeblichen persönlichen und wirtschaftlichen Verhältnisse *wesentlich* geändert haben (§ 168 Abs 2 Satz 2 FamFG iVm § 120 Abs 4 Satz 1, 1. Halbs ZPO). **Beispiel:** Der Betreute verdient monatlich 100 Euro mehr. Dann werden höhere monatliche Rückzahlungsraten festgesetzt. Die jährliche geringfügige Änderung der Sozialhilfesätze und Renten *allein* gilt nicht als wesentliche Änderung (§ 168 Abs 2 Satz 2 FamFG iVm § 120 Abs 4 Satz 1, 2. Halbs ZPO). Damit Änderungen möglich sind, muss das Betreuungsgericht die Rückzahler laufend im Auge behalten und kann in angemessenen Zeitabständen von ihnen (bzw ihren Vermögensbetreuern) verlangen, dass sie sich dazu äußern, ob eine Änderung der Verhältnisse eingetreten ist (§ 168 Abs 2 Satz 2 FamFG iVm § 120 Abs 4 Satz 2 ZPO). Eine zeitliche Begrenzung der Änderungsmöglichkeiten auf vier Jahre besteht nicht, weil auf § 120 Abs 4 Satz 3 ZPO nicht verwiesen wurde; es bleibt bei § 1836 e. Sanktionen bei Nichtabgabe der Erklärung gibt es nicht (auf § 124 Nr 2 ZPO wurde nicht verwiesen). Der Änderungsbeschluss unterliegt denselben Rechtsmitteln wie oben Rz 9.

13 f) **Vollstreckung.** Der Beschluss wird nach der JustizbeitreibungsO (§ 1 Abs 1 Nr 4 b) gegen den Betreuten vollstreckt.

III. Rückgriff gegen Unterhaltspflichtige

14 **1. Antrag des Betreuers (früher: Klage).** Der Betreute hat uU Unterhaltsansprüche; sie gelten als Einkommen (§ 1836 c Nr 1 Satz 3); wenn sie nicht freiwillig erfüllt werden, tritt die Staatskasse in Vorlage (§ 1836 d Nr 2). Der Betreuer mit dem Aufgabenkreis Vermögenssorge (nach aA braucht er den Aufgabenkreis „Unterhalt“) wird dann (evtl auf Weisung des Betreuungsgerichts; § 1837) diese Unterhaltsansprüche einklagen müssen[5] (sie gehen nicht nach § 1836 e auf die Staatskasse über); die Einziehung muss mit dem Wohl des Betreuten im Einklang stehen, was idR zu bejahen ist, auch wenn ein gegenteiliger Wunsch geäußert wird. Das ermöglicht einen anschließenden Regress der Staatskasse gegen den (nun nicht mehr mittellosen) Betreuten. Auskunftsansprüche gehen bei § 1836 e Abs 1 Satz 1 nicht über. Ob der angeblich Unterhaltspflichtige tatsächlich leistungsfähig ist, wird dann im Unterhaltsprozess vor dem Familiengericht geklärt[6].

15 **2. Antrag der Staatskasse (Land).** Hat das Betreuungsgericht die Verpflichtung des Betreuten ausgesprochen, an die Staatskasse im Rahmen des Rückgriffs eine Zahlung in Höhe von ...Euro zu leisten, dann hat die Staatskasse einen Titel gegen den Betreuten erlangt (§ 1 Abs 1 Nr 4 b JBeitrO); dagegen bindet der

5 AA *Bienwald* Rpfleger 2000, 57.
6 LG Verden Rpfleger 2000, 550.

Beschluss den Unterhaltspflichtigen nicht[7]. Das Land kann dann den (möglichen) Unterhaltsanspruch im Wege der Pfändung und Überweisung (§§ 829, 835 ZPO) einzuziehen. Zahlt der Unterhaltsverpflichtete nicht freiwillig ist aber eine Klage des Landes (im FamFG jetzt „Antrag" genannt), vertreten durch die Justizkasse, gegen den Unterhaltsverpflichteten vor dem Familiengericht notwendig.

3. Pfändbarkeit. Wenn der Betreute Unterhaltsansprüche einzusetzen hat (§ 1836 c Nr 1 Satz 2), dann wären wegen **§ 850 b Abs 1 Nr 2 ZPO** diese Unterhaltsrenten an sich unpfändbar. **Abs 2** bestimmt daher ausdrücklich, dass die vom Betreuten einzusetzenden Unterhaltsansprüche *pfändbar* sind. **16**

IV. Rückgriff gegen den Erben (Abs 1 Satz 2 nF)

Nach dem Tod des Betreuten würde an sich der Erbe (auch: der Vorerbe) für die Verbindlichkeiten des Betreuten gegenüber der Staatskasse (soweit sie noch nicht erloschen sind, Satz 2) haften (§§ 1922, 1967), wenn er die Erbschaft nicht ausschlägt. **17**

1. Haftungsbegrenzung nach Satz 3. Um Ausschlagungs- und Haftungsbegrenzungsverfahren nach §§ 1945 ff, 1975 ff zu vermeiden, **begrenzt Abs 1 Satz 2** (ähnlich wie im Sozialhilferecht) **die Haftung der Erben** auf den *Wert* des im Zeitpunkt des Erbfalles vorhandenen Nachlasses. Auf eigenes Einkommen und Vermögen der Erben darf nicht zurückgegriffen werden. Die Haftungsbeschränkung des § 1836 e Abs 1 Satz 2 gilt auch dann, wenn der Erbe nach dem Tod des Betreuten unmittelbar auf die noch nicht festgesetzte Betreuervergütung und Auslagenersatz in Anspruch genommen werden soll[8]. **18**

Nachlasswert: Aktivvermögen abzüglich Nachlassverbindlichkeiten (vgl § 2311 BGB). Zu den Nachlassverbindlichkeiten zählen sowohl die bereits zu Lebzeiten in der Person des Erblassers entstandenen rechtlichen Verpflichtungen als auch diejenigen Verbindlichkeiten, die zwar erst in der Person des Erben entstehen, deren Rechtsgrund aber bereits beim Erbfall bestand. Zu den Nachlassverbindlichkeiten gehören daher auch die Kosten einer angemessenen Beerdigung[9] (Leichenfeier, Grabstein, Erstbepflanzung; aber nicht laufende Grabpflege)[10]; dieser Betrag ist also vom *Aktiv*vermögen abzuziehen (und geht somit faktisch dem Regressanspruch der Staatskasse vor[11]). Von den Bestattungskosten sind aber vorweg Sterbegelder, Sterbegeldversicherungszahlungen und ähnliche zweckgebundene Leistungen abzuziehen. Die Höhe der Beerdigungskosten ist nicht auf den Freibetrag nach § 102 SGB XII (2.154 Euro; Stand 1.7.2009) begrenzt; aus § 1836 e lässt sich eine solche Begrenzung der Höhe nicht begründen. Ferner sind Rückforderungsansprüche des Sozialhilfeträgers Nachlassverbindlichkeiten, auch wenn sie zum Zeitpunkt des Todes der Betreuten noch nicht förmlich festgesetzt waren, der Rechtsgrund für die Rückforderung aber bereits zu Lebzeiten der Betreuten entstanden war[12]. Andere Verbindlichkeiten bleiben selbst dann außer Betracht, wenn sie bereits (durch öffentlich-rechtlichen Leis- **19**

7 LG Koblenz FamRZ 2009, 371.
8 OLG Frankfurt NJW 2004, 373; OLG Jena FGPrax 2001, 22; BayObLG FamRZ 2001, 866; OLG Düsseldorf FGPrax 2002, 219.
9 BayObLG FamRZ 2002, 699.
10 OLG Thüringen FGPrax 2001, 22/3; LG Trier BtPrax 2000, 132; OLG Oldenburg FamRZ 1992, 987.
11 BayObLG FamRZ 2002, 699; aA LG Trier BtPrax 2000, 132; LG Frankenthal BtPrax 1999, 298; LG Koblenz FamRZ 2001, 1169.
12 OLG Frankfurt NJW 2004, 373.

tungsbescheid oder zivilrechtlichen Titel) tituliert sind. Solange ein dem Betroffenen zustehender Gegenstand nicht aus seinem Vermögen abgeflossen ist, muss er dem Aktivvermögen zugerechnet werden, auch wenn insoweit möglicherweise Vollstreckungsmaßnahmen Dritter drohen könnten[13].

20 Die Haftungsbeschränkung ist *nicht gegenständlich*, sondern *wertmäßig* zu verstehen[14]; wenn der Erbe Teile des Nachlasses veräußert oder verschenkt hat, bleibt doch die Haftungsbeschränkung bestehen. Auch muss nicht der Nachlass (zB das alte Möbelstück) an die Staatskasse herausgegeben werden, damit sie sich befriedigen kann; allenfalls Geldzahlung in Höhe des Wertes (notfalls durch einen Sachverständigen zu schätzen) wird geschuldet.

21 **2. Haftungsbegrenzung nach § 102 Abs 3 SGB XII.** Eine weitere Haftungsbegrenzung ergibt sich aus der Verweisung auf § 102 Abs 3 und 4 SGB XII (früher: § 92c Abs 3 und 4 BSHG). Sie ist vom Betreuungsgericht von Amts wegen zu beachten. Da der Erbe kraft Gesetzes nur beschränkt haftet, bedarf es eines **Vorbehalts im Vollstreckungstitel**, wie in § 780 ZPO vorgesehen, nicht[15]. Nach § 102 Abs 3 kann gegenüber dem Erben der Anspruch auf Kostenersatz nicht geltend gemacht werden, wenn:

22 **Nr 1:** Der Wert des Nachlasses unter dem dreifachen des Grundbetrags nach § 85 Abs 1 SGB XII liegt (dh nach dem Stand vom 1.7.2009: 2.154 Euro; 718 mal drei; zuvor 2.106 Euro); es kommt auf die Höhe des Freibetrags im Zeitpunkt des Erbfalls an); sog Bagatellnachlässe; oder

23 **Nr 2:** Der Wert des Nachlasses unter 15.340 Euro liegt, wenn der Erbe der Ehegatte des Betreuten (nicht umgekehrt!) oder mit diesem verwandt (Begriff: § 1589 BGB) ist und nicht nur vorübergehend (dh in der Regel einige Monate) bis zum Tod des Betreuten mit diesem in häuslicher Gemeinschaft (dh zumindest im selben Haus) gelebt und ihn gepflegt hat (nicht erforderlich: *alleinige* Pflege); unschädlich ist aber, wenn der Betreute kurze Zeit vor seinem Tod in einem Krankenhaus untergebracht werden musste.

24 **Zu Nr 1 und 2:** Das Wort „soweit“ im Gesetzestext besagt, dass dem Erben auf jeden Fall ein Freibetrag in Höhe des „Dreifachen“ bzw in Höhe von 15.340 Euro verbleibt, auch wenn der Nachlasswert höher ist[16].

25 Bei **mehreren Erben** wird der Freibetrag nur einmal gewährt; er ist nach den Erbteilen (vgl Erbschein) aufzuteilen[17]. Eine Kumulation beider Freibeträge soll in Betracht kommen, wenn von mehreren Erben einer die Voraussetzungen der Nr 2 erfüllt.

26 **Nr 3:** wenn die Inanspruchnahme des Erben nach der Besonderheit des Einzelfalles eine besondere Härte bedeuten würde. **Beispiel:** Alle vorgenannten Pflegevoraussetzungen liegen vor, doch ist Erbin nicht die Witwe, sondern die langjährige Lebensgefährtin des Betreuten. Oder: zwar Pflege, doch fehlte die häusliche Gemeinschaft[18].

---

13 OLG Stuttgart FamRZ 2007, 1912.

14 VGH Baden-Württemberg FEVS 38, 384 zu § 92c BSHG.

15 OLG Stuttgart FamRZ 2007, 1912; BayObLG FamRZ 2005, 1590; aA OLG Thüringen FamRZ 2006, 645.

16 BVerwGE 66, 161.

17 BVerwGE 57, 26.

18 Hess VGH FamRZ 1999, 1023.

27 **3. Haftungsbegrenzung nach § 102 Abs 4 SGB XII.** Die Vorschrift besagt: Der Anspruch auf Kostenersatz **erlischt in drei Jahren** nach dem Tod des Betreuten oder seines Ehegatten. § 103 Abs 3 Satz 2 gilt entsprechend. Diese Verweisung bedeutet: die Bestimmungen des BGB über die Unterbrechung und Hemmung der Verjährung gelten entsprechend; der Erhebung der Klage steht der Erlass eines „Leistungsbescheides" gleich. Der Ablauf der Dreijahresfrist wird also gehemmt wie bei der Verjährung, zB durch Stundung (§ 202). Richtet sich der Anspruch gegen einen Nachlass, dh sind die Erben vorerst unbekannt und wird ein Nachlasspfleger eingesetzt, tritt Ablaufhemmung ein (§ 207); Unterbrechung der Erlöschenfrist erfolgt zB durch Anerkenntnis, Abschlagszahlung (§ 208). Eine zeitliche Schranke gibt es hier nicht. An die Stelle des „Leistungsbescheids" tritt der Beschluss des Betreuungsgerichts nach § 168 FamFG.

28 **4. § 1836c.** Sonstige Haftungsbeschränkungen kommen dem Erben des Betreuten nicht zugute; das soll die Verweisung in Abs 1 Satz 3, 2. Halbs auf § 1836c zum Ausdruck bringen. Der Rückgriff ist nicht nur im Rahmen der durch § 1836c bestimmten Leistungspflicht des Betreuten zulässig, sondern soweit die Staatskasse gezahlt hat. Es gibt also nach dem Tod des Betreuten kein Schonvermögen mehr.

29 **5. Verfahren beim Rückgriff gegen Erben.** Der Erbe ist verpflichtet, dem Betreuungsgericht Auskunft über den Bestand des Nachlasses zu geben (§ 168 Abs 3 Satz 2 FamFG); von sich aus muss er aber nicht tätig werden. Der Erbe muss ein Nachlassverzeichnis vorlegen und dessen Richtigkeit eidesstattlich versichern (§ 168 Abs 3 Satz 3 FamFG). Bei falschen Angaben: Strafbarkeit nach § 156 StGB. Ist der Erbe unbekannt, tritt an seine Stelle ein (vom Nachlassgericht zu bestellender) Nachlasspfleger. Dem Erben ist vor Entscheidung rechtliches Gehör zu gewähren (§ 168 Abs 4 Satz 2 FamFG). Nach Durchführung der erforderlichen Ermittlungen erlässt das Betreuungsgericht (Rechtspfleger) einen Beschluss, in dem es Höhe und Zeitpunkt der Zahlungen bestimmt, die der Erbe an die Staatskasse zu leisten hat (§ 168 Abs 3 Satz 1 FamFG). Der Beschluss muss wirksam werden (§ 40 FamFG) innerhalb der Dreijahresfrist bzw der infolge Hemmung/Unterbrechung verlängerten Frist; eine Zustellung ist zweckmäßig, aber nicht Wirksamkeitsvoraussetzung. Gegen den Beschluss ist die befristete Beschwerde statthaft. Der vom Betreuungsgericht (rechtskräftig) festgesetzte Betrag wird nach § 1 Nr 4b nF JustizbeitreibungsO von der Staatskasse vollstreckt (kein Fall der §§ 86, 95 FamFG).

V. Ansprüche des Betreuers gegen die Erben des Betreuten

30 Sie sind in § 1836c nicht geregelt. Wenn der Betreute, da vermögend, die Vergütung schuldete, geht die Verbindlichkeit auf die Erben über (§§ 1922, 1967). Auch noch nach dem Tode des Betreuten kann der Betreuer den Antrag stellen, dass seine Vergütung gegen den Betreuten, nun die Erben des Betreuten, durch Beschluss des Betreuungsgerichts festgesetzt wird (§ 168 FamFG)[19]; es ist also kein Zivilprozess gegen die Erben notwendig, mangels Rechtsschutzbedürfnis sogar nicht zulässig. Die Festsetzung nach dem Tod ist unabhängig davon zulässig, ob sich der Vergütungsanspruch gegen die Staatskasse oder gegen den Nachlass des Betreuten richtet. Allerdings haftet der Erbe nur mit dem Wert des im Zeitpunkt des Erbfalls vorhandenen Nachlasses (§ 102 SGB XII) und kann im Festsetzungsverfahren auch die ihm durch § 1836e Abs 1 Satz 3, 2. Halbs iVm § 90 SGB XII eingeräumten Schongrenzen geltend machen. Soweit im

19 BayObLG FamRZ 1999, 1609; OLG Schleswig NJWE-FER 2000, 149; OLG Jena FGPrax 2001, 22.

Festsetzungsverfahren sonstige Einwendungen ausgeschlossen sind (zB Schadensersatzansprüche gegen den Betreuer), kann der Erbe nach § 767 ZPO gegen den Titel vor dem Prozessgericht klagen[20]. Reicht der Nachlass nicht aus, liegt Mittellosigkeit vor und die Staatskasse hat auf neuen Antrag die Vergütung zu bezahlen[21].

31 Gesetzestexte:

§ 102 SGB XII Kostenersatz durch Erben

(1) Der Erbe der leistungsberechtigten Person oder ihres Ehegatten oder ihres Lebenspartners, falls diese vor der leistungsberechtigten Person sterben, ist vorbehaltlich des Absatzes 5 zum Ersatz der Kosten der Sozialhilfe verpflichtet. Die Ersatzpflicht besteht nur für die Kosten der Sozialhilfe, die innerhalb eines Zeitraumes von zehn Jahren vor dem Erbfall aufgewendet worden sind und die das Dreifache des Grundbetrages nach § 85 Abs. 1 übersteigen. Die Ersatzpflicht des Erben des Ehegatten oder Lebenspartners besteht nicht für die Kosten der Sozialhilfe, die während des Getrenntlebens der Ehegatten oder Lebenspartner geleistet worden sind. Ist die leistungsberechtigte Person der Erbe ihres Ehegatten oder Lebenspartners, ist sie zum Ersatz der Kosten nach Satz 1 nicht verpflichtet.

(2) Die Ersatzpflicht des Erben gehört zu den Nachlassverbindlichkeiten. Der Erbe haftet mit dem Wert des im Zeitpunkt des Erbfalles vorhandenen Nachlasses.

(3) Der Anspruch auf Kostenersatz ist nicht geltend zu machen,
1. soweit der Wert des Nachlasses unter dem Dreifachen des Grundbetrages nach § 85 Abs. 1 liegt,
2. soweit der Wert des Nachlasses unter dem Betrag von 15.340 Euro liegt, wenn der Erbe der Ehegatte oder Lebenspartner der leistungsberechtigten Person oder mit dieser verwandt ist und nicht nur vorübergehend bis zum Tod der leistungsberechtigten Person mit dieser in häuslicher Gemeinschaft gelebt und sie gepflegt hat,
3. soweit die Inanspruchnahme des Erben nach der Besonderheit des Einzelfalles eine besondere Härte bedeuten würde.

(4) Der Anspruch auf Kostenersatz erlischt in drei Jahren nach dem Tod der leistungsberechtigten Person, ihres Ehegatten oder ihres Lebenspartners. § 103 Abs. 3 Satz 2 und 3 gilt entsprechend.

(5) …

§ 103 SGB XII Kostenersatz bei schuldhaftem Verhalten

(1) Zum Ersatz der Kosten der Sozialhilfe ist verpflichtet, wer

(2) …

(3) Der Anspruch auf Kostenersatz erlischt in drei Jahren vom Ablauf des Jahres an, in dem die Leistung erbracht worden ist. Für die Hemmung, die Ablaufhemmung, den Neubeginn und die Wirkung der Verjährung gelten die Vorschriften des Bürgerlichen Gesetzbuchs sinngemäß. Der Erhebung der Klage steht der Erlass eines Leistungsbescheides gleich.

(4) …

20 BayObLG FamRZ 1999, 1609; OLG Schleswig, NJWE-FER 2000, 149.
21 BayObLG FamRZ 2004, 305; HK-BUR-*Winhold-Schött/Deinert* § 1836e Rz 53.

§ 1837 BGB Beratung und Aufsicht

(1) [1]Das *Familiengericht* berät die *Vormünder.* [2]Es wirkt dabei mit, sie in ihre Aufgaben einzuführen.

(2) [1]Das *Familiengericht* hat über die gesamte Tätigkeit des *Vormunds* und des *Gegenvormunds* die Aufsicht zu führen und gegen Pflichtwidrigkeiten durch geeignete Gebote und Verbote einzuschreiten. [2]Es kann dem *Vormund* und dem *Gegenvormund* aufgeben, eine Versicherung gegen Schäden, die sie dem *Mündel* zufügen können, einzugehen.

(3) [1]Das *Familiengericht* kann den *Vormund* und den *Gegenvormund* zur Befolgung seiner Anordnungen durch Festsetzung von Zwangsgeld anhalten. [2]Gegen das Jugendamt oder einen Verein wird kein Zwangsgeld festgesetzt.

(4) §§ 1666, 1666a und 1696 gelten entsprechend.

Schrifttum: *Harm*, Von der Rechtsaufsicht zur Fachaufsicht, BtPrax 2000, 17; *Dodegge*, Die Auswahl und Kontrolle des Betreuers, FPR 2004, 664; *Werle*, Die Aufsicht des Vormundschaftsgerichts über die Tätigkeit des Betreuers, 2007.

Übersicht

I. Gesetzesgeschichte

1 Durch das BtG von 1990 wurde Abs 1 eingefügt, dem Abs 2 wurde ferner der Satz 2 hinzugefügt. Abs 4 wurde durch das KindRG von 1997 geändert (Streichung des § 1667 Abs 1 u 5), ebenso die in Bezug genommenen §§ 1666, 1667. Das FGG-ReformG hat ab 1.9.2009 das Wort „Vormundschaftsgericht“ jeweils durch „Familiengericht“ ersetzt. Gleichwohl ist bei Betreuungen das Betreuungsgericht zuständig (§ 1908 i Abs 1), bei Nachlasspflegschaften das Nachlassgericht (§ 1962).

II. Beratung und Einführung (Abs 1)

2 § 1937 Abs 1 bis Abs 3 gilt gem § 1908 i Abs 1 auch für die **Betreuung,** nicht aber Abs 4. Betreuer haben nach **Abs 1 Satz 1** einen Rechtsanspruch auf gebührenfreie Beratung durch das Betreuungsgericht; daneben haben sie einen solchen Anspruch auch gegen die Betreuungsbehörde (§ 4 BtBG). Beratung bedeutet nicht, dass das Gericht den Betreuer in allen auftauchenden Rechtsfragen (Mietrecht, Zwangsvollstreckung, Rente usw) zu beraten hätte, so dass sich ein Rechtsanwalt erübrigt. Der Anspruch auf Beratung beschränkt sich auf Fragen des Betreuungsverhältnisses; beim ehrenamtlichen Betreuer mag man im Einzelfall großzügiger sein. Bei Fehlberatung (denkbar etwa in erbrechtlichen Fragen, Sozialrecht) kommt Staatshaftung in Frage. Der Ratschlag des Betreuungsgerichts beseitigt nicht die Haftung des Betreuers aus § 1833. **Satz 2** ist für den Betreuer weitgehend gegenstandslos; denn die Unterrichtung des Betreuers ist speziell geregelt in § 289 FamFG: der Betreuer erhält im Zusammenhang mit der Verpflichtung und der Aushändigung der Bescheinigung einige Hinweise vom Rechtspfleger. Es ist untunlich, wenn Richter und Rechtspfleger des Betreuungsgerichts an allgemeinen Einführungsveranstaltungen der Vereine bzw Behörden für Betreuer teilnehmen[1], weil sich das nicht mit der neutralen Funktion der Rechtspflege verträgt; Zusagen können sie ohnehin keine machen. Einen Anspruch auf Unterstützung normiert Abs 1 zwar nicht. Doch ist das Betreuungsgericht gegebenenfalls verpflichtet, auf Anfrage aufzuzeigen, ob beabsichtigte Maßnahmen des Betreuers als pflichtwidrig zu beurteilen sind[2].

III. Aufsicht; Pflichtwidrigkeit des Betreuers (Abs 2)

3 **1. Aufsicht des Gerichts, Selbständigkeit des Betreuers.** Die Regelung bezieht sich auch auf den Kontrollbetreuer (§ 1896 Abs 3)[3] sowie den Gegenbetreuer (§§ 1792, 1799), wie Abs 2 ausdrücklich anordnet. Für den Bevollmächtigten des Betroffenen dagegen gilt § 1837 nicht.

4 Der Betreuer führt die Betreuung im Rahmen seines Aufgabenkreises selbstständig und eigenverantwortlich[4], natürlich im Rahmen der Gesetze, insbesondere der betreuungsrechtlichen Normen, die ihn beschränken. Er hat dabei einen gewissen Gestaltungsspielraum und entscheidet nach pflichtgemäßem Ermessen. Er allein (und nicht das Betreuungsgericht) ist berechtigt, den Betreuten zu

1 AA *Jürgens/Klüsener* § 1837 Rz 9.
2 BayObLG Rpfleger 1999, 445 = FamRZ 1999, 1460: Betreuer beantragte die Genehmigung, das Anwesen des Betreuten zwangsweise betreten zu dürfen.
3 *Jürgens/Klüsener* § 1837 Rz 6.
4 OLG München FGPrax 2009, 226; OLG Zweibrücken NJW-RR 2008, 369; BayObLG FamRZ 2000, 565; BtPrax 2004, 69; OLG Karlsruhe NJW-RR 2005, 1313; *Jürgens/Klüsener* § 1837 Rz 2.

vertreten (§ 1902), abgesehen von den Ausnahmefällen des § 1846. Das Betreuungsgericht **überschreitet** daher **seine Befugnisse,** wenn es selbst bei der Bewilligungsstelle die Zahlung von Sozialhilfe, Rente oder Pflegeleistungen auf ein Konto des Betreuten veranlasst[5] oder wenn nicht der Betreuer die Schulden des Betreuten begleicht, sondern das Betreuungsgericht die Sparkasse zur Auszahlung an den Schuldner anweist[6] und selbst die Kontensperrung bei der Bank anordnet[7]. Rechtswidrige Weisungen des Betreuungsgerichts sind auf **Beschwerde** (§§ 58 ff FamFG, § 11 RPflG) aufzuheben; das sind alle Weisungen, die dem Betreuungsgericht nicht zustehen, so etwa Weisungen in Zweckmäßigkeitsfragen. Keinesfalls darf der Richter bzw Rechtspfleger des Betreuungsgerichts seine persönliche Lebensauffassung an die Stellung der Auffassung des Betreuers setzen und versuchen, sich mittels Weisungen durchzusetzen. Wenn keine Pflichtverletzung vorliegt, ist daher das Betreuungsgericht nicht befugt, seine eigene/abweichende Meinung über die Verwendung von Geldmitteln mit bindenden Anordnungen durchzusetzen[8]. Unzulässig sind zB Weisungen, der Betreute solle angehalten werden, zur Benzineinsparung weniger mit dem Auto fahren, genügsamer zu leben usw (wenn Geld da ist und es dem Willen und Wohl des Betreuten entspricht, geht die Verwendung das Betreuungsgericht nichts an). Rechtswidrig ist zB eine Weisung an einen Anwaltsbetreuer, „keine anwaltlichen Dienstleistungen ohne konkrete Aussicht zu erbringen, die dabei anfallenden Rechtsanwaltsgebühren im Erfolgsfall beizutreiben“[9], weil hier die Unabhängigkeit tangiert wird.

Das Betreuungsgericht ist darauf beschränkt, den Betreuer zu beaufsichtigen[10]. 5
Ist ein Verein als solcher Betreuer (§ 1900 Abs 1), unterliegen die mit der Führung der Betreuung beauftragten Mitarbeiter des Vereins nur mittelbar der Aufsicht des Betreuungsgerichts; bei Pflichtwidrigkeiten kann das Betreuungsgericht dem Verein aber aufgeben, vereinsinterne Maßnahmen gegen den Mitarbeiter zu ergreifen[11], zB dem Mitarbeiter diese Tätigkeit zu entziehen. Bei der Aufsicht wird das Betreuungsgericht ggf vom Gegenbetreuer (§§ 1799, 1908 i Abs 1) und von der Betreuungsbehörde (§ 7 BtBG) unterstützt. Die Durchführung dieser Aufgabe wird ua ermöglicht durch § 1802, der dem Betreuer auferlegt, das Vermögen des Betreuten zu inventarisieren und das Verzeichnis dem Betreuungsgericht vorzulegen; durch §§ 1840, 1843, nach denen der Betreuer jährlich Rechnung zu legen hat, und die das Betreuungsgericht berechtigen, die Ergänzung der Rechnung zu verlangen; ferner durch § 1839, der den Betreuer verpflichtet, auf Verlangen jederzeit über die Führung der Betreuung und über die persönlichen Verhältnisse des Betreuten Auskunft zu erteilen; weiter durch die Möglichkeit, die Hinterlegung von Wertpapieren anzuordnen (§ 1818); sowie schließlich durch die dem Betreuungsgericht in § 1837 Abs 3 zugebilligte Möglichkeit, Zwangsgeld anzuordnen.

2. Gegenstand der Aufsicht. Die Aufsicht ist Recht und Pflicht des Betreuungs- 6
gerichts, das sich bei der Ausübung vom Interesse des Betreuten leiten zu lassen hat. Die Belange des Geschäftsgegners sind nicht zu berücksichtigen[12]. Die Aufsicht umfasst die gesamte Tätigkeit des Betreuers bei der Personen- und Vermögenssorge[13]. Aufsicht beinhaltet auch das Recht, unmittelbare Ermittlungen durchzuführen (§ 26 FamFG), zB bei der Sparkasse den Kontenstand zu

---

5 AA KG ZblJR 1953, 125; *Dölle,* FamR II S. 820.
6 Vgl RGZ 85, 416/9.
7 *Bienwald* Rpfleger 1998, 286; aA LG Meiningen Rpfleger 1998, 285.
8 OLG Karlsruhe NJW-RR 2005, 1313 = FamRZ 2006, 507.
9 OLG Saarbrücken MDR 2004, 1121.
10 BGH DNotZ 1967, 320; BayObLGZ 1951, 440/4; RGZ 71, 162/7.
11 Vgl BayObLG FamRZ 1994, 991.
12 BayObLGZ 23, 224/6/8.
13 Vgl BayObLG JFG 8, 91; BayObLGZ 21, 258.

erfragen und mit den Angaben des Betreuers zu vergleichen. Das Gericht kann dem Betreuer zB aufgeben, über wirtschaftliche Fragen ein Gutachten einzuholen und vorzulegen[14]; allerdings wäre es zweckmäßiger, wenn das Betreuungsgericht in einem solchen Fall selbst ermitteln würde (§ 26 FamFG); der Unterschied liegt in der Frage, wer die Kosten trägt (vgl §§ 92, 137 KostO). Das Betreuungsgericht hat insbesondere zu überwachen, dass der Betreuer seine Pflichten erfüllt, die ihm durch Gesetz (zB §§ 1806 ff, 1812, 1814 ff, 1821 ff, 1799) oder durch besondere Anordnungen (zB §§ 1803, 1818) auferlegt sind. Ist die Vermögensverwaltung besonders umfangreich und unübersichtlich, kann das Betreuungsgericht auch fachkundige **Hilfspersonen** (vgl. § 139 KostO; „Rechnungsbeamte“) beiziehen, darf jedoch die Überwachung nicht *für ständig* aus der Hand geben[15]. Deshalb ist es auch nicht zulässig, einen Pfleger zu bestellen, dem nur die Aufgabe zukommt, zu prüfen, ob der Betreuer seine Pflicht erfüllt[16]. Die Aufsicht umfasst auch etwaige privatrechtliche Beziehungen zwischen Betreuer und Betreuten wie den Aufwendungsersatzanspruch (§ 1835); aber nur wenn das Betreuungsgericht eine Pflichtwidrigkeit aufdeckt, ist es zum Einschreiten befugt[17]. Die Aufsicht umfasst nicht privatrechtliche Beziehungen zwischen einem Dritten und dem Betreuten[18]. Über die Vergütungsabrechnung dürfen nicht mittelbar Weisungen erteilt werden[19].

7 **3. Beginn und Ende der Aufsicht des Betreuungsgerichts.** Sie beginnt mit der Bestellung des Betreuers. Sie endet mit dem Ende des Amtes oder der Betreuung, ausgenommen der Nachwirkung nach §§ 1908 i Abs 1, 1893 iVm § 1698 b. Nur die Einreichung einer formell ordnungsmäßigen Schlussrechnung (§ 1892 Abs 1)[20] und die Rückgabe der Bestallung (§ 1893 Abs 2) kann das Betreuungsgericht auch nach beendigtem Amt vom Betreuer noch erzwingen (vgl §§ 1892, 1893). So kann das Betreuungsgericht den ehemaligen Betreuer nicht zu weiterer Auskunftserteilung anhalten[21] oder zur Herausgabe des Vermögens an den Betreuten zwingen (§ 1890 Rz 3). Das Betreuungsgericht selbst bleibt dem Betreuten auch nach Beendigung der Betreuung zur Gewährung von Akteneinsicht und zur Erteilung von Abschriften gem § 13 FamFG sowie zur Erteilung von Auskünften nach pflichtgemäßem Ermessen verpflichtet[22].

8 **4. Pflichtwidrigkeiten.** Nach Abs 2 hat das Betreuungsgericht, wenn es bei der Aufsicht Pflichtwidrigkeiten des Betreuers bemerkt, einzuschreiten. Bei dem Begriff „Pflichtwidrigkeit“ handelt es sich um einen unbestimmten Rechtsbegriff[23]. Ob eine Pflichtwidrigkeit bejaht wird oder nicht, ist also keine Ermessensfrage, sondern eine in allen Instanzen nachprüfbare Rechtsfrage. Liegt sie nach Meinung des Betreuungsgerichts vor, so *hat* es einzuschreiten; ein Ermessen besteht auch hier nicht. Eine Pflichtwidrigkeit kann auch dann vorliegen, wenn den Betreuer kein Verschulden trifft[24].

9 **a) Fälle von Pflichtwidrigkeit.** Eine Pflichtwidrigkeit des Betreuers liegt vor, wenn er gegen bestimmt formulierte gesetzliche Regelungen verstößt, zB auf Anfragen des Betreuungsgerichts (§ 1839) nicht antwortet, die Jahresrechnung

---

14 Vgl OLG Hamm FGPrax 1997, 228.
15 KG JW 1936, 2461.
16 BGH NJW 1976, 49; BayObLG Rpfleger 1981, 302.
17 OLG Colmar OLGE 31, 416; dazu krit *Josef* Recht 1916, 164.
18 BayObLGZ 1923, 224.
19 LG Kaiserslautern FamRZ 2001, 869.
20 OLG Thüringen FamRZ 2001, 579; BayObLG FamRZ 1998, 1197; BtPrax 2001, 39.
21 OLG Hamm OLGZ 1966, 484.
22 Vgl KG RJA 1, 1; KG SeuffA 75 (1920) Nr 62.
23 MünchKomm/*Wagenitz* § 1837 Rz 21.
24 Vgl Gernhuber/*Coester-Waltjen* FamR § 71 IV 3.

(§ 1840) nicht einreicht[25], oder entgegen § 1805 eigene und Wertpapiere des Mündels nicht getrennt aufbewahrt[26], oder wenn er gerichtliche Anordnungen, zB gem § 1798[27], nicht befolgt; oder wenn er seinen Ermessensspielraum überschreitet und/oder sich zum Nachteil des Betreuten von unsachlichen Erwägungen leiten lässt und ungerechtfertigt Wünsche des Betreuten nicht erfüllt[28]; aber natürlich muss es sich um Wünsche des Betreuten und nicht um solche von Dritten handeln[29]; oder wenn der Kontrollbetreuer (§ 1896 Abs 3) die Vollmacht des Bevollmächtigten nicht widerruft, obwohl dies unbedingt erforderlich ist[30] oder wenn ein Betreuer seinen Aufgabenkreis überschreitet[31], wobei allerdings zuvor die Frage der Erweiterung der Betreuung zu prüfen ist. Pflichtwidrig ist auch, wenn der Betreuer zu viel Vergütung des Vermögen des Betreuten entnimmt, so dass er durch Weisung nach Abs 2 zur Rückzahlung angewiesen werden kann[32]; allerdings stellt dies keinen Vollstreckungstitel dar. Eine Pflichtwidrigkeit kann vorliegen, wenn der Betreuer die weitere Ernährung des Betroffenen durch eine PEG-Sonde unterbinden will[33]; ebenso wenn er ohne Rechtsgrundlage ein Kontaktverbot gegen die Eltern des Betreuten ausspricht[34]; oder gegenüber Verwandten ohne vernünftigen Grund[35]. Wenn er Mittel zur ärztlichen Behandlung verweigert[36]; oder für einen Strafverteidiger, wenn der Betreute angeklagt ist[37]; verschwenderischer Unterhalt[38]; aussichtslose Prozessführung[39]; häusliche Pflege statt Heimpflege.[40] Da der Betreuer im Übrigen selbstständig handelt (vgl Rz 2), kann eine Pflichtverletzung durch Verletzung der Aufgabe, für die Person und das Vermögen des Betreuten zu sorgen, nur angenommen werden, wenn der Betreuer den Rahmen dessen, was ein vernünftiger Mensch für zweckmäßig oder vertretbar hält, verletzt, nämlich wenn er den ihm gegebenen Spielraum überschreitet oder missbraucht[41].

b) **Keine Pflichtwidrigkeit (Zweckmäßigkeit).** Nach herkömmlicher Meinung handelt der Betreuer dagegen nicht pflichtwidrig, wenn er in Zweckmäßigkeitsfragen aus sachlichen Gründen anderer Ansicht ist als das Betreuungsgericht[42]. In Zweckmäßigkeitsfragen darf das Betreuungsgericht nicht an Stelle des Betreuers tätig werden[43], nicht seine eigene Meinung an die Stelle der Meinung des Betreuers setzen[44] und keine bindenden Anordnungen treffen[45]. Dies ist selbst dann unzulässig, wenn der Betreuer um eine bindende Weisung gebeten hat[46]. – Der Begriff „Zweckmäßigkeit" ist mE unscharf und daher zur Abgrenzung nicht geeignet[47]; er wird hier nur verwendet, weil er sich eingebürgert hat. Jeder 10

25 OLG Hamm Rpfleger 1966, 17.
26 KG OLGE 37, 249.
27 KG RJA 6, 257/60.
28 BayObLG FamRZ 2000, 565.
29 KG BtPrax 2009, 245.
30 BayObLG FamRZ 1994, 1550.
31 BayObLG FamRZ 1991, 1481.
32 BayObLG FamRZ 2003, 1221.
33 AG Siegen RNotZ 2008, 351.
34 OLG München FamRZ 2008, 1030.
35 OLG Hamm Rpfleger 1985, 294.
36 OLG Colmar Recht 1905, 1767.
37 OLG Karlsruhe DAV 1967, 126.
38 OLG Düsseldorf Rpfleger 1980, 471.
39 KG JW 1936, 2753.
40 BGH NJW 1996, 1825; dazu OLG München FGPrax 2010, 72.
41 OLG Schleswig FamRZ 1996, 1368; BayObLG FamRZ 1992, 108.
42 OLG München FamRZ 2009, 2119; BayObLGZ 33, 366; vgl BGH NJW 1968, 353.
43 BayObLGZ 33, 329/33; LG Köln FamRZ 1993, 110 mit abl Anm *Ewers* S. 853.
44 KG OLGE 18, 302; BayObLGZ 5, 182; Recht 1917 Nr 645.
45 BGHZ 17, 108/116; LG Berlin DAVorm 1979, 434.
46 BayObLGZ 1951, 440/7; LG Berlin JR 1963, 346.
47 Bedenken auch bei MünchKomm/*Wagenitz* § 1837 Rz 16.

gewichtige Verstoß gegen Interessen des Betreuten stellt eine Pflichtwidrigkeit dar.

11 c) **Beispiele für Zweckmäßigkeit.** Wenn der Betreuer den Betreuten überredet, vom Wunsch nach einem Betreuerwechsel Abstand zu nehmen, ist das keine Pflichtwidrigkeit[48]. Die Entscheidung des Betreuers, eine Mietwohnung des Betroffenen aufrechtzuerhalten, obwohl der Betroffene untergebracht ist, ist nicht pflichtwidrig, wenn sich die Fortexistenz der Wohnung positiv auf die Befindlichkeit des Betroffenen auswirken kann und die dadurch bewirkte Vermögensbelastung im Ergebnis nicht von Gewicht ist[49]. Eine Frage der Zweckmäßigkeit ist es zB, mit wem der Betreute Umgang hat oder telefoniert/korrespondiert[50], ob der (volljährige) Betreute adoptiert wird[51], wie die Vermögensverwaltung erfolgt[52], welche Beträge für den Lebensunterhalt des Betreuten aufgewandt werden[53], wie das Pflegegeld verwendet wird[54], wie viel Taschengeld er erhält[55], ob eine Klage erhoben werden soll, wie ein Rechtsstreit zu führen ist[56], ob ein Kostenvorschuss für ein sinnloses Klageerzwingungsverfahren geleistet wird[57], ob Ansprüche Dritter gegen den Betreuten erfüllt oder zurückgewiesen werden sollen[58], wo der Betreute sich aufzuhalten hat; in welcher Krankenanstalt bzw Pflegeheim der Betreute untergebracht wird[59]; wieweit Angehörige ermittelt werden[60]. Die Verlegung des Betroffenen in ein anderes Heim kann idR nicht untersagt werden.[61]

12 d) **Beratung in Zweckmäßigkeitsfragen.** Auch in Zweckmäßigkeitsfragen ist das Betreuungsgericht jedoch befugt, den Betreuer zu beraten, Abs 1[62] und ihn zu unterstützen[63]. Die Beratung kann auch ohne Bitte des Betreuers von Amts wegen erfolgen. Das Betreuungsgericht hat die Aufgabe, auf den Betreuer durch Belehrung, Vorstellung und Ermahnung einzuwirken[64] und ihm behilflich zu sein. Doch kann dies einerseits nicht so weit gehen, dass der Betreuer beliebig die Prüfung irgend welcher Verträge durch das Betreuungsgericht verlangen kann[65]; andererseits darf ihm das Betreuungsgericht nicht die Verwaltung abnehmen und nicht die Staatsgewalt in den Dienst der privatrechtlichen Aufgabe des Betreuers stellen, also den Mündel besser stellen als andere Bürger. Auch darf es nicht eigene Obliegenheiten auf den Betreuer abwälzen, zB nicht dem Betreuer auferlegen, eine Sterbeurkunde über den Betreuten beizubringen; es hat selbst von Amts wegen den Tod festzustellen[66].

13 e) **Beispiele für Pflichtwidrigkeiten in Zweckmäßigkeitsfragen.** Pflichtwidrigkeit ist gegeben, wenn Wünsche des Betreuten entgegen § 1901 nicht erfüllt werden;

---

48 Vgl dazu LG Chemnitz FamRZ 2000, 1312.
49 BayObLG FamRZ 2004, 834.
50 BayObLG FamRZ 1988, 320.
51 OLG Hamm ZblJR 1954, 144; KG DAVorm 1957/8, 182; OLG Oldenburg NdsRpfl 1951, 200.
52 RG LZ 1918, 692.
53 OLG Düsseldorf Rpfleger 1980, 471; BayObLGZ 17, 231; LG Darmstadt MDR 1960, 585.
54 OLG Karlsruhe FGPrax 2005, 155.
55 Aufnötigung eines sparsamen Lebenszuschnitts ist aber pflichtwidrig, wenn Mittel vorhanden sind, BayObLG FamRZ 1991, 481.
56 BayObLGZ 5, 182; vgl dazu OLG Saarbrücken MDR 2004, 1121.
57 BayObLG FamRZ 2000, 565 = NJWE-FER 2000, 9.
58 KG JW 1937, 1552.
59 OLG Schleswig FamRZ 1996, 1368; LG Chemnitz FamRZ 2000, 1312.
60 Vgl LG Frankfurt FamRZ 1989, 53.
61 OLG München FGPrax 2010, 72.
62 KG RJA 16, 13; BayObLGZ 1951, 440/7.
63 RGZ 67, 416/19.
64 RGZ 75, 231; BayObLG JW 1931, 1374.
65 KG OLGE 41, 76 Fn 1.
66 KGJ 51, 47.

wenn der Betreuer beim ansprechbaren Betreuten regelmäßige persönliche Kontakte unterlässt; wenn vom Betreuer der persönliche **Umgang** zwischen dem Betreuten und seinen Verwandten und sonstigen Dritten eingeschränkt wird, ohne dass dies zum Schutz des Betreuten erforderlich ist[67]; pflichtwidrig handelt ein Betreuer, der aus Rechthaberei und persönlicher Verärgerung den Aufenthaltsort des Betreuten willkürlich ändern will[68]; wenn der behinderte Betreute in einer gemischt-geschlechtlichen Abteilung eines Heims untergebracht wird, in der Geschlechtsverkehr geduldet wird[69]; wenn die Entlassung des Betreuten aus der Unterbringung betrieben wird, obwohl er geisteskrank und gemeingefährlich ist[70]; wenn er grundlos Verbindlichkeiten des Betreuten bestreitet[71] oder einen aussichtslosen, dem Betreuten schädlichen Prozess führt[72], wenn er dem Betreuten die erforderlichen Mittel versagt, um zu verhindern, dass der Betreute die Aufhebung der Betreuung betreibt, obwohl dies nicht aussichtslos oder mutwillig erscheint[73], wenn er keine Mittel aus der Vermögenssubstanz für eine angezeigte Kur bereitstellt[74]. Eine Pflichtwidrigkeit liegt weiterhin vor, wenn der Betreuer es ablehnt, seinem Betreuten einen Strafverteidiger zu bestellen, obwohl die Sachlage dies erfordert und die Mittel des Betreuten es gestatten[75]. Ob ein Betreuer pflichtwidrig handelt, wenn er bei der Betreuten die Zustimmung zum Schwangerschaftsabbruch verweigert, hängt vom Einzelfall ab[76].

f) Kein Schaden notwendig. Nach Abs 2 braucht außer der Pflichtwidrigkeit des Verhaltens des Betreuers kein Schaden für den Betreuten eingetreten sein, es bedarf nicht einmal des Vorliegens einer **konkreten Gefährdung**[77]. Das Betreuungsgericht kann dementsprechend nach Abs 1 nicht selbst die Gefahr abwenden, sondern muss sich mit Geboten und Verboten an den Betreuer wenden. Als Gebote und Verbote sind die nach Lage des Einzelfalles erforderlichen Maßnahmen anzuordnen. So kann zB dem Betreuer aufgegeben werden, Bargeld des Betreuten bei der Sparkasse einzuzahlen[78]. 14

5. Pflicht zum Abschluss einer Versicherung (Satz 2). Nach § 1835 Abs 2 sind die Kosten einer Haftpflichtversicherung uU erstattungsfähig. Eine Pflicht zur Versicherung ist in § 1835 nicht ausgesprochen. Nach § 1837 Abs 2 Satz 2 kann das Betreuungsgericht im Einzelfall dem Betreuer den Abschluss einer Versicherung zur Pflicht machen; eine Pflichtwidrigkeit ist nicht Voraussetzung[79]. 15

Die Versicherung darf sich nach dem eindeutigen Wortlaut der Vorschrift nur auf Schäden, die der Betreuer dem Betreuten zufügen könnte, erstrecken, nicht aber auf Schäden durch die Inanspruchnahme des Betreuers wegen Schädigung Dritter, obgleich § 1835 Abs 2 auch die Kosten einer solchen Versicherung als Aufwendungen anerkennt. Der Sinn der Beschränkung in Satz 2 ist: der Betreute soll geschützt werden und nicht das Risiko der Insolvenz des Betreuers tragen. Dem (selbstständigen) Betreuer bleibt es überlassen, sich gegen die Inanspruchnahme durch Dritte durch eine Versicherung zu schützen. Eine konkrete Gefährdung durch ein Verhalten des Betreuers ist nicht Voraussetzung für die Anordnung. Liegt eine solche Gefährdung vor, dann muss das Betreuungsgericht, neben 16

---

67 BayObLG FamRZ 1991, 1481; 1988, 320.
68 Vgl KG RJA 5, 219/221.
69 AA LG Bielefeld FamRZ 1990, 664.
70 Vgl BayObLG JFG 15, 271.
71 Vgl KG RJA 16, 13.
72 Vgl KG JW 1936, 2753.
73 Vgl OLG Colmar Recht 1910 Nr 1267.
74 Vgl OLG Colmar Recht 1905 Nr 1767.
75 Vgl OLG Karlsruhe DAVorm 1967, 126.
76 Vgl LG Köln FamRZ 1987, 207.
77 BayObLGZ 30, 345.
78 Vgl KGJ 51, 36/9.
79 MünchKomm/*Wagenitz* § 1837 Rz 22.

anderen Geboten, Verboten und Maßnahmen, auch prüfen, ob noch durch den Abschluss einer Versicherung dem Betreuten Schutz gewährt werden kann. Das Gericht muss die Haftungssumme festlegen; die Anordnung, den Versicherungsvertrag bei einem bestimmten Versicherer abzuschließen, wäre ein Eingriff in die Selbstständigkeit des Betreuers und ist unzulässig. Allerdings kann wegen der Pauschalierung von Vergütung und Aufwendungsersatz (§§ 4, 5 VBVG) der Berufsbetreuer die Kosten der Versicherung nicht zusätzlich geltend machen. Selbst kann das Gericht die Versicherung nicht für den Betreuer abschließen; § 1846 ist nicht anwendbar.

IV. Gebote, Verbote, Zwangsgeld (Abs 3)

17 **1. Maßnahmen des Betreuungsgerichts.** Gebote und Verbote an den Betreuer sind ohne dessen Verschulden möglich (objektive Pflichtwidrigkeit). Bei Pflichtwidrigkeiten kommen in Frage: Beratung des Betreuers, Anweisung des Betreuers, teilweiser Entzug der Vertretungsmacht (§§ 1796, 1908 i Abs 1), Teil-Entlassung (§ 1908 b Abs 1) und Bestellung eines Mitbetreuers, bei befreiter Betreuung (Teil-)Entzug der Befreiung (§§ 1908 i Abs 2, 1857 a). Die völlige Entlassung des Betreuers ist nur noch das äußerste Mittel des Betreuungsgerichts. Wenn das Betreuungsgericht zu diesem Mittel greift, so kann es zugleich die Durchführung der beanstandeten Maßnahmen verbieten, bis ein neuer Betreuer bestellt ist.

18 **2. Anordnung von Zwangsgeld. – a) Allgemeines.** Entschließt sich das Betreuungsgericht zu Geboten oder Verboten an den Betreuer, so ist die Anordnung von Zwangsgeld zulässig, um den Betreuer anzuhalten, die Anordnungen des Betreuungsgerichts zu befolgen. Es handelt sich um ein Beugemittel, nicht um eine kriminelle Strafe. Deshalb ist ferner das Zwangsgeld unzulässig, wenn die Anordnung des Betreuungsgerichts nachträglich durchgeführt ist[80], nicht mehr durchgeführt werden kann[81], wenn der Zweck bereits erreicht ist[82] oder wenn der Betreuer inzwischen entlassen ist. Wird ein Zwangsgeld verhängt, weil das Vermögensverzeichnis nicht eingereicht wurde und legt der Betreuer dann Beschwerde ein und hierauf (vor Beschwerdeentscheidung) das Verzeichnis vor, ist die Zwangsgeldfestsetzung aufzuheben[83]. Das erscheint unbefriedigend, beruht aber auf den Wesen des Zwangsgeldes.

19 **b) Voraussetzungen.** Voraussetzung für die Anordnung von **Zwangsgeld** ist materiell die *schuldhafte* Nichtbefolgung eines Ge- oder Verbotes, mit dem das Betreuungsgericht gegen eine Pflichtwidrigkeit des Betreuers eingeschritten ist und seinen Ungehorsam brechen will[84]. Die Bestrafung eines ungebührlichen Benehmens (zB freches Auftreten gegenüber dem Betreuungsgericht) ist daher ebenso wenig zulässig[85], wie der Versuch, den Betreuer zur Leistung von Schadensersatz zu zwingen[86]. Insoweit ist der Rechtsweg vorgeschrieben, vgl § 1833 Rz 21; § 1843 Rz 8[87]. Formelle **Voraussetzung der Anordnung** von Zwangsgeld ist ihre ***vorherige* Androhung** (§ 35 FamFG), jetzt Hinweis auf die Folgen der Zuwiderhandlung genannt. Diese muss sich auf das Gebot oder Verbot des Betreuungsgerichts beziehen (auch durch Bezugnahmen, doch muss eindeutig sein, was verlangt wird[88]) und kann schon mit diesem zusammen

80 BayObLG Rpfleger 1997, 476.
81 BayObLG FamRZ 1984, 197.
82 BayObLG FamRZ 1998, 1197.
83 BayObLG FamRZ 2002, 1434.
84 KGJ 51, 47.
85 Staudinger/*Engler* § 1837 Rz 19.
86 BayObLGZ 3, 797; *Josef* AcP 97 (1905) 108/129.
87 AA beiläufig LG Berlin Rpfleger 1976, 98.
88 OLG Thüringen FamRZ 2001, 579.

erfolgen; es muss auch ein Betrag für das Zwangsgeld genannt werden, wobei die Angabe „bis zur Höhe von 25.000 Euro“ [89] ausreichend ist.

c) **Höhe des Zwangsgeldes. Wiederholung.** Das Zwangsgeld kann auf **Beträge von 5 Euro bis 25.000 Euro** (§ 35 Abs 3 Satz 1 FamFG; Art 6 EGStGB) festgesetzt werden. Es kann unbegrenzt wiederholt werden (anders als bei § 1788). Vor jeder neuen Anordnung muss diese jedoch jedes Mal erneut vorher angedroht werden[90], dh die Reihenfolge lautet: Androhung-Festsetzung-Vollstreckung-Androhung-Festsetzung-Vollstreckung usw. Die Androhung kann bei Beschwerde mittels Abhilfe aufgehoben werden (§§ 35 Abs 5 FamFG; § 572 ZPO). Ob das Betreuungsgericht sich zu einer wiederholten Anordnung von Zwangsgeld entschließt oder ob es nunmehr zu anderen Maßnahmen greift, hängt vom pflichtgemäßen Ermessen des Betreuungsgerichts ab; ein Überwechseln von der einen zur anderen Maßnahme ist zulässig. Als schärfste Maßnahme bleibt immer noch die Entlassung des Betreuers (§ 1908 b). Jedoch kann die Entlassung nicht mit einer Verhängung von Zwangsgeld verbunden werden[91]. 20

d) **Zwangsgeld nach Amtsende.** Nach beendigter Betreuung oder nach dem Ende des Amtes kann der Betreuer nur mit einem Zwangsgeld belegt werden, um ihn zur Rückgabe der Bestallung oder zu einer formell ordnungsmäßigen Schlussrechnung zu zwingen (vgl § 1893). 21

e) **Beitreibung.** Das Zwangsgeld wird mit den Verfahrenskosten (§ 119 Abs 5 KostO) nach § 1 JBeitrO beigetrieben. Es fließt in die Staatskasse. Die **Beitreibung** hat zu unterbleiben, wenn der Betreuer zwischenzeitlich der Aufforderung nachgekommen ist[92]. 22

f) **Behörde und Verein (Abs 3 Satz 2).** Betreuungsbehörde und Betreuungsverein können durch Gebote und Verbote dazu angehalten werden, Pflichtwidrigkeiten zu unterlassen. Dabei wendet sich das Betreuungsgericht nicht an den Bediensteten, der die Betreuung führt (vgl § 1900 Abs 2), sondern an die Behördenleitung oder Vereinsleitung, die im Sinne des Betreuungsgerichts auf den Bediensteten einwirken müssen[93]. Zwangsgeld kann weder gegen die Betreuungsbehörde noch gegen den Betreuungsverein festgesetzt werden, auch nicht gegen einen Behördenbetreuer (§ 1908 g Abs 1 BGB). Gegen einen Vereinsbetreuer ist dagegen Zwangsgeld zulässig[94]. Bei Verstößen von Vereinsbetreuern sind diese und nicht ihr Verein Adressat der Gebote des Betreuungsgerichts[95]. 23

3. **Untätigkeit des Betreuungsgerichts.** Verletzt das Betreuungsgericht seine Pflichten aus § 1837, beaufsichtigt und überwacht es den Betreuer nicht hinreichend, trifft es ungeeignete Anordnungen, versäumt es einzuschreiten, obwohl es geboten ist oder **berät es den Betreuer falsch**[96], so haftet der Staat gem Art 34 GG, § 839 BGB **auf Schadensersatz.** Eine Pflichtverletzung liegt vor, wenn der Betreuer erst bei Vorlage der Jahresrechnung zum Nachweis über die gesetzmäßige Anlegung von Betreutengeld angehalten wird[97]. Zu den Pflichten des 24

89 BayObLG FamRZ 1996, 878; BGH NJW 1973, 2288.
90 OLG Hamburg FamRZ 1996, 879; OLG Düsseldorf FamRZ 1993, 1349; BayObLG FamRZ 1993, 823.
91 KG RJA 16, 18.
92 Vgl BayObLG Rpfleger 1979, 215.
93 BayObLG FamRZ 1994, 991.
94 Umkehrschluss aus § 1908 g Abs 1; MünchKomm/*Wagenitz* § 1837 Rz 33.
95 LG Chemnitz FamRZ 2000, 1310.
96 Vgl RGZ 84, 92.
97 RGZ 88, 264 und KG ZblJR 1953, 125; weniger streng noch RGZ 67, 408.

Rechtspflegers in der Beaufsichtigung des Betreuers bei Hinterlegung von Wertpapieren vgl § 1814; bei Einreichung eines Vermögensverzeichnisses vgl § 1802.

V. Verweisungen (Abs 4)

25 **Abs 4 gilt für die Betreuung nicht** (§ 1908 i Abs 1). Denn diese Regelungen (§§ 1666, 1666 a) sind auf Kinder zugeschnitten, Betreuung dagegen kann nur über Erwachsene angeordnet werden (§ 1896 Abs 1).

VI. Verfahren

26 **1. Allgemeines.** Das Betreuungsgericht wird von Amts wegen tätig; jedermann kann dem Gericht Anregungen geben. Zuständig ist für die Aufsicht, soweit die Geschäfte nicht dem Richter vorbehalten sind (etwa bei Gesundheitsmaßnahmen), der Rechtspfleger (vgl §§ 3 Nr 2, 15 RPflG). In diesem Rahmen ist er auch für die Festsetzung von Zwangsgeld zuständig, da eine Umwandlung in Haftstrafe ausscheidet (§ 4 Abs 1 RPflG). Werden gewichtigere Maßnahmen gegen den Betreuer erwogen (Teilentlassung usw), ist der Betreute zu beteiligen, dh es ist ihm zumindest rechtliches Gehör zu gewähren.

27 **2. Beschwerde.** Der Betreuer ist berechtigt **gegen Gebote und Verbote** des Betreuungsgerichts, auch schon gegen die Eröffnung der Auffassung des Betreuungsgerichts und der beabsichtigten Maßnahmen[98], Beschwerde einzulegen (§§ 58 ff FamFG; § 11 RPflG); doch ist in diesen Fällen zu untersuchen, ob wirklich schon Entscheidungen iSv § 58 FamFG vorliegen oder lediglich die vorerst folgenlose Mitteilung einer Rechtsauffassung. Die Mitteilung des Betreuungsgerichts an den Betreuten, die Rechnung sei überprüft und nicht zu beanstanden, ist für den Betreuten keine anfechtbare Verfügung iSv § 58 FamFG[99]. Die sofortige Beschwerde steht dem Betreuer ferner gegen die **Festsetzung von Zwangsgeld** zu (§ 35 Abs 5 FamFG; Frist: zwei Wochen, § 569 ZPO), mit aufschiebender Wirkung (§ 570 Abs 1 ZPO). Ob auch schon gegen die bloße Androhung von Zwangsgeld die Beschwerde zulässig ist[100], ist jetzt zweifelhaft; der Umkehrschluss aus § 35 Abs 5 FamFG spricht dagegen. Ist das Zwangsgeld beigetrieben oder widerspruchslos bezahlt, kann der Beschluss trotzdem noch angefochten werden[101]; jedoch ist Verwirkung zu prüfen.

28 Eine **Beschwerdeberechtigung des Betreuten** kann sich aus § 58 FamFG ergeben.

29 **Dritte Personen** haben kein eigenes Recht darauf, dass das Betreuungsgericht im Wege der Aufsicht einschreitet oder dass es bestimmte Anordnungen an den Betreuer unterlässt. Sie können Maßnahmen des Betreuungsgerichts nur anregen und dem Betreuungsgericht Tatbestände zur Kenntnis bringen. Sie haben weder ein Beschwerderecht gegen die Ablehnung eines Einschreitens noch gegen getroffene Anordnungen[102].

---

98 KGJ 51, 36 unter Aufgabe von KGJ 44, 34.

99 BayObLG FamRZ 1996, 511.

100 Unter der Geltung des FGG bejaht, BGH NJW 1979, 820/1; OLG Brandenburg FamRZ 1996, 1092; OLG Hamm FamRZ 1996, 363.

101 BayObLG NJW 1974, 755; aM OLG Hamm OLGZ 1966, 485.

102 OLG München FGPrax 2009, 226 (das Gericht lehnte den Antrag der Mutter ab, dem Betreuer eine Weisung betreffend heilpädagogische Behandlung des Betreuten zu erteilen); BayObLGZ 20, 15 = Recht 1920 Nr 923; KG OLGE 7, 125; BayObLGZ 7, 97; KG JW 1938, 1453.

3. Rechtshilfe. Zur Erfüllung seiner Aufgaben kann das Betreuungsgericht ein anderes Gericht im Wege der Rechtshilfe einschalten (§§ 156 ff GVG), so zur Ermittlung seiner Zuständigkeit[103], zur Anhörung von Personen, die als Betreuer vorgeschlagen sind, zur Feststellung des Aufenthalts des Betreuten[104]. Das Rechtshilfeersuchen ist ferner zulässig zur Beschaffung der Unterlagen für einen Grundbucheintrag, zur Nachweisung des Vermögensstandes des Betreuten durch den Betreuer[105]; zur Prüfung und Abnahme der Schlussrechnung (§ 1892), zur Vernehmung der Erben über einen Verzicht auf die Schlussrechnung und die Entlastung des Betreuers bei Herausgabe des Betreutenvermögens[106]. Das Ersuchen um Rechtshilfe darf nicht dazu führen, dass das ersuchende Betreuungsgericht unbequeme Aufgaben abwälzt, zu denen es selbst berufen ist, zB zur Auswahl des Betreuers, oder dass das Betreuungsgericht dem Betreuer eine Aufgabe abnimmt, die diesem obliegt. 30

VII. Entsprechende Anwendung der Vorschrift

1. Betreuer. Pfleger. Die Vorschrift ist nach ihrem Wortlaut auf den Betreuer und Gegenbetreuer anwendbar (§ 1908 i Abs 1); ferner auf Pfleger (§ 1915), auch Nachlasspfleger, nicht aber auf Verfahrenspfleger; letztere können vom Betreuungsgericht keine Weisungen erhalten. § 1837 Abs 1 geht weiter als § 289 Abs 2 FamFG. Neben dem Betreuungsgericht hat die Betreuungsbehörde eine Beratungs- und Unterstützungspflicht. 31

2. Betreuungsbehörde. Ist die Betreuungsbehörde Betreuer, so ist Abs 1 Satz 1 anwendbar; **Abs 1 Satz 2** dagegen weitgehend unanwendbar (vgl § 289 Abs 1 Satz 2 FamFG). Aus dem anwendbaren Abs 2 Satz folgt, dass die Behörde in Betreuungssachen nur der Aufsicht des Betreuungsgerichts unterliegt, nicht aber der Kommunalaufsicht[107]; die Kommune kann daher ihrer Betreuungsbehörde zB keine Weisungen für Geldanlagen und dergleichen Zweckmäßigkeitsfragen erteilen. **Abs 2 Satz 2 ist** unanwendbar; zwar verbietet der Wortlaut nicht, eine Versicherungspflicht anzuordnen; aber nach dem Sinn der Vorschrift, dem Betreuten einen solventen Betreuer zu verschaffen, wäre eine solche Versicherung müßig, zumal die Kosten der Versicherung nicht als Aufwendungen ersetzt werden (§ 1835 Abs 5). Gegen die Behörde können Maßnahmen (Abs 2) ergriffen werden; Zwangsgeld kann aber nicht festgesetzt werden (Abs 3). Der Angestellte oder Beamte, der die Betreuung bearbeitet (§ 1900 Abs 2), kann nicht wegen Pflichtwidrigkeit mit Gebot oder Verbot belangt werden; es ist Sache der Behörde, diesen zu dem erforderlichen Verhalten zu veranlassen[108]. 32

3. Behördenbetreuer. Der Behördenbetreuer (§ 1897 Abs 2 Satz 2) ist Angestellter oder Beamter einer Behörde; die Anwendung von **Abs 1** entfällt hier weitgehend (vgl § 289 Abs 1 Satz 2 FamFG). Die Anordnung, sich zu versichern (**Abs 2 Satz 2**), ist hier nicht ausgeschlossen, weil der Bedienstete persönlich haftet. Der **Behördenbetreuer** kann mit Geboten und Verboten sowie Maßnahmen gem Abs 2 Satz 1 vom Betreuungsgericht überzogen werden, nur Zwangsgeld darf nicht festgesetzt werden (§ 1908 g Abs 1). 33

---

103 Vgl OLG Colmar OLGE 20, 95.
104 Vgl OLG Colmar Recht 1905 Nr 218; OLG München OLGE 21, 190.
105 Vgl OLG Stuttgart ZblFG 11, 763; OLG Karlsruhe ZblFG 14 (1913/14), 233.
106 Vgl RGZ 115, 368.
107 *Jürgens/Klüsener* § 1837 Rz 5.
108 BayObLG Rpfleger 1993, 403; 1976, 429.

34 **4. Betreuungsverein.** Beim Verein als Betreuer ist **Abs 1** weitgehend unanwendbar (vgl § 289 Abs 1 Satz 2 FamFG). **Abs 2 Satz 2 und Abs 3** ist anwendbar: das Betreuungsgericht muss sich an den Verein, nicht aber an den Angestellten, der die Betreueraufgaben wahrnimmt, wenden. Dieser muss dann seinen Angestellten zu pflichtgemäßem Verhalten anhalten. Die Anordnung einer Versicherung gem Abs 2 Satz 2 ist müßig, da Vereine versichert zu sein pflegen, obgleich § 1908 f einen solchen Nachweis nicht zur Anerkennung fordert. Die Anordnung von Zwangsgeld entfällt gemäß **Abs 3.**

35 **5. Vereinsbetreuer.** Beim Mitarbeiter eines Vereins als **Vereinsbetreuer** entfällt Abs 1 weitgehend (vgl § 289 Abs 1 Satz 2 FamFG). **Abs 2 Satz 1 und Abs 3 sind voll anwendbar.** Die Anordnung einer Versicherung gem **Abs 2 Satz 2** entfällt, weil der Verein die Mitarbeiter versichert; das ist für den Betreuungsverein festgeschrieben (§ 1908 f). Auch **Abs 3** ist anwendbar[109]; dem Vereinsbetreuer kommt die Privilegierung des Behördenbetreuers nicht zu. Vereinsbetreuer sind Angestellte des Vereins und unterliegen insoweit auch der Aufsicht des Vereins[110]; in Zweckmäßigkeitsfragen unterliegen sie keiner Weisung des Vereinsvorstandes. Führen Vereinsbetreuer für ihre Betreuten Sammelverwahrkonten auf den Namen ihres Vereins, so kann das Betreuungsgericht nach Ansicht des LG Chemnitz im Rahmen seiner Aufsichtstätigkeit grundsätzlich nur von den Vereinsbetreuern, nicht dagegen von dem Betreuungsverein die Auflösung der Sammelkonten, die Zuführung der Guthaben zum Vermögen des jeweiligen Betreuten sowie Vollzugsmeldung verlangen[111].

§ 1838 BGB [Andere Unterbringung]

(aufgehoben)

§ 1839 BGB Auskunftspflicht des Vormunds

Der *Vormund* sowie der *Gegenvormund* hat dem *Familiengericht* auf Verlangen jederzeit über die Führung der *Vormundschaft* und über die persönlichen Verhältnisse des *Mündels* Auskunft zu erteilen.

1 **1. Auskunftspflicht.** § 1839 ist auf die **Betreuung** anwendbar (§ 1908 i Abs 1). Auskunft hat der Betreuer, der befreite Betreuer, der Gegenbetreuer, der Behörden- und Vereinsbetreuer, auch die Betreuungsbehörde und der Betreuungsverein auf Verlangen zu erteilen. Die Auskunft kann der Betreuer auch durch einen Bevollmächtigten (zB einen Anwalt) erteilen, es sei denn, das Betreuungsgericht habe persönliche Auskunftserteilung angeordnet[1]. Es kann schriftliche Auskunft verlangt werden; auf Anforderung hat der Betreuer auch persönlich beim Betreuungsgericht zu erscheinen[2]. Die Auskunftspflicht erstreckt sich auf die Personen- und Vermögenssorge und umfasst auch (§ 1799 a maiore ad minus) die Pflicht zur **Vorlegung der Papiere**[3], zB des Sparbuches des Betreuten[4], oder von Kontoauszügen. Die Pflicht, Nachweise oder Bescheinigungen von dritter

---

109 *Jürgens/Klüsener* § 1837 Rz 20.

110 Vgl *Coen* NJW 1999, 535.

111 LG Chemnitz FamRZ 2000, 1311; zweifelhaft. Wer das Konto eröffnet hat, kann Geld überweisen und das Konto auflösen; an ihn haben sich die Gebote zu richten. Ein Vereinskonto kann nur der Vereinsvorstand als ges Vertreter des Vereins (§ 26 Abs 2) errichten, nicht seine Angestellten.

1 Vgl KG RJA 13, 70.

2 Vgl KG OLGE 8, 269.

3 Vgl KG Recht 1908 Nr 2574.

4 Vgl KG RJA 16, 18.

Seite (Behörden) erst zu beschaffen, besteht nur, soweit der Betreuer darauf einen Anspruch hat und deshalb in der Lage ist, sie zu beschaffen [5]. Das Betreuungsgericht kann auch **periodische Berichterstattung** anordnen.

2. Zwangsgeld. Die Auskunft kann durch Zwangsgeld erzwungen werden (§ 1837 Abs 3); bleibt dies erfolglos, so ist der Betreuer (im äußersten Falle) zu entlassen (§ 1908 b); in seltenen Fällen wird statt dessen bei sonstiger Eignung des Betreuers die Bestellung eines Mitbetreuers (§ 1899) für den Bereich, auf den sich die Auskunft erstreckt, in Betracht kommen, nicht aber eine Pflegerbestellung. Die Berichterstattungspflicht des § 1839 besteht nur während der Dauer der Betreuung, nicht mehr nach deren Beendigung[6]. Anschließend steht dem Betreuten, ggfs vertreten durch den neuen Betreuer, die Klage auf Auskunft und Abgabe der eidesstattlichen Versicherung zur Verfügung, § 260[7]. 2

§ 1840 BGB Bericht und Rechnungslegung

(1) Der *Vormund* hat über die persönlichen Verhältnisse des *Mündels* dem *Familiengericht* mindestens einmal jährlich zu berichten.

(2) Der *Vormund* hat über seine Vermögensverwaltung dem Betreuungsgericht Rechnung zu legen.

(3) [1]Die Rechnung ist jährlich zu legen. [2]Das Rechnungsjahr wird von dem Betreuungsgericht bestimmt.

(4) Ist die Verwaltung von geringem Umfange, so kann das *Familiengericht*, nachdem die Rechnung für das erste Jahr gelegt worden ist, anordnen, dass die Rechnung für längere, höchstens dreijährige Zeitabschnitte zu legen ist.

Schrifttum: *Birkenfeld*, Rechnungslegung und Rechnungsprüfung, FamRZ 1976, 197; *Grothe*, Befreite Betreuer und Rechenschaftslegung nach Beendigung der Betreuung, Rpfleger 2005, 172.

1. Allgemeines. Die Vorschrift ist auf die **Betreuung** entsprechend anwendbar (§ 1908 i Abs 1); dann ist anstelle des Familiengerichts das Betreuungsgericht zuständig. § 1840 ist ferner auf die Pflegschaft (§ 1915) anwendbar (im Falle der Nachlasspflegschaft ist das Nachlassgericht zuständig). Auf die Beistandschaft (§ 1716) ist § 1840 nicht anzuwenden. Da die Betreuung nicht stets so umfassend ist wie die Vormundschaft, sondern häufig auf bestimmte Aufgabenkreise beschränkt ist (vgl § 1896 Abs 2), ergeben sich Beschränkungen der Anwendbarkeit des § 1840: nur wo vermögensrechtliche Belange zum Aufgabenkreis des Betreuers gehören, besteht die Pflicht zur Rechnungslegung. Umgekehrt: Bezieht sich die Betreuung nur auf das Vermögen, so entfallt die Berichtspflicht über die persönlichen Verhältnisse nach Abs 1[1]; freilich ist die personenorientierte Struktur der Betreuung im Bericht angemessen zu berücksichtigen, weshalb in den Vordrucken entsprechende Fragen gestellt werden. Bei einer Betreuung, die sich nur auf die Personensorge bezieht, entfällt die Rechnungslegung. Ein **Verzicht** des *geschäftsfähigen* Betreuten auf die Rechnungslegungspflicht ist wegen des teilweise öffentlich-rechtlichen Charakters der Pflicht (Rz 9) nicht möglich[2]. Auch wenn ein Vermögensverzeichnis im Sinne von §§ 1802, 1840 BGB vor- 1

5 KG RJA 15, 269 = OLGE 38, 261.
6 Vgl KG RJA 15, 255; KG RJA 16, 18.
7 Staudinger-*Engler* § 1839 Rz 2; *Dölle* FamR II, S. 823.
1 Vgl OLG Hamm FamRZ 1989, 665; aA *Dodegge/Roth* D 26.
2 OLG München Rpfleger 2006, 73 (jedenfalls wenn es sich nicht um privilegierte Betreuer handelt, § 1908 i Abs 2 S. 2); OLG Hamm Rpfleger 1989, 20.

liegt, kann ein Gläubiger des Betreuten vom Betreuer die Abgabe der **eidesstattlichen Versicherung** (§§ 807, 900 ZPO) verlangen[3]; im Einzelfall kann allerdings das Rechtsschutzbedürfnis fehlen.

2 **2. Bericht (Absatz 1).** Die Regelung gilt sowohl für Berufsbetreuer wie für ehrenamtliche Betreuer, auch für die Betreuungsbehörde als Betreuerin. § 1840 soll die Personensorge verbessern: die bessere Information des Betreuungsgerichtes ermöglicht diesem ein schnelleres Eingreifen (gem § 1837), oder in unklaren Fällen eine schärfere Überwachung, zB durch Anwendung des § 1839. Der Bericht ist unaufgefordert jährlich (nicht: kalenderjährlich) zu erstatten.

3 **Inhalt des Berichts** ist zB: Aufenthalt des Betreuten, Wohn- und Lebensverhältnisse, letzter Besuch der Betreuers bei ihm, gesundheitliche Lage, Einkommen (Rente, Unterhalt), laufende Verpflichtungen (zB Miete), Vermögen, Erweiterung oder Einschränkung der Betreuung angezeigt?, Einwilligungsvorbehalt erforderlich? **Beispiel eines Berichts:** BtPrax 2000, 203 (viel zu weitschweifig). Eine **Form** ist für den Bericht nicht vorgeschrieben; manche Betreuungsgerichte haben hierfür einen (nicht amtlichen) Vordruck entwickelt. Wo dem Betreuungsgerichte ein mündlicher oder telefonischer Bericht nicht genügt, wie im Regelfall, hat es nach § 1839 die Möglichkeit, einen schriftlichen Bericht zu verlangen und umgekehrt. **Endet** die Betreuung **vor Jahresfrist,** so besteht für Vermögen die Rechnungslegungspflicht (§ 1890). Für die persönlichen Verhältnisse (Abs 1) wird man aus den Worten „mindestens einmal jährlich" die Pflicht zu einem **Schlussbericht** jedenfalls für den Fall ableiten, dass die Betreuung nicht durch Tod des Betreuten endete.

4 **3. Rechnungslegung (Abs 2). – a) Vermögensverwaltung.** Der Betreuer hat während der Betreuung (also nicht mehr, wenn die Betreuung beendet ist[4]) unaufgefordert periodisch über seine Vermögensverwaltung Rechnung zu legen, soweit er den Aufgabenkreis *Vermögenssorge* hat und Vermögen des Betreuten vorhanden ist. Mitbetreuer legen getrennte Rechnung, wenn die Betreuung unter ihnen nach Wirkungskreisen aufgeteilt ist (§ 1899), sonst gemeinschaftlich. Ist zwar der Aufgabenkreis „Vermögenssorge" zugewiesen, aber kein Vermögen vorhanden, besteht keine Pflicht zur Rechnungslegung. Hier wirkt sich die Frage aus, was **Einkommen** und was **Vermögen** ist. Hat der Betreute zwar Einkommen (zB Rente), aber kein Vermögen, besteht aus § 1840 keine Pflicht zur Rechnungslegung. So ist es beispielsweise, wenn der Betreute im Heim lebt, die Rente direkt an das Heim gezahlt wird und die ungedeckten **Heimkosten** vom Sozialhilfeträger übernommen sind; hier wird lediglich ein Taschengeld zur persönlichen Verfügung nach Sozialhilferecht direkt an das Heim gezahlt; die „Vermögensverwaltung" des Betreuers kann, wenn überhaupt, allenfalls darin bestehen, die ordnungsgemäße Taschengeldkontoverwaltung des Heimes anhand der Belege zu überprüfen[5].

5 Der **Gegenbetreuer** hat die Rechnung zu prüfen, wirkt aber bei der Aufstellung der Rechnungslegung nicht mit (§§ 1908 i Abs 1, 1842 Satz 2). Gehört das von dem Betreuer verwaltete Vermögen mehreren Betreuten, zB einem Ehepaar, so ist getrennt Rechnung zu legen. Gegenüber dem Betreuten besteht keine *Pflicht* zur Auskunftserteilung und jährlichen Rechnungslegung[6], wohl aber zur Besprechung aller wichtigen Angelegenheiten. Durch Akteneinsicht (§ 13 Abs 1

---

3 LG Braunschweig FamRZ 2000, 613.
4 LG Saarbrücken BtPrax 2009, 195.
5 *Grothe* Rpfleger 2005, 172.
6 OLG Düsseldorf FamRZ 2000, 1536.

FamFG) kann der Betreute aber Kenntnis von der Rechnungslegung und den Berichten erlangen.

b) **Umfang.** Die Rechnungslegungspflicht umfasst das gesamte Vermögen des Betreuten, auch soweit er es durch Dritte (zB Banken, Hausverwalter) verwalten lässt oder soweit es Dritte als Nießbraucher oder Pfandgläubiger besitzen[7]. Hingegen umfasst die Pflicht nicht die Beträge, die dem Betreuten zur freien Verfügung überlassen wurden[8], ferner nicht das Vermögen, das *kraft Gesetzes* in die Verwaltung eines Dritten fällt (vgl Wortlaut des Abs 2). Beispiele: Verwalter des Gesamtgutes (§§ 1422, 1487), Nachlassverwalter (§ 1984). Beim **Testamentsvollstrecker** (§ 2205) unterliegt der Anspruch des betreuten Erben gegen den Testamentsvollstrecker auf Rechnungslegung nach §§ 2218 Abs 2, 259 der Verwaltung des Betreuers und damit seiner Rechnungslegungspflicht[9]. Der Betreuer wird also nach Überprüfung der Abrechnung des Testamentsvollstreckers diese zusammen mit seinem Prüfbericht dem Betreuungsgericht weiterreichen. Ist der **Betreuer zugleich Testamentsvollstrecker**, so hat er als Betreuer dem Gericht jährlich Rechnung legen, welche die Abrechnung als Testamentsvollstrecker beinhaltet, auch wenn kein Erbe dies verlangt. Andernfalls stellt sich in Hinblick auf § 2218 Abs 2 die Frage, ob nicht ein Ergänzungsbetreuer bestellt werden muss, der vom Testamentsvollstrecker Rechnungslegung verlangt. Die **Bestellung eines Pflegers** zur Entgegennahme und Überprüfung der Rechnung erscheint unzulässig, da die Überprüfung kein Rechtsgeschäft ist, an dem der Betreuer gem §§ 181, 1795, 1796 gehindert ist[10]. 6

c) **Jährliche Rechnungslegung (Abs 3).** Die Rechnung ist jährlich unaufgefordert zu legen. Für die erste Rechnungslegung ist eine **Verlängerung** des Berichtszeitraumes nicht möglich. Das bedeutet, dass die erste Rechnungslegung spätestens zum Jahrestag der Anordnung der Betreuung (auf diesen Zeitpunkt bezieht sich das Vermögensverzeichnis des § 1802) erfolgen muss, nicht zwingend zum 31.12. 7

Zeitabstände der Rechnungslegung. Für die späteren Rechnungslegungen kann die Rechnungslegungsfrist bis zu drei Jahren verlängert werden (**Abs 4**). Nach der ersten Rechnungslegung des Betreuers kann das Betreuungsgericht von der Befugnis nach Abs 3 Satz 2, das Rechnungsjahr zu bestimmen, Gebrauch machen. Die Regelung kann jederzeit geändert werden; das Betreuungsgericht kann ein neues Rechnungsjahr festlegen, aber das laufende Rechnungsjahr nicht unter ein Jahr verkürzen[11]. Die Verlängerung gilt nur für den Betreuer, dem sie gewährt ist, nicht für seinen Nachfolger[12]; denn das Betreuungsgericht soll sich nach einem Jahr über die Zuverlässigkeit des Betreuers Gewissheit verschaffen. Da der neue Betreuer kein neues Vermögensverzeichnis (§ 1802) erstellen muss, läuft für ihn das Rechnungsjahr ab Datum der Schlussrechnung (§ 1892 Abs 1) des alten Betreuers. 8

Eine **unbegrenzte Verlängerung** kann das Betreuungsgericht nicht aussprechen. Beispielsweise kann die Schwester des Betreuten als Betreuerin nicht von der Rechnungslegungspflicht entbunden werden, weil sie weder unter § 1908 i Abs 2 Satz 2 fällt noch eine Befreiung gesetzlich möglich ist[13]. Die Aufhebung der Befreiung des Betreuers von der jährlichen Rechnungslegungspflicht 9

---

7 RGRK-*Dickescheid* § 1840 Rz 5.
8 *Jürgens/Klüsener* § 1840 Rz 7.
9 KG OLGE 32, 85, 86.
10 *Damrau* ZEV 1994, 1/5.
11 LG Frankfurt Rpfleger 1993, 336.
12 MünchKomm/*Wagenitz* § 1840 Rz 8; aA Staudinger-*Engler* § 1840 Rz 10; *Dölle*, FamR II, S. 824.
13 BayObLG Rpfleger 2003, 188.

(§§ 1840, 1857a) ist eine Ermessensentscheidung des „Tatrichters“, in der Rechtsbeschwerde daher nur beschränkt nachprüfbar[14]. Das Betreuungsgericht kann trotz „Befreiung“ jederzeit gemäß § 1839 Auskunft verlangen. Für Betreuungen ohne Vermögensverwaltung besteht ohnehin keine Pflicht zur Rechnungslegung gemäß § 1840. Streitig ist, ob Renten und andere **laufende Einnahmen** Vermögen im Sinne des § 1838 sind. Das RG hat die Frage offen gelassen[15] und dem damalige Vormundschaftsgericht zur Pflicht gemacht, gemäß § 1837 jedenfalls eine regelmäßige Berichterstattung zu verlangen. Nach dem Zweck des § 1840, der Überwachung des Betreuers, sollte man die Vorschrift weit auslegen und auch laufende Einkünfte als Vermögen ansehen[16].

10 d) **Durchsetzung.** Die Durchsetzung der Rechnungslegung durch das Betreuungsgericht erfolgt nach § 1837 mit **Zwangsgeld.** Denn die Verpflichtung des Betreuers besteht sowohl gegenüber dem Betreuungsgericht auf Grund des **öffentlich-rechtlichen** Aufsichtsverhältnisses als auch gegenüber dem Betreuten auf Grund des **privatrechtlichen** gesetzlichen Schuldverhältnisses[17]. Die hM lehnt eine Klage auf Auskunftserteilung während bestehender Betreuung ab[18]; zweifelhaft (mehr spricht für die Zulassung der Klage und der späteren eidesstattlichen Versicherung). Zweckmäßiger ist ohnehin, dem Betreuer wegen der Säumigkeit mit der Rechnungslegung die **Vermögenssorge zu entziehen** (§ 1908b) und einen anderen (Mit-) Betreuer (§ 1899) zu bestellen oder ihn gänzlich zu entlassen. Wenn ein Betreuer trotz mehrerer Aufforderungen sowie einer Fristsetzung mit Entlassungsandrohung seiner Berichts- und Rechnungslegungspflicht nicht nachgekommen ist, kann das ein wichtiger Grund für seine **Entlassung** (§ 1908b) sein[19]. Nach Entlassung stehen dann einer Klage des Betreuten, vertreten durch den neuen Betreuer, und der Verpflichtung zur eidesstattlichen Versicherung keine Bedenken entgegen. Auf Grund einer Verletzung der Auskunftspflicht, soweit sie privatrechtlich ist, besteht auch eine Haftung des Betreuers aus § 1833.

11 e) **Kosten.** Die Kosten der Rechnungslegung trägt der Betreute[20]. Ob der Betreuer die Auslagen für sachverständige Hilfskräfte erstattet verlangen kann, richtet sich nach § 1835.

12 f) **Befreiung vom Bericht.** Auch die Behörde oder der Verein als Betreuer, der Behörden- und Vereinsbetreuer sind berichtspflichtig im Sinne von Abs 1[21], ebenso die in § 1908i Abs 2 Satz 2 genannten Angehörigen als Betreuer.

13 Falls das Betreuungsgericht es anordnet, erstellt der Betreuer in Abständen von zwei bis fünf Jahren „**Übersichten**“ über den Bestand des Vermögens und reicht sie beim Gericht ein (§ 1908i Abs 1, § 1857a, § 1854 Abs 2).

14 4. **Befreiung von der Rechnungslegung** Die Rechnungslegungspflicht (Abs 2 und 3) besteht nicht für „befreite“ Betreuer (Übersicht: § 1857a Rz 1);

---

14 BayObLG FamRZ 2003, 475.

15 RG JW 1938, 2206.

16 *Herdemerten* FamRZ 1966, 17; Gernhuber/*Coester-Waltjen*, FamR § 72 II 4; aA *Klotz*, Rechtstatsächliche und rechtspolitische Bedeutung der Vorschriften über die Anlage von Mündelgeld, 1966, S. 20, wenn die Rente voll für den Unterhalt verbraucht wird.

17 Gernhuber/*Coester-Waltjen*, FamR § 72 II 7; Erman/*Holzhauer* § 1840 Rz 8; MünchKomm/*Wagenitz* § 1840 Rz 2; *Dölle*, FamR II, S. 824; aA Enn-*Kipp* § 120 III 1; Staudinger-*Engler* § 1840 Rz 25: nur öffentlich-rechtliche Verpflichtung; BayObLG BayZ 1934, 293.

18 *Dölle*, FamR II, S. 825: fehlendes Rechtsschutzbedürfnis; MünchKomm/*Wagenitz* § 1840 Rz 9; Staud-*Engler* § 1840 Rz 26: Überwachungspflicht habe nur das Betreuungsgericht.

19 OLG Schleswig FGPRax 2006, 74; BayObLG Rpfleger 1994, 252.

20 MünchKomm/*Wagenitz* § 1840 Rz 10.

21 LG Heilbronn DAVorm 1993, 954 für Behörde.

§§ 1857a, 1854. Das ist die Behörde, der Verein (§§ 1908i Abs 1, 1857a); Vereinsbetreuer und Behördenbetreuer (§ 1908i Abs 2 Satz 2). Bei Betreuung durch Vater, Mutter, Ehegatten oder Abkömmling des Betreuten besteht ebenfalls Befreiung, doch kann das Betreuungsgericht hier die Befreiung aufheben oder einschränken (§§ 1908i Abs 2 Satz 2, 1857a).

Die Befreiung von der jährlichen Rechnungslegung ist zu unterscheiden von der **Rechnungslegung für die gesamte Laufzeit** der Betreuung (also uU für viele Jahre), wenn die Betreuung aufgehoben wurde oder der Betreute gestorben ist. Auch diejenigen Betreuer, die nach §§ 1908i Abs 2 Satz 2, 1857a kraft Gesetzes von der Pflicht zur jährlichen Rechnungslegung befreit sind, haben nach Ende der Betreuung, die Pflicht, „über die Verwaltung Rechenschaft abzulegen" (§ 1908i Abs 1, § 1890 Satz 1). Die Rechnungslegung kann dann von den Erben des Betreuten verlangt werden, zB von den Geschwistern, wenn eine Tochter Betreuerin der Mutter war[22]; das wirft erhebliche Probleme auf, wenn die Betreuung viele Jahre dauerte, weil Kontoauszüge und Belege oft aus Unkenntnis des Betreuers nicht viele Jahre lang geordnet aufbewahrt werden. 15

5. Übersicht. Jährliche Rechnungslegung (§ 1840); einmalige Rechnungslegung nach Beendigung des Amtes (§ 1890 Satz 2) und Rechenschaftspflicht (§ 1890 Satz 1): 16

	Rechnungslegung:		**Rechenschaftspflicht**
	laufend, § 1840	einmalig nach Beendigung des Amtes, § 1890	
Berechtigter	Betreuungsgericht		Betreuter bzw dessen Erben
Verpflichteter	Betreuer		Betreuer
Erzwingbar	durch Zwangsmittel nach § 1837 Abs 2 BGB.		durch Klage vor dem Zivilgericht
Bei befreiter Betreuung (§§ 1857a, 1854)	Rechnungslegung entfällt	Rechnungslegung entfällt nicht	Rechenschaftspflicht entfällt nicht

§ 1841 BGB Inhalt der Rechnungslegung

(1) Die Rechnung soll eine geordnete Zusammenstellung der Einnahmen und Ausgaben enthalten, über den Ab- und Zugang des Vermögens Auskunft geben und, soweit Belege erteilt zu werden pflegen, mit Belegen versehen sein.

(2) [1]Wird ein Erwerbsgeschäft mit kaufmännischer Buchführung betrieben, so genügt als Rechnung eine aus den Büchern gezogener Jahresabschluss. [2]Das *Familiengericht* kann jedoch die Vorlegung der Bücher und sonstigen Belege verlangen.

1. Anwendungsbereich. Die Vorschrift ist auf den **Betreuer** entsprechend anwendbar (§ 1908i); dann tritt an die Stelle des Familiengerichts das Betreuungsgericht. Sie ist ferner auf den Pfleger anwendbar (§ 1915); dann tritt bei 1

22 *Grothe* Rpfleger 2005, 172.

Nachlasspflegschaft (§§ 1960, 1961 BGB) an die Stelle des Familiengerichts das Nachlassgericht.

2 **2. Rechnung (Absatz 1).** Der allgemeine Sprachgebrauch versteht unter „Rechnung" die Rechnung des Handwerkers, Lieferanten usw. § 1841 meint das, was heute als Abrechnung bezeichnet wird.

3 a) **Form und Inhalt.** § 1841 regelt Form und Inhalt der nach § 1840 zu erstellenden Abrechnung. § 1841 ist Sondervorschrift gegenüber § 259[1]. Gemäß § 1802 muss der Betreuer bei Amtsantritt ein Vermögensverzeichnis anfertigen oder ein vorhandenes Verzeichnis überprüfen (vgl § 1802). Deshalb braucht er bei der Jahresrechnung eine (neue) Übersicht über den Vermögensstand nicht zu geben, sondern nur die **Ab- und Zugänge des Vermögens aufzuführen** (vgl aber § 1842).

4 b) **Zusammenstellung.** Daneben muss er noch eine Zusammenstellung der **Einnahmen und Ausgaben** vornehmen. Die Rechnung ist nur dann als geordnete Zusammenstellung anzusehen, wenn sie aus sich heraus verständlich ist. Die „amtlichen" Vordrucke müssen nicht benutzt werden[2]; denn Vordruckzwang besteht nicht. Der Betreuer kann sämtliche Einnahmen/Ausgaben in Listen zusammenstellen, aber auch jedes Konto für sich abrechnen. Auch in diesem Falle ist aber zusätzlich eine geordnete Zusammenfassung aller Vermögensbewegungen erforderlich[3]. Die bloße Vorlage von Unterlagen und Belegen, ebenso die bloße Vorlage des Kassenbuches, das nicht *alle* Einnahmen und Ausgaben verzeichnet, so dass sich das Betreuungsgericht erst selbst eine Zusammenstellung anfertigen muss, genügt nicht[4]; anders, wenn alle Geldbewegungen über ein Girokonto laufen, bei dem auf den Kontoauszügen der Buchungstext enthalten ist[5]. Sieht sich der Betreuer selbst fachlich nicht in der Lage, die Rechnung zu erstellen, so kann er dazu Hilfe heranziehen; die Kosten kann er, wenn er im eigenen Namen den Vertrag schließt, gem § 1835 ersetzt verlangen. Schließt er den Vertrag namens des Betreuten, hat die Hilfsperson direkt einen Anspruch gegen den Betreuten (vgl § 1835). Bei *befreiter* Betreuung besteht die Schlussrechnung nicht nur aus einem Vermögensverzeichnis ohne Darstellung der Zu- und Abgänge[6]. Eine Bezugnahme auf die jährliche Rechnungslegung ist nicht möglich, wenn der Betreuer davon befreit war.

5 c) **Belege** sollen nur, soweit üblich, beigefügt werden; sie werden idR dem Betreuer mit einem Prüfungsvermerk zurückgegeben. Zu den Belegen, dh zu den Beweisstücken ohne eigenen Wert, gehören Kontoauszüge, Depotbescheinigungen über einen Wertpapierbestand, Rechnungen; nicht unbedingt Sparkassenbücher und Depotscheine[7]; hier muss der Betreuer Bescheinigungen der Bank oder Sparkasse über den Kontostand anfordern und vorlegen[8]. Die Vorlage des **Sparkassenbuches** genügt nur bedingt[9], weil Abhebungen vom Konto auch ohne Eintrag ins Sparkassenbuch möglich sind. Bei Ausgaben für den Lebensunterhalt und Alltäglichkeiten genügt die Angabe von Pauschbeträgen, nicht aber bei größeren Anschaffungen wie Kleidung[10]. Zum Anspruch auf eidesstattliche

---

1 KGJ 37, 110, 112.
2 BayObLG BtPrax 2001, 39.
3 BayObLG BtPrax 2001, 39.
4 BayObLG BtPrax 2001, 39; FamRZ 1993, 237; Rpfleger 1987, 358.
5 Vgl BayObLG FamRZ 2004, 220 (L) = BeckRS 2003, 08.703.
6 OLG Thüringen Rpfleger 2001, 75.
7 KGJ 50, 28.
8 MünchKomm/*Wagenitz* § 1841 Rz 4.
9 Vgl Staudinger-*Engler* § 1841 Rz 5.
10 Vgl LG Koblenz Rpfleger 1970, 170; aA Staudinger-*Engler* § 1841 Rz 3.

Versicherung der Richtigkeit und Vollständigkeit der Rechnung, vgl § 1840 Rz 1.

3. Erwerbsgeschäft (Absatz 2). Bei einem **Erwerbsgeschäft** (vgl § 1822), auch wenn es kein Handelsgeschäft ist, wenn nur eine kaufmännische Buchführung vorhanden ist, genügt die Vorlage des Jahresabschlusses. Dieser wird gem § 242 Abs 3 HGB gebildet aus der Bilanz und der Gewinn- und Verlustrechnung. Eine strengere Prüfung steht im Ermessen des Gerichts (Abs 2 Satz 2). Sie wird geboten sein, wenn Anhaltspunkte für Unregelmäßigkeiten vorliegen[11]. 6

§ 1842 BGB Mitwirkung des Gegenvormunds

[1]Ist ein *Gegenvormund* vorhanden oder zu bestellen, so hat ihm der *Vormund* die Rechnung unter Nachweisung des Vermögensbestandes vorzulegen. [2]Der *Gegenvormund* hat die Rechnung mit den Bemerkungen zu versehen, zu denen die Prüfung ihm Anlass gibt.

1. Anwendungsbereich. § 1908i verweist für den **Betreuer** bzw **Gegenbetreuer** auf § 1842. Über § 1915 gilt die Vorschrift auch für Pfleger. Dem § 1842 entspricht für die Schlussrechnung § 1891 Abs 1. 1

2. Gegenbetreuer. Der Betreuer hat, wenn ein Gegenbetreuer vorhanden oder ggf noch zu bestellen ist, die in § 1841 genannte Rechnung dem Gegenbetreuer vorzulegen. Darüber hinaus hat der Betreuer aber dem Gegenbetreuer (anders als in § 1841) den Bestand des Vermögens (woraus es besteht und wo es sich befindet) nachzuweisen, wie Satz 1 klar aussagt[1]. Dazu gehört, dass Sparbücher, Kontoauszüge, Depotauszüge etc vorzulegen sind. Ob ein Gegenbetreuer zu bestellen ist, bestimmt sich nach §§ 1908i Abs 1, 1792 Abs 2. Die Rechnung (und die Vermögensaufstellung) ist in rechnerischer, aber auch in tatsächlicher Hinsicht (zB Nachprüfung, ob bestimmte Ausgaben tatsächlich gemacht wurden und auch erforderlich waren) vom Gegenbetreuer zu prüfen. Zu diesem Zweck stehen dem Gegenbetreuer die Rechte aus § 1799 Abs 2 zu. Die Vertrauenswürdigkeit des Betreuers befreit den Gegenbetreuer nicht von der Pflicht, sorgfältig zu prüfen. Andernfalls besteht Haftung aus § 1833. Ein Prüfungsvermerk, zweckmäßiger Weise mit dem Hinweis, dass der Sollbestand des Vermögens nachgewiesen wurde, ist auch dann zu machen, wenn keine Beanstandungen gemacht werden. Alsdann ist die Rechnung dem Betreuungsgericht einzureichen. 2

3. Befreite Betreuung, vgl § 1854 Abs 3. Die privilegierten Betreuer (§ 1857a Rz 2) sind nach § 1857a von § 1854 befreit, somit auch von § 1854 Abs 3. Die privilegierten Betreuer müssen dem Gegenbetreuer also nichts vorlegen. 3

§ 1843 BGB Prüfung durch das Familiengericht

(1) Das *Familiengericht* hat die Rechnung rechnungsmäßig und sachlich zu prüfen und, soweit erforderlich, ihre Berichtigung und Ergänzung herbeizuführen.

(2) Ansprüche, die zwischen dem *Vormund* und dem *Mündel* streitig bleiben, können schon vor der Beendigung des *Vormundschaftsverhältnisses* im Rechtswege geltend gemacht werden.

---

11 OLG Frankfurt NJW 1963, 2278.

1 Unstreitig, vgl MünchKomm/*Wagenitz* Rz 3.

1 **1. Anwendungsbereich; Gesetzesgeschichte.** Die Vorschrift gilt entsprechend für den **Betreuer** (§ 1908 i Abs 1) und den Pfleger (§ 1915 Abs 1). Durch das FGG-RG (1.9.2009) wurde das Wort „Vormundschaftsgericht“ durch „Familiengericht“ ersetzt. Gleichwohl ist bei Betreuung das Betreuungsgericht zuständig (§ 1908 i BGB) und bei Nachlasspflegschaft das Nachlassgericht (§ 1962 BGB).

2 **2. Umfang der Prüfungspflicht (Abs 1).** Das Gericht (Rechtspfleger, § 3 Nr 2 b RPflG) hat die Rechnung rechnungsmäßig und sachlich zu prüfen. Bei großem Vermögen kann es zu diesem Zweck fachkundige Hilfspersonen hinzuziehen (vgl § 1837 Rz 6), nicht aber ausschließlich zu diesem Zweck einen Ergänzungspfleger (§ 1909) bestellen[1]; bei schwierigen Fragen kann es einen Sachverständigen heranziehen.

3 Die **rechnungsmäßige Prüfung** bezieht sich auf die Übereinstimmung zwischen Ausgabeposten und den dazu gehörigen Belegen sowie auf die Richtigkeit der Addition. Sie kann dem Urkundsbeamten der Geschäftsstelle oder dem besonderen **Rechnungsbeamten** (auf Kosten des Betroffenen, § 139 KostO) oder einem Sachverständigen[2] (zB Wirtschaftsprüfer) überlassen werden.

4 Die **sachliche Prüfung** erstreckt sich darauf, ob der Betreuer das Vermögen nach den gesetzlichen Vorschriften (zB mündelsichere Anlage) verwaltet hat, ob die Genehmigungspflichten beachtet wurden, ob die Einnahmen vollständig angegeben sind, ob die Ausgaben im Rahmen einer ordnungsmäßigen Verwaltung bleiben, Anlagen versperrt wurden (§ 1809), hohe Beträge verzinslich angelegt wurden, entnommene Auslagen gerechtfertigt waren. Das Gericht kann sich den Bestand des Vermögens nachweisen lassen (§ 1839), wozu der Vormund jedoch nicht ohne Aufforderung bei jeder einzelnen Rechnungslegung verpflichtet ist; es kann den Bestand auch selbst ermitteln, zB durch Anfrage bei der Sparkasse. Dem Gegenbetreuer ist der Vermögensbestand nachzuweisen (§ 1842).

5 **3. Folge der gerichtlichen Anerkennung.** Wird die Rechnung vom Betreuungsgericht als ordnungsmäßig anerkannt, so steht damit lediglich fest, dass das Gericht keinen Anlass zum Einschreiten nach § 1837 sieht. Eine **Entlastung des Betreuers** ist damit nicht ausgesprochen. Dies ist später Sache des Betreuten bzw seiner Erben (vgl § 1892 Rz 4).

6 **4. Beanstandungsrecht des Betreuten (Abs 2).** Die Vorschrift dient der Klarstellung[3]. Der geschäftsunfähige Betreute kann gegen den Betreuer während der Dauer der Betreuung regelmäßig keine Ansprüche geltend machen, weil er insoweit ohne gesetzlichen Vertreter ist. Auch der Betreuer kann in diesem Umfang eigene Ansprüche gegen den Betreuten nicht geltend machen, §§ 1795 Abs 2, 181 (Besonderheiten gelten für die Vergütung; § 168 FamFG). Auch wenn das Betreuungsgericht die Rechnung des Betreuers als ordnungsmäßig anerkannt hat, kann sie der Betreute beanstanden; die Mitteilung des Gerichts an den Betreuten, die Rechnung werde nicht beanstandet, ist daher nicht nach §§ 58 ff FamFG, § 11 RPflG anfechtbar[4].

---

1 BayObLG Rpfleger 1981, 302.

2 Dessen Kosten dürfen dem Betroffenen nicht auferlegt werden, sondern sind nach § 16 KostO zu behandeln, wenn die Beauftragung *nur* wegen Unterbesetzung des Gerichts erfolgte, AG Bad Oeynhausen FamRZ 2004, 284.

3 MünchKomm/*Wagenitz* § 1843 Rz 2.

4 BayObLG Rpfleger 1997, 476.

Streitige Ansprüche sind vor dem Prozessgericht geltend zu machen[5]. Abs 2 gestattet den Prozess schon vor dem Ende der Betreuung. Ist der Betreute geschäftsfähig, kann er selbst klagen. Anderenfalls ist dem Betreuer die Vertretungsbefugnis für diese einzelne Angelegenheit zu entziehen (§§ 1908 i Abs 1, 1792) und ein Ergänzungsbetreuer hierfür zu bestellen, § 1899 Abs 4[6]; die Verjährung des Anspruchs ist entspr § 207 Abs 1 Nr 3 gehemmt. 7

5. Beanstandung durch das Betreuungsgericht. Beanstandet das Gericht die Rechnung, so darf es diese nicht selbst berichtigen oder ergänzen (von Kleinigkeiten wie der Berichtigung von Additionsfehlern abgesehen). Ebensowenig ist es zulässig, dass das Gericht selbst die Rechnung vollständig erstellt, etwa mit Hilfe von Sachverständigen. Das widerspräche der Selbstständigkeit des Betreuers; jedoch sollte die ordnungsgemäße Erledigung des Einzelfalls im Vordergrund stehen. Das Gericht kann nur den Betreuer anhalten, die Rechnung **formell** (§ 1841) und **rechnerisch zu berichtigen**[7] und zu ergänzen und Belege einzureichen. Insoweit kann es den Betreuer auch persönlich vorladen und auch durch **Zwangsgeld** anhalten. Es kann ihn aber nicht zwingen, die Rechnung **materiell richtig** zu machen, also zB Einnahmeposten in die Rechnung aufzunehmen, die der Betreuer bestreitet, oder Ausgabeposten zu streichen, die das Gericht für nicht erforderlich hält oder die das Gericht überhaupt bestreitet[8]. Solche sachlichen Meinungsverschiedenheiten zwischen Gericht und Betreuer kann das Gericht nicht entscheiden, dies ist Sache des **Prozessgerichts.** Es steht im pflichtgemäßen Ermessen des Gerichts, es entweder dem Betreuten (bzw dessen Erben) nach Beendigung der Betreuung zu überlassen, den Rechtsstreit gegen den Betreuer zu führen, oder aber sogleich dem Betreuten einen Ergänzungsbetreuer (§ 1899 Abs 4) zu bestellen, der den Rechtsstreit gegen den Betreuer anstrengt, § 1843 Abs 2[9]. Durch Zwangsgeld kann der Betreuer weder angehalten werden, Ansprüche des Betreuten gegen ihn selbst zu befriedigen[10], zB unerlaubt entnommenes Geld (wie überhöhte Reisekosten) an den Betreuten zurückzuzahlen, noch Ansprüche Dritter gegen den Betreuten (zB Schuldentilgung) zu erfüllen. Hat der Betreuer dem Mündelvermögen **Auslagenersatz entnommen**, und hält das Gericht die Auslage selbst für pflichtwidrig, so kann es für die Zukunft dem Betreuer die Entnahme von Mitteln für solche Auslagen untersagen (vgl § 1837). 8

6. Haftung. Verletzt das Gericht seine Pflichten bei der Rechnungsprüfung, so haftet der Staat gemäß § 839, Art 34 GG[11]. Soweit das Gericht zur Überprüfung Sachverständige herangezogen hat, haftet der Staat für deren Verschulden nur insoweit, als das Gericht bei deren Auswahl oder Überwachung schuldhaft gehandelt hat[12]. Zur Eigenhaftung des Sachverständigen vgl § 839 a. 9

7. Verfahren. Zuständig für die Rechnungsprüfung ist der Rechtspfleger (§§ 3 Nr 2 b, 15 RPflG). Soweit sich der Prüfungsbescheid auf sachliche Beanstandungen der Rechnung beschränkt, hat **der Betreuer** kein Beschwerderecht, weil es sich nur um eine Meinungsäußerung des Gerichts ohne Rechtsfolgen für den Betreuer handelt[13]; anders wenn das Gericht Weisungen zur Berichtigung oder 10

5 BayObLG Rpfleger 1997, 476; LG Hannover Rpfleger 1987, 247.
6 Vgl BayObLG Rpfleger 1981, 302/3.
7 Vgl KG OLGE 30, 151/2.
8 BayObLG Rpfleger 1981, 302; BayObLGZ 29, 126; KG OLGE 30, 151/2; OLG Zweibrücken Rpfleger 1980, 103; aA beiläufig KGJ 33, 54/60.
9 BayObLG Rpfleger 1981, 302.
10 KG OLGE 30, 151; BayObLGZ 3, 797.
11 MünchKomm/*Wagenitz* § 1843 Rz 1.
12 Vgl KG JW 1936, 2461; Nachw bei Palandt/*Thomas* § 839 Rz 150.
13 BayObLGZ 29, 126 = JFG 6, 104.

Ergänzung der Rechnung erteilt[14]. **Der Betreute** kann die Mitteilung des Gerichts, die Rechnung werde nicht beanstandet, nicht mit Beschwerde (§ 58 FamFG; § 11 RPflG) angreifen[15].

§ 1844 BGB [Sicherheitsleistung des Vormunds]

(aufgehoben)

1 Die Interessen des Mündels können durch eine Haftpflichtversicherung (§ 1837 Abs 2 Satz 2) gewahrt werden. Eine Möglichkeit, eine Sicherheitsleistung durch den Betreuer anzuordnen, besteht nicht mehr.

§ 1845 BGB [Eheschließung des zum Vormund bestellten Elternteils]

Aufgehoben durch G v 4.7.2008 (BGBl. 2008, 1188).

§ 1846 BGB Einstweilige Maßregeln des Familiengerichts

Ist ein *Vormund* noch nicht bestellt oder ist der *Vormund* an der Erfüllung seiner Pflichten verhindert, so hat das *Familiengericht* die im Interesse des Betroffenen erforderlichen Maßregeln zu treffen.

Schrifttum: *Wiegand*, § 1846 als allgemeine Ermächtigungsgrundlage des Vormundschaftsrichters für eine zivilrechtliche geschlossene Unterbringung hilfloser Erwachsener?, FamRZ 1991, 1022; *Marschner*, Unterbringung ohne vorherige Betreuerbestellung, RuP 1992, 155; *Rink*, Die Unterbringung Erwachsener durch Maßregeln nach § 1846 BGB, FamRZ 1993, 512.

1 **1. Gesetzesgeschichte; Anwendungsbereich.** Durch das BtG wurde das Wort „Mündel" durch „Betroffenen" ersetzt. Dadurch sollte klargestellt werden, dass die Vorschrift auch dann anwendbar ist, wenn noch kein Vormund bestellt ist, der Betroffene deshalb auch noch nicht Mündel ist[1]. Durch das FGG-ReformG (1.9.2009) wurde das Wort „Vormundschaftsgericht" durch „Familiengericht" ersetzt. Die Vorschrift ist für die **Betreuung** anwendbar (§ 1908 i Abs 1); ebenso auf den Pfleger (§ 1915). Geht es um Betreuung ist aber nicht das Familiengericht zuständig, sondern das Betreuungsgericht (§ 271 Nr 3 FamFG; § 23 c Abs 1 GVG); bei Nachlasspflegschaft das Nachlassgericht (§ 1962).

2 **2. Ausnahmeregelung; Verhältnis zur öffentlich-rechtlichen Unterbringung.** § 1846 durchbricht als Ausnahme den Grundsatz, dass nur der Betreuer für den Betreuten handeln, insbesondere ihn vertreten kann, dass der Betreuer selbstständig handelt und das Betreuungsgericht nur zur Beaufsichtigung des Betreuers berufen ist. Bei § 1846 ordnet das Gericht selbst an, genehmigt nicht nur ein Handeln des Betreuers. Zu beachten ist, dass § 1846 nicht die öffentlich-rechtliche Unterbringung (PsychKG; UnterbrG) betrifft; in solchen Fällen kann das Betreuungsgericht eine Unterbringung anordnen, ohne dass ein Betreuer erforderlich ist. Wenn das LG im Beschwerdeverfahren feststellt, dass die Voraussetzungen für eine vom AG nach Art 1 BayUnterbrG, §§ 331 ff FamFG angeordnete vorläufige Unterbringung nicht vorliegen, wohl aber die Voraussetzungen für eine Anordnung nach §§ 1846, 1908 i Abs 1 BGB i. V. mit § 334 FamFG, § 1906 BGB gegeben sind, so kann es die weitere Unterbringung auf

---

14 BayObLGZ 29, 126 = JFG 6, 104; LG Berlin Rpfleger 1969, 53 (mit zust Anm *Schmidt*).
15 BayObLG BtPrax 1998, 39.
1 BT-Drucks 11/4528 S. 114.

diese andere Rechtsgrundlage stützen[2]; der Verfahrensgegenstand kann also ausgetauscht werden.

3. Voraussetzungen. Entweder: 3

a) **es ist noch kein Betreuer** (auch kein vorläufiger Betreuer) bestellt; bzw der bisherige Betreuer ist verstorben und es ist noch kein neuer bestellt; oder der bestellte Betreuer hat nur einen Aufgabenkreis, der für die erforderliche Maßnahme nicht genügt; der Betreuer wurde entlassen und es ist noch kein neuer bestellt (§ 1908 b). Ergeben sich aus den Akten Anhaltspunkte für eine Betreuung, ist dies vom Gericht zu überprüfen[3]; der Richter kann in einem solchen Fall nicht einfach unterstellen, es gebe keinen Betreuer. Oder: 4

b) **Verhinderung des Betreuers.** Der Betreuer kann aus rechtlichen Gründen, zB wegen Interessenwiderstreites [4] oder aus tatsächlichen Gründen, zB wegen Urlaub[5], Krankheit, Haft, verhindert sein. Ob Verhinderung vorliegt, ist eine Rechtsfrage und damit auch in der Rechtsbeschwerde voll nachprüfbar. Eine Unterbringung nach § 1846, obwohl der Betreuer nicht verhindert ist, ist unzulässig[6]. Die Weigerung des Betreuers, in einem bestimmten Sinne tätig zu werden, darf nicht als Verhinderung gewertet werden[7], selbst wenn das Betreuungsgericht dies für pflichtwidrig hält. In einem solchen Fall muss mit Aufsichtsmaßnahmen gegen den Betreuer nach §§ 1908 i, 1837 vorgegangen werden, dem Betreuer ist uU die Vertretungsmacht fur einzelne Angelegenheiten zu entziehen (§§ 1908 i, 1796 BGB)[8]. Notfalls ist der Betreuer in einem solchen Falle zu entlassen (§§ 1908 b; § 300 Abs 2 FamFG), dann ein anderer Betreuer zu bestellen und für die Zeit bis zur möglichen Entscheidung des neuen Betreuers nach a) vorzugehen; ferner kommt eine öffentlich-rechtliche Unterbringung in Betracht. 5

§ 1846 ist **nur auf dringende Fälle** anwendbar, bei denen ein Aufschub einen Nachteil für den Betreuten zur Folge haben würde[9]. Ist noch Zeit für die Bestellung eines vorläufigen Betreuers (§ 300 FamFG), der auf der Stelle die erforderlichen Maßnahmen treffen kann (zu berücksichtigen ist eine Einarbeitungszeit), so scheidet die Anwendbarkeit von § 1846 aus. Deshalb ist es auch nicht zulässig, wenn das Gericht mittels § 1846 Maßnahmen der Körperpflege (wie Haare schneiden) anordnet[10]; oder medizinische Maßnahmen, die noch einen oder zwei Tage warten können. Auch bei einem versehentlichen Unterlassen des Betreuers und dadurch hervorgerufener Eilbedürftigkeit hat das Betreuungsgericht ein Eingriffsrecht aus § 1846[11]. Ob ein dringender Fall vorliegt, hat das Gericht nach pflichtgemäßem Ermessen zu beurteilen[12]. Die voraussichtliche **Dauer der Verhinderung** oder des Fehlens eines Betreuers ist nur insofern 6

---

2 OLG Munchen FamRZ 2006, 62.
3 OLG Frankfurt NJW-RR 2007, 1019; BayObLG FPR 2001, 415.
4 KGJ 27, 175/8 = OLGE 8, 363/4.
5 OLG Frankfurt/M FGPrax 2002, 178.
6 BayObLG FamRZ 2000, 566; LG Frankfurt/M BtPrax 2001, 174.
7 OLG Schleswig NJW RR 2001, 1370; OLG Düsseldorf FamRZ 1995, 637; HK-BUR-*Bauer* Rz 20. Unrichtig daher AG Nettetal FamRZ 1996, 1104: der Betreuer war Zeuge Jehovas, verweigerte daher aus religiösen Gründen die Zustimmung zu einer medizinisch notwendigen Blutübertragung; das AG hielt ihn für „aus religiösen Gründen“ verhindert; kritisch hierzu auch MünchKomm/*Wagenitz* § 1846 Rz 2.
8 OLG Zweibrücken FamRZ 2003, 1127 (Abbruch der Sondenernährung).
9 BayObLG FamRZ 2000, 566; BayObLGZ 1986, 174/6; OLG Hamm FamRZ 1964, 380; RGZ 71, 162/8; KGJ 46, 45; MünchKomm/*Wagenitz* § 1846 Rz 3.
10 BayObLG NJW-RR 2002, 1446.
11 OLG Hamm Rpfleger 1968, 185.
12 OLG Hamm FamRZ 1964, 380; KG RJA 15, 99.

maßgeblich, als sie für die Frage der Dringlichkeit der Maßnahme von Bedeutung ist. Die Vorschrift darf nicht zur Umgehung einer sonst nötigen Pflegerbestellung[13] oder Betreuerbestellung missbraucht werden.

7 **4. Maßregeln.** Zumeist ist die Angelegenheit nicht so dringlich, dass nicht noch ein vorläufiger Betreuer durch einstweilige Anordnung bestellt werden könnte, der für den Betreuten anstelle des Betreuers handelt[14]. Denn angesichts § 301 FamFG geht die Bestellung eines vorläufigen Betreuers sehr schnell. Ist dies nicht mehr möglich, so kann das Gericht auch unmittelbar in die Verwaltung eingreifen, sei es tatsächlich oder rechtlich. **Beispiele:** Verwahrung von Papieren; Veräußerung von Gegenständen[15]; Abgabe eines Sparkassenbuchs an das Gericht als Vertreter des Mündels nach Entlassung des Vormunds[16]; Genehmigung eines Vertrages und Mitteilung davon an den Gegner unmittelbar vor Ablauf der Frist gem § 1829 Abs 2[17]; Kündigung von Forderungen; Betreibung eines Arrestes; Abgabe einer Anfechtungserklärung[18]; Stellen eines Strafantrags[19]; Entgegennahme von Willenserklärungen, zB einer Kündigung des Vermieters[20]. Für eine vorläufige Aussetzung der Wirksamkeit einer erteilten Vorsorgevollmacht gibt es dagegen keine Rechtsgrundlage[21]. Ist durch den Akt des Gerichts die Sache erledigt, ist mE die nachfolgende Bestellung eines Pflegers (wie etwa bei Nachlasspflegschaft) nicht mehr erforderlich.

8 **Unterbringung in einer geschlossenen Anstalt.** Dies ist der Hauptanwendungsfall des § 1846. Sie ist somit nur zulässig, wenn dringende Gründe für die Annahme bestehen, dass ein Betreuer bestellt wird, dass dieser die Genehmigung einer endgültigen Unterbringungsmaßnahme beantragen wird und dass das Gericht diese Maßnahmen genehmigen wird, weil die Voraussetzungen des § 1906 BGB wahrscheinlich vorliegen[22].

9 Die Auslegung des § 1846 war streitig. Eine vereinzelt vertretene Auffassung hielt eine einstweilige Unterbringung nach § 1846 BGB, §§ 331–333 FamFG (früher: § 70 h Abs 3 FGG) nur dann für zulässig, wenn „*gleichzeitig* und sofort wirksam" ein Betreuer bestellt wird.

10 Diese Ansicht[23] meint, eine Unterbringung durch das Gericht nach § 1846 sei nur zulässig, wenn zumindest gleichzeitig ein vorläufiger Betreuer (zB die Betreuungsbehörde) bestellt wird und dieser verhindert ist (wie stets am Abend, Feiertag, Wochenende). Dafür soll der Wortlaut sprechen („noch nicht"); isolierte Maßregeln *außerhalb* eines Betreuungsverfahrens seien unzulässig; in Eilfällen (zB an dienstfreien Tagen) könne mit der öffentlich-rechtlichen Unterbringung geholfen werden; im Übrigen könne auch nachts die bekanntlich nun abwesende Betreuungsbehörde zur vorläufigen Betreuerin bestellt werden und anschließend das Gericht nach § 1846 handeln.

11 Gerade die Gesetzesgeschichte des BtG zeigt aber die Unrichtigkeit der vorgenannten Ansicht: ursprünglich sollte die Unterbringung aufgrund von § 1846 entfallen, was

13 RGZ 71, 162/8; KGJ 46, 45.
14 RGZ 71, 162/8; KG RJA 15, 99.
15 BGH DRiZ 1966, 395.
16 *Josef* WürttZ 1927, 272.
17 OLG Tübingen DNotZ 1952, 484.
18 Colmar RJA 15, 271/3 = KGJ 51, 319.
19 OLG Schleswig SchlHA 1955, 226; RGSt 75, 146.
20 MünchKomm/*Wagenitz* § 1846 Rz 6; aA HK-BUR-*Bauer* § 1846 Rz 21; die Dringlichkeit wird aber meist fehlen.
21 LG München I NJW-RR 2008, 812.
22 BayObLG FamRZ 2001, 191; FamRZ 2000, 566; BayObLGZ 1986, 174; OLG Hamm FamRZ 1964, 380; BT-Drucks 11/4528, S. 211.
23 OLG Frankfurt FamRZ 1993, 357; BezG Chemnitz BtPrax 1992, 111; HK-BUR-*Bauer* vor § 1846 Rz 8; *Wiegand* FamRZ 1991, 1022; *Rink* FamRZ 1993, 512.

dann aus praktischen Erwägungen wieder fallen gelassen wurde[24]. Außerdem wird nach der hier vertretenen hM in vielen Fällen eine öffentlich-rechtliche Unterbringung nach den Landesgesetzen (zB BayUnterbrG) erspart, die für den Betroffenen belastender ist („Ruch der Gefährlichkeit“) und überdies subsidiär hinter der zivilrechtlichen Unterbringung steht. Die aA führt zu zwei Verfahren (öffentlich-rechtliche Unterbringung; gleichzeitig Bestellung eines vorläufigen Betreuers), merkwürdigen Konstruktionen (Bestellung der abwesenden Behörde zum vorläufigen Betreuer), manchmal auch zur Bestellung ungeeigneter Betreuer (zB des zufällig anwesenden Sanitäters), ist unpraktisch.

Die hM hat diese Ansicht abgelehnt[25]; der BGH[26] hat sich der hM angeschlos- 12
sen: „Es ist grundsätzlich zulässig, in Eilfällen eine zivilrechtliche Unterbringung anzuordnen, ohne dass zugleich damit schon ein Betreuer bestellt werden muss. Das Gericht ist in einem solchen Falle aber verpflichtet, gleichzeitig mit der Anordnung der Unterbringung durch geeignete Maßnahmen sicherzustellen, dass dem Betroffenen unverzüglich ein Betreuer oder jedenfalls ein vorläufiger Betreuer (§§ 300, 301 FamFG) zur Seite gestellt wird.“ Der Betreuer hat sodann eigenverantwortlich über die Beendigung oder Fortsetzung der Unterbringungsmaßnahme (mit Genehmigung des Betreuungsgerichts; § 1906) zu entscheiden. Das OLG München[27] verlangt einen Hinweis des Gerichts auf den Übergang der Verantwortung für die Unterbringung auf ihn; dem sogleich bestellten vorläufigen Betreuer müsse bewusst werden, dass nunmehr *er* über die Fortdauer der Unterbringung in eigener Verantwortung zu entscheiden habe. Hier wird aber nicht beachtet, dass es Sache des Betreuers ist, sich über seine Pflichten zu informieren; das Betreuungsgericht darf keine unfähigen Personen zu Betreuern von Untergebrachten bestellen.

Unter „**unverzüglich**“ versteht der BGH[28]: „binnen weniger Tage“. Andere 13
Gerichte[29] haben dies noch verschärft: selbst wenn die Unterbringung außerhalb der regulären Dienstzeit angeordnet werde, sei die Einleitung des Betreuerbestellungsverfahrens „regelmäßig am nächsten Arbeitstag“ nachzuholen. **Einleitung:** dazu genügt nicht die bloße Versendung der Akte an einen Sachverständigen; auch nicht die Verfahrenspflegerbestellung; denn angesichts § 301 FamFG kann ein vorläufiger Betreuer sofort bestellt werden, wenn ein passender Sachverhalt und ärztliches Zeugnis vorliegt; ein Betreuer kann notfalls durch einen Anruf bei der Betreuungsbehörde[30] ausfindig gemacht werden. Unterlässt das Gericht solche Maßnahmen, ist die Anordnung der Unterbringung unzulässig[31]; Folge ist, dass die Rechtswidrigkeit festgestellt werden kann (vgl § 62 FamFG). Ab wann tritt in diesen Fällen Unzulässigkeit ein? Das OLG München[32] meint: von vornherein, wenn keine solche Maßnahme eingeleitet wird; ex nunc unzulässig, wenn das Verfahren zur Betreuerbestellung zwar ordnungsgemäß eingeleitet, dann aber nicht mit der notwendigen Beschleunigung betrieben wird. Es kann aber ein Verfahren, das in der Minute der Entscheidung korrekt war, am übernächsten Tage nicht rückwirkend inkorrekt geworden sein.

---

24 Vgl BT-Drucks 11/4528 S. 81 einerseits und S. 211 sowie BT-Drucks 11/6949 S. 77 andererseits.

25 OLG Schleswig NJW 1992, 2974; BayObLG FamRZ 2000, 1537 (Vorlage an den BGH); LG Berlin BtPrax 1992, 43; LG Hamburg BtPrax 1992, 111; AG München FamRZ 1993, 515; Staudinger-*Engler* Rz 4, 11; *Ruhl* FuR 1994, 254/9.

26 BGHZ 145, 45 = NJW 2002, 1801.

27 OLG München FamRZ 2003, 783. Ähnlich schon BayObLGZ 1987, 7: das Betreuungsgericht müsse den Betreuer zur unverzüglichen Erklärung über die Fortdauer der Unterbringung anhalten.

28 BGH NJW 2002, 1801; OLG München NJW-RR 2008, 810 (11 Tage zu lang); OLG Brandenburg FamRZ 2007, 2107.

29 OLG München NJW-RR 2008, 810.

30 Ein solches Ersuchen kann genügen, BayObLG FGPrax 2003, 145.

31 BGH NJW 2002, 1801; BayObLG FamRZ 2003, 783.

32 OLG München NJW-RR 2008, 810; BayObLG FGPrax 2003, 145.

14 Die **Zwangsbehandlung** einer Krankheit kann nur angeordnet werden, wenn dem Betreuten die Einwilligungsfähigkeit in die Behandlung fehlt und wenn auch nur ein kurzfristiger Aufschub bis zur Entscheidung eines zu bestellenden Betreuers mit hoher Wahrscheinlichkeit eine deutliche Verschlechterung des Gesundheitszustands erwarten lässt[33]. Auch das Betreuungsgericht unterliegt im Rahmen von § 1846 dem Verbot des § 181[34]. Die **Maßnahmen** dürfen nicht nur **einen vorläufigen Charakter** haben, es muss sich also nicht generell um „einstweilige Maßnahmen"[35] handeln[36]; sonst könnte eine Behandlung mit Dauerfolgen nicht genehmigt werden. Dass die Maßnahmen von selbst (etwa nach zwei Wochen) unwirksam werden[37], ist schon aus Gründen der Rechtssicherheit unhaltbar. **Endet die Verhinderung des Betreuers** oder wird ein Betreuer bestellt, so kann er die Maßnahme überprüfen und gegebenenfalls (wo dies noch möglich ist) abändern.

15 5. **Über Art und Umfang der notwendigen Eilmaßnahmen** entscheidet das Betreuungsgericht nach pflichtgemäßem Ermessen. Es besteht Haftung des Staates gem § 839 BGB, Art 34 GG, wenn zu Unrecht eingegriffen oder nicht eingegriffen wurde oder wenn untunliche Maßnahmen angeordnet wurden.

16 **6. Verfahren. – a) Zuständigkeit.** In § 312 FamFG ist § 1846 nicht genannt; so war es auch schon bei § 70 FGG. Aber § 334 FamFG verweist auf § 1846. Örtlich zuständig ist außer dem Gericht nach § 313 Abs 1 Nr 1, 2 FamFG auch das Gericht, in dessen Bezirk das Fürsorgebedürfnis hervorgetreten ist (§ 313 Abs 1 Nr 3 FamFG). § 1846 ist auch auf Ausländer anwendbar (Art 24 EGBGB). War ein Betreuungsgericht schon mit der Sache befasst, aber untätig geblieben, so kann nicht ein anderes Betreuungsgericht daraus Anlass zum Einschreiten nach § 1846 ableiten[38]. Sind zwei zuständige Gerichte tätig geworden, so kommt es darauf an, welches Gericht zuerst tätig geworden ist (§ 2 FamFG). Funktionell zuständig ist für Unterbringungen nach § 1846 der Richter[39], im Übrigen richtet sich die Zuständigkeitsverteilung bei Maßnahmen nach § 1846 nach §§ 3 ff RPflG; es entscheidet also zum Teil der Rechtspfleger (§ 3 Nr 2 b RPflG).

17 **b) Rechtsmittel.** Beschwerdeberechtigt (§§ 58 ff FamFG) ist der Betroffene (Betreute), der Betreuer[40], nicht der Dritte, dem gegenüber das Betreuungsgericht eingegriffen hat. Die Beschwerde des Betreuers kann darauf gestützt werden, dass ein Fall der **Verhinderung** des Betreuers zu Unrecht angenommen wurde. Die **Dringlichkeit** einer Maßnahme und die Erforderlichkeit der getroffenen Maßnahmen können nur bei Ermessensüberschreitung oder Fehlgebrauch gerügt werden[41].

18 **7. Verfahren bei Zwangsunterbringung.** Wegen der Verweisung in § 334 FamFG (früher § 70 h Abs 3 FGG) auf §§ 331 bis 333 FamFG sind bei einer vorläufigen Unterbringung durch einstweilige Anordnung (zuständig: Richter) dringende Gründe für das Vorliegen der Voraussetzungen des § 1906 (also: dass

---

33 BayObLG FamRZ 1990, 1154 = NJW-RR 1991, 774 zum volljährigen Pflegling; HK-BUR-*Bauer* § 1846 Rz 12; zu weitgehend AG München FamRZ 1993, 515: bedenkliches Formular; unzutreffend AG Hamburg-Wandsbek NJW-RR 2001, 1197.
34 RGZ 71, 162, 170.
35 RGZ 71, 162/8.
36 So aber: OLG Hamm Rpfleger 1968, 185; Erman/*Holzhauer* § 1846 Rz 11.
37 Ähnlich aber LG Hamburg BtPrax 1992, 111.
38 KGJ 36, 3.
39 *Zimmermann* FamRZ 1990, 1308; Keidel/*Kayser*, FGG, § 70 Rz 28.
40 OLG Düsseldorf FamRZ 1995, 637.
41 AA Erman-*Holzhauer* § 1846 Rz 12; *Dölle,* FamR II, S. 832: Erforderlichkeit der Maßnahme überprüfbar.

ein Betreuer bestellt werden wird, dass dieser die Genehmigung einer endgültigen Unterbringungsmaßnahme beantragen und vom Betreuungsgericht erhalten wird), Gefahr und ärztliches Zeugnis notwendig[42]. Ein Verfahrenspfleger muss nicht bestellt werden, wie sich aus § 332 FamFG ergibt. Die Anhörung des Betroffenen ist erforderlich[43], falls unmöglich, ist sie unverzüglich nachzuholen. Ein vorläufiger Betreuer ist sobald wie möglich nachträglich zu bestellen; eine bestimmte maximale Frist gibt es aber nicht („binnen weniger Tage"). Die Entscheidung des Betreuungsgerichts muss die Unterbringungsmaßnahme (§ 332 FamFG), eine Befristung (§ 333, 323 Abs 1 Nr 2 FamFG), Begründung (§ 38 FamFG) und eine Rechtsmittelbelehrung (§ 39 FamFG mit § 63 Abs 2 Nr 1 FamFG: Beschwerdefrist zwei Wochen) enthalten, ferner die Anordnung der sofortigen Wirksamkeit, § 324 Abs 2 FamFG[44]. Mit Bestellung des vorläufigen Betreuers geht die Kompetenz auf diesen über; er kann die Unterbringung aufheben oder deren Genehmigung beantragen. Die Beschwerde bleibt noch nach Entlassung/Fristablauf zulässig mit dem Ziel der Feststellung der Rechtswidrigkeit der seinerzeitigen Unterbringung[45] (§ 62 FamFG).

8. **Handhabung der Praxis.** Sie ist recht unterschiedlich: 1998 erfolgten in Bayern 8.454 Unterbringungen nach § 1846 (sowie 11.646 nach § 1906 BGB und 5.388 nach BayUnterbrG), in NRW bei wesentlich mehr Einwohnern dagegen nur 2.288 Unterbringungen nach § 1846 (sowie 20.628 nach PsychKG NRW); in Berlin, Brandenburg, Bremen, Hamburg, Mecklenburg-Vorpommern, Saarland, Sachsen, Sachsen-Anhalt, Thüringen wird die Vorschrift praktisch nicht angewandt[46]. 19

§ 1847 BGB [Anhörung von Verwandten]

§ 1847 (neugefasst durch das FGG-ReformG) gilt für die Betreuung nicht (§ 1908 i Abs 1); bei dieser stehen die familiären Beziehungen nicht mehr so im Vordergrund wie bei einem jungen Menschen. Über § 26 FamFG kann das Betreuungsgericht aber dessen ungeachtet Familienmitglieder anhören. Im Übrigen können Angehörige über § 274 Abs 4 FamFG am Verfahren beteiligt werden und haben uU Beschwerderechte nach § 303 Abs 2 FamFG. 1

§ 1848 BGB [Haftung des Vormundschaftsrichters]

(aufgehoben)

Die Vorschrift ist durch 1. EheRG Art 1 Nr 42 v 14. Juni 1976 (BGBl I, S. 1421) aufgehoben worden. Es gelten nunmehr die allgemeinen Grundsätze der Beamten- und Staatshaftung nach § 839 BGB, Art 34 GG. Vgl dazu *Zimmermann*, Richter- und Rechtspflegerhaftung im Betreuungsrecht, BtPrax 2008, 185. 1

§ 1849 BGB [Vorschlag geeigneter Vormünder]

(aufgehoben)

42 BayObLG FamRZ 2000, 566; BtPrax 2001, 38 = FamRZ 2001, 191.
43 BayObLG NJW-RR 2000, 524.
44 Vgl HK-BUR-*Bauer* § 1846 Rz 10, 17.
45 BayObLG FamRZ 2000, 566; BtPrax 2001, 38 = FamRZ 2001, 191.
46 Jeweils unter 100 Fälle pro Jahr; Zahlen nach *Deinert*, Das Recht des psychisch Kranken, S. 421.

1 Nach § 8 BtGB hat die Betreuungsbehörde auf Anfordern des Betreuungsgerichts Betreuer vorzuschlagen.

§ 1850 BGB [Überwachung der Vormünder]

(aufgehoben)

§ 1851 BGB [Mitteilungen an das Jugendamt]

1 Für Betreuungen ist die Vorschrift nicht anwendbar. Eine Mitteilungspflicht ist in §§ 308 bis 311, 338 FamFG festgelegt.

§ 1851 a BGB [Unanwendbarkeit der §§ 1850, 1851 auf Vereinsvormund]

(aufgehoben)

§ 1852 BGB Befreiung durch den Vater

(1) Der *Vater* kann, wenn er einen *Vormund* benennt, die Bestellung eines *Gegenvormunds* ausschließen.

(2) [1]Der *Vater* kann anordnen, dass der von ihm benannte *Vormund* bei der Anlegung von Geld den in den §§ 1809, 1810 bestimmten Beschränkungen nicht unterliegen und zu den im § 1812 bezeichneten Rechtsgeschäften der Genehmigung des *Gegenvormunds* oder des Familiengerichts nicht bedürfen soll. [2]Diese Anordnungen sind als getroffen anzusehen, wenn der *Vater* die Bestellung eines *Gegenvormunds* ausgeschlossen hat.

1 **1. Anwendungsbereich.** § 1852 Abs 2 ist über § 1857a (der nach §§ 1908i Abs 1 und 2 auf die Betreuung anwendbar ist) für bestimmte Betreuer (§ 1857a Rz 2) anwendbar. Eine Anwendung von Abs 2 Satz 2 macht keinen Sinn. Der Betreute selbst kann seinen Betreuer nicht befreien. Ist er geschäftsfähig, kann er seinem Betreuer eine Vollmacht erteilen und so die Aufhebung der Betreuung insoweit (§ 1896 Abs 2) erreichen; ferner kann in einem solchen Fall der Betreuer (schon vor Aufhebung der Betreuung) als Bevollmächtigter handeln und untersteht deshalb nicht mehr der Kontrolle des Betreuungsgerichts. Die Bestellung eines Gegenbetreuers kann der Betreute nicht ausschließen, auch nicht durch eine Betreuungsverfügung vor dem Eintritt des Betreuungsfalles.

2 **2. Betreuung.** § 1852 Abs 2 ist für das Betreuungsrecht wie folgt zu lesen:

3 Privilegierte Betreuer unterliegen bei der Anlegung von Geld den in den §§ 1809, 1810 bestimmten Beschränkungen nicht und bedürfen zu den im § 1812 bezeichneten Rechtsgeschäften nicht der Genehmigung des Gegenbetreuers oder des Betreuungsgerichts.
Folgen:
§ 1809: keine Pflicht zur Sperrung von Geldanlagen;
§ 1810: keine Pflicht, Geldanlagen nach §§ 1806, 1807 vom Betreuungsgericht genehmigen zu lassen;
§ 1812: Verfügungen über Forderungen oder Wertpapiere bedürfen nicht der Genehmigung des Betreuungsgerichts.

4 **Keine Befreiungen** bestehen: von der Einreichung eines Vermögensverzeichnisses (§ 1802); von der Pflicht zur *mündelsicheren* Anlage; Genehmigungserforder-

nisse nach §§ 1821, 1822; 1904 bis 1907; Aufsicht (§ 1837): Rechenschaftslegung bei Beendigung des Amts (§ 1890).

§ 1853 BGB Befreiung von Hinterlegung und Sperrung

Der *Vater* kann den von ihm benannten *Vormund* von der Verpflichtung entbinden, Inhaber- und Orderpapiere zu hinterlegen und den in § 1816 bezeichneten Vermerk in das Reichsschuldbuch oder das Staatsschuldbuch eintragen zu lassen.

Anwendungsbereich. § 1853 ist über § 1857a (der über § 1908i Abs 1 und 2 für die Betreuung gilt) **für bestimmte Betreuer** (§ 1857a Rz 2) anwendbar. Wertpapiere des Betreuten müssen also nicht nach § 1814 hinterlegt werden (der Betreuer kann sie im ungesperrten Depot der Bank lassen); Schuldbuchforderungen (zB bei der Finanzagentur der Bundesrepublik verbuchte Bundesschatzbriefe) müssen nicht gesperrt werden (§ 1816). Damit entfallen die Genehmigungspflichten aus §§ 1819, 1820. Hinterlegt der Betreuer trotz seiner Befreiung Inhaberpapiere oder lässt er dennoch den Vermerk eintragen, so treten die Beschränkungen nach §§ 1819, 1820 nicht ein. Die Befugnis des Betreuungsgerichts nach § 1818 bleibt aber grundsätzlich bestehen; will das Betreuungsgericht nach § 1818 die Hinterlegung anordnen, muss es allerdings zugleich nach § 1857 die Befreiung aufheben, vgl § 1818[1]. 1

§ 1854 BGB Befreiung von der Rechnungslegungspflicht

(1) Der *Vater* kann den von ihm benannten *Vormund* von der Verpflichtung entbinden, während der Dauer seines Amtes Rechnung zu legen.

(2) [1]Der *Vormund* hat in einem solchen Falle nach dem Ablaufe von je zwei Jahren eine Übersicht über den Bestand des seiner Verwaltung unterliegenden Vermögens dem Familiengericht einzureichen. [2]Das *Familiengericht* kann anordnen, dass die Übersicht in längeren, höchstens fünfjährigen Zwischenräumen einzureichen ist.

(3) [1]Ist ein *Gegenvormund* vorhanden oder zu bestellen, so hat ihm der *Vormund* die Übersicht unter Nachweisung des Vermögensbestandes vorzulegen. [2]Der *Gegenvormund* hat die Übersicht mit den Bemerkungen zu versehen, zu denen die Prüfung ihm Anlass gibt.

Schrifttum: *Wesche*, Rechenschaftspflicht am Ende einer befreiten Vormundschaft, Rpfleger 1986, 44; *Grothe*, Befreite Betreuer und Rechenschaftslegung nach Beendigung der Betreuung, Rpfleger 2005, 172.

1. Anwendungsbereich. § 1854 ist über § 1857a (der nach § 1908i Abs 1, 2 für die Betreuung gilt) **für bestimmte Betreuer** (§ 1857a Rz 2) anwendbar, aber dann schwer verständlich. 1

Die Vorschrift ist für Betreuungen wie folgt zu lesen: 2

(1) Der privilegierte Betreuer ist von der Verpflichtung entbunden, während der Dauer seines Amtes Rechnung zu legen. 3

(2) Der Betreuer hat in einem solchen Falle nach dem Ablaufe von je zwei Jahren eine Übersicht über den Bestand des seiner Verwaltung unterliegenden Vermögens dem Betreuungsgericht einzureichen. Das Betreuungsgericht kann anordnen, dass die Übersicht in längeren, höchstens fünfjährigen Zwischenräumen einzureichen ist. 4

1 *Dölle*, FamR II, S. 839; Erman-*Holzhauer* §§ 1852 – 1854 Rz 3; aM Staudinger-*Engler* §§ 1852 – 1854 Rz 22.

5 (3) Ist ein Gegenbetreuer vorhanden oder zu bestellen, so hat ihm der Betreuer die Übersicht unter Nachweisung des Vermögensbestandes vorzulegen. Der Gegenbetreuer hat die Übersicht mit den Bemerkungen zu versehen, zu denen die Prüfung ihm Anlass gibt.

6 **2. Verbleibende Pflichten.** Der befreite Betreuer ist nur von der jährlichen Rechnungslegung nach § 1840 Abs 2 befreit (Abs 1). Bestehen bleibt die Pflicht, das Vermögen zu verzeichnen (§ 1802) und die Schlussrechnung zu legen (§ 1890)[1]; letzteres ist besonders kritisch, denn hier muss der befreite Betreuer uU nach vielen Jahren abrechnen, hat aber keine Unterlagen, Belege, Kontoauszüge aufbewahrt. Von der Pflicht nach § 1840 Abs 1 (Berichtspflicht) kann der Betreuer nicht befreit werden.

7 **3. Vermögensübersicht.** Die Vermögensübersicht, die unaufgefordert dem Betreuungsgericht vorzulegen ist (Abs 2), braucht nicht die Zu- und Abgänge zu enthalten, es brauchen ihr auch keine Belege beigefügt zu sein, jedoch müssen aus ihr die Schulden ersichtlich sein[2]. Der Betreuer kann in der Übersicht auf das eingereichte Vermögensverzeichnis (§ 1802) Bezug nehmen, falls sich nichts geändert hat (was schon nicht mehr zutrifft, wenn Sparzinsen angefallen sind). Die Pflicht zur Einzelauskunft gemäß § 1839 bleibt von der Befreiung nach § 1854 unberührt[3]. Nur das Betreuungsgericht, nicht etwa der Betreute, kann anordnen, dass die Übersicht in längeren als zweijährigen Zwischenräumen einzureichen ist.

8 **4. Gegenbetreuer.** Der Gegenbetreuer bleibt zur Prüfung verpflichtet (vgl § 1842). Er muss sich den Bestand des Vermögens nachweisen lassen. Von dieser Verpflichtung kann er nicht befreit werden. Auch der befreite Vormund ist gem § 1799 Abs 2 dem Gegenvormund zur Auskunft verpflichtet. Sind nur einige **Mitbetreuer** gem § 1854 befreit, andere nicht, so haben letztere die Pflicht zur jährlichen Rechnungslegung (§ 1840); bei gemeinschaftlicher Verwaltung (§ 1797 Abs 1) dürfen die befreiten Mitbetreuer diesen eine notwendige Hilfe nicht versagen.

§ 1857 BGB Aufhebung der Befreiung durch das Familiengericht

1 **Anwendungsbereich.** Die Vorschrift gilt für die Betreuung nicht, § 1908 i Abs 1. Auch auf die Behörde und den Verein als Betreuer ist § 1857 unanwendbar. Auf den Vater, die Mutter, den Ehegatten oder einen Abkömmling als **Betreuer** sowie den Vereins- und Behördenbetreuer ist zwar § 1857 ebenfalls nicht anwendbar (denn § 1908 i Abs 2 Satz 2 verweist auf § 1857 a, dieser aber nicht auf § 1857), aber die Befreiung dieser Personen (vgl die Tabelle § 1857 a Rz 1) kann leicht beseitigt oder beschränkt werden: das Betreuungsgericht kann nach Ermessen die Befreiung beseitigen (§ 1908 i Abs 2 Satz 2, 2. Halbs); eine Gefährdung muss nicht beweisbar sein. Dann wird aus der befreiten eine gewöhnliche Betreuung.

1 OLG Frankfurt Rpfleger 1980, 18.
2 MünchKomm/*Wagenitz* Rz 3.
3 LG Saarbrücken DAVorm 1994, 645; MünchKomm/*Wagenitz* Rz 5.

§ 1857 a BGB Befreiung des Jugendamts und des Vereins

Dem *Jugendamt* und einem Verein als *Vormund* stehen die nach § 1852 Abs. 2, §§ 1853, 1854 zulässigen Befreiungen zu.

1. Anwendungsbereich. Auf die **Betreuung** ist § 1857 a sinngemäß anzuwenden, wenn Vater, Mutter, Ehegatte oder Abkömmling des Betreuten dessen Betreuer sind, ferner auf Vereinsbetreuer und Behördenbetreuer (§ 1908 i Abs 2 Satz 2). Auf die Behörde und den Verein als Betreuer ist § 1857 a gem § 1908 i Abs 1 entsprechend anwendbar. Statt Jugendamt ist zu lesen: Betreuungsbehörde. 1

Betreuer ist:	Betreuungsbehörde	Betreuungsverein	Vater, Mutter, Ehegatte, Abkömmling, Vereinsbetreuer, Behördenbetreuer, Verein, Behörde	sonstige Person
Befreiung?	Befreiung gem § 1908 i Abs 1, 1857 a. Weitere Befreiung nach LandesR	Befreiung gem § 1908 i Abs 1, 1857 a	Befreiung gem § 1908 i Abs 2 Satz 2, 1857 a	keine Befreiung
Anderweitige Regelung möglich?	–	–	Betreuungsgericht kann die Befreiung aufheben, § 1908 i Abs 2 Satz 2	–

2. Befreite Betreuungen. Kraft Gesetzes sind die privilegierten Betreuer (Rz 5) im Bereich der Vermögenssorge **von folgenden Regelungen befreit:** 2

- von der Überwachung durch den Gegenbetreuer (§ 1852 Abs 1);
- von den in §§ 1809, 1810 bestimmten Beschränkungen bei der Anlegung von Geld (§ 1852 Abs 2 Satz 1);
- von der nach § 1812 erforderlichen Genehmigung des Gegenbetreuers oder des Betreuungsgerichts (§ 1852 Abs 2 Satz 1);
- von der Verpflichtung, Inhaber- und Orderpapiere nach §§ 1814, 1815 zu hinterlegen (§ 1853);
- von der Verpflichtung, den Sperrvermerk gemäß § 1816 eintragen zu lassen (§ 1853);
- von der Verpflichtung, während der Dauer des Amts laufend (jährlich) Rechnung (§ 1840) zu legen (§ 1854). Auch ein geschäftsfähiger Betreuter kann seinen Betreuer, wenn dieser nicht zum Kreis der privilegierten Betreuer i. S. von § 1908 i Abs 2 Satz 2 zählt, nicht von der Rechnungslegungspflicht des § 1840 befreien[1].

Ein **Vermerk in der Bestallungsurkunde** ist zweckmäßig[2], wenn auch nicht gesetzlich vorgeschrieben. Die Befreiung bezieht sich, wenn nichts anderes angeordnet ist, auf das gesamte Vermögen des Betreuten, nicht nur auf das dem Betreuten zugewandte Vermögen (vgl § 1803). 3

1 OLG München Rpfleger 2006, 73.
2 KGJ 45, 66.

4 **Keine Befreiung besteht insbesondere:**
- von der Verpflichtung, das Vermögensverzeichnis nach § 1802 aufzustellen und einzureichen;
- von der Pflicht, Mündelgeld nach §§ 1806 ff sicher anzulegen[3], außer für zugewandtes Vermögen nach Maßgabe des § 1803;
- von den Genehmigungserfordernissen nach §§ 1821, 1822[4];
- von der Schlussrechnung nach § 1890 für die gesamte Dauer der Vermögensverwaltung[5];
- von der Aufsicht des Betreuungsgerichts im Ganzen, § 1837[6].

5 Hier sind aber uU **landesrechtliche Befreiungen** möglich (Rz 4 vor § 1821).

6 **3. Privilegierte Betreuer.** Kraft Gesetzes tritt befreite Betreuung ein: – a) bei der **Behörden- und Vereinsbetreuung** (§§ 1908i Abs 1, 1857a). Die Befreiung geht bei der Amtsbetreuung weiter als bei der Vereinsbetreuung, da bei letzterer ein Gegenbetreuer bestellt werden kann (vgl § 1792 Abs 1 Satz 2). Darüber hinaus sind Amts- und Vereinsbetreuung gleichermaßen durch folgende Vorschriften freier gestellt: §§ 1818, 1837 Abs 3, beengt dagegen durch §§ 1835 Abs 5, 1835a Abs 5, 1836 Abs 3. Zu weitergehenden **Befreiungen nach Landesrecht** in Vermögensangelegenheiten vgl Rz 4 vor § 1821. – b) Bei Betreuung durch **Vereinsbetreuer und Behördenbetreuer** (§ 1908i Abs 2 Satz 2); – c) Bei Betreuung durch **Vater, Mutter, Ehegatten oder Abkömmling** des Betreuten (§§ 1908i Abs 1, 1857a).

§§ 1858 bis 1881 BGB

(aufgehoben)

1 Der Familienrat, eingesetzt durch die Eltern oder auf Antrag von Verwandten, mit dem Vormundschaftsrichter (Rechtspfleger) als Vorsitzenden, hatte die Rechte und Pflichten des Vormundschaftsgerichts.

§ 1882 BGB Wegfall der Voraussetzungen

1 **Anwendungsbereich.** § 1882 ist auf die Betreuung nicht entsprechend anwendbar (§ 1908i Abs 1). Die entsprechenden Regelungen finden sich in §§ 1908c, 1908d. Dass die Betreuung kraft Gesetzes mit dem Tod des Betreuten endet, wurde als selbstverständlich nicht im Gesetz ausgesprochen. Wenn ein behindertes Mündel volljährig geworden ist und nun eine Betreuung nach §§ 1896 erforderlich ist, kann das Betreuungsverfahren schon vor Volljährigkeit gem § 1908a eingeleitet werden. Der bisherige Vormund kann Betreuer werden, muss aber als solcher besonders verpflichtet werden. Das Vermögen muss nicht an einen Pfleger herausgegeben werden, der es dem früheren Vormund und nunmehrigen Betreuer zurückgibt, da es sich lediglich um die Erfüllung einer Verbindlichkeit handelt, §§ 1795 Abs 2, 181[1].

---

3 KGJ 24, 8, 11 = KG OLGE 5, 411; BayObLGZ 22, 154.
4 KGJ 21, 24/27 = OLGE 2, 168; Kassel OLGE 14, 265.
5 OLG Thüringen Rpfleger 2001, 75.
6 KGJ 24, 8 = OLGE 5, 411.
1 Erman-*Holzhauer* § 1884 Rz 3. Aus dem gleichen Grunde entfällt auch eine Rechenschaftsablegung (§ 1890), *Dölle,* FamR II, S. 884, nicht aber die Rechnungslegungspflicht (vgl § 1890; § 1892), RGRK-*Scheffler,* 11. Aufl, § 1890 Rz 1.

§ 1883 BGB

(aufgehoben)

§ 1884 BGB Verschollenheit und Todeserklärung des Mündels

(1) Ist der *Mündel* verschollen, so endigt die *Vormundschaft* erst mit der Aufhebung durch das *Familiengericht*. Das *Familiengericht* hat die *Vormundschaft* aufzuheben, wenn ihm der Tod des *Mündels* bekannt wird.

(2) Wird der *Mündel* für tot erklärt oder wird seine Todeszeit nach den Vorschriften des Verschollenheitsgesetzes festgestellt, so endigt die *Vormundschaft* mit der Rechtskraft des Beschlusses über die Todeserklärung oder die Feststellung der Todeszeit.

1. Anwendungsbereich. Die Vorschrift ist auf die Betreuung entsprechend anwendbar[1], obwohl § 1908 i nicht darauf verweist. Das Fehlen der Verweisung ist ein Versehen des Gesetzgebers[2]. 1

2. Bei Verschollenheit (vgl § 1 VerschG) endet die Betreuung nicht automatisch. 2 Steht der Tod des Verschollenen sicher fest, endet damit die Betreuung, wie auch in anderen Fällen des Ablebens des Betreuten. Ein gesonderter Beschluss erübrigt sich, ist aber nicht unzulässig.

3. Die Todeserklärung (vgl §§ 2 ff VerschG) und die Feststellung der Todeszeit 3 (§§ 39 ff VerschG) werden durch Beschluss ausgesprochen (vgl §§ 24, 29, 40 VerschG). Entgegen §§ 9, 44 VerschG ist der **Zeitpunkt der Rechtskraft des Beschlusses**, der die Todeserklärung ausspricht (§ 29 VerschG) oder die Todeszeit feststellt (§§ 40, 29 VerschG) entscheidend, nicht der im Beschluss festgestellte Zeitpunkt des Todes. Durch Beschluss wird dann die Betreuung aufgehoben. Taucht der Betreute nach der Todeserklärung wieder auf, ist ggf eine neue Betreuung einzuleiten; die alte Betreuung gilt nicht als fortbestehend.

§ 1885 BGB

(aufgehoben)

Wird dem Betreuer selbst wegen seiner Geistesschwäche ein Betreuer bestellt, ist 1 er zu entlassen (§ 1908 b Abs 1).

§ 1886 BGB Entlassung des Einzelvormunds

Auf den Betreuer ist die Vorschrift nicht entsprechend anwendbar (§ 1908 i 1 Abs 1); dessen Entlassung ist in §§ 1908 b, d geregelt.

§ 1887 BGB Entlassung des Jugendamts oder Vereins

Auf die Betreuung ist die Vorschrift nicht entsprechend anwendbar (vgl 1 § 1908 i), für die Betreuung durch die Behörde und den Verein findet sich eine dem § 1887 entsprechende Regelung in § 1908 b Abs 5.

---

1 MünchKomm/*Wagenitz* § 1884 Rz 8.
2 MünchKomm/*Schwab* § 1908 d Rz 2.

§ 1888 BGB Entlassung von Beamten und Religionsdienern

Ist ein Beamter oder ein Religionsdiener zum *Vormunde* bestellt, so hat ihn das *Familiengericht* zu entlassen, wenn die Erlaubnis, die nach den Landesgesetzen zur Übernahme der *Vormundschaft* oder zur Fortführung der vor dem Eintritt in das Amts- oder Dienstverhältnis übernommenen *Vormundschaft* erforderlich ist, versagt oder zurückgenommen wird oder wenn die nach den Landesgesetzen zulässige Untersagung der Fortführung der *Vormundschaft* erfolgt.

1 **1. Anwendungsbereich.** Die Vorschrift ist auf die **Betreuung** entsprechend anzuwenden (§ 1908 i Abs 1). Sie gilt dort nicht für Verein oder Behörde als Betreuer, wohl aber für den Behördenbetreuer, der zwar als Angestellter oder Beamter vom Dienstherrn mit der Übernahme von Betreuungen betraut ist, der aber zB nach einer Versetzung auf eine andere Amtsstelle von den Betreuungen los kommen muss. § 1888 gilt auch für den Vereinsbetreuer, zB für den Fall, dass dieser beim Anstellungsverein kündigt.

2 **2. Entlassung.** § 1784 bezieht sich auf die Übernahme einer Betreuung bei Bestehen eines Beamtenverhältnisses. § 1888 ergänzt § 1784: Wenn die Genehmigung des Dienstherrn bei der Ernennung nicht vorhanden war und später versagt wird, wenn der Betreuer nach seiner Ernennung Beamter wird und die Genehmigung des Dienstherrn versagt wird, wenn die erteilte Genehmigung des Dienstherrn zurückgenommen wird oder wenn die Genehmigung bei der Ernennung zum Betreuer nicht erforderlich war, die Fortführung der Betreuung aber vom Dienstherrn untersagt werden kann und untersagt wird, ist der Betreuer zu entlassen. Zu weiteren Rechtsfragen vgl § 1784. Die Entlassung hat von Amts wegen zu erfolgen, auch ohne Antrag der vorgesetzten Dienstbehörde. § 1784 Abs 2 gilt entsprechend.

3 **3. Behörden- und Vereinsbetreuung.** § 1888 ist unanwendbar bei Behörden- und Vereinsbetreuung, denn diese Betreuungen werden nicht dem Beamten oder Angestellten der Betreuungsbehörde, bzw dem Angestellten oder dem Mitglied des Vereins persönlich übertragen, sondern der Betreuungsbehörde bzw dem Verein in dieser Eigenschaft.

§ 1889 BGB Entlassung auf eigenen Antrag

1 Die Vorschrift ist auf die **Betreuung** nicht entsprechend anzuwenden (§ 1908 i). Die entsprechenden Regelungen finden sich in § 1908 b Abs 2 und 5.

§ 1890 BGB Vermögensherausgabe und Rechnungslegung

[1]Der *Vormund* hat nach der Beendigung seines Amtes dem *Mündel* das verwaltete Vermögen herauszugeben und über die Verwaltung Rechenschaft abzulegen. [2]Soweit er dem *Familiengericht* Rechnung gelegt hat, genügt die Bezugnahme auf diese Rechnung.

Schrifttum: *Wesche*, Rechenschaftspflicht am Ende einer befreiten Vormundschaft, Rpfleger 1986, 44; *Grothe*, Befreite Betreuer und Rechenschaftslegung nach Beendigung der Betreuung, Rpfleger 2005, 172.

Übersicht

1. Grundsätzliches. Mitbetreuung. Die Vorschrift gilt auch für die **Betreuung** (§ 1908 i Abs 1), falls dem Betreuer die Vermögenssorge (wenigstens teilweise) übertragen war; ferner gilt sie für die Pflegschaft (§ 1915). Bei Betreuung tritt an die Stelle des Familiengerichts das Betreuungsgericht, bei Nachlasspflegschaft das Nachlassgericht. Zu unterscheiden ist zwischen den Pflichten des Betreuers gegenüber dem Betreuten (§ 1890) und gegenüber dem Betreuungsgericht (§ 1892). Ist das Amt des Betreuers (oder jedenfalls des Aufgabenkreises „Vermögenssorge") beendet, trifft diesen die Pflicht, das Vermögen des Betreuten herauszugeben und über seine Verwaltung nach § 1890 BGB Rechenschaft abzulegen; die Pflicht nach § 1840 BGB ist dagegen beendet. Endet bei gemeinschaftlicher **Mitbetreuung** (§ 1899) nur das Amt *eines* Mitbetreuers, so muss für die Erfüllung der Rechenschaftspflicht ein Ergänzungsbetreuer bestellt werden; der andere Mitbetreuer kann die Rechenschaftslegung nicht entgegennehmen, weil sie notwendiger Weise auch seine eigene Amtsführung mit umfasst. 1

2. Herausgabepflicht. – a) Umfang. Bestandsverzeichnis. Die Herausgabepflicht erfasst sämtliche vom Betreuer verwaltete Vermögensgegenstände. **Urkunden,** die über Vermögenswerte vorhanden (zB Sparbücher) und zB zur Geltendmachung von Forderungen erforderlich sind, gehören dazu, auch wenn der Betreuer sie selbst besorgt hat[1], nicht dagegen die zu den Handakten des Betreuers gehörigen (und zB für steuerliche Zwecke und Haftungsabwehr benötigten) Verwaltungsunterlagen. Die Gestattung der **Akteneinsicht** in die Akten des Betreuers oder **Aktenherausgabe** wird nicht geschuldet. **Sperrvermerke** nach §§ 1809, 1815, 1816 braucht der Betreuer aber nicht löschen zu lassen. Dies ist Sache des nun nicht mehr betreuten Betroffenen bzw seiner Erben. Auf Antrag erhalten die Erben dazu eine Bescheinigung des Betreuungsgerichts über die Beendigung der Betreuung durch den Tod des Betreuten. Gemäß § 260 hat der Betreuer auch ein **Verzeichnis des letzten Vermögensbestandes** vorzulegen und ggf die **eidesstattliche Versicherung** darauf zu leisten. Bei dem Vermögensverzeichnis kann auf das gemäß § 1802 erstellte Verzeichnis sowie auf die Jahresrechnungen gemäß § 1840 Bezug genommen werden. 2

b) Berechtigte. Anspruchsberechtigt ist der Betreute selbst, wenn die Betreuung aufgehoben ist; der Betreute, vertreten durch einen neuen Betreuer, wenn sie fortbesteht; die Erben, wenn die Betreuung durch Tod des Betreuten geendet hat[2]. Der Anspruch ist privatrechtlicher Natur, Zwangsmittel aus § 1837 Abs 3 3

1 KG NJW 1971, 566, 567.
2 OLG Hamm DB 1976, 1228.

sind daher unzulässig[3]. Der Betreute oder (wenn die Betreuung als solche weiter besteht) sein neuer Betreuer kann den Anspruch auf Herausgabe nur durch **Klage vor dem Zivilgericht** erzwingen[4]. Jedoch ist die Rechtshilfe zur **Vermittlung der Herausgabe** jedenfalls nicht verboten (vgl § 1837 Rz 30). Im Einverständnis mit dem Betreuer kann das Betreuungsgericht zB das Gericht am Wohnsitz des Betreuten ersuchen, bei den Akten befindliche Urkunden dem Betreuten auszuhändigen. Die **Kosten der Herausgabe** hat der Betreute zu tragen[5].

4 c) **Zurückbehaltungsrecht.** Wegen etwaiger Ansprüche auf Ersatz von Aufwendungen (§ 1835) steht dem Betreuer das Zurückbehaltungsrecht (§ 273) zu. Wegen einer Vergütung (§ 1836) hat der Berufsbetreuer ebenfalls ein Zurückbehaltungsrecht, der ehrenamtliche Betreuer allerdings erst ab Festsetzung durch das Betreuungsgericht, weil es sich in diesem Falle um eine Ermessensvergütung handelt (§ 1836 Abs 2). Der zurückbehaltene Teil des Betreutenvermögens darf nicht außer Verhältnis zur Höhe der Forderung des Betreuers sein[6]. Seinen Anspruch auf eine **Quittung** regelt § 368.

5 **3. Pflicht zur Rechenschaftslegung. – a) Rechenschaftspflicht. Rechnungslegung.** Die Rechenschaftspflicht nach § 1890 ist zu unterscheiden von der Pflicht zur Rechnungslegung gem § 1892[7] (§ 1892 betrifft die Schlussrechnung; § 1840 die laufende jährliche Rechnung bis zur Beendigung der Betreuung). Die Rechenschaftspflicht des § 1890 umfasst die Pflicht zur Rechnungslegung gegenüber dem Betreuungsgericht nach § 1892[8], geht aber noch darüber hinaus. Die Rechenschaftspflicht zwingt den Betreuer, seine Amtsführung von Beginn bis Ende dem Betreuten bzw dessen neuen Betreuer gegenüber zu rechtfertigen, also oft über viele Jahre hinweg; er muss alle Einnahmen und Ausgaben während der ganzen Amtszeit einzeln aufzeichnen, belegen und ggf erläutern.

6 **Bezugsnahme (Satz 2).** Diese Schlussabrechnung wird erleichtert, weil der Betreuer auf die Jahresabrechnungen der vergangenen Jahre insoweit verweisen kann, als er diese nicht nochmals abschreiben muss; §§ 1840, 1841[9]; er muss dann letztlich nur das letzte Rumpfjahr abrechnen. Hat der Betreuer auf die Betreuungsakte Bezug genommen, so hindert dies den Betreuten aber nicht, ergänzend Auskunft zur sachlichen Rechtfertigung von bestimmten Vermögensdispositionen zu verlangen[10]. Bei geringem Vermögen oder Vermögenslosigkeit am Ende der Betreuung ergeben sich keine Erleichterungen[11]. Beanstandet der Betreute ältere Jahresrechnungen (zB weil Ausgabebelege fehlen), so hat sich der Betreuer allerdings insoweit zu rechtfertigen, selbst wenn das Betreuungsgericht die Abrechnung bei seiner Prüfung nicht beanstandet hat. Denn ob und inwieweit das Betreuungsgericht Abrechnungen des Betreuers beanstandet oder „genehmigt" hat, ist für Ansprüche des Betreuten ohne Bedeutung[12].

7 Eine übersichtliche Zusammenstellung von Belegen und Kontoauszügen genügt in der Regel[13], jedenfalls wenn alle Geldbewegungen über ein einziges Konto gelaufen sind. Ist streitig, ob der Betreuer seiner Rechenschaftspflicht gegenüber

3 Vgl § 1837 Rz 10; aA OLG Frankfurt MDR 1961, 57.
4 KG FamRZ 1969, 446; KGJ 24, 23; KGJ 33, 54.
5 RGRK-*Scheffler*, 11. Aufl, § 1890 Rz 2.
6 RGZ 61, 128.
7 *Wesche* Rpfleger 1986, 44; vgl auch OLG Düsseldorf DAVorm 1982, 209.
8 OLG Stuttgart Rpfleger 1979, 61.
9 Vgl KG OLGE 14, 267/71; Recht 1909 Nr 693; OLG Kiel OLGE 36, 221.
10 OLG Schleswig FamRZ 2006, 574.
11 AA *Bienwald* § 1908 i Rz 161.
12 OLG Karlsruhe FamRZ 2004, 1601.
13 OLG Düsseldorf FamRZ 1996, 374.

dem Betreuer ausreichend nachgekommen ist, entscheidet (auf Klage des Betreuten gegen den Betreuer) das Prozessgericht[14]; anders als bezüglich der Rechnungslegungspflicht gegenüber dem Betreuungsgericht (§ 1892) hat das Betreuungsgericht hier keinerlei Zwangsbefugnisse (vgl § 1837; § 1892), da es sich um eine rein privatrechtliche Verpflichtung gegenüber dem Betreuten handelt. Unter den Voraussetzungen des § 259 hat der Betreuer die **eidesstattliche Versicherung** zu leisten[15].

b) **Verpflichteter.** Der Anspruch aus § 1890 richtet sich gegen den Betreuer (Vereinsbetreuer, Behördenbetreuer, Verein, Behörde) selbst oder seinen Erben. Wenn ein Beamter des Jugendamts Mündelgelder unterschlägt und sich dann das Leben nimmt, ist der Kreis, zu dem das Jugendamt gehört, zur Rechnungslegung verpflichtet[16]; Entsprechendes dürfte für den Behördenbetreuer gelten. Zur Auflösung des Vereins vgl §§ 41, 42. Fällt der **Betreuer in Insolvenz,** bleibt die Verpflichtung beim Betreuer und geht nicht auf den Insolvenzverwalter über. Nur die Ansprüche des Betreuten gegen den Betreuer aus dessen Verwaltung werden Insolvenzforderungen; die dem Betreuten gehörenden Gegenstände unterliegen der Aussonderung (§ 47 InsO). **8**

c) **Verzicht. Befreiung.** Der frühere Betreute kann, wenn er *geschäftsfähig* ist, nach Aufhebung der Betreuung auf die Rechenschaftslegung verzichten (§ 397); einen solchen Verzicht darf das Betreuungsgericht vermitteln, vgl § 1837[17]. Ein Verzicht des neuen Betreuers des Betreuten ist nach der hier vertretenen Ansicht möglich[18], während die aA teilweise die Genehmigung des Betreuungsgerichts gemäß § 1812 fordert; ein Verzicht kann aber einen Grund zum Einschreiten des Betreuungsgerichts gem § 1837 bilden[19]. Denn letztlich kann der Verzichtende die bisherigen Vorgänge selten vollständig überblicken. Der Verzicht ist im Übrigen ein Vertrag (§ 397), der nicht durch bloße Mitteilung an das Betreuungsgericht zustande kommt[20]. Er enthält grundsätzlich nicht zugleich einen Verzicht auf die Geltendmachung von **Schadensersatzansprüchen.** In geeigneten Fällen, zB bei geringem Vermögen, kann das Betreuungsgericht auf den Verzicht hinwirken[21] und hierzu Rechtshilfe in Anspruch nehmen. Eine Befreiung seitens des Zuwendenden gemäß § 1803 ist nicht möglich[22]. Bei Verzicht kann gegen den früheren Betreuer kein Zwangsgeld mehr zur Befolgung der ursprünglichen Verpflichtung festgesetzt werden[23]. Zur Entlastung vgl § 1892. **9**

4. Teilbeendigung. Übergang in Betreuung. Die Vorschrift gilt entsprechend, wenn das Amt des Betreuers zwar nicht in vollem Umfange, wohl aber in einem **Teilbereich** endet, wenn zB die Vermögensverwaltung teilweise auf einen Mitbetreuer übergeht. § 1890 gilt andererseits nur zum Teil, wenn der Mündel volljährig geworden ist, gleichzeitig aber wegen der geistigen Behinderung des Mündels eine Betreuung nach § 1896 angeordnet wird *und der frühere Vormund zum Betreuer bestellt* wird. In diesem Falle wäre die Herausgabe nach § 1890 eine unnötige Formalität. Erforderlich ist lediglich die Rechnungslegung (§ 1892), um den Vermögensbestand für diesen wichtigen Zeitpunkt festzustel **10**

---

14 OLG Schleswig FamRZ 2006, 574; KG JW 1939, 351 = JFG 19, 47.
15 Vgl KG JW 1939, 351 = JFG 19, 47.
16 OLG Kiel SchlHA 1935, 131.
17 RGZ 115, 368.
18 MünchKomm/*Schwab* § 1892 Rz 4; *Dölle*, FamR II, S. 893, aA Gernhuber/*Coester Waltjen*, FamR § 73 III 4, die § 1804 anwenden wollen.
19 Vgl OLG Stuttgart Rpfleger 1979, 61/2.
20 KGJ 23, 11.
21 RGZ 115, 368/70.
22 Staudinger-*Engler* Rz 30; MünchKomm/*Schwab* § 1890 Rz 5; aA RGRK-*Scheffler*, 11. Aufl, § 1890 Rz 5.
23 LG Saarbrücken BtPRax 2009, 195.

len (unstr), nicht aber eine Rechenschaftslegung gegenüber einem zu bestellenden Pfleger oder Ergänzungsbetreuer.

11 **5. Behörde. Verein.** § 1890 gilt auch für Behörde, Verein, **Behörden- und Vereinsbetreuer.** Hier taucht die Frage auf, wie bei **Betreuerwechsel,** aber **Personenidentität,** zu verfahren ist (zB Vereinsbetreuung, der bisherige Vereinssachbearbeiter wird dann zum Vereinsbetreuer bestellt). Da aber das Amt des Vereins geendet hat, liegen die Voraussetzungen des § 1890 vor[24].

12 **6. Befreite Betreuung.** Die Befreiung nach § 1857a bezieht sich nur auf die jährliche Rechnungslegung des § 1840[25]. Sie befreit nicht von der Pflicht, eine Schlussrechnung einzureichen und zwar für die gesamte Zeit der Vermögensverwaltung[26]. Auch nach Landesrecht gibt es keine Befreiung, zumal es sich um einen privatrechtlichen Anspruch des Betreuten handelt. Auch befreite Betreuer haben daher die Rechenschaftslegungspflicht nach § 1890 und müssen *förmlich* Rechnung legen; die in mehrjährigen Abständen eingereichten Vermögens-Bestandsübersichten (§ 1854 Abs 2) genügen nicht[27]. Eine Bezugnahme (§ 1890 Satz 2) auf die dem Betreuungsgericht gelegte jährliche Rechnung (§ 1840) ist nicht möglich, weil sie wegen der Befreiung nicht erfolgte. Das Ergebnis ist erstaunlich: dauert die Betreuung zB zehn Jahre, muss der befreite Betreuer zwar keine jährlichen Abrechnungen erstellen, aber nach den zehn Jahren eine Gesamtabrechnung mit allen Belegen, was wesentlich schwieriger ist. Der „befreite“ Betreuer steht schlechter da als der nichtbefreite Betreuer. Manche[28] befürworten daher eine abgeschwächte End-Abrechnung dergestalt, dass eine zusammenfassende Darstellung der Einnahmen und Ausgaben genügen soll. Jedenfalls sollte der Rechtspfleger den ehrenamtlichen Betreuer bei der Verpflichtung auf das Problem hinweisen. Zur Rechnungslegung vgl § 1892.

§ 1891 BGB Mitwirkung des Gegenvormunds

(1) [1]Ist ein *Gegenvormund* vorhanden, so hat ihm der *Vormund* die Rechnung vorzulegen. [2]Der *Gegenvormund* hat die Rechnung mit den Bemerkungen zu versehen, zu denen die Prüfung ihm Anlass gibt.

(2) Der *Gegenvormund* hat über die Führung der *Gegenvormundschaft* und, soweit er dazu imstande ist, über das von dem *Vormunde* verwaltete Vermögen auf Verlangen Auskunft zu erteilen.

1 **1. Anwendungsbereich.** Die Vorschrift ist auf den Gegenbetreuer entsprechend anwendbar, § 1908i Abs 1 (die ursprüngliche Nichtverweisung wurde durch das 2. BtÄndG beseitigt). Nur wenn ein Gegenbetreuer vorhanden ist, was ganz selten der Fall ist, hat ihm der Betreuer die Schlussabrechnung vorzulegen. Die Erfüllung der Pflicht ist gemäß § 1837 erzwingbar. Ist kein Gegenbetreuer vorhanden, entfällt eine Vorlagepflicht; es darf nicht etwa lediglich zum Zwecke der Rechnungsprüfung (nachträglich) ein Gegenbetreuer bestellt werden. Die Vorschrift entspricht § 1842. Anders als dort braucht der Betreuer aber dem Gegenbetreuer den Vermögensbestand nicht nachzuweisen. Diese Verpflichtung besteht dem Betreuten gegenüber. Der Gegenbetreuer kann zur Äußerung (Abs 1 Satz 2) durch Zwangsgeld angehalten werden.

---

24 Für Erleichterungen *Bienwald* § 1908i Rz 152 ff; *Formella* BtPrax 1995, 21.
25 OLG Düsseldorf FamRZ 1996, 374.
26 OLG Thüringen FamRZ 2001, 579; Grothe Rpfleger 2005, 172.
27 OLG Thüringen FamRZ 2001, 579; aA *Wesche* Rpfleger 1986, 44; *Bienwald* § 1908i Rz 147.
28 *Jürgens* § 1890 Rz 15; *Wesche* Rpfleger 1986, 44.

2. Auskunftspflicht. Während bei bestehender Betreuung die Auskunftspflicht des Gegenbetreuers gegenüber dem Betreuungsgericht besteht (§ 1839), ist der Gegenbetreuer nach § 1891 Abs 2 (entsprechend der nach § 1890 auf der Rechenschaftspflicht beruhenden Auskunftspflicht) nach dem Ende der Betreuung nur dem Betreuten gegenüber verpflichtet[1]. Der Anspruch wird vor dem Prozessgericht geltend gemacht. Der Gegenbetreuer kann jedoch nicht mit Hilfe des § 260 zur Abgabe der eidesstattlichen Versicherung über das vom früheren Betreuer verwaltete Vermögen gezwungen werden. 2

§ 1892 BGB Rechnungsprüfung und -anerkennung

(1) Der *Vormund* hat die Rechnung, nachdem er sie dem *Gegenvormunde* vorgelegt hat, dem *Familiengericht* einzureichen.

(2) [1]Das *Familiengericht* hat die Rechnung rechnungsmäßig und sachlich zu prüfen und deren Abnahme durch Verhandlung mit den Beteiligten unter Zuziehung des *Gegenvormunds* zu vermitteln. [2]Soweit die Rechnung als richtig anerkannt wird, hat das *Familiengericht* das Anerkenntnis zu beurkunden.

Schrifttum: *Gleißner*, Entlastungserteilung für Vormund und Pfleger, Rpfleger 1986, 462.

1. Anwendungsbereich. Die Vorschrift ist auf die Pflegschaft (§ 1915) und die **Betreuung** anwendbar (§ 1908 i Abs 1), wenn sie die Vermögenssorge (zumindest teilweise) umfasst. Bei Betreuung ist anstelle des Familiengerichts das Betreuungsgericht zuständig, bei Nachlasspflegschaft das Nachlassgericht (§ 1962). Die **Abrechnung entfällt,** wenn kein Vermögen zu verwalten war oder wenn auf die Abrechnung verzichtet wurde (Rz 9). Mit der „Rechnung" in Abs 1 ist die Abrechnung im Sinne von § 1890 gemeint. Diese Abrechnung hat der Betreuer zunächst dem Gegenbetreuer vorzulegen (§ 1891), der sie dann dem Betreuer, mit Vermerken versehen, wieder zurückgibt. Diese vorgeprüfte Rechnung ist dann dem Betreuungsgericht einzureichen. Da Gegenbetreuer sehr selten vorhanden sind, legt in der Praxis der Betreuer seine Schlussrechnung sogleich dem Betreuungsgericht vor. § 1892 entspricht der allgemeinen Fürsorgepflicht des Betreuungsgerichts, die nicht mit der Betreuung aufhört, sondern sich auch auf ihre Abwicklung auswirkt. Allerdings ist zu beachten, dass in diesem Stadium die Tätigkeit des Betreuungsgerichts lediglich dieser Abwicklung dient. Frühere Geschäfte des Betreuers darf es daher jetzt nicht mehr genehmigen. Doch kann (bzw muss) das Betreuungsgericht dem Betreuer noch eine Vergütung bewilligen (vgl § 1836; § 168 FamFG). In den Rahmen der **nachwirkenden Fürsorgepflicht** fällt es auch, wenn das Betreuungsgericht den Betreuer bei der Herausgabe des Betreutenvermögens an den ehemaligen Betreuten unterstützt (vgl § 1890). Die Vorschrift gilt sowohl für den Fall, dass die Betreuung als solche endet, wie auch für den Fall, dass lediglich das Amt des Betreuers endet, während die Betreuung weiter besteht. 1

2. Behörde. Verein. Auch bei der Behörden- und Vereinsbetreuung ist § 1892 anzuwenden. 2

3. Prüfung. Zur Einreichung einer formell ordnungsmäßigen Schlussrechnung kann das Betreuungsgericht den ehemaligen Betreuer durch **Zwangsgeld** (§ 1837) anhalten[1], wie es auch den Gegenbetreuer zur Äußerung über die Rechnung zwingen kann (§ 1891 Rz 1). Das Betreuungsgericht (Rechtspfleger/ 3

---

1 Staudinger-*Engler* Rz 11; MünchKomm/*Wagenitz* Rz 4.

1 BayObLG FamRZ 1998, 1197 und BtPrax 2001, 39; OLG Thüringen Rpfleger 2001, 75; vgl KG Rpfleger 1969, 207; OLG Neustadt NJW 1955, 1724; KGJ 33, 54.

in) hat die Rechnung **gemäß § 1843 zu prüfen.** Das Gericht hat aber nicht das Recht, den Betreuer zur *sachlichen* Berichtigung und Ergänzung der Rechnung zwangsweise anzuhalten[2]. Die Mitteilung des Betreuungsgerichts, die Schlussrechnung des Betreuers werde nicht beanstandet, kann vom Betreuten nicht nach § 58 FamFG angefochten werden[3]. Auch kann das Gericht nicht mehr gemäß § 1839 **Auskünfte** und die Vorlage von Wertpapieren, zB eines Sparkassenbuches, verlangen[4]. Was unter einer **formell ordnungsmäßigen Rechnung** zu verstehen ist, ergibt sich aus § 1841 Abs 1. Bei einem Erwerbsgeschäft, das zum verwalteten Vermögen gehört, ist auch § 1841 Abs 2 anwendbar[5].

4 **4. Verfahren.** Das **Gericht vermittelt die Abnahme** der Rechnung, **Abs 2 Satz 1.** Gedacht war ursprünglich, dass das Betreuungsgericht mit den freiwillig erschienenen Beteiligten (bzw dem nun volljährigen Mündel und seinem ehemaligen Vormund) die Vergangenheit durchspricht und Fragen sogleich klärt. Bei Betreuungen sind Beteiligte der Abnahme dagegen in der Praxis der bisherige Betreuer und die Erben des Betreuten bzw dessen neuer Betreuer. Das Betreuungsgericht kann hier die Abrechnung, versehen mit den gerichtlichen Prüfungsvermerken, den Erben (bzw neuen Betreuer) zugänglich machen, zB in Kopie zusenden, Akteneinsicht gewähren, notfalls im Wege der Rechtshilfe und anfragen, ob die Abrechnung gebilligt wird. Es kann auch anfragen, ob überhaupt auf eine Schlussabrechnung verzichtet wird (Rz 9). Das Erscheinen des ehemaligen Betreuten und des ehemaligen Betreuers (und Gegenbetreuers) hierzu kann nicht erzwungen werden[6], wohl auch nicht das eines neuen Betreuers. Erhebt der Betreute (dh dessen Erben; oder der neue Betreuer) Einwendungen, kann das Betreuungsgericht auch die sachliche Berichtigung und Vervollständigung der Rechnung herbeiführen.

5 **5. Bleiben Ansprüche streitig,** so sind Betreuer und Betreuter auf den Rechtsweg vor dem Prozessgericht zu verweisen (vgl § 1843 Abs 2). Ist dies nicht der Fall, so kann es die Anerkennung der Richtigkeit der Rechnung des Betreuers durch den Betreuten (bzw dessen Erben, den neuen Betreuer) anregen. Es kommt auch eine **Entlastung unter Vorbehalt** bestimmter Ansprüche in Betracht. Kommt ein Erscheinen der Beteiligten zur Verhandlung über die Abnahme beim Betreuungsgericht nicht in Betracht, so kann die Entlastungserklärung auch im Wege der Rechtshilfe herbeigeführt werden, ohne dass dem ersuchten Gericht die Prüfung der Zweckmäßigkeit des Ersuchens zustünde (vgl § 1837 Rz 30). Die Entlastung kann schriftlich erfolgen; erfolgt sie anlässlich der mündlichen Verhandlung vor dem Betreuungsgericht, ist sie vom Betreuungsgericht zu beurkunden (§ 59 BeurkG), ohne dass die Gültigkeit der Erklärung davon abhinge.

6 **6. Neuer Betreuer.** Erteilt der neue Betreuer für den Betreuten **die Entlastungserklärung,** so bedarf er der Genehmigung nach § 1812[7]; doch besteht im Regelfall kein Anlass für eine solche Genehmigung, weil kein Bedarf dafür besteht, dass eine günstige Rechtsposition des Betreuten bzw seiner Erben aufgegeben wird und sich Berufsbetreuer und Betreuungsgericht untereinander entlasten. Mit Rücksicht auf die Folgen des Anerkenntnisses (Rz 7) und eine in Betracht kommende Staatshaftung (Art 34 GG, § 839 BGB), wird das Betreu-

---

2 BayObLG FamRZ 1998, 1197; KGJ 50, 28, 29; KG JW 1939, 351; KG OLGE 14, 268; KG OLGE 32, 48; vgl § 1843 Rz 4.

3 BayObLG BtPrax 1998, 39: Betreuter ist auf den Zivilprozess angewiesen; OLG Stuttgart Rpfleger 2001, 130.

4 KGJ 50, 28; KG RJA 15, 255.

5 KGJ 37, 110/4.

6 Vgl OLG Königsberg OLGE 4, 117.

7 BayObLG BtPrax 2001, 39 aE; MünchKomm/*Wagenitz* § 1892 Rz 5; aA: Nichtigkeit einer solchen Entlastung wegen § 1804, *Gleißner* Rpfleger 1986, 462/4.

ungsgericht Zurückhaltung bei der Vermittlung des Anerkenntnisses üben, jedenfalls keinen Druck ausüben[8].

7. **Bedeutung des Anerkenntnisses.** Sie ist umstritten. Der ehemalige Betreute (bzw dessen Erben) verzichtet auf eventuell bestehende Forderungen gegen den bisherigen Betreuer, nicht aber gegen das Land aus evtl Staatshaftung. Der in manche Formulare listig eingefügte Vermerk, auch dem Gericht werde Entlastung erteilt[9], ist rechtlich bedenklich. Stellt sich die vorbehaltslose **Entlastung als unrichtig** heraus, so meinen einige[10], die Entlastung bedeute keinen Verzicht auf Ansprüche, die bei der Erteilung der Entlastung nicht erkennbar waren. Diese Ansicht verkennt indes, dass die Entlastung ein **negatives Schuldanerkenntnis** (**§ 397 Abs 2**) ist[11], zu dessen Abgabe der Betreute (bzw dessen Erben) nicht verpflichtet ist. Das regelmäßige Mittel, bei Unrichtigkeit gegen die Entlastung vorzugehen, ist auch nicht die Anfechtung der Erklärung wegen Irrtumes[12], sondern die Rückforderung des Anerkenntnisses nach §§ 812 ff[13]. 7

8. **Kein Anspruch auf Entlastung.** Zwar hat der Betreuer keinen Anspruch auf Entlastung durch den Betreuten[14]; sollte er jedoch ein rechtliches Interesse an alsbaldiger Feststellung dessen haben, dass das sich aus der Abwicklung der Betreuung ergebende Rechtsverhältnis so beschaffen ist, wie es die Schlussrechnung ausweist, so kann er darauf Feststellungsklage gemäß § 256 ZPO erheben. Sind nur einzelne Posten zwischen den Parteien streitig, muss sich der Feststellungsantrag hierauf beziehen; er kann nicht lauten, dass die Vermögensabrechnung „ordnungsgemäß" erfolgte[15]. Im Übrigen sind einzelne streitig gebliebene Ansprüche vor dem Prozessgericht einzuklagen, vgl § 1843[16]. 8

9. **Verzicht.** Der ehemalige (nun geschäftsfähige) Betreute bzw dessen Erben können auf die Rechenschaftslegung nach § 1890 verzichten (§ 1890 Rz 7); dies ist ein Erlassvertrag (§ 397 Abs 1). Damit entfällt auch die dem Staat (Betreuungsgericht) gegenüber geschuldete öffentlich-rechtliche Pflicht des Betreuers zur Rechnungslegung nach § 1892. Das Betreuungsgericht kann diesen Verzicht (auch im Wege der Rechtshilfe) in geeigneten Fällen, etwa bei einfacher Verwaltung, anregen (vgl § 1837). Bei **Wechsel des Betreuers** kann der neue Betreuer nicht auf die Schlussrechnung verzichten; das wird entweder aus § 1804 gefolgert[17] oder aus § 1812 Abs 1[18]. 9

10. **Der befreite Betreuer** (§ 1857a Rz 5) ist gemäß §§ 1857a, 1854 von der jährlichen Rechnungslegungspflicht gem § 1840 befreit. Bei Beendigung der Betreuung indes trifft auch ihn die Rechenschaftspflicht gegenüber dem Betreuten bzw dessen Erben oder dem neuen Betreuer für die ganze Amtszeit (§ 1890)[19], also uU für viele Jahre. Die Rechnungslegungspflicht gemäß § 1892 gegenüber dem Betreuungsgericht dient der Durchführung der Rechenschafts- 10

8 LG Stuttgart DAVorm 1974, 670, 673; *Gleißner* Rpfleger 1986, 462/4.
9 Vgl *Bienwald* § 1908 i Rz 165.
10 LG München I FamRZ 2009, 2117; RGRK-*Scheffler*, 11. Aufl § 1811 Rz 3; Staudinger-*Engler* § 1811 Rz 21.
11 OLG Köln FamRZ 1996, 249; Motive IV S. 1188; RG Recht 1912 Nr 1817; RGZ 115, 368, 371; *Jürgens* § 1811 Rz 6.
12 So *Dölle* FamR II, S. 893.
13 OLG Köln FamRZ 1996, 249; OLG Düsseldorf DAVorm 1982, 209, 210; RG JW 1902 Beilage S. 255; OLG Hamburg OLGE 24, 48; RG Recht 1915 Nr 1527; RG Recht 1912 Nr 1817.
14 HM; OLG Darmstadt OLGE 21, 191; OLG Naumburg OLGE 21, 295; KGJ 51, 42/3.
15 LG Rottweil FamRZ 2000, 33.
16 BayObLGZ 3, 182/4.
17 *Jürgens* § 1811 Rz 11.
18 MünchKomm/*Wagenitz* § 1811 Rz 6.
19 OLG Thüringen Rpfleger 2001, 75.

pflicht gegenüber dem Betreuten; daher ist hierzu auch der befreite Betreuer verpflichtet[20]. Die Rechnungslegungspflicht des befreiten Betreuers kann nicht durch **Bezugnahme auf die jährlichen Vermögensübersichten** (§ 1854 Abs 2) ersetzt werden, weil der Betreuer ja hiervon befreit war, solche Jahresabrechnungen also nicht existieren. Die Gegenmeinung[21] bewertet zu gering, dass anderenfalls dem Betreuten jede detaillierte Prüfungsmöglichkeit genommen wäre.

§ 1893 BGB Fortführung der Geschäfte nach Beendigung der Vormundschaft; Rückgabe von Urkunden

(1) Im Falle der Beendigung der *Vormundschaft* oder des vormundschaftlichen Amtes finden die Vorschriften der §§ 1698 a, 1698 b entsprechende Anwendung.

(2) [1]Der *Vormund* hat nach Beendigung seines Amtes die Bestallung dem Familiengericht zurückzugeben. [2]In den Fällen der §§ 1791 a, 1791 b ist der Beschluss des *Familiengerichts*, im Falle des § 1791 c die Bescheinigung über den Eintritt der *Vormundschaft* zurückzugeben.

Schrifttum: *Jörg*, Betreuung über den Tod hinaus, BWNotZ 1994, 31; *Deinert*, Pflichten des Betreuers nach dem Tod des Betreuten, ZfF 1997, 76; *Deinert*, Organspende und Betreuung, BtPrax 1998, 60; *Jochum*, Keine Verfügung über Nachlasskonten nach dem Tod des Betreuten, BtPrax 1996, 88; *Paßmann*, Die Betreuung endet mit dem Tod, BtPrax 1994, 202; *Stockert*, Bestattung durch den Betreuer, BtPrax 1996, 203; *Vogt*, Tod der betreuten Person, BtPrax 1996, 52; *Formella*, Wenn der Betreute stirbt, BtPrax 1999, 176.

1 **1. Anwendungsbereich.** Die Vorschrift ist auf die Pflegschaft (§ 1915) und die **Betreuung** sinngemäß anwendbar (§ 1908 i); im letzteren Fall ist anstelle des Familiengerichts das Betreuungsgericht zuständig. Die Verweisung in Abs 2 Satz 2 ist insofern modifiziert, als auch die Betreuungsbehörde und der Betreuungsverein eine Bestallung erhalten, die sie (ebenso wie die Bescheinigungen nach §§ 1791 a Abs 2, 1791 b Abs 2) zurückgeben müssen[1]. In Abs 2 wurde durch das FGG-ReformG die „schriftliche Verfügung“ durch „Beschluss“ ersetzt.

2 **2. Verweisung auf § 1698 a.** Die Vorschrift lautet:

§ 1698 a BGB (Fortführung der Betreuungsgeschäfte)

(1) Die *Eltern* dürfen die mit der Personensorge und mit der Vermögenssorge für das *Kind* verbundenen Geschäfte fortführen, bis sie von der Beendigung der *elterlichen Sorge* Kenntnis erlangen oder sie kennen müssen. Ein Dritter kann sich auf diese Befugnis nicht berufen, wenn er bei der Vornahme eines Rechtsgeschäfts die Beendigung kennt oder kennen muss.

(2) Diese Vorschriften sind entsprechend anzuwenden, wenn die *elterliche Sorge* ruht.

3 Die Vertretungsmacht des Betreuers endet, sobald der Betreuer von der Beendigung des Amtes Kenntnis erlangt oder die Beendigung kennen muss. Schon bei leicht fahrlässiger Unkenntnis (§ 122 Abs 1) von der **Beendigung seines Amtes** besteht keine Vertretungsmacht mehr und der Betreuer handelt als Vertreter

---

20 OLG Thüringen Rpfleger 2001, 75 zur Betreuung; OLG Frankfurt Rpfleger 1980, 18; OLG Stuttgart Rpfleger 1979, 61; jeweils zur Vormundschaft.
21 DIV DAV 1982, 151; *Wesche* Rpfleger 1986, 44.
1 Vgl DIV DAVorm 1982, 151; *Wesche* Rpfleger 1986, 44.

ohne Vertretungsmacht, §§ 177, 677[1]; Ausnahmen vgl Rz 5. Von diesem Zeitpunkt ab wird der gute Glaube eines Dritten nicht mehr geschützt[2]. Der Dritte kann sich darüber hinaus schon (früher!) dann nicht mehr auf die Vertretungsmacht gem § 1698 a Abs 1 Satz 1 berufen, wenn er selbst bei Vornahme des Rechtsgeschäfts die Beendigung fahrlässig nicht kannte (§ 1698 a Abs 1 Satz 2). Bei Mitwirkung eines Gegenbetreuers oder eines Mitbetreuers muss auch dieser gutgläubig sein. Die **Beweislast** für die Bösgläubigkeit (fahrlässige Unkenntnis) des Betreuers trägt der, der sich darauf beruft. § 1893 gilt auch, wenn die Vertretungsmacht nur in einzelnen Beziehungen endigt (§§ 1794, 1796). Wenn der Betreuer bei Vornahme eines Rechtsgeschäftes das Ende seines Amtes noch nicht kannte oder kennen musste, kann das Betreuungsgericht, wenn es das Erlöschen des Amtes selbst nicht kennt, das **Rechtsgeschäft wirksam genehmigen**[3]. § 40 Abs 2 FamFG ist zu beachten. Der Betreuer, der das Ende seines Amtes immer noch nicht kennt oder kennen muss, kann die erteilte Genehmigung nach § 1829 Abs 1 Satz 2 noch wirksam mitteilen[4]. Damit entfällt die Möglichkeit des Widerrufs für das Betreuungsgericht wegen Unrichtigkeit gemäß § 48 Abs 3 FamFG. Kennt das Betreuungsgericht das Erlöschen des Amtes, so darf es keine Genehmigung mehr erteilen und hat für eine schnelle Unterrichtung des Betreuers vom Ende des Amtes Sorge zu tragen. Soweit die Vertretungsmacht des Betreuers trotz Beendigung des Amtes fortdauert, regeln sich Rechte und Pflichten nach den Bestimmungen des Betreuungsrechts, beispielsweise wird er für diese Tätigkeit uU noch vergütet (vgl §§ 4, 5, 6 VBVG)[5].

3. **Verweisung auf § 1698 b.** Die Vorschrift lautet: 4

§ 1698 b BGB (Geschäftsbesorgung bei Tod des Betreuten)

Endet die *elterliche Sorge* durch den Tod des *Kindes*, so haben die *Eltern* die Geschäfte, die nicht ohne Gefahr aufgeschoben werden können, zu besorgen, bis der Erbe anderweit Fürsorge treffen kann.

Trotz Beendigung des Amtes durch den **Tod des Betreuten** und Kenntnis davon 5 besteht die Vertretungsmacht fort, soweit es um Geschäfte geht, die **nicht ohne Gefahr aufgeschoben** werden können, bis der Erbe anderweit Fürsorge treffen kann. Hierher kann im Einzelfall auch die Bestattung gehören[6]; ferner eventuell die Kündigung von Mietverhältnissen. Es finden die Regeln des Betreuungsrechts Anwendung, insbesondere betreffend Haftung (§ 1833), Aufwendungsersatz (§ 1835), Vergütung (§ 1836) und Aufwandsentschädigung (§ 1835 a). Ein Bedürfnis für eine Nachlasspflegschaft (§ 1960) besteht insoweit nicht, als der Betreuer handeln muss[7]. Zu Fragen der Genehmigungsfähigkeit von Geschäften des Betreuers vgl Rz 3. Ist das Rechtsgeschäft des Betreuers schwebend unwirksam geblieben, so können die Erben des Betreuten es genehmigen. Bei Untätigkeit trotz Dringlichkeit im Sinne von § 1698 b droht Schadenersatzpflicht (vgl § 1833 Rz 1). Im Übrigen, dh soweit keine Dringlichkeit vorliegt, ist

---

1 RG JW 1910, 233.
2 RGSt 45, 434.
3 AA BayObLG NJW 1965, 397.
4 OLG Stuttgart RdL 1956, 255; LG Memmingen MittBayNotV 1983, 76; *Dölle* FamR II S. 895; *Josef* ZBlFG 17 (1916/17), 281/7; zweifelnd BayObLG NJW 1965, 397.
5 OLG Frankfurt FamRZ 2006, 1151; BayObLG FamRZ 1999, 465; LG Koblenz FamRZ 1995, 1376 (alle zum alten Vergütungsrecht). Zum neuen Vergütungsrecht: LG Stendal FamRZ 2006, 1063; LG Duisburg BtPrax 2006, 115 LG Traunstein BtPrax 2006, 115.
6 Vgl LG Bochum Rpfleger 1985, 147.
7 Vgl *Jörg* BWNotZ 1994, 31.

der Betreuer nach Beendigung seines Amtes nicht verpflichtet, die Geschäfte weiterzuführen[8] und kann selbst bei Untätigbleiben in Unkenntnis des Amtsendes nicht gemäß § 1833 belangt werden. Die üblichen Abwicklungsarbeiten (zB Schlussabrechnung) sind mit der Pauschale (§§ 4, 5 VBVG) abgegolten[9]; sie wird zeitanteilig bis zum Todestag bezahlt. Nur die Geschäfte des § 1698 b werden noch nach Zeitaufwand konkret vergütet[10]. Schon nach der Rechtsprechung zum früheren Vergütungsrecht vor dem 1.7.2005 war auch Zeitaufwand des Betreuers nach dem Tod des Betroffenen vergütungsfähig, soweit er durch Geschäfte entstand, die nicht ohne Gefahr aufgeschoben werden konnten[11]. Es gibt keine Anhaltspunkte, dass eine Vergütung für Notgeschäftsführungsmaßnahmen nunmehr ausgeschlossen sein sollte[12].

6 Für die öffentlich-rechtliche Erfüllung von **Bestattungspflichten** sind nach den Bestattungsgesetzen der Länder die nächsten Angehörigen zuständig. Darunter fällt ein Betreuer, der nicht selbst Angehöriger ist, nicht. Teils sind auch die „sonstigen Sorgeberechtigten" als bestattungspflichtig bezeichnet (zB in § 10 Abs 1 Satz 1 SächsBestG). Ein Betreuer ist, selbst wenn ihm die Personensorge übertragen wurde, kein sonstiger Sorgeberechtigter in diesem Sinne[13]. Deshalb kann die Behörde von ihr verauslagte Bestattungskosten nicht als Ersatzvornahmekosten dem Betreuer in Rechnung stellen.

7 **4. Widersprechende Geschäfte.** Widersprechen sich die Geschäfte des Betreuers und des Betreuten bzw des neuen Betreuers, so gilt der Grundsatz der Priorität analog § 185 Abs 2 Satz 2[14].

8 **5. Abs 2 Satz 1.** Der Betreuer kann mit Zwangsgeld angehalten werden, die **Bestallungsurkunde zurückzugeben,** auch wenn die Betreuung oder sein Amt beendet ist[15]. Hat er sie verloren oder findet er sie nicht mehr, entfällt ein Aufgebotsverfahren, die Pflicht hat sich dann erledigt. Gegen die Erben des Betreuers ist Zwangsgeld unzulässig[16], weil die öffentlich-rechtliche Pflicht des Betreuers mit dessen Tod aufhört. Die Erben des Betreuers können vom Betreuten vor dem Prozessgericht auf Herausgabe der Vermögensgegenstände verklagt werden. Der Betreuer kann nicht angehalten werden, Kopien der Bestallungsurkunde, die er Banken eingereicht hat, von diesen zurückzuverlangen und dem Betreuungsgericht auszuhändigen[17]. Zwangsgeld ist unzulässig, wenn der Betreuer nach dem Ende seines Amtes veranlasst werden soll, eine Sterbeurkunde einzureichen oder ein Sparkassenbuch herauszugeben (vgl § 1837 Rz 17 ff).

9 **6. Abs 2 Satz 2.** Die Verweisung ist gegenstandslos, da alle Betreuer eine Bestallungsurkunde erhalten und zurückgeben müssen. Zwangsgeld, um zur Rückgabe dieser Urkunden anzuhalten, ist bei Behörde, Behördenbetreuer und Verein ausgeschlossen (§ 1837 Abs 3 Satz 2).

---

8 RG DR 1940, 726.

9 OLG München FamRZ 2006, 1517; OLG Köln FGPrax 2006, 163; LG Meiningen BtMan 2007, 202.

10 OLG München FamRZ 2006, 1517.

11 BayObLG BtPrax 1998, 234; FGPRax 1996, 25; OLG Frankfurt FGPrax 2005, 208; *Deinert*, FamRZ 2002, 374.

12 LG Stendal FamRZ 2006, 1063; *Dodegge* NJW 2005, 1896.

13 VG Leipzig BeckRS 2007, 25.484.

14 HM; vgl *Riezler* AcP 98 (1906), 372 ff.

15 HM; vgl Neustadt NJW 1955, 1724; aA Darmstadt ZBlFG 15 (1914/15), 260, LS.

16 HM; aM RGRK-*Scheffler*, 11. Aufl, § 1893 Rz 3.

17 LG Koblenz Rpfleger 1971, 433.

§ 1894 BGB Anzeige bei Tod des Vormunds

(1) Den Tod des *Vormunds* hat dessen Erbe dem *Familiengericht* unverzüglich anzuzeigen.

(2) Den Tod des *Gegenvormunds* oder eines *Mitvormunds* hat der *Vormund* unverzüglich anzuzeigen.

1. **Anwendungsbereich.** Die Vorschrift gilt für Pflegschaft (§ 1915) und **Betreuung** (§ 1908 i) sinngemäß; bei Betreuung ist anstelle des Familiengerichts das Betreuungsgericht zuständig. 1

2. **Zweck der Vorschrift.** Der Zweck dient dem Schutz des Betreuten, denn der Erbe des Betreuers ist weder berechtigt noch verpflichtet, nach dem Tode des Betreuten tätig zu werden. Durch die dem Erben auferlegte Anzeigepflicht soll das Betreuungsgericht möglichst schnell eingreifen können, zB durch Bestellung eines neuen Betreuers (§ 1908 c) mittels einstweiliger Anordnung (§§ 300, 301 FamFG), notfalls nach § 1846. Vgl auch die Anzeigepflichten betreffend den Gegenbetreuer in §§ 1799 Abs 1 Satz 2 und 1895, ferner die behördlichen Mitteilungen nach § 7 Abs 1 BtBG. Die Vorschriften sind im Falle einer Todeserklärung entspr anzuwenden. Wird der Erbe des Betreuers für das Vermögen des Betreuten tätig, so handelt es sich um Geschäftsführung ohne Auftrag. 2

3. **Haftung des Betreuers und anderer Personen.** Die Haftung des Betreuers, Gegenbetreuers und Mitbetreuers richtet sich nach §§ 1833, 1908 i Abs 1, wenn sie die Anzeige schuldhaft (§ 121 Abs 1) verzögern. Der Erbe haftet dem Betreuten bei Verletzung der Anzeigepflicht aus § 1894 und aus § 280[1]. 3

§ 1895 BGB Amtsende des Gegenvormunds

Die Vorschriften der §§ 1886 bis 1889, 1893, 1894 finden auf den *Gegenvormund* entsprechende Anwendung.

1. **Anwendungsbereich.** Die Vorschrift gilt sinngemäß auch für den **Gegenbetreuer**, § 1908 i Abs 1 (die Nichtverweisung wurde durch das 2. BtÄndG korrigiert). §§ 1888, 1893, 1894 sind daher anzuwenden. 1

2. **Beendigung.** Das Amt des **Gegenbetreuers** endet nicht nur in den hier genannten Fällen (§ 1888), sondern auch mit dem Ende der Betreuung (zB nach § 1908 d). Das Betreuungsgericht kann darüber hinaus die Gegenbetreuung aufheben, wenn ihre Voraussetzungen (§§ 1908 i Abs 1, 1792 Abs 2) nachträglich wegfallen. 2

3. **Anzeigepflicht.** Der Gegenbetreuer hat den Tod des Betreuers anzuzeigen (§ 1799 Abs 1 Satz 2); der Tod des Gegenbetreuers ist von dessen Erben (§ 1894 Abs 1) und vom Betreuer anzuzeigen (§ 1894 Abs 2). 3

---

1 MünchKomm/*Wagenitz* § 1894 Rz 3.

Zweiter Titel. Rechtliche Betreuung (§§ 1896–1908 k BGB)

Vorbemerkungen

1 **1. Entmündigung.** Die in §§ 1896–1908 i geregelte Materie war vor In-Kraft-Treten des BtG zum 1.1.1992 an mehreren Stellen des BGB geregelt: § 6 aF kannte verschiedene Gründe für die Entmündigung: Nr 1: wer wegen Geisteskrankheit oder Geistesschwäche seine Angelegenheiten nicht zu besorgen vermochte; Nr 2: wer durch Verschwendung sich oder seine Familie der Gefahr des Notstandes aussetzte; Nr 3: wer in Folge von Trunksucht oder Rauschgiftsucht seine Angelegenheit nicht zu besorgen vermochte oder sich oder seine Familie der Gefahr des Notstandes aussetzte oder die Sicherheit anderer gefährdete. War die Entmündigung im Verfahren nach §§ 645 ff aF ZPO ausgesprochen, so hatte dies unterschiedliche Rechtsfolgen: § 104 Nr 3 aF sprach aus, dass geschäftsunfähig ist, wer wegen Geisteskrankheit entmündigt ist. Die Entmündigung aus den anderen Gründen (§ 104 Nr 2 und Nr 3) führte gemäß § 114 nur zur beschränkten Geschäftsfähigkeit. Wer als Erwachsener entmündigt war, erhielt einen Vormund (§ 1896 aF).

2 **2. Gebrechlichkeitspflegschaft.** Parallel zur Entmündigung nebst Erwachsenenvormundschaft gab es die Gebrechlichkeitspflegschaft gemäß § 1910 aF. Wer wegen geistiger oder körperlicher Gebrechen seine Angelegenheiten nicht besorgen konnte, erhielt einen Pfleger. Primär war die Pflegschaft freiwillig. War indes die Verständigung nicht möglich, was nach der Rspr bei Geschäftsunfähigkeit der Fall war, dann konnte für eine oder mehrere Aufgaben oder Kreise von Aufgaben auch zwangsweise ein Pfleger bestellt werden. Das Verfahren richtete sich nach dem FGG. **Zwangspflegschaft.** Die Zwangspflegschaft griff weniger einschneidend in die Rechte des Betroffenen ein als die Vormundschaft, weil sie nicht per se geschäftsunfähig/geschäftsbeschränkt machte, weshalb sie zuletzt weitaus häufiger vorkam als die vom Gesetzgeber des BGB für diese Fälle gedachte Entmündigung nebst Vormundschaft.

3 **3. Die Entstehung des BtG.** Im Jahre 1986 wurde vom Bundesminister der Justiz eine Arbeitsgruppe eingesetzt, deren Ergebnisse als (zwei) Diskussions-Teilentwürfe veröffentlicht wurden, der erste im Herbst 1987, der zweite im April 1988. Alsdann befasste sich der 57. Deutsche Juristentag vom September 1988 mit den Reformbestrebungen. Vom Mai 1989 datiert der Regierungsentwurf eines BtG nebst Begründung[1], der gegenüber den Diskussions-Teilentwürfen nicht unbedeutend abweicht. Die BT-Drucks 11/4528 enthält zugleich die Stellungnahme des Bundesrates zum Gesetzentwurf[2] und die Gegenäußerung der Bundesregierung (Anl 3; S. 225 ff). Die Beratungen des Gesetzentwurfes im Rechtsausschuss des Bundestages haben zu einigen Änderungen geführt[3]. Das BtG vom 25.4.1990 (BGBl 1990, 2002) ist am 1.1.1992 in Kraft getreten; es handelt sich um ein Artikelgesetz, das lediglich andere Gesetze ändert.

- Die Entmündigung wurde abgeschafft. Sie wurde als entwürdigend angesehen. Geschäftsunfähig sind danach seit Inkrafttreten des BtG nur noch Volljährige, wenn die Voraussetzungen des § 104 Nr 2 vorliegen (sog natürliche Geschäftsunfähigkeit).
- Die Vormundschaft über Volljährige (§§ 1896 aF ff) und die Gebrechlichkeitspflegschaft (§ 1910 aF) wurden durch das Rechtsinstitut der Betreuung (§§ 1896 ff) ersetzt.

---

1 BT-Drucks 11/4528.
2 Anl 2; S. 203 ff.
3 BT-Drucks 11/6949.

Mehrere **Änderungen** des ursprünglichen Gesetzes erfolgten: das **1. BtÄndG** 4
vom 25.6.1998 (BGBl 1998, 1580) trat am 1.1.1999 in Kraft[4].

Das **2. BtÄndG** vom 21.4.2005 (BGBl 2005, 1073) trat am 1.7.2005 in Kraft; es 5
brachte eine Änderung des Vergütungsrechts (Ersatz des BVormVG durch das VBVG)[5]. Die abwegige Idee, zwecks Verringerung der Zahl der Betreuungen ein *gesetzliches* Vertretungsrecht Angehöriger einzuführen[6], wurde allerdings nicht Gesetz.

Das **3. BtÄndG** vom 29.7.2009 (BGBl 2009, 2286) trat am 1.9.2009 in Kraft 6
und brachte eine Regelung zur Patientenverfügung („Sterbehilfe“)[7]. Seit 1.9.2009 ist ferner das FGG aufgehoben und durch das FamFG ersetzt, so dass sich einige wesentliche Änderungen im Verfahrensrecht ergaben. Seit dem 1.9.2009 sind ferner nicht mehr die Vormundschaftsgerichte beim Amtsgericht für Betreuungen zuständig, sondern die „Betreuungsgerichte“ beim Amtsgerichte (anders zum Teil in Baden-Württemberg: Bezirksnotar), weil die Vormundschaftsgerichte dem Namen nach aufgelöst wurden.

§ 1896 Voraussetzungen

(1) [1]Kann ein Volljähriger auf Grund einer psychischen Krankheit oder einer körperlichen, geistigen oder seelischen Behinderung seine Angelegenheiten ganz oder teilweise nicht besorgen, so bestellt das Betreuungsgericht auf seinen Antrag oder von Amts wegen für ihn einen Betreuer. [2]Den Antrag kann auch ein Geschäftsunfähiger stellen. [3]Soweit der Volljährige auf Grund einer körperlichen Behinderung seine Angelegenheiten nicht besorgen kann, darf der Betreuer nur auf Antrag des Volljährigen bestellt werden, es sei denn, dass dieser seinen Willen nicht kundtun kann.

(1 a) Gegen den freien Willen des Volljährigen darf ein Betreuer nicht bestellt werden.

(2) [1]Ein Betreuer darf nur für Aufgabenkreise bestellt werden, in denen die Betreuung erforderlich ist. [2]Die Betreuung ist nicht erforderlich, soweit die Angelegenheiten des Volljährigen durch einen Bevollmächtigten, der nicht zu den in § 1897 Abs. 3 bezeichneten Personen gehört, oder durch andere Hilfen, bei denen kein gesetzlicher Vertreter bestellt wird, ebenso gut wie durch einen Betreuer besorgt werden können.

(3) Als Aufgabenkreis kann auch die Geltendmachung von Rechten des Betreuten gegenüber seinem Bevollmächtigten bestimmt werden.

(4) Die Entscheidung über den Fernmeldeverkehr des Betreuten und über die Entgegennahme, das Öffnen und das Anhalten seiner Post werden vom Aufgabenkreis des Betreuers nur dann erfasst, wenn das Gericht dies ausdrücklich angeordnet hat.

Schrifttum: siehe Literaturverzeichnis, zur Vorsorgevollmacht bei Rz 102.

---

4 Dazu *Bauer/Rink* BtPrax 1996, 130; *Coeppicus* Rpfleger 1996, 425; *Deinert* ZfJ 1998, 232; *Genz* FamRZ 1996, 1324; *Gregersen* BtPrax 1999, 16; *Knittel* BtPrax 1996, 217; *Meier* BtPrax 1998, 214; *Wesche* Rpfleger 1998, 93.

5 *Dodegge* FGPrax 2004, 153; *Dodegge* NJW 2005, 1896; *Fröschle* Betreuungsrecht 2005; *Jurgeleit* FGPrax 2005, 139; *Krauß* BWNotZ 2004, 33; *Pardey* Rpfleger 2004, 257; *Probst* BtPrax 2002, 7; *Sonnenfeld* FamRZ 2005, 941.

6 *Bühler* FamRZ 2002, 76; *Dieckmann* ZRP 2002, 425; *Gödicke* FamRZ 2003, 1894; *Kuhrke* ZRP 2003, 66; *Pardey* ZRP 2003, 14; *Probst/Knittel* ZRP 2001, 55; *Vossler* BtPrax 2003, 6.

7 *Lange* ZEV 2009, 537; *Höfling* NJW 2009, 2849; *Kreß* ZRP 2009, 69; *Müller* ZEV 2008, 583; *Albers* MedR 2009, 138; *Lenz/Rogelmeier* ZEV 2008, 335.

Übersicht

I. Gesetzesgeschichte

1896 Abs 2 Satz 2 wurde durch das 1. BÄndG v 25.6.1998 (BGBl 1998, 1580) mit Wirkung ab 1.1.1999 geändert durch Einfügung der Worte „der nicht zu den in § 1897 Abs 3 bezeichneten Personen gehört". § 1896 Abs 1a wurde eingefügt mit Wirkung ab 1.7.2005 durch das 2.BtÄndG v 21.4.2005 (BGBl 2005, 1073). Das Wort „Vormundschaftsgericht" wurde mit Wirkung vom 1.9.2009 ersetzt durch „Betreuungsgericht", weil das FGG-ReformG vom 17.12.2008 das Vormundschaftsgericht abgeschafft hatte. 1

II. Begriff und Zweck der Betreuung

1. Begriff der „Betreuung". Die früheren §§ 6, 104 Nr 3 und §§ 114, 115 wurden ab 1.1.1992 aufgehoben und damit die Entmündigung und Vormundschaft über Erwachsene abgeschafft. Die seit dem bestehende Möglichkeit, einen Betreuer zu bestellen, nötigenfalls zusätzlich einen sog Einwilligungsvorbehalt (§ 1903) anzuordnen, soll dem Erfordernis des Einzelfalls und dem Grad der Beeinträchtigung besser Rechnung tragen. Mit dem Begriff der „Betreuung" sollen zudem angeblich diskriminierende Bezeichnungen wie Entmündigung, Geistesschwäche etc beseitigt und der Charakter der Betreuung als persönliche Fürsorge und Hilfe unterstrichen werden[1]. Der Sache nach ändert sich natürlich durch Umbenennung allein nichts. Der Begriff hat sich in der Umgangssprache nicht durchgesetzt, weil er missverständlich ist (auch Sparkassen und Versicherungen haben „Betreuer" für ihre Kunden); Presse und Fernsehen sprechen immer noch von „Vormundschaft". 2

Das **Rechtsverhältnis** zwischen dem Betreuer und dem Betreuten ist privatrechtlich[2], auch wenn es Elemente der öffentlichen Fürsorge beinhaltet. Auch bei Behördenbetreuung ist das Rechtsverhältnis privatrechtlich[3]. Die Rechtsstellung des Betreuers ergibt sich aus §§ 1896 ff, 1908 i. Er ist kein Beauftragter des Betreuten im Sinne von § 667[4]. Der Betreuer ist weder Amtsträger noch für den öffentlichen Dienst besonders Verpflichteter und kann somit auch nicht Vorteilsempfänger iS des § 333 StGB sein[5]. 3

Statistik. Am 31.12.1998 bestanden im Bundesgebiet 797.779 Betreuungen, am 31.12.2007 waren es 1.242.180, am 31.12.2008 1.273.265[6], was in zehn Jahren einen Zuwachs von 59 % bedeutet. Jährlich gibt es ca 245.000 Neubestellungen. 4

2. Struktur der Vorschrift. Die Anordnung einer Betreuung setzt Folgendes voraus: 5

- der Betroffene ist volljährig (Abs 1);
- der Betroffene kann seine Angelegenheiten nicht besorgen (Abs 1);

1 BT-Drucks 11/4528 S. 114.
2 BGHZ 17, 108; BGHSt 13, 197; *Bosch* FamRZ 1960, 186.
3 AA *Windel* BtPrax 1999, 46, in Anlehnung an die Bewertung beim Amtsvormund: öffentlichrechtlich.
4 OLG Naumburg FamRZ 2008, 182.
5 OLG München NJW 2009, 2837 (ein Heimleiter bot einem Betreuer Geld für die Verbringung von Betreuten in das nicht voll besetzte Heim an).
6 *Langholf* BtPrax 2000, 54; *Coeppicus* Rpfleger 2000, 50; HK-BUR-*Deinert* Rz § 1896 Rz 108.

- Ursache dafür sind bestimmte Erkrankungen bzw Behinderungen (Abs 1);
- Der „freie“ Wille des Betroffenen steht nicht entgegen (Abs 1 a);
- Erforderlichkeit besteht, Abs 2.

Unwesentlich ist dagegen:

- ob ein Antrag gestellt wird, Rz 23;
- ob der Betroffene geschäftsfähig ist; Rz 29;
- ob der Betroffene mit der Anordnung der Betreuung einverstanden ist, relativiert in Abs 1 a; Rz 40.

III. Anordnung der Betreuung, Abs 1

6 **1. Voraussetzungen, Abs 1 Satz 1. – a) Volljährige.** Die Bestellung eines Betreuers kommt grundsätzlich nur für **Volljährige** in Betracht (scheinbare Ausnahme vgl § 1908 a), die unter einer psychischen Krankheit oder geistigen oder seelischen Behinderung leiden. Minderjährige dagegen werden durch die Eltern bzw einen Vormund, Pfleger vertreten. Eine Betreuung darf nicht allein deshalb bestellt werden, weil es **der Betroffene wünscht** (es ist bequem, wenn man jemand hat, der sich kostenlos um einen kümmert), obwohl er nicht geistig behindert ist[7]. Diskutiert wurde, ob für eine hirntote schwangere Frau, die künstlich „am Leben“ gehalten wird, um noch gebären zu können, ein Betreuer bestellt werden kann[8]; das ist mE abzulehnen. Für **Ausländer** mit Aufenthalt im Inland kann ebenfalls ein Betreuer nach deutschem Recht bestellt werden, § 104 FamFG, Art 24 Abs 1 Satz 2 EGBGB[9].

7 **b) Psychische Krankheiten.** Darunter fallen zB:

8 **aa) körperlich nicht begründbare (endogene) Psychosen;** also: Schizophrenien[10]. Untergruppen: paranoid-halluzinatorische; katatone, zB mit Erregungszuständen; hebephrene, dh im jugendlichen Alter beginnend; symptomarme, Affektive Psychosen; Borderline-Syndrom.

9 **bb) körperlich begründbare (exogene) Psychosen,** dh seelische Störungen als Folge von Krankheiten oder Verletzungen des Gehirns (zB bei einem Unfall), von Anfallsleiden (Epilepsie) oder anderen Krankheiten oder körperlichen Beeinträchtigungen; zB Hirnabbauprozesse, Alzheimer-Krankheit; Parkinson-Krankheit; Altersabbau[11].

10 **cc) Abhängigkeitskrankheiten** (Alkohol-, Medikamenten- und Drogenabhängigkeiten). **Alkoholismus** (Trunksucht) oder Drogenabhängigkeit allein sind keine geistigen Gebrechen, rechtfertigen allein noch keine Betreuerbestellung[12], weil es jedem frei steht, sich zu betrinken. Anders ist es, wenn der Alkoholismus in ursächlichem Zusammenhang mit einem geistigen Gebrechen steht oder infolge des übermäßigen Konsums schon ein psychischer Zustand eingetreten

---

7 BayObLG MDR 2005, 1055 (RA für die Abwicklung der Kanzlei).

8 AG Hersbruck FamRZ 1992, 1471 mit Anm *Schwab;* dazu *Kern* NJW 1994, 755.

9 Dazu *Oelkers,* Internationales Betreuungsrecht, 1996; *Nitzinger,* Das Betreuungsrecht im internationalen Privatrecht, 1998.

10 Zusammenstellung von Symptomen bei HK-BUR-*Bauer* § 1896 Rz 52.

11 Hirnleistungsstörungen, Hirnorganisches Psychosyndrom, Demenz sind die Hauptfälle; vgl *Hoffmann/Korte* BtPrax 2001, 17.

12 BayObLG FamRZ 1998, 1327; OLG Schleswig BtPrax 1998, 185; OLG Hamm BtPrax 2001, 40; AG Garmisch-Partenkirchen FamRZ 2009, 148.

ist, der als geistiges Gebrechen bezeichnet werden kann[13]. Die Folgen des Konsums müssen den Betroffenen also schon „krank" gemacht haben, zB zu hirnorganischen Schädigungen mit Krampfleiden geführt haben[14]. Spielsucht kann evtl eine Betreuung rechtfertigen. Bei übermäßiger Computerbenutzung ist das ebenfalls denkbar[15]. Nikotinsucht mit Krankheitswert dürfte selten sein, ein Betreuungsbedürfnis ist kaum vorstellbar.

dd) **Neurosen und Persönlichkeitsstörungen (Psychopathien)**, wobei das Problem auftaucht, wie stark sie ausgeprägt sein müssen, damit ein Krankheitswert erreicht ist. 11

c) **Lediglich körperlich Behinderte.** Auch für lediglich körperlich Behinderte (zB Blinde, Taube, Stumme) kann ein Betreuer bestellt werden, wobei jedoch grundsätzlich nur eine Bestellung auf Antrag des Betroffenen hin (Abs 1 Satz 3) erfolgen kann. Da der *nur* körperlich Behinderte nicht in seiner Einsichtsfähigkeit und Freiheit seiner Willensbildung beeinträchtigt ist, ist eine Bestellung von Amts wegen nur zulässig, wenn der Behinderte seinen Willen nicht kundtun kann (Abs 1 Satz 3). Auch im Übrigen gelten Sonderregelungen, zB dass kein Betreuer zur Besorgung *aller* Angelegenheiten bestellt und kein Einwilligungsvorbehalt nach § 1903 angeordnet werden kann. Die **Erforderlichkeit** (§ 1896 Abs 2) dürfte nur vorliegen, wenn der Behinderte niemand findet, dem er eine Vollmacht erteilen kann. Denn Vorlesen, Einkaufen usw ist nicht Aufgabe eines Betreuers (§ 1902). Bedenklich ist die Regelung, weil der Betreuer des *geschäftsfähigen* körperlich Behinderten die Stellung eines gesetzlichen Vertreters (nicht mehr nur eines Bevollmächtigten iSd §§ 166 ff) hat. Die Einräumung einer solchen Rechtsmacht erscheint insbesondere unter Berücksichtigung des Erforderlichkeitsgrundsatzes, der eines der Verfahrensprinzipien des BtG ist[16], problematisch. 12

d) **Geistige Behinderungen.** Dies sind angeborene oder später entstandene, messbare Behinderungen[17]. Intelligenzdefekte verschiedener Schweregrade, zB Demenz[18], Oligophrenie, Schwachsinn, beruhend zB auf Mongolismus, Morbus Down, Schädigungen vor oder bei Geburt oder Unfallfolgen. Die Grenze zur Lernbehinderung ist fließend. Eine scharfe Grenzziehung nach dem Ergebnis von sog Intelligenztests (IQ) ist mE kaum vertretbar, weil eine Gesamtschau erforderlich ist. Erfahrungswerte aus dem Behindertenrecht heranzuziehen[19], zB § 53 SGB XII iVm § 1 EingliederungshilfeVO (BGBl 1975, 433), ist mE nicht sachgerecht, da sie eine andere Aufgabe und Zielrichtung haben. 13

e) **Seelische Behinderungen.** Dies sind *bleibende* psychische Beeinträchtigungen, die Folge von psychischen Krankheiten sind[20]. Eventuell Verschwörungswahn[21]. Manche rechnen die Folgen des Altersabbaus *hierher* (andere zu den exogenen Psychosen). 14

13 BayObLG FamRZ 1991, 608; 1993, 1389; 1994, 1618; 1998, 1327; OLG Hamm BtPrax 2001, 40; aA HK-BUR-*Bauer* § 1896 Rz 85: Trunksucht sei, unabhängig vom Grad, Ausdruck einer psychischen Krankheit. Zum Ganzen vgl *Wojnar* BtPrax 1992, 17; *Pardey* Rpfleger 1995, 396; *Wetterling* ua BtPrax 1995, 86.
14 LG Hildesheim BtPrax 1996, 230.
15 Vgl LG Essen FamRZ 2008, 183.
16 BT-Drucks 11/4528 S. 58.
17 BayObLG BtPrax 1994, 29.
18 *Böckmann* FPR 2004, 648.
19 *Lachwitz* FuR 1990, 266.
20 BT-Drucks 11/4528 S. 116; dazu *Wojnar* BtPrax 1992, 16.
21 BayObLG FamRZ 1994, 319.

15 f) **Sog soziale Behinderungen** (Unangepasstheit, Auffälligkeit, Neigung zu Straftaten usw) allein rechtfertigen keine Betreuung[22].

16 g) **Bedeutung der richtigen Einordnung.** Es spielt für die Praxis keine Rolle, ob eine Behinderung medizinisch richtig eingeordnet wird. Die nicht einheitliche medizinische Fachsprache wirkt sich nicht aus. Es ist auch nicht Aufgabe des Sachverständigen, eine richtige Einordnung zu finden; vgl § 280 FamFG. Entscheidend ist nur, dass eine Krankheit oder Behinderung vorliegt, die eine Betreuung erforderlich macht.

17 h) **Angelegenheiten des Betroffenen.** Das Betreuungsgericht hat zunächst Art und Umfang der Angelegenheiten des Betroffenen (Beispiele in Rz 47 ff) zu ermitteln, § 26 FamFG. Was *seine* Angelegenheiten sind, hängt von der konkreten Lebenssituation des Betroffenen ab: Dies ist alles, was er nach seiner sozialen Stellung und seiner bisherigen Lebensgestaltung (rechtlich) wahrzunehmen hatte[23]. Sodann ist zu klären, welche er noch besorgen kann und welche nicht mehr. Erst dann darf untersucht werden, ob dies auf eine Krankheit bzw Behinderung zurückzuführen ist. Nicht die Normabweichung als solche, sondern der tatsächliche Umfang und die Bedeutung der Angelegenheiten, die nicht hinreichend besorgt werden können, begründen die Erforderlichkeit der Betreuung. Dieser Grundsatz gewinnt insbesondere in den Fällen an Bedeutung, in denen der zu Betreuende überhaupt nicht oder in nur geringstem Umfang Angelegenheiten zu besorgen hat (zB weil er im Heim lebt, das Sozialamt alles zahlt). Hier bedarf es trotz schwerster seelischer oder psychischer Beeinträchtigungen keiner Betreuerbestellung, wenn kein Handlungsbedarf besteht (Abs 2). Umgekehrt kann auch eine leichte psychische Krankheit im Hinblick auf die Tragweite der Angelegenheiten (zB Grundstückskauf bzw -verkauf) eine Betreuerbestellung mit entsprechend geringem Aufgabenkreis rechtfertigen.

18 **Keine Angelegenheiten in diesem Sinne** sind solche ohne rechtlichen Bezug, weil der Betreuer ein gesetzlicher Vertreter (§ 1902) ist[24]. Wer den Einkaufskorb nicht mehr tragen kann, braucht einen Träger und keinen Betreuer; insofern wird die in Abs 2 Satz 2 genannte „andere Hilfe“ oft missverstanden (Rz 97). Nicht zu den (von einem Betreuer zu besorgenden) Angelegenheiten des Betroffenen zählt dessen elterliche Sorge über die Kinder[25], religiöse Angelegenheiten[26] wie Kirchenaustritt[27], Wahlrecht und Testieren. Ebenso sind nicht **fremde Angelegenheiten:** was der Betroffene aufgrund eines Vertrages für Dritte zu besorgen hat (der verwirrte Hausverwalter ist insoweit abzulösen, er erhält keinen Betreuer mit dem Aufgabenkreis Hausverwaltung, allenfalls einen Betreuer mit dem Aufgabenkreis „Zugang der Kündigung des Verwaltervertrages“) oder als gesetzlicher Vertreter [28] (Elternteil; geistesschwache Nachlasspfleger), Organ (Testamentsvollstrecker, Insolvenzverwalter usw). Zur (ausnahmsweise) möglichen **Betreuung im Drittinteresse** vgl Rz 26.

19 i) **Nichtbesorgenkönnen der Angelegenheiten.** Wann man sagen kann, jemand könne seine Angelegenheiten ganz oder teilweise nicht besorgen, ist theoretisch nicht einfach zu beantworten. In irgendwelchen Teilbereichen ist (fast) jeder nachlässig; so gesehen, könnte fast jeder ein Fall für eine Betreuung sein. Wer die

---

22 BT-Drucks 11/4528 S. 117; AG Obernburg FamRZ 2008, 1559; HK-BUR-*Bauer* § 1896 Rz 142.
23 BayObLG FamRZ 1997, 388; zu „Angelegenheiten“ vgl ferner *Harm* Rpfleger 1998, 89, dessen Aufteilung Innen-Außenverhältnis wenig ergiebig ist.
24 AA Staudinger-*Bienwald* § 1896 Rz 48.
25 Hier ist zB nach § 1666 BGB vorzugehen; *Walter* FamRZ 1991, 765/8; *Dodegge* FPR 2005, 233.
26 *v Sachsen Gessaphe,* Der Betreuer S. 158.
27 Streitig, vgl *Deinert* FamRZ 2006, 243.
28 *Knittel* § 1896 Rz 86.

Kfz-Steuer regelmäßig erst zahlt, wenn gemahnt wurde, oder wer die Suppe immer anbrennen lässt, kann zwar eine Angelegenheit nicht besorgen, braucht aber nach den heutigen Vorstellungen keinen Betreuer; die Steuerschuld wird vom Finanzamt vollstreckt. Wenn der Betroffene dem **Kaminkehrer** keinen Zutritt in die Wohnung gewährt, wird nach öffentlichem Recht (SchornsteinfegerG; VwVG) vollstreckt, nicht aber zwecks Zutrittsgewährung ein Betreuer bestellt[29]. Der Gesetzeswortlaut des § 1896, der Betreuung gestatten würde, ist hier bedenklich weit.

j) **Erforderlicher Grad der Normabweichung.** § 1896 legt nicht fest, wie stark die Krankheit ausgeprägt sein muss und welche Mängelstufe im Nichtbesorgen der Angelegenheiten vorliegen muss, damit eine zwangsweise Bestellung eines Betreuers möglich ist[30]. Eine geringe Normabweichung kann einen Eingriff in grundgesetzlich geschützte Positionen nicht rechtfertigen. Um der Gefahr vorzubeugen, dass in unverhältnismäßiger Weise in die Rechtsstellung des Betroffenen eingegriffen wird, darf eine Betreuerbestellung nur erfolgen, wenn eine objektive konkrete Erforderlichkeit der Fürsorge vorliegt und wenn der nicht damit einverstandene Betroffene geschäftsunfähig ist. Nach OLG Hamm[31] muss die Erkrankung „einen solchen Grad erreichen, dass die Fähigkeit des Betroffenen zur Wahrnehmung seines Selbstbestimmungsrechts ausgeschlossen oder so erheblich beeinträchtigt ist, dass er für die Aufgabenkreise der Betreuung zu eigenverantwortlichen Entscheidungen nicht in der Lage ist." Zur Betreuung im Interesse Dritter siehe Rz 26. 20

k) **Kausalität.** Die Beeinträchtigung (= subjektive **Betreuungsbedürftigkeit**) muss kausale Ursache für die Unfähigkeit des Volljährigen sein, seine Angelegenheiten ganz oder teilweise nicht besorgen zu können (= objektiver **Betreuungsbedarf**). Die Angelegenheiten können sowohl solche der Vermögenssorge wie auch Personensorge sein. Es muss sich aber um Angelegenheiten handeln, die letztlich Rechtsangelegenheiten sind, weil der Betreuer nach § 1902 ges Vertreter ist[32]. **Beispiel:** jemand lässt niemanden in seine Wohnung und verkommt dort: Angelegenheit der eigenen Personensorge. Aus der Tatsache der Behinderung folgt noch nicht, dass die Unfähigkeit, Angelegenheiten zu besorgen, besteht; aus der Tatsache der Unfähigkeit allein folgt nicht, dass ihre Ursache eine psychische Krankheit usw sein müsse[33]. 21

l) **Einleitung des Betreuungsverfahrens.** Die Bestellung eines Betreuers erfolgt auf Antrag des Betroffenen (Abs 1 Satz 2) oder von Amts wegen (Abs 1 Satz 1). In wie weit bei einem Antrag Dritter dem Betroffenen zuerst rechtliches Gehör gewährt werden muss, hängt vom Einzelfall ab[34]. 22

aa) **Antragsverfahren.** Antragsberechtigt ist nur der Betreute selbst (solche Anträge sind selten, nur 3,3 % der Fälle[35]). Die Möglichkeit eines Antragsverfahrens hat (von der Betreuung Körperbehinderter abgesehen) eher psychologische Bedeutung. Die Kooperationsbereitschaft und damit auch die Rehabilitationsmöglichkeit ist größer, wenn die Betreuerbestellung im Wissen erfolgt, dass sie nicht zwangsweise, sondern auf eigenen Wunsch hin erfolgte[36]. Diesen Erwägungen kommt jedoch nur in den Fällen Bedeutung zu, in denen der 23

29 AG Neuruppin FamRZ 2005, 2096.
30 Kritisch *Bürgle* NJW 1988, 1881.
31 OLG Hamm FamRZ 1995, 433.
32 Erman-*Holzhauer* § 1896 Rz 20.
33 *Knittel* § 1896 Rz 86 ff.
34 Vgl BVerfG FamRZ 2010, 186.
35 *Köller/Engels*, Rechtliche Betreuung in Deutschland, 2009, S. 83.
36 BT-Drucks 11/4528 S. 118.

Betroffene überhaupt in der Lage ist, seine Betreuungsbedürftigkeit einzusehen (Rz 35). Bei einer auf Antrag angeordneten Betreuung kann der Betreute nicht ohne weiteres die Aufhebung der Betreuung verlangen, wenn sie auch von Amts wegen hätte angeordnet werden können (vgl § 1908 d Abs 2). Der Betroffene kann den Antrag formlos stellen (zur Form: § 23 FamFG), er kann ihn jederzeit stellen, auch noch bei der Anhörung, bis zum Wirksamwerden der Entscheidung. Antrag bzw Anregung zu einer Betreuung kann jedermann beim Betreuungsgericht zu Protokoll geben[37].

24 bb) **Amtsverfahren.** Die Anregung, eine Betreuung anzuordnen, kann von jedermann kommen. Wird sie seitens des Arztes ausgesprochen, zB weil eine Behandlung notwendig ist, so liegt darin keine Verletzung der Schweigepflicht[38]. Nach Einleitung des Amtsverfahrens kann in das Antragsverfahren übergegangen werden, wenn der Betroffene einen Antrag stellt. Dieser kann auch in dem Einverständnis mit einer Betreuung, das zB bei der Anhörung erklärt wird, zu sehen sein. Allerdings kommt es darauf an, ob nur eine duldende Hinnahme vorliegt oder das Ergreifen der Initiative durch den Betroffenen.

25 cc) **Unterschiede.** Die Unterschiede zwischen Amts- und Antragsverfahren ergeben sich aus § 281 Nr 1 FamFG (statt des Gutachtens genügt ein ärztliches Zeugnis) und § 303 Abs 2 FamFG (beschränktes Beschwerderecht der Angehörigen bei Betreuung von Amts wegen, praktisch kein Beschwerderecht bei Betreuung auf Antrag des Betroffenen); auf Grund dieser wesentlichen (für den Betroffenen nachteiligen) Unterschiede hat mE nur der Antrag eines *geschäftsfähigen* Betroffenen diese weiteren Folgen; zumindest muss er den Sinn eines Betreuungsantrags ausreichend erfassen können. Der Antrag des geschäftsunfähigen Betreuten gilt meines Erachtens nur als Anregung (anders die hM). Anderenfalls hätte die dem Verwirrten leicht abgerungene Zustimmung wesentliche Folgen. Zum Aufhebungsantrag bei Antragsbetreuung vgl § 294 Abs 2 FamFG.

26 dd) **Betreuung im Drittinteresse.** Ein Antragsrecht Dritter sieht Abs 1 nach seinem Wortlaut nicht vor. „Anträge" von Angehörigen, anderen Personen, Krankenhäusern oder Behörden haben grundsätzlich lediglich die Bedeutung einer Anregung. Möglich ist aber (auf Anregung eines Dritten) die Anordnung der Betreuung im ausschließlichen Interesse Dritter[39]. So zB wenn der Arbeiter seinen Lohnanspruch gegen den geschäftsunfähig gewordenen Arbeitgeber einfordern will oder der Vermieter die Kündigung gegenüber dem geschäftsunfähig gewordenen Mieter[40] aussprechen möchte, wenn ein Vertragsrücktritt erklärt werden soll[41]. Hierher zählen weiter die Fälle der Fremdgefährdung durch verkehrswidriges Verhalten, Störung der Mitbewohner eines Hauses, Gefährdung der Mitbewohner, weil das Abstellen des Gashahns vergessen wird[42], Störung eines anderen durch krankhaften Liebeswahn. Meist liegt kein reines Drittinteresse vor, sondern die Anordnung der Betreuung liegt *auch* im Interesse des Betroffenen. Eine Betreuerbestellung im ausschließlichen Interesse Dritter ist allerdings die Ausnahme; sie ist nur zulässig, wenn die Geltendmachung von Rechten gegen den Betroffenen in Frage steht und der Dritte daran ohne die Bestellung wegen (partieller) Geschäftsunfähigkeit des Betroffenen gehindert

37 Zur Antragsaufnahme vgl *Wenker* BtPrax 1993, 161.
38 *Kern* MedR 1993, 245, 247; *Knittel* § 1896 Rz 95.
39 BayObLG FamRZ 1996, 1369; BayObLG FamRZ 1998, 922; BT-Drucks 11/4528 S. 118; *Knittel* Rz 88; Bedenken bei *Derleder* FuR 1996, 311: Verhältnismäßigkeit fehle. Kritisch Staudinger/ *Bienwald* § 1896 Rz 70
40 Fall BayObLG FamRZ 1996, 1369.
41 *Knittel* § 1896 Rz 88.
42 *Coeppicus* FamRZ 1992, 741, 742, 744.

wäre[43]. Bei der Abwesenheitspflegschaft dagegen genügen ausschließliche Drittinteressen nicht[44]. Wenn die Betreuerbestellung gegen den Willen des Betroffenen erfolgen soll, ist nach der hier vertretenen Auffassung Geschäftsunfähigkeit (bzw sonstige rechtliche Handlungsunfähigkeit; vgl § 1896 Abs 1a) des Betroffenen für den Bereich erforderlich, für den der Betreuer bestellt werden soll[45]; jedenfalls darf die Geschäftsfähigkeit nicht feststehen; der Dritte muss dies natürlich nicht nachweisen (§ 26 FamFG).

Wohl des Betreuten. Bei der Ausübung seines Amtes hat der Betreuer auf das Wohl des Betreuten zu achten (§ 1901); wenn die Betreuung aber ausschließlich im Drittinteresse liegt, sind auch die Interessen des Dritten zu berücksichtigen[46]. Die Annahme des Kündigungsschreibens darf zB vom Betreuer nicht verweigert werden (weil sie nicht im Interesse des Betreuten liege), der Zugang nicht verhindert werden. Andererseits ist der Betreuer nicht der Sachwalter des Dritten. 27

Auch bei der Betreuung im Drittinteresse besteht **kein „Antragsrecht" des Dritten;** das ergibt der Wortlaut von Abs 1[47]. Anregen kann sowieso jedermann eine Betreuung. Dem Dritten muss allerdings irgendein Recht im Sinne von § 59 Abs 1 FamFG eingeräumt werden, denn sonst könnte er nicht zulässig Beschwerde einlegen, wenn das Betreuungsgericht seiner Anregung, einen Betreuer in seinem Interesse zu bestellen, nicht nachkommt. Es ist im Ergebnis gleichgültig, ob man als Recht, das die Beschwerde eröffnet, das „Recht auf Betreuung" ansieht oder das „Recht auf Kündigung, auf Miete, auf Lohn usw". Die Rspr ist letzterer Auffassung[48]. Das BayObLG räumte dem Dritten ein Beschwerderecht ein[49]; ob ein Antragsrecht besteht, wird offen gelassen; das Recht im Sinne von § 59 Abs 1 FamFG sieht das BayObLG darin, dass durch die Ablehnung der Betreuerbestellung unzulässig in die Rechte des Dritten als Vermieter (zB in sein Kündigungsrecht) eingegriffen worden sei. **Im prozessualen Bereich** ist dem Anliegen des Dritten durch § 57 ZPO Genüge getan, wenn Gefahr in Verzug ist; anderenfalls ist in diesem Bereich ein Antragsrecht unverzichtbar. Man denke schließlich auch an den Fall, dass der Betreute verklagt werden soll, der Betreuer aber wegen §§ 1795, 1796 an der Vertretung verhindert ist. Hier kann der Gegner die Bestellung eines Mitbetreuers (§ 1899) anregen und bei Ablehnung Beschwerde einlegen. 28

m) **Geschäftsunfähigkeit des Betroffenen**[50]. Nach § 104 Nr 2 ist lediglich die Person geschäftsunfähig, die sich in einem die freie Willensbestimmung ausschließenden Zustand krankhafter Störung der Geistestätigkeit befindet; sog natürliche Geschäftsunfähigkeit[51]. Soweit dieser Zustand nicht vorliegt, ist der Volljährige, mag er auch unter einer psychischen Krankheit oder einer geistigen oder seelischen Behinderung leiden, geschäftsfähig. Die hM lehnt es (entgegen der Lebenserfahrung) ab, derselben Person für einfache Geschäfte Geschäftsfähigkeit zuzubilligen, für schwierige nicht, sog relative Geschäftsfähigkeit[52], weil sie die Abgrenzungsschwierigkeiten fürchtet; dagegen soll es möglich sein, 29

---

43 BayObLG FamRZ 1996, 1369 mwN; *Dröge* FamRZ 1998, 1209; ebenso die frühere Rspr zur Zwangspflegschaft im Drittinteresse: BGH FamRZ 1985, 276; BayObLG FamRZ 1991, 737.
44 OLG Köln FamRZ 1996, 694; OLG Köln FamRZ 1987, 523.
45 MünchKomm/*Schwab* § 1896 Rz 40; *Schwab* FamRZ 1992, 495; *Knittel* § 1896 Rz 88; HK-BUR-*Bauer* § 1896 Rz 148.
46 AA BT-Drucks 11/4528 S. 118; HK-BUR-*Bauer* § 1896 Rz 153.
47 HK-BUR-*Bauer* § 1896 Rz 151.
48 BayObLG FamRZ 1996, 1369; *Knittel* § 1896 Rz 89.
49 BayObLG FamRZ 1996, 1369; MünchKomm/*Schwab* § 1896 Rz 22.
50 Zum Ganzen vgl *Müller*, Betreuung und Geschäftsfähigkeit, 1998.
51 ZB BGH NJW 1996, 919; BayObLG Rpfleger 1991, 110.
52 BayObLG NJW 1989, 1679.

dass jemand nur für einen bestimmten Kreis von Angelegenheiten (zB alles, was mit der Scheidung zusammenhängt) geschäftsunfähig ist, im Übrigen nicht, sog partielle Geschäftsunfähigkeit[53]. Geschäftsunfähigkeit des Betroffenen ist nach dem Wortlaut des § 1896 nicht Voraussetzung der Anordnung der Betreuung[54]. Ein Geschäftsfähiger bleibt geschäftsfähig, auch wenn ihm ein Betreuer bestellt wird.

30 **aa) Wesentlichkeit der Geschäftsfähigkeit?** Eine **verbreitete Auffassung** will der Frage der Geschäftsfähigkeit keinerlei Bedeutung beimessen[55]. Zutreffend ist die **Gegenansicht:** Allein dadurch, dass das BtG (im Zeitgeistes verhaftet) einen in allen Rechtsordnungen grundlegenden Begriff nicht wahrhaben will, wird der dazugehörige Lebenssachverhalt nicht inexistent. Wer diejenigen geistigen Fähigkeiten hat, die ihn als geschäftsfähig erscheinen lassen, kann seine Persönlichkeit frei entfalten und darf nicht durch Bestellung eines Betreuers daran gehindert werden. Verfassungsrechtliche Gründe (Art 2 GG) verbieten deshalb, dass dem *geschäftsfähigen Betroffenen gegen seinen Willen* ein Betreuer bestellt wird[56]; vgl § 1896 Abs 1a. Die Geschäftsunfähigkeit muss in jedem Bereich bestehen, für den ein Betreuer bestellt wird, sog partielle Geschäftsunfähigkeit[57]. Beim Aufgabenkreis „alle Angelegenheiten" muss diese also generell bestehen; soweit es nicht auf die Geschäftsfähigkeit ankommt (zB bei der Einwilligung in ärztliche Maßnahmen), muss die entsprechende rechtliche Handlungsfähigkeit fehlen. § 1896 Abs 1a und die vor dessen Einfügung ergangene Rechtsprechung formuliert anders, was aber sachlich keinen Unterschied darstellt[58]: die Bestellung eines Betreuers setze voraus, dass der Betroffene „aufgrund seiner psychischen Krankheit oder Behinderung seinen Willen nicht frei bestimmen kann"[59], dh nicht imstande ist, seinen Willen unbeeinflusst von der Krankheit oder Behinderung zu bilden und nach zutreffend gewonnenen Einsichten zu handeln[60]. Diese Formulierung muss aber nicht unbedingt im Beschluss verwendet werden[61]. Zum Inhalt des Gutachtens, vgl Rz 46. Ist der geschäftsfähige Betroffene hingegen damit einverstanden, kann er einen Betreuer erhalten, falls die sonstigen Voraussetzungen des § 1896 vorliegen.

31 **bb) Weitere Bedeutung der Geschäftsfähigkeit.** Unabhängig von Rz 30 spielt die Geschäftsfähigkeit auch sonst im Betreuungsverfahren eine Rolle. – (1) Liegt zB eine Vorsorgevollmacht vor, dann hindert sie die Bestellung eines Betreuers nur, wenn sie wirksam ist; das setzt voraus, dass der Betroffene bei Erteilung der Vollmacht geschäftsfähig war. – (2) Der geschäftsfähige Betreute kann seinem Betreuer Vollmacht erteilen; dann ist der Betreuer insoweit (zB in Vermögensangelegenheiten) von den Einschränkungen der §§ 1800 ff befreit, weil er nicht mehr als Betreuer tätig wird (§ 1902 Rz 2). – (3) Der geschäftsfähige Betreute kann noch selbst handeln, denn die Anordnung der Betreuung nimmt ihm die vorhandene Geschäftsfähigkeit nicht; ist der Betreute geschäftsunfähig, dann bleibt er es trotz Anordnung der Betreuung und wird nicht etwa dadurch

---

53 BGH NJW 1970, 1681; BayObLG NJW 1979, 1678; BayObLG BtPrax 1997, 111.
54 BT-Drucks 11/4528 S. 60.
55 Vgl *Rausch/Rausch* NJW 1992, 274; *Jürgens* BtPrax 1992, 47.
56 BayObLG FamRZ 1994, 720; BayObLG FamRZ 1995, 116 (bei partieller Geschäftsunfähigkeit); BayObLG FamRZ 1995, 510 (schubförmige Krankheiten); BayObLG FamRZ 1993, 600 und 1993, 851 sowie BayObLGZ 1993, 208 (für Einwilligungsvorbehalt, Unterbringung); *Bürgle* NJW 1988, 1881.
57 BayObLG FamRZ 1995, 116.
58 *Knittel* § 1896 Rz 98ff, 104; *Pardey* Rpfleger 1995, 393; aA *Seitz* BtPrax 1996, 93.
59 BayObLG 1994, 209; FamRZ 1994, 1551; BayObLG FamRZ 1995, 1441; 1996, 897; ebenso OLG Hamm FamRZ 1995, 1519 sowie DAV 1997, 135, 138; OLG Frankfurt BtPrax 1997, 123; KG RuP 1996, 86, 87.
60 BayObLG FamRZ 1997, 244; 1998, 920; vgl BGH NJW 1996, 918/9.
61 Vgl BayObLG FamRZ 1996, 898.

beschränkt geschäftsfähig. Für den Betreuer ergeben sich damit Unklarheiten, wenn er nicht weiß, ob der Betreute geschäftsfähig ist oder nicht. In zahlreichen Fällen darf der Betreuer gerade nicht für den Betreuten handeln, wenn dieser geschäftsfähig ist (Bsp: §§ 1411, 1698, 1768, 2347; vgl § 1902 Rz 5 ff). – (4) Nach der hier vertretenen Auffassung (Rz 25) hat ferner der Antrag des Betroffenen, einen Betreuer zu bestellen, nur dann die besonderen verfahrensrechtlichen Konsequenzen, wenn er geschäftsfähig ist bzw er zumindest erkennen kann, worauf er sich einlässt. – (5) Nach § 105 a können geschäftsunfähige Personen, auch wenn sie nicht durch einen Betreuer vertreten sind, Geschäfte des täglichen Lebens mit geringwertigen Mitteln wirksam abschließen (zB Kauf von Fahrkarten, Bier). – (6) Nach § 5 XII HeimG ist der Heimvertrag eines Bewohners, der bei Aufnahme ins Heim geschäftsunfähig und nicht durch einen Betreuer vertreten war, wirksam bezüglich der bereits bewirkten Leistung und Gegenleistung, so dass der Betreuer das Entgelt nicht zurückfordern kann, wenn der Bewohner gegessen, getrunken und gewohnt hat.

cc) **Gutachten.** Das Gutachten des Sachverständigen (§ 280 FamFG) *muss* sich daher mit der Frage der Geschäftsfähigkeit befassen, wenn es darauf ankommen kann[62]. Allerdings muss das Wort „Geschäftsfähigkeit" im Gutachten nicht auftauchen; aus der Beurteilung des Sachverständigen, der Betroffene leide an Wahnideen, wovon die Folgen seines Handelns beeinflusst seien, kann das Betreuungsgericht den Schluss ziehen, er sei insoweit geschäftsunfähig bzw könne insoweit seinen Willen nicht frei bestimmen[63]. Umgekehrt darf das Betreuungsgericht aus der Feststellung des Sachverständigen, der Betroffene sei geschäftsunfähig, folgern, er sei auch nicht in der Lage, seinen Willen frei zu bestimmen[64]. Zweckmäßig ist ferner, wenn sich das Gutachten zur Einwilligungsfähigkeit in medizinische Maßnahmen äußert. Im **Tenor** der Entscheidung darf die Geschäfts(un)fähigkeit nicht festgestellt werden; in den **Entscheidungsgründen** kann darauf eingegangen werden[65] und angegeben werden, in welchen Bereichen nach Auffassung des Betreuungsgerichts Geschäftsunfähigkeit (und somit uU Betreuungsbedürftigkeit) besteht; das stellt aber keine in Rechtskraft erwachsende oder sonst verbindliche Feststellung dar. 32

dd) **Rechtsverkehr.** Dem Rechtsverkehr (Banken, Geschäftswelt, Versicherungen usw) ist nicht bekannt, dass es geschäftsunfähige und geschäftsfähige Betreute gibt. Zum eigenen Schutz behandelt er meist vorsorglich jeden Betreuten als geschäftsunfähig, falls die Betreuung bekannt ist. 33

ee) **Testier-, Ehe- und Einwilligungsfähigkeit.** (1) **Testierfähigkeit.** Wer nach § 2229 Abs 4 testierfähig ist[66] verliert diese Fähigkeit nicht dadurch, dass ihm ein Betreuer beigeordnet wird. Besonderheiten gelten für bis 31.12.1991 errichtete Testamente Entmündigter, deren Entmündigung in eine Betreuung übergeleitet wurde[67]. Freilich wird der Betreute oft **testierunfähig** sein; das im Betreuungsverfahren eingeholte Gutachten kann bei der späteren Nachprüfung der Testierfähigkeit helfen. Der Betreute kann auch den Betreuer zum Erben einsetzen; das Verbot des § 14 HeimG (mit § 134) ist nicht analog anwendbar[68]; denn dadurch würde die Testierfreiheit (Art 14 Abs 1 GG) beeinträchtigt. Im Einzelfall kann aber ein Testament, in dem der Betreuer oder dessen Angehörige 34

62 *Knittel* § 1896 Rz 108; ähnlich BayObLG FamRZ 1996, 897; aA *Klusener/Rausch* NJW 1993, 617, 618.
63 BayObLG FamRZ 1995, 116; 1996, 897; *Knittel* § 1896 Rz 105.
64 BayObLG FamRZ 1997, 244 = FGPrax 1997, 26.
65 OLG Düsseldorf FamRZ 1993, 1224.
66 Dazu zB OLG Frankfurt FGPrax 1998, 62; *Klingelhöffer* ZEV 1997, 92.
67 Vgl Palandt-*Edenhofer* § 2229 Rz 12; *Hahn* FamRZ 1991, 27.
68 BayObLG BtPrax 1998, 109 = FGPrax 1998, 59.

als Erben eingesetzt werden, wegen Sittenwidrigkeit nach § 138 nichtig sein. – (2) Wer geschäftsunfähig ist, kann keine **Ehe** eingehen (§ 1304). Die Ehegeschäftsfähigkeit (§ 1304 BGB) wird durch die Anordnung einer Betreuung ebenfalls nicht berührt[69]. Der Standesbeamte, der Zweifel hat, weil eine Betreuung besteht, kann von den Verlobten die Vorlage eines Gutachtens fordern oder die Sache dem Amtsgericht (§ 49 Abs 2 PStG) vorlegen. – (3) Eine **Einwilligung in ärztliche Heilbehandlungen** ist nur wirksam, wenn der Betroffene einwilligungsfähig ist; diese Fähigkeit ist nicht identisch mit der Geschäftsfähigkeit (vgl § 1904 Rz 3). Wird ein Betreuer mit dem Aufgabenkreis „Gesundheitssorge" bestellt, hat das Betreuungsgericht deshalb im Beschluss nicht auf die Geschäftsunfähigkeit abzustellen[70]. Vielmehr kommt es darauf an, ob der Betroffene bezüglich der Notwendigkeit ärztlicher Behandlung seinen Willen nicht frei bestimmen kann[71]; sog Krankheitsuneinsichtigkeit (ein unscharfer Begriff!) genügt allein nicht[72].

35 **2. Antragsrecht des Betroffenen, Abs 1 Satz 2.** Einen Antrag auf Betreuung kann nur der Betroffene stellen; dieses „Recht" räumt das Gesetz auch dem Geschäftsunfähigen ein. Damit wird eine Harmonisierung mit der verfahrensrechtlichen Vorschrift des § 275 FamFG erreicht, nach der auch Geschäftsunfähige in Betreuungsverfahren verfahrensfähig sind. Gem § 1908 d Abs 2 und 3 hat auch der „Geschäftsunfähige" die Möglichkeit, den Antrag auf Aufhebung, Einschränkung oder Erweiterung des Aufgabenkreises zu stellen. Stellt der Betroffene keinen Antrag, kann das Betreuungsgericht, wenn die Voraussetzungen vorliegen, von Amts wegen einen Betreuer bestellen; das Antragsrecht hat daher allenfalls psychologische Bedeutung (Rz 23).

36 **3. Körperlich Behinderte, Abs 1 Satz 3.** Dabei handelt es sich zB um Blinde, Taube, Stumme, hochgradig Schwerhörige oder Sehschwache.

37 **a) Bestellung auf Antrag.** Ein lediglich körperlich Behinderter ist in seiner Einsichtsfähigkeit und Willensbildung nicht beeinträchtigt. Deshalb ist eine Betreuerbestellung grundsätzlich nicht erforderlich und kann daher auch nicht gegen den Willen des Körperbehinderten angeordnet werden. Dieser Grundsatz wird in Abs 1 Satz 3 nochmals klargestellt. Ein Antrag liegt nach hM auch vor, wenn der Betroffene im Laufe des Verfahrens (zB bei der Anhörung) der Betreuerbestellung zustimmt[73]. Der Betroffene kann den Antrag jederzeit zurücknehmen; geschieht dies vor der Entscheidung des Betreuungsgerichts, wird das Verfahren eingestellt; zieht er nach der Bestellung des Betreuers den Antrag zurück, ist die Betreuung aufzuheben, § 1908 d Abs 2.

38 **b) Bestellung von Amts wegen.** Eine Bestellung von Amts wegen lässt Abs 1 Satz 3 nur für den Fall zu, dass der Körperbehinderte seinen Willen nicht kund tun kann. An die Frage, wann ein Körperbehinderter seinen Willen nicht mehr kund tun kann, sind hohe Anforderungen zu stellen, damit die Gefahr eines ungerechtfertigten Eingriffs in die Rechtsstellung des (geschäftsfähigen) Betroffenen ausgeschlossen wird. Mit der Wendung „kund tun" soll zunächst sichergestellt werden, dass die fehlende Möglichkeit, den Willen verbal zu äußern, nicht ausreicht. Diese Voraussetzung wird man nur annehmen können, wenn der Körperbehinderte nicht mehr in der Lage ist, weder durch Gestik noch durch Mimik seinen Willen zu äußern (**Beispiel:** Bewusstlosigkeit, Folgen von Schlaganfall, Halswirbellähmung).

---

69 BayObLG BtPrax 1997, 111.
70 BayObLG FamRZ 1994, 1060.
71 BayObLG FamRZ 1996, 898.
72 Vgl BayObLG FamRZ 1994, 1060.
73 BT-Drucks 11/4528 S. 321; HK-BUR-*Bauer* § 1896 Rz 103.

c) **Erforderlichkeit.** Sie wird bei einem nur Körperbehinderten oft fehlen. Er braucht keinen gesetzlichen Vertreter (§ 1902) und kann sich die erforderliche rein tatsächliche Hilfe auch auf den privaten Markt besorgen; dagegen mag ein Bedarf für einen Kontrollbetreuer, der zB Kontoauszüge und Abrechnungen überprüfen soll, bestehen. 39

4. Zwangsbetreuung, Abs 1a. – a) Differenzierungen. Nach dem Wortlaut des § 1896 Abs 1 spielt es keine Rolle, ob der Betroffene in die Bestellung eines Betreuers einwilligt. Das relativiert Abs 1a (eingefügt 1.7.2005). Gegen den freien Willen des Betroffenen darf keine Betreuung angeordnet werden. **Folgen:** – aa) Demjenigen, der keinen *freien* Willen hat kann auch gegen seinen Willen ein Betreuer bestellt werden (Zwangsbetreuung). – bb) Demjenigen, der einen freien Willen hat und *damit einverstanden* ist, kann ebenfalls ein Betreuer bestellt werden, falls die sonstigen Voraussetzungen des § 1896 vorliegen (die Schwelle darf also nicht niedriger angesetzt werden, wie dies teilweise in der Praxis geschieht). – cc) Demjenigen, der einen freien Willen hat und *mit seiner Betreuung nicht einverstanden* ist, darf kein Betreuer bestellt werden, selbst wenn die sonstigen Voraussetzungen des § 1896 vorliegen. Er darf sich schädigen, ohne dass der Staat ihm helfen darf[74]. 40

b) **Freier Wille.** § 1896 Abs 1a stellt nicht auf die Geschäftsfähigkeit des Betroffenen ab, sondern auf seinen *freien* Willen. Weshalb dieses Kriterium (und nicht die Geschäftsfähigkeit) gewählt wurde ist unklar. 41

Nach einer vor Einfügung des Abs 1a vertretenen Auffassung[75] sollte dem fürsorgebedürftigen, geschäftsfähigen, aber uneinsichtigen Volljährigen gegen seinen Willen ein Betreuer bestellt werden können. Dafür spreche der Wortlaut des § 1896 Abs 1; auch soll dies zum Schutz dieser Personen notwendig sein; Korrekturen sollen über die oft mangelnde „Erforderlichkeit" erfolgen oder dadurch, dass eine höherer Grad der psychischen Defizite gefordert wird. Andere wollten nicht auf die Geschäftsfähigkeit abstellen, sondern auf die subjektive Erforderlichkeit der Betreuung[76]. Jedenfalls konnte einem Geschäftsfähigen nur mit seiner Einwilligung (für den Aufgabenkreis, für den Geschäftsfähigkeit besteht) ein Betreuer bestellt werden[77]. Dies ergibt sich aus verfassungsrechtlichen Erwägungen: wer (obwohl er an psychischen Krankheiten leidet) „geschäftsfähig" ist, hat kraft Definition das Recht, seine Angelegenheiten selbst so zu besorgen, wie es ihm gefällt, mag das auch anderen missfallen. Er kann seine Persönlichkeit nach seinem Gutdünken selbst frei entfalten (vgl Art 2 Abs 1 GG). 42

c) **Definitionen.** Was unter „freier Wille" zu verstehen ist und worin der Unterschied zur Geschäftsfähigkeit liegt, ist unklar. Mit dem freien Willen wird der von Krankheit unbeeinflusste Wille gemeint sein[78]. Auch bei der Entscheidung über die Verlängerung der Betreuung kommt es auf die Feststellung an, dass der Betreute seinen Willen nicht frei bestimmen kann, wenn die Verlängerung gegen seinen Willen angeordnet werden soll[79]. Es soll darauf ankommen, dass der 43

---

74 Beispiel: AG Garmisch-Partenkirchen FamRZ 2009, 148 (schwere Trinkerin, die auf den Gehsteig liegt); bedenkliche Entscheidung: OLG Brandenburg FamRZ 2009, 152 (der geschäftsfähige Betroffene wollte keinen Kontrollbetreuer, trotz ungeklärter „umfangreicher" Geldabhebungen des Bevollmächtigten).

75 *Schwab* FS Mikat S. 881; *Schwab* FamRZ 1992, 493; *Veit* FamRZ 1996, 1309; *Klüsener/Rausch* NJW 1993, 618; *Rausch/Rausch* NJW 1992, 274; *Klüsener* Rpfleger 1991, 225.

76 *Holzhauer* FamRZ 1995, 1463; *Holzhauer/Reinicke* § 1896 Rz 32; ähnlich *Bobenhausen* Rpfleger 1997, 54: Bestellung gegen den Willen setzte voraus, dass der Widerspruch kausal mit der Krankheit zusammenhänge.

77 BayObLG BtPrax 1994, 209; FamRZ 1994, 720; FamRZ 1995, 116; *Bürgle* NJW 1988, 1884 und AnwBl 1989, 508; *Coeppicus* FamRZ 1992, 741; *Bauer* FamRZ 1994, 1562.

78 Allgemein zur Frage, wann ein Wille „frei" ist; *Warmbrunn/Stolz*, BtPrax 2006, 167; *Knittel* BtPrax 2007, 18; Palandt/*Diederichsen* § 1896 Rz 4; *Meier* FPR 2004, 748; *Sonnenfeld* FamRZ 2005, 941.

79 OLG Frankfurt FamRZ 2006, 1629.

Betroffene versteht, dass ein gesetzlicher Vertreter bestellt wird, der eigenständige Entscheidungen in den ihm übertragenen Aufgabenbereichen treffen kann[80]. Die Einsichtsfähigkeit in den Grund der Betreuung sei ausgeschlossen, wenn der Betroffene nicht in der Lage ist, seine Defizite im Wesentlichen zutreffend einzuschätzen; leide der Betroffene an einer psychischen Erkrankung, in deren Folge er seine Steuerungsfähigkeit in einzelnen Lebensbereichen (zB Müllansammlung) verloren hat, sei er auch bei erhaltener intellektueller Einsichtsfähigkeit in die Funktion einer rechtlichen Betreuung insoweit zu einer freien Willensbestimmung nicht mehr in der Lage[81].

44 Beim freien Willen kommt es nicht darauf an, ob jemand in der Lage ist, seine Angelegenheiten selbst zu besorgen (dieses Thema gehört zu § 1896 Abs 1 und 2); auch nicht, ob er mit dem ins Auge gefassten Betreuer einverstanden ist (das gehört zu § 1897 Abs 4 Satz 2)[82]. Entscheidend ist der freie Wille zur **Zeit** der Entscheidung, nicht der früher einmal irgendwann geäußerte Wille.[83]

45 Der „freie" Wille ist **teilbar** (man kann zB mit der Gesundheitsbetreuung einverstanden sein, mit der Vermögensbetreuung nicht); er muss zum Zeitpunkt der Entscheidung vorliegen; bis zu diesem **Zeitpunkt** kann er vom Betroffenen geändert werden, dann nur noch im Beschwerdeverfahren.

46 d) **Gutachten.** Die Rechtsprechung meint, dass die Feststellung des Betreuungsgerichts, der Betroffene sei zwar gegen die Betreuerbestellung, aber zu einer freien Willensbildung nicht in der Lage, ein Gutachten voraussetzt. „Die Feststellung … setzt konkrete Ausführungen zu den tatsächlichen Auswirkungen der Erkrankung beim Betroffenen voraus. Bloße Feststellungen zu den allgemeinen Folgen einer Krankheit ohne konkreten Bezug zum Betroffenen genügen nicht"[84]. Gegen den Willen des Betroffenen könne auch dann, wenn mit ihm wegen einer schwerwiegenden psychischen Störung in Form einer ausgeprägten Behinderung der sprachlichen und nonverbalen Kommunikationsfähigkeit (autistische Veranlagung) nur schwer eine Verständigung möglich ist, solange kein Betreuer bestellt werden, wie nicht festgestellt ist, dass er nicht in der Lage ist, seinen Willen frei zu bestimmen[85].

IV. Aufgabenkreise, Abs 2

47 **1. Erforderlicher Aufgabenkreis, Abs 2 Satz 1.** Der im Beschluss (nicht im Ausweis) angegebene Aufgabenkreis zeigt den Umfang der Vertretungsmacht des Betreuers.

48 a) **Grundsatz.** Abs 2 Satz 1 beruht auf dem Erforderlichkeitsgrundsatz. Wann etwas erforderlich ist, lässt sich indes oft nicht eindeutig sagen. Die Interessenlagen sind verschieden; auch der Wandel des Zeitgeistes spielt eine Rolle. Die öffentliche Hand mag der Meinung sein, jemand müsse eine leer stehende Wohnung vermieten[86], das denkmalgeschützte Haus renovieren, Abgaben pünktlich zahlen; der Betroffene setzt vielleicht andere Werte. Mit dem verschwommenen Begriff „erforderlich" ist deshalb wenig gewonnen. Fehlt die

80 OLG Brandenburg FamRZ 2009, 152.
81 OLG Hamm FamRZ 2009, 1436.
82 MünchKomm/*Schwab* § 1896 Rz 31.
83 Vgl KG NJOZ 2010, 709.
84 OLG München FamRZ 2006, 440; auch OLG Köln FGPrax 2006, 117; OLG Schleswig FamRZ 2007, 1126 und OLG Brandenburg FamRZ 2009, 152 verlangen ein Gutachten.
85 OLG Köln FamRZ 2006, 889 (LS).
86 Vgl den Fall LG Augsburg BtPrax 1994, 176.

Erforderlichkeit, darf die Betreuung auch nicht mit Zustimmung des Betroffenen angeordnet werden, weil der Grundsatz öffentlichen Interessen dient (Schonung der Staatskasse) und deshalb nicht zur Disposition des Betroffenen steht[87]. Im Übrigen ist der Grundsatz der Verhältnismäßigkeit zu beachten[88].

aa) **Aufgabenkreis konkret erforderlich.** Der Aufgabenkreis muss konkret erforderlich sein. Eine Betreuung darf nur für solche Angelegenheiten angeordnet werden, die tatsächlich erledigt werden müssen (ein **Handlungsbedarf** muss also bestehen)[89]; nicht die abstrakte Unfähigkeit ist maßgeblich. Für einen Vermögenslosen darf daher keine *isolierte* Vermögensbetreuung angeordnet werden, auch wenn dem Betroffenen die Fähigkeit fehlt, Vermögen zu verwalten[90]. Anders ist es, wenn bei einem Vermögenslosen weitere Verschuldung droht[91]. Eine Betreuung mit dem Aufgabenkreis **„alle Angelegenheiten"** (Rz 56) darf aber auch bei einem Vermögenslosen angeordnet werden, weil es für den Begriff „alle" nicht für alle auf der Welt denkbaren Angelegenheiten ankommt, sondern auf alle Angelegenheiten, die diese konkrete Person hat. Andererseits muss der Handlungsbedarf nicht jetzt schon bestehen; es genügt, dass er voraussehbar demnächst auftritt. 49

bb) **Angestrebter Zweck.** Erforderlich ist eine Betreuung ferner nur, wenn sich der angestrebte Zweck durch die vorgesehene Maßnahme erreichen lässt. Der Betreuer muss also konkret etwas unternehmen oder bewirken können (**konkrete Handlungsmöglichkeit**). Das ist fast immer der Fall. Seltene Ausnahmen: wenn zB der Betroffene gegen seine Wahnvorstellungen regelmäßig Medikamente einnehmen müsste, dies aber nicht tut und der Betreuer dies nicht erzwingen könnte, ist die Betreuung überflüssig und daher nicht erforderlich[92]. Oder wenn die Behandlung eine **Krankheitseinsicht** voraussetzt und diese fehlt[93]. 50

cc) **Anforderungen an den Beschluss des Betreuungsgerichts.** Die obergerichtliche Rspr hält es für erforderlich, dass die Beschlussgründe für jeden einzelnen Aufgabenkreis den Anforderungen der §§ 286, 38 Abs 3 FamFG genügen; für jeden müssen also die Voraussetzungen des § 1896 Abs 1, 1 a und 2 besonders festgestellt werden[94]. Mit anderen Worten: werden dem Betreuer drei Aufgabenkreise zugewiesen, stellt der Beschluss nur eine äußerliche Zusammenfassung dreier für sich vollständiger Beschlüsse dar. Denkbar wäre sogar, dass bei mehreren Aufgabenkreisen unterschiedliche Überprüfungsfristen bestimmt werden. 51

b) **Aufgabenkreise.** § 1896 schreibt **keine typisierten Aufgabenkreise** vor, damit der Richter dem Einzelfall besser gerecht werden kann; das ist aber nicht praktikabel. 52

Unerfreuliche Folge ist, dass bei manchen Aufgabenkreisbeschreibungen unklar ist, wozu sie im Einzelnen berechtigten, zB Zuführung zur ärztlichen Behandlung; alle persönlichen Angelegenheiten; Aufenthalts- und Umgangsbestimmung[95]. Bestimmte Aufgabenkreise gibt es in dem einen AG-Bezirk sehr häufig, in einem anderen wiederum überhaupt nicht, 53

---

87 OLG Köln FamRZ 1996, 249: Blinder.
88 BayObLG BtPrax 1995, 64.
89 OLG Schleswig FGPrax 2010, 32; BayObLG FamRZ 1995, 1085, *Knittel* § 1896 Rz 115.
90 LG Regensburg FamRZ 1993, 476, 477.
91 BayObLG FamRZ 1997, 902; dann ist ggf auch ein Einwilligungsvorbehalt erforderlich.
92 BayObLG FamRZ 1994, 1551; OLG Schleswig FGPrax 2010, 32; LG Frankfurt FamRZ 1993, 478: Betroffener lehnt Heilmaßnahmen ab.
93 BayObLG FamRZ 1994, 1060.
94 OLG Hamm FamRZ 1995, 433/5; BayObLG FamRZ 1998, 454; st Rspr.
95 Vgl *Schwab* FamRZ 1992, 493; *Pardey* Rpfleger 1988, 451.

weil Richter und Sachverständige unterschiedliche Formulierungsgewohnheiten haben. Der Richter muss ein Gutachten einholen, § 280 FamFG, bevor er den Aufgabenkreis bestimmt; er ist freilich an das Gutachten nicht gebunden. Der Gutachter äußert sich (ohne rechtliche Sachkunde) zum Aufgabenkreis, obwohl es hierbei zum Teil um Rechtsfragen geht. Der individuelle Zuschnitt eines Aufgabenkreises bringt ferner die Gefahr mit sich, dass entweder der Aufgabenkreis zu weit oder zu eng gezogen wird[96]. Ersteres stellt eine Verletzung des Erforderlichkeitsgrundsatzes dar (ist aber im Übrigen unschädlich). Letzteres hätte zur Folge, dass im Rahmen eines aufwendigen Verfahrens eine Erweiterung herbeigeführt werden müsste. Der Gesetzgeber sah sich zu dieser Regelung veranlasst, nachdem in der Praxis früher vereinzelt formularmäßig und ohne nähere Nachprüfung Gebrechlichkeitspflegern Aufgaben zugewiesen wurden, die nicht erforderlich waren[97].

54 Da es **keine gesetzliche Definition** darüber gibt, wozu zB die „Vermögenssorge" berechtigt und verpflichtet, tauchen erhebliche Probleme auf (fehlende Verbindlichkeit für den Betreuten; Haftung des Betreuers).

55 c) **Einzelne Aufgabenkreise.** In der Praxis der Betreuungsgerichte haben sich zB folgende Aufgabenkreise herausgebildet:

55 aa) **Betreuung für eine einzige Aufgabe,** zB Abschluss eines bestimmten Vertrages, Mietrechtsstreit, Sozialhilfeantrag, Rentenantrag, Antrag auf Pflegeversicherung, Entbindung von der ärztlichen Schweigepflicht. In einem solchem Fall muss eine Formulierung gewählt werden, die keinen Zweifel daran aufkommen lässt, welche Befugnisse der Betreuer hat. Bsp: „Betreuung zwecks Abschluss eines Pflegevertrages mit X" könnte dahin missverstanden werden, dass der Betreuer meint, er müsse einen bestimmten Vertragsentwurf akzeptieren; richtiger muss es heißen: Betreuung zur Prüfung, ob und mit welchen Bedingungen ein Pflegevertrag mit X geschlossen werden kann sowie gegebenenfalls Abschluss des Vertrages.

56 bb) **Betreuung für alle Angelegenheiten.** Auch die gesamte Sorge (Personen- und Vermögenssorge) für den Betreuten (**Totalbetreuung**) kann Aufgabe des Betreuers sein[98]. Dies kommt in Betracht, wenn der Betroffene nicht mehr in der Lage ist, den seiner bisherigen Lebensgestaltung entsprechenden Alltag wenigstens teilweise (rechtlich!) zu gestalten und zu beherrschen *und* bezüglich aller Bereiche, die die konkrete Lebenssituation des Betroffenen ausmachen, Handlungsbedarf besteht[99]. Das ist in etwa 15 % der Betreuungen der Fall[100].

57 In manchen Gerichtsbezirken kommt dieser Aufgabenkreis nicht vor (hier werden die Angelegenheiten einzeln aufgezählt), in anderen haben bis zu 60 % der Betreuungen den Aufgabenkreis „alle Angelegenheiten". Wer nur die Rente, die Wohnung und Gesundheitsprobleme hat, aber auch sonst nichts mehr rechtlich beherrschen kann, obwohl es notwendig wäre, braucht einen Betreuer für *alle* Angelegenheiten. Es ist unzulässig, die drei Komplexe im Beschluss einzeln aufzuzählen, um das Wort „alle" zu vermeiden und so den Ausschluss vom **Wahlrecht**[101], welcher zwingende Folge der Totalbetreuung ist (§ 13 Nr 2 BundeswahlG), zu unterlaufen. Der Begriff „alle Angelegenheiten" ist insofern unklar, als man dies subjektiv verstehen kann (alle Angelegenheiten dieses Menschen) oder objektiv (alle Angelegenheiten, die es überhaupt gibt). Letzteres hat keinen Sinn, weil es auf niemand zutrifft. Ist aber erkennbar, dass sich jemand um nichts mehr selbst kümmern kann, ist es sinnlos, seine Angelegenheiten einzeln aufzuzählen[102]. Dann muss eine Betreuung für *alle* Angelegenheiten angeordnet werden. Im Übrigen wäre es merk-

96 *Schwab*, Sitzungsbericht K zum 57. Deutschen Juristentag, 1988, S. 28.
97 BT-Drucks 11/4528 S. 120.
98 Vgl dazu BVerfG NJW-RR 1999, 1593.
99 BayObLG FamRZ 1997, 388; 1998, 452.
100 HK-BUR § 1896 Rz 119 (Tabelle).
101 Dazu *Zimmermann* FamRZ 1996, 79; *Paßmann* BtPrax 1998, 6.
102 Dazu HK-BUR-*Bauer* § 1896 Rz 242.

würdig, wenn der Richter durch die Art der Formulierung Einfluss auf das Wahlrecht nehmen könnte (schreibt er „alle“: kein Wahlrecht; bei Einzelaufzählung aller (!) Angelegenheiten: Wahlrecht des völlig Verwirrten bleibt). Liegt eine Einzelaufzählung von Angelegenheiten vor, kann das Wahlamt durch Ermittlungen feststellen, ob das Betreuungsgericht damit den Betreuten unter vollständige Betreuung stellen wollte und dann vom Ausschluss des Wahlrechts ausgehen[103]. Betreuung für *alle* Angelegenheiten nur, damit Wahlmanipulationen ausgeschlossen werden, ist unzulässig[104]. Für die Praxis ist ein Lösung in § 309 Abs 1 Satz 1 FamFG (der dem früheren § 69 l FGG in der geänderten Fassung entspricht) versucht worden: das Betreuungsgericht teilt den Beschluss nur noch dann dem Wahlamt mit, wenn im Tenor das Wort „alle“ enthalten ist.

Beim Aufgabenkreis „alle Angelegenheiten“ sind (entgegen dem Wortsinn) nicht erfasst: Postkontrolle (§ 1896 Abs 4); Einwilligung in die Sterilisation (§ 1899 Abs 2). **58**

Verfahrensfragen: Vor Anordnung einer solchen Totalbetreuung ist in der Regel ein Verfahrenspfleger zu bestellen (§ 276 Abs 1 Satz 2 Nr 2 FamFG). Sie ist (durch den Rechtspfleger) dem Wahlamt, das das Wählerverzeichnis führt, mitzuteilen (§ 309 Abs 1 FamFG). Eine Erweiterung des Aufgabenkreises auf „alle“ Angelegenheiten ist immer „wesentlich“ im Sinne von § 293 FamFG. **59**

cc) **Betreuung für Vermögenssorge.** Sie umfasst die Vertretung in allen vermögensrechtlichen Fragen, zB Verwaltung des Vermögens, Veräußerung von Vermögensgegenständen des Betreuten, Erwerb von Vermögenstücken für den Betreuten, Beantragung einer Rente[105], die Beantragung von Sozialhilfe[106], Abschluss und Kündigung von Versicherungen, freiwillige Weiterversicherung[107]; die Verwaltung von Rente und Sozialhilfe[108], Geltendmachung von Schmerzensgeld, von Ansprüchen nach dem Urheberrecht, von Unterhaltsansprüchen[109], von Bereicherungsansprüchen[110], das Stellen von Strafanträgen (§ 77 StGB) wegen vermögensrechtlicher Belange[111], Abschluss eines Ehevertrags, Verzicht auf einen Gesamtgutsanteil, Empfang der Zustellung von behördlichen (§ 6 Abs 1 Satz 2 VwZG) und gerichtlichen Schriftstücken, Stellen eines Insolvenzantrags. **60**

Der Vermögensbetreuer kann **Erbschaften des Betreuten** annehmen (dazu braucht er keine Genehmigung des Betreuungsgerichts), sie ausschlagen (nur mit Genehmigung, § 1822 Nr 2), Erbscheinsanträge stellen, Beschwerde gegen die Zurückweisung eines Erbscheinsantrages einlegen, die Erbschaftssteuererklärung abgeben, die Auseinandersetzung bei einer Erbengemeinschaft betreiben (nur mit Genehmigung, § 1822 Nr 2). Zweifelhaft ist, ob der Betreuer des geschäftsunfähigen Ehegatten einen Widerruf oder Rücktritt des anderen Ehegatten vom Erbvertrag entgegen nehmen kann[112]. **61**

---

103 VG Neustadt a.d. Weinstraße FamRZ 2000, 1049.
104 BayObLG FamRZ 1998, 452.
105 OLG Hamm FamRZ 1974, 31; *Knittel* Rz 166; str.
106 AA LG Köln FamRZ 1998, 919: Sozialhilfeantrag gehöre zur Personensorge, weil sie Bedarfssicherung bezwecke und von manchen als „stigmatisierend“ empfunden werde; dazu *Bienwald* FamRZ 1998, 1567.
107 AA SozG Heilbronn DAVorm 1990, 373; wie hier *Laufer* DAVorm 1990, 719.
108 OLG Köln FamRZ 1993, 850; LG Regensburg FamRZ 1993, 477.
109 AA LG Köln FamRZ 1998, 919. Aber: bei Kindern wird dies zwar der Personensorge zugerechnet, jedoch nur wegen § 1626 Abs 2 Satz 2. Eine solche Vorschrift fehlt im Betreuungsrecht.
110 OLG München Rpfleger 2006, 14.
111 LG Ravensburg FamRZ 2001, 937; Staudinger-*Bienwald* § 1896 Rz 56; MünchKomm/*Schwab* § 1896 Rz 93; aA OLG Köln JMBl NRW 2005, 272; LG Hamburg NStZ 2002, 39.
112 Bejaht von *Neuhausen* RNotZ 2003, 157; *Helms* DNotZ 2003, 104; *Knittel* § 1902 Rz 59.

62 Die **Kündigung des Vermieters** kann, wenn der Betreute geschäftsunfähig ist, nur dem Betreuer wirksam zugehen (vgl § 131 Abs 2)[113]. Ebenso kann der Betreute, falls geschäftsfähig, selbst kündigen (dann entfällt die Genehmigung nach § 1907). Der Betreuer hat das Recht, **Vereinsmitgliedschaften** des Betreuten zu kündigen[114]; einem Verein neu beizutreten wird in der Regel nicht sinnvoll sein.

63 Gehört dem Betreuten ein Anteil an einer GmbH, wird er in der Wahrnehmung der **Gesellschafterrechte** vom Betreuer gesetzlich vertreten; der Betreuer kann für den geschäftsunfähigen Betreuten abstimmen[115]; im Gesellschaftsvertrag kann nichts anderes vereinbart werden (wohl aber ein Kündigungsrecht für den Fall der Anordnung der Betreuung).

64 Der Vermögensbetreuer hat die **eidesstattliche Versicherung** nach §§ 807, 899 ZPO abzugeben (das Vollstreckungsgericht kann aber auch die Abgabe durch den Betreuten anordnen)[116]. Wird im Erbscheinsverfahren vom geschäftsunfähigen Betreuten als Erben die eidesstattliche Versicherung verlangt (§ 2356 BGB), dann kann sie der Betreuer abgeben[117].

65 Die Vermögenssorge umfasst auch die Pflicht, die **steuerlichen Rechte und Pflichten** wahrzunehmen; vgl § 34 AO. Steuerbescheide können wirksam nur noch an den Betreuer zugestellt werden oder ihm sonst zugehen[118]; hatte der Betreute keine oder falsche Steuererklärungen abgegeben treffen den Betreuer die Pflichten zur Richtigstellung[119]. Wegen der großen Haftungsgefahr sollte in komplizierteren Fällen der Betreuer einen Steuerberater zuziehen (Vergütung: § 1835 Abs 3).

66 Gegenüber **Versicherungsgesellschaften** bestehen Anzeigepflichten, zB bei gefahrerhöhenden Umständen. Der Vermögensbetreuer hat sie wahrzunehmen[120].

67 **Prozesse.** Der Vermögensbetreuer kann einem Rechtsanwalt **Prozessvollmacht** erteilen (§§ 80 ff ZPO): Ist er selbst Rechtsanwalt, weist er sich durch die Bestellung zum Betreuer aus, eine Vollmacht entfällt[121]. Soll ein Geschäftsunfähiger verklagt werden, ist ihm vom Betreuungsgericht, notfalls durch einstweilige Anordnung (§§ 300, 301 FamFG) auf Anregung des Klägers ein Betreuer zu bestellen; das Betreuungsgericht darf dies nicht wegen § 57 ZPO ablehnen. Bei einem Betreuerwechsel ist ein anhängiges Gerichtsverfahren nach § 246 Abs 1 ZPO (Wegfall des gesetzlichen Vertreters) auszusetzen; bei anwaltlicher Vertretung sollte es auf Antrag geschehen. Dagegen hat der Vermögensbetreuer nicht das Recht, Rechtsmittel einzulegen, wenn der Betreute von einem Strafgericht verurteilt wurde; anders ist es, wenn Geldstrafen und ähnliche vermögensbezogene Folgen verhängt werden. Der Vermögensbetreuer ist nicht berechtigt, gegen einen Beschluss betreffend die Unterbringung des Betreuten nach § 63 StGB, Aussetzung der Reststrafe zur Bewährung, Beschwerde einzulegen[122].

---

113 LG Dresden WuM 1994, 377; vgl *Schumacher* NZM 2003, 257; *Knittel* § 1902 Rz 19.
114 Dazu *Wüstenberg*, Der Betreute als Vereinsmitglied, BtPrax 2005, 138
115 *Baumbach/Hueck/Zöllner* GmbHG § 47 Rz 43; vgl *Jäger* DStR 1996, 108; *Wilde*, GmbHR 2010, 123.
116 BGH FamRZ 2008, 2109.
117 *Knittel* § 1902 Rz 62.
118 BFH FamRZ 2007, 1650.
119 Dazu *Stahl/Carle* DStR 2000, 1245.
120 OLG Nürnberg VersR 2002, 1232 (unsachgemäßes Anzünden von Ölöfen).
121 OLG Karlsruhe NJW-RR 1999, 1699.
122 OLG Hamm FamRZ 2007, 1841.

Vermögenslose Betreute. Wenn weder Vermögen noch Einkommen vorhanden sind und solches auch nicht demnächst zu erwarten ist, darf dieser Aufgabenkreis nicht *isoliert* angeordnet werden[123]. Für einen Vermögenslosen, der verschuldet ist, darf aber eine Vermögensbetreuung angeordnet werden, damit er sich nicht weiter verschulden kann[124]. Dieser Aufgabenkreis darf auch angeordnet werden, wenn zwar derzeit kein Handlungsbedarf besteht, ein solcher aber demnächst eintreten kann, weil ein Vermögen nicht sich selbst überlassen werden darf[125]. Auch bei einem Vermögenslosen darf der Aufgabenkreis „alle Angelegenheiten" bestimmt werden (sonst gäbe es diesen Aufgabenkreis bei Mittellosen nicht). 68

Nicht erfasstes Vermögen. Bei einer Gemeinschaft, Erbengemeinschaft wird nur der Anteil des Betreuten von der Betreuung erfasst, bei einer BGB-Gesellschaft nur der Gesellschaftsanteil des Betreuten; bei Testamentsvollstreckung bleibt es beim Verwaltungsrecht des Testamentsvollstreckers[126]. Die Vermögenssorge erfasst nicht das Recht, die Herausgabe persönlicher Briefe zu verlangen[127]. Der Aufgabenkreis „Vermögenssorge" berechtigt nicht dazu, eingehende Briefe, die *an den Betreuten* adressiert sind, mit Rechnungen, Kontoauszügen zu öffnen (dazu ist der Aufgabenkreis „Postkontrolle" nach § 1896 Abs 4 erforderlich); wohl aber gibt er dem Betreuer das Recht, von der Bank, Behörden, Handwerkern zu fordern, dass sie ihre Briefe an den Betreuer selbst adressieren. 69

dd) Betreuung für Personensorge. Damit hat der Betreuer zB die Befugnisse nach §§ 1908 i, 1632 Abs 1, 2 und 3: Herausgabe des Betreuten (wenn zB Angehörige des Betreuten diesen „entführen"), Bestimmung seines **Umgangs (Kontaktverbot)**: Besuch von Verwandten kann verboten werden, wenn daraus erhebliche gesundheitliche Beeinträchtigungen für den Betreuten erwachsen[128]; der Besuch eines Anwalts beim Betreuten kann nie verboten werden, wenn der Anwalt versichert, vom Betreuten in Betreuungsangelegenheiten, zB Aufhebung der Betreuung, beauftragt zu sein[129]; Bestimmung des **Aufenthaltsorts,** vgl § 1631 Abs 1 BGB[130]; **Gesundheitssorge,** soweit der Betreute selbst nicht einwilligungsfähig ist; Anerkennung einer **Vaterschaft;** Vertretung im **Scheidungsverfahren** (die Eheschließung dagegen geht den Betreuer nichts an[131], §§ 1304, 1311, 1903). Oft wird nicht die „Personensorge" zugewiesen, sondern nur Teile wie Aufenthaltsbestimmung, Gesundheitssorge, Wohnungsangelegenheiten. Leidet der Betreute an bestimmten ansteckenden **Krankheiten,** können den Betreuer Pflichten nach dem InfektionsschutzG treffen (§ 34 IFSG). 70

Unklar ist die Einordnung der **Aufsichtspflicht;** § 832. Eltern haben sie gegenüber ihren Kindern (§§ 1626 ff); für Betreuer fehlt eine gesetzliche Regelung. § 832 geht davon aus, dass es Personen gibt, die wegen ihres geistigen Zustandes der Beaufsichtigung bedürfen. Da der Betreuer ein gesetzlicher Vertreter ist und niemand über sich selbst die Aufsicht zu führen hat, ist die Rechtslage unklar. Wenn dem Betreuer die gesamte Personensorge oder speziell die „Aufsicht" 71

123 BayObLG FamRZ 1995, 1085.

124 BayObLG FamRZ 1997, 902; BayObLG BtPrax 2001, 37 (Betreuung zur planmäßigen Rückführung der Schulden eines Vermögenslosen); *Knittel* § 1896 Rz 163.

125 BayObLG FamRZ 1995, 117.

126 Vgl *Damrau* ZEV 1994, 1; *Zimmermann*, Betreuung und Testamentsvollstreckung, FS Schwab, 2006, S. 1099.

127 AG Halberstadt FamRZ 2008, 2308.

128 OLG München FamRZ 2008, 1030 (Kontaktverbot gegenüber den Eltern); BayObLG FamRZ 1988, 320; BayObLG FamRZ 2000, 1524 (der Ehefrau wurde verboten, ihren im Heim lebenden Ehemann zu besuchen).

129 BayObLG FamRZ 1990, 1273.

130 *Knittel* § 1896 Rz 173.

131 *Roth* BtPrax 2007, 100.

übertragen ist, wird gleichwohl überwiegend angenommen, dass der Betreuer Aufsichtspflicht insoweit hat, als für eine ausreichende Beaufsichtigung des Betreuten in einem Heim usw zu sorgen ist[132], damit der Betreute nach Möglichkeit Dritte nicht schädigt, vgl §§ 827, 832[133], oder jedenfalls versichert ist (die Aufsichtspflicht steckt in der Personensorge[134], muss andernfalls als Aufgabe besonders zugewiesen sein).

72 **Nicht von Personensorge erfasste Fälle:** Ein Erziehungsrecht hinsichtlich des Betreuten[135] oder seiner minderjährigen Kinder; Vermögenssorge; Postkontrolle; Sterilisation; Wohnungsangelegenheiten[136]; Genehmigung, nach dem Tod des Betreuten Organe zu entnehmen[137], zur Neuregelung durch TPG und Ausnahmen: § 1904 Rz 51; Genehmigung, beim schwerkranken Betreuten die Ernährung einzustellen oder sonst den Tod zu beschleunigen (Einzelheiten § 1904 Abs 2). **Streitig** ist, ob der Sozialhilfeantrag und die Unterhaltsklage zur Personen- oder Vermögenssorge gehört (Rz 60); zweifelhaft ist die Zuordnung der freiheitsentziehenden Unterbringung nach § 1906 Abs 1 und 4: soweit Geldausgaben mit der Personensorge verbunden sind, überschneidet sich dieser Aufgabenkreis mit der Vermögenssorge. Im Übrigen kann manches nicht eindeutig der Personen- oder Vermögenssorge zugeordnet werden (zB Verkauf des selbst bewohnten Hauses; Wohnungsauflösung), sondern fällt in beide Bereiche[138]. Manche vertreten die Auffassung, Vermögens- und Personensorge zusammen ergäben „alle“ Angelegenheiten.

73 ee) **Betreuung für Aufenthaltsbestimmung; Unterbringung.** Hier kann der Betreuer den Aufenthaltsort bestimmen (aber faktisch kann das nur bei geschlossener Unterbringung durchgesetzt werden) und den Ort wechseln. Aufenthaltswahl ist nach Meinung der Rspr[139] der tatsächliche Vorgang der Niederlassung, während zu einer Wohnsitzbegründung (§ 7) noch der hierauf gerichtete rechtsgeschäftliche Wille hinzutreten müsse. Doch beinhaltet der Aufgabenkreis auch, den alten Wohnsitz aufzuheben und einen neuen zu begründen, obwohl Wohnsitz und Aufenthalt nicht dasselbe sind[140]. Die Zuweisung dieses Aufgabenkreises setzt nicht voraus, dass ein Wechsel des Aufenthaltsortes unmittelbar bevorsteht oder notwendig ist[141]. Es genügt, dass erkennbar ist, dass der Betreute die seinen Aufenthalt betreffenden Entscheidungen nicht mehr selbst treffen kann. Vgl ferner die Literatur zur Aufenthaltsbestimmung[142].

74 **Rechtsumfang:** Der Rechtsumfang ist teils unklar. Der Aufgabenkreis „Aufenthaltsbestimmung“ berechtigt den Betreuer zur Aufhebung und Begründung eines *Wohnsitzes* für einen geschäftsunfähigen Betreuten[143], was wichtig für die Bestimmung des örtlich zuständigen Nachlassgerichts ist, wenn der Betreute stirbt (§ 343 FamFG); zum Abschluss oder der Kündigung von mit dem Wohnsitz- bzw Aufenthaltswechsel in Zusammenhang stehenden Verträgen, wie

132 LG Bielefeld NJW 1998, 2682; *Bauer/Knieper* BtPrax 1998, 123/168. Kritisch MünchKomm/*Schwab* § 1896 Rz 92.
133 LG Bielefeld BtPrax 1999, 111.
134 AG Düsseldorf FamRZ 2008, 1029.
135 BayObLG FamRZ 1988, 874.
136 BayObLG FamRZ 1995, 116; streitig. vgl § 1907.
137 AG Moelln FamRZ 1995, 188; vgl AG Berlin-Schöneberg FamRZ 1979, 633.
138 *Sonnenfeld* BetreuungsR Rz 36.
139 BayObLGZ 1985, 158.
140 Vgl BayObLG FamRZ 1992, 1222 unter Aufgabe von BayObLGZ 1985, 158.
141 AA *Knittel* § 1896 Rz 174.
142 *Coeppicus* FamRZ 1992, 741; *Sonnenfeld* FamRZ 1995, 393.
143 BayObLG FamRZ 1992, 1222 unter Aufgabe von BayObLGZ 1985, 158.

Heim- und Mietverträgen[144]; bei der Kündigung des alten Mietvertrages ist uU die Genehmigung des Betreuungsgerichts erforderlich (§ 1907); dazu, den Betreuten von Dritten (zB Verwandten) herauszuverlangen, die ihn widerrechtlich festhalten[145]; einen stationären Aufenthalt zu bestimmen[146].

Nicht umfasst sind: Der Aufgabenkreis Aufenthaltsbestimmung gibt dem Betreuer kein Recht, dem Betreuten den bloßen Umgang (Besuche usw) mit bestimmten Personen zu untersagen, §§ 1908 i, 1632 Abs 2[147]; dazu müsste der Aufgabenkreis „Personensorge" bewilligt werden[148]. Die Anordnung einer gesundheitlichen Maßnahme durch den Betreuer, zB im Heim, ist von diesem Aufgabenkreis ebenfalls nicht umfasst; hierzu ist der Aufgabenkreis „Gesundheitssorge" (oder ähnlich) notwendig. Die Vertretung bei der Beantragung eines neuen Passes oder Personalausweises ist nicht erfasst[149]. 75

Zweifelhaft: Ob der Aufgabenkreis auch die Unterbringung im Sinne von § 1906 umfasst, ist zweifelhaft (aber wegen des Genehmigungserfordernisses nach § 1906 Abs 2 ohne praktische Bedeutung). Zweifelhaft ist ferner, ob das unbegrenzte Recht inbegriffen ist, Heimverträge abzuschließen[150]; wegen der erheblichen Kosten wird hier zusätzlich Vermögenssorge erforderlich sein. 76

Genehmigung. Wenn der Betreuer in Ausübung des Aufenthaltsbestimmungsrechts den Betreuten in ein *(offenes)* Altenheim (Pflegeheim) bringt, bedarf das keiner Genehmigung des Betreuungsgerichts[151]; im Einzelfall kann, wenn zugleich § 1907 Abs 2 erfüllt ist, eine Anzeigepflicht nach dieser Bestimmung in Frage kommen. Nur wenn diese „Heimverschaffung" eine Freiheitsentziehung darstellt (*geschlossene* Anstalt), ist sie nach § 1906 genehmigungspflichtig. Die Entscheidung des Betreuers über den Aufenthalt darf vom Betreuungsgericht nur im Rahmen von §§ 1908 i, 1837 Abs 2 überprüft werden, dh auf Pflichtwidrigkeit und Missbrauch[152]. Wenn der Betreuer den Aufenthalt entgegen der Meinung des Ehemanns der Betreuten bestimmt, liegt darin noch keine Pflichtwidrigkeit[153]. Weisungen in Zweckmäßigkeitsfragen (zB welches Heim) kann der Betreuer vom Betreuungsgericht nicht erbitten[154]. 77

ff) Betreuung für Gesundheitssorge. Einwilligung in ärztliche Maßnahmen. Es handelt sich um Teilbereiche der Personensorge. „Gesundheitssorge" umfasst alle Bereiche der Medizin[155], vgl § 1904. Dazu gehört auch die Pflicht, eine Krankenversicherung abzuschließen[156]. Die Rspr meint, dass auch hier der Aufgabenkreis möglichst eng umrissen sein müsse: unzulässig sei eine Betreuung „Gesundheitssorge", wenn nur die Gesundheitssorge im nervenärztlichen Bereich erforderlich sei[157], weil der Betroffene körperlich hinreichend gesund ist. Der Aufgabenkreis „*Zuführung* zur ärztlichen Behandlung" ist unklar und sollte nicht benutzt werden. Angeordnet werden darf die Gesundheitsbetreuung 78

144 BayObLG Rpfleger 1999, 515.
145 OLG Frankfurt FamRZ 2003, 964; MünchKomm/*Schwab* § 1896 Rz 82.
146 BayObLG FamRZ 1999, 1299.
147 BayObLG FamRZ 1991, 1481.
148 MünchKomm/*Schwab* § 1896 Rz 90; HK-BUR-*Bauer* § 1896 Rz 231.
149 BayObLG FamRZ 1999, 1300; FamRZ 2003, 405 (Vertretung gegenüber Behorden genügt).
150 So BayObLG Rpfleger 1998, 515 beiläufig.
151 LG Offenburg BtPrax 1996, 196.
152 LG Köln FamRZ 1993, 110; kritisch *Ewers* FamRZ 1993, 853.
153 OLG Schleswig FamRZ 1996, 1368 = BtPrax 1996, 196.
154 BayObLG FamRZ 1992, 108.
155 BayObLG BtPrax 1995, 218/9 aE; dazu im einzelnen *Martin*, Die Betreuung mit dem Aufgabenkreis Gesundheitssorge, 2002.
156 Zur Frist vgl BSG FamRZ 2009, 225.
157 BayObLG FamRZ 1994, 1059; BtPrax 1995, 218; FamRZ 1996, 250; BtPrax 2001, 37/8.

nur, wenn der Betreute insoweit krankheitsbedingt nicht mehr selbst einwilligungsfähig ist. Ist er noch einwilligungsfähig, darf er sich selbst schädigen und von einem Betreuer hieran nicht gehindert werden[158]. Wenn sich jemand bisher freiwillig in stationäre psychiatrische Behandlung begab, ist eine Betreuung insoweit nicht erforderlich[159]. Wenn jemand in einer sog Patientenverfügung seine künftige ärztliche Behandlung verweigert, macht das eine spätere Betreuung nicht überflüssig[160], weil diese Verweigerung die Ärzte nicht am Eingreifen hindert[161]; niemand vermag den konkreten künftigen Behandlungsbedarf vorherzusehen, so dass seine Erklärung immer unter diesem Vorbehalt steht. Die Erforderlichkeit der Bestellung eines Betreuers mit dem Aufgabenkreis der Gesundheitssorge für einen nach § 63 StGB in einem psychiatrischen Krankenhaus Untergebrachten bedarf im Hinblick darauf, dass die ärztliche Behandlung der Anlasskrankheit dem Krankenhaus obliegt, einer näheren Begründung[162]. Die Erweiterung der Betreuung auf die Aufgabenkreise Gesundheitssorge und Aufenthaltsbestimmung mit dem Ziel der Unterbringung des Betroffenen zur Heilbehandlung ist nur erforderlich, wenn eine Heilbehandlung in einer geschlossenen Einrichtung nach § 1906 Abs 1 Nr 2 BGB überhaupt in Betracht kommt, das heißt, diese nach einer vorläufigen Einschätzung Erfolg versprechend und nach dem Verhältnismäßigkeitsgrundsatz unumgänglich erscheint[163]. Es ist unschädlich, wenn im Beschluss des Betreuungsgerichts steht: Personensorge und Gesundheitssorge[164], obwohl sich das teilweise deckt.

79 Der Betreuer ist auch zum Abschluss der entsprechenden **Arzt-, Krankenhaus- und Krankentransportverträge** befugt (§ 1902). Muss der Betreute die Behandlung selbst zahlen, kann es erforderlich sein, dass ferner der Aufgabenkreis „Vermögenssorge“ angeordnet wird. Geeignet als Gesundheitsbetreuer sind auch Personen, die keine medizinischen Kenntnisse haben. Wer Sekten (**Zeugen Jehovas**) angehört, die Bluttransfusionen ablehnen, kann mE in entsprechenden Fällen nicht (zumindest nicht allein) zum Gesundheitsbetreuer bestellt werden. Über Bluttransfusion bei Zeugen Jehovas vgl BVerfG NJW 2002, 206. Der Aufgabenkreis „Gesundheitssorge“ erfasst nicht die freiheitsentziehende Unterbringung zu Heilzwecken (§ 1906).

80 **Zwangsweise ambulante Behandlung:** Besteht der Aufgabenkreis „Gesundheitssorge“, dann fragt sich, ob Betreuer den Betreuten gegen seinen Willen zwangsweise in die Arztpraxis, Klinik usw verbringen kann, ihn dort festhalten lassen und (ambulant) eine Depotspritze verabreichen lassen kann. Der BGH[165] hält eine solche zwangsweise Vorführung für nicht genehmigungsfähig.

81 **gg) Mietangelegenheiten, Wohnungsauflösung.** Das sind zwei verschiedene Aufgaben. Vgl § 1907. Betreuung für Wohnungsangelegenheiten kann zB erforderlich sein, wenn dem Betreuten gekündigt werden soll, wenn Streit wegen Miete, Nebenkosten, Entmüllung besteht, wenn der Betroffene auf Grund seiner Erkrankung Schimmelbildung an den Wänden und verdorbene Lebensmittel nicht beseitigen kann und sich so gefährdet[166]. Wird für den Partner einer nichtehelichen Lebensgemeinschaft ein Dritter zum Betreuer mit den Aufgabenkreisen Vermögenssorge und Wohnungsangelegenheiten bestellt und für diese Bereiche ein Einwilligungsvorbehalt angeordnet, so kann der Betreuer, wenn der

---

158 Vgl LG Kassel BtPrax 1997, 38.
159 BayObLG FamRZ 1995, 1085.
160 AA *Dröge* BtPrax 1998, 199.
161 Vgl Nachw bei *Sternberg-Lieben* NJW 1985, 2734.
162 OLG Schleswig FamRZ 2007, 2007.
163 OLG Schleswig FamRZ 2008, 1376 sowie FamRZ 2009, 2116.
164 Doppelanführung; BayObLG BtE 1994/5 § 1896 Abs 2 Nr 4.
165 BGH FamRZ 2001, 149; aA *Schweitzer* FamRZ 1996, 1317. Dazu § 1904 Rz 17.
166 BayObLG BtE 1994/95 § 1896 „Wohnungsangelegenheiten“.

Betreute in ein Pflegeheim umzieht, von dem anderen Partner gem § 985 die Herausgabe der im Alleineigentum des Betreuten stehenden und bis dahin gemeinsam genutzten Wohnung verlangen; dies gilt dann nicht, wenn die Partner generell oder für diesen Fall eine anderweitige und auch den Betreuer bindende rechtliche Regelung (etwa durch Einräumung eines Wohnrechts) getroffen haben[167]. Ergeht gegen den geschäftsunfähigen Mieter ein Versäumnisurteil auf Räumung und wird dann ein Betreuer bestellt, kann dieser Wiedereinsetzung in den vorigen Stand wegen Versäumung der Einspruchsfrist beantragen[168]. Ferner kommt eine Nichtigkeitsklage (§ 579 Abs 1 Nr 4 ZPO) in Betracht. Ob ein Betreuer mit dem Aufgabenkreis „Wohnungsangelegenheiten" selbst gewaltsam die Wohnung des Betreuten betreten darf oder ob ihm vom Betreuungsgericht diese zusätzliche Befugnis eingeräumt werden kann, ist streitig, vgl Rz 91 und § 1907 Rz 26.

hh) Sonstige Aufgabenkreise. Vertretung gegenüber der Heimleitung[169] umfasst 82
zB, wo das Bett aufzustellen ist, Ausführen ins Freie und Bettruhe. Vertretung gegenüber Behörden; Vertretung im gerichtlichen Verfahren; „Vertretung gegenüber Behörden und Gerichten" kommt zB dann in Betracht, wenn der Betroffene krankheitsbedingt dazu neigt, eine Vielzahl sinnloser Verfahren zu betreiben, und sich dadurch schädigt[170]; daran fehlt es, wenn dem Schreiber keine Kosten auferlegt werden, weil die Verfahren gebührenfrei sind; der Aufgabenkreis umfasst das Recht, für einen Ausländer einen Pass zu beantragen[171]. Er umfasst nicht die Strafverteidigung[172], angeblich auch nicht das Stellen eines Strafantrags (§ 77 StGB)[173]. Wohnungsauflösung; Entrümpelung einer Wohnung[174]; Postkontrolle; Kontrolle eines Bevollmächtigten (§ 1896 Abs 3); Wahrnehmung der Persönlichkeitsrechte des Betreuten[175]; Einwilligung in die Sterilisation (§ 1899 Abs 2). „Schwangerschaftsabbruch" ist ein möglicher Aufgabenkreis[176].

Ist dem Betreuer eines Mandanten, Patienten der Aufgabenkreis **„Entbindung** 83
von der Schweigepflicht" des **Rechtsanwalts, Notars, Arztes, Steuerberaters** übertragen, dann wird von Anwaltsseite die Auffassung vertreten, trotz einer Entbindung durch den Betreuer verbleibe die „Verpflichtung des Anwalts, eigenverantwortlich zu prüfen, ob aus seinem vollständigen Wissen aus dem Mandat heraus es dem wohlverstandenen Interesse des früheren Auftraggebers entspricht, sich nicht auf die Berufsverschwiegenheit zu berufen, sondern im konkreten Einzelfall Erklärungen abzugeben"[177]. Andere[178] geben dem Schweigepflichtigen *kein* solches Recht. In der Praxis wird die angebliche „Schweigepflicht" oft als Vorwand genommen, sich Arbeit zu sparen oder eigene Haftung abzuwehren. Entscheidend ist der mutmaßliche Wille des Betreuten, ein nicht nachprüfbares Recht des Anwalts etc besteht nicht. Die Sache verhält sich so, wie wenn der behandelnde Arzt nach dem Tod des Patienten Angaben zur Testierfähigkeit machen soll[179]; der Schweigepflichtige muss also substanti-

167 BGH NJW 2008, 2333.
168 BGH FamRZ 2008, 680.
169 HK-BUR-*Bauer* § 1896 Rz 234.
170 KG FGPrax 2008, 62.
171 BayObLG FamRZ 2003, 405.
172 OLG Schleswig FamRZ 2008, 187. Vgl dazu OLG Köln FamRZ 2009, 1707.
173 OLG Köln wistra 2005, 392 (nicht überzeugend, es kommt auf die Straftat an).
174 BayObLG FPR 2001, 409. Vgl § 1907.
175 OLG Karlsruhe NJW-RR 1999, 1699 (Betreuer soll Ausstrahlung einer Fernsehsendung über den Betreuten verhindern).
176 OLG Frankfurt FamRZ 2009, 368.
177 *Ernst* NJW 2005, 3120.
178 MünchKomm/*Damrau* ZPO § 385 Rz 9.
179 Vgl BayObLG NJW-RR 1991, 1287; zum Ganzen vgl *Bartsch* NJW 2001, 861.

iert darlegen, weshalb er annimmt, dass der Betreute, könnte er noch sprechen, diese oder jene Information nicht geben würde. Die letzte Entscheidung steht in einem Rechtsstaat nicht dem Anwalt etc zu, sondern den Gerichten.

84 Aufgabenkreis eines Betreuers kann die Organisation ambulanter und **sozialer Dienste** zur Versorgung des Betreuten sein[180]. Über **Arzneimittelversuche** vgl §§ 40 Abs 4, 41 AMG und § 1904. Zur **Bestattung** des Betreuten vgl § 1902 Rz 42; **Organtransplantation** § 1902 Rz 44; **Todeserklärung** § 1902 Rz 37; **Scheidung** § 1902 Rz 39; politisches **Wahlrecht** § 1902 Rz 41; **Testamentsvollstreckung** § 1902 Rz 48. Zur Zustimmung zu Maßnahmen, die das Sterben des Betreuten beschleunigen, zB Einstellung der Nahrungszufuhr vgl § 1904 Abs 2.

85 d) **Unzulässige Aufgabenkreise.** In keinem Fall kann eine Betreuung umfassen (Folge: eine insoweit angeordnete Betreuung verleiht keine Rechtsmacht): Erziehung des Betreuten; Sorge, Erziehung und Vertretung der Kinder des Betreuten; Eheschließung; Errichtung und Widerruf eines **Testaments**, Abschluss eines Erbvertrages als Erblasser; Erklärung des Rücktritts vom Erbvertrag; Ausübung des politischen Wahlrechts (§ 1902 Rz 41); Verwaltung fremden Vermögens (keine *eigene* Angelegenheit des Betreuten); Errichtung einer Patientenverfügung[181]; Errichtung einer Vorsorgevollmacht (zu unterscheiden von der Vollmacht, die der Betreuer anderen Personen hinsichtlich Einzelaufgaben erteilt); Einwilligung in die Obduktion eines Angehörigen des Betreuten[182]; Erledigung des *Schriftwechsels* (wozu soll der Betreuer hier genau bevollmächtigt sein?). **Religionswechsel** (der Betreute mag hier unter Berufung auf Art 4 GG, Religionsfreiheit, selbst handeln)[183]. **Kirchenaustritt** durch den Betreuer (zB zwecks Einsparung von Kirchensteuer) als gesetzlichen Vertreter ist je nach Landesrecht zulässig oder nicht [184]; hier wird man aber wegen der Folgen eines Austritts (zB Entfallen der kirchlichen Beerdigung) im Innenverhältnis eine strenge Bindung an den Willen des Betreuten annehmen müssen.

86 e) **Erforderlichkeit und Zukunftsprognose.** Sicherlich darf kein Aufgabenkreis deshalb gewählt werden, weil er vielleicht irgendwann einmal erforderlich wird **(Vorratsbetreuung);** andererseits wäre es verfehlt, heute einen Aufgabenkreis auszuklammern, weil er zwar sicher, aber erst in einigen Wochen relevant wird. Insoweit bedarf es einer vorausschauenden Betrachtung[185], die **typische Erweiterungsfälle** bei der Bestimmung des Aufgabenkreises von vorneherein miteinbezieht[186]. **Beispiele:** eine Vermögensbetreuung kann erforderlich sein, wenn zwar derzeit kein akuter Handlungsbedarf besteht, der Bedarf, das Notwendige zu veranlassen, aber jederzeit auftreten kann[187]; wenn ein Betreuungsbedarf bereits absehbar ist[188]; wenn Krankheiten (wie Schizophrenie) schubförmig auftreten und der nächste Schub absehbar ist[189]. Andererseits: auch bei unheilbar psychisch Kranken kommt eine vorsorgliche Betreuerbestellung für den Fall, dass sie in kritischen Situationen nicht mehr handlungsfähig sein sollten, nicht in

---

180 Palandt/*Diederichsen* § 1896 Rz 20.
181 *Bienwald* FamRZ 2004, 835.
182 AG Neuruppin FamRZ 2005, 2097.
183 Differenzierend *Knittel* § 1902 Rz 64; *Fritsche* StAZ 1993, 82.
184 Auflistung bei *Deinert* FamRZ 2006, 243; *Knittel* § 1902 Rz 65.
185 *Schwab* FamRZ 1922, 493, 495; Staudinger-*Bienwald* § 1896 Rz 55.
186 AA OLG Hamm FamRZ 1995, 435 = BtPrax 1995, 70.
187 BayObLG FamRZ 1995, 117.
188 OLG Hamm FamRZ 1995, 435.
189 BayObLG FamRZ 1994, 319; FamRZ 1994, 1551; FamRZ 1995, 510; FamRZ 1996, 1370: Anordnung der Betreuung nur für den Zeitraum, in dem der akute Schub anhält, hierzu *Kayser* FGPrax 1995, 173.

Betracht, wenn ein aktuelles Betreuungsbedürfnis derzeit nicht besteht und der Gefahreneintritt ungewiss ist[190].

87 f) **Körperlich Behinderte.** Bei einem (nur!) körperlich Behinderten, der seinen Willen kund tun kann, ergibt der Erforderlichkeitsgrundsatz, dass die Bestimmung des Aufenthalts, die Einwilligung in eine Heilbehandlung oder eine Sterilisation nicht zu den Aufgabenkreisen des Betreuers bestimmt werden können[191], außer der Betroffene ist damit einverstanden[192].

88 g) **Privatrechtliche Vereinbarungen.** Der vom Betreuungsgericht festgelegte Wirkungskreis des Betreuers kann nicht durch privatrechtliche Vereinbarungen erweitert oder eingeschränkt werden, insbesondere ist die vertragliche Ausschaltung eines Betreuers durch Gesellschaftsbeschluss nicht möglich, wenn der Betreuer auf Antrag eines Gesellschafters zu dessen Vertretung in seinen Angelegenheiten als Gesellschafter bestellt worden ist[193]. Eine Erweiterung des Aufgabenkreises des Betreuers ist mittelbar nur durch eine zusätzliche Bevollmächtigung des Betreuers durch den geschäftsfähigen Betreuten möglich (§ 1902 Rz 2).

89 h) **Öffentlich-rechtliche Angelegenheiten.** Auch öffentlich-rechtliche Angelegenheiten können eine Betreuer- oder Pflegerbestellung rechtfertigen, zB § 16 VwVfG (Pflegerbestellung); § 15 Abs 4 SGB X (Pflegerbestellung); § 81 Abs 1 Nr 4 AO (Pflegerbestellung). Im Übrigen, insbesondere soweit es sich um Ansprüche aus dem **Beamtenverhältnis** hinsichtlich des Diensteinkommens oder des Ruhegehalts handelt, die im Rechtsweg verfolgbar sind, kann ein Betreuer bestellt werden. Sind aber öffentlich-rechtliche Normen vorhanden, so sind diese als Spezialvorschriften für die Einleitung einer Pflegschaft oder Betreuung allein maßgebend. Auch wenn ein Betreuer vorhanden ist muss bei Vorliegen der Voraussetzungen nach der StPO dem Betreuten ein Pflichtverteidiger bestellt werden[194].

90 i) **Betreuung im Disziplinarverfahren.** Vgl § 3 BDG iVm § 16 VwVfG. Hierfür ist der Richter zuständig (§ 15 Nr 6 RPflG).

91 j) **Zwangsbefugnisse des Betreuers**[195]**?** Fraglich ist, wozu der mit einem bestimmten Aufgabenkreis betraute Betreuer befugt ist. § 1902 besagt, dass der Betreuer gesetzlicher Vertreter des Betreuten im jeweiligen Aufgabenkreis ist. Zwangsbefugnisse sind gesetzlich geregelt in § 326 Abs 2 FamFG (Zuführung zur Unterbringung); § 1896 Abs 4 (Postkontrolle), sonst nicht. § 35 FamFG setzt eine Ermächtigungsgrundlage voraus. § 1901 gibt keine Zwangsbefugnisse. Wie sind daher die Fälle zu lösen, in denen der Betreuer in Vermögensangelegenheiten gewaltsam die Wohnung nach Bankunterlagen durchsuchen möchte, den verschlossenen Schrank gegen den Willen des Betreuten öffnen lassen will, damit er für das Betreuungsgericht das Vermögensverzeichnis erstellen kann; den hohen Bargeldbestand in der Wohnung des Betreuten aus einem Hausverkauf sichern will; oder in denen der Betreuer in Wohnungsangelegenheiten die verwahrloste **Wohnung des Betreuten betreten** möchte, um sie gegen den Willen des Betreuten säubern und renovieren zu lassen, damit eine drohende Kündigung abgewendet werden kann? Das ist strittig. Im Insol

190 OLG Köln FamRZ 2000, 908.
191 BT-Drucks 11/4528 S. 117.
192 Vgl *Rink* RuP 1991, 148, 153.
193 Vgl BGHZ 44, 98 (zur Pflegschaft).
194 OLG Nürnberg NStZ-RR 2008, 253.
195 Vgl *Dodegge* NJW 2006,1627; *Narr/Saschenbrecker* FamRZ 2006, 1079; *Tietze* BtPrax 2006, 131; *Lipp* JZ 2006, 661; *Marschner* RuP 2005, 47.

venzrecht kann der Insolvenzverwalter mittels einer vollstreckbaren Ausfertigung des Eröffnungsbeschlusses gegen den Schuldner vollstrecken. Im Betreuungsrecht hat der Beschluss, der die Betreuung anordnet, nicht diese Wirkung.

92 aa) **Keine Befugnisse.** Die herrschende Meinung sagt, dass der Betreuer nicht von sich aus zu Zwangsmaßnahmen berechtigt sei und auch nicht durch einen Beschluss des Betreuungsgerichts hierzu ermächtigt werden könne[196]. Im letztgenannten Fall (Betreten der Wohnung[197]) wurde die „Erweiterung des Aufgabenkreises auf gewaltsamen Zutritt" abgelehnt; es gebe keine Rechtsgrundlage, auf Grund derer das Gericht dem Betreuer die begehrten Zwangsbefugnisse einräumen könne. Art 13 GG stehe entgegen. Die Aufgabenzuweisung gebe keineswegs die Befugnis, dies auch zwangsweise durchzusetzen. § 1896 gebe grundsätzlich keine gesetzliche Grundlage dafür, den Betreuer zu ermächtigen, das Wohnhaus des Betreuten gegen dessen Willen zwangsweise öffnen zu lassen, um es – etwa zu Verkaufszwecken – zu betreten[198]. Der BGH[199] hält eine ambulante Zwangsbehandlung für unzulässig, also eine zwangsweise Beförderung der Betreuten zum Arzt, damit er dort eine Depotspritze erhält, um dann wieder entlassen zu werden.

93 bb) **Ermächtigung durch Betreuungsgericht.** Nach der Gegenansicht kann der Betreuer durch einen Beschluss des Betreuungsgerichts zum Betreten der Wohnung unter Anwendung von Zwang ermächtigt werden[200]; sie wird auf Art 13 Abs 2 GG gestützt. Die Betreuungsbehörde (§ 4 BtBG) müsste dann unter Amtshilfe der Polizei und technischer Hilfe eines Schlossers die Türe öffnen[201]. Dafür spricht jedenfalls, dass dies der geringere Eingriff ist. Denn andernfalls wird dem Betreuten die Wohnung gekündigt werden müssen; der Vermögensbetreuer kann kein Vermögensverzeichnis erstellen, das Barvermögen nicht sichern, die ganze Betreuung ist sinnlos, der Schutz des Betreuten scheitert. Dann müsste konsequenter Weise auch die Zwangsbetreuung unzulässig sein, was gerade nicht der Fall ist.

94 cc) **Stellungnahme.** *Schwab*[202] weist zu Rechte darauf hin, dass hier ein Konstruktionsmangel des Betreuungsrechts vorliegt. Der Aufgabenkreis „Wohnung" hat keinen Sinn, wenn der Betreuer die Wohnung gegen den Willen des psychisch Kranken nicht betreten kann. Formal gesehen müsste der Betreuer den Betreuten vor dem Prozessgericht verklagen[203], um dann mit Hilfe eines Gerichtsvollziehers die Wohnung betreten zu können; das wäre absurd. Meines Erachtens ist ein Beschluss des Betreuungsgerichts nicht erforderlich, weil er weder im BGB noch im FamFG vorgesehen ist; der Betreuer ist gesetzlicher Vertreter des Betreuten, die Aufgabenzuweisung gibt ihm die Befugnis. Man kann den Beschluss aber als gerichtliche Auslegung des Umfangs des Aufgabenkreises auffassen, weshalb diese Auffassung praxisnah ist. Der Betreuer kann somit die Sachen des Betreuten zwecks sicherer Verwahrung wegnehmen, dessen

196 OLG Frankfurt FamRZ 1996, 375; LG Frankfurt FamRZ 1994, 1617; LG Offenburg FamRZ 1997, 899 zur unzulässigen zwangsweisen Verbringung des Betreuten in ein *offenes* Altenpflegeheim; zustimmend *Bauer* FamRZ 1994, 1562.

197 Dazu *Abram* FamRZ 2004, 11.

198 OLG Schleswig FGPrax 2008, 70.

199 BGH BtPrax 2001, 37.

200 LG Berlin FamRZ 1996, 821; LG Frankfurt v 9.6.1993, zitiert bei *Bauer* FamRZ 1994, 1562; *Fratzky* BtPrax 2000, 239 unter Hinweis auf LG Freiburg v 25.2.2000; MünchKomm/*Schwab* § 1896 Rz 87.

201 MünchKomm/*Schwab* § 1896 Rz 87.

202 MünchKomm/*Schwab* § 1896 Rz 87.

203 AA *Fröschle* BtPrax 2004, 46: für Streit im Betreuungsverhältnis seien die Zivilgerichte nie zuständig, nur die Betreuungsgerichte. Woraus soll das folgen? Im Gegenteil, vgl § 1843 Abs 2.

Anwesen (soweit erforderlich) in Besitz nehmen und gegen den Willen des Betreuten betreten[204]. Bei leer stehenden (und daher zu vermietenden) Wohnungen im Haus des Betreuten greift Art 13 GG ohnehin nicht ein[205]. In der Bestellung eines Betreuers mit dem entsprechenden Aufgabenkreis durch den Richter liegt die erforderliche richterliche Entscheidung.

dd) Listiges Vorgehen. Die Praxis greift in solchen Fällen häufig zu Ausweichstrategien[206]. Ist mit Widerstand gegen die Unterbringung zu rechnen, wird der Betroffene mit einem Vorwand an den Unterbringungsort gelockt. Verweigert der Betreute das Betreten der Wohnung zwecks Reinigung, kann der Vermieter kündigen und dann durch den Gerichtsvollzieher die Wohnung räumen lassen. Verweigert das Betreuungsgericht den Aufgabenkreis „Post" (§ 1896 Abs 4) und der Betreute die Herausgabe der Briefe (Steuerbescheide, Bankpost etc) werden einfach alle denkbaren Absender angeschrieben und um Adressierung der künftigen Post direkt an den Betreuer als gesetzlichen Vertreter des Betreuten gebeten. 95

2. Fehlende Erforderlichkeit, Abs 2 Satz 2. – **a) Hilfen,** Abs 2 Satz 2 (2. Alt) basiert ebenfalls auf dem **Grundsatz der Subsidiarität,** dh eine Betreuung ist nicht erforderlich, wenn die Angelegenheiten des Volljährigen **durch andere Hilfen** ebenso gut wie durch einen Betreuer besorgt werden können[207]. Drei Voraussetzungen stellt § 1896 Abs 2 insoweit auf: 96

aa) Andere Hilfen. Eine andere Hilfe muss vorhanden sein. Hierzu werden üblicher Weise gezählt: Hilfen tatsächlicher wie rechtlicher Art durch Familienangehörige, Bekannte, Nachbarn, kirchliche Verbände, soziale Dienste, zur Hilfe verpflichtete Behörden[208], Heimpersonal[209] etc. Kann andere Hilfe im Einzelfall deshalb nicht wirksam werden, weil der Betroffene zu einer erforderlichen Mitwirkung oder Zusammenarbeit nicht bereit oder in der Lage ist, so entfällt die Ersetzungsmöglichkeit für eine Betreuung; da dann das Erfordernis für die Betreuung feststeht, ist eine zwangsweise Betreuerbestellung gerechtfertigt. 97

bb) Qualitätsvergleich. Es ist zu prüfen, ob diese andere Hilfe **„ebenso gut"** ist. Dieser Qualitätsvergleich ist auch dann erforderlich, wenn eine staatliche Stellung „andere Hilfe" bietet, sie ist nicht auf nichtstaatliche Stellen beschränkt, weil nicht jede staatliche Stelle schon deswegen in Betreuungssachen sachkundig ist. 98

cc) Gesetzlicher Vertreter nicht erforderlich. Ein gesetzlicher Vertreter darf nicht erforderlich sein. Damit wird klargestellt, dass die andere Hilfe nur bei unterstützenden tatsächlichen Maßnahmen in Betracht kommen, was an sich eine Selbstverständlichkeit ist. Denn ein Betreuer wird für rechtliche Angelegenheiten bestellt, der Betreuer ist ein gesetzlicher Vertreter (§ 1902 BGB) im rechtsgeschäftlichen Bereich. Das heißt also: immer, wenn gesetzliche Vertretung notwendig ist, scheidet die andere Hilfe aus, ein Betreuer ist notwendig[210]. Damit bleibt für die „anderen Hilfen" kaum ein Anwendungsbereich; denn bei genauerer Betrachtung sind fast überall rechtsgeschäftliche Willenserklärungen abzugeben, in der Praxis besteht hier eine unerfreuliche Grauzone. 99

---

204 BayObLG FGPrax 1999, 147 = FamRZ 1999, 1460.
205 BayObLG FGPrax 1999, 147.
206 *Fröschle* BtPrax 2004, 46.
207 BT-Drucks 11/4528 S. 121.
208 AG Neuruppin FamRZ 2007, 1842.
209 BayObLG FamRZ 1998, 452.
210 *Pardey* Rpfleger 1995, 393.

100 **Einzelfälle.** – (1) Wer geistig gesund, aber beim Kücheputzen ungeschickt ist, erhält keinen Betreuer, sondern soll eine Putzfrau einstellen; ist er psychisch krank, stellt evtl der Betreuer als sein gesetzlicher Vertreter eine Putzfrau ein. Wenn die Familienangehörigen von sich aus kostenlos das Putzen besorgen, erübrigt sich beim psychisch Kranken die Bestellung eines Betreuers. – (2) Muss ein Antrag auf Sozialleistungen gestellt werden: Betreuer notwendig; § 16 SGB I. – (3) Antrag auf Pflegeleistungen muss gestellt werden, § 33 Abs 1 Satz 1 SGB XI. Da dies eine rechtsgeschäftliche Handlung ist, ist eine Betreuung erforderlich. Wenn sich die Pflegekasse mit der Benachrichtigung durch den Arzt begnügt und dann von sich aus zahlt, mag das gegen das SGB verstoßen, doch ist dann keine Betreuung zwecks Antragstellung mehr erforderlich. – (4) Für einen geschäftsfähigen Behinderten vermittelt der Arzt einen Platz in einer Reha-Einrichtung, die Kosten übernimmt der Sozialdienst: kein Betreuer erforderlich[211]. – (5) Der geistig Behinderte erhält monatlich Taschengeld ausbezahlt, das Heim bietet Hilfe (was genau also?) bei der Verwaltung des Geldes an: Betreuer erforderlich, weil es sich um rechtsgeschäftliche Erklärungen handelt[212] und die Abrechnung des Heims überprüft werden muss. – (6) Betroffener geht zum Arzt und nimmt Medikamente auf Grund Unterstützung durch die Mutter: keine Betreuungsbedürftigkeit[213]. Im Vermögensbereich scheidet beim Geschäftsunfähigen eine solche sog „Hilfe“ immer aus, weil letztlich Heim, Angehörige, Nachbarn, soziale Dienste „entscheiden“, was mit dem Geld geschieht. Selbst beim freundlichen Einkauf für den Behinderten muss rechtlich entschieden werden (was wird wo zu welchem Preis gekauft?); hier gibt es bekanntlich viele Möglichkeiten, den Betreuten zu übervorteilen; auch das Restgeld muss abgerechnet werden.

101 b) **Subsidiaritätsgrundsatz bei Geschäftsfähigen.** Zwar sieht das Gesetz auch eine Betreuerbestellung für geschäftsfähige (insbesondere körperlich) Behinderte vor, doch sind dem durch Abs 2 enge Grenzen gesetzt. **Beispiele:** wenn der Geschäftsfähige zwar einen Bevollmächtigten bestellen kann, aber keine geeignete Person kennt, oder zwar eine solche Person kennt, sie aber nicht bezahlen kann, oder wenn er aufgrund seiner Behinderung oder Krankheit nicht in der Lage ist, diesen hinreichend zu überwachen, obgleich dies erforderlich erscheint (vgl § 1896 Abs 3). Praktisch wird die Betreuerbestellung deshalb insbesondere in den Fällen erfolgen, in denen man nicht weiß, ob der Betroffene geschäftsfähig ist und (noch) Vollmacht erteilen kann, oder ob er bereits (eventuell partiell) geschäftsunfähig ist, also Zweifel an seiner Geschäftsfähigkeit bestehen. Will der geschäftsfähige Behinderte ohne ausreichenden Grund keine Vollmacht erteilen (zB um Kosten zu sparen), obgleich ihm so die erforderliche Hilfe zuteil würde, so kann die Betreuerbestellung abgelehnt werden, weil Abs 2 auch öffentlichen Interessen dient[214]; die aA dagegen meint, das Subsidiaritätsprinzip diene nur dem Schutz des Betroffenen und könne daher nicht gegen ihn umgekehrt werden[215]. Wenn dagegen der Betroffene bereits vor Eintritt der Betreuungsbedürftigkeit eine Generalvollmacht erteilt hat, dann kommt für Vermögensangelegenheiten keine Bestellung eines Betreuers in Betracht, sondern allenfalls (zB bei Anhaltspunkten für Unzuverlässigkeit des Bevollmächtigten) die Bestellung eines Kontrollbetreuers nach Abs 3[216].

---

211 LG Hamburg BtPrax 1993, 209.
212 OLG Köln FamRZ 1993, 850; dagegen *Lachwitz* BtPrax 1995, 116, da unpraktikabel (!).
213 OLG Köln FamRZ 1999, 891; verkennt aber, dass die Einwilligungsfähigkeit der Betroffenen zu untersuchen war.
214 OLG Köln FamRZ 1996, 249.
215 MünchKomm/*Schwab*, § 1896 Rz 60.
216 Vgl LG Wiesbaden FamRZ 1994, 778.

V. Vorsorgevollmacht Abs 2 Satz 2 (1. Alt)

Literatur: *Schwab,* in: FS Gernhuber 1993, 815; *Langenfeld,* Vorsorgevollmacht, 1994; *Weise,* NJW 1996, 2418; *Wolfsteiner,* NJW 1996, 2417; *Ute Walter,* Vorsorgevollmacht, 1996; *Langenfeld,* ZEV 1996, 339; *Perau,* MittRhNotK 1996, 285; *Uhlenbruck,* NJW 1996, 1583; *Baumann,* NJW 1996, 2418; *Müller,* DNotZ 1997, 100; *Baumann,* MittRhNotK 1998, 1; *Renner,* NotBZ 1998, 85; *Binschus,* DAV 1998, 275; *Bienwald,* BtPrax 1998, 164; 1999, 92; *Limmer,* ZNotP 1998, 322; *Walter,* FamRZ 1999, 685 und ZEV 2000, 353; *Müller,* DNotZ 1999, 107; *Ill-Groß/Sträßner,* Patiententestament, Betreuungsverfügung und Vorsorgevollmacht in der Pflege, Pflegerecht 1999, 126; *Bühler,* BWNotZ 1999, 25; *Verrel* MedR 1999, 547; *Waldner/Mehler,* MittBayNot 1999, 261; *Chauvistre,* Vorsorgevollmacht und rechtliche Betreuung, 1999; *Uhlenbruck,* Stellvertretung in Gesundheitsangelegenheiten, Festschrift für Deutsch, 1999, S. 849; *Uhlenbruck,* ZAP 1999, Fach 12; *Haupt/Seeber/Jänner,* Patientenverfügungen und Bevollmächtigungen in gesundheitlichen Angelegenheiten, Nervenarzt 1999, 256; *Dodegge,* Die Vorsorgevollmacht im Lichte des BtÄndG, BtPrax 2000, 99; *Rudolf/Bittler,* Vorsorgevollmacht, Betreuungsverfügung, Patiententestament, 2000; *Baumann/Hartmann,* DNotZ 2000, 594; *Berger,* JZ 2000, 797; *Langenfeld,* Vorsorgevollmacht des Unternehmers, ZEV 2005, 52; *Holländers,* Vorsorgevollmacht im Spannungsfeld zwischen Autonomie und Kontrolle, NotBZ 2005, 168; *Litzenburger,* Vorsorgevollmacht ohne Auftrag, NotBZ 2007, 1; *Müller/Renner,* Betreuungsrecht und Vorsorgevollmacht in der Praxis, 2. Aufl 2008; *Zimmermann,* ZAP Fach 11, 1113; *Zimmermann,* Die Vorsorgevollmacht im Bankgeschäft, BKR 2007, 266; *Zimmermann,* Vorsorgevollmacht, Betreuungsverfügung, Patientenverfügung, 2. Aufl 2010; *Winkler,* Vorsorgeverfügungen, 2010; *Lipp,* Handbuch der Vorsorgeverfügungen, 2010. **102**

1. Grundlagen. Durch Vollmachten lassen sich oft Betreuungen vermeiden (Abs 2 Satz 2). Der Vollmachtgeber muss allerdings bei Erteilung geschäftsfähig sein, sonst ist die Vollmacht unwirksam. Die Vollmacht kann vom Betroffenen ohne Bezug auf die Hilfsbedürftigkeit erteilt werden (zB die einem Ehegatten oder Kind irgendwann einmal erteilte Bankvollmacht) oder speziell, um eine künftige gerichtliche Betreuung zu vermeiden; dann spricht man von einer **Vorsorgevollmacht,** vgl §§ 168 Satz 1, 672 Satz 1 BGB. **103**

Die Motive zum BtG und das BtÄndG messen dieser Vollmacht einen erheblichen Stellenwert zu[217]; je mehr Vollmachten erteilt werden, umso weniger Betreuungen und damit Staatskosten fallen an. Der Staat fördert daher die Vollmachten: Die **Betreuungsbehörden** haben die Aufklärung und Beratung über Vollmachten und Betreuungsverfügungen zu fördern (§ 6 Abs 1 Satz 2 BtBG); in diesem Rahmen ist ihnen die Rechtsberatung erlaubt. Die **Betreuungsvereine** dürfen Bevollmächtigte beraten (§ 1908f Abs 1 Nr 2 BGB), über Vorsorgevollmachten informieren (§ 1908f Abs 1 Nr 2a BGB), Personen bei der Errichtung einer Vorsorgevollmacht beraten (§ 1908f Abs 4 BGB). Dies ist erlaubte Rechtsberatung. **104**

Kann ein Bevollmächtigter tätig werden, spart der (vermögende) Betreute die Betreuerkosten und die Gerichtskosten; der Bevollmächtigte kann ohne betreuungsgerichtliche Genehmigung tätig werden; die umständliche Abrechnung gegenüber dem Betreuungsgericht entfällt. Andererseits besteht das Missbrauchsrisiko (verminderbar durch Bestellung eines Kontrollbetreuers nach § 1896 Abs 3); auch verlangt ein qualifizierter Bevollmächtigter ein Honorar. Wird die Vollmacht erst nach Anordnung der Betreuung erteilt, führt dies, wenn die Vollmacht wirksam ist, zur Aufhebung der Betreuung nach § 1908d Abs 1. Der Betreute kann, wenn er geschäftsfähig ist, auch seinem Betreuer Vollmacht erteilen[218]; handelt dieser dann *als Bevollmächtigter,* unterliegt er nicht mehr den Schranken eines Betreuers; freilich ist dann alsbald eine Aufhebung der **105**

217 BT-Drucks 11/4528 S. 122.
218 *Veit* FamRZ 1996, 1317 mwN.

überflüssig gewordenen Betreuung erforderlich (§ 1908 d Abs 2). Ein weiteres Vorsorgeinstrument[219] ist (neben der **Betreuungsverfügung,** § 1901 c) die **Patientenverfügung,** § 1901 a.

106 Das FamFG behandelt den Bevollmächtigten, soweit sein Aufgabenkreis (also der Umfang seiner Vollmacht) betroffen ist, also **Beteiligten** (§ 274 Abs 1 Nr 3 FamFG), mit der Folge, dass er alle Beteiligtenrechte (vgl § 7 FamFG) hat.

107 **2. Qualitätsvergleich.** Die Betreuung erübrigt sich nur dann, wenn die Angelegenheiten durch den Bevollmächtigten „ebenso gut wie durch einen Betreuer besorgt werden können", wie § 1896 Abs 2 Satz 2 bestimmt. Das ist ein schiefes Kriterium; denn Äpfel können nicht mit Birnen verglichen werden. Der Betreuer unterliegt der Aufsicht des Betreuungsgerichts, bedarf oftmals der Genehmigung des Betreuungsgerichts; für den Bevollmächtigten gilt beides nicht. Vermutlich ist das Kriterium laienhaft gemeint: auch wenn eine Vollmacht vorliegt, kann eine Betreuung besser und daher erforderlich[220] sein.

Betreuung	**Vollmacht**
Bestellung des Betreuers durch das Betreuungsgericht, Vorschlagsrecht des Betreuten	freie Auswahl des Bevollmächtigten durch den Vollmachtgeber
Genehmigungen durch das Betreuungsgericht oft notwendig, nämlich bei gefährlichen medizinischen Eingriffen (uU) oder Unterbringung und in allen wesentlichen Vermögensangelegenheiten.	nur ausnahmsweise Genehmigung notwendig, nämlich (uU) bei gefährlichen medizinischen Eingriffen oder Unterbringung.
Betreuer kann sich (kostenfrei) bei Betreuungsgericht oder Betreuungsbehörde beraten lassen.	Bevollmächtigter kann sich (idR gebührenpflichtig) beim Anwalt beraten lassen, evtl. bei der Behörde
Schwierige Auswechslung des Betreuers, wenn er sich nichts zu schulden kommen lässt.	Jederzeit Vollmachtswiderruf möglich (durch geschäftsfähigen Vollmachtgeber oder Kontrollbetreuer).
Kontrolle durch das Betreuungsgericht, daher geringes Risiko.	Grundsätzlich keine Kontrolle durch das Betreuungsgericht, daher Missbrauchsrisiko; beschränkbar durch einen zweiten Bevollmächtigten oder einen Kontrollbetreuer.
Einwilligungsvorbehalt möglich.	kein Einwilligungsvorbehalt
Betreuung wird bei mittellosen Personen vom Staat bezahlt.	Wer bezahlt den Bevollmächtigten?
Betreuung wird bei Vermögenden von diesen bezahlt, Festsetzung der Vergütung durch das Betreuungsgericht.	Tätigkeit wird bei vermögenden Vollmachtgebern nur bezahlt, wenn es einen Honorarvertrag gibt. Bemessung mit Risiken.
Gerichtsgebühren fallen bei Vermögenden an	keine Gerichtsgebühren

219 Hierzu allgemein *Dodegge* FPR 2008, 591.
220 OLG Schleswig NJW-RR 2008, 380.

3. Inhalt der Vorsorgevollmacht. Sie muss enthalten: Namen des Vollmachtgebers, des Bevollmächtigten; Umfang der Vertretungsmacht (Spezial-, Gattungs- oder Generalvollmacht). Sie *kann* enthalten: Angaben über den Beginn der Wirkung, über die Widerruflichkeit, über die Bestellung eines Ersatzbevollmächtigten. Hierzu wurden verschiedene Formulare „entwickelt[221]. Die Vorsorgevollmacht kann sich nach allgemeiner Meinung auf **vermögensrechtliche Belange** erstrecken[222], nicht aber auf **Höchstpersönliches** wie Testamentserrichtung, Eheschließung[223]. 108

a) **Ob sich eine Vollmacht** auch auf Maßnahmen der **Personensorge** im engeren Sinn erstrecken kann, war bis zum In-Kraft-Treten des 1. BtÄndG sehr streitig[224]. Die Streitfragen sind durch Gesetzesänderungen weitgehend entfallen: Einwilligung des Bevollmächtigten in eine **Heilbehandlung,** jetzt § 1904 Abs 5; Aufenthaltsbestimmung und **Unterbringung** durch Bevollmächtigte, jetzt § 1904 Abs 5. Das 1. BtÄndG sieht seit 1999 solche Vollmachten für wirksam an, wenn sie schriftlich erteilt sind und die höchstpersönlichen Maßnahmen ausdrücklich bezeichnen. Allerdings wird die Stellung des Bevollmächtigten wesentlich geschwächt, weil der Bevollmächtigte in manchen Fällen zusätzlich die Genehmigung des Betreuungsgerichts benötigt (§§ 1904, 1906). *Generalvollmachten* sind also hierfür nicht ausreichend. Nicht geregelt wurde die Einwilligung des Vertreters in die **Wohnungsauflösung**, die aber ebenfalls als zulässig anzusehen ist[225]. Streitig geblieben ist noch, ob Bestimmungsbefugnisse über die persönliche Freiheit außerhalb §§ 1904, 1906 BGB durch Vollmacht eingeräumt werden können (Umgangsbestimmung, Post- und Telefonkontrolle); es ist zu bejahen[226]; verneint man das, dann wäre trotz Vollmacht eine Betreuung erforderlich. Das Recht, die **Erbschaft auszuschlagen**, kann nicht auf einen Vertreter übertragen werden[227]; wohl aber kann ein in der Form des § 1945 Abs 3 Bevollmächtigter die Ausschlagungserklärung abgeben. 109

b) **Zivilprozess.** Die *geschäftsunfähig* gewordene Person kann im Prozess wegen §§ 51, 52 ZPO nicht durch einen Bevollmächtigten vertreten werden, weil dieser nicht die Stellung eines gesetzlichen Vertreters hat; ein Betreuer mit diesem Aufgabenkreis musste daher früher bestellt werden[228]. Durch Anfügung von § 51 Abs 3 ZPO (2. BtÄndG; 1.7.2005) wurde dieses Hindernis beseitigt: der Vorsorgebevollmächtigte steht einem gesetzlichen Vertreter gleich, wenn die Vollmacht schriftlich erteilt ist und eine andere natürliche Person mit ihrer gerichtlichen Vertretung bevollmächtigt. 110

c) **Zwangsausübung bei der Zuführung zur Unterbringung.** Wenn ein Bevollmächtigter den Vollmachtgeber mit Genehmigung des Betreuungsgerichts (§ 1906 BGB) in die geschlossene Unterbringung bringen will und dieser sich wehrt und nicht freiwillig mitfährt, konnte der Bevollmächtigte die Betreuungsbehörde früher nicht um Hilfe bitten; denn § 70 g Abs 5 FGG gab nur dem 111

---

221 Vgl Broschüre des Bundesjustizministeriums sowie mehrerer Landesjustizminister; *Uhlenbruck* NJW 1996, 1583; *Wolfsteiner* NJW 1996, 2417; *Baumann* NJW 1996, 2418; NN BtPrax 1996, 97. Die Muster sind teils bedenklich.

222 Auch als (widerrufliche) Generalvollmacht, vgl OLG Düsseldorf FamRZ 1997, 904 = BtPrax 1997, 162; LG Augsburg BtPrax 1994, 176; *Jürgens* § 1896 Rz 18; *Walter,* Vorsorgevollmacht, S. 100; unstr

223 Staudinger-*Bienwald* § 1896 Rz 127; unstr.

224 *Veit* FamRZ 1996, 1309/11 mwN; *Jürgens* BtPrax 1994, 10; *Weise* BtPrax 1995, 61; *Klie* BtPrax 1996, 38; *Cypionka* DNotZ 1991, 571/3; *Schwab* FamRZ 1992, 495; *Epple* BtPrax 1993, 156 und BWNotZ 1992, 29; *Stolz* FamRZ 1993, 643; *Walter,* Vorsorgevollmacht, S. 229 und S. 260.

225 Differenzierend *Langenfeld*, Vorsorgevollmacht, S. 86.

226 MünchKomm/*Schwab* § 1896 Rz 56.

227 OLG Zweibrücken NJW-RR 2008, 239.

228 BayObLG FamRZ 1998, 920; *Seitz* BtPrax 1996, 93; aA *Sachsen Gessaphe* ZZP 2000, 25.

Betreuer dieses Recht, nicht dem Bevollmächtigten; das FGG wurde aufgehoben. Der seit 1.9.2009 geltende § 326 Abs 1 FamFG gibt auch dem Bevollmächtigtem das Recht, die Betreuungsbehörde um Unterstützung zu untersuchen.

112 4. **Wirksamkeit der Vollmacht.** Die Vollmacht (auch als *widerrufliche* Generalvollmacht[229]) ist nur wirksam erteilt, wenn der Vollmachtgeber bei Erteilung **geschäftsfähig** war[230] und auch sonst keine Wirksamkeitsvoraussetzungen fehlen[231]. Das ist vom Betreuungsgericht von Amts wegen zu ermitteln, § 26 FamFG. Eventuelle Feststellungen des beurkundenden Notars zur Geschäftsfähigkeit, vgl § 11 BUrkG, sind für das Betreuungsgericht nicht verbindlich; sie führen allenfalls dazu, dass der Notar als Zeuge zu vernehmen ist. Wird der **Vollmachtgeber nach Erteilung geschäftsunfähig,** dann berührt das grundsätzlich die weitere Wirksamkeit der Vollmacht nicht[232]. Denn nach § 168 Satz 1 bestimmt sich das Erlöschen nach dem Grundverhältnis; dies ist in der Regel ein Auftrag, welcher nach §§ 672 Satz 2, 675 im Zweifel nicht mit Eintritt der Geschäftsfähigkeit des Auftraggebers erlischt.

113 a) **Wirksamkeit der Vollmacht zweifelhaft.** Solange Zweifel an der Wirksamkeit der Vollmacht bestehen, (zB wegen der Geschäftsfähigkeit, wegen des Eintritts der Bedingung) ist eine Betreuung zulässig und erforderlich[233]; denn mit einer umstrittenen Vollmacht kann der Bevollmächtigte nicht handeln. Ob der Betroffene eine wirksame Vollmacht erteilt hat, ist Teil der Beweiswürdigung des Tatrichters (AG; LG) und vom Rechtsbeschwerdegericht (BGH) nur beschränkt nachprüfbar[234]. **Unwiderrufliche Vollmachten:** Als gegenständlich beschränkte Vorsorgevollmachten sind sie unzulässig, weil sie der Vollmachtgeber ab Eintritt seiner Geschäftsunfähigkeit nicht mehr aus wichtigem Grund widerrufen kann (vgl § 168 Satz 2 BGB); eine unwiderrufliche Vorsorge-**Generalvollmacht** ist wegen Verstoßes gegen § 138 Abs 1 unwirksam[235].

114 b) **Ungeeignete Bevollmächtigte. Heimangestellte.** Wer zum Altenheim, in dem der Betreute untergebracht ist, in einem Abhängigkeitsverhältnis steht (zB Betreiber oder Angestellte von Alten- und Pflegeheimen), kann nach § 1897 Abs 3 nicht zum Betreuer bestellt werden. Wird von Heimbewohnern eine solche Person bevollmächtigt, besteht dieselbe Interessenkollision. Deshalb kann bei Bestellung einer solchen Person zum Bevollmächtigten die Betreuungsbedürftigkeit nicht mit der Begründung, die Betreuung sei wegen der Vollmacht überflüssig, abgelehnt werden. Diese Ergänzung des § 1896 Abs 3 Satz 2 erfolgte durch das 1. BtÄndG 1998[236], da es zu Missbräuchen gekommen war[237]. Zu beachten ist, dass eine solche Vollmacht aber deswegen nicht unwirksam ist.

115 5. **Form der Vollmacht**[238]**.** Mündliche Erteilung genügt (vgl § 167 Abs 2 BGB), ist aber in der Praxis wertlos, wenn sie nicht nachweisbar ist. Deshalb ist schriftliche Erteilung zweckmäßig, bei Bankvollmachten ist eine sog bankinterne Beglaubigung üblich. In den Fällen der § 1904 Abs 2 und § 1906 Abs 5 BGB sowie § 51 Abs 3 ZPO ist Schriftform erforderlich. Sollen auch Grundstücks-

229 *Walter,* Vorsorgevollmacht, S. 100.
230 Unstreitig, vgl OLG Hamm FamRZ 2009, 2035; *Knittel* § 1896 Rz 118.
231 BayObLG FamRZ 1993, 236; OLG Köln FamRZ 1993, 850.
232 LG Wiesbaden FamRZ 1994, 778; *Walter,* Vorsorgevollmacht, S. 127; vgl *Cypionka* NJW 1992, 207.
233 BayObLG FamRZ 1994, 720.
234 BayObLG FamRZ 1996, 1370.
235 *Walter* Vorsorgevollmacht, S. 185.
236 Materialien: BR-Drucks 960/96 S. 33.
237 Vgl HK-BUR-*Bauer* § 1896 Rz 186.
238 *Spanl* Rpfleger 2006, 455.

geschäfte (Erwerb, Veräußerung, Belastung) sowie Handelsregister erfasst sein, ist notarielle Beglaubigung bzw Beurkundung erforderlich (§ 29 GBO; § 12 HGB); es genügt insoweit auch eine Beglaubigung durch die Betreuungsbehörde (§ 6 Abs 2 Satz 1 BtBG).

6. **Inkrafttreten von Vorsorgevollmachten**[239]. Wer eine *bedingte* Vollmacht erteilt („Falls ich einmal betreuungsbedürftig (bzw geschäftsunfähig) werden sollte, erteile ich …"), schafft Probleme. Denn hier ist nicht klar, ob und wann die Bedingung eingetreten ist. Wer soll diese Notwendigkeit verbindlich bestimmen? Denkbar wäre es auch, die Vollmacht zu hinterlegen, zB bei einem Freund, und dieser soll die Vollmachtsurkunde dem Bevollmächtigten geben, sobald er den Eindruck der Notwendigkeit einer Bevollmächtigung hat. In der Anordnung, die Vollmacht solle mit dem Eintritt der Geschäftsunfähigkeit oder der Betreuungsbedürftigkeit in Kraft treten, liegt die Befreiung aller behandelnden Ärzte von der Schweigepflicht gegenüber demjenigen, der bevollmächtigt wird, soweit es um diese Fragen geht. 116

7. **Grundverhältnis.** Wer eine Vollmacht erteilt, sollte mit dem Bevollmächtigten das schuldrechtliche Grundverhältnis (Innenverhältnis) regeln[240], zB welche Vergütung der Bevollmächtigte erhält (pauschal, Stundenlohn, Prozentsatz des Vermögens, nach RVG), wie der Ersatz von Aufwendungen erfolgt (§ 670; pauschal oder Einzelabrechnung), Abrechnungstermine, Buchführungspflichten, Belegaufbewahrung, Verbot der Unterbevollmächtigung usw. Ein Vergütungsanspruch des Bevollmächtigten gegen die Staatskasse besteht bei Mittellosigkeit des Vollmachtgebers nicht. Die Vollmacht ist aber dann wirksam, wenn das Innenverhältnis nicht ausdrücklich geregelt wurde. 117

8. **Registrierung von Vollmachten.** Eine Betreuung darf nicht angeordnet werden, wenn der Betroffene dieser Hilfe nicht bedarf, weil er sich durch eine Vorsorgevollmacht selbst geholfen hat (vgl § 1896 Abs 2 Satz 2). Das muss aber zur Kenntnis des Betreuungsgerichts kommen. Vorsorgevollmachten müssen in Deutschland nicht amtlich registriert werden, damit sie wirksam sind. Solche Vollmachten können deshalb beliebig verwahrt werden; es ist nicht gesichert, dass sie später auftauchen. In einigen Bundesländern können die Vollmachtgeber eine Kopie ihrer Vorsorgevollmacht beim Betreuungsgericht (kostenlos) hinterlegen. 118

In ganz Deutschland kann ein Vollmachtgeber die Vollmacht beim **Zentralen Vorsorgeregister der Bundesnotarkammer** in Berlin (gebührenpflichtig) registrieren lassen (§ 78a BNotO)[241]; der Text der Vollmacht wird dort aber *nicht* gespeichert, die Daten des Bevollmächtigten sind uU gelöscht. Außerdem ist das Register uU nicht aktuell. Denn: Erfolgt die Anmeldung durch einen „institutionellen Nutzer" (Notar, Betreuungsverein, Betreuungsbehörde, Rechtsanwalt) kann dieser bei der Anmeldung erklären, dass die Registrierungsgebühren unmittelbar beim Vollmachtgeber erhoben werden sollen. Dann wird dem Vollmachtgeber eine Vorschussanforderung übersandt. Eingetragen wird erst, nachdem bezahlt ist (§ 3 Abs 1 VRegV). Infolgedessen besteht die Möglichkeit der Einsichtnahme für die Betreuungsgerichte nicht schon unmittelbar nach Antragstellung, sondern erst nach Gebührenzahlung. In Eilfällen kann es also trotz Registrierung der Vollmacht gleichwohl zur Anordnung der Betreuung kommen. 119

239 Dazu *Bühler* BWNotZ 1990, 1.
240 Zu dessen Inhalt vgl *Sauer* RNotZ 2009, 79; ausführlich dazu *Zimmermann*, Vorsorgevollmacht, Rz 151 ff.
241 Dazu *Görk* FPR 2007, 82.

120 Wenn ein Betreuungsverfahren eingeleitet wird, lässt der Betreuungsrichter deshalb (soweit vorhanden) in der örtlichen Kartei nachsehen, ob eine Vorsorgevollmacht verwahrt ist. Ferner wird (gemäß § 26 FamFG) ein Abrufverfahren bei der Bundesnotarkammer durchgeführt (§ 6 VRegV); dort sind über 900.000 Vorsorgevollmachten registriert (Stand 2009), die 921 deutschen Betreuungsgerichte richten täglich zahlreiche Anfragen an das Register.

121 Im Übrigen gab es in der Vergangenheit zahlreiche Stellen, die aus ideellen oder finanziellen Gründen solche private Register einrichteten[242] und teilweise Vollmachten noch verwahren. **Besitzer von Vollmachten** müssen das Betreuungsgericht davon verständigen und ggf eine Abschrift der Vollmacht abliefern (§ 1901 c); das kann erzwungen werden (§ 285 FamFG).

122 Weist ein Beteiligter im Verfahren zur Bestellung eines Betreuers auf die Existenz einer Vorsorgevollmacht hin, ohne diese vorzulegen, muss der Betreuungsrichter bzw das Beschwerdegericht dem nachgehen[243], also ermitteln (§ 26 FamFG), ob eine solche Vollmacht existiert. Ob der Betroffene eine Vollmacht in wirksamer Form erteilt hat, ist Teil der Beweiswürdigung des Tatrichters (AG; LG) und vom Rechtsbeschwerdegericht (BGH) daher nur beschränkt nachprüfbar[244].

123 **9. Folgen, wenn eine ausreichende Vollmacht vorliegt.** Gleichgültig ist: ob die Vollmacht speziell für den Fall der Betreuungsbedürftigkeit oder aus anderem Anlass erteilt wurde; ob sie vor dem Beginn des Betreuungsverfahrens oder während des Verfahrens[245] oder nach Anordnung der Betreuung erteilt wurde. Im ersteren Fall ist das Betreuungsverfahren einzustellen, weil die Betreuung nicht mehr erforderlich ist (§ 1896 Abs 2 Satz 2); im letzteren Fall ist die angeordnete Betreuung aufzuheben (§ 1908 d Abs 1). Taucht eine früher errichtete Vollmacht erst später, nach Anordnung der Betreuung und Bestellung eines Betreuers, auf, führt dies, wenn die Vollmacht wirksam ist, ebenfalls zur Aufhebung der Betreuung nach § 1908 d Abs 1.

124 **10. Fälle, in denen trotz Vorsorgevollmacht eine Betreuung angeordnet werden kann. – a) Unkenntnis des Gerichts von der Vollmacht.** Ist dem Betreuungsgericht die Existenz der Vollmacht bei Anordnung der Betreuung nicht bekannt, ist die angeordnete Betreuung gleichwohl rechtmäßig[246] und nicht etwa nichtig oder sonst gegenstandslos; der Betreuer ist zu vergüten. Taucht die Vollmacht später auf, kann es jederzeit zur Aufhebung der Betreuung nach § 1908 d Abs 1 kommen (eine Verwirkung oder Verjährung gibt es insoweit nicht).

125 **b) Vollmacht ist abgelaufen.** Wenn die Vollmacht nach ihrem Text oder nach den sonstigen Umständen den Eintritt der Geschäftsunfähigkeit oder der Fürsorgebedürftigkeit *nicht* überdauert, kann sie die Betreuung nicht ersetzen[247]. So ist es etwa, wenn eine gewöhnliche Vollmacht erteilt wird und darin festgehalten ist, dass sie bei Geschäftsunfähigkeit *nicht* mehr gelten soll.

126 **c) Unwirksamkeit der Vollmacht.** Ist die Vollmacht unwirksam, macht sie die Betreuung nicht entbehrlich. Dasselbe gilt in allen Fällen, in denen der Betroffene, zB wegen frühkindlicher Hirnschädigung, überhaupt nie in der Lage war, eine Vollmacht zu erteilen. Ob die Vollmacht wirksam ist, ob also der Voll-

---

242 Hinweise dazu bei *Bienwald* § 1901 a Rz 40; *Hoffmann/Schumacher* BtPrax 2002, 191/2 (Rotes Kreuz in Mainz; Humanistischer Verband Deutschlands in Berlin usw).

243 BayObLG FamRZ 2003, 703 = FPR 2003, 143.

244 BayObLG FamRZ 1996,1370.

245 LG Wiesbaden FamRZ 1994, 778.

246 BVerfG FamRZ 2002, 312.

247 MünchKomm/*Schwab* BGB § 1896 Rz 53.

machtgeber bei Erteilung geschäftsfähig war usw, ist von Amts wegen zu ermitteln.[248] Wenn aber weder die Vollmacht noch die Umstände Anzeichen geben, ist von damaliger Geschäftsfähigkeit auszugehen. Wurde die Vollmacht seinerzeit wirksam erteilt, wird sie weder durch einen im Zustand der Geschäftsunfähigkeit ausgesprochenen Widerruf noch dadurch unwirksam, dass der Betroffene im Zustand der Geschäftsunfähigkeit erklärt, er wolle den Bevollmächtigten nicht als Betreuer haben[249]. Wenn sich Alters- und Pflegeheime routinemäßig Vorsorgevollmachten erteilen lassen oder die Aufnahme ins Heim von der Erteilung einer solchen Vollmacht abhängig machen, sind diese Vollmachten wegen Umgehung von § 1896 Abs 2 Satz 2 gemäß § 134 BGB nichtig[250].

d) Zweifelhafte Wirksamkeit der Vollmacht. Solange Zweifel an der Wirksamkeit der Vollmacht bestehen (zB wegen der Geschäftsfähigkeit, wegen des Eintritts der Bedingung[251]; wegen evtl. Widerruf[252]) ist eine Betreuung zulässig und erforderlich[253]. Liegen mehrere, verschiedenen Personen erteilte Vorsorgevollmachten vor, ist aber zweifelhaft, welche von diesen wirksam ist, so ist diese Frage im Betreuungsverfahren aufzuklären. Kann die Frage nicht geklärt werden, ist ein Betreuungsverfahren durchzuführen, weil eben kein Bevollmächtigter tätig werden kann[254]. Eine **nicht hinreichend bestimmte Vollmacht** macht die Betreuung nicht überflüssig[255]. 127

e) Vollmacht wirksam, deckt aber nicht alle Aufgaben ab. Die Bankvollmacht ersetzt eine Betreuung nur insoweit, als es um Bankgeschäfte geht. Die Bankvollmacht für *ein* Konto genügt nicht, wenn der Betroffene über mehrere Konten verfügt[256]. Sind auch sonstige Angelegenheiten zu besorgen, macht sie also eine Betreuung teilweise überflüssig; die Betreuung darf nur für die Aufgaben angeordnet werden, die durch die Vollmacht nicht abgedeckt sind, es sei denn, dass die Aufspaltung nicht dem Wohl des Betroffenen entspricht[257]. 128

f) Vollmacht entspricht nicht den Form- und Inhaltsvorschriften. In den Fällen gefährliche Gesundheitsmaßnahmen, freiheitsentziehende Unterbringung und Prozessführung ist eine Einwilligung des Bevollmächtigten nur wirksam, wenn die Vollmacht schriftlich erteilt wurde und die Maßnahmen ausdrücklich bezeichnet (§§ 1904 Abs 5, 1906 Abs 5 BGB; § 51 Abs 3 ZPO). Ist dies nicht der Fall, ist gleichwohl eine Betreuung, beschränkt auf solche Maßnahmen, erforderlich[258]. Zu beachten ist, dass die Vollmacht im Übrigen, zB bezüglich der Vermögensverwaltung, gültig bleibt. 129

g) Wirksame Vollmacht, aber der Bevollmächtigte wird nicht tätig bzw ist ungeeignet. Wenn der Bevollmächtigte die Tätigkeit aufgrund der Vollmacht gar nicht erst begonnen oder wieder aufgegeben hat, ist (soweit erforderlich) ein 130

248 Über Anforderungen an ein Gutachten zur Geschäftsfähigkeit vgl OLG München FGPrax 2010, 29.
249 BayObLG FamRZ 2002, 1220.
250 HK-BUR-Bauer § 1896 Rz 186.
251 OLG Koblenz FamRZ 2007, 1190.
252 OLG Schleswig FGPrax 2006, 217.
253 BayObLG FamRZ 1994, 720.
254 BayObLG FamRZ 2004, 402.
255 LG Hamburg FamRZ 1999, 1613: abstrakte Angaben wie „Gesundheitssorge“ seien für einen Laien als Vollmachtgeber nicht ausreichend, konkrete Angaben über Auskunftspflicht, Entbindung von Schweigepflicht usw seien notwendig; bedenklich.
256 OLG Köln FamRZ 2000, 188.
257 MünchKomm/*Schwab* BGB § 1896 Rz 57.
258 OLG Zweibrücken NJW-RR 2002, 1156; LG Hamburg FamRZ 1999, 1613 betrifft noch die Lage vor Anfügung des § 1904 Abs 2 BGB; KG FGPrax 2006, 18.

Betreuer zu bestellen[259]. So ist es auch, „wenn auf Grund heftiger innerfamiliärer Streitigkeiten die Vollmacht im familiären Umfeld des Vollmachtgebers nicht anerkannt wird und der Bevollmächtigte es deshalb ablehnt, von der Vollmacht Gebrauch zu machen“[260]. Im entschiedenen Fall bestand über die Wirksamkeit der Vollmacht innerhalb der Familie Streit. Schriftstücke mit rechtsgeschäftlichem Erklärungswert, die ihm von anderen Familienmitgliedern unterbreitet wurden, auch Vollmachtswiderrufe, unterschrieb der geschäftsunfähige Vater bedenkenlos und erinnerte sich später nicht mehr daran. Der Sohn wollte daher aufgrund der Vollmacht nicht tätig werden, war zur Wahrnehmung der Aufgaben nur bereit, wenn ihm die rechtlich zweifelsfreie Stellung eines Betreuers eingeräumt wurde. Eine Vorsorgevollmacht steht ferner der Bestellung eines Betreuers nicht entgegen, wenn der Bevollmächtigte ungeeignet ist, die Angelegenheiten des Betroffenen zu besorgen, insbesondere weil zu befürchten ist, dass die Wahrnehmung der Interessen des Betroffenen durch ihn eine konkrete Gefahr für das Wohl des Betroffenen begründet[261]; wenn ein Interessenkonflikt besteht[262].

131 h) **Missbrauchsverdacht.** Trotz wirksamer Vorsorgevollmacht ist die Bestellung eines Betreuers dann erforderlich, wenn konkrete Anhaltspunkte dafür bestehen, dass der Vorsorgebevollmächtigte die Vorsorgevollmacht missbraucht[263]. Oder: wenn erhebliche Zweifel an der Redlichkeit oder Tauglichkeit des Bevollmächtigten bestehen[264]. In solchen Fällen kommt sowohl die Bestellung nur eines Kontrollbetreuers (§ 1896 Abs 3) als auch sogleich die Bestellung eines Vollbetreuers in Betracht.

132 i) **Nicht vollmachtsfähige Angelegenheit.** Wenn eine Angelegenheit ihrem Wesen nach nicht durch einen Bevollmächtigten, sondern nur durch einen gesetzlichen Vertreter wahrgenommen werden kann, ist trotz Vollmacht eine Betreuung erforderlich[265]. Im Bereich der höchstpersönlichen Angelegenheiten sind zahlreiche derartige Fälle im BGB enthalten: §§ 1411, 1600 a Abs 2 Satz 3, 1746 Abs 1 Satz 2, 1762, 1768 Abs 2, 2347 Abs 2 Satz 2. Ferner kann eine **Wissenserklärung** (zB eidesstattliche Versicherung im Erbscheinsverfahren) nur durch einen gesetzlichen Vertreter, nicht durch einen Bevollmächtigten abgegeben werden. Die Finanzämter halten teilweise die Abgabe von **Steuererklärungen** durch einen Bevollmächtigten nicht für ausreichend[266], obwohl § 150 Abs 3 AO 1977 dies weitgehend gestattet. In der **Zwangsvollstreckung** bestimmt das Vollstreckungsgericht, ob der Vollmachtgeber oder der Bevollmächtigte die eidesstattliche Versicherung (§ 807 ZPO) abzugeben hat; vgl § 1902 Rz 49 ff.

133 j) **Betreuungsanordnung, weil ein Einwilligungsvorbehalt erforderlich ist.** Wenn die Anordnung eines Einwilligungsvorbehalts (§ 1903) erforderlich erscheint, muss eine Betreuung angeordnet werden (denn ein isolierter Einwilligungsvorbehalt ist nicht zulässig und an eine Vollmacht kann er nicht „angehängt“ werden, wie § 1903 zeigt). **Beispiel:** Der Vollmachtgeber bestellt laufend in größerem Umfang bei Versandhäusern, Telefonverkäufern, so dass die finanziellen Verhältnisse beeinträchtigt werden; durch Anordnung eines Einwil-

---

259 OLG Schleswig FGPrax 2008, 158; BayObLG FamRZ 1996, 968.
260 BayObLG FamRZ 2004, 1403.
261 KG FGPrax 2006, 182.
262 LG Kleve NJOZ 2008, 2684.
263 BayObLG FamRZ 2003, 1219 = FGPrax 2003, 171.
264 OLG Zweibrücken FamRZ 2006, 1710 (bereits eine Mio Euro veruntreut); LG Wiesbaden FamRZ 1994, 778; KG NJOZ 2010, 709.
265 Der pauschale Satz, mit Hilfe einer Vorsorgevollmacht lasse sich eine Betreuung insgesamt vermeiden (so *Lipp* in FS Bienwald S. 177) ist deshalb nicht richtig.
266 *Dieckmann/Jurgeleit* BtPrax 2002, 135/140.

ligungsvorbehalts werden seine Willenserklärungen nur noch wirksam, wenn der Betreuer zustimmt. In etwa 5 % aller Betreuungsfälle wird zugleich ein Einwilligungsvorbehalt angeordnet[267]. Eine verdrängende Vollmacht (in der sich der Vollmachtgeber verpflichtet, selbst nicht tätig zu werden) wäre unzulässig.

k) Bevollmächtigter ist nach § 1897 Abs 3 ausgeschlossen. Trotz Vorsorgevollmacht ist eine Betreuung dann erforderlich, wenn der Bevollmächtigte zu den in § 1897 Abs 3 bezeichneten Personen gehört (vgl oben Rz 114). Das sind alle Personen, die zu einer Anstalt, einem Heim oder einer sonstigen Einrichtung, in welcher der Vollmachtgeber untergebracht ist oder wohnt, in einem Abhängigkeitsverhältnis oder in einer anderen engen Beziehung stehen. Die Vorschrift soll mögliche Interessenkonflikte vermeiden. Die Vollmacht kann in solchen Fällen somit die Betreuung jedenfalls *teilweise* nicht verhindern, bleibt aber wirksam (zB kann der Angehörige, der im Pflegeheim arbeitet, durchaus weiterhin das Mietshaus und die Wertpapiere des Heimbewohners verwalten; nur für die Heimangelegenheiten ist ein Betreuer zu bestellen). Der Bevollmächtigte darf vom Betreuungsgericht aber auch nicht zum Betreuer bestellt werden; es wird also eine andere Person für einen Teilbereich zum Betreuer bestellt. § 1896 Abs 2 Satz 2 erklärt solche Vollmachten nicht für unwirksam; sucht sich der Bevollmächtigte einen anderen Arbeitsplatz, ist daher die Betreuung wieder aufzuheben. Deshalb darf der Betreuer eine solche Vollmacht keineswegs vollständig widerrufen. 134

l) Tätigkeit eines Berufsbetreuers zweckmäßiger als Tätigkeit des Bevollmächtigten. § 1896 Abs 2 sagt, dass die Betreuung nicht erforderlich ist, wenn die Angelegenheiten des Betroffenen „ebenso gut wie durch einen Betreuer besorgt werden können." Das ist schlecht formuliert. Denn die mit zahlreichen staatlichen Sicherungsvorkehrungen versehene Betreuung kann nicht mit der gefährlichen privaten Vollmacht verglichen werden, das sind zwei verschiedene Instrumente. Nach dem Wortlaut könnte nie eine Vollmacht eine Betreuung überflüssig machen. So ist es aber nicht gemeint. Deshalb ist entgegen dem Wortlaut nach Erteilung einer Vollmacht die Bestellung eines Betreuers nicht bereits dann möglich, wenn nach der Auffassung des Gerichts die Besorgung der Angelegenheiten des Betroffenen durch einen Betreuer vorzuziehen ist[268]. Auch genügt es nicht, dass die Wertvorstellungen des Bevollmächtigten, nach denen er die Vollmacht ausübt, in Teilbereichen allgemeinen Wertvorstellungen zuwiderlaufen[269]; oder dass Spannungen zwischen dem Bevollmächtigten einerseits und dem Pflegepersonal oder behandelnden Ärzten andererseits vorhanden sind[270]. Die Angelegenheiten des Betroffenen können aber dann durch den Bevollmächtigten nicht mehr ebenso gut wie durch einen Betreuer besorgt werden, wenn die Wahrnehmung der Interessen des Betroffenen durch den Bevollmächtigten eine konkrete Gefahr für das Wohl des Betroffenen begründet[271], etwa weil der Bevollmächtigte ungeeignet ist, die Interessen des Betroffenen sachgerecht wahrzunehmen und er aus in seiner Person liegenden Gründen zur Zeit nicht in der Lage ist, professionelle Hilfsangebote bei der Betreuung wahrzunehmen. Die Nachrangigkeit der Betreuung darf sich nicht gegen den Betroffenen selbst wenden[272]. 135

267 Genaue Zahlen bei *Knittel* § 1903 Rz 4 a.
268 OLG Brandenburg NJW 2005, 1587.
269 LG Frankfurt/M FamRZ 2003, 632 (betrifft Bluttransfusion bei Zeugen Jehovas).
270 OLG Oldenburg RuP 2003,102; OLG Brandenburg NJW 2005, 1587.
271 BayObLG FamRZ 2003, 704; ähnlich KG FGPrax 2006, 182.
272 BayObLG OLG-Report 2004, 285; OLG Brandenburg NJW 2005, 1587.

136 m) **Rechtsdienstleistungsgesetz**[273]. Das Tätigwerden aufgrund von Vollmachten kann in bestimmten Fällen gegen das Rechtsdienstleistungsgesetz (RDG), das ab 1.7.2008 das Rechtsberatungsgesetz (RBerG) abgelöst hat, verstoßen[274]. Das RDG enthält keine spezielle Vorschrift für Vorsorgevollmachten[275]. Die Tätigkeit als Vorsorgebevollmächtigter verstößt nicht gegen das RDG, wenn der Bevollmächtigte im Rahmen familiärer, nachbarschaftlicher oder ähnlich enger persönlicher Beziehungen und *ohne Vergütung* tätig wird. Außerhalb der engen persönlichen Beziehung ist unentgeltliche Rechtsbesorgung nur durch Volljuristen erlaubt. Auslagenersatz ist zulässig, auch angemessen pauschaliert. Mittelbare Vermögensvorteile (etwa umfangreiche Geschenke) stellen ebenfalls eine Honorierung dar[276]. Zweifelhaft ist, ob die erbrechtliche Zuwendung als entgeltlich zu bewerten ist[277]; man wird auf die Ausgestaltung im Einzelfall abstellen müssen.

137 n) **Auslandsfälle.** Im Ausland genügt teilweise eine Vollmacht nicht (zB weil der Vollmachtgeber inzwischen geschäftsunfähig ist; weil eine unzulässige Generalvollmacht vorliegt; weil die Vollmacht nicht registriert wurde). Dann ist gleichwohl eine Betreuung erforderlich; eine andere Frage ist, ob das Ausland die deutsche Betreuung anerkennt (das richtet sich nach dem internationalen Privatrecht).

138 o) **Gesetz über das Kreditwesen.** Fraglich ist, ob Vorsorgebevollmächtigte, die ein größeres Wertpapiervermögen für einen Vollmachtgeber verwalten, hierzu eine Genehmigung der BAFin (Bundesanstalt für Finanzdienstleistungsaufsicht, Bonn) nach § 32 KWG. Sollte dies erforderlich sein[278] und die Genehmigung fehlen, ist eine Betreuung angebracht.

139 **11. Zwang oder Pflicht, eine Vorsorgevollmacht zu erteilen?** Was geschieht, wenn sich der geschäftsfähige (!) Betroffene im Rahmen des Betreuungsverfahrens, etwa bei der Anhörung, trotz dringlichen Anratens des Richters weigert, einem Dritten eine Vorsorgevollmacht zu erteilen? Die Bestellung eines Betreuers mit dem Aufgabenkreis der Wahrnehmung der Vermögensangelegenheiten ist bereits dann im Sinne des § 1896 Abs 2 erforderlich, wenn der Betroffene sich weigert, eine rechtsgeschäftliche Bevollmächtigung vorzunehmen und stattdessen eine Betreuerbestellung für diesen Aufgabenkreis beantragt, falls die sonstigen Voraussetzungen des § 1896 vorliegen[279]. Deshalb genügt es, wenn der Betroffene auf Grund seiner Erkrankung nicht mehr in der Lage ist, die Tätigkeit eines Bevollmächtigten hinreichend zu überwachen[280]; es genügt auch, dass der Betroffene erklärt, er kenne keine vertrauenswürdige und auch sonst geeignete Person; er könne sie nicht bezahlen; er wolle lieber eine Betreuung haben, weil ihm die Kontrollmaßnahmen des Betreuungsgerichts besser zusagen als eine private nicht überwachte und daher gefährliche Hilfe.

140 Doch wird gelegentlich auch eine andere Auffassung vertreten[281]. Ein Antragsteller hatte seinen Antrag, eine Betreuung anzuordnen, auf seine fast vollständige Erblindung gestützt. Der Antrag wurde abgelehnt, da der Antragsteller einen Rechtsanwalt mit der Wahr-

---

273 Einzelheiten: *Zimmermann*, Vorsorgevollmacht Rz 143 ff.

274 Vgl KG FamRZ 2007, 1042 (noch zum RBerG).

275 BR-Drucks 623/06 S. 84: Bei den im Familien- und Freundeskreis erteilten Vorsorgevollmachten sei die Tätigkeit auch dann, wenn sie unentgeltliche Rechtsdienstleistung enthält, zulässig (so der Entwurf). Vgl ferner BT-Drucks 16/3655 S. 42.

276 *Grunewald/Römermann/Müller* RDG § 6 Rz 7 bis 13.

277 Bejaht von *Sauer* RNotZ 2009, 79/95.

278 Vgl dazu *Zimmermann*, Vorsorgevollmacht Rz 148.

279 MünchKomm/*Schwab* § 1896 Rz 60.

280 OLG Hamm BtPrax 2001, 870 = NJWE-FER 2001, 152.

281 AG Neuruppin FamRZ 2009, 1942; *Sachsen Gessaphe* Der Betreuer … S. 294.

nehmung seiner Interessen beauftragen könne. § 1896 verlangt, dass ein Betroffener aufgrund einer psychischen Krankheit oder Behinderung seine Angelegenheiten nicht besorgen kann; liegt ein derartiges Betreuungsbedürfnis nicht vor, darf eine Betreuung auch auf Wunsch des Betroffenen nicht eingerichtet werden, da der Grundsatz der Erforderlichkeit der Betreuung öffentlichen Interessen dient, so dass der Betroffene hierauf nicht wirksam verzichten kann[282]. Im Übrigen ist auch bei Betreuung vermögender Personen die Betreuervergütung letztlich geringer als die laufende Beauftragung von Anwälten (trotz § 1835 Abs 3), so dass die Bestellung eines anwaltlichen Betreuers einen Missbrauch darstellen würde.

12. Verhältnis Vollmacht – Betreuung. Umfasst die Vollmacht nur einen Teil der Angelegenheiten, darf die Betreuung grundsätzlich nur für den Rest angeordnet werden. Eine Vollmacht erlischt nicht dadurch, dass eine Betreuung (mit oder ohne Einwilligungsvorbehalt) angeordnet wird. Möglicherweise hätte die Betreuung zwar nicht angeordnet werden dürfen (§ 1896 Abs 2), doch berührt dies die Wirksamkeit der Betreuung nicht, solange sie nicht ausgehoben ist. Es besteht dann uU eine **Doppelzuständigkeit:** sowohl der Bevollmächtige (als gewillkürter Vertreter) wie auch der Betreuer (als gesetzlicher Vertreter) können handeln. Der Betreuer kann diese Konkurrenz beenden, indem er die Vollmacht widerruft, falls sein Aufgabenkreis soweit reicht. Nach Anordnung des Einwilligungsvorbehalts kann, soweit der Aufgabenkreis reicht, der Betreute (wenn er geschäftsfähig ist) eine wirksame Vollmacht nur noch mit Zustimmung des Betreuers wirksam erteilen[283]. 141

13. Beteiligtenstellung des Bevollmächtigten. Der Vorsorgebevollmächtigte hat als Beteiligter das Recht der Einsicht in die Betreuungsakten, § 13 Abs 1 FamFG, wenn sein Aufgabenkreis betroffen ist[284]. Der Bevollmächtigte muss in Betreuungsverfahren vom Gericht beteiligt werden, sofern sein Aufgabenkreis betroffen ist (§ 274 Abs 1 Nr 3 FamFG). In diesem Rahmen hat er auch ein Beschwerderecht als Vertreter des Vollmachtgebers (§ 303 Abs 4 Satz 1 FamG), teils aus eigenem Recht (§ 59 FamFG). Entscheidungen sind dem Bevollmächtigten mitzuteilen (§ 41 Abs 1 FamFG). 142

14. Einstweilige Anordnungen. Für eine vorläufige Aussetzung der Wirksamkeit einer erteilten Vorsorgevollmacht gibt es keine Rechtsgrundlage[285]. Da aber ein Bevollmächtigter Beteiligter ist (§ 274 Abs 1 Nr 3 FamFG), können gegen ihn, wenn ein Betreuungsverfahren eingeleitet ist, einstweilige Anordnungen nach § 49 FamFG ergehen, zB kann ihm geboten werden, den Gebrauch der Vollmacht bis zur Endentscheidung zu unterlassen. 143

15. Kosten der Vollmacht. Sie ist grundsätzlich kostenfrei. Wird sie bei der Bundesnotarkammer in Berlin registriert fällt eine Gebühr nach der Vorsorgeregister-Gebührensatzung, VRegGebS) an (Grundgebühr 18,50 Euro). Lässt man die Unterschrift durch die Betreuungsbehörde beglaubigen, kostet das 10 Euro (§ 6 Abs 5 BtBG). Die Gebühren für die Unterschriftsbeglaubigung durch einen Notar richtet sich nach der Höhe des Vermögens des Vollmachtgebers (§§ 45, 141 KostO). *Beurkundet* der Notar eine Vorsorgevollmacht, bemisst sich seine Gebühr nach §§ 141, 41 Abs 2 KostO. Es kommt für den Geschäftswert auf den Umfang der Vollmacht und die Höhe des Vermögens an. 144

282 OLG Köln FamRZ 1996, 249.
283 Veit FamRZ 1996, 1309.
284 KG FamRZ 2007, 1041.
285 LG München I FamRZ 2008, 184.

VI. Kontrollbetreuer, Abs 3

Schrifttum: *Kurze*, Die Kontrollbetreuung, NJW 2007, 2220; *Bienwald*, Rpfleger 2007, 447; *Bienwald*, Rpfleger 2009, 290.

145 **1. Kontrollbetreuung.** Abs 3[286] geht von der Fallgruppe aus, dass der Betreute einen Bevollmächtigten bestellt hat, ihn aber nicht mehr überwachen kann, so dass ein Betreuer mit diesem speziellen Aufgabenkreis (sog **Kontrollbetreuer,** Vollmachtsbetreuer) erforderlich ist. Dabei spielt es keine Rolle, ob der Bevollmächtigte ein Fremder oder ein Familienangehöriger ist, auch nicht, ob die Vollmacht nur zu Alltagsgeschäften oder zu größeren Geschäften berechtigt[287]. Das BVerfG[288] sieht § 1896 Abs 3 kritisch: die Bestellung eines Kontrollbetreuers und die Ermächtigung des Kontrollbetreuers zum Widerruf der erteilten Vollmachten begegne im Hinblick auf das durch Art 2 Abs 1 in Verbindung mit Art 1 Abs 1 GG garantierte Selbstbestimmungsrecht des Betroffenen, dessen Ausfluss die vom Betroffenen erteilten Vorsorgevollmachten sind, erheblichen **verfassungsrechtlichen Bedenken.**

146 **Vermeidung einer Kontrollbetreuung.** Wer eine Vorsorgevollmacht erteilt hat, kann nicht hundertprozentig vermeiden, dass es uU später doch zu einer Betreuung (sei es nur in Form einer Kontrollbetreuung) kommt; denn § 1896 Abs 3 kann nicht abbedungen werden[289]. Jedoch kann der Betroffene zwei Personen Einzelvollmacht erteilen; aber kein Bevollmächtigter darf das Recht haben, die Vollmacht des anderen zu widerrufen. Der zweite Bevollmächtigte muss das Recht erhalten, vom ersten Bevollmächtigten bestimmte Auskünfte und Abrechnungen zu erhalten. Tauchen Probleme auf kann er das Betreuungsgericht einschalten, so dass letztlich ein Widerruf der Vollmacht erfolgen kann.

147 **2. Soziale Kontrolle durch Familienangehörige.** Ein Betreuer ist auch dann zu bestellen, wenn Familienangehörige oder sonstige Bekannte in der Lage sind, die Überwachungstätigkeit auszuüben. Nach dem Wortlaut des Abs 3 reicht es aus, dass lediglich der Behinderte die bevollmächtigte Person nicht mehr zu überwachen vermag. Außerdem setzt die „Familienüberwachung" voraus, dass sich der Bevollmächtigte überwachen lässt und dass „die Familie" (wer ist das genau?) berechtigt ist, zB die Vollmacht zu widerrufen. All diese *rechtlichen* Möglichkeiten haben die „Angehörigen" nicht[290]. Um 2003/2004 war geplant, ein *gesetzliches* Vertretungsrecht für Angehörige einzuführen[291]; diese wunderliche Idee ist zu Recht fallen gelassen worden.

148 **3. Voraussetzungen.** Eine Kontrollbetreuung kommt nur in Betracht, wenn feststeht, dass eine Vollmacht seinerzeit wirksam erteilt war (Geschäftsfähigkeit!) und dass sie nicht erloschen ist[292]; ein Widerruf der Vollmacht durch den inzwischen geschäftsunfähig gewordenen Betroffenen beseitigt die Vollmacht nicht. Über die Geschäftsfähigkeit müssen gegebenenfalls Gutachten eingeholt werden[293]. Ferner müssen die Voraussetzungen des § 1896 Abs 1 und 2 Satz 1

---

286 Dazu *Bienwald* Rpfleger 1998, 231.

287 Soweit *Tschepe* AnwBl 1993, 357, 358 bei Existenz einer Vollmacht eine normale Betreuung bevorzugt, ist dem nicht zu folgen: auch der Kontrollbetreuer steht unter der Aufsicht des Betreuungsgerichts.

288 BVerfG FamRZ 2008, 2260.

289 AA teils OLG München NJW-RR 2007, 294 (der Betroffene könne in einer Vorsorgevollmacht Einschränkungen festlegen).

290 *Kurze* NJW 2007, 2220.

291 *Chiusi* ZRP 2004, 119; *Gödicke* FamRZ 2003, 1894; *Dieckmann* BtPrax 2003, 200.

292 BayObLG FamRZ 1993, 1249; LG München I FamRZ 1998, 923.

293 BayObLG FamRZ 1993, 1249.

vorliegen[294], das heißt, dass Umfang und Schwierigkeit der vom Bevollmächtigten zu besorgenden Geschäfte eine Überwachung durch einen Bevollmächtigten als angezeigt erscheinen lassen müssen (Erforderlichkeitsgrundsatz). Der geistige Zustand des Vollmachtgebers muss insbesondere so sein, dass er den Bevollmächtigten aus einem der in § 1896 Abs 1 genannten Gründe selbst nicht mehr überwachen kann. Die Kontrollbetreuung muss erforderlich sein, weil der Bevollmächtigte die Vollmacht nicht zum Wohle des Betroffenen verwendet, was eine Frage des Einzelfalls ist.

a) **Vorverhalten des Bevollmächtigten.** Es müssen zumindest konkrete Anhaltspunkte dafür vorliegen, dass eine Überwachung des Bevollmächtigten angebracht erscheint, dh dass der Bevollmächtigte nicht im Interesse des Betroffenen und den im Innenverhältnis vereinbarten Kriterien handelt[295]; gefordert werden zB konkrete Unregelmäßigkeiten[296], oder ein mehrfacher oder besonders gravierendem Fehlgebrauch bzw Missbrauch der Vollmacht für eigene Zwecke[297]. Nach der aA ist nicht zwingend erforderlich, dass gegen die Redlichkeit oder die Tauglichkeit des Bevollmächtigten Bedenken bestehen, dass ein Missbrauchsverdacht besteht[298]. Ein Indiz dafür, dass das Verhalten des Bevollmächtigten bedenklich ist, kann sein, dass der (geschäftsunfähige) Vollmachtgeber versucht, die Vollmacht zu widerrufen[299]. 149

b) **Umfangs oder Schwierigkeit der Geschäfte.** Die Gesetzesmaterialien[300] wollen das genügen lassen. Das *BayObLG* ließ objektiv erhöhten Umfang und Schwierigkeit für eine Kontrollbetreuerbestellung ausreichen, wenn der Bevollmächtigte dem nicht gewachsen war[301]. Ein konkreter Überwachungsbedarf bestünde, dem anderweit nicht abgeholfen werde, wenn zB monatlich höhere Pachteinnahmen eingehen und Renovierungen anstehen[302]. Nach anderer Ansicht genügt das *allein* nicht[303]; das ist zutreffend, weil sonst bei jedem großen Vermögen einer geistig behinderten Person ein Kontrollbetreuer einzusetzen wäre, was das Selbstbestimmungsrecht des Vollmachtgebers verbietet. 150

4. **Befugnisse des Kontrollbetreuers.** Er hat alle Kontrollrechte des Vollmachtgebers[304], kann also vom Bevollmächtigten Auskunft verlangen (§ 666), eine geordnete Aufstellung der Einnahmen und Ausgaben (§ 666), Einsicht in die Belege oder deren Herausgabe (§ 667); er kann die Abweichung von ursprünglichen Weisungen des Vollmachtgebers erlauben (§ 665 Satz 2), Schadensersatzansprüche gegen den Bevollmächtigten geltend machen[305]. Wenn der Kontrollbetreuer erkennt, dass der Bevollmächtigte fahrlässig oder vorsätzlich zum Nachteil des Vollmachtgebers handelt, so wird er den Bevollmächtigten abmahnen, den geschäftsfähigen Vollmachtgeber informieren, um diesem die Möglichkeit zum Widerruf der Vollmacht zu verschaffen. Der Kontrollbetreuer nach 151

---

294 BayObLG FamRZ 1994, 1550; LG Augsburg BtPrax 1994, 176; LG München I FamRZ 1998, 923.
295 OLG Hamm NotBZ 2008, 38; vgl LG Augsburg BtPrax 1994, 176: der Bevollmächtigte ließ eine Wohnung im Mietshaus des Betroffenen längere Zeit leer stehen; noch kein ausreichender Anlass.
296 OLG Köln OLG Report 2000, 91; BayObLG FGPrax 2005, 151.
297 BayObLG FGPrax 2005, 151; *Kurze* NJW 2007, 2220.
298 BayObLG FamRZ 1999, 1302; LG München I FamRZ 1998, 700.
299 OLG Köln FGPrax 2005, 156.
300 BT-Drucks 11/4528 S. 59.
301 BayObLG FGPrax 2005, 151; FamRZ 1999, 1302; FamRZ 1993, 1249; FamRZ 1994, 1550.
302 BayObLG BtPrax 1999, 151; OLG Köln FamRZ 2000, 909.
303 OLG Köln FamRZ 2000, 909; OLG Schleswig Rpfleger 2003, 245; OLG Brandenburg OLG-Report 2005, 587; LG Augsburg BtPrax 1994, 176; *Kurze* NJW 2007, 2220.
304 BT-Drucks 11/4528 S. 226.
305 *Sonnenfeld* Rz 197.

Abs 3 kann die **Vollmacht selbst widerrufen** (eventuell nur teilweise) und das zu Grunde liegende Rechtsverhältnis (zB Auftrag) kündigen[306]; ob er widerruft, ist vom Betreuungsgericht im Rahmen des § 1837 nur beschränkt nachprüfbar. Die Wirksamkeit des Widerrufs ist durch Zivilprozess klärbar. Einen Ersatzbevollmächtigten kann der Betreuer nicht bestellen. Widerruft er die Vollmacht, muss ihm die Vollmachtsurkunde herausgegeben werden; bei einem Teilwiderruf nur zu dem Zweck, dass dort ein einschränkender Vermerk angebracht wird[307].

152 5. **Verfahren.** Zuständig für die Bestellung eines Betreuers nach Abs 3 ist der Rechtspfleger zuständig (§ 15 Abs 1 Satz 2 RPflG). Gegen die Entscheidung ist die befristete Beschwerde gegeben (§§ 58, 59 ff FamFG). Auch der Bevollmächtigte selbst hat ein Beschwerderecht (§ 59 Abs 1 FamFG), sei es als eigenes Recht oder als Bevollmächtigter, wenn das Betreuungsgericht zu seiner Überwachung einen Kontrollbetreuer bestellt[308]; § 303 Abs 4 FamFG. Das BVerfG[309] hat ausdrücklich darauf hingewiesen, dass der Betroffene ein Recht auf effektiven Rechtsschutz hat.

153 Im vom BVerfG entschiedenen Fall wurde ein Kontrollbetreuer eingesetzt und ihm ausdrücklich der Wirkungskreis des Widerrufs erteilter Vollmachten zugewiesen. Davon machte der Betreuer bereits zwei Tage nach seiner Bestellung Gebrauch. Auf diese Weise war dem Betroffenen die Möglichkeit der Beschwerde gegen die Anordnung der Kontrollbetreuung genommen; denn die Gerichte vertraten die Auffassung, mit dem Widerruf der Vollmachten habe sich die Aufgabe des Kontrollbetreuers erledigt, somit auch das Beschwerdeverfahren.

VII. Fernmeldeverkehr (Abs 4)[310]

154 1. **Ausdrückliche Anordnung.** Die Entscheidung über den Fernmeldeverkehr des Betreuten und über die Entgegennahme, das Öffnen und das Anhalten seiner Post werden nach Abs 4 vom Aufgabenkreis des Betreuers nur dann erfasst, wenn das Gericht dies ausdrücklich angeordnet hat; das ist in etwa ¼ der Betreuungen der Fall[311]. Wenn also das Gericht einen *Betreuer für alle Angelegenheiten* bestellt, darf der Betreuer die Post noch nicht kontrollieren; notwendig ist, dass im Beschluss zusätzlich die Befugnis zur Postkontrolle zugewiesen ist (Aufgabenkreis zB: *alle Angelegenheiten einschließlich der Postkontrolle*). Unerlaubtes Öffnen fällt unter § 202 StGB. **Fernmeldeverkehr:** erfasst ein- und ausgehende Telefonate, Telefaxverkehr und ähnliche Kommunikationen. **Entgegennahme, Öffnen** erfasst mE nur eingehende Post[312]. **Anhalten** der Post: erfasst sowohl eingehende Post als auch vom Betreuten abgesandte Post.

155 2. **Voraussetzungen.** Welche Voraussetzungen vorliegen müssen, damit das Betreuungsgericht dem Betreuer zusätzlich die Postkontrolle übertragen kann, sagt das Gesetz nicht. Das ist erstaunlich, weil diese Befugnis in das Grundrecht des Postgeheimnisses (Art 10 GG) eingreift und das Allgemeine Persönlichkeitsrecht (Art 2 Abs 1 GG) berührt. Notwendig ist, dass die Grundsätze der Erforderlichkeit und der Verhältnismäßigkeit gewahrt sind. Eine Postkontrolle darf nur angeordnet werden, wenn sie notwendig ist, damit der Betreuer die ihm zugewiesene Aufgabe zum Wohle des Betreuten erfüllen kann, wenn also, würde

306 BayObLG FamRZ 1994, 1550 und 1993, 1249; *Sonnenfeld* Rz 197.
307 OLG München FamRZ 2009, 1437.
308 Vgl BayObLG BtPrax 1999, 151 Nr 3; aA OLG Stuttgart FamRZ 1995, 437 = ZEV 1995, 87, weil er nicht in geschützten Rechten verletzt sein soll.
309 BVerfG FamRZ 2008, 2260.
310 Dazu *Deinert/Lütgens* BtPrax 2009, 212.
311 Genaue Zahlen bei *Deinert/Lütgens* BtPrax 2009, 212.
312 *Deinert/Lütgens* BtPrax 2009, 212/213.

sie unterlassen, Rechtsgüter des Betreuten gefährdet würden[313]. Eine Rechtfertigung für die Betreueraufgabe „Entscheidung über den Fernmeldeverkehr" kann zB darin bestehen, den Betroffenen vor den berechtigten Reaktionen der Belästigten (hier: durch eine Vielzahl von Anrufen jeweils bestimmter Privat- oder Firmenanschlüsse mit wirrem Inhalt, Missbrauch des polizeilichen Notrufs) zu schützen[314]. Gerade bei der Vermögenssorge, Vertretung in Rechts- und Nachlassangelegenheiten, wird der Betreuer seine Betreuertätigkeit oft nur unvollkommen ausüben können, wenn ihm nicht insoweit eine Postkontrolle eingeräumt ist.

Es ist aber **nicht zulässig,** schon deshalb (vorsorglich) bei *jeder* Vermögensbetreuung *formblattmäßig* die Postkontrolle anzuordnen. Ein **konkreter Anlass** muss hinzutreten[315], zB dass Anhaltspunkte dafür bestehen, dass wichtige Briefe (von Banken, Behörden, Steuerbescheide, Rentenangelegenheiten usw) dem Betreuer ohne entsprechende Zuweisung des Aufgabenkreises unbekannt bleiben werden[316], zB weil sie der verwirrte Betreute verlegt oder absichtlich verschwinden lässt (Folge: Zuweisung der Postkontrolle von Anfang an) oder dass bereits wichtige Briefe nicht an den Betreuer gelangt sind (Folge: nachträgliche Anordnung der Postkontrolle, § 293 FamFG). Nicht nur Post mit vermögensbezogenem Inhalt kann anzuhalten sein; eingehende Briefe können anzuhalten sein, wenn sie dem Betreuten gesundheitlich schaden, weil sie zB schwere Erregungszustände bei ihm hervorrufen. Ausgehende Post kann dem Betreuten schaden, wenn sie realitätsfremde Anzeigen, Strafanträge, Klagen, Schmähbriefe und unsinnige Bestellungen enthält. 156

3. Umfang der Postkontrolle. Post- und Fernmeldeverkehr, der keinen Bezug zum Aufgabenkreis des Betreuers hat, oder dessen Kontrolle nicht erforderlich ist, muss von der Sonderzuweisung ausgenommen werden. Zu nennen wäre hier bei der Vermögenssorge die Korrespondenz mit Verwandten. Die Korrespondenz des Betreuten mit dem beauftragten Anwalt, Verfahrenspfleger, Petitionsausschuss des Landtags und Bundestags, bei Ausländern: der Vertretung des Heimatlandes, ist auch ohne ausdrückliche Entscheidung von selbst von der Kontrolle durch den Betreuer ausgenommen[317]. In den Unterbringungsgesetzen der Länder (zB ThürPsychKG § 18 Abs 2) ist dies ausdrücklich geregelt; für eine Betreuung kann nicht weniger gelten. Bei eingeschränkter Postkontrolle ergeben sich Abgrenzungsschwierigkeiten. Da die Post in aller Regel Unterscheidungen bei der eingehenden Post nicht treffen kann, muss die gesamte Post dem Betreuer zugeleitet werden, der dann die Abgrenzung vornehmen muss; in Zweifelsfällen, wenn dem Absender nicht eindeutig zu entnehmen ist, um welche Korrespondenz es sich handelt, wird der Betreuer zum Wohle des Betreuten die Post einsehen dürfen. Der Aufgabenbereich „Entgegennahme, Öffnen und Anhalten der Post" *verpflichtet* den Betreuer nicht, stets die Post des Betreuten vor einer Aushändigung an ihn zu kontrollieren[318], so dass er auch nicht zwingend haftet, wenn er es nicht tut. 157

4. Begründung des Beschlusses. Die gerichtliche Entscheidung bedarf für jeden einzelnen Aufgabenkreis der Konkretisierung[319]; deshalb muss das Betreuungsgericht auch gesondert begründen, weshalb die Postkontrolle (in welchem 158

313 BayObLG FamRZ 1997, 244 = BtPrax 1997, 72.
314 OLG München FGPrax 2008, 110.
315 *Knittel* § 1896 Rz 214; großzügiger OLG Oldenburg FamRZ 1996, 757: Postkontrolle sei vielfach schon bei der Bestellung eines Betreuers sinnvoll.
316 LG Köln NJW 1993, 207, 208 = FamRZ 1992, 856.
317 *Knittel* § 1896 Rz 215.
318 OLG München FamRZ 2008, 89.
319 BayObLG Rpfleger 1996, 245/6; OLG Hamm FamRZ 1995, 433/5.

Umfang) erforderlich ist. Macht das Betreuungsgericht keine Ausführungen dazu, muss der Beschluss nicht unbedingt auf Beschwerde aufgehoben werden, wenn der Akteninhalt (zB vorliegende Schreiben des Betreuten) die Entscheidung trägt, so dass das Beschwerdegericht ohne weitere Ermittlungen in der Sache selbst entscheiden können[320].

159 5. **Die technische Durchführung der Postkontrolle** ist schwierig. § 45 Abs 6 PostO ist außer Kraft getreten; die jetzt geltenden Post-AGB sehen nichts Brauchbares dazu vor. Die Absendung von Briefen kann kaum verhindert werden. Bei Heimunterbringung kann von der Heimleitung eine entsprechende Mitwirkung gefordert werden. Im Übrigen kann der Betreuer von der Postdienststelle unter Vorlage des Beschlusses verlangen, dass die Post ihm zugeleitet wird (Postnachsendeantrag[321]); angesichts der privaten Postzustelldienste nützt das nur teilweise.

160 **Verbleib angehaltener Briefe:** Briefe des Betreuten, die der Betreuer anhält, nimmt er zur Habe des Betreuten; sie sind und bleiben sein Eigentum. Briefe Dritter an den Betreuten werden entweder an die Absender zurückgesandt oder zur Habe des Betreuten genommen. Der Grundsatz der persönlichen Betreuung kann gebieten, dass der Betreuer den Betreuten in groben Zügen von der Durchführung informiert, dh ihm mitteilt, welche Post aus welchen Gründen nicht weitergeleitet wurde.

161 6. **Entbehrlichkeit der gerichtlich angeordneten Postkontrolle.** Geht es nur darum, dass der verwirrte Betreute Bank- und Behördenpost verlegt, kann der Vermögensbetreuer aufgrund seines Aufgabenkreises von der Bank usw verlangen, dass Kontoauszüge, Steuerbescheide usw laufend (zumindest als Kopie) an ihn gesandt werden. Wenn er die in Frage kommenden Absender kennt, kann er also auch ohne Beschluss des Betreuungsgerichts seiner Vermögensverwaltungspflicht voll genügen. Geht Post an geschäftsunfähige Personen liegt ohnehin keine wirksam zugegangene Willenserklärung vor (§ 131 BGB); darauf können die Absender hingewiesen werden.

VIII. Verfahren des Betreuungsgerichts

162 1. **Zuständigkeit.** – a) **Sachliche Zuständigkeit.** Sachlich zuständig ist eine Abteilung des AG, nämlich das Betreuungsgericht (§ 23 a Abs 2 Nr 1, Abs 2 Nr 1 GVG), auch für Altverfahren (bis 31.8.2009 war das Vormundschaftsgericht zuständig). In Baden-Württemberg sind zT die Notare im Landesdienst zuständig[322].

163 b) **Örtliche Zuständigkeit.** Örtlich zuständig ist das Betreuungsgericht, in dessen Bezirk sich der gewöhnliche Aufenthalt (nicht: Wohnsitz) des Betroffenen befindet, wobei § 272 FamFG mehrere Hilfszuständigkeiten regelt.

164 c) **Funktionelle Zuständigkeit.** Funktionell ist die Zuständigkeit in erster Instanz zwischen Richter und Rechtspfleger aufgeteilt (§§ 3 Nr 2 a, 15 RPflG). **Der Richter** ist zuständig zB für Bestellung eines Betreuers, teilweise für die Entlassung, Anordnung eines Einwilligungsvorbehalts, Einholung des Gutach-

---

320 BayObLG FGPrax 1997, 26.

321 Die Kosten sind in der Pauschale nach §§ 4 VBVG enthalten, *Deinert/Lütgens* BtPrax 2009, 212/217, also wirtschaftlich gesehen vom Betreuer zu tragen. Anders wenn der Betreute selbst den Nachsendeantrag stellt.

322 §§ 1, 36, 50 BadWü LFGG; Einzelheiten: *Bühler* BWNotZ 1991, 153, 158; *Stolz* BWNotZ 1991, 164.

tens, Unterbringung, verfahrensrechtliche Nebenentscheidungen, Veranlassung bestimmter Mitteilungen (MiZi Nr XV), Abgabe[323]. Der **Rechtspfleger** ist zB zuständig für die Beratung und Aufsicht über den Betreuer (§ 1837); in der Regel für die Vergütungs*festsetzung* (Ausnahme: Unterbringungen). Der **Urkundsbeamte** ist zuständig für die *Feststellung* der Vergütung usw aus der Staatskasse (§§ 168 FamFG).

d) **Internationale Zuständigkeit**[324]. Deutsche Gerichte sind für Ausländer zuständig, wenn diese hier ihren gewöhnlichen Aufenthalt haben (§ 104 Abs 1 Satz 1 Nr 2 FamFG) oder hier ein Fürsorgebedürfnis zutage tritt (zB Ausländer au der Durchreise), § 104 Abs 1 Satz 2 FamFG. 165

e) **Abgabe:** aus wichtigen Gründen (zB Umzug des Betreuten) ist eine Abgabe des Verfahrens an ein anderes Betreuungsgericht möglich, §§ 4, 273 FamFG. 166

2. Verfahren. – a) Antragsrecht. Ein Antragsrecht auf Betreuerbestellung haben nach Abs 1 der Betroffene (und im Ausnahmefall Rz 26 Dritte). Im Übrigen wird das Betreuungsgericht von Amts wegen tätig. 167

b) **Anhörung.** Vor der Bestellung eines Betreuers hat der Richter den Betroffenen grundsätzlich (Ausnahme §§ 34 Abs 2, 278 Abs 4 FamFG) persönlich anzuhören (§ 278 Abs 1 FGG). Der Betroffene ist ein zwingend Beteiligter (§ 274 Abs 1 Nr 1 FamFG). 168

Damit kann geklärt werden, ob die Betreuungsvoraussetzungen vorliegen und für welchen Aufgabenkreis der Betroffene einen Betreuer braucht. Den unmittelbaren Eindruck soll sich das Gericht in der üblichen Umgebung des Betroffenen (zB in dessen Wohnung) verschaffen, wenn dieser es verlangt oder wenn es der Sachaufklärung dient und der Betroffene nicht widerspricht (§ 278 Abs 1 Satz 3 FamFG). Weigert sich der Betroffene, eine persönliche Anhörung zu ermöglichen, kann das Betreuungsgericht ihn zwangsweise vorführen lassen (§ 278 Abs 5 FamFG). Die Anhörung soll idR nicht durch den Rechtshilferichter erfolgen (§ 278 Abs 3 FamFG); diese Regelung ist für den zuständigen Richter mit einem erheblichen Zeitaufwand verbunden, wenn der Betroffene sich weitab vom Gerichtsort befindet. 169

c) **Verfahrenspfleger.** Soweit es zur Wahrnehmung der Interessen des Betroffenen erforderlich ist, muss der Richter dem Betroffenen rechtzeitig vor der Anordnung der Betreuung einen Verfahrenspfleger bestellen (§ 276 FamFG). Er ist zwingend Beteiligter (§ 274 Abs 2 FamFG). 170

Wenn es auf die Sachkunde im Bereich des formellen und materiellen Rechts ankommt, wird ein Rechtsanwalt als Verfahrenspfleger auszuwählen sein; anderenfalls kann jede geeignete Person bestellt werden. Die Bestellung ist insbesondere dann in der Regel erforderlich, wenn von einer Anhörung des Betroffenen oder Bekanntmachung der vollständigen Entscheidung abgesehen werden soll (§ 276 Abs 1 Satz 2 FamFG). 171

d) **Bevollmächtigter.** Wenn der Betroffene eine Vorsorgevollmacht erteilt hat und nun ein Betreuer bestellt werden soll (als allgemeiner Betreuer oder als Kontrollbetreuer), ist der Bevollmächtigte in seinem Vollmachtsumfang zwingend Beteiligter des Verfahrens (§ 274 Abs 1 Nr 3 FamFG). Hat er nur eine Bankvollmacht und soll ein Gesundheitsbetreuer bestellt werden ist er also nicht Beteiligter. 172

323 *Dallmayer/Eickmann* § 14 Rz 49 ff. Jetzt § 15 RPflG.

324 Vgl *Oelkers*, Internationales Betreuungsrecht, 1996; *Nitzinger*, Das Betreuungsrecht im internationalen Privatrecht, 1998.

173 e) **Verfahrensfähigkeit.** Im Verfahren über die Betreuerbestellung gilt der Betroffene ungeachtet seiner mangelnden Geschäftsfähigkeit als verfahrensfähig (§§ 275, 9 FamFG). Der Betroffene kann deshalb auch einem Rechtsanwalt Auftrag und Vollmacht erteilen; er gilt insoweit als teilgeschäftsfähig.

174 f) **Sachverständigengutachten.** Ein Sachverständigengutachten über die Notwendigkeit einer Betreuung ist einzuholen (§§ 280, 282 FamFG). Das Gutachten muss dies positiv feststellen; ungenügend ist, wenn eine psychische Krankheit nur nicht ausgeschlossen werden kann[325] oder wenn das Gutachten („Verdacht einer Psychose") weitere Abklärung für erforderlich hält[326]. Es ist von Amts wegen zu ermitteln (§ 26 FamFG), der Richter muss die erforderlichen Feststellungen selbst treffen[327]. Der Betroffene kann vorgeführt werden (§ 283 FamFG), Das Gericht kann die Unterbringung des Betroffenen zur Beobachtung zwecks Vorbereitung des psychiatrischen Gutachtens anordnen (§ 284 FamFG). Das Gutachten muss dem Betroffenen vollständig und rechtzeitig zur Kenntnisnahme zugeleitet werden, selbst wenn er es wegen mangelnden geistigen Fähigkeiten vielleicht nicht mehr versteht (Grundsatz des rechtlichen Gehörs). Im Falle des § 281 FamFG genügt **ein ärztliches Zeugnis** (Attest). Oft werden ferner **Sozialberichte** des Heims, in dem sich der Betroffene befindet, eingeholt.

175 g) **Betreuungsbehörde.** Der zuständigen Betreuungsbehörde ist in der Regel Gelegenheit zur Äußerung zu geben (§§ 279 Abs 2; 274 Abs 3 FamFG), zumindest ist sie vom Verfahren zu informieren, damit sie entscheiden kann, ob sie sich beteiligt (§ 274 Abs 3 FamFG). Das Betreuungsgericht kann diese Behörde ferner um Ermittlungshilfe bitten (§ 8 BtBG); die Behörde darf nur sachfremde Ersuchen des Betreuungsgerichts ablehnen[328].

176 h) **Staatskasse.** Sie *kann* vom Gericht beteiligt werden (§ 274 Abs 4 Nr 2 FamFG).

177 i) **Weitere Beteiligte; Stellung von Verwandten und Ehegatten.** Die näheren Verwandten sowie der Ehegatte können vom Gericht „beteiligt" werden, zwingend ist das nicht. Werden sie nicht „beteiligt", verlieren sie das Beschwerderecht; ihre Nichtbeteiligung können sie mit kurzer Frist anfechten (§ 7 Abs 5 FamFG). Einer **Vertrauensperson** des Betroffenen *kann* Gelegenheit zur Äußerung gegeben werden (§ 274 Abs 4 Nr 1 FamFG).

178 **3. Entscheidung des Betreuungsgerichts. – a) Einheitsentscheidung.** Abs 1 geht von der sog **„Einheitsentscheidung"** aus, dh die Anordnung der Betreuung und die Auswahl des Betreuers erfolgen in *einer* Entscheidung, indem eine bestimmte Person zum Betreuer bestellt wird.

179 Im Betreuungsrecht gibt es also nicht wie im Vormundschaftsrecht die Aufspaltung zwischen Anordnung der Vormundschaft (durch den Familienrichter) und Auswahl des Vormunds/Pflegers (durch den Rechtspfleger). Für die gesamte Entscheidung ist grundsätzlich der Richter und nur in Ausnahmefällen der Rechtspfleger zuständig (§§ 15, 19 RPflG). Die Einheitsentscheidung soll einerseits zur Verfahrensökonomie beitragen und andererseits den Charakter der Betreuung als Fürsorgemaßnahme unterstreichen. Sie hat sich in der Praxis bewährt. Bedenken bestanden, weil manche glaubten, der Richter könne oftmals die Geeignetheit des Betreuers schlechter beurteilen als der Rechtspfleger, der auf Grund der Aufgabenzuweisung (§ 3 RPflG) dauernd mit Vormündern, Pflegern und Betreuern zusammenarbeite. Fällt die Person des Betreuers weg (§ 1908 b), zB durch Tod, Entlassung, wird das Fortbestehen der Betreuung fingiert, damit Einwilligungsvor-

---

325 OLG Stuttgart FamRZ 1993, 1365.
326 BayObLG FamRZ 1995, 1082.
327 OLG Frankfurt FamRZ 2008, 1477.
328 LG Hamburg FamRZ 1997, 118.

behalte (§ 1903) und betreuungsgerichtliche Genehmigungen fortbestehen und Verfahren ohne Wiederholung der früheren Verfahrenshandlungen fortgesetzt werden können[329].

b) **Entscheidungsinhalt.** § 286 FamFG schreibt den Inhalt des Beschlusses des Betreuungsgerichts genau vor. Er lautet zB: „I. Dem Betroffenen B … wird Rechtsanwalt R … zum Betreuer bestellt; er führt die Betreuung berufsmäßig (§ 1836 Abs 1 Satz 2; wichtig wegen der Vergütung). Aufgabenkreis: Vermögenssorge. II. Spätestens am 31.1.2017 wird über die Aufhebung oder Verlängerung der Betreuung entschieden.“ Gründe (§ 38 FamFG): … Rechtsmittelbelehrung (§§ 39, 58 ff FamFG). Datum, Unterschrift des Richters. Die Entscheidung entfaltet **Bindungswirkung.** Ein Prozessgericht kann eine Klage des Betreuten, vertreten durch den Betreuer, daher nicht mit der Begründung abweisen, es habe kein Bedürfnis für eine Betreuerbestellung bestanden[330]. **180**

c) **Auswahl des Betreuers:** dazu vgl §§ 1897 ff. **181**

d) **Aufgabenkreise.** Der frühere Begriff „Wirkungskreis“ wurde von § 1896 nicht übernommen. Das BGB schreibt (bedauerlicherweise) keine typischen Aufgabenkreise vor, sondern überlässt es dem Richter, den Aufgabenkreis herauszufinden und zu definieren, der genau den Bedürfnissen des Betreuten entspricht. Ausreichend sind dabei typisierende Bezeichnungen (vgl Rz 47 ff). Zweifelhaft ist dabei manchmal, wozu genau der zugewiesene Aufgabenkreis ermächtigt. Hier ergeben sich schwierige Fragen der Rechtssicherheit[331], Haftung, Aufsicht. **182**

e) **Höchstdauer der Betreuung.** Die Höchstdauer der Zeit, bis zu der spätestens über die Aufhebung oder Verlängerung der Betreuung zu entscheiden ist, beträgt 7 Jahre (§ 295 Abs 2 FamFG); früher waren es 5 Jahre. Auch für die Dauer der Betreuung gilt der Erforderlichkeitsgrundsatz. Soll sie verlängert werden, ist dasselbe Verfahren wie bei erstmaliger Bestellung durchzuziehen (§ 295 Abs 1 FamFG), mit einigen Einschränkungen (§ 295 Abs 1 Satz 2 FamFG). **183**

f) **Bekanntmachung des Beschlusses.** Die Anordnung einer Betreuerbestellung ist dem Betreuer, Verfahrenspfleger, der zuständigen Betreuungsbehörde sowie dem Betroffenen und allen sonstigen Beteiligten bekannt zu machen (§ 41 FamFG; Ausnahmen § 288 FamFG). **184**

g) **Wirksamwerden des Beschlusses.** Sie tritt mit der Bekanntgabe des Beschlusses an den Betreuer (nicht: an den Betreuten!) ein (§ 287 Abs 1 FamFG), in Sonderfällen schon eher durch Anordnung der sofortigen Wirksamkeit (§ 287 Abs 2 FamFG). **185**

4. **Einstweilige Anordnungen des Betreuungsgerichts.** Nach §§ 300, 301 FamFG kann das Betreuungsgericht einen Betreuer statt im regulären (oben geschilderten) Verfahren auch durch einstweilige Anordnung bestellen. **186**

5. **Rechtsmittel.** – a) **Betroffener.** Gegen die Bestellung eines Betreuers steht dem Betroffenen das Rechtsmittel der (befristeten) Beschwerde gem §§ 58, 59 FamFG zu, weil er in seinen Freiheitsrechten betroffen ist. Die Beschwerde kann beschränkt werden auf die Auswahl des Betreuers[332]. Gegen die Ablehnung der Anordnung einer Betreuung hat der Betroffene ebenfalls ein Beschwer- **187**

329 BT-Drucks 11/4528 S. 119.
330 AA KG NJWE-FER 1999, 184 zur Pflegschaft.
331 HK-BUR-*Bauer* § 1896 Rz 219.
332 OLG Celle FamRZ 1997, 845; BayObLG FamRZ 1996, 507; OLG Schleswig FamRZ 1995, 432.

derecht (§ 59 Abs 1 FamFG), sowohl wenn er Antragsteller war als auch dann, wenn er selbst keinen Antrag gestellt hatte, weil ihn die Betreuung schützt. Das LG kann in einem solchen Fall nach hM selbst einen Betreuer bestellen und darf nicht etwa (wie im Erbscheinsverfahren) das Betreuungsgericht lediglich zur Betreuerbestellung anweisen. Zum Beschwerdeverfahren vgl § 68 FamFG (eine Sondervorschrift für das Betreuungsverfahren, wie früher § 69 g Abs 5 FGG, gibt es nicht mehr). Leitet das Betreuungsgericht ein Betreuungsverfahren ein, kann es nicht durch eine Beschwerde des Betroffenen abgebrochen werden[333]; hier muss der Betroffene die Endentscheidung abzuwarten. Selbst wenn er selbst den Antrag stellte, kann er durch Antragsrücknahme das Verfahren nicht mehr abbrechen.

188 b) **Angehörige.** Sie könnten ein Beschwerderecht auf § 59 Abs 1 FamFG haben; doch besteht selten ein *Recht* der Angehörigen, in dem sie beeinträchtigt sein könnten, weil sie kein „Recht" auf Anordnung einer Betreuung haben. Deshalb kommt es meist auf § 303 Abs 2 FamFG an, der den Angehörigen ein Beschwerderecht nur unter engen Voraussetzungen, die alle vier erfüllt sein müssen, gibt: (1) Beschränkung des Kreises der „Angehörigen" auf die Kernfamilie (Neffen und Nichten sind zB ausgeklammert); (2) Beschränkung der Beschwerde auf *von Amts wegen* ergangene Entscheidungen. Erfolgte die Bestellung des Betreuers *auf Antrag des Betreuten* (mag er auch geschäftsunfähig gewesen sein), oder mit seiner Zustimmung (was von der hM als Antrag gewertet wird!) haben die Angehörigen allenfalls ein Beschwerderecht, wenn sie in ihren Rechten verletzt sind, § 59 Abs 1 FamFG[334], was selten vorstellbar ist. (3) Die Beschwerde ist nur zulässig, wenn sie im Interesse des Betroffenen eingelegt wird, also nicht, wenn der Angehörige lediglich eigenen Interessen vertritt. Die Abgrenzung zu den „Mischinteressen" ist schwierig. (4) Beschwerdeberechtigt ist ferner nur, wer vom Betreuungsgericht in erster Instanz *beteiligt* wurde; zur Beteiligung vgl §§ 7 Abs 3, 274 Abs 4 FamFG.

189 c) **Staatskasse.** Wenn die Staatskasse glaubt, der Betroffene könne anstelle eines vergütungspflichtigen Berufsbetreuers durch einen billigeren ehrenamtlichen Betreuer betreut werden, kann sie gegen die Ablehnung der Entlassung des Berufsbetreuers Beschwerde einlegen (§ 304 Abs 1 Satz 2 FamFG); gegen die Bestellung besteht noch kein Beschwerderecht[335]. § 304 Abs 1 Satz 1 FamFG gibt der Staatskasse ferner ein Beschwerderecht, wenn „die Interessen der Staatskasse" betroffen sind; letztlich könnte daher die Staatskasse fast immer Beschwerde einlegen, was nicht richtig sein kann.

190 d) **Verfahrenspfleger.** Aus § 59 Abs 1 FamFG hat er ein Beschwerderecht, wenn seine Vergütung betroffen ist. § 303 Abs 3 FamFG gibt ihm ein Beschwerderecht, soweit der Betroffene selbst beschwerdeberechtigt wäre.

191 e) **Betreuungsbehörde.** In Frage kommt § 59 Abs 1, etwa in bestimmten Vergütungssachen (Behörde als Betreuerin eines vermögenden Betroffenen, wegen § 1836 Abs 2 BGB). § 303 Abs 1 FamFG gibt ein umfassendes Beschwerderecht, allerdings nur in den dort genannten Fällen (zB Betreuerbestellung; aber nicht Genehmigungsfälle).

192 f) **Dritte.** Nur dann wird man ein Beschwerderecht eines Dritten aufgrund von § 59 Abs 1 FamFG annehmen können, wenn eine Betreuung im Interesse Dritter (Rz 26) schlüssig dargetan wird[336].

333 OLG Frankfurt FGPrax 2008, 153.
334 OLG Düsseldorf FamRZ 1998, 510.
335 OLG Schleswig BtPrax 1999, 155.
336 BayObLG FamRZ 1996, 1369; FamRZ 1998, 922; Keidel/*Budde* § 303 Rz 17.

g) Betreuer. § 59 Abs 1 FamFG: Gegen die Aufhebung der Betreuung hat der Betreuer kein Beschwerderecht aus § 59 Abs 1 FamFG, auch nicht im Namen des Betreuten, weil die Betreuung nicht im Interesse des Betreuers angeordnet wird und *er* auch kein Recht darauf hat[337]. Ein eigenes Beschwerderecht hat er aber, soweit seine Vergütung (Auslagenersatz) betroffen sind; ferner wenn er (unter Aufrechterhaltung der Betreuung) entlassen wird. **§ 303 Abs 4 Satz 1 FamFG:** der Betreuer ist gesetzlicher Vertreter des Betreuten (§ 1902 BGB) und kann daher als Vertreter dessen Beschwerderecht ausüben, *soweit* sein Aufgabenkreis betroffen ist, zB durch Einschränkung. Ist aber der Betreuer entlassen worden und diese Entlassung nach § 287 FamFG wirksam geworden, kann er nicht mehr als Vertreter handeln[338]. 193

h) Bevollmächtigte. Bestellt das Betreuungsgericht einen Betreuer, obwohl eine Vollmacht mit einem entsprechenden Umfang vorliegt, fragt sich, ob der Bevollmächtigte gegen die Anordnung der Betreuung zulässig Beschwerde einlegen kann. Das wurde unter Geltung des FGG überwiegend abgelehnt[339]. Das FamFG bezeichnet den Bevollmächtigten, soweit sein Aufgabenkreis betroffen ist, als zwingend Beteiligten (§ 274 Abs 1 Nr 3 FamFG) und gibt ihm – im Gegensatz zur früheren Rechtslage – grundsätzlich ein Beschwerderecht (§ 303 Abs 4 FamFG). 194

6. Gerichtsgebühren. Für Betreuungen wird (bei vermögenden Personen) eine Jahresgebühr erhoben, deren Höhe sich nach § 92 KostO richtet[340]. Sie fällt zusätzlich zur Betreuervergütung an. Einzelheiten siehe bei den Erläuterungen vor § 92 KostO. Die Gebühren des Beschwerdeverfahrens richten sich nach § 131 KostO. 195

7. Anwaltsgebühren. Wenn derjenige, gegen den sich ein Betreuungsverfahren richtet, einen Rechtsanwalt beauftragt, dann schuldet er ihm Gebühren nach dem RVG. In Frage kommen zB RVG VV 2300, 3100, 3104. Hinsichtlich des Geschäftswerts ist nach § 23 Abs 3 RVG im Zweifel von einem Wert von 4.000 Euro auszugehen. Geht es um die Vermögenssorge, wird man einen Prozentsatz des Vermögens zu Grunde legen können, zB 10 %. 196

IX. Steuern, Unfallversicherung

1. Einkommensteuer. Bezüglich der Vergütung gilt: 197

a) Besteuerung der Vergütung beim Betreuer: – (1) Die *Aufwandsentschädigung* des ehrenamtlichen Betreuers (§ 1835 a BGB; jährlich 323 Euro). Bei einer oder zwei Betreuungen gilt. Einnahme bei zwei Betreuungen: 646 Euro; davon 500 Euro steuerfrei nach § 3 Nr 26 a EStG; verbleiben 146 Euro; steuerfrei (§ 22 Nr 3 EStG). (2) Bei drei Betreuungen: Einnahme 969 Euro; davon 500 Euro steuerfrei nach § 3 Nr 26 a EStG; verbleiben 446 Euro; davon ab pauschalierte Werbungskosten: 0 (25 % von 969 EUR abzüglich 500 EUR); steuerpflichtige Einkünfte: 469 Euro[341]. (3) Der ehrenamtliche Betreuer, welcher eine Vergütung vom vermögenden Betreuten erhält (§ 1836 Abs 2 BGB), ist hierfür einkommensteuerpflichtig. – (4) Die *Einkünfte des selbstständigen Berufsbetreuers* aus seiner Tätigkeit unterliegen der Einkommensteuer (§ 15 198

337 OLG Köln FamRZ 1997, 1293; OLG Düsseldorf BtPrax 1998, 80.
338 BayObLG FamRZ 1996, 58; OLG Köln FamRZ 1997, 1293.
339 OLG München FamRZ 2006, 729; aA OLG Zweibrücken FGPrax 2002, 260.
340 Dazu *Zimmermann*, Gerichtskosten in Betreuungssachen, JurBüro 1999, 344.
341 Erlass des Bay. Landesamts für Steuern vom 4.5.2009, DStR 2009, 1201.

EStG) und gegebenenfalls der Kirchensteuer sowie der Gewerbesteuer[342]. Für das *häusliche* Arbeitszimmer einer Berufsbetreuerin können keine Aufwendungen abgezogen werden[343].

199 b) **Steuerliche Berücksichtigung beim Betreuten.** – (1) Wenn der Betreuer *nur* die Vermögenssorge hat, sind die an den Betreuer bezahlte Vergütung für den Betreuten Werbungskosten bzw Betriebsausgaben. Sie werden also von den Einkünften zB aus Vermietung und Verpachtung in voller Höhe abgezogen. (2) Wenn dem Betreuer nur die Personensorge übertragen ist, ist die an den Betreuer bezahlte Vergütung beim Betreuten als außergewöhnliche Belastung – aber nur teilweise – vom Einkommen abziehbar (§ 33 EStG). (3) Ist dem Betreuer sowohl die Vermögenssorge als auch die Personensorge übertragen, ist die Vergütung im Schätzwege aufzuteilen[344]. – (4) Der erhöhte Behindertenpauschbetrag nach § 33 b Abs 3 EStG kann daneben angesetzt werden, weil er die infolge der Behinderung erwachsenden typischen erhöhten Aufwendungen abdeckt, während der Betreuer überwiegend organisatorische Aufgaben wahrnimmt[345].

200 **2. Gewerbesteuer.** Der Gewerbesteuer unterliegt jeder stehende Gewerbetrieb im Sinne des Einkommensteuerrechts (§ 2 Abs 1 GewStG). Ob ein selbständiger Berufsbetreuer gewerbliche Einkünfte iSv § 15 Abs 2 EStG hat oder seine Einkünfte als Einkünfte aus selbstständiger Arbeit nach § 18 Abs 1 Nr 1 EStG anzusehen sind, war früher umstritten. Die Rechtsprechung bejaht jetzt die Gewerbesteuerpflicht[346]. Für Anwälte gilt dies grundsätzlich nicht[347]. Wenn ein Anwalt aber ca 80 % seines Honorarumsatzes aus Berufsbetreuungen erzielt, unterliegen auch die restlichen 20 % der Gewerbesteuer (Abfärbetheorie, § 15 Abs 3 Nr 1 EStG)[348]. Folge der Einordnung als Gewerbe ist ua, dass der Berufsbetreuer seine Tätigkeit beim Gewerbeamt anmelden muss, eine beitragspflichtige Pflichtmitgliedschaft in der Industrie- und Handelskammer[349] besteht und er in einigen Orten sogar eine Gewerbemülltonne bezahlen muss.

201 **3. Umsatzsteuer[350].** Ehrenamtliche Betreuer sind nicht umsatzsteuerpflichtig § 4 Nr 26 b UStG); anders kann es bei einer hohen Vergütung nach § 1836 Abs 2 sein. Berufsbetreuer unterliegen der Umsatzsteuer (Ausnahme: § 19 Abs 1 UStG: Kleinunternehmer). Bei Vereinsbetreuern und Vereinen sind komplizierte Differenzierungen erforderlich (Steuerbefreiung nach § 4 Nr 18 UStG?); der ermäßigte Steuersatz (7 %; § 12 Abs 1 Nr 8 a UStG) ist ggf anzuwenden. Die Betreuungsbehörde ist umsatzsteuerfrei.

202 **4. Unfallversicherung. Ehrenamtliche Betreuer** sind in der gesetzlichen Unfallversicherung versichert (§ 2 Abs 1 Nr 10 SGB VII). Wer bei einem Betreuungsverein oder einer Betreuungsbehörde angestellt ist, steht in der gesetzlichen Unfallversicherung. Unfälle dieser Personen auf dem Weg zum Betreuten, Arbeitsunfälle usw sind daher versichert. Ein ehrenamtlicher Betreuer kann auch dann unter dem Schutz der gesetzlichen Unfallversicherung stehen, wenn

---

342 OFD Koblenz 15.12.2006, BeckVerw 088.384.
343 FG Köln BeckRS 2009, 26.026.912.
344 Rundverfügung der OFD Frankfurt v 5.9.1997, ZEV 1998, 224.
345 Rundverfügung der OFD Frankfurt v 5.9.1997, ZEV 1998, 224.
346 BVerwG NJW 2008, 1974; BFH NJW 2005, 1006; FG Mecklenburg-Vorpommern BtPrax 2000, 40 bei einer Betreuerin, die nicht den Aufgabenkreis „Vermögensverwaltung“ hatte.
347 *Mann* NJW 2008, 121; *Arens*, DStR 2010, 33; streitig.
348 FG Münster BeckRS 2008, 26.025.806 (= FamRZ 2009, 249, nur Leitsatz); zum Rechtsanwalt als Berufsbetreuer vgl ferner FG Hamburg EFG 2009, 412.
349 VG Ansbach FamRZ 2006, 728.
350 Schreiben des BMF v 21.9.2000, BtPrax 2001, 23; *Pomorin* BtPrax 2001, 21.

er mit dem Betreuten einen Spaziergang macht und dabei ausgleitet[351]. **Berufsbetreuer** sind in der gesetzlichen Unfallversicherung als in der Wohlfahrtspflege Selbstständige pflichtversichert (§ 2 Abs 1 Nr 9 SGB VII)[352].

§ 1897 BGB Bestellung einer natürlichen Person

(1) Zum Betreuer bestellt das Betreuungsgericht eine natürliche Person, die geeignet ist, in dem gerichtlich bestimmten Aufgabenkreis die Angelegenheiten des Betreuten rechtlich zu besorgen und ihn in dem hierfür erforderlichen Umfang persönlich zu betreuen.

(2) [1]Der Mitarbeiter eines nach § 1908f anerkannten Betreuungsvereins, der dort ausschließlich oder teilweise als Betreuer tätig ist (Vereinsbetreuer), darf nur mit Einwilligung des Vereins bestellt werden. [2]Entsprechendes gilt für den Mitarbeiter einer in Betreuungsangelegenheiten zuständigen Behörde, der dort ausschließlich oder teilweise als Betreuer tätig ist (Behördenbetreuer).

(3) Wer zu einer Anstalt, einem Heim oder einer sonstigen Einrichtung, in welcher der Volljährige untergebracht ist oder wohnt, in einem Abhängigkeitsverhältnis oder in einer anderen engen Beziehung steht, darf nicht zum Betreuer bestellt werden.

(4) [1]Schlägt der Volljährige eine Person vor, die zum Betreuer bestellt werden kann, so ist diesem Vorschlag zu entsprechen, wenn es dem Wohl des Volljährigen nicht zuwiderläuft. [2]Schlägt er vor, eine bestimmte Person nicht zu bestellen, so soll hierauf Rücksicht genommen werden. [3]Die Sätze 1 und 2 gelten auch für Vorschläge, die der Volljährige vor dem Betreuungsverfahren gemacht hat, es sei denn, dass er an diesen Vorschlägen erkennbar nicht festhalten will.

(5) Schlägt der Volljährige niemanden vor, der zum Betreuer bestellt werden kann, so ist bei der Auswahl des Betreuers auf die verwandtschaftlichen und sonstigen persönlichen Bindungen des Volljährigen, insbesondere auf die Bindungen zu Eltern, zu Kindern, zum Ehegatten und zum Lebenspartner, sowie auf die Gefahr von Interessenkonflikten Rücksicht zu nehmen.

(6) [1]Wer Betreuungen im Rahmen seiner Berufsausübung führt, soll nur dann zum Betreuer bestellt werden, wenn keine andere geeignete Person zur Verfügung steht, die zur ehrenamtlichen Führung der Betreuung bereit ist. [2]Werden dem Betreuer Umstände bekannt, aus denen sich ergibt, dass der Volljährige durch eine oder mehrere andere geeignete Personen außerhalb einer Berufsausübung betreut werden kann, so hat er dies dem Gericht mitzuteilen.

(7) [1]Wird eine Person unter den Voraussetzungen des Absatzes 6 Satz 1 erstmals in dem Bezirk des Betreuungsgerichts zum Betreuer bestellt, soll das Gericht zuvor die zuständige Behörde zur Eignung des ausgewählten Betreuers und zu den nach § 1 Abs. 1 Satz 1 zweite Alternative des Vormünder- und Betreuervergütungsgesetzes zu treffenden Feststellungen anhören. [2]Die zuständige Behörde soll die Person auffordern, ein Führungszeugnis und eine Auskunft aus dem Schuldnerverzeichnis vorzulegen.

(8) Wird eine Person unter den Voraussetzungen des Absatzes 6 Satz 1 bestellt, hat sie sich über Zahl und Umfang der von ihr berufsmäßig geführten Betreuungen zu erklären.

351 BSG BtPrax 2000, 30.
352 LSG Niedersachsen-Bremen FamRZ 2007, 1770 (Gefahrtarifstelle 14 der Gefahrklasse 2,40).

Übersicht

I. Gesetzesgeschichte

§ 1897 wurde mehrfach geändert: durch das 1. BtÄndG (Einfügung der Worte „rechtlich“ in Abs 1). Abs 5 wurde geändert; Abs 6 und 7 wurden angefügt, desgleichen (2. BtÄndG) Abs 8. Seit 1.9.2009 ist wegen Auflösung des Vormundschaftsgerichts das Betreuungsgericht zuständig (FGG-ReformG). 1

II. Eignung als Betreuer (Abs 1)

1. Arten von Betreuern. Rangverhältnis. § 1897 will die persönliche Betreuung fördern und die Anonymität vieler (früherer) Vormundschafts- und Pflegschaftsverhältnisse beseitigen. Aus diesem Grund ist als Betreuer grundsätzlich eine natürliche Person zu bestellen, nicht eine juristische (Ausnahme: Verein). Geeignet in diesem Sinne sind: 2

- **ehrenamtlich tätige Einzelpersonen**, wie zB Verwandte; ist diese Einzelperson Mitglied eines Betreuungsvereins, wird sie dadurch nicht zum Vereinsbetreuer iSv Abs 2[1], weil die Formulierung „als Vereinsbetreuer“ im Beschluss des Betreuungsgerichts (§ 286 Abs 1 Nr 2 FamFG) fehlt;
- **freiberuflich tätige Berufsbetreuer** (vgl § 1836 Abs 1 Satz 2), wie zB Rechtsanwälte, Sozialarbeiter; es gibt etwa 11.000 selbstständige Berufsbetreuer[2];
- **Vereinsbetreuer** (Rz 22); das sind Angestellte des Vereins, meist Sozialarbeiter, Sozialpädagogen;
- **Behördenbetreuer** (Rz 26), das sind Beamte oder Angestellte der Behörde.

Demgegenüber kommt eine Betreuung durch eine **Behörde**[3] oder einen **Verein** (§ 1900 Abs 1 und 4) nur dann ausnahmsweise in Betracht, wenn eine auf die Bedürfnisse des Betreuten ausgerichtete Betreuung durch eine oder mehrere natürliche Personen nicht gewährleistet ist (vgl § 1900); dabei hat die Betreuung durch einen Verein den Vorzug gegenüber der Betreuung durch eine Behörde (§ 1900 Abs 4). 3

Statistik: In Deutschland verteilten sich 2007 die Betreuungen wie folgt: Angehörige 61 %, Nichtangehörige Ehrenamtliche 5 %. Freiberufliche Berufsbetreuer 26 %, Vereinsbetreuer 5 %: Die Anteile von Verein, Behörde, Behördenbetreuer liegen jeweils unter 1 %[4]. Die Anteile sind seit Jahren fast unverändert. 4

Rangverhältnis. Ein Vorzug der Betreuung durch Privatpersonen (ehrenamtliche wie berufsmäßige) gegenüber Vereins- und Behördenbetreuern ist zwar weder im Gesetz noch in den Gesetzesmotiven ausgesprochen. Doch liegt dem gesamten Betreuungsrecht der selbstverständliche Gedanke zugrunde, dass vorrangig ein privat tätiger Betreuer zu bestellen ist; dies vor allen anderen Formen der Betreuung[5]. Die Tätigkeit des Vereins- und Behördenbetreuers unterscheidet 5

1 *Jürgens* § 1897 Rz 2.
2 *Köller/Engels*, Rechtliche Betreuung in Deutschland (2009) S. 141.
3 Kritisch zur Betreuungsbehörde *Beck* BtPrax 2003, 98.
4 Quelle: HK-BUR-*Deinert* § 1897 Rz 117.
5 MünchKomm/*Schwab* § 1897 Rz 4.

sich im Übrigen nicht wesentlich von der von Verein und Behörde als Betreuer. Behörde und Verein aber sind nach § 1900 nachrangig. Die Betreuung durch eine Privatperson ist daher vorrangig gegenüber der Betreuung durch einen Vereins- oder Behördenbetreuer[6]. Seit dem 1. BtÄndG 1998 gibt es ferner den Grundsatz, dass der ehrenamtlich tätige Betreuer seinerseits einen Vorrang vor dem berufsmäßigen Betreuer (zB einem Rechtsanwalt, selbständigen Sozialarbeiter) hat[7]; dies folgt aus Abs 6 Satz 1 (Rz 59).

6 2. **Eignung im Allgemeinen.** Abs 1: Nur eine geeignete Person darf zum Betreuer bestellt werden. Die Eignung muss in zweierlei Hinsicht bestehen: Fachliche Eignung und Eignung zur persönlichen Betreuung. Von einer näheren Umschreibung, wann eine Person ungeeignet ist, wurde in § 1897 abgesehen, jedoch gilt: Personen, die nicht Vormund werden sollen (§§ 1780, 1781 Nr 1 und 2), sind, da der Betreuer gesetzlicher Vertreter des Betreuten ist (§ 1902), auch zum Betreuer ungeeignet[8]. Eröffnung des Insolvenzverfahrens über das Vermögen einer Person macht sie nicht ungeeignet zum Betreuer (vgl § 1781 Nr 3), außer, der Betreuer hat auch die Vermögenssorge. Die Staatsangehörigkeit spielt keine Rolle (vgl § 1785). Auch der frühere Verfahrenspfleger kann zum Betreuer bestellt werden. Beamte können zu Betreuern bestellt werden, brauchen aber eine Nebentätigkeitsgenehmigung oder müssen (bei Betreuung eines Angehörigen) die Tätigkeit anzeigen (§ 42 BeamtenrechtsG; §§ 65, 66 BundesbeamtenG; §§ 20, 21 SoldatenG; Beamtengesetze der Länder). Für sog **Religionsdiener** (Pfarrer; Ordensmitglieder) vgl § 1784 iVm § 1908 i. **Heimbedienstete** können ungeeignet sein (§ 1897 Abs 3). Im Hinblick auf die hohe Bedeutung des persönlichen Kontakts muss dort Ungeeignetheit angenommen werden, wo die Art der Behinderung besondere Fähigkeiten zur Kommunikation voraussetzt (zB Taubstummensprache), die bei der als Betreuer in Betracht kommenden Person nicht vorhanden sind oder wo sprachliche Gesichtspunkte zu berücksichtigen sind (zB Betreuung für einen Türken, der nicht Deutsch spricht).

7 **Kasuistik.** Die Aufnahme der pflegedürftigen Betroffenen in den Haushalt der mit ihr verwandten Betreuerin stellt für sich genommen nicht deren Eignung für die Vermögenssorge in Frage[9]. Die Ablehnung lebenserhaltender Maßnahmen (Ernährung durch Magensonde) als solche macht noch nicht ungeeignet[10]. Die Verurteilung wegen Aussagedelikten soll nicht generell zur Ungeeignetheit führen[11]. Bei verdächtigen Geldgeschäften ist eine Aufklärung notwendig[12]. Wer sich selbst aus dem Vermögen des Betreuten reichlich beschenkt wird in der Regel ungeeignet sein[13]. Die Bestellung des behandelnden Nervenarztes zum Betreuer soll nicht grundsätzlich ausgeschlossen sein[14]; zweifelhaft.

8 Bei **Verlängerung der Betreuung** gelten dieselben Auswahlkriterien (§ 1897) wie bei erstmaliger Bestellung[15].

9 Die **Betreuungsbehörde** kann (bei erstmaliger Bestellung einer bestimmten Person) zur Frage der Eignung angehört werden (Abs 7; Rz 61).

---

6 BGH FamRZ 1996, 1545/7, beiläufig; offen gelassen vom BayObLG FamRZ 1994, 1061= BtPrax 1994, 135.
7 Dazu BR-Drucks 960/96 S. 57; früher streitig; unentschieden BayObLG FamRZ 1994, 1203.
8 BT-Drucks 11/4528 S. 125; *Jürgens* § 1897 Rz 10.
9 OLG München FGPrax 2008, 69.
10 OLG München MittBayNot 2007, 324; OLG Frankfurt NJW 2006, 3436.
11 KG FamRZ 2006, 889.
12 Vgl den Fall OLG Zweibrücken FGPrax 2004, 286.
13 Vgl den Fall BayObLG BtPrax 2004, 35.
14 BayObLG FamRZ 2003, 1043 (L) = BtPrax 2003, 177.
15 OLG Frankfurt FamRZ 2006, 1874; OLG Schleswig FamRZ 2006, 288; BayObLG FGPrax 2002, 117.

3. Höchstzahl der übernehmbaren Betreuungen. Ein Betreuer ist nicht deswegen ungeeignet, weil er schon mehrere Betreuungen hat. Eine Höchstzahl der übernehmbaren Betreuungen sieht Abs 1 nicht vor[16]. Wissenschaftliche Untersuchungen darüber gibt es nicht. In der Literatur wird allerdings gelegentlich behauptet, mehr als 25–30 Betreuungen könne man nicht „persönlich" führen[17]; doch sind solche Zahlen problematisch[18] und abzulehnen, weil ihnen einerseits wirtschaftliche Interessen zugrunde liegen (der Freiberufler will möglichst viele Personen betreuen, der Vereinsmitarbeiter uU möglichst wenige) und die Arbeitsproduktivität der einzelnen Betreuer andererseits sehr unterschiedlich ist; auch gibt es Betreuungen, bei denen pro Jahr nur wenige Stunden anfallen. Das seit 1.7.2005 geltende pauschale Vergütungssystem führt dazu, dass ein selbständiger Berufsbetreuer mindestens 40 gemischte Betreuungen braucht, um existieren zu können. 10

Niemand hat einen **Rechtsanspruch** darauf, vom Betreuungsgericht als Berufsbetreuer bestellt zu werden[19]. Es ist zu unterscheiden zwischen der Aufnahme eines Bewerbers in eine beim jeweiligen Gericht geführte Liste geeigneter Bewerber und der späteren Bestellung[20]. Kein Interessent darf mit der Begründung abgelehnt werden, neue Bewerber würden generell nicht mehr genommen („geschlossene Liste"); auch nicht in der Form, dass nur bei Ausscheiden einer Person eine neue Person nachrücken dürfe. Die Versagung der Aufnahme in die Liste ist als Justizverwaltungsakt nach Art 23 ff EGGVG gerichtlich überprüfbar[21]. Selbst wenn sich ein Interessent also vorgemerkt wird, kann er letztlich nichts machen, wenn er nie bestellt wird[22]. 11

4. Fachliche Eignung. Das Gesetz schreibt keine bestimmte Qualifikation vor, keine abgelegte Prüfung. Deshalb kann im Grundsatz jede natürliche Person, gleich welcher Vorbildung, Betreuer werden. Die in einigen Ländern seit 1999 eingeführte Möglichkeit, dass Betreuer Kurse besuchen und eine Prüfung ablegen, bezweckte, diesen Personen einen höheren Stundenlohn zu gewähren; eine solche Prüfung ist aber nirgends Voraussetzung für die Bestellung zum Betreuer. Welches fachliche Wissen vorhanden sein muss, hängt vom Aufgabenkreis ab und dem Umfang und der Schwierigkeit der hier durchzuführenden Leistungen. Für kompliziertere Rechts- und Vermögensangelegenheiten kommen Rechtsanwälte, Steuerberater[23], Kaufleute oder sonst kaufmännisch/rechtlich geschulte Personen in Betracht. Für die Organisation ambulanter Dienste werden Sozialarbeiter eher geeignet sein[24]. Bei Ausländern kann die Kenntnis der Fremdsprache von Bedeutung sein[25]. Die Ermittlungen des Betreuungsgerichts müssen sich auch auf die fachliche Eignung erstrecken; doch ist zu beachten, dass auch ein an sich ungeeigneter Verwandter Vermögen verwalten kann, wenn er Hausverwaltungen, Banken und Steuerberater einschaltet. Ferner können die Aufgaben auf mehrere Betreuer aufgeteilt werden[26] (vgl aber die Einschränkungen in § 1899). 12

16 BT-Drucks 11/4528 S. 127/128; *Bienwald* BtPrax 2000, 69 zur Betreuung in Großeinrichtungen; *Jürgens* Rz 14.
17 Vgl *Stolz* BtPrax 1998, 87; *Geistert* BtPrax 1994, 2 für Vereinsbetreuer; 57. Dt. Juristentag 1988, Abt. Vormundschaftsrecht, K 259.
18 Vgl *Pooth* BtPrax 1998, 182.
19 Vgl *Zimmermann* ZEV 2007, 313.
20 BVerfG NJW 2004, 2725 (zum Insolvenzverwalter).
21 BVerfG NJW 2004, 2725; OLG Frankfurt NJOZ 2008, 3686 (zum Betreuer).
22 Über einen Sonderfall vgl OLG München OLG-Report 2007, 894.
23 Vgl *Zimmermann*, Der Steuerberater als Betreuer, DStR 1994, 26.
24 *Jürgens* § 1897 Rz 10.
25 Dazu KG FamRZ 2009, 1438.
26 KG FGPrax 2009, 108.

13 **5. Eignung zur persönlichen Betreuung.** Voraussetzung der Eignung des Betreuers ist weiterhin die Möglichkeit zum persönlichen Kontakt, die bei nennenswerter **Entfernung** zwischen Aufenthaltsort des Betreuten und Wohnsitz des Betreuers fehlen *kann*; indes kommt es hier auf die Einzelheiten des Aufgabenkreises an; manchmal (zB bei Vermögenssorge) erfordert er nur seltenen persönlichen Kontakt; deshalb steht große räumliche Entfernung *grundsätzlich* nicht entgegen[27].

14 Die **persönliche Betreuung** durch den Betreuer bedeutet nicht, dass dieser die Personensorge persönlich ausüben muss (Kochen, Wohnung putzen, Einkaufen, Betreuten zum Arzt fahren usw). Als persönliche Betreuung versteht der Gesetzgeber vielmehr das Gegenteil einer anonymen Verwaltung von Betreuungsfällen, jedoch rechtlich orientiert. Hauptmerkmal persönlicher Betreuung ist demgemäß der persönliche Kontakt, insbesondere das Gespräch zwischen Betreuer und Betreutem; auch hier ist nicht ausgeschlossen, dass der Betreuer sein Personal einschaltet. Die Intensität dieses Kontaktes hängt natürlich stark davon ab, ob der Betreute diesen Kontakt wünscht oder ablehnt, und von Art und Umfang der dem Betreuer zugewiesenen Aufgaben und von der Behinderung des Betreuten. Die persönliche Betreuung soll im Weiteren gewährleisten, dass der Willensvorrang des Betreuten Beachtung findet (§ 1901 Abs 2 Satz 1) und den Hinweispflichten des § 1901 Abs 4 Genüge getan wird.

15 Zur Bestellung von **Vertretern** und zur **Delegation** von Aufgaben vgl § 1902 Rz 13.

16 **6. Betreuung im erforderlichen Umfang.** Der Betreuer muss in der Lage sein, den Betreuten in dem hierfür erforderlichen Umfang **persönlich** zu betreuen. Das Ausmaß des „erforderlichen Umfangs“ bestimmt sich nach dem Einzelfall und hier insbesondere nach der Art des übertragenen Aufgabenkreises und dem Grad der Behinderung.

17 So wird bei einem Behinderten, der seinen Willen nicht mehr kundtun kann oder der jede Betreuung generell ablehnt, ein persönlicher Kontakt in geringem Umfang ausreichen oder überflüssig sein. Entsprechendes gilt, soweit der Aufgabenkreis des Betreuers sich nur auf eine einzige geringfügige Angelegenheit bezieht. Wenn die Zahl der Besuche zu gering ist, kommen Maßnahmen nach § 1837 in Betracht; wenn der Betreuer den Betreuten zu oft besucht, nützt ihm das finanziell nichts, weil seit 1.7.2005 in den Regelfällen der Betreuung dem Berufsbetreuer eine pauschale Vergütung bezahlt wird (§§ 4, 5 VBVG), auch wenn nichts (oder sehr viel) zu tun ist. Seit der Reform vom 1.7.2005 ist der Aufwand, der pro Monat für Besuche beim Betreuten erbracht wird, erheblich zurückgegangen, weil er nicht mehr zusätzlich bezahlt wird.

18 **7. Rechtliche Betreuung.** Das 1. BtÄndG hat das Wort „rechtlich“ eingefügt (ebenso in die Titel-Überschrift vor § 1896). Vor dem 1.7.2005 konnten die Berufsbetreuer nach aufgewandten Stunden abrechnen; es gab viele Streitfragen, etwa ob der Besuch zum Geburtstag oder die Anwesenheit bei der Heimweihnachtsfeier abrechnungsfähig sind. Mit dem Wort „rechtlich“ sollte zwecks Kosteneinsparung klargestellt werden, dass die Amtsführung des Betreuers auf die rechtliche Besorgung von Angelegenheiten bezogen ist, Tätigkeiten menschlicher Zuwendung ohne Zusammenhang mit der Rechtsbesorgung (zB Spazierengehen, Kartenspielen mit dem Betreuten) aber nicht bezahlt werden.

19 **8. Bestellung von Berufsbetreuern.** Berufsbetreuer werden nach §§ 4, 5 VBVG pauschal vergütet; der Stundenlohn beträgt höchstens 44 Euro (einschließlich Auslagen und Umsatzsteuer), auch wenn ein Rechtsanwalt oder Steuerberater zum Betreuer bestellt ist. Nur in Ausnahmefällen kann er mittels § 1835 Abs 3

27 BayObLG FamRZ 1998, 1257/8; OLG Köln FamRZ 1996, 506.

nach dem RVG bzw der StBerGebVO abrechnen. Für denjenigen Betreuten, der die Betreuung selber bezahlen muss, ist deshalb ein ehrenamtlicher Betreuer, der nur Auslagenersatz bzw Auslagenpauschale (§ 1835 a) erhält, billiger; liegen freilich die Voraussetzungen des § 1836 Abs 2 vor, ist auch der ehrenamtliche Betreuer zu vergüten. Auch bei Bestellung eines Berufsbetreuers für eine mittellose Person stellt sich die Frage, inwieweit finanzielle Erwägungen, nämlich die Schonung der Staatskasse, zu berücksichtigen sind. Teils wird von einer „Prämisse der Kostenminimierung" gesprochen[28]. Eine solche Prämisse gibt es nicht. Zu bestellen ist eine (fachlich) geeignete Person, wobei zu bedenken ist, dass es um *rechtliche* Betreuung geht.

III. Vereins- und Behördenbetreuer (Abs 2)

1. Vereine (Satz 1). Zu unterscheiden ist: **20**

a) **Vereine als Betreuer.** Der Verein, also die juristische Person, als Betreuer (§ 1900 Abs 1); er lässt die Arbeiten ausführen durch seine Bediensteten, seien es Angestellte oder (für Hilfstätigkeiten) ehrenamtliche Helfer. Der Verein hat keinen Anspruch auf Vergütung (§ 1836 Abs 3), weshalb eine solche Bestellung höchst selten ist. **21**

b) **Vereinsbetreuer.** Der Vereinsbetreuer (Abs 2), also die natürliche Person, die als Angestellte des Vereins Betreuungsaufgaben wahrnimmt; Abs 2 nennt ihn **„Mitarbeiter" des Vereins.** Der Mitarbeiter kann natürlich gleichzeitig Vereinsmitglied sein; doch kann nur eine Person zum Vereinsbetreuer bestellt werden, die in einem Arbeitnehmerverhältnis zum Verein steht[29]. Abgrenzungskriterium zwischen ehrenamtlichen Helfern eines Vereins als Betreuer und Vereinsbetreuern ist die Bezeichnung im Gerichtsbeschluss (§ 290 Satz 2 Nr 2 FamFG). **22**

c) **Mitglieder des Vereins, ehrenamtliche Helfer eines Vereins.** Sie sind nicht durch einen Anstellungsvertrag der Personalhoheit des Vereins unterworfen. Daher können sie nicht Vereinsbetreuer im Sinne des Abs 2 werden[30]. Dies ergibt sich nicht aus dem Gesetzeswortlaut; danach könnte mit „Mitarbeiter …, der teilweise als Betreuer tätig ist", auch ein ehrenamtlicher Mitarbeiter gemeint sein. Es folgt dies vielmehr aus den Gesetzesmotiven und aus der Gegenüberstellung in § 1908 f Abs 1 Nr 1 und Nr 2. Zweifelsfragen können nicht auftreten, weil sich eindeutig aus dem Bestellungsbeschluss ergibt, ob jemand Vereinsbetreuer ist (§ 290 Satz 2 Nr 2 FamFG). Die Mitglieder können aber ihrerseits Einzelbetreuer sein, die sich dem Verein angeschlossen haben, um Hilfe und Beratung zu erhalten. **23**

2. Behörden (Satz 2). Für Behörden gilt Entsprechendes: diese können Betreuer sein (§ 1900 Abs 4), es können aber auch die Bediensteten der Behörde Betreuer sein, sog **Behördenbetreuer.** Ehrenamtlich für eine Behörde als Betreuer tätige Personen dürfte es wohl kaum geben. **24**

3. Vereinsbetreuer als Einzelbetreuer. Einzelbetreuer iSd Abs 1 sind auch die Vereinsbetreuer[31], wenn es sich um einen anerkannten Betreuungsverein gemäß § 1908 f handelt (Abs 2). Für sie gelten einige Sonderregelungen: der Verein muss in ihre Bestellung einwilligen (Abs 2); der Verein hat das Recht, die **25**

28 *Schmidt* BtPrax 2000, 18.
29 LG München I FamRZ 2000, 321 = Rpfleger 1999, 276.
30 OLG Hamm FamRZ 2001, 253 mit Hinweisen zur aA; LG München I Rpfleger 1999, 276.
31 BayObLG FamRZ 1994, 1061.

Entlassung des Vereinsbetreuers zu verlangen (§ 1908 b Abs 4); der Vereinsbetreuer hat selbst keinen Anspruch auf Aufwandsentschädigung bzw Vergütung (1836 BGB; § 7 Abs 3 VBVG); denn er erhält für seine Tätigkeit eine Entlohnung vom Verein (dem Verein dagegen steht für die Tätigkeit seines Vereinsbetreuers ein Anspruch auf Vergütung/Aufwendungsersatz zu; § 7 Abs 1 VBVG). Bei der Vermögensverwaltung gelten Erleichterungen (§§ 1908 i Abs 2 Satz 2, 1857 a). Zwangsgeld ist aber zulässig, § 1837 Abs 3 Satz 2, arg. e. contr. § 1908 g Abs 1. Wird der Vereinsbetreuer ohne **Zustimmung** seines Dienstherrn zum Betreuer bestellt, so ist die Bestellung wirksam; wird die nachträgliche Zustimmung versagt, so ist der Betreuer zu entlassen[32].

26 4. **Behördenbetreuer.** Für den Behördenbetreuer gilt Entsprechendes. Die Behörde muss in seine Bestellung einwilligen (Abs 2 Satz 2); auf Antrag der Behörde ist er zu entlassen (§ 1908 b Abs 4 Satz 3). Zwangsgeld ist unzulässig (§ 1908 g Abs 1). Über Vergütung bzw Aufwendungsersatz vgl § 8 VBVG.

27 5. **Weisungen.** Vereins- wie Behördenbetreuer stehen einerseits in einer Rechtsbeziehung zum Betreuten, andererseits in einem Dienstverhältnis zu ihrem Arbeitergeber (Verein; Behörde). Gleichwohl besteht **keine Weisungsbefugnis im Einzelfall** (§ 1900 Rz 9), sondern nur die allgemeine Rechtsaufsicht. Zur **Haftung des Vereinsbetreuers** vgl § 1908 f Rz 10.

28 6. **Haftung des Behördenbetreuers.** Die Haftung des Behördenbetreuers ist umstritten: Haftet die Behörde *neben* ihm? Oder für ihn? Der Beamte/Angestellte ist hinsichtlich seiner Tätigkeit Einzelbetreuer. Deshalb **haftet er grundsätzlich selbst** aus § 1833. Ob er daneben aus §§ 823 haftet hängt von seinem Status ab (Angestellter: § 823; Beamter: § 839).

29 Die Anstellungsbehörde haftet *grundsätzlich* weder nach § 1833 noch nach § 839, Art 34 GG[33]. Denn der Behördenbetreuer ist (theoretisch) weisungsunabhängig, die Behörde ist selbst nicht Betreuerin, so dass jedenfalls § 1833 nicht einschlägig ist. Problematischer ist § 839. Der Umstand, dass der Behördenbetreuer Aufgaben der öffentlichen Fürsorge wahrnimmt, rechtfertigt für sich keine Staatshaftung, da Entsprechendes auch für ehrenamtliche oder private Betreuer (Eltern, Verwandte) gilt[34]. Allerdings steht der Behördenbetreuer in einem Anstellungsverhältnis zur öffentlichen Körperschaft, welche den Betreuer mit Wahrnehmung von Aufgaben der öffentlichen Fürsorge beauftragt. Nach außen hin besteht kein wesentlicher Unterschied zwischen der Betreuung durch die Behörde selbst oder einen Behördenbetreuer; durch die befremdliche Konstruktion des Behördenbetreuers kann die Haftung der Behörde umgangen werden. Deshalb ist es angebracht, ein weiteres **öffentlich-rechtliches Rechtsverhältnis zwischen dem Betreuten und der Behörde** anzunehmen[35]: sie wählt ihr Personal selbst aus, schult es, befördert es, sie kassiert anstelle des Behördenbetreuers die Vergütung und (vor allem) genießt der Behördenbetreuer bei der Führung der Betreuung Erleichterungen, wodurch die Schädigungsgefahr für den Betreuten erhöht wird. Der Träger der Behörde haftet deshalb neben dem Behördenbetreuer aus § 839 BGB, Art 34 GG, wenn der Behördenbetreuer nicht **sorgfältig ausgewählt, angeleitet und überwacht** wird, wenn also zB Organisa-

---

32 *Bienwald* § 1897 Rz 36.

33 Vgl OLG Köln FamRZ 1988, 1097 (betrifft aber Vormundschaft); aA (Haftung nur der Behörde) MünchKomm/*Schwab* § 1897 Rz 19 und *Schwab* FamRZ 1992, 493, 498; *Jürgens* Rz 8; *Deinert/Schreibauer* BtPrax 1993, 185, 189; *Schulz* BtPrax 1995, 56, 58; HK-BUR-*Deinert/Lütgens* § 1897 Rz 37.

34 *Holzhauer* ZRP 1989, 451, 452 und hM; aA *Pardey* FamRZ 1989, 1030, der jegliche Tätigkeit eines Pflegers, Vormunds oder Betreuers als Wahrnehmung öffentlicher Fürsorge ansieht und den privatrechtlichen Aspekt übersieht.

35 *Fröschle* BtPrax 2008, 190.

tionspflichten verletzt wurden. Das bedeutet zB, dass die Behörde neben dem Behördenbetreuer haftet, wenn es diesem gelingt, Geld des Betreuten zu unterschlagen und das durch zumutbare Kontrollmechanismen der Behörde vermeidbar gewesen wäre. Der Frage kommt dann keine Bedeutung mehr zu, wenn der Behördenbetreuer haftpflichtversichert (§ 1835 Abs 2) ist, wozu ihn das Betreuungsgericht gemäß §§ 1837 Abs 2, 1908 i anhalten kann[36].

Ist die **Behörde selbst Betreuer**, so haftet sie nach §§ 1908 i, 1833 und nach 30
§ 839, Art 34 GG, nicht aber der einzelne Beamte oder Angestellte, der für die Behörde handelt[37].

IV. Vermeidung von Interessenkonflikten (Abs 3)

1. Zweck. Zur Vermeidung von Interessenkonflikten schreibt Abs 3 vor, dass 31
derjenige nicht zum Betreuer bestellt werden darf, der zu der Anstalt, dem Heim oder der sonstigen Einrichtung[38], in welcher der Betreute untergebracht ist oder wohnt, in einem **Abhängigkeitsverhältnis** oder in einer **anderen engen Beziehung** steht. Es gibt keinen Ermessensspielraum, auch keine Durchbrechung im Einzelfall[39], auch nicht vorübergehend[40]. Das BVerfG[41] hat allerdings in einem Einzelfall die Auffassung vertreten, das Elternrecht aus Art 6 Abs 2 GG gestatte es nicht, § 1897 Abs 3 dahin gehend auszulegen, dass bereits die entfernte, abstrakte Möglichkeit einer Interessenkollision genügen kann, um das Recht der Eltern auf eine bevorzugte Berücksichtigung bei der Auswahl von Betreuern für ihr volljähriges, schutzbedürftiges Kind einzuschränken. Abs 3 kann nicht dadurch umgangen werden, dass „Heimleitung und Betreuung organisatorisch getrennt sind und die Weisungsunabhängigkeit des Betreuers arbeitsrechtlich sichergestellt ist"[42]. Selbst wenn der Betroffene ausdrücklich diese (abhängige) Person als Betreuer wünscht, darf sie nicht bestellt werden[43]. Ausgeschlossen ist aber nur der Abhängige; Verwandte des Abhängigen sind daher nicht absolut ausgeschlossen[44], falls nicht eine enge Beziehung (Rz 35) vorliegt, so dass sie als aus sonstigen Gründen ungeeignet gelten müssen. Abs 3 kann dazu führen, dass Betreuer zu entlassen sind, wenn die Trägerschaft des Heims wechselt. Der Heimleiter eines DRK-Kreisverbandes kann nach dem Eintritt in den Ruhestand zum Betreuer eines Heimbewohners bestellt werden[45].

Abs 3 gilt für **Altfälle**, die früher Gebrechlichkeitspflegschaften waren und durch 32
das BtG zur Betreuung wurden, nicht; das steht in Art 9 § 1 Abs 2 Satz 2 BtG (Übergangsrecht); anderer Rechtsmeinung nach[46] soll es aus verfassungskonformer Auslegung folgen.

2. Anstalt, Heim, sonstige Einrichtung. Vgl die Definition dieser Begriffe bei 33
§ 1906 Abs 4. „Einrichtung" ist weit auszulegen, aber unter dem Blickwinkel des Zwecks der Vorschrift. Deshalb ist eine Wohnung, in der der Betreute wohnt und die dem Betreuer gehört, keine Einrichtung. Eine andere Auslegung würde

---

36 Vgl § 1835 zur Ersatzfähigkeit der Versicherungsprämien; nach *Pardey* FamRZ 1989, 1030, 1034 verfassungsrechtlich bedenklich.
37 Vgl BGHZ 100, 313 = FamRZ 1987, 904 = NJW 1987, 2664.
38 Über Wohngemeinschaften vgl LG Neuruppin FamRZ 2009, 727.
39 BayObLG FamRZ 1997, 245; MünchKomm/*Schwab* Rz 35.
40 AA AG Kleve BtPrax 1999, 39.
41 BVerfG NJW-RR 2006, 1009.
42 So aber OLG Stuttgart FamRZ 1999, 811 = FGPrax 1999, 109.
43 BayObLG FamRZ 1997, 245 = BtPrax 1997, 36; wegen BVerfG NJW-RR 2006, 1009 zweifelhaft.
44 BayObLG FamRZ 1997, 245/6 aE.
45 OLG Schleswig FGPrax 2002, 113.
46 AG Nettetal FamRZ 1998, 510.

zu dem unerwünschten Ergebnis führen, dass gerade Eltern oder nahe Verwandte des zu Betreuenden oftmals von der Betreuung ausgeschlossen wären[47].

34 3. **Untergebracht** vgl § 1906. **Wohnen:** hier wird nicht auf die Begründung eines Wohnsitzes iSv § 8 abgestellt, sondern auf das rein tatsächliche Wohnen.

35 4. **Abhängigkeitsverhältnis.** Abhängig ist (jedenfalls, aber nicht nur), wer in einem Dienst- oder Arbeitsverhältnis steht. Besteht ein Abhängigkeitsverhältnis, greift der Ausschluss durch, ohne dass es auf konkrete Interessengegensätze ankäme. Dieses Verhältnis muss zum Heim usw bestehen; ein unscharfes Kriterium, weil eine juristische oder wirtschaftliche Abhängigkeit nur zu einer natürlichen bzw juristischen Person bestehen kann, das Heim als solches aber beides nicht ist, sondern ein Inbegriff von Personen und Sachen. Ausreichend ist deshalb die Abhängigkeit zum Heimleiter, Heiminhaber, Heimbetreiber. Ein Abhängigkeitsverhältnis wurde ferner bejaht, wenn der Betreuer als Angestellter im Heim A tätig ist, während der Betreute im Heim B wohnt, falls beide Heime der gleichen Leitung unterliegen[48]. Denn faktisch handelt es sich nur um räumlich getrennte verschiedene Abteilungen desselben Altenheims.

36 Ungenügend ist nach dem Gesetzestext, wenn das Abhängigkeitsverhältnis nur zum kommunalen **Heimträger** besteht[49]. Wenn die Gemeinde Träger des Heimes ist, in dem der Betreute wohnt, könnten daher Gemeindebedienstete zum Betreuer bestellt werden, falls sie in einem Bereich tätig sind, der in keinem unmittelbaren Zusammenhang mit dem Heim steht[50]. Wer in der Heimaufsicht tätig ist, kann demzufolge nicht Betreuer werden; anders wäre es beim Bediensteten des städtischen Museums. Indes muss die Unterscheidung Abhängigkeit zum Heim (schädlich)/zum Heimträger (angeblich unschädlich) in jedem Einzelfall anhand des Zwecks, den Abs 3 sichern will, überprüft werden; eine faktische Abhängigkeit genügt. Ist ein Betreuungsverein Alleingesellschafter einer GmbH, die ein Heim betreibt, darf ein Mitarbeiter des Vereins jedenfalls dann nicht zum Betreuer für Bewohner dieses Heims bestellt werden, wenn er dem Geschäftsführer der GmbH disziplinarisch unterstellt ist[51].

37 Als Betreuer scheiden daher zB wegen Abhängigkeit aus: angestellter Heimleiter des Heims, in dem der Betreute wohnt; Heimpersonal, auch untergeordnetes wie die Putzfrau; die als Pflegerin tätige Tochter des dort wohnenden Betreuten. Fehlt es an einem Abhängigkeitsverhältnis, kann aber evtl der Ausschlussgrund der *engen Beziehung* iSd Rz 35, 38 vorliegen.

38 5. **Andere enge Beziehung.** In einer engen Beziehung zu einem Heim steht, wer solche Beziehungen zu dort tätigen Menschen hat. Dieses unscharfe Kriterium verträgt Wertungen; es kommt darauf an, ob Interessenkonflikte denkbar sind. Demzufolge können zB nicht Betreuer sein: der Inhaber des Heims, sein Ehegatte[52] oder Kind; Freunde und Verwandte von Heimpersonal[53], weil die Gefahr besteht, dass ein solcher Betreuer auf den Angehörigen Rücksicht nimmt; ebenso nicht der hauptamtliche Mitarbeiter des Vereins, der Träger des Heims ist, in dem der Betreute wohnt[54]. Die enge Beziehung muss nach einer verbreiteten

---

47 BT-Drucks 11/4528 S. 126.
48 BayObLG FamRZ 1997, 245/6.
49 BayObLG FamRZ 1997, 245/6; LG Berlin BtPrax 1997, 39 zur Lebenshilfe.
50 BayObLG FamRZ 1997, 245/6.
51 BayObLG BtPrax 1998, 74 = FamRZ 1998, 924.
52 OLG Düsseldorf FamRZ 1994, 1416: Ehemann der Heimleiterin als Vereinsvorstand.
53 ZB nicht der Vater einer im Heim tätigen Pflegerin, BayObLG FamRZ 1999, 50.
54 LG Stuttgart BtPrax 1996, 75 = BWNotZ 1996, 14 = Justiz 1996, 88.

Auffassung jeweils zur Einrichtung selbst bestehen, so dass beispielsweise nach Meinung der Gesetzesmotive ein kommunaler Bediensteter zum Betreuer bestellt werden könnte, wenn die Kommune Träger der Einrichtung ist[55]. Abs 3 ist aber auf solche Fälle nach dem Sinn der Regelung analog anzuwenden: der städtische Obersekretär der Kleinstadt als Betreuer wird kaum Missstände im städtischen Altenheim mit der erforderlichen Energie weiterverfolgen.

Ist ein **Verein Betreuer** (§ 1900 Abs 1), dann ist es daher ausgeschlossen, dass der Betreute in einem Heim lebt, das der Verein betreibt[56]. Es genügt nicht, dass die Betreueraufgaben einfach solchen Bediensteten übertragen werden, die mit dem Heim in keiner engen Beziehung stehen. Ist ein **Vereinsbetreuer** bestellt, ist die Sache nicht anders; Abs 3 ist weit auszulegen und analog anzuwenden; betreibt der Verein ein Heim, steht der Vereinsbetreuer in einer engen Beziehung zum Heim. 39

V. Vorschlag des Betreuten (Abs 4)

1. Auswahl des Betreuers (Satz 1). Abs 4 Satz 1 räumt dem Vorschlag des Betreuten grundsätzlich Vorrang ein[57]. Der Vorschlag darf nur dann unberücksichtigt bleiben, wenn in der Person des Vorgeschlagenen die Ausschlussgründe des Abs 3 (Anstaltsabhängigkeit) vorliegen[58]oder dieser die Übernahme gem § 1898 ablehnt oder der Vorschlag dem Wohl des Betroffenen zuwiderläuft (Abs 4) oder die Gefahr von Interessenkonflikten (Abs 5) besteht[59]. Der Vorschlag des Betroffenen, einen Nichtverwandten zu bestellen, hat insofern auch Vorrang gegenüber dem Wunsch zB der Mutter, Betreuerin ihrer behinderten Tochter zu werden[60]. Bei Bestellung durch **einstweilige Anordnung** kann das Gericht von Abs 4 abweichen (§ 301 Abs 2 FamFG). Bei der späteren Bestellung des endgültigen Betreuers aber müssen die Auswahlkriterien wieder erfüllt sein[61]. 40

a) **Vorschlag des Betreuten.** Ein Vorschlag ist eine selbst formulierte Erklärung des Betroffenen, die vom Betroffenen selbst ausgeht. Der Vorschlag muss nicht „zeitnah" sein, er kann auch längere Zeit zurück liegen[62]. Teils wird verlangt, dass er „dauerhaft" ist[63]. Vorgeschlagen werden kann (iSv Abs 4, dh mit Vorrang) nur ein Einzelbetreuer einschließlich Vereins- und Behördenbetreuer, nicht aber die Betreuungsbehörde oder ein Betreuungsverein[64] mit dem Ziel, dass dieser einem bestimmten Bediensteten die Wahrung der Betreuungsaufgaben überträgt[65]. Wenn der Betroffene auf Frage, ob er mit X einverstanden sei, lediglich „ja" sagt, liegt kein *Vorschlag* des Betreuten vor[66], sondern ein Vorschlag des Richters oder der Behörde; zwangsläufig mit etwas Einverstanden sein heißt nicht, es selbst vorzuschlagen. Die Sache ist ähnlich wie beim Antrag des Betreuten, der ebenfalls nicht zwingend im Einverständnis mit der Betreuung 41

55 BT-Drucks 11/4528 S. 127.
56 HK-BUR-*Bauer* § 1897 Rz 11.
57 BayObLG FamRZ 1996, 1374 st Rspr; OLG Düsseldorf FamRZ 1996, 1373; OLG Hamm FamRZ 1996, 1372.
58 BayObLG FamRZ 1997, 245; OLG Düsseldorf FamRZ 1994, 1416.
59 BayObLG FamRZ 1999, 49; OLG Köln FamRZ 2000, 513.
60 BayObLG FamRZ 1999, 53.
61 BayObLG FamRZ 2001, 252.
62 BayObLG FamRZ 2004, 1750.
63 BayObLG FamRZ 2003, 1871 (L) = BtPrax 2003, 270.
64 BayObLG FamRZ 1999, 52.
65 MünchKomm/*Schwab* § 1897 Rz 21; Erman-*Holzhauer* § 1897 Rz 11.
66 Vgl den Fall OLG Hamm FamRZ 1996, 1372; vgl BayObLG FamRZ 2005, 548; OLG Köln FamRZ 2005, 1860.

liegt. Andererseits muss der Vorschlag nicht gleichzeitig mit dem Antrag auf Betreuung gemacht werden, sondern kann auch noch bei der Anhörung durch den Richter oder sonst wie erfolgen.

42 Zweifelhaft ist das Verhältnis von Abs 4 zu Abs 6: wenn der Betreuer einen bestimmten **Berufsbetreuer vorschlägt** (der bei Mittellosigkeit also aus der **Staatskasse** zu vergüten ist), aber ein ehrenamtlicher (also billigerer) Betreuer zur Verfügung stünde, was hat dann Vorrang? Die spätere Einfügung von Abs 6 zeigt, dass diese Bestimmung vorrangig ist; der Betreute kann durch einen Vorschlag grundsätzlich nicht das gesetzlich vorgegebene Rangverhältnis zwischen den einzelnen Betreuertypen überwinden[67]. Steht ein ehrenamtlicher Betreuer zur Verfügung, ist das Gericht an den Vorschlag, einen Berufsbetreuer zu bestellen, grundsätzlich nicht gebunden[68]. Das gilt aber nicht, wenn ein ehrenamtlicher Betreuer vorgeschlagen wird, der wegen § 1836 Abs 2 eine Vergütung vom Betreuten erhalten kann[69].

43 Der Vorschlag ist **keine Willenserklärung**; der Betroffene muss daher nicht geschäftsfähig sein[70]; er kann noch im Beschwerdeverfahren gemacht werden[71]. Es reicht daher aus, dass der Betroffene mit *natürlichem* Willen einen als ernsthaft deutbaren Vorschlag macht[72]; an die Ernsthaftigkeit dürfen dabei keine überspannten Anforderungen gestellt werden. Andererseits hat nicht jede verständliche Äußerung die Qualität eines Vorschlags iSv Abs 4; barer Unsinn (der Papst oder ein Fernsehansager solle Betreuer werden) zählt nicht. Der *Vorschlag des Geschäftsfähigen* hat meines Erachtens ein solches Gewicht, dass er auch bindend ist, wenn er dem Wohl des Betreuten zuwiderläuft; denn dem Geschäftsfähigen darf aus verfassungsrechtlichen Gründen kein anderer Betreuer gegen seinen Willen aufgedrängt werden[73]. Allerdings kann auch ein Vorschlag den Abs 3 nicht überwinden[74]; die im Altenheim als Pflegerin tätige (und auch sonst geeignete) Tochter des Betreuten darf auch dann nicht zur Betreuerin bestellt werden, wenn dies der Vater wünscht. Der Vorschlag kann auch in einer Betreuungsverfügung enthalten sein (Abs 4 Satz 3).

44 Der **Vorschlag des Verfahrenspflegers** (oder sonstiger Personen) ist kein Vorschlag *des Betreuten* und also nicht bindend iSv Abs 4[75].

45 **b) Vorschlag läuft dem Wohl zuwider (Abs 4 Satz 1, 2. Halbs).** In diesem Falle ist der Vorschlag des sicher oder möglicher Weise Geschäftsunfähigen für das Betreuungsgericht nicht verbindlich. Der Betroffene soll vor solchen Vorschlägen geschützt werden, die er spontan abgibt, ohne sich über die Tragweite des Vorschlags im Klaren zu sein. Zum anderen soll verhindert werden, dass Vorschläge Beachtung finden, die durch „schlechte Ratgeber beeinflusst" sind[76]. Im Endergebnis ist der Vorschlag nur dann nicht verbindlich, wenn die vom Betreuungsgericht ins Auge genommene Person *deutlich* besser als die vom

---

67 KG FGPrax 2006, 258; BayObLG NJWE-FER 1998, 105.

68 KG FGPrax 2006, 258; OLG Jena NJW-RR 2001, 796 mit Einschränkungen MünchKomm-*Schwab* § 1897 Rz 42.

69 MünchKomm-*Schwab* § 1897 Rz 39.

70 BayObLG FamRZ 1996, 1374; 1997, 245 und 900; OLG Frankfurt BtPrax 1997, 123; OLG Köln FamRZ 1999, 54.

71 Vgl OLG Köln FamRZ 1999, 811.

72 OLG Hamm FamRZ 1996, 1372; BayObLG BtPrax 2000, 260.

73 Nach OLG Düsseldorf FamRZ 1995, 894 darf der Vorschlag des geschäftsfähigen Betreuten, seine Tochter zu bestellen, nur übergangen werden, wenn konkrete Verdachtsgründe die Annahme rechtfertigen, die Bestellung sei nicht zum Wohl des Betreuten.

74 BayObLG FamRZ 1997, 245.

75 OLG Hamm FamRZ 1996,1372; die aA OLG Hamm FamRZ 1993, 988 ist aufgegeben worden.

76 BayObLG FamRZ 1997, 900; OLG Düsseldorf FamRZ 1995, 1234.

Betreuten vorgeschlagene Person geeignet ist[77]. In den Gesetzesmotiven wird angesprochen, dass die Eltern eines Behinderten regelmäßig geeigneter seien als geeignete Dritte[78]. Solange indes der Vorgeschlagene nicht ungeeignet ist, hat der Wille des Betreuten Vorrang[79], gegebenenfalls auch gegenüber den Eltern, da die Intentionen des Gesetzgebers im Wortlaut der Vorschrift keinen hinreichenden Ausdruck fanden. Der eigene Vorschlag des Betreuten dürfe nur übergangen werden, wenn die zu befürchtenden Konflikte so stark sind, dass der Vorgeschlagene als ungeeignet erscheint, weil eine konkrete Gefährdung des Wohls des Betreuten zu besorgen ist[80]; das ist zu eng. Das Kriterium „Zuwiderlaufen" ist ein unbestimmter Rechtsbegriff und kann vom Rechtsbeschwerdegericht nur auf Rechtsfehler (zB ungenügende Ermittlungen des Betreuungsgerichts, Verstoß gegen Denkgesetze und Erfahrungssätze) überprüft werden[81].

c) **Ermittlungen durch das Betreuungsgericht.** Das Vorschlagsrecht des Betroffenen zwingt den Betreuungsrichter dazu, die Geeignetheit und Ernsthaftigkeit des Vorschlags von Amts wegen zu untersuchen (§ 26 FamFG). Gerade bei geistigen Behinderungen dürfte die Erforschung der Ernsthaftigkeit problematisch sein. Zu prüfen ist, ob der Vorschlag dem ureigenen Willen des Betroffenen entspricht oder auf den Einfluss eines Dritten zurückgeht; ob der Dritte damit ein erhebliches wirtschaftliches Interesse verfolgt[82], welches persönliches Verhältnis zum Vorgeschlagenen besteht (Bruder?); ob der Vorgeschlagene schon früher Pfleger/Betreuer des Betroffenen war und wie er seine Aufgabe damals erfüllt hat. Anhörung des Vorgeschlagenen, Verschaffung eines unmittelbaren Eindrucks von ihm kann erforderlich sein. Ist Vermögen vorhanden, kann es notwendig sein, dass das Betreuungsgericht die Eignung der als Betreuer in Aussicht genommenen Person zu einer Vermögensverwaltung durch Anfrage beim Bundeszentralregister (**Vorstrafen** wegen Untreue, Betrug, Diebstahl?) und im **Schuldnerverzeichnis** des AG überprüft (vgl Abs 7 Satz 2). Wird eine nicht hinreichend überprüfte Person zum Betreuer bestellt und unterschlägt sie dann Vermögen des Betreuten, kann **Staatshaftung** in Frage kommen. 46

d) **Abwägungskriterien.** Der Vorrang des Vorgeschlagenen gilt selbst dann, wenn mit der Person des Vorgeschlagenen die Gefahr von **Interessenkonflikten** (Abs 5) verbunden ist, soweit die Gefahr nicht ein solches Maß erreicht, dass Ungeeignetheit iSd Abs 1 vorliegt[83]. Hierher gehören die Fälle, in denen der Vorgeschlagene zugleich den Betroffenen gegen Entgelt und Unkostenersatz pflegt und durch entsprechende Kassenführung die Pflichtteilsansprüche anderer arg schmälern kann. Ferner, wenn der Betreute als Pflichtteilsberechtigter anderweitig benachteiligt werden könnte[84]. Abstrakte Verdachtsmomente genügen aber nicht; nur wenn die konkrete Gefahr besteht[85], zB aufgrund des Verhaltens in der Vergangenheit, dass der Vorgeschlagene die Betreuung nicht zum Wohl des Betreuten führt, kann vom Vorschlag abgewichen werden. Kleinere Nachteile für den Betreuten[86], Interessenkonflikte von geringerem 47

---

77 BayObLG FamRZ 1994, 323; 1996, 1374; 1997, 900; enger OLG Köln FamRZ 2000, 513: Vorschlag nur dann nicht verbindlich, wenn die ernsthafte Gefahr besteht, dass der Betroffene sein Amt nicht zum Wohle des Betroffenen führen werde.
78 BT-Drucks 11/6949 S. 71.
79 BayObLG FamRZ 1996, 1374; OLG Düsseldorf FamRZ 1996, 1373; *Schwab* FamRZ 1990, 681, 685.
80 OLG Schleswig FGPrax 2001, 111.
81 OLG Köln NJOZ 2003, 626; BayObLG FamRZ 1996, 1374.
82 OLG Düsseldorf FamRZ 1995, 1234; BayObLG FamRZ 1996,1374; BtPrax 1998, 74.
83 BayObLG FamRZ 1997, 246 Nr 172 verlangt die konkrete Gefahr erheblicher Interessenkollisionen.
84 BayObLG BtPrax 2000, 91.
85 OLG Düsseldorf FamRZ 1996, 1373; OLG Hamm Rpfleger 1993, 339.
86 BayObLG FamRZ 1994, 323/4; OLG Zweibrücken FGPrax 1997, 104.

Gewicht[87] oder die Tatsache, dass ganz allgemein ein außen stehender Dritter geeigneter erscheint, können den Vorschlag des Betreuten noch nicht entkräften. Der Vorrang der *natürlichen* Person gilt auch dann, wenn ein Betroffener ausdrücklich einen bestimmten Verein als Betreuer vorschlägt[88], weil Vereine nicht vorschlagbar sind. Der Umstand, dass geeignetere Personen in Betracht kommen, entkräftet den Vorschlag des Betroffenen nicht[89].

48 **Milderes Mittel:** Selbst wenn diese Interessenkonflikte ein bedeutendes Gewicht erreichen, muss das Betreuungsgericht noch prüfen, ob die gewünschte Person **nicht wenigstens für den Teil** der Aufgaben bestellt werden kann, bei dem sie sich nicht oder kaum auswirken[90], also zB Übertragung der Vermögenssorge auf einen Anwalt, Verbleib der Personensorge beim bedenklichen Bruder oder beim Sohn, bei dem wegen eines Pflichtteilsprozesses Interessenkollisionen (oder ein Ausschluss, § 1795 Abs 2) bestehen[91]. Oder: zwar Bestellung des Sohnes, aber Auferlegung der Rechnungslegungspflicht (§§ 1908 i Abs 2 Satz 2, 1840 BGB)[92].

49 Der Umstand, dass der Vorgeschlagene im Verhältnis zum Betroffenen **erbberechtigt** ist, macht ihn nicht ungeeignet[93]. Dies ist auch sachgemäß, da anderenfalls die näheren Verwandten des Betreuten entgegen dem ausdrücklichen Willen des Betroffenen als Betreuer ausscheiden müssten.

50 **2. Abgelehnte Personen (Satz 2).** Da sich das für eine sinnvolle Betreuung erforderliche Vertrauensverhältnis idR nicht herstellen lässt, wenn der Betreute eine bestimmte Person ablehnt, soll das Betreuungsgericht darauf Rücksicht nehmen und diese Person nicht bestellen. Dem **negativen Vorschlag** kommt also besonderes Gewicht zu. Diese Regelung ist Ausdruck des grundsätzlichen Willensvorrangs des Betroffenen (§ 1901 Abs 1). Im Gegensatz zum Vorschlagsrecht des Satzes 1 ist das Ablehnungsrecht des Satzes 2 als „Soll-Bestimmung" gefasst, um keine zu strenge Bindung des Gerichts an den Widerspruch des Betroffenen herbeizuführen, insbesondere wenn dieser *alle* ihm vorgeschlagenen Personen ablehnt. Dem Betroffenen soll die Möglichkeit genommen werden, eine Betreuung durch Ablehnung aller vom Betreuungsgericht ins Auge gefassten Personen insgesamt zu verhindern oder zu verzögern.

51 **3. Betreuungsverfügung (Satz 3). – a) Allgemeines.** Nach Abs 4 Satz 3 gelten Satz 1 und Satz 2 entsprechend, wenn der Betroffene vor dem Betreuungsverfahren Vorschläge zur Person des Betreuers in einer sog Betreuungsverfügung gemacht hat[94]. Betreuungsverfügungen sollen es ermöglichen, bestimmte Vorschläge und Wünsche für den Fall der Betreuungsbedürftigkeit formlos niederzulegen (§ 1901 c). Da das Betreuungsgericht nur solche Vorschläge berücksichtigen kann, die es als erwiesen erachtet, wird sich die schriftliche Niederlegung empfehlen. Bei Vorsorgevollmacht erübrigt sich oft eine Betreuung; die Vollmachten enthalten oft eine Klausel, worin der Vollmachtgeber den Bevollmächtigten vorsorglich als Betreuer vorschlägt. Aber auch ohne ausdrückliche Festlegung wird man in der Regel die bevollmächtigte Person als vorgeschlagen ansehen müssen.

---

87 KG FamRZ 1995, 1442 = FGPRax 1995, 110.
88 BayObLG FamRZ 1998, 199.
89 OLG Köln FamRZ 1999, 811.
90 OLG Düsseldorf NJWE-FER 2000, 291; BayObLG FamRZ 1996, 1374; 1997, 900; BtPrax 2000, 260; OLG Köln FamRZ 1999, 811; OLG Köln FamRZ 2000, 512.
91 BayObLG BtPrax 1998, 74.
92 BayObLG FamRZ 1999, 51.
93 OLG Düsseldorf FamRZ 1996,1373; Bt-Drucks 11/4528 S. 127; anders noch OLG Düsseldorf BtPrax 1993, 103. Über Erbkonflikte vgl auch OLG Brandenburg NJOZ 2003, 628.
94 Vgl *Müller-Freienfels*, FS für Max Keller, 1989, S. 35, 51 ff.

b) Nichtfesthalten am Vorschlag. Will der Betroffene bei Eintritt der Betreuungsbedürftigkeit an seinem, in der Betreuungsverfügung enthaltenen Vorschlag zur Person des Betreuers erkennbar nicht festhalten, ist ein anderer Betreuer zu bestellen. Eine Selbstbindung bei erkennbar anders lautendem Willen würde einerseits das Selbstbestimmungsrecht des Betreuten nicht berücksichtigen und andererseits die Akzeptanz des Betreuers in Frage stellen. Aus diesem Grund schließt Satz 3 eine strikte Bindung des Betroffenen an seinen Vorschlag aus. Auch der Widerruf der Benennung ist keine Willenserklärung, setzt also Geschäftsfähigkeit nicht voraus[95]. 52

VI. Kein Vorschlag des Betreuten (Abs 5)

1. Auswahlermessen des Gerichts. Schlägt der Betreute niemanden als Betreuer vor, dann ist das Betreuungsgericht bei der Auswahl des Betreuers insofern frei, als es ein Auswahlermessen hat[96]. Entscheidend ist die fachliche Eignung und die Möglichkeit persönlicher Betreuung (Abs 1), kurz: das Wohl des Betreuten[97]. Da diese doppelte Eignung zahlreiche Personen haben, grenzt Abs 5 näher ein: Verwandtschaft spricht eher für die Auswahl, Interessenkonflikte eher dagegen. An Vorschläge der Betreuungsbehörde (§ 8 BtBG) ist das Betreuungsgericht nicht gebunden. Niemand hat einen Rechtsanspruch darauf, von der Betreuungsbehörde zum Betreuer vorgeschlagen zu werden[98]. Bei Bestellung durch **einstweilige Anordnung** kann das Betreuungsgericht von Abs 5 abweichen, § 301 Abs 2 FamFG. 53

2. Eltern, Kinder, Ehegatten und Lebenspartner[99]. Die besondere Berücksichtigung von Eltern, Kindern und Ehegatten als mögliche Betreuer bezweckt, den durch Art 6 GG garantierten Schutz von Ehe und Familie auch in Fällen der Betreuungsbedürftigkeit zu gewährleisten. Zum anderen wird der in Abs 5 genannte Personenkreis im Hinblick auf die Möglichkeit des persönlichen Kontakts für die Betreuerbestellung grundsätzlich am besten geeignet sein[100]. Doch kommt es auf den Einzelfall an; bei Interessenkonflikten oder Streit kann auch ein Verwandter durchaus ungeeignet sein. Das Wohl des Betreuten hat jedenfalls Vorrang vor dem Verwandtenprivileg[101]. Wenn die Kinder des Betreuten untereinander zerstritten sind, aber nur eines davon zur Übernahme bereit ist, macht diese familiäre Situation allein den Bereiten noch nicht ungeeignet[102]; wenn aber eines der zerstrittenen Kinder die Pflege gegen Bezahlung übernehmen soll, muss ein Außenstehender für diesen Aufgabenkreis bestellt werden[103]; meist ist es besser, einen Fremden zu bestellen. Wenn der Betroffene **jede Betreuung ablehnt**, muss das Betreuungsgericht bei der Frage, ob ein Verwandter als Betreuer in Betracht kommt, beachten, dass der Betroffene sich oftmals in Gegnerschaft zum Betreuer stellen wird. Die damit verbundene Gefahr des Verlustes verwandtschaftlicher Beziehungen kann es in diesem Fall angezeigt erscheinen lassen, keinen Verwandten als Betreuer zu bestellen[104]. Auch dann, wenn Kompetenzkonflikte innerhalb der Verwandtschaft drohen[105] oder sich 54

95 BayObLG FamRZ 1993, 1110; *Schwab* FamRZ 1992, 493, 501.
96 OLG Köln FamRZ 2000, 116.
97 BayObLG FamRZ 1996, 507.
98 OLG Düsseldorf FamRZ 1998, 700.
99 Über Betreuung durch Angehörige vgl *Maaßen* BtPrax 2003, 111.
100 BT-Drucks 11/4528 S. 128.
101 BayObLG FamRZ 2004, 1991.
102 Vgl OLG Köln FamRZ 1999, 116; FamRZ 2000, 188; über Spannungen zwischen den Kindern vgl BayObLG FamRZ 2004, 976.
103 OLG Köln FamRZ 2000, 512.
104 *Bürgle* NJW 1988, 1881; *Schwab* in Sitzungsbericht K zum 57. Juristentag, 1988, S. 23.
105 Vgl BayObLG FamRZ 1996, 507.

Verwandte für überfordert halten und amtliche Hilfe vorschlagen[106], sollte trotz Vorhandenseins geeigneter Verwandter eine neutrale Person bestellt werden.

55 Mit **Lebenspartner** sind die *gleichgeschlechtlichen* im Sinne von § 1 LPartG gemeint, nicht die Lebensgefährten (Mann/Frau).

56 **Langjährige Lebensgefährten** stehen bei der Auswahl im Rahmen von § 1897 Abs 5 BGB gleichrangig neben den Kindern und Eltern des zu Betreuenden[107].

57 **3. Persönliche Bindung zu Freunden.** Soweit eine persönliche Bindung zu Freunden oder Bekannten besteht, sieht Abs 5 auch die bevorzugte Bestellung einer außerhalb der Verwandtschaft stehenden Person als Betreuer vor. Die Motive stellen klar, dass zu den „persönlichen Bindungen" iSd Abs 5 auch religiöse (vgl § 1779 Abs 2 Satz 2), weltanschauliche, kulturelle und andere Bindungen gehören können[108]. Bei der Abwägung hat sich das Betreuungsgericht in erster Linie von der Frage leiten zu lassen, durch welche Person die bestmögliche persönliche (aber auch rechtlich zutreffende) Betreuung gewährleistet wird[109].

58 **4. Gefahr von Interessenkonflikten.** Die Gefahr von Interessenkonflikten zwischen Betreuer und Betreutem[110], nicht zwischen sonstigen Personen, hindert die Bestellung einer Person zum Betreuer, selbst wenn sie vom Betreuten gewünscht wird. Für die Frage, ob sie besteht, ist lediglich auf konkrete Umstände abzustellen[111]. So schließen abstrakte Gefahren, wie etwa die Erbberechtigung, die Betreuerbestellung nicht aus[112]. Dies ergibt sich bereits aus der Nennung von Eltern, Kindern, Ehegatten. Die Gefahr geringerer Interessenkollisionen ist unter Abwägung aller Umstände des Einzelfalls (etwa bei erbberechtigten Verwandten) hinzunehmen, wenn eine persönliche Betreuung gewährleistet ist[113]. Größere konkrete Interessenkonflikte können die Ungeeignetheit als Betreuer ergeben, wenn sie lang andauernd sind. Bei voraussichtlich kürzerer Dauer kann auch die Bestellung eines zweiten Betreuers (eingeschränkt durch § 1899) in Frage kommen, dem der Bereich als Aufgabe zugewiesen ist, der die Interessenkollision bewirkt. Hat der vermögende Betreute mehrere Kinder, die untereinander zerstritten sind, und soll eines davon zum Betreuer bestellt werden, kommt zur Vermeidung von Konflikten in Frage, dass beim Betreuer die Befreiung von der Rechnungslegungspflicht aufgehoben wird, §§ 1908i Abs 2 Satz 2, 1840 BGB[114]. Bei Anwälten kann sich eine Interessenkollision aus BRAO §§ 45 Abs 2 Nr 1, Abs 3 ergeben[115], ferner daraus, dass der als Betreuer gewünschte Anwalt in einer gewichtigen noch nicht völlig abgeschlossenen Vermögenssache früher die Gegenseite vertreten hat[116]. Bei Abs 4 haben Interessenkonflikte ein anderes Gewicht als bei Abs 5: schlägt der Betroffene niemand als Betreuer vor (Abs 5), machen sie eine ausgewählte Person eher ungeeignet; schlägt der Betreute eine bestimmte Person vor, müssen Interessenkonflikte in etwas größerem Umfang in Kauf genommen werden.

---

106 BayObLG FamRZ 1996, 1370.
107 OLG Köln FamRZ 2000, 116.
108 BT-Drucks 11/4528 S. 128.
109 BayObLG FamRZ 1996, 507.
110 BayObLG FamRZ 1999, 51/52 und NJWE-FER 2000, 259.
111 OLG Hamm FamRZ 1993, 988; BayObLG NJWE-FER 2000, 259; FamRZ 1993, 322.
112 BT-Drucks 11/4528 S. 128
113 BayObLG Rpfleger 1994, 110.
114 BayObLG FamRZ 1999, 51.
115 OLG Zweibrücken FGPrax 1997, 104 = BtPrax 1997, 164.
116 OLG Köln FamRZ 1999, 54.

VII. Berufsbetreuer (Abs 6)

1. Subsidiarität (Satz 1). Die Vorschrift (eingefügt durch das 1. BtÄndG 1998) soll das Betreuungsgericht dazu veranlassen, aus Kostengründen (Entlastung der Staatskasse bei mittellosen Betreuten) nach Möglichkeit einen Betreuer auszuwählen, der kein sog Berufsbetreuer im Sinne von § 1836 Abs 1 Satz 2 ist; der Grundsatz gilt aber genauso beim vermögenden Betreuten. Die Vorschrift begründet ein Rangverhältnis: vorrangig ist die Bestellung von nicht berufsmäßigen Betreuern. Das kann aber nur gelten, wenn er (fachlich und persönlich) genauso geeignet ist wie ein Berufsbetreuer. Davon kann man nur ausgehen, wenn die Angelegenheiten des Betreuten ohne nennenswerte rechtliche Bedeutung sind oder der ehrenamtliche Betreuer ausreichende rechtliche Sachkunde hat oder nichts Rechtliches anfällt. Probleme gibt es, wenn weder der Betreute noch der in Aussicht genommene ehrenamtliche Betreuer ausreichend Deutsch sprechen[117]. Im Übrigen hat der Wunsch des Betreuten Gewicht[118]. **Ergänzende Regelungen:** § 1908 b Abs 1 und § 304 Abs 1 Satz 3 FamFG. 59

2. Ablösung (Satz 2). Die Regelung (eingefügt durch das 1. BtÄndG 1998) begründet eine Mitteilungspflicht des Berufsbetreuers: wenn ihm Umstände bekannt werden, dass der Betreute nunmehr durch einen ehrenamtlichen Betreuer betreut werden kann, hat er dies dem Betreuungsgericht mitzuteilen. **Beispiele:** wenn wesentliche Angelegenheiten des Betreuten, die die Fachkenntnisse eines Rechtsanwalts erfordern (zB Hausverkauf; Umzug ins Altenheim), geregelt sind, so dass auch ein Laie die Betreuung weiterführen kann; wenn die bisher verhinderte, juristisch ausgebildete Tochter des Betreuten nunmehr die Betreuung des Vaters selbst übernehmen möchte und kann. 60

VIII. Anhörung der Betreuungsbehörde (Abs 7)

Satz 1: Bevor jemand erstmals im Bezirk des jeweiligen Betreuungsgerichts zum Berufsbetreuer bestellt wird, soll (nicht: muss) das Betreuungsgericht der örtlich zuständigen Betreuungsbehörde Gelegenheit geben, sich zu zwei Gesichtspunkten zu äußern: (1) fachliche Eignung der in Aussicht gestellten Person (zB Feststellung der Ausbildung, der bisherigen Berufstätigkeit, der finanziellen Verhältnisse); (2) ob zu erwarten ist, dass *diesem* Interessenten künftig Betreuungen in größerem Umfang übertragen werden (§ 1 Abs 1 Satz 1 VBVG). Da das Betreuungsgericht in der Auswahl der Betreuer frei ist, kann die Behörde diese Prognose an sich nicht treffen. Die Entscheidung, ob die Behörde angehört wird, trifft der Richter, weil *er* die Verantwortung für die Auswahl eines *geeigneten* Betreuers hat; er muss die Behörde nicht anhören, ist an ihre Vorschläge nicht gebunden. Weder Abs 7 noch § 8 BtBG berechtigen die Betreuungsbehörde, ein **Zulassungsverfahren** für Berufsbetreuer zu installieren, das zugleich das Auswahlermessen des Gerichts dahin binden könnte, nur die so zugelassenen Bewerber als Berufsbetreuer zu berücksichtigen[119]. 61

Satz 2: Bevor jemand erstmals im Bezirk des jeweiligen Betreuungsgerichts zum Berufsbetreuer bestellt wird, soll die Betreuungsbehörde diese Person auffordern, ein Führungszeugnis (§ 30 BZRG) und eine Auskunft aus dem Schuldnerverzeichnis (§ 915 ZPO) vorzulegen, damit sich die Behörde zur Eignung äußern kann. Die Regelung gehört an sich ins BtBG. Für ehrenamtliche Betreuer 62

117 Vgl KG FamRZ 2009, 1438.
118 Vgl dazu OLG Thüringen FGPrax 2000, 239 (will Wünsche nur bei vermögenden Betreuten oder enger persönlicher Bindung zum Berufsbetreuer berücksichtigen).
119 OLG Hamm NJW 2006, 3436.

gilt sie nicht. Kommt diese Person der Aufforderung der Behörde nicht nach, gibt es keine Zwangsmittel. Zu beachten ist, dass das Führungszeugnis keine vollständige Übersicht über Vorstrafen ist, wie die zahlreichen Ausnahmen in § 32 BZRG (vor allem § 32 Abs 2 Nr 5 BZRG) zeigen. Der Strafregisterauszug ist aussagekräftiger.

IX. Meldung der Zahl der Betreuungen (Abs 8)

63 Abs 8, durch das 2. BtÄndG eingeführt, gilt nur für Berufsbetreuer (auch Vereinsbetreuer, Behördenbetreuer, Vereine, Behörde), nicht für ehrenamtliche Betreuer. Sie müssen sich über Zahl und Umfang der von ihr berufsmäßig geführten Betreuungen erklären. Dass sie das von sich aus tun müssen ist nicht bestimmt; also muss das verlangt werden. Berechtigt ist das Betreuungsgericht; dort ist der Richter zuständig (§ 15 RPflG); ein gesonderter Beschluss mit Rechtsmittelbelehrung ist nicht erforderlich. Zweck der Regelung ist, dass der Richter *vor* Bestellung eines Berufsbetreuers in einer bestimmten Sache klärt, ob die in Aussicht genommene Person nicht überlastet ist, so dass er lieber eine andere Person bestellt. Abs 8 korrespondiert mit § 10 VBVG, worin Meldepflichten gegenüber der Betreuungsbehörde eingeführt wurden.

X. Auswahl bei einstweiligen Anordnungen

64 Aus § 302 FamFG folgt: bei der Bestellung eines Betreuers durch eine *gewöhnliche* einstweilige Anordnung (§ 300 FamFG) hat das Betreuungsgericht die Auswahlkriterien des § 1897 Abs 4 und 5 zu beachten. Bei Bestellung durch eine sog *eilige* einstweilige Anordnung („Gefahr in Verzug“) müssen diese Auswahlgesichtspunkte nicht beachtet werden[120], wohl aber § 1897 Abs 6 Satz 1. Bei Bestellung des endgültigen Betreuers sind § 1897 Abs 4 und 5 wieder maßgeblich, nicht § 1908 b[121].

XI. Verfahren

65 **1. Tenor. Begründung.** Zum Tenor bei Ernennung eines Vereinsbetreuers/Behördenbetreuers vgl § 286 FamFG. Bei der Begründung des Beschlusses ist darauf zu achten, dass sie konkret sein muss; Floskeln wie „X wäre überfordert“ genügen nicht[122]. Für jeden Aufgabenkreis muss dargetan werden, dass der in Aussicht genommene Betreuer die fachliche Eignung besitzt[123], falls sich dies nicht wegen der Einfachheit der Sachlage von selbst versteht. Wird die Betreuungsbehörde bestellt, muss in den Gründen dargelegt werden, dass keine natürliche Person und kein Betreuungsverein gefunden werden konnte[124].

66 **2. Rechtsmittel. – a) Beschwerde des Betreuten.** Gegen die Einheitsentscheidung, durch die die Betreuung angeordnet und ein Betreuer bestellt wird, hat der Betroffene das Rechtsmittel der befristeten Beschwerde (§§ 58 ff FamFG).

---

120 LG Regensburg FamRZ 1993, 597.
121 OLG Köln FamRZ 2005, 237.
122 Fall BayObLG FamRZ 1996, 1105.
123 Vgl BayObLG FamRZ 1996, 897.
124 BayObLG FamRZ 1994, 1203 = BtPrax 1994, 171 = MDR 1994, 922.

b) **Beschwerde weiterer Personen.** Ferner ist die Betreuungsbehörde und der Verfahrenspfleger beschwerdeberechtigt (§ 303 Abs 1, 3 FamFG). Das Beschwerderecht der Angehörigen ist durch die Reform vom 1.9.2009 stark beschränkt worden: nur bei Bestellung eines Betreuers von Amts wegen, also nicht bei Bestellung auf Antrag (oder mit Zustimmung) des Betroffenen; ferner nur, wenn der betreffende Angehörige in erster Instanz „beteiligt" (nicht nur angehört) wurde, ist er beschwerdeberechtigt (§ 303 Abs 2 FamFG). **67**

c) **Auswahl des Betreuers.** Die Beschwerde (sowohl des Betroffenen wie der Angehörigen) kann auf die Auswahl des Betreuers beschränkt werden (nicht B, sondern C soll der Betreuer sein), wobei die Anordnung der Betreuung selbst unangefochten bleibt[125]. Diese Beschränkung kann von Anfang an, aber auch nachträglich vorgenommen werden. Dies ergibt sich aus dem Grundsatz, dass eine teilbare Entscheidung nur teilweise angefochten werden kann. Folge der Rechtsmittelbegrenzung ist, dass sich LG/BGH mit den Voraussetzungen der Anordnung nicht mehr zu befassen haben[126]; das kann aber nicht gelten, wenn die Voraussetzungen einer Betreuung offensichtlich nicht vorliegen (§ 1908 d Abs 1 Satz 1 BGB). Ziel der Beschwerde ist die Aufhebung der Betreuung oder Entlassung (Auswechslung) des Betreuers oder beides. Personen, die nicht unter § 303 FamFG fallen, können keine auf die Auswahl beschränkte Beschwerde einlegen; anders, wenn sie im Namen des Betreuten (Vollmacht) handeln. Die vom Betroffenen vorgeschlagene Person, die aber vom Betreuungsgericht nicht bestellt wurde, hat kein Beschwerderecht, weil sie kein Recht auf Bestellung hat[127]. **68**

d) **Abgrenzung zum Entlassungsantrag übergangener Verwandter.** Nach der Bestellung zum Betreuer ist Ziel der Beschwerde gegen die Auswahl, dass der Betreuer entlassen wird. Wird ein Entlassungsantrag der Verwandten abgelehnt, gibt § 303 FamFG den Verwandten allenfalls ein Beschwerderecht, wenn sie in erster Instanz beteiligt würden (§ 274 Abs 4 mit Abs 3 FamFG). Ein Beschwerderecht könnte sich aus § 59 FamFG ergeben, was selten denkbar ist. Wurde zB ein Betreuer bestellt und legt die Tochter *nach einiger Zeit* Beschwerde ein, weil *sie* nun aufgrund *nachträglich* eingetretener Umstände die Betreuung übernehmen kann und will, fehlt der Tochter aus §§ 303, 59 FamFG die Beschwerdeberechtigung[128], weil in Wahrheit keine Auswahlbeschwerde, sondern ein Entlassungsverfahren nach § 1908 b vorliegt. Anders verhält es sich aber, wenn bei bestehender Betreuung ein neuer Betreuer auszuwählen ist, weil zB der frühere Betreuer weggezogen ist und daher entlassen wurde (§ 1908 c); hier liegt ein neues Auswahlverfahren vor, die nächsten Angehörigen haben im Rahmen von §§ 303, 59 FamFG ein Beschwerderecht wie bei einer sonstigen erstmaligen Bestellung[129]. **69**

3. **Prüfungsumfang bei Rechtsbeschwerde.** Der Begriff der Eignung unterliegt als unbestimmter Rechtsbegriff[130] der vollen Nachprüfung in der Rechtsbeschwerde (BGH; §§ 70 ff FamFG); bei der Auswahl unter mehreren geeigneten Personen hat der Tatrichter ein **Auswahlermessen**, das im Rechtsbeschwer- **70**

---

125 BGH FamRZ 1996, 607; OLG Hamm FamRZ 1996,1372; FamRZ 1993, 988/ 989; BayObLG FamRZ 1996, 419; OLG Zweibrücken FGPrax 1999, 146; OLG Schleswig FamRZ 1995, 432; OLG Düsseldorf FamRZ 1994, 451; OLG Karlsruhe BtPrax 1994, 214; OLG Celle FamRZ 1997, 845; *Kemper* FuR 1994, 267; *Kayser* BtPrax 1995, 173. OLG Oldenburg FamRZ 1996, 1343 unter Aufgabe von FamRZ 1995, 432.

126 OLG Hamm FamRZ 1996, 1372; 1993, 988; BayObLG FamRZ 1996, 419 und 1997, 245.

127 AA in einem Sonderfall OLG München OLG-Report 2007, 894.

128 BGH BtPrax 1996,107; BayObLG FamRZ 1996, 508; die aA des OLG Köln FamRZ 1996, 1024, gestützt auf Art 6 GG, hat der BGH verworfen.

129 OLG Hamm FamRZ 1993, 988.

130 BayObLG FamRZ 1996, 509; OLG Zweibrücken FGPrax 1997, 104.

deverfahren nur beschränkt nachgeprüft werden kann[131]. Die Angemessenheit und Zweckmäßigkeit der Auswahl ist jedenfalls der Nachprüfung entzogen[132]; doch besagt diese Einschränkung wenig, weil sich der BGH auf den Standpunkt stellen kann, das LG habe zu wenig ermittelt, die Entscheidung unzureichend begründet usw.

§ 1898 Übernahmepflicht

(1) Der vom Betreuungsgericht Ausgewählte ist verpflichtet, die Betreuung zu übernehmen, wenn er zur Betreuung geeignet ist und ihm die Übernahme unter Berücksichtigung seiner familiären, beruflichen und sonstigen Verhältnisse zugemutet werden kann.

(2) Der Ausgewählte darf erst dann zum Betreuer bestellt werden, wenn er sich zur Übernahme der Betreuung bereit erklärt hat.

Übersicht

I. Übernahme der Betreuung (Abs 1)

1 **1. Pflicht zur Übernahme?** Abs 1 spricht zu Unrecht von einer **Pflicht zur Übernahme der Betreuung.** Denn im Betreuungsrecht besteht (anders als im Vormundschaftsrecht, vgl §§ 1785, 1788, auf die § 1908 i nicht verweist) keine (zB durch Zwangsgeld oder auf sonstige Weise) erzwingbare Verpflichtung, eine Betreuung zu übernehmen; das war zwar geplant, wurde aber letztlich nicht Gesetz (deshalb der Widerspruch zwischen dem früher entstandenen Abs 1 und dem späteren Abs 2). Auch hier wohnende **ausländische Staatsangehörige** können Betreuer werden, desgleichen Inländer, die im Ausland wohnen (was in den Grenzgebieten von Bedeutung ist). Insbesondere wenn es sich beim Betroffenen um einen in Deutschland lebenden, nicht ausreichend sprachkundigen Ausländer handelt, sollte eine Person gleicher Nationalität und Sprache zum Betreuer bestellt werden. Missverständlich ist, dass Abs 1 von einem **„Ausgewählten"**

131 OLG Schleswig NJOZ 2007, 2445; BayObLG FamRZ 1994, 530; FamRZ 1995, 1596; FamRZ 1996, 419; OLG Köln FamRZ 2000, 116.

132 BayObLG FamRZ 1996, 507; FamRZ 1995, 1232.

spricht und dadurch der Eindruck entstehen könnte, in einem ersten Beschluss werde die Betreuung angeordnet, in einem zweiten Beschluss eine bestimmte Person zum Betreuer ausgewählt. In Wirklichkeit wird in *einem* Beschluss angeordnet: „Dem Betroffenen X wird Y zum Betreuer bestellt." Das ist der Grundsatz der „Einheitsentscheidung".

2. Geeignetheit zum Betreuer. Die (nicht erzwingbare) Verpflichtung zur Übernahme der Betreuung besteht nur dann, wenn der Ausgewählte für das Amt des Betreuers **geeignet** ist. Die Frage der Eignung beurteilt sich nicht lediglich aus der Sicht des zu Betreuenden, sondern gleichermaßen aus derjenigen des Ausgewählten. Während zu § 1779 Abs 2 Satz 1 noch von vielen die Auffassung vertreten wird, der Ausgewählte könne eine Beschwerde nicht auf die eigene mangelnde Eignung stützen, da diese Vorschrift nur den Schutz des Mündels bezwecke[1], ist es hier dem zum Betreuer Ausgewählten nicht verwehrt, seine mangelnde Eignung geltend zu machen. Wie die Motive zum BtG ausführen, kann der Ausgewählte durchaus ein eigenes Interesse daran haben, nicht mit einer Betreuung belastet zu werden, zu deren Erledigung er nicht in der Lage ist[2]. Bezüglich der Konkretisierung des unbestimmten Begriffs der Geeignetheit iSd Abs 1 gelten die Grundsätze, wie sie Rechtsprechung und Schrifttum zu § 1779 Abs 2 Satz 2 aufgestellt haben[3]. 2

3. Zumutbarkeit der Betreuung. Ist die vom Betreuungsgericht in Aussicht genommene Person zum Betreuer geeignet, besteht eine (nicht erzwingbare) Übernahmepflicht nur dann, wenn dem Ausgewählten die Übernahme unter Berücksichtigung seiner familiären, beruflichen und sonstigen Verhältnisse zugemutet werden kann. Das starre System der Ablehnungsgründe im Vormundschaftsrecht (§ 1786 Abs 1) wurde zwar nicht übernommen, gibt aber Anhaltspunkte dafür, wann eine Betreuung als unzumutbar angesehen werden kann: zB hohes Alter, schlechter Gesundheitszustand oder das Vorliegen eines persönlichen Zerwürfnisses zwischen dem Ausgewählten und dem Betreuungsbedürftigen. Da die Frage der Geeignetheit und Zumutbarkeit nicht isoliert vom jeweiligen Aufgabenkreis des Ausgewählten beurteilt werden kann, liegt darin auch ein Grund, warum auf eine kasuistische Aufzählung der Ablehnungsgründe verzichtet wurde. In diesen Fällen könnte man auch an der Geeignetheit (§ 1897 Abs 1) Zweifel haben, da diese nicht abstrakt, sondern konkret zu beurteilen ist. Geeignetheit und Zumutbarkeit ergänzen sich insofern, als es sich um dieselbe Beziehung, das Betreuungsverhältnis, handelt, einmal aus der Sicht des Betreuten (Geeignetheit), einmal aus der Sicht des Betreuers (Zumutbarkeit). Je umfangreicher und schwieriger der Aufgabenkreis ist (zB komplizierte Vermögensverhältnisse bei Vermögenssorge, steuerrechtliche Fragen) desto eher wird Unzumutbarkeit bzw mangelnde Eignung vorliegen. Umgekehrt kann zB auch einer älteren Person die Übernahme einer Betreuung zugemutet werden, wenn es sich um einen einfachen Aufgabenkreis handelt. 3

Beamte und sog Religionsdiener sollen nicht ohne Erlaubnis des Dienstherrn zum Betreuer bestellt werden (§§ 1908 i, 1784). **Mitbetreuer:** Ein Ablehnungsrecht hat, wer als Betreuer neben einem anderen Betreuer mit *demselben* Aufgabenkreis betraut werden soll (vgl § 1786 Abs 1 Nr 7), denn nur so kann er einer eventuellen gesamtschuldnerischen Haftung (§ 1908 i, § 1833) entgehen[4]. Beim **Vereins- bzw Behördenbetreuer** (§ 1897 Abs 2) ist davon auszugehen, dass der Verein bzw die Behörde die Geeignetheit und Zumutbarkeit der Übernahme jeder einzelnen Betreuung überprüft haben bzw sie ihre Zustim- 4

1 Vgl *Soergel-Zimmermann* § 1779 Rz 15, 16 mwN.
2 BT-Drucks 11/4528 S. 129.
3 Vgl *Soergel-Zimmermann* § 1779 Rz 5.
4 MünchKomm/*Schwab* § 1898 Rz 7.

mung (§ 1897 Abs 2) erteilt haben. Nur in Ausnahmefällen kommt deshalb eine Unzumutbarkeit in Betracht[5].

II. Bereiterklärung zur Übernahme (Abs 2)

5 **1. Bereiterklärung.** Abs 1 suggeriert dem Leser eine Übernahmepflicht, Abs 2 zeigt dann, dass es eine solche Pflicht nicht gibt (Rz 1). Wenn sich der Ausgewählte weigert, die Betreuung zu übernehmen, und trotzdem bestellt wird, wird er kaum brauchbare Arbeit leisten wollen oder können. Daher darf nur bestellt werden, wer sich vorher gegenüber dem Gericht[6] zur Übernahme der Betreuung (unter Angabe oder in Kenntnis des *konkreten* Aufgabenkreises) bereit erklärt hat. Die Anfrage des Betreuungsgerichts muss bei Personen, die üblicher Weise nur gegen **Vergütung** arbeiten, wie Rechtsanwälte, Steuerberater, einen entsprechenden Hinweis enthalten, wenn beabsichtigt ist, die Berufsmäßigkeit der Führung der Betreuung *nicht* festzustellen (§ 1836 Abs 1 Satz 2 BGB; § 1 VBVG) und auch keine Vergütung nach § 1836 Abs 2 zu bewilligen[7]. Wichtig ist, dass positiv auf die Bereiterklärung abgestellt wird, und nicht negativ auf die Weigerung. Die Bereiterklärung muss nicht begründet werden. Eine **Weigerung** wäre begründungspflichtig; sie ist im Gesetz aber nicht vorgesehen, kann sich also auch nicht auf die Tatbestandsmerkmale des Abs 1 beziehen.

6 **a) Form.** Die Bereiterklärung muss nicht schriftlich geschehen; auch mündliche (telefonische) Zustimmung genügt. Ein Berufsbetreuer kann sich auch im Vorhinein allgemein bereit erklären, Betreuungen zu übernehmen[8]. Wer auf die Anfrage schweigt, erklärt sich allerdings nicht bereit. Wer mit dem Hinweis vom Betreuungsgericht gefragt wird, wenn er sich nicht binnen einer bestimmten Frist weigere, werde seine Bereiterklärung bzw Zustimmung angenommen, erklärt sich ebenfalls nicht bereit, wenn er nicht antwortet. Wer nicht gefragt wurde oder sich geweigert hat und trotzdem bestellt wird, darf nicht bestellt werden. Geschieht dies trotzdem, darf er nicht durch Zwangsgeld zur Übernahme der Betreuung gezwungen werden. Ob eine Bereiterklärung unter einer Bedingung wirksam ist, hängt von der Bedingung ab[9]; eine eindeutige Bedingung dahin, dass die Übernahme nur erfolgt, wenn eine Vergütung (sei es nach § 1 VBVG oder nach § 1836 Abs 2 BGB) erfolgt, ist zulässig. Eine zeitliche Befristung der Bereiterklärung („nur für zwei Jahre bereit") bedarf der Auslegung[10].

7 **b) Widerruf der Bereiterklärung.** Bis zum Wirksamwerden des Bestellungsbeschlusses des Betreuungsgerichts (§ 287 FamFG) kann der Ausgewählte ohne Weiteres seine Bereiterklärung widerrufen[11]. Überlegt er es sich erst anders, nachdem er einige Zeit tatsächlich als Betreuer tätig war, liegt dagegen nur noch ein Fall des § 1908 b Abs 2 vor. Zweifelhaft kann sein, wie die Fälle zu lösen sind, in denen der Ausgewählte zunächst zusagt, aber einige Tage nach Erhalt des Beschlusses, noch ehe er als Betreuer tätig wurde, seinen Fehler erkennt und die Bereiterklärung widerruft. Nach dem eindeutigen Gesetzeswortlaut bleibt hier nur eine Entlassung, falls die Voraussetzungen des § 1908 b vorliegen (vgl Rz 15).

---

5 BayObLG FamRZ 1994, 1061; vgl *Bienwald* § 1898 Rz 11; aA MünchKomm-*Schwab* § 1898 Rz 2.
6 *Jürgens* § 1898 Rz 5.
7 Vgl BayObLG FamRZ 2005, 654.
8 AA Staudinger-*Bienwald* § 1898 Rz 34.
9 AA Staudinger-*Bienwald* § 1898 Rz 13: Bereiterklärung ist bedingungsfeindlich.
10 Staudinger-*Bienwald* § 1898 Rz 14: Zeitliche Begrenzung zulässig.
11 Staudinger-*Bienwald* § 1898 Rz 39.

2. Fehlende Bereiterklärung. Die Bestellung ist aber nicht *deswegen* unwirksam (nichtig), weil die Anfrage an den Ausgewählten oder dessen Zustimmung fehlten[12]; dies führt nur zur Anfechtbarkeit (Rz 15). 8

3. Vereins- bzw Behördenbetreuer. Abs 2 gilt auch für den **Vereins- bzw Behördenbetreuer**[13]. Beim Vereinsbetreuer muss die persönliche Zustimmung *und* die Zustimmung des Vereins nach § 1897 Abs 2 vorliegen[14], Entsprechendes gilt beim Behördenbetreuer[15]. Das folgt aus dem Wortlaut, ist aber befremdlich, weil das Personal auch sonst nicht gefragt werden muss, ob es geneigt ist, seine Aufgaben zu erfüllen. Die Behörde selbst muss mit ihrer Bestellung nicht einverstanden sein. Zum Verein vgl § 1900 Abs 1 Satz 2. 9

4. Schadensersatzpflicht. Im Falle der *grundlosen* Ablehnung oder Verzögerung der Übernahme ist der Ausgewählte schadensersatzpflichtig; das scheint jedenfalls die Verweisungskette §§ 1908 i, 1787 Abs 1 zu ergeben; dabei soll es sich um den Schaden handeln, der durch die verzögerte Bestellung eines anderen Betreuers entsteht, wie Zinsverlust für verspätet angelegtes Geld, Rechtsverluste durch eingetretene Verjährung, Ablauf von Rechtsmittelfristen oder erhöhte Behandlungskosten durch verspätete eingesetzte Heilbehandlung[16]. Durch Hinweis auf eine solche drohende Schadensersatzpflicht wollen manche Druck ausüben auf die als Betreuer ausersehenen Personen[17], damit sie sich nach Abs 2 bereit erklären. Dies ist indes unzutreffend. Denn anders als das Vormundschaftsrecht (§§ 1785 bis 1787) kennt das Betreuungsrecht eine grundlose Ablehnung der Übernahme der Betreuung nicht; es gibt nur die fehlende Bereiterklärung nach Abs 2, für die der Ausgewählte keine Begründung schuldig ist (wie der Wortlaut zeigt). Deshalb geht die Verweisung auf § 1787 ins Leere; es gibt keine Schadensersatzpflicht, weil es keine Ablehnung der Übernahme *ohne Grund* gibt. 10

III. Verfahren

1. Zuständigkeit. Zuständig für die Auswahl des Betreuers ist das Betreuungsgericht (§ 1896). Funktionell zuständig ist gem § 15 RPflG der Richter (der Rechtspfleger bei § 1896 Abs 3 und in den Fällen andersartigen Landesrechts, § 19 RPflG). Die Ermittlungen zur Eignung und Zumutbarkeit sind von Amts wegen zu führen. Vor der Anordnung der Betreuung hat das Gericht gemäß § 279 Abs 1 FamFG den sonstigen Beteiligten Gelegenheit zur Äußerung zu geben; ferner der zuständigen Betreuungsbehörde, soweit es der Betroffene verlangt oder wenn es der Sachaufklärung dient, § 279 Abs 2 FamFG. 11

2. Entscheidung. Die Entscheidung, durch die ein Betreuer bestellt wird, muss ua seinen Aufgabenkreis angeben (§ 286 FamFG). Mit der **Bekanntgabe** an den Betreuer wird die Entscheidung wirksam (§ 287 FamFG), nicht erst mit der „Rechtskraft"; die Wirksamkeit hängt also nicht von der nachfolgenden Verpflichtung ab. Die Anordnung der Betreuung bzw eines Einwilligungsvorbehaltes (§ 1903) ist ferner der zuständigen Behörde bekannt zu machen (§ 288 Abs 2 FamFG). Die einzelnen Angelegenheiten sollen in die Bestellungsurkunde aufgenommen werden (§ 290 FamFG). Die Wirksamkeit der Bestellung zum 12

12 Staudinger-*Bienwald* § 1898 Rz 40.
13 *Knittel* § 1898 Rz 4.
14 BayObLG FamRZ 1994, 1061; Staudinger-*Bienwald* § 1898 Rz 6; aA MünchKomm/*Schwab* § 1898 Rz 2.
15 BayObLG FamRZ 1994, 1061.
16 So *Jürgens* § 1898 Rz 6.
17 *Jürgens* § 1898 Rz 6.

Betreuer hängt hiervon jedoch nicht ab. Der Betreuer wird mündlich verpflichtet (§ 289 FamFG).

13 3. **Beschwerderecht. – a) Betreuer.** Der zum Betreuer Ausgewählte, der sich vorher weigerte, die Betreuung zu übernehmen (Abs 2) oder überhaupt nicht gefragt wurde, aber gleichwohl vom Betreuungsgericht bestellt wurde, kann gegen die Bestellung befristet Beschwerde (§§ 58 ff FamFG) einlegen[18]; ebenso der Verein bzw die Behörde (bei Bestellung eines Behördenbetreuers). Die bloße Mitteilung der Absicht, jemanden zum Betreuer zu bestellen, fällt noch nicht unter § 58 FamFG und ist daher noch nicht anfechtbar[19].

14 **b) Betreuter.** Der Betreute kann selbst (§ 275 FamFG) gegen die Anordnung der Betreuung überhaupt oder nur eines Teils des Beschlusses befristet Beschwerde einlegen. Er kann ferner seine Beschwerde beschränken auf die Bestellung einer bestimmten Person zum Betreuer[20]. Dem Verfahrenspfleger und der zuständigen Behörde steht ebenfalls ein Beschwerderecht zu (§ 303 Abs 1, 3 FamFG), desgleichen einem Vorsorgebevollmächtigten, wenn sein Aufgabenkreis betroffen ist (§ 303 Abs 4 FamFG). Das Beschwerderecht der Angehörigen ist durch § 303 Abs 2 FamFG stark beschränkt.

15 **4. Entlassung.** War der Betreuer zunächst damit einverstanden, Betreuer zu werden, überlegt er es sich aber nach Übernahme der Betreuung anders, kommt nur noch eine Entlassung nach § 1908 b Abs 2 in Frage. Eine **Niederlegung des Amtes** gibt es nicht. Die Auffassung, bei Widerruf der Bereiterklärung nach Wirksamwerden der Bestellung zum Betreuer sei der Betreuer zu entlassen, auch wenn die Voraussetzungen des § 1908 b Abs 2 (Unzumutbarkeit) nicht vorliegen[21], ist nicht zutreffend und findet im Gesetz keine Stütze. Anderenfalls wäre § 1908 b Abs 2 gegenstandslos.

§ 1899 Mehrere Betreuer

(1) [1]Das Betreuungsgericht kann mehrere Betreuer bestellen, wenn die Angelegenheiten des Betreuten hierdurch besser besorgt werden können. [2]In diesem Fall bestimmt es, welcher Betreuer mit welchem Aufgabenkreis betraut wird. [3]Mehrere Betreuer, die eine Vergütung erhalten, werden außer in den in den Absätzen 2 und 4 sowie § 1908 i Abs. 1 Satz 1 in Verbindung mit § 1792 geregelten Fällen nicht bestellt.

(2) Für die Entscheidung über die Einwilligung in eine Sterilisation des Betreuten ist stets ein besonderer Betreuer zu bestellen.

(3) Soweit mehrere Betreuer mit demselben Aufgabenkreis betraut werden, können sie die Angelegenheiten des Betreuten nur gemeinsam besorgen, es sei denn, dass das Gericht etwas anderes bestimmt hat oder mit dem Aufschub Gefahr verbunden ist.

(4) Das Gericht kann mehrere Betreuer auch in der Weise bestellen, dass der eine die Angelegenheiten des Betreuten nur zu besorgen hat, soweit der andere verhindert ist.

Schrifttum: *Spanl*, Ergänzungsbetreuung und Gegenbetreuung, Rpfleger 1992, 142; *Jürgens*, Vertretung eines Betreuers, BtPrax 1994, 9; *Alperstedt*, Dauerergänzungsbetreuung bei tatsächlicher Verhinderung, BtPrax 2001, 106.

---

18 BayObLG FamRZ 1994, 1061.

19 MünchKomm/*Schwab* § 1898 Rz 12.

20 BGH NJW 1996, 1825 = FamRZ 1996, 607; BayObLG FamRZ 1993, 602. Vgl § 1896 Rz 123.

21 So LG Duisburg FamRZ 1993, 851 mit abl Anm *Luthin*.

Übersicht

I. Allgemeines

1. Gesetzesgeschichte. Abs 1 Satz 3 wurde durch das 2. BtÄndG ab 1.7.2005 eingefügt, Abs 4 geändert. Ab 1.9.2009 wurde das Vormundschaftsgericht durch das „Betreuungsgericht" ersetzt. **1**

2. Lediglich ein Betreuer. In der Regel ist nur eine einzige Person zum Betreuer zu bestellen; die Bestellung mehrerer Betreuer ist die Ausnahme[1]. Werden mehrere Personen Betreuer (Mitbetreuer), so können sie entweder verschiedene Aufgabenkreise haben oder sie können den gleichen Aufgabenkreis haben. Daneben besteht die Möglichkeit, sie zu Betreuer und Gegenbetreuer (§§ 1908 i, 1792) zu machen: Der Gegenbetreuer ist kein Mitbetreuer im Sinne von § 1899, er besorgt nicht die Angelegenheiten des Betreuten in einem bestimmten Aufgabenkreis und hat auch keine Vertretungsbefugnis; er überwacht nur den Betreuer bei großem Vermögen und entlastet so das Betreuungsgericht[2]. Auch **2**

---

1 BT-Drucks 11/4528 S. 130; zur Anordnung einer Betreuung neben einer Vormundschaft in den USA vgl OLG Hamm FamRZ 2003, 253.

2 BayObLG FamRZ 1997, 438.

Kombinationen zwischen den genannten Möglichkeiten können angeordnet werden.

II. Mitbetreuer (Abs 1)

3 **1. Bestellung von Mitbetreuern (Satz 1). – a) Mitbetreuer; Eltern.** Nach Abs 1 Satz 1 kann das Betreuungsgericht mehrere Betreuer bestellen, wenn die Angelegenheiten des Betreuten hierdurch *besser* geregelt werden können. Die Bestellung des Mitbetreuers kann zugleich mit der Bestellung des ersten Betreuers oder auch zu einem späteren Zeitpunkt erfolgen[3]. Wird für den Betroffenen ein weiterer Betreuer unter Aufteilung des bisherigen, einem anderen Betreuer zugewiesenen Aufgabenkreises bestellt, so liegt darin eine Teilentlassung des bisherigen Betreuers, verbunden mit der Bestellung eines weiteren Betreuers[4]. Wird ein Ergänzungsbetreuer bestellt, stellt das eine konkludente Entziehung der Vertretungsmacht für den entsprechenden Aufgabenkreis dar[5]. Vier Betreuer zu bestellen ist absurd[6].

4 Wenn sich die Mutter und die die tatsächliche Pflege durchführende, zur Betreuerin bestellte Stiefmutter eines im Wachkoma befindlichen Betroffenen über den Umgang mit dem Betroffenen und dessen Betreuung streiten kann die Bestellung eines weiteren Betreuers zweckmäßig sein[7]; ebenso für den „Umgang mit der Presse“[8]; aber nicht, damit der zweite Betreuer die Amtsführung des ersten Berufsbetreuers kontrolliert[9].

5 „Kann“ bedeutet bei § 1899 Abs 1 nicht freies Ermessen des Gerichts[10]; die Bestellung eines Mitbetreuers ist in der Rechtsbeschwerde nur auf Rechtsfehler nachprüfbar.

6 Die Vorschrift kommt in erster Linie in den Fällen des § 1897 Abs 5 zum Tragen, dh wenn der Betroffene keinen eigenen Vorschlag unterbreitet und beide **Eltern eines Betroffenen** (insbesondere eines geistig behinderten Kindes, das volljährig geworden ist) geeignet sind, das Amt eines Betreuers gemeinsam zu übernehmen. Die Regelung verwirklicht einerseits das durch Art 6 Abs 1 GG garantierte Elternrecht und beseitigt andererseits die nicht zu rechtfertigende Benachteiligung des Elternteils, der zurückstehen müsste (vgl § 1779 Abs 2). Eine Betreuung durch beide Elternteile wird sich oft als sinnvoll erweisen; zwingend ist es aber nicht, beide Eltern zu bestellen[11], etwa dann nicht, wenn sie getrennt leben oder geschieden sind. Wird nur ein Elternteil bestellt, kann der nicht bestellte Teil Beschwerde auch mit dem Ziel einlegen, die Mitbetreuer zu werden[12].

7 b) **Betreuung mit mehreren Aufgabenbereichen.** Eine Bestellung von Mitbetreuern kommt auch dann in Betracht, wenn die Betreuung mehrere Aufgabenbereiche umfasst (zB Vermögens- und Personensorge) und *ein* Aufgabenbereich auf Grund der Umstände des Einzelfalls **besondere Kenntnisse** (zB bei der

---

3 *Bienwald* § 1899 Rz 19.
4 BayObLG FamRZ 2002, 1656.
5 BayObLG FamRZ 2004, 906 = FGPrax 2003, 286.
6 Fall BayObLG NJOZ 2004, 386.
7 BayObLG FamRZ 2004, 1991.
8 OLG Köln FamRZ 2001, 872.
9 OLG Frankfurt FamRZ 2009, 247.
10 BayObLG FamRZ 1998, 512; BayObLG NJWE-FER 2000, 259.
11 OLG Schleswig FamRZ 2005, 1218 (L) = SchlHA 2005, 418.
12 OLG Zweibrücken FGPrax 2002, 22.

Vermögenssorge[13]) erfordert[14]. In diesen Fällen kann es sinnvoll sein, für die jeweiligen Aufgabengebiete verschiedene Betreuer zu bestellen, zB für die Personensorge einen Angehörigen, für die Vermögenssorge einen Rechtsanwalt. Der Angehörige wäre in einem solchen Fall mangels Fachwissens ungeeignet, evtl wäre ihm die Betreuung nicht zumutbar iSd § 1898 Abs 1. Mitbetreuung kann zweckmäßig sein, wenn ein Betreuer weit entfernt vom Betreuten wohnt[15]. Freilich ist zu berücksichtigen, dass die Bestellung mehrerer Personen einen höheren finanziellen Aufwand erfordert (vgl Satz 3). Ein Mitbetreuer kann nicht zu dem Zweck bestellt werden, „die Kontrolle der Amtsführung des bereits bestellten Betreuers zu delegieren und etwaigen Missständen durch dessen Tätigkeit entgegen zu wirken“[16].

c) **Interessenkollision.** Die Bestellung eines weiteren Betreuers kann auch bei Interessenkollision zwischen Betreuer und Betreutem erforderlich sein[17]. Sie kommt zB für die Prüfung und Geltendmachung von Pflichtteils- und Pflichtteilsergänzungsansprüchen des Betroffenen gegen Vater und Schwester, die zu seinen Betreuern bestellt sind, in Betracht[18]. Vgl Abs 4. 8

d) **Gesetzlicher Ausschluss der Vertretungsmacht.** Mitbetreuung ist ferner notwendig in den Fällen des § 1908 i Abs 1 iVm § 1795 (gesetzlicher Ausschluss der Vertretungsmacht), da der Betreuer dann an der Besorgung der Angelegenheit gehindert ist; diese Fallgruppe ist in Abs 4 speziell geregelt[19]. **Beispiel:** der Betreuer will den Betreuten selbst gegen Entgelt pflegen, also mit ihm einen **Pflegevertrag** schließen; oder: der Betreuer will vom Betreuten ein **Darlehen** aufnehmen. Während das Vormundschaftsrecht für Minderjährige in diesen Fällen die Bestellung eines Ergänzungspflegers vorsieht (§ 1909), verzichtet das BtG auf eine entsprechende Regelung; § 1908 i verweist nicht auf Vorschriften des Pflegschaftsrechts, hier § 1909. Zum Fall des § 1908 i iVm § 1796 vgl Rz 19. Ein weiterer Fall notwendiger Mitbetreuung ist derjenige der §§ 1908 i, 1803: Schenkender oder Erblasser ordnen an, dass der Betreuer die Verwaltung der Zuwendung nicht übernehmen darf[20]. In allen diesen Fällen ist vom Betreuungsgericht ein **weiterer Betreuer** zu bestellen, dessen Aufgabengebiet so weit reicht, wie der andere Betreuer von der Besorgung der Angelegenheit jeweils ausgeschlossen ist (zB Aufgabenkreis Abschluss des Pflegevertrages, Darlehensvertrages mit X). Auch bei der Ernennung eines solchen **„Ergänzungsbetreuers“** sind die Bindungen des Betreuungsrechts, insbesondere der grundsätzliche Willensvorrang des Betreuten (§ 1901 Abs 1), zu beachten[21]. 9

e) **Vereins- oder Behördenbetreuer.** Eine Bestellung mehrerer Betreuer ist ferner denkbar, wenn die Betreuung zunächst einem Vereins- oder Behördenbetreuer übertragen worden ist (vgl § 1897 Abs 2) und dieser in absehbarer Zeit aus seiner Tätigkeit ausscheiden wird (zur finanziellen Grenze vgl Satz 3). Um einen reibungslosen Übergang der Tätigkeit auf einen neuen Betreuer zu gewährleisten, soll es nach Meinung des Gesetzesmotive im Interesse des Betreuten sinnvoll ein, wenn der ausscheidende Betreuer den neuen Betreuer an seine Aufgabe heranführt und ihm zunehmend die Besorgung der Angelegenheiten überträgt. Ähnliches ist in allen Fällen denkbar, in denen ein Betreuerwechsel in 10

13 BayObLG FPR 2003, 486.
14 BayObLG FamRZ 1997, 1502.
15 BayObLG NJWE-FER 2000, 259.
16 OLG Frankfurt FGPrax 2009, 18.
17 BayObLG Rpfleger 1998, 111.
18 BayObLG FamRZ 2004, 906 = FGPrax 2003, 286.
19 BayObLG BtPrax 1998, 32.
20 Erman-*Holzhauer* § 1899 Rz 6.
21 BT-Drucks 11/4528 S. 130.

absehbarer Zeit bevorsteht (vgl etwa § 1908 b Abs 2 und 3), also auch, wenn ein ehrenamtlicher Betreuer ausscheidet.

11 **2. Aufgabenkreis der Mitbetreuer (Satz 2).** Bestellt das Betreuungsgericht mehrere Betreuer, so bestimmt es im Beschluss auch, welcher Betreuer mit welchem Aufgabenkreis betraut wird. Hierdurch sollen die jeweiligen Kompetenzen klargestellt bzw abgegrenzt werden. Das Gericht kann: (1) den Betreuern alle Aufgaben gemeinsam zuweisen (Abs 3); das ist *nur ausnahmsweise* sinnvoll, zB bei Übertragung der Betreuung auf die Eltern; denn das ist für die Mitbetreuer lästig (weil sie sich einigen müssen; gesamtschuldnerische Haftung), für das Betreuungsgericht umständlich (dauernder Kontakt mit beiden erforderlich, zB bei der Abrechnung; Entscheidung von Meinungsverschiedenheiten) und zu teuer;

12 (2) es kann auch alle Aufgaben verteilen (dem Betreuer A den Aufgabenkreis Personensorge, dem Betreuer B den Aufgabenkreis Prozessvertretung); das ist sinnvoll, wenn für einen Aufgabenkreis besondere Fachkenntnisse (zB als Rechtsanwalt, Steuerberater, Hausverwalter) erforderlich sind und die Aufgabenkreise *eindeutig* abgrenzbar sind;

13 (3) schließlich hat das Gericht die Möglichkeit, den Betreuern teils gemeinsame oder teils getrennte Angelegenheiten zuzuweisen. Das wird nicht sinnvoll sein.

14 Wird die **Aufteilung versäumt,** so besteht Gesamtvertretung (§§ 1908 i, 1797 Abs 1 Satz 1). Im Falle von **Meinungsverschiedenheiten** ist das Betreuungsgericht (Richter, § 15 RPflG) gem §§ 1908 i, 1798 zur Entscheidung zuständig.

15 **3. Finanzielle Schranken (Satz 3).** Mehr als ein Betreuer darf nicht bestellt werden (ausgenommen die Fälle Betreuer/Sterilisationsbetreuer; Betreuer/Ergänzungsbetreuer), wenn mehrfache Vergütung anfallen würde (Satz 3; eingefügt 1.7.2005). Damit soll Geld gespart werden, denn beim vermögenden Betreuten muss dieser die Betreuung zahlen, bei mittellosen Betreuten die Staatskasse. Da seit der Neuregelung des Vergütungsrechts nicht mehr nach Stunden abgerechnet wird, sondern nach Pauschalen, die auch anfallen, wenn nichts zu tun ist, wäre eine Doppelzahlung besonders absurd.

16 Es dürfen also nicht **zwei oder mehr Berufsbetreuer** nebeneinander bestellt werden, denn jeder ist vergütungsberechtigt. Das gilt auch für die Kombination Berufsbetreuer/Vereinsbetreuer; denn zwar erhält der Vereinsbetreuer selbst keine Vergütung, aber der Verein für ihn, was dem Sinn nach unter Satz 3 fällt[22]. Ebenso ist die Kombination Berufsbetreuer/vergütungsberechtigter ehrenamtlicher Betreuer unzulässig[23]; denn der ehrenamtliche Betreuer hat zwar nicht von Anfang an einen Vergütungsanspruch, sondern die Vergütung „kann" ihm lediglich nachträglich bewilligt werden (§ 1836 Abs 2); aber denkbar ist, dass der ehrenamtliche Betreuer von vornherein seine Zusage von einer Vergütungsbewilligung abhängig macht.

17 Zulässig ist dagegen die **Bestellung zweier ehrenamtlicher Betreuer**; denn sie erhalten keine Vergütung, sondern nur eine Aufwandsentschädigung (§ 1835 a), die freilich dann doppelt anfällt[24].

---

22 HK-BUR-*Bauer* § 1899 Rz 29.
23 AA Palandt/*Diederichsen*, § 1899 Rz 4.
24 OLG Frankfurt FGPrax 2002, 115; LG Mönchengladbach FamRZ 2003, 559.

18 Der **Gegenbetreuer** ist kein Betreuer im Sinne des § 1902, so dass Satz 3 für ihn nicht passt. Die hM[25] hält es daher nicht für einen Verstoß gegen Satz 3, wenn ein Gegenbetreuer bestellt wird.

19 Waren vor dem 1.7.2005 zwei oder mehr Betreuer bestellt, ist einer davon zu entlassen[26]. Auch der entlassene Betreuer ist dann beschwerdeberechtigt.

20 Werden nach dem 1.7.2005 zwei oder mehr Betreuer bestellt, ist ein wichtiger Grund für die Entlassung eines Betreuers schon dann gegeben, wenn sich später herausstellt, dass die Voraussetzungen des § 1899 Abs 1 BGB für die Bestellung mehrerer Betreuer entweder von Anfang nicht vorgelegen haben oder später weggefallen sind[27]. Gegen die Bestellung mehrerer Betreuer kann der Betreute Beschwerde einlegen (er sollte angeben, welche Person er behalten will), desgleichen der Verfahrenspfleger. Die Staatskasse hat ein Beschwerderecht (vgl § 304 FamFG). Auch wenn die Doppelbestellung gesetzwidrig war und ist werden beide Betreuer bis zur Entlassung des einen Betreuers voll nach den jeweiligen Pauschalen vergütet[28].

III. Sterilisationsbetreuer (Abs 2)

21 **1. Besonderer Betreuer.** Abs 2 sieht vor, dass für die Einwilligung in eine Sterilisation stets ein besonderer Betreuer zu bestellen ist, zum einen, weil die Beurteilung, ob eine Sterilisation angezeigt ist, angeblich besondere Fachkenntnisse erfordert[29]. Zum anderen soll dies verhindern, dass die Entscheidung über die Sterilisation von eigenen Interessen des Betreuers beeinflusst wird[30]. Zu einer Sterilisationsgenehmigung kann es also im Regelfall nur kommen, wenn die Betreute zwei Betreuer hat: einen allgemeinen (zB mit dem Aufgabenkreisen Gesundheitssorge, Unterbringung) und einen zusätzlichen *nur* mit dem Aufgabenkreis „Einwilligung in die Sterilisation". In Ausnahmefällen genügt der Sterilisationsbetreuer (vgl Rz 23). Erfolgt die Sterilisation, obwohl nur ein allgemeiner Betreuer vorhanden ist, der eingewilligt hat, dann fehlte eine rechtswirksame Einwilligung. Die Sterilisation war somit rechtswidrig. Zur **Vergütung** im Falle des Abs 2 vgl § 6 VBVG.

22 **Person des Sterilisationsbetreuers:** Ein Verein oder eine Behörde darf nicht zum Sterilisationsbetreuer bestellt werden, § 1900 Abs 5. Im Übrigen ist jede Person geeignet. Besondere Fachkenntnisse muss sie nicht haben, es muss sich nicht um einen Mediziner oder Psychologen handeln[31]. Denn Zweck der Bestellung ist es nur, den allgemeinen Betreuer auszuschalten, weil er ein Interesse an der Sterilisation haben könnte, damit er künftig nicht noch mehr Probleme mit der Betreuung hat, nicht, dass eine zusätzliche Fachprüfung stattfindet; dem wird sowieso durch die Gutachten Rechnung getragen. Zum Verfahren, das bei der Bestellung des Sterilisationsbetreuers einzuhalten ist, vgl § 1905 Rz 46.

23 **2. Einwilligungsunfähiger ohne Betreuung.** Fraglich ist, wie zu verfahren ist, wenn beim Einwilligungsunfähigen, der nicht unter Betreuung steht, lediglich das Bedürfnis nach einer Sterilisation besteht. „Besonderer Betreuer" heißt nicht, dass zwingend zusätzlich ein „allgemeiner Betreuer" vorhanden sein

25 Palandt/*Diederichsen*, § 1899 Rz 4; HK-BUR-*Bauer* § 1899 Rz 27.
26 OLG München FGPrax 2007, 124; OLG Hamm Rpfleger 2007, 74.
27 OLG Schleswig FGPrax 2002, 174.
28 OLG Hamm FGPrax 2007, 81.
29 BT-Drucks 11/4528 S. 131.
30 BT-Drucks aaO.
31 So aber HK-BUR-*Bauer* § 1899 Rz 63.

muss. Steht der Einwilligungsunfähige nicht unter Betreuung, kann der Betroffene auch nicht durch einen allgemeinen Betreuer beeinflusst werden, können keine Interessengegensätze zwischen den beiden Betreuern bestehen, weshalb nach dem Sinn der Regelung die Bestellung des Sterilisationsbetreuers genügt. Auch verlangt der Schutz des Betroffenen nicht, dass neben den zwei Gutachten vor Erteilung der Sterilisationsgenehmigung durch das Betreuungsgericht, dem (dritten) Gutachten (vor Bestellung des Sterilisationsbetreuers) noch ein (viertes) Gutachten (vor Bestellung des allgemeinen Betreuers) erholt wird. Die vorhandenen Regelungen führen im Ergebnis ohnehin schon zu einer „Doppelprüfung" der Sterilisationsvoraussetzungen[32].

24 **3. Umfang der Vertretungsmacht.** Ist ein Betreuer für den Aufgabenkreis „Sterilisation" bestellt, so ist dieser zur Wahrnehmung aller mit der Sterilisation zusammenhängenden Aufgaben berechtigt. Dazu zählt beispielsweise die Einholung von Informationen beim Betreuten, den Ärzten oder anderen Personen sowie gegebenenfalls der Abschluss des Behandlungsvertrages zur Durchführung der Sterilisation[33]. Dem Sterilisationsbetreuer als „besonderem" Betreuer dürfen andere Aufgaben nicht übertragen werden; ihm kann nicht die zusätzliche Aufgabe eines Verfahrenspflegers (§ 276 FamFG) gegeben werden.

IV. Betreuer mit demselben Aufgabenkreis (Abs 3)

25 **1. Gemeinsame Betreuung, Abs 3, 1. Halbs.** Wenn *derselbe* Aufgabenkreis auf mehrere Betreuer (zB auf die Eltern) übertragen wurde, sieht **Abs 3, 1. Halbs** vor, dass die Angelegenheiten des Betreuten im Grundsatz nur gemeinsam besorgt werden können. Das bedeutet (ebenso wie bei der elterlichen Sorge, § 1629 Abs 1 Satz 2) nicht, dass stets beide zugleich handeln müssten; eine **wechselseitige Bevollmächtigung** oder nachträgliche Zustimmung genügen auch; entscheidend ist die gemeinsame Verantwortung, die ihre Entsprechung in der gesamtschuldnerischen Haftung (§ 1908 i, § 1833 Abs 2) hat. Wegen der auftauchenden Fragen wird auf § 1629 verwiesen.

26 **2. Ausnahme, Abs 3, 2. Halbs.** Eine Ausnahme gilt nach **Abs 3, 2. Halbs:** wenn das Betreuungsgericht im Bestellungs- oder einem späteren Beschluss (1) etwas Abweichendes bestimmt hat (zB dass jeder Betreuer Alleinvertretungsmacht hat; oder dass bei drei und mehr Betreuern die Mehrheit entscheidet; oder dass einer der Betreuer den Stichentscheid zu treffen hat; vgl § 1908 i und § 1787 Abs 1 Satz 2); derartiges wird in der Praxis nicht angeordnet; oder (2) wenn Gefahr verbunden ist, falls der eine Betreuer die Zustimmung des anderen Betreuers noch einholen muss (zB bei eiligen ärztlichen Maßnahmen ist der Mitbetreuer nicht erreichbar). In diesen Fällen kann der eine (erreichbare) Betreuer allein handeln. Eine nachträgliche Zustimmung (Genehmigung) des anderen (nicht erreichbaren) Betreuers ist nicht erforderlich[34].

27 **3. Haftung.** Bei getrennten Aufgabenkreisen haftet jeder Betreuer nur für seinen Aufgabenkreis. Decken sich die Aufgabenkreise (zumindest teilweise), haften die Betreuer als Gesamtschuldner (§ 1833 Abs 2 Satz 1).

---

32 Vgl *Schwab* in Sitzungsbericht K zum 57. Deutschen Juristentag, 1988, S. 33.
33 BT-Drucks 11/4528 S. 131.
34 *Jürgens* § 1899 Rz 3.

V. Ergänzungsbetreuer (Abs 4)

1. Fallgruppen. Nach Abs 4 kann ein weiterer Betreuer auch in der Weise bestellt werden, dass er die Angelegenheiten nur zu besorgen hat, wenn der Hauptbetreuer verhindert ist. Abs 4 betrifft nicht den Fall, dass eine Person mehrere Betreuer zur gleichzeitigen Erledigung ihrer Angelegenheiten hat, sondern dass entweder der eine oder der andere Betreuer den Betreuten vertreten darf. Wird ein Betreuer für einen weiteren Wirkungskreis bestellt, so handelt es sich um einen weiteren Betreuer im Sinne des Abs 1, nicht des Abs 4[35]. Das Betreuungsgericht hat das „Amt" im Falles des Abs 4 zwar mehreren übertragen, es ruht aber bei dem zweiten, solange der erste tätig ist[36]. Andere Bezeichnungen für den Betreuer im Sinne des Abs 4 sind: Ergänzungsbetreuer, Vertretungsbetreuer, Nachfolgebetreuer, Ersatzbetreuer, Subsidiarbetreuer. Zur **Vergütung** im Falle des Abs 4 vgl § 6 VBVG. 28

a) Rechtliche Verhinderung. Der Betreuer ist nach § 181 oder im Hinblick auf das Vertretungsverbot des § 1908 i iVm §§ 1795, 1796 an der Besorgung der Angelegenheit rechtlich verhindert oder ein **Interessenkonflikt** kann nicht ausgeschlossen werden[37], weshalb ein weiterer Betreuer (nicht: ein Ergänzungspfleger!) zu bestellen ist. Dieser Betreuer hat dann einen eigenen Aufgabenkreis, den er in eigener Verantwortung besorgt[38]; beim Hauptbetreuer fehlt dieser Aufgabenkreis. Eine vorsorgliche Bestellung, obwohl kein konkreter Anlass dafür besteht, ist unzulässig[39]. 29

Beispiele: (1) Der Betreuer (Hofübernehmer) müsste als Vertreter des Betreuten (Hofübergeber) Ansprüche gegen sich selbst aus einem Leibgedingsvertrag geltend machen, weil der Betreute nun im Altenheim ist, so dass an die Stelle des Leibgedings eine Geldzahlung tritt (Art 18 BayAGBGB). (2) Die Mutter ist Betreuerin des behinderten Sohnes, der Vater stirbt, Mutter und Sohn beerben den Vater zu je 1/2: die Mutter ist an der Erbauseinandersetzung gehindert[40]. (3) Der Betroffene hat kurz vor der Feststellung seiner Geschäftsunfähigkeit Schenkungen an eine später für ihn im Aufgabenkreis Vermögenssorge bestellte Betreuerin vorgenommen; sie ist von der Prüfung und Geltendmachung etwaiger Rückforderungsansprüche gesetzlich ausgeschlossen[41]. (4) Auch für den Ergänzungsbetreuer gilt das Schenkungsverbot der §§ 1804, 1908 i Abs 2[42]. Durch seine Bestellung kann also eine übermäßige Schenkung des Betreuten an den Betreuer nicht wirksam gemacht werden. 30

b) Tatsächliche Verhinderung. Der Betreuer ist aus tatsächlichen Gründen an bestimmten Verrichtungen verhindert, zB wegen **Krankheit, Urlaub,** Fortbildung oder sonstigen Gründen[43]. Die Bestellung eines Ersatzbetreuers kommt nur in Betracht, wenn sie sich auf Grund der konkreten Sachlage als erforderlich erweist (vgl § 1896 Abs 2). Die weder zeitlich noch inhaltlich konkretisierte Möglichkeit, dass der Betreuer wegen Krankheit zeitweise an der Wahrnehmung seiner Aufgaben verhindert sein *könnte*, genügt nicht[44]. Die Bestellung darf also nur für einen konkreten Verhinderungsfall (zB Auslandsreise vom 5.12. bis 25.12.) erfolgen[45], nicht einfach pauschal für alle künftigen Verhinderungsfälle. 31

---

35 OLG Schleswig FGPrax 2004, 70.
36 Ähnlich Staudinger-*Bienwald* § 1899 Rz 11.
37 BayObLG FamRZ 1999, 1303.
38 BayObLG BtPrax 1998, 32.
39 *Spanl* Rpfleger 1992, 142.
40 OLG Zweibrücken FGPrax 1999, 182; BayObLG NJOZ 2001, 1865.
41 BayObLG FamRZ 2005, 1196.
42 Vgl OLG Karlsruhe FGPrax 2000, 145.
43 LG Stuttgart BtPrax 1999, 200: LG Frankfurt/Oder FamRZ 1999, 1221; zweifelnd MünchKomm/*Schwab* § 1899 Rz 24.
44 BayObLG NJOZ 2004, 3868.
45 LG Frankfurt/Oder FamRZ 1999, 1221.

Das wird in der Praxis teils anders gehandhabt[46] („**Dauervertretungsbetreuung**"); Vergütungsgesichtspunkte sprechen zwar nicht dagegen (vgl § 6 Satz 2 VBVG, wonach die Vergütung anteilig aufzuteilen ist), aber § 1896 Abs 2 und der bürokratische Aufwand; dafür spricht freilich, dass rein tatsächlich dann, wenn er Verhinderungsfall nicht lange vorher feststeht, selten ein Betreuungsgericht schnell genug der Vertretungsbetreuer bestellt. Insgesamt sollte man hier flexibel vorgehen und den Bedürfnissen der Praxis entsprechen.

32 c) **Besorgungsübertragung.** Die frühere Möglichkeit, zwei Betreuer (A, B) zu bestellen, wobei B die Aufgaben nur zu besorgen hat, wenn ihm A die Besorgung überträgt, wurde durch das 2. BtÄndG gestrichen. Gedacht war an Fälle, in denen zB ein Behördenbetreuer einen künftigen ehrenamtlichen Betreuer (nach Art eines Lehrlings) allmählich in sein Amt einführt.

33 **2. Nachweis der Vertretungsmacht.** Schwierigkeiten ergeben sich für den Ersatzbetreuer beim Nachweis seiner Vertretungsmacht, wenn es um Fälle der tatsächlichen Verhinderung (Urlaub, Krankheit) des Hauptbetreuers geht: der Betreuerausweis lässt nicht erkennen, ob der Hauptbetreuer wirklich verhindert ist. Abhilfe kann hier nur eine private Urkunde des Hauptbetreuers schaffen[47], auf die die §§ 172 ff analog angewandt werden.

34 **3. Meinungsverschiedenheiten.** Bei Meinungsverschiedenheiten der zwei Betreuer ist das Betreuungsgericht gem §§ 1908 i, 1798 zur Entscheidung berufen; dem Betreuten ist rechtliches Gehör zu geben[48]. Das Betreuungsgericht tritt dabei in seiner Entscheidung der Meinung eines Betreuers bei (es darf keine neue Meinung vertreten), es ersetzt nicht etwa die Zustimmung des widersprechenden Betreuers[49]; dies ergibt sich aus dem Prinzip, dass der Betreuer selbständig handelt, das Betreuungsgericht nur überwacht (§ 1837). Hält das Betreuungsgericht alle vertretenen Meinungen für pflichtwidrig (§ 1837), darf es keiner beitreten. Der „überstimmte" Betreuer hat gegen den Beschluss des Betreuungsgerichts die befristete Beschwerde (§§ 58 ff FamFG); er kann sie auch im Namen des Betreuten einlegen (§ 303 Abs 4 FamFG). Bei Mitbetreuung mit demselben Aufgabenkreis ist § 40 Abs 3 FamFG analog anzuwenden (§ 1797 Rz 9); streitig.

35 **4. Verhinderungsfall.** Das Betreuungsgericht wird auch dann eingreifen müssen, wenn der Betreuer verhindert ist, der Vertretungsbetreuer dies aber nicht nachweisen kann; es kann dann den Verhinderungsfall durch Beschluss feststellen[50]. Da dem Vertretungsbetreuer (vorbehaltlos) die Betreuung (ganz oder teilweise) übertragen ist, die Auswahl des Vertretungsbetreuers auch beim Betreuungsgericht und nicht beim Betreuer liegt (Auswahlverschulden), kommen dem Betreuer gegenüber dem Vertretungsbetreuer keine Überwachungsaufgaben zu[51] und haftet der Vertretungsbetreuer alleine[52].

36 **5. Sonstige Vertretung des Betreuers.** Die Übertragung *sämtlicher* Betreuungsaufgaben durch den Berufsbetreuer auf einen von ihm bevollmächtigten Dritter als **Urlaubsvertreter** ist unzulässig[53]. Deshalb sind die für die Urlaubsvertretung

46 HJK-BUR-*Bauer* § 1899 Rz 88.
47 LG Stuttgart BtPrax 1999, 200/1.
48 HK-BUR-*Bauer* § 1899 Rz 17.
49 HK-BUR-*Bauer* § 1899 Rz 18.
50 Für Bestellung des Ersatzbetreuers zum Betreuer durch das Betreuungsgericht: LG Stuttgart BtPrax 1999, 2000/1.
51 AA *Schwab* FamRZ 1992, 493, 499/500.
52 MünchKomm/*Schwab* § 1899 Rz 25.
53 OLG Frankfurt FGPrax 2002, 178; LG Koblenz FamRZ 2004, 1752.

aufgewendeten Kosten grundsätzlich nicht erstattungsfähig. In der Praxis wird selten von der gerichtlichen Bestellung eines Ersatzbetreuers für Urlaubsfälle Gebrauch gemacht. In der Regel erteilt der Betreuer einer anderen Person (mündlich oder schriftlich) **Vollmacht.** Grundsätzlich ist der Betreuer als gesetzlicher Vertreter berechtigt, eine Untervollmacht zu erteilen (vgl § 1902). Andererseits hat das Betreuungsgericht eine bestimmte Person gerade deshalb ausgewählt, weil sie persönlich und fachlich geeignet erschien; der Betreuer aber kann Jedermann Unterbevollmächtigten. Daraus folgt, dass für untergeordnete vermögensrechtliche Fragen sicherlich Untervollmachten zulässig sind[54]; abzulehnen ist eine solche Untervollmacht bei Personensorge, Einwilligung in ärztliche Maßnahmen, Durchführung von Unterbringungen, aus denselben Gründen, aus denen hier nach früherer Meinung eine Vorsorgevollmacht nicht zulässig gewesen wäre; hier darf die letzte Entscheidung nicht beim vom Betreuer gewählten Vertreter liegen[55].

Vergütung. Der selbstgewählte Vertreter ist kein Betreuer und erhält daher keine Vergütung (aus der Staatskasse oder nach § 1836 Abs 2). Der vom Gericht nach Abs 4 bestellte Betreuer dagegen wird nach § 6 VBVG bzw § 1836 Abs 2 bezahlt. 37

Bei **Vereinsbetreuern und Behördenbetreuern** könnte die Vertretung dem Verein bzw der Behörde übertragen werden, damit hier die Wahrnehmung flexibel weiter übertragen werden kann (§ 1900 Abs 2); praktisch steht dem entgegen, dass dem Verein als Betreuer kein Vergütungsanspruch zusteht (§ 1836 Abs 4). Die Auffassung, alle Vereinsbetreuer desselben Vereins könnten sich *ohne Weiteres* untereinander vertreten (teils: „auf Grund Absprache mit dem Betreuungsgericht"), ist unhaltbar; erforderlich ist ein Beschluss des Betreuungsgerichts nach Abs 3. 38

VI. Verfahren

1. Erstbestellung von Mitbetreuern. Werden von Anfang an zwei Betreuer bestellt, geschieht dies im regulären Verfahren nach §§ 271 ff FamFG. Der Bestellungsbeschluss des Betreuungsgerichts nennt beide, ebenso der Betreuerausweis. § 290 FamFG besagt dazu nichts; § 1791 Abs 2 ist analog anzuwenden. 39

2. Ergänzende Bestellung eines weiteren Betreuers. Für die **Auswahl** des Ergänzungsbetreuers gilt § 1897 BGB, es kommt also auf die Eignung, auf Vorschläge an[56]. Den Vorschlägen des Betreuers sollte aber nicht unbedingt entsprochen werden, weil zB bei einer Erbauseinandersetzung dem Ergänzungsbetreuer eine echte Kontrollfunktion zukommt (untragbar daher, wenn ein Anwalt Betreuer ist und der Sozius zum Ergänzungsbetreuer bestellt wird). Nach § 293 Abs 3 FamFG ist das reguläre Verfahren zu beachten, wenn mit der Bestellung eines weiteren Betreuers eine **Erweiterung des Aufgabenkreises** verbunden ist. Unklar ist, welches Verfahren zu beachten ist, wenn im Falle des Abs 4 lediglich ein weiterer Betreuer bestellt wird, damit zB die Urlaubsvertretung des ersten Betreuers gesichert ist. An sich wird dadurch die Beschränkung des Betreuten nicht vergrößert; deshalb wird man davon ausgehen müssen, dass lediglich Vorschläge des Betreuten zur Person einzuholen sind (§§ 1897 Abs 4, 1900 40

54 Die Bestellung eines Betreuers für Vertretungsfälle bei einem solchen Aufgabenkreis wäre daher mangels Erforderlichkeit unstatthaft; LG Hamburg FamRZ 1999, 797.
55 Ähnlich *Jürgens* BtPrax 1994, 10.
56 OLG Zweibrücken FGPRax 1999, 182.

Abs 2 Satz 2), des Weiteren eine erneute Anhörung des Betreuten zur Person des weiteren Betreuers durchzuführen ist, aber nicht neue Gutachten, Verfahrenspflegerbestellung usw notwendig sind[57]. Wenn der Betreuer die Beiordnung eines Vertretungsbetreuers beantragt und dies vom Betreuungsgericht abgelehnt wird, soll der Betreuer hiergegen keine Beschwerdebefugnis haben[58]; bedenklich.

41 3. **Rechtsbeschwerde.** Die Beurteilung, ob aus Gründen der Zweckmäßigkeit die Angelegenheiten des Betreuten besser durch mehrere Betreuer besorgt werden können, obliegt dem AG/LG und ist vom Rechtsbeschwerdegericht nur auf Rechtsfehler überprüfbar[59].

§ 1900 Betreuung durch Verein oder Behörde

(1) [1]Kann der Volljährige durch eine oder mehrere natürliche Personen nicht hinreichend betreut werden, so bestellt das Betreuungsgericht einen anerkannten Betreuungsverein zum Betreuer. [2]Die Bestellung bedarf der Einwilligung des Vereins.

(2) [1]Der Verein überträgt die Wahrnehmung der Betreuung einzelnen Personen. [2]Vorschlägen des Volljährigen hat er hierbei zu entsprechen, soweit nicht wichtige Gründe entgegenstehen. [3]Der Verein teilt dem Gericht alsbald mit, wem er die Wahrnehmung der Betreuung übertragen hat.

(3) Werden dem Verein Umstände bekannt, aus denen sich ergibt, dass der Volljährige durch eine oder mehrere natürliche Personen hinreichend betreut werden kann, so hat er dies dem Gericht mitzuteilen.

(4) [1]Kann der Volljährige durch eine oder mehrere natürliche Personen oder durch einen Verein nicht hinreichend betreut werden, so bestellt das Gericht die zuständige Behörde zum Betreuer. [2]Die Absätze 2 und 3 gelten entsprechend.

(5) Vereinen oder Behörden darf die Entscheidung über die Einwilligung in eine Sterilisation des Betreuten nicht übertragen werden.

Schrifttum: *Hellmann*, BtPrax 1992, 4; *v Gaessler*, BtPrax 1992, 11; *Bienwald-Oetjen*, Betreuungsvereine in Deutschland, 1994; *Deinert*, Handbuch der Betreuungsbehörde, 2006; *Geistert*, DAV 1995, 1095 (Vereinsbetreuer).

Übersicht

57 Ähnlich Staudinger-*Bienwald* § 1899 Rz 15.
58 LG Hamburg FamRZ 1999, 797.
59 BayObLG FamRZ 1997, 1502 = BtPrax 1997, 114.

I. Allgemeines

§§ 1897, 1900 legen die Rangfragen im Verhältnis der verschiedenen Träger von Betreuungsaufgaben fest. Gemäß § 1897 ist Grundsatz die Betreuung durch natürliche Personen; die Betreuung durch einen Verein ist nachrangig, § 1900 Abs 1. Die Bestellung der zuständigen Behörde ist wiederum gegenüber der Bestellung durch den Verein nachrangig, § 1900 Abs 4. Zum Weiteren vgl § 1897 Rz 5. Anerkannte Betreuungsvereine sind Grundrechtsträger des Art 12 Abs 1 GG[1]. 1

II. Betreuung durch Verein (Abs 1)

1. Voraussetzungen (Satz 1). Eine Betreuung durch einen Verein (§ 1908 f) kommt in Betracht, wenn der Volljährige durch eine natürliche Person nicht hinreichend betreut werden kann[2], **Abs 1 Satz 1.** Ferner wenn der Verein einwilligt (Abs 1 Satz 2) und der Verein anerkannt ist (§ 1908 f). Natürliche Personen in diesem Sinne sind auch Vereins- oder Behördenbetreuer (vgl § 1897 Abs 2). Die **nicht hinreichende Betreuung** (ein unscharfer Tatbestand) kann aus der Besonderheit der Erkrankung oder Behinderung, aber auch aus sonstigen Gründen resultieren. Wird ein Verein zum Betreuer bestellt, obwohl diese Voraussetzung (Abs 1 Satz 1) nicht vorliegt, ist die Bestellung gleichwohl wirksam; auf Beschwerde oder von Amts wegen wäre allerdings ein anderer Betreuer zu bestellen. 2

a) Geeigneter Einzelbetreuer nicht vorhanden. Ein Verein kann nach hM[3] nicht mit der Begründung zum Betreuer bestellt werden, dass ein geeigneter Einzelbetreuer nicht vorhanden sei; denn der Verein habe Personal und könne anderenfalls durch Versagen der Einwilligung zur Bestellung von Vereinsbetreuern die vom Gesetz erstrebte Einzelbetreuung verhindern. Einer solchen spekulativen Handhabung durch den Verein stehen aber schon Kostengesichtspunkte entgegen; vgl § 1836 Abs 4[4]; denn der Verein als Betreuer erhält keine Vergütung. Es genügt also, dass aus irgendwelchen Gründen eine bestimmte Einzelperson nicht als Betreuer zugeordnet werden kann; auch bloß organisatorische Erwägungen (zB leichtere Vertretung) können daher zur Bestellung des Vereins führen. 3

1 BVerfG NJW 2002, 2091 (Vergütungsfragen)
2 BayObLG FamRZ 1998, 199.
3 MünchKomm/*Schwab* § 1900 Rz 3; *Jürgens* § 1900 Rz 2; *Knittel* § 1900 Rz 4.
4 Vgl den Fall LG Koblenz FamRZ 1995, 832.

4 b) **Aggressionen des Betreuten.** Nach Meinung der Gesetzesmotive[5] sollen Fälle denkbar ein, in denen der Betreuungsbedürftige Aggressionen gegen den Betreuer aufbaut, die gegebenenfalls in Tätlichkeiten münden (zB bei Alkoholikern oder an einer Manie Erkrankten). Soweit sich aus dem gem § 280 FamFG einzuholenden Sachverständigengutachten diesbezügliche Anhaltspunkte ergeben, solle von einer Einzelbetreuung abgesehen werden. Im Regelfall ist zwar davon auszugehen, dass die Betreuung durch einen Verein gleichfalls nicht geeignet sein wird, ein Vertrauensverhältnis zum Betreuten herzustellen, doch bietet die Betreuung durch eine Institution die Möglichkeit, den konkreten Betreuer ohne Einschaltung des Betreuungsgerichts (vgl § 1908 b) intern auszuwechseln, um auf diese Weise personenbezogene Aggressionen zu vermeiden bzw zu mindern[6]. Die Last durch einen unangenehmen Klienten kann also auf diese Weise auf mehrere Schultern verteilt werden.

5 c) **Misstrauen des Betreuten.** Ferner soll (wiederum nur nach Meinung der Gesetzesmotive) eine Betreuung durch einen Verein oder eine Behörde bei argwöhnischen und misstrauischen Betreuungsbedürftigen in Betracht kommen[7]. Da hier schwer vorhersehbar ist, ob der Betreuungsbedürftige zu dem bestellten Betreuer eine Vertrauensbeziehung herstellen wird, soll auf diese Weise durch (interne) Auswechslung der Betreuer flexibel erprobt werden können, zu welcher Person der Betreuungsbedürftige sein Misstrauen bzw seinen Argwohn am ehesten abbaut und welche Person am Besten mit dem Betroffenen auskommt. Ist die Person nach einiger Zeit gefunden, überträgt der Verein oder die Behörde dieser die Wahrnehmung der Aufgaben (Abs 2).

6 **2. Einwilligung des Vereins (Abs 1 Satz 2).** Im Hinblick auf die Personalhoheit besteht für den Verein keine Verpflichtung, Vereinsbetreuer zur Verfügung zu stellen (§ 1897 Abs 2); ebenso aber darf das Betreuungsgericht den Verein selbst nicht ohne seine Zustimmung zum Betreuer machen. Soweit daher der Verein aus Personalknappheit oder anderen Gründen die Übernahme der Betreuung ablehnt, hat dies zur Folge, dass gerade bei problematischen Betreuungsbedürftigen auf eventuell weniger qualifizierte Einzelbetreuer oder eine Behördenbetreuung zurückgegriffen werden muss. Die Einwilligung bedarf keiner bestimmten Form; mündliche Erklärung genügt. Berechtigt zur Einwilligung sind die Personen (Vorstandsmitglieder), die nach der Satzung den Verein vertreten (§ 26 BGB). Diese Einwilligung muss nicht einzelfallbezogen erteilt werden; sie kann auch pauschal erfolgen (zB dass demnächst drei Betreuungen übernommen werden könnten). Die Einwilligung kann nicht nachträglich erfolgen (vgl die Definition in § 183). Eine Bestellung ohne Einwilligung ist aber nicht nichtig; der Verein kann sie jedoch mit Beschwerde (§§ 58 ff FamFG) anfechten. Ist der Verein mit seiner Einwilligung bestellt worden und zieht er dann seine Einwilligung zurück, ist eine Entlassung nur möglich, wenn die weiteren Voraussetzungen des § 1908 b Abs 2 vorliegen (im Gegensatz zu § 1908 b Abs 4!).

7 **3. Sonderregelungen.** Für den Verein als Betreuer gelten einige Sonderregelungen: § 1908 i iVm § 1835 Abs 5 (kein Vorschuss); § 1835 a Abs 5 (keine Aufwandsentschädigung); § 1836 Abs 3 (keine Vergütung); § 1837 Abs 3 Satz 2 (kein Zwangsgeld); § 1857 a (Stellung eines befreiten Vormunds). Vgl ferner: § 1908 b Abs 5.

8 **4. Statistik.** Betreuung durch einen Verein ist sehr selten: bei den in den Jahren 1992 bis 1995 erstmals bestellten neuen Betreuern wurde in 0,85 % der Fälle ein

5 BT-Drucks 11/4528 S. 131.
6 BT-Drucks 11/4528 S. 132.
7 BT-Drucks 11/4528 S. 132.

Verein zum Betreuer bestellt[8]. 2006 war der Anteil schon auf 0,1 % gesunken[9]. Der hohe Prozentsatz am Anfang erklärt sich daraus, dass anfangs manche Vereine nicht wussten, dass sie keine Vergütung erhalten.

III. Übertragung der Wahrnehmung (Abs 2)

1. Allgemeines (Satz 1). Gemäß Abs 2 Satz 1 überträgt der Verein die Wahrnehmung der Betreuung einzelnen Personen, ohne hierbei selbst die Rechtsstellung eines Betreuers zu verlieren. Dies entspricht der bei Vormundschaft/Pflegschaft geltenden Rechtslage für den Vereinsvormund (§ 1791 a Abs 3). *Wann* (zeitlich) diese Übertragung zu erfolgen hat, steht nicht im Gesetz; man wird annehmen müssen, dass es baldmöglichst geschehen muss. Die Übertragung erfolgt durch Anordnung der Person, die nach dem Vereinsrecht (Vorstand) und der Satzung sowie vereinsinterner Aufgabendelegation dafür zuständig ist. Der Verein kann diese Übertragung jederzeit widerrufen und ändern. 9

Bedienstete. Wer mit Betreueraufgaben betraut werden kann, sagt Abs 2 nicht; hier ist nur von *einzelnen Personen* die Rede. In der Regel müssen diese Personen **Bedienstete (Mitarbeiter) des Vereins** sein, denn nur bezüglich dieser Personen hat der Verein die erforderliche Personalhoheit (vgl § 1908 f), kann ihnen also Anweisungen geben[10]; zumindest aber müssen die Personen, die die Betreuung wahrnehmen sollen, sich den Weisungen unterworfen haben. Die bloße Mitgliedschaft genügt nicht[11]. Sind außenstehende Dritte bereit, gilt Abs 3. Derjenige, der in einem Heim des Vereins für den Betreuten (mit-) sorgt, zB als Arzt oder Pflegekraft, darf nicht die Betreueraufgabe wahrnehmen (vgl §§ 1908 i, 1791 a Abs 3 Satz 1, 2. Halbs; § 1897 Abs 3); damit sollen Interessenkonflikte vermieden werden[12]. 10

2. Vorschläge des Betreuten (Satz 2). Satz 2 ist Ausdruck des grundsätzlichen Willensvorrangs des Betreuten (vgl § 1897 Abs 4, § 1901 Abs 2). Wenn der Betreute möchte, dass eine bestimmte Person unter den mehreren Mitarbeitern des Vereins für ihn zuständig ist, dann *hat* der Verein dem zu entsprechen. Dieses „*muss*" in der Vorschrift ist allerdings wertlos, weil es keine Rolle spielt, wenn der Verein *wichtige Gründe* für eine andere Geschäftsverteilung hat. Solche Gründe sind zB die gleichmäßige Verteilung der Arbeit auf mehrere Mitarbeiter, Zuordnung von Betreuungen nach Sachgebieten (zB Vermögensbetreuungen an hier erfahrene Personen), Vermeidung hoher Fahrtkosten durch Auswahl wohnsitznaher Personen, sonstige organisatorische Gründe[13]. 11

3. Mitteilung (Satz 3). Der Verein hat dem Gericht mitzuteilen, welchem Mitarbeiter die Wahrnehmung der Betreuung übertragen wurde (aber nicht: weshalb). Dies soll sicherstellen, dass das Betreuungsgericht Kenntnis von der jeweiligen Betreuungsperson erhält. Die Mitteilung hat *alsbald* zu erfolgen; aber bis wann? Gemeint ist wohl, dass möglichst bald nach der Übertragung die Mitteilung an das Betreuungsgericht zu erfolgen hat. Da es sich um eine Formblattmitteilung handelt, werden 1 bis 2 Wochen vertretbar sein. Erfolgt keine Mitteilung: § 1837 Abs 2. Erfolgt die Mitteilung zu spät, hat dies alleine keine weiteren Folgen. 12

---

8 Zahlen aus Bt-Drucks 13/7133 S. 6 sowie der Statistik des BMJ, § 1897 Rz 4.
9 HK-BUR-*Deinert* § 1900 Rz 117.
10 *Knittel* § 1900 Rz 7; Palandt/*Diederichsen* § 1900 Rz 5.
11 AA MünchKomm/*Schwab* § 1900 Rz 6; *Bienwald* § 1900 Rz 22; HK-BUR-*Birk* § 1900 Rz 26.
12 *Knittel* § 1900 Rz 9.
13 BT-Drucks 11/4528 S. 132.

13 **4. Rechtsbehelf des Betreuten gegen die Auswahl.** Gegen die Auswahl der Person, der ein Verein die Wahrnehmung der Betreuung überträgt, steht dem Betroffenen gemäß § 291 FamFG das Recht zu, gerichtliche Entscheidung zu beantragen.

IV. Mitteilung möglicher Einzelbetreuung (Abs 3)

14 § 1900 Abs 3 sieht vor, dass der Verein das Betreuungsgericht zu informieren hat, wenn dem Verein Umstände bekannt werden, aus denen sich ergibt, dass der Betreute auch durch eine oder mehrere natürliche Personen betreut werden kann. Beispiele: es meldet sich ein geeigneter Verwandter beim Verein oder ein Vereinsmitarbeiter könnte zum Betreuer bestellt werden. Da die Vereinsbetreuung gegenüber der Betreuung durch natürliche Personen subsidiär ist (Rz 1), hat das Gericht bei Wegfall der Umstände, die zur Vereinsbetreuung geführt haben, den **Verein** als Betreuer zu **entlassen** (§ 1908 b Abs 5) und eine oder mehrere natürliche Personen als Betreuer zu bestellen.

V. Behördenbetreuung (Abs 4)

15 **1. Auffangtatbestand (Satz 1).** Die zuständige Betreuungsbehörde darf erst zum Betreuer bzw vorläufigen Betreuer bestellt werden, wenn eine Betreuung durch eine natürliche Person oder einen Verein nicht möglich ist[14], etwa weil sich niemand im näheren Umfeld findet oder alle im Bezirk tätigen Vereine personell ausgelastet sind oder alle Vereine die gemäß Abs 1 Satz 2 notwendige Einwilligung in die Bestellung verweigern[15]. Insofern ist Abs 4 Satz 1 ein absoluter Auffangtatbestand, der sowohl bei qualitativem wie quantitativem Mangel eingreift[16]. Weil sich aber praktisch immer ein Rechtsanwalt als Betreuer gewinnen lässt, hat der Auffangtatbestand nur theoretische Bedeutung; allerdings muss vor einer einstweiligen Anordnung nicht aufwendig nach einer natürlichen Person gesucht werden[17]. Die Praxis bestellt nur sehr selten die Behörde zur Betreuerin[18]; die Behörde selbst hat kaum Interesse daran, weil sie nur bei vermögenden Betreuten eine Vergütung erhalten kann (§ 1836 Abs 2), bei mittellosen Betreuten nicht. Die Behörde kann auch bestellt werden, wenn sie nicht einwilligt. Sie kann sich aber wehren, wenn sie die Betreuung nicht übernehmen will: ihr steht das Recht zu, Beschwerde gemäß §§ 58 ff FamFG zu erheben; damit kann die Behörde geltend machen, dass die Voraussetzungen für die Bestellung einer oder mehrerer natürlicher Personen bzw eines Vereins gegeben sind. Spätestens die Rechtsbeschwerde der Behörde hat Erfolgsaussicht, wenn das LG in seinem Beschluss nicht *genau* dargelegt hat[19], weshalb sich weder ein Verwandter, eine sonstige Einzelperson (Rechtsanwalt!), noch irgendein Betreuungsverein als Betreuer fand; insoweit sind umfangreiche Ermittlungen notwendig.

16 **2. Anwendbare Vorschriften (Satz 2).** Gem § 1900 Abs 4 Satz 2 sind im Grundsatz die für Vereine geltenden Vorschriften (Abs 2, 3) auch für eine Betreuung

---

14 BayObLG NJWE-FER 2000, 179; FamRZ 1993, 1248; BayObLG FamRZ 1994, 1203.

15 BT-Drucks 11/4528 S. 132.

16 BayObLG FamRZ 1994, 1203.

17 BayObLG NJWE-FER 2000, 179.

18 Vgl BT-Drucks 13/7133 S. 6, wonach 1992 bis 1995: 426.117 Betreuer erstmals bestellt wurden, davon in 23.206 Fällen (5,4 %) die Behörde. 1999 waren es nur noch 1,1 %; 2006 0,2 % (HK-BUR-*Deinert* § 1897 Rz 117).

19 BayObLG FamRZ 1993, 1248; FamRZ 1999, 1303 (LS) = BtPrax 1999, 80.

durch eine Behörde anzuwenden. Einschränkungen ergeben sich aus dem Grundsatz der Nachrangigkeit (vgl Rz 1).

3. Behörde. Zuständige Behörde iSd § 1900 Abs 4 ist die gemäß dem Betreuungsbehördengesetz (BtBG) nach Landesrecht (vgl § 1 BtBG) zuständige Behörde; sie heißt Betreuungsbehörde, in manchen Ländern Betreuungsstelle. Sie ist meist bei der Stadt oder dem Landkreis angesiedelt. Bestellt werden darf nicht irgendeine (zB benachbarte) Behörde, sondern nur die Behörde, in deren Bezirk der Betroffene zur Zeit der Maßnahme seinen gewöhnlichen Aufenthalt hat[20], § 3 BfBG. **17**

4. Wahrnehmung der Betreuungsaufgaben. Die zuständige Behörde bedient sich zur Führung der Betreuung ihrer Beamten und Angestellten. Der jeweils handelnde Beamte bzw Angestellte ist allein befugt, die Vertretung des Betreuten wahrzunehmen. Er handelt jeweils für die Behörde, ist aber grundsätzlich weisungsungebunden[21]. Die Haftung des Beamten bzw der Behörde ergibt sich aus § 839 BGB, Art 34 GG[22] und §§ 1908 i, 1833. **Besonderheiten für die Behörde** ergeben sich aus § 8 VBVG (Vergütung); § 1908 i iVm § 1792 (der Behörde kann kein Gegenbetreuer bestellt werden), § 1908 i iVm § 1805 (Geldanlage), § 1908 i iVm § 1835 Abs 5 (Aufwendungsersatz), BGB § 1908 i iVm § 1836 Abs 3 (Vergütung), § 1908 i iVm § 1837 Abs 2 (Zwangsgeld), § 1908 b Abs 5 (Entlassung), § 1908 i iVm § 1857 a (Stellung eines befreiten Vormunds/Betreuers), § 1908 i Abs 1 Satz 2 (Befreiung von der Aufsicht des Betreuungsgerichts in vermögensrechtlicher Hinsicht durch Landesrecht). **18**

VI. Sterilisationsbetreuung (Abs 5)

1. Einwilligung. Für die Einwilligung in eine Sterilisation ist gem § 1899 Abs 2 stets ein *besonderer* Betreuer zu bestellen (die Sterilisierte hat also meist, aber nicht zwingend, zwei Betreuer; vgl § 1899), und zwar auch dann, wenn ein Verein oder eine Behörde zum *allgemeinen* Betreuer bestellt ist. Abs 5 untersagt die Bestellung eines Vereins oder einer Behörde zum *besonderen* Betreuer gem § 1899 Abs 2, gleichgültig, ob für die allgemeine Betreuung Einzel-, Vereins- oder Behördenbetreuung vorliegt. Zur Begründung führen die Motive einerseits an, dass die Gesichtspunkte, die zur Bestellung eines Vereins oder einer Behörde zum Betreuer führen, bei der Einwilligung in die Sterilisation nicht vorliegen und andererseits die Erleichterungen im Wechsel der Betreuungsperson sich nachteilig für die Beurteilung über die Einwilligung auswirken könnten[23]. **19**

2. Vereins- oder Behördenbetreuer als Sterilisationsbetreuer. Allerdings verbietet Abs 5 nicht, dass als Einzelbetreuer für die Sterilisation ein Vereins- oder Behördenbetreuer (§ 1897 Abs 2) bestellt wird, der Bediensteter des Vereins bzw der Behörde ist, die allgemeiner Betreuer ist[24]. Das Gericht sollte indes davon Abstand nehmen, weil ein „Insichgeschäft" relativ nahe liegt. Keine Bedenken bestehen, zum Sterilisationsbetreuer eine Person zu ernennen, die Mitglied eines Betreuungsvereins ist (und zB ohne Angestellter des Vereins zu sein, eine oder mehrere Einzelbetreuungen führt). **20**

---

20 OLG Hamburg BtPrax 1994, 138.
21 *Schach* DAVorm 1989, 123/126; *Schlüter-Rießelmann* FuR 1991, 150; ferner die hM zum inhaltlich gleichen § 55 KJHG Abs 2: BayObLG DAVorm 1968, 385/387; OLG Stuttgart DAVorm 1960, 165.
22 BGHZ FamRZ 1987, 904 = NJW 1987, 2664.
23 BT-Drucks 11/4528 S. 133.
24 *Bienwald* § 1900 Rz 25; aA HK-BUR-*Birk* § 1900 Rz 35.

21 **3. Verstoß gegen Abs 5.** Wurden Verein oder Behörde unter Verstoß gegen Abs 5 zum Sterilisationsbetreuer bestellt, ist die Bestellung zwar als solche wirksam; doch haben Verein bzw Behörde kein Einwilligungsrecht.

VII. Verfahren

22 Ist ein Verein oder die zuständige Behörde zum Betreuer bestellt worden, wird vom Betreuungsgericht nicht mehr von Amts wegen geprüft, ob die Voraussetzungen der Vereins- bzw Behördenbetreuung noch vorliegen[25]. Ist die Erforderlichkeit weggefallen, sind nach dem Grundsatz der Einzelbetreuung (vgl Rz 1) eine (oder ganz ausnahmsweise: mehrere) natürliche Person zu bestellen. Dem Betroffenen steht gegen die Auswahl der Person, die vom Verein oder der Behörde mit der Wahrnehmung der Betreuung beauftragt wurde, das Recht auf gerichtliche Entscheidung zu, § 291 FamFG.

§ 1901 Umfang der Betreuung, Pflichten des Betreuers

(1) Die Betreuung umfasst alle Tätigkeiten, die erforderlich sind, um die Angelegenheiten des Betreuten nach Maßgabe der folgenden Vorschriften rechtlich zu besorgen.

(2) [1]Der Betreuer hat die Angelegenheiten des Betreuten so zu besorgen, wie es dessen Wohl entspricht. [2]Zum Wohl des Betreuten gehört auch die Möglichkeit, im Rahmen seiner Fähigkeiten sein Leben nach seinen eigenen Wünschen und Vorstellungen zu gestalten.

(3) [1]Der Betreuer hat Wünschen des Betreuten zu entsprechen, soweit dies dessen Wohl nicht zuwiderläuft und dem Betreuer zuzumuten ist. [2]Dies gilt auch für Wünsche, die der Betreute vor der Bestellung des Betreuers geäußert hat, es sei denn, dass er an diesen Wünschen erkennbar nicht festhalten will. [3]Ehe der Betreuer wichtige Angelegenheiten erledigt, bespricht er sie mit dem Betreuten, sofern dies dessen Wohl nicht zuwiderläuft.

(4) [1]Innerhalb seines Aufgabenkreises hat der Betreuer dazu beizutragen, dass Möglichkeiten genutzt werden, die Krankheit oder Behinderung des Betreuten zu beseitigen, zu bessern, ihre Verschlimmerung zu verhüten oder ihre Folgen zu mildern. [2]Wird die Betreuung berufsmäßig geführt, hat der Betreuer in geeigneten Fällen auf Anordnung des Gerichts zu Beginn der Betreuung einen Betreuungsplan zu erstellen. [3]In dem Betreuungsplan sind die Ziele der Betreuung und die zu ihrer Erreichung zu ergreifenden Maßnahmen darzustellen.

(5) [1]Werden dem Betreuer Umstände bekannt, die eine Aufhebung der Betreuung ermöglichen, so hat er dies dem Betreuungsgericht mitzuteilen. [2]Gleiches gilt für Umstände, die eine Einschränkung des Aufgabenkreises ermöglichen oder dessen Erweiterung, die Bestellung eines weiteren Betreuers oder die Anordnung eines Einwilligungsvorbehalts (§ 1903) erfordern.

Schrifttum: *Kollmer*, Die Durchführung der Betreuung, § 1901 BGB, FuR 1993, 325; *Mees-Jacobi/Stolz*, Rechtliche und psychologische Aspekte einer Betreuung entsprechend den Wünschen und Vorstellungen des Betreuten, BtPrax 1994, 83; *Bienwald*, Die Verpflichtung des Betreuers aus § 1901 Abs 4 BGB, Rpfleger 2003, 229. Zum Betreuungsplan: *Dodegge* NJW 2005, 1897; *Sonnenfeld*, FamRZ 2005, 942; *Fröschle*, BtPrax 2006, 43.

25 BR-Drucks 96/960 S. 37.

Übersicht

I. Gesetzesgeschichte

§ 1901 wurde durch das 1. BtÄndG mit Wirkung ab 1.1.1999 geändert; Abs 4 Satz 2 und 3 (Betreuungsplan) wurden durch das 2. BtÄndG mit Wirkung ab 1.7.2005 eingefügt. **1**

II. Allgemeines

§ **1901 regelt die Pflichten des Betreuers** und sagt, welche Bedeutung dem Wohl und den Wünschen des Betreuten zukommt. Bezüglich der früheren Rechtslage wurde bei der Vormundschaft und Gebrechlichkeitspflegschaft über geschäftsunfähige Volljährige überwiegend die Ansicht vertreten, der Wille des Vormunds/Pflegers habe gegenüber demjenigen des Mündels/Pfleglings Vorrang, während Umgekehrtes bei der Gebrechlichkeitspflegschaft über einen Geschäftsfähigen gelte. Diese Unterscheidung wurde für das BtG nicht übernommen, um den jeweiligen Fähigkeiten des Betreuten flexibel Rechnung tragen zu können[1]. **2**

1 BT/Drucks 11/4528 S. 133.

III. Umfang der Betreuung (Abs 1)

3 Abs 1, eingefügt durch das BtÄndG 1998, soll eine Abgrenzung verdeutlichen: die dem Betreuer zugewiesenen Amtsgeschäfte, nämlich die *rechtliche* Besorgung, wird vergütet (bei mittellosen Betreuten aus der Staatskasse); das darüber hinausgehende Engagement des Betreuers (tatsächliche Hilfeleistung, ohne dass sie zur Rechtsfürsorge erforderlich ist) wird nicht bezahlt. Zur Abgrenzung sagen die Gesetzesmotive[2]: Bei der Prüfung der Erforderlichkeit von faktischen Maßnahmen zur Rechtsfürsorge ist ein großzügiger Maßstab anzulegen und insbesondere auf das Postulat persönlicher Betreuung Bedacht zu nehmen. Durch die Pauschalierung der Vergütung (§§ 4, 5 VBVG) ist die **Frage gegenstandslos** geworden.

IV. Wohl des Betreuten hat Vorrang (Abs 2)

4 **1. Grundsatz.** Nach Satz 1 hat der Betreuer die Angelegenheiten des Betreuten so zu besorgen, wie es dessen Wohl entspricht. Oberster Grundsatz der Betreuungstätigkeit ist es daher, das Wohl des Betreuten zu wahren; es kommt also nicht auf das Wohl der Erben des Betreuten oder der Vertragspartner des Betreuten oder des Staates an. Ergänzend stellt Satz 2 klar, dass zum Wohl des Betreuten *auch* die Möglichkeit gehört, im Rahmen seiner Fähigkeit sein Leben nach seinen eigenen Wünschen und Vorstellungen zu gestalten. Dies legt dem Betreuer und dem zuständigen Betreuungsgericht die Verpflichtung auf, die verbliebenen Fähigkeiten des Betreuten und die sich hieraus ergebenden Wünsche und Vorstellungen zu berücksichtigen. Das Wohl des Betreuten und seine Wünsche bilden nicht notwendig einen Gegensatz[3]. Gerade die Erfüllung von Wünschen kann dazu beitragen, Therapieerfolge zu erzielen bzw umgekehrt kann die Ablehnung solche Erfolge gefährden[4]. Das Wohl des Betreuten ist daher nicht lediglich an objektiven Kriterien auszurichten, sondern auch unter dem Gesichtspunkt der Rehabilitation und Therapie zu ermitteln, falls sie noch in Frage kommt.

5 **Lebensstil.** So mag es beispielsweise bei der Vermögenssorge objektiv nicht dem Wohl des Betreuten entsprechen, diesem einen mit Ausgaben verbundenen aufwendigeren Lebensstil zu ermöglichen, anstatt das Vermögen zu erhalten bzw zu mehren. Wenn der Betreute aber vermögend ist, besteht kein Grund, dem Wunsch nach einem vertretbaren, den finanziellen Verhältnissen angepassten Luxus nicht nachzukommen. Der Betreute darf nicht auf das Existenzminimum verwiesen werden, damit das Vermögen den Erben erhalten bleibt[5].

6 **Verkauf von ererbtem Grundbesitz.** Auch bei der Genehmigung von Grundstücksgeschäften (§ 1821) ist § 1901 zu berücksichtigen; so scheidet der Verkauf von ererbtem Grundbesitz des Betreuten aus, mag auch ein guter Preis erzielbar sein, wenn der Betreute damit nicht einverstanden und auf das Geld nicht angewiesen ist, vgl § 1821[6]. Entsprechendes gilt für sonstige Wünsche[7], mögen sie auch nicht rational nachvollziehbar sein. Die Berücksichtigung von Wünschen hat jedoch dort ihre Grenzen, wo das Wohl des Betreuten Schaden nehmen könnte. Bei Konflikten zwischen dem Wohl des Betreuten und seinen

2 BR-Drucks 960/96 S. 32.
3 *Wolf* ZRP 1988, 313, 314.
4 BT-Drucks 11/4528 S. 133.
5 BGH NJW 2009, 2814; BGH MDR 1967, 473; KG ZMR 2002, 265; BayObLG NJW 1991, 432; *Knittel* § 1901 Rz 2.
6 BayObLG FamRZ 1998, 455 = BtPrax 1998, 30.
7 BT/Drucks 11/4528 S. 133.

Wünschen kommt dem Wohl der Vorrang zu. Dieser Grundsatz gilt sowohl für Geschäftsunfähige als auch Geschäftsfähige, insbesondere, wenn für die Letztgenannten ein Einwilligungsvorbehalt (§ 1903) besteht.

2. Inbesitznahme der Sachen des Betreuten. Ob aus der Pflicht, die Angelegenheiten im Rahmen des Aufgabenkreises (Abs 3) zu besorgen, das Recht des Betreuers hergeleitet wird, erforderlichenfalls auch den Besitz an Sachen des Betreuten zu begründen, zB bei einer Vermögensbetreuung den Besitz von Bargeld, Sparbüchern, Goldmünzen, Wertpapieren, hängt von Folgendem ab: (1) wenn der Betreute **geschäftsfähig** ist, kann er selbst Verbindlichkeiten eingehen; dann aber muss er auch in der Lage bleiben, diese zu erfüllen. (2) Etwas anderes gilt, wenn der geschäftsfähige Betreute unter Einwilligungsvorbehalt (§ 1903) steht: soweit der Vorbehalt sich erstreckt, erfordert seine Durchsetzung, dass der Betreuer den Besitz an den entsprechenden Sachen ergreift. (3) Ein **geschäftsunfähiger Betreuter** kann keine Verbindlichkeiten eingehen oder Verfügungen vornehmen; hier erfordert der Schutz des Betreuten im Beispiel die Inbesitznahme der Sachen, damit die Werte dem Betreuten nicht verloren gehen. Der Betreuer kann zB das Anwesen des Betreuten in Besitz nehmen und auch gegen dessen Willen betreten[8], etwa um leer stehende Wohnungen Mietinteressenten zu zeigen. Inwieweit ein Recht, dies zwangsweise tun zu dürfen, besteht, ist zweifelhaft; es muss notfalls geklagt werden, wofür dem Betreuten ein Ergänzungsbetreuer zu bestellen ist, da der Betreuer als gesetzlicher Vertreter (§ 1902) in diesem Prozess den Betreuten nicht vertreten kann, (oder ein Vertreter nach § 57 ZPO[9]), und Gefahr im Verzug ist. Bei Sparbüchern genügt Kraftloserklärung. 7

3. Zwang gegenüber dem Betreuten. Fraglich ist, inwieweit Zwang gegen die Person des Betreuten seitens des Betreuers zulässig ist, zB zum Betreten der Wohnung des Betreuten, um sich für die Wahrnehmung von Vermögensangelegenheiten Unterlagen zu beschaffen, den Gaszähler ablesen zu lassen, dem Kaminkehrer den Zutritt zu ermöglichen, den Betreuten zwangsweise in die neue Wohnung oder das Altenheim zu bringen, ihn einer ambulanten ärztlichen Behandlung zuzuführen. Im Zweifel ist das nicht möglich. § 35 FamFG setzt eine Ermächtigungsgrundlage voraus, bildet selbst keine[10]; § 326 FamFG ist eine Sonderregelung (die Behörde muss den Betreuer bei der Zuführung zur geschlossenen Unterbringung unterstützen), die nicht analogiefähig ist. Näheres bei § 1896 Rz 91. 8

V. Wünsche des Betreuten (Abs 3)

1. Willensvorrang (Abs 3 Satz 1). – a) Begrenzter Vorrang des Willens des Betreuten. Die Vorschrift regelt den begrenzten Vorrang des natürlichen Willens des Betreuten. Dieser besteht bei allen Angelegenheiten, unabhängig davon, ob es sich um eine wichtige oder unwichtige Angelegenheit handelt; ob der Betreute geschäftsfähig ist oder nicht, spielt keine Rolle, denn die Wünsche sind keine Willenserklärungen[11]. Der **Willensvorrang** hat aber keine Außenwirkung, er **begrenzt die Vertretungsmacht des Betreuers (§ 1902) nicht**[12], ist lediglich von Bedeutung für die Handhabung der Betreuung durch den Betreuer. Soweit dagegen auf die Einwilligungsfähigkeit beim Betreuten abzustellen ist, begrenzt 9

---

8 BayObLG FGPrax 1999, 147.

9 *Stein/Jonas/Leipold*, ZPO, § 57 Rz 3; falsch *Windel* BtPrax 1999, 46: der Betreute werde im Prozess durch den Verfahrenspfleger vertreten.

10 KG NJW 1958, 2071; BayObLG FamRZ 1979, 737, 739.

11 BT-Drucks 11/4528 S. 53.

12 *Schwab* FamRZ 1990, 681/683.

deren Vorhandensein die Vertretungsmacht des Betreuers (vgl § 1904). Beachtliche Wünsche sind zB solche, welche die Vermietung des eigenen Einfamilienhauses betreffen[13], falls ausreichend Vermögen vorhanden ist. Problematisch ist die Beachtung der Wünsche im Zusammenhang mit einer Bluttransfusion, wenn sich die Patientin aus Glaubensgründen (Zeugen Jehovas) gegen eine solche Transfusion ausspricht[14]. Auch die Gefahr einer schweren Selbstschädigung, wie sie sich insbesondere bei wichtigen Angelegenheiten ergeben kann, soll es nach den Motiven nicht rechtfertigen, den Wunsch des Betreuten ohne Weiteres zu übergehen. Zur Begründung wird angeführt[15], dass bei einer Beschränkung des Willensvorrangs auf weniger wichtige Angelegenheiten der Betreuer dann berechtigt und verpflichtet wäre, dem Betreuten zu Selbstschädigungen geringeren Ausmaßes die Hand zu reichen. Das ist unrichtig; selbstverständlich muss der (geistig behinderte!) Betreute von einer Selbstschädigung abgehalten werden. Der Wunsch des Betreuten, nicht krankenversichert zu werden, ist daher unbeachtlich[16]. Das BVerfG[17] betont, dass es, da der Willensvorrang nur begrenzt ist, auch in *höchstpersönlichen* Angelegenheiten deshalb zu Entscheidungen gegen den ausdrücklichen Willen des Betreuten kommen kann. Wie soll sich nun der Betreuer verhalten, der einerseits den Willensvorrang zu berücksichtigen hat und andererseits auch das objektive Wohl des Betreuten im Auge behalten muss, das sich nur anhand einer prognostischen Beurteilung ermitteln lässt?

10 Die Beachtlichkeit der Wünsche wird ferner dadurch eingeschränkt, dass das Handeln des Betreuers in manchen Fällen (zB §§ 1912 ff, 1907) der **Genehmigung des Betreuungsgerichts** bedarf. Selbst wenn es also dem „Wunsch" des Betreuten entspricht, eine (nicht überschuldete) Erbschaft auszuschlagen, um zB weiter in den Genuss der Sozialhilfe zu kommen, während die Erbschaft den Angehörigen anwächst, ist das nicht genehmigungsfähig[18].

11 **Haftung.** Diese Frage ist vor allem bezüglich der Haftung von Bedeutung. Zwar kann sich der Betreuer durch den Abschluss einer Vermögenshaftpflichtversicherung, die zu Lasten des Betreuten oder der öffentlichen Hand geht, schützen (§ 1835 Abs 2). Wurde davon aber Abstand genommen oder tritt sie bei grober Fahrlässigkeit nicht ein oder besteht ein Selbstbehalt, so besteht ein finanzielles Risiko für den Betreuer. Um solche Risiken, die jeder Prognose immanent sind, zu vermeiden, wird der Betreuer **im Zweifel** davon auszugehen haben, dass der geäußerte Willen dem Wohl des Betreuten zuwiderläuft[19] und daher dessen Wunsch nicht beachten; dann riskiert er jedenfalls keinen Haftungsprozess der Erben des Betreuten. Dies hat freilich zur Folge, dass das gesetzgeberische Anliegen, dem Willensvorrang des Betreuten grundsätzlich den Vorrang einzuräumen, teilweise ins Leere läuft. Soweit der Betreute noch geschäftsfähig ist und nicht unter Einwilligungsvorbehalt steht, sollte der Betreuer den Betreuten selbst handeln lassen. Im Übrigen ist eine genaue Dokumentation und die Absicherung durch Zeugen notwendig, denn im Zweifel muss der Betreuer später (zB nach dem Tod des Betreuten) die früheren Wünsche des Betreuten und seine Aufklärungstätigkeit **beweisen.**

12 **Rangverhältnis.** Unter welchen Voraussetzungen sich der Betreuer in Fällen, in denen die Wünsche des Betreuten seinem objektiven Wohl widersprechen, **über**

---

13 OLG Schleswig FGPrax 2001, 194.
14 Dazu BVerG NJW 2002, 206.
15 BT/Drucks 11/4528 S. 134.
16 OLG Brandenburg FamRZ 2008, 916.
17 BVerfG FamRZ 2008, 2260; NJW 2002, 206.
18 OLG Stuttgart ZEV 2002, 367 mit abl Anm *Mayer.*
19 AA HK-BUR-*Bauer* § 1901 Rz 47.

den Willen des Betreuten hinwegsetzen kann und muss, ist in der Rechtsprechung nicht abschließend geklärt und in der Literatur umstritten.

(1) In einem Fall, welcher die Haftung des Betreuers gegenüber dem **Vertragspartner** des 13
Betreuten zum Gegenstand hatte, hat der BGH[20] ausgeführt, dass sich der Betreuer bei der Bewältigung von Konflikten zwischen den Neigungen und Wünschen des Betreuten einerseits sowie dessen Wohl andererseits allein vom „wohlverstandenen" Interesse des Betreuten leiten zu lassen habe; diese verschwommene Floskel hilft in der Praxis nicht weiter.

(2) In einem anderen Fall, in dem die Erben des Betreuten den früheren Betreuer auf 14
Schadensersatz (**Ersatz der Steuernachteile**) verklagten, ging es um Folgendes: der Betreute besaß zahlreiche Grundstücke in Deutschland und Österreich; zur Schuldentilgung mussten Grundstücke verkauft werden. Der Verkauf der deutschen Grundstücke war steuerlich nachteilig, der Verkauf der österreichischen Grundstücke nicht. Der Betreute wünschte den Verkauf der deutschen Grundstücke, was dann der Betreuer befolgte; dadurch entstand dem Betreuten ein erheblicher Schaden. – Nach Ansicht des BGH[21] läuft ein Wunsch nicht bereits dann dem Wohl des Betreuten zuwider, wenn er dessen objektivem Interesse widerspricht. Vielmehr entsteht ein beachtlicher Gegensatz zwischen Wohl und Wille des Betreuten erst dann, wenn die Erfüllung der Wünsche höherrangige Rechtsgüter des Betreuten gefährden oder seine gesamte Lebens- und Versorgungssituation erheblich verschlechtern würde. Der Betreuer darf einen Wunsch des Betreuten nicht wegen Vermögensgefährdung ablehnen, solange dieser sich von seinen Einkünften und aus seinem Vermögen voraussichtlich bis zu seinem Tod wird unterhalten können. Selbst wenn durch die Erfüllung der Wünsche des Betreuten dessen Vermögen (den Interessen seiner Erben zuwider) erheblich geschmälert wird, ist der Wunsch in diesem Fall zu respektieren.

Dass der Wille Vorrang vor dem objektiven Wohl hat, gilt aber nur unter der 15
Voraussetzung, dass der **Wunsch nicht Ausdruck der Erkrankung des Betreuten** ist. Woran erkennt man das? Immerhin wird jemand ja nur dann unter Betreuung bestellt, wenn er aufgrund einer seelischen oder geistigen Behinderung seine Angelegenheiten nicht zu besorgen vermag (§ 1896), so dass das Abgrenzungsproblem enorm ist. Der BGH meint, nicht jeder Wunsch sei unbeachtlich, den der Betreute ohne Erkrankung nicht hätte oder der als irrational zu bewerten ist. Ein Wunsch sei lediglich dann unbeachtlich, wenn der Betreute infolge seiner Erkrankung entweder nicht mehr in der Lage ist, eigene Wünsche und Vorstellungen zu bilden und zur Grundlage und Orientierung seiner Lebensgestaltung zu machen oder wenn er die der Willensbildung zugrunde liegenden Tatsachen infolge seiner Erkrankung verkennt.

Der Vorrang des Willens des Betreuten gilt nach Ansicht des BGH nur für solche Wünsche, 16
die Ausfluss des Selbstbestimmungsrechts des Betreuten sind; sie dürfen sich nicht nur als bloße **Zweckmäßigkeitserwägungen** erklären lassen, die der Betreute angestellt hat, um über diese Vorstufe sein eigentliches (weitergehendes) Ziel zu erreichen. Das Anliegen des Betreuten, das Grundstück in Österreich nicht zu verwerten, sei als ein solcher – beachtlicher – Wunsch aufzufassen. Über Zweckmäßigkeitsvorstellungen des Betreuten könne und müsse sich der Betreuer gegebenenfalls hinwegsetzen.

Der Betreuer könne sich nur dann auf einen (dem objektiven Wohl des Betreuten 17
zuwiderlaufenden) Wunsch berufen, wenn dieser Wunsch auf ausreichender tatsächlicher Grundlage gefasst wurde. Der Betreuer müsse daher **den Betreuten aufklären**. Auch hier ist mE zu berücksichtigen, dass ein Betreuter aufgrund einer seelischen oder geistigen Behinderung seine Angelegenheiten nicht zu besorgen vermag. Der BGH meint, ein geschäftsunerfahrener Betreuer könne verpflichtet sein, bei einem Geschäft großer Bedeutung fachlichen Rat einzuholen, um den Betreuten umfassend informieren zu können, beispielsweise bei einem Steuerberater wegen der steuerlichen Konsequenzen der geplanten

20 BGH FamRZ 1995, 282.
21 BGH NJW 2009, 2814.

Geschäfte. Denkbar ist, dass der Betreute auch dann an dem objektiv unsinnigen Geschäft festhält, wenn ihm dadurch erhebliche Nachteile entstehen.

18 b) **Zumutbarkeit für Betreuer.** Des Weiteren sollen die Wünsche des Betreuten dann keinen Vorrang haben, wenn die Erfüllung derselben für den Betreuer **unzumutbar** ist. Eine Unzumutbarkeit iSd Abs 2 Satz 1 liegt beispielsweise vor, wenn der Betreute überzogene Anforderungen an die Häufigkeit und Dauer des Betreuungsaufwandes stellt, zB zahlreiche Besuche fordert, die nicht aus der Staatskasse bezahlt werden. Solchen Anliegen soll sich der Betreuer entziehen können. **Übergeht der Betreuer Wünsche des Betreuten** ohne sachlichen Grund, so wird das Betreuungsgericht gem §§ 1908 i, 1837 Abs 2 einschreiten müssen.

19 **2. Wünsche in der Betreuungsverfügung (Abs 3 Satz 2).** Nach Abs 3 Satz 2 gilt der Willensvorrang auch für solche Wünsche, die ein Gesunder oder Nichtbehinderter vor der Betreuerbestellung in Form einer sog Betreuungsverfügung (Näheres siehe § 1901 c) niedergelegt hat, die sich in diesem Fall nicht (nur) auf die Person des Betreuers (§ 1897 Abs 4 Satz 3), sondern auf die Durchführung der Betreuung bezieht. An die formlos mögliche Betreuungsverfügung ist der Betreuer nicht mehr gebunden, wenn der Betreute an diesen Wünschen erkennbar nicht mehr festhalten will. Es gelten also die jeweils aktuellen Wünsche des Betreuten.

20 **3. Besprechungspflicht (Abs 3 Satz 3). – a) Allgemeines.** Diese Vorschrift statuiert eine Besprechungspflicht für den Betreuer, soweit es sich um eine Angelegenheit handelt, die für den Betreuten von erheblicher Bedeutung ist[22]. Wann eine solche **„wichtige Angelegenheit“** vorliegt, beurteilt sich nach den Umständen des Einzelfalls und insbesondere auch nach der Einsichtsfähigkeit des Betreuten. Eine Einschränkung erfährt diese Pflicht für den Fall, dass die jeweilige Besprechung dem Wohl des Betreuten zuwider läuft. Das ist der Fall, wenn hiermit die Gefahr einer gesundheitlichen Schädigung verbunden ist[23]. Diese Gefahr kann insbesondere bei psychisch labilen Personen bestehen.

21 Als **Beispiele** für eine wichtige Angelegenheit nennen die Gesetzesmotive die in § 1896 Abs 4 genannten Anordnungen (Post- und Fernmeldeverkehr) sowie die in § 1904 (Untersuchung des Gesundheitszustandes, Heilbehandlung, ärztlicher Eingriff), § 1905 (Sterilisation), § 1906 (Unterbringung, unterbringungsähnliche Maßnahmen) und in § 1907 (Wohnungsauflösung) erwähnten Maßnahmen. Die Besprechungspflicht im Rahmen einer **Sterilisation** (§ 1905) trifft nur den Sterilisationsbetreuer. Freilich bleibt die Frage, ob eine Besprechung bei einem einwilligungsunfähigen (§ 1905 Abs 1 Nr 1) Betreuten einen Sinn hat. Die Besprechung wird sich im Wesentlichen auf die Frage reduzieren, ob sich Anhaltspunkte ergeben, dass die Sterilisation dem (natürlichen) Willen des Betreuten widerspricht (§ 1905 Rz 1).

22 b) **Einfache Angelegenheit.** Andererseits kann auch eine einfache Angelegenheit „wichtig“ iSd Satzes 3 sein. Die Frage ob eine Angelegenheit wichtig ist, bestimmt sich nicht nur anhand objektiver, sondern auch subjektiver Kriterien. So kann zB bei der Vermögenssorge die Anschaffung oder Nichtanschaffung eines bestimmten Gegenstandes für den jeweiligen Betreuten von erheblicher Bedeutung sein[24], zB der Verkauf des Hauses oder der Einrichtung.

---

22 OLG Düsseldorf FamRZ 2000, 1536.
23 BT/Drucks 11/4528 S. 134.
24 BT/Drucks 11/4528 S. 134.

c) **Keine Besprechungspflicht.** Demgegenüber besteht keine Besprechungspflicht für alle Angelegenheiten. Unabhängig von der Frage, inwieweit eine nicht wichtige Angelegenheit subjektiv für den Betreuten von Wichtigkeit sein kann, würde eine solche generelle Pflicht den Betreuer oftmals schon zeitlich überfordern. Soweit ein Betreuter kein Interesse an den mit dem jeweiligen Aufgabenkreis zusammenhängenden Angelegenheiten hat, ist sein Wunsch, mit den Angelegenheiten nicht konfrontiert zu werden, zu beachten. Ist der Betreute im Hinblick auf seine Behinderung oder Krankheit nicht mehr intellektuell in der Lage, einer Besprechung zu folgen bzw diese zu verstehen, erübrigt sich gleichfalls die entsprechende Pflicht. Will der Betreute hingegen jede Einzelheit mit dem Betreuer besprochen haben und läuft dies seinem Wohl nicht zuwider, besteht für den Betreuer eine solche Pflicht nur in den Grenzen der Zumutbarkeit. 23

VI. Behinderung des Betreuten; Betreuungsplan (Abs 4)

1. Behinderung des Betreuten (Satz 1). § 1901 Abs 4 Satz 1 weist dem Betreuer „eine wichtige Rolle bei der **Rehabilitation** des Betreuten" zu. So wird es dem Betreuer zur Aufgabe gemacht, dazu beizutragen, dass Möglichkeiten genutzt werden, die die Krankheit oder Behinderung des Betreuten beseitigen, bessern, ihre Verschlimmerung verhüten oder ihre Folgen mildern. Hierzu hat sich der Betreuer der Hilfe von Ärzten, Psychiatern, Therapeuten oder anderer Fachleute zu bedienen. Diese Pflichten treffen den Betreuer nur **innerhalb seines Aufgabenkreises.** Ist beispielsweise ein Betreuer mit dem Aufgabengebiet der Vermögenssorge bestellt, hat er an einer Rehabilitation mitzuwirken, die den Betreuten an eine eigenverantwortliche Besorgung seiner Vermögensgeschäfte heranführt; in der Praxis ist das freilich kaum durchführbar. Zu den Hilfen, die von ihm auf Gebieten außerhalb seines Aufgabenkreises erwartet werden, vgl Abs 5. 24

2. Betreuungsplan (Satz 2 und 3)[25]. § 1904 Abs 4 Satz 2, zum 1.7.2005 eingefügt, gestattet dem Betreuungsgericht (Rechtspfleger, § 15 RPflG), dem Berufsbetreuer (also nicht einem ehrenamtlichen Betreuer) aufzugeben, zu Beginn der Betreuung (also nicht mehr nachträglich) einen Betreuungsplan zu erstellen, allerdings nur in „geeigneten Fällen". Berufsbetreuer in diesem Sinne sind auch Vereins- und Behördenbetreuer sowie die Betreuungsbehörden und Betreuungsvereine. Zu „Beginn" bedeutet zwar nicht am ersten Tag, aber jedenfalls auch nicht erst nach Monaten. Die Anordnung erfolgt durch Beschluss, der für den Betreuer befristet anfechtbar ist (§§ 58 ff FamFG; § 11 RPflG). 25

Der **Inhalt** des Betreuungsplans ist unklar; nach Ansicht der Gesetzesbegründung[26] ist er abhängig von den zugewiesenen Aufgabenkreisen, den Wünschen und Widerständen des Betreuten, der Komplexität der Betreuung, dem Krankheitstyp und den tatsächlichen Besserungsmöglichkeiten. Nach Abs 4 Satz 3 sind die Ziele der Betreuung und die zu ihrer Erreichung zu ergreifenden Maßnahmen darzustellen. Solche Betreuungspläne kommen kaum vor (nur in 0,2 % der Betreuungsfälle[27]). Zur Unterstützungspflicht der Betreuungsbehörde bei der Erstellung des Plans vgl § 1 BtBG. Ein Inhalt, der über Floskeln hinausgeht, ist selten möglich. 26

Da die Erstellung des Plans nicht zusätzlich bezahlt wird (anders als zur Zeit der Planung der gesetzlichen Regelung, als noch nach Stunden abgerechnet wurde, 27

25 *Dodegge* NJW 2005, 1897; *Sonnenfeld* FamRZ 2005, 942; *Fröschle* BtPrax 2006, 43.
26 BT-Drucks 15/2494 S. 30; *Sonnenfeld* FamRZ 2005, 942.
27 *Köller/Engels*, Rechtliche Betreuung in Deutschland, 2009, S. 112.

was wohl auch der Hintergrund war) besteht seitens der Berufsbetreuer kein Interesse an solchen Plänen. Dem Betreuten und dem Betreuungsgericht nützt der Plan kaum. Die Rechtsnatur des Plans, seine Bindungswirkung für Betreuer und Betreuungsgericht, die Frage der Abänderbarkeit durch den einen oder anderen, die Anfechtbarkeit durch den Betreuten, und weitere Fragen sind ohnehin ungeklärt.

VII. Mitteilungspflicht des Betreuers (Abs 5)

28 **1. Aufhebung der Betreuung (Abs 5 Satz 1).** Dem Betreuer obliegt gegenüber dem Betreuungsgericht eine Mitteilungspflicht gem Satz 1, soweit ihm Umstände bekannt werden, die eine Aufhebung der Betreuung ermöglichen. Diese Pflicht ist Ausprägung des in § 1896 Abs 2 festgelegten **Erforderlichkeitsgrundsatzes** und soll sicherstellen, dass staatliche Hilfe in Form einer Betreuung nur für eine Dauer geleistet wird, wie sie die Krankheit oder Behinderung des Betreuten auch erfordert. Bei schubförmig verlaufenden Krankheiten darf die Betreuung nur für die Zeitspanne angeordnet werden, in der der Betreute seinen Willen krankheitsbedingt nicht frei bestimmen kann; deshalb ist die Mitteilungspflicht hier besonders bedeutsam[28]. Das Betreuungsgericht hat dann die Frage zu prüfen, ob die **Betreuung aufzuheben** ist (§ 1908 d Abs 1 Satz 1). Das Unterlassen der Mitteilung führt nicht zum Vergütungsverlust.

29 **2. Einschränkung der Betreuung.** Entsprechendes gilt gemäß Satz 2, soweit dem Betreuer Umstände bekannt werden, die eine Einschränkung des Aufgabenkreises ermöglichen. Auch diese Vorschrift ist Ausprägung des Erforderlichkeitsgrundsatzes.

30 **3. Erweiterung der Betreuung (Abs 5 Satz 2).** Satz 2 erstreckt die Mitteilungspflicht auch auf solche Umstände, die eine **Erweiterung des Aufgabenkreises** (§ 1908 d Abs 3), die Bestellung eines weiteren Betreuers (§ 1899) oder die **Anordnung eines Einwilligungsvorbehaltes** (§ 1903) erfordern. Diese Regelung ist insoweit problematisch, als sie den Betreuer dazu verpflichtet, auch Umstände mitzuteilen, die er aus dem persönlichen Umgang mit dem Betreuten erfahren hat; damit verbunden ist die Gefahr, dass das zwischen Betreuer und Betreuten bestehende Vertrauensverhältnis gestört wird.

31 Die Motive rechtfertigen die Mitteilungspflicht mit dem Argument, dass eine Beschränkung der Rechte jeweils unter dem Vorbehalt der Erforderlichkeit steht und ein Verzicht das Wohl des Betreuten gefährden würde[29]. Die mögliche Beeinträchtigung der Vertrauensbeziehung besteht aber nicht nur dann, wenn aufgrund der Mitteilung Rechte des Betreuten eingeschränkt werden, sondern gerade auch dann, wenn es nur bei Einleitung der entsprechenden Verfahrensschritte bleibt, eine sachliche Änderung nicht erfolgt. In beiden Fällen besteht die Möglichkeit, dass der (uneinsichtige) Betreute die Mitteilung als Vertrauensbruch auffasst. Insoweit bedarf es von Seiten des Betreuers einer sorgfältigen Prognose, ob die zu Tage getretenen Umstände ausreichen, eine Beschränkung der Rechte herbeizuführen.

32 **4. Keine Ermittlungspflicht.** Die Pflicht des Betreuers, Umstände zu ermitteln, die zum Wohl des Betreuten eine Einschränkung seiner Rechte rechtfertigen könnten (Einwilligungsvorbehalt), erstreckt sich nur auf den jeweiligen Aufgabenkreis. Werden dem Betreuer aber Umstände bekannt, die außerhalb seines Aufgabenkreises liegen, so hat er sie dem Betreuungsgericht mitzuteilen.

---

28 BayObLG FamRZ 1995, 510: „erhöhte Mitteilungspflichten“.
29 BT/Drucks 11/4528 S. 135.

VIII. Verfahren

Zum Verfahren bei Aufhebung der Betreuung bzw des Einwilligungsvorbehaltes, bei Erweiterung bzw Einschränkung des Aufgabenkreises/des Einwilligungsvorbehalts, vgl § 1908 d. Soll ein weiterer Betreuer bestellt werden, so gelten die Vorschriften über die Bestellung eines Betreuers entsprechend (§ 293 FamFG). 33

§ 1901 a BGB Patientenverfügung

(1) [1]Hat ein einwilligungsfähiger Volljähriger für den Fall seiner Einwilligungsunfähigkeit schriftlich festgelegt, ob er in bestimmte, zum Zeitpunkt der Festlegung noch nicht unmittelbar bevorstehende Untersuchungen seines Gesundheitszustands, Heilbehandlungen oder ärztliche Eingriffe einwilligt oder sie untersagt (Patientenverfügung), prüft der Betreuer, ob diese Festlegungen auf die aktuelle Lebens- und Behandlungssituation zutreffen. [2]Ist dies der Fall, hat der Betreuer dem Willen des Betreuten Ausdruck und Geltung zu verschaffen. [3]Eine Patientenverfügung kann jederzeit formlos widerrufen werden.

(2) [1]Liegt keine Patientenverfügung vor oder treffen die Festlegungen einer Patientenverfügung nicht auf die aktuelle Lebens- und Behandlungssituation zu, hat der Betreuer die Behandlungswünsche oder den mutmaßlichen Willen des Betreuten festzustellen und auf dieser Grundlage zu entscheiden, ob er in eine ärztliche Maßnahme nach Absatz 1 einwilligt oder sie untersagt. [2]Der mutmaßliche Wille ist aufgrund konkreter Anhaltspunkte zu ermitteln. [3]Zu berücksichtigen sind insbesondere frühere mündliche oder schriftliche Äußerungen, ethische oder religiöse Überzeugungen und sonstige persönliche Wertvorstellungen des Betreuten.

(3) Die Absätze 1 und 2 gelten unabhängig von Art und Stadium einer Erkrankung des Betreuten.

(4) [1]Niemand kann zur Errichtung einer Patientenverfügung verpflichtet werden. [2]Die Errichtung oder Vorlage einer Patientenverfügung darf nicht zur Bedingung eines Vertragsschlusses gemacht werden.

(5) Die Absätze 1 bis 3 gelten für Bevollmächtigte entsprechend.

Schrifttum: *Höfling* NJW 2009, 2849; *Müller* DNotZ 2010, 169, NotBZ 2009, 289 DNotZ 2007, 627, ZEV 2008, 583; *Holzhauer*, FamRZ 2006, 518; *Hoffmann/Knopp*, MedR 83; *Coeppicus*, Rpfleger 2004, 262; *Spickhoff*, FamRZ 2009, 1949 und AcP 2008, 345; *Kübler*, Selbstbestimmung am Lebensende, ZPR 2008, 236; *Lange*, ZEV 2009, 537; *Höfling*, NJW 2009, 2849; *Olzen*, JR 2009, 354; *Brosey*, BtPrax 2009, 459; *Beckmann*, Patientenverfügung, MedR 2009, 582; *Remer*, ZNotP 2009, 371; *Lipp*, Handbuch der Vorsorgeverfügungen, 2009; *Reus*, JZ 2010, 80; *Albrecht/Albrecht*, MittBayNot 2009, 426; *Diehn/Rebhan*, NJW 2010, 326. Älteres Schrifttum (vor 1.9.2009) ist teils überholt.

Übersicht

I. Gesetzesgeschichte

1 § 1901 a wurde durch das 3. BtÄndG v 29.7.2009 (BGBl 2009, 2286) mit Wirkung ab 1.9.2009 eingefügt. Ergänzende Regelungen finden sich in §§ 1901 b, 1904 BGB; §§ 287 Abs 3, 289 FamFG. Vorausgegangen war ein Gesetzentwurf des Bundesministeriums der Justiz vom 1.11.2004 (Entwurf eines 3. Betreuungsrechtsänderungsgesetz – BtÄndG) und ein Entwurf der Enquete-Kommmission des Bundestages vom 13.9.2004[1]. Der Deutsche Juristentag 2006 forderte eine gesetzliche Regelung; bereits 1986 und 2000 hatte er sich mit dem Thema befasst. Zu nennen ist ferner ein Bericht „Patientenautonomie am

1 BT-Drucks 15/3700. Enquete = Untersuchung (französisch). Eine solche Kommission ist ein offizieller Ausschuss zur Untersuchung gesellschaftlicher Fragestellungen.

Lebensende; ethische, rechtliche und medizinische Aspekte zur Bewertung von Patientenverfügungen"; Bericht vom 10. Juni 2004 (sog Kutzer-Kommission); weiter eine Stellungnahme des Nationalen Ethikrats zur Patientenverfügung von 2005[2]. Das Schrifttum zur Patientenverfügung und Sterbehilfe umfasst über 100 Titel.

II. Grundlagen

1. Das Selbstbestimmungsrecht. Selbstbestimmungsrecht (Art 1 Abs 1, 2 GG)[3], Recht auf Leben (Art 2 Abs 2 GG)[4] und abstrakter Lebensschutz sind konkurrierende Werte. Heute steht das Selbstbestimmungsrecht im Vordergrund. Früher war die durchschnittliche Lebenserwartung geringer, man starb meist schnell. Personen mit 90 oder 100 Jahren sind heute keine Seltenheit mehr. Der medizinische Fortschritt hat überdies Möglichkeiten eröffnet, das Leben auch bei schwersten Krankheiten und im hohen Alter mit erheblichem technischen Aufwand zu verlängern. Der Patient, bewusstlos, mit Betteinlagen versehen, hängt jahrelang an Schläuchen und Sonden („Apparatemedizin"), erkennt seine Angehörigen nicht mehr, darf aber nicht sterben. Das ängstigt manche Menschen. Das führt (in Wahrnehmung des Selbstbestimmungsrechts) zur Überlegung, in „gesunden Tagen" bereits Regelungen zu treffen, die im Falle der Krankheit dann von den Angehörigen (Betreuern, Bevollmächtigten) und den Ärzten zu beachten sind. Dafür hat sich die Bezeichnung „Patientenverfügung" eingebürgert; das Wort „Patiententestament" ist irreführend (denn ein Testament betrifft das Vermögen und ist erst nach dem Tod des Patienten bedeutsam, hier aber geht es um die Zeit vor dem Tod und um die medizinische Betreuung); es sollte nicht verwendet werden. 2

2. Regelungsgehalt des § 1901 a. Die Vorschrift regelt die Patientenverfügung nicht allgemein (sie stünde dann besser im Allgemeinen Teil des BGB); sie regelt auch nicht allgemein das Arztrecht und nicht, was geschieht, wenn jemand behandelt werden soll, aber weder einen Betreuer noch einen Bevollmächtigten hat. Sie behandelt nur einen Teilaspekt: nämlich wie sich Betreuer bzw Bevollmächtigte zu verhalten haben, wenn eine Patientenverfügung des Betreuten bzw Bevollmächtigten vorliegt (Abs 1) bzw wenn sie nicht vorliegt (Abs 2). 3

3. Voraussetzungen der Behandlung eines Patienten im Allgemeinen. Der Patient darf vom Arzt nur behandelt werden, wenn er in die Behandlung eingewilligt[5] hat. Der Patient entscheidet selbst, ob er sich behandeln lässt oder nicht[6], falls er *selbst* noch einwilligungsfähig ist. Das gilt auch für die Weiterführung einer begonnenen Behandlung (genau genommen bedarf daher der Abbruch der Behandlung keiner Einwilligung[7], sondern die Nichteinwilligung in die Weiterbehandlung zwingt den Arzt zum Abbruch). Wirksam einwilligen kann nur, wer dabei freiwillig handelt, selbst noch einwilligungsfähig ist und vorher ausreichend aufgeklärt wurde. Die Geschäftsfähigkeit dagegen spielt nur eine Rolle für die Frage, ob der Arztvertrag wirksam zustande gekommen ist. Die **Einwilligung** kann ausdrücklich erklärt werden, oder stillschweigend (sie kann sich ohne ausdrückliche Erklärung aus den Umständen ergeben); hilfsweise kann eine mutmaßliche Einwilligung vorliegen. Aus dem Selbstbestimmungsrecht folgt nur ein Abwehrrecht des Patienten, kein Anspruch 4

2 Zur Geschichte des Gesetzes vgl *Müller* ZEV 2008, 583.
3 Verfassungsrechtliche Aspekte bei *Hufen* NJW 2001, 849.
4 BVerfG NJW 2002, 206 = FamRZ 2002, 312.
5 Hierzu *Voll*, Die Einwilligung im Arztrecht, 1996.
6 *Wagenitz* FamRZ 2005, 669; *Lipp* FamRZ 2004, 317.
7 *Lipp* FamRZ 2004, 317/8.

auf aktive Handlungen anderer; der behandelnde Arzt kann deshalb eine medizinisch nicht indizierte Maßnahme verweigern, darf die kontraindizierte Maßnahme selbst auf ausdrücklichen Wunsch des Patienten nicht durchführen[8]. Vertragsrecht, Versicherungsrecht und ärztliches Standesrecht schränken die Verbindlichkeit von in Patientenverfügungen enthaltenen Behandlungsgeboten ein[9]. **Behandlungsverbote** des einwilligungsfähigen Patienten sind vom Arzt zu beachten. Das gilt auch für Behandlungsmaßnahmen am Lebensende, wie Abstellen der künstlichen Beatmung, Einstellung der künstlichen Ernährung durch Sonden etc.

5 **4. Begriff und Rechtsnatur der Patientenverfügung.** Nach der Definition in Abs 1 Satz 1 liegt eine Patientenverfügung vor, wenn ein einwilligungsfähiger Volljähriger für den Fall seiner Einwilligungsunfähigkeit *schriftlich* festlegt, ob er in bestimmte, zum Zeitpunkt der Festlegung *noch nicht unmittelbar bevorstehende* Untersuchungen seines Gesundheitszustandes, Heilbehandlungen oder ärztliche Eingriffe einwilligt oder sie untersagt. Es handelt sich somit um die individuelle Willensäußerung eines einwilligungsfähigen Menschen zu seiner künftigen medizinischen Behandlung im Falle seiner eigenen künftigen Äußerungsunfähigkeit[10]. Keine Patientenverfügungen sind daher allgemein gehaltene Formulierungen („ich will in Würde sterben“); Anordnungen über Basisbetreuung („ich will gut versorgt werden“); Wünsche („ich will ins Elisabeth-Krankenhaus gebracht werden“; als Wunsch beachtlich, § 1901).

6 Ihre Rechtsnatur ist umstritten und durch § 1901 a BGB nicht geklärt. Ihr Adressat ist in erster Linie der Arzt. Die hM[11] fasst die Einwilligung als geschäftsähnliche Handlung auf. Es handelt sich meines Erachtens um eine **unmittelbare (vorgezogene) Entscheidung des Patienten,** die **keiner Umsetzung durch einen Stellvertreter** bedarf[12]. Der Arzt braucht für seine Maßnahme die Einwilligung des Patienten; wenn dieser nicht einwilligungsfähig ist braucht er diejenige seines Stellvertreters. Nach anderer Deutung handelt es sich bei der Patientenverfügung um eine Art Verlautbarung, die in der konkreten Situation regelmäßig der Umsetzung durch den Bevollmächtigten oder Betreuer bedarf[13]. Vereinzelt wird die Patientenverfügung als rechtsgeschäftliche Willenserklärung angesehen[14], oder die Einwilligung wird als „subjektiver Realakt“ bezeichnet[15]. Rechtstechnisch liegt jedenfalls keine „Verfügung“ vor.

7 **5. Verbindlichkeit der Patientenverfügung.** Viele Meinungen werden zur Verbindlichkeit vertreten[16]; Hauptströmungen sind:
(1) Die Patientenverfügung habe nur die Bedeutung eines wesentlichen Anhaltspunktes (**Indiz**) für die Ermittlung des mutmaßlichen Willens des Patienten[17], sei nur ein Hilfsmittel zur Entscheidungsfindung. (2) Die Patientenverfügung sei überhaupt unbeachtlich; das wird heute nicht mehr vertreten. (3) Die Patienten-

8 OLG Karlsruhe MedR 2003, 104; OLG Düsseldorf VersR 2002, 611; *Lipp* FamRZ 2004, 317/9.
9 Bt-Drucks. 15/3700 S. 17.
10 Vgl BT-Drucks 15/3700 S. 5.
11 Vgl die Nachweise bei *Keilbach* FamRZ 2003, 969/976; *Spickhoff*, FamRZ 2009, 1949: Sonderform der Einwilligung.
12 *Spickhoff* JZ 2003, 739/740; *Keilbach* FamRZ 2003, 969/975. Vgl. *Müller*, DNotZ 2010, 169.
13 *Albrecht/Albrecht* MittBayNot 2009, 426 und 2003, 348/354; *Kutzer* FPR 2004, 683/7; *Diehn/Rebhan*, NJW 2010, 326.
14 zB MünchKomm/*Schwab* § 1904 Rz 4; *Berger* JZ 2000, 797/801.
15 *Holzhauer* FamRZ 2005, 518/9.
16 Übersicht bei *Roth* JZ 2004, 494/5.
17 *Dölling* MedR 1987, 6; *Laufs* NJW 1999, 1758; *Verrel* MedR 1999, 547; *Groll/Spickhoff* Praxishandbuch Erbrechtsberatung S. 952 Rz 22; *Spickhoff* NJW 2000, 2297/2301.

verfügung ist **grundsätzlich bindend**[18]; diese Meinung vertritt auch der BGH[19]. Sie liegt auch dem § 1901 a zugrunde.

Der **Arzt** muss die Entscheidung des einwilligungsfähigen Patienten, sich nicht behandeln zu lassen, beachten, auch wenn er sie für unvernünftig hält; das ist die heute vertretene Auffassung, die aus dem Selbstbestimmungsrecht abgeleitet wird. 8

Zwar muss die Einwilligung des Patienten *vor* Beginn der Behandlung eingeholt werden; in Notfällen (etwa bei Unfallopfern) kann der Arzt aber von einer **stillschweigenden Einwilligung** in medizinisch gebotene Maßnahmen ausgehen, wenn weder der Patientenwille bekannt noch ein Vertreter vorhanden ist und die Behandlung keinen Aufschub duldet, weil ein Patient in der Regel behandelt werden will. 9

6. Die Formulierung einer Patientenverfügung. Wer eine Patientenverfügung schriftlich niederlegen will, kann eigene Formulierungen oder Vorlagen, auch gedruckte, benutzen. 10

Eine Patientenverfügung enthält in der Regel Aussagen zu folgenden Punkten: 11

Persönliche Geltungsvoraussetzung, zB: „Für den Fall, dass ich meinen Willen nicht mehr äußern kann…" 12

Situation, für die die Patientenverfügung gelten soll, zB „Wenn ich unabwendbar unmittelbar im Sterben liege". 13

Festlegung der ärztlichen und pflegerischen Maßnahmen: 14

„Ich wünsche, dass alles medizinisch Mögliche getan wird, um mich am Leben zu halten und meine Beschwerden zu lindern, auch fremde Organe, auch Versuche der Wiederbelebung" 15

oder „Ich möchte nur, dass eine Linderung der Schmerzen, Angst, Unruhe, Übelkeit und dergleichen erfolgen. Eine künstliche Ernährung bzw Flüssigkeitszufuhr soll nicht erfolgen, auch keine künstliche Beatmung, keine Wiederbelebung." 16

Interpretationshilfen. Vielfach wird vorgeschlagen, dass der Patient seine allgemeinen Wertvorstellungen niederlegt, seine religiösen Anschauungen, damit bei Zweifeln über den Inhalt der Patientenverfügung ein Anknupfungspunkt für die Auslegung vorhanden ist. So ist es zB, wenn die konkrete Situation nicht genau derjenigen entspricht, für welche die Patientenverfügung errichtet wurde[20]. Auf solche Hilfen stellt § 1901 a Abs 2 zur Erkenntnis des mutmaßlichen Willens des Patienten ab. 17

„Ich möchte nach Möglichkeit zu Hause – im Krankenhaus – sterben." 18

In der **Praxis** tauchen häufig widersprüchlich oder unanwendbar formulierte Patientenverfügungen auf, weil ein Laie selten einem Arzt eindeutige Anweisungen geben kann, wenn der Arzt nicht in die Formulierung einbezogen ist, wenn man von Grundaussagen wie „Ich will nicht jahrelang künstlich ernährt werden" absieht. Manche schreiben einerseits, dass sie möglichst lange leben wollen, lehnen aber andererseits bestimmte lebenserhaltende Maßnahmen ab, ohne den Widerspruch zu erkennen. Ebenso ist es, wenn einerseits Organentnahme gestattet wird, andererseits künstliche Lebensverlängerung (und sei es auch nur für einige Tage) abgelehnt wird, was aber Voraussetzung der Organentnahme ist. 19

18 Palandt/*Diederichsen* Rz 9 vor § 1896; *Roth* JZ 2004, 494.
19 BGH FamRZ 2003, 748.
20 Vgl den Bericht der vom BMJ eingesetzten Arbeitsgruppe „Patientenautonomie am Lebensende" vom 10.6.2004, wo eine Art Lebensrückblick vorgeschlagen wird: Wurde ich enttäuscht vom Leben? Eigene leidvolle Erfahrungen; Beziehungen zu anderen Menschen; Rolle der Religion; Erleben von Leid; das zukünftige Leben usw.

20 Eine Patientenverfügung so zu formulieren, dass sie für einen Arzt/Pfleger medizinisch brauchbar ist und dem Willen des Verfügenden entspricht, ist nicht einfach. Man kann als Gesunder allgemeine Formulierungen verwenden oder detailliert ausgearbeitete Anweisungen (was ich für weniger zweckmäßig halte, weil die zukünftige medizinische Entwicklung nicht vorhersehbar ist). Wenn ein Kranker eine Patientenverfügung errichtet, können dagegen detaillierte Behandlungswünsche für die letzten Lebensmonate sinnvoll sein.

21 Formulierungen wie „menschenunwürdiges Dasein", „erträgliches Leben", „angemessene Möglichkeiten", „qualvolles Leiden", „Apparatemedizin", oder „ich will in Würde sterben" sollte man weglassen, weil sie auslegungsbedürftig oder inhaltsleer sind (was ist genau menschenwürdig? Das sieht jeder anders).

22 Problematisch ist die Verwendung von **Formularen,** auch solchen mit Ja/Nein-Kreuzchen; hier sind individuelle Vorstellungen, kaum einbringbar. Die Ernsthaftigkeit muss manchmal bezweifelt werden, wenn die Frage nach Leben oder Tod mittels Vordruck beantwortet wird. Auch **Formulare mit Textbausteinen** werden angeboten. Hier ist nicht immer sicher, ob der Patient die Feinheiten der Formulierung überhaupt richtig verstanden hat („Ich wünsche später nur noch palliativ-medizinische Maßnahmen": weiß der Betroffene überhaupt genau, was das ist? Dasselbe gilt für „Hospiz" als Sterbeort). Die im Umlauf befindlichen Musterpatientenverfügung gehen von ganz verschiedenen weltanschaulichen und religiösen Vorstellungen aus. Der Laie kann die „Tücke" einzelner Formulierungen oft nicht erkennen. Andererseits wird ein Laie selten in der Lage sein, das Gewollte ausreichend klar und ohne Widersprüche zu Papier zu bringen.

23 7. **Registrierung der Patientenverfügung.** Patientenverfügungen können beim zentralen Vorsorgeregister der Bundesnotarkammer in Berlin registriert werden (§ 1 VRegV), jedenfalls als Teil einer Vorsorgevollmacht. Eine Auskunft beim zentralen Register können allerdings nur Betreuungs- und Beschwerdegerichte erholen, nicht Ärzte. Auch ist bei der Bundesnotarkammer nicht der Text der Patientenverfügung gespeichert. Der Patient ist deshalb darauf angewiesen, die isolierte Patientenverfügung oder einen Hinweiszettel bei sich zu führen, dass eine Patientenverfügung existiert und wo sie sich befindet. Man kann sie auch den Angehörigen überlassen. Eine isolierte Patientenverfügung nützt aber wenig (Rz 83).

24 8. **Kosten der Errichtung einer Patientenverfügung.** Wer die Verfügung selbst verfasst hat keine weiteren Kosten. Die Beglaubigung der Unterschrift ist nicht vorgeschrieben. Wer gleichwohl die Unterschrift unter einer Patientenverfügung beglaubigen lassen will, damit die Echtheit nicht bestritten werden kann, hat verschiedene Möglichkeiten: er wendet sich an einen **Notar,** der die Unterschrift gebührenpflichtig beglaubigt. Notargebühren: Der Geschäftswert einer Patientenverfügung, die sich auf die Bekundung des Willens des Erklärenden zu medizinischen Behandlungsmaßnahmen und die Bevollmächtigung von Personen mit der Wahrnehmung der Gesundheitsvorsorge in diesem Bereich beschränkt und deshalb ausschließlich nichtvermögensrechtlichen Charakter hat, ist mit dem Regelwert des § 30 Abs 2 Satz 1 KostO, also mit 3.000 € anzusetzen[21].

25 Die **Betreuungsbehörde** darf eine isolierte Patientenverfügung nicht beglaubigen; Ausweg: Der Betroffene kann eine Vorsorgevollmacht verfassen, die mit einer Patientenverfügung verbunden ist und kann dann die Unterschrift unter diesem Schriftstück durch die Urkundsperson bei der Betreuungsbehörde beglaubigen lassen (§ 6 Abs 2 BtBG)[22]; Gebühr: 10 Euro (§ 6 Abs 5 BtBG).

---

21 OLG Hamm FamRZ 2006, 722; LG Arnsberg FamRZ 2006, 438 = NJW-RR 2005, 942.
22 *Bienwald* § 6 BtBG Rz 23.

26 **9. Problematik der Patientenverfügung.** Wer als Gesunder eine Patientenverfügung errichtet, kann die **künftige tatsächliche Situation** nicht vorhersehen: weder, ob jemals die befürchtete Lage eintritt, noch wann. Legt man mit 65 Jahren die Verfügung nieder und tritt der Pflegefall 20 Jahre später ein, ist heute nicht bekannt, welche Krankheiten auftreten werden; erst recht ist der künftige Stand der medizinischen Wissenschaft nicht vorhersehbar. Ein gesunder Mensch hat möglicherweise Vorstellungen vom Wert des Lebens für einen Kranken, die sich von den Vorstellungen eines Kranken deutlich unterscheiden („Wertkonstanz von Entscheidungen"); wer als Gesunder leichtfertig einen späteren Behandlungsabbruch verfügt, will das vielleicht als Kranker keineswegs. Es gibt Fälle, in denen jemand erfolgreich behandelt wurde; anschließend wurde das Behandlungsverbot im Safe aufgefunden. Auch die **künftige rechtliche Situation** ist übrigens nicht vorhersehbar

27 Errichtet jemand eine Patientenverfügung im fortgeschrittenen Krankheitsstadium, etwa bei Krebs, ist eine ausreichende **Vorhersehbarkeit** in der Regel gegeben.

28 In den sonstigen Fällen kann dem Zukunftsproblem dadurch Rechnung getragen werden, dass die Patientenverfügung nach ihrem Wortlaut eine der jeweiligen Situation angepasste Auslegung gestattet. In diese Richtung geht auch § 1901 a Abs 2. Der Gesunde sollte sich darauf beschränken, nur ganz wenige Krankheitssituationen anzuführen und die dann gewünschten Therapieziele zu formulieren[23].

III. Die Patientenverfügung im Falle des § 1901 a

29 **1. Voraussetzungen. – a) Schriftform.** Sie ist im Anwendungsbereich des § 1901 a Wirksamkeitsvoraussetzung (§ 125). Der Text muss nicht (wie beim Testament) handschriftlich geschrieben sein. Die Verfügung kann sich auf einem Formular oder einem mit Maschine geschriebenen Text befinden. Sie muss vom Aussteller eigenhändig unterzeichnet worden sein (§ 126 Abs 1 BGB). Eine notarielle Beglaubigung der Unterschrift ist nicht notwendig. Der Widerruf der schriftlichen Patientenverfügung ist allerdings mündlich oder durch entsprechendes Verhalten zulässig (Auslegungs- und Beweisproblem).

30 **Mündliche Erklärungen** etc sind aber nicht wertlos. Denn wenn keine (formgerechte) Patientenverfügung vorliegt oder die Festlegungen in der Verfügung auf die aktuelle Situation des Patienten nicht zutreffen, dann wird auf den mutmaßlichen Willen abgestellt (§ 1901 a Abs 2 Satz 1). Er kann auch aus früheren mündlichen Äußerungen ermittelt werden (§ 1901 a Abs 2 Satz 3). Bei mündlicher Erteilung besteht natürlich ein Eindeutigkeits- und Beweisproblem, Missverständnisse sind möglich, Erinnerungslücken der Zeugen, übereilte Erklärungen, Wichtigtuerei, Zweifel an der Ernsthaftigkeit sind je nach dem Umständen der Erklärung gegeben. Es ist höchst bedenklich, wenn aus beiläufigen Äußerungen etwas abgeleitet wird (etwa am Stammtisch oder beim gemeinsamen Fernsehen). Mündliche Erklärungen des Patienten genügen ferner dann, wenn im Augenblick ihrer Abgabe die Behandlung **unmittelbar bevorsteht,** wie der Wortlaut des Abs 1 zeigt.

23 BT-Drucks 15/3700 S. 11.

31 b) **Einwilligungsfähigkeit des Patienten. Geschäftsfähigkeit.** § 1901 a Abs 1 Satz 1 verlangt **Volljährigkeit** (denn Betreuung kann nur über Volljährige angeordnet werden, § 1896). Ein Minderjähriger kann also keine wirksame Patientenverfügung errichten; die Eltern können ihn insoweit nicht vertreten.

32 Die Regelung verlangt ferner **Einwilligungsfähigkeit des Patienten.** Die Ansicht, der Patient müsse bei Abgabe der Patientenverfügung geschäftsfähig[24] sein, hat § 1901 a BGB nicht übernommen, in Übereinstimmung mit der hM[25]. Das trifft zu, weil es sich bei der Einwilligung in oder der Untersagung von medizinischer Behandlung um keine *rechtsgeschäftlichen* Willenserklärungen handelt.

33 Die Einwilligungsfähigkeit[26] ist nicht altersabhängig, die volle Geschäftsfähigkeit dagegen ist an das Erreichen der Volljährigkeit mit 18 Jahren gebunden. Es gibt eine relative Einwilligungsfähigkeit (jemand kann für einfache Eingriffe einwilligungsfähig sein, für komplizierte hingegen nicht: eine Neunjähriger ist für seine Beschneidung nicht einwilligungsfähig[27], für eine Blutentnahme schon), aber es gibt in der Regel keine relative Geschäftsfähigkeit. Die Definition der Einwilligungsfähigkeit ist nicht eindeutig. Der Patient muss nach seiner geistigen und sittlichen Reife Bedeutung, Umfang und Tragweite des medizinischen Eingriffs und seiner Gestattung (oder Versagung) beurteilen können. Er muss den Wert und Rang der Güter, über die er entscheidet, erfassen können, Risiken und Folgen seiner Entscheidung beurteilen können, Informationen verstehen, Alternativen abschätzen können. Je nach dem Grad einer geistigen Behinderung kann also ein Patient keine wirksame Patientenverfügung mehr abgeben.

34 c) **Vorherige Aufklärung des Patienten.** Da der Patient durch die Patientenverfügung in künftige medizinische Maßnahmen einwilligt (oder auch nicht), also einwilligungsfähig sein muss, gelten die allgemeinen Grundsätze für solche Einwilligungen: Sie sind nur wirksam, wenn der Patient vor oder bei der Errichtung der Patientenverfügung schon aufgeklärt ist oder aufgeklärt wurde oder bewusst trotz des damit verbundenen Risikos auf Aufklärung verzichtet. Soweit notwendig hat die Aufklärung durch einen Arzt zu erfolgen, die Aufklärung in medizinischen Fragen durch einen Notar oder Rechtsanwalt genügt nicht. Die spezielle Problematik ist, dass die Einwilligung in eine künftige Behandlung erklärt wird, deren zeitlicher Eintritt und genauer Umfang unbekannt ist. Es findet also eine hypothetische Betrachtung[28] (sowohl hinsichtlich des Ausgangsbefunds wie der zu ergreifenden bzw zu unterlassenen Heilmaßnahmen) statt. Sie müsste auch den Einsatz von heute noch unbekannten, künftig möglicherweise greifbaren neuen Behandlungsmöglichkeiten umfassen, was nicht möglich ist.

35 Bei **Behandlungsgeboten** ist die Notwendigkeit einer vorherigen Aufklärung als Wirksamkeitsvoraussetzung unbestritten; es gibt aber keine Pflicht des Patienten: wer sich bewusst nicht aufklären lassen will, kann trotzdem wirksam einwilligen (keine Zwangsberatung); er nimmt eben eine Selbstschädigung bewusst in Kauf.

36 Bei **Behandlungsverboten** („ich will keine künstliche Ernährung“) dagegen war streitig, ob die Patientenverfügung nur wirksam ist, wenn vorher eine Aufklä-

---

24 *Eisenbart*, Patiententestament und Stellvertretung in Gesundheitsangelegenheiten, 1998, S. 115.
25 *Wagenitz* FamRZ 2005, 669; *Keilbach* FamRZ 2003, 969/976; § 1901 b Abs 1 des Entwurfs der Enquete-Kommission.
26 Hierzu *Spickhoff* NJW 2000, 2297/2300 mit zahlreichen Nachweisen.
27 LG Frankenthal MedR 2005, 243.
28 *Berger* JZ 2000, 797/802.

rung erfolgte[29]; die gesetzliche Regelung in §§ 1901 a, 1904 stellt kein solches Wirksamkeitserfordernis auf.

37 d) **Noch nicht unmittelbar bevorstehende Maßnahme.** Der einwilligungsfähige Betroffene muss für den Fall seiner Einwilligungsunfähigkeit festgelegen, ob er in bestimmte, *zum Zeitpunkt der Festlegung noch nicht unmittelbar bevorstehende* Untersuchungen seines Gesundheitszustands, Heilbehandlungen oder ärztliche Eingriffe einwilligt oder sie untersagt. Damit erfolgt eine Abgrenzung zur Betreuungsverfügung und zur Vorsorgevollmacht.

38 **Steht die Behandlung unmittelbar bevor** (oder jedenfalls konkret und einigermaßen zeitnah), dann ist § 1901 a nicht einschlägig[30]. Der einwilligungsfähige Patient kann in einem solchen Fall seine „Patientenverfügung" dem Arzt wirksam mündlich mitteilen[31]; ein **Betreuer muss dann nicht mehr bestellt werden,** wenn der Patient (etwa während der Vollnarkose) einwilligungsunfähig wird.

39 e) **Bestimmte Maßnahmen.** § 1901 a Abs 1 verlangt, dass der Patient in „bestimmte" Maßnahmen einwilligte oder sie untersagte. Wie bestimmt dies sein muss ist offen. Die in der Vergangenheit gebräuchlichen Muster sind teils zu allgemein und abstrakt gehalten und genügen dem Bestimmtheitserfordernis nicht[32]. Wendungen wie „Wenn keine Aussicht auf Besserung im Sinne eines für mich erträglichen und umweltbezogenen Lebens besteht, möchte ich keine lebensverlängernden Maßnahmen ..." entfalten somit keine unmittelbare Bindungswirkung[33].

40 f) **Keine Reichweitenbeschränkung.** Ein selbst noch einwilligungsfähiger Mensch kann in jeder Krankheitsphase selbst entscheiden, ob er in eine ärztliche Behandlung einwilligt oder nicht; das ergibt sich aus dem Selbstbestimmungsrecht. Deshalb können auch in einer Patientenverfügung diesbezügliche Regelungen für künftige Fälle getroffen werden. **Art der Erkrankung.** § 1901 a Abs 1 und 2 gelten unabhängig von Art und **Stadium** einer Erkrankung des Betreuten (Abs 3). Eine Patientenverfügung ist also nicht beschränkt auf schwere oder lebensbedrohende Erkrankungen; sie kann sich auch auf verhältnismäßig geringfügige Erkrankungen beziehen („Ich will später keine Implantate im Mund; lieber bin ich zahnlos"). Auch ist sie nicht beschränkt auf das Stadium der Erkrankung, zB auf die **Todesnähe.** Die Auffassung, eine Patientenverfügung, welche eine Behandlungsverbot enthält, sei nur beachtlich, wenn der Tod voraussichtlich „in kurzer Zeit" zu erwarten sei, wurde von §§ 1901 a, 1904 Abs 2 nicht übernommen[34].

41 **Abbruch der künstlichen Ernährung („Sterbehilfe"[35]).** Es gibt Fälle, in denen ein kranker Mensch (zB ein Wachkoma-Patient) zehn Jahre und langer künstlich am Leben gehalten werden kann, indem er künstlich ernährt wird.

---

29 Vgl *Berger* JZ 2000, 797/801; *Hartmann* NStZ 2000, 113/6. Es gibt sogar welche, die die Aufklärung durch neu geschaffene Beratungsstellen fordern, vielleicht aus finanziellen Hintergedanken.

30 BT-Drucks 16/8442, S. 12; *Höfling* NJW 2009, 2849.

31 *Müller* NotBZ 2009, 289.

32 *Müller* NotBZ 2009, 289 und DNotZ 2010, 169.

33 *Höfling* NJW 2009, 2849.

34 So auch der BGH: *Hahne* DRiZ 2005, 244/6, die Entscheidung BGH NJW 2003, 1588 erläuternd. Vgl auch *Hahne* FAZ vom 8.12.2005.

35 Vgl BGHSt 37, 376: Aktive Sterbehilfe ist strafbar (Beihilfe zum Totschlag; § 212 StGB); passive Sterbehilfe ist nicht strafbar; hier wird dem Sterben der natürliche Verlauf gelassen. Erlaubt ist in den einschlägigen Fällen, einen Menschen langsam verhungern zu lassen, nicht ihm mit einer Überdosis von Schlafmitteln einen sofortigen Tod zu ermöglichen.

42 Kranke, die selbst keine Nahrung mehr aufnehmen können, können mit einer PEG-Sonde künstlich ernährt werden. PEG ist die Abkürzung für perkutane endoskopische Gastrostomie. Eine PEG-Sonde ist ein elastischer Kunststoffschlauch, der durch die aufgeschnittene Bauchdecke in den Magen eingeführt wird. Durch diesen Schlauch erfolgt die künstliche Ernährung. Die Sondennahrung wird mit Spritzen per Hand oder mit speziellen Ernährungspumpen in den Magen eingebracht. Jährlich werden ca 140.000 PEG-Sonden gelegt; es soll 200.000 bis 500.000 Menschen in Deutschland geben, die mit PEG ernährt werden[36], teils jahrelang.

43 Was gilt, wenn jemand uneingeschränkt verfügt hat: „Ich will keinesfalls künstlich ernährt und mit Flüssigkeit versorgt werden"? Ist die Patientenverfügung in derartigen Fällen nur insoweit wirksam, also sie sich auf die Zeit vor dem Tod des Patienten bezieht (dann dürfte im ersten Fall die Ernährung nicht eingestellt werden, weil dieser Mensch noch nicht in Todesnähe ist) oder muss das Grundleiden einen tödlichen Verlauf angenommen haben (daran fehlt es im Beispiel ebenfalls) oder ist sie uneingeschränkt zu beachten, § 1901 a (dann darf die Ernährung eingestellt werden; so wäre es bei einem Menschen, der noch selbst volleinwilligungsfähig ist: er kann daheim bleiben und verhungern, wenn er will; das Selbstbestimmungsrecht des Patienten umfasst auch das Recht, zu sterben[37]).

44 Die Frage, inwieweit jemand mit Hilfe einer Patientenverfügung verhindern kann, nicht künstlich ernährt oder sonst „künstlich" am Leben gehalten zu werden (**„Reichweite"**), war umstritten. § 1901 a stellt klar, dass der Wille des Betroffenen unabhängig von Art und Stadium der Erkrankung zu beachten ist (keine Reichweitenbeschränkung)[38]; denn die Regelungen gelten unabhängig von Art und Stadium einer Erkrankung des Betreuten bzw Vollmachtgebers (§ 1901 a Abs 3).

45 Nicht übernommen wurde die Auffassung des BGH[39], der eine *negative* Patientenverfügung („ich will nicht behandelt werden, nicht künstlich ernährt werden") nur wirksam werden lassen wollte, wenn die Krankheit irreversibel (unumkehrbar) einen tödlichen Verlauf genommen hat. Die Entscheidung des BGH war wegen ihrer Unklarheiten umstritten[40]. Wann liegt ein tödlicher Verlauf vor[41]? Wann steht fest, dass etwas irreversibel ist[42]? Der BGH knüpfte an ein Urteil des BGH-Strafsenat von 1994[43] (sog Kemptener Fall) an. Dort waren unter strafrechtlicher Betrachtung die Voraussetzungen passiver Sterbehilfe dahin definiert worden, dass „das Grundleiden ... unumkehrbar (irreversibel) einen tödlichen Verlauf genommen hat und der Tod in kurzer Zeit eintreten wird." Der BGH-Zivilsenat lies das irreversibel tödliche Grundleiden bestehen, strich aber den baldigen Todeseintritt heraus. Das ist ein Widerspruch[44], denn im entschiedenen Fall lag der Patient nicht im Sterben und die Todesfolge (Verhungern) konnte durch künstliche Ernährung jahrelang hinausgeschoben werden. Man unterscheidet das Grundleiden (hier: Gehirnschaden) von „interkurrenten Erkrankungen" (zB einer auftretenden lebensbedrohenden Infektion). Die Anknüpfung an das „Grundleiden" (hier die Gehirnschädigung) und nicht auch an die „interkurrente Erkrankung" ist problematisch, weil sie in der Regel nicht dem Willen des Patienten entspricht und zu sublimen Abgrenzungen führt.

46 **f) Keine zeitliche Befristung der Wirkung der Patientenverfügung.** Wenn der Patient nach Abgabe der Patientenverfügung einwilligungsunfähig wird, ist dies – für sich genommen – unschädlich (vgl § 130 Abs 2)[45]. Die Wirkungsdauer von Patientenverfügungen ist nicht zeitlich befristet (zB auf fünf Jahre, wie zB in der

---

36 Zahlen nach *Müller/Renner* Rz 194.
37 *Wagenitz* FamRZ 2005, 669/671.
38 BT-Drucks 16/13.314 S. 4.
39 So BGH NJW 2003, 1588 = FamRZ 2003, 748 („Lübecker Fall"). Hierzu gibt es über 40 Besprechungen, vgl die Zusammenstellung von *Stoffers*, DNotZ 2003, 850 Fußn. 1; anknüpfend an BGHSt 40, 257; so auch der Enquete-Entwurf.
40 Vgl *Kutzer* ZRP 2003, 213; *Verrel* NStZ 2003, 449; *Lipp* FamRZ 2003, 756.
41 Zu dieser dunklen Voraussetzung vgl *Coeppicus* Rpfleger 2004, 262.
42 Hierzu *Bühler/Stolz* FamRZ 2003, 1622.
43 BGH St 40, 257.
44 *Holzhauer* FamRZ 2006, 518/520.
45 BGH NJW 2003, 1588; *Keilbach* FamRZ 2003, 969/976; *Knittel* § 1904 Rz 33.

Regel in Österreich). Man hörte von Amtsgerichten, die Patientenverfügungen nur dann gelten ließen, wenn sie nicht älter als ein Jahr oder ein halbes Jahr[46] sind. Das ist nicht Gesetz geworden. Fraglich ist aber, ob der Patientenverfügung eine *stillschweigende* sonstige Bedingtheit innewohnt. Wer mit vierzig Jahren in gesunden Tagen ein Patientenverfügungsformular aus einer Zeitschrift herausriss, ausfüllte und in der Schublade aufhob, die ganze Sache dann vergaß, will kaum zwanzig Jahre später die Patientenverfügung noch in dieser alten Form gelten lassen. Denn zum einen haben sich seine Lebensumstände geändert, zum anderen hat sich der Stand der medizinischen Wissenschaft verbessert. Mit zunehmendem Abstand vom Zeitpunkt ihrer Errichtung verliert die Patientenverfügung an Gewicht[47]. Manchmal wird deshalb empfohlen, die Patientenverfügung in regelmäßigen Abständen erneut zu unterschreiben (**Aktualisierung**)[48]. Auch der BGH[49] hat eine stillschweigende zeitliche Befristung verneint, aber gemeint, der Betreuer dürfe die Willensbekundung des Betroffenen nicht durch einen Rückgriff auf den mutmaßlichen Willen des Betroffenen korrigieren, „es sei denn, dass der Betroffene sich von seiner früheren Verfügung mit erkennbarem Widerrufswillen distanziert oder die Sachlage sich nachträglich so erheblich geändert hat, dass die frühere selbstverantwortlich getroffene Entscheidung die aktuelle Sachlage nicht umfasst". Es ist deshalb nützlich, sie im Abstand von einigen Jahren zu überprüfen und gegebenenfalls durch neue Datierung und Unterschrift zu bestätigen; eine Wirksamkeitsvoraussetzung ist das aber nicht.

§ 1901 a Abs 2 Satz 1 trägt dem insofern Rechnung, als es dort für möglich gehalten wird, dass die Festlegung einer Patientenverfügung nicht (mehr) auf die aktuelle Lebens- und Behandlungssituation des Betroffenen zutreffen. Dann ist der **mutmaßliche Wille** des Betreuten (Vollmachtgebers) vom Betreuer (Bevollmächtigten) festzustellen. **47**

g) **Keine Voraussetzungen.** Eine **Datierung** der Patientenverfügung ist nicht Wirksamkeitsvoraussetzung (sie ist aber zu empfehlen). **48**

Nicht Voraussetzung ist ferner, dass jemand eine ältere Patientenverfügung in regelmäßigen Abständen **aktualisiert** und bestätigt. **49**

In Deutschland besteht keine Vorschrift, die die Unterschriften von **Zeugen** oder Ärzten unter Patientenverfügungen verlangt. Im Ausland, so etwa in Spanien/Katalonien[50], wird teils gesetzlich gefordert, dass Zeugen die Patientenverfugung mitunterschreiben. Auch eine Unterschrift eines Arztes ist nicht erforderlich; liegt sie vor, kann dies aber ein Indiz dafür sein, dass der Patient aufgeklärt wurde und erleichtert später die aktuelle Beweislage. **50**

Die Patientenverfügung muss auch kein Nachweis darüber enthalten, dass eine **Aufklärung** des Patienten vor Abfassung erfolgte oder darauf verzichtet wurde. **51**

2. Widerruf der Patientenverfügung. Die Wirkung der Patientenverfügung ist beendet, wenn der Patient die Patientenverfügung widerrufen hat oder wenn er seinen Willen geändert hat. Eine Patientenverfügung kann jederzeit formlos widerrufen werden (Abs 1 Satz 3), auch noch, wenn die Behandlung bereits begonnen hat, selbst wenn der Patient anfangs in die Behandlung einwilligte. Die **52**

46 *Hartmann* NStZ 2000, 112/116.
47 *Laufs* NJW 1998, 3399/3400.
48 *Notthoff* ZNotP 2003, 282/289.
49 BGH NJW 2003, 1588; *Berger* JZ 2000, 797/802; *Milzer* NJW 2004, 2277.
50 BT-Drucks 15/3700 S. 30.

Patientenverfügung kann ganz oder teilweise widerrufen werden. Formlos: schriftlich, auch mündlich, auch durch schlüssiges Handeln wie Gesten. Die weitere Behandlung muss dann unterlassen werden (ein anderes Problem ist, wieweit in einem solchen Fall vom Patienten der entgangene Gewinn und die getätigten Aufwendungen des Arztes bezahlt werden müssen). Ein eigenständiges **Behandlungsrecht,** gestützt auf den seinerzeit abgeschlossenen Arztvertrag, hat der Arzt nicht. Auf den Widerruf der Einwilligung kann der Patient nicht wirksam verzichten, auch nicht durch Vereinbarungen in einem Heimvertrag[51]. Der Widerruf ist zu richten an denjenigen, welcher tätig werden will, zB an den Arzt, Betreuer, Bevollmächtigten, Gericht usw.

53 Beim Widerruf muss der Patient aber selbst einwilligungsfähig (entscheidungsfähig) sein. Das zu beurteilen ist schwierig bei Demenz oder wenn der Patient unter Medikamenteneinfluss steht.

54 Solange keine konkreten Anhaltspunkte dafür vorliegen, dass der Patient die Patientenverfügung widerrufen hat, ist von einem Nichtwiderruf auszugehen. Allein aus dem Zeitablauf kann nicht entnommen werden, dass eine Willensänderung vorliege. Es ist das Risiko des Bürgers, der eine Patientenverfügung errichtet, dass eine Änderung der eigenen Einstellung nicht publik wird[52].

55 **3. Aufgabe des Betreuers bzw Bevollmächtigten.** Liegt eine wirksame schriftliche Patientenverfügung vor, prüft der Betreuer (bzw Bevollmächtigte), falls er einen entsprechenden Aufgabenkreis hat (vgl §§ 1902, 1904), ob die damaligen Festlegungen des Betreuten (bzw Vollmachtgebers) auf die **aktuelle Lebens- und Behandlungssituation** zutreffen (Abs 1 Satz 1). Ist dies der Fall, hat der Betreuer (bzw Bevollmächtigte) dem Willen des Betreuten (bzw Vollmachtgebers) „Ausdruck und Geltung“ zu verschaffen (Abs 1 Satz 2). Das bedeutet, dass er entweder als Vertreter seine Einwilligung zu einer geplanten Maßnahme erklärt oder verweigert.

56 Die Patientenverfügung bedarf aber nicht zwingend der **Umsetzung durch einen Betreuer** oder Bevollmächtigten (Rz 6). Wenn zur Zeit ihrer Regelung die Behandlung bereits bevorsteht (Rz 37) oder wenn ein Eilfallvorliegt (so dass kein Betreuer mehr bestellt werden kann oder Betreuer bzw Bevollmächtigter nicht erreichbar sind, wie bei einem Unfall, § 1904 Abs 1 Satz 2) oder die Patientenverfügng ausreichend klar ist, muss der Arzt keinen Betreuer bzw. Bevollmächtigten einschalten.[53]

IV. Rechtslage bei fehlender oder nicht einschlägiger Patientenverfügung (Abs 2)

57 **1. Auslegung der Patientenverfügung.** Eine Patientenverfügung ist nach denselben Grundsätzen wie eine Willenserklärung auslegungsfähig, dh nach §§ 133, 139 BGB. Allerdings kommt es nicht, wie im rechtsgeschäftlichen Bereich, darauf an, wie der Empfänger sie verstehen musste (sog objektiver Empfängerhorizont), sondern auf den **wirklichen Willen** des Patienten. Auch wenn eine Patientenverfügung scheinbar eindeutig ist, ist es verfassungsrechtlich zulässig, dass sie ausgelegt wird, etwa wenn aufgrund der besonderen Situation Zweifel auftreten, ob der Patient auch in Kenntnis der bei ihm inzwischen eingetretenen Lebensgefahr weiterhin seine Ablehnung von lebenserhaltenden Maßnahmen

51 BGH NJW 2005, 2385; *Wagenitz* FamRZ 2005, 669; *Lipp* FamRZ 2004, 317.
52 Palandt/*Diederichsen* Rz 9 vor § 1896.
53 Ähnlich *Spickhoff* FamRZ 2009, 1949/1953.

(wie einer Bluttransfusion) aufrechterhält[54]. Wie ist der Fall zu beurteilen, wenn jemand an einer Lungenentzündung erkrankt, aber in seiner Patientenverfügung festgelegt hat, „Wenn ich einmal dement bin, will ich keine lebenserhaltenden Maßnahmen“[55]: dürfen hier lebenserhaltende Maßnahmen ergriffen werden? Ja. Das meint § 1901 a Abs 2, wenn dort der Fall behandelt wird, dass zwar die Patientenverfügung eindeutig ist, aber ihre Festlegungen nicht auf die aktuelle Lebens- und Behandlungssituation des Betroffenen zutreffen; dann kommt es auf den **mutmaßlichen Willen** an.

Ein Problem liegt insbesondere darin, dass sich der Patient bei Erstellung der Patienten- 58
verfügung der Tragweite der Entscheidung deshalb nicht bewusst ist, weil er die Zukunft nicht vorhersehen kann: er kennt weder seine künftige Situation noch die künftige Entwicklung der medizinischen Wissenschaft. Wer verfügt „Ich will später einmal nicht künstlich beatmet werden“ meint kaum, dass er auch eine solche Beatmung mit einer Dauer von sechs Stunden während einer Operation verbieten will. Die Auslegung ergreift deshalb auch Fälle, bei denen Anhaltspunkte dafür bestehen, dass der Patient seinen Willen inzwischen geändert hat oder wenn der Patient bei Kenntnis der Entwicklung der medizinischen Wissenschaft mutmaßlich anders entschieden hätte.

2. Bindungswirkung einer Patientenverfügung. Die Patientenverfügung wird 59
„wirksam“ mit Abgabe (vgl § 130 Abs 2 BGB), verliert ihre Wirkung nicht dadurch, dass der Patient geschäftsunfähig, einwilligungsunfähig, bewusstlos wird, verpflichtet den Adressaten aber natürlich erst ab dem Zeitpunkt, in dem er von ihr Kenntnis erlangt. Die Patientenverfügung richtet sich an alle, die Behandlungs- oder Pflegemaßnahmen durchzuführen haben, sei es auch nur mittelbar. **Adressaten** sind also nicht nur Ärzte, Pflegepersonal, Kliniken, sondern auch Betreuer, Bevollmächtigte und das Betreuungsgericht[56].

a) Bindung des Arztes. Die §§ 1901 a, b, 1904 regeln das Rechtsverhältnis 60
zwischen Arzt und Patient nicht. Die Patientenverfügung wendet sich ua an den Arzt; sie bindet den Arzt, auch wenn er sie im Einzelfall für unvernünftig hält. Allerdings können schwierige Abgrenzungs- und Auslegungsprobleme auftauchen. Auch die Grundsätze der Bundesärztekammer zum Umgang mit Patientenverfügungen (1999) und zur ärztlichen Sterbebegleitung (2004) gehen davon aus, dass der Arzt an den in einer Patientenverfügung geäußerten Willen gebunden ist, wenn die anstehende Behandlungssituation derjenigen entspricht, die der Patient in der Verfügung beschrieben hat und keine Anhaltspunkte für eine nachträgliche Willensänderung erkennbar sind.

b) Bindung von Gerichten. Die Gerichte sind mit der Bedeutung von Patienten- 61
verfügungen unter verschiedenen Aspekten befasst: als Strafgericht (Strafbarkeit des Arztes, der Betreuers, Bevollmächtigten?); als Zivilgericht („Schmerzensgeld“, weil der Arzt den Patienten entgegen dessen Patientenverfügung nicht sterben ließ, sondern eine Bluttransfusion durchführte[57]? Anspruch gegen das Pflegeheim, die künstliche Ernährung einzustellen[58]?). Das Betreuungsgericht kann damit befasst werden, wenn eine Genehmigung der Einwilligung des Bevollmächtigten bzw des Betreuers in den Abbruch der künstlichen Ernährung oder ähnliche Fälle zur Entscheidung ansteht (§ 1904 Abs 1 und 2). Dazu sagt § 1904 Abs 3, dass die Genehmigung zu erteilen ist, wenn die Einwilligung oder Nichteinwilligung dem *Willen des Betroffenen* entspricht. Hier besteht keine Bindung an die Meinung des Arztes, des Betreuers, des Bevollmächtigten.

---

54 BVerfG NJW 2002, 206 = FamRZ 2002, 312.
55 Vgl BT-Drucks 16/8442 S. 15.
56 *Keilbach* FamRZ 2003, 969/976.
57 OLG München NJW-RR 2002, 811 = MedR 2003, 174.
58 BGH NJW 2005, 2385; zuvor OLG München FamRZ 2003, 557 und LG Traunstein NJW-RR 2003, 221.

62 c) **Bindung des Betreuers.** Hierzu meint der BGH[59]: Ist für einen Patienten ein Betreuer bestellt, so hat dieser dem Patientenwillen gegenüber Arzt und Pflegepersonal in eigener rechtlicher Verantwortung und nach Maßgabe des § 1901 „Ausdruck und Geltung" zu verschaffen. § 1901 a Abs 1 Satz 2 hat das wörtlich übernommen. Die kaufmännische Floskeln des BGH[60], wonach es darauf ankomme, ob von Seiten der Ärzte eine Behandlung oder Weiterbehandlung „angeboten" wird oder nicht, wurde nicht in § 1901 a übernommen. Die Bindung des Betreuers gilt aber nicht uneingeschränkt: Der Betreuer darf die Willensbekundung des Betroffenen korrigieren, wenn sie nicht auf die aktuelle Lebens- und Behandlungssituation zutrifft.

63 d) **Bindung des Bevollmächtigten.** Hierfür gilt dasselbe wie für den Betreuer, wie die §§ 1901 a Abs 5, 1904 Abs 5 zeigen. Für den Bevollmächtigten ergibt sich eine solche Pflicht schon aus dem Innenverhältnis zum Betroffenen (Auftrag, Geschäftsbesorgung); bereits § 665 BGB stellt hierzu klar, dass der Beauftragte (= Bevollmächtigte) berechtigt ist, von den Weisungen des Auftraggebers (= Vollmachtgeber, Patient) abzuweichen, wenn er den Umständen nach annehmen darf, dass der Auftraggeber bei Kenntnis der Sachlage die Abweichung billigen würde.

64 3. **Beachtlichkeit einer Patientenverfügung.** Derjenige, der sich nach einer Patientenverfügung richten will, also zB der Betreuer, Arzt, muss sich darüber im Klaren sein, ob er eine vorhandene Patientenverfügung seiner Maßnahme zugrunde legt[61]; das ist nicht einfach.

65 (1) Wurde die Patientenverfügung seinerzeit formal wirksam errichtet? Schriftlich, eigenhängig unterschrieben[62]?

66 (2) War der Patient bei Abfassung der Patientenverfügung einwilligungsfähig?

67 (3) Hat der Patient die damals von ihm unterschriebene Patientenverfügung überhaupt verstanden? Hier sind oft Zweifel angebracht: wenn die 75-jährige Landwirtin einen Vordruck unterschreibt, was im Falle „infauster" Prognose[63] geschehen soll und dass sie nur „Palliativmedizin" wünscht, ist das im Zweifel nicht verbindlich, weil anzunehmen ist, dass sie das nicht verstanden hat. Da hilft auch die Bestätigung einer notariellen Belehrung nicht weiter, weil kaum jemand zugibt, dass er etwas nicht verstanden hat. Nicht umsonst verlangt § 1904 Abs 5 bei Vollmachten Ausdrücklichkeit, was auch individuelle Verständlichkeit bedeutet. Es kommt immer darauf an, den wirklichen Willen zu erforschen; im Einzelfall kann die Auslegung einer ungeschickte formulierten Patientenverfügung etwas ergeben, was nicht mit dem Wortlaut in Einklang steht.

68 (4) Ist die Patientenverfügung ausreichend klar? Formulierungen wie „in Würde sterben" lassen verschiedene Deutungen zu und geben wenig Hinweise für konkrete ärztliche Maßnahmen.

---

59 BGH FamRZ 2003, 748.
60 BGH FamRZ 2003, 748.
61 Vgl BT-Drucks 15/3700 (Zwischenbericht der Enquete-Kommission) S. 35.
62 *Groll/Spickhoff*, Praxishandbuch Erbrechtsberatung S. 952 Rz 23.
63 Patienten mit infauster Prognose: Patienten, die sich zwar noch nicht im Sterben befinden, aber nach ärztlicher Erkenntnis aller Voraussicht nach in absehbarer Zeit sterben werden, weil die Krankheit weit fortgeschritten ist; so die Grundsätze der Bundesärztekammer zur ärztlichen Sterbebegleitung 2004.

(5) Handelte der Patient bei Abgabe der Patientenverfügung nach seinem freien Willen? War er fremdbestimmt? Patientenverfügungen auf Vordrucken, möglichst noch mit Kreuzchen oder ja/nein, werden von Richtern oft nicht akzeptiert. Zum einen kann man sich kaum vorstellen, dass über zentrale Fragen des Lebens in so dürftiger Form entschieden wird (Zweifel an der Ernsthaftigkeit), zum andern sind die Vorstellungen und Bedürfnisse so verschieden, dass kaum vorstellbar ist, dass sie in einem Formular für eine Vielzahl von Bürgern abgedeckt werden. 69

(6) Ist die Patientenverfügung für die jetzt eingetretene Situation überhaupt einschlägig? Vgl § 1901 a Abs 2. 70

(7) Gibt es Anhaltspunkte dafür, dass die Patientenverfügung nicht mehr dem Willen des Betroffenen entspricht[64]? Denn die Patientenverfügung ist unbeachtlich, wenn sich die Sachlage nachträglich so erheblich geändert hat, dass die frühere selbstverantwortlich getroffene Entscheidung die aktuelle Sachlage nicht umfasst[65]. Vgl § 1901 a Abs 2. 71

(8) Liegt ein Widerruf des Patienten vor[66]? Vgl Rz 59. 72

Wenn der **Arzt selbst** mit dem Patienten bei Abfassung der Patientenverfügung gesprochen hatte und ihn damals aufklärte, gibt es zunächst kein Problem für den Arzt. 73

Wird dem Arzt einfach eine schriftliche Patientenverfügung vorgelegt, zB von den Angehörigen, tauchen für ihn die oben genannten erheblichen Rechtsprobleme auf. Das geltende Recht verlangt nicht, dass derartige Nachweise selbst in der Patientenverfügung enthalten sein müssen, etwa als Bestätigung der Einwilligungsfähigkeit. Bei notarieller Beurkundung wird man in der Regel davon ausgehen können, dass der Patient bei Abgabe einwilligungsfähig war. Aber auch in den anderen Fällen kann der Arzt vom Regelfall ausgehen, nämlich dass ein Volljähriger einwilligungsfähig ist. Anders ist es zB, wenn sich aus dem Schriftstück Anhaltspunkte für das Gegenteil ergeben. 74

Hat der Betroffene einen **Betreuer** oder einen **Bevollmächtigten**, dann nimmt der behandelnde Arzt die Prüfung der Anwendbarkeit der Patientenverfügung zusammen mit diesen Stellvertretern vor. Der Betreuer oder Bevollmächtigter hat eine herausgehobene Stellung bei der Entscheidung, wie Abs 2 zeigt. Er braucht allenfalls eine Genehmigung des Betreuungsgerichts (vgl § 1904 Abs 2 und 4), keinesfalls die Zustimmung von sonstigen Gremien[67]. Nahen Angehörigen und sonstigen Vertrauenspersonen soll Gelegenheit zur Äußerung gegeben werden (§ 1901 b Abs 2). 75

4. Fehlende oder unwirksame Patientenverfügung. Dieser Fall ist, bezogen auf das dann erforderliche Verhalten des Betreuers bzw Bevollmächtigten, in Abs 2 behandelt. Steht der Patient nicht unter Betreuung und liegt auch keine einschlägige Vollmacht vor, ist also Abs 2 nicht einschlägig. In diesen Fällen richtet sich die Rechtslage nach § 1904 Rz 2 ff. 76

5. Vorliegende, aber nicht einschlägige Patientenverfügung. Treffen die Festlegungen einer Patientenverfügung nicht auf die aktuelle Lebens- und Behand- 77

64 Handreichungen der Bundesärztekammer 1999.
65 BGH FamRZ 2003, 748.
66 BGH FamRZ 2003, 748.
67 Teils wird gefordert, die Feststellung des Patientenwillens einer neu geschaffenen fest institutionalisierten Ethikkommission zu übertragen, was nicht haltbar ist.

lungssituation zu, hat der Betreuer (bzw Bevollmächtigte) die Behandlungswünsche oder den mutmaßlichen Willen des Betreuten (bzw Vollmachtgebers) festzustellen (Abs 2 Satz 1). Auf dieser Grundlage hat der Betreuer (bzw Bevollmächtigte) zu entscheiden, ob er in eine ärztliche Maßnahme nach Absatz 1 einwilligt oder sie untersagt.

78 a) **Der mutmaßliche Wille** ist aufgrund konkreter Anhaltspunkte zu ermitteln (Abs 2 Satz 2). Konkret heißt, dass nicht nur Vermutungen angestellt werden dürfen.

79 b) **Bewertungsfaktoren.** Zu berücksichtigen sind insbesondere frühere mündliche oder schriftliche Äußerungen, ethische oder religiöse Überzeugungen und sonstige persönliche Wertvorstellungen des Betreuten (Abs 2 Satz 3). Das stellt den Berufsbetreuer vor große Probleme, weil er in der Regel den Betreuten vor Anordnung der Betreuung nicht kannte. Im Zweifel will jemand nicht sterben, nicht verhungern, nicht verdursten.

V. Freiwilligkeit der Erklärung (Abs 4)

80 1. **Verpflichtung zur Errichtung.** Niemand kann zur Errichtung einer Patientenverfügung verpflichtet werden (Abs 4 Satz 1). Die nicht freiwillig abgegebene Einwilligung ist unwirksam[68]. Ein Druck kann von der Öffentlichkeit, Angehörigen, Pflegeeinrichtungen, religiösen Gruppen usw ausgehen („sozialverträgliches Sterben"). Der Patientenverfügung kann man allerdings im Regelfall nicht ansehen, ob sie freiwillig oder unter Druck zustande kam.

81 2. **Einschränkung der Vertragsfreiheit.** Die Errichtung oder Vorlage einer Patientenverfügung darf nicht zur Bedingung eines Vertragsschlusses gemacht werden (Abs 4 Satz 2). Bedenklich wäre es, wenn Altenheime, Pflegeheime und Kliniken Patienten nur aufnehmen würde, wenn diese vorher bestimmte Patientenverfügungen abgegeben haben; denkbar wäre auch, dass Krankenkassen ihre Tarife vom Vorhandensein bestimmter Patientenverfügungen abhängig machen. Beides ist unzulässig, wie sich aus Abs 4 ergibt.

VI. Anwendung auf Bevollmächtigte (Abs 5)

82 Nach Abs 5 sind nur die Abs 1 bis Abs 3 auf Bevollmächtigte entsprechend anwendbar, also nicht Abs 4. Somit könnte ein Bevollmächtigter den Vollmachtgeber zur Errichtung einer Patientenverfügung verpflichten.

VII. Konkurrenzen

83 1. **Patientenverfügung neben Betreuung oder Vorsorgevollmacht erforderlich?** Die Regelung der Patientenverfügung ist im Rahmen des Betreuungsrechts (§§ 1896 ff. BGB) erfolgt. Aus §§ 1901 a ff BGB folgt, dass in der Regel (Rz 55, 56) auch dann noch eine Stellvertreterentscheidung (durch einen Betreuer oder einen Bevollmächtigten) erforderlich ist, wenn eine konkrete, wirksame und nicht widerrufene Patientenverfügung vorliegt; das scheint wenig sinnvoll, weil in das Selbstbestimmungsrecht des Patienten eingegriffen wird. Da aber in den Zweifelsfällen eine Entscheidung des Betreuungsgerichts erforderlich ist (§ 1904

68 Palandt/*Sprau* § 823 Rz 38.

Abs 3 BGB), muss dogmatisch gesehen jedenfalls bei einem Zweifelsfall (Ausnahmen Rz 56) ein Stellvertreter vorhanden sein, weil gerichtliche Genehmigungspflichten nur das Handeln eines Vertreters und nicht des Patienten selbst betreffen können.

84 Die Gesetzesbegründung[69] sagt dazu: Enthält die schriftliche Patientenverfügung eine Entscheidung über die Einwilligung oder Nichteinwilligung in bestimmte Untersuchungen des Gesundheitszustandes, Heilbehandlungen oder ärztliche Eingriffe, die auf die konkret eingetretene Lebens- und Behandlungssituation zutrifft, ist eine Einwilligung des Betreuers in die anstehende ärztliche Behandlung nicht erforderlich, da der Betreute diese Entscheidung bereits selbst getroffen hat und diese für den Betreuer bindend ist ... Dennoch hat der Betreuer auch in diesen Fällen ... nach § 1901 a Abs 1 Satz 1 BGB zu prüfen, ob die Patientenverfügung auf die aktuelle Lebens- und Behandlungssituation zutrifft ... Hat sich der Betreuer dagegen von der Einschlägigkeit und Wirksamkeit der Patientenverfügung überzeugt, achtet er darauf, dass der Betroffene entsprechend seinem Willen behandelt wird. Hat der Patient die Entscheidung bereits selbst getroffen, ist es daher Aufgabe des Betreuers, dieser Entscheidung „Ausdruck und Geltung zu verschaffen". Darüber hinaus bleibt die Tätigkeit eines Betreuers in diesen Fällen weiterhin notwendig für alle anderen in der Patientenverfügung nicht vorweg getroffenen Erklärungen und Entscheidungen. Das betrifft z. B. die Auswahl des Arztes oder Krankenhauses sowie die vermögensrechtliche Seite der Behandlung.

85 Dass eine Patientenverfügung dazu führt, dass eine Betreuung nicht erforderlich wird[70], ist daher in dieser Allgemeinheit nicht zutreffend. Eine Betreuung wird angeordnet, wenn ein Volljähriger aufgrund einer psychischen Krankheit oder einer körperlichen, geistigen oder seelischen Behinderung seine Angelegenheiten ganz oder teilweise nicht besorgen kann (§ 1896 Abs 1 BGB) und wenn dies erforderlich ist (§ 1896 Abs 2 BGB). Der Aufgabenkreis reicht von „alle Aufgaben" bis zu Einzelaufgaben wie Vermögenssorge, Vertretung gegenüber Behörden und Gerichten, Personensorge, Gesundheitssorge, Unterbringung usw. Die Patientenverfügung dagegen beinhaltet nur die Einwilligung oder Nichteinwilligung in medizinische Behandlungen, sie umfasst also nicht die sonstigen Angelegenheiten eines Hilfsbedürftigen, insbesondere nicht die Vermögenssorge, den Abschluss des Arztvertrages.

86 Die Patientenverfügung stellt allein noch keine Bestellung eines Vertreters dar, sie hat eine andere **Zielrichtung.** Ein solcher Vertreter (als Bevollmächtigter oder Betreuer) ist aber nötig, weil sonst niemand da ist, der gegenüber den Ärzten die Rechte und Interessen des Patienten vertritt, hier Willenserklärungen abgeben und Weisungen erteilen kann. Andernfalls ist theoretisch denkbar, dass der Patient nicht mehr ansprechbar im Krankenhausbett liegt, die Patientenverfügung in der Hand hält, sich aber niemand daran hält.

87 Eine Patientenverfügung sollte daher durch eine entsprechende **Vorsorgevollmacht** ergänzt werden; sonst ist gegebenenfalls eine Betreuung notwendig.

88 Eine **Betreuungsverfügung** (§ 1901 c) hat auch neben einer Patientenverfügung einen Sinn. Denn die Patientenverfügung betrifft nur die Gesundheitsfrage, oft ist eine Betreuung aber nur in Vermögens- oder sonstigen Angelegenheiten erforderlich.

89 **2. Patientenverfügung und Organspendeerklärung.** Die moderne Medizin braucht Organe zur Transplantation; zu wenig Menschen sind aber zu einer Organspende bereit. Der Staat will das daher „fördern". Jeder Mensch kann eine Erklärung zur postmortalen Organspende abgeben, in der er in eine

69 BT-Drucks 16/8442 S. 14.
70 *Berger* JZ 2000, 797/804.

Organspende einwilligt oder ausdrücklich widerspricht (§ 2 Abs 2 TransplantationsG = TPG). Liegt *keine* Erklärung vor (das ist der Regelfall), können Angehörige oder sonstige nahe stehende Personen der Organspende zustimmen (§ 4 Abs 1 Satz 3 TPG), wobei sie den mutmaßlichen Willen des Organspenders zu beachten haben. Voraussetzung der Organentnahme ist die Feststellung des Hirntodes. Diese Feststellung setzt je nach der Art der Hirnschädigung eine längere Beobachtung (bis zu drei Tagen[71]) voraus, während der zur Erhaltung der Transplantierbarkeit der durchbluteten Organe der Patient maschinell beatmet und durchblutet werden muss. Hat jemand seine Bereitschaft zur Organspende erklärt (etwa weil er einen Organspendeausweis bei sich führt) und später eine Patientenverfügung niedergelegt, in der ein Verbot der Intensivbehandlung enthalten ist, liegt ein Widerspruch vor. Umstritten ist, was vorrangig ist. Im Zweifel geht die *spätere* Patientenverfügung vor, wenn anzunehmen ist, dass der Patient unter keinen Umständen, selbst nicht für Tage, eine Intensivmedizin wollte. Einen solchen Willen wird man aber kaum unterstellen können.

VIII. Verfahren. Die Genehmigung des Betreuungsgerichts

90 **1. Voraussetzungen.** § 1904 Abs 2 bestimmt: „Die Nichteinwilligung oder der Widerruf der Einwilligung des Betreuers (bzw des Bevollmächtigten) in eine Untersuchung des Gesundheitszustands, eine Heilbehandlung oder einen ärztlichen Eingriff bedarf der Genehmigung des Betreuungsgerichts, wenn die Maßnahme medizinisch angezeigt ist und die begründete Gefahr besteht, dass der Betreute (bzw der Vollmachtgeber) auf Grund des Unterbleibens oder des Abbruchs der Maßnahme stirbt oder einen schweren und länger dauernden gesundheitlichen Schaden erleidet." Der Bevollmächtigte kann in eine der in § 1904 Abs 1 Satz 1 oder § 1904 Abs 2 genannten Maßnahmen nur einwilligen, nicht einwilligen oder die Einwilligung widerrufen, wenn die Vollmacht diese Maßnahmen ausdrücklich umfasst und schriftlich erteilt ist.

91 **2. Fälle, in denen keine Genehmigung des Gerichts erforderlich ist.** Eine Genehmigung des Gerichts nach § 1904 Abs 1 und 2 ist nicht erforderlich, wenn zwischen Betreuer (bzw Bevollmächtigtem) und behandelndem Arzt **Einvernehmen** darüber besteht, dass die Erteilung, die Nichterteilung oder der Widerruf der Einwilligung dem nach § 1901 a festgestellten Willen des Betreuten (bzw Vollmachtgebers) entspricht (§ 1904 Abs 4, Abs 5 Satz 1). In einem solchen Fall ist daher weder ein Verfahrenspfleger noch ein Sachverständigengutachten erforderlich. Das Gericht erfährt nichts, nur später, dass der Betreute gestorben ist und daher die Betreuung beendet ist; oder dass eine bestimmte Maßnahme durchgeführt ist. Die Missbrauchsgefahr ist offenkundig, vor allem bei Beteiligung erbberechtigter oder verschuldeter Personen.

92 **3. Genehmigungskriterien.** Die Genehmigung nach § 1904 Abs 1 und 2 ist vom Betreuungsgericht (Richter) zu erteilen, wenn die Einwilligung, die Nichteinwilligung oder der Widerruf der Einwilligung dem Willen des Betreuten entspricht (§ 1904 Abs 3). Sie wird durch Beschluss erteilt oder verweigert (§ 38 FamFG). Rechtsmittel: Beschwerde (§ 58 FamFG).

93 **4. Genehmigungsverfahren.** Das Gericht soll vor einer Genehmigung nach § 1904 Abs 2 die sonstigen Beteiligten **anhören** (§ 298 Abs 2 FamFG).

71 BT-Drucks 15/3700 S. 22.

Wenn Gegenstand des Verfahrens eine Genehmigung nach § 1904 Abs 2 BGB ist, muss das Betreuungsgericht stets einen **Verfahrenspfleger** bestellen (§§ 298 Abs 3, 276 FamFG). 94

Vor der Genehmigung ist ein **Sachverständigengutachten** einzuholen. Der Sachverständige soll nicht auch der behandelnde Arzt sein (§§ 298 Abs 4, 280 FamFG). 95

5. Eintritt der Wirksamkeit des Beschlusses. Ein Beschluss des Gerichts, der die Genehmigung nach § 1904 Abs 2 zum Gegenstand hat, wird erst zwei Wochen nach Bekanntgabe an den Betreuer oder Bevollmächtigten sowie an den Verfahrenspfleger wirksam (§ 287 Abs 3 FamFG). Damit soll dem Verfahrenspfleger die Möglichkeit gegeben werden, Beschwerde einzulegen, bevor der Betroffene wegen Abbruch der Ernährung verstorben ist. 96

6. Schutz des Betroffenen. Wenn sich der Arzt und der Betreuer bzw Bevollmächtigte zusammentun und der Meinung sind, der Betroffene hätte sterben wollen, dann ist keine Genehmigung des Betreuungsgerichts erforderlich (§ 1904 IV BGB); das ist ein schwerer Mangel des Gesetzes, weil Missbrauch dadurch ermöglicht wird, etwa wenn die monatliche Pflegekosten aus dem Vermögen des Betroffenen aufzubringen sind und der Betreuer bzw Bevollmächtigte erbberechtigter Verwandter ist. Die Gesetzesbegründung[72] meint: „Jedermann kann jederzeit beim Betreuungsgericht eine Überprüfung anregen, wenn er befürchtet, dass der Betreuer oder Bevollmächtigte nicht im Sinne des Betroffenen entscheiden will.“ Das kann aber allenfalls bedeuten, dass jedermann (zB das Altenheim, in dem der Betroffene lebt) das Gericht auf einen möglichen Missbrauch (zB, dass der Betroffene *nicht* sterben wollte) hinweisen kann, dann das Gericht von Amts wegen ermittelt (§ 26 FamFG) und dann dem Betreuer Weisungen erteilt oder durch Beschluss feststellt, dass (zB) der Abbruch der Ernährung nicht genehmigungspflichtig ist; vgl § 1904 Rz 81 (§§ 1837, 1908 i Abs 1 BGB). 97

§ 1901 b BGB Gespräch zur Feststellung des Patientenwillens

(1) [1]Der behandelnde Arzt prüft, welche ärztliche Maßnahme im Hinblick auf den Gesamtzustand und die Prognose des Patienten indiziert ist. [2]Er und der Betreuer erörtern diese Maßnahme unter Berücksichtigung des Patientenwillens als Grundlage für die nach § 1901 a zu treffende Entscheidung.

(2) Bei der Feststellung des Patientenwillens nach § 1901 a Absatz 1 oder der Behandlungswünsche oder des mutmaßlichen Willens nach § 1901 a Absatz 2 soll nahen Angehörigen und sonstigen Vertrauenspersonen des Betreuten Gelegenheit zur Äußerung gegeben werden, sofern dies ohne erhebliche Verzögerung möglich ist.

(3) Die Absätze 1 und 2 gelten für Bevollmächtigte entsprechend.

1. Gesetzesgeschichte. § 1901 b wurde durch das 3. BtÄndG v 29.7.2009 (BGBl 2009, 2286) mit Wirkung ab 1.9.2009 eingefügt. Ergänzende Regelungen finden sich in §§ 1901 a, 1904 BGB; §§ 287 Abs 3, 289 FamFG. 1

2. Prüfung durch den Arzt. Abs 1 Satz 1 gehört ins Arztrecht und hat mit der Patientenverfügung unmittelbar nichts zu tun. 2

72 BT-Drucks 16/13.314 S. 4.

3 **3. Erörterung.** Dass der Arzt mit dem Betreuer bzw Bevollmächtigten die medizinische Situation erörtern muss (sog „Konsil"; Abs 1 Satz 2) ist selbstverständlich; vor allem gehört dazu die Aufklärung des Stellvertreters.

4 **4. Was dem Willen des Betroffenen entspricht,** wird wie folgt festgestellt:

5 a) Wenn eine Patientenverfügung vorliegt, prüft der Betreuer bzw der Bevollmächtigte, ob deren Festlegungen auf die aktuelle Lebens- und Behandlungssituation zutreffen. Ist dies der Fall, hat der Betreuer dem Willen des Betreuten „Ausdruck und Geltung" zu verschaffen (§ 1901 a).

6 b) Wenn zwar eine Patientenverfügung vorliegt, sie aber nicht wirksam ist oder deren Festlegungen nicht auf die aktuelle Lebens- und Behandlungssituation zutrifft, hat der Betreuer bzw der Bevollmächtigte die Behandlungswünsche oder den **mutmaßlichen Willen** des Betreuten bzw des Vollmachtgebers festzustellen und auf dieser Grundlage zu entscheiden, ob er in eine ärztliche Maßnahme nach § 1904 einwilligt oder sie untersagt. Der mutmaßliche Wille ist aufgrund konkreter Anhaltspunkte zu ermitteln. Zu berücksichtigen sind insbesondere frühere mündliche oder schriftliche Äußerungen, ethische oder religiöse Überzeugungen und sonstige persönliche Wertvorstellungen des Betreuten (§ 1901 a Abs 2).

7 c) Wenn keine Patientenverfügung vorliegt, ist es wie bei Rz 6.

8 **5. Einbindung der Angehörigen.** Bei der Feststellung des Patientenwillens nach § 1901 a Abs 1 oder der Behandlungswünsche oder des mutmaßlichen Willens nach § 1901 a Abs 2 *soll* nahen Angehörigen und sonstigen Vertrauenspersonen des Betreuten (bzw Vollmachtgebers) Gelegenheit zur Äußerung gegeben werden, sofern dies ohne erhebliche Verzögerung möglich ist. Die Regelung richtet sich in erster Linie an den Betreuer bzw Bevollmächtigten.

§ 1901 c Schriftliche Betreuungswünsche, Vorsorgevollmacht

[1]Wer ein Schriftstück besitzt, in dem jemand für den Fall seiner Betreuung Vorschläge zur Auswahl des Betreuers oder Wünsche zur Wahrnehmung der Betreuung geäußert hat, hat es unverzüglich an das Betreuungsgericht abzuliefern, nachdem er von der Einleitung eines Verfahrens über die Bestellung eines Betreuers Kenntnis erlangt hat. [2]Ebenso hat der Besitzer das Betreuungsgericht über Schriftstücke, in denen der Betroffene eine andere Person mit der Wahrnehmung seiner Angelegenheiten bevollmächtigt hat, zu unterrichten. [3]Das Betreuungsgericht kann die Vorlage einer Abschrift verlangen.

Schrifttum: *Epple*, Die Betreuungsverfügung, BWNotZ 1992, 27; *Epple*, Der Einfluss der Betreuungsverfügung ..., BtPrax 1993, 156; *Langenfeld*, Vorsorgevollmacht, Betreuungsverfügung und Patiententestament, Konstanz 1994; *Walter*, Die Vorsorgevollmacht, 1997; *May/Gawrich/Stiegel*, Empirische Erfahrungen mit wertanamnestischen Betreuungsverfügungen, 1997; *Sass/Kielstein*, Die medizinische Betreuungsverfügung in der Praxis, 1998; *Verrel*, (Betreuungsverfügung) MedR 1999, 547; *Walter*, Das BtÄndG und das Rechtsinstitut der Vorsorgevollmacht, FamRZ 1999, 685; *Rudolf/Bittler*, Vorsorgevollmacht, Betreuungsverfügung, Patiententestament, 2. Aufl 2006; *Lipp*, Die Betreuungsverfügung als Instrument privater Vorsorge, FS für Bienwald, 2006, 177; *Lipp*, Handbuch der Vorsorgeverfügungen, 2009; *Zimmermann*, Vorsorgevollmacht, Betreuungsverfügung, Patientenverfügung, 2. Aufl 2010.

1 **1. Betreuungsverfügung.** § 1901 a führte eine Ablieferungspflicht für sog Betreuungsverfügungen (vgl § 1901 a) ein. Die Sätze 2 und 3 wurden durch das 2. BtÄndG ab 1.7.2005 eingefügt. Ab 1.9.2009 wurden die Worte „Vormundschaftsgericht" durch „Betreuungsgericht" ersetzt (Art 50 FGG-

ReformG). Durch das 3. BtÄndG wurde die Vorschrift ab 1.9.2009 umnummeriert in § 1901 c.

2. Begriff. Eine Betreuungsverfügung ist eine „Verfügung“ (aber nicht im Rechtssinne), in der jemand für den Fall seiner Betreuung Vorschläge zur Auswahl des Betreuers oder Wünsche zur Wahrnehmung der Betreuung geäußert hat. Diese Definition folgt aus § 1901 a BGB; die Vorschrift beschränkt sich allerdings darauf, bezüglich *schriftlicher* Betreuungsverfügungen eine Ablieferungspflicht zu statuieren. Die Betreuungsverfügung ist von der Vorsorgevollmacht zu unterscheiden (diese macht die Betreuung oft entbehrlich, die Betreuungsverfügung dagegen wird nur bedeutsam, wenn es zur Betreuung kommt); dafür, was gemeint ist, kommt es auf den objektiven Erklärungsinhalt der Urkunde an[1], nicht auf die Überschrift. 2

3. Bedeutung. Betreuungsverfügungen sind in der Bevölkerung als Vorsorgeinstrument weitgehend unbekannt[2]. Den **Betreuungsbehörden** ist die Pflicht auferlegt, die Aufklärung und Beratung über Vollmachten und Betreuungsverfügungen zu fördern (§ 6 Abs 1 Satz 2 BetreuungsbehördenG). **Betreuungsvereine** müssen „planmäßig“ über Betreuungsverfügungen informieren (§ 1908 f Abs 1 Nr 2 a BGB), aber nicht im Einzelfall Personen bei der Errichtung einer Betreuungsverfügung beraten (§ 1908 f Abs 4 BGB betrifft nur die Vorsorgevollmacht). 3

4. Amtliche Verwahrung, Registrierung. Im zentralen Vorsorgeregister der Bundesnotarkammer in Berlin ist eine kostenpflichtige **Registrierung** von Vorsorgevollmachten vorgesehen (§ 1 VRegV). Ferner ist nach § 1 Abs 1 Nr 6 b VRegV auch die Registrierung besonderer Anordnungen oder Wünsche für den Fall, dass das Betreuungsgericht einen Betreuer bestellt, möglich. § 10 VRegV stellt klar, dass Betreuungsverfügungen unabhängig von der Eintragung einer Vollmacht registriert werden können. Der Inhalt des Schriftstücks wird aber nicht in Berlin gespeichert, nur die Tatsache, dass es eines gibt und wo es verwahrt ist, damit es vom Betreuungsgericht besorgt werden kann; § 6 VRegV. Auf Landesebene ist teilweise eine Pflicht zur (gebührenfreien) **Verwahrung** durch die örtlich zuständigen Amtsgerichte[3] angeordnet, teils gibt es keine Regelungen, teils ist den Betreuungsgerichten freigestellt, was sie tun. 4

5. Ablieferungspflicht. § 1901 c BGB bestimmt: Wer ein *Schriftstück* besitzt, in dem jemand für den Fall seiner Betreuung Vorschläge zur Auswahl des Betreuers oder Wünsche zur Wahrnehmung der Betreuung geäußert hat, hat es unverzüglich an das Betreuungsgericht abzuliefern, nachdem er von der Einleitung eines Verfahrens über die Bestellung eines Betreuers Kenntnis erlangt hat. Hierdurch soll sichergestellt werden, dass dem grundsätzlichen Willensvorrang des Betroffenen auch dann Geltung verschafft wird, wenn der Betroffene auf Grund seiner Krankheit oder Behinderung später nicht mehr in der Lage ist, sich an die Abfassung einer solchen Verfügung oder an den Ort der Hinterlegung zu erinnern. Die Ablieferungspflicht nach § 1901 c BGB wird nicht bereits durch die Kenntnis von der Betreuungsbedürftigkeit des Betroffenen, sondern erst mit Kenntnis von der Einleitung des Verfahrens (§§ 271 ff FamFG) über die Bestellung eines Betreuers ausgelöst. 5

Die Ablieferungspflicht besteht ohne Rücksicht darauf, ob die Betreuungsverfügung gültig ist (zB weil eine neuere existiert) oder nicht, wie dies ebenso für 6

1 OLG Frankfurt FamRZ 2004, 1322.
2 *Hoffmann/Schumacher* BtPrax 2002, 191/4; *v Looz* BtPrax 2002, 179.
3 Die Hinterlegung beim AG ist sehr selten, maximal 5 Verfügungen pro Jahr und Gericht. *Hoffmann/Schumacher* BtPrax 2002, 191/2.

Testamente der Fall ist (§ 2259). Auch spielt es keine Rolle, wer Eigentümer des Schriftstücks ist[4]. Die Auslegungsgrundsätze zu § 2259 BGB sind auch im Übrigen für § 1901 c BGB heranzuziehen. Wenn die Betreuungsverfügung auf Tonband, Videokassette usw enthalten ist, ist zwar § 1901 a BGB nicht unmittelbar anwendbar, weil dort nur von Schriftstücken die Rede ist. Man sollte aber in einem solchen Fall § 1901 c BGB entsprechend anwenden[5].

7 Dem Betreuungsgericht steht die Befugnis zu, den Besitzer einer Betreuungsverfügung durch Festsetzung von **Zwangsgeld** (§ 35 FamFG) zur Ablieferung der Verfügung anzuhalten (§ 285 FamFG). Wird der Besitz nur vermutet, dann kann das Betreuungsgericht von dieser Person die Abgabe einer eidesstattlichen Versicherung verlangen, dass sie die Verfügung nicht habe und auch nicht wisse, wo sie sich befinde; § 35 Abs 4 Satz 1 FamFG, § 883 Abs 2 ZPO; notfalls könnte sogar zur Erzwingung die Haft angeordnet werden (§ 901 ZPO).

8 **6. Bedeutung der Geschäftsfähigkeit.** Die Betreuungsverfügung wird als Äußerung von Vorschlägen und Wünschen aufgefasst; sie ist keine rechtsgeschäftliche Willenserklärung. Geschäftsfähigkeit ist daher nach allgemeiner Auffassung nicht erforderlich[6], auch nicht Einsichts- oder Einwilligungsfähigkeit[7], *wenn* keine rechtsgeschäftlichen Erklärungen (etwa zur Vergütung des Betreuers, zur Einschränkung der Haftung) abgegeben werden. Es genügt, dass der Betroffene seinen natürlichen Willen äußern kann: der Wille muss bewusst, ernsthaft und selbständig gebildet worden sein[8], darf also nicht Ausdruck der geistigen Krankheit oder Behinderung sein. Nicht alles, was ein Verwirrter von sich gibt, ist also relevant. Die Widersprüchlichkeit ist offenkundig: wenn ein Betroffener diese geistigen Fähigkeiten hat, ist er sowieso geschäftsfähig. Auch der Widerruf der Betreuungsverfügung erfordert keine Geschäftsfähigkeit. Die Betreuungsverfügung wird „wirksam" mit Abgabe (vgl § 130 Abs 2 BGB), verliert ihre Wirkung nicht dadurch, dass der Betroffene nach Abgabe geschäftsunfähig, einwilligungsunfähig, bewusstlos wird; Bedeutung erlangt sie aber erst, wenn ein Betreuungsverfahren eingeleitet wird.

9 **7. Form der Betreuungsverfügung.** Da für die Betreuungsverfügung keine Form vorgeschrieben ist (§ 1897 Abs 4 Satz 3), kann sie schriftlich oder mündlich abgegeben werden, auch auf einem Tonband oder Videokassette niedergelegt werden. Sie muss nicht unterschrieben werden, aber natürlich ist eine Unterschrift zweckmäßig und empfehlenswert. Fehlt die Schriftform taucht das Problem des Nachweises der Echtheit auf; man könnte die Unterschrift von einem Notar beglaubigen lassen; billiger ist es, sie von der Urkundsperson bei der Betreuungsbehörde beglaubigen zu lassen. Die Unterschrift von Zeugen ist überflüssig.

10 **8. Gebühren.** Gebühr des Vorsorgeregisters der **Bundesnotarkammer**: VRegGebS. Gebühr der **Betreuungsbehörde** für die Beglaubigung der Unterschrift: 10 Euro (§ 6 Abs 2 und 5 BtBG). **Notargebühren:** Der Geschäftswert (nicht die Gebühr!) für die Beurkundung einer Betreuungsverfügung ist nach § 30 Abs 3 Satz 1, Abs 2 Satz 1 KostO zu berechnen, beträgt also in der Regel 3.000 Euro[9]. Werden Vorsorgevollmacht und Betreuungsverfügung in *einer* Verhandlung beurkundet, so ist nach § 44 Abs 1 Satz 2, 2. Halbs KostO zu verfahren[10], also getrennt abzurechnen.

---

4 Staudinger-*Bienwald* § 1901 a Rz 5.
5 MünchKomm/*Schwab* § 1901 a Rz 3; aA Staudinger-*Bienwald* § 1901 a Rz 9.
6 *Bienwald* § 1897 Rz 50; *Langenfeld*, Vorsorgevollmacht, S. 135; *Lipp* in FS Bienwald S. 177/8.
7 *Berger* JZ 2000, 797/804.
8 *Lipp* FS Bienwald S. 179.
9 OLG Oldenburg FamRZ 2006, 499. Eine Gebühr aus 3.000 beträgt 26 Euro.
10 OLG Oldenburg FamRZ 2006, 499.

9. Inhalt der Betreuungsverfügung. Das können insbesondere sein[11]: 11

Vorschläge zur Person des Betreuers (§§ 1901 Abs 1, 1897 Abs 4 BGB); das ist der Hauptfall. 12

Wünsche zur Wahrnehmung der Betreuung, beispielsweise welche sozialen Dienste später tätig werden sollen, Wünsche zum Ort der Unterbringung (Name des Altenheims). Bei hinreichendem Vermögen des Betreuten kann er auch Wünsche über die **Höhe der Vergütung** des nichtberufsmäßigen Betreuers (§§ 1908 i, 1836 Abs 2 BGB) äußern[12]; verbindlich sind sie für das Festsetzungsverfahren des Betreuungsgerichts nicht. Beim Berufsbetreuer ist die Vergütung gesetzlich festgelegt durch das VBVG, so dass der mittellose Betreute natürlich nicht zu Lasten der Staatskasse etwas anderes bestimmen kann. Davon zu unterscheiden ist die Frage, ob ein *geschäftsfähiger* Betreuter mit seinem Betreuer eine andere (zB höhere) als die gesetzliche Vergütung wirksam vereinbaren kann; das ist umstritten[13]. Meines Erachtens dürften keine Bedenken dagegen bestehen, wenn eine *geschäftsfähige* Person mit einer anderen Person für den Fall ihrer künftigen Betreuung durch diese Person eine bestimmte Vergütung vereinbart. Eine solche Vereinbarung ist aber ein Vertrag, der durch Angebot und Annahme zustande kommt, nicht eine Betreuungsverfügung, die sich nur als einseitige Wunschäußerung versteht. Man könnte die Erklärung in der Betreuungsverfügung als Angebot an den künftigen Betreuer verstehen; mit Abgabe und Zugang an den späteren Betreuer wäre sie wirksam geworden und der Eintritt der Geschäftsfähigkeit nach Abgabe wäre unschädlich (§ 130 Abs 2 BGB); die Frage ist dann aber, ob nicht die Auslegung eine Bedingtheit des Angebots ergibt und wie lange die Annahme des Angebots möglich ist (§ 147 Abs 2 BGB). 13

In Frage kommen ferner: Wünsche über die Geldanlage (§§ 1908 i, 1806 BGB); Wünsche über Gelegenheitsgeschenke (§ 1908 i Abs 2 Satz 1 BGB). 14

Wünsche zum Betreuungsverfahren: Vorschlag eines Sachverständigen, eines Verfahrenspflegers, Anhörung in seiner üblichen Umgebung; Zuziehung einer bestimmten „Vertrauensperson", Beteiligung der Betreuungsbehörde; Beteiligung bestimmter nahe stehender Personen am Verfahren oder Verbot, diese zu beteiligen. 15

Haftungserleichterungen (vgl § 1908 i Abs 1, § 1833): der Hilfsbedürftige kann den *Wunsch* äußern, sein Betreuer (beispielsweise ein naher Angehöriger, der die Last sonst nicht auf sich nehmen würde) solle von seinen Erben, Nachfolgebetreuern usw nicht auf Haftung in Anspruch genommen werden, wenn er bei Wahrnehmung der Betreuung Fehler gemacht hat. Verbindlich ist das nicht[14], weil § 1833 nicht dispositiv ist. Denkbar sind aber erbrechtliche Regelungen des Inhalts, dass die Erben des Betroffenen den Schadensersatzanspruch gegen den Betreuer nicht geltend machen dürfen, sei es als Auflage (§ 2192) oder besser als Vermächtnis (§ 2174) an den Betreuer. Soweit in wirksamer Form hier eine Belastung der Erben erfolgt, hat die Verfügung erbrechtlichen Charakter und bedarf deshalb der Testamentsform. 16

Nicht regelungsfähig sind: Ausstattungen und Vermögensübergabe[15], weil diese dem Betreuer nur beschränkt möglich sind (§§ 1908 i Abs 2, 1804, 1908); sie 17

11 Vgl Muster im Anhang 3.
12 *Epple* BWNotZ 1992, 27/29; *Lipp* FS Bienwald S. 189.
13 Ablehnend *Lipp* in FS Bienwald S. 188; vgl *Zimmermann* FamRZ 2002, 1374/6.
14 *Epple* BWNotZ 1992, 27/29; *Lipp* FS Bienwald S. 187.
15 AA *Epple* BtPrax 1993, 156/159.

sind nur aufgrund einer Vorsorgevollmacht unbeschränkt möglich. Verbindliche Anordnungen über die medizinische Behandlung (zB Wahl von Krankenhaus und Arzt), verbindliche Anweisungen über die Freiheitsentziehung sind nicht möglich; entsprechende Verfügungen sind vom Betreuer als Wünsche (§ 1901 Abs 1 BGB) zu berücksichtigen. Ausnahmen gelten bei einer Patientenverfügung (§ 1901 a). Bestimmte nahe Angehörigen (vgl § 1908 i Abs 2 Satz 2 BGB) sind automatisch von der Rechnungslegungsfrist befreit; anderen Personen kann sie auch von einem geschäftsfähigen Vollmachtgeber nicht bewilligt werden[16].

10. Bedeutung der Betreuungsverfügung für die Anordnung der Betreuung. –
18 **a) Beschwerde.** Hat jemand in einer Betreuungsverfügung den Wunsch geäußert, dass eine bestimmte Person zum Betreuer bestellt werden soll, fragt sich, was geschehen kann, wenn das Betreuungsgericht trotzdem eine andere Person zum Betreuer bestellt. Der Betreute kann hiergegen Beschwerde einlegen (§§ 58 ff FamFG). Die vorgeschlagene (aber nicht zum Zuge gekommene) Person dagegen hat kein *eigenes* Beschwerderecht; denn die Betreuungsverfügung eröffnet dem dort Vorgeschlagenen kein Recht im Sinne von § 59 Abs 1 FamFG. Der von ihm gewünschte Dritte hat weder ein Recht noch eine rechtlich gesicherte Anwartschaft, sondern allenfalls eine Aussicht; wird eine andere Person zum Betreuer bestellt, steht ihm deshalb kein Beschwerderecht zu[17]. Der Betroffene könnte sich daher nur absichern, indem er in der Betreuungsverfügung (oder anderweitig) die ausgewählte Person bevollmächtigt, im Namen des Betroffenen gegen die Auswahl Beschwerde einzulegen[18]. Anders ist es, wenn eine Betreuung von Amts wegen (also nicht auf Antrag des Betroffenen) angeordnet wurde und der Ausgewählte daher, wenn er ein übergangener naher Angehöriger ist, unabhängig von der Betreuungsverfügung ein Beschwerderecht unter Umständen aus § 303 Abs 2 FamFG herleiten kann. Anders ist es auch, wenn ein Vorsorgebevollmächtigter bestellt wurde; dieser hat ein Beschwerderecht (§ 303 Abs 4 FamFG).

19 **b) Sonstiges.** Ohne Verbindlichkeit für das Betreuungsgericht kann der Betroffene einen Sachverständigen für das Betreuungsverfahren vorschlagen (§§ 280, 321 FamFG), ebenso einen Verfahrenspfleger (§§ 276, 317 FamFG)[19]. Unverbindlich ist, dass bestimmte nahe stehende Personen im Verfahren Gelegenheit zur Äußerung erhalten oder gerade nicht (§§ 274 Abs 4 Nr 1, 279 Abs 1 FamFG). Der Betroffene kann verlangen, dass er in seiner üblichen Umgebung angehört wird (§ 278 Abs 1 FamFG); dass bei der Anhörung eine bestimmte Person als „Vertrauensperson" zugezogen wird (§ 279 Abs 3 FamFG); dass die Betreuungsbehörde beteiligt wird (§ 279 Abs 2 FamFG).

20 **11. Bedeutung der Betreuungsverfügung für die Durchführung der Betreuung.** Die Betreuungsverfügung kann **Vorschläge für die Auswahl des Betreuers** enthalten. Für das Betreuungsgericht sind sie in einigen Fällen nicht verbindlich:

– Wenn der Vorgeschlagene zu der Einrichtung (Heim), in dem der Betreute untergebracht ist oder wohnt, in einem Abhängigkeitsverhältnis steht oder in einer anderen engen Beziehung, kann er nicht Betreuer werden (§ 1897 Abs 3), weil hier ein Interessengegensatz unterstellt wird (die Altenheim-Angestellte wird sich kaum bei der Leitung über Pflegemissstände bei einem Bewohner beschweren, weil sie sonst ihren Arbeitsplatz gefährdet). Schlägt die Hilfsbedürftige beispielsweise ihre Tochter vor und arbeitet diese als Pflegerin im Altenheim, in dem die Hilfsbedürftige wohnt, kann die Tochter

16 OLG München Rpfleger 2006, 73.
17 BayObLG FamRZ 2003, 1219; FamRZ 1992, 341/2; aA *Lipp* in FS Bienwald S. 186.
18 BayObLG FamRZ 2003, 1219; *Lipp* in FS Bienwald S. 186.
19 Anders *Lipp* FS Bienwald S. 185: der Vorschlag sei zu beachten.

entweder nicht Betreuerin werden oder sie wechselt den Arbeitsplatz. Die Ausschlussregelung des § 1897 Abs 3 kann der Hilfsbedürftige nicht überwinden; auch wenn er ausdrücklich will, dass diese Person Betreuer wird, geht es nicht.

- Wenn der Betroffene einen Mitarbeiter eines Betreuungsvereins als Betreuer vorschlägt, kann dieser nicht bestellt werden, wenn der Verein nicht damit einverstanden ist (§ 1897 Abs 2 Satz 1)[20]. Entsprechendes gilt für den Mitarbeiter einer Betreuungsbehörde (§ 1897 Abs 2 Satz 2).
- Wenn der Vorgeschlagene „ungeeignet" ist, darf er vom Betreuungsgericht nicht zum Betreuer bestellt werden (§ 1897 Abs 1), selbst wenn der Betreute dies will.
- Dem Vorschlag ist ferner nicht zu entsprechen, wenn es dem Wohl des Betreuten aus sonstigen Gründen zuwiderläuft (§ 1897 Abs 3 Satz 1).
- Der Vorschlag in der Betreuungsverfügung hat ferner keine Relevanz, wenn anzunehmen ist, dass der Betreute am Vorschlag „erkennbar" nicht festhalten will (§ 1897 Abs 4 Satz 3).
- Wenn der Betroffene ausdrücklich einen berufsmäßigen Betreuer haben will und keinesfalls einen ehrenamtlichen Betreuer, dann ist umstritten, ob der Betroffene insoweit ein Dispositionsrecht hat. Fiskalische Interessen des Staates könnten entgegenstehen, weil bei Mittellosigkeit des Betroffenen der Berufsbetreuer eine höhere Honorierung erhält als der ehrenamtliche Betreuer (§§ 1836, 1836 a BGB; § 4 VBVG). Der Wille des Betreuten, der für seinen Wunsch durchaus nachvollziehbare Gründe haben kann, ist aber trotzdem nicht vorrangig[21].

12. Wünsche des Hilfsbedürftigen für die Durchführung der Betreuung. Der Betreuer hat Wünschen des Hilfsbedürftigen zu entsprechen, allerdings mit drei bedeutsamen Einschränkungen: 21

- soweit dies dem Wohl des Betreuten nicht zuwider läuft (§ 1901 Abs 2 Satz 1 BGB) und
- die Befolgung des Wunsches dem Betreuer zuzumuten ist (§ 1901 Abs 3 Satz 1 BGB).
- In der früheren Betreuungsverfügung geäußerte Wünsche sind unbeachtlich, wenn der Betreute an diesen Wünschen erkennbar nicht festhalten will (§ 1901 Abs 3 Satz 2 BGB). Es handelt sich um einen Widerruf (ganz oder teilweise) der früheren Betreuungsverfügung.

Im Einzelnen ist umstritten, wie weit die Bindung des Betreuers an die Betreuungsverfügung reicht. So wird behauptet, eine Betreuungsverfügung sei auch dann „verbindlich", wenn sie sich später als nachteilig für den Betroffenen erweise[22]. Dem kann man nicht zustimmen, weil § 1901 Abs 2 BGB auf das Wohl des Betreuten abstellt und den Betreuer nicht zum willenlosen Vollzieher degradiert; wenn der Betroffene *das* will, mag er einen Bevollmächtigten bestellen. Die anderweitige Diskussion des Problems bewegt sich im Abstrakten („Freiheit zum Risiko?"); konkrete Fälle fehlen. 22

Die in der Betreuungsverfügung geäußerten Wünsche wirken nur im Verhältnis zwischen dem Betreuer und dem Betreuten, haben also keine Außenwirkung, beschränken nicht die Vertretungsmacht. Das soll nach einer Meinung[23] nicht für die Fragen der medizinischen Behandlung gelten, soweit dadurch eine Einwilligung erteilt oder versagt wird, weil der Verkehrsschutz hier nicht 23

20 BayObLG FamRZ 1994, 1061/2; MünchKomm/*Schwab* § 1897 Rz 12.
21 KG Rpfleger 2006, 651; OLG Thüringen FamRZ 2001, 714; aA *Lipp*, FS Bienwald S. 184; MünchKomm-*Schwab*, § 1897 Rz 24.
22 *Lipp* FS Bienwald S. 180.
23 *Berger* JZ 2000, 797/805.

beachtet werden müsse und die Patientenautonomie dies erfordere. Bei Patientenverfügungen ist die Regelung in § 1901 a Abs 1 Satz 2 zu beachten.

24 Eltern, Ehegatten, gleichgeschlechtliche registrierte Lebenspartner, Abkömmlinge, Vereins- und Behördenbetreuer sind von bestimmten Beschränkungen befreit (sog „befreite Betreuung"); §§ 1908 i Abs 1, 1857 a, 1852 Abs 2, 1853, 1854 BGB. Anderen Personen kann der Betroffene diese Stellung in einer Betreuungsverfügung *nicht* einräumen[24].

25 **13. Mögliche weitere Bedeutungen der Betreuungsverfügung.** Wenn die Betreuungsverfügung handschriftlich geschrieben und unterschrieben ist, (auch) Regelungen für die Zeit nach dem Tod enthält, der Verfasser ferner zum Zeitpunkt der Erstellung *testierfähig* ist, liegt (auch) ein **Testament** vor. Wenn der Verfasser zum Zeitpunkt der Erstellung der Betreuungsverfügung geschäftsfähig (und gegebenenfalls einsichts- und einwilligungsfähig) war und die Regelungen teilweise dahin zu verstehen sind, dass einer bestimmten Person eine Vollmacht erteilt wird, kann die Betreuungsverfügung zugleich eine **Vorsorgevollmacht** sein. Je nach Inhalt kann auch zugleich eine **Patientenverfügung** vorliegen.

26 **14. Ablieferung von Vorsorgevollmachten.** Auch über die Existenz von Vorsorgevollmachten (oder von Kopien davon[25]) ist das Betreuungsgericht zu informieren, sobald der Besitzer der Vollmacht von der Einleitung eines Betreuungsverfahrens Kenntnis erlangt (Satz 2); sie endet nicht mit der Bestellung eines Betreuers, weil die Vollmacht dann zur Aufhebung der Betreuung führen kann. § 1901 c nennt in der Überschrift die „Vorsorgevollmacht", im Text nicht mehr. Das ist unschädlich; die Informationspflicht bezieht sich sinngemäß auf alle Schriftstücke, die für die Anordnung und Durchführung der Betreuung von Bedeutung sind. Als Besitzer kann auch ein Notar in Frage kommen, der die Vollmacht beurkundet oder beglaubigt hat. Notwendig ist, dass das Betreuungsgericht die Vorlage einer Kopie verlangt (Satz 3), weil nur dann geklärt werden kann, ob eine Betreuung ganz oder nur in Teilbereichen entbehrlich ist (bei einer bloßen Bankvollmacht ist zB trotzdem eine Gesundheitsbetreuung notwendig). Das Original der Vollmacht kann nicht verlangt werden, weil der Bevollmächtigte das Original zum Nachweis seiner Bevollmächtigung braucht[26].

§ 1902 Vertretung des Betreuten

In seinem Aufgabenkreis vertritt der Betreuer den Betreuten gerichtlich und außergerichtlich.

Übersicht

24 *Dodegge/Roth* C Rz 164; *Lipp* in FS Bienwald S. 187.
25 MünchKomm/*Schwab* § 1901 a Rz 7.
26 BT-Drucks 15/4874 S. 27.

I. Vertretungsbefugnis des Betreuers

1. Betreuer als gesetzlicher Vertreter. Der Betreuer hat für seinen Aufgabenkreis die Stellung eines gesetzlichen Vertreters[1]. Dies ergibt sich mittelbar aus §§ 1896 Abs 2 Satz 2, 1902 und entspricht der früheren Gesetzeslage bei Mündeln und geschäftsunfähigen Pfleglingen[2]. War der Pflegling geschäftsfähig, so kam dem Pfleger früher lediglich die Stellung eines staatlich bestellten Bevollmächtigten iSd §§ 166 ff zu[3]. Die Reform (BtG) verzichtete demgegenüber auf diese Unterscheidung und brachte eine einheitliche Regelung. Zur Begründung führen die Motive ua an, dass auch beim Geschäftsunfähigen der Grundsatz des Willensvorrangs gelte (§ 1901 Abs 2), während beim Geschäftsfähigen ein 1

1 BT-Drucks 11/4528 S. 135.
2 Vgl BGHZ 48, 147/158.
3 Vgl BGHZ 48, 147/160.

Willensvorrang bei einer Selbstschädigung ausgeschlossen werden müsse[4]. Es gelte, die Möglichkeit auszuschließen, dass der Betreuer nach entsprechender Vollmachtserteilung durch den Betreuten Geschäfte nach den §§ 1821, 1822 ohne Genehmigung des Betreuungsgerichts vornimmt (aaO). Der **Gegenbetreuer** ist kein gesetzlicher Vertreter des Betreuten, sondern hat nur die ihm gesetzlich zugewiesenen Rechnungsprüfungsaufgaben (§§ 1792, 1799). Der **Verfahrenspfleger** ist ebenfalls kein gesetzlicher Vertreter des Betreuten, sondern ein Beteiligter des Verfahrens (vgl § 274 Abs 2 FamFG). Zur Frage des **Besitzrechts** des Betreuers vgl § 1901 Rz 7.

2 Als Stellvertreter muss der Betreuer die **allgemeinen Regeln der §§ 164 ff** beachten; er muss also erkennbar als gesetzlicher Vertreter des Betreuten handeln; überschreitet er seine durch den Aufgabenkreis gezogenen Grenzen handelt er ohne Vertretungsmacht und es kommen §§ 177 ff zur Anwendung. Da der Umfang eines Aufgabenkreises oft unklar ist, besteht hier eine erhebliche **Haftungsgefahr für den Betreuer** (vgl § 179). Selbst wenn das Betreuungsgericht einen Vertrag genehmigt hat (und dabei die fehlende Vertretungsmacht übersehen hat), befreit das den Betreuer nicht von der Haftung. Freilich kann im Einzelfall (trotz § 38 FamFG) in der Genehmigung eine stillschweigende Erweiterung des Aufgabenkreises zu sehen sein. Gefahren bestehen auch für den **Geschäftsgegner des Betreuers.** So etwa, wenn die Versicherungsgesellschaft die Versicherungssumme an den Gesundheitsbetreuer auszahlt oder nicht verlangt, dass der Vermögensbetreuer sein Annahmerecht nach §§ 1812, 1813 nachweist.

3 Der Betreuer kann sein **Amt** nicht auf eine andere Person **übertragen;** eine solche Mitteilung an das Betreuungsgericht wäre auszulegen, wohl als Wunsch, aus dem Amt entlassen zu werden. Wenn der Betreuer eine entsprechende Generalvollmacht erteilt, ist sie zwar wirksam wird aber zur Beanstandung durch das Gericht (§ 1837 BGB) und eventuell zu seiner Entlassung führen. Spezialvollmachten (etwa zur Hausverwaltung) sind zulässig, doch muss die letzte Entscheidungsbefugnis beim Betreuer bleiben. Betreueraufgaben können teilweise übertragen werden (**Delegation**[5]), was bedeutet, dass der Betreuer diese Tätigkeiten nicht persönlich wahrnehmen muss, sondern dass Helfer eingeschaltet werden dürfen, zB für die Erstellung des Vermögensverzeichnisses, die jährliche Rechnungslegung, die Herausgabe des Vermögens.

4 **2. Erteilung einer Vollmacht für den Betreuer. – a) Geschäftsfähiger Betreuter.** Der geschäftsfähige Betreute kann einer anderen Person eine Vollmacht zur Vornahme von Rechtsgeschäften, auch der in den §§ 1821, 1822 genannten Rechtsgeschäfte, erteilen. Denn eine geschäftsfähige Person wird nicht dadurch geschäftsunfähig, dass ihr ein Betreuer bestellt wird. Das Gesetz nimmt weder seinem Wortlaut (§ 1902) noch seinem Sinn nach (Erforderlichkeit der Eingriffe) dem Betreuten diese Rechtsmacht. Die Betreuung verdrängt den geschäftsfähigen Betreuten, für den kein Einwilligungsvorbehalt besteht, nicht; er kann deshalb zB seine Wohnung selbst kündigen, so dass das umständliche Genehmigungsverfahren nach § 1907 entfällt.

5 **b) Geschäftsfähiger Betreuter ohne Einwilligungsvorbehalt.** Ob der Betreute, wenn er *geschäftsfähig* ist und kein Einwilligungsvorbehalt (§ 1903) angeordnet ist, *innerhalb* des Aufgabenkreises des Betreuers diesem wirksam eine rechtsgeschäftliche Vollmacht erteilen kann, ist umstritten. (1) Ist der Betreute, wie meist, geschäftsunfähig, ist eine derartige Vollmacht wegen § 104 Nr 2 unstreitig unwirksam. (2) Erfolgt die Erteilung *außerhalb* des Aufgabenkreises, ist sie

4 BT-Drucks 11/4528 S. 135.
5 *Fröschle* BtPrax 2007, 4.

unzweifelhaft wirksam (**Beispiel:** der geschäftsfähige Betreute hat einen Betreuer für die Gesundheitsfürsorge; er erteilt dem Betreuer Vollmacht für einen Aktienkauf). (3) Zweifelhaft ist nur, ob ein Geschäftsfähiger innerhalb des Aufgabenkreises dem Betreuer wirksam Vollmacht erteilen kann. (aa) Eine Meinung hält die Vollmacht („verdrängende Vertretungsmacht") für unwirksam[6]. Sie stützt sich auf die Gesetzesmotive, die ausführten, eine solche Freistellung des Betreuers sei unvereinbar mit seiner Rechtsstellung[7], was aber nicht ins Gesetz aufgenommen wurde. Denn auf diese Weise könnten Genehmigungsvorbehalte des Betreuungsgerichts umgangen werden, bestimmte Geschäfte der Aufsicht des Betreuungsgerichts (§ 1837) entzogen werden. (bb) Die Gegenansicht bejaht zu Recht die **Wirksamkeit einer derartigen Vollmacht**[8]. Auch die Rspr zur früheren Gebrechlichkeitspflegschaft[9] hielt eine solche Vollmacht für wirksam. Weder dem Gesetz noch dem Sinn der Regelung lässt sich entnehmen, dass eine derartige Vollmacht unwirksam sein könnte.

Folge der Vollmachtserteilung ist, dass der Betreuer ohne Genehmigung oder 6
Aufsicht des Betreuungsgerichts (zB im Hinblick auf §§ 1821, 1822) für den *geschäftsfähigen* Betreuten handeln kann. Dem Betreuer ist auch nicht durch seine Bestellung stillschweigend untersagt, von der wirksamen Vollmacht Gebrauch zu machen; auch dafür ergibt sich nichts aus dem Gesetz. Die Frage hat ohnehin kaum praktische Bedeutung, zum einen, weil die meisten Betreuten geschäftsunfähig sind, zum anderen, weil der Betreuer sich wegen des Haftungsrisikos (§ 179: Haftung als Vertreter ohne Vertretungsmacht, wenn der Betreute bei Erteilung der Vollmacht in Wirklichkeit geschäftsunfähig war) ein Handeln genau überlegen wird. Bei wirksamer Vollmacht wäre im Übrigen der Betreuer zu Mitteilungen an das Betreuungsgericht (§ 1901 Abs 4) verpflichtet, die Betreuung wäre aufzuheben (§ 1896 Abs 2). – Wenn und soweit ein Einwilligungsvorbehalt angeordnet ist (§ 1903), ist die Erteilung einer wirksamen Vollmacht nicht möglich.

3. Wirkungen der Betreuung beim geschäftsfähigen Betreuten. – a) Gesetzliche 7
Vertretung. Da die Vertretungsmacht des Betreuers nicht die Handlungsfähigkeit des Betreuten verdrängt, kann der geschäftsfähige Betreute weiterhin selbstständig rechtsgeschäftlich tätig werden[10] und Rechtsstreitigkeiten (vgl § 52 ZPO) führen, falls kein entsprechender Einwilligungsvorbehalt besteht. Die Vertretungsmacht des Betreuers verdrängt nicht die Geschäftsfähigkeit des Betreuten, falls sie besteht. In rechtsgeschäftlicher Hinsicht konkurriert also die Vertretungsmacht des Betreuers mit der Handlungsfähigkeit des Betreuten[11]; es besteht eine **Doppelzuständigkeit**[12], dies kann zu doppelter Verpflichtung führen, wenn beide zB denselben Schrank verkaufen; ist die eine Verpflichtung dann nicht zu erfüllen, besteht Schadensersatzpflicht. Bei widersprechenden **Verfügungen** des Betreuers und des Betreuten (zB wenn beide denselben Schrank übereignen) gilt der Grundsatz der zeitlichen Priorität, eventuell kommt Gutglaubenserwerb in Betracht.

---

6 OLG Köln FamRZ 2000, 1525; Palandt/*Diederichsen* § 1902 Rz 2; Holzhauer-*Reinicke* § 1902 Rz 14; *Jürgens* § 1902 Rz 13.
7 BT-Drucks 11/4528 S. 135.
8 MünchKomm/*Schwab* § 1902 Rz 10; *Knittel* § 1902 Rz 39; *Bienwald/Sonnefeld/Hoffmann* § 1902 Rz 50; *Cypionka* DNotZ 1991, 577; offen gelassen vom OLG Frankfurt FamRZ 1997, 1424.
9 OLG Karlsruhe FamRZ 1957, 57.
10 BFH FamRZ 2007, 1650; *Knittel* § 1902 Rz 36.
11 BFH FamRZ 2007, 1650.
12 Meines Erachtens ein rechtspolitischer Fehler, da aber der Rechtsverkehr Betreute als generell geschäftsunfähig behandelt, sind die praktischen Auswirkungen gering.

8 Freilich ist zu beachten, dass im **Innenverhältnis** (von selbstschädigenden Handlungen etc abgesehen) der Wille des geschäftsfähigen Betreuten Vorrang hat (§ 1901 Abs 2), aber nicht bindend ist (anders bei rechtsgeschäftlicher Vertretungsmacht, vgl § 166 Abs 2). Damit ist zugleich gesagt, dass der geschäftsfähige Betreute dem Betreuer **die Vertretungsmacht nicht entziehen kann.** Der Betreuer könnte sich theoretisch schadensersatzpflichtig machen, wenn er im Außenverhältnis gegen den Willen des geschäftsfähigen Betreuten oder ohne vorher gebotene Rücksprache (§ 1901 Abs 2 Satz 3) rechtsgeschäftlich tätig wird[13]. Hält sich der Betreuer freilich an unsinnige Weisungen des Betreuten oder kann er sie (zu seiner Entlastung) nicht beweisen, haftet er ebenfalls; das geringere Haftungsrisiko für den Betreuer ist, wenn er das objektiv Richtige tut, selbst wenn dies nicht dem Wunsch und Willen des Betreuten entspricht; oder wenn er den *geschäftsfähigen* Betreuten selbst handeln lässt (allerdings stellt sich dann die Frage der Erforderlichkeit der Betreuung, § 1896 Abs 2). Weiß der Geschäftsgegner des Betreuers, dass der Betreuer den Willen des Betreuten übergeht, berührt das die Wirksamkeit des Handelns des Betreuers nach außen nicht; nur in Extremfällen ist theoretisch denkbar, dass das Rechtsgeschäft nach den Regeln über den Missbrauch der Vertretungsmacht unwirksam ist[14].

9 **b) Schenkungen des Betreuten an den Betreuer.** Der *geschäftsfähige* Betreute, der nicht durch einen Einwilligungsvorbehalt beschränkt ist, kann seinem Betreuer wirksam etwas schenken, mit ihm einen Erbvertrag schließen, ihn in einem Testament begünstigen (in Sonderfällen kommt allerdings Unwirksamkeit wegen Sittenwidrigkeit in Frage, § 138[15]). An der Annahme der Schenkung ist der Betreuer nicht durch §§ 1908 i Abs 1 Satz 1, 1795 Abs 2, 181 gehindert. Besteht in diesem Bereich ein Einwilligungsvorbehalt, müsste ein Ergänzungsbetreuer bestellt werden, der aber wegen des Schenkungsverbots in §§ 1908 i Abs 2, 1804 nicht wirksam einwilligen könnte[16]; durch Testament könnte auch in diesem Fall der Betreuer wirksam zum Erben eingesetzt werden. Dem **Heimträger, Heimleiter** und Heimpersonal kann nichts wirksam geschenkt werden (§ 14 Abs 1 HeimG); eine Ausnahme gilt für Kleinigkeiten. Das gilt auch für Erbverträge. Ein Testament zugunsten dieses Heim-Personenkreises ist dagegen nur unwirksam, wenn es im Einvernehmen mit dem Bedachten geschrieben wurde, § 14 Abs 1 und 5 HeimG[17]. Ist der Betreuer Beamter oder Angestellter im öffentlichen Dienst, ist zu beachten, dass er Geschenke oder testamentarische Zuwendungen nur mit Zustimmung seines Arbeitgebers *annehmen* darf (§ 70 BBG; § 43 BRRG mit dem jeweiligen LandesbeamtenG; § 10 Abs 1 BAT). Ein derartiges Testament ist aber nicht zivilrechtlich unwirksam[18].

10 **4. Wirkungen der Betreuung beim geschäftsunfähigen Betreuten (§ 104 Nr 2 BGB).** Die Betreuerbestellung berührt, von der Anordnung eines Einwilligungsvorbehaltes (§ 1903) abgesehen, die Geschäftsfähigkeit des Betreuten nicht. Fehlt die Geschäftsfähigkeit (§ 104 Nr 2), so kann der Betreute nicht rechtsgeschäftlich handeln, auch keine Vollmacht erteilen; für ihn handelt sein Betreuer als gesetzlicher Vertreter. Für die **Ausschlagung einer Erbschaft** kommt es bei einem geschäftsunfähigen Betreuten bezüglich des Beginns der Ausschlagungsfrist (§ 1944) auf die Kenntnis des Betreuers (falls er einen entspr Aufgabenkreis hat, zB Vermögenssorge) als dessen gesetzlichen Vertreters an[19]. In bestimmten

13 *Bienwald* FamRZ 1988, 1012/1014.

14 *Schwab* FamRZ 1992, 493/503.

15 Allerdings ist zB Erbeinsetzung des Hausarztes nicht zwingend sittenwidrig, BayObLG FamRZ 1995, 1082.

16 *Müller* ZEV 1998, 219/220.

17 BGH ZEV 1996, 147; BayObLG NJW 1992, 55; FamRZ 1992, 975; *Rossak* ZEV 1996, 41.

18 Streitig; vgl BayObLG Rpfleger 1990, 56; NJW 1995, 3260; BVerwG ZEV 1996, 343; *Koss* ZEV 1997, 435.

19 BayObLG BtPrax 1998, 76, 77; Rpfleger 1984, 403; OLG Hamburg MDR 1984, 56.

Fällen kann die Frist bis zur Bestellung eines (neuen) Betreuers gehemmt sein (§§ 1944 Abs 2 Satz 3, 203 Abs 2); Rechtsunkenntnis des Betreuers kann uU zur Annahme höherer Gewalt führen[20].

5. Verhältnis des Betreuers zu Sterilisationsbetreuer. § 1899 weist dem Sterilisationsbetreuer die Entscheidung über die Einwilligung in die Sterilisation zu. Der Betreuer hat die gesetzliche Vertretung insoweit nie gehabt. 11

6. Verhältnis zum Verfahrenspfleger. Das Verhältnis des Betreuers zum **Verfahrenspfleger** (§ 276 FamFG), nicht: Verfahrensbetreuer, ist gesetzlich nicht geregelt. Zur Stellung des Verfahrenspflegers vgl § 276 FamFG. Seine primäre Aufgabe ist die Wahrnehmung des rechtlichen Gehörs für den Betreuten. Jedenfalls ist der Verfahrenspfleger **kein gesetzlicher Vertreter** des Betreuten (deshalb kann er auch keine Vergütungsvereinbarung mit dem Betreuer schließen); das FamFG behandelt ihn als Beteiligten (§ 274 Abs 2 FamFG). Jeder der beiden Amtsträger hat eine andere Funktion. Die Vertretungsmacht des Betreuers wird durch den Verfahrenspfleger nicht eingeschränkt. Unklarheiten können sich ergeben, wenn der Betreuer zB ein Rechtsmittel einlegt und der Verfahrenspfleger (ebenfalls für den Betreuten handelnd) es zurücknimmt; etwas Derartiges ist wegen der verschiedenen Funktionen nicht wirksam. Ähnlich ist es, wenn neben dem Verfahrenspfleger ausnahmsweise (vgl § 276 Abs 4 FamFG) ein Verfahrensbevollmächtigter für den Betroffenen vorhanden ist und schließlich der Betroffene selbst auch noch verfahrensrechtlich selbstständig handelt (§ 275 FamFG): dann sind die Handlungen des Verfahrenspflegers und des Betroffenen voneinander unabhängig; dagegen könnte der Betroffene ein Rechtsmittel seines Verfahrensbevollmächtigten zurücknehmen. 12

7. Vertretung des Betreuers durch Bevollmächtigten und Hilfskräfte. Der Betreuer als gesetzlicher Vertreter kann Hilfskräfte hinzuziehen und Vertreter bestellen. Dabei ist wie bei der Vormundschaft zu unterscheiden zwischen der Übertragung von Aufgaben und der (abstrakten) Rechtsmacht, die durch Erteilung der Vollmacht verliehen wird. Der Betreuer darf jedoch nicht „eigentliche Aufgaben" auf andere Personen übertragen[21], unabhängig davon, ob diese nun Vollmacht haben oder nicht. Die Bestimmung, welche Aufgaben durch Bevollmächtigte erfüllbar sind, kann nur im Einzelfall getroffen werden. Jedenfalls kann der Betreuer nicht durch Generalvollmacht alle seine Aufgaben übertragen[22], aber auch nicht ganze Komplexe wie die Vermögenssorge, die Gesundheitssorge, das Unterbringungsrecht. Auf Hilfspersonen, die vom Betreuer überwacht und angewiesen werden, kann zB die jährliche Abrechnung übertragen werden. Die Vollmacht steht und fällt mit dem Amt des Betreuers; der **Bevollmächtigte** wird **als Vertreter des Betreuers** tätig, nicht des Betreuten. Den Betreuer trifft deshalb auch die Verpflichtung zur Zahlung einer evtl Vergütung. Die Vollmacht kann nur in widerruflicher Form erteilt werden[23]. Der Bevollmächtigte darf nicht vom Verbot des Selbstkontrahierens (§ 181) befreit werden[24]. Die Vollmacht erlischt mit Beendigung des Amts, was Probleme im Rechtsverkehr bereitet, wenn der Betreuer eine schriftliche Vollmacht erteilt hat und der Bevollmächtigte noch in deren Besitz ist. 13

Von den Hilfspersonen zu unterscheiden sind Dritte, die als **Rechtsanwälte, Notare, Steuerberater** vom Betreuer eingeschaltet werden und für den Betreuten 14

20 Beispiel: BayObLG BtPrax 1998, 76.
21 OLG Frankfurt NJW-RR 2004, 295.
22 OLG Frankfurt NJW-RR 2004, 295; OLG Dresden Rpfleger 2002, 25.
23 *Knittel* § 1902 Rz 74.
24 BGHZ 21, 229/234.

tätig werden sollen; in diesen Fällen wird sie in der Regel dergestalt erteilt, dass der Rechtsanwalt usw als Vertreter des Betreuten tätig wird.

15 8. **Umfang der gesetzlichen Vertretungsmacht.** Der Vormund hat (wie Eltern) eine grundsätzlich umfassende Vertretungsmacht; der Betreuer hingegen hat nur für seinen gerichtlich zugewiesenen Aufgabenkreis Vertretungsmacht. Selbst wenn ihm „alle" Aufgaben zugewiesen sind, ist er zB durch § 1896 Abs 4 beschränkt. Der Umfang der Vertretungsmacht ergibt sich aus der Aufgabenzuweisung im Bestellungsbeschluss. Die Angaben im Ausweis (**Bestellungsurkunde**) begründen, wenn sie versehentlich abweichen, keine Vertretungsmacht[25]; insoweit besteht kein Vertrauensschutz wie beim Erbschein (aber evtl hat der Geschäftsgegner Ansprüche aus Staatshaftung, wenn der Ausweis nicht mit dem Bestellungsbeschluss übereinstimmt).

16 Manchmal ist **unklar**, wozu der zugewiesene Aufgabenkreis berechtigt. Welchen Aufgabenkreis braucht ein Betreuer, damit ihm gegenüber die Kündigung einer Wohnung erklärt werden kann? Berechtigt die Vermögenssorge auch zur Wohnungskündigung[26]? Zum Empfang von Einkommensteuerbescheiden[27]? Zur Weiterversicherung in der gesetzlichen Krankenversicherung[28]? Berechtigt die Vermögenssorge zum Rentenantrag[29]? Zum Strafantrag[30]? Umfasst die Vermögenssorge auch das Recht, einen Sozialhilfeantrag zu stellen[31]? Unterhalt einzuklagen[32]? Beides ist zu bejahen. Ein unklarer Aufgabenumfang ist auch für den Geschäftsgegner des Betreuers gefährlich. In einem solche Falle kann meines Erachtens sowohl der Betreuer wie auch der Geschäftsgegner vom Betreuungsgericht eine **Interpretation des Bestellungsbeschlusses** fordern (zB Beschluss: „In Ergänzung des Beschlusses vom ... wird klargestellt, dass der Aufgabenkreis auch die Vertretung bei ... umfasst").

17 **Bedeutung des Willens des Betreuten.** § 1902 regelt das **Außenverhältnis.** Nach § 1901 Abs 3 hat der Betreuer den Wünschen des Betreuten zu entsprechen. Das betrifft aber nur das **Innenverhältnis.** Selbst wenn das Handeln des Betreuers eindeutig nicht den Wünschen des Betreuten entspricht, verpflichtet sein Handeln als Vertreter den Betreuten als Vertretenen[33] (anders ist es in Gesundheitsfragen, wenn der Betreute selbst noch einwilligungsfähig ist). Die Frage, ob das von einem Betreuer gerichtete Verlangen (zB auf Herausgabe einer Wohnung) den wirklichen oder mutmaßlichen Wünschen des Betreuten entspricht, unterliegt deshalb grundsätzlich nicht der Nachprüfung durch das Prozessgericht. Gegen eine im Innenverhältnis zum Betreuten pflichtwidrige Amtsführung des Betreuers kann das Betreuungsgericht mit Geboten oder Verboten gem § 1837 Abs 2 BGB einschreiten; erforderlichenfalls hat es den Betreuer gem § 1908 b BGB zu entlassen. Vom Prozessgericht selbst zu beachtende Grenzen des Betreuerhandelns ergeben sich allenfalls aus den allgemeinen Grundsätzen über den offenkundigen Missbrauch der Vertretungsmacht[34].

---

25 BayObLG FamRZ 1994, 1059; *Knittel* § 1902 Rz 12.
26 Vgl LG Hamburg WuM 1993, 60; LG Frankfurt/M WuM 1993, 60
27 Bejaht von FG Niedersachsen FamRZ 2003, 1511.
28 Bejaht von BSG FamRZ 2002, 1471.
29 Zutreffend bejaht von LG Berlin FamRZ 2002, 345.
30 Bejaht von LG Ravensburg FamRZ 2001, 937.
31 AA LG Köln FamRZ 1998, 919; OVG Münster FamRZ 2001, 312.
32 AA OLG Zweibrücken FamRZ 2000, 1324: „Vermögenssorge" reiche nicht aus.
33 BGH NJW 2008, 2333.
34 BGH NJW 2008, 2333.

II. Beschränkungen der Vertretungsmacht

Die Rechtsmacht des Betreuers ist innerhalb seines Aufgabenkreises eingeschränkt, zB: 18

1. **§§ 1809 ff, 1821, 1822.** § 1908 i verweist insbes auf §§ 1809 ff, §§ 1821 ff, dh der Betreuer bedarf zu solchen Geschäften der Genehmigung des Gegenbetreuers bzw des Betreuungsgerichts. 19

2. **Schenkungsverbot.** Über § 1908 i gelten die vormundschaftsrechtlichen Regelungen, auf Grund deren der Betreuer überhaupt nicht für den Betreuten handeln kann: § 1804 (mit Einschränkung nach § 1908 i Abs 2 Satz 1): Schenkungsverbot; § 1824: Genehmigung des Betreuungsgerichts zur Überlassung von Gegenständen. Über Schenkungen des Betreuten an den Betreuer vgl Rz 9. 20

3. **Interessenkollision.** Über § 1908 i gelten § 1795 (Interessenkollision) und § 1796: Entzug der Vertretungsmacht. 21

4. **Ehevertrag.** Steht der **geschäftsfähige Ehegatte unter Betreuung**, so kann er grundsätzlich selbst einen Ehevertrag abschließen, ohne der Zustimmung des Betreuers zu bedürfen; der Betreuer kann für den betreuten Ehegatten keinen Ehevertrag abschließen, auch dann nicht, wenn sich die Betreuung grundsätzlich auf Eheverträge erstrecken würde, weil dies § 1411 Abs 1 Satz 4 BGB verbietet. Weitere Einzelheiten vgl § 1411. Wegen der oft unklaren Geschäftsfähigkeit ist zu empfehlen, dass sowohl Betreuer wie Betreuter den Ehevertrag schließen[35]. Steht ein **geschäftsunfähiger Ehegatte** unter Betreuung, so kann er selbst keinen Ehevertrag abschließen (§ 104 Nr 2 BGB); ob ein Einwilligungsvorbehalt angeordnet ist oder nicht, ist belanglos. Anstelle des geschäftsunfähigen Betreuten schließt der gesetzliche Vertreter in diesem Fall den Ehevertrag ab (Abs 2); der Betreuer bedarf der Genehmigung des Betreuungsgerichts (Abs 2 Satz 2). 22

5. **Fortgesetzte Gütergemeinschaft.** Eine betreuungsgerichtliche Genehmigung ist für den Betreuer erforderlich. Einzelheiten vgl § 1484. 23

6. **Verzicht auf Anteil am Gesamtgut.** Eine betreuungsgerichtliche Genehmigung für den Betreuer ist erforderlich. Einzelheiten vgl § 1491. 24

7. **Aufhebung der fortgesetzten Gütergemeinschaft.** Eine betreuungsgerichtliche Genehmigung für den Betreuer ist erforderlich. Einzelheiten vgl § 1492. 25

8. **Verzicht auf den Anteil am Gesamtgut.** Es gelten gem § 1517 Abs 2 die Regeln für den Erbverzicht (§ 2347). 26

9. **Vaterschaft.** Ein *geschäftsfähiger* Betreuter kann seine Vaterschaft nur selbst anerkennen (§ 1596 Abs 3 BGB), also nicht durch den Betreuer als Vertreter. Ist insoweit ein Einwilligungsvorbehalt angeordnet (§ 1903 Abs 2 BGB), muss der Betreuer zustimmen (§ 1596 Abs 3, 2. Halbs BGB). Für einen *geschäftsunfähigen* Betreuten kann der Betreuer mit Genehmigung des Betreuungsgerichts die Vaterschaft anerkennen (§ 1596 Abs 1 Satz 3 BGB). Der Betreuer braucht jeweils den Aufgabenkreis „Personen- und Vermögenssorge". 27

10. **Anfechtung der Vaterschaft durch den betreuten Vater.** Ist der betreute Scheinvater *geschäftsfähig*, so kann er die Ehelichkeit nur selbst anfechten 28

35 Vgl *Knittel* § 1902 Rz 48; *Neuhausen* RNotZ 2003, 157; *Deinert* BtPrax 2005, 16.

(§ 1600a Abs 5). Sein Betreuer kann nicht für ihn handeln (§ 1600a Abs 1 BGB). Ist der Betreute hingegen *geschäftsunfähig*, so kann der Betreuer für den Betreuten die Ehelichkeit anfechten (§ 1600a Abs 2 Satz 3). Dazu ist der Aufgabenkreis „Personensorge" notwendig. Eine Genehmigung des Betreuungsgerichts braucht er dazu nicht, weil für das Abstammungsverfahren sowieso das Familiengericht zuständig ist. Für einen geschäftsunfähigen Betreuten kann der Betreuer mit Genehmigung des Betreuungsgerichts anerkennen (§ 1596 Abs 1 Satz 3). Geschäftsfähige: § 1596 Abs 3.

29 **11. Anfechtung der Abstammung durch das Kind.** Für einen geschäftsunfähigen Betreuten kann nur der Betreuer anfechten, § 1600a Abs 2 Satz 3. Eine Genehmigung ist nicht erforderlich.

30 **12. Adoption Volljähriger, § 1768.** Der geschäftsfähige Betreute kann den Antrag auf Adoption selbst stellen. Nach dem Gesetzeswortlaut kann auch sein gesetzlicher Vertreter für den geschäftsfähigen Betreuten den Antrag stellen. Steht der geschäftsfähige Betreute unter **Einwilligungsvorbehalt**, so kann er den Antrag auf die Adoption nur mit Zustimmung des gesetzlichen Vertreters, des Betreuers, stellen. Nach dem Gesetzeswortlaut kann auch in diesem Fall der ges Vertreter für den Betreuten den Antrag stellen.

31 **Ist der anzunehmende Betreute geschäftsunfähig,** so kann er den Antrag auf Adoption gem §§ 104 iVm 1768 Abs 2 nicht selbst stellen; dabei ist belanglos, ob ein Einwilligungsvorbehalt angeordnet ist oder nicht. Für den geschäftsunfähigen Betreuten kann der ges Vertreter den Antrag stellen (§ 1768 Abs 2).

32 **13. Anfechtung des Erbvertrags, § 2282.** Ist der Erblasser **geschäftsfähig,** so kann er den Vertrag anfechten; sein Betreuer kann nicht für ihn handeln (§ 2282 Abs 1 Satz 1). Ein Einwilligungsvorbehalt kann nicht angeordnet sein (§ 1903 Abs 2 iVm § 2282 Abs 1 Satz 2). Ist der Erblasser geschäftsunfähig, so kann der Betreuer mit Genehmigung des Betreuungsgerichts den Vertrag anfechten (§ 2282 Abs 2).

33 **14. Aufhebung des Erbvertrags, § 2290.** Ist der Betreute **geschäftsfähig,** so kann er als Vertragsgegner des Erblassers den Vertrag aufheben. Der Betreuer als sein ges Vertreter kann den Vertrag auch schließen, bedarf aber der Zustimmung des Betreuungsgerichts (§ 2290 Abs 3 Satz 1). Ist ein Einwilligungsvorbehalt angeordnet, so kann der geschäftsfähige Betreute nur mit Zustimmung seines Betreuers den Vertrag abschließen; nach Sinn und Zweck des § 2290 Abs 3 ist auch in diesem Fall die Genehmigung des Betreuungsgerichts erforderlich. Ist der Betreute **geschäftsunfähig,** so kann nur der Betreuer mit Genehmigung des Betreuungsgerichts den Erbvertrag als Vertragsgegner des Erblassers aufheben.

34 **15. Erbverzichtsvertrag.** Steht **der Verzichtende** unter Betreuung, so kann er selbst den Vertrag abschließen, wenn er geschäftsfähig ist; für ihn kann auch der Betreuer verzichten, der allerdings die Genehmigung des Betreuungsgerichts braucht (§ 2347 Abs 1 Satz 2). Durch einen Einwilligungsvorbehalt kann dem geschäftsfähigen Betreuten die Möglichkeit zum Verzicht ohne Mitwirkung des Betreuers genommen werden; die Zustimmung des Betreuers bedarf nach dem Zweck des § 2347 Abs 1 der Genehmigung des Betreuungsgerichts. Ist der verzichtende Betreute **geschäftsunfähig,** so kann er selbst den Vertrag nicht abschließen, wohl aber sein Betreuer mit Genehmigung des Betreuungsgerichts (§ 2347 Abs 1 Satz 2).

35 Steht der **Erblasser unter Betreuung,** so kann er selbst den Verzichtsvertrag schließen, wenn er geschäftsfähig ist. Der Betreuer kann den Vertrag nicht für

ihn schließen (§ 2347 Abs 2 Satz 1); ein Einwilligungsvorbehalt kann nicht angeordnet werden (§ 1903 Abs 2 iVm § 2347 Abs 2 Satz 1). Ist der Erblasser **geschäftsunfähig,** so kann er selbst einen Erbverzichtsvertrag nicht schließen. Für ihn kann der Betreuer einen Vertrag mit Genehmigung des Betreuungsgerichts schließen (§ 2347 Abs 2 Satz 2).

16. Aufhebung des Erbverzichtsvertrags. Ist der betreute **Erblasser geschäftsfähig,** so kann er den Vertrag schließen; der Betreuer kann nicht für ihn handeln (§§ 2351, 2347 Abs 2 Satz 1, 1. Halbs). Ein Einwilligungsvorbehalt kann angeordnet sein, da § 2351 nicht auf § 2347 Abs 2 Satz 1, 2. Halbs verweist (vgl § 1903 Abs 2); in diesem Fall kann auch nur der geschäftsfähige Betreute den Vertrag schließen, er bedarf aber der Zustimmung des Betreuers; eine Genehmigung des Betreuungsgerichts ist nicht erforderlich. Ist der betreute Erblasser **geschäftsunfähig,** so kann dieser den Aufhebungsvertrag nicht schließen. Für diesen handelt der Betreuer (§ 2351 iVm § 2347 Abs 2 Satz 2), der der Genehmigung des Betreuungsgerichts bedarf. 36

17. Todeserklärung, § 16 VerschG. Der Betreuer kann sie nur mit Genehmigung des Betreuungsgerichts beantragen. 37

18. Teilungsversteigerung, § 181 ZVG. Den Antrag kann der Betreuer nur mit Genehmigung des Betreuungsgerichts stellen. 38

19. Scheidungsantrag (§ 125 Abs 2 FamFG). Für den geschäftsunfähigen Betreuten stellt der Betreuer mit Genehmigung des Betreuungsgerichts (in der Urfassung des FamFG hieß es noch: des Familiengerichts) den Ehescheidungsantrag; gegen die Erteilung der Genehmigung kann der andere Ehepartner nicht zulässig Beschwerde einlegen[36]. Der geschäftsfähige Betreute stellt selbst den Scheidungsantrag (vgl § 53 ZPO). Ist für den Betreuten ein Einwilligungsvorbehalt angeordnet, so ist der Betreute prozessunfähig gem § 52 ZPO, so dass nur der Betreuer klagen kann. Auf die Beachtung des § 1901 kommt es an. Die Gegenansicht meint, der Scheidungsantrag sei doppelfunktional, habe auch ein materiell-rechtliches Element. Da ein beschränkt Geschäftsfähiger ohne Zustimmung des gesetzlichen Vertreters klagen könne, erstrecke sich ein Einwilligungsvorbehalt nicht darauf. Deshalb könne der Betreuer nicht für den Betreuten klagen[37]. 39

Eheschließung: Der Betreute kann eine Ehe schließen, wenn er die sog Ehegeschäftsfähigkeit (§ 1303) hat[38]; das kann nicht durch einen Einwilligungsvorbehalt verhindert werden. – Entsprechendes gilt für registrierte Lebenspartnerschaftssachen (§§ 269, 270 FamFG). 40

20. Politisches Wahlrecht des Betreuten. Der Betreuer kann den Betreuten nicht bei der Ausübung des Wahlrechts vertreten. Der Betreute, für den ein Betreuer zur Besorgung *aller* Angelegenheiten bestellt ist, kann selbst nicht mehr wählen (§ 13 BundeswahlG) und ist auch nicht mehr wählbar. Entsprechendes gilt für die Europa-, Landtags- und Kommunalwahlen. Schreibt der Betreuungsrichter aber in den Beschluss nicht das Wort „alle", sondern zählt er die sämtlichen Angelegenheiten des Betroffenen einzeln auf, behält dieser sein Wahlrecht[39], was nicht zutreffen kann[40]. 41

36 KG BtPrax 2006, 38; LG Berlin BtPrax 1999, 204; bedenklich.
37 Erman-*Holzhauer* § 1896 Rz 59.
38 BayObLG BtPrax 1997, 111.
39 VG Saarlouis FamRZ 2010, 64.
40 Zum Wahlrecht vgl *Zimmermann* FamRZ 1996, 79; *Paßmann* BtPrax 1998, 6.

42 **21. Beerdigung des Betreuten**[41]. Mit dem Tod des Betreuten endet die Betreuung; der Betreuer kann in Wahrnehmung der Interessen der Erben noch gewisse Eilgeschäfte vornehmen (§§ 1908 i Abs 1, 1893 Abs 1, 1698 b). Dazu gehört die Beerdigung in der Regel nicht; die Totenfürsorge ist Sache der nächsten Angehörigen[42], die Bezahlung der Beerdigung Pflicht des Erben (§ 1968). Der Betreuer hat deshalb mit der Beerdigung idR nichts zu tun. In einzelnen Bundesländern findet sich Landesrecht, wonach dem Betreuer mit Personensorgerecht (§ 15 Bay BestattungsG) oder überhaupt jeder Betreuer mit beliebigem Aufgabenkreis (§ 10 Sächsisches BestattungsG; § 9 BestattungsG Rheinland-Pfalz) Bestattungspflichten bezüglich des verstorbenen Betreuten hat[43]. Der Betreuer ist aber kein „sonstiger Sorgeberechtigter“ und deshalb nicht für die Bestattung seines verstorbenen Betreuten verantwortlich[44].

43 Es ist zweifelhaft, ob hier eine Regelungskompetenz der Länder bestand; das Bürgerliche Recht gehört zur konkurrierenden Gesetzgebung (Art 74 Abs 1 Nr 1 GG); da die in §§ 1896 ff BGB getroffenen Regelungen als abschließend gewollt anzusehen sind (vgl für den Todesfall § 1698 b BGB), konnten die Länder nichts mehr regeln (vgl Art 70, 72 GG).

44 **22. Organtransplantation.** Zu unterscheiden ist zwischen der Organentnahme bei toten Spendern (§§ 3 bis 6 TPG) und Lebenden (§ 7 TPG). **Bei Lebenden** müssen bestimmte allgemeine Voraussetzungen und die Einwilligung des Spenders vorliegen (**§ 7 TPG**). Wenn jemand wirksam in eine Organspende eingewilligt hat und dann (zB nach einigen Jahren altersbedingt) einwilligungsunfähig geworden ist, dürfte wegen § 7 Abs 2 Satz 2 und 3 TPG die frühere Einwilligung nicht mehr genügen[45]. Wenn der jetzt einwilligungsunfähige Spender einen Betreuer hat, ist der Betreuer im Regelfall nicht berechtigt, die Einwilligung zu ersetzen[46]. Dies folgt aus dem Umstand, dass sich die Behandlung am Wohl des Betreuten und nicht an dem eines Dritten auszurichten hat (§ 1901 Abs 1); anders mag es sein, wenn zB dem Kind des Betreuten ein Organ des Betreuten übertragen werden soll. Das Transplantationsgesetz regelt die Frage nicht ausdrücklich. Der Aufgabenkreis „Organspende“ kann einem Betreuer isoliert nicht wirksam zugewiesen werden[47]. *Ist der Betreute verstorben*, kann es in Einzelfällen noch zu den gesetzlichen Aufgaben des Personensorgebetreuers gehören, darüber zu entscheiden, ob dem Betreuten Organe entnommen werden dürfen. Das ergibt sich aus dem TPG, welches hilfsweise auf den Willen der Vertrauenspersonen des Verstorbenen abstellt; dazu gehört unter Umständen auch ein Betreuer[48].

45 **23. Vollmachtswiderruf.** Hatte der Betreute in geschäftsfähigem Zustand dritten Personen Vollmachten erteilt und wird dann Betreuung angeordnet (oder erteilt der geschäftsfähige Betreute während der Betreuung solche Vollmachten), dann kann ein Betreuer mit dem Aufgabenkreis nach § 1896 Abs 3 oder ein Betreuer, dem der Vollmachtswiderruf sonst ausdrücklich zugewiesen ist, die Vollmacht widerrufen. Es fragt sich, ob ein Betreuer mit dem Aufgabenkreis „alle Angelegenheiten“[49] oder „Vermögenssorge“[50] ebenfalls eine solche Voll-

---

41 *Formella* BtPrax 1999, 176.
42 Palandt/*Diederichsen* Rz 25.
43 Vgl *Bienwald* BtPrax 2000, 107.
44 VG Leipzig FamRZ 2007, 1686.
45 *Walter* FamRZ 1998, 201, 203.
46 *Deinert* BtPrax 1998, 60/62.
47 AG Mölln FamRZ 1995,188.
48 *Deinert* BtPrax 1998, 60, 63.
49 KG Rpfleger 2007, 263: Vollmachtswiderrufsrecht; aA HK-BUR-*Bauer* Rz 10 b.
50 OLG Brandenburg FamRZ 2009, 912: Vollmachtswiderrufsrecht; aA OLG Köln OLG-Report 2001, 91 = RNotZ 2001, 345.

macht in seiner Eigenschaft als gesetzlicher Vertreter wirksam widerrufen kann. Würde man das uneingeschränkt für zulässig halten, könnte der Betreuer § 1896 Abs 2 umgehen: an sich führt eine wirksame Vollmacht dazu, dass keine Betreuung anzuordnen ist; durch den Widerruf könnte der Betreuer seine Stellung absichern. Ein Betreuer, der weder zum Vollmachtsbetreuer (§ 1896 Abs 3) bestellt wurde noch dem sonst das Recht zum Vollmachtwiderruf eingeräumt wurde (§ 1896 Abs 1), hat deshalb nicht die Befugnis, eine von dem Betroffenen erteilte Vorsorgevollmacht zu widerrufen[51].

24. Testamentserrichtung, Testamentswiderruf. Der Betreuer kann weder als gesetzlicher Vertreter ein Testament errichten noch ein Testament widerrufen. Er hat auch kein Recht, ein beim Nachlassgericht oder bei einem Notar verwahrtes Testament seines Betreuten einzusehen. 46

25. Elterliche Sorge. Die Ausübung der elterlichen Sorge für die Kinder des Betreuten kann dem Betreuer nicht als Aufgabenkreis zugewiesen werden[52]. Kann der Betreute diese Aufgabe nicht mehr selbst wahrnehmen, haben Familiengericht (§§ 1666 ff) und Jugendamt die entsprechenden Maßnahmen zu ergreifen. 47

26. Testamentsvollstreckung. Steht der Betreute unter Testamentsvollstreckung, dann ist der Betreuer für zwei verschiedene Vermögensmassen, allerdings in unterschiedlicher Weise, zuständig[53]: das Eigenvermögen des Betreuten verwaltet er nach den Regeln der §§ 1908 i Abs 1, 1806 ff und unterliegt hier der Kontrolle des Betreuungsgerichts; das Erbe unterliegt nicht der Verwaltung des Betreuers, sondern des Testamentsvollstreckers (im Umfang der Anordnungen des Erblassers); die Kontrollrechte des Erben nimmt der Betreuer wahr, der insoweit der Aufsicht des Betreuungsgerichts unterliegt. Der Betreuer muss das geerbte Vermögen gleichwohl im Vermögensverzeichnis aufführen; er sollte zwei getrennte Aufstellungen machen. Für die Geschäfte, für welche ein Betreuer der Genehmigung des Betreuungsgerichts bedürfte (§§ 1908 i Abs 1, 1806 ff, 1821, 1822), braucht der Testamentsvollstrecker keine solche Genehmigung; ist der Betreuer zugleich Testamentsvollstrecker und handelt er als solcher, entfallen daher Genehmigungen des Betreuungsgerichts. Obwohl der Testamentsvollstrecker das geerbte Vermögen des Betreuten verwaltet, ist die (Vermögens-) Betreuung nicht überflüssig, weil das sonstige Vermögen des Betreuten nicht vom Testamentsvollstrecker verwaltet wird und der Betreute bei der Wahrnehmung seiner Rechte gegenüber dem Testamentsvollstrecker durch den Betreuer vertreten werden muss. Der Betreuer hat gegenüber dem Betreuungsgericht bestimmte Berichtspflichten (§§ 1908 i Abs 1, 1840). Die erforderlichen Daten muss ihm der Testamentsvollstrecker auf Anfordern mitteilen (§§ 2218 Abs 1, 666 BGB); weigert sich der Testamentsvollstrecker, kann das Nachlassgericht nicht helfen, ihm insoweit keine Weisungen erteilen, weil es nicht die Aufsicht über den Testamentsvollstrecker führt; hier muss notfalls vor dem Prozessgericht geklagt werden (allenfalls konnte der Betreuer namens des Erben beim Nachlassgericht die Entlassung des Testamentsvollstreckers wegen Pflichtverletzung (§ 2227) beantragen. 48

51 KG Rpfleger 2007, 263; *Knittel* § 1902 Rz 13; HK-BUR-*Bauer* Rz 10 a.
52 BayObLG BtPrax 2004, 239; LG Rostock FamRZ 2003, 1691.
53 Einzelheiten: *Zimmermann* FS Schwab 2005 S. 1099.

III. Prozessfähigkeit. Zwangsvollstreckung

49 **1. Prozessfähigkeit, Verfahrensfähigkeit bei Geschäftsunfähigkeit.** Der Geschäftsunfähige (§ 104 Nr 2) ist prozessunfähig (§ 52 ZPO iVm § 105 BGB), wobei es gleichgültig ist, ob eine Betreuung besteht oder nicht. Eine Ausnahme besteht für alle Verfahren, die die Betreuung betreffen: hier ist der Geschäftsunfähige verfahrensfähig (§ 275 FamFG) und kann auch insoweit materiellrechtlich wirksam einem Anwalt eine Verfahrensvollmacht erteilen und den zugrunde liegenden Geschäftsbesorgungsvertrag schließen. Soll eine nicht prozessfähige Person, die (noch) ohne gesetzlichen Vertreter ist (oder wo der Vertreter an der Vertretung gehindert ist), verklagt werden, hat das Prozessgericht dem Beklagten auf Antrag einen **Prozesspfleger** zu bestellen (§ 57 ZPO). § 57 ZPO will die Zeitspanne bis zum Eintritt des gesetzlichen Vertreters (Betreuer) überbrücken; ist dann der Betreuer bestellt, vertritt dieser den Beklagten. Zur **Verfahrensfähigkeit** im FamFG-Verfahren vgl § 9 FamFG.

50 **2. Geschäftsfähiger Betreuter.** Der geschäftsfähige Betreute, für den **kein Einwilligungsvorbehalt** angeordnet ist, ist prozessfähig. Für ihn kann auch sein Betreuer im Rahmen des Aufgabenkreises aufgrund von § 1902 gerichtlich tätig werden. Während materiell-rechtlich im Umfang des Aufgabenkreises des Betreuers eine Doppelzuständigkeit gegeben ist, ist durch die Regelung in § 53 ZPO eine verfahrensrechtliche Doppelzuständigkeit ausgeschlossen[54], dh der geschäftsfähige Betreute verliert seine **Prozessfähigkeit** in dem Fall, in dem sein Betreuer für ihn einen Rechtsstreit führt oder an seiner Stelle in den Prozess eintritt[55]. Nur der Betreuer kann daher in diesem Falle Berufung einlegen, einen Anwalt hierzu beauftragen[56]. Will der geschäftsfähige Betreute die Wirkung des § 53 ZPO verhindern, muss er einen Antrag auf Aufhebung der Betreuung stellen (§ 1908 d Abs 2). Ferner hat er die Möglichkeit, über das eingeklagte materielle Recht selbst zu verfügen (zB mittels Erlass), da er auf dem Gebiet des materiellen Rechts trotz § 53 ZPO geschäftsfähig ist[57].

51 **3. Geschäftsfähiger Betreuter unter Einwilligungsvorbehalt.** Der geschäftsfähige Betreute, für den ein Einwilligungsvorbehalt (§ 1903) angeordnet ist, kann sich insoweit wie ein geschäftsbeschränkter Minderjähriger nicht ohne Zustimmung seines Betreuers durch Vertrag verpflichten (§ 1903 Abs 1 Satz 2 iVm § 108 BGB); er ist deshalb im Umfang des Einwilligungsvorbehalts prozessunfähig (§ 52 ZPO). Die materiell-rechtliche Möglichkeit der Genehmigung von Verträgen, die ohne Einwilligung des Betreuers geschlossen wurden (§ 1903 Satz 1 iVm § 108), die Wirksamkeit solcher Verträge bei Erfüllung mit dem Taschengeld (§ 1903 Satz 1 iVm § 110) oder nach § 105 a ändern nichts an der Prozessunfähigkeit. Materiell-rechtlich kann er indes Verträge über Angelegenheiten des täglichen Lebens schließen (§ 1903 Abs 3 Satz 2); aber auch insoweit der Einwilligungsvorbehalt sich nicht auf geringfügige Angelegenheiten des täglichen Lebens erstreckt, wird die Prozessfähigkeit nicht hergestellt[58]. Denn die Prozessführung selbst ist keine Angelegenheit des täglichen Lebens[59]. Nur insoweit von den Möglichkeiten nach §§ 112, 113 Gebrauch gemacht ist (vgl § 1903 Abs 1), besitzt der geschäftsfähige Betreute eine gegenständlich beschränkte volle Prozessfähigkeit[60].

---

54 BT-Drucks 11/4528 S. 167.
55 BGHZ 41, 303, 306 = NJW 1964, 1855; BGH NJW 1988, 51; RGZ 52, 233.
56 LG Hannover FamRZ 1998, 380.
57 OLG Düsseldorf OLGZ 1983, 119, 121.
58 *Bork* MDR 1991, 97/98
59 AA MünchKomm/*Schwab* § 1903 Rz 58 (darauf komme es bei § 52 ZPO nicht an).
60 *Bork* MDR 1991, 97/98.

4. Zwangsvollstreckung[61]. Es gibt keine speziellen Bestimmungen über die Zwangsvollstreckung gegen Betreute. Die erforderliche Zustellung an einen Betreuten kann unwirksam sein, wenn der Betreute geschäftsunfähig ist; sie muss dann an den Betreuer nachgeholt werden, §§ 53, 57, 171 ZPO. Die **eidesstattliche Versicherung** (§ 807 ZPO) hat grundsätzlich der Betreuer mit dem Aufgabenkreis „Vermögenssorge" abzugeben; ist der Betreute aber geschäftsfähig ist er selbst dazu verpflichtet[62]. Wenn kein Einwilligungsvorbehalt angeordnet ist, hat das Vollstreckungsgericht nach Ansicht des BGH[63] nach pflichtgemäßem Ermessen zu bestimmen, ob der Betreuer des Schuldners oder der betreute Schuldner die eidesstattliche Offenbarungsversicherung abzugeben hat. Für den Betreuer besteht das Problem, dass ihm letztlich die Vermögensverhältnisse des Betreuten nicht genau bekannt sind. Ist der Titel gegen den Betreuten ergangen, ohne dass er richtig vertreten war (weil zB die Geschäftsunfähigkeit übersehen wurde), kommt gegen den Titel Nichtigkeitsklage in Betracht (§ 579 Abs 1 Nr 4 ZPO)[64]. 52

IV. Akten; Datenschutz

1. Akteneinsicht. Der **Betreute** hat als Verfahrensbeteiligter grundsätzlich ein berechtigtes Interesse an der Akteneinsicht (§ 13 Abs 1 FamFG) hinsichtlich der betreuungsgerichtlichen Akte und an der Erteilung von Abschriften. Eine Abschrift des über ihn erstellten Sachverständigengutachtens muss er ohne Abhängigkeit von der Einzahlung eines Auslagenvorschusses erhalten[65]. Sonstige Aktenseiten erhält er ohne Vorschuss kopiert, wenn er sie zur Begründung eines Rechtsmittels braucht (also zB keine Kopien von überholten Zustellungsurkunden, internem Schreibgut) und wenn er sie noch nicht hat. Anwälte [66] und sonstige Bevollmächtigte des Betroffenen sowie Verfahrenspfleger haben ebenfalls das Recht auf Akteneinsicht im Umfang von § 13 Abs 1 FamFG. Dasselbe gilt für die sonstigen Beteiligten (§ 274 FamFG). **Angehörige des Betreuten** haben ein Recht auf Akteneinsicht, wenn sie Beteiligte im Sinne von § 274 FamFG sind. Andernfalls ist für sie § 13 Abs 2 FamFG einschlägig, sie müssen also ein berechtigtes Interesse glaubhaft machen (§ 13 Abs 2 FamFG). Das liegt zB vor, wenn sie als Beschwerdeberechtigte Rechtsmittel einlegen wollen[67]. Aber auch nichtbeschwerdeberechtigte Personen können ein Recht auf Einsicht wenigstens in Aktenteile haben[68]; dies ist eine Frage der Abwägung (vgl § 13 Abs 2 FamFG). Zur Akteneinsicht des Halbbruders LG München I BtPrax 1998, 156. 53

2. Aktenaufbewahrung. Es gibt keine gesetzlichen Bestimmungen darüber, wie lange der Betreuer seine Unterlagen aufbewahren muss[69]. Die Bestimmung des § 50 Abs 2 BRAO, wonach Anwälte Handakten fünf Jahre aufzubewahren haben, gilt nicht; auch nicht, wenn Anwälte Betreuer sind. Zu unterscheiden ist: 54

61 *Grönke/Jäger* ZVI 2005, 290.
62 OLG München OLG-Report 1991, 44.
63 BGH NJW-RR 2009, 1.
64 Zur Zwangsvollstreckung vgl *Harnacke* DGVZ 2000, 161 sowie *Christmann* DGVZ 1995, 66, welcher teils § 53 ZPO nicht berücksichtigt.
65 OLG Düsseldorf FamRZ 1997, 1361 = BtPrax 1996, 188.
66 LG Münster Rpfleger 1998, 516.
67 BayObLG BtPrax 1998, 78; LG München I BtPrax 1997, 245.
68 OLG Saarbrücken FGPrax 1999, 108.
69 Vgl *Bienwald/Sonnenfeld/Hoffmann* § 1896 Rz 252 ff.

55 **Herausgabepflicht.** Welche Unterlagen *müssen* herausgegeben werden? Mit Ende des Amtes ist das verwaltete Vermögen und damit auch die hierzu gehörenden Papiere (wie Sparbücher, Depotscheine, Versicherungspolicen) herauszugeben (§ 1890 BGB); ferner ist über die Verwaltung Rechenschaft abzulegen (§ 1890 BGB), weshalb auch die hierzu gehörigen Belege herauszugeben sind. Ferner sind alle Schriftstücke herauszugeben, die im Eigentum des Betreuten stehen, also von ihm herrührten oder für ihn beschafft wurden, wie Personalpapiere, Erbscheine, Kontoauszüge, notarielle Urkunden, Mietverträge, Rentenbescheide. Eine weitere Gruppe bilden die Unterlagen, die im Eigentum des Betreuers stehen, wie die Beschlüsse des Betreuungsgerichts, Korrespondenz zB mit dem Gericht, Kopien aus den Betreuungsakten, Gutachten, private Notizen; dieses Schriftgut kann der Betreuer herausgeben, aber auch für sich aufbewahren oder vernichten. Empfänger ist in allen Fällen, je nach Art der Beendigung der Betreuung, der ehemals Betreute bzw der neue Betreuer[70] oder die Erben des Betreuten. Bei mehreren Erben ist Herausgabe an alle Miterben erforderlich, weil die Ausübung des Besitzes an Nachlassgegenständen eine Maßnahme der Verwaltung ist (§ 2038 BGB); doch können die Miterben einen Erben bevollmächtigen.

56 **Hinterlegung.** Was geschieht, wenn niemand die Unterlagen haben will? Weigern sich die Erben, sollten sie unter Fristsetzung in Verzug gesetzt werden (§ 293 BGB); nach fruchtlosem Fristablauf könnte der Betreuer die urkundlichen Unterlagen, soweit hinterlegungsfähig, hierauf auf Kosten der Erben (§ 381 BGB) beim Amtsgericht hinterlegen (vgl § 372 BGB)[71], im Übrigen vernichten. Ist der Erbe nicht bekannt und ein Nachlasspfleger bestellt, können diesem die Unterlagen angedient werden.

57 **Haftung.** Da der Betreuer dem Betreuten bzw dessen Erben bei eventuellen Pflichtverletzungen haftet (§ 1833, 1908 i BGB) und die Verjährungsfrist mindestens 3 Jahre beträgt (§§ 195, 207 BGB), sollte er grundsätzlich die relevanten Unterlagen so lange aufbewahren und von denen, die er aushändigt, Kopien anfertigen. Anders ist es, wenn zB nach dem Tod des Betreuten die Erben auf Haftungsansprüche verzichten. Auch wenn der Betreuer versichert ist, hat er gegenüber der Versicherung die Obliegenheit, die relevanten Unterlagen aufzubewahren.

58 **Steuerliche Bestimmungen,** wie zB § 147 Abs 1 Nr 5 Abgabenordnung (AO), besagen, dass Unterlagen, die für die Besteuerung von Bedeutung sind, 6 bis 10 Jahre lang aufzubewahren sind.

59 **Aufbewahrungsobliegenheiten.** Während der bestehenden Betreuung gelten die üblichen Aufbewahrungsobliegenheiten; wer eine Rechnung bezahlt hat, sollte den Beleg so lange aufbewahren, wie die Verjährungsfrist läuft.

60 **3. Datenschutz.** Die Datenschutzgesetze des Bundes und der Länder enthalten die grundlegenden Regelungen. Die beiden großen Kirchen haben ähnliche Regelungen getroffen. Ein strafrechtlicher Schutz ist in § 203 StGB verankert. Über Mitteilungen des Betreuungsgerichts an andere Stellen vgl §§ 308 ff FamFG. Der Sozialleistungsträger darf das Betreuungsgericht informieren, wenn er eine Betreuung für erforderlich hält, § 71 Abs 3 SGB X. Für die Betreuungsbehörde finden sich Regelungen in §§ 7 und 8 BtBG. Die Auffassung, die Schweigepflicht gelte auch behörden- und institutionsintern (dh die Mitarbeiter dürften nicht miteinander über ihre Fälle reden), ist unrealistisch, weil von einem vermuteten Einverständnis des Betreuten auszugehen ist. Ebenso ist

---

70 AG Berlin-Spandau NJWE-FER 1997, 156.
71 KG OLG 6, 54: auch Handakten hinterlegungsfähig.

es unrichtig, wenn aus § 7 BtBG entnommen wird, dass die Betreuungsbehörde nicht dem Betreuungsgericht Ermittlungshilfe leisten soll, sondern die Informationen filtern darf, sich als parteiischer Treuhänder im Interesse des Betroffenen versteht[72] und nicht als objektive Behörde[73].

§ 1903 Einwilligungsvorbehalt

(1) [1]Soweit dies zur Abwendung einer erheblichen Gefahr für die Person oder das Vermögen des Betreuten erforderlich ist, ordnet das Betreuungsgericht an, dass der Betreute zu einer Willenserklärung, die den Aufgabenkreis des Betreuers betrifft, dessen Einwilligung bedarf (Einwilligungsvorbehalt). [2]Die §§ 108 bis 113, 131 Abs. 2 und § 210 gelten entsprechend.

(2) Ein Einwilligungsvorbehalt kann sich nicht erstrecken auf Willenserklärungen, die auf Eingehung einer Ehe oder Begründung einer Lebenspartnerschaft gerichtet sind, auf Verfügungen von Todes wegen und auf Willenserklärungen, zu denen ein beschränkt Geschäftsfähiger nach den Vorschriften des Buches vier und fünf nicht der Zustimmung seines gesetzlichen Vertreters bedarf.

(3) [1]Ist ein Einwilligungsvorbehalt angeordnet, so bedarf der Betreute dennoch nicht der Einwilligung seines Betreuers, wenn die Willenserklärung dem Betreuten lediglich einen rechtlichen Vorteil bringt. [2]Soweit das Gericht nichts anderes anordnet, gilt dies auch, wenn die Willenserklärung eine geringfügige Angelegenheit des täglichen Lebens betrifft.

(4) § 1901 Abs. 5 gilt entsprechend.

Schrifttum: *Mitko*, Der Einwilligungsvorbehalt, 1993; *Jurgeleit*, Der geschäftsunfähige Betreute unter Einwilligungsvorbehalt, Rpfleger 1995, 282; *Jäger*, Der Betreuer als gesetzlicher Vertreter des GmbH-Geschäftsführers (GmbH-Gesellschafters), DStR 1996, 108; *Schreieder*, Ist § 1903 BGB eine Spezialvorschrift zu § 105 BGB?, BtPrax 1996, 96; *Enderlein*, Geschäftsunfähigkeit und Einwilligungsvorbehalt, JR 1998, 485; *Pöschl*, Die Anordnungsvoraussetzungen der Betreuung und des Einwilligungsvorbehalts in ihrem Verhältnis zu den Regelungen der Geschäftsfähigkeit, 1999; *Neuhausen*, Rechtsgeschäfte mit Betreuten, RNotZ 2003, 157.

Übersicht

72 Dafür *Klie* BtPrax 1998, 3.

73 Zum Datenschutz vgl *Pardey* BtPrax 1998, 92 und Rpfleger 1990, 397; *Schimke* BtPrax 1993, 74; *Klie* BtPrax 1998, 3.

I. Allgemeines

1 **1. Textgeschichte. Zweck. Neue Teilgeschäftsfähigkeit.** § 1903 Abs 2 wurde durch das LPartG v 16.2.2001 (BGBl 2001, 266) geändert.

2 Die Bestellung eines Betreuers hat keinen Einfluss auf die Geschäftsfähigkeit eines Betreuten: er ist entweder geschäftsfähig, oder er ist es nicht, wenn die Voraussetzungen des § 104 Nr 2 vorliegen. Bei einem *geschäftsfähigen* Betreuten kann die Möglichkeit, rechtsgeschäftlich zu handeln, durch die Anordnung eines Einwilligungsvorbehalts eingeschränkt werden; man kann den dadurch herbeigeführten Zustand mit dem eines beschränkt geschäftsfähigen Minderjährigen vergleichen, insbes weil §§ 108 bis 113 durch § 1903 Abs 1 Satz 2 für entsprechend anwendbar erklärt sind. Man muss sich aber vergegenwärtigen, dass die Beschränkung der Geschäftsfähigkeit beim Minderjährigen umfassend ist, während die Beschränkung durch den Einwilligungsvorbehalt nur soweit reicht, wie dieser es anordnet. Setzt sich der Betreute durch **Verschwendung** selbst der Gefahr des Notstandes aus, so rechtfertigte dies früher die Entmündigung (§ 6 Abs 1 Nr 2 aF); heute erlaubt dies bei einem Betreuten (§ 1896 Abs 1) einen Einwilligungsvorbehalt.

3 Zu beachten ist, dass es gesetzliche Regelungen gibt, wonach auch **geschäftsunfähigen Personen eine Art Teilgeschäftsfähigkeit** zugebilligt wird: (1) Nach § 105 a kann ein volljähriger Geschäftsunfähiger ein Geschäft des täglichen Lebens (zB Kauf einer Flasche Bier, einer Buskarte, einer Kinokarte), die mit geringwertigen Mitteln bewirkt werden kann, tätigen und der Vertrag gilt als wirksam, sobald Leistung und Gegenleistung bewirkt ist (also die Flasche Bier vom Geschäftsunfähigen bezahlt ist). Folge ist, dass der Betreuer das Geld nicht zurückfordern kann, nachdem der Betreute das Bier ausgetrunken hat. Die dogmatische Einordnung ist sehr umstritten[1]. (2) § 5 Abs 12 HeimG bestimmt: War der Bewohner zu dem Zeitpunkt der Aufnahme in ein Heim geschäftsunfähig, so gilt der von ihm geschlossene Heimvertrag in Ansehung einer bereits

1 *Casper* NJW 2002, 3427; *Lipp* FamRZ 2003, 728; *Löhnig/Schärtl* AcP 204, 25; *Heim* JuS 2003, 141; *Roth* AcP 2008, 451; *Lydyga* FPR 2007, 3; *Franzen* JR 2004, 221; *Straile* FuR 2003, 207; *Zimmermann* BtPrax 2003, 26; *Pawlowski* JZ 2003, 66.

bewirkten Leistung und deren Gegenleistung, soweit diese in einem angemessenen Verhältnis zueinander stehen, als wirksam. Soweit in einigen Ländern anstelle des HeimG aufgrund des WBVG v 29.7.2009 (BGBl 2009, 2319) als Landesrecht gilt, sind dort entsprechende Vorschriften enthalten (vgl § 4 Abs 2 Satz 3 WBVG). – Zur Frage, ob bei einem *geschäftsunfähigen* Betreuten ein Einwilligungsvorbehalt angeordnet werden kann, vgl Rz 18.

2. Schutz Gutgläubiger. Der Einwilligungsvorbehalt bezweckt nicht den Schutz des Rechtsverkehrs[2], sondern den Schutz des Betreuten. **Gutgläubige Dritte** werden nicht geschützt; wer nicht weiß, dass er mit einem unter Einwilligungsvorbehalt Stehenden kontrahiert oder dies zwar weiß, aber die rechtliche Bedeutung des Einwilligungsvorbehalts nicht kennt, wird nicht geschützt. Der Betreute haftet diesem Dritten auch nicht. In ein **öffentliches Register** wird der Einwilligungsvorbehalt nicht eingetragen; Dritte sind darauf angewiesen, sich beim Betreuungsgericht zu erkundigen, was ein berechtigtes Interesse voraussetzt (§ 13 Abs 2 FamFG). 4

3. Statistik: In den Jahren 1992 bis 1995 wurden jährlich ca 5.300 Einwilligungsvorbehalte erstmals angeordnet oder erweitert, 1999 ca 7.800[3]; 2007 ca 12.000[4]; daraus folgt, dass nur in etwa 5 % aller Betreuungen gleichzeitig ein Einwilligungsvorbehalt besteht. 5

II. Einwilligungsvorbehalt (Abs 1)

1. Grundsatz (Satz 1). – a) Einwilligungsvorbehalt. § 1903 Abs 1 Satz 1 sieht vor, dass der Betreute auf Anordnung des Betreuungsgerichts zu einer Willenserklärung, die den Aufgabenkreis des Betreuers betrifft, dessen Einwilligung bedarf (Einwilligungsvorbehalt); zulässig ist eine solche Anordnung des Betreuungsgerichts, wenn dies zur Abwendung einer erheblichen Gefahr für die Person oder das Vermögen des Betreuten erforderlich ist. Aber auch ein unzulässig ergangener Einwilligungsvorbehalt hat diese Wirkung, solange er nicht mit Beschwerde beseitigt ist. Die Anordnung eines Einwilligungsvorbehalts kann nur zum Schutz des Betroffenen, **nicht aber im *ausschließlichen* Drittinteresse** angeordnet werden[5], insofern anders als die Betreuung selbst, die auch im Interesse anderer angeordnet werden kann (§ 1896 Rz 26). Interessen allein der Gläubiger rechtfertigen den Einwilligungsvorbehalt daher nicht. Neigt der Betroffene krankheitsbedingt dazu, eine Vielzahl von behördlichen oder gerichtlichen Verfahren zu betreiben, kommt die Anordnung eines Einwilligungsvorbehalts für den gesonderten Aufgabenkreis „Vertretung gegenüber Behörden und Gerichten“ nur dann in Betracht, wenn diese Verfahren zu einer Gefährdung des Vermögens des Betroffenen führen können, was nicht der Fall ist, wenn es sich um Verfahren handelt, bei denen Gebühren nicht erhoben werden[6], also „nur“ die Staatskasse geschädigt wird. 6

Bei einer **Vorsorgevollmacht** kann kein Einwilligungsvorbehalt angeordnet werden; taucht hier eine vergleichbare Gefahrensituation auf, ist eine Betreuung erforderlich, wobei der Bevollmächtigte zum Betreuer bestellt werden kann. 7

b) Personen-/Vermögenssorge. Es muss eine **erhebliche Gefahr** für die Person oder das Vermögen des Betreuten bestehen. Ein Einwilligungsvorbehalt bezug- 8

2 BT-Drucks 11/4528 S. 136; zweifelnd *Dieckmann* JZ 1988, 789/794.
3 BT-Drucks 13/7133 S. 7 und Statistik des BMJ.
4 HK-BUR-*Deinert* § 1903 Rz 83.
5 BT-Drucks 11/4528 S. 136.
6 KG FGPrax 2008, 101.

lich der **Personensorge** kann beispielsweise erforderlich sein, wenn der Betreute ein Vaterschaftsanerkenntnis abgeben will, obgleich Zweifel an der Vaterschaft bestehen; streitig ist, ob durch Einwilligungsvorbehalt verhindert werden kann, dass sich der Betreute ohne entsprechende Indikation einer Operation unterzieht (§ 1904 Rz 13). Bei der **Vermögenssorge** kann die Gefahr *geringfügiger* Vermögensschäden die Anordnung eines Einwilligungsvorbehaltes nicht rechtfertigen[7]. Die Frage, wie die Grenzziehung zwischen Geringfügigkeit und Erheblichkeit zu erfolgen hat, lässt sich nur anhand des Einzelfalls beantworten. So ist die Höhe des Vermögens des Betreuten in Relation zum möglichen Vermögensschaden zu setzen und zudem die Häufigkeit von eingetretenen Schädigungen in der Vergangenheit zu berücksichtigen. Die Frage nämlich, ob in Zukunft eine Gefahr besteht, wird sich prognostisch nur anhand des Umstandes ermitteln lassen, inwieweit und in welchem Ausmaß sich der Betreute in der Vergangenheit schon rechtsgeschäftlich geschädigt hat.

9 c) **Erforderlichkeit.** Ferner muss ein Einwilligungsvorbehalt erforderlich sein[8]. Die Motive des Gesetzes halten die Anordnung eines Einwilligungsvorbehaltes für erforderlich, wenn entweder die Gefahr besteht, dass bedeutsame Willenserklärungen gegenüber dem Betroffenen abgegeben werden und hierdurch für den Betreuten erheblicher Schaden eintritt oder dass sich ein Betreuter durch Abgabe von Willenserklärungen selbst schädigt, bzw er ordnungsgemäße Willenserklärungen des Betreuers durch Widerruf oder in anderer Weise zunichte macht und dadurch sein Wohl gefährdet[9]. Die Möglichkeit, durch die Entgegennahme von Willenserklärungen geschädigt zu werden, kann nur dahin verstanden werden, dass nicht der Zugang der fremden Willenserklärung (zB einer Wohnungskündigung) von der Einwilligung des Betreuers abhängen soll[10], sondern dass die sich aus der Willenserklärung ergebenden Rechtsfolgen erst mit Zugang an den Betreuer entsprechend § 131 eintreten sollen. Die zweite Möglichkeit (Widerruf von Willenserklärungen ua) betrifft den Fall, dass Willenserklärungen des Betreuers vom Betreuten widerrufen werden und er dadurch gegen sein Wohl handelt. Im Ergebnis bedeutet dies eine Disziplinierungsmaßnahme[11] mit uU erheblichen psychischen Konsequenzen für den Betreuten.

10 Gerade bei sichtbarer geistiger oder seelischer Behinderung oder psychischer Krankheit wird der Rechtsverkehr mit dem Betreuten nicht kontrahieren, so dass dort ein Einwilligungsvorbehalt an sich nicht geboten wäre, aber wegen der Beweislastfrage gleichwohl zweckmäßig ist[12]. Die „Erforderlichkeit" ist nur anzunehmen, wenn eine **konkrete Gefahr erheblicher Beschädigung** besteht, eine bloß denkbare Möglichkeit des Schadens reicht nicht aus[13]. Wenn der Betreute über Jahre hinweg nicht selbstständig am Rechtsverkehr teilgenommen hat und das Krankheitsbild eine Änderung dieses Verhaltens nicht erwarten lässt, kann ein Einwilligungsvorbehalt nicht angeordnet bzw aufrechterhalten werden[14]. Wenn die Geschäftsunfähigkeit aber den beurkundenden Notaren nicht erkennbar ist, ist zum Schutz ein Einwilligungsvorbehalt erforderlich[15]. Letztlich handelt es sich um Fragen des Einzelfalls; andererseits ist nicht erforderlich, dass schon etwas passiert ist. Eine Vermögensbetreuung und damit ein entsprechender Einwilligungsvorbehalt kann auch erforderlich sein, um eine

---

7 LG Marburg FamRZ 2005, 549.
8 OLG Brandenburg FamRZ 2007, 1127.
9 BT-Drucks 11/4528 S. 137.
10 *Dieckmann* JZ 1988, 789, 794.
11 *Dieckmann* JZ 1988, 789, 794.
12 *Cypionka* NJW 1992, 207/9.
13 LG Köln NJW 1993, 207 = FamRZ 1992, 856; auch OLG Hamm FamRZ 1995, 433 steht einem Vorrats-Einwilligungsvorbehalt restriktiv gegenüber.
14 OLG Zweibrücken FamRZ 1999, 1171 = FGPrax 1999, 107.
15 BayObLG BtPrax 2000, 123.

weitere Verschuldung eines **vermögenslosen Betreuten** zu verhindern[16]; denn es bedeutet einen Nachteil, wenn *weitere* Schulden entstehen[17], selbst wenn man sie vielleicht nie zurückzahlen kann.

d) **Anordnungsmodalitäten.** Die Anordnung eines Einwilligungsvorbehaltes kann in einem *einheitlichen Verfahren* gleichzeitig mit der Bestellung des Betreuers erfolgen oder nachträglich *isoliert*, dh nachdem die Betreuung schon einige Zeit besteht. Die nachträgliche Anordnung eines Einwilligungsvorbehaltes kommt in Betracht, wenn der Betreuer während der Betreuung erkennt, dass der Betreute unsinnige ihn schädigende Handlungen vornimmt. Ein Einwilligungsvorbehalt, der (zB versehentlich) angeordnet wird, obwohl keine zugrunde liegende Betreuung (mehr) besteht, ist unwirksam. Ein Einwilligungsvorbehalt zulasten eines Vorsorgebevollmächtigten, ohne dass eine Betreuung besteht, ist ebenfalls unwirksam. 11

e) **Reichweite.** Die Reichweite eines Einwilligungsvorbehaltes kann sich allenfalls auf solche Willenserklärungen erstrecken, die dem jeweiligen **Aufgabenkreis des Betreuers** zugeordnet sind. Daraus ergibt sich, dass ein Einwilligungsvorbehalt nicht weiter reichen darf, als der Aufgabenkreis; wo er es dennoch tut, ist er unbeachtlich. Aus der Wendung „soweit" und aus dem Erforderlichkeitsgrundsatz folgen Beschränkungsmöglichkeiten. 12

Es gibt also folgende **Möglichkeiten:** (1) **Aufgabenkreis des Betreuers und Reichweite** des Einwilligungsvorbehalts **decken sich** (Beispiel: Betreuung mit Einwilligungsvorbehalt für vermögensrechtliche Angelegenheiten). (2) **Der Aufgabenkreis ist größer** als die Reichweite des Einwilligungsvorbehaltes (Beispiel: Betreuung für *alle* Angelegenheiten; Einwilligungsvorbehalt nur für *vermögensrechtliche* Angelegenheiten). (3) **Beschränkungen:** Innerhalb eines Aufgabenkreises kann weiter eingeschränkt werden: (aa) **Betragsmäßig:** eine Beschränkung des Einwilligungsvorbehalts auf Rechtsgeschäfte, die Verpflichtungen von zB mehr als 250 Euro zum Gegenstand haben, soll zulässig sein[18]. Auch höhere Beträge kommen vor, selbst monatlich 3.000 Euro. (bb) **Zeitlich:** „bis zur Beendigung der Sanierungsarbeiten"[19]. (cc) **Gegenständliche Beschränkung:** „Verwaltung, insbesondere Sanierung des Hauses ..."[20]. Dann hat der Betreuer die Pflicht, die Beendigung der Einzelmaßnahme dem Betreuungsgericht mitzuteilen, § 1901 Abs 4. Diese Beschränkungen sind wegen der Abgrenzungsfragen problematisch (was hat der Einwilligungsvorbehalt noch für einen Sinn, wenn der Betreute am Tag 20 Geschäfte zu je 199 Euro wirksam tätigen kann? Wann sind die Renovierungsarbeiten *genau* beendet? Was gehört im Einzelnen zur Sanierung, was nicht?). 13

f) **Folgen für den geschäftsfähigen Betreuten.** Hier schränkt die Anordnung eines Einwilligungsvorbehaltes die Beachtlichkeit des rechtsgeschäftlichen Willens (teilweise) ein. Sie stellt einen weitaus schwereren Eingriff in die Handlungsfähigkeit des Betreuten dar, als lediglich die Betreuerbestellung, die theoretisch nicht in die vorhandene Fähigkeit zu rechtsgeschäftlichem Handeln eingreift, praktisch aber (wegen des Verhaltens der Geschäftspartner) meist schon. Vor diesem Hintergrund ist es bedenklich, wenn die Anordnung eines Einwilligungsvorbehaltes von dem unbestimmten Rechtsbegriff der „Erforder 14

---

16 BayObLG FamRZ 1997, 902; MünchKomm/*Schwab* § 1903 Rz 10; *Bienwald/Sonnenfeld/Hoffmann* § 1903 Rz 32.
17 Zur Erforderlichkeit bei einem Sparzwang vgl LG München I FamRZ 1999, 1303.
18 BayObLG FamRZ 1994, 1135.
19 BayObLG FamRZ 1995, 1517.
20 BayObLG FamRZ 1995, 1517.

lichkeit" abhängig gemacht wird[21]. Das ist eine Verschlechterung gegenüber der früheren Rechtslage: die Anordnung einer Zwangspflegschaft setzte die Feststellung der (partiellen) Geschäftsunfähigkeit voraus[22].

15 § 130 Abs 2 BGB ist einschlägig; ein nach Abschluss des notariellen Grundstückskaufvertrages mit Auflassungserklärung angeordneter Einwilligungsvorbehalt berührt die Wirksamkeit der Einigung daher nicht und steht der Eigentumsumschreibung nicht entgegen[23]. Ohne Genehmigung des Betreuers kann der Betreute keine Klage vor dem Finanzgericht erheben (§ 58 Abs 3 FGO)[24]. Er kann keinen Beförderungsvertrag schließen[25]. Besteht eine Betreuung mit Einwilligungsvorbehalt für den Aufgabenkreis „gerichtliche Auseinandersetzungen", ist der Betreute, auch wenn er geschäftsfähig ist, insoweit nicht prozessfähig[26]. Wird für den Partner einer nichtehelichen Lebensgemeinschaft ein Dritter zum Betreuer mit den Aufgabenkreisen Vermögenssorge und Wohnungsangelegenheiten bestellt und für diese Bereiche ein Einwilligungsvorbehalt angeordnet, so kann der Betreuer, wenn der Betreute in ein Pflegeheim umzieht, von dem anderen Partner gem § 985 BGB die Herausgabe der im Alleineigentum des Betreuten stehenden und bis dahin gemeinsam genutzten Wohnung verlangen[27] (ausgenommen bei Wohnrechtseinräumung etc); denn ein eventueller Leih- oder Gebrauchsüberlassungsvertrag ist nicht wirksam. Die Offenbarungsversicherung kann nur noch der Betreuer abgeben[28].

16 Wenn der *geschäftsfähige* Betreute mit der Anordnung eines Einwilligungsvorbehalts einverstanden ist, ist dies unproblematisch. Wenn er nicht damit einverstanden ist, ist es mit dem durch das GG geschützten Persönlichkeitsrecht des Betreuten unvereinbar, einen Einwilligungsvorbehalt anzuordnen. Die Rechtsprechung stellt zur **verfassungskonformen Auslegung** des Gesetzes als Erfordernis für die Anordnung des Einwilligungsvorbehalts auf, dass der damit nicht einverstandene Betreute aufgrund seiner psychischen Erkrankung *seinen Willen nicht frei bestimmen* kann[29]; vgl § 1896 Abs 1 a. Das bedeutet meines Erachtens letztlich nichts anderes als: der (mit dem Einwilligungsvorbehalt nicht einverstandene) Betreute muss geschäftsunfähig sein[30]. Denn die Abgrenzung der einen Fähigkeit von der anderen, wie ihn die hM vornimmt (§ 1896 Rz 40) ist nur theoretisch möglich, nicht im praktischen Fall.

17 Willenserklärungen, die der Geschäftsfähige **vor Wirksamkeit des Einwilligungsvorbehalts** abgegeben hat, bleiben analog § 130 Abs 2 wirksam[31].

18 **g) Folgen für geschäftsunfähigen Betreuten.** Liegt beim Betreuten natürliche Geschäftsunfähigkeit (§ 104 Nr 2) vor, so ist die Willenserklärung des Betreuten nichtig; sie bleibt auch nichtig (§ 105 Abs 1), wenn ein Einwilligungsvorbehalt angeordnet wurde und der Betreuer seine *Einwilligung* erteilt[32]. Wirksam ist die

21 *Bürgle* NJW 1988, 1881/4.
22 BGH NJW 1978, 992.
23 OLG Celle DNotZ 2006, 923.
24 BFH/NV 2002, 219; FG München BeckRS 2003, 26.014.635.
25 AG Wuppertal FamRZ 2009, 1350 (S-Bahn; Schwarzfahrer).
26 BGH FPR 2002, 460.
27 BGH NJW 2008, 2333.
28 BGH NJW-RR 2009, 1.
29 BayObLGZ FamRZ 1999, 681; 1993, 851; 1993, 852; 1994, 1551; 1996, 897; 1997, 902/3; OLG Hamm FamRZ 1995, 433, 435 = BtPrax 1995, 70.
30 AA BayObLG FamRZ 1997, 902/3.
31 Vgl OLG Hamm FamRZ 1995, 1519 = BtPrax 195, 221.
32 *Schreieder* BtPrax 1996, 96; *Jurgeleit* Rpfleger 1995, 282; MünchKomm/*Schwab* § 1903 Rz 56; BT-Drucks 11/4528 S. 137; aA *Enderlein* JR 1998, 485; *Jürgens* § 1903 Rz 15: § 1903 sei Spezialvorschrift gegenüber § 105, die Zustimmung des Betreuers verleihe auch der Willenserklärung eines Geschäftsunfähigen Wirksamkeit; der Streit ist in der Praxis müßig.

Willenserklärung nur, wenn der Betreuer sie vornimmt. Theoretisch bedarf es daher bei einem Geschäftsunfähigen gar keines Einwilligungsvorbehaltes. Gleichwohl kann er angeordnet werden[33], weil dann keine **Beweisschwierigkeiten** auftauchen müssen[34]. Denn der Betreute ist anderenfalls dafür beweispflichtig, dass er im Zeitpunkt der Abgabe der Willenserklärung geschäftsunfähig war[35]. Fehlt es an der Einwilligung des Betreuers (deren Vorliegen hat der Geschäftsgegner zu beweisen), entfällt für den Betreuten die Notwendigkeit, die eigene Geschäftsunfähigkeit beweisen zu müssen.

Einwilligung des Betreuers. Wurde trotz Geschäftsunfähigkeit des Betreuten seitens des Betreuers dem Geschäftsgegner gegenüber eine Einwilligung erklärt, obgleich der Betreuer die Geschäftsunfähigkeit des Betreuten kannte, so wird diese idR in eine Eigenvornahme gemäß § 140 **umgedeutet** werden können[36]; aber auch dann, wenn der Betreuer es nur für möglich hält, dass der Betreute geschäftsunfähig war, und dennoch die Zustimmung erteilte, kann er sich nicht auf die Nichtigkeit berufen, weil auch dann in der Zustimmung eine Bestätigung (§ 141) zu sehen ist[37]. Anders aber, wenn der Betreuer fahrlässig nicht mit der Möglichkeit der Geschäftsunfähigkeit rechnete; dabei ist freilich zu berücksichtigen, dass bei psychischer, geistiger oder seelischer Behinderung man immer damit rechnen muss, so dass prima facie davon auszugehen ist, dass der Betreuer die Möglichkeit einer Geschäftsunfähigkeit bedacht hat. Wird die Einwilligung seitens des Betreuers nicht dem Geschäftsgegner des Betreuten, sondern dem Betreuten gegenüber erklärt, so handelt der Betreute als Bote, wenn er diese Erklärung seinem Vertragsgegner mitteilt[38]; unterlässt er das, kann wohl nur dann noch ein gültiger Vertrag zustande gekommen sein, wenn die Voraussetzungen des § 151 Satz 1 vorliegen. Ist der **Vertrag formbedürftig**, scheitert eine solche Umdeutung, wenn nicht die Einwilligung des Betreuers in derselben Form erfolgt, obgleich dies rechtlich nicht geboten ist (§ 182 Abs 2). Der Rechtsverkehr kann sich also nicht darauf verlassen, dass ein Betreuter, über den ein Einwilligungsvorbehalt angeordnet ist, geschäftsfähig ist. 19

2. Verweisungen (Satz 2). – a) **Verweisung auf §§ 108 bis 111 (insbesondere Genehmigung)**. § 105a gilt neben § 1903. § 107 ist in Satz 2 nicht für entsprechend anwendbar erklärt, weil die Einwilligung durch den Betreuer schon in Satz 1 behandelt ist, dh dessen vorherige Zustimmung einem vom geschäftsfähigen Betreuten getätigtem Rechtsgeschäft Wirksamkeit verleiht. Zu rechtlich vorteilhaften Geschäften vgl Abs 3. Die Einwilligung kann auch als generelle Einwilligung erteilt werden[39], freilich kann dies leicht Haftungsfolgen für den Betreuer (§ 1908i iVm § 1833) auslösen. Ist ein Einwilligungsvorbehalt angeordnet, gelten die §§ 108 bis 113 und § 131 Abs 2 sowie § 210 entsprechend; dabei wird vorausgesetzt, dass der Betreute (insoweit) *geschäftsfähig* ist. Auf einen *geschäftsunfähigen* Betreuten sind die Vorschriften nicht entsprechend anwendbar; der Geschäftsunfähige wird nicht etwa durch die Anordnung eines Einwilligungsvorbehalts zu einem beschränkt Geschäftsfähigen. Dies hat ua zur Folge, dass ein von einem geschäftsfähigen Betreuten abgeschlossener Vertrag schwebend unwirksam ist und von der Genehmigung des Betreuers abhängt[40]. War der Betreute aber bei Vertragsschluss geschäftsunfähig (§ 104 Nr 2), so kann man allenfalls durch Umdeutung (Rz 19) zur Gültigkeit des Geschäfts 20

33 BayObLG FamRZ 2000, 567 = NJWE-FER 2000, 152; FamRZ 1994, 1135 (LS) = BtPrax 1994, 136; OLG Düsseldorf FamRZ 1993, 1224.
34 BT-Drucks 11/4528 S. 137.
35 BGH NJW 1955, 1714.
36 AA *Jürgens/Kröger/Marschner/Winterstein* Rz 186.
37 Vgl *Flume*, Das Rechtsgeschäft, 3. Aufl, § 136 S. 552.
38 Bedenken bei *Bürgle* AnwBl 1989, 507/8.
39 MünchKomm/*Schwab* Rz 50; aA *Bienwald* FamRZ 1988, 1012/5.
40 § 108 Abs 2; vgl hierzu *Wilhelm* NJW 1992, 1666.

gelangen. Von Anfang an wirksam sind solche Rechtsgeschäfte des geschäftsfähigen Betreuten, die mit Mitteln bewirkt werden, die der Betreuer dem geschäftsfähigen Betreuten zu einem bestimmten Zweck oder zur freien Verfügung überlassen hat (§ **110**). Einseitige Rechtsgeschäfte des geschäftsfähigen Betreuten, wie zB eine Kündigungserklärung, sind (bei Bestehen eines Einwilligungsvorbehalts) ohne Einwilligung des Betreuers unwirksam (§ **111**).

21 b) **Verweisung auf § 131 Abs 2.** Willenserklärungen, die gegenüber dem geschäftsfähigen (mit einem Einwilligungsvorbehalt belasteten) Betreuten abgegeben werden, werden nicht wirksam, bevor sie dem Betreuer zugegangen sind, es sei denn, die Erklärung bringt dem Betreuten lediglich einen rechtlichen Vorteil. Demzufolge werden auch **Steuerbescheide** (auch Schätzungsbescheide) nicht wirksam, bevor sie nicht dem Betreuer mit dem entsprechenden Aufgabenkreis zugegangen sind. Dasselbe gilt auch, wenn dem schwerbehinderten Betreuten vom Arbeitgeber **gekündigt** wird[41].

22 c) **Verweisung auf § 210 (Verjährung).** Durch § 1903 Abs 1 Satz 2 iVm § **210** wird sichergestellt, dass die Verjährung von Ansprüchen des Betreuten gehemmt wird, solange ein unter einem Einwilligungsvorbehalt stehender Betreuter ohne gesetzlichen Vertreter ist. Die Regelung des § 210 kommt dem Betreuten jedoch nicht ausnahmslos zugute, da der Schutz des Betreuten nicht weiter geht als derjenige des Minderjährigen. Besteht zB ein Einwilligungsvorbehalt lediglich für die Personensorge, kommt dem geschäftsfähigen Betreuten die Regelung des § 210 Abs 1 nicht zugute, da ihm weiterhin die Rechtsmacht zusteht, sich wirksam durch Verträge vermögensrechtlich zu verpflichten und er insoweit **prozessfähig** ist, § 52 ZPO iVm § 210 Abs 2 BGB. Bei Anordnung einer Betreuung ohne Einwilligungsvorbehalt ist § 210 beim Fehlen eines Betreuers als gesetzlicher Vertreter nur anwendbar, wenn der Betreute geschäftsunfähig ist; ist er geschäftsfähig, so tritt keine Hemmung der Verjährung ein. Entsprechendes gilt für die Frist zur **Ausschlagung einer Erbschaft** (§ 1944 Abs 2).

23 d) **Verweisung auf §§ 112, 113 (Erwerbsgeschäft).** Durch die entsprechende Anwendung der §§ 112, 113 (Betrieb eines Erwerbsgeschäftes und Eingehung eines Dienst- oder Arbeitsverhältnisses) soll dem geschäftsfähigen Betreuten eine eigenverantwortliche Teilnahme am Rechtsverkehr ermöglicht werden. Im Falle der Geschäftsunfähigkeit sind Rechtsgeschäfte nur wirksam, wenn man den Betreuten als Boten ansieht (Rz 19). Kündigt der Arbeitgeber dem Betreuten, kann sich die Maßgeblichkeit des Zugangs der Kündigungserklärung aus § 113 ergeben[42].

24 **3. Aufhebung des Einwilligungsvorbehalts.** Der Einwilligungsvorbehalt besteht fort, obwohl der Betreuer gestorben oder entlassen ist (§ 1908c BGB), ein Betreuer also fehlt; der Betreute kann dann uU vorübergehend nicht agieren (notfalls hilft ein durch einstweilige Anordnung bestellter vorläufiger Betreuer oder das Betreuungsgericht nach § 1846 BGB). Wird ein Einwilligungsvorbehalt aufgehoben, weil seine **Voraussetzungen nachträglich weggefallen sind** (§ 1908d Abs 4 und 1), findet § 108 Abs 3 entsprechende Anwendung, dh die Genehmigung des Betreuten tritt mit dem Zeitpunkt der Aufhebung an die Stelle der Genehmigung des Betreuers.

25 Dies gilt jedoch nicht, wenn ein **Einwilligungsvorbehalt zu Unrecht angeordnet** wurde und dieser vom Beschwerdegericht aufgehoben wird. In diesem Fall enthält § 306 FamFG eine Sonderregelung gegenüber der entsprechenden Anwendung des § 108 Abs 3: die Wirksamkeit der von oder gegenüber dem

41 BAG NZA 2008, 1055.
42 BAG NZA 2008, 1055.

Betreuten vorgenommenen Rechtsgeschäfte wird nicht im Hinblick auf den (aufgehobenen) Einwilligungsvorbehalt in Frage gestellt. Die Geschäfte, die der Betreuer zwischenzeitlich getätigt hat, sind ebenfalls wirksam, denn dieser handelt unabhängig vom Einwilligungsvorbehalt als gesetzlicher Vertreter. Denkbar ist somit, dass beide Geschäfte sich widersprechen (Folgen: § 306 FamFG Rz 9).

III. Rechtsgeschäfte ohne Vorbehaltsmöglichkeit (Abs 2)

1. Eheschließung. Lebenspartnerschaft. Ein Einwilligungsvorbehalt kann nicht auf die Eheschließung gerichtet werden. Denn die Eingehung einer Ehe als höchstpersönliche Angelegenheit kann nicht von der Zustimmung des Betreuers abhängig gemacht werden. Die Prüfung der Ehegeschäftsfähigkeit (§ 1304) bleibt dem Standesbeamten überlassen. Das BayObLG[43] lässt genügen, wenn der Betreute das Wesen der Ehe erfassen kann. Geschäftsfähigkeit iSv § 104 ff ist hierfür nicht erforderlich[44]. § 308 Abs 2 FamFG sieht daher eine Verpflichtung des Betreuungsgerichts vor, dem Standesamt Mitteilung zu machen, wenn nach den Erkenntnissen des Gerichts der Betreute heiraten will. Der Standesbeamte kann weder aus der Tatsache der Betreuung noch aus einem Einwilligungsvorbehalt mit Sicherheit auf das Fehlen der Ehegeschäftsfähigkeit schließen. Er kann die Akten des Betreuungsgerichts einsehen, § 13 FamFG bzw Amtshilfe[45], um sich anhand des Gutachtens ein Bild zu machen, auch die Vorlage einer ärztlichen Bescheinigung verlangen. Lehnt der Standesbeamte die Beurkundung der Eheschließung ab, kann der Betreute und/oder sein Verlobter das Amtsgericht um Entscheidung anrufen; § 49 Abs 1 PStG[46]; das AG wird dann ein Sachverständigengutachten zur Frage der Ehegeschäftsfähigkeit einholen. 26

Mit **Lebenspartnern** sind die registrierten gleichgeschlechtlichen Lebenspartner im Sinne von § 1 LPartG gemeint, nicht Lebensgefährten (Frau/Mann). 27

2. Sonstige Rechtsgeschäfte bei Eheschließung. Weitere aus Anlass der Ehe getätigte Rechtsgeschäfte fallen gleichfalls unter § 1903 Abs 2 Satz 1, ein Einwilligungsvorbehalt kann sich also nicht darauf erstrecken, soweit diese höchstpersönlicher Natur sind. Hierzu zählt zB das Einvernehmen über die Haushaltsführung (§ 1356 Abs 1) oder die Bestimmung des Ehenamens, § 1355 Abs 1 Satz 1[47]. Anderes gilt für solche in Zusammenhang mit der Ehe stehenden Rechtsgeschäfte, die vermögensrechtlicher Natur sind, soweit sich der Einwilligungsvorbehalt auf die Vermögenssorge erstreckt. Hierunter fällt insbesondere der Abschluss eines **Ehevertrages**. Zur Ehescheidung vgl § 1902 Rz 39. 28

3. Testament. Das Gesetz kennt keine konstitutive Feststellung der **Testierfähigkeit** (auch die Geschäftsunfähigkeit, Einwilligungsfähigkeit kann nicht durch Beschluss des Betreuungsgerichts *verbindlich festgestellt* werden). Das frühere Recht knüpfte an jede Entmündigung den Verlust der Testierfähigkeit (§ 2229 Abs 3 aF); bis 31.12.1991 errichtete Testamente Entmündigter sind daher weiterhin unwirksam, auch wenn die Entmündigung in eine Betreuung übergeleitet wurde[48]. Die bis 31.12.1991 bestehende Gebrechlichkeitspflegschaft hatte dagegen keine Auswirkungen auf die Testierfähigkeit. Der jetzige § 1903 Abs 2 nimmt **Verfügungen von Todes wegen** von einem möglichen Einwilligungsvor- 29

43 BayObLG BtPrax 1997, 111 = NJWE-FER 1997, 1.
44 Vgl ferner *Finger* StAZ 1996, 225.
45 *Böhmer* StAZ 1990, 213/6.
46 Beispiel: BayObLG BtPrax 1997, 111.
47 *Schwab* FS für Rebmann, 1989, S. 685/699; *Böhmer* StAZ 1992, 65/7.
48 *Hahn* FamRZ 1991, 27.

behalt aus; für ein Testament oder den Widerruf eines Testaments braucht also ein Betreuter keine Einwilligung seines Betreuers. Der Betreute kann auch seinen Betreuer als Erben einsetzen. Fehlte dem Betreuten bei der Errichtung des Testaments die sog Testierfähigkeit (§ 2229 Abs 4), ist das Testament allerdings unwirksam. Es ist also gegebenenfalls nach dem Erbfall zu prüfen, ob ein Testament im Zustand der Testierunfähigkeit verfasst wurde oder nicht. Die Tatsache der Betreuung und der Anordnung eines Einwilligungsvorbehalts (für andere Bereiche) genügen nicht zur Annahme der Testierunfähigkeit[49]. Die Schwierigkeiten bei der Feststellung der Geschäftsunfähigkeit werden dadurch gemindert, dass im Betreuungsverfahren ein Gutachten eingeholt wird (§ 280 FamFG; es ist zulässig, aber nicht notwendig und daher selten, dass es sich mit der Testierfähigkeit befasst) und eine persönliche Anhörung (§ 278 FamFG) stattfindet, ferner spätestens alle 7 Jahre eine Überprüfung (§ 295 Abs 2 FamFG). Den zum Kreis der gesetzlichen Erben zählenden Personen ist **Einsicht in Betreuungsakten** gemäß § 13 FamFG zu gewähren[50].

30 **4. Widerruf des Testaments.** Die Unzulässigkeit eines Einwilligungsvorbehaltes erstreckt sich nicht nur auf die Errichtung einer Verfügung von Todes wegen, sondern ebenso auf deren **Widerruf.** Dies ist Ausdruck des höchstpersönlichen Charakters des Widerrufs. Entsprechendes gilt für den Widerruf wechselbezüglicher Verfügungen, § 2271 Abs 1. Es kann also nur ein geschäftsfähiger Betreuter widerrufen, nicht dagegen ein Geschäftsunfähiger. Vernichtet ein Geschäftsunfähiger die Testamentsurkunde, so verliert das Testament nicht seine Gültigkeit (vgl § 2255); die Beweisschwierigkeiten liegen auf der Hand.

31 **5. Erbvertrag.** Der *geschäftsfähige* Betreute kann ohne Zustimmung seines Betreuers und ohne Genehmigung des Betreuungsgerichts als Erblasser einen **Erbvertrag** abschließen, der Einwilligungsvorbehalt kann sich gem § 1903 Abs 2 auch nicht auf diese Art der Verfügung von Todes wegen erstrecken. Nach *Weser*[51] sollte, wenn es sich um einen Ehegatten handelt, analog § 2275 Abs 2 vorsorglich der Betreuer zustimmen. Als **Gegner des Erblassers** kann ein geschäftsfähiger Betreuter, auch wenn er unter Einwilligungsvorbehalt steht, einen Erbvertrag schließen, da dieser ihm nur rechtlich vorteilhaft ist (§ 1903 Abs 3), solange keine Gegenleistung versprochen wird.

32 **6. Weitere Fälle aus dem Familien- und Erbrecht.** Abs 2 bestimmt ferner, dass sich ein Einwilligungsvorbehalt nicht auf Willenserklärungen erstrecken kann, zu denen der in der Geschäftsfähigkeit beschränkte Minderjährige (geschäftsbeschränkte Volljährige gibt es nicht mehr; vgl § 114 aF) nach den Vorschriften des Familien- bzw Erbrechts gleichfalls nicht der Zustimmung des gesetzlichen Vertreters bedarf. Hierzu zählen die Zustimmung zur Ausschließung bei fortgesetzter Gütergemeinschaft (§ 1516 Abs 2 Satz 2), die Fälle des § 1600 a Abs 2 Satz 3, Abs 4, die Einwilligungen zur Annahme als Kind bzw zur Aufhebung des Annahmeverhältnisses (§ 1750 Abs 3 Satz 2 bzw § 1760 Abs 3 Satz 2, Abs 5 Satz 2), der Antrag auf Aufhebung des Annahmeverhältnisses (§ 1762 Abs 1 Satz 4), die Errichtung eines Testaments (§ 2229 Abs 2), die Anfechtung des Erbvertrages bzw dessen Aufhebung (§ 2282 Abs 1 Satz 2 bzw § 2290 Abs 2 Satz 2), der Rücktritt vom Erbvertrag (§ 2296 Abs 1 Satz 2) und der Abschluss eines Erbverzichtsvertrages (§ 2347 Abs 2 Satz 1). Zur Anerkennung der Vaterschaft bzw der Zustimmung hierzu vgl § 1596 Abs 3. Ist der Betreute geschäftsfähig, so kann er die Geschäfte selbst vornehmen; der Betreuer könnte in einem solchen Fall zwar für den Betreuten handeln, aber in allen genannten Fällen verbietet das Gesetz die Vornahme durch einen Vertreter. Daraus kann aber

49 Vgl *Hahn* FamRZ 1991, 27/8.
50 OLG Stuttgart BWNotZ 1993, 173.
51 Weser MittBayNotV 1992, 161/170.

nicht gefolgert werden, insoweit dürfe keine Betreuung angeordnet werden[52]; ein solcher Beschluss wäre unübersichtlich und daher wenig zweckmäßig, bedürfte auch einer Vorprüfung der Geschäftsfähigkeit.

7. Weitere Fälle unzulässiger Einwilligungsvorbehalte. Der Einwilligungsvorbehalt ist ferner unzulässig und unwirksam in folgenden Fällen: für **körperlich Behinderte** mangels Erforderlichkeit[53]; dies gilt selbst im Fall einer *lediglich* uneinsichtigen Selbstschädigung. Einen Einwilligungsvorbehalt für **Prozesshandlungen** gibt es nicht[54], da sich dieser nur auf *Rechtsgeschäfte* bezieht; vgl § 53 ZPO. Der Einwilligungsvorbehalt kann sich nicht auf *tatsächliches Verhalten* beziehen; für die **Aufenthaltsbestimmung** kann daher (trotz des Wortlauts von § 309 Abs 2 FamFG) kein Einwilligungsvorbehalt angeordnet werden[55]. Sinnvoll ist in solchen Fällen, den Vorbehalt nur auf die damit verbundenen rechtsgeschäftlichen Erklärungen zu erstrecken, zB Abschluss und Kündigung des Heimvertrags einschl. der Aufhebung und Begründung des Wohnsitzes[56]. Zum (mE unzulässigen) Einwilligungsvorbehalt im Bereich der **ärztlichen Behandlung** vgl § 1904 Rz 13. 33

IV. Keine Einwilligung des Betreuers (Abs 3)

1. Rechtlich vorteilhafte Geschäfte (Satz 1). Selbst wenn ein Einwilligungsvorbehalt angeordnet ist, bedarf der Betreute nach Abs 3 Satz 1 nicht der Zustimmung des Betreuers, wenn die Willenserklärung dem Betreuten **lediglich einen rechtlichen Vorteil bringt.** Dies entspricht der in § 107 enthaltenen Regelung für beschränkt Geschäftsfähige. 34

2. Alltägliche Angelegenheiten (Satz 2). – a) Geringwertige Alltagsgeschäfte. 35
Nach § 1903 Abs 3 Satz 2 bedarf der Betreute auch dann nicht der Einwilligung des Betreuers, wenn die Willenserklärung eine **geringfügige Angelegenheit des täglichen Lebens** betrifft, es sei denn, das Gericht hat etwas anderes angeordnet. Die Motive des Gesetzes verstehen unter „geringwertigen Angelegenheiten" alltägliche Bargeschäfte über geringwertige Gegenstände, wie zB der Kauf von Lebensmitteln, soweit diese nach Menge und Wert nicht das übliche Maß übersteigen[57]. Ein Mobilfunkvertrag über 24 Monate ist keine geringfügige Angelegenheit[58]; ebenso wenig ein Beförderungsvertrag[59], ebenso wenig Ausflugsfahrten zu Wirtshausbesuchen mit dem Krankentransportwagen des Rettungsdienstes[60]. Es kommt nicht darauf an, dass das Rechtsgeschäft jeden Tag vorgenommen wird, sondern ob die Verkehrsauffassung das Rechtsgeschäft zu den Alltagsgeschäften zählt. Unklar ist, ob sich die Geringfügigkeit des Alltagsgeschäfts aus der Sicht des Geschäftsgegners oder aus der eines objektiven Beobachters oder nach den Vermögensverhältnissen des Betreuten bestimmt. § 1903 dient in erster Linie dem Schutz des Betreuten, so dass eine Beurteilung

52 *Cypionka* DNotZ 1991, 571, 582.
53 Vgl BT-Drucks 11/4528 S. 117, 137.
54 AA *Cypionka* DNotZ 1991, 571, 583; Erman-*Holzhauer* § 1903 Rz 24.
55 OLG Hamm FamRZ 1995, 433, 435 = BtPrax 1995, 70, dazu *Seitz* FGPrax 1995, 56; LG Hildesheim BtPrax 1996, 230; LG Köln FamRZ 1992, 857; *Sonnenfeld* FamRZ 1995, 393; aA BayObLG FamRZ 1993, 852: Einwilligungsvorbehalt auch für die Aufenthaltsbestimmung, weil sonst der geschäftsfähige Betreute den Heimvertrag gegen den Willen des Betreuers kündigen könne; ähnlich auch MünchKomm/*Schwab* § 1903 Rz 19.
56 Vgl LG Köln FamRZ 1992, 857; *Bienwald* FamRZ 1992, 1125, 1131; *Klüsener/Rausch* NJW 1993, 617, 620.
57 BT-Drucks 11/4528 S. 139.
58 LG Trier BtPrax 2004, 78.
59 AG Wuppertal FamRZ 2009, 1350.
60 LG Giessen NJW-RR 2003, 439 (10 Fahrten für insgesamt ca 370 Euro).

aus der Sicht des Dritten diesen Gesetzeszweck untergraben könnte. Andererseits soll dem geschäftsfähigen Betreuten, der unter Einwilligungsvorbehalt steht, ermöglicht werden, im Rahmen seiner Fähigkeiten in begrenztem Umfang Rechtsgeschäfte zu tätigen. Insoweit ist die Vorschrift eine Konkretisierung des in § 1901 Abs 1 Satz 1 enthaltenen Gedankens, nach welchem der Willensvorrang und die Eigenverantwortlichkeit durch das Wohl des Betreuten begrenzt werden. Es bestehen daher keine Bedenken, die Frage der **Geringfügigkeit nach den finanziellen Verhältnissen des Betreuten** auszurichten[61].

36 § 1903 Abs 3 Satz 2 geht über die Regelung des § 110 hinaus. § 110 setzt die Überlassung der Mittel bzw die Zustimmung zur Überlassung durch den gesetzlichen Vertreter voraus; nach Satz 2 bedarf der Betreute auch dann nicht der Einwilligung des Betreuers, wenn er das geringfügige Alltagsgeschäft mit Mitteln Dritter (zB Verwandter) bewirkt[62] oder wenn er **auf Kredit kauft**, „anschreiben lässt"[63]. Die Rechtswirksamkeit erstreckt sich also auf das Kausalgeschäft, das dingliche Erwerbsgeschäft (vgl auch Abs 3 Satz 1) und auf das dingliche Leistungsgeschäft des Betreuten, insbesondere die Übereignung von Geld[64].

37 Aus dem Wortlaut des Abs 3 darf nicht geschlossen werden, dass der Betreute immer dann, wenn ein Einwilligungsvorbehalt angeordnet ist, Alltagsgeschäfte tätigen kann[65]. Dies kann er nur, wenn er *geschäftsfähig* ist; wenn er geschäftsunfähig ist, ist ihm dies nach § 104 Nr 2 nicht möglich (Ausnahmen: § 105 a BGB; § 5 Abs 12 HeimG bzw § 4 WBVG).

38 b) **Ausnahmeanordnung.** Das Wohl des Betreuten kann es in Ausnahmefällen rechtfertigen, auch geringfügige Alltagsgeschäfte einem Einwilligungsvorbehalt zu unterwerfen. So zB bei einem Alkoholiker, um zu verhindern, dass sich dieser rechtswirksam kleinere Mengen Alkohol (auf Kredit) beschafft. Das Gericht kann in diesen Fällen anordnen, dass sich der Einwilligungsvorbehalt ganz oder teilweise auch auf geringfügige Angelegenheiten erstreckt[66]. Das Gericht kann auch einen festen Betrag nennen, bis zu dem Geschäfte zulässig sein sollen[67].

V. Mitteilungspflicht (Abs 4)

39 Abs 4 erweitert die dem Betreuer obliegende **Mitteilungspflicht** (vgl § 1901) durch die Verweisung auf § 1901 Abs 5. So soll sichergestellt werden, dass einer Änderung der Umstände, die zur Anordnung eines Einwilligungsvorbehaltes geführt haben, unmittelbar vom Betreuungsgericht Rechnung getragen werden kann. Dies bedeutet, dass sich die Mitteilungspflicht auf solche Umstände erstreckt, die sowohl eine Einschränkung bzw Wegfall als auch eine Erweiterung des Einwilligungsvorbehalts rechtfertigen können. **Beispiel:** Einwilligungsvorbehalt für Haussanierung; Beendigung der Sanierung muss dem Betreuungsgericht mitgeteilt werden[68]. „Bis 250 Euro" sind aber keine Grenze für Alltagsgeschäfte, sondern eine sonstige Beschränkung des Einwilligungsvorbe-

61 AA *Cypionka* DNotZ 1991, 571, 581: alle formbedürftigen Geschäfte sind keine geringfügigen.
62 BT-Drucks 11/4528 S. 139.
63 AA MünchKomm/*Schwab* § 1903 Rz 47: nur Bargeschäfte.
64 MünchKomm/*Schwab* § 1903 Rz 47.
65 So *Bienwald* BtPrax 1993, 79/81.
66 BT-Drucks 11/4528 S. 139.
67 BayObLGZ 1993, 345 = FamRZ 1994, 1135: 500 DM.
68 BayObLGZ 1993, 345 = FamRZ 1994, 1135.

halts[69]. Zum **Verfahren** bei Einschränkung oder Erweiterung des Einwilligungsvorbehalts, vgl § 1908 d.

VI. Verfahren

1. Anordnung eines Einwilligungsvorbehalts. Zuständig ist das Amtsgericht (Betreuungsgericht); es handelt sich um kein selbstständiges Verfahren mit eigenem Aktenzeichen, sondern um einen Teil des Betreuungsverfahrens. Das Landgericht kann nicht im Beschwerdeverfahren erstmals einen Einwilligungsvorbehalt anordnen[70]; gegebenenfalls ist ein Zurückverweisung angebracht; anders wenn der Einwilligungsvorbehalt vom Betreuungsgericht abgelehnt wurde und die Beschwerde des Betreuers hiergegen erfolgreich ist. Vor der Anordnung eines Einwilligungsvorbehalts, die immer nur von Amts wegen erfolgt, hat das Betreuungsgericht den Betroffenen grundsätzlich **persönlich anzuhören** (§ 278 Abs 1 FamFG) und ein **Sachverständigengutachten** über die Notwendigkeit und den Umfang (ggf auch zeitlich) einzuholen (§ 280 Abs 1 FamFG)[71]. Ein **Verfahrenspfleger** ist nur zu bestellen, wenn dies zur Wahrnehmung der Interessen des Betroffenen erforderlich ist (§ 276 FamFG), so in der Regel, wenn von einer persönlichen Anhörung oder Bekanntgabe der Entscheidung abgesehen werden soll (§ 276 Abs 1 Satz 2 Nr 1 FGG). Ferner ist der zuständigen Betreuungsbehörde sowie den sonstigen Beteiligten (§ 274 FamFG) Gelegenheit zur Äußerung zu geben. 40

Die Entscheidung, durch die ein Einwilligungsvorbehalt angeordnet wird (**Beschluss**), hat die **einwilligungsbedürftigen Willenserklärungen** zu bezeichnen (§ 286 Abs 2 FamFG). Die Reichweite muss so genau wie möglich umschrieben werden, damit Rechtsklarheit besteht und keine Überschneidungen auftauchen[72]. Die Obergerichte meinen, in den Beschlussgründen müsse *jeder einzelne* Gegenstand des Einwilligungsvorbehalts konkret und nachprüfbar dargelegt werden[73]. Der Beschluss ist der zuständigen Betreuungsbehörde sowie dem Betroffenen bekannt zu machen (§§ 41, 288 FamFG). Die Anordnung des Einwilligungsvorbehalts wird **wirksam** im Zeitpunkt der Bekanntmachung an den Betreuer (Näheres § 287 Abs 1 FamFG). Für die **Verlängerung** des Einwilligungsvorbehalts gilt § 295 FamFG. Die Verlängerung setzt voraus, „dass der Betroffene in dessen Bereich zu einer freien Willensbestimmung weiterhin nicht im Stande ist, dass die konkrete Gefahr für die Person oder für das Vermögen des Betroffenen, die zur Anordnung des Einigungsvorbehalts geführt hat, nach wie vor besteht und dass zur Abwendung dieser Gefahr die Aufrechterhaltung des Einwilligungsvorbehalts erforderlich ist“[74]. 41

2. Einstweilige Anordnung. Ein Einwilligungsvorbehalt kann auch im Wege einer einstweiligen Anordnung angeordnet werden (§§ 300, 301 FamFG). Sie darf grundsätzlich die Dauer von sechs Monaten nicht überschreiten (§ 302 FamFG). Die Anordnung kann noch angefochten werden, nachdem ein endgültiger Einwilligungsvorbehalt angeordnet wurde[75] oder die einstweilige Anordnung abgelaufen ist, weil die zivilrechtlichen Wirkungen fortbestehen; eine Erledigung der Hauptsache tritt also nicht ein. 42

---

69 BayObLG FamRZ 1995, 1517.
70 OLG Zweibrücken Rpfleger 2005, 254.
71 BayObLG FamRZ 1995, 1517 = BtPrax 1995, 143.
72 *Klüsener* Rpfleger 1989, 217, 221; *Pardey* Rpfleger 1988, 451.
73 BayObLG NJW-RR 2003, 871; FamRZ 1993, 442; FamRZ 1996, 897.
74 BayObLG BtPrax 2000, 91.
75 OLG Hamm FamRZ 1993, 722; BayObLG BtPrax 1997, 198.

43 3. **Rechtsmittel.** Dem Betroffenen (§ 58 FamFG), dem Verfahrenspfleger (§ 303 Abs 3 FamFG), der zuständigen Behörde (§ 303 Abs 1 FamFG) und (sehr beschränkt) dem in § 303 Abs 2 FamFG genannten Personenkreis steht gegen die Anordnung eines Einwilligungsvorbehalts das Rechtsmittel der befristeten **Beschwerde** zu (§§ 58 ff FamFG). Wird kein Einwilligungsvorbehalt angeordnet, ist der Betroffene beschwerdeberechtigt, weil ihn der Einwilligungsvorbehalt schützen würde. Legt der Betreute Beschwerde ein und stirbt er dann, tritt keine Erledigung der Hauptsache ein (wegen § 306 FamFG)[76]. Der Betreute ist auch zur Anfechtung der Aufhebung des Einwilligungsvorbehalts berechtigt[77]. Die Beschwerdefrist (§ 63 FamFG) läuft für den Betroffenen erst mit Bekanntgabe an ihn selbst (§ 63 Abs 3 FamFG). Bei Aufhebung oder Einschränkung des Einwilligungsvorbehalts in der Rechtsmittelinstanz steht die Gültigkeit der vom und gegenüber dem Betreuten vorgenommenen Rechtsgeschäfte außer Frage (§ 306 FamFG).

§ 1904 BGB Genehmigung des Betreuungsgerichts bei ärztlichen Maßnahmen

(1) [1]Die Einwilligung des Betreuers in eine Untersuchung des Gesundheitszustands, eine Heilbehandlung oder einen ärztlichen Eingriff bedarf der Genehmigung des Betreuungsgerichts, wenn die begründete Gefahr besteht, dass der Betreute auf Grund der Maßnahme stirbt oder einen schweren und länger dauernden gesundheitlichen Schaden erleidet. [2]Ohne die Genehmigung darf die Maßnahme nur durchgeführt werden, wenn mit dem Aufschub Gefahr verbunden ist.

(2) Die Nichteinwilligung oder der Widerruf der Einwilligung des Betreuers in eine Untersuchung des Gesundheitszustands, eine Heilbehandlung oder einen ärztlichen Eingriff bedarf der Genehmigung des Betreuungsgerichts, wenn die Maßnahme medizinisch angezeigt ist und die begründete Gefahr besteht, dass der Betreute auf Grund des Unterbleibens oder des Abbruchs der Maßnahme stirbt oder einen schweren und länger dauernden gesundheitlichen Schaden erleidet.

(3) Die Genehmigung nach den Absätzen 1 und 2 ist zu erteilen, wenn die Einwilligung, die Nichteinwilligung oder der Widerruf der Einwilligung dem Willen des Betreuten entspricht.

(4) Eine Genehmigung nach den Absätzen 1 und 2 ist nicht erforderlich, wenn zwischen Betreuer und behandelndem Arzt Einvernehmen darüber besteht, dass die Erteilung, die Nichterteilung oder der Widerruf der Einwilligung dem nach § 1901 a festgestellten Willen des Betreuten entspricht.

(5) [1]Die Absätze 1 bis 4 gelten auch für einen Bevollmächtigten. [2]Er kann in eine der in Absatz 1 Satz 1 oder Absatz 2 genannten Maßnahmen nur einwilligen, nicht einwilligen oder die Einwilligung widerrufen, wenn die Vollmacht diese Maßnahmen ausdrücklich umfasst und schriftlich erteilt ist.

Schrifttum: *Schreiber*, Die medikamentöse Versorgung als Heilbehandlung gem § 1904 BGB nF, FamRZ 1991, 1014 und FamRZ 1993, 26; *Holzhauer*, Zur Prüfung von Medikamenten an Betreuten, NJW 1992, 2325; *Uhlenbruck*, Vorab-Einwilligung und Stellvertretung bei der Einwilligung in einen Heileingriff, MedR 1992, 134; *Winkler-Wilfurth*, Betreuung und Heilbehandlung, 1992; *Dose*, Medikamentöse Versorgung als Heilbehandlung, FamRZ 1993, 1032; *Nedopil*, Medikamentöse Versorgung als Heilbehandlung, FamRZ 1993, 24; *Kern*, Arzt und Betreuungsrecht, MedR 1993, 245; *Vennemann/Linnhoff*, Problematik des § 1904 BGB (Fallschilderung), BtPrax 1993, 89; *Stolz*, BtG: Umsetzungsdefizite im Bereich Heilbehandlung und freiheitsentziehende Maßnahmen, FamRZ 1993, 642 = BWNotZ 1993, 131; *Stolz*, Medikamentöse Versorgung von

76 BayObLG NJWE-FER 2000, 266.
77 BayObLG FamRZ 2000, 567.

Heimbewohnern nach dem BtG, BtPrax 1994, 49; *Frost*, Arztrechtliche Probleme des neuen Betreuungsrechts, 1994; *Kern*, Fremdbestimmung bei der Einwilligung in ärztliche Eingriffe, NJW 1994, 753; *Thar*, Einwilligung in die Heilbehandlung, BtPrax 1994, 74; *Wolter-Henseler*, Betreuungsrecht und Arzneimittel, BtPrax 1994, 183; *Pardey*, Alltagsprobleme im Betreuungsrecht, BtPrax 1995, 81; *Kollmer*, Personensorge im Betreuungsrecht, Rpfleger 1995, 45; *Pardey*, Vollzugsdefizite im Betreuungsrecht, Rpfleger 1995, 393; *Deichmann*, Vormundschaftsgerichtlich genehmigtes Töten durch Unterlassen, MDR 1995, 983; *Wolter-Henseler*, Gefährliche medizinische Maßnahmen, BtPrax 1995, 168; *Weber/Wolf/Hiller*, Betreuungsrecht im psychiatrischen Konsildienst, in: Der Nervenarzt 1995, 355; *Dodegge*, Die Elektrokrampftherapie, FamRZ 1996, 74; *Wetterling* ua, Ist das Betreuungsrecht bei chronischen Alkoholikern anwendbar?, in: Sucht 1996, 284; *Konrad*, Bedeutung der Genehmigungspflicht gem § 1904 in der stationären psychiatrischen Versorgungspraxis, RuP 1996, 76; *Gaidzik*, Aktuelle forensische Probleme in der Psychiatrie (Haftungsfragen, § 1904), Spektrum der Psychiatrie ... 1996, 178; *Klie* (Behandlungsrecht als „Fallstrick") BtPrax 1996, 38; *Kuhlmann*, Einwilligung in die Heilbehandlung alter Menschen, 1997; *Wigge*, Ärztliche Fragen des Unterbringungsrechts, MedR 1996, 291; *Hubert-Fehler/Hollmann*, PEG (Ernährungssonde) ..., BtPrax 1996, 210 (dazu *Müller-Bohlen*, BtPrax 1997, 22); *Schweitzer*, Heilbehandlung und Selbstbestimmung, FamRZ 1996, 1317; *Meier*, Sterbehilfe, BtPrax 1996, 161; *Wiebalck/Kreyßig/Peters/Wächtler/Winterstein*, Ärztliche und juristische Aspekte bei der Anwendung des § 1904 BGB, BtPrax 1997, 48 (108); *Rieger*, Die mutmaßliche Einwilligung in den Behandlungsabbruch, 1997; Eisenbart, Stellvertretung in Gesundheitsangelegenheiten, MedR 1997, 305; *Hartmann*, Umfang und Grenzen ärztlicher Zwangsbehandlung im psych Maßregelvollzug, 1997; *Schmidt*, Persönliche Willenserklärung bei lebensbedrohlicher Krankheit, BtPrax 1997, 16; *Mayer*, Medizinische Maßnahmen an Betreuten, 1997; *Zimmermann*, Th., Auswirkungen des Betreuungsrechts in der ärztlichen Praxis, 1997; *Schreibauer*, Strafrechtliche Risiken des Betreuers bei Sterbehilfe und Suizidbegleitung, BtPrax 1997, 217; *Deinert*, Organspende und Betreuung, BtPrax 1998, 60; *Dröge*, Patientenverfügung und Erforderlichkeit einer Betreuungsmaßnahme, BtPrax 1998, 199; *Richardi*, Verabreichung eines Arzneimittels an Einwilligungsfähige, FS für Medicus, 1999, S. 449; *Wojnar*, Einsatz von Psychopharmaka in der Betreuung demenzkranker Menschen, BtPrax 1999, 11; *Stalinski*, Gerichtlich genehmigte Sterbehilfe, BtPrax 1999, 43; *Albers*, Sterbehilfe, Vormundschaftsgericht und Verfassung, NJW 1999, 835; *Bernat*, Behandeln oder sterben lassen?, FS für E Deutsch, 1999, 443; *Burchardi*, Begrenzung oder Beendigung der Behandlung aus der Sicht eines Intensivmediziners, FS für E. Deutsch, 1999, 477; *Fischer*, Die mutmaßliche Einwilligung bei ärztlichen Eingriffen, FS für E. Deutsch, 1999, 545; *Schreiber*, Neuer Entwurf für eine Richtlinie der Bundesärztekammer zur Sterbehilfe, FS für E Deutsch, 1999, 773; *Uhlenbruck*, Stellvertretung in Gesundheitsangelegenheiten, FS für E Deutsch, 1999, 849; *Verrel*, Richter über Leben und Tod, JR 1999, 5; *Gründel*, Einwilligung des Betreuers in den Abbruch lebenserhaltender Maßnahmen, NJW 1999, 3391; *Batra/Bartels/Foerster*, Zur Genehmigungspflicht von Elektrokrampftherapie, Nervenarzt 1999, 657; *Ankermann*, Verlängerung sinnlos gewordenen Lebens?, MedR 1999, 387; *Zöller*, Passive Sterbehilfe zwischen Selbstbestimmungsrecht des Patienten und mutmaßlicher Einwilligung, ZRP 1999, 317; *Hennies*, Risikoreiche ärztliche Maßnahmen – betreuungsrechtliche Eingriffe, MedR 1999, 341; *Fröschle*, Maximen des Betreuerhandelns und die Beendigung lebenserhaltender Eingriffe, JZ 2000, 72; *Paehler*, Zur Zulässigkeit des Sterbenlassens, BtPrax 2000, 21; *Zinkler/Scheeweiß*, Zur vormundschaftsgerichtlichen Genehmigungspflicht der Elektrokrampftherapie, RuP 2000, 12; *Helde*, Medizinische Zwangsbehandlung, 2000; *Schwab*, Stellvertretung bei der Einwilligung in die medizinische Behandlung, FS für Henrich, 2000, 511; *Popp*, Zwangsbehandlung von psychisch Kranken im Betreuungsrecht, 2003; *Meier/Borasio/Kutzer*, Patientenverfügung, 2005; *Lipp*, Sterbehilfe und Patientenverfügung, FamRZ 2004, 317; *Höfling*, Frage der Sterbehilfe bei Wachkoma-Patienten, JZ 2006, 145; *Albrecht*, Zur Umsetzung einer Patientenverfügung, MittBayNot 2006, 51; *Rudolf/Bittler/Roth*, Vorsorgevollmacht, Betreuungsverfügung und Patientenverfügung, 2006; *Becker-Schwarze*, Patientenautonomie aus juristischer Sicht, FPR 2007, 52; *Coeppicus*, Aktive und passive Sterbehilfe, FPR 2007, 63; *Müller*, Gesetzliche Regelung der Patientenverfügung, NotBZ 2009, 289; *Garlipp*, Zwangsbehandlung und Betreuungsrecht aus psychiatrischer Sicht, BtPrax 2009, 55; *Lipp*, Zwangsbehandlung eines Betreuten nach der aktuellen Rechtsprechung, BtPrax 2009, 53; *Albrecht/Albrecht*, Die Patientenverfügung, MittBayNot 2009, 426; *Müller*, Die Patientenverfügung ..., DNotZ 2010, 169; *Zimmermann*, Vorsorgevollmacht, Betreuungsverfügung, Patientenverfügung, 2. Aufl 2010; *Mameghani*, Der mutmaßliche Wille als Kriterium für den Behandlungsabbruch bei entscheidungsunfähigen Patienten und sein Verhältnis zum Betreuungsrecht, 2010.

Übersicht

I. Gesetzesgeschichte

§ 1904 wurde durch das 1. BtÄndG v 25.6.1998 (BGBl 1998, 1580) mit Wirkung ab 1.1.1999 geändert, indem Abs 2 (Bevollmächtigte) angefügt wurde. Durch das 3. BtÄndG v 29.7.2009 (BGBl 2009, 2286) wurde § 1904 mit Wirkung ab 1.9.2009 neu gefasst; nachdem die Vormundschaftsgerichte durch das FGG-ReformG aufgelöst wurden liegt die Zuständigkeit seit 1.9.2009 bei den Betreuungsgerichten. Durch die Einfügung von Abs 4 hat § 1904 nur noch geringe Bedeutung. 1

II. Grundsätzliches

1. Ärztliche Behandlung und Betreuung; Aufklärung. Der ärztliche Eingriff ist rechtstechnisch eine Körperverletzung und daher nur gerechtfertigt, wenn eine (ausdrückliche oder mutmaßliche[1]) Einwilligung des Patienten vorliegt[2], hilfsweise Notstand, Notwehr, staatliche Genehmigung. Der einwilligungsfähige Patient kann seine Einwilligung jederzeit widerrufen[3], auch noch nach Beginn der Behandlung. Die Einwilligung muss keine bestimmte Form haben, insbesondere nicht schriftlich erklärt werden; mündliche Erklärung genügt (Ausnahme: Patientenverfügung, § 1901 a). Sie kann ausdrücklich oder stillschweigend (zB indem die Behandlung geduldet wird) erteilt werden. Die mutmaßliche Einwilligung kann genügen, zB wenn der Patient bewusstlos ist, Gefahr im Verzug ist und anzunehmen ist, dass ein verständiger Patient in dieser Situation mit dem Eingriff einverstanden ist (Beispiel: sofortige Behandlung von bewusstlosen Unfallopfern). Wer selbst noch *einwilligungsfähig* ist, entscheidet selbst, auch wenn ein Betreuer bestellt ist. Wer nicht mehr *einwilligungsfähig* ist, für den kann ein Betreuer als gesetzlicher Vertreter oder ein Bevollmächtigter als rechtsgeschäftlich bestellter Vertreter einwilligen. Bei besonders gefährlichen Maßnahmen oder der Unterlassung (zB Abbruch der künstlichen Ernährung) braucht der Betreuer bzw Bevollmächtigte die **Genehmigung** des Betreuungsgerichts; *er braucht sie nicht*, wenn er mit dem Arzt derselben Meinung ist (Abs 4). 2

Handelt der Arzt **ohne wirksame Einwilligung**, kann eine Straftat (Körperverletzung, §§ 223 ff StGB) und eine unerlaubte Handlung (§ 823) vorliegen. 3

1 RGZ 163, 129/136.
2 BGHZ 29, 46; BGHZ 67, 48; BGH NStZ 2008, 150.
3 BGH FamRZ 2005, 1476.

4 Eine Einwilligung ist nur wirksam, wenn der Patient bzw sein Stellvertreter vorher **ausreichend aufgeklärt** wurde[4], vor allem über die Risiken der geplanten Behandlung. Ungenügend ist das Aushändigen von schriftlichen Hinweisen. Der Patient kann auf die Aufklärung ganz oder teilweise verzichten. Ein Recht des Arztes, den Patienten unaufgeklärt zu lassen, weil ihm die Aufklärung angeblich schade („therapeutisches Privileg") besteht nicht; es ist mit dem Selbstbestimmungsrecht des Patienten nicht vereinbar. Dass nach Aufklärung mancher Patient die Behandlung ablehnt, so dass dem Arzt das Honorar entgeht, rechtfertigt nicht das Absehen von der Aufklärung. Der Arzt trägt die Beweislast dafür, dass er ausreichend aufgeklärt hat, wobei aber die Beweisnot des Arztes angemessen zu berücksichtigen ist.

Betreuter ist selbst einwilligungsfähig	Betreuter ist selbst nicht mehr einwilligungsfähig	
Betreuter entscheidet selbst, willigt selbst in seine Behandlung ein	Maßnahme ungefährlich	Maßnahme bzw Unterlassen der Maßnahme gefährlich
	Betreuer willigt für den Betreuten in dessen Behandlung ein; keine Genehmigung des Betreuungsgerichts erforderlich	Betreuer willigt für den Betreuten in dessen Behandlung ein und braucht zusätzlich die Genehmigung des Betreuungsgerichts
Einwilligung entbehrlich, wenn allgemeine Rechtfertigungsgründe vorliegen	Einwilligung entbehrlich, wenn allgemeine Rechtfertigungsgründe vorliegen	Einwilligung entbehrlich, wenn allgemeine Rechtfertigungsgründe vorliegen, zB mutmaßliche Einwilligung
		Genehmigung des Betreuungsgerichts entbehrlich nach § 1904 Abs 1 Satz 2 sowie nach § 1904 Abs 4 (Konsens)

5 **2. Einwilligungsunfähigkeit und Geschäftsfähigkeit.** § 1904 ist nur auf die (volljährigen, § 1896) Betreuten anwendbar, bei denen **Einwilligungsunfähigkeit** besteht[5]. Die heutige Auffassung hält die Einwilligung nicht für eine Willenserklärung iSv § 104, sondern für eine rechtsgeschäftsähnliche Handlung[6]. Maßgeblich für die Wirksamkeit einer Einwilligung des Betreuten in Untersuchung, Heilbehandlung und ärztlichen Eingriff ist daher nicht die Geschäftsfähigkeit (oder strafrechtliche Schuldfähigkeit) des Betreuten, sondern die **natürliche Einsichts- und Steuerungsfähigkeit**[7]. Einwilligungsfähig ist danach, wer Art, Bedeutung und Tragweite (auch die Risiken) der Maßnahme zu erfassen und seinen Willen hiernach zu bestimmen vermag[8]. Eine wirksame Einwilligung setzt zusätzlich voraus, dass der Patient über die Maßnahme und die Risiken ausreichend aufgeklärt wurde. Die Einwilligungs(un-)fähigkeit darf also nicht

4 BGH NJW 2000, 1784.

5 OLG Hamm FamRZ 1998, 190 (LS) = FGPrax 1997, 64 m Anm *Seitz* FGPrax 1997, 142; MünchKomm/*Schwab* § 1904 Rz 6; LG Kassel FamRZ 1996, 1501; *Knittel* § 1904 Rz 46; Staudinger-*Bienwald* § 1904 Rz 4; *Jürgens/Marschner/Marschner* § 1904 Rz 2.

6 BGHZ 29, 34, 36; 105, 48; *Knittel* § 1904 Rz 35; andere Deutung bei MünchKomm/*Schwab* § 1904 Rz 4.

7 OLG Hamm FGPrax 1997, 64.

8 BT-Drucks 11/4528 S. 71; *Amelung* RuP 1995, 20.

gleichgesetzt werden mit der Geschäfts(un-)fähigkeit; es handelt sich vielmehr um verschiedenartige Fähigkeiten, wobei im Allgemeinen die Anforderungen an die Einwilligungsfähigkeit geringer sind; zB kann auch bei beschränkt geschäftsfähigen Minderjährigen Einwilligungsfähigkeit bestehen; auch ein geschäftsunfähiger Betreuter kann diese Fähigkeit noch haben[9]. Ob der Patient einwilligungsfähig ist oder nicht, entscheidet zunächst der Arzt; ob er sich „richtig" entschieden hat kann gerichtlich nachgeprüft werden.

a) **Einwilligungsfähigkeit und konkrete Maßnahme.** Die Einwilligungsfähigkeit muss sich auf die konkrete Maßnahme beziehen[10]. Es kann also dieselbe Person bezüglich einer einfachen Behandlung (zB Zahnextraktion) einwilligungsfähig sein, bezüglich einer schwer verständlich erklärbaren Behandlung mit diffiziler Risikolage (wie Chemo- und Strahlentherapie, mehrstündige Operationen) dagegen nicht; bei der Geschäftsfähigkeit hingegen lehnt es die hM ab, bei derselben Person hinsichtlich einfacher Alltagsgeschäfte eine Geschäftsfähigkeit zu bejahen, bezüglich schwieriger undurchschaubarer Geschäfte dagegen Geschäftsunfähigkeit anzunehmen; es gibt also eine relative Einwilligungsfähigkeit, dagegen nach hM (aber entgegen der Lebenserfahrung) keine relative Geschäftsfähigkeit[11]. 6

b) **Anforderungen an die Einwilligungsfähigkeit.** Je komplexer und risikoreicher die Behandlung, desto höher sind die Anforderungen an die Einwilligungsfähigkeit zu stellen. Die Tatsache der Betreuung in Gesundheitsangelegenheiten spricht primae facie für Einwilligungsunfähigkeit, zumindest für nicht ganz einfache Eingriffe. Wird ein **Betreuer nur für eine bestimmte Behandlung** oder Operation bestellt, ist anzunehmen, dass das Betreuungsgericht die Vorfrage (Einwilligungsunfähigkeit des Betreuten bezüglich dieser konkreten Behandlung oder Operation) bejaht hat[12]; an einer verbindlichen Feststellung fehlt es freilich. 7

3. Genehmigung des Betreuungsgerichts. Ist der Betreute nicht einwilligungsfähig, kann nur sein Stellvertreter (Betreuer mit dem richtigen Aufgabenkreis, Rz 21; oder Bevollmächtigter mit einem entsprechenden Vollmachtsumfang) für ihn einwilligen (nicht andere Personen, wie Verwandte, wenn sie nicht zum Stellvertreter bestellt wurden[13]). Ist zu befürchten, dass der Betreute bzw Vollmachtgeber auf Grund der Maßnahme stirbt oder einen schweren und länger dauernden Schaden erleidet, ist, aber **nur falls Dissens zwischen Arzt und Stellvertreter besteht** (Abs 4), zusätzlich die Genehmigung des Betreuungsgerichts erforderlich; die Einwilligung des Stellvertreters ist bei Dissens nur wirksam, wenn die Genehmigung vorliegt. 8

a) **Rechtsnatur der Genehmigung.** Es handelt sich um **keine Innengenehmigung**[14]; wäre sie reine Innengenehmigung, wäre das Fehlen ohne Auswirkung auf die Rechtmäßigkeit, der Betreuer würde allenfalls vom Betreuungsgericht gerügt werden, wenn er ohne Genehmigung einwilligt; der Arzt wäre nicht betroffen. Richtig ist: die Genehmigung ist eine sog **Außengenehmigung.** Das zeigt sich an der Formulierung des Satzes 2 („darf nur durchgeführt werden"), 9

---

9 MünchKomm/*Schwab* § 1904 Rz 4.

10 OLG Hamm FGPrax 1997, 64; Staudinger-*Bienwald* § 1904 Rz 27; HK-BUR-*Rink* Rz 3 vor § 1904.

11 MünchKomm/*Schwab* § 1904 Rz 8; *Knittel* § 1904 Rz 42.

12 *Holzhauer* in Gutachten B zum 57. Deutschen Juristentag, 1988, S. 82; aA *Kern* MedR 1993, 245, 248; Staudinger-*Bienwald* § 1904 Rz 22; *Jürgens/Marschner* § 1904 Rz 4.

13 Knittel § 1904 Rz 34.

14 OLG Frankfurt NJW 1998, 2747; implizit schon BGHSt 40, 257/262; MünchKomm/*Schwab* § 1904 Rz 34; *Bienwald/Sonnenfeld/Hoffmann* § 1904 Rz 127; HK-BUR-*Rink* § 1904 Rz 29; *Frost* S. 149; aA Erman-*Roth* § 1904 Rz 25.

der sich an den Arzt wendet; ferner der Vergleich mit den anderen Genehmigungen der §§ 1905 bis 1906, die ebenfalls Außengenehmigungen sind; weiter, dass sonst der Betreute nicht ausreichend geschützt wäre. § 1904 ist also nicht nur Ordnungsvorschrift, Empfehlung für den Betreuer; sondern in den einschlägigen Fällen ist die ärztliche Behandlung ohne Genehmigung nicht erlaubt. Der Arzt handelt somit rechtswidrig, wenn zwar der Betreuer ihm die Einwilligung zur erforderlichen Maßnahme erteilt hat, die nach § 1904 Abs 1 Satz 1 erforderliche betreuungsgerichtliche Genehmigung aber nicht existiert. Es ist deshalb zweckmäßig (aber nicht rechtlich erforderlich), dass sich der Arzt die Genehmigung des Betreuungsgerichts vorlegen lässt[15]. Die **Genehmigung** (aber nicht die Einwilligung!) ist, falls an sich erforderlich, nur **entbehrlich**, wenn mit dem Aufschub Gefahr verbunden ist (§ 1904 Abs 1 Satz 2) oder wenn Konsens zwischen Arzt und Stellvertreter (Betreuer, Bevollmächtigter) besteht (§ 1904 Abs 4). Die Einwilligung des Stellvertreters des Patienten ist nur entbehrlich, wenn die allgemeinen Rechtfertigungsgründe (Notstand, mutmaßliche Einwilligung, berechtigte Geschäftsführung ohne Auftrag usw) vorliegen. Im Übrigen ist § 1846 zu beachten (Rz 27). Die Verweigerung der Genehmigung durch das Gericht mit der Begründung, sie sei nicht notwendig (sog Negativattest), entlastet Betreuer und Arzt nur faktisch, nicht rechtlich verbindlich.

10 b) **Klärung der Genehmigungsbedürftigkeit.** Ob eine medizinische Maßnahme genehmigungsbedürftig ist, kann im Einzelfall eine schwierige Frage sein; der Betreuer kann sich hierbei vom Betreuungsgericht (Richter) beraten lassen (§ 1837 Abs 1). Der Arzt hat keine solche Beratungsmöglichkeit. Es ist seine Sache, festzustellen, ob er tätig werden darf. Der Arzt hat sich über das Vorliegen der Rechtfertigungselemente zu vergewissern; er hat also zu klären, ob der Betreuer einwilligt; ist das nicht der Fall: ob die Genehmigung des Betreuungsgerichts erteilt ist. Das Betreuungsgericht ist insoweit verpflichtet, dem Arzt Auskunft zu erteilen (vgl § 13 FamFG). Umgekehrt muss der Arzt den Betreuer auf eine Notwendigkeit der Genehmigung des Betreuungsgerichts hinweisens[16]; denn wenn die Maßnahme der betreuungsgerichtlichen Genehmigung bedarf, ist sie rechtswidrig, wenn die Genehmigung fehlt[17]. Der Arzt darf sich nicht darauf verlassen, dass der Betreuer die Genehmigung hat.

11 c) **Gebrauchmachen von der Genehmigung.** Auch wenn das Betreuungsgericht eine bestimmte Maßnahme genehmigt hat, ist der Betreuer nicht verpflichtet, die entsprechende Behandlung (Operation usw) durchführen zu lassen[18]. Der Betreuer kann seine Einwilligung jederzeit zurückziehen, aber natürlich nicht mehr *nach* Durchführung der Behandlung.

12 **4. Betreuter ist einwilligungsfähig.** Ist der Betreute einwilligungsfähig, so muss er selbst entscheiden, ob er sich einer Untersuchung/Behandlung oder einem Eingriff unterziehen will; der Betreuer hat (auch wenn sein Aufgabenkreis die Gesundheitsfürsorge umfasst) keine Rechtsmacht, eine fehlende Einwilligung zu ersetzen oder umgekehrt den Eingriff zu verhindern[19]. Dies ergibt sich zwar nicht unbedingt aus dem Wortlaut des § 1904, aber aus der Entstehungsgeschichte[20], dem Wesen der Einwilligung als Rechtfertigungsgrund und aus dem Allgemeinen Persönlichkeitsrecht des Patienten; demgegenüber wiegen die Belange des Arztes (Rechtssicherheit) geringer und müssen daher zurücktreten.

15 HK-BUR-*Rink* § 1904 Rz 29; *Wiebalck* ua BtPrax 1997, 48.
16 *Kern* MedR 1993, 245, 248.
17 *Bienwald/Sonnenfeld/Hoffmann* § 1904 Rz 127; wie hier Erman-*Roth* § 1904 Rz 25.
18 HK-BUR-*Rink* § 1904 Rz 22.
19 Ganz hM; LG Kassel FamRZ 1996, 1501; *Schwab* FamRZ 1990, 686; für Doppelzuständigkeit mit Vorrang des Betreuers aus Gründen der Rechtssicherheit: Erman-*Holzhauer* § 1904 Rz 6 ff.
20 BT-Drucks 11/4528 S. 141.

Zwangsuntersuchung und Zwangsbehandlung eines *einwilligungsfähigen* und nicht nach § 1906 untergebrachten Patienten sind daher unzulässig.

a) **Einwilligungsvorbehalt.** Ein Einwilligungsvorbehalt (§ 1903) kommt insoweit nicht in Betracht[21]. Es ist also nicht zulässig, beim **einwilligungsfähigen** Betreuten (oder bei zweifelhafter Einwilligungsfähigkeit) einen Einwilligungsvorbehalt anzuordnen, um auf diese Weise den uneinsichtigen Betreuten zwangsbehandeln zu lassen. Dies ergibt sich zwar nicht aus dem Wortlaut des § 1903; wohl aber daraus, dass die Einwilligung des Betreuten kein Rechtsgeschäft ist[22]; ferner aus der Entstehungsgeschichte[23]; eine entsprechende Formulierung im 1. Diskussionsteilentwurf wurde später als selbstverständlich weggelassen. Der Grund für die Einschränkung der Rechtsmacht des Betreuers liegt im höchstpersönlichen Charakter der Bestimmung über den eigenen Körper[24]. **Zwangsuntersuchung,** -behandlung und -eingriff scheiden damit beim einwilligungsfähigen Betreuten, der nicht nach § 1906 untergebracht ist, aus. 13

b) **Zweifel über die Einwilligungsfähigkeit.** Es ist Sache des behandelnden Arztes, zu klären, ob die Voraussetzungen für ein Eingreifen vorliegen, also auch, ob der Patient einwilligungsfähig ist[25]. In Fällen, bei denen Zweifel über die Einwilligungsfähigkeit bleiben, hat der Betreuer keinen Vorrang[26] oder „Stichentscheid". Für den Arzt besteht somit ein Risiko; widerspricht der Betreute der Behandlung und ist der Arzt nicht von der Einwilligungsunfähigkeit überzeugt, sollte er daher die Behandlung unterlassen[27]. Es gibt keine deklaratorische Feststellung des Betreuungsgerichts darüber, ob Einwilligungsfähigkeit vorliegt; der Richter kann insoweit keine verbindliche Auskunft geben. Eine gewisse Hilfe mag das Gutachten geben, das vor Anordnung einer Betreuung eingeholt wird. Praktisch entfällt das Problem für den Arzt, wenn beide (Betreuter und Betreuer) einwilligen und unter den Voraussetzungen des § 1904 Abs 1 Satz 1 das Betreuungsgericht zustimmt; dann ist der Arzt auf jeden Fall abgesichert. Dagegen ist es nicht Pflicht des Arztes, zu klären, ob der Betreuer einwilligen durfte, ob also die Behandlung im **Innenverhältnis** dem Wunsch des Betreuten entspricht; im Verhältnis zum Arzt spricht der Betreuer für den Betreuten. 14

5. **Behandlungsvertrag.** Den Behandlungsvertrag (Arztvertrag, Krankenhausvertrag, in der Regel Dienstvertrag iSv § 611) kann der Betreute abschließen, wenn er geschäftsfähig ist und nicht unter Einwilligungsvorbehalt (§ 1903) steht; anderenfalls kann nur der Betreuer bzw Bevollmächtigte mit dem richtigen Aufgabenkreis den Vertrag abschließen (Rz 21); eine Genehmigung des Betreuungsgerichts braucht der Betreuer *hierzu* (nach § 1904) nicht. Das schließt ein, dass der Betreuer dann die Auswahl des Arztes oder Krankenhauses trifft[28], wobei der begrenzte Vorrang des Willens des Betreuten (§ 1901 Abs 2) von besonderer Bedeutung ist. Selbst wenn also der Betreute geschäftsunfähig ist, muss der Betreuer den Arzt beauftragen, den der Betreute haben will, wenn nichts Durchgreifendes dagegen spricht. Versorgt der Betreuer (zB als Familienangehöriger) den Betreuten selbst und erhält dafür Barleistungen der **Pflegeversicherung,** kann ein Interessenkonflikt bestehen, wenn der Betreuer auf die 15

21 OLG Hamm FamRZ 1995, 433, 435; MünchKomm/*Schwab* § 1904 Rz 7; Staudinger-*Bienwald* § 1903 Rz 16; *Jürgens/Marschner* § 1904 Rz 2; aA *Coester* ZfJ 1989, 351; *Schmidt-Böcker*, BetreuungsR Rz 38.
22 MünchKomm/*Schwab* § 1904 Rz 4.
23 Regierungsentwurf BT-Drucks 11/4528 S. 141.
24 AA wohl MünchKomm/*Schwab* § 1904 Rz 6.
25 AA Staudinger-*Bienwald* § 1904 Rz 30: es komme auf die Entscheidung des Betreuers an; unhaltbar.
26 So aber Erman-*Holzhauer* § 1904 Rz 8.
27 *Knittel* § 1904 Rz 48; Palandt/*Diederichsen* § 1904 Rz 4.
28 *Holzhauer* in Gutachten B zum 57. Deutschen Juristentag, 1988, S. 81.

Einnahme angewiesen ist und daher kein Interesse an einer Versorgung in einem Altenheim hat; dann kann eine Einschränkung des Aufgabenkreises und die Bestellung eines weiteren Betreuers in Frage kommen.

16 6. **Betreuter ist einwilligungsunfähig.** Ist der Betreute einwilligungsunfähig, so handelt der Betreuer für ihn, wenn sein Aufgabenkreis sich auf die Gesundheitsfürsorge erstreckt, und erteilt (oder versagt) die Einwilligung zur Untersuchung, Heilbehandlung oder zum Eingriff. Ein nach außen wirkendes **Vetorecht** hat der Betreute nicht[29]. Der Behandlungsvertrag kann nur dann vom Betreuten abgeschlossen werden, wenn dieser geschäftsfähig ist. Bei Geschäftsunfähigkeit kann nur der Betreuer mit einem entsprechenden Aufgabenkreis den Vertrag schließen.

17 7. **Zwangsbehandlung**[30]. Man muss zwei Fragen unterscheiden: (1) Behandlung gegen den Willen des Betreuten; (2) Ausübung von Zwang. Der *einwilligungsfähige* Betreute darf nicht gegen seinen Willen behandelt werden, auch nicht, wenn die Maßnahme medizinisch an sich geboten ist[31]; er hat ein „Recht auf Krankheit". Es muss daher gewartet werden, bis eines Tages der Zustand der Einwilligungsunfähigkeit oder des Notstandes eintritt; erst dann kann der Arzt von sich aus handeln (Notstand) oder der Betreuer für den Betreuten einwilligen. Diese auf den ersten Blick befremdliche Rechtslage wird entschärft, wenn man beachtet, dass an die Einsichtsfähigkeit *hohe* Anforderungen zu stellen sind, in den Fällen, in denen eine zweifelsfrei notwendige Behandlung ohne ausreichende Gründe abgelehnt wird, der Patient in der Regel wohl keine ausreichende Einsicht mehr hat.

18 Der Betreuer kann jedoch (da gesetzlicher Vertreter) auch gegen den natürlichen Willen des *einwilligungsunfähigen* Betreuten in eine Behandlung einwilligen[32]. Eine Behandlung des einwilligungsunfähigen Betreuten gegen seinen Willen muss aber aus verfassungsrechtlichen Gründen auf das unbedingt notwendige Maß beschränkt werden[33]. Was nicht unabweisbar notwendig ist, darf nicht gemacht werden. Ein Zahnimplantat beispielsweise ist nicht in diesem Sinne unabweisbar notwendig; anders ist es bei einer Behandlung, wenn mit dem Unterlassen Todesgefahr verbunden wäre. Die Frage lässt sich nicht abstrakt, sondern nur anhand des konkreten Falles beurteilen.

19 **Ausübung von Zwang.** Wendet sich der *einwilligungsunfähige* Betreute dagegen mit natürlichem Willen gegen den Eingriff (er wehrt sich, fährt nicht mit in die Arztpraxis usw), insbesondere weil er wegen seiner geistigen oder seelischen Behinderung oder wegen seiner psychischen Krankheit die seinem Wohl dienende Behandlung nicht will, dann ist die Frage, ob Zwang ausgeübt werden darf, umstritten. Der **BGH**[34] sagt in einer Entscheidung vom 11.10.2000: die gegen den Willen des Betreuten in regelmäßigen (zB zweiwöchentlichen) Zeitabständen durchzuführende Dauermedikation mit Neuroleptika und die zwangsweise Zuführung des Betreuten zu dieser (jeweils kurzfristigen) Behandlung sind nicht *nach § 1906* genehmigungsfähig; eine Rechtsgrundlage fehle. Meines Erachtens ist das Gegenteil zutreffend: erstens repräsentiert der Stellvertreter (Betreuer, Bevollmächtigter) den Betroffenen[35], dessen Wille zählt im Außenverhältnis

---

29 MünchKomm/*Schwab* § 1904 Rz 19; anders wohl *Knittel* § 1904 Rz 60.

30 Dazu OLG Hamm FGPrax 1997, 64; OLG Bremen RuP 1997, 87; AG Bremen RuP 1987, 84 m Anm *Marschner*.

31 LG Kassel FamRZ 1996, 1501; MünchKomm/*Schwab* § 1904 Rz 18.

32 BGH FamRZ 2006, 615; *Knittel* § 1904 Rz 65.

33 *Knittel* § 1904 Rz 59.

34 BGH FamRZ 2000, 149; ähnlich schon OLG Zweibrücken BtPrax 2000, 88; abweichend OLG Hamm BtPrax 2000, 173 (Vorlagebeschluss an den BGH).

35 MünchKomm/*Schwab* § 1904 Rz 19.

nicht, sein gegenläufiger Wille zählt nicht als solcher; zweitens: wenn die *Unterbringung* zwecks Behandlung zulässig wäre (§ 1906 Abs 1), dann ist als milderes Mittel die zwangsweise Verbringung zur Arztpraxis zur ambulanten Behandlung zulässig[36]; drittens: es ist ein Widerspruch der BGH-Rechtsprechung, einem zum Schutz des Betreuten bestellten Betreuer einerseits Zwangsmittel zu versagen, weil eine Rechtsgrundlage angeblich fehle[37], andererseits in freier Rechtsschöpfung die Tötung von Betreuten durch gerichtlich genehmigten Abbruch der Zwangsernährung (und seit 1.9.2009 sogar ohne Genehmigung, Abs 4) zu gestatten[38], obwohl hier erst recht (vor Schaffung von § 1904 Abs 2) eine Rechtsgrundlage fehlte.

Wenn sich das Betreuungsgericht dieser Auffassung des BGH nicht anschließt, sollte es einen entsprechenden Beschluss erlassen, weil sonst die Betreuungsbehörde nicht hilft. Konsequenz der verfehlten BGH-Rechtsprechung ist, dass abgewartet werden muss, bis der Betreute wegen weiterer Verschlechterung längere Zeit zwangsweise untergebracht werden muss; denn dann ist Zwangsbehandlung zulässig (§ 1906 Abs 1 Nr 2). **20**

8. Der Betreuer. – a) Erforderlicher Aufgabenkreis. Der Betreuer muss den Aufgabenkreis „Alle Angelegenheiten“, „Personensorge“ oder **„Gesundheitssorge“** (oder ähnlich) haben; ungenügend zB „Aufenthaltsbestimmung“[39], „Unterbringung“. Für den Abschluss des Behandlungsvertrages genügt im Regelfall (zB wenn die Krankenkasse die Kosten trägt) ebenfalls der Aufgabenkreis „Gesundheitssorge“; wenn hohe Kosten vom Betreuten selbst zu zahlen sind, ist mE aber (auch) der Aufgabenkreis **„Vermögenssorge“** erforderlich. Die Betreuung wird angeordnet, wenn die Voraussetzungen des § 1896 vorliegen. Bloße Uneinsichtigkeit des Kranken in einer medizinischen Problemlage rechtfertigt nicht die Betreuung[40]. Ebenso ist es unzulässig, als Aufgabenkreis die „Gesundheitssorge“ zu bestimmen, wenn der Betroffene körperlich hinreichend gesund ist und nur psychisch krank[41]. **21**

b) Rechte des Betreuers. Der Aufgabenkreis „Gesundheitssorge“ berechtigt den Betreuer nicht nur zur Einwilligung oder deren Verweigerung, sondern auch zum Einholen von Informationen über den Patienten, Einsicht in die Krankenunterlagen, zur Auswahl des Krankenhauses und des behandelnden Arztes. Wird die Einsicht dem Betreuer verweigert, kann er sie durch Beschwerde beim Krankenhausträger, kassenärztliche Vereinigung, Ärztekammer, notfalls durch Klage vor dem Zivilgericht, erzwingen. Gegenüber dem Betreuer mit dem Aufgabenkreis „Gesundheitssorge“ können sich die Ärzte grundsätzlich nicht auf eine angebliche **Schweigepflicht** berufen. Der Betreuer kann auch zu Gunsten Dritter (zB Angehörige, Rechtsanwälte) von der Schweigepflicht entbinden und in Patientenakten Einsicht nehmen lassen[42]. **22**

c) Ungenügender Aufgabenkreis. Gehört die Gesundheitsfürsorge nicht zum Aufgabenkreis des Betreuers (zB weil er nur die Vermögenssorge hat), muss der Betreuer eine Erweiterung seines Aufgabengebiets „beantragen“, dh anregen (*wesentliche* Erweiterung iSv § 293 FamFG), notfalls durch eine einstweilige **23**

36 *Schweitzer* FamRZ 1996, 1317; HK-BUR-*Rink* Rz 19 vor § 1904; str.
37 BGH FamRZ 2000, 149.
38 BGH FamRZ 2003, 748.
39 *Jürgens/Marschner* § 1904 Rz 1.
40 OLG Köln FamRZ 1995, 1083.
41 Aufgabenkreis dann: nur nervenärztliche Behandlung; BayObLG FamRZ 1995, 1085; FamRZ 1996, 250.
42 Staudinger-*Bienwald* § 1904 Rz 18.

Anordnung (§§ 300, 301 FamFG) oder es muss ein weiterer Betreuer bestellt werden (§ 1899).

24 d) **Kein Betreuer vorhanden.** Ist noch kein Betreuer vorhanden, muss einer vom Betreuungsgericht bestellt werden. Bei Eilbedürftigkeit: Bestellung durch einstweilige Anordnung (§§ 300, 301 FamFG). In noch extremeren Eilfällen: § 1846 (Rz 27).

25 9. **Untergebrachte Betreute.** Die Unterbringungsgenehmigung des Betreuungsgerichts nach § 1906 Abs 1 und 4 beinhaltet nicht die Genehmigung in gefährliche medizinische Behandlungen nach § 1904. Gegebenenfalls muss eine doppelte Genehmigung eingeholt werden, dh ein Beschluss, der beides genehmigt[43].

26 Für nach dem **Landesrecht** untergebrachte Personen sind die Bestimmungen im PsychKG bzw UnterbringungsG des jeweiligen Bundeslandes maßgebend, zB § 13 ThürPsychKG, § 13 BayUnterbrG. Grundsätzlich hat der öffentlich-rechtlich Untergebrachte demnach eine zwangsweise Behandlung ohne weitere Genehmigung zu dulden, wenn sie sich auf die Krankheit bezieht, die Grund für die Unterbringung war (Anlasskrankheit). Für eine zwangsweise Behandlung zwecks Aufrechterhaltung der Sicherheit und Ordnung in der Anstalt fehlt den Ländern die Gesetzgebungskompetenz[44]; insofern müsste ein Betreuer zustimmen. Andere Krankheiten (zB eine kieferorthopädische Operation) können nur mit Einwilligung des einwilligungsfähigen Betroffenen bzw (bei Einwilligungsunfähigkeit) seines Betreuers vorgenommen werden. Zur Behandlung von Personen, die im Rahmen des **Maßregelvollzugs** untergebracht sind, vgl BayObLG FPR 2003, 260.

27 10. **Verhältnis zu § 1846.** Ist noch kein Betreuer bestellt oder hat er keinen ausreichenden Aufgabenkreis oder ist er (durch Urlaub, Unerreichbarkeit usw) verhindert, kann das Betreuungsgericht bei einem einwilligungsunfähigen Patienten unmittelbar in ärztliche Maßnahmen einwilligen (§ 1846), falls mit dem Aufschub Gefahr verbunden wäre. Ist die Sache allerdings weniger eilbedürftig, kann ein vorläufiger Betreuer durch einstweilige Anordnung des Betreuungsgerichts bestellt werden (§§ 300, 301 FamFG), der genauso wie der „endgültige" Betreuer einwilligen kann. Die **Genehmigung** kann das Betreuungsgericht **nicht durch einstweilige Anordnung** erteilen, weil §§ 300, 301 FamFG diesen Fall nicht nennen und § 1846 insoweit eine Sonderregelung darstellt.

III. Einwilligung in Maßnahmen, Abs 1 Satz 1

28 1. **Medizinische Maßnahmen. – a) Untersuchungen** sind diagnostische Maßnahmen von Ärzten und sonstigen Personen wie Krankenschwestern, Heilpraktikern[45] usw. Die Erkundung der Krankheitsgeschichte (Anamnese) stellt mE keine Untersuchung dar. Manche Untersuchungen sind ungefährlich, wie Abtasten des Körpers, Abhören, Blutdruckmessung, Röntgenaufnahmen, Ultraschalluntersuchung, Computer-Tomographie, Blutentnahme, Harnkatheter. Andere können im Einzelfall (je nach Alter, Krankheits- und Schwächezustand des Patienten) oder generell gefährlich sein, wie Entnahme von Hirnflüssigkeit,

---

43 MünchKomm/*Schwab* § 1904 Rz 66.

44 Vgl *Zimmermann*, BayUnterbrG, 3. Aufl 2009, Art 13 Rz 2.

45 MünchKomm/*Schwab* § 1904 Rz 25; aA HK-BUR-*Rink* § 1904 Rz 2: Heilpraktiker sollen nicht darunter fallen, weil ihnen gefährliche Maßnahmen sowieso nicht gestattet seien.

Voll-Narkose, Herzkatheter, Magen-Darm-Spiegelung[46]; man muss sich hier auf Sachkundige verlassen[47].

b) **Heilbehandlung.** Darunter fallen alle Maßnahmen (von Ärzten, Heilpraktikern, sog Heilern und sonstigen Personen) zur Verbesserung des Gesundheitszustandes, zB Operationen, Spritzen, Verabreichung von Medikamenten, Kräutertees. Auch das therapeutische Gespräch ist Heilbehandlung[48], ebenso Wannenbäder, Krankengymnastik[49], umstrittene „alternative" Behandlungen wie Eigenurineinspritzung. Bloße Ratschläge („Nicht Rauchen") dienen zwar der Gesundheit, sind aber keine *Behandlung*. **Unterbringung**: Medikamente, die nicht heilen sollen, sondern der Freiheitsentziehung dienen (Schlafmittel, Beruhigungsmittel), fallen nicht unter die Heilbehandlung iSd § 1904[50], sondern unter § 1906 Abs 4; im Einzelfall ist die Verabreichung aber als „Eingriff" (Rz 30) zu werten[51]. 29

c) **Ärztlicher Eingriff.** Dies ist der Auffangtatbestand. Darunter fällt alles, was nicht Heilbehandlung ist, aber doch in den Körper des Patienten eingreift, zB kosmetische Operationen, Schwangerschaftsabbruch und Sterilisation (dazu § 1905); Organspende (Rz 51). Obwohl § 1904 beim Eingriff nur den „ärztlichen" nennt (bei der Heilbehandlung dagegen jedermanns Heilbehandlung), muss nach dem Sinn der Regelung erst recht der Eingriff durch einen Nichtarzt genehmigungspflichtig sein. 30

d) **Unterlassen einer Behandlung.** Wenn der Betreuer nicht einwilligt, obwohl der Arzt eine Maßnahme für erforderlich hält, ist seit 1.9.2009 eine Genehmigung des Betreuungsgerichts erforderlich, falls die weiteren Voraussetzungen des § 1904 Abs 2 vorliegen (Rz 61). Die Genehmigung entfällt, wenn sich Arzt und Betreuer einig sind (§ 1904 Abs 4). Unabhängig davon kommen Weisungen des Betreuungsgerichts nach § 1837 Abs 1 in Frage, in Extremfällen eine Entlassung des Betreuers wegen fehlender Eignung (§ 1908 b Abs 1). 31

2. **Gefahr des Todes.** Nach Abs 1 Satz 1 bedarf die Einwilligung des Betreuers in eine Untersuchung des Gesundheitszustandes, eine Heilbehandlung oder einen ärztlichen Eingriff beim Betreuten nur dann der Genehmigung des Betreuungsgerichts, wenn kein Konsens besteht (Abs 4) und wenn die „begründete Gefahr" besteht, dass der Betreute auf Grund der Maßnahme stirbt oder einen schweren und länger dauernden gesundheitlichen Schaden erleidet. § 1904 verwendet hier einen unjuristischen Ausdruck, denn eine „unbegründete Gefahr" gibt es nicht. Die Zweiteilung ist ohnehin praktisch schwer durchfuhrbar. Deshalb sind auch die Deutungen, eine „begründete Gefahr" sei mehr als die „bloße Gefahr" und weniger als eine „dringende Gefahr"[52]; ohne praktischen Nutzen. Gemeint ist wohl, dass es sich um eine **ernsthafte und konkrete Gefahr** handeln muss; bloße Befürchtungen, Meinungen aus Aberglauben, Sterndeuterei genügen nicht. Wenig wahrscheinliche, jedoch nicht auszuschließende Risiken werden nicht erfasst; ein bestimmter Grenz-Prozentsatz kann aber nicht angegeben werden[53]. Nicht ausschließbare Risiken jeder Behandlung genügen nicht[54]. 32

46 AA-HK-BUR-*Rink* § 1904 Rz 11: ungefährlich.
47 Vgl *Schreiber* FamRZ 1991, 1014 und 1993, 26; dazu *Nedopil* FamRZ 1993, 24.
48 BT-Drucks11/4528 S. 7; Holzhauer-*Reinicke* § 1904 Rz 14.
49 Staudinger-*Bienwald* § 1904 Rz 34; aA Holzhauer-*Reinicke* § 1904 Rz 14.
50 LG Berlin FamRZ 1993, 597.
51 Staudinger-*Bienwald* § 1904 Rz 35.
52 BT-Drucks 11/6949 S. 73.
53 AA LG Berlin FamRZ 1993, 597: Gefahr, wenn in 8 – 10 % der Fälle mit bleibenden Schäden zu rechnen ist; *Wiebalck* ua BtPrax 1997, 48: wenn in 20 % der Fälle ein Schaden eintritt. Warum nicht 21 %? Kann dies überhaupt nachprüfbar *berechnet* werden?
54 OLG Hamm FGPrax 2003, 160.

33 **Zwei Faktoren** sind einzubeziehen: a) **Verhältnisse des Betreuten.** Es kommt stets auf die konkreten Verhältnisse des Betreuten an: bei guter Gesundheit mag ein schwierigerer Eingriff noch keine begründete Gefahr bilden, anders bei angegriffener Gesundheit. Unabhängig vom Gesundheitszustand des Betreuten gibt es auch Operationen, die stets besondere Risiken mit sich bringen. Hierzu zählen alle Risikooperationen oder -behandlungen, wie zB Herzverpflanzung, Angiographie, Kobaltbestrahlung, Bandscheibenoperation, Aortenstenose etc[55]. Vgl weiter Rz 23. Diese bedürfen stets der Genehmigung, außer im Falle des § 1904 Abs 1 Satz 2 und des Abs 4 (Konsens).

34 b) **Gefahr von Kunstfehlern.** Die Gefahr von Kunstfehlern ist einzubeziehen[56]. Was bei Ausführung durch einen Spezialisten in einer gut ausgestatteten Universitätsklinik verhältnismäßig ungefährlich sein mag, kann als Anfängeroperation in einem ländlichen Krankenhaus höchst gefährlich sein.

35 **Feststellung der Gefahr.** Ob eine solche Gefahr besteht, erfährt der Richter, der von Amts wegen ermitteln muss (§ 26 FamFG), aus dem Gutachten des Sachverständigen (§ 298 Abs 4 FamFG). Der Betreuer dagegen, der ja nur bei einer solchen Gefahr die Genehmigung des Betreuungsgerichts einholen muss, bei fehlender Gefahr hingegen selbstständig einwilligen darf, ist auf Informationen durch den behandelnden Arzt angewiesen sowie darauf, dass er sich anderweitig (bei anderen Ärzten, aus Büchern) selbst informiert; er kann sich ferner beim Betreuungsgericht beraten lassen (§ 1837 Abs 1). Da bei Konsens eine Genehmigung nicht mehr nötig ist, wird die Frage wohl keine große Bedeutung mehr erlangen.

36 3. **Begründete Gefahr eines gesundheitlichen Schadens.** „Schaden" ist jede nachteilige gesundheitliche Entwicklung. Zur „begründeten Gefahr" vgl Rz 33. Die Frage, ob eine Behandlung der Genehmigung des Betreuungsgerichts bedarf, sollte mE nicht begrifflich-abstrakt gelöst werden, sondern praktisch: bringt es etwas, wenn das Betreuungsgericht eingeschaltet wird? Da der entscheidende Richter ohne medizinische Sachkunde ist, heißt das: bringt das Gutachten des vom Betreuungsgericht erholten Sachverständigen mehr als die zeitliche Verzögerung schadet? Zweifelhaft ist, welche Schäden als nicht-gesundheitlich aufzufassen sind und daher bei § 1904 ausscheiden.

37 Fraglich ist, ob auch die **Gefahr schwerer psychischer Schäden** unter den Begriff des gesundheitlichen Schadens fällt und daher zur Genehmigungsbedürftigkeit führen kann. Schwere psychische Schäden können sich etwa als Nebenwirkung einer medikamentösen Behandlung oder bei einem Abbruch der Schwangerschaft ergeben. Auch die Medikamentensucht (zB nach Verabreichung von Morphium) zählt hierher[57]. Verlässliche Prognosen zu treffen, ist hier schwierig. Da § 1904 auf das Wohl des Betreuten abstellt, ist „Gesundheit" weit auszulegen; auch schwere psychische Schäden sind als gesundheitliche Schäden anzusehen.

38 Eine **persönlichkeitsverändernde Behandlung** (zB: aus dem aggressiven Menschen wird ein trübsinniger), die zB bei Schizophrenie zum Zwecke der Besserung angezeigt ist, fällt nach Meinung der Gesetzesbegründung nicht allein deshalb unter den Begriff „gesundheitlicher Schaden"; über die Behandlung habe der Betreuer, wenn nicht andere sehr nachteilige und länger dauernde Folgen ernsthaft zu befürchten sind, anstelle des einwilligungsunfähigen Betreu-

---

55 *Schreiber* FamRZ 1991, 1014.
56 AA HK-BUR-*Rink* § 1904 Rz 9: von kunstfehlerfreier Ausführung sei auszugehen.
57 *Schreiber* FamRZ 1991, 1014, 1017 mit umstrittener Aufzählung in Betracht kommender Medikamente; HK-BUR-*Rink* § 1904 Rz 7.

ten allein zu befinden. Er habe zu prüfen, ob der erhoffte Behandlungserfolg die mit der Behandlung verbundenen Nebenwirkungen aufwiegt.

a) **Schwerer Schaden.** Geringere zu erwartende Schäden fallen nicht unter **39**
§ 1904. Bei der Auslegung des Begriffs „schwerer gesundheitlicher Schaden" werden von der Gesetzesbegründung die in § 224 StGB enthaltenen Wertungen (Verlust des Sehvermögens auf einem oder beiden Augen, des Gehörs, der Sprache oder der Zeugungsfähigkeit bzw Gefahr der Entstellung, des Siechtums, der Lähmung oder Geisteskrankheit) herangezogen[58], was nicht recht passt, weil der strafrechtliche Aspekt ein anderer ist[59]. Deshalb können auch andere als die in § 224 StGB genannten Folgen eine schwere gesundheitliche Schädigung darstellen, so zB schwere nachteilige Nebenwirkungen von Medikamenten oder Empfang eines Organs von einem Organspender, der Verlust eines inneren Organs, zB des Magens, einer Niere[60]. Der häufigste Genehmigungsfall ist die **Amputation von Gliedmaßen**; zB ist eine Unterschenkelamputation genehmigungspflichtig[61].

Auch Gedächtnisstörungen, zB aufgrund einer **Elektroschockbehandlung** (Elek- **40**
trokrampfbehandlung), zählen hierzu[62]. Die Behandlung mit **Neuroleptika, Psychopharmaka**[63] *kann* wegen schädlicher Nebenwirkungen (zB Bewegungs-, Gedächtnisstörungen) genehmigungspflichtig sein[64]. Für Glianimon, Atosil und Neurocil wurde Genehmigungspflicht bejaht vom LG Berlin[65]. Für Medikamente mit schädlichen Nebenwirkungen, die mehr als sechs Monate gegeben werden sollen, wurde eine Genehmigungspflicht bejaht[66]. In der Literatur wurde eine Genehmigungspflicht hier zum Teil nur im Einzelfall angenommen[67].

Genehmigungspflicht nur im Einzelfall besteht für **Chemotherapie** sowie die **41**
Ernährung mit einer PEG-Sonde[68]. Denkbar ist, dass die Ernährung mit der PEG-Sonde keiner Einwilligung eines Betreuers und somit keiner Betreuung überhaupt bedarf; oft wird eine mutmaßliche Einwilligung des Patienten anzunehmen sein[69].

Der 4. Vormundschaftsgerichtstag[70] hat folgende Behandlungen als für in der **42**
Regel genehmigungsbedürftig angesehen: Gefäßchirurgische Eingriffe an den großen (arteriellen) Gefäßen, Operationen am Gehirn, am Rückenmark, am offenen Brustkorb; Transplantationen von unpaaren Organen (Herz, Leber) und Knochenmark; radikale Eingriffe und Behandlungsmaßnahmen bei fortgeschrit-

58 BT-Drucks 11/4528 S. 140 u 11/6949 S. 73.
59 LG Berlin FamRZ 1993, 597.
60 *Kern* MedR 1991, 66/68.
61 LG Darmstadt FamRZ 2009, 543.
62 LG Hamburg FamRZ 1994, 1204; *Jürgens/Marschner* § 1904 Rz 8; aA AG Wolfhagen BtPrax 2001, 84, *Knittel* § 1904 Rz 159; *Dodegge* FamRZ 1996, 74; *Richter* FamRZ 1994, 1204; *Wiebalck* ua BtPrax 1997, 48, 51: Genehmigungspflicht nur bei Risikopatienten, ähnlich *Coeppicus*, Handhabung und Reform des BtR, S. 214; zum Ganzen: *Batra/Bartels/Foerster*, Nervenarzt 1999, 657; *Zinkler/Scheeweiß*, RuP 2000, 12.
63 Dazu *Wojnar* BtPrax 1999, 11.
64 Umstritten, vgl OLG Zweibrücken BtPrax 2000, 88; *Jürgens/Marschner* § 1904 Rz 9, *Schreiber* FamRZ 1991, 1014; 1993, 26; *Nedopil* FamRZ 1993, 24; *Dose* FamRZ 1993, 1032. Nach *Knittel* § 1904 Rz 165 nicht genehmigungspflichtig.
65 LG Berlin FamRZ 1993, 597.
66 AG Bremen RuP 1997, 84.
67 *Wiebalck* ua BtPrax 1997, 48, 51.
68 Darstellung der nachteiligen Folgen bei *Hubert-Fehler/Hollmann* BtPrax 1996, 210; *Müller-Bohlen* BtPrax 1997, 22; *Müller-Bohlen/Paape* BtPrax 2000, 183; *Schreiber* BtPrax 2003, 148; aA *Knittel* § 1904 Rz 164; *Coeppicus* Sachfragen S. 125: mangels Gefahr keine Genehmigungspflicht.
69 Dafür *Coeppicus* Sachfragen S. 124.
70 Protokolle des 4.VGT (1994) S. 148.

tenen Krebserkrankungen; systematische Chemotherapie/Bestrahlung; uU die Entfernung von inneren Organen oder Organteilen; intravasale Diagnostik mit Ausnahme einfacher Rechtsherzkatheteruntersuchungen; interventionelle Radiologie; Behandlung mit in Deutschland nicht zugelassenen Medikamenten.

43 Viele **Medikamente** können je nach Dosis, Behandlungsdauer, Begleitumständen schwere und länger dauernde Schäden verursachen. In Deutschland sind mehr als 10.000 Medikamente auf dem Markt; eine abschließende Liste gefährlicher bzw ungefährlicher Medikamente kann daher nicht erstellt werden[71].

44 **b) Länger dauernder gesundheitlicher Schaden.** Ein vorübergehender Schmerz, zB nach der Operation oder der Zahnextraktion, fällt nicht unter § 1904; ebenso nicht ein unter Intubationsnarkose durchgeführter zahnärztlich-chirurgischer Eingriff zur Abwehr lebensbedrohlicher Folgen eines Kiefernabzesses[72].

45 Wann der Schaden *länger dauert*, beantwortet sich auch nach der Art des aus der Behandlung resultierenden Gesundheitsschadens, zB nach den Schmerzen: außergewöhnliche Schmerzen legen es nahe, schon eher den Begriff „länger dauernd" als erfüllt anzusehen. Der Gesetzgeber meinte, dass man im Regelfall davon ausgehen könne, dass bei einer **Dauer von einem Jahr** und mehr ein länger dauernder Schaden vorliegt; das passt nicht. Schematisch kann und soll nicht verfahren werden; auch eine Dauer von Tagen kann schon genügen[73].

46 **c) Kumulation der Voraussetzungen.** Schwere und Dauer der wahrscheinlichen gesundheitlichen Beeinträchtigung müssen zusammen vorliegen. Ist zu befürchten, dass der Betreute durch die Behandlung zwar eine schwere Beeinträchtigung erleiden wird, die aber nur von kurzer Dauer ist, und umgekehrt, dass der Betreute eine lang dauernde geringe Beeinträchtigung davon tragen wird, besteht sonach kein Genehmigungsvorbehalt[74].

47 **4. Abbruch einer Schwangerschaft.** Es entspricht ganz herrschender Auffassung, dass für eine einwilligungsunfähige Frau die Einwilligung in einen Schwangerschaftsabbruch durch einen Betreuer erfolgen und somit ein Betreuer auch für diesen Aufgabenkreis bestellt werden kann[75]. Der Gesundheitsbetreuer kann (bei Einwilligungsunfähigkeit der Schwangeren) auch gegen den Willen der Schwangeren den Abbruch durchführen lassen[76]. Der Abbruch bedarf idR nicht der Genehmigung nach Abs 1 Satz 1, weil er in der Regel kein riskanter Eingriff ist. Die nach § 218a StGB Abs 3 bestehenden Fristen werden zu Lasten der Betreuten nicht weiter verkürzt[77]. Die Betreute ist durch die in §§ 218 ff StGB enthaltenen Regelungen geschützt; zB durch die Erforderlichkeit der Beratung der einwilligungsfähigen schwangeren Betreuten (§ 218b StGB) und durch die ärztliche Feststellung gem § 219 StGB. Wenn die *einwilligungsunfähige* schwangere Betreute die Beratung selbst nicht versteht, entscheidet der Betreuer, am Wohl der Betreuten sich orientierend, für sie[78].

---

71 Vgl dazu *Nedopil* FamRZ 1993, 24; *Wolter-Henseler* BtPrax 1994, 183; *Schreiber* FamRZ 1991, 1014.

72 OLG Hamm FGPrax 2003, 160.

73 Vgl LG Hamburg FamRZ 1994, 1204: Störungen des Erinnerungsvermögens, die sich erst nach sechs Monaten zurückbilden: „lange Dauer".

74 BT-Drucks 11/4528 S. 140.

75 OLG Frankfurt NJW 2008, 3790; MünchKomm/*Schwab* § 1904 Rz 32; Erman-*Roth* § 1904 Rz 19; *Bienwald/Hoffmann* § 1904 Rz 220; *Dodegge/Roth* E 12.

76 AA MünchKomm/*Schwab* § 1904 Rz 32.

77 BT-Drucks 11/4528 S. 141.

78 OLG Frankfurt NJW 2008, 3790; BT-Drucks 11/4528 S. 141.

Zwangsweiser Abbruch. Auch zwangsweise kann ein Abbruch der Schwangerschaft erfolgen, wenn die *einwilligungsunfähige* Betreute zwar mit natürlichem Willen (Wehren, Sträuben) den Eingriff ablehnt, aber eine vitale oder eugenische Indikation besteht[79]. **48**

Demgegenüber ist eine **Sterilisation** gegen den natürlichen Willen der Betreuten ausgeschlossen (vgl § 1905 Abs 1 Nr 1). Selbst wenn daher feststeht, dass bei jeder Schwangerschaft der Betreuten eine vitale Indikationslage besteht, kann der Betreuer bei ihrer Weigerung zwar jeweils die Schwangerschaft abbrechen, nicht hingegen eine Sterilisation vornehmen lassen[80]. **49**

5. Kastration. Zur Kastration vgl § 3 Abs 3 und 4 KastG: Ist der Betroffene nicht fähig, Grund und Bedeutung der Kastration voll einzusehen und seinen Willen hiernach zu bestimmen, so ist die Kastration nur dann zulässig, wenn (1.) der Betroffene mit ihr einverstanden ist, nachdem er in einer seinem Zustand entsprechenden Weise aufgeklärt worden ist und wenigstens verstanden hat, welche unmittelbaren Folgen eine Kastration hat, und (2.) der Betroffene einen Betreuer erhalten hat, zu dessen Aufgabenbereich die Angelegenheit gehört, und dieser in die Behandlung einwilligt, nachdem er im Sinne des Absatzes 1 aufgeklärt worden ist. – Ist der Betroffene unfähig, die unmittelbaren Folgen einer Kastration zu verstehen, so ist die Kastration durch einen Arzt unter den Voraussetzungen des Absatzes 3 Nr 2 zulässig, wenn sie nach den Erkenntnissen der medizinischen Wissenschaft angezeigt ist und vorgenommen wird, um eine lebensbedrohende Krankheit des Betroffenen zu verhüten, zu heilen oder zu lindern. **50**

6. Organspende. Die Rechtslage ergibt sich aus dem TransplantationsG (TPG) v 5.11.1997 (BGBl 1997, 2631). Beim Betroffenen als Empfänger des Organs gibt es keine Besonderheiten. Beim Betroffenen als Spender ist unterscheiden zwischen der Organentnahme bei toten Spendern (§§ 3 bis 6 TPG) und von Lebenden (§ 7 TPG). **Bei Lebenden** müssen bestimmte allgemeine Voraussetzungen und die Einwilligung des Spenders vorliegen (§ 7 TPG). Wenn der Volljährige im Zustande der Einwilligungsfähigkeit in eine Organspende eingewilligt hat und dann (zB nach einigen Jahren altersbedingt) einwilligungsunfähig geworden ist, dürfte wegen § 7 Abs 2 Satz 2 und 3 TPG die frühere Einwilligung nicht mehr genügen[81]. Wenn der jetzt einwilligungsunfähige Spender einen Betreuer hat, ist der Betreuer im Regelfall nicht berechtigt, die Einwilligung zu ersetzen[82]. Dies folgt aus dem Umstand, dass sich die Behandlung am Wohl des Betreuten und nicht an demjenigen eines Dritten auszurichten hat (§ 1901 Abs 1). Eine am Wohl *des Betreuten* ausgerichtete Organspende wird daher nur in Betracht kommen, wenn zB das Leben des Kindes des Betreuten nur durch Organspende des Betreuten gerettet werden kann[83]und dieser mit natürlichem Willen zustimmt. Das TPG äußert sich zu dieser Frage nicht ausdrücklich, obwohl die Problematik bekannt war; mE hat sich daher durch das TPG an **51**

79 AA *Kern* MedR 1991, 66/70, der auch bei einer einwilligungsunfähigen Betreuten für die erforderliche Einwilligung nach StGB § 218 a Abs 1 Satz 1 nicht auf die Einwilligung des Betreuers, sondern auf die natürliche Zustimmung der Betreuten abstellt. In der strafrechtlichen Literatur ist das alles umstritten (vgl Schönke/Schröder/*Stree* StGB § 218 a Rz 61). MünchKomm/*Schwab* § 1904 Rz 32 hält einen zwangsweisen Abbruch der Schwangerschaft gegen den Willen der einwilligungsunfähigen Frau nicht für zulässig.
80 *Coester* ZfJ 1989, 350, 355.
81 *Walter* FamRZ 1998, 201, 203.
82 MünchKomm/*Schwab* § 1904 Rz 64; *Bienwald/Hoffmann* § 1904 Rz 237; *Deinert* BtPrax 1998, 60/62.
83 BT-Drucks 11/4528 S. 142.

der bisherigen Auffassung nichts geändert[84]. Allerdings muss der Betreuer dann einen ausreichenden Aufgabenkreis für den konkreten Fall haben (§ 1904: ärztlicher Eingriff). Der Aufgabenkreis „Organspende" kann einem Betreuer *pauschal* nicht wirksam zugewiesen werden[85].

52 **Blutspenden** sind gesetzlich nicht geregelt. Sie liegt nicht im Interesse des betreuten Spenders und ist daher unzulässig. Anders mag es sein, wenn die Blutspende erfolgt, um einem nahen Angehörigen zu helfen, weil das Blut anderer Spender für den Angehörigen unverträglich wäre[86].

53 Ist der **Betreute verstorben**, kommt es darauf an, ob er zu Lebzeiten noch wirksame Erklärungen bezüglich einer Organspende abgegeben hat. Fehlt eine solche Erklärung ist zu beachten, dass die Betreuung grundsätzlich mit dem Tod endet (während die Vollmacht, einen entsprechenden Text vorausgesetzt, auch noch nach dem Tod wirken kann). In Einzelfällen kann es noch zu den gesetzlichen Aufgaben des Betreuers gehören, darüber zu entscheiden, ob dem Betreuten Organe entnommen werden dürfen. Das ergibt sich aus dem TPG, welches auf den Willen des Spenders bzw der nächsten Angehörigen bzw Vertrauenspersonen abstellt; denn dem nächsten Angehörigen wird in § 3 Abs 2 Satz 3 TPG eine Person (zB der Betreuer[87]) gleichgestellt, die dem Organspender bis zu seinem Tode in besonderer persönlicher Verbundenheit offenkundig nahe gestanden hat.

54 7. **Erprobung von Arzneimitteln.** Dem Betreuer ist nicht erlaubt, für den einwilligungsunfähigen Betreuten in die klinische Erprobung von Arzneimitteln einzuwilligen, vgl § 40 ArzneimittelGes (AMG)[88]. Anders beim Heilversuch: in die klinische Prüfung beim einwilligungsunfähigen Betreuten, der an einer Krankheit leidet, zu deren Behandlung das zu prüfende Arzneimittel angewandt wird (§ 41 AMG), kann der Betreuer einwilligen[89]. Anders ausgedrückt: ein neues Krebsmittel darf bei einem Betreuten, der nicht an Krebs leidet, nicht auf generelle Verträglichkeit getestet werden; bei einem Krebskranken darf es dagegen angewandt werden, weil sonst jede Weiterentwicklung der Medizin ausgeschlossen wäre.

55 8. **Entscheidungskriterien** für Betreuer und Betreuungsgericht. Beide müssen sich am **Wohl des Betreuten** orientieren; vgl Abs 3. Der Betreuer muss sich informieren; er sollte im Gespräch mit dem Arzt klären[90], welche Probleme/Symptome vorliegen, Sicherheit der Diagnose, Behandlungsmöglichkeiten, Alternativen. Welche weiteren (früheren) Erkrankungen und Behandlungen sind bekannt? Was ist über die Medikamentenanamnese bekannt? Abhängigkeitsgefahr, Nebenwirkungen, Allergien? Ziel der Behandlung, Dauer, geplante Maßnahmen? Risiken der Behandlung, Risiken und Folgen der Nichtbehandlung[91]? Auch die Verhältnismäßigkeit muss bedacht werden[92]. Schriftliche Dokumentation ist ratsam. Der Betreuer muss die **Angehörigen** des Betreuten

84 AA *Walter* FamRZ 1998, 201, 203: die Gesetzesbegründung fasse die Einwilligung als höchstpersönlich auf, verhindere daher Einwilligung durch einen Betreuer.

85 AG Mölln FamRZ 1995, 188; LG Lübeck v 5.5.1995 in Rechtsdienst der Lebenshilfe 3/95, 27.

86 *Knittel* § 1904 Rz 185; *Kern* FamRZ 1981, 738.

87 *Deinert* BtPrax 1998, 60, 63; aA MünchKomm/*Schwab* § 1904 Rz 64: der Betreuer nur, wenn er ein Angehöriger *ist* oder „als privatrechtliche Ermächtigung außerhalb des Betreuungsrechts".

88 BT-Drucks 11/4528 S. 142.

89 *Holzhauer* NJW 1992, 2325; Erman-*Roth* § 1904 Rz 21.

90 Vgl *Stolz* BtPrax 1994, 49.

91 Vgl Protokoll des 4. Vormundschaftsgerichtstags (1994) S. 148.

92 LG Berlin FamRZ 1993, 597: daher keine Genehmigung, wenn gefährliche Medikamente verwandt werden sollen, aber keine nachhaltige Besserung zu erwarten ist.

nicht fragen oder sonst beteiligen[93]; es ist ihm andererseits auch nicht untersagt, denn üblicher Weise spricht man über bedeutsamere ärztliche Behandlungen vorher im Familienkreis.

Der **Willensvorrang** des Betreuten (zB in einer Betreuungsverfügung niedergelegt) ist grundsätzlich zu beachten, vgl § 1901 Abs 2, allerdings in Grenzen, weil der Betreute psychisch krank ist und sein Wille also von dieser Erkrankung beeinflusst sein kann. Würde das anders sein, bräuchte man keine Betreuung; das wird oft übersehen und dem Willen des psychisch Kranken eine Bedeutung beigemessen die er nicht hat. Wenn der Betreute, bestimmten Sekten, wie den **Zeugen Jehovas**, angehörend, **Bluttransfusionen** ablehnt, dann fragt sich, ob der Betreuer daran gebunden ist. Teils wird das bejaht[94]. Das ist nicht zutreffend. Es gibt hunderte von Sekten. Die Glaubensfreiheit geht nicht so weit, dass ein Betreuer oder ein Arzt zu einem offensichtlich fachlich fehlerhaften Verhalten gezwungen werden könnte. Wer bei Verstand ist verschenkt nicht sein Leben, wenn eine ansonsten harmlose Operation nur durch eine Bluttransfusion gelingen kann[95]. Der Betreuer kann sich insoweit vom Betreuungsgericht beraten lassen (§ 1837 Abs 1). Andererseits entscheidet der Betreuer selbstständig; da oft mehrere Möglichkeiten bestehen und nicht leicht die „richtige" zu finden ist, kann das Betreuungsgericht die Entscheidung des Betreuers nur beschränkt nachprüfen. Zum **Verfahren** vgl Rz 71 ff. 56

IV. Eilfälle (Abs 1 Satz 2)

1. Genehmigung des Betreuungsgerichts entbehrlich. (1) Ist im Hinblick auf eine Untersuchung des Gesundheitszustandes, eine Heilbehandlung oder einen ärztlichen Eingriff zu befürchten, dass der (einwilligungsunfähige) Betreute daran stirbt oder einen schweren und länger dauernden gesundheitlichen Schaden erleidet, ist grundsätzlich die Genehmigung des Betreuungsgerichts erforderlich (Satz 1). Da es aber längere Zeit dauert, bis diese Genehmigung vorliegt, darf der Betreuer ohne diese Genehmigung einwilligen, **wenn mit dem Aufschub Gefahr** verbunden ist (Satz 2). Wie die „erforderliche Gefahr" umschrieben werden soll, ist streitig. Teils wird von „Gefahr für Leib oder Leben" gesprochen[96]; andere wollen weniger genügen lassen[97]; die Gefahr des Satz 2 sei nicht die in Satz 1 genannte Gefahr (von Nebenwirkungen usw). Ein Streit um die Definition bringt mE wenig; eine Gefahr iSd Satz 2 liegt vor, wenn der Zustand des Betreuten eine beachtliche Verschlimmerung erfahren würde, falls noch vorher die Genehmigung des Betreuungsgerichts eingeholt würde (zB sofortige Operation nach Unfall). Zu berücksichtigen ist die Dringlichkeit der ärztlichen Maßnahme sowie die mutmaßliche Dauer des Genehmigungsverfahrens: persönliche Anhörung des Betreuten, Gutachtenerstellung durch Dritten, Anhörung der Verwandten und Vertrauensperson, Absetzen der Entscheidung. Vgl auch § 1906 Abs 2 Satz 2. (2) Die Genehmigung des Gerichts ist ferner seit 1.9.2009 entbehrlich bei **Konsens Arzt/Betreuer (Abs 4)**. Vgl. Rz 66. 57

2. Einwilligung des Betreuers entbehrlich. Die Genehmigung des Gerichts (aber nicht die Einwilligung des Betreuers!) ist, falls wegen der Schwere des Eingriffs erforderlich, nur entbehrlich, wenn mit dem Aufschub Gefahr verbunden ist 58

93 Staudinger-*Bienwald* § 1904 Rz 46.

94 AG Dülmen FamRZ 1999, 1300; *Knittel* § 1904 Rz 55.

95 Vgl dazu BVerfG NJW 2002, 206; OLG München NJW-RR 2002, 811; *Spickhoff* NJW 2002, 1758; NJW 2003, 1701; *Kessler* MedR 2003, 13; *Bienwald* FamRZ 2002, 314; *Ohler/Weiß* NJW 2002, 194.

96 *Schwab* FamRZ 1990, 686.

97 Staudinger-*Bienwald* § 1904 Rz 32.

(Satz 2) bzw wenn zwischen Arzt und Betreuers Dissens besteht (Abs 4). Die Einwilligung des Betreuers ist auch in diesen Fällen grundsätzlich notwendig. Die Einwilligung des Betreuers ist nur entbehrlich, wenn die allgemeinen Rechtfertigungsgründe (Notstand, mutmaßliche Einwilligung, berechtigte Geschäftsführung ohne Auftrag usw) vorliegen. Für **Notfälle** gilt also, vereinfacht gesagt: wenn nicht einige Tage oder Wochen gewartet werden kann, ist die Genehmigung des Betreuungsgerichts entbehrlich; wenn auch nicht Stunden gewartet werden kann, ist auch die Einwilligung des Betreuers nicht mehr notwendig. Zu dringlichen Fällen bei Verhinderung des Betreuers oder dessen Fehlen vgl § 1846.

59 **3. Nachträgliche Genehmigung des Betreuungsgerichts.** Eine nachträgliche Genehmigung ist nicht vorgesehen[98], anders als nach § 1906 Abs 2 Satz 2. Wird sie gleichwohl beantragt, ist der Antrag als unzulässig zu verwerfen[99]. Nachträglich kann auch kein Beschluss des Inhalts mehr erlassen werden, dass eine Maßnahme nicht genehmigungsbedürftig gewesen ist[100].

60 **4. Vermeintliche Notfälle.** Handelt der Betreuer ohne Genehmigung des Betreuungsgerichts, weil er einen Notfall annimmt, während das Betreuungsgericht später eine andere Rechtsansicht vertritt, kommen Aufsichtsmaßnahmen (§ 1837), Entlassung des Betreuers (§ 1908 b Abs 1) und Schadensersatzansprüche des Betreuten (§ 823) in Betracht. Der Arzt kann haften (§ 823).

61 **5. Einwilligungsfähige Patienten.** Für sie gilt § 1904 nicht, also auch nicht Abs 1 Satz 2. Wenn kein Notfall vorliegt (Unfall mit Bewusstlosigkeit usw), so dass Rechtfertigungsgründe (wie mutmaßliche Einwilligung) eingreifen, können sie (wenn sie nicht zwangsweise untergebracht sind, § 1906) gegen ihren Willen nicht behandelt werden[101], auch wenn es die Ärzte für zwingend erforderlich halten.

V. Nichteinwilligung in eine Maßnahme, Widerruf der Einwilligung (Abs 2)

62 **1. Entwicklung des Problems.** Wird der Betroffene über eine PEG-Sonde (dh einen Schlauch, der in den Magen geführt wird) künstlich ernährt und ist mit ihm aufgrund eines Gehirnschadens usw eine Kontaktaufnahme nicht möglich, dann fragt sich, ob der Betreuer bzw Bevollmächtigte in Gesundheitsangelegenheiten berechtigt ist, gegenüber Ärzten und Pflegern die Einstellung der künstlichen Ernährung anzuordnen mit der Folge, dass der Vollmachtgeber stirbt. Der BGH hatte in einer Strafsache die Meinung vertreten, § 1904 müsse nach seinem Sinn und Zweck in Fällen der Sterbehilfe, wenn der Sterbevorgang noch nicht unmittelbar eingesetzt habe, entsprechend anwendbar sein[102]. Später hat der BGH in einer Zivilsache am 17.3.2003[103] entschieden[104]: Der Betreuer könne seine Einwilligung in eine ärztlicherseits angebotene lebenserhaltende oder -verlängernde Behandlung nur mit Zustimmung des (damals zuständigen) *Vor-*

98 Staudinger-*Bienwald* § 1904 Rz 32.
99 MünchKomm/*Schwab* § 1904 Rz 21; Staudinger-*Bienwald* § 1904 Rz 57.
100 Erman-*Holzhauer* § 1904 Rz 29.
101 *Knittel* § 1904 Rz 47.
102 BGH NJW 1995, 204 = MDR 1995, 80 = MedR 1995, 72.
103 BGH FamRZ 2003, 748 = NJW 2003, 1568 = BGHZ 154, 205.
104 Die Entscheidung wird vielfach kritisiert, vgl zB (Auswahl) *Becker-Schwarze* FPR 2007, 52; *Bühler/Stolz* FamRZ 2003, 1622; *Deutsch* NJW 2003, 1567; *Geißendörfer* BtPrax 2004, 43; *Gerhardt* DRiZ 2003, 256; *Heyers* JuS 2004, 100; *Holzhauer* FamRZ 2003, 991; *Alberts* BtPrax 2003, 139.

*mundschafts*gerichts wirksam verweigern. Für eine Einwilligung des Betreuers und eine Zustimmung des *Vormundschaftsgerichts* sei kein Raum, wenn ärztlicherseits eine solche Behandlung oder Weiterbehandlung nicht angeboten wird – sei es, dass sie von vornherein medizinisch nicht indiziert, nicht mehr sinnvoll oder aus sonstigen Gründen nicht möglich ist. Die Entscheidungszuständigkeit des *Vormundschafts*gerichts ergebe sich „aus einem unabweisbaren Bedürfnis des Betreuungsrechts". Nach jahrelanger Diskussion kam es durch das 3. BtÄndG ab 1.9.2009 zu einer gesetzlichen Regelung: Einfügung von §§ 1901 a, 1901 b, Änderung von § 1904; verfahrensrechtliche Ergänzungen in §§ 287 und 298 FamFG.

2. Grundlagen. Grundsätzlich ist für die Zulässigkeit medizinischer Maßnahmen oder deren Unterlassung der Wille des Patienten maßgeblich. Er kann auch in Form einer Patientenverfügung im Voraus erklärt werden. Sie wirkt fort, wenn der Patient einwilligungsunfähig geworden ist. Wenn für ihn im Augenblick der medizinischen Maßnahme ein Stellvertreter (Betreuer bzw Bevollmächtigter) bestellt ist, fragt sich, wieweit seine Kompetenz reicht. Ist er für die Gesundheitssorge bestellt, kann das seine Entscheidung über den Abbruch lebenserhaltender Maßnahmen umfassen[105]. Ist der Stellvertreter zur stellvertretenden Einwilligung befugt? Der BGH bejaht das, obwohl es sich beim Sterbenwollen um eine höchstpersönliche Angelegenheit handelt, noch privater als etwa die Testamentserrichtung, wo es bekanntlich kein Stellvertreterhandeln gibt. Braucht der Stellvertreter dazu die Genehmigung des Betreuungsgerichts? 63

3. Ernährungsabbruch, Sterbehilfe. Abs 1 regelt die Einwilligung des Betreuers bzw Bevollmächtigten eines Patienten in medizinische Maßnahmen. Abs 2 befasst sich mit der Nichteinwilligung oder der Widerruf der Einwilligung des Betreuers bzw Bevollmächtigten. Dem Wortlaut kann der Laie nicht entnehmen, dass es hauptsächlich um den Abbruch der Ernährung geht. Soweit von „Untersuchung des Gesundheitszustands, Heilbehandlung oder ärztlichem Eingriff" die Rede ist, sind diese Begriffe identisch mit den wortgleichen Begriffen in Abs 1. 64

a) Maßnahme medizinisch angezeigt. Nur wenn dies der Fall ist, kann eine Genehmigungspflicht in Frage kommen. Wenn ärztlicherseits eine solche Behandlung oder Weiterbehandlung nicht vorgeschlagen wird, etwa weil sie medizinisch nicht indiziert, nicht mehr sinnvoll oder aus sonstigen Gründen nicht möglich ist, scheidet sie ohnehin aus. Allgemeine Ausführung zum Arztgespräch finden sich in § 1901 b. 65

b) Genehmigung des Betreuungsgerichts? – aa) Erforderlich. Bis 2008 gab es jährlich etwa 3000 gerichtliche Genehmigungen. Die Genehmigung ist seit 1.9.2009 nur noch erforderlich, wenn sich Arzt und Stellvertreter *nicht* einig sind (Abs 4; sog **nichtkonsentierter Behandlungsabbruch**) und die begründete Gefahr besteht, dass der Betreute auf Grund des Unterbleibens oder des Abbruchs der Maßnahme stirbt oder einen schweren und länger dauernden gesundheitlichen Schaden erleidet. Diese Formeln entsprechenden den identischen Begriffen in Abs 1. 66

bb) Nicht erforderlich, Abs 4. Die Genehmigung des Gerichts ist somit nicht erforderlich, wenn sich Arzt und Stellvertreter (Betreuer, Bevollmächtigter) einig sind[106], dass der Abbruch der Ernährung bzw Beatmung dem schriftlich niedergelegten Willen des Betreuten bzw Vollmachtgebers in einer wirksamen Patien- 67

105 BGH FamRZ 2003, 748.
106 Anders zur Rechtslage vor dem 1.9.2009 zB LG Essen NJW 2008, 1170.

tenverfügung entspricht, § 1901 a Abs 1 (§ 1904 Abs 4). Zur Prüfungspflicht des Stellvertreters enthält § 1901 a Näheres. Fehlt eine Patientenverfügung oder ist sie unwirksam oder nicht aktuell, hat der Stellvertreter das Recht, den **mutmaßlichen Willen** des Patienten festzustellen (§ 1901 a Abs 2). Die Missbrauchsgefahr ist offenkundig, wenn zB der Stellvertreter in finanziellen Nöten ist und im Falle des Ablebens des Betreuten bzw Vollmachtgebers diesen beerben würde. Sind sich Arzt und Betreuer dahin einig, dass es (angeblich) dem *mutmaßlichen* Willen des Betreuten entspricht, sterben zu wollen, während der Ehegatte und die Angehörigen dies bestreiten, bleibt ihnen eine Strafanzeige bei der Staatsanwaltschaft. Für ein Eingreifen des Betreuungsgerichts bleibt allenfalls § 1837.[107] Dieses Alltagsproblem will aber der Gesetzgeber nicht sehen („generalisierender Missbrauchsverdacht")[108]. Wenn man bedenkt, welche Kleinigkeiten teilweise nach §§ 1812, 1821, 1822 der Genehmigung des Betreuungsgerichts bedürfen, dann ist der Systembruch nicht nachvollziehbar und ein schwerer gesetzgeberischer Fehler.

VI. Genehmigungskriterien des Gerichts, Abs 3

68 Sowohl für die Fälle des Abs 1 wie des Abs 2 bestimmt Abs 3, dass das Betreuungsgericht, dh der Richter, die Genehmigung durch Beschluss zu erteilen hat, wenn der Vorgang dem Willen des Patienten entspricht. Hier wird nachgeprüft, ob die Maßnahme medizinisch angezeigt ist oder nicht, ob eine den Fall betreffende wirksame Patientenverfügung vorliegt oder nicht und was im letzteren Fall der mutmaßliche Wille des Patienten ist. Die Chancen und Risiken der ärztlichen Maßnahme sind unter Beachtung des Grundsatzes der Verhältnismäßigkeit gegeneinander abzuwägen[109]. Merkwürdigerweise wurde von Seiten einer Staatsanwaltschaft die Frage diskutiert, ob sich ein Betreuungsrichter in Zusammenhang mit seiner Entscheidung wegen versuchter Körperverletzung strafbar machen kann[110].

VII. Vorsorgevollmacht, Abs 5

69 **1. Gleichstellung (Satz 1).** Hat der Betroffene einem Dritten eine Vollmacht (zB in Form der sog Vorsorgevollmacht) erteilt, so dass keine Betreuung anzuordnen war, war früher streitig, ob der Bevollmächtigte auch in die medizinische Behandlung des Betroffenen einwilligen kann[111] oder ob sich die Vollmacht hierauf nicht erstrecken kann. Abs 2 Satz 1, eingefügt durch das 1. BtÄndG 1998, durch das 3. BtÄndG 2009 umnummeriert in Abs 5 Satz 1, hat insoweit eine Klärung gebracht: eine derartige Vollmacht ist grundsätzlich zulässig. Satz 1 stellt die rechtsgeschäftliche Vertretung durch einen Bevollmächtigten der gesetzlichen Vertretung durch einen Betreuer gleich: bedarf der Betreuer keiner Genehmigung des Betreuungsgerichts, braucht auch der Bevollmächtigte im vergleichbaren Fall keine Genehmigung (Abs 4). Eine eventuelle Genehmigung des Betreuungsgerichts ist gerichtsgebührenfrei, vgl § 95 KostO. Unberührt bleibt § 1896 Abs 3, wonach das Betreuungsgericht zur Überwachung des Bevollmächtigten einen Kontrollbetreuer bestellen kann.

---

107 BT-Drucks 16/8442 S. 19.
108 BT-Drucks 16/8442 S. 19.
109 LG Darmstadt FamRZ 2009, 543.
110 Vgl GenStA Nürnberg FamRZ 2008, 1029.
111 Dafür OLG Stuttgart FamRZ 1994, 1417; *Uhlenbruck* MedR 1992, 139; aA LG Frankfurt FamRZ 1994, 125; *Stolz* FamRZ 1993, 643; *Schwab* FamRZ 1992, 495.

2. Form der Vollmacht (Satz 2). Die Vollmacht ist nur wirksam, wenn sie bestimmte Voraussetzungen erfüllt: (1) Wirksamkeit nach allgemeinen Grundsätzen, dh zu einer Zeit erteilt, zu der der Vollmachtgeber noch geschäfts- und einsichtsfähig war. Formalien (2): sie muss schriftlich erteilt sein, also zumindest handschriftlich unterschrieben sein (§ 126); dagegen muss sie nicht, wie ein Testament, vollständig handschriftlich verfasst sein. (3) Sie muss sich ausdrücklich auf näher genannte medizinische Maßnahmen beziehen[112] (eine Generalvollmacht genügt nicht). (4) Eine Bevollmächtigung von Mitarbeitern des Altenheims usw ist ungenügend, § 1897 Abs 3 iVm § 1896 Abs 2 Satz 2. Vgl § 1896 Rz 114. 70

VIII. Verfahren

Konens Arzt-Betreuer	Kein Konsenz
keine Genehmigung erforderlich oder möglich, Abs 4	evtl Genehmigung notwendig

1. Genehmigung der Einwilligung (§ 1904 Abs 1). Im Verfahren zur betreuungsgerichtlichen Genehmigung der Maßnahme ist der Betreute unabhängig von seiner Einwilligungsfähigkeit und Geschäftsfähigkeit **verfahrensfähig** (§ 275 FamFG). Gegebenenfalls ist ein **Verfahrenspfleger** zu bestellen (§ 276 FamFG). Das Betreuungsgericht entscheidet von Amts wegen; ein „Antrag" ist nicht erforderlich; die Anregung, zu genehmigen, kann jedermann geben, zB der Betreuer, Bevollmächtigte, Arzt, Patient. Allerdings setzt § 1904 Abs 1 voraus, dass der Stellvertreter eingewilligt hat oder dies beabsichtigt; wenn er sich selbst noch unschlüssig ist, scheidet eine Genehmigung aus. Da nach Abs 4 im dort genannten Fall (Konsens zwischen Stellvertreter und Arzt) keine Genehmigung „erforderlich" ist, auch nicht möglich ist, muss derjenige, der die Genehmigung anregt, zumindest **vortragen, dass kein Konsens besteht**. Das Betreuungsgericht (Richter) hat von Amts wegen (§ 26 FamFG) aufzuklären, ob der Betroffene bezüglich der konkreten Behandlung tatsächlich **einwilligungsunfähig** ist (Rz 5). Der Betroffene ist vorher vom Richter persönlich **anzuhören** (§ 298 Abs 1 FamFG). Eventuell sind die sonstigen Beteiligten und eine Vertrauensperson anzuhören (aber nicht zwingend persönlich (§ 298 Abs 1 Satz 2 und 3 FamFG). 71

Ein **Sachverständigengutachten** ist einzuholen, wobei Sachverständiger und ausführender Arzt personenverschieden sein sollen (§ 298 Abs 4 FamFG); ein ärztliches Zeugnis genügt nicht[113]. Das Gutachten muss dem Betreuten vollständig und rechtzeitig vor der Entscheidung zugeleitet werden[114]. Es ist eine Frage des Einzelfalls, ob der Sachverständige den Betroffenen persönlich untersuchen muss[115]; denn dass zB ein Hustensaft unschädlich ist, kann ein Sachverständiger auch so beurteilen. 72

2. Genehmigung der Nichteinwilligung (§ 1904 Abs 2). Hier gelten die obigen Ausführungen entsprechend. Die Bestellung eines Verfahrenspflegers ist zwingend (§ 298 Abs 3 FamFG). Entgegen dem Wortlaut des § 298 Abs 2 FamFG muss der Richter den Betroffenen persönlich anhören, zwecks Aufklärung (§ 26 FamFG), ob der Betroffene bezüglich der konkreten Behandlung tatsächlich 73

112 Dazu *Diehn* FamRZ 2009, 1958.
113 OLG Hamm FGPrax 1997, 64.
114 BayObLG BtPrax 1993, 208.
115 AA HK-BUR-*Rink* § 1904 Rz 1; immer persönliche Untersuchung erforderlich.

einwilligungsunfähig ist. Sonstige Beteiligte (§ 274 FamFG) sollen angehört werden.

74 3. **Entscheidung. Örtlich** zuständig ist das Betreuungsgericht, wo die Betreuung anhängig ist, sonst das Gericht des Aufenthaltsortes bzw das Gericht, wo das Bedürfnis hervortritt (§ 272 FamFG; Eilfälle). Eine Genehmigung durch einstweilige Anordnung ist in § 300 FamFG nicht vorgesehen. **Funktionell** zuständig ist der Richter (§ 15 RPflG). Der Beschluss ist dem Betreuer (bzw Bevollmächtigten) und (auch) dem Betreuten bekannt zu geben (§ 41 FamFG). Gerichtsgebühren fallen nicht an (§§ 92, 93 KostO).

75 **a) Genehmigung der Einwilligung im Falle des § 1904 Abs 1.** „Die Einwilligung des Betreuers B in die Behandlung der Betroffenen X mit Psychopharmaka wird bis ... betreuungsgerichtlich genehmigt“; keine Kostenentscheidung. Eine Rechtsmittelbelehrung ist erforderlich (§ 39 FamFG), ebenso eine Begründung (§ 38 FamFG). Ob der Beschluss des Betreuungsgerichts generell zB die Verabreichung von Neuroleptika genehmigen darf, oder ob zusätzlich der Handelsname des Medikaments zu nennen ist[116] oder sogar überdies die genauen Tagesdosierungen in den Beschluss aufzunehmen sind, ist streitig. Eine Befristung der Genehmigung ist zulässig und mE zweckmäßig, aber nicht vorgeschrieben. Wirksam wird der Beschluss schon mit der Bekanntmachung an den Betreuer (§ 40 Abs 1 FamFG); ab jetzt darf der Arzt tätig werden (denn ein Vertrag iSv § 1829 Abs 1 BGB liegt nicht vor); anders ist es im Fall des § 1904 Abs 2 (wegen § 287 Abs 3 FamFG). Wenn der Betreute aber widersprochen hat, sollte (in Anwendung des Gedankens des § 1905 Abs 2 Satz 2) mit der Behandlung erst begonnen werden, wenn auch der Betreute vom Beschluss Kenntnis hat und die Möglichkeit hatte, ein Rechtsmittel einzulegen (unterstellt, es kann halbwegs unschädlich so lange gewartet werden).

76 **b) Genehmigung ohne Einwilligung des Betreuers?** Hält der Richter eine Maßnahme (§ 1904 Abs 1) für erforderlich, der Betreuer aber nicht, ginge eine „Genehmigung“ ins Leere. Denkbar ist ein Gebot nach § 1837 Abs 2[117]; ein Fall des § 1837 Abs 4 iVm § 1666 liegt nicht vor (§ 1837 Abs 4 ist nach § 1908 i auf die Betreuung nicht anwendbar). Ferner kommt eine teilweise Entlassung des Betreuers und die Bestellung eines weiteren Betreuers für diesen Teilbereich in Frage (§ 1908 b), auch durch einstweilige Anordnung (§§ 300, 301 FamFG); in Extremfällen (zB nach Entlassung des Betreuers) kommt ein Vorgehen des Betreuungsgerichts nach § 1846 in Betracht; die Weigerung des Betreuers allein ist aber noch keine „Verhinderung“[118].

77 **c) Ablehnung der Genehmigung – aa) Zunächst mit Willen des Betreuten.** Die Genehmigung wird abgelehnt, wenn zB zwar Genehmigungsbedürftigkeit besteht, aber die Behandlung zB wegen der Spätfolgen nicht dem Wohl des Betreuten entspricht. Eine Ablehnung hat auch zu erfolgen, wenn die Behandlung keine Erfolgsaussicht hat, eine Heilung mangels Bereitschaft des Kranken, sich heilen zu lassen, ausscheidet[119]. Ändern sich die Verhältnisse, kann eine neue Genehmigung beantragt und erteilt werden (keine materielle Rechtskraft der Entscheidung). – bb) Wird die Genehmigung abgelehnt, weil die Behandlung überhaupt nicht genehmigungsbedürftig ist (zB keine schweren Folgen), sog Negativattest, kann der Betreuer selbst entscheiden und einwilligen. – cc) Wird abgelehnt, weil der Betreute noch einwilligungsfähig ist, kann nur der Betreute

116 OLG Hamm FGPrax 1997, 64.
117 Holzhauer-*Reinicke* § 1904 Rz 27; aA HK-BUR-*Rink* § 1904 Rz 28, weil sich das Betreuungsgericht sonst Kompetenzen des Betreuers anmaße.
118 OLG Düsseldorf FamRZ 1995, 637.
119 LG Berlin FamRZ 1993, 599; LG Frankfurt RuP 1993, 83.

(allein) selbst entscheiden. – In allen Fällen enthält der Beschluss Gründe und Rechtsmittelbelehrung. Kosten §§ 81 ff FamFG. Dem Betreuer dürfen keine Kosten oder Auslagen auferlegt werden.

d) **Erledigung der Hauptsache.** Eine Genehmigung des Gerichts erübrigt sich, wenn Arzt und Stellvertreter sich einig sind (Abs 4). Ist wegen ursprünglich fehlender Einigung ein Verfahren eingeleitet worden und einigen sich dann Arzt und Stellvertreter, hat sich die Hauptsache erledigt. Über die Kosten kann nach § 83 Abs 2 FamFG entschieden werden. Der Antragsteller kann statt der Erledigungserklärung seinen **Antrag zurück nehmen**. 78

e) **Besonderheiten bei Genehmigung der Nichteinwilligung** (§ 1904 Abs 2). Ein Beschluss des Gerichts, der die Genehmigung nach § 1904 Abs 2 zum Gegenstand hat, wird erst zwei Wochen nach Bekanntgabe an den Betreuer oder Bevollmächtigten sowie an den Verfahrenspfleger wirksam (§ 287 Abs 3 FamFG). Das ist in den Beschluss aufzunehmen. Damit soll dem Verfahrenspfleger die Möglichkeit gegeben werden, Beschwerde einzulegen, bevor der Betroffene wegen Abbruch der Ernährung verstorben ist. Allerdings beträgt die Beschwerdefrist ein Monat (§ 63 FamFG; kein Fall des § 63 Abs 2 Nr 2 FamFG); die Regelungen sind nicht aufeinander abgestimmt. 79

3. **Rechtsmittel.** Der Betreute bzw Vollmachtgeber kann die Erteilung der Genehmigung des Betreuungsgerichts (und deren Ablehnung) mit der befristeten Beschwerde anfechten (§§ 58 ff FamFG; Frist ein Monat[120]); zuständig zur Entscheidung ist das Landgericht. Dasselbe Recht hat der Verfahrenspfleger (§ 303 Abs 3 FamFG). Der Betreuer bzw Bevollmächtigte kann die Beschwerde im eigenen und/oder im Namen des Betreuten einlegen (§ 303 Abs 4 FamFG)[121]; die Erteilung der Genehmigung kann er aber nicht anfechten, weil er davon keinen Gebrauch machen muss. Der Arzt, Sachverständige, das Krankenhaus und sonstige Dritte haben kein Beschwerderecht, ebenso wenig die Angehörigen[122], § 303 Abs 2 mit § 274 Abs 4 und Abs 3 FamFG. Letzteres ist wohl verfassungsrechtlich (Art 6 GG) nicht haltbar. Auch die Betreuungsbehörde ist nicht beschwerdeberechtigt (§ 303 Abs 1 FamFG). 80

Bezweifelt ein Dritter (zB das Pflegeheim, in dem der Betreute, dessen Ernährung abgebrochen werden soll, wohnt), dass die Einigung zwischen Betreuer und Arzt dem wirklichen mutmaßlichen Willen des Betreuten entspricht und ruft er das Betreuungsgericht an, bestellt dieses einen Verfahrenspfleger und ermittelt von Amts wegen, ob der Konsens dem mutmaßlichen Willen entspricht, entweder ergeht eine Weisung an den Betreuer (§ 1837) oder ein Beschluss, dass der Ernährungsabbruch nicht genehmigungsbedürftig ist[123]; dagegen kann Beschwerde eingelegt werden. 81

§ 1905 BGB Sterilisation

(1) Besteht der ärztliche Eingriff in einer Sterilisation des Betreuten, in die dieser nicht einwilligen kann, so kann der Betreuer nur einwilligen, wenn
1. die Sterilisation dem Willen des Betreuten nicht widerspricht,
2. der Betreute auf Dauer einwilligungsunfähig bleiben wird,
3. anzunehmen ist, dass es ohne die Sterilisation zu einer Schwangerschaft kommen würde,

120 *Prütting/Helms/Fröschle* § 298 Rz 21.
121 HK-BUR-*Rink* § 1904 Rz 1; unstreitig.
122 Keidel/*Budde* § 298 Rz 11.
123 Vgl. LG Oldenburg, Beschl v 11.3.2010 – 8 T 180/10.

4. infolge dieser Schwangerschaft eine Gefahr für das Leben oder die Gefahr einer schwerwiegenden Beeinträchtigung des körperlichen oder seelischen Gesundheitszustands der Schwangeren zu erwarten wäre, die nicht auf zumutbare Weise abgewendet werden könnte, und

5. die Schwangerschaft nicht durch andere zumutbare Mittel verhindert werden kann.

Als schwerwiegende Gefahr für den seelischen Gesundheitszustand der Schwangeren gilt auch die Gefahr eines schweren und nachhaltigen Leides, das ihr drohen würde, weil betreuungsgerichtliche Maßnahmen, die mit ihrer Trennung vom Kind verbunden wären (§§ 1666, 1666 a), gegen sie ergriffen werden müssten.

(2) [1]Die Einwilligung bedarf der Genehmigung des Betreuungsgerichts. [2]Die Sterilisation darf erst zwei Wochen nach Wirksamkeit der Genehmigung durchgeführt werden. [3]Bei der Sterilisation ist stets der Methode der Vorzug zu geben, die eine Refertilisierung zulässt.

Schrifttum: *Neuer-Miebach/Krebs*, Schwangerschaftsverhütung bei Menschen mit geistiger Behinderung …, 1987; *Reis*, Sterilisierung bei mangelnder Einwilligungsfähigkeit, ZRP 1988, 318; *Coester*, Sorgerechtliche Indikation bei der Sterilisation behinderter Volljähriger, ZfJ 1989, 350; *Finger*, Einwilligung des Betreuers in die Sterilisation eines geistig Behinderten, NDV 1989, 87; DAV 1989, 11, 449; RuP 1988, 14; MedR 1988, 231; *Pieroth*, Verfassungsmäßigkeit der Sterilisation Einwilligungsunfähiger, FamRZ 1990, 117; *Kern/Hiersche*, Sterilisation geistig Behinderter, MedR 1995, 463; *Hoffmann*, Sterilisation geistig behinderter Erwachsener, 1996; *Gaidzik/Hiersche*, Aspekte der Sterilisation Einwilligungsunfähiger, MedR 1999, 58; *Pöld-Krämer* (Anm zu OLG Hamm BtPrax 2000, 168) BtPrax 2000, 237.

Übersicht

I. Allgemeines

1. Sterilisation. Unter Sterilisation versteht man die Unfruchtbarmachung von 1
Frauen bzw Männern, zB durch operatives Unterbinden der Eileiter bzw der Samenleiter. Ärztliche Eingriffe, bei denen die Unfruchtbarkeit lediglich eine unerwünschte Nebenfolge ist (zB Entfernung der Gebärmutter infolge Krebserkrankung) fallen nicht unter § 1905[1], aber evtl unter § 1904. Verabreichung hormoneller Verhütungsmittel ist keine Sterilisation[2]. Das Gesetz behandelt die Sterilisation als Sonderfall des ärztlichen Eingriffs iSv § 1904. Für die Zulässigkeit von Sterilisationen gilt folgendes:

a) **Volljährige einwilligungsfähige Personen.** Diese können sich sterilisieren las- 2
sen, ohne dass irgendwelche Genehmigungen erforderlich sind; sie entscheiden allein. Eine gesetzliche Regelung fehlt insoweit; es gelten die allgemeinen Grundsätze, nach denen ein ärztlicher Eingriff zulässig ist: bei wirksamer und nicht sittenwidriger Einwilligung entfällt nach hL die Rechtswidrigkeit des Eingriffs[3]. Führt der Arzt eine Sterilisation ohne wirksame Einwilligung durch, macht er sich nach §§ 223, 224 StGB strafbar.

Für die **Einwilligungsfähigkeit** kommt es nicht auf die Geschäftsfähigkeit des 3
Patienten an, sondern auf die natürliche Einsichts- und Steuerungsfähigkeit. Einwilligungsfähig ist danach, wer Art, Bedeutung und Tragweite (auch die Risiken) der Maßnahme zu erfassen und seinen Willen hiernach zu bestimmen vermag. Eine wirksame Einwilligung setzt zusätzlich voraus, dass der Patient über die Maßnahme und die Risiken ausreichend *aufgeklärt* wurde und dass er die Aufklärung verstehen kann.

Bei der Sterilisation ist eine Aufklärung erforderlich über die Art des Eingriffs, 4
mögliche Komplikationen, Folgen für das eigene Leben, Chancen einer späteren Wiederfruchtbarmachung, Refertilisierung. Die Einwilligungs(un-)fähigkeit darf nicht gleichgesetzt werden mit der Geschäfts(un-)fähigkeit, es handelt sich

---

1 *Knittel* § 1905 Rz 1.
2 Staudinger-*Bienwald* § 1905 Rz 13.
3 BGHSt 20, 81.

vielmehr um verschiedenartige Fähigkeiten, wobei im Allgemeinen die Anforderungen an die Einwilligungsfähigkeit geringer sind; zB kann auch bei beschränkt geschäftsfähigen Minderjährigen Einwilligungsfähigkeit bestehen; auch ein geschäftsunfähiger Betreuter kann diese Fähigkeit noch haben. Die Einwilligungsfähigkeit muss zum Zeitpunkt des Eingriffs vorliegen[4]. Ob sie vorliegt, kann vom Betreuungsgericht nicht verbindlich festgestellt, allenfalls als Vorfrage angesprochen werden. Der Arzt, der den Eingriff durchführt, entscheidet auf sein Risiko, ob er den Patienten für einwilligungsfähig hält.

5 Auch die **volljährige einwilligungsfähige Person, die unter Betreuung steht**, kann sich sterilisieren lassen; auch sie entscheidet allein, bedarf nicht der Zustimmung ihres Betreuers und auch nicht der Genehmigung des Betreuungsgerichts. Allerdings ist es schwierig, festzustellen, dass einerseits jemand geistig so behindert ist, dass er/sie einen Betreuer braucht, andererseits aber doch geistig so klar, dass er/sie einwilligen kann. Soweit der Betreute einwilligungsfähig ist, ist er im Übrigen ohnehin nicht betreuungsbedürftig[5].

6 **Einwilligungsvorbehalt.** Die fehlende Einwilligung des Betreuten kann nicht dadurch ersetzt werden, dass ein Einwilligungsvorbehalt (§ 1903) angeordnet wird und dann der Betreuer einwilligt[6]. Willigt der einwilligungsfähige Betreute ein, kann dies nicht dadurch gegenstandslos gemacht werden, dass ein Einwilligungsvorbehalt angeordnet wird und dann der Betreuer die Einwilligung widerruft.

7 **b) Minderjährige Personen.** Bei Minderjährigen ist jegliche Sterilisation verboten (§ 1631 c). Weder das Kind noch seine Eltern, Vormünder oder Ergänzungspfleger können in den Eingriff einwilligen[7].

8 **c) Volljährige einwilligungsunfähige Personen.** Bei geistig behinderten Volljährigen bestand viele Jahre Rechtsunklarheit, nachdem das Gesetz zur Verhütung erbkranken Nachwuchses vom 14. Juli 1933 – ErbgesundheitsG – (RGBl I S. 529) außer Kraft gesetzt worden war[8]. § 1905 regelt nun die Rechtslage; danach kann ein Betreuer unter zahlreichen Einschränkungen in die Sterilisation einwilligen, wenn der Betreute einwilligungsunfähig ist. § 1905 gilt für **Frauen und Männer**[9]. Im Gesetzgebungsverfahren war die Bestimmung sehr umstritten[10]. Jetzt ist die rechtspolitische Diskussion erloschen. Die Bundesregierung berichtete über die Auswirkungen des § 1905[11]. Die Neuregelung ist nach hM verfassungsgemäß[12]. Die Praxis legt § 1905 wohl weit aus, sonst gäbe es keine Genehmigungen.

9 **2. Interessenlage.** § 1905 Abs 1 verbietet die **Zwangssterilisation**, aber auch Sterilisationen im „Interesse“ der Allgemeinheit (finanzielle Belastungen) und im Interesse von Verwandten des Betreuten, insbesondere der Eltern der Betreuten. Auch wenn die Eltern bereits eine behinderte Tochter großgezogen haben, hält der Gesetzgeber ihr Interesse, nicht noch (behinderte) Enkel aufziehen zu müssen, für nicht schutzwürdig; die Eltern sehen dies meist anders. Ferner untersagt § 1905 die Sterilisation zum „Wohl“ des ungezeugten (gesunden)

4 AA *Knittel* § 1905 Rz 9: zum Zeitpunkt der Entscheidung des Gerichts.
5 BT-Drucks 11/4528 S. 75.
6 *Knittel* § 1905 Rz 4; Staudinger-*Bienwald* § 1905 Rz 24.
7 *Knittel* § 1905 Rz 3.
8 Zur geschichtlichen Entwicklung vgl *Finger* DAVorm 1989, 12, 18 und *Reis* ZRP 1988, 318.
9 *Knittel* § 1905 Rz 1.
10 Vgl *Richter* FamRZ 1989, 909; *Pieroth* FamRZ 1990, 117, jeweils mwN.
11 Erster Bericht: BT-Drucks 13/3822 vom 20.2.1996, abgedruckt BtPrax 1996, 176.
12 MünchKomm/*Schwab* § 1905 Rz 3; Erman-*Roth* § 1905 Rz 7.

Kindes[13], in dessen Interesse es möglicherweise nicht liegt, ein Leben führen zu müssen, in dem es für seine behinderten Eltern aufkommen muss. Dass es ein „Wohl" des noch ungezeugten (geistig schwer behinderten) Kindes gebe, das darin bestehe, selbst niemals zu existieren, wird vom Gesetz nicht anerkannt[14].

3. Betreuer. Der Betreuer darf (anstelle der Behinderten) in die Sterilisation nur einwilligen, wenn die fünf Kriterien des § 1905 Abs 1 Nr 1 bis 5 erfüllt sind. Einwilligen darf nur ein Betreuer, der ausdrücklich für die Angelegenheit „Einwilligung in die Sterilisation" bestellt ist (vgl § 1899 Abs 2; § 1900 Abs 5); dieser Sterilisationsbetreuer ist erforderlich, weil für den „gewöhnlichen" Betreuer möglicher Weise Interessenkonflikte bestehen. In der Regel hat die Betreute also zwei Betreuer: einen mit dem Aufgabenkreis „alle Angelegenheiten" (oder einem sonstigen Aufgabenkreis) und einen *zweiten* Betreuer mit dem alleinigen Aufgabenkreis „Einwilligung in die Sterilisation"; das ist zB der Fall, wenn die Betreute wegen ihrer Behinderung ohnehin schon seit einiger Zeit einen Betreuer hat und dann die Frage der Sterilisation auftaucht. Denkbar ist jedoch auch, dass *nur* ein Sterilisationsbetreuer bestellt ist; das ist dann der Fall, wenn für eine Betreuung im Übrigen kein Bedürfnis besteht (vgl § 1896 Abs 2), wofür man unterstellen muss, dass der Sterilisationsbetreuer auch berechtigt ist[15], die mit der Sterilisation zusammenhängenden Geschäfte (Arztvertrag über Sterilisation) abzuschließen. Ob der „gewöhnliche" Betreuer mit der Sterilisation einverstanden ist, spielt keine Rolle. 10

Kein Ermessen. Das Gesetz sagt, dass der Betreuer einwilligen *kann*; wenn die Voraussetzungen, insbesondere die Notlage (Nr 4), vorliegen, *muss* er einwilligen; er hat kein Ermessen[16]. Die Einwilligung ist aber nur wirksam, wenn sie genehmigt ist (Abs 2 Satz 1). Wird vom Gericht kein „Sterilisationsbetreuer" bestellt (häufiger Fehler, vgl Erfahrungsbericht der Bundesregierung[17]), sondern willigt der „gewöhnliche" Betreuer ein, fehlt eine wirksame Einwilligung[18], weil ein Vertreter ohne Vertretungsmacht (§ 1902) tätig wurde. 11

Siebzehnjährige Personen. Ein Sterilisationsbetreuer kann auch für eine erst 17-jährige bestellt werden, § 1908 a[19]; doch kann der Genehmigungsantrag erst ab Volljährigkeit gestellt werden (§ 1908 a Satz 2). 12

4. Ergänzende Regelungen. § 1905 wird ergänzt durch §§ 1899 Abs 2, 1900 Abs 5 (Sterilisationsbetreuer) und durch besondere Verfahrensvorschriften im FamFG (§ 297 FamFG). 13

5. Statistik. Verfahren nach § 1905: 1992: 86 Anträge, 65 Genehmigungen[20]; 2002: 103 Anträge, 88 Genehmigungen; 2007: 74 Anträge, 55 Genehmigungen[21]. In etwa 70 % der Fälle wird in der Praxis eine Genehmigung erteilt, in etwa 10 % abgelehnt, die restlichen 20 % erledigen sich auf andere Weise (Antragsrücknahme usw). Bei den Betroffenen handelt es sich meist um geistig behinderte Frauen im Alter von 18 bis 24 Jahren[22]. Die Verfahrensdauer ist 14

13 BT-Drucks 11/4528 S. 75/6.
14 BT-Drucks 13/3822 lehnt eine diesbezügliche Gesetzesänderung ausdrücklich ab.
15 Dafür BT-Drucks 11/4528 S. 131; *Knittel* § 1905 Rz 10.
16 RGRK12-*Dickescheid* Rz 16.
17 BT-Drucks 13/3822.
18 MünchKomm/*Schwab* § 1905 Rz 8.
19 HK-BUR-*Rink* § 1905 Rz 2; *Bienwald* § 1908 a Rz 15; aA MünchKomm/*Schwab* § 1908 a Rz 5.
20 BT-Drucks 13/7133 S. 14.
21 HK-BUR-Rink/*Deinert* § 1905 Rz 104 a.
22 BT-Drucks 13/3822.

recht unterschiedlich; im Durchschnitt dauert die Bestellung des Sterilisationsbetreuers 4 Monate, die spätere Genehmigung 7 Monate.

15 **6. Schwangerschaftsabbruch.** Zu einem Schwangerschaftsabbruch kann der Gesundheitsbetreuer als gesetzlicher Vertreter der Schwangeren die Einwilligung geben, wenn die Schwangere selbst einwilligungsunfähig ist (§ 1904 Rz 47); in diesem Fall auch gegen den Willen der Schwangeren. Gefährlichkeit nach § 1904 liegt idR nicht vor.

II. Voraussetzungen, Abs 1

16 **1. Satz 1.** Absatz 1 regelt die Voraussetzungen, unter denen der Betreuer in die Sterilisation einer *einwilligungsunfähigen* Person (Abs 1 Satz 1, 1. Halbs) einwilligen darf. Steht die zu sterilisierende Frau nicht unter Betreuung, so bedarf es aus diesem Grunde auch nicht einer (allgemeinen) Betreuung; notwendig ist nur ein Sterilisationsbetreuer (§ 1899 Abs 2). Steht die Frau bereits unter Betreuung, so ist ausnahmslos ein zusätzlicher Sterilisationsbetreuer zu bestellen (§ 1899 Abs 2). Die in Abs 1 Nr 1 bis 5 genannten Voraussetzungen müssen kumulativ vorliegen[23].

17 **a) Verbot der Zwangssterilisation (Nr 1).** Der Sterilisationsbetreuer darf nach Nr 1 nur dann in eine Sterilisation einwilligen, wenn die Sterilisation nicht dem **Willen der Betreuten** widerspricht. Andererseits ist nach Abs 1 Satz 1 („nicht einwilligen kann“) eine Einwilligung des Betreuers anstelle der Betreuten ohnehin nur möglich, wenn die Betreute einwilligungsunfähig ist.

18 **aa) Natürlicher Willen der Betreuten.** Nr 1 stellt dabei auf den natürlichen Willen der Betreuten ab, dh maßgeblich ist nicht die Einsichts- bzw Steuerungsfähigkeit der Betreuten; die Einwilligungsfähigkeit dagegen hängt an der Einsichtsfähigkeit. Die Fähigkeit, die Sterilisation mit ihrem Willen durchführen zu lassen, hat die Betreute nicht; den Willen, die Sterilisation abzulehnen, soll sie aber bilden können[24]. Ob die natürliche Einwilligung der Betreuten in die Sterilisation auf Einsicht oder auf sonstigen Gesichtspunkten (zB Geschenken) beruht, spielt insoweit keine Rolle. Wenn sich die Betreute gegen die Sterilisation wehrt, obwohl für sie bei einer Schwangerschaft Lebens- oder schwere Gesundheitsgefahr besteht, darf sie gleichwohl nicht zwangssterilisiert werden; dann hat eine Unterbringung in der Form der Trennung vom anderen Geschlecht nach § 1906 zu erfolgen[25], so dass auf diese Weise eine Schwangerschaft ausgeschlossen wird[26]. Der natürliche Wille des Betreuten darf im *Zeitpunkt* der Vornahme des Eingriffs nicht entgegenstehen. Eine vorherige Einwilligung der Betreuten verliert daher ihre Rechtswirksamkeit, wenn zu einem späteren Zeitpunkt erkennbar wird, dass die Einwilligung nicht mehr vom natürlichen Willen der Betreuten getragen ist. Der natürliche Wille kann durch Worte, aber auch durch Ein-Sich-Sträuben oder auf sonstige Weise zum Ausdruck gebracht werden; ob die Motive für den Widerspruch „vernünftig“ sind, spielt keine Rolle.

19 **bb) Widerspruch gerade gegen die Sterilisation.** Allerdings muss sich der Widerspruch gerade gegen die Sterilisation richten[27]. Ist also die Betreute gesprächsweise mit dem Eingriff einverstanden, wehrt sie sich aber gegen die gynäkolo-

---

23 OLG Hamm FGPrax 2000, 107/8 = BtPrax 2000, 168 mit Anm *Pöld-Krämer* BtPrax 2000, 237.
24 *Holzhauer* in Gutachten B zum 57. Deutschen Juristentag, 1988, S. 87.
25 BT-Drucks 11/4528 S. 76; *Holzhauer* in Gutachten B zum 57. Deutschen Juristentag, 1988, S. 87.
26 MünchKomm/*Schwab* § 1905 Rz 11.
27 OLG Hamm FGPrax 2000, 107; *Knittel* § 1905 Rz 13; vgl Stenographisches Protokoll der 76. Sitzung des Rechtsausschusses vom 28.3.1990 S. 35 a; aA Erman-*Roth* § 1905 Rz 11.

gische Untersuchung oder hat sie Angst vor Ärzten oder Spritzen, so liegt darin noch kein Widerspruch gegen die Sterilisation.

b) **Auf Dauer einwilligungsunfähig** (Nr 2). Die Betreute muss einwilligungs- 20
unfähig sein und auf Dauer einwilligungsunfähig bleiben. So ist es zB bei einer Gehirnmissbildung, die nicht behandlungsfähig ist. Bei nur vorübergehender Einwilligungsunfähigkeit der Betreuten darf eine Sterilisation nicht vorgenommen werden[28]. Dies folgt aus dem Grundsatz, dass die Betreute nach Möglichkeit selbst entscheiden soll, ob sie eine Sterilisation wünscht; bei nur vorübergehender Einwilligungsunfähigkeit ist die Sterilisation als schwerer und oftmals nicht rückgängig zu machender Eingriff nicht gerechtfertigt. Unklar ist schon, bis zu welchem Endzeitpunkt zu rechnen ist: einige Monate bzw Jahre, oder bis zum Ende der Möglichkeit, ein Kind zu empfangen oder zu zeugen, oder bis zum Lebensende? Hierzu finden sich keine Ausführungen in Literatur und Gesetzesbegründung. Nach dem Sinn der Regelung wird von der hM die zweite und dritte Deutung ausgeschlossen; alles, was nicht vorübergehend sei, sei dauerhaft. Das ergibt mE Zeitspannen von einigen Jahren. Da es angesichts der Entwicklung der Medizin und der individuellen Entwicklung jedes Menschen nicht möglich ist, vorauszusagen, ob jemand in einigen Jahren *mit Sicherheit* noch einwilligungsunfähig sein wird, ist dieses Kriterium nicht erfüllbar[29]. Die hM lässt deshalb diese theoretische Möglichkeit außer Betracht; sie lässt die **hohe Wahrscheinlichkeit** dauernder Einwilligungsunfähigkeit genügen[30]; denn das Gesetz wolle ausweislich der Motive[31] die Sterilisation nur bei vorübergehender Einwilligungsunfähigkeit untersagen.

Ob eine dauernde Einwilligungsunfähigkeit vorliegt, muss das **ärztliche Gut-** 21
achten (§ 297 FamFG; Rz 50) ergeben. Liegt Einwilligungsfähigkeit vor, kann schon die Bestellung eines Sterilisationsbetreuers abgelehnt werden; es ist nicht erforderlich, ins Genehmigungsverfahren überzugehen.

c) **Schwangerschaft ohne Sterilisation** (Nr 3). Es muss anzunehmen sein, dass es 22
ohne die Sterilisation zu einer Schwangerschaft kommen würde. Das setzt zum einen voraus, dass die Behinderte überhaupt fortpflanzungsfähig ist[32]. Erforderlich sind weiter „konkrete und ernstliche Anhaltspunkte" für eine mögliche Schwangerschaft[33], also eine Schwangerschaftserwartung, wobei das Gesetz keinen bestimmten Grad an Wahrscheinlichkeit fordert. Es genügt, dass auf Grund der sexuellen Aktivität der Betreuten mit einer Schwangerschaft zu rechnen ist, zB weil das behinderte Mädchen bereits Geschlechtsverkehr mit einem Freund hatte, hat oder dies beabsichtigt; oder weil sie sich unbekleidet zu einem Mann ins Bett legt und Körperkontakt sucht.

aa) **Vorsorgliche Sterilisation.** Eine vorsorgliche Sterilisation, zB als vorbeugen- 23
de Maßnahme für den Fall, dass die Betreute durch andere Bewohner des Heimes sexuell missbraucht oder vergewaltigt wird, oder für den Fall, dass sie einmal freiwillig Geschlechtsverkehr haben würde, scheidet aus[34]. Bei einer sexuell distanzlosen 23-jährigen Frau, die mit Männern in einer Wohngruppe lebte, welche untertags von zwei Mitarbeitern betreut wurde, während nachts die Gänge des Männer- und Frauentrakts verschlossen waren, hat das Bay-

28 OLG Hamm FGPrax 2000, 107/8.
29 Ähnlich *Knittel* § 1905 Rz 9; Holzhauer-*Reinicke* § 1905 Rz 12; MünchKomm/*Schwab* § 1905 Rz 6.
30 *Knittel* § 1905 Rz 9; Holzhauer-*Reinicke* § 1905 Rz 12.
31 BT-Drucks 11/4528 S. 76.
32 OLG Hamm FGPrax 2000, 107; HK-*BUR*-Rink § 1905 Rz 17.
33 BayObLG FamRZ 1997, 702; OLG Hamm FGPrax 2000, 107.
34 Zur konkreten Schwangerschaftserwartung vgl BayObLG NJW 2002, 149.

ObLG[35] die Nr 3 nicht für gegeben erachtet. Es ist nicht zulässig, den Geschlechtspartner der Behinderten gegen seinen Willen auf seine Fortpflanzungsfähigkeit zu untersuchen[36]. Dem geistig gesunden Partner der Behinderten ist aber zuzumuten, eine Schwangerschaft durch Empfängnisverhütungsmittel zu verhindern, so dass bei einer festen Partnerschaft eine Sterilisation der Behinderten nicht erforderlich ist (anders bei Personen mit wechselnden Geschlechtspartnern).

24 **bb) Sterilisation von Männern.** Nach dem bewusst vom Gesetzgeber gewählten Wortlaut ist es nicht erforderlich, dass gerade bei der betreuten Person die Gefahr einer Schwangerschaft besteht; ausreichend ist auch die konkrete Annahme, die Partnerin des Betreuten werde schwanger; damit sollte auch die Einwilligung in die Sterilisation eines unter Betreuung stehenden Mannes möglich gemacht werden[37]. Der Gesetzgeber hat aber übersehen, dass die Sterilisierung des betreuten Mannes im Hinblick auf einen möglichen Partnerwechsel der Frau unverhältnismäßig ist[38]. Wenn bei der Partnerin die Notlage nach Nr 4 bestünde, der Mann deshalb sterilisiert würde und sich die Frau dann einem anderen Mann zuwenden würde, wäre die Sterilisation ihres früheren Partners sinnlos gewesen. Auch würde die Sterilisation des betreuten Mannes im Interesse eines Dritten, der Frau liegen und beim Mann kaum je die Reaktionen nach Nr 4 auslösen[39]. Dies gilt erst recht, wenn die Partnerin des betreuten Mannes selbst nicht unter Betreuung steht; dann ist es der Partnerin zuzumuten, zur Abwendung der konkreten Gefahr einer Schwangerschaft auf Empfängnisverhütungsmittel auszuweichen[40]. Wo das nicht möglich erscheint, mag sie sich selbst sterilisieren lassen.

25 **d) Notlage (Nr 4).** Eine Einwilligung des Betreuers in die Sterilisation ist im Weiteren nur zulässig, wenn der Behinderten durch die Schwangerschaft eine Notlage drohen würde. Zur Klärung wird hierzu vom Betreuungsgericht ein Gutachten eingeholt (§ 297 Abs 6 FamFG). Nr 4 greift dabei im Wesentlichen die Wertungen des § 218 a StGB auf. Infolge der zu erwartenden Schwangerschaft müssen bestimmte Gefahren zu erwarten sein:

26 **aa) Gefahr für das Leben der Schwangeren.** Die Gefahr kann körperliche oder psychische Ursachen haben, zB Todesgefahr bei Gebärmutterkrebs oder chronisch entzündeter Restniere oder wenn bei schwerer Depression Selbstmordgefahr besteht[41]. Oder:

27 **bb) Schwer wiegende Beeinträchtigung des körperlichen Gesundheitszustandes der Schwangeren;** zB bei Herz- oder Kreislaufschäden bzw psychosomatischer Persönlichkeitsverbiegung oder depressiver Fehlentwicklung; gehäufte epileptische Anfälle mit Bewusstlosigkeit und Zuckungen infolge der Schwangerschaft[42].

28 **cc) Schwer wiegende Beeinträchtigung des seelischen Gesundheitszustandes der Schwangeren.** Dazu gehören zB schwere Depressionen. Wenn die Frau bei einer früheren Schwangerschaft bereits unter Depressionen litt, kann davon ausgegangen werden[43]. Nach *Schwab* genügt es, wenn eine Schwangerschaft und ihre

35 BayObLG FamRZ 1997, 702.
36 HK-BUR-*Rink* § 1905 Rz 17.
37 BT-Drucks 11/4528 S. 143.
38 MünchKomm/*Schwab* § 1905 Rz 17.
39 Erman-*Roth* § 1905 Rz 25 (mit Nachweisen der Gegenmeinung).
40 BT-Drucks 11/4528 S. 79.
41 BT-Drucks 11/4528 S. 143.
42 OLG Hamm FGPrax 2000, 107.
43 *Knittel* § 1905 Rz 17.

Folgen für die Frau mit schwerem und nachhaltigem psychischen Leid verbunden wären[44]. Bezüglich der schwerwiegenden Beeinträchtigung des seelischen Gesundheitszustandes enthält Abs 1 Satz 2 eine ergänzende Sonderregelung (Rz 33). Und:

dd) Gefahren auf zumutbare Weise nicht abwendbar. Diese Gefahren können nicht auf zumutbare Weise abgewendet werden. Das kann zB möglicher Weise durch medizinische Behandlung der schwangeren Frau geschehen, durch Einnahme von Kreislauf stärkenden Mitteln, Medikamenten gegen Depressionen, dauernde Bettruhe. Die Behandlung muss zumutbar sein, also körperlich und seelisch verträglich[45]. Nicht zumutbar ist im Hinblick auf die medizinischen Risiken und die Gefahr psychischer Störungen der **Abbruch** der eventuellen künftigen Schwangerschaften[46]. Hohe Wahrscheinlichkeit der Unabwendbarkeit genügt. 29

e) Verhinderung der Schwangerschaft auf andere Weise (Nr 5). Da nach dem heutigen Stand der medizinischen Wissenschaft die Chancen der Wiederfruchtbarmachung nach einer Sterilisation nur ca 50 % betragen, ist die Sterilisation gegenüber anderen zumutbaren Mitteln der Empfängnisverhütung nachrangig. Wenn die Schwangerschaft durch andere zumutbare Mittel verhindert werden kann, darf der Betreuer nicht in eine Sterilisation einwilligen. 30

Ob **mechanische oder chemische Verhütungsmittel** ein zumutbares Mittel iSd Nr 5 sein können, entscheiden die Umstände des Einzelfalls[47], zB ob sie im konkreten Fall hinreichend sicher sind, ferner kommt es auf die Fähigkeit der Betreuten an, sie richtig und regelmäßig anzuwenden und auf die sich aus der Anwendung ergebenden Nebenwirkungen und sonstigen Unverträglichkeiten. Wenn zB die behinderte Frau nicht in der Lage ist, die Pille regelmäßig zu nehmen, kann sie die Schwangerschaft nicht auf diese Weise verhindern. Ob die Behinderte andere Verhütungsmittel (gegebenenfalls nach entsprechender Schulung) anwenden kann, ergibt sich aus dem vom Betreuungsgericht einzuholenden sexualpädagogischen Gutachten (§ 297 Abs 6 Satz 1 FamFG). 31

Kein anderes Mittel, eine Schwangerschaft zu verhindern, ist, die behinderte Frau freiheitsentziehend unterzubringen, dh einzuschließen[48]. Das wäre nach § 1906 Abs 1 oder Abs 4 genehmigungspflichtig; freiheitsbeschränkende Maßnahmen sind aber nicht zulässig, wenn die Betreute gegen eine Sterilisation keinen Widerspruch iSd Nr 1 erhebt und andere Maßnahmen zur Empfängnisverhütung ausscheiden[49]. 32

2. Schwer wiegende Gefahr (Satz 2). Nach Satz 2 gilt als schwer wiegende Gefahr für den seelischen Gesundheitszustand der Schwangeren iS der Nr 4 auch die Gefahr eines schweren und nachhaltigen seelischen Leidens, das ihr drohen würde, weil gerichtliche Maßnahmen, die mit ihrer Trennung vom Kind verbunden wären (§§ 1666, 1666 a), gegen sie ergriffen werden müssten. 33

a) Trennung vom Kind. Die Behinderung der Mutter ist zwar als solche kein Grund, der Mutter die tatsächliche Sorge für das (behinderte oder gesunde) Kind zu verwehren. Gleichwohl sind Fälle denkbar, in denen die Behinderung der Mutter zur Folge hat, dass das Kind nicht ordnungsgemäß betreut wird, so dass 34

44 MünchKomm/*Schwab* § 1905 Rz 15.
45 MünchKomm/*Schwab* § 1905 Rz 16.
46 BT-Drucks 11/4528 S. 144.
47 OLG Hamm FGPrax 2000, 107.
48 BayObLG FGPrax 1997, 65.
49 BT-Drucks 11/4528 S. 144; *Knittel* § 1905 Rz 20.

das Familiengericht Maßnahmen ergreifen muss, bis zum Entzug des Sorgerechts; das ist auch bei unverschuldetem Versagen des sorgeberechtigten Elternteils (behinderte Mutter) möglich[50]. Zwar sind Maßnahmen nach § 1666 erst dann zulässig, wenn einer Gefährdung des Kindeswohls nicht auf andere Weise (zB durch öffentliche Hilfen) begegnet werden kann, § 1666a[51]; dies schließt aber nicht aus, dass ungeachtet aller möglichen Hilfen das Kindeswohl bei einem weiteren Verbleib bei der Mutter gefährdet wäre und ihr daher das Kind entzogen werden müsste. Oftmals muss dies spätestens im Kindergartenalter oder schulpflichtigen Alter geschehen, auch wenn das Kind nicht selbst behindert ist. Dabei stellt das Gesetz es auf die Trennung der Mutter vom Kind ab; unmaßgeblich ist es also in diesem Zusammenhang, ob die Betreute als Mutter die volle elterliche Sorge innehätte, ob sie ihr teilweise zu entziehen wäre oder ob sie ruhen würde (§§ 1673 Abs 1, 1674).

35 **b) Gefahr schweren und nachhaltigen seelischen Leidens.** Sie muss voraussichtlich durch eine notwendige Trennung von Mutter und Kind bei der Mutter hervorgerufen werden. Das ist dann nicht der Fall, wenn die Frau das Kind ablehnen würde oder wenn sie aufgrund der schweren geistigen Behinderung überhaupt keine emotionale Bindung an das Kind haben würde. Diese Prognose wird sich selten stellen lassen, so dass auch in den Fällen schwerer Behinderung eine Sterilisation möglich bleibt, wenn die anderen Voraussetzungen gegeben sind.

36 **c) Ergebnis.** Wenn also anzunehmen ist, dass später das Familiengericht eine solche Trennung der behinderten Mutter vom Kind anordnen wird, und ferner die Gefahr besteht, dass dies die Mutter nicht gleichmütig hinnimmt, sondern dass es ihr psychisches Leid verursacht, dann liegt eine Gesundheitsgefährdung bei der Mutter vor; der Betreuer kann in die Sterilisation einwilligen. Ein solches Geflecht von Hypothesen und Prognosen in die ferne Zukunft ist als Rechtsnorm bedenklich.

37 **d) Unterbringung.** Nach den Gesetzesmotiven ist eine zwangsweise Unterbringung nur unter der Voraussetzung zulässig, dass der Betreuten im Falle einer Schwangerschaft eine schwere Gesundheitsgefahr droht[52]. Durch eine Unterbringung darf kein mittelbarer Zwang zur Sterilisation herbeigeführt werden[53]. Die Fixierung einer Betroffenen (§ 1906) zur zwangsweisen Verabreichung einer Depotspritze zur Verhütung einer Schwangerschaft ist nicht genehmigungsfähig[54].

III. Genehmigung, Abs 2

38 **1. Genehmigung des Betreuungsgerichts (Satz 1).** Nach Abs 2 Satz 1 bedarf die Einwilligung des Sterilisationsbetreuers in eine Sterilisation der Genehmigung des Betreuungsgerichts (zur Rechtsnatur vgl § 1904 Rz 9). Merkwürdiger Weise sagt § 1905 nicht, wann das Betreuungsgericht genehmigen darf; Abs 1 wendet sich ausdrücklich nur an den Betreuer. Sinngemäß muss aber das Gericht dieselben Gesichtspunkte wie der Betreuer prüfen, also: Einwilligung des Betreuers; Einwilligungsunfähigkeit der Betreuten; entgegenstehender Wille der Betreuten (Nr 1); Dauerhaftigkeit der Einwilligungsunfähigkeit (Nr 2); Schwanger-

50 BVerfG hat die Verfassungsmäßigkeit gerade mit Blick auf geistig behinderte Eltern bejaht, BVerfGE 60, 79 = NJW 1982, 1379.
51 BVerfGE NJW 1982, 1379.
52 BT-Drucks 11/4528 S. 76.
53 MünchKomm/*Schwab* § 1905 Rz 19.
54 OLG Frankfurt FGPrax 2008, 133.

schaft zu erwarten? (Nr 3); Notlage (Nr 4); Verhinderbarkeit der Schwangerschaft (Nr 5). Liegen diese Voraussetzungen vor, *ist* die Einwilligung des Sterilisationsbetreuers zu genehmigen; „kann" ist missverständlich; das Betreuungsgericht hat kein Ermessen[55]. Von der Genehmigung *muss* der Betreuer keinen Gebrauch machen; er *darf* zB keinen Gebrauch mehr von ihr machen, wenn die Betreute früher mit der Sterilisation einverstanden war (Nr 1), nun sie aber mit natürlichem Willen ablehnt. Das Betreuungsgericht hat die Genehmigung zu versagen, wenn eine der in Abs 1 Nr 1 bis 5 genannten Voraussetzungen fehlt.

2. Zeitpunkt der Durchführung der Sterilisation (Satz 2). Um zu verhindern, dass der Betreuer einer rasch eingelegten Beschwerde (der Betreuten oder des Verfahrenspflegers) zuvorkommt und unmittelbar nach Bekanntmachung des Genehmigungsbeschlusses die Sterilisation durchführen lässt, sieht Satz 2 vor, dass die Sterilisation erst **zwei Wochen nach dem Wirksamwerden der Genehmigung** erfolgen darf[56]. Das ist nicht abgestimmt mit dem FamFG, wonach die Beschwerdefrist ein Monat beträgt (§ 62 FamFG); zuvor war die Beschwerde unbefristet. Richtig wäre eine Lösung wie nach § 40 Abs 2 FamFG gewesen. Der Beschluss des Betreuungsgerichts, der die Einwilligung des Betreuers genehmigt, wird mit der Bekanntgabe an den Verfahrenspfleger (bzw Verfahrensbevollmächtigten der Betreuten) *und* an den Sterilisationsbetreuer wirksam (§ 297 Abs 7 FamFG), zu rechnen ab der *letzten* Zustellung[57]; der Betreuer muss sich also beim Betreuungsgericht erkundigen, wann die letzte Zustellung erfolgte. Die Frist wird nach § 16 FamFG berechnet. Aus dem FamFG ergibt sich keine Pflicht des Betreuungsgerichts, dem Betreuer eine „Bescheinigung" auszustellen, aus der ersichtlich ist, wann die Genehmigung wirksam wurde[58]; lediglich die Rechtskraft kann bescheinigt werden (§ 46 FamFG). Bis dahin sollte der Sterilisationsbetreuer warten, und nicht nur bis zum Ablauf der zwei Wochen. Die Genehmigung wird ferner der Betreuten mitgeteilt (§§ 297 Abs 8 Satz 1; 41 Abs 1 FamFG), ferner der Betreuungsbehörde (§ 207 Abs 8 Satz 3 FamFG). 39

Erfolgt die Sterilisation nach Bekanntmachung, aber **vor Ablauf der Zweiwochenfrist**, führt dies allein nicht zur Unwirksamkeit der Einwilligung des Betreuers und zur Rechtswidrigkeit des ärztlichen Eingriffs[59]. Bei Sterilisation *nach* Erlass des Genehmigungsbeschlusses, aber *vor* Bekanntmachung an Betreuer und Verfahrenspfleger liegt eine wirksame Einwilligung des Sterilisationsbetreuers nicht vor[60]; die nachträgliche Bekanntmachung heilt nicht, weil §§ 1904, 1905 (anders als § 1906 Abs 2 Satz 2) keine nachträgliche Genehmigung kennen. 40

Wird innerhalb dieses Zeitraums gegen die Genehmigung **Beschwerde** eingelegt, kann vom Betreuungs- oder Beschwerdegericht die **Vollziehung der Genehmigung ausgesetzt** werden (§ 64 Abs 3 FamFG), um die Durchführung der Sterilisation vor Abschluss des Beschwerdeverfahrens zu verhindern. Im Übrigen ist es Aufgabe des Arztes, sich zu vergewissern, dass er nicht rechtswidrig handelt; er wird sich den Beschluss des Betreuungsgerichts vorlegen lassen müssen. 41

3. Sterilisationsmethode (Satz 3). Satz 3 wendet sich an den Arzt und an den Betreuer, nicht an das Betreuungsgericht (das aber die Methode im Beschluss 42

55 MünchKomm-*Schwab* § 1905 Rz 20; *Knittel* § 1905 Rz 21.
56 BT-Drucks 11/4528 S. 145.
57 OLG Düsseldorf FamRZ 1996, 375.
58 AA Staudinger-*Bienwald* § 1905 Rz 27.
59 MünchKomm/*Schwab* § 1905 Rz 22; offen gelassen von OLG Düsseldorf FamRZ 1996, 375.
60 OLG Düsseldorf FamRZ 1996, 375.

nennen sollte)[61]. Nach dem Grundsatz der Verhältnismäßigkeit ist die für die Betroffene am wenigsten einschneidende Form der Sterilisation zu wählen. Gibt es mehrere Methoden einer Sterilisation, ist bei gleichem operativen bzw postoperativem Risiko der Methode der Vorzug zu geben, die mit einer höheren Wahrscheinlichkeit eine mögliche Refertilisation erwarten lässt. Kann eine höhere Refertilisationschance nur durch ein höheres operatives bzw postoperatives Risiko erkauft werden, ist grundsätzlich die Methode zu wählen, die einen geringeren körperlichen Eingriff bedeutet, selbst wenn dies mit einer geringeren Refertilisationschance verbunden ist. Die Fixierung einer Betroffenen zur **zwangsweisen Verabreichung einer Depotspritze** zur Verhütung einer Schwangerschaft ist nicht genehmigungsfähig[62].

IV. Verfahren

43 **1. Allgemeines.** Es sind zwei Verfahrensabschnitte zu unterscheiden: Bestellung eines Sterilisationsbetreuers (Abschnitt I); Genehmigung der Einwilligung dieses Betreuers (Abschnitt II); in deren Verlauf ergehen (mindestens) drei Gerichtsbeschlüsse: Bestellung des Sterilisationsbetreuers; Bestellung des Verfahrenspflegers; Genehmigung der Einwilligung des Betreuers.

44 **Abgrenzung der beiden Verfahrensabschnitte.** Im Einzelnen ist unklar, welche Fragen schon im Abschnitt I geprüft werden *dürfen* und welche in den Abschnitt II verschoben werden *müssen*. ME handelt es sich um Zweckmäßigkeitsfragen[63]. Theoretisch betrifft der erste Abschnitt nur die Frage, ob ein Sterilisationsbetreuer bestellt werden darf, der zweite, ob die Einwilligung in die Sterilisation genehmigt werden darf. Eine *Verbindung* im rechtstechnischen Sinn kann es nicht geben, weil es sich um nacheinander ablaufende Verfahren handelt. Es dürfte jedoch sinnvoll sein, zB die Begutachtung bereits von Anfang an auf beide Komplexe zu erstrecken[64], weil die Fragen ineinander übergehen. Jedenfalls brauchen bei engem zeitlichem Zusammenhang die Anhörung des Betroffenen und die Bestellung von Sachverständigen sowie sonstige Verfahrenshandlungen nicht wiederholt werden[65].

45 **2. Anregung.** Ein **Antrag** ist nicht erforderlich, weder für die Bestellung des Sterilisationsbetreuers (vgl Wortlaut des § 1896 Abs 1) noch für die Genehmigung[66]. Die **Anregung** zur Sterilisation geht meist von Angehörigen aus. Der Betroffene ist in beiden Verfahrensabschnitten verfahrensfähig (§ 275 FamFG), auch bei geistiger Behinderung.

46 **3. Verfahrensabschnitt I. – a) Sterilisationsbetreuer.** Für die Einwilligung in die Sterilisation ist durch Beschluss des Betreuungsgerichts (Richter; § 15 Nr 4 RPflG) ein besonderer Betreuer mit diesem speziellen Aufgabenkreis zu bestellen (§ 1899 Abs 2). Das Verfahren dauert einige Monate und ist §§ 271 ff FamFG zu entnehmen: die Bestellung eines Verfahrenspflegers ist in diesem Abschnitt nicht zwingend (§ 276 FamFG). Die Betroffene ist persönlich anzuhören (§ 278 FamFG); Betreuungsbehörde, Angehörige und Vertrauensperson können sich äußern zur Frage, ob ein Sterilisationsbetreuer erforderlich ist (§ 274 FamFG); die Frage, ob sterilisiert werden soll, gehört dagegen in den Verfahrensabschnitt II: Genehmigung; ein Gutachten eines Sachverständigen ist einzuholen

61 HK-BUR-*Rink* § 1905 Rz 12; aA *Knittel* § 1905 Rz 30.
62 OLG Karlsruhe FGPrax 2008, 133.
63 Vgl hierzu OLG Hamm FGPrax 2000, 107.
64 Ähnlich *Bienwald* § 1905 Rz 26; aA HK-BUR-*Rink* § 1905 Rz 10.
65 OLG Hamm FGPrax 2000, 107.
66 AA Staudinger-*Bienwald* § 1905 Rz 22.

(§ 280 FamFG: aber im Abschnitt I nur zur Frage, ob ein Sterilisationsbetreuer erforderlich ist). – Der Sterilisationsbetreuer kann in Eilfällen durch eine einstweilige Anordnung des Betreuungsgerichts nach §§ 300, 301 FamFG bestellt werden[67].

Die **Bestellung** erfolgt mit einer Überprüfungszeit von etwa einem Jahr (§ 286 Abs 3 FamFG), weil das Amt kaum länger dauern wird[68]. Der Sterilisationsbetreuer wird nicht wie ein regulärer Berufsbetreuer vergütet, sondern nach § 6 VBVG. Im Übrigen ist die Sterilisationsbetreuung aufzuheben, sobald der Eingriff erfolgt ist und die Zeit der Nachsorge verstrichen ist (§ 1908a Abs 1). Vereine, Behörden dürfen nicht Sterilisationsbetreuer sein (§ 1900 Abs 5). Dieser Sterilisationsbetreuer fungiert neben dem sonstigen Betreuer (Rz 10); denn meist hat die Betreute schon einen solchen Betreuer oder braucht zunächst einen. 47

b) Ablehnung. Die Bestellung eines Sterilisationsbetreuers ist vom Betreuungsgericht abzulehnen, wenn er sowieso nicht einwilligen könnte, zB weil eine dauernde Einwilligungsunfähigkeit der behinderten Frau fehlt, die Frau also einwilligungsfähig ist; oder wenn die Schwangerschaft anderweitig verhindert werden kann[69]. Der Ablehnungsbeschluss ist mit Beschwerde anfechtbar (§§ 58 ff FamFG). 48

4. Verfahrensabschnitt II. – a) Verfahrenspfleger. Will der Sterilisationsbetreuer in die Sterilisation der Frau einwilligen (er muss nicht!) und „beantragt" er hierzu die Genehmigung, beginnt der zweite Verfahrensabschnitt. Es ist vom Betreuungsgericht ein Verfahrenspfleger zu bestellen, es sei denn, die Betreute wird von einem Rechtsanwalt vertreten (§ 297 Abs 5 FamFG). 49

b) Gutachten. Im Weiteren hat das Betreuungsgericht vor der Genehmigung mindestens zwei Gutachten einzuholen, welche sich auf medizinische, psychologische, soziale, sonderpädagogische und sexualpädagogische Gesichtspunkte erstrecken (§ 297 Abs 6 FamFG). *Eines* dieser Gutachten kann entbehrlich sein, wenn die entsprechenden Fragen bereits durch das anlässlich der Bestellung des Sterilisationsbetreuers eingeholte Gutachten geklärt sind[70]. Die Gutachter sind gehalten, die Betroffene persönlich zu untersuchen und zu befragen (§ 297 Abs 6 Satz 2 FamFG). Der Sachverständige darf nicht mit dem die Sterilisation ausführenden Arzt personengleich sein (§ 297 Abs 6 Satz 3 FamFG). Beauftragt werden Fachärzte für Neurologie, Psychiatrie, Psychologie und Gynäkologie. 50

c) Persönliche Anhörung der Betroffenen. Das Betreuungsgericht (Richter) hat die Betroffene vor Erteilung der Genehmigung persönlich anzuhören (aber nicht unbedingt in seiner Wohnung/Umgebung) und über den Verfahrensverlauf zu unterrichten (§ 297 Abs 1 FamFG). Verfahrenshandlungen durch den ersuchten Richter sind ausgeschlossen (§ 297 Abs 4 FamFG). 51

d) Betreuungsbehörde. Ferner ist das Betreuungsgericht auch im Verfahrensabschnitt II verpflichtet, der zuständigen Betreuungsbehörde Gelegenheit zur Äußerung zu geben, *soweit* dies der Betroffene verlangt oder *wenn* es der Sachaufklärung dient (§ 297 Abs 2 FamFG), ferner den sonstigen Beteiligten (§§ 297 Abs 3 Satz 1, 274 FamFG). Die Anhörung des „gewöhnlichen" Betreuers ist nicht vorgeschrieben, aber zweckmäßig. 52

---

67 HK-BUR-*Rink* § 1905 Rz 9.
68 LG Berlin BtPrax 1993, 34.
69 HK-BUR-*Rink* § 1905 Rz 6.
70 HK-BUR-Rink § 1905 Rz 11.

53 e) **Entscheidung. Bekanntmachung. Wirksamkeit.** Die Entscheidung über die Genehmigung der Einwilligung in die Sterilisation ergeht durch Beschluss des Betreuungsgerichts, mit Begründung und Rechtsmittelbelehrung (§§ 38, 39 FamFG). Zum Inhalt vgl Rz 42. Der Beschluss ist der Betroffenen **bekannt zu geben** (§ 297 Abs 8 FamFG), zweckmäßig mit Zustellung, ferner dem Verfahrenspfleger und dem Sterilisationsbetreuer. Eine Bekanntgabe an den „gewöhnlichen" Betreuer ist nicht vorgeschrieben; der Betreuungsbehörde wird der Beschluss immer bekannt gegeben (§ 297 Abs 8 Satz 3 FamFG)[71]. Die **Wirksamkeit** der betreuungsgerichtlichen Genehmigung hängt allerdings nur von der Bekanntgabe an den Verfahrenspfleger (oder den bevollmächtigten Rechtsanwalt) *und* an den Sterilisationsbetreuer ab (§ 297 Abs 7 FamFG), dh mit dem letzten von diesen beiden Zeitpunkten ist der Beschluss wirksam geworden. Die Entscheidung des Betreuungsgerichts erwächst in (formelle) Rechtskraft; ihr Wirksamwerden hängt aber nicht vom Eintritt der Rechtskraft ab, was eine durch das FamFG entstandene Unstimmigkeit darstellt (vgl § 40 Abs 2 FamFG). Eine Genehmigung durch **einstweilige Anordnung** (§§ 300, 301 FamFG) ist nicht vorgesehen.

54 5. **Gebrauchmachen von der Genehmigung.** Der Sterilisationsbetreuer *muss* von der Genehmigung des Betreuungsgerichts nicht Gebrauch machen; er muss auch keinen Antrag auf Genehmigung stellen[72]; er wird zB davon absehen, wenn sich zeigt, dass (wider Erwarten) eine Verhinderung der Schwangerschaft auf andere Weise möglich ist. Besteht die Notlage fort, handelt der Betreuer pflichtwidrig, wenn er die Sterilisation nicht durchführen lässt; das bedarf aber sorgsamer Prüfung[73]. Folge wäre: § 1837; Entlassung, § 1908 b. Soll sterilisiert werden, ist die Zwei-Wochen-Frist (Rz 39) zu beachten.

55 6. **Beschwerde.** – a) **Genehmigung.** Gegen den Genehmigungsbeschluss des Betreuungsgerichts kann die Betreute (oder ihr Verfahrenspfleger) Beschwerde einlegen (§§ 58 ff FamFG), sie ist befristet (ein Monat, nicht zwei Wochen; § 63 FamFG); der Sterilisationsbetreuer hat kein Beschwerderecht, weil er von der Genehmigung nicht Gebrauch machen muss. Die **Behörde** ist nicht beschwerdeberechtigt, weil eine Genehmigung nicht unter § 303 Abs 1 FamFG fällt; gegen die Bestellung des Sterilisationsbetreuers aber könnte sich die Behörde beschweren. Dasselbe gilt für die **Angehörigen** der Betroffenen; ihr Beschwerderecht ist ferner durch die Klauseln in § 303 Abs 2 weiter eingeschränkt. Eine **Rechtsbeschwerde zum BGH** ist nur bei Zulassung statthaft (§ 70 Abs 1 FamFG). Legt die Betreute die Beschwerde rechtzeitig, aber erst nach Wirksamwerden der Genehmigung und Durchführung der Sterilisation ein, wird man sie als unzulässig ansehen müssen[74], weil Erledigung der Hauptsache eingetreten ist. Die Rechtswidrigkeit kann festgestellt werden (§ 62 FamFG); sie kann auch später als Vorfrage, zB eines Schmerzensgeldprozesses, geklärt werden.

56 b) **Versagung der Genehmigung.** Gegen die Versagung der Genehmigung ist die Betreute beschwerdeberechtigt (§ 59 FamFG), ferner der einwilligende Sterilisationsbetreuer. Auch hier ist die Beschwerde befristet; Einzelheiten vgl § 303 FamFG.

---

71 MünchKomm-*Schwab* § 1905 Rz 27.
72 LG Hildesheim BtPrax 1997, 121.
73 Vgl LG Hildesheim BtPrax 1997, 121.
74 AA OLG Düsseldorf FamRZ 1996, 375: der unrichtige Genehmigungsbeschluss sei aufzuheben.

§ 1906 Genehmigung des Betreuungsgerichts bei der Unterbringung

(1) Eine Unterbringung des Betreuten durch den Betreuer, die mit Freiheitsentziehung verbunden ist, ist nur zulässig, solange sie zum Wohl des Betreuten erforderlich ist, weil

1. **auf Grund einer psychischen Krankheit oder geistigen oder seelischen Behinderung des Betreuten die Gefahr besteht, dass er sich selbst tötet oder erheblichen gesundheitlichen Schaden zufügt, oder**
2. **eine Untersuchung des Gesundheitszustandes, eine Heilbehandlung oder ein ärztlicher Eingriff notwendig ist, ohne die Unterbringung des Betreuten nicht durchgeführt werden kann und der Betreute auf Grund einer psychischen Krankheit oder geistigen oder seelischen Behinderung die Notwendigkeit der Unterbringung nicht erkennen oder nicht nach dieser Einsicht handeln kann.**

(2) [1]Die Unterbringung ist nur mit Genehmigung des Betreuungsgerichts zulässig. [2]Ohne die Genehmigung ist die Unterbringung nur zulässig, wenn mit dem Aufschub Gefahr verbunden ist; die Genehmigung ist unverzüglich nachzuholen.

(3) [1]Der Betreuer hat die Unterbringung zu beenden, wenn ihre Voraussetzungen wegfallen. [2]Er hat die Beendigung der Unterbringung dem Betreuungsgericht anzuzeigen.

(4) Die Absätze 1 bis 3 gelten entsprechend, wenn dem Betreuten, der sich in einer Anstalt, einem Heim oder einer sonstigen Einrichtung aufhält, ohne untergebracht zu sein, durch mechanische Vorrichtungen, Medikamente oder auf andere Weise über einen längeren Zeitraum oder regelmäßig die Freiheit entzogen werden soll.

(5) [1]Die Unterbringung durch einen Bevollmächtigten und die Einwilligung des Bevollmächtigten in Maßnahmen nach Absatz 4 setzt voraus, dass die Vollmacht schriftlich erteilt ist und die in den Absätzen 1 und 4 genannten Maßnahmen ausdrücklich umfasst. [2]Im Übrigen gelten die Absätze 1 bis 4 entsprechend.

Schrifttum: *Baumann*, Unterbringungsrecht, 1966; *Bergener*, Die zwangsweise Unterbringung psychisch Kranker, 1986; *Bergener/Heiliger/Holzscheider*, Problematik des Freiheitsentzugs bei psychisch Kranken, 1988; *Bergmann*, Unterbringungsrecht in den neuen Bundesländern, Neue Justiz 1991, 211, *Kullmann*, Entziehung der Freiheit (Hessisches FreiheitsentziehungsG), 1971; *v Eicken/Ernst/Zenz*, Fürsorglicher Zwang, 1990; *Huber*, Rechtsstellung und Rechtswirklichkeit der nach Bad Württ UnterbrG Untergebrachten, 1990; *Zimmermann*, Verfahren in Unterbringungssachen, FamRZ 1990, 1308; *Reichel*, Unterbringungsrecht in den neuen Bundesländern, FamRZ 1990, 1318; *Schumacher*, Rechtsstaatliche Defizite im neuen Unterbringungsrecht, FamRZ 1991, 280; *Juchart/Warmbrunn*, UnterbrG Baden-Württemberg, 1992; *Fischer/Mann*, Rechtsbeziehung zwischen psych Landeskrankenhaus und Patient, NJW 1992, 1539; *Dodegge*, Freiheitsentziehende Maßnahmen nach § 1906 Abs 4 BGB, MDR 1992, 437; *Linnhoff*, Fixierungsrichtlinien, BtPrax 1992, 56; *Holzhauer*, Umfang gerichtlicher Kontrolle privatrechtlicher Unterbringung nach § 1906 BGB, FuR 1992, 249 (Kurzfassung: BtPrax 1992, 54); *Krüger*, Bürgerlich-rechtliche, öffentlich-rechtliche und strafrechtliche Zwangsunterbringung, BtPrax 1992, 92; *Stolz*, BtG: Umsetzungsdefizite im Bereich Heilbehandlung und freiheitsentziehender Maßnahmen bei Heimbewohnern, FamRZ 1993, 642 = BWNotZ 1993, 131; *Bischof/Wolf*, Unterbringungsähnliche Maßnahmen und richterliche Intervention, BtPrax 1993, 192; *Dodegge*, Freiheitsentziehende Maßnahmen bei Minderjährigen, FamRZ 1993, 1348; *Zimmermann*, ThürPsychKG (Kommentar), 1994; *Zimmermann*, Das neue ThürPsychKG, FamRZ 1994, 677 und ThürVerwBl 1994, 131; *Klie/Lörcher*, Gefährdete Freiheit, 1994; *Saage/Göppinger*, Freiheitsentziehung und Unterbringung, 3. Aufl 1994; *Dahle*, Zivilrechtliche Unterbringung in der Forensik, BtPrax 1994, 199; *Koch*, Der klinische Anhörungstermin im Unterbringungsverfahren, 1995; *Kuban*, Das Recht der Verwahrung und Unterbringung zwischen 1794 und 1945, Diss Hannover 1997; *Linnhoff*, Freiheitsentziehende Maßnahmen (§ 1906 Abs 4), BtPrax 1995, 167; *Weber*, Der Einfluß des Betreuungsgesetzes auf die freiheitsentziehende Unterbringung, 1995; Pardey, Drittschützende freiheitsentziehende Maßnahmen nach § 1906, FamRZ 1995, 713; *Pardey*, Alltagsprobleme (§ 1906), BtPrax 1995, 81; *Steinle*, Zwangsbehandlung in der Psychiatrie (Baden-Württemberg) BtPrax 1996, 139; *Wigge*, Arztrechtliche Fragen des Unterbringungsrechts, MedR 1996, 291; *Arnold/Kloss*, Offene Psychiatrie FuR 1996, 263; *Blum*, Unterbringung der Alten, BtPrax 1996, 169; *Brock*, Rechtsstaat und Psychiatrie (Vergleich des DDR-EinweisungsG mit den BRD-Regelungen), in Sozialpsychiatrische Informationen, 1996, 17; *Schweitzer*, Ambulante Zwangsbehandlung psychisch Kranker, FamRZ 1996, 1317; *Pedal* ua, Plötzliche Todesfälle mechanisch fixierter Patienten, in Zeitschrift für Geriatrie und Gerontologie, 1996, 180; *Hirsch/Kranzhoff*, Bewegungseinschränkende Maßnahmen in der Gerontopsychiatrie, in Krankenhauspsychiatrie 1996, 99 ff, 151 ff; *Schumacher*, Freiheitsentziehende Maßnahmen mit mechanischen Mitteln bei der Betreuung gebrechlicher Menschen, 1997; *Wojnar*, Freiheitsentziehende Maßnahmen und ihre Auswirkungen auf die Persönlichkeit, BtPrax 1997, 92; *Leichthammer*, Einwilligung eines Bevollmächtigten in eine unterbringungsähnliche Maßnahme, BtPrax 1997, 181; *Dodegge*, Gestaltung der Einweisungspraxis aus der Perspektive eines Unterbringungsrichters, BtPrax 1998, 43; *Crefeld* (Zwangseinweisungen) BtPrax 1998, 47; *Klie*, Verbreitung unterbringungsähnlicher Maßnahmen in bundesdeutschen Pflegeheimen, BtPrax 1998, 50; *Höfer*, Inszenierung von Unterbringungen aus Sicht eines Sozialpsychiatrischen Dienstes, BtPrax 1998, 53; *Vennemann*, Freiheitsentziehende Maßnahmen (Praxisbericht), BtPrax 1998, 59; *Grauer*, Freiheitsentziehung in der eigenen Wohnung oder in einer offenen Einrichtung, BtPrax 1999, 20; *Feuerabend*, Freiheitsentziehung durch Personenortungsanlagen, BtPrax 1999, 93; *Konrad*, Die zivilrechtliche Unterbringung Volljähriger im Vergleich zur öffentlich-rechtlichen Unterbringung, 1999; *Müller*, Neue PsychKGs, RuP 1999, 105; *Dodegge*, PsychKG-NRW, FamRZ 2000, 527; *Alperstedt*, Die Unterbringungsvoraussetzungen und ihre Anwendung in der Praxis, BtPrax 2000, 95 und Rpfleger 2000, 481; *Dodegge/Zimmermann*, PsychKG-Nordrhein-Westfalen (Kommentar) 2000; *Crefeld*, Unterbringungspraxis im kommunalen Vergleich, in „Betrifft: Betreuung" Nr 2/2000 S. 38; *Coeppicus*, Sachfragen des Betreuungs- und Unterbringungsrechts, 2000, S. 164 ff; *Kierig/Kretz*, Formularbuch Betreuungsrecht, 2000, S. 106 ff; *Wille*, Freiheitsentziehung bei Kindern und Jugendlichen nach § 1631 b BGB in der familiengerichtlichen Praxis, DAV 2000, 449; *Bohnert*, Unterbringungsrecht, 2000; *Pommer*, Unterbringung im Rechtsvergleich, 2003; *Probst*, Betreuungs- und Unterbringungsverfahren, 2005; *Guy*, Freiheitsentziehende Maßnahmen nach § 1906 Abs 4 BGB, BtPrax 2005, 214; *Marschner*, Zwangsbehandlung in der ambulanten und stationären Psychiatrie, RuP 2005, 47; *Marschner*, Zivilrechtliche und öffentlichrechtliche Unterbringung, BtPrax 2006, 125; *Narr/Saschenbrecker*, Unterbringung und Zwangsbehandlung, FamRZ 2006, 1079; *Tietze*, Zwangsbehandlung in der Unterbringung, BtPrax 2006, 131; *Walther*, Freiheitsentziehende Maßnahmen nach § 1906 IV BGB, BtPrax 2006, 8; *Lipp*, Unterbringung und Zwangsbehandlung, BtPrax 2006, 62; *Müller*, Zum Recht und zur Praxis der betreuungsrechtlichen Unterbringung, BtPrax 2006, 123; *Marschner*, Zivilrechtliche und öffentlich-rechtliche Unterbringung, BtPrax 2006, 125; *Tietze*, Zwangsbehandlungen in der Unterbringung, BtPrax 2006, 131; *Dodegge*, Zwangsbehandlung und Betreuungsrecht, NJW 2006, 1627; *Ludyga*, Rechtmäßigkeit von medizinischen Zwangsmaßnahmen bei einer Unterbringung gemäß § 1906 BGB, FPR 2007, 104; *Zimmermann*, BayUnterbringungsG (Kommentar) 3. Aufl 2009; *Stoffregen*, Zwangseinweisung in die Psychiatrie, BtPrax 2009, 172; *König*, Vereinbarkeit der Zwangsunterbringung nach § 1906 BGB mit der UN-Behindertenkonvention, BtPrax 2009, 105; *Melchinger*, Zivilrechtliche Unterbringungen, BtPrax 2009, 59; *Diekmann*, Die Unterbringung, BtPrax 2009, 49; *König*, Vereinbarkeit der Zwangsunterbringung nach § 1906 BGB mit der UN-Behindertenrechtskonvention, BtPrax 2009, 105; *Kirsch/Wassermann*, Initiative zur Reduzierung von Fixierungsmaßnahmen, BtPrax 2009, 109; *Böhm*, Zwangsbehandlung bei strafrechtlichen Unterbringungen, BtPrax 2009, 218.

Übersicht

Rz

I. Gesetzesgeschichte

1 § 1906[1] wurde durch das 1. BtÄndG vom 25.6.1998 (BGBl 1998, 1580) mit Wirkung ab 1.1.1999 geändert: Abs 5 wurde angefügt. Durch das FGG-ReformG vom 17.12.2008 (BGBl 2008, 2585) wurden ab 1.9.2009 die Vormundschaftsgerichte abgeschafft; jetzt sind die Betreuungsgerichte zuständig, § 1906 BGB wurde verbal angepasst.

II. Unterbringung im Allgemeinen

2 Eine freiheitsentziehende Unterbringung kann nach verschiedenen Rechtsgrundlagen erfolgen:

3 **1. Nach Bundesrecht. – a) Ein Kind** kann durch seine Eltern (Vormund; Pfleger) nach §§ 1631 b, 1800, 1915 BGB geschlossen untergebracht werden[2]; ein **Erwachsener** kann durch seinen **Betreuer** nach § 1906 Abs 1 und 4 BGB

---

1 Zur Verfassungswidrigkeit vgl BVerfG NJW 2009, 1803 (unzulässige Vorlage des AG Ilmenau).
2 Dazu *Wille* DAV 2000, 449.

untergebracht werden; ein **Vollmachtgeber** durch seinen Bevollmächtigten, § 1906 Abs 5. In allen Fällen ist grundsätzlich eine Genehmigung des Betreuungsgerichts (beim Kind, § 1631b BGB: des Familiengerichts, § 151 Nr 6 FamFG) erforderlich. Die Genehmigung kann im regulären Verfahren erteilt werden oder durch eine (gewöhnliche oder eilige) einstweilige Anordnung (§§ 331, 332 FamFG). Das Verfahren richtet sich nach §§ 312 bis 339 FamFG, bei Kindern über die Verweisung in § 167 FamFG ebenfalls, aber mit Abweichungen. Eine Unterbringung kann auch nur zur Beobachtung angeordnet werden, damit der Sachverständige sein Gutachten erstellen kann (§§ 322, 284 FamFG); das fällt nicht unter §§ 312 ff FamFG.

b) **Freiheitsentziehungsrecht.** Das frühere Freiheitsentziehungsgesetz (FEVG) wurde zum 1.9.2009 aufgehoben (Art 112 FGG-RG). Die entsprechenden Materien wurden ins FamFG (§§ 415 bis 432) übernommen. Freiheitsentziehungssachen sind Verfahren, die die aufgrund von *Bundesrecht* angeordnete Freiheitsentziehung betreffen, soweit das Verfahren bundesrechtlich nicht abweichend geregelt ist (§ 415 Abs 1 FamFG). Unter § 415 ff FamFG fällt zB die **Abschiebungshaft** nach § 62 des Aufenthaltsgesetzes (AufenthG), die Inhaftnahme nach § 59 Abs 2 i. V. m § 89 Abs 2 des Asylverfahrensgesetzes (AsylvfG), die Freiheitsentziehung nach § 30 des Infektionsschutzgesetzes (IfSG); Freiheitsentziehungen aufgrund der Ermächtigungen in § 23 Abs 3 Satz 4, § 25 Abs 3, § 39 Abs 1 und 2 und § 43 Abs 5 des Bundespolizeigesetzes (BPolG), zB zur Durchsetzung eines Platzverweises oder zur Verhinderung einer Straftat; Ingewahrsamnahmen nach § 21 Abs 7 des Bundeskriminalamtgesetzes (BKAG) und durch das Zollkriminalamt nach § 23 Abs 1 Satz 2 Nr 8 des Zollfahndungsdienstgesetzes (ZFdG) an. §§ 415 ff sind ferner anwendbar, wenn Landesrecht ausdrücklich darauf verweist, wie in den meisten Polizeigesetzen der Länder. 4

c) **§ 1846 BGB.** Eine Unterbringung kann nach § 1846 erfolgen, der über § 1908i Abs 1 und § 334 FamFG zur Anwendung kommen kann. 5

d) **§§ 63, 64 StGB (Maßregelvollzug).** Die Unterbringung erfolgt durch Urteil oder Beschluss (§ 126a StPO: vorläufige Unterbringung) des Strafgerichts, uU nur zur Beobachtung (§ 81 StPO); weder das FamFG noch § 1906 spielen hierbei eine Rolle. Es handelt sich um einen sog Maßregelvollzug, dessen Durchführung landesrechtlich geregelt ist; in einigen Ländern (zB NRW) durch eigene Maßregelvollzugsgesetze, in anderen (zB Bayern) durch einige ergänzende Bestimmungen im Landesunterbringungsgesetz. Konkurrenzen sind möglich, zB wenn der Betreute eine Straftat begeht. In einem solchen Fall kann das Betreuungsgericht die zivilrechtliche Unterbringung vorübergehend aufheben, weil sie nicht mehr erforderlich ist. 6

2. Nach Landesrecht. – a) Landesgesetze. (PsychKG; UnterbrG) Jedes Bundesland hat ein (anderes) Landesgesetz über die sog öffentlich-rechtliche Unterbringung psychisch Kranker. Zusammenstellung dieser Gesetze bei § 312 FamFG Rz 8. 7

Das Landesgesetz regelt die materiell-rechtlichen Voraussetzungen der Freiheitsentziehung und gilt für Voll- und Minderjährige. Das Verfahren ist in §§ 312 bis 339 FamFG geregelt, aber (von einigen Abweichungen abgesehen) identisch mit dem Verfahren bei § 1906. Die öffentlich-rechtliche Unterbringung erfolgt in über 99 % aller Fälle durch einstweilige Anordnung (der Richter wird also erst nachträglich eingeschaltet), nur wenige Unterbringungen erfolgen nach einem regulären Verfahren; es ist problematisch, dass der vom Gesetz als Regelfall angesehene Ablauf in der Praxis zur seltenen Ausnahme wird. Die Antragstellung liegt bei den Ordnungsämtern der Kommunen; außerhalb der „Dienstzeit“ sind deren Befugnisse zT auf die Feuerwehr übertragen. 8

9 b) **Polizeirechtliche Vorschriften.** Jedes Bundesland hat subsidiäre polizeirechtliche Vorschriften über die Unterbringung, in Bayern zB das PolizeiaufgabenG (Art 17 BayPAG).

10 3. **Unterbringungspraxis.** Jährlich werden mehr als 200.000 Personen untergebracht (2007 nach § 1906 Abs 1: 48.909; nach § 1906 Abs 4: 84.466; nach § 1846: 14.540), zuzüglich der nach dem PsychKG/UnterbrG untergebrachten (2007: 62.410)[3]. Die Handhabung (durch Ärzte, Behörden, Richter) ist sehr unterschiedlich, was rechtlich bedenklich ist. So schwankt das Zahlenverhältnis zwischen zivilrechtlicher und öffentlicher-rechtlicher Unterbringung zu stark; das Risiko, untergebracht zu werden (dh die Zahl der Unterbringungen auf je 1.000 Einwohner), ist in manchen Bezirken viel höher als in anderen[4].

III. Unterbringung mit Freiheitsentziehung (Abs 1)

11 1. **Grundlagen.** Eine freiheitsentziehende Unterbringung des Betroffenen (Betreuten, Vollmachtgebers) durch den Betreuer (Bevollmächtigten) ist nur zulässig, wenn sie aus bestimmten Gründen (Nr 1 und 2) erforderlich ist und wenn die Genehmigung des Betreuungsgerichts (Abs 2) vorliegt. § 1906 BGB ist mit Art 12 Abs 2 der **UN-Behindertenrechtekonvention** vereinbar.[5]

12 a) **Betreuter.** § 1906 bezieht sich nur auf (volljährige) Betreute; die Betreuung muss also bereits durch Beschluss des Betreuungsgerichts (reguläres Verfahren oder einstweilige Anordnung nach §§ 300, 301 FamFG) angeordnet worden sein oder zumindest gleichzeitig angeordnet werden. Die Entscheidung des Betreuungsgerichts muss wirksam (nicht „rechtskräftig") sein, § 287 FamFG. Ein „Rechtsgeschäft" wird nicht genehmigt, so dass § 40 Abs 2 FamFG nicht einschlägig ist. Auf die Geschäftsfähigkeit stellt das Gesetz weder bei Anordnung der Betreuung (§ 1896) noch bei § 1906 ab, so dass auch ein geschäftsfähiger Betreuter untergebracht werden kann[6]. Nach § 1896 Abs 1 a muss allerdings bei Anordnung der Betreuung feststehen, dass der damit nicht einverstandene Betreute aufgrund seiner Krankheit seinen Willen nicht frei bestimmen kann[7]. Ohne Betreuung kann eine Person durch einen Bevollmächtigten (Rz 104), durch das Betreuungsgericht nach § 1846 oder nach dem LandesPsychKG untergebracht werden. Über 17-jährige vgl § 1908 a; über sonstige Minderjährige § 1631 b.

13 b) **Aufgabenkreis des Betreuers.** Ein Betreuer kann nur dann den Betroffenen freiheitsentziehend unterbringen, wenn er einen ausreichenden Aufgabenkreis (§ 1902) hat. Das ist sicher dann der Fall, wenn im Beschluss des Betreuungsgerichts ausdrücklich die „Unterbringung" genannt ist; es ist möglich, dass ein Betreuer *nur* mit diesem Aufgabenkreis bestellt wird, was insbesondere in den Fällen des Abs 1 Nr 1 (Selbstmordgefahr) in Betracht kommen kann. Auch **„alle Angelegenheiten"** genügt. Andere Umschreibungen sind jedenfalls nicht zweifelsfrei. Der Aufgabenkreis **„Aufenthaltsbestimmung"** (§ 1896 Rz 73) genügt

---

3 HK-BUR-*Deinert* § 1906 Rz 63.

4 *Crefeld* BtPrax 1998, 47, 48 und in „Betrifft: Betreuung" Nr 2/2000 S. 38; *Deinert*, Recht des psychisch Kranken, S. 421. Die Statistik des BMJ zählte für 1999 34.055 Genehmigungen nach § 1906 Abs 1 BGB und 48.030 Genehmigungen nach § 1906 Abs 4 BGB.

5 Vgl *König* BtPrax 2009, 15; *Evers-Meyer* BtPrax 2009, 97; *Burkert* BtPrax 2009, 101; *Baufeld* RuP 2009, 167.

6 AA *Coeppicus* FamRZ 1992, 741/51.

7 BayObLG FamRZ 1993, 600; 1993, 998; 1998, 1327; OLG Düsseldorf FamRZ 1995, 118.

wohl[8], obwohl Laien damit nicht die Befugnis verbinden, dass dann jemand „eingesperrt" werden könnte. Noch zweifelhafter ist, ob der Aufgabenkreis **Personensorge** ausreicht (§ 1896 Rz 70); es dürfte aber zu bejahen sein[9]. Teils wird vertreten, die Unterbringung müsse ausdrücklich dem Betreuer als Aufgabe zugewiesen sein[10]. Gegen das Erfordernis der Ausdrücklichkeit spricht § 1896 Abs 4; da die Unterbringung ohnehin der Genehmigung des Betreuungsgerichts bedarf, also mit der Begründung, der Aufgabenkreis reiche nicht, abgelehnt werden könnte, wird Missbrauch verhindert. Die Frage wirkt sich letztlich nur bei § 1906 Abs 2 Satz 2 aus.

Umfasst der Aufgabenkreis des Betreuers *nur* die **Gesundheitsfürsorge**, ist auch bei Vorliegen der sonstigen Voraussetzungen des Abs 1 Nr 1 (Gefahr eines erheblichen gesundheitlichen Schadens des Betreuten) eine freiheitsentziehende Unterbringung nicht möglich. Bei einer Unterbringung nach Nr 2 dagegen muss der Betreuer (auch) den Aufgabenkreis „Gesundheitsfürsorge" haben, es sei denn, dass der Betreute in die Notwendigkeit der Behandlung Einsicht zeigt und (vom Betreuer zwangsweise untergebracht) auch danach handelt, dh sich behandeln oder untersuchen lässt; verweigert er nach der Unterbringung (entgegen früherer Einsicht) die Behandlung, kann die Unterbringung nicht aufrecht erhalten werden. Es muss nötigenfalls der Aufgabenkreis erweitert werden. 14

Ob der Aufgabenkreis „Unterbringung, Aufenthaltsbestimmung" dem Betreuer auch gestattet, die eine Unterbringung **begleitenden Rechtsgeschäfte** abzuschließen, hängt vom jeweiligen Rechtsgeschäft ab; was zwingend zur Unterbringung gehört (Heimvertrag, Mietvertrag), ist erfasst. 15

c) **Begriff der Freiheitsentziehung.** Unter Abs 1 Satz 1 fallen nur solche Unterbringungen, die mit Freiheitsentziehung verbunden sind; die Freiheitsentziehung muss ferner auf eine **gewisse Dauer** angelegt sein (Rz 26). Eine Freiheitsentziehung liegt vor, wenn der Betroffene (ganz gleich durch welche Mittel, auch durch einen hohen Zaun [11]) **gegen seinen natürlichen Willen** am Verlassen eines bestimmten räumlichen Bereichs gehindert wird (vgl die Definition in § 415 Abs 2 FamFG, früher § 2 FEVG). Dies ist nicht nur bei einer zwangsweisen Unterbringung in einem sog geschlossenem Heim oder einer Anstalt der Fall, wo die Bewegungsfreiheit des Betroffenen durch Einschließung oder Einsperren beeinträchtigt wird, sondern unter Umständen auch in einer sog **halboffenen**[12] oder gar **offenen Anstalt** [13], wenn zB der Betreute durch einen Pförtner am Verlassen des Gebäudes gehindert wird; die Bezeichnung der Anstalt spielt keine Rolle, auch nicht der so genannte Gesamteindruck[14]. Hält der Pförtner den Betroffenen nicht auf, sondern versucht er ihn durch Zureden und Versprechungen zum Bleiben zu bewegen, liegt keine Freiheitsentziehung vor[15]. Ebenso liegt jedenfalls keine Freiheitsentziehung im Sinne von Abs 1 vor, wenn *nur* (oder *zusätzlich*) der Aufenthalt des Betroffenen ständig überwacht wird oder wenn die Kontaktaufnahme mit Personen außerhalb des Raums durch Sicherheitsmaßnahmen verhindert wird[16]; ob solche Eingriffe legal sind oder gegen andere 16

8 BayObLG FamRZ 1994, 1416; OLG Stuttgart FPR 2004, 711; MünchKomm/*Schwab* § 1906 Rz 6; *Knittel* § 1906 Rz 16.
9 Staudinger-*Bienwald* § 1906 Rz 20; aA *Knittel* § 1906 Rz 17.
10 MünchKomm/*Schwab* § 1906 Rz 6; *Coeppicus* FamRZ 1992, 741 und 1993, 1017, 1024; HK-BUR-*Rink* § 1906 Rz 11.
11 AG Stuttgart-Cannstatt BtPrax 1996, 35 = FamRZ 1997, 704.
12 *Jürgens/Marschner* § 1906 Rz 4.
13 Wer dagegen in einer offenen Abteilung untergebracht ist und sie jederzeit verlassen kann, ist nicht untergebracht; unrichtig daher AG Wolfhagen BtPrax 1998, 83.
14 So aber KreisG Schwedt/Oder FamRZ 1993, 601.
15 MünchKomm/*Schwab* § 1906 Rz 35.
16 AA *Jürgens/Marschner* § 1906 Rz 3.

Bestimmungen verstoßen ist eine andere Frage. Denn anderenfalls würde § 1906 unvertretbar gegen seinen Wortlaut und Sinn erweitert.

17 Oft wird Freiheitsentziehung dahin definiert, dass sie vorliegt, wenn der Betroffene *gegen* oder **ohne seinen Willen** am Verlassen eines bestimmten räumlichen Bereichs gehindert wird[17]. Schon begrifflich kann einer Person, die keinen Willen bilden kann, ihre Freiheit nicht entzogen werden; deshalb ist diese Definition unzutreffend[18]. Der nach einem Unfall oder Schlaganfall bewusstlose Patient kann also mit einem Bettgitter vor dem Herausfallen gehindert werden, ohne dass das gerichtlich genehmigt werden müsste. Hat der Betroffene dagegen zwar möglicherweise den Willen, aber selbst **nicht die Fähigkeit,** seinen Aufenthaltsort zu verlassen (zB der beidseits beinamputierte Patient), ist für eine Freiheitsentziehung eine Genehmigung notwendig[19]; denn sonst könnte er mit Hilfe anderer den Ort verlassen.

18 d) **Heimverbringung.** § 1906 ist nicht einschlägig, eine Genehmigung des Betreuungsgerichts also weder möglich noch erforderlich, wenn der Betreuer den Betreuten mit oder gegen seinen Willen in ein *offenes* Altenheim verbringt, das der Betreute jederzeit verlassen kann[20]. Die Genehmigung der Wohnungskündigung nach § 1907 beinhaltet kein Recht zur Heimverbringung. Der zwangsweise Transport des Betreuten in ein *offenes* Altenheim kann nicht analog § 1906 Abs 1 genehmigt werden[21], weshalb die Betreuungsbehörde auch nicht (nach § 326 Abs 1 FamFG) helfen darf, wenn sich der Betroffene wehrt. Der Betreuer darf hier selbst keine Gewalt anwenden. Wenn der Betreute nicht ins *offene* Altenheim will, kann vorerst nichts unternommen werden. Es muss gewartet werden, bis sich der Zustand so stark verschlechtert hat, dass eine *geschlossene* Unterbringung notwendig wird.

19 e) **Die Unterbringung mit Willen des Betroffenen.** Eine Freiheitsentziehung liegt nur vor, wenn sie *gegen* den Willen geschieht, also nicht, wenn die Unterbringung mit Willen des Betroffenen erfolgt[22]; das folgt aus dem Begriff (keine Entziehung, wenn einer einverstanden ist) und aus dem Gesetzeszweck. Liegt eine wirksame Einwilligung vor, ist eine Genehmigung des Betreuungsgerichts nicht erforderlich[23]; eine erteilte Genehmigung ist aufzuheben, weil ein genehmigungsfähiger Tatbestand fehlt. Lehnt das Betreuungsgericht eine Genehmigung mit dieser Begründung ab, kann der Betreute dagegen Beschwerde einlegen, mit der Behauptung, der Tatbestand (zB Fesselung eines Lahmen) sei genehmigungspflichtig und im konkreten Fall nicht genehmigungsfähig[24].

20 Die aA meint, es bestehe die Gefahr einer **Aushöhlung der Freiheitsgarantie.** Wenn für eine Person eine Betreuung mit Aufenthaltsbestimmung notwendig sei, könne sie nicht *zugleich* als fähig angesehen werden, einzuwilligen[25]. Dieser

---

17 BGH FamRZ 2001, 149; BayObLG FamRZ 1996, 1376 („oder im Zustand der Willenlosigkeit"); LG Frankfurt FamRZ 1993, 601: Freiheitsentziehung auch dort, wo der Betroffene ohne Willen ist; MünchKomm/*Schwab* § 1906 Rz 7.

18 OLG Hamm BtPrax 1994, 32 = FamRZ 1994, 1270; Palandt/*Diederichsen* § 1906 Rz 7.

19 MünchKomm/*Schwab* § 1906 Rz 30; anders aber OLG Hamm FamRZ 1994, 1270 für § 1906 Abs 4.

20 OLG Hamm NJW-RR 2003, 290; *Sonnenfeld* FamRZ 1995, 393/5 fordert hier eine Gesetzesänderung.

21 LG Offenburg FamRZ 1997, 899; LG Hildesheim BtPrax 1996, 230; AG Tübingen bei *Weise* BtPrax 1999, 20; aA LG Bremen BtPrax 1994, 102; *Windel* BtPrax 1999, 46.

22 BayObLG FamRZ 1996, 1375; BT-Drucks 11/4528 S. 156; Erman-*Roth* § 1906 Rz 7.

23 BayObLG FamRZ 1996, 1375.

24 OLG Hamm BtPrax 1994, 32 = FamRZ 1994, 1270.

25 *Holzhauer* in Gutachten B zum 57. Deutschen Juristentag, 1988, S. 105; *Schwab* in Sitzungsbericht K zum 57. Deutschen Juristentag, 1988, S. 38 und MünchKomm/*Schwab* § 1906 Rz 18; *Schumacher* FamRZ 1991, 280.

logische Widerspruch kann nicht leicht wegdiskutiert werden; er liegt im Konzept des Betreuungsrechts, das dem psychisch Kranken erstaunlicherweise eine Selbstschädigung erlaubt, etwa beim Verzicht auf Begutachtung, bei der Beseitigung des Beschwerderechts der Angehörigen. Er darf bei Alternativen wirksam Weichen stellen, die selbst ein gesunder juristisch ausgebildeter Mensch in ihrer Tragweise kaum überblicken kann. Eine Gefährdung des Betroffenen scheidet aber aus, wenn an die Feststellung einer *wirksamen* Einwilligung entsprechend hohe Anforderungen gestellt werden. Die Erklärung des Betroffenen zur Freiwilligkeit des weiteren Klinikaufenthalts muss auch die zeitliche Reichweite der Genehmigung abdecken; erklärt der Betroffene ausdrücklich, für einen Zeitraum von etwas über drei Monaten freiwillig in der Klinik bleiben zu wollen, ersetzt das nicht eine vom Sachverständigen und Gericht für notwendig gehaltene Genehmigung einer geschlossenen Unterbringung bis zu weiteren 21 Monaten[26].

Die Einwilligung des Betreuten in seine Unterbringung kann auch dann wirksam sein, wenn der Betreute nicht **geschäftsfähig** ist. Das Abstellen auf die Geschäftsfähigkeit ist systemfremd (es geht nicht um ein Rechtsgeschäft) und zum Schutz des Betreuten auch nicht erforderlich. 21

Für die Frage, ob der Betroffene einwilligt, ist vielmehr ein **natürlicher Wille** ausreichend, *wenn* eine Einsichtsfähigkeit des Betroffenen in die Tragweite der Maßnahme vorliegt[27]. An die Einwilligung sind strenge Anforderungen zu stellen. Eine fiktive Einwilligung genügt nicht. Sie muss ernsthaft sein, es darf nicht anzunehmen sein, dass sie (wie bei psychisch labilen Patienten) alsbald widerrufen wird[28]. Formularmäßig im Heimaufnahmeantrag erklärte Einwilligungen sind überraschend und verstoßen gegen § 138; desgleichen Einwilligungen, bei denen auf künftigen Widerruf verzichtet wird. Ob die Erklärung des Betroffenen genügt, ist nach § 26 FamFG von Amts wegen festzustellen. Ein Verfahrenspfleger (§ 317 FamFG) muss *hierzu* nicht bestellt werden; ebenso ist eine Anhörung der Betreuungsbehörde nicht notwendig (vgl § 320 Satz 2 FamFG). Zwar ist nicht unbedingt erforderlich, dass ein Gutachten über die Ernsthaftigkeit und Verlässlichkeit der Einwilligung eingeholt wird[29]. Im Einzelfall mag es aber angebracht sein. Im Übrigen kann der Betreuungsrichter in der Regel nur durch persönliche Anhörung des Betroffenen feststellen, ob dieser die Tragweite seiner Einwilligung erfassen kann[30]. 22

Die Geschäftsfähigkeit hat allerdings insoweit Bedeutung, als eine Betreuung gegen den Willen eines zweifelfrei Geschäftsfähigen nicht angeordnet werden darf (§ 1896 Abs 1 a), eine Genehmigung einer Unterbringung durch einen Betreuer oder ein Betreuungsgericht auf der Basis des § 1906 daher nicht möglich ist[31] (wohl aber nach PsychKG/UnterbrG). 23

---

26 OLG München FGPrax 2007, 767.

27 BayObLG FamRZ 1994, 1418 und FamRZ 1996, 1375; BT-Drucks 11/4528 S. 146; *Bienwald/Sonnenfeld/Hoffmann* § 1906 Rz 27; *Holzhauer* FuR 1992, 249, 255; *Coeppicus* FamRZ 1992, 741; aA MünchKomm/*Schwab* § 1906 Rz 28; *Schumacher* FamRZ 1991, 280/1.

28 *Bienwald/Sonnenfeld/Hoffmann* § 1906 Rz 30; Saage/*Göppinger* 2. Aufl Teil III Rz 396; vgl BayObLG 1989, 1779.

29 AA BayObLG FamRZ 1996, 1375: regelmäßig müsse zur Würdigung der Erklärung des Betroffenen die Hilfe eines Sachverständigen in Anspruch genommen werden; so auch LG Oldenburg NJW 1987, 1953 zur öffentlich-rechtlichen Unterbringung.

30 BayObLG FamRZ 1996, 1375.

31 Ähnlich im Ergebnis BayObLG FamRZ 1998, 1327; 1993, 600; OLG Düsseldorf FamRZ 1995, 118; OLG Hamm DAV 1997, 55: eine Unterbringung zur Verhinderung einer Selbstschädigung setze voraus, dass der Betreute aufgrund seiner Krankheit seinen Willen nicht frei bestimmen kann.

24 **f) Bedeutung der Willensänderung des Betroffenen. – aa) Zunächst mit Willen des Betreuten.** Ist eine Unterbringung zunächst mit Willen des Betreuten erfolgt und widerruft er dann die Einwilligung (was jederzeit möglich ist)[32], will er also nun die Anstalt verlassen, so muss er grundsätzlich aus der Unterbringung entlassen werden. Vom Fortfall der Einwilligung hat man auch dann auszugehen, wenn die Einsichtsfähigkeit später wegfällt. Ist die Unterbrechung der Unterbringung für den Betreuten so nachteilig, dass damit eine Gefahr im Sinne der Nr 1 oder Nr 2 für ihn verbunden ist, die Entlassung also letztlich nicht vertretbar ist, so kann vom Betreuer ohne Genehmigung des Betreuungsgerichts vorübergehend die Fortdauer der Unterbringung (telefonisch) angeordnet werden; die Genehmigung ist unverzüglich nachzuholen (§ 1906 Abs 2 Satz 2). Ist der Betreuer nicht erreichbar, kommt eine Anordnung des Betreuungsgerichts nach § 1846 in Betracht. Im Übrigen ist in Eilfällen an die jeweiligen Landes-PsychKG (zB in Bayern: Art 10 Abs 4 BayUnterbrG) zu denken.

25 **bb) Zunächst gegen den Willen des Betreuten.** Ist eine Unterbringung gegen den Willen des Betreuten genehmigt worden und erklärt er bei einer späteren richterlichen Anhörung, dass er nun damit einverstanden ist, dann ist, *wenn* die Einwilligung ernstlich und auch sonst wirksam ist, die Genehmigung nach § 330 FamFG aufzuheben[33]. Freilich muss gesichert sein, dass der Betroffene nicht anschließend sogleich seine Einwilligung widerruft.

26 **g) Maßnahme auf eine gewisse Dauer angelegt.** Eine Freiheitsentziehung liegt ferner nur vor, wenn die Maßnahme auf eine gewisse Dauer angelegt ist[34]; dies ergibt sich aus dem üblichen Verständnis der Freiheitsentziehung sowie aus dem an Abs 1 anknüpfenden Abs 4, der von einem „längeren Zeitraum" oder „regelmäßig" spricht; ferner aus § 239 StGB. Nicht jede kurzfristige Freiheitsbeschränkung ist eine freiheitsentziehende Maßnahme. Eine feste Zeitgrenze kann freilich nicht angegeben werden. Die Auffassungen, die 1 bis 2 Tage[35] als Grenze nennen oder einen zweitägigen Klinikaufenthalt nicht unter § 1906 einordnen, gehen jedenfalls zu weit. Andererseits ist ein Festhalten für 10 Minuten keine „Freiheitsentziehung".[36]

27 **h) Drittinteressen.** Nur zum Wohl des Betreuten darf die Unterbringung im Falle des § 1906 erfolgen. Daraus folgt, dass *bloße* Drittinteressen eine zivilrechtliche Unterbringung nach Abs 1 nicht rechtfertigen[37]. Für den Schutz von öffentlichen Interessen oder von Drittinteressen sind in erster Linie die Unterbringungsgesetze der Länder anzuwenden[38]. Eine Unterbringung durch den Betreuer darf also nicht *ausschließlich* zu dem Zweck erfolgen, zu verhindern, dass der Betreute andere Personen belästigt oder Straftaten begeht oder das Vermögen Anderer schädigt. Dies gilt aber nicht, wenn *auch* die Interessen des Betreuten betroffen sind. Das ist (etwa bei unterbringungsähnlichen Maßnahmen) zB der Fall, wenn sich die Angegriffenen (in Notwehr) wehren und den Betreuten möglicherweise zusammenschlagen, also Gefahren für die Gesundheit des Betreuten bestehen[39]; ebenso wenn sie wegen ihrer Verletzungen erhebliche Schadensersatzansprüche gegen den Betreuten geltend machen würden. Die

---

32 BayObLG FamRZ 1996, 1375.
33 Nach BayObLG FamRZ 1992, 105 soll die nachträgliche Einwilligung das Genehmigungsverfahren „in der Regel" nicht erledigen.
34 BGH FamRZ 2001, 149; *Bienwald/Sonnenfeld/Hoffmann* § 1906 Rz 40; Erman-*Roth* § 1906 Rz 10. Dagegen MünchKomm/*Schwab* § 1906 Rz 12.
35 Erman-*Roth* § 1906 Rz 32.
36 BGH FamRZ 2001, 149.
37 *Bienwald/Sonnenfeld/Hoffmann* § 1906 Rz 109.
38 BT-Drucks 11/4528 S. 81, 82, 146.
39 OLG Karlsruhe NJW-RR 2009, 223; MünchKomm-*Schwab* § 1906 Rz 12.

aA lehnt dies ab[40], da sonst auch bei Ruhestörung und Beleidigung eine Freiheitsentziehung möglich sei, obwohl die Voraussetzungen der LandesPsychKG (Gefahr) nicht vorlägen. Indes darf der Begriff des „Wohls" des Betreuten nicht einseitig/egoistisch gedeutet werden; eine Gesamtbetrachtung ist angebracht. Die Frage spielt auch bei Abs 4 eine Rolle. Zur Vermögensschädigung vgl unten Rz 40.

i) **Verhältnis zur öffentlich-rechtlichen Unterbringung.** Zivilrechtliche und öffentlich-rechtliche Unterbringung überschneiden sich zB im Bereich der Selbstgefährdung, sei es durch Selbsttötung, sei es als Folge einer möglichen zivil- oder strafrechtlichen Notwehrhandlung Dritter; außerdem wirken sich in der Praxis psychische Störungen selten isoliert aus. Wird der Betroffene auffällig, so dass gehandelt werden muss, ist zu unterscheiden: 28

aa) **Betreuer bereits bestellt.** Ist dem Betroffenen bereits ein Betreuer mit dem Aufgabenkreis „Unterbringung" bestellt, ist die öffentlich-rechtliche Unterbringung subsidiär[41], weil sie den schwereren Eingriff darstellt: Makel der Gemeingefährlichkeit; Entlassung nur durch eine Behörde[42]. Folge: eine Unterbringung nach dem LandesPsychKG scheidet aus (eine in Unkenntnis von der Betreuung erfolgte öffentlich-rechtliche Unterbringung ist daher aufzuheben); es ist Sache des Betreuers, die Unterbringung des Betroffenen nach § 1906 anzuordnen. Das gilt aber nicht, wenn die zivilrechtliche Unterbringung ungenügend wäre, weil zu befürchten ist, dass der pflichtvergessene Betreuer (zB ein Verwandter) sie zur Unzeit beendet[43]. 29

bb) **Noch kein Betreuer bestellt oder Betreuer lehnt ab.** Hat der Betroffene hingegen (noch) keinen Betreuer oder umfasst das Aufgabengebiet des Betreuers nicht die Unterbringung oder ist der Betreuer nicht erreichbar oder lehnt er eine Unterbringung nach § 1906 ab, verfährt das Betreuungsgericht nach § 1846 oder ordnet die öffentlich-rechtliche Unterbringung an. Bei länger andauernden Unterbringungen (nach LandesPsychKG) sollte das Betreuungsgericht indes einen Betreuer mit dem Aufgabenkreis Unterbringung bestellen[44] oder den Aufgabenkreis eines bereits bestellten Betreuers entsprechend erweitern, um dem Behinderten eine Betreuung zukommen zu lassen. 30

j) **Erforderlichkeitsgrundsatz.** Bei der Abwägung, ob eine freiheitsentziehende Unterbringung erfolgen soll, ist der Erforderlichkeitsgrundsatz zu beachten („solange ... erforderlich"). Deshalb darf eine Unterbringung nicht erfolgen, wenn der Betreute freiwillig bereit ist, sich einer Heilbehandlung zu unterziehen oder wenn die Unterbringung (insbesondere im Hinblick auf deren voraussichtliche Dauer) außer Verhältnis zu den ohne die Unterbringung drohenden gesundheitlichen Nachteilen steht[45], ferner wenn weniger einschneidende Behandlungen zur Verfügung stehen[46]. Doch kann die Unterbringung in den Fällen des Abs 1 nicht mit der Begründung abgelehnt werden, der Betreute habe ausreichend Vermögen und könne sich daher eine Dauerbegleitung leisten[47]. Bei sonstigen finanziellen Erwägungen ist die **Verhältnismäßigkeit** einzubeziehen[48]. 31

40 HK-BUR-*Rink* § 1906 Rz 9, 21.
41 BVerfG 58, 208; OLG Hamm BtPrax 2000, 35 = NJWE-FER 2000, 86; BayObLG FamRZ 1990, 1154/5. Anders nach § 11 Abs 2 PsychKG NRW; dazu OLG Hamm FamRZ 2007, 934.
42 AA *Rink* FamRZ 1993, 512.
43 BayObLG bei BtE 1994/1995 Art 1 BayUnterbrG – Konkurrenz.
44 *Wolf* ZRP 1988, 313, 317.
45 BT-Drucks 11/4528 S. 146.
46 Teilstationäre, ambulante Behandlung; *Knittel* § 1906 Rz 38.
47 So aber AG Marburg BtPrax 1994, 106.
48 Abw. BayObLG FamRZ 1994, 1617 = BtPrax 1994, 211 betreffend Selbstgefährdung bei Alkoholismus.

Zur Problematik der freiheitsentziehenden Unterbringung zur Verhinderung einer Schwangerschaft vgl § 1905 Rz 37.

32 k) **Entscheidung des Betreuers.** Der Betreuer entscheidet, ob er den Betreuten unterbringt; das Betreuungsgericht genehmigt nur (oder lehnt die Genehmigung ab)[49]. Trotz Genehmigung kann er also von der Durchführung der Unterbringung absehen, muss aber dann das Betreuungsgericht verständigen (vgl § 1906 Abs 3 Satz 2). Die Erklärung bzw Zustimmung des Betreuers erlischt nicht durch seinen Tod, vgl §§ 1908 c, 130 Abs 2[50].

33 **2. Gefahr der Selbsttötung oder Selbstschädigung (Abs 1 Nr 1).** Nach Abs 1 Nr 1 kann Grund für eine freiheitsentziehende Unterbringung die Gefahr sein, dass sich der Betreute selbst tötet oder sich einen erheblichen gesundheitlichen Schaden zufügt. Eine Therapiemöglichkeit wird bei Nr 1 nicht vorausgesetzt[51]. Auch eine Unterbringung zur Verhinderung einer Selbstschädigung infolge psychischer Erkrankung setzt voraus, dass der Betroffene auf Grund der Krankheit seinen **Willen nicht frei bestimmen kann.** Dies sagt § 1906 nicht ausdrücklich, es ergibt sich aber aus einer verfassungskonformen Auslegung (vgl § 1896 Abs 1 a), denn der Staat hat von Verfassungs wegen nicht das Recht, seine erwachsenen und zur freien Willensbestimmung fähigen Bürger zu erziehen, zu bessern oder zu hindern, sich selbst gesundheitlich zu schädigen[52]. Ungenügend ist, dass der Betroffene Straftaten begehen oder **Dritte schädigen** wird[53]; solche Interessen werden durch eine Unterbringung nach dem PsychKG geschützt, ferner durch das Strafrecht, zB § 63 StGB. Anders ist es, wenn sich der Betroffenen dadurch mittelbar selbst schädigt, weil sich die angegriffenen Mitbewohner möglicherweise wehren[54].

34 a) **Psychische Krankheit, geistige oder seelische Behinderung** (vgl § 1896 Rz 7) müssen beim Betreuten vorliegen. Auf die Schwere der Erkrankung kommt es nicht an[55]. **Trunksucht** (Alkoholismus) oder **Drogensucht** ist für sich allein betrachtet keine psychische Krankheit oder geistige/seelische Behinderung, so dass allein darauf keine Unterbringung nach Nr 1 gestützt werden kann[56], auch nicht zwecks Entwöhnungsbehandlung gegen den Willen des Betroffenen[57]. Etwas anderes gilt, wenn die Trunksucht entweder im ursächlichen Zusammenhang mit einem geistigen Gebrechen steht (der Schwachsinnige trinkt *deshalb*) oder ein darauf zurückzuführender Zustand eingetreten ist, der dann die Annahme eines geistigen Gebrechens rechtfertigt (der Kranke hat bereits ein spätes Stadium erreicht). Ein solcher Zustand ist zB Hirnabbau, organisches Psychosyndrom mit deutlich reduzierter Kritikfähigkeit[58].

35 b) **Gefahr.** Wenn der Betreute nicht untergebracht wird, muss für ihn eine bestimmte Gefahr bestehen. Es handelt sich um eine individuelle Prognose aufgrund der in der Vergangenheit **festgestellten Tatsachen**[59]. Dass bei Patienten

---

49 Zum Problem der Entscheidungsfindung *Stolz/Jacobi* BtPrax 1996, 59; *Wetterling* ua BtPrax 1995, 86.

50 LG Stuttgart – Bad Cannstatt BtPrax 1996, 35.

51 BayObLG FamRZ 2004, 1135.

52 BVerfG NJW 1967, 1795; OLG München FGPrax 2007, 767 und FamRZ 2005, 1196; BayObLG BtPrax 2004, 193; OLG Stuttgart FamRZ 2004, 834; MünchKomm/*Schwab* § 1906 Rz 15.

53 OLG Hamm BtPrax 2001, 40.

54 OLG Karlsruhe NJW-RR 2009, 223.

55 HK-BUR-*Rink* § 1906 Rz 15.

56 BayObLG FamRZ 1999, 1307; 1998, 1327; 1991, 209; OLG Hamm BtPrax 2001, 40; OLG Schleswig FamRZ 1998, 1328 = NJW 1999, 874.

57 OLG Schleswig FamRZ 1998, 1328; LG Frankfurt FamRZ 1993, 478.

58 BayObLG FamRZ 1998, 1327; 1994, 1617.

59 *Alperstedt* BtPrax 2000, 95/8.

mit einem bestimmten Krankheitsbild mit einer gewissen Wahrscheinlichkeit bestimmte Gefahren auftreten, genügt im Allgemeinen nicht. Der Grad der Wahrscheinlichkeit ist in § 1906 nicht angegeben, was auch gar nicht möglich wäre. Die Gefahr muss nicht „akut“ sein (wie nach dem PsychKG), sie muss nicht mittelbar bevorstehen; notwendig ist allerdings eine ernstliche und konkrete Gefahr für Leib oder Leben des Betreuten[60]; also nicht nur allgemeine Befürchtungen eines ängstlichen Betreuers, des Personals, was alles passieren könnte, und konkret (für diese Person, nicht nur nach statistischen Werten für eine Personengruppe, zB Depressive) bestehen, sie kann sich evtl erst in einiger Zeit realisieren[61].

c) **Ursachen der Gefahr.** Diese Selbstgefährdungen können nur dann eine freiheitsentziehende Unterbringung rechtfertigen, wenn sie ihre Ursache in einer psychischen Krankheit oder geistigen oder seelischen Behinderung des Betreuten haben[62]. Fehlt es an dieser Kausalität, ist der Betroffene also zur freien Willensbestimmung fähig, so darf er nicht untergebracht werden, auch nicht, wenn er sich selbst gesundheitlich schädigt (zB durch riskantes Autofahren, Sport, wechselnden Geschlechtsverkehr mit Ansteckungsgefahr); denn der Staat ist nicht dazu berufen, seine Bürger zu „bessern“[63]. 36

d) **Selbsttötungsgefahr** rechtfertigt Unterbringung nach § 1906, aber auch nach dem LandesPsychKG. Der in *freier* Willensbestimmung vorgenommene Selbstmordversuch rechtfertigt keine Unterbringung[64]. Die Feststellung, ob die Tat auf Grund Krankheit oder aus freier Willensbestimmung geschah, ist manchmal schwer. 37

e) **Gesundheitliche Schäden.** Sie müssen drohen, wenn keine Freiheitsentziehung erfolgt. Dazu gehört auch Erfrieren und Verhungern bei ziellos Umherirrenden[65]; Gefahr des Überfahrenwerdens; krankheitsbedingte Verweigerung der Nahrungsaufnahme[66]. Nichteinnahme notwendiger Medikamente kann genügen[67], falls eine erhebliche Gesundheitsschädigung droht; ebenso eine zum **Müllhaufen** gewordene Wohnung, soweit tatsächlich gesundheitsgefährdend[68]. Oder wenn ein Trinker, wiederholt hilflos, verletzt in eine Klinik eingeliefert wurde[69]. „Verwahrlosung“ ist zu wenig konkret[70]; denn was ist das genau? Jeder, der sich nicht an die aktuelle Mode hält? Ebenso unklar ist „inadäquates Verhalten im Straßenverkehr“[71]. Im Gegensatz zu § 1904 werden bei § 1906 keine „schweren und länger dauernden“ gesundheitlichen Schäden vorausgesetzt. Der Schaden kann auch (nur) kurzfristig sein. Nicht jeder gesundheitliche Schaden genügt andererseits; er muss vielmehr erheblich sein (das dürfte in etwa gleichbedeutend mit „schwer“ sein). Wann dies der Fall ist, kann abstrakt nicht gesagt werden. Solche Schäden können auch durch Alkoholmissbrauch oder Rauschgift entstehen; insofern ist die Unterbringung von Alkohol- oder Drogenabhängigen jedenfalls während der Dauer einer notwendigen „Entgiftungsphase“ zulässig[72]. 38

---

60 BGH FamRZ 2010, 365; BayObLG FamRZ 1994, 1617; AG Soltau BtPrax 1993, 212.
61 HK-BUR-*Rink* § 1906 Rz 19.
62 BT Drucks 11/4528 S. 146.
63 BayObLGZ 1993, 18 = FamRZ 1993, 600.
64 Vgl BayObLG FamRZ 1993, 600; *Jürgens/Marschner* § 1906 Rz 12; *Wigge* MedR 1996, 291.
65 Vgl OLG München FamRZ 2006, 1228.
66 *Jürgens/Marschner* § 1906 Rz 13.
67 OLG Hamm NJW 1976, 378: Diabetes-Medikamente.
68 BayObLG FamRZ 1993, 998.
69 OLG Hamm DAV 1997, 55.
70 OLG Hamm BtPrax 2001, 40/41; HK-BUR-*Rink* § 1906 Rz 20; *Jürgens/Marschner* § 1906 Rz 14. Anders BGH FamRZ 2010, 365 („völlige Verwahrlosung“ könne ausreichen).
71 OLG Hamm BtPrax 2001, 40.
72 BayObLG BeckRS 2004, 12.586; *Knittel* § 1906 Rz 43.

39 f) **Betreuter lehnt notwendige Behandlung ab.** Der Betreute kann sich auch dadurch einen erheblichen Gesundheitsschaden zufügen, dass er eine notwendige Behandlung ablehnt. In diesem Fall konkurrieren die Unterbringungstatbestände der Nr 1 und der Nr 2 (vgl Rz 59). Dies gilt auch für einen **Schwangerschaftsabbruch** auf Grund medizinischer oder eugenischer Indikation, § 218 a Abs 1 Nr 2, Abs 2 Nr 2 StGB (vgl § 1904 Rz 47).

40 g) **Vermögensschaden.** Andere als gesundheitliche Schäden können nicht Grundlage für eine solche Unterbringung sein. Besteht zB die Gefahr, dass sich der Betreute an seinem Vermögen (etwa durch Schenkungen, Verschwendung oder Zerstörung) erheblich schädigt, kommt lediglich die Wegnahme der Sachen und die Anordnung eines Einwilligungsvorbehaltes (§ 1903) in Betracht. Mittelbar können (nach Ansicht der Gesetzesbegründung) allerdings auch Schäden, die der Betreute seinem eigenen Vermögen zufügt, eine freiheitsentziehende Unterbringung rechtfertigen, wenn diese dazu führen, dass seine familiären Bindungen sich verschlechtern und dies wiederum zur Verschlimmerung des Leidens des Betreuten führt[73]; das passt nicht recht. **Bloße Fremdgefährdung** fällt unter das PsychKG/UnterbrG, nicht unter § 1906. Wenn sich die während eines nächtlichen aggressiven Schubs die Aggressionen der Betroffenen gegen das Personal und Einrichtungsgegenstände richten, nicht jedoch gegen sich selbst, genügt es nicht[74].

41 h) **Kein zielgerichtetes Handeln des Betreuten.** Die in Nr 1 genannten Selbstgefährdungen setzen kein zielgerichtetes Handeln des Betreuten voraus.[75] So kann eine freiheitsentziehende Unterbringung auch erfolgen, wenn der Betreute Gesundheit und Leben dadurch aufs Spiel setzt, dass er regelmäßig nachts oder bei großer Kälte planlos und ohne Beachtung des Straßenverkehrs **umherirrt** und sich hierbei der Gefahr aussetzt, überfahren zu werden oder zu erfrieren. Entsprechendes gilt bei einem Unterlassen, etwa wenn der Betreute grundlos die **Nahrungsaufnahme verweigert**[76]. Auch eine notwendige „Entgiftungsphase" nach übermäßigem **Alkohol- oder Drogenkonsum** kann Anlass für eine Unterbringung sein[77]. Der BGH[78] meint, eine „völlige **Verwahrlosung**" könne ausreichen, wenn damit eine Gesundheitsgefahr durch „körperliche Verelendung und Unterversorgung" verbunden sei. Vgl. Rz 38.

42 i) **Verhältnis von Nr 1 zu § 1904.** Die Unterbringung nach Nr 1 beinhaltet für sich nicht, den Untergebrachten medizinisch zu behandeln (anders die Unterbringungsgesetze der Länder). Bei dessen Einwilligungsunfähigkeit muss sein Betreuer die **Zwangsbehandlung** anordnen (§ 1904). Voraussetzung ist, dass die Gesundheitsfürsorge auch zum Aufgabenkreis des Betreuers gehört (oder hinzu kommt).

43 3. **Untersuchung, Heilbehandlung, ärztlicher Eingriff (Abs 1 Nr 2).** Gemäß § 1906 Abs 1 Satz 1 Nr 2 kann eine freiheitsentziehende Unterbringung auch dann erfolgen, wenn diese einer notwendigen Untersuchung, Heilbehandlung oder einem ärztlichen Eingriff dient, die ohne eine Unterbringung nicht oder nicht in erforderlichem Umfang möglich sind. Diese Unterbringung setzt eine Beurteilung voraus, die gestützt auf die sachverständige Beurteilung mit konkreten Feststellungen die Beeinträchtigungen des Betroffenen sowie zu erwartende weitere Schäden gegen die Erfolgsaussichten der beabsichtigten medizi-

---

73 BT-Drucks 11/4528 S. 146.
74 OLG Frankfurt NJW-RR 2007, 1019.
75 BGH FamRZ 2010, 365.
76 BT-Drucks 11/4528 S. 146.
77 OLG München BeckRS 2004, 12.586.
78 BGH FamRZ 2010, 365 (mit Anm *Zimmermann*).

nischen Behandlung abwägen muss[79]. Eine Unterbringung nach Nr 2 ist (im Gegensatz zu Nr 1) nur dann zulässig, wenn der Betroffene während der Unterbringung auch **behandelt werden darf**[80]. § 1906 Abs 1 Nr 2 ermöglicht nur die Zwangsbehandlung von nach § 1906 ungebrachten Personen; wer nach dem PsychKG bzw dem UnterbrG untergebracht ist oder sich nach § 63 StGB im Maßregelvollzug befindet, für den gilt das jeweilige Landesrecht und nicht § 1906[81].

Unterbringungsbegriff. Der BGH[82] ist der Ansicht, dass § 1906 Abs 1 Nr 2 von einem *engen* Unterbringungsbegriff ausgeht. Entscheidendes Kriterium für eine freiheitsentziehende Unterbringung sei die nicht nur kurzfristige Beschränkung der persönlichen Bewegungsfreiheit auf einen bestimmten Lebensraum. Sie sei (nur) gegeben, wenn der Betroffene gegen seinen Willen oder in einem Zustand der Willenlosigkeit in einem räumlich begrenzten Bereich eines geschlossenen Krankenhauses, einer anderen geschlossenen Einrichtung oder dem abgeschlossenen Teil einer solchen Einrichtung festgehalten, sein Aufenthalt ständig überwacht und die Kontaktnahme mit anderen Personen außerhalb des Bereichs eingeschränkt werde. Andere Unterbringungsmaßnahmen seien nicht nach § 1906 Abs 1 BGB genehmigungsfähig. § 1906 Abs 1 Nr 2 müsse dahin ausgelegt werden, dass der Betroffene die **notwendigen medizinischen Maßnahmen**, in die der Betreuer zu seinem Wohl eingewilligt hat und deretwegen der Betroffene (mit Genehmigung des Betreuungsgerichts) vom Betreuer freiheitsentziehend untergebracht werden darf, unabhängig von seinem möglicherweise entgegenstehenden natürlichen Willen während der Unterbringung **zu dulden** hat[83]. Der *weite* Unterbringungsbegriff dagegen hält die zwangsweise Unterbringung eines anderenfalls durch seine Verwahrlosung gefährdeten Betroffenen in einer offenen Alten- und Pflegeeinrichtung für betreuungsgerichtlich genehmigungsfähig (das Wort „Unterbringungsbegriff" passt hier nicht recht). 44

a) **Untersuchung.** Nicht jede zweckmäßige Untersuchung rechtfertigt eine Freiheitsentziehung. Sie muss notwendig sein, damit eine Erfolg versprechende Heilung in Angriff genommen werden kann. Man wird ferner voraussetzen müssen, dass ohne Untersuchung und spätere Behandlung schwere Schäden drohen, weil sonst letztlich uferlos staatliche Zwangsuntersuchungen (auch bei Bagatellerkrankungen) möglich wären[84]. Die Verhältnismäßigkeit muss gewahrt sein. 45

b) **Heilbehandlung.** Darunter fallen zB Diabetes-Einstellung, uU Zahnsanierung; Einnahme von Medikamenten während eines schizophrenen Schubs[85]. Heilbehandlung ist auch das Verhindern einer Verschlechterung des Gesundheitszustandes[86] oder eine Entwöhnung bei Alkohol- und Drogensüchtigen. Nichtbehandlung und bloße Festigung des Vertrauensverhältnisses ist keine „Heilbehandlung"[87]. Das Gesetz unterscheidet bei § 1906 nicht zwischen der Krankheit, die Ursache der Betreuung ist (sog Anlasskrankheit, zB Schizophrenie) und sonstigen Krankheiten (sog Begleitkrankheiten, zB Magenkrebs). Die während der Unterbringung durchzuführende Heilbehandlung ist im Beschluss 46

79 OLG Hamm FGPrax 2009, 90; OLG Rostock FamRZ 2003, 704.
80 BGH FGPrax 2008, 133.
81 OLG München BtPrax 2009, 243.
82 BGH FamRZ 2001, 149; FamRZ 2006, 615; OLG Köln FamRZ 2006, 1874.
83 BGH FamRZ 2006, 615; bestätigt BGH FGPrax 2008, 133.
84 MünchKomm/*Schwab* § 1906 Rz 14; Staudinger/*Bienwald* § 1906 Rz 29; *Knittel* § 1906 Rz 53 verlangt „erhebliche" Gesundheitsbeschädigungen und meint, „schwer" müssten sie nicht sein. Wo soll der Unterschied liegen?
85 BayObLG BtPrax 1996, 28; Fall BGH NJW 2006, 1277.
86 OLG Hamm DAV 1997, 55.
87 OLG Brandenburg BtPrax 2009, 182.

des Betreuungsgerichts näher zu beschreiben[88]. Eine Unterbringung kann nicht mehr genehmigt werden, wenn die angestrebte Heilbehandlung nicht oder nicht mehr durchgeführt wird.[89]

47 **Stationäre Zwangsbehandlung.** Ein *einwilligungsunfähiger* Betroffener kann **gegen seinen natürlichen Willen** während der gerichtlich genehmigten stationären Unterbringung **behandelt** werden[90]. Der Betreuer ist als gesetzlicher Vertreter des Betreuten grundsätzlich befugt, in ärztliche Maßnahmen auch gegen den natürlichen Willen eines im Rechtssinne einwilligungsunfähigen Betreuten einzuwilligen[91]. Im Rahmen einer genehmigten Unterbringung nach § 1906 Abs 1 Nr 2 umfasst diese Befugnis auch das Recht, erforderlichenfalls einen der ärztlichen Maßnahme entgegenstehenden Willen des Betreuten zu überwinden[92]. „Der drohende Gesundheitsschaden muss stets so gewichtig sein, dass er den mit der beabsichtigten Unterbringungsmaßnahme verbundenen Freiheitseingriff zu rechtfertigen vermag. Für den Bereich einer neuroleptischen Medikation als notwendiger Heilbehandlung muss dabei in jedem Einzelfall eine therapeutische Indikation bestehen und der mögliche therapeutische Nutzen der Behandlung gegen die Gesundheitsschäden abgewogen werden, die ohne die Behandlung entstehen würden. Dabei sind auch die negativen psychischen Auswirkungen der Unterbringung auf den Betroffenen in die Abwägung einzubeziehen" (BGH aaO).

48 Eine Unterbringung zwecks Heilbehandlung setzt ferner voraus, dass die Behandlung **vertretbar und verhältnismäßig** ist; das „Recht des Patienten auf Krankheit" ist in angemessenem Umfang zu berücksichtigen[93]. Die konkreten Nebenwirkungen der beabsichtigten Medikation, die Auswirkungen der Zwangsmaßnahmen auf die Psyche des Betroffenen, der ohne Behandlung drohende Gesundheitsschaden, die Heilungs- bzw Besserungsprognose sind in die gebotene Güterabwägung einzubeziehen[94]. Nicht alles, was Ärzte vorschlagen oder gerne bei einem Patienten durchführen wollen, ist tatsächlich medizinisch erforderlich, sondern beruht manchmal auf anderen Erwägungen. Deshalb ist zu prüfen, ob nicht das erforderliche Gutachten durch einen externen Gutachter erstellt werden muss[95].

49 c) **Ärztlicher Eingriff.** Vgl § 1904 Rz 30.

50 d) **Notwendigkeit der Unterbringung.** Notwendig ist die freiheitsentziehende Unterbringung nur dann, wenn: aa) die Maßnahmen ohne Unterbringung nicht durchführbar sind. – und: bb) wenn die Möglichkeit eines Erfolgs (bei der

88 OLG Düsseldorf FamRZ 1995, 118.

89 BGH FGPrax 2010, 94 (der Arzt in der Unterbringung hielt die Heilbehandlung wegen paranoider Schizophrenie für medizinisch *nicht* geboten, anders als der „Sachverständige").

90 OLG München NJW-RR 2005, 1530; OLG Schleswig NJW-RR 2002, 794 und BtPrax 2003, 223; OLG Jena FGPrax 2006, 43 und NJ 2006, 224; OLG Düsseldorf Beschl v 24.7.2003 – I-25 Wx 73/03; *Bienwald/Sonnenfeld/Hoffmann* § 1906 BGB Rz 101; *Probst*, Betreuungs- und Unterbringungsverfahren, 2005, Rz 177; *Posselt-Wenzel*, Medizinische Eingriffe bei geistig behinderten Menschen, 2004, S. 82 ff; die **aA** (OLG Celle NJW 2006, 944; OLG Bremen FamRZ 2006, 730; OLG Jena RuP 2003, 29) glaubte, das Recht der körperlichen Unversehrheit werde betroffen (Art 2 Abs 1 Satz 1 GG) und verkannte damit die Schutzaufgabe des Betreuungsrechts. Das OLG Jena hat inzwischen seine Auffassung aufgegeben (FGPrax 2006, 43).

91 BGH NJW 2006, 1277 = BGHZ 166, 141 (der an paranoider Schizophrenie leidende Betroffene verweigerte die Einnahme notwendiger Medikamente).

92 BGH NJW 2006, 1277 = BGHZ 166, 141; OLG Köln NJW-RR 2006, 1664; anders OLG Celle NJW 2006, 944 im Vorlagebeschluss.

93 OLG Naumburg FamRZ 2008, 2060; OLG Celle NJW-RR 2008, 230; LG Kleve FamRZ 2009, 1245.

94 BGH NJW 2006, 1277; OLG Köln NJW-RR 2006, 1664.

95 OLG Celle NJW-RR 2008, 230.

Untersuchung im Sinne der Klarheit der Diagnose und der Möglichkeit der Heilbehandlung) besteht. Steht fest, dass kein **Erfolg** zu erzielen ist, muss die freiheitsentziehende Unterbringung unterbleiben[96]; die Motive nennen hier eine **Entziehungskur**, die gegen den Willen des Betroffenen kaum nachhaltigen Erfolg haben wird[97].

Es genügt aber, wenn beispielsweise bei einer Psychose aus dem schizophrenen Formenkreis die Erkrankung auf einem im Rahmen der Chronifizierung bestehenden Maß stabil gehalten werden kann und eine weitere Chronifizierung verhindert wird[98]. **51**

Eine Unterbringung zum Zweck, zunächst eine Krankheitseinsicht und Behandlungseinsicht herbeizuführen, ist nicht zulässig[99]. Man wird wohl bei zeitlich befristeten Erfolgen nach dem Verhältnismäßigkeitsgrundsatz im Einzelfall abwägen, ob das Maß des Erfolgs die Dauer der Unterbringung rechtfertigt. Es muss eine erhebliche Wahrscheinlichkeit bestehen, dass ohne Behandlung im konkreten Fall ein Gesundheitsschaden eintritt[100]. **52**

e) **Psychische Krankheit, geistige oder seelische Behinderung.** Sie müssen beim Betreuten vorliegen (vgl § 1896). Fehlen diese Voraussetzungen darf keine Unterbringung erfolgen, auch wenn eine medizinische Behandlung dringend erforderlich wäre; sog „Freiheit zur Krankheit“[101]. Bei Alkohol- und Drogensüchtigen liegt oft schon vor dem Endstadium (= Fall von Nr 1) eine erhebliche Einschränkung der Kritik- und Urteilsfähigkeit vor, welche als psychische Krankheit aufgefasst werden kann. **53**

f) **Ursachen der Gefahr.** – aa) **Unfähigkeit zur Einsicht.** Der Betreute kann auf Grund seiner Behinderung nicht erkennen, dass er zwecks Behandlung untergebracht werden muss, also ein stationärer Aufenthalt erforderlich ist (Unfähigkeit zur Einsicht). Das ist zB der Fall bei von Kindheit an geistig Behinderten. Wenn sich jemand nicht behandeln lassen will, darf daraus noch nicht der Schluss gezogen werden, dass ihm die Einsicht fehlt[102]. – bb) **Unfähigkeit zum Handeln.** Der Betreute erkennt dies intellektuell zwar, ist aber nicht in der Lage, danach zu handeln, also zB freiwillig ins Krankenhaus zu gehen und dort zu bleiben (Unfähigkeit zum Handeln). So ist es zB, wenn jemand übersteigerte Angst vor ungefährlichen Eingriffen hat. – cc) **Behandlungsverweigerung.** Behandlungsverweigerung (zB einer Bluttransfusion) *allein* aus anderen Gründen (zB aus religiösen, weltanschaulichen Gründen): hier kann die Behandlung nicht erzwungen werden[103]. **54**

Die fehlende Einsicht oder das Unvermögen, danach zu handeln, muss sich nach dem Gesetzestext nicht auf die Notwendigkeit der Untersuchung, der Heilbehandlung oder des Eingriffs beziehen, sondern auf die Unterbringungsnotwen- **55**

96 KG BeckRS 2005, 06.358 (weder Veränderung noch Stabilisierung der chronischen paranoiden Psychose zu erwarten); OLG Schleswig FG Prax 2010, 32 sowie FamRZ 2008, 1376; OLG Schleswig NJWE-FER 2000, 290; LG Frankfurt FamRZ 1993, 478; LG Berlin FamRZ 1993, 597.

97 OLG Schleswig BtPrax 2000, 92; LG Regensburg FamRZ 1994, 125; vgl BayObLG FamRZ 1994, 1617/8; BT-Drucks 11/4528 S. 147; aA *Bürgle* NJW 1988, 1881, 1886: wenn die Sucht bereits so weit fortgeschritten ist, dass der Betroffene geschäftsunfähig ist und ohne Unterbringung weiter der Sucht verfallen bleibt, muss er untergebracht werden, um eine Verschlimmerung des Leidens zu verhindern.

98 OLG Schleswig FGPrax 2006, 136.

99 LG Frankfurt FamRZ 1993, 478.

100 *Schweitzer* FamRZ 1996, 1324.

101 LG Frankfurt FamRZ 1993, 478; *Knittel* § 1906 Rz 39.

102 OLG Schleswig FamRZ 1994, 781; BayObLG FamRZ 1990, 1154.

103 HK-BUR-*Rink* § 1906 Rz 29.

digkeit; das ist aber mE nur schief formuliert; gemeint ist die Unfähigkeit, die Notwendigkeit der ärztlichen Maßnahme zu erkennen usw[104]; die fehlende Einsicht in die Notwendigkeit einer nur durch die Unterbringung möglichen Heilbehandlung[105]. **Fehlt** es an dieser **Kausalität**, ist der Betroffene also zur freien Willensbestimmung fähig, so darf er nicht untergebracht werden. Die Unterbringung nach Nr 2 ist nur **zulässig, solange** die Einsichtsfähigkeit fehlt[106].

56 g) **Zulässigkeit der ärztlichen Behandlung.** Nur wenn der Betroffene behandelt werden darf, darf er zuvor nach Nr 2 untergebracht werden[107]. Da eine zwangsweise Behandlung eines Betroffenen, der einen natürlichen Willen bezüglich seiner Krankheit und Behandlung zu bilden vermag (**Einwilligungsfähigkeit**), ausscheidet (§ 1904 Rz 5), ist in einem solchem Fall auch von einer freiheitsentziehenden Unterbringung (gerechtfertigt aufgrund mangelnder Einsicht in die Notwendigkeit der Behandlung) abzusehen; denn selten nutzt eine solche Unterbringung ohne die Möglichkeit zwangsweiser Behandlung. Auch wenn der Betroffene einsieht, dass eine Kieferbehandlung erforderlich ist, aber wegen der Schwere der Psychose sich weigert, dazu ins Krankenhaus zu gehen, kann er zwangsweise dorthin verbracht werden, wenn die sonstigen Voraussetzungen dafür erfüllt sind, und dann zwangsweise behandelt werden. Ist zur Behandlung eine Fesselung usw notwendig, kann eine weitere Genehmigung nach § 1906 Abs 4 erforderlich sein.

57 h) **Verhältnis der Nr 2 zu § 1904.** Eine freiheitsentziehende Unterbringung ist nicht davon abhängig, dass es sich um eine Untersuchung, Heilbehandlung oder ärztlichen Eingriff handelt, der nach § 1904 der Genehmigung des Betreuungsgerichts bedarf[108]. Auch ist nicht erforderlich, dass die Unterbringung zum Zwecke der Abwehr einer schweren Gesundheitsgefahr erfolgt. Zwar sind vor einer freiheitsentziehenden Unterbringung die Vorteile, die aus einer Maßnahme erwachsen, gegen die mit einer Unterbringung für den Betreuten verbundenen Nachteile abzuwägen. Diese Abwägung kann nach dem Verhältnismäßigkeitsgrundsatz jedoch ergeben, dass eine Untersuchung und auch weniger schwer wiegende Gesundheitsschäden eine freiheitsentziehende Unterbringung rechtfertigen[109]. Dabei ist vor allem auch die Dauer der freiheitsentziehenden Unterbringung von Bedeutung.

58 Es gibt also Unterbringungen, bei denen überhaupt keine ärztlichen Maßnahmen erfolgen (zB § 1906 Abs 1 Nr 1), ferner solche, bei denen der Betreuer in die Behandlung einwilligen muss (wenn der Betroffene einwilligungsunfähig ist) und solche, bei denen diese Einwilligung zusätzlich vom Betreuungsgericht nach § 1904 genehmigt werden muss; Letzteres ist zB der Fall, wenn die Behandlung mit Neuroleptika irreversible Folgen haben kann: dann darf die Genehmigung nach § 1906 nicht erteilt werden, ohne dass gleichzeitig geprüft wird, ob die ärztliche Behandlung der Genehmigung nach § 1904 bedarf[110]; denn eine Unterbringung, bei der nicht gleichzeitig behandelt werden darf, obwohl sie gerade zwecks Behandlung erfolgen soll, hat keinen Sinn.

---

104 HK-BUR-*Rink* § 1906 Rz 26.
105 BayObLG BtPrax 1996, 28; vgl auch OLG Düsseldorf BtPrax 1995, 29.
106 OLG Düsseldorf FamRZ 1995, 118.
107 BGH FGPrax 2008, 133; OLG Hamm FGPrax 2000, 113.
108 BT-Drucks 11/4528 S. 147.
109 AA *Rink* RuP 1991, 148, 159; *Pardey*, Betreuung Volljähriger, 1989, S. 136: verfassungskonforme Auslegung gebiete, die Vorschrift nur bei Gefahr schwerer Schäden anzuwenden; aA *Schuhmacher* FamRZ 1991, 280: verfassungswidrig.
110 OLG Ham FGPrax 2000, 113.

i) Verhältnis von Nr 1 zu Nr 2. Nach Nr 1 kann der Betreute untergebracht werden, aber nur, wenn erhebliche gesundheitliche Gefahr besteht; er darf nicht behandelt werden. Nach Nr 2 kann der Betreute auch bei weniger schwerer Gesundheitsgefahr untergebracht und zwangsbehandelt werden. Sinnvoll kann diese Unstimmigkeit nur dadurch gelöst werden, dass Nr 1 als vorrangig angesehen wird[111]. 59

IV. Ambulante Zwangsbehandlung[112]

Beispiel: ein Betroffener leidet an unheilbarer Schizophrenie; um weiteren gesundheitlichen Schaden abzuwenden, ist die Verabreichung von Neuroleptika erforderlich. In Frage kommt stationäre Unterbringung oder kurzfristige Vorführungen zur Depotspritze (zB im Abstand von zwei Wochen für jeweils 10 Minuten, aber über Jahre). Zu unterscheiden ist: (1) die ärztliche Behandlung, in welche der Betreuer mit dem entspr Aufgabenkreis einwilligen muss, evtl mit Genehmigung des Betreuungsgerichts in den Fällen des § 1904 BGB, falls der Betroffene selbst einwilligungsunfähig ist. (2) Unterbringung bzw Vorführung zwecks ärztlicher Behandlung. Die § 1906 Abs 4 BGB bzw § 326 Abs 1 FamFG sind für den Fall nicht unmittelbar anwendbar[113], auch nicht § 1906 Abs 1 BGB (keine Freiheitsentziehung). 60

Die jeweils *kurzfristige* zwangsweise Vorführung des Betreuten zwecks Dauermedikation mit Neuroleptika hält der **BGH**[114] daher für **unzulässig.** Die abweichende Meinung, die mE zutreffend ist, sagte: Liegen die Voraussetzungen des § 1906 Abs 1 vor, könnte also eine dauerhafte Unterbringung mit Zwangsbehandlung erfolgen, oder auch nur eine Unterbringung für jeweils einige Tage, ist (als milderes Mittel) auch eine *ambulante* Zwangsbehandlung in der Form möglich, dass der Betroffene in bestimmten zeitlichen Abständen kurzfristig vorgeführt wird[115]. Sie muss vom Betreuungsgericht genehmigt werden (mit zeitlicher Befristung, zB für 1 bis 2 Jahre); Zwangsausübung dann analog § 326 FamFG. Wenn aber mangels Verhältnismäßigkeit die Unterbringung nach § 1906 Abs 1 BGB nicht genehmigt wird und auch kein Fall des § 1906 Abs 4 BGB vorliegt, dann reduziert sich das Problem darauf, dass die Zwangsverbringung durch den Betreuer nicht genehmigungsbedürftig ist, weil sie kurzfristig und nicht wiederholt ist. Findet er niemand, der ihm beim Zwang hilft, weil das unzulässig wäre, kann ihm mangels gesetzlicher Bestimmungen (auch § 35 FamFG ist nicht einschlägig) durch das Betreuungsgericht nicht geholfen werden[116]. Man muss dann (nach Ansicht des BGH) abwarten, bis sich die Verhältnisse so verschlechtert haben, dass eine dauerhafte Unterbringung zulässig ist; das ist höchst bedenklich. – Zur **stationären Zwangsbehandlung** vgl Rz 47. 61

Die Fixierung einer Betreuten zur zwangsweisen Verabreichung einer Depotspritze zur **Verhütung einer Schwangerschaft** ist nicht genehmigungsfähig[117]. Sie 62

111 Ähnlich HK-BUR-*Rink* § 1906 Rz 25.

112 Dazu *Lipp* JZ 2001, 821; *Diekmann* FPR 2004, 678; *Ludyga* FPR 2006, 104; *Dodegge* FGPrax 2004, 153 und NJW 2006, 1627.

113 Zu § 1906: OLG Bremen RuP 1997, 87 mit Anm *Marschner*; *Schreieder* in BtE 1996/97 zu § 1906 S. 85.

114 BGH FamRZ 2001, 149 = BtPrax 2001, 32.

115 *Schweitzer* FamRZ 1996, 1317; OLG Hamm FGPrax 2000, 113; zweifelnd OLG Zweibrücken BtPrax 2000, 88 = FGPRax 2000, 26.

116 Diese Konsequenz erwähnt auch der BGH (FamRZ 2001, 149), vermisst aber eine gesetzliche Regelung und sieht sich außerstande. Ähnlich schon OLG Zweibrücken FGPrax 2000, 113 = BtPrax 2000, 88 für 14tägige Vorführung über zwei Jahre hinweg.

117 OLG Karlsruhe NJW-RR 2008, 813 = FamRZ 2008, 1211.

fällt nicht unter § 1906 Abs 1 Nr 1, weil dadurch keine Lebensgefahr vermieden wird. Es liegt ein „ärztlicher Eingriff" vor, der ohne die Unterbringung nicht durchgeführt werden kann (§ 1906 Abs 1 Nr 2, Abs 4); jedoch liegt keine Heilbehandlung vor, weil die betroffene Frau nicht krank ist; Verhütungsmittel sollen nicht heilen.

63 **Verschleierte ambulante Zwangsbehandlung.** Das Betreuungsgericht darf die Unterbringung des Betroffenen in einer geschlossenen Einrichtung nicht genehmigen, wenn die Freiheitsentziehung als solche nicht notwendig ist und die Genehmigung letztlich nur eine Rechtsgrundlage abgeben soll, den Betroffenen in einer offenen Abteilung der Einrichtung einer erforderlichen – auch zwangsweisen – Behandlung mit Medikamenten zu unterziehen[118].

64 Keine ambulante Zwangsbehandlung liegt vor, wenn bei einem dauerhaft Untergebrachten eine kurzfristige Fixierung (Fesselung) erfolgt, damit er mit Medikamenten behandelt werden kann[119]. Das fällt unter § 1906 Abs 4.

V. Genehmigung des Betreuungsgerichts (Abs 2)

65 **1. Übersicht.** Es gibt folgende Möglichkeiten: Unterbringung mit Einwilligung des Betreuten; Unterbringung durch einen Bevollmächtigten mit Genehmigung des Betreuungsgerichts; Unterbringung durch den Betreuer mit vorheriger Genehmigung des Betreuungsgerichts; Unterbringung durch den Betreuer, wobei die Genehmigung des Betreuungsgerichts nachgeholt wird (§ 1906 Abs 2). Fehlt die Genehmigung des Betreuungsgerichts, ist die Unterbringung rechtswidrig; es liegt dann eine Freiheitsberaubung (§ 239 StGB) vor; Schadensersatzpflicht (§ 823) kann bestehen. Wird im Falle des Abs 2 die nachträgliche Genehmigung verweigert, gilt dies ab diesem Zeitpunkt. Zum Genehmigungsverfahren vgl Rz 108 ff.

66 **2. Unterbringung ohne vorherige Genehmigung des Betreuungsgerichts.** Eine Unterbringung durch den (endgültigen oder vorläufigen) Betreuer ohne vorherige Genehmigung des Betreuungsgerichts ist zulässig, wenn mit einem Aufschub der Unterbringung **Gefahr für das Wohl des Betreuten** verbunden ist. Dies ist der Fall, wenn konkrete Anhaltspunkte dafür vorliegen, dass nicht bis zur Vor-Genehmigung des Betreuungsgerichts gewartet werden kann; das sind Zeitspannen von mindestens einigen Tagen. Voraussetzung ist auch hier, dass die Unterbringung vom Aufgabenkreis des Betreuers umfasst wird (Rz 13). In der Praxis kann der Betreuer von Abs 2 Satz 2 für erstmalige Unterbringungen nach Abs 1 kaum Gebrauch machen, weil die Klinik/Anstalt (in Unkenntnis der Gesetzeslage) einen Gerichtsbeschluss verlangt oder die vorher vom Betreuer um Hilfe gerufene Betreuungsbehörde (§ 326 FamFG) von ihm die Vorlage einer fachärztlichen Bescheinigung fordert. Für Abs 4 aber hat die Vorschrift auch praktische Bedeutung.

67 Satz 2 meint die **Unterbringung durch den Betreuer (bzw Bevollmächtigten)**, nicht etwa die durch die Anstalt[120]. Wenn die Anstalt eine eilige Unterbringung für notwendig hält, muss sie sich an den Betreuer wenden, oder an das Betreuungsgericht (vgl § 1846); ferner ist das LandesPsychKG heranzuziehen. Im Übrigen kommt Notwehr/Nothilfe in Betracht.

---

118 BGH FGPrax 2008, 133 = FamRZ 2008, 866.
119 OLG München NJW-RR 2005, 1530.
120 HK-BUR-*Rink* § 1906 Rz 35.

3. Genehmigungsverfahren. Im Falle des Abs 2 haben der Betreuer oder die Anstalt unverzüglich das Betreuungsgericht zu verständigen. „**Unverzüglich**" heißt im BGB-Anfechtungsrecht (§ 121 Abs 1 Satz 1) ohne schuldhaftes Zögern (subjektiver Maßstab). Bei § 1906 ist dagegen auf die Definition abzustellen, die für Freiheitsentziehungen (Art 104 Abs 2 Satz 2 GG) gilt: jede Verzögerung, die sich nicht aus sachlichem Grund rechtfertigen lässt, ist zu vermeiden; objektiver Maßstab[121]. Ein fester Endtermin kann nicht angeben werden; die Meinung[122], spätestens am nächsten *Werk*tag (Absende- oder Eingangstag beim Betreuungsgericht), jedenfalls innerhalb von 3 Tagen müsse der Betreuer die Genehmigung beantragen, ist zu formalistisch. 68

Das Betreuungsgericht leitet dann ein Verfahren nach §§ 312 ff FamFG ein. Das Verfahren der vorherigen Genehmigung unterscheidet sich nicht von dem der nachträglichen (dazu Rz 108). Für die Entscheidung ist der Richter zuständig (Art 104 GG; vgl §§ 3, 15 RPflG). Sieht das Betreuungsgericht die Voraussetzungen des Abs 1 Nr 1 oder Nr 2 als nicht gegeben an, wird die Genehmigung abgelehnt. Der Betreuer (bzw in dessen Vertretung die Anstalt) hat die freiheitsentziehende Unterbringung dann sofort zu beenden. 69

4. Eilfälle. – a) Betreuer. Hat der faktisch Untergebrachte noch keinen Betreuer, kann das Betreuungsgericht durch Beschluss (einstweilige Anordnung) einen vorläufigen Betreuer bestellen (§§ 331, 332 FamFG). Hat der vorhandene Betreuer keinen ausreichenden Aufgabenkreis (zB nur Vermögenssorge), kann das Betreuungsgericht durch einstweilige Anordnung den Aufgabenkreis erweitern (§§ 300, 301 FamFG). 70

b) **Betreuungsgericht.** Es ist kaum vorstellbar, dass zwar Gefahr im Verzug (Abs 2) besteht, dann aber das Normalverfahren der Genehmigung (das Wochen dauert) durchgeführt wird; das ist ein Widerspruch. Im Regelfall wird deshalb die freiheitsentziehende Unterbringung des Betreuten durch den (endgültigen oder vorläufigen) Betreuer (statt durch Beschluss gem § 323 FamFG durch **einstweilige Anordnung** gem §§ 331, 332, 323 FamFG genehmigt werden müssen[123]. Der vorläufige Betreuer, der gerade zum Zwecke der Unterbringung bestellt ist, wird in aller Regel nicht nach Abs 2 Satz 2 verfahren müssen, dh ohne Genehmigung unterbringen müssen, denn wo noch Zeit ist, einen vorläufigen Betreuer zu bestellen, ist auch noch Zeit, die freiheitsentziehende Unterbringung vorläufig zu genehmigen. 71

In **noch dringenderen Eilfällen**, also den Fällen, in denen die Bestellung eines vorläufigen Betreuers und die vorläufige Genehmigung der freiheitsentziehenden Unterbringung durch einstweilige Anordnungen noch zu viel Zeit erfordern, kann das **Betreuungsgericht selbst den Betreuten unterbringen**, § 1908 i Abs 1 iVm § 1846[124]. Im Übrigen kommen Eilanträge der Kreisverwaltungsbehörde nach dem PsychKG/UnterbrG in Betracht, Eilmaßnahmen der Polizei nach dem Landespolizeirecht oder des Leiters der Einrichtung (zB nach BayUnterbrG Art 10 Abs 4). 72

121 *Knittel* § 1906 Rz 75.
122 HK-BUR-*Rink* § 1906 Rz 37.
123 BT-Drucks 11/4528 S. 81.
124 OLG Schleswig NJW 1992, 2974; BT-Drucks 11/4528 S. 211 und 229; BT-Drucks 11/6949 S. 77.

VI. Beendigung der Unterbringung (Abs 3)

73 **1. Beginn der Unterbringung.** Sie ist nicht geregelt. Die Unterbringung beginnt, indem der Betreuer von der Genehmigung des Betreuungsgerichts Gebrauch macht (wozu er aber nicht verpflichtet ist); oder indem der Betreuer den Betreuten nach Abs 2 Satz 2 ohne Genehmigung untergebracht hat. Zum Vollzug der Unterbringung vgl Rz 114.

74 **2. Vertragsverhältnis.** Der Vertrag, den der Betreuer als gesetzlicher Vertreter (§ 1902) des Betreuten mit dem Altenheim, psychiatrischen Landeskrankenhaus usw schließt, ist bürgerlich-rechtlicher Natur[125]. Die aA, wonach bei Unterbringung (des Pfleglings) in einem Landeskrankenhaus öffentlich-rechtliche Beziehungen vorliegen sollen[126], ist nicht haltbar, weil es sich um eine zivilrechtliche Unterbringung handelt und der Betreuer in der Auswahl der Anstalt frei ist. Die öffentlich-rechtliche Unterbringung dagegen gehört dem öffentlichen Recht an, auch die Behandlung. Der BGH[127] hält die Behandlung eines Patienten in der geschlossenen Abteilung eines psychiatrischen Landeskrankenhauses auch dann für öffentlich-rechtlicher Natur, wenn sie im Einverständnis des Patienten und seines Betreuers und nicht etwa auf Grund einer hoheitlichen Unterbringung erfolgt (Schadensersatzansprüche wegen eines Behandlungsfehlers würden daher auf Amtshaftung beruhen).

75 **3. Beendigung der Unterbringung.** Gemäß Abs 1 ist eine freiheitsentziehende Unterbringung nur *solange* zulässig, wie auch die Voraussetzungen der Nr 1 und/oder Nr 2 vorliegen.[128] Daraus folgt, dass gemäß Abs 3 der Betreuer die freiheitsentziehende Unterbringung zu beenden hat, wenn das nicht mehr der Fall ist (weil zB keine Gefahr mehr besteht, die Behandlung durchgeführt ist); **Abs 3 Satz 1.** Erstaunlicher Weise erlaubt das Gesetz dem Betreuer diese Würdigung, ohne dass er durch eine ärztliche Stellungnahme abgesichert ist (§ 321 FamFG verlangt das Gutachten vor der Anordnung, aber nicht vor der Aufhebung der Maßnahme); der Betreuer, der so handelt, riskiert Haftung. Die Anstalt selbst hat kein eigenes Entlassungsrecht, weil das Aufenthaltsbestimmungs- und Entlassungsrecht beim Betreuer ist. Daneben trifft auch das **Betreuungsgericht** gemäß § 330 Satz 1 FamFG die Pflicht, bei Wegfall der Unterbringungsvoraussetzungen den Genehmigungsbeschluss (auch ohne Antrag des Betreuers) aufzuheben; die Entlassung verfügt der Richter, der Betreuer oder die Anstalt. Der Betreuer hat sich daher in regelmäßigen Abständen davon zu überzeugen, ob die Voraussetzungen für eine freiheitsentziehende Unterbringung noch andauern. Entsprechendes gilt für das Betreuungsgericht.

76 **4. Meinungsunterschiede. – a) Betreuer/Arzt.** Will der Betreuer den Betreuten entlassen, der Arzt dagegen nicht, kann der Betreuer die Entlassung anordnen[129]. Freilich haftet der Betreuer möglicherweise, wenn dann etwas passiert (§ 1833; § 832).

77 **b) Betreuer/Betreuungsgericht.** Ist der Betreuer der Ansicht, die Unterbringungsvoraussetzungen lägen noch vor, während das Betreuungsgericht für die Entlassung ist, kann das Betreuungsgericht auch gegen den Willen des Betreuers die Genehmigung der Unterbringung (also den Beschluss) aufheben (§ 330 Satz 1 FamFG). Umgekehrt kann auch der Betreuer den Betreuten entlassen, obwohl das Betreuungsgericht die Voraussetzungen der Nr 1 und/oder Nr 2 als

125 BT-Drucks 11/4528 S. 83; eingehend *Fischer/Mann* NJW 1992, 1539.
126 VGH Mannheim NJW 1992, 2985.
127 BGH NJW 2008, 1444; NJW 1963, 40 und NJW 1985, 677.
128 BGH FGPrax 2010, 94.
129 *Knittel* § 1906 Rz 79.

noch für gegeben erachtet; dann kann das Betreuungsgericht den Betreuer nur unter den strengen Voraussetzungen von § 1908 i iVm § 1837 anhalten, den Betreuten (wieder) unterzubringen, oder es muss der Ordnungsbehörde die öffentlich-rechtliche Unterbringung anheim stellen.

5. Anzeigepflicht. Nach **Abs 3 Satz 2** trifft den Betreuer die Pflicht, dem Betreuungsgericht die Beendigung der Unterbringung anzuzeigen, damit das Betreuungsgericht nicht in Unkenntnis der Beendigung das Unterbringungsverfahren weiterführt. Auch kann dann zur Klarstellung der Genehmigungsbeschluss des Betreuungsgerichts aufgehoben werden, damit der Betreuer nicht nochmals davon Gebrauch machen kann. Verständigt der Betreuer das Betreuungsgericht nicht, kann das Folgen nach § 1837 haben. 78

VII. Unterbringungsähnliche Maßnahmen (Abs 4)

1. Unterbringungsähnliche Maßnahmen. Außer durch Unterbringung (Abs 1) kann auch durch mechanische Vorrichtungen, Medikamente oder in sonstiger Weise einem Betreuten die „Freiheit entzogen" werden. Abs 1 und Abs 4 ergänzen sich dahingehend, dass jede gezielte Behinderung des Betreuten in seinem Wunsch, den bisherigen Aufenthaltsort zu verlassen, (wenn die sonstigen Voraussetzungen des Abs 4 vorliegen) genehmigungsbedürftig ist. Dadurch werden Diskussionen darüber, wann definitionsgemäß eine *Freiheitsentziehung* vorliegt, weitgehend überflüssig[130]. Die Abgrenzung von Abs 4 zu Abs 1 (worunter fällt ein hoher Zaun?) spielt nur insoweit eine Rolle, als bei Abs 4 ein ärztliches Zeugnis genügt, während bei Abs 1 ein Gutachten erforderlich ist (§ 321 Abs 2 FamFG). 79

Anwendungsfälle. Wenn die in Alten- und Pflegeheimen befindlichen Personen Bewegungsdrang bei Desorientiertheit haben (zB in der Nacht durchs Heim gehen und nicht in das eigene Bett zurückfinden), unruhig sind, körperlich instabil (Sturzgefahr, Schwindel), eine Sondensicherung erforderlich ist oder Suizidgefahr besteht, dann sieht sich das Personal veranlasst, eine Ruhigstellung durchzuführen[131]. Früher war zweifelhaft, ob das ohne Weiteres geht; seit 1992 kann das genehmigungsbedürftig sein[132]. Damit soll Gewalt gegen ältere Menschen kontrolliert werden. Weitere **Legitimationen** solcher Maßnahmen sind: wirksame Einwilligung des Betroffenen (Rz 87, 95); lediglich Schutz vor unwillkürlichem Herausfallen (Rz 94). Unterbringungsähnliche Maßnahmen der Eltern gegenüber ihren **Kindern** (§ 1631 b BGB) sind nicht genehmigungsbedürftig[133]; das Kleinkind darf also ins Gitterbett gelegt werden, ohne dass Richter und Sachverständige einzuschalten sind. 80

Abs 4 verweist auf die **„entsprechende" Anwendung** des Abs 1, was unklar ist (was soll nicht gelten?). Sicher ist, dass eine Vorgenehmigung des Betreuungsgerichts erforderlich ist, nach Abs 2 die Maßnahme ohne Genehmigung des Betreuungsgerichts erfolgen kann, der Betreuer die Maßnahme beenden kann (Abs 3) und die Maßnahmen nur zum Wohl des Betreuten zulässig sind, weil ihm sonst gesundheitliche Gefahren drohen (vgl Abs 1 Nr 1). Der mit der Maßnahme nicht einverstandene Betreute muss geschäftsunfähig sein bzw 81

130 Abs 1 geht von einem engen, formalisierten Begriff der Unterbringung aus; *Knittel* § 1906 Rz 25.
131 *Klie* BtPrax 1998, 50; *Schumacher* S. 31.
132 1995: 23.305 Genehmigungen; 1.081 Ablehnungen; BT-Drucks 13/7133 S. 38.
133 AG Hamburg NJOZ 2009, 51 (12jähriges debiles Kind in der Entwicklungsstufe eines 9 Monate alten Kindes im Gitterbett); LG Essen FamRZ 1993, 1347; aA *Dodegge* FamRZ 1993, 1348; Palandt/*Diederichsen* BGB § 1631 b Rz 2, welche § 1906 IV analog anwenden wollen.

nach anderer Formulierung: er darf seinen Willen aufgrund einer psychischen Krankheit oder geistigen/seelischen Behinderung nicht frei bestimmen können[134]; § 1896 Abs 1a. Der Gesetzgeber dachte hauptsächlich an die Fälle, in denen altersverwirrte Personen umherirren und die Gefahr besteht, dass sie verhungern, stürzen, von Autos angefahren werden, also an Fälle der Nr 1. Auch Nr 2 kommt gelegentlich in Frage: wenn Medikamente nicht eingenommen werden oder Fesseln zur Durchführung von Infusionen erforderlich sind[135]. Wenn ein bei einem schon dauerhaft Untergebrachten zB die Beine und Arme gefesselt werden müssen, damit ihm zwangsweise Medikamente eingespritzt oder Infusionen durchgeführt werden können, dann wird über die bereits genehmigte Unterbringung hinaus dem Betroffenen die körperliche Bewegungsfreiheit genommen; eine zusätzliche Genehmigung nach § 1906 Abs 4 ist daher erforderlich[136]. Anders ist der Fall nach Ansicht des BGH[137], wenn der Betroffene noch nicht dauerhaft untergebracht ist: Die gegen den Willen eines Betreuten in regelmäßigen (zB zweiwöchentlichen, Zeitabständen durchzuführende **Dauermedikation** mit Neuroleptika und die zwangsweise Zuführung des Betreuten zu dieser – jeweils kurzfristigen – Behandlung stellen keine mit Freiheitsentziehung verbundene Unterbringung oder unterbringungsähnliche Maßnahme dar und ist nicht nach Abs 4 genehmigungsfähig (zur ambulanten Zwangsbehandlung vgl Rz 60.

82 Freiheitsbeschränkende Maßnahmen sind auch dann genehmigungsfähig, wenn der Betroffene durch sein Verhalten in erster Linie **Dritte gefährdet**, sofern damit zugleich die Gefahr verbunden ist, dass der Betroffene selbst erheblichen gesundheitlichen Schaden erleidet (der geistig Behinderte lebt in einer Behindertenwerkstatt, greift Mitbewohner an und beschädigt Sachen)[138]. Dabei ist es nicht erforderlich, dass der Betroffene sich die gesundheitlichen Schäden eigenhändig zufügt; es genügt, dass die Angegriffenen eventuell zurückschlagen. Das zeitweise Einschließen eines Betroffenen in seinem Zimmer ist bei Aggressionsdurchbrüchen daher genehmigungsfähig[139].

83 **2. Betroffener unter Betreuung.** Abs 4 ist nur einschlägig, wenn der Betroffene volljährig ist und unter Betreuung steht. Nächtliche Fixierung eines sieben Jahre alten Kindes bedarf daher keiner Genehmigung des FamG nach Abs 4[140]; vgl § 1631 b. Bei Missbrauch: § 1666 BGB. Der Betreuer muss einen ausreichenden Aufgabenkreis haben und mit der unterbringungsähnlichen Maßnahme der Anstalt einverstanden sein. Wer sich in einem Altenheim aufhält, ohne einen Betreuer zu haben, dessen Freiheit darf gegen seinen Willen nicht entzogen oder beschränkt werden. Anderenfalls werden Straftatbestände (Freiheitsberaubung; Körperverletzung) erfüllt. Notfalls muss das Altenheim die Bestellung eines Betreuers anregen; auch kann das Betreuungsgericht (wenn kein Betreuer vorhanden ist) nach § 1846 Unterbringungen vorübergehend anordnen. Hat der Betreuer in eine Maßnahme eingewilligt und stirbt er dann, entfällt die Einwilligung nicht[141]; dies folgt aus § 1908 c. Der neue Betreuer kann aber die Einwilligung widerrufen.

84 **3. Anstalt, Heim oder sonstige Einrichtung.** Abs 4 gilt weiterhin nur, wenn sich der Betreute in einer Anstalt, einem Heim oder sonstiger Einrichtung aufhält.

134 BayObLG FamRZ 1994, 721.
135 *Dodegge* MDR 1992, 439.
136 OLG München NJW-RR 2005, 1530; BayObLG FamRZ 1994, 721; OLG Düsseldorf FamRZ 1995, 118.
137 BGH FamRZ 2001, 149.
138 OLG Karlsruhe NJW-RR 2009, 223 = FGPrax 2009, 36.
139 OLG Karlsruhe NJW-RR 2009, 223 = FGPrax 2009, 36.
140 LG Essen FamRZ 1993, 1347 mit Anm *Dodegge*.
141 AG Stuttgart-Cannstatt BtPrax 1996, 35 mit unrichtiger Begründung: § 130 Abs 2.

Beispiele sind: Krankenhäuser[142], Altersheime, Pflegeheime, auch privat betriebene „Seniorenresidenzen“. Eine **sonstige Einrichtung** liegt zB vor, wenn der Betreute zeitweise vom Pflegepersonal in der **eigenen Wohnung** *außerhalb* der Familie eingeschlossen wird, also die allein genutzte Wohnung entsprechend hergerichtet wird[143].

Familienunterbringung. Keine unterbringungsähnliche Maßnahme nach Abs 4 liegt vor, wenn der Betreute in **seiner eigenen Familie** (zB in der Wohnung des Sohnes, welcher Betreuer ist) lebt und dort die genannten Maßnahmen (Bettgitter, Tisch am Tagesstuhl) getroffen werden müssen[144]. Das wird vereinzelt bezweifelt: nach aA sei auch im Rahmen der Familienpflege eine Genehmigung des Betreuungsgerichts notwendig[145]. Die Grenze solcher Maßnahmen dort ist die rechtswidrige Freiheitsberaubung (§ 239 StGB); es müssen die allgemeinen Rechtfertigungsgründe (Einwilligung, Notwehr, Nothilfe) vorliegen, wenn die Frau ihren verwirrten Ehemann länger oder regelmäßig im Zimmer einsperrt. Familienpflege mit Unterbringung ist deshalb unter Umständen schwer auf eine legale Grundlage zu stellen[146]. Unterbringung in einer **fremden Familie** fällt mE dagegen unter Abs 4[147], jedenfalls wenn mehrere nicht familienangehörige Personen untergebracht sind. Vom Schutzzweck her ist der Begriff der Einrichtung weit auszulegen. Worin sollte der Unterschied liegen zwischen dem Fall, in dem eine Pflegerin freiberuflich drei alte Menschen in ihrem Haus betreut und dem Fall, in dem diese Menschen in einem „Heim“ sind? Ebenso fallen Außenwohngruppen, betreute Wohngruppen und alle ähnlichen Konstruktionen unter Abs 4[148]. Aufenthaltsort iSd Abs 4 ist die Räumlichkeit, in der sich der Betreute befindet, so etwa sein Zimmer, das Stockwerk oder die Abteilung einer Einrichtung, in der sich dieses Zimmer befindet, oder die Einrichtung selbst. **85**

4. Betreuter nicht untergebracht. Abs 4 ist ferner nur anwendbar, wenn der Betreute nicht (iS von Abs 1) untergebracht ist. Ist der Betreute untergebracht, so bedarf die freiheitsentziehende Unterbringung ohnehin der Genehmigung nach Abs 1. Daraus folgern manche[149], dass weitere Maßnahmen am Untergebrachten (zB die Fesselung, Bauchgurt, Verabreichung von ruhig stellenden Medikamenten) *nicht* einer *zusätzlichen* Genehmigung bedürfen; das entspricht dem Wortlaut. Zutreffend ist die Gegenansicht: weitere Maßnahmen am Untergebrachten, die nicht wesensmäßig zu jeder Unterbringung gehören, wie Fesselung, Anbinden, **Anlegen von Beckengurten**, bedürfen einer zusätzlichen Genehmigung des Betreuungsgerichts nach Abs 4[150]. Denn die unterbringungsähnliche Maßnahme (zB jede Nacht 8 Stunden mit Bauchgurt schlafen) ist oft ein wesentlich schwerwiegenderer Eingriff als die Unterbringung nach Abs 1 (zB Abschließen der Türen). Es gibt derart viele Möglichkeiten für unterbringungsähnliche Maßnahmen, dass das wohl auch aus § 323 Nr 1 FamFG folgt; danach **86**

---

142 Nicht nur psychiatrische Abteilungen von Allgemeinkrankenhäusern; HK-BUR-*Rink* § 1906 Rz 44.

143 LG München I BtPrax 1999, 242: Betreuter lebte allein, wurde ausschließlich durch professionelle Pflegedienste versorgt, welcher die Wohnung im Übrigen abschloss; LG Hamburg FamRZ 1994, 1619; bestätigt durch OLG Hamburg FamRZ 1995, 1019; AG Tempelhof-Kreuzberg BtPrax 1998, 194; *Weise* BtPrax 1999, 20. Problem: Versperrte Wohnung kann bei Brand vom Betreuten nicht verlassen werden; hierzu *Grauer* BtPrax 1999, 20/22.

144 BayObLG FamRZ 2003, 325; RGRK-*Dickescheid* Rz 18.

145 AG Garmisch-Partenkirchen BtPrax 1999, 207 wegen Art 2 Abs 2 Satz 2, 104 Abs 2 GG.

146 HK-BUR-*Rink* § 1906 Rz 45.

147 AA *Knittel* Rz 106.

148 *Dodegge* MDR 1992, 437.

149 *Holzhauer* FuR 1992, 249; Holzhauer-*Reinicke* § 1906 Rz 51; beiläufig OLG Hamm FGPrax 1997, 162.

150 OLG München FamRZ 2005, 1196; BayObLG FamRZ 1994, 721; OLG Düsseldorf FamRZ 1995, 118 für Medikationen; AG Hannover BtPrax 1992, 113; MünchKomm/*Schwab* § 1906 Rz 47; Staudinger-*Bienwald* § 1906 Rz 22; *Seitz* FGPrax 1997, 142; *Schumacher* S. 140.

ist die genehmigte Maßnahme im Beschlusstenor genau anzugeben (dort steht aber im Falle des Abs 1 nur „Unterbringung“, nicht Fesselung). Auch liegt ein zusätzlicher Fall des Art 104 Abs 2 GG vor. – Dagegen ist das Abschließen der Haus- und Zimmertüren bei Nacht nicht zusätzlich nach Abs 4 zu genehmigen, weil es regel- und wesensmäßig zu jeder Freiheitsentziehung gehört.

87 **Freiwillig Untergebrachte.** Sie sind nicht untergebracht iS von Abs 1, so dass weitere Eingriffe der wirksamen Einwilligung des Betroffenen oder der Genehmigung durch das Betreuungsgericht bedürfen. Wer damit einverstanden ist, dass abends die Haustüre abgesperrt wird, ist noch nicht damit einverstanden, jede Nacht in seinen Exkrementen zu liegen. Nach dem Zweck der Bestimmung muss angenommen werden, dass der Gesetzgeber sich bei Abs 4 in der Wortwahl vergriffen hat und nicht nur eine „Unterbringung“, sondern eine „Unterbringung, die mit Freiheitsentziehung verbunden ist“, meint. Bei einem freiwillig Untergebrachten bedürfen deshalb freiheitsbeschränkende Maßnahmen, die nicht regelmäßig zur Unterbringung gehören, der Zustimmung des Betreuers, dessen Aufgabenbereich die freiheitsentziehende Unterbringung umfasst und der Genehmigung des Betreuungsgerichts. Daher kann (im Einzelfall) die Genehmigung nach Abs 4 abgelehnt werden mit dem Hinweis, der Freiheitsentzug nach Abs 1 sei der weniger weitgehende Eingriff.

88 **5. Zeitliches Kriterium. – a) Ein längerer Zeitraum** iS von Abs 4 ist nur erforderlich, falls nicht bereits wegen *Regelmäßigkeit* Genehmigungspflicht besteht. Was unter einem „längeren Zeitraum“ zu verstehen ist, ist streitig: Nach einer Meinung ist dies dann gegeben, wenn voraussichtlich die Dauer von drei Tagen überschritten wird[151]. Oder: Tag nach der Freiheitsbeschränkung[152]; oder: Mit Überschreiten der Frist des Art 104 Abs 2 Satz 3 GG, also länger als bis zum Ende des folgenden Tages[153]. Oder: 24 Stunden[154]. Oder: über eine Woche[155]. – ME sollte man auf die **Schwere des Eingriffs** abstellen; bei der Fesselung wird man weniger lang warten dürfen wie beim Abschließen einer Türe.

89 **b) Regelmäßigkeit.** Regelmäßigkeit der Freiheitsbeschränkung liegt vor, wenn sie entweder stets zur selben Zeit[156] oder aus regelmäßig wiederkehrendem Anlass (zB Einsperren oder Fesselung immer, wenn der Betreute die Nachtruhe stört) erfolgt. Hier kommt es nicht auf den *längeren* Zeitraum an.

90 **6. Arten von Maßnahmen. – a) Mechanische Vorrichtungen;** zB Bettgitter (in mehr als der Hälfte der Fälle[157]); Schlösser; Zwangsjacke; sog Fixierung: der Betroffene wird mit einem Leibgurt in seinem **Bett** oder an seinem **Stuhl** festgebunden, gefesselt[158]; der Betroffene wird durch besondere Fixierdecken (oder bestimmte Pflegehemden) am Verlassen des Bettes gehindert; am Stuhl oder Rollstuhl wird ein sog Therapietisch angebracht[159]; das Verlassen der Einrichtung ist nur bei Betätigung *komplizierter* Schließmechanismen möglich (zB Schlösser, die nur auf Eintippen bestimmter Zahlenkombinationen öffnen); der

151 Diskussions-Entwurf 1987, S. 147; in Anlehnung an § 128 StPO.

152 *Jürgens/Marschner* § 1906 Rz 40; BT-Drucks 11/4528 S. 149 erwähnt zwar diese Frist nicht, nennt aber § 128 StPO, Vorführung vor den Richter spätestens am Tage nach der Festnahme, und spricht dabei von einer „etwas längeren Zeit“.

153 Zweiter Vormundschaftsgerichtstag, 1991, S. 76.

154 Erman-*Roth* § 1906 Rz 32: 1 bis 2 Tage.

155 *Dodegge* MDR 1992, 438.

156 ZB Abschließen des Hauses jeweils ab Mitternacht; BT-Drucks 11/4528 S. 149; *Schwab* in Sitzungsbericht K zum 57. Deutschen Juristentag, 1988, S. 36; aA Erman-*Roth* § 1906 Rz 33.

157 Zahlen bei *Klie* BtPrax 1998, 50.

158 *Klie* BtPrax 1998, 50; über schädliche Auswirkungen vgl *Wojnar* BtPrax 1997, 92: Erstickungsgefahr.

159 LG Frankfurt FamRZ 1993, 601; OLG Frankfurt FamRZ 1994, 992.

Türöffner ist versteckt angebracht; die Eingangstür wird zeitweilig (insbesondere nachts) verschlossen, ohne dass der Betroffene einen Schlüssel erhält oder dass ein Pförtner das jederzeitige Verlassen der Einrichtung ermöglicht; der Rollstuhl wird arretiert[160]. Ein hoher Zaun um die Anstalt und ein abgeschlossenes Tor machen die Anstalt insgesamt zu einer geschlossenen Einrichtung, so dass Abs 1 (nicht: Abs 4) anzuwenden ist[161].

b) **Medikamente.** Der Betroffene wird *gezielt* durch Schlafmittel, Beruhigungs- 91
mittel oder andere Medikamente (Neuroleptika, Tranquilizer) am Verlassen der Einrichtung gehindert[162]. Werden ihm dagegen diese Mittel zu Heilzwecken verabreicht, liegt kein Fall des § 1906 vor (aber evtl ein Fall nach § 1904), auch dann nicht, wenn als Nebeneffekt der Bewegungsdrang des Patienten eingeschränkt wird[163]. Die Abgrenzung ist schwierig, ergibt sich evtl aus der Dokumentation der Anstalt; die Verabreichung zur Förderung der Bequemlichkeit des Personals fällt unter Abs 4.

c) **Andere Maßnahmen,** die den Betreuten am Verlassen seines Aufenthalts 92
hindern. Dies ist der Oberbegriff. Hier ist als Beispiel der Pförtner zu nennen, der handgreiflich am Verlassen der Einrichtung hindert[164] oder die Wegnahme der Kleider, ohne die der Betreute nicht auf die Straße geht: der Betreute muss den ganzen Tag einen Schlafanzug tragen[165].

d) **Genehmigungsfreie Maßnahmen.** Wenn der Betroffene einverstanden ist ent- 93
fällt eine Genehmigung (Rz 19). Wenn der Betroffene *tatsächlich* am Verlassen des Aufenthaltsorts nicht gehindert wird, ist Abs 4 nicht einschlägig. Elektronische Melder, an der Kleidung von Heimbewohnern angebrachte Signalsender (**Personenortungsanlagen**), Funkchip am Handgelenk, fallen nicht unter Abs 4, weil sie den Betroffenen nicht unmittelbar am Weggehen hindern[166]; sie bedürfen also keiner Genehmigung des Betreuungsgerichts. Die aA übersieht, dass erst das „Einfangen" des Entwichenen, wenn er gutem Zureden nicht zugänglich ist, unter § 1906 BGB fallen würde. Es ist auch nicht genehmigungspflichtig, wenn das Personal mit **Fernsehkameras oder Feldstechern** die Ausgänge überwacht. Nicht genehmigungspflichtig ist, wenn das Personal *nur* durch **Bitten, Überreden, Zureden** oder Versprechungen den Betreuten am Verlassen eines bestimmten Ortes hindert[167]. Eine Sitzwache am Bett ist ebenfalls nicht genehmigungspflichtig[168]. Wenn Maßnahmen *nur* die Sicherung des Betroffenen vor Verletzungen bezwecken (zB der an beiden Beinen Amputierte erhält ein Bettgitter, damit er nicht bei unruhigem Schlaf heraus fällt), ist Abs 4 nicht einschlägig.

---

160 *Jürgens/Marschner* § 1906 Rz 37.

161 AG Stuttgart-Cannstatt BtPrax 1996, 35.

162 OLG Hamm FGPrax 1997, 162 = FamRZ 1998, 190 (LS); OLG Düsseldorf FamRZ 1995, 118; Schumacher S. 93, *Klie* BtPrax 1998, 50, 52; Holzhauer-*Reinicke* § 1906 Rz 41.

163 *Jürgens/Marschner* § 1906 Rz 39.

164 BT-Drucks 11/4528 S. 148.

165 Vgl *v Eicken/Ernst/Zenz*, Fürsorglicher Zwang, 1990, S. 44; Holzhauer-*Reinicke* § 1906 Rz 40.

166 OLG Brandenburg FamRZ 2006, 1481; AG Meissen FamRZ 2007, 1911 (Signalsender in der Hosenschlaufe, Signal sobald der Ausgang durchschritten wird); AG Coesfeld FamRZ 2008, 304 (Sender im Schuh); *Feuerabend* BtPrax 1999, 93; Holzhauer-*Reinicke* § 1906 Rz 40 a; MünchKomm/*Schwab* § 1906 Rz 34; aA LG Ulm NJW-RR 2009, 225 (Funkchip am Handgelenk eines Desorientierten); AG Hannover BtPrax 1992, 113; AG Bielefeld BtPrax 1996, 232; AG Bad Cannstadt BtPrax 1996, 35; *Jürgens/Marschner* § 1906 Rz 38: die Menschenwürde sei betroffen; Einzelheiten vgl *Kreicker* NJW 2009, 890 (insbes zur Radiofrequenz-Identifikation).

167 BT-Drucks 11/4528 S. 149; OLG Hamm FGPrax 1997, 64/65; *Weise* BtPrax 1999, 20; aA *Jürgens/Marschner* § 1906 Rz 37: psychischer Druck sowie Anwendung von Verboten, List, Zwang oder Drohungen sollen unter Abs 4 fallen. Indes ist auch das Leben der Nichtbehinderten weitgehend von psychischem Druck, Überredung, Bitten geprägt.

168 OLG Hamm FamRZ 1993, 1490; aA OLG Frankfurt FamRZ 1994, 992.

94 e) **Zweck: Freiheit soll entzogen werden.** Aus der Wendung „die Freiheit entzogen werden soll“ ergibt sich, dass die Hinderung am Verlassen nicht nur Nebenfolge, sondern finaler Zweck der Einwirkung sein muss[169]. So fallen die zu **Heilzwecken** verabreichten Medikamente und das Festbinden zur Ruhigstellung eines gebrochenen Beines nicht unter Abs 4[170], auch nicht, wenn sie als bloße Nebenwirkung den Bewegungsdrang des Betreuten einschränken. Umgekehrt findet aber Abs 4 Anwendung, wenn das Medikament neben Heilzwecken auch die Einschränkung des Bewegungsdranges erreichen will[171], ohne dass dies zu Behandlungszwecken geboten wäre. Die Abgrenzung, wann das Medikament zu dem einen oder anderen Zweck gegeben wird, ist naturgemäß nicht einfach[172].

95 **7. Einwilligung des Betreuten.** Wenn der Betreute mit natürlichem Willen (und in Erkenntnis der Tragweite) mit der unterbringungsähnlichen Maßnahme einverstanden ist, fehlt eine Freiheitsentziehung (Rz 19); Abs 4 ist dann nicht einschlägig, eine Genehmigung des Betreuungsgerichts erübrigt sich, solange der natürliche Wille fortbesteht[173]. Die Einwilligung von Angehörigen genügt selbstverständlich nicht. „Gehindert“ am Verlassen des Aufenthaltsortes wird der Betreute auch dann nicht, wenn er durch Bitten oder Überreden zu einer Zustimmung bewogen wird. Das Einverständnis des Betreuten wird bei geringeren Maßnahmen häufiger vorliegen als bei einer Unterbringung nach Abs 1, wenn man beispielsweise bedenkt, dass schon das regelmäßige Verschließen der Haustür zwischen 23 Uhr und 7 Uhr eine freiheitsbeschränkende Maßnahme ist.

96 **Entfällt die Einsichtsfähigkeit nachträglich**, so kann nicht von einem Fortbestehen des Einverständnisses des Betreuten mit den Maßnahmen (insbesondere einer medikamentösen freiheitsbeschränkenden Maßnahme, bei der ein entgegenstehender Wille nicht sichtbar wird) ausgegangen werden.

97 **Fehlt der** konkrete **Wille zur Fortbewegung**, zB aufgrund Bettlägerigkeit, so sind Maßnahmen nicht freiheitsentziehend, zB nicht das Bettgitter, das gegen ein *nicht vom Willen gesteuertes* Herausfallen sichern soll[174]. Ist unklar, ob ein Wille zur Fortbewegung vorhanden ist oder nicht, so muss dessen Vorhandensein unterstellt werden[175] und ein Fall des Abs 4 liegt vor.

98 **8. Wohl des Betreuten.** Unterbringungsähnliche Maßnahmen können nur mit Einverständnis des Betreuers und Genehmigung des Betreuungsgerichts vorgenommen werden, wie aus der Verweisung auf Abs 1 folgt. Sie sind ferner nur zulässig, wenn sie dem **Wohl des Betreuten** dienen, wenn ohne solche Maßnahmen der Betreute sich der Gefahr einer erheblichen Gesundheitsgefährdung oder Lebensgefahr aussetzen würde. So können beispielsweise bei altersverwirrten Betreuten freiheitsbeschränkende Maßnahmen angezeigt sein, um der Gefahr vorzubeugen, dass diese ziellos umherirren, ohne auf den Straßenverkehr zu achten oder Vorsorge gegen Hunger oder Kälte zu treffen. Die Verweisung auf Abs 1 soll aber nicht bedeuten, dass die Maßnahmen nur zulässig sind, wenn anderenfalls dem Betreuten „erheblicher gesundheitlicher Schaden“ (Abs 1) entstehen könnte.

---

169 OLG Hamm FGPrax 1997, 65.
170 *Knittel* § 1906 Rz 96; aA Rink FuR 1990, 253, 262; Erman-*Roth* § 1906 Rz 31.
171 LG Frankfurt FamRZ 1993, 601.
172 *Seitz* FGPrax 1997, 142; Anm.
173 BayObLG FamRZ 1994, 1418.
174 OLG Hamm FamRZ 1994, 1270/1; OLG Celle BtPrax 1994, 31, 33; aA Zweiter Vormundschaftsgerichtstag, 1991, S. 76; LG Frankfurt FamRZ 1993, 601.
175 OLG Hamm FamRZ 1994, 1270/1 und FamRZ 1993, 1490.

Drittinteresse. Ob unterbringungsähnliche Maßnahmen auch im Drittinteresse (zB zum Schutz von Mitbewohnern, des Personals) zulässig sind, ist umstritten. Teils wird es verneint, weil § 1906 Abs 1 ausschließlich auf das Wohl des Betreuten abstelle[176]. Das trifft zwar zu, doch verweist Abs 4 nur auf die *entsprechende* Anwendung von Abs 1. Wenig überzeugend ist, zur Lösung auf das Hausrecht abzustellen[177]. Das Hausrecht gestattet aber nicht, einen Bewohner zu fesseln, damit der andere schlafen kann. Die Streitfrage ist von geringerem Gewicht, wenn man erkennt, dass nicht eindeutig ist, was dem Wohl des Betreuten besser dient. Wenn der Betreute nachts durch die Räume wandert und die anderen Heimbewohner dadurch massiv stört[178], wenn er ihnen die Bettdecke wegreißt, so dass diese fliehen und dabei stürzen, wenn er ihnen nachts Kissen aufs Gesicht drückt[179], ist es dann für den Betreuten besser, wenn er aus dem Heim gewiesen wird oder wenn er zwar nachts eingeschlossen wird, aber ansonsten in der Wohngruppe, in der er sich wohl fühlt, bleiben darf? Letzteres trifft zu. Wenn der Verhältnismäßigkeitsgrundsatz gewahrt ist, sind deshalb Maßnahmen iSv Abs 4 auch im Drittinteresse zulässig[180]. **99**

9. **Erforderlichkeit.** Sie muss vorliegen. Den Betreuten belastendere Eingriffe müssen unterbleiben, wo mildere Maßnahmen ausreichen[181], also keine Fixierung, wo es genügt, den Betroffenen am Verlassen des Gebäudes zu hindern, wenn der Verhältnismäßigkeitsgrundsatz gewahrt bleibt (Rz 101). Andererseits können häufigere Kontrollen der Nachtwache im Einzelfall ein Anbinden nicht entbehrlich machen[182]. Ist dieses Prinzip beachtet, darf das Betreuungsgericht nicht über die Verweigerung der Genehmigung stärker in die Rechte des (verantwortlichen) Betreuers eingreifen (vgl § 1837); es würde sonst das Prinzip der Selbstständigkeit des Betreuers verletzt[183]. **100**

10. **Grundsatz der Verhältnismäßigkeit.** Bei freiheitsbeschränkenden Maßnahmen muss der Grundsatz der Verhältnismäßigkeit beachtet werden. Dabei ist zu berücksichtigen, dass Fixierungen für den Patienten gefährlich sein können[184]. Sehr häufig könnte gerade bei alten Menschen die mechanische Vorrichtung vermieden werden, zB Fixierungen, wenn eine Sitzwache Tag und Nacht über aufpassen würde, dass der Betreute nicht aus dem Bett steigt/fällt. Ob eine Sitzwache unter § 1906 Abs 4 fällt, ist streitig (Rz 93); jedenfalls wäre sie unverhältnismäßig. Bei der Genehmigung freiheitsbeschränkender Maßnahmen darf bei Anwendung des Grundsatzes der Verhältnismäßigkeit nicht außer Acht gelassen werden, welcher pflegerischer Aufwand tatsächlich realisierbar (**Personalsituation**) und von der Gemeinschaft über die Sozialhilfe getragen werden kann[185]. Das Betreuungsgericht hat also die vorgefundene Personalsituation im Grundsatz hinnehmen[186], ebenso die bauliche Lage. Eine Genehmigung kann **101**

176 *Jürgens/Marschner* § 1906 Rz 9; *Holzhauer/Reinicke* § 1906 Rz 59; MünchKomm/*Schwab* § 1906 Rz 49; *Dodegge* MDR 1992, 437/9; LG Hildesheim BtPrax 1994, 106: der Behinderte wurde bei Gruppentreffen wiederholt massiv aggressiv gegenüber Mitbewohnern und Mitarbeitern; LG: halbstündiges Einschließen sei unzulässig; Zweiter Vormundschaftsgerichtstag, 1991, S. 77; HK-BUR-Rink Rz 42.

177 *Holzhauer* FuR 1992, 249/257.

178 BT-Drucks 11/4528 S. 149.

179 Erstickungsgefahr; Fall des AG Wolfenbüttel, bei *Pardey* FamRZ 1995, 714: nächtliches Einschließen wurde genehmigt.

180 Differenzierend *Knittel* § 1906 Rz 118.

181 Dazu *Wojnar* BtPrax 1995, 13; *Schumacher* S. 93.

182 BayObLG FamRZ 1994, 1418 = MDR 1994, 922.

183 LG Köln NJW 1993, 206 = FamRZ 1993, 110, mit krit Anm *Ewers* S. 853.

184 *Pedal* ua, Plötzliche Todesfälle mechanisch fixierter Patienten, in Zeitschrift für Geriatrie und Gerontologie, 1996, 180; Fehler bei der Fixierung haben tödliche Risiken; über schädliche Beeinflussung von Körperfunktionen durch Fixierung vgl *Wojnar* BtPrax 1997, 95.

185 OLG Frankfurt FamRZ 1994, 991; OLG Hamm BtPrax 1993, 172 = FamRZ 1993, 1490.

186 MünchKomm/*Schwab* § 1906 Rz 50.

nicht mit der Begründung versagt werden, wenn zehn Pfleger zusätzlich eingestellt würden, sei die Maßnahme nicht erforderlich. Anders mag es sein, wenn es um einen kleineren zumutbaren Aufwand geht (wie Errichtung eines Zauns) oder Umgestaltung der Dienstpläne.

102 **Schutzpflichten des Heims.** Die Obhutspflichten des Heimträgers zum Schutz der körperlichen Unversehrtheit der ihm anvertrauten Heimbewohner sind begrenzt auf die in Pflegeheimen üblichen Maßnahmen, die mit einem vernünftigen finanziellen und personellen Aufwand realisierbar sind. Maßstab müssen das Erforderliche und das für die Heimbewohner und das Pflegepersonal Zumutbare sein, wobei insbesondere auch die Würde und die Selbstständigkeit der Bewohner zu wahren sind; es müssen also nicht jedem bewegungsunsicheren Bewohner Hüftschutzhosen angezogen werden, damit sich bei einem Sturz des Bewohners die Krankenkasse die Behandlungskosten spart[187].

103 **11. Fixierungsrichtlinien. Hausordnungen.** Sie existieren in Form von Dienstanweisungen in größeren Anstalten[188]. Sie können die gesetzlichen Regelungen nicht erweitern, sind allenfalls Hinweise der Dienststelle auf die Rechtslage. Auch **Hausordnungen** können die gesetzlichen Möglichkeiten nicht erweitern[189], selbst wenn sich der Betreute bei der Heimaufnahme ihnen durch den Heimvertrag unterwarf; im Zweifel handelt es sich um überraschende allgemeine Geschäftsbedingungen, die daher nicht verbindlich sind.

VIII. Unterbringung durch Bevollmächtigte (Abs 5)

104 **1. Satz 1.** Früher war umstritten, ob der Betroffene in einer Vollmacht einem anderen die Befugnis übertragen konnte, in eine Unterbringung oder in unterbringungsähnliche Maßnahmen einzuwilligen, so dass keine Betreuung erforderlich war oder jedenfalls keine „vormundschaftsgerichtliche" Genehmigung nach Abs 4 und 2. Das wurde gelegentlich verneint[190] mit der Behauptung, im höchstpersönlichen Bereich sei Vertretung unzulässig, da müsse immer der Staat tätig werden. Überwiegend wurde die Frage variantenreich bejaht[191]. Eine **Vertretungsmacht kraft „Familienzugehörigkeit"** für Ehegatten, volljährige Kinder usw, aber ohne schriftliche Vollmacht, gibt es nicht. Derartiges war früher einmal in der gesetzgeberischen Planung. **Altfälle.** Vor dem 1.1.1999 hielten manche eine Vollmacht zur Freiheitsentziehung auch ohne ausdrückliche schriftliche Niederlegung für zulässig. Heute reichen solche Altvollmachten jedenfalls nicht mehr[192].

105 **Satz 1**, eingefügt durch das 1.BtÄndG 1998[193], hat insoweit eine Klärung gebracht: eine derartige Vollmacht ist grundsätzlich zulässig. Der Bevollmächtigte als Stellvertreter des Vollmachtgebers vertritt ihn bei der Einwilligung[194],

---

187 BGH NJW 2005, 1937; dazu OLG Koblenz NJW-RR 2002, 867; OLG München VersR 2004, 618; LG Essen VersR 2000, 893; LG Frankfurt/M NJW 2005, 1952 (mit guter Zusammenstellung der Rspr zur Sturzproblematik); *Lang/Herkenhoff* NJW 2005, 1905 mit weiteren Nachw.

188 Beispiel: BtPrax 1992, 30.

189 Dazu *Holzhauer* FuR 1992, 249/257 und BtPrax 1992, 54, teils aA; wie hier *Jürgens/Marschner* § 1906 Rz 32.

190 LG Frankfurt FamRZ 1994, 125; *Weise* BtPrax 1995, 61; *Klie* BtPrax 1996, 38; *Leichthammer* BtPrax 1997, 181.

191 Vgl OLG Stuttgart FamRZ 1994, 1417; LG Stuttgart BtPrax 1994, 64; dazu *Cypionka* DNotZ 1995, 687; *Meier* BtPrax 1994, 190; *Pardey* Rpfleger 1995, 393; *Kern* NJW 1994, 753; *Kirchhof* BtPrax 1994, 101.

192 LG Frankfurt FamRZ 2001, 1555; MünchKomm/*Schwab* Rz 128.

193 Materialien BTDrucks 13/7158; BR-Drucks 960/96 S. 34.

194 MünchKomm/*Schwab* § 1906 Rz 117.

welche einen Rechtfertigungsgrund für die Freiheitsentziehung darstellt. Das ist aber nur möglich, wenn der Vollmachtgeber selbst bei Durchführung der Maßnahme nicht mehr einwilligungsfähig ist.

Die Vollmacht selbst ist nur wirksam, wenn sie bestimmte **Voraussetzungen** 106
erfüllt: – (1) **Wirksamkeit nach allgemeinen Grundsätzen**, dh zu einer Zeit erteilt, zu der der Vollmachtgeber noch geschäfts- und einsichtsfähig war. Formalien: – (2) Sie muss **schriftlich** erteilt sein, also zumindest handschriftlich unterschrieben sein (§ 126); dagegen muss sie nicht, wie ein Testament, vollständig handschriftlich verfasst sein. – (3) Sie muss sich **ausdrücklich** auf Unterbringung bzw Unterbringungsmaßnahmen beziehen (eine Generalvollmacht genügt nicht), also zB lauten: „Ich bevollmächtige X, mich in die geschlossene Abteilung eines Altenheims verbringen zu lassen". Bedingungen sind zulässig, zB der Zusatz „wenn ich einmal krank werden sollte". Eindeutigkeit der Vollmacht ist erforderlich, weil sie den Vollmachtgeber deutlich vor Augen führen soll, dass er den Bevollmächtigten zB zum „Einsperren" ermächtigt; auslegungsbedürftige Formulierungen sind ungenügend[195]. – (4) Eine **Bevollmächtigung von Mitarbeitern des Altenheims** usw ist ungenügend, § 1897 Abs 3 iVm § 1896 Abs 2 Satz 2; Vgl § 1896 Rz 114.

2. Satz 2. Die Verweisung auf Abs 1 bis 4 besagt: dass der Bevollmächtigte nur 107
einwilligen darf, wenn die Voraussetzungen von Abs 1 bzw Abs 4 vorliegen; dass er ferner für die in Abs 1 und Abs 4 genannten Einwilligungen der **Genehmigung des Betreuungsgerichts** nach Abs 2 bedarf (gebührenfrei, vgl § 95 KostO) und dass der Bevollmächtigte die Unterbringung bzw die ähnlichen Maßnahmen nach Abs 3 zu beenden hat und davon das Betreuungsgericht zu informieren hat. Das Betreuungsgericht genehmigt die Unterbringung durch einen Bevollmächtigten, wenn auch die Unterbringung durch einen Betreuer zu genehmigen wäre[196]. Zulässig ist ferner, zur Überwachung des Bevollmächtigten einen **Kontrollbetreuer** nach § 1896 Abs 3 zu bestellen.

IX. Verfahren

1. Allgemeines. Für die zivilrechtliche wie auch für die öffentlich-rechtliche 108
Unterbringung gelten die §§ 312 bis 339 FamFG. Bis 30.8.2009 waren §§ 70 ff FGG einschlägig[197]. Einige Bestimmungen (zB §§ 327, 328, 330 Satz 2 FamFG) gelten allerdings nur für die öffentlich-rechtliche Unterbringung[198].

2. Antrag. Ein förmlicher Antrag, die zivilrechtliche Unterbringung zu geneh- 109
migen, ist nicht erforderlich; entsprechend ist das Betreuungsgericht auch nicht an Fristen, die ein Antrag des Betreuers enthält, gebunden[199]. Doch muss der Betreuer die Unterbringung beabsichtigen und wünschen, dass sie genehmigt wird[200]. Auf eine nicht vom Willen des Betreuers getragene Anregung der Betreuungsbehörde darf die Genehmigung einer Unterbringungsmaßnahme

---

195 LG Düsseldorf Rpfleger 2000, 330; vgl *Bühler* BWNotZ 1999, 25 und LG Hamburg FamRZ 1999, 1613 zur Vollmacht für Gesundheitsmaßnahmen.

196 LG Frankfurt BtPrax 1999, 246.

197 Die Zuständigkeit des Bundes ergibt sich aus Art 72 Abs 2 Nr 2 GG; vgl BT-Drucks 11/4528 S. 80; *Holzhauer* ZRP 1989, 451/2 und Wolf ZRP 1988, 313/7; verfassungsrechtliche Bedenken bei *Bürgle* NJW 1988, 1881/2.

198 Kurze Übersicht zum früheren FGG-Verfahren bei *Zimmermann* FamRZ 1990, 130; zum Verfahren ab Geltung des FamFG: *Zimmermann* Betreuungsmanagement 2009, 67.

199 BayObLG FamRZ 1994, 1416 = BtPrax 1994, 98.

200 BayObLG FamRZ 2000, 566/7.

nicht erteilt werden[201]. Die öffentlich-rechtliche Unterbringung dagegen setzt stets einen Antrag der nach Landesrecht zuständigen Behörde (zB des Ordnungsamts, Kreisverwaltungsbehörde) voraus.

110 3. **Verfahren. Zuständig** ist das Betreuungsgericht, hier der Richter (Art 104 Abs 2 GG); die örtliche Zuständigkeit ergibt sich aus § 313 FamFG. Die Beteiligten des Verfahrens (§ 7 FamFG) nennt § 315 FamFG. Im Verfahren ist der Betroffene unbeschränkt verfahrensfähig (§ 316 FamFG), auch wenn er geisteskrank/geschäftsunfähig ist. Ihm ist ein **Verfahrenspfleger** zu bestellen, soweit dies zur Wahrnehmung seiner Interessen erforderlich ist (§ 317 FamFG). Vor einer Unterbringungsmaßnahme hat das Betreuungsgericht den Betroffenen **anzuhören** (§ 319 FamFG); der Betreuer bzw Bevollmächtigte und der Verfahrenspfleger sind zu beteiligen, die Behörde nur auf ihren Antrag; die nahen Angehörigen und der Leiter der Unterbringungseinrichtung müssen nicht zwingend am Verfahren beteiligt werden (§ 315 Abs 4 FamFG). Des Weiteren ist das **Gutachten** eines Psychiaters einzuholen[202], der den Betroffenen persönlich zu untersuchen und zu befragen hat (§ 321 FamFG)[203]. Im Verfahren zur Genehmigung freiheitsbeschränkender Maßnahmen gemäß § 1906 Abs 4 genügt demgegenüber ein **ärztliches Zeugnis** (§ 321 Abs 2 FamFG). Weigert sich der Betreute, beim Betreuungsgericht zur Anhörung oder beim Gutachter zu erscheinen, kann das Betreuungsgericht die **Vorführung** anordnen (§§ 322, 283 FamFG) und schließlich die **Unterbringung zur Beobachtung** (§§ 322, 284 FamFG)[204].

111 4. **Entscheidung des Betreuungsgerichts.** Der Beschluss muss angeben, in welchen Verhaltensformen die Tatbestandsmerkmale des § 1906 erfüllt sind; gesetzwidrige Beschlüsse, die sich mit der formelhaften Wiedergabe des Gesetzestextes begnügen, ohne dass zugrunde liegende Tatsachen auch nur ansatzweise angegeben sind („schweigsame Beschlüsse"), sind in der Praxis häufig. Die Unterbringung darf jeweils grundsätzlich nur für ein Jahr angeordnet werden, ausnahmsweise auch für die Dauer von zwei Jahren (§§ 323 Nr 2, 329 Abs 1 FamFG); der genaue Kalendertag sollte im Beschluss angegeben werden (ab wann beginnt sonst das Jahr *genau* zu laufen? Maßgebend ist die Bekanntgabe des Beschlusses an den Betroffenen und § 16 FamFG). Im Beschluss des Betreuungsgerichts ist die Unterbringungsmaßnahme (Abs 1) näher zu bezeichnen, zB „Unterbringung in der geschlossenen Abteilung eines Altenheims" (§ 323 Nr 1 FamFG); der Name des Heims bzw der Einrichtung wird im Beschluss nicht genannt; die konkrete Anstalt bestimmt der Betreuer[205]. Es ist weder erforderlich noch zweckmäßig, im Beschluss sehr detaillierte Angaben zu machen, zB Medikament und Dosierung[206]; denn bei jedem Wechsel des Medikaments (auch wenn es durchaus vergleichbar ist) muss anderenfalls ein neues Verfahren durchgeführt werden, was der Patient möglicherweise nicht überlebt. Der BGH[207] hingegen meint: in der Genehmigung sei die von dem Betreuten zu duldende **Behandlung so präzise wie möglich anzugeben**; dazu gehöre bei einer Behandlung durch Verabreichung von Medikamenten in der Regel auch die

201 BayObLG FamRZ 2003, 325.
202 Zu den inhaltlichen Anforderungen OLG Hamm FGPrax 2006, 230; BayObLG FamRZ 1995, 695.
203 Das Gutachten muss die Defizite des Betroffenen, Gefährdungen und Mittel zur Abwendung angeben; OLG Bremen RuP 1995, 187; über Anforderungen an die psychiatrische Untersuchung vgl OLG Hamm FGPrax 2009, 90.
204 Zu den Kosten des stationären Aufenthalts (§§ 8 I Nr 4, 12 JVEG) vgl OLG Frankfurt FamRZ 2009, 249.
205 BayObLG FamRZ 1992, 105 und FamRZ 1993, 600; FamRZ 1994, 320; eine fälschlich erfolgte Nennung ist unbeachtlich.
206 OLG Karlsruhe FamRZ 2007, 2107.
207 BGH FamRZ 2006, 615; OLG Brandenburg FamRZ 2007, 1127; OLG Celle FamRZ 2107.

möglichst genaue Angabe des Arzneimittels oder des Wirkstoffes und deren (Höchst-) Dosierung sowie Verabreichungshäufigkeit.

Bei Abs 4 ist die genehmigte Maßnahme („Festbinden mit Bauchgurt am Bett von ... bis Uhr") zu nennen; unzweckmäßig ist es dabei, unklare Begriffe[208] zu verwenden. Das Betreuungsgericht kann die Genehmigung zB des Anbindens des Betreuten im Bett mit der Einschränkung „nur nach ausdrücklicher Anordnung des behandelnden Arztes" versehen[209]; dann wird zwar nicht die Verantwortung allein auf den Arzt übertragen, wohl aber muss zum Einverständnis des Betreuers jeweils die Anordnung des Arztes treten; auf diese Weise wird verhindert, dass das Personal allein handelt. Zumindest in einem solchen Fall trifft den Arzt eine Dokumentationspflicht. Eine **Kostenentscheidung** entfällt. **Gerichtsgebühren** fallen nicht an; allenfalls ist die Zahlung der Staatskasse an den Verfahrenspfleger in Rechnung zu stellen (§ 128 b KostO)[210]. Im Übrigen ist die Sonderregelung in §§ 81 Abs 4, 337 FamFG zu beachten, ferner § 128 b KostO[211]. 112

5. Bekanntmachung. Wirksamkeit. Die betreuungsgerichtliche Entscheidung ist grundsätzlich den Beteiligten, vor allem dem Betroffenen, **bekannt zu geben** (§§ 41 Abs 1, 315 FamFG). Die Entscheidung über die Unterbringung wird zwar erst mit Rechtskraft wirksam (§ 324 Abs 1 FamFG), doch ordnet das Betreuungsgericht im Regelfall die **sofortige Wirksamkeit** an (§ 324 Abs 2 FamFG), so dass der Betreute sofort untergebracht werden kann und durch Einlegung der Beschwerde die Unterbringung nicht hinausgeschoben werden kann. Sind die Voraussetzungen weggefallen, hat das Betreuungsgericht die Genehmigung bzw Anordnung der Unterbringung aufzuheben (§ 330 Satz 1 FamFG), obwohl der Beschluss formell rechtskräftig geworden ist; denn eine materielle Rechtskraft entsteht nicht. Vor einer **Aufhebung von Unterbringungsmaßnahmen** nach dem PsychKG hat das Betreuungsgericht der zuständigen Ordnungsbehörde grundsätzlich Gelegenheit zur Äußerung zu geben (§ 330 Satz 2 FamFG). Für eine **Verlängerung der Unterbringung** gelten die Vorschriften für die erstmalige Maßnahme entsprechend (§ 329 Abs 2 FamFG). 113

6. Durchführung der Unterbringung. Landesrecht. Sie ist Sache des Betreuers, nicht des Betreuungsgerichts, das im Falle des § 1906 keinen Unterbringungsbefehl erlässt, sondern nur die freiheitsentziehende Unterbringung des Betreuten durch den Betreuer (bzw Bevollmächtigten) genehmigt (doppelte Verantwortung des Betreuers und des Betreuungsgerichts). Deshalb kann *das Betreuungsgericht* auch nicht eine Verlegung von dem einen Heim in ein anderes anordnen oder verbieten (das ist Sache des Betreuers). Somit ist auch für Gewährung von **Ausgang** und **Urlaub** nur der Betreuer zuständig, nicht die Anstalt. Jedoch kann der Betreuer die Anstalt zu solchen kurzfristigen Unterbrechungen ermächtigten. 114

Die Annahme des Gesetzgebers, der Betreuer habe die Kenntnisse und die Autorität, Einzelheiten des Vollzugs zu regeln, ist lebensfremd. Wenn sich der Betreuer nicht den Wünschen und Vorstellungen der Anstalt beugen will, bleibt ihm oft keine andere Wahl, als eine andere Anstalt zu suchen; denn die Anstalt hat keine Aufnahmepflicht (soweit sich nicht in den Landes-Krankenhausgesetzen etwas anderes findet). Ist nur die Unterbringung in der *geschlossenen Abteilung* eines psychiatrischen Krankenhauses genehmigt, ist zwei- 115

208 Zur „Nachtzeit"; vermutlich ist die Zeit von 19.00 bis 7.00 gemeint, OLG Hamm BtPrax 1993, 174; Ruhigstellung „bei Bedarf".
209 BayObLG FamRZ 1993, 600 = BtPrax 1993, 139.
210 Vgl *Zimmermann* JurBüro 1999, 344/8.
211 Allenfalls Erstattung außergerichtlicher Kosten; KG FamRZ 1993, 84.

felhaft, ob das Krankenhaus den Betreuten, wenn es ihn für *gefährlich* hält, in die *forensische Abteilung* (zu den nach § 63 StGB Untergebrachten) verbringen darf[212]. ME ist das zu bejahen, weil „die geschlossene Abteilung" der Oberbegriff ist. Die Anstalt muss die Möglichkeit haben, sich abzusichern, auch gegenüber Ansprüchen friedliebender Bewohner, die verletzt werden und sich dann auf Verletzung der Aufsichtspflicht berufen könnten. Dem Betreuer bleibt unbenommen, eine andere Einrichtung zu suchen, wo der Betreute nicht in der Forensik bleiben muss.

116 Vereinzelt regelt das **Landesrecht** den Vollzug einer Unterbringung nach § 1906 (zB § 1 Abs 1 Nr 3 b Brandenburgisches PsychKG); ob das zulässig ist, erscheint zweifelhaft. Denn die Gesetzgebungskompetenz des Landes ist fraglich.

117 **7. Zwang.** Wenn der Betreuer den Vollzug der Unterbringung nicht allein bewältigt, zB weil ein Spezialfahrzeug benötigt wird oder wegen Widerstands des Betreuten Fachpersonal gebraucht wird[213], kann er sich an die zuständige **Betreuungsbehörde** wenden; sie hat den Betreuer (bzw Bevollmächtigten) zu unterstützen (§ 326 Abs 1 FamFG). Die Behörde darf aber Gewalt nur anwenden, wenn dies vorher vom Betreuungsgericht durch eine ausdrückliche Entscheidung angeordnet wurde (§ 326 Abs 2 FamFG). Ist dies geschehen, darf die Behörde die Polizei um Amtshilfe bitten (§ 326 Abs 2 Satz 2 FamFG). Kurzum: notfalls bringt die Polizei den Betreuten in die geschlossene Anstalt, zum Gericht oder zum Gutachter. Die gerichtliche Genehmigung, Zwang anzuwenden, kann vom Betreuten mit der Beschwerde angefochten werden[214]. In der Praxis wird in ca 5 % der Fälle die Betreuungsbehörde um Hilfe gebeten; wird Polizei eingeschaltet, genügt meist deren Präsenz; nur in 1 bis 2 % aller Fälle wird körperliche Gewalt angewandt[215].

118 **8. Verbrauch der Genehmigung.** Eine (als endgültig gemeinte) **Entlassung des Betreuten** aus der Unterbringung verbraucht die betreuungsgerichtliche Genehmigung, weil sie sich stillschweigend nur auf die demnächst zu erfolgende Unterbringung bezieht[216]. Wurde die Unterbringung vom Betreuungsgericht daher für eine bestimmte Zeit genehmigt und wird der Betreute *vor* Ablauf dieser Frist auf Veranlassung des Betreuers endgültig (und nicht nur kurzfristig) entlassen, ist die Genehmigung gegenstandslos geworden und vom Betreuungsgericht zur Beseitigung des Rechtsscheins aufzuheben[217]. Dasselbe gilt, wenn der Betreuer von der Vor-Genehmigung keinen Gebrauch macht.

119 Wenn der Betreuer den Betreuten nur **„probeweise" entlässt**, wird dadurch die Genehmigung nicht verbraucht; ein Vergleich mit der öffentlich-rechtlichen Unterbringung, wo eine Aussetzung bis zu sechs Monaten möglich ist, ohne dass der Unterbringungsbeschluss wirkungslos würde (§ 328 Abs 1 FamFG), bestätigt dies. Die probeweise Entlassung durch den Betreuer ist im Gesetz nicht geregelt; ihre Zulässigkeit ist zweifelhaft[218], vertretbar ist sie allenfalls in engen Grenzen.

120 Die **Verlegung des Betreuten** von der geschlossenen auf eine offene Station einer psychiatrischen Klinik führt im Allgemeinen dazu, dass die Genehmigung des

212 *Dahle* BtPrax 1994, 199 hält das für rechtswidrig, weil bei § 63 StGB der Schutz der Allgemeinheit im Vordergrund stehe, bei § 1906 dagegen das Wohl des Patienten; eine vordergründige Argumentation.

213 BT-Drucks 11/4528 S. 185.

214 Vgl BayObLG FamRZ 1980, 81.

215 Zahlen aus Essen bei *Dodegge* BtPrax 1998, 43, 44.

216 BT-Drucks 11/4528 S. 148; aA *Krüger* BtPrax 1992, 92, 93.

217 BayObLG BtPrax 1995, 144.

218 Bejaht von *Knittel* § 1906 Rz 29; Erman-*Holzhauer* § 1906 Rz 85; nur in engen Grenzen HK-BUR-*Rink* § 1906 Rz 39; aA LG München FamRZ 1969, 439.

Betreuungsgerichts gegenstandslos wird (jedenfalls nach etwa 6 Wochen); die Rückverlegung bedarf daher einer erneuten Genehmigung des Betreuungsgerichts[219].

Vertretbar ist weiterhin, wenn der Betreuer die Unterbringung nur zu gewissen Anlässen **kurzfristig unterbricht**, zB Teilnahme an Hochzeitsfeier, Geburtstag[220]. 121
Bei der Prüfung der Frage, ob trotz Entlassung die Genehmigung fortbesteht, sind strenge Anforderungen zu stellen, damit das gerichtliche Genehmigungserfordernis nicht umgangen wird[221].

Die Genehmigung besteht ferner fort, wenn der Betreute **eigenmächtig die Einrichtung verlässt**, dh flieht[222]. Im Einzelnen stellt diese hM noch darauf ab, ob der Zeitpunkt der Rückkehr unbestimmt ist (dann soll die Unterbringungsgenehmigung erlöschen). Flieht der Untergebrachte und wird er nach ein paar Tagen aufgegriffen, wirkt sicherlich die alte Genehmigung noch. Anders ist es, wenn die Frist laut Beschluss (kurze Frist bei der einstweiligen Anordnung) abgelaufen ist[223]. 122

9. Einstweilige Anordnung. Das Betreuungsgericht kann im Wege einer gewöhnlichen einstweiligen Anordnung eine vorläufige freiheitsentziehende Unterbringungsmaßnahme des Betreuers genehmigen[224] bzw eine öffentlich-rechtliche Unterbringung anordnen (§ 331 FamFG). Meist wird eine **eilige einstweilige Anordnung** erlassen (§ 332 FamFG). Wenn sie nicht vollzogen wird, weil der Betroffene einige Wochen in Urlaub fährt, kann es sein, dass tatsächlich keine Eilbedürftigkeit vorlag und die Anordnung aufzuheben ist[225]. Das Betreuungsgericht kann schließlich bei Gefahr im Verzug auch den **Betreuten bzw Betroffenen selbst unterbringen** (§ 1846 BGB; § 334 FamFG); dann ist aber innerhalb weniger Tage ein Betreuer zu bestellen[226], zumindest durch einstweilige Anordnung. Die einstweilige Anordnung darf die Dauer von sechs Wochen nicht überschreiten; in Ausnahmefällen kann auf eine Gesamtdauer von bis zu drei Monaten verlängert werden (§ 333 FamFG). Dabei muss gründlich geprüft werden, ob wirklich Gründe für die Annahme bestehen, dass mit dem Aufschub Gefahr verbunden ist[227]. 123

10. Rechtsmittel. Gegen die Entscheidung, durch die eine Unterbringungsmaßnahme (§ 312 FamFG), eine vorläufige Unterbringung (§§ 331, 332 FamFG) oder eine erneute Unterbringung (§ 329 FamFG) **angeordnet oder genehmigt** werden, steht dem Betroffenen die **befristete Beschwerde** zu (§§ 58 ff FamFG); bei Fristversäumung kann auch ohne ausdrücklichen Antrag Wiedereinsetzung bewilligt werden[228]. Beschwerdeberechtigt ist ferner der Verfahrenspfleger (§ 335 Abs 2 FamFG), die Betreuungsbehörde (§ 335 Abs 4 FamFG); die Angehörigen allenfalls, wenn sie in erster Instanz beteiligt worden sind (§ 335 Abs 1 FamFG); der Betreuer nicht, weil er von der Genehmigung keinen Gebrauch machen muss. Wird die Unterbringung **abgelehnt** ist auch der Betreuer 124

219 BayObLG FamRZ 2004, 1323 (mehr als zwei Monate nicht mehr untergebracht); OLG Hamm FamRZ 2000, 1120; ablehnend *Stalinski* BtPrax 2000, 106.
220 *Bienwald/Sonnenfeld/Hoffmann* § 1906 Rz 185; *Knittel* § 1906 Rz 29.
221 BT-Drucks 11/4528 S. 148.
222 BayObLG 1970, 197/204 zur öffentlich-rechtlichen Unterbringung, BayObLG 1974, 249/256; OLG Hamm OLGZ 1970, 237.
223 Hierzu *Helle* MedR 1986, 26.
224 OLG Brandenburg FamRZ 2007, 2107.
225 OLG Köln FGPrax 2006, 232.
226 BGH FamRZ 2002, 744.
227 BVerfG FamRZ 1998, 895: der Betreute glaubte *seit langer Zeit*, ihm seien Abhörwanzen eingepflanzt worden; er wurde deswegen *plötzlich* durch eine einstweilige Anordnung untergebracht.
228 OLG Köln FGPrax 2008, 136; KG FGPrax 2002, 61.

beschwerdeberechtigt (§ 335 Abs 3 FamFG). Im Übrigen sind Entscheidungen teils unanfechtbar (Anordnung der Vorführung, §§ 322, 283 FamFG), teils mit der sofortigen Beschwerde nach der ZPO anfechtbar (§§ 322, 284 Abs 3 Satz 2 FamFG: Unterbringung zur Beobachtung). Über die Beschwerde entscheidet das LG. **Rechtsbeschwerde** zum BGH: § 70 Abs 3 FamFG.

125 Wenn eine zivilrechtliche Unterbringung abgelehnt, als ungerechtfertigt aufgehoben, eingeschränkt oder das Verfahren sonst ohne Maßnahme beendet wurde, können die **Auslagen des Betroffenen** (zB Anwaltskosten) der Staatskasse auferlegt werden (§ 337 Abs 1 FamFG)[229]. Bei öffentlich-rechtlicher Unterbringung gilt § 337 Abs 2 FamFG. Dritten können die Kosten nach § 81 Abs 4 FamFG auferlegt werden.

126 **11. Erledigung der Hauptsache.** Die Hauptsache hat sich in einem Verfahren der freiwilligen Gerichtsbarkeit dann erledigt, wenn nach Beginn des Verfahrens ein Umstand eingetreten ist, der den Verfahrensgegenstand hat wegfallen lassen, so dass die Weiterführung des Verfahrens keinen Sinn mehr hätte, da eine Sachentscheidung nicht mehr ergeben kann[230]. **Beispiele**: wenn der Betroffene (zwar nach Einlegung, aber) vor Erlass der Beschwerdeentscheidung endgültig aus der freiheitsentziehenden Unterbringung **entlassen** wird[231]; wenn er durch Verlegung auf eine offenen Station aus der geschlossenen Unterbringung entlassen wird; wenn die in einer einstweiligen Anordnung genehmigte Unterbringungszeit abgelaufen ist[232]; formell rechtskräftige Aufhebung der Unterbringungsmaßnahme[233]; Tod des Untergebrachten[234]. **Keine Erledigung**: Anordnung der Strafhaft[235]; Flucht des Untergebrachten.

127 Der Betroffene hat nach Erledigung zwei Möglichkeiten: entweder er beschränkt sein Rechtsmittel *auf die Kosten*[236], dann bleibt die Beschwerde insoweit zulässig; das Beschwerdegericht entscheidet über die Kosten nach § 337 FamFG. Erledigt sich die Unterbringungsmaßnahme während des Beschwerdeverfahrens, können die notwendigen Auslagen des Betroffenen der Staatskasse auferlegt werden, wenn das Verfahren nicht rechtsfehlerfrei durchgeführt worden ist[237]. Wenn der Betroffene diese Beschränkung nicht vornimmt, wurde das Rechtsmittel nach früherer hM unzulässig, weil das Rechtsschutzbedürfnis entfallen sei[238]. Das ist insofern unbefriedigend, als die Beschwerdegerichte durch zögerliche Behandlung der Sache verfahrensgestaltend einwirken können, außerdem die Freiheitsrechte dadurch nicht ausreichend berücksichtigt werden.

128 **12. Rechtswidrigkeit der Unterbringung.** Ist der Betroffene entlassen, dann lehnte die früher hM die Möglichkeit ab, dass der Betroffene eine isolierte Feststellung der Rechtswidrigkeit erlangt (sog Fortsetzungsfeststellung), weil die Rechtsmittel angeblich nur dazu dienen, eine noch vorhandene Beschwer zu beseitigen[239]; er konnte sein Rechtsmittel auch nicht hierauf, sondern lediglich auf die Kosten beschränken. Diese hM wurde durch Entscheidungen des

---

229 Vgl BayObLG FamRZ 2004, 1403 zur ähnlichen Rechtslage nach dem FGG.
230 BayObLG FamRZ 1999, 1306.
231 BayObLG FamRZ 1995, 1296.
232 BayObLG FamRZ 1993, 851.
233 OLG Karlsruhe FamRZ 1995, 488.
234 Zur Kostenerstattung in diesem Fall KG FGPrax 2006, 182.
235 BayObLG FamRZ 1999, 1306.
236 BayObLG 1993, 350 = FamRZ 1993, 720; KG BtPrax 1993, 33 und FamRZ 1993, 84.
237 OLG München NJW-RR 2008, 810.
238 So OLG Karlsruhe FamRZ 1998, 439; BayObLGZ 1997, 276; BGHZ 109, 108.
239 BayObLG FamRZ 1993, 720; FamRZ 1996, 558; OLG Schleswig FamRZ 1996, 1344; KG FamRZ 1997, 442; dazu *Smid* FamRZ 1996, 559; *Bürgle/Pentz*, FamRZ 1996, 1455.

BVerfG[240] in Frage gestellt, worauf die Gerichte ihre bisherige ablehnende Haltung aufgaben[241]. Diese Rechtsprechung wurde in § **62 FamFG** übernommen: auch nach Beendigung der Freiheitsentziehung besteht ein Rechtsschutzbedürfnis des Betroffenen, die Berechtigung der ursprünglichen Unterbringungsmaßnahme nachprüfen zu lassen[242], allerdings nur, wenn der Betroffene noch vor Entlassung **Beschwerde einlegte.** Glaubt der inzwischen Entlassene, dass er rechtswidrig untergebracht war, kann er ferner (auch ohne vorherige Beschwerdeeinlegung) eine Schadensersatzklage gegen das Land erheben; hier wird als Vorfrage geprüft, ob die Unterbringung rechtswidrig war (Beispiele: Falsche Diagnose und daher zu Unrecht in psychiatrischen Anstalt[243]; unberechtigte Fesselung[244]). Dagegen führt es nicht zum Vergütungsverlust, wenn der Betreuer eine Unterbringung ohne Genehmigung des Betreuungsgerichts anordnet, weil das VBVG nach Pauschalen abrechnet[245]. Bei **Behandlungsfehlern** während der Unterbringung: Amtshaftung[246].

War die Unterbringung rechtswidrig, können **Schadensersatzansprüche** (§ 823 BGB) bestehen, zB wegen Verdienstausfall, Schmerzensgeld. Als Verpflichtete kommen in Frage der Betreuer, die Klinik[247]. Eine Haftung des Sachverständigen kann sich aus § 839a BGB ergeben[248]. Auch Beschwerden zum Europäischen Gerichtshof für Menschenrechte in Straßburg, gerichtet gegen die Bundesrepublik, können erfolgreich sein[249]. **129**

§ 1907 BGB Genehmigung des Betreuungsgerichts bei der Aufgabe der Mietwohnung

(1)[1] Zur Kündigung eines Mietverhältnisses über Wohnraum, den der Betreute gemietet hat, bedarf der Betreuer der Genehmigung des Betreuungsgerichts. [2]Gleiches gilt für eine Willenserklärung, die auf die Aufhebung eines solchen Mietverhältnisses gerichtet ist.

(2) [1]Treten andere Umstände ein, auf Grund derer die Beendigung des Mietverhältnisses in Betracht kommt, so hat der Betreuer dies dem Familiengericht unverzüglich mitzuteilen, wenn sein Aufgabenkreis das Mietverhältnis oder die Aufenthaltsbestimmung umfasst. [2]Will der Betreuer Wohnraum des Betreuten auf andere Weise als durch Kündigung oder Aufhebung eines Mietverhältnisses aufgeben, so hat er dies gleichfalls unverzüglich mitzuteilen.

(3) Zu einem Miet- oder Pachtvertrag oder zu einem anderen Vertrag, durch den der Betreute zu wiederkehrenden Leistungen verpflichtet wird, bedarf der Betreuer der Genehmigung des Familiengerichts, wenn das Vertragsverhältnis länger als vier Jahre dauern oder vom Betreuer Wohnraum vermietet werden soll.

---

240 BVerfG NJW 1997, 2163; NJW 1998, 2432; NJWE-FER 1998, 163.

241 OLG Schleswig SchlHA 1999, 48; OLG Köln BtPrax 1998, 35 zum FEVG.

242 Zustimmend *Jensen/Röhlig* BtPrax 1998, 17. Auch BayVerfGH BtPrax 1995, 179 = BayVBl 1995, 591 bejaht ein Rechtsschutzinteresse nach Erledigung durch Vollzug oder Zeitablauf.

243 BGH NJW 1989, 2941; OLG Nürnberg VersR 1988, 855; LG Marburg VersR 1995, 1199.

244 OLG Frankfurt RuP 1992, 66.

245 Anders das BayObLG FamRZ 1994, 779 unter Geltung des BVormVG.

246 BGH NJW 2008, 1444.

247 Beispiele: 20.000 Euro wegen überdosierter Medikamente (OLG Frankfurt BtPrax 2009, 73); unberechtigte Fesselung 2.000 DM (OLG Frankfurt RuP 1992, 66); unrichtiges ärztliches Zeugnis 2.000 DM (AG Langenfeld NJW 1982, 2609); Fehldiagnose (OLG Oldenburg NJW-RR 1996, 666); unberechtigte Unterbringung während 8 Jahren 500.000 DM (LG Marburg NJW-RR 1996, 216); zwei Tage Unterbringung 2.000 DM (LG Berlin Urt.v. 27.10.1987, 13.O.27/87); acht Tage in der Psychiatrie 5.000 DM (OLG Oldenburg VersR 1981, 306); vier Wochen in der Psychiatrie 12.000 DM (OLG Stuttgart VersR 1991, 1288).

248 Dazu *Lesting* RuP 2002, 224; *Kilian* VersR 2003, 683.

249 Vgl OLG Frankfurt BtPrax 2009, 73.

Schrifttum: *Bobenhausen*, Wohnungskündigung durch den Betreuer, Rpfleger 1994, 13; *Bauer*, Zwangsbefugnisse des Betreuers im Aufgabenkreis „Wohnungsangelegenheiten“, FamRZ 1994, 1562; *Jochum*, (zu Fragen des § 1907) BtPrax 1994, 201; *Renner*, Wohnungskündigung im Betreuungsverfahren, BtPrax 1999, 96; *Bienwald*, Zum Wohnungszutrittsrecht des Betreuers, FamRZ 2000, 1322; *Fratzky*, Kann der Betreuer die Wohnung des Betreuten gegen dessen Willen betreten?, BtPrax 2000, 239; *Harm*, Die Wohnungsauflösung, Rpfleger 2002, 59; *Schumacher*, Wohnraummiete und Betreuung, WuM 2003, 190 (NZM 2003, 257); *Abram*, Zwangsweiser Zutritt des Betreuers zur Wohnung des Betroffenen und Befugnis zur Entrümpelung, FamRZ 2004, 11; *Neumann*, Genehmigungspflichten und spezielle Probleme im Aufgabenkreis Wohnungsangelegenheiten, BtPrax 2008, 246.

Übersicht

I. Allgemeines

1 § 1907 schützt die **Wohnung des Betreuten** als **räumlichen Mittelpunkt** seiner Lebensverhältnisse. Sie soll ihm möglichst lange erhalten bleiben. Die Vorschrift erweitert die Schutzvorschriften des § 1821 Abs 1 Nr 1 und Nr 4 iVm § 1908 i, indem nicht nur die Veräußerung, sondern auch die Weitervermietung des im Eigentum des Betreuten stehenden Wohnraums ebenso wie die Kündigung von gemietetem Wohnraum einer betreuungsgerichtlichen Genehmigung unterworfen wird. Für die Genehmigung gelten im Übrigen §§ 1908 i, **1828 bis 1831 BGB**.

2 Im Einzelnen müssen **verschiedene Fälle** unterschieden werden:

3 (1) der Betreute ist Mieter; § 1907 Abs 1, Abs 2 Satz 1.

(2) der Betreute ist Eigentümer der selbst genutzten Wohnung; § 1907 Abs 2 Satz 2; §§ 1812; 1821 Abs 1 Nr 1 bis Nr 4. 4

(3) der Betreute ist Eigentümer sonstiger nicht selbst genutzter Wohnungen; § 1907 Abs 3, § 1821 Abs 1 Nr 1 bis Nr 4. Zur Kündigung eines Mietverhältnisses braucht der Betreuer die Genehmigung des Betreuungsgerichts, § 1812[1]. 5

II. Kündigung eines Mietverhältnisses über Wohnraum (Abs 1)

1. Allgemeines (Satz 1). – a) Mietverhältnis über Wohnraum. Satz 1 betrifft nicht den Betreuten, der in seinem eigenen Haus oder Eigentumswohnung wohnt; auch nicht denjenigen, der in einem fremden Haus auf Grund anderer Rechtsverhältnisse als „Miete" wohnt (Nießbrauch; Wohnungsrecht; Leibgedinge). Ein Untermietverhältnis genügt, ebenso ein Mietverhältnis über ein Zimmer im Altenheim. Der **Pflegeheimplatz** fällt nicht darunter, *wenn* nicht ein konkreter Raum, mitvermietet ist[2]. Die sog Verschaffung ins Altenheim fällt nicht unter § 1907[3]. Die Regelungen des HeimG spielen insofern keine Rolle. Der **Wechsel des Heimplatzes** fällt ebenfalls nicht unter § 1907, wenn nicht ein konkreter Raum, der ausdrücklich Gegenstand des Mietvertrages war, gekündigt werden soll[4]. Bei der Kündigung eines **Pachtverhältnisses** besteht kein Genehmigungsvorbehalt nach Abs 1, selbst wenn das Pachtobjekt auch zu Wohnzwecken genutzt wird[5]. Abs 3 dagegen nennt auch den Pachtvertrag. Für den bloß faktischen Auszug aus der Wohnung (ohne rechtliche Beendigung des Mietverhältnisses) gilt § 1907 ebenfalls nicht. 6

Statistik. Das umständliche Verfahren wird offenbar von den Beteiligten nicht akzeptiert, denn nur in rund 0,005 % der Betreuungen[6] erfolgen Genehmigungsverfahren, die zahlreichen sonstigen Kündigungen erfolgen unmittelbar durch den „geschäftsfähigen" Betreuten. 7

b) Kündigung. Gemeint ist die Kündigung durch den Betreuer als gesetzlichen Vertreter des Betreuten, welcher Mieter ist. Die betreuungsgerichtliche Genehmigung ist auch dann erforderlich, wenn der *geschäftsfähige* Betreute selbst die Kündigung vornimmt *und* der Betreuer auf Grund eines Einwilligungsvorbehalts[7] zustimmt; das folgt aus dem Schutzzweck der Vorschrift. Nicht unter § 1907 fällt es, wenn der geschäftsfähige Betreuer selbst kündigt[8]; deshalb lassen viele Betreuer den Betreuten, dessen Geschäftsfähigkeit unterstellend, selbst kündigen, um das umständliche Genehmigungsverfahren zu vermeiden. Unter § 1907 fällt ferner nicht, wenn ein Familienmitglied in der Wohnung zurückbleibt, das betreute Familienmitglied dagegen ins Heim gebracht wird[9]. Die Kündigung durch den betreuten Mieter unterliegt den gewöhnlichen Kündigungsfristen (§ 573c BGB), die Kündigung durch den Vermieter kann eine Frist bis zu einem Jahr haben. Eine gesetzliche Verkürzung der Kündigungsfrist des Mieters wegen Umzug ins Heim besteht nicht. Kündigt der Vermieter kann bei 8

1 OLG Hamm FamRZ 1991, 605; Palandt/*Diederichsen* § 1907 Rz 1.
2 LG Münster NJW-RR 2001, 1301; *Harm* Rpfleger 2002, 59; aA HK-BUR-*Rink* § 1907 Rz 9; *Neumann* BtPrax 2008, 246.
3 Dies beklagt *Coeppicus*, Handhabung und Reform des BtG, S. 203 ff.
4 *Harm* Rpfleger 2002, 59.
5 BT-Drucks 11/4528 S. 151.
6 Zahlen aus HK-BUR-Rink/*Deinert* Rz 22, hochgerechnet.
7 HK-BUR-*Rink* § 1907 Rz 6.
8 HK-BUR-*Rink* § 1907 Rz 6.
9 Kritisch dazu *Coeppicus* BtPrax 1997, 9.

unbilliger Härte wegen Alter und Krankheit zuletzt noch ein Schutz nach § 765 a ZPO in Frage kommen[10].

9 c) **Aufgabenkreis.** Rechtlich wirksam kündigen kann nur ein Betreuer mit einem ausreichenden Aufgabenkreis (§ 1902). Davon geht Abs 1 als selbstverständlich aus; in Abs 2 Satz 1 wird dies aber merkwürdigerweise dann ausformuliert. Die Wohnungsauflösung und Wohnsitzaufgabe (§ 8 BGB) gehört nicht *nur* dann zum Aufgabenkreis des Betreuers, wenn dies ausdrücklich angeordnet ist (zB **„Mietverhältnis", Wohnungsangelegenheiten"**[11]); dies zeigt der Vergleich mit § 1896 Abs 4 (Post- und Fernmeldeangelegenheiten) und der Sinn der Regelung ergibt, dass kein Missbrauch mit der Wohnraumkündigung getrieben werden kann. Von daher genügt es, wenn die Betreuung für den Bereich „Alle Angelegenheiten", oder „Aufenthaltsbestimmung" angeordnet ist, was aus Abs 2 Satz 1 folgt[12] sowie daraus, dass der Aufgabenkreis der Aufenthaltsbestimmung auch die Begründung und Aufhebung des Wohnsitzes umfasst[13]. Ist der Aufgabenkreis des Betreuers nur die Vermögenssorge, so ist er für Fragen der Wohnungsauflösung (Abs 1 und 2) nicht zuständig[14], weil die Wohnung nicht nur vermögensrechtlichen Bezug hat; anders aber für Verträge nach Abs 3. Beim Aufgabenkreis „Personensorge"[15] kommt es mE darauf an, wieweit der weitere Unterhalt der Wohnung auch vermögensrechtlichen Bezug hat. Der Aufgabenkreis „Vermögens- *und* Personensorge" dagegen genügt.

10 d) **Wohnungsauflösung.** Der Aufgabenkreis „Mietverhältnis, Wohnungsangelegenheiten" ist nicht identisch mit dem Aufgabenkreis „Wohnungsauflösung"[16]. Letzterer ist enger, er erfasst nur einen Teilbereich, aber auch andere Bereiche. Im Einzelnen ist die Abgrenzung unscharf, denn die Wohnungsauflösung besteht aus einem Bündel von Einzelgeschäften (Kündigung; Veräußerung der Einrichtung; Beendigung des Bezugs von Gas, Strom; Abmeldung des Radio-/Fernsehgeräts usw); die genauen Grenzen sind unklar; zB ist fraglich, ob auch die Verhandlung mit dem Vermieter wegen unterlassener Schönheitsreparaturen dazu gehört. Einzelne Geschäfte der „Wohnungsauflösung", zB der Verkauf der Wohnungseinrichtung, sind nicht genehmigungsbedürftig[17]; die Kündigung des Strombezugs und der Tageszeitung dagegen fiele unter § 1812, was nicht überzeugt. Zur **Entrümpelung vgl Rz 27.**

11 e) **Bewohnen nicht erforderlich.** Nicht erforderlich ist, dass der Betreute die angemieteten Räumlichkeiten auch *tatsächlich* bewohnt[18]; erforderlich ist lediglich, dass er Allein- oder Mitmieter ist. So besteht das Genehmigungserfordernis auch dann, wenn der Betreute untergebracht ist oder sich in einem Krankenhaus befindet oder es sich um eine **Zweitwohnung** handelt. Auch die voraussichtliche Dauer der im Hinblick auf obige Umstände nicht möglichen Eigennutzung ändert nichts am Genehmigungserfordernis. Für die Anwendbarkeit der Vorschrift ist weiter nicht entscheidend, ob die Anmietung der Wohnräume durch den Betreuer persönlich, einem Vertreter, durch den Betreuten selbst oder eine andere Person erfolgte. Andererseits besteht nach dem Sinn der Regelung (Rz 1) keine Genehmigungsbedürftigkeit nach Abs 1, wenn die Wohnung von vorn-

---

10 Vgl BVerfG NJW 1998, 295; BGH NJW 2008, 1000; BGH NJW 2009, 1283.

11 AA *Klüsener* Rpfleger 1991, 225/8.

12 Erman-*Roth* § 1907 Rz 4; zweifelnd *Jürgens* § 1907 Rz 2.

13 BayObLG FamRZ 1992, 1222 unter Aufgabe der aA in FamRZ 1985, 743.

14 *Jürgens* § 1907 Rz 2; *Rink* RuP 1991, 148/156; aA *Bobenhausen* Rpfleger 1994, 13/15; *Neumann* BtPrax 2008, 246; *Sonnenfeld* Rz 301.

15 Ausreichend für Wohnungsangelegenheiten: *Jürgens/Kröger/Marschner/Winterstein* BtR Rz 227; aA *Klüsener* Rpfleger 1991, 225/8.

16 Vgl *Harm* Rpfleger 2002, 59.

17 AA ohne Begründung *Bühler* BWNotZ 1991, 153, 156.

18 *Jürgens* § 1907 Rz 3.

herein nicht *eigenen* Wohnzwecken des Betreuten diente[19]; zB die vom Betreuten als gewerblichem Zwischenmieter angemietete und weitervermietete Eigentumswohnung.

12 f) **Genehmigungskriterien.** Für die Genehmigungsfähigkeit ist entscheidend, ob das vorgesehene Geschäft dem Wohl und Interesse des Betreuten dient. Hierbei sind nicht nur finanzielle Aspekte maßgebend, sondern auch die persönlichen Auswirkungen des Verlustes der Wohnung für den Betreuten, wenn er mit der Wohnung seine vertraute Umgebung, sein Mobiliar, seinen Bekanntenkreis und die Möglichkeit, aus dem Krankenhaus oder der Unterbringung in die Wohnung entlassen zu werden, verliert; insofern spielt die Rückkehrprognose eine wichtige Rolle, ferner die Frage, ob der Betreute noch den Haushalt selbst führen kann, gegebenenfalls mit ambulanten Hilfen. Andererseits kann eine Kündigung dann dem Wohl des Betreuten entsprechen, wenn die Wohnung seinen Bedarf und der Mietzins seine wirtschaftliche Leistungsfähigkeit weit übersteigt[20] (die aA[21] meint, dass auch unsinnige Mietausgaben die Genehmigung nicht rechtfertigen) oder die Wohnung mit höchster Wahrscheinlichkeit nicht mehr benötigt wird; die voraussichtliche Dauer ist in die Abwägung einzubeziehen. Es kann nicht sein, dass Wohnung und Heim dauerhaft parallel zu bezahlen sind und durch Wohngeld und ähnliche Leistungen der Staat ausgenommen wird. Zu berücksichtigen ist auch der Umstand, dass längeres Leerstehenlassen der Wohnung einen vertragswidrigen „Gebrauch“ darstellen kann, der den Vermieter zur Kündigung berechtigen würde[22].

13 g) **Rechtskraft der Genehmigung.** Der Genehmigungsbeschluss wird erst mit Rechtskraft wirksam (§ 40 Abs 2 FamFG); Rechtsmittel ist die Beschwerde zum Landgericht. Die Rechtsmittelfrist beträgt zwei Wochen (§ 63 Abs 2 Nr 2 FamFG). Die Sprungrechtsbeschwerde (§ 75 FamFG) ist nicht statthaft, weil in Genehmigungssachen die Rechtsbeschwerde der Zulassung bedarf (§ 70 Abs 3 FamFG). Rechtskraft (§ 45 FamFG) tritt auch ein, wenn alle Beschwerdeberechtigten auf Rechtsmittel verzichtet haben. Die Rechtskraft wird nachgewiesen durch ein Rechtskraftzeugnis des Betreuungsgerichts, in Sonderfällen des Beschwerdegerichts (§ 46 FamFG). Es handelt sich um einen Stempel auf dem Genehmigungsbeschluss. Eine besondere Gerichtsgebühr fällt dadurch nicht an. Der Rechtskraftvermerk wird nur auf Antrag erteilt; der Antrag kann gleichzeitig mit dem Antrag auf Genehmigung gestellt werden. Folge des langwierigen Verfahrens ist manchmal, dass Miete und gleichzeitig Heimkosten bezahlt werden müssen.

14 **2. Sonstige Willenserklärungen (Satz 2).** Da der Betreute bei einer **einverständlichen Aufhebung des Mietverhältnisses** desselben Schutzes bedarf wie bei einer Kündigung durch den Betreuer, unterwirft Satz 2 auch eine solche Willenserklärung des Betreuers einem Genehmigungsvorbehalt. Satz 2 gilt auch für einen **gerichtlichen Vergleich** über die Räumung der Wohnung; die Anzeige von der Räumungsklage nach Abs 2 ersetzt die Genehmigung nicht. Die Genehmigungspflichtigkeit des Vergleichs entfällt auch nicht unter den Voraussetzungen der §§ 1908 i Abs 1 iVm 1822 Nr 12 (Vergleichsvorschlag des Gerichts[23]). Die Vorschrift ist auch anwendbar bei einer Anfechtung, beim Rücktritt vom Vertrag und die Erklärung, das Mietverhältnis nicht fortsetzen

19 LG Münster FamRZ 1994, 531; *Jürgens* § 1907 Rz 3; MünchKomm/*Schwab* § 1907 Rz 4.
20 BT-Drucks 11/4528 S. 150.
21 OLG Oldenburg NJW-RR 2003, 587 (die Betreute bewohnte die Wohnung seit langer Zeit (wie lange?) nicht mehr; keine Angaben zur Miethöhe, zum Einkommen bzw Vermögen der Betreuten).
22 AA HK-BUR-*Rink* § 1907 Rz 16.
23 HK-BUR-*Rink* § 1907 Rz 12; RGRK-*Dickescheid* § 1907 Rz 6. Zweifelhaft.

zu wollen[24]. **Aufgabenkreis des Betreuers:** Obwohl Abs 2 Satz 1 sich zum erforderlichen Aufgabenkreis äußert, Abs 1 dagegen nicht, meinen beide Absätze denselben Aufgabenkreis (oben Rz 9).

15 **3. Folgen fehlender Genehmigung des Betreuungsgerichts.** *Fehlt* die rechtskräftige Genehmigung des Betreuungsgerichts im Zeitpunkt der Kündigung durch den Betreuer, so ist die Kündigung nichtig[25], weil die Genehmigung eine Außengenehmigung ist und vor Kündigung vorliegen muss (§§ 1908 i, 1831); eine Nachholung der Genehmigung heilt die Kündigung nicht (sie muss also wiederholt werden, es laufen neue Fristen). Legt der Betreuer die *vorhandene* Genehmigung mit Rechtskraftvermerk nicht vor, so kann der Vermieter die Kündigung zurückweisen (§§ 1908 i, 1831). Bei einer vertraglichen Aufhebung des Mietverhältnisses kann die Genehmigung auch **nachträglich erteilt werden** (§§ 1908 i, 1829)[26].

III. Andere Umstände (Abs 2)

16 **1. Andere Umstände (Satz 1).** Treten andere Umstände als die in Abs 1 genannten ein, auf Grund derer eine Beendigung des Mietverhältnisses in Betracht kommt, hat der Betreuer dies dem Betreuungsgericht unverzüglich anzuzeigen, wenn sein Aufgabenkreis das Mietverhältnis oder die Aufenthaltsbestimmung (Rz 9) umfasst. Aber auch wenn sein Aufgabenkreis ein anderer ist, wird der Betreuer, wenn er von solchen Umständen erfährt, dem Betreuungsgericht Mitteilung machen müssen, damit dieses evtl nach § 1901 Abs 4 Satz 2 verfährt. Umstände iSv Satz 1 sind insbesondere die vom Vermieter erklärte Kündigung, die Erhebung einer Räumungsklage durch den Vermieter, Mietrückstände; sonstiges Verhalten, das zur Kündigung des Vermieters führen kann (wie zB Vertragsverstöße).

17 **Tätigkeit des Betreuungsgerichts.** Macht der Betreuer entsprechende Mitteilungen, kann das Gericht den Betreuer unter den Voraussetzungen des § 1837 anhalten, die zum Wohl des Betreuten erforderlichen Maßnahmen zu ergreifen, wie beispielsweise gegen eine Kündigung rechtzeitig Widerspruch zu erheben, Übernahme der Mietzahlung durch das Sozialamt beantragen oder einen Rechtsanwalt zu beauftragen, wenn zum Aufgabenkreis des Betreuers die Mietangelegenheiten zählen. Hat der Betreuer nur das Aufenthaltsbestimmungsrecht des Betreuten, so wird das Betreuungsgericht die Erweiterung des Aufgabenkreises des Betreuers erwägen. Da es nicht Aufgabe des Betreuungsgerichts ist, die Berechtigung einer Kündigung bzw das Prozessrisiko einer Kündigungsschutzklage abzuschätzen, wird das Gericht nur dann nach § 1837 einschreiten, wenn sich die Erfolgsaussichten einer Kündigungsschutzklage bzw eines Widerspruchs geradezu aufdrängen. In Zweifelsfällen trifft den (rechtsunkundigen) Betreuer die Pflicht, die Erfolgsaussichten durch eine rechtskundige Stelle (Mieterverein, Rechtsanwalt) prüfen zu lassen.

18 **2. Faktische Wohnungsaufgabe (Satz 2).** Um den Schutz des Betreuten gegen die faktische Aufgabe einer ihm gehörenden Wohnung gewährleisten zu können[27], erweitert Abs 2 Satz 2 die Mitteilungspflicht des Betreuers auch auf die **faktische Wohnungsaufgabe** (zur Veräußerung siehe § 1821 Abs 1 Nr 1 und 4; Rz 1). Eine solche liegt insbesondere vor, wenn der Betreuer Voraussetzungen schaffen will,

---

24 MünchKomm/*Schwab* § 1907 Rz 7.
25 LG Berlin NZM 2001, 807; *Neumann* BtPrax 2008, 246; unstreitig.
26 Vgl *Renner* BtPrax 1999, 96.
27 BT-Drucks 11/6949 S. 76, 11/4528 S. 210 und 229.

die eine Eigennutzung des Betreuten ausschließen, wie zB durch Vermietung der Wohnung des Betreuten in dessen eigenem Haus oder der Eigentumswohnung (Abs 3), Aufgabe eines Wohnrechts. Die Mitteilungs- und Überprüfungspflicht trifft nur den Betreuer, dessen Aufgabenkreis auch das Mietverhältnis bzw die Aufenthaltsbestimmung (Rz 9) umfasst. Das **Betreuungsgericht** kann durch Androhung von Zwangsgeld (§ 1908i iVm § 1837 Abs 3) den Betreuer dazu anhalten, eine auf die faktische Wohnungsaufgabe abzielende Maßnahme zu unterlassen.

IV. Verträge auf wiederkehrende Leistungen (Abs 3)

1. Fallgruppen. Abs 3 enthält mehrere Fallgruppen: 19

a) Mietvertrag über Wohnraum. Es müssen folgende Voraussetzungen gegeben 20
sein: – aa) Mietvertrag, wobei der Betreute Vermieter ist; – bb) dadurch wird vom Betreuer **Wohnraum vermietet.** Diese Alternative stellt eine Ergänzung des Abs 2 dar. Es soll verhindert werden, dass der Betreuer die Regelung über die Wohnungsauflösung durch Weitervermietung der Wohnung des Betreuten (etwa während der Zeit, in der der Betreute untergebracht ist oder er sich im Krankenhaus befindet) unterläuft[28]; über dieses Ziel des Gesetzgebers geht der Gesetzeswortlaut weit hinaus[29]. Nach dem Sinn der Regelung, Wohnraum des Betreuten zu schützen, ist eine **einschränkende Auslegung** der viel zu weiten Gesetzesfassung erforderlich; wenn der Betreute nie in der Wohnung gelebt hat oder voraussichtlich leben wollte, weil er ohnehin eine andere Wohnung hat, ist Abs 3 nicht anzuwenden, der Vertrag gehört nicht zu dieser Fallgruppe[30]. Ebenso, wenn im Zweifamilienhaus des Betreuten, der im 1. Stock wohnt, die Parterrewohnung vermietet werden soll; auch hier ist der Betreute in seinen Wohnverhältnissen nicht betroffen. Wenn der Betreute einige Eigentumswohnungen besitzt und eine (vom Betreuten nicht bewohnte) vermietet werden soll (Fallgruppe: Vermögensverwaltung) kann Abs 3 ebenfalls nicht einschlägig sein: zahlte ein Mieter die Miete nicht, wäre die Kündigung durch den Betreuer des Vermieter genehmigungspflichtig; hat der Betreuer einen neuen Mieter gefunden, bräuchte er erneut eine Genehmigung, was jeweils einige Monate dauert, so dass das Vermögen des Betreuten Schaden nimmt. Falls man Abs 3 trotzdem für einschlägig hält kommt eine allgemeine Ermächtigung nach § 1825 Abs 2 in Frage. – cc) Vertragsdauer gleichgültig[31]. – **Genehmigung** des Betreuungsgerichts erforderlich.

b) Sonstiger Miet- oder Pachtvertrag. Es sind folgende Voraussetzungen nötig: – 21
aa) **Miet- oder Pachtvertrag**, wobei gleichgültig ist, ob der Betreute Mieter oder Vermieter ist[32]. Es handelt sich um eine Sonderregelung gegenüber § 1822 Nr 5; die Auslegung zu § 1822 Nr 5 ist daher heranzuziehen. Beispiele: Pacht eines Schrebergartens, Miete einer Garage; Vermietung eines Autos; Miete eines Fernsehers. – bb) **Vertragsdauer** von mehr als vier Jahren. – **Genehmigung** des Betreuungsgerichts erforderlich; kürzere Vertragsdauer: genehmigungsfrei.

c) Beliebiger anderer Vertrag. Folgende Voraussetzungen sind erforderlich: 22
aa) Beliebiger anderer Vertrag (Dauerschuldverhältnis); – bb) dadurch wird der Betreute zu **wiederkehrenden Leistungen** verpflichtet; das ist zB der Fall bei Leasingverträgen; Kontovertrag mit der Bank; Vertrag über Telefonanschluss;

28 BT-Drucks 11/4528 S. 85 und 151.
29 MünchKomm/*Schwab* Rz § 1907 Rz 11; *Bienwald* Rz 34; HK-BUR-*Rink* Rz 21.
30 LG Münster FamRZ 1994, 531; *Jürgens* Rz 5.
31 LG Wuppertal FamRZ 2007, 1269.
32 HK-BUR-*Rink* § 1907 Rz 19.

Kabelanschluss. – cc) Dauer: Vertragsverhältnis soll länger als vier Jahre dauern. Es kommt also nicht darauf an, dass eine feste Vertragszeit von mehr als vier Jahren vereinbart ist („soll"), sondern dass üblicherweise eine solche Laufzeit beabsichtigt ist. Bei unbefristeten Verträgen wird man auf die Kündigungsmöglichkeit abstellen müssen[33]. Wenn der Betreuer den Betreuten auf seinem Hof als landwirtschaftlichen Helfer anstellt, fällt das nicht unter § 1907[34], aber vielleicht unter § 1822 Nr 7. – **Genehmigung** des Betreuungsgerichts erforderlich.

23 **2. Weitere Voraussetzungen.** Abs 3 ist anwendbar, wenn der Betreuer den Vertrag schließt. Schließt der *geschäftsfähige*, nicht unter Einwilligungsvorbehalt (§ 1903) stehende Betreute selbst den Vertrag, so ist Abs 3 unanwendbar. Schließt der geschäftsfähige unter entsprechendem Einwilligungsvorbehalt stehende Betreute den Vertrag, so ist dessen Gültigkeit nicht nur von der Zustimmung des Betreuers, sondern auch von der zusätzlichen Genehmigung des Betreuungsgerichts abhängig; der Rechtsgedanke aus § 1644 und § 1908 i iVm § 1824 gebietet dies[35].

24 **3. Fehlende Genehmigung.** Bei Versagung der Genehmigung oder Abschluss ohne Genehmigung ist der Wohnraummietvertrag (Rz 20) nichtig[36]. Andere Verträge (Rz 22), die ohne die Genehmigung des Betreuungsgerichts über den Zeitraum von mehr als vier Jahren abgeschlossen wurden, sind aufgrund von § 139, wenn sie mit gleichem Inhalt auch für vier Jahre geschlossen worden wären, mit der Beschränkung als wirksam anzusehen, dass sie nicht länger als vier Jahre gelten[37].

V. Der Betreute als Haus- oder Wohnungseigentümer

25 Ist der Betreute Eigentümer des selbst bewohnten Hauses, dann muss der Betreuer die Weitervermietung der bisher vom Betreuten genutzten Wohnung nach Abs 3 genehmigen lassen[38]. Sonstige Formen der Wohnungsaufgabe, zB durch Verkommenlassen, fallen unter Abs 2 Satz 2. Das gewöhnliche Leerstehenlassen kann allenfalls als fehlerhafte Vermögenssorge (durch Unterlassen von Einnahmen) gewürdigt werden. Die Veräußerung des Hauses ist nach § 1821 Nr 1 genehmigungspflichtig. Hatte der Betreute Wohnungen vermietet und kündigt der Betreuer diesen Mietern, ist das eine nach § 1812 genehmigungspflichtige Verfügung.

VI. Zwang gegen den Betreuten

26 Die Genehmigung zur Kündigung der Wohnung durch das Betreuungsgericht berechtigt den Betreuer nicht, den Betreuten zwangsweise aus der Wohnung zu setzen und zB **in das offene Altenheim** zu befördern. Das Betreuungsgericht kann insoweit auch nicht Zwang anordnen oder gestatten. Etwas anderes gilt nur, wenn das Gericht die geschlossene Unterbringung genehmigt hat; in diesem Fall kann das Gericht die Gewaltanwendung der zuständigen Behörde, die den Betreuer bei der Zuführung zur Unterbringung zu unterstützen hat, genehmigen (§ 326 Abs 1 FamFG). Vgl weiter § 1896 Rz 81, 91.

---

33 *Jürgens* § 1907 Rz 5.
34 LG Münster FamRZ 2005, 1860.
35 Vgl *Dölle* FamR, S. 784; Erman-*Holzhauer* Rz 2 vor § 1821.
36 LG Berlin NZM 2001, 807.
37 BGH NJW 1962, 734; MünchKomm/*Schwab* § 1822 Rz 44.
38 Beispiel: OLG Schleswig FGPrax 2001, 194.

Die **Entrümpelung** der bestehen bleibenden Wohnung fällt nicht unter § 1907. Eine Verpflichtung des Betreuers hierzu kann sich ergeben, wenn gesundheitsgefährdende Umstände eintreten. Der Verkauf von Sachen ist nicht genehmigungspflichtig, die Entsorgung ebenfalls nicht (es handelt sich auch nicht um eine „Schenkung“ an das Entsorgungsunternehmen). 27

Zwangsweiser Zutritt zur Wohnung[39]. Wenn Energieversorger die Wohnung betreten wollen, um den Gas-, Strom-, Heizungszähler abzulesen und der Bewohner dies verweigert muss das Unternehmen einen Titel vor dem Prozessgericht beschaffen und nach der ZPO vollstrecken. Wenn der Betreute dem Kaminkehrer den Zutritt verweigert, erfolgt die Durchsetzung und Vollstreckung nach § 1 Abs 3 SchornsteinfegerG und dem jeweiligen Landesverwaltungsvollstreckungsrecht[40]; sie geht den Betreuer nichts an. Wenn sich der Betreute weigert, seinen Betreuer in die Wohnung zu lassen, dann nimmt die Rechtsprechung überwiegend an, dass dem Betreuer der zwangsweise Zutritt zur Wohnung vom Betreuungsgericht nicht genehmigt werden kann[41]. Für diesen Eingriff in das durch Art 13 GG geschützte Grundrecht fehle die Rechtsgrundlage. Das trifft nicht zu; wenn der Staat dem Betreuer die Aufgabe zuweist, muss er auch dementsprechende Befugnisse haben. Der Umkehrschluss aus § 326 FamFG zeigt aber, dass der Staat hier keine Zwangsausübung durch den Betreuer haben will; er tut deshalb im eigenen Interesse gut daran, die Dinge ihren Lauf nehmen zu lassen und gegebenenfalls die Betreuung abzulehnen. 28

VII. Verfahren

1. Ablauf und Entscheidung. Ein förmlicher **Antrag** ist nicht erforderlich, aber üblich. **Zuständig** zur Erteilung der Genehmigung ist der Rechtspfleger (§§ 3, 15 RPflG); das ist wenig sinnvoll, weil für die Bestellung des Betreuers mit dem Aufgabenkreis „Wohnungsangelegenheiten“ der Richter zuständig ist, also uU sich überschneidende Arbeit geleistet werden muss. Vor Erteilung der Genehmigung hat der Rechtspfleger des Betreuungsgerichts den Betreuten in den Fällen § 1907 Abs 1 und 3 **persönlich anzuhören** (§ 299 Abs 2 FamFG)[42]. Ein **Verfahrenspfleger** (§ 317 FamFG) muss jedenfalls dann bestellt werden, wenn der Betreute den Vorgang nicht mehr verstehen kann[43], weil sonst mangels tatsächlicher Rechtsmittelmöglichkeit der Genehmigungsbeschluss nicht rechtskraftig wird, also kein Rechtskraftzeugnis erteilt werden kann. Die **Anhörung der sonstigen Beteiligten (Angehörige)** und der Betreuungsbehörde ist nicht vorgeschrieben (vgl § 299 FamFG). Ebenso wenig *muss* ein **Sachverständigengutachten** (§ 26 FamFG) über die Frage eingeholt werden, ob eine Rückkehr in die eigene Wohnung auf Dauer ausgeschlossen ist (Rückkehrprognose); diese Frage kann der Rechtspfleger in aller Regel aufgrund des vorgetragenen Sachverhalts ohne neues Gutachten entscheiden. Die hM bejaht aber eine Pflicht, ein Gutachten zur Rückkehrprognose einzuholen[44]. Der Betreuer ist nicht verpflichtet, es vorzulegen oder beizubringen. Der Genehmigungsbeschluss muss eine Begründung und eine Rechtsmittelbelehrung enthalten (§§ 38, 39 FamFG). Der **Beschluss** des Betreuungsgerichts ist (auch) dem Betroffenen selbst bekannt zu machen (§ 41 Abs 3 FamFG); er wird nicht schon mit der Bekanntmachung an 29

39 Dazu *Abram* FamRZ 2004, 11.
40 AG Neuruppin FamRZ 2005, 2096.
41 BayObLG NJW-RR 2001, 1513; OLG Frankfurt BtPrax 1996, 71; LG Görlitz NJWE-FER 1998, 153; LG Offenburg NJWE-FER 1997, 275; LG Frankfurt FamRZ 1994, 1617.
42 Auch in der Beschwerdeinstanz, OLG Köln FGPrax 2009, 71; OLG Frankfurt FamRZ 2006, 1875.
43 Nach OLG Oldenburg NJW-RR 2003, 587 muss immer ein Verfahrenspfleger bestellt werden.
44 OLG Frankfurt FamRZ 2006, 1875; OLG Oldenburg NJW-RR 2003, 587.

den Betreuer wirksam (§ 40 Abs 1 FamFG), sondern nach der Sonderregelung des § 40 Abs 2 FamFG erst mit Rechtskraft, weshalb ein Rechtskraftvermerk der Geschäftsstelle auf dem Beschluss notwendig ist (vgl oben Rz 13).

30 2. **Rechtsmittel.** Dem Betreuten und seinem Verfahrenspfleger steht gegen die erteilte Genehmigung die befristete **Erinnerung/Beschwerde** zu (§§ 58 ff, Frist § 63 Abs 2 Nr 2 FamFG; § 11 RPflG). Dasselbe gilt bei Ablehnung der Genehmigung. Der Betreuer ist nur beschwerdeberechtigt, wenn die Genehmigung abgelehnt wird; gegen die Erteilung ist er nicht beschwerdeberechtigt, weil er von der Genehmigung nicht Gebrauch machen *muss.* Der Vertragspartner dagegen ist in der Regel nicht in seinen Rechten verletzt, also ohne Beschwerderecht (§ 59 Abs 1 FamFG). Auch die Angehörigen (zB der die Wohnung der Betreuten mitbewohnende Sohn[45]) haben keine Beschwerdeberechtigung. Über die Beschwerde entscheidet das Landgericht.

31 Die **Rechtsbeschwerde** zum BGH bedarf der Zulassung (§ 70 FamFG). Eine Sprungrechtsbeschwerde (§ 75 FamFG) ist daher unstatthaft.

§ 1908 Genehmigung des Betreuungsgerichts bei der Ausstattung

Der Betreuer kann eine Ausstattung aus dem Vermögen des Betreuten nur mit Genehmigung des Betreuungsgerichts versprechen oder gewähren.

1 1. **Ausstattungen** sind alle Vermögenswerte, die Eltern ihrem (ehelichen oder unehelichen) Kinde anlässlich der Heirat (sog Mitgift oder Aussteuer; zu unterscheiden vom üblichen Hochzeitsgeschenk) oder sonst zur Begründung oder Erhaltung der Selbstständigkeit zuwenden, § 1624 BGB[1].

2 Dazu können auch Fälle der **Hof- bzw Geschäftsübergabe** zählen[2], ferner Aufnahme in eine BGB-Gesellschaft der Eltern[3], Einräumung einer stillen Beteiligung am Betrieb[4]; im Übrigen hat die Vorschrift kaum mehr praktische Bedeutung. Ein Rechtsanspruch des Kindes darauf besteht nicht; ob die Eltern insoweit eine sittliche Pflicht trifft, ist zweifelhaft und eher zu verneinen.

3 2. **Bei unentgeltlicher Hingabe** von Vermögenswerten sind **vier Fallgruppen** zu unterscheiden: – a) Anstandsschenkungen, wie zB zum Geburtstag (§ 1804 Satz 2); – b) größere Geschenke, sog Pflichtschenkungen (§ 1804 Satz 2); – c) Ausstattungen; die Genehmigung des Betreuungsgerichts ist eine Außengenehmigung: ohne Genehmigung ist die Verpflichtung bzw Gewährung unwirksam. Ferner sind §§ 1828 bis 1830 zu beachten. – d) Sonstige Schenkungen auf Wunsch des Betreuten (§ 1908 i Abs 2). Vgl § 1804 Rz 7.

4 3. **Genehmigungsfrei** ist die Ausstattung, wenn der Betreute *geschäftsfähig* ist[5]; in einem solchen Falle kann er auch den Betreuer bevollmächtigen, die Ausstattung vorzunehmen, ohne dass eine Genehmigungspflicht nach § 1908 bestünde[6]. Anders ist es, wenn ein Einwilligungsvorbehalt bezüglich Vermögensangelegenheiten besteht; dann bedarf die Einwilligung des Betreuers der Genehmigung des Betreuungsgerichts.

---

45 KG FGPrax 2010, 25; BayObLG FamRZ 2005, 302.
1 BGHZ 44, 91, 93; BayObLG BtPrax 1998, 72.
2 BT-Drucks 11/4528 S. 211.
3 OLG Celle NdsRpfl 1962, 203.
4 RG JW 1938, 2971.
5 MünchKomm/*Schwab* § 1908 Rz 6.
6 Staudinger-*Bienwald* § 1908 Rz 3.

4. Eltern. Sind beide Eltern (im gesetzliche Güterstand lebend) Miteigentümer des als Ausstattung zu übergebenden Betriebs, steht aber nur *ein* Elternteil unter Betreuung, während der andere gesund ist, kann ohne Mitwirkung des gesunden Elternteils keine Betriebsübergabe erfolgen. 5

5. Verfahren. Ein Antrag ist nicht vorgeschrieben; ohne Anregung wird das Betreuungsgericht aber nicht tätig werden. Örtliche Zuständigkeit: § 272 FamFG. Funktionell ist der Rechtspfleger des Betreuungsgerichts zuständig §§ 3, 15 RPflG. Die persönliche Anhörung des Betreuten ist zwar nicht vorgeschrieben, §§ 278, 299 FamFG[7], doch wird sie im Regelfall wegen der Bedeutung der Sache (Feststellung der Wünsche des Betreuten) unerlässlich sein; ebenso kommt das Gericht nicht an der Anhörung der Geschwister des Empfängers der Ausstattung (Betriebsübernehmers) vorbei. Bei Grundstücksübertragung ist ohnehin § 299 FamFG einschlägig. Die Bestellung eines Verfahrenspflegers ist im Regelfall angebracht. Das Betreuungsgericht entscheidet durch Beschluss mit Rechtsmittelbelehrung (§§ 38, 39 FamFG), der Beschluss wird erst mit Rechtskraft wirksam (§ 40 Abs 2 Satz 1 FamFG), was im Beschluss auszusprechen ist (§ 40 Abs 2 Satz 2 FamFG). Damit die Möglichkeit eines Rechtsmittels besteht, ist der Beschluss auch dem Betreuten bekannt zu geben (und wegen des Fristnachweises: zuzustellen); ferner dem Verfahrenspfleger. Rechtskraft (§ 45 FamFG) tritt erst ein, wenn die Rechtsmittelfrist für *alle* Beschwerdeberechtigten abgelaufen ist. 6

6. Genehmigungskriterien. Materiell hat das Betreuungsgericht insbesondere zu prüfen, ob die Gewährung einer Ausstattung angezeigt ist (Heirat, Erlangung der Selbstständigkeit), ob sie den Vermögensverhältnissen entspricht (sie darf den Betreuten nicht in finanzielle Schwierigkeiten bringen[8] und ob die Weggabe des Vermögens dem Wohl des Betreuten entspricht[9]. Letzteres ist nicht unproblematisch; wird beispielsweise ein Handwerksbetrieb oder ein landwirtschaftlicher Hof an den Sohn übergeben, kann dies nur dann dem Wohl des betreuten Vaters entsprechen, wenn sein Unterhalt in der in vergleichbaren Fällen üblichen Weise abgesichert wird (Leibrente, Grundbucheintragung usw). Dabei spielt auch der Wert des Betriebs eine Rolle; insoweit ist gegebenenfalls ein Gutachten zu erholen; was durch Gegenleistungen abgedeckt ist, ist nicht unentgeltlich und also keine Ausstattung. Weiter ist zu beachten, dass Geschwister des Übernehmers erb- und pflichtteilsrechtlich geschmälert werden, wenn das Gesamtvermögen auf *ein* Kind übergeht; es fragt sich, ob es dem Wohle des betreuten Übergebers entspricht, wenn familiäre Beziehungen dadurch belastet werden[10]. Eine Ausstattung, der die benachteiligten Geschwister widersprechen, wird deshalb kaum genehmigungsfähig sein. 7

7. Rechtsmittel. Gegen die Entscheidung des Betreuungsgerichts ist die befristete **Beschwerde** statthaft (§§ 58 ff FamFG); die Frist beträgt zwei Wochen (§ 63 Abs 2 Nr 2 FamFG); vgl § 1828 Rz 19 ff. Über die Beschwerde entscheidet das Landgericht. Der Betreute hat immer ein Beschwerderecht, sowohl bei Ablehnung wie bei Erteilung der Genehmigung. Der Betreuer hat nur bei Verweigerung ein Beschwerderecht[11], nicht bei Genehmigung (denn er braucht davon keinen Gebrauch zu machen). Der Verfahrenspfleger ist beschwerdeberechtigt, im selben Umfang wie der Betreute. Dem „Geschäftsgegner" (Empfänger der 8

7 HK-BUR-*Rink* § 1908 Rz 3.
8 *Sonnenfeld* Rz 360.
9 Nach Holzhauer/*Reinicke* § 1908 Rz 2 dagegen soll das Betreuungsgericht einer vom (geschäftsunfähigen) Betreuten gewollten Ausstattung die Genehmigung nicht versagen können.
10 Vgl MünchKomm/*Schwab* § 1908 Rz 4; *Knittel* § 1908 Rz 8; BGH 44, 91 (§ 2050); *Sonnenfeld* Rz 360.
11 BayObLG BtPrax 1998, 72, auch wenn ein Ergänzungsbetreuer bestellt wurde.

Ausstattung) wird kein Beschwerderecht gegen die Versagung der Genehmigung zugebilligt, vgl § 59 Abs 1 FamFG[12], weil Kinder kein *Recht* auf eine Ausstattung haben[13]. Zweifelhaft ist die Lage bei den benachteiligten Geschwistern des Empfängers; jedoch haben Kinder kein Recht darauf, dass ihr Vater bzw ihre Mutter das Vermögen nicht weggeben und somit kein Beschwerderecht[14]. Sie sind aber nicht völlig schutzlos, weil sie mit der Begründung, die Ausstattung sei unangemessen, es handle sich in Wahrheit um eine nicht genehmigungsfähige Schenkung, die Genehmigung des Betreuungsgerichts sei daher bedeutungslos (§ 1804 Rz 9), jedenfalls nach dem Tod des ausstattenden Elternteils zivilprozessual und erbrechtlich gegen den Empfänger vorgehen können.

9 **8. Doppelte Genehmigung?** Ist das Ausstattungsversprechen vom Betreuungsgericht genehmigt, so bedarf das Erfüllungsgeschäft keiner gesonderten Genehmigung (§ 1828 Rz 15).

§ 1908 a Vorsorgliche Betreuerbestellung und Anordnung des Einwilligungsvorbehalts für Minderjährige

[1]Maßnahmen nach den §§ 1896, 1903 können auch für einen Minderjährigen, der das siebzehnte Lebensjahr vollendet hat, getroffen werden, wenn anzunehmen ist, dass sie bei Eintritt der Volljährigkeit erforderlich werden. [2]Die Maßnahmen werden erst mit Eintritt der Volljährigkeit wirksam.

1 **1. Zweck.** Nach § 1896 setzt die Bestellung eines Betreuers und die Anordnung eines Einwilligungsvorbehaltes die Volljährigkeit des Betroffenen voraus, da bis zur Volljährigkeit der Betroffene unter elterlicher Sorge (§§ 1626, 1629) oder unter Vormundschaft (§§ 1773, 1793) steht. § 1908 a erlaubt es, für einen Minderjährigen, der das siebzehnte Lebensjahr vollendet hat, vorsorglich einen Betreuer zu bestellen und einen Einwilligungsvorbehalt (§ 1903) anzuordnen. Durch diese Regelung soll sichergestellt werden, dass bei vorhersehbarer Betreuungsbedürftigkeit keine Zeitlücke zwischen Beginn der Volljährigkeit und Wirksamkeit der obigen Maßnahmen eintritt[1]. Da die Wirksamkeit solcher Maßnahmen erst mit Beginn der Volljährigkeit eintritt (Satz 2), liegt kein dem Elternrecht des Art 6 GG widersprechender Eingriff vor.

2 **2. Voraussetzungen. – a) Verfahrensbeginn und Verfahrensdurchführung.** Die hM[2] behauptet, das Betreuungsverfahren dürfe erst ab dem 17. Geburtstag des Betroffenen eingeleitet werden. Andere[3] meinen, dass das Betreuungsgericht zwar den Antrag (bzw die Anregung) auch schon früher entgegen nehmen könne (ein entsprechender Antrag also nicht als unzulässig zurückgewiesen werden darf), von weiteren konkreten Verfahrensschritten aber im Übrigen abgesehen werden müssen. Möglicherweise war dies vom Gesetzgeber so gewollt; zum Ausdruck gekommen aber ist es nicht. Nur der Bestellungsbeschluss bzw die Anordnung des Einwilligungsvorbehalts (= Maßnahmen nach §§ 1896, 1903) darf erst ab dem 17. Geburtstag ergehen; die übrigen Verfahrensschritte wie Anhörung, Beauftragung des Sachverständigen (keine Maßnahmen nach BGB, sondern Verfahrensbestandteile nach dem FamFG) dürfen auch schon vorher

12 OLG Stuttgart BWNotZ 1997, 147.

13 RGZ 80, 217; anders bei Hofübernahmen im Geltungsbereich von § 12 Abs 6 HöfeO, der HöfeO Rheinland-Pfalz, des AnerbenR Württemberg; aA HK-BUR-*Rink* § 1908 Rz 3: das begünstigte Kind habe bei Versagung ein Beschwerderecht.

14 MünchKomm/*Schwab* § 1908 Rz 10; aA HK-BUR-*Rink* § 1908 Rz 3.

1 BT-Drucks 11/4528 S. 152.

2 ZB *Jürgens* § 1908 a Rz 1.

3 *Knittel* § 1908 a Rz 2.

durchgeführt werden. Es ist eine Frage der Verwertbarkeit, wie lange vor dem Beschluss sie sinnvoll sind.

b) Von Amts wegen als auch auf Antrag. Die Betreuerbestellung als vorsorgliche Maßnahme iSd § 1908 a kann sowohl von Amts wegen als auch auf Antrag des Minderjährigen erfolgen. Ein Antrag der Eltern oder des Vormunds ist nur als Anregung zur Betreuerbestellung von Amts wegen zu behandeln[4]. Die beschränkte Geschäftsfähigkeit oder Geschäftsunfähigkeit gem § 104 Nr 2 des Betroffenen steht einer Antragstellung nicht entgegen, da gem § 1896 Abs 1 Satz 2 der Antrag auch von einem Geschäftsunfähigen gestellt werden kann. Der Einwilligungsvorbehalt (§ 1903) kann nur von Amts wegen angeordnet werden. 3

c) Sachliche Voraussetzungen. Es muss anzunehmen sein, dass die Tatbestandsmerkmale des § 1896 bei Eintritt der Volljährigkeit des Betroffenen vorliegen; dh eine Krankheit bzw Behinderung, die am 18. Geburtstag auch noch besteht; ein darauf zurückzuführendes Nichtbesorgenkönnen von Angelegenheiten. Dies ergibt sich aus dem Gutachten des Sachverständigen. 4

3. Verfahren und Entscheidung. – a) Verfahren. Für das Verfahren und für die weiteren vom Betreuungsgericht zu treffenden Maßnahmen finden grundsätzlich die für die Betreuung Volljähriger geltenden Vorschriften Anwendung. 5

b) Betreuerauswahl. Bei der vorsorglichen Betreuerbestellung werden in erster Linie die Eltern des Minderjährigen als zukünftige Betreuer in Betracht kommen, da sie einerseits zum Betreuer am besten geeignet sein dürften und auch das Vorschlagsrecht des Minderjährigen idR hierauf gerichtet sein wird (§ 1897 Abs 4). Wird eine andere Person als die Eltern des Minderjährigen zum Betreuer bestellt, besteht bis zur Wirksamkeit der Bestellung, dh bis zur Volljährigkeit, kein Umgangsrecht des Betreuers mit dem Betreuten. Da eine Umgangsregelung das durch Art 6 GG geschützte Elternrecht verletzen könnte, verzichteten die Entwürfe auf eine entsprechende gesetzliche Ausgestaltung[5]. Bei freiwilligen Kontakten mit Zustimmung der Eltern entstehen weder Vergütungs- noch Aufwendungsersatzansprüche[6]; anders aber bei sonstigen Aufwendungen, die vor Amtsbeginn gemacht werden, sofern die Voraussetzungen der §§ 1908 i, 1835 Abs 1, 670 vorliegen[7]. 6

c) Beschluss. Hier sollte das Betreuungsgericht wegen Satz 2 zur Klarstellung schreiben: „Dem X wird Y ab … (Datum des 18. Geburtstages) zum Betreuer bestellt". Der weitere Inhalt richtet sich nach §§ 38, 39, 286 FamFG. 7

4. Einstweilige Anordnung. Die Bestellung eines vorläufigen Betreuers durch einstweilige Anordnung (§§ 300, 301 FamFG) wird nur dann in Betracht kommen, wenn die Volljährigkeit kurz bevorsteht und eine Lücke zwischen elterlicher Sorge und Betreuung im Interesse des Betreuten (vgl § 1896 Abs 2) vermieden werden muss[8]. Dann liegt auch die Bestellung eines Vereins oder der Behörde nahe. 8

4 BT-Drucks 11/4528 S. 152.
5 Vgl BT-Drucks 11/4528 S. 152.
6 MünchKomm/*Schwab* § 1908 a Rz 6.
7 *Bienwald* § 1908 a Rz 34.
8 *Bienwald* § 1908 a Rz 20.

§ 1908 b BGB Entlassung des Betreuers

(1) [1]Das Betreuungsgericht hat den Betreuer zu entlassen, wenn seine Eignung, die Angelegenheiten des Betreuten zu besorgen, nicht mehr gewährleistet ist oder ein anderer wichtiger Grund für die Entlassung vorliegt. [2]Ein wichtiger Grund liegt auch vor, wenn der Betreuer eine erforderliche Abrechnung vorsätzlich falsch erteilt hat. [3]Das Gericht soll den nach § 1897 Abs. 6 bestellten Betreuer entlassen, wenn der Betreute durch eine oder mehrere andere Personen außerhalb einer Berufsausübung betreut werden kann.

(2) Der Betreuer kann seine Entlassung verlangen, wenn nach seiner Bestellung Umstände eintreten, auf Grund derer ihm die Betreuung nicht mehr zugemutet werden kann.

(3) Das Gericht kann den Betreuer entlassen, wenn der Betreute eine gleich geeignete Person, die zur Übernahme bereit ist, als neuen Betreuer vorschlägt.

(4) [1]Der Vereinsbetreuer ist auch zu entlassen, wenn der Verein dies beantragt. Ist die Entlassung nicht zum Wohl des Betreuten erforderlich, so kann das Betreuungsgericht statt dessen mit Einverständnis des Betreuers aussprechen, dass dieser die Betreuung künftig als Privatperson weiterführt. [2]Die Sätze 1 und 2 gelten für den Behördenbetreuer entsprechend.

(5) Der Verein oder die Behörde ist zu entlassen, sobald der Betreute durch eine oder mehrere natürliche Personen hinreichend betreut werden kann.

Übersicht

I. Gesetzesgeschichte

§ 1908 b wurde durch das 1. BtÄndG 1998 geändert (Abs 1 Satz 2 wurde angefügt). Durch das 2. BtÄndG 2005 ist in Abs 1 Satz 2 der Abrechnungsbetrug als wichtiger Grund eingefügt worden. Durch das FGG ReformG 2008 wurde ab 1.9.2009 anstelle des Vormundschaftsgerichts das Betreuungsgericht für zuständig erklärt. 1

II. Allgemeines

1. Übersicht. § 1908 b regelt die Entlassung des Betreuers bei Fortbestehen des Betreuungsbedarfs; deshalb ist nach Entlassung auch ein neuer Betreuer zu bestellen (§ 1908 c). Besteht kein Betreuungsbedarf mehr, ist § 1908 d einschlägig. § 1908 b Abs 5 entspricht § 1887 (Entlassung des Vormunds) § 1888 (Entlassung von Beamten und Geistlichen) ist entsprechend anwendbar (§ 1908 i Abs 1). Wird hingegen entschieden, ob eine **Betreuung verlängert** werden soll, ist bei der Auswahl des neuen Betreuers nicht auf § 1908 b abzustellen, sondern auf § 1897 Abs 4, Abs 5[1]. Ebenso ist es nach **Ablauf einer einstweiligen Anordnung**; auch das ist kein Fall des § 1908 b. 2

2. Entlassungsmöglichkeiten. Die Entlassung durch das Betreuungsgericht kann erfolgen nach § 1908 b Abs 1 und Abs 3 sowie § 1908 d, auf eigene Initiative 3

1 OLG Zweibrücken FGPrax 2002, 112; OLG Hamm FamRZ 2001, 254.

oder auf Anregung. Die Entlassungsanregung kann von vier verschiedenen Seiten ausgehen:
- vom Betreuer: § 1908 b Abs 2.
- vom Betreuten: § 1908 b Abs 3.
- von Dritten (zB Angehörigen, Betreuungsbehörde, Verein).
- von der Staatskasse (Bezirksrevisor), vgl § 304 FamFG.

4 Die Entlassung kann auch nur für einen **Teil des Aufgabenkreises** erfolgen, falls die Abgrenzbarkeit eindeutig möglich ist[2]. In der Bestellung eines weiteren Betreuers für einen Teil des Aufgabenkreises des bisherigen Betreuers liegt eine **Teilentlassung**[3]. Eine Teilentlassung ist zulässig[4], weil auch eine Mitbetreuung (§ 1899) mit geteilten Aufgaben möglich ist.

III. Entlassung von Amts wegen durch das Betreuungsgericht (Abs 1)

5 **1. Mangelnde Eignung des Betreuers (Satz 1).** Das Betreuungsgericht *muss* den Betreuer von Amts wegen entlassen, wenn die *Eignung* des Betreuers (kein Ermessensbegriff, sondern ein unbestimmter Rechtsbegriff)[5], die Angelegenheiten des Betreuten zu besorgen, nicht mehr gewährleistet ist. Das ist immer dann der Fall, wenn die Eignung im Sinne von § 1897 Abs 1 weggefallen ist; der Begriff der Eignung knüpft an die psychischen und physischen Eigenschaften an[6]. Die mangelnde Geeignetheit kann ihre Ursache entweder in der Person oder in den Verhältnissen des Betreuers haben; sie kann ihre Ursache auch beim Betreuten finden. Ob der Betreute mit der Entlassung einverstanden ist, spielt keine Rolle; selbst wenn die betreute Mutter die Betreuung durch ihren Sohn wünscht, kann er bei Ungeeignetheit entlassen werden[7]; allerdings ist in solchen Fällen große Zurückhaltung angebracht, weil ein kleiner finanzieller Schaden den Verlust familiärer Bindungen nicht aufwiegt; es kommt immer darauf an, ob aus der Entlassung nicht ein größerer Schaden als beim Verbleiben des Betreuers im Amt erwächst[8]. Insgesamt kommt es darauf an, ob das Wohl des Betreuten bei Unterlassen des Betreuerwechsels erheblich schlechter gewahrt wird[9]. **Zuständig** ist in den Fällen des Abs 1 der Richter (§§ 3, 15 Nr 1 RPflG).

6 **a) Gründe in der Person des Betreuers.** Eine konkrete Schädigung des Betreuten braucht hier noch nicht eingetreten zu sein; es reicht aus, wenn eine Schädigung möglich oder mit einer gewissen Wahrscheinlichkeit zu erwarten ist. Verschulden des Betreuers ist nicht erforderlich[10]. Beispiele:

7 Stellt sich nach der Bestellung heraus, dass dem Betreuer die **Sachkenntnis** fehlt, um den ihm zugewiesenen Aufgabenkreis im Interesse des Betreuten ordnungsgemäß zu bewältigen, zB bei Vermögensverwaltung[11], durch Überforderung in der rechtlichen Beurteilung von Verträgen, weil er eindeutige gerichtliche Hinweise nicht versteht[12], hat das Betreuungsgericht den Betreuer zu entlassen. Lehnt der Betreuer aus wirtschaftlichen Erwägungen die Vermietung des reno-

2 OLG Brandenburg NJOZ 2007, 5679.
3 BayObLG FamRZ 2002, 1656.
4 Offen gelassen OLG Düsseldorf FamRZ 2010, 669.
5 BayObLG FamRZ 1996, 1105, Nr 725.
6 BayObLG FamRZ 1994, 1282; FamRZ 1997, 1359; FamRZ 2000, 514.
7 Vgl Fall BayObLG FamRZ 1996, 1105; FamRZ 1997, 1360.
8 BayObLG FamRZ 1994, 324; FamRZ 1997, 1360.
9 BayObLG FamRZ 2005, 390.
10 BT-Drucks 11/4528 S. 153.
11 LG Essen NJWE-FER 2000, 258.
12 BayObLG FamRZ 2000, 514.

vierungsbedürftigen Hauses des Betreuten ab, rechtfertigt dies noch keine Entlassung[13].

8 **Keine Durchsetzungsfähigkeit.** Der Betreuer ist zu entlassen, wenn er seine Aufgaben unzulänglich und unter Gefährdung der Interessen des Betreuten erfüllt[14]; zB wenn der Sohn Betreuer seiner Mutter ist und nicht verhindern kann, dass seine böse Frau (Schwiegertochter der Betreuten) diese schlägt[15]. Entsprechendes gilt, wenn es dem Betreuer an **Engagement** und Einsatz mangelt und dadurch das Wohl des Betreuten Schaden nehmen könnte[16]. Ein Vater, der seine behinderte Tochter 25 Jahre lang im Heim nicht besucht hatte, ist ungeeignet[17]. Eine zu wenig aggressive Räumung der voll gestellten Wohnung rechtfertigt aber nicht die Entlassung[18]; im Einzelfall kann es anders sein[19].

9 Ein wichtiger Grund kann vorliegen, wenn der Betreuer zur **Rechnungslegung** nicht willens oder nicht in der Lage ist[20], etwa wenn er Geldentnahmen von mehreren tausend Euro nicht aufklären kann[21]. Darunter fällt auch die ungenügende Rechnungslegung; freilich ist zu beachten, dass nirgends die Verwendung der vom Betreuungsgericht zugesandten (sog „amtlichen") Formulare vorgeschrieben ist[22]; bei verzögerter Abgabe infolge Krankheit des Betreuers ist zu berücksichtigen, dass Erkrankung die Rechnungslegung zwar verzögern kann, aber nicht unbegrenzt. Ferner: wenn er nicht in der Lage ist, ein brauchbares **Vermögensverzeichnis** zu erstellen[23].

10 Entlassungsgrund kann sein, dass der Betreuer wiederholt und über einen längeren Zeitraum gegen seine **Berichtspflichten** verstößt und lieber Zwangsgelder zahlt als den vom Betreuungsgericht vorbereiteten Formularbericht erstellt[24]. Ferner, wenn sich zwischen dem Betreuer und dem Betreuten eine **Feindschaft** entwickelt hat[25], es zu Misshandlungen kommt.

11 Eine Entlassung kommt auch dann in Betracht, wenn der Betreuer infolge **längerer Krankheit** oder längerer Abwesenheit (zB Kuraufenthalt, Auslandsreisen) außerstande ist, den ihm zugewiesenen Aufgabenkreis wahrzunehmen[26]. Ungeeignetheit liegt ferner vor, wenn der Betreuer geschäftsunfähig wird (entsprechend den §§ 1780, 1781 Nr 1).

12 Sind für verschiedene Aufgabenkreise ein **ehrenamtlicher und ein berufsmäßiger Betreuer** bestellt, so stellt die Entlassung des ehrenamtlichen Betreuers jedenfalls dann einen wichtigen Grund für die Entlassung des anderen Betreuers dar, wenn

---

13 LG München I NJWE-FER 2000, 234. Zur Entlassung, wenn der Verfall eines Hauses tatenlos hingenommen wird, vgl OLG Hamm NJWE-FER 1998, 34.
14 BayObLG FamRZ 1996, 1105; FamRZ 1997, 1358.
15 BayObLG BtPrax 2000, 123 – FamRZ 2000, 1456; OLG Hamburg FamRZ 2010, 665.
16 BayObLG FamRZ 1996, 509 Nr 309 BayObLG 1996, 1105, FamRZ 1997, 1358 und 1360; BtPrax 1997, 200; FamRZ 1999, 1168; FamRZ 2000, 514; OLG Hamburg FamRZ 2010, 665.
17 LG Hildesheim BtPrax 1997, 79.
18 BayObLG BtPrax 1997, 239.
19 BayObLG FamRZ 2004, 977.
20 OLG Schleswig FamRZ 2006, 577; BayObLG FamRZ 2005, 931; OLG Zweibrücken FGPrax 1998, 57; BayObLG FamRZ 1994, 1282; FamRZ 1996, 1105 Nr 726.
21 OLG München OLG-Report 2005, 415.
22 BayObLG FamRZ 1994, 324.
23 BayObLG FamRZ 2000, 514.
24 OLG Schleswig FGPrax 2006, 74; BayObLG FamRZ 1996, 509, Nr 309.
25 BayObLG FamRZ 1995, 1235.
26 BayObLG FamRZ 2005, 931; BayObLG FamRZ 1996, 1105; LG Koblenz BtPrax 1998, 38 (Fernfahrer, der dauernd unterwegs ist, ungeeignet); HK-BUR-*Rink* Rz 14; BT-Drucks 11/4528 S. 153.

für alle bestehenden Aufgabenkreise ein anderer berufsmäßiger Betreuer bestellt werden soll[27].

13 Wenn *nach* der Betreuerbestellung die Voraussetzungen des § 1897 Abs 3 eintreten, also der **Betreute in dem Heim untergebracht** wird oder wohnt, in dem der Betreuer arbeitet (§ 1897 Rz 35 ff), ist der Betreuer zu entlassen. In diesem Fall kommt es nicht darauf an, ob der Betreuer auch subjektiv ungeeignet ist, da § 1897 Abs 3 eine objektive Unvereinbarkeitsregel enthält[28].

14 Die **Eröffnung des Insolvenzverfahrens** über das Vermögen des Betreuers (vgl § 1781 Nr 3 aF) macht den Betreuer nicht ungeeignet zum Betreuer, wenn er nur die Personensorge hat. Anders ist es, wenn der Aufgabenkreis auch die Vermögenssorge umfasst. **Vermögensverfall** beim Vermögensbetreuer macht ihn ungeeignet[29]. **Vorstrafen,** vor allem im vermögensrechtlichen Bereich (Diebstahl, Betrug etc), führen zur Ungeeignetheit als Vermögensbetreuer[30]. Eine Verurteilung nach § 184 StGB (Verbreitung pornografischer Schriften) genügt nicht[31]. Problematisch ist die Ungeeignetheit von Zeugen Jehovas, wenn es um Gesundheitssorge geht[32]. Zu weiteren Gründen, die den Betreuer ungeeignet machen, siehe das Schrifttum zur Entlassung des Vormunds (§ 1886).

15 Reichen die Gründe für eine Entlassung nicht aus, möchte das Gericht den Betreuer aber trotzdem weghaben, dann könnte es einen ehrenamtlichen Betreuer bestellen (§ 1908 b Abs 1 S. 3 BGB); eine Entlassung des Berufsbetreuers mit dieser Begründung ist praktisch unangreifbar. Das funktioniert aber nur, wenn die ehrenamtliche Betreuung *langfristig* gesichert ist; es handelt sich um eine unzulässige **Umgehung,** wenn dann der ehrenamtliche Betreuer alsbald durch einen (anderen) Berufsbetreuer ersetzt wird[33].

16 b) **Gründe in der Person des Betreuten.** Da Geeignetheit iSd § 1897 auch voraussetzt, dass eine persönliche Betreuung stattfindet, hat das Betreuungsgericht den Betreuer zu entlassen, wenn sich ein persönlicher Kontakt nicht herstellen lässt, insbesondere wenn den Pflichten aus § 1901 im nennenswerten Umfang nicht entsprochen wird; wenn der Betreute eine unüberwindbare Abneigung oder sonstige Antipathien gegen die Person des Betreuers aufgebaut hat; wenn wegen Ortswechsels ein Kontakt nicht mehr möglich, aber (wie zB bei Gesundheitssorge) notwendig ist[34].

17 c) **Abrechnungsbetrug (Abs 1 Satz 2).** Die 2005 eingefügte Regelung bejaht einen wichtigen Grund, wenn der Betreuer eine erforderliche Abrechnung seiner Vergütung gegenüber der Staatskasse[35] *vorsätzlich* falsch erteilt hat; andere Abrechnungen, zB der Einnahmen und Ausgaben im Vermögen des Betreuten, sind mit Satz 2 nicht gemeint. Vorausgegangen waren in die Tagespresse eingefügte Fälle, in denen Betreuer angeblich mehr als 24 Stunden pro Tag abgerechnet hatten. Allerdings hat man übersehen, dass Berufsbetreuer in den Regelfällen der Betreuung seit 2005 nicht mehr nach Stunden abrechnen, sondern nach Pauschalen (§§ 4, 5 VBVG), also auch bezahlt werden, wenn sie keine Minute gearbeitet haben. S. 2 hat deshalb nur noch für Sonderfälle (§ 6

27 OLG München FamRZ 2006, 506.
28 BT-Drucks 11/4528 S. 153.
29 OLG Zweibrücken FGPrax 1998, 57.
30 OLG Köln FamRZ 2007, 765; LG Koblenz BtPrax 1998, 38.
31 OLG Naumburg BtPrax 2007, 265.
32 Vgl LG Frankfurt FamRZ 2003, 632.
33 OLG Hamm FamRZ 2008, 2309.
34 OLG Hamburg BtPrax 1994, 138.
35 MünchKomm/*Schwab* § 1908 b Rz 9.

VBVG) und ehrenamtliche Betreuer Sinn. Praktische Fälle gibt es kaum[36], weil Vorsatz des Betreuers kaum nachweisbar ist. Zur Absicherung ist dem Bezirksrevisor ein Beschwerderecht eingeräumt worden, wenn sein auf Abrechnungsbetrug gestützter Entlassungsantrag vom Betreuungsgericht zurückgewiesen wurde (§ 304 Abs 1 FamFG), mit verlängerter Beschwerdefrist (§ 304 Abs 2 FamFG). Bei erfolgloser Beschwerde können die Kosten des Betreuers der Staatskasse auferlegt werden (§ 84 FamFG). Der bloße Verdacht des Abrechnungsschwindels genügt nicht[37]. Selbst wenn aber kein Vorsatz vorliegt, kann ein wichtiger Grund vorhanden sein; bei Unregelmäßigkeiten in der Abrechnung der Vergütung kommt es auf den Einzelfall an[38].

2. Sonstige wichtige Gründe. Der Betreuer ist nach Abs 1 auch dann zu entlassen, wenn zwar beim Betreuer *kein Eignungsmangel* besteht, aber ein sonstiger *wichtiger* Grund vorliegt; irgend ein Grund genügt also nicht[39]. Wann ein wichtiger Grund vorliegt, kann nicht allgemein bestimmt werden. Eine Gesamtschau ist notwendig. Der Wechsel muss in einem solchen Fall im Interesse des Betreuten liegen, weil es seinem Wohl nicht nur unerheblich schaden würde, wenn der bisherige Betreuer im Amt bliebe[40]. Im Beschluss des Betreuungsgerichts ist eine genaue, durch Tatsachen gestützte vollständige Abwägung der wechselseitigen Interessen notwendig[41]. Im Hinblick auf den grundsätzlichen **Willensvorrang des Betreuten** kommt eine Entlassung des *geeigneten* Betreuers aus wichtigem Grund jedoch nur dann in Betracht, wenn der Betreute nicht am ursprünglichen Betreuer festhalten will (vgl § 1897 Abs 4). **18**

Wichtige Gründe können zB sein: – a) **Pflichtwidrigkeiten des Betreuers.** Indes ist hier zu beachten, dass der Betreuer sein Amt selbstständig führt; deshalb zB keine Entlassung des Sterilisationsbetreuers, weil er entgegen der Meinung des Amtsrichters keinen Genehmigungsantrag stellt[42]; jedoch Entlassung, wenn durch sinnloses Prozessieren das Vermögen des Betreuten schwer geschädigt wird[43]; wenn das Wohl des Betreuten gefährdet wird[44]; unerlaubte Unterbringung[45]; wenn der Betroffene zu einem notariellen Testament gedrängt werden soll[46]. Ferner ist zu berücksichtigen, dass bei Wertungen die eigenen Wünsche des Betreuten angemessen berücksichtigt werden müssen; daher keine Pflichtwidrigkeit, wenn der Betreuer die aufgrund krankhaften Sammeltriebs mit Schachteln und Plastiksäcken voll gestellte Wohnung nicht entrümpeln lässt[47], weil es nicht auf die Vorstellung des Gerichts oder der Behörde von einer „schönen" Wohnung ankommt. Keine Entlassung, weil der Betreuer dem Betreuten nur seine Büroanschrift und Telefonnummer mitteilt, nicht aber seine Privatanschrift[48]. **19**

b) Betreuungswilliger Verwandter nun vorhanden. Ein Verwandter, der früher die Betreuung nicht übernehmen konnte oder wollte, so dass ein Dritter als Betreuer bestellt wurde, will nunmehr die Betreuung übernehmen[49]. Das allein **20**

36 Ausnahme: OLG Köln BtMan 2007, 104.
37 LG Leipzig FamRZ 2000, 190.
38 Vgl LG Leipzig FamRZ 1999, 1614.
39 BayObLG FamRZ 1994, 1282; BayObLG FamRZ 1996, 1105.
40 BayObLG FamRZ 1994, 1353 und BtPrax 2001, 37/38.
41 BayObLG FamRZ 1995, 1232/5 = BtPrax 1995, 65.
42 LG Hildesheim BtPrax 1997, 121.
43 BayObLG FamRZ 1999, 874 Nr 580.
44 OLG München FGPrax 2010, 72.
45 AG Obernburg FamRZ 2010, 403
46 OLG Frankfurt FamRZ 2009, 1245.
47 BayObLG FamRZ 1998, 1257/8.
48 LG Hamburg FamRZ 2003, 1323.
49 BayObLG FamRZ 1994, 1353; BayObLG Rpfleger 1998, 112.

genügt nicht. Es führt nur zur Entlassung, wenn die Betreuung durch den nahen Angehörigen dem Wohle des Betreuten erheblich besser entspricht[50]. Im Hinblick auf die persönlichen Bindungen wird eine Betreuung durch Familienangehörige oftmals dem Wohl des Betreuten besser entsprechen als eine Betreuung durch einen Fremden. In der Praxis sind die Kinder usw häufig nur deshalb plötzlich zur Betreuung bereit, weil sie die erste Vergütungsabrechnung erhalten haben und das Geld sparen sollen; das genügt nicht zur Entlassung.

21 c) **Erheblich geeignetere Person.** Eine *erheblich* geeignetere Person steht zur Verfügung und der Betreute ist mit dem Wechsel einverstanden[51]; ungenügend ist daher, dass ein anderer Betreuer die „Integration des Betreuten in das soziale Leben besser fördern" könnte, jedenfalls nicht, wenn der Betreute keinen Betreuerwechsel wünscht[52]. Zur Auswechslung des Berufsbetreuers zur Kostenersparnis vgl Abs 1 Satz 3.

22 d) **Interessenkonflikte in Vermögensfragen.** Bei Gefahr von Interessenkonflikten in Vermögensfragen (vgl § 1897 Abs 5) müssen konkrete Gefahren bestehen, nur abstrakte Gefahren, wie die Erbberechtigung, genügen nicht[53]. Art 6 Abs 2 GG garantiert den Vorrang der Eltern bei der Verantwortung für das des Schutzes und der Hilfe bedürftige (voll- oder minderjährige) Kind[54]; bei der Entlassung eines Elternteils als Betreuer müssen deshalb besonders wichtige Gründe vorliegen.

23 e) **Entlassung des alten Betreuers aufgehoben.** Wenn die Entlassung des alten Betreuers auf Beschwerde vom LG rückgängig gemacht wurde, ist der neue Betreuer zu entlassen[55].

24 f) **Der Wunsch des Betreuers,** der (entgegen der ursprünglichen Zusage) sein Amt nicht mehr fortführen will, genügt als wichtiger Grund[56]. Umstände, die es dem Betreuer nach Meinung des Betreuungsgerichts unzumutbar machen, sein Amt fortzuführen (Krankheit, berufliche Überlastung, anderer Berufsweg etc), sind zwar keine wichtigen Gründe; sie können aber auf Antrag des Betreuers (Abs 2) berücksichtigt werden. Wenn der Betreuer aus den genannten Gründen seine Arbeit vernachlässigt, erfordert das Wohl des Betreuten ein Einschreiten des Betreuungsgerichts von Amts wegen nach Abs 1[57].

25 g) **Unzulässige Bestellung mehrerer Betreuer.** Um Kosten zu sparen dürfen in der Regel nicht mehrere vergütungsberechtigte Betreuer für denselben Betreuten bestellt werden (vgl § 1899 Abs 1 Satz 3; Änderung 1.7.2005). Wenn sich später herausstellt, dass die Voraussetzungen für die Bestellung mehrerer Betreuer von Anfang an nicht vorlagen oder weggefallen sind, ist *ein* Betreuer aus wichtigem Grund zu entlassen[58].

---

50 OLG Köln FamRZ 2003, 188; BayObLG FamRZ 2000, 1457 (der Sohn, seit Jahren kontaktlos, wollte die Mutter nach Brasilien holen, um Geld zu sparen).
51 BayObLG FamRZ 1994, 1353.
52 OLG Köln FamRZ 1998, 1258.
53 OLG Zweibrücken FGPrax 1998, 57: Mietvertrag mit dem Betreuten; Vermögensverfall des Betreuers, Abrechnungsverzögerungen; BayObLG Rpfleger 1994, 110; FamRZ 1997, 1358 = BtPrax 1997, 37.
54 BVerfG NJW-RR 2006, 1009.
55 BayObLG FamRZ 1996, 58.
56 LG Duisburg FamRZ 1993, 85; dazu *Luthin* FamRZ 1993, 851.
57 BT-Drucks 11/4528 S. 153.
58 OLG München FGPrax 2006, 117; FGPrax 2007, 127; OLG Schleswig FGPrax 2002, 174.

26 **3. Keine wichtigen Gründe.** Der bloße **Wunsch des Betreuten**, den Betreuer zu entlassen, genügt für sich *allein* nicht[59], ebenso nicht Spannungen zwischen Betreuer und Betreutem im Bereich der Vermögenssorge[60], wie etwa eine Änderung der Bankverbindung, Verlegung des Kontos zu einer anderen Bank, beides gegen den Willen des Betreuten[61]; oder dass sich der Betreuer weigert, den Wohnsitz des Betreuten zu ändern, weil dies dessen Wohl zuwiderlaufen würde[62]; oder dass das Haus nicht vermietet wird[63]; oder dass Jahresberichte zwar verzögert abgegeben wurden, aber sonst die Betreuung ordentlich geführt wurde[64]. Kein Entlassungsgrund ist es, wenn die Mutter als Betreuerin geringfügige Gelder des Betreuten über ihr Konto laufen lässt[65]. Die **Beeinträchtigung des Vertrauensverhältnisses** wird teils als ausreichender Grund angesehen[66]; wenn es sich nur um eine Phrase ohne Tatsachenuntermauerung handelt genügt es aber nicht. Wenn der Betreuer **künstliche Ernährung** unter Berufung auf den Willen des Betreuten ablehnt, ist das kein Entlassungsgrund[67].

27 **4. Entlassung als äußerstes Mittel.** Wenn Betreuer und Betreuter mit der Entlassung einverstanden sind, ist sie unproblematisch, auch wenn letztlich die Voraussetzungen nicht vorliegen. Ist dagegen der Betreuer mit seiner Entlassung nicht einverstanden, so dass er möglicherweise Rechtsmittel einlegt, ist zu beachten, dass die auf Abs 1 gestützte Entlassung nur erfolgen darf, wenn sie das einzige Mittel ist, um dem Wohl des Betreuten zu entsprechen[68]. Nach dem **Verhältnismäßigkeitsgrundsatz** hat das Betreuungsgericht daher zunächst die Mittel der **Aufsicht**, des **Weisungsrechts**, der **Androhung der Entlassung**, der Androhung und Verhängung von **Zwangsgeld** einzusetzen, § 1837[69]; aber dann nicht, wenn das voraussichtlich aussichtslos ist[70].

28 a) **Interessenkonflikt.** Liegt ein Interessenkonflikt iSd § 1908 i iVm § 1796 zwischen Betreuer und Betreutem vor, hat das Betreuungsgericht auch in Erwägung zu ziehen, ob dem Wohl des Betreuten nicht bereits durch eine (teilweise) Entziehung der Vertretungsmacht Rechnung getragen werden kann, § 1908 i iVm § 1796[71]; insoweit ist dann ein **weiterer Betreuer** (§ 1899) zu bestellen. Das gleiche gilt, wenn der Betreuer mit mehreren Aufgabenkreisen betraut und er nur für einen (zB für die Vermögensverwaltung) ungeeignet ist; dann ist ebenfalls eine nur teilweise Entlassung in Erwägung zu ziehen (zB bei Eltern oder Verwandten, die für die Personensorge, nicht aber für die Vermögenssorge geeignet sind)[72] Bei Verwandten ist ferner zu prüfen, ob bei **befreiter Betreuung** eine Beschränkung der Befreiung genügt (§ 1908 Abs 2 Satz 2 „soweit").

29 b) **Duldung kleinerer Unzulänglichkeiten.** Die Schwierigkeit, einen neuen Betreuer zu finden, darf nicht ausschlaggebend für die Entscheidung über die Entlassung sein, doch soll eine Entlassung vermieden werden, wenn sie dem Betreuten mehr schadet als das Verhalten des Betreuers[73]; vgl § 1886 Rz 2;

---

59 MünchKomm/*Schwab* § 1908 b Rz 8; *Jürgens* § 1908 b Rz 4.
60 BayObLG FamRZ 1994, 1135; mE eine Frage des Einzelfalls.
61 BayObLG FamRZ 1996, 509, Nr 308.
62 BayObLG FamRZ 1998, 1261.
63 LG München I NJWE-FER 2000, 234
64 BayObLG FamRZ 2003, 60.
65 OLG Rostock FamRZ 2005, 1588.
66 BayObLG NJOZ 2005, 966; OLG Köln FamRZ 1999, 1169.
67 OLG Frankfurt FamRZ 2007, 584; OLG München FamRZ 2007, 1128; LG Berlin BtPrax 2007, 138.
68 BayObLG FamRZ 1994, 324; BayObLG FamRZ 1996, 1105.
69 BayObLG FamRZ 2000, 514.
70 BayObLG FamRZ 2004, 1323.
71 BayObLG FamRZ 1998, 1257; 1997, 1358; 1996, 1105; 1996, 509.
72 Vgl BT-Drucks 11/4528 S. 153.
73 BayObLG FamRZ 1994, 324.

kleinere Mängel der Vermögensabrechnung sind daher hinzunehmen, wenn sich der Betreuer im Übrigen einsetzt[74]. Der Betreuer kann auch aus Gründen entlassen werden, die vor seiner Bestellung liegen, wenn diese später bekannt werden und noch relevant sind (zB strafrechtliche Verurteilung wegen Betruges). Der entlassene Betreuer kann erneut zum Betreuer bestellt werden, wenn die seine Geeignetheit ausschließenden Gründe später weggefallen sind (zB weil er einen Buchhaltungskurs besucht hat).

30 **5. Fiskalische Gründe (Satz 3).** Satz 3 wurde durch das 1. BtÄndG 1998 zur Entlastung der Staatskasse eingefügt. Wenn sich zeigt, dass eine bisher von einem (vergütungsberechtigten) Berufsbetreuer (zB Sozialpädagoge, Rechtsanwalt) geführte Betreuung von einem billiger arbeitenden ehrenamtlichen Betreuer übernommen werden kann, dann *soll* (nicht: muss) das Betreuungsgericht den Berufsbetreuer entlassen und den ehrenamtlichen Betreuer bestellen[75].

31 Auch im Rahmen des Satz 3 ist Maßstab, ob die Entlassung des Betreuers dem Wohl des Betroffenen entspricht[76]. Damit Satz 3 durchgesetzt werden kann, ist der Staatskasse (Bezirksrevisor) eine Beschwerdeberechtigung gegen den Beschluss des Betreuungsgerichts, der die Entlassung (die nur auf *diesen* Grund gestützt wurde) ablehnt, eingeräumt worden (§ 304 FamFG), sogar mit verlängerter Beschwerdefrist (§ 304 Abs 2 FamFG). Dieses fiskalische Argument ändert aber nichts daran, dass bei der Ermessensentscheidung die Kontinuität der Betreuung zu berücksichtigen ist; ferner, dass eine Auswechslung nur in Betracht kommt, wenn der ehrenamtliche Betreuer gleich qualifiziert ist[77]. Hierzu wird die Meinung vertreten, eine Auswechslung sei insbesondere dann angebracht, wenn die wesentlichen Angelegenheiten des Betreuten, die professionelles Wissen und Können verlangen, geregelt seien[78] und der Rest unproblematisch ist. Es muss auch gesichert sein, dass die ehrenamtliche Betreuung langfristig erfolgen wird und nicht eine alsbaldige Rückkehr zur Berufsbetreuung bevorsteht[79].

32 **Ersatz des vorläufigen Betreuers.** Ist ein Betreuer durch einstweilige Anordnung bestellt worden, ist nach Fristablauf zu prüfen, wer endgültig zum Betreuer zu bestellen ist. Hier gelten die Auswahlkriterien des § 1897 Abs 4 und 5, nicht die Entlassungskriterien des § 1908 b. Erfüllt sie der vorläufige Betreuer nicht, kann er entlassen werden, ohne dass § 1908 b Abs 1 BGB erfüllt ist[80]. **Verlängerung der Betreuung:** vgl Rz 2.

33 **6. Einstweilige Anordnung.** Die Regelung wird ergänzt durch § 300 Abs 2 FamFG, wonach das Betreuungsgericht im Wege der einstweiligen Anordnung den Betreuer entlassen kann, wenn dringende Gründe für die Annahme sprechen, dass die Voraussetzungen für die Entlassung vorliegen und mit dem Aufschub Gefahr verbunden wäre.

IV. Entlassung auf Antrag des Betreuers (Abs 2)

34 **1. Unzumutbarkeit für den Betreuer.** Gemäß Abs 2 *kann* der Betreuer seine Entlassung verlangen, wenn Umstände eingetreten sind, auf Grund derer ihm

74 Vgl LG Kleve FamRZ 2008, 640.
75 BR-Drucks 960/96 S. 57.
76 BayObLG FamRZ 2005, 1777.
77 BayObLG FamRZ 2005, 1777; LG Saarbrücken BtPrax 2000, 266.
78 LG Duisburg BtPrax 2000, 43.
79 OLG Hamm FGPrax 2008, 246.
80 OLG Köln FamRZ 2005, 237; BayObLG FamRZ 2001, 252.

eine Betreuung nicht mehr zugemutet werden kann. Es soll vermieden werden, dass die persönlichen Interessen des Betreuers durch die Amtsführung unbillig beeinträchtigt werden[81]. Bei der Frage der Zumutbarkeit ist daher das Interesse des Betreuers an seiner Entlassung gegen das Interesse des Betreuten an der Weiterführung der Betreuung abzuwägen. Die Unzumutbarkeitsgründe der §§ 1889 Abs 1 iVm 1786 Abs 1 können als Auslegungshilfen herangezogen werden (vgl auch § 1898 Rz 4). Zuständig ist in den Fällen des Abs 2 der Richter (§§ 3, 15 Nr 1 RPflG).

Unzumutbarkeit iSd Abs 2 liegt vor, wenn persönliche, familiäre, berufliche oder sonstige Umstände solche **Belastungen** für den Betreuer mit sich bringen, dass ihm eine Betreuung auch unter Abwägung der Interessen des Betreuten nicht mehr zugemutet werden kann; dabei wird man bei der Betreuung eines Familienangehörigen dem Betreuer mehr zumuten können als bei der Betreuung einer fremden Person. Der Betreuer *muss* in einem solchen Fall die Entlassung nicht beantragen; bleibt er trotz schwieriger Umstände geeignet, kann er auch nicht nach Abs 1 entlassen werden. 35

Zu den **familiären Umständen** zählen beispielsweise Familienzuwachs oder erforderlich werdende Pflege einer nahestehenden Person[82]. Zu den **beruflichen Umständen** gehören Arbeitsüberlastung oder Versetzung an einen anderen Ort. **Persönliche Umstände** sind beispielsweise Krankheit oder fortgeschrittenes Alter, aber auch ein gespanntes Verhältnis zum zuständigen Rechtspfleger bzw Richter. Auch **objektive Umstände**, wie beispielsweise die Verschlechterung von Verkehrsverbindungen oder eine Unterbringung des Betreuten in größerer Entfernung können eine Betreuung unzumutbar machen[83]. Dasselbe gilt, wenn die **Vergütungspraxis** des zuständigen Gerichts dazu führt, dass der Betreuer nicht kostendeckend arbeiten kann[84]; ebenso, wenn das Betreuungsgericht laufend zu Unrecht wesentliche Vergütungskürzungen vornimmt[85]. Dass die Vergütung gering ist rechtfertigt einen Entlassungsantrag des Betreuten[86]. Es hat keinen Sinn, einen unzufriedenen, verbitterten Berufsbetreuer, der nicht mehr will, festzuhalten. 36

In Betracht kommt ferner eine tiefgreifende, vom Betreuten ausgehende **Entfremdung**, die das persönliche Vertrauensverhältnis so empfindlich stört, dass dem Betreuer die Fortsetzung unzumutbar wird[87]. Eine Meinungsverschiedenheit zwischen Betreuer und Betreutem (vgl § 1901 Abs 1), zB über Fragen der Geldanlage, genügt aber grundsätzlich nicht, wie § 1901 Abs 2 zeigt. Sind dem Betreuer mehrere Aufgabenkreise übertragen worden, ist vor einer Entlassung zu untersuchen, ob nicht eine **teilweise Entlassung** in Betracht kommt. Dem Betreuten ist für den entsprechenden Aufgabenkreis dann ein neuer Betreuer zu bestellen (§ 1908 c). Ist nur *ein* Aufgabengebiet übertragen worden, kommt zur Entlastung des Betreuers auch die Bestellung eines weiteren Betreuers in Betracht, wenn die Voraussetzungen des § 1899 vorliegen[88]. 37

2. Nach der Bestellung eingetretene Unzumutbarkeit. Wie sich aus den §§ 1898, 1908 b ergibt, kann sich der Betreuer nur auf solche Umstände berufen, die *nach* seiner Bestellung eingetreten sind. Ein Betreuungsverhältnis 38

81 BT-Drucks 11/4528 S. 153.
82 OLG Schleswig FGPRax 1997, 223.
83 BT-Drucks 11/4528 S. 153.
84 AG Northeim BtPrax 1994, 179; *Jürgens* § 1908 b Rz 3.
85 AA OLG Schleswig FamRZ 1998, 1259, das dem Betreuer rät, gegen die Kürzungen Rechtsmittel einzulegen.
86 BayObLG FamRZ 2002, 195.
87 BayObLG FamRZ 1995, 1235 (Feindschaft zwischen Eheleuten, Misshandlungen).
88 BT-Drucks 11/4528 S. 154.

„auf Probe“ soll vermieden werden. Anderes gilt für solche Umstände, die weder dem Betreuungsgericht noch dem Betreuer zum Zeitpunkt seiner Bestellung bekannt waren, wie beispielsweise eine unerkannte Krankheit des Betreuers[89].

V. Entlassung auf Antrag des Betreuten (Abs 3)

39 **1. Allgemeines.** Der Betreute kann jederzeit die Entlassung des Betreuers anregen und sich zur Begründung auf fehlende Eignung oder sonstige wichtige Gründe stützen (Abs 1). Der Antrag auf Betreuerwechsel ist zu unterscheiden von der Beschwerde gegen die Anordnung der Betreuung[90]. Einen weiteren Entlassungsgrund enthält Abs 3; diese Vorschrift ermöglicht es dem Betreuten faktisch, jederzeit einen Betreuerwechsel herbei zuführen, denn einen übernahmebereiten Berufsbetreuer (zB einen Rechtsanwalt) wird er leicht finden; ein wichtiger Grund im Sinne des Abs 1 ist nicht notwendig[91]. Deshalb gibt es eine Vielzahl von Betreuungen, in denen der mittellose launische Betreute, wenn der Betreuer nicht „spurt“, ihn auswechseln lässt; das ist ein Missstand, dem die Betreuungsgerichte begegnen sollten. Ein Antrag, die Betreuung aufzuheben, kann den Antrag, zumindest *diesen* Betreuer zu entlassen, beinhalten[92]; das ist eine Auslegungsfrage. **Angehörige des Betreuten** sowie sein Lebensgefährte können wie jeder andere Mensch die Entlassung anregen, haben aber kein Recht darauf, also auch kein Beschwerderecht gegen die Ablehnung[93]. Für die Entlassung und Neubestellung ist der Rechtspfleger zuständig[94]. Der Beschluss wird mit Zugang wirksam, eine Zustellung ist nicht Wirksamkeitsvoraussetzung. **Zuständig** ist in den Fällen des Abs 3 der Rechtspfleger (§§ 3, 15 Nr 1 RPflG).

40 **2. Gleich geeignete Person.** Nach Abs 3 kann das Betreuungsgericht den Betreuer entlassen, wenn der Betreute eine gleich geeignete Person als neuen Betreuer **vorschlägt**, welche zur Übernahme bereit ist[95]. Drei Voraussetzungen müssen somit vorliegen:

41 **a) Gleiche Eignung.** Zumindest gleiche Eignung des Nachfolgers ist erforderlich. Hier kommt es auf § 1897 Abs 1 an. Auch ein Vereinsbetreuer kann vorgeschlagen werden[96]. Das Betreuungsgericht hat die Eignung von Amts wegen zu überprüfen.

42 **b) Übernahmebereiter Nachfolger.** Eine Entlassung gem Abs 3 setzt voraus, dass der Betreute sich selbst um einen übernahmebereiten Nachfolgebetreuer kümmert und eine gleich geeignete und zur Übernahme bereite Person namentlich benennt. Ein Entlassungsantrag ohne sofortige Benennung des Nachfolgers ist nicht unzulässig; den Namen kann er nachreichen, es soll auch die Kontaktaufnahme zur Betreuungsbehörde genügen[97]. Es genügt nicht, wenn der Betreute mehrere Personen vorschlägt und dem Gericht die Auswahl überlässt[98]. Die

---

89 So BT-Drucks 11/4528 S. 154.
90 BayObLG FamRZ 2003, 784.
91 OLG Köln NJOZ 2003, 637.
92 BayObLG FamRZ 1994, 324.
93 BayObLG FGPrax 1998, 56; OLG Düsseldorf FamRZ 1995, 483; OLG Hamm FamRZ 1996, 46.
94 BayObLG FamRZ 1996, 250.
95 LG Aachen FamRZ 1998, 108, Anm *Bienwald* S. 1197, hält für einen solchen Antrag PKH-Bewilligung unter Beiordnung eines Anwalts für erforderlich, wenn persönliche Antragstellung wegen Psychose des Betreuten nicht möglich ist.
96 BayObLG FamRZ 1996, 250.
97 OLG München Rpfleger 2007, 660.
98 OLG Jena NJ 2003, 268.

Übernahmebereitschaft muss der Antragsteller aber nicht urkundlich nachweisen. Der Betreute kann auch vorschlagen, dass ein Mitbetreuer künftig alleiniger Betreuer wird[99]. Die Übernahmebereitschaft hat das Betreuungsgericht von Amts wegen zu ermitteln. Mit Abs 3 soll sichergestellt werden, dass der Betreute nicht bei bloßer Unzufriedenheit mit einem an sich geeigneten Betreuer das Gericht veranlasst, einen neuen Betreuer zu bestellen.

c) **Ermessen des Betreuungsgerichts.** Für das Betreuungsgericht besteht keine Pflicht, den alten Betreuer zu entlassen; Abs 3 ist eine Kann-Vorschrift, so dass es im Ermessen[100] des Betreuungsgerichts steht, einen Betreuerwechsel vorzunehmen. Fälle, in denen der Betreute seinen Betreuer jährlich wechseln lässt, sollte es deshalb nicht geben. Die Obergerichte lassen es nicht als Ermessensgrund genügen, dass der dauernde Wechsel zu einer Belastung des Betreuungsgerichts führt, weshalb dieses Argument nicht benutzt werden darf. Folge der Einordnung als Ermessen ist, dass Angemessenheit und Zweckmäßigkeit der AG/LG-Entscheidung dann der Nachprüfung durch das Rechtsbeschwerdegericht entzogen wäre[101]. Der Willensvorrang des Betreuten, der bei der Bestellung des Betreuers gilt (§ 1897 Abs 4), ist also bei der Entlassung zwar eingeschränkt, gleichwohl ist der Wunsch des Betroffenen bei der Ausübung des Ermessens zu berücksichtigen und hat *besonderes* Gewicht[102]. Bei Fehlausübung des Ermessens ist die Ablehnung des Betreuerwechsels im Instanzenzug nicht haltbar. Es muss erwogen werden, ob nicht wenigstens für einen **Teil der Aufgabenkreise** der gewünschte Betreuer bestellt werden kann[103]. Wenn das Betreuungsgericht entscheidend darauf abstellt, dass es zweckmäßig ist, wenn ein begonnener schwieriger Zivilprozess durch den bisherigen Betreuer zu Ende geführt wird, dann kann das eine zutreffende Ausübung des Ermessens sein[104]. Ebenso ist es zutreffend, wenn ein häufiger Wechsel abgelehnt wird (kein jährlicher Wechsel des Betreuers). Bei Ablehnung des Wechsels, weil der Wunschbetreuer nicht gleich geeignet ist (zB nur nebenbei und nicht als Berufsbetreuer tätig werde), bedarf es gründlicher Feststellungen und Wertungen[105]. Ablehnungskriterium ist aber nicht die Belastung für das Betreuungsgericht, sondern das richtig verstandene Wohl des Betreuten. Teils wird verlangt, dass der Wunsch des Betreuten (der aber psychisch krank ist!) nicht auf fremde Einflüsse zurückzuführen ist[106]. Kein Ermessensfehler liegt vor, wenn die Auswechslung abgelehnt wird, weil in Kürze ohnehin über die Verlängerung der Betreuung (und die Person des Betreuers) entschieden wird[107]. 43

Der **Vorschlag des Betreuten** ist kein Rechtsgeschäft[108]. Die Frage der Geschäftsfähigkeit spielt daher als solche keine Rolle[109]. Damit taucht ein zentrales Problem des Betreuungsrechts wieder auf: wenn auch der Wunsch des beeinflussten, launischen, verwirrten, aber noch artikulationsfähigen Betreuten von Bedeutung ist, dann hat Abs 3 keinen Sinn mehr. Deshalb wird von der Rspr eine Art Geschäftsfähigkeit über die Hintertur eingefuhrt: der Wunsch kann 44

99 BayObLG FamRZ 2004, 736.
100 BayObLG FamRZ 1994, 1353; 1998, 1260; 1999, 1170.
101 BayObLG FamRZ 1994, 1353; FamRZ 2000, 514.
102 BayObLG FamRZ 1994, 322; 1998, 1260; BtPrax 1998, 185.
103 OLG Düsseldorf NJWE-FER 2000, 291; § 1897 Rz 37.
104 BayObLG FamRZ 1994, 1353.
105 Vgl BayObLG BtPrax 1998, 185.
106 BayObLG FamRZ 2005, 390 („aufgrund eigenständiger Willensbildung"); BayObLG FamRZ 2005, 548 („ernsthafte und auf Dauer angelegte eigenständige Willensbildung"); OLG Köln OLG-Report 2003, 47.
107 BayObLG FamRZ 2003, 1411.
108 BayObLG BtPrax 1993, 171 = Rpfleger 1994, 64.
109 OLG Schleswig FGPrax 2005, 214; BayObLG FamRZ 1994, 1353; *Kollmer*, Selbstbestimmung im BetreuungsR, 1992, 128 ff.

unberücksichtigt bleiben, wenn der Betreute aufgrund seiner Erkrankung oder Behinderung besonders **leicht zu beeinflussen** ist, der Einfluss eines Dritten festgestellt ist und der den Einfluss ausübende Dritte ein erhebliches wirtschaftliches Interesse am Wechsel des Betreuers hat[110]; wenn der Wunsch in Wirklichkeit nicht ernstlich und nachvollziehbar ist[111]; wenn der Wunsch auf den Einfluss eines Dritten, der Interesse am Wechsel des Betreuers hat, zurückzuführen ist und nicht dem ureigenen Willen des Betreuten entspricht[112]. Oft geht es um Fälle, in denen „die Familie" einen Rechtsanwalt als Betreuer ausschalten möchte, um mit einem Betreuer eigener Wahl leichter operieren zu können.

45 **Wechsel des Vereins** als Betreuer: Da das BtG auf die „Person" abstellt, kann der Betreute nicht mit der Begründung des Abs 3 verlangen, dass ein anderer Verein die Betreuung übernimmt[113].

VI. Vereins- und Behördenbetreuer (Abs 4)

46 **1. Entlassung eines Vereinsbetreuers.** Er *muss* vom Betreuungsgericht nach Abs 1 entlassen werden[114]; er *kann* entlassen werden nach Abs 3. Der Vereinsbetreuer selbst kann seine Entlassung nach Abs 2 verlangen; das ist zB der Fall (Entlassung wegen Unzumutbarkeit), wenn das Arbeitsverhältnis des Vereinsbetreuers endet oder dieser versetzt wird[115]. Dem fügt Abs 4 Satz 1 einen weiteren Grund („auch") hinzu. **Zuständig** ist in den Fällen des Abs 4 der Rechtspfleger (§§ 3, 15 Nr 1 RPflG).

47 **2. Personalhoheit des Vereins (Satz 1).** Satz 1 gewährleistet in Verbindung mit der Vorschrift des § 1897 Abs 2 die Personalhoheit der Betreuungsvereine. So wie die Bestellung eines **Vereinsbetreuers** nur mit Zustimmung des anerkannten Vereins erfolgen darf (§ 1897 Abs 2), steht umgekehrt dem Verein (vertreten durch die satzungsmäßig hierzu berufenen Vertreter) das Recht zu, die Entlassung seines Mitarbeiters zu verlangen. Der Verein braucht sein Entlassungsverlangen auch nicht zu begründen. Das Betreuungsgericht *muss* dann innerhalb angemessener Zeit den Vereinsbetreuer entlassen. Ihm bleibt, von Satz 2 abgesehen, keinerlei Ermessen. Das ist erstaunlich, weil sonst das Betreuungsrecht das Wohl des Betreuten in den Vordergrund stellt; hier ist das Wohl nur schwach (durch Satz 2) geschützt worden. Das Betreuungsgericht kann die Entlassung auch nicht davon abhängig machen, dass der Verein zunächst eine andere geeignete Person zur Übernahme der Betreuung vorschlägt. Einwendungen des Betreuers sind unerheblich; er kann sich also zB nicht darauf berufen, der Verein verlange nur deshalb seine Entlassung, weil er es abgelehnt habe, bestimmte (zweifelhafte) Weisungen zu befolgen, oder weil interne Querelen bestünden, oder dass Rechtsmissbrauch vorliege.

48 **Entlassung. Neubestellung.** Verbindet der Verein (wie meist) das Verlangen, den Vereinsbetreuer X zu entlassen, mit dem Wunsch, statt dessen den Mitarbeiter Y zum Vereinsbetreuer zu bestellen, handelt es sich um zwei verschiedene Vorgänge. Die Entlassung des X richtet sich nach Abs 4 Satz 1. Der Mitarbeiter Y

110 BayObLG FamRZ 1994, 1353. Auf das wirtschaftliche Interesse kommt es mE aber nicht an.
111 OLG München Rpfleger 2007, 660.
112 BayObLG FamRZ 2005, 390; BayObLG FamRZ 2005, 548 („ernsthaft"); OLG Köln OLG-Report 2003, 47; OLG Düsseldorf FamRZ 1995, 1234.
113 AA HK-BUR-*Rink* § 1908 b Rz 21.
114 Etwa wenn er sich wie ein Richter aufführt, BayObLG FamRZ 2005, 750.
115 BT-Drucks 11/4528 S. 154.

muss nur bestellt werden, wenn weder X als Privatbetreuer weiter tätig werden will (Abs 4 Satz 2) noch eine sonstige Person sich findet (Abs 5).

49 **3. Weiterführung des Amts als Privatbetreuer (Satz 2).** Beantragt der Betreuungsverein die Entlassung seines Mitarbeiters vom Amt des Vereinsbetreuers und ist dies nicht zum Wohl des Betreuten *erforderlich* und entspricht dies auch nicht dem Wunsch des Betreuers, kann das Betreuungsgericht (Rechtspfleger [116]) nach Abs 4 Satz 2 statt der Entlassung aussprechen, dass der Vereinsbetreuer die Betreuung zukünftig als Privatperson weiterführt (zur Beschwerde vgl Rz 61 ff). Dies ist eine Entscheidung eigener Art, eine Umwandlung, keine Entlassung und Neubestellung. Zwar könnte der Vereinsbetreuer auch als solcher entlassen und als Privatbetreuer neu bestellt werden. Aber durch die Sonderregelung des Satz 2 sollte nach (unrichtiger) Meinung der Gesetzesbegründung[117] sichergestellt werden, dass etwaige dem Vereinsbetreuer erteilte, aber noch nicht vollzogene Genehmigungen nicht ihre Wirksamkeit einbüßen, was der Fall wäre, wenn der Vereinsbetreuer zunächst entlassen und dann wieder als Betreuer bestellt werden müsste. Diese Begründung überzeugt nicht, denn die Betreuung wird als fortbestehend fingiert, so dass der nachfolgende Betreuer von der Genehmigung Gebrauch machen kann. Außerdem dauert Entlassung und Neubestellung länger und ist anders anfechtbar.

50 Das Verfahren nach Abs 4 Satz 2 hat kaum praktische Bedeutung; es spielt allenfalls eine Rolle, wenn der Vereinsbetreuer zugleich vom Verein aus seinem Arbeitsverhältnis entlassen wird und nun als „Arbeitsloser" Betreuungen führen will. Denn anderenfalls wird ihm der Verein kaum die Nebentätigkeitsgenehmigung erteilen. Lässt sich der Verein vertraglich zusichern, dass ein Vereinsbetreuer von der Möglichkeit nach Abs 4 Satz 2 keinen Gebrauch machen wird, so käme dem im Verhältnis zum Betreuungsgericht keine Rechtswirkung zu, würde wohl auch (weil gegen den Sinn von Abs 4 Satz 2 verstoßend) im Verhältnis zum Verein als Umgehung nichtig sein.

51 **4. Behördenbetreuer (Satz 3).** Da nicht nur der Betreuungsverein, sondern auch die Behörde Personalhoheit über ihre Mitarbeiter genießt, kann auch die Behörde die Abberufung des Behördenbetreuers (§ 1897 Abs 2 Satz 2) verlangen. Abs 4 Satz 3 erklärt daher Satz 1 und 2 für entsprechend anwendbar.

VII. Entlassung von Verein oder Behörde (Abs 5)

52 **1. Verein.** Der Verein als Betreuer (§ 1900 Abs 1) kann nicht nach Belieben um seine Entlassung nachsuchen; er *kann* gemäß Abs 2 entlassen werden, wenn ihm die weitere Betreuung zB deshalb unzumutbar geworden ist, weil er mehrere Mitarbeiter verloren hat. Er muss im Falle des Abs 5 entlassen werden. Zuständig ist der Richter (§ 15 Nr 1 RPflG).

53 **2. Behörde.** Für die Behörde als Betreuerin gilt dasselbe wie für den Verein. Keine Entlassung der Behörde als Betreuer erfolgt, wenn der Betreute seinen gewöhnlichen Aufenthalt wechselt; ohne Weiteres wird dann die neue örtlich zuständige Behörde Betreuer (§ 3 Abs 2 BtBG); eine *förmliche* Abgabe ist nicht erforderlich[118]. Zu einer Ausnahmeregelung bei einem schwebenden Verfahren vgl § 3 Abs 2 Satz 2 BtBG.

---

116 OLG Hamm FamRZ 2001, 253; Holzhauer/*Reinicke* § 1908 b Rz 11.
117 BT-Drucks 11/4528 S. 154.
118 BT-Drucks 11/4528 S. 198; aA OLG Zweibrücken FamRZ 1992, 1325; OLG Hamburg BtPrax 1994, 138.

54 **3. Einzelheiten.** Im Hinblick auf den Vorrang der Einzelbetreuung (§ 1900 Abs 4) ist ein zum Betreuer bestellter Verein oder eine Behörde zu entlassen, sobald die Betreuung durch eine oder mehrere natürliche Personen gewährleistet ist. Dies ist an sich immer der Fall; denn ein übernahmebereiter Berufsbetreuer (zB Rechtsanwalt) findet sich leicht. Allerdings ist streitig, ob es genügt, dass sich ein **Berufsbetreuer** zur Übernahme der Betreuung anbietet[119]. Zwar gibt das Gesetz der Einzelbetreuung den Vorrang (vgl § 1897 Rz 1), andererseits ist die Kontinuität der Betreuung und das Fehlen der persönlichen Bindung des Berufsbetreuers zum Betreuten zu berücksichtigen.

55 **4. Kontrollpflichten.** Damit das Betreuungsgericht eine Entlassung nach Abs 5 durchführen kann, sieht § 1900 Abs 3 eine Mitteilungspflicht des Vereins bzw der Behörde vor. Die Pflicht des Betreuungsgerichts, zu überprüfen, ob die Voraussetzungen für eine Vereins- oder Behördenbetreuung noch vorliegen (früher § 69 c Abs 1 FGG), ist durch das BtÄndG gestrichen worden.

VIII. Wirkung der Entlassung

56 **1. Amtsende.** Die Entlassung wird wirksam mit Bekanntgabe an den Betreuer (§ 40 Abs 1 FamFG). Nur das **Amt des Betreuers endet**, nicht aber die Betreuung, weil sie als fortbestehend fingiert wird[120]. Trotz Beendigung des Amtes sind vom entlassenen Betreuer noch gewisse Handlungen vorzunehmen, beispielsweise bei der Vermögenssorge Schlussrechnung zu legen (§ 1892 Abs 1), die Bestallung zurückzugeben (§ 1908 i iVm § 1893 Abs 2), das Vermögen herauszugeben (§ 1908 i iVm § 1890). Eine Beschwerde gegen die Entlassung hat keine aufschiebende Wirkung; das Beschwerdegericht kann aber die Wirkung aussetzen (§ 64 Abs 3 FamFG analog, denn eine „Vollziehung" gibt es hier nicht) oder den bisherigen Betreuer durch einstweilige Anordnung befristet bis zum Abschluss des Beschwerdeverfahrens neu bestellen (§§ 64 Abs 3, 300, 301, 302 FamFG). Erteilt der entlassene Betreuer der Bank noch Überweisungsaufträge, dann sind die Beträge von der Bank zurückzuzahlen[121], weil der Entlassene nun Vertreter ohne Vertretungsmacht ist.

57 **2. Betreuungsgerichtliche Genehmigungen,** die dem ehemaligen Betreuer bereits erteilt, aber von diesem noch nicht vollzogen, dh dem Gegner noch nicht mitgeteilt sind (§§ 1908 i, 1829), oder solche nach §§ 1904, 1905, 1906, büßen ihre Wirksamkeit nicht ein[122]. Der neue Betreuer kann nun entscheiden, ob er von der Genehmigung Gebrauch macht.

58 **3. Eilfälle.** In Eilfällen (zB dringend notwendige Operation) kann der **neue Betreuer** auch durch einstweilige Anordnung bestellt werden (§§ 300, 301 FamFG); vgl ferner § 1846.

59 **4. Konkurrenz zweier Betreuer.** Das Betreuungsgericht darf mit der Bestellung eines neuen Betreuers in der Regel nicht warten, bis über die Beschwerde des entlassenen Betreuers *entschieden* ist[123], weil sonst der Betreute monatelang ohne Betreuer wäre. Andererseits aber *muss* nicht gleichzeitig mit der Entlassung ein neuer Betreuer bestellt werden; es ist vertretbar, abzuwarten, ob der entlassene Betreuer Beschwerde einlegt. Tut er das, kommt es auf den Aufgaben-

---

119 Verneinend LG Mainz Rpfleger 1993, 283.
120 BT-Drucks 11/4528 S. 119; vgl § 1908 c.
121 AG Frankfurt/M BtPrax 1998, 191.
122 BT-Drucks 11/4528 S. 119.
123 OLG Köln FamRZ 1995, 1086; KG JFG 12, 122 = JW 1935, 2157 für Vormund; offen gelassen vom BayObLG FamRZ 1994, 452.

kreis und die Lage des Einzelfalls an, wie lange mit der Bestellung eines neuen Betreuers (§ 1908c) gewartet werden kann. Hat die Beschwerde des entlassenen Betreuers Erfolg, so entfällt seine Entlassung *rückwirkend*[124]; einer Neubestellung des entlassenen Betreuers bedarf es nicht, sie wäre unrichtig[125].

Nun ist die Entlassung des (jetzt überflüssigen) neuen Betreuers notwendig; bis zu deren Wirksamwerden besteht eine **doppelte gesetzliche Vertretung**[126], die nach § 1899 Abs 3 zu behandeln ist; Handlungen des neuen Betreuers vor Aufhebung der Entlassung bleiben wirksam, § 47 FamFG[127]. Der neue Betreuer wird nach Abs 1 („wichtiger Grund") entlassen[128]. **60**

IX. Verfahren

1. Allgemeines. Die Beteiligten ergeben sich aus § 274 FamFG. Die Behörde muss auf Antrag beteiligt werden. Der Richter (§ 15 Nr 1 RPflG) hat die Voraussetzungen, die zu einer Entlassung nach § 1908b Abs 1, Abs 2, Abs 5 führen können, von Amts wegen zu ermitteln (§ 26 FamFG); bei Abs 3 und 4 ist der Rechtspfleger zuständig. Eine eingeholte Stellungnahme der Betreuungsbehörde ist dem bisherigen Betreuer und dem Betreuten (bzw dessen Verfahrenspfleger) zuzuleiten. Die Ungeeignetheit (Abs 1) muss feststehen; bloße „berechtigte Zweifel" genügen nicht[129]. Der Betreute und der Betreuer sind persönlich anzuhören, *wenn* der Betreute der Entlassung des Betreuers widerspricht (§ 296 Abs 1 FamFG); diese Anhörung kann durch einen ersuchten/beauftragten Richter erfolgen[130], falls für das Gericht der persönliche Eindruck von der anzuhörenden Person nicht entscheidungserheblich ist[131]. Sie ist grundsätzlich auch in der Beschwerdeinstanz geboten[132]. Dem Betreuten ist ein **Verfahrenspfleger** (§ 317 FamFG) zu bestellen, wenn er nicht in der Lage ist, seinen Willen kundzutun[133]; denn dann kann von seiner Anhörung abgesehen werden (§ 34 Abs 2 FamFG) bzw nützt eine gleichwohl durchgeführte Anhörung nichts. Der **Entlassungsbeschluss** muss begründet werden, eine Rechtsmittelbelehrung ist erforderlich (§§ 38, 39 FamFG), auch wenn alle Beteiligten mit der Entlassung einverstanden waren. Die Entlassung kann auch in den Gründen eines Beschlusses (stillschweigend) zum Ausdruck kommen[134]. **61**

2. Vorläufige Entlassung. Eine vorläufige Entlassung ist **unzulässig.** Zulässig ist dagegen eine (endgültige) Entlassung durch **einstweilige Anordnung** (§ 300 Abs 2 FamFG). Ferner kann dem Betreuer als vorläufige Maßnahme gem §§ 1908i, 1837 BGB, 49 Abs 2 Satz 2 FamFG verboten werden, bestimmte Handlungen vorzunehmen, die dem Wohl des Betreuten zuwiderlaufen. Der Entlassungsbeschluss wird nach § 40 Abs 1 FamFG wirksam; er ist zu begründen (§§ 38, 39 FamFG). **62**

---

124 OLG Köln FamRZ 1995, 1086; BayObLG FamRZ 1996, 58/59; BayObLGZ 1990, 79, 80 für Pfleger.
125 KG NJW 1971, 53; BayObLG FamRZ 1988, 874 = NJW-RR 1988, 643 für Vormund.
126 Soergel-*Zimmermann* § 1886 Rz 8.
127 OLG Köln FamRZ 1995, 1086 (zum früheren § 32 FGG).
128 BayObLG FamRZ 1996, 58 = FGPrax 1995, 197. Vgl § 1908c.
129 AA wohl BezG Frankfurt/Oder BtPrax 1993, 143.
130 BayObLG FamRZ 1993, 1225.
131 BayObLG FamRZ 1997, 1360.
132 BayObLG FamRZ 1997, 1360.
133 KG FGPrax 2009, 16; BayObLG FamRZ 1997, 1358 (einschränkend BayObLG NJOZ 2003, 631, wenn die Entlassung zweifelsfrei notwendig ist).
134 BayObLG FamRZ 1994, 323; wegen § 38 FamFG jetzt zweifelhaft.

63 **3. Rechtsmittel:** Statthaft ist die befristete Beschwerde, §§ 58 ff FamFG, § 11 RPflG. – **a) Androhung der Entlassung.** Gegen die bloße Androhung steht dem Betreuer noch keine Beschwerde zu, weil noch keine Endentscheidung (§§ 58, 38 FamFG) ergangen ist.

64 **b) Entlassung.** Gegen den Entlassungsbeschluss steht dem entlassenen Betreuer (aus eigenem Recht, nicht mehr als Vertreter des Betreuten)[135] und dem Betreuten die **Beschwerde** zu (§§ 58, 59, 303 FamFG). Auch der Verfahrenspfleger ist beschwerdeberechtigt[136]. Es spielt keine Rolle, ob der Betreuer gegen seinen Willen oder mit seinem Einverständnis entlassen worden ist. Dasselbe gilt, wenn die Entlassung durch das Beschwerdegericht erfolgte. Der entlassene spätere Betreuer hat auch ein Beschwerderecht, wenn er entlassen werden musste, weil das LG die Entlassung eines früheren Betreuers (rückwirkend) aufhob[137].

65 Wird ein **Vereinsbetreuer** entlassen, ist nicht nur er, sondern auch der Verein beschwerdeberechtigt[138]. Entsprechendes muss beim Behördenbetreuer gelten.

66 **Dritten** steht die Beschwerde gegen die Entlassung nicht zu[139], auch nicht im Interesse des Betreuten; eine Beschwerdeberechtigung aus § 59 Abs 1 FamFG haben sie nicht, weil sie nicht in einem eigenen Recht verletzt sind. § 274 Abs 4 FamFG, welcher auf Abs 3 verweist (§ 303 Abs 2 FamFG verweist auf diese Vorschriften), nennt den Fall der Betreuerentlassung nicht (Aufhebung der Betreuung beinhaltet aber die Entlassung des Betreuers) würde ein Beschwerderecht *bei Beteiligung in erster Instanz* geben („Bestand von Entscheidungen"). Wurde ein Betreuer entlassen und ein Nachfolger bestellt, sodann die Entlassung vom Landgericht aufgehoben, steht dem Nachfolger kein Beschwerderecht für eine Rechtsbeschwerde zu[140].

67 Der **Betreuungsbehörde** steht gegen die Entlassung eines Betreuers ein Beschwerderecht zu (§ 303 Abs 1 Nr 2 FamFG), nicht nur, wenn die Behörde selbst Betreuer war[141]. Anders als im FGG ist die Behörde auch dann beschwerdeberechtigt, wenn sie sich in erster Instanz nicht beteiligte.

68 **Fristbeginn.** Die Beschwerdefrist beginnt mit Zugang des Entlassungsbeschlusses an den (entlassenen) Betreuer (63 Abs 3 FamFG). Fehlt die Rechtsmittelbelehrung oder ist sie falsch: § 17 Abs 2 FamFG.

69 **Entscheidungsgrundlagen.** Entlässt das AG den Betreuer und legt dieser Beschwerde ein, dann kommt es für die Entscheidung des LG auf den Sachverhalt an, der zur Zeit der LG-Entscheidung besteht; hat der entlassene Betreuer sich also inzwischen „gebessert", oder besteht zB jetzt keine Interessenkollision mehr, kann dies zur Aufhebung der Entlassung führen[142]. Wird gegen die Entscheidung über einen Betreuerwechsel Beschwerde eingelegt, kann das LG auch eine im Beschwerdeverfahren erstmals neu benannte Person zum Betreuer bestellen[143]; zweifelhaft, weil insoweit eine Erstentscheidung des Betreuungsgerichts fehlt.

---

135 BayObLG FamRZ 2000, 514.
136 OLG Jena NJ 2003, 268.
137 BayObLG FamRZ 1996, 58; freilich ist die Beschwerde unbegründet; nach OLG Düsseldorf FamRZ 1995, 123 = BtPrax 1995, 108 besteht kein Beschwerderecht.
138 BayObLG FamRZ 2005, 750.
139 OLG Jena NJ 2003, 268; BayObLG FamRZ 1996, 508.
140 OLG Zweibrücken FGPrax 2002, 25.
141 BayObLG FamRZ 1994, 452.
142 Beispiel: BayObLG FamRZ 1997, 1358.
143 BayObLG FamRZ 2000, 1458.

70 c) **Umwandlung.** Gegen den „Umwandlungsbeschluss“ des Rechtspflegers nach Abs 4 Satz 2 haben der Verein bzw die Behörde ein Beschwerderecht[144]; wenn sie keinen neuen Vereinsbetreuer (bzw Behördenbetreuer) anbieten, fehlt allerdings mE die Verletzung eines eigenen Rechts; das Interesse, der Mitarbeiter solle sich in der Freizeit erholen und nicht als Privatbetreuer tätig sein, stellt ebenfalls kein Recht iSv § 59 FamFG dar. In bestimmten derartigen Fällen darf das Betreuungsgericht ohnehin eine Person nicht zum Betreuer bestellen (vgl §§ 1784, 1888), was die Stellung von Verein/Behörde ausreichend schützt. Ein Beschwerderecht hat aber der Gegenbetreuer (§ 1908 i).

71 d) **Ablehnung der Entlassung.** Gegen die Ablehnung der Entlassung durch das Betreuungsgericht (§ 1908 b Abs 2 und 3) ist ebenfalls die befristete Beschwerde nach §§ 58 ff FamFG gegeben[145]. Beschwerdeberechtigt ist der Betreute, sein Verfahrenspfleger und der Betreuer, ferner die Behörde. Die Beschwerdebefugnis richtet sich nach § 59 FamFG und § 303 FamFG. Die Angehörigen haben daher nur dann ein Beschwerderecht, wenn sie *in erster Instanz beteiligt* wurden. Die Behauptung, wichtige Gründe für die Entlassung lägen vor (§ 1908 b Abs 1), gibt den **Angehörigen kein Beschwerderecht** aus § 59 Abs 1 FamFG, weil Abs 1 den Betroffenen, nicht die Angehörigen schützen soll[146]. Lehnt das Betreuungsgericht den Antrag der Tochter, den Betreuer zu entlassen und sie selbst als Betreuerin zu bestellen, ab, hat sie daher kein Beschwerderecht[147]. Auch der Lebensgefährte des Betreuten hat kein Beschwerderecht[148]. Dasselbe gilt für mangelnde Eignung des Betreuers. Das schadet dem Wohl des Betreuten nicht, weil er ja selbst Beschwerde einlegen kann, selbst wenn er geschäftsunfähig ist, auch auf Wunsch und Bitte der Angehörigen. Hat die **Staatskasse** die Entlassung des Berufsbetreuers begehrt, damit ein billigerer ehrenamtlicher Betreuer tätig werden kann, und hat das Betreuungsgericht die Entlassung aus *diesem* Grunde abgelehnt, hat der Bezirksrevisor (Staatskasse) ein Beschwerderecht, § 304 Abs 1 FamFG, mit verlängerter Frist (§ 304 Abs 2 FamFG).

72 Hat das Rechtsmittel des Betreuers Erfolg, so **entfällt die Entlassung *rückwirkend***; eine Neubestellung des entlassenen Betreuers ist daher überflüssig und formal unrichtig[149]. Der inzwischen bestellte neue Betreuer ist zu entlassen. Wegen der Rückwirkung erledigt sich ein Beschwerdeverfahren auch nicht durch Aufhebung der Betreuung. Schlägt der Betreute einen neuen Betreuer vor und lehnt das Betreuungsgericht die Bestellung ab, steht dem Betreuten das Rechtsmittel der Beschwerde zu (§§ 58 ff FamFG).

73 e) **Aufhebung der Entlassung.** Wird ein Betreuer entlassen sowie gleichzeitig vom Betreuungsgericht ein neuer Betreuer bestellt, und hebt dann das LG die Entlassung auf, so dass sie rückwirkend entfällt, steht dem neuen Betreuer hiergegen keine Beschwerde zu[150].

144 OLG Hamm FamRZ 2001, 253; aA Erman-*Holzhauer* Rz 12.
145 BayObLG FamRZ 1994, 324.
146 BGH FamRZ 1996, 607; OLG Düsseldorf FamRZ 1995, 483; BayObLG FamRZ 1996, 508 und Rpfleger 1998, 112; LG München I BtPrax 1995, 149; das OLG Köln FamRZ 1996, 1024 dagegen wollte aus Art 6 GG eine Beschwerdeberechtigung herleiten.
147 BGH NJW 1996, 1825; OLG Zweibrücken FGPrax 2003, 31; BayObLG FamRZ 1998, 1186.
148 BayObLG FGPrax 1998, 56.
149 OLG Köln FamRZ 1995, 1086; BayObLG FamRZ 1988, 874 = NJW-RR 1988, 643; KG NJW 1971, 53 = OLGZ 1971, 196 jeweils für Vormund.
150 OLG Stuttgart FamRZ 1996, 420; OLG Düsseldorf FamRZ 1995, 1234; BayObLG Rpfleger 1990, 361 für Vormund.

74 f) **Rechtsbeschwerde.** Die Frage der Eignung und des wichtiges Grundes wird vom BGH in der Rechtsbeschwerde nur auf Rechtsfehler überprüft[151].

§ 1908 c Bestellung eines neuen Betreuers

Stirbt der Betreuer oder wird er entlassen, so ist ein neuer Betreuer zu bestellen.

1 1. **Ende der Betreuung.** Die Betreuung als solche endet weder mit dem Tode des Betreuers noch im Fall seiner Entlassung; vielmehr wird sie in diesen Fällen als fortbestehend fingiert, obgleich der Betroffene nicht betreut wird; es gibt also vorübergehend eine Betreuung ohne Betreuer. Auch ein Einwilligungsvorbehalt besteht fort[1]. Zeigt sich anlässlich von Tod/Entlassung des bisherigen Betreuers, dass keine Betreuung mehr erforderlich ist, wird kein neuer Betreuer bestellt, sondern die Betreuung aufgehoben (§ 1908 d).

2 a) **Entlassung des bisherigen Betreuers.** Sie erfolgt gem § 1908 b.

3 b) **Tod des bisherigen Betreuers.** Dasselbe gilt, wenn der Betreuer für tot erklärt wird. Gemäß §§ 1908 i, 1894 hat der Erbe des Betreuers dessen Tod dem Betreuungsgericht anzuzeigen (zu Betreuerhandlungen ist er natürlich nicht berechtigt, auch nicht im Notfall); der Gegenbetreuer nach § 1799 Abs 1. In diesem Fall hat das Betreuungsgericht im Interesse des Betreuten schnellstmöglich einen neuen Betreuer zu bestellen. Für die Auswahl des neuen Betreuers gilt § 1897.

4 **Abwicklung der Betreuung des verstorbenen Betreuers.** Eine Rechenschaftslegung (§§ 1908 i, 1890) durch die Erben dürfte nicht möglich sein, weil sie kein persönliches Wissen über die Amtsführung haben. Die Pflicht zur Schlussrechnung (Abrechnung der Einnahmen und Ausgaben vom letzten Abrechnungszeitpunkt bis zum Tod des Betreuers; Aufstellung des Vermögens des Betreuten zum Todestag des Betreuers) dagegen trifft die Erben, ebenso die Pflicht zur Herausgabe des Vermögens. Die noch nicht abgerechnete Vergütung können sie, bei Berufsbetreuung und bei ehrenamtlicher Betreuung im Falle des § 1836 Abs 2, noch geltend machen. Die Rückgabe der Urkunde über die Betreuerbestellung ist nicht unbedingt notwendig, weil mit ihr kein Missbrauch mehr getrieben werden kann; wird sie nicht mehr gefunden, entfällt daher ein Aufgebot der Bestallungsurkunde.

5 c) **Andere Beendigungsgründe für das Amt des Betreuers** gibt es (anders als bei der Vormundschaft; vgl §§ 1884 Abs 2, 1885) nur noch gemäß §§ 1908 i, 1888.

6 2. **Bestellung eines neuen Betreuers.** Für das Bestellungsverfahren und die Auswahl gelten die allgemeinen Vorschriften (§ 1897 BGB[2], §§ 271 ff FamFG). Der Richter ist **zuständig** im Falle des Todes des bisherigen Betreuers (§ 15 Abs 1 Satz 1 Nr 2 RPflG), der Rechtspfleger in den Fällen der Kontrollbetreuung nach § 1896 Abs 3 (§ 15 Abs 1 Satz 2 RPflG). Anderes Landesrecht ist nach § 19 RPflG möglich.

---

151 BayObLG FamRZ 2000, 514; 1999, 1169; 1997, 1358: Verkennung der Begriffe, ungenügende Feststellungen, verfahrenswidrig zustande gekommene Feststellungen; unrichtige Maßstäbe bei der Bewertung relevanter Umstände.

1 Holzhauer-*Reinicke* § 1908 c Rz 2.

2 Insbesondere die Auswahlregeln der Abs 4 und 5; BayObLG FamRZ 2001, 252.

a) **Bloßer Betreuerwechsel.** Das **Verfahren** ist etwas vereinfacht, obwohl es für den Betreuten oft wichtiger ist, *wer* Betreuer ist, als ob eine Betreuung überhaupt besteht. Der Betreute ist persönlich anzuhören, § 296 Abs 2 FamFG, außer der Betroffene hat sein Einverständnis mit dem Betreuerwechsel erklärt (§ 296 Abs 2 Satz 2 FamFG), was auch schriftlich geschehen kann. Dieses Einverständnis mit einem Betreuerwechsel muss sich auf eine konkrete Person beziehen[3], andernfalls entfällt die Anhörung nicht. Das Einverständnis des Verfahrenspflegers ersetzt das Einverständnis des Betreuten nicht. 7

Ob die Betreuungsbehörde, die nahen Angehörigen und die Vertrauensperson anzuhören ist richtet sich nach § 279 FamFG, auf den § 296 Abs 2 Satz 3 FamFG verweist. Die Anhörung des Betroffenen kann uU unterbleiben (§ 278 Abs 4 FamFG). Auf § 278 Abs 1 FamFG ist nicht verwiesen, die Umgebungsanhörung also nicht zwingend geboten, Anhörung im Wege der Rechtshilfe nicht verboten; da diese Sonderformen der Aufklärung der Betreuungsbedürftigkeit dienen, diese aber schon geklärt ist, wurde auf sie nicht verwiesen. § 278 Abs 5 FamFG (Vorführung) ist dagegen sinngemäß anzuwenden[4]. Ein neues Sachverständigengutachten (bzw ärztliches Zeugnis)[5] ist nicht erforderlich, die Bestellung eines Verfahrenspflegers nicht vorgeschrieben. Der Betroffene ist selbst verfahrensfähig, § 275 FamFG[6]. 8

Der **Beschluss** des Betreuungsgerichts kann entweder lauten, dass in Abänderung des Beschlusses vom … anstelle des verstorbenen X nunmehr Y zum Betreuer bestellt wird; oder es wird zur Vereinfachung ein neuer vollständiger Beschluss erlassen (mit dem Aufgabenkreis und Überprüfungszeitpunkt des früheren Beschlusses). Jeweils sind Rechtsmittelbelehrung und Begründung erforderlich (§§ 38, 39 FamFG). Wirksamwerden der Neubestellung nach § 287 FamFG. Beschwerde gegen die Neubestellung nach §§ 58, 303 FamFG. 9

b) **Verbindung des Betreuerwechsels mit sonstigen Änderungen.** Denkbar ist aber auch, dass das Betreuungsgericht die Neubestellung zum Anlass nimmt, auch den Aufgabenkreis zu ändern und vorzeitig (§ 295 Abs 2 FamFG: „spätestens") die Dauer überprüft; dann kann der Überprüfungszeitpunkt hinausgeschoben werden. In diesem Fall richtet sich das Verfahren nicht nach § 296 Abs 2 FamFG, sondern bei Erweiterung nach § 293 FamFG, bei Verlängerung nach § 295 Abs 1 FamFG. Ein Sachverständigengutachten und evtl Bestellung eines Verfahrenspflegers sind erforderlich. Für den Entscheidungsinhalt gilt § 286 FamFG. Einschränkung des Aufgabenkreises und Verkürzung des Überprüfungszeitpunkts sind dagegen ohne Weiteres zulässig. 10

3. **Wirksamwerden von Entlassung und Neubestellung.** Entlassung und Neubestellung können im selben Beschluss erfolgen; wirksam werden die beiden Entscheidungen mit Bekanntmachung an den alten bzw neuen Betreuer (§ 287 FamFG). Auf die Übergabe bzw Rückgabe der Urkunde und des Betreuerausweises kommt es nicht an. Das kann zeitlich differieren, so dass das Wirksamwerden der Entlassung nicht zwingend mit dem Wirksamwerden der Neubestellung zusammenfällt[7]. Die **Vergütung** des alten Betreuers endet mit seinem Tod bzw seiner Entlassung; die Vergütung des neuen Betreuers beginnt in den 11

3 OLG Schleswig FGPrax 2007, 269.
4 BayObLG BtPrax 1994, 171; LG Essen NJWE-FER 1999, 59.
5 Holzhauer/*Reinicke* § 1908 c Rz 3.
6 BayObLG FamRZ 1993, 988.
7 AA Staudinger-*Bienwald* § 1908 c Rz 2.

Regelfällen der Berufsbetreuung mit dem Tag nach der Bekanntgabe des Ernennungsbeschlusses an den neuen Betreuer, § 5 VBVG[8].

12 a) **Zeit von der Entlassung bis zur Neubestellung.** Bis zur Bestellung eines neuen Betreuers kann geraume Zeit vergehen. Eine Abgabe des Betreuungsverfahrens nach § 273 FamFG in der betreuerlosen Zeit ist zulässig[9]. In besonderen Eilfällen kann das Betreuungsgericht selbst nach § 1846 tätig werden. Ferner sehen §§ 300, 301 FamFG vor, dass in Eilfällen ein vorläufiger Betreuer im Wege einer einstweiligen Anordnung bestellt werden kann. Ein Eilfall, der eine einstweilige Anordnung rechtfertigt, wird idR vorliegen, wenn ein Einwilligungsvorbehalt angeordnet wurde, insbesondere wenn er auch für Alltagsgeschäfte gilt (§ 1903 Abs 4 Satz 2). In diesem Fall kann der Betreute ohne eine im Wege der einstweiligen Anordnung erfolgte Bestellung – nach den Vorstellungen des Gesetzgebers[10] – nicht mehr in entsprechendem Umfang rechtsgeschäftlich tätig werden, denn die Wirkungen des Einwilligungsvorbehalts (§ 1903 Abs 1 Satz 2 iVm §§ 108 bis 113, 131 Abs 2) bestehen fort. Dieser Gesichtspunkt ist aber nur tragend, wenn der Betreute geschäftsfähig ist. Ist er geschäftsunfähig, so muss zuweilen nicht weniger für ihn gehandelt und gesorgt werden.

13 b) **Verhältnis der beiden Betreuer zueinander.** Der bisherige Betreuer hat dem Betreuten, nunmehr vertreten durch den neuen Betreuer, das verwaltete Vermögen herauszugeben und Rechenschaft zu legen, §§ 1908i, 1890[11]. Zum Vermögen gehören auch die hierüber vorhandenen Unterlagen (vgl § 952), wie Kontoauszüge, Rechnungen, Depotauszüge, Sparbücher, Versicherungsurkunden. Insoweit kann gegebenenfalls der neue Betreuer gegen den alten Betreuer Herausgabeklage vor dem Zivilgericht erheben. Ein Herausgabebeschluss des Betreuungsgerichts wäre unzulässig, eine Herausgabeverfügung wäre kein Vollstreckungstitel im Sinne von § 86 FamFG. Auch Aufsichtsmaßnahmen des Betreuungsgerichts gegen den bisherigen Betreuer nach § 1837 sind ab Entlassung nur noch beschränkt möglich. Vgl weiter §§ 1890, 1892.

14 c) **Rechtsmittel.** Der Betreute kann gegen Wechselentscheidungen Beschwerde einlegen (§§ 58, 59 FamFG). Die Tochter des Betreuten ist nicht berechtigt, Beschwerde gegen einen Beschluss einzulegen, mit dem der von ihr angeregte Betreuerwechsel abgelehnt worden ist[12]; vgl §§ 303, 274 Abs 4 FamFG. Legt der alte Betreuer gegen seine Entlassung sogleich Beschwerde ein (§§ 58, 59, 303 FamFG), ändert dies nichts daran, dass er entlassen ist, weil die Einlegung des Rechtsmittels keine aufschiebende Wirkung hat. Hebt das LG auf Beschwerde die Entlassung des alten Betreuers allerdings[13] auf, besteht bis zur nunmehr erforderlich werdenden Entlassung des neuen Betreuers eine doppelte Vertretung durch zwei Betreuer, die nach § 1899 Abs 3 zu beurteilen ist. Gegen diese Aufhebung durch das Beschwerdegericht hat der neue (Nachfolger-) Betreuer kein Beschwerderecht[14].

15 Denkbar ist aber auch, dass der alte Betreuer nicht nur gegen seine Entlassung Beschwerde einlegt, sondern auch Beschwerde gegen die Bestellung des anderen Betreuers. Eine Beschwerdeberechtigung besteht jedenfalls deshalb, weil die

8 OLG Frankfurt FGPrax 2008, 243 gibt zutreffend aus Billigkeit eine Vergütung, wenn nach dem Tod eines Vereinsbetreuers ein anderer Mitarbeiter die Betreuung ohne Bestellung faktisch fortführt, weil das Gericht irrig eine Neubestellung nicht für erforderlich hielt.

9 BayObLG FamRZ 1993, 449.

10 BT-Drucks 11/4528 S. 155.

11 Staudinger-*Bienwald* § 1908c Rz 19.

12 OLG Zweibrücken FGPrax 2003, 31 zum FGG.

13 Zwingend *rückwirkend*, OLG Köln FamRZ 1995, 1086 = FGPrax 1995, 106.

14 OLG Zweibrücken NJW-RR 2002, 1017 zum FGG.

zwischenzeitlichen Maßnahmen des neuen Betreuers wirksam sind; ferner, weil ihm der Vergütungsanspruch genommen wird. Hebt in diesem Falle das LG den Beschluss des Betreuungsgerichts (Entlassung, Neubestellung) auf, dann ist der neue Betreuer mit Zugang des LG-Beschlusses an ihn (*nicht rückwirkend!*) entlassen (§ 287 FamFG). Auch dann ist eine kurzzeitige doppelte Vertretung denkbar, denn die Entlassung des alten Betreuers wird *rückwirkend* aufgehoben. Die vom neuen Betreuer bis zur Beschwerdeentscheidung für den Betreuten vorgenommenen Rechtsgeschäfte bleiben wirksam, § 47 FamFG[15].

§ 1908 d Aufhebung oder Änderung von Betreuung und Einwilligungsvorbehalt

(1) [1]Die Betreuung ist aufzuheben, wenn ihre Voraussetzungen wegfallen. [2]Fallen diese Voraussetzungen nur für einen Teil der Aufgaben des Betreuers weg, so ist dessen Aufgabenkreis einzuschränken.

(2) [1]Ist der Betreuer auf Antrag des Betreuten bestellt, so ist die Betreuung auf dessen Antrag aufzuheben, es sei denn, dass eine Betreuung von Amts wegen erforderlich ist. [2]Den Antrag kann auch ein Geschäftsunfähiger stellen. [3]Die Sätze 1 und 2 gelten für die Einschränkung des Aufgabenkreises entsprechend.

(3) [1]Der Aufgabenkreis des Betreuers ist zu erweitern, wenn dies erforderlich wird. [2]Die Vorschriften über die Bestellung eines Betreuers gelten hierfür entsprechend.

(4) Für den Einwilligungsvorbehalt gelten die Absätze 1 und 3 entsprechend.

Übersicht

15 OLG Köln FamRZ 1995, 1086.

I. Allgemeines

1 **1. Abänderung.** § 1908 d gibt dem Betreuungsgericht die Möglichkeit, die Anordnung einer Betreuung bzw eines Einwilligungsvorbehalts entsprechend dem Erforderlichkeitsgrundsatz an geänderte Verhältnisse anzupassen. Je nach Erforderlichkeit kann das Betreuungsgericht die Betreuung bzw den Einwilligungsvorbehalt aufheben/einschränken bzw erweitern. Es handelt sich um eine materiell-rechtliche Abänderungsbefugnis, die neben § 48 Abs 1 FamFG gilt. § 1908 d enthält keine abschließende Regelung. Die Aufhebung der Betreuung hat auch zu erfolgen, wenn der Betreuer nur *eine* Aufgabe zu erledigen hatte (zB einen Rentenantrag zu stellen) und dies geschehen ist[1], zB eine Sterilisationsbetreuung nach Durchführung der Sterilisation[2]; anders die Regelung für die Pflegschaft in § 1918 Abs 3, die in diesem Sonderfall von selbst endet. Die Betreuung endet nicht dadurch, dass der Überprüfungszeitpunkt (§ 295 Abs 2 FamFG) abgelaufen ist. Sie endet aber von selbst, wenn durch einstweilige Anordnung ein vorläufiger Betreuer bestellt wurde und die Frist des § 302 Satz 1 FamFG abgelaufen ist[3]. Wegen der Rechtsfolgen bei Aufhebung der Betreuung siehe § 1908 i iVm §§ 1890 bis 1893.

2 **2. Tod des Betreuten.** Beim Tod des Betreuten endet die Betreuung von selbst; anders beim Tod des Betreuers, vgl § 1908 c. Ein Beschluss über die Aufhebung der Betreuung ist überflüssig; ein Aktenvermerk genügt. Wird der Betreute für tot erklärt, endet ebenfalls die Betreuung[4]; taucht er wieder auf, lebt die Betreuung nicht wieder ohne Weiteres auf, weil ja inzwischen Jahre vergangen sind. Die Rechtsfolgen für die Betreuung beim Tod des Betreuten ergeben sich aus §§ 1908 i, 1893.

3 a) **Aufgaben.** Für den Betreuer bleiben noch folgende Aufgaben: Rückgabe der Bestallungsurkunde an das Betreuungsgericht (§ 1893 Abs 2); Schlussbericht und Schlussabrechnung; Eilmaßnahmen; Anregung einer Nachlasspflegschaft (§ 1960 BGB). Bei Gefahr in Verzug sind die Geschäfte des Betreuten fortzuführen, bis die Erben anderweitig Fürsorge treffen können (§§ 1893 Abs 1,

---

1 AA *Kern* MedR 1991, 66, 69; Erman-*Holzhauer* § 1908 d Rz 2: § 1918 Abs 3 entsprechend.
2 AA Staudinger-*Bienwald* § 1908 d Rz 2; Holzhauer/*Reinicke* § 1908 d Rz 2: Betreuung endet mit der Aufgabe, der Beschluss des Betreuungsgerichts wirke nur deklaratorisch.
3 BayObLG FamRZ 1998, 1325; 1994, 1190.
4 MünchKomm/*Schwab* § 1908 d Rz 2; Holzhauer/*Reinicke* § 1908 d Rz 2.

1698 b BGB). Das berechtigt aber den Betreuer nicht, aus dem Nachlass die Bestattungskosten zu begleichen[5].

b) **Bestattung.** Für die Bestattung (Beerdigung) des Betreuten gilt: Die Einzelheiten der Bestattung (Art der Totenfeier, Grabschmuck usw) bestimmt, wer das Recht der **Totenfürsorge** hat. Dafür kommt es auf den geäußerten Willen des Verstorbenen an; fehlt es daran, haben die nächsten Angehörigen das Recht der Totenfürsorge. In den Bestattungsgesetzen der Länder ist zum Teil geregelt, dass ein Betreuer, welcher die Personensorge hat, die Bestattungsmodalitäten regeln kann[6]. Vgl. Rz 8. 4

c) **Kosten der Bestattung.** Die Angehörigen haben die Bestattung zu veranlassen; wer „angehörig" ist regelt das jeweilige Landesbestattungsrecht. Die Kosten der Bestattung haben die Erben zu tragen (§ 1968 BGB). Kümmern sie sich um nichts, veranlasst die Ordnungsbehörde die Bestattung (Ersatzvornahme) und erhebt die Kosten von den nach dem Bestattungsrecht des jeweiligen Bundeslandes bestattungspflichtigen Personen. Veranlasst die Ordnungsbehörde selbst die Bestattung und liegt kein Fall der Ersatzvornahme vor, weil kein Bestattungspflichtiger vorhanden ist (zB unbekannte Leiche), sind die Kosten von der Behörde selbst zutragen, weil sie eigenen Aufgaben wahrnimmt; ein Erstattungsanspruch gegen den Sozialhilfeträger besteht nicht[7]. Haben die Angehörigen die Erbschaft ausgeschlagen, ändert das nichts an ihrer landesrechtlichen Bestattungs- und Kostentragungspflicht; die öffentlich-rechtliche Bestattungspflicht führt dazu, dass der Verpflichtete (also der nächste Angehörige) die Kosten zu tragen hat, ohne dass es auf eine Erbenstellung ankommt[8]. Die Kostenlast entfällt nur dann, wenn der Angehörige selbst sozialhilfebedürftig ist. 5

Sind die Angehörigen zur Zahlung finanziell nicht in der Lage, werden die erforderlichen Bestattungskosten auf Antrag vom **Sozialamt** übernommen, „soweit den hierzu Verpflichteten nicht zugemutet werden kann, die Kosten zu tragen" (§ 74 SGB XII; früher § 15 BSHG). Der Erbe muss lediglich die Kosten einer *angemessenen* Bestattung tragen (§ 1968 BGB); das richtet sich im Wesentlichen nach den finanziellen Verhältnissen des Verstorbenen und seiner Erben. Diese Einschränkung ist dann von Bedeutung, wenn der Betreuer des vermögenden Betreuten die Bestattung in Auftrag gibt und sich dann die Erben weigern, zu bezahlen. Das Sozialamt zahlt noch weniger, nämlich nur die *erforderlichen* Kosten einer Bestattung; dazu gehören nicht Leichenschmaus, Sterbebilder, Todesinserat usw. Nur im Rahmen einer Notmaßnahme, wenn also Erben und Angehörige unbekannt sind oder sich um nichts kümmern[9], ist der Betreuer berechtigt, Anordnungen für die Bestattung des verstorbenen Betreuten zu treffen, zB ein Bestattungsinstitut zu beauftragen. Die Kosten der Bestattung sind Nachlassverbindlichkeiten; der Betreuer darf sie nicht ohne weiteres dem Konto des Verstorbenen entnehmen[10]. Das Vermögen steht den Erben zu, sie müssen die Rechnung zahlen, wenn sie die Erbschaft nicht ausschlagen. Der Betreuer ist nicht mehr verfügungsberechtigt (außer, es liegt ein entsprechender Auftrag der Erben vor). 6

Vergütung. Der Zeitaufwand für die Regelung der Bestattung usw ist beim Berufsbetreuer im Regelfall der Betreuung in der Pauschale (§§ 4, 5 VBVG) 7

5 AA *Vogt* BtPrax 1996, 52; teils unrichtig.
6 Dazu *Stockert* BtPrax 1996, 203; *Bienwald* BtPrax 2000, 107; *Deinert/Jegust/Lichtner*, Todesfall- und Bestattungsrecht, 2008.
7 VGH München NVwZ 1994, 600.
8 BVerwG NJW 2001, 3722.
9 LG Leipzig FamRZ 1996, 1361; LG Koblenz FamRZ 1995, 1376.
10 *Pohl* BtPrax 1996, 88.

inbegriffen. Das Betreuungsgericht kann die Vergütung auch nach dem Tod des Betreuten noch festsetzen[11]; die Vergütung kann auch aus dem Nachlass bewilligt werden[12]. Vgl § 1836 BGB, § 168 FamFG.

8 Das **Landesrecht** bezeichnet zum Teil den Betreuer, der die Personensorge hatte, als hilfsweise verpflichtet, die **Leichenschau** zu veranlassen (zB § 1 Abs 1 Nr 4 BayBestattungsverordnung), also einen Arzt zu verständigen. Anderes Landesrecht nennt sogar den Betreuer mit Personensorge als bestattungspflichtig (zB § 10 Abs 1 Nr 5 Sächsisches BestattungsG); das macht ihn aber nicht zum Zahlungspflichtigen.

II. Aufhebung der Betreuung, Abs 1

9 **1. Wegfall der Voraussetzungen (Satz 1).** Seit 1.9.2009 unterliegt die Anordnung der Betreuung der befristeten Beschwerde (zuvor war sie unbefristet anfechtbar); §§ 58 ff, 63 FamFG; der Beschluss wird also formell rechtskräftig (§ 45 FamFG). Eine materielle **Rechtskraft** entsteht aber nicht. Die formelle Rechtskraft steht weder einem Aufhebungsantrag noch der Aufhebung entgegen. § 1908 d Abs 1 ist Spezialvorschrift gegenüber § 54 Abs 4 FamFG. Nach Abs 1 Satz 1 ist die **Betreuung von Amts wegen aufzuheben**, wenn ihre Voraussetzungen (§ 1896) weggefallen sind. Das wird vom Betreuungsgericht nachgeprüft, wenn entweder die Aufhebung beantragt wird, oder der Ablauf der Überprüfungsfrist (§ 295 Abs 2 FamFG) bevorsteht oder sich sonst ein Anlass für das Gericht zeigt[13].

10 Die beantragte Aufhebung ist **abzulehnen**, wenn die Betreuung, bestünde sie nicht schon, derzeit anzuordnen wäre. Bei Ablehnung des Aufhebungsantrags muss ferner festgestellt werden, dass der Betreute nicht in der Lage ist, seinen Willen in den bestimmten Aufgabenkreisen frei zu bestimmen (§ 1896 Abs 1 a)[14]. Eine **Aufhebung** der Betreuung dagegen erfolgt zB, wenn der Betroffene keine psychische Krankheit bzw Behinderung mehr hat[15]; oder es sind keine zu erledigenden Aufgaben mehr vorhanden; der geschäftsfähige Betreute erteilt einem Dritten eine Vollmacht, wodurch das Bedürfnis für eine Betreuung wegfällt. **Nicht genügt** es dagegen, wenn die Betreuung auf Antrag des Betroffenen angeordnet wurde und der Betroffene nun den Antrag zurücknimmt (Abs 2). Für die Zeit *zwischen* schubförmig auftretenden psychotischen Störungen erfolgt keine Aufhebung der Betreuung[16].

11 **2. Teilweiser Wegfall (Satz 2).** Fallen diese Voraussetzungen nur für einen Teil der Aufgaben weg (zB bei Vermögens- und Personensorge[17] nur die Erforderlichkeit der Personensorge), hat das Betreuungsgericht nach Abs 1 Satz 2 den Aufgabenkreis des Betreuers entsprechend zu beschränken.

12 **3. Mitteilungspflicht. Überprüfungsfrist.** Das Tätigwerden des Betreuungsgerichts wird einerseits durch die Mitteilungspflicht des Betreuers (§ 1901 Abs 4) und andererseits durch die Überprüfungsfrist von höchstens sieben Jahren (§ 295 Abs 2 FamFG) gewährleistet.

---

11 BayObLGZ 1989, 169/171.
12 BayObLG FGPrax 1999, 182.
13 BayObLG FamRZ 2005, 752.
14 BayObLG FamRZ 1995, 1519.
15 Zur Einholung eines Gutachtens vgl OLG Frankfurt NJW 1992, 1395 und unten Rz 23 ff.
16 BayObLG FamRZ 1994, 319; 1995, 510.
17 Über Auswirkungen der Einschränkung auf das Sorgerecht vgl *Bienwald* FamRZ 1994, 484.

III. Betreuung auf Antrag des Betreuten, Abs 2

13 **1. Verhältnis zur Beschwerde (Satz 1).** Der Betroffene kann anstelle oder neben dem Aufhebungsantrag Beschwerde gegen die Anordnung der Betreuung einlegen, obwohl er sie selbst „beantragt" hat[18]; er muss nicht erst das Ergebnis eines Aufhebungsverfahrens abwarten und gegen die Ablehnung Beschwerde einlegen. Das gilt jedenfalls im Falle Rz 12. Laufen beide Verfahren nebeneinander, darf das LG sein Beschwerdeverfahren nicht aussetzen, bis das Betreuungsgericht das parallele Aufhebungsverfahren abgeschlossen hat; denn eine entsprechende Bestimmung fehlt. Im Zweifel wäre das Beschwerdeverfahren vorrangig durchzuführen.

14 a) **Nur körperlich Behinderte.** Die Betreuung eines nur körperlich Behinderten, die auf Antrag des Betreuten (also nicht: von Amts wegen) angeordnet wurde, ist auf Antrag des Betroffenen wieder aufzuheben. Da diese Betreuung grundsätzlich nur auf Antrag des Betroffenen angeordnet werden darf (§ 1896 Abs 1 Satz 3), kann umgekehrt der nur körperlich Behinderte auch jederzeit die Aufhebung der Betreuung verlangen.

15 b) **Sonstige Fälle.** Für die Personen, die auf Grund einer **psychischen Krankheit oder einer geistigen oder seelischen Behinderung** betreuungsbedürftig sind, ist die Lage anders. Liegen im Zeitpunkt der von ihnen beantragten Aufhebung die Voraussetzungen für eine Betreuerbestellung von Amts wegen vor, kommt eine Aufhebung nicht in Betracht. Dieser Personenkreis kann daher nicht aus der Betreuung entlassen werden, wenn im Hinblick auf deren Betreuungsbedürftigkeit sofort wieder ein Betreuer bestellt werden müsste. Um in diesen Fällen dem Betroffenen dieselben Verfahrensgarantien zu gewährleisten, wie demjenigen Betreuten, dem von Amts wegen ein Betreuer bestellt wurde, sieht § 294 Abs 2 FamFG vor, dass die **Einholung eines Gutachtens nachzuholen ist,** wenn der Betroffene im Antragsverfahren auf Bestellung eines Betreuers auf eine Begutachtung verzichtet hatte (§ 281 Abs 1 Nr 1 FamFG).

16 **2. Geschäftsunfähige (Satz 2).** Gem § 1896 Abs 1 Satz 2 kann auch ein Geschäftsunfähiger einen Antrag auf Bestellung eines Betreuers stellen. Umgekehrt sieht § 1908 d Abs 2 Satz 2 daher vor, dass der Geschäftsunfähige einen Antrag auf Aufhebung der Betreuung stellen kann.

17 **3. Einschränkung des Aufgabenkreises (Satz 3).** Eine Einschränkung des Aufgabenkreises des Betreuers kommt einer teilweisen Aufhebung der Betreuung gleich. Abs 2 Satz 3 erklärt daher die Sätze 1 und 2 für die Einschränkung des Aufgabenkreises für entsprechend anwendbar.

IV. Erweiterung des Aufgabenkreises, Abs 3

18 **1. Erforderlichkeit (Satz 1)[19].** Abs 3 Satz 1 sieht vor, dass der Aufgabenkreis des Betreuers zu erweitern ist, wenn dies erforderlich wird, was im Beschluss des Betreuungsgerichts genau darzulegen ist[20]. Auch die sonstigen Voraussetzungen müssen vorliegen: bei Erweiterung von Amts wegen darf der Betreute auf Grund seiner Krankheit oder Behinderung nicht in der Lage sein, seinen Willen frei zu bestimmen (§ 1896 Abs 1 a)[21], dh der mit der Erweiterung nicht einverstandene

---

18 OLG Hamm FamRZ 1995, 1519.
19 Zur Verfassungsmäßigkeit vgl BVerfG NJW-RR 1999, 1593.
20 BayObLG FamRZ 1998, 453; über Anregungen auf Erweiterung vgl LG Kleve FamRZ 2000, 564.
21 BayObLG FamRZ 1998, 454.

Betreute muss in einem Geisteszustand sein, der etwa der Geschäftsunfähigkeit entspricht (§ 1896 Rz 40). Eine Erweiterung kann sich aus verschiedenen Gründen als erforderlich erweisen: Bei Verschlimmerung der Krankheit oder Behinderung mit der Folge, dass der Betreute Angelegenheiten, die er zur Zeit der Betreuerbestellung noch erledigen konnte, nicht mehr selbst besorgen kann; Notwendigkeit, weitere Angelegenheiten in den Aufgabenkreis des Betreuers miteinzubeziehen, die zur Zeit der Betreuerbestellung noch nicht aktuell waren (zB Vermögensverwaltung, weil der Betreute ein Vermögen geerbt hat); Wegfall von anderen Hilfen (zB der Ehefrau), die in diesen Teilbereichen bisher eine Betreuung entbehrlich gemacht haben (vgl § 1896 Abs 2). Eine Erweiterung muss erforderlich sein, zB weil der Betroffene seine Angelegenheiten nicht besorgen kann[22]; weil eine Heilbehandlung überhaupt in Frage kommt[23].

19 **2. Anzuwendende Vorschriften (Satz 2).** Nach Abs 3 Satz 2 gelten für die Erweiterung des Aufgabenkreises die Vorschriften über die erstmalige Bestellung eines Betreuers entsprechend, zB muss sich der Betreuer mit der Übernahme des erweiterten Aufgabenkreises einverstanden erklären (§ 1898 Abs 2)[24]; der Betreuer muss ferner für die neuen Aufgaben auch *geeignet* sein; im Beschwerdeverfahren ist evtl der Betroffene nochmals persönlich anzuhören[25]. Ist die Eignung nicht gewährleistet, hat das Gericht den alten Betreuer entweder zu entlassen (§ 1908 b Abs 1) und einen neuen Betreuer zu bestellen (§ 1908 c) oder für die zusätzlichen Angelegenheiten einen weiteren Betreuer zu bestellen (§ 1899). Hat sich zwischen dem ersten Betreuer und dem Betreuten ein Vertrauensverhältnis gebildet, wird es dem Wohl des Betroffenen eher entsprechen, einen weiteren Betreuer nach § 1899 zu bestellen, als einer dem Betreuten gänzlich unbekannten Person alle Angelegenheiten zu übertragen[26]. Diese Vorgehensweise ist insbesondere in den Fällen angezeigt, in denen eine dem Betreuten nahestehende Person (Familienangehörige, Bekannte) die Betreuung übernommen hatte.

V. Einwilligungsvorbehalt, Abs 4

20 **1. Aufhebung bzw Erweiterung, Beschränkung des Einwilligungsvorbehalts.** Nach Abs 4 gelten für die Aufhebung des Einwilligungsvorbehalts (§ 1903) und die Einschränkung oder **Erweiterung** des Kreises der einwilligungsbedürftigen Willenserklärungen die Abs 1 und 3 entsprechend. Um ein Tätigwerden von Amts wegen zu gewährleisten, sieht § 1903 Abs 4 iVm § 1901 Abs 4 vor, dass der Betreuer dem Betreuungsgericht Mitteilung über solche Umstände zu machen hat, die ein Verfahren nach § 1908 d Abs 4 erforderlich machen könnten. Im Weiteren besteht auch für den Einwilligungsvorbehalt eine Überprüfungsfrist (§ 294 Abs 3 FamFG), so dass unabhängig von der Mitteilungspflicht des Betreuers die Erforderlichkeit eines Verfahrens nach § 1908 d Abs 4 einer regelmäßigen Überprüfung des Betreuungsgerichts unterliegt. Da ein Einwilligungsvorbehalt nur von Amts wegen, nicht hingegen auf förmlichen Antrag des Betreuten angeordnet werden kann, kommt eine entsprechende Anwendung des Abs 2 nicht in Betracht[27]. Hat der Betreute über Jahre am Rechtsverkehr nicht mehr selbstständig teilgenommen, kommt eine Aufhebung des Vorbehalts in Betracht[28]. Wird ein Einwilligungsvorbehalt gem § 1908 d Abs 4 aufgehoben,

22 KG FamRZ 2005, 1776.
23 OLG Schleswig BtPrax 2008, 131.
24 MünchKomm/*Schwab* § 1908 d Rz 15.
25 BayObLG BtPrax 1998, 30.
26 BT-Drucks 11/4528 S. 156.
27 BT-Drucks 11/4528 S. 157.
28 OLG Zweibrücken FamRZ 1999, 1171.

findet die Regelung des § 108 Abs 3 entsprechende Anwendung (§ 1903 Abs 1).

21 **2. Aufhebung der Betreuung.** Abs 4 ist nach seinem Sinn nur anzuwenden, wenn der Einwilligungsvorbehalt isoliert aufgehoben wird usw, die Betreuung aber fortbesteht. Wird dagegen die zugrunde liegende Betreuung aufgehoben (Abs 1 Satz 1), kann der Einwilligungsvorbehalt nicht mehr isoliert fortbestehen; er wird nicht gesondert aufgehoben, sondern fällt mit der Aufhebung der Betreuung von selbst weg.

VI. Verfahren

22 **1. Die Verfahrensregeln des § 294 Abs 1 FamFG.** Für die (1) Aufhebung der Betreuung; (2) Einschränkung des Aufgabenkreises des Betreuers; (3) Aufhebung des Einwilligungsvorbehalts; (4) Einschränkung des Kreises der einwilligungsbedürftigen Willenserklärungen enthält § 294 Abs 1 FamFG besondere Verfahrensregeln. Insgesamt ergibt sich daraus das widersprüchliche Bild, dass vor Anordnung einer Betreuung Hürden zu überwinden sind, die Aufhebung aber ohne Weiteres jederzeit möglich ist. Die Anordnung gilt dem Gesetzgeber als feindlicher Akt des Betreuungsgerichts, die Aufhebung als freundlicher Akt; zu Unrecht, weil die Betreuung schützen soll, die ungerechtfertigte Aufhebung also schaden kann. Dass ein Aufhebungsantrag noch nicht verbeschieden ist, steht einer Abgabe des Betreuungsverfahrens an ein anderes Betreuungsgericht nicht entgegen[29]. Aber natürlich kann der *Rechtspfleger* keine solche Abgabe vornehmen und dadurch einer vom Richter geplanten Aufhebung der Betreuung den Boden entziehen.

23 a) **Verfahren vor Aufhebung** und bei den weiteren Verfahren der Rz 22. Das Betreuungsgericht hat nur den sonstigen „Beteiligten" (§§ 274, 279 Abs 1 FamFG) und eventuell[30] der Betreuungsbehörde (§ 279 Abs 2 FamFG) sowie auf Verlangen des Betroffenen einer dem Betroffenen nahe stehenden Personen (§ 279 Abs 3 FamFG) Gelegenheit zur Äußerung zu geben (§ 294 FamFG); deren Zustimmung ist aber nicht erforderlich. Dagegen ist eine erneute *persönliche* Anhörung des Betroffenen nicht erforderlich; keine Verweisung auf § 278 FamFG[31]; doch wird im Regelfall eine Anhörung oder ein sonstiger Kontakt zwischen dem Betreuungsgericht und dem Betreuten sinnvoll sein; zumindest ist rechtliches Gehör zu gewähren[32]. Ebenso ist eine neue Begutachtung bzw Vorlage eines ärztlichen Zeugnisses nicht vorgeschrieben, weil keine Verweisung auf § 278 FamFG erfolgte[33]; allerdings verlangt die Schutzfunktion der Betreuung, dass im Rahmen der Amtsermittlung (§ 26 FamFG) ein Gutachten eingeholt wird[34], wenn kein zeitnahes Gutachten vorliegt und die Aufhebung nicht aus sonstigen Gründen völlig unzweifelhaft ist. Die Bestellung eines Verfahrenspflegers (§ 276 FamFG) wäre nicht verboten.

24 b) **Verfahren vor Ablehnung des Antrags auf Aufhebung der Betreuung** (bzw Ablehnung der weiteren Anträge der Rz 22): hier bestehen keine verfahrensrechtlichen Besonderheiten[35]. Insbesondere sind §§ 294, 295 FamFG nicht

29 OLG Karlsruhe FamRZ 1994, 449.
30 Aber nicht zwingend, OLG Rostock FamRZ 2006, 1630.
31 OLG Karlsruhe FamRZ 1994, 449; HK-BUR-*Rink* § 1908d Rz 3.
32 OLG Karlsruhe FamRZ 1994, 449.
33 BayObLG FamRZ 1994, 1602.
34 OLG Frankfurt FamRZ 1992, 859; BayObLG FamRZ 2003, 115 (Gutachten ein Jahr und fünf Monate alt); BayObLG BtPrax 1993, 171/2.
35 OLG München FamRZ 2006, 730; BayObLG FGPrax 1995, 52.

anzuwenden[36]. Deshalb kann zB ein Aufhebungsantrag ohne weitere Ermittlungen, Gutachten und Anhörung abgelehnt werden, wenn die letzte Entscheidung erst kurz (zB zwei Monate) zurücklag[37]. Allerdings muss die Stellungnahme der Betreuungsbehörde dem Betreuten zugeleitet werden (rechtliches Gehör), wenn das Betreuungsgericht die Stellungnahme in seinem Beschluss verwertet[38].

25 c) **Entscheidung des Betreuungsgerichts.** Zuständig ist der Richter, der Rechtspfleger im Falle des § 1896 Abs 3 (Kontrollbetreuung). Anderes Landesrecht vgl § 19 RPflG. Der **Aufhebungsbeschluss** muss Rubrum und Tenor, Gründe und Rechtsmittelbelehrung enthalten (§§ 38, 39 FamFG). Die Aufhebung wird mit der Bekanntmachung an den Betreuer wirksam[39], § 287 Abs 1 FamFG. Bei Aufhebung als *von Anfang an* ungerechtfertigt kann das Gericht eine **Kostenentscheidung** nach § 307 FamFG treffen; sie betrifft zB die Anwaltskosten des Betroffenen. Die vom vermögenden Betreuten bezahlte Betreuervergütung wird ihm allerdings nicht erstattet[40], nach hM auch nicht die gerichtliche Jahresgebühr. Trotz Aufhebung der Betreuung (und damit Erledigung der Hauptsache) kann der Betroffene vom Beschwerdegericht die **Feststellung der Rechtswidrigkeit** verlangen (§ 62 FamFG)[41].

26 Die **Ablehnung der Aufhebung** muss begründet werden, mit Rechtsmittelbelehrung (§§ 38, 39 FamFG). Der Beschluss ist dem Betreuten und dem Betreuer bekannt zu machen (§ 41 FamFG), bei Aufhebung bzw Einschränkung ferner der Betreuungsbehörde (§ 288 Abs 2 Satz 1 FamFG). Eine Aufhebung der Betreuung oder eine Einschränkung durch **einstweilige Anordnung** ist in §§ 300, 301 FamFG nicht vorgesehen. Eine Entlassung des Betreuers durch einstweilige Anordnung ist allerdings möglich (§ 300 Abs 2 FamFG); sie bestünde dann als betreuerlose Betreuung noch bis zur Aufhebung bzw Neuauswahl eines Betreuers fort.

27 d) **Wirksamwerden bei Aufhebung/Einschränkung der Betreuung.** Der Beschluss wird wirksam mit der Bekanntgabe der Entscheidung an den Betreuer (§ 287 Abs 1 FamFG) bzw mit Anordnung der sofortigen Wirksamkeit und Übergabe nach § 287 Abs 2 FamFG. Damit ist bei **Aufhebung der Betreuung** gleichzeitig der Betreuer entlassen; eine gesonderte Entlassung des Betreuers entfällt. Die Bestellungsurkunde (§ 290 FamFG) ist dem Betreuungsgericht zurückzugeben (§ 1893 Abs 2 Satz 1); ist sie verloren gegangen erfolgt kein Aufgebot. Das Vermögen ist an den Betreuten herauszugeben, Rechenschaft ist zu legen (§§ 1890, 1892). Das Wahlamt ist ggf vom Betreuungsgericht zu verständigen (§ 309 FamFG). Über Fortführungsbefugnisse des Betreuers vgl §§ 1908 i Abs 1 Satz 1 mit §§ 1893 Abs 1, 1698 a.

28 Bei **Einschränkung der Betreuung** ist der Betreuer nicht entlassen. Im Übrigen kommt es darauf an, welcher Aufgabenkreis wegfällt und welcher noch bleibt. Die Bestellungsurkunde wird zurückgefordert, berichtigt und wieder ausgehändigt.

29 e) **Wirksamwerden beim Einwilligungsvorbehalt.** Der Beschluss ist ebenfalls mit Bekanntmachung an den Betreuer wirksam § 287 Abs 1 FamFG bzw mit Anordnung der sofortigen Wirksamkeit und Übergabe nach § 287 Abs 2

36 BayObLG FamRZ 1994, 1602; FamRZ 1998, 323 (zu § 69 i FGG).
37 BayObLG FamRZ 1998, 323.
38 BayObLG FamRZ 1994, 1602.
39 OLG Köln OLG-Report 2007, 410.
40 OLG München FamRZ 2006, 730 (L) = BtPrax 2006, 32.
41 Vgl OLG Rostock FamRZ 2007, 302 zur Rechtslage nach dem FGG.

FamFG. Nach § 41 FamFG ist er zuzustellen; doch ist das keine Wirksamkeitsvoraussetzung, sondern dient nur der Berechnung der Beschwerdefrist. Wird eine Betreuung, die mit einem Einwilligungsvorbehalt verbunden ist, aufgehoben, gelten die Grundsätze der Rz 25. Über evtl Mitteilungspflichten vgl § 309 Abs 2 Satz 2 FamFG.

f) **Rechtsmittel.** Der frühere Streit, wann die einfache Beschwerde und wann die sofortige Beschwerde statthaft ist hat sich erledigt, weil das FamFG die einfache Beschwerde abgeschafft hat und gegen Endentscheidungen jeweils nur die befristete Beschwerde statthaft ist (§§ 58, 59 FamFG; Frist: § 63 FamFG). Zur Sprungrechtsbeschwerde vgl § 75 FamFG. Die Beschwerdeberechtigung richtet sich nach § 59 bzw § 303 FamFG. **Gegen die Aufhebung der Betreuung oder Einschränkung** des Aufgabenkreises steht deshalb dem Betroffenen die befristete Beschwerde zu, wenn er die Aufrechterhaltung der ihn schützenden Betreuung anstrebt[42]; ebenso den in § 303 FamFG genannten Personen bzw der Betreuungsbehörde. Der Betreuer selbst hat kein *Recht* auf Fortbestand der Betreuung und daher kein Beschwerderecht (§ 59 FamFG), wenn die Betreuung aufgehoben wird[43]. 30

Gegen die Ablehnung der Aufhebung/Einschränkung der Betreuung. Befristete Beschwerde. Beschwerdeberechtigte: §§ 59, 303 FamFG. Wird eine Betreuung angeordnet, obwohl eine entsprechende Vorsorgevollmacht vorliegt, ist der Bevollmächtigte gegen die Ablehnung der Aufhebung beschwerdeberechtigt[44]. Eine Erstentscheidung des Betreuungsgerichts ist auch erforderlich, wenn der Betreute den Aufhebungsantrag stellt, wie aus § 58 Abs 1 FamFG folgt[45]. Wird die Aufhebung abgelehnt und gleichzeitig die Überprüfungsfrist verlängert, dann soll die Beschwerde gegen die ursprüngliche Bestellung des Betreuers mangels Rechtsschutzbedürfnisses unzulässig sein[46]. 31

Gegen die Aufhebung/Einschränkung des Einwilligungsvorbehalts. Befristete Beschwerde (§§ 58, 59 FamFG). Auch der Betreute kann die Aufhebung des Einwilligungsvorbehalts anfechten[47], weil er ihn schützt. Da die Entscheidung den Aufgabenkreis des Betreuers betrifft, kann der Betreuer auch im Namen des Betreuten Beschwerde einlegen. 32

Gegen die Ablehnung der Aufhebung eines Einwilligungsvorbehalts/Einschränkung. Befristete Beschwerde (§§ 58, 59 FamFG). 33

2. Verfahren bei wesentlicher Erweiterung des Aufgabenkreises des Betreuers. Die Frage ist zunächst, wann überhaupt eine „Erweiterung" vorliegt. Denn die Aufgabenkreise sind nicht normiert, jeder Betreuungsrichter bestimmt den Aufgabenkreis nach seinem Sprachgefühl und Vordruck. Deshalb ist oft unklar, was ein Aufgabenkreis überhaupt beinhaltet. Wenn man der Auffassung ist, das „Aufenthaltsbestimmung" auch die „Unterbringung" enthält, dann entfällt eine dementsprechende Erweiterung[48]. Meint man, dass die „Vermögenssorge" die „Wohnungsauflösung" nicht beinhaltet, ist eine Erweiterung notwendig. 34

42 OLG München FamRZ 2007, 743.
43 OLG München FamRZ 2006, 577; OLG Düsseldorf FamRZ 1998, 1244; anders, wenn der Betreuer in einem Verfahrensrecht verletzt wurde; zweifelhaft.
44 MünchKomm-*Schwab* § 1908 d Rz 6.
45 Missverständlich OLG Hamm FamRZ 1995, 1519: der Betroffene könne die selbst beantragte Betreuung „unmittelbar" mit Beschwerde zum LG angreifen.
46 BayObLG FamRZ 2005, 834; nicht überzeugend.
47 BayObLG FamRZ 2000, 567.
48 OLG Stuttgart FPR 2004, 711.

35 Die **Abgrenzung wesentlich/unwesentlich** ist schwierig. Die Praxis will sich teils das umständlichere Verfahren bei wesentlicher Erweiterung sparen und behandelt fast alles (gesetzwidrig) als unwesentliche Erweiterung. Die Sicht des Betroffenen ist einzubeziehen. Wesentlich sind zB die Erweiterung auf die ganze oder Teile der Personensorge, auf die Postkontrolle (§ 1896 Abs 4), auf ärztliche Maßnahmen (§ 1904), auf § 1905, auf Unterbringung (§ 1906), auf Vermögenssorge (wenn bisher nur die Personensorge bestand)[49], auf Wohnungsaufgabe, auf die Regelung des Umgangs mit Familienangehörigen[50], auf *alle* Angelegenheiten. Beispiele nennt § 293 Abs 2 Satz 2 FamFG. Im Zweifelfall ist eine wesentliche Erweiterung anzunehmen.

36 Bei wesentlicher Erweiterung geltend die Vorschriften über die Erstbestellung entsprechend (**§ 293 Abs 1 FamFG**). Das Betreuungsgericht hat somit den Betroffenen grundsätzlich vorher persönlich anzuhören (§ 278 FamFG)[51] und ein Sachverständigengutachten einzuholen (§§ 280, 281 FamFG) sowie die Anhörungen der Beteiligten (§ 274 FamFG) durchzuführen (§ 279 FamFG). Auch ist ein Verfahrenspfleger zu bestellen, wenn Gegenstand des Verfahrens die Erweiterung des Aufgabenkreises auf die Besorgung *aller* Angelegenheiten ist (§ 276 Abs 1 Satz 2 Nr 2 FamFG). Der Beschluss muss für jeden einzelnen neuen Aufgabenkreis konkret angeben, weshalb er erforderlich ist[52]. Die Erweiterung auf *alle* Angelegenheiten verlangt die Feststellung, dass der Betroffene nicht einmal einen Teilbereich seines Lebens mehr (rechtlich) bewältigen kann[53]. Über Mitteilungspflichten vgl § 309 FamFG. Eine Erweiterung durch einstweilige Anordnung ist möglich (§§ 300, 301 FamFG), allerdings nur zeitlich begrenzt.

37 **Rechtsmittel gegen die Erweiterung.** Rechtsmittel ist die befristete Beschwerde (§§ 58, 59 FamFG). Hat nur der Betroffene Beschwerde gegen die Anordnung der Betreuung eingelegt, darf er nicht dadurch verschlechtert werden, dass das Beschwerdegericht den Aufgabenkreis des Betreuers erweitert[54]. Wird der Aufgabenkreis erweitert und gleichzeitig insoweit ein Einwilligungsvorbehalt angeordnet, muss der Betroffene an sich beides angreifen; die Auslegung ergibt aber im Zweifel, dass beides angegriffen werden soll.

38 **3. Verfahren bei unwesentlicher Erweiterung des Aufgabenkreises des Betreuers.** Soll der Aufgabenkreis nur unwesentlich erweitert werden, ist nach § 293 Abs 2 Satz 1 Nr 2 FamFG das Verfahren reduziert: Gutachten/ärztliches Zeugnis erübrigen sich, ebenso die *persönliche* Anhörung des Betroffenen. Eine Anhörung im Sinne der Gewährung des rechtlichen Gehörs, zB schriftlich, ist ausreichend. Für eine Anhörung der Betreuungsbehörde usw sehe ich keinen Sinn. **Rechtsmittel:** befristete Beschwerde.

39 **4. Verfahren bei wesentlicher Erweiterung des Kreises der einwilligungsbedürftigen Willenserklärungen.** Die Vorschriften über die erstmalige Anordnung eines Einwilligungsvorbehalts gelten entsprechend (§ 293 Abs 1 FamFG). Möglich ist nur die Änderung von Amts wegen; „Anträge“ sind als Anregungen aufzufassen. Wird **nachträglich ein Einwilligungsvorbehalt angeordnet**, gelten diese Bestimmungen unmittelbar (ohne Verweisung durch § 1908 d Abs 4 und

---

49 Staudinger-*Bienwald* § 1908 d Rz 14.
50 BayObLG FamRZ 2003, 402.
51 Durch das LG, wenn der Betroffene vor dem Amtsrichter keine Angaben machte, BayObLG FamRZ 1998, 453.
52 BayObLG FamRZ 1998, 454; OLG Hamm FamRZ 1995, 433.
53 BayObLG FamRZ 1998, 452.
54 BayObLG FamRZ 1998, 922.

3). Eine einstweilige Anordnung ist möglich (§§ 300, 301 FamFG). **Rechtsmittel:** befristete Beschwerde (§§ 58, 59 FamFG).

5. **Verfahren bei unwesentlicher Erweiterung des Kreises der einwilligungsbedürftigen Willenserklärungen:** Über § 293 Abs 2 Satz 1 Nr 2 FamFG gilt das oben (Rz 38) Ausgeführte. Diese Fallgruppe ist freilich nur theoretisch, kann bei richtiger Sachbearbeitung nicht vorkommen; sie beruht auf der unglücklichen Verweisungstechnik. Denn zusätzliche *erhebliche* Gefahren (§ 1903 Abs 1), die aber gleichzeitig *unwesentlich* sind, sind schwer vorstellbar[55]. Sie könnten zB dann vorliegen, wenn das Betreuungsgericht als einwilligungsbedürftig alle Rechtsgeschäfte bis 250 Euro deklariert hat und nun den Betrag auf 300 Euro steigern möchte, was kaum sinnvoll wäre. **Rechtsmittel:** befristete Beschwerde. 40

§ 1908e [Vereinsbetreuer: Aufwendungsersatz und Vergütung]

Aufgehoben ab 1.7.2005 durch 2. BtÄndG. Jetzt in § 7 VBVG geregelt.

§ 1908f Anerkennung als Betreuungsverein

(1) Ein rechtsfähiger Verein kann als Betreuungsverein anerkannt werden, wenn er gewährleistet, dass er
1. eine ausreichende Zahl geeigneter Mitarbeiter hat und diese beaufsichtigen, weiterbilden und gegen Schäden, die diese anderen im Rahmen ihrer Tätigkeit zufügen können, angemessen versichern wird,
2. sich planmäßig um die Gewinnung ehrenamtlicher Betreuer bemüht, diese in ihre Aufgaben einführt, fortbildet und sie sowie Bevollmächtigte berät,
2a. planmäßig über Vorsorgevollmachten und Betreuungsverfügungen informiert,
3. einen Erfahrungsaustausch zwischen den Mitarbeitern ermöglicht.

(2) [1]Die Anerkennung gilt für das jeweilige Land; sie kann auf einzelne Landesteile beschränkt werden. [2]Sie ist widerruflich und kann unter Auflagen erteilt werden.

(3) [1]Das Nähere regelt das Landesrecht. [2]Es kann auch weitere Voraussetzungen für die Anerkennung vorsehen.

(4) Die anerkannten Betreuungsvereine können im Einzelfall Personen bei der Errichtung einer Vorsorgevollmacht beraten.

Schrifttum: *Hellmann*, Betreuungsvereine, BtPrax 1992, 4; *Kleinz*, Organisierte Einzelbetreuung BtPrax 1993, 113; *Bienwald/Oetjen*, Betreuungsvereine in Deutschland, 1994; *Meyer/Höger*, Finanzielle Förderung von Betreuungsvereinen, BtPrax 1993, 201; *Winterstein*, (Förderung) BtPrax 1995, 194; *Oelhoff*, Der Betreuungsverein gem § 1908f BGB (Erfahrungsbericht), BtPrax 1996, 136; *Deinert*, Arbeitshilfe für Betreuungsvereine, 2. Aufl 1996; *Coen*, Aufsicht des Betreuungsvereins über Vereinsbetreuer nach § 1908f BGB, NJW 1999, 535; *Zimmermann*, Vorsorgevollmacht, Betreuungsverfügung, Patientenverfügung, 2. Aufl 2010.

I. Gesetzesgeschichte

§ 1908f wurde durch das 1. BtÄndG durch Einfügen von Nr 2a geändert. Durch das 2. BtÄndG wurde § 1908f um die Vorsorgevollmacht ergänzt und Abs 4 hinzugefügt. 1

---

55 Staudinger-*Bienwald* § 1908d Rz 21.

II. Allgemeines

2 Die Betreuung durch Vereine hat historische Gründe und wurde durch das BtG fortgeführt. § 1908 f hat öffentlich-rechtlichen Charakter; er regelt die Voraussetzungen, unter denen ein Verein (von bestimmten Landesbehörden, zB dem Regierungspräsidenten) als Betreuungsverein *anerkannt* werden kann; die Vorschrift gehört an sich nicht ins BGB. Wenn die nach § 1908 f sowie die nach Landesrecht (Abs 3) zusätzlich zu erfüllenden Voraussetzungen vorliegen, steht der für die Anerkennung zuständigen Behörde kein Ermessen zu[1]. Es handelt sich vielmehr um einen gebundenen Verwaltungsakt, es besteht ein Rechtsanspruch. Die Anerkennung ist mit einer Verpflichtungsklage zum Verwaltungsgericht erzwingbar. Der Wortlaut des Abs 1 („kann") ist insoweit irreführend. Nach dem bisherigen Recht anerkannte Vormundschaftsvereine (§ 1791 a Abs 1) gelten als anerkannte Betreuungsvereine (Art 9 § 4 BtG), müssen also nicht gesondert anerkannt werden. Nicht anerkannte Vereine können sich zB beratend betätigen; sie können nur nicht selbst Betreuer werden, ihre Mitarbeiter nicht Vereinsbetreuer.

3 Im Bundesgebiet gab es zum 1.1.1995 868 anerkannte Betreuungsvereine[2]; am 1.1.2006 waren es 834[3]. Sie gehören meist zum Caritasverband, Diakonischem Werk, Paritätischen Wohlfahrtsverband, Arbeiterwohlfahrt, Sozialdienst Katholischer Männer. Die Finanzierung der Vereine erfolgt zum Teil durch die Länder[4], im Übrigen durch Zahlungen der Staatskasse (§ 1836; § 1 VBVG) bei mittellosen Betreuten, Zahlungen der Betreuten (wenn diese begütert sind), Spenden und Zuschüsse der Träger und ist schwierig[5].

4 Anerkannte Betreuungsvereine sind Grundrechtsträger des Art 12 Abs 1 GG; diese Vorschrift gebietet es, bei der Festsetzung der Vergütung für Betreuungsvereine zu beachten, dass Betreuungsvereine besonders qualifiziertes Fachpersonal anstellen und zur Verfügung der Gerichte halten[6].

III. Anerkennung als Betreuungsverein (Abs 1)

5 **1. Verein.** Nur ein schon ins Vereinsregister eingetragener Verein (§ 21 BGB) kann anerkannt werden, also zB keine Stiftung, keine BGB-Gesellschaft, kein Vorverein. „Gewährleisten" heißt, dass nach den getroffenen Vorkehrungen davon ausgegangen werden kann, dass die Nr 1 bis 3 über einen längeren Zeitraum erfüllt werden können.

6 **Nr 1. – a) Geeignete Mitarbeiter.** Nr 1 meint mit den „geeigneten Mitarbeitern" professionelle, angestellte Mitarbeiter[7]. Nur diese angestellten Mitarbeiter kommen zB als Vereinsbetreuer (§ 1897 Abs 2) in Betracht, weil der Verein nur über sie die Personalhoheit (vgl § 1897 Abs 2, § 1908 b Abs 4) hat. Ehrenamtliche Mitarbeiter sind also in Nr 1 nicht gemeint. Die Frage, ab wann eine **ausreichende Zahl** solcher angestellten Mitarbeiter gegeben ist, lässt sich nicht generell

---

1 BT-Drucks 11/4528 S. 157.
2 BT-Drucks 13/7133 S. 15.
3 HK-BUR-*Deinert/Walther* Rz § 1908 f Rz 83.
4 In Landes-Förderrichtlinien geregelt, abgedruckt bei *Knittel*, Betreuungsrecht, Band II und HK-BUR. Die Länder haben an die Vereine 1995 insgesamt 23,945 Mio. DM ausbezahlt. BT-Drucks 13/7133 S. 16; 2005 wurden 9,180 Mio. Euro bezahlt; HK-BUR-*Deinert/Walther* § 1908 f Rz 83.
5 Vgl *Oelhoff* BtPrax 1996, 136; *Winterstein* BtPrax 1995, 194.
6 BVerfG NJW 2002, 2091.
7 BT-Drucks 11/4528 S. 101.

beantworten[8]; nach dem Wortlaut müssen es mindestens zwei sein. Die professionellen Mitarbeiter sind **geeignet**, wenn sie idR eine qualifizierte Ausbildung als Jurist, Rechtsanwalt, Psychologe, Sozialpädagoge, Arzt oder ähnlichem haben[9]. Aber auch langjährige Erfahrungen als erfolgreicher hauptamtlicher oder ehrenamtlicher Pfleger, Vormund, als Sozialarbeiter oder Betreuer können eine Person zu einem professionellen Mitarbeiter befähigen. Dabei ist zu berücksichtigen, dass der Betreuungsverein auch die Aufgabe hat, besonders schwierige Betreuungsfälle selbst zu übernehmen.

b) **Beaufsichtigung der Mitarbeiter.** Unklar ist, was hier gemeint ist[10]. Da Vereinsbetreuer ohnehin der Aufsicht des Betreuungsgerichts unterstehen (§ 1837 Abs 2), kann nur eine zusätzliche Aufsicht durch den Verein gemeint sein; nämlich die Dienstaufsicht, zB in dem Bereich, wo der Vereinsbetreuer als befreiter Betreuer (§§ 1908 i Abs 2; 1857 a) einer schwächeren Aufsicht unterliegt als ein gewöhnlicher Betreuer (Geldanlage usw); ferner eine verstärkte Qualitätskontrolle. Aufsicht beinhaltet ein Weisungsrecht; sie kann daher nur in engen Grenzen in Betracht kommen, da der Vereinsbetreuer andererseits selbstständig ist. Ist der Verein selbst Betreuer, kann er seine mit der Wahrnehmung beauftragten Mitarbeiter anweisen. Die mit den Aufgaben nach Nr 2 beauftragten Mitarbeiter können unbeschränkt angewiesen werden. 7

c) **Fachliche Weiterbildung.** Die fachliche Weiterbildung der angestellten Mitarbeiter muss gewährleistet sein. Sie muss nicht durch den Verein selbst erfolgen. Ausreichend ist auch die Weiterbildung durch externe Institutionen, die Abordnung zu Fortbildungskursen, Bezug von Fachzeitschriften usw. 8

d) **Versicherungspflicht.** Seine angestellten Mitarbeiter hat der Verein zu versichern, damit der Geschädigte (Betreuter oder Dritter) nicht wegen der Insolvenz des Mitarbeiters leer ausgeht, und der Mitarbeiter nicht mit dem Risiko, aus eigener Tasche Schadenersatz leisten zu müssen, belastet wird und vielleicht deshalb überängstlich ist. Ehrenamtlich für den Verein tätige Personen, seien sie Vereinsmitglieder oder nicht, die unter Förderung des Vereins Einzelbetreuungen übernehmen, müssen also nicht vom Verein versichert werden[11]. Diese versichern sich im eigenen Interesse selbst (auf Kosten des Betreuten oder der Staatskasse; § 1835 Abs 2 und 4) oder werden dazu vom Betreuungsgericht angehalten (§ 1837 Abs 2). Die Versicherung muss Schäden abdecken, die die Mitarbeiter anderen im Rahmen ihrer Tätigkeit zufügen können. Einmal können die Betreuten geschädigt werden, zum anderen können Dritte von den Mitarbeitern bei Erfüllung von Betreuungsaufgaben geschädigt werden; damit umschreibt § 1908 f Abs 1 Nr 1 die in § 1835 Abs 2 Satz 1 genannte Versicherung. 9

Haftung. Der Verein muss nach Bundesrecht selbst keine eigene Versicherung nachweisen, obgleich er selbst haftet. Ist der **Verein selbst Betreuer** (§ 1900 Abs 1), so hat er für seine Angestellten, die die Betreueraufgabe wahrnehmen (§ 1900 Abs 2), gem § 1908 i iVm §§ 1833, 1791 a Abs 3 Satz 2, 31 wie für verfassungsmäßig berufene Vertreter einzustehen, er haftet also selbst. Von der Haftung für Fehler im Rahmen einer Betreuertätigkeit ist die Haftung in sonstigen Fällen zu unterscheiden. Denn der Verein kann zB im Rahmen der Information über Vorsorgevollmachten Fehler machen, etwa indem die Besonderheiten bei Auslandsvermögen oder bei formbedürftigen Geschäften übersehen werden. § 675 schließt hier eine Haftung nicht aus. In der Regel wird 10

8 Im Durchschnitt sind 3,7 Personen beschäftigt, einschließlich Teilzeitstellen, *Bienwald/Oetjen* S. 81.
9 BT-Drucks 11/4528 S. 158.
10 Vgl *Coen* NJW 1999, 535.
11 Ebenso Staudinger-*Bienwald* § 1908 f Rz 38.

wegen der Bedeutung der Sache ein stillschweigender Beratungsvertrag, geschlossen mit dem Verein, anzunehmen sein, selbst wenn keine Vergütung für die Beratung bezahlt wird; für eine Falschberatung haftet dann der Verein nach §§ 241, 280[12].

11 **Haftung des Vereinsbetreuers und des Vereins** für ihn. Wird der Angestellte als Vereinsbetreuer und damit als Einzelbetreuer tätig, so haftet er selbst dem Betreuten wie Dritten aus § 1833 (und gegebenenfalls aus weiteren Anspruchsgrundlagen, wie zB § 823); er ist weder Erfüllungsgehilfe (§ 278 BGB) noch Verrichtungsgehilfe (§ 831 BGB) des Vereins. Streitig ist, ob der Verein für seinen Vereinsbetreuer haftet: (1) Der Verein, für den er als Vereinsbetreuer tätig wird, haftet *grundsätzlich* nicht für ihn[13]. (2) Da der Vereinsbetreuer auch dann, wenn er zufällig Vereinsmitglied ist, nicht als solches tätig wird (sondern als Betreuer), kommt auch die an die Vereinsmitgliedschaft geknüpfte Haftung gem § 1908i iVm **§ 1791a Abs 3 Satz 2** nicht zum Zug[14]; vgl für Behördenbetreuer § 1897 Rz 19. (3) Nur wenn der Verein seine Aufsichtspflicht verletzt und man insoweit ein Schutzgesetz nach § 823 Abs 2 annimmt, kommt eine Haftung des Vereins aus §§ 823 Abs 2, 31 in Betracht[15]. Aber selbst wenn die engen Voraussetzungen des § 823 BGB nicht vorliegen, ist zu beachten, dass der Verein nicht isoliert neben seinem Vereinsbetreuer steht: er hat ihn ausgewählt und eingestellt, ohne seine Zustimmung kann jemand nicht vom Gericht als Vereinsbetreuer bestellt werden (§ 1897 Abs 2 Satz 1), er genießt Erleichterungen nach § 1857a, er kassiert für ihn die Vergütung und zahlt ihm seinerseits ein Gehalt. Deshalb besteht ein Rechtsverhältnis zwischen den Betreuten und dem Verein, neben dem **Rechtsverhältnis** zwischen dem Betreuten und dem Vereinsbetreuer aus § 1833. Das führt zur **Haftung des Vereins** aus §§ 241, 280[16], wenn er seine Aufsichtspflichten verletzt, so dass es zB dem Vereinsbetreuer gelingt, Geld des Betreuten zu unterschlagen. Wegen der Befreiung des Vereinsbetreuers von der jährlichen Rechnungslegung (§ 1854) und der Versperrung (§§ 1852 Abs 2 Satz 1, 1853) treffen hier den Verein eigene Überprüfungspflichten.

12 Für ehrenamtliche für den Verein tätige Personen, die unter Förderung des Vereins als Einzelbetreuer tätig sind, ohne dafür entlohnt zu werden, insbes Vereinsmitglieder, haftet der Verein aus den gleichen Gründen nicht, aus denen er auch nicht für Vereinsbetreuer haftet.

13 **2. Nr 2.** Die Verpflichtung des Vereins, planmäßig (dh nach einem gewissen Konzept, Programm) ehrenamtliche Betreuer (nicht: angestellte Mitarbeiter) zu gewinnen und sie in die Arbeit **einzuführen, fortzubilden und zu beraten** (das nennen manche missverständlich „Querschnittsaufgaben“, was unpassend ist), soll einerseits gewährleisten, dass eine möglichst große Anzahl von Betreuern zur Verfügung steht und andererseits die Übernahme einer Betreuung durch gegenseitige Beratung und gegenseitigen Gedankenaustausch an Attraktivität gewinnt. Nur die Bemühung wird geschuldet, nicht ein Erfolg. Die Verpflichtung besteht nicht nur gegenüber Betreuern, die Mitglieder des Betreuungsvereins sind; sie muss andererseits nicht kostenlos sein. Ehrenamtliche Betreuer sind

---

12 *Fröschle* BtPrax 2008, 190.

13 BT-Drucks 11/4528 S. 158; Erman-*Holzhauer* § 1833 Rz 12; Dodegge/Roth D 130; HK-BUR-*Bauer* § 1908f Rz 7; aA MünchKomm/*Wagenitz* § 1908i Rz 25; *Jürgens* § 1908f Rz 12: HK-BUR-*Deinert/Lütgens* § 1833 Rz 28: Vereinshaftung wegen §§ 1908i Abs 1, 1791a Abs 3 Satz 2, 31.

14 HK-BUR-*Bauer* § 1833 Rz 7; aA MünchKomm/*Schwab* § 1908f Rz 29.

15 Vgl *Coen* NJW 1999, 535/7; *Fröschle* BtPrax 2008, 190 verneint das Vorliegen eines Schutzgesetzes.

16 *Fröschle* BtPrax 2008, 190.

solche, die nicht Berufsbetreuer (-vormund, -pfleger) iSv § 1836 Abs 1 Satz 2[17] und nicht Angestellte des Vereins sind. Die Nr 2 und 3 beschreibt die sog organisierte Einzelbetreuung[18]. Inwieweit das gelingt, ist ungeklärt[19].

Einführung: Etwa generelle Information über Betreuung, Information über Rechtsgrundlagen und praktische Handhabung. Die (freigestellte) Einführung (bei einem Verein) ist nicht zu verwechseln mit dem Einführungsgespräch beim Rechtspfleger (§ 289 FamFG). **Fortbildung:** ZB den schon tätigen Betreuern neue Kenntnisse zu vermitteln. Kein ehrenamtlicher Betreuer ist verpflichtet, an Vereinseinführungs- und Fortbildungsveranstaltungen teilzunehmen. 14

Beratung: Gemeint ist sowohl die generelle Beratung wie auch die Beratung in einem konkreten Einzelfall. Die Beratung durch das Betreuungsgericht (§ 1837 Abs 1) ist insofern vorrangig, als sie für den Betreuer verbindlich sein kann. Der Betreuer kann sich auch bei der Betreuungsbehörde beraten lassen (§ 4 BtBG). 15

3. Nr 2 a. Vollmachten vgl § 1896 Abs 2 (vom Verein wird erwartet, dass er daran mitwirkt, Betreuungen und damit sich selbst überflüssig zu machen). Betreuungsverfügung § 1901 a. 16

4. Nr 3. Erfahrungsaustausch von Mitarbeitern. Nr 3 ist überflüssig, denn Erfahrungsaustausch gibt es überall, ohne dass es normiert werden müsste. Gemeint sind hier die angestellten Mitarbeiter[20], denn die Ehrenamtlichen können keiner Verschwiegenheitspflicht unterworfen werden. Im Rahmen des Gedankenaustauschs ist es auch zulässig, über die persönlichen Verhältnisse des Betreuten zu berichten. Die Informationen dürfen aber nicht außerhalb des Gesprächskreises weitergegeben werden. 17

IV. Wirkung der Anerkennung (Abs 2)

1. Satz 1. Nach Satz 1 beschränkt sich die **Anerkennung auf das jeweilige Bundesland**. Ein Verein, der im ganzen Bundesgebiet tätig werden möchte, müsste also in allen Ländern anerkannt werden. Zulässig ist es auch, die Anerkennung auf einzelne Landesteile zu beschränken. Dadurch kann eine gleichmäßige Versorgung mit Betreuungsvereinen gewährleistet und eine Konzentrierung (zB auf Großstädte) vermieden werden. Die gelegentliche Praxis, je Gerichtsbezirk („einzelner Landesteil") nur *einen* Verein entstehen zu lassen, ist aber bedenklich[21], desgleichen die Beschränkung der Förderung auf maximal zwei Vereine je Bezirk[22]. 18

2. Satz 2. Die Anerkennung kann widerrufen werden (Satz 2), wenn der Verein beispielsweise in Vermögensverfall gerät, seine Aktivitäten einstellt oder gegen seine in Abs 1 genannten Pflichten verstößt. Der **Widerruf** ist Verwaltungsakt, so dass er mit der verwaltungsgerichtlichen Anfechtungsklage angegriffen werden kann. Entsprechendes gilt, wenn die Anerkennung **mit Auflagen verbunden** wird bzw ein Widerruf wegen Nichterfüllung der Auflagen erfolgte[23]. Solche Auflagen sind zB, dass eine bestimmte Zahl von Mitarbeitern eingestellt wird, diese 19

17 AA *Bienwald* § 1908 f Rz 27.
18 BT-Drucks 11/4528 S. 101; *Kleinz* BtPrax 1993, 113.
19 BT-Drucks 13/7133 S. 17.
20 Staudinger-*Bienwald* § 1908 f Rz 45; aA MünchKomm/*Schwab* § 1908 f Rz 7.
21 Ähnlich Staudinger-*Bienwald* § 1908 f Rz 3.
22 OVG Lüneburg BtPrax 2002, 172.
23 BT-Drucks 11/4528 S. 158.

eine bestimmte Qualifikation haben, Tätigkeitsberichte und Finanzierungsübersichten vorgelegt werden.

V. Landesrecht (Abs 3)

20 Da der Bundesgesetzgeber die Rechte und Pflichten der Betreuungsvereine nicht detailliert regeln konnte, insbesondere was deren Unterstützung mit öffentlichen Mitteln anbelangt, ist es der Ländergesetzgebung vorbehalten, die Einzelheiten in diesem Bereich auszugestalten[24]. Solche Regelungen finden sich zB in den AusführungsG der Länder zum BtG[25]. Meist wird ein Sitz im jeweiligen Bundesland sowie die Gemeinnützigkeit im Sinne des Steuerrechts verlangt, die Vorlage von Jahresberichten, Offenlegung von Beteiligungen an Altenheimen usw. Die Frage, welche Qualifikation ein geeigneter Vereinsbetreuer iSd Abs 1 Nr 1 zu erfüllen hat, ist im Landesrecht nicht vertieft worden.

VI. Beratung bei der Errichtung einer Vorsorgevollmacht (Abs 4)

21 Die 2005 neu eingefügte Verpflichtung gilt auch für vorher gegründete Vereine. Es handelt sich um eine Sondervorschrift gegenüber dem Rechtsdienstleistungsgesetz. Hier tauchen Haftungsprobleme auf, denn Vollmachten können schwierige Rechtsfragen in sich bergen, die jemand, der nicht Volljurist ist, kaum lösen kann.

§ 1908 g BGB Behördenbetreuer

(1) Gegen einen Behördenbetreuer wird kein Zwangsgeld nach § 1837 Abs. 3 Satz 1 festgesetzt.

(2) Der Behördenbetreuer kann Geld des Betreuten gemäß § 1807 auch bei der Körperschaft anlegen, bei der er tätig ist.

Schrifttum: *Klie*, Datenschutz in der Arbeit der Betreuungsbehörde, BtPrax 1998, 3; *Heinikel*, Betreuungsbehördliche Arbeit (in Leipzig), BtPrax 1999, 51; *Brucker*, Aufgaben und Organisation der Betreuungsbehörde, 1999; *Bienwald*, Zur Rolle und Rechtsstellung von Behördenbetreuern, BtPrax 2000, 15; *Heck* (örtliche Betreuungsbehörde) FPR 2000, 294; *Deinert/Walther*, Handbuch Betreuungsbehörde, 2006; *Geistert*, Haftung in Verein und Behörde, BtPrax 2008, 190.

1 **1. Zwangsgeld, Absatz 1.** Dem Betreuungsgericht steht die Befugnis zu, bei Pflichtwidrigkeiten des Betreuers gem § 1908 i iVm § 1837 Abs 3 Satz 1 ein Zwangsgeld festzusetzen. Wenn eine **Behörde zum Betreuer** bestellt wurde, darf gegen sie aber kein Zwangsgeld verhängt werden (§ 1908 i iVm § 1837 Abs 3 Satz 2). Da die Behörde durch ihre Betreuertätigkeit eine öffentliche Aufgabe wahrnimmt, wäre die Festsetzung eines Zwangsgeldes mit ihrer Stellung nicht zu vereinbaren. Gebote und Verbote kann das Betreuungsgericht indes gegen die Behörde (nicht gegen den Bediensteten, dem die Ausübung der Vormundschaft übertragen ist) gem § 1837 Abs 2 Satz 1 erlassen. Der Betreuungsrichter kann sich ferner mit Dienstaufsichtsbeschwerde an die der Betreuungsbehörde vorgesetzte Behörde wenden; die Behörde als Betreuerin entlassen; oder künftig die Behörde nicht mehr bestellen.

---

24 Vgl *Uhlenbruch* BtPrax 1993, 150; *Wienand* FuR 1990, 281.

25 Dazu Staudinger-*Bienwald* Rz 11; *Bienwald/Oetjen* S. 31 ff; zu Berlin, Hamburg vgl *Dodegge* NJW 1994, 2383.

Gegen einen **Behördenbetreuer** kann das Betreuungsgericht gem § 1908 g Abs 1 ebenfalls kein Zwangsgeld festsetzen, obgleich dieser **Einzelbetreuer** ist. Die offizielle Begründung ist, dass auch der Behördenbetreuer eine öffentliche Aufgabe wahrnehme[1]; die Aufgabe ist aber nichts als beim privaten Betreuer, der Staat nimmt sich lediglich unstatthaft zusätzliche Privilegien heraus. Bei Pflichtwidrigkeiten des Behördenbetreuers steht dem Betreuungsgericht jedoch die Möglichkeit zu, gegen diesen mit Geboten und Verboten gem § 1837 Abs 2 Satz 1 einzuschreiten und ihn schließlich gemäß § 1908 b Abs 1 zu entlassen. Das Betreuungsgericht kann sich ferner an die Anstellungsbehörde des Behördenbetreuers wenden, um ein Einschreiten gegen Pflichtwidrigkeiten zu erreichen. Ist ein Angestellter oder Beamter der Behörde als **Sachbearbeiter** für die Behördenbetreuungen tätig, darf gegen ihn ebenfalls kein Zwangsgeld verhängt werden. 2

Auch gegen einen **Betreuungsverein als Betreuer** (§ 1900 Abs 1) kann kein Zwangsgeld festgesetzt werden (§ 1908 i iVm § 1837 Abs 3 Satz 2), wohl aber gegen den **Vereinsbetreuer**[2], weil eine dem Abs 1 entsprechende Vorschrift fehlt. 3

2. Geldanlage, Absatz 2. Ist eine Behörde Betreuer (§ 1900 Abs 4), so kann sie Geld des Betreuten auch bei solchen Institutionen anlegen, die von derselben Körperschaft errichtet wurden wie die Behörde (§ 1908 i iVm § 1805). Dasselbe gilt gemäß Abs 2 für einen Behördenbetreuer. Deshalb kann zB ein als Behördenbetreuer bestellter städtischer Beamter Geld bei der städtischen Sparkasse anlegen. 4

§ 1908 h [Behördenbetreuer: Aufwendungsersatz und Vergütung]

Aufgehoben durch 2.BtÄndG mit Wirkung ab 1.7.2005. Jetzt geregelt in § 8 VBVG.

§ 1908 i Entsprechend anwendbare Vorschriften

(1) [1]Im Übrigen sind auf die Betreuung § 1632 Abs. 1 bis 3, §§ 1784, 1787 Abs. 1, § 1791 a Abs. 3 Satz 1 zweiter Halbsatz und Satz 2, §§ 1792, 1795 bis 1797 Abs. 1 Satz 2, §§ 1798, 1799, 1802, 1803, 1805 bis 1821, 1822 Nr. 1 bis 4, 6 bis 13, §§ 1823 bis 1826, 1828 bis 1836, 1836 c bis 1836 e, 1837 Abs. 1 bis 3, §§ 1839 bis 1843, 1846, 1857 a, 1888, 1890 bis 1895 sinngemäß anzuwenden. [2]Durch Landesrecht kann bestimmt werden, dass Vorschriften, welche die Aufsicht des Betreuungsgerichts in vermögensrechtlicher Hinsicht sowie beim Abschluss von Lehr- und Arbeitsverträgen betreffen, gegenüber der zuständigen Behörde außer Anwendung bleiben.

(2) [1]§ 1804 ist sinngemäß anzuwenden, jedoch kann der Betreuer in Vertretung des Betreuten Gelegenheitsgeschenke auch dann machen, wenn dies dem Wunsch des Betreuten entspricht und nach seinen Lebensverhältnissen üblich ist. [2]§ 1857 a ist auf die Betreuung durch den Vater, die Mutter, den Ehegatten, den Lebenspartner oder einen Abkömmling des Betreuten sowie auf den Vereinsbetreuer und den Behördenbetreuer sinngemäß anzuwenden, soweit das Betreuungsgericht nichts anderes anordnet.

1 BT-Drucks 11/4528 S. 159.
2 MünchKomm/*Schwab* § 1908 g Rz 3.

Übersicht

I. Gesetzesgeschichte

1 § 1908 i wurde durch das 1. BtÄndG v 25.6.1998 (BGBl 1998, S. 1580) geändert, dann durch das LPartG v 16.2.2001 (BGBl 2001, S. 266). Das 2. BtÄndG hat einige im Gesetzgebungsverfahren vergessene Verweisungen eingefügt. Das FGG-ReformG brachte ab 1.9.2009 die Umstellung der Zuständigkeit vom aufgelösten Vormundschaftsgericht zum Betreuungsgericht.

II. Verweisungen (Abs 1)

2 **1. Grundsätzliches zu den Verweisungen.** Eine Einzelaufzählung entsprechend anwendbarer Vorschriften ist gefährlich; allzu leicht werden Sachlagen übersehen. Auch im vorliegenden Fall war dies geschehen, da man den Gegenbetreuer später in die Entwürfe eingearbeitet hat, aber versäumt hat, das BtG entsprechend anzupassen. Abs 1 ist nicht abschließend; darüber hinaus ist in einigen Fällen die analoge Anwendung von Vorschriften sinnvoll oder zwingend (vgl unten); die Gesetzesmotive[1] stehen diesem Prinzip nicht unbedingt entgegen.

3 **2. Sinngemäße Anwendung, Satz 1.** Zu beachten ist, dass die Bestimmungen nur *sinngemäß* anzuwenden sind. Einzelheiten vgl bei den einzelnen Vorschriften. Anstelle des Familiengerichts ist jeweils das Betreuungsgericht zuständig.

4 **a) § 1632 Abs 1, 2 und 3.** Der Betreuer kann die Herausgabe des Betreuten von jedem verlangen, der ihm den Betreuer widerrechtlich vorenthält. Der Betreuer bestimmt den Umgang des Betreuten; vorausgesetzt ist dabei, dass die Personensorge zum Aufgabenkreis des Betreuers gehört. Streitigkeiten über beide Punkte entscheidet das Betreuungsgericht. Die Verweisung geht über die entsprechende Regelung des § 1901 hinaus; von daher bietet sich eine restriktive Auslegung an. Vgl ferner § 1800, der auf § 1632 verweist.

---

1 BT-Drucks 11/4528 S. 159.

§ 1784. Beamte und Religionsdiener sollen nicht ohne die nach Beamtenrecht erforderliche Genehmigung zum Betreuer bestellt werden. 5

§ 1787 Abs 1. Wer die Übernahme einer Betreuung grundlos ablehnt, ist für den Schaden aus der verzögerten Betreuerbestellung verantwortlich (zweifelhaft). Auf § 1791 (Bestallungsurkunde) ist mit Rücksicht auf § 290 FamFG nicht verwiesen. 6

§ 1791 a Abs 3 Satz 1, 2. Halbs und Satz 2. Bei einer Betreuung durch einen Verein (§ 1900 Abs 1) darf derjenige Mitarbeiter die Aufgabe des Betreuers praktisch nicht wahrnehmen (§ 1900 Abs 2; vgl § 1897 Abs 2), der den Betreuten in einem Heim oder in einer Anstalt (mit-) versorgt. Der Verein als Betreuer haftet für das Verschulden seiner Mitarbeiter (vgl. § 1908 f). 7

b) **§ 1792.** Die Bestellung eines **Gegenbetreuers** ist möglich und soll bei erheblicher Vermögensverwaltung erfolgen (kommt in der Praxis aber kaum vor). Der Gegenbetreuer ist kein Mitbetreuer iSv § 1899, er besorgt nicht die Angelegenheiten des Betreuten in einem bestimmten Aufgabenkreis und hat auch keine Vertretungsbefugnis; er überwacht nur den Betreuer bei großem Vermögen und entlastet so das Betreuungsgericht[2]. Mehrere Mitbetreuer, die nicht denselben Aufgabenkreis wahrnehmen (§ 1899 Abs 1 Satz 2), können zugleich wechselseitig zu Gegenbetreuern bestellt werden. Da eine Verbotsnorm fehlt, können auch Vereins- und Behördenbetreuer (§ 1897 Abs 2) Gegenbetreuer werden und ihnen als Einzelbetreuern jeweils Gegenbetreuer bestellt werden. Auch Vereine und Behörden können Gegenbetreuer werden, entsprechend § 1792 Abs 1 Satz 2, 2. Halbs. Dem Verein als Betreuer kann auch ein Gegenbetreuer bestellt werden; analog § 1791 a Abs 4 ist er vorher zu hören. Der Behörde kann ein Gegenbetreuer nicht bestellt werden (§ 1792 Abs 1 Satz 2, 1. Halbs). Es versteht sich, dass Kombinationen: Verein – Vereinsbetreuer und umgekehrt zu vermeiden sind. 8

Auf den **Gegenbetreuer** wird man (da das Gesetz schweigt) die **Regeln über die Bestellung weiterer Betreuer**, durch die der Aufgabenkreis nicht erweitert wird (§ 293 Abs 3 FamFG), entsprechend anwenden[3], zB § 1898 Abs 2 (Einverständnis des Gegenbetreuers), nicht die Regeln über die Vormundschaft, zB nicht § 1792 Abs 4[4], § 1788 (Zwangsgeld bei Weigerung der Übernahme des Amtes). Es bedarf nicht der entsprechenden Anwendung der Regeln über die Bestellung des Betreuers, weil die geringeren Verfahrensgarantien für die Bestellung weiterer Betreuer ohne Erweiterung des Aufgabenkreises auch für die Bestellung des Gegenbetreuers ausreichen (vgl ferner zu §§ 1802, 1826, 1832, 1842, 1891, 1895)[5]. 9

§ 1795. Gesetzlicher **Ausschluss der Vertretungsmacht** bei Rechtsgeschäften zwischen Verwandten des Betreuers und dem Betreuten (Abs 1 Nr 1), bei Rechtsgeschäften über Sicherheiten, die Forderungen des Mundels gegen den Betreuer sichern (Abs 1 Nr 2), bei Rechtsstreitigkeiten zwischen den in Nr 1 genannten Personen oder über Sicherheiten nach Nr 2 (Abs 1 Nr 3) sowie für Insichgeschäfte des Betreuers gemäß § 181 (Abs 2). Es ist ein weiterer Betreuer zu bestellen (§ 1899). 10

§ 1796. Das Betreuungsgericht kann dem Betreuer die **Vertretungsmacht entziehen**, wenn bei einzelnen Aufgaben oder auch einem Kreis von Aufgaben ein 11

2 BayObLG FamRZ 1997, 438.
3 MünchKomm/*Schwab* § 1908 i Rz 12.
4 AA *Spanl* Rpfleger1992, 142, 144.
5 Einschränkend *Bienwald* § 1908 i Rz 48.

erheblicher Interessengegensatz zutage tritt; auch in diesem Fall ist ein weiterer Betreuer zu bestellen (vgl. § 1899).

12 **§ 1797 Abs 1 Satz 2.** Bei Meinungsverschiedenheiten zwischen **Mitbetreuern** entscheidet das Betreuungsgericht, sofern es nicht bei der Bestellung der Betreuer etwas anderes anordnet, zB dass die Mehrheit entscheidet. Die Anordnung, dass stets die Meinung eines Betreuers maßgeblich sein soll, erscheint somit nicht zulässig.

13 c) **§ 1798.** Bei Meinungsverschiedenheiten zwischen dem Betreuer in Vermögensangelegenheiten und demjenigen in Personenangelegenheiten entscheidet das Betreuungsgericht.

14 **§ 1799.** Regelung der Pflichten des Gegenbetreuers.

15 **§ 1802.** Der Betreuer hat das bei Amtsantritt vorhandene Vermögen ebenso wie später dem Betreuten anfallendes Vermögen zu verzeichnen. Der Gegenbetreuer ist zuzuziehen[6]. vorsorglich wird das Betreuungsgericht dies anordnen.

16 **§ 1803.** Dritte, die dem Betreuten von Todes wegen oder unter Lebenden etwas zuwenden, können Verwaltungsanordnungen treffen.

17 d) **§ 1805.** Der Betreuer darf Geld des Betreuten nicht für sich oder den Gegenbetreuer verwenden. Ist eine Behörde Betreuer oder Gegenbetreuer, so kann sie Geld auch bei der Körperschaft anlegen, zu der sie selbst gehört, zB bei der Stadtsparkasse.

18 **§ 1806.** Geld ist verzinslich anzulegen.

19 **§ 1807.** Regelmäßige Geldanlage bei bestimmten Institutionen.

20 **§ 1808.** Weggefallen.

21 **§ 1809.** Geld des Betreuten soll mit Sperrvermerk angelegt werden. Zur Bedeutung eines Sperrvermerks bei der Betreuung eines *Geschäftsfähigen*, für den kein Einwilligungsvorbehalt (§ 1903) angeordnet ist, § 1809 Rz 13.

22 **§ 1810.** Zur vorgeschriebenen Geldanlage soll der Betreuer die Genehmigung des Gegenbetreuers, hilfsweise die Genehmigung des Betreuungsgerichts einholen.

23 **§ 1811.** Das Betreuungsgericht kann eine andere Geldanlage als nach § 1807 als Regelanlage vorgeschrieben ist, gestatten.

24 **§ 1812.** Zur Verfügung über Forderungen, andere Leistungsansprüche oder Wertpapiere bedarf der Betreuer der Genehmigung des Gegenbetreuers, hilfsweise der Genehmigung des Betreuungsgerichts.

25 **§ 1813.** Genehmigungsfrei sind insbesondere Verfügungen über Giro- und Kontokorrentguthaben.

26 **§ 1814.** Inhaberpapiere hat der Betreuer zu hinterlegen.

---

6 *Schwab* FamRZ 1992, 493, 500; aA *Bienwald* § 1908 i Rz 90.

§ 1815. Statt dessen kann er sie auch auf den Namen des Betreuten umschreiben lassen. 27

§ 1816. Bei Buchforderungen, also insbesondere Staatsanleihen und Bundesschatzbriefen, ist ein Sperrvermerk anzubringen. 28

§ 1817. Aus besonderen Gründen kann das Betreuungsgericht von den Pflichten nach §§ 1806 bis 1816 entbinden. 29

§ 1818. Es kann aber auch die Hinterlegungspflicht ausdehnen. 30

§ 1819. Will der Betreuer über hinterlegte Papiere oder Kostbarkeiten verfügen, so bedarf er der Genehmigung des Betreuungsgerichts. 31

§ 1820. Unter näher festgelegten Voraussetzungen bedarf er auch zu Verpflichtungen der Genehmigung des Betreuungsgerichts. 32

e) § 1821. Die Vorschrift, betreffend genehmigungsbedürftige **Grundstücksgeschäfte**, ist entsprechend anwendbar. 33

§ 1822 Nr 1 bis 4, 6 bis 13. Weitere genehmigungsbedürftige Geschäfte. Nr 5 ist unanwendbar, weil § 1907 eine Neuregelung enthält. 34

§ 1823. Der Betreuer soll nicht ohne Genehmigung des Betreuungsgerichts ein Erwerbsgeschäft im Namen des Betreuten beginnen oder auflösen. 35

§ 1824. Wo der Betreuer der Genehmigung des Betreuungsgerichts bedarf, kann er dieses Erfordernis nicht dadurch umgehen, dass er dem Betreuten die Gegenstände überlässt. Der Rechtsgedanke, der sich auch in § 1644 findet, wird allgemein angewandt (vgl § 1907): Wo der Betreuer der Genehmigung des Betreuungsgerichts bedarf, wenn er selbst das Rechtsgeschäft abschließt, bedarf es auch dann der Genehmigung, wenn der geschäftsfähige Betreute, der unter Einwilligungsvorbehalt (§ 1903) steht, das Geschäft abschließt. 36

§ 1825. Das Betreuungsgericht kann den Betreuer allgemein ermächtigen. 37

§ 1826 ist entsprechend anwendbar, wo ein Gegenbetreuer bestellt ist; es gilt das zur entsprechenden Anwendung von § 1802 Abs 1 Satz 2 Gesagte. 38

§§ 1828 bis 1831. Diese Vorschriften betreffen die betreuungsgerichtliche Genehmigung. 39

§ 1832. Genehmigung des Gegenbetreuers. 40

f) § 1833. Gilt für die Haftung des Betreuers und des Gegenbetreuers entsprechend. 41

§ 1834. Verwendet der Betreuer Geld des Betreuten für sich, so ist es zu verzinsen. 42

§ 1835. Die Regelung des Aufwendungsersatzes ist für den Betreuer und mit mehrfacher Modifizierung für Vereinsbetreuer (§ 7 VBVG) und den Verein als Betreuer sowie für den Behördenbetreuer (§ 8 VGVG) und die Behörde als Betreuer entsprechend anwendbar. 43

§§ 1836, 1836 c bis 1836 e. Vergütung und Aufwandsentschädigung. §§ 1836 a, b sind weggefallen. 44

45 **§ 1837 Abs 1 bis 3.** Das Betreuungsgericht hat den Betreuer zu beaufsichtigen und gegen Pflichtwidrigkeiten einzuschreiten. Es kann eine Haftpflichtversicherung anordnen; es kann den Betreuer mit Zwangsgeld zur Befolgung seiner Anordnungen anhalten, ausgenommen den Behördenbetreuer (§ 1908 g). § 1837 Abs 4, der auf §§ 1666, 1666 a sowie auf § 1696 verweist, ist in § 1908 i nicht für entsprechend anwendbar erklärt worden, weil die dortige Verweisung teils auf Minderjährige zugeschnitten ist, teils durch Sonderregelungen ersetzt wird. Überdies hat das Betreuungsgericht den Betreuer gem §§ 1908 i, 1837 Abs 1 auch zu beraten; daneben hat die Betreuungsbehörde (§ 4 BtBG) gleichfalls eine Beratungs- und Unterstützungspflicht.

46 g) **§§ 1839.** Der Betreuer ist dem Betreuungsgericht auskunftspflichtig.

47 **§ 1840.** Der Betreuer hat jährlich Rechnung zu legen.

48 **§ 1841.** Regelt die Art der Rechnungslegung.

49 **§ 1842** ist ebenfalls entsprechend anwendbar, wenn ein Gegenbetreuer bestellt wird; auf die Begründung zur entsprechenden Anwendung von § 1802 Abs 1 wird verwiesen.

50 **§ 1843.** Rechnungsprüfung durch das Betreuungsgericht.

51 **§ 1845** wurde aufgehoben und wurde deshalb aus der Verweisungskette gestrichen.

52 **§ 1846.** In Eilfällen handelt das Betreuungsgericht selbst für den Betreuten.

53 **§§ 1852 ff** sind unanwendbar: Der Betreute kann in einer Betreuungsverfügung den Betreuer nicht entsprechend freistellen; für bestimmte Familienangehörige ist dies aber kraft Gesetzes vorgesehen (§§ 1908 i Abs 2, 1857 a).

54 **§ 1857 a.** Für den Verein und die Behörde als Betreuer bestehen kraft Gesetzes dieselben Befreiungen wie für einen befreiten Vormund. Vereinsbetreuer und Behördenbetreuer als Einzelbetreuer genießen dieselbe Vergünstigung gem § 1908 i Abs 2 Satz 2.

55 **§ 1884** (Verschollenheit und Todeserklärung des Mündels) ist entsprechend anwendbar, der Gesetzgeber hat versehentlich die Vorschrift nicht genannt.

56 **§ 1888.** Entlassung eines Beamten oder Religionsdieners als Betreuer, wenn dessen beamtenrechtliche Genehmigung zur Betreuung zurückgenommen wird.

57 **§ 1890.** Vermögensherausgabe und Rechenschaftspflicht bei Beendigung der Betreuung.

58 **§ 1891.** Der Gegenbetreuer hat die Rechnung zu prüfen.

59 **§ 1892.** Rechnungsprüfung durch das Betreuungsgericht.

60 **§ 1893.** Vorläufige Amtsfortführung und Pflicht zur Herausgabe der Bestallungsurkunde.

61 **§ 1894.** Der Erbe des Betreuers hat dessen Tod anzuzeigen.

§ 1895. Die Vorschrift ist entsprechend anwendbar auf den Gegenbetreuer, soweit auf §§ 1888, 1893 verwiesen wird. **62**

3. Landesrecht (Abs 1 Satz 2). – a) Befreiungen auf Grund Landesrechts. Ist eine **Behörde** mit dem Aufgabenkreis der Vermögenssorge zum Betreuer bestellt (§ 1900 Abs 4), sollen nach Abs 1 Satz 2 dieselben Freistellungen von der Aufsicht bzw vom Erfordernis der Genehmigung durch das Betreuungsgericht möglich sein wie sie bei einer Amtsvormundschaft oder Amtspflegschaft nach Landesrecht möglich sind. Es bleibt dem Landesgesetzgeber vorbehalten, zu bestimmen, welche Vorschriften mit vermögensrechtlichem Bezug (vgl §§ 1802, 1803 Abs 2, 1811 und 1818 bis 1821, 1822 Nr 1 bis 13, 1823, 1824, 1854 Abs 2) gegenüber der zuständigen Behörde außer Anwendung bleiben. Die Regelung ist Ausdruck des Partikularismus und rechtspolitisch verfehlt, denn die Behörde muss als Betreuerin genauso behandelt werden wie eine Privatperson als Betreuer. Zu weiteren Befreiungen für Behörde, Verein, Vereins- und Behördenbetreuer nach Bundesrecht vgl ferner §§ 1854 Abs 1, 1857 a. **63**

b) Die einzelnen landesrechtlichen Befreiungen: Baden-Württemberg. AGBtG v 19. Nov 1991 (GBl S. 681) Art 7 § 16: Verweis auf § 16 AGKJHG; umfangreiche Befreiung, ausgenommen sind nur § 1822 Nr 12, § 1907. **64**

Bayern. AGBtG v 27. Dez 1991 (GVBl S. 469) Art 1 Abs 3: Befreiung von § 1802 Abs 1 Satz 1 und Abs 3, § 1811, 1812, 1818 bis 1820. In den Fällen des § 1803 Abs 2 und § 1822 Nr 6, 7 ist keine betreuungsgerichtliche Genehmigung erforderlich; **65**

Berlin. AGBtG v 17. März 1994 (GVBl S. 86): § 2: §§ 1811, 1818 und 1854 Abs 2 werden nicht angewandt; Genehmigung nach § 1822 Nr 6 und 7 nicht erforderlich; **66**

Brandenburg. AGBtG v 14. Juli 1992 (GVBl S. 294): keine Befreiung; **67**

Bremen. AGBtG v 18. Feb 1992 (GBl S. 31): § 3: § 1802 Abs 1 Satz 1, Abs 2 und 3, § 1803 Abs 2, §§ 1818, 1821, 1822 Nr 1 bis 4 und 6 bis 13, §§ 1823 und 1824 bleiben außer Anwendung, soweit sie die Aufsicht des Betreuungsgerichts in vermögensrechtlicher Sicht sowie den Abschluss von Arbeits- und Berufsausbildungsverträgen betreffen; **68**

Hamburg. AGBtG v 1. Juli 1993 (GVBl S. 149): § 3: § 1802, § 1803 Abs 2, §§ 1811, 1818, 1821 bis 1824, § 1840 Abs 2 bis 4, § 1907 (!) werden in vermögensrechtlicher Hinsicht sowie beim Abschluss von Arbeits- und Berufsausbildungsverträgen nicht angewandt; **69**

Hessen. AGBtG v 5. Feb 1992 (GVBl I S. 66): § 2: §§ 1802, 1803 Abs 2, §§ 1811, 1818 bis 1821, 1822 Nr 1 bis 11 u 13, §§ 1823, 1824, 1854 Abs 2 bleiben außer Anwendung. Dasselbe gilt für § 1822 Nr 12, soweit es um die Aufsicht in vermögensrechtlicher Hinsicht geht; **70**

Mecklenburg-Vorpommern. AGBtG v 30. Dez 1991 (GVBl 1992 S. 2): keine Befreiung; **71**

Niedersachsen. AGBtG v 17. Dez 1991 (GVBl S. 366): keine Befreiung; **72**

Nordrhein-Westfalen. AGBtG v 3. April 1992 (GVBl S. 124): keine Befreiung; **73**

Rheinland-Pfalz. AGBtG v 20. Dez 1991 (GVBl S. 407): keine Befreiung; **74**

75 **Saarland.** AGBtG v 15. Juli 1992 (AmtsBl S. 838): keine Befreiung:

76 **Sachsen.** AGBtG v 10. Nov 1992 (GVBl S. 539): keine Befreiung;

77 **Sachsen-Anhalt.** AGBtG v 17. Juni 1992 (GVBl S. 478): § 5: §§ 1802, 1811, 1818 bis 1821, 1822 Nr 1, 2, 5 und 13, §§ 1824, 1854 Abs 2 bleiben außer Anwendung;

78 **Schleswig-Holstein.** Ges v 17. Dez 1991 (GVBl S. 693): keine Befreiung;

79 **Thüringen.** ThürAGBtG v 19. Juli 1994 (GVBl S. 905): keine Befreiung.

III. Schenkungen (Abs 2)

80 **1. Schenkungen, Satz 1**[7]. Nach Abs 2 Satz 1 findet **§ 1804** auf die Betreuung sinngemäße Anwendung. Dies hat zur Folge, dass **Schenkungen des Betreuers** als gesetzlicher Vertreter des Betreuten (mit dem Aufgabenkreis Vermögenssorge[8], oder sonstiger Aufgabenkreis, der Schenkungen ermöglichen würde) grundsätzlich nicht zulässig sind. Das Schenkungsverbot erfasst auch sog gemischte Schenkungen[9] (das Grundstück im Wert von 100.000 Euro wird für 60.000 Euro „verkauft"). Zulässig sind Schenkungen (§ 1804 Satz 2), selbst ohne Wissen des Betreuten (!), wenn die Schenkung einer **sittlichen Pflicht**[10] oder einer auf den **Anstand** zu nehmenden Rücksicht entspricht. In diesen beiden Fällen ist die Schenkung nicht auf Kleinbeträge beschränkt, sondern kann auch wertvolle Grundstücke und hohe Geldbeträge erfassen. Dass Schenkungen einer „sittlichen Pflicht" entsprechen können, mag in der Vorstellungswelt um 1900 möglich gewesen sein, heute ist das überholt. Auch der „Anstand" verlangt heute keine größeren Schenkungen mehr; die Rechtsprechung aus der früheren Zeit ist nicht mehr einschlägig.

81 Das Ansehen des psychisch kranken Betreuten bei der Umwelt leidet nicht, wenn er an unbemittelte Personen kein Häuser verschenkt. Dass der Beschenkte den Schenker gepflegt hat, fordert keine Grundstücksschenkung[11]; dass sich die vermögende Tochter dann eine Wohnung ausbauen kann rechtfertigt keine Schenkung des Hauses[12]. Eine sittliche Pflicht, **künftigen Erben** zu Lebzeiten unentgeltlich Vermögen zu übertragen, besteht auch dann nicht, wenn mit dieser Übertragung für die künftigen Erben eine Steuerersparnis erreicht werden kann[13]. Die Übertragung des Miteigentumsanteils des Betreuten an dessen Eigentumswohnung, die seinen einzigen Vermögenswert darstellt und von ihm zu eigenen Wohnzwecken genutzt wird, im Wege der „vorweggenommenen Erbfolge" an einen der Abkömmlinge gegen Übernahme einer inhaltlich stark beschränkten Pflegeverpflichtung ist eine unzulässige gemischte Schenkung[14].

82 Als Anstandsgeschenke bleiben somit nur die üblichen kleineren Geschenke zu Geburtstag, Weihnachten, Hochzeit und ähnlichen Anlässen. Anstandsschenkungen im Sinne von § 1804 Satz 2 unterliegen nicht der **Genehmigungspflicht** des Betreuungsgerichts[15]; das Betreuungsgericht kann und darf nicht verbindlich darüber entscheiden, ob einen Schenkung dem § 1804 Satz 2 entspricht. Die

---

7 Dazu grundlegend *Holzhauer* FamRZ 2000, 1063.
8 BayObLG FamRZ 2004, 1229.
9 BayObLG Rpfleger 1988, 22; FamRZ 1999, 47; OLG Hamm NJW-RR 1992, 1170.
10 Zu den Voraussetzungen vgl BayObLG FamRZ 1999, 47.
11 MünchKomm-*Schwab* § 1908i Rz 38.
12 BayObLG FamRZ 2003, 1967.
13 BayObLG FamRZ 1996, 1359; *Knittel* § 1902 Rz 67; Erman/*Roth* § 1804 Rz 3.
14 OLG Frankfurt FGPrax 2008, 18.
15 BayObLG FamRZ 1988, 210.

Frage, ob die Schenkung einer sittlichen Pflicht etc entsprach ist aber im Rückforderungsprozess gegen den Beschenkten bzw Haftungsprozess gegen den Betreuer voll nachprüfbar.

Das **grundsätzliche Schenkungsverbot** könnte jedoch gerade von den Betreuten, die über ausreichendes Vermögen verfügen und vor der Betreuung bereits häufiger Geschenke gemacht haben, als zu restriktiv empfunden werden. Aus diesem Grund wurde Abs 2 Satz 1 eingefügt: es findet § 1804 nur sinngemäße Anwendung, so dass eine **Schenkung** über die Schranken des § 1804 hinaus auch dann zulässig ist, wenn (1) sie dem **Wunsch** des Betreuten entspricht und (2) nach seinen **Lebensverhältnissen** üblich ist („Gelegenheitsgeschenke“). Bei § 1804 Satz 2 ist eine Schenkung auch zulässig, obwohl der Betreue nichts davon weiß, bei § 1908 i Abs 2 Satz 1 nicht. Die nur sinngemäße Anwendung will den grundsätzlichen Willensvorrang des Betreuten (vgl § 1901) verwirklichen, verkennt aber, dass ein Betreuter eine psychische Erkrankung oder geistige Behinderung hat, der Wunsch also durchaus unvernünftig sein kann. Wenn der Wunsch dem wirklichen Wohl des Betreuten widerspricht ist er unbeachtlich. Was nach den Lebensverhältnissen des Betreuten üblich ist, ist nicht einfach zu bestimmen und ein Haftungsproblem für den Betreuer. 83

Ein **Verstoß** gegen § 1908 i iVm § 1804 Satz 1 begründet die unheilbare **Nichtigkeit**, selbst bei Genehmigung durch das Betreuungsgericht[16]. Nichtig ist sowohl der schuldrechtliche Schenkungsvertrag wie auch das dinglicher Erfüllungsgeschäft. Der Empfänger wird auch bei Gutgläubigkeit nicht geschützt. **Schenkungen** als solche können durch das Betreuungsgericht **nicht genehmigt werden**[17], unberührt bleiben aber §§ 1821, 1822 (die bei Schenkung oft vorliegende Grundstücksübertragung ist nach § 1821 Nr 1 genehmigungsfähig, die Genehmigung ist abzulehnen, wenn eine Schenkung vorliegt). 84

Der den Wunsch äußernde Betreute muss nicht **geschäftsfähig** sein, der Wunsch ist keine rechtsgeschäftliche Erklärung; denn dann könnte er ja selbst schenken, der Betreuer dürfte Geld und Sachwerte nicht vorenthalten[18]. Der Einwilligungsvorbehalt (§ 1903) steht dementsprechend auch einem Wunsch nicht entgegen[19]. Da auch Geschäftsfähige unter Betreuung stehen können, ist es ihnen nicht verwehrt, selbst Schenkungen vorzunehmen, wenn sie nicht unter Einwilligungsvorbehalt stehen. Im letztgenannten Fall bedürfen sie der Zustimmung des Betreuers, dieser aber kann nur einer Schenkung zustimmen, die im Rahmen von §§ 1804, 1908 i Abs 2 bleibt. Dem geschäftsfähigen Betreuten, der nicht unter Einwilligungsvorbehalt steht, steht es frei, auch **den Betreuer zu beschenken.** Ein testierfähiger Betreuter kann seinen Betreuer zum **Erben** einsetzen. Nicht stets wird man hier Sittenwidrigkeit (§ 138) annehmen müssen[20]. Die Regelung des § 14 HeimG kann als Sonderregelung hier nicht entsprechend angewandt werden[21]. Vgl § 1902. **Ausstattungen** (§ 1624) sind keine Schenkungen[22], sie fallen unter § 1908. 85

2. Befreiung von Eltern, Ehegatten und Lebenspartnern, Satz 2. Die Regelung besagt, dass mehrere Arten von Betreuern Privilegien bei der Rechnungslegungspflicht genießen: (1) In entsprechender Anwendung von Abs 1 Satz 1 iVm § 1857 a hat der **Betreuungsverein als Betreuer** und die **Behörde als Betreuer** 86

---

16 BayObLG FamRZ 1996, 1359; BtPrax 1998, 72.
17 So richtig MünchKomm/*Schwab* § 1908 i Rz 38 Fn 106.
18 Vgl *Schwab* FamRZ 1990, 681, 688.
19 Vgl *Schwab* FamRZ 1990, 681, 688.
20 Zur Sittenwidrigkeit eines Testaments zugunsten des Betreuers vgl BayObLG FamRZ 1998, 702.
21 BayObLG FamRZ 1998, 702; FamRZ 1993, 479; FamRZ 1991, 1354; *Müller* ZEV 1998, 219.
22 Zur Abgrenzung vgl OLG Stuttgart FamRZ 2005, 62.

(§ 1900 Abs 4) dieselben Befreiungen wie ein befreiter Vormund (§§ 1852 Abs 2, 1853, 1854). (2) Abs 2 Satz 2 erweitert diesen Kreis von Betreuern mit Befreiungen auf besonders **nahe Angehörige** des Betreuten (Vater, Mutter, Ehegatten, Abkömmlinge); mit Lebenspartnern sind die gleichgeschlechtlichen Partner im Sinne von § 1 LPartG gemeint, nicht Lebensgefährten (Mann/Frau). Grund: Entbürokratisierung. **Beispiel**: Der Ehegatte übernimmt nach langjähriger Ehe die Betreuung; das Vermögen besteht im schon bisher zusammen verwalteten Mietshaus. (3) Abs 2 Satz 2 erweitert den Kreis ferner auf **Vereins- und Behördenbetreuer** (§ 1897 Abs 2), die aufgrund ihrer Stellung innerhalb eines Vereins oder einer Behörde bereits von ihrer Institution kontrolliert werden.

87 **Aufhebung der Befreiung.** Das Betreuungsgericht hat jedoch (in den Fällen des Abs 2 Satz 2) die Möglichkeit, die in § 1857 a genannten Befreiungen (gegebenenfalls auch nur teilweise und/oder zeitweise), einzugrenzen oder ganz **aufzuheben**, weil nahe Verwandtschaft allein noch nicht besagt, dass jemand ein Vermögen verwalten kann[23]. Maßstab für die Aufhebung der Befreiung von der Rechenschaftspflicht ist ausschließlich das Wohl des Betreuten, das bei Beibehaltung der Befreiung gefährdet wäre und dessen Gefährdung nur durch die Aufhebung der Befreiungen verhindert werden kann. **Beispiel**[24]: Der Sohn ist Betreuer, hat ein erhebliches Vermögen (1,1 Mio. DM) zu verwalten, ist arbeitslos und ohne Sachkunde und von bedenklicher Persönlichkeitsstruktur.

§ 1908 k [Meldepflichten]

Aufgehoben durch 2.BtÄndG ab 1.7.2005; jetzt geregelt in § 10 VBVG.

23 Vgl BayObLG FamRZ 1999, 51; BT-Drucks 11/4528 S. 161.
24 LG München I BtPrax 1998, 83.

Teil II Gesetz über die Vergütung von Vormündern und Betreuern (Vormünder- und Betreuervergütungsgesetz – VBVG)

Abschnitt 1 Allgemeines

§ 1 Feststellung der Berufsmäßigkeit und Vergütungsbewilligung

(1) [1]Das *Familiengericht* hat die Feststellung der Berufsmäßigkeit gemäß § 1836 Abs. 1 Satz 2 des Bürgerlichen Gesetzbuchs zu treffen, wenn dem *Vormund* in einem solchen Umfang Vormundschaften übertragen sind, dass er sie nur im Rahmen seiner Berufsausübung führen kann, oder wenn zu erwarten ist, dass dem *Vormund* in absehbarer Zeit *Vormundschaften* in diesem Umfang übertragen sein werden.
[2]Berufsmäßigkeit liegt im Regelfall vor, wenn
1. **der *Vormund* mehr als zehn *Vormundschaften* führt oder**
2. **die für die Führung der *Vormundschaft* erforderliche Zeit voraussichtlich 20 Wochenstunden nicht unterschreitet.**

(2) [1]Trifft das *Familiengericht* die Feststellung nach Absatz 1 Satz 1, so hat es dem *Vormund* oder dem *Gegenvormund* eine Vergütung zu bewilligen. [2]Ist der *Mündel* mittellos im Sinne des § 1836 d des Bürgerlichen Gesetzbuchs, so kann der *Vormund* die nach Satz 1 zu bewilligende Vergütung aus der Staatskasse verlangen.

Schrifttum: *Deinert/Lütgens*, Die Vergütung des Betreuers, 5. Aufl 2008; *Zimmermann* FamRZ 2008, 1307; 2006, 1802; 2005, 950; 1999, 630; 1998, 521.

1. Gesetzesgeschichte; Anwendungsbereich. Vom 1.1.1999 bis 30.6.2005 waren für die Vergütung die §§ 1836 aF, 1836 a BGB und das BVormVG[1] einschlägig. Das VBVG ist seit 1.7.2005 in Kraft; das BVormVG wurde aufgehoben. Materialien: BT-Drucks 15/4874. Ab 1.9.2009 wurden die Vormundschaftsgerichte abgeschafft und Betreuungsgerichte installiert, die bisherige Zuständigkeit der Vormundschaftsgerichte auf Familien- und Betreuungsgerichte aufgeteilt; der Wortlaut des VBVG wurde durch das FGG-ReformG entsprechend geändert. Für Betreuungssachen ist nicht das Familiengericht, sondern das Betreuungsgericht zuständig. 1

§ 1 gilt für den **berufsmäßigen Betreuer** (für den ehrenamtlichen Betreuer gilt das VBVG nicht, sondern § 1836 Abs 2 BGB). § 1 gilt ferner für den Vormund, Gegenvormund, Gegenbetreuer, weil § 1908 i Abs 1 BGB auf § 1836 BGB verweist; weiterhin für berufsmäßige Pfleger des materiellen Rechts (zB Nachlasspfleger), weil § 1915 Abs 1 BGB auf §§ 1773 ff BGB, somit auch auf § 1836 Abs 1 Satz 2 BGB, verweist. Für Verfahrenspfleger in Betreuungssachen enthält § 277 FamFG Sonderregelungen, für Verfahrenspfleger in Unterbringungssachen verweist § 318 FamFG auf § 277 FamFG. Die Vergütung des Verfahrensbeistandes des Kindes ist speziell in § 158 Abs 7 FamFG geregelt. 2

Systematik des VBVG. §§ 1 und 2 gelten für Betreuer, Vormünder, Pfleger; § 3 gilt nur für Vormünder und Pfleger, nicht für Betreuer (Ausnahme: § 6 VBVG); §§ 3 bis 10 gilt nur für Betreuer, nicht für Pfleger und Vormünder; § 11 gilt wiederum für Betreuer, Vormünder, Pfleger. 3

1 Dazu BT-Drucks 13/7158.

Betreuer		Pfleger, Vormünder		Verfahrenspfleger
Berufsbetreuer: Vergütung ohne Stundennachweis nach Pauschale, §§ 1,2, 4 bis 10 VBVG	Ehrenamtliche Betreuer: § 1836 II BGB	Berufsperson: Vergütung nach Stundenzahl, §§ 1 bis 3 VBVG	Ehrenamtliche Person: § 1836 II BGB; VBVG gilt nicht	§§ 277 II 1 (verweist auf VBVG), 318 FamFG. Beistand des Kindes: § 158 FamFG

4 **2. Feststellung der Berufsmäßigkeit (Abs 1).** Wenn beim Betreuer, Vormund etc Berufsmäßigkeit vorliegt, wird dies seit 1999 bei jeder Betreuung etc vom Betreuungsgericht durch Beschluss (§ 38 FamFG) festgestellt; das ergibt sich jetzt aus § 1836 Abs 1 Satz 2 BGB. Damit soll möglichst früh geklärt werden, ob der Betreuer etc nach den Regeln des VBVG vergütet wird oder „ehrenamtlich" handelt; späterer Streit um die Vergütung soll verhindert werden. Es ist nicht zulässig, wenn Richter, Rechtspfleger und Betreuungsbehörde die „Zulassung" eines Bewerbers als Berufsbetreuer durch ein Auswahlgremium bindend vorsehen („Bochumer Modell"); keinesfalls ist ein Betreuungsgericht an eine solche Liste gebunden und darf nur bei solchen Personen die Berufsmäßigkeit feststellen, die zum geschlossenen Kreis der von der Betreuungsbehörde in dem genannten Auswahlverfahren zugelassenen Personen gehört[2]. Der Richter bzw Rechtspfleger muss bei jedermann, der die Voraussetzungen des § 1 erfüllt, Berufsmäßigkeit feststellen und ist an Meinungen der Betreuungsbehörde nicht gebunden. Die Feststellung setzt **keinen Antrag** voraus, sondern ist von Amts wegen zu treffen.[3] Der Betreuer hat kein Wahlrecht, ob er als ehrenamtlicher oder Berufsbetreuer tätig wird. Das Gericht hat **kein Ermessen** („hat"). Wer beispielsweise 42 „ehrenamtliche" Betreuungen führt[4] *ist* in Wahrheit Berufsbetreuer.

5 **a) Zeitpunkt der Feststellung.** Sie erfolgt in dem Beschluss, in dem der Betreuer etc bestellt wurde („X wird zur Betreuerin bestellt... Sie führt die Betreuung berufsmäßig").

6 **b) Nachholung der Feststellung. Altfälle.** Bis Ende 1998 war eine Feststellung der Berufsmäßigkeit rechtlich nicht vorgesehen. Eine Nachholung der Feststellung für vor dem 1.1.1999 bestellte Betreuer (Altfälle) war zwar zulässig[5], aber nicht notwendig; sie wurde inzident im Festsetzungsverfahren nach dem damaligen § 56 g Abs 1 FGG (jetzt § 168 FamFG) getroffen[6]. Steht die Verlängerung der Betreuung an, ist allerdings eine Feststellung der Berufsmäßigkeit erforderlich (vgl § 295 FamFG). **Neufälle.** Wurde die Feststellung versehentlich nicht zugleich mit der Bestellung des Betreuers getroffen, kann sie durch Beschluss nachgeholt werden (§ 42 FamFG)[7]; materiell: wenn sie schon damals zu treffen gewesen wäre, bei einem Versehen also mit Rückwirkung. Denn es heißt in § 1 VBVG nicht mehr, dass die Berufsmäßigkeit „bei der Bestellung" festzustellen sei, wie noch in § 1836 BGB. Wurde die Feststellung vom Betreuungsgericht fälschlich nicht getroffen, kann sie auf Beschwerde vom Beschwerdegericht

2 Vgl OLG Hamm NJW 2006, 3436.
3 *Bienwald* in Anm zu AG Koblenz FamRZ 2009, 2116; unstreitig.
4 FG Baden-Württemberg v 24.9.2009 RDLH 2010, 34.
5 BayObLG FamRZ 2000, 1450 = NJW-RR 2001, 580.
6 OLG Hamm FamRZ 2001, 1398; OLG Zweibrücken, FamRZ 2000, 556; aA LG Leipzig FamRZ 2000, 181.
7 OLG Brandenburg FamRZ 2009, 1005; FamRZ 2004, 1403.

getroffen werden, mit Rückwirkung. Noch im Rahmen des Vergütungsfestsetzungsverfahrens (§ 168 FamFG) kann die nachträgliche rückwirkende Feststellung angeregt werden, sogar stillschweigend durch Antrag auf Vergütung[8], denn die Feststellung ist von Amts wegen zu treffen. Die Feststellung setzt keinen Antrag voraus, weshalb § 43 FamFG nicht einschlägig ist.

Anstieg der Zahl der Betreuungsfälle. Wer als ehrenamtlicher Betreuer anfing und dann wegen des Anstiegs der Fälle die Tätigkeit berufsmäßig machen will, sollte baldigst in *jedem* Verfahren (also nicht generell „beim Amtsgericht") einen Antrag auf Feststellung der Berufsmäßigkeit stellen. Denn die Feststellung kann, wenn die Voraussetzungen damals nicht vorlagen, nicht rückwirkend auf den Tag der Bestellung getroffen werden; der Vergütungsanspruch besteht erst ab Feststellung der Berufsmäßigkeit[9], meines Erachtens schon ab Eingang des entsprechenden Antrags, der auf die Tatsache der Berufsmäßigkeit hinweist, weil eine verzögerte Behandlung nicht zum Nachteil des Betreuers sein kann. 7

Rückgang der Zahl der Betreuungsfälle. Eine rückwirkende Aberkennung der Berufsbetreuereigenschaft ist nicht zulässig, auch nicht bei ursprünglicher Bestellung vor dem 1.1.1999[10]; wird sie gleichwohl getroffen, wäre sie wirksam, solange sie nicht auf Beschwerde aufgehoben wird. Ein Berufsbetreuer verliert die festgestellte Berufseigenschaft nicht dadurch, dass die Anzahl der Betreuungen und die damit verbundene Tätigkeit so stark zurückgehen, dass sie für sich betrachtet die Anerkennung als Berufsbetreuer *jetzt* nicht mehr rechtfertigen könnten[11]. Denkbar ist aber, dass der Berufsbetreuer gefragt wird, ob er in Zukunft die Betreuung ehrenamtlich führt; hiermit müsste er ausdrücklich einverstanden sein (vgl § 1898 Abs 2 BGB); andernfalls hat das Betreuungsgericht gemäß § 1908 b Abs 1 Satz 3 BGB die Frage der Entlassung des Berufsbetreuers zu prüfen. 8

c) **Zuständig** für die Feststellung der Berufsmäßigkeit ist, wer für die Anordnung der Betreuung etc zuständig ist, also im Regelfall der Betreuung der Richter[12]; bei nachträglicher Feststellung wird die Ansicht vertreten, der Rechtspfleger sei zuständig. Bei Bestellung eines Verfahrenspflegers zur Überprüfung einer Vergütung ist der Rechtspfleger zuständig (§§ 3, 15 RPflG); bei Bestellung bei Nachlasspflegschaften (§§ 1960, 1961 BGB) der Rechtspfleger (ausgenommen die Auslandsfälle); bei Nachlassverwaltung (§ 1975 BGB) immer der Rechtspfleger. Das zuständige Gericht ist je Fallsituation das Betreuungsgericht (Betreuung, Vormundschaft, Verfahrenspflegschaft); das Nachlassgericht (§ 1962 BGB: Nachlasspflegschaft, Nachlassverwaltung), das Familiengericht (Verfahrensbeistand des Kindes; § 158 FamFG). 9

d) **Bedeutung der Feststellung.** Die gerichtliche Anerkennung der *berufsmäßigen* Führung ist für die Vergütung des Betreuers von konstitutiver Wirkung (bei ehrenamtlicher Betreuung dagegen begründet erst der Festsetzungsbeschluss den Vergütungsanspruch). Sie dient der Rechtsklarheit und Kalkulierbarkeit für den Betreuer. Der Betreuer soll sich darauf verlassen können, dass er als Berufsbetreuer vergütet wird, solange nicht die Feststellung für die Zukunft aufgehoben wurde. Es gibt keine generelle Anerkennung der Berufsmäßigkeit für alle Gerichte, nicht einmal für alle Fälle vor einem bestimmten Betreuungsgericht, sie 10

8 OLG Hamm FamRZ 2004, 1324; vgl OLG Karlsruhe NJW-FER 2001, 312.
9 BayObLG FGPrax 2002, 79 = Rpfleger 2001, 300.
10 OLG Frankfurt BtPrax 2004, 244; BayObLG FamRZ 2000, 1450.
11 BayObLG FamRZ 1998, 187; OLG Frankfurt/M BtPrax 2004, 244; MünchKomm-*Wagenitz* § 1 VBVG Rz 7.
12 BayObLG FamRZ 2001, 1484.

erfolgt immer nur für die konkrete Sache. Ein Antrag des Betreuers ist nicht erforderlich, aber üblich, wenn die Berufsmäßigkeit nicht (wie bei Anwälten) offenkundig ist. Ein selbständiger Berufsbetreuer, der nicht Anwalt ist, betreibt nach Ansicht des BVerwG[13] ein Gewerbe.

11 e) **Anfechtung.** Fehlt die Feststellung, hält sich der Betreuer aber für einen Berufsbetreuer, kann er Ergänzung anregen und schließlich Beschwerde einlegen (§ 58 FamFG)[14]. Ist Berufsmäßigkeit festgestellt, hat der Betreute (und der Verfahrenspfleger) ein Beschwerderecht[15] mit dem Ziel, dass dies wegfällt, weil dann die Betreuung für ihn uU billiger ist; auch bei Mittellosigkeit, weil nach § 1836 e BGB ein Rückgriff gegen ihn möglich ist[16]. Eine isolierte, auf die Feststellung der Berufsmäßigkeit beschränkte Anfechtung sonstiger Personen ist nicht statthaft[17]. Die Staatskasse hat gegen die Feststellung der Berufsmäßigkeit kein Beschwerderecht[18] (wegen § 304 Abs 1 Satz 1 FamFG jetzt zweifelhaft); ebenso wenig die Betreuungsbehörde[19] (§ 303 Abs 1 FamFG).

12 3. **Voraussetzungen der Feststellung.** Die Berufsmäßigkeit darf nur (muss aber dann auch) festgestellt werden, wenn bestimmte Voraussetzungen vorliegen:

13 a) **Bestimmter Umfang übertragener Betreuungen.** Nur wenn die übertragenen Betreuungen entweder zahlenmäßig oder in ihrer zeitlichen Aufwendigkeit oder in ihrer Schwierigkeit einen gewissen Umfang erreichen, kann jemand im Regelfall als Berufsbetreuer betrachtet werden. **Führbarkeit nur im Rahmen der Berufsausübung.** Das Kriterium „*nur* im Rahmen *seiner* Berufsausübung" ist unklar. Wenn ein Rechtsanwalt fünfzehn Betreuungen zu besorgen hat, könnte er die Arbeit auch in seiner „Freizeit" machen; er kann sie nicht nur im Rahmen seiner Berufsausübung führen, weil er dazu keine besonderen Geräte usw braucht. Gemeint ist wohl: wenn die Führung nur gegen Bezahlung zu erwarten ist.

14 **Im Regelfall** ist das Quantitätskriterium erreicht, wenn der Betreuer entweder:

15 **aa) Nr 1: mehr als 10 Betreuungen „führt"**[20]. Gemeint ist, dass der Betreuer mindestens 11 Betreuungen (einschl. Pflegschaften etc) *gleichzeitig* führt. Da es lediglich auf die zeitliche Beanspruchung ankommt, ist die Voraussetzung auch erfüllt, wenn Betreuungen, Pflegschaften *und* Vormundschaften die Zahl 10 übersteigen (zB 6 Betreuungen, 2 Verfahrenspflegschaften und 3 Nachlasspflegschaften); auch können sie in verschiedenen Gerichtsbezirken geführt werden. Ob das Gericht berechtigt ist, durch eine entsprechende Vergabepraxis berufliche Entwicklungen bei Interessenten an einer Berufsbetreuertätigkeit zu „steuern"[21], bezweifle ich; *dieses* Recht ist dem Betreuungsrichter nicht zugewiesen, er soll geeignete Betreuer auswählen und sonst nichts. Ist die Zahl 11 erreicht spielt der Zeitaufwand keine Rolle mehr. Wer diese Zahl erreicht, kann auch dann nicht als „ehrenamtlicher Betreuer" firmieren, wenn er dies so wünscht;

13 BVerwG NJW 2008, 1974.
14 BayObLG FGPrax 2002, 79 = Rpfleger 2001, 300 (zum FGG).
15 BayObLG FamRZ 2002, 767.
16 BayObLG FamRZ 2002, 767.
17 OLG Hamm NJW 2006, 3436; LG Nürnberg/Fürth BtPrax 1999, 157; *Jansen/Sonnenfeld* FGG § 69 g Rz 29.
18 OLG Frankfurt FGPrax 2004, 122; OLG Hamm BtPrax 2000, 265; BayObLG BtPrax 2001, 204.
19 OLG Hamm NJW 2006, 3436.
20 Problematisch wegen BVerfGE 54, 251: echter Einzelvormund nur, wer nicht mehr als etwa zwei Betreuungen führt. Dass das Gesetz den Betreuer als „Führer" auffasst ist durchaus unpassend.
21 So *Knittel* VBVG § 1 Rz 4.

ein subjektives Moment ist beim Betreuer nicht notwendig, um ihn als Berufsbetreuer einstufen zu können[22]; anders ist es, wenn zB ein Rechtsanwalt Betreuer seines alten Vaters wird. Oder:

bb) Nr 2: wenn sein **Zeitaufwand 20 Stunden oder mehr** beträgt. Wer wöchent- 16
lich voraussichtlich 20 Stunden (à 60 Minuten) mindestens für seine Betreuungen, Pflegschaften usw benötigt („erforderliche" Zeit, nicht die tatsächliche Zeit zählt), ist Berufsbetreuer. Dieses Abstellen auf Stundenzahlen ist bedenklich[23]. Nr 2 findet auf Berufsbetreuer in den Regelfällen der Betreuung keine Anwendung (§ 4 Abs 3 Satz 2 VBVG)[24], anders in den Sonderfällen (§ 6 VBVG), weil diese pauschaliert bezahlt werden. Auch wenn sie keine einzige Stunde aufwenden werden sie vergütet, falls die Gesamtsumme ihrer Funktionen 11 erreicht bzw übersteigt. Wer also nur 3 Betreuungen besorgt, aber dafür wöchentlich 22 Stunden dafür aufzuwenden hat, ist (isoliert betrachtet) kein Berufsbetreuer[25]; man wird ihn aber in die Gruppe der Ausnahmefälle einordnen müssen (unten Rz 17).

b) Prognose der Berufsmäßigkeit (Satz 2): Wer nur *eine* Betreuung führt, aber 17
bereit ist, weitere zu übernehmen, ist Berufsbetreuer, wenn anzunehmen ist, dass das Betreuungsgericht oder mehrere Gerichte dem Betreuer künftig mehrere Betreuungen übertragen, so dass er schließlich mindestens 11 führt (das Betreuungsgericht *soll* die Betreuungsbehörde zu dieser Prognose anhören, § 1897 Abs 7 Satz 1 BGB). Bei der Fallzahl werden alle Betreuungen, Vormundschaften, Pflegschaften etc zusammengezählt. Als absehbare Zeit wird man 1 bis 2 Jahre ansetzen können[26]. Diese Regelung betrifft insbesondere **Berufsanfänger** (Berufseinsteiger); der angehende Berufsbetreuer erhält deshalb eine Vergütung nach Abs 1 schon für den ersten Fall[27]. Umgekehrt: wer als Berufsbetreuer bestellt wurde, verliert den Vergütungsanspruch nicht dadurch, dass die Zahl seiner Betreuungen zurückgeht[28]. Vgl oben Rz 8.

c) Sonderfälle. Im Gesetz ist von einem Regelfall die Rede. Also gibt es Aus- 18
nahmen[29]. Satz 2, 1. Alt besagt zweierlei: es kann jemand auch Betreuungen berufsmäßig (dh vergütungspflichtig) führen, der nicht mehr als 10 Betreuungen zu besorgen hat und dafür nicht 20 Stunden wöchentlich braucht; andererseits: selbst wenn eine dieser beiden Voraussetzungen vorliegt, ist denkbar, dass jemand kein Berufsbetreuer ist. Die Feststellung, Berufsbetreuer zu sein, ist deshalb zB auch bei einem **Anwalt** oder Steuerberater zulässig, der kontinuierlich **nur 1 oder 2 Betreuungen** führt und (zB wegen der geringen Honorierung) nicht mehr führen will[30], selbst wenn der Zeitaufwand hierfür gering ist[31]. Sie ist mE immer dann erforderlich, wenn die **Gesamtbetrachtung** der vom Betreuer auszuführenden Tätigkeiten zu dem Ergebnis führt, diese entspreche nicht mehr dem Leitbild der echten Einzelbetreuung, die Arbeiten seien nur im Rahmen einer Berufsausübung zu erwarten, wenn es sich also nicht mehr nur um

22 AA MünchKomm/*Wagenitz* § 1 VBVG Rz 5.
23 Vgl OLG Karlsruhe FamRZ 1998, 1535 zur aF.
24 *Jurgeleit* FGPrax 2005, 140. Die Verweisung in § 4 Abs 3 Satz 2 auf § 1 ist ein Redaktionsversehen, *Palandt/Diederichsen* VBVG § 1 Rz 3.
25 *Knittel* VBVG § 1 Rz 2.
26 MünchKomm/*Wagenitz* VBVG § 1 Rz 5; *Knittel* VBVG § 1 Rz 3.
27 LG Oldenburg FamRZ 1996, 230 zu § 1836 aF.
28 BayObLG FamRZ 1998, 187 zu § 1836 aF.
29 Palandt/*Diederichsen* VBVG § 1 Rz 4; unstreitig.
30 BayObLG FamRZ 1999, 462; OLG Zweibrücken Rpfleger 1999, 182; OLG Brandenburg FamRZ 2009, 1005; *Knittel* VBVG § 1 Rz 5; jeweils bei einer einzigen Betreuung; LG München I NJWE-FER 1999, 272 = FamRZ 2000, 981 LS; LG Darmstadt FamRZ 2000, 1450; OLG Zweibrücken FamRZ 2000, 556: 7 Betreuungen mit wöchentlich ca 5 Stunden; aA *Hansen* SchlHA 2000, 53/56.
31 BayObLG BtPrax 1999, 30: wöchentlich 1 bis 2 Stunden; aA LG München I BtPrax 1997, 244.

Erfüllung allgemeiner staatsbürgerlicher Pflichten handeln wird[32]. Für die Berufsbetreuereigenschaft genügt es in der Regel, wenn eine Person im Hinblick auf ihr Anerbieten, das Amt (nur) berufsmäßig und gegen Entgelt zu führen, ausgewählt worden ist[33]. So ist es bei Rechtsanwälten. Ein Anwalt ist insbesondere dann Berufsbetreuer, wenn er deshalb zum Betreuer bestellt wird, weil schwierige Probleme (zB Scheidung) und überdurchschnittliche Schwierigkeiten im Umgang mit dem Betroffenen zu bewältigen sind[34]. Schon BVerfGE 54, 251 hielt nur *den* für einen ehrenamtlichen Vormund/Pfleger, der nicht mehr als etwa zwei Vormundschaften führt. Wird dagegen dem Vater der Sohn als Betreuer bestellt und ist dieser Anwalt, liegt idR keine Berufsmäßigkeit vor, weil die Bestellung wegen der familiären Beziehung erfolgt und nicht wegen der Anwaltseigenschaft[35].

19 d) **Berufsbetreuung als Nebentätigkeit?** Der Wortlaut des Gesetzes spricht nicht dagegen. „Seiner" Berufsausübung in § 1 heißt nicht zwingend, dass jemand nicht zwei Berufe haben kann. Nach jeder der drei Varianten kann Berufsbetreuung als Nebentätigkeit vorliegen. Art 12 Abs 1 GG schützt auch das Recht, mehrere Berufe zu wählen und nebeneinander auszuüben. Das BVerfG[36] hat ausdrücklich anerkannt, dass eine Justizangestellte, die Betreuungen lediglich nebenberuflich führt, Berufsbetreuerin sein kann und insoweit mehrere anders lautende Entscheidungen aufgehoben. Ob der Betreffende seinen Hauptberuf vernachlässigt, ist eine Frage der Nebentätigkeitsgenehmigung.

20 **Beispiele.** Ein Sozialarbeiter mit 7 Betreuungen und einem wöchentlichen Aufwand von ca 5 Stunden kann daher nebenberuflich Berufsbetreuer sein[37], ebenso ein Diplom-Sozialpädagoge, der als Angestellter eines Staatlichen Gesundheitsamts vollzeitbeschäftigt ist[38]. Desgleichen ein Beamter in Form einer Nebentätigkeit[39]. Es genügt, dass die Tätigkeit als Teil einer Berufsausübung wahrgenommen wird, wenn die Gesamtbetrachtung eine Inanspruchnahme des Betreuers ergibt, die üblicher Weise nicht unentgeltlich als allgemeine staatsbürgerliche Pflicht geleistet wird[40]. Der Zahl der Betreuungen, deren Schwierigkeitsgrad, dem mit der Führung verbundenen Zeitaufwand und der Qualifikation des Betreuers kann eine Indizwirkung zukommen. Anderenfalls würden qualifizierte Personen, die nicht zwingend auf die Einnahme angewiesen sind und daher mit weniger Stunden auskommen, ausgegrenzt. Die abweichende Meinung will bei Nebentätigkeiten nur ausnahmsweise eine Berufsbetreuung annehmen[41].

21 e) **Behörden, Vereine, Verfahrenspfleger.** Bei der Bestellung von Vereinen zum Betreuer entfällt die Feststellung der Berufsmäßigkeit, weil sie ohnehin keine Vergütung erhalten (§ 1836 Abs 3 BGB). Eine Behörde kann eine Vergütung erhalten (§ 8 VBVG), aber nur nach § 1836 Abs 2 BGB, weshalb es ebenfalls keine solche Feststellung gibt. Beim Vereinsbetreuer erübrigt sich wegen § 7 Abs 1 Satz 2 VBVG die Feststellung (denn Vereinsbetreuer arbeiten immer berufsmäßig), ebenso beim Behördenbetreuer (wegen § 8 Abs 3 VBVG). Werden

---

32 OLG Zweibrücken FamRZ 2000, 556; BayObLG FamRZ 1998, 187 zur aF; OLG Köln FamRZ 1998, 1536; OLG Hamm FamRZ 1996, 1107.

33 OLG Karlsruhe FamRZ 1998, 1535; AG Northeim BtPrax 1999, 79.

34 BayObLG FamRZ 1999, 462; OLG Brandenburg FamRZ 2003, 935.

35 LG München I FamRZ 1999, 1235.

36 BVerfG BtPrax 1999, 70 = FamRZ 1999, 568.

37 OLG Zweibrücken FamRZ 2000, 556/8.

38 Obwohl er im konkreten Fall nur 3 Betreuungen hatte, allerdings mit 350 Stunden jährlichem Zeitaufwand; BayObLG FamRZ 1997, 1305; 1996, 371; LG Kassel BtPrax 1995, 36.

39 BayObLG FamRZ 1996, 371: Oberregierungsrat mit 16 Betreuungen, 8 Stunden wöchentlicher Aufwand; OLG Köln FamRZ 1998, 1536: Landesverwaltungsdirektor, 3 Betreuungen.

40 BayObLG FamRZ 1996, 1157; FamRZ 1996, 1173: 7 Betreuungen.

41 OLG Hamm FamRZ 1996, 1107: genehmigte Nebentätigkeit einer Justizangestellten sei keine Berufsbetreuung; aufgehoben vom BVerfG BtPrax 1999, 70; LG Leipzig FamRZ 1997, 55: Beamtin mit Nebentätigkeitsgenehmigung und 5 Stunden wöchentlicher Tätigkeit sei keine Berufsbetreuerin.

Personen, die bei Vereinen oder Behörden beschäftigt sind, zum Verfahrenspfleger bestellt (es gibt keine „Vereinsverfahrenspfleger“, wohl aber Vereinsbetreuer!), handelt es sich um eine Einzelverfahrenspflegschaft; die Berufsmäßigkeit hängt davon ab, ob das außerdienstliche Engagement für sich gesehen die Kriterien des § 1 Abs 1 VBVG erreicht[42]; wegen § 277 Abs 4 FamFG ist das aber streitig.

4. Folgen der Feststellung (Abs 2). Ist die Feststellung der Berufsmäßigkeit vom Gericht getroffen, dann hat das zur Folge, dass dem Betreuer (Vormund, Pfleger etc) eine Vergütung zusteht; er hat einen Rechtsanspruch darauf. Schuldner der Vergütung ist der Betreute. Höhe der Vergütung bei Berufsbetreuern: §§ 4 ff VBVG. Die Vergütung zahlt bei mittellosen Betreuten (etc) an deren Stelle die Staatskasse (Satz 2); nicht mittellose Betreute müssen selbst Vergütung und Auslagen zahlen. Festsetzungsverfahren: § 168 FamFG. Selbst wenn aber die Feststellung der Berufsmäßigkeit fehlt, bedeutet das kein generelles Entfallen der Vergütung: denn wenn der Betreute nicht mittellos ist, kann auch der ehrenamtlichen Betreuer eine Vergütung erhalten (§ 1836 Abs 2 BGB). 22

§ 2 Erlöschen der Ansprüche

[1]Der Vergütungsanspruch erlischt, wenn er nicht binnen 15 Monaten nach seiner Entstehung beim Familiengericht geltend gemacht wird; die Geltendmachung des Anspruchs beim Familiengericht gilt dabei auch als Geltendmachung gegenüber dem Mündel. [2]§ 1835 Abs. 1 a des Bürgerlichen Gesetzbuchs gilt entsprechend.

1. Anwendungsbereich. Das VBVG ist seit 1.7.2005 in Kraft[1]. Zuvor galt der ähnliche § 1836 Abs 2 Satz 4 aF BGB. Für Betreuungen ist nicht das Familiengericht, sondern das Betreuungsgericht zuständig. Die Fristregelung in § 2 ist ärgerlich; ihr Zweck kann nur sein, dass die Staatskasse an vergesslichen Betreuern verdient. Der Staat nimmt sich hier ein Recht heraus, das keinem Bürger zusteht, nämlich eine extrem kurze Abrechnungszeit zu bestimmen. § 2 ist anwendbar für den berufsmäßigen Vormund, Gegenvormund; ferner für den berufsmäßigen Betreuer, Gegenbetreuer, weil § 1908 i Abs 1 BGB auf § 1836 BGB verweist; weiterhin für berufsmäßige Pfleger des materiellen Rechts (zB Nachlasspfleger[2]), weil § 1915 Abs 1 BGB auf §§ 1773 ff BGB verweist; Verfahrenspfleger nach § 277 Abs 1 Satz 2 FamFG. § 2 gilt, wie die Anknüpfung an § 1 zeigt, nur für Betreuer, Vormünder, Pfleger, bei denen die „Berufsmäßigkeit“ festgestellt wurde. Berufsvormünder in diesem Sinne gibt es kaum mehr (in der Praxis wird das Jugendamt tätig und nicht eine zum Vormund bestellte Privatperson). Für den **Vergütungsanspruch des ehrenamtlichen Betreuers** (vgl § 1836 Abs 2 BGB), gilt also die 15 Monatsfrist **nicht** (hier ist die Verjährung einschlägig). Außerdem regelt § 2 nur die Vergütung; für das Erlöschen des Anspruchs auf **Aufwendungsersatz** gilt daher nicht § 2, sondern § 1835 BGB. Bei Berufsbetreuer spielt § 1835 BGB in den Regelfällen der Betreuung keine Rolle, weil die Pauschale auch die Aufwendungen umfasst. 1

2. Geltendmachung. Sie hat bei Betreuung und Vormundschaft beim Betreuungsgericht zu erfolgen; beim Nachlasspfleger bzw Nachlassverwalter beim Nachlassgericht (vgl § 1962 BGB), in den Kind-Fällen beim Familiengericht (Verfahrensbeistand des Kindes, § 158 Abs 7 FamFG). Geltendmachen heißt, 2

42 Teils aA *Bienwald* Rpfleger 1999, 429.
1 Materialien zu § 2: BT-Drucks 15/4874.
2 OLG Zweibrücken FGPrax 2007, 233; KG FamRZ 2006, 225; aA *Rudolf/Eckardt* ZErb 2006, 112.

eine schriftlichen Antrag einreichen, mit Bezifferung[3], auch per Fax. **Nachschieben:** Der Antrag wahrt die Frist bezüglich der geltend gemachten Beträge bzw der mitgeteilten Berechnungstatsachen. Ein Nachschieben weiterer Beträge oder Zeiten ist insoweit nicht möglich[4]. Eventuelle Belege können aber nachgereicht werden[5].

3 Auch dann, wenn der Betreute (da „vermögend") selbst die Vergütung zahlen muss, ist keine zusätzliche Geltendmachung gegenüber dem Betreuten erforderlich (**Satz 1, 2. Halbs**); der Betreuer muss ihm also keine Rechnung stellen[6]. Der beim Gericht gestellte Antrag auf Festsetzung aus dem Vermögen des Betroffenen **wahrt die Ausschlussfrist** auch für einen späteren Antrag auf Festsetzung gegen die Staatskasse[7]. Es muss also nicht unbedingt ein Hilfsantrag auf Vergütung aus der Staatskasse für den Fall gestellt werden, dass der für vermögend gehaltene Betroffene in Wirklichkeit mittellos ist. Vgl. § 168 FamFG Rz 31. Der *geschäftsfähige* Betreute kann zahlen, ohne dass der Betreuer eine Rechnung beim Betreuungsgericht einreicht und festsetzen lässt. Der Betreuer darf die **15-Monatsfrist ausschöpfen**; er ist nicht verpflichtet, immer dann schnell abzurechnen, wenn der Betreute gerade bzw noch Vermögen besitzt[8], um die Staatskasse zu schützen.

4 **3. Fristberechnung.** Sie beträgt 15 Monate. Die Frist beginnt mit der Entstehung des Anspruchs; die Berechnung erfolgt nach § 16 Abs 2 FamFG. Es ist zu differenzieren:

5 **a) Vormünder** (§ 3) **und Pfleger** (§ 3) rechnen stundenweise ab, hier entsteht der Vergütungsanspruch mit der jeweiligen Tätigkeit[9], also letztlich tageweise. Hat der Verfahrenspfleger bzw Nachlasspfleger am 3.1. vier Stunden gearbeitet, ist der letzte Tag der 15-Monatsfrist der 3.4. des nächsten Jahres.

6 **b) Beim Berufsbetreuer,** der pauschal nachträglich vergütet wird (§ 5 VBVG), ist unklar, wann der Anspruch entsteht. Das hängt mit dem ungeklärten Verhältnis von § 2 VBVG zu § 9 VBVG zusammen. Es gibt drei Meinungen: **(aa) Taggenaue Abrechnung**[10]. Beispiel: Ein am 6.12.2002 erstmals bestellter Berufsbetreuer rechnet am 3.1.2007 seine Vergütung für die vergangene Zeit ab. Das Amtsgericht bewilligt nur eine Vergütung für die Zeit vom 3.10.2005 bis 6.12.2006: für den 1. und 2.10.2005 nicht, weil diese beiden Tage außerhalb der 15-Monatsfrist (§ 2 VBVG) liegen; nur bis 6.12.2006, weil hier das individuelle Quartal des Falles endet und für die Zeit ab 7.12. nicht, weil immer nur nach Ablauf von drei Monaten abgerechnet werden könne. Der BGH[11] lehnt dies ab: da der Betreuer die Monatspauschale auch erhält, wenn er überhaupt nichts gearbeitet habe, weil er für seine Existenz bezahlt werde, könne der Vergütungsanspruch (frühestens) erst mit dem Ablauf des einzelnen Betreuungsmonats entstehen; da sich der Beginn der Betreuung (hier: 6.12.) ewig perpetuiert, laufe das maßgebliche Betreuungsmonat vom 7.9. bis 6.10.2005. Der Anspruch für den 1. und 2.10. sei also erst am 7.10.2005 entstanden, somit

---

3 OLG Frankfurt Rpfleger 2002, 314; OLG Dresden FamRZ 2004, 137; OLG München FamRZ 2006, 891.
4 OLG Hamm FamRZ 2009, 1182 = NJOZ 2009, 1568.
5 *Dodegge/Roth* F 143; einschränken MünchKomm/*Wagenitz* VBVG § 2 Rz 2.
6 AA Knittel VBVG § 2 Anm 1.
7 OLG Hamm FGPrax 2007, 171; LG Mönchengladbach FamRZ 2007, 357.
8 OLG Köln BtPrax 2002, 264.
9 OLG Saarbrücken FamRZ 2000, 559; BayObLG FamRZ 1996, 372.
10 OLG Frankfurt FamRZ 2008, 304 = FGPrax 2008, 19; OLG Düsseldorf FamRZ 2008, 1284; OLG Zweibrücken FamRZ 2007, 1191; LG Münster FamRZ 2008, 187; offen gelassen OLG Hamm FamRZ 2009, 1007.
11 BGH FamRZ 2008, 1611.

am 3.10.2007 noch nicht verfristet gewesen. (**bb**) **Monatsende.** Eine andere Meinung sieht als Fristbeginn das Ende des Monats, in dem die Tätigkeit erfolgt, weil die Vergütung auch ohne Tätigkeit geschuldet werde, also nicht bestimmten Tagen zuordenbar sei[12]. (**cc**) **Drei Monate.** Da die Vergütung frühestens nach Ablauf von jeweils drei Monaten für diesen Zeitraum geltend gemacht werden kann (§ 9 VBVG), spricht der Sinn der Regelung (der Betreuer soll 15 Monate Zeit haben) dafür, erst dann den Anspruch entstehen zu lassen[13] und die 15-Monatsfrist erst dann beginnen zu lassen.

c) **Der Berufsbetreuer,** der nach § 6 VBVG nach Stunden abrechnet (**Sterilisationsbetreuer; Betreuer bei rechtlicher Verhinderung**): hier gilt dasselbe wie bei Vormündern und Pflegern. 7

4. Fristverlängerung: Satz 2 besagt durch Verweisung auf § 1835 Abs 1 a BGB, dass das Betreuungsgericht eine abweichende Frist, also länger als 15 Monate, bestimmen könnte. Eine Verkürzung der Frist ist unzulässig[14] und wäre unbeachtlich. Der Antrag muss vor Fristablauf eingehen, er muss nicht schriftlich gestellt werden. Er kann noch nach Fristablauf verbeschieden werden; umstritten ist, ob eine stillschweigende Verlängerung möglich ist, etwa indem das Gericht auf einen Verlängerungsantrag nicht reagiert[15]. Jedenfalls unter Geltung des FamFG wird das nicht mehr möglich sein. Das Betreuungsgericht trifft keine Verpflichtung, den Betreuer vor dem **Erlöschen seines Anspruchs zu bewahren**[16], etwa durch einen Hinweis (verboten aber ist das nicht) oder eine nicht beantragte Fristverlängerung. Eine Verlängerung ohne Antrag ist wirksam. 8

Das Wort „erlischt" zeigt, dass es sich um eine **Ausschlussfrist** handelt, nicht um einer Verjährungsfrist. Sie ist von Amts wegen zu beachten. Bei der früheren Gesetzesfassung (§ 1836 Abs 2 Satz 4 aF BGB) hatte das BGB auf das damalige ZSEG verwiesen, aber nicht auf § 15 Abs 3 Satz 6 ZSEG; daraus wurde allgemein der Schluss gezogen, dass eine **Wiedereinsetzung** gegen die Versäumung der Frist (bei schuldloser Fristversäumung) nicht möglich war[17]. Das war nicht sachgerecht. Jetzt sagt § 17 Abs 1 FamFG, dass eine Wiedereinsetzung zulässig ist, wenn jemand gehindert ist, eine gesetzliche Frist[18] (hier: § 2 VBVG) einzuhalten (im Gesetzentwurf stand noch: „Frist für die Einlegung eines Rechtsbehelfs"), wenn etwa der Betreuer am letzten Tag der Frist durch einen Herzinfarkt am Absenden des Vergütungsfaxes gehindert ist. Deshalb dürfte jetzt eine Wiedereinsetzung zulässig sein. In Ausnahmefällen kann es gegen **Treu und Glauben** verstoßen, wenn das Gericht die Ausschlussfrist beachtet[19], so etwa wenn der Richter bzw Rechtspfleger, Bezirksrevisor den Betreuer darüber unrichtig belehrt hat oder den Betreuer von der Antragseinreichung abgehalten hat. Der *geschäftsfähige* Betreute kann an seinen Betreuer zahlen, selbst wenn die Frist verstrichen ist; er kann ihm ja auch etwas schenken. 9

5. Verjährung. Die Verjährung des Vergütungsanspruchs beginnt mit dem Jahresende der Anspruchsentstehung etc (§ 199 Abs 1 BGB) und beträgt 3 Jahre 10

12 OLG München FamRZ 2008, 1895.

13 OLG Brandenburg FamRZ 2010, 65; KG FamRZ 2009, 456; OLG Köln FamRZ 2009, 1009; OLG Dresden FamRZ 2008, 1285; LG Göttingen FamRZ 2008, 92; dahin tendierend BGH FamRZ 2008, 1611; MünchKomm-*Wagenitz* § 2 VBVG Rz 3; *Jurgeleit/Maier* VBVG § 9 Rz 1, 7.

14 *Knittel* VBVG § 2 Anm. 2; aA Palandt/*Diederichsen* § 2 VBVG Rz 5.

15 Vgl OLG München FamRZ 2008, 1632; OLG Schleswig FamRZ 2006, 890.

16 OLG Frankfurt FamRZ 2008, 304/5; OLG Schleswig FGPrax 2006, 119; KG FamRZ 2006, 225; BayObLG FamRZ 2004, 1137; OLG Dresden FamRZ 2004, 137.

17 Palandt/*Diederichsen* VBVG § 2 Rz 4.

18 BT-Drucks 16/6303 S. 405 brachte die Textänderung, um Fälle „zu erfassen, in denen eine Wiedereinsetzung sachgerecht ist".

19 Vgl OLG Zweibrücken FGPrax 2007, 233.

(§ 195 BGB). Der Anspruch ist aber gehemmt, solange das Betreuungsverhältnis besteht (§ 207 Satz 2 Nr 4 BGB). Wird die Betreuung aufgehoben, kann weiterhin § 210 BGB eingreifen. Wenn man davon ausgeht, dass vor Festsetzung (§ 168 FamFG) die Höhe der Vergütung rechtlich gesehen unbestimmt ist, scheidet eine Verjährung in der Regel aus, wenn der Festsetzungsantrag rechtzeitig eingereicht, aber vom Gericht nicht bearbeitet wird. Ist der Anspruch gegen den Betreuten rechtskräftig festgesetzt, ist der Beschluss ein Vollstreckungstitel (§ 86 FamFG); die Verjährung beginnt nach § 201 BGB und läuft 30 Jahre (§ 197 Abs Nr 3 BGB)[20].

Abschnitt 2 **Vergütung des Vormunds**

§ 3 Stundensatz des Vormunds

(1) [1]Die dem *Vormund* nach § 1 Abs. 2 zu bewilligende Vergütung beträgt für jede Stunde der für die Führung der *Vormundschaft* aufgewandten und erforderlichen Zeit 19,50 Euro. [2]Verfügt der *Vormund* über besondere Kenntnisse, die für die Führung der *Vormundschaft* nutzbar sind, so erhöht sich der Stundensatz
1. auf 25 Euro, wenn diese Kenntnisse durch eine abgeschlossene Lehre oder eine vergleichbare abgeschlossene Ausbildung erworben sind;
2. auf 33,50 Euro, wenn diese Kenntnisse durch eine abgeschlossene Ausbildung an einer Hochschule oder durch eine vergleichbare abgeschlossene Ausbildung erworben sind.
[3]Eine auf die Vergütung anfallende Umsatzsteuer wird, soweit sie nicht nach § 19 Abs. 1 des Umsatzsteuergesetzes unerhoben bleibt, zusätzlich ersetzt.

(2) [1]Bestellt das *Familiengericht* einen *Vormund*, der über besondere Kenntnisse verfügt, die für die Führung der *Vormundschaft* allgemein nutzbar und durch eine Ausbildung im Sinne des Absatzes 1 Satz 2 erworben sind, so wird vermutet, dass diese Kenntnisse auch für die Führung der dem *Vormund* übertragenen *Vormundschaft* nutzbar sind. [2]Dies gilt nicht, wenn das *Familiengericht* aus besonderen Gründen bei der Bestellung des *Vormunds* etwas anderes bestimmt.

(3) [1]Soweit die besondere Schwierigkeit der *vormundschaftlichen* Geschäfte dies ausnahmsweise rechtfertigt, kann das *Familiengericht* einen höheren als den in Absatz 1 vorgesehenen Stundensatz der Vergütung bewilligen. [2]Dies gilt nicht, wenn der Mündel mittellos ist.

(4) Der *Vormund* kann Abschlagszahlungen verlangen.

Übersicht Rz

20 AA *Knittel* VBVG § 2 Anm 5.

I. Vergütung

1. Anwendungsbereich, Textgeschichte. Das VBVG ist seit 1.7.2005 in Kraft. Der jetzt in § 3 geregelte Sachverhalt war vom 1.1.1999 bis 30.6.2005 in § 1836 a BGB und im BVormVG geregelt. 1

§ 3 gilt für den Vormund, Gegenvormund; weiterhin für Pfleger des materiellen Rechts (zB Nachlasspfleger), weil § 1915 Abs 1 BGB auf §§ 1773 ff, 1836 BGB verweist; Verfahrenspfleger (denn § 277 Abs 2 FamFG verweist auf § 3 Abs 1 und 2 VBVG), ehrenamtlichen Verfahrensbeistand des Kindes (denn § 158 Abs 7 Satz 1 FamFG verweist auf § 277 FamFG), ferner ist § 3 einschlägig für die seltenen Sonderfälle der Betreuung (§ 6 verweist auf § 3), also Sterilisationsbetreuer und Betreuer bei *rechtlicher* Verhinderung. 2

§ 3 gilt nicht für den regulären Berufsbetreuer (für ihn sind §§ 4, 5 anzuwenden; vgl die Überschriften im Gesetzestext); auch nicht für den Vergütungsanspruch des ehrenamtlichen Betreuers (vgl § 1836 Abs 2 BGB); ferner nicht für den berufsmäßigen Verfahrensbeistand des Kindes (§ 158 Abs 7 Satz 2 FamFG). In der Sache macht das keinen großen Unterscheid: denn zwar beträgt der maximale Stundensatz des Berufsbetreuers 44 Euro (aber *einschließlich* Auslagen und Umsatzsteuer), doch sind das, wenn man die Auslagen (mit geschätzt 3 Euro je Stunde) und die 19 % Umsatzsteuer herausrechnet, netto nur 33,97 Euro. Der maximale Netto-Stundensatz des Pflegers etc nach § 3 dagegen beträgt 33,50 Euro + konkrete Auslagen + Umsatzsteuer. Allerdings müssen die in § 3 3

VBVG genannten Personen ihre Stunden darlegen; haben sie keinen Zeitaufwand, erhalten sie nichts. Die unter §§ 4, 5 FamFG fallenden Berufsbetreuer dagegen werden für ihre Beiordnung bezahlt; auch dann, wenn sie keine Stunde Zeit aufwandten, erhalten sie die Pauschale.

4 Die **nach § 1 Abs 2 VBVG zu bewilligende Vergütung.** Nur darauf bezieht sich (nach Abs 1 Satz 1) der § 3. Das ist die dem Berufspfleger, Berufsvormund zu bewilligende Vergütung und zwar sowohl die Vergütung, die wegen Mittellosigkeit des Zahlungspflichtigen die Staatskasse zu zahlen hat wie auch die Vergütung, die der nicht mittellose Betroffene selbst zahlen muss. Die Vergütung ist also in beiden Fällen scheinbar gleich hoch; in Wirklichkeit aber nicht zwingend, wie Abs 3 zeigt (Rz 19).

5 **2. Höhe des Stundensatzes (Abs 1)**[1]. Die Bestimmung gilt nicht für den Berufsbetreuer in den Regelfällen der Betreuung (Rz 3). Grundsätzlich ist bei einer Vergütung auf den *Umfang* der Tätigkeit abzustellen; dem wird durch die Stundenzahl typisiert Rechnung getragen; die *Schwierigkeit* wird insofern berücksichtigt, indem theoretisch in solchen Fällen vom Betreuungsgericht ein Pfleger, Vormund mit besserer Ausbildung auszuwählen ist. Berufsvormünder fallen in den Schutzbereich des Art 12 Abs 1 GG. Diese Vorschrift gebietet, dass der Staat, wenn er für Aufgaben, deren ordentliche Wahrnehmung im öffentlichen Interesse liegt, Staatsbürger beruflich in Anspruch nimmt, den derart Belasteten dann auch angemessen entschädigt[2]. Das Betreuungsgericht bzw das Beschwerdegericht (Landgericht) hat die berufliche Qualifikation von Amts wegen zu ermitteln (§ 26 FamFG), damit er vergütungsmäßig richtig eingestuft werden kann. Das Betreuungsgericht soll zwecks Einsparung nur Pfleger etc bestellen, deren Qualifikation im konkreten Einzelfall benötigt wird, also bei einfachen Sachen die billigsten Personen. Hat das Betreuungsgericht gleichwohl eine überqualifizierte Person zum Betreuer bestellt, ist sie mit dem höheren Stundensatz zu vergüten[3]. Der Pfleger etc hat keine rechtliche Möglichkeit, ein für allemal für alle Gerichte und alle seine Verfahren verbindlich im Voraus feststellen zu lassen, in welche Vergütungsgruppe er einzustufen ist. Im Bestellungsbeschluss wird der Stundensatz nicht angegeben; es wäre aber zulässig. Gegen eine solche im Voraus erfolgte Festsetzung des Stundensatzes in einer konkreten Pflegschaft etc ist die Beschwerde statthaft[4].

6 **a) 19,50 Euro (Abs 1 Satz 1). Mindeststundenlohn.** Er beträgt 19,50 Euro; diesen Betrag erhält zB eine Hausfrau ohne jegliche Ausbildung. Ferner jemand, der zwar Rechtskenntnisse erworben hat, aber keinen Abschluss hat[5]. Obwohl dieser Stundensatz sehr gering ist, ist er (wie überhaupt das System der §§ 4, 5 VBVG) verfassungsrechtlich haltbar[6].

7 **b) 25 Euro (Abs 1 Satz 2 Nr 1).** (1.1.2002 bis 30.6.2005: 23 Euro und zuvor 45 DM) erhält ein Berufspfleger bzw Berufsvormund, wenn er/sie folgende Voraussetzungen erfüllt:

---

1 Die gleichartige Vorgänger – Regelung in § 1 Abs 1 Satz 1 BVormG war mit dem Grundgesetz vereinbar, BVerfG NJWE-FER 2000, 284.

2 Vgl BVerfG BtPrax 1999, 70.

3 OLG Dresden FamRZ 2000, 551.

4 LG Neubrandenburg FamRZ 2000, 1305

5 BayObLG BtPrax 2000, 124; würde man ihn einer Person mit Lehre gleichstellen können, käme er immerhin auf 25 Euro.

6 BGH FamRZ 2007, 381; OLG Celle FamRZ 2009, 78; OLG München FamRZ 2006, 647; OLG Köln FamRZ 2006, 1876; OLG Stuttgart FamRZ 2007, 1271; OLG Hamm FGPrax 2006, 209; BVerfG BtPrax 2000, 120 zur früheren Regelung.

aa) **Eine abgeschlossene Lehre** oder eine vergleichbare abgeschlossene Ausbildung muss er/sie haben. Abgeschlossen heißt: formaler Abschluss, der durch Zeugnisse bzw amtliche Bestätigungen nachgewiesen wird. Erwerb von Wissen durch Selbststudium oder durch Berufserfahrung zählt nicht[7]. Besuch zahlreicher Fortbildungskurse genügt nicht[8]. *„Durch eine Ausbildung erworben"* sind für eine Pflegschaft etc nutzbare Fachkenntnisse, wenn die Ausbildung in ihrem Kernbereich auf deren Vermittlung ausgerichtet ist[9]. Zur Nachqualifikation durch eine besondere Prüfung vgl § 11 VBVG. Die Ausbildung und der Abschluss müssen nicht in Deutschland erfolgt sein; sie müssen aber hiesigen entsprechenden Abschlüssen vergleichbar sein. 8

Einer **abgeschlossenen Lehre gleichwertig** ist eine Ausbildung in der Regel, wenn sie staatlich reglementiert oder zumindest staatlich anerkannt ist, der durch sie vermittelte Wissensstand nach Art und Umfang dem durch eine Lehre vermittelten Wissensstand entspricht und ihr Erfolg durch eine vor einer staatlichen oder staatlich anerkannten Stelle abgelegten Prüfung belegt ist[10]. Hierzu können die in der Handwerksordnung und im Berufsbildungsgesetz getroffenen Regelungen über die Berufsausbildung herangezogen werden[11]. Ferner genügt es, wenn der Staat in einem förmlichen Verfahren eine Tätigkeit als Ausbildung anerkennt, auch wenn eine Prüfung fehlt, zB Anerkennung gem § 76 Abs 3 BerufsbildungsG[12]. 9

bb) **Besondere Kenntnisse.** Der Pfleger etc muss durch diese Ausbildung *besondere* Kenntnisse (Fachkenntnisse) erworben haben, die für die Führung der konkreten Sache *nutzbar* sind. „Besondere Kenntnisse" sind solche, die (bezogen auf ein bestimmtes Fachgebiet) über ein Grundwissen deutlich hinausgehen[13], die üblichen Kenntnisse (zB Briefe schreiben) deutlich überschreiten, wie zB kaufmännische, rechtliche, steuerliche, pflegerische Kenntnisse. 10

Bei der Nutzbarkeit der Kenntnisse sind drei Gruppen zu unterscheiden: (1) Kenntnisse, die bei keiner Pflegschaft, Vormundschaft etc nutzen (zB Elektriker); (2) Kenntnisse, die bei bestimmten Aufgabenkreisen nutzen (zB ehemaliger Justizangestellter des Nachlassgerichts bei Nachlasspflegschaft; Bankangestellte bei Vermögensverwaltung); (3) Kenntnisse, die bei allen Aufgabenkreisen nutzbar sind (zB Rechtsanwälte, weil es um rechtliche Fragen geht). 11

cc) **Nutzbarkeit der Kenntnisse.** Diese Kenntnisse müssen *allgemein* für die Führung von Vormundschaften, Pflegschaften etc nutzbar sein (die sog Wissensvorhaltung ist maßgebend); das ist der Fall, wenn die Fachkenntnisse ihrer Art nach für die Sache relevant sind und den Vormund etc befähigen, seine Aufgabe zum Wohle des Mündels bzw der Sache besser zu erfüllen[14]. Dass die nutzbaren Kenntnisse im konkreten Fall nicht benötigt werden, wäre eventuell bei der Bestellung zu berücksichtigen gewesen, spielt aber bei der Vergütung keine Rolle mehr[15]. Letzteres folgt zwar nicht aus Satz 2; die Formulierung „Führung *der* Vormundschaft" statt „Führung *einer* Vormundschaft" spricht eher für das Gegenteil; doch ergibt sich diese Auslegung aus § 3 Abs 2 VBVG (die Nutzbarkeit für die konkrete Betreuung wird vermutet). Andererseits sind nur 12

7 LG Nürnberg/Fürth Rpfleger 2000, 215.
8 OLG Zweibrücken Rpfleger 2000, 64; LG Dresden FamRZ 2000, 181; LG Nürnberg/Fürth Rpfleger 2000, 215.
9 BayObLG FGPrax 2000, 22 = FamRZ 2000, 844; OLG Thüringen FamRZ 2000, 846.
10 BayObLG FamRZ 2000, 554.
11 OLG Zweibrücken Rpfleger 2000, 64 = FamRZ 2000, 1303; hierzu *Schmidt* BtPrax 2000, 63.
12 BayObLG FamRZ 2000, 554 = NJWE-FER 2000, 35.
13 BayObLG FGPrax 2000, 22 = BtPrax 2000, 81.
14 BayObLG FGPrax 2000, 22 = FamRZ 2000, 844.
15 OLG Zweibrücken FamRZ 2000, 551.

Fachkenntnisse vergütungssteigernd, die im zugewiesenen Aufgabenkreis verwendbar sind[16]. Dass die seinerzeit erworbenen Kenntnisse nun veraltet sind, spielt keine Rolle[17]. **Rechtlichen Kenntnissen** kommt dabei eine grundlegende Bedeutung zu.

13 c) **33,50 Euro (Abs 1 Satz 2 Nr 2).** 33,50 Euro erhält ein Berufspfleger bzw Berufsvormund je Stunde, wenn er

14 aa) **eine abgeschlossene Ausbildung** an einer Universität, Hochschule, Fachhochschule[18] oder eine vergleichbare *abgeschlossene* Ausbildung hat. Dabei genügt das Ablegen der *ersten* Staatsprüfung[19]. Die Fachprüfung II für Verwaltungsangestellte bei der Bayerischen Verwaltungsschule ist mit einem Fachhochschulabschluss vergleichbar[20]; ebenso eine Ausbildung als DDR-Ingenieurökonom, wenn ein Gleichstellungsbescheid vorliegt[21]; ebenso eine Ausbildung als Pastor der Evangelischen Freikirchlichen Gemeinden[22]. Zur Nachqualifikation durch eine Prüfung vgl § 11 VBVG.

15 bb) **Besondere Kenntnisse.** Der Pfleger, Vormund etc muss durch diese Ausbildung *besondere* Kenntnisse erworben haben, die für die Führung der Sache *nutzbar* sind, mag auch die konkrete Angelegenheit einfach gelagert sein (Überqualifikation), zB kaufmännische, rechtliche, steuerliche, pflegerische Kenntnisse. Besondere Kenntnisse sind nur solche, die (bezogen auf ein bestimmtes Fachgebiet) über ein Grundwissen deutlich hinausgehen[23]. Ein Rechtsreferendar, Rechtsanwalt, Diplomkaufmann, hat entsprechende Kenntnisse; jemand mit abgebrochenem Jura-Studium dagegen nicht[24]. Das Kriterium ist überhaupt nicht brauchbar bei Nachlasspflegern, Abwesenheitspflegern etc, weil entsprechende Kenntnisse durch kein Studienfach erworben werden können.

16 d) **Mittelwerte** (zB 30 Euro) sind unzulässig.

II. Vermutung der Nutzbarkeit besonderer Kenntnisse (Abs 2 Satz 1)

17 Ein Berufspfleger bzw Berufsvormund, der mehr als 19,50 Euro je Stunde bezahlt bekommt, soll aus der Sicht des Gesetzgebers nur bestellt werden, wenn es um ziemlich schwierige Pflegschaften etc geht, damit Geld gespart wird. Ein Rechtsanwalt beispielsweise hat besondere Kenntnisse; sie müssen aber auch für die jeweilige Pflegschaft etc „nutzbar" sein. [25] Wird ein Rechtsanwalt zum Verfahrenspfleger in einer ganz einfachen Sache bestellt, sind seine Kenntnisse hier nicht nutzbar und er hätte nicht bestellt werden dürfen, sondern zB ein Bäckergeselle. Theoretisch könnte der „vermögende" Betroffene den Auswahlfehler des Betreuungsgerichts später in einem Staatshaftungsverfahren geltend machen und die Vergütungsdifferenz verlangen. Wird ein „teurer" Berufspfleger bestellt (also einer im Sinne von Abs 1 Satz 2 Nr 1 oder Nr 2), dann wird vermutet, dass er diese besonderen Kenntnisse für den speziellen Fall auch braucht; die Vermutung ist grundsätzlich im Nachhinein nicht widerlegbar[26];

16 OLG Dresden FamRZ 2000, 551 Nr 369.
17 OLG Dresden FamRZ 2000, 555: Ausbildung erfolgte 1973; zweifelhaft.
18 OLG Braunschweig BtPrax 2000, 130; OLG Düsseldorf FamRZ 2000,1309.
19 OLG Düsseldorf FamRZ 2000, 1308 (LS).
20 BayObLG BtPrax 2001, 36 (Verwaltungsfachwirt) = FamRZ 2001, 187.
21 OLG Dresden FamRZ 2001, 189.
22 OLG Schleswig BtPrax 2000, 262; doch fehlen ihm mE die besonderen Kenntnisse.
23 BayObLG FGPrax 2000, 22 = FamRZ 2000, 844.
24 BayObLG BtPrax 2000, 124.
25 OLG Dresden FamRZ 2000, 551 Nr 369.
26 OLG Zweibrücken FamRZ 2000, 551.

der Pfleger muss sich darauf verlassen können, dass er entsprechend seiner Qualifikation bezahlt wird. Damit sollen weitere Streitigkeiten im Vergütungsfestsetzungsverfahren vermeiden werden. Der Anwalt bekommt also auch für eine ganz einfache Pflegschaft 33,50 Euro je Stunde.

III. Ermäßigung des Stundensatzes (Abs 2 Satz 2)

Das Gericht kann uU schon vor der Bestellung des Verfahrenspflegers etc erkennen, dass der Fall ganz einfach gelagert ist; dann müsste es zB eine Hausfrau ohne Ausbildung zur Verfahrenspflegerin bestellen. Das Betreuungsgericht kann aber auch einen Anwalt etc fragen, ob er bereit ist, die Verfahrenspflegschaft billiger zu übernehmen, also statt zu 33,50 Euro je Stunde zu 25 Euro oder 19, 50 Euro je Stunde. Denn der Pfleger braucht in ganz einfachen Sachen keine Anwaltsqualifikation etc („überqualifizierter Pfleger"). Nach Anhörung des in Aussicht genommenen Pflegers könnte das Gericht im Bestellungsbeschluss zB den Stundensatz auf 25 Euro oder 19,50 Euro herabsetzen (§ 3 Abs 2 Satz 2); nachträglich ist eine Herabsetzung unzulässig. Die Praxis macht von Abs 2 Satz 2 zu Recht keinen Gebrauch. **18**

IV. Erhöhung des Stundensatzes wegen besonderer Schwierigkeiten (Abs 3)

Besondere Schwierigkeiten sind solche, die über den Durchschnittsfall hinausgehen. Jede Vormundschaft, Pflegschaft, Spezialbetreuung (§ 6 VBVG) ist irgendwann „schwierig". Das bedeutet logischerweise, dass nur weniger als 50 % der Fälle überdurchschnittlich schwierig sein können. **19**

1. Anwendungsbereich. Berechtigt nach § 3 Abs 3 VBVG sind zB Betreuer bei Betreuung wegen rechtlicher Verhinderung des Hauptbetreuers, Sterilisationsbetreuer (beide wegen § 6). Für **sonstige Berufsbetreuer gilt § 3 Abs 3 nicht** (wie die Überschrift vor § 3 zeigt); § 3 Abs 3 kann für diese Berufsbetreuer auch nicht analog angewandt werden[27]. Bei **Verfahrenspflegschaften** in Betreuungs- und Unterbringungssachen ist § 3 Abs 3 VBVG ausdrücklich nicht für anwendbar erklärt (§ 277 Abs 2 Satz 2 FamFG; § 318 FamFG). Allerdings ist bei Verfahrenspflegschaften eine versteckte Erhöhung durch Bewilligung einer Pauschale möglich, § 277 Abs 3 FamFG. Ebenso ist § 3 Abs 3 nicht anwendbar für den berufsmäßigen **Verfahrensbeistand des Kindes** (§ 158 Abs 7 Satz 2 FamFG: er wird pauschal bezahlt), so dass es in diesen Pflegschaftsfällen eine höhere Stundenvergütung als 33,50 Euro geben darf (anders als vor dem 1.9.2009; §§ 67a, 50 FGG). Bei **Nachlasspflegschaften** bestimmt § 1915 Abs 1 Satz 2 BGB eine Abweichung von § 3 Abs 3 VBVG, so dass er dort ebenfalls nicht gilt; wegen der selbstständigen Regelung in § 1915 BGB ist bei „vermögenden" Nachlässen eine höhere Vergütung als 33,50 Euro je Stunde zulässig, bei mittellosen Nachlässen nicht. **20**

2. Mittellosigkeit des Zahlungspflichtigen. Eine Erhöhung der in Abs 1 genannten Vergütungssätze wegen besonderer Schwierigkeiten bei der Tätigkeit, zB nächtlicher Kriseneinsatz und Betreten der Ekel erregenden Nachlasswohnung oder eine landesrechtliche Erhöhung oder Senkung ist bei *mittellosen* Betroffenen nicht möglich (**Abs 3 Satz 2**), weil die Staatskasse geschützt werden soll. **„Vermögende" Zahlungspflichtige.** Bei *nichtmittellosen* Betroffenen (zur Abgrenzung vgl § 1836d BGB) kann das Gericht schon bei Bestellung oder **21**

---

27 OLG Celle FamRZ 2009, 78; OLG München FamRZ 2007, 675 (L) = NJW-RR 2007, 513.

jedenfalls bei der Vergütungsbewilligung einen höheren Stundensatz bewilligen. § 3 Abs 3 bezeichnet dies als „Ausnahme".

22 3. **Zuständig** für die Bewilligung der höheren Vergütung ist der Rechtspfleger, bei Bewilligung von Anfang an derjenige, der die Pflegschaft etc anordnete, zB der Richter (§§ 6, 8 RPflG).

23 4. **Höhe der Vergütung.** Fraglich ist, wie hoch die höhere Vergütung sein darf. Das kommt auf den Einzelfall an. Veröffentlichte Rechtsprechung gibt es im Wesentlichen nur zur Nachlasspflegschaft. Zwangsverwalter erhalten 35 bis 95 Euro je Stunde aus dem Vermögen (§ 19 Abs 1 ZwVwV); Steuerberater für jede angefangene halbe Stunde 19 bis 46 Euro vom Mandanten (§ 13 Satz 2 SteuerberatergebührenVO); gerichtliche Sachverständige bekommen je nach Sachgebiet 50 Euro bis 95 Euro je Stunde (§ 9 JVEG). Medizinische Gutachter sind in drei Gruppen eingeteilt (§ 9 JVEG); die Vergütung liegt zwischen 50 und 85 Euro je Stunde (§ 9 JVEG). Man kommt meines Erachtens zu Stundensätzen, die in den Durchschnittsfällen bei etwa 65 bis 70 Euro liegen[28], aber auch 100 Euro und mehr erreichen können.

V. Vergütungsfähige Stunden

24 1. **Grundlagen.** Die *aufgewandte* Zeit, begrenzt durch die *erforderliche* Zeit ist zu vergüten (anderes beim Berufsbetreuer in den Regelfällen: er wird nach § 5 nach unwiderlegbar vermutetem Stundenaufwand vergütet, selbst wenn er keine Zeit aufwandte). Es muss sich um tatsächlich aufgewandte Zeit für eine Tätigkeit während der Dauer und im Rahmen des Amtes handeln, die der Dauer nach angemessen („erforderlich") ist; Abs 1 Satz 1. Was erforderlich ist, bemisst sich grundsätzlich nach der Sicht des Pflegers etc, also danach, ob er die jeweilige Tätigkeit zur Erfüllung seiner Aufgaben für erforderlich halten durfte[29], wobei aber natürlich im Vergütungsfestsetzungsverfahren nachgeprüft werden darf und muss, ob sich der Pfleger dieser Vorstellung zu Recht hingeben konnte.

25 a) **Aufgaben innerhalb des Aufgabenkreises.** Die gesetzlich zugewiesenen Aufgaben innerhalb des Aufgabenkreises ergeben sich aus den allgemeinen Bestimmungen. Der Betreuer ist gesetzlicher Vertreter des Betreuten und muss der Betreuer die Angelegenheiten des Betreuten besorgen (§ 1902 BGB). Der Nachlasspfleger hat die Erben zu ermitteln und den Nachlass zu verwalten (§§ 1960, 1961 BGB).

26 b) **Besondere Pflichten bei einzelnen Aufgabenkreisen.** Hinzu kommen besondere Pflichten bei einzelnen Aufgabenkreisen, zB §§ 1802 ff BGB bei Vermögenssorge.

27 aa) **Zeit bei Gericht.** Demgemäß sind beispielsweise abrechenbar: die Zeit für Besprechungen beim Gericht, Einführungsgespräch[30], Wartezeit beim Gericht, Weg zum Gericht und zurück.

---

28 OLG München Rpfleger 2006, 405 (doppelter VBVG-Satz, also 67 Euro, seien nicht ermessensfehlerhaft); ebenso schon LG Münster Rpfleger 2003, 369; OLG Zweibrücken NJW-RR 2008, 369 (110 Euro); OLG Dresden ZEV 2007, 526 (maximal 58 Euro); OLG Schleswig BeckRS 2010, 03992 (32 Euro).

29 OLG Zweibrücken BtPrax 2000, 86; OLG Schleswig FamRZ 2003, 1324; *Knittel* VBVG § 3 Rz 2.

30 LG Leipzig FamRZ 1999, 1607. Falsch LG Dessau FamRZ 2000, 1530, wonach diese Zeit nicht vergütungsfähig sein soll.

bb) Sterilisationsbetreuer. Abrechenbar ist zB der Zeitaufwand für Gespräche mit behandelnden Ärzten, wenn sie zB die Grundlage bilden für vom Betreuer zu treffende Entscheidungen. Auch auf einen konkreten Fall bezogenes Literaturstudium (juristische und medizinische Literatur) kann abrechenbar sein, wenn der Betreuer anders seine Aufgabe nicht erfüllen kann,[31] falls er von den Ärzten keine befriedigenden Auskünfte erhält. Wenn der Betreuer die Wirkungen eines Medikaments, dessen Einnahme betreuungsgerichtlicher Genehmigung bedarf (§§ 1904, 1906 BGB), und das der Betreute nehmen soll, mit Ärzten erörtert, ist der Zeitaufwand ebenfalls vergütungspflichtig[32]. Begleitet der Betreuer den Betreuten beim Arztbesuch, kommt es darauf an: sind Einwilligungen abzugeben oder muss sich der Betreuer über den Gesundheitszustand informieren, ist der Zeitaufwand abrechenbar[33]. Auch Gespräche mit der Heimleitung, Nachfrage bei Pflegekräften sind abrechnungsfähig[34]. **28**

cc) Besuche beim Betreuten, beim Mündel. Sie sind abrechenbar[35]. Der Zeitaufwand kann auch vergütungsfähig sein, wenn die Besprechungen im Rahmen von Kurzausflügen erfolgen[36]. Dazu gehören auch die Fahrt- und Wartezeiten[37]. Die Besuche müssen nicht einen konkreten Anlass haben[38], es genügt die Information über den Stand der Angelegenheiten des Betreuten, der Aufbau bzw die Pflege des Vertrauensverhältnisses. Es gibt keine allgemeine Regel, wie häufig der Vormund den Mündel (vergütungsmäßig) besuchen darf. **29**

dd) Mündliche Verhandlungen: zB des Nachlasspflegers mit der Bank[39]; Kontoauszüge dürfen idR nicht zeitaufwendig persönlich bei der Bank abgeholt werden[40]. Besichtigung des Hauses (bei der Nachlasspflegschaft), Verhandlungen mit Mietern, Handwerkern, mit Behörden, Gerichten, Gläubigern sind vergütungsfähig. **30**

ee) Anlegen von Akten. Zeit zum Anlegen einer Akte, für Aktenvermerke[41], eigene Dokumentation, Studium der Akte sowie Abheften von Schriftstücken ist abrechenbar[42], jedoch nicht, wenn der Betreuer ein Tagebuch über seine Erlebnisse mit der Betreuung führt[43]. Zeit zur Information einer Hilfsperson ist abrechenbar[44]. **31**

ff) Erstellung der Berichte. Der Zeitaufwand für die Erstellung der Berichte, § 1840 Abs 1 iVm § 1908 i Abs 1 BGB, sowie die Rechnungslegung, §§ 1840 Abs 2, 1841 iVm § 1908 i Abs 1 BGB, § 1915 BGB, Aufstellung des Vermögens des Betreuten[45], Erstellung eines Nachlassverzeichnisses durch den Nachlasspfleger nebst Beifügung von Belegen ist vergütungsfähig. **32**

gg) Kontakte mit Angehörigen. Der Betreuer steht in keinem Rechtsverhältnis zu den Angehörigen des Betreuten, so dass nur den Angelegenheiten des **33**

---

31 BayObLG BtPrax 1996, 104.
32 LG Koblenz FamRZ 1996, 1348.
33 Vgl BayObLG FamRZ 1999, 463; LG Aachen BtPrax 1999, 37.
34 LG Göttingen FamRZ 1994, 125.
35 BayObLG FamRZ 1993, 224; LG Leipzig FamRZ 2000, 1947.
36 BayObLG FGPrax 2000, 65 – FamRZ 2000, 1048; Treffen im Gasthaus bzw bei der Mutter, weil Betreuter in 12-Personen-Wohngruppe wohnt und dort nicht allein zu sprechen ist.
37 BezG Meiningen FamRZ 1994, 523.
38 BayObLG FGPrax 2000, 65.
39 Vgl LG Leipzig FamRZ 2000, 980.
40 AG Betzdorf FamRZ 2000, 981.
41 LG Göttingen FamRZ 1994, 125.
42 LG Hamburg BtPrax 1997, 207: 7,25 Stunden angesetzt.
43 LG Saarbrücken BtPrax 1997, 124.
44 BayObLG BtPrax 2000, 214.
45 BayObLG FamRZ 1999, 462.

Betreuten dienende Gespräche (etwa beim Sterilisationsbetreuer) vergütungsfähig sind[46].

34 **hh) Wohnungsauflösung.** Anwesenheit bei der Wohnungsauflösung ist beim Nachlasspfleger jedenfalls solange zu vergüten, als wertvollere Gegenstände im Auge behalten werden müssen; im Übrigen ist nur der Zeitaufwand für die Koordination vergütungsfähig.

35 **ii) Erstellung des Vergütungsantrages** Diese Zeit ist nicht abrechnen[47], weil die Abrechnung den eigenen wirtschaftlichen Interessen dient und nicht Angelegenheiten des Betreuten, Mündels, Nachlasses wahrnimmt.

2. Nicht vergütungsfähiger Zeitaufwand. – a) Zeitaufwand *vor* Bestellung zum
36 **Spezial-Betreuer, Vormund, Pfleger[48].** Das Amt beginnt mit dem Zugang des Bestellungsbeschlusses an den Betreuer etc (vgl §§ 40, 287 Abs 1 FamFG); die Kenntnis des Betreuten von der Bestellung sind für den Amtsbeginn ohne Bedeutung[49]. Wird der Betreuer deshalb sofort nach Zugang des Beschlusses tätig, ist er für die Zeit zu vergüten, auch wenn die Verpflichtung erst nachfolgt oder sich erübrigt, weil der Betreute inzwischen gestorben ist. *Bloße Veranlassung* einer Tätigkeit durch das Betreuungsgericht führt nicht dazu, dass sie nach § 1836 zu vergüten ist[50]. Der spätere Betreuer erhält demgemäß keine Vergütung für die Teilnahme am Termin, bei dem der Betroffene zur Frage der künftigen Betreuerbestellung angehört wird[51].

37 **b) Nicht der konkreten Amtsführung dienender Zeitaufwand.** Zeitaufwand, der nicht der konkreten Amtsführung dient, sondern allgemein der Tätigkeit (Fortbildung, Erfahrungsaustausch, Lesen von Fachzeitschriften).

38 **c) Zeitaufwand für Tätigkeiten außerhalb des Aufgabenkreises.** Im Bestellungsbeschluss gibt das Betreuungsgericht den Aufgabenkreis des Betreuers an (§ 286 Abs 1 Nr 1 FamFG). Wird der Spezial-Betreuer *eindeutig* außerhalb dieses Aufgabenkreises tätig, sei es aus eigenem Antrieb, auf Wunsch des Betreuten oder auf Anregung des Gerichts, kann er dafür keine Vergütung aus der Staatskasse erhalten. [52] So ist es zB, wenn der Nachlasspfleger Zeit für die Ermittlung der Gläubiger aufwendet.

39 **d) Zeitaufwand zu Gunsten der privaten Sphäre.** Der Zeitaufwand zugunsten des Betreuten, der der privaten Sphäre zuzurechnen ist, ist nicht vergütungsfähig. Zum Aufgabenkreis gehört die gesetzliche Vertretung des Betreuten (§ 1902 BGB) und die Organisation der übertragenen Aufgaben[53]. **Nicht vergütungsfähig** ist daher zB die Anwesenheit des Betreuers bei der Heim-**Weihnachtsfeier**[54], wenn

46 *Knittel* § 1836 Rz 40 hält die Kontaktpflege auch mit Nachbarn für vergütungsfähig.

47 OLG Hamm Rpfleger 1999, 391; OLG Schleswig FGPrax 1998, 223 = NJWE-FER 1999, 11; LG Paderborn JMBlNW 1992, 229/31; LG Berlin FamRZ 1992, 223; LG Saarbrücken BtPrax 1997, 124: „Erfassen der einzelnen Zeiten"; LG Kleve Rpfleger 2000, 216, wo gleichzeitig eine besonders zeitintensive unzulässige Minutenaufstellung gefordert wird; *Dodegge* NJW 1997, 2435.

48 OLG Schleswig FGPrax 1998, 179; aA *Bienwald* BtPrax 1999, 222.

49 Vgl *Jürgens* § 69 b FGG Rz 1.

50 OLG Schleswig FGPrax 1998, 179; aA BezG Meiningen FamRZ 1994, 523; LG Hamburg BtPrax 1996, 76.

51 OLG Schleswig BtPrax 1998, 238 = FamRZ 1998, 1536; LG Saarbrücken FamRZ 1998, 1533; LG Duisburg Rpfleger 1996, 288; aA LG Hamburg BtPrax 1996, 76 (L), weil Teilnahme vom Betreuungsgericht veranlasst.

52 Unstr, zB BayObLG FamRZ 1994, 779; LG Limburg BtPrax 1997, 119; insofern missverständlich LG Osnabrück NdsRpfl 1993, 253.

53 *Hansen* SchlHA 1998, 29, 36; *Dodegge* NJW 1997, 2434.

54 *Weigert* BtPrax 1999, 98; aA LG Koblenz FamRZ 1998, 183 = BtPrax 1997, 242 = Rpfleger 1997, 527; LG Koblenz BtPrax 1998, 195; dazu *Bienwald* BtPrax 1999, 19.

der Betreute in einem Heim wohnt bzw untergebracht ist; Teilnahme am Tag der offenen Tür, am Heimjubiläumsfest, bei der **Geburtstagsfeier**[55], Begleitung bei **Cafehausbesuchen**[56]; **Sonntags-Spaziergänge** mit dem Betreuten[57], gemütliches **Kaffeetrinken** mit ihm[58]; Anwesenheit an **Kochabenden** im Heim[59]; **Kinobesuch** mit dem Betreuten[60]; Teilnahme an der Beerdigung des Betreuten oder von Angehörigen des Betreuten; Gespräche mit Hinterbliebenen des Betreuten; Aufräumen der Wohnung des verstorbenen Betreuten; Erbenermittlung nach dem Tod des Betreuten; *ständige* Anwesenheit am Krankenbett des Betreuten nach Abschluss der Intensivbehandlung[61]; pflegerische Tätigkeit wie etwa Wundversorgung und Ganzkörperpflege[62], **Begleitung** des Betroffenen bei mehrtägigen Reisen, Kuraufenthalten, **Hilfe im Alltag**[63], wie bei der Haushaltsführung[64], Einpacken für Umzug[65]; Hilfe bei der Zaunreparatur[66]; Begleitung bei **Spaziergängen**[67]; Botendienste[68]; Teilnahme an therapeutischen Maßnahmen wie Gruppenfreizeiten[69].

e) **Nutzlose Tätigkeiten.** Tätigkeiten innerhalb des Amts, die von vorneherein (für den Betreuer erkennbar) ungeeignet oder unzweckmäßig waren, wie der Zeitaufwand für einen unangemeldeten Hausbesuch, bei dem der Betreute nicht angetroffen wurde, sind nicht vergütungsfähig[70]. **40**

f) **Zeitaufwand nach Beendigung des Amts.** Die Betreuung endet, sobald der Aufhebungsbeschluss des Betreuungsgerichts dem Betreuer bekannt gemacht ist, § 287 Abs 1 FamFG. Die bis dahin vorgenommenen Tätigkeiten sind daher grundsätzlich vergütbar; in Sonderfällen (§§ 1893, 1698 a, b BGB) aber auch noch spätere Tätigkeiten. Stets ist der Zeitaufwand für die Erstellung des Schlussberichts[71] sowie für die Vermögensaufstellung, für die Zusammenstellung der Einnahmen und Ausgaben und die Rückgabe der Bestallung noch vergütungsfähig[72]. **41**

g) **Betreuter gestorben.** Ist der Betreute gestorben, endet die Betreuung von selbst, ohne dass es noch eines Aufhebungsbeschlusses des Betreuungsgerichts bedürfte. Weitere Tätigkeiten sind im Grundsatz nicht mehr vergütungsfähig[73]. Der Betreuer hat aber das Recht und die Pflicht, die „Geschäfte, die nicht ohne Gefahr aufgeschoben werden können, zu besorgen, bis der Erbe anderweit Fürsorge treffen kann", vgl § 1698 b BGB, der über §§ 1908 i Abs 1 und 1893 Abs 1 BGB gilt[74]. In allen Fällen ist noch vergütungspflichtig: die Erstel- **42**

---

55 AA LG Koblenz FamRZ 1998, 183 = Rpfleger 1997, 527; FamRZ 1999, 732.
56 BayObLG FamRZ 1999, 463; LG Münster Rpfleger 1996, 288; LG Duisburg bei *Dodegge* NJW 1997, 2434 Fn 152.
57 Vgl LSG Rheinland-Pfalz BtPrax 1998, 187.
58 BayObLG FamRZ 1999, 463.
59 LG Koblenz FamRZ 1999, 732/4.
60 BayObLG FamRZ 1999, 463.
61 LG Augsburg JB 1993, 87.
62 LG Limburg BtPrax 1997, 119; LG Saarbrücken BtPrax 1997, 124, LG Kleve bei *Dodegge* NJW 1997, 2434 Fußn 151.
63 LG Saarbrücken BtPrax 1997, 124; LG Limburg BtPrax 1997, 119: für 4 Monate Betreuung wurde ein horrender Betrag gefordert, schließlich 10.533 DM Vergütung bewilligt.
64 OLG Schleswig FGPrax 1997, 223.
65 AA OLG Zweibrücken NJWE-FER 2000, 33 (welche Stundenzahl?).
66 OLG Zweibrücken BtPrax 1997, 116.
67 LG Koblenz BtPrax 1998, 39.
68 OLG Schleswig FGPrax 1997, 223.
69 LG Duisburg BtPrax 1998, 40.
70 LG München I v 24.7.1995 13 T 9945/93.
71 OLG Schleswig FGPrax 2000, 113 = FamRZ 2000, 1048.
72 BayObLG FamRZ 1995, 1378.
73 BayObLG FamRZ 1999, 465.
74 LG Koblenz FamRZ 1995, 1376.

lung des Schlussberichts[75], letzter Vermögensaufstellung, Abrechnung über Einnahmen und Ausgaben, Rückgabe der Bestallung[76], Benachrichtigung der Angehörigen, des Pflegeheims (wenn der Betreute im Krankenhaus stirbt), Besorgung von Personalpapieren, wie Sterbeurkunde[77], Zeitaufwand für die Herausgabe des Nachlasses an die Erben oder an den Nachlasspfleger (§ 1890 BGB); unaufschiebbare vermögensrechtliche Angelegenheiten des Betreuten, wie Fristwahrung, Verwaltung des Miethauses durch Einziehung der Mieten, Zahlung der Abgaben und laufenden Kosten sowie Veranlassung dringender Reparaturen[78].

43 **Zu den Aufgaben des Betreuers gehört nicht:** Räumung der Wohnung, Veranlassung von Renovierungen, Ordnung, Sicherung und Regelung des Nachlasses (dies ist Aufgabe des Nachlassgerichts bzw Nachlasspflegers, § 1960 BGB), Zahlung von Schulden des Verstorbenen, Zahlung der Bestattungskosten aus dem Nachlass[79]; Abgabe der Erbschaftsteuererklärung.

44 **3. Angemessener Zeitaufwand.** Ist eine Tätigkeit dem Grunde nach vergütungspflichtig, stellt sich in den Fällen des § 3 (nicht bei Pauschalvergütung nach §§ 4, 5 VBVG) die Frage, wie lange sie dauern darf. Es ist grundsätzlich Sache des Betreuers, wie viele Stunden er für seine Amtstätigkeit aufwendet[80]. Es kommt auch nur darauf an, ob er eine Tätigkeit aus *seiner damaligen* Sicht für erforderlich halten durfte[81], nicht, ob sich später die Tätigkeit als nutzlos erwies. Das Betreuungsgericht kann nicht einfach pauschal 20 % vom geltend gemachten Zeitaufwand mit der Begründung abziehen, der Betreuer habe zu zeitaufwendig gearbeitet[82]; das muss im Einzelnen begründet werden.

45 **4. Zeitaufwand von Hilfspersonal, Vertretern.** Nur der eigene Zeitaufwand des Betreuers ist vergütungspflichtig, weil die Betreuung, Vormundschaft, Pflegschaft persönlich durch eine persönlich hierzu geeignete Person zu erfolgen hat (vgl §§ 1897 Abs 1, 1908 b BGB). Die *Übertragung der Betreuung als solche* (zB durch Generalvollmacht) ist im Gesetz nicht vorgesehen und daher unzulässig[83].

46 **a) Hilfskräfte.** Von der Übertragung des Amtes zu unterscheiden ist der Einsatz von angestellten Hilfskräften, die völlig untergeordnet tätig werden (Post holen, Belege sortieren), was zulässig ist. Die Tätigkeit von Hilfskräften kann aber auch eine gewisse Selbstständigkeit erreichen (Kontoführung, Hausverwaltung); eine solche Delegation von Aufgaben auf Dritte ist nur ausnahmsweise zulässig[84], zB im Bereich der Vermögenssorge, nicht im Bereich der Personensorge. Der Zeitaufwand für die Information der Hilfsperson ist dann vergütungsfähig[85]. Die Rechtsprechung gestattet es im Grundsatz nicht, dass Betreuer den Zeitaufwand von Hilfskräften zusätzlich als eigene Vergütungsstunden abrechnen[86]. Die

75 OLG Schleswig FGPrax 2000, 113 = FamRZ 2000, 1048.
76 BayObLG FamRZ 1995, 1378; OLG Schleswig FGPrax 2000, 113.
77 LG Leipzig FamRZ 1996, 1361.
78 BGH FamRZ 1967, 462.
79 *Jochum* BtPrax 1996, 88; die Praxis handhabt dies oft anders und erspart dadurch den Nachlasspfleger.
80 LG Bonn BtPrax 1997, 122; LG Augsburg Rpfleger 1994, 242.
81 BayObLG FamRZ 1996, 1169.
82 LG Marburg BtPrax 1999, 248.
83 BayObLG BtPrax 2000, 214.
84 *Jürgens* BtPrax 1994, 10.
85 BayObLG BtPrax 2000, 214.
86 BayObLG FamRZ 1997, 578/80; BayObLG FamRZ 1992, 854; LG Memmingen FamRZ 1999, 459; LG Frankfurt/Oder BtPrax 1997, 78; LG Frankenthal BtPrax 1996, 231; LG Berlin FamRZ 1999, 1225.

Hilfskraft selbst kann beim Betreuungsgericht nichts abrechnen, weil sie nicht zum Betreuer bestellt wurde[87]. **Geltendmachung als Aufwand.** Wenn der Betreuer, der kein eigenes Büro hat, an ein Schreibbüro Honorar für Schreibarbeiten zahlt, kann er den Betrag als Aufwand nach § 1835 Abs 1 BGB geltend machen. Im Bereich der Sterilisationsbetreuung kann eine Hilfskraft nicht eingesetzt werden.

b) Urlaubsvertretung. Wenn sich der Betreuer während Urlaub oder Krankheit „vertreten" lässt, ist zu beachten, dass dies nicht zulässig ist; der „illegale" Vertreter kann nicht selbst abrechnen, der Betreuer kann seine Stunden nicht als eigene oder fremde geltend machen[88]. Für solche Verhinderungsfälle hätte das Betreuungsgericht einen weiteren Betreuer bestellen müssen (§ 1899 Abs 4 BGB), der, sobald der Vertretungsfall eintritt, Betreuer ist und dann selbst abrechnen kann. Die Praxis der Betreuungsgerichte toleriert aber eine solche Urlaubsvertretung meist. 47

5. **Aufrundung.** Eine Aufrundung ist weder bei der Zeit für die Einzeltätigkeit noch beim ganzen Abrechnungszeitraum zulässig[89]. Mit der Minute als kleinster Einheit ist abzurechnen; eine Umrechnung von Minuten in 1/100 Stunden verkompliziert die Abrechnung und widerspricht den gesetzlichen Regeln. **Maximale Stunden pro Tag.** Eine solche Regelung gibt es nicht mehr (früher: § 2 Abs 5 ZSEG). 48

6. **Abschlagszahlungen, Abrechnungszyklus.** Der Berufsvormund bzw Berufspfleger kann Abschlagszahlungen auf bereits geleistete Arbeit verlangen (**Abs 4**), aber keinen Vorschuss für noch nicht geleistete Arbeit. Die Abschlagszahlung wird auf Antrag vom Betreuungsgericht, Familiengericht, Nachlassgericht festgesetzt (§ 168 Abs 1 Satz 1 Nr 2 FamFG). Auch für eine Abschlagszahlung muss der Antragsteller die bereits geleistete Stundenzahl angeben; da kann er gleich vollständig abrechnen. Einen Abrechnungszyklus gibt es für Berufspfleger etc nicht: er kann jederzeit abrechnen (das Erlöschen des Anspruchs ist aber zu beachten; § 2). Anders ist es beim Berufsbetreuer im Regelfall der Betreuung (§§ 4, 5 VBVG): er kann keine Abschlagszahlung verlangen, weil er sowieso alle drei Monate abrechnen kann (§ 9 VBVG). 49

VI. Steuern, Aufwendungen

1. **Umsatzsteuer.** Sie ist in den Stundenlöhnen von 19,50 Euro bis 33,50 Euro nicht enthalten, sondern wird zusätzlich erstattet (**Abs 1 Satz 3**).Wenn der Berufspfleger etc Kleinunternehmer ist (§ 19 Abs 1 UStG; Jahresumsatz bis 17.500 Euro), muss er an das Finanzamt keine Umsatzsteuer zahlen und kann sie also auch nicht vom Betroffenen oder von der Staatskasse ersetzt verlangen. Anders ist es beim Berufsbetreuer im Regelfall der Betreuung (Sonderfälle: § 6): hier ist die Umsatzsteuer im Stundensatz inbegriffen (§ 4 Abs 2 Satz 1 VBVG). Bis 31.12.2006 betrug die Umsatzsteuer 16 %, seit 1.1.2007 beläuft sie sich auf 19 %. 50

2. **Auslagen, Aufwendungen.** Sie sind in den Stundenlöhnen von 19,50 Euro bis 33, 50 Euro nicht enthalten, sondern werden zusätzlich erstattet (§ 1835 BGB). Das ist vor allem beim Nachlasspfleger wichtig. Anders ist es beim Berufs- 51

87 LG Memmingen FamRZ 1999, 459.

88 LG Frankenthal BtPrax 1996, 231; aA LG Frankfurt/Oder BtPrax 1997, 78, das ohne Begründung die „Übertragung der Betreuung im Rahmen einer Urlaubsvertretung für zulässig" hält.

89 AG Westerburg FamRZ 2000, 682; LG Darmstadt FamRZ 2000, 1046.

betreuer im Regelfall der Betreuung (Sonderfälle: § 6): hier sind die Aufwendungen im Stundensatz inbegriffen (§ 4 Abs 2 Satz 1 VBVG).

52 **3. Abrechnung von Anwaltstätigkeit.** Ist der Betreuer Arzt, Anwalt, Steuerberater usw, ist es unangebracht, dass er seine beruflichen Dienste am Betreuten unentgeltlich oder verbilligt erbringen soll; deshalb bestimmt § 1835 Abs 3 BGB, dass er die angemessene (dh festgelegte, hilfsweise übliche) Vergütung als Aufwendung verlangen kann, falls der Betreuer mit den Diensten eine Angelegenheit innerhalb seines Aufgabenkreises besorgt hat und er die Erledigung dieser Angelegenheit aus seiner Sicht für erforderlich halten durfte[90]. Die Erforderlichkeit ist genau zu prüfen, denn die Versuchung für den anwaltlichen Betreuer ist groß, zwar zweckmäßige, aber nicht unbedingt erforderliche Dienste zu erbringen. § 1835 Abs 3 BGB spielt vor allem eine Rolle, wenn Anwälte zu Spezialbetreuern, Pflegern, Vormündern bestellt sind.

53 **a) Keine Abrechnung nach RVG.** Für Dienste, die jedermann leisten kann, wie zB für ein Mahnschreiben, kann der Anwaltsbetreuer nicht nach dem RVG abrechnen. Beim Anwaltsbetreuer eines mittellosen Betreuten wird erwartet, dass er zunächst Prozesskostenhilfe[91] oder Beratungshilfe beantragt. Wird PKH abgelehnt, bedeutet das noch nicht zwingend, dass nicht nach § 1835 Abs 3 BGB abgerechnet werden könnte. Einzelheiten vgl § 1835 Rz 63 ff.

54 **b) Abrechnung nach RVG.** Dagegen kann der Anwalt über das RVG abrechnen, wenn Anwaltszwang besteht oder ein verständiger Laie sich anwaltlicher Hilfe bedient hätte[92]; zB wenn im Rahmen einer Ergänzungspflegschaft kompliziertere Verträge zu überprüfen sind, ein Arbeitsvertrag[93] zu entwerfen ist, wenn der Nachlasspfleger Prozesse mit Gläubigern und Schuldnern führt; ebenso bei Vertretung im Zwangsversteigerungsverfahren[94]. Andere Gerichte meinen, soweit kein Anwaltszwang besteht, soll Anwaltstätigkeit nur abrechenbar sein, wenn „der konkrete Fall vertiefte spezifische Rechtskenntnisse erfordert und deshalb ein anderer im Betreuungsrecht erfahrener und beruflich tätiger Verfahrenspfleger der höchsten Vergütungsstufe einen Rechtsanwalt hinzugezogen hätte“[95]. Anders das LG Limburg[96]: es genüge, dass ein Laie in gleicher Lage vernünftigerweise Rechtsrat eingeholt hätte; das erscheint zutreffend. Die für die Anwaltstätigkeit aufgewandten Stunden sind aus der Vergütungsabrechnung als Pfleger usw herauszurechnen, da die Stunden sonst doppelt vergütet würden (anders ist es bei den Berufsbetreuern in den Regelfällen der Betreuung, da dort wegen § 5 VBVG pauschaliert wird). Darf der Anwalt Gebühren nach der RVG abrechnen, kann er auch seine diesbezüglichen Portoauslagen gemäß RVG VV 7002 pauschalieren[97]. Ob für den Gebührenanspruch die 15-Monatfrist des § 1835 Abs 1 BGB gilt ist streitig (vgl § 1835 Rz 47). Der Anwalt als Pfleger etc kann seine Anwaltsdienste nicht nach § 11 RVG gegen den Betreuten festsetzen lassen[98]; er ist auf § 168 FamFG angewiesen (Festsetzung als Auslagen). Anwaltstätigkeit kann der Anwalt nur nach dem RVG abrechnen; er hat kein Wahlrecht[99] und kann sich nicht die für ihn günstigere Abrechnung (zB nach Stunden, wenn der Streitwert gering ist) heraussuchen.

---

90 BayObLG FamRZ 1998, 1050.
91 OLG Frankfurt FamRZ 2002, 59/60.
92 BayObLG FamRZ 2002, 573; OLG Zweibrücken BtPrax 2002, 41; OLG Karlsruhe FGPrax 2001, 72.
93 OLG Hamm NJW-RR 2008, 232.
94 LG Leipzig FamRZ 2001, 864.
95 OLG Frankfurt/M NJOZ 2005, 3616.
96 LG Limburg Rpfleger 2005, 361.
97 LG Berlin Rpfleger 1970, 338.
98 OLG München NJW 1965, 1026.
99 AA LG Münster FamRZ 2009, 151; OLG Hamm NJW-RR 2008, 1213.

c) **Feststellung des voraussichtlichen Anfalls anwaltspezifischer Tätigkeit.** Manche Gerichte[100] erlassen entsprechend einem Vorschlag des BVerfG[101] bei der Bestellung eines Anwalts als Betreuer, Pfleger, Vormund einen Beschluss, wonach anwaltspezifische Tätigkeiten anfallen werden, damit der Anwalt die Tätigkeit andernfalls wegen zu geringerer Honorierung ablehnen kann. Eine *formblattmäßige* Feststellung der Notwendigkeit soll aber für das Festsetzungsverfahren auch unter dem Gesichtspunkt des Vertrauensschutzes nicht bindend sein, erforderlich sei die einzelfallbezogene Feststellung[102]. Zumindest unklar ist eine „Bestellung von Frau R *als Rechtsanwältin*"; denn das soll nicht zwingend bedeuten, dass anwaltspezifische und nach dem RVG zu vergütende Tätigkeiten anfallen werden[103]. Ist eine solche Feststellung getroffen worden, ist es unerheblich, ob im Laufe des Verfahrens tatsächlich eine spezifisch anwaltliche Tätigkeit stattgefunden hat[104]. **55**

Abschnitt 3 Sondervorschriften für Betreuer

§ 4 Stundensatz und Aufwendungsersatz des Betreuers

(1) [1]Die dem Betreuer nach § 1 Abs. 2 zu bewilligende Vergütung beträgt für jede nach § 5 anzusetzende Stunde 27 Euro. [2]Verfügt der Betreuer über besondere Kenntnisse, die für die Führung der Betreuung nutzbar sind, so erhöht sich der Stundensatz
1. auf 33,50 Euro, wenn diese Kenntnisse durch eine abgeschlossene Lehre oder eine vergleichbare abgeschlossene Ausbildung erworben sind;
2. auf 44 Euro, wenn diese Kenntnisse durch eine abgeschlossene Ausbildung an einer Hochschule oder durch eine vergleichbare abgeschlossene Ausbildung erworben sind.

(2) [1]Die Stundensätze nach Absatz 1 gelten auch Ansprüche auf Ersatz anlässlich der Betreuung entstandener Aufwendungen sowie anfallende Umsatzsteuer ab. [2]Die gesonderte Geltendmachung von Aufwendungen im Sinne des § 1835 Abs. 3 des Bürgerlichen Gesetzbuchs bleibt unberührt.

(3) [1]§ 3 Abs. 2 gilt entsprechend. [2]§ 1 Abs. 1 Satz 2 Nr. 2 findet keine Anwendung.

Übersicht Rz

100 ZB LG München I FamRZ 2001, 1397.
101 BVerfG FamRZ 2000, 1280 und 1284.
102 LG München I FamRZ 2001, 1397; BayObLG BtPrax 2002, 68.
103 BayObLG MDR 2001, 1376; BtPrax 2002, 68/70.
104 BayObLG BtPrax 2002, 68.

I. Vergütung des Berufsbetreuers

1 **1. Allgemeines.** Das Gesetz stellt drei verschiedene Stundenlöhne zur Verfügung. Die Regelung entspricht (bis auf die Höhe der Beträge) dem früheren (bis 30.6.2005) § 1 Abs 1 BVormG[1]. Sie ist missglückt (Rz 2). Verfassungswidrig ist sie aber nicht[2]. Das BVerfG hat jedoch die Vergabepraxis vieler Betreuungsgerichte kritisch gesehen, wonach den Anwälten oft keine einfach gelagerten und damit kompensationsfähigen Fälle übertragen werden (diese landen bei den Sozialarbeitern), sondern nur die komplizierten, zeitaufwendigen Fälle[3].

2 **Kritik.** Es gibt keinen Grund dafür, *dieselbe* Arbeit nach verschiedenen Tarifen zu bezahlen; auch die Bezahlung von Rechtsanwälten ist nicht unterschiedlich je nach ihrer Examensnote oder danach, ob sie promoviert haben oder nicht. Einen Sinn hätte die Differenzierung nur, wenn nur schwierige Betreuungen von einem hochbezahlten Betreuer bearbeitet würden, die einfachen von solchen mit der Mindestvergütung. Inzwischen erhalten aber fast alle Betreuer die Höchstvergütung, nur ein kleiner Prozentsatz der Betreuungen ist aber der höchsten Schwierigkeitsstufe zuzuordnen. Betreuung ist gesetzliche Vertretung (§ 1902 BGB), das ist kein Handwerk, so dass die Anknüpfung an eine „Lehre“ nicht passt. Die Dreiteilung zwingt überdies zu nicht nachvollziehbaren Differenzierungen. Vor allem die Bewertung einer DDR-Ausbildung ist problematisch; mit westdeutschem Betreuungsrecht kann sie ja nichts zu tun gehabt haben; allgemeine Geistesschulung lässt § 4 VBVG nicht genügen. Einige Gerichte[4] nehmen hier politisch Gewolltes vorweg. Berufsbetreuer fallen in den Schutzbereich des Art 12 Abs 1 GG. Diese Vorschrift gebietet, dass der Staat, wenn er für Aufgaben, deren ordentliche Wahrnehmung im öffentlichen Interesse liegt, Staatsbürger beruflich in Anspruch nimmt, den derart Belasteten dann auch angemessen entschädigt[5].

3 **2. Feststellung des einschlägigen Stundensatzes.** Das Betreuungsgericht (Amtsgericht; Bezirksnotar in Baden-Württemberg; § 37 BaWüLFGG) bzw das Beschwerdegericht (Landgericht) hat die berufliche Qualifikation des Berufsbetreuers von Amts wegen zu ermitteln (§ 26 FamFG), damit er vergütungsmäßig richtig eingestuft werden kann. Der Betreuer fordert bei seiner ersten Abrechnung einen bestimmten Stundenlohn, zB 44 Euro. Üblicherweise wird dann die Vorlage von Zeugnissen und anderen Ausbildungsnachweisen verlangt. Ein isolierter Beschluss (ohne Bezug auf eine bestimmte Betreuungssache) „X ist mit 44 Euro je Stunde zu vergüten“ ist nicht zulässig; der bewilligte Stundensatz ist nur ein Rechenposten eines konkreten Vergütungsfestsetzungsbeschlusses.

---

1 Die Regelung in § 1 Abs 1 BVormG war mit dem Grundgesetz vereinbar, BVerfG NJWE-FER 2000, 284.

2 BVerfG BtPrax 2009, 181; OLG MünchenFamRZ 2007, 675; OLG Karlsruhe FamRZ 2007, 2008; aA OLG Braunschweig FamRZ 2007, 303, dessen Vorlage aber unzulässig war (BVerfG 2007, 622).

3 BVerfG FamRZ 2007, 622.

4 KG BtPrax 2002, 167; OLG Naumburg OLG-Report 2005, 2005, 184.

5 Vgl BVerfG BtPrax 1999, 70.

Deshalb besteht auch keine Bindung an die Feststellung der Berufsmäßigkeit; dieser oder ein anderer Rechtspfleger oder ein anderes Betreuungsgericht können in einem *anderen* Betreuungsverfahren eine andere Einstufung vornehmen, was nur im Instanzenzug zu vereinheitlichen ist. Der Betreuer hat keine rechtliche Möglichkeit, *ein für allemal* verbindlich für alle Verfahren im Voraus feststellen zu lassen, in welche Vergütungsgruppe er einzustufen ist. Im Bestellungsbeschluss wird der Stundensatz grundsätzlich nicht angegeben. Denkbar ist aber, dass ein Betreuer zu Beginn der Tätigkeit wissen will, wie viel er stundensatzmäßig verdienen kann; dann kann der Stundensatz in einer bestimmten Sache isoliert beschlossen werden und der Betreuer muss nicht die erste Abrechnung machen und abwarten. Gegen eine solche im Voraus erfolgte Festsetzung des Stundensatzes in einer konkreten Betreuungssache ist die Beschwerde statthaft[6].

Das Betreuungsgericht soll zwecks Einsparung nur Betreuer bestellen, deren Qualifikation im konkreten Einzelfall benötigt wird. Hat das Betreuungsgericht gleichwohl eine **überqualifizierte Person** zum Betreuer bestellt, ist sie mit dem höheren Stundensatz zu vergüten[7]. 4

3. Höhe des Stundensatzes (Abs 1). Hier gibt es drei Möglichkeiten: Der Berufsbetreuer kann 27 Euro, 33,50 Euro oder 44 Euro je Stunde als Vergütung erhalten. Der Stundenlohn (in § 4 VBVG „Stundensatz" genannt) richtet sich nach den durch eine abgeschlossene Ausbildung erworbenen besonderen Kenntnissen, die für die Führung einer Betreuung nutzbar sind (§ 4 VBVG); Erfahrung oder Selbststudium zählen nicht. Der Nachweis durch eine anonyme Prüfung wird nicht zugelassen (es sei denn, jemand hat zuvor noch Zeit und Geld für eine Umschuldung oder Fortbildung ausgegeben, § 11 VBVG). Da in Deutschland nicht einmal die Ausbildung zum Volljuristen *praktische* Fragen der Führung einer Betreuung berührt, ist dieses Kriterium untauglich, die Einordnung eines Berufsbetreuers in eine der drei Vergütungsgruppen ist daher manchmal schwierig. Eine Flut von Entscheidungen befasst sich deshalb mit der Frage, ob Ausbildungen zum Elektroinstallateur[8], zum Landschafts- und Freiraumplaner[9], zum Teilzeichner[10], und zum Chemiker[11] für eine Betreuung nützen; das wurde jeweils abgelehnt. Die Ausbildung zum Politologen soll dagegen betreuungsrelevant sein[12], ebenso eine DDR-Ausbildung im „sozialistischen Recht"[13]; beides überzeugt nicht. 5

Hat jemand keine „Hochschulausbildung", dann lässt § 4 VBVG es genügen, dass eine Ausbildung mit einer abgeschlossenen Hochschulausbildung *vergleichbar* ist. Auch hier ist die Abgrenzung schwierig. **Vergleichbarkeit** liegt nicht vor bei einer Ausbildung zum „Rechtswirt" an der Fachakademie Saar[14]; zum „Betriebswirt Sozialwesen (Kolpingakademie)"[15]; zum Sozialwirt bei einem beruflichen Fortbildungszentrum[16], als Pastoralreferent und Sozialsekretär[17]. 6

6 LG Neubrandenburg FamRZ 2000, 1305.
7 OLG Dresden FamRZ 2000, 551.
8 AG Sinzig FamRZ 2005, 1861.
9 OLG Frankfurt FamRZ 2005, 1279.
10 OLG Hamm NJOZ 2005, 3622.
11 OLG Frankfurt FamRZ 2005, 1199.
12 KG FamRZ 2006, 291.
13 OLG Naumburg OLG-Report 2005, 184.
14 OLG Schleswig FamRZ 2005, 1200 = SchlHA 2005, 351.
15 BayObLG FamRZ 2005, 932.
16 OLG München FamRZ 2006, 730.
17 AG Sinzig FamRZ 2005, 656 und 394.

7 a) 27 Euro (Abs 1 Satz 1); **Mindeststundenlohn.** Der Mindeststundenlohn beträgt 27 Euro. Solche Fälle gibt es aber kaum mehr. Diesen Betrag erhält zB eine Hausfrau ohne jegliche Ausbildung; ferner eine DDR-Diplom-Lehrerin, weil sie zwar ein Hochschulstudium hat, aber diese Ausbildung im Kernbereich nicht auf betreuungsrelevante Fachkenntnisse gerichtet war (zweifelhaft)[18]: ferner jemand, der nach 11 Semestern das Jurastudium abbricht, weil er zwar Rechts- und daher auch betreuungsrelevante Kenntnisse erworben hat, aber keinen Abschluss hat[19]. Obwohl dieser Stundensatz sehr gering ist, ist er verfassungsrechtlich haltbar[20].

8 **b) 33,50 Euro (Abs 1 Satz 2 Nr 1); erste Erhöhungsstufe.** Diesen mittleren Betrag erhält ein Betreuer, wenn er zwei Voraussetzungen erfüllt:

9 **aa) Eine abgeschlossene Lehre** oder eine vergleichbare abgeschlossene Ausbildung muss er/sie haben. Das Problem ist, dass man für Handwerker eine „Lehre" fordert, aber es keinen Handwerksberuf „Betreuer" gibt. Abgeschlossen heißt: formaler Abschluss, der durch Zeugnisse bzw amtliche Bestätigungen nachgewiesen wird. Erwerb von Wissen durch Selbststudium oder durch Berufserfahrung zählt nicht[21]. Besuch zahlreicher Fortbildungskurse genügt nicht[22]. *„Durch eine Ausbildung erworben"* sind für eine Betreuung nutzbare Fachkenntnisse, wenn die Ausbildung in ihrem Kernbereich auf deren Vermittlung ausgerichtet ist [23]. Zur Nachqualifikation durch eine besondere Prüfung vgl § 11 VBVG. Die Ausbildung und der Abschluss müssen nicht in Deutschland erfolgt sein; sie müssen aber deutsches Recht betreffen und hiesigen entsprechenden Abschlüssen vergleichbar sein.

10 **Beispiele.** der Leiter der Kreditabteilung einer Großbank hatte die Berechtigung erworben, Bankkaufleute auszubilden; das entspricht einer Lehre[24]; Industriekauffrau, die besondere Kenntnisse hat[25]: Lehre. Ausbildung als staatlich anerkannte Erzieherin/Unterstufenlehrerin der DDR entspricht einer Lehre[26]; so ist es auch, wenn die Erzieherin eine Zusatzausbildung zur Familientherapeutin und Kindertherapeutin hat[27]. Abschluss als Finanzkauffrau beim FDGB-Kreisvorstand als Verwaltung der Sozialversicherung entspricht einer Lehre[28]. Ebenso staatlich anerkannte Hygiene-Inspektorin[29]; Leiter geriatrischer Heime des Diakonischen Werks[30]; staatlich anerkannter Altenpfleger[31].

11 **Keiner Lehre entspricht:** Abgebrochenes Jura-Studium (11 Semester), obwohl „Scheine" usw absolviert wurden[32]. Wenn eine Textilmeisterin anschließend eine einjährige Fortbildung zur Bürokauffrau absolviert hat, ist das einer (in der Regel dreijährigen) Lehre nicht vergleichbar[33]. Ebenso nicht die Teilnahme an EDV-Kursen und Sparkassenseminaren[34].

---

18 OLG Dresden BtPrax 2000, 126.
19 BayObLG BtPrax 2000, 124.
20 BVerfG BtPrax 2000, 120; zum Stundensatz 35 DM.
21 LG Nürnberg/Fürth Rpfleger 2000, 215; *Knittel* VBVG § 4 Rz 1.
22 OLG Zweibrücken Rpfleger 2000, 64; LG Dresden FamRZ 2000, 181; LG Nürnberg/Fürth Rpfleger 2000, 215.
23 BayObLG FGPrax 2000, 22 = FamRZ 2000, 844; OLG Thüringen FamRZ 2000, 846.
24 BayObLG FamRZ 2000, 554.
25 LG Koblenz FamRZ 2000, 181.
26 OLG Dresden FamRZ 2000, 316 = BtPrax 2000, 39.
27 OLG Braunschweig BtPrax 2000, 130; dazu krit *Lütgens* BtPrax 2000, 107.
28 OLG Dresden FamRZ 2000, 555.
29 LG Neubrandenburg FamRZ 2000, 1305.
30 LG Leipzig FamRZ 2000, 1305 (LS).
31 LG Osnabrück Nds Rpfl 2000, 170 = FamRZ 2000, 1308 (LS); OLG Dresden FamRZ 2000, 1307.
32 BayObLG BtPrax 2000, 124.
33 OLG Dresden FamRZ 2000, 551 Nr 370.
34 BayObLG FamRZ 2000, 1305.

bb) Vergleichbare abgeschlossene Ausbildung. Einer abgeschlossenen Lehre gleichwertig ist eine Ausbildung in der Regel, wenn sie staatlich reglementiert oder zumindest staatlich anerkannt ist, der durch sie vermittelte Wissensstand nach Art und Umfang dem durch eine Lehre vermittelten Wissensstand entspricht und ihr Erfolg durch eine vor einer staatlichen oder staatlich anerkannten Stelle abgelegten Prüfung belegt ist[35]. Hierzu können die in der Handwerksordnung und im Berufsbildungsgesetz getroffenen Regelungen über die Berufsausbildung herangezogen werden[36]. Ferner genügt es, wenn der Staat in einem förmlichen Verfahren eine Tätigkeit als Ausbildung anerkennt, auch wenn eine Prüfung fehlt, zB Anerkennung gem § 76 Abs 3 BerufsbildungsG[37]. 12

cc) Besondere Kenntnisse. Der Betreuer muss durch diese Ausbildung *besondere* Kenntnisse (Fachkenntnisse) erworben haben, die für die Führung der konkreten Betreuung *nutzbar* sind. „Besondere Kenntnisse" sind solche, die (bezogen auf ein bestimmtes Fachgebiet) über ein Grundwissen deutlich hinausgehen[38], die üblichen Kenntnisse (zB Briefe schreiben) deutlich überschreiten, wie zB kaufmännische, rechtliche, steuerliche, pflegerische Kenntnisse. 13

Die Ausbildung muss betreuungsrechtliche Kenntnisse **im Kernbereich** vermitteln[39], nicht nur am Rande; fast alle Ausbildungsgänge in Deutschland verlangen auch ein wenig „Rechtskunde", das ist aber keine „betreuungsrelevante" Ausbildung. Wenn ein Diplomingenieur für Messtechnik auch das Pflichtfach „Bürgerliches Recht" zu belegen hatte, genügt das also nicht[40]. Zahlreiche Gerichte sehen das aber anders und lassen eine **Randbefassung** mit Recht/Wirtschaft genügen: wenn einer Milch- und Molkereiwirtschaft[41] studierte, sollen die kleinen Rechtskenntnisse betreuungsrelevant sein; ebenso bei einem Förster[42]; bei einem Dipl.Ing für Landbau[43]; Ingenieur-Pädagogen[44]. 14

dd) Betreuungsrelevante Kenntnisse. Bei der Nutzbarkeit der Kenntnisse sind verschiedene Fälle zu unterscheiden: 15

(1) Kenntnisse, die bei keiner Betreuung nutzen (zB Spenglermeister). 16

(2) Kenntnisse, die bei bestimmten Aufgabenkreisen nutzen (zB Krankenschwester bei Gesundheitssorge; Steuerberater, Diplomkaufleute, Bankkaufleute bei der Vermögenssorge). 17

(3) Kenntnisse, die bei allen Betreuungsaufgabenkreisen nutzbar sind (zB Rechtsanwälte, weil es um rechtliche Betreuung geht). 18

(4) Fähigkeiten und Wissen, die auf einer Befassung (zB einen Studium der Atomphysik) beruhen, systematisches Arbeiten und Studium von Fachliteratur erleichtern, aber mit Betreuung nichts zu tun haben. Gleichwohl lassen das manche Gerichte genügen[45]. 19

---

35 BayObLG FamRZ 2000, 554.
36 OLG Zweibrücken Rpfleger 2000, 64 = FamRZ 2000, 1303; hierzu *Schmidt* BtPrax 2000, 63.
37 BayObLG FamRZ 2000, 554 = NJWE-FER 2000, 35.
38 BayObLG FGPrax 2000, 22 = BtPrax 2000, 81 = FamRZ 2000, 844.
39 *Knittel* VBVG § 4 Rz 12.
40 BayObLG FamRZ 2001, 1166.
41 LG Fulda FamRZ 2003, 707.
42 OLG Saarbrücken OLG-Report 2003, 340.
43 OLG Schleswig FamRZ 2000, 1309 = BtPrax 2000, 172.
44 OLG Jena NJ 2002, 375; OLG Frankfurt BtPrax 2002, 169.
45 BayObLG BtPrax 2003, 135; KG BtPrax 2002, 167.

20 Die **Kombination** Kenntnisse/Abschluss/Lehre/Vergleichbarkeit führt zB dazu, dass ein Betreuer, welcher eine Optikerlehre abgeschlossen hat, dann 11 Semester Jura studiert und abgebrochen hat, nur den Mindeststundenlohn erhält: die Lehre (Optik) ist zwar abgeschlossen, hat aber keine betreuungsrelevanten Inhalte gehabt; das Studium hatte eine betreuungsrelevanten Inhalt (Recht), ist aber seinerseits nicht abgeschlossen.

21 Die Kenntnisse müssen *allgemein* für die Führung von Betreuungen nutzbar sein (die sog **Wissensvorhaltung** ist maßgebend); das ist der Fall, wenn die Fachkenntnisse ihrer Art nach betreuungsrelevant sind und den Betreuer befähigen, seine Aufgabe zum Wohle des Betreuten besser zu erfüllen[46]. Dass die nutzbaren Kenntnisse im konkreten Betreuungsfall nicht benötigt werden, er also überqualifiziert ist, wäre eventuell bei der Bestellung zu berücksichtigen gewesen, spielt aber dann bei der Vergütung keine Rolle mehr[47] (ein selbstzahlender Betroffener könnte allenfalls an Staatshaftung wegen zuviel bezahlter Vergütung denken). Diese Auslegung ergibt sich aus § 3 Abs 2 VBVG: die Nutzbarkeit für die konkrete Betreuung wird vermutet. Andererseits sind nur Fachkenntnisse vergütungssteigernd, die im konkreten Betreuungsfall, also im zugewiesenen Aufgabenkreis, verwendbar sind[48]. Bei einer Krankenschwester, der *nur* die Vermögenssorge zugewiesen ist, tritt also keine Vergütungssteigerung ein. Wurde ihr (auch) die Gesundheitssorge übertragen, erfolgt eine Vergütungssteigerung, auch dann, wenn später gar kein Gesundheitssorgefall eintritt.

22 Dass die seinerzeit erworbenen **Kenntnisse nun veraltet** sind, spielt nach dem Gesetzestext keine Rolle[49]. Eine gewisse Aktualität ist mE aber erforderlich; wer 1980 DDR-Recht studiert hat, hat keine Rechtskenntnisse in diesem Sinne.

23 c) **44 Euro (Abs 1 Satz 2 Nr 2).** Darunter fallen inzwischen fast alle Berufsbetreuer, sei es durch Großzügigkeit der Gerichte bei der Einstufung, sei es durch Nachqualifizierung nach § 11 VBVG. Diesen Stundenlohn erhält ein Betreuer, wenn er:

24 aa) **eine abgeschlossene Ausbildung** an einer Universität, Hochschule, Fachhochschule[50] oder eine vergleichbare *abgeschlossene* Ausbildung hat. Dabei genügt das Ablegen der *ersten* Staatsprüfung[51].

25 bb) **Vergleichbarer Abschluss.** Bei der Vergleichbarkeit kommt es auf die „Wertigkeit“ an sowie den formalen Abschluss. Solche Ausbildungen dauern im Regelfall mindestens 3 bis 4 Jahre und haben einen entsprechenden Zeitaufwand an „Unterrichtsstunden“. Großzügigkeit bei der Gleichstellung ist verfehlt.

26 Die Fachprüfung II für Verwaltungsangestellte bei der Bayerischen Verwaltungsschule ist mit einem Fachhochschulabschluss vergleichbar[52]; ebenso: eine Ausbildung als DDR-Ingenieurökonom, wenn ein Gleichstellungsbescheid vorliegt[53]; als Ökonom an der Fachschule für Binnenhandel (Gleichstellungsbescheid)[54];

---

46 BayObLG FGPrax 2000, 22 = FamRZ 2000, 844; OLG Schleswig FamRZ 2003, 1324.
47 BGH FamRZ 2003, 1653; OLG Zweibrücken FamRZ 2000, 551; MünchKomm-*Wagenitz* BGB § 1836 Rz 28; *Knittel* VBVG § 4 Rz 17.
48 OLG Dresden FamRZ 2000, 551 Nr 369.
49 OLG Dresden FamRZ 2000, 555: Ausbildung erfolgte 1973; zweifelhaft.
50 OLG Braunschweig BtPrax 2000, 130; OLG Düsseldorf FamRZ 2000, 1309.
51 OLG Düsseldorf FamRZ 2000, 1308 (LS).
52 BayObLG BtPrax 2001, 36 (Verwaltungsfachwirt) = FamRZ 2001, 187.
53 OLG Dresden FamRZ 2001, 189. Entgegen der Ansicht des OLG sind aber Gleichstellungsbescheide eines Ministeriums für das Gericht nicht bindend.
54 LG Magdeburg FamRZ 2008, 1660.

eine Ausbildung als Pastor der Evangelischen Freikirchlichen Gemeinden[55]; eine Ausbildung an einer Ingenieurschule in der Fachrichtung „Landtechnik", wenn ein Gleichstellungsbescheid vorliegt[56]; Lehrerin für Deutsch und Englisch in Kasachstan[57]. Eine Ausbildung zum Stabsoffizier mit dem Dienstgrad Oberstleutnant soll mit einer abgeschlossenen Hochschulausbildung vergleichbar sein[58] (zweifelhaft).

Zur **Nachqualifikation** durch eine Prüfung vgl § 11 VBVG (früher § 2 BVormVG). Die Vorschrift ist verfassungsgemäß auszulegen: wenn ein Berufsbetreuer in einem Bundesland tätig ist, das weder eine eigene Nachqualifikation noch eine Anerkennung anderer Nachqualifikationen vorsieht und er die erforderlichen Prüfungsnachweise aus einem anderen Bundesland vorlegt, ist dies nach dem Vertrauensschutzprinzip als „vergleichbare abgeschlossene Ausbildung" zu bewerten[59]. 27

Keine einem Universitätsabschluss vergleichbaren Abschlüsse sind: Ausbildung an einer Fachakademie [60]; Ausbildung zum „Rechtswirt" an der Fachakademie Saar[61]; Ausbildung zum „Betriebswirt Sozialwesen (Kolpingakademie)"[62]; Ausbildung zur Betriebswirtin an einer staatlich anerkannten Fachschule für Betriebswirtschaft[63]; Ausbildung durch das Berufsbildungswerk der Bausparkassen[64]; Ausbildung zum Sozialwirt bei einem beruflichen Fortbildungszentrum[65]; DDR-Ausbildung im „sozialistischen Recht" hat nichts mit Betreuungsrecht zu tun und genügt nicht[66]; Ausbildung als Pastoralreferent und Sozialsekretär[67]; DDR-Fernstudien an einer Hochschule sind mE nicht gleichwertig. Ein Studium des türkischen Rechts in der Türkei genügt nicht[68]. Ein Studium an der Pädagogischen Hochschule Moskau (Russland) mit dem Abschluss „internationales Recht" genügt ebenfalls nicht[69]. 28

cc) Besondere Kenntnisse. Der Betreuer muss durch diese Ausbildung *besondere* Kenntnisse erworben haben, die für die Führung von Betreuungen *nutzbar* sind, mag auch die konkrete Betreuung einfach gelagert sein (überqualifizierter Betreuer), zB kaufmännische, rechtliche, steuerliche, pflegerische Kenntnisse. Besondere Kenntnisse sind nur solche, die (bezogen auf ein bestimmtes Fachgebiet) über ein Grundwissen deutlich hinausgehen[70]. 29

dd) Beispiele für nicht betreuungsrelevante Ausbildungen. Agraringenieur (Pflanzenproduktion)[71]; Altenpfleger[72]; Architekt[73]; Augenoptiker[74]; Bauspar- 30

---

55 OLG Schleswig BtPrax 2000, 262; doch fehlen ihm mE die besonderen Kenntnisse.
56 OLG Naumburg NJ 2005, 85; unrichtig, der Gleichstellungsbescheid ist für die Vergütungsfrage nicht bindend.
57 OLG Frankfurt FamRZ 2008, 1659.
58 BayObLG FamRZ 2000, 554.
59 BVerfG FamRZ 2000, 1277/80 = BtPrax 2000, 212, zum BVormVG.
60 BayObLG BtPrax 2000, 91 = FamRZ 2000, 1307.
61 OLG Schleswig FamRZ 2005, 1200 = SchlHA 2005, 351.
62 BayObLG FamRZ 2005, 932.
63 OLG Schleswig Rpfleger 2000, 330 LS; BayObLG FamRZ 2000, 1309.
64 OLG München FamRZ 2008, 818.
65 OLG München FamRZ 2006, 730.
66 Anders OLG Naumburg OLG-Report 2005, 184.
67 AG Sinzig FamRZ 2005, 656 und 394.
68 BayObLG BtPrax 2001, 205 und 218; *Knittel* VBVG § 4 Rz 4.
69 AA BayObLG FamRZ 2004, 1604.
70 BayObLG FGPrax 2000, 22 = FamRZ 2000, 844.
71 OLG Naumburg FamRZ 2008, 818.
72 OLG Dresden BtPrax 2000, 260.
73 OLG Hamburg BtPrax 2002, 131.
74 BayObLG BtPrax 2000, 124.

und Finanzierungsfachmann[75]; Elektroinstallateur[76]; Handwerksmeister (hier nimmt die vereinzelte aA[77] *immer* eine betreuungsrechtlich relevante Ausbildung an, sogar bei einem Kfz-Mechanikermeister[78], was nicht vertretbar ist, weil die „Rechtskunde", die zur Vorbereitung auf die Meisterprüfung betrieben ist, vom Umfang her geringfügig und nicht im Kern betreuungsrechtlich ist); Diplom-Geograph[79]; Diplombauingenieur[80]; DDR-Diplom-Lehrerin[81]; Akademiker der Fachbereiche Kulturtheorie, Ästhetik, Bauökonomie, Gesundheits- und Sozial-Ökonom[82]; Arbeitswissenschaft, sozialistischer Betriebswirtschaft[83]; Territorialplanung, Raumplanung[84]; Pharmazeutisch-kaufmännischer Angestellter[85]; Techniker[86]; Konfektionsschneider[87];

31 Chemiestudium an einer TH[88]; Maschinenbauer[89]; Studium der Landschafts- und Freiraumplanung[90]; abgebrochenes Jura-Studium[91]; Fremdsprachensekretärin[92]; Kunstgeschichtler, Kriminalisten[93]; Informatiker[94]; Biologen[95]; Bio-Ingenieure[96]; Politikwissenschaftler[97]; Hauswirtschaftsgehilfin[98]; Teilzeichner[99]; Textilmeister[100]; Theologe mit Diplom (kath.)[101]; Zahntechniker[102].

32 ee) **Beispiele für betreuungsrelevante Ausbildungen. Rechtlichen Kenntnissen** kommt eine grundlegende Bedeutung zu, sie sind stets nutzbar[103]. Ein Rechtsanwalt, Rechtsreferendar, hat theoretisch betreuungsrelevante Kenntnisse und erhält 44 Euro. Bei einem Rechtsbeistand kommt es auf das Gebiet an.

33 Betreuungsrelevant sind im Allgemeinen nach Meinung des BayObLG ferner Kenntnisse in den Bereichen Medizin, Psychologie, Sozialarbeit, Sozialpädagogik, Soziologie, Wirtschaft[104]; inwieweit Sozialpädagogen (Kindergärtnerinnen) oder Soziologen (Gesellschaftslehre; „Soziologie des Dorfes") bei ihrer Ausbildung lernen, wie man Wohngeld beantragt, einen Pflegevertrag schließt, die

75 OLG München FamRZ 2008, 818.
76 AG Sinzig FamRZ 2005, 1861.
77 OLG Köln FamRZ 2000, 1303; OLG Zweibrücken BtPrax 2001, 87.
78 LG Koblenz FamRZ 2001, 303.
79 BayObLG BtPrax 2000, 81 = FGPrax 2000, 22.
80 OLG Thüringen FGPrax 2000, 110 = Rpfleger 2000, 330 LS; aA OLG Schleswig NJWE-FER 2000, 233 für einen Dipl.Ing. Landbau.
81 OLG Dresden BtPrax 2000, 126; aA OLG Zweibrücken FG-Prax 2001, 21 = BtPrax 2001, 43 (Lehrerin: 60 DM).
82 OLG Frankfurt FamRZ 2009, 457.
83 OLG Thüringen FGPrax 2000, 110.
84 BayObLG FG Prax 2000, 22.
85 BayObLG FamRZ 2001, 713.
86 LG Chemnitz BtPrax 2002, 269.
87 OLG Dresden FamRZ 2001, 656.
88 OLG Frankfurt FamRZ 2005, 1199.
89 BayObLG FamRZ 2001, 1166.
90 OLG Frankfurt FamRZ 2005, 1279.
91 BayObLG BtPrax 2000, 124.
92 OLG Saarbrücken OLG-Report 2002, 324.
93 *Knittel* VBVG § 4 Rz 14.
94 LG Essen FamRZ 2005, 134.
95 OLG Köln OLG-Reort 2002, 140.
96 LG Hamburg FamRZ 2001, 1032.
97 OLG Brandenburg BtPrax 2001, 219 für DDR-Diplom-Staatswissenschaftler; OLG Jena BtPrax 2003, 135; anders LG Hamburg FamRZ 2000, 1309; LG Frankfurt FamRZ 2003, 190.
98 LG Koblenz BtPrax 2001, 220.
99 OLG Hamm NJOZ 2005, 3622.
100 OLG Dresden FamRZ 2000, 551 Nr 370.
101 LG Münster FamRZ 2006, 578.
102 LG Nürnberg-Fürth Rpfleger 2000, 215.
103 OLGDresden FamRZ 2000, 1306.
104 BayObLG BtPrax 2000, 81; OLG Thüringen FGPrax 2000, 110.

Feinheiten eines Wohnraum-Mietvertrags erkennt oder eine einfache Steuererklärung anfertigt, kann ich nicht erkennen. Auch Sprachkenntnisse hält das BayObLG[105] für betreuungsrelevant, wenn der Betreute Ausländer ist und die Sprachkenntnisse durch Studium oder Ausbildung erworben wurden.

Sozialberufe. Dass sie wegen der angeblich besseren Kommunikationsfähigkeit generell für Betreuungen nutzbare Kenntnisse hätten, ist mE nicht richtig; Betreuung ist *rechtliche* Betreuung. Was nützt das nette Gespräch, wenn der Rentenantrag zu spät gestellt wird? Was ist überhaupt „soziale Kompetenz“[106]? Wieso soll eine Kindergärtnerin von Haus aus Kenntnisse haben, das Vermögen alter Menschen zu verwalten? Andererseits gibt es viele Betreuungen, die das spezielle Wissen von Sozialberufen verlangen, weil die rechtliche Komponente bei ihnen kaum eine Rolle spielt. 34

Wirtschaft: Steuerberater, Bankkaufleute, Diplomkaufleute[107] haben im Bereich Vermögenssorge betreuungsrelevante Kenntnisse. Bei einer **Diplomökonomin** kommt es auf die Ausbildung und bisherige Tätigkeit an[108]. 35

Medizin: Eine gelernte **Krankenschwester** und **Arzthelferin**[109] hätte für den Aufgabenkreis „Gesundheitssorge“ besondere Fachkenntnisse (Folge: 33,50 Euro), weil sie in der Lage ist, schneller und sicherer zu beurteilen, wann ein zu Betreuender ärztlicher Hilfe bedarf[110]; ob die Kenntnisse im Einzelfall zur Anwendung kamen, spielt keine Rolle. Deshalb gilt die Höherstufung auch, wenn der Betreute in einem Pflegeheim untergebracht ist[111]. Wenn die Krankenschwester aber eine *bloße* Vermögensbetreuung führt, erhält sie nur 27 Euro [112]. Umfasst ihr Aufgabenkreis alle Angelegenheiten, ist sie mE in die Vergütungsgruppe 33,50 Euro je Stunde einzuordnen. Dasselbe wie für Krankenschwestern soll für eine Heilerziehungspflegerin gelten[113], für Heilpädagogen[114], für Heilpraktiker[115], für hauswirtschaftliche Betriebsleiterin an einer Fachakademie[116], seltsamerweise auch für einen Tierarzt[117]. 36

Pädagogen: Eine staatlich anerkannte **Erzieherin** soll für Betreuungen nutzbare Kenntnisse erlangt haben[118]; zweifelhaft. Dass ein Dipl-Ing. des Studiengangs Landbau, mit Ausbildung in landwirtschaftlicher Buchführung, für Betreuung nutzbare Kenntnisse hat[119], überzeugt nicht. Lehramt an Grund- und Hauptschulen (zwei Staatsexamina) soll genügen[120]. Ebenso ein Diplompädagoge[121]. 37

105 BayObLG BtPrax 2005, 75.
106 Ins Spiel gebracht von *Wagenitz/Engers* FamRZ 1998, 1273/5, ähnlich *Schmidt* BtPrax 2000, 63/4.
107 OLG Dresden FamRZ 2001, 188.
108 Besondere Kenntnisse bejaht vom LG Leipzig FamRZ 2000, 1532.
109 OLG Schleswig FamRZ 2000, 846.
110 OLG Dresden FamRZ 2000, 551 Nr 368; OLG Schleswig Rpfleger 2000, 330 LS.
111 OLG Dresden FamRZ 2000, 552.
112 OLG Dresden FamRZ 2000, 316; OLG Dresden FamRZ 2000, 1305 für Altenpfleger.
113 LG Zwickau FamRZ 2004, 220; zweifelhaft.
114 OLG Frankfurt FamRZ 2002, 1657; OLG Zweibrücken FamRZ 2004, 1323.
115 LG Hamburg FamRZ 2001, 1168.
116 BayObLG FamRZ 2002, 1657 = BtPrax 2002, 216; zweifelhaft.
117 OLG Frankfurt BtPrax 2002, 272.
118 OLG Dresden FamRZ 2000, 316; LG Dresden FamRZ 2000, 181.
119 So OLG Schleswig Rpfleger 2000, 330 LS.
120 LG Koblenz FamRZ 2005, 656; LG Saarbrücken BtPrax 2002, 268; BayObLG FamRZ 2001, 306; OLG Zweibrücken BtPrax 2001, 43; OLG Dresden FamRZ 2000, 847.
121 OLG Jena NJ 2002, 101.

38 **Sonstige:** Einzelne Gerichte haben ferner genügen lassen: Kaufmannsgehilfin im Hotel- und Gaststättengewerbe[122]; Einzelhandelskauffrau[123]; Anwalts- und Notargehilfin[124]; abgeschlossenes Theologiestudium[125].

39 d) **Mittelwerte** (zB 40 Euro) sind unzulässig. Ausnahme: §§ 6, 3 Abs 2 Satz 2 VBVG. [126] **Abschlagszahlungen** können nicht verlangt werden, weil ohnehin nach drei Monaten abgerechnet werden kann (§ 9). Eine **Verzinsung** der Betreuervergütung ab Antragstellung ist nicht vorgesehen[127]. Jedenfalls ab Festsetzung der Vergütung sind aber Verzugszinsen denkbar.

40 4. **Erhöhung wegen besonderer Schwierigkeiten.** Eine Erhöhung dieser Sätze wegen besonderer Schwierigkeiten bei der Tätigkeit, zB nächtlicher Kriseneinsatz und Betreten der ekelerregenden Wohnung (wie vor 1999) oder eine landesrechtliche Erhöhung oder Senkung ist nicht möglich. Faktisch aber verdient der Betreuer des nicht mittelosen Betreuen mehr als der Betreuer des mittelosen Betreuten, weil bei vermögenden Betreuten eine höhere Stundenzahl abgerechnet werden darf, obwohl die Verwaltung des Sparbuchs mit einigen tausend Euro Guthaben nicht mehr Zeit erfordert als wenn einer mittellos ist. **Seltene Ausnahme:** Betreuungen nach § 6 wegen § 3 Abs 3 VBVG. Eine mittelbare Erhöhung kann über § 1835 Abs 3 BGB in Frage kommen. **Erlass, Verzicht.** Teilt der Berufsbetreuer dem Betroffenen auf dessen Anfrage mit, die Betreuung koste im Monat 100 Euro, verzichtet er nicht auf den Rest, wenn später vom Gericht ein höherer Betrag festgesetzt wird[128].

41 5. **Betreute mit großem Vermögen.** Nach § 5 VBVG kann der Betreuer einer nichtmittellosen Person mehr Stunden abrechnen (nämlich beim zuhause wohnenden Betreuten im ersten Jahr 82,5 Stunden, im zweiten und folgenden Jahr 54,0 Stunden; zahlungspflichtig ist der Betreute), als bei einem mittellosen Betreuten (hier nur 67,5 bzw 42 Stunden aus der Staatskasse) Das wird damit gerechtfertigt, dass angeblich der Zeitaufwand für vermögende Betreute größer ist. Das trifft aber nicht immer zu. Zwar hat ein Mittelloser kein „Vermögen"; aber die Beantragung von Sozialhilfe und sonstigen öffentlichen Hilfen, der Umgang mit Menschen in existenzieller Not, ist sicher genauso zeitaufwendig wie wenn einer zehntausend Euro auf seinem Sparbuch hat. Als „vermögend" gilt bereits, wer mehr als 2.600 Euro sein Eigen nennt (§ 1836 c Nr 2 BGB; § 90 Abs 2 Nr 9 SGB XII). In der Praxis besteht das „Vermögen" fast immer allenfalls aus dem Eigenheim und einem Sparguthaben oder Investmentanteilen. Es ist ganz selten, dass arbeitsintensive Anlageformen wie Gesellschaftsbeteiligungen oder mehrere Eigentumswohnungen vorhanden sind. Letztlich handelte es sich also darum, dass auf einem Umweg dem Betreuer des vermögenden Betreuten ein um etwa 25 % höherer Stundensatz zugebilligt wird, was aus politischen Gründen *so* nicht ausformuliert werden sollte. Die Materialien geben selbst zu, dass es sich beim neuen System um ein „für die Betreuer auskömmliches Abrechnungssystem" handelt[129].

42 Andererseits ist bei einem großen **breit gestreuten Vermögen** eine Betreuung mit den Sätzen der §§ 4, 5 VBVG nicht durchführbar, selbst wenn man dies als Teil einer Mischkalkulation bei mehreren Betreuungen sieht. Da kann es sein, dass

---

122 OLG Saarbrücken Rpfleger 2003, 365.
123 LG Saarbrücken BtPrax 2002, 272.
124 OLG Hamm BtPrax 2002, 125.
125 OLG Schleswig FamRZ 2000, 1532; OLG Jena FamRZ 2002, 1431; OLG Köln FamRZ 2004, 1604.
126 LG Koblenz FamRZ 2000, 181.
127 OLG Rostock FamRZ 2007, 1690.
128 LG Saarbrücken FamRZ 2009, 1091.
129 BT-Drucks 15/4874 S. 73.

die jährliche Vergütung weniger als 0,01 % des Vermögens beträgt. Hier gibt es folgende Möglichkeiten: (1) anwaltstypische Leistungen können zusätzlich nach dem RVG abgerechnet werden (§ 1835 Abs 3 BGB).[130] (2) Mit dem *geschäftsunfähigen* Betreuten kann keine Vergütung vereinbart werden. (3) Der Betreuer kann als gesetzlicher Vertreter des Betreuten mit gewerbsmäßigen Vermögensverwaltern, Hausverwaltern, Steuerberatern Verträge abschließen und sich dann auf die Überwachung beschränken. (4) Er kann den Antrag stellen, dass ein Ergänzungsbetreuer bestellt wird und mit diesem eine Vergütungsvereinbarung schließen[131]. Der Ergänzungsbetreuer braucht den Aufgabenkreis „Prüfung des Abschlusses und ggf Abschluss einer Vergütungsvereinbarung"[132]. Eine Genehmigung der Vereinbarung durch das Betreuungsgericht ist nicht erforderlich, da ein Genehmigungstatbestand fehlt. Der Verfahrenspfleger kann selbst keinen höheren Stundensatz als den in § 4 VBVG genannten billigen oder vereinbaren[133], weil er kein gesetzlicher Vertreter des Betreuten ist. Einzelheiten sind unklar.

Problematik. Es kann nicht richtig sein: (1) dass ein gesunder Multimillionär 43
sein Vermögen im Jahr für hunderttausend Euro verwalten lässt, die Verwaltung aber nur noch 1320 Euro kostet, wenn er betreuungsbedürftig geworden ist; (2) dass der Berufsbetreuer für seine Versicherung in einem solchen Fall dreißigtausend Euro im Jahr ausgeben müsste, aber selbst nur 1.320 Euro einnimmt[134]; (3) dass der Betreute sich als Gesunder hochqualifizierte (teure) Verwalter leisten kann, er als Kranker aber notfalls mit der Vermögensverwaltung durch einen Hauptsekretär der Betreuungsbehörde begnügen muss, weil sich niemand anders findet. § 1835 Abs 3 BGB hilft kaum. Das BayObLG[135] lässt es dahingestellt, ob die Höhe der Vergütung überhaupt der Vereinbarung zwischen Betreuer und Leistungspflichtigem zugänglich ist, wollte aber Erklärungen als „Indiz" bewerten. Falls der Betreute geschäftsfähig ist[136] und keine Sittenwidrigkeit (§ 138 BGB) vorliegt, ist eine Vereinbarung meines Erachtens möglich. Keine Vereinbarung mit Rechtsbindungswillen liegt allerdings vor, wenn der Betreute die geforderte Vergütung lediglich „akzeptiert" oder sich bei der Anhörung damit „einverstanden" erklärt. Abweichend meint *Bienwald*[137], dass mangels „Zuständigkeit" des Betreuers eine Vereinbarung nicht wirksam zu Stande kommen könne; denn der Betreuer sei zur Besorgung der Angelegenheiten des Betreuten bestellt, nicht zur Besorgung eigener Angelegenheiten. Diese Unterscheidung überzeugt nicht; denn im Extremfall, wenn sich niemand findet, müsste die Betreuungsbehörde bestellt werden, die dann für den Behördenbetreuer wegen § 1836 Abs 2 BGB ohne Bindung an den Stundensatz nach § 4 VBVG eine höhere Vergütung bekommen könnte (§ 8 VBVG).

II. Aufwendungen (Abs 2)

1. Regelfall. Die Stundensätze von 27 bzw 33,50 bzw 44 Euro enthalten auch 44
die Aufwendungen (Auslagen) des Berufsbetreuers, also vor allem Fahrtkosten,

130 BGH NJW-RR 2010, 292.
131 BGH NJW-RR 2010, 292 (Vereinbarung aber nur zulässig für Leistungen, die „außerhalb der eigentlichen Betreuung liegen"); OLG München FamRZ 2008, 1560; aA LG Saarbrücken FamRZ 2009, 1091.
132 *Dodegge/Roth* F 140; HK-*Bauer/Deinert* § 1836 Rz 36.
133 Vgl BayObLG FamRZ 2005, 64 (frühere Rechtslage).
134 Palandt/*Diederichsen* VBVG § 4 Rz 19; *Zimmermann* FamRZ 2008, 1307.
135 BayObLG FamRZ 2002, 130.
136 LG Hannover FamRZ 2002, 1063 (L) hielt die Zustimmung des Betreuten deshalb für unbeachtlich, weil er „schwach begabt und leicht beeinflussbar" sei.
137 Rpfleger 2002, 423; *Bienwald/Sonnenfeld/Hoffmann* § 1836 Rz 100.

Porto, Telefongebühren, Fotokopien (Abs 2 Satz 2). Sie wurden im Gesetzgebungsverfahren mit pauschal 3 Euro je Stunde Zeitaufwand geschätzt. Dies hat drei Konsequenzen: (1) Das Betreuungsgericht spart sich die Nachprüfung der langen Listen von Kleinstgebühren. (2) Der Betreuer muss aber trotzdem Aufwendungen dokumentieren und Belege sammeln, weil er sie für seine Einkommensteuererklärung braucht. Denn dort darf er die Aufwendungen nicht pauschalieren. (3) Früher war es gleichgültig, wie hoch die Aufwendungen waren, weil sie zusätzlich zur Vergütung bezahlt wurden. Es gab Streit darüber, wie viel Besuchsfahrten ohne besonderen Anlass zulässig waren; jede zusätzliche Fahrt brachte Stundenlohn und Fahrtkostenersatz. Wohnt der Betreute 200 km vom Betreuer entfernt, ergab jede Fahrt acht abrechenbare Stunden und Fahrtkostenersatz. Wenn jetzt beispielsweise nur noch zwei Stunden im Monat pauschal bezahlt werden, wird die Besuchsfahrt unterbleiben, weil sie nicht einmal die Fahrtkosten abdecken würden.

45 Die Auslagen können **in keinem Fall zusätzlich** verlangt werden. Das gilt auch für „ungewöhnlich" hohe Reisekosten[138]. Auch Dolmetscherkosten sind nicht zusätzlich erstattungsfähig[139]. Es erfolgt ja auch keine Verringerung der Pauschale, wenn überhaupt keine Reisekosten etc anfallen. Auch Auslagen für die Beschaffung eines Personalausweises sind nicht zusätzlich ersetzbar[140]. Beim mittellosen Betreuten ist die Bezahlung (des ohnehin geringen Betrages) Sache des Sozialamts, nicht der Justizkasse; beim vermögenden Betreuten wird der Ausweisantrag in Vertretung des Betreuten gestellt, so dass dieser zahlungspflichtig ist; gibt ihm der Betreuer insoweit ein Darlehen, hat die Rückzahlung mit Auslagenerstattung nichts zu tun.

46 **2. Berufspezifische Dienste des Berufsbetreuers, § 1835 Abs 3 BGB (Abs 2 Satz 2). – a) Grundsatz.** Ist der Betreuer Arzt, Anwalt, Steuerberater usw, ist es unangebracht, dass er seine beruflichen Dienste am Betreuten unentgeltlich oder verbilligt erbringen soll; deshalb bestimmt § 1835 Abs 3 BGB in Verbindung mit § 4 Abs 2 Satz 2 VBVG, dass er die angemessene (dh festgelegte, hilfsweise übliche) Vergütung **als Aufwendung** verlangen kann, falls der Betreuer mit den Diensten eine Angelegenheit innerhalb seines Aufgabenkreises besorgt hat und er die Erledigung dieser Angelegenheit aus seiner Sicht für erforderlich halten durfte[141]. Dazu muss er keinen Anwaltsvertrag unter Einschaltung eines Ergänzungsbetreuers schließen. Die Erforderlichkeit ist genau zu prüfen, denn die Versuchung für den Betreuer ist groß, zwar zweckmäßige, aber nicht unbedingt erforderliche Dienste zu erbringen. § 1835 Abs 3 BGB spielt vor allem eine Rolle, wenn Anwälte zu Betreuern bestellt sind. Beim Anwalts-Betreuer eines *mittellosen* Betreuten wird aber erwartet, dass er zunächst **Prozesskostenhilfe**[142] oder **Beratungshilfe** beantragt. Der anwaltliche Berufsbetreuer muss in einem Strafverfahren gegen den Betreuten seine Bestellung als **Pflichtverteidiger** beantragen (§ 140 StPO); wird er nicht beigeordnet, erhält der Anwalt keine zusätzliche Vergütung aus der Staatskasse.[143] Darf der Betreuer-Anwalt Gebühren nach der RVG abrechnen, kann er auch seine diesbezüglichen Portoauslagen gemäß RVG VV 7002 pauschalieren[144]. Der Gebührenanspruch des Anwalts erlischt nach hM[145] (§ 1835 Rz 47) in der 15-Monatfrist, unterliegt also nicht

138 Anders *Knittel* VBVG § 4 Rz 29.
139 OLG Frankfurt FamRZ 2009, 1008 (75 Euro Dolmetscherkosten bei Arztbesuch); OLG Schleswig FamRZ 2009, 1180.
140 So aber *Knittel* VBVG § 4 Rz 29.
141 BayObLG FamRZ 1998, 1050.
142 OLG Frankfurt FamRZ 2002, 59/60.
143 OLG Köln FamRZ 2009, 1707.
144 LG Berlin Rpfleger 1970, 338.
145 OLG Frankfurt NJW 2003, 3642; Palandt/*Diederichsen* § 1835 Rz 18.

nur der Verjährung nach § 195. Einzelheiten zur Abrechnung vgl § 1835 BGB.

b) **Anwaltspezifische Dienste.** Für Dienste, die jedermann leisten kann, wie zB für ein Mahnschreiben, kann der Anwalts-Betreuer nicht nach dem RVG abrechnen. Dagegen ist das RVG anzuwenden (die entsprechenden Stunden sind aus der Betreuervergütungsabrechnung nicht herauszurechnen, da die Stunden nach § 5 VBVG pauschaliert sind), wenn Anwaltszwang besteht oder ein verständiger Laie sich anwaltlicher Hilfe bedient hätte[146], zB wenn der Vergütungsantrag eines anderen Betreuers zu überprüfen ist[147]; wenn kompliziertere Verträge zu entwerfen sind, mit Behörden in nicht nur alltäglichen Sachen zu verhandeln ist; wenn der Betreute in eine nicht nur geringfügige streitige Angelegenheit verwickelt ist, wenn der Gegner durch einen Anwalt vertreten ist (sog Waffengleichheit)[148]; ebenso bei Vertretung im Zwangsversteigerungsverfahren[149]. Die Abgrenzung ist schwierig. **47**

c) **Absicherung des Anwalts.** Wenn der Anwalt wissen will, ob er sich mit den Sätzen der §§ 4, 5 begnügen muss oder wegen der rechtlichen Schwierigkeiten der konkreten Betreuung zusätzlich bestimmte Tätigkeiten nach dem RVG abrechnen kann, dann sollte er beantragen, dass das Betreuungsgericht entsprechend einem Vorschlag des BVerfG[150] bei der Bestellung eines Anwalts als Betreuer einen Beschluss erlässt, wonach anwaltspezifische Tätigkeiten anfallen werden; vgl § 4 Rz 46. **48**

3. **Spezialbetreuer.** Nur in den Fällen des § 6 VBVG kann der Berufsbetreuer zusätzlich zur Vergütung Ersatz seiner Auslagen (§ 1835 BGB) verlangen; weiterhin nach § 1835 Abs 3 BGB. **49**

III. Umsatzsteuer

„Anfallende Umsatzsteuer“ (= Mehrwertsteuer) ist im Stundensatz von 27 bis 44 Euro inbegriffen (**Abs 2 Satz 1**). Die Umsatzsteuer betrug bis 31.12.2006 16 %, seit 1.1.2007 beläuft sie sich auf 19 %. Bis 30.6.2005 kam die Steuer zu den damaligen Stundensätzen (18, 23, 31 Euro) hinzu. Jede Erhöhung schmälert also den Verdienst des Betreuers. **50**

Es fragt sich, wie **Betreuungsvereine** zu behandeln sind, weil diese nur 7 % Umsatzsteuer zahlen müssen (§ 12 Abs 2 Nr 8 a UStG). Die gegenüber mittellosen Personen erbrachten Betreuungsleistungen des Vereins sind nicht umsatzsteuerfrei; für einen Altfall (1999) hat der BFH[151] entschieden, dass sich ein Verein auf Steuerfreiheit nach Art 13 Teil A Abs 1 Buchst. g i. V. m. Abs 2 der Richtlinie 77/388/EWG berufen kann. Aus dem Wort „anfallende“ folgt, dass sich bei den Vereinen die Vergütung nicht dadurch ermäßigt, dass sie weniger Umsatzsteuer zahlen müssen[152]; das Gesetz stellt nicht auf die Höhe des Umsatz- **51**

146 BayObLG FamRZ 2002, 573; OLG Zweibrücken BtPrax 2002, 41; OLG Karlsruhe FGPrax 2001, 72.
147 LG Berlin FamRZ 2001, 1029.
148 BayObLG FamRZ 2002, 573/4.
149 LG Leipzig FamRZ 2001, 864.
150 BVerfG FamRZ 2000, 1280 und 1284; OLG Schleswig NJW-RR 2009, 79; LG München I FamRZ 2001, 1397.
151 BFH DStR 2009, 687.
152 *Deinert/Lütgens*, Die Vergütung des Betreuers, Rz 1925.

steuersatzes ab. Der Gesetzgeber wollte Betreuungsvereine dadurch anscheinend „gezielt fördern“[153].

52 Es gibt Berufsbetreuer, die wegen ihrer geringen Umsätze **nicht umsatzsteuerpflichtig** sind. Das ist nach § 19 Abs 1 UStG der Fall: wenn ein Betreuer vom Umsatz (Umsatzgrenze ca 17.500 Euro jährlich) her nur ein **Kleinunternehmer** ist. Wenn ein solcher Kleinunternehmerbetreuer eine Verzichtserklärung gegenüber dem Finanzamt abgegeben hat (§ 19 Abs 2 UStG), so dass er steuerpflichtig ist, ist ihm die Mehrwertsteuer zu ersetzen[154].

53 Andernfalls ist umstritten, ob diese Kleinunternehmer ebenfalls die Sätze von 27 bis 44 Euro bekommen oder weniger. Der Wortlaut des Gesetzes spricht für eine Kürzung der Vergütung, weil eben keine Umsatzsteuer „anfällt“; die Gesetzesmaterialien enthalten nichts über eine Förderung der Kleinunternehmer. Die hM[155] kürzt die Vergütung aber nicht.

54 Trotz § 4 muss der Betreuer für sich eine gesonderte, die Umsatzsteuer ausweisende Rechnung mit Rechnungsnummer erstellen, weil er ja die Umsatzsteuer (gekürzt um die Vorsteuer) an das Finanzamt abzuführen hat. Rechnet der Berufsbetreuer zB 1.000 Stunden jährlich ab, erhält er (maximal) 44.000 Euro. 19 % davon, also 3.697,47 Euro, sind Umsatzsteuer. Als Vorsteuer kann er nur abziehen, was konkret und durch Belege nachweisbar angefallen ist, zB bei den Auslagen, bei Anschaffungen für das Büro.

IV. Verweisungen (Abs 3)

55 **1. Vermutung der Nutzbarkeit der Kenntnisse.** Die Regelung in **Abs 3 Satz 1 mit § 3 Abs 2 Satz 1 VBVG** entspricht dem früheren § 1 Abs 2 Satz 1 BVormVG. Nach 4 Abs 1 VBVG bestimmt sich der Stundensatz nach den für die Führung der konkreten Betreuung nutzbaren Fachkenntnissen (denn es heißt „der“ Betreuung und nicht „einer“ Betreuung). Wenn ein Betreuer *besondere* Kenntnisse hat, darf ihm nicht später (bei der Abrechnung) entgegengehalten werden, die konkrete Betreuung sei ganz einfach gelagert gewesen und habe diese gehobenen Kenntnisse keineswegs erfordert, weshalb ein geringerer Stundenlohn angebracht sei[156]. Satz 1 stellt klar, dass bei Einsatz eines qualifizierten Betreuers (zB eines Rechtsanwalts) vermutet wird, dass diese gehobenen Kenntnisse auch notwendig sind. Insofern wird die Entscheidung, in welche Vergütungsgruppe ein Betreuer einzuordnen ist, nicht erst bei der Abrechnung getroffen. Ob dagegen ein Diplom-Ökonom eine Ausbildung hat, die in die Gruppe Lehre oder Hochschule fällt und ob er betreuungsrechtlich relevante Kenntnisse bei seiner Ausbildung erworben hat, wird erst bei der Vergütungsfestsetzung festgestellt; eine vorherige Zwischenentscheidung ist aber zulässig.

56 **2. Herabsetzung des Stundensatzes durch das Betreuungsgericht.** Die Vermutung des § 3 Abs 2 Satz 1 ist aber widerlegbar (**Abs 3 Satz 1 mit § 3 Abs 2 Satz 2**), allerdings nicht erst bei der Abrechnung. Dass die Vermutung im konkreten Fall nicht gilt, muss schon vor Beginn der abzurechnenden Tätigkeit

153 BT-Drucks 15/4874 S. 31.

154 BayObLG FamRZ 1999, 1607.

155 OLG München FamRZ 2006, 1152; OLG Stuttgart FamRZ 2007, 1271; *Deinert/Lütgens*, Vergütung des Betreuers, Rz 1834; aA AG Ludwigshafen FamRZ 2006, 261; LG Passau FamRZ 2006, 1482.

156 OLG Zweibrücken BtPrax 2000, 89 = FGPrax 2000, 64 für einen Diplom-Ökonomen; OLG Dresden FamRZ 2000, 551; OLG Zweibrücken BtPrax 2001, 43 für eine Lehrerin.

entschieden werden. Zulässig ist eine solche Feststellung nur, wenn *besondere* Gründe vorliegen. Die Gesetzesbegründung schreibt dazu[157]: „Diese Voraussetzung liegt insbesondere vor, wenn eine Vielzahl einfach gelagerter Vormundschaften (Betreuungen) einem „Überangebot“ qualifizierter Berufsvormünder (-betreuer) gegenübersteht, deren besondere Fachkenntnisse für die konkret zu führenden Vormundschaften (Betreuungen) entbehrlich erscheinen.“ Im Klartext heißt das: es gibt über 1,2 Millionen Betreuungen und ca 150.000 Rechtsanwälte sowie Tausende Diplomsozialpädagogen, Diplomsozialarbeiter, die als qualifizierte Berufsbetreuer der Gruppen 33,50 oder 44 Euro in Frage kommen. Da aber viele Betreuungen einfach gelagert seien, sei nicht einzusehen, weshalb Rechtsanwälte und sonstige Akademiker dafür 44 Euro je Stunde bekommen sollten. Dem Betreuungsgericht soll die Möglichkeit gegeben werden, sie den Akademikern zu einem billigeren Preis (zB 33,50 oder 27 Euro je Stunde) anzubieten. Ein entsprechender Beschluss des Betreuungsgerichts setzt nicht voraus, dass der Betreuer damit einverstanden ist. Er kann die Betreuung ablehnen; er kann dagegen Beschwerde einlegen. Er kann ferner bei der Vergütungsabrechnung darlegen, dass die Betreuungssache doch sehr schwierig war; denn es handelt sich nur um eine Vermutung. Die Praxis macht von dieser Regelung keinen Gebrauch.

3. Berufsmäßigkeit der Tätigkeit (Satz 2). Da Berufsbetreuer in den Regelfällen für ihre Existenz bezahlt werden, also auch wenn sie keine Stunde gearbeitet haben, kann die Vergütung nicht voraussetzen, dass der Betreuer in der Woche 20 Stunden oder mehr für seine Betreuungen tätig ist; deshalb ist § 1 Abs 1 Satz 2 nicht anzuwenden. Die wenig sinnvolle Verweisung wird für ein Redaktionsversehen gehalten[158]. 57

§ 5 Stundenansatz des Betreuers

(1) [1]Der dem Betreuer zu vergütende Zeitaufwand ist
1. in den ersten drei Monaten der Betreuung mit fünfeinhalb,
2. im vierten bis sechsten Monat mit viereinhalb,
3. im siebten bis zwölften Monat mit vier,
4. danach mit zweieinhalb
Stunden im Monat anzusetzen. [2]Hat der Betreute seinen gewöhnlichen Aufenthalt nicht in einem Heim, beträgt der Stundenansatz
1. in den ersten drei Monaten der Betreuung achteinhalb,
2. im vierten bis sechsten Monat sieben,
3. im siebten bis zwölften Monat sechs,
4. danach viereinhalb
Stunden im Monat.

(2) [1]Ist der Betreute mittellos, beträgt der Stundenansatz
1. in den ersten drei Monaten der Betreuung viereinhalb,
2. im vierten bis sechsten Monat dreieinhalb,
3. im siebten bis zwölften Monat drei,
4. danach zwei
Stunden im Monat. [2]Hat der mittellose Betreute seinen gewöhnlichen Aufenthalt nicht in einem Heim, beträgt der Stundenansatz
1. in den ersten drei Monaten der Betreuung sieben,
2. im vierten bis sechsten Monat fünfeinhalb,
3. im siebten bis zwölften Monat fünf,
4. danach dreieinhalb
Stunden im Monat.

---

157 BR-Drucks 960/96 S. 27.
158 Palandt/*Diederichsen* VBVG § 4 Rz 1.

(3) [1]Heime im Sinne dieser Vorschrift sind Einrichtungen, die dem Zweck dienen, Volljährige aufzunehmen, ihnen Wohnraum zu überlassen sowie tatsächliche Betreuung und Verpflegung zur Verfügung zu stellen oder vorzuhalten, und die in ihrem Bestand von Wechsel und Zahl der Bewohner unabhängig sind und entgeltlich betrieben werden. [2]§ 1 Abs. 2 des Heimgesetzes gilt entsprechend.

(4) [1]Für die Berechnung der Monate nach den Absätzen 1 und 2 gelten § 187 Abs. 1 und § 188 Abs. 2 erste Alternative des Bürgerlichen Gesetzbuchs entsprechend. [2]Ändern sich Umstände, die sich auf die Vergütung auswirken, vor Ablauf eines vollen Monats, so ist der Stundenansatz zeitanteilig nach Tagen zu berechnen; § 187 Abs. 1 und § 188 Abs. 1 des Bürgerlichen Gesetzbuchs gelten entsprechend. [3]Die sich dabei ergebenden Stundenansätze sind auf volle Zehntel aufzurunden.

(5) [1]Findet ein Wechsel von einem beruflichen zu einem ehrenamtlichen Betreuer statt, sind dem beruflichen Betreuer der Monat, in den der Wechsel fällt, und der Folgemonat mit dem vollen Zeitaufwand nach den Absätzen 1 und 2 zu vergüten. [2]Dies gilt auch dann, wenn zunächst neben dem beruflichen Betreuer ein ehrenamtlicher Betreuer bestellt war und dieser die Betreuung allein fortführt. [3]Absatz 4 Satz 2 und 3 ist nicht anwendbar.

Übersicht

I. Pauschaler Zeitaufwand (Abs 1 und 2)

1. Allgemeines. Das für Tätigkeiten ab 1.7.2005 geltende System vergütet den 1
Betreuer nicht nach der Zahl der tatsächlich aufgewandten Stunden (für Alttätigkeiten gilt das frühere Recht, Art 229 § 14 EGBGB), sondern pauschal; damit soll der Aufwand des Gerichts für die Nachprüfung der Abrechnungen verringert werden, aber auch der Aufwand der Staatskasse für die Betreuer. Die Pauschale ist aber vielfältig differenziert, so dass sich über 50 Unterscheidungen ergeben:

- Ist der Betreute nicht mittellos, dh vermögend? Oder ist er mittellos?
- Wohnt der Betreute in einem Heim oder nicht?
- Wie lange dauert die Betreuung schon?
- Welcher von den drei möglichen Stundenlöhnen (§ 4 VBVG) gilt für den jeweiligen Betreuer?
- In den Fällen des § 6 VBVG wird nach den konkret erbrachten Stunden abgerechnet.

2. Tabelle 1a

Pauschaler Zeitansatz für den Betreuer	Wenn der Betreute „vermögend“ ist		Wenn der Betreute „mittellos“ ist	
	Wenn der Betreute seinen gewöhnlichen Aufenthalt in einem Heim hat	Nicht im Heim	Wenn der Betreute seinen gewöhnlichen Aufenthalt in einem Heim hat	Nicht im Heim, sondern zuhause
In den ersten drei Monaten der Betreuung	5,5 Stunden je Monat	8,5 Stunden je Monat	4,5 Stunden je Monat	7,0 Stunden je Monat
Im vierten, fünften, sechsten Monat	4,5 Stunden je Monat	7 Stunden je Monat	3,5 Stunden je Monat	5,5 Stunden je Monat
Im siebten bis zwölften Monat	4 Stunden je Monat	6 Stunden je Monat	3,0 Stunden je Monat	5,0 Stunden je Monat
Danach, dh ab dem 13. Monat	2, 5 Stunden je Monat	4,5 Stunden je Monat	2,0 Stunden je Monat	3,5 Stunden je Monat

In den Stundensätzen ist die jeweilige **Umsatzsteuer** inbegriffen (§ 4 Abs 2 2
Satz 1). Auch Ansprüche „auf Ersatz anlässlich der Betreuung entstandener **Aufwendungen**“ sind im Stundensatz inbegriffen (§ 4 Abs 2 Satz 1); Fahrtkos-

ten, Telefon etc können also nicht mehr gesondert in Rechnung gestellt werden. Nur Aufwendungen im Sinne **beruflicher Dienste** (§ 1835 Abs 3 BGB) können zusätzlich gesondert abgerechnet werden (§ 4 Abs 2 Satz 2). Wenn also ein Rechtsanwalt Betreuer ist und für den Betreuten einen Prozess führt, dann kann er die Anwaltsvergütung (Höhe: RVG) gesondert geltend machen. Dass für einen mittellosen Betreuten weniger Stunden angesetzt werden als für einen vermögenden Betreuten dient der Schonung der Staatskasse und ist daher nicht verfassungswidrig[1].

3 **3. Verdienst des Betreuers.** Der Stundensatz des Betreuers (27, 33,50 bzw 44 Euro; § 4) multipliziert mit der pauschalen Stundenzahl laut Tabelle ergibt die Bruttoeinnahme des Betreuers (einschließlich Umsatzsteuer und Auslagen). Die Bruttoeinnahme entspricht natürlich nicht dem Nettoverdienst, weil Umsatzsteuer und Geschäftsunkosten abgehen, ferner gegebenenfalls die zu zahlende Gewerbesteuer.

4 a) Bei Betreuung eines mittellosen *Heimbewohners* für das ganze erste Jahr ergeben sich 42 Stunden (3 mal 4,5; + 3 mal 3,5; + 6 mal 3,0) und (bei der höchsten Vergütungsstufe, 44 Euro) somit für den Berufsbetreuer 1.848 Euro Honorar einschließlich Auslagen und Umsatzsteuer; ab dem 2. Jahr jährlich 24 Stunden, was 1.056 Euro ausmacht.

5 b) Wohnt der mittellose Betreute zuhause, ergeben sich im 1. Jahr 67,5 Stunden und (bei 44 Euro je Stunde) somit für den Berufsbetreuer 2970 Euro Honorar einschließlich Auslagen und Umsatzsteuer; ab dem 2. Jahr jährlich 42 Stunden und somit 1848 Euro einschließlich Auslagen und Umsatzsteuer.

6 c) Bei Betreuung eines „vermögenden" *Heimbewohners* errechnet sich mehr: im 1. Jahr der Betreuung 54 Stunden und (bei der höchsten Vergütungsstufe, 44 Euro) also für den Berufsbetreuer 2.376 Euro Honorar einschließlich Auslagen und Umsatzsteuer; ab dem 2. Jahr jährlich 30 Stunden und somit 1.320 Euro.

7 d) Wohnt der „vermögende" Betreute zuhause, ergeben sich im 1. Jahr sogar 82,5 Stunden und (bei 44 Euro je Stunde) somit für den Berufsbetreuer 3.630 Euro Honorar einschließlich Auslagen und Umsatzsteuer; ab dem 2. Jahr jährlich 54 Stunden und somit 2.376 Euro einschließlich Auslagen und Umsatzsteuer.

8 **4. Beginn der Betreuung.** Für die Höhe der Vergütung kommt es darauf an, wann die Betreuung begann („in den ersten drei Monaten der Betreuung"); hat der Betreuer eine Betreuung übernommen, die schon drei Jahre „alt" ist, beginnt seine Vergütung also nicht erneut mit den hohen Sätzen, sondern sogleich mit den niedrigen Stundenpauschalen.

9 **a) Wirksamwerden der Betreuung.** Die Betreuung beginnt mit ihrem Wirksamwerden (§ 287 Abs 1 FamFG), das ist nicht zwingend der Tag, an dem der Richter den Betreuungsanordnungsbeschluss unterschrieben hat, sondern der Tag der mündlichen[2] oder schriftlichen Bekanntgabe an den Betreuer (nicht: an den Betreuten!). Wegen § 5 Abs 4 beginnt die Bezahlung aber erst am Tag nach dem Wirksamwerden. **Beispiel:** Beschluss datiert vom 15.9., wirksam geworden (unterstellt) am 17.9., Bezahlung ab 18.9.

1 BVerfG v 20.8.2009 – 1 BvR 2889/06, FamRZ 2009, 1899.
2 OLG München FamRZ 2009, 250.

10 **b) Vorläufiger Betreuer – endgültiger Betreuer.** Wird zunächst ein vorläufiger Betreuer bestellt, *vor* Ablauf der Zeit der vorläufigen Betreuung dann dieselbe Person oder eine andere als endgültiger Berufsbetreuer, ist für die Bezahlung auf die erstmalige Bestellung abzustellen; es gibt also keinen doppelten Beginn, keine Verdoppelung der lukrativeren Anfangsmonate. Anders ist es, wenn eine Unterbrechung vorliegt (vgl Rz 16).

11 **c) Wechsel vom ehrenamtlichen zum Berufsbetreuer.** Der Sinn der Stundenstaffelung je nach der bisherigen Laufzeit der Betreuung ist, zu berücksichtigen, dass am Anfang einer Betreuung in der Regel mehr Zeit benötigt wird als später. Fraglich ist, ob deshalb auch in anderen Fällen, in denen der Zeitaufwand überdurchschnittlich ist, ein höherer Zeitaufwand pauschal abgerechnet werden darf. Ursache der Unklarheiten ist die Formulierung in § 5 VBVG, die überflüssigerweise Stundenzahlen nennt. Berufsbetreuer wollen den höheren Stundenaufwand abrechnen und begründen dies mit dem Zweck der Stundenstaffelung, nämlich der Mehrarbeit; man habe ein Chaos vorgefunden, alles ordnen müssen usw.; andererseits verzichten Berufsbetreuer nicht auf Vergütung, wenn die Betreuung keine Arbeit macht. Sie verkennen das Wesen einer Mischkalkulation. Der Gesetzestext stellt auf die „Monate der Betreuung" ab und nicht auf die Amtszeit des Betreuers. Der Gesetzgeber hat den **Wechsel von einem beruflichen zu einem ehrenamtlichen Betreuer** – also den umgekehrten Fall – in § 5 Abs 5 VBVG ausdrücklich geregelt; hier erhält der Berufsbetreuer noch einen Zuschlag zur Vergütung, gewissermaßen zum Ausgleich für die Mehrarbeit bei der Amtsübergabe. Käme es auf Mehrarbeit an, müsste man konsequenterweise auch die Fälle der Minderarbeit berücksichtigen, was mit der Pauschalierung nicht vereinbar ist. Auch beim Wechsel von einem ehrenamtlichen Betreuer zu einem Berufsbetreuer beginnt der Neue somit nicht erneut mit dem hohen Stundenkontingent, sondern setzt die Betreuung fort; das ist hM[3], und entspricht auch den Motiven[4]. Die abweichende Meinung[5] meint, es komme für das „Alter der Betreuung" darauf an, wie lange ein bestimmter Betreuer im Betreueramt tätig ist. Wenn ein Betreuerwechsel erforderlich sei, weil Regressansprüche gegen den früheren Betreuer geltend zu machen seien, sei beispielsweise wie bei einer Erstbetreuung abzurechnen[6].

12 **d) Wechsel vom Berufsbetreuer zu einem anderen Berufsbetreuer.** Mit den vorgenanten Argumenten lässt sich auch vertreten, dass bei jedem Wechsel des Berufsbetreuers die Anfangszeit neu beginnt. Denn schließlich muss sich jeder Berufsbetreuer neu einarbeiten, findet manchmal schlechte Arbeit des Vorgängers und ungeordnete Verhältnisse vor. Wird nach einem Jahr ein Wechsel vorgenommen und dann gelegentlich nochmals, dann reichen sich die Berufsbetreuer wie beim Stafettenlauf das besser bezahlte Anfangsjahr weiter. Das ist angesichts des Wortlauts von § 5 VBVG nicht haltbar. Beim Wechsel von einem Berufsbetreuer zu einem anderen Berufsbetreuer beginnt die Betreuungszeit nicht neu[7]. Dass bei **Verlängerung einer Betreuung** (§ 295 FamFG) nicht erneut

3 OLG Frankfurt FGPrax 2009, 213; OLG München FamRZ 2006, 647 (Tod des früheren Betreuers); OLG Schleswig FamRZ 2006, 649 (fehlende Eignung des früheren Betreuers) und FGPrax 2006, 166, OLG Hamm FamRZ 2006, 1066; OLG Karlsruhe 26.5.2006, 19 Wx 1/06; OLG Köln v 19.6.2006, 16 W 120/06; LG Gießen FamRZ 2006, 359 (mit Anm. *Bienwald*) = BtPrax 2006, 76; LG Göttingen BtPrax 2006, 76; LG Regensburg BtPrax 2006, 77; LG Mönchengladbach BtPrax 2006, 77; LG Osnabrück BtPrax 2006, 77; LG Wuppertal FamRZ 2006, 1066.

4 BT-Drucks 865/03 S. 91; 15/2494 S. 34.

5 LG Heilbronn BtPrax 2006, 76: es komme für die Fristen auf den Beginn durch den jeweiligen Betreuer an, sonst läge eine Systemwidrigkeit vor; LG Braunschweig BtPrax 2006, 76; LG Arnsberg FamRZ 2006, 1061; LG Kiel FamRZ 2006, 223 (Entlassung wegen fehlender Eignung); LG Wiesbaden BtPrax 2006, 115 (fehlende Eignung).

6 OLG Zweibrücken FamRZ 2006, 1060 = FGPrax 2006, 167.

7 LG Gießen FamRZ 2006, 359.

mit dem hohen Zeitkontingent begonnen werden darf, ist selbstverständlich.

13 e) **Tod des ehrenamtlichen Betreuers, Bestellung eines Berufsbetreuers.** Stirbt der Betreuer, besteht die Betreuung betreuerlos fort; baldigst ist ein neuer Betreuer zu bestellen (vgl § 1908 c BGB). Dies kann nach Ansicht des OLG München[8] jedenfalls dann nicht einer Erstbestellung mit entsprechend erhöhtem Stundenansatz gleichgestellt werden, wenn die zeitliche Lücke innerhalb der Betreuung drei Monate nicht überschreitet. Die zeitliche Einschränkung ist mE nicht angebracht, weil beim Tod des Betreuers die Betreuung nicht endet, sondern weiter besteht; aus § 5 Abs 1, 2 folgt, dass somit das „Alter" der Betreuung weiterläuft (der Zeitablauf wird nicht gehemmt) und allein darauf kommt es hinsichtlich der Vergütung an. Nichts anderes kann gelten, wenn ein Betreuer entlassen wird, aus welchen Gründen auch immer, wie aus der Gleichstellung in § 1908 c BGB folgt. Vgl. Rz 16.

14 f) **Erweiterung des Aufgabenkreises des Betreuers.** Die Erweiterung des Aufgabenkreises der Betreuung, selbst wenn sie „wesentlich" ist, stellt vergütungsrechtlich keinen Neubeginn dar[9], denn § 5 Abs 1, 2 stellt nur auf den Beginn der Betreuung ab, nicht auf den Umfang des Aufgabenkreises des Betreuers und schon gar nicht auf den tatsächlichen Zeitaufwand des Betreuers. Bei **Einschränkung des Aufgabenkreises** ist es nicht anders. Eine Änderung des Aufgabenkreises, selbst wenn sie „wesentlich" ist, führt somit nicht dazu, dass das hohe Stundenkontingent erneut beginnt.

15 g) **Mitbetreuer.** Wird später ein zweiter Betreuer bestellt (§ 1899 BGB), beginnt seine Betreuung vergütungsmäßig mit der ursprünglichen Anordnung der Betreuung, nicht mit seiner Bestellung[10].

16 h) **„Unterbrochene" Betreuung (Vakanzfälle). – aa) Vergütung ab Neuanordnung.** Wird eine Betreuung aufgehoben und später wieder angeordnet, weil sich zeigt, dass sie entgegen der Erwartung doch noch (oder wieder) notwendig ist, dann fragt sich, ob diese Betreuung vergütungsrechtlich gesehen wieder mit dem höheren Anfangsstundenkontingent beginnt oder mit dem geringeren Kontingent unter Berücksichtigung der bisherigen Laufzeit. § 5 spricht von den „ersten drei Monaten der Betreuung". Das würde an sich beide Abrechnungsmodelle erlauben; der Sinn der Regelung spricht eher dafür, mit dem geringeren Stundendeputat nach der „Unterbrechung" wieder zu beginnen. Die Bundestagsdrucksache[11] meint, man müsse im Einzelfall klären, ob es sich jeweils wieder um eine Erstbetreuung mit der Folge der erhöhten Anfangsvergütung handle; „Missbräuchen wird das Betreuungsgericht begegnen können". Dauerte die Unterbrechung nur einige Tage oder Wochen, sollte man vergütungsrechtlich bei Betreuung durch *denselben* Betreuer eine fortlaufende Betreuung annehmen. Brauchbare Kriterien, wann eine „Unterbrechung" so kurz ist, dass sie außer Betracht bleiben kann und die Zeit „angestückelt" wird, fehlen. Drei Monate sind ein Ansatzpunkt. Praktische Schwierigkeiten sprechen dafür, die Wiederanordnung der Betreuung *im Zweifel* vergütungsrechtlich so zu behandeln, als wäre es eine Erstanordnung[12].

---

8 OLG München FamRZ 2006, 647 = MDR 2006, 932.

9 OLG München FamRZ 2006, 647; LG Gießen FamRZ 2006, 359; aA OLG Zweibrücken FamRZ 2006, 1060; Palandt/*Diederichsen* VBVG § 5 Rz 21.

10 LG Münster FamRZ 2009, 151.

11 BT-Drucks 15/2494 S. 31.

12 OLG München FamRZ 2006, 647 (bei einer Lücke von drei Monaten).

bb) Vorläufige Betreuung – endgültige Betreuung. „Endet eine vorläufig angeordnete Betreuung infolge Zeitablaufs und wird erst neun Monate später erneut eine Betreuung angeordnet, ist von einer (erneuten) Erstbetreuung auszugehen, die die Zubilligung der erhöhten Anfangsvergütung rechtfertigt. Dies gilt auch dann, wenn die mit der neu bestellten Betreuerin nicht personengleiche vorläufige Betreuerin ihr Amt nach Ablauf der zeitlichen Befristung der vorläufigen Betreuung faktisch weiterführt, ohne hierzu legitimiert zu sein“[13]. 17

cc) Vergütung für die Zwischenzeit, obwohl eine Bestellung zum Betreuer fehlt? Es kommt vor, dass eine vorläufige Betreuung ausläuft (vgl § 302 18
FamFG), obwohl sie zu verlängern oder durch eine endgültige Betreuung zu ersetzen gewesen wäre. Der vorläufige Betreuer führt gleichwohl sein Amt (aus Unkenntnis oder Verantwortungsbewusstsein oder infolge Ermunterung durch den Betreuungsrichter oder weil ihm versehentlich ein entsprechender Betreuerausweis übersandt wurde) weiter und wird schließlich erneut bestellt. Kann er für die Zwischenzeit vergütet werden? Das wird meist verneint: da keine förmlich angeordnete Betreuung bestand, kann aus dem VBVG kein Vergütungsanspruch hergeleitet werden, keine Festsetzung durch das Betreuungsgericht erfolgen[14]. Sinnvoll ist, hier aus Billigkeit eine Vergütung zu bewilligen, wie auch sonst bei Fehlern des Gerichts. Denn sonst müsste der Betreuer auf Staatshaftung zurückgreifen (§ 839 BGB; Art 34 GG), wofür aber das Betreuungsgericht nicht zuständig ist, sondern (unabhängig vom Streitwert) die Zivilkammer des Landgerichts (§ 71 Abs 2 Nr 1 GVG).

5. Ende der Betreuung. Die Betreuung endet mit dem Tod des Betreuten oder der Aufhebung der Betreuung. Damit ist dann auch die vergütungsfähige Zeit zu Ende, nicht erst mit dem darauf folgenden Monatsende[15]. **Beispiel:** Tod des Betreuten am 5.11., Ende der Vergütung 5.11., also sind noch 5/30 zu vergüten; § 5 Abs 4 Satz 2. Bei Aufhebung der Betreuung ist die Zeit bis zur Bekanntgabe des Aufhebungsbeschlusses zu vergüten[16]. 19

a) Vergütung für Abwicklungsarbeiten. Fraglich ist, ob die Zeit für die Abschlusstätigkeiten des Betreuers (Schlussbericht, Vermögensaufstellung, Zusammenstellung der Einnahmen und Ausgaben, Rückgabe der Bestallungsurkunde, Erteilung notwendiger Auskünfte an Banken usw, Herausgabe des Nachlasses an die Erben), die erst nach dem Tod des Betreuten anfallen, als Betreuungszeit zählt. Überwiegend wird vertreten, dass diese Zeit nicht zusätzlich vergütungspflichtig ist, den vergütungsfähigen Zeitraum nicht verlängert[17]. Denn solche Tätigkeiten sind durch die Pauschale mit abgegolten. Dafür spricht auch die vom VBVG angestrebte leichtere Abrechnung; anderenfalls müsste im Einzelfall festgestellt werden, wie lange nach dem Tod noch die Abwicklungsleistungen dauerten. Zudem bestünde die Gefahr des Missbrauchs; so könnten Betreuer versucht sein, die Abwicklung hinauszuzögern, um möglichst lange die Pauschalvergütung zu erhalten. Manchmal kommen Rückfragen (zB von Gläubigern) erst nach vielen Monaten. Eine andere Meinung[18] will eine Vergütung bewilligen, aber nicht pauschal, sondern nach Zeitaufwand (§ 3 VBVG; 33,50 Euro zuzüglich MwSt). 20

13 OLG Zweibrücken FamRZ 2006, 1303; OLG Frankfurt FGPrax 2009, 213 (Zeitspanne 7 Wochen 3 Tage); LG Koblenz FamRZ 2006, 1066 (jedenfalls wenn eine andere Person zum Betreuer bestellt wird); OLG Hamm Beschl v 16.3.2005 – 15 W 355/05; LG Bückeburg FamRZ 2009, 1709.

14 OLG Braunschweig FamRZ 2006, 290; OLG Hamm FamRZ 2006, 1228 = FGPrax 2006, 161; LG Hildesheim FamRZ 2006, 291.

15 OLG Köln FGPrax 2006, 163; OLG München Beschl v 9.8.2006 – 33 Wx 249/05.

16 OLG Dresden BtPrax 2006, 117.

17 OLG München NJW-RR 2006, 1517; OLG Köln FGPrax 2006, 163; OLG Dresden BtPrax 2006, 117; LG Wuppertal FamRZ 2006, 1063; LG Duisburg BtPrax 2006, 117.

18 LG Traunstein BtPrax 2006, 115.

21 **b) Notgeschäftsführung nach dem Tod des Betreuten.** Die Betreuung endet zwar mit dem Tod des Betroffenen, doch hat der Betreuer die Geschäfte, die nicht ohne Gefahr aufgeschoben werden können, zu besorgen, bis der Erbe anderweit Fürsorge treffen kann (§§ 1908 i I, 1893, 1698 b BGB). Solche Geschäfte sind zB: Wasserrohrbruch im Haus des Betreuten sichern; Dachreparatur, wenn der Sturm Dachschindeln weggerissen hat und Regen bevorsteht; Gas abstellen; im Winter bei strengem Frost Heizung einschalten; Versorgung der Haustiere. Eine andere Frage ist, ob diese Zeitspanne noch unter die nach § 5 vergütungspflichtige Zeit fällt. Nach der bis 30.6.2005 geltenden Regelung war dies unbestritten eine vergütungsfähige Zeit. Das neue System stellt auf das Ende der Betreuung ab. Es wird vertreten[19], der Berufsbetreuer sei für den Zeitraum der Notgeschäftsführung nach dem Tod des Betreuten zu vergüten, weil nicht ersichtlich sei, dass der Gesetzgeber Notgeschäftsführung vergütungsfrei habe machen wollen. Derartige Tätigkeiten des Betreuers seien regelmäßig nicht vorhersehbar und deshalb von der Pauschalregelung des § 5 nicht erfasst. Das LG Stendal will nach § 5, also pauschal, vergüten; hier stellt sich die Frage, welcher Tarif gilt: Heim oder Nichtheim? Ein Verstorbener wohnt weder zuhause noch in einem Heim. Das OLG München[20] will nicht pauschal, sondern auf der Basis einer Einzelaufstellung nach Stunden analog § 6 VBVG abrechnen (also zu 33,50 Euro zuzüglich MwSt), was eher passt.

II. Spezielle Fragen der Vergütung

22 **1. Vergütungslose Betreuungen.** Wird der Betreuer zwecks Gesundheitssorge am 1.10. morgens um 8 Uhr bestellt und verbringt er dann den ganzen Tag beim Betreuten im Krankenhaus, wo der Betreute am selben Tag um 23 Uhr stirbt, dann bekäme der Betreuer überhaupt keine Vergütung (und bliebe sogar auf seinen Auslagen für Fahrt und Telefonate sitzen), wenn man die Abschlussarbeiten nicht mehr berücksichtigt, weil das Vergütungsmonat ja erst am Tag nach dem Wirksamwerden der Betreuung beginnt (§ 5 Abs 4), also am 2.10. Das kann nicht stimmen[21].

23 **2. Vergütung, obwohl keine Arbeit anfällt?** Das Pauschalsystem gewährt die Vergütung für die Existenz als Betreuer, für die Vorhaltung von Betreuerleistung. Deshalb besteht Vergütungspflicht auch dann, wenn für den Betreuer keine Arbeit anfällt[22], was vor allem für selbstzahlende vermögende Betreute schmerzlich ist. Damit taucht die Frage auf, wie schnell eine Betreuung aufgehoben werden muss und wer die Verantwortung dafür trägt, wenn dies nicht geschieht. Hatte der Betreuer die begrenzte Aufgabe, einen Rentenantrag zu stellen, dann kann es nicht richtig sein, dass dies erst nach 7 Jahren wieder überprüft wird.

24 Wird ein Betreuer bestellt und die sofortige Wirksamkeit der Entscheidung angeordnet (§ 287 Abs 2 FamFG), ist ebenfalls denkbar, dass vergütungsfähige Zeit anfällt, obwohl der Betreuer gar nichts von der Betreuung weiß[23], also auch keine Leistung „vorhalten" kann.

25 **3. Gleichzeitige Vergütung für zwei Betreuer.** Das Pauschalsystem stellt nicht darauf ab, welchen Aufgabenkreis der Betreuer hat. Es spielt keine Rolle, ob er

---

19 LG Stendal FamRZ 2006, 1063; OLG Köln FGPrax 2006, 163; *Bienwald* in Anm. zu LG Stendal, der § 6 VBVG analog anwenden will und so zu § 3 VBVG kommt.

20 OLG München NJW-RR 2006, 1517.

21 *Dodegge/Roth*, Betreuungsrecht, F 188 Fußnote 516 will jedenfalls den einen Tag vergüten.

22 OLG München BtPrax 2007, 129; OLG Schleswig FamRZ 2007, 236.

23 Palandt/*Diederichsen* VBVG § 5 Rz 11; *Deinert* BtPrax Spezial 2005, 15.

für „alle Aufgaben" bestellt ist oder nur für eine kleine Aufgabe (etwa das Stellen eines Antrags). Demgemäß könnte der Richter zwei Berufsbetreuer bestellen, einen für die Vermögenssorge, den anderen für die Personensorge; das würde die Betreuung doppelt so teuer machen, für den selbstzahlenden Betreuten wäre es ein Unglück. Deshalb verbietet § 1899 Abs 1 Satz 3 BGB solche Aufspaltungen; waren zwei Berufsbetreuer schon vor dem 1.7.2006 bestellt worden, ist jetzt einer davon aus wichtigem Grund zu entlassen[24]. Davon gibt es nur wenige Ausnahmen:

(1) § 1899 Abs 2 BGB: der besondere Betreuer für die Einwilligung in die Sterilisation, der neben dem Hauptbetreuer agiert, aber einen anderen Aufgabenkreis hat. Hier wird der Hauptbetreuer nach der Pauschale (§ 4) bezahlt und es wird ihm nichts abgezogen, weil daneben ein Sterilisationsbetreuer (der nach Stunden bezahlt wird, § 6) tätig ist. 26

(2) § 1899 Abs 4 BGB: ein Betreuer wird bestellt, der die Angelegenheiten nur zu besorgen hat, soweit der andere verhindert ist. Vergütungsrechtlich unterscheidet § 6 dann zwei Fälle: bei Verhinderung *rechtlicher* Art (wie zB beim Insichgeschäft; §§ 1795, 1796 BGB) erfolgt die Zahlung des Ergänzungsbetreuers nach Stundenlohn. Der Hauptbetreuer wird nach der Pauschale vergütet; ihm wird nichts abgezogen (insbesondere nicht das „Gehalt" des Ergänzungsbetreuers), weil lediglich sein Aufgabenkreis schrumpft und der Umfang des Aufgabenkreises ohne Einfluss auf die Höhe der Pauschale ist. 27

(3) Liegt im vorigen Fall eine Verhinderung *tatsächlicher* Art vor (wie Urlaub, Krankheit), dann bestimmt § 6, dass der zweite Betreuer, der einspringt, eine Zahlung in Höhe der anteiligen Pauschale, berechnet nach Tagen, erhält, also keine Zahlung nach tatsächlichem Stundenaufwand. Die Konsequenz ist, dass diese Tage bei der Pauschale des Hauptbetreuers abzuziehen sind. Ist der Betreuer A vom 1.9. bis 10.10. in Urlaub und wird daher der B als Vertreter bestellt, dann erhält A für September keine Vergütung und für dem Oktober nur 21/31; der Vertreter B erhält den vollen Satz für den September und 10/31 für den Oktober. Natürlich darf der Vertreter nicht mit einem höheren Stundenkontingent anfangen; die seit drei Jahren bestehende Betreuung ist für ihn keine Erstbestellung. 28

(4) Kontrollbetreuer. Der Kontrollbetreuer (§ 1896 Abs 3 BGB) wird trotz seiner beschränkten Aufgabe wie ein Betreuer vergütet[25]. Da er nicht neben einem Berufsbetreuer steht, sondern neben einem Bevollmachtigten, stellt sich das Problem der Doppelvergütung, das § 1899 BGB verhindern will, nicht. 29

(5) Unzulässige Bestellung zweier Berufsbetreuer. Gleichwohl sind beide zu vergüten[26]; Staatshaftung tritt ein. 30

4. Vergütung des Gegenbetreuers. § 1908 i I BGB verweisen auf §§ 1792, 1799 BGB, weshalb in Betreuungssachen die Bestellung eines Gegenbetreuers zulässig ist. Unklar ist, ob der Gegenbetreuer pauschal wie ein Betreuer zu vergüten ist. Unklar ist aber, nach welchen Regeln der Gegenbetreuer vergütet wird. Meist[27] wird auf das Problem nicht eingegangen, sondern wegen der Namensgleichheit die Vergütung des Gegenbetreuers einfach den pauschalen Stundensätzen des 31

24 OLG München FamRZ 2006, 890; 2006, 506; OLG Hamm FamRZ 2007, 497.
25 OLG Köln FamRZ 2008, 2064.
26 OLG Hamm FamRZ 2007, 497 betrifft allerdings einen Fall vor Geltung von § 1899 Abs 1 Satz 3 BGB.
27 OLG Köln FamRZ 2008, 2064; OLG Schleswig FGPrax 2006, 166; LG Traunstein FamRZ 2010, 329.

§ 5 unterstellt. Bei der Anzahl der zu vergütenden Stunden lässt man[28] die Gegenbetreuung zum Nachteil des Gegenbetreuers allerdings schon mit der Betreuerbestellung **beginnen** und nicht erst mit der Bestellung des Gegenbetreuers (Betreuerbestellung 2003; Bestellung des Gegenbetreuers 2008, weil die Abrechnungen ab 2003 mangelhaft waren); das überzeugt nicht.

32 Eine Vergütung nach den Pauschalen scheidet meines Erachtens aus, weil ein Gegenbetreuer kein Betreuer ist, da er kein gesetzlicher Vertreter ist. Der Gegenbetreuer hat nur die Aufgabe, das Betreuungsgericht zu entlasten, wenn die Verwaltung größerer Vermögen beaufsichtigt werden soll. Das ist eine punktuelle, zeitlich begrenzte Angelegenheit. Auch sachlich wäre es nicht gerechtfertigt, den Gegenbetreuer so wie den Betreuer zu vergüten, weil es die Kosten für den vermögenden Betreuten verdoppeln würde. Sinnvoll ist eine Vergütung nach den tatsächlich gelisteten Stunden, in entsprechender Anwendung von §§ 3, 6 VBVG.

III. Der Begriff des Heims (Abs 3)

33 **1. Wann ist ein Aufenthaltsort ein Heim?** Hat der Betreute seine „gewöhnlichen Aufenthalt" (nicht zwingend: Wohnsitz) in einem Heim, werden weniger Stunden pauschal angesetzt. Einesteils wird unwiderlegbar vermutet, dass der Zeitaufwand des Betreuers geringer ist, wenn sich der Betreute in einem Heim aufhält (was jedenfalls dann zutrifft, wenn mehrere Betreute desselben Betreuers im selben Heim sind, weil dann bei *einem* Besuch alle Angelegenheiten erledigt werden können); andererseits soll dadurch die Sozialkasse von Heimkosten entlastet werden, weil dem Betreuer ein finanzielles Anreiz geboten wird, die Betroffenen möglichst lange zuhause zu halten (das lädt natürlich zum Missbrauch ein). Der Begriff des Heims ist in Abs 3 definiert.

34 Für die Lösung der zahlreichen Unklarheiten ist meines Erachtens auf die Frage abzustellen, ob typischerweise der Zeitaufwand des Betreuers geringer ist[29]; es kommt nicht auf den Umfang der tatsächlichen Inanspruchnahme der von dem Träger gegenüber dem konkreten Bewohner zu erbringenden Leistungen an, sondern auf eine abstrakte Betrachtungsweise, die sich auf die typische Lebenssituation eines Bewohners der betreffenden Einrichtung bezieht[30]. Es wird also nicht der konkrete Einzelfall betrachtet, der individuelle Heimvertrag studiert und durch Zeugenvernehmung festgestellt, welche Leistungen das Heim genau zu erbringen hat[31]. Andernfalls würde der Zweck des § 5, das Vergütungsabrechnungswesen zu vereinfachen, ins Gegenteil verkehrt.

35 a) Nimmt der Betroffene, der in einem **Wohnpark** eine Wohnung mit Küche gemietet hat, über die laut diesem Vertrag verpflichtend abzunehmenden so genannten Grundleistungen wie zB Anschluss an ein Notrufsystem, allgemeine Betreuung und allgemein soziale Beratung hinaus aufgrund Vertrages mit dem Träger des Wohnparks auch umfangreiche hauswirtschaftliche und pflegerische Betreuung bei gleichzeitiger Einstufung in eine Pflegestufe der Pflegeversicherung in Anspruch, so ist dies nach Ansicht des OLG München[32] als Heimaufenthalt anzusehen. Es kommt insoweit nicht auf die Einstufung der Einrichtung insgesamt als Heim und ihre Unterstellung unter die Heimaufsicht an. Entscheidend ist im Rahmen des Vergütungsrechts der heimmäßige Aufenthalt des

28 So das OLG Köln FamRZ 2007, 937.
29 MünchKomm-*Fröschle* VBVG § 5 Rz 31.
30 OLG Celle NJW 2009, 2336 = FamRZ 2009, 1518.
31 So aber zB OLG München NJW-RR 2006, 1016; *Lipp/Ohrt* BtPrax 2005, 209.
32 OLG München NJW-RR 2006, 1016 = FamRZ 2006, 1229.

konkret Betroffenen. Die Unterbringung bei einer **Gastfamilie** ist keine Heimunterbringung[33].

b) Der Begriff des Heims setzt zwingend voraus, dass die betreffende Einrichtung auch dem Zweck dient, den aufgenommenen Personen „**Verpflegung** zur Verfügung zu stellen oder vorzuhalten". Dafür genügt es nicht, dass die Einrichtung über eine **Kantine** verfügt, in der auch dieser Personenkreis gegen Bezahlung ein Mittagessen einnehmen kann. Erforderlich ist, dass die Einrichtung den Insassen sämtliche Hauptmahlzeiten (Frühstück, Mittagessen, Abendessen) anbietet und diese im Heimpreis inbegriffen sind. Es kommt nicht darauf an, dass im Hinblick auf die teilweise sichergestellte Verpflegung ein Mehraufwand des Betreuers nicht ersichtlich ist. Denn § 5 knüpft nicht an den im Einzelfall entstehenden Aufwand, sondern an feste Pauschalsätze an. Damit wollte der Gesetzgeber das Abrechnungssystem vereinfachen und Streitigkeiten entgegenwirken. Dementsprechend hat er den Heimbegriff in Anlehnung an § 1 Abs 1 Satz 2 HeimG an klaren Kriterien orientiert, die den Gerichten einen möglichst geringen Auslegungsspielraum eröffnen[34]. 36

c) Ein Heimaufenthalt liegt auch dann vor, wenn der Betroffene zwar in einem Heim lebt, aber noch **Eigentümerin einer Eigentumswohnung** ist. Darauf, dass die Verwaltung der Eigentumswohnung zeitaufwendig ist, kann nicht abgestellt werden[35]. 37

d) Die **Unterbringung eines Betreuten nach § 63 StGB** begründet für diesen den gewöhnlichen Aufenthalt in der Psychiatrischen Klinik; es handelt sich somit um eine Heimunterbringung. Nach Sinn und Zweck des § 5 ist von einer Unterbringung (im Heim) auszugehen, wenn der Betroffene sich nicht nur vorübergehend im Maßregelvollzug befindet[36]. Die Frage, welche Form von Aufenthalt vorliegt, bestimmt sich nach objektiven Kriterien, der Wille des Betroffenen spielt hierbei keine entscheidende Rolle[37]. Bei einer vorläufigen Unterbringung nach § 126a StPO liegt in der Regel noch keine Heimunterbringung im vergütungsrechtlichen Sinn vor[38]. 38

e) **Betreutes Wohnen** ist kein feststehender gesetzlicher Begriff; es kommt deshalb auf die Ausgestaltung im Einzelfall an[39]. Es fällt nicht unter den Heimbegriff des § 5 Abs 3, wenn neben einem Mietvertrag auch ein Vertrag über allgemeine Betreuungsleistungen mit dem Träger der Einrichtung abgeschlossen ist, diese also miteinander gekoppelt sind, jedoch für den Fall der Verschlechterung des Gesundheitszustandes keine Versorgungsgarantie besteht, sondern im Gegensatz eine Kündigung der Verträge durch den Träger im Heimvertrag ausdrücklich als zulässig angesehen wird. Denn in diesem Fall fehlt es an der „heimmäßigen" Versorgung[40]. Andererseits: Die Wohnform „betreutes Wohnen" kann auch als gewöhnlicher Aufenthalt in einem Heim i. S. des § 5 Abs 3 angesehen werden. Im Vergütungsverfahren besteht jedoch keine rechtliche Bindung an die Ansicht der Heimaufsichtsbehörde[41]. 39

33 LG Kassel FamRZ 2009, 1182.
34 OLG Schleswig FamRZ 2006, 1229.
35 LG Arnsberg BtPrax 2006, 115.
36 LG Regensburg FamRZ 2006, 1062; aA *Bienwald* in Anm hierzu.
37 OLG Köln Beschl v 7.7.2006 – 16 Wx 159/06; LG Amberg BtPrax 2006, 115.
38 OLG Köln Beschl v 9.6.2006 – 16 Wx 104/06.
39 LG Flensburg Beschl v 22.2.2006 – 5 T 399/05; LG Koblenz NJOZ 2006, 1389.
40 OLG Dresden Beschl v 21.4.2006 – 3 W 0446/06. Anders bei einer Dauer von mehr als sechs Monaten LG Koblenz Beschl v 13.7.2006 – 2 T 444/06.
41 LG Koblenz FamRZ 2006, 971.

40 f) Die Unterbringung in einer **Pflegefamilie** kann im Einzelfall als Unterbringung in einem Heim zählen[42].

41 g) Auch eine **Justizvollzugsanstalt** ist ein „Heim" im Sinne von § 5. Der Betroffene hat dort jedenfalls dann seinen gewöhnlichen Aufenthalt, wenn er nicht mehr über einen anderen Daseinsmittelpunkt mit Rückkehrmöglichkeit verfügt[43]. Diese Einschränkung ist mE nicht angebracht, denn wenn ein Betreuter für längere Zeit in der JVA eingeschlossen ist, ist der Zeitaufwand des Betreuers immer geringer, selbst wenn der Betreute seine Wohnung behält[44].

42 **2. Ab wann hält man sich in einem Heim auf?** Nicht jeder kurzfristige Aufenthalt zählt; es kommt darauf an, ab wann der Betreute seinen „gewöhnlichen" Aufenthalt in einem Heim hat (§ 5 Abs 1). Es kommt nicht auf den Zeitpunkt der Wohnungsauflösung an, sondern darauf, ab wann der Betreute seinen gewöhnlichen Aufenthalt in einem Heim hat[45]. Ein mehrmonatiger Klinik- oder Reha-Aufenthalt soll keinen gewöhnlichen Aufenthalt begründen[46]. Eine Unterbringungsdauer von drei Monaten in rechtfertigt keine Annahme des gewöhnlichen Aufenthaltes in einer Einrichtung[47].

IV. Teilmonate, Veränderungen; Abs 4

43 Wie Monate berechnet werden ergibt sich gemäß Abs 4 aus §§ 187 Abs 1 und § 188 Abs 2, 1. Alt BGB. Der Vergütungsmonat dauert zwischen 28 und 31 Tagen. Wird die Bestellung des Betreuers am 15.5. wirksam, läuft er erste Vergütungsmonat vom 16.5. bis 15.6., der erste Tag ist also anscheinend vergütungsfrei.

44 **1. Veränderungen. – a) Änderungsfähige Umstände** die sich auf die Vergütung auswirken, sind:
- Aufenthalt im Heim,
- Mittellosigkeit des Betreuten,
- Ende der Betreuung durch Tod, Aufhebung.

45 Der Tag, an dem die Änderung eintritt, gehört noch zum ablaufenden Teilmonat[48]. Zieht der Betreute bei Wirksamwerden der Betreuung am 10.6. schon am 23.6. auf Dauer in ein Heim um, dann werden 13 Tage (11.6. bis 23.6.) als Zuhause-Tage abgerechnet (also 13/30 der Monatspauschale) und erst ab dem 24.6. beginnen vergütungsmäßig die Heim-Tage.

46 Das größere Problem ist, bei Umzug ins Heim den genauen Tag des Eintritts des Ereignisses zu bestimmen (Probewohnen? Kurzzeitpflege?); ebenso ist es bei Vermögensverlust. Eindeutig ist der Stichtag nur im Todesfall.

47 **Beispiel:** Die Betreuung wird am 10.4. wirksam. Am 2.11. endet die Betreuung durch Tod des Betreuten. Dann läuft das erste Vergütungsquartal vom 11.4. bis 10.7., das zweite Quartal vom 11.7. bis 10.10. und das dritte Quartal (11.10. bis 10.1.) nur teilweise, nämlich vom 11.10. nur bis 2.11. Deshalb ist für das siebte Monat 11.10. bis 10.11. eine Quote zu bilden: Sie beträgt nach *Fröschle*[49] 23/31. 23 Tage (11.10. nur bis 2.11.) seien

---

42 LG Aurich BtPrax 2006, 77.
43 OLG München Beschl v 4.7.2006 – 33 Wx 060/06.
44 Vgl LG Traunstein BtPrax 2006, 115 (14 Monate Haft).
45 LG Mönchengladbach FamRZ 2006, 1229.
46 LG Kassel BtPrax 2006, 116.
47 LG Paderborn Beschl v 26.1.2006 – 5 T 467/05.
48 MünchKomm-*Fröschle* VBVG § 5 Rz 34.
49 MünchKomm-*Fröschle* VBVG § 5 Rz 34; das Rechenbeispiel in BT-Drucks 15/2494 S. 90 ist unstimmig.

noch zu vergüten (also 23/31), 8 Tage (8/31), nämlich 3.11. bis 10.11., seien vergütungsfrei. Nach anderer Ansicht[50] wird jeder Monat mit 30 Tagen entsprechend § 191 BGB gezählt.

b) **Mittellosigkeit**[51]. Für die Frage der **Vergütungshöhe** sind die Einkommens- und Vermögensverhältnisse des Betreuten während der abzurechnenden Betreuungszeit maßgebend[52]. Wenn der Betreute während des Abrechnungszeitraums (z.B. 1.7. bis 30.9.) mittellos ist, dann (im Oktober) zu Geld kommt, dann gilt für den Betreuer während der Mittellosigkeit die niedrigere Stundenzahl (§ 5 VBVG) eines mittellosen Betreuten, weil der Betreuer die fiktive Mühe der Vermögensverwaltung nicht hatte. Ebenso ist es im umgekehrten Fall, wenn der Betreute während des Vergütungszeitraums vermögend ist, zum Zeitpunkt der Vergütungsfestsetzung aber verarmt ist: Es gilt der höhere Stundensatz für nicht mittellose Betreute[53]. **48**

Wenn zB der Betreuer für die Zeit vom 30.8. bis 29.11. abrechnet und der Betreute seit 19.10. mittellos ist, fragt sich, wie der 2. Monat (30.9. bis 29.10.) abzurechnen ist. Nach einer Meinung ist taggenau abzurechnen[54], die Mittellosigkeit ist nicht zwingend einheitlich für den ganzen Zeitraum zu beurteilen. Nach der aA[55] hingegen ist für die Frage der Mittellosigkeit auf ganze Betreuungsmonate abzustellen, wobei es darauf ankommt, ob der Betreute mit Ablauf des Monats über Mittel verfügt, die es ihm (unter Berücksichtigung des Schonvermögens) erlauben, die volle Monatsvergütung für die Betreuung eines nicht mittellosen Betreuten zu zahlen. **49**

Eine andere Frage ist, auf welchen Zeitpunkt es bei der **Bestimmung des Zahlungspflichtigen** ankommt (§ 1 Abs 2 Satz 2 VBVG); das ist der Zeitpunkt der Entscheidung[56]. Bei Mittellosigkeit zahlt die Staatskasse. Kann der einstmals vermögende Betreute jetzt nicht mehr zahlen, muss die Staatskasse einspringen, auch für den höheren Stundenansatz. **50**

2. **Aufrundung.** Die bei der taggenauen Berechnung sich ergebenden Stundenansätze sind auf volle Zehntel aufzurunden (Abs 4 Satz 2). Beispielsweise ergeben 22/31 von 3 Stunden rechnerisch demgemäß 2,1290 Stunden, was auf 2,2 Stunden aufzurunden ist. Nach der aA[57] ist nur bei mehr als 5 hinter der zweiten Stelle nach dem Komma aufzurunden (im Beispiel wäre auf 2,1 abzurunden). **51**

V. Wechsel vom Berufsbetreuer zum ehrenamtlichen Betreuer (Abs 5)

Wird der Berufsbetreuer durch einen (oder zwei) ehrenamtlichen Betreuer abgelöst, werden dem Berufsbetreuer der Monat, in den der Wechsel fällt, und der Folgemonat mit der vollen Monatspauschale vergutet (§ 5 V VBVG); obwohl **52**

50 LG Duisburg BtPrax 2006, 116.
51 Dazu *Feldmann* BtPrax 2009, 221
52 OLG München FGPrax 2009, 21; OLG Hamm BeckRS 2009, 05.433; OLG Hamburg FamRZ 2008, 91; OLG Frankfurt Rpfleger 2008, 419; OLG Dresden BtPrax 2007, 256; OLG Brandenburg FamRZ 2007, 2109; kritisch MünchKomm-*Fröschle* VBVG § 5 Rz 21.
53 LG München I FamRZ 2006, 970; LG Koblenz FamRZ 2006, 1303.
54 OLG Brandenburg FamRZ 2007, 2109; OLG Dresden BtPrax 2007, 256; LG Halle FamRZ 2009, 371; LG Gießen FamRZ 2007, 1689; Dodegge NJW 2005, 1896.
55 OLG München FamRZ 2009, 453 = FGPrax 2009, 21 (Vorlage an BGH).
56 OLG Hamburg FamRZ 2008, 91; OLG Brandenburg FamRZ 2007, 2109.
57 AG Ludwigshafen FamRZ 2006, 361; Palandt/*Diederichsen* VBVG § 5 Rz 17 („gewohnheitsrechtlich").

der Berufsbetreuer (fast) nichts mehr gearbeitet hat, bekommt er noch zwei volle Monatspauschalen. Bezüglich des maßgebenden Tages wird es auf den Tag ankommen, an dem die Aufhebung der Bestellung wirksam wird (§ 287 Abs 1 FamFG). Das System ähnelt irgendwie dem Sozialplan beim Verlust des Arbeitsplatzes.

53 Abs 5 ist auch anwendbar, wenn der Wechsel vom Berufsbetreuer zu einem ehrenamtlichen Betreuer in einem Beschwerdeverfahren gegen die Bestellung des Betreuers erfolgt ist[58]; ebenso wenn der Berufsbetreuer durch einstweilige Anordnung bestellt wurde[59].

54 Wird der Berufsbetreuer durch zwei Betreuer abgelöst, einen Berufsbetreuer und einen ehrenamtlichen Betreuer, bleibt es bei Abs 4[60]. Hört der Berufsbetreuer als solcher auf und führt die Betreuung als ehrenamtlicher Betreuer fort, wäre es absurd, ihm eine Abfindung nach Abs 5 zu zahlen[61].

§ 6 Sonderfälle der Betreuung

[1]In den Fällen des § 1899 Abs. 2 und 4 des Bürgerlichen Gesetzbuchs erhält der Betreuer eine Vergütung nach § 1 Abs. 2 in Verbindung mit § 3; für seine Aufwendungen kann er Vorschuss und Ersatz nach § 1835 des Bürgerlichen Gesetzbuchs mit Ausnahme der Aufwendungen im Sinne von § 1835 Abs. 2 des Bürgerlichen Gesetzbuchs beanspruchen. [2]Ist im Fall des § 1899 Abs. 4 des Bürgerlichen Gesetzbuchs die Verhinderung tatsächlicher Art, sind die Vergütung und der Aufwendungsersatz nach § 4 in Verbindung mit § 5 zu bewilligen und nach Tagen zu teilen; § 5 Abs. 4 Satz 3 sowie § 187 Abs. 1 und § 188 Abs. 1 des Bürgerlichen Gesetzbuchs gelten entsprechend.

1 **1. Inhalt der Vorschrift.** § 6 regelt „Sonderfälle" der Betreuung, hier gelten für Vergütung und Aufwendungsersatz nicht §§ 4, 5 VBVG, sondern § 6:

2 a) **§ 1899 Abs 2 BGB:** der besondere Betreuer für die Einwilligung in die Sterilisation (Sterilisationsbetreuer), der neben dem Hauptbetreuer agiert, aber einen anderen Aufgabenkreis hat. Hier wird der Hauptbetreuer nach der Pauschale (§§ 4, 5 VBVG) bezahlt und es wird ihm nichts abgezogen, weil daneben ein Sterilisationsbetreuer tätig ist.

3 **Vergütung:** Der Sterilisationsbetreuer wird nach den tatsächlich aufgewandten Stunden, begrenzt durch die erforderlichen Stunden, bezahlt, § 6 VBVG, aber nur, wenn er die Betreuung berufsmäßig führt, also laut Bestellungsbeschluss Berufsbetreuer ist (§ 1 Abs 2 VBVG). Ist der Sterilisationsbetreuer ehrenamtlicher Betreuer, erhält er bei Mittellosigkeit des Betreuten keine Vergütung (aber die Pauschale nach § 1835 a BGB), bei Vermögen des Betreuten eine Vergütung, falls § 1836 Abs 2 BGB erfüllt ist. Die Höhe des Stundenlohns richtet sich nach § 3 VBVG, es gelten also nicht die Brutto-Stundenlöhne des § 4 VBVG (27, 33,50 oder 44 Euro inklusive Umsatzsteuer), sondern der Stundensatz beträgt (je nach Ausbildung des Betreuers) 19,50 bzw 25 bzw 33,50 Euro zuzüglich Auslagen und Umsatzsteuer. Bei besonderer Schwierigkeit kann das Betreuungsgericht eine höhere Vergütung bewilligen, aber nicht, wenn wegen Mittellosigkeit des Betreuten die Staatskasse zahlen müsste (§ 3 Abs 3 VBVG).

---

58 OLG Frankfurt FamRZ 2008, 1562.
59 LG Bad Kreuznach FamRZ 2009, 2118.
60 AG Kassel bei *Deinert* BtPrax 2006, 116.
61 So aber OLG Hamm FamRZ 2008, 92; zustimmend MünchKomm-*Fröschle* VBVG § 5 Rz 43; aA Palandt/*Diederichsen* VBVG § 5 Rz 19; *Bienwald* FamRZ 2008, 92 (Anm).

3a

Sterilisationsbetreuer, Vertretungsbetreuer bei rechtlicher Verhinderung		
	Mittelloser Betreuter	„Vermögender" Betreuter
Höhe der Vergütung	19,50 bis 33,50 Euro + MwSt (§ 3 I VBVG); + Auslagenersatz	19,50 bis 33,50 Euro + MwSt; eventuell auch mehr (§ 3 III VBVG). + Auslagenersatz
Zahlungspflichtig ist	die Staatskasse	der Betreute

Die **Auslagen** (Fahrtkosten etc) werden dem Sterilisationsbetreuer nach Anfall 4 erstattet, also nicht pauschal (§ 1835 BGB); sie sind auch nicht in der Vergütung inbegriffen. Die Kosten bestimmter Haftpflichtversicherungen werden ihm aber nicht erstattet (§ 1835 Abs 2 BGB ist in § 6 Satz 1 ausgenommen).

b) **§ 1899 Abs 4 BGB:** ein Betreuer wird bestellt, der die Angelegenheiten nur 5 zu besorgen hat, soweit der andere verhindert ist. Vergütungsrechtlich unterscheidet § 6 VBVG dann zwei Fälle:

aa) bei Verhinderung *rechtlicher* Art (wie zB beim Insichgeschäft; §§ 1795, 1796 6 BGB) erfolgt die Zahlung des Ergänzungsbetreuers nach dem tatsächlichen Stundenaufwand und dem niedrigeren Stundenlohn (§ 3 VBVG)[1], ihm werden seine konkreten Auslagen nach § 1835 BGB ersetzt, wie oben Rz 4. Der Hauptbetreuer wird nach der Pauschale vergütet; ihm wird nichts abgezogen (insbesondere nicht das „Gehalt" des Ergänzungsbetreuers), weil lediglich sein Aufgabenkreis schrumpft und der Umfang des Aufgabenkreises ohne Einfluss auf die Höhe der Pauschale ist.

bb) Liegt eine Verhinderung *tatsächlicher* Art vor (wie Urlaub, Krankheit), dann 7 bestimmt § 6 Satz 2 VBVG, dass der zweite Betreuer, der einspringt, eine Zahlung in Höhe der anteiligen Pauschale, berechnet nach Tagen, erhält, also keine Zahlung nach tatsächlichem Stundenaufwand und nach dem geringeren Stundenlohn des § 3. Die Konsequenz ist, dass diese Tage bei der Pauschale des Hauptbetreuers abzuziehen sind. Ist der Betreuer A vom 1.9. bis 10.10. in Urlaub und wird daher der B als Vertreter bestellt, dann erhält A für September keine Vergütung und für dem Oktober nur 21/31; der Vertreter B erhält den vollen Monatssatz für den September und 10/31 für den Oktober.

Der Vertreter darf nicht mit einem höheren Stundenkontingent abrechnen, denn 8 es kommt auf das Alter der Betreuung an, nicht darauf, ob sie für ihn alt ist oder nicht.

Wird für die Zeit tatsächlicher **Verhinderung des ehrenamtlichen Betreuers ein** 9 **Berufsbetreuer** bestellt, so ist die von dem ehrenamtlichen Betreuer beanspruchte pauschale Aufwandsentschädigung zeitanteilig für die Tage zu kürzen, an denen der Verhinderungsbetreuer tätig gewesen ist[2]; es wird also nicht einfach der an den Berufsbetreuer bezahlte höhere Betrag von der Aufwandspauschale abgezogen (sonst gäbe es Fälle, wo die Aufwandspauschale auf Null reduziert würde, weil ein Berufsbetreuer im Jahr mehr als 323 Euro erhält).

2. Analoge Anwendung von § 6. – a) Notgeschäftsführung nach dem Tod des 10 **Betreuten.** Die Betreuung endet zwar mit dem Tod des Betroffenen, doch hat

1 OLG Celle FamRZ 2008, 1213.
2 LG Nürnberg-Fürth FamRZ 2007, 719.

der Betreuer die Geschäfte, die nicht ohne Gefahr aufgeschoben werden können, zu besorgen, bis der Erbe anderweit Fürsorge treffen kann (§§ 1908 i Abs 1, 1893, 1698 b BGB). Solche Geschäfte sind zB: Wasserrohrbruch im Haus des Betreuten sichern usw. Es wird vertreten[3], der Berufsbetreuer sei für den Zeitraum der Notgeschäftsführung nach dem Tod des Betreuten zu vergüten, weil nicht ersichtlich sei, dass der Gesetzgeber Notgeschäftsführung vergütungsfrei habe machen wollen. Derartige Tätigkeiten des Betreuers seien regelmäßig nicht vorhersehbar und deshalb von der Pauschalregelung des § 5 VBVG nicht erfasst. Das LG Stendal will nach § 5 VBVG, also pauschal, vergüten; hier stellt sich die Frage, welcher Tarif gilt: Heim oder Nichtheim? Ein Verstorbener wohnt weder zuhause noch in einem Heim. Das OLG München[4] will nicht pauschal, sondern auf der Basis einer Einzelaufstellung nach Stunden analog § 6 VBVG abrechnen (also zu 33,50 Euro + MwSt), was eher passt.

11 b) **Vergütung des Gegenbetreuers.** § 1908 i Abs 1 BGB verweisen auf §§ 1792, 1799 BGB, weshalb in Betreuungssachen die Bestellung eines Gegenbetreuers zulässig ist. Unklar ist, ob der Gegenbetreuer pauschal wie ein Betreuer zu vergüten ist. Die hM[5] bejaht das. Dagegen spricht, dass er kein gesetzlicher Vertreter ist, sondern nur eine punktuelle, zeitlich begrenzte Angelegenheit zu besorgen hat. Sinnvoll ist meines Erachtens eine Vergütung nach den tatsächlich geleisteten Stunden, analog §§ 6, 3 VBVG.

§ 7 Vergütung und Aufwendungsersatz für Betreuungsvereine

(1) [1]Ist ein Vereinsbetreuer bestellt, so ist dem Verein eine Vergütung und Aufwendungsersatz nach § 1 Abs. 2 in Verbindung mit den §§ 4 und 5 zu bewilligen. [2]§ 1 Abs. 1 sowie § 1835 Abs. 3 des Bürgerlichen Gesetzbuchs finden keine Anwendung.

(2) [1]§ 6 gilt entsprechend; der Verein kann im Fall von § 6 Satz 1 Vorschuss und Ersatz der Aufwendungen nach § 1835 Abs. 1, 1 a und 4 des Bürgerlichen Gesetzbuchs verlangen. [2]§ 1835 Abs. 5 Satz 2 des Bürgerlichen Gesetzbuchs gilt entsprechend.

(3) Der Vereinsbetreuer selbst kann keine Vergütung und keinen Aufwendungsersatz nach diesem Gesetz oder nach den §§ 1835 bis 1836 des Bürgerlichen Gesetzbuchs geltend machen.

Schrifttum: *Griep*, Anspruch der Betreuungsvereine auf Vergütung für Vereinsbetreuer, FamRZ 1994, 350; *Bienwald/Oetjen*, Betreuungsvereine in Deutschland, 1994; *Klie*, Eingruppierung von Behörden- und Vereinsbetreuern, BtPRax 1997, 14, *Sopp* (Öffentlichkeitsarbeit der Vereine) BtPrax 2000, 65.

I. Gesetzesgeschichte

1 Früher war der Sachverhalt in § 1908 e BGB geregelt; diese Vorschrift wurde durch das 1. BtÄndG mit Wirkung ab 1.1.1999 geändert; ab 1.7.2005 wurde § 1908 e durch das 2. BtÄndG aufgehoben und durch § 8 VBVG ersetzt.

---

3 LG Stendal FamRZ 2006, 1063; OLG Köln FGPrax 2006, 163; *Bienwald* in Anm zu LG Stendal, der § 6 VBVG analog anwenden will und so zu § 3 VBVG kommt.

4 OLG München NJW-RR 2006, 1517.

5 OLG Schleswig FGPrax 2006, 166; OLG Köln FamRZ 2007, 937; Palandt/*Diederichsen* VBVG § 6 Rz 1.

II. Allgemeines

1. Vereinsmitarbeiter als Vereinsbetreuer. § 7 regelt die Ansprüche eines Betreuungsvereins auf Vergütung und Ersatz von Aufwendungen, *wenn* einer ihrer Mitarbeiter vom Gericht laut Beschlussinhalt (§ 290 Nr 2 FamFG) als **Vereinsbetreuer** bestellt wurde (§ 1897 Abs 2 Satz 1 BGB); ebenso bei Bestellung als Gegenbetreuer. Wenn der Vereinsmitarbeiter zum Verfahrenspfleger bestellt wurde, gilt § 277 Abs 4 Satz 1 FamFG. 2

2. Betreuungsverein als Betreuer. Wird ein anerkannter Betreuungsverein (§ 1908 f BGB) als Institution zum Betreuer bestellt (§ 1900 Abs 1 BGB), stehen dem Verein nur dann Ansprüche auf **Ersatz von Aufwendungen** gegen den Betreuten zu, wenn dieser über ausreichendes Vermögen verfügt (§ 1908 i iVm § 1835 Abs 5 Satz 1 BGB). Der Verein selbst kann weder Ersatz für allgemeine Verwaltungskosten (§ 1908 i iVm § 1835 Abs 5 Satz 2 BGB) noch eine **Vergütung** (§ 1908 i iVm § 1836 Abs 3 BGB; auch nicht von vermögenden Betreuten)[1] oder Aufwandsentschädigung (§ 1908 i iVm §§ 1835 a, 1836 Abs 3 BGB) erhalten. Durch diese einschneidende Regelung sollen die Vereine gezwungen werden, Vereinsbetreuer bestellen zu lassen; denn dann werden Aufwendungen und Vergütung bezahlt. 3

III. Vergütung und Aufwendungsersatz; Abs 1

1. Vergütung. Ist vom Betreuungsgericht ein Vereinsbetreuer bestellt worden, soll der Verein für ihn grundsätzlich so kassieren können, wie wenn der Angestellte Berufsbetreuer gewesen wäre. Dem Betreuungsverein steht **für die Tätigkeit seines Mitarbeiters** als Vereinsbetreuer (§ 1897 Abs 1, 2 BGB) daher ein Vergütungsanspruch zu. Teilt ein Betreuungsverein dem Betreuungsgericht eine länger dauernde Verhinderung eines bestellten Vereinsbetreuers mit und regt die Bestellung eines Mitarbeiters zum Ergänzungsbetreuer an, wird aber der Vereinsmitarbeiter erst mit erheblicher Verzögerung (drei Monate) bestellt, kann für von ihm zwischenzeitlich erbrachte Tätigkeiten der Verein Vergütung und Aufwendungsersatz fordern[2]. Ebenso ist es, wenn das Betreuungsgericht aus sonstigen Rechtsirrtümern trotz entsprechenden Antrags keinen Vereinsbetreuer bestellt[3]. Die Verweisungen in § 7 besagen: es besteht ein Anspruch auf Vergütung (§ 1 Abs 2 VBVG); das setzt aber nicht voraus, dass die Berufsmäßigkeit der Betreuung im Beschluss des Betreuungsgerichts festgestellt wird (denn § 1 Abs 1 VBVG findet keine Anwendung). Bezahlt wird nach den Pauschalen (§§ 4, 5 VBVG). Anders ist es in den Sonderfällen des § 6 VBVG. Zum früheren Vergütungsrecht hatte das BVerfG[4] entschieden, dass Art 12 Abs 1 GG gebietet, bei der Festsetzung der Vergütung für Betreuungsvereine zu beachten, dass Betreuungsvereine besonders qualifiziertes Fachpersonal anstellen und zur Verfügung der Gerichte halten. 4

Der Vergütungsanspruch steht dem Verein zu, auch wenn der vom Betreuungsgericht bestellte Mitarbeiter, wäre er selbständig, nicht die Voraussetzungen des § 1 Abs 1 VBVG erfüllt, zB nur fünf Betreuungen hat oder (als Teilzeitbeschäftigter) nur wenige Stunden in der Woche arbeitet. Wer bei einem Betreuungsverein beschäftigt ist, gilt auch ohne **Feststellung der Berufsmäßigkeit** unwiderlegbar als Berufsbetreuer. Ob das Einverständnis des Vereins vor Bestellung 5

1 LG Koblenz FamRZ 1994, 832.
2 BayObLG FamRZ 2004, 405.
3 OLG Frankfurt FGPrax 2008, 243 (Vereinsbetreuer gestorben, kein neuer bestellt).
4 BVerfG NJW 2002, 2091.

vorlag wird im Vergütungsfestsetzungsverfahren nicht mehr geprüft[5]. Für ehrenamtliche (unbezahlte) Mitarbeiter erhält der Verein keine Vergütung[6].

6 Die **staatliche Anerkennung des Vereins** ist nicht Anspruchsvoraussetzungen. Zwar kann nach § 1900 Abs 1 BGB nur ein anerkannter Verein bestellt werden, so dass die Bestellung eines anderen Vereins fehlerhaft ist, aber nicht nichtig. Auch der nicht anerkannte Verein kann aber für seine Mitarbeiter Vergütung verlangen[7].

7 a) **Mittelloser Betreuter.** Bei Mittellosigkeit des Betreuten besteht ein Vergütungsanspruch gegen die Staatskasse (§ 1 Abs 2 VBVG). Dem Verein steht die Vergütung dem Grunde und der Höhe nach so zu, wie sie dem Vereinsbetreuer zustünde, wenn er selbstständig wäre[8]. Die Höhe der Vergütung richtet sich somit nicht nach der tatsächlich aufgewandten Zeit, sondern nach den Stundenpauschalen in § 5 VBVG. Der Stundenlohn orientiert sich an der Ausbildung des jeweiligen Vereinsbetreuers (§ 4 VBVG)[9]. Es kommt nicht darauf an, welche Selbstkosten der Verein hat[10]. In den neuen Ländern erfolgte früher eine Kürzung um 10 % gem Einigungsvertrag[11]; das ist aufgehoben.

8 b) **Vermögender Betreuter.** Führt der Mitarbeiter des Vereins eine solche Betreuung, so hat der Verein einen Vergütungsanspruch gem § 1836 Abs 1 Satz 2 BGB gegen den Betreuten. Die Stundenpauschalen sind hier höher als bei mittellosen Betreuten (§ 5 Abs 1 VBVG). Der Stundenlohn ist so hoch wie bei Betreuung mittelloser Personen, richtet sich also nach der Ausbildung des jeweiligen Vereinsbetreuers. Führt der Vereinsbetreuer nur so wenig Betreuungen, dass er – für sich betrachtet – ein ehrenamtlicher Betreuer wäre, ist es nicht anders; denn Vereinsbetreuer arbeiten immer berufsmäßig. Der Weg zu einer höheren Vergütung über § 1836 Abs 2 BGB ist also verschlossen.

9 c) **Mehrwertsteuer.** Im Stundensatz des § 4 VBVG steckt die Mehrwertsteuer. Während selbstständige Berufsbetreuer 19 % abführen müssen, so dass sie in Wirklichkeit nicht 44 Euro je Stunde erhalten, sondern netto 36,97 Euro zuzüglich 19 %, muss der Betreuungsverein derzeit[12] nur 7 % Umsatzsteuer zahlen, was 41,12 Euro netto ergibt.

10 2. **Aufwendungsersatz. – a) Mittelloser Betreuter.** Bei Mittellosigkeit des Betreuten besteht an sich ein Anspruch auf Aufwendungsersatz (wie Fahrtkosten) gegen die Staatskasse (§ 1 Abs 2 VBVG); allerdings gelten bei Berufsbetreuern, wozu die Vereinsbetreuer gehören, die Stundensätze des § 4 VBVG auch den Ersatz von Aufwendungen ab (§ 4 Abs Abs 2 Satz 1 VBVG).

11 b) **Vermögender Betreuer.** Hier ist es wie beim mittellosen Betreuten.

12 c) Ansprüche des Betreuungsvereins auf Erstattung der ihm erwachsenden **Kosten für eine Versicherung** (§ 1835 Abs 2 BGB) seiner Mitarbeiter sind nicht gesondert zu erstatten (§ 1835 Abs 2 Satz 2 BGB). Ansprüche auf **Aufwendungsersatz für Dienste** (§ 1835 Abs 3 BGB), sind ebenfalls ausgeschlossen

5 KG Rpfleger 2006, 398.
6 BT-Drucks 15/4874 S. 32.
7 KG Rpfleger 2008, 398.
8 BayObLG FamRZ 1995, 692; OLG Frankfurt BtPrax 1995, 183; LG Berlin FamRZ 1996, 1350.
9 BayObLG FamRZ 2005, 133.
10 OLG Hamm BtPrax 2003, 84.
11 Art 4. BtÄndG iVm § 1 Ermäßigungssatz-AnpassungsVO v 15.4.1996, BGBl 1996, S. 604; so auch schon früher: LG Berlin FamRZ 1996, 1350.
12 Dazu FG Düsseldorf BtManagement 2007, 38; Art 13 A1 g der EWG-Richtlinie 1997/0388.

(§ 7 Abs 1 Satz 2). Grund für die fehlende Ersetzbarkeit ist die Schwierigkeit, diese Kosten auf den Einzelfall umzulegen. Soweit Versicherungskosten nicht erstattet werden, sind hiergegen[13] verfassungsrechtliche Bedenken erhoben worden (Ungleichbehandlung). Die Aufwandspauschale (§ 1835 a BGB) kann der Verein nicht fordern (§ 1835 a Abs 5 BGB). **Allgemeine Verwaltungskosten** sind vom Ersatz ausgeschlossen; sie sind im Stundensatz inbegriffen.

IV. Sonderfälle; Abs 2

Nach Abs 2 Satz 1 gilt § 6 VBVG entsprechend; das bedeutet, dass in den Fällen **13** des § 1899 Abs 2 BGB (Sterilisationsbetreuer) und § 1899 Abs 4 BGB (Verhinderungsbetreuer bei *rechtlicher* Verhinderung) der Verein für die Tätigkeit des Vereinsbetreuers eine **Vergütung** nach § 1 Abs 2 in Verbindung mit § 3 VBVG erhält (also nach tatsächlichem Stundenaufwand zu den Stundensätzen des § 3 VBVG; somit nicht nach Zeitpauschalen und nicht zu den Stundensätzen des § 4; bei vermögenden Betreuten ist im Rahmen von § 3 Abs 3 ein höherer Stundenlohn denkbar). Nach § 3 Abs 4 kann ein Abschlag auf die Vergütung verlangt werden.

Weiter erhält der Verein **Ersatz seiner konkreten Aufwendungen** und kann **14** insoweit Vorschuss verlangen (etwa bei hohen Reisekosten); Einzelheiten regelt § 1835 Abs 1 BGB; § 1835 Abs 1 a BGB gibt dem Gericht die Möglichkeit, eine abweichende Frist zu bestimmen; § 1835 Abs 4 BGB besagt, dass bei mittellosen Betreuten der Verein Aufwendungsersatz und Vorschuss für Aufwendungen aus der Staatskasse verlangen kann. Ersatz der Aufwendungen im Sinne von § 1835 Abs 2 BGB (Versicherungskosten) ist ausgeschlossen, ebenso allgemeiner Verwaltungsaufwand. Da nach § 6 Abs 2 Satz 2 der § 1835 Abs 5 Satz 2 BGB entsprechend gilt, kann dem Verein keine Aufwandsentschädigung im Sinn von § 1835 a BGB gewährt werden.

Beim Vereinsverhinderungsbetreuer ist weiter zu differenzieren: Ist die Verhin- **15** derung des Hauptbetreuers *tatsächlicher* Art (zB Krankheit, Urlaub), sind die Vergütung einschließlich Aufwendungsersatz nach den Pauschalen in § 4 iVm § 5 zu bewilligen (also nicht nach tatsächlichen Stunden und nicht nach den Sätzen des § 3) und nach Tagen zu teilen; § 5 Abs 4 Satz 3 VBVG sowie § 187 Abs 1 und § 188 Abs 1 BGB gelten entsprechend.

Schuldner der Vergütung bzw des Aufwendungsersatzes ist bei vermögenden **16** Betreuten dieser, bei mittellosen Betreuten auch die Staatskasse (§ 1 Abs 2 Satz 2 VBVG).

Abrechnungsrhythmus. Bei pauschaler Vergütung (§ 7 Abs 1 Satz 1) gilt § 9 **17** Satz 1 VBVG, also der Dreimonatsrhythmus. In den Fällen des § 7 Abs 2 dagegen ist § 9 nicht einschlägig, wie § 9 Satz 2 zeigt.

Die **15-Monatsfrist** dagegen gilt sowohl für Ansprüche nach § 7 Abs 1 Satz 1 **18** wie solche nach §§ 7 Abs 2, 6 VBVG. Hinsichtlich der Vergütung folgt das aus § 2; wegen der Auslagen aus § 1835 Abs 1 BGB.

13 Von *Bienwald* § 1908 e Rz 10.

V. Gläubiger der Vergütung, Abs 3

19 Man hätte es dabei belassen können, dass der Vereinsbetreuer selbst abrechnet und das Geld an den Verein abführt; der Gesetzgeber hat sich aber anders entschieden (andernfalls bestünde die Gefahr der Veruntreuung, Insolvenz, Kontenpfändung usw). Da der Vereinsbetreuer in einem Dienstverhältnis zum Betreuungsverein steht und von diesem eine Entlohnung erhält, soll der Vereinsbetreuer Ansprüche auf Aufwendungsersatz oder Vergütung nach §§ 1835 bis 1836 BGB, VBVG nicht in eigener Person geltend machen dürfen; ihm würde die Aktivlegitimation fehlen. Seine Ansprüche werden vom Verein geltend gemacht; nur der Verein ist insoweit auch beschwerdeberechtigt, nicht der Vereinsbetreuer[14]. Der Anspruch des Betreuungsvereins auf Erstattung bzw Vergütung gem Abs 1 bezweckt damit im Ergebnis eine (Teil-)Amortisation der dem Betreuungsverein durch die Beschäftigung von Mitarbeitern erwachsenden Kosten.

20 Es sind Fälle denkbar, in denen das Betreuungsgericht jemand zum Betreuer bestellt, der zwar Mitarbeiter eines Betreuungsvereins ist, aber nebenberuflich selbständig Betreuungen führt. Dann könnte die Bestellung entweder *als* Mitarbeiter erfolgen oder persönlich. Im letzteren Fall steht der Vergütungsanspruch dieser Person selbst zu (als Berufsbetreuer oder über § 1836 Abs 2 BGB)[15].

VI. Verfahrenspfleger

21 § 277 Abs 4 Satz 1 FamFG bestimmt: ist ein Mitarbeiter eines anerkannten Betreuungsvereins zum Verfahrenspfleger bestellt, stehen Aufwendungsersatz und Vergütung dem Verein zu. § 7 Abs 1 Satz 2 VBVG gilt entsprechend (die Feststellung der Berufsmäßigkeit ist somit nicht erforderlich); § 7 Abs 3 VBVG gilt ebenfalls (somit ist der Mitarbeiter selbst ohne Anspruch).

§ 8 Vergütung und Aufwendungsersatz für Behördenbetreuer

(1) [1]Ist ein Behördenbetreuer bestellt, so kann der zuständigen Behörde eine Vergütung nach § 1836 Abs. 2 des Bürgerlichen Gesetzbuchs bewilligt werden, soweit der Umfang oder die Schwierigkeit der Betreuungsgeschäfte dies rechtfertigen. [2]Dies gilt nur, soweit eine Inanspruchnahme des Betreuten nach § 1836c des Bürgerlichen Gesetzbuchs zulässig ist.

(2) Unabhängig von den Voraussetzungen nach Absatz 1 Satz 1 kann die Betreuungsbehörde Aufwendungsersatz nach § 1835 Abs. 1 Satz 1 und 2 in Verbindung mit Abs. 5 Satz 2 des Bürgerlichen Gesetzbuchs verlangen, soweit eine Inanspruchnahme des Betreuten nach § 1836c des Bürgerlichen Gesetzbuchs zulässig ist.

(3) Für den Behördenbetreuer selbst gilt § 7 Abs. 3 entsprechend.

(4) § 2 ist nicht anwendbar.

1 1. Gesetzesgeschichte. § 1908h BGB regelte früher den Sachverhalt. § 1908h BGB wurde durch das 1. BtÄndG v 25.6.1998 (BGBl 1998 S. 1580) mit Wirkung ab 1.1.1999 geändert. Ab 1.7.2005 wurde § 1908h BGB aufgehoben und nach Umformulierung durch § 8 VBVG ersetzt.

---

14 BVerfG NJW 2002, 2091.

15 BayObLG FamRZ 2003, 1588; anders OLG Köln FamRZ 2001, 1400; *Schindler* FamRZ 2001, 1349.

2. Betreuungsbehörde als Betreuer. Wird die zuständige Betreuungsbehörde als Institution zum Betreuer bestellt (§ 1900 Abs 4 BGB), so erhält sie keine **Vergütung** vom *vermögenden* Betreuten (§ 1908 i iVm § 1836 Abs 3 BGB). Dies ist insoweit erstaunlich. als kein Anlass besteht, den *vermögenden* Betreuten kostenlos zu versorgen. Das lässt sich aber unschwer lösen, indem die Bestellung der Behörde aufgehoben wird (§ 1908 b Abs 5 BGB) und ein Behördenbetreuer bestellt wird. Die Regelung ist merkwürdig; denn auch wenn die Behörde als Institution bestellt ist, besucht nicht die Behörde den Betreuten, sondern ein Bediensteter. Die Behörde erhält keine Vergütung vom mittellosen Betreuten, auch nicht aus der Staatskasse (§ 1836 Abs 3 BGB). 2

Die Behörde erhält aber Ersatz von **Aufwendungen** (Fahrtkosten usw) vom *vermögenden* Betreuten (§ 8 Abs 2 VBVG; § 1836 c BGB), auch dann, wenn sie als Institution zum Betreuer bestellt ist. Sie erhält keinen Aufwendungsersatz vom *mittellosen* Betreuten, auch nicht aus der Staatskasse. 3

Ersatz allgemeiner Verwaltungskosten erhält die Behörde in keinem Fall (§ 1908 i iVm § 1835 Abs 5 Satz 2 BGB); ebenso keinen Ersatz von Versicherungskosten (§ 1835 Abs 5 BGB), keine Aufwandspauschale (§ 1835 a Abs 5 BGB). 4

3. Behördenbetreuer, Abs 1. Wenn nicht die Behörde als Institution, sondern ein **Behördenbediensteter** vom Gericht zum Betreuer bestellt wird (§ 1897 Abs 2 Satz 2 BGB), dann erhält der Behördenbetreuer selbst vom Betreuten weder Vergütung noch Aufwendungsersatz, also nichts (§§ 8 Abs 3, 7 Abs 3 VBVG), denn er bezieht ja ohnehin sein Gehalt von der Behörde. Die Behörde aber kann die Leistungen ihres Behördenbetreuers uU liquidieren: sie erhält: 5

a) eine **Vergütung** vom vermögenden Betreuten (§ 8 Abs 1 VBVG mit § 1836 Abs 2 BGB); vom mittellosen Betreuten erhält sie keine Vergütung, auch nicht aus der Staatskasse (denn eine Verweisung auf § 1 Abs 2 Satz 2 VBVG fehlt; es wäre nicht sinnvoll, wenn die öffentlichen Kassen zwischen sich Geld hin- und her schieben). § 8 verweist auf § 1836 c BGB, nicht auf § 1836 d BGB. Die Folge ist unklar und umstritten. § 1836 c BGB besagt zB, dass der Betreute Vermögen bis 2.600 Euro nicht einzusetzen hat. § 1836 d BGB betrifft den teilmittellosen Betreuten: besitzt er 2.800 Euro und kostet die Betreuung 1.000 Euro, zahlt die Staatskasse die 1.000 Euro an den Betreuer und holt sich mittels Regress beim Betreuten 200 Euro zurück (§ 1836 e BGB). Der Betreuer kassiert also nicht gespalten (200 Euro vom Betreuten, 800 Euro vom Staat). Ist ein Behördenbetreuer bestellt kann es nicht anders sein: die Staatskasse zahlt an die Behörde 1.000 Euro[1]. 6

b) Ersatz der **Aufwendungen** (des Behördenbetreuers bzw der Behörde) vom vermögenden Betreuten (§ 8 Abs 2 VBVG, § 1835 Abs 1 Satz 1 u 2, Abs 5 Satz 2 BGB); bei dessen Mittellosigkeit aber aus der Staatskasse nichts (keine Verweisung auf § 1835 Abs 4 BGB); 7

c) keinen Ersatz der **Versicherungskosten** (§ 8 Abs 2 VBVG iVm § 1835 Abs 5 Satz 2 BGB); 8

d) keine **Aufwandspauschale** nach § 1835 a BGB. 9

4. Vergütungsbewilligung. Der Behörde kann für die Tätigkeit ihres Mitarbeiters, des *Behördenbetreuers*, eine Vergütung gem § 1836 Abs 2 BGB gewährt 10

1 *Dodegge/Roth* F 222; aA MünchKomm/*Fröschle* VBVG § 8 Rz 5.

werden, wenn der Betreute hinreichendes Vermögen hat. Zu diesem Zweck muss die Behörde einen Festsetzungsantrag stellen (§ 168 FamFG), über den durch Beschluss des Rechtspflegers entschieden wird. § 1836 Abs 2 BGB stellt darauf ab, ob der Umfang oder die Schwierigkeit der Betreuungsgeschäfte die Zahlung einer Vergütung aus dem Vermögen rechtfertigen. Insofern ist die Behörde so zu behandeln wie ein ehrenamtlicher Betreuer, für den § 1836 Abs 2 BGB an sich gilt. Andernfalls könnte der Betreute seine finanzielle Belastung steuern: ist er besonders lästig, so dass sich kein freiberuflicher Betreuer findet und die Behörde einspringen muss, darf das nicht sein finanzieller Vorteil und der Nachteil des Steuerzahlers sein.

11 Ist ein Behördenbediensteter **Gegenbetreuer** müssen noch besondere Gründe im Sinne von § 1836 Abs 2 BGB hinzutreten.

12 Nicht anwendbar ist **§ 1836 Abs 1 Satz 2 BGB**[2]; auch wenn der Behördenbetreuer so viele Betreuungen wahrnimmt, dass er als Berufsbetreuer zu bezeichnen wäre, falls er freiberuflich tätig wäre, erhält die Behörde keine Vergütung, wenn der Betreute mittellos ist.

13 Die Behörde kann auch keine **pauschale Aufwandsentschädigung** gem § 1835 a BGB für die Tätigkeit ihres Behördenbetreuers verlangen[3] und zwar auch dann nicht, wenn der Betreute vermögend ist.

14 Für den Behördenbediensteten als **Verfahrenspfleger** gilt nicht § 8 VBVG, sondern § 277 Abs 4 FamFG.

15 **5. Sonstige Verweisungen. Vorschuss** für künftige Aufwendungen kann von der Behörde nicht verlangt werden, weil in Abs 2 nur hinsichtlich des Ersatzes, nicht auch hinsichtlich von Vorschuss auf § 1835 Abs 1 BGB verwiesen ist[4].

16 Da auf § 1835 Abs 2 bis Abs 4 BGB nicht verwiesen wird und § 8 VBVG sich als abschließende Regelung versteht, ergibt der Umkehrschluss, dass die Behörde weder die Kosten der **Haftpflichtversicherung** für Behördenbetreuer; § 1835 Abs 2 BGB[5], noch Aufwendungsersatz für besondere Dienste des Behördenbetreuers (§ 1835 Abs 3 BGB) verlangen kann.

17 § 1835 Abs 4 BGB regelt die Zahlungspflicht der Staatskasse bei Mittellosigkeit des Betreuten; ist die Staatskasse von der Anstellungsbehörde des Behördenbetreuers verschieden, kommt keine Erstattung in Betracht. Der Verweis auf § 1835 Abs 5 BGB hat klarstellende Funktion: Allgemeine **Verwaltungskosten** einschließlich der Kosten von Haftpflichtversicherungen werden nicht erstattet.

18 Da die Behörde wie ein ehrenamtlicher Betreuer abrechnen kann und für diesen weder die Pauschalen der §§ 4, 5 VBVG noch die **Abrechnungsperiode** des § 9 VBVG gilt, gilt sie auch für die Behörde nicht.

19 **6. Behördenbetreuer, Abs 3.** Da der Behördenbetreuer in einem Dienstverhältnis zur Behörde steht und von dieser eine Entlohnung erhält, schreibt Abs 3 durch Verweisung auf § 7 Abs 3 vor, dass der Behördenbetreuer Ansprüche auf Aufwendungsersatz (§ 1835 BGB), Vergütung (§ 1836 BGB) oder Aufwands-

---

2 BT-Drucks 11/4528 S. 159.
3 Staudinger-*Bienwald* § 1908 h Rz 4.
4 BR-Drucks 960/96 S. 33; anders der Verein.
5 BT-Drucks 11/4528 S. 154.

entschädigung (§§ 1835, 1835a BGB) nicht in eigener Person geltend machen kann[6]; nur die Behörde ist berechtigt.

7. Unanwendbarkeit von § 2 (Abs 4). Da § 2 nicht anwendbar ist, erlöschen die Ansprüche der Behörde auf Ersatz von Aufwendungen und Vergütung nach Ermessen gegen den (vermögenden) Betreuten nicht binnen 15 Monaten; für diese Ansprüche gilt nur die Verjährungsfrist des § 195[7]; mangels Pietätsbeziehung zwischen Behörde und Betreutem erfolgt keine Hemmung der Verjährung nach § 207 Abs 1 Satz 2 Nr 4 BGB[8]. 20

8. Verfahrenspfleger. § 277 Abs 4 Satz 2 FamFG bestimmt: ist ein Bediensteter der Betreuungsbehörde zum Verfahrenspfleger bestellt, erhält die Behörde keinen Aufwendungsersatz und keine Vergütung. 21

§ 9 Abrechnungszeitraum für die Betreuungsvergütung

[1]Die Vergütung kann nach Ablauf von jeweils drei Monaten für diesen Zeitraum geltend gemacht werden. [2]Dies gilt nicht für die Geltendmachung von Vergütung und Aufwendungsersatz in den Fällen des § 6.

1. Gesetzesgeschichte; Anwendungsbereich. § 9 VBVG wurde eingefügt durch das 2. BtÄndG v 21.4.2005 (BGBl 2005, 1073) mit Wirkung ab 1.7.2005. Nach § 9 kann die Vergütung „nach Ablauf von jeweils drei Monaten für diesen Zeitraum" geltend gemacht werden. Diese unglückliche Formulierung schafft viele Probleme und kleinliche Erbsenzählerei. 1

§ 9 gilt nur für Berufsbetreuer in den Regelfällen der Betreuung (§§ 4, 5 VBVG), auch für Betreuungsvereine (hinsichtlich der Vergütung für die Vereinsbetreuer). 2

§ 9 gilt nicht für ehrenamtliche Betreuer im Falle der Vergütung nach § 1836 Abs 2 BGB, nicht für Vormünder, nicht für Pfleger wie zB Nachlasspfleger, nicht für den Spezialbetreuer in den Fällen des § 6 (unten Rz 14); nicht für Verfahrenspfleger; nicht für die Behörde im Falle des § 8[1]. 3

2. Entstehung, Fälligkeit, Geltendmachung. Der Berufsbetreuer wird in den Regelfällen (§§ 4, 5) für seine Existenz bezahlt, für seine Bereitschaft zum Tätigwerden; nicht für eine bestimmte Tätigkeit. Das folgt aus dem Pauschalierungssystem in § 5 Abs 1, 2. Da nach § 5 Abs 4 Satz 2 die kleinste Einheit für die Pauschale ein Tag ist, entsteht täglich ein Anspruch in Höhe des Bruchteils der Monatspauschale[2]. Fälligkeit dagegen liegt ab dem Zeitpunkt vor, von dem ab der Gläubiger die Leistung verlangen kann[3]. Das kann der Berufsbetreuer wegen § 9 Satz 1 erst nach drei Monaten. Bei Zahlungspflicht der Staatskasse ist ferner Voraussetzung der Fälligkeit, dass der Festsetzungsbeschluss des Rechtspflegers (§ 168 FamFG) wirksam geworden ist oder der Kostenbeamte die Anweisung der Vergütung vorgenommen hat (§ 168 Abs 1 Satz 4 FamFG). Bei Zahlungspflicht des vermögenden Betreuten kann dieser auch ohne Festsetzung zahlen, so dass es auf den Beschluss nicht ankommt. 4

---

6 BT-Drucks 11/4528 S. 159.
7 *Dodegge/Roth* F 225; MünchKomm/*Fröschle* VBVG § 8 Rz 14.
8 LG München I FamRZ 1998, 323.
1 MünchKomm/*Fröschle* VBVG § 8 Rz 5.
2 *Dodegge/Roth* F 205; MünchKomm/*Fröschle* VBVG § 9 Rz 6; aA *Jurgeleit/Maier* § 2 Rz 2.
3 BGH WM 2007, 612; Palandt/*Heinrichs* § 271 Rz 1.

5 Eine andere Frage ist, dass nach § 2 der „Vergütungsanspruch erlischt, wenn er nicht binnen 15 Monaten nach seiner Entstehung beim Betreuungsgericht geltend gemacht wird". Hier ist eine Diskrepanz: der Anspruch ist entstanden, kann aber erst nach einiger Zeit (drei Monate) geltend gemacht werden. Ob somit die Frist des § 2 erst beginnt, wenn die Frist des § 9 abgelaufen ist, ist umstritten. Es wird teils verneint[4], teils bejaht[5]. Letzteres verdient Zustimmung, denn eine Ausschlussfrist kann nicht zu laufen beginnen, wenn man den Geldbetrag noch nicht geltend machen kann. Der am 10.4.2009 bestellte Betreuer kann am 10.7.2009 erstmals die Zeit vom 11.4.2009 bis 10.7.2009 abrechnen; dann hat er 15 Monate Zeit bis 10.10.2010[6]. Vgl. § 2 Rz 6.

6 **3. Beginn des Quartals. – a) Altfälle (Betreuungsanordnung bis 30.6.2005). Beispiel:** Wurde die Betreuung am 17.8.2002 wirksam angeordnet, dann kommt der Betreuer ab 18.8.2003 in das „zweite Jahr" und ab jetzt ist die Vergütung immer gleich hoch. Ab 1.7.2005 kam die Gesetzesänderung mit den Abrechnungsquartalen. Kann der Betreuer, was für ihn praktisch wäre, **ab 1.7.2005 in Kalenderquartalen** abrechnen[7] (also zB alle seine 40 Betreuungen am 1.10.2009 für die Zeit vom 1.7.2009 bis 30.9.2009) oder muss er jede Betreuung taggenau abrechnen, also die vorliegende erstmals vom 1.7.2009 bis 17.8.2009, dann vom 18.8. bis 17.11.2009 usw, was für den Betreuer höchst umständlich, für das Betreuungsgericht aber praktisch ist, weil es den Eingang der Abrechnungen entzerrt. Einige Gerichte[8] haben sich für das 2. Modell entschieden und verlangen eine Rumpfabrechnung, bis auf das individuelle Quartal aufgesprungen werden kann: der dreimonatige Abrechnungszyklus beginne auch bei Altfällen mit der Anordnung der Betreuung. Es handelt sich um ein individuelles Quartal, das sich bis zum Ende der Betreuung ewig perpetuiert. Wie auch immer: Jedenfalls schließt man sich jetzt an die letzte Abrechnung an.

7 **b) Neufälle (Betreuungsanordnung ab 1.7.2005).** Beispiel: Die Betreuung wurde mit Wirkung vom 13.9.2009 angeordnet; der Betreuer beantragte im Januar 2010 die Festsetzung der Vergütung für die Zeit vom 14.9.2009 bis 31.12.2009, um so zur künftigen Kalenderquartalsabrechnung zu kommen. Das ist nach Ansicht vieler Gerichte[9] unzulässig; nach § 9 VBVG dürfen nur Quartale, aber nicht Teile von Quartalen (hier: 14.12. bis 31.12.2009) abgerechnet werden; außerdem werden die Betreuungsgerichte belastet, wenn jeweils zum Quartalsende ein Stoß Vergütungsanträge eingeht, es ist für den gerichtlichen Arbeitsrhythmus besser, wenn sie tröpfchenweise kommen, behaupten die Gerichte. Der Betreuer konnte somit nur die Zeit vom 14.9. bis 13.12.2009 abrechnen.

8 **c) Abrechnungsdatum.** Wird zB die Zeit vom 14.9. bis 13.12.2009 abgerechnet, muss der Betreuer nicht unbedingt schon am 14.12. abrechnen, der Betreuer kann sich (im Rahmen der 15-Monatsfrist, § 2 VBVG) Zeit lassen.

9 **d) Bei Betreuerwechsel** beginnt ein neues individuelles Abrechnungsquartal; stirbt der Betreuer, der am 10.4. bestellt wurde, am 5.7 und wird am 27.7. ein Nachfolgebetreuer bestellt, führt er nicht den Dreimonatsrhythmus seines Vorgängers fort, sondern sein Quartal beginnt mit dem 27.7.[10]

---

4 OLG Frankfurt FamRZ 2008, 1285; OLG Düsseldorf FamRZ 2008, 1284; *Zimmermann* FS Bienwald 2006, 359.

5 KG FGPrax 2009, 63; OLG Dresden FamRZ 2008, 1285.

6 MünchKomm-*Fröschle* § 9 VBVG Rz 8; dahin tendierend BGH FamRZ 2008, 1611.

7 So OLG München FamRZ 2008, 1563; LG München I FamRZ 2006, 1484; LG Wuppertal FamRZ 2006, 1066 (LS).

8 LG Nürnberg/Fürth FamRZ 2007, 855; LG Dresden FamRZ 2006, 1229; LG Duisburg BtPrax 2006, 116.

9 OLG München FamRZ 2006, 1785; LG Frankfurt/M. BtPrax 2006, 78.

10 LG Göttingen FamRZ 2009, 458; MünchKomm/*Fröschle* VBVG § 5 Rz 38 mit Nachw. der aA.

4. Abrechnung anderer Zeiträume. a) Endet die Betreuung innerhalb der Dreimonatsfrist (zB Fristenlauf an sich 17.3. bis 16.6, der Betreute stirbt am 30.3.; oder die Betreuung wird aufgehoben), kann die Zeit sogleich abgerechnet werden[11], entgegen dem Wortlaut. Es wäre sinnlos, wenn der Betreuer den Ablauf der drei Monate abwarten müsste. § 9 will erreichen, dass der Betreuer jährlich höchstens vier Abrechnungen einreicht; dieser Zweck wird nicht beeinträchtigt. 10

b) Bei einem Betreuerwechsel kann der ausscheidende Betreuer seine Restvergütung sofort abrechnen und muss nicht das Ende des individuellen Quartals abwarten[12]. 11

c) Der Betreuer kann 3, 6, 9, 12 oder 15 Monate abrechnen; er muss nicht immer nur für die vergangenen 3 Monate abrechnen[13]. Er kann aber nicht 1, 2, 4, 5 usw Monate abrechnen, oder 6 Wochen usw[14]; das entspricht dem Wortlaut, ist aber ohne Sinn (wenn zB ein Betreuer alle 4 Monate abrechnen, belastete er das Gericht weniger, wie wenn er 4 mal 3 Monate abrechnen). Rechnet der Betreuer zB neun Monate ab, liegt zwar eine äußerlich zusammen gefasste Abrechnung mehrerer Ansprüche vor; der Betreuer muss aber nicht im Interesse der Staatskasse dauernd seinen Blick auf die Vermögensverhältnisse des Betreuten richten und etwa bei einem Geldeingang durch eine Rentennachzahlung sofort mit der nächsten Dreimonatsabrechnung „zuschlagen", um die Staatskasse vor Zahlungspflicht bei Mittellosigkeit zu schützen[15]. 12

5. Zahl der Tage eines Monats. Hat ein Monat 30 oder 31 Tage, der Februar 28 oder 29 Tage? Für die taggenaue Abrechnung ist dies bedeutsam und die konkrete Tageszahl besser. Anders das LG Duisburg[16]: es zählt jeder Monat mit 30 Tagen entsprechend § 191 BGB. 13

6. Unanwendbarkeit von § 9 Satz 1 nach Satz 2. Wenn ein Berufsbetreuer nach § 6 abrechnen kann gilt § 9 Satz 1 nicht, er kann also jederzeit abrechnen. Bei Teilung der Pauschale zwischen dem Berufsbetreuer und dem Ersatzbetreuer gilt für den Ersatzbetreuer die Quartalsregelung nicht[17], er kann seine sich nach Stunden richtende Vergütung sofort abrechnen. Dagegen bleibt es für den Hauptbetreuer bei der Quartalsregelung. 14

§ 10 Mitteilung an die Betreuungsbehörde

(1) Wer Betreuungen entgeltlich führt, hat der Betreuungsbehörde, in deren Bezirk er seinen Sitz oder Wohnsitz hat, kalenderjährlich mitzuteilen

1. **die Zahl der von ihm im Kalenderjahr geführten Betreuungen aufgeschlüsselt nach Betreuten in einem Heim oder außerhalb eines Heims und**
2. **den von ihm für die Führung von Betreuungen im Kalenderjahr erhaltenen Geldbetrag**

(2) [1]Die Mitteilung erfolgt jeweils bis spätestens 31. März für den Schluss des vorangegangenen Kalenderjahrs. [2] Die Betreuungsbehörde kann verlangen, dass der Betreuer die Richtigkeit der Mitteilung an Eides statt versichert.

---

11 MünchKomm/*Fröschle* VBVG § 9 Rz 10; *Jurgeleit/Maier* VBVG § 9 Rz 7; aA *Jürgens* VBVG § 9 Rz 1.
12 MünchKomm/*Fröschle* VBVG § 9 Rz 11.
13 MünchKomm/*Fröschle* VBVG § 9 Rz 9.
14 MünchKomm/*Fröschle* VBVG § 9 Rz 5; aA LG Wuppertal FamRZ 2007, 1272; 2006, 1066 (LS).
15 BayObLG BtPrax 2002, 123; OLG Schleswig BtPrax 2002, 271; aA *Deinert* BtPrax 2005, 180; MünchKomm/*Fröschle* VBVG § 9 Rz 13.
16 LG Duisburg BtPrax 2006, 116.
17 MünchKomm/*Fröschle* VBVG § 9 Rz 4.

(3) Die Betreuungsbehörde ist berechtigt und auf Verlangen des Betreuungsgerichts verpflichtet, dem Betreuungsgericht diese Mitteilung zu übermitteln.

Schrifttum: *Walther*, Möglichkeiten und Grenzen der Mitteilungspflichten nach § 1908 k BGB, BtPrax 2000, 6; *Schumacher*, Überprüfung des § 1908 k BGB auf seine praktische Umsetzung und Verwertbarkeit der Daten, BtPrax 2000, 227.

1 **1. Gesetzesgeschichte.** § 1908 k BGB[1] war durch das 1. BtÄndG v 25.6.1998 (BGBl 1998, 1580) mit Wirkung ab 1.1.1999 eingefügt worden. § 1908 k wurde dann aufgehoben und ersetzt durch den ähnlichen § 10 VBVG, eingefügt durch das 2. BtÄndG v 21.4.2005 (BGBl 2005, 1073) mit Wirkung ab 1.7.2005.

2 **2. Zweck der Vorschrift.** Sie soll „die Abrechnungsehrlichkeit von Betreuern fördern“[2]. Bei anderen Berufsgruppen (zB hauptberuflichen Sachverständigen) kommt ebenfalls vereinzelt Abrechnungsbetrug vor, ohne dass entsprechende Kontrollbestimmungen bestehen; deshalb ist die Regelung bedenklich. Durch § 10 VBVG soll ferner angeblich der Betreuungsbehörde eine Stellungnahme zur Beurteilung der Berufsmäßigkeit der Betreuertätigkeit (§ 1 VBVG) ermöglicht werden; das Betreuungsgericht soll einen besseren Überblick über die Auslastung der Betreuer erhalten, was dann interessant ist, wenn ein Betreuer für mehrere Amtsgerichte tätig wird. Die Kenntnis der Daten soll dem Betreuungsgericht die Möglichkeit geben, einer übermäßigen Konzentration von Betreuungen bei einem Betreuer entgegenzuwirken[3]. Ziel des Betreuungsrechts ist es aber nicht, allen Berufsbetreuern gleich hohe Einkünfte zu verschaffen, sondern dem Betreuten einen möglichst qualifizierten Betreuer zur Seite zu stellen, was durchaus zu Konzentrationen führen kann. § 10 hat daher keinen Sinn.

3 **3. Meldepflicht (Abs 1). Verpflichtet** zur (schriftlichen) Meldung sind: (1) alle selbstständigen Berufsbetreuer iSv § 1 VBVG; auch Rechtsanwälte; (2) alle Betreuungsvereine, die Vereinsbetreuer beschäftigen und für deren Tätigkeit eine Vergütung erhalten (für Vereinsbetreuer hat der Verein die Meldungen durchzuführen[4]; sinnvollerweise muss sie auf die einzelnen Vereinsbetreuer aufgeschlüsselt werden[5]).

4 **Nicht verpflichtet** sind Betreuer, die nicht Berufsbetreuer sind, aber wegen § 1836 Abs 2 BGB trotzdem eine Vergütung erhalten; dies folgt zwar nicht aus dem Wortlaut von § 10 VBVG (auch diese Personen führen Betreuungen entgeltlich), aber aus den Gesetzesmotiven[6], wo ausdrücklich nur die oben genannten zwei Gruppen angegeben sind. Nicht verpflichtet sind ferner Vereinsbetreuer für sich selbst[7], Behördenbetreuer (hier müsste die Behörde die Meldung an sich selbst machen!), die Behörde als Betreuerin (sie wird allenfalls nach § 1836 Abs 2 BGB vergütet), Vormünder, Pfleger (zB Nachlasspfleger) und Verfahrenspfleger (§§ 277, 317 FamFG). Wer seine Tätigkeit als Berufsbetreuer beendet hat keine Meldepflicht mehr für das abgelaufene Jahr. Wenn der Vereinsbetreuer während des Vorjahres aus dem Verein ausscheidet und sich selbständig macht, hat er nur seine freiberuflich geführten Betreuungen zu melden[8]; woher sollte er auch wissen, wie viel Geld nach seinem Ausscheiden noch beim Verein einging?

---

1 Nicht verfassungswidrig, OVG Lüneburg FamRZ 2005, 2018.
2 BT-Drucks 13/10.331 S. 43.
3 BT-Drucks 13/10.331 S. 39.
4 BT-Drucks 13/10.331 S. 28; MünchKomm/*Fröschle* VBVG § 10 Rz 4.
5 MünchKomm/*Fröschle* VBVG § 10 Rz 4.
6 BT-Drucks 13/10.331 S. 43; *Knittel* VBVG § 10 Rz 1; *Jürgens/Winterstein* VBVG § 10 Rz 2; *Deinert/Lütgens*, Vergütung des Betreuers, 2008, S. 301.
7 MünchKomm/*Fröschle* VBVG § 10 Rz 4.
8 AA *Jürgens/Winterstein* VBVG § 10 Rz 4.

Empfänger der Meldung: die Betreuungsbehörde, in deren Bezirk der Betreuer seinen Sitz (zB sein Büro, seine Kanzlei, Vereinssitz) hat; fehlt ein solcher Sitz: dort, wo der Berufsbetreuer wohnt. Bei Doppelwohnsitz sollte der Betreuer die Sache mit den beteiligten Behörden abklären. Es kommt (bei Umzug) auf den Sitz/Wohnsitz zum Zeitpunkt der Meldung an. Eine eidesstattliche Versicherung ist nicht notwendig, kann aber von der Behörde verlangt werden (Abs 2 Satz 2). 5

4. Inhalt der Meldung. Nr 1: Zahl der Betreuungen; gemeint sind auch Betreuungen, die nur während eines Teils des Jahres bestanden haben; aufgeschlüsselt nach Heimbewohnern und Nicht-Heimbewohnern (vgl § 5 VBVG), wobei man bei Aufenthaltswechsel (Betreuter geht ins Heim, dann zurück in die Wohnung, dann wieder ins Heim) den 31.12. als Stichtag nehmen sollte, den Betreuten aber nur einmal zählt[9]. Diese Gesamtzahl nützt freilich wenig, ihre Meldung kaum sinnvoll: wenn jemand am vorherigen Jahresende 40 Betreuungen hat, dann 15 Betreute versterben und 5 Betreuungen aufgehoben werden, dem Betreuer aber 22 neue Betreuungen zugewiesen werden, wovon manche schon nach Wochen enden, so dass er am Jahresende nur 34 hat, muss er 62 melden, obwohl diese Zahl keine Aussagekraft mehr hat, weder für die Bedarfsplanung noch für die Frage der Auslastung des jeweiligen Betreuers noch etwas besagt. Im Übrigen sagt die Zahl nichts darüber aus, wie viele Betreuungen auf welches Betreuungsgericht entfällt. 6

Nr 2: Der eingegangene Geldbetrag, einschließlich Umsatzsteuer, aus der Staatskasse oder aus dem Vermögen; bei Vergütungen, die nach §§ 6, 3 VBVG bezahlt wurden, sind auch die Auslagenerstattungen als Teil der Summe zu melden. Nicht wesentlich ist, was in Rechnung gestellt wurde. Nr 2 ist meines Erachtens datenschutzrechtlich bedenklich, denn weshalb muss eine Behörde (ausgenommen das Finanzamt) oder der Betreuungsrichter zwecks Erfüllung ihrer Aufgaben wissen, wie viel ein Betreuer verdiente? 7

Nicht zu melden: Die abgerechnete Zeit ist auch in den Fällen nicht zu melden, in denen Berufsbetreuer nach Zeit vergütet werden (§ 6 VBVG); die Namen der Betreuten, Beginn und Ende der Betreuungen, deren Alter, die Aktenzeichen, die Betreuungsgerichte. 8

Eine **weitere Meldepflicht** enthält § 1897 Abs 8 BGB: Berufsbetreuer haben sich über Zahl und Umfang der von ihnen berufsmäßig geführten Betreuungen zu erklären; vgl die Kommentierung dort. 9

5. Zeitpunkt der Meldung (Abs 2 Satz 1). Die Meldung hat jeweils bis 31.3. für das abgelaufene Kalenderjahr zu erfolgen. 10

6. Eidesstattliche Versicherung (Abs 2 Satz 2): sie kann nicht immer (formblattmäßig) gefordert werden, wie der Wortlaut (*kann*) zeigt. Unter welchen Voraussetzungen die Behörde sie zusätzlich fordern kann, gibt § 10 nicht an. Man wird ähnliche Regelungen, zB § 259 Abs 2 BGB, anwenden müssen: nur wenn Grund zu der Annahme besteht, dass die Angaben nicht mit der erforderlichen Sorgfalt gemacht worden sind[10]. Zur Strafbarkeit vgl § 156 StGB. 11

7. Datenaustausch (Abs 3). Die Meldung hat an die Betreuungsbehörde, nicht an das Betreuungsgericht zu erfolgen. In der Regel wird sie dort einfach abgeheftet[11]. Die Behörde kann aber von sich aus dem Betreuungsgericht (unklar 12

9 Nach MünchKomm/*Fröschle* VBVG § 10 Rz 7 werden Heimwechsler doppelt gezählt.
10 MünchKomm/*Fröschle* VBVG § 10 Rz 11.
11 Zur unterschiedlichen Praxis vgl HK BUR/*Walther* VBVG § 10 Rz 56.

welchem, wenn der Betreuer für mehrere Betreuungsgerichte tätig ist) eine Kopie der Meldung senden, etwa wenn ein Betreuer so viele Betreuungen auf sich konzentriert hat, dass es angebracht ist, ihn eine Zeitlang bei Neubestellungen zu übergehen. Vgl hierzu auch § 8 Satz 4 BtBG. Das Betreuungsgericht (Richter) kann von der Behörde einzelne oder alle Meldungen verlangen[12].

13 8. **Sanktionen.** Viele Berufsbetreuer, vor allem Anwälte, führen die Meldungen aus Bequemlichkeit bzw Unkenntnis nicht durch. Die Nichtmeldung macht einen Betreuer jedenfalls nicht ungeeignet im Sinne von § 1908 b BGB. Möglicherweise ärgert sich die Behörde und schlägt den Betreuer nicht mehr vor; vielleicht verständigt sie auch den Betreuungsrichter, um ihn dort in Misskredit zu bringen.

14 Erfolgt die Meldung nicht, kann sie vom **Betreuungsgericht** nicht nach § 35 FamFG erzwungen werden[13], weil § 11 VBVG keine Pflicht *gegenüber dem Gericht* begründet. Auch über § 1837 Abs 2, 3 BGB iVm § 35 FamFG ist keine Erzwingung möglich[14].

15 Die **Betreuungsbehörde** kann die Meldung nicht erzwingen, weil es keine entsprechenden bundesrechtlichen Rechtsgrundlagen gibt[15]. Wer von der Behörde zur Meldung aufgefordert wird, sich aber nicht für meldepflichtig erachtet, oder wem ein Zwangsgeld angedroht wird, hat gegen den Verwaltungsakt den Rechtsweg zum Verwaltungsgericht. Mecklenburg-Vorpommern hat in § 2 Abs 3 AGBtG 2000 der Betreuungsbehörde das Recht eingeräumt, gegen Betreuer entsprechende Verwaltungsakte zu erlassen, damit sie nach dem LandesVwVfG vollstreckt und die Meldungen erzwungen werden können. In Niedersachsen wurde die Meinung vertreten, eine Zwangsgeldanordnung könne wegen § 70 Abs 1 Nds Verwaltungsvollstreckungsgesetz getroffen werden[16].

Abschnitt 4 **Schlussvorschriften**

§ 11 Umschulung und Fortbildung von Berufsvormündern

(1) [1]Durch Landesrecht kann bestimmt werden, dass es einer abgeschlossenen Lehre im Sinne des § 3 Abs. 1 Satz 2 Nr. 1 und § 4 Abs. 1 Satz 2 Nr. 1 gleichsteht, wenn der Vormund oder Betreuer besondere Kenntnisse im Sinne dieser Vorschrift durch eine dem Abschluss einer Lehre vergleichbare Prüfung vor einer staatlichen oder staatlich anerkannten Stelle nachgewiesen hat. [2]Zu einer solchen Prüfung darf nur zugelassen werden, wer

1. mindestens drei Jahre lang Vormundschaften oder Betreuungen berufsmäßig geführt und

2. an einer Umschulung oder Fortbildung teilgenommen hat, die besondere Kenntnisse im Sinne des § 3 Abs. 1 Satz 2 und § 4 Abs. 1 Satz 2 vermittelt, welche nach Art und Umfang den durch eine abgeschlossene Lehre vermittelten vergleichbar sind.

(2) [1]Durch Landesrecht kann bestimmt werden, dass es einer abgeschlossenen Ausbildung an einer Hochschule im Sinne des § 3 Abs. 1 Satz 2 Nr. 2 und § 4 Abs. 1 Satz 2 Nr. 2 gleichsteht, wenn der Vormund oder Betreuer Kenntnisse im

---

12 Nach MünchKomm/*Fröschle* VBVG § 10 Rz 15 können nicht sämtliche Meldungen verlangt werden, sondern nur die Meldung für ein konkretes Verfahren.

13 *Wagenitz/Engers* FamRZ 1998, 1273/1276.

14 MünchKomm/*Fröschle* VBVG § 10 Rz 12; *Knittel* VBVG § 10 Rz 7.

15 *Walther* BtPrax 2000, 6; vgl hierzu Erman-*Holzhauer* § 1908 k Rz 11.

16 OVG Niedersachsen BtPrax 2005, 193; VG Lüneburg FamRZ 2002, 1060.

Sinne dieser Vorschrift durch eine Prüfung vor einer staatlichen oder staatlich anerkannten Stelle nachgewiesen hat. [2]Zu einer solchen Prüfung darf nur zugelassen werden, wer
1. mindestens fünf Jahre lang Vormundschaften oder Betreuungen berufsmäßig geführt und
2. an einer Umschulung oder Fortbildung teilgenommen hat, die besondere Kenntnisse im Sinne des § 3 Abs. 1 Satz 2 und § 4 Abs. 1 Satz 2 vermittelt, welche nach Art und Umfang den durch eine abgeschlossene Ausbildung an einer Hochschule vermittelten vergleichbar sind.

(3) [1]Das Landesrecht kann weitergehende Zulassungsvoraussetzungen aufstellen. [2]Es regelt das Nähere über die an eine Umschulung oder Fortbildung im Sinne des Absatzes 1 Satz 2 Nr. 2, Absatzes 2 Satz 2 Nr. 2 zu stellenden Anforderungen, über Art und Umfang der zu erbringenden Prüfungsleistungen, über das Prüfungsverfahren und über die Zuständigkeiten. [3]Das Landesrecht kann auch bestimmen, dass eine in einem anderen Land abgelegte Prüfung im Sinne dieser Vorschrift anerkannt wird.

§ 11 VBVG entspricht dem früheren § 2 BVormVG. Seit 1999 hatten viele Bundesländer entsprechendes Landesrecht über „**Nachqualifizierung**“ erlassen. Weitere Länder erkannten Nachqualifizierungen anderer Länder an[1]. Die Regelungen waren teils zeitlich befristet; derzeit sind alle Stichtage abgelaufen[2]. Für eine hochschulgleiche Fortbildung wurden Fortbildungen von 350 bis 500 Stunden genannt. Den Berufsbetreuern, die keine entsprechende Ausbildung haben, sollte dadurch ein höheres Einkommen ermöglicht werden. Die niedrigen Stundensätze (§§ 3, 4 VBVG) kommen deshalb nicht mehr häufig vor; fast alle sind in 44 Euro eingereiht. Für Nachlasspfleger gibt es keine Nachqualifizierung. 1

---

1 Dazu BVerfG NJW-FER 2000, 284; OLG Schleswig FGPrax 2003, 170.
2 Überblick bei *Deinert/Lütgens*, Vergütung des Betreuers, 5. Aufl 2008, Rz 696 ff.

Teil III Gesetz über das Verfahren in Familiensachen und in den Angelegenheiten der freiwilligen Gerichtsbarkeit (FamFG)

vom 17.12.2008 (BGBl I S. 2586, zuletzt geändert durch G v 31.7.2009 (BGBl 2009, 2512), in Kraft ab 1.9.2009
– Auszug –

Buch 1 Allgemeiner Teil

Abschnitt 1 Allgemeine Vorschriften

§ 1 Anwendungsbereich

Dieses Gesetz gilt für das Verfahren in Familiensachen sowie in den Angelegenheiten der freiwilligen Gerichtsbarkeit, soweit sie durch Bundesgesetz den Gerichten zugewiesen sind.

§ 2 Örtliche Zuständigkeit

(1) Unter mehreren örtlich zuständigen Gerichten ist das Gericht zuständig, das zuerst mit der Angelegenheit befasst ist.

(2) Die örtliche Zuständigkeit eines Gerichts bleibt bei Veränderung der sie begründenden Umstände erhalten.

(3) Gerichtliche Handlungen sind nicht deswegen unwirksam, weil sie von einem örtlich unzuständigen Gericht vorgenommen worden sind.

§ 3 Verweisung bei Unzuständigkeit

(1) [1]Ist das angerufene Gericht örtlich oder sachlich unzuständig, hat es sich, sofern das zuständige Gericht bestimmt werden kann, durch Beschluss für unzuständig zu erklären und die Sache an das zuständige Gericht zu verweisen. [2]Vor der Verweisung sind die Beteiligten anzuhören.

(2) [1]Sind mehrere Gerichte zuständig, ist die Sache an das vom Antragsteller gewählte Gericht zu verweisen. [2]Unterbleibt die Wahl oder ist das Verfahren von Amts wegen eingeleitet worden, ist die Sache an das vom angerufenen Gericht bestimmte Gericht zu verweisen.

(3) [1]Der Beschluss ist nicht anfechtbar. [2]Er ist für das als zuständig bezeichnete Gericht bindend.

(4) Die im Verfahren vor dem angerufenen Gericht entstehenden Kosten werden als Teil der Kosten behandelt, die bei dem im Beschluss bezeichneten Gericht anfallen.

§ 4 Abgabe an ein anderes Gericht

[1]Das Gericht kann die Sache aus wichtigem Grund an ein anderes Gericht abgeben, wenn sich dieses zur Übernahme der Sache bereit erklärt hat. [2]Vor der Abgabe sollen die Beteiligten angehört werden.

1 Für Betreuungssachen ist der „wichtige Grund" in § 273 FamFG näher definiert. Eine Sondervorschrift für die Abgabe von Unterbringungssachen findet sich in § 314 FamFG.

§ 5 Gerichtliche Bestimmung der Zuständigkeit

(1) Das zuständige Gericht wird durch das nächsthöhere gemeinsame Gericht bestimmt:
1. **wenn das an sich zuständige Gericht in einem einzelnen Fall an der Ausübung der Gerichtsbarkeit rechtlich oder tatsächlich verhindert ist,**
2. **wenn es mit Rücksicht auf die Grenzen verschiedener Gerichtsbezirke oder aus sonstigen tatsächlichen Gründen ungewiss ist, welches Gericht für das Verfahren zuständig ist,**
3. **wenn verschiedene Gerichte sich rechtskräftig für zuständig erklärt haben,**
4. **wenn verschiedene Gerichte, von denen eines für das Verfahren zuständig ist, sich rechtskräftig für unzuständig erklärt haben,**
5. **wenn eine Abgabe aus wichtigem Grund (§ 4) erfolgen soll, die Gerichte sich jedoch nicht einigen können.**

(2) Ist das nächsthöhere gemeinsame Gericht der Bundesgerichtshof, wird das zuständige Gericht durch das Oberlandesgericht bestimmt, zu dessen Bezirk das zuerst mit der Sache befasste Gericht gehört.

(3) Der Beschluss, der das zuständige Gericht bestimmt, ist nicht anfechtbar

§ 6 Ausschließung und Ablehnung der Gerichtspersonen

(1) [1]Für die Ausschließung und Ablehnung der Gerichtspersonen gelten die §§ 41 bis 49 der Zivilprozessordnung entsprechend. [2]Ausgeschlossen ist auch, wer bei einem vorausgegangenen Verwaltungsverfahren mitgewirkt hat.

(2) Der Beschluss, durch den das Ablehnungsgesuch für unbegründet erklärt wird, ist mit der sofortigen Beschwerde in entsprechender Anwendung der §§ 567 bis 572 der Zivilprozessordnung anfechtbar.

§ 7 Beteiligte

(1) In Antragsverfahren ist der Antragsteller Beteiligter.

(2) Als Beteiligte sind hinzuzuziehen:
1. **diejenigen, deren Recht durch das Verfahren unmittelbar betroffen wird,**
2. **diejenigen, die aufgrund dieses oder eines anderen Gesetzes von Amts wegen oder auf Antrag zu beteiligen sind.**

(3) Das Gericht kann von Amts wegen oder auf Antrag weitere Personen als Beteiligte hinzuziehen, soweit dies in diesem oder einem anderen Gesetz vorgesehen ist.

(4) [1]Diejenigen, die auf ihren Antrag als Beteiligte zu dem Verfahren hinzuzuziehen sind oder hinzugezogen werden können, sind von der Einleitung des Verfahrens zu benachrichtigen, soweit sie dem Gericht bekannt sind. [2]Sie sind über ihr Antragsrecht zu belehren.

(5) [1]Das Gericht entscheidet durch Beschluss, wenn es einem Antrag auf Hinzuziehung gemäß Absatz 2 oder Absatz 3 nicht entspricht. [2]Der Beschluss ist mit der sofortigen Beschwerde in entsprechender Anwendung der §§ 567 bis 572 der Zivilprozessordnung anfechtbar.

(6) Wer anzuhören ist oder eine Auskunft zu erteilen hat, ohne dass die Voraussetzungen des Absatzes 2 oder Absatzes 3 vorliegen, wird dadurch nicht Beteiligter.

Für Betreuungssachen regelt (entsprechend § 7 Abs 2 Nr 2) ergänzend § 274 FamFG, wer Beteiligter ist; für Unterbringungssachen § 315 FamFG. Betreuungsverfahren und Unterbringungsverfahren sind keine „Antragsverfahren" im Sinne des § 7 Abs 1 (nur der Betroffene selbst hat nach § 1896 BGB ein Antragsrecht). „Unmittelbar" Betroffene im Sinne des § 7 Abs 2 Nr 1 gibt es im Betreuungsverfahren und Unterbringungsverfahren neben der Person, die betreut bzw untergebracht werden soll, kaum. In Frage kämen Familienangehörige wegen des in Art 6 GG garantierten Schutzes der Familie, was aber in §§ 274, 315 FamFG abgeschwächt wird. 1

§ 8 Beteiligtenfähigkeit

Beteiligtenfähig sind
1. **natürliche und juristische Personen,**
2. **Vereinigungen, Personengruppen und Einrichtungen, soweit ihnen ein Recht zustehen kann,**
3. **Behörden.**

§ 9 Verfahrensfähigkeit

(1) Verfahrensfähig sind
1. **die nach bürgerlichem Recht Geschäftsfähigen,**
2. **die nach bürgerlichem Recht beschränkt Geschäftsfähigen, soweit sie für den Gegenstand des Verfahrens nach bürgerlichem Recht als geschäftsfähig anerkannt sind,**
3. **die nach bürgerlichem Recht beschränkt Geschäftsfähigen, soweit sie das 14. Lebensjahr vollendet haben und sie in einem Verfahren, das ihre Person betrifft, ein ihnen nach bürgerlichem Recht zustehendes Recht geltend machen,**
4. **diejenigen, die aufgrund dieses oder eines anderen Gesetzes dazu bestimmt werden.**

(2) Soweit ein Geschäftsunfähiger oder in der Geschäftsfähigkeit Beschränkter nicht verfahrensfähig ist, handeln für ihn die nach bürgerlichem Recht dazu befugten Personen.

(3) Für Vereinigungen sowie für Behörden handeln ihre gesetzlichen Vertreter und Vorstände.

(4) Das Verschulden eines gesetzlichen Vertreters steht dem Verschulden eines Beteiligten gleich.

(5) Die §§ 53 bis 58 der Zivilprozessordnung gelten entsprechend.

Zu § 9 Abs 1 Nr 4: Für Betreuungsverfahren ist die Verfahrensfähigkeit speziell geregelt in § 275 FamFG, für Unterbringungsverfahren in § 316 FamFG, bei Unterbringung eines Kindes in § 167 Abs 3 FamFG. 1

§ 10 Bevollmächtigte

(1) Soweit eine Vertretung durch Rechtsanwälte nicht geboten ist, können die Beteiligten das Verfahren selbst betreiben.

(2) [1]Die Beteiligten können sich durch einen Rechtsanwalt als Bevollmächtigten vertreten lassen. [2]Darüber hinaus sind als Bevollmächtigte, soweit eine Vertretung durch Rechtsanwälte nicht geboten ist, vertretungsbefugt nur

1. Beschäftigte des Beteiligten oder eines mit ihm verbundenen Unternehmens (§ 15 des Aktiengesetzes); Behörden und juristische Personen des öffentlichen Rechts einschließlich der von ihnen zur Erfüllung ihrer öffentlichen Aufgaben gebildeten Zusammenschlüsse können sich auch durch Beschäftigte anderer Behörden oder juristischer Personen des öffentlichen Rechts einschließlich der von ihnen zur Erfüllung ihrer öffentlichen Aufgaben gebildeten Zusammenschlüsse;
2. volljährige Familienangehörige (§ 15 der Abgabenordnung, § 11 des Lebenspartnerschaftsgesetzes), Personen mit Befähigung zum Richteramt und die Beteiligten, wenn die Vertretung nicht im Zusammenhang mit einer entgeltlichen Tätigkeit steht;
3. Notare.

(3) [1]Das Gericht weist Bevollmächtigte, die nicht nach Maßgabe des Absatzes 2 vertretungsbefugt sind, durch unanfechtbaren Beschluss zurück. [2]Verfahrenshandlungen, die ein nicht vertretungsbefugter Bevollmächtigter bis zu seiner Zurückweisung vorgenommen hat, und Zustellungen oder Mitteilungen an diesen Bevollmächtigten sind wirksam. [3]Das Gericht kann den in Absatz 2 Satz 2 Nr. 1 und 2 bezeichneten Bevollmächtigten durch unanfechtbaren Beschluss die weitere Vertretung untersagen, wenn sie nicht in der Lage sind, das Sach- und Streitverhältnis sachgerecht darzustellen.

(4) [1]Vor dem Bundesgerichtshof müssen sich die Beteiligten, außer im Verfahren über die Ausschließung und Ablehnung von Gerichtspersonen und im Verfahren über die Verfahrenskostenhilfe, durch einen beim Bundesgerichtshof zugelassenen Rechtsanwalt vertreten lassen. [2]Behörden und juristische Personen des öffentlichen Rechts einschließlich der von ihnen zur Erfüllung ihrer öffentlichen Aufgaben gebildeten Zusammenschlüsse können sich durch eigene Beschäftigte mit Befähigung zum Richteramt oder durch Beschäftigte mit Befähigung zum Richteramt anderer Behörden oder juristischer Personen des öffentlichen Rechts einschließlich der von ihnen zur Erfüllung ihrer öffentlichen Aufgaben gebildeten Zusammenschlüsse vertreten lassen. [3]Für die Beiordnung eines Notanwaltes gelten die §§ 78b und 78c der Zivilprozessordnung entsprechend.

(5) Richter dürfen nicht als Bevollmächtigte vor dem Gericht auftreten, dem sie angehören.

1 In Betreuungs- und Unterbringungssachen besteht vor dem AG und LG kein Anwaltszwang, wohl aber vor dem BGH.

§ 11 Verfahrensvollmacht

[1]Die Vollmacht ist schriftlich zu den Gerichtsakten einzureichen. [2]Sie kann nachgereicht werden; hierfür kann das Gericht eine Frist bestimmen. [3]Der Mangel der Vollmacht kann in jeder Lage des Verfahrens geltend gemacht werden. [4]Das Gericht hat den Mangel der Vollmacht von Amts wegen zu berücksichtigen, wenn nicht als Bevollmächtigter ein Rechtsanwalt oder Notar auftritt. Im [5]Übrigen gelten die §§ 81 bis 87 und 89 der Zivilprozessordnung entsprechend.

§ 12 Beistand

[1]Im Termin können die Beteiligten mit Beiständen erscheinen. [2]Beistand kann sein, wer in Verfahren, in denen die Beteiligten das Verfahren selbst betreiben können, als Bevollmächtigter zur Vertretung befugt ist. [3]Das Gericht kann andere Personen als Beistand zulassen, wenn dies sachdienlich ist und hierfür nach den Umständen des Einzelfalls ein Bedürfnis besteht. [4]§ 10 Abs. 3 Satz 1 und 3 und Abs. 5 gilt entsprechend. [5]Das von dem Beistand Vorgetragene gilt

als von dem Beteiligten vorgebracht, soweit es nicht von diesem sofort widerrufen oder berichtigt wird.

Termin in diesem Sinne ist nicht nur der Gerichtstermin, sondern auch der Termin, in dem der Sachverständige – als Gehilfe des Gerichts – den Betroffenen begutachtet. 1

§ 13 Akteneinsicht

(1) Die Beteiligten können die Gerichtsakten auf der Geschäftsstelle einsehen, soweit nicht schwerwiegende Interessen eines Beteiligten oder eines Dritten entgegenstehen.

(2) [1]Personen, die an dem Verfahren nicht beteiligt sind, kann Einsicht nur gestattet werden, soweit sie ein berechtigtes Interesse glaubhaft machen und schutzwürdige Interessen eines Beteiligten oder eines Dritten nicht entgegenstehen. [2]Die Einsicht ist zu versagen, wenn ein Fall des § 1758 des Bürgerlichen Gesetzbuchs vorliegt.

(3) [1]Soweit Akteneinsicht gewährt wird, können die Berechtigten sich auf ihre Kosten durch die Geschäftsstelle Ausfertigungen, Auszüge und Abschriften erteilen lassen. [2]Die Abschrift ist auf Verlangen zu beglaubigen.

(4) [1]Einem Rechtsanwalt, einem Notar oder einer beteiligten Behörde kann das Gericht die Akten in die Amts- oder Geschäftsräume überlassen. [2]Ein Recht auf Überlassung von Beweisstücken in die Amts- oder Geschäftsräume besteht nicht. [3]Die Entscheidung nach Satz 1 ist nicht anfechtbar.

(5) [1]Werden die Gerichtsakten elektronisch geführt, gilt § 299 Abs. 3 der Zivilprozessordnung entsprechend. [2]Der elektronische Zugriff nach § 299 Abs. 3 Satz 2 und 3 der Zivilprozessordnung kann auch dem Notar oder der beteiligten Behörde gestattet werden.

(6) Die Entwürfe zu Beschlüssen und Verfügungen, die zu ihrer Vorbereitung gelieferten Arbeiten sowie die Dokumente, die Abstimmungen betreffen, werden weder vorgelegt noch abschriftlich mitgeteilt.

(7) Über die Akteneinsicht entscheidet das Gericht, bei Kollegialgerichten der Vorsitzende.

Die Akteneinsichtsrechte sind unterschiedlich, je nachdem, ob jemand Beteiligter ist oder nicht. Zunächst ist § 7 FamFG einschlägig; für Betreuungssachen regelt ergänzend § 274 FamFG, wer Beteiligter ist; für Unterbringungssachen § 315 FamFG. 1

§ 14 Elektronische Akte; elektronisches Dokument

(1) [1]Die Gerichtsakten können elektronisch geführt werden. [2]§ 298a Abs. 2 und 3 der Zivilprozessordnung gilt entsprechend.

(2) [1]Die Beteiligten können Anträge und Erklärungen als elektronisches Dokument übermitteln. [2]Für das elektronische Dokument gelten § 130a Abs. 1 und 3 sowie § 298 der Zivilprozessordnung entsprechend.

(3) Für das gerichtliche elektronische Dokument gelten die §§ 130b und 298 der Zivilprozessordnung entsprechend.

(4) [1]Die Bundesregierung und die Landesregierungen bestimmen für ihren Bereich durch Rechtsverordnung den Zeitpunkt, von dem an elektronische Akten geführt und elektronische Dokumente bei Gericht eingereicht werden können. [2]Die Bundesregierung und die Landesregierungen bestimmen für ihren Bereich durch Rechtsverordnung die geltenden organisatorischtechnischen

Rahmenbedingungen für die Bildung, Führung und Aufbewahrung der elektronischen Akten und die für die Bearbeitung der Dokumente geeignete Form. [3]Die Landesregierungen können die Ermächtigung durch Rechtsverordnung auf die jeweils zuständige oberste Landesbehörde übertragen. [4]Die Zulassung der elektronischen Akte und der elektronischen Form kann auf einzelne Gerichte oder Verfahren beschränkt werden.

(5) [1]Sind die Gerichtsakten nach ordnungsgemäßen Grundsätzen zur Ersetzung der Urschrift auf einen Bild- oder anderen Datenträger übertragen worden und liegt der schriftliche Nachweis darüber vor, dass die Wiedergabe mit der Urschrift übereinstimmt, so können Ausfertigungen, Auszüge und Abschriften von dem Bild- oder dem Datenträger erteilt werden. [2]Auf der Urschrift anzubringende Vermerke werden in diesem Fall bei dem Nachweis angebracht.

§ 15 Bekanntgabe; formlose Mitteilung

(1) Dokumente, deren Inhalt eine Termins- oder Fristbestimmung enthalten oder den Lauf einer Frist auslösen, sind den Beteiligten bekannt zu geben.

(2) [1]Die Bekanntgabe kann durch Zustellung nach den §§ 166 bis 195 der Zivilprozessordnung oder dadurch bewirkt werden, dass das Schriftstück unter der Anschrift des Adressaten zur Post gegeben wird. [2]Soll die Bekanntgabe im Inland bewirkt werden, gilt das Schriftstück drei Tage nach Aufgabe zur Post als bekannt gegeben, wenn nicht der Beteiligte glaubhaft macht, dass ihm das Schriftstück nicht oder erst zu einem späteren Zeitpunkt zugegangen ist.

(3) Ist eine Bekanntgabe nicht geboten, können Dokumente den Beteiligten formlos mitgeteilt werden.

§ 16 Fristen

(1) Der Lauf einer Frist beginnt, soweit nichts anderes bestimmt ist, mit der Bekanntgabe.

(2) Für die Fristen gelten die §§ 222 und 224 Abs. 2 und 3 sowie § 225 der Zivilprozessordnung entsprechend.

§ 17 Wiedereinsetzung in den vorigen Stand

(1) War jemand ohne sein Verschulden verhindert, eine gesetzliche Frist einzuhalten, ist ihm auf Antrag Wiedereinsetzung in den vorigen Stand zu gewähren.

(2) Ein Fehlen des Verschuldens wird vermutet, wenn eine Rechtsbehelfsbelehrung unterblieben oder fehlerhaft ist.

§ 18 Antrag auf Wiedereinsetzung

(1) Der Antrag auf Wiedereinsetzung ist binnen zwei Wochen nach Wegfall des Hindernisses zu stellen.

(2) Die Form des Antrags auf Wiedereinsetzung richtet sich nach den Vorschriften, die für die versäumte Verfahrenshandlung gelten.

(3) [1]Die Tatsachen zur Begründung des Antrags sind bei der Antragstellung oder im Verfahren über den Antrag glaubhaft zu machen. Innerhalb der Antragsfrist ist die versäumte Rechtshandlung nachzuholen. [2]Ist dies geschehen, kann die Wiedereinsetzung auch ohne Antrag gewährt werden.

(4) Nach Ablauf eines Jahres, von dem Ende der versäumten Frist an gerechnet, kann Wiedereinsetzung nicht mehr beantragt oder ohne Antrag bewilligt werden.

§ 19 Entscheidung über die Wiedereinsetzung

(1) Über die Wiedereinsetzung entscheidet das Gericht, das über die versäumte Rechtshandlung zu befinden hat.

(2) Die Wiedereinsetzung ist nicht anfechtbar.

(3) Die Versagung der Wiedereinsetzung ist nach den Vorschriften anfechtbar, die für die versäumte Rechtshandlung gelten.

§ 20 Verfahrensverbindung und -trennung

Das Gericht kann Verfahren verbinden oder trennen, soweit es dies für sachdienlich hält.

§ 21 Aussetzung des Verfahrens

(1) [1]Das Gericht kann das Verfahren aus wichtigem Grund aussetzen, insbesondere wenn die Entscheidung ganz oder zum Teil von dem Bestehen oder Nichtbestehen eines Rechtsverhältnisses abhängt, das den Gegenstand eines anderen anhängigen Verfahrens bildet oder von einer Verwaltungsbehörde festzustellen ist. [2]§ 249 der Zivilprozessordnung ist entsprechend anzuwenden.

(2) Der Beschluss ist mit der sofortigen Beschwerde in entsprechender Anwendung der §§ 567 bis 572 der Zivilprozessordnung anfechtbar.

§ 22 Antragsrücknahme; Beendigungserklärung

(1) [1]Ein Antrag kann bis zur Rechtskraft der Endentscheidung zurückgenommen werden. [2]Die Rücknahme bedarf nach Erlass der Endentscheidung der Zustimmung der übrigen Beteiligten.

(2) [1]Eine bereits ergangene, noch nicht rechtskräftige Endentscheidung wird durch die Antragsrücknahme wirkungslos, ohne dass es einer ausdrücklichen Aufhebung bedarf. [2]Das Gericht stellt auf Antrag die nach Satz 1 eintretende Wirkung durch Beschluss fest. [3]Der Beschluss ist nicht anfechtbar.

(3) Eine Entscheidung über einen Antrag ergeht nicht, soweit sämtliche Beteiligte erklären, dass sie das Verfahren beenden wollen.

(4) Die Absätze 2 und 3 gelten nicht in Verfahren, die von Amts wegen eingeleitet werden können.

§ 22a Mitteilungen an die Familien- und Betreuungsgerichte

(1) Wird infolge eines gerichtlichen Verfahrens eine Tätigkeit des Familien- oder Betreuungsgerichts erforderlich, hat das Gericht dem Familien- oder Betreuungsgericht Mitteilung zu machen.

(2) [1]Im Übrigen dürfen Gerichte und Behörden dem Familien- oder Betreuungsgericht personenbezogene Daten übermitteln, wenn deren Kenntnis aus ihrer Sicht für familien- oder betreuungsgerichtliche Maßnahmen erforderlich ist, soweit nicht für die übermittelnde Stelle erkennbar ist, dass schutzwürdige

Interessen des Betroffenen an dem Ausschluss der Übermittlung das Schutzbedürfnis eines Minderjährigen oder Betreuten oder das öffentliche Interesse an der Übermittlung überwiegen. [2]Die Übermittlung unterbleibt, wenn ihr eine besondere bundes- oder entsprechende landesgesetzliche Verwendungsregelung entgegensteht.

1 Wenn sich zB in einem Verfahren vor dem Prozessgericht, Familiengericht, Sozialgericht, Verwaltungsgericht usw zeigt, dass eine Prozesspartei bzw ein Beteiligter möglicherweise geschäftsunfähig ist, dann kann das Betreuungsgericht informiert werden und dann prüfen, ob es ein Betreuungsverfahren einleitet (§ 1896 BGB).

Abschnitt 2 Verfahren im ersten Rechtszug

§ 23 Verfahrenseinleitender Antrag

(1) [1]Ein verfahrenseinleitender Antrag soll begründet werden. [2]In dem Antrag sollen die zur Begründung dienenden Tatsachen und Beweismittel angegeben sowie die Personen benannt werden, die als Beteiligte in Betracht kommen. Urkunden, auf die Bezug genommen wird, sollen in Urschrift oder Abschrift beigefügt werden. [3]Der Antrag soll von dem Antragsteller oder seinem Bevollmächtigten unterschrieben werden.

(2) Das Gericht soll den Antrag an die übrigen Beteiligten übermitteln.

1 Der Betroffene kann selbst ein Betreuungsverfahren beantragen (§ 1896 BGB), andere Personen nicht; sie können das Verfahren nur anregen (§ 24 FamFG).

§ 24 Anregung des Verfahrens

(1) Soweit Verfahren von Amts wegen eingeleitet werden können, kann die Einleitung eines Verfahrens angeregt werden.

(2) Folgt das Gericht der Anregung nach Absatz 1 nicht, hat es denjenigen, der die Einleitung angeregt hat, darüber zu unterrichten, soweit ein berechtigtes Interesse an der Unterrichtung ersichtlich ist.

1 Jedermann kann ein Betreuungsverfahren anregen (§ 1896 BGB).

§ 25 Anträge und Erklärungen zur Niederschrift der Geschäftsstelle

(1) Die Beteiligten können Anträge und Erklärungen gegenüber dem zuständigen Gericht schriftlich oder zur Niederschrift der Geschäftsstelle abgeben, soweit eine Vertretung durch einen Rechtsanwalt nicht notwendig ist.

(2) Anträge und Erklärungen, deren Abgabe vor dem Urkundsbeamten der Geschäftsstelle zulässig ist, können vor der Geschäftsstelle eines jeden Amtsgerichts zur Niederschrift abgegeben werden.

(3) [1]Die Geschäftsstelle hat die Niederschrift unverzüglich an das Gericht zu übermitteln, an das der Antrag oder die Erklärung gerichtet ist. [2]Die Wirkung einer Verfahrenshandlung tritt nicht ein, bevor die Niederschrift dort eingeht.

§ 26 Ermittlung von Amts wegen

Das Gericht hat von Amts wegen die zur Feststellung der entscheidungserheblichen Tatsachen erforderlichen Ermittlungen durchzuführen.

§ 26 ist auch im Betreuungs- und Unterbringungsverfahren anzuwenden; spezielle Regelungen finden sich in § 278 (Anhörung des Betroffenen), § 279 (Anhörung sonstiger Beteiligter), § 280 (Einholung eines Gutachtens). 1

§ 27 Mitwirkung der Beteiligten

(1) Die Beteiligten sollen bei der Ermittlung des Sachverhalts mitwirken.

(2) Die Beteiligten haben ihre Erklärungen über tatsächliche Umstände vollständig und der Wahrheit gemäß abzugeben.

§ 28 Verfahrensleitung

(1) [1]Das Gericht hat darauf hinzuwirken, dass die Beteiligten sich rechtzeitig über alle erheblichen Tatsachen erklären und ungenügende tatsächliche Angaben ergänzen. [2]Es hat die Beteiligten auf einen rechtlichen Gesichtspunkt hinzuweisen, wenn es ihn anders beurteilt als die Beteiligten und seine Entscheidung darauf stützen will.

(2) In Antragsverfahren hat das Gericht auch darauf hinzuwirken, dass Formfehler beseitigt und sachdienliche Anträge gestellt werden.

(3) Hinweise nach dieser Vorschrift hat das Gericht so früh wie möglich zu erteilen und aktenkundig zu machen.

(4) [1]Über Termine und persönliche Anhörungen hat das Gericht einen Vermerk zu fertigen; für die Niederschrift des Vermerks kann ein Urkundsbeamter der Geschäftsstelle hinzugezogen werden, wenn dies aufgrund des zu erwartenden Umfangs des Vermerks, in Anbetracht der Schwierigkeit der Sache oder aus einem sonstigen wichtigen Grund erforderlich ist. [2]In den Vermerk sind die wesentlichen Vorgänge des Termins und der persönlichen Anhörung aufzunehmen. [3]Die Herstellung durch Aufzeichnung auf Datenträger in der Form des § 14 Abs. 3 ist möglich.

§ 29 Beweiserhebung

(1) [1]Das Gericht erhebt die erforderlichen Beweise in geeigneter Form. [2]Es ist hierbei an das Vorbringen der Beteiligten nicht gebunden.

(2) Die Vorschriften der Zivilprozessordnung über die Vernehmung bei Amtsverschwiegenheit und das Recht zur Zeugnisverweigerung gelten für die Befragung von Auskunftspersonen entsprechend.

(3) Das Gericht hat die Ergebnisse der Beweiserhebung aktenkundig zu machen.

§ 29 stellt klar, dass sowohl das Strengbeweisverfahren wie das Freibeweisverfahren zulässig sind. 1

§ 30 Förmliche Beweisaufnahme

(1) Das Gericht entscheidet nach pflichtgemäßem Ermessen, ob es die entscheidungserheblichen Tatsachen durch eine förmliche Beweisaufnahme entsprechend der Zivilprozessordnung feststellt.

(2) Eine förmliche Beweisaufnahme hat stattzufinden, wenn es in diesem Gesetz vorgesehen ist.

(3) Eine förmliche Beweisaufnahme über die Richtigkeit einer Tatsachenbehauptung soll stattfinden, wenn das Gericht seine Entscheidung maßgeblich auf die Feststellung dieser Tatsache stützen will und die Richtigkeit von einem Beteiligten ausdrücklich bestritten wird.

(4) Den Beteiligten ist Gelegenheit zu geben, zum Ergebnis einer förmlichen Beweisaufnahme Stellung zu nehmen, soweit dies zur Aufklärung des Sachverhalts oder zur Gewährung rechtlichen Gehörs erforderlich ist.

1 §§ 280, 321 verlangen eine förmliche Beweisaufnahme im Sinne von Abs 2.

§ 31 Glaubhaftmachung

(1) Wer eine tatsächliche Behauptung glaubhaft zu machen hat, kann sich aller Beweismittel bedienen, auch zur Versicherung an Eides statt zugelassen werden.

(2) Eine Beweisaufnahme, die nicht sofort erfolgen kann, ist unstatthaft.

§ 32 Termin

(1) Das Gericht kann die Sache mit den Beteiligten in einem Termin erörtern. Die §§ 219, 227 Abs. 1, 2 und 4 der Zivilprozessordnung gelten entsprechend.

(2) Zwischen der Ladung und dem Termin soll eine angemessene Frist liegen.

(3) In geeigneten Fällen soll das Gericht die Sache mit den Beteiligten im Wege der Bild- und Tonübertragung in entsprechender Anwendung des § 128a der Zivilprozessordnung erörtern.

§ 33 Persönliches Erscheinen der Beteiligten

(1) [1]Das Gericht kann das persönliche Erscheinen eines Beteiligten zu einem Termin anordnen und ihn anhören, wenn dies zur Aufklärung des Sachverhalts sachdienlich erscheint. [2]Sind in einem Verfahren mehrere Beteiligte persönlich anzuhören, hat die Anhörung eines Beteiligten in Abwesenheit der anderen Beteiligten stattzufinden, falls dies zum Schutz des anzuhörenden Beteiligten oder aus anderen Gründen erforderlich ist.

(2) [1]Der verfahrensfähige Beteiligte ist selbst zu laden, auch wenn er einen Bevollmächtigten hat; dieser ist von der Ladung zu benachrichtigen. [2]Das Gericht soll die Zustellung der Ladung anordnen, wenn das Erscheinen eines Beteiligten ungewiss ist.

(3) [1]Bleibt der ordnungsgemäß geladene Beteiligte unentschuldigt im Termin aus, kann gegen ihn durch Beschluss ein Ordnungsgeld verhängt werden. [2]Die Festsetzung des Ordnungsgeldes kann wiederholt werden. [3]Im Falle des wiederholten, unentschuldigten Ausbleibens kann die Vorführung des Beteiligten angeordnet werden. [4]Erfolgt eine genügende Entschuldigung nachträglich und macht der Beteiligte glaubhaft, dass ihn an der Verspätung der Entschuldigung kein Verschulden trifft, werden die nach den Sätzen 1 bis 3 getroffenen Anord-

nungen aufgehoben. [5]Der Beschluss, durch den ein Ordnungsmittel verhängt wird, ist mit der sofortigen Beschwerde in entsprechender Anwendung der §§ 567 bis 572 der Zivilprozessordnung anfechtbar.

(4) Der Beteiligte ist auf die Folgen seines Ausbleibens in der Ladung hinzuweisen.

Das persönliche Erscheinen des Betroffenen kann im Betreuungsverfahren durch Vorführung erzwungen werden (§ 278 Abs 5). Ein Ordnungsgeld nach Abs 3 kann daher dem Betroffenen nicht auferlegt werden. Sonstige Beteiligte vgl § 274. 1

§ 34 Persönliche Anhörung

(1) Das Gericht hat einen Beteiligten persönlich anzuhören,
1. wenn dies zur Gewährleistung des rechtlichen Gehörs des Beteiligten erforderlich ist oder
2. wenn dies in diesem oder in einem anderen Gesetz vorgeschrieben ist.

(2) Die persönliche Anhörung eines Beteiligten kann unterbleiben, wenn hiervon erhebliche Nachteile für seine Gesundheit zu besorgen sind oder der Beteiligte offensichtlich nicht in der Lage ist, seinen Willen kundzutun.

(3) [1]Bleibt der Beteiligte im anberaumten Anhörungstermin unentschuldigt aus, kann das Verfahren ohne seine persönliche Anhörung beendet werden. [2]Der Beteiligte ist auf die Folgen seines Ausbleibens hinzuweisen.

Im Betreuungsverfahren ist die persönliche Anhörung des Betroffenen vorgeschrieben. Sie kann nach § 278 Abs 4, welcher auf § 34 Abs 2 verweist, unterbleiben. 1

§ 35 Zwangsmittel

(1) [1]Ist aufgrund einer gerichtlichen Anordnung die Verpflichtung zur Vornahme oder Unterlassung einer Handlung durchzusetzen, kann das Gericht, sofern ein Gesetz nicht etwas anderes bestimmt, gegen den Verpflichteten durch Beschluss Zwangsgeld festsetzen. [2]Das Gericht kann für den Fall, dass dieses nicht beigetrieben werden kann, Zwangshaft anordnen. [3]Verspricht die Anordnung eines Zwangsgeldes keinen Erfolg, soll das Gericht Zwangshaft anordnen.

(2) Die gerichtliche Entscheidung, die die Verpflichtung zur Vornahme oder Unterlassung einer Handlung anordnet, hat auf die Folgen einer Zuwiderhandlung gegen die Entscheidung hinzuweisen.

(3) [1]Das einzelne Zwangsgeld darf den Betrag von fünfundzwanzigtausend Euro nicht übersteigen. [2]Mit der Festsetzung des Zwangsmittels sind dem Verpflichteten zugleich die Kosten dieses Verfahrens aufzuerlegen. [3]Für den Vollzug der Haft gelten § 901 Satz 2, die §§ 904 bis 906, 909, 910 und 913 der Zivilprozessordnung entsprechend.

(4) [1]Ist die Verpflichtung zur Herausgabe oder Vorlage einer Sache oder zur Vornahme einer vertretbaren Handlung zu vollstrecken, so kann das Gericht, soweit ein Gesetz nicht etwas Anderes bestimmt, durch Beschluss neben oder anstelle einer Maßnahme nach den Absätzen 1, 2 die in §§ 883, 886, 887 der Zivilprozessordnung vorgesehenen Maßnahmen anordnen. [2]Die §§ 891 und 892 gelten entsprechend.

(5) Der Beschluss, durch den Zwangsmaßnahmen angeordnet werden, ist mit der sofortigen Beschwerde in entsprechender Anwendung der §§ 567 bis 572 der Zivilprozessordnung anfechtbar.

§ 36 Vergleich

(1) [1]Die Beteiligten können einen Vergleich schließen, soweit sie über den Gegenstand des Verfahrens verfügen können. [2]Das Gericht soll außer in Gewaltschutzsachen auf eine gütliche Einigung der Beteiligten hinwirken.

(2) [1]Kommt eine Einigung im Termin zustande, ist hierüber eine Niederschrift anzufertigen. [2]Die Vorschriften der Zivilprozessordnung über die Niederschrift des Vergleichs sind entsprechend anzuwenden.

(3) Ein nach Absatz 1 Satz 1 zulässiger Vergleich kann auch schriftlich entsprechend § 278 Abs. 6 der Zivilprozessordnung geschlossen werden.

(4) Unrichtigkeiten in der Niederschrift oder in dem Beschluss über den Vergleich können entsprechend § 164 der Zivilprozessordnung berichtigt werden.

1 Im Betreuungs- oder Unterbringungsverfahren können die Beteiligten keinen Vergleich schließen, weil diese Verfahrensgegenstände nicht der Disposition der Beteiligten unterliegen.

§ 37 Grundlage der Entscheidung

(1) Das Gericht entscheidet nach seiner freien, aus dem gesamten Inhalt des Verfahrens gewonnenen Überzeugung.

(2) Das Gericht darf eine Entscheidung, die die Rechte eines Beteiligten beeinträchtigt, nur auf Tatsachen und Beweisergebnisse stützen, zu denen dieser Beteiligte sich äußern konnte.

Abschnitt 3 **Beschluss**

§ 38 Entscheidung durch Beschluss

(1) [1]Das Gericht entscheidet durch Beschluss, soweit durch die Entscheidung der Verfahrensgegenstand ganz oder teilweise erledigt wird (Endentscheidung). [2]Für Registersachen kann durch Gesetz Abweichendes bestimmt werden.

(2) Der Beschluss enthält
1. **die Bezeichnung der Beteiligten, ihrer gesetzlichen Vertreter und der Bevollmächtigten;**
2. **die Bezeichnung des Gerichts und die Namen der Gerichtspersonen, die bei der Entscheidung mitgewirkt haben;**
3. **die Beschlussformel.**

(3) [1]Der Beschluss ist zu begründen. [2]Er ist zu unterschreiben. [3]Das Datum der Übergabe des Beschlusses an die Geschäftsstelle oder der Bekanntgabe durch Verlesen der Beschlussformel (Erlass) ist auf dem Beschluss zu vermerken.

(4) Einer Begründung bedarf es nicht, soweit
1. **die Entscheidung aufgrund eines Anerkenntnisses oder Verzichts oder als Versäumnisentscheidung ergeht und entsprechend bezeichnet ist,**
2. **gleichgerichteten Anträgen der Beteiligten stattgegeben wird oder der Beschluss nicht dem erklärten Willen eines Beteiligten widerspricht oder**
3. **der Beschluss in Gegenwart aller Beteiligten mündlich bekannt gegeben wurde und alle Beteiligten auf Rechtsmittel verzichtet haben.**

(5) Absatz 4 ist nicht anzuwenden:

1. **in Ehesachen, mit Ausnahme der eine Scheidung aussprechenden Entscheidung,**
2. **in Abstammungssachen,**
3. **in Betreuungssachen,**
4. **wenn zu erwarten ist, dass der Beschluss im Ausland geltend gemacht werden wird.**

(6) Soll ein ohne Begründung hergestellter Beschluss im Ausland geltend gemacht werden, gelten die Vorschriften über die Vervollständigung von Versäumnis- und Anerkenntnisentscheidungen entsprechend.

Abs 2 regelt den Inhalt des Tenors; zusätzliche Bestimmungen in Betreuungs- 1
und Unterbringungssachen finden sich in § 286 und § 323. Nach Abs 3 ist stets eine Begründung erforderlich. Davon kann nach Abs 4 Nr 3 in Betreuungssachen nicht abgesehen werden. Dagegen nennt Abs 4 nicht die Unterbringungssachen, so dass hier von einer Begründung des Beschlusses abgesehen werden könnte. Aus verfassungsrechtlichen Gründen (Eingriff in das Grundrecht der Freiheit) kann das nicht zutreffen.

§ 39 Rechtsbehelfsbelehrung

Jeder Beschluss hat eine Belehrung über das statthafte Rechtsmittel, den Einspruch, den Widerspruch oder die Erinnerung sowie das Gericht, bei dem diese Rechtsbehelfe einzulegen sind, dessen Sitz und die einzuhaltende Form und Frist zu enthalten.

In Betreuungssachen gibt es nur das Rechtsmittel der Erinnerung gegen Beschlüs- 1
se des Rechtspflegers bzw Beschwerde gegen Entscheidungen des Richters (§ 11 RPflG; §§ 58 ff FamFG), ferner die Sprungrechtsbeschwerde (§ 75 FamFG). Einen Einspruch oder Widerspruch gibt es hier nicht. Fehlt die Belehrung: § 17 Abs 2 FamFG. Auch über den Antrag nach § 52 Abs 1 ist zu belehren.

§ 40 Wirksamwerden

(1) Der Beschluss wird wirksam mit Bekanntgabe an den Beteiligten, für den er seinem wesentlichen Inhalt nach bestimmt ist.

(2) [1]Ein Beschluss, der die Genehmigung eines Rechtsgeschäfts zum Gegenstand hat, wird erst mit Rechtskraft wirksam. [2]Dies ist mit der Entscheidung auszusprechen.

(3) [1]Ein Beschluss, durch den auf Antrag die Ermächtigung oder die Zustimmung eines anderen zu einem Rechtsgeschäft ersetzt oder die Beschränkung oder Ausschließung der Berechtigung des Ehegatten oder Lebenspartners, Geschäfte mit Wirkung für den anderen Ehegatten oder Lebenspartner zu besorgen (§ 1357 Abs. 2 Satz 1 des Bürgerlichen Gesetzbuchs, auch in Verbindung mit § 8 Abs. 2 des Lebenspartnerschaftsgesetzes), aufgehoben wird, wird erst mit Rechtskraft wirksam. [2]Bei Gefahr im Verzug kann das Gericht die sofortige Wirksamkeit des Beschlusses anordnen. [3]Der Beschluss wird mit Bekanntgabe an den Antragsteller wirksam.

Das Wirksamwerden eines Beschlusses in bestimmten Betreuungssachen regelt 1
§ 287. Der Beteiligte, für den der Beschluss bestimmt ist (Abs 1), kann der Betroffene sein, aber auch der Betreuer.

Abs 2 betrifft die Genehmigung von Rechtsgeschäften (zB §§ 1821, 1822, 1828 2
BGB); Beispiel: der Betreuer veräußert das Grundstück des Betreuten. Die

Genehmigung einer Gesundheitsbehandlung oder Unterbringung (§§ 1904, 1906 BGB) fällt nicht unter Abs 2, sondern § 287 und § 324.

§ 41 Bekanntgabe des Beschlusses

(1) Der Beschluss ist den Beteiligten bekannt zu geben. Ein anfechtbarer Beschluss ist demjenigen zuzustellen, dessen erklärtem Willen er nicht entspricht.

(2) Anwesenden kann der Beschluss auch durch Verlesen der Beschlussformel bekannt gegeben werden. Dies ist in den Akten zu vermerken. In diesem Fall ist die Begründung des Beschlusses unverzüglich nachzuholen. Der Beschluss ist im Fall des Satzes 1 auch schriftlich bekannt zu geben.

(3) Ein Beschluss, der die Genehmigung eines Rechtsgeschäfts zum Gegenstand hat, ist auch demjenigen, für den das Rechtsgeschäft genehmigt wird, bekannt zu geben.

1 Beteiligte: §§ 7, 274, 315. Von der Bekanntgabe der Gründe (nicht auch des Tenors) eines Beschlusses kann in Betreuungssachen nach § 288 abgesehen werden, in Unterbringungssachen nach § 325.

§ 42 Berichtigung des Beschlusses

(1) Schreibfehler, Rechenfehler und ähnliche offenbare Unrichtigkeiten im Beschluss sind jederzeit vom Gericht auch von Amts wegen zu berichtigen.

(2) [1]Der Beschluss, der die Berichtigung ausspricht, wird auf dem berichtigten Beschluss und auf den Ausfertigungen vermerkt. [2]Erfolgt der Berichtigungsbeschluss in der Form des § 14 Abs. 3, ist er in einem gesonderten elektronischen Dokument festzuhalten. [3]Das Dokument ist mit dem Beschluss untrennbar zu verbinden.

(3) [1]Der Beschluss, durch den der Antrag auf Berichtigung zurückgewiesen wird, ist nicht anfechtbar. [2]Der Beschluss, der eine Berichtigung ausspricht, ist mit der sofortigen Beschwerde in entsprechender Anwendung der §§ 567 bis 572 der Zivilprozessordnung anfechtbar.

§ 43 Ergänzung des Beschlusses

(1) Wenn ein Antrag, der nach den Verfahrensakten von einem Beteiligten gestellt wurde, ganz oder teilweise übergangen oder die Kostenentscheidung unterblieben ist, ist auf Antrag der Beschluss nachträglich zu ergänzen.

(2) Die nachträgliche Entscheidung muss binnen einer zweiwöchigen Frist, die mit der schriftlichen Bekanntgabe des Beschlusses beginnt, beantragt werden.

§ 44 Abhilfe bei Verletzung des Anspruchs auf rechtliches Gehör

(1) [1]Auf die Rüge eines durch eine Entscheidung beschwerten Beteiligten ist das Verfahren fortzuführen, wenn
1. ein Rechtsmittel oder ein Rechtsbehelf gegen die Entscheidung oder eine andere Abänderungsmöglichkeit nicht gegeben ist und
2. das Gericht den Anspruch dieses Beteiligten auf rechtliches Gehör in entscheidungserheblicher Weise verletzt hat.

[2]Gegen eine der Endentscheidung vorausgehende Entscheidung findet die Rüge nicht statt.

(2) [1]Die Rüge ist innerhalb von zwei Wochen nach Kenntnis von der Verletzung des rechtlichen Gehörs zu erheben; der Zeitpunkt der Kenntniserlangung ist glaubhaft zu machen. [2]Nach Ablauf eines Jahres seit der Bekanntgabe der angegriffenen Entscheidung an diesen Beteiligten kann die Rüge nicht mehr erhoben werden. [3]Die Rüge ist schriftlich oder zur Niederschrift bei dem Gericht zu erheben, dessen Entscheidung angegriffen wird. [4]Die Rüge muss die angegriffene Entscheidung bezeichnen und das Vorliegen der in Absatz 1 Satz 1 Nr. 2 genannten Voraussetzungen darlegen.

(3) Den übrigen Beteiligten ist, soweit erforderlich, Gelegenheit zur Stellungnahme zu geben.

(4) [1]Ist die Rüge nicht in der gesetzlichen Form oder Frist erhoben, ist sie als unzulässig zu verwerfen. [2]Ist die Rüge unbegründet, weist das Gericht sie zurück. [3]Die Entscheidung ergeht durch nicht anfechtbaren Beschluss. [4]Der Beschluss soll kurz begründet werden.

(5) Ist die Rüge begründet, hilft ihr das Gericht ab, indem es das Verfahren fortführt, soweit dies aufgrund der Rüge geboten ist.

§ 45 Formelle Rechtskraft

[1]Die Rechtskraft eines Beschlusses tritt nicht ein, bevor die Frist für die Einlegung des zulässigen Rechtsmittels oder des zulässigen Einspruchs, des Widerspruchs oder der Erinnerung abgelaufen ist. [2]Der Eintritt der Rechtskraft wird dadurch gehemmt, dass das Rechtsmittel, der Einspruch, der Widerspruch oder der Erinnerung rechtzeitig eingelegt wird.

Wird eine Betreuung angeordnet oder eine Unterbringung genehmigt, erwächst der Beschluss zwar in formeller Rechtskraft, aber nicht in materielle Rechtskraft. Sobald die Voraussetzungen weggefallen sind, ist der Beschluss (trotz Rechtskraft) aufzuheben (§ 1908 d BGB; § 330 FamFG). 1

§ 46 Rechtskraftzeugnis

[1]Das Zeugnis über die Rechtskraft eines Beschlusses ist auf Grund der Verfahrensakten von der Geschäftsstelle des Gerichts des ersten Rechtszugs zu erteilen. [2]Solange das Verfahren in einem höheren Rechtszug anhängig ist, erteilt die Geschäftsstelle des Gerichts dieses Rechtszugs das Zeugnis. [3]In Ehe- und Abstammungssachen wird den Beteiligten von Amts wegen ein Rechtskraftzeugnis auf einer Ausfertigung ohne Begründung erteilt. [4]Die Entscheidung der Geschäftsstelle ist mit der Erinnerung in entsprechender Anwendung des § 573 der Zivilprozessordnung anfechtbar.

Ein solches Zeugnis ist zB notwendig, um die Rechtskraft eines Beschlusses im Falle des § 40 Abs 2 FamFG gegenüber dem Grundbuchamt nachzuweisen. Der BGH stellt kein Notfristzeugnis, das die Nichteinlegung der Sprungrechtsbeschwerde bezeugt, aus.[1] 1

§ 47 Wirksam bleibende Rechtsgeschäfte

Ist ein Beschluss ungerechtfertigt, durch den jemand die Fähigkeit oder die Befugnis erlangt, ein Rechtsgeschäft vorzunehmen oder eine Willenserklärung entgegenzunehmen, hat die Aufhebung des Beschlusses auf die Wirksamkeit der inzwischen von ihm oder ihm gegenüber vorgenommenen Rechtsgeschäfte keinen Einfluss, soweit der Beschluss nicht von Anfang an unwirksam ist.

1 BGH FGPrax 2010, 53.

1 § 47 betrifft zB die Fälle, in denen ein Betreuer bestellt wird, dann als Vertreter des Betreuten Geschäfte tätigt (zB ein Grundstück des Betreuten veräußert), und anschließend (zB im Beschwerdeverfahren) die Betreuung als von Anfang an (!) unberechtigt aufgehoben wird. Das Geschäft bleibt wirksam. Theoretisch kommt eine Haftung des Betreuers aus § 1833 BGB in Frage (doch fehlt in der Regel ein Verschulden des Betreuers), des Sachverständigen aus § 839a BGB oder des Staates für seinen Betreuungsrichter (§ 839 BGB; Art 34 GG).

§ 48 Abänderung und Wiederaufnahme

(1) [1]Das Gericht des ersten Rechtszugs kann eine rechtskräftige Endentscheidung mit Dauerwirkung aufheben oder ändern, wenn sich die zugrunde liegende Sach- oder Rechtslage nachträglich wesentlich geändert hat. [2]In Verfahren, die nur auf Antrag eingeleitet werden, erfolgt die Aufhebung oder Abänderung nur auf Antrag.

(2) Ein rechtskräftig beendetes Verfahren kann in entsprechender Anwendung der Vorschriften des Buches 4 der Zivilprozessordnung wiederaufgenommen werden.

(3) Gegen einen Beschluss, durch den die Genehmigung für ein Rechtsgeschäft erteilt oder verweigert wird, findet eine Wiedereinsetzung in den vorigen Stand, eine Rüge nach § 44, eine Abänderung oder eine Wiederaufnahme nicht statt, wenn die Genehmigung oder deren Verweigerung einem Dritten gegenüber wirksam geworden ist.

Abschnitt 4 Einstweilige Anordnung

§ 49 Einstweilige Anordnung

(1) Das Gericht kann durch einstweilige Anordnung eine vorläufige Maßnahme treffen, soweit dies nach den für das Rechtsverhältnis maßgebenden Vorschriften gerechtfertigt ist und ein dringendes Bedürfnis für ein sofortiges Tätigwerden besteht.

(2) [1]Die Maßnahme kann einen bestehenden Zustand sichern oder vorläufig regeln. [2]Einem Beteiligten kann eine Handlung geboten oder verboten, insbesondere die Verfügung über einen Gegenstand untersagt werden. [3]Das Gericht kann mit der einstweiligen Anordnung auch die zu ihrer Durchführung erforderlichen Anordnungen treffen.

1 Sonderregelungen zum Betreuungs- und Unterbringungsverfahren finden sich in §§ 300, 301 bzw §§ 331, 332.

§ 50 Zuständigkeit

(1) [1]Zuständig ist das Gericht, das für die Hauptsache im ersten Rechtszug zuständig wäre. [2]Ist eine Hauptsache anhängig, ist das Gericht des ersten Rechtszugs, während der Anhängigkeit beim Beschwerdegericht das Beschwerdegericht zuständig.

(2) [1]In besonders dringenden Fällen kann auch das Amtsgericht entscheiden, in dessen Bezirk das Bedürfnis für ein gerichtliches Tätigwerden bekannt wird oder sich die Person oder die Sache befindet, auf die sich die einstweilige Anordnung bezieht. [2]Es hat das Verfahren unverzüglich von Amts wegen an das nach Absatz 1 zuständige Gericht abzugeben.

Die örtliche Zuständigkeit ist in Betreuungssachen speziell geregelt in § 272 Abs 2, in Unterbringungssachen in § 313 Abs 2. 1

§ 51 Verfahren

(1) [1]Die einstweilige Anordnung wird nur auf Antrag erlassen, wenn ein entsprechendes Hauptsacheverfahren nur auf Antrag eingeleitet werden kann. [2]Der Antragsteller hat den Antrag zu begründen und die Voraussetzungen für die Anordnung glaubhaft zu machen.

(2) [1]Das Verfahren richtet sich nach den Vorschriften, die für eine entsprechende Hauptsache gelten, soweit sich nicht aus den Besonderheiten des einstweiligen Rechtsschutzes etwas anderes ergibt. [2]Das Gericht kann ohne mündliche Verhandlung entscheiden. [3]Eine Versäumnisentscheidung ist ausgeschlossen.

(3) [1]Das Verfahren der einstweiligen Anordnung ist ein selbständiges Verfahren, auch wenn eine Hauptsache anhängig ist. [2]Das Gericht kann von einzelnen Verfahrenshandlungen im Hauptsacheverfahren absehen, wenn diese bereits im Verfahren der einstweiligen Anordnung vorgenommen wurden und von einer erneuten Vornahme keine zusätzlichen Erkenntnisse zu erwarten sind.

(4) Für die Kosten des Verfahrens der einstweiligen Anordnung gelten die allgemeinen Vorschriften.

§ 52 Einleitung des Hauptsacheverfahrens

(1) [1]Ist eine einstweilige Anordnung erlassen, hat das Gericht auf Antrag eines Beteiligten das Hauptsacheverfahren einzuleiten. [2]Das Gericht kann mit Erlass der einstweiligen Anordnung eine Frist bestimmen, vor deren Ablauf der Antrag unzulässig ist. [3]Die Frist darf drei Monate nicht überschreiten.

(2) [1]In Verfahren, die nur auf Antrag eingeleitet werden, hat das Gericht auf Antrag anzuordnen, dass der Beteiligte, der die einstweilige Anordnung erwirkt hat, binnen einer zu bestimmenden Frist Antrag auf Einleitung des Hauptsacheverfahrens oder Antrag auf Bewilligung von Verfahrenskostenhilfe für das Hauptsacheverfahren stellt. [2]Die Frist darf drei Monate nicht überschreiten. Wird dieser Anordnung nicht Folge geleistet, ist die einstweilige Anordnung aufzuheben.

§ 52 passt für das Betreuungs- und Unterbringungsverfahren nicht. Hier ist immer die Einleitung eines Hauptsacheverfahrens geboten, wenn das Gericht zur Auffassung kommt, dass die kurze Frist, während der die einstweilige Anordnung gilt (§§ 302, 333 FamFG), voraussichtlich nicht ausreicht. 1

§ 53 Vollstreckung

(1) Eine einstweilige Anordnung bedarf der Vollstreckungsklausel nur, wenn die Vollstreckung für oder gegen einen anderen als den in dem Beschluss bezeichneten Beteiligten erfolgen soll.

(2) Das Gericht kann in Gewaltschutzsachen sowie in sonstigen Fällen, in denen hierfür ein besonderes Bedürfnis besteht, anordnen, dass die Vollstreckung der einstweiligen Anordnung vor Zustellung an den Verpflichteten zulässig ist. In diesem Fall wird die einstweilige Anordnung mit Erlass wirksam.

§ 54 Aufhebung oder Änderung der Entscheidung

(1) [1]Das Gericht kann die Entscheidung in der einstweiligen Anordnungssache aufheben oder ändern. [2]Die Aufhebung oder Änderung erfolgt nur auf Antrag, wenn ein entsprechendes Hauptsacheverfahren nur auf Antrag eingeleitet werden kann. [3]Dies gilt nicht, wenn die Entscheidung ohne vorherige Durchführung einer nach dem Gesetz notwendigen Anhörung erlassen wurde.

(2) Ist die Entscheidung in einer Familiensache ohne mündliche Verhandlung ergangen, ist auf Antrag aufgrund mündlicher Verhandlung erneut zu entscheiden.

(3) [1]Zuständig ist das Gericht, das die einstweilige Anordnung erlassen hat. [2]Hat es die Sache an ein anderes Gericht abgegeben oder verwiesen, ist dieses zuständig.

(4) Während eine einstweilige Anordnungssache beim Beschwerdegericht anhängig ist, ist die Aufhebung oder Änderung der angefochtenen Entscheidung durch das erstinstanzliche Gericht unzulässig.

1 § 1908 d Abs 1 BGB ist eine Sonderregelung gegenüber § 54 Abs 4, so dass das AG trotz Beschwerde seine einstweilige Anordnung aufheben kann.

§ 55 Aussetzung der Vollstreckung

(1) [1]In den Fällen des § 54 kann das Gericht, im Fall des § 57 das Rechtsmittelgericht, die Vollstreckung einer einstweiligen Anordnung aussetzen oder beschränken. [2]Der Beschluss ist nicht anfechtbar.

(2) Wenn ein hierauf gerichteter Antrag gestellt wird, ist über diesen vorab zu entscheiden.

§ 56 Außerkrafttreten

(1) [1]Die einstweilige Anordnung tritt, sofern nicht das Gericht einen früheren Zeitpunkt bestimmt hat, bei Wirksamwerden einer anderweitigen Regelung außer Kraft. [2]Ist dies eine Endentscheidung in einer Familienstreitsache, ist deren Rechtskraft maßgebend, soweit nicht die Wirksamkeit zu einem späteren Zeitpunkt eintritt.

(2) Die einstweilige Anordnung tritt in Verfahren, die nur auf Antrag eingeleitet werden, auch dann außer Kraft, wenn
1. der Antrag in der Hauptsache zurückgenommen wird,
2. der Antrag in der Hauptsache rechtskräftig abgewiesen ist,
3. die Hauptsache übereinstimmend für erledigt erklärt wird oder
4. die Erledigung der Hauptsache anderweitig eingetreten ist.

(3) [1]Auf Antrag hat das Gericht, das in der einstweiligen Anordnungssache im ersten Rechtszug zuletzt entschieden hat, die in den Absätzen 1 und 2 genannte Wirkung durch Beschluss auszusprechen. [2]Gegen den Beschluss findet die Beschwerde statt.

1 Die einstweilige Anordnung in Betreuungs- und Unterbringungsverfahren tritt ferner nach §§ 302, 333 FamFG außer Kraft.

§ 57 Rechtsmittel

[1]Entscheidungen in Verfahren der einstweiligen Anordnung in Familiensachen sind nicht anfechtbar. [2]Dies gilt nicht, wenn das Gericht des ersten Rechtszugs aufgrund mündlicher Erörterung

1. über die elterliche Sorge für ein Kind,
2. über die Herausgabe des Kindes an den anderen Elternteil,
3. über einen Antrag auf Verbleiben eines Kindes bei einer Pflege oder Bezugsperson,
4. über einen Antrag nach den §§ 1 und 2 des Gewaltschutzgesetzes oder
5. in einer Ehewohnungssache über einen Antrag auf Zuweisung der Wohnung

entschieden hat.

§ 57 regelt nur die Anfechtung von einstweiligen Anordnungen in Familien- 1
sachen im Sinne von § 111 FamFG und verweist hier gegebenenfalls auf § 52. In Betreuungs- und Unterbringungssachen ist daher eine einstweilige Anordnung (§§ 300, 331 FamFG) nach §§ 58 ff FamFG anfechtbar, mit verkürzter Frist (§ 63 Abs 2 Nr 1 FamFG), mit Ergänzungen bezüglich der Beschwerdeberechtigung in §§ 303, 304 FamFG und Ausschluss der Rechtsbeschwerde zum BGH (§ 70 Abs 4 FamFG). Das Beschwerdegericht (LG) kann nach § 64 Abs 3 FamFG die Wirksamkeit bzw Vollziehung der einstweiligen Anordnung aussetzen.

Abschnitt 5 **Rechtsmittel**

Unterabschnitt 1 **Beschwerde**

§ 58 Statthaftigkeit der Beschwerde

(1) Die Beschwerde findet gegen die im ersten Rechtszug ergangenen Endentscheidungen der Amtsgerichte und Landgerichte in Angelegenheiten nach diesem Gesetz statt, sofern durch Gesetz nichts Anderes bestimmt ist.

(2) Der Beurteilung des Beschwerdegerichts unterliegen auch die nicht selbstständig anfechtbaren Entscheidungen, die der Endentscheidung vorausgegangen sind.

§ 59 Beschwerdeberechtigte

(1) Die Beschwerde steht demjenigen zu, der durch den Beschluss in seinen Rechten beeinträchtigt ist.

(2) Wenn ein Beschluss nur auf Antrag erlassen werden kann und der Antrag zurückgewiesen worden ist, steht die Beschwerde nur dem Antragsteller zu.

(3) Die Beschwerdeberechtigung von Behörden bestimmt sich nach den besonderen Vorschriften dieses oder eines anderen Gesetzes.

Nach § 59 Abs 1 FamFG ist stets der Betroffene beschwerdeberechtigt. Andere 1
Personen sind kaum je in ihren „Rechten" betroffen. Ob andere Personen, Behörden, Staatskasse usw beschwerdeberechtigt sind, regeln die §§ 303, 304 und § 335 FamFG.

§ 60 Beschwerderecht Minderjähriger

[1]Ein Kind, für das die elterliche Sorge besteht, oder ein unter Vormundschaft stehender Mündel kann in allen seine Person betreffenden Angelegenheiten ohne Mitwirkung seines gesetzlichen Vertreters das Beschwerderecht ausüben. [2]Das Gleiche gilt in sonstigen Angelegenheiten, in denen das Kind oder der Mündel vor einer Entscheidung des Gerichts gehört werden soll. [3]Dies gilt

nicht für Personen, die geschäftsunfähig sind oder bei Erlass der Entscheidung das 14. Lebensjahr nicht vollendet haben.

§ 61 Beschwerdewert; Zulassungsbeschwerde

(1) In vermögensrechtlichen Angelegenheiten ist die Beschwerde nur zulässig, wenn der Wert des Beschwerdegegenstandes 600 Euro übersteigt.

(2) Übersteigt der Beschwerdegegenstand nicht den in Absatz 1 genannten Betrag, ist die Beschwerde zulässig, wenn das Gericht des ersten Rechtszugs die Beschwerde zugelassen hat.

(3) Das Gericht des ersten Rechtszugs lässt die Beschwerde zu, wenn
1. **die Rechtssache grundsätzliche Bedeutung hat oder die Fortbildung des Rechts oder die Sicherung einer einheitlichen Rechtsprechung eine Entscheidung des Beschwerdegerichts erfordert und**
2. **der Beteiligte durch den Beschluss mit nicht mehr als 600 Euro beschwert ist.**

Das Beschwerdegericht ist an die Zulassung gebunden.

1 Betreuungs- und Unterbringungssachen sind keine vermögensrechtlichen Angelegenheiten; irgendein Beschwerdewert muss daher nicht erreicht werden, auch nicht beim Aufgabenkreis „Vermögenssorge". Bei Beschwerde in Fragen der Vergütung ist dagegen § 61 einschlägig.

§ 62 Statthaftigkeit der Beschwerde nach Erledigung der Hauptsache

(1) Hat sich die angefochtene Entscheidung in der Hauptsache erledigt, spricht das Beschwerdegericht auf Antrag aus, dass die Entscheidung des Gerichts des ersten Rechtszugs den Beschwerdeführer in seinen Rechten verletzt hat, wenn der Beschwerdeführer ein berechtigtes Interesse an der Feststellung hat.

(2) Ein berechtigtes Interesse liegt in der Regel vor, wenn
1. **schwerwiegende Grundrechtseingriffe vorliegen oder**
2. **eine Wiederholung konkret zu erwarten ist.**

1 Schwerwiegende Grundrechtseingriffe in diesem Sinne sind vor allem Freiheitsentziehungen wie Unterbringungen nach § 1906 BGB, Unterbringungen nach dem PsychKG/UnterbrG. Aber auch die Anordnung einer Betreuung (auch als Kontrollbetreuung) kann einen gewichtigen Grundrechtseingriff darstellen[1]. Die Fortführung durch den Erben nach dem Tod des Betroffenen ist nicht zulässig.[2]

§ 63 Beschwerdefrist

(1) Die Beschwerde ist, soweit gesetzlich keine andere Frist bestimmt ist, binnen einer Frist von einem Monat einzulegen.

(2) Die Beschwerde ist binnen einer Frist von zwei Wochen einzulegen, wenn sie sich gegen
1. **eine einstweilige Anordnung oder**
2. **einen Beschluss, der die Genehmigung eines Rechtsgeschäfts zum Gegenstand hat, richtet.**

---

1 BVerfG FamRZ 2008, 2260; OLG München FGPrax 2009, 113; Keidel/*Budde* § 62 Rz 15; aA OLG Köln FGPrax 2009, 69.

2 KG FamRZ 2010, 2036.

(3) [1]Die Frist beginnt jeweils mit der schriftlichen Bekanntgabe des Beschlusses an die Beteiligten. [2]Kann die schriftliche Bekanntgabe an einen Beteiligten nicht bewirkt werden, beginnt die Frist spätestens mit Ablauf von fünf Monaten nach Erlass des Beschlusses.

§ 64 Einlegung der Beschwerde

(1) Die Beschwerde ist bei dem Gericht einzulegen, dessen Beschluss angefochten wird.

(2) [1]Die Beschwerde wird durch Einreichung einer Beschwerdeschrift oder zur Niederschrift der Geschäftsstelle eingelegt. [2]Die Einlegung der Beschwerde zur Niederschrift der Geschäftsstelle ist in Ehesachen und in Familienstreitsachen ausgeschlossen. [3]Die Beschwerde muss die Bezeichnung des angefochtenen Beschlusses sowie die Erklärung enthalten, dass Beschwerde gegen diesen Beschluss eingelegt wird. [4]Sie ist von dem Beschwerdeführer oder seinem Bevollmächtigten zu unterzeichnen.

(3) Das Beschwerdegericht kann vor der Entscheidung eine einstweilige Anordnung erlassen; es kann insbesondere anordnen, dass die Vollziehung des angefochtenen Beschlusses auszusetzen ist.

In Betreuungs- und Unterbringungssachen ist die befristete Beschwerde im Sinne 1
der §§ 58 ff beim Amtsgericht (Betreuungsgericht) einzulegen, nicht etwa beim Landgericht. Abs 3 gilt auch für den BGH.[1]

§ 65 Beschwerdebegründung

(1) Die Beschwerde soll begründet werden.

(2) Das Gericht kann dem Beschwerdeführer eine Frist zur Begründung der Beschwerde einräumen.

(3) Die Beschwerde kann auf neue Tatsachen und Beweismittel gestützt werden.

(4) Die Beschwerde kann nicht darauf gestützt werden, dass das Gericht des ersten Rechtszugs seine Zuständigkeit zu Unrecht angenommen hat.

§ 66 Anschlussbeschwerde

[1]Ein Beteiligter kann sich der Beschwerde anschließen, selbst wenn er auf die Beschwerde verzichtet hat oder die Beschwerdefrist verstrichen ist; die Anschließung erfolgt durch Einreichung der Beschwerdeanschlussschrift bei dem Beschwerdegericht. [2]Die Anschließung verliert ihre Wirkung, wenn die Beschwerde zurückgenommen oder als unzulässig verworfen wird.

§ 67 Verzicht auf die Beschwerde; Rücknahme der Beschwerde

(1) Die Beschwerde ist unzulässig, wenn der Beschwerdeführer hierauf nach Bekanntgabe des Beschlusses durch Erklärung gegenüber dem Gericht verzichtet hat.

(2) Die Anschlussbeschwerde ist unzulässig, wenn der Anschlussbeschwerdeführer hierauf nach Einlegung des Hauptrechtsmittels durch Erklärung gegenüber dem Gericht verzichtet hat.

---

1 BGH FamRZ 2010, 548.

(3) Der gegenüber einem anderen Beteiligten erklärte Verzicht hat die Unzulässigkeit der Beschwerde nur dann zur Folge, wenn dieser sich darauf beruft.

(4) Der Beschwerdeführer kann die Beschwerde bis zum Erlass der Beschwerdeentscheidung durch Erklärung gegenüber dem Gericht zurücknehmen.

§ 68 Gang des Beschwerdeverfahrens

(1) [1]Hält das Gericht, dessen Beschluss angefochten wird, die Beschwerde für begründet, hat es ihr abzuhelfen; anderenfalls ist die Beschwerde unverzüglich dem Beschwerdegericht vorzulegen. [2]Das Gericht ist zur Abhilfe nicht befugt, wenn die Beschwerde sich gegen eine Endentscheidung in einer Familiensache richtet.

(2) [1]Das Beschwerdegericht hat zu prüfen, ob die Beschwerde an sich statthaft und ob sie in der gesetzlichen Form und Frist eingelegt ist. [2]Mangelt es an einem dieser Erfordernisse, ist die Beschwerde als unzulässig zu verwerfen.

(3) [1]Das Beschwerdeverfahren bestimmt sich im Übrigen nach den Vorschriften über das Verfahren im ersten Rechtszug. [2]Das Beschwerdegericht kann von der Durchführung eines Termins, einer mündlichen Verhandlung oder einzelner Verfahrenshandlungen absehen, wenn diese bereits im ersten Rechtszug vorgenommen wurden und von einer erneuten Vornahme keine zusätzlichen Erkenntnisse zu erwarten sind.

(4) Das Beschwerdegericht kann die Beschwerde durch Beschluss einem seiner Mitglieder zur Entscheidung als Einzelrichter übertragen; § 526 der Zivilprozessordnung gilt mit der Maßgabe entsprechend, dass eine Übertragung auf einen Richter auf Probe ausgeschlossen ist.

1 In Betreuungs- und Unterbringungssachen gibt es keine eigenständigen Regelungen über das Beschwerdeverfahren mehr.

§ 69 Beschwerdeentscheidung

(1) Das Beschwerdegericht hat in der Sache selbst zu entscheiden. Es darf die Sache unter Aufhebung des angefochtenen Beschlusses und des Verfahrens nur dann an das Gericht des ersten Rechtszugs zurückverweisen, wenn dieses in der Sache noch nicht entschieden hat. Das Gleiche gilt, soweit das Verfahren an einem wesentlichen Mangel leidet und zur Entscheidung eine umfangreiche oder aufwendige Beweiserhebung notwendig wäre und ein Beteiligter die Zurückverweisung beantragt. Das Gericht des ersten Rechtszugs hat die rechtliche Beurteilung, die das Beschwerdegericht der Aufhebung zugrunde gelegt hat, auch seiner Entscheidung zugrunde zu legen.

(2) Der Beschluss des Beschwerdegerichts ist zu begründen.

(3) Für die Beschwerdeentscheidung gelten im Übrigen die Vorschriften über den Beschluss im ersten Rechtszug entsprechend.

Unterabschnitt 2 **Rechtsbeschwerde**

§ 70 Statthaftigkeit der Rechtsbeschwerde

(1) Die Rechtsbeschwerde eines Beteiligten ist statthaft, wenn sie das Beschwerdegericht oder das Oberlandesgericht im ersten Rechtszug in dem Beschluss zugelassen hat.

(2) [1]Die Rechtsbeschwerde ist zuzulassen, wenn
1. die Rechtssache grundsätzliche Bedeutung hat oder
2. die Fortbildung des Rechts oder die Sicherung einer einheitlichen Rechtsprechung eine Entscheidung des Rechtsbeschwerdegerichts erfordert.
[2]Das Rechtsbeschwerdegericht ist an die Zulassung gebunden.

(3) [1]Die Rechtsbeschwerde gegen einen Beschluss des Beschwerdegerichts ist ohne Zulassung statthaft in
1. Betreuungssachen zur Bestellung eines Betreuers, zur Aufhebung einer Betreuung, zur Anordnung oder Aufhebung eines Einwilligungsvorbehaltes,
2. Unterbringungssachen und Verfahren nach § 151 Nr. 6 und 7 sowie
3. Freiheitsentziehungssachen.
[2]In den Fällen des Satzes 1 Nr. 2 und 3 gilt dies nur, wenn sich die Rechtsbeschwerde gegen den Beschluss richtet, der die Unterbringung oder die freiheitsentziehende Maßnahme anordnet.

(4) Gegen einen Beschluss im Verfahren über die Anordnung, Abänderung oder Aufhebung einer einstweiligen Anordnung oder eines Arrests findet die Rechtsbeschwerde nicht statt.

In Betreuungs- und Unterbringungssachen gilt für die in § 70 Abs 3 Nr 1 und 2 genannten Verfahren, dass gegen den Beschwerdebeschluss des LG die Rechtsbeschwerde zum BGH ohne Zulassung statthaft ist, allerdings dadurch enorm erschwert, dass sie durch einen beim BGH zugelassenen Rechtsanwalt eingelegt werden muss (§ 10 Abs 4 FamFG). In den sonstigen Angelegenheiten der Betreuungs- und Unterbringungssachen, zB Genehmigung eines Rechtsgeschäfts, Genehmigung einer ärztlichen Behandlung (§ 1904 BGB), einer Wohnungsräumung (§ 1907 BGB), ist der Weg zum BGH nur eröffnet, wenn die Rechtsbeschwerde vom LG nach Abs 1 und 2 zugelassen wurde. Geschieht das nicht, gibt es kein Rechtsmittel; eine Nichtzulassungsbeschwerde wurde nicht eingeführt. 1

§ 71 Frist und Form der Rechtsbeschwerde

(1) [1]Die Rechtsbeschwerde ist binnen einer Frist von einem Monat nach der schriftlichen Bekanntgabe des Beschlusses durch Einreichen einer Beschwerdeschrift bei dem Rechtsbeschwerdegericht einzulegen. [2]Die Rechtsbeschwerdeschrift muss enthalten:
1. die Bezeichnung des Beschlusses, gegen den die Rechtsbeschwerde gerichtet wird und
2. die Erklärung, dass gegen diesen Beschluss Rechtsbeschwerde eingelegt werde.
[3]Die Rechtsbeschwerdeschrift ist zu unterschreiben. [4]Mit der Rechtsbeschwerdeschrift soll eine Ausfertigung oder beglaubigte Abschrift des angefochtenen Beschlusses vorgelegt werden.

(2) [1]Die Rechtsbeschwerde ist, sofern die Beschwerdeschrift keine Begründung enthält, binnen einer Frist von einem Monat zu begründen. [2]Die Frist beginnt mit der schriftlichen Bekanntgabe des angefochtenen Beschlusses. [3]§ 551 Abs. 2 Satz 5 und 6 der Zivilprozessordnung gilt entsprechend.

(3) Die Begründung der Rechtsbeschwerde muss enthalten:
1. die Erklärung, inwieweit der Beschluss angefochten und dessen Aufhebung beantragt werde (Rechtsbeschwerdeanträge),
2. die Angabe der Rechtsbeschwerdegründe, und zwar
   a) die bestimmte Bezeichnung der Umstände, aus denen sich die Rechtsverletzung ergibt,

b) soweit die Rechtsbeschwerde darauf gestützt wird, dass das Gesetz in Bezug auf das Verfahren verletzt sei, die Bezeichnung der Tatsachen, die den Mangel ergeben.

(4) Die Rechtsbeschwerde- und die Begründungsschrift sind den anderen Beteiligten bekannt zu geben.

§ 72 Gründe der Rechtsbeschwerde

(1) [1]Die Rechtsbeschwerde kann nur darauf gestützt werden, dass die angefochtene Entscheidung auf einer Verletzung des Rechts beruht. [2]Das Recht ist verletzt, wenn eine Rechtsnorm nicht oder nicht richtig angewendet worden ist.

(2) Die Rechtsbeschwerde kann nicht darauf gestützt werden, dass das Gericht des ersten Rechtszugs seine Zuständigkeit zu Unrecht angenommen hat.

(3) Die §§ 547, 556 und 560 der Zivilprozessordnung gelten entsprechend.

§ 73 Anschlussrechtsbeschwerde

[1]Ein Beteiligter kann sich bis zum Ablauf einer Frist von einem Monat nach der Bekanntgabe der Begründungsschrift der Rechtsbeschwerde durch Einreichen einer Anschlussschrift beim Rechtsbeschwerdegericht anschließen, auch wenn er auf die Rechtsbeschwerde verzichtet hat, die Rechtsbeschwerdefrist verstrichen oder die Rechtsbeschwerde nicht zugelassen worden ist. [2]Die Anschlussrechtsbeschwerde ist in der Anschlussschrift zu begründen und zu unterschreiben. [3]Die Anschließung verliert ihre Wirkung, wenn die Rechtsbeschwerde zurückgenommen als unzulässig verworfen oder nach § 74a Abs. 1 zurückgewiesen wird.

§ 74 Entscheidung über die Rechtsbeschwerde

(1) [1]Das Rechtsbeschwerdegericht hat zu prüfen, ob die Rechtsbeschwerde an sich statthaft ist und ob sie in der gesetzlichen Form und Frist eingelegt und begründet ist. [2]Mangelt es an einem dieser Erfordernisse, ist die Rechtsbeschwerde als unzulässig zu verwerfen.

(2) Ergibt die Begründung des angefochtenen Beschlusses zwar eine Rechtsverletzung, stellt sich die Entscheidung aber aus anderen Gründen als richtig dar, ist die Rechtsbeschwerde zurückzuweisen.

(3) [1]Der Prüfung des Rechtsbeschwerdegerichts unterliegen nur die von den Beteiligten gestellten Anträge. [2]Das Rechtsbeschwerdegericht ist an die geltend gemachten Rechtsbeschwerdegründe nicht gebunden. [3]Auf Verfahrensmängel, die nicht von Amts wegen zu berücksichtigen sind, darf die angefochtene Entscheidung nur geprüft werden, wenn die Mängel nach § 71 Abs. 3 und § 73 Satz 2 gerügt worden sind. [4]Die §§ 559, 564 der Zivilprozessordnung gelten entsprechend.

(4) Auf das weitere Verfahren sind, soweit sich nicht Abweichungen aus den Vorschriften dieses Unterabschnitts ergeben, die im ersten Rechtszug geltenden Vorschriften entsprechend anzuwenden.

(5) Soweit die Rechtsbeschwerde begründet ist, ist der angefochtene Beschluss aufzuheben.

(6) [1]Das Rechtsbeschwerdegericht entscheidet in der Sache selbst, wenn diese zur Endentscheidung reif ist. [2]Andernfalls verweist es die Sache unter Aufhebung des angefochtenen Beschlusses und des Verfahrens zur anderweitigen Behandlung und Entscheidung an das Beschwerdegericht, oder, wenn dies aus

besonderen Gründen geboten erscheint, an das Gericht des ersten Rechtszugs zurück. [3]Die Zurückverweisung kann an einen anderen Spruchkörper des Gerichts erfolgen, das die angefochtene Entscheidung erlassen hat. [4]Das Gericht, an das die Sache zurückverwiesen ist, hat die rechtliche Beurteilung, die der Aufhebung zugrunde liegt, auch seiner Entscheidung zugrunde zu legen.

(7) Von einer Begründung der Entscheidung kann abgesehen werden, wenn sie nicht geeignet wäre, zur Klärung von Rechtsfragen grundsätzlicher Bedeutung, zur Fortbildung des Rechts oder zur Sicherung einer einheitlichen Rechtsprechung beizutragen.

§ 74 a Zurückweisungsbeschluss

(1) Das Rechtsbeschwerdegericht weist die vom Beschwerdegericht zugelassene Rechtsbeschwerde durch einstimmigen Beschluss ohne mündliche Verhandlung oder Erörterung im Termin zurück, wenn es davon überzeugt ist, dass die Voraussetzungen für die Zulassung der Rechtsbeschwerde nicht vorliegen und die Rechtsbeschwerde keine Aussicht auf Erfolg hat.

(2) Das Rechtsbeschwerdegericht oder der Vorsitzende hat zuvor die Beteiligten auf die beabsichtigte Zurückweisung der Rechtsbeschwerde und die Gründe hierfür hinzuweisen und dem Rechtsbeschwerdeführer binnen einer zu bestimmenden Frist Gelegenheit zur Stellungnahme zu geben.

(3) Der Beschluss nach Absatz 1 ist zu begründen, soweit die Gründe für die Zurückweisung nicht bereits in dem Hinweis nach Absatz 2 enthalten sind.

§ 75 Sprungrechtsbeschwerde

(1) [1]Gegen die im ersten Rechtszug erlassenen Beschlüsse, die ohne Zulassung der Beschwerde unterliegen, findet auf Antrag unter Übergehung der Beschwerdeinstanz unmittelbar die Rechtsbeschwerde (Sprungrechtsbeschwerde) statt, wenn
1. die Beteiligten in die Übergehung der Beschwerdeinstanz einwilligen und
2. das Rechtsbeschwerdegericht die Sprungrechtsbeschwerde zulässt.
[2]Der Antrag auf Zulassung der Sprungrechtsbeschwerde und die Erklärung der Einwilligung gelten als Verzicht auf das Rechtsmittel der Beschwerde.

(2) Für das weitere Verfahren gilt § 566 Abs. 2 bis 8 der Zivilprozessordnung entsprechend.

Abschnitt 6 Verfahrenskostenhilfe

§ 76 Voraussetzungen

(1) Auf die Bewilligung von Verfahrenskostenhilfe finden die Vorschriften der Zivilprozessordnung über die Prozesskostenhilfe entsprechende Anwendung, soweit nachfolgend nichts Abweichendes bestimmt ist.

(2) Ein Beschluss, der im Verfahrenskostenhilfeverfahren ergeht, ist mit der sofortigen Beschwerde in entsprechender Anwendung der §§ 567 bis 572, 127 Abs. 2 bis 4 der Zivilprozessordnung anfechtbar.

Abs 1 verweist auf §§ 114 ff ZPO. Die Ablehnung der Verfahrenskostenhilfe- 1
verfahren ist nicht nach §§ 58 ff FamFG, sondern mit sofortiger Beschwerde

nach der ZPO anfechtbar, wie Abs 2 zeigt; die Frist beträgt ein Monat (§ 569 ZPO; § 127 Abs 2 Satz 3 ZPO).

§ 77 Bewilligung

(1) [1]Vor der Bewilligung der Verfahrenskostenhilfe kann das Gericht den übrigen Beteiligten Gelegenheit zur Stellungnahme geben. [2]In Antragsverfahren ist dem Antragsgegner vor der Bewilligung Gelegenheit zur Stellungnahme zu geben, wenn dies nicht aus besonderen Gründen unzweckmäßig erscheint.

(2) Die Bewilligung von Verfahrenskostenhilfe für die Vollstreckung in das bewegliche Vermögen umfasst alle Vollstreckungshandlungen im Bezirk des Vollstreckungsgerichts einschließlich des Verfahrens auf Abgabe der Versicherung an Eides statt.

§ 78 Beiordnung eines Rechtsanwalts

(1) Ist eine Vertretung durch einen Rechtsanwalt vorgeschrieben, wird dem Beteiligten ein zur Vertretung bereiter Rechtsanwalt seiner Wahl beigeordnet.

(2) Ist eine Vertretung durch einen Rechtsanwalt nicht vorgeschrieben, wird dem Beteiligten auf seinen Antrag ein zur Vertretung bereiter Rechtsanwalt seiner Wahl beigeordnet, wenn wegen der Schwierigkeit der Sach- und Rechtslage die Vertretung durch einen Rechtsanwalt erforderlich erscheint.

(3) Ein nicht in dem Bezirk des Verfahrensgerichts niedergelassener Rechtsanwalt kann nur beigeordnet werden, wenn hierdurch besondere Kosten nicht entstehen.

(4) Wenn besondere Umstände dies erfordern, kann dem Beteiligten auf seinen Antrag ein zur Vertretung bereiter Rechtsanwalt seiner Wahl zur Wahrnehmung eines Termins zur Beweisaufnahme vor dem ersuchten Richter oder zur Vermittlung des Verkehrs mit dem Verfahrensbevollmächtigten beigeordnet werden.

(5) Findet der Beteiligte keinen zur Vertretung bereiten Anwalt, ordnet der Vorsitzende ihm auf Antrag einen Rechtsanwalt bei.

1 In Betreuungs- und Unterbringungssachen wird dem Betroffenen häufig ein Verfahrenspfleger beigeordnet (§§ 276, 317 FamFG). Deshalb wird oft ein Bedürfnis für die Anwaltsbeiordnung verneint. Vgl § 276 Rz 28.

§ 79 *(entfallen)*

Abschnitt 7 **Kosten**

§ 80 Umfang der Kostenpflicht

[1]Kosten sind die Gerichtskosten (Gebühren und Auslagen) und die zur Durchführung des Verfahrens notwendigen Aufwendungen der Beteiligten. [2]§ 91 Abs. 1 Satz 2 der Zivilprozessordnung gilt entsprechend.

§ 81 Grundsatz der Kostenpflicht

(1) [1]Das Gericht kann die Kosten des Verfahrens nach billigem Ermessen den Beteiligten ganz oder zum Teil auferlegen. [2]Es kann auch anordnen, dass von der Erhebung der Kosten abzusehen ist. [3]In Familiensachen ist stets über die Kosten zu entscheiden.

(2) Das Gericht soll die Kosten des Verfahrens ganz oder teilweise einem Beteiligten auferlegen, wenn
1. **der Beteiligte durch grobes Verschulden Anlass für das Verfahren gegeben hat;**
2. **der Antrag des Beteiligten von vornherein keine Aussicht auf Erfolg hatte und der Beteiligte dies erkennen musste;**
3. **der Beteiligte zu einer wesentlichen Tatsache schuldhaft unwahre Angaben gemacht hat;**
4. **der Beteiligte durch schuldhaftes Verletzen seiner Mitwirkungspflichten das Verfahren erheblich verzögert hat;**
5. **der Beteiligte einer richterlichen Anordnung zur Teilnahme an einer Beratung nach § 156 Abs. 1 Satz 4 nicht nachgekommen ist, sofern der Beteiligte dies nicht genügend entschuldigt hat.**

(3) Einem minderjährigen Beteiligten können Kosten in Verfahren, die seine Person betreffen, nicht auferlegt werden.

(4) Einem Dritten können Kosten des Verfahrens nur auferlegt werden, soweit die Tätigkeit des Gerichts durch ihn veranlasst wurde und ihn ein grobes Verschulden trifft.

(5) Bundesrechtliche Vorschriften, die die Kostenpflicht abweichend regeln, bleiben unberührt.

Für Betreuungssachen regelt (entsprechend § 7 Abs 2 Nr 2) ergänzend § 274 FamFG, wer Beteiligter ist; für Unterbringungssachen § 315 FamFG. § 81 FamFG hat zur Folge, dass auch der Staatskasse oder der Betreuungsbehörde Kosten auferlegt werden können, wenn sie als Beteiligte auftreten. Dem Verfahrenspfleger selbst dürfen keine Kosten auferlegt werden (§ 276 Abs 7 FamFG), wenn er für die Interessen des Betroffenen tätig wird. 1

§ 82 Zeitpunkt der Kostenentscheidung

Ergeht eine Entscheidung über die Kosten, hat das Gericht hierüber in der Endentscheidung zu entscheiden.

§ 83 Kostenpflicht bei Vergleich, Erledigung und Rücknahme

(1) [1]Wird das Verfahren durch Vergleich erledigt und haben die Beteiligten keine Bestimmung über die Kosten getroffen, fallen die Gerichtskosten jedem Teil zu gleichen Teilen zur Last. [2]Die außergerichtlichen Kosten trägt jeder Beteiligte selbst.

(2) Ist das Verfahren auf sonstige Weise erledigt oder wird der Antrag zurückgenommen, gilt § 81 entsprechend.

§ 84 Rechtsmittelkosten

Das Gericht soll die Kosten eines ohne Erfolg eingelegten Rechtsmittels dem Beteiligten auferlegen, der es eingelegt hat.

§ 85 Kostenfestsetzung

Die §§ 103 bis 107 der Zivilprozessordnung über die Festsetzung des zu erstattenden Betrags sind entsprechend anzuwenden.

Abschnitt 8 Vollstreckung

Unterabschnitt 1 Allgemeine Vorschriften

§ 86 Vollstreckungstitel

(1) Die Vollstreckung findet statt aus
1. gerichtlichen Beschlüssen;
2. gerichtlich gebilligten Vergleichen (§ 156 Abs. 2);
3. weiteren Vollstreckungstiteln im Sinne des § 794 der Zivilprozessordnung, soweit die Beteiligten über den Gegenstand des Verfahrens verfügen können.

(2) Beschlüsse sind mit Wirksamwerden vollstreckbar.

(3) Vollstreckungstitel bedürfen der Vollstreckungsklausel nur, wenn die Vollstreckung nicht durch das Gericht erfolgt, das den Titel erlassen hat.

§ 87 Verfahren; Beschwerde

(1) [1]Das Gericht wird in Verfahren, die von Amts wegen eingeleitet werden können, von Amts wegen tätig und bestimmt die im Fall der Zuwiderhandlung vorzunehmenden Vollstreckungsmaßnahmen. [2]Der Berechtigte kann die Vornahme von Vollstreckungshandlungen beantragen; entspricht das Gericht dem Antrag nicht, entscheidet es durch Beschluss.

(2) Die Vollstreckung darf nur beginnen, wenn der Beschluss bereits zugestellt ist oder gleichzeitig zugestellt wird.

(3) [1]Der Gerichtsvollzieher ist befugt, erforderlichenfalls die Unterstützung der polizeilichen Vollzugsorgane nachzusuchen. [2]§ 758 Abs. 1 und 2 sowie die §§ 759 bis 763 der Zivilprozessordnung gelten entsprechend.

(4) Ein Beschluss, der im Vollstreckungsverfahren ergeht, ist mit der sofortigen Beschwerde in entsprechender Anwendung der §§ 567 bis 572 der Zivilprozessordnung anfechtbar.

(5) Für die Kostenentscheidung gelten die §§ 80 bis 82 und 84 entsprechend.

Unterabschnitt 2 Vollstreckung von Entscheidungen über die Herausgabe von Personen und die Regelung des Umgangs

§ 88 Grundsätze

(1) Die Vollstreckung erfolgt durch das Gericht, in dessen Bezirk die Person zum Zeitpunkt der Einleitung der Vollstreckung ihren gewöhnlichen Aufenthalt hat.

(2) Das Jugendamt leistet dem Gericht in geeigneten Fällen Unterstützung.

1 Die herauszugebende Person kann ein Betreuter sein, wenn er zB von Angehörigen, denen das Aufenthaltsbestimmungsrecht nicht zusteht, „entführt“ wird

(zB um von dessen Rente zu partizipieren). Das Jugendamt hat (entgegen Abs 2) damit nichts zu tun.

§ 89 Ordnungsmittel

(1) [1]Bei der Zuwiderhandlung gegen einen Vollstreckungstitel zur Herausgabe von Personen und zur Regelung des Umgangs kann das Gericht gegenüber dem Verpflichteten Ordnungsgeld und für den Fall, dass dieses nicht beigetrieben werden kann, Ordnungshaft anordnen. [2]Verspricht die Anordnung eines Ordnungsgeldes keinen Erfolg, kann das Gericht Ordnungshaft anordnen. [3]Die Anordnungen ergehen durch Beschluss.

(2) Der Beschluss, der die Herausgabe der Person oder die Regelung des Umgangs anordnet, hat auf die Folgen einer Zuwiderhandlung gegen den Vollstreckungstitel hinzuweisen.

(3) [1]Das einzelne Ordnungsgeld darf den Betrag von fünfundzwanzigtausend Euro nicht übersteigen. [2]Für den Vollzug der Haft gelten § 901 Satz 2, die §§ 904 bis 906, 909, 910 und 913 der Zivilprozessordnung entsprechend.

(4) [1]Die Festsetzung eines Ordnungsmittels unterbleibt, wenn der Verpflichtete Gründe vorträgt, aus denen sich ergibt, dass er die Zuwiderhandlung nicht zu vertreten hat. [2]Werden Gründe, aus denen sich das fehlende Vertretenmüssen ergibt, nachträglich vorgetragen, wird die Festsetzung aufgehoben.

§ 90 Anwendung unmittelbaren Zwangs

(1) Das Gericht kann durch ausdrücklichen Beschluss zur Vollstreckung unmittelbaren Zwang anordnen, wenn
1. die Festsetzung von Ordnungsmitteln erfolglos geblieben ist;
2. die Festsetzung von Ordnungsmitteln keinen Erfolg verspricht;
3. eine alsbaldige Vollstreckung der Entscheidung unbedingt geboten ist.

(2) [1]Anwendung unmittelbaren Zwangs gegen ein Kind darf nicht zugelassen werden, wenn das Kind herausgegeben werden soll, um das Umgangsrecht auszuüben. [2]Im Übrigen darf unmittelbarer Zwang gegen ein Kind nur zugelassen werden, wenn dies unter Berücksichtigung des Kindeswohls gerechtfertigt ist und eine Durchsetzung der Verpflichtung mit milderen Mitteln nicht möglich ist.

§ 91 Richterlicher Durchsuchungsbeschluss

(1) [1]Die Wohnung des Verpflichteten darf ohne dessen Einwilligung nur aufgrund eines richterlichen Beschlusses durchsucht werden. [2]Dies gilt nicht, wenn der Erlass des Beschlusses den Erfolg der Durchsuchung gefährden würde.

(2) Auf die Vollstreckung eines Haftbefehls nach § 94 in Verbindung mit § 901 der Zivilprozessordnung ist Absatz 1 nicht anzuwenden.

(3) [1]Willigt der Verpflichtete in die Durchsuchung ein oder ist ein Beschluss gegen ihn nach Absatz 1 Satz 1 ergangen oder nach Absatz 1 Satz 2 entbehrlich, haben Personen, die Mitgewahrsam an der Wohnung des Verpflichteten haben, die Durchsuchung zu dulden. [2]Unbillige Harten gegenüber Mitgewahrsamsinhabern sind zu vermeiden.

(4) Der Beschluss nach Absatz 1 ist bei der Vollstreckung vorzulegen.

§ 92 Vollstreckungsverfahren

(1) [1]Vor der Festsetzung von Ordnungsmitteln ist der Verpflichtete zu hören. [2]Dies gilt auch für die Anordnung von unmittelbarem Zwang, es sei denn, dass hierdurch die Vollstreckung vereitelt oder wesentlich erschwert würde.

(2) Dem Verpflichteten sind mit der Festsetzung von Ordnungsmitteln oder der Anordnung von unmittelbarem Zwang die Kosten des Verfahrens aufzuerlegen.

(3) [1]Die vorherige Durchführung eines Verfahrens nach § 165 ist nicht Voraussetzung für die Festsetzung von Ordnungsmitteln oder die Anordnung von unmittelbarem Zwang. [2]Die Durchführung eines solchen Verfahrens steht der Festsetzung von Ordnungsmitteln oder der Anordnung von unmittelbarem Zwang nicht entgegen.

§ 93 Einstellung der Vollstreckung

(1) [1]Das Gericht kann durch Beschluss die Vollstreckung einstweilen einstellen oder beschränken und Vollstreckungsmaßregeln aufheben, wenn
1. Wiedereinsetzung in den vorigen Stand beantragt wird;
2. Wiederaufnahme des Verfahrens beantragt wird;
3. gegen eine Entscheidung Beschwerde eingelegt wird;
4. die Abänderung einer Entscheidung beantragt wird;
5. die Durchführung eines Vermittlungsverfahrens (§ 165) beantragt wird.

[2]In der Beschwerdeinstanz ist über die einstweilige Einstellung der Vollstreckung vorab zu entscheiden. [3]Der Beschluss ist nicht anfechtbar.

(2) Für die Einstellung oder Beschränkung der Vollstreckung und die Aufhebung von Vollstreckungsmaßregeln gelten § 775 Nr. 1 und 2 und § 776 der Zivilprozessordnung entsprechend.

§ 94 Eidesstattliche Versicherung

[1]Wird eine herauszugebende Person nicht vorgefunden, kann das Gericht anordnen, dass der Verpflichtete eine eidesstattliche Versicherung über ihren Verbleib abzugeben hat. [2]§ 883 Abs. 2 bis 4, § 900 Abs. 1 und die §§ 901, 902, 904 bis 910 sowie 913 der Zivilprozessordnung gelten entsprechend.

Unterabschnitt 3 **Vollstreckung nach der Zivilprozessordnung**

§ 95 Anwendung der Zivilprozessordnung

(1) Soweit in den vorstehenden Unterabschnitten nichts Abweichendes bestimmt ist, sind auf die Vollstreckung
1. wegen einer Geldforderung,
2. zur Herausgabe einer beweglichen oder unbeweglichen Sache,
3. zur Vornahme einer vertretbaren oder nicht vertretbaren Handlung,
4. zur Erzwingung von Duldungen und Unterlassungen oder
5. zur Abgabe einer Willenserklärung

die Vorschriften der Zivilprozessordnung über die Zwangsvollstreckung entsprechend anzuwenden.

(2) An die Stelle des Urteils tritt der Beschluss nach den Vorschriften dieses Gesetzes.

(3) [1]Macht der aus einem Titel wegen einer Geldforderung Verpflichtete glaubhaft, dass die Vollstreckung ihm einen nicht zu ersetzenden Nachteil bringen würde, hat das Gericht auf seinen Antrag die Vollstreckung vor Eintritt der Rechtskraft in der Entscheidung auszuschließen. [2]In den Fällen des § 707 Abs. 1 und des § 719 Abs. 1 der Zivilprozessordnung kann die Vollstreckung nur unter derselben Voraussetzung eingestellt werden.

(4) Ist die Verpflichtung zur Herausgabe oder Vorlage einer Sache oder zur Vornahme einer vertretbaren Handlung zu vollstrecken, so kann das Gericht durch Beschluss neben oder anstelle einer Maßnahme nach den §§ 883, 885 bis 887 der Zivilprozessordnung die in § 888 der Zivilprozessordnung vorgesehenen Maßnahmen anordnen, soweit ein Gesetz nicht etwas Anderes bestimmt.

Ein Titel, aus dem in Betreuungs- und Unterbringungssachen nach § 95 Abs 1 Nr 1 zu vollstrecken ist, ist zB der Beschluss des Betreuungsgerichts (§ 168 FamFG), mit dem die vom vermögenden Betreuten zu zahlende Vergütung festgesetzt wird. 1

§ 96 Vollstreckung in Verfahren nach dem Gewaltschutzgesetz und in Ehewohnungssachen

(1) [1]Handelt der Verpflichtete einer Anordnung nach § 1 des Gewaltschutzgesetzes zuwider, eine Handlung zu unterlassen, kann der Berechtigte zur Beseitigung einer jeden andauernden Zuwiderhandlung einen Gerichtsvollzieher zuziehen. [2]Der Gerichtsvollzieher hat nach § 758 Abs. 3 und § 759 der Zivilprozessordnung zu verfahren. [3]Die §§ 890 und 891 der Zivilprozessordnung bleiben daneben anwendbar.

(2) [1]Bei einer einstweiligen Anordnung in Gewaltschutzsachen, soweit Gegenstand des Verfahrens Regelungen aus dem Bereich der Ehewohnungssachen sind, und in Ehewohnungssachen ist die mehrfache Einweisung des Besitzes im Sinne des § 885 Abs. 1 der Zivilprozessordnung während der Geltungsdauer möglich. [2]Einer erneuten Zustellung an den Verpflichteten bedarf es nicht.

§ 96 a Vollstreckung in Abstammungssachen

(1) Die Vollstreckung eines durch rechtskräftigen Beschluss oder gerichtlichen Vergleich titulierten Anspruchs nach § 1598 a des Bürgerlichen Gesetzbuchs auf Duldung einer nach den anerkannten Grundsätzen der Wissenschaft durchgeführten Probeentnahme, insbesondere die Entnahme einer Speichel- oder Blutprobe, ist ausgeschlossen, wenn die Art der Probeentnahme der zu untersuchenden Person nicht zugemutet werden kann.

(2) Bei wiederholter unberechtigter Verweigerung der Untersuchung kann auch unmittelbarer Zwang angewendet, insbesondere die zwangsweise Vorführung zur Untersuchung angeordnet werden.

Abschnitt 9 Verfahren mit Auslandsbezug

Unterabschnitt 1 Verhältnis zu völkerrechtlichen Vereinbarungen und Rechtsakten der Europäischen Gemeinschaft

§ 97 Vorrang und Unberührtheit

(1) Regelungen in völkerrechtlichen Vereinbarungen gehen, soweit sie unmittelbar anwendbares innerstaatliches Recht geworden sind, den Vorschriften

dieses Gesetzes vor. Regelungen in Rechtsakten der Europäischen Gemeinschaft bleiben unberührt.

(2) Die zur Umsetzung und Ausführung von Vereinbarungen und Rechtsakten im Sinn des Absatzes 1 erlassenen Bestimmungen bleiben unberührt.

Unterabschnitt 2 **Internationale Zuständigkeit**

§ 98 Ehesachen; Verbund von Scheidungs- und Folgesachen

(1) Die deutschen Gerichte sind für Ehesachen zuständig, wenn
1. **ein Ehegatte Deutscher ist oder bei der Eheschließung war;**
2. **beide Ehegatten ihren gewöhnlichen Aufenthalt im Inland haben;**
3. **ein Ehegatte Staatenloser mit gewöhnlichem Aufenthalt im Inland ist;**
4. **ein Ehegatte seinen gewöhnlichen Aufenthalt im Inland hat, es sei denn, dass die zu fällende Entscheidung offensichtlich nach dem Recht keines der Staaten anerkannt würde, denen einer der Ehegatten angehört.**

(2) Die Zuständigkeit der deutschen Gerichte nach Absatz 1 erstreckt sich im Fall des Verbunds von Scheidungs- und Folgesachen auf die Folgesachen.

§ 99 Kindschaftssachen

(1) [1]Die deutschen Gerichte sind außer in Verfahren nach § 151 Nr. 7 zuständig, wenn das Kind
1. **Deutscher ist oder**
2. **seinen gewöhnlichen Aufenthalt im Inland hat.**

[2]Die deutschen Gerichte sind ferner zuständig, soweit das Kind der Fürsorge durch ein deutsches Gericht bedarf.

(2) Sind für die Anordnung einer Vormundschaft sowohl die deutschen Gerichte als auch die Gerichte eines anderen Staates zuständig und ist die Vormundschaft in dem anderen Staat anhängig, kann die Anordnung der Vormundschaft im Inland unterbleiben, wenn dies im Interesse des Mündels liegt.

(3) [1]Sind für die Anordnung einer Vormundschaft sowohl die deutschen Gerichte als auch die Gerichte eines anderen Staates zuständig und besteht die Vormundschaft im Inland, kann das Gericht, bei dem die Vormundschaft anhängig ist, sie an den Staat, dessen Gerichte für die Anordnung der Vormundschaft zuständig sind, abgeben, wenn dies im Interesse des Mündels liegt, der Vormund seine Zustimmung erteilt und dieser Staat sich zur Übernahme bereit erklärt. [2]Verweigert der Vormund oder, wenn mehrere Vormünder die Vormundschaft gemeinschaftlich führen, einer von ihnen seine Zustimmung, so entscheidet an Stelle des Gerichts, bei dem die Vormundschaft anhängig ist, das im Rechtszug übergeordnete Gericht. [3]Der Beschluss ist nicht anfechtbar.

(4) Die Absätze 2 und 3 gelten entsprechend für Verfahren nach § 151 Nr. 5 und 6.

§ 100 Abstammungssachen

Die deutschen Gerichte sind zuständig, wenn das Kind, die Mutter, der Vater oder der Mann, der an Eides statt versichert, der Mutter während der Empfängniszeit beigewohnt zu haben,
1. **Deutscher ist oder**
2. **seinen gewöhnlichen Aufenthalt im Inland hat.**

§ 101 Adoptionssachen

Die deutschen Gerichte sind zuständig, wenn der Annehmende, einer der annehmenden Ehegatten oder das Kind
1. Deutscher ist oder
2. seinen gewöhnlichen Aufenthalt im Inland hat.

§ 102 Versorgungsausgleichssachen

Die deutschen Gerichte sind zuständig, wenn
1. der Antragsteller oder der Antragsgegner seinen gewöhnlichen Aufenthalt im Inland hat,
2. über inländische Anrechte zu entscheiden ist oder
3. ein deutsches Gericht die Ehe zwischen Antragsteller und Antragsgegner geschieden hat.

§ 103 Lebenspartnerschaftssachen

(1) Die deutschen Gerichte sind in Lebenspartnerschaftssachen, die die Aufhebung der Lebenspartnerschaft aufgrund des Lebenspartnerschaftsgesetzes oder die Feststellung des Bestehens oder Nichtbestehens einer Lebenspartnerschaft zum Gegenstand haben, zuständig, wenn
1. ein Lebenspartner Deutscher ist oder bei Begründung der Lebenspartnerschaft war,
2. einer der Lebenspartner seinen gewöhnlichen Aufenthalt im Inland hat oder
3. die Lebenspartnerschaft vor einer zuständigen deutschen Stelle begründet worden ist.

(2) Die Zuständigkeit der deutschen Gerichte nach Absatz 1 erstreckt sich im Falle des Verbundes von Aufhebungs- und Folgesachen auf die Folgesachen.

(3) Die §§ 99, 101, 102 und 105 gelten entsprechend.

§ 104 Betreuungs- und Unterbringungssachen; Pflegschaft für Erwachsene

(1) [1]Die deutschen Gerichte sind zuständig, wenn der Betroffene oder der volljährige Pflegling
1. Deutscher ist oder
2. seinen gewöhnlichen Aufenthalt im Inland hat.
[2]Die deutschen Gerichte sind ferner zuständig, soweit der Betroffene oder der volljährige Pflegling der Fürsorge durch ein deutsches Gericht bedarf.

(2) § 99 Abs. 2 und 3 gilt entsprechend.

(3) Die Absätze 1 und 2 sind im Fall einer Unterbringung nach § 312 Nr. 3 nicht anzuwenden.

§ 104 regelt die internationale Zuständigkeit in Betreuungssachen und in zivilrechtlichen Unterbringungssachen (§ 1906 BGB). Für die öffentlich rechtlichen Unterbringungen (§ 312 Nr 3 FamFG, also nach PsychKG bzw UnterbrG der Länder) gilt wegen Abs 3 der § 104 nicht; hier richtet sich die internationale Zuständigkeit nach § 105. 1

§ 105 Andere Verfahren

In anderen Verfahren nach diesem Gesetz sind die deutschen Gerichte zuständig, wenn ein deutsches Gericht örtlich zuständig ist.

1 § 105 betrifft ua die öffentlich-rechtliche Unterbringungen (§ 312 Nr 3 FamFG, also nach PsychKG bzw UnterbrG der Länder).

§ 106 Keine ausschließliche Zuständigkeit

Die Zuständigkeiten in diesem Unterabschnitt sind nicht ausschließlich.

Unterabschnitt 3 Anerkennung und Vollstreckung ausländischer Entscheidungen

§ 107 Anerkennung ausländischer Entscheidungen in Ehesachen

(1) [1]Entscheidungen, durch die im Ausland eine Ehe für nichtig erklärt, aufgehoben, dem Ehebande nach oder unter Aufrechterhaltung des Ehebandes geschieden oder durch die das Bestehen oder Nichtbestehen einer Ehe zwischen den Beteiligten festgestellt worden ist, werden nur anerkannt, wenn die Landesjustizverwaltung festgestellt hat, dass die Voraussetzungen für die Anerkennung vorliegen. [2]Hat ein Gericht oder eine Behörde des Staates entschieden, dem beide Ehegatten zur Zeit der Entscheidung angehört haben, hängt die Anerkennung nicht von einer Feststellung der Landesjustizverwaltung ab.

(2) [1]Zuständig ist die Justizverwaltung des Landes, in dem ein Ehegatte seinen gewöhnlichen Aufenthalt hat. [2]Hat keiner der Ehegatten seinen gewöhnlichen Aufenthalt im Inland, ist die Justizverwaltung des Landes zuständig, in dem eine neue Ehe geschlossen oder eine Lebenspartnerschaft begründet werden soll; die Landesjustizverwaltung kann den Nachweis verlangen, dass die Eheschließung oder die Begründung der Lebenspartnerschaft angemeldet ist. [3]Wenn eine andere Zuständigkeit nicht gegeben ist, ist die Justizverwaltung des Landes Berlin zuständig.

(3) [1]Die Landesregierungen können die den Landesjustizverwaltungen nach dieser Vorschrift zustehenden Befugnisse durch Rechtsverordnung auf einen oder mehrere Präsidenten der Oberlandesgerichte übertragen. [2]Die Landesregierungen können die Ermächtigung nach Satz 1 durch Rechtsverordnung auf die Landesjustizverwaltungen übertragen.

(4) [1]Die Entscheidung ergeht auf Antrag. [2]Den Antrag kann stellen, wer ein rechtliches Interesse an der Anerkennung glaubhaft macht.

(5) Lehnt die Landesjustizverwaltung den Antrag ab, kann der Antragsteller beim Oberlandesgericht die Entscheidung beantragen.

(6) [1]Stellt die Landesjustizverwaltung fest, dass die Voraussetzungen für die Anerkennung vorliegen, kann ein Ehegatte, der den Antrag nicht gestellt hat, beim Oberlandesgericht die Entscheidung beantragen. [2]Die Entscheidung der Landesjustizverwaltung wird mit der Bekanntgabe an den Antragsteller wirksam. [3]Die Landesjustizverwaltung kann jedoch in ihrer Entscheidung bestimmen, dass die Entscheidung erst nach Ablauf einer von ihr bestimmten Frist wirksam wird.

(7) [1]Zuständig ist ein Zivilsenat des Oberlandesgerichts, in dessen Bezirk die Landesjustizverwaltung ihren Sitz hat. [2]Der Antrag auf gerichtliche Entscheidung hat keine aufschiebende Wirkung. [3]Für das Verfahren gelten die Abschnitte 4 und 5 sowie § 14 Abs. 1 und 2 und § 48 Abs. 2 entsprechend.

(8) Die vorstehenden Vorschriften sind entsprechend anzuwenden, wenn die Feststellung begehrt wird, dass die Voraussetzungen für die Anerkennung einer Entscheidung nicht vorliegen.

(9) Die Feststellung, dass die Voraussetzungen für die Anerkennung vorliegen oder nicht vorliegen, ist für Gerichte und Verwaltungsbehörden bindend.

(10) War am 1. November 1941 in einem deutschen Familienbuch (Heiratsregister) aufgrund einer ausländischen Entscheidung die Nichtigerklärung, Aufhebung, Scheidung oder Trennung oder das Bestehen oder Nichtbestehen einer Ehe vermerkt, steht der Vermerk einer Anerkennung nach dieser Vorschrift gleich.

§ 108 Anerkennung anderer ausländischer Entscheidungen

(1) Abgesehen von Entscheidungen in Ehesachen werden ausländische Entscheidungen anerkannt, ohne dass es hierfür eines besonderen Verfahrens bedarf.

(2) [1]Beteiligte, die ein rechtliches Interesse haben, können eine Entscheidung über die Anerkennung oder Nichtanerkennung einer ausländischen Entscheidung nicht vermögensrechtlichen Inhalts beantragen. [2]§ 107 Abs. 9 gilt entsprechend. [3]Für die Anerkennung oder Nichtanerkennung einer Annahme als Kind gelten jedoch die §§ 2, 4 und 5 des Adoptionswirkungsgesetzes, wenn der Angenommene zur Zeit der Annahme das 18. Lebensjahr nicht vollendet hatte.

(3) [1]Für die Entscheidung über den Antrag nach Absatz 2 Satz 1 ist das Gericht örtlich zuständig, in dessen Bezirk zum Zeitpunkt der Antragstellung
1. der Antragsgegner oder die Person, auf die sich die Entscheidung bezieht, sich gewöhnlich aufhält oder
2. bei Fehlen einer Zuständigkeit nach Nummer 1 das Interesse an der Feststellung bekannt wird oder das Bedürfnis der Fürsorge besteht.
[2]Diese Zuständigkeiten sind ausschließlich.

§§ 108, 109 sind einschlägig, wenn es um die Frage geht, ob eine ausländische Entscheidung in Betreuungs- und Unterbringungssachen bei uns anerkannt wird. Für die Rechtsstellung des bestellten Vertreters (Umfang der Vertretungsmacht) kommt es auf die Wirkungen an, die nach dem Recht des anordnenden Staates bestehen, Art 24 EGBGB. 1

Eine ausländische Entmündigung kann nach § 108 anerkannt werden, obwohl in Deutschland die Entmündigung (welche die Geschäftsfähigkeit beseitigte) 1992 abgeschafft und durch die Betreuung (welche die Geschäftsfähigkeit unberührt lässt) ersetzt wurde. Doch kann sie bei uns allenfalls die Wirkungen haben, die eine Betreuung mit dem Aufgabenkreis „alle Angelegenheiten" nebst Einwilligungsvorbehalt (§ 1903 BGB) haben kann, was aus dem Rechtsgedanken des Art 9 § 1 BtG gefolgert werden kann. Die ausländische Entmündigung eines *Deutschen* mit ständigem Aufenthalt in Deutschland dürfte aber wegen § 109 Abs 1 Nr 4 nicht anerkennungsfähig sein. Das Haager Entmündigungsabkommen vom 17.7.1905 wurde von Deutschland gekündigt (BGBl 1992 II 272), kommt also nicht mehr zum Zug. 2

Im Verhältnis zu den (wenigen) Vertragsstaaten ist das Haager **Übereinkommen über den internationalen Schutz Erwachsener** v 13.11.2000 (BGBl 2007 II S. 323; Ausführungsgesetz BGBl 2007, 314) vorrangig. Das Übereinkommen soll Entscheidungen auf dem Gebiet des Schutzes von Erwachsenen (insbesondere von Personen mit Beeinträchtigungen, die eines gesetzlichen Vertreters bedürfen) international anerkennen. Mitgliedstaaten sind derzeit Deutschland, Frankreich, Großbritannien (nur Landesteil Schottland). **Beispiel:** Ein Schotte heiratet eine Deutsche; beide leben in Deutschland. Nach dem Übereinkommen ist das deutsche Betreuungsgericht zuständig, wenn für den schottischen Ehe- 3 mann ein Betreuer bestellt werden soll; es wendet deutsches Betreuungsrecht an. Unsere Entscheidung wird in Schottland anerkannt. Das deutsche Gericht stellt dem Betreuer eine besondere Bescheinigung aus, die auch in Schottland Beweiswert hat. Der Betreuer kann damit über das schottische Vermögen des Betreuten verfügen.

§ 109 Anerkennungshindernisse

(1) Die Anerkennung einer ausländischen Entscheidung ist ausgeschlossen,
1. wenn die Gerichte des anderen Staates nach deutschem Recht nicht zuständig sind;
2. wenn einem Beteiligten, der sich zur Hauptsache nicht geäußert hat und sich hierauf beruft, das verfahrenseinleitende Dokument nicht ordnungsgemäß oder nicht so rechtzeitig mitgeteilt worden ist, dass er seine Rechte wahrnehmen konnte;
3. wenn die Entscheidung mit einer hier erlassenen oder anzuerkennenden früheren ausländischen Entscheidung oder wenn das ihr zugrunde liegende Verfahren mit einem früher hier rechtshängig gewordenen Verfahren unvereinbar ist;
4. wenn die Anerkennung der Entscheidung zu einem Ergebnis führt, das mit wesentlichen Grundsätzen des deutschen Rechts offensichtlich unvereinbar ist, insbesondere wenn die Anerkennung mit den Grundrechten unvereinbar ist.

(2) [1]Der Anerkennung einer ausländischen Entscheidung in einer Ehesache steht § 98 Abs. 1 Nr. 4 nicht entgegen, wenn ein Ehegatte seinen gewöhnlichen Aufenthalt in dem Staat hatte, dessen Gerichte entschieden haben. [2]Wird eine ausländische Entscheidung in einer Ehesache von den Staaten anerkannt, denen die Ehegatten angehören, steht § 98 der Anerkennung der Entscheidung nicht entgegen.

(3) § 103 steht der Anerkennung einer ausländischen Entscheidung in einer Lebenspartnerschaftssache nicht entgegen, wenn der Register führende Staat die Entscheidung anerkennt.

(4) Die Anerkennung einer ausländischen Entscheidung, die
1. Familienstreitsachen,
2. die Verpflichtung zur Fürsorge und Unterstützung in der partnerschaftlichen Lebensgemeinschaft,
3. die Regelung der Rechtsverhältnisse an der gemeinsamen Wohnung und am Hausrat der Lebenspartner,
4. Entscheidungen nach § 6 Satz 2 des Lebenspartnerschaftsgesetzes in Verbindung mit den §§ 1382 und 1383 des Bürgerlichen Gesetzbuchs oder
5. Entscheidungen nach § 7 Satz 2 des Lebenspartnerschaftsgesetzes in Verbindung mit den §§ 1426, 1430 und 1452 des Bürgerlichen Gesetzbuchs
betrifft, ist auch dann ausgeschlossen, wenn die Gegenseitigkeit nicht verbürgt ist.

(5) Eine Überprüfung der Gesetzmäßigkeit der ausländischen Entscheidung findet nicht statt.

§ 110 Vollstreckbarkeit ausländischer Entscheidungen

(1) Eine ausländische Entscheidung ist nicht vollstreckbar, wenn sie nicht anzuerkennen ist.

(2) [1]Soweit die ausländische Entscheidung eine in § 95 Abs. 1 genannte Verpflichtung zum Inhalt hat, ist die Vollstreckbarkeit durch Beschluss auszusprechen. [2]Der Beschluss ist zu begründen.

(3) [1]Zuständig für den Beschluss nach Absatz 2 ist das Amtsgericht, bei dem der Schuldner seinen allgemeinen Gerichtsstand hat, und sonst das Amtsgericht, bei dem nach § 23 der Zivilprozessordnung gegen den Schuldner Klage erhoben werden kann. [2]Der Beschluss ist erst zu erlassen, wenn die Entscheidung des ausländischen Gerichts nach dem für dieses Gericht geltenden Recht die Rechtskraft erlangt hat.

Buch 2 Verfahren in Familiensachen – Auszug –

§ 168 Beschluss über Zahlungen des Mündels

(1) [1]Das Gericht setzt durch Beschluss fest, wenn der Vormund, Gegenvormund oder Mündel die gerichtliche Festsetzung beantragt oder das Gericht sie für angemessen hält:
1. Vorschuss, Ersatz von Aufwendungen, Aufwandsentschädigung, soweit der Vormund oder Gegenvormund sie aus der Staatskasse verlangen kann (§ 1835 Abs. 4 und § 1835 a Abs. 3 des Bürgerlichen Gesetzbuchs) oder ihm nicht die Vermögenssorge übertragen wurde;
2. eine dem Vormund oder Gegenvormund zu bewilligende Vergütung oder Abschlagszahlung (§ 1836 des Bürgerlichen Gesetzbuchs).

[2]Mit der Festsetzung bestimmt das Gericht Höhe und Zeitpunkt der Zahlungen, die der Mündel an die Staatskasse nach den §§ 1836 c und 1836 e des Bürgerlichen Gesetzbuchs zu leisten hat. [3]Es kann die Zahlungen gesondert festsetzen, wenn dies zweckmäßig ist. [4]Erfolgt keine Festsetzung nach Satz 1 und richten sich die in Satz 1 bezeichneten Ansprüche gegen die Staatskasse, gelten die Vorschriften über das Verfahren bei der Entschädigung von Zeugen hinsichtlich ihrer baren Auslagen sinngemäß.

(2) [1]In dem Antrag sollen die persönlichen und wirtschaftlichen Verhältnisse des Mündels dargestellt werden. § 118 Abs. 2 Satz 1 und 2 sowie § 120 Abs. 2 bis 4 Satz 1 und 2 der Zivilprozessordnung sind entsprechend anzuwenden. [2]Steht nach der freien Überzeugung des Gerichts der Aufwand zur Ermittlung der persönlichen und wirtschaftlichen Verhältnisse des Mündels außer Verhältnis zur Höhe des aus der Staatskasse zu begleichenden Anspruchs oder zur Höhe der voraussichtlich vom Mündel zu leistenden Zahlungen, kann das Gericht ohne weitere Prüfung den Anspruch festsetzen oder von einer Festsetzung der vom Mündel zu leistenden Zahlungen absehen.

(3) [1]Nach dem Tode des Mündels bestimmt das Gericht Höhe und Zeitpunkt der Zahlungen, die der Erbe des Mündels nach § 1836 e des Bürgerlichen Gesetzbuchs an die Staatskasse zu leisten hat. [2]Der Erbe ist verpflichtet, dem Gericht über den Bestand des Nachlasses Auskunft zu erteilen. [3]Er hat dem Gericht auf Verlangen ein Verzeichnis der zur Erbschaft gehörenden Gegenstände vorzulegen und an Eides Statt zu versichern, dass er nach bestem Wissen und Gewissen den Bestand so vollständig angegeben habe, als er dazu imstande sei.

(4) Der Mündel ist zu hören, bevor nach Absatz 1 eine von ihm zu leistende Zahlung festgesetzt wird. Vor einer Entscheidung nach Absatz 3 ist der Erbe zu hören.

(5) Auf die Pflegschaft sind die Absätze 1 bis 4 entsprechend anzuwenden.

Das Verfahren der Festsetzung der Vergütung des Betreuers und des Verfahrenspflegers war früher in § 56 g FGG geregelt; seit 1.9.2009 ist § 168 FamFG einschlägig. Für Altfälle gilt weiterhin das FGG (Art 111 FGG-ReformG).

Schrifttum: *Deinert/Lütgens*, Handbuch der Vergütungs- und Aufwendungsregeln, 5. Aufl 2008; *Zimmermann*, Neue Rechtsprechung zur Betreuervergütung, FamRZ 2008, 1307.

Übersicht

I. Zweck und Anwendungsbereich der Vorschrift

Die Vorschrift regelt das Verfahren für Ansprüche, deren materiell-rechtliche Grundlagen in §§ 1835 ff BGB enthalten sind. § 1908 i Abs 1 BGB verweist für die Betreuung auf das Vergütungsrecht für den Vormund in §§ 1835, 1836 BGB; wegen § 292 Abs 1 gilt § 168 auch für die Festsetzung der Vergütung und der Auslagen des **Betreuers.** Ferner gilt § 168 FamFG für derartige Ansprüche von Verfahrenspflegern (§§ 277, 318 FamFG) sowie hilfsweise für Ansprüche des Verfahrensbeistandes des Kindes (§ 158 Abs 7 Satz 6 FamFG). Die nachfolgende Darstellung erläutert die Anwendung des § 168 FamFG auf die Betreuung und die Verfahrenspflegschaft; nicht behandelt wird die Anwendung auf die Nachlasspflegschaft[1] und sonstige Fälle. 1

II. Festsetzungsverfahren, Abs 1

1. Festsetzung, Abs 1 Satz 1. – a) Materiell-rechtliche Grundlagen. Sie richten sich nach §§ 1835, 1836 Abs 1 Satz 2, Abs 2 BGB, wobei sich die Einzelheiten für Berufsbetreuer aus dem VBVG ergeben. Für die Honorierung von Betreuern kommt es materiell-rechtlich auf folgende Differenzierungen an: 2

- Wird der Betreuer „ehrenamtlich“ oder berufsmäßig tätig?
- Ist der Betreute mittellos oder vermögend?
- Wohnt der Betreute zuhause oder in einem Heim?
- Wie lange dauert die Betreuung schon?
- Nur in den Sonderfällen der Betreuung (§ 6 VBVG) und beim Verfahrenspfleger spielt die Unterscheidung Vergütung – Auslagenersatz (§§ 1835, 1836 BGB) eine Rolle.

b) Persönlicher Anwendungsbereich. – aa) § 168 Abs 1 FamFG gilt für das Verfahren betreffend Vergütungs- und Aufwendungsersatzansprüche von Betreuern, Gegenbetreuern, Mitbetreuern, Ergänzungsbetreuern, Betreuungsvereinen und Betreuungsbehörden (§ 292 Abs 1 FamFG; § 1908 i Abs 1 BGB). Für den Betreuungsverfahrenspfleger gilt § 168 wegen der Verweisung in § 277 Abs 5 FamFG, für den Unterbringungsverfahrenspfleger wegen der Verweisung in § 318 FamFG. Für den Verfahrensbeistand des Kindes gilt die Regelung hilfsweise (§ 158 FamFG); für Pfleger im Sinne von §§ 1909 ff BGB sowie Nachlasspfleger (§§ 1960, 1961 BGB) gilt sie wegen Abs 5. Für Vormünder und Gegenvormünder gilt § 168 FamFG unmittelbar. 3

bb) § 168 FamFG gilt nicht für die Vergütung von Testamentsvollstreckern und von Insolvenzverwaltern, auch nicht analog. 4

c) Sachlicher Anwendungsbereich. Nicht alle Zahlungsansprüche dieser Personen sind durch Beschluss des Betreuungsgerichts (Rechtspfleger) festsetzbar, sondern nur die in § 168 genannten. Vor das **Prozessgericht** gehört zB der Streit über die Zahlung bestimmter Aufwendungen (Rz 9); ferner die **Vollstreckungsklage** (§ 767 ZPO), wenn der Betreuer seine Vergütung beim vermögenden Betreuten vollstreckt, dieser aber einwendet, er müsse wegen Schlechterfüllung bzw Aufrechnung mit Schadensersatzansprüchen (§ 1833 BGB) nicht zahlen 5

1 Dazu *Zimmermann*, Die Nachlasspflegschaft, 2. Aufl 2009, Rz 738 ff.

(Rz 28); insoweit ist das Prozessgericht dabei an die Festsetzung der Vergütung gebunden und entscheidet nur noch über die Aufrechnung etc.

6 d) **Aufwendungen (Abs 1 Nr 1).** – aa) Vorschuss auf (künftige) Aufwendungen (§ 1835) für mittellose Betreute durch die Staatskasse;

7 bb) Ersatz von (bereits getätigten) Aufwendungen (§ 1835 BGB) für mittellose Betreute durch die Staatskasse;

8 cc) Zahlung der Aufwandsentschädigung = Aufwendungspauschale (§ 1835 a BGB) für mittellose Betreute durch die Staatskasse;

9 dd) Aufwendungen in den genannten drei Fällen, wenn der Betreute vermögend ist, also selbst zahlungspflichtig ist, aber der Betreuer *nicht* die Vermögenssorge hat (also zB nur die Gesundheitssorge). Ist dagegen einem Betreuer die Vermögenssorge übertragen und ist der Betreute vermögend, scheidet eine Festsetzung der Aufwendungen (einschließlich Vorschuss und Pauschale) durch Beschluss des Betreuungsgerichts aus; eine gleichwohl erfolgte Festsetzung durch das Gericht wäre wirkungslos[2]. Denn die Aufwendungen kann der Betreuer dem von ihm verwalteten Vermögen des (nicht mittellosen) Betreuten unmittelbar entnehmen; eine Genehmigungspflicht kann nur nach §§ 1812 ff BGB in Betracht kommen. Das gilt allerdings nur für die Fälle, in denen der Betreuer die Aufwendungen gesondert verlangen kann (§ 6 VBVG), zB für einen Sterilisationsbetreuer. Denn in den gewöhnlichen Betreuungsfällen steckt der Auslagenersatz pauschaliert im Stundensatz (§§ 4, 5 VBVG) und ist also nicht isoliert festsetzungsfähig.

10 Den Betrag hat der Betreuer in den Sonderfällen des § 6 VBVG in die jährliche Abrechnung einzusetzen, so dass die Beträge jedenfalls mittelbar vom Betreuungsgericht geprüft werden (§§ 1837 Abs 2, 1843 BGB). Im Übrigen ist in den Sonderfällen des § 6 VBVG ein Streit über die Aufwendungen (Anspruchsgrund, -höhe) zwischen dem Betreuer und dem Betreuten vor dem ordentlichen Gericht auszutragen, nicht aber vom Betreuungsgericht verbindlich zu entscheiden[3]. Soweit der Aufwendungsersatz nicht nach § 168 festsetzungsfähig ist, muss er also vom Betreuer vor dem **Prozessgericht** eingeklagt werden. Die Festsetzung ist für das Prozessgericht nicht bindend. Tätigkeiten nach § 1835 Abs 3 BGB kann der Anwalt nicht nach § 11 RVG gegen den Betreuten festsetzen lassen[4]; sie fallen eventuell unter § 168 FamFG.

11 **Frühere Vermögenssorge:** Wenn dem Betreuer im Falle des § 6 VBVG zwar ursprünglich die Vermögenssorge übertragen wurde, er sie bei Antragstellung aber nicht mehr hat (zB weil die Betreuung aufgehoben oder der Aufgabenkreis eingeschränkt wurde), sollte Abs 1 entsprechend angewandt werden, weil der Betreuer keinen Zugriff auf das Vermögen mehr hat, nach dem Sinn der Regelung aber trotzdem vereinfacht zum Ersatz kommen soll.

12 e) **Vergütung (Abs 1 Nr 2).** – **aa)** Gegenstand der Festsetzung ist eine zu bewilligende Vergütung des Berufsbetreuers (§ 1836 Abs 1 Satz 2 BGB; VBVG) bzw des Verfahrenspflegers (§ 277 FamFG) oder des ehrenamtlichen Betreuers im Fall des § 1836 Abs 2 BGB. Hier wird nicht danach unterschieden, ob der Betreute vermögend oder mittellos ist. Fraglich ist, ob auch eine zwischen dem Betreuer und dem geschäftsfähigen Betreuten **vereinbarte (höhere) Vergütung** (dazu § 4 VBVG Rz 42) vom Gericht festgesetzt werden kann; wenn sie unstrei-

2 BayObLG FamRZ 1995, 1376.
3 OLG Köln FamRZ 1998, 1451.
4 Palandt/*Diederichsen* § 1835 Rz 10 mwNachw.

tig ist, dürfte sie festsetzungsfähig sein. Das Betreuungsgericht kann den Betreuer nicht darauf verweisen, er möge sich mit dem vermögenden Betreuten außergerichtlich einigen.

bb) **Abschlagszahlung** auf die Vergütung. Der Vormund kann eine Abschlagszahlung verlangen (§ 3 Abs 4 VBVG), der Berufsbetreuer nicht (vgl § 9 VBVG). 13

cc) **Individualpauschale** beim Verfahrenpfleger, § 277 Abs 3 FamFG. 14

f) **Verzinsung.** Das FamFG enthält keine Regelung für die Verzinsung von Vergütung und Auslagenersatz, auch nicht in § 168 FamFG, so dass zweifelhaft ist, ob das Verfahren nach § 168 FamFG für Zinsen zur Verfügung steht. § 104 Abs 1 Satz 2 ZPO ist nicht analog anwendbar[5]. Eine Verzinsung der Vergütung kommt daher nur nach Verzugsgrundsätzen (§§ 288, 291 BGB) in Betracht, wobei die Rechtsprechung teils 5 %-Punkte über dem Basiszinssatz ab Rechtskraft des Festsetzungsbeschlusses bewilligt[6], teils eine Verzinsung ablehnt[7], um die säumige Staatskasse zu schützen. Wer im Januar die Festsetzung beantragt, aber erst im Oktober die rechtskräftige Festsetzung erhält, und im Dezember das Geld, könnte also nur für die Zeitspanne Oktober bis Dezember Zinsen fordern, müsste sie nach Geldeingang berechnen und durch neuen Antrag die Festsetzung begehren[8]. Aufwendungsersatz dagegen ist, wenn er isoliert verlangt werden kann, nach §§ 256, 246 BGB zu verzinsen. 15

g) **Antrag.** Vgl Abs 2 und Rz 42. Die Festsetzung erfolgt auf Antrag eines Zahlungsberechtigten (zB des Betreuers) oder eines Zahlungspflichtigen (zB Betreuter, dessen Erben, Nachlasspfleger; sinngemäß auch die Staatskasse). Gehört der Betreuer zu einer schweigepflichtigen Berufsgruppe (§ 203 StGB, zB Sozialarbeiter, Rechtsanwalt) kann er seinen Vergütungsanspruch nicht wirksam abtreten, so dass der Abtretungsempfänger keinen Vergütungsantrag stellen kann[9]. Für den Antrag ist Schriftform notwendig (§ 25 FamFG), wobei ein Fax genügt. Aufgrund der Ermächtigung in § 292 Abs 2 FamFG können die Länder für Berufsbetreuer **Vordrucke** einführen und die Einreichung der Anträge in **elektronischer Form** vorschreiben; dann würde ein manueller Antrag die Frist nicht wahren; jedes Land kann also machen, was es will[10], was der Rechtseinheit nicht förderlich ist. Der Berufsbetreuer muss in seinem Antrag **Angaben** zu den Bemessungskriterien der §§ 4, 5 VBVG machen[11] (anders in den Fällen des § 6 VBVG); vgl § 168 Abs 2 FamFG: 16

- Ist der Betreute mittellos oder nicht (wird also Festsetzung aus der Staatskasse oder aus dem Vermögen des Betreuten verlangt?)?
- Wohnt der Betreute zuhause oder in einem Heim? Wegen § 5 Abs 2 Satz 2 VBVG.
- Welche Zeitspanne wird abgerechnet? Vgl § 9 VBVG. Die Vergütung beginnt am Tag nach der Bekanntgabe des Betreuerbestellungsbeschlusses, also kann der Berufsbetreuer bei Bekanntgabe am 3.3. erstmals am 4.6. für die Zeit vom 4.3. bis 3.6. abrechnen (§ 9 VBVG)?

5 OLG Hamm FGPrax 2003, 73; BayObLG FamRZ 2002, 767; LG Stuttgart BtPrax 1999, 158.
6 OLG Brandenburg FamRZ 2010, 592; OLG Hamm FGPrax 2003, 73; BayObLG FamRZ 2002, 767. Fällig wird der Betrag aber an sich bereits mit Wirksamwerden des Beschlusses, nicht erst mit Rechtskraft.
7 OLG Celle FamRZ 2002, 1431; LG Stuttgart BtPrax 1999, 158.
8 *Jansen/Sonnenfeld* FGG § 56 g Rz 13.
9 Keidel/*Engelhardt* § 168 Rz 9.
10 Vgl die VO NRW GVBl 2004, 614; VO Sachsen GVBl 2004, 582.
11 OLG Köln FGPrax 2009, 268 verlangt zur Prüfung der Mittellosigkeit Angaben des Betreuers über möglicherweise unterhaltslichtige Angehörige und deren Vermögensverhältnisse, soweit möglich. Dazu Rz 42.

– Welche Ausbildung hat der Betreuer und welchen Stundensatz macht er daher geltend? Vgl § 4 VBVG.

17 **Hilfsantrag.** Der Betreuer kann Vergütung aus der Staatskasse, hilfsweise aus dem Vermögen des Betreuten beantragen[12]. Vgl. Rz 31. Eine Festsetzung ohne Antrag ist nicht unwirksam.

18 h) **Festsetzung von Amts wegen.** Nach Abs 1 Satz 1 kann das Gericht auch ohne Antrag festsetzen, wenn es dies „für angemessen" hält. Das wird in der Praxis so gesehen, dass der Bezirksrevisor eine Festsetzung beantragen kann, wenn er zB eine geringere Vergütung für angemessen hält, weil der Berufsbetreuer in eine niedrigere Vergütungsstufe einzuordnen sei oder weil der Betreute sich an einem Ort aufhalte, der ein „Heim" sei. Daraus ergab sich die Frage, ob das Gericht auch dann vom Amts wegen festsetzen *muss*, wenn es erkennt, dass der Betreuer die Ausschlussfrist versäumt. Das wird abgelehnt[13]. Erkennt das Gericht beiläufig, dass der Berufsbetreuer offensichtlich die Frist versäumt, gebietet es die Fairness, tätig zu werden[14]; Betreuungsgerichte sind nicht nur dazu da, die finanziellen Interessen der Staatskasse zu wahren, sondern auch die des Betreuers. Das BayObLG[15] hat in einem Fall, in dem der Berufsbetreuer sonst leer ausgegangen wäre, angenommen, dass die Vergütung von Amts wegen festzusetzen sei.

19 i) **Anspruchsgegner.** Bei mittellosen Betreuten ist die Staatskasse zahlungspflichtig, bei nichtmittellosen Betreuten der Betreute selbst und wenn er gestorben ist dessen Erbe.

20 j) **Fristen.** Eine Festsetzung durch den Rechtspfleger (bzw Feststellung durch den Urkundsbeamten) erfolgt nur, wenn die Ausschlussfristen nicht verstrichen sind: § 1835 Abs 1 BGB (Aufwendungsersatz), § 2 VBVG (Vergütung), § 1835 a Abs 4 BGB (Aufwandspauschale). Eine Festsetzung unter Missachtung des Ausschlussfrist des § 2 VBVG ist nicht nichtig.

21 k) **Beteiligte.** Im Festsetzungsverfahren sind beteiligt der Betreuer (vgl §§ 7, 274 FamFG); ferner der Betreute (§ 168 Abs 4 Satz 1 FamFG), wenn die Vergütung aus seinem Vermögen bezahlt werden soll, aber nicht dessen Verwandte. Die **Staatskasse** *kann* vom Betreuungsgericht beteiligt werden (§ 274 Abs 4 Nr 2 FamFG); das ist zweckmäßig, wenn sie zahlungspflichtig sein soll und das zweifelhaft sein kann. Ein **Verfahrenspfleger** ist angesichts der seit 1.7.2005 geltenden Pauschalvergütungen für Berufsbetreuer nur noch ausnahmsweise notwendig; vgl. Rz 27. Die frühere Rechtsprechung zum BVormG ist insoweit nicht mehr einschlägig[16]: damals wurde nach Stunden abgerechnet, es war mehr Streitpotenzial vorhanden.

22 l) **Prüfungsumfang des Gerichts.** Er betrifft die Frage der Mittellosigkeit des Betreuten, wenn die Staatskasse zahlen soll; ferner richtet er sich danach, welche Festsetzung beantragt wird:
aa) **Berufsbetreuer** erhalten im Regel eine Pauschale, die Vergütung, Auslagen um Umsatzsteuer abdeckt (§§ 4 Abs 2, 5 VBVG). Zu ermitteln ist deshalb nur der Tag des Beginns der Vergütung (§ 5 Abs 3 VBVG; bei Wirksamwerden der Betreuung am 2.4. beginnt die Vergütung am 3.4. und das erste Vergütungsmonat läuft vom 3.4. bis 2.5.); der Tag des Umzugs ins Heim oder des Rückzugs

---

12 BayObLG BtPrax 2000, 259.
13 KG FamRZ 2006, 225.
14 Ähnlich Keidel/*Engelhardt* § 168 Rz 8.
15 BayObLG FamRZ 2001, 377.
16 Anders Keidel/*Engelhardt* § 168 Rz 13.

in die Wohnung; vor allem die berufliche Qualifikation des Betreuers (§ 4 Abs 1 VBVG). Berufsbetreuer haben einen Vergütungs*anspruch* (§ 1 Abs 2 VBVG), da gibt es kein Ermessen des Gerichts. Auch wenn ein Betreuer keine Minute Zeit aufgewandt hat, erhält er die Pauschale, was zahlungspflichtige Betreute nicht nachvollziehen können. Fehlt die Feststellung der Berufsmäßigkeit im seinerzeitigen Bestellungsbeschluss (§ 1836 Abs 1 Satz 2 BGB; § 286 Abs 1 Nr 4 FamFG), kann sie nachgeholt werden, noch im Vergütungsfestsetzungsverfahren, noch konkludent durch Festsetzung, weil sie nur eine deklaratorische Bedeutung hat[17]. Zwar ist im Grundsatz die Feststellung ursprünglich vom Richter zu treffen (§ 6 RPflG, Ausnahme: Fälle des § 1896 Abs 3 BGB), jedoch kann die nachträgliche Feststellung auch vom Rechtspfleger getroffen werden (§ 3 Nr 2 RPflG).

bb) In den **Sonderfällen der Betreuung** (§ 6 VBVG: Sterilisationsbetreuer; Verhinderungsbetreuer bei rechtlicher Verhinderung) wird nach Stunden und tatsächlichen Auslagen abgerechnet. Die Stundenzahl wird überprüft, wobei sie entsprechend § 287 ZPO unter Würdigung aller Umstände nach freier Überzeugung festzustellen ist. Dabei ist auch zu prüfen, ob einzelne Tätigkeiten nötig waren; doch darf das Gericht angesichts der Eigenverantwortlichkeit des Betreuers keine Zweckmäßigkeitskontrolle vornehmen[18]. **24**

cc) Bei **ehrenamtlichen Betreuern** besteht ein Ermessen des Gerichts (§ 1836 Abs 2 BGB); die Entscheidung ist nach pflichtgemäßem Ermessen zu treffen[19]. **25**

dd) **Verfahrenspfleger:** vgl § 277 FamFG. **26**

m) **Bestellung eines Verfahrenspflegers.** Ist der vermögende Betreute persönlich nicht mehr in der Lage, seine Rechte im Vergütungsfestsetzungsverfahren wahrzunehmen, dh insbesondere die Reichweite eines Antrags zu erfassen und sich zu ihm zu äußern, muss ihm ein Verfahrenspfleger zur Wahrnehmung des rechtlichen Gehörs bestellt werden[20]; vgl Abs 4. Voraussetzung ist allerdings, dass die Bestellung erforderlich ist und ein Interesse des Betreuten an einer solchen Bestellung anzunehmen ist (§ 276 Abs 1, 2 FamFG). Die einschlägige Rechtsprechung stammt noch aus der Zeit vor Reform des Vergütungswesens (1.7.2005), wo man über die Stundenzahl und die Stundensätze streiten konnte. Das VBVG dagegen pauschaliert; allenfalls über die Einstufung des Betreuers in eine der drei Vergütungsgruppen und die Frage, ob er im Heim oder zuhause lebt kann man noch diskutieren. Ob ein Verfahrenspfleger zu bestellen ist, ist eine Frage des Einzelfalls. Denn bei vermögenden Betreuten muss berücksichtigt werden, dass der Betreute den Verfahrenspfleger zahlen muss. Es hat wenig Sinn und entspricht nicht dem mutmaßlichen Willen des Betreuten, zur Überprüfung einer Abrechnung einen Verfahrenspfleger zu bestellen, wenn dann der Betrag, den dieser vom Betreuten „wegdrückt", an den Verfahrenspfleger zu zahlen ist; da hat der Betreute keinen Cent gespart. Noch kurioser ist es, wenn der Verfahrenspfleger nichts entdeckt, was zu beanstanden ist; dann werden sinnlose Zusatzkosten produziert. Zu beachten ist ferner, dass der Betreuer die Bestellung eines Verfahrenspflegers nicht angreifen kann (§ 276 Abs 6 FamFG). Irgendwelche materiellrechtliche Befugnisse hat der Verfahrenspfleger nicht; weder kann er mit dem Betreuer eine höhere Vergütung vereinbaren noch den Anspruch anerkennen[21]. **27**

17 BGH NJW 2002, 366; Keidel/*Engelhardt* § 168 Rz 15.
18 BayObLG FamRZ 1999, 1591/2.
19 BayObLG FamRZ 1999, 1591.
20 BayObLG FGPrax 2004, 124; OLG Frankfurt BtPrax 1997, 201; OLG Köln FamRZ 2003, 171; OLG Karlsruhe FamRZ 2003, 405.
21 BayObLG FamRZ 2005, 64; *Jansen/Sonnenfeld* FGG § 56 g Rz 41.

28 n) **Materiell-rechtliche Einwendungen.** Erhebt der Betreute materiell-rechtliche Einwendungen gegen den Vergütungsanspruch (zB Erlöschen durch Erfüllung; Verzicht; Erlass; Aufrechnung, insbesondere mit einem angeblichen **Schadensersatzanspruch des Betreuten** aus § 1833 BGB), dann werden nach Auffassung der hM[22] diese Einwendungen im Festsetzungsverfahren nicht berücksichtigt. Der Betreute ist darauf angewiesen, wegen seiner Schadensersatzansprüche eine Klage nach § 767 ZPO vor der Prozessabteilung zu erheben[23], weil der Festsetzungsbeschluss zugleich ein Vollstreckungstitel ist (§ 86 FamFG); das kommt in der Praxis fast nie vor. Die hM entspricht der früheren Rechtslage, als der Vergütungsfestsetzungsbeschluss noch kein Vollstreckungstitel war, also zwecks Titulierung geklagt werden musste; deshalb hatte früher erst das Prozessgericht über materiellrechtliche Einwendungen zu entscheiden[24]. Seit 1999 ist der Beschluss aber selbst ein Titel, weshalb diese Auffassung nicht mehr richtig ist[25], aber von der Praxis weiter vertreten wird, weil im Vergütungsverfahren (wo es nichts kostet) häufig substanzlose Gegenansprüche und Einwendungen geltend gemacht werden, so dass das Betreuungsgericht mit Beweiserhebungen belastet wäre. Nur im Ausnahmefall der Verwirkung, wenn etwa eine schwere Pflichtverletzung des Betreuers (wie die Veruntreuung von Vermögen) zum gänzlichen oder teilweisen Verlust des Vergütungsanspruchs geführt hat, werden von der hM materiellrechtliche Gegenansprüche schon im Vergütungsfestsetzungsverfahren berücksichtigt[26].

29 **Weitere Einwendungen.** Häufig wendet der Betreute ein, die Betreuung hätte seinerzeit nicht angeordnet werden dürfen; selbst wenn das zutrifft, befreit ihn das nicht von der Pflicht, den Betreuer zu bezahlen, weil die Anordnung wirksam war[27]. Dasselbe gilt, wenn das Betreuungsgericht die Betreuung erst (§ 1908 d BGB) verspätet aufhebt[28]. Auch der Einwand, er müsse nichts zahlen, weil überhaupt keine Tätigkeit des Berufsbetreuers angefallen sei, ist angesichts des Pauschalsystem in den „Regelfällen der Betreuung“ (§§ 4, 5 VBVG), wonach der Betreuer für seine bloße Existenz bezahlt wird, unbeachtlich.

30 o) **Beschluss.** Die Festsetzung erfolgt durch Beschluss des Betreuungsgerichts (bei Nachlasspflegschaft: des Nachlassgerichts; beim Vormund: des Familiengerichts); die Formalien regelt § 38 FamFG. Eine Begründung ist notwendig[29], vgl § 38 Abs 3, Abs 4 Nr 2, Abs 5 FamFG. Örtlich **zuständig** ist das Gericht, das für die Betreuung zuständig war oder sie infolge Abgabe (§§ 4, 273 FamFG) übernommen hat[30]. Funktionell zuständig für die *Festsetzung* ist der **Rechtspfleger** (§§ 3 Nr 2 b, 15 RPflG); in Württemberg ist teilweise der **Notar** zuständig (§ 272 FamFG Rz 3). Beschlüsse des Richters wären nach §§ 6, 8 RPflG gleichwohl wirksam. Für die Festsetzung in Unterbringungssachen (zB Verfahrenspflegervergütung) ist allerdings nur der **Richter** zuständig[31]. Für die *Feststellung* und Anweisung im Verwaltungsverfahren ist in beiden Fällen jedoch der **Urkundsbeamte** zuständig. Ein solches Verfahren vor dem Urkundsbeamten

---

22 KG NJW-RR 2007, 1598 (zur Nachlasspflegschaft); OLG München OLG-Report 2006, 139; BayObLG NJW-RR 2000, 149; OLG Celle RVG-Report 2004, 120; LG Koblenz FamRZ 2009, 1710; *Jansen/Sonnenfeld* FGG § 56 g Rz 53.

23 KG NJW-RR 2007, 1598; OLG Schleswig FGPrax 2000, 113.

24 RGZ 154, 110/7; BayObLG NJW 1988, 1919; FamRZ 1999, 1591; OLG Frankfurt, JurBüro 1998, 195.

25 MünchKomm/*Wagenitz* § 1836 Rz 80.

26 KG NJW-RR 2007, 1598 (zur Nachlasspflegschaft); BayObLG BeckRS 2004, 03.798.

27 BayObLG FamRZ 1999, 1603; FamRZ 1997, 701.

28 BayObLG NJW-RR 1998, 435.

29 LG Berlin FamRZ 2008, 1481 (zur Nachlasspflegschaft).

30 BayObLG BtPrax 1997, 114; OLG Karlsruhe NJW-RR 1998, 1304.

31 BayObLG Rpfleger 1993, 483; LG Kaiserslautern FamRZ 1996, 896; *Schlöpke* Rpfleger 1993, 435.

unterliegt nicht der Zuständigkeitsbestimmung des § 5 FamFG, wenn Zuständigkeitsstreit besteht[32]. Wird Beschwerde eingelegt kann auch das LG festsetzen und muss nicht zu diesem Zweck zurückverweisen.

Zweifelsfälle. Ist zweifelhaft, ob dem Betreuer überhaupt eine Vergütung zusteht und würde die Festsetzung der Höhe besonders arbeitsaufwendig sein, kann eine (anfechtbare) Vorabentscheidung über den **Anspruchsgrund** entsprechend §§ 303, 304 ZPO ergehen[33]. Wenn unklar ist, in welche **Vergütungsgruppe** (§ 4 VBVG) ein Berufsbetreuer einzuordnen ist, kann er eine diesbezügliche isolierte Feststellung beantragen. Beantragt der Betreuer Vergütung aus der Staatskasse und wird dies wegen **fehlender Mittellosigkeit** abgelehnt, kann das Betreuungsgericht von Amts wegen die Vergütung gegen den Betreuten festsetzen[34]. Wurde die Vergütung gegen den Betreuten festgesetzt und stellt sich bei der Zwangsvollstreckung dessen Mittellosigkeit heraus, dann kann auf Antrag (§ 2 VBVG) noch eine Festsetzung gegen die Staatskasse erfolgen, wenn den Betreuer kein Vorwurf trifft.[35] 31

p) **Bekanntgabe, Rechtsmittelbelehrung.** Der Vergütungsfestsetzungsbeschluss ist dem Betreuten, gegebenenfalls dem Verfahrenspfleger sowie dem Betreuer bekannt zu geben (§ 41 Abs 1 FamFG); gegebenenfalls **zuzustellen** (§ 41 Abs 1 Satz 2 FamFG), nämlich wenn dem Antragsteller die beantragte Vergütung gekürzt wird, oder der Betreute oder sein Verfahrenspfleger Einwendungen erhoben haben. Bei Zahlungspflicht der Staatskasse erfolgt die Bekanntgabe an diese (dh an den Bezirksrevisor). Eine **Rechtsmittelbelehrung** ist in § 39 FamFG vorgeschrieben; ist sie falsch oder fehlt sie, kommt Wiedereinsetzung in Betracht (§ 17 Abs 2 FamFG). Mit formeller Rechtskraft des Beschlusses sind Änderungen nicht mehr zulässig. Vom Betreuer übersehene Vergütungen können nachberechnet werden, wenn der Verfahrensgegenstand noch nicht rechtskräftig verbeschieden ist. 32

q) **Rechtskraft, Rückforderung von Vergütung.** Da der Festsetzungsbeschluss der befristeten Beschwerde unterliegt, erlangt er formelle Rechtskraft[36], und materielle Rechtskraft, weil er ein echtes Streitverfahren klärt. Materielle Rechtskraft einer früheren Entscheidung über die Festsetzung führt dazu, dass nicht erneut sachlich über den Antrag auf Vergütung bzw Auslagenerstattung aus der Staatskasse entschieden werden darf. Der Beschluss wirkt aber nur zwischen den unmittelbar Beteiligten, also zwischen Staatskasse und Betreuer bei Vergütung aus der Staatskasse[37] (der Betreute ist ausgeklammert, deshalb muss er auch nicht angehört werden, § 168 Abs 4 Satz 1 FamFG), zwischen Betreuer und Betreuten bei Zahlungspflicht des Betreuten. Die merkwürdige Konsequenz scheint zu sein, dass dem Betreuer die Vergütung aus der Staatskasse abgelehnt werden kann, da der Betreute angeblich vermögend ist; bei folgenden Antrag des Betreuers gegen den Betreuten kann dann der Antrag abgelehnt werden, da der Betreute angeblich mittellos ist. Der Betreuer erhält also nichts. Das kann nicht richtig sein. Entweder man bejaht eine **Bindungswirkung** oder man hält das Gericht im Fall für verpflichtet, bei Ablehnung der Vergütung aus der Staatskasse zugleich eine Vergütung aus dem Vermögen des Betreuten auszusprechen[38]. 33

---

32 OLG Oldenburg Rpfleger 1998, 427.
33 BayObLG FamRZ 1996, 250.
34 BayObLG BtPrax 2000, 259.
35 OLG Frankfurt FGPrax2009,160;OLG Hamm FGPrax 2007, 171; BayObLG FamRZ 2004, 305.
36 Vgl BayObLG FamRZ 1998, 1055 zu § 1835 a.
37 BayObLG FamRZ 2001, 377.
38 BayObLG FamRZ 2001, 377; Keidel/*Engelhardt* § 168 Rz 22.

34 Die Staatskasse kann also nicht nachträglich vom Betreuer einen Teil der Vergütung **zurückfordern** (außer sie hatte Beschwerde eingelegt). Anders ist es, wenn nur eine **Feststellung durch den Urkundsbeamten** (Rz 39) und eine Auszahlung durch die Staatskasse erfolgt. Hier kann die Staatskasse noch nach Jahren zB die Auffassung vertreten, der Betreuer habe zu Unrecht 33,50 Euro je Stunde erhalten, ihm hätten nur 25 Euro je Stunde zugestanden; oder: er hätte nur weniger Stunden abrechnen dürfen, weil die „Wohnung" in Wirklichkeit ein „Heim" gewesen sei. Die Staatskasse kann dann eine Festsetzung durch Beschluss beantragen und schließlich die Rückzahlung fordern und beitreiben.

35 r) **Entnahmerecht.** Der Festsetzungsbeschluss wird wirksam mit Bekanntmachung an den Betreuer (§ 40 FamFG). Ab Wirksamwerden des Beschlusses (und nicht erst ab Rechtskraft) kann der Betreuer, wenn er die Vermögenssorge hat, den Betrag dem Vermögen des Betreuten entnehmen; er muss nicht die Rechtskraft abwarten. Wird Beschwerde eingelegt, könnte das Betreuungsgericht oder das Beschwerdegericht durch eine einstweilige Anordnung (§§ 49, 64 Abs 3 FamFG) die Entnahme untersagen.

36 **2. Festsetzung von Zahlungen nach § 1836 c Abs 1 Satz 2.** Wenn der Betreute so wenig Einkommen bzw Vermögen hat, dass er die Betreuervergütung nicht auf einmal zahlen kann, wohl aber in Raten oder teilweise, dann tritt die Staatskasse in Vorlage: sie zahlt den Betreuer und holt sich vom Betreuten soviel zurück, wie dieser nach § 1836 c BGB einzusetzen hat. Der Beschluss lautet zB: „Der Betreute hat monatlich 40 Euro, fällig jeweils am 10. des Monats, erstmals am 10.3. …, an die Staatskasse zu zahlen". Ein Endpunkt wird nicht angegeben; wie im PKH-Verfahren wird die Zahlungsanforderung eingestellt, wenn die Staatskasse voll befriedigt ist.

37 **3. Festsetzung von Zahlungen nach § 1836 e Abs 1 Satz 2.** Wenn die Staatskasse den Betreuer bezahlt, geht der Anspruch des Betreuers gegen den Betreuten auf die Staatskasse über, § 1836 e BGB. Falls der mittellose Betreute zu Geld kommt, zB durch Erbschaft, oder anderweitig (zB verheimlichte Sparbücher, vom Betreuer entdeckt), ordnet das Betreuungsgericht durch Beschluss die Erstattung der Zahlungen vom Betreuten an. **Vollstreckung.** Der Beschluss wird nach der JustizbeitreibungsO (§ 1 Abs 1 Nr 4 b JustizbeitreibungsO) gegen den Betreuten vollstreckt.

38 **4. Gesonderte Beschlüsse, Abs 1 Satz 3.** Die vorgenannten Beschlüsse können mit dem Beschluss, der die Vergütung und den Aufwendungsersatz festsetzt, verbunden werden, aber auch gesondert ergehen; das ist zB dann der Fall, wenn hierfür noch genauere Ermittlungen notwendig sind.

39 **5. Feststellung durch den Urkundsbeamten, Abs 1 Satz 4.** Will der Betreuer des *mittellosen* Betreuten die Vergütung und den Auslagenersatz aus der Staatskasse, dann gibt es zwei Möglichkeiten:

40 aa) Er beantragt *ohne Weiteres* Ersatz. Der Rechtspfleger kann nach Vorprüfung die Sache dem Urkundsbeamten zuleiten; das wird er tun, wenn es sich um einen einfach gelagerten Fall handelt (schwierigere Fälle wird er selbst bearbeiten). Nicht Voraussetzung der Übertragung ist, dass Regressansprüche der Staatskasse ausscheiden[39]; denn das (zB ein künftiger Vermögenserwerb) lässt sich nicht voraussagen. Die **Feststellung** der aus der Staatskasse zu zahlenden Beträge kann nun **durch den Urkundsbeamten (Kostenbeamten)** der Geschäftsstelle des

39 So HK-BUR-*Bauer* § 56 g FGG Rz 3.

Betreuungsgerichts im Verwaltungsweg erfolgen, mit nachfolgender Anweisung zur Auszahlung; dies besagt die Verweisung auf das *Verfahren* bei der Zeugenentschädigung, also auf das JVEG, somit auf die Zuständigkeit des Urkundsbeamten. Der Urkundsbeamte hat die Abrechnung gleichwohl zu prüfen und kann Abstriche machen. Wenn der Betreuer mit den Kürzungen nicht einverstanden ist, kann er die Festsetzung durch Beschluss nach Abs 1 beantragen[40] und dagegen dann nach §§ 58 ff FamFG mit Beschwerde vorgehen. Dagegen findet kein Verfahren nach dem JVEG statt und auch keine Beschwerde nach dem JVEG[41]. Dies zeigt der Wortlaut, wonach gerade kein Beschluss ergeht, sondern nur eine **Auszahlungsanweisung**. Das Betreuungsgericht kann aber auch von sich aus durch Beschluss festsetzen, wenn es dies für angemessen hält (Abs 1). Eine Bindung des Betreuungsgerichts an die Feststellung durch den Urkundsbeamten besteht nicht, es kann also mehr oder weniger bewilligen[42].

bb) Der Betreuer kann aber auch von Anfang an *ausdrücklich die Festsetzung* 41
beantragen. Dann hat das Betreuungsgericht durch Beschluss des Rechtspflegers die zu zahlende Vergütung und die Aufwendungen nach Grund und Höhe nach festzusetzen; dafür besteht ein Rechtsschutzbedürfnis, weil nur der Beschluss rechtskräftig wird und so den Betreuer vor Rückforderungsbegehren der Staatskasse schützt.

Der Betreuer fordert	**von wem**	**Verfahren, Vollstreckung**
Als Berufsbetreuer Vergütung (§ 1836 BGB, VBVG), oder (als ehrenamtlicher Betreuer) Aufwandspauschale, § 1835 a BGB	von der Staatskasse (Betreuter ist mittellos)	Anweisung durch den Urkundsbeamten (Staatskasse) oder Festsetzung durch den Rechtspfleger des Betreuungsgerichts, § 168 Abs 1 Satz 4 FamFG
	vom Betreuten (wenn dieser nicht mittellos ist)	
In den Sonderfällen der Betreuung (§ 6 VBVG): Ersatz von Aufwendungen § 1835 Abs 1 BGB, Vorschuss darauf	von der Staatskasse (Betreuter ist mittellos)	Anweisung durch den Urkundsbeamten oder Festsetzung durch den Rechtspfleger des Betreuungsgerichts, § 168 Abs 1 Satz 4 FamFG
	vom Betreuten, wenn dieser nicht mittellos ist	Falls der Betreuer die *Vermögenssorge* hat: Entnahme aus dem Vermögen. Keine Festsetzung durch das Gericht
		Wenn der Betreuer *nicht die Vermögenssorge* hat: Festsetzung durch Gericht, Vollstreckung, § 86 FamFG.

40 BayObLG BtPrax 1999, 195.
41 BayObLG BtPrax 1999, 195; FamRZ 1999, 1590; OLG Schleswig SchlHA 2000, 40; Keidel/*Engelhardt* § 168 Rz 4.
42 OLG Köln FGPrax 2006, 116; Keidel/*Engelhardt* § 168 Rz 5.

Der Betreuer fordert	von wem	Verfahren, Vollstreckung
Als ehrenamtlicher Betreuer Vergütung, § 1836 Abs 2 BGB	vom vermögenden Betreuten	Festsetzung durch das Gericht. Wenn Betreuer die *Vermögenssorge* hat: anschließend Entnahme aus dem Vermögen des Betreuten.
		Wenn Betreuer *nicht die Vermögenssorge* hat: Vollstreckung aus der Festsetzung, § 86 FamFG

III. Weitere Verfahrensbestimmungen, Abs 2

42 **1. Antrag, Abs 2 Satz 1.** Der Festsetzungsantrag soll (muss aber nicht) die wirtschaftlichen Verhältnisse des Betreuten (Einkommen, Vermögen) enthalten, damit das Betreuungsgericht feststellen kann, ob Mittellosigkeit vorliegt. Die aA[43] meint, der antragstellende Betreuer müsse die Verhältnisse des Betreuten darstellen, auch Angaben über Unterhaltsverpflichtete machen, er müsse sogar mögliche Unterhaltsschuldner ermitteln; im Gesetz aber steht nur: „soll". Der Antrag kann auch mit Telefax gestellt werden und muss nicht schriftlich nachgereicht werden[44]. Die persönlichen Verhältnisse (zB ledig, verheiratet) sind für die Vergütung insoweit interessant, als sie über die Berechnung des Schoneinkommens in die Raten einfließen. Wenn der Betreuer die Vermögenssorge nicht hat, wird er oft die wirtschaftlichen Verhältnisse nicht genau kennen.

2. Teil-Verweisung auf das PKH-Verfahren, Abs 2 Satz 2. – a) § 118 Abs 2
43 **Satz 1 ZPO:** das Betreuungsgericht kann verlangen, dass der Antragsteller seine tatsächlichen Angaben glaubhaft macht. Das spielt wegen der Pauschalierung der Vergütung (§§ 4, 5 VBVG) nur noch in den Sonderfällen der Betreuung (§ 6 VBVG) eine Rolle. In solchen Fällen könnte zB vom Betreuer die eidesstattliche Versicherung der Richtigkeit des behaupteten Stundenaufwandes und der einzelnen Aufwendungen (Anfall von Fahrtkosten, Kopien etc) gefordert werden. Vom Betreuten kann eine Glaubhaftmachung seiner finanziellen Verhältnisse verlangt werden, vom Vermögensbetreuer deren Darlegung.

44 **b) § 118 Abs 2 Satz 2 ZPO:** Das Gericht hat die zur Festsetzung der angemessenen Vergütung erforderlichen Tatsachen von Amts wegen zu ermitteln, § 26 FamFG[45]. Es kann Erhebungen anstellen, insbesondere die Vorlegung von Urkunden (zB Mietverträge, Kontoauszüge, Sparbücher) anordnen und Auskünfte einholen, was sich ohnehin bereits aus § 26 FamFG ergibt. Auf § 118 Abs 2 Satz 3 wurde nicht verwiesen; unklar ist, weshalb nicht. Aus § 26 FamFG folgt, dass im Rahmen der Ermittlungen notfalls auch Zeugen- und Sachverständigenvernehmungen zulässig wären, Zeugen etwa zur Frage, ob der Betreute zuhause oder in einem Heim wohnt.

45 **c) § 120 Abs 2 ZPO:** Rückzahlungen von Vergütung etc sind an die Landeskasse zu leisten. Sie werden nach § 1 Abs 1 Nr 4 b JBeitrO vollstreckt. Ein-

---

43 OLG Köln FGPrax 2009, 268; LG Kleve Rpfleger 1999, 446.
44 OLG Schleswig FamRZ 2000, 315.
45 BayObLG FamRZ 1996, 244.

wendungen des Erben sind durch Vollstreckungsgegenklage nach §§ 781 ff ZPO zu verfolgen[46], vgl. § 8 Abs 2 JBeitrO.

d) **§ 120 Abs 3 ZPO:** das Gericht ordnet an, dass der Zahlungspflichtige (Betreute usw) keine Raten mehr zu zahlen hat, wenn er seine Schuld voll beglichen hat (Nr 1); ferner, dass an den Betreuer nicht mehr bezahlt wird, wenn der Betreute wegen inzwischen erlangtem Vermögen selbst zahlungspflichtig ist (Nr 2). **46**

e) **§ 120 Abs 4 Satz 1 ZPO:** das Betreuungsgericht kann den Beschluss über die Ratenhöhe usw ändern, wenn sich die dafür maßgebenden persönlichen bzw wirtschaftlichen Verhältnisse des Betreuten geändert haben. **Beispiel:** Der Betreute erhält eine Rentenerhöhung und muss daher monatlich eine höhere Rate an die Staatskasse zahlen. Da der Raten-Beschluss (§ 1836 c) der befristeten Beschwerde unterliegt, ist er ab Rechtskraft an sich unabänderlich, weshalb die abweichende Regelung notwendig ist. **47**

f) **§ 120 Abs 4 Satz 2 ZPO:** Auf Verlangen des Betreuungsgerichts (Rechtspfleger) hat sich ein Zahlungspflichtiger bzw Zahlungsberechtigter (bzw der Betreuer als gesetzlicher Vertreter im Rahmen seines Aufgabenkreises) darüber zu erklären, ob eine Änderung der persönlichen bzw wirtschaftlichen Verhältnisse eingetreten ist. Da auf § 124 Nr 2 ZPO nicht verwiesen ist, ist die Nichtbeantwortung folgenlos. Von sich aus muss der Betreute nicht melden, dass sein Einkommen bzw Vermögen gestiegen ist. Auf § 120 Abs 4 Satz 3 ZPO ist nicht verwiesen; die Vierjahresfrist gilt also nicht (sie ist bis 31.12.2009 ersetzt durch eine Zehnjahresfrist, § 1836 e Abs 1 Satz 2 aF BGB). **48**

3. Absehen von weiteren Ermittlungen, Abs 2 Satz 3. Wenn der (weitere) Ermittlungsaufwand des Betreuungsgerichts „außer Verhältnis" zu den von der *Staatskasse* zu leistenden oder zu erhaltenden Zahlungen steht, kann das Gericht von weiteren Ermittlungen absehen und entweder zahlen oder von einer Rückzahlungsanordnung absehen; die Kosten der Rechtspflegerstunden sollen also in Relation zum Ertrag für die Staatskasse gesetzt werden. Wenn der Betreute selbst zahlen muss, ist diese verkürzte Ermittlung unzulässig. Das wird auch gelten müssen, wenn zwar die Staatskasse vorschießt, aber der Betreute faktisch den Betrag ganz oder teilweise ersetzen muss. **49**

IV. Tod des Betreuten, Abs 3

1. Rückzahlung, Abs 3 Satz 1. Hat die Staatskasse an den Betreuer Vergütung und Aufwendungsersatz gezahlt und ist der Betreute dann gestorben, müssen die Erben (mehrere als Gesamtschuldner) uU Ersatz an die Staatskasse leisten, § 1836 e Abs 1 Satz 2 nF BGB. Der Erbe wird gehört (Abs 4), der Nachlass ermittelt, die Freibeträge (§ 1836 c BGB) festgestellt. Wenn der ursprüngliche Festsetzungsbeschluss zu Lebzeiten des Betreuten rechtskräftig wurde, kann der Erbe nicht mehr einwenden, dass zB von einer zu hohen Stundenzahl des Betreuers ausgegangen wurde; die bloße Feststellung durch den Urkundsbeamten erlangt keine solche Rechtskraft. Nach Durchführung der Ermittlungen (§ 26 FamFG) erlässt das Betreuungsgericht (Rechtspfleger) den entsprechenden Rückzahlungsbeschluss. Der Name des Erben ergibt sich aus den Nachlassakten. Ist er unbekannt, kann vom Nachlassgericht ein Nachlasspfleger bestellt werden und der Beschluss „gegen den Nachlasspfleger" (§§ 1960, 1961 BGB) als Vertreter der unbekannten Erben ergehen (zB dann, wenn sich erst beim Tod des Betreuten zeigt, dass er sein Barvermögen verschwiegen hatte). **Vollstre- 50**

46 OLG Jena FamRZ 2006, 645; OLG Stuttgart NJW-RR 2007, 1593.

ckung: der Beschluss wird nach der JustizbeitreibungsO (§ 1 Abs 1 Nr 4b JustizbeitreibungsO) gegen den Erben vollstreckt.

51 **2. Auskunftspflicht, Abs 3 Satz 2.** Der Erbe ist (auch ohne gesonderte Aufforderung) verpflichtet, den Nachlassbestand dem Betreuungsgericht mitzuteilen. Erzwingung nach § 35 FamFG wäre möglich. Zweckmäßiger ist, bei (trotz Mahnung) unterlassener Auskunft die Rückzahlung durch den Erben anzuordnen; im Beschwerdeverfahren kann er dann die Unterlagen vorlegen.

52 **3. Eidesstattliche Versicherung, Abs 3 Satz 3.** Auf Verlangen muss der Erbe ein Nachlassverzeichnis vorlegen und eidesstattlich versichern. Im Regelfall genügt das letzte Vermögensverzeichnis des Vermögensbetreuers.

53 **4. Festsetzung der Vergütung nach dem Tod des Betreuten** Die Vergütung des Betreuers aus der Staatskasse kann noch nach dem Tod des Betreuten festgesetzt werden[47], sowohl gegen die Staatskasse wie gegen die Erben, auch von Amts wegen oder auf Antrag der Erben des Betreuten bzw des Betreuers. Das gilt auch, wenn die Vergütung aus dem Nachlass des (vermögend gewesenen) Betreuten zu bewilligen ist[48]; das Betreuungsgericht kann somit den Betreuer nicht auf eine Klage gegen die Erben verweisen. Der Vergütungsanspruch begründet eine Nachlassverbindlichkeit (§ 1967 Abs 1 BGB) gegen die Erben, es handelt sich um eine vom Erblasser herrührende Schuld im Sinne von § 1967 Abs 2 BGB[49]. Der Festsetzungsbeschluss ergeht dann
- gegen die Staatskasse, wenn der Nachlass die Vergütung nicht voll zahlen kann;
- gegen die unbekannten Erben des Betreuten, vertreten durch den Nachlasspfleger N ...; der Nachlasspfleger ist vorher anzuhören. Werden die Erben später bekannt, kann der Betreuer durch Vorlage eines Erbscheins eine Beschreibung der Namen der Erben auf dem Festsetzungsbeschluss beantragen (es handelt sich nicht um eine Titelumschreibung nach § 727 ZPO, weil nur der wahre Sachverhalt, wer Erbe ist, aufgedeckt wird).
- gegen die bekannten Erben. Sind die Erben bekannt, was nicht zwingend einen Erbschein voraussetzt, kann sogleich die Festsetzung gegen die Erben erfolgen (§ 168 Abs 1 FamFG schließt dies nicht aus); sie sind im Rubrum zu nennen. Die Erben sind am Verfahren zu beteiligen (anzuhören). Der Beschluss richtet sich gegen die Erben insgesamt, nicht nach bestimmten Erbquoten, weil sie als Gesamtschuldner haften (§ 2058 BGB). Ist der vergütungsberechtigte Betreuer Alleinerbe des Betreuten, fehlt für eine Festsetzung das Rechtsschutzbedürfnis[50].

V. Rechtliches Gehör, Abs 4

54 **1. Wenn der vermögende Betreute** Vergütung und Aufwendungsersatz selbst zahlen müsste, muss ihm vor der Festsetzung rechtliches Gehör gewährt werden (Satz 1; Art 103 GG). Das gilt auch im Falle des § 1835a BGB. Diese Anhörung ist nicht zwingend persönlich, schriftliche Anhörung kann genügen[51]. Kann der Betreute wegen seines Geisteszustands nicht angehört werden, ist ihm uU ein Verfahrenspfleger zu bestellen[52]; vgl Rz 27.

---

47 BayObLG FamRZ 1996, 372; Rpfleger 1990, 361; KG NJW 1957, 1441; LG Leipzig FamRZ 2000, 1451.
48 BayObLG FGPrax 1999, 182.
49 BayObLG FGPrax 1999, 182; BayObLGZ 1995, 395/6.
50 OLG Thüringen FGPrax 2001, 22.
51 BayObLG FamRZ 1998, 1185 zum früheren § 69d Abs 1 FGG.
52 OLG Frankfurt BtPrax 1997, 201; OLG Karlsruhe Rpfleger 1996, 27; KG FamRZ 1996, 1362.

2. Mittelloser Betreuter. Ist der Betreute mittellos, muss er nicht unbedingt gehört werden; wenn er aber insoweit leistungsfähig ist, dass er durch monatliche Rückzahlungen an die Staatskasse oder Einsatz eines Teils seines Vermögens letztlich die Betreuung ganz oder teilweise selbst zahlen muss, ist er (obwohl die Staatskasse zunächst zahlt) ebenfalls zu hören. Soll die Staatskasse zahlen, ist dem Bezirksrevisor rechtliches Gehör zu gewähren[53]. Dasselbe gilt auch, wenn keine Festsetzung durch den Rechtspfleger, sondern nur eine Feststellung durch den Urkundsbeamten erfolgt (Abs 1 Satz 4). 55

VI. Rechtsmittel

1. Erinnerung Für die Festsetzung der Vergütung ist der Rechtspfleger zuständig. Gegen einen Festsetzungsbeschluss bzw die Ablehnung ist daher das Rechtsmittel der befristeten Beschwerde statthaft (§ 11 Abs 1 RPflG; § 58 ff FamFG). Ist diese Beschwerde deshalb unstatthaft, weil der Beschwerdewert (§ 61 Abs 1 FamFG) von 600,01 Euro nicht erreicht ist, ist die befristete Erinnerung statthaft (§ 11 Abs 2 RPflG), über die der Amtsrichter entscheidet. 56

2. Beschwerde Vergütungsentscheidungen unterliegen der befristeten Beschwerde. Fälle, in denen die unbefristete Beschwerde statthaft wäre, gibt es im FamFG nicht mehr. 57

a) Frist. Die Frist beträgt für gewöhnliche Beteiligte **ein Monat** (63 Abs 1 FamFG). Sie beginnt ab schriftlicher Bekanntgabe des Beschlusses an „die" Beteiligten (§ 63 Abs 3 FamFG), dh an *alle* Beteiligten (Rz 21). Förmliche Zustellung ist nicht Voraussetzung des Fristbeginns. Die Frist muss für den Betroffenen aus der Rechtsmittelbelehrung ersichtlich sein, die dem Beschluss beizufügen ist (§ 39 FamFG). Fehlt die Belehrung oder ist sie falsch, kommt Wiedereinsetzung in Frage (§ 17 Abs 2 FamFG). 58

Die **Staatskasse** (vertreten durch den Bezirksrevisor) ist beschwerdeberechtigt, soweit die Interessen der Staatskasse durch den Beschluss betroffen sind (§ 304 Abs 1 Satz 1 FamFG); das ist jedenfalls in allen Fragen anzunehmen, in denen die Staatskasse die Vergütung zahlen soll oder den Betroffenen bzw dessen Erben wegen der Vergütung in Regress nimmt. Soweit das Betreuungsgericht die Staatskasse beteiligt hat (§ 274 Abs 4 Nr 2 FamFG), ergibt sich schon daraus, dass der Beschluss an den Bezirksrevisor formlos mitzuteilen ist, zB durch Aktenzuleitung ausdrücklich zu diesem Zweck[54]. Wenn die Staatskasse in erster Instanz nicht beteiligt wurde, kann sie durch regelmäßige Aktenrevision Kenntnis von den Beschlüssen erlangen. Die Frist zur Einlegung der Beschwerde durch den Bezirksrevisor beträgt **drei Monate** und beginnt mit formloser Mitteilung des Beschlusses an ihn (§ 304 Abs 3 FamFG). 59

b) Beschwerdewert. – aa) Bis 600,00 Euro. Beispiel: Der Betreuer hat eine Vergütung von 1.000 Euro beantragt, der Rechtspfleger hat Kürzungen vorgenommen und nur 700 Euro bewilligt. Beschwerdewert 300 Euro. Beschwerdewert ist die Differenz zwischen der angestrebten und der bewilligten Zahlung. Beim Beschwerdewert ist die Mehrwertsteuer zu berücksichtigen, obwohl sie abzuführen ist. Der Betreuer bzw Betreute kann nur noch binnen einer Frist von einem Monat Erinnerung gegen den Beschluss des Rechtspflegers einlegen (§ 11 Abs 2 RPflG). Dann gibt es drei Möglichkeiten: (1) der Rechtspfleger hilft ab; diese Entscheidung ist wiederum anfechtbar wie eine Erstentscheidung. (2) Hilft 60

53 LG Lüneburg Rpfleger 1999, 491.
54 LG Göttingen Rpfleger 2001, 30.

der Rechtspfleger nicht ab, legt er Sache dem Richter vor; der Betreuungsrichter entscheidet endgültig (positiv oder negativ) und lässt die Beschwerde nicht zu. (3) Der Richter (auch der Rechtspfleger) kann aber auch die Beschwerde zulassen (§ 61 Abs 2 FamFG). Dies geschieht von Amts wegen.

61 Für die **Zulassung funktionell zuständig** ist „das Gericht" (§ 61 Abs 2 FamFG); das ist sowohl der Richter wie der Rechtspfleger[55]. Die Nichtzulassung ist nicht anfechtbar. Hat das Gericht die Beschwerde nicht zugelassen, kann eine Überprüfung der Entscheidung auch nicht mit einer „außerordentlichen Beschwerde wegen greifbarer Gesetzwidrigkeit" erreicht werden[56].

62 **bb) Beschwerdewert ab 600,01 Euro.** In diesem Falle ist die befristete Beschwerde zum LG statthaft, §§ 58 ff FamFG. Der Betreuungsrichter ist mit der Beschwerde nicht mehr befasst; er kann ihr insbesondere nicht mehr abhelfen.

63 **Abhilfe durch den Rechtspfleger.** Der Rechtspfleger hat vor Vorlage der Beschwerde an das Landgericht die Frage der Abhilfe zu prüfen (§ 68 Abs 1 Satz 1 FamFG). Er darf die Beschwerde nur mit einer Nichtabhilfeentscheidung vorlegen[57], die sich mit der Beschwerdebegründung auseinandersetzen muss. Wird beispielsweise die Festsetzung von 1000 Euro beantragt und vom Rechtspfleger in Höhe von 390 Euro bewilligt, in Höhe von 610 Euro abgelehnt, ist der Beschwerdewert erreicht. Hilft der Rechtspfleger auf Beschwerde in Höhe von 20 Euro ab, sinkt die Beschwer auf 590 Euro und die Beschwerde ist unzulässig geworden, weil es auf den Wert ankommt, der nach der Teilabhilfe verbleibt[58].

64 **c) Beschwerdeberechtigung.** Die Beschwerde ist nur zulässig, wenn der Beschwerdeführer beschwerdeberechtigt ist (§ 58 Abs 1 FamFG), dh in *seinen Rechten* verletzt ist. Das ist der **Betreute**, wenn er eine niedrigere Zahlung anstrebt; ferner der **Betreuer**, wenn er eine höhere Vergütung bzw Aufwendungsersatz anstrebt; die Staatskasse, wenn sie zahlen muss. Der Sohn des Betreuten ist nicht beschwerdeberechtigt, wenn das Betreuungsgericht eine aus dem Vermögen des Betreuten zu zahlende Vergütung bewilligt[59]; denn er ist nur wirtschaftlich interessiert. Der Betreute ist nicht beschwerdeberechtigt, wenn ein Antrag des Betreuers auf Vergütung aus der Staatskasse mit der Begründung abgelehnt wird, der Betreute sei nicht mittellos[60]. Denn die Mittellosigkeit wird dadurch nicht bindend festgestellt, kann vom Betreuten im Verfahren gegen *ihn* noch bestritten werden. Die **Staatskasse** (vertreten durch den Bezirksrevisor) ist kraft Gesetzes beschwerdeberechtigt, soweit die Interessen der Staatskasse durch den Beschluss betroffen sind (§ 304 Abs 1 Satz 1 FamFG).

65 **d) Beschwerdeverfahren.** Die Beschwerde ist beim Betreuungsgericht (Amtsgericht) einzulegen (§ 64 FamFG), sie muss vom Beschwerdeführer unterschrieben sein. Sie soll begründet werden und kann auf neue Tatsachen und Beweismittel gestützt werden (§ 65 FamFG). Zuständig zur Entscheidung ist das Landgericht (§ 72 GVG), nicht das OLG. Dort kann ein Einzelrichter entscheiden (§ 68 Abs 4 FamFG).

---

55 BayObLG Rpfleger 2001, 121; OLG Hamm FGPrax 2000, 66 = BtPrax 2000, 129.
56 BGH FamRZ 2007, 1315; OLG München FGPrax 2008, 113 = NJW-RR 2009, 220.
57 OLG München Rpfleger 1999, 16; OLG Stuttgart Rpfleger 1998, 509; OLG Köln Rpfleger 1999, 121; OLG Schleswig Rpfleger 1999, 1219; LG München I FamRZ 1999, 1593 zu § 56 g FGG.
58 Vgl OLG Brandenburg FGPrax 2008, 239; BayObLGZ 1995, 374; OLG Karlsruhe OLG-Report 2003, 152.
59 BayObLG FamRz 1999, 874 Nr 579 = BtPrax 1998, 147.
60 BayObLG BtPrax 2000, 259; aA LG Osnabrück FamRZ 2000, 488/9.

Eine **Verschlechterung** (reformatio in peius), dh eine Herabsetzung der Vergütung im Beschwerdebeschluss, ist nicht zulässig, wenn nur der Betreuer gegen die Vergütungsfestsetzung Beschwerde einlegte[61]; anders, wenn nur der Betreute oder wenn beide Beschwerde einlegen. Der Betreuer kann im Beschwerdeverfahren erstmals zusätzlichen Zeitaufwand nachschieben, zB in den Sonderfällen der Betreuung (§ 6 VBVG); das LG kann bei Sachdienlichkeit darüber entscheiden[62]. 66

3. Rechtsbeschwerde Das FGG-ReformG hat die weitere Beschwerde gegen den Beschwerdebeschluss des LG zum OLG abgeschafft. Gegen den Beschwerdebeschluss ist aber die Rechtsbeschwerde zum BGH (§ 133 GVG) statthaft, wenn sie vom LG zugelassen wurde. Ein Fall der zulassungsfreien Rechtsbeschwerde liegt in Vergütungssachen nicht vor, weil es sich hierbei nicht um eine „Betreuungssache zur Bestellung eines Betreuers" handelt (§ 70 Abs 3 Nr 1 FamFG). Die Rechtsbeschwerde ist vom Beschwerdegericht zuzulassen, wenn die Rechtssache grundsätzliche Bedeutung hat oder die Fortbildung des Rechts oder die Sicherung einer einheitlichen Rechtsprechung einen Entscheidung des BGH erfordert (§ 70 Abs 2 FamFG). 67

Grundsätzliche Bedeutung liegt vor, wenn neue oder sonst ungeklärte Rechtsfragen zu entscheiden sind, die aus der Sicht des Landgerichts zweifelhaft sind; gegenteilige Rechtsprechung oder Literatur muss noch nicht veröffentlicht sein. Die Frage muss entscheidungserheblich sein. Die Rechtsfrage muss ferner von allgemeiner Bedeutung sein, es darf sich nicht nur um einen nicht wiederkehrenden Einzelfall handeln. 68

Die **Zulassung** muss **im Beschwerdebeschluss** enthalten sein, im Tenor oder in den Gründen, sie muss nicht begründet werden[63]; sie muss nicht ausdrücklich ausformuliert sein, kann sich auch aus der Begründung ergeben[64]. Wird eine Rechtsmittelbelehrung beigefügt, wonach gegen den Beschluss die Rechtsbeschwerde statthaft sei, ersetzt dies nur dann die Zulassung, wenn sie Bestandteil des richterlichen Beschlusses ist, zB von den Richtern unterschrieben ist[65]; denn anderenfalls würde die Geschäftsstelle die Beschwerde zulassen. Die Zulassung kann auf abtrennbare Teile beschränkt werden[66]. **Schweigen** gilt als Nichtzulassung[67], auch wenn es auf einem Versehen oder Rechtsunkenntnis des Landgerichts beruht. 69

Keine Nachholung der Zulassung. Sie ist nicht nachholbar[68], weil nach hM § 43 FamFG wegen der eingetretenen Rechtskraft und wegen der Rechtssicherheit nicht anwendbar ist. Denkbar ist aber eine Berichtigung analog § 42 FamFG, falls die Zulassung vom LG zwar beschlossen wurde, aber versehentlich nicht im Beschluss ausgesprochen wurde[69]; doch muss Letzteres irgendwie nach außen erkennbar hervorgetreten sein[70], weil sonst manipuliert werden könnte. 70

---

61 BayObLG FamRZ 1997, 185; 1996, 1166; 1995, 692; *Domke* Rpfleger 1984, 94.
62 BayObLG FamRZ 1997, 1563: analoge Anwendung der Grundsätze über die Klageerweiterung.
63 OLG Stuttgart FGPrax 2009, 114; OLG Brandenburg FamRZ 2000, 1440.
64 BGH NJW 1998, 1138/9; OLG Karlsruhe FGPrax 1999, 183.
65 OLG Karlsruhe FGPrax 1999, 183. Abweichend OLG Stuttgart FGPrax 2009, 114; OLG Schleswig NJW-RR 2008, 675.
66 BGH NJW 1995, 452.
67 OLG Stuttgart FGPrax 2009, 114; OLG Brandenburg BtPrax 2000, 127; OLG Düsseldorf FGPrax 1997, 73; BayObLG BtPrax 1999, 195 mit Druckfehler; BGH NJW 1980, 244 zu § 546 ZPO.
68 BGH NJW 1981, 2755 zu § 546 ZPO; OLG Zweibrücken FamRZ 1999, 1167; BayObLG BtPrax 1999, 195; OLG Karlsruhe FGPrax 1999, 183.
69 BGH NJW 1980, 2813.
70 BGH NJW 1980, 2813; NJW 1956, 830.

71 **Wirkung der Zulassung:** Die Zulassung macht die Rechtsbeschwerde nur statthaft; zu ihrer Zulässigkeit müssen die weiteren Zulässigkeitsvoraussetzungen vorliegen[71], zB Einlegung durch einen beim BGH zugelassenen Rechtsanwalt (§ 10 Abs 4 FamFG), Beschwerdebefugnis, Fristwahrung (§ 71 FamFG).

72 **Bindung des BGH an die Zulassung:** Wenn das LG die Beschwerde zulässt, kann der BGH nicht „die Annahme" mit der Begründung verweigern, die Frage sei gar nicht grundsätzlich[72]; § 70 Abs 2 Satz 2 FamFG. Keine Bindung besteht aber, wenn die Zulassung durch einen gesetzwidrigen Ergänzungsbeschluss erfolgte. Umgekehrt: ist das Vergütungsproblem grundsätzlich, lässt das LG aber trotzdem die Beschwerde nicht zu oder schweigt es zur Zulassung, gibt es **keine Beschwerde gegen die Nichtzulassung**[73]. Natürlich gibt es auch keine Beschwerde gegen die Zulassung. Wird in einem LG-Bezirk die Rechtsbeschwerde generell nicht mehr zugelassen, kann eine willkürliche Nichtzulassung vorliegen, die gegen Art 101 Abs 1 Satz 2 GG verstößt[74].

73 Eine **Ermessensausübung** (zB bei § 1836 Abs 2 BGB) kann der BGH nur auf Rechtsfehler überprüfen: wenn sich AG/LG des ihnen zustehenden Ermessens nicht bewusst waren, von ungenügenden oder verfahrenswidrig zustande gekommenen Feststellungen ausgegangen sind, wesentliche Umstände außer Betracht gelassen haben, bei der Bewertung relevanter Umstände unrichtige Maßstäbe zu Grunde gelegt haben, gegen Denkgesetze verstoßen, von ihrem Ermessen einen Fehlgebrauch gemacht haben oder sonst die gesetzlichen Grenzen des Ermessens überschritten haben[75]. **Neue Tatsachen** können vom BGH nicht berücksichtigt werden; eine Beweisaufnahme findet dort nicht statt.

VII. Vollstreckung

74 Der Festsetzungsbeschluss gegen den (vermögenden) Betreuten ist ein Vollstreckungstitel im Sinne der ZPO; das ergab sich früher aus § 56 g Abs 6 FGG und steht jetzt in § 86 Abs 1 Nr 1 FamFG. Darauf sind die Vollstreckungsvorschriften der ZPO anzuwenden (§ 95 Abs 1 Nr 1 FamFG). Notwendig ist daher eine Vollstreckungsklausel (§ 724 ZPO)[76]. Mit einer vollstreckbaren Ausfertigung des Festsetzungsbeschlusses kann der Betreuer daraus gegen den Betreuten vollstrecken (zB wenn er nicht die Vermögenssorge und also keinen Zugriff auf das Betreutenvermögen hat oder wenn die Betreuung inzwischen aufgehoben wurde). Bis 1998 musste in einem solchen Falle in fast allen Bundesländern der Betreuer gegen den Betreuten vor dem Zivilgericht auf Zahlung klagen. Gegen den Mittellosen hat der Betreuer sowieso nichts zu vollstrecken. Die Staatskasse ihrerseits vollstreckt gegen den Betreuer (bei Rückzahlungen), den Betreuten bzw dessen Erben nach der JustizbeitreibungsO (§ 1 Abs 1 Nr 4 b).

VIII. Pflegschaft, Abs 5

75 Für Pflegschaften, insbesondere für die Nachlasspflegschaft, und in weiteren Fällen gelten Abs 1 bis 4 ebenfalls, aber nur sinngemäß.

---

71 BGH NJW 1993, 2052.
72 BGH MDR 1980, 203.
73 OLG Stuttgart FGPrax 2009, 114; OLG Zweibrücken BtPrax 1999, 156; BayObLG BtPrax 1999, 195; OLG Karlsruhe FGPrax 1999, 183; OLG Schleswig FamRZ 2000, 1440 (für Vergütungsfälle bis 31.12.1998).
74 BVerfG FamRZ 1991, 295.
75 BayObLG FamRZ 1999, 465/6.
76 AG Essen NJW 2008, 1461.

Buch 3 Verfahren in Betreuungs- und Unterbringungssachen

Abschnitt 1 Verfahren in Betreuungssachen

§ 271 Betreuungssachen

Betreuungssachen sind
1. **Verfahren zur Bestellung eines Betreuers und zur Aufhebung der Betreuung,**
2. **Verfahren zur Anordnung eines Einwilligungsvorbehaltes sowie**
3. **sonstige Verfahren, die die rechtliche Betreuung eines Volljährigen (§§ 1896 bis 1908i des Bürgerlichen Gesetzbuchs) betreffen, soweit es sich nicht um eine Unterbringungssache handelt.**

1. Zweck der Norm. Die Bestimmung definiert, was Betreuungssachen im Sinn des FamFG und anderer Gesetze (zB §§ 23a Abs 2 Nr 1, 23c Abs 1 GVG) sind. Wichtig ist sie zB für die Anwendung des § 70 Abs 3 FamFG: danach ist die Rechtsbeschwerde ohne Zulassung statthaft nur in „Betreuungssachen zur Bestellung eines Betreuers, zur Aufhebung einer Betreuung, zur Anordnung oder Aufhebung eines Einwilligungsvorbehalts." Ferner ist die Definition wichtig für die Geschäftsverteilung des AG, LG. 1

2. Die einzelnen Ziffern. Unter **Nr 1** fällt die Anordnung der Betreuung und Bestellung eines Betreuers (unter dem Gesichtspunkt der Einheitsentscheidung zusammen gefasst) sowie das Verfahren der Aufhebung der Betreuung. Sonstige Betreuungssachen fallen unter Nr 3. 2

Unter **Nr 2** fällt die Anordnung eines Einwilligungsvorbehalts (§ 1903 BGB), aber nicht die Aufhebung; letztere gehört zu Nr 3. 3

Nr 3 erfasst den Rest, also zB Aufhebung eines Einwilligungsvorbehalts, die Genehmigungen des Betreuungsgerichts, auch nach § 1904 BGB, die Festsetzung der Vergütung des Betreuers (und ggf der Auslagen) einschließlich ihrer Nebenverfahren, die Prüfung der Abrechnungen, Erteilung von Weisungen, Anordnungen nach § 1846 BGB. Auch die Genehmigung von Handlungen des Bevollmächtigten in den Fällen, in denen vergleichbar der Betreuer die Genehmigung bräuchte (§ 1904 BGB) ist Betreuungssache. Unterbringungen nach § 1906 BGB oder dem PsychKG/UnterbrG gehören zu den Unterbringungssachen (§§ 312 ff FamFG). 4

3. Keine Betreuungssachen sind Schadensersatzansprüche gegen den Betreuer (§ 1833 BGB); ferner der Streit um Aufwendungen, wenn nicht die Staatskasse, sondern der Betreute bzw dessen Erben zahlungspflichtig sind, und Zahlung oder Rückzahlung gefordert wird; dafür sind die Zivilgerichte zuständig. 5

§ 272 Örtliche Zuständigkeit

(1) Ausschließlich zuständig ist in dieser Rangfolge:
1. **das Gericht, bei dem die Betreuung anhängig ist, wenn bereits ein Betreuer bestellt ist,**
2. **das Gericht, in dessen Bezirk der Betroffene seinen gewöhnlichen Aufenthalt hat,**
3. **das Gericht, in dessen Bezirk das Bedürfnis der Fürsorge hervortritt,**
4. **das Amtsgericht Schöneberg in Berlin, wenn der Betroffene Deutscher ist.**

(2) [1]Für einstweilige Anordnungen nach § 300 oder vorläufige Maßregeln ist auch das Gericht zuständig, in dessen Bezirk das Bedürfnis der Fürsorge bekannt wird. [2]Es soll die angeordneten Maßregeln dem nach Absatz 1 Nr. 1, 2 oder Nr. 4 zuständigen Gericht mitteilen.

Übersicht Rz

I. Zweck der Regelung

1 Die Zuständigkeitsregelung in Abs 1 betrifft nur die örtliche Zuständigkeit und gilt für die in §§ 271 FamFG, §§ 1896 ff BGB (ohne § 1906 BGB) genannten Verrichtungen (zB Bestellung eines Betreuers, Verlängerung, Aufhebung, Genehmigungen, Einwilligungsvorbehalt, Vergütung usw); sie entspricht zum Teil dem früheren § 65 FGG.

II. Zuständigkeiten in Betreuungssachen

2 **1. Sachliche Zuständigkeit.** Die Amtsgerichte sind sachlich zuständig für Betreuungssachen, Unterbringungssachen und betreuungsgerichtliche Zuweisungssachen (§ 23 a Abs 1 Nr 2, Abs 2 Nr 1 GVG). Neu ist, dass die Abteilung „Vormundschaftsgericht" durch das FGG-ReformG ab 1.9.2009 beim Amtsgericht abgeschafft wurde (einen Teil der bisherigen Aufgaben erhielt das Familiengericht, den Rest das Betreuungsgericht); die für Betreuungssachen

zuständige Abteilung wurde neu geschaffen und trägt den Namen „**Betreuungsgericht**" (§ 23c Abs 1 GVG).

Im **Landesteil Württemberg** von Baden-Württemberg ist nach §§ 1, 37 LFGG für Betreuungssachen grundsätzlich das **Notariat** zuständig. Für die Entscheidungen über eine Unterbringung, über Genehmigungen nach § 1904 und § 1905 BGB und über die Anordnung, Erweiterung und Aufhebung eines Einwilligungsvorbehalts sowie die Bestellung des Betreuers auf Grund dienstrechtlicher Vorschriften sind dagegen die Amtsgerichte zuständig[1]. 3

2. Örtliche Zuständigkeit. Dafür gibt § 272 Abs 1 FamFG eine Rangfolge an. Erst wenn eine frühere Ziffer nicht einschlägig ist, kommt die spätere Ziffer zum Zug. 4

a) **Wesen der örtlichen Zuständigkeit.** Sie ist ausschließlich und damit zwingend und kann daher nicht durch Vereinbarung der Beteiligten geändert werden[2], auch nicht durch „rügelose Einlassung". Das Gericht hat seine eigene Zuständigkeit von Amts wegen zu prüfen und zu diesem Zweck die maßgeblichen Verhältnisse zu ermitteln, § 26 FamFG. Trotz der Ausschließlichkeit kommt aber Abgabe des Verfahrens in Frage (§§ 4, 273 FamFG). 5

b) **Zuständigkeitsmangel.** Stellt der Betroffene beim AG A den *Antrag*, ihm einen Betreuer zu bestellen und zeigt sich im Verfahren, dass in A zwar der Wohnsitz des Betroffenen war, in B dagegen sein ständiger Aufenthalt, hat das AG A sich durch Beschluss für unzuständig zu erklären und die Sache an das AG B zu verweisen (§ 3 FamFG). Wird ein Gericht in einer Betreuungssache *von Amts wegen* tätig und stellt sich dann die örtliche Unzuständigkeit heraus, kann das Verfahren eingestellt oder an das zuständige Gericht abgegeben werden; § 3 FamFG ist nicht einschlägig, weil das Gericht nicht „angerufen" wurde. 6

Zum Zuständigkeitsstreit vgl § 5 FamFG. 7

c) **Zuständigkeitsverstoß.** Wird vom Gericht seine Unzuständigkeit übersehen (weil zB das Wohnsitzgericht tätig wurde, nicht das Aufenthaltsgericht), sind die gerichtlichen Handlungen, zB die Anordnung der Betreuung, deswegen nicht unwirksam, § 2 Abs 3 FamFG. Der zuständige Richter wird aber durch einen unzuständigen Richter nicht auf Dauer ausgeschlossen[3]; der zuständige Richter muss ab Kenntniserlangung tätig werden, indem er die Sache verweist. Eine vom örtlich unzuständigen Gericht angeordnete Betreuung muss auf Beschwerde aufgehoben werden, selbst wenn die Unzuständigkeit nicht gerügt wird. War aber die Anordnung sachlich zutreffend und gehört das zuständige Gericht zum Bezirk des Beschwerdegerichts, kann dieses nach Aufhebung der Anordnung des unzuständigen Gerichts selbst die Anordnung treffen[4]; für das Rechtsbeschwerdegericht gilt dies nur, wenn die richtige Zuständigkeit ohne Ermittlungen feststeht. Gehört das zuständige Gericht nicht zum Bezirk des Beschwerdegerichts, muss es aufheben und zur Abgabe zurückverweisen[5]. 8

d) **Zuständigkeitskonzentration.** Die Länder können Betreuungssachen bei einzelnen Amtsgerichten konzentrieren (§ 23d GVG). 9

---

1 Vgl *Bühler* BWNotZ 1991, 153; *Stolz* BWNotZ 1991, 164.
2 Unstreitig, Keidel/*Sternal* § 2 Rz 18.
3 Keidel/*Sternal* § 2 Rz 17.
4 BayObLGZ 1968, 63.
5 OLG Hamm FamRZ 1966, 242.

10 **3. Internationale Zuständigkeit.** Die deutschen Gerichte sind zuständig, wenn der Betroffene Deutscher ist, oder seinen gewöhnlichen Aufenthalt im Inland hat oder soweit er der Fürsorge durch ein deutsches Gericht bedarf (§ 104 Abs 1 FamFG). In den beiden letzteren Fällen besteht also auch eine Zuständigkeit, wenn der Betroffene Ausländer ist. Deutsches Recht wird angewandt (Art 24 Abs 1 Satz 2 EGBGB). Im Verhältnis zu den (wenigen) Vertragsstaaten ist das **Haager Übereinkommen über den internationalen Schutz Erwachsener** v 13.11.2000 vorrangig (§ 108 FamFG Rz 3).

11 **4. Funktionelle Zuständigkeit.** Die Aufgabenverteilung zwischen Richter und Rechtspfleger findet sich in §§ 3, 15 RPflG.

12 Ein **Richter auf Probe** darf im ersten Jahr nach seiner Ernennung Geschäfte des Betreuungsrichters nicht wahrnehmen (§ 23c Abs 2 Satz 2 GVG; früher § 65 Abs 6 FGG). Das Amtsgericht darf in seinem Geschäftsverteilungsplan einem noch nicht auf Lebenszeit ernannten Richter im ersten Jahr nach seiner Ernennung noch keine Betreuungs- und Unterbringungssachen zuteilen. Geschieht es doch, sind die Maßnahmen des Richters gleichwohl wirksam, aber auf Rechtsmittel aufzuheben. Die Regelung war notwendig geworden, weil es sich einigen Amtsgerichtsbezirken eingebürgert hatte, jeweils die frisch eingestellten Richter mit Betreuungssachen zu betrauen; denn intern ist diese Tätigkeit (wegen des verhältnismäßig geringen juristischen Bezugs, aber zu Unrecht) nicht besonders angesehen und nicht unbedingt ein Sprungbrett zur richterlichen Karriere.

13 In **Baden-Württemberg** gelten Besonderheiten für die Aufgabenverteilung Richter/Notar/Rechtspfleger, vgl §§ 36, 37 BaWüLFGG.

14 **Sonstiges Landesrecht.** Jedes Land kann durch Rechtsverordnung einen Teil der Richterzuständigkeiten auf den Rechtspfleger übertragen (§ 19 RPflG), zB die Auswahl des Betreuers. Eine unerfreuliche Rechtszersplitterung ist also möglich.

15 **5. Abgabe ins Ausland.** § 99 Abs 2 und 3 FamFG gilt entsprechend (§ 104 Abs 2 FamFG). Das bedeutet: sind für die Anordnung einer Betreuung sowohl die deutschen Gerichte wie auch die ausländischen Gerichte zuständig (zB wenn in den Grenzgebieten der Betroffene einen doppelten Aufenthalt hat oder herumzieht) und ist im Ausland eine Betreuungsverfahren anhängig (das aber dort einen anderen Namen führt, zB Sachwalterschaft im Österreich), kann die Anordnung der Betreuung durch das deutsche Gericht **unterbleiben**, wenn dies im Interesse des Betroffenen liegt (§ 99 Abs 2 FamFG). Das wird selten zweckmäßig sein, weil die Rechtsmacht des im Ausland bestellten „Betreuers" grundsätzlich auf das Ursprungsland begrenzt ist und die Anerkennung in Deutschland sich nach § 108 FamFG richtet.

16 **Umzug ins Ausland.** Ist eine Betreuung angeordnet worden und zieht der Betroffene ins Ausland um, besteht in der Regel kein Bedürfnis mehr für eine Betreuung in Deutschland. Es ist Sache des Auslands, gegebenenfalls nach den dortigen Regeln tätig zu werden. Sind für die Anordnung einer Betreuung sowohl die deutschen Gerichte wie auch die ausländischen Gerichte zuständig und ist in Deutschland bereits eine Betreuung angeordnet, *kann* das Betreuungsgericht das Verfahren ins Ausland abgeben, wenn dies (1) im Interesse des Betreuten liegt, (2) der Betreuer seine Zustimmung erteilt und (3) der ausländische Staat sich zur Übernahme bereit erklärt (§ 99 Abs 3 FamFG), was im Rechtshilfeweg über das Justizministerium zu klären ist. Vor Abgabe müsste die deutsche Betreuung aufgehoben werden, was nach §§ 58 ff FamFG anfechtbar ist; die Abgabe dagegen ist unanfechtbar. Bei Rückkehr aus dem Ausland wird die Betreuung wieder angeordnet, falls die Voraussetzungen vorliegen. Die

Umständlichkeit zeigt, dass eine solche Abgabe kaum sinnvoll ist. Vor Abgabe müsste von der Akte eine Kopie angefertigt und zurückbehalten werden. Besonderheiten gelten, wenn der Betroffene nach Frankreich oder Schottland umzieht, weil dann das Haager Erwachsenenschutzübereinkommen (Rz 10) einschlägig ist.

III. Die einzelnen Fälle des Abs 1

1. Bestehende Anhängigkeit (**Nr 1**). Zuständig ist in erster Linie das Gericht, bei dem die Betreuung anhängig ist, wenn bereits ein Betreuer bestellt ist (Nr 1). Sinngemäß kann es hier nur um die Zuständigkeit für Tätigkeiten nach Bestellung eines Betreuers gehen, zB Verpflichtung, Genehmigungen, Vergütungsabrechnung, Aufhebung der Betreuung. Nr 1 soll sicherstellen, dass die „vorhandenen Erkenntnisse" bei dem Gericht, bei dem die Betreuung anhängig ist, auch für weitere Angelegenheiten verwertet werden können[6]; die „Erkenntnisse" ergeben sich allerdings aus den Akten, nicht aus der Erinnerung, schon gar nicht infolge des häufigen Wechsels des zuständigen Richters. Die Zuständigkeit nach Nr 1 schließt die Zuständigkeiten nach Nr 2 bis Nr 4 aus, weil Abs 1 von einer „Reihenfolge" spricht; das Gericht des Aufenthaltsortes ist also für weitere Verrichtungen (zB Genehmigungen) zunächst nicht zuständig (Ausnahme: Eilmaßnahmen, § 272 Abs 2 FamFG); die Zuständigkeit entsteht erst, wenn das Verfahren nach §§ 4, 273 FamFG wirksam abgegeben wurde[7]. 17

a) **Anhängigkeit.** Eine Betreuung ist anhängig, sobald das Gericht mit der Angelegenheit befasst wird (vgl § 2 Abs 1 FamFG). Hieran wurde angeknüpft, damit über die örtliche Zuständigkeit „möglichst frühzeitig Klarheit" besteht[8]. Anhängigkeit besteht nicht erst, wenn ein Gericht tätig geworden ist. Da die Bestellung eines Betreuers nach § 1896 Abs 1 BGB auf Antrag des Betroffenen oder von Amts wegen erfolgt, ist zu unterscheiden: 18

aa) **Antragsverfahren.** Beim Betreuungsgericht ist die Betreuungssache anhängig, wenn ein Antrag des Betroffenen mit dem Ziel der Erledigung durch dieses Gericht eingeht[9]. Ungenügend ist, wenn ein AG lediglich als Beurkundungsgericht nach § 25 Abs 2 FamFG tätig wurde oder bei ihm ein Antrag mit der Bitte um Weiterleitung an ein anderes Gericht eingereicht wird[10]. Bei einem Antrag auf Verfahrenskostenhilfe dagegen ist das Gericht mittelbar auch schon mit der Sache selbst befasst, weil die Sache dann jedenfalls von Amts wegen zu prüfen ist. Aus dem gleichen Grund kann eine Antragsrücknahme die Anhängigkeit nicht mehr beseitigen[11]. Ebenso ist die Sache anhängig, sobald ein Antrag einer anderen Person eingeht: Er ist als Anregung, von Amts wegen tätig zu werden, auszulegen. 19

bb) **Amtsverfahren.** Das Gericht ist mit der Sache befasst, sobald es amtlich von Sachverhalten Kenntnis erlangt, die es veranlassen, ein Betreuungsverfahren einzuleiten. 20

b) **Bestellung eines Betreuers.** Dass schon ein Verfahren anhängig ist, genügt allein noch nicht; vielmehr muss dieses Verfahren schon so weit gediehen sein, dass ein Betreuer bestellt worden ist. Ein Betreuer ist „bestellt", wenn der vom 21

6 BT-Drucks 11/4528 zu § 65 FGG.
7 *Schreieder* BtPrax 1998, 203.
8 BT-Drucks 11/4528 S. 169 zu § 65 FGG.
9 BayObLG JZ 1979, 216; BayObLGZ 1983, 27.
10 KG Rpfleger 1972, 173.
11 Vgl BayObLG FamRZ 1964, 311

Richter unterschriebene Bestellungsbeschluss wirksam geworden ist. Das ist der Fall, wenn der Beschluss an die Geschäftsstelle des Betreuungsgerichts übergeben wurde oder wenn die Beschlussformel verlesen wurde (§ 38 Abs 3 Satz 3 FamFG), etwa wenn die Betreuerbestellung im Anschluss an die mündliche Anhörung des Betroffenen in der Klinik erfolgte und die schriftliche Fixierung nachfolgt. Nicht erforderlich ist ein Wirksamwerden des Beschlusses im Sinn von § 40 Abs 1 FamFG durch Bekanntgabe des Beschlusses an den Betreuer[12]. Wird der Betreuer erst vom Beschwerdegericht bestellt, ist ab diesem Zeitpunkt die Zuständigkeit des Betreuungsgerichts begründet und nicht erst ab dem Zeitpunkt der Rückkunft der Akten vom Beschwerdegericht.

22 Nicht genügt für Nr 1, dass der Betroffene einen Betreuungsantrag gestellt hat oder dass sonst jemand die Betreuung angeregt hat, aber noch kein Betreuer bestellt wurde. Für diese Fallgruppe ist Nr 2 einschlägig.

23 2. **Aufenthaltszuständigkeit** (Nr 2). – a) **Wesen des Aufenthalts.** Hilfsweise ist ausschließlich zuständig das Gericht, in dessen Bezirk der Betroffene seinen gewöhnlichen Aufenthalt hat (Nr 2). Angeknüpft wird nicht mehr (wie früher bei Entmündigung, Pflegschaft) an den Wohnsitz, sondern an den gewöhnlichen Aufenthalt des Betroffenen. Der Grund dafür ist[13], dass die Wohnsitzbegründung einen rechtsgeschäftlichen Willen voraussetzt (vgl § 8 Abs 1 BGB), weshalb die Bestimmung des Wohnsitzes bei ungeklärter oder fehlender Geschäftsfähigkeit Schwierigkeiten macht (bei Wohnsitzwechsel müsste zB immer die Geschäftsfähigkeit geprüft werden); das Aufenthaltsgericht liegt ortsnah zum Betroffenen und gewährleistet damit einen persönlichen Kontakt zwischen Betroffenem, Betreuer und Gericht. Die Anknüpfung an den Aufenthalt führt allerdings dazu, dass sich die Verfahren bei den Gerichten konzentrieren, in deren Bezirk sich Einrichtungen für psychisch Kranke usw befinden. An den „gewöhnlichen Aufenthalt" knüpfen auch andere Regelungen an wie § 16 Abs 2 VwVfG; § 81 Abs 2 AO; § 30 Abs 3 Satz 2 SGB I; § 15 Abs 2 SGB X. Die Frage des Aufenthalts spielt auch eine Rolle bei § 5 VBVG.

24 Die Begründung eines Aufenthalts ist ein rein tatsächlicher Vorgang und setzt keinen rechtsgeschäftlichen Begründungswillen voraus. An- oder Abmeldung beim Einwohnermeldeamt spielt keine Rolle[14]. Der bloße „schlichte Aufenthalt", zB auf der Durchreise, genügt aber bei Nr 2 nicht; angeknüpft wird vielmehr an den „gewöhnlichen" Aufenthalt[15], was immer das sein mag. Der **gewöhnliche Aufenthalt** des Betroffenen ist dort, wo er seinen tatsächlichen Lebensmittelpunkt hat[16], der Ort, an dem er sich hauptsächlich (nicht unbedingt ständig) aufzuhalten pflegt (wo er also zB eine Wohnung hat und schläft) und dort rein tatsächlich länger verweilt[17], wohin er nach *vorübergehender* Abwesenheit wieder zurückkehren will (die Frage ist, was vorübergehend ist). Auf eine bestimmte Mindestdauer kommt es nicht an; anders zB bei Art 1 MSA, wo als Faustregel sechs Monate gefordert werden[18]; auch § 273 FamFG. **Vorübergehende Abwesenheit**, zum Teil wegen kürzerer Reisen[19], kürzerer Auslands-

---

12 Ebenso *Bassenge/Roth* § 272 Rz 3; Holzhauer/*Reinicke* § 65 Rz 9.
13 BT-Drucks 11/4528 S. 169 und S. 230.
14 OLG Karlsruhe Rpfleger 1995, 458; BayObLG v 14.2.1994 BtE 1994/65 bei § 65a; *Bassenge/Roth* § 272 Rz 4; *Knittel* § 272 Rz 21.
15 Palandt/*Ellenberger* § 7 BGB Rz 3.
16 BayObLG Rpfleger 1993, 63 = FamRZ 1993, 89; *Knittel* § 272 Rz 18.
17 BGH NJW 1983, 2771; BayObLG 1980, 55; zum Begriff des Aufenthalts vgl *Breidenbach* StAZ 1959, 296; *Schneider* FamRZ 1960, 54; *Papenfuß*, Der gewöhnliche Aufenthalt im internationalen und interlokalen Privatrecht, Köln 1963.
18 ZB OLG Düsseldorf FamRZ 1984, 194.
19 Vgl BayObLG JR 1961, 271.

arbeit[20], oder kürzerer Strafhaft[21], ist bei Rückkehrwillen unschädlich, solange sich der Ort, der als der tatsächliche Lebensmittelpunkt zu bezeichnen ist, nicht geändert hat. Dass zwei Jahre Ausbildungsaufenthalt in einer Sonderberufsfachschule den gewöhnlichen Aufenthalt nicht ändert [22], ist aber nicht mehr vertretbar. Durch einen von vorneherein nur als vorübergehend angelegten Aufenthalt wird idR kein gewöhnlicher Aufenthalt begründet[23]. **Klinikaufenthalt:** kürzerer Klinikaufenthalt ändert den Aufenthalt nicht[24]. Auch ein auf längere Zeit angelegter Aufenthalt in einer Reha-Klinik begründet nach bisher hM keinen neuen gewöhnlichen Aufenthalt am Klinikort[25] (hier ist aber § 273 Satz 2 FamFG zu beachten). Anders ist es, wenn nicht absehbar ist, ob und gegebenenfalls wann der Betreute aus einem längeren Klinikaufenthalt entlassen und dann wieder in seine Wohnung zurückkehren wird[26] oder wenn zwar mit Entlassung in ca einem Jahr zu rechnen ist, aber unklar, wohin die Entlassung erfolgt[27]. Ob die **zwangsweise Verbringung an einen Ort** einen (neuen) gewöhnlichen Aufenthalt begründet, ist streitig und wird zum Teil abgelehnt[28]. Die Frage kann nicht für alle Bestimmungen, die auf den gewöhnlichen Aufenthalt abstellen, einheitlich gelöst werden; der Zweck des § 272 FamFG, leichten Kontakt zum Gericht herstellen zu können, fordert, auf den tatsächlichen Verweilort abzustellen. Der Betroffene hat in einer **Justizvollzugsanstalt, Entziehungsanstalt, psychiatrischen Krankenhaus** jedenfalls dann seinen gewöhnlichen Aufenthalt, wenn er nicht mehr über einen anderen Daseinsmittelpunkt mit Rückkehrmöglichkeit verfügt[29] oder wenn die Haft noch längere Zeit andauern wird. Bei einer *vorläufigen* Unterbringung nach § 126a StPO liegt in der Regel noch kein neuer gewöhnlicher Aufenthalt vor[30]. Bei einer **Unterbringung nach § 63 StGB** wird ein gewöhnlicher Aufenthalt in der Psychiatrischen Klinik begründet, wenn sich der Betroffene nicht nur vorübergehend im Maßregelvollzug befindet[31].

b) **Aufenthaltswechsel.** Bei Aufenthaltswechsel kommt es nicht darauf an, dass 25
sich der Betroffene schon längere Zeit am neuen Ort aufhält; der neue Ort wird zum neuen gewöhnlichen Aufenthalt, nicht erst nach einer gewissen Zeitspanne. In diesen Fällen wird der neue gewöhnliche Aufenthalt schon dann begründet, wenn sich aus den Umständen ergibt, dass der Aufenthalt an diesem Ort auf eine längere Zeitdauer angelegt ist und der neue Aufenthaltsort künftig an Stelle des bisherigen Daseinsmittelpunkts sein soll[32]. Wenn ein Betreuter ohne festen Wohnsitz seinen Lebensmittelpunkt ohne Rückkehrabsicht in einen anderen Ort verlagert, begründet er dort einen gewöhnlichen Aufenthalt[33].

---

20 LAG Düsseldorf JurBüro 1986, 1892.

21 Vgl BGH NJW 1978, 1858; OLG Düsseldorf NJW-RR 1987, 894; OLG Stuttgart MDR 1964, 768.

22 OLG Karlsruhe FamRZ 1996, 1341/2.

23 BayObLG FamRZ 1993, 89; 1996, 1341 (Aufenthalt in einem Wohnwagen auf einem Camping platz vgl LG Köln FamRZ 1995, 430).

24 OLG Hamm NJW-RR 2007, 157; BayObLG FamRZ 2000, 1442; OLG Karlsruhe BtPrax 1996, 72; OLG Stuttgart BtPrax 1997, 161. Vgl BGH MDR 1985, 216 zur Wohnungsaufgabe bei Klinikaufenthalt wegen Alkoholismus.

25 BayObLG FamRZ 1993, 89: zweijähriger Aufenthalt; OLG Karlsruhe FamRZ 1996, 1341: zwei Jahre; BayObLG BtPrax 2003, 132: drei Jahre im Bezirkskrankenhaus untergebracht; OLG Stuttgart FamRZ 1997, 438.

26 BayObLG FamRZ 1997, 1363.

27 BayObLG v 29.9.1994 bei BtE 1994/95 zu § 65a.

28 Palandt-*Thorn* Art 5 EGBGB Rz 10 mwN.

29 OLG München FamRZ 2007, 853 = OLG-Report 2007, 125.

30 OLG Köln Beschl v 9.6.2006 – 16 Wx 104/06.

31 LG Regensburg FamRZ 2006, 1062; aA *Bienwald* in Anm hierzu.

32 BGH 78, 293; OLG Hamm NJW 1974, 1053.

33 OLG Köln FGPrax 2006, 162.

26 Die örtliche Zuständigkeit ändert sich nicht mehr, wenn **der Betroffene umzieht** oder sonst die Umstände, welche die Zuständigkeit begründen, sich verändern (§ 2 Abs 2 FamFG).

27 c) **Mehrfacher Aufenthalt.** Ein mehrfacher gewöhnlicher Aufenthalt ist in seltenen Ausnahmefällen denkbar[34]. Dann ist das Gericht ausschließlich zuständig, das zuerst mit der Angelegenheit befasst war (§ 2 Abs 1 FamFG; nicht mehr: „tätig geworden ist"); es hat eine (sog Vorgriffszuständigkeit).

28 3. **Zuständigkeit des „Fürsorgegerichts" (Nr 3).** Hilfsweise ist das Betreuungsgericht ausschließlich örtlich zuständig, in dessen Bezirk das Bedürfnis der Fürsorge hervortritt.[35] Voraussetzung ist, dass noch nicht irgendwo ein Betreuungsverfahren mit erfolgter Betreuerbestellung anhängig ist und dass die von Amts wegen durchzuführenden Ermittlungen (§ 26 FamFG) nicht zur Feststellung eines *gewöhnlichen* inländischen Aufenthalts führten. In diesen Fällen soll es nicht nur auf den zufälligen tatsächlichen Aufenthalt des Betroffenen ankommen[36]. Die Regelung gilt auch für Ausländer (vgl dazu Art 24 EGBGB). Stellt sich später heraus, dass der Betroffene doch einen gewöhnlichen Aufenthalt hat, ist eine Verweisung vorzunehmen (§ 3 FamFG). Tritt das Fürsorgebedürfnis an verschiedenen Orten gleichzeitig auf, kommt es auf § 2 Abs 1 FamFG an.

29 **Beispiele.** Das Fürsorgebedürfnis tritt hervor, wenn an einem Ort eine Sache zu regeln ist, wie zB der Entscheidung über die Unterbringung in einem psychiatrischen Krankenhaus[37]; wenn an einem Ort, an dem sich der Betroffene gerade befindet, zu prüfen ist, ob ein Betreuer zu bestellen ist[38]; in Grundstücksangelegenheiten der Gerichtsbezirk, in dem das Grundstück liegt.

30 4. **Zuständigkeit des AG Schöneberg (Nr 4).** Höchsthilfsweise ist das Amtsgericht Schöneberg in Berlin ausschließlich örtlich zuständig; das gilt aber nur, wenn der Betroffene Deutscher ist. Die Vorschrift betrifft im Wesentlichen Deutsche, die im Ausland ihren ständigen Aufenthalt haben[39]. Wer „Deutscher" ist, bestimmt das Staatsangehörigkeitsrecht. Es kommt auf die Staatsangehörigkeit in dem Augenblick an, in dem das Betreuungsgericht mit der Sache befasst wird; spätestens bei der Entscheidung muss der Betroffene Deutscher geworden sein (zB durch Einbürgerung). Ob neben der deutschen eine weitere Staatsangehörigkeit besteht, spielt keine Rolle (Art 5 Abs 1 Satz 2 EGBGB).

31 Das AG Schöneberg kann die Sache nach § 4 FamFG an ein anderes AG **abgeben.** Vor dieser Abgabe soll dem Betroffenen Gelegenheit zur Äußerung gegeben werden (§ 4 Satz 2 FamFG). Für einen eventuellen Zuständigkeitsstreit gilt § 5 FamFG[40]. Für **Ausländer** gilt Nr 4 nicht. Wenn sie in Deutschland keinen gewöhnlichen Aufenthalt haben und auch kein Fürsorgebedürfnis besteht, sind wir örtlich nicht zuständig.

IV. Zusätzliche Zuständigkeit für Eilmaßnahmen (Abs 2)

32 Für einstweilige Anordnungen nach §§ 300, 301 FamFG oder vorläufige Maßregeln (das sind solche nach §§ 1846, 1908i BGB; oder nach Art 24 Abs 3

34 BayObLG 1980, 52; KG FamRZ 1987, 603; *Hohloch* JR 1984, 64; *Knittel* § 272 Rz 21.
35 Auf diesen Zeitpunkt kommt es an, OLG Zweibrücken FGPrax 2009, 116.
36 BT-Drucks 11/4528.
37 BT-Drucks 11/4528 S. 169.
38 BayObLG FamRZ 1996, 1341.
39 Vgl KG FGPrax 1995, 61; Keidel/*Budde* § 272 Rz 5.
40 BayObLG FamRZ 1996, 497 = Rpfleger 1995, 159.

EGBGB) besteht eine Doppelzuständigkeit; dafür ist *auch* das Gericht zuständig, in dessen Bezirk das Bedürfnis der Fürsorge bekannt wird (§ 272 Abs 2 Satz 1 FamFG). Es soll die angeordneten Maßregeln dem nach Absatz 1 Nr 1, 2 oder Nr 4 zuständigen Gericht mitteilen (§ 272 Abs 2 Satz 2 FamFG).

1. Allgemeines. Auch für Eilmaßnahmen ist zunächst das in Abs 1 genannte Gericht zuständig. Nach Abs 2 besteht aber zusätzlich[41] eine Zuständigkeit (aber nur für Eilmaßnahmen[42]) des Gerichts, das nicht in diesem Bezirk liegt, in dessen Bezirk aber das Fürsorgebedürfnis hervortritt. Die Eilzuständigkeit ist nur subsidiär. **Beispiel:** B fährt zwecks Behandlung in eine neurologische Klinik; auf Anregung der Klinik wird ihm vom dortigen Gericht ein vorläufiger Betreuer bestellt. Dieses Bedürfnis tritt zB auch hervor, wenn sich ein Betreuter in einer Klinik aufhält, damit dort ein Sachverständigengutachten erstellt werden kann[43]. Die Zuständigkeit besteht für folgende Tätigkeiten: 33

a) **Maßregeln nach § 1908i Abs 1 Satz 1 iVm § 1846 BGB:** Ist ein Betreuer noch nicht bestellt oder ist der Betreuer an der Erfüllung seiner Pflichten verhindert (zB bei Urlaubsabwesenheit), so hat das Gericht die im Interesse des Betroffenen erforderlichen Maßregeln selbst zu treffen. Es muss sich aber um einen dringenden Fall handeln. 34

b) **Einstweilige Anordnungen** nach §§ 300, 301 FamFG (Bestellung eines vorläufigen Betreuers; Anordnung eines vorläufigen Einwilligungsvorbehalts). 35

c) **Vorläufige Maßregeln gegen Ausländer** (Art 24 Abs 3 EGBGB); diese Bestimmung enthält aber keine Rechtsgrundlagen für solche vorläufige Maßregeln, sondern stellt nur klar, dass vorläufige Maßregeln dem deutschen Recht unterliegen. Für das Verfahrensrecht gilt immer die „lex fori“, also deutsches Verfahrensrecht. Deshalb ist diese Fallgruppe in § 272 Abs 2 FamFG nicht besonders genannt; sie gehört zu a, b. 36

2. Verhältnis der beiden Zuständigkeiten. Das Gericht, in dessen Bezirk das Fürsorgebedürfnis hervortritt (Fürsorgegericht, Eilgericht), hat das Recht, und wenn ein Einschreiten nach seiner Auffassung erforderlich ist, auch die Pflicht, tätig zu werden. Es darf seine Tätigkeit nicht mit der Begründung ablehnen, das Hauptgericht sei ebenso leicht erreichbar, weil sonst die Sache verzögernd zwischen den Gerichten hin- und hergeschoben würde[44]. 37

Für das Verhältnis der Zuständigkeiten ist bedeutsam, dass das FamFG (anders als das FGG) die **einstweilige Anordnung als selbstständiges Verfahren** ansieht (§ 51 Abs 3 FamFG). Jedoch passt § 52 Abs 1 FamFG (Einleitung des Hauptsacheverfahrens nur auf Antrag) für Betreuungen nicht, weil solche Verfahren nach § 1896 BGB von Amts wegen einzuleiten und zu betreiben sind. Hat das Eilgericht durch einstweilige Anordnung einen vorläufigen Betreuer bestellt oder endet das Fürsorgebedürfnis aus anderen Gründen, endet auch seine Zuständigkeit[45]. Nach Abs 2 Satz 2 soll das Fürsorgegericht lediglich dem Hauptgericht die angeordneten Maßregeln mitteilen; daraus könnte man folgern, dass die Akten beim Fürsorgegericht bleiben sollen und dieses auch für weitere Tätigkeiten im Rahmen der einstweiligen Anordnung (zB für deren Aufhebung; Vergütungsabrechnung) zuständig ist. Das ist aber unzutreffend: nur für die einstweilige Anordnung bzw vorläufige Maßregel begründet Abs 2 eine Zustän- 38

41 OLG Hamm NJW-RR 2007, 157; Keidel/*Budde* § 272 Rz 6; vgl das Wort „auch“ im Gesetzestext.
42 OLG München FamRZ 2008, 76.
43 BayObLG FamRZ 1995, 305 und 485.
44 *Knittel* § 272 Rz 27.
45 OLG Hamm NJW-RR 2007, 157.

digkeit; mit dem Erlass (nebst Aushändigung des Betreuerausweises und der mündlichen Verpflichtung des Betreuers[46]) ist die Zuständigkeit erledigt. Es ist nicht mehr zuständig für die anschließenden Tätigkeiten, auch nicht für die Erweiterung des Aufgabenkreises, die Aufhebung und die Vergütung des Betreuers. Deshalb bleibt es bei der bisherigen Handhabung: das Eilgericht übersendet anschließend die Akte an das Betreuungsgericht des gewöhnlichen Aufenthalts. Dieses Gericht muss das Verfahren fortführen[47]; vor dieser „Abgabe" ist weder eine Anhörung des Betroffenen noch die Zustimmung des Betreuers erforderlich[48]. Die Abgabe setzt jedoch voraus, dass der gewöhnliche Aufenthalt nicht inzwischen in den Bezirk des Eilgerichts verlegt wurde. Es handelt sich nicht um eine Abgabe im Sinne von § 4[49]. Ein Zuständigkeitsstreit wird nach § 5 FamFG entschieden. Das Aufenthaltsgericht kann die einstweilige Anordnung oder vorläufige Maßregel aufheben (§ 54 Abs 1 Satz 1 FamFG). Wird das nach Abs 1 zuständige Gericht tätig, erlischt die Zuständigkeit des Eilgerichts.

39 Bei mehreren nach Abs 2 zuständigen Gerichten gilt **§ 2 Abs 1 FamFG.** Fällt das Fürsorgebedürfnis weg, erlischt die Eilzuständigkeit[50].

40 **3. Beschwerdezuständigkeit.** Zur Entscheidung über die Beschwerde gegen eine Entscheidung des Eilgerichts ist das diesem übergeordnete Gericht zuständig. Hat allerdings das hauptzuständige Gericht die Sache zur Fortführung übernommen und die Verfügung des Eilgerichts (auch konkludent) aufrechterhalten, ist für die Beschwerde das LG, das dem Hauptgericht übergeordnet ist, zuständig[51].

V. Anerkennung ausländischer Entscheidungen[52]

41 Die Entstehung, die Änderung und das Ende der Betreuung unterliegen dem Recht des Staates, dem der Betreute angehört (Art 24 Abs 1 Satz 1 EGBGB). Für einen Ausländer, der seinen *gewöhnlichen* Aufenthalt, hilfsweise seinen Aufenthalt, in Deutschland hat, kann ein Betreuer nach deutschem Recht bestellt werden (Art 24 Abs 1 Satz 2 EGBGB). Vorläufige Maßregeln sowie der Inhalt der Betreuung unterliegen deutschem Recht, wenn deutsche Gerichte die Anordnung getroffen haben (Art 24 Abs 3 EGBGB). Für die Rechtsstellung des bestellten Vertreters (Umfang der Vertretungsmacht) kommt es auf die Wirkungen an, die nach dem Recht des anordnenden Staates bestehen, Art 24 EGBGB[53].

42 Wird im Ausland nach ausländischem Recht ein „Betreuer" bestellt oder eine vergleichbare Maßnahme angeordnet (Vormundschaft über Volljährigen, Sachwalterschaft nach österreichischem Recht usw.), bei der die Geschäftsfähigkeit nicht beseitigt wird (sonst erfolgt die Einordnung als Entmündigung), wurde die Entscheidung früher nach § 16 a FGG anerkannt[54], unabhängig davon, ob ein Ausländer oder ein Deutscher betroffen ist. Jetzt ist § 108 FamFG einschlägig.

---

46 OLG Frankfurt FGPrax 2004, 287; Keidel/*Budde* § 272 Rz 6; *Knittel* § 272 Rz 30.

47 OLG Hamm NJW-RR 2007, 157; BayObLG FamRZ 2000, 1442; 1996, 1339; *Knittel* § 272 Rz 30.

48 BayObLG FamRZ 1996, 1339.

49 Keidel/*Budde* § 272 Rz 7.

50 Keidel/*Budde* § 272 Rz 7; *Knittel* § 272 Rz 27.

51 KG FamRZ 1979, 859; BayObLGZ 1970, 282; *Knittel* § 272 Rz 28.

52 Über ausländische Betreuungen vgl *Oelkers*, Internationales Betreuungsrecht, 1996; *Nitzinger*, Das Betreuungsrecht im internationalen Privatrecht, 1998; *Röthel* BtPrax 2006, 90.

53 *Nitzinger*, Betreuungsrecht im internationalen Privatrecht S. 135 m. w. N.

54 Palandt/*Heldrich* EGBGB Art 24 Rz 9.

Im Verhältnis zu den (wenigen) Vertragsstaaten ist das **Haager Übereinkommen über den internationalen Schutz Erwachsener** v 13.11.2000 vorrangig[55]. Das Übereinkommen soll Entscheidungen auf dem Gebiet des Schutzes von Erwachsenen (insbesondere von Personen mit Beeinträchtigungen, die eines gesetzlichen Vertreters bedürfen) international anerkennen. Das Übereinkommen ist von Deutschland ratifiziert worden und zum 1.1.2009 in Kraft getreten[56]. Mitgliedstaaten sind derzeit nur Deutschland, Frankreich, Großbritannien (nur Landesteil Schottland). Weitere Staaten, die unterzeichnet, aber bisher nicht ratifiziert haben, sind: Finnland, Griechenland, Irland, Italien, Luxemburg, Niederlande, Polen und die Schweiz. **Anwendungsbeispiel**[57]: Ein Schotte heiratet eine Deutsche. Das Ehepaar lebt in Deutschland. Der Schotte beginnt an altersbedingter Demenz zu leiden. Es stellt sich die Frage, welche Gerichte für die Bestellung eines Betreuers für den Ehemann zuständig sind. Außerdem muss geklärt werden, ob sich die Betreuung nach deutschem oder schottischem Recht richtet. Nach dem Übereinkommen sind die deutschen Gerichte zuständig, weil der Betroffene hier seinen gewöhnlichen Aufenthalt hat; das deutsche Betreuungsgericht wendet deutsches und nicht schottisches Betreuungsrecht an. Da das Übereinkommen in Schottland ebenfalls gilt, ist gewährleistet, dass der in Deutschland bestellte Betreuer dort auch anerkannt wird. Das deutsche Gericht stellt ihm dazu eine besondere Bescheinigung aus, die auch in Schottland Beweiswert hat. Dies ist beispielsweise wichtig, wenn der Betreute dort noch Vermögen (etwa ein Grundstück oder ein Bankkonto) hat, über das der Betreuer Verfügungen treffen will. 43

§ 273 Abgabe bei Änderung des gewöhnlichen Aufenthalts

[1]Als wichtiger Grund für eine Abgabe im Sinne des § 4 Satz 1 ist es in der Regel anzusehen, wenn sich der gewöhnliche Aufenthalt des Betroffenen geändert hat und die Aufgaben des Betreuers im Wesentlichen am neuen Aufenthaltsort des Betroffenen zu erfüllen sind. [2]Der Änderung des gewöhnlichen Aufenthalts steht ein tatsächlicher Aufenthalt von mehr als einem Jahr an einem anderen Ort gleich.

---

§ 273 FamFG entspricht im Wesentlichen dem früheren § 65a FGG.

Übersicht

---

55 *Helms* FamRZ 2008, 1995; *Lachwitz* BtPrax 2008, 143; *Wagner* IPrax 2007, 11; *Guttenberger* BtPrax 2006, Heft 3; *Guttenberger* Das Haager Übereinkommen …, 2004; *Siehr* RabelsZ 2000, 715.

56 BGBl 2007 II S. 323; Ausführungsgesetz BGBl 2007, 314.

57 Entnommen der Pressemitteilung des BJM vom 14.12.2006.

I. Die Abgabe

1 **1. Allgemeines. – a) Verweisung.** Abgabe ist zu unterscheiden von Verweisung; Verweisung erfolgt, wenn ein Gericht örtlich oder sachlich unzuständig ist (§ 3 Abs 1 FamFG). Vor Verweisung sind die Beteiligten (§ 274 FamFG) zu hören (§ 3 Abs 1 Satz 2 FamFG). Der Verweisungsbeschluss ist für die Beteiligten unanfechtbar (§ 3 Abs 3 Satz 1 FamFG). Wenn sie vor Verweisung vorschriftswidrig nicht angehört wurden, können sie also nichts mehr gegen die erfolgte Verweisung unternehmen. Die Verweisung ist für das Gericht, an das verwiesen wurde, bindend (§ 3 Abs 2 Satz 2 FamFG); es kann also grundsätzlich nicht zurückverweisen, aber weiter verweisen, wenn das verweisende Gericht sich bei den Gerichtsbezirken vertan hat.

2 Wenn ein Betreuungsgericht tätig wird, dann aber die ursprüngliche Unzuständigkeit erkennt, kann es das Verfahren von Amts wegen verweisen (§ 3 FamFG); akzeptiert das Empfangsgericht dies nicht, wird der Streit gem § 5 FamFG vom gemeinsamen Obergericht entschieden[1].

3 Eine Verweisung ist nur an ein deutsches Betreuungsgericht möglich; an **ausländische Gerichte** kann nicht *verwiesen* werden (Rz 4). In solchen Fällen wird das Verfahren eingestellt. Das deutsche Betreuungsgericht ist aber nicht gehindert, eine Kopie der Akte zur Information formlos an das zuständige ausländische Gericht zu senden, falls dies im Interesse des Betroffenen zweckmäßig erscheint.

4 **b) Abgabe.** Ist ein Betreuungsverfahren beim örtlich und sachlich zuständigen Gericht anhängig, ändert sich an der örtlichen Zuständigkeit nichts, wenn der Betroffene anschließend umzieht (§ 2 Abs 2 FamFG). Im Einzelfall kann aber eine Abgabe an ein anderes Gericht sachdienlich sein. § 4 FamFG bestimmt hierzu: „Das Gericht kann die Sache aus wichtigem Grund an ein anderes Gericht abgeben, wenn sich dieses zur Übernahme der Sache bereit erklärt hat. Vor der Abgabe sollen die Beteiligten angehört werden." Hauptfall in der Praxis ist, dass der Betreute seinen Aufenthalt ändert, weil er in ein anderes Heim umzieht. Zu **Abgabe ins Ausland** vgl §§ 104 Abs 2, 99 Abs 3 FamFG; § 272 Rz 15.

5 **c) Ermessen.** Ein Betreuungsgericht hat nicht die unbedingte Pflicht, ein Betreuungsverfahren abzugeben, denn in § 4 FamFG steht „kann". Allerdings kann der pflichtgemäße Ermessensgebrauch im Instanzenzug beschränkt nachgeprüft werden. Will ein Gericht nicht abgeben, kann es mit Rechtsmitteln der Beteiligten (Betroffener, Verfahrenspfleger, Betreuer, Behörde) nicht dazu gezwungen werden.

6 **2. Zuständigkeit. Funktionell zuständig** für die Abgabe, die Entscheidung über die Übernahme und die Vorlage an das Obergericht ist der Richter[2], nicht der

---

1 OLG Frankfurt Rpfleger 1958, 314

2 OLG Zweibrücken FGPrax 2008, 210; FGPrax 2005, 216; OLG München FGPrax 2008, 67; BayObLG FamRZ 1993, 448; OLG Frankfurt FGPrax 2007, 119; KG Rpfleger 1996, 1340; OLG Düsseldorf Rpfleger 1998, 103; *Bassenge/Roth* § 273 Rz 2; *Knittel* § 273 Rz 6.

Rechtspfleger[3]. Eine Abgabe durch den Rechtspfleger ist daher unwirksam[4]. Aus §§ 3, 15 RPflG kann nicht der Schluss gezogen werden, die Grundzuständigkeit liege auch insoweit beim Rechtspfleger; es wäre unhaltbar, dass der Richter zB sich zur Aufhebung einer Betreuung entschlossen hat, dies aber nicht mehr durchführen kann, weil der Rechtspfleger am Tag zuvor die Akten abgeben hat. Auch spielt es keine Rolle, ob im Augenblick richterliche Geschäfte bevorstehen oder nicht[5]. Deshalb darf der Rechtspfleger weder ein Übernahmeersuchen an ein anderes Betreuungsgericht richten noch die Sache dem Obergericht vorlegen; beides wäre als unwirksam abzulehnen (vgl § 8 Abs 4 RPflG). Anders ist es nur, wenn keine richterlichen Geschäfte mehr denkbar sind, etwa weil der Betreute gestorben ist.

3. Voraussetzungen der Abgabe. Ein schon anhängiges Betreuungsverfahren kann nach § 273 FamFG an ein anderes Betreuungsgericht abgegeben werden, wenn: 7

- ein wichtiger Grund vorliegt, § 4 FamFG, *und*[6]
- das andere Betreuungsgericht sich zur Übernahme bereit erklärt, § 4 FamFG.

4. Zeitpunkt der Abgabe. Eine Abgabe muss nicht sogleich nach dem Aufenthaltswechsel erfolgen; die Änderung kann auch schon längere Zeit zurückliegen[7]. Aber neun Jahre nach dem Umzug ist es zu spät, wenn das Verfahren beanstandungsfrei lief und keine neuen aktuellen Gründe hinzutraten[8]. 8

5. Wichtiger Grund für die Abgabe. Wichtige Gründe können vielschichtig vorliegen. Als Regelfall des wichtigen Grundes nennt § 273 FamFG: 9

- Änderung des gewöhnlichen Aufenthalts des Betroffenen (§ 272 Rz 23), *und*
- die Aufgaben des Betreuers sind im Wesentlichen am neuen Aufenthaltsort des Betroffenen zu erfüllen.

Beide Voraussetzungen müssen also kumulativ vorliegen[9].

Aufenthaltswechsel des Betroffenen liegt vor, wenn er umzieht, also seinen *gewöhnlichen* Aufenthalt ändert. Wenn ein Betreuter ohne festen Wohnsitz seinen Lebensmittelpunkt ohne Rückkehrabsicht in eine andere Stadt verlagert, kann das Betreuungsverfahren an das dortige Betreuungsgericht abgegeben werden[10]. 10

Der Wechsel des Aufenthalts *kann* als wichtiger Grund genügen[11]; das widerspricht an sich dem Gesetzestext, der kumulative Voraussetzungen festlegt, entspricht aber dem zentralen Gedanken der Zweckmäßigkeit. Denn der Betroffene ist vom Gericht – unter Umständen mehrfach – persönlich anzuhören. Das in Satz 2 genannte Regelbeispiel ist ein Sonderfall und darf nicht zu der Annahme verleiten, nur in vergleichbar engen Fällen dürfe ein wichtiger Grund bejaht und abgegeben werden. Freilich wird der Aufenthaltswechsel *allein* selten 11

3 So aber OLG Köln FamRZ 2006, 802 und 2001, 939; OLG Hamm Rpfleger 1994, 211, *Prütting/Helms/Fröschle* § 273 Rz 16; *Jansen/Sonnenfeld* § 65 a Rz 25.
4 BayObLG FamRZ 1993, 986; str.
5 So aber OLG Köln FamRZ 2001, 939, FamRZ 2006, 802.
6 *Knittel* § 273 Rz 13; *Bassenge/Roth* § 273 Rz 3.
7 BayObLG FamRZ 2004, 736.
8 LG Lüneburg FamRZ 2008, 443.
9 OLG Schleswig NJW-RR 2006, 371; LG Stade Rpfleger 1992, 157.
10 OLG Hamm FamRZ 2006, 1876 (LS) = FGPrax 2006, 162.
11 OLG Brandenburg FamRZ 1998, 109; OLG Celle FamRZ 1993, 221; OLG Hamm FamRZ 1994, 449; aA BayObLG NJW 1992, 1244; LG Stade Rpfleger 1992, 157.

genügen, so wenn die Betreuungssache lediglich Aufenthaltsbestimmung und Vermögenssorge betrifft[12].

12 § 273 FamFG stellt auf den *gewöhnlichen* Aufenthalt ab und es gab zur Zeit der Vorgängernorm (§ 65 a FGG) merkwürdige Gerichtsentscheidungen[13], wonach selbst ein zweijähriger Aufenthalt in einer Reha-Einrichtung oder Klinik und dergleichen zwar den tatsächlichen Aufenthalt, aber nicht den gewöhnlichen Aufenthalt ändert. Die Reform 2005 hat deshalb in § 65 a FGG den Satz eingefügt, dass ein gewöhnlicher Aufenthalt von mehr als einem Jahr diesen zu einem gewöhnlichen Aufenthalt macht; **§ 273 Satz 2 FamFG** hat dies übernommen. Ungenügend ist dagegen, dass anstelle einer Behörde eine Person als Betreuer bestellt werden soll, die in einem anderen Gerichtsbezirk wohnt[14].

13 **Aufgaben des Betreuers.** Voraussetzung der Abgabe ist ferner in der Regel, dass die Aufgaben des Betreuers im Wesentlichen am neuen Aufenthaltsort des Betroffenen zu erfüllen. So ist es in den Fällen, in denen die Personensorge zum Aufgabenkreis gehört. Anders ist es, wenn der Betroffene zwar umzieht, aber am bisherigen Aufenthaltsort wichtige vermögensrechtliche Angelegenheiten weiterhin für ihn zu regeln sind, die für ihn dort besser als vom neuen Aufenthaltsort aus geregelt werden können. Ein wichtiger Grund liegt idR auch vor, wenn der Betroffene an einem anderen Ort befindliche Vermögensgegenstände erbt und die damit zusammenhängende Verwaltung am besten am Ort des Nachlasses vom Betreuer geführt werden kann[15]. Das wird man bei bebauten Grundstücken, Waldgrundstücken und Unternehmungen bejahen müssen, nicht aber bei Wertpapieren, Bankguthaben, unbebauten Grundstücken, weil diese von jedem Ort aus ausreichend verwaltet werden können.

14 **Gesichtspunkte für den „wichtigen Grund".** Zweckmäßigkeitsgesichtspunkte sind maßgebend[16]. Für den wichtigen Grund kommt es in erster Linie auf die Interessen des Betroffenen an. Ferner ist das Interesse des Betreuers an einer möglichst einfachen, kostensparenden Führung der Angelegenheit zu berücksichtigen, soweit dadurch die Belange des Betreuten nicht beeinträchtigt werden[17]. Die Interessen der beteiligten Gerichte spielen nur insoweit eine Rolle, als wesentlich ist, ob die Betreuungssache beim anderen Gericht zweckmäßiger und leichter geführt werden kann[18], zB weil persönliche Anhörungen durch den Richter beim anderen Gericht leichter (ohne längere Anreisen) durchführbar sind[19]. Deshalb kann auch an ein Gericht abgegeben werden, das nach den Verhältnissen zur Zeit des Übergabeverlangens nicht zuständig war, aber jetzt schon[20]. Entlastung oder bessere Auslastung von Kapazitäten bei den beteiligten Gerichten sind unbeachtlich[21]. Nach dem BayObLG[22] soll das Interesse des Gerichts an einer für den Betreuten vorteilhafteren Erfüllung der ihm obliegenden Aufgaben mitbestimmend sein können. Wesentlich ist die Lage bei Entscheidung, die künftige Entwicklung ist, da diese unsicher ist, nicht einzubezie-

---

12 OLG Celle FamRZ 1993, 221.
13 OLG Karlsruhe FamRZ 1996, 1341.
14 OLG Schleswig Rpfleger 1992, 296; aA OLG Zweibrücken Rpfleger 1992, 483.
15 Beispiele der BT-Drucks 11/4528 S. 170.
16 OLG Schleswig NJW-RR 2006, 371; OLG Stuttgart BWNotZ 2006, 39.
17 BayObLG FamRZ 1997, 439; BtPrax 1993, 65; OLG Köln FamRZ 1998, 840: Betreuer konnte das neue Gericht nur schwer zu häufigen mündlichen Vorsprachen erreichen: keine Abgabe.
18 BayObLG FamRZ 1980, 290; 1986, 480; 1997, 439; BayObLG BtPrax 1993, 65; OLG Celle FamRZ 1993, 220; OLG Schleswig NJW-RR 2006, 371.
19 BayObLG FamRZ 1999, 1594; OLG Schleswig NJW-RR 2006, 371.
20 BayObLG FamRZ 1998,1181 Nr 740.
21 OLG Karlsruhe Rpfleger 1992, 251; *Knittel* § 273 Rz 12.
22 BayObLG FamRZ 1997, 439; st Rspr.

hen[23]. Ein besonderes Vertrauen des Betreuten zum Gericht kann der Abgabe bei Umzug entgegenstehen[24], weil die Besonderheiten von psychisch instabilen Personen zu berücksichtigen sind und man ihnen wohlwollend begegnen muss.

6. Schädlicher Verfahrensstand (Abgabereife). § 273 FamFG regelt den Zeitpunkt der Abgabe nicht. Ein Aspekt der Ermessensentscheidung ist daher auch, dass grundsätzlich nur Verfahren abgegeben werden dürfen, die von der aktenmäßigen Behandlung her auf dem Laufenden sind[25]; deshalb sind Betreuerabrechnungen in der Regel vor Abgabe zu erledigen[26], weiter alle sonstigen von Amts wegen oder auf Antrag zu treffenden Entscheidungen[27], wie zB über eine beantragte Genehmigung[28]. Für die Frage, ob und gegebenenfalls welche Entscheidungen das abgebende Gericht vor einer Abgabe (noch) zu treffen hat, sind Zweckmäßigkeitserwägungen maßgebend[29]. Dass ein Antrag des Betreuten auf Aufhebung der Betreuung oder sonstige Anträge noch nicht verbeschieden sind, steht der Abgabe zwar an sich nicht entgegen[30]; ebenso wenig eine anstehende Verlängerungsentscheidung[31]. Dass die fällige Jahresabrechnung noch aussteht hindert nicht die Abgabe[32]. Ein plausibler Antrag des Betreuers auf Aufhebung der Betreuung ist aber vorher zu verbescheiden[33]. 15

7. Bereiterklärung des Übernahmegerichts. Das Betreuungsgericht, welches das Verfahren übernehmen soll, ist zur Abgabe zu hören, jedenfalls vor einer Entscheidung des Obergerichts nach § 5 FamFG[34]. Das geschieht zweckmäßig dadurch, dass dem potenziellen Übernahmegericht die Akte gesandt wird mit Darlegung des wichtigen Grundes und mit der Bitte um Prüfung, ob eine Übernahme möglich ist. Dieses Gericht kann dann die Frage des Aufenthalts nachprüfen und die vorherige Abarbeitung eines eventuellen Rückstandes (Rz 15) anregen, auch die Übernahme unter dieser Bedingung zusagen[35]. Dann werden die Akten wieder zurückgesandt. Erst wenn die Übernahme zugesagt ist, sollte das erste Gericht den Betroffenen und ggf den Betreuer anhören. 16

Die Erklärung, übernahmebereit zu sein, kann das zweite Gericht bis zum Vollzug der Abgabe widerrufen[36]. Selbst wenn das Empfangsgericht die Übernahme zugesagt hat, kann es sich das Abgabegericht das anders überlegen und von einer Abgabe absehen. Es soll möglich sein, dass das Übernahmegericht sich eine „Übernahme ausschließlich zur Prüfung der Frage vorbehält, ob die Abgabe aus Zweckmäßigkeitsgründen gerechtfertigt war“[37]; das ist eine missglückte Formulierung. 17

23 OLG Köln Rpfleger 1972, 418.
24 BayObLG BtPrax 2000, 91. Zum wichtigen Grund vgl ferner BayObLG NJW 1992, 2433, OLG Schleswig NJW 1992, 2434.
25 OLG Schleswig FGPrax 2005, 159.
26 BayObLG FamRZ 1994, 1189; einschränkend OLG München FGPrax 2008, 67.
27 BayObLG FamRZ 1997, 439; OLG Brandenburg FamRZ 2001, 38.
28 OLG Zweibrücken FGPrax 2008, 210.
29 BayObLG FamRZ 1997, 439; OLG Brandenburg BtPrax 2000, 160.
30 OLG Karlsruhe FamRZ 1994, 449.
31 BayObLG FamRZ 1997, 439.
32 OLG Köln FamRZ 2001, 1543.
33 BayObLG FamRZ 1996, 511 Nr 312.
34 OLG Karlsruhe FamRZ 1996, 498 Nr 285.
35 So im Fall BayObLG FamRZ 2000, 1443.
36 BayObLG FamRZ 1999, 248.
37 BayObLG FamRZ 1999, 797; bedenklich.

18 Eine **spätere Rückabgabe** ist möglich, § 3 Abs 3 FamFG ist nicht entsprechend anwendbar[38]. Sie kommt zB bei mehrfachem Aufenthaltswechsel des Betroffenen in Frage.

19 **8. Anhörung der Beteiligten. – a) Zustimmung.** Vor der Abgabe *sollen* die Beteiligten (§ 274 FamFG) angehört werden (§ 4 Satz 2 FamFG). Die Zustimmung des Betreuers war früher erforderlich, das ist aber durch die Reform 1.7.2005 gestrichen worden. Es ist keine Zustimmung eines Beteiligten mehr erforderlich.

20 **b) Anhörung.** Es reicht aus, dass die Beteiligten angehört werden (§ 4 Satz 2 FamFG); aber auch das ist nur eine Soll-Vorschrift. Das genügt Art 103 GG, weil niemand Anspruch auf einen bestimmten Richter hat. Ob der Betreuer einverstanden ist spielt nur noch bei der Ermessensausübung durch das Gericht eine Rolle. Auch sonst muss niemand zustimmen, auch nicht der Verfahrenspfleger[39], auch nicht der Gegenbetreuer[40].

21 Das rechtliche Gehör ist insbesondere dem Betroffenen zu gewähren. Wenn vom Betroffenen krankheitsbedingt keinerlei Reaktion zu erwarten ist, dieser auf Grund seiner Behinderung außerstande ist, zu begreifen, dass in Zukunft ein anderes Gericht für ihn tätig werden soll, erübrigt sich dies[41]. Ein Verfahrenspfleger muss dem Betroffenen nicht *allein* zwecks Anhörung zur Frage der Abgabe bestellt werden[42]. Ist dem Betroffenen ein Verfahrenspfleger bestellt worden, ist allerdings auch diesem Gelegenheit zur Äußerung zu geben[43], weil er ebenfalls als Beteiligter gilt (§ 274 Abs 2 FamFG). Dem Betreuer ist schon deswegen Gelegenheit zur Äußerung zu geben, weil die Zweckmäßigkeit der Abgabe von seinen Aufgaben abhängt und es möglicherweise dann zum Betreuerwechsel kommt[44]. Bei mehreren Betreuern sind alle Mitbetreuer anzuhören, der Gegenbetreuer nicht. Hat ein **Vorsorgebevollmächtigter** eine Genehmigung beantragt (§ 1904, § 1906 Abs 5 BGB) und soll abgegeben werden, ist auch dem Bevollmächtigten rechtliches Gehör zu gewähren[45].

22 **c) Form der Gehörsgewährung.** Sie ist nicht bestimmt, ein mündliches Verfahren nicht vorgeschrieben. Es genügt daher, wenn unter Setzen einer angemessenen Frist (mindestens zwei Wochen) die Möglichkeit zur schriftlichen Äußerung gegeben wird. Ist die Fristsetzung unterlassen worden, muss das Gericht eine angemessene Zeit auf die Stellungnahme warten[46]; das sind mindestens zwei Wochen[47]. Wird (versehentlich) vor Ablauf der Äußerungsfrist entschieden, liegt darin ein Verstoß gegen Art 103 Abs 1 GG[48].

23 **9. Form der Abgabe.** Die Abgabe selbst ist ein einseitiger Akt, geschieht nicht durch Vereinbarung der Gerichte; es handelt sich nicht um einen öffentlich-rechtlichen Vertrag. Sie ist an eine bestimmte Form nicht gebunden[49], erfolgt

---

38 BayObLG FamRZ 1982, 1118.
39 BayObLG FamRZ 2000, 1443; BayObLG FamRZ 1998, 1182/3.
40 BayObLG FamRZ 1997, 438 = BtPrax 1997, 123.
41 BayObLG FamRZ 2000, 1443; FamRZ 1998, 1181 Nr 741; OLG Karlsruhe FamRZ 1996, 1341/2.
42 BayObLG FamRZ 1998, 1181; OLG Karlsruhe FamRZ 1996, 1341/2; *Schreieder* BtPrax 1998, 203/6.
43 BayObLG FamRZ 1998, 1182 Nr 743.
44 Vgl LG Berlin NJOZ 2007, 4174.
45 BayObLG FamRZ 2003, 705; NJOZ 2005, 947.
46 BVerfG 49, 215.
47 *Knittel* § 273 Rz 23.
48 BVerfG NJW 1988, 1773.
49 OLG Hamm Rpfleger 1967, 147.

aber üblicherweise durch einen Beschluss des Richters, den Versand der Akten und entsprechende Mitteilung an die Beteiligten (Betroffener, Betreuer, Verfahrenspfleger, Betreuungsbehörde). Es genügt der Satz: Das Verfahren wird an das AG ... abgegeben. Gründe sind nicht erforderlich (sie ergeben sich aus den Akten), eine Zustellung der Verfügung erfolgt nicht. Abgegeben werden kann grundsätzlich nur das gesamte Verfahren.

Eine Abgabe ist erst durch die Übernahmeerklärung des Gerichts **vollzogen**, nicht schon durch den Abgabebeschluss[50]. Die Übernahme erfolgt zB, indem die Akte weiterbearbeitet wird und das neue Aktenzeichen an das Abgabegericht mitgeteilt wird. 24

10. Folgen der vollzogenen Abgabe. Das neue Betreuungsgericht ist nun für das gesamte Betreuungsverfahren zuständig, auch für noch nicht abgerechnete Betreuervergütungen aus der Zeit vor Abgabe[51]. Zusätzliche Gerichtsgebühren entstehen durch eine Abgabe nicht. Wird das Betreuungsverfahren an ein anderes Betreuungsgericht abgegeben, entscheidet über Beschwerden gegen Beschlüsse des abgebenden Gerichts unabhängig vom Zeitpunkt ihrer Einlegung das dem zuständig gewordenen Gericht übergeordnete Landgericht[52]. 25

Die Abgabe hat nicht zwangsläufig zur Folge, dass nun ein **Betreuerwechsel** stattfinden muss. Meist ist es aber zweckmäßig, einen ortsnahen Betreuer zu bestellen; die Entlassung des bisherigen und die Bestellung eines anderen Betreuers erfolgt durch das Übernahmegericht[53]. 26

II. Zuständigkeitsstreit der Gerichte

Gerichte wollen Verfahren aus Gründen der Zweckmäßigkeit abgeben, manchmal auch nur, um sich Arbeit zu sparen; das andere Gericht weigert sich, aus demselben Grund. Einen Zuständigkeitsstreit[54] zwischen zwei Betreuungsgerichten, die sich nicht einigen können, entscheidet das gemeinsame Obergericht (§ 5 Abs 1 Nr 5 FamFG), aber nur auf Vorlage des abgabewilligen Gerichts[55]. Gemeinsames Obergericht ist zB ein LG (wenn die zwei Betreuungsgerichte ihren Sitz im selben Landgerichtsbezirk haben). Unklar ist im Übrigen, wer"nächsthöher" ist: kommt es auf den allgemeinen Gerichtsaufbau an (AG, LG, OLG, BGH) oder auf die konkrete Rechtsmittelzuständigkeit in Betreuungssachen (AG, LG, BGH). Wenn der LG-Bezirk überschritten wird, wird ein OLG zuständig sein, obwohl beim OLG in Betreuungs- und Unterbringungssachen keine Rechtsmittelzuständigkeit mehr liegt[56]. Wäre der BGH zuständig, ist das OLG des *zuerst* befassten Gerichts zuständig, § 5 Abs 2 FamFG. In Bayern entscheidet anstelle des abgeschafften BayObLG das OLG München (weil dort die Sachen konzentriert sind[57]), wenn die streitenden Amtsgerichte in verschiedenen bayerischen LG Bezirken liegen[58] oder wenn ein Verfahren von einem 27

50 BayObLG FamRZ 2000, 1443.
51 OLG Karlsruhe FamRZ 1998, 1056; BayObLGZ 1996, 284.
52 BayObLG FamRZ 1996, 1157.
53 Vgl BayObLG FamRZ 2000, 1299.
54 Besteht Einigkeit, ist die Sache auch dann nicht dem Obergericht vorzulegen, wenn der Betreuer gerne einen Beschluss des Obergerichts hätte oder nicht einverstanden ist; vgl OLG Köln FGPrax 2006, 72.
55 OLG München FamRZ 2007, 1186 (LS) = OLG-Report 2007, 452.
56 *Bassenge/Roth* § 5 Rz 8; *Knittel* § 273 Rz 33; unklar Keidel/*Sternal* § 5 Rz 30; *Prütting/Helms* § 5 Rz 34.
57 Art 11 a BayAGVG.
58 OLG München OLG-Report 2007, 452; BayObLG FamRZ 1996, 1341.

Betreuungsgericht eines anderen Bundeslandes an ein bayerisches Betreuungsgericht abgegeben werden soll[59].

28 Voraussetzungen der **Aktenvorlage** durch den Richter (Rz 6) des abgabewilligen Betreuungsgerichts ist eine umfassende Aufklärung der tatsächlichen Verhältnisse, die für die Zuständigkeitsfrage von Bedeutung sind (zB des tatsächlichen Mittelpunktes der Lebensführung), durch das vorlegende Betreuungsgericht[60]. Natürlich muss zuvor auch eine erfolglose Anfrage beim Übernahmegericht erfolgt sein[61]. Vor Aktenvorlage ist die Anhörung des Betroffenen oder des Betreuers *hierzu* nicht erforderlich[62]. Ist das andere Gericht nicht übernahmebereit, muss das Abgabegericht den Streit nicht an das Obergericht vorlegen; es kann den Streit auch auf sich beruhen lassen und das Verfahren selbst weiterbearbeiten. Das Obergericht kann nur vom abgabewilligen Gericht angerufen werden, nicht vom ins Auge gefassten Übernahmegericht, nicht vom Betreuer oder Betreuten[63]. Will das Gericht B ein Betreuungsverfahren, das beim Gericht A anhängig ist, übernehmen (also an sich ziehen, weshalb auch immer) und ist A nicht damit einverstanden, kann das Gericht B deshalb nicht den Weg zum Obergericht nach § 5 Abs 1 Nr 5 FamFG beschreiten.

29 Es kann auch ein drittes bisher nicht am Zuständigkeitsstreit beteiligtes Betreuungsgericht vom Obergericht als zuständig bestimmt werden[64]. Gegen die die Abgabe ablehnende Entscheidung des Obergerichts sind Gegenvorstellungen des Betreuungsgerichts zulässig[65]. Bei veränderten Umständen kann eine neue Abgabe versucht und bei Erfolglosigkeit dem Obergericht vorgelegt werden[66].

III. Rechtsmittel

30 Der **Zuständigkeitsbestimmungsbeschluss** ist **unanfechtbar** (§ 5 Abs 3 FamFG), auch für die beteiligten Gerichte.

31 Im Übrigen ist die Rechtsmittelsituation seit der Neuregelung (1.7.2005), die vom FamFG übernommen wurde, unklar; die alten Entscheidungen sind zu Fällen ergangen, in denen der Betroffene mit der Abgabe nicht einverstanden war; jetzt ist sein Einverständnis nicht mehr erforderlich, auf fehlendes Einverständnis kann daher kein Rechtsmittel mehr gestützt werden[67]. Wenn der Betroffene oder sonstige Beteiligte durch die Anhörung des Betreuungsgerichts erfahren, dass eine Abgabe beabsichtigt ist, fehlt noch eine anfechtbare Entscheidung im Sinne von § 58 FamFG. **Vor Vollzug der Abgabe** ist deshalb nur denkbar, dass der Betroffene eine Abgabe beantragt und das Betreuungsgericht dies durch Beschluss ablehnt; dann kann er in seinen Rechten (§ 59 FamFG) beeinträchtigt sein und Beschwerde (§§ 58 ff FamFG) zum LG kommt in Frage[68]. Auch der Betreuer kann in eigenen Rechten beeinträchtigt sein.

59 OLG München FamRZ 2005, 1577
60 OLG Karlsruhe FamRZ 1996, 498 Nr 284; auch muss die Betreuungssache schon anhängig sein, darf nicht erst möglicherweise einmal entstehen.
61 OLG Schleswig SchlHA 2002, 159.
62 BayObLG FamRZ 1996, 1339; *Schreieder* BtPrax 1998, 203/5.
63 OLG München FamRZ 2007, 1186 (LS) = OLG-Report 2007, 452.
64 OLG Karlsruhe FamRZ 1957, 183.
65 BayObLG FamRZ 1996, 511 Nr 311.
66 BayObLG NJOZ 2002, 425.
67 OLG Hamm FamRZ 2006, 802.
68 BayObLG NJOZ 2003, 640 (aber zur alten Rechtslage).

Ist der **Wechsel vollzogen**, hat also das zweite Betreuungsgericht die Abgabe 32
akzeptiert, gibt es kein Rechtsmittel mehr[69] gegen den Abgabebeschluss des Gerichts bzw die Annahmeentscheidung des Übernahmegerichts, weil sich der Abgabebeschluss erledigt hat; unanfechtbar für Beteiligte ist auch die Ablehnung der Übernahme[70].

§ 274 Beteiligte

(1) Zu beteiligen sind

1. der Betroffene,

2. der Betreuer, sofern sein Aufgabenkreis betroffen ist,

3. der Bevollmächtigte im Sinne des § 1896 Abs. 2 Satz 2 des Bürgerlichen Gesetzbuchs, sofern sein Aufgabenkreis betroffen ist.

(2) Der Verfahrenspfleger wird durch seine Bestellung als Beteiligter zum Verfahren hinzugezogen.

(3) Die zuständige Behörde ist auf ihren Antrag als Beteiligte in Verfahren über

1. die Bestellung eines Betreuers oder die Anordnung eines Einwilligungsvorbehalts,

2. Umfang, Inhalt oder Bestand von Entscheidungen der in Nummer 1 genannten Art

hinzuzuziehen.

(4) Beteiligt werden können

1. in den in Absatz 3 genannten Verfahren im Interesse des Betroffenen dessen Ehegatte oder Lebenspartner, wenn die Ehegatten oder Lebenspartner nicht dauernd getrennt leben, sowie dessen Eltern, Pflegeeltern, Großeltern, Abkömmlinge, Geschwister und eine Person seines Vertrauens,

2. der Vertreter der Staatskasse, soweit das Interesse der Staatskasse durch den Ausgang des Verfahrens betroffen sein kann.

Schrifttum: *Fröschle*, Beteiligte und Beteiligung am Betreuungs- und Unterbringungsverfahren nach dem FamFG, BtPrax 2009, 155; *Zimmermann* FPR 2009, 5.

Übersicht

69 AA *Knittel* § 273 Rz 32.

70 OLG München FamRZ 2007, 1186 (LS) = OLG-Report 2007, 452; BayObLG FamRZ 1998, 1182; aA Jansen/*Sonnenfeld* § 65 a Rz 29.

I. Entstehung und Zweck der Vorschrift

1 Das FGG verwandte den Begriff des Beteiligten an den einzelnen Stellen in verschiedenem Sinn. Die allgemeine Auffassung unterschied zwischen formell und materiell Beteiligten. **Beteiligter im materiellen Sinn** ist jede Person, deren Rechte und Pflichten durch die Regelung der Angelegenheit, also durch die zu erwartende oder bereits erlassene gerichtliche Entscheidung, unmittelbar betroffen wird oder betroffen werden kann, ohne Rücksicht darauf, ob sie im Verfahren aufgetreten ist. **Beteiligter im formellen Sinn** ist im Allgemeinen jede Person, die zur Wahrnehmung sachlicher Interessen am Verfahren teilnimmt oder zu ihm, auch eventuell zu Unrecht, zugezogen worden ist. Das FamFG hat diese Zweiteilung nicht ausformuliert. Es will sich stärker an andere Verfahrensordnungen, insbesondere die ZPO, anlehnen, die Mitwirkungsfunktionen „stärker als bisher von materiellrechtlichen Elementen" trennen und deutlicher an das „formelle Recht" anlehnen[1]. Diese Floskeln sind wenig hilfreich. § 7 **FamFG** befasst sich allgemein mit der Frage, wer Beteiligter ist; doch wird das in zahlreichen Sonderregelung erweitert bzw eingeschränkt. Eine solche Sonderregelung ist § 274 FamFG. Beteiligte haben eine starke Stellung im Verfahren (vgl Rz 27). Letztlich stören den Gesetzgeber die „Mitwirkungsrechte der nicht in eigenen Rechten betroffenen Personen"; deshalb soll (zur Kosteneinsparung) die Möglichkeit der Beteiligung Angehöriger möglichst eingeschränkt werden, andererseits die Stellung staatlicher Stellen ausgebaut werden.

II. Die Beteiligten des Betreuungsverfahrens

2 **1. Muss-Beteiligte (Abs 1).** Das sind diejenigen Personen, die vom Gericht hinzugezogen werden *müssen.* Sie sind nicht schon durch ihre materiellrechtliche Stellung automatisch Beteiligte im Sinn des Verfahrensrechts, sondern werden erst durch den Hinzuziehungsakt des Gerichts Beteiligte im Sinn des FamFG. Werden sie nicht hinzugezogen wird ihre materiellrechtliche Stellung dadurch

1 BT-Drucks 16/6308 S. 178.

zunächst nicht berührt, ist aber gefährdet. Die im Betreuungsverfahren zwingend zu beteiligenden Personen nennt § 274 Abs 1:

a) **Der Betroffene** (Nr 1); das entspricht § 7 FamFG und ist wegen Art 103 GG selbstverständlich. 3

b) **Betreuer** (Nr 2). Er ist Beteiligter, aber nur, sofern sein Aufgabenkreis betroffen ist. Beteiligt ist der Betreuer nur, wenn er schon wirksam (§§ 287, 40 Abs 1 FamFG) zum Betreuer bestellt wurde, also nicht im Bestellungsverfahren, aber bei späteren Genehmigungen, Abrechnungen, Erweiterungen bzw Beschränkungen des Aufgabenkreises, Entlassung, Aufhebung der Betreuung. 4

c) **Vorsorgebevollmächtigte** (Nr 3). Er ist Beteiligter, sofern sein Aufgabenkreis betroffen ist. Liegt eine solche Vollmacht vor, soll aber trotzdem dem Betroffenen ein Betreuer bestellt werden, muss also der Bevollmächtigte beteiligt werden. Die Beteiligtenstellung setzt nicht voraus, dass die Wirksamkeit der Vollmacht feststeht[2]; diese wird erst im Verfahren unter Mitwirkung des Beteiligten geprüft. Die Einschränkung in § 7 Abs 4 FamFG „soweit sie dem Gericht bekannt sind“ gilt für den Bevollmächtigten nicht. Der Bevollmächtigte und seine Anschrift ist deshalb grundsätzlich im Rahmen der Amtsermittlung festzustellen (§ 26 FamFG). Das bedeutet, dass der Betroffene danach zu fragen ist und im Vorsorgeregister der Bundesnotarkammer eine Internetabfrage notwendig ist. Ist der Betroffene nicht mehr orientiert und die Vollmacht nicht registriert, kann eine Beteiligung nicht erfolgen. 5

d) **Verfahrenspfleger** (Abs 2). Ab Wirksamwerden seiner Bestellung (§ 40 Abs 1 FamFG) bis zum Ende seines Amts (§ 276 Abs 5 FamFG) ist er ohne zusätzlichen Beschluss Beteiligter (nicht etwa gesetzlicher Vertreter des Betroffenen). Merkwürdigerweise schränkt aber die Gesetzesbegründung[3] ein: „*Sofern* er nach § 276 Abs 1 im Interesse des Betroffenen bestellt wird, ist er zugleich Beteiligter“; diese Einschränkung ist unklar. Nach § 276 Abs 7 FamFG dürfen dem Verfahrenspfleger persönlich keine Kosten auferlegt werden. 6

e) **Sonstige unmittelbar Betroffene.** Nach § 7 Abs 2 Nr 1 müssen auch diejenigen hinzugezogen werden, deren *Recht* durch das Verfahren *unmittelbar* betroffen wird. Nicht ausreichend sind rein mittelbare Auswirkungen[4], wie etwa die Stellung als Erbe des Betroffenen. Die doppelte Einschränkung (Recht; unmittelbar) führt dazu, dass lediglich ideell interessierte Personen (Freunde, Geistliche, Gläubiger, Schuldner, Kommune usw) aus dem Kreis der Muss-Beteiligten ausgeschieden werden, aber auch eine Vielzahl anderer Personen mit an sich schützenswerten Positionen (wie etwa der Vertragspartner, wenn ein Geschäft des Betreuten nicht genehmigt wird[5]). Betroffene könnten die Verwandten sein; diese sind in § 274 Abs 4 FamFG besonders geregelt. Es ist fraglich, ob der Ehegatte oder das Kind des Betroffenen im Betreuungsverfahren tatsächlich zu Kann-Beteiligten herabgestuft werden können (§ 274 Abs 4 FamFG), oder nicht doch ein Recht im Sinn von § 7 Abs 2 Nr 1 FamFG haben, weil die Ehe und die Familie unter dem besonderen Schutz der staatlichen Ordnung stehen (Art 6 Abs 1 GG)[6]. Den Ehegatten muss man deshalb zumindest bei Sterilisation und Unterbringung als Muss-Beteiligten einstufen. Deshalb wird man auch denjenigen Angehörigen, der nach § 1897 Abs 5 BGB vorrangig als Betreuer zu bestellen ist, im Gegensatz zur Rechtsprechung nach dem FGG als Beteiligten 7

---

2 *Knittel* § 274 Rz 29.
3 BT-Drucks 16/6308 S. 265.
4 BT-Drucks 16/6308 S. 178.
5 OLG Rostock NJW-RR 2006, 1229; *Jacoby* FamRZ 2007, 1703.
6 Vgl BVerfG BtPrax 2006, 228.

auffassen müssen; bewertet man den rechtsgeschäftlich eingesetzten Vorsorgebevollmächtigten als Beteiligten, kann die Stellung der gesetzlich privilegierten Personen nicht schwächer sein. Im Verfahren zur Genehmigung der Stellung eines Scheidungsantrags (§ 125 Abs 2 FamFG) ist vertreten worden, der Ehegatte müsse nicht beteiligt werden[7]; das ist zweifelhaft. Wenn jemand auf Herausgabe eines Betreuten in Anspruch genommen wird, ist er zwar kein „Beteiligter“ im Sinne von § 7[8], aber als Antragsgegner ist ihm vor der Entscheidung rechtliches Gehör zu gewähren.

8 **2. Antragsteller.** Ein Antragsteller (§ 23 FamFG) ist in Antragsverfahren zwingend Beteiligter (§ 7 Abs 1 FamFG). Antragsverfahren sind nur solche, bei denen der Antrag Verfahrensvoraussetzung ist; also nicht Amtsverfahren, bei denen jemand einen „Antrag“ stellt, also nur eine Anregung macht. Betreuungsverfahren können auf Antrag des Betroffenen eingeleitet werden (dann ist er als Betroffener ohnehin Beteiligter). Dritte, wie eine Klinik, ein Angehöriger, die eine Betreuung anregen (§ 1896 BGB), sind deshalb keine Beteiligten in diesem Sinne, auch wenn sie das Wort „Antrag“ benutzen.

9 **3. Stellung der Betreuungsbehörde (Abs 3).** Die Betreuungsbehörde ist beteiligtenfähig (§ 8 Nr 3 FamFG). Sie ist nicht automatisch Beteiligte. Wird sie vom Gericht um eine Stellungnahme gebeten (§ 8 BtBG), macht sie das allein noch nicht zur Beteiligten (§ 7 Abs 6 FamFG). Die örtlich zuständige Behörde ist aber von der Einleitung des Verfahrens zu benachrichtigen und über ihr Antragsrecht zu *belehren* (§ 7 Abs 4 FamFG), obwohl sie als Behörde ja wohl ihre Rechte kennt. Sie kann (muss aber nicht) den Antrag stellen, hinzugezogen zu werden; den Antrag kann sie auch schon Eingang der Benachrichtigung stellen. Geht ein Schreiben der Behörde ein, das nicht das Wort „Antrag“ enthält, sollte die Behörde gefragt werden, ob sie einen förmlichen Beteiligungsantrag stellt oder sich schlicht anderweitig zur Sache äußert. Gegebenenfalls ist ein klarstellender Beschluss angebracht. Der Antrag kann aber nur für ein konkretes Verfahren gestellt werden; ein Generalantrag („... beantragen wir unsere Beteiligung in allen künftigen Verfahren“) ist unbeachtlich. Die Behörde kann auch erklären, dass sie im konkreten Verfahren sich auch künftig nicht beteiligen wird (etwa um den Anfall von Schriftverkehr zu verringern; denn bei jeder künftigen Änderung müsste sie wieder erneut benachrichtigt werden). Die Behörde kann den Beteiligungsantrag jederzeit zurücknehmen und so aus dem Verfahren ausscheiden. Beteiligt sich die Behörde, können ihr Kosten auferlegt werden (§ 81 FamFG). Eine Frist für den Antrag gibt es nicht und kann auch nicht gesetzt werden[9]. Ab Rechtskraft des Betreuerbestellungsbeschlusses ist eine Hinzuziehung aber nicht mehr möglich. Geht der Antrag ein, ist die Behörde automatisch Beteiligte geworden; ein diesbezüglicher Beschluss ist unnötig, aber nicht verboten. Dem Gericht steht es nicht zu, die Ermessensausübung der Behörde nachzuprüfen („Warum beteiligt sie sich im Verfahren X, aber im Verfahren Y nicht?“) Eine irrige Ablehnung des Antrags wäre gegenstandslos.

10 Jedoch hat die Behörde nicht in jeder eine Betreuung betreffende Angelegenheit ein Recht auf Beteiligung, wie Abs 3 zeigt, sondern (ebenso wie nach § 303 Abs 1 FamFG das Beschwerderecht) nur:

11 **Nr 1: Verfahren über die Bestellung eines Betreuers** (auch Vereinsbetreuer, Behördenbetreuer, Verein als Betreuer, Behörde als Betreuer) oder die Anordnung eines Einwilligungsvorbehalts (§ 1903 BGB); das erfasst die Erstanord-

7 OLG München FGPrax 2006, 266; KG FGPrax 2006, 18.
8 AA *Fröschle* BtPrax 2009, 155.
9 Keidel/*Budde* § 274 Rz 8.

nung der Betreuung, die Verlängerung der Betreuung; eine ähnliche Eingrenzung findet sich in § 70 Abs 3 Nr 1 FamFG. Ein Gegenbetreuer ist kein gesetzlicher Vertreter, weshalb dessen Bestellung nicht unter Nr 1 fällt[10].

12 **Nr 2: Umfang, Inhalt oder Bestand von Entscheidungen** der in Nr 1 genannten Art. Was damit genau gemeint ist, ist im Einzelnen unklar („Inhalt" der Entscheidung? Soll damit auf § 286 FamFG verwiesen sein?). Erfasst ist der Umfang des Aufgabenkreises des Betreuers, die Auswahl des Betreuers, Entlassung des bisherigen Betreuers und Bestellung eines neuen Betreuers, Bestellung eines weiteren Betreuers; die Erweiterung, Einschränkung und Aufhebung der Betreuung sowie des Einwilligungsvorbehalts. Ein Umwandlungsbeschluss nach § 1908 b Abs 4 BGB könnte zum „Inhalt" gehören[11].

13 **Nicht erfasst** ist die Frage, ob ein Berufsbetreuer oder ein ehrenamtlicher Betreuer bestellt wird; Vergütungsfragen von Betreuern und Verfahrenspflegern[12]; Vermögensverwaltung durch den Betreuer; Erteilung gerichtlicher Genehmigungen zu Rechtsgeschäften (zB Grundstücksverkauf, §§ 1821, 1822 BGB; Mietsachen nach § 1907 Abs 1 BGB[13], andere Verträge nach § 1907 Abs 3 BGB). Ob die Genehmigung von Gesundheitsmaßnahmen (§ 1904 Abs 1 und 2 BGB; Sterbehilfe) und Sterilisation (§ 1905 BGB) zum Umfang bzw Inhalt gehören ist zweifelhaft; es wird von der hM verneint[14]. Soweit Abs 4 auf Abs 3 verweist erscheint mir richtiger[15], sie zum „Inhalt, Umfang" zu rechnen, weil sonst die Stellung der Angehörigen und der Vertrauensperson zu sehr geschwächt wird und zu einem reinen Staatsverfahren herabsinkt; es kann doch nicht sein, dass die erwachsenen Kinder nicht Beteiligte sind, wenn Vater bzw Mutter durch Abbruch der Ernährung sterben sollen.

14 **4. Folgen der Nichtbeteiligung eines Muss-Beteiligten.** Sie sind im FamFG nicht geregelt. Das rechtliche Gehör (Art 103 GG) wird dadurch verletzt[16]. Das macht die Entscheidung aber nicht nichtig, sondern nur anfechtbar, falls die weiteren Voraussetzungen der §§ 58 ff vorliegen. Ist kein Rechtsmittel gegeben, ist eine Anhörungsrüge nach § 44 FamFG denkbar. Ferner kommt Verfassungsbeschwerde in Betracht.

III. Die Kann-Beteiligten des Betreuungsverfahrens (Abs 4)

15 Das Gericht *kann* von Amts wegen oder auf Antrag die in Abs 4 genannten Personen als Beteiligte hinzuziehen (§ 7 Abs 3 FamFG); es kann also nicht jedermann hinzugezogen werden, dessen Beteiligung das Gericht für wünschenswert hält, sondern nur die gesetzlich berechtigten Personen[17]. Jedoch können sonstige Personen im Rahmen der Amtsermittlung als Zeugen vernommen werden (§§ 29, 30 FamFG). Erstaunlich ist, dass das FamFG der Betreuungsbehörde eine bessere Stellung einräumt als den nächsten Angehörigen; die Behörde kann sich ohne weiteres am Verfahren beteiligen, der Ehegatte ist auf das Wohlwollen („Ermessen") des Betreuungsgerichts angewiesen und muss uU um seine Beteiligtenstellung kämpfen.

---

10 AA *Prütting/Helms/Fröschle* § 274 Rz 31.
11 *Prütting/Helms/Fröschle* § 274 Rz 36.
12 MünchKomm FamFG/*Schmidt-Recla* § 274 Rz 9.
13 BayObLG BtPrax 2004, 111.
14 *Prütting/Helms/Fröschle* § 298 Rz 5; MünchKomm FamFG/*Schmidt-Recla* § 274 Rz 9.
15 Vgl BT-Drucks 16/6308 S. 265, wonach die Aufzählung nicht enumerativ ist.
16 BVerfG NJW 1994, 1053.
17 *Bumiller/Harders* § 7 Rz 20.

16 1. **Angehörige des Betroffenen.** – a) **Privilegierte Personen** sind nach **Abs 4 Nr 1:** Ehegatte oder (homosexuelle registrierte) Lebenspartner, wenn die Ehegatten oder Lebenspartner nicht dauernd getrennt leben, sowie dessen Eltern, Pflegeeltern, Großeltern, Abkömmlinge, Geschwister und eine **Person seines Vertrauens**.

17 **Nicht berechtigt** sind die Lebensgefährten des Betroffenen, die Geschwisterkinder (Neffen, Nichten), Schwager/Schwägerin, Onkel/Tante. Der Betroffene kann sie aber (auch konkludent) zu Vertrauenspersonen bestellen.

18 b) **Erlaubter Verfahrensgegenstand.** Er deckt sich mit dem Umfang der Beteiligtenrechte der Betreuungsbehörde, ist also wie bei dieser beschränkt. Auch die privilegierten Personen können sich nicht in jeden Verfahrensgegenstand einmischen, sondern nur in die des Abs 3, also Verfahren über die Bestellung eines Betreuers oder die Anordnung eines Einwilligungsvorbehalts; Umfang, Inhalt oder Bestand von Entscheidungen der vorgenannten Art. Sie sind also, trotz Einräumung der Beteiligtenstellung, zB nicht zu beteiligen, wenn der Betreuer des vermögenden Betreuten die Festsetzung seiner Vergütung fordert; auch nicht, wenn eine Genehmigung einer Wohnungskündigung (§ 1907 BGB) erfolgte[18]. Zur Beteiligung in den Fällen §§ 1904, 1905 BGB vgl Rz 13.

19 c) **Handeln „im Interesse des Betroffenen".** Die privilegierten Personen können nur im Interesse des Betroffenen beteiligt werden. Was diese Einschränkung bedeuten soll ist unklar. Es kommt wohl auf die Sicht des Betroffenen an, nicht die des Gerichts. Die Wünsche und Belange des Betroffenen müsste das Gericht also schon zum Zeitpunkt der Beteiligung der Verwandten berücksichtigen[19]. Der Betroffene müsste erst gefragt werden, ob er mit der Verständigung seiner volljährigen Kinder etc einverstanden ist. Selbst wenn der Betroffene das verneint, kann die Beteiligung der Angehörigen im **wohlverstandenen (objektiven) Interesse** des Betroffenen liegen. Deshalb können Angehörige **auch gegen den ausdrücklichen Willen** des Betroffenen beteiligt werden[20]. Ein fehlendes Interesse des Betroffenen wird man nur dann annehmen können, wenn der Angehörige erkennbar *ausschließlich* im eigenen Interesse handelt (etwa wenn der erbberechtigte Sohn sich *nur* deshalb gegen die Betreuung wendet, weil die Kosten der Betreuung den Nachlass mindern). Die Fälle des Mischinteresses (zB sowohl finanzielle Interesse, wie persönliche Anhänglichkeit an den Betroffenen) liegen noch „im Interesse des Betroffenen". Unklar ist, wie sein Interesse festzustellen ist, wenn der Betroffene sich nicht mehr artikulieren kann. Sind die Verwandten beteiligt worden, kann der Betroffene ihrer Anhörung nicht mehr widersprechen.

20 d) **Ermessen des Betreuungsgerichts.** Es ist in der Rechtsbeschwerde nur beschränkt nachprüfbar.

21 e) **Teilweise Beteiligung.** Das Gericht kann sein Ermessen bei der Frage, ob ein Angehöriger etc beteiligt wird oder nicht, auch dahin ausüben, dass jemand nur für einen Teilbereich beteiligt wird.

22 f) **Erstreckung der Beteiligung: Hauptsache/einstweilige Anordnung.** Vgl § 303 Rz 130.

23 2. **Staatskasse.** Der Vertreter der Staatskasse (Bezirksrevisor) *kann* beteiligt werden, aber nur, soweit das Interesse der Staatskasse durch den Ausgang des

---

18 BayObLG BtPrax 2004, 111.
19 BT-Drucks 16/6308 S. 265; MünchKomm FamFG/*Schmidt-Recla* § 274 Rz 12.
20 *Prütting/Helms/Fröschle* § 274 Rz 46.

Verfahrens betroffen sein kann (Abs 4 Nr 2). Das sind lediglich fiskalische Interessen. Beteiligt werden kann daher der Bezirksrevisor, wenn vom Betreuer Vergütung bzw Auslagenersatz aus der Staatskasse gefordert wird; wenn es um Vergütung und Auslagenersatz des Verfahrenspflegers geht; wenn der Gegenstandswert für die Gerichtsgebühr festgesetzt wird; wenn ein Regress gegen den Betreuten bzw dessen Erben wegen der verauslagten Vergütungen in Frage steht. Für die Frage, ob ein ehrenamtlicher oder ein Berufsbetreuer bestellt wird, kann er beteiligt werden. Die Staatskasse ist von der Einleitung des Verfahrens zu benachrichtigen und über ihr Antragsrecht zu belehren (§ 7 Abs 4 FamFG), obwohl man annehmen sollte, dass die Staatskasse ihre Rechte kennt und also keine Belehrung braucht.

Dagegen darf die Staatskasse **nicht beteiligt werden** bei der Frage, welcher Berufsbetreuer oder welcher ehrenamtliche Betreuer zum Betreuer bestellt wird; auch nicht zur Frage des Aufgabenkreises (wegen §§ 4, 5 VBVG; ausgenommen § 6 VBVG, weil dort nicht pauschal bezahlt wird). Interessen der Staatskasse sind nicht betroffen, wenn sie nicht zahlungspflichtig ist (Bestellung eines Vereins, der Betreuungsbehörde oder eines Behördenbetreuers (§§ 1835 Abs 5, 1836 Abs 3 BGB; § 8 VBVG)). Soll eine vermögende Person unter Betreuung gestellt werden, muss sie das Betreuerhonorar selbst zahlen; man müsste daher berechnen, ob die allgemeinen Kosten der Justizverwaltung für das konkrete Betreuungsgericht und den konkreten Fall durch die Gerichtsgebühr des vermögenden Betreuten gedeckt ist oder nicht; je nach dem Ergebnis wären Interessen der Staatskasse betroffen; das wäre absurd. 24

Auslegung. Abs 4 Nr 2, der in Zusammenhang mit § 304 Abs 1 Satz 1 FamFG steht, geht sehr weit und muss daher einschränkend ausgelegt werden. Wird eine Betreuung angeordnet, entstehen durch die Gehälter der Richter, Rechtspfleger und sonstigen Beschäftigten des Betreuungsgerichts für die Staatskasse Kosten, weil Gerichtsgebühren bei mittellosen Betreuten nicht anfallen und überdies die Staatskasse dem Berufsbetreuer eine Vergütung schuldet. Gleichwohl kann es nicht angehen, dass die Staatskasse bei *jedem* Betreuungsverfahren gegen eine mittellose Person beteiligt wird (und später Beschwerde einlegt mit der Begründung, der Betroffene sei gar nicht psychisch krank etc)[21]. 25

IV. Nichtbeteiligte

Wer nur anzuhören ist oder eine Auskunft zu erteilen hat, ohne dass die Voraussetzungen des § 7 Abs 2 oder 3 vorliegen, wird dadurch nicht Beteiligter (§ 7 Abs 6 FamFG). Das schwierige Problem ist, abzugrenzen, ob eine Eingabe ein Beteiligungsantrag ist oder nicht. Das Problem stellt sich auch bei der Betreuungsbehörde, die entweder eine bloße Stellungnahme abgeben kann oder einen Beteiligungsantrag stellen kann. Das kann letztlich nur durch Rückfrage geklärt werden. Nichtbeteiligte sind ferner Zeugen, Sachverständige, Dolmetscher; Gerichte und Behörden, deren Akten beigezogen werden; Gerichtspersonen (vgl § 6 FamFG). 26

V. Rechte der Beteiligten

1. Überblick. Das FamFG spricht an vielen Stellen von „Beteiligten" und räumt ihnen Rechte (und Pflichten) ein, so in § 3 Abs 1, § 4 (Anhörung der Beteiligten vor Verweisung bzw Abgabe), § 9 Abs 4 (Zurechnung des Verschuldens eines 27

21 *Prütting/Helms/Fröschle* § 274 Rz 52; MünchKomm FamFG/*Schmidt/Recla* § 274 Rz 16.

Beteiligten), § 10 Abs 1 (Verfahrensbetrieb durch die Beteiligten), § 10 Abs 2 (Vertretung der Beteiligten durch Anwälte etc), § 12 (Beistand des Beteiligten), § 13 (Akteneinsicht für Beteiligte), § 14 Abs 2 (Übermittlung der Anträge der Beteiligten), § 15 (Bekanntgabe von Schriftstücken an Beteiligte), § 22 (Antragsrücknahme etc durch Beteiligte), § 23 (Angabe der Beteiligten im Antrag), § 25 (Anträge der Beteiligten), § 28 (Erklärungen der Beteiligten), § 30 (Stellungnahme der Beteiligten zur Beweisaufnahme), § 32 (Erörterung der Sache mit den Beteiligten), § 33 (Persönliches Erscheinen der Beteiligten), § 34 (Persönliche Anhörung des Beteiligten). Nach § 37 Abs 2 FamFG darf das Gericht eine Entscheidung, die die Rechte eines Beteiligten beeinträchtigt, nur auf Tatsachen und Beweisergebnisse stützen, zu denen dieser Beteiligte sich äußern konnte. Nach § 76 FamFG kann Beteiligten Verfahrenskostenhilfe bewilligt werden, nach § 81 FamFG können einem Beteiligten Kosten auferlegt werden.

28 **2. Beteiligung und rechtliches Gehör.** Da das FamFG die Zahl der Beteiligten stark beschränkt, ist zu beachten, dass auch Nicht-Beteiligte nach verfassungsrechtlichen Grundsätzen (Art 103 Abs 1 GG) das Recht auf Gehör haben. Art 103 Abs 1 GG ist auch im Verfahren der freiwilligen Gerichtsbarkeit zu beachten[22]. Das gilt – unabhängig davon, ob die Anhörung im Gesetz vorgesehen ist – auch für Verfahren, die vom Untersuchungsgrundsatz beherrscht werden[23]. Auf eine förmliche Beteiligtenstellung kommt es nicht an[24]. Der Anspruch auf rechtliches Gehör steht vielmehr jedem zu, dem gegenüber die gerichtliche Entscheidung materiellrechtlich wirkt und der deshalb von dem Verfahren rechtlich unmittelbar betroffen wird[25].

29 **3. Bedeutung der Beteiligtenstellung für die Beschwerde.** Wer gegen einen Beschluss, der seinen **Beteiligungsantrag ablehnt**, keine Beschwerde eingelegt, kann grundsätzlich noch mit befristeter Beschwerde gegen die Endentscheidung vorgehen (§§ 58 ff FamFG), aber seine Nichtbeteiligung nicht mehr als Fehler rügen (§ 58 Abs 2 FamFG). Die Beschwerde setzt aber voraus, dass der Beschwerdeführer durch die Entscheidung in seinen Rechten beeinträchtigt ist (§ 59 Abs 1 FamFG), was nicht immer der Fall ist.

30 **Angehörige.** Nach § 303 Abs 2 FamFG steht das Recht der Beschwerde gegen eine *von Amts wegen* getroffene Entscheidung in Betreuungssachen *im Interesse* des Betroffenen dessen Ehegatten ... sowie den Abkömmlingen und Geschwistern des Betroffenen ... zu, *wenn sie im ersten Rechtszug beteiligt worden sind.* Abgesehen davon, dass nun die Beschwerde vom Beschwerdegericht darauf überprüft wird, ob sie dem Interesse des Betroffenen entspricht, muss auch der Angehörige in erster Instanz Beteiligter gewesen sein. Durch Nichtbeteiligung wird auch das Beschwerderecht abgeschnitten. Deshalb muss ein Angehöriger, wenn er nicht beteiligt wird, gegen die Nichtbeteiligung Beschwerde einlegen, weil ihm sonst die Beschwerde gegen die Endentscheidung genommen wird.

31 Bei der **Betreuungsbehörde** dagegen hängt die Beschwerdeberechtigung nicht davon ab, ob sie sich in erster Instanz beteiligt hat (§ 303 Abs 1 FamFG); dasselbe gilt für den **Verfahrenspfleger** (§ 303 Abs 3 FamFG) und die **Staatskasse** (§ 304 FamFG).

32 **4. Bedeutung der Beteiligtenstellung für die Kostenentscheidung.** Nach § 81 Abs 1 Satz 1 FamFG kann das Gericht die Kosten des Verfahrens nach billigem

22 BVerfG NJW 1994, 1053; NJW 1965, 1267.
23 BVerfG NJW 1988, 125.
24 BVerfG NJW 1994, 1053.
25 BVerfG NJW 1994, 1053; NJW 1988, 1225; NJW 1982, 1635.

Ermessen den Beteiligten ganz oder zum Teil auferlegen. Gemeint sind die formell Beteiligten. Wer an einer Betreuungsangelegenheit zwar materiell beteiligt ist, aber sich vom Verfahren fernhält, darf nicht mit Kosten eines anderen Beteiligten belastet werden; eine solche Entscheidung wäre ermessensfehlerhaft. Beteiligt sich die Betreuungsbehörde, trägt sie Kostenrisiko; gibt sie nur eine Stellungnahme ab, wird sie nicht Beteiligte. Ein förmlicher Beschluss, der die Stellung im Verfahren klarstellt, ist nicht vorgeschrieben, aber auch nicht untersagt.

VI. Verfahren

1. Der Hinzuziehungsantrag. Der Antrag (§ 7 Abs 2, Abs 3) kann in jeder Instanz gestellt werden, auch noch in der Beschwerdeinstanz, in der Rechtsbeschwerde. Er muss nicht ausdrücklich ausformuliert sein, kann sich auch aus den Umständen ergeben. In einer Beschwerde steckt der Antrag (vgl. § 303 Rz 128). Eine Frist dafür besteht nicht. Es besteht kein Anspruch darauf, dass Verfahrenshandlungen (wie Zeugenvernehmungen) wiederholt werden, wenn der Hinzuziehungsantrag erst spät gestellt wird. Wird der Antrag gestellt und im Falle des Abs 4 erst verspätet vom Gericht gebilligt, kann es anders sein. Der erstmalige Hinzuziehungsantrag kann mit der Beschwerde gegen die Endentscheidung verbunden werden[26]; eine Nachholung ist also denkbar. Ist das erstinstanzliche Verfahren rechtskräftig abgeschlossen (vgl § 63 Abs 3 FamFG), fragt sich, ob noch ein Hinzuziehungsantrag zulässig ist. In der Regel wird kein Rechtsschutzbedürfnis bestehen; doch kann es im Einzelfall auch jetzt noch darauf ankommen, ob jemand Beteiligter ist oder nicht, so etwa für die Akteneinsicht (§ 13 Abs 1 einerseits, § 13 Abs 2 andererseits); dann wird der Antrag zulässig sein[27]. 33

2. Rechtliches Gehör. Dem Betroffenen ist bei Hinzuziehung von Amts wegen vor Hinzuziehung kein rechtliches Gehör zu gewähren. Bei Hinzuziehung auf Antrag (Abs 4) kann es gewährt werden, muss aber nicht[28], weil es um die Einräumung einer verfahrensrechtlichen Stellung geht, über die der Betroffene nicht disponieren kann. Der Schutz des Betroffenen vor der Weitergabe von sensiblen Daten wird durch § 13 Abs 1 FamFG gewährleistet, wonach der Beteiligte die Akten nicht uneingeschränkt einsehen darf. 34

3. Ermittlung der anderen Beteiligten. In einem Antrag *soll* der Antragsteller die Personen benennen, die als Beteiligte in Betracht kommen (§ 23 Abs 1 Satz 2 FamFG). Die „Angehörigen" sind von der Einleitung des Betreuungsverfahrens zu benachrichtigen, „soweit sie dem Gericht bekannt sind", und über ihr Antragsrecht zu belehren (§ 274 Abs 4 Nr 1 FamFG). Problematisch ist, dass diese Personen nicht nach Name und Anschrift vom Gericht ermittelt werden müssen[29]. Es fragt sich, ob das mit dem rechtlichen Gehör (Art 103 GG) vereinbar ist; das Gericht muss zumindest versuchen, die Beteiligten zu ermitteln[30]. Unter Bekannt-Sein wird man sowohl die funktionsmäßige Stellung („Sohn") wie Namen und Anschrift verstehen müssen. Gibt der Antragsteller oder der Betroffene Anschriften der Angehörigen an und sind diese Personen unter der angegebenen Anschrift nicht erreichbar, kann das Gericht die Anschrift selbst ermitteln oder dies dem Antragsteller aufgeben (§ 27 FamFG)[31]. 35

---

26 LG Saarbrücken Beschl v 22.2.2010 – 5 T 87/10; *Bumiller/Harders* § 7 Rz 34.
27 AA *Bumiller/Harders* § 7 Rz 35: Antrag ausgeschlossen.
28 AA *Bumiller/Harders* § 7 Rz 27.
29 BT-Drucks 16/6308 S. 179.
30 *Knittel* § 274 Rz 23.
31 So BT-Drucks 16/6308 S. 179.

36 Werden die volljährigen **Kinder des Betroffenen nicht beteiligt**, weil ihre Adressen dem Gericht **nicht bekannt** sind, das Gericht sich auch nicht um die Ermittlung bemüht hat und der Betroffene sich nicht mehr artikulieren kann oder aus **Versehen**, dann ist wegen § 303 Abs 2 FamFG den Kindern die Beschwerde verschlossen, wenn von Amts wegen ein Betreuer bestellt wird (etwa auf Anregung einer Klinik, des Vermieters usw). Das kann nicht richtig sein, wenn man den Schutz der Familie (Art 6 GG) ernst nimmt. Hier wird die frühere Rechtsprechung zur außerordentlichen Beschwerde bei „greifbarer Gesetzwidrigkeit" wieder angewandt werden müssen, es sei denn, man weitet § 59 Abs 1 FamFG aus. Andernfalls kann Verfassungsbeschwerde eingelegt werden, gestützt auf Art 103 GG.

37 **4. Hinzuziehung eines Beteiligten.** Die Hinzuziehung stellt eine wichtige Entscheidung des Gerichts dar. Sie muss aber (entgegen § 38) nicht durch einen förmlichen **Beschluss** getroffen werden, weil das FamFG dies (aus Ersparnisgründen) nicht vorschreibt (Umkehrschluss aus § 7 Abs 5 Satz 1 FamFG). Deshalb ergibt sich aus der Akte (und dem Aktendeckel) auch nicht unbedingt eindeutig, *wann* die Hinzuziehungsentscheidung getroffen wurde. Indem der betreffenden Person Schriftstücke zugeleitet werden oder sie zu einem Termin geladen wird, ergibt sich konkludent, dass sie vom Gericht hinzugezogen wurde. Es ist aber notwendig, **für diese Person erkennbar zu machen**, was die Zuleitung von Schriftstücken an sie bedeuten soll: Freibeweiserhebung? Schriftliche Zeugenaussage? Beteiligtenstellung? Ein Hinweis auf die neue verfahrensrechtliche Stellung ist deshalb (jedenfalls bei Laien) angebracht[32]. Auch in der Akte sollte, zumindest in einem Vermerk für die Geschäftsstelle, festgehalten werden, wer die Beteiligten sind. Im **Rubrum der Entscheidung** muss es ohnehin stehen (§ 38 Abs 2 Nr 1 FamFG: „Bezeichnung der Beteiligten").

38 **5. Aufhebung der Hinzuziehung.** Die Hinzuziehung kann aufgehoben werden, etwa wenn das Gericht erkennt, dass es einen Nichtbeteiligten versehentlich hinzugezogen hat; aber auch das Ermessen kann während des Verfahrens für die Zukunft anders ausgeübt werden. Hier ist aber ein (anfechtbarer) Beschluss erforderlich, damit Rechtsklarheit besteht.

39 **6. Ablehnung eines Hinzuziehungsantrags.** Das Gericht entscheidet durch Beschluss (§ 38), wenn es einem Antrag auf Hinzuziehung gemäß § 7 Absatz 2 oder 3 nicht entspricht, dh ablehnt (§ 7 Abs 5 Satz 1). Der Beschluss ist zu begründen und mit einer Rechtsmittelbelehrung zu versehen. Ist der Beschluss rechtskräftig, dann kann die Frage der Richtigkeit der Ablehnung der Beteiligtenstellung wegen § 58 Abs 2 nicht mehr der Beurteilung des Beschwerdegerichts unterliegen, also nicht mehr nachgeprüft werden. Wird in *einer* Entscheidung sowohl ein Hinzuziehungsantrag zurückgewiesen als auch die Endentscheidung getroffen (was zulässig ist, aber nicht dem Sinn der gesetzlichen Regelung entspricht), muss wegen der unterschiedlichen Rechtsmittelfristen (ein Monat bzw zwei Wochen) eine differenzierte Rechtsmittelbelehrung erfolgen.

40 Wird die Ablehnung rechtskräftig, dann hat der Pseudobeteiligte sein Beschwerderecht verloren; denn nach § 303 Abs 2 FamFG steht das Recht der Beschwerde in bestimmten Fällen jemandem nur zu, wenn er im ersten Rechtszug beteiligt worden ist; erfolgte keine Beteiligung, dann bliebe nur noch eine Beschwerde aus Verletzung im eigenem Recht (§ 59 Abs 1 FamFG), was kaum je denkbar ist.

---

32 *Bumiller/Harders* § 7 Rz 31.

VII. Rechtsmittel

1. Gegen die Ablehnung der Beteiligung. Der die Beteiligung ablehnende Beschluss ist mit der befristeten Beschwerde in entsprechender Anwendung der §§ 567 bis 572 ZPO anfechtbar (§ 7 Abs 5 Satz 1), also mit einer Frist von zwei Wochen. Der Beschwerde kann abgeholfen werden (§ 572 ZPO; vgl § 68 FamFG). Reagiert das Gericht auf den Antrag überhaupt nicht, wird man das nach angemessener Zeit als **konkludente Ablehnung** auffassen müssen, so dass die Beschwerde eröffnet ist[33]. Wird der Antrag gestellt und zurückgewiesen, diese Zurückweisung aber in der Beschwerde aufgehoben, sind Verfahrenshandlungen (zB eine Zeugenvernehmung) in der Regel zu wiederholen. Folge ist, dass ab Einlegung der Beschwerde das Verfahren nur beschränkt weiterbetrieben werden kann; es stockt, bis die Frage geklärt ist, wer Beteiligter ist. Wer keine Beschwerde einlegt, sondern den Ablehnungsbeschluss rechtskräftig werden lässt, verliert die Rüge der fehlenden Hinzuziehung (§ 58 Abs 2). 41

2. Gegen die Hinzuziehung. Gegen eine erfolgte Hinzuziehung hat weder der Betroffene (Antragsteller) noch ein anderer Beteiligter ein Rechtsmittel; das ergibt der Umkehrschluss aus § 7 Abs 5 Satz 2 FamFG. 42

§ 275 Verfahrensfähigkeit

In Betreuungssachen ist der Betroffene ohne Rücksicht auf seine Geschäftsfähigkeit verfahrensfähig.

Die Regelung entspricht dem früheren § 66 FGG.

Schrifttum: *Harm*, Die Verfahrensfähigkeit betreuter Personen nach § 66 FGG, Rpfleger 2006, 8.

1. Verfahrensfähigkeit. Das ist im Verfahren der freiwilligen Gerichtsbarkeit die Fähigkeit des Betroffenen, als Beteiligter (vgl § 7 FamFG) aufzutreten. Ihr entspricht im Zivilprozess die Prozessfähigkeit (§ 52 ZPO). Nach § 9 FamFG sind verfahrensfähig die nach bürgerlichem Recht Geschäftsfähigen; die nach bürgerlichem Recht beschränkt Geschäftsfähigen, soweit sie für den Gegenstand des Verfahrens nach bürgerlichem Recht als geschäftsfähig anerkannt sind; die nach bürgerlichem Recht beschränkt Geschäftsfähigen, soweit sie das 14. Lebensjahr vollendet haben und sie in einem Verfahren, das ihre Person betrifft, ein ihnen nach bürgerlichem Recht zustehendes Recht geltend machen; diejenigen, die aufgrund des FamFG oder eines anderen Gesetzes dazu bestimmt werden (§ 9 Abs 1 Nr 4): eine solche Sondervorschrift ist § 275. – Geschäftsunfähige und beschränkt geschäftsfähige Personen müssen daher grundsätzlich durch ihre gesetzlichen Vertreter vertreten werden. 1

Ist ein Einwilligungsvorbehalt angeordnet, der den Verfahrensgegenstand erfasst, sind die Verfahrenshandlungen des geschäftsfähigen Betroffenen unwirksam; das ist ausdrücklich geregelt für das öffentliche Recht in §§ 62 Abs 2 VwGO; 12 Abs 2 VwVfG; § 11 Abs 2 SBG X, § 58 Abs 2 FGO, § 79 Abs 2 AO. Die Verfahrensfähigkeit des Betroffenen wird nicht dadurch beeinträchtigt, dass ihm ein **Verfahrenspfleger** bestellt ist. Der Betroffene hat *seine* Rechtsmittel, der Verfahrenspfleger hat unabhängig davon aus seiner Rechtsstellung ebenfalls Rechtsmittel[1] (es laufen getrennte Fristen) und übt nicht nur 2

---

33 *Knittel* § 274 Rz 24.
1 OLG Frankfurt FGPrax 2000, 21.

die Rechtsmittel des Betroffenen aus[2]. Der eine kann nicht die Beschwerde des anderen zurücknehmen. Hat der Verfahrenspfleger Beschwerde eingelegt, der Betroffene aber nicht, und wird die Beschwerde vom LG zurückgewiesen, kann der Betroffene nicht „aufspringen" und jetzt Rechtsbeschwerde gegen den Beschluss des LG einlegen[3].

3 **2. Verfahrensfähigkeit im Betreuungsverfahren. – a) Erweiterung der Rechtsstellung.** § 275 FamFG stellt klar, dass der Betroffene (auch wenn er geschäftsunfähig oder im Falle des § 1908 a BGB minderjährig ist) für einen bestimmten Bereich voll verfahrensfähig ist; damit werden die Konsequenzen aus der verfassungsgerichtlichen Rechtsprechung[4] vor Inkrafttreten des BtG gezogen; die Regelung entspricht § 1896 Abs 1 Satz 2 BGB. Für das Unterbringungsverfahren gilt § 312 FamFG. Der Betroffene kann also alle Anträge selbst stellen[5], Verfahrens- und Prozessvollmacht erteilen[6], alle Angriffs- und Verteidigungsmittel selbst vorbringen, Richter und Sachverständige ablehnen, Verfahrenskostenhilfe beantragen, Wiedereinsetzung gegen eine Fristversäumung (§§ 17, 18 FamFG) begehren, von Rechtsmitteln selbst Gebrauch machen; Verfassungsbeschwerde einlegen, auch wenn ihm ein Betreuer für diese Aufgabenkreise beigeordnet ist[7]. Die Anerkennung voller Verfahrensfähigkeit auch für Geschäftsunfähige bedeutet letztlich, dass der Verfahrensablauf nicht mehr vom Willen des Betroffenen, sondern vom Zufall gesteuert werden kann. Deshalb verlangt das OLG Saarbrücken[8], dass jedenfalls ein „natürlicher Wille" beim Betreuten vorhanden sein müsse, damit Verfahrensfähigkeit besteht, was aber Abgrenzungsprobleme bereitet.

4 **b) Verschlechterung der Rechtsstellung.** Verfahrensfähig sein heißt nach hM ferner, auch Handlungen wirksam vornehmen zu können, die nachteilig sein können. Darunter fallen zB die Entgegennahme einer Zustellung[9], die Rücknahme einer Beschwerde, der Verzicht auf Rechtsmittel.

5 Diese Ausdehnung ist mE bedenklich, weil sie dem Schutzgedanken widerspricht; ihm nachteilige Verfahrenshandlungen kann der Betroffene somit nicht wirksam vornehmen[10]. Auch wenn das BtG nach seiner Konzeption die Geschäftsfähigkeit nicht geprüft haben will, kann damit die vorhandene und klar zutage tretende Geschäftsunfähigkeit mancher Betroffener nicht wegdiskutiert werden. Auch ohne deklaratorische Feststellung ist ein solcher Betroffener geschäftsunfähig (§ 105 BGB) und als Folge rechtlich handlungsunfähig, wie immer man das nennen mag. Er verdient deshalb Schutz; der Rechtsmittel-

---

2 OLG Hamm FamRZ 2006, 1301 (L) = OLG-Report 2006, 642.

3 OLG Hamm FamRZ 2006, 1301 (L) = OLG-Report 2006, 642.

4 BVerfG 10, 302; BGH 35, 1.

5 *Harm* Rpfleger 2006, 8.

6 OLG Stuttgart OLGZ 1975, 74; BayObLG FamRZ 1984, 1259; Rpfleger 1988, 240; *Klüsener* Rpfleger 1992, 466; einschränkend OLG Saarbrücken BtPrax 1999, 153 = FGPrax 1999, 108 m abl Anm *Schmidt* FGPrax 1999, 178, falls der „natürliche Wille" fehle. Widersprüchlich Keidel/*Budde* § 275 Rz 4: auch für ihm nachteilige Handlungen sei der Betroffene verfahrensfähig; Rz 5: aber eine Verfahrensvollmacht, die er erteile, ohne sie verstanden zu haben, sei nicht wirksam. Dann wäre der dem Gericht nützliche Rechtsmittelverzicht wirksam, die Vollmacht, die er einem Dritten für eine Beschwerde erteilt, was dem Gericht belastet, dagegen nicht!

7 BayVerfGH BtPrax 1995, 179.

8 OLG Saarbrücken FGPrax 1999, 108; aA OLG Schleswig FGPrax 2007, 130. Offengelassen KG NJW-RR 2010, 79.

9 *Prütting/Helms/Fröschle* § 275 Rz 16; Jansen/*Sonnenfeld* § 66 Rz 10; BayObLG NJW-RR 2001, 724, aber ohne Diskussion des Problems.

10 Zust *Knittel* § 275 Rz 10; *Jurgeleit/Meier* § 66 Rz 5; Bassenge/*Roth* FGG § 66 Rz 3; *Prütting/Helms/Fröschle* § 275 Rz 10; aA Holzhauer/*Reinicke* § 66 Rz 3; MünchKomm-*Schwab* § 1896 Rz 144; *Richter* FamRZ 1992, 1021; *Schmidt* FGPrax 1999, 178/9; *Bassenge/Roth* § 275 FamFG Rz 2; MünchKomm FamFG/*Schmidt-Recla* § 275 Rz 6.

verzicht des **völlig Verwirrten**, der nicht einmal ahnen kann, was er sagt, kann schwerlich wirksam sein[11]. Dem kann man nicht entgegen halten, dass die Frist für den Verfahrenspfleger ja gesondert laufe, also der Rechtsmittelverzicht oder die Fristversäumung durch den Betroffenen unschädlich sei; denn nicht immer ist ein rechtsmittelwilliger Verfahrenspfleger bestellt. Auch die Möglichkeit der Wiedereinsetzung (§ 22 FGG) hilft nur selten.

Anwaltsvertrag. Der Vertrag des geschäftsunfähigen Betroffenen mit seinem Anwalt (Geschäftsbesorgungsvertrag, § 675 BGB), scheint nach § 105 BGB nichtig zu sein. Die Vollmacht ist nach allgemeiner Meinung dagegen wegen § 275 FamFG wirksam erteilt. Darin muss kein Widerspruch liegen, weil die Vollmacht nach dem Abstraktionsprinzip vom Grundgeschäft (§ 675 BGB) unabhängig ist, die Nichtigkeit des Anwaltsvertrags also die Wirksamkeit der Vollmacht grundsätzlich unberührt lässt[12]. Will das Gesetz aber dem Geschäftsunfähigen die volle Verfahrensfähigkeit zubilligen und ihm als Konsequenz die Möglichkeit geben, Anwälte zu beauftragen, dann muss dies auch tatsächlich möglich sein. Der Anwalt wird das Mandat nicht annehmen, wenn er wegen der Geschäftsunfähigkeit kein Honorar erlangen oder behalten kann. Deshalb muss man mE eine Teilgeschäftsfähigkeit des Geschäftsunfähigen annehmen (ähnlich wie bei §§ 112, 113 BGB) und den Anwaltsvertrag für wirksam erachten[13]. In Missbrauchsfällen, etwa bei unangemessener Honorarvereinbarung, muss § 138 BGB herangezogen werden. 6

c) **Umfang der Verfahrensfähigkeit.** Verfahren, die die Betreuung betreffen, sind alle Verfahrensabschnitte des Betreuungsverfahrens sämtlicher Instanzen, Bestellung eines Betreuers sowie eines neuen Betreuers (auch bei § 1908c BGB)[14], Verlängerung, Anordnung eines Einwilligungsvorbehalts, Genehmigung von Rechtsgeschäften usw. 7

3. **Zivilprozess.** Wer geschäftsfähig ist, ist für den Zivilprozess prozessfähig (§ 52 ZPO), dh er kann selbstständig Klagen erheben, Rechtsmittel einlegen und sonstige Prozesshandlungen wirksam vornehmen. Hat nun eine *geschäftsfähige* Person ausnahmsweise einen Betreuer, dann stellt sich die Frage, wer die prozessualen Entscheidungen trifft: dazu sagt § 53 ZPO, dass im Interesse der Rechtsklarheit die Prozessführung ausschließlich beim Betreuer liegt; die materiell-rechtliche Verfügungsbefugnis dagegen bleibt beim geschäftsfähigen Betreuten, falls kein Einwilligungsvorbehalt angeordnet ist. Folge: Hat der *geschäftsfähige* Betreute, vertreten durch den Betreuer als gesetzlichen Vertreter, eine Zahlungsklage gegen einen Schuldner des Betreuten erhoben, kann der Betreute diese Klage nicht zurücknehmen (die Rücknahme wäre unwirksam); er kann aber dem Beklagten die Schuld wirksam erlassen[15], so dass die Klage abgewiesen wird. Hat der Betreute selbst (ohne Vertretung) die Klage erhoben, dann bleibt es bis zum Eintritt des Betreuers bei der Prozessfähigkeit des geschäftsfähigen Betreuten[16]; bis dahin kann er (trotz Betreuung) die Klage zurücknehmen; das ist zwar bei Prozessen, die dem Betreuer unbekannt sind, problematisch, aber wegen der Rechtsklarheit (das Gericht weiß oft nichts von der Betreuung! Ein Zentralregister für Betreuungen gibt es nicht) hinzunehmen. Besteht ein Einwil- 8

11 Vgl OLG Hamm Rpfleger 1990, 510 zur alten Rechtslage.
12 Allg. Meinung, zB Palandt/*Heinrichs* § 167 Rz 4.
13 BayObLG FamRZ 1999, 1612 Nr 1088; BayObLG FamRZ 2002, 764 für den Fall, dass ein Betreuer einen Bevollmächtigten für die Erinnerung gegen den Kostenansatz bestellt; für Wirksamkeit des Anwaltsvertrags auch Keidel/*Budde* § 275 Rz 3; Jansen/*Sonnenfeld* § 66 Rz 16; *Holzhauer/Reinicke* § 66 Rz 4. Zum Auftrag des Betreuten an einen Anwalt, die Akten des Betreuers (nicht: des Gerichts) einzusehen vgl *Bienwald* BtPrax 2003, 16.
14 OLG Hamm FamRZ 1993, 988/989.
15 OLG Düsseldorf OLGZ 1983, 120.
16 RGZ 52, 224; BFH DB 1983, 320.

ligungsvorbehalt für den Bereich Vermögenssorge, kann der geschäftsfähige Betreute die Schuld nicht erlassen. *Geschäftsunfähige* Personen dagegen sind nicht prozessfähig; sie werden durch einen Betreuer vertreten, das obige Problem taucht nicht auf.

9 **4. Zeugenstellung.** Geschäftsunfähige Personen können Zeugen sein; eine andere Frage ist deren Aussagetüchtigkeit. Wird ein Betreuter als Zeuge zu einem Verfahren geladen (zB weil er einen Unfall beobachtet hat), gehört es nicht zu den Aufgaben des Betreuers, ihn zum Termin zu begleiten. *Geschäftsunfähige* Personen (als Kläger, Beklagte) können im (eigenen) Zivilprozess im Rahmen einer Beweisaufnahme nicht als Partei vernommen werden, sondern nur als Zeugen (§ 455 Abs 1 ZPO); als Partei ist vielmehr der Betreuer zu vernehmen. Dasselbe gilt für *geschäftsfähige* Betreute; nach dem Ermessen des Gerichts kann aber ein solcher Betreuter als Zeuge oder Partei vernommen werden (§ 455 Abs 2 Satz 2 ZPO). Ist unklar, ob Geschäftsfähigkeit besteht, kann die Vernehmung erfolgen und die Aussage verwertet werden, aber offen bleiben, ob eine Partei- oder Zeugenvernehmung stattgefunden hat[17].

§ 276 Verfahrenspfleger

(1) [1]Das Gericht hat dem Betroffenen einen Verfahrenspfleger zu bestellen, wenn dies zur Wahrnehmung der Interessen des Betroffenen erforderlich ist. [2]Die Bestellung ist in der Regel erforderlich, wenn

1. **von der persönlichen Anhörung des Betroffenen nach § 278 Abs. 4 in Verbindung mit § 34 Abs. 2 abgesehen werden soll oder**
2. **Gegenstand des Verfahrens die Bestellung eines Betreuers zur Besorgung aller Angelegenheiten des Betroffenen oder die Erweiterung des Aufgabenkreises hierauf ist; dies gilt auch, wenn der Gegenstand des Verfahrens die in § 1896 Abs. 4 und § 1905 des Bürgerlichen Gesetzbuchs bezeichneten Angelegenheiten nicht erfasst.**

(2) [1]Von der Bestellung kann in den Fällen des Absatzes 1 Satz 2 abgesehen werden, wenn ein Interesse des Betroffenen an der Bestellung des Verfahrenspflegers offensichtlich nicht besteht. [2]Die Nichtbestellung ist zu begründen.

(3) Wer Verfahrenspflegschaften im Rahmen seiner Berufsausübung führt, soll nur dann zum Verfahrenspfleger bestellt werden, wenn keine andere geeignete Person zur Verfügung steht, die zur ehrenamtlichen Führung der Verfahrenspflegschaft bereit ist.

(4) Die Bestellung eines Verfahrenspflegers soll unterbleiben oder aufgehoben werden, wenn die Interessen des Betroffenen von einem Rechtsanwalt oder einem anderen geeigneten Verfahrensbevollmächtigten vertreten werden.

(5) Die Bestellung endet, sofern sie nicht vorher aufgehoben wird, mit der Rechtskraft der Endentscheidung oder mit dem sonstigen Abschluss des Verfahrens.

(6) Die Bestellung eines Verfahrenspflegers oder deren Aufhebung sowie die Ablehnung einer derartigen Maßnahme sind nicht selbständig anfechtbar.

(7) Dem Verfahrenspfleger sind keine Kosten aufzuerlegen.

Schrifttum: *Pohl*, Die Verfahrenspflegschaft, BtPrax 1992, 19 und 56; *Rogalla*, Mehr Rechtsschutz durch den Verfahrenspfleger, BtPrax 1993, 146; *Donner*, BtPrax 1994, 10; *Zimmermann*, Ist die Bestellung eines Verfahrenspflegers anfechtbar?, FamRZ 1994, 286; *Rogalla*, Die Verfahrenspflegerin, RuP 1996, 130; *Heistermann*, Verfahrenspflegschaft – ein Fall für den Rechtsanwalt? BtPrax 1999, 53; *Bienwald*, Geltendmachung von Aufwand und Vergütung (von Behörden als Verfahrenspflegern) Rpfleger 1999, 429; *Bien-*

17 BGH LM § 373 ZPO Nr 3.

wald, Verfahrenspflegschaftsrecht, 2002; *Harm*, Verfahrenspflegschaftsrecht, 2002; *Kiesewetter/Schröder*, Das Ringen um die Vergütung der Verfahrenspfleger, FPR 2006, 20; *Aschpurwis*, Der Verfahrenspfleger gem § 70 b FGG im Verfahren zur geschlossenen Unterbringung Minderjähriger gem § 1631 b BGB, 2009.

Übersicht

Rz

I. Zweck und Aufbau der Norm

§ 276 FamFG entspricht im Wesentlichen dem früheren § 67 FGG. Zweck der Regelung ist, Personen, die geistig nicht in der Lage sind, sich zu helfen, einen Beistand zur Seite zustellen. Durch den Verfahrenspfleger soll ferner das rechtlichen Gehör (Art 103 GG) gewahrt werden. Ähnliche Erwägungen sprechen für die Bestellung eines Pflichtverteidigers in Strafsachen; die Anwaltsbeiordnung 1 bei der Prozess- bzw Verfahrenskostenhilfe. Die Gesetzesbegründung meint, durch Einschaltung einer unabhängigen dritten Person in das Verfahren solle eine optimale Wahrung der Interessen des Betroffenen gewährleistet werden[1]. Eine allgemeine Bestimmung über Verfahrenspfleger gab es vor 1992 im FGG nicht. Lediglich § 64 b aF FGG (zivilrechtliche Unterbringung), § 5 Abs 2 FEVG und die Unterbringungsgesetze der Länder enthielten ähnliche Vorschriften; § 57 ZPO regelt den Prozesspfleger. Weil es um Rechtsfragen geht, wäre es richtig gewesen, die Beiordnung von Anwälten in solchen Fällen vorzuschreiben; davon hat man zwecks Kosteneinsparung abgesehen (in der Praxis wird in etwa 1/3 der Fälle ein Nichtanwalt zum Verfahrenspfleger bestellt). *Wann* ein Verfahrenspfleger bestellt werden sollte, war schon im BtG-Gesetzgebungsverfahren kontrovers[2]. Wesentliche Einschränkungen erfolgten, um Kosten zu sparen, durch das 1. BtÄndG 1998, weshalb die Rechtsprechung vor 1999 nur noch beschränkt verwertbar ist; sodann durch das 2. BtÄndG 2005. Das FamFG hat im grammatikalischen Aufbau die warnende Einschränkung durch Voranstellung des Wortes „soweit" beseitigt. Ob ein Verfahrenspfleger letztlich Nützliches zum Verfahren beiträgt ist umstritten[3]. Die Praxis hält die Bestellung oft nur für überflüssiges, aber verfassungsrechtlich gebotenes Verfahrensbeiwerk.

2 **Sonderregelungen.** In Sterilisationssachen findet sich die Regelung des Verfahrenspflegers in § 297 Abs 5 FamFG, in Sterbehilfeverfahren in § 298 Abs 3, in Unterbringungssachen in § 317 FamFG, in sonstigen Freiheitsentziehungsverfahren in § 419 FamFG. Beim Kind heißt der Verfahrenspfleger jetzt Verfahrensbeistand (§ 158 FamFG).

2a Aufbau der Vorschrift

Fall des § 276 Abs 1 2 Nr 1 oder Nr 2			Sonstiger Fall, § 276 Abs 1 1	Sterilisationsbetreuung Sterbehilfe
Regelfall: VP erforderlich	kein Regelfall: kein VP erforderlich	Betroffener will keinen VP: § 276 Abs 2	VP, falls nach Lage des Einzelfalls erforderlich	VP immer erforderlich, §§ 297 Abs 5, 298 Abs 3

II. Statistik

3 1996 wurden im Bundesgebiet 71.000 Verfahrenspfleger bestellt, 1999: 77.562[4], mit ganz erheblichen regionalen Schwankungen. Im Jahre 2007 wurden von den Betreuungsgerichten insgesamt 89.576 Verfahrenspfleger bestellt, davon entfielen 57.903 Bestellungen auf Rechtsanwälte (ca 65 %), der Rest (31.673 Bestellungen) auf andere Personen (selbstständige Sozialarbeiter, Vereinsbetreuer usw)[5].

1 BT-Drucks 8/2788 S. 77 zu § 64 b aF FGG.
2 Vgl 61. Sitzung des Rechtsausschusses am 15.11.1989, Stenographisches Protokoll, Teil I.
3 Vgl *Coeppicus* S. 119 ff.
4 BT-Drucks 13/7133; *Brill* BtPrax 1997, 138; Statistik des BMJ.
5 Zahlen (ohne Hamburg) nach HK-BUR-Bauer/*Deinert* § 276 Rz 137.

III. Bestellung eines Verfahrenspflegers (Abs 1)

4 **1. Voraussetzungen. – a) Bestellung bei Erforderlichkeit (Abs 1 Satz 1).** Nach Abs 1 Satz 1 ist ein Pfleger zu bestellen, *wenn* es nach der allgemeinen Verfahrenssituation erforderlich *ist* (nicht: erforderlich"erscheint"), dass der Betroffene zur Wahrung seiner Interessen einen Beistand von dritter Seite erhält; dies ist eine Frage des Einzelfalls. Kleinlichkeit ist nicht angebracht; im Zweifelsfall sollte ein Verfahrenspfleger bestellt werden. Gesichtspunkte sind unter anderem der Grad der Behinderung und die Bedeutung des jeweiligen Verfahrensgegenstandes[6]. Bei der Prüfung sollte man aber auch beachten, dass der Pfleger eine Funktion haben muss, die Bestellung nicht erforderlich ist, wenn sie „reine Formsache" wäre.

5 **Kasuistik zur Erforderlichkeit:** Bestellung eines Verfahrenspflegers für einen schwer ansprechbaren Betroffenen: idR ja[7]. Wer sich verständlich machen kann und einen rechtlich erheblichen Willen äußern kann, braucht andererseits keinen Verfahrenspfleger[8]. Wenn es um die Bestellung eines Betreuers auf Antrag eines nur körperlich Behinderten geht: kein Verfahrenspfleger; wenn beim Betroffenen nur leichte psychische Krankheiten oder seelische Behinderungen bestehen, oder wenn es sich um einen einfachen Fall handelt und der Betroffene sich verständlich und nachdrücklich selbst äußern kann: kein Verfahrenspfleger[9]; im Abgabeverfahren kein Verfahrenspfleger nur für die Wahrung des rechtlichen Gehörs nach §§ 4, 273 FamFG [10]; für Verfahren, die unproblematische Genehmigungen von Rechtsgeschäften (zB Geldanlagen) im Rahmen einer anhängigen Betreuung betreffen: kein Verfahrenspfleger. Wenn das **Gutachten** dem Betroffenen wegen Gesundheitsgefährdung nicht vollständig zur Kenntnis gegeben wird ist ein Verfahrenspfleger zu bestellen[11].

6 Kein Verfahrenspfleger, wenn lediglich nach § 288 Abs 1 FamFG von der Bekanntmachung der Entscheidungsgründe abgesehen werden soll[12]; kein Verfahrenspfleger für ein Beschwerdeverfahren, wenn die Beschwerde offensichtlich unzulässig ist[13]; oder wenn die Beschwerde offensichtlich begründet ist[14]. Kein Verfahrenspfleger, wenn der Betroffene von einem Anwalt oder anderen geeigneten Verfahrensbevollmächtigten (zB einem sachkundigen Verwandten) vertreten wird (Sollvorschrift), § 276 Abs 4 FamFG, oder wenn dem Betroffenen im Wege der Verfahrenskostenhilfe (§§ 76 ff FamFG, § 114 ff ZPO) ein Anwalt beigeordnet wurde; die entsprechenden Vollmachten kann der Betroffene wirksam erteilen, selbst wenn er geschäftsunfähig ist (§ 275 Rz 6). Verfahrenspfleger notwendig, wenn der ehrenamtliche Betreuer durch einen Berufsbetreuer ausgewechselt werden soll[15]; zweifelhaft.

7 In **Genehmigungsfällen** wird häufig die Bestellung eines Verfahrenspflegers notwendig sein[16], etwa wenn ein Grundstück des Betreuten veräußert werden soll (§§ 1821, 1828, 1829 BGB) und deshalb der Genehmigungsbeschluss auch dem Betreuten bekannt zu geben ist (§§ 40 Abs 2, 41 Abs 3 FamFG); hier ist eine Zustellung an den Verfahrenspfleger angebracht. Zwar ist die Zustellung an

6 BT-Drucks 11/4528 S. 171.
7 BayObLG FamRZ 1993, 602; OLG Hamm FamRZ 1993, 988.
8 BayObLG FamRZ 1995, 1596; *Rogalla* BtPrax 1993, 150.
9 BayObLG FamRZ 1993, 348.
10 BayObLG FamRZ 1998, 1181.
11 OLG München Rpfleger 2006, 16 = FamRZ 2006, 289 (L).
12 Anders der Entwurf des § 67 Abs 1; BT-Drucks 11/4528 S. 20; Holzhauer/*Reinicke* § 67 Rz 10.
13 BayObLG FamRZ 1994, 1189.
14 LG BerlinBtPrax 1993, 34; *Knittel* § 276 Rz 34.
15 KG NJW-RR 2009, 224.
16 *Knittel* § 276 Rz 33.

den Betreuten wegen § 275 FamFG trotz des geistigen Zustandes des Betreuten nach hM wirksam; eine Rechtsmittelmöglichkeit, die der Betreute aber faktisch nicht einmal mittels eines Verfahrenspflegers wahrnehmen kann, ist keine, es läge ein Verstoß gegen Art 103 GG vor. Unter Geltung des FGG wurde in solchen Fällen (in Hinblick auf eine Entscheidung des BVerfG[17]) ein Vorbescheid erlassen und einem Verfahrenspfleger zugestellt.

8 Bei **Wohnungsauflösung** (§ 1907 BGB) kommt es auf den Einzelfall an; nach anderer Ansicht ist stets ein Verfahrenspfleger zu bestellen[18]. In diesen Fällen ist übrigens zu beachten, dass meist noch der ursprünglich für das gesamte Verfahren bestellte Verfahrenspfleger noch im Amt sein wird, also lediglich „reaktiviert" werden muss.

9 Im **Vergütungsfestsetzungsverfahren** (§ 168 FamFG) wurde früher oft ein Verfahrenspfleger bestellt, weil der Betreuer nach Stunden abrechnen konnte; jetzt ist kaum noch ein Verfahrenspfleger erforderlich[19], auch nicht mehr, wenn der Betreute (da vermögend) selbst zahlen muss und selbst nicht zur sachgerechten Vertretung seiner Interessen fähig erscheint[20]. Denn nach dem neuen Pauschalierungssystem für Berufsbetreuer (§§ 4, 5 VBVG), das seit 1.7.2005 gilt, kann weder über die Höhe des Stundensatzes noch die Zahl der Stunden gestritten werden; beides ist pauschaliert (Ausnahme: § 6 VBVG, Sonderfälle der Betreuung). Nur noch die Frage, ob der Betreute im Heim oder zuhause ist und in welche der drei Vergütungsgruppen der Berufsbetreuer einzuordnen ist, ist streitfähig. Wenn diese Vergütungsfrage nicht eindeutig ist, kann ein Verfahrenspfleger in Frage kommen. Das Problem ist freilich, dass dadurch neue Kosten für den Betreuten entstehen; hier einen Verfahrenspfleger für 150 Euro zu bestellen, damit er 30 Euro Vergütung wegdrückt, ist nicht sinnvoll. In Übrigen stellt sich die Frage, wer dann das rechtliche Gehör zur Frage der Vergütung des Verfahrenspflegers wahrnimmt, weil dieser nach Stunden abrechnen kann; aber es ist noch niemand auf die Idee gekommen, einen zweiten Verfahrenspfleger zur Überprüfung der Vergütung des ersten Verfahrenspflegers usw zu bestellen.

10 Beim **Einwilligungsvorbehalt** (§ 1903 BGB) kommt es auf den Einzelfall an[21]. Im Verfahren zur **Entlassung eines Betreuers:** Verfahrenspfleger notwendig[22]. **Betreuerwechsel:** Verfahrenspfleger notwendig[23]. **Zur Begründung einer Beschwerde:** Kein Verfahrenspfleger[24].

11 **b) Regelfälle der Erforderlichkeit (Abs 1 Satz 2).** In Abs 1 Satz 2 sind die Fälle geregelt, in denen in der Regel (also nicht immer) ein Verfahrenspfleger zu bestellen ist. Kein Regelfall liegt vor, wenn der konkrete Fall Besonderheiten aufweist; wenn sich der Betroffene verständlich und nachdrücklich selbst äußern kann[25] ist ein Verfahrenspfleger mE überflüssig. Die Vermutung spricht bei einem Regelfall für die Erforderlichkeit.

12 **aa) Nr 1:** *Erste Fallgruppe:* Wenn von der persönlichen Anhörung des Betroffenen nach § 278 Abs 4 FamFG abgesehen werden soll, weil ihm durch die

---

17 BVerfG FamRZ 2000, 731; BayObLG Rpfleger 2003, 361.

18 OLG Oldenburg NJW-RR 2003, 587; *Knittel* § 1907 Rz 24; *Kirsch* Rpfleger 1992, 379; *Bobenhausen* Rpfleger 1994, 15: idR sei ein Verfahrenspfleger zu bestellen.

19 AA *Knittel* § 276 Rz 24, aber nur unter Hinweis auf alte Rspr vor der Reform des Vergütungsrechts.

20 So früher OLG Frankfurt FGPrax 1997, 109; KG FamRZ 1996, 1362.

21 Vgl *Klüsener* Rpfleger 1992, 466.

22 BayObLG BtPrax 1997, 37 = FamRZ 1997, 1358.

23 OLG Zweibrücken FGPrax 1998, 57; KG NJW-RR 2009, 224.

24 OLG Oldenburg FamRZ 1996, 757.

25 Vgl BayObLG FamRZ 1993, 348.

Anhörung erhebliche Gefahren für die Gesundheit drohen. Solche Fälle sind kaum denkbar.

13 Wichtig ist dagegen die *zweite Fallgruppe* (§ 34 Abs 2 FamFG): Absehen von der Anhörung wegen Verständnisunfähigkeit. In diesen Fällen hat das Gericht den Betroffenen selbst gesehen, hat uU erkannt, dass er keine sinnvollen Äußerungen mehr von sich geben kann; auch hat das Gericht das Gutachten des Sachverständigen. Es fragt sich, was der Verfahrenspfleger hier noch Sinnvolles tun kann; gewichtige Argumente kann er nicht mehr bringen, die Bestellung verzögert und verteuert nur das Verfahren[26]. Die Bestellung des Verfahrenspflegers bezweckt hier nur, konstruktiv rechtliches Gehör (Art 103 Abs 1 GG) zu gewähren; denn die alleinige Wahrnehmung des Rechts durch eine dazu unfähige Person stellt keine ordnungsgemäße Rechtsausübung dar[27]. Die Regelung gestattet aber, von der Bestellung eines Verfahrenspflegers abzusehen, wenn sie nur leere Förmelei wäre, weil dann eben kein Regelfall vorliegt.

14 **bb) Nr 2:** Wenn ein Betreuer für fast **alle Angelegenheiten** des Betroffenen bestellt werden soll; ausgeklammert sein darf nur die Entscheidung über den Fernmeldeverkehr und die Post (§ 1896 Abs 4 BGB) und die Sterilisation (§ 1905 BGB). Beide Angelegenheiten werden vom Aufgabenkreis eines Betreuers ohnehin im Regelfall nicht erfasst (§§ 1896 Abs 4; 1899 Abs 2). In diesen schwer wiegenden Fällen (Folge ist ua der Ausschluss vom Wahlrecht) hielt der Gesetzgeber die Pflegerbestellung im Regelfall (früher: zwingend) für geboten. Die Regelung lässt sich leicht umgehen, indem die Aufgaben des Betreuers einzeln aufgezählt werden, so dass die Worte *„alle Angelegenheiten"* im Beschluss entfallen. Die hM[28] stellt hier auf die Formulierung im Beschluss („alle") ab, zu Unrecht[29]. Da sich der Umfang der erforderlichen Betreuung oft erst nach Erholung des Sachverständigengutachtens zeigen wird, kann es sein, dass der Verfahrenspfleger erst spät bestellt wird.

15 Auch bei **Erweiterung des Aufgabenkreises** des Betreuers auf *alle* Angelegenheiten (Nr 2 zweite Fallgruppe) ist die Bestellung eines Verfahrenspflegers idR angebracht[30].

16 **2. Absehen von der Bestellung trotz Regelfall, Abs 2 Satz 1.** Bei Erforderlichkeit im Sinne von Abs 1 Satz 1 kann nicht nach Abs 2 von der Bestellung abgesehen werden, wohl aber nach Abs 4. Wenn sich ein Betroffener noch selbst ausreichend artikulieren kann und keinen Verfahrenspfleger haben will sollte man das respektieren und ohnehin die „Erforderlichkeit" verneinen. Wenn aber ein *Regelfall* vorliegt, kann (nach Ermessen des Betreuungsgerichts) von der Bestellung abgesehen werden, wenn (1) ein Interesse des Betroffenen (2) *offensichtlich* nicht besteht[31]. Dies kann sich auch aus den Umständen ergeben, muss nicht ausdrücklich erklärt werden.

17 **3. Begründung der Nichtbestellung, Abs 2 Satz 2.** Die Begründung für die Nichtbestellung kann im Betreuerbestellungsbeschluss erfolgen, aber auch schon vorher. Die Nichtbestellung ist nicht anfechtbar (Abs 6), so dass die Begründung keinen Sinn hat, vermutlich liegt ein Redaktionsversehen vor. Merkwürdigerweise ist die Bestellung eines Verfahrenspflegers nicht zu begründen, obwohl sie

26 Vgl *Neuwirth*, Stenogr. Prot. S. 61/144.
27 BayObLG FamRZ 1990, 542.
28 BayObLG FamRZ 1997, 388; *Knittel* § 276 Rz 30.
29 OLG München FamRZ 2005, 1505; OLG Düsseldorf BtPrax FamRZ 1994, 451, wonach eine Einzelaufzählung aller denkbaren Angelegenheiten auch unter „alle" fällt.
30 BayObLG FamRZ 1994, 327 = Rpfleger 1994, 165.
31 Nach MünchKomm-*Schwab* § 1896 Rz 147 verfassungsrechtlich bedenklich.

für den vermögenden Betreuten zur Folge hat, dass er den Verfahrenspfleger selbst zahlen muss.

18 **4. Sterilisation.** Wenn der besondere Betreuer (§ 1899 Abs 2 BGB) in eine Sterilisation einwilligen will und Verfahrensgegenstand die Genehmigung des Betreuungsgerichts ist (§ 1905 Abs 2 BGB), muss wegen der Schwere der Maßnahme zwingend ein Verfahrenspfleger bestellt werden (§ 297 Abs 5 FamFG). Es werden aber nicht *zwei* Verfahrenspfleger bestellt.

19 **5. Abbruch der Ernährung (Sterbehilfe).** Für den Fall des § 1904 Abs 2 BGB schreibt § 298 Abs 3 FamFG zwingend die Bestellung eines Verfahrenspflegers vor.

IV. Als Verfahrenspfleger geeignete Personen (Abs 3)

20 **1. Auswahl des Pflegers.** Sie steht im Ermessen des Gerichts[32]. Da § 1897 Abs 7 BGB ausdrücklich nur für Betreuer gilt, somit nicht (auch nicht analog) für Verfahrenspfleger, ist die Betreuungsbehörde auch nicht vorher zur Eignung anhören. Die Interessenten müssen keine Führungszeugnisse etc vorlegen. Bestellt werden kann jede geeignete (dh im Ansatz rechtskundige) Person; in der Praxis werden **berufsmäßige Verfahrenspfleger** bestellt, zB ein Rechtsanwalt[33], Sozialarbeiter, Sozialpädagoge, sonstiger Berufsbetreuer. Vergütung vgl § 277 FamFG. Ob auch eine rechtsunkundige Person geeignet sein kann, ist streitig[34]. Es kommt auf den Einzelfall an.

21 Wenn es im konkreten Fall auf die rechtliche Sachkunde ankommt, muss ein **Anwalt** bestellt werden[35]. Nach § 276 Abs 3 FamFG *sollen* vorrangig **ehrenamtliche Personen** bestellt werden, was in der Praxis nicht beachtet werden kann, weil diese Personen keinerlei Vergütung bekommen und sich rechtlich oft nicht auskennen, so dass ihre Bestellung unnütz ist. Nur Familienangehörigen wäre kostenloses Arbeiten zumutbar. Es ist eine Frage des Einzelfalls, ob dem Betroffenen damit gedient ist, wenn ihn Laien „vertreten und verteidigen" sollen. Liegt insoweit nur formal eine Verfahrenspflegerbestellung vor, dann ist es ebenso, wie wenn kein Verfahrenspfleger bestellt worden wäre und Art 103 GG ist verletzt. Es handelt sich um einen haushaltspolitischen Programmsatz, der nicht ins FamFG gehört.

22 Im Einzelfall wird es unzweckmäßig sein, diejenige Person zum Verfahrenspfleger zu bestellen, die als späterer Betreuer in Frage kommt, weil dann eventuell eine **Konfliktsituation** besteht, zB wenn es um wohlhabende Betroffene geht, deren spätere Betreuung Gewinn versprechend ist[36]. Auch sonst sind mögliche Interessenkollisionen zu vermeiden. Ein **Betreuer** kann nicht zugleich in derselben Sache Verfahrenspfleger sein[37] Deshalb ist es nicht vertretbar, wenn der Betreuer als Verfahrenspfleger hinsichtlich der Verlängerung, Erweiterung der Betreuung, Anfügung eines Einwilligungsvorbehalts der eigenen Betreuungssache bestellt wird; hier müsste er seinen eigenen Gegner spielen; die Sache ist so zu behandeln, als wäre kein Verfahrenspfleger bestellt worden.

32 Zur Auswahl vgl *Grell* Rpfleger 1993, 321.
33 OLG Rostock Rpfleger 2010, 77. Vgl *Pohl* BtPrax 1992, 23; *Rogalla* BtPrax 1993, 146.
34 Vgl Holzhauer/*Reinicke* § 67 Rz 4.
35 Vgl OLG Celle BtPrax 1994, 175.
36 *Knittel* § 276 Rz 37.
37 BayObLG FamRZ 1994, 780.

Die ausgewählte Person ist zur **Übernahme** nicht verpflichtet[38]; eine dem § 1898 BGB entsprechende Vorschrift fehlt für den Verfahrenspfleger; §§ 1915, 1786 sind nicht anwendbar, weil der Verfahrenspfleger kein Pfleger iSd § 1915 BGB ist[39]. Für die Behörde wird man eine Übernahmepflicht bejahen müssen, wenn sich sonst niemand findet, weil sie subsidiär eintreten muss. Die **ausgewählte Person** muss keine Erklärung nach § 1897 Abs 8 BGB abgeben. Die **Meldepflichten** nach § 10 VBVG gelte nicht für Verfahrenspfleger. 23

Niemand hat einen **Anspruch** darauf, vom Betreuungsgericht als Verfahrenspfleger beschäftigt zu werden[40]; Art 23 EGGVG ist nicht einschlägig. Ein Interessent kann nicht mir Rechtsmitteln dagegen vorgehen, dass eine andere Person zum Verfahrenspfleger bestellt wurde. 24

Das Betreuungsgericht kann die **Betreuungsbehörde** ersuchen, geeignete Verfahrenspfleger vorzuschlagen (§ 8 Satz 3 BtBG). Niemand hat aber einen Anspruch darauf, von der Betreuungsbehörde vorgeschlagen zu werden[41]. 25

2. Betreuungsverein, Betreuungsbehörde. Auch ein Betreuungsverein oder die Betreuungsbehörde können zum Verfahrenspfleger bestellt werden[42], was allerdings wegen der Funktionsvermengung meist wenig sinnvoll ist[43]. Nach anderer Ansicht[44] kann sie nicht bestellt werden; das ist wohl überholt (§ 277 Abs 1 Satz 3 FamFG regelt, wie Behörde und Verein als Verfahrenspfleger zu vergüten sind, setzt also ihre Bestellbarkeit voraus). Man sollte die Behörde nicht deswegen bestellen, weil sie nichts kostet; dadurch würde die Behörde missbraucht. Deshalb ist ihre Bestellung zB im Vergütungsfestsetzungsverfahren untunlich[45], weil hierzu bei der Behörde kein Spezialwissen vorhanden ist und weil das eine ureigene Aufgabe des Gerichts ist und diese Arbeit daher nicht auf die Behörde abgedrückt werden darf. Es gibt aber gelegentlich Fälle, in denen ein Bedürfnis für die Bestellung der Behörde besteht. Beispiel: Der Vater des Betreuten hinterlässt ein großes Vermögen in vier Staaten. Der Betreuer des Sohnes will einen Erbauseinandersetzungsvertrag schließen (genehmigungspflichtig, § 1822 Nr 2 BGB); dem Betreuten wird ein Verfahrenspfleger bestellt; da es um schwierige Fragen *ausländischen* Erbrechts und um ein *sehr* großes Vermögen geht, findet sich kein Anwalt (die hohe Haftpflichtversicherungsprämie bekäme er nicht ersetzt, § 1835 Abs 2 Satz 2 BGB), die Vergütung für einige Stunden ist zu geringfügig, um das Risiko einzugehen, Sachkunde zum ausländischen Erbrecht von vier Staaten fehlt. Hier muss die Behörde bestellt werden, weil sich niemand anders findet; für sie haftet der Staat. Freilich ist das nur eine formale Lösung. Ebenso bedenklich ist die Bestellung des Jugendamts, wenn ein Minderjähriger untergebracht werden soll[46]. 26

3. Mitarbeiter von Behörde und Verein. Mitarbeiter können nicht „als Behördenverfahrenspfleger" oder „als Vereinsverfahrenspfleger des Christophorus-Vereins e. V." bestellt werden, sondern nur als Einzelpersonen[47]; eventuell wird vom Mitarbeiter eine Nebentätigkeitsgenehmigung benötigt. Daran hat 27

38 BVerfG FamRZ 2000, 1280; Jansen/*Sonnenfeld* § 67 Rz 42; *Knittel* § 276 Rz 38.
39 AA *Pohl* BtPrax 1992, 57: § 1786 BGB sei anwendbar. Vgl OLG Celle NdsRpfl 1994, 212.
40 Hierzu im einzelnen *Zimmermann* ZEV 2007, 313.
41 VG Frankfurt BtPrax 1997, 83; OVG Lüneburg NJWE-FER 2001, 43 = NdsRpfl 2001, 67.
42 LG Ingolstadt NJOZ 2007, 5686; *Bienwald* FamRZ 2005, 304 (Anm), Jansen/*Sonnenfeld* § 67 Rz 43; *Prütting/Helms/Fröschle* § 276 Rz 41.
43 Keidel/*Budde* § 276 Rz 8; *Schulte-Bunert/Weinreich/Dodegge* § 276 Rz 15.
44 LG Stuttgart BWNotZ 1996, 14; LG Braunschweig FamRZ 2005, 304; HK-BUR-*Walther* § 9 BtBG Rz 20.
45 *Walther* BtPrax 2004, 226.
46 OLG Naumburg FamRZ 2000, 300.
47 *Bienwald* Rpfleger 1999, 429.

sich durch § 277 Abs 4 FamFG nichts geändert, wie der dortige allerdings ungenaue Wortlaut zeigt; im Gegensatz zu § 1897 Abs 2 BGB gibt es keinen „Vereinsverfahrenspfleger" oder „Behördenverfahrenspfleger". § 277 Abs 4 FamFG führt aber dazu, dass die Vergütung in die Kasse des Vereins fließt[48]. Ebenso wie der Verein kann die Behörde intern ihren Mitarbeitern untersagen, solche Pflegschaften anzunehmen; bei der Behörde ist dies sinnvoll, weil die Behörde für die Tätigkeit des Bediensteten keine Vergütung erhält (§ 277 Abs 4 Satz 3 FamFG).

V. Unterbleiben und Aufhebung der Bestellung (Abs 4)

28 **1. Anwaltliche Vertretung.** Wird der Betroffene durch einen Anwalt oder eine andere geeignete Person vertreten (vgl § 10 Abs 2 FamFG), soll kein Verfahrenspfleger bestellt werden, auch nicht in den Fällen der Regelbestellung (Abs 1 Satz 2). Ist ein Pfleger bestellt und beauftragt der Betroffene dann einen Anwalt oder eine geeignete Person, ist die Bestellung des Verfahrenspflegers mit Wirkung ex nunc aufzuheben. Wurde dem Betroffenen ein Rechtsanwalt als Verfahrenspfleger beigeordnet und beauftragt er nun diesen Anwalt mit seiner Vertretung, ist ebenfalls die Bestellung als Verfahrenspfleger aufzuheben.

29 Abs 4 ist eine **Sollvorschrift.** In untypischen Fällen, zB wenn der Betroffene ständig seinen Anwalt wechselt und so den Verfahrensfortgang verzögert, oder wenn der Betroffene den Anwalt (der an die Weisungen gebunden ist) unsachgemäß anweist, bleibt eine Pflegerbestellung daher möglich. Man wird hier die Grundsätze der Rechtsprechung zur Bestellung eines Pflichtverteidigers neben einem Wahlverteidiger im Strafprozess[49] entsprechend heranziehen können. Ein Ausnahmefall liegt auch vor, wenn der Rechtsanwalt zugleich die Interessen eines anderen Verfahrensbeteiligten wahrnimmt und deshalb ein Interessenkonflikt nicht auszuschließen ist[50].

30 Die Regelung ist problematisch. Denn der Verfahrenspfleger hat nur die objektiven Interessen des Betroffenen wahrzunehmen und ist an dessen Weisungen nicht gebunden; der Anwalt dagegen hat auch die subjektiven Belange wahrzunehmen und ist weisungsgebunden. Abs 4 räumt dem Betroffenen jederzeit die Möglichkeit ein, durch Anwaltsbestellung den objektiven Pfleger abzulösen. Daraus folgt, dass auch der Verfahrenspfleger die subjektiven Belange des Betroffenen zu schützen hat; er ist kein Gerichtshelfer[51]. Da allerdings der Verfahrenspfleger (anders als der Pflichtverteidiger im Strafprozess) vom Gericht bestellt wird, ohne dass der Betroffene bei der Auswahl etwas mitzureden hat (es wird ihm keine Auswahlliste vorgelegt etc), auch vom Gericht bezahlt wird, deshalb an weiteren „Aufträgen" des Gerichts interessiert sein könnte, steht mancher Betroffene seinem zwangsweise beigeordneten Verfahrenspfleger misstrauisch gegenüber; eine Ablösung durch eigene Bestellung eines Anwalts kann er sich meist nicht leisten.

31 **2. Beiordnung eines Anwalts in Verfahrenskostenhilfe.** Dem Betroffenen kann auf seinen Antrag Verfahrenskostenhilfe (VKH) bewilligt und ihm zur Vertretung ein Anwalt beigeordnet werden, § 76 FamFG[52]. Dann entfällt nach § 276 Abs 4 FamFG die Bestellung eines Verfahrenspflegers. Eine solche nachträgliche Umwandlung der Bestellung eines Anwalts als Verfahrenspfleger in eine VKH-

---

48 BGH NJW-RR 2007, 937; OLG Köln FamRZ 2001, 1400.
49 Kleinknecht/*Meyer,* StPO § 143 Rz 3 ff.
50 KG FGPrax 2004, 117 = FamRZ 2004, 1593 (L).
51 *Knittel* § 276 Rz 19; Holzhauer/*Reinicke* § 67 Rz 3.
52 LG Karlsruhe FamRZ 1999, 1091; LG Aachen FamRZ 1998, 108; Anm *Bienwald* 1998, 1197.

Beiordnung ist aber in der Regel nicht angebracht, weil sie nachteilige gebührenrechtliche Folgen für die Staatskasse hätte. Wenn beim Verfahrenspfleger Rechtskenntnisse erforderlich sind, ist es billiger, von vornherein einen Anwalt als Verfahrenspfleger auszuwählen und es dabei zu belassen (Folge: Bezahlung nur nach Stunden, § 277 FamFG; nicht nach dem RVG).

Anders wird es sein, wenn der Betroffene bereits **vor Bestellung eines Verfahrenspflegers** einen Anwalt zu seiner „Verteidigung" ausgewählt hat. Dann lässt sich die Beiordnung des Anwalts in VKH im Regelfall nicht vermeiden. Seinen Anwalt kann er anweisen, Beschwerde und Rechtsbeschwerde einzulegen; dem Verfahrenspfleger kann er keine Weisungen erteilen (wenn dieser sagt, Beschwerden sind sinnlos, kann er faktisch nichts dagegen tun); aus denselben Erwägungen nehmen sich Angeklagte Wahlverteidiger, obwohl ihnen das Gericht bereits eine Pflichtverteidiger bestellt hat. Dieser Aspekt kann im Einzelfall verlangen, dass ein vom Betroffenen ausgesuchter VKH-Anwalt beigeordnet wird und nicht ein Verfahrenspfleger (und auch nicht der Anwalt als Verfahrenspfleger); andernfalls würde der Betroffene in der Durchsetzung seiner verfassungsmäßigen Rechte unzulässig beschränkt werden[53]. 32

Verfahrensrechtlich ist ein **Antrag** Voraussetzung (§ 117 ZPO, § 76 FamFG); 33
diesen kann auch der geschäftsunfähige Betroffene selbst stellen (§ 275 FamFG). Materiell werden „Armut" und „Erfolgsaussicht" vorausgesetzt (§ 114 ZPO). Der Vordruck zur Darlegung der „Armut" (§ 117 Abs 2 ZPO) ist auszufüllen, wobei man an den Betroffenen in Hinblick auf seine psychische Verfassung keine übertriebenen Anforderungen stellen darf. Problematisch ist die „Erfolgsaussicht", die auf den Zivilprozess zugeschnitten ist und für das Betreuungsverfahren nicht passt. Auch im Strafprozess wird ein Pflichtverteidiger nicht nur dann bestellt, wenn der Freispruch bevorsteht (dann hätte gar nicht eröffnet werden dürfen). Mit **„Erfolgsaussicht"** muss man hier den Fall verstehen, dass die intendierte Betreuung sowie der Einwilligungsvorbehalt usw möglicherweise nicht (oder mit einem engeren Aufgabenkreis oder einem anderen Betreuer oder einer kürzeren Überprüfungsfrist) angeordnet werden bzw dass der Betroffene in einer offenen Situation eine rechtliche Verfahrensbegleitung hat, weil schwerwiegende Eingriffe in die Rechte und die Lebensstellung des Betroffenen im Raume stehen[54]. Aus denselben Erwägungen bewilligt das Familiengericht oft sowohl dem Antragsteller wie dem Antragsgegner VKH (PKH), obwohl es kein „Erfolg" ist, geschieden zu werden. **Anders ist es im Beschwerdeverfahren**: Wenn VKH für eine Beschwerde bewilligt werden soll, kommt es auf die Erfolgsaussicht bezüglich des Rechtsmittels an[55]. Selbst wenn diese Hürde überwunden ist, kann (da im Betreuungsverfahren kein Anwaltszwang besteht) nach § 78 Abs 2 FamFG ein Anwalt nur beigeordnet werden, wenn wegen der Schwierigkeit die Vertretung durch einen Rechtsanwalt erforderlich erscheint. Soweit die Ansicht vertreten wird, dies sei oft nicht der Fall[56], ist das nicht zutreffend; Vertretung im Betreuungsverfahren verlangt in der Regel Rechtskenntnisse. Gegen die Ablehnung der VKH-Bewilligung kann der Betroffene Beschwerde zum LG einlegen (§§ 76 Abs 2 FamFG, 127 ZPO; Frist ein Monat).

Denkbar ist, dass ein als Verfahrenspfleger beigeordneter Nichtjurist sich bei 34
einem Anwalt **juristischen Ratschlag** holt und dann das an diesen bezahlte Honorar nach § 1835 Abs 1 BGB, § 277 FamFG als Aufwendung geltend macht.

---

53 So zutreffend LG Aachen FamRZ 2004, 1518.
54 Vgl Keidel/*Zimmermann* § 76 Rz 19.
55 OLG München FamRZ 2006, 279.
56 LG Bonn Rpfleger 1994, 243; *Knittel* § 276 Rz 54.

VI. Ende der Bestellung (Abs 5)

35 **1. Ende mit Rechtskraft der Endentscheidung.** Die Pflegerbestellung endet entweder mit der Rechtskraft der Endentscheidung, für die der Pfleger bestellt wurde (zB der Vergütungsfestsetzung oder der Genehmigung eines Rechtsgeschäfts, wenn er nur dafür bestellt wurde). In der Regel erfolgt aber pauschal eine Bestellung für das Betreuungsverfahren: dann endet die Bestellung mit der Rechtskraft der Bestellung eines Betreuers (also nicht schon mit dem Wirksamwerden der Bestellung nach §§ 287, 40 FamFG) oder der Ablehnung einer Betreuerbestellung (anders früher § 67 Abs 2 FGG). Das bedeutet: der Verfahrenspfleger kann noch Beschwerde zum LG einlegen und sie begründen, am folgenden Beschwerdeverfahren ist er beteiligt (auch wenn die Beschwerde von einer anderen Person eingelegt wurde).

36 Der Verfahrenspfleger kann auch durch einen beim BGH zugelassenen Anwalt **Rechtsbeschwerde zum BGH** einlegen, selbst aber nicht, auch nicht, wenn er Anwalt ist (§ 10 Abs 4 Satz 1 FamFG). Kann der BGH-Anwalt nicht bezahlt werden, so dass der Verfahrenspfleger keinen findet, kann er (nachdem er nachweisbar und erfolglos bei mindestens 5 BGH-Anwälten angefragt hat) die Bestellung eines Notanwalts beim BGH beantragen sowie die Bewilligung von VKH (§ 10 Abs 4 Satz 3 FamFG); beides kann ohne Anwalt geschehen.

37 **2. Sonstiges Ende.** Das Amt endet ferner „mit dem sonstigen Abschluss des Verfahrens“ (Abs 5). Das ist zB der Tod des Betroffenen. Die Pflegschaft endet aber nicht automatisch mit der Bestellung eines vorläufigen Betreuers[57]. Ein Beschluss, durch den das Ende der Pflegschaft festgestellt wird, ist möglich[58]. Im Übrigen kann die Pflegschaft schon vorher vom Gericht aufgehoben werden, wenn die Voraussetzungen der Anordnung weggefallen sind, etwa nach Abs 4. Ferner kann der Pfleger entlassen werden, wenn er pflichtwidrig nichts tut[59].

38 **3. Bestellung für die Beschwerdeinstanz.** Da die Pflegschaft in der Regel erst mit Rechtskraft der Endentscheidung endet, erübrigt sich eine gesonderte Bestellung für das Beschwerdeverfahren. War in erster Instanz allerdings kein Verfahrenspfleger bestellt worden, kommt eine Bestellung für die Beschwerdeinstanz in Frage, was häufig erforderlich ist[60].

39 **4. Bestellung für die Rechtsbeschwerde.** Ist in den vorherigen Instanzen kein Verfahrenspfleger bestellt worden, soll aber eine zulassungsfreie Rechtsbeschwerde zum BGH eingelegt werden (vgl § 70 Abs 3 FamFG, der aber nur bestimmte Fälle für zulassungsfrei erklärt), kann dies nur durch einen beim BGH zugelassenen Anwalt erfolgen (§ 10 Abs 4 FamFG). Für das Rechtsbeschwerdeverfahren ist ein Verfahrenspfleger daher nicht erforderlich[61].

VII. Bestellungsverfahren

40 **1. Zuständigkeit.** Zuständig ist das Gericht, das über das betreffende Betreuungsverfahren zu entscheiden hat. Funktionell zuständig ist der Richter, in den

57 BayObLG FamRZ 2000, 1443.
58 *Holzhauer/Reinicke* § 67 Rz 20.
59 AA HK-BUR-*Bauer* Rz 22 vor § 276 FamFG.
60 Vgl BayObLG BtPrax 1994, 28.
61 Vgl zur früheren Rechtsbeschwerde BayObLG FamRZ 1993, 990; OLG Frankfurt BtPrax 1997, 73.

Fällen der Rechtspflegerzuständigkeit (zB Wohnungskündigung, vermögensrechtliche Genehmigungen, Vergütung) der Rechtspfleger. Nach § 19 Abs 1 RPflG 2005 kann ein Bundesland abweichend von den Grundregeln des RPflG in bestimmten Fällen dem Richter nur noch die Anordnung etc des Betreuung lassen, die Auswahl des Betreuers dagegen dem Rechtspfleger übertragen. In diesen Ländern stellt sich die Frage, wie es sich mit der Bestellung des Verfahrenspflegers verhält. Da der Verfahrenspfleger so früh als möglich zu bestellen ist, nämlich wenn sich abzeichnet, dass eine Betreuung möglich ist, bestellt auch hier der Richter den Verfahrenspfleger und die Bestellung wirkt auch noch für das Auswahlverfahren des Rechtspflegers; der Rechtspfleger darf keinen neuen oder anderen Verfahrenspfleger bestellen.

Die *erstmalige* Bestellung für die Beschwerdeinstanz (Rz 38) erfolgt durch das Landgericht, also durch alle drei Richter, nicht nur durch den Vorsitzenden, durch den Berichterstatter oder beauftragten Richter[62]; anders ist es, wenn das LG die Sache einem Mitglied der Zivilkammer als Einzelrichter übertragen hat (§ 68 Abs 4 FamFG). Für die *erstmalige* Bestellung im Rechtsbeschwerdeverfahren ist ein Senat des BGH zuständig. 41

2. Rechtliches Gehör. Vor Bestellung des Verfahrenspflegers muss in den Fällen des Satzes 1 und des Satzes 2 Nr 2 und der §§ 297, 298 FamFG dem Betroffenen rechtliches Gehör gewährt werden; denn es könnte sein, dass er eine bestimmte Person als Pfleger vorschlägt oder dass er lieber einen Anwalt beauftragt. Darauf sollte der Betroffene hingewiesen werden. Ein Vorschlags*recht* hat der Betroffene nicht, aber Anregungen sind gestattet. Bei Satz 2 Nr 1 entfällt das vorherige rechtliche Gehör, weil es nicht gewährbar ist; hier ist der Betroffene auf den Aufhebungsantrag bzw Rechtsmittel angewiesen. Auch der Pfleger ist vor der Bestellung anzuhören, weil er eventuell mit der Bestellung nicht einverstanden ist (das entfällt bei Berufsverfahrenspflegern). 42

3. Zeitpunkt der Bestellung. Er ist nicht festgelegt: einesteils nicht zu früh, weil unnötige Pflegerbestellungen verhindert werden sollen; andererseits soll dem Betroffenen der besondere Schutz gewährt werden, sobald er erforderlich ist. Wenn die Anfangsermittlungen auf eine Fortführung des Verfahrens hinauslaufen, ist deshalb über die Pflegerbestellung zu entscheiden[63]; also jedenfalls *vor* der Entscheidung. Vor Bestellung eines vorläufigen Betreuers durch **einstweilige Anordnung** ist nach § 300 Abs 1 Satz 1 Nr 3 FamFG ein Pfleger zu bestellen; bei Gefahr im Verzug kann aber schon vor Pflegerbestellung eine einstweilige Anordnung erlassen werden, § 301 Abs 1 Satz 3 FamFG. Wurde ein Verfahrenspfleger bestellt, dann gilt sie (trotz Selbständigkeit der einstweiligen Anordnung, § 51 Abs 3 Satz 1 FamFG) auch für das Hauptverfahren. 43

4. Ermessen? Nimmt das Gericht an, dass ein Verfahrenspfleger erforderlich ist, muss es ihn bestellen; das Gericht hat insoweit kein freies Ermessen. Die Frage der Erforderlichkeit ist allerdings vielfachen Deutungen zugänglich. 44

5. Entscheidung. Die Bestellung des Verfahrenspflegers erfolgt durch **Beschluss** des Betreuungsrichters, Rechtspflegers, der Zivilkammer bzw des Einzelrichters; zur Zuständigkeit vgl Rz 40. Er ergeht als Einheitsentscheidung („X wird … bestellt"), nicht geteilt (Verfahrenspflegschaft wird angeordnet; zum Pfleger wird X bestellt"), obwohl es sich gedanklich um zwei verschiedene Akte handelt. Eine Kostenentscheidung entfällt. Eine Begründung ist nicht erforderlich, da die Bestellung unanfechtbar ist (Abs 6). Eine Rechtsmittelbelehrung 45

62 BayOLG FamRZ 1993, 1223; FamRZ 1999, 874 Nr 580; eine solche Entscheidung ist unwirksam. Wenn der Pfleger freilich tätig wurde, gebietet der Vertrauensschutz, diesen Pfleger zu vergüten.
63 BT-Drucks 11/4528 S. 171.

entfällt wegen der Unanfechtbarkeit. Bei berufsmäßiger Tätigkeit ist die **Berufsmäßigkeit** im Beschluss festzustellen (§ 1 VBVG). Eine **konkludente Bestellung**, zB durch Beteiligung am Verfahren[64], durch Aufführung im Rubrum des Beschlusses[65], durch Zusendung des Antrags zur Stellungnahme, dürfte (trotz § 38 FamFG) zulässig sein, wenn die Abgrenzung zum Irrtum, zum Versehen, möglich ist. Wenn die Bestellung ohne nähere Angaben erfolgt, bezieht sie sich auf das ganze Verfahren bis zur Rechtskraft der abschließenden Entscheidung über die Bestellung des Betreuers, jedoch nicht auf anschließende Maßnahmen als Rechtskraft der angeordneten Betreuung.

46 Zulässig ist aber auch, den **Aufgabenkreis des Verfahrenspflegers zu beschränken** bzw näher festzulegen, zB für ein bestimmtes Genehmigungsverfahren, für das Vergütungsfestsetzungsverfahren, für die Erweiterung der Betreuung sowie für die Verlängerung (die seinerzeitige Bestellung bezieht sich hierauf nicht mehr, weil die Betreuerbestellung schon rechtskräftig ist). Die Angabe „für die 1. Instanz“ dürfte eine unzulässige Einschränkung sein. Die Angabe eines Zeitpunkts, ab dem die Bestellung erfolgt, sollte unterbleiben, weil § 40 FamFG ohnehin das Wirksamwerden regelt. Der Beschluss ist den Beteiligten (§ 274 FamFG), zB dem Betroffenen und dem Verfahrenspfleger, formlos bekannt zu geben (§ 41 Abs 1 Satz 1 FamFG). Mit der Bekanntmachung des Beschlusses an den Pfleger wird die Bestellung wirksam, § 40 FamFG[66]. Ein besonderer Bestellungsakt (wie beim Vormund, § 1789 BGB) ist im Gesetz nicht vorgesehen. Einen **Ausweis** oder eine **„Bestallungsurkunde“** erhält der Verfahrenspfleger nicht; gegenüber Dritten kann er sich durch den gerichtlichen Bestellungsbeschluss legitimieren. Auch eine **Verpflichtung** entsprechend § 1789 entfällt[67]. Soweit bei Laien eine Unterrichtung über ihre Aufgaben erforderlich erscheint, kann dem durch mündliche Hinweise oder Aushändigung von Informationsmaterial entsprochen werden.

47 **6. Folgen unterlassener Bestellung.** Ist ein Verfahrenspfleger nicht *wirksam* bestellt worden (zB fehlende Richterunterschrift etc), hat er sich aber am Verfahren wie ein Verfahrenspfleger in üblicher Form beteiligt, hat der Verfahrensfehler keine Folgen[68].

48 Bestellt das Betreuungsgericht entgegen § 276 FamFG keinen Verfahrenspfleger und wird gegen die Betreuungsentscheidung Beschwerde eingelegt, erfolgt Aufhebung und Zurückverweisung, *wenn* die Ursächlichkeit dieses Verfahrensfehlers nicht hinreichend auszuschließen ist[69]; wenn nicht ersichtlich ist, dass der Verfahrenspfleger Zusätzliches hätte beitragen können, beruht der Beschluss nicht auf dem Fehler. Die Nichtbestellung ist **kein absoluter Rechtsbeschwerdegrund**[70]. Hätte das LG für das Beschwerdeverfahren einen Verfahrenspfleger bestellen müssen, wird der Fehler nicht dadurch geheilt, dass der Betroffene in der Rechtsbeschwerde vor dem BGH durch einen Anwalt vertreten ist[71]

---

64 So OLG Frankfurt BtPrax 1997, 73.

65 BGH NJW 2000, 3709 = BtPrax 2001, 30.

66 Vgl BayObLGZ 1972, 331.

67 BayObLG FamRZ 1993, 602.

68 Vgl OLG Frankfurt BtPrax 1997, 73.

69 BayObLG FamRZ 1993, 1110 = BtPrax 1994, 28; auch OLG Düsseldorf FamRZ 1994, 451 verlangt nicht zwingend die Zurückverweisung.

70 BayObLG FamRZ 2004, 1231 dagegen bezeichnet die fehlende „Vertretung“ durch einen Verfahrenspfleger als absoluten Beschwerdegrund, der zur Aufhebung führen „kann“. Bei absoluten Revisionsgründen aber müsste *immer* Aufhebung erfolgen (vgl § 547 ZPO), die Kausalität wird unwiderlegbar vermutet.

71 BayObLG FamRZ 2003, 1044.

VIII. Stellung und Aufgaben des Verfahrenspflegers

49 **1. Allgemeines** Die Stellung ist gesetzlich nicht geregelt und daher unklar. Viele behaupten, er sei *gesetzlicher* Vertreter des Betroffenen[72]. Das ist unzutreffend, weil keine entsprechende Regelung existiert. Andere meinen, er sei ein Pfleger nach bestehenden Regelungen; es handelt sich aber nicht um eine Pflegschaft nach § 1915 BGB[73] oder nach § 57 ZPO[74]. Richtig ist, ihn als *Pfleger eigener Art* aufzufassen[75], obgleich dies wenig weiterhilft. Das BVerfG[76] meint: „Verfahrenspfleger nach dem FGG haben andere Aufgaben als ein Rechtsanwalt. Sie werden dem Betroffenen nicht in erster Linie als Rechtsberater für das konkrete Verfahren beigeordnet, sondern als geschäftsfähige und in der Organisation alltäglicher Geschäfte erfahrene Personen, die dem Betroffenen bei der Durchsetzung von Wünschen und Interessen dienen sollen. Sie sind Vertreter eigener Art, die Rechtsanwälte sein können, aber nicht müssen.“ Das ist insofern unrichtig, als es Aufgabe des Betreuers, nicht des Verfahrenspflegers, ist, alltägliche Geschäfte zu organisieren. Der **BGH**[77] meinte früher: Der Verfahrenspfleger wird lediglich neben dem Betroffenen tätig (er wird ihm zur Seite gestellt) und hat dessen Interessen nach objektiven Maßstäben wahrzunehmen. Geben der Betroffene und der Verfahrenspfleger in derselben Instanz sich widersprechende Erklärungen ab, hat das Gericht im Rahmen seiner Ermittlungspflicht allen Anregungen nach allgemeinen Verfahrensgrundsätzen nachzugehen; ein von dem Betroffenen selbst eingelegtes Rechtsmittel kann der Verfahrenspfleger nur mit Zustimmung des Betroffenen zurücknehmen.

50 Später schränkte der BGH[78] ein: Der Verfahrenspfleger habe lediglich die verfahrensmäßigen Rechte des Betreuten zur Geltung zu bringen, insbesondere den **Anspruch des Betreuten auf Gewährung rechtlichen Gehörs.**

51 Habe der Verfahrenspfleger nach persönlicher Rücksprache mit dem Betreuten den Eindruck gewonnen, dieser sei entgegen der Einschätzung des Gerichts doch in der Lage, zumindest in beschränktem Umfang seinen Willen zu äußern oder wichtige Informationen zu erteilen, habe er auf eine persönliche Anhörung durch das Gericht hinzuwirken. Ferner gehöre es zu den Aufgaben des Verfahrenspflegers, den tatsächlichen oder mutmaßlichen Willen des Betreuten zu erforschen und in das Verfahren einzubringen. Sei der Betreute in der Lage, seine Wünsche zu äußern, habe der Verfahrenspfleger den Betreuten im Gespräch über seine Wünsche und Interessen zu befragen. Dabei habe der Verfahrenspfleger auch ihm bekannte Umstände, die für die Willensbildung des Betreuten von Bedeutung sein könnten, anzusprechen. Über Ablauf und Ergebnis des Gesprächs mit dem Betreuten habe der Verfahrenspfleger das Gericht zu informieren und gegebenenfalls auch darüber zu berichten, wie der Betreute auf etwaige Hinweise zu Risiken des beabsichtigten Geschäfts reagiert hat. Könne der Betreute dagegen keinen Willen mehr bilden oder seine Wünsche nicht mehr artikulieren, habe der Verfahrenspfleger – in angemessenem Rahmen – Möglichkeiten zu nutzen, den wirklichen oder mutmaßlichen Willen des Betreuten anderweit zu erkunden.

52 Schließlich habe der Verfahrenspfleger auf der Grundlage dieser Gespräche und Erkundigungen für den Betreuten dessen Verfahrensrechte wahrzunehmen, indem er gegebenenfalls zu einzelnen Verfahrensergebnissen Stellung nimmt oder Rechtsmittel einlegt. Eine darüber hinausgehende Pflicht zur Aufklärung von Umständen, die für die Würdigung des Betreuerhandelns, insbesondere für die Wirtschaftlichkeit des von ihm beabsichtigten Rechtsgeschäfts, von Bedeutung sein könnten, treffe den Verfahrenspfleger hingegen nicht.

72 ZB OLG Karlsruhe FamRZ 1997, 1547; aA HK-BUR-*Bauer* Rz 21 vor § 276 FamFG.
73 LG Münster JurBüro 1992, 695; aA *Bach* JurBüro 1992, 720.
74 LG München JurBüro 1993, 38.
75 BT-Drucks 11/4528 S. 171.
76 BVerfG FamRZ 2000, 1280.
77 BGH FamRZ 2003, 1275 = BtPrax 2003, 266.
78 BGH NJW 2009, 2814.

53 Der Verfahrenspfleger wird durch seine Bestellung als **Beteiligter** zum Verfahren hinzugezogen (§ 274 Abs 2 FamFG). Sein Aufgabenkreis ergibt sich aus seinen verfahrensrechtlichen Rechten und Pflichten, kann nicht durch Anlehnung an andere Vorschriften ergründet werden. Der Verfahrenspfleger muss Kontakt zum Betroffenen aufnehmen (eventuell zu dessen Angehörigen). Er kann mit Wirkung für den Betroffenen Anträge stellen, er kann Zustellungen entgegennehmen sowie das Recht auf Gehör ausüben. Er hat volle Akteneinsicht, auch in das Sachverständigengutachten[79], das ihm rechtzeitig *vor* Entscheidung zuzusenden ist; der Verwertung des Gutachtens des medizinischen Dienstes (§ 282 FamFG) kann er widersprechen[80]. Er darf bei Anhörungen und Beweisaufnahmen anwesend sein und Fragen stellen, ist hierzu zu laden[81] (auf Verhinderung ist durch Terminsverlegung angemessen Rücksicht zu nehmen). Er kann aber nicht gemäß § 1897 Abs 4 BGB einen Betreuer vorschlagen[82], gleichwohl (wie jedermann) anregen. Er darf nicht als Vertreter des Betreuten mit dem Betreuer eine **Vergütungsvereinbarung** schließen, weil er nicht dessen rechtsgeschäftlicher Vertreter ist.

54 Zu einer eigenständigen umfassenden **Ermittlungstätigkeit** ist der Verfahrenspfleger hingegen nicht befugt; Ärzte, Kreditinstitute, Vermieter usw brauchen ihm keine Auskünfte geben[83]. Während früher vereinzelt (und fälschlich) die Ansicht vertreten wurde, der Verfahrenspfleger sei ein gesetzlicher Vertreter (mit der Folge, dass er gegenüber Bank und Arzt wie ein solcher auftreten konnte), stellt nun § 274 Abs 2 FamFG klar, dass er nur ein Beteiligter ist, ohne gesetzlich ausgewiesene Sonderrechte. Die Ermittlungstätigkeit erfolgt nach § 26 FamFG von Amts wegen durch das Gericht; es besteht kein Anlass dafür, dass eine vom Gericht eingesetzte Person parallel ein Amtsermittlungsverfahren betreibt. Namens des Betroffenen kann er keine Entbindung von der ärztlichen Schweigepflicht erklären. Auch kann er nicht namens des Betroffenen (und für dessen Rechnung!) Privatgutachten in Auftrag geben. Der Verfahrenspfleger mag Beweisanregungen geben und ggf Rechtsmittel einlegen. Viele Fragen sind vor allem von Bedeutung für die Stunden, die der Verfahrenspfleger abrechnen kann. Vergütung des Verfahrenspflegers: § 277 FamFG.

55 **2. Keine Kostenauferlegung (Abs 7). Wenn der Verfahrenspfleger** im Interesse des Betroffenen Rechtsmittel einlegt, aber „verliert“, so dass ihm an sich die Kosten des Beschwerdeverfahrens aufzuerlegen wären (§ 84 FamFG), dürfen *ihm* keine Kosten auferlegt werden, sondern allenfalls dem Betroffenen[84]. Das ist durch das FamFG eingefügt worden, weil es bei einzelnen Gerichten in Vergessenheit geraten war. Es verhält sich wie im Zivilprozess: dem Anwalt einer Partei dürfen persönlich keine Kosten auferlegt werden, nur seiner Partei. Allerdings fragt sich dann, wenn die Kosten dem Betroffenen, für den der Verfahrenspfleger gehandelt hat, auferlegt wurden, ob der Betroffene den Verfahrenspfleger im Zivilprozess in Regress nehmen kann (§ 1833 BGB); grundsätzlich ist das möglich.

56 Abs 7 ist nicht einschlägig, wenn der Verfahrenspfleger im eigenen Interesse Rechtsmittel einlegt, etwa wegen seiner Vergütung[85].

---

79 BayObLG FamRZ 1993, 1489; LG München I FamRZ 1998, 1183.
80 Jansen/*Sonnenfeld* § 67 Rz 54.
81 LG München I FamRZ 1995, 1440.
82 OLG Hamm FamRZ 1996, 1372.
83 Zweifelnd *Pohl* BtPrax 1992, 25; nach *Knittel* § 276 Rz 19 sind diese Fragen „ungeklärt“.
84 OLG Karlsruhe FamRZ 1997, 1547.
85 *Bassenge/Roth* § 276 Rz 14.

3. Konkurrenz Betroffener/Verfahrenspfleger. Durch die Bestellung des Verfahrenspflegers wird die eigene Verfahrensfähigkeit des Betroffenen nicht berührt, § 275 FamFG. Deshalb sind widersprechende Verfahrenshandlungen von Betroffenem und Pfleger möglich; das Gericht wird dann im Rahmen der Amtsermittlungspflicht (§ 26 FamFG) allen Anregungen nachgehen. Er kann unabhängig vom Betroffenen Rechtsmittel einlegen[86]. Wird eine Entscheidung dem Verfahrenspfleger und dem Betroffenen zugestellt, laufen die Rechtsmittelfristen getrennt. Legen Betroffener und Pfleger Rechtsmittel ein, liegen zwei gesonderte Rechtsmittel vor, über die getrennt (wenn auch bei gleichzeitiger Entscheidungsreife äußerlich verbunden in *einem* Beschluss) zu entscheiden ist. Der Pfleger kann Rechtsmittel gegen den Willen des Betroffenen einlegen und umgekehrt. Der Betroffene kann ein Rechtsmittel des Pflegers nicht zurücknehmen, der Pfleger nicht ein Rechtsmittel des Betroffenen. Ist der Betroffene mit der Betreuung einverstanden, während der Pfleger Beschwerde einlegt, ist als Zulässigkeitsvoraussetzung zu beachten, dass der Pfleger auf Grund seiner Funktion nur Rechtsmittel im (objektiven) Interesse des Betroffenen einlegen kann[87], also nicht im eigenen Interesse. 57

4. Aufsicht des Betreuungsgerichts. Der Verfahrenspfleger unterliegt nicht der Aufsicht des Betreuungsgerichts[88], § 1837 BGB ist für ihn nicht einschlägig (er kann aber entlassen werden; str.). Das Gericht kann ihm keine Weisungen erteilen (ihn aber künftig nicht mehr bestellen, wenn er beim Gericht eine missliche Stimmung hervorruft, etwa weil er sich als ungeeignet erweist). Ihm erkennbare Anliegen des Betroffenen, die mit dessen objektiven Interessen vereinbar sind, hat er dem Gericht vorzubringen[89]. 58

5. Haftung. Nach Ansicht des BGH[90] haftet der Verfahrenspfleger entsprechend § 1833 BGB. Bei einem Grundstücksverkauf sei er aber (anders als der Betreuer) nicht verpflichtet, das zu genehmigende Rechtsgeschäft nach objektiven Kriterien zu überprüfen. Früher hatte der BGH[91] allerdings noch die Meinung vertreten, der Verfahrenspfleger habe die Interessen des Betreuten nach objektiven Maßstäben wahrzunehmen. 59

IX. Rechtsmittel (Abs 6)

1. Beschwerde des Betroffenen. Die Nichtbestellung bzw Ablehnung eines Bestellungsantrags und die Aufhebung der Bestellung waren unter Geltung des FGG für den Betroffenen mit Beschwerde anfechtbar; diese Entscheidungen sind jetzt nach Abs 6 unanfechtbar. Ob gegen die **Bestellung eines Verfahrenspflegers** die Beschwerde des Betroffenen zulässig ist, war früher streitig[92]; der BGH hielt die Beschwerde für unzulässig, da es sich um eine unanfechtbare Zwischenentscheidung handle[93]; letztlich aber nur im Zuge des Zeitgeistes, Rechtsmittel aus fiskalischen Gründen wo irgend möglich zu beschneiden. Abs 6 hat das 60

86 Vgl *Pohl* BtPrax 1992, 24.
87 BT-Drucks 11/4528 S. 170.
88 *Knittel* § 276 Rz 19; dazu LG Osnabrück BtPrax 1993, 93.
89 BT-Drucks 11/4528 S. 171.
90 BGH NJW 2009, 2814; aA Staudinger/*Bienwald* § 1915 Rz 1. Im BGH-Fall besaß der Betreute zahlreiche Grundstücke in Deutschland und in Österreich, mit hoher Schuldenbelastung. Der Betreuer entsprach dem Wunsch des Betreuten, die deutschen und keinesfalls die österreichischen Grundstücke zu veräußern, wodurch hohe Steuerzahlzungen entstanden, was beim Verkauf der österreichischen Grundstücke nicht der Fall gewesen wäre.
91 BGH FamRZ 2003, 1275.
92 Früher für Anfechtbarkeit: OLG Köln FamRZ 2000, 492; LG Lübeck Rpfleger 1994, 110; *Bienwald* FamRZ 1996, 358; *Zimmermann* FamRZ 1994, 286.
93 BGH FamRZ 2003, 1275.

übernommen. Das ist befremdlich, weil der Betroffene dadurch erheblich beschwert wird: Er muss den Verfahrenspfleger zahlen, wenn er nicht mittellos ist; der Verfahrenspfleger hat Beteiligungsrechte und Einsicht in die Akten, in das Gutachten und in den *privatesten* Bereich des Betroffenen, der sonst von Datenschutz und vom BVerfG extensiv verteidigt wird; gegen solche Grundrechtseingriffe soll sich der Betroffene nicht wehren dürfen. – Man wird Abs 6 dahin auslegen müssen, dass auch eine Beschwerde des Betroffenen, die sich nur **gegen die Auswahl** richtet (der Betroffene möchte A als Verfahrenspfleger, aber B wird bestellt), ebenfalls unstatthaft ist[94].

61 Auch die **Staatskasse** kann die Bestellung eines Verfahrenspflegers nicht mit Beschwerde angreifen (obwohl sie den Verfahrenspfleger zahlen muss), weil Abs 6 als Sonderregelung zu § 304 Abs 1 Satz 1 FamFG anzusehen ist[95].

62 Die Bestellung eines Verfahrenspflegers bzw Nichtbestellung **durch den Rechtspfleger** ist wegen § 11 Abs 2 RPflG mit befristeter Erinnerung anfechtbar[96]. Dies gilt nicht mehr, wenn der Verfahrenspfleger seine Tätigkeit inzwischen beendet hat[97].

63 Nach Abs 6 sind die „Maßnahmen" nicht *selbständig* anfechtbar. Damit wird auf **§ 58 Abs 2 FamFG** verwiesen: die Nichtbestellung kann ein Verfahrensfehler sein, der in der Beschwerde inzident nachgeprüft werden kann, weil es sich um einen Verstoß gegen das rechtliche Gehör handeln kann. Die Bestellung allerdings kann nicht kausal für eine unrichtige Entscheidung sein, die Nichtbestellung schon.

64 Unberührt bleiben die Rechtsmittel, wenn es um die **Vergütung und den Auslagenersatz** des Verfahrenspflegers geht (§ 277 FamFG). Deshalb kann der Verfahrenspfleger Beschwerde einlegen, wenn die Feststellung seiner Berufsmäßigkeit unterblieben ist[98].

65 **2. Beschwerde des Verfahrenspflegers.** Nach dem Wortlaut des Abs 6 kann jemand, der gegen seinen Willen zum Verfahrenspfleger bestellt wird, wie etwa die Betreuungsbehörde, keine Beschwerde einlegen; denn er muss das Amt nicht annehmen (zur Berufsmäßigkeit vgl Rz 45).

X. Kosten

66 Der Gerichtsbeschluss über die Bestellung eines Verfahrenspflegers löst keine zusätzliche Gerichtsgebühr aus. Die Vergütung und der Auslagenersatz des Pflegers richten sich nach § 277 FamFG. Zahlungspflichtig ist zunächst die Staatskasse; sie setzt dem „vermögenden" Betreuten den ausgelegten Betrag auf die Kostenrechnung (§ 137 Abs 1 Nr 17 KostO); der mittellose Betreute hat nichts zu zahlen.

---

94 OLG Frankfurt OLG-Report 2006, 85; *Knittel* § 276 Rz 63.
95 *Bassenge/Roth* § 304 Rz 3; § 276 Rz 12.
96 BayObLG FamRZ 2003, 189; *Bassenge/Roth* § 276 Rz 12.
97 *Knittel* § 276 Rz 64.
98 OLG Brandenburg FamRZ 2009, 1005; aA Bassenge/Roth § 276 Rz 12.

§ 277 Vergütung und Aufwendungsersatz des Verfahrenspflegers

(1) [1]Der Verfahrenspfleger erhält Ersatz seiner Aufwendungen nach § 1835 Abs. 1 bis 2 des Bürgerlichen Gesetzbuchs. [2]Vorschuss kann nicht verlangt werden. [3]Eine Behörde oder ein Verein erhalten als Verfahrenspfleger keinen Aufwendungsersatz.

(2) [1]§ 1836 Abs. 1 und 3 des Bürgerlichen Gesetzbuchs gilt entsprechend. [2]Wird die Verfahrenspflegschaft ausnahmsweise berufsmäßig geführt, erhält der Verfahrenspfleger neben den Aufwendungen nach Absatz 1 eine Vergütung in entsprechender Anwendung der §§ 1, 2 und 3 Abs. 1 und 2 des Vormünder- und Betreuervergütungsgesetzes.

(3) [1]Anstelle des Aufwendungsersatzes und der Vergütung nach den Absätzen 1 und 2 kann das Gericht dem Verfahrenspfleger einen festen Geldbetrag zubilligen, wenn die für die Führung der Pflegschaftsgeschäfte erforderliche Zeit vorhersehbar und ihre Ausschöpfung durch den Verfahrenspfleger gewährleistet ist. [2]Bei der Bemessung des Geldbetrags ist die voraussichtlich erforderliche Zeit mit den in § 3 Abs. 1 des Vormünder- und Betreuervergütungsgesetzes bestimmten Stundensätzen zuzüglich einer Aufwandspauschale von drei Euro je veranschlagter Stunde zu vergüten. [3]In diesem Fall braucht der Verfahrenspfleger die von ihm aufgewandte Zeit und eingesetzten Mittel nicht nachzuweisen; weitergehende Aufwendungsersatz- und Vergütungsansprüche stehen ihm nicht zu.

(4) [1]Ist ein Mitarbeiter eines anerkannten Betreuungsvereins als Verfahrenspfleger bestellt, stehen der Aufwendungsersatz und die Vergütung nach den Absätzen 1 bis 3 dem Verein zu. [2]§ 7 Abs. 1 Satz 2 und Abs. 3 des Vormünder- und Betreuervergütungsgesetzes sowie § 1835 Abs. 5 Satz 2 des Bürgerlichen Gesetzbuchs gelten entsprechend. [3]Ist ein Bediensteter der Betreuungsbehörde als Verfahrenspfleger für das Verfahren bestellt, erhält die Betreuungsbehörde keinen Aufwendungsersatz und keine Vergütung.

(5) [1]Der Aufwendungsersatz und die Vergütung des Verfahrenspflegers sind stets aus der Staatskasse zu zahlen. [2]Im Übrigen gilt § 168 Abs. 1 entsprechend.

Schrifttum: *Zimmermann*, Die Betreuer- und Verfahrenspflegervergütung ab 1.7.2005, FamRZ 2005, 950; *Deinert/Lütgens*, Die Vergütung des Betreuers, 2008. Ältere Literatur (vor dem 1.7.2005) ist weitgehend überholt; insofern wird auf die Vorauflage hingewiesen.

Übersicht

I. Textgeschichte, Anwendungsbereich

1 Die Regelung entspricht etwa dem früheren § 67a FGG, dem § 67 Abs 3 FGG vorausging, und gilt seit 1.9.2009. Die Vergütung und der Ersatz von Aufwendungen des Verfahrenspflegers waren seit Inkrafttreten des BtG (1992) heiß umstritten. Der Gesetzgeber will einen Spagat: Einesteils soll aus verfassungsrechtlichen Gründen ein qualifizierter Verfahrenspfleger bestellt werden, andererseits soll das wenig kosten. Für Tätigkeiten ab 1.1.1999 erfolgte eine Änderung durch das 1. BtÄndG und das BVormVG. Ab 1.1.2002 kam die Euroumstellung mit einer Änderung der Beträge. Ab 1.7.2005 erfolgte erneut eine Änderung durch das 2. BtÄndG und die Einführung des VBVG.

2 § 277 FamFG gilt entsprechend für den Verfahrenspfleger in Unterbringungssachen (§ 318 FamFG), und in Freiheitsentziehungssachen (§ 419 Abs 5 FamFG). Für den Verfahrenspfleger des Kindes, der dort Verfahrensbeistand heißt, gilt die Regelung nur teilweise (§ 158 Abs 7 FamFG).

II. Vergütung des Verfahrenspflegers

3 **1. Strukturen, Unterschied zur Betreuervergütung.** Die Vergütung und der Auslagenersatz für Verfahrenspfleger ist anders strukturiert als die Vergütung des Betreuers.

Berufsmäßige Verfahrenspfleger		Ehrenamtliche Verfahrenspfleger
Vergütung nach tatsächlichem Zeitaufwand, Stundensatz 19,50 bis 33,50 Euro + Auslagen + MwSt	Selten: Pauschale für Vergütung und Auslagen; + MwSt	Keine Vergütung, aber Ersatz der tatsächlichen Auslagen
§ 277 Abs 2 FamFG	§ 277 Abs 3 FamFG	§ 277 Abs 2 FamFG, 1836 Abs 1 BGB

Insbesondere gelten folgende Regelungen des Betreuervergütungsrechts nicht: 4
- die abrechnungsfähige Stundenzahl ist nicht begrenzt und nicht pauschaliert.
- die Inklusiv-Stundenlöhne für Betreuer von 27 bis 44 Euro (§ 4 VBVG) gelten nicht.
- Auslagen und Umsatzsteuer sind nicht im Stundenlohn inbegriffen.
- Es spielt für die Höhe der Vergütung keine Rolle, ob der Pflegling mittellos oder „vermögend" ist.
- Es spielt keine Rolle, ob der Pflegling seinen Aufenthalt im Heim oder zuhause hat.
- § 1835 Abs 3 BGB ist grundsätzlich nicht anzuwenden.

2. Berufsmäßigkeit der Verfahrenspflegschaft. – a) Voraussetzungen der Berufsmäßigkeit. Sie darf nur (muss aber dann auch) vom Betreuungsgericht festgestellt werden, wenn bestimmte Voraussetzungen vorliegen (zB dass jemand mindestens 11 Pflegschaften und Betreuungen „führt"); dies ergibt sich im einzelnen aus § 1 VBVG. Auch wer nur in Nebentätigkeit arbeitet, kann Berufspfleger sein. 5

b) Feststellung der Berufsmäßigkeit. § 277 Abs 2 Satz 2 unterscheidet bezüglich der Vergütung zwischen Pflegern, die die Pflegschaft berufsmäßig führen (und eine Vergütung erhalten) und den ehrenamtlichen Pflegern (die umsonst arbeiten sollen). Obwohl die Berufsmäßigkeit der 99 %ige Regelfall ist, tut § 277 so, als wäre es anders. Wenn Berufsmäßigkeit vorliegt, wird dies durch Beschluss des Betreuungsgerichts festgestellt (§ 1 VBVG); bei Vereinsmitarbeitern und Behördenmitarbeitern als Verfahrenspflegern erübrigt sich das (Abs 4; § 7 Abs 1 Satz 2 VBVG). Bei einem Rechtsanwalt liegt Berufsmäßigkeit schon dann vor, wenn es sich um seine einzige Verfahrenspflegschaft handelt[1]. Die Feststellung der Berufsmäßigkeit kann nachgeholt werden[2], selbst (mit Rückwirkung) noch im Vergütungsfestsetzungsverfahren. Ob ein Aktenvermerk genügt ist jetzt angesichts § 38 FamFG zweifelhaft; jedenfalls muss der darin liegende Beschluss dem Verfahrenspfleger bekannt gegeben werden (§ 41 Abs 1 FamFG). Ist die Feststellung im Bestellungsbeschluss nicht enthalten, sollte vom Berufspfleger sofort Ergänzung beantragt werden (§§ 42 Abs 1, 13 FamFG). Ob die Beschwerde statthaft ist, ist zweifelhaft, weil § 276 Abs 6 FamFG Beschwerden verhindern will und § 58 FamFG die Beschwerde nur gegen Endentscheidungen, nicht aber gegen Zwischenentscheidungen, eröffnet; es ist aber zu bejahen (§ 276 Rz 64). Die Feststellung der Berufsmäßigkeit ist für die Staatskasse jedenfalls nicht isoliert anfechtbar[3], was angesichts § 304 Abs 1 Satz 1 FamFG jetzt zweifelhaft ist. 6

3. Abrechnung nach Zeitaufwand. – a) Höhe des Stundenlohns. Die Höhe des Stundenlohns (im VBVG euphemistisch „Stundensatz" genannt; zu unterscheiden vom „Stundenansatz" in § 5 VBVG) des Verfahrenspflegers richtet sich (wegen § 277 Abs 2 Satz 2 FamFG) nach § 1 Abs 2, § 2 und § 3 Abs 1, 2 VBVG. Es gelten also nicht die Stundenlöhne des § 4 VBVG (44 Euro einschließlich Umsatzsteuer und Auslagen als Höchstbetrag), nicht die Pauschalierung des § 5 VBVG, sondern der Stundensatz beträgt je nach Ausbildung des Berufsverfahrenspflegers **19,50, 25 oder 33,50 Euro,** aber *zuzüglich* Umsatzsteuer und *zuzüglich* konkreter Auslagen. Letztlich macht es keinen Unterschied, ob man 33,50 + Auslagen + MwSt erhält oder 44 Euro inklusive, weil sich aus 44 Euro 7

1 OLG Brandenburg NJOZ 2009, 513; OLG Frankfurt FamRZ 2001, 790.
2 BayObLG FamRZ 2001, 867.
3 BayObLG FamRZ 2001, 867. OLG Brandenburg NJOZ 2009, 513 bejahte unter Geltung des FGG Anfechtbarkeit für den Pfleger.

brutto auch nur 33,97 netto errechnen. Der Stundenlohn ist beim mittellosen und beim vermögenden Betreuten gleich hoch; es ist auch gleichgültig, ob der Betroffene im Heim oder zuhause wohnt. Diesen geringen Lohn hält das BVerfG[4] nicht für verfassungswidrig (Art 12 GG).

8 **Ermäßigung des Stundensatzes.** Das Betreuungsgericht könnte die Meinung vertreten, dass ein Anwalt etc mit 33,50 Euro überbezahlt ist, weil der Fall so einfach gelagert sei, dass der Pfleger keine Anwaltsqualifikation braucht („überqualifizierter Betreuer", § 3 Abs 2 Satz 1 VBVG; darauf wird in § 277 Abs 2 Satz 2 FamFG Bezug genommen). Nach Anhörung des in Aussicht genommenen Pflegers könnte das Gericht im Bestellungsbeschluss zB den Stundensatz eines Anwalts auf 25 Euro herabsetzen (§ 3 Abs 2 Satz 2 VBVG), aber nicht mehr nachträglich. Die Praxis macht davon aber keinen Gebrauch.

9 **Erhöhung des Stundensatzes.** Auch bei besonderer Schwierigkeit der Angelegenheit kann das Betreuungsgericht keine höhere Vergütung bewilligen, denn auf § 3 Abs 3 Satz 1 VBVG wird in § 277 Abs 2 Satz 2 FamFG ausdrücklich nicht verwiesen. Andere Pfleger, wie zB Nachlasspfleger, können dagegen bei einem vermögenden Nachlass und Schwierigkeiten einen höheren Stundensatz erhalten.

10 b) **Vergütungsfähige Stundenzahl.** Nicht alle vom Verfahrenspfleger tatsächlich aufgewandten Stunden müssen bezahlt werden; entscheidend ist, dass der Verfahrenspfleger das rechtliche Gehör anstelle des Betroffenen wahrnehmen soll. Vergütet wird somit nur

- Zeitaufwand während des Bestehen des „Pflegeramts"
- Tätigkeit im Rahmen des übertragenen Aufgabenkreises
- Tätigkeit zur Wahrnehmung der Pflegschaft angebracht
- Zeitaufwand, der der Dauer nach angemessen ist.

11 aa) **Nicht vergütungsfähiger Zeitaufwand:** (1) Zeitaufwand *vor* Bestellung zum Pfleger[5], dh vor Zugang des Bestellungsbeschlusses an den Pfleger (§ 40 Abs 1 FamFG). Deshalb erhält der spätere Pfleger keine Vergütung, wenn er auf Weisung des Gerichts irgendwie tätig wird, obwohl er noch nicht bestellt ist[6]; oder wenn er schon vor Bestellung aufgrund anwaltlichen Mandats tätig war[7]. (2) Zeitaufwand, der nicht der konkreten Amtsführung dient, sondern allgemein der Tätigkeit als Pfleger, der Einarbeitung durch Studium eines Buches, Fortbildung[8]. (3) Zeitaufwand für Tätigkeiten außerhalb des Aufgabenkreises. Wird der Pfleger *eindeutig* außerhalb seines Aufgabenkreises tätig, etwa in erbrechtlichen Angelegenheiten, kann er dafür keine Vergütung aus der Staatskasse erhalten[9]. (4) Zeitaufwand zugunsten des Betroffenen, der der privaten Sphäre zuzurechnen ist, ist nicht vergütungsfähig. Dazu gehört zB die Teilnahme bei der Geburtstagsfeier des Betroffenen[10], pflegerische Tätigkeit[11], Hilfe im Alltag[12], etwa bei der Haushaltsführung[13]. (5) Nutzlose Tätigkeit. Tätigkeiten, die von vornherein (für den Pfleger erkennbar) ungeeignet oder unzweckmäßig waren.

4 BVerfG FamRZ 2000, 345; FPR 2004, 622 (zum Verfahrenspfleger des Kindes).
5 OLG Schleswig BtPrax 1998, 238.
6 BayObLG FamRZ 2001, 575 (allenfalls Anwendung des JVEG); LG Duisburg Rpfleger 1996, 288; aA LG Hamburg BtPrax 1996, 76, weil Vertrauensschutz zu gewähren ist.
7 BayObLG FamRZ 1997, 185.
8 AG Betzdorf BtPrax 1998, 243.
9 BayObLG FamRZ 1994, 779.
10 LG Münster Rpfleger 1996, 288; aA LG Koblenz FamRZ 1998, 183.
11 LG Limburg BtPrax 1997, 119; LG Saarbrücken BtPrax 1997, 124.
12 LG Saarbrücken BtPrax 1997, 124; LG Limburg BtPrax 1997, 119.
13 OLG Schleswig FGPrax 1997, 223.

(6) Zeitaufwand nach Beendigung des Amts[14]; es endet nach § 276 Abs 5 FamFG. (7) Vergütungsabrechnung. Der Pfleger kann die Zeit hierfür (zB für die Tätigkeitsaufstellung) nicht abrechnen[15].

bb) **Vergütungsfähiger Zeitaufwand.** Es muss sich um tatsächlich aufgewandte Zeit für eine Tätigkeit während der Zeit und im Rahmen des Amtes handeln, die der Dauer nach angemessen („erforderlich") ist. Abrechenbar sind daher zB die Zeit zum Anlegen einer Handakte, für Aktenvermerke, eigene Dokumentation, Studium der Akte und des Sachverständigengutachtens, Stellungnahme zu Gutachten[16], Abheften von Schriftstücken[17]. Auch die Zeit für Besuche beim Betroffenen sind vergütungsfähig[18]; im Einzelfall kann es geboten sein, ihn in die Anwaltskanzlei vorzuladen, um die Zeit für die Fahrt zu sparen. Vergütungsfähig sind weiter der Weg zum Gericht und zurück, Wartezeit beim Gericht, Besprechungen mit Rechtspfleger und Richter; im Einzelfall der Zeitaufwand, wenn sich der Verfahrenspfleger beraten lässt[19]. Bei der Anhörung des Betroffenen durch den Richter (§ 278 FamFG) kann der Pfleger anwesend sein, sogar gegen den Willen des Betroffenen[20], diese Zeit ist abrechenbar. Auch auf einen *konkreten* Fall bezogenes Literaturstudium (juristische, steuerrechtliche, medizinische Literatur) kann abrechenbar sein, wenn der Pfleger anders seine Aufgabe nicht erfüllen kann[21]. Tätigkeiten, die das Gericht dem Pfleger aufgibt, sind abrechenbar. 12

Angemessener Zeitaufwand. Ist geklärt, dass eine Tätigkeit dem Grunde nach vergütungspflichtig ist, stellt sich die Frage, wie lange sie dauern darf. Es ist grundsätzlich Sache des Pflegers, wie viele Stunden er für seine Amtstätigkeit aufwendet. Es kommt auch nur darauf an, ob er eine Tätigkeit aus *seiner damaligen* Sicht für erforderlich halten durfte[22], doch werden von den Gerichten zeitlich übertriebene Tätigkeiten (zB fünf Stunden Aktenstudium, wenn die Akte nur sechs Blätter umfasst[23]; Besuche beim Gericht statt Telefonat) häufig gekürzt. Nur der eigene Zeitaufwand des Pflegers ist vergütungspflichtig, weil die Pflegschaft persönlich zu führen ist, durch eine persönlich hierzu geeignete Person. 13

Die Rechtsprechung[24] gestattet es im Grundsatz nicht, den **Zeitaufwand von Hilfskräften** (Büropersonal) zusätzlich zu honorieren, da im Stundensatz des selbständigen Berufspflegers bereits die Kosten für ein Büro (mit Personal) mittleren Zuschnitts enthalten seien. Das kann natürlich nur gelten, wenn es sich um Tätigkeit von Hilfskräften im üblichen, durchschnittlichen Rahmen handelt[25], weil sonst der Anwalt „draufzahlt". 14

c) **Erlöschen des Vergütungsanspruchs.** Der Anspruch erlischt, wenn er nicht binnen 15 Monaten nach seiner Entstehung beim Betreuungsgericht (beziffert) geltend gemacht wird (§ 2 VBVG, auf den in § 277 Abs 2 Satz 2 FamFG verwiesen wird). Der Anspruch entsteht mit der Ausübung der vergütungs- 15

14 OLG Brandenburg FamRZ 2008, 78.
15 BayObLG BtPrax 2001, 76; LG Kleve Rpfleger 2000, 216; LG Saarbrücken BtPrax 1997, 124.
16 AG Potsdam FamRZ 2008, 705
17 LG Hamburg BtPrax 1997, 207.
18 BayObLG FamRZ 1993, 224.
19 BGH NJW-RR 2007, 1373 („Supervisor" beim Verfahrenspfleger des Kindes).
20 *Jürgens/Mertens* FGG § 68 Rz 12.
21 BayObLG BtPrax 1996, 104.
22 BayObLG FamRZ 1996, 1169.
23 OLG Brandenburg FamRZ 2008, 641 gestattet anscheinend je Aktenseite eine Minute Zeitaufwand; zweifelhaft.
24 BayObLG FamRZ 1997, 578/80.
25 BayObLG FamRZ 1992, 854.

pflichtigen Tätigkeit, also letztlich tageweise. Das Erlöschen ist von Amts wegen bei der Festsetzung vom Rechtspfleger zu beachten. Eine **Verlängerung der Frist** durch das Betreuungsgericht (Rechtspfleger) ist zulässig, § 2 Satz 2 VBVG mit § 1835 Abs 1 a BGB. Eine bloße Erinnerung an den Vergütungsantrag durch das Gericht kann nicht als stillschweigende Fristverlängerung angesehen werden, sondern es ist die Mitteilung eines Schlusszeitpunkts für die Einreichung des Antrags erforderlich[26]; meines Erachtens beinhaltet eine solche Erinnerung aber jedenfalls eine Verlängerung um einige Tage, denn sonst hätte sie keinen Sinn. Wenn ein Pfleger die **15-Monatsfrist übersieht,** hat er kaum Chancen, noch an das Geld zu kommen: § 168 FamFG begründet keine *Pflicht* des Gerichts, von sich aus tätig zu werden und die Vergütung (ohne Antrag) festzusetzen oder anderweitig (zB durch einen Anruf) den Pfleger von Amts wegen vom Verfall seines Vergütungsanspruchs zu bewahren[27].

16 Der Vergütungsanspruch besteht auch dann, wenn der Verfahrenspfleger nicht hätte bestellt werden dürfen, zB weil der Betroffene von einem Rechtsanwalt vertreten war. Der Verfahrenspfleger wird auch in einem solchen Falle aus der Staatskasse vergütet und der vermögende Betroffene kann sich nicht mit Erfolg dagegen wehren, dass er die Vergütung im Wege des Regresses erstatten muss[28].

17 d) **Vorschuss, Abschlagszahlung.** Einen Vorschuss auf die Vergütung, dh eine Vorauszahlung für noch nicht geleistete Arbeit, gibt es für Pfleger nicht. Eine Abschlagszahlung (Zahlung für erfolgte Arbeit) ist ebenfalls unzulässig (§ 277 Abs 2 Satz 2 FamFG verweist nicht auf § 3 Abs 4 VBVG, der Abschlagszahlungen gestattet).

18 e) **Abrechnungszyklus.** Der Pfleger kann sogleich nach jeder Tätigkeit abrechnen, erst recht bei Beendigung seiner Tätigkeit (so ist es üblich), § 9 VBVG (Abrechnung frühestens nach drei Monaten) gilt für ihn nicht.

19 f) **Zinsen auf die Vergütung.** Ab Rechtskraft des Vergütungsfestsetzungsbeschlusses (also nicht für die Zeit von der Tätigkeit bzw von der Abrechnung bis zur Festsetzung, die wichtiger wäre) bis zur Zahlung kann der Pfleger nach § 291 BGB eine Verzinsung der Vergütung mit 5 %-Punkten über dem Basiszinssatz verlangen[29], was er aber gesondert beziffert beantragen muss, sobald bei ihm das Geld eingegangen ist. Wegen der Geringfügigkeit ist das nicht üblich. Der **Aufwendungsersatz** dagegen unterliegt der Verzinsung nach §§ 256 Satz 1, 246 BGB (4 %)[30].

20 g) **Keine Meldepflicht.** Die Pflicht, das verdiente Geld und die Zahl der Pflegschaften jährlich an die Betreuungsbehörde zu melden, besteht für Verfahrenspflegschaften nicht (§ 10 VBVG).

21 4. **Ehrenamtliche Verfahrenspfleger.** Sie erhalten Ersatz ihrer konkret nachgewiesenen Auslagen (Abs 1 Satz 1). Eine Vergütung erhalten sie nicht, weder bei Mittellosigkeit noch bei Vermögen des Betroffenen, weil auf § 1836 Abs 2 BGB in § 277 FamFG ausdrücklich nicht verwiesen ist. Da auch auf § 1835 a BGB nicht verwiesen wird, können sie auch die Pauschale von 323 Euro nicht erhalten. Dass ehrenamtliche Verfahrenspfleger bei Vermögen des Betroffenen

---

26 OLG Schleswig FamRZ 2006, 890 = FGPrax 2006, 119.
27 KG FamRZ 2006, 225 für Nachlasspfleger; OLG Schleswig FGPrax 2006, 119; LG Koblenz FamRZ 2006, 970 für Betreuer.
28 Vgl BayObLG FamRZ 1998, 1053.
29 BayObLG FamRZ 2002, 767; OLG Hamm BtPrax 2003, 81; aA OLG Celle FamRZ 2002, 1431.
30 BayObLG BtPrax 2001, 39.

keine Vergütung erhalten, ist rechtspolitisch nicht vertretbar. Man kann nicht einesteils so tun, als sei die ehrenamtliche Tätigkeit der Regelfall und andererseits trotz Vermögen keine Vergütung bewilligen, also das Gegenteil bewirken wollen.

III. Abrechnung nach im Voraus bewilligter Pauschale (Abs 3)

1. Übersicht. § 277 Abs 3 FamFG gestattet ein besonderes Pauschalierungsverfahren, das aber von den Gerichten zu Recht[31] *selten angewandt* wird. Das Betreuungsgericht kann zB folgenden Beschluss erlassen: „Rechtsanwalt X wird zum Verfahrenspfleger im Verfahren … bestellt. Er führt die Pflegschaft berufsmäßig. Dem Verfahrenspfleger wird ein Betrag von pauschal 365 Euro für Vergütung und Auslagenersatz, zuzüglich Umsatzsteuer, bewilligt.“ 22

Damit soll dem Betreuungsgericht die aufwendige (und daher teure) Nachprüfung des geltend gemachten Zeitaufwands erspart werden, dem Pfleger die Dokumentation und Darlegung seines Zeitaufwands. Sowohl die Vergütung wie die Auslagen werden pauschaliert. Nur die konkrete Umsatzsteuer (seit 1.1.2007: 19 %; beim Vereinsverfahrenspfleger 7 %) wird nicht pauschaliert, sondern hinzugerechnet. Der Pfleger hat kein Recht, zwischen Stundenabrechnung und Pauschale zu wählen; er kann keine Pauschalabrechnung verlangen. Der Pfleger muss mit der Pauschalregelung nicht einverstanden sein; erscheint ihm der vom Gericht angesetzte Betrag aber zu gering, wird er das Amt nicht annehmen, die Annahme ist nicht erzwingbar[32]. Wird die Pauschale gegen den Willen des Pflegers angeordnet, kann er den Beschluss mit befristeter Beschwerde angreifen (§§ 58 ff FamFG), falls der Beschwerdewert (§ 61 FamFG) erreicht ist (andernfalls ist nur die Erinnerung gegeben, § 11 Abs 2 RPflG); ebenso ist es, wenn die Staatskasse oder der vermögende Betroffene die Pauschale für zu hoch hält, weil zuviel Stunden oder ein falscher Stundenlohn der Schätzung zugrunde gelegt wurden. Die Rechtsmittelfrage ist angesichts § 276 Abs 6, 304 Abs 1 FamFG ungeklärt. 23

2. Materiellrechtliche Voraussetzungen. (1) Die für die Führung der Pflegschaft erforderliche Zeit muss vorhersehbar sein. Beispiel: der Richter fährt üblicherweise an einem bestimmten Wochentag in das Bezirkskrankenhaus H, um in allen ca 6 bis 8 anstehenden Fällen die Anhörung durchzuführen; das dauert meistens einen vollen Tag. Er bestellt für alle Fälle denselben Anwalt als Verfahrenspfleger, der zuvor die Akten zur Vorbereitung erhält. Dann kann man den Zeitaufwand auf 2 bis 3 Stunden je Fall schätzen. (2) Die Ausschöpfung dieses Zeitpensums durch den Pfleger muss gewährleistet sein, dh der Pfleger wird soviel Zeit benötigen. 24

3. Verfahrensrechtliche Voraussetzungen. (1) Berufspflegschaft; (2) dem Verfahrenspfleger und der Staatskasse ist vorher rechtliches Gehör gewährt worden[33]. Mittellose Personen sind nicht anzuhören, vermögende Personen schon (weil sie die Vergütung letztlich zahlen müssen). (3) Nach Abschluss der Tätigkeit kann keine Pauschale mehr bewilligt werden[34]; denn wenn die benötigte Stundenzahl feststeht, kann sie nicht mehr geschätzt werden. 25

31 *Knittel* § 276 Rz 31.
32 BVerfG FamRZ 2000, 1280.
33 LG Schwerin BtPrax 1999, 245; *Knittel* § 276 Rz 34; Jansen/*Sonnenfeld* § 67 a Rz 22.
34 OLG Frankfurt FGPrax 2008, 152; OLG Jena FamRZ 2002, 1431; *Knittel* § 276 Rz 32; Jansen/*Sonnenfeld* § 67 a Rz 22.

26 4. **Zuständigkeit, Zahlung.** Zuständig für den Beschluss ist in seinem Aufgabenkreis der Rechtspfleger (§§ 4, 15 RPflG). Da der Vergütungspauschalbeschluss aber meist zugleich mit der Bestellung des Verfahrenspflegers erlassen wird und der Richter meist für die Bestellung des Verfahrenspflegers zuständig ist, erlässt der Richter den gesamten Beschluss, was wirksam ist (§§ 6, 8 Abs 1 Satz 1 RPflG). Der Rechenschritt soll nach Satz 2 sein: geschätzter Aufwand: zB 3 Stunden, jede Stunde zu 33,50 Euro (beim höchsten Stundensatz, zB einem Anwalt), dazu 3 Euro je Stunde geschätzte Aufwendungen, ergibt 109,50 Euro + Umsatzsteuer. Wenn der Richter dem Verfahrenspfleger wohl gesonnen ist, kann er 5 Stunden schätzen, obwohl nur 2 Stunden anfallen; nachweisbar ist der Verstoß kaum. Der Beschluss ist zu **begründen** (§ 38 FamFG).

27 Die Auszahlung der Pauschalvergütung erfolgt, sobald die Tätigkeit des Verfahrenspflegers abgeschlossen ist[35], nicht etwa unmittelbar nach Wirksamwerden des Beschlusses[36].

28 5. **Keine Nachforderung.** Bei einem Pauschalbeschluss braucht der Pfleger die aufgewandte Zeit nicht nachzuweisen (aber auch bei Stundenabrechnung erfolgt kein Nachweis!), auch nicht seine Aufwendungen. Der Pfleger kann aber nicht nachfordern, wenn sich herausstellt, dass die prognostizierte Zeit nicht ausreicht oder die Auslagen höher sind (Satz 3). Wird die Pflegschaft vorzeitig beendet (zB die Betroffene stirbt, bevor der Pfleger mehr getan hat, als den Beschluss einzuheften), erhält der Pfleger ebenfalls die Pauschale. Diskutiert wird, ob der Pauschalbeschluss änderbar ist, wenn sich die Verhältnisse grundlegend geändert haben; dies wird zT bejaht, aus dem Zweck der Regelung und den §§ 42, 43 FamFG ergibt sich aber die Unabänderbarkeit.

IV. Anwaltliche Dienste des Berufspflegers

29 1. **Grundregel.** Ist der Betreuer Anwalt, kann er bestimmte dem Betreuten geleistete anwaltliche Dienste (zB. Vertretung in einem Räumungsprozess) nach dem RVG (zusätzlich zur Betreuervergütung) abrechnen (§ 1835 Abs 3 BGB iVm. § 4 Abs 2 Satz 2 VBVG). Ist der Verfahrenspfleger Anwalt gilt diese Verweisung nicht, denn § 1835 Abs 3 BGB ist hier unanwendbar, weil § 277 Abs 2 Satz 2 FamFG auf § 4 Abs 2 Satz 2 VBVG *ausdrücklich* nicht verweist. Der Gesetzgeber verschweigt hier allerdings die gegensätzliche Rechtsprechung des BVerfG (Rz 27). Vgl ferner § 1 Abs 2 RVG.

30 2. **Verfassungsrechtliche Einschränkungen.** Dieser Ausschluss der Abrechnung nach dem RVG entspricht nur bedingt verfassungsrechtlichen Anforderungen (Art 3, 12 GG). Das ergibt sich aus zwei Entscheidungen des BVerfG v 7.6.2000[37], die zur gleich gelagerten früheren Rechtslage (bis 30.6.2005) ergangen sind und deshalb weiterhin relevant sind[38]. **Beispiel:** Der Beschwerdeführer war im Verfahren über die Unterbringung in einer geschlossenen psychiatrischen Einrichtung als Verfahrenspfleger beigeordnet. Er beantragte für Aktenstudium und die Wahrnehmung des Anhörungstermins eine Vergütung gemäß 6300 RVG VV ff; das Betreuungsgericht bewilligte nur eine Vergütung nach den Stundensätzen des VBVG, also viel weniger. Das BVerfG sah keinen Verfassungsverstoß, weil der Beschwerdeführer die Voraussetzungen des § 1835 Abs 3 BGB nicht

---

35 *Knittel* § 276 Rz 35; *Prütting/Helms/Fröschle* § 276 Rz 70.
36 So aber *Goepel/Neumann/Nigbur* BtPrax 1999, 187.
37 BVerfG FamRZ 2000, 1280 und 1284.
38 Vgl BT-Drucks 13/158 S. 41; BGHZ NJW 1998, 3567; BayObLG FamRZ 2002, 1201; OLG München NJW-RR 2009, 355; OLG Schleswig NJW-RR 2009, 79; *Knittel* § 277 Rz 10; Jansen/*Sonnenfeld* FGG § 67a Rz 6.

darlegte und sie ersichtlich auch nicht vorlagen. Die Führung einer Verfahrenspflegschaft allein kann nicht als Erbringung anwaltlicher Dienste angesehen werden kann. Auch wenn ein Verfahrenspfleger für ein Unterbringungsverfahren beigeordnet wird, ist es nicht zwingend, dass er hier nach RVG VV 6300 ff abrechnen darf (und also mehr verdient als bei Abrechnung mit dem Stundensatz des § 3 VBVG). Ganz allgemein stellt die Rechtsprechung darauf ab, ob gerade auch ein Verfahrenspfleger mit einer Qualifikation, die ihm Anspruch auf Honorierung seiner Tätigkeit nach der höchsten Vergütungsstufe gibt (also mit akademischer Ausbildung), im konkreten Fall einen Rechtsanwalt zu Rate gezogen hätte[39]; das gilt auch in **Unterbringungssachen**. Wird der Anwalt sowohl bei der einstweiligen Anordnung wie bei der endgültigen Unterbringung tätig, kann in einem solchen Fall in jedem Verfahren nach dem RVG abgerechnet werden[40].

Beim anwaltlichen Pfleger eines mittellosen Betroffenen wird im Übrigen erwar- **31**
tet, dass er zunächst **Prozesskostenhilfe** bzw **Verfahrenskostenhilfe**[41] oder Beratungshilfe beantragt; erfüllt der Betroffene die Voraussetzungen der §§ 114 ff ZPO, dann ist der Vergütungsanspruch des Anwalts auch im Falle des § 1835 Abs 3 BGB auf die Gebührensätze für den PKH-Anwalt beschränkt[42].

Abrechnung nach RVG: Dagegen ist das RVG in Fällen anzuwenden, wenn ein **32**
verständiger Laie sich anwaltlicher Hilfe bedient hätte[43]; etwa wenn „der konkrete Fall vertiefte spezifische Rechtskenntnisse erfordert und deshalb ein anderer im Betreuungsrecht erfahrener und beruflich tätiger Verfahrenspfleger der höchsten Vergütungsstufe einen Rechtsanwalt hinzugezogen hätte“[44]. Zur Bemessung der Höhe der Anwaltsvergütung muss kein Gutachten der Anwaltskammer (§ 14 RVG) eingeholt werden.[45] Als derartige rechtsanwaltsspezifische Tätigkeit wird zB die gerichtliche Geltendmachung oder Abwehr von Ansprüchen sowie die außergerichtliche Vertretung in rechtlich besonders schwierig gelagerten Fällen oder Verhandlungen angesehen. Dagegen ist die Überprüfung der **Vergütungsabrechnung** eines Betreuers seit der Reform vom 1.7.2005 keine schwierige Sache mehr (allenfalls die Frage, ob beim Betreuten ein Heimaufenthalt vorliegt, ob er mittellos ist und in welche Ausbildungsgruppe der Betreuer einzustufen ist kann noch nennenswerte Probleme aufwerfen)[46]. Bei Abrechnung nach dem RVG sind die für die Anwaltstätigkeit aufgewandten Stunden aus der Pflegervergütungsabrechnung herauszurechnen. Darf der Anwalt Gebühren nach der RVG abrechnen, kann er auch seine diesbezüglichen Portoauslagen gemäß RVG VV 7002 pauschalieren[47]. Der Gebührenanspruch erlischt dann nicht in der 15-Monatfrist, sondern verjahrt wie andere RVG-Gebührenansprüche[48]. Ein anwaltlicher Pfleger kann seine Anwaltsdienste nicht nach § 11 RVG gegen den Betroffenen festsetzen lassen[49]; er ist auf § 168 FamFG angewiesen (Festsetzung als Auslagen).

39 BGH NJW 2007, 844; BayObLGZ 2004, 339; OLG München NJW-RR 2009, 355.
40 OLG München NJW-RR 2006, 931.
41 OLG Frankfurt FamRZ 2002, 59/60.
42 BGH NJW 2007, 844.
43 OLG Rostock Rpfleger 2010, 77; OLG Schleswig NJW-RR 2009, 79; LG Münster FamRZ 2008, 1659; BayObLG FamRZ 2002, 573; OLG München FamRZ 2008, 2150; OLG Düsseldorf FamRZ 2008, 78; OLG Zweibrücken BtPrax 2002, 41; OLG Karlsruhe FGPrax 2001, 72; OLG Stuttgart NJW-RR 2004, 424; LG Limburg FamRZ 2009, 1006.
44 OLG Frankfurt NJOZ 2005, 3616.
45 OLG Rostock Rpfleger 2010, 77.
46 Anders zur früheren Rechtslage BayObLG FamRZ 2003, 1046.
47 LG Berlin Rpfleger 1970, 338.
48 OLG Schleswig FamRZ 2001, 1642; aA LG Münster FamRZ 2008, 1689.
49 OLG München NJW 1965, 1026.

33 3. **Feststellung des voraussichtlichen Anfalls anwaltspezifischer Tätigkeit.** Manche Betreuungsgerichte[50] erlassen entsprechend einem Vorschlag des BVerfG[51] bei der Bestellung eines Anwalts als Verfahrenspfleger einen Beschluss, wonach anwaltspezifische Tätigkeiten anfallen werden (sog **Statusentscheidung**), damit der Anwalt die Tätigkeit andernfalls wegen zu geringerer Honorierung ablehnen kann (rechtlich gesehen ist das zwar nicht möglich, vgl § 1898 Abs 2 BGB, der für Pfleger nicht gilt; aber faktisch wird niemand gezwungen). Diese Feststellung bindet das Gericht[52]. Die Feststellung war unter Geltung des FGG für die Staatskasse nicht isoliert anfechtbar[53], was angesichts des neuen § 304 Abs 1 Satz 1 FamFG streitig werden wird[54].

34 Eine *formblattmäßige* Feststellung der Notwendigkeit soll aber für das Festsetzungsverfahren auch unter dem Gesichtspunkt des Vertrauensschutzes nicht bindend sein, erforderlich sei die einzelfallbezogene Feststellung[55]. Zumindest unklar ist eine „Bestellung von Frau R *als Rechtsanwältin*"; denn das soll nicht zwingend bedeuten, dass anwaltspezifische und nach dem RVG zu vergütende Tätigkeiten anfallen werden[56]. Ist eine solche Feststellung getroffen worden, ist es nach Ansicht des BayObLG *unerheblich*, ob im Laufe des Verfahrens tatsächlich eine spezifisch anwaltliche Tätigkeit stattgefunden hat[57]. Aber auch ohne eine solche vorherige Feststellung kann der Anwalt bei der Vergütungsabrechnung darlegen, dass typische Anwaltstätigkeit erforderlich war und dann Teile seiner Tätigkeit nach dem RVG abrechnen.

V. Beiordnung eines Anwalts in Verfahrenskostenhilfe

35 Wenn ein Anwalt als Verfahrenspfleger bestellt wird, dann liegt keine „Beiordnung" im Sinne des RVG vor. Er kann deshalb nicht nach §§ 45 ff RVG abrechnen, sondern nur nach § 277 FamFG. Das Gesetz verbietet dem Betreuungsgericht jedoch nicht, dem Betroffenen auf dessen Antrag Verfahrenskostenhilfe zu bewilligen (§ 76 FamFG; §§ 114 ff ZPO) und gegebenenfalls einen Anwalt beizuordnen (§ 78 Abs 2 FamFG), wenn letzteres geboten erscheint. Ein solcher beigeordneter Anwalt könnte nach §§ 45, 49 RVG (in Unterbringungssachen mit RVG VV 6300 bis 6303) abrechnen, was im Regelfall eine bessere Honorierung bringen würde. Eine VKH- Beiordnung kommt aber idR nur in Betracht, wenn Betroffener schon vor Einleitung eines Betreuungsverfahrens einen Anwalt mandatiert hatte (vgl § 276 Rz 31) und nun weiterhin von diesem Anwalt vertreten werden will. Aber auch hier könnte dieser Anwalt auf Beratungshilfe verwiesen werden und nur zum Verfahrenspfleger bestellt werden. Doch sollte man in diesen Fällen die VKH-Beiordnung wählen, weil der vom Betroffenen schon ausgesuchte weisungsgebundene gewillkürte Vertreter den Vorrang vor der staatlich bestellten nicht weisungsgebundenen Vertretungsperson hat; aus Kostengründen allein darf man nicht den gewünschten Anwalt zum Verfahrenspfleger umwandeln. Dies gilt insbesondere für das Unterbringungs-

50 ZB LG München I FamRZ 2001, 1397.
51 BVerfG FamRZ 2000, 1280 und 1284; hierzu OLG Zweibrücken FamRZ 2002, 906; OLG Schleswig NJW-RR 2009, 79.
52 OLG Schleswig NJW-RR 2009, 79; OLG Stuttgart NJW-RR 2004, 424; *Knittel* § 277 Rz 13.
53 Jansen/*Sonnenfeld* § 67 a Rz 8.
54 Für Anfechtbarkeit OLG Köln FamRZ 2004, 715; FamRZ 2001, 1643; LG Mönchengladbach Rpfleger 2005, 257; *Bassenge/Roth* § 277 Rz 3.
55 LG München I FamRZ 2001, 1397; BayObLG BtPrax 2002, 68; nicht überzeugend.
56 BayObLG MDR 2001, 1376; BtPrax 2002, 68/70.
57 BayObLG BtPrax 2002, 68.

verfahren[58]. Das BVerfG[59] weist ausdrücklich auf die Möglichkeit hin, einen Anwalt in VKH beizuordnen.

VI. Aufwendungen des Verfahrenspflegers (Abs 1)

1. Aufwendungen. Seine Auslagen („Aufwendungen“) werden dem Verfahrenspfleger nach tatsächlichem Anfall erstattet, also nicht pauschal (§ 277 Abs 1 FamFG, § 1835 Abs 1, 2 BGB); Ausnahme § 277 Abs 3 FamFG. Die Auslagen sind auch nicht in der Vergütung inbegriffen. Die Kosten bestimmter Haftpflichtversicherungen werden ihm aber nicht erstattet (§ 1835 Abs 2 BGB). Die Umsatzsteuer (19 % ab 1.1.2007) wird zusätzlich erstattet. 36

Fahrtkosten für Besuche beim Betroffenen, für Fahrten zu Behörden, Gerichten usw in der Pflegschaftssache werden erstattet. Bei Verwendung des eigenen Pkw erhält der Pfleger nach § 5 Abs 1 JVEG 0,30 Euro je km (§ 1835 Abs 1 Satz 1 BGB). **Fotokopien** (soweit von anderer Seite angefordert oder sonst notwendig) auf eigenen Geräten: für jede Seite je 0,15 Euro[60]. Andere[61] wollen Nr 9000 GKG-KV entsprechend anwenden (für die ersten 50 Seiten je 0,50 Euro, für die weiteren Seiten 0,15 Euro je Seite. **Porto, Telefon, Telefax:** jeweilige Entgelte (aber nicht die Kosten der Beschaffung und Einrichtung des Telefons, des Telefaxgeräts; nicht die Mehrkosten eines Mobiltelefons[62]). Eine Pauschalierung (wie nach dem RVG) ist nicht zulässig, eine Schätzung aber schon. **Kosten rechtlicher Beratung** in einer konkreten Frage fallen unter zu ersetzende Aufwendungen, wenn ein Laie zum (ehrenamtlichen) Verfahrenspfleger bestellt wurde. 37

Allgemeine **Bürounkosten** (Miete, Personal, Strom, Ordner, Schreib- und Faxpapier usw) können nicht (anteilig) als Aufwendungen angesetzt werden, weil sie beim Berufspfleger über die Höhe des Stundensatzes bereits berücksichtigt sind. **Allgemeine Fachliteratur,** Aus- und Fortbildungskosten, Kosten des Erfahrungsaustauschs sind als Allgemeinkosten der Kanzlei nicht über § 1835 Abs 1 BGB erstattungsfähig. **Umsatzsteuer,** die der Berufspfleger auf die Auslagen (zB Fahrtkosten) zu zahlen hat, sind zu erstatten[63]. **Versicherungskosten:** hierzu findet sich in § 1835 Abs 2 BGB (auf den § 277 Abs 1 BGB verweist) eine differenzierte Regelung. Für den Anwalt als Berufspfleger ist § 1835 Abs 2 Satz 2 BGB entscheidend; er erhält weder die Kosten seiner Kfz-Haftpflichtversicherung noch seiner allgemeinen Berufshaftpflichtversicherung erstattet. 38

2. Erlöschen des Anspruchs. Nach § 277 Abs 1 FamFG, § 1835 Abs 1 Satz 3 BGB erlöschen Ansprüche auf Ersatz der Aufwendungen, wenn sie nicht binnen 15 Monaten nach ihrer Entstehung gerichtlich geltend gemacht wurden, dh beziffert beim Betreuungsgericht zur Erstattung angemeldet wurden. Die Frist kann verlängert werden (§ 1835 Abs 1 a BGB). Das gilt meines Erachtens nicht für Ansprüche des anwaltlichen Verfahrenspflegers nach § 1835 Abs 3 BGB[64]; 39

58 Jansen/*Sonnenfeld* § 70 b Rz 11
59 BVerfG FamRZ 2000, 1280.
60 BayObLG NJWE-FER 2001, 292; OLG Zweibrücken FamRZ 2001, 864; OLG Dresden Rpfleger 2001, 492; *Dodegge/Roth* F 15.
61 *Bach* BtPrax 1995, 9.
62 LG Koblenz FamRZ 1998, 1533.
63 OLG Hamm BtPrax 2000, 37; OLG Frankfurt BtPrax 2000, 263.
64 OLG Schleswig FamRZ 2001, 1642; aA BayObLG FamRZ 2003, 1413 (wendet die 15-Monatfrist an); LG Münster FamRZ 2008, 1689 (wendet § 8 RVG an); Keidel/*Budde* § 277 Rz 3; *Prütting/Helms/Fröschle* § 276 Rz 61.

für sie gilt Verjährungsrecht. Das ergibt sich aus dem Aufbau der Vorschrift (§ 1835 Abs 3 nach Abs 1) und daraus, dass auch sonst für Anwaltsvergütungen Verjährungsrecht gilt; dass sie hier die Staatskasse zu zahlen hat rechtfertigt keine Sonderbehandlung.

VII. Das Festsetzungsverfahren

40 **1. Erste Instanz.** Die Vergütung wird nur auf **Antrag** bewilligt (§ 168 FamFG, anwendbar über § 277 Abs 5 Satz 2 FamFG). Da immer die Staatskasse zahlungspflichtig ist, auch bei vermögenden Betroffenen, entfallen Angaben des Pflegers über die Mittellosigkeit des Betroffenen (auf § 168 Abs 2 FamFG wird in § 277 Abs 5 Satz 2 FamFG nicht verwiesen), über seinen Aufenthaltsort, das Wirksamwerden der Betreuung oder deren Ablehnung. Der Berufspfleger hat bei der Zeit-Abrechnung lediglich seinen Zeitaufwand sowie die Aufwendungen darzulegen. Manche Betreuungsgerichte begnügen sich bei kleinerem Zeitaufwand zu Recht[65] damit, dass der Pfleger eine allgemeine Schilderung seiner Tätigkeiten beigefügt, die den Zeitaufwand plausibel erscheinen lässt, und dass er gegebenenfalls auf Anfordern seine Handakte vorlegt[66]. Das genügt, wenn eine Schätzung dahin möglich ist, dass der pauschal mitgeteilte Zeitaufwand zutreffen kann. Die kleinlichste Handhabung einiger Gerichte besteht darin, vom Verfahrenspfleger nach Datum und Minuten geordnete Stundenlisten zu fordern. Eine Aufrundung auf volle 10 Minuten und dergleichen ist unzulässig. Die abrechenbare tägliche Arbeitszeit ist nicht auf 12 oder mehr Stunden begrenzt.

41 **Zuständig** für die Festsetzung ist der Rechtspfleger. Das Verfahren regelt § 168 Abs 1 FGG. Auf § 168 Abs 2 bis 5 wird nicht verwiesen. Das Betreuungsgericht hat die zur Festsetzung der Vergütung erforderlichen Tatsachen (zB Stundenzahl) von Amts wegen zu ermitteln, dh die Angaben des Pflegers auf Plausibilität anhand des Akteninhalts und der Lebenserfahrung zu überprüfen[67]. Die Kontrolle beschränkt sich daher im Wesentlichen auf denkgesetzliche Unmöglichkeiten, missbräuchliche, deutlich überzogene oder sachlich völlig ungerechtfertigte Forderungen. Gegebenenfalls ist die Staatskasse (Bezirksrevisor) zum Antrag zu hören, indem ihr die Akten zugeleitet werden. Der Betroffene ist zum Antrag nicht zu hören (denn auf § 168 Abs 4 FamFG wird nicht verwiesen), was aber nicht zutreffend ist, wenn er (falls vermögend) die Vergütung zahlen muss.

42 Der Rechtspfleger kann zwischen **zwei Möglichkeiten** zunächst frei wählen (1) Erlass eines Festsetzungsbeschlusses (§ 168 Abs 1 Nr 2 FamFG); oder (2) im vereinfachten Verfahren: Wenn die Abrechnung unproblematisch ist, kann der Betrag durch den Urkundsbeamten der Geschäftsstelle des Betreuungsgerichts im Verwaltungsweg angewiesen werden (§ 168 Abs 1 Satz 4 FamFG, der auf das JVEG verweist), bei dem einfach das Geld von der Staatskasse kommentarlos an den Verfahrenspfleger überwiesen wird und kein Beschluss des Rechtspflegers ergeht. Die Begründung entfällt, wenn dem Antrag voll entsprochen wird. Eine Rechtsmittelbelehrung ist nicht vorgeschrieben. Dieses Verfahren ist für den Pfleger gefährlich, weil mangels Rechtskraft eines Festsetzungsbeschlusses der Bezirksrevisor namens der Staatskasse noch später Rückforderungen von überzahlter Vergütung fordern kann.

---

65 BayObLG FamRZ 1996, 1171.
66 OLG Brandenburg FamRZ 2004, 1982.
67 BayObLG JurBüro 1993, 49.

43 **2. Rechtsmittel.** Bei beschlussloser Anweisung einer vom Urkundsbeamten gekürzten Vergütung durch die Staatskasse, veranlasst vom Urkundsbeamten, muss der Verfahrenspfleger zuerst die Festsetzung durch Beschluss nach § 168 FamFG verlangen. Erst dagegen kann er vorgehen. Liegt ein Beschluss des Rechtspflegers vor (§ 38 FamFG) und beträgt der Wert des Beschwerdegegenstandes bis 600,00 Euro, ist nur befristete Erinnerung zulässig (§ 58 FamFG; § 11 Abs 2 RPflG); darüber entscheidet der Betreuungsrichter und es gibt kein Rechtsmittel, es sei denn, die Beschwerde wurde vom Richter oder Rechtspfleger zugelassen (§ 61 Abs 2 FamFG). Wenn der Beschwerdegegenstand mehr als 600,00 Euro beträgt oder die Beschwerde vom Betreuungsgericht zugelassen wurde, ist gegen den Rechtspflegerbeschluss die befristete Beschwerde zum LG statthaft, §§ 58 ff FamFG, 72 GVG. Wenn die Beschwer mehr als 600,00 Euro beträgt, der Rechtspfleger aber auf Beschwerde abhilft (§ 68 Abs 1 FamFG), so dass die Beschwer unter 600,01 Euro sinkt, ist die Beschwerde unzulässig geworden[68]. Die weitere Beschwerde zum OLG wurde ab 1.9.2009 abgeschafft.

44 Eine Rechtsbeschwerde gegen den Beschwerdebeschluss des Landgerichts ist unzulässig, außer das Landgericht hat sie zugelassen (§ 70 Abs 1 FamFG; Zulassungsfreiheit nach § 70 Abs 3 FamFG besteht nicht). Bei Zulassung muss die Rechtsbeschwerde, über die der BGH entscheidet (§ 133 GVG), durch einen beim BGH zugelassenen Anwalt eingelegt werden (§ 10 Abs 4 FamFG). Die Nichtzulassung ist nicht anfechtbar.

VIII. Betreuungsvereine, Betreuungsbehörden (Abs 4)

45 Wenn Betreuungsvereine oder Betreuungsbehörden zu Verfahrenspflegern bestellt werden, erhalten weder die Behörde noch der tätig gewordene Behördenbedienstete noch der Verein noch der tätig gewordene Vereinsmitarbeiter einen Ersatz der **Auslagen** (§ 277 Abs 1 Satz 3 FamFG).

46 **Vergütung:** Ist ein Verein oder eine Behörde als solche zum Verfahrenspfleger bestellt, erhält der Verein bzw die Behörde keine Vergütung (§ 277 Abs 2 Satz 1 FamFG mit § 1836 Abs 3 BGB). Dass auch dann keine Vergütung bezahlt wird, wenn der Betroffene *vermögend* ist, ist erstaunlich, denn die Staatskasse könnte ja dem Betroffenen die Zahlung wieder in Rechnung stellen. Wird dem vermögenden Betroffenen ein Rechtsanwalt als Verfahrenspfleger bestellt, hat er dies letztlich selbst zu zahlen; wird ihm die Behörde bestellt, war es für ihn kostenlos. Das ist rechtspolitisch verfehlt.

47 Ist ein **Mitarbeiter eines Betreuungsvereins** zum Verfahrenspfleger bestellt worden („Vereinsverfahrenspfleger"), erhält *er* selbst weder Ersatz der Auslagen noch eine Vergütung (das besagt die Verweisung auf § 7 Abs 3 VBVG); beide Beträge stehen dem Verein zu, der sie auch geltend machen kann (§ 277 Abs 4 Satz 1 FamFG)[69]. Abs 4 Satz 2 verweist auf § 7 Abs 1 Satz 2 VBVG, wo steht, dass § 1 Abs 1 VBVG sowie § 1835 Abs 3 BGB keine Anwendung finden; das bedeutet, dass ein solcher Verfahrenspfleger unabhängig von der Zahl seiner Pflegschaften immer ein Berufspfleger (mit Vergütungsanspruch des Vereins) ist (deshalb entfällt bei der Bestellung die Feststellung, dass die Pflegschaft berufsmäßig geführt wird). Berufliche Dienste (§ 1835 Abs 3 BGB) dürfen nicht zusätzlich in Rechnung gestellt werden. Die Verweisung auf § 1835 Abs 5 Satz 2 BGB bedeutet, dass dem Verein keine allgemeinen Verwaltungskosten (Papier,

68 OLG Brandenburg FGPrax 2008, 239 (noch zum FGG).
69 BGH NJW-RR 2007, 937; OLG Köln FamRZ 2001, 1400.

Heizung, Reinigung etc) ersetzt werden. Die Umsatzsteuer (ermäßigter Satz 7 %) ist vom Verein in Rechnung zu stellen.

48 Ist ein **Bediensteter einer Betreuungsbehörde** zum Verfahrenspfleger bestellt, erhalten weder er[70] noch die Behörde (§ 277 Abs 4 Satz 3 FamFG) Auslagenersatz oder Vergütung.

IX. Zahlungspflicht und Regress (Abs 5)

49 Die Bestellung eines Verfahrenspflegers ist gerichtsgebührenfrei (§ 93a Abs 1 KostO). Für seine Tätigkeit erhält der Verfahrenspfleger allerdings in der Regel eine Vergütung und immer Auslagenersatz. § 277 Abs 5 Satz 1 FGG bestimmt, dass Vergütung und Aufwendungsersatz immer (auch wenn der Betroffene, dem der Verfahrenspfleger beigeordnet wurde, *vermögend* ist) zunächst aus der Staatskasse bezahlt werden. Verschwiegen wird in Abs 5 aber, dass die Staatskasse dem Betroffenen dann den an den Verfahrenspfleger bezahlten Betrag als Auslage in Rechnung stellt (§ 137 Abs 1 Nr 16 KostO); dies geschieht aber nur, wenn er vermögend im Sinne von § 1836c BGB ist (§ 93a Abs 2 KostO). Bekommt der Betroffene die Kostenrechnung, hält er sich aber wegen Mittellosigkeit für nicht zahlungspflichtig, kann er Erinnerung einlegen (§ 14 KostO). Der Betroffene hat nur den Betrag zu erstatten, den die Staatskasse dem Verfahrenspfleger tatsächlich schuldete (und auch bezahlt hat); das ist nicht zwingend der Betrag, der ausbezahlt wurde. Wie viel geschuldet wurde, kann der Betroffene im Verfahren nach § 14 KostO nachprüfen lassen[71]; so etwa, wenn die Staatskasse dem Verfahrenspfleger zu Unrecht Anwaltsgebühren zahlte. Besonders problematisch ist es, wenn eine überhöhte Pauschalvergütung vereinbart wurde, etwa um dem Anwalt einen Gefallen zu erweisen. Diese Schätzung muss ebenfalls über § 14 KostO nachprüfbar sein.

§ 278 Anhörung des Betroffenen

(1) [1]Das Gericht hat den Betroffenen vor der Bestellung eines Betreuers oder der Anordnung eines Einwilligungsvorbehaltes persönlich anzuhören. [2]Es hat sich einen persönlichen Eindruck von dem Betroffenen zu verschaffen. [3]Diesen persönlichen Eindruck soll sich das Gericht in dessen üblicher Umgebung verschaffen, wenn es der Betroffene verlangt oder wenn es der Sachaufklärung dient und der Betroffene nicht widerspricht.

(2) [1]Das Gericht unterrichtet den Betroffenen über den möglichen Verlauf des Verfahrens. [2]In geeigneten Fällen hat es den Betroffenen auf die Möglichkeit der Vorsorgevollmacht, deren Inhalt sowie auf die Möglichkeit ihrer Registrierung bei dem zentralen Vorsorgeregister nach § 78a Abs. 1 der Bundesnotarordnung hinzuweisen. [3]Das Gericht hat den Umfang des Aufgabenkreises und die Frage, welche Person oder Stelle als Betreuer in Betracht kommt, mit dem Betroffenen zu erörtern.

(3) Verfahrenshandlungen nach Absatz 1 dürfen nur dann im Wege der Rechtshilfe erfolgen, wenn anzunehmen ist, dass die Entscheidung ohne eigenen Eindruck von dem Betroffenen getroffen werden kann.

(4) Soll eine persönliche Anhörung nach § 34 Abs. 2 unterbleiben, weil hiervon erhebliche Nachteile für die Gesundheit des Betroffenen zu besorgen sind, darf diese Entscheidung nur auf Grundlage eines ärztlichen Gutachtens getroffen werden.

70 Jansen/*Sonnenfeld* § 67a Rz 28; *Bassenge/Roth* § 277 Rz 5.
71 BayObLG FamRZ 2005, 828.

(5) Das Gericht kann den Betroffenen durch die zuständige Behörde vorführen lassen, wenn er sich weigert, an Verfahrenshandlungen nach Absatz 1 mitzuwirken.

---

§ 278 FamFG entspricht dem früheren § 68 FGG.

Schrifttum: *Coeppicus* FamRZ 1991, 892 und FamRZ 1992, 16; *Coeppicus* (Protokollierung der Anhörung), BtPrax 1995, 201; *Coeppicus*, Sachfragen, S. 1–38; *von Looz*, Wie höre ich an?, BtPrax 1997, 85; *Walther*, Vorführungen und Zuführungen (Aufgabe örtlicher Betreuungsbehörden), BtPrax 1997, 42.

Übersicht

I. Persönliche Anhörung des Betroffenen, Abs 1

1 **1. Pflicht zur persönlichen Anhörung. – a) Amtsermittlung.** Das Gericht muss den Sachverhalt nach § 26 FamFG von Amts wegen aufklären. Zentrales Aufklärungsmittel ist die Anhörung des Betroffenen, § 278 (allerdings entbehrlich im Falle des § 301). Zwingend ist ein Sachverständigengutachten einzuholen (§ 280 FamFG; entbehrlich bei §§ 300, 301). Ferner kann das Betreuungsgericht die örtlich zuständige Betreuungsbehörde um Unterstützung bei der Feststellung des Sachverhalts ersuchen, § 8 BtBG, zB um die Erstellung eines Sozialberichts über den Betroffenen; dort kann auch ein Vorschlag, wer als Betreuer oder Verfahrenspfleger geeignet sei, eingeholt werden. Die Behörde darf das Ermittlungsersuchen nicht wegen angeblich fehlender Relevanz zurückweisen; die Art der Erledigung liegt aber im Ermessen der Behörde[1]. Sozialleistungsträger dürfen im Rahmen von § 71 Abs 3 SGB X Mitteilungen machen. Schweigepflichtige Berufsgruppen sind durch § 203 StGB beschränkt. Zeugenvernehmung, Augenschein und Urkundsbeweis sind im Rahmen des allgemeinen Beweisrechts (§§ 29, 30 FamFG) zulässig. Dem Datenschutz muss ausreichend Rechnung getragen werden[2].

2 Im ursprünglichen **Gesetzgebungsverfahren** war vor allem die Frage umstritten, ob die Anhörung im Regelfall in der Wohnung des Betroffenen erfolgen müsse[3]. Die Regelung in § 68 FGG entsprach teils § 64 a FGG aF, § 654 Abs 1 Satz 1 ZPO aF und ist durch § 278 FamFG ersetzt worden.

3 **b) Anwendungsbereich von Abs 1.** In den beiden Fällen des Abs 1 schreibt Abs 1 Satz 1 für die Sachaufklärung (§ 26 FamFG) und die Gewährung des rechtlichen Gehörs vor, dass ein schriftliches oder sonstiges Verfahren ausscheidet, vielmehr der Betroffene vom mit der Sache befassten Betreuungsrichter

1 LG Hamburg FamRZ 1997, 118.
2 Vgl *Schimke* BtPrax 1993, 74.
3 Vgl DiskE I S. 170; *Bürgle* NJW 1988, 1886.

persönlich angehört werden muss; Ausnahmen in Abs 3 und Abs 4 sowie vor Erlass einer einstweiligen Anordnung (§§ 300, 301), Sonderregelungen finden sich in §§ 296 bis 299. **Zweck.** Die Anhörung soll einen „starken persönlichen Kontakt zwischen Betroffenem und Gericht" sowie eine optimale Aufklärung aller entscheidungserheblichen Umstände" herbeiführen[4].

Diese Anhörung kann nicht durch den Verfahrenspfleger oder die Betreuungs- 4
behörde als Mittelsperson vorgenommen werden. Sie ist nicht deshalb entbehrlich, weil zB der Betroffene schon anlässlich der Bestellung eines Verfahrenspflegers persönlich angehört wurde. Die Anhörung in einem anderen gleichzeitigen Verfahren (sog Folgeverfahren; Strafverfahren, Zivilprozess usw) ersetzt diese Anhörung nicht[5]. Der Eindruck, den der Richter vor Einleitung des Betreuungsverfahrens in seiner Eigenschaft als Familienrichter anlässlich eines Termins von dem Betroffenen gewonnen hat, kann die nach § 278 FamFG erforderliche Anhörung nicht ersetzen[6]. Bei enger zeitlicher Verknüpfung und gleichem Zweck ist aber eine doppelte Anhörung nicht notwendig[7].

aa) **Bestellung eines Betreuers,** § 1896 BGB. Der Betroffene ist anzuhören, auch 5
wenn er mit der Betreuung einverstanden ist oder sie sogar selbst beantragt hat[8]. Dasselbe gilt bei nicht nur unwesentlicher Erweiterung des Aufgabenkreises eines Betreuers, der Bestellung eines weiteren Betreuers unter **Erweiterung** des Aufgabenkreises, bei **Verlängerung** der Betreuung, § 293 FamFG. Ferner besteht Anhörungspflicht, wenn der Betreuer ausgewechselt werden soll, auch wenn dies erst im Beschwerdeverfahren geschehen soll[9]. Im Verfahren vor Bestellung eines **Gegenbetreuers** muss der Betroffene nicht persönlich hierzu angehört werden, wenn der Aufgabenkreis des Betreuers nicht erweitert werden soll[10]. Keine Anhörung ist notwendig, wenn eine **Betreuung nicht angeordnet** werden soll; ebenso nicht, wenn nur über die Rechtsmäßigkeit einer Maßnahme nach § 62 entschieden werden soll[11].

bb) **Anordnung eines Einwilligungsvorbehalts,** § 1903 BGB; Erweiterung, Ver- 6
längerung, § 293 FamFG. Wenn der Einwilligungsvorbehalt erst geraume Zeit nach der Betreuung angeordnet werden soll und noch nicht Thema bei der ersten Anhörung war, muss die Anhörung also wiederholt werden.

cc) **Aufhebung; Einschränkung.** Die Anhörungspflicht nach § 278 FamFG 7
besteht nicht vor Aufhebung der Betreuung, des Einwilligungsvorbehalts oder deren Einschränkung; hier kann sie sich aber aus § 26 FamFG ergeben[12].

dd) **Vorangegangene einstweilige Anordnung.** Ist ein einstweiliges Anordnungs- 8
verfahren (§§ 300, 301 FamFG) vorangegangen und wurden hierbei „Verfahrenshandlungen" (wie Anhörung des Betroffenen, Anhörung der sonstigen Beteiligten, Zeugenvernehmung, Begutachtung) vorgenommen, kann das Gericht im späteren (oder gleichzeitigen) Hauptsacheverfahren von der nochmaligen Durchführung absehen, wenn von einer erneuten Vornahme keine zusätzlichen Erkenntnisse zu erwarten sind (§ 51 Abs 3 Satz 2 FamFG); Doppelverwertung von Verfahrenshandlungen.

---

4 BT-Drucks 11/4528 S. 172.
5 OLG Naumburg FamRZ 2002, 986.
6 OLG Köln OLG-Report Hamm 2007, 594.
7 OLG Hamm NJW 2001, 1800.
8 *Bassenge/Roth* § 278 Rz 4.
9 BayObLG FamRZ 1995, 1082
10 BayObLG FamRZ 2001, 1555; 1994, 325; *Prütting/Helms/Fröschle* § 278 Rz 6.
11 *Bassenge/Roth* § 278 Rz 1.
12 Vgl OLG Frankfurt NJW 1992, 1395.

9 c) **Sonstige Pflichten zur Anhörung des Betroffenen.** Sie können sich nicht nur aus §§ 26, 278 FamFG ergeben, sondern auch aus § 295 FamFG (Verlängerung), § 296 Abs 2 FamFG (Bestellung eines neuen Betreuers), § 298 FamFG (Gesundheitsangelegenheiten), § 299 Abs 2 FamFG (Wohnung), § 299 Abs 1 FamFG (vermögensrechtliche Sachen) und § 297 Abs 1 FamFG (Sterilisation), § 319 FamFG (Unterbringung), § 168 Abs 4 FamFG (Vergütung des Betreuers). Die Ausgestaltung ist unterschiedlich: Die Anhörung ist entweder zwingend oder nur empfohlen („soll"); sie muss entweder persönlich erfolgen oder ist auch sonst (schriftlich) ausreichend. Die Anhörung zwecks Sachverhaltsaufklärung ist zu unterscheiden von der Anhörung zwecks Gewährung des rechtlichen Gehörs (Art 103 GG). Soweit § 298 FamFG die Anhörung des Betroffenen nur im Falle des § 1904 Abs 1 BGB vorschreibt, bei § 1904 Abs 2 BGB (zB Abbruch der Ernährung) hingegen nicht, ist das missverständlich: selbstverständlich folgt bereits aus § 26 FamFG, dass der Richter selbst feststellen muss, ob der Betroffene noch einwilligungsfähig ist, bevor er genehmigt, dass der Betroffene verhungern soll; er muss ihn also anhören[13].

10 d) **Das Schlussgespräch** (früher § 68 Abs 5 FGG) wurde nicht in FamFG übernommen. Es sollte gewährleisten, dass die Interessen des Betroffenen durch Erörterung der Beweisaufnahme und der mit der Betreuung zusammenhängenden Fragen vor Erlass der Entscheidung zur Geltung gebracht werden können; der Betroffene könne so auf die Entscheidung Einfluss nehmen[14]. Das Schlussgespräch wurde von manchen als „letztes Wort" wie im Strafprozess missverstanden. Die Regelung wurde in der Praxis nicht angewandt, weil das Schlussgespräch bei klaren Sachverhalten überflüssig war[15].

11 e) **Rechtliches Gehör.** Nach § 37 Abs 2 FamFG darf das Gericht seine Entscheidung nur auf Feststellungen stützen, zu denen sich die Beteiligten (vor allem der Betroffene) äußern konnten. Aus Art 103 GG ergibt sich eine Pflicht des Gerichts, seiner Entscheidung nur solche Tatsachen und Beweisergebnisse zum Nachteil eines Beteiligten der Entscheidung zu Grunde zu legen, zu denen sich der Betroffene vorher äußern konnte[16]. Will sich das Gericht zB auf Tatsachen stützen, die in einem Vermerk über ein Telefonat des Richters mit der Betreuungsbehörde niedergelegt sind, muss dem Betroffenen daher der Vermerk vorher zugeleitet werden[17]. Das rechtliche Gehör ist nach § 34 Abs 1 FamG, soweit geboten, in einem persönlichen Gespräch zu gewähren. Im Übrigen genügt Schriftform.

12 f) **Reihenfolge der Verfahrenshandlungen.** Die Anhörung des Betroffenen und der Augenschein in seiner Wohnung sind das zentrale Aufklärungsmittel; erst anschließend sollten Sozialberichte der Betreuungsbehörde (§ 279 FamFG) und das Gutachten (§ 280 FamFG) eingeholt werden, weil sie sonst vielleicht überflüssig sind. Die Praxis ist aber unterschiedlich: viele Betreuungsgerichte erholen zuerst ein Gutachten[18] und hören den Betroffenen dann erst an. Dazu tendiert das OLG München[19], wenn es ausführt: das Gutachten zur Betreuungsbedürftigkeit ist dem Betroffenen grundsätzlich vollständig, schriftlich und rechtzeitig vor seiner persönlichen Anhörung mitzuteilen. Letztlich kommt es darauf an, welche Tatsachen bei Einleitung des Verfahrens bereits vorliegen.

---

13 Keidel/*Budde* § 298 Rz 6; *Prütting/Helms/Fröschle* § 298 Rz 31.

14 DiskE I S. 171. Kritisch zB *Bürgle* NJW 1988, 1887; *Schlüter/Liedmeier*, Zeitschrift für Gerontologie 1990, 77.

15 Vgl BT-Drucks 16/6308 S. 267.

16 BVerfG FamRZ 1994, 493; BayObLG FamRZ 1997, 901.

17 BayObLG FamRZ 1994, 318.

18 Im Einzelfall verfassungsrechtlich bedenklich, BVerfG FamRZ 2010, 186.

19 OLG München FamRZ 2006, 440; OLG Frankfurt FamRZ 2008, 1477; *Knittel* § 278 Rz 28; *Prütting/Helms/Fröschle* § 280 Rz 13; Jansen/*Sonnenfeld* FGG § 68 Rz 17.

13 **2. Form der Anhörung des Betroffenen. – a) Nicht öffentliche Sitzung.** Die Anhörung erfolgt in nicht öffentlicher Sitzung (§ 170 Abs 1 Satz 1 GVG)[20], deshalb ist es auch nicht zulässig, die Anhörung am Arbeitsplatz (zB Behindertenwerkstätte) oder im Wohnheim in Anwesenheit der Mitbewohner durchzuführen[21]. Aus Art 6 der Europäischen Konvention zum Schutz der Menschenrechte (MRK) ergibt sich keine Verpflichtung zur Öffentlichkeit[22]. Teilnahmeberechtigt sind diejenigen Personen, die ihre Rechte nur durch Teilnahme an der persönlichen Anhörung wahren können. Das sind außer dem Betroffenen und den Gerichtspersonen auch der Verfahrensbevollmächtigte des Betroffenen und der Verfahrenspfleger. Angehörige haben kein eigenständiges *Recht* auf Anwesenheit[23]. Das Gericht kann die Öffentlichkeit zulassen, jedoch nicht gegen den Willen eines Beteiligten (§ 170 Abs 1 Satz 2 GVG); wer Beteiligter ist ergibt sich aus § 274 FamFG.

14 Auf Verlangen des Betroffenen *ist* einer **Person seines Vertrauens** die Anwesenheit zu gestatten (§ 170 Abs 1 Satz 3 GVG); hier gibt es keine Zurückweisungsmöglichkeit wie nach § 12 FamFG[24]. „Einer" Vertrauensperson ist nicht als zahlenmäßige Begrenzung zu verstehen, jemand kann auch zwei oder drei Vertrauenspersonen haben; Grenze ist der Rechtsmißbrauch[25]; Kleinlichkeit ist aber nicht angebracht, sondern ein den Schutz des Betroffenen berücksichtigendes Verfahren. Das „Verlangen" des Betroffenen ist auch beachtlich, wenn er geschäftsunfähig ist, § 275 FamFG. Eine Frist für das Verlangen besteht nicht. Andererseits hat der Betroffene keinen Anspruch auf Terminsverlegung, weil seine Vertrauensperson am Terminstag verhindert ist. Verweigert der Betroffene eine Äußerung ohne Vertrauensperson, bleibt nur eine neue Terminierung. Verlangt er dagegen *nach* der Anhörung die Zuziehung einer Vertrauensperson, hängt es vom Einzelfall ab, ob eine erneute Anhörung des Betroffenen zusammen mit der Vertrauensperson anzuberaumen ist[26]. Den Termin muss der Betroffene seiner Vertrauensperson selbst mitteilen.

15 Daneben steht § 170 Abs 2 Satz 1 GVG, wonach das Gericht **sonstigen Personen** den Zutritt gestatten kann, etwa Referendaren, Rechtspflegeranwärtern, Beteiligten im Sinn von § 274 FamFG, zB Betreuungsbehörde, behandelnden Ärzten, Pflegepersonal. Das darf aber nicht gegen den Willen des Betroffenen geschehen. Der Betroffene will in der Regel seine persönlichen Verhältnisse nicht jedermann eröffnen, deshalb sollte der Richter zumindest Teile der Anhörung ohne Anwesenheit Dritter durchführen. Der in Aussicht genommene Betreuer darf ebenfalls nur mit Einwilligung des Betroffenen anwesend sein. Es ist zweckmäßig, diese Personen im Protokoll festzuhalten. Die Gestattung erfolgt durch zu protokollierenden Beschluss[27]. Der Betroffene muss auf sein Recht, der Anwesenheit dieser Personen zu widersprechen, nicht hingewiesen zu werden; doch sollte besprochen werden, ob er mit dem Richter allein sprechen will. Der Widerspruch des Betroffenen[28] ist beachtlich, auch wenn er anscheinend keinen vernünftigen Grund hat. Gegen die unzulässige Zulassung kann der Betroffene Beschwerde (ohne aufschiebende Wirkung) einlegen; einfacher ist es, wenn er an der Anhörung nicht mitwirkt. Der Dritte, dem die Anwesenheit nicht gestattet

20 Jansen/*Sonnenfeld* § 68 Rz 21.
21 *Pohlmann* BtPrax 1999, 62.
22 BayObLGZ 1974, 258.
23 OLG Hamm FGPrax 2009, 317 (zum FGG). Wenn sie vom Gericht „beteiligt" wurden (§ 274) kann ihnen die Anwesenheit gestattet werden; *Prütting/Helms/Fröschle* § 278 Rz 15.
24 Vgl BT-Drucks 16/6308 S. 267.
25 Vgl Jansen/*Sonnenfeld* § 68 Rz 45.
26 Vgl *Rink* RuP 1991, 149.
27 Münchener Kommentar zur ZPO/*Zimmermann*, GVG § 175 Rz 8.
28 Dazu *Coeppicus* FamRZ 1992, 21.

wurde, hat keine Beschwerdeberechtigung (§ 59 FamFG), weil er in seinen subjektiven Rechten nicht verletzt ist.

16 Der **Dienstvorgesetzte** des Richters (Landgerichtspräsident; Amtsgerichtspräsident) hat immer das Anwesenheitsrecht (vgl § 175 Abs 3 GVG).

17 Die Möglichkeit, einen **Sachverständigen zum Anhörungstermin hinzuziehen** (§ 68 Abs 4 Satz 1 FGG) hat das FamFG nicht übernommen. Die Gesetzesbegründung[29] meint, das Gericht können wegen § 280 Abs 2 FamFG den Sachverständigen schon zum Anhörungstermin bestellen. Man muss Anhörung und Begutachtung trennen. Der Sachverständige kann unmittelbar nach der persönlichen Anhörung sein Gutachten mündlich erstatten (es wird dann ins Protokoll aufgenommen). Wenn der zugezogene Sachverständige sogleich die Begutachtung zu Protokoll gibt, ist zu beachten, dass die Anordnung der Betreuung trotzdem erst erfolgen kann, nachdem dem Betroffenen das schriftliche Gutachten vollständig und schriftlich eine angemessene Zeit vor der Entscheidung zur Kenntnis gegeben wird[30]. Nach Zuleitung des Protokolls (welches das Gutachten enthält) muss also noch gewartet werden und eine sofortige Anordnung etc der Betreuung im Termin sogleich nach der mündlichen Gutachtenserstattung („Stuhlurteil") scheidet im Regelfall aus, es sei, denn Betroffene ist damit einverstanden.

18 **b) Ladung.** Zur Anhörung sind der Betroffene und der Verfahrenspfleger zu laden (§ 15 FamFG), nicht nur dann, wenn die Anhörung in der Wohnung des Betroffenen oder im Gerichtsgebäude erfolgt. Denn wenn der Betroffene zum Anhörungstermin eine Vertrauensperson hinzuziehen kann (§ 170 GVG) setzt das voraus, dass er diese Person verständigen kann. Anders ist es, wenn der Betroffene hierauf verzichtet. Eine Mindest-Ladungsfrist gibt es nicht. Wenn das Verfahren auf Anregung („Antrag") Dritter beginnt, soll dem Betroffenen diese Anregung spätestens zusammen mit der Ladung zur Kenntnisnahme zugeleitet werden (§ 23 Abs 2 FamFG)[31]. Ob es zweckmäßig ist, dass dem Betroffenen der Namen des Initiators mitgeteilt wird, hängt allerdings vom Einzelfall ab (durch Akteneinsicht würde er ihn im Regelfall erfahren; vgl § 13 FamFG).

19 **c) Anhörung von Ausländern.** Bei Anhörung eines Ausländers, der der deutschen Sprache nicht ausreichend mächtig ist, ist ein Dolmetscher zuzuziehen, § 185 Abs 1 GVG (es sei denn, der Richter beherrscht die fremde Sprache, § 185 Abs 3 GVG); vgl Art 5 Abs 2 MRK[32]. Die Beeidigung des Dolmetschers ist nicht erforderlich, wenn die beteiligten Personen (das sind die bei der Anhörung anwesenden Personen) darauf verzichten (§ 189 Abs 3 FamFG).

20 **d) Protokollierung.** Wenn eine Beweiserhebung nach den Regeln des **Freibeweises** erfolgt schreibt § 29 Abs 3 FamFG vor, dass „die Ergebnisse" aktenkundig zu machen sind; das mag passen, wenn ein Zeuge telefonisch befragt wird. Die Praxis nimmt gleichwohl immer ein Protokoll nach ZPO-Regeln auf; denn ein bloßer Aktenvermerk hat zu wenig Aussagekraft. Zweckmäßig wäre manchmal eine Dokumentation durch Foto und (aufbewahrtes) Tonband; das ist leider nicht üblich. Ob Fragen und Antworten jeweils wörtlich protokolliert werden oder ein Gespräch geführt wird und die Gesamtaussage vom Richter formuliert

---

29 BT-Drucks 16/6308 S. 267.

30 OLG München FamRZ 2006, 440: Das Gutachten zur Betreuungsbedürftigkeit ist dem Betroffenen grundsätzlich vollständig, schriftlich und rechtzeitig *vor seiner persönlichen Anhörung* mitzuteilen.

31 *Rink* RuP 1991, 149 schlägt Zustellung vor mit dem Vermerk, dass persönliche Übergabe erforderlich sei.

32 Vgl *Pentz* NJW 1990, 2782; Saage/*Göppinger* 2. Aufl § 5 FEVG Rz 15, jeweils zur Unterbringung.

und protokolliert wird, hängt vom Einzelfall ab[33]. Der „unmittelbare persönliche Eindruck" vom Betroffenen kann zwar auch ohne Protokollierung in der Entscheidung verwertet werden[34], wenn der vernehmende Richter der später entscheidende ist. Dieser Eindruck sollte gleichwohl in angemessener Form im Protokoll festgehalten werden: nur dann kann er bei Richterwechsel von den späteren Richtern noch verwertet werden[35]. Unsachliche Ausdrucksweise des Richters kann Ablehnung wegen Befangenheit begründen[36]. Bei Anhörung in der Umgebung/Wohnung sollte aus den gleichen Gründen das **Ergebnis des Augenscheins** im Protokoll festgehalten werden. Über Photos vgl ferner Rz 23. Beim **Strengbeweis** ist ein Protokoll nach den Regeln der ZPO (§ 159 ZPO) erforderlich (§ 30 FamFG).

3. Inhalt der Anhörung. Die Anhörung soll zum einen dem Betroffenen das rechtliche Gehör (Art 103 GG) in einer besonders intensiven Form gewähren, zum anderen stellt sie eine bindend vorgeschriebene Art der Sachaufklärung (§ 26 FamFG) dar. Ihr Zweck ist, vom Betroffenen einen Eindruck zu gewinnen, seine Einwendungen in Erfahrung zu bringen, Anhaltspunkte für weitere Ermittlungen zu erlangen[37]. Es kann sein, dass der Betroffene bei der Anhörung unter dem Einfluss starker Medikamente steht, so dass der Eindruck verfälscht wird; das ist beim Pflegepersonal aufzuklären. In diesem Fall muss die Anhörung vom Richter wiederholt werden[38]. Die Anhörung wird sich mit folgenden **Themen** befassen müssen: 21

a) **Feststellung der Personalien,** des (früheren) Berufs, des Lebenslaufs, Namen und Anschriften von Verwandten und sonstigen Angehörigen; Frage nach einer Vertrauensperson; Besprechung der finanziellen Verhältnisse des Betroffenen; ggf Hinweis auf die **Kosten** der Betreuung sowie des Verfahrenspflegers und wer sie trägt. 22

b) **Augenschein** am Betroffenen und (soweit erforderlich) an seiner Umgebung. Oft wäre es zweckmäßig, einige Photos vom Lebensraum des Betroffenen zu machen und in die Akten zu geben (vor dem Fotografieren müsste man aber das Einverständnis des Betroffenen erholen und ihn über den Zweck informieren sowie das alles im Protokoll festhalten); das ist aber nicht üblich. 23

c) **Klärung der Erforderlichkeit** einer Betreuung bzw eines Einwilligungsvorbehalts. Da nach § 1896 BGB ein Betreuer nur bestellt werden darf, soweit dies erforderlich ist, ist hier zu klären, welche Angelegenheiten der Betroffene überhaupt zu besorgen hat und welche er nicht mehr besorgen kann, damit später der **Aufgabenkreis des Betreuers** bestimmt werden kann (vgl § 278 Abs 2 Satz 3 FamFG). Wer kauft ein, kocht, putzt? Hilfe von Nachbarn, ambulanten Diensten? Wie wirkt sich die Krankheit/Behinderung im Alltag aus? Erörterung des Anlasses für die Einleitung des Verfahrens, des Sozialberichts, des bisherigen Akteninhalts. 24

d) **Liegen Vollmachten vor?** Hat der Betroffene anderen Personen Vollmachten erteilt, so dass ihn die Bevollmächtigten unterstützen können? Dann ist die Betreuung in der Regel entbehrlich (§ 1896 Abs 2 Satz 2 BGB). Hierzu ist der Betroffene zu befragen; in der Regel ist eine vorsorgliche Internet Abfrage beim 25

33 Vgl dazu *Dodegge* NJW 1987, 1912; *Koch* NJW 1974, 597; *Badella* DRiZ 1959, 241; *Coeppicus* FamRZ 1991, 892.
34 AA *Pentz* NJW 1990, 2778.
35 BayObLGZ 1982, 384; MDR 1983, 326.
36 OLG Celle MDR 1988, 970.
37 Vgl BVerfG NJW 1990, 2310; *Coeppicus* FamRZ 1991, 892 und 1992, 16.
38 *Dodegge* NJW 1987, 1912.

zentralen Vorsorgeregister der Bundesnotarkammer in Berlin erforderlich. Der Inhalt des Registers ergibt sich aus § 1 VRegV; die Vollmacht selbst ist bei der Bundesnotarkammer nicht gespeichert. Nur der geschäftsfähige Betroffene konnte eine solche Vollmacht wirksam erteilen[39], so dass sich die Frage nach der Geschäftsfähigkeit bei Vollmachtserteilung stellt[40] und nach § 26 FamFG aufzuklären ist. Liegt eine wirksame Vollmacht vor, ist zu überlegen ob eine Kontrollbetreuung nach § 1896 Abs 3 BGB angeordnet werden soll. Kann der Betroffene durch andere Hilfen (Nachbarn, Verwandte oder soziale Dienste; vgl § 1896 Abs 2 Satz 2 BGB) versorgt werden? Selbst wenn dies der Fall ist, ist zu beachten, dass Betreuung eine gesetzliche Vertretung ist (§ 1902 BGB), der freundliche Nachbar ohne Vollmacht also nur bedingt nützt.

26 e) **Kann der Betroffene eine Vollmacht erteilen?** § 278 verlangt vom Richter, dass er den Betroffenen auf die Möglichkeit der Vorsorgevollmacht hinweist. *Geeignete Fälle* liegen nur vor, wenn der Betroffene geschäftsfähig ist[41]; denn anderenfalls ist die Vollmacht unwirksam. Außerdem müsste der Betroffene in der Lage sein, den zu Bevollmächtigenden zu überwachen (denn anderenfalls läge ein Fall des § 1896 Abs 3 BGB-Kontrollbetreuer vor). Der Hinweis des Richters auf den Inhalt einer solchen Vollmacht soll wohl besagen, dass der Umfang (Vermögen, Heilbehandlung, Unterbringung usw) erörtert werden können und sollen. Niemand ist verpflichtet eine Vollmacht zu erteilen; denn zum einen könnten dem Betroffenen vertrauenswürdige Bekannte bzw Verwandte fehlen, zum anderen ist die Vollmacht für den Betroffenen gefährlicher als eine Betreuung. Es ist unzweckmäßig, wenn der Richter die Erteilung einer Vollmacht selbst protokolliert, obwohl es zulässig wäre.

27 In diesem Zusammenhang soll der Richter den Betroffenen auch die Möglichkeit der **Registrierung** der Vollmacht bei der **Bundesnotarkammer** hinweisen (§ 278 Abs 2 Satz 2). Das ist ein fern liegender Gedanke. Denn wenn ein Betreuungsverfahren schon läuft, ist eine Vollmacht hier und sofort erforderlich; sie erst noch zur Registrierung einzureichen und nach Gebührenzahlung den Registrierungsbescheid zu erhalten, bringt keinen zusätzlichen Nutzen[42].

28 f) **Person des Betreuers.** Ein zentraler Punkt der Erörterung ist, ob der Betroffene Vorschläge zur Person des Betreuers (§ 1897 Abs 3 und 4 BGB) macht (§ 278 Abs 2 Satz 3 FamFG). [43] Wer kommt als Berufsbetreuer aus der Sicht des Richters in Frage, wer wird als solcher vom Betroffenen mit Bestimmtheit abgelehnt? Verwandtschaftliche und sonstige persönliche Bindungen des Betroffenen? Mögliche Interessenkonflikte Betroffener/Betreuer (§ 1897 Abs 5 BGB)?

29 g) **Unterrichtung des Betroffenen** über den möglichen Verlauf des Verfahrens (Abs 2 Satz 1). Der Zeitpunkt dieser Unterrichtung ist nicht vorgeschrieben; häufig wird die Unterrichtung am Anfang des Verfahrens zweckmäßig sein, weil sie dem Betroffenen das Verfahren verständlich machen und ihn in die Lage versetzen soll, alle Gesichtspunkte vorzubringen, die für die Regelung seiner Probleme entscheidungserheblich sein können. Eine bestimmte **Form** der Unterrichtung ist nicht vorgeschrieben; schriftliche Form (Formblatt) wäre daher denkbar[44], dürfte aber nicht zweckmäßig sein. Bei schriftlicher Unterrichtung vor dem Termin muss im Rahmen der Anhörung geklärt werden, ob der

---

39 BayObLG NJW-RR 1988, 455
40 Jansen/*Sonnenfeld* § 68 Rz 7.
41 *Knittel* § 278 Rz 33; *Prütting/Helms/Fröschle* § 278 Rz 25.
42 *Prütting/Helms/Fröschle* § 278 Rz 25; *Knittel* § 278 Rz 33.
43 Vgl BayObLG FamRZ 1995, 1442.
44 Vgl *Rink* RuP 1991, 150.

Betroffene die Unterrichtung verstanden hat. Der Rechtshilferichter ist hier nicht ausgeschlossen (Abs 3). In den Fällen des Abs 2 kann die Unterrichtung unterbleiben, weil sie nicht sinnvoll ist, wenn sie die Gesundheit des Betroffenen gefährdet oder wenn der Betroffene ohne Einsichtsfähigkeit ist.

Der **Umfang der Unterrichtung**[45] richtet sich nach dem Einzelfall. Man muss beachten, dass der Betroffene nicht verunsichert und verwirrt wird. Selbst gebildete Menschen können die heruntergeschnurrten Hinweise zu ihrer neuen Heizung nicht verstehen, was soll der psychisch Beeinträchtigte mit Fachbegriffen wie „Umgebungsanhörung, Vertrauensperson, Verfahrenspfleger" usw anfangen, wenn es nicht übersetzt wird? Der Betroffene soll wissen, dass er von einem Sachverständigen untersucht werden wird und das Gericht entscheiden wird, welche Konsequenzen die Entscheidung für ihn hat, dass er Rechtsmittel einlegen kann. Hat der Betroffene einen rechtskundigen Verfahrenspfleger oder einen Rechtsanwalt, genügt Unterrichtung in kürzester Form. 30

h) **Hinzuziehung weiterer Beteiligter.** Nach § 68 a Satz 3 FGG konnte der Betroffene einer Anhörung seiner Angehörigen widersprechen. Die Regelung ist nicht ins FamFG übernommen worden. Jetzt stellt § 274 Abs 4 FamFG es ins Ermessen des Gerichts, ob Angehörige „beteiligt" werden, so dass diese Frage möglicherweise mit dem Betroffenen zu erörtern ist, damit die Ermessensentscheidung richtig getroffen wird. 31

i) **Unterrichtungsfähigkeit.** Ferner kann festgestellt werden, ob der Betroffene in der Lage sein wird, die spätere Unterrichtung zu verstehen, dass die Betreuungsentscheidung anderen Behörden mitgeteilt wurde (§ 308 Abs 3 Nr 3 FamFG); denn anderenfalls unterbleibt diese Unterrichtung. 32

j) **Verfahrenspfleger.** Wenn die Bestellung eines Verfahrenspflegers in Frage kommt (§ 276 FamFG), ist zu klären, ob überhaupt Interesse daran besteht (§ 276 Abs 2 Satz 1 FamFG) und ob sich der Betroffene lieber durch einen Rechtsanwalt oder eine andere geeignete Person vertreten lassen will (§ 276 Abs 4 FamFG), eventuell insoweit Verfahrenskostenhilfe mit Anwaltsbeiordnung (§ 76 FamFG, §§ 114 ff ZPO) beantragt. Der vermögende Betroffene sollte auch darauf hingewiesen werden, dass er den Verfahrenspfleger letztlich selbst bezahlen muss. 33

4. Zuständigkeit für die Anhörung. Die Anhörung erfolgt durch den **Richter**, er kann dies nicht auf den Rechtspfleger delegieren. Soweit der **Rechtspfleger** für die Hauptentscheidung zuständig ist (wie etwa bei der bloßen Kontrollbetreuung, § 1896 Abs 3 BGB; § 15 Abs 1 Satz 2 RPflG) nimmt der Rechtspfleger die Anhörung vor. Falls ein **Bundesland** nach § 19 Abs 1 Nr 1 RPflG beim Richter zwar die Anordnung der Betreuung gelassen hat, aber für die Auswahl des Betreuers den Rechtspfleger für zuständig erklärt hat (**Verfahrensspaltung**), wäre eine doppelte Anhörung notwendig: dann hätte der Richter zum Komplex „Anordnung" anzuhören und der Rechtspfleger zur Auswahl, was unsinnig ist; hier hört der Richter den Betroffenen auch zur Frage der Auswahl an (§ 6 RPflG; Sachzusammenhang). Wenn der Richter im Gespräch erfährt, wen der Betroffene gerne zum Betreuer hätte, wird er das protokollieren und dann entfällt eine nochmalige Anhörung durch den Rechtspfleger. Anders ist es, wenn diese Anhörung unzureichend war oder vergessen wurde. 34

5. Referatswechsel, Abgabe. Ist der Betroffene vom Richter persönlich angehört worden und ändert sich dann die Geschäftsverteilung des Amtsgerichts, so dass 35

45 Dazu *Rink* RuP 1991, 150; Jansen/*Sonnenfeld* § 68 Rz 57.

ein anderer Richter für diese Betreuungssache zuständig ist, ergibt sich aus § 278 FamFG keine Pflicht zur Wiederholung der Anhörung[46]. Denn Abs 1 Satz 1 spricht nur von einer Anhörung durch das Gericht und diese ist erfolgt. Kommt es allerdings auf den persönlichen Eindruck vom Betroffenen an, können die Erkenntnisse des vernehmenden Richters vom Referatsnachfolger nur verwertet werden, wenn sie protokolliert sind[47]; eine informelle Weitergabe des Eindrucks durch ein „Kollegengespräch" scheidet also aus. Aus § 26 FamFG kann sich gleichwohl ergeben, dass die Anhörung wiederholt werden muss, weil anderenfalls keine ausreichende Entscheidungsgrundlage vorhanden ist.

36 **Abgabe.** Diese Grundsätze gelten auch, wenn der Richter den Betroffenen angehört hat und das Verfahren dann abgegeben wird (§ 273 FamFG).

37 **6. Beschwerdeinstanz.** Inwieweit in zweiter Instanz die Anhörung des Betroffenen wiederholt werden muss, war früher in § 69 g Abs 5 FGG geregelt; dies wurde nicht übernommen. Jetzt kommt § 68 Abs 3 FamFG zur Anwendung. Nur ausnahmsweise kann auf eine erneute persönliche Anhörung des Betroffenen verzichtet werden, etwa weil Gegenstand des Beschwerdeverfahrens lediglich die Entscheidung von Rechtsfragen ist oder die persönliche Anhörung durch den Richter der ersten Instanz ordnungsgemäß erfolgt ist, erst kurz zurückliegt und durch eine erneute Anhörung aufgrund konkreter Anhaltspunkte keine zusätzlichen Erkenntnisse zu erwarten sind[48]. Der Verzicht muss in der Entscheidung näher begründet werden[49]. Wird das für die Bestellung eines Betreuers notwendige Gutachten erst im Beschwerdeverfahren eingeholt, so kann das LG nicht auf die persönliche Anhörung des Betroffenen verzichten[50]. Das Beschwerdegericht hat einen Betroffenen, der gegen eine Betreuerbestellung Rechtsmittel eingelegt hat, persönlich anzuhören, wenn in der Beschwerde neue Tatsachen vorgetragen werden, die für die Entscheidung über eine Betreuerbestellung erheblich sind[51].

II. Eindruckverschaffung

38 **1. Grundsatz.** Als Teil der Sachaufklärung ist erforderlich, dass sich der Betreuungsrichter einen persönlichen Eindruck vom Betroffenen verschafft (§ 278 Abs 1 Satz 2 FamFG); in § 68 FGG stand noch: „unmittelbaren Eindruck", was wohl dasselbe ist. Die Eindruckverschaffung ist nach Abs 1 auch dann nicht entbehrlich, wenn die Anhörung deshalb entfällt, weil sich der Betroffene nicht mehr artikulieren kann[52].

39 **2. Ort der Eindruckverschaffung.** Abs 1 Satz 3 spricht zwar nur von dem Ort, an dem sich das Gericht den persönlichen Eindruck verschafft und nicht von dem Ort, an dem der Betroffene angehört wird. Da aber beide Vorgänge ineinander übergehen, wird man sie in der Praxis nicht trennen. Die Unterscheidung könnte aber Bedeutung haben, wenn zB der Betroffene im Gerichtsgebäude angehört wird und hierbei die Besichtigung seiner Wohnung verlangt, zum Beweis dafür, dass er sich noch ausreichend selbst versorgen kann.

46 *Bassenge/Roth* § 278 Rz 5.
47 BayObLGZ 1982, 384; MDR 1983, 326.
48 OLG Frankfurt FamRZ 2008, 1477.
49 BayObLG FamRZ 2001, 1555; OLG Hamm FamRZ 2000, 494.
50 OLG Frankfurt FamRZ 2008, 1477.
51 BayObLG FamRZ 2003, 1043.
52 Keidel/*Budde* § 278 Rz 3.

a) **Im Gerichtsgebäude.** Gerichtstermine finden grundsätzlich im Gerichtsgebäude statt, vgl § 219 ZPO[53]. Im Gesetzgebungsverfahren tauchte die Idee auf, die Anhörung müsse *immer* in der Wohnung/Umgebung des Betroffenen durchgeführt werden. Das ist zu Recht nicht Gesetz geworden. 40

b) **In der Umgebung des Betroffenen**[54]**.** Eine Terminabsprache ist zweckmäßig. Eine Anhörung in der Umgebung des Betroffenen (also in seiner Wohnung, Altenheim, Klinik) kommt in drei Fällen in Betracht: 41

aa) **Zweckmäßigkeit.** Wenn der Betroffene krank, bettlägerig oder gebrechlich ist, kann sein Erscheinen im Gerichtsgebäude mit erheblichem Aufwand verbunden sein. Hier kann es zweckmäßig sein, auf den Transport durch soziale Organisationen oder Verwandte zu verzichten und den Betroffenen in seiner Umgebung aufzusuchen. 42

bb) **Verlangen des Betroffenen.** Wenn es der Betroffene verlangt, gleichgültig wann[55], sollen (Anhörung und) Eindruckverschaffung in der Wohnung/Umgebung des Betroffenen durchgeführt werden. Weshalb der Betroffene dies verlangt, spielt keine Rolle; auch bloße Bequemlichkeit würde genügen (das Verlangen ist in Satz 2 in Gegensatz zur Sachaufklärung gesetzt). Das Verlangen des Betroffenen ist aber, um Missbrauch vorzubeugen, nicht bindend; hinzukommen muss, dass dem Gericht die Anhörung in der Wohnung/Umgebung zweckmäßig erscheint („soll")[56]. Der Richter wird neben der Erleichterung der Sachaufklärung auch seinen Zeitaufwand und die Reisekosten in die Überlegung einbeziehen. Der Richter ist nicht verpflichtet, den Betroffenen darüber zu belehren, dass er eine Anhörung in seiner Umgebung verlangen könne[57]. Anderenfalls hätte dies der Gesetzgeber vorgeschrieben. 43

cc) **Sachaufklärung.** Es kann in Zweifelsfällen nach § 26 FamFG erforderlich sein, das soziale Umfeld und die Lebensverhältnisse in Augenschein zu nehmen, um festzustellen, ob die Voraussetzungen der §§ 1896, 1903 BGB vorliegen. Zu klären ist zB, wie die Wohnverhältnisse sind, welche Angelegenheiten der Betroffene zu besorgen hat, wieweit der Betroffene seine Angelegenheiten noch selbst besorgen kann (zB wie weit der Betroffene die Wohnung schon herunterkommen hat lassen, wie gepflegt Kleidung, Küche, WC usw sind), welche Kontakte der Betroffene noch mit Verwandten, Nachbarn hat, welche Hilfen hier noch bestehen. Auf diese Weise kann eventuell der Aufgabenkreis des Betreuers genauer bestimmt und der Betreuer sachgerechter ausgewählt werden. 44

Ist dagegen „übliche Umgebung" eine Anstalt, Klinik oder sonstige Einrichtung, wird die Anhörung dort insoweit wenig ergiebig sein, weil diese Umgebung vom Betroffenen selbst kaum gestaltbar ist[58], aber leichter zu handhaben. Ob tatsächlich die Wohnung aufgesucht werden muss, sollte gründlich überlegt werden. Für den Betroffenen ist es meist nicht angenehm[59], wenn das Gericht in großer Besetzung (mit Protokollführer, Rechtsanwalt, Sachverständigem) 45

---

53 *Knittel* § 278 Rz 22; Jansen/*Sonnenfeld* § 68 Rz 18.
54 Hierzu *Coeppicus* FamRZ 1992, 16.
55 *Rink* RuP 1991, 149.
56 Vgl *Holzhauer/Reinicke* § 68 Rz 4; aA Jansen/*Sonnenfeld* § 68 Rz 18; *Rink* RuP 1991, 150: kein Ermessen; OLG Düsseldorf FamRZ 1996, 1373: Spielraum; ebenso *Prütting/Helms/Fröschle* § 278 Rz 18.
57 *Knittel* § 278 Rz 22; Jansen/*Sonnenfeld* § 68 Rz 36; aA *Rink* RuP 1991, 149; *Holzhauer/Reinicke* § 68 Rz 4.
58 *Rink* RuP 1991, 150 diskutiert deshalb Rücktransport in die Wohnung zwecks Anhörung dort, wenig nahe liegend.
59 AA *Coeppicus* FamRZ 1992, 16; ZRP 2000, 91: der Betroffene fühle sich meist „geehrt".

anrückt. Nachbarn erhalten auf diese Weise Kenntnis von Vorgängen, die als vertraulich angesehen werden. Wenn der Augenschein in der Umgebung des Betroffenen zur Sachaufklärung unabdingbar ist, dann muss nach § 26 FamFG dieser Augenschein durchgeführt werden; das „soll“ in § 278 Abs 1 Satz 2 ist insoweit missverständlich. Bei wohnsitzlosen Personen ist die Parkbank keine „übliche“ Umgebung im Sinne von Abs 1. Eine Verpflichtung des Richters, sich mit dem Betroffenen irgendwo im Freien zu treffen besteht nicht[60].

46 **3. Widerspruch des Betroffenen gegen die Umgebungsanhörung.** Wenn das Betreten der Wohnung der Sachaufklärung dienen würde, also ein Augenschein dort vorgenommen werden soll, stellt das Gesetz darauf ab, ob der Betroffene widerspricht. Dieses Recht findet seine verfassungsrechtliche Grundlage in Art 13 Abs 1 GG. Über das Widerspruchsrecht muss nicht belehrt werden. Der Widerspruch muss nicht begründet werden; er braucht auch keine vernünftige Grundlage zu haben, die Motive des Betroffenen sind gleichgültig. Das Wort „widersprechen“ muss natürlich nicht benutzt werden, es genügt jede Äußerung, die zeigt, dass der Betroffene das Gericht nicht in seine Wohnung lassen will. Der Widerspruch ist auch bei Geschäftsunfähigkeit des Betroffenen beachtlich, § 275 FamFG. Der Betroffene kann seinen Widerspruch zurücknehmen. Der Verfahrenspfleger hat kein eigenes Widerspruchsrecht[61], weil der Pfleger die objektiven Interessen des Betroffenen wahrzunehmen hat und Sachaufklärung immer objektiv erforderlich ist. Der Verfahrenspfleger kann einen Widerspruch des Betroffenen nicht zurücknehmen, weil er kein *gesetzlicher Vertreter* des Betroffenen ist. In der Praxis kommt ein Widerspruch nur selten vor[62].

47 **a) Beweisfolgen der Weigerung.** Will das Gericht die Wohnung zwecks Sachaufklärung betreten, dann beabsichtigt es in der Regel, dort von Amts wegen zu ermitteln (§ 26 FamFG). Verweigert der Betroffene dem Gericht das Betreten, dann ist dem Gericht diese Amtsermittlung verschlossen; § 278 Abs 1 Satz 3 FamFG enthält insoweit eine Einschränkung des § 26 FamFG. Fraglich ist, welche Auswirkungen dies auf die Beweiswürdigung hat. Im Zivilprozess kann uU eine streitige Behauptung als bewiesen angesehen werden, wenn der Beklagte den Beweis vereitelt, zB indem er sich weigert, sein Grundstück betreten oder sich untersuchen zu lassen[63]; diese Grundsätze sind im FamFG, wo der Amtsermittlungsgrundsatz herrscht, nicht anwendbar. Das Gericht muss also ohne diese „Erkenntnisquelle zur Entscheidung kommen; es ist möglich, dass in Grenzfällen durch eine Weigerung des Betroffenen die Betreuungsbedürftigkeit nicht positiv feststellbar ist, die Betreuung daher nicht angeordnet werden kann.

48 **b) Belehrung über Widerspruchsrecht.** Da der Betroffene einesteils die Anhörung in seiner Umgebung/Wohnung verlangen kann, andererseits Anhörung und Augenschein in der Umgebung/Wohnung verweigern kann, stellt sich die Frage nach der Belehrungspflicht. Eine ähnliche Problematik besteht bei § 758 a ZPO, Art 13 Abs 1 GG (Wohnungsdurchsuchung zwecks Zwangsvollstreckung). Belehrungen müssen entweder gesetzlich vorgeschrieben sein oder sich aus der Fürsorgepflicht des Gerichts ergeben. Eine Regelung ist nicht vorhanden. Eine Fürsorgepflicht, die zum Ziel hätte, die Ermittlungstätigkeit des Gerichts zu beschränken, kann nicht angenommen werden. Belehrungen, etwa bei der Ladung oder beim Betreten der Wohnung, sind also nicht erforderlich[64].

---

60 *Bassenge/Roth* § 278 Rz 7.
61 Jansen/*Sonnenfeld* § 68 Rz 37.
62 *Coeppicus* ZRP 2000, 91
63 OLG Koblenz 1968, 897; Zöller/*Greger*, ZPO, § 371 Rz 5.
64 Keidel/*Kayser* 15. Aufl FGG § 68 Rz 7; aA *Rink* RuP 1991, 145.

c) **Frist.** Eine Frist, bis zu der der Widerspruch gegen die Anhörung in der Wohnung erhoben werden kann, ist nicht bestimmt. Auch der erst in der Wohnung während der Anhörung erhobene Widerspruch ist beachtlich. Ebenso kann der Betroffene zunächst verlangen, dass das Gericht seine Wohnung aufsucht und dann das Betreten verweigern; die Weigerung ist nicht wegen widersprüchlichem Verhalten unbeachtlich. 49

III. Tätigwerden eines Rechtshilferichters, Abs 3

1. **Entwicklung und Zweck der Regelung.** Verfahrensverhandlungen nach Abs 1, also Anhörung des Betroffenen und Verschaffung des unmittelbaren Eindrucks vom Betroffenen, müssen grundsätzlich durch den entscheidenden Richter oder seinen Referatsvorgänger erfolgen. Hält sich der meist kränkliche Betroffene in einer weit entfernten Anstalt/Klinik/Altenheim auf, scheidet ein Transport zum Gerichtsgebäude aus; der Richter muss zum Betroffenen reisen, was einen erheblichen Zeit- und Verwaltungsaufwand verursachen kann. Anhörungen dürfen auch außerhalb des Gerichtsbezirks erfolgen (§ 166 GVG). 50

Hat dann die ganztägige Abwesenheit vom Büro nur die in wenigen Minuten gewonnene Erkenntnis gebracht, dass der Betroffene zweifelsfrei völlig desorientiert ist und keinen vernünftigen Satz mehr sagen kann, dann neigt der Richter in anderen Fällen dazu, die Akten an das der Klinik nahe gelegene Amtsgericht zu versenden und den dortigen Richter um die Anhörung zu ersuchen (§§ 156 ff GVG). Die Justizverwaltung befürchtet die Notwendigkeit von Stellenmehrungen, wenn die zuständigen Betreuungsrichter meist unterwegs sind. Inwieweit dem entgegengetreten werde sollte, war im Gesetzgebungsverfahren sehr umstritten; ursprünglich neigte man zu einem völligen Verbot der Tätigkeit des ersuchten Richters, da „ein noch so gut protokolliertes Gespräch eines ersuchten Richters mit dem Betroffenen „naturgemäß eine eigene Anhörung nicht ersetzen“ könne[65]. Später kam die Idee auf, die Tätigkeit des ersuchten Richters auf „extreme (atypische) Ausnahmefälle“ zu beschränken[66]. Beides überschätzt den Wert des persönlichen Eindrucks und unterschätzt die Fähigkeiten des ersuchten Richters, übersieht ferner die Vielzahl völlig eindeutiger Fälle in der Praxis. Eine stark abgeschwächte Form des Verbots ist schließlich in § 278 Abs 3 FamFG (früher § 68 Abs 1 Satz 4 FGG) Gesetz geworden. 51

2. **Erste Instanz.** Hier darf der erkennende Richter einen ersuchten Richter, also den Amtsrichter eines anderen Amtsgerichts (§§ 156 ff GVG), nur einschalten, wenn seines Erachtens anzunehmen ist, dass er das Ergebnis der Anhörung durch den Rechtshilferichter auch ohne eigenen Eindruck von dem Betroffenen zu würdigen vermag. Die Einschränkung „von vornherein anzunehmen“, früher in § 68 FGG enthalten, wurde nicht ins FamFG übernommen. Die Annahme ist gerechtfertigt, wenn der Rechtshilferichter voraussichtlich die Anhörung und den persönlichen Eindruck eingehend und nachvollziehbar in den Akten niederzulegen vermag[67]; das sind nicht nur die Ausnahmefälle, in denen der Betroffene im Koma liegt. Es kommt also darauf an, ob das Gericht im Augenblick seiner Entscheidung eine persönliche Anhörung des Betroffenen und einen eigenen Eindruck vom Betroffenen für entbehrlich hält; es kommt nicht darauf an, ob diese Annahme schon von Anfang an bestand oder zwar am Anfang, aber später nicht mehr. Ergibt sich also aus ärztlichen Zeugnissen oder Gutachten und/oder aus Ermittlungen der Betreuungsbehörde (§ 8 Satz 2 BtBG), dass die Anhörung 52

---

65 DiskE I S. 170; *Dodegge* NJW 1987, 1913.
66 BT-Drucks 11/4528 S. 172.
67 BT-Drucks 13/7158 S. 38.

durch den entscheidenden Richter nicht erforderlich sein dürfte, wird das Rechtshilfegericht eingeschaltet. Der Rechtshilferichter wird zweckmäßig ein Wortprotokoll (Fragen und Antworten) erstellen und auch seinen Eindruck vom Betroffenen im Protokoll festhalten. Hält das Gericht dieses Protokoll für ausreichend, um feststellen zu können, ob die Voraussetzungen der §§ 1896, 1903 BGB vorliegen und die Gewinnung eines persönlichen Eindrucks für nicht mehr erforderlich, dann ist ausreichend ermittelt[68]. Anderenfalls wird der Richter den Betroffenen aufsuchen müssen, um sich einen eigenen Eindruck zu verschaffen.

53 **Beispiele.** Die in den Gesetzesmaterialien enthaltenen Beispiele für ein zulässiges Tätigwerden des ersuchten Richters haben nur historische Bedeutung, weil eine andere Fassung Gesetz wurde. Die Bundesregierung meinte zB, der Betroffene müsse krankheitsbedingt für längere Zeit ortsabwesend und weit entfernt vom Gericht sein[69]; im Beispiel der Stellungnahme des Bundesrats[70], die zur Einschränkung des Ausschlusses des ersuchten Richters führte, musste der Betroffene sogar bewusstlos sein und sich gleichwohl noch zusätzlich „in einer weit entfernten Klinik" aufhalten, damit ein Tätigwerden des ersuchten Richters vertretbar erschien.

54 **3. Beschwerdeverfahren.** Inwieweit die Vorschriften für die erste Instanz auch in der zweiten Instanz galten, war früher streitig. Aus der Regelung in § 68 Abs 3 FamFG (zuvor § 69 g Abs 5 Satz 1 FGG) folgt, dass die Vorschriften über das Verfahren im ersten Rechtszug entsprechend gelten. Im Rahmen von § 68 Abs 4 FamFG kann der Einzelrichter der Zivilkammer tätig werden. Bezüglich des ersuchten Richters bleibt es bei der Grundregel des § 278 Abs 3 FamFG.

55 **4. Rechte des Rechtshilferichters.** Der ersuchte Richter darf das Ersuchen nicht mit der Begründung ablehnen, der eigene Eindruck des erkennenden Gerichts sei erforderlich, vgl § 158 GVG[71]. Ungenügend ist auch das Argument, der Betroffene wohne vom Hauptgericht genauso weit weg wie vom Rechtshilfegericht[72]. Die Zweckmäßigkeit der Rechtshilfe (statt eigener Ermittlungen des Betreuungsgerichts) darf der Rechtshilferichter nicht nachprüfen[73]. Nur in seltenen Missbrauchsfällen (zB ein bestimmter Richter versendet die Akten stoßweise, um sich die Arbeit zu sparen) kann der ersuchte Richter seine Tätigkeit ablehnen[74]; ungenügend ist es also, wenn das Ersuchen schlicht falsch ist, weil die Voraussetzungen einer Rechtshilfe nicht vorliegen. Verweigert der ersuchte Richter die Amtshandlung, entscheidet das OLG, in Bayern wegen der Konzentration das OLG München[75].

56 **5. Aufenthalt des Betroffenen im Ausland.** Hat der Betroffene seinen gewöhnlichen Aufenthalt im Ausland, kann eine internationale und örtliche Zuständigkeit des deutschen Betreuungsgerichts dann bestehen, wenn hier ein Fürsor-

---

68 AA OLG Schleswig-Holstein MDR 1995, 607: ersuchter Richter dürfe nur in objektiv eindeutigen und seltenen Ausnahmefällen tätig werden; diese Meinung wird ausdrücklich abgelehnt in den Materialien zum BtÄndG 1998, BT-Drucks 13/7158 S. 38.

69 BT-Drucks 11/4528 S. 171; die Entfernung sollte sogar „derartig groß sein, dass eine Anreise nicht zwingend erforderlich" ist.

70 BT-Drucks 11/4528 S. 214.

71 BayObLG FamRZ 2000, 1444; 1993, 450; OLG Frankfurt FamRZ 1993, 1221; FGPrax 1995, 167.

72 OLG München BtPrax 2005, 199.

73 BayObLG FamRZ 2000, 1444; BayObLG Rpfleger 1998, 244.

74 OLG Stuttgart BWNotZ 2007, 39; OLG Schleswig FamRZ 1995, 1596; OLG Köln FamRZ 2004, 818 (ungenügend sei aber, dass sich der Betreuungsrichter bereits ein Rechtshilfeformular erstellt hat, also offensichtlich ein „Mehrfachtäter" ist); *Knittel* § 278 Rz 43.

75 BayObLG FamRZ 1993, 450.

gebedürfnis auftritt (§§ 104, 272 Abs 1 Nr 3 FamFG). In diesen Fällen war es nach § 68 Abs 1 Satz 5 FGG nicht erforderlich, dass der Betreuungsrichter den Betroffenen persönlich anhört und sich einen unmittelbaren Eindruck von ihm verschafft, auch die persönliche Untersuchung durch den Sachverständigen wurde für entbehrlich angesehen[76]. Die Anhörung des Betroffenen erfolgt über die internationale Rechtshilfe[77]. Zweckmäßiger ist, das ausländische Gericht zu informieren und die Einleitung eines Verfahrens nach dem Recht des Aufenthalts (zB österreichischem Sachwalterrecht) anzuregen. Vgl. § 99 Abs 2 FamFG.

IV. Entbehrlichkeit der persönlichen Anhörung, Abs 4

1. Unentbehrlichkeit der Eindruckverschaffung. Von der Verpflichtung zur per- 57
sönlichen Anhörung wird das Gericht in den Fällen des Abs 4 entbunden. Zu beachten ist, dass sich das Gericht auch in diesen Fällen einen unmittelbaren Eindruck vom Betroffenen (§ 278 Abs 1 Satz 2 FamFG) verschaffen muss [78], und dass die persönliche Anhörung nur unterbleiben *kann* (nicht: muss). Ein Ermessen ist dem Gericht dadurch nicht eingeräumt; entscheidend ist, was nach § 26 FamFG zur Aufklärung des Sachverhalts erforderlich ist.

Über das Unterbleiben der persönlichen Anhörung ergeht kein gesonderter 58
(anfechtbarer) Beschluss; in den Gründen der Endentscheidung ist es aber zu begründen.

2. Entbehrlichkeit der persönlichen Anhörung. – a) Gesundheitliche Nachteile,
§ 278 Abs 4 FamFG. Diese Voraussetzungen liegen sehr selten vor. Die zu besor- 59
genden Nachteile müssen „erheblich“ sein, dh die Gefahr einer ernstlichen Beeinträchtigung des Gesundheitszustandes muss bestehen[79], schwerwiegende, insbesondere irreversible oder lebensgefährliche gesundheitliche Schäden[80]; zB Herzanfall bei Erörterung der Krankheit und ihrer Folgen. Ein vorübergehender Zustand ohne weitere Folgen genügt daher nicht. Können die gesundheitlichen Nachteile durch Vorsorgemaßnahmen, wie Medikamente[81] oder Zuziehung eines Arztes, vermieden werden, kann auf die Anhörung nicht verzichtet werden.

aa) Ärztliches Gutachten. Erforderlich zur Feststellung der Gesundheitsgefähr- 60
dung ist ein „ärztliches“ Gutachten (§ 278 Abs 4). Von einem Facharzt muss es nicht erstattet sein. Ein bloßes Zeugnis genügt andererseits nicht. Die Form des Gutachtens ist nicht besonders geregelt; deshalb kann das Gutachten schriftlich oder mündlich erstattet werden[82]; das mündliche Gutachten ist inhaltlich in den Gründen der Endentscheidung wiederzugeben, damit es im Instanzenzug überprüft werden kann. Der Sachverständige muss vor Erstattung dieses Gutachtens den Betroffenen nicht persönlich untersuchen oder befragen[83]; hat er dies unterlassen, genügt das Gutachten allerdings uU nicht zur Überzeugungsbildung des Gerichts. Im Einzelfall kann es geboten sein, dass ein nicht in der Anstalt tätiger Sachverständiger die Voraussetzungen klärt[84].

---

76 BT-Drucks 11/4528 S. 215; Grund: der sehr große (wohl finanzielle) Aufwand.
77 Vgl Bülow/*Böckstiegel*, Der internationale Rechtshilfeverkehr in Zivil- und Handelssachen.
78 Vgl BT-Drucks 11/4528 S. 172.
79 BayObLG 1966, 409; Saage/*Göppinger* III Rz 336.
80 OLG Karlsruhe FamRZ 1999, 670.
81 OLG Karlsruhe FamRZ 1999, 670.
82 Vgl *Baumann*, Unterbringungsrecht S. 342; aA (mündliches Gutachten unzureichend) Saage/*Göppinger* FEVG § 5 Rz 4; *Dunz* JZ 1960, 475
83 AA HK-BUR-*Bauer* § 68 Rz 111.
84 OLG Karlsruhe FamRZ 1999, 670.

61 **bb) Inhalt des Gutachtens.** Der Inhalt des Gutachtens ist nicht geregelt. Da ein „Gutachten" verlangt wird, genügt nicht die bloße Feststellung, die Anhörung sei gesundheitsgefährdend. Der Gutachter muss vielmehr (vom Richter nachvollziehbar) darlegen, welcher konkrete Gesundheitsschaden und warum er gerade bei diesem Betroffenen zu erwarten ist[85]. An das Gutachten ist der Richter nicht gebunden; er muss selbstständig entscheiden, ob die Gründe des Gutachtens ausreichen[86].

62 **cc) Verschaffung des persönlichen Eindrucks.** Die Verschaffung eines persönlichen Eindrucks kann, wie oben Rz 59 ausgeführt, auch bei Gesundheitsgefährdung nicht unterbleiben. Insofern ist das Gesetz nicht klar; denn es wird wohl Fälle geben, in denen schon das Auftauchen des Richters den Betroffenen genauso heftig erregt wie die beabsichtigte nachfolgende Anhörung. Ergibt das Gutachten Derartiges, kann auch die Verschaffung des Eindrucks unterbleiben[87], denn ein heimliches Betrachten des Betroffenen durch den Richter wäre mit den Grundsätzen der Beteiligtenöffentlichkeit nicht zu vereinbaren.

63 **dd) Weiteres Verfahren.** Sieht das Gericht von der Anhörung ab, weicht es von der Aufklärungsregel des § 278 Abs 1 FamFG ab und wird daher die Gründe dafür im abschließenden Beschluss über die Betreuung darlegen müssen. Überzeugen die Gründe das Beschwerdegericht nicht, muss es die Anhörung selbst nachholen. Wird Rechtsbeschwerde eingelegt und hält der BGH das Unterlassen der Anhörung für unrichtig, wird er einen Gesetzesverstoß (§ 26 FamFG) bejahen, die Entscheidung des LG aufheben und die Sache zurückverweisen.

64 **b) Verständigungsunfähigkeit, § 34 Abs 2 FamFG.** Hier knüpft das Gesetz an den unmittelbaren Eindruck des Gerichts an; die Verständigungsunfähigkeit darf also nicht vom Gericht durch ärztliches Zeugnis oder sonstige Beweisaufnahme festgestellt werden, sondern nur durch eigenen persönlichen Eindruck. Eine Anhörung scheidet danach aus, wenn der Betroffene nicht mehr in der Lage ist, auf Fragen zu antworten und zusammenhängende Sätze zu bilden[88], wenn er sich nicht mehr artikulieren kann, auch nicht mittels Gebärden etc. Dass der Betroffene keine vernünftigen Antworten mehr geben kann oder dass er stottert, langsam spricht, geschäftsunfähig ist, genügt nicht[89]. Zu überlegen ist stets, ob die Verständigungsunfähigkeit auf der Einnahme starker Medikamente beruhen kann[90]; dann ist die Anhörung ohne medikamentöse Beeinflussung zu wiederholen. Letztlich ist die zweite Alternative von § 34 Abs 2 FamFG überflüssig; denn dass der, der nichts mehr sagen oder sonst kundtun kann, nicht „angehört" werden kann, ist selbstverständlich.

65 **c) Bevorstehende Zurückweisung des Antrags.** Da nach § 278 Abs 1 Satz 1 FamFG die Anhörung nur „vor" Bestellung eines Betreuers erforderlich ist, ergibt sich daraus, dass die Anhörung entbehrlich ist, wenn das Gericht beabsichtigt, keine Betreuung und keinen Einwilligungsvorbehalt anzuordnen[91].

---

85 Saage/*Göppinger* III Rz 337, *Baumann*, Unterbringungsrecht S. 342; *Parensen*, Die Unterbringung Geistes- und Suchtkranker, 1972, S. 230.

86 Saage/*Göppinger* FEVG § 5 Rz 24; *Baumann*, Unterbringungsrecht S. 342.

87 Unentschieden OLG Karlsruhe FamRZ 1999, 670/1; aA Holzhauer/*Reinicke* § 68 Rz 3.

88 *Schmehl* DieJ 1955, 356; *Baumann*, Unterbringungsrecht S. 343

89 BayObLGZ 1986, 178; *Pentz* NJW 1990, 2778; Saage/*Göppinger* III Rz 339; *Parensen*, Die Unterbringung Geistes- und Suchtkranker, 1972, S. 29; *Kullmann* NJW 1968, 190; *Baumann*, Unterbringungsrecht S. 342.

90 Vgl *Dodegge* NJW 1987, 1912.

91 *Knittel* § 278 Rz 21. Anders, wenn der Betroffene selbst die Bestellung eines Betreuers beantragt, OLG Zweibrücken FamRZ 2009, 1180.

3. Nachholung der Anhörung. Nach dem Wortlaut des § 278 Abs 4 FamFG, der auf die Situation des Betroffenen in dem Augenblick abstellt, in dem das Gericht die Anhörung ansetzt, muss die Anhörung nicht wiederholt werden, wenn die Gründe (zB nach einem Schlaganfall) entfallen sind[92]. In dieser Allgemeinheit kann das nicht richtig sein: wenn einesteils die persönliche Anhörung von zentraler Bedeutung ist, kann sie nicht einfach dadurch belanglos werden, dass ihr für einige Tage oder Wochen Hindernisse entgegenstehen. § 34 Abs 2 FamFG ist eine Kann-Vorschrift. Wenn die Anhörung zur Sachverhaltsaufklärung erforderlich ist, muss sie jedenfalls nach § 26 FamFG nachgeholt werden, sobald sie durchführbar ist[93]. 66

4. Bestellung eines Verfahrenspflegers. Zur Bestellung eines Verfahrenspflegers im Falle des Abs 4 vgl § 276 Abs 1 Satz 2 Nr 1 FamFG. 67

5. Entbehrlichkeit der Anhörung vor einstweiliger Anordnung. Entgegen der Grundregel des § 278 kann das Gericht durch eine einstweilige Anordnung eine Betreuung oder einen Einwilligungsvorbehalt anordnen, ohne den Betroffenen vorher angehört zu haben (§ 301 Abs 1 Satz 1). 68

V. Vorführung des Betroffenen, Abs 5

1. Vorführungen (Übersicht). Das Betreuungsrecht kennt mehrere Fälle der Vorführung: 69

Vorführung vor dem Richter	Anhörung vor Anordnung der Betreuung oder eines Einwilligungsvorbehaltes	§ 278 Abs 5 FamFG; im Beschwerdeverfahren § 68 Abs 3 FamFG
Vor dem Sachverständigen	zur Vorbereitung des SV-Gutachtens bzgl Betreuung oder Einwilligungsvorbehalt	§ 283 FamFG
Vor dem Sachverständigen	zwecks Unterbringung bis zu 6 Wochen, damit der Betroffene beobachtet und dann ein Gutachten bzgl Betreuung oder Einwilligungsvorbehalt erstellt werden kann	§ 284 FamFG
Vor dem Richter bzw vor dem Sachverständigen	Erweiterungen, Verlängerungen von Betreuung, Einwilligungsvorbehalt	§ 293 FamFG

2. Anordnung der Vorführung. Die Anordnung der Vorführung nach § 278 Abs 5 FamFG erfolgt durch Beschluss des Richters. Sie setzt voraus, dass der Betroffene auf Vorladung bei Gericht nicht erschienen ist oder (zB in seiner Wohnung) nicht anwesend war oder dort nicht öffnet und das bisherige Verhalten den Schluss zulässt, er werde nicht freiwillig zur Anhörungsstelle erscheinen. Der Grundsatz der Verhältnismäßigkeit muss beachtet werden. Der Richter ist jedoch nicht verpflichtet, abends, nachts oder früh morgens die Wohnung 70

92 BT-Drucks 11/4528 S. 172, 215, 231; vgl JKMW-*Kröger*, Das neue Betreuungsrecht S. 102.

93 *Rink* RuP 1991, 150; HK-BUR-*Bauer* § 68 Rz 127 befürworten Routineanfragen, ob der Betroffene inzwischen „vernehmungsfähig" ist, sogar noch *nach* der Entscheidung; Holzhauer/*Reinicke* § 68 Rz 8 stellt auf das rechtliche Gehör ab.

versuchsweise aufzusuchen, um den untertags abwesenden Betroffenen anzutreffen; oder den Betroffenen im Park zu suchen oder im Sozialamt abzupassen, damit er ihn anhören kann[94]. Auch ist es nicht *Pflicht* des Richters, bei der gewaltsamen Türöffnung anwesend zu sein und dann in der aufgebrochenen Wohnung die Anhörung durchzuführen; vielmehr kann in solchen Fällen die Vorführung zum Gerichtsgebäude erfolgen[95]. **Wirksam** wird der Beschluss mit der Bekanntmachung an den Betroffenen, § 40 Abs 1 FamFG (zB durch Übergabe bei der Festnahme). Denn für ihn und nicht etwa für den Betreuer ist die Verfügung bestimmt. Deshalb entfällt auch die Anordnung sofortiger Wirksamkeit.

71 Der **Beschluss lautet** zB: In Sachen ... (Name, Adresse, Betreuer, Verfahrenspfleger) wird die zwangsweise Vorführung des Betroffenen durch die Betreuungsbehörde A-Dorf zum Anhörungstermin am 9.4. ... Uhr im Gerichtsgebäude ... Saal ... angeordnet. Die Behörde darf zwecks Durchführung dieses Beschlusses die Wohnung des Betroffenen gewaltsam öffnen, betreten und durchsuchen. Die Betreuungsbehörde darf Gewalt anwenden und die Polizei um Hilfe ersuchen. Gründe ... § 278 Abs 5 FamFG. Adorf, den ... gez ... (RiAG).

72 **3. Rechtsmittel.** Die Einleitung eines Betreuungsverfahrens ist nicht anfechtbar. Die **Androhung einer Vorführung** ist ebenfalls nicht anfechtbar. Wenn dem Betroffenen bei der Ladung mitgeteilt wird, im Falle des Nichterscheinens könne seine Vorführung angeordnet werden, dann liegt kein nennenswerter Eingriff vor; Hinweise auf die Gesetzeslage (und nichts anderes ist der Fall) sind nicht anfechtbar.

73 Unter Geltung des FGG war die Vorführungsverfügung mit unbefristeter Beschwerde (§§ 19, 20 FGG) anfechtbar[96]. Der Vorführungsbeschluss nach § 278 Abs 5 FamFG ist wohl keine Endentscheidung im Sinn von §§ 38, 58 FamFG und daher unanfechtbar[97]; das folgt auch aus § 284 Abs 3 Satz 2 FamFG mittels Umkehrschluss. Fraglich ist aber, ob der generelle Ausschluss eines Rechtsmittels in Fällen gerechtfertigt ist, in denen in einen höchstpersönlichen und den Betroffenen unter Umständen existenziell berührenden Bereich eingegriffen wird. Im vergleichbaren Fall der unanfechtbaren Vorführung vor dem Sachverständigen (§ 283) hat der BGH[98] zwar eine außerordentliche Beschwerde wegen greifbarer Gesetzeswidrigkeit verneint, aber für Fälle der Willkür die Beschwerde für statthaft erachtet[99]. Das muss auch für die Vorführung vor dem Richter gelten. Willkür legt vor, wenn keine Anhaltspunkte für eine Betreuungsbedürftigkeit sprechen und, falls nicht Gefahr im Verzug besteht, dem Betroffenen keine Gelegenheit zu rechtlichem Gehör gegeben worden ist. Dies muss aus den Akten erkennbar sein.

74 **4. Ausführung der Vorführung.** Die Ausführung des Beschlusses, dh die Vorführung, erfolgt (abweichend von § 35 FamFG) durch die örtlich zuständige Betreuungsbehörde (§ 1 BtBG), also durch Personen, die nach Meinung des Gesetzgebers im Umgang mit psychisch Kranken ausgebildet sind; sie erfolgt nicht durch den Gerichtsvollzieher. Zur Frage der Gewaltanwendung durch die Behörde ist § 283 Abs 2 FamFG analog anzuwenden. Die Einzelheiten des Vorgehens der Behörde, zB Uhrzeit der Festnahme, liegt in deren pflichtgemä-

---

94 AA *Walther* BtPrax 1997, 42.

95 AA LG Berlin BtPrax 1999, 112.

96 Vgl BayObLG FamRZ 1997, 1568; LG Berlin BtPrax 1999, 112; HK-BUR-*Bauer* § 68 Rz 158; Jansen/*Sonnenfeld* § 68 Rz 43.

97 *Bassenge/Roth* § 278 Rz 13; Keidel/*Budde* § 278 Rz 11; aA *Prütting/Helms/Fröschle* § 278 Rz 42: Anfechtbarkeit analog § 33 Abs 3 Satz 4 FamFG.

98 BGH NJW-RR 2007, 1295.

99 BGHZ 171, 326 = NJW 2007, 3575 = FamRZ 2007, 1002.

ßem Ermessen. Unmittelbares Einschalten der Polizei durch das Gericht ist nach Abs 5 nicht statthaft. Auch kann die Behörde die Vorführung nicht allein der Polizei überlassen; ein Vertreter der Betreuungsbehörde muss anwesend sein, damit er Einzelweisungen geben und den Vorgang eventuell abbrechen kann[100]. Eine zwangsweise Wohnungsöffnung und -durchsuchung ist nur in Ausnahmefällen statthaft; sie setzt ua voraus, dass das Gericht dies angeordnet hat (§ 283 Abs 3 FamFG analog[101]); § 91 FamFG ist nicht einschlägig. Besonderheiten gelten für die Vorführung von Rechtsanwälten in den Fällen des § 117 BRAO[102].

5. Kosten. Die Kosten der **Betreuungsbehörde** (zB Ausgaben für den Schlosser) **75**
sind Auslagen im Rahmen der Ermittlungen; die Betreuungsbehörde kann sie von der Justizkasse verlangen[103]; sie werden in bestimmten Fällen (vgl §§ 92 ff, 137 KostO) dem Betroffenen dann in Rechnung gestellt. Die helfende **Polizei** kann für die Anwendung unmittelbaren Zwangs Kosten erheben; das richtet sich nach Landesrecht (zB Art 58 Abs 3 BayPAG). Davon kann jedoch aus Billigkeitserwägungen abgesehen werden (zB Art 76 Satz 4 BayPAG); das wird bei Vorführung von psychisch kranken Personen in der Regel angebracht sein.

§ 279 Anhörung der sonstigen Beteiligten, der Betreuungsbehörde und des gesetzlichen Vertreters

(1) Das Gericht hat die sonstigen Beteiligten vor der Bestellung eines Betreuers oder der Anordnung eines Einwilligungsvorbehaltes anzuhören.

(2) Das Gericht hat die zuständige Behörde vor der Bestellung eines Betreuers oder der Anordnung eines Einwilligungsvorbehaltes anzuhören, wenn es der Betroffene verlangt oder es der Sachaufklärung dient.

(3) Auf Verlangen des Betroffenen hat das Gericht eine ihm nahestehende Person anzuhören, wenn dies ohne erhebliche Verzögerung möglich ist.

(4) Das Gericht hat im Falle einer Betreuerbestellung oder der Anordnung eines Einwilligungsvorbehaltes für einen Minderjährigen (§ 1908a des Bürgerlichen Gesetzbuchs) den gesetzlichen Vertreter des Betroffenen anzuhören.

Dem § 279 FamFG entspricht der frühere § 68a FGG.

Übersicht

100 HK-BUR-*Bauer* § 68 Rz 148.
101 *Knittel* § 278 Rz 52.
102 OLG Stuttgart FGPrax 2007, 47.
103 OLG Köln FamRZ 2005, 1199 (L); der Schlüsseldienst stellte 3.181 Euro (!) in Rechnung; HK-BUR-*Bauer* § 68 Rz 162; *Prütting/Helms/Fröschle* § 278 Rz 44; aA LG Limburg BtPrax 1998, 116.

I. Anhörung der sonstigen Beteiligten, Abs 1

1 **1. Anwendungsbereich.** Die Regelung betrifft nur das Verfahren vor Anordnung einer Betreuung oder eines Einwilligungsvorbehalts. Sie gilt wegen § 294 Abs 1 FamFG entsprechend für die Aufhebung der Betreuung bzw des Einwilligungsvorbehalts sowie die jeweiligen Einschränkungen. Die Anhörung ist zwingend vorgeschrieben. Für die jeweiligen Erweiterungen des Aufgabenkreises gelten nach § 293 Abs 1 die Vorschriften über die Anordnung entsprechend, also auch § 279 Abs 1 FamFG. § 298 Abs 2 FamFG weitet die Anhörungsregel auf die Fälle des § 1904 Abs 2 BGB (zB Abbruch der Ernährung) aus, allerdings nur als Sollvorschrift, also letztlich unverbindlich.

2 **2. Sonstige Beteiligte.** Der Betroffene ist nach § 278 FamFG *persönlich* anzuhören. § 279 Abs 1 betrifft die Angehörigen. Sie sind „sonstige" Beteiligte und in § 274 FamFG genannt. Diese Personen sind nicht automatisch Beteiligte, sondern nur, wenn sie vom Betreuungsgericht durch einen entsprechenden Akt (nämlich eine Hinzuziehung) **zu Beteiligten erhoben wurden.** Dies folgt aus dem Wortlaut des § 274 Abs 4 FamFG und steht nicht in Widerspruch zu § 7 Abs 5 FamFG (wonach, wer anzuhören ist, dadurch noch nicht Beteiligter wird). Beteiligte sind schon wegen Art 103 GG anzuhören, aber nicht zwingend persönlich. Anzuhören sind also:

- der Betreuer, soweit sein Aufgabenkreis betroffen ist, etwa durch Erweiterung oder Einschränkung (§ 274 Abs 1 Nr 2 FamFG);
- der Vorsorgebevollmächtigte, soweit sein Aufgabenkreis betroffen ist (§ 274 Abs 1 Nr 3 FamFG);
- die nach der allgemeinen Regel des § 7 Abs 2 Nr 1 FamFG zwingend hinzu zu ziehenden Beteiligten; das sind diejenigen, „deren Recht durch das Verfahren unmittelbar betroffen wird"; das fehlt in der Regel, ist allenfalls beim Ehegatten wegen Art 6 GG denkbar;
- die vom Gericht *zu Beteiligten* erhobenen Angehörigen[1], also nicht zwingend jeder Angehörige. Während unter Geltung von § 68 a FGG den Angehörigen Gelegenheit zur Äußerung zu geben war, ist jetzt ein Sieb dazwischen geschaltet. Die Angehörigen sollen offenbar vom Verfahren möglichst fern gehalten werden.

3. Insbesondere Anhörung der Angehörigen. – a) In Frage kommende Per-
3 **sonen.** Das FamFG schränkt die möglichen Beteiligten, soweit es um die Ange-

1 BT-Drucks 16/6308 S. 267.

hörigen geht, ein. Nicht dabei sind zB Schwager/Schwägerin, Neffe/Nichte. Abstrakt gesehen kommen nur in Frage:

- der **Ehegatte**; das entfällt, wenn die Eheleute dauernd getrennt leben.
- der **Lebenspartner**, gemeint ist der *homosexuelle* registrierte Partner im Sinne von § 1 LPartG, nicht Lebensgefährten (Frau/Mann) oder sonstige Partner. Das entfällt, wenn die Partner dauernd getrennt leben. Heterosexuelle Gefährten können nicht beteiligt werden; der Betroffene kann deren Anhörung nur erzwingen, wenn sie als Vertrauensperson deklariert (§ 279 Abs 3 FamFG).
- die **Eltern**, Pflegeeltern des Betroffenen; dazu gehört auch der nichteheliche Vater. Darauf, ob der Betroffene mit seinen Eltern in häuslicher Gemeinschaft lebt, kommt es nicht an.
- die **Großeltern**.
- die **Abkömmlinge**, also Kinder, Enkel, Urenkel; auch nichteheliche Abkömmlinge; nicht aber Pflegekinder[2]. Die häusliche Gemeinschaft mit dem Betroffenen ist unwesentlich. Entsprechend der Regelung in § 9 Abs 1 Nr 3 FamFG wird nur eine Anhörung von Kindern ab dem 14. Lebensjahr in Betracht kommen.

Die Anhörung ist wichtig, damit die Angehörigen überhaupt vom Betreuungsverfahren Kenntnis erlangen, eventuell die Betreuung dann selbst übernehmen können; sie können dadurch uU Kosten sparen. 4

b) **Widerspruchsrecht des Betroffenen?** Nach § 68 a Abs 3 FGG konnte der Betroffene der Anhörung der Angehörigen widersprechen. Hatte *er erhebliche* Gründe dafür, war dem Gericht die Anhörung der Angehörigen dann untersagt; bei unerheblichen Gründen wurden sie trotz des Widerspruchs angehört. Erhebliche Gründe gab es kaum, so dass die Anhörung der Angehörigen (soweit bekannt) die Regel war. Das FamFG hat dies nicht übernommen; das ist nicht verständlich. Die Gesetzesbegründung[3] sagt: „das Spannungsverhältnis zwischen der Anhörung der Verwandten und einem möglichen entgegenstehenden Willen des Betroffenen wird nunmehr über den Beteiligtenbegriff gelöst. Die Verwandten können, sofern sie nicht in eigenen Rechten betroffen sind, **nur im Interesse des Betroffenen beteiligt** werden. Bei der Bewertung des Interesses des Betroffenen muss das Gericht grundsätzlich dessen Willen beachten." Das bedeutet: der Betroffene ist vom Richter (schriftlich oder mündlich) zu fragen, ob er die Anhörung seiner Angehörigen wünscht. Bejaht er das, sind sie deswegen noch nicht Beteiligte im Sinn von § 274 Abs 4 FamFG, weil dort dem Gericht ein Ermessen eingeräumt ist. Lehnt er die Anhörung der Verwandten ab, dann können sie in der Regel nicht beteiligt werden und sind also auch nicht anzuhören. Die Äußerung kann auch ein Geschäftsunfähiger erklären (§ 275 FamFG); jede Form genügt, Fristen sind nicht bestimmt. 5

Die Umkehrung der Rollen zeigen folgende **Beispiele**: Der 80-jährige Betroffene erklärt, dass seine erwachsenen Kinder vom Betreuungsfall nichts erfahren sollen, weil er sie nicht belasten will. Nach § 68 a Abs 3 FGG genügte das nicht, nach § 274 Abs 4 Nr 1 FamFG hingegen dürften die Kinder nicht zu Beteiligten erhoben werden. Ist der Betroffene geistig nicht mehr verständigungsfähig, konnte er seinen Widerspruch nach § 68 a Abs 3 FGG nicht mehr artikulieren, die Anhörung der Verwandten hatte zu erfolgen. Jetzt müsste er seine Zustimmung zur Beteiligung zum Ausdruck bringen; da er das nicht kann, dürften die Verwandten in der Regel nicht zu Beteiligten erhoben werden. Das kann nicht richtig sein; ein Interesse des Betroffenen an der Beteiligung der Familie kann auch unterstellt werden. 6

2 AA MünchKomm-*Schwab*, 3. Aufl, § 1896 BGB Rz 108.
3 BT-Drucks 16/6308 S. 267.

7 Ist aber ein Verwandter einmal zum Beteiligten erhoben worden, ist das für den Betroffenen unwiderruflich. Jedoch kann der Betroffene nach anfänglichem Widerspruch diesen zurücknehmen; dann können die Verwandten zu Beteiligten erhoben werden.

8 c) **Form der Anhörung.** Die Anhörung erfolgt in der Regel schriftlich, wobei der Sachverhalt mitgeteilt wird (vgl § 23 Abs 2 FamFG) und Gelegenheit gegeben wird, sich innerhalb von etwa zwei Wochen zu äußern[4]. Es kann auch telefonisch angehört werden. Wenn die Angehörten nicht antworten, spielt dies keine Rolle. Wenn ihre Adressen unbekannt sind kann die Behörde um Ermittlung gebeten werden oder die Anhörung unterbleibt (vgl § 7 Abs 4 FamFG). Die Anzuhörenden brauchen nicht darauf hingewiesen werden, dass sie Angaben verweigern können, weil sie keine Zeugen sind. Falls die Angehörigen zur Vorbereitung ihrer Stellungnahme **Akteneinsicht** begehren, richtet sich dies nach § 13 Abs 2 FamFG; ein berechtigtes Interesse zumindest an den Teilen der Akte, ohne deren Kenntnis sie nicht reagieren können, ist in der Regel zu bejahen.

9 Eine ***persönliche*** **Anhörung** eines sonstigen Beteiligten ist erforderlich, wenn dies zur Gewährleistung des rechtlichen Gehörs erforderlich ist (§ 34 Abs 1 Nr 1 FamFG).

10 Die Anhörung muss sowohl zur Frage der Betreuung überhaupt wie auch der Auswahl des Betreuers erfolgen[5].

11 d) **Entfallen der Anhörung.** Die Anhörung eines bestimmten oder aller Angehörigen entfällt trotz Beteiligtenstellung, wenn auf diese Person bezogen oder allgemein ein Ausnahmefall vorliegt, zB wenn sie das Verfahren erheblich verzögern würde[6], etwa weil die Anzuhörenden im fernen Ausland wohnen oder sich auf nicht absehbare Dauer im Ausland aufhalten (allerdings ist auch hier die schriftliche Anhörung meist möglich); bei sonstiger Unerreichbarkeit[7]; wenn eine Verständigung mit dem (geistig behinderten) Anzuhörenden nicht möglich ist (eine Pflegerbestellung zwecks Anhörung scheidet aus, weil der Pfleger das Wissen des Anzuhörenden nicht mitteilen könnte); wenn die Anhörung die Gesundheit des Anzuhörenden schwer beeinträchtigen würde[8]; wenn die Anhörung voraussichtlich weder zur allgemeinen Sachaufklärung (§ 26 FamFG) noch speziell zur Frage der Erforderlichkeit der Betreuung (§ 1896 Abs 2 Satz 1 BGB) oder der Person des Betreuers etwas beitragen wird, zB weil die Anzuhörenden seit langer Zeit (zB seit Kriegsende) kontaktlos weit entfernt vom Betroffenen wohnen.

12 e) **Vorangegangene einstweilige Anordnung.** Ist ein einstweiliges Anordnungsverfahren vorangegangen und wurden hierbei „Verfahrenshandlungen" (wie Anhörung des Betroffenen, Anhörung der sonstigen Beteiligten, Zeugenvernehmung, Begutachtung) vorgenommen, kann das Gericht im späteren (oder gleichzeitigen) Hauptsacheverfahren von der nochmaligen Durchführung absehen, wenn von einer erneuten Vornahme keine zusätzlichen Erkenntnisse zu erwarten sind (§ 51 Abs 3 Satz 2 FamFG); Doppelverwertung von Verfahrenshandlungen.

---

4 Jansen/*Sonnenfeld* § 68 a Rz 23.
5 KG FamRZ 1995, 1442.
6 Holzhauer/*Reinicke* § 68 a Rz 8.
7 Vgl BayObLG FamRZ 1984, 207.
8 Vgl Keidel/*Engelhardt* § 50 a Rz 23.

f) **Der Verstoß gegen** § 279 **FamFG** hat nur Folgen, wenn zugleich ein Verstoß gegen § 26 FamFG oder Art 103 GG vorliegt[9]. 13

II. Anhörung der Betreuungsbehörde, Abs 2

1. **Erforderlichkeit.** Die Anhörung der Behörde ist nur in zwei Fällen zwingend geboten: 14

a) **Anhörung auf Verlangen.** Wenn es der Betroffene (der insoweit verfahrensfähig ist, § 275 FamFG) verlangt; die Form des Verlangens ist nicht geregelt: mündlich oder schriftlich. Eine Pflicht für das Gericht, den Betroffenen auf diese Möglichkeit hinzuweisen, besteht nicht[10]. Der Zeitpunkt, bis zu dem der Betroffene die Anhörung verlangen kann, ist offen; möglich ist das Verlangen daher bis zur Entscheidung, so dass diese verzögert werden kann. Solche Verlangen kommen in der Praxis nicht vor. 15

b) Wenn es der **Sachaufklärung** dient. Das ist der Fall, wenn weitere Erkenntnisse erforderlich und von der Behörde zu erwarten sind. Da aber (bei § 279 FamFG) keine Pflicht für die Behörde besteht, tätig zu werden, hat diese Variante kaum einen Sinn; sie kann allenfalls die Einbindung der Behörde, zB zwecks Verhinderung einer späteren Beschwerde[11], bedeuten. Wann das Gericht diese Äußerung einholen soll, ist nicht geregelt; es ist deshalb möglich, sie schon vor der persönlichen Anhörung des Betroffenen (§ 278 FamFG) einzuholen. 16

c) Die **Abgrenzung § 279 FamFG zu § 8 BtBG** ist wenig klar. § 8 BtBG bestimmt, dass die Betreuungsbehörde das Betreuungsgericht zu unterstützen hat: nämlich *insbesondere* bei der Feststellung des Sachverhalts (wobei das Gericht bestimmt, was es für aufklärungsbedürftig hält) und wenn ein geeigneter Betreuer oder Verfahrenspfleger gesucht wird. In beiden Fällen muss die Initiative vom Gericht ausgehen; von sich aus darf sich die Behörde insoweit nicht einschalten. Wird die Behörde aber vom Gericht angegangen, muss sie tätig werden. 17

Vier verschiedene Aspekte sind auseinanderzuhalten: 18

aa) Äußerung auf Verlangen des Betroffenen, § 279 Abs 2, 1. Alt FamFG. Hier soll offenbar die Behörde Gesichtspunkte vortragen, die den Betroffenen schützen könnten; die Behörde kann aber darauf verzichten. 19

bb) Äußerung, weil das Gericht die noch erforderliche Sachaufklärung nicht selbst vornehmen will, § 279 Abs 2, 2. Alt FamFG. Bei den Gerichten ist (wie auch bei den Staatsanwaltschaften) ein personeller Unterbau (Sozialarbeiter, Beamte usw) für Ermittlungstätigkeit nicht vorhanden, die Aufgabe ist auf den Richter (bzw Rechtspfleger) konzentriert. Deshalb kann sich das Gericht der Hilfstätigkeit der Behörde bedienen. Die Behörde muss dem nicht entsprechen. 20

cc) Hilfe bei der Sachverhaltsfeststellung, § 8 Satz 2 BtBG. Hier besteht eine Tätigkeitspflicht der Behörde, die als Hilfstätigkeit zu qualifizieren ist. 21

---

9 BayObLG v 12.1.1995 BtE 1994/95 zu § 68 a.
10 AA Holzhauer/*Reinicke* § 68 a Rz 4; *Bienwald* § 68 a Rz 9.
11 HK-BUR-*Bauer* § 68 a Rz 17.

22 dd) Vorschlag eines Betreuers bzw eines Verfahrenspfleger, § 8 Satz 3 BtBG. Hier wird die Behörde quasi-gutachterlich tätig; sie hat Tätigkeitspflicht.

23 Daneben können gem § 26 FamFG von den Sozialdiensten der Heime und Kliniken Sozialberichte angefordert werden, zB zur Klärung der Erforderlichkeit der Betreuung (§ 1896 Abs 2 BGB), Pflegebedürftigkeit, Bestehen ambulanter Hilfsmaßnahmen[12]. Nach § 281 FamFG kann das Gutachten der Pflegekasse erholt werden. Ferner kann das Gericht im Rahmen von § 26 FGG sonstige Ermittlungen anstellen, Zeugen vernehmen, Augenscheine durchführen und Urkunden verwerten.

24 d) **Verwertbarkeit der Behördenanhörung.** § 279 FamFG stellt eine weitere Konkretisierung von § 26 FamFG dar, soweit er die Anhörung zwecks Sachaufklärung fordert. Zweck der Anhörung ist, alle relevanten Gesichtspunkte zu Gunsten des Betroffenen zu ermitteln[13]. Die Anhörungen sind Auskunftsmittel, keine Beweisaufnahmen; die Angehörten sind keine Zeugen, haben dementsprechend auch keine Pflicht zur Äußerung[14] und erhalten damit auch keine Auslagenerstattung nach dem JVEG. Das Ergebnis dieser Anhörungen kann aber zur Überzeugungsbildung des Gerichts im Wege des Freibeweises (§ 29 FamFG)[15] ausreichen, wenn es sich um unwesentliche, unbezweifelte Tatsachen handelt und dem Betroffenen (nebst Verfahrenspfleger) die Äußerungen zur Wahrung des rechtlichen Gehörs vorher bekannt gemacht wurden[16]. Bei der Beweiswürdigung ist zu prüfen, woher die Behörde ihr Wissen hat; stützt sie es auf Ermittlungen ihrer Sozialarbeiter, sollte die Vorlage dieser Ermittlungen verlangt werden; mit dem zusammenfassenden Bericht des Behördensachbearbeiters oder -leiters allein sollte sich das Gericht nicht begnügen, weil er mangels Unmittelbarkeit kaum mehr verwertbar ist.

25 Bei wesentlichen bestrittenen Tatsachenbehauptungen der angehörten Behörde ist allerdings ein Strengbeweisverfahren (§ 30 FamFG) erforderlich[17], bei dem die Sachbearbeiter und Informanten der Behörde als Zeugen vernommen werden. Das Gericht hat zwar die Wahl zwischen Streng- und Freibeweis; ein Ermessensfehler läge aber vor, wenn sich das Gericht bei Eingriffen in Grundrechte mit dem Freibeweis begnügen würde. Nur die Förmlichkeiten des gesetzlich geregelten Beweisverfahrens und die Beteiligtenöffentlichkeit der Beweisaufnahme stellen hier ausreichende Verfahrensgarantien dar[18].

26 e) **Vertrauliche Informationen** der Behörde sind für das Gericht nicht verwertbar[19], ebenso nicht Mitteilungen von Personen, die verlangen, dass ihre Behauptungen vertraulich behandelt werden. Denn das rechtliche Gehör kann hier nicht gewahrt werden. Denuntiationen wäre sonst Tür und Tor geöffnet. Solche Informationen sollten an den Absender mit einem entsprechenden Hinweis zurückgesandt werden; denn wenn sie in den Akten bleiben, sind sie jedenfalls über Akteneinsicht dem Betroffenen zugänglich und das will der Informant gerade nicht; es macht also eine „bedingte“ Mitteilung, wobei die Bedingung nicht eintritt.

---

12 Vgl *Rink* RuP 1991, 148.
13 BT-Drucks 11/4528 S. 184.
14 Ebenso Keidel/*Kayser* § 68 a Rz 1.
15 Vgl dazu Keidel/*Kayser* § 12 Rz 43.
16 Holzhauer/*Reinicke* § 68 a Rz 11; *Bienwald* § 68 a Rz 23.
17 Vgl *Jansen* § 12 Rz 32; *Pentz* NJW 1990, 2779; Holzhauer/*Reinicke* § 68 a Rz 1.
18 Vgl *Pentz* NJW 1990, 2779.
19 Vgl OLG Frankfurt FamRZ 1960, 72.

f) **Form der Behördenanhörung.** Die Form der Anhörung ist nicht geregelt. Zweckmäßig ist Schriftform[20] mit Setzung einer angemessenen Frist (Zustellung ist nicht erforderlich); geht keine Äußerung ein, ist nichts Weiter veranlasst; § 279 FamFG verlangt nur die Anhörung. Bei § 8 BtBG dagegen muss die Behörde tätig werden, wenn es vom Gericht verlangt wird. Im Ersuchensschreiben des Gerichts an die Behörde sollte deshalb darauf hingewiesen werden, auf welche Rechtsgrundlage sich das Gericht stützt. 27

2. Fälle der potenziellen Anhörung der Behörde. Die Betreuungsbehörde ist auf ihren Antrag als Beteiligte in den Fällen des § 274 Abs 3 FamFG hinzuziehen. Damit sie entscheiden kann, ob sie einen solchen Antrag stellt, ist die Behörde von der Einleitung derartiger Verfahren zu verständigen (§ 7 Abs 4 FamFG). Stellt die Behörde einen solchen Antrag, ist sie schon wegen Art 103 GG anzuhören; auf § 279 Abs 2 FamFG kommt es nicht an. Stellt sie keinen Antrag, hat das Betreuungsgericht die örtlich zuständige Betreuungsbehörde gleichwohl in folgenden Fällen nach Abs 2 anzuhören: 28

- Bestellung eines Betreuers, Abs 2;
- Bestellung eines neuen Betreuers nach § 1908c BGB, § 296 Abs 2 Satz 3 FamFG;
- Verlängerung der Betreuung, § 295 Abs 1 FamFG;
- Bestellung eines weiteren Betreuers, § 293 Abs 3 FamFG;
- Aufhebung der Betreuung, § 294 Abs 1 FamFG;
- Einschränkung des Aufgabenkreises des Betreuers, § 294 Abs 1 FamFG;
- Erweiterung (auch eine unwesentliche) des Aufgabenkreises des Betreuers, § 293 Abs 1 FamFG;
- Anordnung eines Einwilligungsvorbehalts, Abs 2;
- Verlängerung des Einwilligungsvorbehalts, § 295 Abs 1 FamFG;
- Aufhebung des Einwilligungsvorbehalts, § 294 Abs 1 FamFG;
- Einschränkung des Kreises der einwilligungsbedürftigen Willenserklärungen, § 294 Abs 1 FamFG;
- Erweiterung des Kreises dieser Willenserklärungen, § 293 Abs 1 FamFG;
- vor der Genehmigung der Einwilligung in eine Sterilisation, § 297 Abs 2 FamFG.

3. Nicht erforderliche Anhörung der Behörde. Die Anhörung der Behörde, die sich nicht durch einen Antrag beteiligte, ist in folgenden Fällen nicht erforderlich: 29

- wenn sie vom Betroffenen nicht verlangt wird; oder
- wenn es zur Sachaufklärung nicht erforderlich ist.
  bei Bestellung eines vorläufigen Betreuers (§ 300 FamFG verweist nicht auf § 279 FamFG);
- bei einem vorläufigen Einwilligungsvorbehalt;
- vor der Genehmigung der Einwilligung in gefährliche ärztliche Maßnahmen (denn § 299 FamFG verweist nicht auf § 279 FamFG).

4. Pflicht der Behörde. Die Betreuungsbehörde hat keine Pflicht, sich, wenn sie vom Betreuungsgericht angehört wird, zu äußern; sie kann auch schweigen oder auf ihr Recht verzichten. Die Behörde wird durch die Anhörung allein kein förmlich Beteiligter (§ 7 Abs 5 FamFG). 30

5. Zuständige Behörde. Welche Behörde zuständig ist, bestimmt das Landesrecht (§ 1 BtBG). Zuständige Betreuungsbehörden sind: 31

---

20 Holzhauer/*Reinicke* § 68a Rz 10.

in Baden-Württemberg die Stadt- und Landkreise;
in Bayern die Landkreise und kreisfreien Städte;
in Berlin die Bezirksämter;
in Brandenburg die Landkreise und kreisfreien Städte;
in Bremen das Amt für Soziale Dienste, in Bremerhaven der Magistrat der Stadt Bremerhaven;
in Hamburg die Behörde für Arbeit, Gesundheit und Soziales; Landesamt für Rehabilitation;
in Hessen die Magistrate der kreisfreien Städte sowie die Kreisausschüsse der Landkreise;
in Mecklenburg-Vorpommern die Landräte der Kreise sowie die Oberbürgermeister der kreisfreien Städte;
in Niedersachsen die Landkreise und kreisfreien Städte;
in Nordrhein-Westfalen die kreisfreien und die großen kreisangehörigen Städte, für die übrigen kreisangehörigen Gemeinden die Kreise;
in Rheinland-Pfalz die Kreisverwaltungen, in kreisfreien Städten die Stadtverwaltungen;
im Saarland die Landkreise, der Stadtverband Saarbrücken sowie die kreisfreien Städte;
in Sachsen die Landkreise und kreisfreien Städte;
in Sachsen-Anhalt die Kreise und kreisfreien Städte;
in Schleswig-Holstein die Kreise und kreisfreien Städte;
in Thüringen die Landkreise und kreisfreien Städte.

III. Anhörung der Vertrauensperson, Abs 3

32 Der Betroffene kann den Kreis der anzuhörenden Personen erweitern:
- auf eine (oder mehrere) Vertrauenspersonen[21]; es genügt, dass der Betroffene erklärt, wer noch angehört werden soll; eine Nachprüfung, ob sie ihm tatsächlich nahestehen, findet nicht statt.
- wenn das Gericht die Anhörung der Verwandten nicht für tunlich hält, kann der Betroffene deren Anhörung verlangen, indem er sie als Vertrauenspersonen deklariert.

33 Das Verlangen kann auch ein Geschäftsunfähiger stellen (§ 275 FamFG). Eine Befristung ist nicht vorgesehen. Eine Zurückweisung wegen Verspätung scheidet im Verfahren der freiwilligen Gerichtsbarkeit aus.

34 In beiden Fällen braucht das Gericht dem Verlangen nicht nachzukommen, wenn dies zu einer **„erheblichen Verzögerung“** führen würde. **Beispiel:** Der Betroffene benennt Personen ohne Anschriftsangabe und ohne ausreichende Anhaltspunkte für eine vertretbar durchführbare Ermittlung der Anschrift. Für das Gericht besteht keine Pflicht, die Anschrift zu ermitteln, wenn nicht ein Fall des § 26 FamFG anzunehmen ist. „Erheblich“ ist mE eine Verzögerung um einige Wochen. Eine Nachholung der Anhörung ist nicht vorgeschrieben[22].

IV. Anhörung nach § 1908 a Satz 2 BGB, Abs 4

35 Das Gericht hat die gesetzlichen Vertreter anzuhören, wenn für ein siebzehnjähriges Kind vorsorglich ein Betreuer bestellt oder ein Einwilligungsvorbehalt angeordnet werden soll. Es handelt sich hierbei sowohl um Sachaufklärung wie um Gewährung des rechtlichen Gehörs[23].

---

21 Vgl dazu *Rink* RuP 1991, 149.
22 AA HK-BUR-*Bauer* § 68 a Rz 33: Nachholung sei geboten.
23 Vgl *Bienwald* § 68 a Rz 3; Holzhauer/*Reinicke* § 68 a Rz 6; MünchKomm-*Schwab* BGB § 1896 Rz 110.

V. Rechtsmittel

Wenn ein Angehöriger seine Beteiligung förmlich beantragt und dieser Antrag durch Beschluss (§ 38 FamFG) abgelehnt wird, kann der Angehörige dagegen sofortige Beschwerde nach §§ 567 bis 572 ZPO (Frist: zwei Wochen) einlegen. Hat die Beschwerde Erfolg, muss die Beteiligung nachgeholt werden. 36

Die Anhörungsverfügung ist nicht selbstständig anfechtbar[24]. In letzterem Fall muss die Endentscheidung angefochten und ein Verstoß gegen § 26 FamFG behauptet werden. 37

§ 280 Einholung eines Gutachtens

(1) [1]Vor der Bestellung eines Betreuers oder der Anordnung eines Einwilligungsvorbehaltes hat eine förmliche Beweisaufnahme durch Einholung eines Gutachtens über die Notwendigkeit der Maßnahme stattzufinden. [2]Der Sachverständige soll Arzt für Psychiatrie oder Arzt mit Erfahrung auf dem Gebiet der Psychiatrie sein.

(2) Der Sachverständige hat den Betroffenen vor der Erstattung des Gutachtens persönlich zu untersuchen oder zu befragen.

(3) Das Gutachten hat sich auf folgende Bereiche zu erstrecken:
1. das Krankheitsbild einschließlich der Krankheitsentwicklung,
2. die durchgeführten Untersuchungen und die diesen zugrunde gelegten Forschungserkenntnisse,
3. den körperlichen und psychiatrischen Zustand des Betroffenen,
4. den Umfang des Aufgabenkreises und
5. die voraussichtliche Dauer der Maßnahme.

Dem § 280 FamFG entspricht teilweise der frühere § 68 b FGG.

Schrifttum: *Marschner* RuP 1984, 171; *Crefeld*, Der Sachverständige im Betreuungsverfahren, FuR 1990, 272; *Foerster* MedR 1991, 180; *Konrad*, Aufgaben des psychowissenschaftlichen Sachverständigen im neuen Betreuungsrecht, RuP 1992, 2; *Kern* MedR 1993, 245; *Crefeld*, BtPrax 1993, 3; *Wojnar/Bruder* BtPrax 1993, 50; *Linnhoff* BtPrax 1994, 163; *Stimpfig*, Prüfkriterien für Gutachter und Gutachten, BtPrax 1998, 225; *Crefeld/Seitz*, Ist die Feststellung der Krankheit eine Aufgabe des Richters?, in Betrifft: Betreuung 1/1999, S. 45; *Bienwald*, Führt die Vergütungsregelung für Sachverständige zu einer Auftragsänderung der Gerichte in Betreuungssachen? FamRZ 2004, 1774.

Übersicht

---

24 Jansen/*Sonnenfeld* § 68 a Rz 29; *Bienwald* § 68 a Rz 27.

I. Einholung eines Sachverständigengutachtens, Abs 1

1 **1. Notwendigkeit des Gutachtens. – a) Grundlagen.** Das BtG ist gutachtenseelig; in rund 20 Fällen werden Gutachten bzw ärztliche Zeugnisse gefordert. Vor Bestellung eines Betreuers, vor Anordnung eines Einwilligungsvorbehalts (§ 1903 BGB), vor (wesentlicher) Erweiterung des Aufgabenkreises eines Betreuers (§ 293 FamFG), vor Verlängerung der Bestellung eines Betreuers (§ 295 FamFG) und vor Bestellung eines weiteren Betreuers unter Erweiterung des Aufgabenkreises (§ 1899 BGB; § 293 Abs 3 FamFG) sowie vor der Genehmigung des **Abbruchs der Ernährung** und in den weiteren Fällen des § 1904 Abs 2 BGB (§ 298 Abs 4 FamFG) ist die Einholung *eines* Gutachtens notwendig; im Einzelfall können *mehrere* Gutachten erforderlich sein[1]. Sogar mehrere Gutachten sind vor einer **Sterilisation** notwendig (§ 297 Abs 6 FamFG). Im Fall des § 281 FamFG genügt allerdings ein ärztliches Zeugnis; bei Verlängerung der Betreuung kann das Gutachten entbehrlich sein (§ 295 Abs 1 Satz 2 FamFG).

2 Im Übrigen ist das Gutachten auch dann vorgeschrieben, wenn der Richter durch die persönliche Anhörung des Betroffenen die eindeutige Erkenntnis gewonnen hat, dass eine Betreuung erforderlich ist[2]; daher ist, da über 90 %

1 Vgl *Endemann* RuP 1992, 9: auch psychologische und soziale Gutachten.
2 OLG Stuttgart FamRZ 1993, 1365.

der Fälle eindeutig sind, § 280 FamFG insoweit eine verfehlte Regelung[3] (die Praxis lässt daher manchmal, gesetzwidrig, Atteste von Hausärzten genügen). Der Betroffene muss *vom Gericht* mündlich oder schriftlich darüber informiert werden, dass ein **Betreuungsverfahren eingeleitet** wurde (keine Erstinformation *durch den Sachverständigen*)[4].

Nicht notwendig ist ein Gutachten, wenn die Betreuung aufgehoben oder der Aufgabenkreis des Betreuers eingeschränkt werden soll[5]; aus § 26 FamFG kann sich aber ergeben, dass es einzuholen ist. Nicht notwendig ist es ferner (entgegen dem schiefen Wortlaut, der auf die „Einheitsentscheidung" zugeschnitten ist), wenn nach dem Tod des bisherigen Betreuers oder dessen Entlassung ein neuer Betreuer bestellt werden soll; oder ein Mitbetreuer bei unverändertem Aufgabenkreis[6]. Anstelle des Gutachtens genügt in einigen Fällen, zB § 281 FamFG, ein ärztliches Zeugnis. In den Fällen des § 282 FamFG kann anstelle eines Gutachtens ein vorhandenes Krankenversicherungsgutachten verwendet werden. Außerdem kann eine Betreuung durch einstweilige Anordnung (§§ 300, 301 FamFG) auf Grund eines ärztlichen Zeugnisses beschlossen werden, mit einer Laufzeit bis zu einem Jahr (§ 302 FamFG), ohne dass es ein Gutachten im Sinne des § 280 FamFG gab. Vgl unten Rz 13. 3

Der **Verstoß gegen Abs 1 Satz 1** führt nicht zur Nichtigkeit der Bestellung des Betreuers, bei Anfechtung aber zur Aufhebung[7] und gegebenenfalls Zurückverweisung. 4

b) **Bindung an das Gutachten.** Der Richter ist an das Gutachten nicht gebunden, er und nicht der Gutachter stellt fest, ob die Voraussetzungen des § 1896 BGB vorliegen. Freilich kann der Richter, da er nicht selbst eine entsprechende Ausbildung und dauernde Praxiserfahrung hat, nicht beschwerdefest begründen, dass der Betroffene psychisch krank ist, wenn die Gutachter dies übereinstimmend verneinen. 5

c) **Medizinisches Gutachten.** Beweisthema soll nach Satz 1 sein: „die Notwendigkeit" der Maßnahme (zB einer Betreuung); dies ist aber eine Rechtsfrage. Sie ist nach § 1896 Abs 1 Satz 1 BGB zu bejahen, wenn der Betroffene auf Grund einer psychischen Krankheit oder einer körperlichen, geistigen oder seelischen Behinderung seine Angelegenheiten ganz oder teilweise nicht besorgen kann. Es steht im Ermessen des Richters, ob er seinen Gutachtensauftrag beschränkt auf die Mindestinhalte des § 280 Abs 3 FamFG oder weitere Fragen stellt.[8] Vgl unten Rz 27. 6

d) **Sonstige Gutachten.** Abs 1 Satz 1 verbietet nicht, im Einzelfall zusätzlich psychologische Gutachten einzuholen (§ 26 FamFG). Um die Ermittlung sozialer Gesichtspunkte kann in geeigneten Fällen die Betreuungsbehörde (§ 9 BtBG) ersucht werden. Der Vorschlag des Gesetzesentwurfs, das Gutachten werde „auch das soziale Umfeld einbeziehen und untersuchen müssen"[9], ist zu Recht 7

---

3 *Coeppicus* ZRP 2000, 91.

4 BVerfG v 2.12.2009 – 1 BvR 2797/09, FamRZ 2010, 186.

5 Keidel/*Budde* § 280 Rz 3; *Prütting/Helms/Fröschle* § 280 Rz 6; *Bienwald* § 68 b Rz 54; das ergibt der Umkehrschluss und ist inkonsequent, weil die Schutzfunktion der Betreuung übersehen wird; OLG Frankfurt RuP 1992, 96.

6 *Prütting/Helms/Fröschle* § 280 Rz 5.

7 OLG Schleswig FamRZ 2008, 77.

8 Vgl OLG Düsseldorf FamRZ 1993, 1224; *Crefeld* FuR 1990, 272; *Crefeld* in: Brill, Zum Wohle des Betreuten S. 66; *Foerster* MedR 1991, 180; JKMW-*Kröger*, Das neue Betreuungsrecht S. 106. Muster eines Gutachtensauftrages, verwendet in Hessen, Baden-Württemberg, bei Firsching/*Ruhl*, Familienrecht Band II, HRP, Rz 499, 500; Firsching/*Dodegge* Rz 481.

9 BT-Drucks 11/4528 S. 174.

nicht Gesetz geworden. Nach **§ 411 a ZPO**, der über § 30 FamFG anwendbar ist[10], können frühere Gutachten über den Betroffenen nochmals verwertet werden; ein Gutachten über den Betroffenen über seine Schuldfähigkeit aus einem strafrechtlichen Verfahren könnte also im Betreuungsverfahren verwertet werden, nicht aber behördliche Gutachten. Vorher müssten die Beteiligten darauf hingewiesen werden. Weil ein solches Gutachten aber die Fragen des § 280 Abs 3 FamFG nicht abdeckt, ist es in der Regel nur als Zusatzgutachten hilfreich und brauchbar.

8 e) **Ergänzungsgutachten.** Wenn nachträgliche Feststellungen ergeben, dass der Sachverständige möglicher Weise von unzutreffenden Tatsachen ausgegangen ist, hat das Gericht von Amts wegen (§ 26 FamFG) ein Ergänzungsgutachten einzuholen[11].

9 f) **„Obergutachten"** kennt das Gesetz nicht; gemeint ist damit ein weiteres Gutachten. Seine Einholung (§§ 30 FamFG; 412 Abs 1 ZPO) liegt im pflichtgemäßen Ermessen des Gerichts. Ein Antrag hierauf ist zu verbescheiden, zumindest in den Gründen. Die Einholung kommt idR nur bei besonders schwierigen Fragen oder groben Mängeln vorliegender Gutachten in Betracht; ferner bei Zweifeln des Gerichts, etwa an der Sachkunde der bisherigen Gutachter, wenn deren Gutachten von unzutreffenden tatsächlichen Voraussetzungen ausgehen oder Widersprüche enthalten oder wenn ein neuer Sachverständiger über Forschungsmittel verfügt, die denen des früheren überlegen sind[12].

10 g) **Erläuterung des schriftlichen Gutachtens.** Die Verweisung in § 30 Abs 1 FamFG auf die ZPO führt dazu, dass das Betreuungsgericht das Erscheinen des Sachverständigen anordnen kann, damit er das schriftliche Gutachtens erläutert (§ 411 Abs 3 und 4 ZPO). [13] Zu diesem Termin ist auch der Betroffene, die Behörde, falls sie sich beteiligt hat (§ 274 Abs 3 FamFG), der Verfahrenspfleger und diejenigen Angehörigen, die vom Gericht zu Beteiligten erhoben wurden (§ 274 Abs 4 FamFG), zu laden; sie können Fragen an den Sachverständigen stellen. Ist dieser Gutachter verhindert, kann nicht ein anderer Gutachter jenes Gutachten erläutern, sondern ein neuer Gutachter ist zu bestellen[14]. Einem Erläuterungsantrag des Betroffenen, seines Anwalts oder des Verfahrenspflegers muss das Gericht auch dann entsprechen, wenn es selbst das Gutachten für ausreichend und überzeugend hält[15]. Die Meinung der Gesetzesbegründung, das gelte „nicht ohne weiteres"[16], überzeugt nicht. Die Gutachten, die in ihrer „Fachsprache" nicht nachvollziehbar sind, sind nicht selten und bedürfen der mündlichen Erörterung. Auch ist dem Betreuungsverfahren eine Vermischung von Tatsachenermittlung und Bewertung eigen, die dem Zivilprozess fremd ist (dort werden die Tatsachen, auf Grund derer das Gutachten erstellt wird, vom Richter festgestellt). Das Erscheinen des Sachverständigen ist nach § 30 FamFG, § 409 ZPO erzwingbar.

11 h) **Ablehnung des Sachverständigen.** Der Sachverständige kann vom Betroffenen abgelehnt werden, wenn die Voraussetzungen der § 406 ZPO, § 30 FamFG vorliegen[17]; wurde der Sachverständige vom AG bestellt, ist für die Entschei-

---

10 *Prütting/Helms/Fröschle* § 280 Rz 12; MünchKomm-ZPO/*Zimmermann* § 411 a Rz 3.
11 BayObLG FamRZ 1994, 318; 1994, 720; 1994, 1059.
12 BayObLG FamRZ 1998, 921.
13 BVerfG FamRZ 1992, 1043; OLG Hamm FamRZ 1992, 1087.
14 OLG Naumburg FamRZ 2008, 186.
15 BVerfG NJW 1998, 2273; BGH NJW 1998, 162; 1997, 802.
16 BT-Drucks 16/6308 S. 268.
17 OLG München FamRZ 2006, 557: nicht genügt die Behauptung, der Betroffene habe bei einem früheren Klinikaufenthalt ärztliche Zwangsmaßnahmen gegen andere Patienten beobachtet und sei deshalb mit einem Gutachter aus dieser Einrichtung nicht einverstanden.

dung über den Ablehnungsantrag das AG (nicht das LG) zuständig[18]. Die Zurückweisung des Ablehnungsantrags ist mit sofortiger Beschwerde angreifbar, §§ 406 Abs 5, 567 ff ZPO; § 30 FamFG[19].

i) **Abgrenzung zum ärztlichen Zeugnis.** Vgl § 281. 12

j) **Vorangegangene einstweilige Anordnung.** Ist ein einstweiliges Anordnungsverfahren vorangegangen und wurden hierbei „Verfahrenshandlungen" (wie Begutachtung, obwohl ein ärztliches Zeugnis genügt) vorgenommen, kann das Gericht im späteren (oder gleichzeitigen) Hauptsacheverfahren von der nochmaligen Durchführung absehen, wenn von einer erneuten Vornahme keine zusätzlichen Erkenntnisse zu erwarten sind (§ 51 Abs 3 Satz 2 FamFG); Doppelverwertung von Verfahrenshandlungen. 13

k) **Betreuungen mit einer Dauer bis ein Jahr.** Die einstweilige Anordnung ist (anders als nach dem FGG) von der Hauptsache (endgültige Anordnung der Betreuung) unabhängig; § 51 Abs 3 Satz 1 FamFG. Auf die Anregung einer Betreuung kann der Richter deshalb verschieden reagieren. Er kann auf der Basis eines ärztlichen Zeugnisses eine einstweilige Anordnung mit einer Laufzeit (einschließlich Verlängerung) bis zu einem Jahr beschließen (§§ 300, 302 FamFG) und mit Einleitung des Hauptsacheverfahrens nebst der Begutachtung bis kurz vor Jahresende warten; zeigt sich hingegen, dass die Betreuung nicht mehr erforderlich ist, entfällt ein Hauptsacheverfahren und die Betreuung bestand somit (maximal) ein Jahr lang, ohne dass jemals ein Gutachten im Sinne von § 280 FamFG über den Betroffenen erstellt wurde. Leitet das Gericht selbst kein Hauptsacheverfahren ein, können der Betroffene oder sein Verfahrenspfleger oder sonstige Beteiligte (§ 274 FamFG) aber durch einen Antrag nach § 52 Abs 1 FamFG die Einleitung eines Hauptsacheverfahrens mit Gutachten erzwingen. 14

2. Eignung als Sachverständiger. – a) Die Auswahl des Sachverständigen steht im Ermessen des Gerichts; vgl § 30 FamFG, § 404 Abs 1, 2 ZPO. Für die Genehmigungsfälle des § 1904 Abs 1 und 2 BGB bestimmt § 298 Abs 4 Satz 2 FamFG, dass der Gutachter nicht personengleich mit dem (zB die Operation) ausführenden Arzt sein *soll*, um finanzielle Gesichtspunkte möglichst auszuschalten. Eine bestimmte natürliche Person ist vom Gericht zu bestimmen; das gilt auch bei Kliniken, Instituten[20]; ungenügend ist also, wenn mit der Erstellung des Gutachtens „das Bezirkskrankenhaus X" beauftragt wird (wer dort? Im Zweifel ist der Leiter gemeint). Zur Weiterübertragung vgl § 407a Abs 2 Satz 1 ZPO. 15

Wer geeignet ist, hängt von der Art der Behinderung des Betroffenen ab[21]. Meist wird es sich um medizinische Gesichtspunkte handeln; dann sind öffentlich bestellte Amtsärzte mit psychiatrischer Vorbildung, auf dem Gebiet der Psychiatrie fachkundige Klinikärzte, Gerichtsärzte oder Fachärzte für Psychiatrie[22] oder Neurologie zu bestellen. 16

Niemand hat einen Anspruch darauf, vom Gericht als Sachverständiger bestellt zu werden. Allenfalls kann ein interessierter Psychiater verlangen, in eine beim Amtsgericht geführte Liste aufgenommen zu werden[23]. 17

18 BayObLG FamRZ 1997, 1288.
19 OLG Saarbrücken BtPrax 1999, 152.
20 OLG Düsseldorf FamRZ 1989, 110; str.
21 BayObLG FamRZ 1997, 901.
22 BayObLG FamRZ 1993, 851/852; FamRZ 1995, 1519; insbes FamRZ 1997, 1565.
23 Einzelheiten vgl Zimmermann ZEV 2007, 313.

18 b) **Psychiater.** Zumindest *soll* der Sachverständige ein **in der Psychiatrie *erfahrener* Arzt** sein[24] (§ 280 Abs 1 Satz 2 FamFG); Hausärzte oder Allgemeinärzte genügen nicht. Wenn sich diese Sachkunde des Gutachters nicht schon aus der Berufsbezeichnung oder der Art seiner Tätigkeit ergibt, hat der Richter (AG, LG) den Umfang der Erfahrungen durch Rückfrage beim Gutachter zu klären (Seit wann, als was, wo tätig? Wie viele Gutachten bisher?) und dies ist in der Entscheidung *nachvollziehbar* darzulegen[25]. Ausreichend ist zB in Bayern die Berufsbezeichnung „Landgerichtsarzt", Nervenarzt, Arzt für Psychiatrie[26]. Ungenügend ist „Praktischer Arzt, derzeit beim Gesundheitsamt tätig"; oder: „Medizinaloberrat beim Gesundheitsamt"[27]; denn eventuell erstellt der Medizinalrat im Amt nur Seuchen-Statistiken. Auch das Gutachten eines Assistenzarztes einer psychiatrischen Klinik reicht in der Regel nicht aus, wenn nicht festgestellt ist, dass er die im Einzelfall erforderliche Sachkunde besitzt[28]. Dasselbe gilt bei Ärzten in Facharztausbildung[29], weil sie eben noch nicht fertig sind. Eine vereinzelte Literaturmeinung aus interessierten Kreisen hält auch Sozialarbeiter uU für geeignete Gutachter[30]. Das ist nicht vertretbar[31].

19 c) **Gericht als Auftraggeber.** Nur das vom Gericht veranlasste, dh in Auftrag gegebene, Gutachten fällt unter § 280 FamFG[32]; das Gericht muss die zu klärenden Tatsachen selbst wenigstens im Kern bezeichnen, den Gutachter auswählen, ihn dem Betroffenen vor der Begutachtung bekannt geben[33]. Ausnahmen gelten im Falle des § 282 FamFG. Ärztliche Gutachten, die zB dem „Antrag" eines Altenheims beigefügt sind, sind zunächst Privatgutachten; das Gericht kann aber den Aussteller mit dem Gerichtsgutachten beauftragen. Ärzte, die den Betroffenen früher behandelt haben, können sich bezüglich ihres früheren Wissens über den Betroffenen auf ihre **Schweigepflicht** berufen; in diesem Fall ist ein anderer Sachverständiger auszuwählen[34]. Der vom Gericht beauftragte Sachverständige dagegen kann sich dem Betreuungsgericht gegenüber nicht nach der Begutachtung auf § 203 StGB berufen und behaupten, der Betroffene habe ihm etwas anvertraut, weshalb nun für ihn Schweigepflicht bestehe[35].

II. Verfahren des Sachverständigen, Abs 2

20 **1. Förmliche Beweisaufnahme.** § 280 Abs 1 FamFG schreibt eine *förmliche* Beweisaufnahme vor. Damit wird auf § 30 FamFG verwiesen: die Beweisaufnahme muss also nach dem Regeln der ZPO erfolgen, dh durch sog Strengbeweis. Das Gutachten ist somit schriftlich oder zu Protokoll des Gerichts zu erstatten. Der Freibeweis (§§ 29, 30 Abs 1 FamFG) ist nicht zulässig, soweit es um die Begutachtung geht.

---

24 Nach *Rink* RuP 1991, 151 soll es genügen, dass er Arzt ist.

25 OLG Schleswig FamRZ 2008, 77; OLG Zweibrücken FamRZ 2005, 1196; BayObLG FamRZ 1997, 901.

26 BayObLG FamRZ 1998, 921.

27 BayObLG FamRZ 1997, 1565 m Anm *Christl*, der nicht auf Höchstqualifikation abstellen will, sondern den ortsnahen fachkundigen Arzt für ausreichend geeignet hält.

28 BayObLG FamRZ 1993, 351; *Knittel* § 280 Rz 14.

29 BayObLG FamRZ 1989, 319; 1993, 351.

30 *Oberloskamp/Schmidt/Koddenberg/Zieris*, Hauptamtliche Betreuer und Sachverständige, 1992, S. 128; *Oberloskamp* BtPrax 1998, 18 und DNotZ 1997, 347.

31 *Faustmann* BtPrax 1998, 107; *Hartmann* BtPrax 1999, 60.

32 KG FGPrax 2006, 260.

33 KG FamRZ 1995, 1379.

34 Vgl *Knittel* § 280 Rz 19; *Holzhauer/Reinicke* § 68 b Rz 32.

35 Vgl LG Berlin NJW 1999, 878 für Leichenschau; Kommentare zu § 203 StGB; str.

2. Ladung, Persönliche Untersuchung. – a) Grundsatz. Der Sachverständige muss zunächst seine Kompetenz prüfen (§ 407a ZPO). Der Sachverständige lädt den Betroffenen entweder zum Gericht oder in seine Praxis vor oder sucht ihn auf. Der Strengbeweis verlangt, dass der Sachverständige den Betroffenen vorher vom Termin verständigt und auch den Verfahrenspfleger zum Begutachtungstermin lädt, ggf mit Hinweis nach § 34 Abs 3 FamFG. Dagegen ist es nicht zweckmäßig, dass auch die sonstigen Beteiligten, zB die Angehörigen, zum Untersuchungstermin geladen werden; auch im Zivilprozess, in dem die Parteien ein Recht auf Anwesenheit haben, ist anerkannt, dass dies nicht gilt, wenn in einem Arzthaftungsprozess der Kläger vom Sachverständigen untersucht wird[36], weil er selbst das „Beweismittel" ist, sein Intimschutz höher zu bewerten ist als das Interesse der Angehörigen, der Betreuungsbehörde usw. Deren Rechte werden dadurch gewahrt, dass sie ggf das schriftliche Gutachten erhalten, dann die Ladung des Sachverständigen zur mündlichen Erläuterung verlangen und hier Fragen an den Sachverständigen stellen können. 21

Der Sachverständige muss den Betroffenen je nach Krankheit/Behinderung **persönlich befragen bzw untersuchen**; die Untersuchung muss „maßnahmespezifisch" sein, dh auf die jeweilige Krankheit bzw beabsichtigte Maßnahme bezogen sein[37]. Der Betroffene darf zur Untersuchung seinen Anwalt oder sonstigen Verfahrensbevollmächtigten (§ 10 FamFG) mitbringen; dieser hat das Recht auf dauernde Anwesenheit (Grundsatz der Beteiligtenöffentlichkeit)[38]. Der Betroffene kann ferner verlangen, dass bei der Befragung bzw Untersuchung ein selbst gewählter Beistand (§ 12 FamFG) anwesend ist[39]. Wenn der Bevollmächtigte die Untersuchung durch sein Verhalten stört, sollte der Sachverständige das Betreuungsgericht verständigen, das dann Maßnahmen nach §§ 176, 177, 180 GVG ergreifen kann[40]. 22

b) Begutachtung allein nach Aktenlage. Sie genügt nicht[41]. Ungenügend ist auch, wenn der Gutachter lediglich seinen Eindruck auf Grund eines Gesprächs wiedergibt, das er aus anderem Anlass (Besuch des Betroffenen im Gesundheitsamt, um sich in anderer Angelegenheit beim Arzt Rat zu holen) mit dem Betroffenen geführt hat[42]. Das Gutachten kann mündlich (zu Protokoll)[43] oder schriftlich erstattet werden. Der zeitliche Abstand zwischen Untersuchung und Erstattung des Gutachtens darf nur gering sein, ein zeitnaher persönlicher Kontakt zwischen Betroffenem und Sachverständigen muss vorliegen[44], allenfalls 2 bis 3 Wochen. Die Vorführung des Betroffenen ist möglich (§ 283 FamFG), ebenso die Unterbringung zwecks Beobachtung (§ 284 FamFG). Es genügt in geeigneten Fällen, wenn der Sachverständige den Betroffenen bei der richterlichen Anhörung (§ 278 FamFG) befragt und anschließend mündlich sein Gutachten erstattet[45]; ungeeignet hierfür sind aber Fälle, in denen die Sachlage nicht eindeutig ist, weil der Betroffene hier Zeit haben muss, das schriftliche Gutachten zu lesen und dagegen zu argumentieren. 23

---

36 OLG Hamm MedR 2004, 60.
37 BVerfG NJW 1995, 3047 zur Untersuchung vor StGB-Unterbringung.
38 LSG Rheinland-Pfalz NJW 2006, 1547.
39 OLG Zweibrücken FGPrax 2000, 109.
40 OLG Zweibrücken FGPrax 2000, 109.
41 OLG Brandenburg FamRZ 2001, 40.
42 OLG Köln FamRZ 1999, 873.
43 OLG Brandenburg FamRZ 2001, 40.
44 BayObLG BtPrax 1999, 195; FamRZ 1999, 1595; *Knittel* § 280 Rz 24.
45 Dann muss das Gutachten aber ins Protokoll oder in einen Aktenvermerk, OLG Brandenburg FamRZ 2001, 38.

24 c) **Hilfskräfte** darf der ernannte Sachverständige bei Vorbereitung und Abfassung des schriftlichen Gutachtens hinzuziehen[46]; die Personen, deren Mitarbeit er sich bedient, hat er im Gutachten namhaft zu machen und den Umfang ihrer Tätigkeit anzugeben, außer bei Hilfsdiensten von untergeordneter Bedeutung (vgl § 407a ZPO; § 30 Abs 1, 2 FamFG), wie Blutdruckmessen.

25 d) **Vergütung des Sachverständigen.** Sie richtet sich nach dem JVEG. Die Vergütung erfolgt nach Zeitaufwand (§ 9 JVEG). Für medizinische Gutachten gelten die Honorargruppen M 1 (50 Euro), M 2 (60 Euro), M 3 (85 Euro je Stunde) jeweils + Auslagen + Umsatzsteuer. Gutachten über die Einrichtung einer Betreuung fallen unter M 2, solche zur Verlängerung unter M 1, Gutachten in Unterbringungsverfahren unter M 3. Auch Gutachten über die Geschäftsfähigkeit gehören zu M 3; solche Gutachten werden nur eingeholt, wenn es darauf ankommt, ob eine Vorsorgevollmacht wirksam errichtet war, also ggf eine Betreuung entfällt. Im Durchschnitt kostet ein Gutachten ca 250 Euro[47].

26 e) **Haftung des Sachverständigen.** Sie richtet sich nach § 839a BGB. Weil aber die seit 1.8.2002 geltende Neuregelung *grobe* Fahrlässigkeit des Sachverständigen voraussetzt, was der Patient beweisen muss, was kaum gelingt, gibt es (anders als früher) praktisch keine Haftungsfälle mehr. Denn der Umstand allein, dass das Gutachten falsch war genügt nicht.

III. Inhaltliche Anforderungen an das Gutachten, Abs 3

27 **1. Allgemeines.** Das Gutachten wird in der Regel schriftlich erstellt; es kann aber auch (zB anlässlich der persönlichen Anhörung des Betroffenen) mündlich erstellt werden[48], ist aber dann vollständig ins Protokoll aufzunehmen[49]. Das Gutachten muss erkennen lassen, dass es die Begriffe des § 1896 BGB richtig sieht. Es muss nachvollziehbar und in sich widerspruchsfrei sein. Eine Verdachtsdiagnose genügt nicht[50]. Liegen als Anknüpfungstatsachen Denkstörungen vor, muss dargelegt werden, wie sich diese Erkrankung auf die Willensbildung des Betroffenen auswirkt[51]. Ein Gutachten muss konkrete Tatsachen benennen, aus denen sich Art und Umfang sowie die Wahrscheinlichkeit der gesundheitlichen Selbstschädigung ergibt[52]. Die Ausführungen des Sachverständigen in seinem Gutachten müssen so gehalten sein, dass sie eine verantwortliche richterliche Prüfung auf ihre wissenschaftliche Fundierung, Logik und Schlüssigkeit zulassen[53]. Zu vage und ungenügend ist es daher, wenn lediglich eine „Persönlichkeitsstörung mit Vermüllung“ festgestellt wird; denn welche Persönlichkeitsstörung liegt vor und worin genau zeigt sich die sogenannte Vermüllung? Für jeden Aufgabenkreis muss das Fürsorgebedürfnis konkret festgestellt werden[54]; auch daran fehlt es oft.

28 **2. Vorgeschriebener Mindestinhalt.** Während § 68b FGG keinen Inhalt vorgab, bringt § 280 Abs 3 FamFG hierzu Vorgaben. Fehlt dieser Mindestinhalt, wird

46 BVerwG NJW 1984, 2645; BVerwG NVwZ 1987, 48; OLG Brandenburg FamRZ 2001, 40.
47 *Coeppicus* ZRP 2000, 91/95.
48 *Bassenge/Roth* § 280 Rz 11.
49 KG NJW-RR 2007, 1089 zu § 70e FGG.
50 OLG Köln FamRZ 2009, 2116.
51 BayObLG Rpfleger 1992, 197; BtPrax 1992, 36.
52 OLG München FamRZ 2006, 445.
53 OLG Zweibrücken FamRZ 2005, 1196; BayObLG FamRZ 2001, 1403; KG FamRZ 1995, 1379; OLG Düsseldorf FamRZ 1993, 1224.
54 BayObLG Rpfleger 1992, 197.

das Gutachten an den Sachverständigen zur Nachbesserung zurückgegeben, falls der vorhandene Teil dem Richter zur Überzeugungsbildung nicht ausreicht.

a) **Krankheitsbild einschließlich der Krankheitsentwicklung.** Welche Krankheit/ 29
Behinderung liegt beim Betroffenen vor? Psychiater klassifizieren psychiatrische Störungsbilder meist nach der ICD (International Classification of Deseases); daraus kann aber noch nicht gefolgert werden, dass eine Person krank iSv § 1896 BGB ist. „Psychische Krankheit" ist ein Rechtsbegriff.

Grad der Ausprägung der Krankheit/Behinderung. Welche normalerweise vor- 30
handenen physischen, psychischen oder geistigen Strukturen und Fähigkeiten sind beeinträchtigt oder verloren gegangen? Welche funktionalen Einschränkungen bestehen (zB Störungen der Merkfähigkeit, der Gehfähigkeit, des Antriebs, Einschränkungen des sozialen Kontakts und der Beziehungsfähigkeit)? Einschränkungen im Wohnbereich, Arbeitsbereich, Freizeitbereich? Auswirkungen auf die Fähigkeit des Betroffenen, seine Angelegenheiten zu besorgen (dies setzt voraus, dass der Gutachter die Angelegenheiten des Betroffenen kennt).

b) **Durchgeführte Untersuchungen** und die diesen zugrunde gelegten **Forschungs-** 31
erkenntnisse. Es muss erkennbar sein, welche Befragungen und Untersuchungen, Tests und Forschungsmethoden der Sachverständige angewandt hat[55].

c) **Körperlicher und psychiatrischer Zustand** der Betroffenen. 32

d) **Umfang des Aufgabenkreises.** Der erforderliche Umfang des Aufgabenkreises 33
des Betreuers ist für jeden angegebenen Aufgabenkreis speziell zu begründen. Entsprechend sind auch Angaben notwendig über die Willenserklärungen, die dem Einwilligungsvorbehalt unterliegen müssten.

e) **Voraussichtliche Dauer der Maßnahme** (wie lange wird die Betreuungs- 34
bedürftigkeit bestehen bzw welche Dauer und des Einwilligungsvorbehalts ist erforderlich).

3. **Weiterer Inhalt des Gutachtens.** Bei Bestellung des Betreuers von Amts wegen 35
bzw Anordnung eines Einwilligungsvorbehalts.

- Kann der Betroffene auf Grund seiner Krankheit/Behinderung **seinen Willen nicht frei bestimmten** (vgl § 1896 Abs 1 a BGB)? [56] Die Feststellung, dass der Betroffene zu einer freien Willensbestimmung nicht in der Lage ist, setzt konkrete Ausführungen zu den tatsächlichen Auswirkungen der Erkrankung beim Betroffenen voraus; bloße Feststellungen zu den allgemeinen Folgen einer Krankheit ohne konkreten Bezug zum Betroffenen genügen nicht[57].
- Mögliche Lösungen durch Einschaltung von Verwandten, Nachbarn, Pflegediensten, finanzielle Hilfen; wegen § 1896 Abs 2 BGB.
- Prognose über die weitere Entwicklung des Zustandes des Betroffenen[58]; Pflegeplan;
- Rehabilitationsmöglichkeiten[59].
- Hat die Bekanntmachung der Entscheidungsgründe erhebliche Nachteile für die Gesundheit des Betroffenen (§ 288 Abs 1 FamFG)?
  Sind bei Durchführung der Unterrichtung nach § 308 FamFG erhebliche Nachteile für die Gesundheit des Betroffenen zu befürchten (§ 308 Abs 3 Nr 2 FamFG)?

---

55 Keidel/*Budde* § 280 Rz 10.
56 OLG Schleswig FamRZ 2007, 1126; BayObLG FamRZ 1996, 897; 1993, 851.
57 OLG München FamRZ 2006, 440.
58 KG FamRZ 1995, 1379.
59 BT-Drucks 11/4528 S. 174.

- Ist der Betroffene **geschäftsfähig**? Ob ein Betreuer auch bei Geschäftsfähigkeit des Betroffenen gegen dessen Willen bestellt werden darf, ist noch ungeklärt[60]. Gegen den „freien" Willen kann die Bestellung jedenfalls nicht erfolgen (§ 1896 Abs 1 a BGB). Die Geschäftsfähigkeit spielt aber eine Rolle für die **Wirksamkeit von Vollmachten**, für das Verhältnis des Betreuers gegenüber dem Betreuten sowie für die Testierfähigkeit usw. Der Gutachter sollte sich daher jedenfalls dann (wegen § 1896 Abs 2 BGB) damit befassen[61], wenn eine Vorsorgevollmacht schon vorliegt oder zwecks Aufhebung der Betreuung errichtet werden soll.
- Ist der Betroffene **einwilligungsfähig**? Das ist wichtig, wenn zB ein Betreuer mit dem Aufgabenkreis „medizinische Behandlung" bestellt werden soll[62].

36 **4. Rechtliches Gehör zum Gutachten. – a) Grundsatz.** Dem Betroffenen und seinem Verfahrenspfleger ist zum Gutachten rechtliches Gehör (Art 103 GG) zu gewähren[63], idR durch **Übersendung einer Kopie** des *vollständigen* schriftlichen Gutachtens[64], und zwar rechtzeitig *vor* der Entscheidung[65]. Es genügt nicht, wenn dem Betroffenen nur eine Zusammenfassung zugeleitet wird oder wenn ihm der Inhalt lediglich mündlich mitgeteilt wird. Dies gilt auch dann, wenn der Betroffene mit dem Gutachten wegen seines geistigen Zustandes vermutlich nichts anfangen kann; dass das Gutachten dann beim Betroffenen gegebenenfalls offen herumliegt, gestattet nicht, die Zuleitung zu unterlassen.

37 b) **Ausnahmen**[66]. Entsprechend §§ 288 Abs 1, 278 Abs 4 FamFG wird die Auffassung vertreten, wenn die Kenntnis des Gutachtens die Gesundheit des Betroffenen ernsthaft gefährden würde (was dann durch gutachterliche Stellungnahme nachvollziehbar dargetan sein muss) könne die Bekanntgabe des Gutachtens unterbleiben[67]; solche Fälle sind selten vorstellbar. Gutachter und Gerichte neigen dazu, dem Betroffenen das Gutachten zu verheimlichen, weil sie dann weniger Probleme mit ihm haben. Wenn der Gutachter, der zugleich der behandelnde Arzt des Betroffenen ist, die künftige mangelnde Mitwirkungsbereitschaft bei der weiteren Behandlung („Compliance") befürchtet, wenn dieser das Gutachten liest, genügt dies nicht[68].

38 c) **Verfahrenspfleger.** Wenn der Betreute offensichtlich nicht in der Lage sein soll, seinen Willen kundzutun (dh sich zum Gutachten zu äußern), soll ebenfalls die Bekanntgabe entbehrlich sein. Die Praxis sieht von der Zuleitung des Gutachtens oft zu Unrecht ab. Es genügt nicht, wenn das Gutachten dem Betroffenen „sinngemäß" mündlich bekannt gegeben wird. Falls die vollständige Bekanntgabe des schriftlichen Gutachtens nicht vertretbar erscheint, ist dem Betroffenen ein Verfahrenspfleger zu bestellen[69]; jedenfalls dieser muss das vollständige Gutachten erhalten.

---

60 Offen BayObLG BtPrax 1993, 172.
61 OLG Schleswig FGPrax 2006, 217; LG München I FamRZ 2007, 2008; aA die Praxis; vgl *Coeppicus* FamRZ 1992, 750.
62 *Bumiller/Winkler* § 68 b Anm 1 b.
63 OLG Zweibrücken FamRZ 1990, 544.
64 OLG Düsseldorf FamRZ 1997, 1362; OLG München Rpfleger 2006, 16; BayObLG FamRZ 1993, 998; FamRZ 1994, 1059; *Knittel* § 280 Rz 36.
65 OLG Schleswig FamRZ 2008, 718; LG München I FamRZ 1998, 1183.
66 KG FGPrax 2006, 159 = Rpfleger 2006, 467; OLG Düsseldorf FamRZ 1997, 1361.
67 *Bassenge/Roth* § 280 Rz 14.
68 OLG München FamRZ 2006, 440.
69 OLG Schleswig FamRZ 2008, 718; OLG München Rpfleger 2006, 16 = FamRZ 2006, 289 (L); *Bassenge/Roth* § 280 Rz 14.

39 **d) Mündliche Erläuterung.** Das Gutachten ist zusätzlich mit dem Betroffenen *mündlich zu erörtern*, soweit dies zur Gewährung des rechtlichen Gehörs oder zur Sachaufklärung erforderlich ist; §§ 37 Abs 2, 34 Abs 1 Nr 1 FamFG. Zumindest in diesem Fall muss es ihm so rechtzeitig vor dem Termin übersandt werden, dass er sich damit befassen kann[70]. Wenn das schriftliche Gutachten dem Betroffenen bei der Anhörung nur sinngemäß mündlich bekannt gegeben wird, muss es jedenfalls dem Verfahrenspfleger vollständig (schriftlich) mitgeteilt werden[71]. Für die Zuleitung des Gutachtens darf vom Betroffenen kein Gerichtsauslagenvorschuss wegen der Kopierkosten gefordert werden[72]. Der von manchen Sachverständigen ins Gutachten eingefügte Satz, die Weitergabe bedürfe ihrer Zustimmung, ist insoweit ohne rechtliche Bedeutung. Die Verweigerung der Herausgabe von Gutachtenskopien ist mit Beschwerde anfechtbar[73].

40 **5. Einsicht ins Gutachten, in Krankenunterlagen.** Das Gutachten darf dem Betroffenen grds nicht vorenthalten werden (Rz 36). Die Einsicht bzw Übersendung darf nur unterlassen bzw verweigert werden, wenn hiervon nach ärztlichem Gutachten erhebliche Nachteile für die Gesundheit des Betroffenen zu besorgen sind (vgl §§ 278, 288 FamFG)[74]. In einem solchen Fall ist dann ein Verfahrenspfleger zu bestellen[75]. Wird dem Betroffenen das Gutachten zu Recht verweigert, kann er es nicht mittels Akteneinsicht in Erfahrung bringen (§ 13 Abs 1 FamFG: Fallgruppe schwerwiegende Interessen analog).

41 Das Gutachten darf ohne Einwilligung des Betroffenen nicht an Angehörige, Ärzte und Dritte weitergegeben werden (§ 13 Abs 2 FamFG); zusätzlich brauchen diese Personen ein berechtigtes Interesse. Soweit die Angehörigen, welche beteiligt wurden, Einsicht in die Akten einschließlich Gutachten *zwecks Begründung einer Beschwerde* fordern, kann ihnen dies im Regelfall nicht versagt werden (§ 13 Abs 2 FamFG)[76]. Auch der Betreuer hat ein Recht auf Einsicht. Der Gutachter kann nicht durch irgendwelche Vermerke (zB Hinweis auf sein Urheberecht) die Einsicht und Ausgabe von Kopien verhindern. Nach **§ 411 a ZPO** kann das Gutachten in einem späteren Zivilprozess (etwa, wenn es auf die seinerzeitige Testierfähigkeit ankommt) nochmals verwertet werden.

42 Die Einsicht in das Gutachten ist zu unterscheiden von der **Einsicht in Krankenunterlagen.** Das BVerfG[77] hat dazu entschieden: Der grundsätzliche Anspruch des Patienten auf Einsicht in die ihn betreffenden Krankenunterlagen habe seine Grundlage unmittelbar im grundrechtlich gewährleisteten Selbstbestimmungsrecht des Patienten und müsse daher nur zurücktreten, wenn ihm entsprechend gewichtige Belange entgegenstehen. Der Patient habe generell ein geschütztes Interesse daran, zu erfahren, wie mit seiner Gesundheit umgegangen wurde, welche Daten sich dabei ergeben haben und wie man die weitere Entwicklung einschätzt. Dies gelte in gesteigertem Maße für Informationen über die psychische Verfassung. Es bleibe offen, ob die Rechtsprechung des BGH[78], die den Anspruch des Patienten auf Einsicht in die ihn betreffenden Krankenunterlagen

70 OLG Düsseldorf FamRZ 1997, 1361; BayObLG FamRZ 1997, 900; LG München I FamRZ 1998, 1183.

71 BayObLG FamRZ 1993, 998.

72 OLG Düsseldorf FamRZ 1997, 1361.

73 OLG Düsseldorf FamRZ 1997, 1361.

74 KG FGPrax 2006, 159 = Rpfleger 2006, 467. Unzutreffend lässt das KG die „Einschätzung" des Arztes genügen; so etwas kennt die freiwillige Gerichtsbarkeit nicht.

75 OLG München Rpfleger 2006, 16; BayObLG FamRZ 1993, 1489.

76 Vgl BayObLG BtPrax 1998, 78. Über Akteneinsicht des Betroffenen als eines ehemals Untergebrachten BVerwG NJW 1989, 2960; über Einsicht in Krankenunterlagen BVerfG NJW 1972, 1123 und das Landesrecht, zB Art 27 Abs 3 BayKrankenhausG.

77 BVerfG NJW 2006, 1116; NJW 1999, 1777.

78 BGH NJW 1983, 328; NJW 1983, 330; NJW 1989, 764.

grundsätzlich auf so genannte objektive Befunde beschränkt und einen so genannten therapeutischen Vorbehalt anerkannt hat, noch verfassungsgemäß sei.

IV. Anordnung eines Einwilligungsvorbehalts

43 **1. Erforderlichkeit des Gutachtens.** Vor Anordnung eines Einwilligungsvorbehalts ist immer ein Sachverständigengutachten erforderlich (§ 280 Abs 1 FamFG). Ärztliche Zeugnisse reichen nicht aus. Bei der Erweiterung des Umfangs kommt es darauf an, ob diese Erweiterung wesentlich ist oder nicht (§ 293 Abs 2 FamFG). Bei Verlängerung kann uU von einem Gutachten abgesehen werden (§ 295 Abs 1 Satz 2 FamFG). Für die Aufhebung ist kein Gutachten vorgeschrieben.

44 **2. Gegenstand des Gutachtens.** Das Gutachten muss sich zur Frage der Notwendigkeit der Anordnung eines Einwilligungsvorbehalts äußern. Ein solcher Vorbehalt wird nach § 1903 BGB angeordnet, wenn er zur Abwendung einer erheblichen Gefahr für die Person oder das Vermögen des Betreuten erforderlich ist. Da der Einwilligungsvorbehalt nur angeordnet werden darf, wenn der Betroffene auf Grund einer psychischen Krankheit seinen Willen nicht frei bestimmen kann (§ 1896 Abs 1 a BGB)[79], muss sich das Gutachten auch hierzu äußern.

V. Rechtsmittel

45 Ob die Entscheidung des Richters, die die Erholung eines Gutachtens über den Betroffenen anordnet, anfechtbar ist, war unter Geltung von § 19 FGG umstritten. Überwiegend, insbesondere vom BGH[80], wurde die Anfechtbarkeit verneint, da es sich nur um eine Zwischenentscheidung handle. Das KG[81] hielt die Verfügung für anfechtbar. Da die Entscheidung jedenfalls keine Endentscheidung im Sinn von §§ 38, 58 FamFG ist, ist sie nach dem FamFG unanfechtbar[82]. Gleichwohl sind die Fälle problematisch, in denen jemand (zB die geschiedene Ehefrau) beim Betreuungsgericht eine Betreuung anregt und dann der Betroffene zum Gutachter vorgeladen bzw vorgeführt wird, ohne vorher wenigstens eine Abschrift des „Antrags" erhalten zu haben oder vom Richter angehört worden zu sein. Dies wirft die Frage nach der richtigen Reihenfolge der Verfahrenshandlungen (Gutachten, erst dann Anhördung oder umgekehrt?) auf. Vgl § 278 Rz 12. Im Übrigen kann in solchen Fällen eine Verfassungsbeschwerde in Frage kommen[83], mit Antrag auf einstweilige Anordnung.

46 Die **Zurückweisung des Antrags**, die Begutachtung nur in Anwesenheit des Verfahrensbevollmächtigten durchzuführen, soll hingegen (wegen § 10 FamFG) anfechtbar sein[84].

---

79 BayObLG FamRZ 1993, 851.

80 BGH NJW-RR 2008, 737; OLG München FamRZ 2006, 557; BayObLG FamRZ 2003, 1106; FamRZ 2001, 255/6; 2001, 707; 2000, 249; 1996, 499; OLG Stuttgart FGPrax 2003, 72; OLG Hamm FamRZ 1989, 542; OLG Brandenburg FGPrax 2004, 281 (für kinderpsych. Gutachten); FamRZ 1997, 1019; BayVerfGH BtPrax 1995, 179; Jansen/*Sonnenfeld* § 68 b Rz 30.

81 KG FamRZ 2002, 311. Ebenso OLG München FamRZ 2009, 1863 (zum FGG), wenn sie krass fehlerhaft ist.

82 Keidel/*Budde* § 280 Rz 7; *Knittel* § 280 Rz 37.

83 BVerfG FamRZ 2010, 186; BayVerfGH FamRZ 2009, 1863.

84 OLG Zweibrücken FamRZ 2000, 1441.

Das **Gutachten** selbst ist, da keine Gerichtsentscheidung, ebenfalls unanfechtbar[85] (die Beteiligten sind auf den Antrag, den Sachverständigen sein Gutachten mündlich erläutern zu lassen, auf die Ablehnung des Sachverständigen bzw die Beschwerde gegen die Endentscheidung angewiesen). 47

Die **Anordnung der Vorführung** ist in der Regel weder bei Vorführung zum Gutachter noch bei Vorführung in die Anstalt anfechtbar; über Ausnahmefälle vgl § 283 Rz 16. 48

Die **Anordnung der Unterbringung zwecks Beobachtung** (§ 284 FamFG) ist dagegen mit sofortiger Beschwerde selbstständig anfechtbar; § 284 Abs 3 Satz 2 FamFG[86]. Ein Fall von § 312 FamFG liegt insoweit nicht vor. 49

§ 281 Ärztliches Zeugnis; Entbehrlichkeit eines Gutachtens

(1) Anstelle der Einholung eines Sachverständigengutachtens nach § 280 genügt ein ärztliches Zeugnis, wenn

1. der Betroffene die Bestellung eines Betreuers beantragt und auf die Begutachtung verzichtet hat und die Einholung des Gutachtens insbesondere im Hinblick auf den Umfang des Aufgabenkreises des Betreuers unverhältnismäßig wäre oder

2. ein Betreuer nur zur Geltendmachung von Rechten des Betroffenen gegenüber seinem Bevollmächtigten bestellt wird.

(2) § 280 Abs. 2 gilt entsprechend.

Dem § 281 FamFG entspricht der frühere § 68b Abs 1 Satz 2 FGG.

1 **1. Ärztliches Zeugnis. – a) Inhalt des Attests.** Die Abgrenzung zum Gutachten und sein notwendiger Inhalt ist umstritten[1]. Das Attest ist in der Regel schriftlich, kann aber auch zu Protokoll des Gerichts erklärt werden. Teils wird die Auffassung vertreten, es enthalte nur ein Ergebnis, gewissermaßen einige Zeilen auf dem Rezeptblock („Frau Huber ist dement und braucht eine Betreuung"). Der Zweck der Regelung und der Sinn der Reform verlangen dagegen, dass das Zeugnis den Inhalt eines Gutachtens (§ 280 Abs 3 FamFG) in Kurzform hat; also jedenfalls kurze Angaben zum Sachverhalt, zur Vorgeschichte, den Untersuchungsergebnissen und Beurteilung[2], Aufgabenkreis, Dauer der Betreuung. Das BayObLG[3] und das OLG Hamm[4] sind ferner der Meinung, dass das ärztliche Zeugnis (ebenso wie das Gutachten) Ausführungen dazu enthalten müsse, dass der Betroffene „auf Grund seiner psychischen Krankheit oder geistigen oder seelischen Behinderung seinen Willen nicht frei bestimmen kann" (§ 1896 Abs 1a BGB). Denn gegen den „freien" Willen des Betroffenen darf keine Betreuung angeordnet werden. Es wäre also denkbar, dass jemand zwar selbst die Betreuung beantragt, sein Wille aber unfrei war.

2 **b) Qualifikation des Ausstellers.** Während für das Gutachten nach § 280 Abs 1 Satz 2 FamFG eine bestimmte Qualifikation (Psychiater) in der Regel vorgeschrieben ist, ist dies beim Attestaussteller nicht der Fall (auf § 280 Abs 1 Satz 2 wird in § 281 Abs 22 nicht verwiesen). Es kann also auch vom Hausarzt,

---

85 *Knittel* § 280 Rz 38; unstreitig. Es kann auch nicht die „Rechtswidrigkeit" der Gutachtenanordnung nach § 62 FamFG festgestellt werden, KG FGPrax 2010, 69.
86 BayObLG FamRZ 1994, 1190.
1 Vgl *Schürmann*, Das ärztliche Attest, Med Diss Düsseldorf 1985.
2 *Konrad* RuP 1992, 7; *Knittel* § 281 Rz 5; Holzhauer/*Reinicke* FGG § 68 b Rz 33.
3 FamRZ 1996, 897.
4 BtPrax 1999, 238/40.

Allgemeinarzt stammen. Da es gleichwohl darauf ankommt, dass der Richter davon überzeugt wird, dass die Tatbestandsmerkmale des § 1896 Abs 1 BGB erfüllt sind, genügen Zeugnisse von Augenärzten, Tierärzten und dergleichen nicht. Das ärztliche Zeugnis muss darauf beruhen, dass der Arzt den Betroffenen kurz zuvor persönlich untersucht und befragt hat (§§ 281 Abs 2, 280 Abs 2 FamFG)[5], was aus dem Zeugnis ersichtlich sein muss.

3 c) **Verfahren.** Das Zeugnis wird vom Gericht eingeholt; ein vom Antragsteller vorgelegtes Zeugnis kann genügen[6]. Auch andere Beteiligte können ein solches Attest beibringen, zB die Betreuungsbehörde. Nur der Betroffene kann den Arzt von seiner Schweigepflicht entbinden. Insofern sind von Dritten eingereichte Atteste problematisch.

4 d) **Kosten des Attests.** Der Betroffene kann das ärztliche Zeugnis selbst auf eigene Kosten beschaffen, dessen Aussteller selbst bestimmen und dem Antrag beifügen oder nachreichen. Dazu ist er aber nicht verpflichtet, denn die Beschaffung der Grundlagen für die Entscheidung ist Aufgabe des Gerichts und auch vom Gericht zu finanzieren; die Auslagen für Gutachten und ärztliche Zeugnisse, die nach dem JVEG anfallen, werden aber dem vermögenden Betreuten im Rahmen von §§ 91 ff, 137 KostO auf die Kostenrechnung gesetzt. Erklärt der Betroffene bei der Anhörung, mit der Begutachtung einverstanden zu sein, kann ihm daher nicht zur Auflage gemacht werden, selbst das Attest zu beschaffen; das ist Sache des Gerichts.

5 e) **Verwertung des Attests aus dem Verfahren der einstweiligen Anordnung.** Ist ein einstweiliges Anordnungsverfahren vorangegangen und wurden hierbei „Verfahrenshandlungen“ (wie Einholung eines ärztlichen Zeugnisses) vorgenommen, kann das Gericht im späteren (oder gleichzeitigen) Hauptsacheverfahren von der nochmaligen Durchführung absehen, wenn von einer erneuten Vornahme keine zusätzlichen Erkenntnisse zu erwarten sind (§ 51 Abs 3 Satz 2 FamFG); sog Doppelverwertung von Verfahrenshandlungen.

6 **2. Entbehrlichkeit eines Gutachtens.** Das Gesetz lässt manchmal an Stelle des Gutachtens ein ärztliches Zeugnis (Attest) genügen, zB im Fall des § 281 FamFG. Obwohl § 282 Abs 1 nur das Gutachten nach § 280 FamFG als durch die Bescheinigung nach § 282 FamFG ersetzbar ansieht, wird man sagen müssen, dass auch das Attest des § 281 durch die Bescheinigung nach § 282 ersetzbar ist[7]. Auf das Attest kann der Betroffene nicht wirksam verzichten. Für die Anordnung eines **Einwilligungsvorbehalts** gilt diese Ausnahme aber nicht[8], wie der Wortlaut zeigt. Auch für die **spätere Aufhebung** der auf Eigenantrag angeordneten Betreuung genügt ein Attest, wonach nun keine Betreuung mehr erforderlich sei, nicht (§ 294 FamFG).

7 **Voraussetzungen** der Entbehrlichkeit eines Gutachtens:

8 a) **Betreuung auf Antrag des Betroffenen, Abs 1 Nr 1:** Wird vom Betroffenen selbst beim Gericht ein Antrag (§ 23 FamFG) gestellt, ihm einen Betreuer zu bestellen, sind nur eingeschränkte Ermittlungen erforderlich. Auch der geschäftsunfähige Betroffene ist antragsberechtigt, § 1896 Abs 1 Satz 2 BGB, § 275 FamFG. Das ist eine bedenkliche Regelung; denn die Senkung der Eingriffsschwelle hat nur einen Sinn, wenn sie vom klaren Willen des Betroffenen getragen wird. Unterschreibt zB der Verwirrte einen von der Altenheimverwal-

5 OLG Hamm BtPrax 1999, 238/9.
6 Jansen/*Sonnenfeld* FGG § 68 b Rz 37.
7 *Bassenge/Roth* § 282 Rz 3.
8 *Prütting/Helms/Fröschle* § 281 Rz 2; Jansen/*Sonnenfeld* FGG § 68 b Rz 31.

tung vorbereiteten Betreuungsantrag, obwohl er ihn nicht versteht, kann nicht allein deshalb das Gutachten entfallen. Nur bei Betroffenen, die noch erkennen können, worum es geht, insbesondere also bei Geschäftsfähigen, kommt deshalb mE ein Verzicht auf das Gutachten in Frage. Hat ein Dritter die Betreuung angeregt bzw „beantragt" kann der Betroffene auf das Gutachten nicht verzichten, es sei denn, man stuft das jetzt als Eigenantrag des Betroffenen um.

Willigt der Betroffene bei der Anhörung in die Betreuung mit ihrem konkret beabsichtigten Aufgabenkreis **ein**, liegt darin ein Antrag[9], *wenn* die Auslegung ergibt, dass der Betroffene die Betreuung nun selbst aktiv wünscht, nicht nur duldend hinnimmt. Dann wird vom Amts- in das Antragsverfahren übergegangen. Der für den Betroffenen bestellte **Verfahrenspfleger** kann nicht namens des Betroffenen den Antrag stellen, auch nicht auf das Gutachten verzichten, weil er kein gesetzlicher Vertreter des Betroffenen ist. Der Richter, der dem Betroffenen die Einwilligung abnimmt, sollte ihn darauf hinweisen, dass eine spätere Antragsrücknahme keinesfalls automatisch zur Aufhebung führt (vgl § 294 FamFG). 9

b) **Verzicht des Betroffenen auf Begutachtung** durch einen vom Gericht ausgewählten Sachverständigen. Nach § 275 FamFG kann auch ein Geschäftsunfähiger diesen Verzicht erklären; auch hier stellt sich die Frage, dass man nur auf etwas verzichten kann, was man kennt: kennt der psychisch Kranke (§ 1896 BGB) den Unterschied zwischen Gutachten und Attest und kann er abschätzen, was sein Verzicht für Folgen hat, worauf er also verzichtet? Der Verfahrenspfleger kann nicht auf das Gutachten verzichten, der Verfahrensbevollmächtigte des Betroffenen schon. Der Verzicht kann bis zur Entscheidung zurückgezogen werden. Zulässig ist, dass jemand selbst die Betreuung beantragt, aber doch ein Gutachten wünscht. In der Weigerung, sich begutachten zu lassen, liegt kein Verzicht darauf[10]. Selbst wenn der Betroffene auf das Gutachten verzichtet ist das Gericht nicht daran gebunden (vgl § 26 FamFG), weil die Anordnung einer Betreuung nicht zur Disposition des Betroffenen steht. 10

c) **Überflüssigkeit der Begutachtung** nach Meinung des Gerichts. Das Gesetz stellt insoweit auf zwei Gesichtspunkte ab: 11

aa) **Geringfügiger Aufgabenkreis** des Betreuers (wie etwa bloße Geltendmachung von Rentenansprüchen, Unterhaltsansprüchen)[11]; bei einem umfassenderen Aufgabenkreis ist also das Gutachten unverzichtbar; aber auch bei Anordnung der Vermögenssorge, weil das die Betroffenen (wenn nennenswertes Vermögen vorhanden ist) üblicherweise für sehr wichtig halten. Was geringfügig ist richtet sich nach dem Blickwinkel des Betroffenen, nicht des Betreuungsrichters. 12

bb) Die Einholung des Gutachtens wäre **unverhältnismäßig.** Soll es hier auf fiskalische Aspekte ankommen? Denn das Attest ist billiger als das Gutachten und bei Mittellosigkeit muss es aus der Staatskasse bezahlt werden. 13

d) **Betreuerbestellung nach § 1896 Abs 3 BGB, Abs 1 Nr 2.** Wenn lediglich ein Betreuer zur Geltendmachung von Rechten des Betroffenen gegenüber seinem Bevollmächtigten (**Kontrollbetreuer,** Vollmachtsbetreuer) bestellt werden soll, weil der Betroffene nicht mehr in der Lage ist, den Bevollmächtigten zu kontrollieren, dann greifen die Aufgaben des Betreuers nicht in die Rechte des 14

9 KG FGPrax 2006, 260; vgl *Rink* RuP 1991, 148.
10 AA *Prütting/Helms/Fröschle* § 281 Rz 5.
11 Jansen/*Sonnenfeld* FGG § 68 b Rz 33.

Betroffenen ein[12], weshalb anstelle des Sachverständigengutachtens ein ärztliches Attest genügt. In dieser Fallgruppe ist weder ein Antrag des Betroffenen noch dessen Verzicht auf ein Gutachten erforderlich.

15 e) **Voraussetzungen des § 1896 BGB.** Sie sind unverzichtbar. Fehlt die psychische Erkrankung oder die geistige bzw seelische Behinderung beim Betroffenen, darf vom Gericht keine Betreuung angeordnet werden, auch wenn der Betroffene es wünscht, ein „Attest" vorlegt und auf Rechtsmittel verzichtet.

16 3. **Weiteres Verfahren.** Im Übrigen (zB bezüglich des rechtlichen Gehörs) ist dasselbe Verfahren wie bei einem Gutachten einzuhalten. Auch wenn die Beweisaufnahme mittels ärztlichen Zeugnisses lediglich in die Kategorie Freibeweis (§ 29 FamFG) fällt dürfen dadurch die Rechte der anderen Beteiligten (§ 274 FamFG) nicht verkürzt werden. Zwar können die anderen Beteiligten nicht verlangen, dass der Attestaussteller zur Erläuterung seines Zeugnisses gerichtlich vernommen wird; substanziierte Angriffe der anderen Beteiligten gegen das Zeugnis werden aber dazu führen, dass nun ein Gutachten erholt werden muss.

§ 282 Vorhandene Gutachten des Medizinischen Dienstes der Krankenversicherung

(1) [1]Das Gericht kann im Verfahren zur Bestellung eines Betreuers von der Einholung eines Gutachtens nach § 280 Abs. 1 absehen, soweit durch die Verwendung eines bestehenden ärztlichen Gutachtens des Medizinischen Dienstes der Krankenversicherung nach § 18 des Elften Buches Sozialgesetzbuch festgestellt werden kann, inwieweit bei dem Betroffenen infolge einer psychischen Krankheit oder einer geistigen oder seelischen Behinderung die Voraussetzungen für die Bestellung eines Betreuers vorliegen.

(2) [1]Das Gericht darf dieses Gutachten einschließlich dazu vorhandener Befunde zur Vermeidung weiterer Gutachten bei der Pflegekasse anfordern. [2]Das Gericht hat in seiner Anforderung anzugeben, für welchen Zweck das Gutachten und die Befunde verwendet werden sollen. [3]Das Gericht hat übermittelte Daten unverzüglich zu löschen, wenn es feststellt, dass diese für den Verwendungszweck nicht geeignet sind.

(3) [1]Kommt das Gericht zu der Überzeugung, dass das eingeholte Gutachten und die Befunde im Verfahren zur Bestellung eines Betreuers geeignet sind, eine weitere Begutachtung ganz oder teilweise zu ersetzen, hat es vor einer weiteren Verwendung die Einwilligung des Betroffenen oder des Pflegers für das Verfahren einzuholen. [2]Wird die Einwilligung nicht erteilt, hat das Gericht die übermittelten Daten unverzüglich zu löschen.

(4) Das Gericht kann unter den Voraussetzungen der Absätze 1 bis 3 von der Einholung eines Gutachtens nach § 280 insgesamt absehen, wenn die sonstigen Voraussetzungen für die Bestellung eines Betreuers zur Überzeugung des Gerichts feststehen.

---

§ 282 FamFG entspricht dem früheren § 68 b Abs 1 a FGG, welcher durch das 2. BtÄndG ab 1.7.2005 eingeführt worden war.

---

12 BT-Drucks 11/4528 S. 174.

I. Verwertung eines Gutachtens der Krankenversicherung, Abs 1

1 **1. Zweck der Regelung** Grundsätzlich ist in Betreuungssachen das Gutachten eines Sachverständigen einzuholen (§ 280 FamFG); manchmal genügt schon ein kürzeres (billigeres) ärztliches Attest (§ 281 FamFG). Noch billiger ist es, wenn das Gericht vorhandene anderweitige Gutachten über den Betroffenen verwerten kann und das Gutachten eines Sachverständigen dadurch ersparen kann. Deshalb kam man auf die Idee zur Regelung in § 282, die aber zu umständlich ist und daher keine praktische Bedeutung hat. Die Gesetzesbegründung behauptet allerdings, Zweck der Neuregelung sei ein zusätzlicher Kenntnisgewinn[1]. Ein Gutachten kann auch erspart werden nach § 30 FamFG in Verb. mit § 411a ZPO; auch das hilft nur sehr selten.

2 **2. Feststellung der Pflegebedürftigkeit nach § 18 SGB XI.** Diese Vorschrift lautet:

(1) Die Pflegekassen haben durch den Medizinischen Dienst der Krankenversicherung prüfen zu lassen, ob die Voraussetzungen der Pflegebedürftigkeit erfüllt sind und welche Stufe der Pflegebedürftigkeit vorliegt. Im Rahmen dieser Prüfungen hat der Medizinische Dienst durch eine Untersuchung des Antragstellers die Einschränkungen bei den Verrichtungen im Sinne des § 14 Abs. 4 festzustellen sowie Art, Umfang und voraussichtliche Dauer der Hilfebedürftigkeit und das Vorliegen einer erheblich eingeschränkten Alltagskompetenz nach § 45a zu ermitteln. Darüber hinaus sind auch Feststellungen darüber zu treffen, ob und in welchem Umfang Maßnahmen zur Beseitigung, Minderung oder Verhütung einer Verschlimmerung der Pflegebedürftigkeit einschließlich der Leistungen zur medizinischen Rehabilitation geeignet, notwendig und zumutbar sind; insoweit haben Versicherte einen Anspruch gegen den zuständigen Träger auf Leistungen zur medizinischen Rehabilitation.

(2) Der Medizinische Dienst hat den Versicherten in seinem Wohnbereich zu untersuchen. … Die Untersuchung im Wohnbereich des Pflegebedürftigen kann ausnahmsweise unterbleiben, wenn auf Grund einer eindeutigen Aktenlage das Ergebnis der medizinischen Untersuchung bereits feststeht. ….

(3) Die Pflegekasse leitet die Anträge zur Feststellung von Pflegebedürftigkeit unverzüglich an den Medizinischen Dienst der Krankenversicherung weiter…

(4) Der Medizinische Dienst soll, soweit der Versicherte einwilligt, die behandelnden Ärzte des Versicherten, insbesondere die Hausärzte, in die Begutachtung einbeziehen und ärztliche Auskünfte und Unterlagen über die für die Begutachtung der Pflegebedürftigkeit wichtigen Vorerkrankungen sowie Art, Umfang und Dauer der Hilfebedürftigkeit einholen. Mit Einverständnis des Versicherten sollen auch pflegende Angehörige oder sonstige Personen oder Dienste, die an der Pflege des Versicherten beteiligt sind, befragt werden.

(5) ….

(6) Der Medizinische Dienst der Krankenversicherung hat der Pflegekasse das Ergebnis seiner Prüfung zur Feststellung der Pflegebedürftigkeit unverzüglich zu übermitteln. In seiner Stellungnahme hat der Medizinische Dienst auch das Ergebnis der Prüfung, ob und gegebenenfalls welche Maßnahmen der Prävention und der medizinischen Rehabilitation geeignet, notwendig und zumutbar sind, mitzuteilen und Art und Umfang von Pflegeleistungen sowie einen individuellen Pflegeplan zu empfehlen. Beantragt der Pflegebedürftige Pflegegeld, hat sich die Stellungnahme auch darauf zu erstrecken, ob die häusliche Pflege in geeigneter Weise sichergestellt ist.

---

1 BT-Drucks 15/2494 S. 41; BR-Drucks 865/03 S. 96.

(7) Die Aufgaben des Medizinischen Dienstes werden durch Ärzte in enger Zusammenarbeit mit Pflegefachkräften und anderen geeigneten Fachkräften wahrgenommen. …

3 **3. Anwendungsbereich, Abs 1.** Verwendbar ist das Gutachten der Krankenversicherung nur in Verfahren zur Bestellung eines Betreuers, sinngemäß auch auf die Erweiterung des Aufgabenkreises und die Verlängerung der Betreuung. Auf Verfahren betreffend die Anordnung, Erweiterung oder Verlängerung eines Einwilligungsvorbehalts (§ 1903 BGB)[2] ist die Vorschrift nicht anwendbar.

II. Weiteres Verfahren, Abs 2 bis 4

4 **1. Anforderung.** Das Betreuungsgericht darf das „Gutachten" bei der Pflegekasse anfordern, wobei der Zweck der Anforderung („Betreuungsverfahren X") anzugeben ist. Die Verpflichtung der Pflegekasse ergibt sich aus § 94 Abs 2 SGB XI.

5 **2. Überprüfung der Verwertbarkeit.** Hat der Richter die Unterlagen gelesen und hält er sie für nicht verwertbar, sendet er Originale an die Pflegekasse zurück[3]; Kopien werden über den Reißwolf vernichtet, was durch Aktenvermerk festzuhalten ist. Hält der Richter die Unterlagen für verwertbar, was zumindest voraussetzt, dass es von einem „Arzt" stammt (die meisten Gutachten sind schon deshalb nicht verwertbar, weil sie von einem Pflegesachverständigen stammen[4]), ist der Betroffene oder sein Verfahrenspfleger zu fragen, ob mit der Verwertung Einverständnis besteht. Das Einverständnis des Betroffenen genügt, auch wenn er geschäftsunfähig ist (§ 275 FamFG). Allein zwecks Einwilligung muss kein Verfahrenspfleger bestellt werden. Der Verfahrenspfleger kann zustimmen, auch wenn der Betroffene nicht einverstanden ist. Wenn der Betroffene zuerst die Unterlagen lesen will, bevor er zustimmt, kann ihm das nicht verweigert werden. Wird die Einwilligung verweigert, erfolgt die Vernichtung bzw Rücksendung der Unterlagen, nicht aber die Aushändigung an den Betroffenen. Bei Einwilligung können die Unterlagen *anstelle* eines Gutachtens (Abs 4) oder *zusätzlich* verwertet werden.

6 **3. Verwertung, Abs 4.** Sind die Unterlagen der Pflegekasse für das Betreuungsverfahren nützlich und hat der Betroffene bzw sein Verfahrenspfleger zugestimmt, ist rechtliches Gehör zu gewähren, dh die Unterlagen müssen in Kopie dem Betroffenen zugeleitet werden. Nach Abs 4 kann das Gericht vollständig von der Einholung eines Gutachtens im Sinn von § 280 FamFG absehen, wenn „die sonstigen Voraussetzungen für die Bestellung eines Betreuers zur Überzeugung des Gerichts feststehen". Das ist kaum je der Fall. § 18 SGB XI bezeichnet das Produkt selbst nicht als Gutachten; diese Beförderung nimmt nur § 282 FamFG vor. Die Stellungnahme des Medizinischen Dienstes unterscheidet sich in mehreren Punkten von einem Gutachten im Sinne von § 280 FamFG: (1) Es enthält nichts über die Tatbestandsmerkmale des § 1896 Abs 1, Abs 1 a BGB, nichts über die voraussichtlich erforderliche Dauer der Betreuung, die notwendigen Aufgabenkreise, die zugrunde gelegten Forschungserkenntnisse. (2) Es ist für ganz andere Zwecke erstellt[5], nämlich die Feststellung der Pflegestufe. Wer sich nicht mehr anziehen und Waschen kann, nicht mehr selbst essen, mag pflegebedürftig sein, ist aber nicht zwingend psychisch krank usw, was aber § 1896 BGB verlangt. (3) Der Autor der Stellungnahme des Medizi-

---

2 *Bassenge/Roth* § 282 Rz 1.
3 BT-Drucks 15/4574 S. 66.
4 *Prütting/Helms/Fröschle* § 282 Rz 13.
5 MünchKomm-*Schwab* § 1896 Rz 185.

nischen Dienstes ist kein Arzt mit Erfahrungen in der Psychiatrie, sondern einfach „Arzt" unbekannter Spezialrichtung.

7 Aus all dem folgt, dass das Betreuungsgericht kaum je von der Einholung des Gutachtens im Sinn des § 280 FamFG deshalb absehen kann, weil eine Stellungnahme des Medizinischen Dienstes vorliegt. Wenn allerdings der Betroffene bei der richterlichen Anhörung nebst Eindruckverschaffung (§ 278 FamFG) erklärt, mit der Anordnung der Betreuung einverstanden zu sein und man dies als „Eigenantrag" bewertet, ferner der Betroffene auf ein Gutachten verzichtet, dann würde nach § 281 FamFG ohnehin ein ärztliches Zeugnis genügen. Dem kann die Stellungnahme des medizinischen Dienstes unter Umständen entsprechen. Wegen § 281 Abs 1 FamFG müsste allerdings tatsächlich ein „Arzt" (und nicht nur eine Pflegekraft) den Betroffenen gesehen haben; eine Stellungnahme nach Aktenlage, wie sie § 18 Abs 2 SGB XI zulässig ist, würde ebenfalls nicht ausreichen.

§ 283 Vorführung zur Untersuchung

(1) [1]Das Gericht kann anordnen, dass der Betroffene zur Vorbereitung eines Gutachtens untersucht und durch die zuständige Behörde zu einer Untersuchung vorgeführt wird. [2]Der Betroffene soll vorher persönlich angehört werden.

(2) [1]Gewalt darf die Behörde nur anwenden, wenn das Gericht dies aufgrund einer ausdrücklichen Entscheidung angeordnet hat. [2]Die zuständige Behörde ist befugt, erforderlichenfalls die Unterstützung der polizeilichen Vollzugsorgane nachzusuchen.

(3) [1]Die Wohnung des Betroffenen darf ohne dessen Einwilligung nur betreten werden, wenn das Gericht dies aufgrund einer ausdrücklichen Entscheidung angeordnet hat. [2]Bei Gefahr im Verzug findet Satz 1 keine Anwendung.

---

§ 283 FamFG entspricht teilweise dem früheren § 68b Abs 3 FGG.

1 **1. Anordnung der Vorführung.** Grundsätzlich ist vor Anordnung einer Betreuung oder eines Einwilligungsvorbehalts vom Gericht ein Gutachten zu erholen (§ 280 FamFG); dasselbe gilt in zahlreichen anderen Fällen (§§ 293, 295 FamFG; vgl § 280 Rz 1). Die Begutachtung erfolgt entweder vor der Anhörung durch den Richter oder nachher; denkbar ist auch, dass beides zeitlich zusammenfällt. Die Anordnung der Begutachtung erfolgt durch Beschluss des Richters; dem folgt ein Auftrag des Gerichts an den Sachverständigen. Der Sachverständige lädt den Betroffenen vor oder sucht ihn auf. Erscheint der Betroffene beim Sachverständigen nicht, wird das Betreuungsgericht klären, weshalb der Betroffene nicht kommt und ihm einen neuen Untersuchungstermin mitteilen. Weigert sich der Betroffene, zu erscheinen oder sich untersuchen zu lassen, oder reagiert er überhaupt nicht, ist zur Wahrung der Verhältnismäßigkeit zu prüfen, ob es zur Vorbereitung des Gutachtens genügt, wenn der Sachverständige bei der gerichtlichen Anhörung anwesend ist und an den Betroffenen Fragen stellt; durch Rückfrage beim Sachverständigen ist dies zu klären.

2 Verfahrensrechtlich bestimmt Abs 1 Satz 2, dass der Betroffene vor Erlass der Vorführungsanordnung **persönlich angehört** werden *soll*, damit er vorbringen kann, weshalb er nicht zum Sachverständigen ging. Dies entspricht § 33 FamFG. Wenn aber der Betroffene schon das Erscheinen beim Sachverständigen ablehnt, wird er kaum freiwillig beim Gericht erscheinen, um seine Gründe zu erläutern. Dann könnte er nach § 278 Abs 5 FamFG zum Gericht vorgeführt werden, und später nochmals beim Sachverständigen. Wird keine persönliche Anhörung

durchgeführt, ist die Anordnung der Vorführung nur zulässig, wenn das Betreuungsgericht sonstige Feststellungen, die die Annahme der Betreuungsbedürftigkeit des Betroffenen rechtfertigen könnten, getroffen hat[1]. Die Vorführung muss nicht vorher angedroht werden. Eine vorherige Anhörung zur Gewaltanwendung und Wohnungsdurchsuchung entfällt.

3 Für die Gutachten nach § 297 Abs 6 (Sterilisation) und § 298 Abs 4 FamFG (Abbruch der Ernährung) gilt § 283 FamFG nicht[2]: die Sterilisation darf gegen den Willen der Betroffenen ohnehin nicht vorgenommen werden und § 298 Abs 4 setzt keine persönliche Untersuchung voraus. § 322 FamFG (Gutachten wegen Unterbringung) dagegen verweist ausdrücklich auf §§ 283, 284.

4 Das Gericht muss die Vorführung beim Sachverständigen nicht anordnen; es handelt sich um eine **Ermessensentscheidung** („kann"). Eine Vorführung[3] scheidet aus, wenn sie unverhältnismäßig wäre; so, wenn es nur um die Aufhebung der Betreuung oder den Wechsel des Betreuers geht[4].

5 **2. Beschluss.** Erscheint die Vorführung notwendig, erlässt das Betreuungsgericht (Richter, nicht Rechtspfleger) einen **Beschluss,** dass (1) der Betroffene zur Vorbereitung eines Gutachtens über die Notwendigkeit der Bestellung eines Betreuers vom Sachverständigen X untersucht wird; (2) Termin hierzu auf den … (Ort und Zeit) bestimmt wird; (3) die Vorführung des Betroffenen durch die (örtlich zuständige) Betreuungsbehörde angeordnet wird; (4) der Betreuungsbehörde gestattet wird, Gewalt anzuwenden (Abs 2 Satz 1) und die Polizei zur Unterstützung hinzuziehen (Abs 2 Satz 2); (5) dass die Betreuungsbehörde[5] zum Zwecke der Vorführung die Wohnung (notfalls gewaltsam) öffnen und betreten darf (Abs 3 Satz 1)[6]. – Eine Vorführung durch den Gerichtsvollzieher ist nicht zulässig. Die Formulierung in Abs 2 Satz 1 („wenn das Gericht dies aufgrund einer ausdrücklichen Entscheidung angeordnet hat") ist missglückt: es ist nicht ein Beschluss und zusätzlich eine richterliche Anordnung notwendig, der Beschluss genügt.

6 Der Beschluss nach § 283 wird mit der Bekanntgabe an den Betroffenen **wirksam** (§ 40 Abs 1 FamFG); es genügt also, wenn er aus Anlass der Amtshandlung vorgezeigt und übergeben wird.

7 Die Behörde kann die **Polizei** um Unterstützung ersuchen; die Polizei muss dem nachkommen. Ob die Anwendung unmittelbaren Zwangs, dh Gewalt, angebracht ist, ob also der Grundsatz der Verhältnismäßigkeit gewahrt ist und welche Gewaltmittel angewandt werden, entscheidet dann die Polizei vor Ort und Stelle nach dem Polizeirecht des jeweiligen Landes (zB Art 60 ff BayPAG).

8 Die Regelung über das **Betreten der Wohnung** des Betroffenen beruht auf Art 13 Abs 2 GG. Fehlt die richterliche Gestattung darf die Wohnung bei Gefahr in Verzug gleichwohl betreten werden (Abs 3 Satz 2). Die Betreuungsbehörde kann die Polizei auch dann hinzuziehen, wenn dies vom Gericht nicht ausdrücklich gestattet wurde, weil Abs 2 Satz 2 selbst die Rechtsgrundlage darstellt. Die

---

1 BGH NJW 2007, 3575.
2 *Prütting/Helms/Fröschle* § 283 Rz 2.
3 Nach *Prütting/Helms/Fröschle* § 283 Rz 4 soll es sich nur um eine „Organisation des Transports"; dabei wird verkannt, dass eine hoheitliche Maßnahme vorliegt und nicht nur die Bestellung eines Taxis.
4 BayObLG FamRZ 1996, 499.
5 Zum Vorgehen der Behörde vgl *Köhle* BtPrax 1995, 93; *Walther* BtPrax 1997, 43.
6 KG FamRZ 1997, 442.

Wohnung eines Dritten, wo sich der Betroffene kurzfristig als Gast aufhält, darf gegen den Willen des Dritten nicht betreten werden. Steht der Betroffene bereits unter Betreuung, müsste das Betreuungsgericht zuerst eine Herausgabeverfügung gegen den Dritten nach § 1632 Abs 1 BGB erlassen, und, wenn er noch nicht unter Betreuung steht, nach § 1846 BGB[7].

Bei der nachfolgenden Untersuchung sind **körperliche Eingriffe** gegen den Willen des Betroffenen nicht zulässig; seine Mitwirkung (zB durch Teilnahme an Tests, Beantwortung von Fragen) ist nicht erzwingbar[8]; in der Praxis wirkt er freilich meist mit. Die Befolgung der in § 27 FamFG genannten Mitwirkungspflicht kann nicht erzwungen werden. Wirkt der Betroffene nicht mit, stellt sich für den Sachverständigen die Frage, ob er dem Gericht vorschlagen soll, dass es nach § 284 FamFG eine **mehrwöchige Unterbringung** des Betroffenen in der Psychiatrie anordnet, damit er dort beobachtet werden kann. 9

Die Vorführung ist an sich erledigt, wenn der Betroffene beim Sachverständigen „abgeliefert" wurde. Die Behörde wird ihm aber dabei behilflich sein, wieder zu seiner Wohnung zurückzukommen. 10

3. Kosten. Die Aufwendungen der Vorführung durch die Betreuungsbehörde (zB die Kosten des Schlossers, der die Türe öffnet) hat der Justizfiskus zu tragen[9]; denn letztlich wird eine gerichtliche Aufgabe erfüllt, die man genauso dem Gerichtsvollzieher oder dem Wachtmeister des Gerichts hätte übertragen können; die Behörde bleibt also nicht darauf sitzen. Es handelt sich um Auslagen nach § 137 Abs 1 Nr 10 KostO. Zieht die Behörde die Polizei hinzu, richtet es sich nach dem Polizeirecht des jeweiligen Landes (zB Art 58 Abs 3 BayPAG), ob die Polizei vom Betroffenen Kostenerstattung verlangen darf. 11

4. Rechtsmittel. Die **Beauftragung des Sachverständigen** ist nicht anfechtbar, weil sie einerseits keine Endentscheidung (§§ 38, 58 FamFG) ist, andererseits noch nicht erheblich in die Rechte des Betroffenen eingreift[10]. 12

Die **Androhung** der Vorführung eines Betroffenen zur psychiatrischen Begutachtung ist unanfechtbar[11]; denn dies ist kein nennenswerter Eingriff, nur ein Hinweis auf die Gesetzeslage. 13

Der Vorführungsbeschluss (dh die Anordnung der Untersuchung, der Vorführung und der Nebenentscheidungen) war nach der ausdrücklichen Regelung in § 68 b Abs 3 Satz 2 FGG nicht anfechtbar. Die Beschwerde wurde dem Betroffenen verwehrt, um gerichtliche Kosten zu sparen; er wurde darauf verwiesen, bis zum Abschluss des Betreuungsverfahrens zuzuwarten und sich gegebenenfalls erst mit Beschwerde gegen eine vom Gericht angeordnete Bestellung eines Betreuers zu wenden. Unanfechtbarkeit wurde auch angenommen, wenn gleichzeitig die Unterstützung durch die Polizei und das Wohnungsbetreten gestattet wurde[12]; oder wenn eine Ermächtigung zur Anwendung einfacher körperlicher Gewalt erfolgte[13] oder wenn gestattet wurde, sich gewaltsam Zugang zur 14

7 *Prütting/Helms/Fröschle* § 283 Rz 18.
8 OLG Köln FamRZ 1995, 1083; OLG Hamm FamRZ 1997, 440/1; BayObLG FamRZ 1996, 499; *Knittel* § 283 Rz 10.
9 OLG Köln FamRZ 2005, 1199 (L); *Knittel* § 283 Rz 8; aA LG Limburg BtPrax 1998, 116; LG Koblenz FamRZ 2004, 566 (L).
10 BGH NJW-RR 2008, 737.
11 OLG München FGPrax 2006, 212.
12 BayObLG FamRZ 1994, 1190; 2003, 60.
13 OLG Hamm FamRZ 1997, 440.

Wohnung des Betroffenen zu verschaffen[14] oder wenn der Betroffene auf Grund der Anordnung mehrere Tage im Bezirkskrankenhaus untergebracht wurde[15]. Es gab gewissermaßen eine Euphorie der Unanfechtbarkeit, trotz schwerster Eingriffe in Persönlichkeitsrechte. Für anfechtbar wurden dagegen alle sonstigen falschen Entscheidungen in Zusammenhang mit der Begutachtung angesehen, wenn sie nicht nur geringfügig in seine Rechte eingreifen, wie zB die Anordnung, der Betroffene müsse *ohne* rechtlichen Beistand zur Untersuchung erscheinen[16].

15 Die kritischen Fälle waren diejenigen, in denen im Zuge von Familienstreitigkeiten eine „Anzeige" eines Beteiligten beim (damaligen) Vormundschaftsgericht erfolgte und dieses ohne die geringsten Vorermittlungen die Vorführung durch Behörde/Polizei mit Wohnungsaufbrechen usw anordnete. Das OLG Celle[17] hat dann als erstes Obergericht die Anordnung zumindest dann für anfechtbar gehalten, wenn gleichzeitig die Befugnis zur Anwendung von Gewalt gegen den Betroffenen und/oder die Erlaubnis zum gewaltsamen Zutritt zu dessen Wohnung erteilt wird; die Sache wurde dem BGH vorgelegt. Der BGH[18] hat zu § 68 b Abs 3 FGG entschieden: Der Betroffene kann die gerichtliche Anordnung, sich psychiatrisch untersuchen zu lassen, jedenfalls dann **mit der Beschwerde angreifen, wenn die Anordnung objektiv willkürlich**, das heißt in so krassem Maße rechtsfehlerhaft ist, dass sie unter Berücksichtigung des Schutzzwecks von Art 3 Abs 1 und Art 103 Abs 1 GG nicht mehr verständlich erscheint; § 68 b Abs 3 Satz 2 FGG sei in solchen krassen Ausnahmefällen nicht anwendbar. Ein solcher krasser Ausnahmefall liegt grundsätzlich vor, wenn das Gericht die psychiatrische Untersuchung eines Betroffenen anordnet, ohne diesen vorher persönlich gehört oder sonstige Feststellungen, die die Annahme der Betreuungsbedürftigkeit des Betroffenen rechtfertigen könnten, getroffen zu haben.

16 Unter Geltung des FamFG fragt sich zunächst, ob nicht ohnehin eine Endentscheidung vorliegt, weil § 38 FamFG darunter auch Entscheidungen erfasst, durch die der Verfahrensgegenstand *teilweise* erledigt wird. Dann läge uneingeschränkte Anfechtbarkeit vor (§§ 58 ff FamFG). Hält man die Vorführungsanordnung für eine Zwischenentscheidung ist die Rechtslage nach dem FamFG dieselbe wie nach dem FGG. Zwar enthält § 283 FamFG nicht mehr die ausdrückliche Feststellung der Unanfechtbarkeit, weil sie sich jetzt stillschweigend in §§ 38, 58 FamFG findet: nur Endentscheidungen sind anfechtbar, also Zwischenentscheidungen grundsätzlich nicht. Außerdem kann der Umkehrschluss aus § 284 Abs 3 Satz 2 FamFG herangezogen werden. Somit ist der Beschluss, der die Vorführung anordnet, in der Regel **unanfechtbar**[19]; anfechtbar mit befristeter Beschwerde infolge verfassungskonformer Auslegung ist der Beschluss[20], wenn das Betreuungsgericht den Betroffenen nicht vorher persönlich gehört oder sonstige Feststellungen, die die Annahme der Betreuungsbedürftigkeit des Betroffenen rechtfertigen könnten, getroffen hat; oder wenn das Verfahren nur die Aufhebung der Betreuung oder einen Betreuerwechsel zum

14 KG FamRZ 1997, 442; OLG Hamm FamRZ 1997, 440; Bedenken bei *Bienwald* § 68 b Rz 55; das OLG Celle (FamRZ 2007, 167) hielt die Beschwerde in solchen Fällen für zulässig und hatte die Sache dem BGH vorgelegt.

15 BayObLG FPR 2001, 415.

16 OLG Zweibrücken FGPrax 2000, 109.

17 OLG Celle FamRZ 2007, 167.

18 BGH NJW 2007, 3575; bestätigt BGH NJW-RR 2008, 737; zustimmend OLG München FamRZ 2009, 1863 = BtPrax 2009, 244; ebenso LG Saarbrücken BtPrax 2009, 143.

19 *Knittel* Betreuungsmanagement 2009, 59/62.

20 *Knittel* § 283 Rz 17; *Prütting/Helms/Fröschle* § 283 Rz 22; aA MünchKomm FamFG/*Schmidt/Recla* § 283 Rz 11; Keidel/*Budde* § 283 Rz 4 (immer unanfechtbar, was aus Abs 1 Satz 2 folgen soll).

Gegenstand hat[21], weil in diesen Sachen die Verhältnismäßigkeit fehlt. Eine Verfassungsbeschwerde kommt in Betracht, wenn die Vorführungsanordnung erlassen wird, ohne dass der Betroffene *zuvor* von der Einleitung eines Betreuungsverfahrens *vom Gericht* informiert wurde[22]. Zu denken ist auch an eine Anhörungsrüge (§ 44 FamFG).

§ 284 Unterbringung zur Begutachtung

(1) [1]Das Gericht kann nach Anhörung eines Sachverständigen beschließen, dass der Betroffene auf bestimmte Dauer untergebracht und beobachtet wird, soweit dies zur Vorbereitung des Gutachtens erforderlich ist. [2]Der Betroffene ist vorher persönlich anzuhören.

(2) [1]Die Unterbringung darf die Dauer von sechs Wochen nicht überschreiten. [2]Reicht dieser Zeitraum nicht aus, um die erforderlichen Erkenntnisse für das Gutachten zu erlangen, kann die Unterbringung durch gerichtlichen Beschluss bis zu einer Gesamtdauer von drei Monaten verlängert werden.

(3) [1]§ 283 Abs. 2 und 3 gilt entsprechend. [2]Gegen Beschlüsse nach den Absätzen 1 und 2 findet die sofortige Beschwerde nach den §§ 567 bis 572 der Zivilprozessordnung statt.

---

§ 284 FamFG entspricht im Wesentlichen dem früheren § 68b Abs 4 FGG.

I. Unterbringung zur Begutachtung, Abs 1

1. Zweck der Regelung. Die Vorschrift ermöglicht eine befristete Unterbringung und Beobachtung des Betroffenen, wenn dies zur Vorbereitung des Gutachtens (§ 280 FamFG) erforderlich ist. Denn in manchen Fällen ist ein Gutachten erst möglich, wenn der Betroffene längere Zeit beobachtet wird, zB weil seine Befragung unter Untersuchung wenig ergiebig ist, oder weil er nicht mitwirkt, oder weil er bei den Vorführungen jeweils so betrunken war, dass eine Begutachtung nicht möglich war. Diese Unterbringung fällt nicht unter §§ 312 ff FamFG, wie die dortige Definition zeigt. Vergleichbare Regelungen finden sich in § 126a StPO, früher in § 5 FEVG. 1

2. Voraussetzungen dieser Unterbringung: – a) Materiell: ein konkreter Verdacht auf Betreuungsbedürftigkeit. Es müssen tatsächliche Anhaltspunkte von erheblichem Gewicht auf eine Betreuungsbedürftigkeit hindeuten; bloße Vermutungen reichen nicht aus[1]. Zur Feststellung dient die persönliche Anhörung des Betroffenen und die Stellungnahme des Sachverständigen. Allerdings dürfen die Anforderungen nicht übertrieben werden; es wird genügen müssen, dass aufgrund der bekannten Tatsachen eine Betreuung jedenfalls nahe liegend erscheint; denn erst das Gutachten wird Klarheit bringen. 2

b) Anhörung eines Sachverständigen. Die Anhörung eines Sachverständigen darüber, ob und für welche Dauer (und wo) eine Unterbringung erforderlich ist, ist notwendig (Abs 1 Satz 1). Unklar ist die rechtliche Qualität dieser Anhörung. Es handelt sich wohl um Freibeweis (§ 29 FamFG), jedenfalls nicht um Strengbeweis. Das Ergebnis ist eine Art ärztliches Zeugnis. Es muss schriftlich vorliegen, in die Akten kommen (§ 29 Abs 3 FamFG) und nachvollziehbar 3

---

21 BayObLG FamRZ 1996, 499.
22 BVerfG v 2.12.2009 – 1 BvR 2797/09, FamRZ 2010, 186. (Erlass einer einstweiligen Anordnung nach § 32 Abs 1 BVerfGG).
1 BayObLG FGPrax 2004, 250.

begründen, weshalb eine stationäre Beobachtung (und für wie lange) unabweisbar ist. Jedenfalls wird der Sachverständige dafür nach dem JVEG bezahlt.

4 Diese Anhörung setzt nach dem Wortlaut der Vorschrift (im Gegensatz zu § 280 Abs 2 FamFG) nicht voraus, dass der Sachverständige den Betroffenen zuvor *persönlich* untersucht hat, sie kann also nach Aktenlage (schriftlich oder mündlich) erfolgen. Der Sachverständige kann personengleich mit demjenigen sein, der später das Gutachten erstatten wird. Über die erforderliche Qualifikation des Sachverständigen regelt das Gesetz nichts; an ihn sind dieselben Anforderungen[2] zu stellen wie an den Sachverständigen nach § 280 Abs 1 Satz 1.

5 c) **Anhörung des Betroffenen.** Die vorherige *persönliche* Anhörung des Betroffenen durch den Richter zu dieser Frage schreibt Abs 1 Satz 2 vor, weil eine mehrwöchige Freiheitsentziehung ein schwerer Eingriff ist; der Richter wird mit dem Betroffenen die Frage besprechen, ob es einen Sinn hat, nicht zu kooperieren. Es handelt sich (anders als bei § 283 FamFG) nicht nur um eine Soll-Vorschrift. Notfalls ist der Betroffene hierzu beim Gericht vorzuführen (§ 278 Abs 5 FamFG)[3]; die Anhörung fällt unter § 278 Abs 1 FamFG. Diese persönliche Anhörung kann nach § 34 Abs 2 FamFG unterbleiben, wenn hiervon erhebliche Nachteile für seine Gesundheit zu besorgen sind oder der Betroffene offensichtlich nicht in der Lage ist, seinen Willen kundzutun. Der Verfahrenspfleger und die hinzugezogenen Angehörigen müssen nicht vorher angehört werden[4], schon gar nicht persönlich.

6 d) **Freiwilligkeit.** Die Unterbringungsordnung ist überflüssig und daher unzulässig, wenn sich der Betroffene freiwillig in dem erforderlichen Zeitraum untersuchen und beobachten lässt.

7 e) **Ermessensausübung.** Das Gericht kann die Unterbringung beschließen, muss aber nicht (Abs 1). Deshalb entfällt sie, wenn sie unverhältnismäßig wäre. Zunächst sind alle anderen ärztlichen Maßnahmen, insbesondere eine Vorführung zur Untersuchung (§ 283 FamFG) zu versuchen[5].

8 f) **Zuständig** zur Entscheidung ist der Richter, nicht der Rechtspfleger (auch nicht in den Fällen des § 19 RPflG); § 4 Abs 2 Nr 2 RPflG.

9 g) **Verfahrenspfleger.** Stets ist zu prüfen, ob er zu bestellen ist[6]. Denn es handelt sich um einen schweren Eingriff in das Persönlichkeitsrecht des Betroffenen.

II. Beschlussinhalt, Abs 2

10 1. **Erstmalige Unterbringung.** Für den Beschluss gilt § 38 FamFG; er enthält die Anordnung, dass über den Betroffenen ein Gutachten (§ 280 FamFG) erstellt wird; ferner die Anordnung der Vorführung (§ 283 Abs 1 FamFG); die Anordnung der Unterbringung, Art der Anstalt, Ort der Unterbringung, Beobachtungszweck; der Name der Anstalt sollte angegeben werden. Zweckmäßig ist die Gestattung von Gewaltanwendung (Abs 3 Satz 1) und der Wohnungsbetretung (Abs 3 Satz 2). Eine **Begründung** ist notwendig (§ 38 Abs 3 bis 5 FamFG); hierbei ist auf den Einzelfall einzugehen, vor allem auf die Verhältnismäßigkeit[7].

2 *Knittel* § 284 Rz 12.
3 Keidel/*Budde* § 284 Rz 2.
4 AA *Prütting/Helms/Fröschle* § 284 Rz 7.
5 BayObLG FGPrax 2004, 250.
6 Jansen/*Sonnenfeld* FGG § 68 b Rz 57; MünchKomm FamFG/*Schmidt-Recla* § 284 Rz 5.
7 BayObLG BtPrax 2002, 215.

Die Anhörung des Sachverständigen ist darzulegen[8]. Die Befristung ist anzugeben, wobei die Angabe der Höchstfrist genügt. Die Unterbringung darf die Dauer von sechs Wochen, gerechnet ab dem Festnahmetag (vgl § 16 FamFG), nicht überschreiten (Abs 2 Satz 1); das Gericht könnte eine kürzere Höchstfrist bestimmen. Eine Rechtsmittelbelehrung ist erforderlich (§ 39 FamFG). Eine Kostenentscheidung (§§ 81 ff FamFG) entfällt.

Die Entscheidung ist dem Betroffenen selbst bekannt zu geben (§ 41 Abs 1 FamFG); damit wird sie wirksam (§ 40 Abs 1 FamFG); § 287 Abs 1 FamFG ist nicht einschlägig, weil ein Betreuer noch nicht vorhanden ist. Vorsorglich kann (zur Klarstellung) die sofortige Wirksamkeit angeordnet werden. In der Regel benötigt der Sachverständige nicht die ganze Zeitspanne, um sein Gutachten erstellen zu können; sobald er seine Erkenntnisse gewonnen hat, hat er die Entlassung des Betroffenen zu veranlassen; ein zusätzlicher Entlassungsbeschluss des Gerichts ist nicht notwendig. Von der Entlassung ist das Gericht zu verständigen. Eine formelle Aufhebung des Beschlusses nach der vorzeitigen Entlassung ist nicht notwendig[9]. Das Gericht könnte den Beschluss ändern, die Frist verkürzen und so eine vorzeitige Entlassung bewirken. Ist die Höchstfrist verstrichen und ist keine Verlängerung erfolgt, hat die Anstalt den Betroffenen zu entlassen. 11

2. Verlängerung der Unterbringung, Abs 2 Satz 2. Die Unterbringung zur Beobachtung kann durch einen oder mehrere Beschlüsse bis zu einer Gesamtdauer von drei Monaten verlängert werden; die Fristberechnung erfolgt nach § 16 FamFG. Die Verlängerung setzt voraus, dass der bisher ins Auge gefasste Zeitraum nicht ausreicht; das wird durch eine Stellungnahme des beobachtenden Arztes geklärt. Eine Anhörung eines (anderen) Sachverständigen wie nach Abs 1 Satz 1 oder ein Gutachten sind vor der Verlängerung nicht erforderlich[10]. Auch die nochmalige persönliche Anhörung des Betroffenen erübrigt sich[11]; wenn er zwangsweise sechs Wochen untergebracht war und nicht freiwillig länger bleiben will, ist nicht ersichtlich was die erneute persönliche Anhörung nützen könnte. Dem Betroffenen ist aber vor Verlängerung der Unterbringung rechtliches Gehör zu gewähren, zB schriftlich. 12

3. Vollstreckung, Abs 3 Satz 1. Wirkt der Betroffene nicht freiwillig mit, kann er durch die Betreuungsbehörde festgenommen und zur Unterbringungseinrichtung geschafft werden. Zwar ist § 283 Abs 1 FamFG in § 284 FamFG nicht ausdrücklich für anwendbar erklärt; da aber ohnehin eine Anordnung der Begutachtung und der Vorführung notwendig sind, gilt § 283 Abs 1 unmittelbar. Nach Abs 3 Satz 1 sind § 283 Abs 2 und 3 entsprechend anzuwenden. Das Gericht kann deshalb die Anwendung von Gewalt gestatten, ferner das Betreten der Wohnung des Betroffenen. 13

4. Rechtsverhältnis; Duldungspflichten des Betroffenen. Eine Verpflichtung zur Mitwirkung während der Beobachtung hat der Betroffene nicht; er kann also schweigen und die Teilnahme an Tests verweigern. Die Beobachtung muss er gestatten. Dass die Pfleger vom Gericht als sachverständige Zeugen vernommen werden kann er nicht verhindern. Wenn der Sachverständige dann aufgrund der Mitteilungen der Pfleger ein Gutachten erstellt, taucht die Frage auf, dass die Ermittlung der Anknüpfungstatsachen an sich Sache des Betreuungsgerichts ist. 14

---

8 BayObLG NJOZ 2001, 1247.
9 AA Keidel/*Budde* § 284 Rz 8.
10 AA Keidel/*Budde* § 284 Rz 7.
11 *Knittel* § 284 Rz 16; aA *Fröschle/Locher* § 284 Rz 31; Keidel/*Budde* § 284 Rz 7; MünchKomm FamFG/*Schmidt-Recla* § 284 Rz 8.

15 Das Rechtsverhältnis zwischen der Klinik und dem dort zwangsweise befindlichen Betroffenen ist gesetzlich nicht geregt; jedenfalls sind weder §§ 312 ff FamFG noch das jeweilige UnterbrG bzw PsychKG des Landes darauf unmittelbar anwendbar. Für die Haftung der Klinik wird man davon ausgehen müssen, dass sich der Betroffene aufgrund hoheitlicher Anordnung dort befindet, also § 839 BGB einschlägig ist[12].

16 5. **Kosten.** Der Beschluss löst keine zusätzlichen Gerichtskosten aus. Die Gutachterkosten fallen unter § 12 Abs 1 Nr 1 JVEG, werden somit dem vermögenden Betreuten im Rahmen der §§ 91 ff, 137 Abs 1 Nr 6 KostO in Rechnung gestellt.

17 Fraglich ist, wer die Kosten der Unterbringung, also des Zimmers, der Verpflegung und der Behandlung zu tragen hat. Wird die Unterbringung eines Betroffenen in einem psychiatrischen Krankenhaus *zur Vorbereitung eines Gutachtens* richterlich angeordnet, dann könnten die Kosten des stationären Aufenthaltes Aufwendungen des Sachverständigen nach § 8 Abs 1 Nr 4, § 12 JVEG sein und aus der Staatskasse zu erstatten sein; das kommt nur dann in Betracht, wenn der Aufenthalt ausschließlich der Begutachtung diente. Sind daneben auch medizinische Gründe gegeben, die einen stationären Krankenhausaufenthalt zur Erkennung oder Behandlung einer Krankheit erfordern, so wird die Leistungspflicht der Krankenkasse bzw des Sozialhilfeträgers durch die richterliche Anordnung der Unterbringung nicht ausgeschlossen[13].

III. Rechtsmittel

18 Gegen Beschlüsse nach den Abs 1 und 2 findet die sofortige Beschwerde nach den §§ 567 bis 572 ZPO statt (Abs 3 Satz 2), also nicht die befristete Beschwerde nach §§ 58 ff FamFG. Die Frist beträgt nur zwei Wochen (§ 569 ZPO). Sie beginnt mit Zustellung des Beschlusses an den Betroffenen (§ 569 Abs 1 Satz 2 ZPO), nicht schon mit einfacher schriftlicher Bekanntgabe (wie nach § 63 Abs 3 Satz 1 FamFG). Die Frist läuft auch dann mit Zustellung an den Betroffenen, wenn er geschäftsunfähig ist (§ 275 FamFG). Beschwerdeberechtigt ist jedenfalls der Betroffene und sein Verfahrenspfleger (vgl § 274 Abs 2 FamFG). Der Betreuer ist nicht in eigenen Rechten betroffen (str.). Im Übrigen ist zu beachten, dass §§ 567ff. ZPO (anders als §§ 59, 303 FamFG) keine Regelung über die Beschwerdeberechtigung enthalten, weil sie vom Zweiparteiensystem ausgehen. Deshalb dürfte die Betreuungsbehörde keine **Beschwerdeberechtigung** haben; der Ehegatte dagegen schon, auch wenn er vom Betreuungsgericht entgegen § 274 Abs 4 FamFG nicht zum Beteiligten erhoben wurde. Andere[14] wollen § 303 Abs 2, 3, 4 FamFG analog anwenden.

19 Die Beschwerde hat **keine aufschiebende Wirkung** (§ 570 Abs 1 ZPO). Sowohl das Betreuungsgericht wie das Beschwerdegericht können aber die Vollziehung des angefochtenen Beschluss bis zur Entscheidung aussetzen.

20 Zuständig zur Entscheidung über die Beschwerde ist das **Landgericht** (§§ 72, 119 GVG). Gegen den Beschwerdebeschluss ist die Rechtsbeschwerde zum BGH statthaft, ohne Zulassung (vgl § 70 Abs 3 Nr 1 FamFG); sie muss allerdings durch einen beim BGH zugelassenen Anwalt eingelegt werden (§ 10 Abs 4 FamFG).

---

12 Vgl zum Rechtsverhältnis bei öffentlich-rechtlicher Unterbringung BGH NJW 2008, 1444.
13 OLG Frankfurt FGPrax 2008, 275.
14 *Knittel* § 284 Rz 19; *Schulte-Bunert/Weinreich/Eilers* § 284 Rz 32.

21 Eine nachträgliche **Feststellung der Rechtswidrigkeit** nach § 62 FamFG ist zulässig[15]. Dabei ist aber zu berücksichtigen, dass zum Zeitpunkt des Beschlusses nach § 284 FamFG der Richter nur eine Prognoseentscheidung trifft; wird später keine Betreuung oder Unterbringung angeordnet bedeutet das nicht zwingend, dass die Anordnung nach § 284 rechtswidrig war.

§ 285 Herausgabe einer Betreuungsverfügung oder der Abschrift einer Vorsorgevollmacht

In den Fällen des § 1901 a des Bürgerlichen Gesetzbuchs erfolgt die Anordnung der Ablieferung oder Vorlage der dort genannten Schriftstücke durch Beschluss.

Die Regelung entspricht dem früheren § 69 e Satz 2 FGG. Dass § 285 den § 1901 a nennt ist ein Redaktionsfehler; gemeint ist § 1901 c BGB.

1 **1. Ablieferung; Vorlage.** Nach § 1901 c Satz 1 BGB muss der Besitzer einer **Betreuungsverfügung** (auch einer Patientenverfügung) die Urschrift dem Betreuungsgericht abliefern, selbst wenn er Eigentümer des Schriftstücks ist. Das Eigentum bleibt durch die Ablieferung unberührt, nur der Besetz ändert sich.

2 **Vorsorgevollmachten** werden nicht beim Zentralen Vorsorgeregister der Bundesnotarkammer in Berlin verwahrt, dort befinden sich allenfalls Angaben über den Aufbewahrungsort der Vollmachtsurkunde (§ 1 der VorsorgeregisterVO). Nach § 1901 c Satz 2 BGB muss der Besitzer einer Vorsorgevollmacht das Gericht über eine Vollmacht informieren. Das Original muss er nicht abgeben, weil er es als Bevollmächtigter braucht; deshalb hat er auf Verlangen eine Kopie abzuliefern (§ 1901 c Satz 3 BGB).

3 In der Regel genügt es, wenn der Besitzer des Schriftstücks vom Gericht angerufen oder mit einfachem Schreiben aufgefordert wird, es abzuliefern oder vorzulegen. Der Besitzer kann auch als Zeuge im Betreuungsverfahren vorgeladen werden (§ 30 FamFG) mit der Auflage, die Betreuungsverfügung bzw Vollmacht zum Termin mitzubringen (§ 378 Abs 1 ZPO). Erst wenn das ohne Erfolg ist, aber zur Überzeugung des Gerichts feststeht, dass der Dritte ein solches Dokument besitzt, ist ein förmlicher Beschluss mit dem Formalien des §§ 38, 39 FamFG erforderlich, also auch mit Begründung und Rechtsmittelbelehrung; der Zweck des § 285 erschöpft sich darin, dass die Überschrift der Aufforderung gesetzlich geregelt wird: „Beschluss", nicht etwa „Verfügung". Der Beschluss hat auf die Folgen einer Zuwiderhandlung gegen die Entscheidung hinzuweisen (§ 35 Abs 2 FamFG). Der Hinweis muss das Zwangsgeld (mindestens 5 Euro) betragsmaßig nennen[1], die in Aussicht genommene Höchstsumme genügt[2]; in der Regel wird ein Zwangsgeld „bis 25.000 Euro" angedroht (§ 35 Abs 3 FamFG), im Falle der Nichtbeitreibbarkeit Zwangshaft bis zu sechs Monaten (§ 913 ZPO).

4 Der Beschluss wird dem Besitzer des Schriftstücks **zugestellt** (§ 41 Abs 1 Satz 2 FamFG). Zur Erzwingung stehen folgende Maßregeln zur Verfügung:
- Verhängung von Zwangsgeld nach § 35 Abs 1 FamFG[3]; es könnte auch sofort Zwangshaft verhängt werden.

---

15 BayObLG FGPrax 2004, 250.
1 OLG Brandenburg MDR 2008, 978.
2 BGH NJW 1973, 2288; OLG Brandenburg MDR 2008, 978; BayObLG FamRZ 1996, 878 („bis zu 50.000 DM"); OLG Bamberg FamRZ 1998, 307; a.M. OLG Stuttgart JR 1972, 411.
3 BT-Drucks 16/6308 S. 268.

– Anwendung von unmittelbarem Zwang (also gewaltsame Wegnahme durch den Gerichtsvollzieher) nach § 35 Abs 4 FGG.

5 **Betroffene Personen:** Diese Zwangsmaßnahmen können auch gegen Notare verhängt werden[4]. Bei juristischen Personen (wie zB Betreuungsvereinen) richten sich die Zwangsmittel gegen die einzelnen Vorstandsmitglieder.

6 **2. Eidesstattliche Versicherung.** Wird die herauszugebende oder vorzulegende Sache durch den Gerichtsvollzieher nicht vorgefunden, so kann das Gericht den zur Herausgabe oder zur Vorlage Verpflichteten anhalten, eine eidesstattliche Versicherung über den Verbleib abzugeben, § 35 Abs 4 FamFG mit § 883 Abs 2 bis 4 ZPO. Das kann schon im ursprünglichen Beschluss erfolgen. Das Verfahren richtet sich nach §§ 899 bis 913 ZPO (nicht nach §§ 410 ff FamFG). Zuständig zur Abnahme der eidesstattlichen Versicherung ist der **Gerichtsvollzieher** (§ 899 ZPO). Der Inhalt der eidesstattlichen Versicherung richtet sich nach § 883 Abs 2, 3 ZPO; für das Verfahren gelten außerdem §§ 478 bis 480, 483 ZPO entsprechend (§ 883 Abs 4 ZPO). Weigert sich der Verpflichtete, die eidesstattliche Versicherung abzugeben oder erscheint er zum Termin nicht, so kann das Gericht von Amts wegen (auch im Antragsverfahren) einen Haftbefehl erlassen (§ 901 ZPO). Über den Inhalt des Haftbefehls vgl § 901 Satz 2 ZPO (entsprechend). Im Übrigen gelten für den Vollzug §§ 902, 904 bis 910, 913 ZPO entsprechend. Eine Vorschusspflicht für die Haftkosten besteht nicht.

7 **3. Zuständigkeit.** Die dem Zwangsgeldverfahren zugrunde liegende gerichtliche Anordnung kann vom Rechtspfleger erlassen worden sein, wenn es sich um ein ihm übertragenes Geschäft handelt (vgl § 4 Abs 1 RPflG), zB im Falle des § 1896 Abs 3 BGB. Das Betreuungsverfahren, für welches die Betreuungsverfügung bzw die Vollmacht benötigt werden, fällt aber in die funktionelle Zuständigkeit des Richters, so dass dieser für den Erlass des Beschlusses über die Herausgabe bzw Vorlage und die spätere Festsetzung des Zwangsgeldes zuständig ist[5]. Dies folgt zwar nicht aus § 15 RPflG, wohl aber aus § 6 RPflG. Den **Vollstreckungsauftrag** erteilt der Richter. Die Vollstreckung fällt in den Zuständigkeitsbereich des Rechtspflegers (§ 31 Abs 2, 3 RPflG)[6].

8 **4. Kosten.** Mit der Festsetzung des Zwangsmittels durch Beschluss sind dem Verpflichteten zugleich die Kosten des Verfahrens aufzuerlegen (§ 35 Abs 3 Satz 2 FamFG); das betrifft die gerichtlichen Gebühren (§ 119 Abs 2 nF KostO) und Auslagen (zB § 137 Nr 13 KostO).

5. Rechtsmittel. – a) Gegen die gerichtliche Anordnung der Ablieferung bzw
9 **Vorlage.** Hiergegen ist die befristete Beschwerde nach §§ 58 ff FamFG eröffnet, weil nicht nur eine Zwischenentscheidung vorliegt; nach aA[7] ist die Anordnung unanfechtbar. Derjenige, gegen den sich der Beschluss wendet, ist hierdurch bereits in seinen Rechten betroffen[8]. Ebenso ist es, wenn der Antrag, eine solche Anordnung auszusprechen, abgelehnt wird[9]. Die Beschwerde hat keine aufschiebende Wirkung. Zur Anordnung der Aussetzung der Vollziehung vgl § 64 Abs 3 FamFG.

---

4 AA *Prütting/Helms/Fröschle* § 285 Rz 4 a; HK-BUR-*Bauer* FGG § 69 c Rz 18.

5 Nach MünchKomm FamFG/*Schmidt-Recla* § 285 Rz 3 ist der Rechtspfleger zuständig.

6 BayObLG FamRZ 1991, 212; *Dallmayer/Eickmann* RPflG § 31 Rz 24.

7 *Prütting/Helms/Fröschle* § 285 Rz 8. Wie hier MünchKomm FamFG/*Schmidt-Recla* § 285 Rz 4.

8 BGH NJW 1979, 820/821; OLG Brandenburg FamRZ 1996, 1092; OLG Hamm FamRZ 1996, 363; OLG Karlsruhe FamRZ 1988, 1196.

9 KG OLGZ 1966, 352; aA *Prütting/Helms/Fröschle* § 286 Rz 9.

b) Gegen die Festsetzung des Zwangsgeldes bzw der Zwangsmaßnahme. Gegen die Festsetzung des Zwangsgeldes oder deren Ablehnung findet die sofortige Beschwerde statt, wegen der Verweisung in § 35 Abs 5 FamFG in entsprechender Anwendung der §§ 567 bis 572 ZPO. Die Beschwerdefrist beträgt daher nur zwei Wochen und nicht einen Monat (§ 569 ZPO); die Beschwerde hat **aufschiebende Wirkung** (§ 570 ZPO). 10

§ 286 Inhalt der Beschlussformel

(1) Die Beschlussformel enthält im Fall der Bestellung eines Betreuers auch

1. **die Bezeichnung des Aufgabenkreises des Betreuers,**
2. **bei Bestellung eines Vereinsbetreuers die Bezeichnung als Vereinsbetreuer und die des Vereins,**
3. **bei Bestellung eines Behördenbetreuers die Bezeichnung als Behördenbetreuer und die der Behörde,**
4. **bei Bestellung eines Berufsbetreuers die Bezeichnung als Berufsbetreuer.**

(2) Die Beschlussformel enthält im Fall der Anordnung eines Einwilligungsvorbehalts die Bezeichnung des Kreises der einwilligungsbedürftigen Willenserklärungen.

(3) Der Zeitpunkt, bis zu dem das Gericht über die Aufhebung oder Verlängerung einer Maßnahme nach Absatz 1 oder Absatz 2 zu entscheiden hat, ist in der Beschlussformel zu bezeichnen.

---

§ 286 entspricht dem früheren § 69 FGG.

Übersicht

I. Beschlussformel, Abs 1

1 **1. Entwicklung der Vorschrift.** Das FGG enthielt in seinem Allgemeinen Teil keine Bestimmung über den Inhalt der erstinstanzlichen Entscheidung. § 69 FGG legte den Mindestinhalt der Entscheidung fest. Dies wurde teils in § 286 FamFG übernommen, teils in § 38 FamFG eingefügt und verallgemeinert. Die Überschrift lautet „Beschluss". Die früher teils übliche Überschrift „Verfügung" ist jetzt verpönt.

2 **2. Anwendungsbereich.** Das FamFG enthält in § 38 eine allgemeine Regelung über den Inhalt eines Beschlusses und nennt in § 38 Abs 2 Nr 3 FamFG die „Beschlussformel" (im Zivilprozess nennt man sie traditionell „Tenor"). § 38 FamFG gilt auch für Betreuungssachen. Die Regelung des § 286 FamFG ergänzt § 38 Abs 2 Nr 3 FamFG. Sie bestimmt aber nur, welchen Mindestinhalt die Beschlussformel haben muss. Sie gilt für folgende Fälle:
- ein (endgültiger oder vorläufiger) Betreuer wird bestellt;
- die Bestellung wird verlängert (§ 295 Abs 1 Satz 1 FamFG), oder
- der Aufgabenkreis wird erweitert (§ 293 Abs 1 FamFG), oder
- ein Einwilligungsvorbehalt wird angeordnet, oder
- verlängert (§ 295 Abs 1 FamFG), oder
- erweitert (§ 293 Abs 1 FamFG).
- Erlass entsprechender einstweiliger Anordnungen (§§ 300, 301 FamFG).

3 Die Bestellung eines neuen Betreuers nach dem Tod des früheren Betreuers sowie die Auswechslung des ehrenamtlichen Betreuers durch einen Berufsbetreuer und umgekehrt enthält eine „Bestellung eines Betreuers" und fällt daher unter § 286 FamFG; ebenso die Bestellung eines zweiten Betreuers. Fällt die erstinstanzliche Entscheidung unter § 286 FamFG, gilt dies auch für die Entscheidung des Beschwerdegerichts.

4 Für **andere Entscheidungen** in Betreuungssachen ist § 286 FamFG nicht anzuwenden, wohl aber § 38 FamFG. Darunter fällt zB die Entlassung eines Betreuers, die Zurückweisung eines Betreuungsantrags, die Entscheidung bei Erledigung der Hauptsache (Kosten: §§ 83, Abs 2, 81 FamFG), Rechtswidrigkeitsfeststellung nach § 62 FamFG, Antragsrücknahme, Einschränkung des Aufgabenkreises der Betreuung, Einschränkung des Kreises der einwilligungsbedürftigen Willenserklärungen. Auch Maßregeln nach § 1846 BGB sind von § 286 FamFG nach dessen Wortlaut nicht erfasst[1]. In allen diesen Fällen richtet sich der Inhalt der Beschlussformel nach dem konkreten Fall.

5 Da die Entscheidung vom Richter (bzw vom Rechtspfleger, soweit zuständig, vgl § 1896 Abs 3 BGB; § 15 RPflG) zu *unterschreiben* ist (§ 38 Abs 3 Satz 2 FamFG) ist es nicht mehr möglich, einen Betreuer durch ein Telefonat zu bestellen[2]. Es kann aber der schriftlich fixierte Beschluss durch ein Telefonat bekannt gegeben werden. Selbst dann, wenn der Richter im Anschluss an die Anhörung die Betreuung beschließt, muss er die Beschlussformel *verlesen* (§ 38 Abs 3 FamFG), also ebenfalls etwas Schriftliches vorliegen haben.

6 **3. Überschrift.** Die Entscheidung trägt die Überschrift „Beschluss", wie sich aus § 38 FamFG ergibt; eine Endentscheidung darf nicht mehr (wie früher, § 19 FGG) die Bezeichnung „Verfügung" tragen. Eine unrichtige Bezeichnung ist aber unschädlich. Unter „Verfügung" werden meist nur interne Anweisungen an die Geschäftsstelle verstanden.

---

1 AA *Rink* RuP 1991, 158.

2 So aber anscheinend OLG München NJW-RR 2009, 221 (noch zum FGG).

4. Rubrum. Das Rubrum ist ein Sachrubrum („In der Betreuungssache XY…"), kein Streitrubrum („A gegen B"). Das Rubrum enthält nach allgemeinen Grundsätzen (§ 38 FamFG): 7
- das entscheidende Gericht (Amtsgericht …) mit Aktenzeichen sowie den Namen des Richters, der die Entscheidung getroffen hat (§ 38 Abs 2 Nr 2 FamFG);
- Tag der Entscheidung (nicht etwa der Anhörung, Verhandlung usw);
- die Bezeichnung des Betroffenen mit Vorname, Familienname, ggf abweichendem Geburtsnamen, Geburtsdatum, Geburtsort, derzeitigem Aufenthalt; vgl § 38 Abs 2 Nr 1 FamFG; ist der Name noch unbekannt muss der Betroffene anderweitig individualisiert werden;
- die Bezeichnung des Verfahrensbevollmächtigten („RA X in …");
- die Angabe weiterer Beteiligter, zB des Betreuers, eines Antragsstellers, der Betreuungsbehörde, der hinzugezogenen Angehörigen;
- die Angabe des Verfahrenspflegers (weil er Beteiligter ist; § 274 Abs 2 FamFG).

5. Beschlussformel (Tenor), Abs 1 Nr 1 bis 4. Der Tenor enthält: 8

a) Betreuerbestellung: – aa) Bestellung einer natürlichen Person zum Betreuer, Abs 1 Nr 2, § 1897 Abs 1 BGB: „Dem Betroffenen wird X … als Betreuer bestellt. Der Betreuer hat folgenden Aufgabenkreis: …". Es ist zweckmäßig, den Betreuer nach Name, Vorname, Geburtsdatum, Beruf und Anschrift anzugeben. 9

Der **Aufgabenkreis** muss so bezeichnet werden, dass er im **Rechtsverkehr** verständlich ist[3]. Er kann nicht später rückwirkend erweitert werden. Wegen der Umständlichkeit späterer Erweiterung (vgl § 293 FamFG) sollte er meines Erachtens auch **nicht zu eng**[4] umrissen sein, sondern voraussehbaren künftigen Bedürfnissen Rechnung tragen. Eine Betreuerbestellung ohne Aufgabenkreis ist nichtig[5]. Der Aufgabenkreis kann zB wie folgt umschrieben werden: 10
- **Vermögenssorge.** Klarzustellen ist, ob die Entscheidung über die Wohnungsauflösung miterfasst ist (das ist streitig). Dagegen erfasst „Vermögenssorge" nicht das Anhalten von an den Betreuten adressierter Bankpost etc[6].
- **Aufenthaltsbestimmung.** Hier sollte klargestellt werden, ob die Entscheidung über die Unterbringung (§ 1906 BGB) mit umfasst ist. Der Aufgabenkreis „Aufenthaltsbestimmung" beinhaltet auch die Vertretung des Betroffenen bei der Aufhebung oder Begründung des Wohnsitzes, wichtig wegen § 343 FamFG (späteres Erbscheinsverfahren)[7]. Im Übrigen ist der Umfang dieses Aufgabenkreises streitig[8].
- **Unterbringung.** Hier könnte hinzugefügt werden: „… einschließlich unterbringungsähnliche Maßnahmen (§ 1906 Abs 4 BGB)".
- **Einwilligung in Heilbehandlung** (dies scheint enger zu sein als „Gesundheitssorge"); Einwilligung in den Abbruch der künstlichen Ernährung.
- **Gesundheitsfürsorge.** Braucht zB der Betroffene nur eine nervenärztliche Behandlung, darf nicht „Gesundheitsfürsorge" als Aufgabenkreis angegeben werden[9].
- **Wohnungsangelegenheiten;** Wohnungsauflösung.

---

3 *Schwab* FamRZ 1990, 682; eine eindeutige Bestimmung ist schwierig, vgl *Pardey* Rpfleger 1988, 451 und *Klüsener* Rpfleger 1989, 222.
4 AA BayObLG FamRZ 1994, 1059: so konkret als möglich, dh eng.
5 *Prütting/Helms/Fröschle* § 286 Rz 8.
6 LG Köln FamRZ 1992, 856.
7 BayObLG Rpfleger 1992, 435 unter Aufgabe von Rpfleger 1985, 300.
8 Vgl *Coeppicus* FamRZ 1992, 741.
9 BayObLG FamRZ 1994, 1059; BayObLG BtPrax 2001, 37/38.

- **Vertretung gegenüber Behörden und Versicherungen;** gegenüber Heim- und Klinikleitung; in gerichtlichen und Verwaltungsverfahren[10].
- **Geltendmachung von Ansprüchen** auf Unterhalt, Sozialhilfe, Altersversorgung.
- Beantragung von **Personalpapieren**[11].
- **Sorge für *alle* Angelegenheiten** (Folge: Ausschluss vom Wahlrecht, § 13 BundeswahlG; bei Einzelaufzählung aller denkbaren Angelegenheiten dagegen bleibt das Wahlrecht[12]). Die Verwendung des Wortes „alle“ führt zur Mitteilung an das Wahlamt, § 309 FamFG. Zur Klarstellung sollte dann erwähnt werden, dass damit nicht die Entscheidung über den Telefon- und Postverkehr und die Einwilligung in die Sterilisation (§§ 1896 Abs 4; 1905 BGB) erfasst sind.
- Geltendmachung von Rechten des Betreuten gegenüber seinem **Bevollmächtigten** (§ 1896 Abs 3 BGB).
- Entscheidung über den Telefonverkehr; Entgegennahme, Öffnen und Anhalten der **Post** (§ 1896 Abs 4 BGB); der Aufgabenkreis „Vermögenssorge“ kann ohne Kontrolle der Post von Banken, Finanzämtern, Behörden kaum erfüllt werden, erfasst die Postkontrolle jedoch nicht automatisch; es sollte bei Anordnung der Postkontrolle klargestellt werden, dass bestimmte Post (zB Privatpost) ausgenommen ist[13].
- Einwilligung in die **Sterilisation** (§ 1905 BGB).
- **Ergänzungsbetreuung**, dh weitere Betreuung, weil der Betreuer insoweit rechtlich verhindert ist, §§ 1899 Abs 4, 1795 BGB[14], zB für den Abschluss eines Pflegevertrages mit dem Betreuer. Bei Mitbetreuern muss der jeweilige Aufgabenkreis angegeben werden und beachtet werden, dass keine Überschneidung eintritt.

11 **Beispiel:** „Beschluss. Für Frau XY, geb am … in …, Anschrift … wird Rechtsanwalt R. … zum Betreuer bestellt. Er führt die Betreuung berufsmäßig. Aufgabenkreis: Vermögenssorge. Das Gericht wird spätestens am … über eine Aufhebung oder Verlängerung der Betreuung entscheiden.“

12 Eine abstrakte Anordnung der Betreuung gibt es nicht; vielmehr muss in *einer* Entscheidung über die Notwendigkeit der Betreuung, den Aufgabenkreis und die Bestellung eines bestimmten Betreuers entschieden werden (sog **Einheitsentscheidung**); diese Entscheidung enthält also eine Anordnungs- und Auswahlentscheidung[15].

bb) Bestellung eines Vereinsbetreuers/Behördenbetreuers, Abs 1 Nr 2 und 3,
13 **§ 1897 Abs 2 BGB.** Dann lautet der erste Satz zB: „Dem Betroffenen wird X als Betreuer bestellt; X ist als Vereinsbetreuer des Y-Vereins eV tätig“; bzw „… als Behördenbetreuer der Behörde …“.

14 Bei **Bestellung eines Vereins oder einer Behörde** (§ 1900 BGB): „Dem Betroffenen wird der X-Verein eV als Betreuer bestellt. Er hat folgenden Aufgabenkreis: …“.

15 **cc) Berufsmäßigkeit.** Wegen § 286 Abs 1 Nr 4 FamFG, § 1836 Abs 1 Satz 2 BGB, § 1 VBVG ist ferner im Beschluss gegebenenfalls festzustellen, dass der Betreuer die Betreuung *berufsmäßig* führt. Das entfällt bei ehrenamtlichen Betreuern.

---

10 Vgl BayObLG FamRZ 1994, 1059.
11 Vgl BayObLG FamRZ 1994, 1059.
12 Vgl *Rink* RuP 1991, 153; *Zimmermann* FamRZ 1996, 79.
13 Vgl *Rink* RuP 1991, 153.
14 *Spanl* Rpfleger 1992, 142.
15 BT-Drucks 11/4528 S. 175.

dd) **Gegenbetreuer.** Er ist kein gesetzlicher Vertreter, kein Betreuer (§ 1792 BGB). Für ihn ist deshalb nur § 38 FamFG einschlägig, nicht § 286 FamFG. 16

b) **Anordnung eines Einwilligungsvorbehalts, Abs 2;** § 1903 BGB: „Dem Betroffenen wird X ... als Betreuer bestellt. Er hat folgenden Aufgabenkreis: ... Der Betroffene bedarf zu folgenden Willenserklärungen der Einwilligung des Betreuers: Vermögensangelegenheiten." Wenn der Vorbehalt auch „geringfügige Angelegenheiten des täglichen Lebens" betreffen soll, ist dies im Tenor anzuordnen (§ 1903 Abs 3 Satz 2 BGB). In Frage kommt auch, hier eine Betragsgrenze festzusetzen, zB: „Ausgenommen sind Bargeschäfte bis zu 25 Euro"[16]. Da sich der Einwilligungsvorbehalt auf die in § 1903 Abs 2 BGB genannten Willenserklärungen nicht erstreckt, ist es (zur Vermeidung eines Irrtums beim Betreuer und im Rechtsverkehr) zweckmäßig, diese Einschränkung formblattmäßig beizufügen. 17

Ein Einwilligungsvorbehalt, bei dem der Aufgabenkreis fehlt, ist nichtig[17]. Ebenso ist es, wenn er weiter reicht als die Betreuung (zB Gesundheitsbetreuung, aber Vermögenseinwilligungsvorbehalt). Ein Einwilligungsvorbehalt, der bei einer Vorsorgevollmacht „angehängt" wird („ Für Willenserklärungen in Vermögensangelegenheiten braucht der Vollmachtgeber die Einwilligung des Bevollmächtigten") ist gesetzlich nicht vorgesehen und nichtig. 18

Für die Einschränkung oder Ablehnung eines Einwilligungsvorbehalts gilt Abs 2 nicht; nur § 38 FamFG wäre einschlägig. Für die Verlängerung ist dagegen Abs 2 einschlägig (hier muss also der vollständige Beschluss nochmals aus dem Computerdrucker herausgelassen werden). 19

c) **Überprüfungszeitpunkt, Abs 3.** Beispiel: „Am ... wird spätestens über die Aufhebung oder Verlängerung der Maßnahme entschieden." Schlechter: „... spätestens in 7 Jahren ...". Denkbar sind auch unterschiedliche Fristen für die jeweiligen Aufgabenbereiche[18]. Die **Höchstfrist** beträgt 7 Jahre nach der Anordnung (§ 294 Abs 3 FamFG), also dem „Erlass" der Erstentscheidung; das ist nicht unbedingt deren Datum, weil nicht verkündete Entscheidungen erst erlassen sind, wenn sie bekannt gemacht wurden (§ 287 FamFG)[19]. Die **Frist** wird unter Berücksichtigung der voraussichtlichen Dauer der Betreuungsbedürftigkeit nach Ermessen bestimmt; sie ergibt sich in der Regel aus dem Gutachten des Sachverständigen (§ 280 Abs 3 Nr 5 FamFG). In Sonderfällen, wie zB beim Sterilisationsbetreuer (§ 1899 Abs 2 BGB), bei Ablösung eines Wohnrechts, Rentenantrag usw liegt es in der Natur der Sache, dass die Betreuung nicht 7 Jahre dauern kann; dann sind zwingend kürzere Überprüfungsfristen festzusetzen; bei der Sterilisationsbetreuung ca 1 Jahr[20]. Bei schubförmig verlaufenden psychischen Krankheiten muss die Frist unter Berücksichtigung des bisherigen Krankheitsverlaufs festgelegt werden[21]. 20

Wenn die Betreuung nicht vor diesem Datum **verlängert** wird, endet sie nicht. Die Nichtbeachtung der Frist hat keine rechtlichen Folgen (allenfalls für die dienstliche Beurteilung des Richters und die Staatshaftung bei unnötiger Weiterzahlung der Betreuervergütung aus dem Vermögen des Betreuten); die Betreuung verlängert sich bis zur Entscheidung. Die Versäumung der Frist führt auch 21

16 BayObLG FamRZ 1994, 1135.
17 *Prütting/Helms/Fröschle* § 286 Rz 15.
18 *Bienwald/Sonnenfeld* § 69 Rz 23; Bedenken bei *Prütting/Helms/Fröschle* § 286 Rz 20.
19 BayObLG NJW-RR 1989, 1090.
20 LG Berlin BtPrax 1993, 34.
21 BayObLG FamRZ 1995, 510.

nicht zum Wegfall des Einwilligungsvorbehalts[22]. Das automatische Ende der Maßnahme war zwar im Regierungsentwurf geplant worden[23], ist aber nicht Gesetz geworden[24]. Über Aufhebung und Verlängerung von Betreuung und Einwilligungsvorbehalt ist nach §§ 294, 295 FamFG zu entscheiden.

22 **Fehlt** versehentlich **das Überprüfungsdatum**, ist von der Höchstdauer von 7 Jahren auszugehen[25], falls der Beschluss nicht ergänzt wurde.

23 Wird versehentlich eine längere Frist als 7 Jahre angegeben, ist die Maßnahme gleichwohl nach 7 Jahren zu überprüfen, weil eine unzulässige Zeitangabe so zu behandeln ist wie eine fehlende Zeitangabe.

24 Bei **einstweiligen Anordnungen** (§§ 300, 301 FamFG) ist der in § 302 FamFG genannte Endzeitpunkt anzugeben.

25 d) **Sofortige Wirksamkeit, § 287 Abs 2 FamFG.** Gegebenenfalls kann die sofortige Wirksamkeit angeordnet werden.

26 e) **Mitteilung ohne Gründe, § 288 FamFG.** Gegebenenfalls ist auch die Entscheidung, dass dem Betroffenen die Gründe nicht mitzuteilen sind, erforderlich.

27 f) **Entscheidung über Mitteilung und Unterrichtung.** Nach §§ 308, 309 FamFG teilt das Gericht die Entscheidung uU anderen Behörden mit (zB weil ein Führerschein, Waffenschein einzuziehen ist); davon ist der Betroffene grundsätzlich zu unterrichten (Ausnahme § 308 Abs 3 FamFG). Vgl dazu MiZi Nr XV. Es erspart einen zusätzlichen Beschluss und ist daher verfahrensökonomisch, wenn die Entscheidung über die Mitteilung und die Unterrichtung des Betroffenen hiervon in den Tenor aufgenommen wird, zB durch den Satz: „Diese Entscheidung wird mit Gründen dem … Amt mitgeteilt".

28 g) **Kosten und Auslagen.** Eine Kostenentscheidung hinsichtlich der Gerichtsgebühren entfällt, weil sich aus § 92 KostO ohnehin ergibt, ob und in welcher Höher Gerichtsgebühren anfallen. Eine Auslagenerstattungsanordnung kann nach §§ 81, 307 FamFG in Frage kommen[26].

29 **6. Mangelhafter Inhalt der Beschlussformel.** Fehlt ein notwendiger Bestandteil oder ist die Überschrift mangelhaft, ist die Entscheidung deswegen nicht nichtig, nur anfechtbar. Bei ungenauer Namensangabe (Max Meier, senior oder junior?) kommt es darauf an, ob erkennbar ist, gegen wen sie sich richtet[27]. Ausreichend ist, dass die notwendigen Inhalte nach Abs 1 (zB Einzelheiten zum Aufgabenkreis) in den Entscheidungsgründen enthalten sind. Ein Vorbescheid, der die Bestellung oder die Entlassung eines Betreuers bloß *ankündigt*, ist unzulässig[28].

30 **7. Berichtigung des Beschlusses.** Enthält der Beschluss offenbare Unrichtigkeiten, kann er jederzeit von Amts wegen oder auf Anregung berichtigt werden (§ 42 Abs 1 FamFG). So ist es etwa, wenn die Feststellung, dass ein Betreuer die

---

22 BayObLG FamRZ 1998, 1183 Nr 746; Keidel/*Budde* § 286 Rz 7.
23 BT-Drucks 11/4528 S. 175.
24 BT-Drucks 11/6949 S. 80.
25 Keidel/*Budde* § 286 Rz 7; Holzhauer/*Reinicke* § 69 Rz 17.
26 Beschlussmuster sind abgedruckt bei *Firsching/Ruhl*, Familienrecht Band II, HRP, Rz 503 und Firsching/*Dodegge* Rz 486.
27 AA HK-BUR-*Rink* § 69 Rz 8: nichtig.
28 BayObLG Rpfleger 1994, 22 zur Vormundschaft.

Betreuung *berufsmäßig* führt, versehentlich unterlassen wurde[29]. Das ist zu unterscheiden von der Frage, ob eine (dem Gericht beim Erlass des Beschlusses unbekannte) Berufsmäßigkeit rückwirkend nachgeholt werden kann (vgl § 1 VBVG Rz 6). Eine Ergänzung kommt nur im Rahmen von § 43 FamFG in Frage.

II. Entscheidungsgründe

1. Begründungszwang allgemein. Eine allgemeine Bestimmung, dass Entscheidungen erster Instanz sowie der Beschwerdeinstanz zu begründen sind, findet sich in § 38 Abs 1 FamFG. Nach § 38 Abs 4 FamFG ist in bestimmten Fällen keine Begründung erforderlich, doch ist diese Bestimmung in Betreuungssachen nicht anzuwenden (§ 38 Abs 5 Nr 3 FamFG). 31

2. Umfang der Begründung. Geregelt ist in § 38 FamFG nur, dass die Entscheidung aus rechtsstaatlichen Erwägungen zu begründen ist, nicht der Umfang der Begründung. Entscheidungen sind in tatsächlicher und rechtlicher Beziehung insoweit zu begründen, dass sie für den Betroffenen nachvollziehbar sind und ihm eine sachgemäße Verteidigung seiner Rechte ermöglichen[30] und das Beschwerdegericht die Entscheidung nachprüfen kann. In unproblematischen Fällen genügt daher die Skizzierung des Lebenssachverhalts, die inhaltliche Wiedergabe des Sachverständigengutachtens und des betreffenden Gesetzeswortlauts[31]; alles andere wäre bloße Aktenabschreiberei. In der Praxis tauchen Begründungen auf, die nur aus Textbausteinen und Floskeln bestehen, so dass kein Tatbestand, kein dem Betroffenen zur „Last" gelegtes Verhalten, erkennbar ist; das ist ungenügend. Die Begründung muss die Tatbestandsvoraussetzungen im jeweiligen Einzelfall durch die Angabe von Tatsachen konkret nachvollziehbar machen[32]. Auf § 1896 Abs 1 a BGB ist einzugehen, wenn der Betroffene mit der Betreuung nicht einverstanden ist. 32

Mehrere Aufgabenkreise: die Voraussetzungen der §§ 1896, 1903 BGB, zB die Erforderlichkeit, also der aktuelle Handlungsbedarf, müssen für *jeden* Aufgabenkreis hinreichend konkret und nachprüfbar festgestellt und dargelegt sein[33]; bei mehreren Aufgabenkreisen stellt der Beschluss somit eine Zusammenfassung eines Bündels von Beschlüssen dar. 33

Wird die **Behörde zur Betreuerin** bestellt, muss nachvollziehbar dargelegt werden, dass keine natürliche Person und kein Betreuungsverein als Betreuer gefunden werden konnte[34]. 34

Wird ein **Berufsbetreuer** bestellt, ist darzulegen, dass kein geeigneter ehrenamtlicher Betreuer zur Verfügung stand[35] oder ungeeignet war (zB Interessenkollision bei Vermögenssorge, keine Erfahrung bei Suchtkranken)[36]; letztlich genugt hier ein formelhafter Satz, denn irgendwo gäbe es immer einen ehrenamtlichen Betreuer, er kann aber nicht mit zumutbarem Aufwand ausfindig gemacht werden. 35

---

29 OLG Hamm FGPrax 2008, 106.
30 BVerfG 40, 286.
31 AA HK-BUR-*Rink* § 69 Rz 31.
32 OLG München FamRZ 2006, 445.
33 BayObLG FamRZ 1999, 1612; BtPrax 1993, 64.
34 BayObLG FamRZ 1999, 1303.
35 BayObLG FamRZ 1999, 1612 = BtPrax 1999, 247.
36 BayObLG BtPrax 2001, 37/38.

36 Stets ist darzulegen, dass der Betroffene auf Grund seiner Krankheit oder Behinderung im angeordneten Aufgabenkreis seinen **Willen nicht frei bestimmen** kann[37], wie sich aus § 1896 Abs 1 a BGB ergibt.

37 **Würdigung des Gutachtens.** Werden Gutachten von Medizinern verwertet, bei denen die Sachkunde nicht offensichtlich ist (§ 280 Rz 18), zB bei einer Fachärztin für Allgemeinmedizin, ist die Sachkunde darzulegen[38]. Will das Gericht vom Gutachten des Sachverständigen abweichen, muss es sich selbst einen persönlichen Eindruck vom Betroffenen verschafft haben und ein weiteres Gutachten einholen[39], denn die eigene überlegene Sachkunde hätte der Richter nur, wenn er zugleich Facharzt für Psychiatrie wäre, was er darlegen müsste.

38 In den Gründen[40] kann das Gericht auch auf eine eventuelle Geschäftsunfähigkeit des Betroffenen eingehen, sie aber nicht rechtlich verbindlich feststellen (weil sonst faktisch die Entmündigung wieder eingeführt würde).

39 Zum Inhalt des **Beschwerdebeschlusses** des LG vgl § 69 Abs 2 FamFG.

40 **3. Fehlen der Begründung.** Fehlte die Begründung völlig, wurde unter Geltung des FGG die Auffassung vertreten, die Beschwerdefrist werde nicht in Lauf gesetzt[41]. Jetzt wird man dies nicht mehr vertreten können[42], weil § 63 Abs 3 FamFG keine solche Einschränkung enthält, sondern wegen § 17 Abs 2 FamFG annehmen müssen, dass dann jedenfalls Wiedereinsetzung zu gewähren ist. Die Begründung kann nicht nachgeholt werden, weil die Voraussetzungen der §§ 42, 43 FamFG nicht vorliegen.

41 **4. Ablehnung der Maßnahme.** Im Falle der Ablehnung einer Maßnahme ist nach § 38 FamFG ebenfalls eine Begründung erforderlich; dies gilt aber nur, wenn eine Maßnahme (von irgend jemand) beantragt wurde. Wenn das Gericht von Amts wegen prüft, ob ein Betreuer bestellt werden soll, und zu einem negativen Ergebnis kommt, genügt ein Aktenvermerk[43].

42 **5. Unterschrift.** Erforderlich ist ferner die Unterschrift des Richters (§ 38 Abs 3 Satz 2 FamFG); eine Paraphe (Namenskürzel, M statt Moser) genügt nicht[44]. Hat der Rechtspfleger anstatt des Richters entschieden ist § 8 RPflG einschlägig.

43 **6. Das Datum der Übergabe** des Beschlusses an die Geschäftsstelle des Betreuungsgerichts (oder der Bekanntgabe durch verlesen der Beschlussformel) ist von der Geschäftsstelle auf dem Beschluss zu vermerken (§ 38 Abs 3 FamFG); das ist aber kein Teil der richterlichen Entscheidung.

---

37 BayObLG FamRZ 1999, 1611; OLG Hamm BtPrax 1999, 238/40.
38 BayObLG FamRZ 1999, 1611.
39 BayObLG BtPrax 1993, 64 sowie BayObLG FamRZ 1994, 720.
40 Nicht im Tenor! OLG Düsseldorf FamRZ 1993, 1224.
41 Vgl OLG Hamm OLGZ 1970, 237; BayObLG NJW-RR 1986, 1502.
42 Keidel/*Budde* § 286 Rz 9.
43 Zweifelnd *Rink* RuP 1991, 155: da den Angehörigen nach § 69 g Abs 1 FGG die Beschwerde eröffnet sei, sei ein formeller Beschluss mit Begründung erforderlich. Auch habe der Betroffene ein berechtigtes Interesse, die Gründe der negativen Entscheidung zu erfahren, schon um sich gegen erneute Betreuungsanregungen wehren zu können.
44 BGH NJW-RR 1991, 511.

III. Rechtsmittelbelehrung

1. Betroffene Entscheidungen. Jeder Beschluss hat eine Rechtsmittelbelehrung zu enthalten, § 39 FamFG. In Frage kommt: 44
- die befristete Beschwerde mit Monatsfrist nach § 58 ff FamFG;
- die befristeter Beschwerde mit Zweiwochenfrist in den Fällen des § 61 Abs 3 FamFG;
- die Sprungrechtsbeschwerde im Falle des § 75 FamFG;
- die sofortige Beschwerde nach der ZPO (Zweiwochenfrist), in den Sonderfällen, zB § 7 Abs 5 Satz 2 FamFG;
- die Erinnerung im Falle des § 11 Abs 2 RPflG.

Die Pflicht zur Rechtsmittelbelehrung gilt auch für die Entscheidung des 45 Beschwerdegerichts, weil die rechtsstaatlichen Erwägungen, die zur Einführung der Rechtsmittelbelehrung führten, hier ebenfalls gelten. Hier ist die Differenzierung in § 70 Abs 3 FamFG zu beachten: nicht alle Entscheidungen des LG als Beschwerdegericht in Betreuungssachen unterliegen der zulassungsfreien Rechtsbeschwerde zum BGH.

Die Belehrung muss der konkreten Entscheidung angepasst sein. Für den 46 Betroffenen muss sie laienhaft verständlich sein. Es genügt daher nicht, nur die §§ 58 ff, 303 FamFG mittels Formblatt beizufügen. Die Belehrung muss durch die Unterschriften der Richter abgedeckt sein (also *oberhalb* stehen) und in ihrem vollständigen Wortlaut aus den Akten feststellbar sein[45]. Im Tenor muss sie nicht stehen[46]. Ist die Entscheidung unanfechtbar entfällt die Rechtsmittelbelehrung.

2. Differenzierte Erteilung. Manchmal ist die Rechtsmittelbelehrung differen- 47 ziert zu erteilen[47], nämlich wenn Teile der Entscheidung unanfechtbar sind. Es ist Sache des Richters, nicht der Geschäftsstelle, zu bestimmen, welche Belehrung beizufügen ist.

3. Ausländer. Bei Ausländern, die der deutschen Sprache nicht ausreichend 48 mächtig sind, sollte zusätzlich eine in eine dem Ausländer verständliche Sprache übersetzte Rechtsmittelbelehrung beigefügt werden[48].

4. Fehlen der Belehrung, falsche Belehrung. Fehlt die Belehrung oder ist sie 49 falsch, kommt eine Wiedereinsetzung in Betracht (§ 17 Abs 2 FamFG). Der Meinung, dass dann die Frist überhaupt nicht laufe[49], hat sich der Gesetzgeber nicht angeschlossen.

---

45 BayObLG BtPrax 1993, 30 aE.
46 Keidel/*Kayser* § 69 Rz 9.
47 Keidel/*Kayser* § 69 Rz 9; Holzhauer/*Reinicke* § 69 Rz 11.
48 Vgl BayObLGZ 1973, 338.
49 BayObLG FamRZ 1994, 323; aA OLG Stuttgart FamRZ 1996, 1342.

IV. Mitteilung der Entscheidung

50 Der Beschluss ist dem Betroffenen bekannt zu geben (§ 40 FamFG). Weitere Einzelheiten vgl §§ 288, 309 FamFG.

§ 287 Wirksamwerden von Beschlüssen

(1) Beschlüsse über Umfang, Inhalt oder Bestand der Bestellung eines Betreuers, über die Anordnung eines Einwilligungsvorbehalts oder über den Erlass einer einstweiligen Anordnung nach § 300 werden mit der Bekanntgabe an den Betreuer wirksam.

(2) [1]Ist die Bekanntgabe an den Betreuer nicht möglich oder ist Gefahr im Verzug, kann das Gericht die sofortige Wirksamkeit des Beschlusses anordnen. [2]In diesem Fall wird er wirksam, wenn der Beschluss und die Anordnung seiner sofortigen Wirksamkeit
1. dem Betroffenen oder dem Verfahrenspfleger bekannt gegeben werden oder
2. der Geschäftsstelle zum Zweck der Bekanntgabe nach Nummer 1 übergeben werden.
[3]Der Zeitpunkt der sofortigen Wirksamkeit ist auf dem Beschluss zu vermerken.

(3) Ein Beschluss, der die Genehmigung nach § 1904 Absatz 2 des Bürgerlichen Gesetzbuchs zum Gegenstand hat, wird erst zwei Wochen nach Bekanntgabe an den Betreuer oder Bevollmächtigten sowie an den Verfahrenspfleger wirksam.

---

§ 287 FamFG entspricht etwa dem früheren § 69a Abs 3 FGG

Schrifttum: *Ritter*, Vorläufige Anordnungen in Angelegenheiten der Freiwilligen Gerichtsbarkeit, 1991; *Rink*, Wirksamkeit von Entscheidungen in Betreuungs- und Unterbringungssachen, FamRZ 1992, 1011.

Übersicht

I. Wirksamwerden bestimmter Beschlüsse, Abs 1

1. Allgemeines. Eine Entscheidung durchläuft verschiedene Phasen: Bis zu dem Zeitpunkt, in dem der Richter/Rechtspfleger die Entscheidung unterschreibt, liegt nur ein Entwurf vor. Noch nach Unterschrift kann sie geändert werden, bis zum „Erlass". Erlassen ist die Entscheidung, wenn sie der Richter bzw Rechtspfleger mit Willen aus seiner Verfügungsgewalt entlassen hat[1], er sie also nicht mehr real zurückholen kann. Vgl § 38 Abs 3 Satz 3. Der Beschluss ist den Beteiligten bekannt zu geben (§ 41 Abs 1 FamFG); das ist selbstverständlich. Beteiligter ist insbesondere der Betroffene (§ 274 Abs 1 Nr 1 FamFG); die weiteren Beteiligten nennt § 274 FamFG. Abs 1 und 2 entsprechen der ursprünglichen Fassung des FamFG, Abs 3 wurde durch das 3. BtÄndG eingefügt. 1

Mit dem **Wirksamwerden** treten die rechtlichen Wirkungen ein, welche die gerichtliche Verfügung ihrem Inhalt nach herbeiführen soll, also zB eine Gestaltungswirkung. „Wirksamwerden" des Beschlusses darf nicht mit Rechtskraft des Beschlusses verwechselt werden. Bei Urteilen tritt die Wirkung mit der Verkündung ein, eine Verkündung wie bei Urteilen ist aber bei Entscheidungen in Betreuungssachen nicht vorgesehen. In der freiwilligen Gerichtsbarkeit befassen sich die §§ 40, 287 FamFG mit dem Wirksamwerden. Nach § 40 Abs 1 FamFG wäre es nahe liegend, anzunehmen, dass es für das Wirksamwerden der Anordnung einer Betreuung oder eines Einwilligungsvorbehalts auf die Bekanntgabe an den Betroffenen ankommt, weil der Betroffene derjenige ist, in dessen Rechte eingegriffen wird. Davon hat § 287 Abs 1 FamFG (wie zuvor auch § 69 a Abs 3 Satz 1 FGG) abgesehen, weil bei schweren Krankheiten oder Behinderungen des Betroffenen Zweifel am Eintritt der Wirksamkeit auftreten könnten[2]. Entscheidend ist also nach dem Gesetz der Zeitpunkt der **Bekanntgabe an den Betreuer.** Sinn ist, dass in bestimmten Fällen zwecks Rechtssicherheit feststehen soll, zu welcher Stunde sie existent geworden sind, weil Rechtsstellungen geändert werden. Abs 1 betrifft aber nicht jede Entscheidung in einem Betreuungsverfahren. 2

Eine Betreuerbestellung wird mit **Bekanntgabe an den Betreuer** wirksam, auch wenn der Betroffene davon nichts weiß oder sogleich Beschwerde einlegt. Auf die Bekanntmachung an den Betreuten, die Betreuungsbehörde oder sonstige Personen kommt es für das Wirksamwerden somit nicht an[3]; an sie erfolgt die Bekanntmachung lediglich aus Rechtsfürsorge (§ 41 Abs 1 Satz 1 FamFG). Wird die Betreuerbestellung nebst Einwilligungsvorbehalt dem Betreuer am Montag mitgeteilt und informiert der Betreuer sofort die Bank, zahlt diese am Dienstag dem Betreuten nichts mehr aus, obwohl der Betreute noch gar nichts von der Entscheidung weiß; das ist für viele Betreute nicht nachvollziehbar. Die Entlassung eines Betreuers[4] zB wird wirksam mit Bekanntgabe an den Betreuer, selbst wenn er sofort Beschwerde einlegt. 3

§ 287 Abs 1 ist **zwingend.** Das Gericht kann daher nicht anordnen, dass der Beschluss erst mit Rechtskraft wirksam wird, oder rückwirkend[5] (das ist vor allem wegen des Beginns der Vergütung von Bedeutung). Zur Wirkung der Aufhebung der Entscheidung vgl §§ 47, 306 FamFG. 4

---

1 BGH NJW 1982, 889.
2 BT-Drucks 11/4528 S. 175.
3 Holzhauer/*Reinicke* § 69 a Rz 1.
4 BayObLG FamRZ 1996, 58.
5 OLG Hamm FGPrax 2006, 161.

5 **2. Anwendungsbereich von Abs 1.** Die Abgrenzung ist teils unklar und entspricht § 274 Abs 3 Nr 2 FamFG. Abs 1 betrifft nur Beschlüsse über

6 a) den **Bestand der Bestellung**; darunter fällt die erstmalige Bestellung eines Betreuers, die Verlängerung, die Bestellung eines weiteren Betreuers, die Aufhebung der Betreuung, die Entlassung eines Betreuers;

7 b) den **Umfang** der Bestellung eines Betreuer; damit ist wohl der Aufgabenkreis und die Überprüfungsfrist sowie die Erweiterung bzw Beschränkung des Aufgabenkreises gemeint;

8 c) den **Inhalt** der Bestellung eines Betreuers; damit ist wohl die Auswahl des Betreuers gemeint, die Feststellung der Berufsmäßigkeit, die nachträgliche Feststellung oder die nachträgliche Aufhebung der Berufsmäßigkeit, Umwandlungsbeschlüsse nach § 1908 b Abs 4 Satz 2 und 3 BGB (bisheriger Vereinsbetreuer etc betreut nun als Privatperson);

9 d) Anordnung eines **Einwilligungsvorbehalts** nach § 1903 BGB; sinngemäß (aber entgegen dem Wortlaut, der „Bestand und Inhalt" hier nicht nennt) müssen auch Entscheidungen über „Bestand und Inhalt" darunter fallen[6], entsprechend § 274 Abs 3 Nr 2 FamFG, wie die Aufhebung oder Einschränkung eines Einwilligungsvorbehalts.

10 e) Erlass einer **einstweiligen Anordnung** nach §§ 300, 301 FamFG.

11 **3. Unanwendbarkeit von Abs 1.** Für alle anderen Entscheidungen in Betreuungssachen ist dagegen § 287 FamFG nicht einschlägig; dafür bleibt es bei § 40 Abs 1 FamFG. Es kommt also darauf an, für wen die Entscheidung ihrem Inhalt nach bestimmt ist. Das ist oft **der Betroffene**, zB bei einer Entscheidung über ein Ablehnungsgesuch des Betreuten[7], die Anordnung der Vorführung des Betroffenen nach § 283 FamFG[8], die Bestellung eines Gegenbetreuers. Soweit in solchen Fällen der Beschluss nach § 40 Abs 1 FamFG mit Bekanntgabe an den Betroffenen wirksam wird, gilt dies auch dann, wenn der Betroffene selbst geschäftsunfähig ist oder sonst den Sinn der Entscheidung nicht mehr verstehen kann (vgl § 275 FamFG).

12 An Betroffene, die in Anstalten usw untergebracht sind, kann die Zustellung gemäß § 11 Satz 5 FamFG, § 178 Abs 1 Nr 3 ZPO an den Anstaltsvorsteher, seinen Vertreter oder den Leiter der Verwaltung erfolgen[9], nicht aber an den Pförtner oder Pflegepersonal[10]. Voraussetzung ist aber, dass der Betroffene selbst nicht angetroffen wurde. Die Ersatzperson hat das Schriftstück dem Empfänger alsbald auszuhändigen; auch wenn sie das nicht tut, gilt die Zustellung als erfolgt, allerdings ist dem Empfänger dann Wiedereinsetzung zu gewähren. Das Verbot der Ersatzzustellung an den Gegner (§ 178 Abs 2 ZPO) gilt; an den Ehegatten, der die Anordnung der Betreuung „beantragte", darf deshalb nicht ersatzweise zugestellt werden[11].

---

6 *Prütting/Helms/Fröschle* § 287 Rz 7.
7 BayObLG v 13.1.1994 BtE 94/95 bei § 69 a.
8 BT-Drucks 16/6308 S. 269.
9 BayObLGZ 1966, 390; OLG Stuttgart Rpfleger 1975, 102; Keidel/*Schmidt* FGG § 16 Rz 35; Saage/*Göppinger*, FEVG, § 3 Rz 79.
10 Keidel/*Schmidt* FGG § 16 Rz 35 mwN.
11 Vgl Keidel/*Schmidt* FGG § 16 Rz 35 für einen Fall, in dem die Ehefrau des Mündels die Anordnung der vorläufigen Vormundschaft beantragt hatte.

13 Mit Bekanntgabe an den Bevollmächtigten bzw Betreuer wird die Genehmigung der Einwilligung in gefährliche medizinische Maßnahmen (§ 1904 Abs 1 BGB) wirksam[12].

14 Wenn Genehmigungen für Rechtsgeschäfte, zB nach §§ 1821, 1822 BGB, erteilt werden, wird die Genehmigung aber nicht schon mit der Bekanntgabe (an den Betreuer) wirksam, sondern wegen § 40 Abs 2 FamFG erst mit Rechtskraft des Genehmigungsbeschlusses.

15 Mit Bekanntgabe an den Antragsteller wird wirksam die Ablehnung der Zubilligung der Beteiligtenstellung (§ 7 Abs 5 Satz 1 FamFG), die Festsetzung der Vergütung auf Antrag, die Ablehnung eines Antrags auf Anordnung einer Betreuung (obwohl sie an sich eine „Bestandsentscheidung" ist; eine erstmalige Nichtbestandsentscheidung ist aber bei § 287 Abs 1 nicht gemeint, denn mangels Betreuer kann keine Mitteilung an einen Betreuer erfolgen) oder eines Einwilligungsvorbehalts[13].

16 **4. Bekanntgabe an Verfahrensbevollmächtigte.** Ist der Betroffene oder sonstige Beteiligte durch einen Verfahrensbevollmächtigten, insbesondere einen Rechtsanwalt, vertreten (vgl § 10 FamFG), ist anzunehmen, dass der mutmaßliche Wille des Betroffenen dahin geht, dass alle wichtigen Verfahrensangelegenheiten in die Hand des Anwalts gelegt werden. Den Umfang der dem Anwalt erteilten Vollmacht regelt § 81 ZPO iVm § 11 Satz 5 FamFG. § 172 ZPO ist dann entsprechend anzuwenden, die Bekanntmachung hat an den Anwalt zu erfolgen[14]; zusätzlich sollte aber der Betroffene von der Bekanntmachung an seinen Anwalt verständigt werden. Bei mehreren Bevollmächtigten genügt die Bekanntmachung an *einen* Bevollmächtigten[15].

17 5. **Sonderregelungen** enthalten § 297 Abs 7 FamFG (Sterilisation) sowie § 287 Abs 3 FamFG (Abbruch der Ernährung).

II. Form der Bekanntgabe

18 § 41 FamFG kennt verschiedene Formen der Bekanntgabe:

- **Förmliche Zustellung**, wenn ein Beschluss anfechtbar ist, an demjenigen, dessen erklärten Willen er nicht entspricht (§ 41 Abs 1 Satz 2 FamFG). Hat der Betroffene sich bei der Anhörung mit der Anordnung der Betreuung nicht einverstanden erklärt, ist ihm somit der Anordnungsbeschluss zuzustellen. Jedoch beginnt der Lauf der Frist für die Beschwerde nicht nur mit Zustellung, sondern nach § 63 Abs 3 FamFG mit schriftlicher Bekanntgabe[16]; wenn also die Zustellung versehentlich nicht erfolgte oder unwirksam war (zB weil das Schriftstück auf das Fensterbrett gelegt wurde), beginnt gleichwohl die Beschwerdefrist, wenn eine schriftliche Bekanntgabe erfolgte (der Betroffene also das Schriftstück am Fensterbrett gefunden und an sich genommen hat). Das Wirksamwerden tritt also auch ein, wenn eine Entscheidung an sich zuzustellen wäre, aber nur formlos zugesandt wird.
- **Formlose Mitteilung**, also Zusendung durch einfachen Brief. Mit dem Zugang, nicht schon mit der Absendung, ist die Bekanntgabe erfolgt und wird im Regelfall das Wirksamwerden der Entscheidung herbeigeführt. Die

12 BT-Drucks 16/6308 S. 269.
13 *Prütting/Helms/Fröschle* § 287 Rz 9.
14 Vgl BGHZ 61, 308; KG Rpfleger 1985, 193; Saage/*Göppinger* FEVG § 3 Rz 78; Keidel/*Schmidt* FGG § 16 Rz 34.
15 BVerwG NJW 1984, 2115.
16 Keidel/*Meyer-Holz* § 41 Rz 10.

Anordnung der Betreuung wird deshalb dem Betreuer nur formlos mitgeteilt. Dass sie dem widersprechenden Betreuten zuzustellen ist, hat mit dem Wirksamwerden nichts zu tun.

- **Mündliche Mitteilung** (§ 41 Abs 2 FamFG). Das kann zu Protokoll erfolgen, wenn zB die Anordnung im Anschluss an die Anhörung des Betroffenen erfolgt; es setzt aber voraus, dass zumindest der Tenor schriftlich und unterschrieben vorliegt, also etwas „verlesen“ werden kann. Nach dem FamFG kann (anders als nach dem FGG) die Bekanntgabe nicht mehr dadurch erfolgen, dass zB der Richter den in Aussicht genommenen Betreuer auf der Straße trifft und ihm die Bestellung zum Betreuer mitteilt; es ist ein „Verlesen“ notwendig. Bei einem Telefonat ist dies denkbar. Aber auch in solchen Fällen muss die schriftliche Bekanntgabe des Beschlusses nachfolgen.

III. Anordnung sofortiger Wirksamkeit, Abs 2

19 **1. Voraussetzungen.** Da die Wirksamkeit in den in Abs 1 genannten Fällen erst mit Bekanntgabe an den Betreuer eintritt, sind Fälle denkbar, in denen diese Verzögerung nicht vertretbar erscheint. Hier arbeitet das Gesetz in Abs 2 mit Fiktionen. Damit soll im Interesse des Rechtsverkehrs zum einen der Zeitpunkt möglichst weit vorverlegt werden und zum anderen der genaue Zeitpunkt (zB der sofortigen Wirksamkeit der Anordnung eines Einwilligungsvorbehalts) jederzeit zweifelsfrei festgestellt werden können.

20 Abs 2 gilt nur für Entscheidungen im Sinne von Abs 1, nicht für andere Entscheidungen (dafür bleibt es bei § 40, ähnliche Lage bei § 40 Abs 3 FamFG); besteht ein besonderes Eilbedürfnis kann allenfalls eine einstweilige Anordnung nach §§ 49 ff FamFG ergehen mit einer Anordnung nach § 53 Abs 2 Satz 1 FamFG („sowie in sonstigen Fällen“), worauf die einstweilige Anordnung mit Erlass wirksam wird. Das ist zB denkbar, wenn die Herausgabe des Betreuten an den Betreuer nach § 1632 BGB angeordnet wird[17].

21 Die Regelung gilt auch für **einstweilige Anordnungen**; die frühere Sonderregelung in § 69f Abs 4 FGG ist in § 287 FamFG eingebaut worden.

22 **a) Unmöglichkeit der Bekanntmachung, Abs 2 Satz 1** Schon vor Bekanntmachung an den Betreuer, nämlich in dem in Satz 2 genannten Zeitpunkt, wird die Entscheidung wirksam, wenn die Bekanntmachung an den Betreuer „nicht möglich“ ist, zB weil der Betreuer verstorben, verreist, entlassen, flüchtig, unbekannt verzogen oder sonst nicht greifbar ist. Dies gilt auch bei einer Entscheidung, durch die die Bestellung eines Betreuers aufgehoben wird (§ 1908d BGB), der Betreuer aber verstorben ist. Denn dann fehlt ein Betreuer, dem zugestellt werden könnte, eine Bekanntmachung an einen Betreuer ist „nicht möglich“[18]. Dass letztlich alles öffentlich zugestellt werden kann spielt hier keine Rolle.

23 Vom Wortlaut des Abs 2 sind auch Entscheidungen erfasst, die die Bestellung eines Betreuers oder die Anordnungen anderer Maßnahmen ablehnen; einen Sinn aber hat die Anordnung sofortiger Wirksamkeit in solchen Fällen nicht; Wirksamkeit tritt daher in diesen Fällen gemäß § 40 Abs 1 FamFG ein[19].

---

17 *Prütting/Helms/Fröschle* § 287 Rz 25.
18 BT-Drucks 11/4528 S. 175.
19 Vgl BayObLG FamRZ 1993, 602; Keidel/*Budde* § 287 Rz 2.

24 **b) Gefahr im Verzug, Abs 2 Satz 1.** Dazu gehören die Fälle, in denen zwar eine Bekanntmachung an den Betreuer möglich wäre, wegen Verzögerung aber untunlich ist, etwa wenn durch einstweilige Anordnung ein vorläufiger Einwilligungsvorbehalt angeordnet wird (§ 300 FamFG), der Betreuer telefonisch nicht erreichbar ist, aber eine Bekanntgabe durch Briefe möglich wäre.

25 **2. Form der Anordnung.** In beiden Fällen wird die Entscheidung schon vor Bekanntgabe an den Betreuer wirksam, wenn das Gericht (Richter oder Rechtspfleger, je nach Zuständigkeit für die Hauptentscheidung) eine Anordnung der sofortigen Wirksamkeit trifft. Die Anordnung erfolgt von Amts wegen; ein Antrag ist nicht erforderlich. Das Gericht hat kein Ermessen[20], obwohl es im Gesetz „kann" heißt: Wenn die Voraussetzungen vorliegen, *muss* das Gericht vielmehr die Anordnung treffen, weil es dafür Sorge tragen muss, dass eine für erforderlich erachtete Entscheidung möglichst bald Rechtswirkungen entfaltet. Entschieden wird durch Beschluss (§ 38 FamFG), also schriftlich, entweder bereits als besondere Ziffer im Tenor der ursprünglichen Entscheidung oder durch einen weiteren nachträglichen Beschluss[21].

26 **3. Zeitpunkt des Eintritts der Wirksamkeit.** Problematisch sind die Fälle, in denen der Richter zB beim Bereitschaftsdienst zu Hause, im Heim oder in der Klinik entscheidet, eine Übergabe an die Gerichtsgeschäftsstelle also vorerst nicht möglich ist. Der nunmehrige Satz 2 [22] stellt mehrere Varianten *gleichstufig*[23] nach Wahl des Richters (bzw Rechtspflegers) zur Verfügung, um ein Wirksamwerden der Hauptentscheidung nach § 287 Abs 1 FamFG zu ermöglichen; entscheidend ist, was zuerst geschieht:

– mit Bekanntgabe beider Beschlüsse (der Hauptentscheidung und der Anordnung) an den Betroffenen, etwa wenn die Betreuung in Anschluss an die richterliche Anhörung in der Klinik beschlossen wird; die Bekanntgabe eines Beschlusses, für den *nicht* die Anordnung sofortiger Wirksamkeit getroffen wurde, an den Betreuten (nach § 41 Abs 1 Nr 1 FamFG) lässt den Beschluss dagegen nicht im Sinne von § 287 wirksam werden. Die Bekanntgabe an den Betroffenen setzt (wegen § 275 FamFG) nicht voraus, dass er die Beschlüsse versteht; oder
– mit Bekanntgabe beider Beschlüsse an den Verfahrenspfleger (§ 287 Abs 2 Satz 2 Nr 1 FamFG); oder
– mit Übergabe beider Beschlüsse an die Geschäftsstelle zwecks Bekanntgabe an den Betroffenen oder seinen Verfahrenspfleger (§ 287 Abs 2 Satz 2 Nr 2 FamFG). Sie ist nur dann erforderlich, wenn eine Bekanntgabe an den Betroffenen selbst nicht möglich ist und der Verfahrenspfleger nicht erreichbar ist. Der Einfachheit halber und weil kein Stufenverhältnis besteht wählt die Praxis meist diese Form.

27 Diese drei Varianten stehen nicht in einem Rangverhältnis zueinander. Selbst wenn die Bekanntgabe an den Betroffenen möglich wäre, ist es daher zulässig, die Bekanntgabe an den Verfahrenspfleger zu wählen. Werden alle gewählt, ist die früheste maßgebend.

28 **4. Vermerk.** Der Zeitpunkt des Eintritts der sofortigen Wirksamkeit ist auf dem Beschluss zu vermerken (§ 287 Abs 2 Satz 3 FamFG). Der Vermerk erfolgt auf der Urschrift und den Ausfertigungen („Der Geschäftsstelle zur Bekannt-

20 *Prütting/Helms/Fröschle* § 287 Rz 16; aA Keidel/*Budde* § 287 Rz 4; *Ritter*, Vorläufige Anordnungen in Angelegenheiten der FG, 1991, S. 11.
21 BayObLGZ 1975, 144; *Prütting/Helms/Fröschle* § 287 Rz 18.
22 Dazu Bt-Drucks13/7158 S. 37.
23 *Prütting/Helms/Fröschle* § 287 Rz 23; aA HK-BUR-*Hoffmann* § 69a Rz 40 (Stufenverhältnis, letzter Rang der Variante drei).

machung übergeben am ...“); bei einem falschen Datum (zB weil der Datumsstempel am Morgen noch nicht weitergedreht wurde) kommt es auf den tatsächlichen Übergabezeitpunkt an. Den Vermerk kann der Richter oder die Geschäftsstelle anbringen[24], vom Richter etwa dann, wenn er den Beschluss dem Verfahrenspfleger telefonisch bekannt gegeben hat. Die Wirksamkeit tritt auch ein, wenn der Vermerk unterlassen wurde[25].

29 5. **Rechtsmittel.** Der Beschluss, der die sofortige Wirksamkeit anordnet, ist isoliert **nicht anfechtbar**, auch nicht über § 58 Abs 2 FamFG, weil es sich nicht um eine Endentscheidung iSv § 38 FamFG, sondern nur um eine Bestimmung des Zeitpunkts des Eintritts der Rechtswirkungen handelt[26]; die eingetretene Wirkung kann nicht mehr rückgängig gemacht werden. Deshalb ist auch die Rechtspflegeranordnung nicht mit Erinnerung anfechtbar. Wird gegen die Entscheidung, die für sofort wirksam erklärt wurde, Beschwerde eingelegt, kann das Beschwerdegericht durch eine einstweilige Anordnung die Vollziehung aussetzen, § 64 Abs 3 FamFG[27].

IV. Fälle des § 1904 Abs 2 BGB, Abs 3

30 Wenn ein Betreuer bzw Bevollmächtigter in medizinische Behandlungen des Betreuten bzw Bevollmächtigten nicht einwilligen will (im Wesentlichen geht es um den Abbruch der künstlichen Ernährung, so dass der Betroffenen stirbt), dann bedarf die Nichteinwilligung der Genehmigung des Betreuungsgerichts (§ 1904 Abs 2 BGB), allerdings nicht, wenn zwischen Betreuer (bzw Bevollmächtigtem) und dem behandelnden Arzt Konsens besteht (§ 1904 Abs 4 BGB). Wird der Abbruch genehmigt, dann wird der Beschluss erst zwei Wochen nach Bekanntgabe an den Betreuer (bzw Bevollmächtigten) sowie an den Verfahrenspfleger wirksam; das kann nicht nach Abs 2 überwunden werden[28]. Die Bekanntgabe muss nicht durch Zustellung erfolgen (vgl § 41 FamFG), doch ist das zweckmäßig. Maßgebend ist das spätere Zugangsdatum. Die Regelung ist dem § 1905 Abs 2 Satz 2 BGB entlehnt. Damit soll verhindert werden, dass die Ernährungszufuhr sofort abgestellt wird und der Betroffene stirbt, ehe eine Beschwerde eingelegt werden kann; denn nach § 40 Abs 1 FamFG wäre ein solcher Ablauf denkbar. Die Zweiwochenfrist ist nicht harmonisiert mit der Beschwerdefrist von einem Monat (§ 63 FamFG). Denkbar ist deshalb, dass der Betroffene bereits verhungert ist, obwohl die Beschwerdefrist noch läuft.

31 Beschwerdeberechtigt ist der Betroffene, der Verfahrenspfleger; seine Angehörigen im Rahmen von §§ 303, 59 FamFG. Ein besonderes Beschwerderecht der Betreuungsbehörde ist nicht vorgesehen. „Eine Behörde, die nicht in den dialogischen Prozess zur Ermittlung des Patientenwillens eingebunden ist, soll die Durchsetzung des Patientenwillens nicht durch Rechtsmittel verzögern dürfen“[29].

---

24 *Jürgens* § 69 a Rz 10.

25 *Bassenge/Roth* § 287 Rz 8; Holzhauer/*Reinicke* § 69 a Rz 7.

26 OLG München FamRZ 2008, 917; BayObLG NJW-RR 1987, 1227; Keidel/*Budde* § 287 Rz 4; Saage/*Göppinger* FEVG § 8 Rz 19; *Ritter* (Fußn. 20), S. 12.

27 *Prütting/Helms/Fröschle* § 287 Rz 19; *Bassenge/Roth* § 287 Rz 7.

28 *Bork/Jacoby/Schwab/Heiderhoff* § 287 Rz 7.

29 BT-Drucks 16/13.314 S. 21.

§ 288 Bekanntgabe

(1) Von der Bekanntgabe der Gründe eines Beschlusses an den Betroffenen kann abgesehen werden, wenn dies nach ärztlichem Zeugnis erforderlich ist, um erhebliche Nachteile für seine Gesundheit zu vermeiden.

(2) [1]Das Gericht hat der zuständigen Behörde den Beschluss über die Bestellung eines Betreuers oder die Anordnung eines Einwilligungsvorbehaltes oder Beschlüsse über Umfang, Inhalt oder Bestand einer solchen Maßnahme stets bekannt zu geben. [2]Andere Beschlüsse sind der zuständigen Behörde bekannt zu geben, wenn sie vor deren Erlass angehört wurde.

---

§ 288 entspricht dem § 69 a FGG.

Überblick

I. Bekanntgabe der Entscheidung

1. Bekanntgabe an den Betroffenen. Alle Entscheidungen in Betreuungssachen, auch einstweilige Anordnungen[1]; Entscheidungen über ein Ablehnungsgesuch[2], Vergütungsfestsetzungen, sind dem Betroffenen selbst bekannt zu machen (§ 41 Abs 1 FamFG); denn der Betroffene ist nach § 274 Abs 1 Nr 1 FamFG Beteiligter. Er ist auch dann Adressat, wenn er geschäftsunfähig ist oder sonst den Sinn der Entscheidung nicht mehr verstehen kann (§ 275 FamFG). Das war früher klarer in § 69 a Abs 1 FGG geregelt: „Entscheidungen sind dem Betroffenen stets selbst bekannt zu machen". Die Gesetzesbegründung[3] allerdings meint, es habe sich nichts gegenüber dem bisherigen Stand geändert, der Beschluss sei dem Betroffenen „stets selbst" bekannt zu geben. Für Beschlüsse, die die Genehmigung eines Rechtsgeschäfts zum Gegenstand haben, ist die 1

---

1 BayObLG FamRZ 1994, 1060.
2 BayObLG v 13.1.1994 BtE 94/95 bei § 69 a.
3 BT-Drucks 16/6308 S. 269.

Bekanntgabe an den Betreuten in § 41 Abs 3 FamFG ausdrücklich zwingend vorgeschrieben.

2 **Verfahrensbevollmächtigte.** Ist der Betroffene durch einen Verfahrensbevollmächtigten, insbesondere einen Rechtsanwalt, vertreten (§ 10 FamFG), sind die Entscheidungen dem Anwalt bekannt zu geben. Entsprechend der bisherigen Regelung ist aber auch in diesem Fall die Entscheidung zusätzlich dem Betroffenen bekannt zu machen. Die Rechtsmittelfrist beginnt aber erst bzw bereits mit Bekanntgabe an den Rechtsanwalt (vgl § 172 ZPO).

3 Zur **Form der Bekanntgabe** vgl § 287 Rz 18 ff.

4 **2. Bekanntgabe an weitere Personen.** Zu beachten ist, dass in den Fällen des § 287 Abs 1 FamFG nur der *Betreuer* ein notwendiger Adressat ist und nur die Bekanntgabe an ihn den Beschluss wirksam macht. Unterbleibt eine an sich erforderliche Bekanntmachung an sonstige Personen, berührt dies das Wirksamwerden der Entscheidung nicht. Anders verhält es sich in den Fällen, auf die § 287 Abs 1 FamFG nicht anwendbar ist (vgl § 287 Rz 5).

5 **a) Betreuer.** Nach § 40 Abs 1 Satz 1 FamFG ist „der Beschluss" den Beteiligten bekannt zu geben. Zwingend Beteiligter ist nach § 274 Abs 1 Nr 2 Nr 2 FamFG der Betreuer, aber nur *sofern sein Aufgabenkreis betroffen ist.* Sind zB ausnahmsweise zwei Betreuer bestellt, einer für das Vermögen, der andere für die Gesundheit, sind deshalb Genehmigungen betreffend die Gesundheitssorge (§ 1904 BGB) dem Vermögensbetreuer nicht mitzuteilen.

6 **b) Vorsorgebevollmächtigter.** Zwingend Beteiligter ist nach § 274 Abs 1 Nr 2 Nr 3 FamFG der Bevollmächtigte im Sinne des § 1896 Abs 2 Satz 2 BGB, sofern sein Aufgabenkreis betroffen ist.

7 **c) Verfahrenspfleger,** § 274 Abs 2 FamFG.

8 **d) Kann-Beteiligte,** sofern sie tatsächlich beteiligt wurden (vgl § 274 Abs 4 FamFG).

9 **e) Vertrauensperson,** sofern sie tatsächlich beteiligt wurde (vgl § 274 Abs 4 FamFG). Zu beachten ist, dass nach § 279 FamFG das Gericht die Vertrauensperson auf Verlangen des Betroffenen grundsätzlich anzuhören *hat*; wer anzuhören ist, wird dadurch aber noch nicht Beteiligter (§ 7 Abs 6 FamFG). Das Gericht muss in den Akten klarstellen, ob die Vertrauensperson zur Beteiligten aufrückte; nur dann ist ihr die Entscheidung in der Betreuungssache bekannt zu geben.

10 **f) Vertreter der Staatskasse** (Bezirksrevisor), aber nur sofern er tatsächlich beteiligt wurde und nur, soweit das Interesse der Staatskasse durch den Ausgang des Verfahrens betroffen sein kann (§ 274 Abs 4 Nr 2 FamFG).

11 **3. Bekanntgabe an die Betreuungsbehörde. – a) Fälle.** Die zuständige Behörde ergibt sich aus dem Landesrecht (§ 1 BtBG). Das Gericht hat der örtlich zuständigen Betreuungsbehörde **folgende Beschlüsse** mitzuteilen (§ 288 Abs 2 Satz 1 FamFG):

- Beschluss über die Bestellung eines Betreuers;
- die Anordnung eines Einwilligungsvorbehaltes;
- Beschlüsse über Umfang, Inhalt oder Bestand einer solchen Maßnahme.

12 Diese Abgrenzung entspricht derjenigen in § 274 Abs 3 FamFG. In diesen Fällen ist zwar die Behörde von der Einleitung des Verfahrens zu informieren (§ 7

Abs 4 FamFG), sie ist aber nur zu beteiligen, wenn sie einen entsprechenden Antrag stellt. Stellt sie keinen Antrag, sind ihr die entsprechenden Beschlüsse mitzuteilen, damit sie entscheiden kann, ob sie von ihrem Beschwerderecht (§ 303 FamFG) Gebrauch macht. Eine Zustellung ist zweckmäßig, damit der Beginn der Rechtsmittelfrist festgestellt werden kann und dann Klarheit besteht, ob Rechtskraft eingetreten ist.

b) Andere Beschlüsse sind der zuständigen Behörde bekannt zu geben, wenn sie vor deren Erlass angehört wurde (§ 288 Abs 2 Satz 2 FamFG)[4]. Das sind zB Beschlüsse über die Vergütung von Betreuern und Verfahrenspflegern, über Genehmigungen. Damit soll die Behörde zum einen informiert werden; sie soll ferner etwa erforderliche Maßnahmen besser beurteilen und in die Wege leiten können[5]. Die Behörde kann auf diese Mitteilung verzichten. Das Gericht kann anlässlich der Anhörung anfragen, ob auf die Mitteilung der Entscheidung verzichtet wird. Über Zuständigkeitswechsel bei der Behörde: § 3 Abs 2 BtBG. 13

4. Keine Empfänger der Bekanntgabe. – a) Antragsteller. Hat jemand die Anordnung einer Betreuung „beantragt“, dh angeregt (§ 1896 Abs 1 BGB), ist ihm die Entscheidung nur dann mitzuteilen, wenn er Beteiligter im Sinne von § 274 FamFG ist, also nicht bei Anregungen durch Ärzte, Pflegedienste, Kliniken, Polizei, Finanzamt usw. § 24 Abs 1 FamFG gestattet jedermann solche Anregungen, was schon immer selbstverständlich war. Folgt das Gericht der Anregung nicht, ist der Anregende darüber zu unterrichten, „soweit ein berechtigtes Interesse an der Unterrichtung ersichtlich ist“ (§ 24 Abs 2 FamFG). Dagegen ist nicht geregelt, ob der Anregende zu informieren ist, wenn der Anregung gefolgt wurde und eine Betreuung angeordnet wurde; fragt er nach ist § 13 Abs 2 FamFG einschlägig (bei berechtigtem Interesse besteht ein Recht auf Akteneinsicht und also auch auf Auskunft aus den Akten). 14

b) Nichtbeteiligte Kann-Beteiligte. Wenn jemand nur anzuhören ist (zB nach § 279 Abs 3, 4 FamFG), wird er dadurch nicht Beteiligter (§ 7 Abs 6 FamFG). 15

Personen, die das Gericht hätte beteiligen können, aber nicht beteiligt hat, sind darauf angewiesen, einen Hinzuziehungsantrag zu stellen und gegen die Ablehnung mit sofortiger Beschwerde vorzugehen (§ 7 Abs 5 Satz 2 FamFG). Bei Erfolg rücken sie zu Beteiligten auf und müssen die Entscheidung in der Betreuungssache bekannt gegeben erhalten. 16

II. Umfang der Bekanntgabe, Abs 1

1. Tenor (Beschlussformel). Der Tenor der Entscheidung ist dem Betroffenen *immer* bekannt zu geben, auch bei Gesundheitsgefährdung und bei Verständigungsunfähigkeit. Auch ablehnende Entscheidungen sind dem Betroffenen bekannt zu machen, aber nur, wenn er dazu gehört wurde; wird zB von Amts wegen geprüft, ob ein Einwilligungsvorbehalt erforderlich ist und nach Eingang des Sachverständigengutachtens von der Anordnung abgesehen, dann genügt zur Erledigung ein entsprechender Aktenvermerk; eine Bekanntmachung des Vermerks an den Betroffenen ist nicht angebracht. 17

4 Einzelheiten vgl MiZi Ziffer XV.
5 BT-Drucks 11/4528 S. 175.

18 2. **Gründe; Geheimverfahren.** – a) **Grundsatz.** Die Entscheidungsgründe sind dem Betroffenen ebenfalls mitzuteilen.

19 b) **Ausnahmen.** Die Gründe werden dem Betroffenen nur ausnahmsweise nicht mitgeteilt, Abs 1 (der dem früheren § 69 a Abs 1 FGG entspricht). Gemeint sind „wirkliche Ausnahmefälle"[6]; die frühere Praxis, oft davon Gebrauch zu machen, ist unzulässig[7]. In den Stenografischen Protokollen der 61. Sitzung des Rechtsausschusses am 15.11.1989, S. 61/164 spricht *Dörner* zutreffend von einem „alten Zopf". Die Regelung in Abs 1 hat kaum Anwendungsfälle[8], jedenfalls sind bei den entsprechenden früheren Vorschriften keine Fälle bekannt geworden. Die Ärzte neigen häufig dazu, ihr Gutachten und die Entscheidungsgründe, die sich auf das Gutachten stützen, vor dem Betroffenen geheim zu halten, weil sie dann mit dem Patienten in der Klinik besser auskommen und die „Schuld" auf das Gericht schieben können; solche Überlegungen genügen nicht.

20 **Voraussetzung** ist, dass ein ärztliches Zeugnis (ein Gutachten ist nicht erforderlich) feststellt, dass das Unterlassen der Mitteilung der Gründe wegen „erheblicher" Nachteile (das sind nicht nur vorübergehende Nachteile) für die Gesundheit des Betroffenen „erforderlich" ist. Zweckmäßigkeit allein genügt nicht[9]. Nicht ausreichend ist daher auch die Gefahr des Verlustes des Vertrauensverhältnisses zum sozial-psychiatrischen Dienst[10]. Die zu erwartenden Nachteile müssen im ärztlichen Zeugnis konkret angegeben werden (Erregung? Verstimmung? Selbstmord?), auch, woher der Gutachter seine Überzeugung hernimmt. *Erhebliche* Nachteile sind solche, die über das übliche Maß hinausgehen[11]. Die Frage wird dem Sachverständigen zweckmäßig schon beim Auftrag zur Erstellung des Gutachtens nach § 280 FamFG gestellt.

21 Das Gericht muss eine Ermessensentscheidung treffen („kann"); bloß erwartete Schwierigkeiten genügen nicht[12]; auch muss geprüft werden, ob nicht mildere Mittel ausreichen, wie zB eine angemessene Formulierung der Gründe; insgesamt muss das Verfassungsrecht des Betroffenen, die Gründe zu erfahren, mit der Rücksicht auf seine Gesundheit abgewogen werden[13]. Wenn der Betroffene die Gründe nicht kennt, kann er sich nicht angemessen verteidigen. Man sollte überlegen, ob dem Betroffenen die Vorenthaltung der Gründe, die ihm den Eindruck eines Geheimverfahrens vermittelt, nicht stärker schadet als die Mitteilung von einfühlsam formulierten Gründen.

22 Den **sonstigen Personen und Stellen**, auch dem Rechtsanwalt des Betroffenen, ist die Entscheidung immer mit Gründen mitzuteilen. Es kann zweckmäßig sein, diese Personen/Stellen davon zu verständigen, dass dem Betroffenen die Entscheidungsgründe wegen Gesundheitsgefährdung nicht mitgeteilt wurden, damit der Anwalt usw prüft, ob er dem Betroffenen ebenfalls die vollständige Entscheidung vorenthalten kann. Gleichwohl ist es dem Dritten nicht verboten, dem Betreuten die Gründe mitzuteilen.

23 c) **Rechtsmittel gegen Nichtbekanntgabe der Entscheidungsgründe.** Die Entscheidung des Gerichts, dass von der Bekanntmachung der Gründe an den

6 OLG Frankfurt FGPrax 2003, 221.
7 Vgl Keidel/*Kayser* § 69 a Rz 3; *Bienwald/Sonnenfeld* § 69 a Rz 10.
8 *Knittel* § 69 a Rz 6.
9 OLG Frankfurt FGPrax 2003, 221.
10 OLG Frankfurt FGPrax 2003, 221.
11 BayObLG FamRZ 2000, 250.
12 BT-Drucks 11/4528 S. 175.
13 BayObLG FamRZ 2000, 250 (ohne Angabe des Sachverhalts).

Betroffenen abgesehen wird, erfolgt durch einen Beschluss; entweder im Tenor der Hauptentscheidung oder durch eine gesonderte Entscheidung; sie muss begründet werden (§ 38 FamFG). Die Entscheidung ist als Teil der Endentscheidung mit Beschwerde anfechtbar[14]. Dem Vorschlag des Bundesrats, diese Nebenentscheidung für unanfechtbar zu erklären, wurde bei der früheren FGG-Bestimmung nicht entsprochen[15]. Hat das LG dies für seinen Beschwerdebeschluss angeordnet, kommt allenfalls Rechtsbeschwerde in Betracht (§§ 70 ff FamFG).

Bei Annahme von Unanfechtbarkeit stünde dem Betroffenen die **Verfassungsbeschwerde** wegen Verletzung des rechtlichen Gehörs (Art 103 GG) zu. Denn es kann letztlich nicht ausgeschlossen werden, dass zumindest bezüglich des Umfanges der Betreuung eine andere Entscheidung in Betracht gekommen wäre, wenn dem Betroffenen die Gründe der Entscheidung mitgeteilt worden wären. 24

d) **Ausländer.** Bei Ausländern, die der deutschen Sprache nicht ausreichend mächtig sind, sollte das Gericht aus Fürsorgegründen dem deutschsprachigen Beschluss eine entsprechende Übersetzung beifügen; aus Art 5 Abs 2 MRK ergibt sich allerdings keine derartige Pflicht, weil keine Freiheitsentziehung vorliegt. 25

§ 289 Verpflichtung des Betreuers

(1) [1]Der Betreuer wird mündlich verpflichtet und über seine Aufgaben unterrichtet. [2]Das gilt nicht für Vereinsbetreuer, Behördenbetreuer, Vereine, die zuständige Behörde und Personen, die die Betreuung im Rahmen ihrer Berufsausübung führen, sowie nicht für ehrenamtliche Betreuer, die mehr als eine Betreuung führen oder in den letzten zwei Jahren geführt haben.

(2) In geeigneten Fällen führt das Gericht mit dem Betreuer und dem Betroffenen ein Einführungsgespräch.

Die Regelung entspricht teils dem früheren § 69b FGG.

Schrifttum: *Formella*, Das Einführungsgespräch, BtPrax 1995, 198; *Harm*, Die Verpflichtung der ehrenamtlichen Betreuer, BtPrax 1996, 213; *Hoffmann/v Ferber* (Erfahrungsbericht) BtPrax 1994, 38; *Pufhan* (Erfahrungsbericht) BtPrax 1993, 86.

I. Verpflichtung und Unterrichtung, Abs 1

1. Verpflichtung. § 289 FamFG ist anwendbar bei Bestellung einer Person zum Betreuer oder zum weiteren Betreuer. Der Gegenbetreuer ist kein Betreuer in diesem Sinne. Wirksam wird die Bestellung des Betreuers schon mit der (meist schriftlichen) Bekanntgabe der Entscheidung an den Betreuer, § 287 Abs 1 FamFG. Anschließend wird der Betreuer durch das Betreuungsgericht (Rechtspfleger, §§ 3 Nr 2a, 15 RPflG) mündlich verpflichtet (Abs 1 Satz 1), eine schriftliche Verpflichtung scheidet aus. Die Verpflichtung erfolgt zu treuer und gewissenhafter Führung der Betreuung; Handschlag usw ist nicht mehr vor- 1

---

14 BayObLG FamRZ 2000, 250; OLG Frankfurt FGPrax 2003, 221 (beide zum FGG); Keidel/*Budde* § 288 Rz 5; aA *Bassenge/Roth* § 325 Rz 2; *Schulte-Bunert/Weinreich/Rausch* § 288 Rz 6; *Bahrenfuss/Brosey* § 288 Rz 4; *Prütting/Helms/Fröschle* § 288 Rz 12 (unanfechtbar, da keine Endentscheidung).

15 BT-Drucks 11/4528 S. 216, 232.

geschrieben. Es gibt mehrere Erfahrungsberichte zum Verpflichtungsgespräch[1]. Da die Rechtsmacht des Betreuers schon vor der Verpflichtung beginnt (nämlich mit Bekanntmachung der Bestellung an ihn), kann er tätig werden, ohne ausreichend unterrichtet zu sein[2]; dies kann verhindert werden, indem dem Betreuer der Bestellungsbeschluss durch Aushändigung an der Amtsstelle bekannt gemacht wird und er gleichzeitig vom Rechtspfleger verpflichtet und belehrt wird. Eine Verpflichtung durch ein ersuchtes Gericht ist möglich[3]. Bei der Verpflichtung kann sich der Betreuer nicht vertreten lassen.

2 „Mündliche" Verpflichtung heißt nicht zwingend „persönlich". Auch **fernmündliche Verpflichtung** kann in geeigneten Fällen (zB bei ausreichender Kompetenz des ehrenamtlichen Betreuers) in Betracht kommen[4].

3 Die Verpflichtung als solche hat **keine rechtliche Bedeutung**[5]. Sie ist nur traditionell erklärbar, kann allenfalls den Sinn einer Kontaktaufnahme haben. Die frühere aA[6] fasste die Verpflichtung als „öffentlich-rechtlichen Akt" auf, der die mit dem Amt des Betreuers verbundenen Rechte und Pflichten begründe, eine Art „Weihehandlung"; dem steht § 287 Abs 1 FamFG entgegen, ferner der Wortlaut des § 289 Abs 1 FamFG, welcher deutlich von § 1789 BGB ab weicht.

4 **Fehlende Verpflichtung** ist unschädlich[7]; denn das Amt beginnt mit der Bekanntmachung der Bestellung. Eine **wiederholte Verpflichtung** kommt nur in Frage, wenn sich die Person des Betreuers ändert. Da die Verpflichtung rechtlich belanglos ist, ist sie bei Erweiterung des Aufgabenkreises unnötig, auch nicht bei *wesentlichen* Erweiterungen[8]. Keine wiederholte Verpflichtung ist erforderlich, wenn die Betreuung (ohne Betreuerwechsel) **verlängert** wird[9], oder wenn aus dem vorläufigen Betreuer ein endgültiger Betreuer wird. Erscheint der Betreuer trotz Anmahnung nicht zur Verpflichtung/Unterrichtung, sollte ihm die Entlassung nach § 1908 b Abs 1 BGB angedroht werden. Es wäre aber abwegig, ihm ein Ordnungsgeld aufzuerlegen (§ 33 Abs 1 FamFG) oder ihn gar vorführen (§ 33 Abs 3 FamFG)[10] zu lassen, weil die Verpflichtung nur eine leere Förmelei ist.

5 **2. Keine Verpflichtung bei Berufsbetreuern.** Weder eine Verpflichtung noch eine Unterrichtung ist erforderlich, wenn der Betreuer Vereinsbetreuer, Behördenbetreuer, Betreuungsverein, Betreuungsbehörde oder berufsmäßiger Betreuer (zB Rechtsanwalt, Sozialarbeiter; vgl § 1 VBVG) ist; das war unter Geltung des FGG anders, wurde aber in der Praxis bereits so gehandhabt. Ebenso ist es bei **ehrenamtlichen Betreuer**, die mehr als eine Betreuung führen oder in den letzten zwei Jahren geführt haben (Abs 1 Satz 2; anders war es unter Geltung des § 69 b FGG). Denn die Verpflichtung ist rechtlich ohnehin bedeutungslos und verursacht bei Berufsbetreuern nur Kosten und Zeitaufwand. Bezüglich der Unter-

1 *Pufhan* BtPrax 1993, 86, Dauer 30 bis 45 Minuten, häufig ergebe sich die Notwendigkeit der Erweiterung des Aufgabenkreises; Muster bei Firsching/*Ruhl* Rz 507.
2 Zu diesem Problem vgl *Wesche* Rpfleger 1989, 225.
3 Keidel/*Budde* § 288 Rz 3.
4 Holzhauer/*Reinicke* § 69 b Rz 3; Jansen/*Sonnenfeld* § 69 b Rz 5; *Bienwald/Sonnenfeld* § 69 Rz 5, 6; Keidel/*Kayser* § 69 b Rz 3; aA KG FamRZ 1994, 1600; Keidel/*Budde* § 289 Rz 3; *Bassenge/Roth* § 289 Rz 2.
5 BayObLG FamRZ 1993, 602.
6 Keidel/*Kuntze* FGG 13. Aufl § 69 b Rz 3.
7 BayObLG FamRZ 1993, 602: Verpflichtung ist nicht Voraussetzung für die Wirksamkeit der Bestellung.
8 Im einzelnen umstritten, vgl *Prütting/Helms/Fröschle* § 289 Rz 4; HK-BUR-*Bauer* § 69 b Rz 18.
9 HK-BUR-*Bauer* § 69 b Rz 19.
10 So aber *Prütting/Helms/Fröschle* § 289 Rz 9.

richtung über seine Aufgaben kann davon ausgegangen werden, dass sie einem Berufsbetreuer oder umfangreich tätigen ehrenamtlichen Betreuer ohnehin bekannt sind.

3. Unterrichtung. Nach § 1837 Abs 1 Satz 2 iVm § 1908 i Abs 1 BGB wirkt das Betreuungsgericht dabei mit, die Betreuer in ihre Aufgaben einzuführen. Dasselbe regelt § 289 Abs 1 Satz 1 FamFG. Allerdings wird hier die unnötige Verpflichtung und die notwendige Unterrichtung in einen Topf geworfen. Verpflichtung und Unterrichtung beziehen sich nach dem Gesetzestext nur auf die Personen des Betreuers, nicht auf seinen Aufgabenkreis. Gemeint ist es aber anders. Eine **wiederholte Unterrichtung** kommt deshalb in Frage, wenn der Aufgabenkreis erweitert wird; eine Beschränkung auf *wesentliche* Erweiterungen[11] kann dem § 289 Abs 1 FamFG nicht entnommen werden, ist aber sinnvoll. Letztlich kommt es darauf an, ob das Gericht ein Telefongespräch für ausreichend hält oder das persönlich Erscheinen des ehrenamtlichen Betreuers für notwendig erachtet. Zuständig ist der Rechtspfleger (§§ 3 Nr 2 a, 15 RPflG). Die Unterrichtung des ehrenamtlichen Betreuers erstreckt sich auf seine Aufgaben, seine Rechte und Pflichten, was „Betreuung" rechtlich bedeutet (nicht: persönliche Pflege), welche besonderen Probleme auftreten könnten, Geschäftsfähigkeit, Erläuterung des Aufgabenkreises, wofür Genehmigungen des Gerichts erforderlich sind, welche Kosten anfallen und wer sie trägt, wie Vergütung und Auslagenersatz gehandhabt werden, Haftung und Versicherungsschutz[12]. Mündliche Information oder Einzelunterrichtung ist nicht vorgeschrieben, so dass bei *sachkundigen* Personen die Aushändigung von Broschüren ausreichen kann[13]. Man muss sehen, dass sich ein Laie den halbjuristischen Vortrag ohnehin nicht merken kann; da ist Informationsmaterial hilfsreicher. Bei Einschränkung des Aufgabenkreises ist eine neue Unterrichtung nicht vorgeschrieben, aber manchmal zweckmäßig. 6

Bei professionellen Betreuern und erfahrenen ehrenamtlichen Betreuern entfällt die Unterrichtung, weil diese Personen ohnehin die entsprechende Sachkunde haben; das Gesetz unterstellt das jedenfalls. 7

4. Beratung des Betreuers. Der Betreuer kann sich durch das Betreuungsgericht (Richter, Rechtspfleger) kostenfrei beraten lassen, § 1837 Abs 1 Satz 1 BGB, ferner durch die Betreuungsbehörde (§ 4 BtBG) und/oder Betreuungsvereine (§ 1908 f Abs 1 BGB) beraten lassen. 8

II. Einführungsgespräch zu Dritt, Abs 2

1. Zweck. Der Betroffene selbst wird im Verfahren informiert (§ 278 Abs 2 Satz 1 FamFG), oft auch noch durch seinen Verfahrenspfleger. Das früher mögliche Schlussgespräch (§ 68 Abs 5 FGG) ist durch das FamFG gestrichen worden. Nach Anordnung der Betreuung wird der Betreuer vom Gericht unterrichtet (§ 289 Abs 1 Satz 1 FamFG). Das genügte aber dem Gesetzgeber noch nicht. Den Zweiergesprächen wird noch ein Dreiergespräch angefügt (§ 289 Abs 2 FamFG). Durch das Gespräch soll nach den Worten der Gesetzesverfasser die Basis für eine vertrauensvolle Zusammenarbeit der Beteiligten untereinander und mit dem Gericht hergestellt werden. Das Einführungsgespräch soll daher zweckmäßig sein, wenn die durch die Betreuungsanordnung veränderte recht- 9

---

11 HK-BUR-*Bauer* § 69 b Rz 18.
12 Vgl *Harm* BtPrax 1996, 213.
13 *Prütting/Helms/Fröschle* § 289 Rz 11; aA Keidel/*Budde* § 289 Rz 3; Holzhauer/*Reinicke* § 69 b Rz 4; *Jürgens* § 69 b Rz 2: nur mündliche Unterrichtung zulässig; aA HK-BUR-*Bauer* § 69 b Rz 43: nur Einzelunterrichtung.

liche Situation oder zu erwartende Schwierigkeiten zu besprechen sein sollen[14].

10 Zwingend ist das Gespräch nicht vorgeschrieben; es ist auf **„geeignete Fälle"** beschränkt. Was damit gemeint ist, bleibt unklar: dass der Betreute noch versteht, worum es geht? Oder wenn es um schwierigere Sachverhalte geht? Der Sinn des Dreiergesprächs muss bezweifelt werden[15]. Für den Berufsbetreuer bringt das Gespräch mit dem Rechtspfleger in Anwesenheit des Betreuten nichts Neues, er verliert nur seine Zeit; den Betroffenen kann er auf weniger komplizierte Weise kennen lernen. Meist werden der Betroffene und seine Angehörigen durch die mehrfachen Vorladungen bei Gericht und die dadurch verursachten Aufregungen sowie den Aufwand an Zeit und Kosten so verstimmt sein, dass ein weiteres Einführungsgespräch eher nachteilig ist. In der Regel wird das Gespräch daher entbehrlich sein (Ausnahme zB, wenn es von beiden Beteiligtem gewünscht wird), in der Praxis kommt es ohnehin nicht vor. Positiv zum Einführungsgespräch steht ein Teil der Literatur[16].

11 **2. Zuständigkeit.** Zuständig für das Einführungsgespräch ist der Rechtspfleger (§§ 3 Nr 2a, 15 RPflG); wird es vom Richter geführt, ist das unschädlich, § 8 RPflG. Abs 2 geht davon aus, dass der Rechtspfleger das Gespräch mit dem Betroffenen und dem Betreuer gleichzeitig führt, weil es heißt „ein" Gespräch. Es ist zulässig, das Gespräch gleichzeitig mit der mündlichen Verpflichtung und der Unterrichtung nach Abs 1 durchzuführen[17]. Der Ort des Gesprächs ist nicht bestimmt; grundsätzlich findet es daher im **Gerichtsgebäude** statt. Dass das Einführungsgespräch in der Regel in der üblichen Umgebung des Betreuten stattfinden müsse[18], ist mE unzutreffend; denn eine dem § 278 Abs 1 Satz 3 FamFG entsprechende Regelung fehlt; ferner sind Kosten- und Auslastungsgesichtspunkte einzubeziehen. **Sonstige Personen** (Verwandte, Pflegepersonal, Ärzte usw) können am Gespräch nur teilnehmen, wenn Betreuer und Betreuter damit einverstanden sind; bei Erörterung persönlicher Verhältnisse ist auf Vertraulichkeit zu achten. Der Inhalt des Gesprächs wird nicht protokolliert; es wird nur in den Akten vermerkt, dass, wann und mit wem das Einführungsgespräch stattgefunden hat.

12 Die Teilnahme des Betreuten am Gespräch ist **nicht erzwingbar**, die Nichtteilnahme des Betreuers wäre eine Pflichtwidrigkeit (§ 1837 Abs 2 BGB)[19].

III. Weitere Verfahrensfragen

13 **1. Kosten und Auslagen.** Die Fahrtkosten des Betroffenen zum Gespräch trägt der Betroffene selbst; uU ist nach Grundsätzen der Verfahrenskostenhilfe eine Erstattung möglich; § 76 FamFG. Der Zeitaufwand des Berufsbetreuers einschließlich Fahrtkosten wird durch die Pauschale nach §§ 4, 5 VBVG abgedeckt (anders in den Sonderfällen der Bereuung, § 6 VBVG).

---

14 BT-Drucks 11/4528 S. 176.

15 Zweifelnd auch Keidel/*Budde* § 289 Rz 5.

16 *Klüsener* Rpfleger 1991, 230; Holzhauer/*Reinicke* § 69b Rz 9. Kritisch *Hoffmann/v Ferber* BtPrax 1994, 40; auch schon *Bürgle* NJW 1988, 1887; MünchKomm-*Schwab* BGB § 1896 Rz 119: im Regelfall entbehrlich; Erfahrungsbericht bei *Pufhan* BtPrax 1993, 87.

17 HK-BUR-*Bauer* § 69b Rz 5; aA Holzhauer/*Reinicke* § 69b Rz 9.

18 So HK-BUR-*Bauer* § 69b Rz 78a.

19 *Bassenge/Roth* § 289 Rz 4.

2. Rechtsmittel. Gegen die Anordnung des Rechtspflegers, zum Gespräche nach Abs 2 zu erscheinen, kann der Betreuer Beschwerde (§ 58 FamFG; § 11 RPflG) zum LG einlegen[20]. 14

§ 290 Bestellungsurkunde

[1]Der Betreuer erhält eine Urkunde über seine Bestellung. [2]Die Urkunde soll enthalten:

1. **die Bezeichnung des Betroffenen und des Betreuers,**
2. **bei Bestellung eines Vereinsbetreuers oder Behördenbetreuers diese Bezeichnung und die Bezeichnung des Vereins oder der Behörde,**
3. **den Aufgabenkreis des Betreuers,**
4. **bei Anordnung eines Einwilligungsvorbehalts die Bezeichnung des Kreises der einwilligungsbedürftigen Willenserklärungen,**
5. **bei der Bestellung eines vorläufigen Betreuers durch einstweilige Anordnung das Ende der einstweiligen Maßnahme.**

---

§ 290 FamFG entspricht dem früheren § 69b Abs 2 FGG.

1. Allgemeines. Der Betreuer erhält vom Betreuungsgericht einen kleinen **Ausweis,** damit er sich im Rechtsverkehr ausweisen kann (Satz 1); dies ist an sich überflüssig, weil die Ausfertigung des Bestellungsbeschlusses hierfür besser geeignet ist. Der Rechtsverkehr (zB Banken) muss sich aber damit nicht begnügen, es wird oft zusätzlich die Vorlage des Bestellungsbeschlusses gefordert. Auch dann kann die Betreuung schon aufgehoben sein, so dass letztlich nur ein Anruf beim Betreuungsgericht hilft. Die Urkunde erhalten Einzelbetreuer, aber auch Vereins-/Behördenbetreuer, Vereine/Behörden, denn §§ 1791a Abs 2, 1791b Abs 2 BGB, die § 1791 (Erteilung der Bestellungsurkunde) ausschließen, sind in § 1908i BGB nicht für anwendbar erklärt. Auch der Gegenbetreuer erhält den Ausweis[1], jedoch ohne Angabe des Aufgabenkreises, weil er kein gesetzlicher Vertreter des Betreuten ist. Die Urkunde entspricht etwa der früheren Bestallung (§ 1791 BGB aF). 1

Die Aushändigung des Ausweises hat nur deklaratorische Bedeutung[2]. Der Ausweis hat **nicht die Wirkung einer Vollmachtsurkunde** gemäß § 174 BGB[3]. Eine Betreuung ist auch dann wirksam angeordnet worden, wenn keine Urkunde ausgehändigt wird, falls nach § 287 Abs 1 FamFG Wirksamkeit eingetreten ist. Wirkungen, wie zB ein Erbschein (dieser ist ein Zeugnis, kein Ausweis), entfaltet diese Urkunde nicht; sie begründet keinen Rechtsschein. Wenn allerdings Personen, die nicht Betreuer sind, solche Ausweise haben und damit im Rechtsverkehr auftreten, kommt Staatshaftung in Frage. Wenn der Ausweis (zB in der Angabe des Aufgabenkreises) vom Bestellungsbeschluss abweicht zählt der Bestellungsbeschluss. Die Urkunde wird vom Rechtspfleger ausgestellt (§§ 3, 15 RPflG). Mehrere Betreuer können eine gemeinschaftliche Urkunde in mehreren Ausfertigungen erhalten. Bei Vertretungsbetreuung (§ 1899 Abs 4 BGB) ist die Lage unklar; es sollte nur *ein* Ausweis ausgestellt werden. Bei Änderung des Aufgabenkreises ist die Urkunde zu berichtigen, bei Aufhebung oder sonstiger Beendigung der Betreuung ist der Ausweis an das Gericht zurückzugeben (§§ 1908i Abs 1, 1893 Abs 2 Satz 1 BGB), erzwingbar nach § 1837 BGB, 2

---

20 *Prütting/Helms/Fröschle* § 289 Rz 17.
1 Jansen/*Sonnenfeld* FGG § 69b Rz 15; *Prütting/Helms/Fröschle* § 290 Rz 10.
2 BayObLG FamRZ 1994, 1059; Keidel/*Budde* § 290 Rz 1; Jansen/*Sonnenfeld* FGG § 69b Rz 13.
3 BayObLG FamRZ 1994, 1059. Deshalb kann die Bank vom Betreuer auch nicht verlangen, dass er bei *jedem* Geschäftsvorgang den Ausweis vorlegt; offen gelassen BGH Beschl v 30.3.2010 – XI ZR 184/09.

§ 35 FamFG. Bei Abgabe des Verfahrens wird ein neuer Ausweis ausgestellt, weil sich das zuständige Gericht und das Aktenzeichen geändert haben.

3 **2. Inhalt der Urkunde, Satz 2**[4]. Es handelt sich nur um Sollvorschriften.
- Nr 1: Name des Betroffenen und des Betreuers; der Überprüfungszeitpunkt dagegen wird in die Urkunde nicht aufgenommen [5];
- Nr 2: bei einem Vereins-/Behördenbetreuer zB „X als Vereinsbetreuer des Vereins Y"; vgl § 286 FamFG;
- Nr 3: Aufgabenkreis des Betreuers; vgl § 286 FamFG;
- Nr 4: Einwilligungsvorbehalt: vgl § 286 Abs 2 FamFG;
- Nr 5: bei Bestellung durch einstweilige Anordnung (§ 300 FamFG) das vom Gericht angeordnete oder gesetzliche Ende (§ 302 FamFG; sechs Monate).

4 Die Regelung ist als **Soll-Vorschrift** ausgestaltet. Es sind deshalb weitere Angaben in der Urkunde möglich, zB bei Nr 3 die Angabe des Aufgabenkreises weiterer Betreuer, bei Nr 4 Betragsgrenzen für geringfügige Angelegenheiten (§ 1903 Abs 3 BGB); bei einem Ersatzbetreuer (§ 1899 Abs 4 BGB) die Abhängigkeit der Betreuerbestellung von einer Bescheinigung des Hauptbetreuers über dessen Verhinderung[6]; bei einem befreiten Betreuer ein diesbezüglicher Hinweis[7].

5 Die Angabe „Berufsbetreuer" hat nur Bedeutung für die Vergütung und gehört deshalb nicht in den Ausweis. Auch die Überprüfungsfrist (§ 294 Abs 3 FamFG) steht nicht im Ausweis, so dass bei Verlängerung kein neuer Ausweis ausgestellt wird.

6 **3. Unrichtiger Inhalt.** Weicht der Aufgabenkreis in der Urkunde versehentlich vom Aufgabenkreis im Anordnungsbeschluss ab, ist der Beschluss maßgebend[8]. Auch in allen sonstigen Differenzfällen ist der Beschluss und nicht die Ausweisurkunde ausschlaggebend. Bei unrichtigen Angaben in der Urkunde ist gegen den Beschluss des Rechtspflegers, der die Berichtigung ablehnt, die Beschwerde gegeben (§§ 58 ff FamFG; § 11 RPflG). Bei Unrichtigkeit des Ausweises besteht uU Haftung des ausstellenden Rechtspflegers (dh des Staates) nach § 839 BGB iVm Art 34 GG.

7 **4. Verlust des Ausweises.** Wird die Betreuung aufgehoben und kann der Betreuer den Ausweis nicht zurückgeben, weil er ihn verloren hat oder nicht mehr findet, ist nichts weiter veranlasst. Ein Aufgebotsverfahren scheidet aus, weil eine entsprechende materiellrechtliche Bestimmung fehlt; aus demselben Grund erfolgt auch keine Kraftloserklärung durch das Betreuungsgericht (wie etwa nach § 2361 BGB beim unrichtigen Erbschein). Kostenfolgen treten nicht ein.

§ 291 Überprüfung der Betreuerauswahl

[1]Der Betroffene kann verlangen, dass die Auswahl der Person, der ein Verein oder eine Behörde die Wahrnehmung der Betreuung übertragen hat, durch gerichtliche Entscheidung überprüft wird. [2]Das Gericht kann dem Verein oder der Behörde aufgeben, eine andere Person auszuwählen, wenn einem Vor-

4 Muster bei Firsching/*Dodegge* Rz 491.
5 Vgl BT-Drucks 11/6949 S. 27.
6 LG Stuttgart BtPrax 1999, 200/1.
7 Jansen/*Sonnenfeld* FGG § 69b Rz 17.
8 Keidel/*Budde* § 290 Rz 1; Holzhauer/*Reinicke* § 69b Rz 6; *Jürgens* § 69b Rz 4.

schlag des Betroffenen, dem keine wichtigen Gründe entgegenstehen, nicht entsprochen wurde oder die bisherige Auswahl dem Wohl des Betroffenen zuwiderläuft. [3]§ 35 ist nicht anzuwenden.

§ 291 FamFG entspricht dem früheren § 69c FGG.

I. Laufende Überprüfung

Nach der Altfassung von § 69c Abs 1 FGG hatte das Vormundschaftsgericht spätestens alle zwei Jahre zu prüfen, ob anstelle des Vereins oder der Behörde eine natürliche Person zum Betreuer bestellt werden konnte; dies ist durch das BtÄndG 1998 wegen Überflüssigkeit[1] aufgehoben worden. Das ändert nichts daran, dass Vereine und Behörden nur bestellt werden dürfen, wenn natürliche Personen nicht greifbar und baldmöglichst in diesem Sinne auszuwechseln sind; das ist sehr selten der Fall (ca 0,5 % der Fälle). Das Gericht muss immer im Auge behalten, ob ein kraft gesetzlicher Vermutung besser geeignet erscheinender Betreuer vorhanden ist. Es steht im Ermessen des Gerichts, auf welche Weise es dies sichert. Der Verein, der zum Betreuer bestellt wird, aber keinen Vereinsbetreuer bestellen lässt, erhält keine Vergütung (vgl § 7 VBVG), so dass er ohnehin auf baldige Ablösung dringen wird. Bei der Behörde fehlt ein derartiger finanzieller Anreiz. 1

Die Vorschrift ist ohne praktische Bedeutung und eine **Kuriosität im deutschen Recht**: denn sonst hat niemand das Recht, die Auswechslung des für ihn zuständigen Sachbearbeiters beim Sozialamt oder beim Finanzamt oder sonst wo zu verlangen. Auch kann der Betroffene nicht verlangen, dass für ihn ein anderer Rechtspfleger oder Betreuungsrichter zuständig ist. 2

II. Vereine, Absatz 1

1. Allgemeines. Ist ein Betreuungsverein (als juristische Person) zum Betreuer bestellt worden (§ 1900 Abs 1 BGB), dann hat zunächst der Verein Vorschläge des Betreuten zur Auswahl der konkret tätigen Person zu berücksichtigen (§ 1900 Abs 2 Satz 2 BGB). Der Verein überträgt die Wahrnehmung der Betreuung einzelnen Personen (§ 1900 Abs 2 Satz 1 BGB) und teilt dem Gericht und dem Betreuten die ausgewählte Person mit. Dieser Sachbearbeiter ist zu unterscheiden vom Vereins- bzw Behördenbetreuer (nachfolgend wird sie daher nicht als Betreuer bezeichnet). Es gibt also zwei Möglichkeiten: (1) Betreuer ist der Verein als juristische Person, die Wahrnehmungsperson ist nur der interne Sachbearbeiter, nicht selbst Betreuer, oder: (2) Der Vereinsbetreuer dagegen ist selbst Betreuer. 3

Möchte der Betreute einen anderen Vereins- oder Behördenbetreuer, muss er gegen die Bestellung Beschwerde beschränkt auf die Auswahl einlegen (§ 58 ff FamFG) bzw Entlassung und anderweitige Bestellung (§ 1908b Abs 1 und 3 BGB) beantragen. 4

2. Antrag auf gerichtliche Entscheidung. Ist der Betreute mit dem vom Verein ausgewählten Sachbearbeiter nicht einverstanden, kann er nach Satz 1 die gerichtliche Überprüfung beantragen. Die Regelung ähnelt teilweise § 23 EGGVG. Antragsberechtigt ist der Betroffene (oder sein Verfahrensbevollmächtigter, Vorsorgebevollmächtigter bei ausreichender Vollmacht) und sein Verfah- 5

1 BT-Drucks 13/7158 S. 37.

renspfleger[2], nicht sonstige Personen oder Stellen. Eine Frist für den Antrag ist im Gesetz nicht vorgesehen[3], im Übrigen gilt § 23 FamFG für den Antrag. Auch eine besondere Antragsbefugnis (zB Geltendmachung einer Rechtsverletzung) muss nicht bestehen, desgleichen muss keine Ersatzperson namentlich vorgeschlagen werden. Es genügt der Wunsch, irgendeine andere Betreuungsperson zu erhalten; der Verein muss aber die Auswahl schon getroffen haben, die Vorankündigung ist noch nicht angreifbar, eine Art vorbeugender Unterlassungsantrag gibt es nicht[4]. Antragsgegner ist der Verein. Der Antrag hat keine aufschiebende Wirkung, suspendiert die Wahrnehmungsperson also nicht. Einstweilige Anordnungen kommen analog § 300 Abs 2 FamFG in Betracht.

6 3. **Verfahren.** Es gelten §§ 272 ff FamFG, aber nicht § 296 FamFG, da kein Betreuer entlassen wird. Das Gericht wird den Betroffenen, den Verein und den ausgewählten Sachbearbeiter (nach § 26 FamFG, weil dieser kein „Beteiligter“ ist[5]) zur Auswahl anhören. *Persönliche* Anhörung ist nicht vorgeschrieben.

7 4. **Entscheidung** Zuständig für die Entscheidung ist der Richter (§§ 3, 15 RPflG), bei Vorsorgevollmacht und im Falle des § 19 RPflG der Rechtspfleger. Die Entscheidung ergeht durch Beschluss, eventuell mit Kostenerstattungsregelung nach § 81 FamFG und ist zu begründen (§ 38 FamFG) sowie mit einer Rechtsmittelbelehrung zu versehen (§ 39 FamFG). Gerichtsgebühren fallen nicht an (§ 91 KostO). Folgende Entscheidungen kommen in Betracht:

7a Die Auswahl war sachgerecht. Dann wird die Auswahlentscheidung des Vereins bestätigt oder der Antrag zurückgewiesen.

7b Einem Vorschlag des Betreuten wurde ohne wichtigen Grund nicht entsprochen; ein solcher wichtiger Grund ist zB, dass die vom Betreuten gewünschte Person bereits durch andere Betreuungen ausgelastet ist oder sonstige organisatorische Schwierigkeiten bestehen[6]. Wenn alle männlichen Betreuungsbedürftigen des Bezirks die hübsche junge X als Betreuungsperson haben wollen, kann dem Wunsch nicht entsprochen werden.

7c Die bisherige Auswahl läuft dem Wohl des Betreuten zuwider, zB wenn Interessengegensätze vorliegen, die Wahrnehmungsperson überlastet ist, ihren Pflichten unzureichend nachgekommen ist oder ein gespanntes persönliches Verhältnis entstanden ist. Wenn ausreichend andere Betreuungspersonen vorhanden sind, sollen nach einer Meinung schon nachvollziehbare Gründe genügen[7], um eine andere Person zu bestellen. Andererseits ist § 291 nicht dafür gedacht, Vereine und Betreuungsbehörden schikanieren zu können; auch ist zu bedenken, dass Personen, denen Vereine oder Behörden bestellt werden, ohnehin besonders „problematische Strukturen“ haben und schon deshalb nicht jeder Laune nachgegangen werden sollte.

8 Der **Beschluss** lautet bei Rz 7a: „Die Entscheidung des X-Vereins, die Betreuung des A dem B zu übertragen, wird bestätigt.“[8] Oder kürzer: „Der Antrag wird zurückgewiesen“[9]. Bei Rz 7b, 7c lautet sie: „Dem X-Verein wird aufgegeben, einer anderen Person die Wahrnehmung der Betreuung des Betroffenen zu übertragen“. Das Gericht selbst entscheidet nicht, welcher anderen Person die tatsächliche Wahrnehmung der Betreuung übertragen wird; das wäre unzuläs-

2 Keidel/*Budde* § 291 Rz 2; Jansen/*Sonnenfeld* § 69c Rz 6; aA *Prütting/Helms/Fröschle* § 291 Rz 4.
3 HK-BUR-*Hoffmann* § 69c Rz 14.
4 AA *Prütting/Helms/Fröschle* § 291 Rz 5.
5 *Bassenge/Roth* § 291 Rz 2.
6 BT-Drucks 11/4528 S. 132.
7 Holzhauer/*Reinicke* § 69c Rz 4.
8 So Jansen/*Sonnenfeld* § 69c Rz 9; *Prütting/Helms/Fröschle* § 291 Rz 10.
9 So Keidel/*Budde* § 291 Rz 4.

sig. Bei der Mitteilung des Beschlusses an den Verein sollte mit Fristsetzung angefragt werden, wem die Betreuung nun übertragen wurde; die Verpflichtung des Vereins, die Anfrage zu beantworten, folgt aus § 1900 Abs 2 Satz 3 BGB. Der Beschluss wird mit Mitteilung an den Antragsteller bzw den Verein (§ 40 Abs 1 FamFG) wirksam; § 287 FamFG ist nicht einschlägig.

5. Rechtsmittel. Der Beschluss ist nach § 58 ff FamFG anfechtbar; es handelt 9
sich nicht nur um eine unanfechtbare Zwischenentscheidung. Beschwerdeberechtigt sind nach § 59 FamFG der Betroffene, sein Verfahrenspfleger und der Verein[10]. Die Behörde ist nicht anfechtungsberechtigt, weil § 59 Abs 1 nicht einschlägig ist, sondern § 59 Abs 3 und § 303 Abs 1 FamFG den Fall nicht nennt[11]. Die Rechtsbeschwerde gegen den Beschwerdebeschluss des LG bedarf der Zulassung (§ 70 FamFG).

6. Vollstreckung, Satz 3. Hat das Gericht einen Beschluss erlassen und befolgt 10
der Verein den Beschluss nicht, ist durch Satz 3 klargestellt, dass die Auswahl eines anderen Mitarbeiters nicht nach § 35 FamFG[12] erzwungen werden kann, also nicht durch Zwangsgeld. Das Gericht kann lediglich den Verein als Betreuer entlassen (§ 1908 b Abs 1 und 5 BGB), weil er „nicht hinreichend" betreuen kann.

III. Betreuungsbehörden

Die obigen Ausführungen gelten entsprechend, wenn eine Behörde zum Betreuer 11
bestellt worden ist.

§ 292 Zahlungen an den Betreuer

(1) In Betreuungsverfahren gilt § 168 entsprechend.

(2) [1]Die Landesregierungen werden ermächtigt, durch Rechtsverordnung für Anträge und Erklärungen auf Ersatz von Aufwendungen und Bewilligung von Vergütung Formulare einzuführen. [2]Soweit Formulare eingeführt sind, müssen sich Personen, die die Betreuung im Rahmen der Berufsausübung führen, ihrer bedienen und sie als elektronisches Dokument einreichen, wenn dieses für die automatische Bearbeitung durch das Gericht geeignet ist. [3]Andernfalls liegt keine ordnungsgemäße Geltendmachung im Sinne von § 1836 Abs. 1 Satz 2 des Bürgerlichen Gesetzbuchs in Verbindung mit § 1 des Vormünder- und Betreuungsvergütungsgesetzes vor. [4]Die Landesregierungen können die Ermächtigung nach Satz 1 durch Rechtsverordnung auf die Landesjustizverwaltungen übertragen.

---

§ 292 FamFG entspricht dem früheren § 69e FGG.

1. Geltung von § 168 FamFG. Nach Abs 1 gilt für die Festsetzung der Ver- 1
gütung und des Auslagenersatzes für Betreuer § 168 FamFG. Für Verfahrenspfleger ist § 277 FamFG anzuwenden, der in Abs 5 Satz 2 ebenfalls auf § 168 verweist; jedoch gilt der eventuelle Formularzwang nicht für Verfahrenspfleger und auch nicht für vom Betreuungsgericht bestellte sonstige Pfleger[1].

---

10 *Bassenge/Roth* § 291 Rz 2; *Prütting/Helms/Fröschle* § 291 Rz 12.
11 *Bassenge/Roth* § 291 Rz 2.
12 *Prütting/Helms/Fröschle* § 291 Rz 11 meint, dass ein Redaktionsfehler vorliege und an sich §§ 88 ff FamFG einschlägig sei; es geht aber nicht um die „Herausgabe von Personen".
1 AA *Prütting/Helms/Fröschle* § 292 Rz 3.

2 **2. Formularzwang, Abs 2.** Nach Abs 2, eingefügt als § 69e Abs 2 FGG durch G v 23.4.2004 (BGBl 2004, 598), kann jedes Land durch Verordnung für Anträge auf Ersatz von Aufwendungen und Bewilligung von Vergütung **Formulare** einfügen.

3 Einige Länder[2] haben vorsorglich entsprechende DelegationsVO erlassen (Brandenburg, NRW, Sachsen, Sachsen-Anhalt, Thüringen). Vordrucke sind bisher nicht eingeführt worden.

4 Ferner kann durch Verordnung bestimmt werden, dass die Anträge in elektronischer Form, also über Computer/Internet, beim Betreuungsgericht einzureichen sind (Satz 2). Ein solcher Zwang darf aber nur für **Berufsbetreuer** (laut Feststellung im Bestellungsbeschluss) angeordnet werden, ähnlich wie bei Rechtsanwälten für Mahnanträge oder für die Umsatzsteuer. Für **Verfahrenspfleger** gilt die Regelung nicht.

5 Ist eine solche Verordnung eingeführt, genügt gewöhnliche Schriftform nicht mehr (Satz 3). Die Frist für die Abrechnung (§ 2 VBVG) wird dann durch eine Abrechnung in Schriftform nicht mehr gewahrt; so war es wohl gedacht. Unklar ist aber schon, ob das nur für die pauschalierte Vergütung gilt oder auch für den Aufwendungsersatz in den Fällen des § 6 VBVG/§ 1835 Abs 1 Satz 3 BGB[3]. Da ferner § 1836 Abs 1 Satz 2 BGB nur die Feststellung der Berufsmäßigkeit betrifft, nicht die Ordnungsmäßigkeit der Abrechnung, und der richtige Paragraf (§ 2 VBVG) nicht in § 292 FamFG genannt ist, ist fraglich, ob überhaupt die Folge des Abs 2 Satz 3 eintritt. Weiterhin wird bei Vereinsbetreuern im Beschluss keine Berufsmäßigkeit nach § 1836 Abs 1 Satz 2 festgestellt (§ 7 Abs 1 VBVG); deshalb ist zumindest unklar, ob bei ihnen die Folge des Abs 2 Satz 3 eintritt. Gleichwohl dürfen, falls Formulare eingeführt werden, Anträge in gewöhnlicher Schriftform nicht unbeantwortet bleiben, sondern sind durch Beschluss (§ 38 FamFG) als unzulässig zurückzuweisen.

6 **3. Geltung des Allgemeinen Teils des FamFG.** Nicht besonders erwähnt, weil selbstverständlich, ist, dass auch §§ 1 bis 110 FamFG in Betreuungsverfahren gelten.

§ 293 Erweiterung der Betreuung oder des Einwilligungsvorbehalts

(1) Für die Erweiterung des Aufgabenkreises des Betreuers und die Erweiterung des Kreises der einwilligungsbedürftigen Willenserklärungen gelten die Vorschriften über die Anordnung dieser Maßnahmen entsprechend.

(2) [1]Einer persönlichen Anhörung nach § 278 Abs. 1 sowie der Einholung eines Gutachtens oder ärztlichen Zeugnisses (§§ 280 und 281) bedarf es nicht,

1. wenn diese Verfahrenshandlungen nicht länger als sechs Monate zurückliegen oder

2. die beabsichtigte Erweiterung nach Absatz 1 nicht wesentlich ist.

[2]Eine wesentliche Erweiterung des Aufgabenkreises des Betreuers liegt insbesondere vor, wenn erstmals ganz oder teilweise die Personensorge oder eine der in § 1896 Abs. 4 oder den §§ 1904 bis 1906 des Bürgerlichen Gesetzbuchs genannten Aufgaben einbezogen wird.

---

2 Fundstellen bei Keidel/*Budde* § 292 Fußnote 2.

3 Verneint von *Bassenge/Roth* § 292 Rz 2; bejaht von Keidel/*Budde* § 292 Rz 2.

(3) Ist mit der Bestellung eines weiteren Betreuers nach § 1899 des Bürgerlichen Gesetzbuchs eine Erweiterung des Aufgabenkreises verbunden, gelten die Absätze 1 und 2 entsprechend.

---

§ 293 FamFG entspricht § 69 i Abs 1, 2 und 5 FGG.

Übersicht

I. Erweiterung des Aufgabenkreises des Betreuers, Abs 1

1. Anwendungsbereich. Bei Abs 1 soll der Aufgabenkreis des bereits bestellten Betreuers erweitert werden (§ 1908 d Abs 3 und 4 BGB). Bei Abs 3 dagegen wird mit dem zusätzlichen Aufgabenkreis ein neuer (nicht der bereits bestellte) Betreuer betraut. 1

2. Grundsatz. Für die Erweiterung des Aufgabenkreises gelten die Vorschriften über die (erstmalige) Anordnung entsprechend (Abs 1); es ist also erforderlich: die Anhörung des Betroffenen (§ 278 FamFG), uU die Bestellung eines Verfahrenspflegers (§ 277 FamFG), persönliche Anhörung des Betroffenen und Verschaffung eines Eindrucks von ihm (§§ 34, 278, aber modifiziert in § 293 Abs 2 FamFG), die Beteiligung weiterer Personen bzw Stellen (§§ 274, 279 FamFG), die Erholung eines Sachverständigengutachtens (§§ 280, 281 FamFG; modifiziert in § 293 Abs 2 FamFG) sowie ein Beschluss mit dem Inhalt der §§ 38, 39, 286 FamFG, die Rückholung des alten und Neuerteilung eines Betreuerausweises (§ 290 FamFG), das Wirksamwerden der Erweiterung durch Bekanntgabe an den Betreuer (§ 287 FamFG), die Mitteilung des Beschlusses an weitere Personen (§§ 40, 287). Eine neue Verpflichtung des Betreuers (§ 290 FamFG) entfällt. 2

Ein Erweiterungsverfahren kann idR auch dann beim Betreuungsgericht durchgeführt werden, obwohl gleichzeitig eine Beschwerde bzw Rechtsbeschwerde gegen die Anordnung der Betreuung anhängig ist[1]. Wenn sich aber lediglich der 3

---

1 BayObLG FamRZ 1998, 1186.

Betroffene gegen die Anordnung der Betreuung mit Beschwerde wehrte, darf das Beschwerdegericht den Aufgabenkreis nicht erweitern[2].

4 Eine Erweiterung des Aufgabenkreises der Betreuung ist auch durch einstweilige Anordnung nach §§ 300, 301 FamFG möglich.

II. Ausnahmen, Abs 2

5 **1. Unwesentliche Erweiterung des Aufgabenkreises.** Bei nur „unwesentlicher" Erweiterung des Aufgabenkreises[1] *kann* das Gericht das Verfahren vereinfachen; zwingend ist die Vereinfachung nicht, nach §§ 26, 34 FamFG können solche Verfahrenshandlungen gleichwohl notwendig sein. Was „wesentlich" ist, ist aus der Sicht des Betroffenen zu entscheiden; die Gerichtspraxis will sich meist Arbeit sparen und sieht das deshalb anders, so dass fast alle Erweiterungen als unwesentlich behandelt werden.

6 **a) Regelbeispiele für wesentliche Erweiterungen (Abs 2 Satz 2):** aa) Erstmalige Einbeziehung der Personensorge, ganz oder teilweise, in den Aufgabenkreis; dazu gehört es sinngemäß auch, wenn der Umfang der Personensorge erweitert wird, etwa von der Gesundheitssorge mit Aufenthaltsbestimmung auf die Kontaktsperre (§ 1632 BGB)[3];

7 bb) Einbeziehung von Fernmeldeverkehr, Post nach § 1896 Abs 4 BGB;

8 cc) Einbeziehung von ärztlichen Eingriffen, Sterilisation, freiheitsentziehender Unterbringung nach §§ 1904 bis 1906 BGB;

9 dd) Die Erweiterung auf **Vermögenssorge** ist meist (nämlich bei einem nennenswerten Vermögen) so wesentlich für den Betroffenen, dass sie als wesentlich im Sinne von § 293 FamFG anzusehen ist[4], obwohl dieses Regelbeispiel nicht in § 293 genannt ist.

10 **b) Unwesentliche Erweiterung des Aufgabenkreises.** Aus dem Umkehrschluss zu Abs 2 Satz 2 könnte man folgern wollen, dass alles, was dort nicht genannt ist, „unwesentlich" sein kann, insbesondere zusätzliche vermögensrechtliche Angelegenheiten. Das trifft aber nicht zu, weil es „insbesondere" im Gesetzestext heißt. Im Übrigen hängt dies vom Einzelfall ab: ist der ursprüngliche Aufgabenkreis klein, dann kann eine Erweiterung „wesentlich" sein, die „unwesentlich" wäre, wenn der ursprüngliche Aufgabenkreis bereits weit gespannt war. Unwesentlich sind jedenfalls Erweiterungen, die nur eine Ergänzung eines bereits bestehenden Aufgabenkreises beinhalten[5].

11 **c) Verzichtbare Verfahrenshandlungen.** Bei „unwesentlichen" Erweiterungen *kann* das Gericht sein Verfahren in zwei Teilabschnitten vereinfachen, Abs 2 Satz 1:

12 aa) Wegfall der *persönlichen* Anhörung (§ 278 Abs 1 FamFG), aber kein Wegfall der Information über den Verlauf des Verfahrens, weil § 278 Abs 2 FamFG nicht erwähnt ist.

---

2 BayObLG FamRZ 1996, 1035.
3 BayObLG FamRZ 2003, 402.
4 Keidel/*Budde* § 293 Rz 3; *Horndasch/Viefhues/Beermann* § 293 Rz 5; *Jürgens/Mertens* FGG § 69 i Rz 3.
5 Keidel/*Budde* § 293 Rz 3.

bb) Gutachten nach §§ 280, 281 FamFG sind entbehrlich. Ob das Gericht ein ärztliches Gutachten einholt, steht somit in seinem durch § 26 FamFG beschränkten Ermessen. Auf § 282 FamFG wird nicht verwiesen; eine Betreuerbestellung, die nur auf einem Gutachten des MDK beruhte, ist also keine Grundlage für eine Erweiterung des Aufgabenkreises ohne Gutachten[6]; hier kann auch nicht mit einem zweiten Papier des MDK angestückelt werden. 13

Unerlässliche Verfahrenshandlungen. Nur die beiden genannten Verfahrenshandlungen sind verzichtbar. Im Übrigen ist das Erweiterungsverfahren ein gewöhnliches Betreuungsverfahren, so dass die Angehörigen (§ 274 Abs 4 FamFG) und die Behörde (§§ 274 Abs 3, 279 Abs 2 FamFG) zu informieren sind (§ 7 Abs 4 FamFG), damit sie eventuell einen Beteiligungsantrag stellen können. Auch von § 279 Abs 3 FamFG (Vertrauensperson) wird nicht befreit[7]. 14

2. Kurz zurückliegende Verfahrenshandlungen. – a) Anhörung. Auch bei *wesentlichen* Erweiterungen des Aufgabenkreises ist (seit der Änderung von § 69i Abs 1 Satz 2 FGG durch das 1. BtÄndG) die *persönliche* Anhörung des Betroffenen und die Einholung eines Sachverständigengutachtens entbehrlich, falls dies im Verfahren schon erfolgte und maximal sechs Monate zurückliegt. Damit soll nach Meinung der Gesetzesbegründung Verfahrensaufwand (durch Termine und Fahrtkosten) gespart werden, wenn der Richter aus eigener Kenntnis wisse oder aus ärztlichen Feststellungen entnehmen könne, dass der Zustand des Betroffenen im Wesentlichen unverandert sei[8]. 15

b) Gegenstand der früheren Anhörung. Zweifelhaft ist, was unter „diese Verfahrenshandlungen" zu verstehen ist. Sinngemäß muss sich die frühere Verfahrenshandlung bereits auch **auf den jetzigen Gegenstand beziehen**[9]. Wurde vor fünf Monaten ein Betreuer für einen Rentenantrag bestellt und hierzu der Betroffene persönlich angehört und soll jetzt die Betreuung auf die Gesundheitssorge oder Unterbringung erweitert werden, ist selbstverständlich eine erneute persönliche Anhörung des Betroffenen hierzu erforderlich[10], es sei denn, Gesundheitssorge /Unterbringung waren bereits damals Gegenstand der Anhörung, was sich aus dem Protokoll ergeben muss. Sinngemäß muss sich ferner das bereits vorliegende Gutachten schon auf die Gegenstände beziehen, um die jetzt der Aufgabenkreis erweitert werden soll. Damit verbleibt für § 293 nur ein kleiner Anwendungsbereich; Erweiterungen sind ja meist dadurch bedingt, dass der Krankheitsverlauf anders als prognostiziert war oder sich neuer Betreuungsbedarf zeigt. 16

c) Frist. Die **Berechnung** der Frist ist **zweifelhaft;** es gelten § 16 Abs 2 FamFG, § 222 Abs 1 ZPO, § 188 Abs 2 BGB. ME kommt es auf den Zeitpunkt an, in dem der Beschluss erlassen wird (§ 38 Abs 3 Satz 3 FamFG)[11]; nicht auf das spätere Wirksamwerden (§ 287 Abs 1 FamFG), auch nicht auf den Zeitpunkt, in dem sie sonst durchgeführt worden wäre. Erfolgte die letzte persönliche Anhörung am 1.2., kann also am 2.8. kein Erweiterungsbeschluss ohne vorherige persönliche Anhörung ergehen. Unklar ist weiter, auf welches **Datum beim Gutachten** abzustellen ist: auf das Untersuchungsdatum, auf die Unterzeichnung des Gutachtens[12] oder auf dessen Eingang beim Betreuungsgericht[13]? Da Sinn der Regelung ist, eine 17

---

6 Keidel/*Budde* § 293 Rz 2.
7 *Prütting/Helms/Fröschle* § 293 Rz 8.
8 BT-Drucks 13/7158 S. 38.
9 Keidel/*Budde* § 293 Rz 4; *Bork/Jacoby/Schwab/Heiderhoff* § 293 Rz 6.
10 AA *Prütting/Helms/Fröschle* § 293 Rz 11 (Nr 1 wäre sonst „weitgehend entwertet").
11 Ebenso *Prütting/Helms/Fröschle* § 293 Rz 11; Keidel/*Budde* § 293 Rz 5.
12 So *Bassenge/Roth* § 293 Rz 4; *Bork/Jacoby/Schwab/Heiderhoff* § 293 Rz 6.
13 So Keidel/*Budde* § 293 Rz 5.

zeitnahe Begutachtung sicherzustellen, wird es auf das Untersuchungsdatum[14] ankommen. Beispiel: Begutachtung am 1.2., Eingang des Gutachtens beim Betreuungsgericht am 1.3., Anordnung der Betreuung am 1.4., wirksam geworden am 5.4., Erweiterung des Aufgabenkreises wird am 1.8. beschlossen; neues Gutachten ist (noch) verzichtbar. Dies gilt vorbehaltlich § 26 FamFG; problematisch ist, dass sich das (frühere) Gutachten zu den neuen Aspekten nicht äußern konnte (nicht zB dazu, ob ein Kausalzusammenhang zwischen dem *neuen* Aufgabenkreis und der psychischen Behinderung besteht).

18 d) **Rechtliches Gehör.** Unabdingbar aber ist auch in diesen Fällen das rechtliche Gehör des **Betroffenen.** Das stand früher ausdrücklich in § 69 i Abs 1 Satz 2, ist aber durch das FamFG herausgestrichen worden, weil es jetzt in § 34 Abs 1 Nr 1 FamFG enthalten sei[15], ferner in Art 103 GG. Gemeint ist hier nicht die Anhörung zur Aufklärung des Sachverhalts (wenn sie notwendig ist, muss sie durchgeführt werden, § 26 FamFG), sondern die Anhörung zur Gewährung des rechtlichen Gehörs. Eine *persönliche* Anhörung ist in § 34 FamFG nicht vorgeschrieben; in geeigneten Fällen kann deshalb schriftliche Anhörung[16] oder eine sonstige Form der Gewährung rechtlichen Gehörs genügen. Auch ist der ersuchte Richter hier nicht ausgeschlossen.

19 **3. Verstoß.** Hält das Gericht eine Erweiterung irrig für unwesentlich und vereinfacht es daher sein Verfahren, dann ist die Entscheidung zwar fehlerhaft zustande gekommen (und auf Rechtsmittel eventuell aufzuheben), aber wirksam[17].

III. Einwilligungsvorbehalt

20 Für das Verfahren bei Erweiterung des Kreises der einwilligungsbedürftigen Willenserklärungen bei einem Einwilligungsvorbehalt (§ 1903 BGB) gilt ebenfalls Abs 1 Satz 1, das heißt, die Vorschriften über die erstmalige Anordnung eines Einwilligungsvorbehalts (§§ 278 ff) sind anzuwenden. Es ist also zu unterscheiden, ob die Erweiterung wesentlich ist oder nicht. Bei unwesentlicher Erweiterung kann das Verfahren in zwei Teilabschnitten (Rz 11) vereinfacht werden, bei wesentlicher eventuell (Rz 15). Die Frage der Wesentlichkeit hängt vom Einzelfall ab; was bei kleinen Verhältnissen „wesentlich" sein kann, kann bei einem wohlhabenden Betroffenen unwesentlich sein. Entscheidend ist die Sicht des Betroffenen, nicht diejenige des Betreuers.

IV. Bestellung eines weiteren Betreuers, Abs 3

21 **1. Mehrere Betreuer.** a) Mehrere Betreuer können nach verschiedenen Modalitäten bestellt werden (§ 1899 BGB):

22 aa) Mehrere Betreuer mit verschiedenem Aufgabenkreis (Betreuer A für Aufgabe I, Betreuer B für Aufgabe II); darunter fällt auch der Ergänzungsbetreuer (zu bestellen, wenn der Betreuer für ein bestimmtes Geschäft von der Vertretung ausgeschlossen ist[18].

---

14 Dagegen soll nach Keidel/*Budde* § 293 Rz 5 die dann auftretende Unsicherheit bei der Fristberechnung sprechen. Wieso?

15 BT-Drucks 16/6308 S. 269.

16 *Bassenge/Roth* § 293 Rz 2; *Prütting/Helms/Fröschle* § 293 Rz 9; Holzhauer/*Reinicke* § 69 i Rz 4.

17 *Bassenge/Roth* § 293 Rz 4.

18 Vgl *Spanl* Rpfleger 1992, 142.

bb) Mehrere Betreuer mit gleichem Aufgabenkreis (Betreuer A und B für Aufgabenkreise I und II). 23

cc) Hauptbetreuer, Eventualbetreuer. 24

b) Nur in der ersten Fallgruppe ist mit der Bestellung (des Weiteren Betreuers B) eine **Erweiterung des Aufgabenkreises** verbunden (nämlich um Aufgabe II); dann gilt über Abs 3 Abs 1 und 2: Es ist wiederum zu unterscheiden, ob die Erweiterung des Aufgabenkreises. 25

aa) wesentlich ist (dann gelten die Vorschriften über die erstmalige Bestellung eines Betreuers, §§ 274 ff FamFG, mit eventueller Verfahrensvereinfachung nach Maßgabe von Rz 15); 26

bb) oder unwesentlich: Dann gelten ebenfalls diese Vorschriften, eine Verfahrensvereinfachung nach Rz 11 ist zulässig. 27

Ein weiterer Betreuer ist nicht erforderlich, wenn es nur um die Vertretung des Betreuers bei Urlaub und in ähnlichen Fällen geht. Denn insoweit kann der Betreuer Untervollmacht erteilen, wobei aber für Personensorge (zB Unterbringungsgenehmigung) die letzte Entscheidung beim Betreuer bleiben muss[19]. 28

2. Keine Erweiterung des Aufgabenkreises. Ist mit der Bestellung eines weiteren Betreuers (§ 1899 BGB) keine Erweiterung des Aufgabenkreises verbunden, ist Abs 3 nicht einschlägig. Wenn die Betreuung nicht ausgedehnt wird, reichen geringe Verfahrensgarantien. Dem Betroffenen ist gleichwohl **rechtliches Gehör** zu gewähren; da allerdings die Bestellung eines Mitbetreuers eine echte Betreuerbestellung ist, der Betroffene ein erhebliches Interesse daran hat, wer hier für ihn tätig wird, sollte er *persönlich* angehört werden[20] (vgl § 296 FamFG). Das Gesetz geht von der alten (falschen) Meinung aus, dass die Anordnung der Betreuung der wesentliche Eingriff ist, die Person des Betreuers gleichgültig. Das ist ganz lebensfremd. 29

3. Gegenbetreuer. Nach § 1908 i iVm §§ 1792, 1799 BGB kann das Betreuungsgericht neben dem Betreuer einen Gegenbetreuer bestellen. Bei Betreuungsfällen, die große Vermögen betreffen, soll dadurch eine zusätzliche Belastung des Gerichts vermieden werden[21]. Es kommt nicht auf den Wert des Vermögens an, sondern, ob der Verwaltungsaufwand erheblich ist[22]. Das Verfahrensrecht äußert sich zum Gegenbetreuer nicht. Deshalb ist zweifelhaft, nach welchen Bestimmungen er zu bestellen ist. Man könnte an § 1792 Abs 4 BGB denken und deshalb die Bestimmungen für die Erstbestellung eines Betreuers nach §§ 271 ff FamFG anwenden. Das wäre aber nicht sachgerecht. Der Betroffene müsste dann zB nochmals nach § 280 FamFG von einem Arzt begutachtet werden, obwohl das Beweisthema „Notwendigkeit der Gegenbetreuung“ kein medizinisches, sondern eher ein kaufmännisches Thema ist und der Aufgabenkreis des Betreuers auch nicht erweitert wird. 30

Naheliegender ist mE, den **Gegenbetreuer als weiteren Betreuer** aufzufassen[23]; durch den der Aufgabenkreis des Betreuers nicht erweitert wird. Zur Bestellung 31

---

19 Vgl *Jürgens* BtPrax 1994, 10.
20 AA Holzhauer/*Reinicke* § 69 i Rz 15.
21 BayObLG FamRZ 2004, 1992; vgl *Schwab* FamRZ 1990, 688.
22 BayObLG FamRZ 1994, 325.
23 Dafür auch *Prütting/Helms/Fröschle* § 293 Rz 29; *Horndasch/Viefhues/Beermann* § 293 Rz 6; *Schwab* FamRZ 1990, 689; Holzhauer/*Reinicke* § 69 i Rz 18; aA *Spanl* Rpfleger 1992, 142: § 1792 BGB sei anzuwenden; nach Keidel/*Budde* § 293 Rz 6 ist § 293 nicht einschlägig; offengelassen BayObLG FamRZ 1994, 325.

genügt dann die Wahrung des rechtlichen Gehörs des Betroffenen. Zuständig ist der Richter[24]. Eine persönliche Anhörung des Betroffenen zum Antrag auf Bestellung eines Gegenbetreuers ist nicht zwingend notwendig, eine Beteiligung der Betreuungsbehörde ist entbehrlich[25]. Bestellt werden können auch Vereine und Vereinsbetreuer. Behördenbetreuer und Behörden zu bestellen erscheint zumindest unzweckmäßig, weil dadurch nur die Arbeit vom Gericht auf die Behörde umgeschichtet würde. Der entsprechenden Anwendung von Abs 3 steht allerdings entgegen, dass der Gegenbetreuer in Wirklichkeit kein Betreuer und kein gesetzlicher Vertreter des Betreuten ist, sondern nur ein Überwacher, ein Aufseher des Betreuers, der dem Betreuungsgericht Belegkontrollarbeiten usw abnehmen soll. Vor Bestellung eines **Rechnungsbeamten** nach § 139 KostO wird dem Betroffenen nicht einmal rechtliches Gehör gewährt, obwohl er ihn (falls vermögend) bezahlen muss.

V. Rechtsmittel

32 Sowohl die Erweiterung des Aufgabenkreises als auch deren Ablehnung sind nach §§ 58 ff, 303 FamFG anfechtbar.

§ 294 Aufhebung und Einschränkung der Betreuung oder des Einwilligungsvorbehalts

(1) Für die Aufhebung der Betreuung oder der Anordnung eines Einwilligungsvorbehalts und für die Einschränkung des Aufgabenkreises des Betreuers oder des Kreises der einwilligungsbedürftigen Willenserklärungen gelten die §§ 279 und 288 Abs. 2 Satz 1 entsprechend.

(2) Hat das Gericht nach § 281 Abs. 1 Nr. 1 von der Einholung eines Gutachtens abgesehen, ist dies nachzuholen, wenn ein Antrag des Betroffenen auf Aufhebung der Betreuung oder Einschränkung des Aufgabenkreises erstmals abgelehnt werden soll.

(3) Über die Aufhebung der Betreuung oder des Einwilligungsvorbehalts hat das Gericht spätestens sieben Jahre nach der Anordnung dieser Maßnahmen zu entscheiden.

---

§ 294 FamFG entspricht §§ 69 Abs 1, 69i Abs 3 und 4 FGG.

I. Verfahrensvorschriften für Aufhebung bzw Einschränkung, Abs 1

1 **1. Anwendungsbereich.** Für folgende vier Verfahren:
- Aufhebung der Betreuung; der Aufhebungsantrag beinhaltet einen Antrag auf Entlassung des Betreuers[1];
- Einschränkung des Aufgabenkreises des Betreuers;
- Aufhebung des Einwilligungsvorbehalts;
- Einschränkung des Kreises der einwilligungsbedürftigen Willenserklärungen;

gelten nach Abs 1 entsprechend:

---

24 *Klüsener* Rpfleger 1991, 228; Holzhauer/*Reinicke* BGB § 1908 i Rz 13; aA *Spanl* Rpfleger 1992, 144; *Dallmayer/Eickmann* RPflG § 14 Rz 82: der Rechtspfleger.
25 BayObLG FamRZ 1994, 325.
1 BayObLG FamRZ 1994, 324.

a) § 279 FamG. Das Gericht hat die sonstigen Beteiligten (vgl § 274 FamFG) anzuhören; ferner die örtlich zuständige Behörde, wenn es der Betroffene verlangt oder es der Sachaufklärung dient. Auf Verlangen des Betroffenen hat das Gericht eine ihm nahe stehende Person anzuhören, wenn dies ohne erhebliche Verzögerung möglich ist. 2

b) 288 Abs 2 Satz 1 FamFG. die Beschlüsse sind der Betreuungsbehörde bekannt zu geben, wenn sie vor deren Erlass angehört wurde. 3

2. Sonstige anzuwendende Vorschriften. – a) Inhalt des Beschlusses (§ 38 FamFG). 4

b) **Rechtsmittelbelehrung** (§ 39 FamFG). 5

c) **Rechtsmittel.** Die Beschwerde gegen derartige Entscheidungen ist im Rahmen von §§ 58 ff, 303 FamFG statthaft. 6

d) **§ 287 FamFG.** Die Aufhebung der Betreuung ist ein Beschluss über den Bestand im Sinne des § 287, wird also mit der Bekanntgabe an den Betreuer wirksam. Sinngemäß gilt das auch die Aufhebung oder Einschränkung eines Einwilligungsvorbehalts[2]. 7

e) **§§ 1 bis 110; §§ 272 bis 277 FamFG.** Doch wird die Bestellung eines Verfahrenspflegers nicht notwendig sein[3]. 7a

3. Einzelheiten. In Abs 1 ist auf § 278 FamFG ausdrücklich nicht verwiesen, weshalb eine erneute **persönliche Anhörung** nicht zwingend vorgeschrieben ist[4], aber im Einzelfall wegen § 26 FamFG erforderlich sein kann[5]. Das rechtliche Gehör muss natürlich gewahrt werden. Wenn das Verfahren nur die Aufhebung betrifft, darf der Betroffene nicht allein deswegen zwangsweise vorgeführt werden[6]. Die Bestellung eines **Verfahrenspflegers** (§ 276 FamFG) ist nicht vorgeschrieben. 8

Gutachten. Auch von einer erneuten Begutachtung bzw Einreichung eines ärztlichen Attests kann abgesehen werden[7], denn auf § 280 FamFG wird nicht verwiesen. Wenn aber ein zeitnahes Gutachten nicht vorliegt, verlangt die Schutzfunktion der Betreuung, dass im Rahmen der Amtsermittlung (§ 26 FamFG) ein Gutachten eingeholt wird[8], falls angebracht. Wenn der Betroffene die Aufhebung beantragt und sich auf eine Besserung seines Zustandes beruft, ist eine Begutachtung erforderlich; jedenfalls dann, wenn das letzte Gutachten längere Zeit (zB ein Jahr und fünf Monate) zurückliegt[9]. Lag bisher kein Gutachten vor, ist § 294 Abs 2 FamFG zu beachten. Das Betreuungsgericht muss im Aufhebungsverfahren keinen anderen Sachverständigen als im Bestellungsverfahren auswählen[10]. Doch wird im Regelfall eine Anhörung oder ein sonstiger persönlicher Kontakt zwischen Gericht und Betreuten sinnvoll sein[11]. 9

---

2 Ebenso *Prütting/Helms/Fröschle* § 294 Rz 11, der hier ein Versehen des Gesetzgebers annimmt.
3 AA *Prütting/Helms/Fröschle* § 294 Rz 12.
4 OLG Karlsruhe FamRZ 1994, 449.
5 OLG Zweibrücken BtPrax 1998, 150.
6 BayObLG 1996, 499.
7 BT-Drucks 11/4528 S. 180.
8 OLG Frankfurt FamRZ 1992, 859.
9 BayObLG FamRZ 2003, 115.
10 BayObLG v 27.1.1994 bei BtE 1994/95 zu § 69i.
11 OLG Karlsruhe FamRZ 1994, 449.

10 **4. Ablehnung der Aufhebung bzw der Einschränkung.** Für das Verfahren vor Ablehnung eines Aufhebungsantrags oder eines Einwilligungsvorbehalts gelten keine besonderen Verfahrensvorschriften[12]; anders natürlich, wenn gleichzeitig die Betreuung verlängert wird. Die Zurückweisung des Antrags auf Aufhebung eines Einwilligungsvorbehalts unterliegt der Beschwerde[13]. Bei einer zulässig eingelegten Beschwerde gegen die Ablehnung einer Betreuungsaufhebung kann das LG nach Ansicht des OLG München[14] die Entscheidung nicht deswegen zurückstellen, weil demnächst im Hinblick auf den festgelegten Überprüfungszeitpunkt erstinstanzlich über die Aufhebung oder Verlängerung der Betreuung zu befinden ist; das Problem ist hier der unnötige, gesetzlich nicht vorgesehene „Zurückstellungsbeschluss".

II. Nachholung der Begutachtung, Abs 2

11 **1. Vom Betroffenen selbst beantragte Betreuung.** Nach § 281 Abs 1 Nr 1 FamFG genügt anstelle eines Sachverständigengutachtens im Sinne von § 280 FamFG ein ärztliches Zeugnis, wenn der Betroffene die Bestellung eines Betreuers **beantragt** *und* auf die Begutachtung verzichtet hat *und* die Einholung des Gutachtens insbesondere im Hinblick auf den Umfang des Aufgabenkreises des Betreuers unverhältnismäßig wäre. Die Regelung steht in Zusammenhang mit § 1908 d Abs 2 BGB. Hat der Betroffene *selbst* die Bestellung eines Betreuers beantragt und hat sich das Gericht im Anordnungsverfahren deshalb mit einem ärztlichen Attest (statt einem Sachverständigengutachten) begnügt, dann stellt sich die Frage nach dem Verfahren, wenn der (geschäftsfähige oder geschäftsunfähige) Betroffene die Aufhebung der Anordnung beantragt.

12 Nach § 1908 d Abs 2 BGB ist dem Aufhebungsantrag zu entsprechen, wenn das Betreuungsgericht die Betreuung nicht mehr für erforderlich hält. Vor dieser Entscheidung ist nach Abs 2 ein Gutachten einzuholen (zu den Themen des § 280 Abs 3 FamFG), wenn

- der Betroffene die Aufhebung der Betreuung beantragt (vgl § 1908 d Abs 2 BGB); oder wenn
- der Betroffene die Einschränkung des Aufgabenkreises des Betreuers beantragt.

13 Die Begutachtung des Betroffenen ist auch dann nachzuholen, wenn die Bestellung eines Betreuers von dem Sozialpsychiatrischen Dienst unter Beifügung einer ärztlichen Stellungnahme angeregt wurde und der Betroffene damit einverstanden war, dann aber die Aufhebung beantragt[15].

14 Um ständig neue unnötige Begutachtungen zu vermeiden, ist das Gutachten in Abs 2 nur vor der ***erstmaligen*** **Antragsablehnung** vorgeschrieben; ob es vor Entscheidung über spätere Anträge einzuholen ist, richtet sich nach § 26 FamFG.

15 Vor Aufhebung oder Einschränkung eines **Einwilligungsvorbehalts** ist eine Nachholung der Begutachtung nicht vorgeschrieben. Stellt der Betroffene einen Aufhebungsantrag, muss, wenn die letzte Begutachtung längere Zeit (mehr als ca ein Jahr) zurückliegt oder der Betroffene nachvollziehbare Tatsachen für eine

12 OLG München NJW-RR 2006, 512; BayObLG FamRZ 1994, 1602; 1998, 323.
13 BayObLG v 13.1.1995 bei BtE 1994/95 zu § 69 i.
14 OLG München FGPrax 2008, 206.
15 KG FGPrax 2006, 260.

Änderung der Sachlage vorbringt, und eine Ablehnung des Aufhebungsantrags beabsichtigt ist, ein Gutachten eingeholt werden.

2. Von Amts wegen angeordnete Betreuung. Abs 2 ist nicht einschlägig, wenn die Betreuung von amts wegen angeordnet wurde. Regt der Betroffene in einem solchen Fall die Aufhebung der Betreuung schon vor Ablauf der regulären Überprüfungsfrist an, richtet sich die Frage, ob er persönlich anzuhören ist und ob ein Gutachten einzuholen ist, nach § 26 FamFG[16]. Hat sich ersichtlich nichts geändert und liegen Anhörung und Gutachten erst kurz zurück können daher Aufhebungsanträge ohne neue Anhörung und neues Gutachten zurückgewiesen werden[17]. 16

3. Bedeutung der Rechtskraft der Betreuerbestellung. Obwohl seit dem 1.9.2009 Beschlüsse in Betreuungssachen mit Ablauf der Beschwerdefrist in formelle Rechtskraft erwachsen, wird die Anordnung einer Betreuung oder eines Einwilligungsvorbehalts nicht materiell rechtskräftig; selbst wenn also die Anordnung „rechtskräftig" ist kann jederzeit die Aufhebung beantragt werden und erfolgen, was aus § 1908 d BGB folgt. 17

III. Überprüfungszeitpunkt

Es gibt folgende Möglichkeiten: (1) die Betreuung wird verlängert, eventuell mit gleichzeitiger Erweiterung oder Einschränkung des Aufgabenkreises; (2) sie wird aufgehoben; (3) es geschieht nichts, die Frist wurde übersehen. 18

Das Gesetz nennt eine Höchstfrist für die Überprüfung, allerdings nur betreffend die Aufhebung von Betreuung bzw Einwilligungsvorbehalt. Für die Einschränkung des Aufgabenkreises oder des Einwilligungsvorbehalts gibt es keine andere (kürzere) gesetzlich vorgeschriebene Frist. Die **Höchstfrist** betrug früher 5 Jahre; das wurde durch das 2. BtÄndG ab 1.7.2005 auf **7 Jahre** verlängert (§ 294 Abs 3 FamFG), um Kosten zu sparen. Denkbar ist aber, dass das Gericht im Anordnungsbeschluss eine kürzere Überprüfungsfrist bestimmt hat, allgemeine oder für einen bestimmten Aufgabenkreis, oder von vornherein die Betreuung nur bis zu einem bestimmten Tag angeordnet hat (zB wenn nur ein bestimmter Vertrag geschlossen werden soll). Die Frist beginnt mit der „Anordnung"; das ist das Datum des Beschlusses, nicht der „Erlass"[18] (so noch § 69 Abs 1 Nr 5 FGG), nicht das Wirksamwerden durch Bekanntgabe an den Betreuer (§ 287 Abs 1 FamFG); denn der Wortlaut stellt ausdrücklich auf die Anordnung ab (zum Erlass vgl § 38 Abs 3 FamFG). 19

Wenn die Betreuung nicht vor diesem Datum verlängert wird, **endet sie nicht automatisch**. Die Nichtbeachtung der Frist hat keine Folgen für das Gericht (allenfalls für die dienstliche Beurteilung des Richters bzw der Geschäftsstelle, die die Eintragung der Frist und Wiedervorlage vergessen hat); die Betreuung verlängert sich bis zur Entscheidung. Die Versäumung der Frist führt auch nicht zum Wegfall des Einwilligungsvorbehalts[19]. Das automatische Ende der Maßnahme war zwar im Regierungsentwurf zum BtG geplant worden[20], ist aber nicht Gesetz geworden[21]. 20

---

16 Keidel/*Budde* § 295 Rz 3.
17 BayObLG FamRZ 1998, 323; OLG Hamm NJW-RR 2001, 326.
18 So aber *Prütting/Helms/Fröschle* § 294 Rz 25.
19 BayObLG FamRZ 1998, 1183 Nr 746 = BtPrax 1998, 110.
20 BT-Drucks 11/4528 S. 175.
21 BT-Drucks 11/6949 S. 80.

21 Schon vor Fristablauf kann der Betroffene oder sonst jemand jederzeit die Aufhebung der Betreuung anregen (§ 1908d BGB) mit der Begründung, die Voraussetzungen (§ 1896 BGB) seien weggefallen; auch das Gericht kann jederzeit ein Überprüfungsverfahren einleiten. Die formelle Rechtskraft des seinerzeitigen Betreuungsanordnungsbeschlusses steht nicht entgegen.

22 Über **Verlängerung** von Betreuung und Einwilligungsvorbehalt ist nach § 295 Abs 2 FamFG zu entscheiden. Insofern liegt eine wenig sinnvolle Überschneidung mit § 294 Abs 3 vor, denn bei der Frage der Verlängerung stellt sich zwangsläufig die Frage der Aufhebung.

§ 295 Verlängerung der Betreuung oder des Einwilligungsvorbehalts

(1) [1]Für die Verlängerung der Bestellung eines Betreuers oder der Anordnung eines Einwilligungsvorbehalts gelten die Vorschriften über die erstmalige Anordnung dieser Maßnahmen entsprechend. [2]Von der erneuten Einholung eines Gutachtens kann abgesehen werden, wenn sich aus der persönlichen Anhörung des Betroffenen und einem ärztlichen Zeugnis ergibt, dass sich der Umfang der Betreuungsbedürftigkeit offensichtlich nicht verringert hat.

(2) Über die Verlängerung der Betreuung oder des Einwilligungsvorbehalts hat das Gericht spätestens sieben Jahre nach der Anordnung dieser Maßnahmen zu entscheiden.

§ 295 FamFG entspricht teils dem früheren § 69 Abs 1 Nr 5 FGG.

I. Verlängerung, Abs 1

1 Nach § 286 Abs 3 FamFG ist zumindest periodisch zu überprüfen, ob sich der psychische Zustand des Betroffenen gebessert hat. Es gibt folgende Möglichkeiten: (1) die Betreuung wird verlängert[1], eventuell mit gleichzeitiger Erweiterung oder Einschränkung des Aufgabenkreises; (2) sie wird aufgehoben; (3) es geschieht nichts, die Frist wurde übersehen (§ 294 Rz 20). Das reguläre Überprüfungsverfahren sollte etwa 2 bis 3 Monaten vor dem Fristablauf eingeleitet werden, damit die Entscheidung rechtzeitig ergeht. Da trotz Fristablauf die Betreuung fortbesteht gilt § 295 FamFG natürlich auch dann, wenn das Verlängerungsverfahren erst nach Fristablauf eingeleitet wird[2].

2 **1. Satz 1:** Nach § 295 Abs 1 Satz 1 sind
- vor Verlängerung der Bestellung eines Betreuers und
- vor Verlängerung der Anordnung eines Einwilligungsvorbehalts[3]

3 die vollen Verfahrensgarantien wie bei erstmaliger Bestellung/Anordnung zu gewähren, also die Bestellung eines Verfahrenspflegers, die Anhörung anderer Beteiligter, die Erholung eines Gutachtens. Insbesondere die *persönliche* Anhörung des Betroffenen und Verschaffung eines persönlichen Eindrucks vom Betroffenen (§ 278 FamFG) ist unabdingbar; das gilt in der Regel auch im Beschwerdeverfahren[4]. Zum Unterbleiben der Anhörung bei Gesundheitsgefährdung vgl § 278 Abs 4 in Verbindung mit § 34 Abs 2 FamFG. Zur Anhörung kann der Betroffene vorgeführt werden (§ 278 Abs 5 FamFG); § 34 Abs 3

1 Dass die Verlängerung „rein prozessualen Charakter" hat, wie *Prütting/Helms/Fröschle* § 295 Rz 3 meint, ist nicht nachvollziehbar.
2 Keidel/*Budde* § 295 Rz 1.
3 BayObLG NJWE-FER 2000, 9.
4 BayObLG FamRZ 1999, 873; OLG Köln FamRZ 2000, 1440.

FamFG ist hier nicht einschlägig. § 294 Abs 3 FamFG und § 295 Abs 2 FamFG gehören an sich zusammen. Wird verlängert hat wiederum ein Beschluss zu ergehen mit dem Inhalt des § 38 FamFG (ggf zusätzlich des § 286 FamFG), jedenfalls mit der Festsetzung eines neuen Überprüfungszeitpunkts (§ 286 Abs 3 FamFG), Begründung, Rechtsmittelbelehrung (§ 39 FamFG). Eine neue Verpflichtung (§ 290 FamFG) entfällt, wenn unverändert verlängert wird. Ebenso wird keine neue Bestellungsurkunde (Betreuerausweis) ausgehändigt (oder der alte Ausweis berichtigt), wenn unverändert verlängert wird; denn der Überprüfungszeitpunkt steht nicht im Ausweis, wie § 290 FamFG zeigt.

2. Verlängerung und Erweiterung/Einschränkung. Für die Erweiterung der 4
Betreuung bzw des Einwilligungsvorbehalts gilt § 293 FamFG, für die Aufhebung § 294 FamFG. Wird anlässlich der Verlängerung der **Aufgabenkreis erweitert** gelten § 295 Abs 1 und § 293 Abs 1 nebeneinander[5]; von der Erholung eines Gutachtens kann in diesem Fall nur abgesehen werden, wenn das sowohl nach § 295 Abs 1 Satz 2 wie nach § 295 Abs 2 zulässig ist. Wird anlässlich der Verlängerung der **Aufgabenkreis eingeschränkt** ist nur § 294 Abs 1 FamFG einschlägig.

3. Verlängerung auf Antrag des Betroffenen. § 295 unterscheidet nicht danach, 5
ob die Betreuung erst anlässlich des bevorstehenden Ablaufs der Regelüberprüfungsfrist oder aus sonstigem Grund (zB anlässlich einer Erweiterung des Aufgabenkreises) schon vorher verlängert wird. Die Verlängerung wird in der Regel von Amts wegen erfolgen; doch ist es auch zulässig, wenn der Betroffene (selbst bei Geschäftsunfähigkeit, § 275 FamFG; § 1896 BGB) selbst die Verlängerung beantragt. Wurde die Betreuung seinerzeit von Amts wegen angeordnet und beantragt jetzt der Betroffene die Verlängerung, dann kann ein Gutachten entbehrlich sein und eine ärztliches Attest kann genügen (§ 281 FamFG). Wurde die Betreuung seinerzeit auf Antrag des Betroffenen angeordnet und stellt der Betroffene jetzt keinen Verlängerungsantrag, ist ein Gutachten nach §§ 280, 282 FamFG notwendig.

4. Keine Verlängerung durch einstweilige Anordnung. Nach Abs 1 Satz 1 gelten 6
für die Verlängerung die Vorschriften über die erstmalige Anordnung. Das bedeutet aber nicht, dass durch eine einstweilige Anordnung (§§ 300, 301 FamFG) verlängert werden könnte[6]. Denn für eine einstweilige Anordnung besteht kein Bedürfnis[7], weil die Betreuung ohnehin nicht endet, wenn die Frist verstrichen ist (§ 286 Abs 3 FamFG). Der Sinn der einstweiligen Anordnung ist, vor erstmaliger Betreuerbestellung einen vorläufigen Betreuer zu bestellen, um der Eilsituation Rechnung zu tragen, nicht aber Versäumnisse des Richters mit einem Verfahrenstrick auszubügeln.

5. Absehen von einem neuen Gutachten (Satz 2) – a) Voraussetzungen. Ein 7
neues Sachverständigengutachten ist entbehrlich, wenn ein vom Gericht eingeholtes ärztliches Zeugnis und die persönliche Anhörung durch den Richter ergeben haben, dass die Betreuung **im bisherigen Umfang** offensichtlich noch erforderlich ist; das sind also drei Voraussetzungen. „Offensichtlich" soll anscheinend bedeuten, dass kein Zweifelsfall vorliegen darf[8]. Ist Abs 1 Satz 2 nicht einschlägig, kommen §§ 280 bis 284 FamFG zum Zug. Unter den Voraussetzungen von § 281 FamFG kann also ein ärztliches Attest genügen.

---

5 *Prütting/Helms/Fröschle* § 295 Rz 2; *Bassenge/Roth* § 295 Rz 1.
6 So aber *Prütting/Helms/Fröschle* § 295 Rz 6.
7 *Bassenge/Roth* § 295 Rz 2.
8 Über einen Zweifelsfall vgl BayObLG FamRZ 2004, 1517 = BTPrax 2004, 148.

8 Ergeben Anhörung und Attest, dass ein **umfassenderer Aufgabenkreis** erforderlich ist, ist § 295 Abs 1 Satz 2 nicht einschlägig; vom Grundsatz ist dann ein Gutachten erforderlich; vgl § 293 Abs 1 FamFG.

9 Ergibt sich, dass eine **Einschränkung des Aufgabenkreises** erforderlich ist, wäre § 295 Abs 1 Satz 2 ebenfalls nicht einschlägig; nach dem Sinn der Regelung muss hier § 294 Abs 1 FamFG zur Anwendung kommen[9].

10 **b) Das ärztliche Zeugnis.** Für das ärztliche Zeugnis sind keine näheren Regelungen getroffen. Es kann sich darauf beschränken, festzustellen, dass sich die Verhältnisse seit dem früheren Sachverständigengutachten nicht geändert haben und dass die voraussichtliche Dauer der weiteren Betreuungsbedürftigkeit x Jahre beträgt[10]; aber auch dann sind zumindest knappe Angaben zum Sachverhalt, zur Vorgeschichte, zu den Untersuchungsergebnissen und zur Beurteilung erforderlich[11].

11 Es liegt im Ermessen des Gerichts, von wem es dieses Zeugnis einholt; es ist eine Frage des Einzelfalls, ob es zweckmäßig ist, den Sachverständigen, der das Gutachten bei der erstmaligen Anordnung erstattet hatte, zu beauftragen. Die Qualifikation des Zeugnis-Ausstellers muss jedenfalls dieselbe sein wie diejenige des Gutachters nach § 280 Abs 1 Satz 2 FamFG. Der **Aussteller des Zeugnisses** muss auch entsprechend § 280 Abs 2 FamFG den Betroffenen vor Erstellung des Zeugnisses persönlich untersuchen oder befragen[12], weil das Gesetz im Grundsatz nach Fristablauf dieselben Verfahrensgarantien wie bei erstmaliger Anordnung geben will. Letztlich soll also durch Satz 2 lediglich Schreibarbeit des Sachverständigen gespart werden. Holt das Betreuungsgericht ein Gutachten ein, ist dies nicht anfechtbar[13]. Vgl § 280 Rz 45.

12 Es ist nicht zulässig[14], **vom Betreuer zu verlangen**, dass er ein solches ärztliches Zeugnis vorlegt; denn die Anordnung und Verlängerung der Betreuung ist ein Amtsverfahren und das Gericht hat daher die Beweisgrundlagen selbst zu beschaffen (§ 26 FamFG) und zu bezahlen (ob sie dann dem Betreuten in Rechnung gestellt werden dürfen richtet sich nach §§ 92 ff KostO). Verfahrensrechtlich kann allerdings ein vom Betreuer vorgelegtes Zeugnis verwertet werden, falls keine inhaltlichen Bedenken bestehen (der Betreuer kann ein Interesse am Fortbestand der Betreuung haben und sucht sich deshalb einen gefälligen Attestaussteller).

13 **6. Materiellrechtliche Kriterien bei Verlängerung.** Voraussetzung der Verlängerung ist materiellrechtlich, dass die Voraussetzungen des § 1896 BGB weiterhin vorliegen. Auf die Verlängerung einer Betreuerbestellung finden auch hinsichtlich der Auswahl des Betreuers die Vorschriften über die Erstbestellung Anwendung[15]. Bei einer Entscheidung über die Verlängerung der Betreuung sind somit hinsichtlich der Auswahl des Betreuers die Vorschriften über die Neubestellung, somit § 1897 BGB, und nicht diejenigen über die Entlassung (§ 1908 b BGB) anzuwenden. Wünscht der Betroffene also zB einen Angehörigen zum Betreuer besteht grundsätzlich eine Bindung des Betreuungsgerichts und der bisherige

9 *Prütting/Helms/Fröschle* § 295 Rz 11 verlangt ein Gutachten, hält das Ergebnis aber für „seltsam".
10 AA Holzhauer/*Reinicke* § 69 i Rz 19.
11 OLG Hamm FamRZ 2000, 494/6.
12 OLG Hamm FamRZ 2000, 494.
13 BayObLG FamRZ 1996, 499; hM; aA KG BtPrax 2001, 42.
14 Nach *Prütting/Helms/Fröschle* § 295 Rz 10 ist es „inhaltlich wie kostenrechtlich problematisch".
15 BayObLG FGPRax 2002, 117; OLG Zweibrücken FGPrax 2002, 112; OLG Hamm NJW-RR 2001, 797.

Berufsbetreuer muss anlässlich der Verlängerung entlassen werden, selbst wenn keine Entlassungsgründe vorliegen.

II. Überprüfungsfrist, Abs 2

14 Das Gesetz nennt eine Höchstfrist für die Überprüfung des Fortbestandes der Betreuung bzw des Einwilligungsvorbehalts. Die **Höchstfrist** betrug früher 5 Jahre; das wurde durch das 2. BtÄndG 2005 auf 7 Jahre verlängert, um Kosten zu sparen. Denkbar ist aber, dass das Gericht im Anordnungsbeschluss eine kürzere Frist bestimmt hat. Die Frist beginnt mit der „Anordnung"; das ist das Datum des Beschlusses, nicht der „Erlass", nicht das Wirksamwerden durch Bekanntgabe an den Betreuer (§ 287 Abs 1 FamFG).

15 Wenn die Betreuung nicht vor diesem Datum verlängert wird, endet sie nicht automatisch, sondern besteht fort[16]. Die Versäumung der Frist führt auch nicht zum Wegfall des Einwilligungsvorbehalts[17]. Das automatische Ende der Maßnahme war zwar im Regierungsentwurf zum BtG geplant worden[18], ist aber nicht Gesetz geworden[19]. Die Nichtbeachtung der Frist hat somit keine Folgen. Unternimmt das Gericht nichts, kann der Betroffene oder sonst jemand jederzeit die Aufhebung der Betreuung anregen (§ 1908 d BGB) mit der Begründung, die Voraussetzungen (§ 1896 BGB) seien weggefallen. Ob eine Rechtswidrigkeitsfeststellung nach § 62 FamFG in Frage kommt ist zweifelhaft.

§ 296 Entlassung des Betreuers und Bestellung eines neuen Betreuers

(1) Das Gericht hat den Betroffenen und den Betreuer persönlich anzuhören, wenn der Betroffene einer Entlassung des Betreuers (§ 1908 b des Bürgerlichen Gesetzbuchs) widerspricht.

(2) [1]Vor der Bestellung eines neuen Betreuers (§ 1908 c des Bürgerlichen Gesetzbuchs) hat das Gericht den Betroffenen persönlich anzuhören. [2]Das gilt nicht, wenn der Betroffene sein Einverständnis mit dem Betreuerwechsel erklärt hat. [3]§ 279 gilt entsprechend.

§ 296 FamFG entspricht § 69 i Abs 7 und 8 FGG.

I. Entlassung eines Betreuers, Abs 1

1 **1. Voraussetzungen und Verfahren.** Nach § 1908 b FGG kann der Betreuer entlassen werden. Das Verfahren regelt § 296 FamFG, aber nur teilweise. Im Übrigen gelten deshalb für ein Entlassungsverfahren die §§ 1 bis 110 sowie §§ 272 bis 277 FamFG. § 278 ist durch die Sonderregelung in § 295 ersetzt. § 279 ist im Falle des § 295 Abs 1 nicht einschlägig, wie der Umkehrschluss aus § 295 Abs 2 zeigt; zur Entlassung des Betreuers ist also keine Anhörung der Betreuungsbehörde und der Vertrauensperson vorgeschrieben. §§ 280 bis 284 sind nicht anzuwenden; es hätte keinen Sinn, den Betreuten durch einen Sachverständigen untersuchen zu lassen, da die Betreuung ja bestehen bleibt.

---

16 Vgl. hierzu *Bienwald* Rpfleger 2010, 119.
17 BayObLG FamRZ 1998, 1183 Nr 746 = BtPrax 1998, 110.
18 BT-Drucks 11/4528 S. 175.
19 BT-Drucks 11/6949 S. 80.

2 In Frage kommt auch eine Teilentlassung bezüglich einzelner Aufgabenkreise[1], auch dann gilt § 296 entsprechend[2]. Trotz Entlassung bleibt die Betreuung bestehen; es ist somit denkbar, dass vorübergehend eine betreuerlose Betreuung besteht, in der der Betreute also ohne gesetzlichen Vertreter ist. Ein Betreuer kann auch durch **einstweilige Anordnung** entlassen werden, § 300 Abs 2 FamFG; dann gelten die dortigen Verfahrensregeln. Für die **Aufhebung der Betreuung** gilt § 294 FamFG, nicht § 295. Wird die Betreuung aufgehoben, fällt das Amt des Betreuers automatisch weg, es erfolgt also nicht daneben noch seine Entlassung.

3 Wird, wie im Regelfall, gleichzeitig mit der Entlassung des bisherigen Betreuers ein neuer Betreuer bestellt, sind dies zwei getrennte Verfahren (mit Unterschieden zB bezüglich der Beschwerdeberechtigung), die aber im selben Beschluss äußerlich zusammen gefasst werden können. Eine Aufspaltung in zwei Beschlüsse ist zweckmäßiger.

4 **Wichtige Gründe** für eine Entlassung des Betreuers sind zB mangelnde Eignung des Betreuers oder dass *mehrere* Betreuer nicht hätten bestellt werden dürfen, weil die Voraussetzungen des § 1899 BGB nicht vorlagen[3]; oder dass der Betreuer selbst seine Entlassung wünscht.

5 Sieht das Gericht einen Anlass, den Betreuer zu entlassen, ist der Betroffene und der Betreuer zu hören, zB schriftlich. **Widerspricht der Betreute** (= Betroffene) der Entlassung seines Betreuers, sind nach Abs 1 der Betroffene und der Betreuer *vor* der Entscheidung vom Gericht *persönlich* anzuhören. Da auf § 278 Abs 1 nicht verwiesen ist, ist keine Umgebungsanhörung erforderlich[4]; eine Anhörung im Wege der Rechtshilfe kann ausreichen. Nach § 34 Abs 2 FamFG kann die *persönliche* Anhörung unterbleiben, wenn hiervon erhebliche Nachteile für die Gesundheit des Betreuten zu besorgen sind oder der Betreute offensichtlich verständigungsunfähig ist. Ist die Anhörung des Betreuten nicht möglich, ist nach Ansicht der Rechtsprechung ein Verfahrenspfleger zu bestellen[5]; freilich fragt sich, wie ein nicht Anhörungsfähiger der Entlassung widersprechen könnte und weshalb eine Teilnahme des Verfahrenspflegers am Kommunikationsgespräch nützlich sein sollte. Hat sich der Betreute zur Frage der Entlassung nicht geäußert, liegt kein „Widerspruch" vor und eine persönliche Anhörung erübrigt sich[6]. Der Verfahrenspfleger kann nicht namens des Betreuten einen Widerspruch erklären und den Widerspruch des Betreuten zurücknehmen. Ein Widerspruch, mündlich oder schriftlich, während des Verfahrens erklärt, ist auch dann beachtlich, wenn der Betreute geschäftsunfähig ist (§ 275 FamFG).

6 Die **Folgen des Ausbleibens beim Anhörungstermin** regelt § 34 Abs 3 FamFG. Eine Vorführung des Betreuten scheidet aus[7]. § 278 Abs 5 FamFG ist nicht einschlägig. Die Anwendung von § 33 Abs 1 und 3 FamFG entfällt schon deshalb[8], weil sie unverhältnismäßig wäre („Wer nicht spurt wird vorgeführt?"). Dass das Nichterscheinen des Betreuten zum Anhörungstermin als Rücknahme seines „Widerspruchs" zu bewerten sei[9], ist nicht haltbar; da können viele Gründe vorliegen.

---

1 OLG Zweibrücken FGPrax 1998, 57; Jansen/*Sonnenfeld* FGG § 69i Rz 35.
2 BayObLG FamRZ 2002, 1656; KG Rpfleger 2009, 21.
3 OLG Schleswig BtPrax 2002, 271.
4 Keidel/*Budde* § 296 Rz 2; *Bassenge/Roth* § 296 Rz 2; *Prütting/Helms/Fröschle* § 296 Rz 7.
5 KG FamRZ 2009, 641; OLG Zweibrücken FGPrax 1998, 57.
6 BayObLG BtPrax 2001, 163.
7 *Bassenge/Roth* § 296 Rz 3 hält eine Vorführung analog §§ 33, 278 Rz 3 für möglich.
8 BayObLG BtPrax 1995, 182 (zum FGG); *Prütting/Helms/Fröschle* § 296 Rz 9.
9 So *Bassenge/Roth* § 296 Rz 2.

7 Aus demselben Grund wird auch der **Betreuer nicht vorgeführt**[10]; er soll entlassen werden, womit er (falls Berufsbetreuer) meist nicht einverstanden sein wird; weshalb sollte man ihn jetzt noch zu einem sinnlosen Gespräch zwingen? Ist der zu entlassende Betreuer unauffindbar, will aber der verwirrte Betreute gleichwohl an ihm festhalten, dann wird die Ansicht vertreten[11], der Betreuer müsse dann durch öffentliche Zustellung geladen werden (mit Hinweis nach § 34 Abs 3 FamFG). Das ist meines Erachtens überflüssig; denn es ist nicht anzunehmen, dass eine untergetauchte Person im elektronischen Bundesanzeiger nach Ladungen sucht und dann erscheint.

8 Wenn der Betreute und bzw oder der Betreuer vorher gemäß § 34 FamFG belehrt wurden und dann nicht erscheinen wird ohne Anhörung entschieden (§ 34 Abs 3 FamFG).

9 Die **persönliche Anhörung** des Betreuten ist **nicht zwingend**, wenn der Betreute selbst die Entlassung des Betreuers erreichen will; sie kann dann aber im Rahmen von § 26 FamFG erfolgen. Eine persönliche Anhörung des Betreuers vor seiner Entlassung ist nicht vorgeschrieben; sie richtet sich nach § 26 FamFG; jedoch muss ihm zuvor rechtliches Gehör gewährt werden. Eine Anhörung ist ferner nicht erforderlich, wenn ein Vereinsbetreuer wegen eines zwingenden Grundes (§ 1908 b Abs 4 Satz 1 BGB) entlassen werden *muss*[12], oder wenn ein Verein bzw eine Behörde entlassen wird.

10 Der **Sinn der Anhörungen** ist nicht ohne weiteres erkennbar. Vermutlich soll das Gericht in der Anhörung versuchen, den Betreuten dazu zu bewegen, dass er mit der Entlassung seines Betreuers, an dem er (trotz Vorliegens von Entlassungsgründen) festhalten will, einverstanden ist. Auch dann bleibt offen, wozu der Betreuer persönlich erscheinen muss. Die offizielle Begründung lautet (politisch korrekt): Mit der Anhörung soll dem persönlichen Verhältnis zwischen den Beteiligten Rechnung getragen werden; Kommunikationsschwierigkeiten sollen leichter festgestellt und behoben werden, die Vertrauensbasis zwischen Gericht und Betroffenem soll erhalten bleiben, indem der Betreute in den Entscheidungsprozess einbezogen wird[13].

11 Widerspricht der Betreute erst **im Beschwerdeverfahren**, ist er vom LG persönlich zu hören[14]. Die Anhörung kann der ersuchte Richter, im Beschwerdeverfahren der beauftragte Richter oder ggf der ersuchte Richter, vornehmen[15]. Das gilt aber nur, wenn der persönliche Eindruck nicht entscheidungserheblich ist; anderenfalls muss die voll besetzte Kammer anhören[16], außer die Sache wurde dem Einzelrichter der Zivilkammer übertragen (§ 68 Abs 4 FamFG). Die Übertragung auf den Einzelrichter muss durch Beschluss der Kammer erfolgen (ungenügend ist zB eine bloße Verfügung des Vorsitzenden).

12 **2. Entscheidung.** Die Entlassung erfolgt durch Beschluss, mit dem Inhalt des § 38 FamFG; eine Rechtsmittelbelehrung ist notwendig (§ 39 FamFG). Der Beschluss wird nach §§ 41, 288 FamFG bekannt gegeben. Die Entlassung wird wirksam mit Bekanntgabe an den entlassenen Betreuer, §§ 40 Abs 1, 287 Abs 1 FamFG. Legt er sogleich Beschwerde ein hat das keine aufschiebende Wirkung. Das Beschwerdegericht kann aber durch eine einstweilige Anordnung

---

10 AA *Prütting/Helms/Fröschle* § 296 Rz 9.
11 *Prütting/Helms/Fröschle* § 296 Rz 10.
12 *Bassenge/Roth* § 296 Rz 2; aA *Prütting/Helms/Fröschle* § 296 Rz 8.
13 BT-Drucks 11/4528 S. 180.
14 BayObLG BtPrax 2001, 37.
15 BayObLG FamRZ 1993, 1225.
16 BayObLG FamRZ 1997, 1360.

(§ 64 Abs 3, 1. Halbs FamFG) die Entscheidung vorerst außer Kraft setzen (Halbs. 2 ist nicht einschlägig, weil es bei der Entlassung keine „Vollziehung" gibt). Folge der Entlassung ist, dass der entlassene Betreuer seinen Betreuerausweis zurückzugeben hat; das kann nach § 35 FamFG vollstreckt werden. Hat der Betreuer seinen Ausweis verloren entfällt mangels Vorschrift ein Aufgebotsverfahren.

13 **3. Beschwerde.** Der Beschluss über die Entlassung oder die Ablehnung der Entlassung ist nach §§ 58 ff FamFG mit Beschwerde anfechtbar; darüber entscheidet das LG. Gegen die Entlassung des bisherigen Betreuers ist der Betreute beschwerdeberechtigt (§§ 58, 59, 303 FamFG), aber auch der entlassene Betreuer[17]. Die Beschwerde des Betreuers ist auch statthaft, wenn nur eine Teilentlassung bezüglich einzelner Aufgabenkreise erfolgt[18]. Der Betreuungsbehörde, wenn sie nicht selbst Betreuer war und auch nicht selbst zum neuen Betreuer bestellt wurde, stand unter Geltung des FGG kein Beschwerderecht zu[19]; denn auf § 69 g Abs 1 FGG war nicht verwiesen worden[20]. Daran dürfte sich nichts geändert haben, weil § 303 Abs 1 Nr 2 FamFG mit „Bestand" wohl nur den Bestand der Betreuung meint.

II. Bestellung eines neuen Betreuers, Abs 2

14 **1. Anhörung.** Stirbt der Betreuer oder wird er entlassen, bleibt die Betreuung bestehen; es ist nach § 1908c BGB ein neuer Betreuer zu bestellen. Das Verfahren regelt § 296 Abs 2 FamFG. Im Wesentlichen geht es um die Fallgruppe des **Betreuerwechsels**. Vor dieser Bestellung ist der Betroffene persönlich anzuhören, aber nicht zwingend in seiner Umgebung. So ist es auch, wenn der ehrenamtliche Betreuer wegen fehlender Eignung durch einen Berufsbetreuer ersetzt werden soll. Wenn der Betreute seinen Willen nicht mehr kundtun kann, kann die Anhörung entfallen (§ 34 Abs 2 FamFG); doch ist dann ein Verfahrenspfleger zu bestellen[21]; zweifelhaft, weil dafür ein Sinn nicht erkennbar ist. Bei Gesundheitsgefährdung kann die persönliche Anhörung unterbleiben (§ 34 Abs 2 FamFG). Zu den Folgen, wenn der Betreute zum Anhörungstermin nicht kommt vgl § 34 Abs 3 FamFG: eine zwangsweise Vorführung des Betroffenen ist unzulässig[22], schon deshalb, weil sie unverhältnismäßig wäre.

15 Will das LG auf die Beschwerde des Betroffenen eine andere Person zum Betreuer bestellen, gelten die obigen Anhörungspflichten auch für das LG[23]. Das Erfordernis persönlicher Anhörung gilt auch dann, wenn der Betroffene durch einen Verfahrensbevollmächtigten (zB Rechtsanwalt) vertreten ist[24].

16 Auf die persönliche Anhörung des Betreuten kann verzichtet werden (Neufassung durch das 1. BtÄndG), wenn sich der Betroffene (zB schriftlich) **mit dem Betreuerwechsel einverstanden** erklärt hat (Satz 2); auch das setzt (trotz § 275 FamFG) voraus, dass er noch versteht, worum es geht. Das Einverständnis muss sich nach Ansicht des OLG Schleswig auf eine konkrete Person beziehen[25]; das

17 BayObLG FamRZ 1997, 1358.
18 KG FGPrax 2009, 16; OLG Brandenburg FamRZ 2007, 1688; BayObLG FamRZ 2004, 734.
19 BayObLG FamRZ 1994, 452.
20 OLG Schleswig FamRZ 1995, 432.
21 KG FGPrax 2009, 16; BayObLG FamRZ 1995, 1232.
22 BayObLG FamRZ 1996, 499.
23 BayObLG FamRZ 1995, 1082.
24 BayObLG FamRZ 1994, 1203.
25 OLG Schleswig FamRZ 2007, 2008 (L) = FGPrax 2007, 269 (der Betroffene wollte „eine Frau" als Betreuerin).

überzeugt nicht, man kann auch abstrakt mit einem Wechsel einverstanden sein, gleichgültig wer dann neuer Betreuer wird.

2. Anwendung von § 279 FamFG. Sie ist in Satz 3 vorgeschrieben und bedeutet: 17

- den sonstigen Beteiligten, zB dem Ehegatten, bestimmten Verwandten (§ 274 Abs 4 FamFG), ist uU Gelegenheit zur Äußerung zu geben, § 279 Abs 1 FamFG;
- der Vertrauensperson ist uU anzuhören (§ 279 Abs 3 FamFG);
- die Betreuungsbehörde ist uU anzuhören (§ 279 Abs 2 FamFG).

3. Entscheidung. Die Bestellung des neuen Betreuers erfolgt durch Beschluss, 18 mit dem Inhalt der §§ 38, 286 FamFG; eine Rechtsmittelbelehrung ist notwendig (§ 39 FamFG). Der Beschluss wird nach §§ 41, 288 FamFG bekannt gegeben. Die Entscheidung wird wirksam mit Bekanntgabe an den Betreuer, §§ 40 Abs 1, 287 Abs 1 FamFG. Legt der Betreute sogleich Beschwerde ein hat das keine aufschiebende Wirkung.

4. Beschwerde. Die Beschwerde gegen die Bestellung des neuen Betreuers steht 19 dem Betreuten zu; den Angehörigen nur im Rahmen von §§ 58 ff, 303 Abs 2 FamFG zu; der Behörde steht die Beschwerde immer zu (§ 303 Abs 1 Nr 1 FamFG), ebenso dem Verfahrenspfleger (§ 303 Abs 3 FamFG). Wird im Rahmen der Verlängerung der Betreuung der bisherige Betreuer entlassen und ein neuer Betreuer bestellt, steht der Tochter (und den anderen privilegierten Verwandten) des Betreuten auch gegen die Auswahlentscheidung ein Beschwerderecht zu[26], jetzt aber nur noch, wenn sie im ersten Rechtszug beteiligt worden ist (§ 303 Abs 2 FamFG).

§ 297 Sterilisation

(1) [1]Das Gericht hat den Betroffenen vor der Genehmigung einer Einwilligung des Betreuers in eine Sterilisation (§ 1905 Abs. 2 des Bürgerlichen Gesetzbuchs) persönlich anzuhören und sich einen persönlichen Eindruck von ihm zu verschaffen. [2]Es hat den Betroffenen über den möglichen Verlauf des Verfahrens zu unterrichten.

(2) Das Gericht hat die zuständige Behörde anzuhören, wenn es der Betroffene verlangt oder es der Sachaufklärung dient.

(3) [1]Das Gericht hat die sonstigen Beteiligten anzuhören. [2]Auf Verlangen des Betroffenen hat das Gericht eine ihm nahestehende Person anzuhören, wenn dies ohne erhebliche Verzögerung möglich ist.

(4) Verfahrenshandlungen nach den Absätzen 1 bis 3 können nicht durch den ersuchten Richter vorgenommen werden.

(5) Die Bestellung eines Verfahrenspflegers ist stets erforderlich, sofern sich der Betroffene nicht von einem Rechtsanwalt oder einem anderen geeigneten Verfahrensbevollmächtigten vertreten lässt.

(6) [1]Die Genehmigung darf erst erteilt werden, nachdem durch förmliche Beweisaufnahme Gutachten von Sachverständigen eingeholt sind, die sich auf die medizinischen, psychologischen, sozialen, sonderpädagogischen und sexualpädagogischen Gesichtspunkte erstrecken. [2]Die Sachverständigen haben den Betroffenen vor Erstattung des Gutachtens persönlich zu untersuchen oder zu befragen. [3]Sachverständiger und ausführender Arzt dürfen nicht personengleich sein.

---

26 BayObLG FamRZ 2001, 252.

(7) Die Genehmigung wird wirksam mit der Bekanntgabe an den für die Entscheidung über die Einwilligung in die Sterilisation bestellten Betreuer und
1. an den Verfahrenspfleger oder
2. den Verfahrensbevollmächtigten, wenn ein Verfahrenspfleger nicht bestellt wurde.

(8) [1]Die Entscheidung über die Genehmigung ist dem Betroffenen stets selbst bekannt zu machen. [2]Von der Bekanntgabe der Gründe an den Betroffenen kann nicht abgesehen werden. [3]Der zuständigen Behörde ist die Entscheidung stets bekannt zu geben.

---

§ 297 FamFG ist zusammengesetzt aus Teilen der früheren §§ 67, 69 a Abs 4, 69 d Abs 3 FGG.

Übersicht

1 **1. Persönliche Anhörung, Abs 1 und 4. – a) Bestellung eines Betreuers.** Wer selbst in seine Sterilisation einwilligen kann (dh Art, Bedeutung und Tragweite des mit der Sterilisation verbundenen Eingriffs erfassen kann), ist insoweit nicht betreuungsbedürftig; eine Bestellung eines Betreuers oder eine Genehmigung der Einwilligung des Betreuers entfällt also. Wer nicht **einwilligungsfähig** ist, braucht für den Aufgabenkreis der Sterilisation einen besonderen Betreuer (§ 1899 Abs 2 BGB), zu bestellen vom Betreuungsgericht (Richter, § 15 RPflG): denn die Entscheidung soll nicht von eigenen Interessen eines im Übrigen personensorgeberechtigten Betreuers beeinflusst werden; auch verlangt die Beurteilung, ob eine Sterilisation verantwortet werden kann, nach Meinung des Gesetzgebers besondere Fachkenntnisse[1]. Der Sterilisationsbetreuer ist entweder ein weiterer Betreuer neben dem im Übrigen vorhandenen Betreuer; dann ist er nach § 293 Abs 3 FamFG zu bestellen. Oder es gibt daneben mangels Bedarf keinen Betreuer; dann ist der Sterilisationsbetreuer nach den allgemeinen Regeln (§§ 272 ff FamFG) zu bestellen. Ein Betreuungsverein oder eine Betreuungsbehörde darf aus politischen Gründen nicht zum Sterilisationsbetreuer bestellt werden (§ 1900 Abs 5 BGB).

2 **b) Genehmigungsverfahren.** Unter den Voraussetzungen des § 1905 BGB kann der speziell hierfür bestellte Betreuer in eine Sterilisation des Betreuten (einer

---

1 BT-Drucks 11/4528 S. 131.

Frau, nicht eines Mannes[2]) einwilligen. Dazu braucht er aber die Genehmigung des Betreuungsgerichts (§ 1905 BGB); zuständig ist der Richter (§ 15 Nr 4 RPflG). Ohne Antrag[3] wird keine Genehmigung erteilt; denn wenn der Betreuer in die Sterilisation ohnehin nicht einwilligen würde, erübrigt sich eine Genehmigung.

Parallelverfahren. Zwar ist das Verfahren der Bestellung eines Sterilisations- 3
betreuers zu unterscheiden vom Verfahren der Genehmigung der Einwilligung dieses Sterilisationsbetreuers; doch können Verfahrenshandlungen (zB Anhörungen) für beide Abschnitte gleichzeitig vorgenommen werden[4]; eine echte „Verbindung" von Verfahren liegt nicht vor.

Beteiligte des Verfahrens sind der Betroffene, der Sterilisationsbetreuer und der 4
Verfahrenspfleger (§§ 7 Abs 2, 274 Abs 1 FamFG); bei Sterilisation einer verheirateten Frau deren Ehegatte (§ 7 Abs 2 Nr 1 FamFG). Zum Verfahren des Gerichts bestimmt Abs 1, dass das Gericht den Betroffenen vor der Genehmigung *persönlich* anzuhören *hat* (schriftliche Anhörung genügt nicht, es besteht kein Ermessen des Gerichts), insbesondere auch festzustellen hat, ob der Betroffene in die Sterilisation einwilligen kann (vgl § 1905 Abs 1 BGB). Der Richter muss sich ferner einen persönlichen Eindruck vom Betroffenen verschaffen. Das entspricht § 278 Abs 1, 2 FamFG. Die Anhörung muss nicht in der Umgebung des Betroffenen (Wohnung, Heim usw) erfolgen.

Die weiteren Einzelheiten regelt § 34 FamFG; § 34 Abs 1 Nr 2 verweist auf 5
§ 297 FamFG. Unter den Voraussetzungen des § 34 Abs 2 FamFG kann die persönliche Anhörung zwar wegen Gesundheitsgefahr etc unterbleiben[5], aber nicht die (schriftliche) Gewährung des rechtlichen Gehörs (Art 103 GG). § 34 Abs 3 FamFG ist wegen der Bedeutung der Angelegenheit nicht anwendbar[6]. Kommt der geladene Betroffene nicht zur Anhörung, sondern bleibt unentschuldigt aus, kann die Anhörung entfallen (§ 34 Abs 3 FamFG). Eine Vorführung durch die Betreuungsbehörde scheidet aus, weil sich § 278 Abs 5 nur auf Verfahrenshandlungen nach § 278 Abs 1 FamFG bezieht, worunter die Anhörung vor Sterilisation nicht fällt. Der Richter hat den Betroffenen über den möglichen Verlauf des Verfahrens zu unterrichten (§ 297 Abs 1 Satz 2 FamFG); das entspricht § 278 Abs 2 Satz 1 FamFG. Verfahrenshandlungen nach Abs 1 dürfen nicht durch den ersuchten Richter vorgenommen werden (Abs 4).

Statistik. Das Verfahren ist insgesamt so kompliziert gestaltet, dass jährlich nicht einmal 6
100 Genehmigungsfälle vorkommen[7]. Die Praxis arbeitet mit Hilfslösungen.

2. Anhörung der Betreuungsbehörde, Abs 2. Das Gericht hat die zuständige 7
Behörde anzuhören, wenn es der/die Betroffene verlangt oder es der Sachaufklärung dient (Abs 2). Da diese Anhörung schriftlich erfolgt, ist Abs 4 nicht verständlich, wonach diese Anhörung nicht durch nicht durch den ersuchten Richter vorgenommen werden können. Die bloße Anhörung macht die Behörde noch nicht zur Beteiligten (§ 7 Abs 6 FamFG). Vor Ablehnung eines Antrags erübrigt sich die Anhörung der Behörde.

---

2 AA Keidel/*Budde* § 297 Rz 1; *Prütting/Helms/Fröschle* § 297 Rz 3.
3 Muster eines Antrags auf Genehmigung einer Sterilisation bei *Kierig/Kretz* S. 105.
4 OLG Hamm NJW 2001, 1800; Keidel/*Budde* § 297 Rz 1; *Prütting/Helms/Fröschle* § 297 Rz 2; aA *Dodegge/Roth* F 139.
5 Nach *Prütting/Helms/Fröschle* § 297 Rz 11 sind §§ 33, 34 unanwendbar, der Betroffene müsse immer persönlich angehört werden.
6 Ebenso mit anderer Begründung Keidel/*Budde* § 297 Rz 4.
7 HK-BUR-*Rink/Deinert* § 1905 Rz 104 a.

8 **3. Anhörung sonstiger Beteiligter, Abs 3.** Das Gericht hat die sonstigen Beteiligten anzuhören (Abs 3 Satz 1); das sind nach § 274 Abs 2 FamFG der Verfahrenspfleger, die Vertrauensperson. Die Behörde fällt nicht darunter, weil die Genehmigung der Sterilisation in § 274 Abs 3 FamFG nicht genannt ist. Die Verwandten müssen erstaunlicherweise nicht zwingend angehört werden (§ 274 Abs 4 FamFG); sie müssen notfalls ihre Beteiligung ausdrücklich beantragen und gegen die Ablehnung mit sofortiger Beschwerde vorgehen (§ 7 Abs 5 Satz 2 FamFG). Allerdings kann der/die Betroffene Verwandte und sonstige Personen als Vertrauenspersonen deklarieren; dann müssen diese Personen vom Betreuungsgericht angehört werden (Abs 3 Satz 2). Vor Ablehnung eines Antrags erübrigt sich die Anhörung der sonstigen Beteiligten.

9 Die Anhörungen dürfen nicht durch den ersuchten Richter vorgenommen werden (**Abs 4**). Sämtliche Anhörungen nach Abs 3 müssen nicht persönlich erfolgen; schriftliche Anhörung genügt, kann aber zB bei Anhörung der Vertrauensperson im Einzelfall unzureichend sein (vgl § 34 Abs 1 FamFG).

10 Das Genehmigungsverfahren kann isoliert an ein ortsnäheres Gericht abgegeben werden (§ 4 FamFG).

11 **4. Bestellung eines Verfahrenspflegers, Abs 5.** Die Bestellung eines Verfahrenspflegers (§ 276 FamFG) ist stets erforderlich, sofern sich der Betroffene nicht von einem Rechtsanwalt oder einem anderen geeigneten Verfahrensbevollmächtigten vertreten lässt. Die Einschränkung entspricht § 276 Abs 4 FamFG.

12 **5. Einholung von Gutachten, Abs 6. – a) Einholung von Sachverständigengutachten.** Die Gutachten sind durch förmliche Beweisaufnahme, also nach den Regeln des Strengbeweises (§ 30 FamFG) einzuholen, aber nicht mehr, wenn die Ablehnung des Genehmigungsantrags bevorsteht[8]. Das bedeutet, dass §§ 402 ff ZPO heranzuziehen sind. Eine Verwertung von Gutachten aus anderen Akten (§ 411 a ZPO) dürfte kaum in Frage kommen. Die Gutachten müssen sich auf fünf Gesichtspunkte erstrecken:

- **Medizinische:** Einwilligungsfähigkeit des Betroffenen? Einwilligungsunfähigkeit dauernd oder vorübergehend? Notlagensituation? Welche Methoden kommen in Frage? Auswirkungen auf den Betroffenen? Kann einer Methode, die die Rückgängigmachung (Refertilisierung) zulässt, der Vorzug gegeben werden?
- **Psychologische:** Einwilligungsfähigkeit des Betroffenen? Deren Dauer? Notlagensituation?
- **Soziale:** zur Beurteilung der Gesamtsituation[9], finanzielle Verhältnisse, Wohnsituation und Ausbildungsstand;
- **Sonderpädagogische:** Einwilligungsunfähigkeit? Deren Dauer? Prognose über Entwicklungsmöglichkeiten und Lebensperspektive des Betroffenen[10], Notlagensituation?
- **Sexualpädagogische:** Kann der Betroffene – zB nach therapeutischen Maßnahmen – in die Lage versetzt werden, Schwangerschaft auf andere Weise als durch Sterilisation (zB durch Pille, Kondome) zu verhüten? Oder anders ausgedrückt, kann ihm der Gebrauch von Verhütungsmitteln zuverlässig beigebracht werden? Wie sicher sind diese Mittel, wie zuverlässig ist der Betroffene? Sind diese Mittel zumutbar, welche Nebenwirkungen sind insbesondere im Einzelfall zu erwarten?

---

8 *Bassenge/Roth* § 297 Rz 8.
9 BT-Drucks 11/4528 S. 177.
10 BT-Drucks 11/4528 S. 177.

b) **Person der Sachverständigen.** Die Sachverständigen dürfen mit dem ausführenden Arzt nicht personengleich sein (Abs 6 Satz 3); damit sollen Interessenkonflikte hauptsächlich finanzieller Art ausgeschlossen werden. Die Qualifikation der Sachverständigen ist im Gesetz nicht vorgeschrieben. Die Auswahl erfolgt durch das Gericht. Vgl § 407a ZPO. Die Bezahlung des Sachverständigen erfolgt nach dem JVEG. 13

c) **Verfahren der Sachverständigen.** Die Sachverständigen müssen den Betroffenen vor Erstattung des Gutachtens persönlich untersuchen oder befragen (Abs 3 Satz 2); ein Gutachten nach Aktenlage genügt also nicht. Mindestens zwei Gutachten müssen eingeholt werden, weil die fünf Aspekte von einem einzigen Sachverständigen angeblich nicht abgedeckt werden können[11]. 14

6. Entscheidung des Gerichts. – a) Beschluss. Die Entscheidung (Beschluss mit den Formalien von § 38 FamFG) lautet zB: „Die Einwilligung des Betreuers in die Sterilisation der Betroffenen X wird genehmigt". § 40 Abs 2 Satz 2 FamFG ist nicht einschlägig (Rz 18). Eine Begründung ist notwendig (§ 38 Abs 3, Abs 5 Nr 3 FamFG), ebenso eine Rechtsmittelbelehrung (§ 39 FamFG). Eine Kostenentscheidung ist denkbar (§ 81 FamFG). Da nach § 1905 Abs 2 Satz 3 BGB bei der Sterilisation der Methode der Vorzug zu geben ist, die eine Refertilisierung zulässt, fragt sich, ob die Methode dem ausführenden Arzt überlassen bleiben soll oder vom Gericht bestimmt wird. Die Motive[12] äußern sich dazu nicht. Die vorausgegangene umfangreiche Begutachtung spricht dafür, die vom Arzt zu wählende Methode in den Beschlusstenor aufzunehmen[13]. 15

b) **Bekanntgabe des Beschlusses, Abs 8.** Die Entscheidung über die Genehmigung ist dem Betroffenen stets selbst bekannt zu machen (Abs 8 Satz 1), sowohl die Genehmigung wie die Ablehnung der Genehmigung. Von der Bekanntgabe der Gründe an den Betroffenen kann nicht abgesehen werden (Abs 8 Satz 2), auch nicht, wenn hierbei angeblich Gesundheitsgefährdung besteht; hier weicht das FamFG von § 288 Abs 1 FamFG ab. Der Betreuungsbehörde ist die Entscheidung stets bekannt zu geben (Abs 8 Satz 3). Da sie nicht Beteiligte ist (§ 274 FamFG), ist war dies besonders zu regeln. Den anderen Beteiligten, also insbesondere den als Beteiligten hinzugezogenen Verwandten, dem Verfahrenspfleger und der Vertrauensperson, ist der Beschluss ebenfalls mitzuteilen. 16

c) **Wirksamwerden der Genehmigung, Abs 7.** Die Genehmigung wird nicht schon mit Bekanntgabe an den gewöhnlichen Betreuer wirksam (§ 287 Abs 1 FamFG), sondern nach der Sonderregelung in § 297 Abs 7 mit der Bekanntgabe an den Verfahrenspfleger (bzw Verfahrensbevollmächtigten des Betroffenen) und den Sterilisationsbetreuer. Der spätere Zeitpunkt ist entscheidend.[14] 17

d) **Durchführung der Sterilisation.** Der Eingriff darf erst **zwei Wochen** nach Wirksamwerden des Beschlusses (dh ab der letzten Bekanntgabe) durchgeführt werden, § 1905 Abs 2 Satz 2 BGB; eine formelle Rechtskraft des Beschlusses ist also nicht erforderlich. § 40 Abs 2 FamFG (der Rechtskraft verlangt) ist nicht einschlägig, weil keine Genehmigung eines „Rechtsgeschäfts" vorliegt[15]. Der Betroffene bzw sein Verfahrenspfleger soll noch die Möglichkeit haben, Beschwerde einzulegen. Da aber die Beschwerdefrist nach dem FamFG ein Monat beträgt (nach dem FGG waren es zwei Wochen, § 22 FGG) kann es sein, dass sterilisiert wird, obwohl für die betroffene Frau und ihren Verfahrens- 18

11 BT-Drucks 11/4528 S. 177.
12 BT-Drucks 11/6949 S. 73.
13 AA Keidel/*Budde* § 297 Rz 9.
14 OLG Düsseldorf FamRZ 1996, 375; *Prütting/Helms/Fröschle* § 297 Rz 34.
15 *Bassenge/Roth* § 297 Rz 11.

pfleger die Rechtsmittelfrist noch läuft; das ist merkwürdig (ist die Sache so eilig?).

19 Ob die Genehmigung wirksam ist und er also tätig werden kann, kann **der ausführende Arzt** nur feststellen, wenn er genügend rechtskundig ist und die Gerichtsakten einsehen kann. Denn er muss feststellen, wann der Beschluss wem bekannt gegeben wurde und muss wissen, dass es gegebenenfalls auf die Bekanntgabe und nicht auf die (unwirksame) Zustellung ankommt. Ein Rechtskraftzeugnis (§ 46 FamFG) entfällt, weil Rechtskraft des Beschlusses in § 1905 Abs 2 Satz 2 BGB nicht verlangt wird (anders als in § 40 Abs 2 FamFG). Ein Zeugnis des Richters, Rechtspflegers oder Urkundsbeamten, dass die Genehmigung seit dem ... wirksam ist, ist im FamFG nicht vorgesehen[16]. Man wird aber das Betreuungsgericht (Richter) für verpflichtet ansehen müssen, dem Arzt auf dessen Anfrage mitzuteilen, wann die letzte Bekanntgabe des Beschlusses war, von welcher ab die Zweiwochenfrist zu errechnen ist. Andernfalls müsste der Sterilisationsbetreuer, der Beteiligter ist und daher ein Akteneinsichtsrecht hat (§ 13 Abs 1 FamFG), aus der Betreuungsakte entsprechende Kopien besorgen.

20 Aus dem Gesetzestext folgt, dass die Sterilisation auch dann noch durchgeführt werden darf, wenn die Betroffene bzw ihr Verfahrenspfleger bereits (sogar innerhalb der Zweiwochenfrist) Beschwerde eingelegt hat; denn die Beschwerde hat keine aufschiebende Wirkung. Helfen könnte, wenn gleichzeitig mit der Beschwerdeeinlegung ein **Antrag auf einstweilige Anordnung** (§ 64 Abs 3 FamFG) durch das Beschwerdegericht (LG) gestellt wird; da aber die Beschwerde beim Amtsgericht einzulegen ist (§ 64 Abs 1 FamFG) und die Vorlage an das LG mindestens einige Tage dauert, beim LG die Entscheidung über die einstweilige Anordnung ebenfalls nicht schnell getroffen wird, bleibt der Betroffenen letztlich nur, sich verborgen zu halten und so die Sterilisation faktisch zu verhindern.

21 Wird die Betreute **vor Ablauf der Zweiwochenfrist sterilisiert**, war dies rechtswidrig und ist der Beschluss auf Beschwerde aufzuheben, obwohl sich die Hauptsache an sich erledigt hat[17]. Erfolgt die Sterilisation nach Wirksamwerden der Genehmigung, also nach Ablauf der Zweiwochenfrist, und wird dann Beschwerde eingelegt ist die Beschwerde unzulässig, weil sich das Verfahren durch Zeitablauf erledigt hat. Ein Verfahren nach § 62 FamFG ist weiterhin denkbar.

22 Den **Arztvertrag** und alle sonstigen zur Durchführung der Sterilisation erforderlichen Verträge soll der besondere Betreuer schließen können[18]. Meines Erachtens fällt das auch in die Kompetenz des allgemeinen Betreuers mit entsprechendem Aufgabenkreis.

23 **7. Rechtsmittel.** Der Beschluss unterliegt der befristen Beschwerde nach §§ 58 ff FamFG. Würde man den Beschluss als einen auffassen, der die Genehmigung eines Rechtsgeschäfts zum Gegenstand hast, würde die Beschwerdefrist zwei Wochen betragen (§ 63 Abs 2 Nr 2 FamFG). Da aber kein Rechtsgeschäft genehmigt wird, beträgt die Beschwerdefrist ein Monat (§ 63 Abs 1 FamFG)[19]. Beschwerdeberechtigte: §§ 59 ff, 303 FamFG.

---

16 Keidel/*Budde* § 297 Rz 10.
17 OLG Düsseldorf FamRZ 1996, 375.
18 So BT-Drucks 11/4528 S. 131.
19 *Bassenge/Roth* § 297 Rz 15; *Prütting/Helms/Fröschle* § 297 Rz 42.

§ 298 Verfahren in Fällen des § 1904 des Bürgerlichen Gesetzbuchs

(1) [1]Das Gericht darf die Einwilligung eines Betreuers oder eines Bevollmächtigten in eine Untersuchung des Gesundheitszustandes, eine Heilbehandlung oder einen ärztlichen Eingriff (§ 1904 Absatz 1 des Bürgerlichen Gesetzbuchs) nur genehmigen, wenn es den Betroffenen zuvor persönlich angehört hat. [2]Das Gericht soll die sonstigen Beteiligten anhören. [3]Auf Verlangen des Betroffenen hat das Gericht eine ihm nahestehende Person anzuhören, wenn dies ohne erhebliche Verzögerung möglich ist.

(2) Das Gericht soll vor der Genehmigung nach § 1904 Absatz 2 des Bürgerlichen Gesetzbuchs die sonstigen Beteiligten anhören.

(3) Die Bestellung eines Verfahrenspflegers ist stets erforderlich, wenn Gegenstand des Verfahrens eine Genehmigung nach § 1904 Absatz 2 des Bürgerlichen Gesetzbuchs ist.

(4) [1]Vor der Genehmigung ist ein Sachverständigengutachten einzuholen. [2]Der Sachverständige soll nicht auch der behandelnde Arzt sein.

---

§ 298 Abs 1, 3 und 4 FamFG ist zusammengesetzt aus Teilen der früheren §§ 68a, 69d FGG. § 298 trat nicht in der ursprünglichen Fassung des FamFG in Kraft, sondern in der Fassung des 3. BtÄndG 2009.

Übersicht

Rz

I. Allgemeines

1 Der ärztliche Eingriff stellt nach hM[1] eine Körperverletzung und unerlaubte Handlung dar, wenn er ohne Einwilligung des Betroffenen vorgenommen wird. Für die Wirksamkeit der Einwilligung kommt es nicht auf die Geschäftsfähigkeit des Betroffenen an, sondern auf die natürliche Einsichts- und Steuerungsfähigkeit[2]. Ist der Betroffene einwilligungsunfähig[3], kann der Betreuer (im Rahmen seines Aufgabenkreises) bzw Vorsorgebevollmächtigte (soweit der Umfang der schriftlichen Vollmacht dies umfasst) für ihn die Einwilligung erteilen; ist der Betroffene selbst noch einwilligungsfähig, entscheidet er allein und die Sache geht den Betreuer nichts an, auch wenn er oder die Ärzte die Entscheidung des Betroffenen für unrichtig halten. In den schweren Fällen des § 1904 Abs 1 BGB (in der Praxis: meist Amputationen) bedarf diese **Einwilligung** der Genehmigung des Gerichts. § 1904 Abs 2 BGB, eingefügt durch das 3. BtÄndG, regelt seit 1.9.2009 die Fälle der **Nichteinwilligung** (in der Praxis meist Abbruch der künstlichen Ernährung, so dass der Betroffene stirbt). Seit 1.9.2009 ist in beiden Fällen die **Genehmigung des Betreuungsgerichts entbehrlich**, wenn zwischen Arzt und Stellvertreter (Betreuer, Bevollmächtigter) Konsens besteht, dass die ärztliche Maßnahme dem wirklichen oder mutmaßlichen Willen des Betroffenen entspricht (§ 1904 Abs 4 BGB); der Schutz des Betroffenen ist dadurch unterminiert. Das Verfahren bei einer Genehmigung regelt § 298 FamFG. Ohne Antrag des Betreuers bzw Bevollmächtigten wird keine Genehmigung erteilt; denn wenn der Stellvertreter in die ärztliche Maßnahme ohnehin nicht einwilligen würde, erübrigt sich eine Genehmigung. Dass die Einwilligung auch von einem Bevollmächtigten erteilt werden kann (§ 1904 Abs 5, zuvor Abs 2 BGB), wurde durch das 1. BtÄndG 1998 eingefügt.

2 § 298 FamFG ist analog anzuwenden, wenn das Gericht nach §§ 1908 i, **1846 BGB** die Genehmigung selbst erteilt[4].

3 § 298 Abs 1, 2, 4 FamFG gelten nach ihrem Wortlaut nicht, wenn die Genehmigung **abgelehnt** werden soll. In einem solche Fall hat aber auch die Bestellung eines Verfahrenspflegers keinen Sinn (obwohl § 298 Abs 3 FamFG offenbar vom Gegenteil ausgeht).

Betroffener noch selbst einwilligungsfähig	Betroffener ist einwilligungsunfähig	
Betreuer hat keine Kompetenz; Genehmigung des Gerichts entfällt, § 298 FamFG nicht einschlägig	Medizinische Maßnahme „ungefährlich“	Medizinische Maßnahme „gefährlich“, § 1904 Abs 1 BGB

1 Palandt/*Sprau*, § 823 BGB Rz 134 mit Nachw.
2 BGH NJW 1970, 511; 1972, 335; zum Problem vgl *Neyen*, Die Einwilligungsfähigkeit im Strafrecht, Diss Trier 1991, S. 5.
3 Zur Einwilligungsfähigkeit alter Menschen in Heileingriffe vgl *Neyen* (Fußn. 2), S. 75.
4 *Prütting/Helms/Fröschle* § 298 Rz 4.

Betroffener noch selbst einwilligungsfähig	Betroffener ist einwilligungsunfähig	
	Einwilligung des Betreuers erforderlich	Einwilligung des Betreuers + Genehmigung des Gerichts erforderlich. Genehmigung entbehrlich bei Eilfällen (§ 1904 Abs 1 Satz 2 BGB) und bei Konsens Arzt/Stellvertreter (§ 1904 Abs 4 BGB)

II. Fälle des § 1904 Abs 1 BGB

1. Persönliche Anhörung des Betroffenen. – a) Grundsatz. Das Gericht darf die Einwilligung eines Betreuers oder eines Bevollmächtigten in den Fällen des § 1904 BGB nur genehmigen, wenn es den Betroffenen zuvor persönlich angehört hat (Abs 1 Satz 1; § 34 Abs 1 Nr 2 FamFG). Eine schriftliche Anhörung genügt nicht; es besteht kein Ermessen des Gerichts, ob es anhört oder nicht. Zuständig ist der Richter (§ 15 Nr 4 RPflG), nicht der Rechtspfleger. Eine Anhörung durch den Rechtshilferichter ist nicht untersagt. 4

Die Anhörung muss nicht in der Umgebung des Betroffenen (Wohnung, Heim usw) erfolgen. Bei der Anhörung ist insbesondere auch festzustellen, ob der Betroffene noch selbst einwilligungsfähig ist. Nicht vorgeschrieben ist, dass sich der Richter einen persönlichen Eindruck vom Betroffenen verschaffen muss; nicht vorgeschrieben ist ferner, dass der Richter den Betroffenen über den möglichen Verlauf des Verfahrens zu unterrichten hat; doch ergibt sich beides von selbst beim Gespräch mit einem Kranken. 5

b) Die persönliche **Anhörung des Betroffenen kann unterbleiben**, wenn hiervon erhebliche Nachteile für seine Gesundheit zu besorgen sind oder der Betroffene offensichtlich nicht in der Lage ist, seinen Willen kundzutun (§ 34 Abs 2 FamFG); das ist jedenfalls in den Gründen der Entscheidung näher darzulegen. 6

aa) Erhebliche Nachteile. Das Gericht kann diese Überzeugung gewinnen, ohne Sachverständigengutachten oder ärztliche Atteste einzuholen, zB aus dem Eindruck bei der früheren persönlichen Anhörung nach § 278 FamFG oder aus dem früher erholten Gutachten. 7

bb) Verständigungsunfähigkeit. Sie muss nicht durch einen unmittelbaren Eindruck des Gerichts festgestellt worden sein, sondern kann sich zB aus dem vorangegangenen Verfahren ergeben haben (frühere Anhörungen nach § 278 FamFG, frühere Gutachten nach § 280 FamFG). In solchen Fällen kann die Bestellung eines **Verfahrenspflegers** nach § 276 Abs 1 FamFG erforderlich sein. 8

cc) Bei beabsichtigter Ablehnung der Genehmigung. Nach § 69 d Abs 1 FGG war die Anhörung vor einer entsprechenden „Entscheidung" erforderlich, also auch vor Ablehnung der Genehmigung, was nicht sinnvoll war. Der jetzige Gesetzestext stellt klar, dass in einem solchen Fall keine persönliche Anhörung des Betroffenen erforderlich ist. 9

c) **Keine Vorführung.** Wird der Betroffene zur Anhörung geladen bzw vom Richter in der Klinik aufgesucht, bleibt er aber aus, scheidet eine Vorführung 10 durch die Betreuungsbehörde aus, weil § 278 Abs 5 FamFG sich nur auf § 278 Abs 1 FamFG bezieht, wo die Genehmigung nach § 1904 BGB nicht genannt ist. Kommt der geladene Betroffene nicht zur Anhörung, sondern bleibt unentschuldigt aus, kann die persönliche Anhörung entfallen (§ 34 Abs 3 FamFG). Die (schriftliche) Gewährung des rechtlichen Gehörs (Art 103 GG) darf auch in einem solchen Fall nicht unterbleiben.

11 **2. Verfahrenspfleger.** In den Fällen des § 1904 Abs 1 BGB ist die Bestellung des Verfahrenspflegers nicht zwingend, sondern richtet sich nach § 276 FamFG.

12 **3. Anhörung sonstiger Beteiligter, Abs 1 Satz 2.** Das Gericht *soll* die sonstigen Beteiligten anhören; das muss nicht notwendig persönlich sein (Ausnahme: § 34 Abs 1 Nr 1 FamFG), schriftliche Anhörung kann genügen. Die sonstigen Beteiligten sind jedenfalls die in § 274 FamFG genannten Personen, also der Verfahrenspfleger (falls bestellt) und der Betreuer (bzw Bevollmächtigte). Beim Verfahrenspfleger ist die Beteiligung zwingend, weil sonst das rechtliche Gehör verletzt würde; hier ist das „soll" als „muss" zu lesen[5]. Betreuer bzw Bevollmächtigte müssen ebenfalls zwingend beteiligt werden, weil sie in den Eingriff einwilligen wollen. Zweifelhaft ist, ob die Angehörigen und die Vertrauensperson (dazu Rz 13) beteiligt werden können und ggf „sollen": § 274 Abs 3, auf den Abs 4 verweist, nennt den Genehmigungstatbestand des § 298 FamFG nicht ausdrücklich; anders wäre es, wenn man die Genehmigung als zum „Umfang, Inhalt" der Betreuerbestellung gehörig auffasst, was mir zutreffender erscheint (vgl § 274 Rz 13). Die Betreuungsbehörde ist nicht zwingend Beteiligte, kann auch nicht hinzugezogen werden, falls die Genehmigung einer ärztlichen Maßnahme nicht unter § 274 Abs 3 FamFG fällt.

13 **4. Anhörung der Vertrauensperson, Abs 1 Satz 3.** Der Betroffene kann irgendeine Person (oder auch mehrere Personen) als seine Vertrauensperson deklarieren und dann verlangen, dass sie angehört wird. Dem Gericht steht die Bewertung, ob jemand dem Betroffenen „nahe steht" oder nicht, nicht zu. Das Gericht hat dem zu entsprechen, *wenn* dies ohne erhebliche Verzögerung möglich ist. Benennt jemand den Papst als seine Nähe-Person, unterbleibt deshalb die Anhörung. Die Anhörung erfolgt schriftlich, persönlich nur im Falle des § 34 Abs 1 Nr 1 FamFG. Die Vertrauensperson wird durch die Anhörung nicht „Beteiligter", vgl § 7 Abs 6 FamFG.

14 **5. Entbehrlichkeit einer Genehmigung.** Eine Genehmigung des Gerichts ist entbehrlich (und auch gar nicht möglich), wenn durch das gerichtliche Verfahren, das zu Verzögerung führt, Gefahr für den Betroffenen verbunden wäre (§ 1904 Abs 1 Satz 2 FamFG); die Einwilligung des Betreuers bzw des Bevollmächtigten ist aber notwendig, wenn der Betroffene selbst nicht mehr einwilligungsfähig ist. Wenn die Einwilligung dieses Stellvertreters wegen Gefahr nicht erholt werden kann, ist nicht einmal die Einwilligung des Betreuers oder des Patienten notwendig; dann hilft die Annahme einer **mutmaßlichen Einwilligung**[6]. Bei bewusstlosen Unfallopfern kann daher beispielsweise ohne jegliche Einwilligung oder Genehmigung sofort operiert werden.

15 Eine Genehmigung des Gerichts erübrigt sich ferner bei Konsens zwischen Betreuer bzw Bevollmächtigtem und Arzt (§ 1904 Abs 4 BGB).

5 *Prütting/Helms/Fröschle* § 298 Rz 11.
6 *Tröndle/Fischer*, StGB § 223 Rz 15; MünchKomm/*Schwab* § 1904 Rz 57.

6. Genehmigung durch einstweilige Anordnung? Genehmigungen des Gerichts durch einstweilige Anordnungen sind in den Fällen des § 1904 BGB nicht möglich, wie der Wortlaut der §§ 300, 301 FamFG zeigt. Allenfalls könnte das Betreuungsgericht (Richter) anstelle des noch nicht bestellten oder verhinderten Betreuers selbst eine Einwilligung erteilen (§§ 1908i Abs 1, 1846 BGB). Solche Fälle werden selten sein, denn wenn mit dem Genehmigungsverfahren eine gefährliche Verzögerung eintritt, kann der Arzt nach § 1904 Abs 1 Satz 2 BGB ohnehin ohne Genehmigung und mittels mutmaßlicher Einwilligung des Betroffenen handeln. 16

7. Statistik. Im Bundesgebiet gibt es mehr als 1,2 Millionen Betreuungen. 2007 wurden nur 3.513 Genehmigungen für die Fallgruppe § 1904 BGB erteilt[7], obwohl beispielsweise jede Amputation genehmigungsbedürftig ist (nach Schätzungen gibt es in Deutschland jährlich ca 60.000 Amputationen, davon 70 % Diabetiker). Das zeigt, dass man in der Praxis mit „Hilfslösungen" arbeitet, den Betroffenen also als einwilligungsfähig behandelt und, wenn er sich noch artikulieren kann, von einer Einwilligung ausgeht. Ab 1.9.2009 wird es wegen § 1904 Abs 4 BGB nur noch sehr selten Genehmigungsfälle geben. 17

III. Fälle des § 1904 Abs 2 BGB

1. Allgemeines. Nach § 1904 Abs 2 BGB bedarf die Nichteinwilligung oder der Widerruf der Einwilligung des Betreuers (bzw Bevollmächtigten) in eine Untersuchung des Gesundheitszustands, eine Heilbehandlung oder einen ärztlichen Eingriff der Genehmigung des Betreuungsgerichts, wenn die Maßnahme medizinisch angezeigt ist und die begründete Gefahr besteht, dass der Betreute auf Grund des Unterbleibens oder des Abbruchs der Maßnahme stirbt oder einen schweren und länger dauernden gesundheitlichen Schaden erleidet. Mit diesem verklausulierten Satz sind die Fälle gemeint, in denen die künstliche Ernährung eines Betreuten oder Vollmachtgebers mit ärztlicher Hilfe eingestellt werden soll, so dass er stirbt. Allerdings ist nach § 1904 Abs 4 BGB ohnehin keine Genehmigung des Gerichts erforderlich, wenn zwischen Betreuer (bzw Bevollmächtigtem) und Arzt Einigkeit darüber besteht, dass der Abbruch der Ernährung dem Willen des Betreuten bzw Vollmachtgebers entspricht. Für die Fälle des § 1904 Abs 2 BGB gelten § 298 Abs 2, 3, 4 FamFG. 18

2. Anhörung des Betroffenen, Abs 2. Erstaunlicherweise ist in § 298 nicht vorgeschrieben, dass das Gericht den Betreuten (bzw Vollmachtgeber) *persönlich* anhören muss oder sich von ihm einen Eindruck verschaffen muss, was sonst bei zahlreichen Kleinigkeiten notwendig ist. Bei der Genehmigung einer Operation wird also vom Richter eine intensivere Kontaktaufnahme mit dem Betroffenen verlangt als wenn seine Ernährung abgebrochen werden soll, so dass er stirbt; das ist nicht nachvollziehbar[8]. Es ist aber (schon wegen Art 103 GG; § 26 FamFG[9]) unabdingbar, dass sich der Richter persönlich überzeugt, dass der Betroffene seinen Willen nicht äußern kann[10] oder, falls dies noch der Fall ist, was sein Wille ist. Dass der Betroffene als Beteiligter anzuhören ist (aber nicht notwendig persönlich) folgt ohnehin aus § 274 Abs 1 Nr 1 FamFG. 19

3. Bestellung eines Verfahrenspflegers, Abs 3. Kommt eine Genehmigung nach § 1904 Abs 2 in Frage, *muss* das Betreuungsgericht (Richter) baldigst einen 20

7 HK-BUR-*Deinert* § 1904 Rz 37.
8 Keidel/*Budde* § 298 Rz 6 (nimmt deshalb ein Redaktionsversehen an).
9 *Bork/Jacoby/Schwab/Heiderhoff* § 298 Rz 7.
10 *Prütting/Helms/Fröschle* § 298 Rz 31.

Verfahrenspfleger bestellen. Dies ist schon deshalb notwendig, weil andernfalls der Genehmigungsbeschluss nicht wirksam werden kann (§ 287 Abs 3 FamFG). Als geeignete Verfahrenspfleger für diese spezielle Problematik wird man in der Regel nur Rechtsanwälte ansehen können. Entsprechend § 276 Abs 4 entfällt die Bestellung, wenn der Betroffene ohnehin von einem Rechtsanwalt vertreten wird[11]; der Vergleich des Wortlauts von § 298 Abs 3 mit dem § 297 Abs 5 deutet allerdings darauf hin, dass der Gesetzgeber unbedingt den Verfahrenspfleger dabei haben will.

21 4. **Beteiligte.** Die Beteiligten nennt § 7 Abs 2 Nr 1 und § 274 FamFG, also der Betroffene, der Betreuer bzw Bevollmächtigte, der Verfahrenspfleger. Ob die Angehörigen und die Vertrauensperson beteiligt werden können, ist wie schon bei Abs 1 unklar: ob der Genehmigungsfall unter § 274 Abs 3, auf den Abs 4 verweist, fällt, also unter „Umfang, Inhalt" der Betreuerbestellung, ist nicht eindeutig. Teils wird daher die Möglichkeit, die **Angehörigen** zu beteiligen, verneint[12]; zutreffender ist mE, sie zu bejahen. Es kann nicht sein, dass die erwachsenen Kinder nicht mitreden dürfen, wenn ihr Vater bzw Mutter durch Abbruch der Ernährung sterben soll; das dürfte mit Art 6 GG nicht vereinbar sein. Erst recht ist der **Ehegatte** unmittelbar in eigenen Rechten betroffen (§ 7 Abs 2 Nr 1 FamFG), wenn der Partner durch Ernährungsabbruch getötet werden soll. Die Betreuungsbehörde ist nicht zwingend Beteiligte, kann auch nicht hinzugezogen werden, da die Genehmigung einer ärztlichen Maßnahme nicht unter § 274 Abs 3 FamFG fällt.

22 Falls man die Angehörigen in der Genehmigungsfrage nicht als beteiligungsfähig ansieht, sind sie jedenfalls im Rahmen von § 26 FamFG von Amts wegen **als Zeugen**[13] zur Frage zu vernehmen, ob die geplanten medizinischen Maßnahmen dem Willen des Betroffenen entsprechen. Aus demselben Grund ist die vom Betroffenen benannte Vertrauensperson zumindest als Zeuge zu vernehmen.

23 5. **Amtsermittlungsverfahren.** Ein Genehmigungsverfahren ist ohnehin nur notwendig, wenn zwischen Arzt und Stellvertreter keine Einigkeit darüber besteht, ob der Ernährungsabbruch dem Willen des Betroffenen entspricht. Dies ist von Amts wegen zu klären, indem die Patientenverfügung (soweit vorhanden) vorgelegt wird und Zeugen vernommen werden.

24 6. **Entbehrlichkeit einer Genehmigung.** Eine Genehmigung des Gerichts entfällt, wenn zwischen Betreuer bzw Bevollmächtigtem und Arzt Einigkeit darüber besteht (§ 1904 Abs 4 BGB), dass der Ernährungsabbruch bzw die sonstige Unterlassung einer medizinischen Maßnahme dem tatsächlichen oder mutmaßlichen Willen des Betroffenen entspricht (§ 1901 a BGB).

IV. Gutachten, Abs 4

25 Vor der Genehmigung, sowohl in der Fallgruppe § 1904 Abs 1 wie Abs 2 BGB, ist ein Sachverständigengutachten einzuholen (Abs 4 Satz 1). Vor Ablehnung der Genehmigung ist dies nicht vorgeschrieben; eine solche Ablehnung kommt zB in Frage, wenn die Anhörung ergibt, dass der Betroffene noch selbst einwilligungsfähig ist. Die Reihenfolge der Verfahrensschritte (zuerst Anhörung, dann Gutachten; oder umgekehrt) steht im Ermessen des Richters.

---

11 AA *Prütting/Helms/Fröschle* § 298 Rz 30 a.
12 So Keidel/*Budde* § 298 Rz 7; *Prütting/Helms/Fröschle* § 298 Rz 5.
13 So auch Keidel/*Budde* § 298 Rz 7.

26 **1. Einholung des Gutachtens.** Vorgeschrieben ist sowohl im Falle § 1904 Abs 1 wie Abs 2 BGB ein „Gutachten“, so dass ein ärztliches Zeugnis nicht ausreicht (zur Abgrenzung vgl § 281 Rz 1). Anders als beim Gutachten vor einer Sterilisation (§ 297 Abs 6 FamFG) ist keine Einholung des Gutachtens durch „förmliche“ Beweisaufnahme vorgeschrieben. Es müssen also nicht die Regeln des Strengbeweises (§ 30 FamFG) beachtet werden; ein Gutachten im Freibeweisverfahren (§ 29 FamFG) genügt. Gleichwohl sind die §§ 402 ff ZPO heranzuziehen. Die Themen des Gutachtens sind nicht vorgeschrieben. Das Gutachten wird sich zur Frage der Erforderlichkeit und Gefährlichkeit des Eingriffs äußern müssen, ferner zur Einwilligungsfähigkeit des Betroffenen. Jedoch kann sich das Gericht seine Überzeugung über die Einwilligungsfähigkeit des Betroffenen auch auf andere Weise bilden, etwa bei der persönlichen Anhörung. Die BT-Drucksache[14] schreibt: „Das ärztliche Gutachten muss sich auch auf die Einwilligungsfähigkeit erstrecken. Notfalls muss dazu ein weiteres Gutachten eingeholt werden.“ Derartiges kam im Wortlaut des früheren § 69d FGG aber nicht zum Ausdruck[15] und steht auch jetzt nicht in § 298 FamFG.

27 **Rechtliches Gehör.** Den Beteiligten ist das vollständige Gutachten zuzuleiten; ihnen ist Gelegenheit zur Stellungnahme zu geben (§ 37 Abs 2 FamFG).

28 **2. Person des Sachverständigen.** Die Qualifikation der Sachverständigen ist im Gesetz nicht vorgeschrieben, nicht einmal, dass er „Arzt“ sein muss. Aber es ist selbstverständlich, dass ein medizinisches Gutachten nur ein Arzt erstatten kann; das Gutachten eines Krankenpflegers genügt sicherlich nicht. Die Auswahl erfolgt durch das Gericht, nicht etwa durch die Klinik, in der die ärztliche Maßnahme vorgenommen werden soll; sie steht im Ermessen des Gerichts. Das Gericht sollte nicht denselben Arzt mit dem Gutachten beauftragen, der später die Maßnahme durchführt. In Betracht kommen medizinische Sachverständige, Amtsärzte. Der Gutachter muss eine Kompetenz prüfen, bevor er sich an die Arbeit macht, vgl § 407a ZPO. Die Bezahlung des Sachverständigen erfolgt nach dem JVEG.

29 **Personenidentität.** Der ausführende Arzt durfte früher das Gutachten nicht erstatten; nach der Änderung durch das BtÄndG 1998 hieß es „ … sollen in der Regel nicht personengleich sein“ (§ 69d Abs 2 Satz 2 FGG). Durch das FamFG ist das nochmals abgeschwächt worden; jetzt ist die Vorgabe „in der Regel“ entfallen, es ist nur noch unverbindlich von „soll“ die Rede. Mit der Regelung sollte ursprünglich gewährleistet werden, dass ein unabhängiges, von finanziellen Interessen unbeeinflusstes Gutachten erstellt wird. Die Änderung erfolgte 1998, weil angeblich in der Praxis bei eilbedürftigen Entscheidungen das Gutachten eines anderen Mediziners nicht eingeholt werden konnte[16]; nur in solchen Fällen durfte vom Regelfall der Personenverschiedenheit abgewichen werden. Jetzt darf der begutachtende und der ausführende Arzt identisch sein, anders als beim Sterilisationsgutachten (vgl § 297 Abs 6 Satz 3 FamFG); zweckmäßig ist das nicht. Hält der Arzt die Operation für notwendig, verdient er Geld, an der Ablehnung nicht; ein Kollege würde das kritischer sehen. Im Übrigen kann der Arzt so frühere Fehlbehandlungen selbst unkenntlich machen und Haftung vermeiden. Wenn das Betreuungsgericht ein Gutachten des ausführenden Arztes verwendet, also vom Regelfall abweicht, muss es dies in der Entscheidung nachvollziehbar begründen[17].

---

14 BT-Drucks 11/4528 S. 176.
15 Holzhauer/*Reinicke* § 69d Rz 10.
16 BT-Drucks 13/7158 S. 37.
17 OLG Zweibrücken NJW 2000, 2750.

30 **3. Verfahren des Sachverständigen.** Dass der Sachverständige den Betroffenen vor Erstattung des Gutachtens *persönlich* untersuchen oder befragen muss, ist nicht vorgeschrieben[18]. Ein Gutachten nach Aktenlage kann also genügen[19], wird aber oft nicht ausreichen, um die Überzeugung des Richters zu begründen.

31 **4. Genehmigung ohne Gutachten.** Bei Genehmigung ohne Gutachten ist die Genehmigung anfechtbar, nicht nichtig. Ebenso ist es, wenn die Genehmigung nur aufgrund eines ärztlichen Zeugnisses erteilt wird.

V. Entscheidung des Gerichts

32 **1. Einwilligung als Rechtsgeschäft?** Das Gericht genehmigt die Einwilligung des Betreuers. Wenn diese Einwilligung ein Rechtsgeschäft wäre, hätte das zur Folge, dass der Genehmigungsbeschluss erst mit Rechtskraft wirksam würde (§ 40 Abs 2 Satz 1 FamFG) und dass dies im Tenor auszusprechen wäre (§ 40 Abs 2 Satz 2 FamFG); der Beschluss müsste nach § 41 Abs 3 FamFG dem Betreuten bekannt gegeben werden und von der Bekanntgabe der Gründe an ihn dürfte keinesfalls abgesehen werden. Vor allem: Erst nach Rechtskraft des Beschlusses, somit frühestens zwei Wochen später (§ 63 Abs 2 Nr 2 FamFG) dürfte die Behandlung vorgenommen werden. Ein Rechtsgeschäft beinhaltet zwingend mindestens eine Willenserklärung. Das „Rechtsgeschäft" ist im BGB bei §§ 104 ff geregelt, so lautet auch die Überschrift vor dem 3. Abschnitt des Allgemeinen Teils. Die Einwilligung in eine Körperverletzung soll die Rechtswidrigkeit beseitigen und ist in §§ 104 ff BGB nicht geregelt. Die fast allgemeine Auffassung sieht in der **Einwilligung** in eine Körperverletzung daher **kein Rechtsgeschäft**[20], sondern eine geschäftsähnlicher Handlung oder einen Realakt. **§ 40 Abs 2 FamFG** ist daher **nicht einschlägig**[21].

33 **2. Entscheidungskriterien.** Zu überlegen ist: hat der Betreuer einen ausreichenden Aufgabenkreis; Beantragt er die Genehmigung? Ist die Vollmacht des Vorsorgebevollmächtigten wirksam erteilt worden (Geschäftsfähigkeit?) und hat sie einen ausreichenden Umfang? Ist der Betroffene selbst nicht mehr einwilligungsfähig? Entspricht die geplante Maßnahme dem Wohl des Betroffenen? Hierzu ist eine Abwägung vorzunehmen, basierend auf dem ärztlichen Gutachten. Der Wille des Betroffenen ist zwar nicht ausschlaggebend, aber bei der Frage, was seinem Wohl entspricht, einzubeziehen[22].

34 **3. Beschluss.** Zuständig ist der Richter (§ 15 Nr 4 RPflG), nicht der Rechtspfleger; in Württemberg ist nicht der Bezirksnotar zuständig, sondern ebenfalls der Richter. Die Entscheidung (Beschluss mit den Formalien von § 38 FamFG) lautet: „Die Einwilligung des Betreuers in ... wird genehmigt". Eine Begründung ist notwendig (§ 38 Abs 3, Abs 5 Nr 3 FamFG), ebenso eine Rechtsmittelbelehrung (§ 39 FamFG). Eine Kostenentscheidung ist denkbar (§ 81 FamFG). Gibt es mehrere Behandlungsmethoden, kann die vom Arzt zu wählende Methode in den Beschlusstenor aufgenommen werden.

35 **4. Bekanntgabe des Beschlusses.** Er ist allen Beteiligten bekannt zu geben (§ 41 Abs 1 FamFG), vor allem dem Betroffenen. Von der Bekanntgabe der *Gründe* an

---

18 *Prütting/Helms/Fröschle* § 298 Rz 15; Holzhauer/*Reinicke* § 69 d Rz 10; anders *Rink* RuP 1991, 156: persönliche Untersuchung sei notwendig, weil die Vorschrift sonst ihren Sinn verliere.
19 *Prütting/Helms/Fröschle* § 298 Rz 15; aA Jansen/*Sonnenfeld* FGG § 69 d Rz 23.
20 Nachw bei MünchKomm/*Schwab* § 1904 Rz 4, der selbst eine Willenserklärung bejaht.
21 *Bassenge/Roth* § 298 Rz 12; *Prütting/Helms/Fröschle* § 298 Rz 20.
22 MünchKomm/*Schwab* § 1905 Rz 89.

den Betroffenen kann unter den Voraussetzungen von § 288 Abs 1 FamFG abgesehen werden. Der Betreuungsbehörde ist die Entscheidung nicht stets bekannt zu geben, sondern nur, wenn sie vor deren Erlass angehört wurde (§ 288 Abs 2 Satz 2 FamFG); denn sie ist nicht Beteiligte des Genehmigungsverfahrens. Dem Arzt wird der Beschluss nicht vom Gericht bekannt gegeben; aber der Arzt wird vom Betreuer die Vorlage des Beschlusses verlangen, weil er die Rechtsmäßigkeit seines Handelns überprüfen muss; ruft der Arzt beim Gericht an und fragt nach der Genehmigung, wird man ihn, falls die Genehmigung schon wirksam ist, informieren. Den anderen Beteiligten, also insbesondere den als Beteiligten hinzugezogenen Verwandten, dem Verfahrenspfleger und der Vertrauensperson, ist der Beschluss ebenfalls mit Gründen mitzuteilen.

5. Wirksamwerden der Genehmigung im Falle § 1904 Abs 1 BGB. Die Genehmigung wird nicht schon oder erst mit Bekanntgabe an den Betroffenen wirksam, sondern (schon bzw erst) mit der Bekanntgabe an den Betreuer bzw Vorsorgebevollmächtigten (§ 40 Abs 1 FamFG). Eine Anordnung sofortiger Wirksamkeit nach § 287 Abs 2 FamFG entfällt. Kann der Betreuer nicht erreicht werden, der Beschluss also nicht durch Bekanntgabe an ihn wirksam gemacht werden, kann der Arzt die Maßnahme trotzdem (dh ohne Genehmigung) durchführen, wenn mit dem Aufschub Gefahr verbunden ist (§ 1904 Abs 1 Satz 2 BGB), also sofort gehandelt werden muss. 36

6. Wirksamwerden der Genehmigung im Falle des § 1904 Abs 2 BGB. Die Regelung hierzu ist (systematisch falsch) in § 287 Abs 3 BGB enthalten: In den Fällen des § 1904 Abs 2 BGB wird der Genehmigungsbeschluss erst zwei Wochen nach Bekanntgabe wirksam. Die Regelung ist von § 1905 Abs 2 Satz 2 BGB abgeschrieben. Damit soll verhindert werden, dass die Ernährungszufuhr sofort abgestellt wird und der Betroffene stirbt, ehe eine Beschwerde eingelegt werden kann; denn nach § 40 Abs 1 FamFG wäre ein solcher Ablauf denkbar. Im Gegensatz dazu hat *Fröschle*[23] den Gedanken eingeführt, das sei verfassungswidrig, weil es unverhältnismäßig sei, dem Betroffenen noch weitere zwei Wochen „zuzumuten", also noch zwei Wochen länger leben zu lassen, wenn das Gericht festgestellt habe, dass es seinem Willen entspricht, sterben zu können. Hierbei wird aber zumindest übersehen, dass die Bewertung des Amtsrichters ja nicht zutreffen muss, also eine Rechtsmittelmöglichkeit bestehen muss. 37

Die **Zweiwochenfrist** ist **nicht harmonisiert mit der Beschwerdefrist** von einem Monat (§ 63 FamFG). Denkbar ist deshalb, dass der Betroffene bereits verhungert ist, obwohl die Beschwerdefrist noch läuft. Wenn an der Regelung etwas verfassungswidrig sein sollte, dann das: da die Beschwerde keine aufschiebende Wirkung hat und eine einstweilige Anordnung des Beschwerdegerichts (§ 64 Abs 3 FamFG) in der Regel nicht rechtzeitig zu erreichen ist, hat der Verfahrenspfleger des Betroffenen keine realistische Möglichkeit, eine Rechtsmittelentscheidung zu erlangen; ein effektiver Rechtsschutz (Art 19 Abs 4 GG) ist daher nicht möglich. Das wird auch aus § 62 FamFG erkennbar: ist der Beschluss vollzogen worden und der Betroffenen trotz Rechtsmitteleinlegung durch seinen Verfahrenspfleger verstorben, wird die Rechtsprechung dem Hinterbliebenen des Verstorbenen eine Feststellung der Rechtswidrigkeit des Beschlusses versagen. Die gesetzliche Regelung ist also unbefriedigend; man hätte in § 298 Rechtskraft verlangen müssen[24]. 38

7. Durchführung der ärztlichen Maßnahme. Der Betreuer bzw Bevollmächtigte erhält nur die Genehmigung seiner Einwilligung; er kann es sich anschließend 39

---

23 *Prütting/Helms/Fröschle* § 298 Rz 36.
24 So zur Rechtslage nach dem FGG Jansen/*Sonnenfeld* § 69d Rz 45.

anders überlegen und von der Durchführung der ärztlichen Maßnahme Abstand nehmen. Die Maßnahme darf schon vor Rechtskraft des Beschlusses durchgeführt werden, nicht erst, wie bei der Sterilisation, zwei Wochen nach Wirksamwerden des Beschlusses.

40 **8. Kosten.** Das Genehmigungsverfahren ist gerichtsgebührenfrei (§ 91 KostO); Auslagen (zB für das ärztliche Gutachten) können vom Betroffenen (§ 2 KostO) erhoben werden, soweit er nicht mittellos ist.

VI. Rechtsmittel

41 Der Beschluss unterliegt der befristen Beschwerde nach §§ 58 ff FamFG; die Frist beträgt nicht nur zwei Wochen (kein Fall des § 63 Abs 2 Nr 2 FamFG), sondern ein Monat (§ 63 Abs 1 FamFG)[25]. Da die Behandlung *sofort* nach Wirksamwerden des Beschlusses (durch Bekanntgabe an den Betreuer) durchgeführt werden darf, sogar vor Bekanntgabe an den Betroffenen, hat der Verfahrenspfleger des Betroffenen in Eilfällen, wenn er verhindern will, dass dem Betroffenen zB das Bein amputiert wird, weil er das für unnötig hält, nur die Möglichkeit, beim Amtsgericht Beschwerde einzulegen und den Erlass einer einstweiligen Anordnung beim Landgericht zu beantragen (§ 64 Abs 3 FamFG), durch welche die Vollziehung der Maßnahme ausgesetzt wird; vom zeitlichen Ablauf her hilft das freilich kaum. Besser ist es, wenn der Betroffene mit Hilfe die Klinik verlässt.

42 **Beschwerdeberechtigung.** Gegen die **Erteilung der Genehmigung** ist der Betroffene und sein Verfahrenspfleger beschwerdeberechtigt (§ 303 Abs 3 FamFG); der Betreuer bzw Bevollmächtigte ist nicht beschwerdeberechtigt, weil er von der Genehmigung keinen Gebrauch machen muss[26].

43 Gegen die **Ablehnung** der Genehmigung sind der Betreuer bzw der Bevollmächtigte beschwerdeberechtigt, auch im Namen des Betroffenen (§ 303 Abs 4 Satz 1 FamFG); der Betroffene; der Verfahrenspfleger. Wenn aber der Betreuer bzw Bevollmächtigte die Genehmigung nicht mehr anstreben, kann der Verfahrenspfleger die Ablehnung nicht mehr angreifen[27], weil ihre Erteilung nutzlos wäre.

44 Den eventuell beteiligt gewordenen **Angehörigen** fehlt in der Regel die Beeinträchtigung in ihren Rechten und somit die Beschwerdeberechtigung (§§ 303, 59 FamFG)[28]. Dem **Arzt** fehlt in allen Fällen die Beschwerdeberechtigung (§ 59 Abs 1 FamFG). Auch die **Betreuungsbehörde** hat keine Beschwerdeberechtigung, auch nicht in den Fällen des § 1904 Abs 2 BGB. Die Gesetzesbegründung schreibt: „Eine Behörde, die nicht in den dialogischen Prozess zur Ermittlung des Patientenwillens eingebunden ist, soll die Durchsetzung des Patientenwillens nicht durch Rechtsmittel verzögern dürfen“[29]. Auch die **Staatskasse** ist nicht beschwerdeberechtigt, weil das staatliche Interesse an der Kostensparung im Gesundheitswesen trotz § 304 Abs 1 Satz 1 FamFG kein Beschwerderecht gibt. Die **Rechtsbeschwerde zum BGH** ist nur nach Zulassung statthaft (§ 70 Abs 1 FamFG).

---

25 *Bassenge/Roth* § 298 Rz 14; *Prütting/Helms/Fröschle* § 298 Rz 21.
26 Unstreitig, Keidel/*Budde* § 298 Rz 11.
27 Keidel/*Budde* § 298 Rz 11.
28 Der anderslautende Vorschlag in BT-Drucks 16/8442 S. 5 ist nicht Gesetz geworden.
29 BT-Drucks 16/13.314 S. 21; vgl auch S. 26.

§ 299 Verfahren in anderen Entscheidungen

[1]Das Gericht soll den Betroffenen vor einer Entscheidung nach § 1908 i Abs. 1 Satz 1 in Verbindung mit den §§ 1821, 1822 Nr. 1 bis 4, 6 bis 13 sowie den §§ 1823 und 1825 des Bürgerlichen Gesetzbuchs persönlich anhören. [2]Vor einer Entscheidung nach § 1907 Abs. 1 und 3 des Bürgerlichen Gesetzbuchs hat das Gericht den Betroffenen persönlich anzuhören.

§ 299 FamFG entspricht § 69 d FGG, der zuvor durch das 1. BtÄndG 1998 geändert worden war.

1. Allgemeines. Das Verfahren bei der Erteilung von Genehmigungen durch das Betreuungsgericht ist an verschiedenen Stellen geregelt: 1
- Genehmigung von Unterbringungen (§ 1906 BGB; PsychKG/UnterbrG): §§ 312 ff FamFG;
- Genehmigung einer Sterilisation (§ 1905 BGB) : § 297 FamFG;
- Genehmigung von Einwilligungen in Fällen der Gesundheitssorge (§ 1904 BGB): § 298 FamFG (hier werden keine Rechtsgeschäfte genehmigt);
- Genehmigung in bestimmten vermögensrechtlichen Angelegenheiten: § 299 FamFG.

Die Regelungen betreffen jeweils nur Teilaspekte; besonders auffällig ist das bei § 299 FamFG. Das übrige Verfahren ist den §§ 272 ff FamFG und den allgemeinen Regeln der §§ 1 bis 110 FamFG zu entnehmen. 2

Beteiligte der in § 299 FamFG genannten Genehmigungsverfahren sind nach § 7 Abs 2 Nr 1, § 274 FamFG der Betreute und der Betreuer, ferner der Verfahrenspfleger (falls bestellt). Der Vertragsgegner, mit dem der Vertrag geschlossen werden soll, ist nicht in seinen Rechten *unmittelbar* betroffen und also nicht „Beteiligter"[1]; als Zeugen kommen sie aber in Frage, auch im Rahmen des Freibeweises (schriftliche Zeugenaussage). Soll ein Grundstück des Betreuten veräußert werden, sind die künftigen Erben des Betreuten nicht „Beteiligte"[2]. Auch die Angehörigen des Betreuten, seine Vertrauensperson und die Betreuungsbehörde sind nach dem Wortlaut des § 274 Abs 3 und Abs 4 Nr 1 FamFG nicht „Beteiligte"[3], es sei denn, man fasst die Genehmigungsfälle unter die Variante „Umfang, Inhalt" der Betreuerbestellung. Auch die Staatskasse kann nicht beteiligt werden, obwohl § 274 Abs 4 Nr 2 FamFG erschreckend offen ist: denn die Staatskasse könnte ein finanzielles Interesse haben, etwa durch die Einnahme von Grunderwerbsteuer und Grundbuchgebühren bei einer Grundstücksveräußerung. Der Gegenbetreuer ist nicht Beteiligter[4]: er hat nur die Abrechnung des Betreuers zu kontrollieren, dessen Geschäfte gehen ihn nichts an. 3

In allen Fällen liegen **Amtsverfahren** vor, keine **Antragsverfahren** (im Sinne von § 23 FamFG), obgleich das Stellung eines „Genehmigungsantrags" (zu bewerten als Anregung nach § 24 FamFG) durch den Betreuer oder eine sonstige Person üblich ist. Ein Außenstehender kann zB eine Genehmigung anregen, wenn er mit dem durch einen Betreuer vertretenen Betreuten einen Vertrag geschlossen hat, den der Betreuer für genehmigungsfrei hält, der Vertragsgegner aber nicht. 4

Negativattest: Der Genehmigungszwang dient nicht öffentlichen, sondern privaten Interessen, nämlich denjenigen des Betreuten. Ob ein Beschluss des 5

1 BayObLG FGPrax 1995, 196; *Bassenge/Roth* § 299 Rz 5.
2 OLG Saarbrücken FGPrax 2001, 70.
3 *Prütting/Helms/Fröschle* § 299 Rz 10; *Bassenge/Roth* § 299 Rz 5.
4 AA *Prütting/Helms/Fröschle* § 299 Rz 10; *Bork/Jacoby/Schwab/Heiderhoff* FamFG § 299 Rz 5.

Betreuungsgerichts, dass ein bestimmtes Rechtsgeschäft (zB die Öffnung des Banksafes des Betreuten) keiner betreuungsgerichtlichen Genehmigung bedürfe (Negativattest), überhaupt rechtlich zulässig ist, ist unklar[5]. Im FamFG ist er jedenfalls nicht als Entscheidungsform aufgeführt, in der Praxis kommen aber solche „Verfügungen" vor. Letztlich handelt es sich um umformulierte Zurückweisungen eines Genehmigungsantrags, da keine Genehmigungsbedürftigkeit vorliege. Ein solches Negativattest steht einer gerichtlichen Genehmigung *nicht* gleich[6]. Deshalb kann ein Dritter einwenden, der Vertrag sei mangels Genehmigung unwirksam; dann bleibt nur ein Zivilprozess auf Feststellung der Wirksamkeit bzw Unwirksamkeit des Vertrages (§ 256 ZPO).

6 Das Negativattest stellt nicht einmal die Genehmigungsfreiheit bindend fest, es spricht nur eine tatsächliche Vermutung dafür [7]. Deshalb ist möglich, dass das Betreuungsgericht ein Rechtsgeschäft für genehmigungsfrei erachtet, das Grundbuchamt aber dann den Vollzug der Urkunde ablehnt, da Genehmigungsbedürftigkeit bestehe; hier bleiben zwei Wege: Beschwerde gegen den Zurückweisungsbeschluss bzw die Zwischenverfügung des Grundbuchamts zum OLG; oder Beschwerde gegen den Beschluss des Betreuungsgerichts zum LG bzw neuer Genehmigungsantrag beim Betreuungsgericht unter Vorlage der Verfügung des Grundbuchamts.

7 Eine **vorsorgliche Genehmigung**, nämlich für den Fall der Genehmigungsbedürftigkeit, ist zulässig[8].

8 Ungeachtet des § 299 FamFG ist auf jeden Fall dem Betroffenen und den anderen Beteiligten **rechtliches Gehör** zu gewähren (die Notwendigkeit einer Anhörung richtet sich nach § 34 FamFG) und ihm, wenn er es nicht mehr selbst wahrnehmen kann, ein **Verfahrenspfleger** (§§ 276, 277 FamFG) zu bestellen. Der Verfahrenspfleger ist wichtig, weil sonst das rechtliche Gehör nicht wahrgenommen werden würde. Wegen § 275 FamFG ist nach hM aber die Zusellung an den Betreuten wirksam, die Beschwerdefrist läuft. Der Rechtskraftvermerk auf der Genehmigung (§ 46 FamFG) kann daher angebracht werden. Denkbar ist, dass die angebliche Rechtskraft vom Grundbuchamt (das ein eigenständiges Prüfungsrecht hat) nicht anerkannt wird.

9 Wichtig ist ferner, dass jeweils nach § 26 FamFG durch **Amtsermittlung** und gegebenenfalls durch ein Sachverständigengutachten zu klären ist, ob die materiellrechtlichen Voraussetzungen einer Genehmigung vorliegen. Veräußert der Betreuer ein **Grundstück** des Betreuten ist uU vom Gericht ein Sachverständigengutachten zur Angemessenheit des Kaufpreises einzuholen. Dem antragstellenden Betreuer kann nicht aufgegeben werden, ein solches Gutachten vorzulegen; das ist mit § 26 FamFG unvereinbar und wegen der Verquickung von Interessen auch unzweckmäßig. Würde man das verlangte Gutachten als vom Betreuer in Auftrag gegeben ansehen, müsste er es selbst (zu Lasten seines Verdientes, §§ 4, 5 VBVG) zahlen. Die Kosten des Sachverständigen werden dem Betreuten als Auslagen auf die Gerichtskostenrechnung gesetzt und sind von ihm, falls vermögend, zu bezahlen. Ein vom Betreuer vorgelegtes Gutachten kann aber, falls überzeugend, verwertet werden. Wird eine **Erbteilung** genehmigt, ist aufzuklären, ob das, was dem Betreuten zufließt, seiner Erbquote entspricht. Im Falle des § 1907 Abs 1 BGB (**Wohnungsaufgabe**) wird die Ansicht vertreten, das Gericht

5 Bejaht von *Prütting/Helms/Fröschle* § 299 Rz 6; bejaht Analogie zu § 256 Abs 2 ZPO.

6 BGH NJW 1966, 652; aA *Schantz* JW 1936, 629; *Bergerfurth* NJW 1956, 289; *Müller* JR 1962, 441.

7 OLG Hamm FamRZ 1991, 605.

8 BayObLG FamRZ 1963, 663; OLG Düsseldorf JMBlNRW 1960, 101; aA RGRK-*Dickescheid* BGB § 1828 Rz 11; MünchKomm-*Wagenitz* BGB § 1828 Rz 24 für bereits geschlossene Geschäfte.

müsse ein Gutachten darüber erholen, ob der Betreute in die Wohnung zurückkehren kann[9]; das ist im Regelfall übertrieben.

10 **Kosten.** Das Genehmigungsverfahren ist in erster Instanz gerichtsgebührenfrei; eventuelle Auslagen (zB für ein Gutachten) hat der Betreute zu tragen, § 2 Nr 2 KostO, soweit nicht nach § 92 KostO Kostenfreiheit besteht.

11 **2. Empfohlene Anhörungen, Satz 1. – a) Anhörung, rechtliches Gehör.** In den in Satz 1 genannten Fällen „soll" das Gericht den Betroffenen vor der Entscheidung *persönlich* anhören. Die Anhörung kann auch durch das Rechtshilfegericht[10] durchgeführt werden. Weil die Anhörung nur empfohlen ist, kann sie auch schriftlich erfolgen. Es kommt auf die Tragweite der Sache an und auf die Fähigkeit des Betroffenen, ein gerichtliches Schriftstück richtig verstehen und darauf reagieren zu können (§ 34 Abs 1 Nr 1 FamFG). Bei Gesundheitsgefährdung oder wenn der Betroffene seinen Willen offenbar nicht kundtun kann, kann die persönliche Anhörung ebenfalls unterbleiben (§ 34 Abs 3 FamFG); in diesen Fällen ist aber zu prüfen, ob ein Verfahrenspfleger zu bestellen ist (§ 276 FamFG). Will das Gericht den Betroffenen persönlich anhören, kommt er aber unentschuldigt nicht, entfällt die Anhörung (§ 34 Abs 3 FamFG); eine Vorführung durch die Betreuungsbehörde scheidet aus[11]. In allen Fällen, in denen keine persönliche Anhörung erfolgt, ist allerdings eine schriftliche Anhörung wegen der Notwendigkeit, rechtliches Gehör zu gewähren (Art 103 GG), unerlässlich.

12 Sinngemäß ist Satz 1 nur einschlägig, wenn eine Genehmigung beabsichtigt ist, nicht vor **Ablehnung der Genehmigung**[12].

13 b) **Zuständig** zur Anhörung ist in der Regel der Rechtspfleger (§§ 3, 15 RPflG).

14 c) **Betroffen sind Entscheidungen** nach
- § 1821 BGB: Verfügung über Grundstücke usw;
- § 1822 Nr 1 bis 4 BGB: sonstige Geschäfte. Nr 5 ist durch § 1907 Abs 3 BGB ersetzt und deshalb hier nicht aufgeführt (aber bei Satz 2).
- § 1822 Nr 6 bis 13 BGB: bestimmte sonstige Geschäfte,
- § 1823 BGB: Auflösung eines Erwerbsgeschäfts usw;
- § 1825 BGB: allgemeine Ermächtigung für häufiger vorkommende Geschäfte;
- § 1836 BGB mit §§ 168, 277 Abs 5 FamFG: vor Bewilligung einer Vergütung an den Betreuer *aus dem Vermögen* des Betreuten ist eine Anhörung des Betroffenen geboten (§ 168 Abs 4 Satz 1 FamFG), nach dessen Tod die Anhörung des Erben (§ 168 Abs 4 Satz 2 FamFG). Sie muss aber nicht zwingend persönlich sein[13], schriftlich kann genügen.

15 Die Fassung von Satz 1 als Soll-Vorschrift bedeutet, dass die Anhörung nur empfohlen wird. Nach einer Meinung[14] ist der Betroffene in „atypischen Fällen" nicht anzuhören. Nach anderer Auffassung[15] bedeutete die Fassung als Sollvorschrift lediglich, dass das Rechtsbeschwerdegericht bei ihrer Nichtbeachtung die AG/LG-Entscheidung nur aufheben durfe, wenn diese darauf beruhe.

---

9 OLG Frankfurt FamRZ 2006, 1875; OLG Oldenburg NJW-RR 2003, 587.
10 OLG Karlsruhe Rpfleger 1994, 203 = FamRZ 1994, 638; *Prütting/Helms/Fröschle* § 299 Rz 15.
11 *Prütting/Helms/Fröschle* § 299 Rz 15; aA *Bassenge/Roth* § 299 Rz 3.
12 Keidel/*Budde* § 299 Rz 1; *Prütting/Helms/Fröschle* § 299 Rz 5.
13 BayObLG FamRZ 1998, 1185 Nr 747.
14 JKMW-*Kröger*, Das neue Betreuungsrecht, Rz 422.
15 Keidel/*Kuntze* FGG § 69 d Rz 2.

Schließlich wird von einer dritten Auffassung[16] die Anhörung dann für entbehrlich gehalten, wenn sie zur Sachaufklärung nichts beitragen kann. Eine vierte Deutung[17] sieht den Unterschied zwischen *hat* in Satz 2 und *soll* in Satz 1 nur in der Art der Durchführung der Anhörung. Andere[18] verweisen auf die Notwendigkeit der Gewährung des rechtlichen Gehörs. Jedenfalls bedarf die Nichtanhörung einer Darlegung der Gründe hierfür im Beschluss[19]. Rechtspolitisch ist die unterschiedliche Behandlung von Satz 1 und Satz 2 verfehlt. Denn die Veräußerung zB des Hauses durch den Betreuer (§ 1821 BGB) ist nicht weniger wichtig als die Kündigung der Wohnung (§ 1907 Abs 1 BGB).

16 d) **Entscheidung durch Beschluss; Formulierung des Tenors.** Der Betreuer bedarf zu bestimmten Geschäften der Genehmigung des Betreuungsgerichts, zB zur Verfügung über ein Grundstück (§ 1821 Abs 1 Nr 1 BGB); diese Verfügung ist ein Rechtsgeschäft.

17 Wegen der sich aus den früheren §§ 55, 62 FGG ergebenden Unanfechtbarkeit der Genehmigung für den Betroffenen hatte das BVerfG[20] den Rechtspfleger für verpflichtet erachtet, seine Genehmigung durch einen beschwerdefähigen Vorbescheid anzukündigen. Wenn der Betroffene nicht in der Lage war, darauf zu reagieren, war ihm zur Wahrnehmung seiner Rechte ein Verfahrenspfleger zu bestellen, dem der Vorbescheid zuzustellen war und der dann gegebenenfalls Beschwerde gegen den Vorbescheid einlegte. Das FamFG hat den Vorbescheid abgeschafft und eine andere Konstruktion gewählt, um die Rechte des Betroffenen aus Art 103 GG zu sichern.

18 Der Rechtspfleger hat, wenn die Voraussetzungen vorliegen, den Genehmigungsbeschluss (Inhalt: § 38 FamFG) erlassen, mit Begründung und Rechtsmittelbelehrung (§ 39 FamFG); eine Kostenentscheidung ist denkbar (§ 81 FamFG). Der Beschluss über die Genehmigung des Rechtsgeschäfts wird aber **erst mit Rechtskraft** (§ 45 FamFG) des Beschlusses **wirksam** (§ 40 Abs 2 Satz 1 FamFG), also nicht schon mit der Bekanntgabe des Beschlusses an den Betreuer, den Betreuten oder den Verfahrenspfleger, wie nach § 40 Abs 1 bzw § 287 Abs 1 FamFG.

19 Der Beschluss muss deshalb den Satz enthalten: „Der Beschluss wird erst mit Rechtskraft wirksam" (§ 40 Abs 2 Satz 2 FamFG). Eine Rechtsmittelbelehrung ist notwendig (§ 39 FamFG; Beschwerde nach §§ 58 ff FamFG zum LG); die Beschwerdefrist beträgt nur zwei Wochen (§ 63 Abs 2 Nr 2 FamFG).

20 e) **Bekanntgabe des Beschlusses.** Der Beschluss ist dem Betreuer mitzuteilen, aber auch demjenigen, für den das Rechtsgeschäft genehmigt ist (§ 41 Abs 3 FamFG)[21]. Das ist der Betreute, für den der Betreuer handelt, zB dessen Grundstück er veräußert; aus dem Vergleich mit § 297 Abs 8 FamFG folgt, dass die Bekanntgabe statt an den Betroffenen an den Verfahrensbevollmächtigten des Betroffenen (zB seinen Rechtsanwalt) erfolgen kann, aber nicht zu seinen Lasten an den Betreuer als seinen gesetzlichen Vertreter[22]. Da für ihn eine Frist läuft ist Zustellung erforderlich (§ 41 Abs 1 Satz 2 FamFG), aber nicht formale Wirksamkeitsvoraussetzung, wie § 63 Abs 3 FamFG zeigt. Wenn der Betreute auf den Beschluss wegen seines geistigen Zustandes nicht mehr reagieren kann, weil er insoweit behindert ist, muss das Betreuungsgericht für ihn spätestens dann einen

---

16 *Bassenge/Roth* § 299 Rz 3.
17 Holzhauer/*Reinicke* § 69d Rz 6.
18 *Bienwald/Sonnenfeld* FGG § 69d Rz 8.
19 *Prütting/Helms/Fröschle* § 299 Rz 14.
20 BVerfG NJW 2000, 1709.
21 BT-Drucks 16/6308 S. 197.
22 *Bassenge/Roth* § 299 Rz 7.

Verfahrenspfleger bestellen (§ 276 FamFG), wenn es beabsichtigt, das Geschäft zu genehmigen, und ihm ebenfalls den Beschluss zustellen.

f) **Wirksamwerden des Beschlusses.** Der Beschluss wird erst mit **Rechtskraft** wirksam, § 40 Abs 2 Satz 2 FamFG, also nicht schon (wie sonst) mit Bekanntgabe an den Betreuer. Rechtskraft setzt voraus, dass die Bekanntgabe wirksam war (auf die förmliche Wirksamkeit einer Zustellung kommt es nicht an, wie sich aus § 63 Abs 3 Satz 1 FamFG ergibt) und die Rechtsmittelfrist für alle (!) Rechtsmittelberechtigten abgelaufen ist. Rechtskraft kann auch dadurch eintreten, dass der Verfahrenspfleger und *alle* anderen Beschwerdeberechtigten auf Rechtsmittel verzichten. Nur wenn eine Bekanntgabe nicht bewirkt werden *kann* bringt § 63 Abs 3 Satz 2 FamFG eine Hilfslösung (Fünfmonatsfrist); sie gilt nicht, wenn an einen materiell in seinen Rechten Beeinträchtigten überhaupt keine Bekanntgabe erfolgte[23]. Sollte die Genehmigung eines Gegenbetreuers ersetzt werden müssen gilt § 40 Abs 3 FamFG. **21**

g) **Genehmigung und genehmigtes Rechtsgeschäft.** Beides ist auseinander zu halten. Wird zuerst die Genehmigung erteilt, rechtskräftig und dann das Rechtsgeschäft vom Betreuer vorgenommen (Fallgruppe **Vorgenehmigung**) wird das Geschäft sofort wirksam. Wird der Vertrag geschlossen und dann erst die Genehmigung erteilt und rechtskräftig (Fallgruppe **Nachgenehmigung**), kann der Betreuer davon Gebrauch machen oder auch nicht; will er das Geschäft tätigen muss er den rechtskräftigen Genehmigungsbeschluss dem Geschäftsgegner in rechtsgeschäftlicher Absicht mitteilen (in der Praxis heißt das: Vorlegen oder Zusenden), §§ 1828, 1829 Abs 1 Satz 2 BGB, was in der Praxis bei formbedürftigen Geschäften durch den Notar geschieht („Doppelvollmacht"). Bei **einstigen Rechtsgeschäften**, zB Kündigung, ist § 1831 BGB zu beachten. Ab Rechtskraft des Genehmigungsbeschlusses und dem folgenden Wirksamwerden durch Mitteilung an den Dritten (§§ 1828 ff BGB) wird der Beschluss über die Genehmigung oder Verweigerung der Genehmigung durch § 48 Abs 3 FamFG angriffsfest gemacht. **22**

h) **Dem Grundbuchamt** muss die rechtskräftige Genehmigung in der Form des § 29 GBO nachgewiesen werden, in den Fällen des § 1829 BGB ferner der Mitteilungsweg. **23**

i) **Rechtsmittel:** Beschwerde (§§ 58 ff, 75 FamFG); Beschwerdeberechtigte: §§ 59, 303 FamFG. Die Frist beträgt zwei Wochen (§ 63 Abs 2 Nr 2 FamFG), sowohl wenn die Genehmigung erteilt wurde, wie auch, wenn sie verweigert wurde[24] (denn auch dann hat der Beschluss die Genehmigung „zum Gegenstand"). **24**

3. Zwingende Anhörungen, Satz 2. – a) Fälle. Eine *persönliche* Anhörung (durch den Rechtspfleger, §§ 3, 15 RPflG) ist erforderlich vor Entscheidungen nach **25**

aa) § 1907 Abs 1 BGB: Kündigung eines Mietverhältnisses (Betroffener ist Mieter). Ein ärztliches Zeugnis oder ein Gutachten über die Möglichkeit der selbstständigen Haushaltsführung des Betroffenen ist nicht erforderlich[25]. Zu beachten ist aber, dass nur ein Betreuer mit einem entsprechenden Aufgaben- **26**

23 *Bassenge/Roth/Gottwald* § 63 Rz 6.

24 Keidel/*Sternal* § 63 Rz 14; aA *Prütting/Helms/Fröschle* § 299 Rz 23; *Bassenge/Roth* § 299 Rz 8: Frist betrage bei Ablehnung der Genehmigung ein Monat.

25 *Rink* RuP 1991, 156; aA OLG Frankfurt FamRZ 2006, 1875; OLG Oldenburg NJW-RR 2003, 587.

kreis[26] (zB Mietverhältnis, Wohnungskündigung; ungenügend: Aufenthaltsbestimmungsrecht) diese Genehmigung beantragen kann;

27 bb) § 1907 Abs 3 BGB: Abschluss eines Mietvertrags (Betroffener ist Vermieter) und sonstiger längerfristiger Verträge.

28 b) **Entbehrlichkeit der persönlichen Anhörung.** Die persönliche Anhörung ist zwingend. Sie kann auch durch das Rechtshilfegericht erfolgen. Die persönliche Anhörung, aber nicht die Gewährung des rechtlichen Gehörs durch schriftliche Information (Art 103 GG) kann in den Fällen des § 34 Abs 2 FamFG unterbleiben:

29 aa) **Erhebliche Nachteile.** Die persönliche Anhörung kann unterbleiben, wenn erhebliche Nachteile für die Gesundheit des Betroffenen zu besorgen sind. Das Gericht kann diese Überzeugung gewinnen, ohne Sachverständigengutachten oder ärztliche Atteste einzuholen, wie aus dem Vergleich mit § 278 Abs 4 FamFG folgt, zB aus dem Eindruck bei der früheren persönlichen Anhörung nach § 278 FamFG oder aus dem früher erholten Gutachten.

30 bb) **Verständigungsunfähigkeit** des Betroffenen; sie muss nicht durch einen unmittelbaren Eindruck des Gerichts festgestellt worden sein, sondern kann sich zB ebenfalls aus dem vorangegangenen Verfahren ergeben haben. In solchen Fällen kann die Bestellung eines Verfahrenspflegers nach § 276 FamFG erforderlich sein[27].

31 cc) **Bei einer den Betroffenen nicht belastenden Entscheidung.** Nach Satz 1 ist zwar die Anhörung vor einer entsprechenden „Entscheidung" erforderlich; bei § 298 FamFG wurde dies umformuliert in „genehmigen". Wenn aber zB die Kündigung nicht genehmigt werden soll, weil der Betroffene bald in seine Wohnung zurückkehren wird, ist nicht ersichtlich, weshalb der Betroffene noch dazu gehört werden soll.

32 c) **Unterbleibt** in den Fällen zwingender Anhörung (Satz 2) **die Anhörung**, muss der Grund dafür in den Gründen der Entscheidung dargelegt werden. Anderenfalls kann die Beschwerdeinstanz nicht überprüfen, ob ein Verfahrensfehler vorlag. Das Absehen von der Anhörung ist isoliert nicht anfechtbar, weil es sich nur um eine verfahrensleitende Verfügung handelt.

33 d) **Inhalt des Beschlusses.** Er richtet sich nach §§ 38, 39, es ist also eine Begründung und eine Rechtsmittelbelehrung notwendig. Da die Genehmigung eines Rechtsgeschäfts vorliegt, tritt Wirksamkeit erst mit Rechtskraft des Beschlusses ein, was im Beschlusstenor auszusprechen ist (§ 40 Abs 2 FamFG).

§ 300 Einstweilige Anordnung

(1) [1]Das Gericht kann durch einstweilige Anordnung einen vorläufigen Betreuer bestellen oder einen vorläufigen Einwilligungsvorbehalt anordnen, wenn

1. **dringende Gründe für die Annahme bestehen, dass die Voraussetzungen für die Bestellung eines Betreuers oder die Anordnung eines Einwilligungsvorbehalts gegeben sind und ein dringendes Bedürfnis für ein sofortiges Tätigwerden besteht,**
2. **ein ärztliches Zeugnis über den Zustand des Betroffenen vorliegt,**

---

26 Vgl *Bobenhausen* Rpfleger 1994, 13.
27 Holzhauer/*Reinicke* § 69 d Rz 7.

3. im Fall des § 276 ein Verfahrenspfleger bestellt und angehört worden ist und
4. der Betroffene persönlich angehört worden ist.
[2]Eine Anhörung des Betroffenen im Wege der Rechtshilfe ist abweichend von § 278 Abs. 3 zulässig.

(2) Das Gericht kann durch einstweilige Anordnung einen Betreuer entlassen, wenn dringende Gründe für die Annahme bestehen, dass die Voraussetzungen für die Entlassung vorliegen und ein dringendes Bedürfnis für ein sofortiges Tätigwerden besteht.

Dem § 300 FamFG entspricht der frühere § 69f FGG, der durch das 1. BtÄndG 1998 zuletzt geändert worden war (Streichung, dass der Verfahrenspfleger persönlich anzuhören sei).

Schrifttum: *Rink*, Wirksamkeit von Entscheidungen in Betreuungs- und Unterbringungssachen, FamRZ 1992, 1011; *Ruhl*, Einstweilige Anordnungen im Betreuungs- und Unterbringungsrecht, FuR 1994, 254; *Kretz*, Einstweilige Anordnungen in Betreuungs- und zivilrechtlichen Unterbringungssachen nach dem FamFG, BtPrax 2009, 160.

Übersicht

Rz

I. Einstweilige Anordnungen, Abs 1

1 **1. Allgemeines.** Das Verfahren der Bestellung eines Betreuers dauert im Regelfall einige Monate. Deshalb sind vorläufige Regelungen notwendig. §§ 300, 301 FamFG bringen zwei Möglichkeiten einstweiliger Anordnungen (keine „einstweiligen Verfügungen“, § 935 ZPO hat damit nichts zu tun): eine gewöhnliche einstweilige Anordnung (§ 300) und eine eilige einstweilige Anordnung (§ 301). Die einstweilige Regelung ist von ihrer Verlängerung und von der endgültigen Anordnung der Betreuung zu unterscheiden.

2 Nach Erlass der *vorläufigen* Regelung ist unter Umständen vom Gericht von Amts wegen oder auf Antrag eines Beteiligten (§ 52 Abs 1 FamFG[1]) **das Normalverfahren der *endgültigen* Regelung einzuleiten;** dadurch kann der Betroffene (und ein anderer Beteiligter) erreichen, dass nun ein Gutachten (§ 280 FamFG) erstellt wird, was notwendig sein kann, weil für die einstweilige Anordnung ein ärztliches Zeugnis ausreichte.

3 Es folgt ein zweiter Beschluss, zB „Der vorläufige Betreuer ... wird zum endgültigen Betreuer bestellt“. Mit Bestellung des endgültigen Betreuers hat sich das Verfahren bezüglich des vorläufigen Betreuers erledigt (§ 56 Abs 1 FamFG)[2]; allerdings sind beide Verfahren selbständig (§ 51 Abs 3 Satz 1 FamFG). Denkbar ist aber auch, dass sich mit Ablauf der Zeitdauer der einstweiligen Anordnung oder deren Aufhebung das Verfahren erledigt hat, so dass es nicht zur Einleitung eines normalen Verfahrens kommt (Rz 2).

4 **2. Rechtsmacht des vorläufigen Betreuers.** Der vorläufige Betreuer hat dieselbe Rechtsmacht wie ein endgültiger Betreuer (Beispiel: obwohl er nur für sechs Monate bestellt ist kann er einen dreijährigen Mietvertrag zulasten des Betreuten schließen; eine Wohnung kündigen); auch die Folgen der Anordnung sind grundsätzlich dieselben: Wenn einem verwirrten Testamentsvollstrecker ein *vorläufiger* Betreuer mit dem Aufgabenkreis „Vermögenssorge“ bestellt wird, erlischt nach hM sein Amt als Testamentsvollstrecker, §§ 2225, 2201 BGB[3]. Das Wahlrecht dagegen erlischt nicht (§ 13 BWahlG).

5 **3. Anwendungsbereich.** §§ 300, 49 FamFG gestatten einstweilige Anordnungen in folgenden Fallgruppen:

---

1 *Kretz* BtPrax 2009, 160.
2 BayObLG FamRZ 1994, 1270.
3 BayObLG FamRZ 1995, 962; sehr bedenklich.

- ein vorläufiger Betreuer wird bestellt (Abs 1), auch im Falle des § 1908c BGB[4], sowie als weiterer Betreuer (§ 1899 BGB)[5];
- Erweiterung des Aufgabenkreises eines vorhandenen (vorläufigen oder endgültigen) Betreuers durch einstweilige Anordnung (§ 293 FamFG);
- ein (vorläufiger oder endgültiger) Betreuer wird entlassen (Abs 2);
- Entlassung bezüglich einzelner Aufgabenkreise (die Betreuung als solche bleibt aber bestehen, der Betreuer bleibt im Amt), vgl Abs 2;
- ein einstweiliger Einwilligungsvorbehalt wird angeordnet (Abs 1);
- Erweiterung des Kreises der einwilligungsbedürftigen Willenserklärungen, wenn schon ein Einwilligungsvorbehalt angeordnet ist (§ 293 FamFG)[6];
- Fälle des § 49 Abs 1 und Abs 2 FamFG[7]. Danach kann das Betreuungsgericht einem Betreuer bei Pflichtwidrigkeiten durch einstweilige Anordnung Handlungen gebieten oder verbieten; materiellrechtlich folgt das aus § 1837 Abs 2 Satz 1 BGB. Beispielsweise könnte einem Betreuer, gegen den ein Entlassungsverfahren schwebt (§ 1908b BGB), die Verfügung über einen Gegenstand des Vermögens des Betreuten verboten werden. Aus § 49 FamFG kann man weitere Fälle lösen: So kann gegen diejenige Person, die den Betreuten nicht an den Betreuer herausgeben will, obwohl der Betreuer das Personensorgerecht hat (§ 1632 BGB), eine einstweilige Anordnung auf Herausgabe ergehen[8].

4. Unanwendbarkeit von § 300 FamFG. Eine Aufhebung der Betreuung (oder des Einwilligungsvorbehalts) als solcher durch einstweilige Anordnung ist nicht möglich[9]. Genehmigungen des Betreuungsgerichts, etwa zu Rechtsgeschäften (§§ 1821, 1822, 1907 BGB; § 299 FamFG) oder zur Einwilligung in Gesundheitsmaßnahmen (§ 1904 BGB[10]; § 298 FamFG) oder einer Sterilisation (§ 1905 BGB; § 297 FamFG) können nicht durch einstweilige Anordnung erteilt werden, wie der Wortlaut des § 300 eindeutig zeigt. Zweifelhaft ist, ob eine **Einschränkung der Aufgabenkreise**, zB Aufhebung nur der Vermögenssorge, während die Personensorge bleibt, durch einstweilige Anordnung möglich ist. Der Gesetzestext spricht dagegen. Da § 294 Abs 1 FamFG letztlich die Aufhebung, Einschränkung, auch des Kreises der Willenserklärungen beim Einwilligungsvorbehalt, ohne besonderes Verfahren (sogar ohne ärztliches Zeugnis, Verfahrenspfleger, Anhörung der Betreuungsbehörde, der Angehörigen usw) erlaubt, also sofort, besteht dafür kein Bedürfnis[11]. Ist die Überprüfungsfrist versehentlich abgelaufen, ohne dass die Betreuung (ohne oder mit Einwilligungsvorbehalt) verlängert wurde, ist keine vorübergehende Verlängerung durch einstweilige Anordnung notwendig, weil die Betreuung ohnehin fortbesteht, wie § 286 Abs 3 FamFG zeigt. 6

Über **vorläufige Maßregeln nach § 1846 BGB** vgl unten Rz 83; das sind ihrer Natur nach keine einstweiligen Anordnung im Sinne von §§ 49 ff FamFG. 7

Über **Unterbringung** durch einstweilige Anordnung vgl §§ 331, 332, 334 FamFG. 8

---

4 *Prütting/Helms/Fröschle* § 300 Rz 6; *Jansen/Sonnenfeld* FGG § 69i Rz 49.
5 Keidel/*Budde* § 300 Rz 1.
6 *Jansen/Sonnenfeld* FGG § 69f Rz 3; *Prütting/Helms/Fröschle* § 300 Rz 7.
7 *Keidel/Budde* § 300 Rz 1.
8 OLG Frankfurt FGPrax 2003, 81, *Prütting/Helms/Fröschle* § 300 Rz 8.
9 *Bassenge/Roth* § 300 Rz 2.
10 *Prütting/Helms/Fröschle* § 300 Rz 9, anders Rz 11; aA *Bassenge/Roth* § 300 Rz 1 unter Berufung eine nicht einschlägige Fundstelle.
11 HK-BUR-*Rink* § 69f Rz 16.

9 5. **Abgrenzung § 300 – § 301 FamFG.** Das FamFG unterscheidet zwei Fallgruppen; die Voraussetzungen unterscheiden sich in einigen Punkten:

Gewöhnliche eAnO, § 300 FamFG	**Eilige eAnO**, § 301 FamFG
materiell-rechtliche Voraussetzungen des § 1896 BGB müssen sehr wahrscheinlich gegeben sein	
dringendes Bedürfnis für sofortiges Tätigwerden muss bestehen	
–	zusätzlich: Gefahr in Verzug
Ärztliches Zeugnis genügt; bei Verlängerung nur Anhörung eines Sachverständigen notwendig	
persönliche Anhörung des Betroffenen, soweit durchführbar	Anhörung vorerst entbehrlich
Bestellung eines Verfahrenspflegers und dessen Anhörung	Verfahrenspfleger entbehrlich
Vorschläge des Betroffenen bezüglich Person des Betreuers sind einzuholen	freie Auswahl des vorläufigen Betreuers durch das Gericht
Angehörige sind bevorzugt Betreuer	freie Auswahl

10 6. **Voraussetzungen gewöhnlicher einstweiliger Anordnungen:** Die einzelnen Tatbestände müssen kumulativ vorliegen.

11 a) **Nr 1: Erhebliche Wahrscheinlichkeit.** – aa) Es muss auf Grund **konkreter Umstände** eine **erhebliche Wahrscheinlichkeit** [12] dafür bestehen, dass ein Betreuer bestellt oder die endgültige Anordnung eines Einwilligungsvorbehalts erfolgen wird; das setzt ua voraus, dass das Gericht schon mit der Sache befasst ist oder gleichzeitig befasst wird, dass die bisherigen Ermittlungen das wahrscheinliche Vorliegen der Voraussetzungen der §§ 1896 (Betreuung) bzw § 1903 BGB (Einwilligungsvorbehalt) ergeben haben und dass das Gericht für die einstweilige Anordnung örtlich zuständig ist (§§ 50, 272 FamFG). Da es im Verfahren der vorläufigen Betreuerbestellung nicht des vollen Beweises entscheidungserheblicher Tatsachen bedarf, können glaubhaft gemachte Tatsachen auch dann verwertet werden, wenn der Betroffene sie bestreitet[13]. Das gilt auch im Beschwerdeverfahren.

12 Erheblich wahrscheinlich muss (als Teil der Prüfung des § 1896 BGB) auch sein, dass ein mit der Betreuung nicht einverstandener Betroffener krankheitsbedingt zB die Notwendigkeit fachärztlicher Behandlung nicht erkennen kann[14], dass der Betroffene im jeweiligen Aufgabenkreis **seinen Willen nicht frei bestimmen kann** (§ 1896 Abs 1 a BGB)[15].

13 Ein **dringendes Bedürfnis für sofortiges Tätigwerden** muss bestehen. Unter Geltung von § 69 f FGG lautete die Formulierung: Mit dem Aufschub muss

12 BayObLG FamRZ 1997, 1288; 1999, 1611; KG FGPrax 2008, 226.
13 BayObLG FamRZ 2004, 1899.
14 BayObLG FamRZ 1996, 898.
15 BayObLG FamRZ 1999, 1611 und BtPrax 2001, 37; OLG Hamm FamRZ 2000, 493; OLG Köln FamRZ 2000, 908.

Gefahr verbunden sein[16]. Mit der neuen Fassung ist aber keine „inhaltliche Neuausrichtung“ verbunden[17]. Es muss also ein dringendes Bedürfnis für eine Aktion des Gerichts bestehen, man muss die endgültige Entscheidung nicht abwarten können; zum Wohl des Betroffenen muss sofortiges Einschreiten erforderlich sein, Zuwarten muss erhebliche Nachteile für den Betroffenen haben[18]. **Konkrete Umstände** müssen nahe legen, dass ein Abwarten für den Betroffenen erhebliche Nachteile zur Folge hätte[19].

Andererseits darf die Sache noch nicht für eine **Endentscheidung** reif sein[20]; ist das der Fall, darf keine einstweilige Anordnung mehr ergehen. **14**

Die Anordnung eines Einwilligungsvorbehalts setzt voraus, dass eine Betreuung mit einem entsprechenden Aufgabenkreis bereits besteht oder gleichzeitig durch einstweilige Anordnung getroffen wird. Trotz Vorliegens einer General- oder Vorsorgevollmacht kann ein vorläufiger Einwilligungsvorbehalt (nebst Betreuung) angeordnet werden, wenn die Wirksamkeit der Vollmacht wegen Zweifeln an der Geschäftsfähigkeit des Betroffenen unklar ist und die konkrete Gefahr besteht, dass ohne Einwilligungsvorbehalt vermögensrechtliche Transaktionen zum Nachteil des Betroffenen vorgenommen werden[21]. **15**

b) Nr 2: Ärztliches Zeugnis über den Zustand des Betroffenen. Für das Hauptsacheverfahren ist (im Regelfall) ein Gutachten im Strengbeweisverfahren vorgeschrieben (§§ 30, 280 Abs 1 Satz 1 FamFG), für die einstweilige Anordnung nicht, so dass hier ein im Freibeweisverfahren (§ 29 FamFG) erholtes ärztliches Zeugnis genügt. Das ist aber letztlich nur eine Frage des Umfangs, denn auch das Attest muss sich zu den Punkten äußern, auf die es für den Beschluss ankommt, also: die Tatbestandsmerkmale des § 1896 BGB und die Inhalte der §§ 280 Abs 3, 302 FamFG. Die Aussage über den *Zustand* des Betroffenen genügt (entgegen dem Gesetzeswortlaut, der dem früheren § 69f FGG und einstigen § 64f Abs 1 Nr 2 FGG aF nachempfunden ist) nicht[22]: Wenn bei Bestellung eines Betreuers ein Gutachten über „die Notwendigkeit der Betreuung“ eingeholt werden muss (§ 280 FamFG), muss auch bei Bestellung eines nur vorläufigen Betreuers die Frage der Erforderlichkeit vom Arzt behandelt werden[23]; der Arzt soll sich auch zur erforderlichen Dauer der einstweiligen Anordnung äußern[24], das Zeugnis muss Anknüpfungstatsachen nennen[25]. Ein Fünfzeilen-Attest auf dem Rezeptblock genügt jedenfalls nicht; ebenso wenig eine Verdachtsdiagnose[26] oder Vermutungen. Dass der Arzt den Betroffenen zeitnah **persönlich untersucht** haben muss, ist zwar nicht vorgeschrieben[27]; es fragt sich aber, ob ein Zeugnis ohne eine solche Untersuchung Überzeugungskraft hat. Ein Telefonat des Arztes mit dem Betroffenen genügt jedenfalls nicht[28]. **16**

---

16 OLG Oldenburg NdsRpfl 2003, 387 (Schizophrenie ohne konkrete Gefahrenlage); *Rink* RuP 1991, 157 spricht von „einfacher Gefahr“; *Marschner* RuP 1992, 158 von gesteigerter Gefahr im Sinne einer erheblichen Selbstgefährdung.
17 BT-Drucks 16/6308 S. 271.
18 BayObLG FamRZ 1997, 1288; KG RuP 1996, 86.
19 BayObLG FamRZ 1999, 1611/2.
20 *Prütting/Helms/Fröschle* § 300 Rz 19.
21 BayObLG FamRZ 2004, 1814.
22 KG FGPrax 2008, 226; *Prütting/Helms/Fröschle* § 300 Rz 38.
23 Vgl *Ruhl* FuR 1994, 257; *Rink* RuP 1991, 157.
24 LG Hildesheim BtPrax 1993, 210.
25 BayObLG FamRZ 1999, 1611/2.
26 KG RuP 1996, 86.
27 Holzhauer/*Reinicke* § 69f Rz 10; aA Keidel/*Budde* § 300 Rz 4; *Prütting/Helms/Fröschle* § 300 Rz 38; HK-BUR-*Rink* § 69f Rz 26.
28 OLG Frankfurt FGPrax 2005, 23.

17 Als **Qualifikation des Ausstellers** des Zeugnisses ist nur „Arzt“ vorgeschrieben; wegen § 26 FamFG müssen aber dieselben Anforderungen gestellt werden wie an den Sachverständigen im Falle des § 280 FamFG[29]. Es genügen also keine Atteste von Hausärzten, Augenärzten, Tierärzten und dergleichen.

18 Bei nur **unwesentlicher Erweiterung** des Aufgabenkreises durch einstweilige Anordnung ist wegen § 293 Abs 2 Satz 1 Nr 2 FamFG für das reguläre Verfahren kein ärztliches Zeugnis erforderlich, also auch nicht für die entsprechende Erweiterung durch einstweilige Anordnung[30].

19 Wird nach **Entlassung oder Tod des bisherigen Betreuers** ein neuer Betreuer bestellt (§ 1908c BGB) ist nach § 296 Abs 2 FamFG bei einem regulären Verfahren lediglich der Betroffene anzuhören; ein Gutachten entfällt. Erfolgt die Neubestellung durch einstweilige Anordnung ist deshalb ebenfalls kein Attest (und erst recht kein Gutachten) notwendig[31].

20 c) **Nr 3: Bestellung eines Verfahrenspflegers,** wenn für die endgültige Entscheidung ein Verfahrenspfleger zu bestellen wäre, § 276 FamFG; die Bestellung ist vorerst entbehrlich im Falle des § 301 FamFG (eilige einstweilige Anordnung).

21 **Anhörung des Verfahrenspflegers,** zB telefonisch, schriftlich; eine *persönliche* Anhörung ist nicht vorgeschrieben, weil es auf den psychischen Zustand des Betreuten und nicht seines Verfahrenspflegers ankommt (die frühere Streitfrage ist durch die jetzige Fassung von Nr 3 erledigt). Die Anhörung ist vorerst entbehrlich im Falle des § 301 FamFG.

22 d) **Nr 4: Persönliche Anhörung des Betroffenen;** sie kann auch durch einen ersuchten Richter (Rechtshilferichter) erfolgen, Abs 1 Satz 2. Die „Eindruckverschaffung“ entfällt an sich, aber es ist schlechterdings ausgeschlossen, dass man jemand persönlich anhört und dabei keinen Eindruck von ihm gewinnt. Eine Umgebungsanhörung ist nicht vorgeschrieben. Im Übrigen gilt § 278 Abs 5 FamFG, so dass eine Vorführung des Betroffenen durch die Betreuungsbehörde zulässig ist[32]. Die allgemeine Regelung in § 34 Abs 2 FamFG stellt klar, dass von der persönlichen Anhörung abgesehen werden kann, wenn hierdurch der Betroffene gesundheitlich gefährdet würde oder wenn er verständigungsunfähig (zB bewusstlos) ist. Die erste Fallgruppe kommt praktisch nicht vor; bei der zweiten Fallgruppe darf der Betroffene offensichtlich nicht in der Lage sein, seinen Willen kund zu tun. Ob das so ist muss der Richter *selbst* feststellen, er darf sich nicht auf Mitteilungen von Ärzten oder Pflegepersonal verlassen, wonach der Betroffene sich angeblich nicht mehr artikulieren könne.

23 Bei nur unwesentlicher Erweiterung des Aufgabenkreises durch einstweilige Anordnung ist wegen § 293 Abs 2 Nr 2 FamFG für das reguläre Verfahren keine *persönliche* Anhörung erforderlich, also auch nicht für die Erweiterung durch eAnO[33]; aber das rechtliche Gehör muss natürlich gewahrt werden.

24 Die Anhörung (persönlich oder sonst wie) ist vorerst **entbehrlich** im Falle des § 301 FamFG (eilige einstweilige Anordnung).

---

29 Ebenso BayObLG FamRZ 1999, 1611/2.
30 HK-BUR-*Rink* § 69f Rz 13.
31 *Prütting/Helms/Fröschle* § 300 Rz 39.
32 Keidel/*Budde* § 300 Rz 6; *Prütting/Helms/Fröschle* § 300 Rz 29; *Jansen/Sonnenfeld* FGG § 69f Rz 11.
33 HK-BUR-*Rink* § 69f Rz 13.

II. Verfahren, Entscheidung, Rechtsmittel

25 Während das FGG keine allgemeine Regelung über einstweilige Anordnungen enthielt, regelt das FamFG das Verfahren bei einstweiligen Anordnungen in **§§ 49 bis 57 FamFG.** Diese Vorschriften sind daher *grundsätzlich* auch auf einstweilige Anordnungen im Betreuungsrecht anwendbar, allerdings mit **Einschränkungen,** die sich zB daraus ergeben, eine Betreuung im Regelfall von Amts wegen angeordnet wird (§ 1896 Abs 1 BGB) und Anträge Dritter nur die Bedeutung von Anregungen haben; deshalb ist § 51 Abs 1 FamFG nicht einschlägig[34] (kein Antragsverfahren), auch § 56 Abs 2 FamFG nicht. Insbesondere sind die §§ 56 Abs 1 Satz 2, 57 FamFG nicht anwendbar, weil sie nur für Familiensachen gelten. § 52 Abs 1 FamFG ist hingegen einschlägig und auch wichtig: für eine einstweilige Anordnung genügt ein ärztliches Attest, der Betroffene (sowie andere Beteiligte) können die Erstellung eines Gutachtens im Sinne des § 280 FamFG erzwingend, indem sie einen **Antrag nach § 52 Abs 1 Satz 1 FamFG** stellen. Eine Beschwerde hätte diesen Erfolg nicht, weil im Verfahren der einstweiligen Anordnung das Attest auch im Beschwerdeverfahren genügt.

26 **1. Zuständigkeit.** Sachlich ist das Betreuungsgericht zuständig. Die örtliche Zuständigkeit des Gerichts ergibt sich aus § 50 FamFG: danach ist das Gericht örtlich zuständig, das auch sonst für das Betreuungsverfahren nach § 272 FamFG zuständig wäre (Gericht des Aufenthalts, subsidiär des Fürsorgebedürfnisses). In besonders dringenden Fällen (also jedenfalls im Falle des § 301 FamFG) ist „auch“, also parallel, nicht nur subsidiär, das Gericht des Fürsorgebedürfnisses örtlich zuständig (§§ 50 Abs 2, 272 Abs 2 FamFG).

27 Das im Rahmen einer Eilmaßnahme gemäß § 272 Abs 2 FamFG tätig gewordene Gericht hat den Vorgang nach Erledigung der durch die Dringlichkeit des Falles gebotenen Aufgabe (wozu nach Erlass der einstweiligen Anordnung in der Regel auch die Verpflichtung des Betreuers und die Aushändigung des Ausweises gehören[35]) an das nach § 272 Abs 1 FamFG zuständige Betreuungsgericht zu übersenden, welches das Verfahren fortzuführen hat. Die subsidiäre Zuständigkeit des **Eilgerichts** nach § 272 Abs 2 FamFG endet, wenn die erforderliche vorläufige Maßnahme getroffen worden ist[36].

28 **Funktionell zuständig** ist in der Regel der Richter (§§ 3, 15 RPflG; eine Rechtspflegerzuständigkeit besteht zB im Falle des § 1896 Abs 3 BGB). In Württemberg ist teils das staatliche Notariat, teils das Amtsgericht zuständig (§§ 36, 37 BaWüLFGGG); Folge ist, dass bei Anordnung einer Betreuung mit Einwilligungsvorbehalt der Bezirksnotar für die Betreuung, der Amtsrichter für den Einwilligungsvorbehalt zuständig ist und, da der Einwilligungsvorbehalts erst ab Betreuerbestellung möglich ist, Abstimmungsprobleme auftauchen; am einfachsten ist es, wenn der Amtsrichter selbst die Betreuung mit Einwilligungsvorbehalt anordnet (vgl § 37 Abs 2 BaWüLFGG). Das Verfahren wird im Register XVII eingetragen (nicht im AR), auch wenn es sich nur um eine vorübergehende Eilzuständigkeit handelt. Wegen der Selbständigkeit (§ 51 Abs 3 FamFG) müsste ein eigenes Aktenzeichen vergeben werden; anders die AktO.

29 Auch das **Beschwerdegericht** kann im Zusammenhang mit einer Beschwerde gegen eine Entlassung einen Betreuer durch einstweilige Anordnung entlassen (§ 50 Abs 1 Satz 2 FamFG). Ist eine einstweilige Anordnungssache in der

34 AA Keidel/*Budde* § 300 Rz 8 (die Vorschrift habe aber kaum praktische Bedeutung).
35 OLG Frankfurt FGPrax 2004, 287.
36 OLG Frankfurt FGPrax 2004, 287.

Beschwerde , kann trotz § **54 Abs 4 FamFG** das AG die Anordnung aufheben, weil §1908 d Abs 1 BGB vorrangig ist.

30 **2. Antrag.** Ein Antrag auf Erlass einer einstweiligen Anordnung ist nicht erforderlich, das Gericht entscheidet von Amts wegen (§ 51 FamFG), weil Betreuung und Einwilligungsvorbehalt immer von Amts wegen angeordnet werden können (§§ 1896, 1903 BGB). Anträge von Beteiligten sind als Anregungen aufzufassen, die Voraussetzungen der §§ 300, 301 FamFG zu prüfen. Eine Begründung oder Glaubhaftmachung müssen Anregende (entgegen § 51 Abs 1 Satz 2 FamFG) nicht liefern.

31 **3. Beteiligte.** Es gelten §§ 7, 274 FamFG. An sich sind nach §§ 278, 279 vor der Bestellung eines Betreuers der Betroffene und die „sonstigen" Beteiligten anzuhören. Das wird aber in § 300 dahin relativiert, dass nur der Verfahrenspfleger (falls bestellt) anzuhören ist (nicht zwingend persönlich) und der Betroffene (dieser aber zwingend persönlich). Sollte ein Kann-Beteiligter einen Beteilungsantrag gestellt haben und wird er abgelehnt, muss jedenfalls nicht abgewartet werden, ob sofortige Beschwerde (§ 7 Abs 5 FamFG) hiergegen eingelegt wird[37]. Letztlich ist auch das Makulatur, denn in den wirklichen Eilfällen sind nach § 301 FamFG auch diese beiden Anhörung entbehrlich.

32 **4. Allgemeine Verfahrensregelungen.** Hierfür verweist § 51 Abs 2 Satz 1 FamFG für die einstweilige Anordnung auf das Verfahren der Anordnung der Betreuung. Eine „mündliche" Verhandlung ist nicht vorgeschrieben (§ 51 Abs 2 Satz 2 FamFG), was bedeutet, dass die einstweilige Anordnung ohne mündliche Anhörung des Betroffenen oder der anderen Beteiligten ergehen kann.

33 **5. Tatsachenfeststellungen.** § 26 FamFG gilt grundsätzlich auch im einstweiligen Anordnungsverfahren. Die Voraussetzungen bedürfen aber keines vollen Beweises; ihre Glaubhaftmachung reicht aus[38]. Das erforderliche Beweismaß hängt vom Einzelfall ab und ist einer abstrakten Definition nicht zugänglich. Insbesondere sollte ermittelt werden, welche Entwicklung zur Gefahrensituation führte[39]. Das Freibeweisverfahren genügt[40], weil auf § 30 FamFG nicht verwiesen ist. § 31 Abs 1 FamFG ist nicht einschlägig, weil kein Beteiligter etwas glaubhaft zu machen hat, wenn eine einstweilige Anordnung ergehen soll; es handelt sich um ein Amtsermittlungsverfahren.

34 **6. Auswahl des Betreuers.** Hier muss unterschieden werden:

35 a) Bei der **gewöhnlichen einstweiligen Anordnung** (§ 300 FamFG) ist das Gericht auch bei der Auswahl des vorläufigen Betreuers an die Beschränkungen des § 1897 Abs 4 und 5 BGB gebunden (Umkehrschluss aus § 301 Abs 2 FamFG).

36 b) Bei der **eiligen einstweiligen Anordnung** (§ 301 FamFG) ist das Gericht dagegen nicht an die Beschränkungen des § 1897 Abs 4 und 5 BGB gebunden (§ 301 Abs 2 FamFG)[41]. Eine Abweichung ist natürlich nur erlaubt, wenn die Entscheidung so eilig ist, dass der Betroffene nicht nach seinem Vorschlag gefragt werden kann und Angehörige mangels Erreichbarkeit nicht in die Auswahlüberlegungen einbezogen werden können. Dagegen ist § 1897 Abs 6 BGB nicht ausgenommen, so dass auch in Eilfällen nicht ohne Weiteres ein

37 *Prütting/Helms/Fröschle* § 300 Rz 27.
38 BayObLG FamRZ 1997, 1288; *Ritter,* Einstweilige Anordnungen, S. 74.
39 Gefahrengeschichte, vgl *Bischof/Wolff* BtPrax 1995, 48.
40 Über die Ablehnung des Sachverständigen vgl BayObLG BtPrax 1997, 197.
41 Vgl LG Regensburg FamRZ 1993, 597.

Anwalt oder sonstiger Berufsbetreuer bestellt werden könnte; das ist aber irrig, denn im Regelfall verlangen Eilfälle sachkundige Hilfe und nicht bloß formalen Laienbeistand.

In der **folgenden Hauptsacheentscheidung** ist zu prüfen, ob der *vorläufige* Betreuer den Auswahlregeln des § 1897 BGB entspricht; nur dann kann er zum *endgültigen* Betreuer bestellt werden. § 1908 b Abs 1 BGB spielt hier keine Rolle[42]. 37

7. Entscheidung. Obwohl im Gesetz „kann" steht (§§ 49, 300 FamFG), bedeutet das nicht, dass das Gericht ein **Ermessen** hat; liegen die Voraussetzungen vor, dann verlangt der Schutz des Betroffenen, dass die einstweilige Anordnung erlassen wird. 38

Die Entscheidung ergeht von Amts wegen durch **Beschluss** (§ 38 FamFG) mit Begründung und Rechtsmittelbelehrung (§ 39 FamFG) und mit dem speziellen Inhalt des § 286 Abs 1 und 2 FamFG sowie §§ 1836 Abs 1 Satz 2 BGB, 1 VBVG. Ein Überprüfungszeitpunkt im Sinne von § 286 Abs 3 FamFG ist nicht anzugeben[43], weil es diesen Zeitpunkt bei der einstweiligen Anordnung nicht gibt (wird sie nicht verlängert, erlischt ihre Wirkung; § 302 FamFG). Die Dauer der Anordnung sollte dagegen im Tenor angegeben werden (vgl § 302 FamFG), datumsmäßig. Eine Kostenentscheidung ist denkbar (§§ 51 Abs 4, 81 FamFG). Die Anordnung der sofortigen Wirksamkeit ist sinnvoll, im Falle des § 287 Abs 2 FamFG notwendig. 39

Da § 52 Abs 1 FamFG einschlägig ist, ist in der Rechtsmittelbelehrung über das **Antragsrecht nach § 52 Abs 1 FamFG** zu belehren[44]. **§ 75 FamFG** (Sprungrechtsbeschwerde) ist wegen § 70 Abs 4 FamFG nicht einschlägig. 40

Eine **Begründung** ist erforderlich (§ 38 Abs 3 FamFG). Aus § 49 FamFG ergibt sich, dass eine Betreuung bzw ein Einwilligungsvorbehalt nur angeordnet werden darf, wenn die jeweiligen materiellrechtlichen Voraussetzungen (§ 1896 bzw § 1903 BGB) vorliegen. In der Entscheidung darf die Hauptsache nicht vorweggenommen werden, was aber bei Anordnung einer Betreuung oder eines Einwilligungsvorbehalts schwerlich vermeidbar ist. Auch bei Bestellung eines vorläufigen Betreuers hat das Betreuungsgericht wegen § 1896 Abs 1 a BGB darzulegen[45], dass der Betroffene seinen Willen nicht frei bestimmen kann; hierzu bedarf es eines aussagekräftigen Zeugnisses eines Arztes mit der entsprechenden Sachkunde; Letztere ist im Beschluss darzulegen, wenn sie sich nicht ohne Weiteres aus der Berufsbezeichnung ergibt. 41

Beispiel: Beschluss. In dem Betreuungsverfahren X ... wird dem Betroffenen Frau Y ... zur vorläufigen Betreuerin bestellt. Frau F führt die Betreuung berufsmäßig. Die einstweilige Anordnung tritt am ... außer Kraft, wenn sie nicht vorher verlängert wird. Aufgabenkreis: Vermögenssorge. Für Grundstücksgeschäfte wird ein vorläufiger Einwilligungsvorbehalt angeordnet. Die Entscheidung ist sofort wirksam. Gründe ... Rechtsmittelbelehrung ... Unterschrift. 42

Der Beschluss wird dem Betroffenen **bekannt gegeben**[46], vgl § 41 Abs 1 FamFG, ferner den sonstigen Beteiligten, an seinen Verfahrensbevollmächtigten, den Verfahrenspfleger, den vorläufigen Betreuer. 43

42 BayObLG FamRZ 2001, 252.
43 AA HK-BUR-*Rink* § 69 f Rz 42.
44 BT-Drucks 16/6308 S. 201.
45 OLG Hamm BtPrax 1999, 238; BayObLG BtPrax 1999, 247.
46 BayObLG FamRZ 1994, 1060.

44 8. **Wirksamwerden der einstweiligen Anordnung.** Das Wirksamwerden einer einstweiligen Anordnung war früher speziell in § 69f Abs 4 FGG geregelt; jetzt gelten die allgemeinen Regeln. Nach §§ 40 Abs 1, 287 Abs 1 FamFG (der auch den Fall des § 300 FamFG nennt) wird der Beschluss, der die einstweilige Anordnung enthält, mit der **Bekanntgabe an den Betreuer** wirksam. Daher könnten unter Umständen an Wochenenden oder bei aufeinander folgenden Feiertagen mehrere Tage vergehen, ohne dass die Entscheidung wirksam werden kann, weil der Betreuer nicht erreichbar ist. Um dies zu vermeiden und sicherzustellen, dass die erforderlichen Maßnahmen rechtzeitig getroffen werden können, bestimmt § 287 Abs 2 FamFG ergänzend, dass das Gericht die sofortige Wirksamkeit der Entscheidung anordnen kann; dies setzt Unmöglichkeit der Bekanntgabe an den Betreuer voraus oder Gefahr in Verzug; in der Praxis wird immer die zweite Variante angenommen und in allen Beschlüssen die sofortige Wirksamkeit angeordnet, auch wenn sie anschließend dem Betreuer bekannt gegeben werden. Die Entscheidung wird dann auch wirksam, wenn der Beschluss nach §§ 300, 301 FamFG nebst Anordnung der sofortigen Wirksamkeit entweder dem **Betroffenen** oder dem **Verfahrenspfleger** bekannt gegeben werden, oder der **Geschäftsstelle** zum Zweck der Bekanntgabe an den Betroffenen bzw seinen Verfahrenspfleger übergeben werden. Es gibt also vier Möglichkeiten, wie die Wirksamkeit eintreten kann.

45 **„Übergabe“** ist nicht als tatsächliches Übergeben der Entscheidung vom Richter an den Beamten von-Hand-zu-Hand zu verstehen, sondern als Verlassen des richterlichen Bereichs und Eingehen im Bereich der Geschäftsstelle; es genügt daher, wenn der Richter nach Dienstschluss die Entscheidung auf der Geschäftsstelle niederlegt[47]. Ist die Geschäftsstelle nicht besetzt (zB bei Entscheidung am Wochenende), vereinigt der Richter alle Gerichtsfunktionen auf sich; er kann mE von sich aus das Wirksamgewordensein auf dem Beschluss vermerken, falls eine Bekanntgabe an Betreuer, Verfahrenspfleger oder Betroffenen ausscheiden.

46 Die Übergabe vom Richter an die Geschäftsstelle muss „zum Zwecke der Bekanntmachung“ erfolgt sein; dies setzt voraus, dass die Entscheidung vollständig abgesetzt und vom Richter unterschrieben ist. Eine förmliche Anweisung an die Geschäftsstelle, die Bekanntmachung vorzunehmen, erübrigt sich dagegen, weil sich dies von selbst versteht.

47 Nach **§ 53 Abs 2 FamFG** kann das Gericht „in sonstigen Fällen“ anordnen, dass die „Vollstreckung“ der einstweiligen Anordnung vor „Zustellung“ an den Verpflichteten zulässig ist. Das kann evtl passen, wenn die Herausgabe eines Betreuten angeordnet wird, aber nicht, wenn mit einstweiliger Anordnung ein Betreuer bestellt und/oder ein Einwilligungsvorbehalt angeordnet wird.

48 Wird ein „Antrag“ auf Erlass einer einstweiligen Anordnung **abgelehnt**, wird die Entscheidung nach §§ 40 Abs 1, 287 Abs 1 FamFG, nicht nach § 287 Abs 2 FamFG, wirksam[48], also zB mit der Bekanntmachung an den Betreuer bei Ablehnung eines vorläufigen Einwilligungsvorbehalts.

49 **9. Verhältnis der einstweiligen Anordnung zur Hauptsache. – a) Allgemeines.** Das Verfahren der einstweiligen Anordnung ist ein ***selbstständiges*** **Verfahren**, auch wenn eine Hauptsache schon anhängig ist (§ 51 Abs 3 Satz 1 FamFG) oder nachfolgt. Unter Geltung des FGG konnte eine einstweilige Anordnung nicht isoliert ergehen, ein gleichzeitig eingeleitetes Hauptsacheverfahren war als „Träger“ unabdingbar. Die Reform beseitigt die bisherige Abhängigkeit.

---

47 Keidel/*Kayser* § 69a Rz 11.
48 *Ruhl* FuR 1994, 258.

Auswirkungen: (1) Nicht auf jede einstweilige Anordnung muss ein diesbezügliches Hauptsacheverfahren folgen (vgl § 52 FamFG); das ist wie im Zivilprozess: der einstweiligen Verfügung in Wettbewerbssachen folgt meist keine Unterlassungsklage. Zeigt sich, dass eine Gesamtdauer von sechs bzw zwölf Monaten (§ 302 FamFG) ausreichen wird, ist die Einleitung eines Hauptsacheverfahrens nicht veranlasst. (2) Kostenfolgen. In einstweiligen Anordnungssachen kann eine Kostenentscheidung nach §§ 81 ff FamFG ergehen (vgl § 51 Abs 4 FamFG). (3) Die einstweilige Anordnung bildet mit dem folgenden Hauptsacheverfahren gebührenrechtlich eine Einheit, § 92 Abs 4 KostO. (4) Gesonderte Aktenzeichen und gesonderte Aktenführung wären erforderlich; doch wird das von der Praxis anders gehandhabt. (5) Wird vor Ablauf der Geltungszeit der einstweilige Anordnung (§ 302 FamFG) eine deckungsgleiche Hauptsacheentscheidung erlassen, bestehen zwei „Titel" nebeneinander; zur Klarstellung sollte dann die einstweiligen Anordnung aufgehoben werden, obwohl bei Wirksamwerden einer anderweitigen Regelung (§ 56 Abs 1 Satz 1 FamFG) die einstweilige Anordnung von selbst außer Kraft tritt. (6) Wenn dieselbe Person sowohl durch einstweilige Anordnung wie durch den Hauptsachebeschluss bestellt wurde, wird sie nicht für die identische Zeit doppelt bezahlt. (7) Für das „Alter der Betreuung", wichtig für die Vergütung des Betreuers (§§ 4, 5 VBVG) kommt es grundsätzlich auf die Erstbestellung durch einstweilige Anordnung an; vgl § 5 VBVG Rz 10. 50

b) **Nochmalige Verwertung der Verfahrenshandlung aus der einstweiligen Anordnung.** Ist ein einstweiliges Anordnungsverfahren vorangegangen und 51
wurden hierbei „Verfahrenshandlungen" (wie Anhörung des Betroffenen, Anhörung der sonstigen Beteiligten, Zeugenvernehmung, Begutachtung) vorgenommen, kann das Gericht im späteren (oder gleichzeitigen) Hauptsacheverfahren von der nochmaligen Durchführung absehen, wenn von einer erneuten Vornahme keine zusätzlichen Erkenntnisse zu erwarten sind (§ 51 Abs 3 Satz 2 FamFG).

c) **Einleitung des Hauptsacheverfahrens.** Nach § 52 Abs 1 FamFG hat das 52
Gericht nach Erlass einer einstweiligen Anordnung *auf Antrag eines Beteiligten* das Hauptsacheverfahren einzuleiten. Es könnte sogar eine Sperrfrist von maximal drei Monaten bestimmen, innerhalb der ein solcher Antrag unzulässig ist (§ 52 Abs 1 Satz 2, 3 FamFG). Eine solche Fristsetzung hat bei einer Betreuungsanordnung nichts verloren[49]; sie ist nicht zulässig; sie würde die Beteiligten dazu zwingen, Beschwerde einzulegen. Die Gesetzesbegründung[50] sagt dazu nur kurz: „Ist das Gericht bei Erlass der einstweiligen Anordnung bereits zur Einleitung des Hauptsacheverfahrens entschlossen, unterbleibt die Fristsetzung"; das hilft wenig. Es gibt also folgende **Möglichkeiten:**

aa) Erlass der einstweiligen Anordnung für maximal sechs Monate und Verlängerung bis zu einem Jahr (§ 302 FamFG). Erst kurz vor Jahresablauf wird ein Hauptsacheverfahren (mit Begutachtung des Betroffenen) von Amts wegen oder auf Anregung eingeleitet, weil eine endgültige Betreuung beabsichtigt ist. Zeigt sich hingegen, dass die Betreuung nicht mehr erforderlich ist, bestand sie somit ein Jahr lang, ohne dass jemals ein Gutachten im Sinne von § 280 FamFG über den Betroffenen erstellt wurde. 53

bb) Das Gericht gewinnt schon bei Erlass der einstweiligen Anordnung die Auffassung, dass wohl eine länger als ein Jahr dauernde Betreuung (ohne oder mit Einwilligungsvorbehalt) erforderlich sein könnte; dann wird parallel zum 54

49 *Prütting/Helms/Fröschle* § 300 Rz 47.
50 BT-Drucks 16/6308 S. 201.

einstweiligen Anordnungsverfahren schon jetzt ein Hauptsacheverfahren eingeleitet.

55 cc) Leitet das Gericht selbst kein Hauptsacheverfahren ein, können der Betroffene oder sein Verfahrenspfleger oder sonstige Beteiligte (§ 274 FamFG) durch einen Antrag nach § 52 Abs 1 FamFG die Einleitung eines Hauptsacheverfahrens mit Gutachten erzwingen[51].

56 d) **Außerkrafttreten der einstweiligen Anordnung.** Sie tritt entweder mit Zeitablauf außer Kraft (§ 302 FamFG) oder mit vorzeitiger Aufhebung durch das Gericht (§ 54 FamFG) oder bei Wirksamwerden einer anderweitigen Regelung (§ 56 Abs 1 Satz 1 FamFG), also mit Anordnung oder Ablehnung einer „endgültigen" Betreuung (bzw eines Einwilligungsvorbehalts) im Hauptsacheverfahren.

57 10. **Aufhebung/Änderung der einstweiligen Anordnung.** Das Betreuungsgericht, das die Anordnung erlassen hat, kann die einstweilige Anordnung aufheben oder ändern (§ 54 Abs 1 Satz 1 FamFG), selbst wenn sie formell rechtskräftig geworden ist. Bei Abgabe oder Verweisung geht diese Kompetenz auf das neue Gericht über (§ 54 Abs 3 Satz 2 FamFG). Eine Aufhebung bzw Änderung scheidet scheinbar aus, sobald das Beschwerdeverfahren beim LG anhängig ist (§ 54 Abs 4 FamFG); § 1908 d Abs 1 BGB ist aber insoweit eine Sonderregelung. Das LG kann natürlich, wenn Beschwerde gegen die Nichtanordnung der einstweiligen Anordnung erhoben wurde, eine einstweilige Anordnung im Rahmen des Verfahrensgegenstandes, also ohne „Verschlechterung", erlassen und muss die Sache nicht etwa mit einer diesbezüglichen Anweisung an das AG zurückgeben; auch kann es dann selbst einen Betreuer auswählen.

58 Hat dann das Beschwerdegericht eine einstweilige Anordnung erlassen ist das Beschwerdeverfahren abgeschlossen, die **Anfallwirkung** verbraucht; das LG kann seine eigene einstweilige Anordnung nicht mehr ändern (anders als ein AG, bei dem es wegen § 54 Abs 1 Satz 1 FamFG keine Anfallwirkung in diesen Sinne gibt, weil eine Dauerzuständigkeit bis zur Aufhebung der Betreuung besteht); nun kann das AG die vom LG erlassene einstweilige Anordnung aufheben oder ändern.

59 11. **Kostenfragen. – a) KostO, RVG.** Für die einstweilige Anordnung fällt eine gesonderte Gerichtsgebühr nach § 92 KostO an, wobei aber § 92 Abs 4 KostO zu beachten ist: geht eine vorläufige Betreuung in eine endgültige über so bildet das Verfahren eine Einheit. Auch bezüglich der Anwaltsgebühren sind einstweilige Anordnungsverfahren als besondere Angelegenheiten anzusehen (§ 18 Nr 1, 2 RVG).

60 b) **Zur Kostenauferlegung auf die Staatskasse** durch das Betreuungsgericht vgl § 307 FamFG. Die Anordnung einer Betreuung durch einstweilige Anordnung ist eine Betreuungsmaßnahme in diesem Sinn.

61 c) **Staatshaftung bei unrichtigen einstweiligen Anordnungen.** In Frage kommt § 839 BGB in Verbindung mit Art 34 GG[52]. Der BGH[53] sagt dazu: Eine einstweilige Anordnung ist kein „Urteil in einer Rechtssache" im Sinne von § 839 Abs 2 Satz 1 BGB. Gleichwohl ist der Verfassungsgrundsatz der richterlichen Unabhängigkeit zu beachten. Soweit in solchen Fällen im Amtshaftungsprozess darüber zu befinden ist, ob ein Richter bei der Rechtsanwendung und

51 *Kretz* BtPrax 2009, 160.
52 Dazu *Zimmermann* BtPrax 2008, 185.
53 BGH NJW 2003, 3052.

Gesetzesauslegung schuldhaft amtspflichtwidrig gehandelt hat, kann dem Richter in diesem Bereich ein Schuldvorwurf nur bei besonders groben Verstößen gemacht werden; inhaltlich läuft das auf eine Haftung für Vorsatz oder grobe Fahrlässigkeit hinaus. Einstweilige Anordnungen im Unterbringungsverfahren sind im Amtshaftungsprozess nicht uneingeschränkt auf ihre sachliche Richtigkeit, sondern nur daraufhin zu überprüfen, ob sie vertretbar sind.

12. Rechtsmittel gegen die einstweilige Anordnung. – a) Befristete Beschwerde. 62
Gegen die Entscheidung des Betreuungsgerichts betreffend eine einstweilige Anordnung ist die befristete Beschwerde (§§ 58 ff FamFG) statthaft. Die Beschwerdeberechtigten ergeben sich aus § 59 Abs 1 bzw § 303 FamFG[54]. Wenn sich die Beschwerde gegen eine erlassene einstweilige Anordnung richtet beträgt die Beschwerdefrist zwei Wochen (§ 63 Abs 2 Nr 1 FamFG); sie beträgt ein Monat, wenn sie sich gegen die Ablehnung richtet (§ 63 Abs 1 FamFG)[55]. Die Beschwerde ist bei dem Betreuungsgericht einzulegen, dessen Beschluss angefochten wird (§ 64 Abs 1 FamFG). Wird sie unstatthaft beim LG eingereicht, leitet das LG die Beschwerde im gewöhnlichen Geschäftsgang an das AG (Betreuungsgericht) weiter und für die Fristwahrung kommt es dann darauf an, wann sie dort eingeht. Wer (aus Unkenntnis) sowohl beim AG wie beim LG dieselbe Beschwerde einlegte, legt nur *eine einzige* Beschwerde ein, die in zwei Schriftsätzen verkörpert ist; die eine Beschwerde ist nicht etwa unzulässig und nicht mit einer Kostenfolge zu verwerfen.

63 Über die Beschwerde entscheidet das LG (§§ 72, 119 GVG). Dort kann die Zivilkammer die Sache einem Einzelrichter übertragen (§ 68 Abs 4 FamFG); das ist auch in Unterbringungssachen zulässig[56].

64 Das **Landgericht** kann **als Beschwerdegericht** die Beschwerde zurückweisen oder eine einstweilige Anordnung erlassen. Wenn *nur in der Hauptsache* Beschwerde eingelegt ist und die Akte daher beim LG ist, kann das AG (Betreuungsgericht) gleichwohl eine einstweilige Anordnung erlassen, da die einstweilige Anordnung jetzt selbständig ist (§ 51 Abs 3 FamFG). Das LG ist in diesem Fall für den Erlass einer einstweiligen Anordnung nicht zuständig, weil § 272 Abs 2 FamFG (im Gegensatz zu § 943 ZPO) keine Zuständigkeit des Beschwerdegerichts festlegt.

65 Vereinzelt wird die Meinung vertreten[57], wenn das **Landgericht als erste Instanz** die einstweilige Anordnung unerlaubterweise erlässt, dann finde hiergegen die Beschwerde zum Oberlandesgericht (!) statt. Das OLG ist meines Erachtens jedenfalls nicht zuständig, weil dem OLG sämtliche Betreuungsbeschwerden entzogen wurden (§ 119 Abs 1 Nr 2 b GVG) und sie ihm also über § 119 Abs 1 Nr 2 GVG nicht mehr zugeschoben werden dürfen; der BGH nicht, weil § 70 Abs 4 FamFG dies ausschließt. Unter Geltung des FGG war das Problem wegen §§ 19, 28, 29 FGG ebenfalls bekannt: ein LG (Beschwerdegericht) erlässt als Gericht erster Instanz eine Entscheidung und es gibt kein dafür vorgesehenes Rechtsmittelgereicht; damals hat man das OLG für zuständig angesehen[58]. Allerdings war damals das OLG als Gericht der weiteren Beschwerde für Betreuungssachen generell zuständig, was jetzt nicht mehr der Fall ist. § 2 Abs 3 FamFG hilft nicht weiter, weil diese Vorschrift von der hM[59] auch auf die sachliche Zuständigkeit angewandt wird.

54 BayObLG BtPrax 2004, 111 = FamRZ 2004, 978 (LS).
55 *Bassenge/Roth* § 300 Rz 15.
56 BGH NJW-RR 2008, 1241; KG FGPrax 2008, 226.
57 *Prütting/Helms/Fröschle* § 300 Rz 43.
58 Vgl *Keidel/Zimmermann* FGG § 14 Rz 22 mit Nachw.
59 Keidel/*Sternal* § 2 Rz 30 mit Nachw.

66 b) **Aufschiebende Wirkung, Abhilfe.** Die Beschwerde hat keine aufschiebende Wirkung; das Erstgericht kann aber der Beschwerde abhelfen (§ 68 Abs 1 FamFG); man wird annehmen müssen, dass die Entscheidung über die Abhilfe alsbald ergehen muss und vom AG nicht durch Liegenlassen der Akte verzögert werden darf. Das Beschwerdegericht kann die Vollziehung der angefochtenen Entscheidung aussetzen (§ 64 Abs 3 FamFG). Hat das AG die Beschwerde ohne Abhilfe an das LG vorgelegt, dann kann es die von ihm erlassene einstweilige Anordnung nicht mehr aufheben oder ändern (§ 54 Abs 4 FamFG); technisch geht das ohnehin kaum, weil die Akten nicht mehr beim AG sind. Jedoch ist § 1908 d Abs 1 BGB vorrangig.

67 c) **Anfallswirkung.** Hat das Betreuungsgericht eine einstweilige Anordnung erlassen oder abgelehnt und wird dagegen Beschwerde eingelegt, kann das LG nur über die vorläufige Anordnung entscheiden, nicht schon über die endgültige Maßnahme, weil insoweit noch eine Erstentscheidung nach § 58 Abs 1 FamFG fehlt (keine „Anfallswirkung").

68 d) **Zeitliche Überholung.** Wird durch einstweilige Anordnung ein vorläufiger Betreuer für eine bestimmte Zeitspanne bestellt und erst *nach* Ablauf dieser Zeitspanne dagegen Beschwerde eingelegt, ist sie wegen Versäumung der Beschwerdefrist (§ 63 FamFG) bzw mangels Rechtsschutzbedürfnisses unzulässig[60]; sie kann auch nicht mehr auf die Kosten beschränkt werden[61]. Wird die Beschwerde fristgerecht (§ 63 FamFG) *vor* Ablauf der Betreuungsdauer eingelegt und wird bis zum Ablauf über die Beschwerde nicht entschieden, dann erledigt sich die Hauptsache mit dem Ende der vorläufigen Betreuung. In diesem Zeitpunkt ist die Beschwerde mangels Rechtsschutzbedürfnisses unzulässig geworden; die Rechtswidrigkeit der einstweiligen Anordnung kann nicht mehr vom Beschwerdegericht geprüft oder festgestellt werden, wenn man keinen schwerwiegenden Grundrechtseingriff annimmt, so dass § 62 FamFG einschlägig wäre. Allerdings kann die Beschwerde auf die Kosten beschränkt werden (worauf der Beschwerdeführer hinzuweisen ist[62]) und bleibt dann insoweit zulässig[63]. Dieselben Grundsätze gelten, wenn eine einstweilige Anordnung angefochten wird, dann aber durch eine zweite einstweilige Anordnung verlängert wird: der Angriff gegen die erste einstweilige Anordnung ist unzulässig bzw in der Hauptsache erledigt[64].

69 Wird dagegen durch einstweilige Anordnung ein **vorläufiger Einwilligungsvorbehalt** angeordnet, wird die dagegen eingelegte befristete Beschwerde nicht dadurch gegenstandslos, dass später ein endgültiger Einwilligungsvorbehalt nachfolgt, weil die materiell-rechtlichen Wirkungen der vorläufigen Entscheidung (vgl § 1903 BGB; § 306 FamFG) fortbestehen; hier tritt keine Erledigung der Hauptsache ein, die Beschwerde bleibt zulässig[65]. Ebenso ist es, wenn ein Einwilligungsvorbehalt angeordnet wird, dagegen Beschwerde eingelegt und der Einwilligungsvorbehalt dann verlängert wird[66]; Verfahrensgegenstand ist hier nur der „alte" Einwilligungsvorbehalt, der Betroffene müsste auch gegen den „neuen" Einwilligungsvorbehalt Beschwerde einlegen. Erledigt sich die Anordnung eines vorläufigen Einwilligungsvorbehalts, kann dessen Rechtmäßigkeit bei der wegen § 306 FamFG weiterhin erforderlichen Prüfung nur bejaht

60 BayObLG FamRZ 1996, 898.
61 BayObLG FamRZ 1994, 1190.
62 BayObLG FamRZ 2004, 1814.
63 BayObLG FamRZ 2004, 1814; 1993, 720; FamRZ 1994, 1190; OLG Hamm FamRZ 1993, 722.
64 BayObLG FamRZ 1994, 1190.
65 OLG Hamm FamRZ 1993, 722.
66 BayObLG BtPrax 1999, 247.

werden, wenn auch die Bestellung eines vorläufigen Betreuers rechtmäßig war[67].

e) **Beschränkung der Beschwerde.** Soweit der Verfahrensgegenstand teilbar ist kann der Beschwerdeführer beschränken, zB nur auf die Auswahl des Betreuers. Wird eine vorläufige Betreuung und ein vorläufiger Einwilligungsvorbehalt angeordnet, kann die Beschwerde nicht auf die Betreuung beschränkt werden; sie ergreift auch den Einwilligungsvorbehalt. 70

f) **Eine Rechtsbeschwerde** gegen den Beschwerdebeschluss des LG ist nicht statthaft, § 70 Abs 4 FamFG; ebenso wenig eine Sprungrechtsbeschwerde (§ 75 FamFG). Das gilt auch, wenn das Landgericht als Beschwerdeinstanz eine einstweilige Anordnung erstmals erlässt. Zur Frage nach dem Rechtsmittel, wenn ein LG anstatt eines AG eine einstweilige Anordnung erlässt, vgl oben Rz 65. 71

g) **Antrag nach § 52 Abs 1 FamFG.** Er ist zulässig, stellt aber kein Rechtsmittel dar. 72

III. Entlassung eines Betreuers, Abs 2

1. **Voraussetzungen und Verfahren.** Die Voraussetzungen einer Entlassung (nicht zu verwechseln mit der Aufhebung der Betreuung) sind in § 1908 b Abs 1 BGB geregelt. Das Verfahren richtet sich §§ 1 ff, 272 ff FamFG. Das Verhältnis des § 300 Abs 2 zu Abs 1 ist wohl so zu verstehen, dass natürlich kein ärztliches Zeugnis notwendig ist und nur unter den Voraussetzungen des § 276 FamFG ein Verfahrenspfleger zu bestellen ist. Die Frage ist aber ohne praktische Bedeutung, weil im Regelfall (etwa wenn Vermögensschädigungen bevorstehen) die Entlassung so eilbedürftig ist, dass sie nach § 301 FamFG erfolgt und dort weder eine vorherige Anhörung des Betroffenen noch eine Bestellung eines Verfahrenspflegers angebracht ist. Dass ein so schwerer Eingriff wie eine Entlassung durch einstweilige Anordnung getroffen werden kann ist eine Besonderheit, aber zur Sicherung notwendig. Die **Entlassung** (eines endgültigen oder vorläufigen Betreuers) durch einstweilige Anordnung im Sinne des § 300 FamFG **setzt voraus:** 73

a) **Überwiegende Wahrscheinlichkeit,** dass die Entlassungsvoraussetzungen vorliegen („Dringende Gründe für die Annahme" des Vorliegens der Entlassungsvoraussetzungen); dazu gehört auch, dass mildere Eingriffe (zB Maßnahmen nach § 1837 BGB) nicht ausreichen und dass dem Betreuten aus der Entlassung des Betreuers kein größerer Schaden erwächst als bei seinem Verbleiben[68]. 74

b) **Ein dringendes Bedürfnis** für ein sofortiges Tätigwerden muss bestehen, dh mit dem Aufschub der Entlassung muss Gefahr verbunden sein; das ist zB der Fall, wenn der Betreuer eine Maßnahme ankündigt, vorbereitet oder fortzusetzen gedenkt, die mit einer Gefahr für die Person oder das Vermögen des Betroffenen verbunden ist, und er auf andere Weise, insbesondere durch Aufsichtsmaßnahmen, nicht von seinem Vorhaben abgehalten werden kann[69]; gedacht ist also an den starrköpfigen uneinsichtigen oder eigenmächtigen Betreuer; praktisch wichtig sind Interessenkollisionen, unsaubere Vermögens- 75

67 BayObLG FamRZ 2004, 1814.
68 BayObLG FamRZ 1994, 324/325.
69 BT-Drucks 11/4528 S. 178.

verwaltung, Verdacht der Unterschlagung, Nichteinholung von Genehmigungen des Betreuungsgerichts.

76 c) Dem Betreuer muss, soweit nicht der Zweck der Maßnahme dadurch gefährdet wird, vorher **rechtliches Gehör** gewährt werden; ebenso dem Betreuten (wenn der Betreuer der Entlassung widerspricht: § 296 Abs 2 Satz 2 BGB). Das entfällt bei Entlassung nach § 301 FamFG.

77 d) **Beteiligte des Entlassungsverfahrens.** Das sind der Betreute (§ 274 FamFG) und die sonstigen Beteiligten im Sinne des § 274 FamFG. Daraus ergibt sich zumindest, dass ihnen die Entscheidung mitzuteilen ist (§ 41 Abs 1 FamFG).

78 e) **Kein ärztliches Attest.** Vor Entlassung eines Betreuers ist selbstverständlich kein ärztliches Zeugnis oder Gutachten über den Betreuten erforderlich oder zulässig, wie der Vergleich von Abs 2 mit Abs 1 zeigt.

79 f) **Betreuerausweis.** Der kleine grüne Ausweis des Betreuers (in § 290 FamFG als „Urkunde" bezeichnet) genießt nicht wie ein Erbschein öffentlichen Glauben; der Rechtsverkehr wird nicht davor geschützt, dass ein entlassener Betreuer unter Vorlage des Ausweises tätig wird[70]. Der Ausweis wird durch die Entlassung nicht wirkungslos. Er ist aber im Beschluss, der den Betreuer entlässt, nach § 49 Abs 1 FamFG zurückzufordern; das kann nach § 35 FamFG bzw § 95 Abs 1 Nr 2 FamFG (die richtige Einordnung ist unklar) vollstreckt werden. Jedenfalls scheidet eine Kraftloserklärung des Ausweises (wie beim Erbschein, § 2361 Abs 2 BGB) aus, desgleichen ein Aufgebotsverfahren (mangels Vorschrift).

80 2. **Teilentlassung.** Wenn schon die völlige Entlassung des Betreuers durch einstweilige Anordnung zulässig ist, dann muss auch ein Minus, nämlich die **Entlassung bezüglich einzelner Aufgabenkreise** durch einstweilige Anordnung zulässig sein[71].

81 3. **Zweiter Teil des Beschlusses.** Im selben Beschluss, in dem ein Betreuer entlassen wird, kann ein neuer (vorläufiger oder endgültiger) Betreuer bestellt werden (§ 1908 c BGB), wiederum durch einstweilige Anordnung. Die Entlassung muss begründet werden (§ 38 FamFG). Eine Rechtsmittelbelehrung ist vorgeschrieben (§ 39 FamFG).

82 4. **Wirksamwerden.** Der Entlassungsbeschluss wird mit der Bekanntgabe an den entlassenen Betreuer wirksam (§ 287 Abs 1 FamFG „Bestand") und es kann die sofortige Wirksamkeit angeordnet werden (§ 287 Abs 2 FamFG). Man wird das Betreuungsgericht gestatten müssen, dass es zur Gefahrenabwehr auch Dritte, bei denen zB der entlassene Betreuer noch unter Vorlage des Betreuerausweises Geld abheben könnte, vom Entlassungsbeschluss in Kenntnis setzt. Zur Frage, ob und wann die **Entlassung außer Kraft tritt**, vgl § 302 Rz 1.

IV. Vorläufige Maßregeln

83 Vorläufige Maßregeln sind im Übrigen zulässig nach Art 24 Abs 3 EGBGB (Ausländer) sowie nach § 1908 i Abs 1 Satz 1 BGB in Verbindung mit § 1846

---

70 Jansen/*Sonnenfeld* §FGG § 69 b Rz 12.

71 Keidel/*Budde* § 300 Rz 11; HK-BUR-*Rink* § 69 f Rz 11; *Bienwald/Sonnenfeld* § 69 f Rz 35; aA Holzhauer/*Reinicke* § 69 f Rz 7 und *Bienwald* in seiner Vorauflage § 69 f Rz 1.

BGB. Für § 1846 BGB, der gegenüber §§ 300, 301 FamFG subsidiär ist, bleiben kurzfristig zu regelnde ganz besondere Ausnahmefälle[72]. Zum Unterbringungsverfahren vgl § 334 FamFG. Heilbehandlungen können nur nach § 1846 BGB genehmigt werden, wenn ein auch nur kurzfristiger Aufschub eine deutliche Verschlechterung erwarten lässt[73].

§ 301 Einstweilige Anordnung bei gesteigerter Dringlichkeit

(1) [1]Bei Gefahr im Verzug kann das Gericht eine einstweilige Anordnung nach § 300 bereits vor Anhörung des Betroffenen sowie vor Anhörung und Bestellung des Verfahrenspflegers erlassen. [2]Diese Verfahrenshandlungen sind unverzüglich nachzuholen.

(2) Das Gericht ist bei Gefahr im Verzug bei der Auswahl des Betreuers nicht an § 1897 Abs. 4 und 5 des Bürgerlichen Gesetzbuchs gebunden.

Dem § 301 FamFG entspricht der frühere § 69f Abs 1 Sätze 4 und 5 FGG.

1. Eilige einstweilige Anordnungen. Der Begriff ist im Gesetz nicht enthalten, dort wird recht gestelzt von der „einstweiligen Anordnung bei gesteigerter Dringlichkeit" gesprochen. § 301 FamFG knüpft an § 300 FamFG an und besagt, dass die einstweilige Anordnung in bestimmten Fällen unter so abweichenden Voraussetzungen erlassen werden kann, dass man besser und klarstellend von zwei verschiedenen „Arten" sprechen sollte[1]. Denn letztlich sind fast alle Verfahrensgarantien, die § 300 vollmundig vorschreibt, in § 301 aufgehoben, was allerdings in der Natur der Sache liegt. Das einstweilige Anordnungen nach § 300 kaum ergehen, sondern fast immer nach § 301, hätte das im Gesetz als Grundform bezeichnet werden müssen. Der Wortlaut des § 301 FamFG zeigt, dass § 301 Abs 1 auch für die Entlassung des Betreuers nach § 300 Abs 2 FamFG gilt. Vgl die Übersicht bei § 300 Rz 1. 1

Es müssen im Falle des § 301 lediglich vorliegen: 2
- Dringende Gründe nach § 300 Abs 1 Satz 1 Nr 1 FamFG;
- Ein dringendes Bedürfnis für ein sofortiges Tätigwerden nach § 300 Abs 1 Satz 1 Nr 1 FamFG;
- Ärztliches Zeugnis nach § 300 Abs 1 Satz 1 Nr 2 FamFG;
- Gefahr im Verzug nach § 301 Abs 1 Satz 1 FamFG.

Gefahr im Verzug ist gegeben, wenn die Anordnung so dringend ist, dass eine vorherige Anhörung des Betroffenen und eines Verfahrenspflegers nicht mehr möglich ist[2]. Für eine Betreuung mit dem unscharfen Aufgabenkreis „Verwaltungsangelegenheiten" ist das kaum denkbar[3], da ist noch ausreichend Zeit für eine Anhörung. Eine genaue Abgrenzung der Dringlichkeit nach § 300 Abs 1 Satz 1 Nr 1 FamFG von der Gefahr nach § 301 FamFG ist praktisch kaum durchführbar; es handelt sich um eine Steigerung der zeitlichen Dringlichkeit, nicht um eine Erhöhung der Gefahrenlage[4]. § 301 FamFG ist in der Praxis der Regelfall, § 300 FamFG ist der Ausnahmefall. 3

Nicht zwingend erforderlich sind: 4
- die persönliche oder sonstige Anhörung des Betroffenen;

---

72 Keidel/*Kayser* § 69f Rz 25; *Wiegand* FamRZ 1991, 1022.
73 BayObLG FamRZ 1990, 1154; *Zimmermann*, BayUnterbrG Art 13 Rz 12.
1 So sieht das wohl auch der Gesetzgeber, BT-Drucks 16/6308 S. 271; die Frage ist aber belanglos.
2 Vgl KG FGPrax 2008, 40; *Prütting/Helms/Fröschle* § 301 Rz 2.
3 AG Frankfurt/M FamRZ 2002, 1508.
4 *Prütting/Helms/Fröschle* § 301 Rz 2.

– die Bestellung eines Verfahrenspflegers und dessen Anhörung (die umgekehrte Reihenfolge im Gesetzestext ist wohl ein Redaktionsversehen; denn vor Bestellung gibt es keinen anhörungsfähigen Verfahrenspfleger).

5 Die gesteigerte Dringlichkeit ist für jeden dieser beiden Schritte getrennt zu betrachten; denkbar ist also, dass noch eine Anhörung des Betroffenen möglich ist, aber nicht mehr eine Bestellung eines Verfahrenspflegers (weil dies nach dem FamFG nicht mehr mündlich geschehen kann, sondern nur mehr umständlich nach §§ 38 ff, 40, 41 FamFG und vor Bestellung jemand gar kein Verfahrenspfleger ist, also auch nicht anhörungsfähig).

6 **2. Nachholung der Verfahrenshandlungen.** Die Verfahrensgarantien sind zunächst wegen der Eilbedürftigkeit (aber nur soweit diese das bedingt) eingeschränkt. Maximal die (1) Bestellung des Verfahrenspflegers, (2) dessen (nicht unbedingt persönliche, sondern eventuell auch schriftliche, telefonische) Anhörung sowie (3) die persönliche Anhörung des Betroffenen können daher zunächst unterbleiben; sie sind allerdings **unverzüglich,** also so bald wie *objektiv* möglich (§ 121 BGB, der eine Überlegungsfrist zubilligt, *subjektiv*, ist hier nicht einschlägig) nachzuholen (Abs 1 Satz 2). Dabei kann es keine Rolle spielen, wann der nächste routinemäßige Anhörungstag des Richters in der Klinik stattfindet[5]; auch nicht, dass der Betroffene inzwischen in eine andere Klinik verlegt wurde[6]. Das BayObLG[7] meint, die Anhörung müsse in der Regel am nächsten Tag stattfinden. Auch hier könnte die nachträglich Anhörung unter den Voraussetzungen des § 34 Abs 2 FamFG entfallen; die Kontrollfunktion der Anhörung[8] verlangt aber, dass sich der Richter selbst davon überzeugt, ob sich der Betroffene nicht mehr artikulieren kann; er darf sich nicht auf diesbezügliche Mitteilungen von Ärzten oder Pflegepersonal verlassen. Ist die Anhörung derzeit nicht durchführbar, muss sie nachgeholt werden, sobald sie möglich ist. Die unterbliebene persönliche Anhörung ist vom Richter jedenfalls (zeitlich gesehen) nachzuholen, bevor nach Eingang einer Beschwerde über die Abhilfe entschieden und die Sache dem Landgericht als Beschwerdegericht vorgelegt wird[9].

7 Soll die Anhörung des Betroffenen überhaupt **nicht nachgeholt** werden, muss das nach dem allgemeinen Verfahrensrecht zulässig sein (§§ 34 Abs 2, Abs 3, 293 Abs 2, 296 Abs 2 Satz 2 FamFG); soll die Bestellung und Anhörung eines Verfahrenspflegers überhaupt unterbleiben ist das nach § 276 Abs 1, 2 und 4 FamFG möglich. Erfolgt keine Nachholung, obwohl sie notwendig wäre, wird sie einstweilige Anordnung formell rechtswidrig[10]; sie fällt aber nicht weg.

8 Der Verfahrenspfleger muss nicht *persönlich* angehört werden (das hätte keinen Sinn, weil es auf *seinen* psychischen Zustand nicht ankommt). Schriftliche oder telefonische Anhörung (durch einen Aktenvermerk dokumentiert) genügt. Wird persönliche Anhörung gewählt, kann sie auch durch den ersuchten Richter erfolgen.

9 Wenn das FamFG eine Nachholung vorschreibt, muss das auch einen Sinn und möglichen Erfolg haben, nämlich dass nach § 54 FamFG das Gericht seine einstweilige Anordnung ändert. In Frage kommt zB eine Aufhebung der Anord-

---

5 KG FGPrax 2008, 40.
6 OLG Frankfurt FamRZ 2009, 1707.
7 BayObLG NJW-RR 2001, 654.
8 Vgl BGH 1 StR 201/09 v 24.6.2009, NStZ 2010, 92, wo die Verurteilung eines Vormundschaftsrichters zu einer Freiheitsstrafe von 3,5 Jahren bestätigt wurde, der in 47 Fällen Anhörungen unterlassen hatte und die Protokolle fälschte, um seine Freizeit zu „optimieren".
9 OLG Frankfurt FGPrax 2003, 81.
10 *Prütting/Helms/Fröschle* § 301 Rz 7.

nung (etwa weil eine Vorsorgevollmacht oder eine Betreuungsverfügung auftaucht), eine Änderung des Aufgabenkreises, eine Änderung der Betreuerbestellung (sie kann auch erfolgen, ohne dass „Entlassungsgründe" im Sinne von § 1908 b BGB vorliegen).

3. Auswahl des Betreuers. In den Fällen der gesteigerten Dringlichkeit ist das Gerichte bei der Auswahl des Betreuers, der bestellt wird, nicht an den Vorrang des Willens des Betreuten bzw den Vorrang der Angehörigen gebunden; es kann also auch ein Berufsbetreuer bestellt werden (vgl § 300 Rz 34). Wenn aber durch die Ermittlung der Angehörigen keinen schädliche Verzögerung entsteht, bleibt es beim Vorrang der Angehörigen nach § 1897 BGB; selten ist die Sache so eilig, dass nicht ein paar Stunden gewartet werden kann. **10**

Nach Wegfall der Gefahr im Verzug *muss* nach Ansicht des BayObLG keine **erneute Prüfung des Auswahl** erfolgen[11], etwa dahin, dass nun *zwingend* anstelle des Berufsbetreuers ein Angehöriger als ehrenamtlicher Betreuer zu bestellen wäre; das ist nicht überzeugend[12]. Wenngleich die Umwandlung nicht zwingend sein mag, sollte doch im Regelfall die Auswahl des Betreuers nach § 54 FamFG den neuen Erkenntnissen bei der nachgeholten Anhörung angepasst werden, weil es nicht sinnvoll ist, dass die vom Betroffenen gewünschte Person oder der betreuungswillige Angehörige nun fast ein Jahr warten muss, bis er zum Zuge kommt; das ist nicht der Zweck des § 1897 Abs 4 oder Abs 5 BGB. Bestellt der Richter einen Berufsbetreuer dann ist es also nicht haltbar, dass es dabei bleibt, wenn am anderen Tag der Betreute nun einen anderen Betreuerwunsch äußert. **11**

Wenn später die einstweilige Anordnung durch eine endgültige Betreuungsanordnung ersetzt wird gilt der Vorrang der Angehörigen und die sonstige Reihenfolge des § 1897 BGB[13]. **12**

4. Inhalt des Beschlusses. Er ergibt sich aus §§ 38, 39 FamFG; vgl § 300 Rz 38. Darzulegen ist anhand konkreter Tatsachen, weshalb von einer vorherigen Anhörung des Betroffenen abgesehen werden musste. Eine lediglich formelhafte Wiedergabe des Gesetzestextes, wie sie häufig zu finden ist, ersetzt die Begründung durch konkrete Tatsachen nicht[14]. Die Voraussetzungen der Gefahr im Verzug, bei deren Vorliegen von der vorherigen persönlichen Anhörung des Betroffenen abgesehen werden kann, müssen im Beschluss durch auf den konkreten Sachverhalt bezogene Tatsachen belegt werden. Formulierungen der Art, die Anhörung sei wegen Eilbedürftigkeit vor Erlass der Entscheidung nicht möglich gewesen, genügen diesen Anforderungen nicht[15]. **13**

§ 302 Dauer der einstweiligen Anordnung

[1]Eine einstweilige Anordnung tritt, sofern das Gericht keinen früheren Zeitpunkt bestimmt, nach sechs Monaten außer Kraft. [2]Sie kann jeweils nach Anhörung eines Sachverständigen durch weitere einstweilige Anordnungen bis zu einer Gesamtdauer von einem Jahr verlängert werden.

§ 302 FamFG entspricht dem früheren § 69f Abs 2 FGG.

11 BayObLG BtPrax 2004, 111 = FamRZ 2004, 978 (LS); *Prütting/Helms/Fröschle* § 301 Rz 11.
12 Ebenso Keidel/*Budde* § 301 Rz 3 mit ausführlicher Begründung.
13 BayObLG FamRZ 2001, 252.
14 OLG Schleswig BtPrax 1994, 62/63; BayObLG NJW-RR 2001, 654/655; KG FGPrax 2008, 40.
15 OLG München OLG-Report 2006, 113.

1 **1. Anwendungsbereich.** § 302 knüpft an § 300 an, erfasst also anscheinend alle dort genannten einstweiligen Anordnungen. Die gemäß § 49 FamFG erlassenen einstweiligen Anordnungen sind von § 302 FamFG nicht betroffen[1], weil § 302 dafür nicht passt; wenn einem Verwandten aufgegeben wird, einen Betreuten an einen Betreuer herauszugeben (§ 1632 BGB), gilt das natürlich nicht nur für sechs Monate. Aber auch für die einstweiligen Anordnungen nach § 300 Abs 2 FamFG passt die Regelung nicht[2]: wird der Betreuer durch einstweilige Anordnung **entlassen**, tritt das selbstverständlich nicht nach sechs Monaten außer Kraft und ist auch nicht auf ein Jahr verlängerungsfähig; vielmehr ist das Amt mit Bekanntgabe des Entlassungsbeschlusses erloschen und kann dem entlassenen Betreuer nur wieder gegeben werden, wenn er mit Erfolg Beschwerde einlegt oder neu bestellt wird. Das folgt daraus, dass § 302 Satz 2 für die Verlängerung die Anhörung eines Sachverständigen über den Betreuten verlangt, was bei Entlassung eines Betreuers keinen Sinn hat; ferner weil es sonst nach sechs Monaten einen Betreuerwechsel geben müsste; eine Entlassung für sechs Monate oder Bewährung mit einer Bewährungsfrist von sechs Monaten gibt es also nicht.

2 **2. Beschluss.** Die einstweilige Anordnung wird durch einen Beschluss erlassen, dessen Inhalt § 38 FamFG regelt; eine Rechtsmittelbelehrung ist erforderlich. Die **Bestellungsurkunde** (Betreuerausweis) soll auch das Ende der einstweiligen Maßnahme enthalten (§ 290 Satz 2 Nr 5 FamFG); das Ende sollte schon im Beschluss datumsmäßig angegeben werden[3], nicht „sechs Monate ab Wirksamwerden", weil der Laie damit nichts anfangen kann und Berechnungsprobleme auftreten können. Das Fehlen der Angabe ist unschädlich; ein falsch angegebenes Datum, das im Widerspruch zum Gesetz steht, zählt nicht.

3 **Dauer.** Die Laufzeit der einstweiligen Anordnung beträgt maximal sechs Monate; so ist es, wenn die einstweilige Anordnung keine Endzeitpunkt nennt. Der Beschluss wird mit der Bekanntgabe an den Betreuer wirksam (§ 287 Abs 1 FamFG); im Falle der Anordnung sofortiger Wirksamkeit nach § 287 Abs 2 FamFG (dann beginnt die Frist mit diesem Zeitpunkt[4]). Als Endzeitpunkt sollte im Beschluss nicht unbedingt immer die Höchstfrist angegeben werden, sondern derjenige Zeitpunkt gewählt werden, der ausreicht, um die erforderlichen Ermittlungen im Rahmen des Hauptverfahrens durchzuführen[5].

4 Die Sechsmonatsfrist beginnt mit dem Wirksamwerden des Beschlusses, also nicht mit dem Erlass; die **Frist** wird nach § 16 Abs 2 FamFG berechnet.

5 Außer nach § 302 **tritt die einstweilige Anordnung außer Kraft**: durch vorherige Aufhebung (§ 54 FamFG); durch Wirksamwerden der Entscheidung in der Hauptsache (§ 56 Abs 1 Satz 1 FamFG). Wird ein Hauptsacheverfahren eingeleitet, endet es aber ohne Entscheidung, erlischt die einstweilige Anordnung nach § 302 FamFG. § 56 Abs 2 FamFG ist dagegen nicht einschlägig[6], weil die Anordnung nicht nur auf Antrag, sondern immer von Amts wegen erlassen wird. Bei Unklarheiten kann aber durch Beschluss des Gerichts, das die Anordnung erlassen hat, eine Klarstellung nach § 56 Abs 1 FamFG getroffen werden (§ 56 Abs 3 FamFG).

---

1 *Bassenge/Roth* § 302 Rz 1.
2 *Bassenge/Roth* § 302 Rz 1; aA *Prütting/Helms/Fröschle* § 302 Rz 1 und 8 („Der vorläufig entlassene Betreuer amtiert wieder").
3 Keidel/*Budde* § 302 Rz 2.
4 AA anscheinend Keidel/*Budde* § 302 Rz 2.
5 Vgl BT-Drucks 11/4528 S. 178.
6 *Prütting/Helms/Fröschle* § 302 Rz 3.

6 Ist die einstweilige Anordnung außer Kraft, ist der bisherige Betreuer nicht mehr gesetzlicher Vertreter; er darf **nicht mehr als Vertreter** tätig werden, auch nicht in Geschäftsführung ohne Auftrag. §§ 1698 a, b BGB geben, anders als beim Tod des Betreuten, dem früheren Betreuer kein Fortführungsrecht. Handelt er trotzdem als Vertreter des Betroffenen, verpflichtet er sich selbst (§ 179 BGB), nicht aber den Betreuten. Als Vertreter könnte er handeln, wenn ihm der bisherige Betreute, falls geschäftsfähig, eine Vollmacht erteilt. Tritt Handlungsbedarf auf und wendet sich der Betreute oder dessen Umfeld noch an den bisherigen Betreuer, sollte er die Anfragenden an das Betreuungsgericht verweisen.

7 **3. Verlängerung.** Der Zeitraum kann nach **Anhörung eines Sachverständigen** bis zu insgesamt einem Jahr Dauer verlängert werden. Die Rechtsnatur der Anhörung ist unklar; aus dem Zusammenhang mit § 300 Abs 1 Satz 2 Nr 2 FamFG muss man folgern, dass es sich um ein „ärztliches Zeugnis" handeln muss, das im Freibeweis erholt werden darf, weil kein Fall von § 30 Abs 2 FamFG vorliegt (wie bei § 280 Abs 1 Satz 1 FamFG). Dass der Sachverständige den Betroffenen hierzu persönlich anhören oder untersuchen muss, ist nicht vorgeschrieben; ohne diese Verfahrenshandlungen wird die Stellungnahme aber kaum überzeugen können (§ 26 FamFG). Die Anhörung des Sachverständigen kann schriftlich oder (fern-)mündlich erfolgen. Er hat sich dazu zu äußern, ob die medizinischen Voraussetzungen noch vorliegen. Der Sachverständige kann mit dem Arzt, der das Zeugnis nach § 300 Abs 1 Satz 2 Nr 2 FamFG erstellt hat, personengleich sein. Er wird nach dem JVEG bezahlt.

8 Zur Äußerung des Sachverständigen ist dem Betroffenen und seinem Verfahrenspfleger das **rechtliche Gehör** zu gewähren.

9 **Weitere einstweilige Anordnungen.** Die Verlängerung erfolgt durch „weitere einstweilige Anordnungen". Jeder Verlängerungsbeschluss setzt also (abgesehen davon, dass anstatt des ärztlichen Zeugnisses nun eine Anhörung eines Sachverständigen erforderlich ist) dasselbe Verfahren voraus, wie eine erstmalige Anordnung; das heißt insbesondere die Wiederholung der Anhörungen des Betroffenen und seines Verfahrenspflegers und (ggf) mehrere Gutachten. Es können mehrere kurzfristige Anordnungen ergehen, die Sache also tröpfchenweise angestückelt werden, wenngleich dies nicht zweckmäßig ist. Die Verlängerungsanordnung kann auch als eilige einstweilige Anordnung (§ 301 FamFG) ergehen, wenn Gefahr in Verzug ist; dann ist die Anhörung des Betroffenen entbehrlich, muss aber nachgeholt werden. Solche Fälle sind zB denkbar, wenn sich erst kurz vor Ablauf der Sechsmonatsfrist die Notwendigkeit der Verlängerung aufdrängt und für die Anhörung keine Zeit mehr ist.

10 Bei Verlängerung wird die **Bestellungsurkunde** (der sog Betreuerausweis) zurückgefordert und um das neue Enddatum berichtigt (§ 290 Satz 2 Nr 5 FamFG); ist sie verloren gegangen entfällt ein Aufgebotsverfahren.

11 Die **verfahrensfehlerhafte Verlängerung** ist nicht nichtig, nur anfechtbar.

12 Wird die **Anordnung vor Ablauf** ihrer Laufzeit, spätestens von sechs Monaten, **nicht verlängert**, endet sie kraft Gesetzes von selbst[7]; das folgt aus dem Vergleich des Wortlauts von § 302 FamFG mit § 286 Abs 3 FamFG. Ergeht vor Fristablauf die Entscheidung in der Hauptsache, tritt die einstweilige Anordnung trotz ihrer Selbständigkeit von selbst außer Kraft, ohne dass eine ausdrückliche Aufhebung erforderlich wäre[8] und es gilt die Hauptsacheentscheidung. Liegt keine Hauptsacheentscheidung vor, ist wieder der Zustand vor Erlass der einst-

7 BayObLG FamRZ 1994, 1190; Holzhauer/*Reinicke* § 69f Rz 19.
8 Vgl OLG Karlsruhe FamRZ 1998, 568 zur Rechtslage nach dem FGG.

weiligen Anordnung hergestellt. Das gilt aber nicht, wenn ein Betreuer durch einstweilige Anordnung entlassen wurde (§ 300 Abs 2 FamFG); dieser Anordnung braucht kein Hauptsacheverfahren folgen, die Entlassung ist endgültig (vgl oben Rz 1). Die (endgültige) Betreuung endet dagegen nicht automatisch nach sieben Jahren, wenn sie versehentlich nicht verlängert wird, wie der Gesetzestext zeigt (§ 286 Abs 3 FamFG). Wählt das Gericht für die Anordnung eine kürzere Laufzeit als sechs Monate, zB indem es bestimmt, dass die Anordnung am … außer Kraft tritt, gilt dasselbe[9].

13 **4. Zweite einstweilige Anordnung nach einer Pause.** Von der Verlängerung einer einstweiligen Anordnung ist die Fallgruppe zu unterscheiden, in dem die einstweilige Anordnung sich durch Zeitablauf erledigt und dann (nach einer zeitlichen Lücke) erneute eine einstweilige Anordnung ergeht. Die Frage wird vor allem bei der Vergütung des Berufsbetreuers (wegen des „Alters“ der Betreuung diskutiert; sog Vakanzfälle). Für diese Fälle gilt § 302 Satz 2 FamFG nicht[10], weil nichts „verlängert“ wird. In Missbrauchsfällen wird man aber annehmen müssen, dass zur Überzeugungsbildung des Gerichts nun ein Gutachten erforderlich ist.

§ 303 Ergänzende Vorschriften über die Beschwerde

(1) Das Recht der Beschwerde steht der zuständigen Behörde gegen Entscheidungen über
1. die Bestellung eines Betreuers oder die Anordnung eines Einwilligungsvorbehalts,
2. Umfang, Inhalt oder Bestand einer in Nummer 1 genannten Maßnahme
zu.

(2) Das Recht der Beschwerde gegen eine von Amts wegen ergangene Entscheidung steht im Interesse des Betroffenen
1. dessen Ehegatten oder Lebenspartner, wenn die Ehegatten oder Lebenspartner nicht dauernd getrennt leben, sowie den Eltern, Großeltern, Pflegeeltern, Abkömmlingen und Geschwistern des Betroffenen sowie
2. einer Person seines Vertrauens
zu, wenn sie im ersten Rechtszug beteiligt worden sind.

(3) Das Recht der Beschwerde steht dem Verfahrenspfleger zu.

(4) [1]Der Betreuer oder der Vorsorgebevollmächtigte kann gegen eine Entscheidung, die seinen Aufgabenkreis betrifft, auch im Namen des Betroffenen Beschwerde einlegen. [2]Führen mehrere Betreuer oder Vorsorgebevollmächtigte ihr Amt gemeinschaftlich, kann jeder von ihnen für den Betroffenen selbständig Beschwerde einlegen.

---

§ 303 FamFG entspricht teils dem früheren § 69 g FGG, welcher durch das 1. BtÄndG 1998 und das LPartG v 16.2.2001 erweitert worden war.

Schrifttum: *Schael*, Die Statthaftigkeit von Beschwerde und sofortiger Beschwerde nach dem neuen FamFG, FPR 2009, 11; *Sonnenfeld*, Rechtsmittel in Betreuungs- und Unterbringungssachen, BtPrax 2009, 167.

Übersicht

---

9 AA HK-BUR-*Rink* § 69f Rz 42: keine gesetzliche Beendigung dann.
10 AA *Prütting/Helms/Fröschle* § 302 Rz 14.

I. Überblick zu § 303 FamFG:

Beschwerde der Behörde, § 303 Abs 1	Beschwerde der Angehörigen, Abs 2	Beschwerde des Betroffenen (§ 59 Abs 1 FamFG); Beschwerde des Verfahrenspflegers, Abs 3	Beschwerde des Betreuers bzw Bevollmächtigten, Abs 4	1
Nur gegen die in Abs 1 Nr 1 oder Nr 2 genannten Entscheidungen; egal, ob Entscheidung auf Antrag des Betroffenen oder von Amts wegen erging; nicht notwendig, dass Behörde im ersten Rechtszug beteiligt worden ist	Dreifache Einschränkung: (1) nur gegen von Amts wegen ergangene Entscheidungen; (2) nur im Interesse des Betroffenen; (3) nur, wenn der Angehörige schon im ersten Rechtszug insoweit beteiligt gewesen ist	Uneingeschränkte Beschwerdemöglichkeit, keine Schranken wie bei der Behörde oder beim Angehörigen	Soweit der Aufgabenkreis bzw Wirkungskreis betroffen ist, uneingeschränktes Beschwerderecht wie der Betroffene in dessen Namen	

II. Rechtsmittel in Betreuungssachen

1. Statthaftigkeit. – a) Endentscheidungen. Betreuungssachen sind Angelegenheiten der freiwilligen Gerichtsbarkeit. Für sie gelten die allgemeinen Regeln, variiert durch §§ 303, 304 FamFG. Die **Beschwerde** findet gegen die im ersten Rechtszug ergangenen Endentscheidungen des Betreuungsgerichts (Amtsgerichts) in Angelegenheiten nach dem FamFG statt, sofern durch Gesetz nichts Anderes bestimmt ist (§ 58 Abs 1 FamFG); in Württemberg ist teils der Bezirksnotar erste Instanz. Endentscheidungen sind in § 38 FamFG definiert: Beschlüsse, soweit durch die Entscheidung der Verfahrensgegenstand *ganz oder teilweise* erledigt wird. Auch solche Endentscheidungen können aufgrund gesetzlicher Regelung unanfechtbar sein (zB die Bestellung eines Verfahrenspflegers, § 276 Abs 6 FamFG). Zur Sprungrechtsbeschwerde vgl unten Rz 11. Die Endentscheidung muss nicht im Tenor ausformuliert sein, sie kann sich auch aus den Gründen ergeben[1]; trotz § 38 FamFG. Sog Vorbescheide sind im FamFG, insbesondere im Verfahren zur Bestellung eines Betreuers, nicht zulässig; ein gleichwohl ergangener Vorbescheid wäre anfechtbar. Anfechtbar ist auch die (wegen § 12 FamFG) gesetzeswidrige Anweisung, der Betroffene dürfe zur Untersuchung keinen Rechtsbeistand mitbringen[2]. Zur Anfechtbarkeit von Vorführungsanordnungen vgl §§ 283, 284 FamFG. 1a

Entscheidungen des Landgerichts. Entscheidungen des Landgerichts, die nicht als Überprüfungsentscheidung ergangen sind, sondern gewissermaßen **erstinstanzlich**, zB Versagung von Verfahrenskostenhilfe für das Beschwerdeverfahren, Anordnung der Nichtmitteilung der Gründe des Beschwerdebeschlusses, können allenfalls der Rechtsbeschwerde zum BGH unterliegen, falls zugelassen (§ 70 Abs 1 FamFG); das OLG ist dafür trotz § 119 Nr 2 GVG nicht zuständig, weil ihm in § 119 Nr 1 b GVG die Rechtsmittelkompetenz in Betreuungssachen gänzlich entzogen ist. 2

1 BayObLG FamRZ 1994, 323: Die Gründe ergaben stillschweigend die Entlassung des Betreuers.
2 OLG Zweibrücken FGPrax 2000, 109.

3 b) **Zwischen- und Nebeneinscheidungen** sind grundsätzlich unanfechtbar; sie können aber vom FamFG anfechtbar ausgestaltet sein. Ob eine Entscheidung eine Zwischen- oder Endentscheidung ist, ist manchmal zweifelhaft: ist eine Kostenentscheidung eine teilweise Erledigung der Verfahrensgegenstandes (dann ist sie anfechtbar) oder nur eine Nebenentscheidung (dann wäre sie nicht anfechtbar[3])? Die ausnahmsweise Anfechtbarkeit solcher Zwischen- und Nebeneinscheidungen ist in einem Dutzend Fällen vorgesehen, wobei in Betreuungs- und Unterbringungssachen folgendes relevant ist:
§ 6 Abs 2 FamFG: Ablehnung von Gerichtspersonen;
§ 7 Abs 5 FamFG: Ablehnung der Einräumung der Beteiligtenstellung;
§ 21 Abs 2 FamFG: Aussetzung des Verfahrens;
§ 33 Abs 3 FamFG: Ausbleiben eines Beteiligten (anders § 278 Abs 5 FamFG);
§ 35 Abs 5 FamFG: Zwangsmittel;
§ 42 Abs 3 FamFG: Berichtigung eines Beschlusses;
§ 76 Abs 2 FamFG: Ablehnung der Verfahrenskostenhilfe;
§ 87 Abs 4 FamFG: Beschlüsse im Vollstreckungsverfahren;
§ 284 Abs 3 FamFG: Unterbringung zur Begutachtung.

4 Die Formulierung lautet jeweils, dass die Entscheidung (zB über die Ablehnung der Hinzuziehung als Beteiligter) mit der sofortigen Beschwerde in entsprechender **Anwendung der §§ 567 bis 572 ZPO** anfechtbar ist. Das bedeutet insbesondere, dass die Beschwerdefrist in der Regel auf zwei Wochen verkürzt ist (§ 569 ZPO) und nur ein Einzelrichter beim Beschwerdegericht entscheidet.

5 Sind Zwischen- und Nebeneinscheidungen unanfechtbar, sind sie entweder überhaupt nicht anfechtbar oder nur zusammen mit der Hauptentscheidung (§ 58 Abs 2 FamFG; vgl § 512 ZPO). Waren sie unanfechtbar, wie etwa die Bestellung eines Verfahrenspflegers (§ 276 Abs 6 FamFG), können sie bei Beschwerde gegen die Endentscheidung inzident nachgeprüft werden, wie § 276 Abs 6 FamFG durch das Wort „selbständig" zeigt.

6 Waren sie anfechtbar, wurden aber nicht angefochten (wie zB die Zurückweisung eines Richterablehnungsantrags; § 6 Abs 2 FamFG), kann diese Zwischenentscheidung bei Beschwerde gegen die Hauptsachenentscheidung nicht mehr inzident nachgeprüft werden, weil der Beschwerte die vorgesehene Angriffsmöglichkeit nicht genutzt hat. Der Endentscheidung vorausgegangen und mit ihr anfechtbar sind deshalb zB Beweis-, Verbindungs- und Trennungsbeschlüsse[4].

7 Im Übrigen kann eine Nebenentscheidung auch über die allgemeine **Verweisungskette** anfechtbar sein: so verweist § 30 Abs 1 FamFG für das Strengbeweisverfahren auf die ZPO; wird ein Sachverständiger abgelehnt, kann gegen die Zurückweisung daher sofortige Beschwerde eingelegt werden (§ 406 Abs 5 ZPO). Desgleichen wird im Kostenfestsetzungsverfahren (§ 85 FamFG) auf §§ 103 bis 107 ZPO und die dortigen Rechtsmittel verwiesen.

8 Unberührt bleibt ferner die Anfechtung von Nebenentscheidungen, die den **Geschäftswert** (Verfahrenswert, Streitwert) betreffen, zB nach der KostO, nach dem RVG.

---

3 BT-Drucks 16/6308 S. 204 geht von der Anfechtbarkeit aus; aA Schael FPR 2009, 11.
4 BT-Drucks 16/6308 S. 204.

c) **Unanfechtbar** sind ua die Einleitung eines Betreuungsverfahrens und die einzelnen Ermittlungshandlungen[5]; die Ablehnung von Beweisanträgen[6]; die bloße Anordnung der medizinischen Untersuchung zur Vorbereitung des Gutachtens[7]; die Anordnung über die Einholung eines psychiatrischen Gutachtens[8], das Gutachten selbst; die Mitteilung des Betreuungsgerichts, die Schlussrechnung des Betreuers (§ 1892) werde nicht beanstandet[9]; Auskünfte über Zuständigkeiten, ohne dass schon ein konkreter Fall vorliegt; die bloße Mitteilung von Rechtsauffassungen ohne Außenwirkung[10]. Worüber in erster Instanz noch nicht entschieden ist, kann idR kein Beschwerdeverfahren stattfinden; nur in Ausnahmefällen können Verfahrensreste aus der ersten Instanz in die zweite Instanz „hochgezogen" werden; man wird hierzu die Rechtsprechung zu § 537 ZPO entsprechend heranziehen können. Die Bestellung oder Nichtbestellung eines Verfahrenspflegers ist nicht anfechtbar (§ 276 Abs 6 FamFG). 9

d) **Gegen Beschlüsse des Rechtspflegers** ist das selbe Rechtsmittel wie gegen Beschlüsse des Richters gegeben (dh zB die befristete Beschwerde); wäre der Rechtspflegerbeschluss als Richterbeschluss unanfechtbar (zB die Festsetzung der Vergütung des Verfahrenspflegers mit einer Beschwer unter 600,01 Euro), ist dagegen die **befristete Erinnerung** statthaft (§ 11 Abs 2 RPflG); die Frist ist dieselbe wie für eine entsprechende befristete Beschwerde (zwei Wochen bzw ein Monat). 10

e) **Sprungrechtsbeschwerde.** Die Beschlüsse in Betreuungssachen sind ohne Zulassung mit Beschwerde anfechtbar, weil sie in der Regel nicht vermögensrechtlich sind, so dass der Beschwerdewert (§ 61 FamFG) keine Rolle spielt; eine Ausnahme gilt zB dann, wenn ein geringfügiges Grundstücksgeschäft genehmigt werden soll. Folge ist, dass gegen Beschlüsse des Betreuungsgerichts die Sprungrechtsbeschwerde (§ 75 FamFG) zum BGH (§ 133 GVG) denkbar ist. Der Beschwerdeführer, vertreten durch einen beim BGH zugelassenen Anwalt (§ 10 Abs 4 FamFG), muss beim BGH einen entsprechenden Antrag stellen, die Einwilligung der anderen Beteiligten im Original beifügen und den Antrag binnen Monatsfrist (§ 75 Abs 2 FamFG; § 566 Abs 2 Satz 2 ZPO) beim BGH einreichen. Folge ist, dass das Amtsgericht erst durch die Aktenanforderung des BGH davon erfährt, dass eine Sprungrechtsbeschwerde eingereicht wurde[11], Gewissheit über die Rechtskraft also erst nach mehr als einem Monat besteht. 11

2. Beschwerdeberechtigung. – a) Amtsverfahren. Die Beschwerde steht nicht jedermann zu, sondern nur demjenigen, der durch den Beschluss in seinen Rechten beeinträchtigt ist (§ 59 Abs 1 FamFG); das entspricht dem früheren § 20 Abs 1 FGG. Es kommt also auf die Beeinträchtigung *eigener Rechte* an. 12

Teils ist dies in Sondervorschriften geändert, so in den Betreuungssachen im § 303 FamFG. Dem Verfahrenspfleger steht das Beschwerderecht zu (§ 303 Abs 3 FamFG), obwohl er nicht in eigenen Rechten betroffen ist; Rz 143. Auch die Beschwerdeberechtigung des Betreuers und Vorsorgebevollmächtigten ist ausgeweitet (§ 303 Abs 4 FamFG); Rz 147, 167. Umgekehrt bestehen merkwürdige Beschränkungen: so steht in Betreuungssachen den Angehörigen nur ein 13

5 BayObLG FamRZ 1998, 1183 Nr 745 = BtPrax 1998, 148.
6 OLG Zweibrücken FamRZ 1998, 1243.
7 BayVerfGH BtPrax 1995, 179.
8 BayObLG FamRZ 2000, 249; hM; aA nur KG BtPrax 2001, 42.
9 BayObLG FamRZ 1998, 1197.
10 Die Abgrenzung zu § 19 ist schwierig, vgl OLG Karlsruhe FamRZ 1998, 1244.
11 BGH FGPrax 2010, 53.

Beschwerderecht „im Interesse des Betroffenen“ zu (§ 303 Abs 2 FamFG); Rz 141.

14 Auf die Beteiligtenstellung in erster Instanz kommt es dagegen grundsätzlich nicht an. Es ist unerheblich, ob der Beschwerdeberechtigte tatsächlich Beteiligter des erstinstanzlichen Verfahrens war oder aufgrund seiner Rechtsbetroffenheit hätte hinzugezogen werden müssen. Umgekehrt ist ein Beteiligter im erstinstanzlichen Verfahren nicht beschwerdeberechtigt, wenn er vom Ergebnis der Entscheidung in seiner materiellen Rechtsstellung nicht betroffen ist[12]. Auch dazu gibt es Sonderregelungen: so gibt § 303 Abs 2 FamFG in Betreuungssachen den Angehörigen nur dann eine Beschwerdeberechtigung, wenn sie im ersten Rechtszug beteiligt worden sind. Diese Beteiligtenstellung mussten sich diese Personen notfalls zuvor mit sofortiger Beschwerde erkämpfen (§ 7 Abs 5 Satz 2 FamFG)[13]; das hilft nicht weiter, wenn diese Personen vom Verfahren keine Kenntnis hatten, weil sie dem Gericht nicht bekannt waren (§ 7 Abs 4 Satz 1 FamFG), da ihre Anschrift nicht in der Akte war.

15 b) **In Antragsverfahren** wird § 59 Abs 1 FamFG weiter eingeschränkt. Notwendig ist auch hier eine Beeinträchtigung eigener Rechte[14], aber wenn ein Beschluss nur auf Antrag erlassen werden kann und der Antrag zurückgewiesen worden ist, steht die Beschwerde nur dem Antragsteller des erstinstanzlichen Verfahrens zu (§ 59 Abs 2 FamFG; ebenso früher § 20 Abs 2 FGG), nicht aber den sonstigen Beeinträchtigten. Wer Antragsberechtigt gewesen wäre, aber davon in erster Instanz keinen Gebrauch machte, ist (entgegen dem Gesetzestext) gleichgestellt[15].

16 c) **Behörden.** Die Beschwerdeberechtigung von Behörden (zB Betreuungsbehörde) bestimmt sich nach den besonderen Vorschriften des FamFG oder eines anderen Gesetzes (§ 59 Abs 3 FamFG). Sie müssen weder in eigenen Rechten beeinträchtigt sein noch in erster Instanz beteiligt gewesen sein; die Staatsrechte wurden ausgeweitet, die Beteiligtenrechte der Angehörigen beschränkt. Damit die Behörde Beschwerde einlegen kann ist oft bestimmt, dass ihr die erstinstanzliche Entscheidung von Amts wegen mitzuteilen ist (§ 288 Abs 2 FamFG). Die Beschwerdeberechtigung der Betreuungsbehörde ist in §§ 303 Abs 1, 335 Abs 4 FamFG angeordnet. Zur **Staatskasse** vgl § 304 FamFG.

17 **3. Beschwerdewert; Zulassungsbeschwerde. – a) In vermögensrechtlichen Angelegenheiten** ist die Beschwerde nur zulässig, wenn der Wert des Beschwerdegegenstandes 600 Euro übersteigt (§ 61 Abs 1 FamFG); der Wert entspricht dem Beschwerdewert einer Berufung (§ 511 Abs 2 Nr 1 ZPO).

18 Beträgt Wert des Beschwerdegegenstandes in vermögensrechtlichen Angelegenheiten nur bis 600,00 Euro, ist die Beschwerde nur zulässig, wenn das Gericht des ersten Rechtszugs die **Beschwerde zugelassen** hat (§ 61 Abs 2 FamFG). Die Zulassung bzw Nichtzulassung erfolgt von Amts wegen; ein Antrag ist nicht erforderlich. Schweigt der Beschluss gilt das als Nichtzulassung. Die Zulassung ist grundsätzlich nicht nachholbar[16]. Das erstinstanzliche Gericht muss die Beschwerde zulassen, wenn die Rechtssache grundsätzliche Bedeutung hat oder die Fortbildung des Rechts oder die Sicherung einer einheitlichen Rechtsprechung eine Entscheidung des Beschwerdegerichts erfordert und der Beteiligte durch den Beschluss mit nicht mehr als 600 Euro beschwert ist. Das

12 BT-Drucks 16/6308 S. 204.
13 Vgl *Zimmermann* FPR 2009, 5.
14 BGH FamRZ 2003, 1738; *Bassenge/Roth* FGG § 20 Rz 12.
15 BGH NJW 1993, 662; BayObLG FamRZ 2004, 1673; str.
16 Zu einem Ausnahmefall vgl BGH NJW 2004, 2389.

Beschwerdegericht ist an die Zulassung gebunden (§ 61 Abs 3 FamFG). Die zugelassene Beschwerde kann daher nicht mit der Begründung als unzulässig verworfen werden, das Amtsgericht habe die Voraussetzungen für die Zulassung der Beschwerde zu Unrecht angenommen, wohl aber als unbegründet zurückgewiesen werden.

Eine **Nichtzulassungsbeschwerde** gibt es aber nicht. Ist die Sache grundsätzlich und wird die Beschwerde trotzdem nicht zugelassen, kann der Betroffene nichts machen; bei Willkür ist eine Verfassungsbeschwerde, gestützt auf Art 101 Abs 1 Satz 2 GG, denkbar[17]. Nur wenn der *Rechtspfleger* die Beschwerde nicht zugelassen hat, ist dagegen die Erinnerung nach § 11 Abs 2 RPflG gegeben. 19

Der Beschwerdewert spielt zB eine Rolle, wenn die **Vergütung** des Betreuers, Verfahrenspflegers abweichend vom Antrag festgesetzt wird (vgl § 168 FamFG); dafür ist der Rechtspfleger zuständig. Bei Abweichungen bis 600 Euro ist allerdings die befristete Erinnerung (§ 11 Abs 2 RPflG) statthaft. Der Wert betrug früher 150 Euro (§ 56 g FGG) und wurde nun auf das vierfache erhöht, um die Zahl der Beschwerden herabzudrücken. Der Wert ist ferner von Bedeutung, wenn nur eine **Kostenentscheidung** (Auslagenentscheidung) oder eine Hauptsacheentscheidung nur im Kostenpunkt angefochten wird. 20

b) **In nicht vermögensrechtlichen Sachen** muss kein bestimmter Wert erreicht werden. Nichtvermögensrechtlich sind jedenfalls die Bestellung eines Betreuers (auch wenn es nur um die Vermögenssorge geht), die Genehmigung medizinischer Maßnahmen (§ 1904 BGB), Sterilisation (§ 1905 BGB), Unterbringung (§ 1906 BGB). 21

4. Beschwerdefrist. – a) Regelfrist. Die Beschwerde ist binnen einer Frist von einem Monat einzulegen (§ 63 Abs 1 FamFG). Eine „andere Frist" ist in Betreuungssachen nur ausnahmsweise bestimmt (§ 304 Abs 2 FamFG). Soweit die sofortige Beschwerde nach der ZPO gegen Neben- und Zwischenentscheidungen zugelassen ist (Rz 3), beträgt die Frist zwei Wochen (§ 569 ZPO); das weitere Verfahren richtet sich nach der ZPO. Eine Abkürzung oder Verlängerung der Frist durch das Gericht ist nicht zulässig (§ 16 FamFG; § 224 Abs 2 ZPO). 22

b) **Verkürzte Frist.** Die Beschwerde ist binnen einer Frist von zwei Wochen einzulegen (§ 63 Abs 2 FamFG), wenn sie sich gegen 23
1. eine einstweilige Anordnung (§§ 49 ff FamFG) oder
2. einen Beschluss, der die Genehmigung eines Rechtsgeschäfts zum Gegenstand hat (vgl §§ 40 Abs 2, 41 Abs 3 FamFG), richtet.

Zu Nr 1 gehören die einstweiligen Anordnungen, durch die ein Betreuer bestellt oder ein Einwilligungsvorbehalt angeordnet wird (§§ 300, 301 FamFG). Zu Nr 2 gehören zB Genehmigungen von Grundstücksveräußerungen (§§ 1821, 1822), von Kündigungen und anderen langfristigen Verträgen (§ 1907 Abs 1 und 3 BGB), aber nicht die Genehmigung der Einwilligung in medizinische Maßnahmen (§ 1904 BGB) oder in eine Sterilisation (§ 1905 BGB). Nr 2 betrifft sowohl Beschlüsse, die genehmigen, wie solche, die die Genehmigung ablehnen. 24

c) **Frist der Staatskasse.** Sie beträgt drei Monate (§ 304 Abs 2 FamFG). 25

17 BVerfG NJW 1995, 581; BVerfG NJW 2009, 572.

26 d) **Fristbeginn, Fristende.** Die Frist beginnt jeweils mit der schriftlichen **Bekanntgabe** des Beschlusses an den jeweiligen Beteiligten (§ 63 Abs 3 Satz 1 FamFG); eine Zustellung ist also nicht Voraussetzung des Fristbeginns, selbst wenn sie nach § 41 Abs 1 Satz 2 FamFG vorgeschrieben ist. Ein anderer Fristbeginn (und auch eine andere Frist) gilt für die Staatskasse (§ 304 Abs 2 FamFG).

27 Kann die schriftliche Bekanntgabe an einen Beteiligten nicht bewirkt werden, beginnt die Frist spätestens mit Ablauf von fünf Monaten nach Erlass des Beschlusses (§ 63 Abs 3 Satz 1 FamFG); das ähnelt § 517, 2. Halbs ZPO. Das betrifft aber nicht die Fälle, in denen wegen des Geisteszustandes eine wirksame Bekanntmachung an den Betroffenen über längere Zeit nicht möglich ist, denn hier hilft § 275 FamFG. Die Frist beginnt aber nicht mit der Verkündung des Beschlusses (sie fehlt in der Regel im FamFG), sondern mit dessen Erlass. Eine Legaldefinition des Zeitpunkts des Erlasses enthält § 38 Abs 3 Satz 3 FamFG (spätestens Übergabe des Beschlusses an die Geschäftsstelle). Für die Fristberechnung gilt § 16 FamFG. Bei Fristversäumung kommt Wiedereinsetzung in Betracht (§ 17 FamFG), auch ohne ausdrücklichen Antrag im Falle des § 18 Abs 3 Satz 3 FamFG[18]. Auch wenn ein Verfahrenspfleger bestellt ist, kommt es für ein Rechtsmittel *des Betroffenen* ebenfalls auf die Bekanntgabe an ihn selbst an[19].

28 Die Berechnung richtet sich nach § 16 FamFG, §§ 222 und 224 Abs 2 und Abs 3, 225 ZPO. Dort wird auf §§ 187 Abs 1, 188 Abs 2 BGB verwiesen. Erfolgt zB die Zustellung des Beschlusses am Mittwoch, endet die Zwei-Wochenfrist mit Ablauf des übernächsten Mittwochs; ist dies ein Feiertag, mit Ablauf des Donnerstags, sofern dies ein Werktag ist.

Beschwerde in FamFG-Sachen nach FamFG			Beschwerde in FamFG-Sachen in entsprechender Anwendung der ZPO	
Regelfall	gesetzlich ist eine andere Frist bestimmt, zB in § 304 Abs 3	Bei Beschwerde gegen eine einstweilige Anordnung oder einen Beschluss, der die Genehmigung eines Rechtsgeschäfts zum Gegenstand hat.	In 13 Fällen, zB § 6 Abs 2, ist nur die Anfechtung mit der sofortigen Beschwerde in entsprechender Anwendung der §§ 567–572 ZPO gestattet. Betroffen sind anfechtbare Zwischen- und Nebenentscheidungen.	
Beschwerdefrist ein Monat, § 63 Abs 1	Beschwerdefrist: gesetzlich angegebene Frist; § 63 Abs 1	Beschwerdefrist zwei Wochen § 63 Abs 2.	Beschwerdefrist zwei Wochen (§ 569 ZPO).	Beschwerdefrist gegen Beschlüsse über Verfahrenskostenhilfe: Frist ein Monat (§ 76 Abs 2 FamFG; § 127 ZPO).

18 BayObLG FGPrax 2003, 29.
19 LG Stuttgart Die Justiz 1992, 417.

e) **Fristversäumung.** In diesen Fällen kommt Wiedereinsetzung in Frage, §§ 17 ff FamFG. Geistige Erkrankung ist zB ein Wiedereinsetzungsgrund[20]. 29

5. **Form, Inhalt und Einlegung der Beschwerde. – a) Adressat.** Die Beschwerde ist bei dem Gericht einzulegen, dessen Beschluss angefochten wird (§ 64 Abs 1 FamFG), also beim **Betreuungsgericht**, die bisherige Alternativlösung (Einlegung beim Untergericht oder beim Beschwerdegericht) wurde gestrichen. Wird sie irrig beim Beschwerdegericht eingelegt, leitet dieses die Beschwerde im üblichen Geschäftsgang[21] an das erstinstanzliche Gericht, soweit es aus der Beschwerde erkennbar ist. Geht die Beschwerde dort verspätet ein ist das das Risiko des Beschwerdeführers. Durch die Rechtsmittelbelehrung (§ 39 FamFG) weiß der Betroffene allerdings, wo er seine Beschwerde einzureichen hat. Für die Beschwerdeeinlegung durch untergebrachte Personen gilt ferner § 305 FamFG. 30

b) **Beschwerdeschrift.** § 64 Abs 2 FamFG bestimmt, dass die Beschwerde durch Einreichung einer Beschwerdeschrift oder zur Niederschrift der Geschäftsstelle eingelegt wird. Die Beschwerde muss die Bezeichnung des angefochtenen Beschlusses (zB das Aktenzeichen, Datum) sowie die Erklärung enthalten, dass Beschwerde gegen diesen Beschluss eingelegt wird. Sie ist von dem Beschwerdeführer oder seinem Bevollmächtigten zu unterzeichnen. Das Unterschriftserfordernis ist neu; für den erstinstanzlichen Antrag besteht es auch weiterhin nicht (§ 23 Abs 1 Satz 4 FamFG). **Anwaltszwang** besteht für die Beschwerde nicht (vgl § 10 FamFG). Eine Begründung der Beschwerde ist nicht notwendig, sie wird lediglich in § 65 FamFG empfohlen. 31

c) **Teilanfechtung.** Der Beschwerdeführer kann sein Rechtsmittel beschränken, soweit der Verfahrensgegenstand teilbar ist, zB kann er sich beschränken auf die Auswahl des Betreuers[22], einen bestimmten Aufgabenkreis des Betreuers[23], die Länge der Überprüfungsfrist, die Feststellung der Berufsmäßigkeit beim Betreuer. 32

d) **Verfahrensfähigkeit.** Der Betroffene ist auch im Beschwerdeverfahren verfahrensfähig (§ 275 FamFG). 33

6. **Beschwerdebegründung, neues Vorbringen.** Die Beschwerde muss in Betreuungssachen nicht begründet werden; eine fehlende Begründung macht sie nicht unzulässig. Das Gericht kann dem Beschwerdeführer eine Frist zur Begründung der Beschwerde setzen (§ 65 Abs 2 FamFG). Wenn der Beschwerdeführer keine Begründung vorträgt, das Gericht ihm eine Frist zur Begründung setzt und er diese Frist entweder überschreitet oder überhaupt nicht reagiert, dann ist seine Beschwerde deswegen noch nicht als unzulässig zu verwerfen. 34

Die Beschwerde kann auf **neue Tatsachen und Beweismittel** gestützt werden (§ 65 Abs 3 FamFG). Die Beschwerdeinstanz ist also zwar eine zweite Tatsacheninstanz, aber wegen § 68 Abs 3 Satz 2 FamFG nicht vollwertig. Sie ist nicht nur auf Rechtsfehlerüberprüfung beschränkt. Die Möglichkeit der Zurückweisung neuen Vorbringens sieht das FamFG nur für Ehe- und Familienstreitsachen vor (§ 115 FamFG). 35

Die Beschwerde kann nicht *nur* darauf gestützt werden, dass das Gericht des ersten Rechtszugs seine Zuständigkeit zu Unrecht angenommen hat (§ 65 Abs 4 36

20 Weitere Beispiele bei Keidel/*Sternal* § 17 Rz 17 und in den ZPO-Kommentaren zu § 233 ZPO.
21 BVerfG NJW 2006, 1579.
22 BGH FamRZ 1996, 607; OLG München FGPrax 2008, 157; BayObLG FamRZ 1996, 419.
23 BayObLG FamRZ 2000, 189.

FamFG; vgl § 571 Abs 2 Satz 2 ZPO). Das gilt sinngemäß nur, wenn das erstinstanzliche Gericht seine (örtliche, sachliche) Zuständigkeit bejahte, nicht wenn es wegen Unzuständigkeit einen Antrag ablehnt[24]. Die internationale Zuständigkeit ist stets nachprüfbar[25].

37 7. **Anschlussbeschwerde.** Ein Beschwerdeberechtigter kann sich der Beschwerde anschließen, selbst wenn er auf die Beschwerde verzichtet hat oder die Beschwerdefrist verstrichen ist; die Anschließung erfolgt durch Einreichung der Beschwerdeanschlussschrift bei dem Beschwerdegericht. Die Anschließung verliert ihre Wirkung, wenn die Beschwerde zurückgenommen oder als unzulässig verworfen wird. § 66 FamFG; vgl § 567 Abs 3 Satz 1 ZPO. Auf die Anschlussbeschwerde kann verzichtet werden (vgl § 67 Abs 2 FamFG).

38 Ein Anwendungsfall ist zB, wenn der Betreuer mit seiner Beschwerde eine höhere Vergütung anstrebt und dann die Staatskasse (nach Fristablauf) Anschlussbeschwerde einlegt mit dem Ziel, eine noch geringere Vergütung zahlen zu müssen.

39 8. **Rücknahme der Beschwerde; Verzicht.** Der Beschwerdeführer kann die Beschwerde bis zum Erlass der Beschwerdeentscheidung zurücknehmen (§ 67 Abs 4 FamFG). Eine Legaldefinition des Erlasses findet sich in § 38 Abs 3 Satz 3 FamFG. Eine Zustimmung anderer Beteiligter ist nicht vorgeschrieben (vgl § 516 ZPO).

40 Der Beschwerdeführer kann auf die Beschwerde nach Bekanntgabe des Beschlusses durch Erklärung gegenüber dem Gericht **verzichten** (§ 67 Abs 1 FamFG). Beim Betreuten soll das wegen § 275 FamFG immer möglich sein, was im Einzelfall bedenklich ist (§ 275 Rz 5). Auch andere Beschwerdeberechtigte (wie zB der Verfahrenspfleger) können auf ihr Rechtsmittel verzichten; das ist vor allem bedeutsam, wenn das Gericht eine Genehmigung erteilt hat, die nach § 40 Abs 2 FamFG erst mit Rechtskraft wirksam wird. Der Verfahrenspfleger kann aber nicht auf Rechtsmittel des Betroffenen verzichten, weil er nicht dessen gesetzlicher Vertreter ist. Nach der Gesetzesbegründung[26] sollte der Verzicht auch schon *vor* Erlass des Beschlusses möglich sein; aus dem Text des § 67 Abs 1 ergibt sich aber eindeutig, dass ein Verzicht gegenüber dem Gericht erst *nach* Bekanntgabe möglich ist[27]. Der gegenüber einem anderen Beteiligten erklärte Verzicht ist dagegen schon *vor* Erlass der Entscheidung zulässig und hat die Unzulässigkeit der Beschwerde nur dann zur Folge, wenn dieser sich darauf beruft (§ 67 Abs 3 FamFG); es handelt sich um eine Einrede.

41 9. **Beschwerdeverfahren. – a) Zulässigkeitsprüfung.** Das Beschwerdegericht hat (von Amts wegen, nicht nur auf Rüge) zu prüfen, ob die Beschwerde an sich statthaft und ob sie in der gesetzlichen Form und Frist eingelegt ist. Mangelt es an einem dieser Erfordernisse, ist die Beschwerde als unzulässig zu verwerfen (§ 68 Abs 2 Satz 1, 2 FamFG).

42 b) **Abhilfebefugnis.** Zwischen der Abhilfe im Rahmen eines Rechtsmittels (§ 68 FamFG) und der Abänderung bei wesentlicher Veränderung der Sach- und Rechtslage (vgl § 48 Abs 1 FamFG) ist zu unterscheiden. Hält das Gericht, dessen Beschluss angefochten wird, die Beschwerde für (zulässig und) begründet, hat es ihr (ganz oder teilweise) abzuhelfen (§ 68 Abs 1 Satz 1 FamFG); Voraus-

---

24 Vgl MünchKomm/*Lipp* ZPO § 571 Rz 9.

25 BGH NJW 2004, 1456; *Leibel* NJW 2003, 407.

26 BT-Drucks 16/6308 S. 207.

27 *Prütting/Helms/Abramenko* § 67 Rz 2; *Maurer* FamRZ 2009, 465; *Sonnenfeld* BtPrax 2009, 167; aA *Heinemann* DNotZ 2009, 6/18.

setzung ist, dass dem Gegner rechtliches Gehör gewährt wurde[28]. Wird einer Beschwerde abgeholfen (notwendig ist ein Beschluss mit Begründung und Rechtsmittelbelehrung, §§ 38, 39 FamFG), kann dies seinerseits eine anfechtbare Entscheidung darstellen. Hält das Gericht eine Beschwerde für unzulässig (zB wegen Fristversäumung), aber für begründet, ist streitig, ob es abhelfen darf[29]. Wenn es von Amts wegen ändern darf, ist die „Beschwerde" als Anregung zur Änderung, als Gegenvorstellung, aufzufassen und es kann geändert werden.

Bei **Nichtabhilfe** ist die Beschwerde unverzüglich dem Beschwerdegericht vorzulegen (§ 68 Abs 1 Satz 1 FamFG); es besteht also eine angemessene Frist zur Prüfung der Abhilfe. Auch unzulässige oder unstatthafte Beschwerden sind vorzulegen; die Verwerfungskompetenz hat nur das Beschwerdegericht. 43

Zur Frage, ob das Betreuungsgericht seine Entscheidungen auch dann ändern kann, wenn keine Beschwerde einlegt wurde, vgl § 48 FamFG, § 1908 d BGB. 44

c) **Einstweilige Anordnungen des Beschwerdegerichts.** Das Beschwerdegericht kann vor der Entscheidung eine einstweilige Anordnung erlassen; es kann insbesondere anordnen, dass die Vollziehung des angefochtenen Beschlusses auszusetzen ist (§ 64 Abs 3 FamFG; ähnlich §§ 707, 719 ZPO). Eine Entlassung des Betreuers durch einstweilige Anordnung des Betreuungsgerichts regelt § 300 Abs 3 FamFG; wegen § 68 Abs 3 FamFG hat auch das Beschwerdegericht diese Kompetenz. 45

d) **Verfahrensgrundsätze.** Das Beschwerdeverfahren bestimmt sich im Übrigen nach den Vorschriften über das Verfahren im ersten Rechtszug (§ 68 Abs 3 Satz 1 FamFG). 46

e) **Verfahren des Beschwerdegerichts.** Das Beschwerdegericht *kann* von der Durchführung eines Termins, einer mündlichen Verhandlung oder einzelner Verfahrenshandlungen (wie Anhörung des Betroffenen, Zeugenvernehmung, Sachverständigenbegutachtung) absehen, wenn diese bereits im ersten Rechtszug vorgenommen wurden und von einer erneuten Vornahme keine zusätzlichen Erkenntnisse zu erwarten sind (§ 68 Abs 3 Satz 2 FamFG; ähnlich dem früheren § 69 g Abs 5 Satz 3 FGG). Das bedeutet, dass ein reines Büroverfahren ohne mündliche Verhandlung und ohne Wiederholung der Beteiligtenanhörung, Vernehmung des Sachverständigen oder von Zeugen möglich ist. 47

Das soll Richterstellen einsparen, zu Lasten der materiellen Richtigkeit einer Entscheidung. Die Neuregelung ist nach Ansicht der Gesetzesbegründung[30] mit Artikel 6 der Europäischen **Menschenrechtskonvention** (EMRK) vereinbar. Dort stehe zwar den Grundsatz der mündlichen Verhandlung für alle streitigen Zivilverfahren, worunter nach der Rechtsprechung des EGMR auch Ehesachen, Kindschaftssachen und Unterbringungssachen fallen; eine zweite mündliche Verhandlung sei aber entbehrlich. Das Gericht habe die Vorschrift konform mit der EMRK auszulegen und bei der Ausübung des Ermessens auch die Rechtsprechung des EGMR hierzu zu beachten. 48

Die entscheidende Frage ist daher, ob von einer erneuten Vornahme von Verfahrenshandlungen **zusätzliche Erkenntnisse zu erwarten** sind. Das ist eine problematische Formulierung[31]. Denn das Beschwerdegericht ist nicht nur Kontrollinstanz, sondern zweite Erstinstanz. Die Tatsachen müssen zur Überzeugung 49

28 OLG Hamm FamRZ 1986, 1127; MünchKomm/*Lipp* ZPO § 572 Rz 7.
29 Zum Meinungsstand vgl MünchKomm/*Lipp* ZPO § 572 Rz 6.
30 BT-Drucks 16/6308 S. 207.
31 Nach BVerfG FamRZ 1984, 139; KG OLGZ 1988, 279 aber unbedenklich.

auch des Beschwerdegerichts feststehen. Die Vorschrift verlangt eine **vorweggenommene Beweiswürdigung;** derartiges ist im Zivilprozess im Regelfall unzulässig, im Amtsermittlungsverfahren der freiwilligen Gerichtsbarkeit erst recht bedenklich. Eine Beweisprognose kann aufgrund des Akteninhalts kaum verlässlich getroffen werden. Denn der Zustand des Betroffenen kann sich durch Behandlung und/oder Zeitablauf gebessert haben. Letztlich hängt es im Wesentlichen vom Beschwerdevorbringen, dem Akteninhalt, den Umständen und dem Zeitablauf ab, ob zusätzliche Erkenntnisse zu erwarten sind.

50 **aa) Wiederholung der Anhörung des Betroffenen.** Nach § 278 Abs 1 FamFG ist in erster Instanz vor Bestellung eines Betreuers bzw vor Anordnung eines Einwilligungsvorbehalts der Betroffene vom Gericht persönlich anzuhören und ein unmittelbarer Eindruck von ihm zu gewinnen; für die zweite Instanz gilt dies abgeschwächt.

51 Früher wurde die Auffassung vertreten[32], die vollbesetzte Beschwerdekammer müsse den Betroffenen anhören und sich einen Eindruck verschaffen, die Beauftragung eines Kammermitglieds zu dem Zweck, dass dieses den anderen Mitgliedern den persönlichen Eindruck vermittle, sei nicht zulässig. Das 1. BtÄndG 1998 hat § 69 g Abs 5 FGG geändert; die Materialien[33] stellten klar, dass es nicht mehr nötig sei, dass sich die gesamte Beschwerdekammer zum Betroffenen begibt. Nun ist es ohnehin zulässig, dass ein Einzelrichter tätig ist (§ 68 Abs 4 FamFG; § 526 ZPO). Bleibt die Sache bei der Kammer, kann unter den Voraussetzungen von § 278 Abs 3 FamFG ein ersuchter Richter (Rechtshilfegericht) tätig werden.

52 Die wiederholte Anhörung des Betroffenen wird der Regelfall sein[34]. Wird sie unterlassen, obwohl sie sich hätte aufdrängen müssen, ist dies im Beschwerdebeschluss zu begründen[35]. Erforderlich ist die wiederholte Anhörung zB:

- wenn das Beschwerdegericht unter Aufhebung der AG-Entscheidung die Betreuung oder den Einwilligungsvorbehalt erstmals anordnen will, überhaupt wenn gegenteilig entschieden werden soll[36];
- wenn die Entscheidung sonst zum Nachteil des Betroffenen geändert werden soll, zB der Aufgabenkreis des Betreuers oder der Kreis der einwilligungsbedürftigen Willenserklärungen erweitert werden soll;
- wenn neue Tatsachen vorgetragen sind (§ 65 Abs 3 FamFG) oder sonst zu erörtern sind[37];
- wenn das AG-Protokoll und die Beschlussgründe den persönlichen Eindruck vom Betroffenen nicht ausreichend vermitteln[38];
- wenn die Anhörung durch das AG schon längere Zeit zurückliegt[39];
- wenn das AG den Betroffenen nicht oder verfahrenswidrig angehört hat[40];
- wenn das LG aufgrund der Persönlichkeit des Betroffenen vom Gutachten des Sachverständigen abweichen will[41].

32 BayObLG FamRZ 1997, 900.
33 BT-Drucks 11/137.158 S. 38.
34 OLG Hamm FamRZ 2007, 763; OLG Frankfurt FamRZ 2006, 1845.
35 BayObLG FamRZ 1999, 873/4; OLG Hamm BtPrax 1999, 238.
36 Vgl OLG Frankfurt BtPrax 1997, 73.
37 Vgl OLG Zweibrücken OLGZ 1982, 159.
38 BayObLG FamRZ 1982, 635; OLG Stuttgart FamRZ 1993, 1365; OLG Hamm FamRZ 2000, 494/5 = BtPrax 1999, 238.
39 OLG Zweibrücken NJW-RR 1986, 1330: 7 Monate; OLG Köln FamRZ 2000, 1440; OLG München FamRZ 2006, 729 (6 Wochen).
40 BayObLG NJW-RR 1987, 781; OLG München FamRZ 2006, 729; OLG Hamm BtPrax 1999, 238.
41 BayObLG BtPrax 1993, 64 = FamRZ 1993, 442.

Entbehrlich ist die wiederholte Anhörung zB dann, wenn die Beschwerde zurückgewiesen werden soll und sich aus den Akten nichts ergibt, was eine nochmalige Anhörung des Betroffenen nahelegen würde; wenn es in zweiter Instanz nur noch um Rechtsfragen geht[42]; wenn die Beschwerde als unzulässig verworfen werden soll, also keine Sachentscheidung ergeht; wenn der Beschluss des AG aufzuheben ist, ohne dass es auf eine Anhörung noch ankäme. 53

bb) Wiederholung der Zeugenvernehmungen. Verfahrenshandlungen im Sinne von § 68 Abs 3 Satz 2 FamFG sind nicht nur Anhörungen, sondern auch die Beweiserhebung, Die Wiederholung der Zeugenvernehmung erübrigt sich dann, wenn die Zeugenaussage ausreichend protokolliert ist, es auf den persönlichen Eindruck vom Zeugen nicht ankommt sowie nichts Zusätzliches aufzuklären ist (§ 26 FamFG), gegen die Richtigkeit der Zeugenaussage weder etwas vorgebracht ist noch sich Bedenken aufdrängen. 54

cc) Wiederholte Sachverständigenbegutachtung. Das Beschwerdegericht kann sich auf die Gutachten und ärztlichen Zeugnisse der ersten Instanz stützen. Die wiederholte Begutachtung oder die wiederholte Anhörung des oder eines anderen Sachverständigen sind also nicht zwingend, sondern nur nach § 26 FamFG geboten. Das ist zB der Fall, wenn zwischen der Erstellung des ersten Gutachtens (wobei das Untersuchungsdatum maßgebend ist) und der Entscheidung des LG längere Zeit verstrichen ist[43]; oder wenn das Erstgutachten inhaltlich unzureichend erscheint[44]; oder wenn der Beschwerdeführer oder ein Beteiligter gegen das Gutachten Bedenken vortragen[45]; oder wenn sich die Anknüpfungstatsachen geändert haben. 55

dd) Wiederholte Beteiligung in erster Instanz zugezogener Beteiligter. Nach § 274 FamFG sind in erster Instanz zahlreiche Personen zu beteiligen bzw können beteiligt werden. Die eingeräumte Beteiligtenstellung erstreckt sich auch auf die Beschwerdeinstanz. Deshalb sind auch in der Beschwerdeinstanz zu beteiligen: der Betreuer bzw Vorsorgebevollmächtigte, soweit betroffen; der Verfahrenspfleger; die Betreuungsbehörde (sie muss keinen neuen Zuziehungsantrag stellen); Angehörige, Vertrauensperson und Staatskasse, soweit schon in erster Instanz zugezogen. Eine vom Betreuungsgericht unterlassene Zuziehung, etwa der Angehörigen, kann das Beschwerdegericht für das Beschwerdeverfahren nachholen. 56

10. Beschwerdegericht. Beschwerdegericht gegen von den Betreuungsgerichten entschiedene Sachen ist (wie bisher) das Landgericht (§§ 72, 119 GVG), nicht (wie in Familiensachen) das OLG. 57

Nach **Abgabe** einer Betreuung (§§ 4, 273 FamFG) an ein anderes Betreuungsgericht entscheidet über die Beschwerde gegen Beschlüsse, die *vor* der Abgabe vom alten Betreuungsgericht erlassen wurden, unabhängig vom Zeitpunkt ihrer Einlegung, das dem neuen Betreuungsgericht übergeordnete LG[46]. 58

Besetzung des Beschwerdegerichts. Das Beschwerdegericht (das ist in Betreuungssachen eine Zivilkammer des LG) kann die Beschwerde durch Beschluss der Kammer einem seiner Mitglieder zur Entscheidung als Einzelrichter übertragen, auch in Betreuungs- und Unterbringungssachen[47]; § 526 ZPO gilt entsprechend. 59

---

42 BT-Drucks 11/4528 S. 179.
43 Vgl OLG Stuttgart Die Justiz 1974, 464: zwei Monate zu lang.
44 OLG Stuttgart FamRZ 1993, 1365.
45 BayObLG FamRZ 1994, 1059.
46 BayObLG FamRZ 1996, 1157.
47 BGH NJW-RR 2008, 1241; aA OLG Rostock FGPrax 2008, 149, das eine Übertragung für unzulässig hielt.

Eine bloße Verfügung des Vorsitzenden genügt nicht[48]. Das Landgericht muss den Übertragungsbeschluss nach der allgemeinen Regel des § 38 Abs 3 FamFG begründen[49]; der Beschluss ist aber nicht anfechtbar (vgl § 526 Abs 3 ZPO). Jedoch kann der gesetzliche Richter (Art 101 Abs 1 Satz 2 GG) verletzt sein, wenn trotz grundsätzlicher Bedeutung der Sache die Beschwerde einem Einzelrichter übertragen wurde[50]. Dadurch, dass fast immer der Einzelrichter entscheiden kann, wird die interne Kontrolle durch die anderen Mitglieder der LG-Kammer beseitigt und der Rechtsschutz des Bürgers verringert[51].

60 Eine Übertragung auf einen **Richter auf Probe** ist aber ausgeschlossen (§ 68 Abs 4 FamFG); in eine solchen Fall würde nicht der gesetzliche Richter tätig.

61 Es ist logisch an sich nicht möglich, dass der **Einzelrichter die Rechtsbeschwerde** wegen Grundsätzlichkeit (§ 70 Abs 2 Satz 1 Nr 1 FamFG) **zulässt**; denn bei von Anfang an von der Kammer erkannter Grundsätzlichkeit durfte die Kammer die Sache nicht dem Einzelrichter übertragen (§ 526 Abs 1 Nr 3 ZPO)[52]. Hier müsste der Einzelrichter die Sache zuvor wieder der Zivilkammer „andienen" (§ 526 Abs 2 ZPO); hält die Kammer die Sache nicht für grundsätzlich, der Einzelrichter schon, kann er die Rechtsbeschwerde zulassen.

62 **11. Beschwerdeentscheidung. – a) Beschluss.** Sein Inhalt richtet sich nach § 38 FamFG. Das Beschwerdegericht hat grundsätzlich in der Sache selbst zu entscheiden (§ 69 Abs 1 Satz 1 FamFG).

63 Hat das AG eine Betreuerbestellung abgelehnt und will das LG auf Beschwerde einen Betreuer bestellen, stellt sich die Frage, ob es das selbst machen darf oder das Verfahren unter Aufhebung des Beschlusses zu diesem Zweck an das AG zurückzuverweisen hat. Nach § 1896 Abs 1 BGB hat die **Bestellungskompetenz** nur das „Betreuungsgericht", das Landgericht ist kein Betreuungsgericht. Die Praxis kümmert sich aber (unter Berufung auf § 68 Abs 3 Satz 1 FamFG) nicht darum, sondern bestellt als Beschwerdegericht selbst Betreuer: Wird eine Betreuerbestellung angefochten und hält das LG nur die Auswahl des Betreuers für fehlerhaft, darf es nicht aufheben und (zwecks Auswahl) zurückverweisen, sondern muss regelmäßig *selbst* einen anderen Betreuer bestellen[53]; das kann auch eine ganz neu benannte Person sein[54]; ebenso, wenn das LG auf Beschwerde erstmals die Betreuung anordnet (die Verpflichtung und die Aushändigung des Ausweises muss aber jedenfalls dem Betreuungsgericht übertragen werden).

64 **b) Begründungspflicht.** Der Beschluss des Beschwerdegerichts ist zu begründen (§ 69 Abs 2 FamFG); das Vorhaben des Gesetzesentwurfs, auf eine Begründung im Regelfall zu verzichten, ist nicht Gesetz geworden. Für die Beschwerdeentscheidung gelten im Übrigen die Vorschriften über den Beschluss im ersten Rechtszug entsprechend (§ 69 Abs 3 FamFG); wegen § 38 Abs 5 Satz 3 FamFG ist eine Begründung unabdingbar.

---

48 Vgl BayObLG Rpfleger 1994, 110; zur Heilung und Verwertung im Freibeweis bei einem fehlerhaften Verfahren vgl BayObLG FamRZ 1994, 324/325.
49 Vgl OLG Thüringen FGPrax 2000, 239.
50 MünchKomm/*Rimmelspacher* ZPO § 526 Rz 34.
51 Vgl *Knittel*, 86. Sitzung des Rechtsausschusses 11.2.2008, S. 10 der Stellungnahme.
52 Einzelheiten hierzu vgl BGH NJW 2003, 2900.
53 BayObLG FamRZ 1993, 602.
54 BayObLG BtPrax 2000, 91.

Die Gründe müssen die tatsächlichen Feststellungen des LG unter Würdigung des Ergebnisses der Ermittlungen, einer Beweisaufnahme und des Vorbringens der Beteiligten enthalten sowie die Rechtsanwendung auf diesen Sachverhalt darstellen; das Gutachten darf nicht einfach kritiklos übernommen werden, es muss gewürdigt werden; eine allgemeine Bezugnahme auf den Akteninhalt genügt nicht[55]. Die Voraussetzungen der §§ 1896, 1903 BGB müssen daher vom LG für *jeden* Aufgabenkreis hinreichend konkret und nachprüfbar festgestellt und dargelegt sein, wenn eine Betreuung bestätigt wird; wenn zB von gefährdender Beeinflussung durch Dritte ausgegangen wird, sind Tatsachen anzugeben und die Dritten zu benennen; bei einem Vermüllungssyndrom sind die angesammelten Gegenstände und deren Wert näher zu beschreiben[56]. Bei Bestellung der Betreuungsbehörde zum Betreuer ist vom LG darzulegen, dass keine natürliche Person und kein Betreuungsverein gefunden werden konnte[57]. Bei Bestellung eines Kontrollbetreuers (§ 1896 Abs 3 BGB) ist darzulegen, dass die Vollmacht wirksam erteilt (Geschäftsfähigkeit!) und nicht erloschen war[58]. Zweckmäßig ist, darzulegen, weshalb im Beschwerdeverfahren keine persönliche Anhörung des Betroffenen durch die Kammer erfolgte[59]. 65

Die Entscheidung des LG darf nur den **Verfahrensgegenstand** regeln, der schon Gegenstand der erstinstanzlichen Entscheidung war (denn andernfalls fehlt eine angreifbare Endentscheidung im Sinne von § 58 Abs 1 FamFG) und der angefochten ist (denn sonst fehlt die Anfallswirkung). Legt *nur* der Betroffene gegen die Bestellung eines Betreuers Beschwerde ein, darf daher das LG den Aufgabenkreis nicht erweitern[60]. 66

Teilanfechtungen sind grundsätzlich zulässig; zB kann der Betreute die Anfechtung auf die Auswahl des Betreuers beschränken; in einem solchen Fall hat das LG die Voraussetzungen für die Betreuung als solche nicht mehr zu prüfen[61]. Auch die Angehörigen können im Falle des § 303 Abs 2 FamFG ihre Beschwerde auf die Auswahl des Betreuers beschränken. Wird ein Betreuer bestellt sowie ein Einwilligungsvorbehalt angeordnet und legt der Betroffene nur gegen die Anordnung der Betreuung Beschwerde ein, ist das eine unzulässige Beschränkung; denn einen Einwilligungsvorbehalt ohne Betreuung gibt es nicht. Erweist sich die Beschwerde gegen die Betreuung als begründet, ist der Beschluss einschließlich Anordnung des Einwilligungsvorbehalts vom LG aufzuheben. 67

Reformatio in peius: Legt nur *ein* Beteiligter Beschwerde ein, kann er (jedenfalls in Vergütungssachen) nicht verschlechtert werden[62]. 68

Kostenentscheidung: §§ 81, 84 FamFG. § 130 Abs 5 KostO ist auch im Beschwerdeverfahren anwendbar[63]. 69

b) **Zurückverweisung.** Eine Aufhebung und Zurückverweisung ist nur ausnahmsweise zulassig (§ 69 Abs 1 Satz 2, 3 FamFG): wenn das erstinstanzliche Gericht in der Sache noch nicht entschieden hat (etwa wenn das erstinstanzliche Gericht sich ausschließlich mit Zulässigkeitsfragen beschäftigt hat und eine Befassung in der Sache aus diesem Grund unterblieben ist); oder soweit das 70

55 BayObLG FamRZ 1998, 1327.
56 BayObLG BtPrax 1993, 64.
57 BayObLG FamRZ 1993, 1248.
58 BayObLG FamRZ 1993, 1249.
59 OLG Bremen RuP 1995, 187: „muss begründet werden".
60 BayObLG FamRZ 1998, 1183 Nr 746; FamRZ 1998, 922; FamRZ 1996, 1035.
61 BayObLG FamRZ 1996, 419.
62 BayObLG FamRZ 1996, 1166; 1995, 692.
63 OLG München FamRZ 2006, 1681 (auch zur Veranlasserhaftung nach § 2 Nr 1 KostO).

Verfahren an einem wesentlichen Mangel leidet und zur Entscheidung eine umfangreiche oder aufwendige Beweiserhebung notwendig wäre *und* mindestens ein Beteiligter die Zurückverweisung beantragt (vgl 538 Abs 2 Satz 1 ZPO). Hierunter ist die Vernehmung einer *Vielzahl* von Zeugen oder die Beweisaufnahme an einem weit entfernt liegenden Ort zu verstehen. Die bloße Vernehmung *eines* Zeugen oder *eines* Sachverständigen ist dagegen regelmäßig kein Zurückverweisungsgrund[64]. Sind die Beteiligten trotz Vorliegen eines Zurückverweisungsgrundes mit einer Entscheidung des Beschwerdegerichts in der Sache einverstanden, so ist das Beschwerdegericht aus Gründen der Verfahrensbeschleunigung hieran gebunden.

71 **Verfahren nach Zurückverweisung:** Das Gericht des ersten Rechtszugs hat die rechtliche Beurteilung, die das Beschwerdegericht der Aufhebung zugrunde gelegt hat, auch seiner Entscheidung zugrunde zu legen (§ 69 Abs 1 Satz 4 FamFG).

72 c) **Rechtsmittelbelehrung.** In den Fällen, in denen die Rechtsbeschwerde zugelassen wurde (§ 70 Abs 1 FamFG) oder kraft Gesetzes wegen § 70 Abs 3 FamFG statthaft ist, ist ferner eine Rechtsmittelbelehrung erforderlich (§ 39 FamFG). Nach dem Sinn dieser Regelung, dem Betroffenen zu seinem Schutz die Anfechtung zu erleichtern, ist keine Belehrung erforderlich, wenn die Entscheidung nicht anfechtbar ist; hebt das LG die Bestellung eines Betreuers oder die Anordnung eines Einwilligungsvorbehalts auf, ist deshalb keine Rechtsmittelbelehrung des Betroffenen veranlasst. Die Rechtsmittelbelehrung muss durch die Unterschriften der Richter gedeckt sein (also idR *oberhalb* stehen) und mit ihrem vollständigen Text in den Akten sein[65], damit feststellbar ist, welcher Text dem Betroffenen übermittelt wurde.

73 **12. Erledigung der Hauptsache nach Beschwerdeeinlegung. – a) Erledigung der Hauptsache.** Wird gegen die Bestellung eines Betreuers Beschwerde eingelegt und wird dann die Betreuung vom Betreuungsgericht aufgehoben oder wird gegen die Bestellung eines vorläufigen Betreuers Beschwerde eingelegt und läuft die vorläufige Betreuung dann ab, hat sich die Hauptsache des Beschwerdeverfahrens erledigt[66]. Wird die Beschwerde nicht auf die Kosten beschränkt, wird sie mangels Rechtsschutzbedürfnisses unzulässig. Anders ist es, wenn durch einstweilige Anordnung ein vorläufiger Einwilligungsvorbehalt angeordnet wird, dagegen Beschwerde eingelegt wird und dann der vorläufige durch einen endgültigen Einwilligungsvorbehalt abgelöst wird: hier bleibt die Beschwerde zulässig, weil der Einwilligungsvorbehalt wegen § 306 FamFG materielle Wirkungen hatte, die fortbestehen können[67]. Genauso ist es, wenn ein Einwilligungsvorbehalt angeordnet, dann angefochten und daraufhin verlängert wird: keine Erledigung der Hauptsache bezüglich des ursprünglich angeordneten Einwilligungsvorbehalts[68]. Legt der Betreute gegen die Anordnung des Einwilligungsvorbehalts Beschwerde ein und stirbt er dann, tritt keine Erledigung der Hauptsache ein[69].

74 b) **Feststellung der Rechtswidrigkeit.** Eine Beschwerde setzt grundsätzlich voraus, dass die angegriffene Entscheidung den Betroffenen noch belastet. Davon bringt § 62 FamFG aus verfassungsrechtlichen Gründen[70] basierend

64 So BT-Drucks, 16/6308 S. 208.
65 BayObLG BtPrax 1993, 30 aE.
66 BayObLG FamRZ 2001, 253.
67 OLG Hamm FamRZ 1993, 722.
68 BayObLG FamRZ 1999, 249.
69 BayObLG NJWE-FER 2000, 266.
70 BVerfG 104, 220/232; BGH FGPrax 2008, 149.

auf der bisherigen Rechtsprechung[71] eine Ausnahme: Hat sich die angefochtene Entscheidung in der Hauptsache erledigt, spricht das Beschwerdegericht auf Antrag aus, dass die Entscheidung des Gerichts des ersten Rechtszugs den Beschwerdeführer in seinen Rechten verletzt hat, wenn der Beschwerdeführer ein berechtigtes Interesse an der Feststellung hat. Ein berechtigtes Interesse liegt in der Regel vor, wenn schwerwiegende **Grundrechtseingriffe** vorliegen oder eine Wiederholung konkret zu erwarten ist.

Es geht hierbei hauptsächlich um **Unterbringungen** psychisch auffälliger Personen[72] (vgl § 335 Rz 60) und Freiheitsentziehungen, bei denen der Betroffene Beschwerde einlegt und dann während des Beschwerdeverfahrens entlassen wird (also einige Wochen „eingesperrt" wurde, darin seine Ehre, seinen Ruf und sein Einkommen beschädigt sieht, und deshalb einen klarstellenden Beschluss haben will); ferner um Fälle der Wohnungsdurchsuchung aufgrund richterlicher Anordnung. Liegt das Feststellungsinteresse nicht vor, kann der Beschwerdeführer sein Rechtsmittel auf die Kosten beschränken[73], auch als Hilfsantrag. Andernfalls ist die Beschwerde unzulässig. 75

c) **Feststellung der Rechtswidrigkeit einer Betreuung.** Eine Feststellungsentscheidung, dass die vom Richter angeordnete Bestellung eines vorläufigen (oder endgültigen) Betreuers rechtswidrig gewesen sei, ist grundsätzlich zulässig[74]; auch wenn nach Aufhebung einer Betreuung die Feststellung ihrer Rechtswidrigkeit verlangt wird[75]. 76

13. Rechtsbeschwerde. – a) Abschaffung der weiteren Beschwerde zum OLG. Unter der Geltung des FGG hatte der Betroffene die Möglichkeit, gegen den Beschwerdebeschluss des Landgerichts in der Regel unbefristet und zulassungsfrei und ohne Anwaltszwang[76] weitere Beschwerde zum Oberlandesgericht einzulegen und so die landgerichtliche Beschwerdeentscheidung auf Rechtsfehler überprüfen zu lassen. Das ist jetzt beseitigt worden, um Richterstellen einzusparen. Das OLG ist mit Beschwerden in Betreuungssachen nicht mehr befasst. Jetzt gibt es teilweise die Möglichkeit der Rechtsbeschwerde zum BGH (§ 133 GVG). 77

b) Voraussetzungen der Rechtsbeschwerde. – aa) Statthaftigkeit 77a

In – Betreuungssachen zur Bestellung eines Betreuers, zur Aufhebung einer Betreuung, zur Anordnung oder Aufhebung eines Einwilligungsvorbehaltes, – Unterbringungssachen, soweit angeordnet	In allen sonstigen Betreuungssachen
Rechtsbeschwerde ist ohne Zulassung statthaft; § 70 Abs 3 FamFG; auch bei fehlender Grundsätzlichkeit etc	Rechtsbeschwerde nur bei Zulassung durch das LG statthaft, § 70 Abs 1, 2 FamFG

71 zB OLG Hamm FamRZ 2007, 763;
72 BVerfG NJW 1998, 2432.
73 BayObLG FamRZ 1998, 1325.
74 BVerfG BtPrax 2009, 29; aA BayObLG FamRZ 2001, 253; FamRZ 1993, 720; FamRZ 1994, 1190; KG BtPrax 1993, 33; differenzierend KG FGPrax 2009, 209 (zum FGG).
75 AA zum FGG: OLG München FGPrax 2008, 209.
76 Wenn die Beschwerde zu Protokoll erklärt wurde; § 29 FGG.

78 (1) **Zulassungsfrei statthaft** ist die Rechtsbeschwerde nur für die Frage der Bestellung oder Nichtbestellung eines Betreuers, der Aufhebung einer Betreuung, der Anordnung oder Aufhebung eines Einwilligungsvorbehalts. Dazu gehört auch die Verlängerung der Betreuung; wohl auch die Auswahl des Betreuers, Auswechslung des Betreuers, Entlassung eines Betreuers, der Umfang des Aufgabenkreises, zeitliche Grenze der Betreuung (Dauer, Überprüfungsfrist), inhaltliche Grenzen (Aufgabenkreis); im Einzelnen ist das umstritten.

79 (2) Zu den Fällen, in denen eine **Zulassung der Rechtsbeschwerde** erforderlich ist, gehören Vergütungsstreitigkeiten, Genehmigung von Rechtsgeschäften (zB §§ 1821, 1822, 1907 BGB), Genehmigung der Einwilligung in medizinische Maßnahmen bzw in eine Sterilisation (§§ 1904, 1905 BGB).

80 Die Rechtsbeschwerde ist in diesen Fällen vom LG zuzulassen (§ 70 Abs 2 FamFG), wenn

1. die Rechtssache grundsätzliche Bedeutung hat oder
2. die Fortbildung des Rechts oder die Sicherung einer einheitlichen Rechtsprechung eine Entscheidung des BGH erfordert.

81 Der falsch entschiedene Einzelfall erfüllt diese Voraussetzungen nicht, weshalb eine Zulassung selten möglich ist. Schweigt der Beschluss, gilt das als Nichtzulassung. Die Zulassung ist, wenn sie vergessen wurde, in der Regel nicht nachholbar[77]. Wenn das Landgericht die Rechtsbeschwerde zulässt, der BGH aber keine Grundsätzlichkeit erkennt, ist er zwar an die Zulassung gebunden (§§ 70 Abs 2 Satz 2 FamFG), kann aber die Rechtsbeschwerde ohne weitere Diskussion mit knapper Begründung zurückweisen (§ 74 a FamFG). Wenn das Beschwerdegericht die Rechtsbeschwerde nicht zulässt, obwohl die Sache zweifellos grundsätzliche Bedeutung etc (§ 70 Abs 2 FamFG) hat, ist der Betroffene schutzlos; eine Nichtzulassungsbeschwerde ist nicht möglich.

82 Gegen einen Beschluss im Verfahren über die Anordnung, Abänderung oder Aufhebung einer **einstweiligen Anordnung** (§§ 300, 301 FamFG) findet die Rechtsbeschwerde nicht statt (§ 70 Abs 4 FamFG), auch nicht, wenn sie „zugelassen" wurde.[78]

83 **bb) Frist und Form der Rechtsbeschwerde; Anwaltszwang.** Die Rechtsbeschwerde ist binnen einer Frist von einem Monat nach der schriftlichen Bekanntgabe des Beschlusses durch Einreichen einer Beschwerdeschrift beim BGH einzulegen (§ 71 Abs 1 Satz 1 FamFG). Weiter Formalien regeln § 70 Abs 1 bis Abs 4 FamFG. Die Beschwerde kann nur ein beim **BGH zugelassener Anwalt** einlegen und begründen (§ 10 Abs 4 FamFG)[79]. Wer unzulässig Rechtsbeschwerde einlegt (zB privatschriftlich), so dass sie verworfen wurde, kann die Rechtsbeschwerde, falls die Frist noch läuft, nochmals einlegen (nun formgerecht durch einen BGH-Anwalt); das Beschwerderecht ist durch die Verwerfung nicht verbraucht worden[80].

84 **cc) Gründe der Rechtsbeschwerde.** Ein neuer Sachantrag ist unzulässig[81]; eine neue Beweisaufnahme erfolgt nicht. Die Rechtsbeschwerde kann nur darauf gestützt werden, dass die angefochtene Entscheidung auf einer Verletzung des Rechts beruht. Das Recht ist verletzt, wenn eine Rechtsnorm nicht oder nicht

77 Ausnahmefall: BGH NJW-RR 2007, 1654.
78 BGH NJW-RR 2007, 1071; OLG Koblenz NJW 2010, 880.
79 BGH FamRZ 2010, 544.
80 BayObLG FamRZ 2000, 189 zur weiteren Beschwerde.
81 BayObLG FamRZ 1998, 1245.

richtig angewendet worden ist (§ 72 Abs 1 FamFG). Eine Anschlussrechtsbeschwerde ist möglich (§ 73 FamFG).

c) **Entscheidung über die Rechtsbeschwerde.** Dazu enthält § 74 FamFG Einzelheiten. Entscheiden muss ein Senat des BGH; Einzelrichter gibt es beim BGH nicht. Der BGH kann bei zulässigen, aber unbegründeten Rechtsbeschwerden von einer Begründung absehen (§ 74 Abs 7 FamFG). Bei zu Unrecht zugelassenen Rechtsbeschwerden kann die Zurückweisung ohne mündliche Verhandlung und ohne nähere Begründung erfolgen (§ 74 a FamFG). **85**

III. Beschwerdeberechtigung der Betreuungsbehörde, Abs 1

1. Stellung der Behörde. Die Betreuungsbehörde ist von der Einleitung der in § 274 Abs 3 FamFG genannten Verfahren zu verständigen, § 7 Abs 4 FamFG, also zB nicht, wenn Genehmigungen beantragt oder Vergütungen bewilligt werden. **86**

Beantragt die Behörde ihre Beteiligung, wirkt sie am Verfahren mit, erhält also die Ladungen, Gutachten, Protokolle etc. Beantragt sie das nicht, wirkt sie am Verfahren nicht mit. **87**

In beiden Fällen ist ihr die Endentscheidung mitzuteilen, wobei § 288 Abs 2 Satz 1 FamFG die Einzelheiten regelt. **88**

Nun kann sich die Behörde entscheiden, ob sie Beschwerde einlegt oder nichts tut. Die Regelungen in §§ 59, 303 FamFG gelten entsprechend, wenn die Behörde gegen den Beschwerdebeschluss des LG Rechtsbeschwerde zum BGH einlegen will (§ 70 ff FamFG; zur anwaltlichen Vertretung: § 10 Abs 4 FamFG). **89**

2. Beschwerde. – a) **Zulässigkeitsvoraussetzung** der Beschwerde ist nach § 58 Abs 1 FamFG eine Entscheidung des Gerichts erster Instanz (Betreuungsgericht). Aber nicht jeder kann Beschwerde einlegen; § 59 Abs 1 FamFG grenzt den Kreis der beschwerdeberechtigten Personen ein, indem eine Beeinträchtigung *in eigenen Rechten* (Beschwerdeberechtigung) vorausgesetzt wird; damit soll eine Popularbeschwerde verhindert werden. In Antragsverfahren ist zusätzlich die weitere Einschränkung des § 59 Abs 2 FamFG zu beachten. **90**

Die Betreuungsbehörde ist in eigenen Rechten nicht betroffen, wäre deshalb nach § 59 Abs 1 FamFG nicht beschwerdeberechtigt. Das FamFG will aber aus rechtspolitischen Erwägungen, dass die Behörde Beschwerde einlegen kann und räumt der örtlich zuständigen Betreuungsbehörde deshalb kraft Gesetzes eine Beschwerdeberechtigung ein (vgl § 59 Abs 3 FamFG), allerdings nur in bestimmten Fällen: **91**

Nr 1. Entscheidungen über die Bestellung eines Betreuers oder die Anordnung eines Einwilligungsvorbehalts, **92**

Nr 2. Entscheidungen über Umfang, Inhalt oder Bestand einer in Nr 1 genannten Maßnahme. Was unter „Umfang, Inhalt“ im Einzelnen zu verstehen ist, ist unklar. **93**

Dieser Umfang entspricht dem Umfang der auf Antrag einzuräumenden **Beteiligtenstellung** der Betreuungsbehörde (§ 274 Abs 3 FamFG) und dem § 288 Abs 2 Satz 1 FamFG; auf die Kommentierung bei § 274 Rz 11 wird daher Bezug **94** genommen. Die Behörde ist insbesondere nicht beschwerdeberechtigt, wenn es um Genehmigungen nach § 1904 Abs 1 oder Abs 2 BGB geht, oder um solche nach §§ 1905, 1906, 1907, 1821 ff BGB. Die Feststellung der Berufsmäßigkeit der Betreuung (§ 1 VBVG) kann nicht isoliert Gegenstand einer Beschwerde der Behörde sein[82]; denn sie ist ein unabtrennbarer Teil der Einheitsentscheidung. Die Betreuungsbehörde kann nicht deswegen Beschwerde einlegen, weil ein Berufsbetreuer (anstelle eines billigeren ehrenamtlichen Betreuers) bestellt wurde[83]; diese Interessenlage darf nur die Staatskasse (vgl § 304 Abs 1 Satz 2 FamFG) und der Betreute, falls er dadurch finanziell belastet ist, weiterverfolgen.

95 Voraussetzungen jeder Beschwerde ist eine **Entscheidung erster Instanz**. Daran fehlt es, wenn die Behörde die Anordnung einer Betreuung anregt (ein formelles Antragsrecht hat sie nicht) und das Betreuungsgericht dieser Anregung nicht folgt[84]. Die eventuelle Mitteilung nach § 24 Abs 2 FamFG ist kein ablehnender Beschluss.

96 b) Die Betreuungsbehörde benötigt **keine Beschwer**[85]. Die anderen Zulässigkeitsvoraussetzungen der Beschwerde (richtige Einlegung, Fristwahrung, Beschwerdewert) müssen aber auch bei einer Beschwerde der Behörde vorliegen. Zieht der Betroffene um, wird eine andere Behörde zuständig. Zur Fortdauer der Beschwerdebefugnis der bisherigen Behörde vgl § 3 Abs 2 BtBG.

97 c) Die Behörde kann auch dann Beschwerde einlegen, wenn sie sich **in erster Instanz** (informiert über das Verfahren nach §§ 7 Abs 4, 288 FamFG) **nicht beteiligt** hat; sie wird also vom Gesetz besser behandelt als die Angehörigen (vgl § 303 Abs 2), was sich auch darin zeigt, dass ihre Beschwerdeberechtigung an die Spitze der Vorschrift gestellt wird, nicht aber die der Angehörigen.

98 d) Hatte der Betroffene **selbst die Betreuung beantragt**, stand unter Geltung des FGG der Behörde kein Beschwerderecht gegen die Bestellung zu [86]; denn § 69 g Abs 1 Satz 1 FGG beschränkte die Beschwerdebefugnis auf die Bestellung eines Betreuers *von Amts wegen*. Diese Einschränkung ist in § 303 Abs 1 FamFG weggefallen, damit die Behörde auch in solchen Fällen das zu wohlwollende Betreuungsgericht kontrollieren kann. Aber auch gegen die Ablehnung des Antrags des Betroffenen kann die Behörde Beschwerde einlegen[87], ausgenommen (wegen § 59 Abs 2 FamFG) im Falle des § 1896 Abs 1 Satz 3 BGB (Antrag des nur körperlich Behinderten).

99 e) **Einschränkungen.** § 59 Abs 2 FamFG kann entgegen stehen. Ferner ist zu prüfen, ob überhaupt eine Entscheidung im Sinne von Abs 1 angefochten ist; daran fehlt es zB, wenn die Behörde eine Genehmigungsentscheidung angreift; ihre Beschwerde ist dann unzulässig. Wenn die Behörde in einem solchen Falle schon beim AG ihre Beteiligung beantragte und dies durch Beschluss nach § 7 Abs 5 FamFG *rechtskräftig* zurückgewiesen wurde, steht fest, dass die Behörde kein Beschwerderecht hat[88]. Ist die Zurückweisung noch nicht rechtskräftig, muss der Ausgang des Zwischenverfahrens abgewartet werden.

---

82 OLG Hamm NJW 2006, 3436; LG Nürnberg/Fürth BtPrax 1999, 157.
83 LG Nürnberg-Fürth BtPrax 1999, 157.
84 Keidel/*Sternal* § 24 Rz 9; *Prütting/Helms/Ann-Roth* § 24 Rz 11; aA *Prütting/Helms/Fröschle* § 303 Rz 14.
85 BayObLG FamRZ 1995, 1595; *Prütting/Helms/Fröschle* § 303 Rz 12.
86 OLG Hamm FamRZ 2002, 194; BayObLG FamRZ 1998, 1057.
87 *Prütting/Helms/Fröschle* § 303 Rz 13.
88 *Prütting/Helms/Fröschle* § 303 Rz 15.

Unklar ist, ob die Beschwerdeberechtigung der Behörde darauf beschränkt wird, 100
dass sie damit tatsächlich die ihr nach §§ 4 ff BtBG zustehenden Aufgaben und Ziele wahrnimmt oder ob sie ihr Beschwerderecht auch wahrnehmen darf, um im Hintergrund stehende Ziele zu verfolgen, etwa bestimmte Berufsbetreuer aus dem „Amt" zu drängen. § 303 enthält keine diesbezügliche Einschränkung[89]. Es greifen die allgemeinen Grundsätze (Rechtsmissbrauch) ein. Die Mitwirkungsmöglichkeiten der Betreuungsbehörde bei der Entscheidung über die Auswahl eines Berufsbetreuers (§ 1897 Abs 7 BGB, § 8 BtBG) ergeben keine gesetzliche Grundlage für die Installation eines selbst entwickelten Zulassungsverfahrens für Berufsbetreuer, das zugleich das Auswahlermessen des Gerichts dahin binden könnte, nur die so zugelassenen Bewerber als Berufsbetreuer zu berücksichtigen[90].

f) Da die Behörde im weiteren Umfang als die Angehörigen beschwerdeberech- 101
tigt ist (sie muss sich nämlich nicht in erster Instanz beteiligt haben, anders als der Angehörige) fragt sich, ob die Behörde mit **Hilfe des Verwaltungsgerichts** gezwungen werden kann, Beschwerde einzulegen. Jedenfalls hat ein Betreuungsbewerber, der vom Betreuungsgericht nicht bestellt wurde, keinen Anspruch darauf, dass die Behörde das ihr nach § 303 Abs 1 FamFG zustehende Beschwerderecht zu seinen Gunsten ausübt[91]. Im Übrigen richten sich die Aufgaben der Behörde nach §§ 4 ff BtBG und in diesem Rahmen dürften Verpflichtungsklagen zulässig sein.

g) **Die Staatskasse** ist nicht „zuständige Behörde" im Sinne von Abs 1[92]. Auch 102
sie kann die Feststellung der Berufsmäßigkeit einer Betreuertätigkeit nicht isoliert angreifen[93].

h) **Beschwerderecht aus § 59 Abs 1 FamFG.** Unberührt von § 303 ist § 59 103
Abs 1 FamFG; danach hat de Behörde ein eigenes Beschwerderecht, wenn sie in eigenen Rechten betroffen ist, zB ihr Behördenbetreuer für einen vermögenden Betreuten tätig war und nun um die Vergütung (§ 1836 Abs 2 BGB) gestritten wird.

IV. Beschwerdeberechtigung des Betreuten und sonstiger Personen

104

Bestellung eines Betreuers **von Amts wegen,** sonstige von Amts wegen ergangene Entscheidungen	Bestellung eines Betreuers **auf Antrag des Betreuten,** sonstige auf Antrag ergangene Entscheidungen
Beschwerdeberechtigung aus § 59 Abs 1 FamFG (bei Rechtsverletzung) oder nach § 303 Abs 2 FamFG (auch ohne Rechtsverletzung, aber nur in den dortigen Fällen und nur für bestimmte Personen)	Beschwerdeberechtigung nur aus § 59 Abs 1 (bei Rechtsverletzung), nicht aus § 303 Abs 2 FamFG

1. Beschwerdeberechtigung aus § 59 Abs 1 FamFG. Eine Beschwerdeberechti- 105
gung kann sich nicht nur aus § 303 FamFG ergeben, sondern auch aus § 59 Abs 1 FamFG[94], also wenn der Beschwerdeführer durch den angefochtenen

89 Ebenso *Prütting/Helms/Fröschle* § 303 Rz 12.
90 OLG Hamm NJW 2006, 3436.
91 OVG Lüneburg NdsRpfl 2001, 67.
92 OLG Schleswig-Holstein FGPrax 1999, 110.
93 OLG Hamm NJW 2006, 3436; OLG Frankfurt FGPrax 2004, 122.
94 OLG Hamm FamRZ 2002, 194; BayObLG FamRZ 1994, 1061.

Beschluss in *seinen Rechten* beeinträchtigt ist. Das war unter Geltung des § 69 g Abs 1 Satz 1 FGG ausdrücklich klargestellt durch die Worte „unbeschadet des § 20“; dem früheren § 20 Abs 1 FGG entspricht der jetzige § 59 Abs 1 FamFG. Ergibt sich die Beschwerdeberechtigung aus § 59 Abs 1 FamFG, greifen die weiteren Beschränkungen des § 303 Abs 2 FamFG nicht ein: keine Begrenzung auf bestimmte Angehörige, keine Begrenzung auf die Fallgruppen der Amtsentscheidung und des § 274, Abs 4, 3 FamFG, keine Notwendigkeit der Beteiligung schon in erster Instanz, keine Beschränkung auf Beschwerdeausübung im Interesse des Betroffenen. Allenfalls die Schranke des § 59 Abs 2 FamFG könnte eingreifen.

106 a) **Recht** in diesem Sinne ist jedes dem Beschwerdeführer durch die Rechtsordnung zuerkannte und von der Staatsgewalt geschützte private oder öffentliche subjektive Recht, dagegen nicht schon ein rechtliches oder berechtigtes (wirtschaftliches, ideelles oder sonstiges) Interesse[95]. Das kann ausnahmsweise auch ein Verfahrensrecht sein, etwa das rechtliche Gehör[96]. Eine **Beeinträchtigung** liegt vor, wenn die angefochtene Entscheidung unmittelbar nachteilig in die Rechtsstellung des Beschwerdeführers eingreift, indem sie dessen Recht aufhebt, beschränkt, mindert oder gefährdet, die Ausübung des Rechts stört oder erschwert oder eine Verbesserung der Rechtsstellung vorenthält[97]. Die Beeinträchtigung kann grundsätzlich nur aus dem Inhalt der Entscheidungsformel, nicht aber aus der Art der Begründung der angefochtenen Entscheidung hergeleitet werden[98]. Für die Prüfung der Beschwerdeberechtigung kommt es darauf an, ob ein Recht des Beschwerdeführers beeinträchtigt wäre, wenn die angefochtene Entscheidung sich in seinem Sinn als ungerechtfertigt herausstellen würde[99].

107 b) **Beeinträchtigung der Rechte des Betreuten.** Der Betreute (Betroffene) ist gemäß § 59 Abs 1 FamFG gegen alle ihn belastenden Entscheidungen des Betreuungsgerichts beschwerdeberechtigt, zB gegen die Anordnung der Betreuung von Amts wegen, auch gegen die Anordnung einer Betreuung auf eigenen Antrag[100]; gegen die Verlängerung der Betreuung; auch gegen die Aufhebung der Betreuung (weil er die staatliche Hilfe verliert)[101]; gegen die Ablehnung der Entlassung des Betreuers (§ 1908 b BGB); gegen die Erweiterung oder Beschränkung der Betreuung usw. Beschwerdeberechtigt ist der Betroffene ferner gegen die vergleichbaren Entscheidungen betreffend einen Einwilligungsvorbehalt; gegen die Erteilung oder Versagung von Genehmigungen für Rechtsgeschäfte oder medizinische Maßnahmen (§ 1904 BGB)[102], Sterilisation (§ 1905 BGB), Unterbringung (§ 1906 BGB), Wohnungskündigung (§ 1907 BGB)[103].

108 c) **Beeinträchtigung der Rechte des Betreuers.** Der Betreuer kann durch eine Entscheidung des Betreuungsgerichts in *seinen* Rechten beeinträchtigt sein, etwa wenn er entlassen wird[104], wenn seine Vergütung zu niedrig festgesetzt wird. Wird eine Betreuung aufgehoben, kann der Betreuer dagegen nicht im eigenen Namen Beschwerde einlegen, weil er kein eigenes Recht auf Anordnung der

95 Vgl BGH NJW 1997, 1855; BayObLGZ 1998, 82/84; BayObLG MDR 2001, 94.
96 OLG München FamRZ 2006, 1301.
97 BayObLGZ 1998, 82; BayObLG MDR 2001, 94; OLG Dresden NJW-RR 1998, 830.
98 BayObLGZ 1975, 420/424; BayObLG MDR 2001, 94; KG FamRZ 1977, 65.
99 BayObLGZ 1983, 149/150; BayObLG MDR 2001, 94.
100 OLG Hamm FamRZ 1995, 1519; eine formelle Beschwer ist nicht erforderlich.
101 BayObLG MDR 2001, 94.
102 OLG Jena FGPrax 2006, 43.
103 OLG Frankfurt FamRZ 2006, 1845.
104 BayObLG FamRZ 1995, 1232; FamRZ 1998, 1257/8.

Betreuung hat[105]; wird er vor Aufhebung nicht gehört, ist er uU in seinem Recht auf Gehör verletzt (Folge: Aufhebung und Zurückverweisung). Beantragt der Betreuer seine Entlassung (§ 1908 b BGB) und wird dies abgelehnt, besteht für den Betreuer die Beschwerdeberechtigung. Wird der Betreuer A vom Betreuungsgericht entlassen (und sogleich der neue Betreuer N bestellt), die Entlassung des A auf Beschwerde vom LG aufgehoben, kann N keine Rechtsbeschwerde gegen den LG-Beschluss mehr einlegen[106].

d) **Beeinträchtigung der Rechte des Verfahrenspflegers.** Vgl Abs 3. Dazu Rz 143. **109**

e) **Beeinträchtigung der Rechte der Angehörigen, Dritter.** Eine Beeinträchtigung in eigenen Rechten ist allenfalls beim **Ehegatten** wegen Art 6 GG vorstellbar. Beispiele: dem Betreuer wird das Aufenthaltsbestimmungsrecht zugesprochen, so dass er den Betreuten in ein Heim schafft und die eheliche Gemeinschaft zerstört ist; dem Betreuer wird das Personensorgerecht zugesprochen, so dass er Kontakte der beiden Ehegatten untereinander verbieten kann (§ 1632 BGB); die Betreute, die noch gebärfähig ist, wird sterilisiert; die Kündigung bzw Veräußerung der Ehewohnung wird genehmigt[107]; der Ehegatte wird bei der Betreuerauswahl übergangen. Das BVerfG[108] sagt: Art 6 Abs 1, 2 GG gebieten eine bevorzugte Berücksichtigung der Familienangehörigen bei der Auswahl von Pflegern und Vormündern, sofern keine Interessenkollision besteht oder der Zweck der Fürsorgemaßnahme aus anderen Gründen die Bestellung eines Dritten verlangt. Entsprechendes muss für Betreuer gelten. Das alles gilt zum Teil auch bei gleichgeschlechtlichen registrierten Lebensgemeinschaften im Sinne von § 1 LPartG. Bei außerehelichen Lebensgeführten wird es verneint[109]. Wird der Scheidungsantrag des Betreuers für einen Ehegatten nach § 125 Abs 2 Satz 2 FamFG vom Familiengericht (früher: vom Vormundschaftsgericht, § 607 ZPO) genehmigt, hat der andere Ehegatte keine Beschwerdebefugnis[110], weil er in keinem eigenen Recht beeinträchtigt ist. **110**

Ob bei **Kindern** des Betreuten eine Beeinträchtigung in eigenen Rechten besteht, ist streitig: das OLG Köln[111] bejahte ein Beschwerderecht aus Art 6 GG, wenn das Gericht den Antrag eines Kindes des Betreuten, den bisherigen Betreuer zu entlassen und das Kind zu bestellen, ablehnte. Das BayObLG[112] und der BGH[113] lehnen ein Beschwerderecht der Tochter in einem solchen Falle ab, ebenso bei der Mutter[114], desgleichen beim Bruder des Betroffenen, der die Entlassung des bestellten Betreuers angeregt hatte[115]. Angehörige, die nicht unter § 303 Abs 2 FamFG fallen, sind nicht beschwerdeberechtigt gegen die Anordnung einer Betreuung, weil sie (trotz § 1897 Abs 5 BGB) keinen Anspruch darauf haben, zum Betreuer bestellt zu werden[116]. Will die Tante ihren kranken Neffen besuchen und verweigert dies dessen Betreuer (falls er das Personensorgerecht hat, § 1632 BGB), hat sie kein Beschwerderecht[117], weil kein Fall des **111**

105 OLG München FamRZ 2006, 1301; OLG Köln FamRZ 1997, 1293; OLG Düsseldorf FamRZ 1998, 1244.
106 OLG Stuttgart FamRZ 1996, 420.
107 *Prütting/Helms/Fröschle* § 303 Rz 27.
108 BVerfG NJW-RR 2006, 1009; das BayObLG hatte diese Maßstäbe verkannt.
109 OLG Schleswig FGPrax 2002, 114; BayObLG NJW 1998, 1567.
110 OLG München FGPrax 2006, 266; KG FamRZ 2006, 433; zweifelhaft.
111 OLG Köln FamRZ 1996, 1024.
112 BayObLG FamRZ 1998, 1186; FamRZ 1996, 508 Nr 306.
113 BGH FamRZ 1996, 607.
114 BayObLG FamRZ 1996, 508 Nr 307.
115 BayObLG FamRZ 1999, 874 Nr 577.
116 BayObLG FamRZ 1997, 900; MDR 1996, 174.
117 BayObLG FamRZ 1993, 1222.

§ 303 Abs 2 FamFG vorliegt und sie kein Recht auf Umgang im Sinne von § 59 Abs 1 FamFG hat[118]. Wollen nicht verwandte Dritte (zB Bekannte, Freunde) den Betreuten besuchen, was der Betreuer ablehnt, haben sie kein Beschwerderecht[119]. Rechtlich geschützte Kontaktrechte haben immer beauftragte oder angeforderte Anwälte und Abgeordnete. Muss eine Person beteiligt werden (zB angehört) und wird dies unterlassen, kann er in seinem Verfahrensrecht auf rechtliches Gehör verletzt sein[120], so dass die Beschwerde zulässig ist, freilich idR nur zur Zurückverweisung führt; eine Rüge, die das materielle Ergebnis nicht anzweifelt, *nur* die Verletzung von Verfahrensrecht rügt, ist also im Ergebnis ohne Erfolg. Zur Beschwerdeberechtigung von Vorsorgebevollmächtigten vgl Abs 4.

112 **Dritte.** Die Frage der Erteilung oder Versagung von Genehmigungen nach §§ 1821, 1822, 1828, 1904, 1905, 1907 BGB betrifft nur das Verhältnis des Betreuungsgerichts zu dem Betreuer, weshalb in die Rechtssphäre eines Dritten, der auf die Erteilung der Genehmigung kein Recht hat, grundsätzlich nicht eingegriffen wird[121], so dass der Dritte kein Beschwerderecht hat, wenn die Genehmigung erteilt oder versagt wird. Hat er einen Rechtsanspruch auf das Geschäft, muss er den Betreuten, vertreten durch den Betreuer, vor dem Prozessgericht verklagen und dann vollstrecken; dazu braucht er keine Genehmigung des Betreuungsgerichts (vgl § 894 ZPO). Die Ablehnung der Bestellung eines Betreuers ist aber ausnahmsweise für denjenigen anfechtbar, der gegenüber einer geschäftsunfähigen Person ein Recht ausüben will und wegen der Geschäftsunfähigkeit nicht kann; so wenn der Vermieter dem geschäftsunfähigen Mieter kündigen will[122]; oder ein gemeinschaftliches Testament widerrufen will[123]. Soll geklagt werden kann allerdings § 57 ZPO helfen. Der Testamentsvollstrecker hat kein Beschwerderecht gegen die Ablehnung der Entlassung des Betreuers des Erben[124]. Unterlässt das Betreuungsgericht Aufsichtsmaßnahmen gegen den Betreuer nach § 1837 BGB ist ein Dritter nicht beschwerdeberechtigt[125], auch wenn er dadurch betroffen wird, etwa wenn der vom Betreuer ungenügend beaufsichtigte Betreute laufend vor seine Haustüre kotet, Telefonterror betreibt, Stalking begeht; hier bleibt nur der Zivilprozess, die Strafanzeige, allenfalls ein Verfahren nach dem UnterbrG/PsychKG.

113 **2. Beschwerdeberechtigung aus § 303 Abs 2 FamFG.** Nach § 303 Abs 2 FamFG sind in den dort genannten Einzelfällen bestimmte Personen auch dann im eigenen Namen beschwerdeberechtigt, wenn sie es nach § 59 Abs 1 FamFG nicht wären. Ist der Fall nicht nach § 303 FamFG privilegiert, muss auf § 59 Abs 1 FamFG zurückgegriffen werden[126]. Die Tochter des Betreuten fällt als „Abkömmling" unter beide Vorschriften, die Nichte allenfalls unter § 59 Abs 1 FamFG.

114 **Vier Voraussetzungen** müssen allerdings bei § 303 Abs 2 FamFG vorliegen:
- Privilegierte Person (Rz 113),
- Beteiligtenstellung dieser Person schon in erster Instanz (Rz 120),

118 Zweifelhaft, weil Kontakte naher Angehöriger untereinander durch das Persönlichkeitsrecht geschützt sind; vgl KG JZ 1989, 38.
119 OLG Saarbrücken FGPrax 1999, 108.
120 Vgl OLG Düsseldorf FamRZ 1998, 1244; *Keidel/Meyer-Holz* § 59 Rz 7.
121 OLG Rostock NJW-RR 2006, 1229; OLG Frankfurt Rpfleger 1979, 423; OLG Schleswig BtPrax 1994, 142/143; BayObLG BtPrax 2004, 111; OLG München FGPrax 2006, 266.
122 BayObLG BtPrax 1006, 106; BayObLG NJW-RR 1998, 1459; die einstige Geschäftsunfähigkeit allein lässt allerdings BayObLG FamRZ 1998, 922 in einem Sonderfall nicht genügen.
123 *Helms* DNotZ 2003, 104.
124 OLG München NJW-RR 2007, 1240; zweifelhaft, die Stellung des TV verkennend.
125 OLG Zweibrücken NJW-RR 2003, 870; *Prütting/Helms/Fröschle* § 303 Rz 8.
126 OLG Düsseldorf FamRZ 1998, 510.

- Entscheidung von Amts wegen (Rz 133),
- Beschwerde im Interesse des Betroffenen (Rz 141).

3. Privilegierte Personen. In den Fällen des Abs 2 können nur bestimmte Personen auch dann Beschwerde im eigenen Namen einlegen, wenn sie nicht in ihren Rechten im Sinne von § 59 Abs 1 FamFG beeinträchtigt sind; solche privilegierte Personen sind: **115**

a) **Ehegatte** des Betroffenen; auch der getrenntlebende Ehegatte (zum Begriff vgl § 1567 BGB), es sei denn es liegt ein „dauerndes" Getrenntleben vor. Der geschiedene Ehegatte ist beschwerdeberechtigt bis zur Rechtskraft der Scheidung[127], es sei denn, schon vorher lag ein dauerndes Getrenntleben vor. Der *(homosexuelle, registrierte)* **Lebenspartner** des Betreuten im Sinne von § 1 LPartG wird dem Ehegatten gleichgestellt. Der *heterosexuelle* Lebensgefährte (Mann/Frau) dagegen hat gegen die Bestellung eines Betreuers für den Partner kein Beschwerderecht, weder aus § 303 Abs 2 noch aus § 59 Abs 1 FamFG, da eine Analogie ausscheidet[128]; das ist deshalb gerechtfertigt, weil die Abgrenzungsfrage (ab welcher Beziehungsnähe ist man Lebenspartner?) schwierig ist. Der Betroffene kann aber seinen Partner als Vertrauensperson deklarieren (§ 274 Abs 4 Nr 1 FamFG); wenn sie dann vom Betreuungsgericht beteiligt wird, ist sie auch beschwerdeberechtigt. **116**

b) **Nahe Verwandte.** Eltern, Großeltern, Pflegeeltern, Kinder (auch nichteheliche, adoptierte), Enkel, Urenkel; Geschwister des Betroffenen (auch Halbbruder, Halbschwester). Deshalb kann zB die Mutter des Betroffenen, die Betreuerin ist, als Mutter gegen die Auswahl eines bestimmten Ergänzungsbetreuers Beschwerde einlegen[129]. **117**

Nicht beschwerdeberechtigt sind (teilweise im Gegensatz zum früheren § 69 g Abs 1 FGG): Urgroßeltern; die in gerader Linie verschwägerten Personen, wie Schwiegersohn/-tochter, Schwiegereltern und -großeltern, die Ehefrau zum nichtehelichen Kind des Ehemannes (denn das Kind ist kein Abkömmling der Ehefrau); Stiefmutter; bestimmte Verwandte aus der Seitenlinie wie Onkel/Tante, Neffe/Nichte, Großneffe und Großonkel. Auch die Schwägerin fällt nicht unter § 303 Abs 2[130]. Das Verwandtschaftsverhältnis muss bei Beschwerdeeinlegung bestehen („verwandt *sind*", nicht „waren"), spätestens bei der Beschwerdeentscheidung. **118**

c) **Vertrauensperson des Betroffenen.** Vgl § 274 Abs 4 Nr 1 FamFG. **119**

4. Beteiligtenstellung der privilegierten Personen in erster Instanz. – a) Fallgruppen. Den privilegierten Personen steht das Beschwerderecht nur zu, wenn **120** sie schon im ersten Rechtszug vom Betreuungsgericht beteiligt worden sind (§ 303 Abs 2 FamFG). Eine Beteiligtenstellung kann ihnen aber vom Betreuungsgericht nur in den in § 274 Abs 3 genannten **Fallgruppen** eingeräumt werden, wie die Verweisung in § 274 Abs 4 FamFG zeigt. In den anderen Fallgruppen durften sie nicht beteiligt werden (wenn sie **zu Unrecht beteiligt** wurden erwächst ihnen daraus aber eine Beschwerdeberechtigung aus § 303 Abs 2 FamFG[131], jedoch ist die zulässige Beschwerde dann unbegründet). In

127 Dann nicht mehr, LG München I BtPrax 2000, 135.
128 OLG Karlsruhe FGPrax 2008, 21; BayObLG FamRZ 1998, 1185 Nr 748 = FGPrax 1998, 56; OLG Oldenburg NJW-RR 1997, 451; aA LG Oldenburg FamRZ 1996, 1343.
129 OLG Zweibrücken FGPrax 1999, 182.
130 BayObLG FamRZ 1995, 302 zu § 69 g Abs 1 FGG.
131 *Prütting/Helms/Fröschle* § 303 Rz 22.

diesen anderen Fallgruppen kann sich somit eine Beschwerdeberechtigung allenfalls aus § 59 Abs 1 FamFG ergeben.

121 Aus dem Zusammenhang von § 303 FamFG mit § 274 Abs 4, der auf § 274 Abs 3 FamFG verweist, ergibt sich, dass die privilegierten Personen eine Beschwerdeberechtigung aus § 303 FamFG nur in folgenden Fallgruppen haben können:

- Nr 1. die Bestellung eines Betreuers oder die Anordnung eines Einwilligungsvorbehalts,
- Nr 2. Umfang, Inhalt oder Bestand von Entscheidungen der vorgenannten Art.

Insoweit wird auf die Kommentierung bei § 274 Rz 11 ff verwiesen.

122 In den Fallgruppen des § 274 Abs 3 FamFG kommt es darauf an, ob der Angehörige vom Betreuungsgericht „beteiligt" wurde. Dass jemand vom Gericht vom Außenstehenden zum Beteiligten „erhoben" wurde, erkennt er daran, dass er vom Gericht von der Einleitung des Verfahrens benachrichtigt wird (§ 7 Abs 4 FamFG), etwa indem ihm eine Kopie des Antrags zugeleitet wurde (§ 23 Abs 2 FamFG), oder ihm sonstige Schriftstücke zum Verfahren zugesandt werden oder er zu einem Termin als Beteiligter (und nicht nur als Zeuge) geladen wird. Ein **förmlicher Beschluss** des Betreuungsgerichts („X wird am Verfahren ... beteiligt") ist bedauerlicherweise nicht vorgeschrieben[132], so dass es für den Angehörigen manchmal nicht erkennbar sein wird, ob er lediglich vom Gericht im Rahmen einer Freibeweiserhebung um Auskünfte gebeten wird (vgl § 7 Abs 6 FamFG) oder zum Beteiligten erhoben wurde. Ob eine Beteiligung in erster Instanz vorliegt oder nicht ist dann vom Beschwerdegericht als **Vorfrage** der Zulässigkeitsprüfung zu entscheiden.

123 Wer vom Verfahren irgendwie Kenntnis hat, kann sich beim Gericht melden und seine **Zuziehung beantragen.** Das Gericht entscheidet durch Beschluss, wenn es einem Antrag auf Hinzuziehung gemäß § 7 Abs 2 oder 3 nicht entspricht (§ 7 Abs 5 Satz 1 FamFG), den Antrag also ablehnt; der Beschluss muss eine Rechtsmittelbelehrung enthalten (§ 39 FamFG). Der Beschluss ist mit der sofortigen Beschwerde in entsprechender Anwendung der §§ 567 bis 572 ZPO anfechtbar (§ 7 Abs 5 Satz 1 FamFG), also nur mit Zweiwochenfrist. Die Beteiligtenstellung muss also, wenn sie vom Amtsgericht nicht freiwillig eingeräumt wird, auch deswegen erkämpft werden, weil sonst das Beschwerderecht verloren geht.

124 Wer gegen einen Beschluss, der seinen Beteiligungsantrag ablehnt, **keine Beschwerde eingelegt,** kann nur noch in seltenen Fällen mit befristeter Beschwerde gegen die Endentscheidung vorgehen (§§ 58 ff FamFG). Denn jetzt kann er seine Beschwerdeberechtigung nicht mehr auf § 303 Abs 2 FamFG stützen, nur noch auf § 59 Abs 1 FamFG, was mangels Beeinträchtigung in eigenen Rechten kaum möglich ist.

125 b) **Nachholung der Beteiligung; Nichtbeteiligung in erster Instanz.** Problematisch sind die Fälle, in denen ein Angehöriger sich deshalb in der erster Instanz nicht beteiligen konnte (und auch seine Beteiligung nicht durch sofortige Beschwerde erzwingen konnte), weil ihn das Gericht nicht verständigte (entgegen § 7 Abs 4 FamFG) oder seine **Adresse dem Betreuungsgericht nicht bekannt** war, er also vom Verfahren nichts wusste.

126 Kann in solchen Fällen, wenn der Betroffene sich zB nicht mehr artikulieren konnte, das Beschwerderecht der volljährigen Kinder verloren gehen? Man wird es jedenfalls aus Art 6 GG in Verbindung mit § 59 Abs 1 FamFG herleiten müssen; auch eine Verletzung des

132 BT-Drucks 16/6308 S. 179.

rechtlichen Gehörs (Art 103 GG) kommt in Betracht. Denn es ist nicht sichergestellt, dass ein materiell Berechtigter tatsächlich vom Gericht beteiligt wird. Denn § 7 Abs 4 Satz 1 FamFG sagt ausdrücklich: „Diejenigen, die auf ihren Antrag als Beteiligte zu dem Verfahren hinzuzuziehen sind oder hinzugezogen werden können, sind von der Einleitung des Verfahrens zu benachrichtigen, *soweit sie dem Gericht bekannt sind.*" In § 7 Abs 4 FamFG ist keine Ermittlungspflicht des Gerichts normiert[133]; entgegen § 26 FamFG. Deshalb und weil sich das Gericht durch die Hinzuziehung von Personen die Arbeit erschwert, werden erhebliche Probleme auftauchen. Dass durch die Hinzuziehung eine Verzögerung entsteht, wie die Gesetzesbegründung[134] meint, rechtfertigt keinen Verfassungsverstoß.

Fraglich ist, wann die Beschwerdefrist beginnt, wenn ein Angehöriger nicht beteiligt wurde, eine schriftliche Bekanntgabe des Beschlusses an ihn also fehlte; § 63 Abs 3 Satz 1 FamFG. Nicht genügt als Bekanntgabe, dass der Angehörige von der Betreuung durch Anruf beim Gericht, Information durch Heimleitung, Klinik oder den Betreuer davon erfährt; denn es fehlt jeweils die schriftliche Bekanntgabe *durch das Gericht*[135]. Man wird wohl auf § 63 Abs 3 Satz 2 FamFG analog abstellen müssen und, wenn diese Frist vorbei ist, den Angehörigen in den Fällen des § 59 Abs 1 FamFG auf die Verfassungsbeschwerde verweisen müssen. 127

Eine andere Frage ist, ob ein Angehöriger in einem solchen Fall zusammen mit der befristeten Beschwerde gegen die Endentscheidung, die ja beim Betreuungsgericht einzulegen ist (§ 64 Abs 1 FamFG), den **Antrag auf Beteiligung nachholen kann.** Das wird zu bejahen sein, denn eine Frist für den Antrag ist nicht bestimmt. In der Beschwerde steckt ein Beteiligungsantrag[136]. Das Betreuungsgericht hat daher die Frage, ob der Beschwerde deshalb abzuhelfen ist, weil nun ein Beteiligungsantrag gestellt ist, zu prüfen (§ 68 Abs 1 Satz 1 FamFG). Ein Zwischenverfahren beginnt, in dem eine Entscheidung zu treffen ist[137]. In Frage kommt, dass die Beteiligung nun abgelehnt wird; dann hat der Angehörige die sofortige Beschwerde gegen diesen Beschluss (§ 7 Abs 5 Satz 2 FamFG) und das Verfahren stockt. Wird der Angehörige nun beteiligt, sind bestimmte Verfahrenschritte gegebenenfalls zu wiederholen, etwa die Anhörung des Sachverständigen aufgrund neuer Tatsachen, die Auswahl des Betreuers. Wird nicht abgeholfen und der Beteiligungsantrag zurückgewiesen, ist eine differenzierte Rechtsmittelbelehrung zu erteilen. 128

c) **Beschränkte Beteiligung; Verhältnis einstweilige Anordnung/Hauptsache.** Das Betreuungsgericht konnte seine Zuziehung auch nur auf einen Teil des Verfahrensgegenstandes beschränken. 129

Die einstweilige Anordnung ist nach § 51 Abs 3 Satz 1 FamFG ein selbstständiges Verfahren, auch wenn ein Hauptsache gleichzeitig anhängig ist oder nachfolgt. Da das Beteiligt-worden-sein, also die Erlangung der Beteiligtenstellung, sich auf die Beschwerdebefugnis auswirkt (§ 303 Abs 2 FamFG), sind Fälle denkbar, in denen ein Angehöriger im Verfahren der einstweiligen Anordnung beteiligt wurde, gegen die einstweilige Anordnung aber keine Beschwerde einlegte, in der Hauptsache aber nicht mehr beteiligt wurde und hier Beschwerde einlegen will. Die Beteiligung ist meines Erachtens aber nicht an ein bestimmtes Aktenzeichen gebunden, sondern an den Verfahrensgegenstand, der auch dann einheitlich ist, wenn die eine Zeitspanne unter „einstweilige Anordnung" läuft, die andere unter „Hauptsacheverfahren". Der Laie kann beides nicht auseinander halten und verdient Schutz. 130

---

133 BT-Drucks 16/6308 S. 179.
134 BT-Drucks 16/6308 S. 180; es geht wohl nur um fiskalische Erwägungen (Porto, Personal).
135 *Prütting/Helms/Abramenko* § 63 Rz 7ff.
136 LG Saarbrücken Beschl v 22.2.2010, 5 T 87/10.
137 LG Saarbrücken Beschl v 22.2.2010, 5 T 87/10.

131 d) **Schlüssigkeit.** Der beschwerdeführende Angehörige muss seine Beteiligung in erster Instanz nicht in der Beschwerde schlüssig vortragen[138], weil sie sich ohnehin (genauer) aus der Akte ergibt.

132 e) **Akteneinsicht bei Beschwerde der Angehörigen.** Die Angehörigen des Betreuten, die ihre Beschwerdeberechtigung aus § 303 Abs 2 FamFG herleiten, waren und sind Beteiligte (§ 274 FamFG), weshalb sie Akteneinsicht nehmen können (§ 13 Abs 1 FamFG)[139]; eine Glaubhaftmachung eines berechtigten Interesses erübrigt sich[140]. Der Betreute kann dies nicht verbieten, er konnte nur bei der Frage, ob diese Personen überhaupt beteiligt werden sollten (vgl § 274 FamFG), seine Auffassung vortragen. Allerdings besteht nach § 13 Abs 1 FamFG kein Recht auf Akteneinsicht, wenn schwerwiegende Interessen des Betroffenen entgegen stehen. Die Interessen des Betreuten sind zwar einzubeziehen und abzuwägen, in der Regel aber weniger gewichtig, wenn der Angehörige die Akteneinsicht zur Begründung seiner Beschwerde braucht. Denkbar ist eine Beschränkung der Akteneinsicht, zB unter Ausklammerung des Vermögensverzeichnisses. Wenn das LG im Beschwerdeverfahren die Akteneinsicht versagt, war früher die einfache (Erst-)Beschwerde zum OLG gegeben[141]; jetzt kommt Rechtsbeschwerde in Betracht, jedenfalls gegen die Hauptsacheentscheidung des LG im Beschwerdeverfahren.

133 5. **Angreifbare Entscheidungen. – a) Von Amts wegen ergangene Entscheidung des Betreuungsgerichts.** Nur in dieser Fallgruppe haben diejenigen Personen, welche in erster Instanz zu Beteiligten erklärt wurden, eine Beschwerdebefugnis. Eine Entscheidung ist auch dann von Amts wegen ergangen, wenn sie „beantragt“ wurde, aber auch ohne Antrag angeordnet hätte werden müssen, weil der Antrag nur die Bedeutung einer Anregung hatte; eine Ausnahme bildet nur die Bestellung eines Betreuers auf Antrag des Betroffenen, weil ihm in § 1896 Abs 1 Satz 1 BGB ausdrücklich ein Antragsrecht eingeräumt ist.

134 **Von Amts wegen ergehen: Bestellung eines Betreuers von Amts wegen** (§ 1896 Abs 1 BGB); ebenso eines vorläufigen Betreuers durch einstweilige Anordnung. **Verlängerung der Betreuung** (§ 295 FamFG) von Amts wegen[142] (anders, wenn die Verlängerung auf Antrag des Betreuten erfolgt); übergangene Angehörige können die Verlängerung aber nur unter dem Gesichtspunkt der Aufrechterhaltung der Betreuung gemäß § 303 Abs 2 FamFG angreifen, nicht mit dem Ziel eines Betreuerwechsels, weil ihnen insoweit kein verletztes Recht (§ 59 Abs 1 FamFG) zur Seite steht[143]. Insofern ist die Lage genauso, wie wenn sie eine Entlassung des Betreuers anstreben würden. **Bestellung eines neuen Betreuers** nach § 1908 c BGB (wegen § 296 Abs 2 FamFG; anders wenn der Betroffene mit dem Wechsel einverstanden war). **Bestellung** eines weiteren Betreuers (§ 293 Abs 3 FamFG), zB eines sog Ergänzungsbetreuers[144]; eines Gegenbetreuers[145]. Erweiterung des Aufgabenkreises des Betreuers *von Amts wegen* (§ 293 FamFG). **Ablehnung der Bestellung eines Betreuers,** sei es im Amts- oder im Antragsverfahren (§ 1896 BGB). Aufhebung der Betreuung (§ 294 FamFG).

---

138 AA *Prütting/Helms/Fröschle* § 303 Rz 21.
139 OLG Köln FGPrax 2008, 155; BayObLG BtPrax 1998, 78; FamRZ 1999, 874 Nr 578; OLG Düsseldorf BtPrax 1996, 188.
140 BayObLG FamRZ 1999, 874 Nr 578.
141 KG FGPrax 2006, 159 = Rpfleger 2006, 467.
142 OLG Schleswig FamRZ 1998, 963.
143 BayObLG FamRZ 1998, 1186/7; abweichend OLG Schleswig FamRZ 1998, 963 = FGPrax 1999, 105 = BtPrax 1998, 115.
144 OLG Köln FGPrax 2008, 155; OLG Zweibrücken Rpfleger 1999, 534.
145 Dazu BayObLG FamRZ 1994, 325.

Einschränkung des Aufgabenkreises des Betreuers (§ 294 FamFG). **Entlassung des Betreuers** als Minus gegenüber der Aufhebung der Betreuung[146]; Auswechslung des Betreuers, wenn bei der Auswahl des neuen Betreuers eine Person, die zum Kreis des § 1897 Abs 5 BGB gehört, übergangen wurde[147]. Genehmigung von Rechtsgeschäften des Betreuers. Genehmigung einer Einwilligung des Betreuers. In einigen dieser Fälle (zB Genehmigungen) konnte der Angehörige aber wegen § 274 in erster Instanz **nicht beteiligt** werden, vgl Rz 121; so dass die Beschwerdeberechtigung dann *daran* scheitert.

Anordnung eines **Einwilligungsvorbehalts** (§ 1903 BGB), auch eines vorläufigen Einwilligungsvorbehalts durch einstweilige Anordnung; Erweiterung des Kreises der einwilligungsbedürftigen Aufgaben (§ 293 FamFG); Aufhebung eines Einwilligungsvorbehalts (§ 294 FamFG); Einschränkung des Kreises der einwilligungsbedürftigen Aufgaben (§ 294 FamFG); Ablehnung der Anordnung eines Einwilligungsvorbehalts (§ 1903 BGB). 135

Beschränkung der Beschwerde. Die Beschwerde kann sich (als beschränkte Beschwerde; Teilanfechtung) auch nur gegen die **Auswahl** einer bestimmten Person zum Betreuer richten[148]. Zwar liegt eine Einheitsentscheidung vor; die Person des Betreuers ist aber ein abtrennbarer Teil der Entscheidung; auch praktische Gründe sprechen dafür (die Erfahrung zeigt, dass sich Betroffene oft nicht gegen die Betreuung an sich, sondern nur gegen einen bestimmten Betreuer wenden). Dass der Beschwerdeführer letztlich seine eigene Bestellung zum Betreuer anstrebt, steht der Zulässigkeit nicht entgegen. Zulässig ist die Beschwerde des nahen Angehörigen aber auch dann, wenn er nicht sich, sondern eine andere Person als Betreuer eingesetzt wissen will[149]. Vom LG kann auch eine dort erstmals neu genannte Person zum Betreuer bestellt werden[150], eine Zurückverweisung entfällt. Die Beschwerde gegen die Auswahl, dh gegen die erstmalige Bestellung, ist abzugrenzen vom Entlassungsantrag (§ 1908 b BGB). 136

b) **Weitere Einschränkung.** Aber nicht bei allen von Amts wegen ergangenen Entscheidungen haben die privilegierten Personen eine Beschwerdeberechtigung; diese Entscheidung muss zusätzlich unter § 274 Abs 3 FamFG fallen (vgl oben Rz 121; 134 am Ende). 137

c) **Nicht angreifbar: Entscheidungen auf Antrag des Betroffenen.** Wurde der Betreuer nicht von Amts wegen bestellt, dann kann er nur auf Antrag des Betroffenen bestellt worden sein. In diesem Fall besteht nach dem Wortlaut des § 303 Abs 2 FamFG kein sich aus § 303 ergebendes Beschwerderecht; der Beschwerdeführer ist auf § 59 Abs 1 FamFG angewiesen[151]. § 59 Abs 1 FamFG setzt voraus, dass durch die angegriffene Entscheidung selbst unmittelbar in ein subjektives Recht des Beschwerdeführers eingegriffen wird. Das ist höchst selten der Fall. Hat der Betroffene den Antrag gestellt, dass seine Tochter Betreuerin wird, ist der Sohn nicht beschwerdeberechtigt, weil er trotz § 1897 Abs 5 wegen des Vorschlags kein eigenes Recht auf Bestellung zum Betreuer hat. *Beantragt* 138

146 BayObLG FamRZ 1994, 324.
147 BayObLG FamRZ 1998, 1186/7.
148 BGH FamRZ 1996, 607; OLG München FGPrax 2008, 157; OLG Zweibrücken FGPrax 1997, 104; OLG Zweibrücken FGPrax 1999, 182 zur Auswahl eines Ergänzungsbetreuers; OLG Celle FamRZ 1997, 845; OLG Schleswig FamRZ 1995, 432; BayObLG FamRZ 1996, 507; KG FamRZ 1995, 1442; OLG Düsseldorf FamRZ 1994, 45; OLG Hamm FamRZ 1993, 988; OLG Oldenburg FamRZ 1996, 1343; LG Oldenburg FamRZ 1994, 178; **aA** LG Zweibrücken BtPrax 1992, 75; OLG Oldenburg FamRZ 1995, 432, später aufgegeben.
149 OLG Zweibrücken FamRZ 2000, 302.
150 BayObLG FamRZ 2000, 1458.
151 OLG Düsseldorf FamRZ 1998, 510; FamRZ 1994, 451.

der verwirrte Vater, dass seine Tochter zur Betreuerin bestellt wird, hat der Sohn kein Beschwerderecht[152], da eine Antragsbetreuung vorliegt und die Tochter in keinem eigenen Recht im Sinn von § 59 Abs 1 FamFG verletzt ist.

139 Stellt ein **Geschäftsfähiger** den Betreuungsantrag, ist es sachgerecht, seinem Selbstbestimmungsrecht Rechnung zu tragen und Beschwerden Dritter weitgehend auszuschließen. Nach § 1896 BGB kann aber auch ein Geschäftsunfähiger den Betreuungsantrag stellen. Das hat nur psychologische Bedeutung; denn auch in diesem Fall müssen die Voraussetzungen des § 1896 BGB vorliegen; sie unterliegen nicht der Disposition des Betroffenen oder des Gerichts. Altenheime, Bekannte und sonstige Personen können dem verwirrten Betroffenen einen *Antrag* auf Betreuung zur Unterschrift vorlegen und dann an das Gericht weiterleiten oder der geistesschwache Betroffene stellt selbst einen Antrag, weil er meint, dann Sozialhilfe zu erhalten; dann wäre die Beschwerde zB der volljährigen Kinder ausgeschlossen, obwohl der Betroffene nichts mehr mitbekommen hat und nicht in Ausübung seines Selbstbestimmungsrechts gehandelt hat. Eine derartige Regelung, die das Beschwerderecht von einem Zufall abhängig macht, ist höchst bedenklich[153]. Deshalb sollte man § 303 Abs 2 FamFG seinem Sinn nach dahin auszulegen, dass er bei Bestellung eines Betreuers auf Antrag des Betroffenen nur gilt, wenn der Betroffene **bei Antragstellung jedenfalls den Sinn eines Betreuungsantrags noch ausreichend erfassen konnte**; die Rechtsprechung folgt dem aber nicht[154], sondern lässt jeglichen „Antrag“ genügen.

140 Zweifelhaft ist, ob eine Betreuung auf Antrag des Betroffenen auch dann vorliegt, wenn eine dritte Personen (zB eine Klinik, ein Altenheim) eine Betreuung anregt, er selbst also keinen Antrag im Sinne des Ergreifens der Initiative zum Verfahren stellt, sondern bei der Anhörung durch den Richter **lediglich der Anordnung der Betreuung zustimmt.** Es kommt auf den Einzelfall an, ob die frustrierte Hinnahme einer Initiative gleichzustellen ist; auch ob der Betroffene ausreichend und zutreffend über die Bedeutung einer Betreuung aufgeklärt wurde. Die bisherige Rechtsprechung[155] lässt eine solche Zustimmung aber genügen, weil es praktisch ist. Wegen § 23 FamFG kann aber ein formlos erklärtes Einverständnis nicht mehr ohne weiteres als „Antrag“ gedeutet werden. Doch wird man jedenfalls den Fall, in dem der Betreute einer **Verlängerung der Betreuung** zustimmt, als Antragsfall ansehen können[156], weil der Betroffene hier weiß, worauf er sich einlässt. Da durch vorschnelle Annahme einer Betreuung auf Antrag die Beschwerderechte ausgeschaltet werden, eine solche Betretung aber trotzdem nur angeordnet werden darf, wenn die Voraussetzungen des § 1896 BGB tatsächlich vorliegen, ist jetzt der Betreuungsbehörde in solchen Fällen durch Abs 1 ein Beschwerderecht eingeräumt worden.

141 **6. Ausübung des Beschwerderechts im Interesse des Betroffenen.** Die privilegierten Personen (Ehegatte, Vertrauensperson und Verwandte) können ihr Beschwerderecht nur im Interesse des Betroffenen ausüben, wie sich aus Abs 2 ergibt. Für die Betreuungsbehörde (§ 303 Abs 1), den Verfahrenspfleger (§ 303 Abs 3) und den Betreuer (§ 303 Abs 4) besteht diese Einschränkung nicht. Diese Einschränkung wurde früher bei der Beschwerde in Pflegschaftssachen vertre-

---

152 OLG Düsseldorf FamRZ 1998, 510.

153 Bedenken auch bei MünchKomm-*Schwab* BGB § 1896 Rz 124; Holzhauer/*Reinicke* § 69 g Rz 3.

154 BayObLG FamRZ 1998, 1057: auch ein Geschäftsunfähiger könne den Antrag stellen; ebenso OLG Düsseldorf FGPrax 1998, 53, ohne auf das Problem einzugehen; OLG München FGPrax 2008, 157.

155 OLG Hamm FamRZ 2002, 194; OLG München FGPrax 2008, 157.

156 OLG München FGPrax 2008, 157.

ten[157]. Schon die Zuziehung als Beteiligter ist nach § 274 Abs 4 Nr 1 FamFG nur zulässig im Interesse des Betroffenen. Das wird bei der Beschwerde nochmals verschärft: selbst wenn der Angehörige beteiligt wurde, darf auch die Beschwerde nur im Interesse des Betroffenen eingelegt werden und ist andernfalls unzulässig. Die Gesetzesbegründung meint[158], die Wünsche und Belange des Betroffenen müsste das Gericht hierbei berücksichtigen. Er müsste wohl erst gefragt werden, ob er mit der Beschwerde seiner Angehörigen einverstanden ist; dann könnte er sogar nachträglich der von amts wegen beschlossenen Betreuungsanordnung zustimmen und so der Beschwerde den Boden wegziehen. Unklar ist, wie das Interesse des Betroffenen festzustellen ist, wenn er sich nicht mehr artikulieren kann. Gemeint ist wohl, dass die Beschwerde unzulässig sein soll, wenn der Beschwerdeführer *ausschließlich* eigene Interessen verfolgt. Aber auch die Tochter, die gegen die Anordnung der Betreuung über den Vater Beschwerde einlegt, um notfalls selbst Betreuerin zu werden, handelt nicht *nur* im eigenen Interesse.

Doppelstellung. Es sind Fälle möglich, in denen zB der Sohn des Betroffenen im eigenen Namen und als gesetzlicher Vertreter des minderjährigen Enkels vom Beschwerderecht Gebrauch macht. **142**

V. Beschwerderecht des Verfahrenspflegers, Abs 3

1. Recht aus § 303 Abs 3. Die Bestellung eines Verfahrenspflegers in erster Instanz endet in der Regel erst mit Rechtskraft der Endentscheidung (§ 276 Abs 5 FamFG). Er kann deshalb Beschwerde und (durch einen BGH-Anwalt) Rechtsbeschwerde einlegen und ist auch im Beschwerdeverfahren beteiligt. Wurde er in erster Instanz nicht bestellt, kann er von der Zivilkammer (nicht durch den Vorsitzenden allein [159]) bzw vom Einzelrichter der Zivilkammer bestellt werden. **143**

Abs 3 räumt dem Verfahrenspfleger eine eigene Beschwerdeberechtigung ein (nicht als gesetzlicher Vertreter des Betroffenen, denn das ist er nicht), auch wenn er nicht im Sinne von § 59 Abs 1 FamFG beschwert ist und obwohl er nur eine Art Anwalt des Betroffenen ist. Im Übrigen muss auch er die Beschwerdefrist wahren (sie beginnt mit dem Zugang der Entscheidung an ihn); ein erforderlicher Beschwerdewert muss erreicht sein. Seine Beschwerdeberechtigung wird weder auf die Verfahrensgegenstände des Abs 2 beschränkt noch muss er (so der Gesetzestext) im Interesse des Betroffenen handeln (letzteres ist zweifelhaft). Die angegriffene Entscheidung muss aber den Betroffenen beschweren[160]. Sein Beschwerderecht kann nicht weiter gehen als das des Betroffenen. Gegen die Festsetzung einer Vergütung für den Betreuer aus der Staatskasse kann er sich daher nicht beschweren[161]. § 59 Abs 2 FamFG kann seiner Beschwerde entgegen stehen. Hatte der Betroffene selbst Beschwerde eingelegt kann gegen die Zurückweisung nur der Betroffene, aber nicht der Verfahrenspfleger Rechtsbeschwerde einlegen[162]. **144**

Legt er Beschwerde ein und wird sie zurückgewiesen, dürfen ihm keine Kosten auferlegt werden (§ 276 Abs 7 FamFG). **145**

---

157 Vgl Keidel/*Engelhardt* FGG § 57 Rz 17 zur Pflegschaft; Jansen/*Briesemeister* FGG § 57 Rz 16; KG JFG 15, 125; RG JFG 14, 404; alle zum früheren Recht.
158 BT-Drucks 16/6308 S. 265.
159 BayObLG FamRZ 1993, 1223.
160 *Bassenge/Roth* § 303 Rz 7; *Prütting/Helms/Fröschle* § 303 Rz 32.
161 BayObLG FamRZ 2004, 138; BtPrax 2000, 259.
162 OLG Hamm BtPrax 2006, 190.

146 **2. Recht aus § 59 Abs 1.** Ein **eigenständiges Beschwerderecht** hat der Verfahrenspfleger ferner aus § 59 Abs 1 FamFG, nämlich wenn es um seine **Vergütung** geht (§ 277 FamFG). Dann kann er (im Gegensatz zu Rz 144) auch eine Beschwerdeentscheidung anstreben, die den Betroffenen belastet (weil er zB mit der Verfahrenspflegervergütung belastet wird).

VI. Beschwerderecht des Betreuers, Abs 4

147 Der Betreuer ist im eigenen Namen nicht immer beschwerdeberechtigt, weil die Entscheidung selten in seine *eigene* Rechtssphäre im Sinne von § 58 Abs 1 FamFG eingreift[163]. Abs 4 Satz 1 stellt klar, dass der Betreuer gegen die genannten Entscheidungen im eigenen Namen Beschwerde einlegen kann, wenn er dazu nach § 59 Abs 1 FamFG berechtigt ist und im Namen des Betreuten, wenn dieser – wie stets – berechtigt ist. Er kann auch im eigenen und zugleich im fremden Namen Beschwerde einlegen. In unklaren Fällen sollte durch Rückfrage beim Betreuer geklärt werden, in wessen Namen er die Beschwerde eingelegt hat; im Zweifel ist Einlegung im Namen des Betreuten gewollt[164]. Bei der Entscheidung sind diese Beschwerden getrennt auf Zulässigkeit und Begründetheit zu prüfen, auch wenn über sie gemeinsam in *einem* Beschluss entschieden wird.

148 **1. Beschwerde im eigenen Namen.** Der Betreuer kann gegen eine Entscheidung des Betreuungsgerichts im eigenen Namen Beschwerde einlegen, wenn er durch die Entscheidung in seinen eigenen Rechten beeinträchtigt ist (§ 59 Abs 1 FamFG).

149 **Recht** ist sowohl das materielle Recht wie das Verfahrensrecht, zB die Verletzung des Rechts auf rechtliches Gehör.

150 Das ist zB der Fall in **Vergütungssachen des Betreuers**, wenn die Vergütung zu niedrig festgesetzt wird; wenn keine Berufsmäßigkeit der Betreuertätigkeit festgestellt wird; wenn die Vergütung angewiesen wird anstatt zuvor durch Beschluss festgesetzt zu werden (weil dann kein Schutz gegen Rückzahlungen durch Rechtskraft des Festsetzungsbeschlusses eintritt). Er hat aber kein Recht darauf, überhaupt von einem Betreuungsgericht als Betreuer beschäftigt zu werden[165]; auch nicht, dass ihm weitere Aufgabenkreises übertragen werden[166]. Er hat auch kein eigenes Recht darauf, dass ein Einwilligungsvorbehalt (§ 1903 BGB) angeordnet wird.

151 Berufsbetreuer und ehrenamtliche Betreuer können sich dagegen beschweren, dass sie bestellt wurden. Der Verein, der selbst **als Betreuer bestellt** wird, ist beschwerdeberechtigt; ebenso die Betreuungsbehörde, wenn sie selbst bestellt wird[167].

152 Wird der Betreuer **entlassen**, kann er dagegen im eigenen Namen Beschwerde einlegen (so ausdrücklich im früheren § 69 g Abs 4 Satz 1 Nr 3 FGG); bei einem Vereinsbetreuer hat dieses Recht der Betreuungsverein[168]. Wurde ein Betreuer mit seinem Einverständnis entlassen, ist seine Beschwerde hiergegen unzulässig,

---

163 Vgl BayObLG FamRZ 1994, 1189.
164 Vgl BayObLG FamRZ 1999, 47.
165 Vgl *Zimmermann* ZEV 2007, 313.
166 OLG Köln FamRZ 2009, 1005.
167 LG Cottbus BtPrax 2001, 172.
168 OLG München FGPrax 2006, 264; OLG Hamm NJW-RR 2001, 651.

weil eine Beschwer fehlt[169]; das gilt auch, wenn nach Entlassung eine dem bisherigen Betreuer missliebige Person bestellt wurde: keine Beschwerde des alten Betreuers gegen die Bestellung dieser Person[170]. Wird der Betreuer A vom Gericht entlassen und der Nachfolgebetreuer B bestellt, auf Beschwerde dann die Entlassung des A vom LG aufgehoben, sind bis zur Entlassung des Nachfolgebetreuers B zwei Betreuer nebeneinander im Amt; die Aufhebung der Entlassung des A berührt kein Recht des Nachfolgebetreuers[171]; der B hat keine Rechtsbeschwerde gegen die Aufhebung der Entlassung des A durch das LG[172]. Auch einem Nachfolgebetreuer steht gegen seine eigene Entlassung ein Beschwerderecht zu[173], allerdings immer erfolglos, weil er die Entlassung hinnehmen muss, wenn die Entlassung des ursprünglich bestellten Betreuers aufgehoben wurde. Wurden gesetzwidrig zwei Betreuer als gemeinschaftliche Mitbetreuer bestellt und wird dann einer entlassen, kann er dagegen Beschwerde einlegen[174].

Gegen die Aufhebung der Betreuung kann der Betreuer (bei einem Betreuungsverein auch der Vereinsbetreuer) **keine Beschwerde** einlegen, denn er hat kein eigenes Recht auf Anordnung oder Bestand einer Betreuung[175]; das finanzielle Interesse zählt nicht. Wird eine Vollmacht des Betreuten aufgefunden und daher der bereits bestellte Betreuer entlassen, so kann dieser im eigenen Namen Beschwerde einlegen, wenn zugleich ein Kontrollbetreuer bestellt wird, weil letztlich nur eine Einschränkung des Aufgabenkreises vorliegt und die Betreuung als solche nicht aufgehoben wird[176]. **153**

Die Verweigerung der Genehmigung eines Rechtsgeschäfts durch das Betreuungsgericht kann er nur namens des Betreuten anfechten[177], nicht im eigenen Namen. **154**

2. Beschwerde im Namen des Betreuten. Der Betreuer kann gegen eine Entscheidung, die seinen Aufgabenkreis betrifft, *auch* im Namen des Betroffenen Beschwerde einlegen (Abs 4 Satz 1). **155**

Der Aufgabenkreis wird zB betroffen durch Genehmigungen, die nicht erteilt werden (§§ 1821 ff, 1904, 1905, 1906, 1907 BGB, durch eine Erweiterung oder Beschränkung des Aufgabenkreises, durch Entscheidungen betreffend einen Einwilligungsvorbehalt. **156**

Der Aufgabenkreis wird zB nicht betroffen, wenn die Entlassung eines weiteren Betreuers mit einem anderen Aufgabenkreis abgelehnt wird[178]; wenn beim Aufgabenkreis „Gesundheitssorge/Aufenthaltsbestimmung" eine Vermogensbetreuung abgelehnt wird[179]. **157**

---

169 BayObLG FamRZ 1998, 440.
170 BayObLG FamRZ 1998, 440.
171 BayObLG FamRZ 1996, 58; OLG Stuttgart FamRZ 1996, 420; zweifelhaft wegen der Mithaftung, § 1899.
172 OLG Köln FamRZ 1998, 841.
173 BayObLG FamRZ 1996, 58; aA OLG Düsseldorf FamRZ 1995, 123, wonach eine solche Beschwerde unzulässig sei.
174 OLG München FGPrax 2007, 124.
175 KF FGPrax 2006, 18; OLG Köln NJW-RR 1997, 708; OLG München MDR 2006, 576; OLG München FGPrax 2006, 264 (zu einem Ausnahmefall); OLG Düsseldorf FamRZ 1998, 1244/1245.
176 KG FGPrax 2006, 18.
177 BayObLG BtPrax 1998, 72.
178 OLG Schleswig FGPrax 2005, 214.
179 OLG Schleswig SchlHA 2006, 138; zweifelhaft.

158 Was das „auch“ bedeuten soll ist unklar. Kann der Betreuer gegen eine solche Entscheidung nach seiner Wahl Beschwerde einlegten im eigenen Namen, als gesetzlicher Vertreter des Betroffenen oder in beiderlei Gestalt zugleich einlegen[180]? Für ein solches Wahlrecht gibt es keinen sinnvollen Grund[181]; wann sollte der Betreuer die Wahl so und wann anders ausüben? Meines Erachtens liegt eine missglückte Gesetzesfassung vor, aus der allenfalls folgt, dass § 303 Abs 4 keine eigene Beschwerdeberechtigung begründet, sondern dem Betreuer erlaubt, eine aus § 59 Abs 1 bestehende Beschwerdeberechtigung des Betreuten als gesetzlicher Vertreter des Betreuten auszuüben. Daneben kann auch der Betroffene selbst Beschwerde einlegen, der Betroffene verdrängt also den Betreuer nicht (§§ 53 ZPO, 9 Abs 5 FamFG sind nicht einschlägig). Der eine kann die Beschwerde des anderen nicht zurücknehmen[182]. Aber natürlich kann der Betreuer eine Beschwerde, die *er* als Vertreter des Betreuten eingelegt hat, zurücknehmen. Der Rechtsmittelverzicht des einen tangiert den anderen nicht. Ein Anschluss nach § 66 FamFG ist möglich.

159 Wird zB kein **Einwilligungsvorbehalt** angeordnet, ist der Betreuer in eigenen Rechten nicht verletzt; wohl aber ist der Betreute verletzt, weil ihm der gewünschte staatliche Schutz versagt wird; dieses Beschwerderecht kann der Betreuer ausüben. Im eigenen Namen könnte er keine Beschwerde einlegen, wohl aber als Vertreter des Betroffenen. Wenn die Betreuung aufgehoben wird, hat der Betroffene ein eigenes Beschwerderecht[183]; der Betreuer dagegen nicht, er könnte aber das Recht des Betreuten ausüben; doch steht dem entgegen, dass mit der Aufhebung der Betreuung auch das Amt des Betreuers weggefallen ist, er also nicht mehr befugt ist, im Namen des Betreuten Beschwerde einzulegen.

160 Die Beeinträchtigung des Betreuten kann sich in einigen Fällen zugleich als Verletzung eines Rechts des Betreuers darstellen (etwa wenn er gegen seinen Willen zum Betreuer bestellt wurde, wenn sein Aufgabenkreis erweitert wird, wenn die Betreuung verlängert wird, wenn gegen ihn Aufsichtsmaßnahmen nach § 1837 BGB ergriffen werden[184]; dann kann er sie im eigenen Namen angreifen. Es gibt also Fälle, in denen Voraussetzung ist, dass die Betreuung noch besteht[185]; denn sonst hat der Betreuer keine Vertretungsmacht mehr. Erfasst sind Entscheidungen, die den Aufgabenkreis erweitern[186] oder beschränken, oder eine Genehmigung des Betreuungsgerichts versagen[187]. Die **Erteilung einer Genehmigung** ist nicht anfechtbar, weil der Betreuer davon nicht Gebrauch machen muss.

161 Wird die **Betreuung aufgehoben**, kann der Betreuer dagegen nicht aus §§ 303 Abs 4, 59 Abs 1 FamFG Beschwerde einlegen[188], denn er hat kein eigenes Recht auf Anordnung oder Bestand einer Betreuung.

162 Wird ein **Betreuer entlassen**, wird die Entlassung mit der Bekanntmachung an ihn wirksam (§§ 287 Abs 1, 40 Abs 1 FamFG); die Beschwerde hiergegen hat keine aufschiebende Wirkung; der entlassene Betreuer ist daher nicht mehr

---

180 Dahin tendieren OLG Hamm FGPrax 2000, 228; OLG Schleswig FGPrax 2005, 214; *Bassenbge/Roth* § 303 Rz 8.

181 *Prütting/Helms/Fröschle* § 303 Rz 41.

182 AA *Prütting/Helms/Fröschle* § 303 Rz 40: der Betreuer könne uU die Beschwerde des Betreuten zurücknehmen.

183 BayObLG NJW-RR 2007, 1087.

184 *Prütting/Helms/Fröschle* § 303 Rz 42.

185 BayObLG FamRZ 1994, 1189; 1996, 58; Jansen/*Sonnenfeld* FGG § 69 g Rz 35.

186 BayObLG FamRZ 1998, 452.

187 BayObLG BtPrax 1998, 72.

188 OLG Köln FamRZ 1997, 1293; OLG Düsseldorf BtPrax 1998, 80; OLG München BtPrax 2006, 33.

befugt, im Namen des Betreuten Beschwerde gegen die Entlassung (oder in sonstigen Angelegenheiten des Betreuten) einzulegen[189]. Bei Teilentlassung[190] kommt es darauf an: wer in der Vermögenssorge entlassen wurde, in der Personensorge nicht, kann in Personensorgeangelegenheiten weiterhin Beschwerde einlegen. Wenn der Betreuer die Beiordnung eines Verhinderungsbetreuers beantragt (§ 1899 Abs 4 BGB) und dies vom Betreuungsgericht abgelehnt wird, hat der Betreuer hiergegen keine Beschwerdebefugnis, weil er sich durch Untervollmachten helfen kann[191].

3. Beschwerderecht bei mehreren Betreuern, Abs 4 Satz 2. Mehrere Betreuer können auf verschiedene Weise bestellt werden: **163**

aa) Nach § 1899 Abs 1 Satz 2 BGB: Dabei hat jeder Betreuer andere Aufgabenkreise, **getrennte Mitbetreuung**. Hier führen die mehreren Betreuer ihr Amt nicht gemeinschaftlich, jeder Betreuer kann Beschwerde im Namen des Betroffenen nur gegen eine Entscheidung einlegen, die seinen Aufgabenkreis betrifft. Die Bestellung eines Ergänzungsbetreuers schränkt das Beschwerderecht nicht ein[192]. Beantragt ein Betreuer eine Erweiterung seines Aufgabenkreises und wird dies abgelehnt, hat er kein Beschwerderecht[193]. **164**

bb) Nach § 1899 Abs 3 BGB: Für denselben Aufgabenkreis sind mehrere Betreuer bestellt (**gemeinsame Mitbetreuung**). Dies ist der Anwendungsfall des Abs 4 Satz 2. Jeder kann im Namen des Betroffenen Beschwerde einlegen, die Mehreren müssen also nicht gemeinsam handeln. Der eine kann auch nicht die Beschwerde des anderen zurücknehmen[194]. **165**

cc) Nach § 1899 Abs 4 BGB: Hier darf der zweite Betreuer nur tätig werden, wenn der Hauptbetreuer verhindert ist. Mangels gemeinsamer Amtsführung ist dies kein Fall des § 303 FamFG. **166**

VII. Beschwerderecht des Vorsorgebevollmächtigten, Abs 4

Bestellt das Gericht einen Betreuer, obwohl ein Bevollmächtigter für den entsprechenden Aufgabenkreis vorhanden war, dann hatte unter Geltung des FGG der Bevollmächtigte nach hM[195] angeblich kein Beschwerderecht, weil er nicht in seinem „Recht" verletzt sei; diese Auffassung hat das FamFG aufgegeben (§ 303 Abs 4 FamFG). Die Regelungen über die Beschwerdebefugnis des Betreuers gelten nun auch für den Vorsorgebevollmächtigten. Das passt aber nicht lückenlos, weil ein Betreuter seinen gesetzlichen Vertreter (Betreuer) nicht einfach abstreifen kann, ein geschäftsfähiger Vollmachtgeber seinen rechtsgeschäftlichen Vertreter aber durchaus. **167**

1. Eigenes Beschwerderecht des Bevollmächtigten. Umfasste die Vollmacht ausdrücklich das Recht, als rechtsgeschäftlicher Vertreter des Betroffenen Beschwerde einzulegen, war die Beschwerde schon unter Geltung des FGG zulässig[196]. **168**

189 BayObLG FamRZ 1996, 58; OLG Köln FamRZ 1997, 1293; OLG Düsseldorf FamRZ 1998, 1244; *Prütting/Helms/Fröschle* § 303 Rz 37; Jansen/*Sonnenfeld* FGG § 69 g Rz 36.
190 Dazu BayObLG BtPrax 2004, 35.
191 LG Hamburg FamRZ 1999, 797.
192 BayObLG FamRZ 1999, 47 = BtPrax 1998, 72.
193 OLG Köln FamRZ 2009, 1005.
194 Jansen/*Sonnenfeld* FGG § 69 g Rz 38.
195 BayObLG FamRZ 1996, 968; FGPrax 2003, 171; OLG Stuttgart FGPrax 1995, 87; OLG München FamRZ 2006, 729; aA OLG Zweibrücken FGPrax 2002, 260.
196 KG BtPrax 2006, 39; BayObLG FGPrax 2003, 171.

Fraglich war nur, was gilt, wenn die Vollmacht dieses Recht nicht ausdrücklich einräumt, also dazu schwieg. In der Literatur wurde teils mittels Auslegung geholfen[197],etwa bei einer Vollmacht, die mit dem Ziel der Vermeidung einer Betreuung erteilt wurde[198]; das hatte sich aber nicht durchgesetzt.

169 Die herrschende Auffassung[199] meinte unter Geltung des FGG, der Bevollmächtigte habe kein eigenes Beschwerderecht gegen die Bestellung eines Betreuers für seinen Vollmachtgeber; er könne nur im Namen des Betroffenen als dessen Vertreter Rechtsmittel gegen die Bestellung und Auswahl des Betreuers einlegen, nicht im eigenen Namen. Denn die Betreuung verletze kein „Recht" des Bevollmächtigten, er könne aufgrund der Vollmacht ja weiter tätig werden. Aus § 59 Abs 1 FamFG ergebe sich keine Beschwerderecht, weil der Bevollmächtigte durch die Anordnung der Betreuung nicht in eigenen Rechten betroffen ist (!); die Erteilung einer Vollmacht durch eine andere Person begründe kein subjektives Recht auf Beibehaltung dieser Vollmacht, da die Vollmacht jederzeit widerrufen werden kann. Die Erteilung der Vollmacht liege grundsätzlich nicht im Interesse des Bevollmächtigten, sondern im Interesse des Vollmachtgebers.

170 Dieser (schon damals unzutreffenden) Deutung kann man sich nicht mehr anschließen, sonst hätte die Einfügung des Abs 4 keinen Sinn gehabt. Zu Abs 4 werden unterschiedliche Meinungen vertreten: so[200], Abs 4 sei nur eine Auslegungsregel; wenn die Vollmacht dies nicht ausdrücklich ausschließe könne der Bevollmächtigte *als Vertreter* Beschwerde einlegen. Andere[201] nehmen eine unwiderlegbar vermutete rechtsgeschäftliche Bevollmächtigung an.

171 Richtig ist meines Erachtens, ein eigenes Beschwerderecht des Bevollmächtigten anzunehmen[202]: das war der Sinn der Reform. Er ist nicht nur Vertreter des Beteiligten, er ist auch selbst Beteiligter. Das Recht hat er aus § 59 Abs 1 FamFG; der Vollmachtgeber hat es ihm in der Vollmacht verliehen. In subjektive Rechte des Bevollmächtigten aus dem der Vollmacht zugrunde liegenden Rechtsverhältnis wird eingegriffen, wenn ein Betreuer bestellt wird etc, obwohl die Vollmacht nicht wirksam widerrufen worden ist. Im Übrigen schreibt § 274 Abs 1 Nr 3 FamFG zwingend vor, dass der Vorsorgebevollmächtigte, wenn sein „Aufgabenkreis" (dh Vollmachtsumfang) betroffen ist, zwingend Beteiligter ist. Da dem Verfahrenspfleger als Beteiligtem in § 303 Abs 3 ein eigenes Beschwerderecht zugebilligt wird, ist es nahe liegend, dem in Abs 4 genannten Bevollmächtigten ebenfalls ein eigenes Beschwerderecht zu geben. Der Bevollmächtigte kann entweder als Vertreter des Vollmachtgebers handeln oder als in eigenen Rechten Verletzter; das ergibt das Wort „auch". Billigt man dem Bevollmächtigten ein eigenes Beschwerderecht zu, dann kann er es auch dann ausüben, wenn der Bevollmächtigte vom Gericht zu einem Rechtsmittelverzicht veranlasst wurde[203]; es kann nicht sein, dass der vom Betroffenen eingesetzte Bevollmächtigte eine schwächere Stellung hat als ein vom Gericht eingesetzter Verfahrenspfleger; will der Betroffene keine Beschwerde kann er ja die Vollmacht widerrufen oder seinen Bevollmächtigten im Innenverhältnis zur Rücknahme der Beschwerde anweisen, vorausgesetzt er ist noch geschäftsfähig.

172 **2. Allgemeiner Betreuer/Kontrollbetreuer.** Es macht für die Beschwerdeberechtigung keinen Unterschied, ob ein allgemeiner Betreuer oder ein bloßer Kontrollbetreuer bestellt wurde. Zwar kann der Kontrollbetreuer die Vollmacht bestehen

---

197 *Rieger* in FS Dieter Schwab, 2005, S. 1058.

198 BayObLG FamRZ 2003, 1219.

199 BayObLG FamRZ 2003, 1219; BayObLG FamRZ 2001, 453; 1996, 968; OLG Stuttgart FamRZ 1995, 437.

200 *Prütting/Helms/Fröschle* § 303 Rz 49.

201 Keidel/*Budde* § 303 Rz 8.

202 OLG Zweibrücken FamRZ 2003, 703; Rieger in FS Schwab, 2005, S. 1043/1055 (jeweils zum FGG); *Bork/Jacoby/Schwab/Heiderhoff* § 303 Rz 16; *Bassenge/Roth* § 303 Rz 8.

203 AA *Prütting/Helms/Fröschle* § 303 Rz 52.

lassen und sich auf die Überprüfung des Bevollmächtigten beschränken, während der allgemeine Betreuer in der Regel die Vollmacht (zumindest teilweise) wird widerrufen müssen, um ohne mögliche Beeinträchtigung durch den Bevollmächtigten handeln zu können. Das allein hat aber keine Auswirkungen auf die Beschwerdeberechtigung.

3. **Der Betreuer hat die Vollmacht bereits widerrufen.** Man könnte sagen, der Bevollmächtigte habe jedenfalls dann keine Beschwerdeberechtigung mehr, wenn die Vollmacht vom gerichtlich bestellten Betreuer (bzw Kontrollbetreuer) widerrufen sei[204]. Da aber Fälle denkbar sind, in denen der Widerruf unwirksam ist (zB wenn der Gesundheitsbetreuer eine Bankvollmacht widerruft), ist die Beschwerde gerade dafür gedacht, dies nachzuprüfen[205]. In diesen Fällen kann der Bevollmächtigte im Übrigen im Zivilprozess gegen den Betreuten, vertreten durch den Betreuer, vorgehen und auf Feststellung klagen, dass seine Vollmacht fortbesteht (§ 256 ZPO). Im Übrigen wäre es ohnehin **verfassungsrechtlich problematisch**[206], wenn der Betreuer sofort nach Wirksamwerden der Betreuerbestellung die zur Beschwerde berechtigende Vollmacht widerrufen würde und so (zwecks Absicherung seiner eigenen Stellung) das Rechtsmittel unzulässig machen könnte. Hier wird ein effektiver Rechtsschutz unmöglich gemacht; nicht einmal der Betroffene könnte Beschwerde einlegen. Ein solcher Widerruf ist als unwirksam einzustufen[207], die Beschwerde bleibt zulässig, es ist keine Erledigung der Hauptsache eingetreten. Wird auf die Beschwerde die Bestellung des Betreuers (bzw Kontrollbetreuers) aufgehoben, muss sinngemäß (entgegen § 47 FamFG) auch der Widerruf der Vollmacht wegfallen; denn sonst wäre wieder das absurde Ergebnis erreicht, dass der Betreute/Vollmachtgeber nun (wenn er geschäftsunfähig ist und also keine neue Vollmacht erteilen kann) doch ohne Bevollmächtigten dastünde, es also wiederum zur Betreuung käme. 173

4. **Aufgabenkreises „Vollmachtswiderruf" für den Betreuer.** Gibt man dem Bevollmächtigten keine Beschwerdeberechtigung, dann kann er seine Beschwerde auch nicht auf die Zuweisung des Aufgabenkreises „Vollmachtswiderruf" beschränken, um wenigstens den Widerruf zu verhindern. 174

5. **Auswahl einer bestimmten Person.** Hat jemand ein Beschwerderecht, kann er die Beschwerde beschränken auf die Auswahl einer bestimmten Person zum Kontrollbetreuer oder Vollbetreuer[208]. 175

6. **Mehrere Vorsorgebevollmächtigte.** Hier kann jeder unabhängig vom anderen Beschwerde einlegen, Abs 4 Satz 2. Ist allerdings in der Vollmacht festgelegt, dass die mehreren auch im Falle einer Beschwerde nur gemeinschaftlich handeln dürfen, geht das vor. 176

§ 304 Beschwerde der Staatskasse

(1) [1]Das Recht der Beschwerde steht dem Vertreter der Staatskasse zu, soweit die Interessen der Staatskasse durch den Beschluss betroffen sind. [2]Hat der Vertreter der Staatskasse geltend gemacht, der Betreuer habe eine Abrechnung falsch erteilt oder der Betreute könne anstelle eines nach § 1897 Abs. 6 des Bürgerlichen Gesetzbuchs bestellten Betreuers durch eine oder mehrere andere geeignete Personen außerhalb einer Berufsausübung betreut werden,

---

204 So zB OLG Frankfurt BtPrax 2009, 194; KG BtPrax 2009, 127.
205 Ebenso *Rieger* in FS Schwab, 2005, S. 1043/1057 (es liege eine doppelrelevante Tatsache vor).
206 BVerfG FamRZ 2008, 2260 (verkannt vom OLG Stuttgart).
207 *Prütting/Helms/Fröschle* § 303 Rz 56.
208 BGH FamRZ 1996, 307.

steht ihm gegen einen die Entlassung des Betreuers ablehnenden Beschluss die Beschwerde zu.

(2) Die Frist zur Einlegung der Beschwerde durch den Vertreter der Staatskasse beträgt drei Monate und beginnt mit der formlosen Mitteilung (§ 15 Abs. 3) an ihn.

---

§ 303 FamFG entspricht teils dem früheren § 69 g Abs 1 Satz 2 FGG. Durch das 2. BtÄndG 2005 war das Beschwerderecht der Staatskasse in Abs 1 Satz 2 (Abrechnungsbetrug) erweitert worden.

1 **1. Beschwerdeberechtigung der Staatskasse, Abs 1.** In Betreuungssachen ist die einfache Beschwerde durch das FamFG abgeschafft worden; statthaft ist nur noch die sofortige bzw die befristete Beschwerde (vgl § 303 Rz 1). Eine Beschwerde setzt voraus, dass der Beschwerdeführer durch den angefochtenen Beschluss in seinen Rechten beeinträchtigt ist (§ 59 Abs 1 FamFG) oder ein Fall des § 303 vorliegt. § 304 erweitert das und regelt drei verschiedene Fälle. Die Beeinträchtigung in *eigenen Rechten,* welche an sich § 59 Abs 1 FamFG voraussetzt, mag bei der Staatskasse (vertreten durch den Bezirksrevisor) manchmal zweifelhaft sein. Deshalb wurde § 304 eingefügt.

2 **a) Generalklausel, Abs 1 Satz 1.** § 304 bringt in seiner Neufassung eine Generalklausel, die sich an die Formulierung in § 274 Abs 4 Nr 2 FamFG (betreffend die Kann-Beteiligung der Staatskasse) anlehnt: eine Beschwerdeberechtigung besteht, wenn die Interessen der Staatskasse durch den Beschluss betroffen sind; in dieser Exorbitanz war das bisher nicht im FGG enthalten. Die Gesetzesbegründung schweigt dazu[1]; dass nur eine sprachliche, aber keine inhaltliche Änderung beabsichtigt gewesen sei, bezieht sich nur auf Satz 2. Das Verhältnis von Satz 1 zu Satz 2 ist unklar[2], Satz 2 wird teils als obsolet angesehen[3]; denn S. 1 deckt sowieso die Fälle des Satz 2 teilweise ab. Vermutlich hängt dies mit der Gesetzesentwicklung zusammen; denn Abs 1 Satz 1 wurde erst im RegE vorgeschlagen, der RefE enthielt nur Abs 1 Satz 2.

3 Die **viel zu weite Fassung des Abs 1 Satz 1** muss sinnvoll eingegrenzt werden. Denn andernfalls könnte die Staatskasse fast immer Beschwerde einlegen. Teils[4] wird gesagt, es genüge nicht, dass eine Entscheidung Auswirkungen auf die Staatskasse hat. Andere[5]meinen, die Beschwerdebefugnis müsse auf diejenigen Fälle beschränkt werden, die in ihren Kompetenzbereich gehören. Wieder andere[6] beschränken die Beschwerdebefugnis auf Vergütungs- und Aufwendungsersatzansprüche des Berufsbetreuers. Die allgemeine Belastung der Staatskasse durch Gebäudeunterhalt, Gehälter des Personals etc genügt nicht.

4 **aa) Keine Beschwerdeberechtigung** besteht deshalb trotz Satz 1 zum Beispiel:

5 (1) gegen eine Betreuerbestellung für eine mittellose Personen (etwa mit der Begründung, diese Person sei nicht psychisch krank), obwohl die Staatskasse die Betreuervergütung bezahlen muss;

---

1 BT-Drucks 16/6308 S. 272.
2 Dazu *Bork/Jacoby/Schwab/Heiderhoff* § 304 Rz 3.
3 Keidel/*Budde* § 304 Rz 1.
4 *Prütting/Helms/Fröschle* § 304 Rz 13.
5 *Bork/Jacoby/Schwab/Heiderhoff* § 304 Rz 4.
6 MünchKomm FamFG*Schmidt-Recla* § 304 Rz 2.

(2) gegen die Bestellung eines Berufsbetreuers, soweit nicht die Fallgruppe Abs 1 Satz 2 einschlägig ist[7]; es muss also der Entlassungsablehnungsbeschluss abgewartet werden; nach aA[8] kann jede Bestellung eines Berufsbetreuers ohne Einschränkung mit der Begründung angefochten werden, es könne und müsse ein ehrenamtlicher Betreuer bestellt werden; 6

(3) gegen die Erweiterung des Aufgabenkreises[9] (sie ist wegen der Pauschalvergütung vergütungsmäßig irrelevant, §§ 4, 5 VBVG, gibt also der Staatskasse keinesfalls ein Beschwerderecht); 7

(4) gegen die Genehmigung ärztlicher Eingriffe, obwohl sie bei einer fehlenden Krankenversicherung des Betreuten von der Sozialhilfe zu zahlen sind; 8

(5) gegen die Genehmigung einer Unterbringung, obwohl dadurch für die Staatskasse Kosten entstehen; 9

(6) gegen die Genehmigung sonstiger Geschäfte, falls der Staatskasse dadurch Steuern und sonstige Vorteile entgegen; 10

(7) gegen die Feststellung der „Berufsmäßigkeit" (§ 1836 Abs 1 Satz 2 BGB; § 1 VBVG) hat die Staatskasse kein Beschwerderecht[10], auch nicht aus § 58 Abs 1 FamFG, obwohl die Feststellung für die Staatskasse wegen § 1 Abs 2 Satz 2 VBVG eine Zahlungspflicht begründet, weil der Umkehrschluss aus Satz 2 zeigt, dass die Auswahlfrage ureigen dem Richter zugewiesen ist; vermutlich wurde aber Satz 1 deshalb umfassender formuliert, um auch diesen Fall für die Staatskasse beschwerdefähig zu machen; 11

(8) gegen die Bestellung eines berufsmäßigen Verfahrenspflegers (§ 276 Abs 6 FamFG), also auch nicht gegen die Feststellung, dass bei ihm Anwaltstätigkeit in Frage komme, er also nach dem RVG (mit § 1835 Abs 3 BGB) abrechnen könne. 12

bb) Beschwerdeberechtigung besteht zB gegen Beschlüsse, die 13

(1) die Betreuervergütung zu Lasten der Staatskasse (also nur beim mittellosen Betreuten) betreffen; so kann er geltend machen, der Betroffene sei in einem Heim (weil dann die Vergütung des Betreuers geringer ist, §§ 4, 5 VBVG); 14

(2) Beschlüsse, die die Vergütung von Verfahrenspflegern betreffen, zB Pauschalierungsbeschlüsse; 15

(3) die Einordnung des Berufsbetreuers in eine höhere Vergütungsstufe (§ 4 VBVG), etwa mit der Behauptung, ein ehemaliger Major habe keine akademische Ausbildung; 16

(4) unzulässige Bestellung mehrerer Berufsbetreuer unter Verstoß gegen § 1899 Abs 1 Satz 3 BGB; 17

---

7 OLG Schleswig FGPrax 1999, 110; *Bassenge/Roth* § 304 Rz 3; *Horndasch/Viefhues/Beermann* § 304 Rz 5.
8 Keidel/*Budde* § 304 Rz 1.
9 *Bassenge/Roth* § 304 Rz 3.
10 OLG Hamm FamRZ 2001, 1842 = FGPrax 2001, 18; BayObLG FamRZ 2001, 1484; *Bassenge/Roth* § 304 Rz 3; aA *Prütting/Helms/Fröschle* § 304 Rz 15; aA bezüglich des Verfahrenspflegers OLG Köln FamRZ 2001, 1643.

18 (5) Vergütungsentscheidungen betreffend den Regress gegen den Betreuten oder seine Erben;

19 (6) Beschlüsse über den Geschäftswert;

20 (7) Kostenentscheidungen nach § 81 FamFG zu Lasten der Staatskasse;

21 (8) Kostenauferlegungen auf die Staatskasse nach § 307 FamFG;

22 (9) Beschlüsse im Kostenfestsetzungsverfahren, soweit die Staatskasse betroffen ist.

23 **b) Billigere Betreuer, Abs 1 Satz 2.** Die Staatskasse (Bezirksrevisor) kann Beschwerde einlegen, wenn ihre Anregung, einen Berufsbetreuer durch einen (billigeren) ehrenamtlichen Betreuer auszuwechseln (was § 1897 Abs 6 BGB anstrebt), vom Betreuungsgericht abgelehnt wird. Zulässigkeitsvoraussetzung ist, dass der Bezirksrevisor Namen geeigneter Personen nennt[11]. Die bloße Nichteinleitung eines Entlassungsverfahrens trotz Anregung der Staatskasse, also das Nichtstun, ist nicht beschwerdefähig[12]. Gegen die erstmalige Bestellung eines Berufsbetreuers (anstelle eines Ehrenamtlichen) hat die Staatskasse kein Beschwerderecht[13]; die Ablehnung des Auswechslungsantrags muss erst abgewartet werden.

24 **c) Abrechnungsbetrug, Abs 1 Satz 2.** Wenn die Staatskasse meint, der Betreuer habe eine Abrechnung falsch erteilt, also zuviel verlangt, deshalb die Entlassung (§ 1908 b Abs 1 Satz 2 BGB) anregt, dann kann die Staatskasse gegen die Ablehnung der Entlassung Beschwerde einlegen. Sinngemäß kann das nur gelten, wenn es um eine Vergütungs- oder Auslagenerstattungsabrechnung geht[14] (also nicht um die Rechnungslegung nach §§ 1840, 1841 BGB) und nur wenn die Staatskasse zahlungspflichtig ist[15], also bei Mittellosigkeit des Betreuten; ferner nur, wenn der Betreuer zuviel abrechnen, nicht zu wenig (denn da schädigt er die Staatskasse nicht). Die Vorschrift hat keine praktische Bedeutung; zwar genügt bedingter Vorsatz, doch wird in 99,9 % der Betreuungen nach Pauschalen abgerechnet (§§ 4, 5 VBVG), so dass die betrugsgefährdete Stundenabrechnung (bei der erfundene Stunden und Fahrtkilometer in Rechnung gestellt werden) nur noch in Sonderfällen (§ 6, 3 VBVG) relevant ist. Bemerkenswert ist, dass § 69 g Abs 1 Satz 2 FGG noch eine „vorsätzlich" falsche Erteilung vorsah, das Wort „vorsätzlich" ist jetzt gestrichen worden. Wenn aber ein Betreuer aus Rechtsirrtum oder versehentlich falsch abrechnet, rechtfertigt dies keine Entlassung, so dass eine Beschwerde unbegründet wäre.

25 **2. Prüfungsumfang des Beschwerdegerichts.** Ist die Beschwerde zulässig, prüft das Landgericht lediglich den vom Bezirksrevisor vorgetragenen Beschwerdegrund, also nicht, ob die Beschwerde vielleicht aus einem anderen Grund begründet ist[16]. Denn für andere Beschwerdegründe fehlt eine Erstentscheidung des Amtsgerichts; das Beschwerdegericht darf seine Entscheidung nicht auf Verfahrensgegenstände ausdehnen, die nicht Gegenstand des erstinstanzlichen

---

11 BT-Drucks 13/7158 S. 57: „... es bedarf eines konkreten Vorschlags"; LG Saarbrücken BtPrax 2001, 88; *Knittel* § 69 g Rz 8 a; Jansen/*Sonnenfeld* § 69 g Rz 33.

12 AA *Prütting/Helms/Fröschle* § 304 Rz 9, der hier § 304 bejaht. Zur Untätigkeitsbeschwerde vgl Keidel/*Meyer-Holz* Rz 65 vor § 58.

13 OLG Schleswig-Holstein FGPrax 1999, 110 = FamRZ 2000, 1444; *Prütting/Helms/Fröschle* § 304 Rz 11; aA *Bassenge/Herbst/Roth* § 69 g Rz 8.

14 *Knittel* § 69 g Rz 8 b.

15 BT-Drucks 15/2494 S. 30; Jansen/*Sonnenfeld* § 69 g Rz 32.

16 AA *Prütting/Helms/Fröschle* § 304 Rz 8.

Verfahrens waren[17]. Auch hätten die Einschränkungen in Abs 1 sonst keinen Sinn: die Staatskasse könnte zB Abrechnungsbetrag behaupten, so zu einer zulässigen Beschwerde kommen und ein Ergebnis (zB Entlassung des Betreuers, weil er sich nicht um den Betreuten kümmert) erzielen, obwohl der behauptete Abrechnungsbetrug nach dem Ergebnis der Ermittlungen des Beschwerdegerichts nicht vorlag.

3. Beschwerdefrist der Staatskasse, Abs 2. Während bei gewöhnlichen Beschwerdeführern die Beschwerdefrist ein Monat beträgt (§ 63 Abs 1 FamFG), im Falle des § 63 Abs 2 FamFG sogar nur zwei Wochen, hat der Gesetzgeber in seinen eigenen Sachen die Beschwerdefrist großzügig auf **drei Monate** verlängert (§ 304 Abs 2 FamFG); das entspricht dem Gedanken in § 127 Abs 3 ZPO. 26

Auch **beginnt die Frist** nicht wie nach § 63 Abs 3 FamFG mit der schriftlichen Bekanntgabe des Beschlusses an den Bezirksrevisor, sondern mit der formlosen Mitteilung (Abs 2) an ihn; dadurch soll wohl erreicht werden, dass beschwerdefähige Beschlüsse nicht zugestellt werden *müssen*, obwohl das § 41 Abs 1 Satz 2 FamFG nicht unbedingt verlangen würde, weil ein „erklärter" Wille der Staatskasse fehlt. Ist die Staatskasse nicht beteiligt worden, wird ihr der Beschluss im Regelfall nicht mitgeteilt. Erfolgt die Mitteilung, etwa durch Aktenzuleitung zur Kenntnisnahme, soll die Frist mit der „tatsächlichen Kenntnisnahme von der Entscheidung" beginnen[18], was sich aber aus dem Gesetzestext nicht ergibt[19]und auch nicht zutreffend ist. Die Frist beginnt also mit Eingang des Schriftstücks oder der Betreuungsakte bei der Staatskasse, gleichgültig, wann der Bezirksrevisor den Beschluss zur Kenntnis nimmt bzw ihn liest. Unklar ist, wie dieses Datum feststellbar sein soll, wenn vom Bezirksrevisor kein Eingangsstempel angebracht wird[20]. 27

Auf diese Weise kann der Bezirksrevisor die Beschwerdefrist für sich fast beliebig verlängern. Das soll ermöglichen, dass die „bisherige Praxis" beibehalten werde und in regelmäßigen Abständen Revisionen vorgenommen werden können[21]. Mit anderen Worten: der Staatskasse wird zwar nichts mitgeteilt; sie kann aber noch nach Jahren die Akten zu sich holen und frei wählen, wann sie die Frist beginnen lässt. Das ist ein unzulässiges Vorgehen; auch eine Privatperson kann nicht argumentieren, sie habe zwar einen Beschluss des Gerichts erhalten, aber nicht gelesen, weshalb keine Frist laufe. Zweckmäßig wird es daher sein, hausintern zuzustellen, wenn der Schutz des Betroffenen verlangt, dass in absehbarer Zeit Rechtskraft eintritt. Wenn ein Rechtskraftzeugnis erforderlich ist (§ 46 FamFG) ist ohnehin eine Zustellung an die Staatskasse notwendig[22] . 28

Ist die Staatskasse am Verfahren nach § 274 Abs 4 Nr 2 FamFG beteiligt worden, ist ihr die Entscheidung bekannt zu geben (§ 41 Abs 1 FamFG); spätestens damit läuft die Frist. 29

Legt der Bezirksrevisor Beschwerde ein kann sich ein anderer Beschwerdeberechtigter anschließen (§ 66 FamFG), selbst wenn für ihn die Frist verstrichen ist. 30

Aber selbst nach dem Ablauf von drei Monate tritt – entgegen der Gesetzesbegründung – keine Rechtskraft ein, wenn vom Rechtspfleger kein Beschluss 31

17 BayObLG NJW-RR 1994, 1032; OLG Bamberg FamRZ 1980, 620; Keidel/*Sternal* § 68 Rz 88.
18 BT-Drucks 16/6308 S. 272.
19 *Prütting/Helms/Fröschle* § 303 Rz 18.
20 Vgl Keidel/*Budde* § 304 Rz 2.
21 So BT-Drucks 16/6308 S. 272.
22 Keidel/*Budde* § 304 Rz 2.

über die Betreuervergütung erlassen wurde, sondern bei Zahlungspflicht der Staatskasse der Betrag einfach ohne Beschluss durch die Geschäftsstelle angewiesen wird, was früher nach § 56 g FGG und jetzt nach § 168 Abs 1 Satz 4 FamFG erlaubt ist.

32 Die dreimonatige Beschwerdefrist gilt auch dann, wenn eine **einstweilige Anordnung** zugrunde liegt[23].

33 **4. Sonstige Regelungen betreffend die Staatskasse.** Auch für die Staatskasse gilt der Beschwerdewert von 600, 01 Euro bzw das Erfordernis der Zulassung der Beschwerde (§ 61 FamFG). Die Rechtsbeschwerde zum BGH ist nur nach Zulassung durch das LG statthaft, weil Vergütungssachen nicht unter das Privileg des § 70 Abs 3 FamFG fallen. Vor dem BGH kann sich die Staatskasse durch eigene Beschäftigte mit Befähigung zum Richteramt vertreten lassen (§ 10 Abs 4 FamFG), wozu der Bezirksrevisor in der Regel nicht zählt[24].

§ 305 Beschwerde des Untergebrachten

Ist der Betroffene untergebracht, kann er Beschwerde auch bei dem Amtsgericht einlegen, in dessen Bezirk er untergebracht ist.

Die Vorschrift entspricht dem früheren § 69 g Abs 3 FamFG, dieser § 64 h Abs 2 aF FGG, § 7 Abs 4 FEVG.

1 **1. Allgemeines.** Der Betroffene kann die **befristete Beschwerde** nach §§ 58 ff FamFG nur bei dem Gericht einlegen, dessen Beschluss angefochten wird (§ 64 Abs 1 FamFG), also beim Betreuungsgericht (AG), nicht beim LG. In einigen Fällen ist eine **sofortige Beschwerde** nach den Regeln von §§ 567 bis 572 ZPO statthaft; sie kann beim Betreuungsgericht (AG) oder beim Beschwerdegericht (LG) eingelegt werden (§ 569 Abs 1 Satz 1 ZPO). Eine einfache (unbefristete) Beschwerde gibt es im Bereich des FamFG nicht mehr.

2 Der Betroffene kann somit seine befristete Beschwerde schriftlich einreichen. Er kann aber auch zum zuständigen Amtsgericht gehen und dort seine Beschwerde zu Niederschrift der Geschäftsstelle des Betreuungsgerichts abgeben, das die angefochtene Entscheidung erlassen hat (§§ 25 Abs 1, 64 Abs 2 FamFG). In den Fällen der sofortigen Beschwerde (erkennbar zumindest aus der Rechtsmittelbelehrung, § 39 FamFG) kann der Betroffene seine Beschwerde beim zuständigen AG oder LG protokollieren lassen.

3 Beschwerden kann der Betroffene im Übrigen bei der Geschäftsstelle jeden deutschen Amtsgerichts protokollieren lassen (§ 10 Abs 2 FamFG), doch wahrt dies ggf die Frist nicht (§ 10 Abs 3 Satz 2 FamFG), weil es darauf ankommt, wann die Beschwerde (die im gewöhnlichen Postweg weitergeleitet wird, also nicht irgendwie beschleunigt) schließlich beim zuständigen Amtsgericht eingeht.

4 **2. Beschwerden des Untergebrachten.** Wenn der Betroffene freiheitsentziehend (im Sinne von § 312 oder § 284 FamFG; nicht § 63 StGB[1]; nicht bei U-Haft, Strafhaft[2], § 415 FamFG) untergebracht ist, kann *er* nach § 305 FamFG frist-

23 *Prütting/Helms/Fröschle* § 304 Rz 19.
24 BGH XII ZB 46/10 v 17.2.2010.
1 BGH NJW 1965, 1182; Jansen/*Sonnenfeld* FGG § 69 g Rz 39.
2 Keidel/*Budde* § 303 Rz 2; Jansen/*Sonnenfeld* FGG § 69 g Rz 39; *Knittel* § 69 g Rz 13; aA *Bassenge/Roth* § 305 Rz 1; *Prütting/Helms/Fröschle* § 305 Rz 5. Aber ein Häftling ist schon nach dem allgemeinen Sprachgebrauch nicht „untergebracht".

wahrend die befristete oder sofortige Beschwerde beim zuständigen Gericht, aber auch bei dem Amtsgericht des Unterbringungsbezirks (nicht aber bei dem diesem übergeordneten LG[3]) einlegen. Für den Verfahrenspfleger des Untergebrachten gilt dieses Privileg nicht[4], auch nicht für den Rechtsanwalt oder sonstigen Bevollmächtigten des Untergebrachten[5], den Betreuer oder die Betreuungsbehörde oder sonstige beschwerdeberechtigte Beteiligte. Denn der Rechtsanwalt etc befindet sich nicht in Freiheitsentziehung, ist nicht an der Beschwerde behindert. § 305 FamFG gilt für Beschwerden gegen Entscheidungen jeder Art in Betreuungssachen nach §§ 270 ff FamFG, nicht nur für solche, die mit der Freiheitsentziehung zusammenhängen. Auf § 305 FamFG muss in der Rechtsmittelbelehrung hingewiesen werden.

In Unterbringungssachen findet sich eine entsprechende Regelung in § 336 FamFG. Die Vorschrift bezweckt eine erleichterte Rechtsverfolgung[6]. Das Gesetz stellt dem Betroffenen deshalb eine weitere Eingangstelle zur Verfügung, die für ihn leichter erreichbar ist. Das gilt sowohl für die Einlegung in schriftlicher Form wie für die Einlegung zu Protokoll der Geschäftsstelle. Demzufolge kann der Untergebrachte verlangen, dass er Ausgang erhält oder zur Geschäftsstelle ausgeführt wird oder dass er vom Rechtspfleger aufgesucht wird, weil er ja wegen der Freiheitsentziehung selbst nicht zum Amtsgericht gehen kann und bei Schreibungewandtheit nicht auf schriftliche Beschwerde verwiesen werden darf; Kosten dürfen dem Betroffenen hierfür nicht auferlegt werden. Praktischer ist es freilich, wenn eine sachkundige Person die Beschwerde schriftlich formuliert, vom Betroffenen unterschreiben lässt und mit Fax an das zuständige Amtsgericht sendet. 5

Die **Rechtsbeschwerde** gegen den Beschwerdebeschluss des LG kann nur beim BGH eingelegt werden (§ 71 Abs Satz 1 FamFG) und nur durch einen beim BGH zugelassenen Anwalt (§ 10 Abs 4 FamFG). Hier ist § 305 FamFG gegenstandslos[7]. Den Antrag auf Verfahrenskostenhilfe für eine Rechtsbeschwerde kann der Betroffene nur beim BGH stellen; dazu braucht er keinen Anwalt. 6

§ 306 Aufhebung des Einwilligungsvorbehalts

Wird ein Beschluss, durch den ein Einwilligungsvorbehalt angeordnet worden ist, als ungerechtfertigt aufgehoben, bleibt die Wirksamkeit der von oder gegenüber dem Betroffenen vorgenommenen Rechtsgeschäfte unberührt.

Dem § 306 FamFG entspricht der frühere § 69h FGG.

1. Einordnung der Vorschrift. § 306 FamFG ist eine materiell-rechtliche Bestimmung; sie knüpft an § 115 aF BGB, § 32 FGG und § 61 aF FGG an, die ua die Rechtsfolgen der Aufhebung einer Entmündigung regelten. Die alten Grundsätze wurden übernommen, jedoch etwas vereinfacht. Einen ähnlichen Gedanken enthält § 47 FamFG, der aber die Aufhebung der Betreuerbestellung betrifft. 1

2. Anwendungsbereich. Ein vom Gericht im Rahmen einer Betreuung angeordneter Einwilligungsvorbehalt hat zur Folge, dass die Willenserklärungen des Betreuten zu ihrer Wirksamkeit der Einwilligung des Betreuers bedürfen (§ 1903 2

---

3 BayObLG bei *Goerke* Rpfleger 1981, 281.
4 BayObLGZ 1971, 325.
5 AA Keidel/*Budde* § 305 Rz 2; *Bassenge/Roth* § 305 Rz 1.
6 BT-Drucks 11/4528 S. 179.
7 Keidel/*Budde* § 305 Rz 2.

BGB). § 306 FamFG gilt sowohl für den vorläufigen wie auch für den endgültigen Einwilligungsvorbehalt. Er wird jeweils durch Beschluss angeordnet; eine falsche Überschrift (zB Verfügung, Anordnung) ist aber unschädlich. Voraussetzung der Anwendung ist rückwirkende Aufhebung[1]:

- durch Abhilfe, wenn Beschwerde eingelegt wurde (§ 68 Abs 1 FamFG);
- durch eine Beschwerdeentscheidung (§§ 69, 74 FamFG);
- in einem Wideraufnahmeverfahren, § 48 Abs 2 FamFG;
- durch Beschluss nach § 54 Abs 1 Satz 1 FamFG, wenn die ursprüngliche Anordnung durch einstweilige Anordnung (§§ 300, 301) erfolgte.

3 Die **erste Instanz** kann im Rahmen von § 48 Abs 1 FamFG zwar selbst einen Einwilligungsvorbehalt aufheben, aber nur, wenn sich die Lage *nachträglich* geändert hat, was gerade für § 306 FamFG nicht einschlägig ist. In den Fällen des § 306 ist in den Regelfällen anscheinend zwingend notwendig eine Beschwerde[2]; die Aufhebung kann (sieht man von Abhilfe ab) nur durch ein Rechtsmittelgericht (LG als Beschwerdegericht oder BGH[3]) erfolgen. Das kann nicht richtig sein: ist zB der Einwilligungsvorbehalt aufgrund eines Irrtums (falsches Gutachten eingeordnet, Personenverwechslung) angeordnet worden, kann der Beschluss nach § 42 Abs 1 FamFG vom Betreuungsgericht auch von Amts wegen und ohne Einlegung einer Beschwerde aufgehoben werden. Erfolgte die Anordnung durch einstweilige Anordnung und tritt diese durch Wirksamwerden einer anderen Hauptsachenentscheidung, die nun keinen oder einen eingeschränkten Einwilligungsvorbehalt enthält, außer Kraft (§ 56 FamFG), dann tritt die Wirkung des § 306 FamFG, jedenfalls analog angewandt, ebenfalls ein, falls der Einwilligungsvorbehalt von Anfang an nicht hätte angeordnet werden dürfen[4]. Der Tenor muss in allen Fällen nicht die Worte „ als ungerechtfertigt“ enthalten, des kann sich auch aus den Gründen ergeben[5].

4 **Aufhebung „als ungerechtfertigt“** heißt: die Aufhebung muss erfolgen, weil die Voraussetzungen der Anordnung (§ 1903 BGB) materiell bei Erlass, also von Anfang an, nicht vorlagen. Der völligen Aufhebung der Anordnung des Einwilligungsvorbehalts steht gleich die Beschränkung des Kreises der einwilligungsbedürftigen Willenserklärungen, weil sie einer Teilaufhebung entspricht[6].

5 **Aufhebung der Betreuung**, an die ein Einwilligungsvorbehalt angehängt war, falls rückwirkend: der Einwilligungsvorbehalt entfällt wegen seiner Akzessorietät automatisch, er muss nicht besonders aufgehoben werden; die Folge des § 306 tritt ein[7]. Die Geschäfte des Betreuers bleiben jedoch wirksam (§ 47 FamFG).

6 **Nicht unter § 306 FamFG fällt** die Aufhebung wegen nachträglicher Besserung des Zustandes (§ 1908 d Abs 4, 1 BGB; mit §§ 1903 Abs 4, 1901 Abs 5, denn hier erfolgt keine Aufhebung des Ursprungsbeschlusses „als ungerechtfertigt“; die Aufhebung wegen Verfahrensfehlern[8]; ferner, wenn die Anordnung unwirksam war, zB weil sie vom Rechtspfleger statt vom Richter erlassen war (§ 8 Abs 4 RPflG), oder der Kreis der betroffenen Willenserklärungen (§ 1903 BGB) nicht angegeben war. Erfolgte die Anordnung durch einstweilige Anordnung

---

1 Keidel/*Budde* § 306 Rz 2; *Prütting/Helms/Fröschle* § 306 Rz 4.
2 Keidel/*Budde* § 306 Rz 2.
3 Zur Aufhebung durch das Rechtsbeschwerdegericht vgl BayObLG FamRZ 1999, 1692.
4 *Prütting/Helms/Fröschle* § 306 Rz 6.
5 *Prütting/Helms/Fröschle* § 306 Rz 8 (aus den „tragenden“ Gründen).
6 *Prütting/Helms/Fröschle* § 306 Rz 2; *Bassenge/Roth* § 306 Rz 1.
7 BayObLG FamRZ 2004, 1814; *Prütting/Helms/Fröschle* § 306 Rz 7.
8 Keidel/*Budde* § 306 Rz 2; Jansen/*Sonnenfeld* FGG § 69 h Rz 6; differenzierend *Prütting/Helms/Fröschle* § 306 Rz 10.

und tritt diese durch Zeitablauf außer Kraft (§ 303 FamFG) ist § 306 nicht einschlägig.

3. **Wird der Einwilligungsvorbehalt rückwirkend aufgehoben,** steht fest, dass die vom Betroffenen abgeschlossenen Rechtsgeschäfte nicht mangels Genehmigung des Betreuers unwirksam waren (§§ 1903, 107, 108 BGB), sondern (bei Geschäftsfähigkeit; §§ 105, 105 a BGB; § 131 BGB) wirksam waren. Andererseits sind auch die Rechtsgeschäfte des Betreuers wirksam (§ 306 FamFG) und verpflichten den Betreuten. 7

Wegen dieser Auswirkung ist die Beschwerde gegen einen vorläufigen (also befristeten) Einwilligungsvorbehalt nicht mit Ablauf der Frist gegenstandslos bzw in der Hauptsache erledigt[9]. Die Verlängerung bewirkt nicht die Hauptsacheerledigung bezüglich des ursprünglich angeordneten Einwilligungsvorbehalts[10]. Erledigt sich die Anordnung eines vorläufigen Einwilligungsvorbehalts, kann dessen Rechtmäßigkeit bei der wegen § 306 FamFG weiterhin erforderlichen Prüfung nur bejaht werden, wenn auch die Bestellung eines vorläufigen Betreuers rechtmäßig war[11]. Der Tod des Betreuten bewirkt nicht die Hauptsacheerledigung bezüglich eines mit sofortiger Beschwerde angegriffenen Einwilligungsvorbehalts[12]. 8

Widersprüchliche Geschäfte. Widersprechen sich beide, hat nicht etwa das Betreuergeschäft Vorrang. Bei Verfügungen (wie Eigentumsübertragung, Abtretung, Kündigung) hat die frühere Verfügung Vorrang[13]. Bei Verpflichtungsgeschäften wird dies so behandelt, als ob eine Person widersprechende Verpflichtungen eingeht, zB dieselbe Sache zweimal verkauft[14]: die eine Verpflichtung wird erfüllt, die andere wird über Schadensersatz abgewickelt. Muss der Betroffene demnach Schadensersatz leisten, fragt sich, ob er diesen Schaden ersetzt bekommt. Soweit eine Amtspflichtverletzung vorliegt, **haftet der Staat** nach § 839 Abs 1 und 3 BGB; die Entscheidung in Betreuungssachen hat Fürsorgecharakter, weshalb sie kein Urteil iSd § 839 Abs 2 BGB ist[15]. Freilich hat die beim LG einzureichende Staatshaftungsklage in der Praxis wegen der zahlreichen Hindernisse in § 839 kaum Erfolg[16]. 9

Den **Interessen des Rechtsverkehrs** an Klarheit über die Wirksamkeit von Rechtsgeschäften wird nach Meinung des Gesetzgebers dadurch Rechnung getragen, dass gegen die Anordnung eines Einwilligungsvorbehalts nur die befristete Beschwerde gegeben ist (§§ 58 ff FamFG) und das Betreuungsgericht die Anordnung nicht selbst als von Anfang an ungerechtfertigt aufheben darf (vgl § 48 FamFG). Ab formeller Rechtskraft könnten also die Beteiligten sicher sein[17]. 10

---

9 BayObLG BtPrax 1997, 198; FamRZ 1999, 1692; OLG Hamm FamRZ 1993, 722.
10 BayObLG FamRZ 1999, 249.
11 BayObLG FamRZ 2004, 1814; OLG Hamm FamRZ 1993, 722.
12 BayObLG FamRZ 2000, 1328.
13 MünchKomm-*Schwab* § 1902 Rz 21; *Bassenge/Roth* § 306 Rz 2; hM.
14 MünchKomm-*Schwab* § 1902 Rz 22; *Bassenge/Roth* § 306 Rz 2.
15 Vgl BGH NJW 1956, 1716; andererseits hatte BGH 46, 106 für Entscheidungen, die die Entmündigung wegen Geistesschwäche aussprachen, den Urteilscharakter bejaht.
16 Zur Staatshaftung in solchen Fällen vgl *Zimmermann*, BtPrax 2008, 185.
17 BT-Drucks 11/4528 S. 179.

§ 307 Kosten in Betreuungssachen

In Betreuungssachen kann das Gericht die Auslagen des Betroffenen, soweit sie zur zweckentsprechenden Rechtsverfolgung notwendig waren, ganz oder teilweise der Staatskasse auferlegen, wenn eine Betreuungsmaßnahme nach den §§ 1896 bis 1908 i des Bürgerlichen Gesetzbuchs abgelehnt, als ungerechtfertigt aufgehoben, eingeschränkt oder das Verfahren ohne Entscheidung über eine solche Maßnahme beendet wird.

Dem § 307 FamFG entspricht der frühere § 13 a Abs 2 FGG.

Übersicht

Rz

I. Kosten im Allgemeinen

1. Anfallende Kosten in Betreuungssachen. – a) Gerichtliche Gebühren. Die Anordnung der **Betreuung** als solche löst keine „Beschlussgebühr“ aus; in Betreuungssachen werden vermögensbezogene Jahresgebühren nach § 92 KostO erhoben. Die Jahresgebühr fällt auch dann in voller Höhe an, wenn die Betreuung nur einen Tag dauert, weil der Betroffene noch am selben Tag stirbt. Die Jahresgebühren sind vom Betroffenen zu tragen (§ 2 Nr 2 KostO), falls sie nicht vom Gericht durch Beschluss (§ 81 Abs 1 FamFG) einem anderen auferlegt wurden; meist werden keine Gebühren erhoben, weil die Freibeträge des § 92 KostO eingreifen. 1

Wird ein Verfahren durchgeführt, aber **keine Betreuung** angeordnet, werden dem „Betroffenen“ keine Gerichtsgebühren auferlegt; ihm dürfen dann auch keine Auslagen (zB für das Sachverständigengutachtern) auferlegt werden (§ 96 KostO). 2

Für **einstweilige Anordnungen** werden keine Gerichtsgebühren erhoben (§ 91 Satz 2 KostO); das betrifft zB die Entlassung eines Betreuers durch einstweilige Anordnung. Wird dagegen eine Betreuung durch einstweilige Anordnung beschlossen ist das gerichtsgebührenmäßig nicht billiger wie wenn sie „endgültig“ beschlossen worden wäre; es fallen die Jahresgebühren des § 92 KostO an; vgl § 92 Abs 4 KostO. 3

In **Unterbringungssachen** werden keine Gerichtsgebühren erhoben (§ 128 b KostO). 4

b) Gerichtliche Auslagen. Das sind insbesondere Kosten der Sachverständigen, Zeugen, Reisekosten des Richters: für sie gilt dieselbe Regelung wie bei den Gebühren. In bestimmten Fällen (§ 96 KostO) werden keine Auslagen erhoben. In Unterbringungssachen werden gerichtlichen Auslagen nur in Sonderfällen erhoben (§ 128 b KostO); vgl § 337. Was die Gerichtskasse an den **Verfahrenspfleger** zahlte, wird aber in beiden Fällen vom Betreuten erhoben, falls er als „vermögend“ einzustufen ist (§ 93 a Abs 2, § 128 b Satz 2, § 137 Abs 1 Nr 16 KostO). Für die Beitreibung der Gebühren und Auslagen ist die JustizbeitreibungsO v 11.3.1937 maßgebend. 5

c) Außergerichtliche Auslagen des Betroffenen. Dies sind zunächst seine Anwaltskosten[1], ferner zB eigene Fahrtkosten, Verdienstausfall während der Anwaltsinformation. Die Anwaltsgebühren richten sich nach RVG VV 2300 ff, 6

1 Geschäftswert eines Beschwerdeverfahrens betreffend Vermögenssorge, Aufenthaltsbestimmung, Gesundheitsfürsorge: ca. 1/10 des Vermögens des Betroffenen, BayObLG BtPax 1993, 29.

3100 ff. Der Betroffene schuldet sie seinem Anwalt aus dem zu Grunde liegenden Vertragsverhältnis; vgl § 275 Rz 6.

7 **d) Betreuervergütung.** Ihre Höhe richtet sich bei Berufsbetreuern nach § 1836 BGB (bei ehrenamtlichen Betreuern nach §§ 1835 a, 1836 Abs 2 BGB) iVm dem VBVG; zahlungspflichtig ist die Staatskasse, bei „vermögenden" Betreuten der Betreute selbst. Sie können einem anderen Beteiligten nicht durch Gerichtsbeschluss im Rahmen der freiwilligen Gerichtsbarkeit auferlegt werden, allenfalls als Schadensersatz (etwa aus § 826 BGB) durch ein Urteil des Zivilgerichts; auch der Staat kann im Rahmen von § 839 BGB schadensersatzpflichtig sein.

7a **2. Überblick.**

	Betreuungsmaßnahme wird angeordnet	Betreuungsmaßnahme wird abgelehnt, oder als *damals* ungerechtfertigt aufgehoben bzw eingeschränkt, oder Verfahren endet ohne Entscheidung
Gerichtskosten bei Betreuungsmaßnahme	Gerichtskosten zahlt der Betroffene, soweit vermögend, §§ 2, 92 KostO	Gerichtskosten fallen nicht (mehr) an, §§ 2, 92 Abs 1, 96 KostO
eigene Auslagen des Betroffenen	trägt der Betroffene selbst	trägt der Betr. selbst; oder sie werden der Staatskasse auferlegt, § 307 FamFG; oder sie werden (nebst evtl. Gerichtskosten) einem veranlassenden Dritten auferlegt, § 81 Abs 4 FamFG; oder einem anderen Beteiligten, § 81 Abs 2 Nr 1 FamFG
Verfahrenspflegervergütung	zahlt Staatskasse zunächst (§§ 277 Abs 5 Satz 1 FamFG) und stellt sie dem *vermögenden* Betreuten in Rechnung, §§ 128 b, 137 Nr 16 KostO	zahlt Staatskasse zunächst und stellt sie dem *vermögenden* Betreuten in Rechnung, dieser kann eventuell über §§ 307, 81 FamFG Erstattung erlangen
Betreuervergütung	zahlt die Staatskasse bzw der Betreute	zahlt die Staatskasse bzw der Betreute

8 **3. Kostenentscheidungen des Gerichts. – a) Pflicht zur Kostenentscheidung?** Eine allgemeine Verpflichtung des Gerichts, über die Kosten zu entscheiden, besteht nicht (§ 81 Abs 1 Satz 1 FamFG). Die Endentscheidung in der Hauptsache muss deshalb eine Kostenentscheidung nur enthalten, wenn dies gesetzlich vorgeschrieben ist oder wenn es dem Gericht angemessen erscheint oder von einem Beteiligten beantragt wird. Bei **einstweiligen Anordnungen** gelten die allgemeinen Vorschriften (§ 51 Abs 4 FamFG), so dass auch hier grundsätzlich eine Kostenentscheidung zulässig bzw erforderlich ist.

9 Enthält die Entscheidung **keinen Kostenausspruch,** liegt darin in der Regel die stillschweigende Entscheidung, dass keine Kostenerstattung (und auch keine Gerichtsgebührenermäßigung) stattfindet. Dann hat derjenige die Gerichtskos-

ten (Gebühren und Auslagen) zu tragen, der nach der KostO (zB § 2 KostO) Kostenschuldner ist. Die jeweiligen Anwaltskosten hat dann derjenige zu tragen, der einen Anwalt mandatiert hat. Wird eine Betreuung angeordnet enthält daher der Beschluss in der Regel keine Kostenentscheidung.

b) **Zeitpunkt der Kostenentscheidung.** Ergeht eine Entscheidung über die Kosten, hat das Gericht hierüber in der Endentscheidung zu entscheiden (§ 82 FamFG). Eine **Nachholung** der Kostenentscheidung ist zulässig; wäre eine Kostenentscheidung notwendig gewesen, fehlt sie aber, kann der Beschluss auf Antrag um die Kostenentscheidung ergänzt werden (§ 43 Abs 1 FamFG); für den Antrag gilt eine Zweiwochenfrist (§ 43 Abs 2 FamFG). Ein „Übergehen" eines früher gestellten Kostenantrags ist hier nicht erforderlich, wie § 43 FamFG klarstellt. Bei offenbarer Unrichtigkeit kann der Beschluss vom Gericht auch ohne Antrag um die Kostenentscheidung berichtigt werden, § 42 FamFG. 10

c) **Fallgruppen.** Es ist zu unterscheiden: 11

aa) **Kostenentscheidung im Verhältnis zur Staatskasse.** Sie regeln die Verpflichtung des Betroffenen, der Staatskasse die Gerichtskosten (Gebühren und Auslagen) zu zahlen. Ob und in welcher Höhe im Verfahren der freiwilligen Gerichtsbarkeit Gerichtskosten vom Betroffenen zu entrichten sind, regelt die KostO; der Kostenbeamte prüft dies (§ 14 KostO); für eine gerichtliche Kostenentscheidung ist daher in der Regel kein Raum. Jedoch bestimmt **§ 81 Abs 1 Satz 2 FamFG** (im Gegensatz zur früheren Rechtslage), dass das Gericht von der Erhebung „der Kosten" (definiert in § 80 FamFG als Gebühren und Auslagen) ganz oder teilweise absehen kann. Zwar spricht § 81 nur von der „Erhebung der Kosten"; das kann aber nur die Gerichtskosten (Gebühren und Auslagen) betreffen, natürlich nicht die Anwaltskosten. Die Gesetzesbegründung meint: Ein Absehen von Kostenerhebung „wird regelmäßig dann in Betracht kommen, wenn es nach dem Verlauf oder dem Ausgang des Verfahrens unbillig erscheint, die Beteiligten mit den Gerichtskosten des Verfahrens zu belasten"[2]. Bei den gerichtlichen Gebühren ist selten eine Unbilligkeit denkbar; anders ist es bei Auslagen für Zeugen und vor allem für Sachverständige. Denkbar wäre daher eine Entscheidung, dass von der Auferlegung der Sachverständigenentschädigung oder der Verfahrenspflegerkosten auf den Betroffenen abgesehen wird. In Frage kommt daneben ein Ausspruch des Gerichts nach § 16 KostO (Anordnung der Nichterhebung von Gerichtskosten wegen unrichtiger Sachbehandlung). 12

bb) **Kostenentscheidung über Beteiligtenauslagen zu Lasten der Staatskasse.** Diese Fallgruppe regelt § 307 FamFG. Vgl unten Rz 17. 13

cc) **Kostenentscheidung im Verhältnis zwischen den Beteiligten.** Sie regeln, ob ein Beteiligter von einem anderen Beteiligten die Erstattung von Kosten verlangen kann. Dazu bestimmt **§ 81 Abs 1 Satz 1 FamFG**, dass das Gericht die Kosten des Verfahrens (Gerichtskosten; notwendige Aufwendungen der Beteiligten im Sinne von § 80 Satz 1 FamFG, also vor allem die Anwaltskosten eines Beteiligten) nach billigem Ermessen den Beteiligten ganz oder zum Teil auferlegen kann. Vgl unten Rz 43. 14

dd) **Kostenentscheidung zulasten Dritter.** Hiernach könnten Anzeigeerstatter etc mit Kosten belastet werden. Vgl unten Rz 55. 15

2 BT-Drucks 16/6308 S. 215.

16 ee) **Verfahrenspfleger.** Einem Verfahrenspfleger können, da er eine Art amtlich bestellter Anwalt des Betroffenen ist, genauso wenig Kosten auferlegt werden wie dem **Rechtsanwalt** des Betroffenen. Legt der Verfahrenspfleger namens des Betroffenen erfolglos Beschwerde ein, können *ihm* somit keine Kosten auferlegt werden (§ 276 Abs 7 FamFG). Nur der Beteiligte selbst (dh der Betroffene) kann in solchen Fällen kostenpflichtig werden; anders wäre es, wenn eine solche Person als Vertreter ohne Vertretungsmacht handeln würde[3]. Anders ist es auch, wenn der Verfahrenspfleger in eigener Sache tätig wird, zB wegen seiner Vergütung. Dasselbe gilt für den **Betreuer**, weil er nach § 1902 BGB (innerhalb seines Aufgabenkreises aber nur) gesetzlicher Vertreter ist.

II. Kostenpflicht der Staatskasse

17 **1. Gegenstand der Regelung.** Für Betreuungssachen enthält § 307 FamFG zusätzliche Regelungen, die aber § 81 FamFG nicht ausschließen[4]. § 307 FamFG regelt nur die Frage, wann die Auslagen des Betroffenen (nicht: die Auslagen anderer Beteiligter) von der Staatskasse zu erstatten sind. Wann sie von anderen Beteiligten zu erstatten sind, ergibt sich aus § 81 Abs 1 Satz 1 FamFG. Die Erstattungspflicht nicht beteiligter Dritter regelt § 81 Abs 4 FamFG. Unter die Betreuungssachen fällt auch der Einwilligungsvorbehalt[5]. Für Unterbringungssachen gilt § 337 FamFG.

18 **2. Kostentragung der Staatskasse.** Wird ein Betreuungsverfahren eingeleitet, ist der Staat, dh das Land, welches Träger des Amtsgerichts ist, kein Beteiligter im Sinn von § 274 FamFG. Ihm könnten daher keine Kosten auferlegt werden. § 307 FamFG bringt hier eine Rechtsgrundlage für die Erstattungsanordnung. Der Gesetzgeber wollte sich an die früher im Entmündigungsverfahren (§ 658 aF ZPO) geltende Regelung anlehnen und Härten vermeiden[6]. § 307 FamFG beruht letztlich auf den Gedanken von § 91 ZPO und § 467 StPO, die unserem Rechtsempfinden mehr entsprechen als § 81 FamFG: der Staat ist der faktische Gegner des Betroffenen; wenn der Betroffene „obsiegt", muss ihm die Staatskasse daher seine Kosten ersetzen.

19 Die Regelung gilt unabhängig davon, ob das Verfahren auf Antrag des Betroffenen oder von Amts wegen eingeleitet wurde[7].

20 Entscheidet das Beschwerdegericht, ist die Frage der Kostenerstattung für jede Instanz getrennt zu untersuchen und im Tenor zu verbescheiden (Grundsatz der Kostentrennung).

21 **Voraussetzungen der Kostenauferlegung:**

22 a) **Betreuungssache.** Sie ist definiert in § 271 FamFG. Auch einstweilige Anordnungen werden von § 307 erfasst. Unterbringungssachen: § 337.

23 b) **Betreuungsmaßnahme nach §§ 1896–1908i** BGB (also auch die dort genannten Genehmigungen, insbesondere §§ 1904, 1905, 1907 BGB; Einwilligungsvorbehalt, § 1903). Die betreuungsgerichtliche Genehmigung eines Grundstücksverkaufs (§ 1821 BGB) fällt nach der jetzigen Gesetzesfassung

3 OLG Karlsruhe FamRZ 1997, 1547.
4 Vgl BayObLG BtPrax 1999, 151/2 zu § 13a FGG.
5 BayObLG FamRZ 2000, 1523.
6 BT-Drucks 11/4528 S. 213.
7 BT-Drucks 11/4528 S. 181.

ebenfalls unter § 307[8]. Die Bestellung eines Ergänzungsbetreuers, der ja nur ein Mitbetreuer iSv § 1899 BGB ist, gehört zur Fallgruppe[9]. Auch eine Beschwerde, die gegen die Auswahl des Betreuers beschränkt ist, fällt darunter[10]. **Andere Maßnahmen** des Betreuungsgerichts scheiden aus. Für Unterbringungen gilt § 337 FamFG.

c) Bestimmte Art der Verfahrensbeendigung. – aa) Ablehnung. Gemeint ist, dass 24
eine Maßnahme abgelehnt wird, keine Betreuung usw angeordnet wird. Die vorläufige Maßnahme steht insofern der endgültigen gleich. Eine Teilaufhebung kann genügen[11]. Der Grund der Ablehnung (unzulässig, unbegründet) spielt keine Rolle. Wenn der Betroffene die Maßnahmen gegen sich schuldhaft veranlasst hat, fehlt das Rechtsschutzbedürfnis für eine Kostenerstattung (vgl den Rechtsgedanken des § 5 Abs 2 Satz 1 StrEG).

bb) Volle Aufhebung als *von Anfang an*[12] **ungerechtfertigt.** „Ungerechtfertigt" 25
heißt: wenn die Maßnahme schon damals nicht hätte ergehen dürfen[13]. Eine verfahrensfehlerhaft zustande gekommene Bestellung eines vorläufigen Betreuers kann darunter fallen[14]. Ist die Aufhebung erfolgt, hält das OLG München[15] eine zusätzliche Feststellung der Rechtswidrigkeit nicht für statthaft, da ohne Rechtschutzbedürfnis; das ist überholt (vgl § 62 FamFG). Bei Aufhebung wegen später eingetretener Änderungen (etwa weil sich der Gesundheitszustand des Betroffenen mittlerweile gebessert hat) scheidet eine Kostenerstattung nach dieser Vorschrift aus.

cc) Einschränkung. Beispiel: Ein Einwilligungsvorbehalt betreffend Renten- und 26
Vermögensverwaltung wird teilweise (bezüglich der Rentenverwaltung) aufgehoben. Die Abgrenzung der Fälle „aufgehoben" zu den Fällen „eingeschränkt" ist unklar. Eine Einschränkung wird im Beschluss als Teilaufhebung des früheren Beschlusses formuliert; nur bei „aufgehoben" steht in § 307 FamFG der Zusatz „als ungerechtfertigt". Da es sich aber inhaltlich um dasselbe handelt, muss das Gesetz so gelesen werden, als hieße es „... als ungerechtfertigt eingeschränkt". Bei Einschränkung wegen späterer Änderungen scheidet eine Erstattung aus, wenn die Maßnahme ursprünglich gerechtfertigt war. Bei *unwesentlichen* Einschränkungen ist keine Kostenerstattung angebracht; bei *wesentlichen* Einschränkungen eine ganze oder teilweise Kostenerstattung. Im Einzelnen muss bedacht werden, ob der zu weit gezogene Rahmen dem Betroffenen ausscheidbare Kosten verursacht hat; diese sind dann zu erstatten. Die Höhe der Anwaltskosten ist in der Regel unabhängig vom Umfang der Maßnahme.

dd) Verfahrensbeendigung ohne Entscheidung über eine Maßnahme. Darunter 27
fällt zB der Tod des Betroffenen während des Verfahrens, ferner Antragsrücknahme durch den Betroffenen, sonstige Erledigung der Hauptsache. In den Fällen des Todes des Betroffenen entspricht die Anordnung der Kostenerstattung nicht der Billigkeit, wenn die Maßnahme anderenfalls voraussichtlich anzuordnen gewesen wäre.

8 Keidel/*Budde* § 307 Rz 2; *Prütting/Helms/Fröschle* § 307 Rz 3; aA zum FGG OLG Schleswig SchlHA 1994, 206; *Bassenge/Roth* § 307 Rz 1; *Schulte-Bunert/Weinreich/Dodegge* § 307 Rz 5.
9 *Prütting/Helms/Fröschle* § 307 Rz 4; aA OLG Karlsruhe FamRZ 1997, 1547, ohne Berücksichtigung von § 1899 BGB.
10 OLG Düsseldorf FamRZ 2000, 248 = BtPrax 1999, 80.
11 AA *Prütting/Helms/Fröschle* § 307 Rz 10.
12 BT-Drucks 11/4528 S. 95; BayObLG FamRZ 2000, 1523.
13 OLG Karlsruhe FamRZ 1997, 1547/8.
14 OLG Zweibrücken FamRZ 2003, 1126.
15 OLG München FGPrax 2008, 209.

28 d) **Ermessen?** Das Gericht „kann …“, es scheint also ein Ermessen zu haben. Das wird nicht bei allen vier Fallgruppen des § 307 FamFG in gleicher Weise zutreffen. Bei Ablehnung oder Aufhebung der Maßnahme gibt es keine plausiblen Differenzierungen, weshalb dem einen Beteiligten seine Auslagen erstattet werden sollen und dem anderen nicht[16]. In Frage käme allenfalls die Einkommens- und Vermögenslage des Betroffenen.

29 Darauf wird aber in den sonstigen Erstattungsfällen (§ 91 ZPO; § 658 aF ZPO; § 467 StPO; StrEG) nicht abgestellt. § 658 Abs 1 aF ZPO, der als Vorbild der Regelung anzusehen ist, sagte ebenfalls zwingend: „Die Kosten des Verfahrens sind … von der Staatskasse zu tragen“. Zwingende Regelungen in ähnlichen Fallgruppen enthielten § 16 Satz 1 FEVG (seit 1.9.2009 durch das FGG-ReformG aufgehoben) und Art 37 BayUnterbrG. Der Entwurf zu § 69 k FGG-E lautete noch: „Das Gericht hat die Auslagen des Betroffenen nach billigem Ermessen ganz oder teilweise der Staatskasse aufzuerlegen, wenn …“. Die Regelung wurde in § 13 a Abs 2 FGG verschoben, dabei ist an die Stelle des „hat“ ein „kann“ getreten. Aus den Motiven[17] ergibt sich nicht, dass damit eine inhaltliche Änderung gewollt war. Ein Ermessensspielraum besteht also in diesen Fällen nicht.

30 In den Fallgruppen Einschränkung und entscheidungslose Beendigung sind dagegen vielfältige Differenzierungen denkbar, ein Ermessen des Gerichts ist anzuerkennen.

31 e) **Umfang der Erstattung.** Erstattet werden nur die *Auslagen* des Betroffenen, soweit sie zur zweckentsprechenden Rechtsverfolgung notwendig waren. Das sind seine außergerichtlichen Auslagen, insbesondere seine Anwaltskosten[18], Kosten für den Verfahrenspfleger (soweit sie ihm in Rechnung gestellt wurden, § 137 Nr 17 KostO) und die Reisekosten des Betroffenen zu den Gerichtsterminen und zum Sachverständigen[19]; Kosten für eigene Ermittlungen, etwa für ein Privatgutachten[20]. Denn bei Ablehnung einer Betreuung dürfen keine Auslagen erhoben werden (§ 96 KostO), so dass sie zurückzuzahlen sind.

32 Zweifelhaft ist die Frage der **Erstattung der Betreuervergütung.** Wird ein Betreuer bestellt und später die Anordnung der Betreuer als von Anfang an unberechtigt aufgehoben, beseitigt dies nicht den Vergütungsanspruch des seinerzeit wirksam bestellten Betreuers[21]. Ist der Betroffene nicht mittellos, muss er dem Betreuer die Vergütung bezahlen und es fragt sich, ob er Ersatz erlangen kann. Formal gesehen stellt die an den Betreuer bezahlte Vergütung keine Rechtsverfolgungskosten dar, so dass eine Erstattung über § 307 FamFG ausscheidet[22]. Wenn zunächst ein vorläufiger Betreuer bestellt wird, dann aber eine endgültige Betreuung abgelehnt wird, kann daher die Vergütung des vorläufigen Betreuers nicht undifferenziert einfach auf Grund von § 307 FamFG der Staatskasse auferlegt werden[23]. Bei Mittellosen zahlt die Staatskasse ohnehin die Vergütung.

33 Eine Differenzierung (wonach ein Teil der Kosten unter § 307 FamFG fallen könnte) ist nicht mehr möglich, weil Betreuer jetzt (ausgenommen § 6 VBVG) nicht mehr nach tatsächlichem Zeitaufwand, sondern pauschal bezahlt werden

---

16 *Knittel* FGG § 13 a Rz 16; aA *Prütting/Helms/Fröschle* § 307 Rz 13.
17 BT-Drucks 11/6949 S. 32 und 78.
18 HK-BUR-*Hoffmann* § 13 a Rz 43.
19 BT-Drucks 11/4528 S. 181.
20 Im Fall OLG München BtPrax 2009, 239 erstattet.
21 OLG München FGPrax 2008, 209; OLG Naumburg FamRZ 1994, 1335; BayObLG FamRZ 1997, 701 mit Nachw.
22 OLG München FamRZ 2009, 1943; OLG München MDR 2006, 759 = FamRZ 2006, 730 (L).
23 Unrichtig LG Krefeld Rpfleger 1999, 222; dazu *Zimmermann* Rpfleger 1999, 535.

(§§ 4 ff VBVG). Denkbar[24] ist, dass der Betroffene im Wege der Staatshaftung (§ 839 BGB; Art 34 GG) Ersatz seiner bezahlten Betreuervergütung erlangt; die Chancen sind in der Praxis gering, weil § 839 zu hohe Hürden aufbaut.

Das Gesetz spricht nicht von einer Erstattungspflicht bezüglich der *Kosten*, es nennt nur die Auslagen. **Gerichtskosten** (Gebühren und Auslagen), die die Gerichtskasse vom Betroffenen einkassiert hat, zB für Zeugen und Sachverständige, fallen unter seine Auslagen, wenn er diese Kosten bezahlt hat[25]; s oben. Sie sind ggf nach Berichtigung des Kostenansatzes (§ 14 Abs 1 KostO) zurückzuzahlen, falls zu Unrecht erhoben. Fraglich ist, wie die **Jahresgebühren** (§ 92 KostO), die der Betroffene bezahlt hat, zu behandeln sind. Man könnte sie wie die Betreuervergütung behandeln, weil der Betroffene ja schließlich eine (allerdings von ihm unerwünschte) Leistung des Gerichts (zB in Form der Prüfung der Jahresabrechnung des Betreuers) erhalten hat und demgemäß die Erstattung ablehnen[26]. Eine solche Betrachtung würde aber dem Sinn des § 307 FamFG nicht gerecht werden. Während die Betreuervergütung „Fremdkosten" sind, sind die Jahresgebühren Gerichtsgebühren. Zwar handelt es sich nicht um Rechtsverfolgungsauslagen im engeren Sinn, aber faktisch hat das Gericht nach § 92 KostO Beträge kassiert, die ihm nicht zustanden und also zurückzuzahlen sind; vgl § 96 KostO. 34

f) Erstattung ganz oder teilweise. Möglich ist ein Ausspruch, wonach die Kosten des Betroffenen nach Bruchteilen („1/3 der Gerichtskosten und außergerichtlichen Auslagen") zu erstatten sind. Zweckmäßiger aber erscheint eine Differenzierung nach Kostenarten (zB die Anwaltskosten, Fahrtkosten), weil für eine Bruchteilsquote der Gesamtkosten keine eindeutigen Anknüpfungspunkte vorhanden sind; anders ist es im Zivilprozess, wo der Streitwert und die Unterliegensquote Rechengrößen sind. 35

Die Einschränkung „soweit sie zur zweckentsprechenden Rechtsverfolgung notwendig waren" entspricht § 91 Abs 1 Satz 1 ZPO; ihr kann (im Rahmen der Ermessensausübung) schon in der Kostenerstattungsentscheidung Rechnung getragen werden (zB Anordnung, dass nur 2/3 der Anwaltskosten erstattet werden); im Übrigen wirkt sie sich in der Kostengrundentscheidung des Beschlusses grundsätzlich nicht aus; erst im Kostenfestsetzungsverfahren wird diese Einschränkung vom Rechtspfleger beachtet. 36

g) Notwendige Kosten, Anwaltskosten. Die Fassung des Gesetzes entspricht § 91 Abs 1 Satz 1, 2. Halbs ZPO. Auf § 91 Abs 2 ZPO, wonach die gesetzlichen Gebühren und Auslagen eines Rechtsanwalts stets zu erstatten sind, wird dagegen nicht Bezug genommen; daraus ergibt sich, dass die Anwaltskosten nicht *zwingend* erstattungsfähig sind. Die Bedeutung der Sache für den Betroffenen wird aber im Regelfall die **Zuziehung eines Anwalts** notwendig machen[27]. Die aA[28] meint, Anwaltskosten seien nur erstattungsfähig, wenn aus objektiver Sicht mit rechtlichen oder tatsächlichen Schwierigkeiten zu rechnen war oder anhand objektiver Kriterien vorhersehbar war, dass das Betreuungsgericht seiner Amtsermittlungspflicht nicht nachkommt. 37

Wenn das Betreuungsgericht dem Betroffenen, der sich gegen die Anordnung der Betreuung wehren will, einen Rechtsanwalt in **Verfahrenskostenhilfe** beiordnet (§ 76 FamFG), dann erhält der Anwalt seine Vergütung aus der Staatskasse 38

24 OLG München FGPrax 2008, 209.
25 OLG München BtPrax 2009, 239 = FamRZ 2009, 1943.
26 So OLG München BtPrax 2009, 239 = FamRZ 2009, 1943.
27 Keidel/*Budde* § 307 Rz 5; *Schulte-Bunert/Weinreich/Dodegge* § 307 Rz 13.
28 LG Koblenz BtPrax 1998, 156.

(§ 45 RVG). Vom Mandanten darf er nichts verlangen (§ 76 FamFG; § 122 Abs 1 Nr 3 ZPO), so dass eine Entscheidung, wonach eine Erstattung der notwendigen Auslagen (Anwaltskosten) *nicht* stattfinde, falsch wäre und daher in der Regel nicht vom Betreuungsgericht getroffen werden darf[29]. Im Übrigen bleibt es bei dem Grundsatz, dass die Bewilligung von Verfahrenskostenhilfe (wie bei Prozesskostenhilfe im Zivilprozess) keine Auswirkungen auf die Kostenentscheidung hat. Dass dann, wenn der Staatskasse die Anwaltskosten zu erstatten hat, die höheren Wahlanwaltskosten anfallen liegt in der Natur der Sache und rechtfertigt keinen Systemwechsel[30]. Wird im Zivilprozess einem Kläger PKH bewilligt für eine Staatshaftungsklage gegen das Land und siegt er, ist das unzweifelhaft so (vgl § 126 ZPO); warum sollte es bei § 307 anders sein.

39 h) **Nicht notwendige Kosten.** Nicht notwendig ist dagegen idR die Zuziehung *mehrerer* Anwälte; oder ein Anwaltswechsel; oder ein Anwalt zur Überprüfung der Eignung eines Betreuers[31].

40 i) **Formulierung des Tenors.** Es ist unzweckmäßig, wenn das Gericht dahin formuliert, dass der Staatskasse „die Auslagen, soweit sie zur zweckentsprechenden Rechtsverfolgung notwendig waren, auferlegt werden"; denn dann folgt der Streit über die Notwendigkeit vor dem Rechtspfleger im Kostenfestsetzungsverfahren. Das Gericht kann die Notwendigkeit von Anwaltskosten bindend für das Kostenfestsetzungsverfahren vorschreiben[32], wenn es tenoriert: „Die Staatskasse hat die dem Betroffenen entstandenen Anwaltskosten (aus einem Streitwert von …) zu erstatten". **Staatskasse.** Das ist die Landeskasse; im Tenor wird aber „Staatskasse" geschrieben.

41 Die Kostenentscheidung muss nicht zugleich mit der Endentscheidung ergehen, wie § 82 FamFG vorzuschreiben scheint[33]. Wurde sie ersichtlich übersehen, also § 307 offenbar nicht bedacht, obgleich nahe liegend, ist sie vom Gericht nachzuholen (§ 43 Abs 1 „Kostenentscheidung unterblieben"); ein Antrag nach § 43 Abs 2 FamFG ist in solchen Fällen nicht notwendig, weil die Kostenentscheidung nicht nur auf Antrag des Betroffenen ergeht (ob auf einen solchen Ergänzungsantrag in der Rechtsmittelbelehrung hinzuweisen gewesen wäre ist eine andere Frage).

42 **3. Staatshaftung.** In Frage kommt § 839 BGB in Verbindung mit Art 34 GG[34]. Die Staatshaftung ist in einem Prozess vor dem Landgericht geltend zu machen (§§ 23, 71 Abs 2 GVG), nicht vor dem Betreuungsgericht. Der BGH[35] hat entschieden, dass eine einstweilige Anordnung kein „Urteil in einer Rechtssache" im Sinne von § 839 Abs 2 Satz 1 BGB ist; dasselbe wird für die Anordnung einer Betreuung in einem regulären Verfahren gelten. Wegen der richterlichen Unabhängigkeit kann die Entscheidung im Amtshaftungsprozess nicht uneingeschränkt auf ihre sachliche Richtigkeit, sondern nur daraufhin zu überprüfen sein, ob sie vertretbar ist.

---

29 OLG München FamRZ 2006, 1461.
30 AA OLG München FamRZ 2006, 1461; Keidel/*Budde* § 307 Rz 5.
31 LG Koblenz FamRZ 1998, 636.
32 Keidel/*Budde* § 307 Rz 5.
33 So aber *Bassenge/Roth* § 307 Rz 6; *Prütting/Helms/Fröschle* § 307 Rz 15.
34 Dazu *Zimmermann* BtPrax 2008, 185.
35 BGH NJW 2003, 3052.

III. Kostenpflicht anderer Beteiligter (§ 81 Abs 1 Satz 1 FamFG)

1. Allgemeines. Das FamFG weicht vom starren Erfolgsgrundsatz der ZPO (§ 91 ZPO) ab und ermöglicht eine flexible Kostenverteilung (§ 81 FamFG). Ein **Antrag** auf Kostenentscheidung ist nicht erforderlich. **Mehr als eine Person** muss an einer Angelegenheit beteiligt sein, damit eine Kostenerstattungsregelung getroffen werden kann; dies ergibt sich daraus, dass von „den Beteiligten" die Rede ist. § 81 Abs 1 Satz 2 FamFG (Absehen von Kostenerhebung) dagegen ist sowohl bei einem einzigen Beteiligten wie bei mehreren Beteiligten anwendbar. 43

2. Beteiligte. Das Gericht kann die Kosten des Verfahrens (definiert in § 80 FamFG) „den Beteiligten" auferlegen; gemeint ist, dass sie auch einem einzelnen von mehreren Beteiligten oder mehreren Beteiligten auferlegt werden können. Wer Beteiligter ist, ist in § 7 FamFG und § 274 FamFG näher geregelt. § 7 Abs 1 FamFG ist nicht einschlägig, weil Betreuungsverfahren keine Antragsverfahren sind (der **Betroffene** ist schon wegen § 274 Abs 1 Nr 1 FamFG der wichtigste Beteiligte, sowohl als Antragsteller wie sonst). Bei den **Verwandten** und der Vertrauensperson kommt es darauf, ob sie vom Betreuungsgericht zur Beteiligten erhoben wurden (sie sind keine Muss-Beteiligten, denn der Fall des § 7 Abs 2 Nr 1, also eine *unmittelbare* Beeinträchtigung eines Verwandten in eigenen *Rechten*, ist allenfalls beim Ehegatten vorstellbar; vgl Art 6 GG). Werden die Verwandten nur im Zuge der Beweiserhebung (§ 29 FamFG; Freibeweis) befragt, aber nicht zu Beteiligten gemacht, tragen sie also kein Kostenrisiko; die Abgrenzungsschwierigkeit liegt auf der Hand und beruht darauf, dass der Gesetzgeber nur für die Ablehnung der Beteiligtenstellung einen Beschluss vorgesehen hat, nicht für die Einräumung dieser Stellung (vgl § 7 Abs 5 Satz 1 FamFG). 44

Dem *für den Betroffenen* auftretenden Betreuer, Vorsorgebevollmächtigten, Verfahrensbevollmächtigten (Rechtsanwalt) können persönlich keine Kosten auferlegt werden, weil er kein Beteiligter ist. Verfahrenspfleger gelten zwar als Beteiligte (§ 274 Abs 2 FamFG), doch dürfen ihnen persönlich keine Kosten auferlegt werden (§§ 276 Abs 7, 317 Abs 7, 419 Abs 5 Satz 2 FamFG). Dasselbe gilt für den nur im Termin anwesenden Beistand (§ 12 FamFG). Anders ist es, wenn der Vertreter in eigener Sache handelt (zB wegen seiner Vergütung, seiner Entlassung). Persönlicher Kostenschuldner ist aber z.B. der Betreuer in einem seine Entlassung betreffenden Verfahren. 45

Behörden können Beteiligte sein, sie sind beteiligtenfähig (§ 8 Nr 3 FamFG). In Betreuungsverfahren kommt aber nur die Betreuungsbehörde als Beteiligte in Betracht (§ 274 Abs 3 FamFG). Die Betreuungsbehörde ist aber nur Beteiligte, wenn sie die Hinzuziehung beantragte (§ 274 Abs 3 FamFG); sie kann also kostenpflichtig gemacht werden, aber auch erstattungsberechtigt sein. Stellt sie keine Hinzuziehungsantrag ist sie Dritte (§ 81 Abs 4 FamFG; unten Rz 55). 46

Der **„Staatskasse"** können Kosten in Sonderfällen auferlegt werden, wie zB nach § 307 FamFG (Betreuungssachen), § 337 FamFG (Unterbringungssachen), § 168 FamFG (Vergütungsfestsetzungsstreit). Beteiligte im Sinn von § 81 FamFG ist sie, falls sie vom Gericht „beteiligt" (nicht nur um eine Auskunft gebeten) wurde (§ 274 Abs 4 Nr 2 FamFG); dann kann sie auch kostenpflichtig werden, insbesondere wenn sie in Vergütungssachen ohne Erfolg Beschwerde einlegt. 47

Im entgegen gesetzten Sinn beteiligt[36] müssen die Personen bzw Behörden/Stellen sein, also unterschiedliche Entscheidungen anstreben, weil es sonst nicht 48

36 BayObLG NJW-RR 1993, 530; OLG Düsseldorf MittRhNotK 1978, 46.

sinnvoll ist, dass ein Beteiligter einem anderen parallel Beteiligten dessen Kosten erstatten muss. Ist ein Betreuungsverfahren eingeleitet worden und wird die Ehefrau des Betroffenen, der mit der Betreuung einverstanden ist, als Beteiligte hinzugezogen (§ 274 Abs 4 FamFG), können ihr, wenn sie ebenfalls zustimmt, daher keine Kosten auferlegt werden. Wäre der Betroffene mit der Betreuung nicht einverstanden, während seine vom Gericht als Beteiligte hinzugezogene Ehefrau dies dringend wünscht, wäre es anders.

49 3. **Grundsätze der Ermessensausübung.** § 81 Abs 1 Satz 1 stellt für die Frage der Kostenauferlegung auf „billiges Ermessen“ ab. Die Entscheidung nach Billigkeit erfordert eine sorgfältige Abwägung aller Gesichtspunkte und deren Niederlegung in der Begründung des Beschlusses. Auch die wirtschaftlichen und persönlichen Verhältnisse der Beteiligten können eine Rolle spielen.

50 Das **Unterliegen eines Beteiligten** erfordert es zwar nicht unbedingt, seine Verpflichtung zur Erstattung des Kosten des entgegengesetzt Beteiligten anzuordnen; doch wird dies der Regelfall sein. Denn es ist für einen Beteiligten nicht verständlich, dass er „gewonnen“ hat und gleichwohl seine Anwaltskosten selbst zahlen soll. Die Fallgruppe **„Erledigung der Hauptsache“** spielt insofern keine Rolle, als die Anordnung oder Aufhebung der Betreuung nicht der Disposition der Beteiligten unterliegt.

51 4. **Regelbeispiele für Billigkeit der Kostenauferlegung.** In § 81 Abs 2 FamFG sind Fälle zusammengestellt, bei denen es in der Regel billigem Ermessen entspricht, wenn ein bestimmter Beteiligter alle oder wenigstens einen Teil der Kosten im Sinne von § 80 FamFG trägt. Die genannten Fälle passen aber wenig auf Betreuungssachen. Jedenfalls ist § 81 Abs 2 FamFG keine abschließende Regelung und darf auch nicht dazu verleiten, anzunehmen, für eine Kostenauferlegung müssten stets vergleichbar überhöhte Anforderungen bestehen.

52 a) **Durch grobes Verschulden Anlass für das Verfahren.** Das Gericht soll die Kosten des Verfahrens ganz oder teilweise dem Beteiligten auferlegen, der durch grobes Verschulden Anlass für das Verfahren gegeben hat (§ 81 Abs 2 Nr 1 FamFG). Die Vorschrift setzt nicht die Verursachung *zusätzlicher* Kosten voraus[37] und beschränkt sich nicht auf die Mehrkosten. *Grobes* Verschulden verlangt Vorsatz oder eine Außerachtlassung der nach den Umständen erforderlichen Sorgfalt in ungewöhnlich großem Maße unter Nichtbeachtung dessen, was jedem einleuchten muss[38]. Diese extrem hohen Anforderungen liegen praktisch nie vor.

53 b) **Von vornherein aussichtsloser Antrag.** Das Gericht soll die Kosten des Verfahrens ganz oder teilweise einem Beteiligten auferlegen, wenn der Antrag des Beteiligten von vornherein (also schon im Zeitpunkt seiner Einreichung!) keine Aussicht auf Erfolg hatte *und* der Beteiligte (bzw sein Anwalt; gesetzlicher Vertreter; Zurechnung nach § 9 Abs 4 FamFG) dies erkennen musste (§ 81 Abs 2 Nr 2 FamFG). Dass ein Antrag „von vornherein“ keine Erfolgsaussicht hat, ist angesichts der unterschiedlichen Rechtsprechung selten vorstellbar. Es genügt nicht, dass ein Antrag zurückgewiesen wird; die Aussichtslosigkeit muss schon bei Einreichung bestanden haben. Weil die Vorschrift zusätzlich verlangt, dass der Antragsteller die Aussichtslosigkeit bei Einreichung seines Antrags kannte bzw erkennen musste, würde das nur bei böswillig gestellten Anträgen passen.

---

37 BT-Drucks 16/6308 S. 216.
38 OLG Hamm FamRZ 1983, 1264; OLG Brandenburg FamRZ 1996, 496.

c) **Unwahre Angaben eines Beteiligten.** Das Gericht soll die Kosten des Verfahrens ganz oder teilweise einem Beteiligten auferlegen, wenn dieser Beteiligte zu einer *wesentlichen* Tatsache *schuldhaft* unwahre Angaben gemacht hat (§ 81 Abs 2 Nr 3 FamFG). Das kommt in Frage, wenn bei einem Betreuungsverfahren über den Gesundheitszustand des Betroffenen falsche Angaben gemacht werden. Schuldhaftes Handeln liegt auch bei Fahrlässigkeit vor. Aber die Tatsache muss „wesentlich" sein und der Tatsachenvortrag muss zweifelsfrei „unwahr" (und nicht nur schief oder lückenhaft) sein. 54

IV. Kostenauferlegung auf einen Dritten (§ 81 Abs 4 FamFG)

1. **Sinn der Regelung.** Eine Bestimmung ist notwendig, wonach zumindest theoretisch einer Person oder Stelle, die nicht „Beteiligte" ist, aber halbkriminell das Verfahren veranlasst hat, Kosten auferlegt werden können. Entscheidungen in dieser Richtung sind nicht bekannt geworden. Die Regelung in § 81 Abs 4 FamFG entspricht dem früheren § 13 a Abs 2 Satz 2, dieser lehnte sich an § 658 Abs 2 aF ZPO an und spann den Gedanken des § 13 a Abs 1 Satz 2 FGG weiter. Die Art der Verfahrensbeendigung spielt (anders als bei § 13 a Abs 2 FGG) keine Rolle. 55

2. **Voraussetzungen. – a) Dritter.** Ein Dritter kann *nur* nach Abs 4 kostenpflichtig werden. Dritter ist eine Person oder Stelle, die weder nach § 7 FamFG noch nach § 274 FamFG Beteiligte war. Das kann auch ein Gericht sein (vgl § 22 a FamFG). Die Betreuungsbehörde kann Beteiligte sein (wenn sie einen Antrag nach § 274 Abs 3 FamFG stellte) oder Dritte sein (wenn sie keinen Beteiligungsantrag stellte). Jedoch beschränkt sich die Bestimmung auf den Kostenausspruch im Betreuungsverfahren. Daneben besteht die Möglichkeit, dass der Betroffene oder ein anderer Beteiligter gegen den Dritten vor dem Prozessgericht klagt, zB aus Schadensersatz aus §§ 823, 826 BGB. Beim Tod des Dritten können die Kosten den Erben des Dritten auferlegt werden[39]. Hat ein Rechtsanwalt im Auftrag eines Mandanten einen leichtfertigen Antrag gestellt, sind die Kosten dem Mandanten, nicht dem Anwalt aufzuerlegen. Anders ist es, wenn der Anwalt im eigenen Namen tätig wird. Hat eine juristische Person durch eine leichtfertige Anregung das Verfahren veranlasst, sind wegen der Schuldbezogenheit der Kostenentscheidung die Kosten der natürlichen Person aufzuerlegen, die verantwortlich für die juristische Person gehandelt hat[40]. 56

b) **Veranlassung.** Betreuungsverfahren beginnen in der Regel von Amts wegen; nur der Betroffene selbst hat ein Antragsrecht (§ 1896 Abs 1 BGB), die veranlassenden Aktionen der anderen Personen oder Stellen sind Anregungen, also Veranlassungen. Dies sind Fälle, in denen Nachbarn, Verwandte, Altenheime, Blindenvereine, Betreuungsbehörde und sonstige Behörden usw durch Anzeigen oder „Anträge" mittelbar oder unmittelbar das Amtsverfahren des Gerichts veranlassen. Einem Dritten können Kosten des Verfahrens (im Sinne von § 80 FamFG) nur auferlegt werden, soweit die Tätigkeit des Gerichts durch ihn veranlasst wurde. Der Dritte muss nicht Alleinveranlasser sein, Mitveranlassung genügt. Auch mittelbare Veranlassung genügt, so wenn leichtfertige Anzeigen an die Polizei oder die Betreuungsbehörde gerichtet werden und diese die „Anzeige" an das Betreuungsgericht weitergibt. 57

c) **Grobes Verschulden.** Diesen Dritten muss ein grobes Verschulden treffen. Einesteils darf der Dritte, der gutgläubig und hilfswillig die Gerichte und 58

---

39 Vgl Zöller/*Philippi*, § 658 aF Rz 7.
40 Vgl BVerfG NJW 1967, 195; NJW 1981, 2457 zu § 890 ZPO.

Behörden von einem vermeintlichen Betreuungs- oder Unterbringungsfall verständigt, nicht durch ein Kostenrisiko dazu gebracht werden, dass er lieber nichts sieht und hört, andererseits aber muss eine Kostenauferlegung auf den Böswilligen in extremen Fällen möglich sein. Hat zB die böse Tochter durch grobes Verschulden ein Betreuungsverfahren gegen die alte Mutter angeregt, wogegen sich die Mutter mit Anwaltshilfe erfolgreich wehrte, kann das Betreuungsgericht die mütterlichen Anwaltskosten der Tochter auferlegen. Freilich ist das Theorie, weil ein solches grobes Verschulden in der Praxis nicht rechtsmittelfest begründet werden kann.

59 Gemeint ist Verschulden (Vorsatz oder Fahrlässigkeit) bei Antragstellung bzw Verfahrensanregung. Aber auch spätere Aktionen des Dritten können ihn kostenpflichtig machen, etwa wenn er böswillig ein Gutachten veranlasst. Das Verschulden muss nach allgemeinen Verfahrensgrundsätzen (§ 26 FamFG) festgestellt werden, ein Ermessen bei der Sachverhaltsaufklärung gestattet § 81 FamFG nicht. Bei ungeklärter Schuld entfällt die Auferlegung auf den Dritten.

60 Grobes Verschulden setzt Vorsatz (**doloses Verhalten**) voraus oder Außerachtlassung der nach den Umständen erforderlichen Sorgfalt in ungewöhnlich großem Maße unter Nichtbeachtung dessen, was jedem einleuchten muss[41]. Ein Beispiel schildert *Kupfernagel*[42]. Dazu gehören leichtfertige, auf falschen Behauptungen beruhende, entstellte Anregungen.

61 **Mitverschulden** kommt in Frage, wenn der Dritte sich nicht unmittelbar an das Gericht wendet, sondern an eine Behörde, die dann die Information an das Gericht weiterleitet. Auch die Betreuungsbehörde kann Veranlasser sein; ein grobes Verschulden kann vorliegen, wenn sie sich nicht an die Einschränkungen in § 7 Abs 1 BtBG hält. Grobes Verschulden des Anregenden dürfte in solchen Fällen meist ausscheiden.

62 **Dritte als Kostenerstattungsberechtigte.** Ein Nichtbeteiligter kann keine Kostenerstattung erhalten, wie aus § 81 Abs 1 FamFG folgt. Beauftragt der Nachbar einen Rechtsanwalt damit, eine Betreuung beim Gericht anzuregen, können die Anwaltskosten des Nachbarn daher dem Betroffenen nicht auferlegt werden. Wenn das **Gericht Nichtbeteiligte hinzuzieht**, ohne dass das nach § 7 Abs 2 oder § 274 FamFG zulässig wäre, also fälschlich, scheidet nach § 81 FamFG eine Kostenerstattung aus.

63 d) **Kosten des Verfahrens.** Auferlegbar sind die Kosten des Verfahrens gemäß der Definition in § 80 FamFG, also nicht nur die Auslagen des Betroffenen. Zu den Kosten gehören die Kosten und Auslagen des Gerichts, die außergerichtlichen Kosten des Betroffenen (insbesondere seine Anwaltskosten), Kosten von Privatgutachten, vom gerichtlichen Gutachten, Kosten der stationären Begutachtung (§ 284 FamFG), Kosten des Verfahrenspflegers. Die Vergütung, die der Betreute an seinen Betreuer zu zahlen hatte, sind keine Kosten des Verfahrens in diesem Sinn; hier ist der Betroffene auf Staatshaftung angewiesen und deshalb im Regelfall ohne Erfolg.

64 e) **Ganz oder teilweise auferlegte Kosten.** Sie können ganz auferlegt werden, oder zum Teil; der Teil als Quote der Gesamtkosten oder als spezieller Kostenposten wie Anwaltskosten, Gutachterkosten.

---

41 KG NJW 1965, 1540; OLG Hamm FamRZ 1983, 1264; *Jansen* § 13 a Rz 17; Keidel/*Zimmermann* § 13 a Rz 25.

42 BtPrax 1994, 11.

f) **Ermessen des Gerichts.** § 81 Abs 4 FamFG gestattet dem Gericht eine Ermessensentscheidung. 65

g) **Rechtliches Gehör.** Rechtliches Gehör ist dem Dritten vor der Kostenentscheidung zu gewähren. 66

V. Kosten des Beschwerdeverfahrens

Beschwerdegericht ist das LG (§§ 72, 119 GVG). **Erfolgreiches Rechtsmittel.** 67
Hebt das Beschwerdegericht auf das Rechtsmittel die Entscheidung des AG auf und entscheidet es selbst abschließend, so ist für die Kosten des Verfahrens erster und zweiter Instanz § 81 FamFG einschlägig.

Erfolgloses Rechtsmittel. Das Beschwerdegericht *soll* die Kosten eines ohne 68
Erfolg eingelegten Rechtsmittels dem Beteiligten auferlegen, der es eingelegt hat (§ 84 FamFG). Die Gesetzesbegründung[43] verlangt für eine Abweichung von der Regel „besonders gelagerte Fälle" und nennt hier die Rücknahme des Rechtsmittels.

Kostenentscheidung bei Zurücknahme des Rechtsmittels. Ein Rechtsmittel, das 69
eingelegt und dann zurückgenommen wird, war erfolglos und fällt daher unter § 84 FamFG[44]. Bei Zurücknahme eines Rechtsmittels entspricht es in der Regel der Billigkeit, dass derjenige, der das Rechtsmittelverfahren in Gang gebracht hat, die einem anderen Beteiligten dadurch erwachsenen Kosten erstattet[45].

VI. Kostenfestsetzung

Das FamFG verweist in § 85 FamFG auf die §§ 103 bis 107 ZPO. Ein Fest- 70
setzungsantrag kann gestellt werden, sobald eine Kostenentscheidung vorliegt; über den Antrag entscheidet der Rechtspfleger des Gerichts erster Instanz (§ 104 Abs 1 ZPO mit § 21 Abs 1 Nr 1 RPflG). Da in § 80 FamFG der § 91 Abs 2 ZPO nicht für anwendbar erklärt ist, hat (wenn die Kostenentscheidung nichts dazu sagt) der Rechtspfleger im Kostenfestsetzungsverfahren darüber zu entscheiden, ob zur Festsetzung beantragte **Anwaltskosten** nach Grund und Höhe festsetzungsfähig sind[46]; in der Regel ist das zu bejahen.

Rechtsmittel gegen den Kostenfestsetzungsbeschluss: § 104 Abs 3 Satz 1 mit 71
§§ 567 Abs 2, 569 ZPO, §§ 11 Abs 2, 21 RPflG.

Die **Zwangsvollstreckung** aus dem Kostenfestsetzungsbeschluss erfolgt nach 72
§ 95 FamFG, also nach den Regeln der ZPO auf Grund einer vollstreckbaren Ausfertigung des Beschlusses, § 724 ZPO.

VII. Anfechtung der Kostenentscheidung

Die Regelung des § 20a FGG wurde nicht ins FamFG übernommen. Die 73
Kostenentscheidung ist mit befristeter Beschwerde (§§ 58 ff FamFG) isoliert

43 BT-Drucks 16/6308 S. 216.
44 BT-Drucks 16/6308 S. 216.
45 BGHZ 28, 117/123; BGHZ 78, 117.
46 BayObLG FGPrax 1999, 77; Jansen/*v König* FGG § 13a Rz 38.

anfechtbar[47], falls der Beschwerdewert von mindestens 600,01 Euro erreicht ist oder die Beschwerde zugelassen wurde (§ 61 FamFG). Gegen eine Rechtspflegerentscheidung kann betragsunabhängig Erinnerung eingelegt werden (§ 11 RPflG).

§ 308 Mitteilung von Entscheidungen

(1) Entscheidungen teilt das Gericht anderen Gerichten, Behörden oder sonstigen öffentlichen Stellen mit, soweit dies unter Beachtung berechtigter Interessen des Betroffenen erforderlich ist, um eine erhebliche Gefahr für das Wohl des Betroffenen, für Dritte oder für die öffentliche Sicherheit abzuwenden.

(2) Ergeben sich im Verlauf eines gerichtlichen Verfahrens Erkenntnisse, die eine Mitteilung nach Absatz 1 vor Abschluss des Verfahrens erfordern, hat diese Mitteilung über die bereits gewonnenen Erkenntnisse unverzüglich zu erfolgen.

(3) [1]Das Gericht unterrichtet zugleich mit der Mitteilung den Betroffenen, seinen Verfahrenspfleger und seinen Betreuer über Inhalt und Empfänger der Mitteilung. [2]Die Unterrichtung des Betroffenen unterbleibt, wenn
1. der Zweck des Verfahrens oder der Zweck der Mitteilung durch die Unterrichtung gefährdet würde,
2. nach ärztlichem Zeugnis hiervon erhebliche Nachteile für die Gesundheit des Betroffenen zu besorgen sind oder
3. der Betroffene nach dem unmittelbaren Eindruck des Gerichts offensichtlich nicht in der Lage ist, den Inhalt der Unterrichtung zu verstehen.
[3]Sobald die Gründe nach Satz 2 entfallen, ist die Unterrichtung nachzuholen.

(4) Der Inhalt der Mitteilung, die Art und Weise ihrer Übermittlung, ihr Empfänger, die Unterrichtung des Betroffenen oder im Fall ihres Unterbleibens deren Gründe sowie die Unterrichtung des Verfahrenspflegers und des Betreuers sind aktenkundig zu machen.

Dem § 308 FamFG entspricht der frühere § 69k FGG.

Schrifttum: *Pardey* Rpfleger 1990, 397; *Schimke* BtPrax 1993, 74 (Datenschutz im Betreuungsrecht); *Klie*, Datenschutz in der Arbeit der Betreuungsbehörde, BtPrax 1998, 3; *Pardey*, Schutz persönlicher Daten Betreuter, BtPrax 1998, 92; *Wollweber*, Übermittlung personenbezogener Daten auf Anforderung von Gerichten, FPR 1998, 285; *Brill* BtPrax 1998, 20.

Übersicht

Rz

---

47 So ausdrücklich BT-Drucks 16/6308 S. 276; OLG Hamburg FamRZ 2010, 665; *Schulte-Bunert/Weinreich/Dodegge* § 307 Rz 1.

I. Mitteilungspflicht, Abs 1

1. Allgemeines. Das BVerfG hat im Volkszählungsurteil[1] aus dem allgemeinen Persönlichkeitsrecht (Art 2 Abs 1, Art 1 Abs 1 GG) ein *Recht auf informationelle Selbstbestimmung* abgeleitet. Dementsprechend wurden §§ 69k bis 69o FGG eingefügt und durch das JustizmitteilungsG v 18.6.1997 geändert; jetzt wurden die Regelungen ins FamFG übernommen. Zu unterscheiden sind: 1

- Mitteilungspflichten des Betreuungsgerichts; das Betreuungsgericht muss von sich aus andere Stellen informieren, §§ 308 bis 310 FamFG;
- Mitteilungspflichten des Betreuungsgerichts an das Familiengericht, § 22a Abs 1 FamFG; so zB wenn der Betroffene seine Kinder verprügelt oder verwahrlosen lässt;
- Mitteilungspflichten des Betreuungsgerichts an ein anderes Betreuungsgericht, § 22a Abs 1 und Abs 2 FamFG;
- Mitteilungsermächtigungen des Betreuungsgerichts; § 311 FamFG; §§ 12, 13, 15, 16, 17 EGGVG;
- Mitteilungspflichten anderer Gerichte (Zivil-, Straf, Verwaltungs-, Sozial- und Finanzgerichte) an das Betreuungsgericht, § 22a Abs 1 FamFG; so zB wenn sich in einem Zivilprozess zeigt, dass eine Partei oder ein Zeuge vermutlich die Voraussetzungen des § 1896 BGB erfüllt. Behörden fallen nicht unter § 22a Abs 1 FamFG;
- Mitteilungsrecht von Behörden und Gerichten, § 22a Abs 2 FamFG: das Insolvenzgericht darf zB das Betreuungsgericht verständigen, wenn wegen Vermögensverfall ein Betreuer mit dem Aufgabenkreis „Vermögenssorge" nicht mehr geeignet erscheint; die Staatsanwaltschaft darf das Betreuungsgericht informieren, wenn gegen einen Betreuer ein Verfahren wegen Vermögensdelikten läuft;
- Mitteilungen zwecks Wahrnehmung von Aufsichts-, Kontroll-, Weisungsbefugnissen, Rechnungsprüfung, Statistik usw;
- Datenübermittlung auf Ersuchen anderer Stellen an diese; § 13 FamFG.

---

1 BVerfGE 65, 1.

– Mitteilung bestimmter Betreuungsentscheidungen an die örtlich zuständige Betreuungsbehörde (§ 288 FamFG; MiZi XV/2).

2 **Gegenstand der Mitteilung.** Das sind *alle* Entscheidungen in Betreuungssachen, insbesondere die nach §§ 286, 293 FamFG, also zB Bestellung eines Betreuers, Erweiterung/Beschränkung des Aufgabenkreises, Bestellung eines weiteren Betreuers, Verlängerung der Bestellung, Ablehnung/Aufhebung der Bestellung, Anordnung eines Einwilligungsvorbehalts, Erweiterung/Beschränkung des Kreises der Willenserklärungen, Ablehnung/Aufhebung des Einwilligungsvorbehalts, einstweilige Anordnungen (auch solche nach Art 24 Abs 3 EGBGB; nach § 1846 BGB), aber auch Beschlüsse über Vergütungsfestsetzung, über Genehmigung von Rechtsgeschäften. Das Betreuungsgericht hat solche Entscheidungen in Betreuungssachen an andere staatliche Stellen mitzuteilen, §§ 288 Abs 2, 308 FamFG. Ein Ermessen ist nicht eingeräumt, faktisch besteht aber durch die vier unbestimmten Rechtsbegriffe in Abs 1 ein Beurteilungsspielraum. Einzelheiten sind in einer Verwaltungsvorschrift geregelt, der Anordnung über Mitteilungen in Zivilsachen (MiZi) Nr XV (neu gefasst 1.6.1998, mit laufenden Ergänzungen), die aber den Richter bzw Rechtspfleger nicht bindet.

3 **2. Pflichten des Empfängers.** Eine andere Frage ist: Wie hat der Empfänger mit den Informationen zu verfahren? Welchen Verschwiegenheitspflichten unterliegen Betreuer, Verfahrenspfleger und Betreuungsbehörden?

4 **3. Mitteilungszweck.** Mitteilungen an (deutsche) Gerichte, Behörden und an sonstige Stellen können den Betreuten (Betroffenen) oder eine sonstige Person (vgl § 311 FamFG) betreffen; sie dürfen nur erfolgen, um einen der folgenden **Zwecke** zu erreichen:

5 **a) Abwendung einer erheblichen Gefahr für das Wohl des Betroffenen.** Als Beispiele nennt die Gesetzesbegründung: Wenn gegen den Betroffenen ein Ermittlungs- oder Strafverfahren anhängig werde und dort eine im Betreuungsverfahren erkennbare Schuldunfähigkeit des Betroffenen „nicht entdeckt worden ist"; hier bestehe die Gefahr einer ungerechtfertigten Strafverfolgung und strafrechtlichen Verurteilung. Auch in anderen gerichtlichen Verfahren könne dem Betroffenen Gefahr dadurch drohen, dass eine Geschäfts- oder Prozessunfähigkeit des Betroffenen unberücksichtigt bleibe[2], etwa in einem Zivilprozess. In Frage kommen hier Mitteilungen an Gerichte, Staatsanwaltschaften usw.

6 **b) Abwendung einer erheblichen Gefahr für Dritte.** Die Gesetzesbegründung sieht folgende Beispiele vor: Wenn der Betroffene gewalttätig sei und beabsichtige, bestimmte Personen, die er als Feinde ansehe, zu töten oder zu verletzen; oder wenn anzunehmen ist, dass der Betroffene im Rahmen seiner beruflichen Tätigkeit (zB als Arzt, Apotheker, Krankenpfleger, Polizist, Rechtsanwalt, Notar) Dritte erheblich schädige; oder wenn anzunehmen ist, dass der geschäftsunfähige und damit eheunfähige Betroffene heiraten will, weil er keine Ehe eingehen kann (§ 1304 BGB) und damit der heiratswillige Partner erheblich gefährdet werde[3]; freilich ist zu bedenken, dass auch jemand, der geschäftsunfähig ist, ehefähig sein kann[4]. Oder wenn (bevorstehende) Delikte Dritter bekannt werden; Mitteilungen an das Familiengericht bzw Jugendamt, wenn der

2 BT-Drucks 11/4528 S. 182.
3 BT-Drucks 11/4528 S. 182.
4 BVerfG FamRZ 2003, 359; zur Ehefähigkeit vgl ferner BayObLG FamRZ 2003, 373; OLG Celle FamRZ 1998, 1108. Zum Nichterkennen der Eheunfähigkeit durch den Standesbeamten vgl OLG Frankfurt FamRZ 2006, 1874.

Betreute minderjährige Kinder hat[5]; denn die Anordnung der Betreuung berührt die elterliche Sorge nicht, kann aber die tatsächliche Unfähigkeit hierzu zeigen, so dass die Kinder gefährdet sind. In Frage kommen ferner Mitteilungen zB an die Anwaltskammer (damit dem Anwalt von der Anwaltskammer ein Vertreter bestellt wird), Ärztekammer, Standesamt, Staatsanwaltschaft, Polizei usw.

c) **Abwendung einer erheblichen Gefahr für die öffentliche Sicherheit.** Beispiele: Wenn der Betroffene Inhaber eines Führerscheins, Waffenscheins oder Jagdscheins ist und die „konkrete und ernstliche Gefahr besteht", dass er durch sein Kraftfahrzeug oder eine Waffe andere schädigt. In Frage kommen Mitteilungen an die Waffenbehörde, Jagdbehörde, Straßenverkehrsbehörde usw. Welche Behörden jeweils zuständig sind, ist in MiZi II/4 aufgezählt. 7

d) **Unzulässig** sind **Mitteilungen** (zB der Betreuervergütungsbeschlüsse) an das Finanzamt, weil sie nichts mit der öffentlichen Sicherheit zu tun haben. Eine andere Frage ist, ob das Finanzamt aufgrund der AO im Einzelfall Angaben über Betreuervergütungen verlangen kann. Unter § 308 Abs 1 FamFG fallen ferner nur „Entscheidungen", also nicht andere Akteninhalte, wie Vermögensverzeichnisse, Gutachten. Hier besteht kein Mitteilungsrecht (Ausnahmen vgl Abs 2); ein Einsichtsrecht besteht im Rahmen von § 13 FamFG. 8

4. Erforderlichkeit. Berechtigte Interessen des Betroffenen sind zu beachten (Abs 1 Satz 1). Die Mitteilung darf nur erfolgen, wenn der Grundsatz der **Verhältnismäßigkeit** gewahrt ist; nicht jede gesetzliche Aufgabe des Empfängers der Mitteilung rechtfertigt jede beliebige Einschränkung des „informationellen Selbstbestimmungsrechts" durch eine personenbezogene Mitteilung; vielmehr muss das öffentliche Interesse an der Aufgabenerfüllung das Schutzinteresse des persönlich Betroffenen überwiegen[6]. Es handelt sich also um eine Einzelfallentscheidung. 9

5. Gegenstand der Mitteilung. Nach Abs 1 Satz 1 sind „Entscheidungen" mitzuteilen, also nicht sonstige Akteninhalte. Sie müssen jedenfalls „wirksam" geworden drin (§§ 40 Abs 1, 287 Abs 1 FamFG). Ob nur der **Tenor** oder auch die **Gründe** (ganz oder teilweise) mitzuteilen sind, hängt davon ab, was nach Auffassung des Gerichts „erforderlich" zur Gefahrenabwehr ist[7]. Nicht vorgeschrieben, aber nicht unzulässig, ist es, dem Empfänger der Grund der Mitteilung („mit der Anregung, die Fahrerlaubnis zu entziehen") anzugeben. **Ablehnende Entscheidungen** sind nach dem Gesetzestext von der Mitteilung nicht ausgeschlossen[8]. 10

Ob auch **Entscheidungen höherer Instanzen** mitzuteilen sind, hängt davon ab, ob der Zweck der Mitteilung dies erfordert. Es kommt darauf an, was mitzuteilen ist, damit der Empfänger den erforderlichen Erkenntnisstand hat. Wird die Beschwerde gegen die Bestellung eines Betreuers zurückgewiesen, wird die Mitteilung dieser Entscheidung im Regelfall keine der im Gesetz genannten Gefahren abwenden können, so dass eine Mitteilung entfällt. Wird erst auf Beschwerde ein Betreuer bestellt, entfällt die Mitteilung der ablehnenden Entscheidung erster Instanz, nur die Beschwerdeentscheidung kann mitteilungsbedürftig sein. 11

5 Hierzu vgl LG Rostock FamRZ 2003, 1691; *Dodegge* FPR 2005, 233.
6 BT-Drucks 11/4528 S. 181; Jansen/*Sonnenfeld* FGG § 69k Rz 7.
7 Jansen/*Sonnenfeld* FGG § 69k Rz 10.
8 Jansen/*Sonnenfeld* FGG § 69k Rz 10.

12 6. **Empfänger der Mitteilung** nach Abs 1

13 a) **Staatliche Stellen.** Das können nur sein:
- andere Gerichte;
- Behörden (wie Polizeidienststellen, Jugendämter, Staatsanwaltschaften, Finanzämter); über Notarsachen vgl § 54 BNotO;
- sonstige öffentliche Stellen.

14 Eine Beschränkung auf **inländische Amtsstellen** findet sich zwar nicht im Gesetz, folgt aber daraus, dass bei ausländischen Empfängern die Einhaltung der Verwendungs- und Aufbewahrungsschranken (EGGVG) nicht gewährleistet sind.

15 b) **Private Personen** oder Einrichtungen oder privatrechtlich organisierte Institutionen (zB Betreuungsvereine, außer sie sind im konkreten Fall beteiligt) können nicht Empfänger der Mitteilungen sein[9]. **Banken und Sparkassen** sind teils privatrechtlich, teils öffentlich-rechtlich organisiert. Als berechtigte öffentliche Stellen im Sinne der Vorschrift sind sie nicht aufzufassen, weil sie mit den privaten Banken gleich zu behandeln sind[10] und diese ebenfalls keine Mitteilungen erhalten.

16 7. **Verfahren.** – a) **Anordnung.** Die Entscheidung, ob, wie und in welchem Umfang an wen mitgeteilt wird, wird von dem Organ getroffen, das entschieden hat, also idR vom Richter[11]. Die Mitteilung an die Betreuungsbehörde dagegen wird von der Geschäftsstelle veranlasst (MiZi XV/1). Es genügt eine Verfügung in den Akten; eine förmliche Entscheidung im Sinn von § 38 FamFG ist nicht erforderlich. Eine Begründung im Sinne von § 38 Abs 3 FamFG ist nicht vorgeschrieben; allerdings wird sie spätestens bei der Nichtabhilfe notwendig sein und sich mit den Abwägungskriterien des Abs 1 („berechtigte“ Interessen; „erhebliche“ Gefährdung; „erforderlich“) befassen müssen; die Frage hängt mit der Frage der Anfechtbarkeit der Anordnung der Mitteilung zusammen (Rz 40). Auch eine vorherige Anhörung des Betroffenen oder sonstiger Beteiligter ist nicht erforderlich. Die Entscheidung kann zugleich mit der mitzuteilenden Entscheidung getroffen werden (zB „Diese Entscheidung ist dem X-Amt mitzuteilen“).

17 Es kann in manchen Fällen zweckmäßig sein, zugleich mit der Mitteilung den Empfänger davon zu verständigen, dass der Betroffene von der Mitteilung in der Regel unterrichtet werden wird und eine Anfrage an den Empfänger zu verfügen, ob aus seiner Sicht die Unterrichtung unterbleiben sollte, weil sonst der Zweck der Mitteilung gefährdet wird; denn diese Frage wird das Betreuungsgericht nicht immer selbst beurteilen können.

18 In der Regel wird die Mitteilung schriftlich erfolgen, indem eine Kopie des Rubrums nebst Tenor ohne Gründe, oder mit Teilen der Gründe oder die vollständige Entscheidung übersandt wird; Einzelheiten vgl MiZi Nr XV; telefonische oder sonstige Mitteilung ist zulässig. Über Aktenvermerke zur Mitteilung vgl Abs 4.

19 b) **Zeitpunkt der Mitteilung.** § 308 verlangt nicht, dass die Entscheidung rechtskräftig ist; unter Geltung des FGG erlangte die Anordnung einer Betreuung

9 BT-Drucks 11/4528 S. 181.
10 BVerfG NJW 1983, 2811 zur Grundbucheinsicht; *Prütting/Helms/Fröschle* § 308 Rz 9.
11 Trotz § 15 RPflG, wegen des Sachzusammenhanges; ebenso MiZi Nr XV; *Prütting/Helms/Fröschle* § 308 Rz 22; *Klüsener* Rpfleger 1991, 230; Holzhauer/*Reinicke* § 69k Rz 19; *Bienwald/Sonnenfeld* § 69k Rz 28.

ohnehin keine formelle Rechtskraft, weil sie unbefristet anfechtbar war; jetzt besteht Befristung (§ 63 FamFG). Unterliegt die Entscheidung der Beschwerde, sollte sie gleichwohl erst mitgeteilt werden, wenn sie rechtskräftig ist, weil sonst später auch die Aufhebung mitzuteilen ist (Ausnahme: Abs 2).

c) **Welche Instanz teilt mit.** Grundsätzlich das Betreuungsgericht, Abs 1. Wenn erst das Beschwerdegericht (LG, BGH) die mitteilungsbedürftige Entscheidung getroffen hat, hat dieses die Mitteilungspflicht (anders nach § 69k FGG: dort hatte das „Vormundschaftsgericht" die Mitteilung, jetzt „das Gericht"). Zur Frage, ob überhaupt Entscheidungen der Beschwerdegerichte mitzuteilen sind, vgl Rz 19. 20

8. Auskunftsersuchen, Akteneinsicht. Unberührt von § 308 FamFG bleibt § 13 FamFG. Danach haben auch Privatpersonen, Banken, Versicherungen und sonstige private Institutionen ein Recht auf Akteneinsicht, wenn sie ein berechtigtes Interesse glaubhaft machen können. Nach denselben Kriterien kann eine Auskunft oder eine anonymisierte Entscheidungsabschrift gefordert werden[12], so etwa von Fachzeitschriften. Andere Gerichte, Behörden als Dritte und sonstige öffentliche Stellen haben ein Recht auf Akteneinsicht, auch wenn eine Mitteilungspflicht nach Abs 1 nicht besteht; das folgt aus Art 35 GG[13]. 21

II. Mitteilungen vor Abschluss des Verfahrens, Abs 2

Abs 1 betrifft „Entscheidungen", ohne Einschränkung auf Endentscheidungen (wie in § 38 FamFG). Nach Abs 2 können die im Lauf des Verfahrens anfallenden Erkenntnisse, zB Sachverständigengutachten, unter den Einschränkungen des Abs 1 weitergeleitet werden. Hier wird also nicht die Entscheidung abgewartet. Solche „Erkenntnisse" können natürlich auch erst nach Abschluss des Verfahrens durch eine „Entscheidung" mitgeteilt werden. Dass eine solche Weiterleitung eventuell ungesicherter Erkenntnisse eine sorgfältige Handhabung erfordert, liegt auf der Hand. 22

III. Unterrichtungspflicht, Abs 3

1. Allgemeines, Abs 3 Satz 1. Nach Satz 1 sind folgende Personen von der Mitteilung zu unterrichten: 23

- der Betroffene (wenn er durch einen Verfahrensbevollmächtigten vertreten ist, dieser, entsprechend § 172 ZPO),
- der Verfahrenspfleger, falls schon bestellt (*nur* zwecks Mitteilung wird keiner bestellt) und
- der Betreuer.

2. Zweck der Unterrichtng. Diesem Personenkreis soll damit die Möglichkeit gegeben werden, die Interessen des Betroffenen unmittelbar beim Empfänger (zB der Waffenbehörde, Fischereibehörde) geltend zu machen, bevor dieser Maßnahmen ergreift, oder frühzeitig in anderer Weise seine Rechte geltend machen kann[14]. 24

3. Gegenstand der Unterrichtung. Inhalt der Mitteilung (dh, was mitgeteilt wurde: der Tenor, die Gründe; bei Abs 2 zweckmäßig eine Kopie der Informa- 25

12 Vgl *Hirte* NJW 1988, 1698.
13 Zum Einsichtsrecht von Behörden vgl *Schnapp/Friehe* NJW 1982, 1422.
14 BT-Drucks 11/4528 S. 182.

tion); zulässig und verfahrensökonomisch ist, diese Unterrichtung in die Entscheidung nach § 286 FamFG aufzunehmen („Diese Entscheidung wird mit Gründen dem X-Amt mitgeteilt").

26 **4. Zeitpunkt der Unterrichtung.** Nach Satz 1 hat sie „zugleich" mit der Mitteilung zu erfolgen, also jedenfalls nicht vorher. Die Notwendigkeit, zu klären, ob eine Unterrichtung des Betroffenen unterbleibt, kann aber dazu führen, dass zunächst nur der Verfahrenspfleger und der Betreuer zu unterrichten sind, während die Unterrichtung des Betroffenen erst später erfolgt.

27 **5. Keine Unterrichtung, Abs 3 Satz 2.** Keine Unterrichtung an den Betroffenen erfolgt nach Abs 3 Satz 2.

28 a) **Nr 1:** Wenn der **Zweck des Verfahrens** oder der **Zweck der Mitteilung** durch die Unterrichtung gefährdet wird. Der Verfahrenszweck könnte dann beeinträchtigt sein, wenn sich nun der Betroffene nicht mehr begutachten lässt. Der Zweck der Mitteilung könnte beeinträchtigt sein, wenn zB der geistesschwache Betroffene Waffen besitzt und die Waffenbehörde verständigt werden soll. In geeigneten Fällen sollte der Empfänger zuerst dazu befragt werden;

29 b) **Nr 2: Gesundheitsgefährdung** beim Betroffenen, etwa wenn er aus der Unterrichtung ersehen kann, dass der Entzug der Fahrerlaubnis bevorsteht und deshalb bei ihm eine gesundheitsgefährdende Erregung zu befürchten ist. Es genügt ein **ärztliches Zeugnis**, ein Gutachten ist nicht erforderlich.

30 Bei teleologischer Auslegung könnte man zur Auffassung kommen, das Gericht könne die Frage, ob Nr 2 einschlägig ist, erst klären, nachdem die Entscheidung erlassen ist und nicht schon gleichzeitig mit dem Erlass. Denn der Arzt kann die Frage erst beantworten, wenn er die mitzuteilende Entscheidung und deren Empfänger kennt. An sich müsste die Frage an den Arzt zB lauten: „Sind erhebliche Nachteile für die Gesundheit des Betroffenen zu besorgen, wenn er davon unterrichtet wird, dass das Betreuungsgericht die Bestellung des X zu seinem Betreuer und die Seiten 2–3 der Gründe an die Polizei in P mitteilen wird, da der Betroffene gewalttätig ist und eine Gefährdung von Y und Z zu befürchten ist? Welcher Art werden die Gesundheitsnachteile voraussichtlich sein?". Hierzu wäre ein Gutachten mit Untersuchung bzw Befragung des Betroffenen erforderlich. Da aber das Gesetz ausdrücklich nur ein „Zeugnis" verlangt, ist anzunehmen, dass ein summarisches Verfahren genügt.

31 c) **Nr 3: Verständigungsunfähigkeit.** Vgl § 278 Abs 4 FamFG; während es dort auf die Unfähigkeit des Betroffenen, seinen Willen kundzutun ankommt, ist hier auf die Unfähigkeit, die Unterrichtung zu verstehen, abgestellt. Die entsprechende Erkenntnis hat das Gericht bei der Anhörung nach § 278 FamFG gewonnen.

32 Die Gründe, weshalb die Unterrichtung unterblieben ist, sind durch einen **Aktenvermerk** festzuhalten, Abs 4. Ein **Verzicht des Betroffenen** auf die Unterrichtung ist im Gesetz nicht vorgesehen. Da es sich aber um kein grundlegendes Verfahrensrecht handelt, wird ein Verzicht als wirksam anzusehen sein.

33 In den Fällen des Abs 3 Satz 2 entfällt nur die Unterrichtung des Betroffenen; der **Betreuer** und der **Verfahrenspfleger** sind dagegen immer zu unterrichten; es ist zweckmäßig, ihnen zur Auflage zu machen, den Betroffenen nicht von der Unterrichtung zu verständigen, weil sonst der Zweck des Abs 3 Satz 2 nicht erreicht würde. Ist bisher kein Verfahrenspfleger bestellt worden muss nicht lediglich zwecks Mitteilung einer bestellt werden[15].

---

15 AA *Prütting/Helms/Fröschle* § 308 Rz 14.

34 **6. Nachholungspflicht, Abs 3 Satz 3.** Sie besteht, sobald die Gründe nach Satz 2 weggefallen sind. Wenn zB der Anzeigeerstatter, gegen den der Betroffene gewalttätig werden würde, inzwischen verstorben ist, wäre der Betroffene davon zu verständigen, dass seinerzeit die Polizeidienststelle P einen Abdruck des Beschlusses des Betreuungsgerichts vom … erhielt. Diese Regelung entspricht etwa derjenigen nach erfolgten Abhörmaßnahmen (Gesetz zu GG Art 10, BGBl 1968 I S. 949). Alle Gründe nach Satz 2 müssen weggefallen sein; die Gründe sind also auswechselbar. Unterblieb seinerzeit die Unterrichtung wegen Nr 1 und ist dieser Grund zwar nun weggefallen, besteht aber jetzt der Grund der Nr 2, besteht keine Nachholungspflicht.

35 Aus Satz 3 könnte man den Schluss ziehen, dass das Betreuungsgericht eine Art **Verfahrensbeobachtungspflicht** in dieser Richtung hat und von Amts wegen (§ 26 FamFG) laufend das Fortbestehen der Gründe im Auge haben muss, etwa durch dauernde Wiedervorlageverfügungen und wiederholte Einholung von ärztlichen Zeugnissen. Hier wird man nach dem konkreten Grund der Mitteilung (Abs 1 Satz 1) und dem Zweck des Unterbleibens der Unterrichtung differenzieren müssen: Ist die Mitteilung erfolgt, weil der Betroffene einen Führerschein, Waffenschein, Jagdschein hat und die Mitteilung nach Abs 3 Satz 2 Nr 1 unterblieben ist, wird der Zweck der Mitteilung nach einigen Monaten erreicht sein; die Gründe entfallen dann; eine Wiedervorlage nach einigen Monaten genügt. In den Fällen der Nr 3 dagegen wird eine spätere Wiedervorlage genügen. Erkundigen muss sich das Betreuungsgericht nicht.

IV. Aktenvermerke, Abs 4

36 Die Mitteilung ist durch einen Aktenvermerk festzuhalten. Das gilt auch dann, wenn sie telefonisch erfolgte, etwa indem der Richter die Staatsanwaltschaft oder Polizei anruft. Die Gründe für das Unterbleiben der Unterrichtung werden vom Richter festgehalten; die anderen Aktenvermerke werden durch die Geschäftsstelle des Betreuungsgerichts angebracht. Inhalt der Mitteilung: zB eine Kopie der Mitteilung. Art und Weise: zB durch einfachen Brief zur Post am …; Empfänger: Abs 1 Satz 1; Datum der Unterrichtung des Betroffenen, des Betreuers, des Verfahrenspflegers.

37 **Akteneinsicht.** Sie steht dem Betroffenen im Rahmen von § 13 Abs 1 FamFG zu. Wenn die Unterrichtung des Betroffenen zu unterbleiben hatte ist sicherzustellen, dass er die Information auch nicht durch Akteneinsicht erlangen kann.

V. Verweisung auf das EGGVG

38 Wie vom Empfänger mit den Mitteilungen zu verfahren ist, regelte früher § 69 o FGG durch Verweisung auf das EGGVG. Das EGGVG galt früher unmittelbar nur für die *streitige* Gerichtsbarkeit, was durch Änderung von § 2 GVG ab 1.9.2009 entfallen ist; jetzt gilt es auch für die freiwillige Gerichtsbarkeit. Deshalb ist eine der Verweisungsnorm § 69 o FGG entsprechende Vorschrift im FamFG nicht erforderlich. In Frage kommen insbesondere §§ 19 bis 21 EGGVG. § 19 Abs 1 EGGVG ist § 15 Abs 3 BDSG nachgebildet und entspricht dem sog **Zweckbindungsgrundsatz.** § 19 Abs 2 EGGVG enthält Rücksendungs- und Benachrichtigungspflichten. § 20 GVG führt eine Nachberichts- und Unterrichtungspflicht in das Verfahren ein. § 21 EGGVG ist § 19 BDSG nachgebildet.

39 Die Vorschriften lauten:

§ 19 EGGVG

(1) Die übermittelten Daten dürfen nur zu dem Zweck verwendet werden, zu dessen Erfüllung sie übermittelt worden sind. Eine Verwendung für andere Zwecke ist zulässig, soweit die Daten auch dafür hätten übermittelt werden dürfen.

(2) Der Empfänger prüft, ob die übermittelten Daten für die in Absatz 1 genannten Zwecke erforderlich sind. Sind die Daten hierfür nicht erforderlich, so schickt er die Unterlagen an die übermittelnde Stelle zurück. Ist der Empfänger nicht zuständig und ist ihm die für die Verwendung der Daten zuständige Stelle bekannt, so leitet er die übermittelten Unterlagen dorthin weiter und benachrichtigt hiervon die übermittelnde Stelle.

§ 20 EGVG

(1) Betreffen Daten, die vor Beendigung eines Verfahrens übermittelt worden sind, den Gegenstand dieses Verfahrens, so ist der Empfänger vom Ausgang des Verfahrens zu unterrichten; das Gleiche gilt, wenn eine übermittelte Entscheidung abgeändert oder aufgehoben wird, das Verfahren, außer in den Fällen des § 153 a der Strafprozessordnung, auch nur vorläufig eingestellt worden ist oder nach den Umständen angenommen werden kann, dass das Verfahren auch nur vorläufig nicht weiter betrieben wird. Der Empfänger ist über neue Erkenntnisse unverzüglich zu unterrichten, wenn dies erforderlich erscheint, um bis zu einer Unterrichtung nach Satz 1 drohende Nachteile für den Betroffenen zu vermeiden.

(2) Erweist sich, dass unrichtige Daten übermittelt worden sind, so ist der Empfänger unverzüglich zu unterrichten. Der Empfänger berichtigt die Daten oder vermerkt ihre Unrichtigkeit in den Akten.

(3) Die Unterrichtung nach Absatz 1 oder 2 Satz 1 kann unterbleiben, wenn sie erkennbar weder zur Wahrung der schutzwürdigen Interessen des Betroffenen noch zur Erfüllung der Aufgaben des Empfängers erforderlich ist.

§ 21 EGGVG

(1) Dem Betroffenen ist auf Antrag Auskunft über die übermittelten Daten und deren Empfänger zu erteilen. Der Antrag ist schriftlich zu stellen. Die Auskunft wird nur erteilt, soweit der Betroffene Angaben macht, die das Auffinden der Daten ermöglichen, und der für die Erteilung der Auskunft erforderliche Aufwand nicht außer Verhältnis zu dem geltend gemachten Informationsinteresse steht. Die übermittelnde Stelle bestimmt das Verfahren, insbesondere die Form der Auskunftserteilung, nach pflichtgemäßem Ermessen.

(2) Ist der Betroffene bei Mitteilungen in Strafsachen nicht zugleich der Beschuldigte oder in Zivilsachen nicht zugleich Partei oder Beteiligter, ist er gleichzeitig mit der Übermittlung personenbezogener Daten über den Inhalt und den Empfänger zu unterrichten. Die Unterrichtung des gesetzlichen Vertreters eines Minderjährigen, des Bevollmächtigten oder Verteidigers reicht aus. Die übermittelnde Stelle bestimmt die Form der Unterrichtung nach pflichtgemäßem Ermessen. Eine Pflicht zur Unterrichtung besteht nicht, wenn die Anschrift des zu Unterrichtenden nur mit unvertretbarem Aufwand festgestellt werden kann.

(3) Bezieht sich die Auskunftserteilung oder die Unterrichtung auf die Übermittlung personenbezogener Daten an Verfassungsschutzbehörden, den Bundesnachrichtendienst, den Militärischen Abschirmdienst oder, soweit die Sicherheit des Bundes

berührt wird, andere Behörden des Bundesministers der Verteidigung, ist sie nur mit Zustimmung dieser Stellen zulässig.

(4) Die Auskunftserteilung und die Unterrichtung unterbleiben, soweit
1. sie die ordnungsgemäße Erfüllung der Aufgaben der übermittelnden Stelle oder des Empfängers gefährden würden,
2. sie die öffentliche Sicherheit oder Ordnung gefährden oder sonst dem Wohle des Bundes oder eines Landes Nachteile bereiten würden oder
3. die Daten oder die Tatsache ihrer Übermittlung nach einer Rechtsvorschrift oder ihrem Wesen nach, insbesondere wegen der überwiegenden berechtigten Interessen eines Dritten, geheim gehalten werden müssen und deswegen das Interesse des Betroffenen an der Auskunftserteilung oder Unterrichtung zurücktreten muss. Die Unterrichtung des Betroffenen unterbleibt ferner, wenn erhebliche Nachteile für seine Gesundheit zu befürchten sind.

(5) Die Ablehnung der Auskunftserteilung bedarf keiner Begründung, soweit durch die Mitteilung der tatsächlichen und rechtlichen Gründe, auf die die Entscheidung gestützt wird, der mit der Auskunftsverweigerung verfolgte Zweck gefährdet würde.

VI. Rechtsmittel

Unklar ist, ob die richterliche Anordnung der Mitteilung anfechtbar ist (die „Mitteilung“, also das Ausdrucken, Kuvertieren, in den Postversand geben, ist natürlich ein unanfechtbarer Realakt). In Frage kommt § 23 EGGVG, der sich nach seinem Wortlaut auch auf Angelegenheiten der freiwilligen Gerichtsbarkeit bezieht. Fraglich ist, ob ein Akt der Rechtsprechung oder der Justizverwaltung[1] vorliegt. Der Umstand allein, dass Veranlasser der Mitteilung ein Richter ist, macht den Mitteilungsakt noch nicht zur Rechtsprechung. Es sind aber die vier unbestimmten Rechtsbegriffe des § 308 Abs 1 FamFG vom Richter auszufüllen; somit liegt eine richterliche „Entscheidung“ vor, selbst wenn sie nicht die Überschrift „Beschluss“ trägt. Für die Frage der **Datenübermittlung** ist § 22 EGGVG anzuwenden. 40

§ 22 EGGVG

(1) Ist die Rechtsgrundlage für die Übermittlung personenbezogener Daten nicht in den Vorschriften enthalten, die das Verfahren der übermittelnden Stelle regeln, sind für die Überprüfung der Rechtmäßigkeit der Übermittlung die §§ 23 bis 30 nach Maßgabe der Absätze 2 und 3 anzuwenden. Hat der Empfänger auf Grund der übermittelten Daten eine Entscheidung oder andere Maßnahme getroffen und dies dem Betroffenen bekanntgegeben, bevor ein Antrag auf gerichtliche Entscheidung gestellt worden ist, so wird die Rechtmäßigkeit der Übermittlung ausschließlich von dem Gericht, das gegen die Entscheidung oder Maßnahme des Empfängers angerufen werden kann, in der dafür vorgesehenen Verfahrensart überprüft.

(2) Wird ein Antrag auf gerichtliche Entscheidung gestellt, ist der Empfänger zu unterrichten. Dieser teilt dem nach § 25 zuständigen Gericht mit, ob die Voraussetzungen des Absatzes 1 Satz 2 vorliegen.

(3) War die Übermittlung rechtswidrig, so spricht das Gericht dies aus. Die Entscheidung ist auch für den Empfänger bindend und ist ihm bekanntzumachen. Die Verwendung der übermittelten Daten ist unzulässig, wenn die Rechtswidrigkeit der Übermittlung festgestellt worden ist.

1 So *Prütting/Helms/Fröschle* § 308 Rz 22.

41 Da die **Datenübermittlung** im vorliegenden Fall nicht im EGGVG geregelt ist, sondern im FamFG, steht nach § 22 Abs 1 EGGVG dem Betroffenen nicht § 23 EGGVG zur Verfügung, wie sonst bei fehlerhafter Datenübermittlung[1], sondern die im FamFG vorgesehenen Rechtsschutzmöglichkeiten, auch wenn sie den Fall nicht speziell regeln.

42 Die Mitteilungsanordnung ist deshalb als **Beschluss** zu qualifizieren, durch den ein Verfahrensgegenstand teilweise erledigt wird (vgl § 38 FamFG), daher nach §§ 38, 58 ff FamFG **anfechtbar**[2], wobei zu differenzieren ist: ist die Mitteilung erfolgt und hat die Empfangsstelle noch nichts veranlasst, kann nur die Feststellung ihrer Rechtswidrigkeit begehrt werden. Hat die Empfangsstelle bereits eine Entscheidung erlassen oder Maßnahme getroffen (zB den Waffenschein eingezogen), ist der Betroffene darauf verwiesen, gegen die Maßnahme direkt vorzugehen (also zum Verwaltungsgericht wegen des Entzugs des Waffenscheins). Ist die Mitteilung vom Richter angeordnet, aber von der Geschäftsstelle noch nicht durchgeführt, kommt eine Anfechtung der Anordnung in Betracht; das ist denkbar, wenn der Betroffene von der noch nicht vollzogenen Anordnung zufällig (etwa durch Akteneinsicht) Kenntnis erlangt hat.

VII. Übersicht zu den Mitteilungen

43

Mitteilung von Betreuungsentscheidungen des Betreuungsgerichts	an die Betreuungsbehörde	§ 288 Abs 2 FamFG; BtBG.
Mitteilung von Betreuungsentscheidungen des BetrGer	uU von Amts wegen an andere Gerichte, Behörden, öffentliche Stellen	§ 308 Abs 1 FamFG; §§ 19, 20 EGGVG (Gefahrenabwehr)
Mitteilung anderer Erkenntnisse des Betreuungsgerichts	uU von Amts wegen an andere Gerichte, Behörden, öffentliche Stellen	§ 308 Abs 2 FamFG, §§ 19, 20 EGGVG (Gefahrenabwehr)
Mitteilungen von Entscheidungen oder Erkenntnissen	uU von Amts wegen an andere Gerichte oder Behörden	§ 311 FamFG: nur zur Verfolgung von Straftaten oder OWi, §§ 19, 20 EGGVG
Mitteilungen jeder Art	an das Familiengericht	§ 22 a FamFG
Anordnungen nach § 300 FamFG; § 1846 BGB; 24 Abs 3 EGBGB; deren Aufhebung	an das BetrGer, wo die Betreuung anhängig ist; sonst an das BetrGer des Aufenthalts	§ 272 Abs 2 Satz 2 FamFG
Mitteilung von personenbezogenen Daten	an ausländische öffentliche Stellen, BJM, Ausw. Amt	§ 311 FamFG, § 16 EGGVG; völkerrechtliche Verträge. §§ 19, 20 EGGVG
sonstige Mitteilungen	an Gerichte, Behörden	§ 311 FamFG; § 70 Satz 2 und 3 JGG. §§ 19, 20 EGGVG

1 MünchKomm-*Rauscher/Pabst* EGGVG § 23 Rz 32.

2 Für Anfechtbarkeit *Bassenge/Roth* FGG § 69k Rz 9; Keidel/*Budde* § 308 Rz 13; aA *Prütting/Helms/Fröschle* § 308 Rz 24; Jansen/*Sonnenfeld* FGG § 69k Rz 19: die „Mitteilung“ sei grundsätzlich unanfechtbar; ohne Stellungnahme Keidel/*Kayser* FGG § 69k. Vgl dazu oben LG Saarbrücken FamRZ 2010, 64 (Mitteilung an das Wahlamt).

Mitteilung einer Betreuung bezüglich Aufenthaltsbestimmung (und deren Änderung)	an die Anstalt, Altenheim, Klinik etc, in der der Betreute lebt	§ 310 FamFG, §§ 19, 20 EGGVG
Mitteilung einer Betreuung für *alle* Angelegenheiten; deren Aufhebung	an das Wahlamt	§ 309 Abs 1 FamFG. §§ 19, 20 EGGVG
Mitteilung eines Einwilligungsvorbehalts bezüglich Aufenthaltsbestimmung; Aufhebung des EV; Betreuerwechsel	an die Meldebehörde	§ 309 Abs 2 FamFG, §§ 19, 20 EGGVG
Abgabe der ganzen Akte	ins Ausland	§§ 104 Abs 2, 99 Abs 3 FamFG

§ 309 Besondere Mitteilungen

(1) [1]Wird beschlossen, einem Betroffenen zur Besorgung aller seiner Angelegenheiten einen Betreuer zu bestellen oder den Aufgabenkreis hierauf zu erweitern, so hat das Gericht dies der für die Führung des Wählerverzeichnisses zuständigen Behörde mitzuteilen. [2]Das gilt auch, wenn die Entscheidung die in § 1896 Abs. 4 und § 1905 des Bürgerlichen Gesetzbuchs bezeichneten Angelegenheiten nicht erfasst. [3]Eine Mitteilung hat auch dann zu erfolgen, wenn eine Betreuung nach den Sätzen 1 und 2 auf andere Weise als durch den Tod des Betroffenen endet oder wenn sie eingeschränkt wird.

(2) [1]Wird ein Einwilligungsvorbehalt angeordnet, der sich auf die Aufenthaltsbestimmung des Betroffenen erstreckt, so hat das Gericht dies der Meldebehörde unter Angabe des Betreuers mitzuteilen. [2]Eine Mitteilung hat auch zu erfolgen, wenn der Einwilligungsvorbehalt nach Satz 1 aufgehoben wird oder ein Wechsel in der Person des Betreuers eintritt.

Dem § 309 FamFG entspricht der frühere § 69 Abs 1 FGG.

Schrifttum: *Zimmermann*, Das Wahlrecht des Betreuten, FamRZ 1996, 79; *Paßmann*, Wahlrecht und Betreuungsbedürftigkeit, BtPrax 1998, 6.

I. Wahlrecht, Abs 1

1 **1. Absatz 1 Satz 1.** Nach § 13 Nr 2 Bundeswahlgesetz sind vom Wahlrecht diejenigen Betreuten ausgeschlossen, die einen Betreuer für *alle* Angelegenheiten erhalten haben. Entsprechendes gilt für die Landeswahlgesetze. Manche Richter schreiben in den Beschluss das Wort *alle* bewusst nicht, zählen aber sämtliche Angelegenheiten (oft 20 und mehr Bereiche) auf, obwohl sie genauso gut „alle" schreiben könnten, um so das Wahlrecht zu erhalten; das ist unzulässig und verkennt den Sinn demokratischer Wahlen[1]. Nur wenn es noch mindestens eine Angelegenheit gibt, für die der Betreuer nicht bestellt wird, darf das Wort „alle" unterbleiben. Nicht der Betreuungsrichter entscheidet durch eine entsprechende Formulierung, wer wählen darf und wer nicht, sondern das Wahlamt und das Verwaltungsgericht. Andernfalls würde in kleinen Gemeinden, in deren Bezirk

---

1 Vgl *Prütting/Helms/Fröschle* § 309 Rz 7; *Zimmermann* FamRZ 1996, 79; LG Zweibrücken BtPrax 1999, 244. Das VG Neustadt FamRZ 2000, 1049 ermittelte bei einer Einzelaufzählung durch Anfrage beim Betreuungsrichter, was gemeint war.

Altenheime liegen, letztlich der Richter die Wahlberechtigten und mittelbar den Ausgang der Gemeinderatswahl festlegen. Wenn eine Betreuung alle für diese Person in Betracht kommenden Angelegenheiten umfasst, dann ist somit (trotz Einzelaufzählung) eine Betreuung für alle Angelegenheiten angeordnet[2].

2 Die Regelung in § 309 FamFG stellt klar, dass es nur auf den **Tenor der Entscheidung** ankommt („beschlossen"; zuvor hieß es in § 69 l Abs 1 FGG: „ausweislich der Entscheidung")[3]. Eine Mitteilungspflicht ist somit nur dann festlegt, wenn das Wort „alle" im Tenor enthalten ist. Eine Mitteilung sonstiger Beschlüsse durch das Gericht an das Wahlamt ist also unzulässig und rechtswidrig[4]. § 13 Nr 2 BWahlG schreibt aber nach seinem Wortlaut einen Wahlrechtsausschluss unabhängig von der Formulierung vor des Beschlusses des Betreuungsgerichts vor. Das Wahlamt hat zwar nicht die Pflicht, aus dem unzulässigerweise mitgeteilten Beschluss oder dessen Begründung zu folgern, ob der Aufgabenkreis in Wirklichkeit *alle* Angelegenheiten umfasste[5]. Das Wahlamt hat aber das Recht zur Ermittlung, etwa wenn Dritte das Wahlamt über den tatsächlichen Umfang der Betreuung informieren[6], wenn also rechtsmissbräuchlich das Wort „alle" unterlassen wurde. Wird vom Wahlamt dem Betreuten die Beteiligung an der Wahl mit der Begründung verweigert, trotz Einzelaufzählung seien alle Angelegenheiten erfasst, bleibt dem Betroffenen der Weg zum Verwaltungsgericht (zB einstweilige Anordnung auf Eintragung in das Wählerverzeichnis, § 123 VwGO)[7].

3 Keine Mitteilungspflicht besteht, wenn nur eine Betreuung durch **einstweilige Anordnung** vorliegt (§ 13 Nr 2 BWahlG); ferner nicht, wenn der Betreute ohnehin nicht wahlberechtigt ist, weil er (nicht wahlberechtigter) **Ausländer** ist.

4 Das Betreuungsgericht hat eine entsprechende Mitteilung an die zuständige Behörde (Wahlamt) durchzuführen, damit dort vermerkt wird, dass der Betreute keine Wahlunterlagen erhält. Ein Ermessen ist dem Betreuungsgericht nicht eingeräumt. Die Mitteilung erfolgt bei Deutschen, aber auch bei wahlberechtigten Staatsangehörigen der übrigen Mitgliedstaaten der Europäischen Gemeinschaft (an das *deutsche* Wahlamt).

5 Die Mitteilungen sind vom **Richter** zu veranlassen (XV/4 Abs 3 MiZi). Mitzuteilen ist eine **abgekürzte Ausfertigung der Entscheidung** (Ziffer XV/4 MiZi), also nur des Tenors, soweit er den Aufgabenkreis betrifft, nicht der Gründe. § 308 Abs 3 FamFG gilt in den Mitteilungsfällen des § 309 FamFG nicht, es entfällt also die Unterrichtung des Betroffenen, des Verfahrenspflegers und des Betreuers über die Mitteilung an das Wahlamt/Meldebehörde.

6 **Zuständige Wahlämter** sind: in Baden-Württemberg die Gemeinden; in Bayern die Gemeinden; in Berlin die Bezirksämter – Bezirkseinwohnerämter; in Brandenburg die Gemeinden; in Bremen das Stadtamt – Meldebehörde, in Bremerhaven der Magistrat der Stadt Bremerhaven; in Hamburg das Bezirksamt Harburg – ZM; in Hessen die Gemeindebehörden; in Mecklenburg-Vorpommern die Gemeinden; in Niedersachsen die Gemeinden; in Nordrhein-Westfalen die Gemeinden; in Rheinland-Pfalz die Stadt- und Gemeindeverwaltungen, für Ortsgemeinden in Verbandsgemeindeverwaltungen; im Saarland die Gemeinden; in Sachsen die Gemeinden; in Sachsen-Anhalt die Gemeinden; in

---

2 LG Zweibrücken BtPrax 1999, 244; *Prütting/Helms/Fröschle* § 309 Rz 7; aA Keidel/*Budde* § 309, Rz 2; *Hellmann* BtPrax 1999, 229.
3 So auch VG Saarlouis BtPrax 2009, 254.
4 Verkannt von LG Saarbrücken BtPrax 2009, 252.
5 So geschah es im Fall VG Neustadt FamRZ 2000, 1049.
6 AA VG Saarlouis BtPrax 2009, 254, das eine Bindung bejaht.
7 So in den Fällen VG Neustadt FamRZ 2000, 1049; VG Saarlouis BtPrax 2009, 254.

Schleswig-Holstein die Bürgermeister der amtsfreien Gemeinden sowie die Amtsvorsteher der Ämter; in Thüringen die Gemeinden.

2. Absatz 1 Satz 2. Die Regelung stellt klar, dass eine Besorgung „aller" Angelegenheiten im Sinne des Gesetzes auch vorliegt, wenn Postverkehr (§ 1896 Abs 4 BGB) und Einwilligung in die Sterilisation (§§ 1899 Abs 2, 1905 BGB) von der Betreuung ausgenommen sind. 7

3. Absatz 1 Satz 3. Das Wahlrecht lebt wieder auf, wenn die Betreuung nicht mehr „alle" Angelegenheiten umfasst, weil der Aufgabenkreis des Betreuers eingeschränkt wurde, oder wenn die Betreuung vom Gericht nach § 1908 d BGB oder vom LG/BGH im Rechtsmittelzug aufgehoben wurde. 8

4. Rechtsmittel. Bei Mitteilungen an das Wahlamt (§ 309 FamFG) kann Anfechtbarkeit bestehen[8]. Die aA[9] meint, es liege keine anfechtbare Endentscheidung vor, bedenkt aber nicht, dass im konkreten Fall unklar ist, ob eine Betreuung für „alle" Angelegenheiten angeordnet war und daher die Anordnung der Mitteilung uU rechtswidrig war. Vgl § 308 Rz 40. 9

II. Aufenthaltsbestimmungsrecht, Absatz 2

1. Absatz 2 Satz 1. Braucht der Betroffene für Willenserklärungen betreffend seinen Aufenthalt die Einwilligung seines Betreuers (§ 1903 BGB), schafft Abs 2 Satz 1 die Rechtsgrundlage für eine entsprechende Mitteilung des Betreuungsgerichts an die Meldebehörde (zB Einwohnermeldeamt). Die Meldebehörde soll so eine rechtmäßige An- oder Abmeldung überprüfen können[10]. Allerdings ist Aufenthalt etwas Tatsächliches und nicht dasselbe wie Wohnsitz (der einen Wohnsitzbegründungswillen voraussetzt). Der Behörde sind nur Wohnsitzänderungen mitzuteilen, Aufenthaltsänderungen nicht. Das Gesetz vermischt aber offensichtlich beides und setzt fest, dass sich ein Einwilligungsvorbehalt auf die Aufenthaltsbestimmung beziehen kann[11]. Eine Betreuung mit dem Aufgabenkreis „Wohnsitzbestimmung" beinhaltet (so gesehen) die Aufenthaltsbestimmung und ist daher mitzuteilen. 10

Zuständige Meldebehörden sind: in **Baden-Württemberg** die Gemeinden als Ortspolizeibehörden; in **Bayern** die Gemeinden bzw Verwaltungsgemeinschaften; in **Berlin** das Landeseinwohneramt Berlin; in **Brandenburg** die kreisfreien Städte, die Ämter und die amtsfreien Gemeinden; in **Bremen** das Stadtamt – Meldebehörde; in Bremerhaven der Magistrat der Stadt Bremerhaven; in **Hamburg** das Bezirksamt Harburg – ZM; in **Hessen** die Gemeindebehörden; in **Mecklenburg-Vorpommern** die Oberbürgermeister der kreisfreien Städte, die Bürgermeister der amtsfreien Gemeinden und die Amtsvorsteher der Ämter; in **Niedersachsen** die Gemeinden; in **Nordrhein-Westfalen** der Oberstadt-/Stadt-/Gemeindedirektor – Meldebehörde; in **Rheinland-Pfalz** die Stadt- und Gemeindeverwaltungen, für Ortsgemeinden in Verbandsgemeindeverwaltungen; im **Saarland** die Gemeinden; in **Sachsen** die Gemeinden; in **Sachsen-Anhalt** die Gemeinden bzw Verwaltungsgemeinschaften; in **Schleswig-Holstein** die Bürgermeister der amtsfreien Gemeinden sowie die Amtsvorsteher der Ämter; in **Thüringen** die Gemeinden bzw Verwaltungsgemeinschaften. 11

„Unter Angabe des Betreuers" heißt, dass der Meldebehörde die Personalien des Betreuers mitzuteilen sind (Name, Vorname, akademische Grade, Geburtsdatum, Anschrift; vgl Melderechtsrahmengesetz § 2 Abs 1 Nr 9). Sind mehrere 12

---

8 LG Zweibrücken BtPrax 1999, 244. Dazu *Hellmann* BtPrax 1999, 229.
9 LG Saarbrücken BtPrax 2009, 252 = FamRZ 2010, 64.
10 BT-Drucks 11/4528 S. 182.
11 Das hält BayObLG FamRZ 1993, 852 für zulässig; zweifelhaft; aA LG Köln FamRZ 1992, 857.

Betreuer für diesen Aufgabenkreis bestellt (§ 1899 Abs 3 BGB), sind alle Betreuer der Meldebehörde mitzuteilen; bei geteilter Mitbetreuung nur der „zuständige" Betreuer. In den Fällen der Bestellung eines Eventualbetreuers nach § 1899 Abs 4 BGB wird dasselbe gelten.

13 **2. Absatz 2 Satz 2.** Die Regelung schreibt eine Nachberichtspflicht vor. Der Aufhebung des Einwilligungsvorbehalts steht eine entsprechende Einschränkung des Kreises der einwilligungsbedürftigen Willenserklärungen gleich.

14 **3. Rechtsmittel** vgl § 308 Rz 40.

15 4. Regelungen, wie der Empfänger mit der Mitteilung zu verfahren hat, finden sich in §§ 19 ff EGGVG.

§ 310 Mitteilungen während einer Unterbringung

Während der Dauer einer Unterbringungsmaßnahme hat das Gericht dem Leiter der Einrichtung, in der der Betroffene untergebracht ist, die Bestellung eines Betreuers, die sich auf die Aufenthaltsbestimmung des Betroffenen erstreckt, die Aufhebung einer solchen Betreuung und jeden Wechsel in der Person des Betreuers mitzuteilen.

Dem § 310 FamFG entspricht der frühere § 69 m FGG.

1 **1. Anwendungsbereich.** § 310 gilt nur für Betreuungssachen, für Unterbringungssachen gilt § 338 FamFG (der auf § 310 nicht verweist). § 310 ist auch für eine Unterbringung durch einstweilige Anordnung anwendbar.

2 **2. Zweck.** Ist der Betroffene untergebracht (§ 312 FamFG, erfasst sind also auch unterbringungsähnliche Maßnahmen nach § 1906 Abs 4 BGB), ist der Anstaltsleiter mit dafür verantwortlich, dass dies nicht ohne die erforderliche rechtliche Grundlage geschieht; er muss daher wissen, ob eine Betreuung mit Aufenthaltsbestimmungsrecht bzw Unterbringungsrecht besteht und wer berechtigt ist, über den Aufenthalt zu bestimmen[1]; vgl § 1906 BGB. Traditionell wird die Auffassung vertreten, dass „Aufenthaltsbestimmung" die Unterbringung beinhaltet. Die Aufgabenkreise „Personensorge" oder „alle Angelegenheiten" beinhalten ebenfalls das Aufenthaltsbestimmungsrecht. Auch bei einer öffentlich-rechtlichen Unterbringung nach PsychKG bzw UnterbrG gibt es Fälle, in denen ein Betreuer bestellt ist, etwa für die Vermögenssorge; allerdings wird ein solcher Betreuer nur in Ausnahmefällen für die Aufenthaltsbestimmung bestellt sein.

3 **3. Inhalt der Mitteilung.** Mitzuteilen ist derjenige Betreuer mit Name, Vorname und Anschrift, der das Aufenthaltsbestimmungsrecht bzw Unterbringungsrecht hat, die Aufhebung einer solchen Entscheidung und der Wechsel in der Person eines solchen Betreuers. Auch der bloße Wegfall des Aufgabenbereichs „Unterbringung" bzw „Aufenthaltsbestimmung" ist mitzuteilen. Ein Ermessen des Gerichts besteht nicht. Die vollständige Entscheidung des Betreuungsgerichts ist dagegen nicht mitzuteilen[2].

4 **Zeitpunkt** der Mitteilung: mit Wirksamwerden der Entscheidung (§ 287 FamFG)[3]. Da es bei der zivilrechtlichen Unterbringung Sache des Betreuers ist,

---

1 BT-Drucks 11/4528 S. 220.
2 *Jürgens* § 69 m Rz 1.
3 Keidel/*Budde* § 310 Rz 2.

die Einrichtung auszuwählen, steht der Name der Einrichtung nicht im Beschluss. Das Gericht muss deshalb beim Betreuer anfragen, es sei denn der Name des Betreuers ist der Einrichtung ohnehin bekannt.

4. Zuständigkeit. Die Mitteilung wird von der Geschäftsstelle veranlasst und durchgeführt, nach anderer Ansicht[4] ist der Rechtspfleger für die Anordnung zuständig, nach weiterer aA der Richter bzw Rechtspfleger[5]. Der Richter ist nur für die Veranlassung der Mitteilung an ein anderes Betreuungsgericht im Falle des § 313 Abs 4 FamFG zuständig (MiZi XV/6). 5

Ein **Aktenvermerk** ist nicht vorgeschrieben, aber bei richtiger Aktenführung selbstverständlich. 6

5. Rechtsmittel. § 308 Rz 40. Angesichts Art 19 Abs 4 GG kann die Maßnahme nicht unnachprüfbar sein. Da der Urkundsbeamte tätig wird sollte man analog § 573 ZPO die Erinnerung für zulässig halten[6]. Wegen der Geringfügigkeit wird aber das Rechtsschutzbedürfnis fehlen. 7

§ 311 Mitteilungen zur Strafverfolgung

[1]Außer in den sonst in diesem Gesetz, in § 16 des Einführungsgesetzes zum Gerichtsverfassungsgesetz sowie in § 70 Satz 2 und 3 des Jugendgerichtsgesetzes genannten Fällen darf das Gericht Entscheidungen oder Erkenntnisse aus dem Verfahren, aus denen die Person des Betroffenen erkennbar ist, von Amts wegen nur zur Verfolgung von Straftaten oder Ordnungswidrigkeiten anderen Gerichten oder Behörden mitteilen, soweit nicht schutzwürdige Interessen des Betroffenen an dem Ausschluss der Übermittlung überwiegen. [2]§ 308 Abs. 3 und 4 gilt entsprechend.

---

§ 311 FamFG entspricht dem früheren § 69n FGG. § 69n war durch Art 13 Justizmitteilungsgesetz vom 18.6.1997 (BGBl 1998, 1430) eingefügt worden.

1. Mitteilungsfälle: Übersicht zu den zahlreichen Mitteilungsfällen vgl § 308 Rz 43. § 311 FamFG nennt weitere Fälle, in denen das Betreuungsgericht zu Mitteilungen ermächtigt ist („darf"). (1) Wann das Betreuungsgericht von Amts wegen Mitteilungen machen *muss*, regeln §§ 308 bis 311 sowie § 288 Abs 2 FGG. (2) **§ 16 EGGVG** betrifft die Datenübermittlung an ausländische öffentliche Stellen über das Bundesjustizministerium (ohne praktische Bedeutung); die Abgabe von Betreuungsakten ins Ausland regeln §§ 104 Abs 2, 99 Abs 3 FamFG. (3) **§ 70 Satz 2 JGG** besagt sinngemäß, dass der „Betreuungsrichter"[1] den Staatsanwalt benachrichtigt, wenn ihm bekannt ist, dass gegen den Beschuldigten noch ein anderes Strafverfahren anhängig ist. (4) **§ 70 Satz 3 JGG** regelt sinngemäß, dass der „Betreuungsrichter" dem Staatsanwalt betreuungsgerichtliche Maßnahmen mitteilt, soweit nicht für ihn erkennbar ist, dass schutzwürdige Interessen überwiegen. Inwieweit § 70 JGG, der für Jugendliche gilt, bei Betreuungen, die sich nur gegen Erwachsene richten können (§ 1896 BGB), überhaupt Anwendungsfälle haben könnte, ist nicht ersichtlich; es handelt sich um einen Ausfluss von Datensammelwut. 1

---

4 *Bienwald/Sonnenfeld* § 69 m Rz 12.
5 *Bassenge/Roth* § 308 Rz 8; Jansen/*Sonnenfeld* FGG § 69 m Rz 8.
6 AA *Prütting/Helms/Fröschle* § 310 Rz 10: Art 23 ff EGGVG; aA Bassenge/Roth § 310 Rz 5 (Beschwerde nach §§ 58 ff FamFG).
1 Keidel/*Budde* § 311 Rz 1.

2 **2. Satz 1. Entscheidungen** oder **Erkenntnisse** des Betreuungsgerichts, aus denen sich ergibt, dass eventuell Straftaten oder Ordnungswidrigkeiten begangen wurden, sind während des Verfahrens oder nach Abschluss des Verfahrens zu übermitteln. Es kann sich um Straftaten des Betroffenen (Betreuten) handeln (zB dass er betrunken gefahren ist) oder um Ordnungswidrigkeiten. Delikte Dritter (zB dass der Betreute vom Pflegepersonal misshandelt wird) sind ebenfalls erfasst. § 311 enthält die Einschränkung „aus denen die Person des Betroffenen erkennbar ist"; für **anonymisierte Anzeigen** gilt § 311 somit nicht[2].

3 **Zuständig** zur Veranlassung ist der Richter, in seinem Zuständigkeitsbereich (etwa anlässlich der Genehmigung vermögensrechtlicher Geschäfte, wenn steuerliche Delikte auftauchen) der Rechtspfleger[3], §§ 3, 15 RPflG, nicht die Geschäftsstelle.

4 **Der Richter bzw Rechtspfleger wägt ab,** ob schutzwürdige Interessen des Betreuten (nicht Dritter) überwiegen; letztlich kommt es auf die Schwere des Delikts an und welche Auswirkungen die Mitteilung für den Betroffenen haben kann, zB für seine Gesundheit und seine soziale Eingliederung[4]. Beträfe die Mitteilung ahndbares Verhalten anderer Personen, zB von Angehörigen, kann es deshalb notwendig sein, sie nicht weiterzuleiten, wenn dadurch der Kontakt des Betreuten mit seinen Angehörigen leiden würde. Es kann notwendig sein, den Betreuten zu fragen, ob er eine solche Weiterleitung, von der Angehörige betroffen sind, will. Das Gericht hat ein **Ermessen.** Es ist nicht Aufgabe des Betreuungsrichters, unter dem Vorwand des Helfenwollens das Wissen um Kleindelikte aus dem Betroffenen herauszuholen und zu melden. Kleinigkeiten werden daher in der Regel nicht weitergemeldet. Auch kann von Bedeutung sein, dass der Betreute gegenüber dem Gericht oder dem Sachverständigen Angaben machte, ohne auf die Möglichkeit der Weiterverwendung in einem Strafverfahren oder OWi-Verfahren und somit auf sein Aussageverweigerungsrecht hingewiesen zu werden[5].

5 **Empfänger** ist das Gericht oder die Behörde, die für die Verfolgung der Straftat bzw Ordnungswidrigkeit zuständig ist, also idR die Staatsanwaltschaft.

6 **3. Satz 2.** Die Verweisung besagt, dass zugleich (oder nachträglich) der Betroffene (Betreute), der Verfahrenspfleger und der Betreuer zu unterrichten sind (§ 308 Abs 3 FamFG); dies ist ferner in den Akten zu vermerken (§ 308 Abs 4 FamFG). Bei Delikten Dritter erfolgen keine Mitteilungen an die Beteiligten des Betreuungsverfahrens und an den Dritten, weil hier aus der Mitteilung die Person des Betroffenen (Betreuten) nicht zwangsläufig erkennbar sein muss.

7 **Der Datenempfänger.** Ferner sind §§ 19 bis 21 EGGVG (abgedruckt § 308 Rz 39) anzuwenden; sie regeln den Umgang des Empfängers mit den übermittelten Daten. Das war früher in § 69o FGG ausdrücklich bestimmt; jetzt aber ist die ausdrückliche Beschränkung der Geltung des GVG auf die streitige Gerichtsbarkeit entfallen (§ 2 GVG wurde geändert), das EGGVG gilt unmittelbar auch für Angelegenheiten der freiwilligen Gerichtsbarkeit, die Notwendigkeit einer Einbeziehung durch Verweisung somit entfallen.

8 **4. Rechtsmittel.** Die Anordnung der Mitteilung ist (soweit sie nicht nach § 16 EGGVG oder § 70 JGG erfolgte) eine Entscheidung über einen Teil des Ver-

2 *Bassenge/Roth* § 311 Rz 1.
3 *Jansen/Sonnenfeld* FGG § 69n Rz 7; *Prütting/Helms/Fröschle* § 311 Rz 18.
4 *Bassenge/Roth* § 311 Rz 2.
5 *Prütting/Helms/Fröschle* § 311 Rz 13.

fahrensgegenstandes, somit eine Endentscheidung im Sinne des § 38 FamFG. Sie ist daher grundsätzlich anfechtbar nach §§ 58 ff FamFG[6]. Ist die Mitteilung allerdings erfolgt könnte ohnehin nichts mehr rückgängig gemacht werden, nur noch eine Feststellung der Rechtswidrigkeit käme in Frage (vgl aber § 22 Abs 3 EGGVG). Ist die Mitteilung erfolgt und der Empfänger tätig geworden (Beispiel: Mitteilung einer Straftat, das Strafgericht hat den Betroffenen verurteilt), kann nur noch gegen dessen Entscheidung vorgegangen werden (zB gegen das Strafurteil mit Berufung bzw Revision). Steht die Ausführung der Mitteilungsanordnung aber noch bevor und erfährt der Betroffene zufällig davon, besteht Anfechtbarkeit nach §§ 58 ff FamFG. Vgl § 308 Rz 40.

Abschnitt 2 Verfahren in Unterbringungssachen

Schrifttum: *Parensen*, Die Unterbringung Geistes- und Suchtkranker (PsychKG NRW), 1972; *Göppinger*, Unterbringung psychisch Kranker, FamRZ 1980, 856; *Marschner*, Psychische Krankheit und Freiheitsentziehung, 1985; *Bergener* (Herausgeber), Die zwangsweise Unterbringung psychisch Kranker, 1986; *Dodegge*, Unterbringungsverfahren (NRW-PsychKG) NJW 1987, 1910; *Less*, Unterbringung von Geisteskranken, 1989; *v Eicken/Ernst/Zenz*, Fürsorglicher Zwang, 1990 (Rechtstatsachen zur Freiheitsbeschränkung und Heilbehandlung in Einrichtungen); *Pentz*, Verfahrensfehler bei der Freiheitsentziehung, NJW 1990, 2777; *Zimmermann*, Das neue Verfahren in Unterbringungssachen, FamRZ 1990, 1308; *Reichel*, Unterbringungsrecht in den neuen Bundesländern, FamRZ 1990, 1318; *Rink*, Kritische Anmerkungen zum Verfahren in Unterbringungssachen, RuP 1991, 148; *Schumacher*, Rechtsstaatliche Defizite im neuen Unterbringungsrecht, FamRZ 1991, 280; *Ukena*, Die Unterbringung in einem psychiatrischen Krankenhaus, 1991; *Haecker*, Unterbringungsverfahren (Schleswig-Holstein) SchlHA 1992, 69; *Zimmermann*, Thüringer PsychKG, 1994; Saage/Göppinger, Freiheitsentziehung und Unterbringung, 3. Aufl 1994; *Dodegge*, Gestaltung der Einweisungspraxis aus der Sicht eines Unterbringungsrichters, BtPrax 1998, 43; *Coeppicus*, Sachfragen des Betreuungs- und Unterbringungsrechts, 2000; *Bohnert*, Unterbringungsrecht, 2000; *Marschner/Volckart*, Freiheitsentziehung und Unterbringung, 4. Aufl 2001; *Lorch*, Der Erfolg der geschlossenen Unterbringung, 2003; *Dodegge/Zimmermann*, PsychKG-NRW (Kommentar), 2. Aufl 2003; *Zimmermann*, UnterbringungsG Baden-Württemberg, 2003; *Juchart/Warmbrunn/Stolz*, Unterbringungsrecht Baden-Württemberg, 3. Aufl 2003; *Fehn/König/Selen*, Die sofortige Unterbringung psychisch Kranker, 2003; *Hoffmann/Klie*, Freiheitsentziehende Maßnahmen, 2004; *Horn/Mohr/Wagner*, Unterbringung im öffentlichen Recht und im Zivilrecht, 2007; *Zimmermann*, BayUnterbringungsG, 3. Aufl 2009.

Weitere Literatur vgl bei § 1906 BGB.

§ 312 FamFG Unterbringungssachen

Unterbringungssachen sind Verfahren, die

1. **die Genehmigung einer freiheitsentziehenden Unterbringung eines Betreuten (§ 1906 Abs. 1 bis 3 des Bürgerlichen Gesetzbuchs) oder einer Person, die einen Dritten zu ihrer freiheitsentziehenden Unterbringung bevollmächtigt hat (§ 1906 Abs. 5 des Bürgerlichen Gesetzbuchs),**
2. **die Genehmigung einer freiheitsentziehenden Maßnahme nach § 1906 Abs. 4 des Bürgerlichen Gesetzbuchs oder**
3. **eine freiheitsentziehende Unterbringung eines Volljährigen nach den Landesgesetzen über die Unterbringung psychisch Kranker**

betreffen.

Dem § 312 FamFG entspricht der frühere § 70 FGG, der durch das das 1. BtÄndG 1998 und durch das 2. BtÄndG 2005 geändert worden war.

---

6 AA *Prütting/Helms/Fröschle* § 311 Rz 19: nur nach §§ 23 ff EGGVG anfechtbar.

Übersicht

I. Unterbringung im Allgemeinen

1 **1. Rechtsgrundlagen.** Eine freiheitsentziehende Unterbringung kann auf Grund verschiedener Rechtsgrundlagen erfolgen:

2 **a) Bundesrecht. – aa) Freiheitsentziehungssachen.** Freiheitsentziehungssachen sind Verfahren, die die aufgrund von *Bundesrecht* angeordnete Freiheitsentziehung betreffen, soweit das Verfahren bundesrechtlich nicht abweichend geregelt ist (§ 415 Abs 1 FamFG). Diese Sachen waren früher im FEVG (Gesetz über das gerichtliche Verfahren bei Freiheitsentziehungen vom 29.6.1956) geregelt. Das FEVG wurde zum 1.9.2009 durch Art 112 FGG-ReformG aufgehoben; die Materie ist jetzt in §§ 415 bis 432 FamFG geregelt. Die Bezeichnung täuscht vor, dass es sich um eine generelle Regelung handelt; in Wirklichkeit sind §§ 415 bis 432 subsidiär (§ 415 Abs 1 FamFG).

3 **Anwendungsfälle:** Unter §§ 415 ff FamFG fällt zB die **Abschiebungshaft** nach § 62 des Aufenthaltsgesetzes (AufenthG), die Inhaftnahme nach § 59 Abs 2 iVm § 89 Abs 2 des Asylverfahrensgesetzes (AsylvfG), die Freiheitsentziehung nach § 30 des Infektionsschutzgesetzes (IfSG); Freiheitsentziehungen aufgrund der Ermächtigungen in § 23 Abs 3 Satz 4, § 25 Abs 3, § 39 Abs 1 und 2 und § 43 Abs 5 des Bundespolizeigesetzes (BPolG), zB zur Durchsetzung eines Platzverweises oder zur Verhinderung einer Straftat; Ingewahrsamnahmen nach § 21 Abs 7 des Bundeskriminalamtgesetzes (BKAG) und durch das Zollkriminalamt nach § 23 Abs 1 Satz 2 Nr 8 des Zollfahndungsdienstgesetzes (ZFdG) an. §§ 415 ff sind ferner anwendbar, wenn Landesrecht ausdrücklich darauf verweist, wie in den meisten Polizeigesetzen der Länder.

4 **Nicht unter § 415 FamFG fallen** zB: Genehmigung der zivilrechtlichen Unterbringung durch den Betreuer oder Bevollmächtigten nach § 312 Nr 1, die Unterbringung eines Volljährigen nach den Landesgesetzen über die Unterbringung psychisch Kranker nach § 312 Nr 3 (PsychKG; UnterbrG)), die strafrechtliche Freiheitsentziehung im Rahmen der Strafrechtspflege (u. a. Untersuchungshaft, Freiheitsstrafe, Jugendstrafe, freiheitsentziehende Maßregeln der Besserung, Sicherungshaft) sowie die Zivilhaft (Ordnungs-, Sicherungs-, Zwangs- und Erzwingungshaft).

5 **bb) §§ 63, 64, 66 StGB; §§ 81, 126 a StPO** (vorläufige Unterbringung)

6 **cc) BGB:** (1) Zivilrechtliche (freiheitsentziehende) Unterbringung des **Kindes:** §§ 1631 b, 1800, 1915 BGB; sie gilt als „Kindschaftssache“ im Sinne der ab

1.9.2009 geltenden Definition. Verfahrensrechtlich ist sie geregelt in § 151 Nr 6 FamFG. Zuständig ist das Familiengericht, nicht das Betreuungsgericht. Jedoch verweist § 167 Abs 1 FamFG dafür auf § 312 Nr 1 FamFG.
(2) Zivilrechtliche Unterbringung des Volljährigen durch den **Betreuer**: § 1906 Abs 1, 4 BGB. Verfahrensrecht: §§ 312 ff FamFG.
(3) Zivilrechtliche Unterbringung des Volljährigen durch einen **Bevollmächtigten**, § 1906 Abs 5 BGB. Verfahrensrecht: §§ 312 ff FamFG.
(4) Unterbringung durch das **Gericht** nach § 1846 BGB; vgl § 334 FamFG. Eine Unterbringung nach § 284 FamFG fällt *nicht* unter §§ 312 ff FamFG.

b) Landesrecht. – aa) PsychKG. Jedes **Bundesland** hat ein Landesgesetz über die sog öffentlich-rechtliche Unterbringung psychisch Kranker. Verfahrensrecht bei Volljährigen: §§ 312 ff FamFG. Verfahrensrecht bei Minderjährigen: § 151 Nr 7 FamFG (zuständig ist das Familiengericht); hier verweist § 167 Abs 1 FamFG sodann auf die entsprechende Anwendung von § 312 Nr 3 FamFG. 7

Es handelt sich um folgende **Landesgesetze:** 8
Baden-Württemberg: Gesetz über die Unterbringung psychisch Kranker vom 11.4.1983/2.12.1991/4.5.2009 (GBl 1983, 133; 1991, 794; 2006, 52; 2009, 195).
Bayern: Gesetz über die Unterbringung psychisch Kranker und deren Betreuung vom 20.4.1982/5.4.1992/22.12.2009 (GVBl 1992, 61; 2009, 195).
Berlin: Gesetz über psychisch Kranke vom 8.3.1985/17.3.1994 (GVBl 1985, 586).
Brandenburg: Gesetz über Hilfen und Schutzmaßnahmen (PsychKG) vom 8.2.1996/13.5.2009 (GVBl 1996, 25; 2009, 134).
Bremen: Gesetz über Hilfen und Schutzmaßnahmen bei psychischen Krankheiten vom 9.4.1979/18.2.1992/23.6.2009 (GBl 1979, 123; 1992, 31; 2009, 233).
Hamburg: Hamburgisches Gesetz über Hilfen und Schutzmaßnahmen bei psychischen Krankheiten vom 27.9.1995/17.2.2009 (GVBl 1995, 235; 2009, 29).
Hessen: Hessisches Gesetz über die Entziehung der Freiheit geisteskranker, geistesschwacher, rauschgift- oder alkoholsüchtiger Personen 19.5.1952/5.2.1992/15.5.1997 (GVBl 1952, 111; 1992, 66; 1997, 352)
Mecklenburg-Vorpommern: Gesetz über Hilfen und Schutzmaßnahmen für psychisch Kranke 1.6.1993/23.5.2006 (GVBl 1993, 528; GlNr 2127-2).
Niedersachsen: PsychKG 16.6.1997/25.1.2007 (GVBl 1997, 272; 2007, 50).
Nordrhein-Westfalen: PsychKG 17.12.1999/5.4.2005 (GVBl 1999, 662; 2005, 332).
Rheinland-Pfalz: PsychKG vom 17.11.1995/6.2.2001 (GVBl 1995, 473; 2001, 29).
Saarland: UnterbrG vom 11.11.1992/ 21.11.2007 (ABl. 1992, 1021; Nr 2012-18)
Sachsen: Gesetz über die Hilfen und die Unterbringung bei psych Krankheiten 10.10.2007 (GVBl 2007, 422).
Sachsen-Anhalt: Gesetz über Hilfen für psychisch Kranke und Schutzmaßnahmen 30.1.1992/14.2.2008 (GVBl 1992, 88; GVBl LSA S. 58).
Schleswig-Holstein: PsychKG 14.1.2000/3.1.2005 (GVBl 2000, 106; 2005, 21).
Thüringen: Gesetz zur Hilfe und Unterbringung psychisch Kranker vom 2.2.1994/5.2.2009 (GVBl 1994, 81; 2009, 10).

Regelungsgehalt. Diese verschiedenen Gesetze regeln jeweils die materiellen Voraussetzungen der Freiheitsentziehung (im Prinzip immer psychische Erkrankung sowie erhebliche Gefährdung der „öffentlichen Sicherheit und Ordnung“) 9 und auch Teile des Verfahrensrechts. Im Kern ist es jeweils ein Verfahren der freiwilligen Gerichtsbarkeit, die Abweichungen in den einzelnen Ländern sind beträchtlich. Soweit die Ländergesetze verfahrensrechtliche Bestimmungen enthielten, die von §§ 70 ff FGG abwichen, wurden sie geändert und sind im Übrigen wegen des Vorrangs von Bundesrecht (Art 31 GG) unbeachtlich[1]. Die materiellen Voraussetzungen sind vom BtG unberührt[2], sie bleiben also in den Ländern unterschiedlich, was schwer erträglich ist.

10 Die dringend **erforderliche Vereinheitlichung** scheitert ua, weil die Kompetenz des Bundes für das materielle Recht aus Art 74 Nr 7 GG streitig ist[3]. Das gerichtliche Verfahren dagegen ist seit dem 1.1.1992 (bzw 3.10.1990 in den DDR-Ländern) in jedem Bundesland gleich geregelt, nämlich in §§ 1 bis 110 und 312 bis 339 FamFG. Damit wurde ein uraltes Anliegen verwirklicht, das schon 1953 und 1968 scheiterte[4]. Das Verfahrensrecht der öffentlich-rechtlichen Unterbringung ist (fast) ebenso geregelt wie bei der zivilrechtlichen Unterbringung. Dass beide Unterbringungsarten nach demselben Verfahrensrecht laufen, ist notwendig, weil sonst bei Überschneidung der Richter den „Verfahrensweg des geringsten Widerstandes" wählen könnte[5].

11 **bb) Ehemalige DDR.** In den Bundesländern **im Gebiet der ehemaligen DDR** waren für das gerichtliche Verfahren über Unterbringungsmaßnahmen die §§ 70 ff FGG bereits seit dem 3.10.1990 anzuwenden (Einigungsvertrag vom 31.8.1990, BGBl II 889, Anlage I Kapitel III Sachgebiet A Abschnitt III Maßgabe Nr 13). Die materiell-rechtlichen Voraussetzungen der Unterbringung waren im Einweisungsgesetz der früheren DDR vom 11.6.1968[6] enthalten[7]; verfahrensrechtlich galten dafür §§ 70 ff FGG[8]. Das EinweisungsG wurde sodann in allen Ost-Bundesländern aufgehoben und durch neue PsychKGe dieser Länder ersetzt.

12 **cc) Polizeirecht der Länder.** Das Polizeirecht der einzelnen Länder enthält Vorschriften, wonach die Polizei Personen in Gewahrsam nehmen kann (zB Art 17 BayPAG); danach können auch Personen, die aus dem Vollzug entwichen sind, festgenommen und in die Anstalt wieder zurückgebracht werden.

13 **2. Verhältnis der beiden Unterbringungsarten zueinander.** In vielen Fällen liegen sowohl die Voraussetzungen der zivilrechtlichen wie der (landesrechtlichen) öffentlich-rechtlichen Unterbringung vor. Besteht zB bei einem psychisch Kranken Selbstmordgefahr, kann sowohl zivilrechtliche wie öffentlich-rechtliche Unterbringung in Frage kommen. In diesen Fällen ist die zivilrechtliche Unterbringung vorrangig[9]; anders zB § 11 Abs 2 PsychKG NRW. Zu den Folgen im Einzelnen vgl § 1906 BGB.

zivilrechtliche Unterbringung von Volljährigen, § 1906 BGB	öffentlich-rechtliche Unterbringung von Voll- und Minderjährigen nach PsychKG
kein „Antrag" erforderlich	setzt einen Antrag der Behörde voraus
örtliche Zuständigkeit des Betreuungsgerichts: § 313 Abs 1, 2	örtliche Zuständigkeit des Betreuungsgerichts: § 313 Nr 3

1 LG Berlin Rpfleger 1993, 174.
2 OLG Frankfurt FamRZ 1992, 1472.
3 Vgl BVerfG 58, 229; BT-Drucks 11/4528 S. 80.
4 Vgl *Brüggemann/Totten*, Die gesetzlichen Grundlagen der Verwahrung Geisteskranker, Diss Bonn 1959, S. 134.
5 Vgl *Holzhauer*, Gutachten zum 57. Dt Juristentag 1988 B 100; *Dieckmann* JZ 1988, 798; BT-Drucks 11/4528 S. 81; Bedenken bei *Bürgle* NJW 1988, 1882.
6 DDR-GBl Abs 1 Satz 2 73.
7 *Reichel* FamRZ 1990, 1319; *Bergmann* NJ 1991, 211.
8 BVerfG FamRZ 1995, 1052.
9 BVerfG NJW 1982, 683; BayObLGZ 1990, 48.

zivilrechtliche Unterbringung von Volljährigen, § 1906 BGB	öffentlich-rechtliche Unterbringung von Voll- und Minderjährigen nach PsychKG
Unterbringung wird vom Betreuungsgericht genehmigt, bei Minderjährigen vom Familiengericht	Unterbringung wird vom Betreuungsgericht angeordnet, bei Minderjährigen vom Familiengericht
Aussetzung des Vollzugs nicht geregelt	Aussetzung des Vollzugs: § 328
–	Rechtsbehelf gegen Vollzugsregelungen: § 327
vor der Entscheidung des Betreuungsgerichts: vorl. Unterbringung durch den Betreuer nach § 1906 Abs 2 Satz 2	vor der Entscheidung des Betreuungsgerichts: Anordnung der sof. vorläufigen Unterbringung durch die Behörde nach Landesrecht
sonstiges gerichtliches Verfahren und Rechtsmittel identisch, §§ 312 ff FamFG	

3. Befreiung eines Untergebrachten. Die Befreiung einer nach dem PsychKG/UnterbrG untergebrachten Person ist nach § 120 Abs 1, 4 StGB strafbar[10]. Die Befreiung einer von einem Betreuer nach § 1906 Abs 1 BGB, selbst mit gerichtlicher Genehmigung nach § 1906 Abs 2 BGB, in einer geschlossenen Heil- und Pflegeanstalt untergebrachten Person fällt dagegen nicht unter § 120 StGB, weil es sich um keine „Verwahrung auf behördliche Anordnung" im Sinne des § 120 Abs 4 StGB handelt[11]. 14

II. Definition der Unterbringungssachen

§ 312 definiert, was Unterbringungssachen im Sinne der §§ 313 bis 339 FamFG sind. Eine ähnliche Definition war in § 70 Abs 1 Satz 2 FGG enthalten. Die Definition stellt klar, dass eine Unterbringung zur Beobachtung zwecks Vorbereitung eines Gutachtens nach § 284 FamFG bzw § 322 FamFG nicht unter §§ 312 ff fällt, auch für die Unterbringung nach § 1846 BGB gelten §§ 312 ff nicht unmittelbar, sondern nur über § 334 FamFG. Die Formulierung ist aber missverständlich; gemeint sind zB auch die Aufhebung der Genehmigung, kurz: alle Verfahren über Unterbringungsmaßnahmen, auch ablehnende Entscheidungen. 15

§§ 312 ff regeln das Unterbringungsverfahren nicht abschließend; daneben sind §§ 1 bis 110 sowie Vorschriften des Betreuungsverfahrensrechts (§§ 271 ff) heranzuziehen. 16

Nr 1: Unterbringung eines volljährigen Betreuten nach § 1906 Abs 1, 2 und 3 BGB. Bei Minderjährigen sind §§ 1631 b, 1800, 1915 BGB, § 151 Nr 6 FamFG einschlägig. 17

Nr 1: Unterbringung des volljährigen nicht unter Betreuung stehenden Vollmachtgebers durch den Bevollmächtigten, § 1906 Abs 5 BGB; Minderjährige können keine derartige Vollmacht erteilen. 18

Nr 2: Unterbringungsähnliche Maßnahmen nach § 1906 Abs 4 BGB (einem volljährigen Betreuten, der sich in einer Anstalt, einem Heim oder einer sons- 19

10 *Schönke/Schröder* StGB § 120 Rz 4.
11 BGH NJW 1956, 1365.

tigen Einrichtung aufhält, ohne untergebracht zu sein, soll durch mechanische Vorrichtungen, Medikamente oder auf andere Weise über einen längeren Zeitraum oder regelmäßig die Freiheit entzogen werden). Unterbringungsähnliche Maßnahmen bei Kindern sind dagegen nicht genehmigungspflichtig oder -fähig[12]; die Mutter kann somit ihren Säugling ohne Genehmigung des Gerichts ins Gitterbett legen.

20 Nr 3: **Freiheitsentziehung nach den Landesgesetzen** über die Unterbringung (PsychKG bzw UnterbrG). Betroffen sind minderjährige Kinder und volljährige Personen. Die Landesgesetze enthielten früher materielles und Verfahrensrecht. Das materielle Recht gilt fort, anstelle des (inzwischen aufgehobenen) Verfahrensrechts dieser Landesgesetze gelten §§ 312 ff FamFG.

§ 313 FamFG Örtliche Zuständigkeit

(1) Ausschließlich zuständig für Unterbringungssachen nach § 312 Nr. 1 und 2 ist in dieser Rangfolge:

1. das Gericht, bei dem ein Verfahren zur Bestellung eines Betreuers eingeleitet oder das Betreuungsverfahren anhängig ist,

2. das Gericht, in dessen Bezirk der Betroffene seinen gewöhnlichen Aufenthalt hat,

3. das Gericht, in dessen Bezirk das Bedürfnis für die Unterbringungsmaßnahme hervortritt,

4. das Amtsgericht Schöneberg in Berlin, wenn der Betroffene Deutscher ist.

(2)[1] Für einstweilige Anordnungen oder einstweilige Maßregeln ist auch das Gericht zuständig, in dessen Bezirk das Bedürfnis für die Unterbringungsmaßnahme bekannt wird. [2]In den Fällen einer einstweiligen Anordnung oder einstweiligen Maßregel soll es dem nach Absatz 1 Nr. 1 oder Nr. 2 zuständigen Gericht davon Mitteilung machen.

(3) [1]Ausschließlich zuständig für Unterbringungen nach § 312 Nr. 3 ist das Gericht, in dessen Bezirk das Bedürfnis für die Unterbringungsmaßnahme hervortritt. [2]Befindet sich der Betroffene bereits in einer Einrichtung zur freiheitsentziehenden Unterbringung, ist das Gericht ausschließlich zuständig, in dessen Bezirk die Einrichtung liegt.

(4) [1]Ist für die Unterbringungssache ein anderes Gericht zuständig als dasjenige, bei dem ein die Unterbringung erfassendes Verfahren zur Bestellung eines Betreuers eingeleitet ist, teilt dieses Gericht dem für die Unterbringungssache zuständigen Gericht die Aufhebung der Betreuung, den Wegfall des Aufgabenbereiches Unterbringung und einen Wechsel in der Person des Betreuers mit. [2]Das für die Unterbringungssache zuständige Gericht teilt dem anderen Gericht die Unterbringungsmaßnahme, ihre Änderung, Verlängerung und Aufhebung mit.

Dem § 313 FamFG entspricht der frühere § 70 FGG.

Übersicht

---

12 LG Essen FamRZ 1993, 1347; AG Hamburg NJOZ 2009, 51 (Beckengurt für Kind im Rollstuhl); aA Palandt/*Diederichsen* § 1631 b Rz 2; *Dodegge* FamRZ 1993, 1348.

I. Zuständigkeit im Allgemeinen

1. Internationale Zuständigkeit. Nach § 104 Abs 1 FamFG sind in betreuungs- und *zivilrechtlichen* Unterbringungssachen die deutschen Gerichte international zuständig, wenn der Betroffene Deutscher ist, seinen gewöhnlichen Aufenthalt im Inland hat oder der Fürsorge durch ein deutsches Gericht bedarf. Dem in Deutschland befindlichen Ausländer kann somit ein Betreuer bestellt werden und der Betreuer kann die Unterbringung vom deutschen Betreuungsgericht genehmigen lassen. Für *öffentlich-rechtliche* Unterbringungen gilt § 104 Abs 1 FamFG nicht, wie § 104 Abs 3 klarstellt. Hier bleibt es bei dem allgemeinen Grundsatz, dass die örtliche Zuständigkeit die internationale Zuständigkeit nach sich zieht[1]; § 105 FamFG. Ausländer können also bei uns öffentlich-rechtlich untergebracht werden, die Staatsangehörigkeit spielt keine Rolle. Vorrangig ist im Verhältnis zu Frankreich und Schottland das Haager Übereinkommen über den internationalen Schutz von Erwachsenen vom 13.1.2000. Vgl. § 272 Rz 43. 1

Hat ein ausländisches Gericht eine Betreuung oder Unterbringung angeordnet richtet sich die **Anerkennung** in Deutschland nach §§ 97 bis 110 FamFG. 2

2. Sachliche Zuständigkeit. Für alle Maßnahmen im Sinne von § 312 FamFG sind in erster Instanz sachlich die Amtsgerichte Abteilung „Betreuungssachen, Unterbringungssachen" (gebildet nach § 23c Abs 1 GVG) zuständig, auch für die öffentlich-rechtliche Unterbringung. Vor dem 1.9.2009 waren die Vormundschaftsgerichte zuständig, die aber abgeschafft wurden (letztlich wurden aber nur die Türschilder ausgewechselt). Für die Unterbringung eines Kindes[2] sind die Familiengerichte zuständig (§ 151 Nr 6, Nr 7; § 167 Abs 1 FamFG); unter Geltung des FGG waren teils die Vormundschaftsgerichte zuständig[3]. Entscheidet das Familiengericht statt des Betreuungsgerichts oder umgekehrt, ist aber der Beschluss nicht nichtig, nur anfechtbar (vgl § 2 Abs 3 FamFG, analog angewandt). Es handelt sich um eine ausschließliche Zuständigkeit. In den DDR-Ländern waren früher die Kreisgerichte zuständig. 3

§ 23c Abs 2 Satz 1 GVG sagt: „Die Betreuungsgerichte werden mit **Betreuungsrichtern** besetzt." Da die Betreuungsgerichte auch für Unterbringungen zuständig sind, gilt die Regelung auch für Unterbringungen. § 23c GVG suggeriert etwas, was nicht zutrifft. Ein Betreuungsrichter ist ein Richter am Amtsgericht 4

1 *Prütting/Helms/Hau* § 104 Rz 26; Holzhauer/*Reinicke* § 70 Rz 19.
2 Beispiel: OLG Brandenburg FamRZ 2004, 817.
3 OLG Brandenburg FamRZ 2008, 616.

(bzw ein dorthin abgeordneter Richter am LG); er hat weder eine besondere Ausbildung, noch Qualifikation, noch eine andere Besoldung als die anderen Amtsrichter des Gerichts. Auch können einem Betreuungsrichter in der Geschäftsverteilung auch andere Geschäfte zugewiesen werden, zB als Familienrichter, Zivilrichter, Strafrichter; es ist häufig, dass ein Amtsrichter nur zu einem Bruchteil seiner Tätigkeit Betreuungsrichter ist. Nach § 23c Abs 2 Satz 2 GVG kann ein **Richter auf Probe** „im ersten Jahr nach seiner Ernennung Geschäfte des Betreuungsrichters nicht wahrnehmen". Wird er trotzdem tätig, liegt zwar ein Verstoß gegen den gesetzlichen Richter vor; die Entscheidung ist aber deswegen nicht nichtig.

5 **3. Funktionelle Zuständigkeit.** Funktionell ist für Unterbringungssachen der Richter zuständig (Art 104 Abs 2 Satz 1 GG); Unterbringungssachen sind auf den Rechtspfleger nicht übertragen oder übertragbar. Im Landesteil Württemberg von Baden-Württemberg ist ebenfalls der Richter des Betreuungsgerichts zuständig, nicht das Notariat (§ 37 BadWürtt LFGG).

II. Örtliche Zuständigkeit bei zivilrechtlicher Unterbringung

6 **Für zivilrechtliche Unterbringungsmaßnahmen (§ 312 Nr 1, 2) gilt:**

7 **1. Abs 1 Nr 1:** Ausschließlich zuständig ist in erster Linie das Betreuungsgericht, bei dem ein Verfahren zur Bestellung eines Betreuers **eingeleitet** oder das Betreuungsverfahren schon **anhängig** ist. Ein solches Verfahren wird von Amts wegen eingeleitet, sobald das Gericht Kenntnis von einem Sachverhalt erlangt, der möglicherweise unter § 1896 BGB fällt. Die Einleitung kann auch eine Betreuung betreffen, bei der es zunächst nicht um eine Unterbringung geht. Wenn schon eine (vorläufige oder endgültige) Betreuung usw mit dem Aufgabenbereich „Unterbringung" bei einem Gericht *anhängig* ist, ist dieses Gericht dann auch für die Genehmigung (oder Ablehnung) der Unterbringung zuständig; denn dort sind die entsprechenden Gerichtsakten bereits angelegt. Entgegen der früheren hM[4], die meinte, es müsse zumindest ein vorläufiger Betreuer *bestellt* sein, stellt die Neufassung nur noch darauf ab, dass ein solches Verfahren eingeleitet ist[5]. Ein Betreuer muss noch nicht bestellt sein; das betrifft aber nur die Zuständigkeit. Denn ohne Betreuerbestellung kann keine Unterbringung nach § 1906 BGB „genehmigt" werden. Im Rahmen eines von Amts wegen eingeleiteten Betreuungsverfahrens, bei dem der Anregende zum Ausdruck gebracht hat, dass die Unterbringung zum Aufgabenkreis gehören müsste, kann deshalb gleichzeitig ermittelt werden, ob die Unterbringungsvoraussetzungen vorliegen.

8 **2. Abs 1 Nr 2:** Bei **fehlender Anhängigkeit** eines „solchen" Verfahrens ist örtlich ausschließlich zuständig, das Gericht, in dessen Bezirk der Betroffene seinen *gewöhnlichen* **Aufenthalt** hat; vgl § 272 FamFG. Auf den **Wohnsitz** kommt es nicht an, also auch nicht auf einen Wohnsitzbegründungswillen. Das Aufenthalts-Gericht liegt ortsnah zum Betroffenen und gewährleistet damit einen persönlichen Kontakt zwischen Betroffenem, Betreuer und Gericht. Die Anknüpfung an den Aufenthalt führt dazu, dass sich die Verfahren bei den Gerichten konzentrieren, in deren Bezirk sich Einrichtungen für psychisch Kranke usw befinden.

9 Im Sozialrecht (§ 30 Abs 3 Satz 2 SGB I) hat jemand seinen gewöhnlichen Aufenthalt dort, wo er sich unter Umständen aufhält, die erkennen lassen,

---

4 Keidel/*Kayser* FGG § 70 Rz 12 mit Nachw.

5 BT-Drucks 16/6308 S. 273: *Prütting/Helms/Roth* § 313 Rz 5.

dass er an diesem Ort oder in diesem Gebiet nicht nur vorübergehend verweilt. Zur Begründung eines „gewöhnlichen Aufenthalts" ist nach der Rechtsprechung des BVerwG[6] ein dauerhafter oder längerer Aufenthalt nicht erforderlich. Es genügt vielmehr, dass der Betroffene sich an dem Ort oder in dem Gebiet „bis auf weiteres" im Sinne eines zukunftsoffenen Verbleibs aufhält und dort den Mittelpunkt seiner Lebensbeziehungen hat. Der BGH[7] versteht unter dem gewöhnlichen Aufenthalt den Ort, in dem der Schwerpunkt der Bindungen der betreffenden Person, ihr Daseinsmittelpunkt liegt. Der **gewöhnliche Aufenthalt** des Betroffenen ist dort, wo er seinen tatsächlichen Lebensmittelpunkt hat[8], der Ort, an dem er sich hauptsächlich (nicht unbedingt ständig) aufzuhalten pflegt (wo er also zB eine Wohnung hat und schläft) und dort rein tatsächlich länger verweilt[9], wohin er nach *vorübergehender* Abwesenheit wieder zurückkehren will (die Frage ist, was vorübergehend ist).

Eine **gewisse Dauer** ist erforderlich, ohne dass eine bestimmte Mindestzeit angegeben werden könnte. Nicht notwendig sind persönliche Bindungen an einen Ort (sonst könnten kontaktscheue Personen oder Einsiedler keinen gewöhnlichen Aufenthalt haben). Bei einem **Wechsel des Aufenthaltsorts** wird ein neuer gewöhnlicher Aufenthalt nicht immer erst nach Ablauf einer entsprechenden Zeitspanne begründet mit der Folge, dass bis dahin der frühere gewöhnliche Aufenthalt fortbestehen würde[10]. Der gewöhnliche Aufenthalt an einem neuen Ort wird vielmehr grundsätzlich schon dann begründet, wenn sich aus den Umständen ergibt, dass der Aufenthalt an diesem Ort auf eine längere Zeitdauer angelegt ist und der neue Aufenthaltsort künftig anstelle des bisherigen Daseinsmittelpunkts sein soll[11]. **10**

Die Begründung eines Aufenthalts ist ein rein tatsächlicher Vorgang und setzt keinen rechtsgeschäftlichen Begründungswillen voraus. An- oder Abmeldung beim Einwohnermeldeamt spielt keine Rolle[12]. Der bloße „schlichte Aufenthalt", zB auf der Durchreise, genügt nicht. Auf eine bestimmte Mindestdauer kommt es nicht an. **Vorübergehende Abwesenheit**, etwa wegen kürzerer Reisen[13], ist bei Rückkehrwillen unschädlich, solange sich der Ort, der als der tatsächliche Lebensmittelpunkt zu bezeichnen ist, nicht geändert hat. Kürzerer **Klinikaufenthalt** ändert den Aufenthalt nicht[14]. Auch ein auf längere Zeit angelegter Aufenthalt in einer Reha-Klinik begründet nach bisher hM keinen neuen gewöhnlichen Aufenthalt am Klinikort[15] (hier ist aber § 273 Satz 2 FamFG zu beachten). Anders ist es, wenn nicht absehbar ist, ob und gegebenenfalls wann der Betreute aus einem längeren Klinikaufenthalt entlassen und dann wieder in seine Wohnung zurückkehren wird[16] oder wenn zwar mit **11**

6 BVerwG NJW 2003, 2470.
7 BGH NJW 1993, 2047 zu Art 14 Abs 1 Nr 2 EGBGB.
8 BayObLG Rpfleger 1993, 63 – FamRZ 1993, 89; *Knittel* § 272 Rz 18.
9 BGH NJW 1983, 2771; BayObLG 1980, 55; zum Begriff des Aufenthalts vgl *Breidenbach* StAZ 1959, 296; *Schneider* FamRZ 1960, 54; *Papenfuß*, Der gewöhnliche Aufenthalt im internationalen und interlokalen Privatrecht, Köln 1963.
10 OLG München NJW-RR 2006, 1376.
11 BGH NJW 1981, 520.
12 OLG Karlsruhe Rpfleger 1995, 458; BayObLG v 14.2.1994 BtE 1994/65 bei § 65 a; *Bassenge/Roth* § 272 Rz 4; *Knittel* § 272 Rz 21.
13 Vgl BayObLG JR 1961, 271.
14 OLG Hamm NJW-RR 2007, 157; BayObLG FamRZ 2000, 1442; OLG Karlsruhe BtPrax 1996, 72; OLG Stuttgart BtPrax 1997, 161. Vgl BGH MDR 1985, 216 zur Wohnungsaufgabe bei Klinikaufenthalt wegen Alkoholismus.
15 BayObLG FamRZ 1993, 89: zweijähriger Aufenthalt; OLG Karlsruhe FamRZ 1996, 1341: zwei Jahre; BayObLG BtPrax 2003, 132: drei Jahre im Bezirkskrankenhaus untergebracht; OLG Stuttgart FamRZ 1997, 438.
16 BayObLG FamRZ 1997, 1363.

Entlassung in ca einem Jahr zu rechnen ist, aber unklar, wohin die Entlassung erfolgt[17]. Ob die **zwangsweise Verbringung an einen Ort** einen (neuen) gewöhnlichen Aufenthalt begründet, ist streitig und wird zum Teil abgelehnt[18]. Der Betroffene hat in einer **Justizvollzugsanstalt, Entziehungsanstalt, psychiatrischen Krankenhaus** jedenfalls dann seinen gewöhnlichen Aufenthalt, wenn er nicht mehr über einen anderen Daseinsmittelpunkt mit Rückkehrmöglichkeit verfügt[19] oder wenn die Haft noch längere Zeit andauern wird. Bei einer *vorläufigen* Unterbringung nach § 126a StPO liegt in der Regel noch kein neuer gewöhnlicher Aufenthalt vor[20]. Bei einer **Unterbringung nach § 63 StGB** wird ein gewöhnlicher Aufenthalt in der Psychiatrischen Klinik begründet, wenn sich der Betroffene nicht nur vorübergehend im Maßregelvollzug befindet[21].

12 **3. Abs 1 Nr 3:** Bei fehlender Anhängigkeit und fehlendem gewöhnlichem Aufenthalt im Inland ist das Gericht örtlich zuständig, in dessen Bezirk das Bedürfnis für die Unterbringungsmaßnahme hervortritt. Das sind die Fälle, in denen nur ein schlichter Aufenthalt vorliegt, etwa bei der Durchreise. Hier genügt eine geringe Dauer des Aufenthalts; irgendwelche weitere Beziehungen, insbesondere in familiärer oder beruflicher Hinsicht, sind nicht erforderlich.

13 **4. Abs 1 Nr 4:** Liegt weder Nr 1, noch Nr 2 noch Nr 3 vor, ist örtlich zuständig das Amtsgericht Schöneberg in Berlin, wenn der Betroffene Deutscher ist. Das entspricht dem früheren § 65 Abs 3 FGG.

14 **5. Ausschließliche Zuständigkeit.** Die Zuständigkeiten nach § 313 FamFG sind ausschließlich. Sie können also nicht anderweitig vereinbart werden. Wenn ein örtlich unzuständiges Gericht entschieden hat, ist die Entscheidung gleichwohl nicht nichtig (§ 2 Abs 3 FamFG), nur anfechtbar.

15 **6. Mehrfache Zuständigkeit.** Denkbar ist eine mehrfache Zuständigkeit, etwa wenn jemand mehrere gewöhnlicher Aufenthalte hat (§ 312 Abs 1 Nr 2 FamFG). Dann ist das Gericht zuständig, das zuerst mit der Angelegenheit befasst ist (§ 2 Abs 1 FamFG).

16 **7. Sonstige Änderung der Zuständigkeit.** Die örtlich Zuständigkeit ändert sich nicht, wenn nach ihrem Eintritt sich die sie begründenden Umstände ändern (§ 2 Abs 2 FamFG), zB weil der Betroffene umzieht und seinen Aufenthalt ändert. Eine Abgabe kommt in Betracht (§ 4; § 314 FamFG). **Zuständigkeitsstreit:** § 5 FamFG. **Verweisung:** § 3 FamFG; **Abgabe:** § 314 FamFG.

III. Eilmaßnahmen, Abs 2

17 Für **einstweilige Anordnungen** (§§ 331, 332 FamFG) oder einstweilige Maßregeln (§ 1846 BGB mit § 334 FamFG) besteht sowohl die Zuständigkeit nach Abs 1, als auch nach Abs 2 Satz 1: auch das Gericht ist örtlich zuständig, in dessen Bezirk das Bedürfnis für die Unterbringungsmaßnahme bekannt wird. Wenn sich ein Betreuter zB in einer entfernten Klinik aufhält, damit dort ein Sachverständigengutachten über die Betreuung erstellt werden kann (so dass an sich bereits eine Zuständigkeit nach Abs 1 besteht), dann kann das Fürsorgebedürfnis dort auftreten[22], etwa weil eine Krisensituation auftritt. Der dortige

17 BayObLG v 29.9.1994 bei BtE 1994/95 zu § 65a FGG.
18 Palandt-*Thorn* Art 5 EGBGB Rz 10 mwN.
19 OLG München FamRZ 2007, 853.
20 OLG Köln Beschl v 9.6.2006 – 16 Wx 104/06.
21 LG Regensburg FamRZ 2006, 1062; aA *Bienwald* in Anm hierzu.
22 BayObLG FamRZ 1995, 305 und 485.

Amtsrichter wäre dann zB für einen Beschluss nach § 1846 BGB oder eine einstweilige Anordnung nach §§ 331, 332 FamFG zuständig.

Das allgemein nach Abs 1 zuständige Gericht muss sodann das Verfahren zur Weiterführung übernehmen[23]. Eine Abgabe an das Eilgericht ist nach § 314 FamFG möglich. 18

Zu beachten ist, dass **einstweilige Anordnungen** gegenüber einem Hauptsacheverfahren **selbständig** sind (§ 51 Abs 3 FamFG), anders als unter Geltung des FGG. 19

IV. Örtliche Zuständigkeit bei öffentlich-rechtlicher Unterbringungen

Für **öffentlich-rechtliche Unterbringungen** gilt: 20

1. Ort des Bedürfnisses. Ausschließlich zuständig für Unterbringungen nach § 312 Nr 3 FamFG ist das Gericht, in dessen Bezirk das Bedürfnis für die Unterbringungsmaßnahme hervortritt (Abs 3 Satz 1). Das ist nicht zwingend der Ort, wo der Betroffene wohnt bzw sich aufhält, sondern auch der Ort, wo er auffällig, gefährlich oder störend tätig geworden ist[24]. 21

Verschiedene Bundesländer. Reist einer, der sich gewöhnlich in Bayern aufhält, nach Baden-Württemberg, um dort relevant zu randalieren, ist das Betreuungsgericht in Baden-Württemberg zuständig (Abs 3 Satz 1) und wendet das UnterbrG von Baden-Württemberg an. Besteht für diese Person eine Betreuung in Bayern und zeigt sich ein Bedürfnis für eine einstweilige Anordnung zwecks zivilrechtlicher Unterbringung während der Reise in Baden-Württemberg, ist ebenfalls das Betreuungsgericht in Baden-Württemberg zuständig (§ 313 Abs 2 Satz 1 FamFG) und wendet § 1906 BGB an. Wird eine Person in Bayern nach dem BayUnterbrG freiheitsentziehend untergebracht und soll sie in eine Klinik an ihren Wohnsitz in Baden-Württemberg verlegt werden, ist zu beachten, dass sie durch eine Verlegung den Geltungsbereich des BayUnterbrG verlässt, also nicht mehr festgehalten werden darf[25]. Die beiderseitigen Ordnungsbehörden sowie die Ministerien müssten sich abstimmen, der Betroffene müsste in die neue Klinik gebracht werden, wo bereits eine landesrechtliche Unterbringung angeordnet ist. Anders ist es im Falle des (bundesrechtlichen) § 1906 BGB, weil dort der Betreuer den Ort der Unterbringung bestimmt. 22

2. Ort der Klinik. Befindet sich der Betroffene bereits in einer Einrichtung zur freiheitsentziehenden Unterbringung, ist das Gericht ausschließlich zuständig, in dessen Bezirk die Einrichtung liegt (Abs 3 Satz 2). Die örtliche Zuständigkeit des Gerichts wird allein dadurch begründet, dass die Behörde den Betroffenen im Wege der Sofortunterbringung in diese Einrichtung verbringt, bevor er durch das AG an seinem gewöhnlichen Aufenthaltsort angehört werden kann; es kommt dann nicht mehr darauf an, bei welchem AG die zuständige Behörde den Antrag auf Anordnung der Unterbringung einreicht[26]. 23

Satz 2 stellt klar, dass das Betreuungsgericht, in dessen Bezirk die Klinik („Einrichtung") liegt, in die der Betroffene gebracht wurde, weil seine *öffentlich-rechtliche* Unterbringung in Frage kommt, ausschließlich zuständig ist (deshalb entfällt eine Abgabe); damit soll erreicht werden, dass an Wochenenden not- 24

---

23 *Prütting/Helms/Hau* § 313 Rz 12.
24 BayObLG FamRZ 1992, 722; *Zimmermann*, BayUnterbrG Rz A 7.
25 BayObLGZ 1967, 55.
26 OLG Hamm FGPrax 2009, 35.

wendige Eilmaßnahmen durch das für die Klinik zuständige Betreuungsgericht getroffen werden können[27]. Fehlt eine solche Unterbringung, ist das Betreuungsgericht zuständig, in dessen Bezirk der Betroffene auffällig wird (Satz 1).

V. Konzentrationsermächtigung

25 Nach § 23d GVG (früher § 70 Abs 6 FGG) können die Landesregierungen durch Rechtsverordnungen Unterbringungssachen bei bestimmten Amtsgerichten konzentrieren. Dazu zB in **Hamburg** VO 7.1.1992 GVBl 1992, 1; in **Bremen** VO 21.1.1992 GBl 1992, 13. Es kann sich auch um eine AG eines anderen Bundeslandes handeln.

VI. Wechselseitige Information der Gerichte

26 § 314 FamFG regelt wechselseitige Informationspflichten der Gerichte, niedergelegt ferner in Verwaltungsanweisungen (MiZi). In den Fällen einer einstweiligen Anordnung oder einstweiligen Maßregel nach §§ 331, 332, 334 FamFG in Verbindung mit §§ 1906, 1846 BGB soll das anordnende Gericht dem nach Abs 1 Nr 1 oder Nr 2 zuständigen Gericht Mitteilung machen (Abs 2 Satz 2). Da es sich nur um eine Sollvorschrift handelt, kann bei Verletzung keine Staatshaftung daraus hergeleitet werden. Abs 4 betrifft hauptsächlich zivilrechtliche Unterbringungen: Ist für die Unterbringungssache ein anderes Gericht zuständig als dasjenige, bei dem *ein die Unterbringung erfassendes Verfahren* zur Bestellung eines Betreuers eingeleitet ist, teilt dieses Gericht dem für die Unterbringungssache zuständigen Gericht die Aufhebung der Betreuung, den Wegfall des Aufgabenbereiches Unterbringung und einen Wechsel in der Person des Betreuers mit (Abs 4 Satz 1). Ein Betreuerbestellungsverfahren betrifft dann nicht die Unterbringung, wenn es zB nur zwecks Vermögenssorge eingeleitet wurde. Das für die Unterbringungssache zuständige Gericht teilt dem anderen Gericht die Unterbringungsmaßnahme, ihre Änderung, Verlängerung und Aufhebung mit (Abs 4 Satz 2). Abs 4 gilt auch für öffentlich-rechtliche Unterbringungen[28], wie aus dem Gesetzesaufbau folgt.

§ 314 Abgabe der Unterbringungssache

Das Gericht kann die Unterbringungssache abgeben, wenn der Betroffene sich im Bezirk des anderen Gerichts aufhält und die Unterbringungsmaßnahme dort vollzogen werden soll, sofern sich dieses zur Übernahme des Verfahrens bereit erklärt hat.

---

§ 314 FamFG entspricht der frühere § 70 Abs 3 Satz 1 FGG; die Abgabevoraussetzungen waren durch das 2. BtÄndG 2005 geändert worden.

1 **1. Anwendungsbereich.** Die Abgabemöglichkeit nach § 70 Abs 3 Satz 1 FGG bezog sich nur auf zivilrechtliche Unterbringungen. § 314 FamFG hingegen gilt für beide Arten der Unterbringung[1]. Eine Differenzierung nach der Anhängigkeit besteht nicht (mehr), entfallen ist das frühere Erfordernis der Zustimmung des Betreuers zur Abgabe und die Notwendigkeit des Vorliegens eines wichtigen

---

27 BT-Drucks 13/7158 S. 39.
28 Keidel/*Budde* § 313 R 11.
1 *Bassenge/Roth* § 314 Rz 1; Keidel/*Budde* § 314 Rz 2.

Grundes für die Abgabe. § 314 ist eine Sonderregelung gegenüber § 4 FamFG[2].

2. Voraussetzungen der Abgabe. Ist ein Betreuungsverfahren anhängig und wird dann eine zivilrechtliche Unterbringung erforderlich kann entweder das ganze Verfahren abgegeben werden (§ 273 FamFG) oder nur der Komplex „Unterbringung“[3]. Allerdings setzt § 273 durch Verweisung auf § 4 FamFG einen „wichtigen Grund“ für die Abgabe voraus, während § 314 für die Abgabe der Unterbringungssache **keinen wichtigen Grund** verlangt. Bei Abgabe einer öffentlich-rechtlichen Unterbringung spielt der Unterschied keine Rolle, weil hier keine Betreuung als Basisverfahren erforderlich ist. Der Erlass einer einstweiligen Anordnung allein konnte unter Geltung des FGG nicht abgegeben werden[4]. Die Abgabe der öffentlich-rechtlichen Unterbringungssache oder des Teil-Verfahrens „zivilrechtliche Unterbringung“ an das andere Betreuungsgericht setzt voraus: 2

a) **Unterbringungssache** im Sinn von § 312 FamFG; dazu Rz 2. Die Regelung gilt auch für die Verlängerung einer Unterbringung[5]. 3

b) **Aufenthalt des Betroffenen** im Bezirk eines anderen Amtsgerichts. Hierfür genügt auch der schlichte Aufenthalt, es muss sich nicht um einen gewöhnlichen Aufenthalt handeln, weil § 314 FamFG keine derartige Einschränkung enthält. Ein Bedarf für eine Abgabe besteht zB dann, wenn der Betroffene nach Erlass der Unterbringungsanordnung durch das Amtsgericht A in eine Klinik an seinem Wohnsitz (Wohnsitz B) verlegt wird[6]. 4

c) Die Unterbringungsmaßnahme soll im anderen Bezirk **vollzogen** werden. Der Umstand, dass der Betroffene in einem anderen Bezirk schon untergebracht *ist*, genügt[7]. Zwar schreibt § 314: „vollzogen werden *soll*“, so dass man meinen könnte, eine Abgabe sei nur vor Beginn des Vollzugs zulässig; so ist die Vorschrift aber nicht gemeint, weil das nicht sinnvoll wäre. Ist die Unterbringung eines Betroffenen beabsichtigt, der sich nicht im Bezirk des für den voraussichtlichen Unterbringungsort zuständigen Gerichts aufhält, ist eine Abgabe unzulässig[8]. 5

d) **Ermessensausübung** durch das Abgabegericht. Die Abgabeanfrage kann nur durch den Richter erfolgen, nicht durch den Rechtspfleger. Eine bestimmte Form ist nicht notwendig; eine telefonische Anfrage genügt. Zwar ist (im Gegensatz zu früher) kein „wichtiger Grund“ mehr erforderlich, aber das Ermessen ist nur dann pflichtgemäß ausgeübt, wenn es einen Sinn hat, dass das Verfahren nun von einem anderen Gericht bearbeitet wird. Eine Abwägung nach Zweckmäßigkeit ist erforderlich[9]: die einheitliche Führung des gesamten Verfahrens beim selben Betreuungsgericht hat grundsätzlich den Vorrang[10]. Andererseits können durch die Abgabe Reisen des Richters bei künftigen Anhörungen und Ermittlungen erleichtert werden[11], auch der Kontakt des Gerichts mit Angehörigen kann verbessert werden. **Beispiel:** Der Betroffene hat im Bezirk A größeres Immobilien-Vermögen, das von einem dort wohnenden Betreuer verwaltet wird; 6

2 BT-Drucks 16/6308 S. 273.
3 OLG Brandenburg FamRZ 2000, 1445.
4 *Knittel* FGG § 70 Rz 22.
5 *Prütting/Helms/Roth* § 314 Rz 3.
6 *Dodegge/Roth* G Rz 83; *Jansen/Sonnenfeld* FGG § 70 Rz 55.
7 OLG Brandenburg FamRZ 1998, 109; aA Holzhauer/*Reinicke* § 70 Rz 13.
8 OLG München FamRZ 2008, 1117.
9 *Prütting/Helms/Roth* § 314 Rz 4.
10 Vgl *Knittel* § 70 Rz 23.
11 Vgl Saage/*Göppinger* Teil III Rz 233; *Baumann*, Unterbringungsrecht S. 396.

im weit entfernten Bezirk B wird er untergebracht[12]; hier ist eine Teil-Abgabe vertretbar.

7 e) **Übernahmebereitschaft** des anderen Gerichts. Sie kann nur durch den Richter erklärt werden, nicht durch den Rechtspfleger. Das andere Gericht kann verlangen, dass ihm zunächst die Akten gesandt werden, damit es die Zweckmäßigkeit der Übernahme prüft.

8 **Einigen sich die Gerichte nicht**, entscheidet nach § 5 Abs 1 Nr 5 FamFG das gemeinschaftliche obere Gericht[13]. Zwar gilt diese Bestimmung nach ihrem Wortlaut nur für die Fälle des § 4 FamFG, der auf den wichtigen Grund abstellt, was bei § 314 FamFG gerade fehlt; doch ist das wohl übersehen worden[14]. Außerdem ist § 314 eine Sonderregelung gegenüber § 4 FamFG. Würde man keine Möglichkeit der Streitentscheidung geben gäbe es wohl keine Abgaben mehr, da kaum jemand gerne Arbeit übernimmt, wie die zahlreichen Abgabestreitigkeiten zeigen.

9 f) **Anhörungen.** Nicht notwendig ist die Zustimmung des Betreuers oder bei einem Kind (öffentlich-rechtliche Unterbringung) die Zustimmung der Eltern. Allerdings *muss* den Beteiligten (§ 315 FamFG) rechtliches Gehör gewährt werden, was bedeutet, dass jedenfalls der Betroffene dazu gehört werden muss, nicht notwendig mündlich; ferner der Betreuer bzw der Vorsorgebevollmächtigte (bei Unterbringung durch ihn). Auch der Geschäftsunfähige muss angehört werden (vgl § 316 FamFG); es muss ihm hierzu nicht extra ein Pfleger bestellt werden. Auch der Verfahrenspfleger muss, falls bestellt, angehört werden (§ 315 Abs 2 FamFG). Entgegen § 4 Satz 2 FamFG handelt es sich bei der Anhörung nicht nur um eine Soll-Regelung.

10 **3. Form der Abgabe, Anfechtung.** Die Abgabe erfolgt durch einen Beschluss des Richters (§ 38 FamFG). Eine Begründung ist notwendig (§ 38 Abs 3 FamFG), aber keine Rechtsmittelbelehrung. Denn weder der abgebende Beschluss noch die Übernahmeverfügungen des Empfangsgerichts sind anfechtbar[15], weil es sich um keine Endentscheidungen im Sinn von § 58 FamFG handelt.

11 **4. Weitere Einzelheiten.** Wird das Obergericht angerufen, wozu jedes der zwei beteiligten Amtsgerichte kompetent ist[16], ist das Übernahmegericht für vorläufige Maßregeln vom Eingang der Akten bis zur Entscheidung des Obergerichts zuständig; vor Vorlage wird deshalb eine Aktenkopie zu fertigen sein. Hat das Obergericht bereits entschieden, dass das Abgabegericht zuständig bleibt und trifft das Übernahmegericht in Unkenntnis dieser Entscheidung noch eine vorläufige Maßregel, ist sie nach § 2 Abs 3 FamFG trotzdem wirksam. Weitere Abgaben sind zulässig, etwa bei einem neuerlichen Wechsel des Vollzugsorts. Ab Übernahme ist das Übernahmegericht auch für Verlängerungen der Unterbringungsmaßnahme zuständig; desgleichen für noch nicht erledigte Abrechnungen des Verfahrenspflegers. Das Übernahmegericht hat in dem vom Abgabegericht übernommenen Verfahren dieselben Befugnisse wie das Abgabegericht. Das dem Übernahmegericht übergeordnete LG ist nun auch für Beschwerden gegen Beschlüsse des abgebenden Betreuungsgerichts zuständig[17].

---

12 Vgl BayObLGZ 1987, 43/45.

13 *Horndasch/Viefhues/Beermann* § 314 Rz 7; *Schulte-Bunert/Weinreich/Dodegge* § 314 Rz 7; aA *Bassenge/Roth* § 314 Rz 1; *Prütting/Helms/Roth* § 314 Rz 4 (eine solche Möglichkeit bestehe nicht mehr).

14 BT-Drucks 16/6308 S. 176 behauptet, die Regelung entspreche dem bisherigen § 46 Abs 2 Satz 1 FGG.

15 *Bassenge/Roth* § 314 Rz 1; anders früher; vgl BayObLGZ 1982, 261; *Jansen/Sonnenfeld* FGG § 70 Rz 33.

16 Nach *Jansen/Sonnenfeld* FGG § 70 Rz 33 nur das abgebende Gericht.

17 BayObLG MDR 1985, 1036.

§ 315 FamFG Beteiligte

(1) Zu beteiligen sind
1. der Betroffene,
2. der Betreuer,
3. der Bevollmächtigte im Sinne des § 1896 Abs. 2 Satz 2 des Bürgerlichen Gesetzbuchs.

(2) Der Verfahrenspfleger wird durch seine Bestellung als Beteiligter zum Verfahren hinzugezogen.

(3) Die zuständige Behörde ist auf ihren Antrag als Beteiligte hinzuzuziehen.

(4) [1]Beteiligt werden können im Interesse des Betroffenen
1. dessen Ehegatte oder Lebenspartner, wenn die Ehegatten oder Lebenspartner nicht dauernd getrennt leben, sowie dessen Eltern und Kinder, wenn der Betroffene bei diesen lebt oder bei Einleitung des Verfahrens gelebt hat, sowie die Pflegeeltern,
2. eine von ihm benannte Person seines Vertrauens,
3. der Leiter der Einrichtung, in der der Betroffene lebt.
[2]Das Landesrecht kann vorsehen, dass weitere Personen und Stellen beteiligt werden können.

Eine dem § 315 FamFG entsprechende Vorschrift fehlte im FGG; ähnlich war § 70d FGG.

I. Der Begriff des Beteiligten in Unterbringungssachen

1. Die Beteiligten-Arten. Der „Beteiligte" ist grundsätzlich in § 7 FamFG geregelt, die Beteiligtenfähigkeit in § 8 FamFG. Das FamFG unterscheidet zwischen **Muss-Beteiligten** und **Kann-Beteiligten**. Der Antragsteller ist in Antragsverfahren Muss-Beteiligter (§ 7 Abs 1 FamFG). Das passt aber nur für die öffentlich-rechtliche Unterbringung, wo die Behörde den Unterbringungsantrag stellt. Bei der zivilrechtlichen Unterbringung gibt es keinen Antragsteller im Rechtssinne, wie sich aus dem Wortlaut von §§ 1846, 1906 BGB ergibt; es handelt sich um ein Amtsverfahren, „Anträge" sind rechtlich gesehen nur Anregungen. 1

Nach § 7 Abs 2 Nr 1 FamFG sind Muss-Beteiligte ferner diejenigen, deren Recht durch das Verfahren *unmittelbar* betroffen wird. Unmittelbarkeit besteht nur, wenn subjektive Rechte des Einzelnen betroffen sind; eine direkte Auswirkung auf eigene materielle nach öffentlichem oder privatem Recht geschützte Positionen wird verlangt; es soll nicht genügen, dass lediglich ideelle, soziale oder wirtschaftliche Interessen durch den Ausgang des Verfahrens berührt werden; nicht ausreichend sollen auch rein mittelbare Auswirkungen sein[1]. Ein solcher Beteiligter ist der Betroffene, gegen den sich das Unterbringungsverfahren richtet. Ist der Betroffene verheiratet wird man auch den **Ehegatten** wegen Art 6 GG als unmittelbar betroffen ansehen müssen, wenn der Partner von ihm zwangsweise getrennt wird, indem er freiheitsentziehend untergebracht wird. Unter dem Aspekt des Schutzes der Familie fallen auch **Kinder** der Betroffenen, die bei ihm lebten, darunter. 2

Bei **minderjährigen Betroffenen** ist nicht nur das **Kind** Muss-Beteiligter, sondern wegen § 7 Abs 2 Nr 1 FamFG auch die Elternteile, denen die Personensorge zusteht, der gesetzliche Vertreter in persönlichen Angelegenheiten und die Pflegeeltern. Ihr Elternrecht wird unmittelbar betroffen. Die Unterbringung Min- 3

---

1 BT-Drucks 16/6308 S. 178.

derjähriger ist im Übrigen „Kindschaftssache“ (§ 151 Nr 6, 7 FamFG); zuständig ist dafür das Familiengericht (in der Beschwerdeinstanz das OLG, § 119 GVG), nicht das Betreuungsgericht. Die Anhörung der Beteiligten ergibt sich aus §§ 159 bis 161 FamFG, die Mitwirkung der Jugendamts aus § 162 FamFG. Verfahrensrechtlich gelten aber im Übrigen §§ 312 ff FamFG, wie § 167 Abs 1 FamFG zeigt. Ist das Kind unter 14 Jahren und besteht ein Interessenkonflikt mit den Eltern muss auch ein Ergänzungspfleger bestellt werden[2].

4 **2. Weitere Muss-Beteiligte.** § 7 Abs 2 Nr 2 FamFG bestimmt die weiteren Muss-Beteiligten: die aufgrund des FamFG von Amts wegen oder auf Antrag zu beteiligen sind. Solche Personen nennt § 315 Abs 1, 2, 3 FamFG; darunter fallen:

5 a) der **Betroffene** (das ergibt sich schon aus § 7 Abs 2 Nr 1 FamFG); bei der öffentlich-rechtlichen Unterbringung spielt das Alter des Betroffenen keine Rolle, auch Minderjährige sind beteiligtenfähig (§ 8 Nr 1 FamFG) und verfahrensfähig (§ 316 FamFG);

6 b) der **Betreuer**, falls es um eine zivilrechtliche Unterbringung geht; aber auch, wenn ein öffentlich-rechtlich Unterzubringender unter Betreuung steht. Der Aufgabenkreis des Betreuers spielt keine Rolle[3]. Auch der vorläufige Betreuer nach §§ 300, 301 FamFG ist anzuhören; auf seinen Aufgabenkreis kommt es nicht an[4];

7 c) der **Bevollmächtigte** im Sinne des § 1896 Abs 2 Satz 2 BGB. Der Vorsorgebevollmächtigte ist Muss-Beteiligter, wenn er selbst die Genehmigung der Unterbringungen betreibt; aber auch, wenn zwar eine solche Vollmacht besteht, aber ein Betreuer die Genehmigung der Unterbringung betreibt, zB weil sich die Vollmacht nur auf Bankgeschäfte erstreckt. Auch der Bevollmächtigte ist Beteiligter, dessen Vollmacht sich nicht auf die Unterbringung erstreckt[5];

8 d) der **Verfahrenspfleger** des Betroffenen. Mit gestelzten Worten sagt Abs 2, dass der Verfahrenspfleger durch seine Bestellung als Beteiligter zum Verfahren hinzugezogen werde; das bedeutet, dass kein zusätzlicher Beschluss des Inhalts, dass er beteiligt werde, notwendig ist. Die Gesetzesbegründung[6] erläutert: sofern (!) er im Interesse des Betroffenen bestellt wird, ist er zugleich Beteiligter. Mit dem Akt der Bestellung werde er Beteiligter; ein weiterer Hinzuziehungsakt sei nicht notwendig.

9 e) die Behörde (Abs 3; § 8 Nr 3 FamFG; § 1 Satz 1 BtBG). Die **Betreuungsbehörde** ist nicht automatisch Muss-Beteiligte. Sie muss von der Einleitung des Verfahrens lediglich verständigt werden und ist auf ihr Antragsrecht hinzuweisen (§ 7 Abs 4 FamFG), obwohl ihr das vermutlich selbst bekannt ist. Wenn sie dann einen Beteiligungsantrag stellt (eine Frist dafür gibt es nicht), muss sie als Beteiligte eingestuft werden. Darüber ist kein besonderer Beschluss notwendig. Eine Ablehnung des Antrags ist nicht möglich; eine gleichwohl erfolgte Ablehnung des Hinzuziehungsantrags gälte als gegenstandslos. Das ergibt sich aus § 7 Abs 5 FamFG, der keine Ablehnung vorsieht. Die unterlassene Benachrichtigung der Betreuungsbehörde ist unschädlich und macht die Entscheidung nicht nichtig. Die Behörde kann aber auch, informiert über das Verfahren, eine Stellungnahme abgeben und dabei **ausdrücklich erklären**, dass sie nicht in die

---

2 *Götz* NJW 2010, 897.
3 BT-Drucks 16/6308 S. 273; *Prütting/Helms/Roth* § 315 Rz 2.
4 Ebenso Holzhauer/*Reinicke* § 70d Rz 5.
5 BT-Drucks 16/6308 S. 273.
6 BT-Drucks 16/6308 S. 265.

Rolle eines Beteiligten schlüpfen will; dadurch spart sie sich das Risiko, dass ihr als Beteiligter gegebenenfalls Kosten auferlegt werden (§ 81 Abs 2 FamFG). Anders als ein Angehöriger muss sie sich auch nicht deshalb beteiligen, damit sie ein Beschwerderecht hat; denn nach § 335 Abs 4 FamFG kann sie Beschwerde auch dann einlegen, wen sie sich in erster Instanz nicht beteiligte. Ein Schreiben der Behörde, aus dem nicht klar wird, ob sie sich beteiligt oder nicht, hat also nur Bedeutung für die Frage der Kosten.

Für die **Ordnungsbehörde** im Falle der öffentlich-rechtlichen Unterbringung gilt Abs 3 nicht; denn diese Behörde ist als Antragstellerin ohnehin Muss-Beteiligte (§ 7 Abs 1 FamFG). 10

Bei Unterbringung von Minderjährigen (§ 151 Nr 6 und Nr 7 FamFG) ist das **Jugendamt** zuständige Behörde. 11

3. Kann-Beteiligte. Das Gericht *kann* von Amts wegen weitere Personen als Beteiligte hinzuziehen, soweit dies im FamFG vorgesehen ist (§ 7 Abs 3 FamFG); es kann also nicht jedermann hinzugezogen werden, dessen Beteiligung das Gericht für wünschenswert hält, sondern nur die gesetzlich hierzu berechtigten Personen. Auch gibt es keine Möglichkeit, dass eine weitere Person (zB der Neffe, die Schwägerin) mittels eines Antrags Beteiligter zu werden; das wäre nur möglich, wenn der Betroffene diese Person im Verfahren als Vertrauensperson ausdrücklich oder stillschweigend bezeichnet oder sie früher in einer Vorsorgevollmacht irgendwie eingesetzt hat. Jedoch kommen solche Personen als Zeugen in Betracht. Die Personen, die zugezogen werden können, bestimmt Abs 4 sehr eng, um über § 335 Abs 3 Rechtsmittel zu beschränken: 12

a) **Ehegatte** oder Lebenspartner des Betroffenen, wenn die Ehegatten oder Lebenspartner nicht dauernd getrennt leben, sowie dessen **Eltern** und **Kinder** (nicht Enkel), wenn der Betroffene bei diesen lebt oder bei Einleitung des Verfahrens gelebt hat, sowie die Pflegeeltern und wohl auch Stiefeltern[7]. Es kommt auf das Getrenntleben zum Zeitpunkt der Einleitung des Verfahrens an; die Trennung durch die Unterbringung zählt nicht. Geschiedene Ehegatten fallen nicht darunter. Liegt die Trennung nur kurze Zeit vorher, wird die Anhörung zwar nicht nach § 315, aber regelmäßig zur Sachverhaltsaufklärung (§ 26 FamFG) erforderlich sein[8]. Mit Lebenspartner sind gemeint die registrierten homosexuellen Lebenspartner im Sinne von § 1 LPartG, nicht sonstige homosexuelle Verhältnisse, nicht heterosexuelle Beziehungen Mann/Frau. Die langjährige Lebensgefährtin kann nur als „Vertrauensperson“ in das Verfahren eingeführt werden. Im Gegensatz zu § 274 FamFG fehlen die Großeltern, die Geschwister und die sonstigen Abkömmlinge (letztere dürften aber unter § 7 Abs 2 Nr 1 fallen). 13

Elternteil ist auch der **nichteheliche Vater.** Auch Stiefkinder fallen unter die „Kinder“[9]. Ob der Elternteil das Sorgerecht hat, spielt keine Rolle. Entscheidend ist dagegen, ob der Betroffene bei den Eltern lebt, ob also eine häusliche Gemeinschaft bestand. Kinder sind auch Adoptivkinder, nichteheliche Kinder. Da es im Gesetz heißt „Kind, bei dem der Betroffene lebt“, sind minderjährige Kinder nicht anzuhören; denn der Vater lebt nicht bei seinem Kleinkind, sondern das Kleinkind bei seinem Vater. Auch bei volljährigen Kindern kommt es darauf an, ob eine häusliche Gemeinschaft mit dem Betroffenen bestand, wobei das Wohnen in einem Zweifamilienhaus genügen kann; fehlt sie, stehen sie aber mit dem Betroffenen in Kontakt, sind sie nach § 26 FamFG idR anzuhören. 14

---

7 *Prütting/Helms/Roth* § 315 Rz 14 (zweifelnd).

8 Saage/*Göppinger* III Rz 350; Holzhauer/*Reinicke* § 70 d Rz 3.

9 LG Oldenburg FamRZ 1996, 500.

15 b) Eine vom Betroffenen benannte **Person seines Vertrauens.** In § 274 Abs 4 Nr 2 FamFG dagegen steht die Einschränkung „vom Betroffenen benannte“ nicht. Einen Sinn hat der Unterschied nicht[10]; es handelt sich um sorglose wohl zufällige Formulierungen. Auch bei § 274 kann nicht eine Vertrauensperson vom Gericht bestellt werden, bei § 315 erst recht nicht. Vertrauensperson ist eine natürliche Person; Vereine und andere Organisationen scheiden aus. Der Betroffene ist nicht verpflichtet, Vertrauenspersonen zu benennen, kann andererseits aber auch *mehrere* Personen benennen[11]. Die **Benennung** kann auch **stillschweigend** erfolgen[12]; so wird eine langjährige Lebensgefährtin wohl immer als Vertrauensperson aufzufassen sein, wenn sich der Betroffene nicht mehr artikulieren kann. Die Anschrift der Vertrauensperson muss der Betroffene nicht angeben; das Gericht ist aber nur zu zumutbaren Ermittlungen verpflichtet. Offenkundig unsinnigen Benennungen („Vertrauensperson ist der Papst …“) folgt das Gericht nicht.

16 Im Übrigen kann das Gericht jeden, von dem Informationen über die Lebensverhältnisse des Betroffenen zu erwarten sind, als **Zeugen** vernehmen (§§ 26, 29, 30 FamFG); freilich rückt er dadurch noch nicht zum „Beteiligten“ auf.

17 c) Der **Leiter der Einrichtung**, in der der Betroffene (bereits) lebt. Das ist zB die psychiatrische Klinik, aber nicht diejenige, in welcher der Betroffene untergebracht werden soll. Der Leiter der Einrichtung kann seine Rechte und Pflichten in üblicher Weise auf andere Bedienstete der Einrichtung delegieren[13]. Deshalb ist es unrichtig, wenn die Gesetzesbegründung[14] meint, der Leiter der Unterbringungsabteilung könne nicht beteiligt werden (die Beteiligung des obersten Chefs, der den Betroffenen gar nicht kennt, hat ohnehin keinen Sinn).

18 d) Weitere im **Landesrecht** vorgesehene Personen und Stellen (Abs 4 Satz 2). Das könnten zB Personen sein, die mit dem Betroffenen in Wohngemeinschaft lebten, von Ärzten des Vertrauens, Gesundheitsämtern. In Nordrhein-Westfalen ist der sozialpsychiatrische Dienst der unteren Gesundheitsbehörde zu beteiligen (§ 13 Abs 2 PsychKG-NRW).

19 **4. Einschränkungen.** Die in Abs 4 genannten Personen können nur im Interesse des Betroffenen beteiligt werden.

20 a) Das bedeutet zum einen, dass das Betreuungsgericht ein **Ermessen** hat. Jedoch kann eine in Abs 4 genannte Personen einen Beteiligungsantrag stellen (§ 7 Abs 3 FamFG).

21 b) Unklar ist, was die Einschränkung **„im Interesse des Betroffenen“** bedeuten soll. Ist das objektiv oder subjektiv[15] zu verstehen? Jedenfalls bedeutet es nicht, dass der Betroffene bestimmen kann, ob er mit einer Benachrichtigung seiner nächsten Angehörigen einverstanden ist, denn das gibt der Wortlaut nicht her. Es ist nicht untersagt, den Betroffenen zu befragen, aber eine Befragung ist nicht Voraussetzung der Ermessensentscheidung des Gerichts. Wer sich nicht mehr artikulieren kann könnte ohnehin nicht gefragt werden und ist vielleicht trotzdem mit der Freiheitsentziehung nicht einverstanden. Auch gegen den Willen des

---

10 Nach Keidel/*Budde* § 315 Rz 8 ist die Abweichung „nur schwer verständlich“.

11 Holzhauer/*Reinicke* § 70 d Rz 6.

12 *Prütting/Helms/Roth* § 315 Rz 15; aA Keidel/*Budde* § 315 Rz 8, der eine „entsprechende Erklärung“ des Betroffenen verlangt.

13 BT-Drucks 11/4528 S. 184.

14 BT-Drucks 16/6308 S. 273.

15 So *Prütting/Helms/Roth* § 315 Rz 16; *Schulte-Bunert/Weinreich/Dodegge* § 315 Rz 11.

Betroffenen kann ein privilegierter Angehöriger „beteiligt“ werden[16]. Dass Problem der Klausel ist, dass der Richter mit ihrer Hilfe letztlich immer eine Beteiligung der Angehörigen ablehnen könnte; damit könnte er zugleich seine Entscheidung rechtsmittelfest machen, weil § 335 Abs 3 nur den Personen, die beteiligt wurden, die Beschwerde gibt.

c) **Rechtsmittel bei Nichtbeteiligung.** Die Kann-Beteiligten sind von der Einleitung des Verfahrens zu benachrichtigen, soweit sie dem Gericht bekannt sind (§ 7 Abs 4 Satz 1 FamFG). Sie sind über ihr Antragsrecht zu belehren (§ 7 Abs 4 Satz 2 FamFG). Stellt diese Person einen Antrag und wird dem stattgegeben, wird der Antragsteller zum Verfahren hinzugezogen. Andernfalls hat das Gericht einen Beschluss zu erlassen, durch den der Zuziehungsantrag abgelehnt wird; der Beschluss ist mit sofortiger Beschwerde (Frist: zwei Wochen) zum LG anfechtbar (§ 7 Abs 5 FamFG). Wird eine solche Person nicht belehrt (weil sie nicht ermittelt wurde oder aus Nachlässigkeit des Betreuungsgerichts) und legt sie „Beschwerde“ ein, liegt darin ein Beteiligungsantrag, über den nach § 7 Abs 5 FamFG zunächst zu entscheiden ist (Zwischenverfahren); das Beschwerdeverfahren stock zunächst (vgl § 303 Rz 128). 22

5. **Klärung der Beteiligtenstellung.** Nach § 7 Abs 5 ist ein Beschluss notwendig, wenn das Gericht einem Hinzuziehungsantrag nicht entspricht. Das wirft schon die Frage auf, wann ein Schreiben eines nahen Angehörigen bzw einer Vertrauensperson als Hinzuziehungs*antrag* im Sinne von § 23 FamFG aufzufassen ist; jedenfalls muss ein solches Schreiben ausgelegt werden, notfalls durch Rückfrage beim Absender. Auf das Wort „Antrag“ kommt es nicht an. Eine Erhebung eines Kann-Beteiligten zum wirklichen Beteiligten setzt keinen ausdrücklichen Beschluss voraus (davon hat man zwecks Ersparnis von Papier und Porto abgesehen); damit taucht das Problem auf, wie ein im Rahmen der Beweisaufnahme (§ 26 FamFG) angeschriebener Angehöriger erkennen soll, dass er nur Zeuge und nicht förmlich Beteiligter ist. 23

II. Rechte und Pflichten der Beteiligten in Unterbringungssachen

1. **Überblick.** Den Beteiligten räumt das FamFG bestimmte Rechte ein und legt ihnen Pflichten auf, zB Akteneinsicht und Recht auf Abschriften (§ 13 FamFG), Anordnung des persönlichen Erscheinens eines Beteiligten (§ 33 FamFG; erzwingbar durch Ordnungsgeld); Persönliche Anhörung eines Beteiligten (§ 34 FamFG); Mitwirkung der Beteiligten bei der Ermittlung des Sachverhalts (§ 27 FamFG), im Termin kann ein Beteiligter mit einem Beistand zu erscheinen (§ 12 Abs 1 FamFG), sich durch einen Anwalt vertreten lassen (§ 10 Abs 2 FamFG); die Entscheidung ist den Beteiligten bekannt zu geben (§ 41 FamFG); Kosten können den Beteiligten auferlegt werden (§ 81 FamFG). 24

2. **Anhörung der Beteiligten.** Ein Beteiligter ist grundsätzlich anzuhören (§§ 319, 320 FamFG). 25

3. **Bedeutung der Beteiligtenstellung für das Beschwerdeverfahren.** Die Kann-Beteiligten sind nur dann beschwerdeberechtigt, wenn sie im ersten Rechtszug beteiligt worden sind (§ 335 Abs 1 FamFG). Das ist eine gefährliche Einschränkung. Die Gesetzesbegründung[17] schreibt: Voraussetzung des Beschwerderechts sei, dass der betreffende Angehörige des Betroffenen in erster Instanz beteiligt wurde. „Dadurch sollen altruistische Beschwerden solcher Angehöriger vermie- 26

16 *Prütting/Helms/Roth* § 315 Rz 16 („in Ausnahmefällen“).
17 BT-Drucks 16/6308 S. 271.

den werden, die am Verfahren erster Instanz kein Interesse gezeigt haben". Das trifft aber nur dann zu, wenn ein Angehöriger vom Gericht in erster Instanz ermittelt und hinzugezogen wurde und nicht trotzdem reagiert hat. Letztlich kann der Richter sich immer auf den Standpunkt stellen, die Unterbringung sei „im wohlverstandenen Interesse" des Betroffenen, eine Beteiligung Familienangehöriger nur störend und daher nicht in seinem Interesse. Eine solche Auslegung wäre nicht haltbar und würde mit dem Verfassungsrecht der Freiheit kollidieren.

§ 316 FamFG Verfahrensfähigkeit

In Unterbringungssachen ist der Betroffene ohne Rücksicht auf seine Geschäftsfähigkeit verfahrensfähig.

---

§ 316 FamFG entspricht dem früheren § 70a FGG.

1 Die Vorschrift regelt die Verfahrensfähigkeit (§ 9 FamFG) für alle Verfahren nach §§ 312 ff FamFG, also sowohl für zivilrechtliche wie für öffentlich-rechtliche Unterbringungen. § 316 FamFG gilt auch für Ausländer (vgl Art 24 EGBGB); für das Betreuungsverfahren findet sich eine entsprechende Regelung in § 275 FamFG. Die Unterbringung durch einen Betreuer oder Bevollmächtigten ist nur bei Volljährigen möglich (§ 1896 BGB).

2 Die zivilrechtliche Unterbringung von **minderjährigen Kindern** (§§ 1631b, 1800, 1915 BGB) ist in § 151 Nr 6 FamFG geregelt. Dort wird auf § 312 Nr 1 FamFG verwiesen (§ 167 Abs 1 FamFG). Die öffentlich-rechtliche Unterbringung Minderjähriger ist in § 151 Nr 7 FamFG geregelt, wobei auf § 312 Nr 3 FamFG verwiesen wird. **Kinder** sind in beiden Fällen in einem Unterbringungsverfahren ab dem 14. Lebensjahr verfahrensfähig (§§ 9 Abs 1 Nr 3, 167 Abs 3 FamFG).

3 Der minderjährige bzw der volljährige Betroffene kann damit alle Verfahrenhandlungen in erster Instanz und in den Beschwerdeinstanzen vornehmen, Anträge stellen (auch auf Verfahrenskostenhilfe mit Anwaltsbeiordnung) und zurücknehmen, Beschwerde einlegen und zurücknehmen, Richter und Sachverständige ablehnen. Er kann auch einem Rechtsanwalt wirksam Vollmacht erteilen[1] und mit ihm einen Anwaltsvertrag schließen[2]; insoweit muss man eine beschränkte Geschäftsfähigkeit annehmen. Ein anderes Ergebnis wäre absurd: den Anwalt könnte sich der Betroffene nicht selbst aussuchen, weil er ihn bezahlen müsste; dann würde ihm ein (von ihm nicht gewünschter) anwaltlicher Verfahrenspfleger bestellt werden, der gegebenenfalls nach dem RVG abrechnen könnte, was der Betroffene (falls nicht mittellos) zu zahlen hätte.

4 An den Betroffenen kann selbst wirksam zugestellt werden[3]. Wird der Beschluss auch dem Verfahrenspfleger bekannt gegeben, beginnt für jeden eine eigene Beschwerdefrist[4]. Der Pfleger kann aber ein Rechtsmittel des Betroffenen nicht zurücknehmen, der Betroffene kein Rechtsmittel des Pflegers.

5 Die Zubilligung voller Verfahrensfähigkeit ist also nicht nur vorteilhaft für den Betroffenen, was übersehen wird, wenn nur von „Stärkung" der Rechtsposition

---

1 OLG Schleswig NJOZ 2007, 2445.

2 KG FamRZ 1962, 483; BayObLG 1963, 213 und FamRZ 1984, 1259; *Jansen/Sonnenfeld* FGG § 70a Rz 4, aA *Prütting/Helms/Roth* § 316 Rz 4.

3 BayObLG FamRZ 2000, 1445 = NJW-RR 2001, 724.

4 BayObLG FamRZ 2000, 1445 = NJW-RR 2001, 724.

die Rede ist. Die Rechtsprechung hat die ursprüngliche Schutznorm teils ins Gegenteil verkehrt. Deshalb muss man zum Schutz des Betroffenen verlangen, dass er zumindest ansatzweise erkennen kann, worum es geht (und nicht auf alle Fragen mit „ja" antwortet), etwa wenn er ein Rechtsmittel zurücknimmt[5] oder auf **Rechtsmittel verzichtet**. Trotz § 316 ist dem Betroffenen im Einzelfall (§ 317 FamFG) ein Verfahrenspfleger zu bestellen, dem Kind ein Verfahrensbeistand (§ 167 Abs 1 FamFG). Die Anordnung eines Einwilligungsvorbehalts (§ 1903 BGB) lässt § 316 FamFG unberührt, da es sich dort um eine materiellrechtliche Beschränkung handelt. Einzelheiten vgl Kommentierung bei § 275 FamFG.

§ 317 FamFG Verfahrenspfleger

(1) [1]Das Gericht hat dem Betroffenen einen Verfahrenspfleger zu bestellen, wenn dies zur Wahrnehmung der Interessen des Betroffenen erforderlich ist. [2]Die Bestellung ist insbesondere erforderlich, wenn von einer Anhörung des Betroffenen abgesehen werden soll.

(2) Bestellt das Gericht dem Betroffenen keinen Verfahrenspfleger, ist dies in der Entscheidung, durch die eine Unterbringungsmaßnahme genehmigt oder angeordnet wird, zu begründen.

(3) Wer Verfahrenspflegschaften im Rahmen seiner Berufsausübung führt, soll nur dann zum Verfahrenspfleger bestellt werden, wenn keine andere geeignete Person zur Verfügung steht, die zur ehrenamtlichen Führung der Verfahrenspflegschaft bereit ist.

(4) Die Bestellung eines Verfahrenspflegers soll unterbleiben oder aufgehoben werden, wenn die Interessen des Betroffenen von einem Rechtsanwalt oder einem anderen geeigneten Verfahrensbevollmächtigten vertreten werden.

(5) Die Bestellung endet, sofern sie nicht vorher aufgehoben wird, mit der Rechtskraft der Endentscheidung oder mit dem sonstigen Abschluss des Verfahrens.

(6) Die Bestellung eines Verfahrenspflegers oder deren Aufhebung sowie die Ablehnung einer derartigen Maßnahme sind nicht selbständig anfechtbar.

(7) Dem Verfahrenspfleger sind keine Kosten aufzuerlegen.

Dem § 317 FamFG entspricht der frühere § 70b FGG.

Schrifttum: *Grell*, Qualifikation des Verfahrenspflegers, Rpfleger 1993, 321; *Kirsch* (Vergütung) Rpfleger 1992, 379; *Klüsener* (Vergütung) Rpfleger 1992, 466; *Pohl*, Verfahrenspflegschaft, BtPrax 1992, 12 und 56; *Rogalla*, Rechtsschutz durch den Verfahrenspfleger, BtPrax 1993, 146; *Ständeke-Otto* (Vergütungsfragen) BtPrax 1993, 16; *Wesche* (Vergütungsfragen) Rpfleger 1992, 377; *Zimmermann*, Bestellung eines Verfahrenspflegers anfechtbar?, FamRZ 1994, 286; *Coeppicus*, Sachfragen S. 223 ff. Vgl ferner das Schrifttum zu § 276 FamFG.

Übersicht

---

5 OLG Saarbrücken FGPrax 1999, 108; *Schulte-Bunert/Weinreich/Dodegge* § 316 Rz 2 verlangt eine dem Betroffenen zurechnende Willenserklärung; aA *Bassenge/Roth* § 316 Rz 2; *Jansen/Sonnenfeld* FGG § 70 a Rz 6; *Schmidt* FGPrax 1999, 178.

I. Allgemeines

1 Frühe Regelungen zum Verfahrenspfleger befanden sich in § 64 b FGG und § 5 Abs 2 Satz 2 FEVG. Wann ein Verfahrenspfleger bestellt werden sollte, war im Gesetzgebungsverfahren zum BtG sehr kontrovers; die eine Seite wollte möglichst oft einen Verfahrenspfleger bestellen, die Finanzpolitiker (um für die Staatskasse Geld zu sparen) möglichst selten. Systematisch wäre es richtig gewesen, die Beiordnung eines Anwalts vorzuschreiben, weil es um Rechtsfragen geht (vgl § 138 FamFG im Scheidungsverfahren); stattdessen hat man sich zwecks Kosteneinsparung für den Verfahrenspfleger entschieden. Dass das Gericht, dessen Tätigkeit kontrolliert werden soll, selbst den Kontrolleur (Verfahrenspfleger) auswählt, ist ein Konstruktionsfehler des Gesetzes und hindert eine nachdrückliche Rechtswahrnehmung. § 70 b FGG in der Fassung 1992 kam erst durch die Beschlüsse des 6. Ausschusses zustande[1]; Änderungen erfolgten durch das 1. BtÄndG 1998 und durch das 2. BtÄndG 2005. Die jetzige Regelung übernimmt im Wesentlichen die bisherige Rechtslage.

II. Erforderlichkeit der Bestellung

2 **1. Voraussetzungen.** Ein Verfahrenspfleger ist nach **Abs 1 Satz 1** (der § 276 Abs 1 Satz 1 FamFG entspricht) zu bestellen, wenn es zur Wahrnehmung der Interessen des Betroffenen „erforderlich“ ist. Das ist von Amts wegen zu prüfen[2]. § 317 gilt sowohl für die „endgültige“ Unterbringung wie für vorläufige Unterbringungen nach §§ 331, 332 FamFG und Maßregeln nach § 1846 BGB mit § 334 FamFG, auch für unterbringungsähnliche Maßnahmen nach § 1906 Abs 4 BGB. Für eine bloße Abgabe des Verfahrens (§ 314 FamFG) ist kein Verfahrenspfleger zu bestellen[3]. Wenn schon klar ist, dass eine Unterbringung **abgelehnt** werden wird, muss nicht noch zuvor ein Verfahrenspfleger bestellt werden[4]. In folgenden Fallgruppen ist demnach ein Verfahrenspfleger **zwingend erforderlich**, falls eine Unterbringung in Betracht kommt:

1 BT-Drucks 11/6949 S. 35; kritisch hierzu *Schumacher* FamRZ 1991, 282.
2 OLG Köln FGPrax 2008, 136.
3 BayObLGZ 1998, 38; *Jansen/Sonnenfeld* § 70 b Rz 5.
4 BayObLG FamRZ 1996, 1375.

a) Absehen von der persönlichen Anhörung des Betroffenen. Wenn von der persönlichen Anhörung des Betroffenen (wegen Verständigungsunfähigkeit oder Gesundheitsgefährdung) abgesehen werden soll, Abs 1 Satz 2. Hier besteht kein Ermessen. Das Gericht hat sich zwar in diesen Fällen schon einen unmittelbaren Eindruck vom Betroffenen gemacht und möglicherweise festgestellt, dass er keine sinnvollen Äußerungen mehr von sich geben kann. Das Sachverständigengutachten hat dasselbe ergeben. Bei praktischer Betrachtung hat daher die Bestellung eines Verfahrenspflegers keinen Sinn mehr. Neue Argumente kann der Pfleger nicht bringen; die Bestellung verzögert die Sache nur, schafft Terminierungsprobleme, kostet Geld. Gleichwohl erscheint die Bestellung in solchen Fällen verfassungsrechtlich geboten. Der Betroffene hat Anspruch auf rechtliches Gehör; wenn er zur Rechtsausübung unfähig ist, genügt (trotz § 316 FamFG) die alleinige Wahrnehmung des Rechts durch ihn nicht, weshalb ein Pfleger zu bestellen ist[5]. 3

b) Geminderte geistige Fähigkeiten des Betroffenen, Abs 1 Satz 1. In anderen Fällen sind die geistigen Fähigkeiten des Betroffenen derart gemindert, dass er seine Interessen selbst nicht mehr ausreichend wahrnehmen kann, etwa weil er auf das Sachverständigengutachten und Zeugenaussagen nicht mehr ausreichend reagieren kann; gleich stehen geringe Sprachkenntnisse[6]; oder wenn der Betreuer die Unterbringung des Betroffenen gegen dessen (natürlichen) Willen betreibt[7] oder ein eigenes Interesse daran hat. Die Verfahrenssituation lässt es dann angebracht erscheinen, dass der Betroffene einen Beistand von dritter Seite erhält[8]. Die Bestellung erfolgt letztlich, weil die Unterbringung ein schwerwiegender Eingriff ist; im Strafprozess wird aus ähnlichen Gründen ein Pflichtverteidiger bestellt. Dagegen ist es nicht Aufgabe des Verfahrenspflegers, zwischen Betreuungsgericht und Betroffenem zu vermitteln[9]. so dass hierzu kein Verfahrenspfleger bestellt werden darf. 4

c) Sonstige Fälle. Im Übrigen ist ein Verfahrenspfleger zu bestellen, soweit „dies zur Wahrnehmung der Interessen des Betroffenen erforderlich ist" . Darunter fällt, dass dem Betroffenen das Gutachten bzw ärztliche Attest nicht bekannt gemacht werden soll[10]; ebenso, wenn dem Betroffenen nur der Tenor der Unterbringungsentscheidung, aber nicht die Gründe, bekannt gemacht werden sollen[11]; wenn eine mündliche ärztliche Stellungnahme (§ 321 FamFG) in Abwesenheit des Betroffenen abgegeben wird[12]. Im grundrechtsrelevanten Bereich ist die Bestellung notwendig, so für Fixierung zwecks Depotspritze zur Verhütung von Schwangerschaft[13]. Wenn der Betroffene ersichtlich nicht zur sachgerechten Wahrnehmung seiner Interessen in der Lage ist, weil er an einer Psychose aus dem schizophrenen Formenkreis leidet, ist ein Verfahrenspfleger notwendig[14]. Ebenso bei der öffentlich-rechtlichen Unterbringung, wenn die Sprachkenntnisse des Betroffenen nicht ausreichen, um eine von Sprachschwierigkeiten unbeeinträchtigte Wahrnehmung seiner Interessen zu gewährleisten[15]. Wird die Erforderlichkeit bejaht, *ist* der Verfahrenspfleger zu bestellen, das 5

5 Vgl Keidel/*Kayser* § 12 Rz 111; *Bumiller/Winkler* § 12 Anm 10.
6 KG FamRZ 2008, 1116.
7 OLG München OLG-Report 2006, 784; BayObLG NJW 1990, 774 zu Art 10 BayUnterbrG.
8 Noch weitergehend *Schumacher* FamRZ 1991, 283.
9 *Knittel* § 70 b Rz 3.
10 OLG München OLGReport 2006, 784.
11 Jansen/*Sonnenfeld* § 70 b Rz 8; Keidel/*Kayser* § 70 b Rz 3; *Dodegge/Roth* G 105.
12 KG FamRZ 2008, 1116.
13 OLG Karlsruhe FGPrax 2008, 134.
14 OLG Köln FGPrax 2008, 136.
15 KG FamRZ 2008, 1116.

Gericht hat kein Ermessen[16]. Denn wie sollte der Betroffene sich sonst gegen die Entscheidung wehren können?

6 **2. Unterbringungsähnliche Maßnahmen.** Bei zivilrechtlicher und öffentlich-rechtlicher Unterbringung wird in der Regel ein Verfahrenspfleger zu bestellen sein[17]. Bei unterbringungsähnlichen Maßnahmen (§ 1906 Abs 4 BGB; § 312 Nr 2 FamFG) kommt es auf die Art der Maßnahme an, nämlich darauf, wie schwerwiegend sie ist. Wird lediglich abends die Altenheimpforte abgesperrt, ist idR die Erforderlichkeit zu verneinen; bei längerem Anlegen des Leibgurtes dagegen ist die Bestellung wichtig, weil der Verfahrenspfleger uU Alternativen aufzeigen kann[18].

7 **3. Unterlassen der Bestellung,** obwohl erforderlich, macht die Entscheidung des Betreuungsgerichts aber nicht unwirksam; sie wird lediglich auf Rechtsmittel hin aufgehoben, wenn eine Kausalität denkbar ist. **Überflüssige Bestellung** ist unschädlich; ist der Betroffene nicht mittellos, muss er den Verfahrenspfleger letztlich zahlen, obwohl er ihn nicht wollte und nicht brauchte.

III. Verfahrensfragen der Bestellung

8 **1. Zuständigkeit; Bestellung.** Zuständig für die Bestellung ist der Richter, der über die Genehmigung der Unterbringung entscheiden wird (beim LG die ganze Kammer, nicht nur der Vorsitzende oder der Berichterstatter[19]; anders bei Einzelrichterbestellung, § 68 Abs 4 FamFG). Vor Bestellung ist der Betroffene anzuhören[20], was in der Praxis in der Regel nicht geschieht, schon gar nicht wird ihm eine Liste von in Frage kommenden Personen zur Auswahl übersandt. Die Bestellung erfolgt durch Beschluss, schriftlich und ausdrücklich, ohne Kostenentscheidung, mit Begründung (§ 38 FamFG), aber, da unanfechtbar, ohne Rechtsmittelbelehrung oder mit dem Hinweis auf die Unanfechtbarkeit. Ein „Aufgabenkreis" muss nicht festgelegt werden, da sich seine Aufgaben aus dem Gesetz ergeben (er ist „Beteiligter"). Eine Gerichtsgebühr fällt durch den Bestellungsbeschluss nicht an (§ 93 a Abs 1 Satz 2 KostO). Handelt der Verfahrenspfleger berufsmäßig ist das im Bestellungsbeschluss festzustellen (§ 1836 Abs 1 Satz 2 BGB), kann aber, wenn übersehen, mit Rückwirkung nachgeholt werden. Sie kann aber nicht rückwirkend aufgehoben werden. Die Bestellung wird wirksam mit der Bekanntgabe des Beschlusses an den Verfahrenspfleger (§ 40 Abs 1 FamFG).

9 Die Rechtsprechung[21] hielt unter Geltung des FGG eine *konkludente* Bestellung für möglich, zB indem die Akten einem Berufsverfahrenspfleger zur Stellungnahme zugeleitet werden; das wird nach dem FamFG nicht mehr möglich sein. Das Beschwerdegericht kann einen Verfahrenspfleger für die zweite Instanz bestellen; diese Bestellung endet dann gem Abs 5. Beim Rechtsbeschwerdegericht (BGH) erübrigt sich eine Bestellung wegen Abs 4.

10 **2. Zeitpunkt der Bestellung.** Er ist gesetzlich nicht geregelt. Die Bestellung des Verfahrenspflegers hat so früh wie möglich zu erfolgen; selbstverständlich vor

---

16 *Knittel* § 70 b Rz 12; *Jansen/Sonnenfeld* § 70 b Rz 7.

17 OLG Köln FGPrax 2008, 136; OLG Schleswig FamRZ 1994, 781: bei öffentlich-rechtlicher Unterbringung „in der Regel".

18 Vgl *Keidel/Budde* § 317 Rz 2; *v Eicken/Ernst/Zenz* S. 88; *Jansen/Sonnenfeld* § 70 b Rz 7.

19 BayObLG FamRZ 1993, 1223; eine Bestellung durch den Kammervorsitzenden allein sei unwirksam, BayObLG BtPrax 1994, 30.

20 *Bassenge/Roth* § 317 Rz 6.

21 BGH BtPrax 2001, 30; OLG Frankfurt BtPrax 1997, 73.

der Genehmigung bzw Anordnung der Unterbringung und nicht erst nachher[22]. Einen Verfahrenspfleger zu bestellen, wenn die Bestellung zwingend ist (oben Rz 2), und dann sogleich (noch am selben Tag) die Unterbringung *endgültig* zu genehmigen, ohne dass der Verfahrenspfleger noch reagieren konnte, ist in der Regel verfahrensfehlerhaft. Anders ist es bei Anordnung einer **vorläufigen Unterbringung.** Denn bei der eiligen einstweiligen Anordnung (§ 332 Satz 1 FamFG) kann bei Gefahr in Verzug das Gericht die einstweilige Anordnung bereits *vor* Bestellung und Anhörung des Verfahrenspflegers erlassen. Ist die Bestellung wegen Gefahr in Verzug unterblieben, ist sie nachzuholen (§ 332 Satz 2 FamFG)[23].

3. Person des Verfahrenspflegers. Zum Verfahrenspfleger kann jede geeignet erscheinende Person bestellt werden, zB Rechtsanwälte, Sozialarbeiter, Mitarbeiter der Betreuungsbehörde, Mitarbeiter eines Betreuungsvereins. Einem sprachunkundigen Ausländer ist nach Möglichkeit jemand zu bestellen, der seine Muttersprache spricht[24]. Der Betroffene kann einen Verfahrenspfleger vorschlagen; anders als beim Vorschlag eines Betreuers (§ 1897 BGB) besteht aber keine Bindung des Betreuungsgerichts an den Vorschlag. „Vereinsverfahrenspfleger" und „Behördenverfahrenspfleger" gab es früher nicht, weil eine dem § 1897 Abs 2 BGB entsprechende Bestimmung fehlt; jetzt kann man aus § 277 Abs 4 FGG folgern, dass es solche Funktionen gibt. Ob der Vereinsverfahrenspfleger der Einwilligung des Vereins bedarf (vgl § 1897 Abs 2 BGB) ist allerdings mangels Verweisung weiterhin unklar; dasselbe gilt für die Behörde. 11

Abs 3 wünscht unverbindlich, dass zu Verfahrenspflegern vorrangig Personen bestellt werden, die dies nicht berufsmäßig machen (also Laien) und somit keine Vergütung erhalten. Das ist nur ein politischer Programmsatz und wird beschönigend als „Vorrang des Ehrenamts" bezeichnet. In Unterbringungsverfahren ist allerdings wegen der erforderlichen Fachkenntnisse im Regelfall ein Rechtsanwalt auszuwählen[25]; andernfalls läge nur eine formale Bestellung vor, was einer Nichtbestellung gleichkommt. Schutz bei Freiheitsentziehungen gehört zu den klassischen Aufgaben von Anwälten[26]. 12

Der Betreuer kann nicht zugleich zum Verfahrenspfleger bestellt werden. Unangebracht ist in Unterbringungsverfahren die Bestellung der Betreuungsbehörde zur Verfahrenspflegerin, weil hier Funktionen vermengt werden[27]. Ebenso darf das Jugendamt nicht zum Verfahrenspfleger bestellt werden, wenn ein Minderjähriger untergebracht werden soll (Interessengegensatz)[28]. Eine **Übernahmepflicht** besteht nicht[29], da §§ 1785, 1898 BGB nicht einschlägig sind. Die **Vergütung** richtet sich nach § 318. Niemand hat einen Rechtsanspruch darauf, in einer bestimmten Sache als Verfahrenspfleger eingesetzt zu werden oder überhaupt als Verfahrenspfleger vom Gericht beschäftigt zu werden; die Ablehnung ist nicht anfechtbar, auch nicht als Justizverwaltungsakt nach dem EGGVG. 13

22 OLG Naumburg FamRZ 2008, 186.
23 OLG Zweibrücken BtPrax 2003, 80.
24 Vgl KG FamRZ 2008, 1116.
25 BayObLG FamRZ 1994, 525.
26 Ebenso OLG Köln Rpfleger 1997, 65; LG Oldenburg FamRZ 1993, 460; AG Bad Homburg BtPrax 1993, 35; *Klüsener* FamRZ 1994, 487; *Knittel* § 70 b Rz 14; aA LG Braunschweig FamRZ 1994, 524, wonach *selbstbewußte Laien* genügen; Saage/Göppinger/*Volckart* (1994) § 70 b Rz 9 begnügt sich mit „kritischer Distanz".
27 Jansen/*Sonnenfeld* § 70 b Rz 19.
28 OLG Naumburg FamRZ 2000, 300.
29 BVerfG FamRZ 2000, 1280.

14 **4. Verfahrensbeistand des Kindes.** Unterbringungsverfahren sind auch gegen minderjährige Kinder möglich (§ 151 Nr 6, 7 FamFG), aber nicht nach § 1906 BGB. Auch ihnen ist, soweit erforderlich, ein Verfahrenspfleger zu bestellen. Die Einzelheiten regelt § 158 FamFG. Der Verfahrenspfleger des Kindes heißt „Verfahrensbeistand" (§ 167 Abs 1 Satz 2 FamFG). Er wird besser bezahlt als ein Verfahrenspfleger eines Volljährigen (§ 158 Abs 7 FamFG).

15 **5. Stellung des Verfahrenspflegers.** Sie ist gesetzlich nicht geregelt. Es handelt sich daher um eine Pflegschaft eigener Art[30], mit § 1915 BGB hat sie nur das Wort gemeinsam; nach aA ist der Verfahrenspfleger gesetzlicher Vertreter des Betroffenen[31], was falsch ist; bzw eine Art Helfer[32], so was wie ein Pflichtverteidiger[33]. § 315 Abs 2 sagt, dass der Verfahrenspfleger durch seine Bestellung als **Beteiligter** zum Verfahren hinzugezogen wird; er hat also die Stellung eines Beteiligten, ohne dass dies durch einen besonderen Beschluss ausgesprochen werden müsste. Der Verfahrenspfleger hat also alle Rechte eines Beteiligten, ihm ist rechtliches Gehör zu gewähren[34], am Verfahren ist er wie der Betroffene zu beteiligen, also zum Anhörungstermin zu laden[35] (deshalb kann sein Antrag, den Anhörungstermin zu verlegen, damit er teilnehmen kann, nur aus triftigen Gründen abgelehnt werden[36]), er erhält Akteneinsicht, das vollständige Gutachten. Er ist zu Beweisaufnahmeterminen zu laden. Den tatsächlichen oder mutmaßlichen Willen des Betreuten hat er zu erforschen und in das Verfahren einzubringen. Über Ablauf und Ergebnis des Gesprächs mit dem Betreuten hat der Verfahrenspfleger das Gericht zu informieren. Eine darüber hinausgehende Pflicht zur Aufklärung von Umständen, die für die Würdigung des Betreuerhandelns, insbesondere für die Wirtschaftlichkeit des von ihm beabsichtigten Rechtsgeschäfts, von Bedeutung sein könnten, treffen den Verfahrenspfleger hingegen nicht[37]. Widersprechende Verfahrenshandlungen des Betroffenen und seines Pflegers sind denkbar. Ein Unterbringungsverfahren kann der Verfahrenspfleger nicht in Gang setzen; denn er wird erst bestellt, wenn ein solches Verfahren schon läuft.

16 Die Rechtsmittel des Betroffene und des Pflegers sind unabhängig voneinander; für jede Beschwerde läuft eine eigene Frist ab jeweiliger Zustellung, der eine kann die Beschwerde des anderen nicht zurücknehmen[38].

17 Der Pfleger unterliegt nicht der **Aufsicht** des Betreuungsgerichts[39], trotz §§ 1915, 1837 BGB. Das Gericht kann ihm (anders als dem Betreuer) keine bindenden **Weisungen** erteilen[40]. Auch der Betroffene kann dem Verfahrenspfleger keine bindenden Weisungen erteilen.

18 **Haftung.** Der BGH[41] vertritt die Auffassung, dass § 1833 BGB auf den Verfahrenspfleger entsprechend anwendbar ist, da sein Zweck auch auf den Verfahrenspfleger zutreffe.

---

30 BVerfG NJWE-FER 2000, 282; LG Osnabrück FamRZ 1993, 1110.
31 LG Lübeck FamRZ 1995, 1597; diese folgenreiche rechtliche Einordnung lässt sich aber dem Gesetz nicht entnehmen.
32 AG Hamburg BtPrax 1992, 115.
33 LG Osnabrück FamRZ 1993, 1110.
34 BGH NJW 2009, 2814; LG München I FamRZ 1995, 1440.
35 BayObLG NJOZ 2002, 1878.
36 BayObLG FamRZ 2002, 629 = Rpfleger 2002, 24.
37 BGH NJW 2009, 2814.
38 BayObLG FamRZ 2000, 1445.
39 LG Osnabrück FamRZ 1993, 1110.
40 OLG Frankfurt FGPrax 2000, 21.
41 BGH NJW 2009, 2814.

Verhältnis zur Betreuungsverfahrenspflegschaft. Die Rechtsstellung bezieht sich nur auf das Unterbringungsverfahren, für das er bestellt ist, nicht auf die zugrunde liegende Betreuung. Ist für die Betreuung ein Verfahrenspfleger bestellt worden und diese Bestellung noch nicht beendigt (§ 276 Abs 5 FamFG), dann ist der Pfleger auch für das Unterbringungsverfahren zuständig und muss nicht neu bestellt werden. 19

6. Rechtsmittelbefugnisse des Verfahrenspflegers. Gegen die **Genehmigung der Unterbringung** kann der Pfleger aus *eigenem* Recht Beschwerde einlegen[42]; dies folgt aus seiner vom Betroffenen unabhängigen Stellung als Beteiligter. Dagegen kann er insoweit nicht das dem Betroffenen persönlich zustehende Beschwerderecht ausüben[43]. Hat der Betroffene selbst gegen die Unterbringungsgenehmigung des Betreuungsgerichts keine Erstbeschwerde eingelegt, wohl aber der Pfleger, und wurde die Beschwerde des Pflegers vom LG zurückgewiesen, kann der Pfleger zwar dagegen Rechtsbeschwerde einlegen, nicht aber der Betroffene[44]; da kein echtes Antragsverfahren vorliegt, wird hier die erweiternde Rechtsprechung zu § 59 Abs 2 FamFG nicht angewandt. 20

Gegen die **Ablehnung der Unterbringung** dagegen ist der Verfahrenspfleger nicht aus eigenen Recht beschwerdeberechtigt (§ 59 Abs 1 FamFG), aber auch nicht als Vertreter des Betroffenen, weil dieser durch die Ablehnung idR nicht belastet ist[45]; er kann sich ja freiwillig unterbringen lassen. 21

7. Kostentragung durch den Verfahrenspfleger (Abs 7). Legt der Verfahrenspfleger Beschwerde ein und ist sie erfolglos, könnten ihm an sich, da er nach § 315 Abs 2 FamFG als Beteiligter gilt, die Kosten des Beschwerdeverfahrens auferlegt werden (§ 84 FamFG). Das verbietet aber Abs 7. 22

IV. Ablehnung der Bestellung

1. Keine Erforderlichkeit, Abs 2. Wird kein Verfahrenspfleger bestellt, ist dies in der Endentscheidung (also nicht nur vorher in einem Aktenvermerk) zu begründen, zB damit, dass wegen der einfach gelagerten Verfahrenssituation die Bestellung nicht erforderlich war. Die Begründung muss jedenfalls nachvollziehbar und auf den Einzelfall zugeschnitten sein[46]. Der Rechtsausschuss, der Abs 2 in das Gesetz hineinbrachte, ging offenbar davon aus, dass die Richter aus Bequemlichkeit im Regelfall einen Verfahrenspfleger bestellen, um die Mühe der Begründung zu vermeiden. 23

2. Entbehrlichkeit wegen Anwaltsvertretung, Abs 4. Die Bestellung eines Verfahrenspflegers soll unterbleiben oder aufgehoben werden, wenn der Betroffene von einem Rechtsanwalt (auch einem in Verfahrenskostenhilfe beigeordneten) oder einem anderen geeigneten Verfahrensbevollmächtigten (zB einem sachkundigen Verwandten, wobei aber die Vertretungseinschränkungen in § 10 FamFG zu beachten sind) vertreten wird (Abs 4). Der Betroffene kann einen Anwalt beauftragen, auch wenn er geschäftsunfähig ist, § 316 FamFG. Fraglich 24

42 LG Hamburg BtPrax 1995, 31; LG München BtPrax 1995, 10; aA LG Lübeck FamRZ 1995, 1597.
43 OLG Hamm FamRZ 2006, 1301 (L) = OLGReport 2006, 642.
44 OLG Hamm FamRZ 2006, 1301 (L) = OLGReport 2006, 642.
45 OLG Frankfurt FamRZ 2000, 1446 = NJW-RR 2001, 75.
46 LG Köln BtPrax 1992, 74; OLG Schleswig FamRZ 1994, 781.

ist, ob es Fälle gibt, in denen der Betroffene zusätzlich zum Anwalt einen Verfahrenspfleger braucht[47]. Der Anwalt ist weisungsgebunden, der Verfahrenspfleger nicht; gibt der Betroffene dem Anwalt unsinnige Weisungen, kann die Bestellung eines Verfahrenspflegers neben dem Anwalt in Frage kommen. Ist dem Betroffenen schon ein Verfahrenspfleger bestellt, scheidet die (zusätzliche) Bestellung eines VKH-Anwalts in der Regel aus[48].

V. Beendigung der Verfahrenspflegschaft, Abs 5

25 Die Verfahrenspflegschaft endet:

26 (1) **Mit Aufhebung** (Beschluss) durch das Gericht, zB weil der Betroffene einen Rechtsanwalt beauftragt hat (Abs 5).

27 (2) **Mit Rechtskraft:** Bei Genehmigung der Unterbringung oder Ablehnung mit formeller Rechtskraft der Entscheidung. Sie endet von selbst, ein klarstellender Beschluss kann zweckmäßig sein. Bestellt das AG den Verfahrenspfleger und genehmigt die Unterbringung, dann wirkt die Bestellung bis zur Entscheidung des LG/BGH, wenn Beschwerde und Rechtsbeschwerde eingelegt werden[49]. Ein vom AG im Betreuungsverfahren und zugleich für das Unterbringungsverfahren bestellter Verfahrenspfleger kann gegen die Entscheidung des LG zum Betreuungsverfahren Rechtsbeschwerde einlegen[50], weil beide Pflegschaften jetzt erst mit Rechtskraft enden (anders nach dem FGG).

28 (3) **Mit dem sonstigen Abschluss des Verfahrens**, zB Rücknahme des öffentlich-rechtlichen Unterbringungsantrags durch die Verwaltungsbehörde, Entlassung des Betroffenen[51] sowie Erledigung der Hauptsache durch Tod des Betroffenen.

29 Während der späteren Zeit der Unterbringung, also ab Rechtskraft der Genehmigung bzw Anordnung, besteht die Verfahrenspflegschaft nicht fort. Bei einem neuen Unterbringungsverfahren und bei Verlängerung ist erneut die Pflegerbestellung zu prüfen.

VI. Rechtsmittel, Abs 6

30 Gegen die Ablehnung oder Aufhebung der Bestellung ist keine Beschwerde statthaft (Abs 6). Gegen die Bestellung eines Verfahrenspflegers und dessen Auswahl ist ebenfalls die Beschwerde unstatthaft (Abs 6); das war früher streitig und vom BGH[52] so entschieden worden. Diese Regelung ist rechtspolitisch nicht zu billigen und verletzt das allgemeine Persönlichkeitsrecht: wenn der Betroffene keinen Verfahrenspfleger haben will (zB wegen des weiteren Eingriffs in seine Privatsphäre, aus finanziellen Gründen) darf man ihm doch keinen aufdrängen. Nach Abs 6 besteht keine *selbstständige* Anfechtbarkeit. Das bedeutet, dass, wenn gegen die Endentscheidung Beschwerde eingelegt wird, die Notwendigkeit

47 Vgl LG Bremen FamRZ 2005, 222: bejaht, wenn ausnahmsweise der Pfleger zur Wahrnehmung der Rechte besser in der Lage ist als der selbstgewählte Anwalt; vgl auch Saage/*Göppinger* III Rz 342; *Baumann*, Unterbringungsrecht, S. 357.
48 *Bassenge/Roth* § 70 b Rz 1; aA LG Aachen FamRZ 2004, 1518.
49 BayObLG FamRZ 1993, 990.
50 Anders unter Geltung des FGG: BayObLG, FamRZ 1993, 720; FamRZ 1995, 488.
51 OLG Frankfurt FGPrax 2000, 21.
52 BGH NJW-RR 2003, 1369.

der Verfahrenspflegerbestellung *mit*geprüft wird (§ 58 Abs 2 FamFG), diese Mitprüfung aber nichts mehr bringt.

Die **Aufhebung der Bestellung** ist durch den Verfahrenspfleger nicht anfechtbar[53], weil er nur in seinen finanziellen Interessen und nicht in einem Recht verletzt ist. **31**

VII. Anwaltsbeiordnung, Verfahrenskostenhilfe

Die Beiordnung eines Anwalts ist – anders als vor 1992 in manchen Landesgesetzen – in §§ 312 ff FamFG nicht vorgesehen; man hat sich für den (billigeren) Verfahrenspfleger entschieden. Auf Antrag des Betroffenen könnte aber gleichwohl im Wege der Verfahrenskostenhilfe (§ 76 FamFG, § 114 ZPO) ein **Rechtsanwalt beigeordnet** werden[54]; das ist zu unterscheiden von der Bestellung eines Anwalts als Verfahrenspfleger (die Stellung des Anwalts als Mandantenvertreter und als Verfahrenspfleger sind verschieden: der Anwalt ist weisungsgebunden, der Verfahrenspfleger nicht). Da im Unterbringungsverfahren kein Anwaltszwang besteht, müsste nach § 78 Abs 2 FamFG wegen der *Schwierigkeit der Sach- und Rechtslage* die Vertretung durch einen Anwalt erforderlich erscheinen. **32**

Wenn ein Anwalt schon zum Verfahrenspfleger bestellt ist, wird man ihn auf seinen Antrag hin nicht in Verfahrenskostenhilfe beiordnen können, also seinen Status nicht ändern können, weil in der Regel keine anders geartete Anwaltsvertretung mehr erforderlich ist; der Umstand, dass der Verfahrenskostenhilfe-Anwalt meist besser bezahlt wird (vgl RVG VV 6300) als der anwaltliche Verfahrenspfleger, genügt nicht. **33**

Anders wird es sein, wenn sich *von vornherein* für den Betroffenen ein Anwalt meldet und um Beiordnung in Verfahrenskostenhilfe bittet; dann wird man ihn nicht nur als Verfahrenspfleger bloß deshalb beiordnen dürfen, um Geld zu sparen; denn der Wille des Betroffenen und somit der Vorrang des selbst gewählten Vertreters muss respektiert werden[55]. **34**

Zwei Helfer (einen Verfahrenpfleger und einen Verfahrenskostenhilfeanwalt) braucht der Betroffene in der Regel nicht[56]. **35**

Die Bewilligung von Verfahrenskostenhilfe setzt **Erfolgsaussicht** voraus (§ 114 ZPO mit § 76 FamFG); allenfalls die Nichtanordnung der Unterbringung könnte als angestrebter Erfolg angesehen werden; das passt nicht recht für die erste Instanz eines Unterbringungsverfahrens. Jedenfalls dann, wenn Verfahrenskostenhilfe mit Anwaltsbeiordnung für die Beschwerde bzw Rechtsbeschwerde beantragt wird, wird man die Erfolgsaussicht des Rechtsmittels aber berücksichtigen müssen[57]. Wird *Verfahrenskostenhilfe* mit Anwaltsbeiordnung zwecks Einlegung der Rechtsbeschwerde beim BGH beantragt, ist noch kein beim BGH zugelassener Anwalt erforderlich (§ 10 Abs 4 FamFG), erst für die Einlegung der Rechtsbeschwerde. **36**

53 OLG Hamburg FamRZ 1997, 1293.
54 Vgl OLG Karlsruhe FamRZ 2007, 746 im Falle § 1631 b BGB; OLG München FamRZ 2006, 279.
55 Jansen/*Sonnenfeld* § 70 b Rz 11.
56 LG Bremen FamRZ 2005, 222.
57 OLG München FamRZ 2006, 279.

§ 318 FamFG Vergütung und Aufwendungsersatz des Verfahrenspflegers

Für die Vergütung und den Aufwendungsersatz des Verfahrenspflegers gilt § 277 entsprechend.

Dem § 318 FamFG entsprechen die früheren §§ 70 b, 67 a FGG.

1 **1. Grundregel.** Die Verweisung besagt, dass der berufsmäßige Verfahrenspfleger in einer Unterbringungssache (sowohl bei Vermögen wie bei Armut des Betroffenen) aus der Staatskasse eine **Vergütung** erhält sowie Ersatz seiner konkreten **Auslagen**. Die Höhe der Vergütung richtet sich in der Regel nach dem Zeitaufwand; der Stundenlohn ergibt sich (in allen Fällen) aus § 3 VBVG. Einzelheiten, auch zur eventuellen Pauschalierung, vgl § 277 FamFG. Der Verfahrenspfleger des Kindes in einer Unterbringungssache (§ 151 Nr 6 und 7 FamFG) trägt den Namen „Verfahrensbeistand" (§ 167 Abs 1 Satz 2 FamFG) und wird besser bezahlt, nämlich nach § 158 Abs 7 FamFG.

2 **2. Zuständigkeit.** Für die Vergütungsfestsetzung (§ 168 FamFG) ist das Betreuungsgericht örtlich zuständig, das zur Zeit des Eingangs des Vergütungsantrags mit dem Unterbringungsverfahren befasst ist[1]. Für den Verfahrensbeistand des Kindes ist das Familiengericht zuständig. Beantragt der Verfahrenspfleger Vergütung und Auslagenersatz, wird diese vom Urkundsbeamten im Verwaltungsverfahren festgestellt und zur Auszahlung angewiesen; ein Beschluss wird nicht erlassen (deshalb ist der Verfahrenspfleger vor späteren Vergütungsrückzahlzungen nicht geschützt). Nur auf besonderen Antrag des Verfahrenspflegers erfolgt die Festsetzung durch Beschluss, wofür (in Unterbringungssachen) der Richter[2] zuständig ist (nicht den Rechtspfleger[3]), § 168 FamFG.
Rechtsanwälte als Verfahrenspfleger dürfen in Unterbringungssachen grundsätzlich nicht nach dem RVG (VV 6300; mittlere Verfahrensgebühr 215 Euro, wozu uU noch die Terminsgebühr in gleicher Höhe kommt) abrechnen, auch wenn sie für eine öffentlich-rechtliche Unterbringung beigeordnet werden[4]. Das BVerfG[5] schränkt dies aber ein und hält in Ausnahmefällen den Ansatz von Anwaltsgebühren nach der Gebührenordnung über § 1835 Abs 3 für zulässig; zu Recht. In Anschluss an das BVerfG hat das OLG Zweibrücken[6] entschieden: Einem in einer Unterbringungssache tätigen Rechtsanwalt steht eine Vergütung nach der Anwaltsgebührenordnung nur dann zu, wenn eine Einzelfallprüfung ergibt, dass im Rahmen der für den Betroffenen erbrachten Dienste ein Laie in gleicher Lage vernünftigerweise Rechtsrat eingeholt hätte. Der **Europäische Gerichtshof für Menschenrechte**[7] hatte ausgeführt, wegen der in der Unterbringung liegenden Einschränkung der persönlichen Freiheit und der verminderten geistigen Leistungsfähigkeit des hiervon Betroffenen sei anwaltlicher Beistand erforderlich. Das KG[8] meint: Ein zum Verfahrenspfleger bestellter Rechtsanwalt kann nur dann eine Vergütung nach der (früheren) BRAGO verlangen, wenn ein nichtanwaltlicher Verfahrenspfleger bei sachgerechter Arbeitsweise seinerseits einen Rechtsanwalt beauftragt hätte. Dies gilt auch bei einer Bestellung in einem Unterbringungsverfahren. Aus all dem ist der Schluss zu ziehen, dass eine Einzelfallprüfung erforderlich ist. Ein Beschluss, der die Zeit begrenzt, ist nicht

1 OLG Naumburg FamRZ 2001, 769.
2 Vgl BayObLG FamRZ 1994, 525; LG Kaiserslautern FamRZ 1996, 896.
3 So aber Jansen/*Sonnenfeld* § 56 g Rz 26; § 70 b Rz 26; *Feuerabend* FamRZ 1996, 896.
4 OLG Dresden Rpfleger 1999, 539; OLG Köln Rpfleger 1999, 540 = FGPrax 2000, 17; OLG Köln FamRZ 2000, 683 für BGB-Unterbringung.
5 BVerfG NJWE-FER 2000, 282.
6 OLG Zweibrücken FGPrax 2001, 261.
7 EGMR EuGRZ 1992, 349.
8 KG NJOZ 2002, 2683.

zulässig; wohl aber könnte von vorneherein ein fester Geldbetrag (pauschale Vergütung) zugebilligt werden (§ 277 Abs 3 FamFG).

3. Staatskasse. Für die Anordnung der Verfahrenspflegschaft wird keine Gerichtsgebühr erhoben (§ 93 a Abs 1 Satz 2 KostO), grundsätzlich auch keine gerichtlichen Auslagen. Vergütung und Aufwendungsersatz erhält der Verfahrenspfleger aus der Staatskasse (und zwar auch der Verfahrenspfleger *vermögender* Personen!), § 277 Abs 5 FamFG. Die Staatskasse holt sich das an den Verfahrenspfleger bezahlte Geld dann vom Betroffenen zurück, wenn er „vermögend" ist (§§ 128 b Satz 2, 137 Nr 16 KostO), falls es zur Anordnung bzw Genehmigung der Unterbringung kommt. Das Betreuungsgericht könnte allerdings im Rahmen von § 81 FamFG in einer Kostenentscheidung die Kosten des Verfahrenspflegers auch einem anderen Beteiligten auferlegen (§ 128 b Satz 3 KostO). 4

§ 319 FamFG Anhörung des Betroffenen

(1) [1]Das Gericht hat den Betroffenen vor einer Unterbringungsmaßnahme persönlich anzuhören und sich einen persönlichen Eindruck von ihm zu verschaffen. [2]Den persönlichen Eindruck verschafft sich das Gericht, soweit dies erforderlich ist, in der üblichen Umgebung des Betroffenen.

(2) Das Gericht unterrichtet den Betroffenen über den möglichen Verlauf des Verfahrens.

(3) Soll eine persönliche Anhörung nach § 34 Abs. 2 unterbleiben, weil hiervon erhebliche Nachteile für die Gesundheit des Betroffenen zu besorgen sind, darf diese Entscheidung nur auf Grundlage eines ärztlichen Gutachtens getroffen werden.

(4) Verfahrenshandlungen nach Absatz 1 sollen nicht im Wege der Rechtshilfe erfolgen.

(5) Das Gericht kann den Betroffenen durch die zuständige Behörde vorführen lassen, wenn er sich weigert, an Verfahrenshandlungen nach Absatz 1 mitzuwirken.

Dem § 319 FamFG entspricht der frühere § 70 c FGG.

Schrifttum: *Coeppicus* (Durchführung und Inhalt der Anhörung) FamRZ 1991, 892; *Coeppicus* (Protokollierung) BtPrax 1995, 201; *Pentz*, Verfahrensfehler bei der Freiheitsentziehung, NJW 1990, 2777; *Koch* NJW 1970, 1953; NJW 1971, 1073; NJW 1973, 544; NJW 1974, 595; *Schleicher*, Rechtliches Gehör und mündliche Anhörung im Freiheitsentziehungsverfahren der freiwilligen Gerichtsbarkeit, Diss Würzburg 1988; *Koch*, Der klinische Anhörungstermin im Unterbringungsverfahren, 1995; *Coeppicus*, Sachfragen, S. 1 ff.

Übersicht

I. Die Anhörung des Betroffenen

1 **1. Anwendungsbereich.** Das Unterbringungsverfahren beginnt auf Antrag oder von Amts wegen. Im Verfahren ist der Betroffene anzuhören (§ 319 FamFG), ein Gutachten ist einzuholen (§ 321 FamFG) sowie idR ein Verfahrenspfleger (§ 317 FamFG) zu bestellen. Es endet durch Beschluss. Vor einer Unterbringungsmaßnahme (auch einer unterbringungsähnlichen Maßnahme nach § 1906 Abs 4 BGB) sowie deren Erweiterung, Verlängerung, hat der Betreuungsrichter den Betroffenen persönlich anzuhören und sich einen unmittelbaren Eindruck von ihm zu verschaffen (Abs 1 Satz 1) sowie ihn über den möglichen Verlauf des Verfahrens zu unterrichten (Abs 2). Damit ist sowohl für die Sachaufklärung (§ 26 FamFG) wie für die Gewährung des rechtlichen Gehörs (Art 103 GG) klargestellt, dass ein schriftliches Verfahren ausscheidet (anders bei der eiligen einstweiligen Anordnung, § 332 FamFG). Zusätzlich ist vorgeschrieben, dass sich das Gericht einen unmittelbaren Eindruck vom Betroffenen verschaffen muss. Unterbringung ohne Anhörung kann Rechtsbeugung sein[1].

2 Vor **Ablehnung,** Einschränkung, Abkürzung und Aufhebung der Unterbringung ist eine Anhörung nicht vorgeschrieben. Zur Klärung der Frage, ob eine **in der Hauptsache erledigte Unterbringung** seinerzeit gerechtfertigt war (§ 62 FamFG), ist die persönliche Anhörung des Betroffenen in der Regel nicht unbedingt erforderlich[2], weil es auf seinen persönlichen Eindruck nicht (mehr) ankommt, sondern es meist nur um Rechtsfragen geht; es bleibt bei § 26 FamFG.

3 **2. Inhalt der persönlichen Anhörung.**

- Klärung der Personalien.
- Augenschein am Betroffenen und (soweit erforderlich) seiner Umgebung; dadurch entsteht der „unmittelbare Eindruck".
- Klärung der Erforderlichkeit der Unterbringungsmaßnahme. Der Richter soll sich einen Eindruck vom Betroffenen und von der Art seiner Erkrankung verschaffen, damit er ein Bild von der Persönlichkeit des Betroffenen gewinnt und dem ärztlichen Gutachten richterliche Kontrolle entgegensetzen kann[3]. Hierzu ist der Sachverhalt aufzuklären; die Vorgänge, die zum Verfahren geführt haben; welche sonstigen Hilfen der Betroffene noch hat; mit welchen Angehörigen der Betroffene noch in Verbindung steht, die Adresse dieser Personen.
- Feststellung, ob der Betroffene eine Vertrauensperson benennt, die zu weiteren Anhörungen (zB zum eventuellen Schlussgespräch) geladen werden soll

1 BGH NStZ 2010, 92 (Verurteilung eines Vormundschaftsrichters zu 3 Jahren 6 Monaten; er hatte mehr als 47 Anhörungen unterlassen und Protokolle fingiert).
2 OLG Schleswig FamRZ 2000, 247 = FGPrax 1999, 198.
3 BVerfG NJW 1990, 2310.

und der Gelegenheit zur Äußerung gegeben werden soll (§ 315 Abs 4 Nr 2 FamFG).

- Klärung, ob die Bestellung eines Verfahrenspflegers erforderlich ist, ob sich der Betroffenen von einer anderen geeigneten Person vertreten lassen will oder ob die Beiordnung eines Anwalts in Verfahrenskostenhilfe begehrt wird.
- Unterrichtung über den Verfahrensverlauf, **Abs 2**.
- Die Unterbringungsentscheidung wird später uU anderen Behörden mitgeteilt (§§ 338, 308, 311 FamFG); davon ist der Betroffene zu unterrichten (§ 308 Abs 3 Satz 1 FamFG), außer er ist nicht in der Lage, den Inhalt der Unterrichtung zu verstehen (§ 308 Abs 3 Satz 2 FamFG). Das ist bei der Anhörung zu klären[4].

3. Bei der Anhörung anwesende Personen. Die Anhörung des Betroffenen erfolgt nicht öffentlich (§ 170 Abs 1 GVG). Außer dem Richter, dem Protokollführer, dem Verfahrenspfleger, und dem Anwalt des Betroffenen haben weitere Personen kein Anwesenheits*recht*, auch nicht der Betreuer[5]. Dem Sachverständigen, der das Gutachten erstatten soll, kann der Richter die Anwesenheit auch gegen den Willen des Betroffenen gestatten. Kein Recht auf Anwesenheit haben der behandelnde Arzt, sonstige interessierte Ärzte, Klinikdirektoren, Pflegepersonal[6], Angehörige[7], Mitpatienten in Mehrbettzimmern, Mitarbeiter an der Arbeitsstelle. Denn es handelt sich um keine Hauptverhandlung gegen einen Straftäter, sondern um eine nicht öffentliche Anhörung eines Kranken durch den Richter, um ein Zweiergespräch. Kommt es auf die Erkenntnisse der anderen Personen an, können sie anschließend als Zeugen vernommen werden. 4

Nach § 170 Abs 1 Satz 3 GVG ist auf Verlangen des Betroffenen einer **Person seines Vertrauens** die Anwesenheit zu gestatten. Dieses Verlangen ist zeitlich nicht beschränkt. Der Betroffene kann aber keine Wiederholung der Anhörung verlangen, damit nun eine Vertrauensperson anwesend sein kann[8]. Ist der Termin rechtzeitig bekannt gegeben worden und die Vertrauensperson nicht anwesend, muss der Anhörungstermin nicht verschoben werden. Anders ist es, wenn der Anhörungstermin dem Betroffenen vorher (verfahrenswidrig) nicht mitgeteilt wurde; dann muss verlegt werden, wenn die Vertrauensperson nicht präsent ist und der Betroffene auf ihrer Anwesenheit besteht. Das Gesetz spricht nur von *„einer"* Vertrauensperson; das Gericht kann aber auch zwei oder drei Vertrauenspersonen über Satz 3 die Anwesenheit gestatten. 5

Das Gericht kann die **Öffentlichkeit** zulassen, jedoch nicht gegen den Willen „eines Beteiligten" (§ 170 Abs 1 Satz 2 FamFG). Anderen Personen (zB Rechtsstudenten, Rechtsreferendaren, Pflegepersonal) kann das Gericht die Anwesenheit also nicht gegen den Willen des Betroffenen und der sonstigen Beteiligten gestatten (§ 170 Abs 1 Satz 2 FamFG). 6

4. Protokollierung der Anhörung. Eine allgemeine Vorschrift fehlt im FamFG. Lediglich § 29 Abs 3 FamFG besagt zum Freibeweis, dass die „Ergebnisse der Beweiserhebung aktenkundig zu machen sind". Es ist angebracht, die Anhörung in Form eines Gesprächs zu führen[9] und die Fragen des Richters und die 7

4 Zu Einzelheiten der Anhörung vgl *Coeppicus* FamRZ 1991, 892 sowie *Koch*, Der klinische Anhörungstermin im Unterbringungsverfahren, S. 31 ff.
5 BayObLG FamRZ 2003, 963.
6 AA *Knittel* § 70c Rz 14.
7 OLG Hamm FGPrax 2009, 217.
8 Keidel/*Kayser* § 70c Rz 13.
9 *Dodegge* NJW 1987, 1912; *Coeppicus* Sachfragen S. 32 ff.

Äußerungen des Betroffenen (jedenfalls in den wesentlichen Teilen) wörtlich zu protokollieren.

8 **5. Ort der Anhörung.** Abs 1 Satz 1 unterscheidet zwischen der Anhörung und der Verschaffung des *persönlichen* Eindrucks (im FGG stand noch: des *unmittelbaren* Eindrucks). Satz 2 schreibt nur für die Verschaffung des Eindrucks vor, wo er erfolgen soll. Das hat wenig Sinn, denn im Regelfall ist es zweckmäßig, im selben Termin den Betroffenen anzuhören und sich dabei einen Eindruck zu verschaffen; es ist schwer vorstellbar, dass der Betroffene ausführlich angehört wird, ohne dass dann der Richter von ihm zugleich einen (wenn vielleicht auch nicht ausreichenden) unmittelbaren Eindruck hat.

9 Die Anhörung erfolgt, soweit zur Sachaufklärung erforderlich, **in der üblichen Umgebung** des Betroffenen (dh in dessen Wohnung, Altenheim, Anstalt). Ein ausdrücklicher Anspruch des Betroffenen darauf, dass das Gericht seine Wohnung aufsucht, ist (anders als bei § 278 Abs 1 Satz 3 FamFG) nicht verankert. Auch ein **Widerspruchsrecht** des Betroffenen gegen das Betreten seiner Wohnung ist (anders als bei der Betreuung) nicht festgelegt[10]; verweigert er den Zutritt scheidet ein gewaltsames Eindringen zwecks Umgebungsanhörung aus[11]. Da der Betroffene während des Unterbringungsverfahrens vielfach bereits vorläufig in einer Anstalt untergebracht ist, die Besichtigung des Anstaltszimmers aber kaum zur Sachaufklärung beitragen wird, ist in diesen Fällen das Aufsuchen der Umgebung des Betroffenen iSv § 319 entbehrlich[12]. Der Richter wird den Betroffenen in seiner Umgebung aufsuchen, wenn er krank, bettlägerig oder schwer transportfähig ist oder wenn dies für die Beteiligten einfacher ist (kein Fall des § 319); ferner, wenn nur so das Vorliegen der materiellen Unterbringungsvoraussetzungen geklärt werden kann (Fall des § 319)[13]; im Übrigen erfolgt die Anhörung im Gerichtsgebäude.

10 **6. Eindruckverschaffung.** Auch der Eindruck vom Betroffenen, also das Ergebnis der Beobachtung durch den Richter, sollte protokolliert werden: äußere Erscheinung, Sprechweise, ob er auf Fragen rasch oder zögernd antwortet, Gesichtsausdruck, Mimik, Gestik, Haltung, Bewegungen usw[14]. Zu klären ist, ob der Betroffene bei der Anhörung unter dem Einfluss von Medikamenten steht, weil sonst der Eindruck verfälscht sein kann. Nur bei Protokollierung kann der Eindruck bei einem Referatswechsel vom späteren Richter verwertet werden[15]. Ferner ist ein derartiges Protokoll für das Rechtsmittelgericht und bei der Entscheidung über die Verlängerung der Unterbringung nützlich. Zweckmäßig wäre (bei Zustimmung des Betroffenen) die Anfertigung von Photos; das ist aber nicht üblich.

11 **7. Auslandsfälle.** Bei Anhörung eines Ausländers, der nicht ausreichend Deutsch kann, ist ein Dolmetscher zuzuziehen (vgl Art 5 Abs 2 MRK). Hat der Betroffene seinen Aufenthalt im Ausland, erfolgt die Anhörung im Wege der Rechtshilfe, also nicht mehr durch den erkennenden Richter.

---

10 *Coeppicus*, Sachfragen S. 19; str.

11 Keidel/*Budde* § 319 Rz 2.

12 *Knittel* § 70c Rz 7; aA Holzhauer/*Reinicke* § 70c Rz 2; *Bienwald* § 70c Rz 3 hält die Milieuanhörung sogar für geboten, wenn es lediglich um abgesperrte Türen geht, auch Saage/Göppinger/*Volckart* (1994) § 70c Rz 4 will die Umgebungsanhörung in weitem Umfang durchführen.

13 *Coeppicus*, Sachfragen S. 12.

14 *Koch* S. 36; Saage/*Göppinger* III Rz 326; *Barella* DRiZ 1959, 240.

15 BayObLGZ 1982, 388; MDR 1983, 326; *Pentz* NJW 1990, 2779.

8. **Verstöße gegen § 319 FamFG** können im Beschwerdeverfahren geheilt werden, indem das LG die Anhörung nachholt; Verstöße auch des LG führen in der Rechtsbeschwerde in der Regel zur Aufhebung und Zurückverweisung[16]. 12

II. Entbehrlichkeit der persönlichen Anhörung

Die persönliche Anhörung (aber nicht die Verschaffung des unmittelbaren Eindrucks!) kann nach Abs 3, der auf § 34 Abs 2 FamFG verweist, und § 278 Abs 4 FamFG entspricht, unterbleiben: 13

– Wenn der Betroffene nach dem unmittelbaren Eindruck des Gerichts **offensichtlich nicht in der Lage ist, seinen Willen kundzutun**; dass der, der sich nicht mehr äußern kann, nicht anhörbar ist, ist ohnehin selbstverständlich. Den unmittelbaren Eindruck muss sich das Gericht selbst (eventuell durch den Rechtshilfe-Richter) verschaffen.
– Wenn nach ärztlichem Gutachten durch die richterliche Anhörung **erhebliche Nachteile für die Gesundheit** des Betroffenen zu besorgen sind[17]. Das ärztliche Gutachten wird nach § 29 FamFG erholt[18]. Ein im Strengbeweisverfahren nach den Regeln der ZPO erholtes Gutachten (§ 30 FamFG) ist somit nicht erforderlich. Ein ärztliches Zeugnis genügt aber nicht; andererseits ist nicht vorgeschrieben, dass der Sachverständige den Betroffenen persönlich untersuchen bzw befragen muss[19]; eventuell genügen die Akten. Für den „Arzt" ist keine besondere Qualifikation vorgeschrieben, aber natürlich genügen weder Allgemeinärzte noch Ohrenärzte. Im Einzelfall kann es notwendig sein, dass die angebliche Gesundheitsgefahr durch einen nicht in der Anstalt tätigen Sachverständigen geklärt wird[20].

Solche Fälle der Gesundheitsgefährdung gibt es in Wirklichkeit nicht; lediglich historisch ist erklärbar, dass die Regelung nicht aus dem Gesetz entfernt wurde. Dass ein Kranker zB einen Herzanfall nur deshalb erleiden könnte, weil er von einem Richter wegen eines Bettgitters angehört wird, ist absurd und als bloße Spekulation durch Gutachten kaum nachvollziehbar begründbar. Obwohl es genauso naheliegend wäre, dass ein Betroffener infolge der Untersuchung durch den Arzt-Gutachter einen Gesundheitsschaden erleidet, gestattet das FamFG keinen Verzicht auf das § 319-Gutachten. Der Anwalt und der Verfahrenspfleger, der Klinikleiter und das Pflegepersonal dürfen ungehindert mit dem Betroffenen reden, selbst bei vermeintlich schwerster Gesundheitsgefahr. 14

– Wenn die Unterbringungsmaßnahme nicht angeordnet wird, weil zB der Antrag schon nach dem bisherigen Ermittlungsergebnis unbegründet ist.

Nicht genügt, dass die Anhörung besondere Schwierigkeiten bereitet, etwa weil der Betroffene tobt, schreit, gewalttätig sein könnte oder an einer ansteckenden Krankheit leidet. 15

III. Anhörung durch den ersuchten Richter, Abs 4.

1. **Grundsatz.** Grundsätzlich muss der erkennende Richter die Anhörung durchführen. Ist der Betroffene in einer weit entfernten Anstalt untergebracht, fragt 16

16 Vgl BayObLG FamRZ 1982, 199; *Knittel* § 70c Rz 4.
17 Insbesondere irreversible oder lebensgefährliche Schäden; ungenügend sind bloß vorübergehende Beeinträchtigungen, oder Nachteile, denen mit Medikamenten entgegengewirkt werden kann, OLG Karlsruhe FamRZ 1999, 670.
18 BT-Drucks 16/6308 S. 274.
19 AA *Bienwald* § 70c Rz 6.
20 OLG Karlsruhe FamRZ 1999, 670.

sich, ob der Amtsrichter anreisen muss (Anhörungen außerhalb des AG-Bezirks dürfen vorgenommen werden), was erheblichen Zeit- und Kostenaufwand verursacht, oder ob das Rechtshilfegericht tätig werden darf. Denn ein Transport des Betroffenen zum hiesigen Amtsgericht dürfte meist ausscheiden. Im Beschwerdeverfahren kann die Anhörung durch den beauftragten Richter der Zivilkammer erfolgen[21] bzw. durch den bestellten Einzelrichter der Zivilkammer.

17 2. Die Anhörung kann **ausnahmsweise durch einen Richter des Rechtshilfegerichts** erfolgen (Abs 4). Die hM allerdings legt § 319 Abs 4 FamFG dahin aus, dass das entscheidende Gericht die Anhörung im Regelfall selbst durchzuführen hat[22] und dass die Tätigkeit des ersuchten Richters auf atypische, außergewöhnliche Umstände beschränkt ist. Trotzdem dürfen Rechtshilfeersuchen (§§ 158, 159 GVG) grundsätzlich nicht abgelehnt werden[23].

18 Die im Gesetz zum Ausdruck kommende Geringschätzung der Fähigkeiten des Rechtshilfe-Richters ist nicht gerechtfertigt; die Bedeutung des *eigenen* Eindrucks wird überschätzt (er dauert nur wenige Minuten; einmaliger Kontakt; das Erscheinungsbild des psychisch Kranken ändert sich; unterschiedliche Richtervorstellungen; es gibt keine Untersuchungen, wonach der Eindruck des Rechtshilferichters unzutreffender ist als derjenige des erkennenden Richters). Abs 4 bestimmt lediglich, dass nicht durch den ersuchten Richter angehört werden „soll". Die einstige Regelung in § 64a Abs 1 Satz 3 aF FGG („Die Anhörung darf nicht durch einen ersuchten Richter erfolgen") wurde nicht übernommen. Auch die Verweisung auf den für das Betreuungsverfahren geltenden § 278 Abs 3 FamFG ist unterblieben, so dass der ersuchte Richter nicht nur unter den dortigen ganz engen Voraussetzungen eingeschaltet werden darf. Ferner ist nicht einmal die Einschränkung „in der Regel" enthalten. Auch Abwägungskriterien oder Regelbeispiele sind nicht vorhanden. Der Gesetzgeber empfiehlt also lediglich, die Anhörung selbst vorzunehmen.

19 **Einschränkungen der Tätigkeit des ersuchten Richters:** Der erkennende Richter muss nach Abs 1 Satz 1 auch einen Eindruck vom Betroffenen haben, weshalb die Anhörung durch den Rechtshilferichter nur genügt, wenn der Rechtshilferichter auch seinen Eindruck vom Betroffenen hinreichend protokolliert und der Fall protokollierungsfähig ist. Ferner verlangt § 26 FamFG eine Sachaufklärung durch geeignete Verfahrenshandlungen; hier wird man auf die Schwere des Eingriffs abstellen müssen. Bei üblichen **unterbringungsähnlichen Maßnahmen** (wie nächtlichem Bettgitter, nächtlichem Versperren der Haustüre) wird die Anhörung durch den ersuchten Richter meist ausreichen[24]. Bei **Verlängerung von Unterbringungsmaßnahmen** nach § 329 FamFG wird sie eher genügen als bei erstmaliger Unterbringung[25]. Bei **erstmaliger Unterbringung** kommt es darauf an, ob der Fall hinsichtlich Anhörung und Eindruck durch den ersuchten Richter ausreichend dargestellt werden kann: dass ein Betroffener verwirrt und völlig desorientiert ist, kann auch der Rechtshilfe-Richter hinreichend feststellen[26].

VI. Vorführung des Betroffenen, Abs 5

20 **1. Übersicht.** Das Gesetz kennt verschiedene Fälle der Vorführung im Unterbringungsrecht:

---

21 OLG Naumburg FamRZ 2008, 1635.

22 OLG Naumburg FamRZ 2008, 1635; Holzhauer/*Reinicke* § 70c Rz 7; *Knittel* § 70c Rz 10.

23 BayObLG FamRZ 1998, 841.

24 Keidel/Budde § 319 Rz 5; *Knittel* § 70c Rz 12.

25 AA MünchKomm-*Schwab*, § 1906 BGB Rz 43.

26 Nach Holzhauer/*Reinicke* § 70c Rz 8; *Knittel* § 70c Rz 11 darf bei erstmaliger Unterbringungsmaßnahme immer nur das erkennende Gericht tätig werden; ähnlich wie hier aber Keidel/*Kayser* § 70c Rz 7.

Anhörung vor Genehmigung bzw Anordnung der Unterbringung	Vorführung vor den Richter	§ 319 Abs 5 FamFG
zur Vorbereitung des SV-Gutachtens betr. Unterbringung	vor dem Sachverständigen	§§ 322, 283 FamFG
Erweiterungen, Verlängerungen der Unterbringung	vor dem Richter bzw vor dem Sachverständigen	§ 329 Abs 2 FamFG
Zuführung zur zivilrechtlichen Unterbringung	in die Anstalt	§ 326 FamFG
vorläufige Unterbringung bis zu 6 Wochen zwecks Beobachtung zur Vorbereitung des Gutachtens betreffend die Unterbringung	in die Anstalt zum Sachverständigen	§§ 322, 284 FamFG; § 284 Abs 3 Satz 2 FamFG

2. Anordnung der Vorführung. Das Gericht (Richter) kann den Betroffenen vorführen lassen, wenn er sich weigert, zur Anhörung zu erscheinen (§ 319 Abs 5 FamFG). Der Antrag eines Beteiligten ist nicht erforderlich. Die Vorführung kann nicht nur zum Gericht erfolgen, sondern auch zur Wohnung des Betroffenen. Eine vorherige Androhung der Vorführung ist zweckmäßig. 21

Die Anordnung der Vorführung erfolgt durch Beschluss des Richters; zum Inhalt vgl § 278 Rz 71. Der Grundsatz der Verhältnismäßigkeit muss beachtet werden. Der Richter ist jedoch nicht verpflichtet, abends, nachts oder früh morgens die Wohnung versuchsweise aufzusuchen, um den untertags abwesenden Betroffenen anzutreffen; oder den Betroffenen im Park zu suchen oder im Sozialamt abzupassen, damit er ihn anhören kann[27]. Auch ist es nicht *Pflicht* des Richters, bei der gewaltsamen Türöffnung anwesend zu sein und dann in der aufgebrochenen Wohnung die Anhörung durchzuführen; vielmehr kann in solchen Fällen die Vorführung zum Gerichtsgebäude erfolgen[28]. Wirksam wird der Beschluss mit der Bekanntmachung an den Betroffenen, § 40 Abs 1 FamFG (zB durch Übergabe bei der Festnahme). Denn für ihn und nicht etwa für den Betreuer ist die Verfügung bestimmt. Deshalb entfällt auch die Anordnung sofortiger Wirksamkeit. 22

3. Ausführung der Vorführung. Die Vorführung selbst erfolgt (abweichend von § 35 FamFG) bei Maßnahmen nach §§ 312, 167 FamFG (Kinder) durch das Jugendamt, bei Maßnahmen nach § 312 Nr 1 FamFG (Betreuungen; Vorsorgevollmacht) durch die zuständige Betreuungsbehörde, also durch Personen, die im Umgang mit psychisch Kranken ausgebildet sein sollen, nicht durch den Gerichtsvollzieher oder den Gerichtswachtmeister. Welche Behörde als Betreuungsbehörde zuständig ist, bestimmt das Landesrecht (§ 1 BtBG). Bei Maßnahmen nach § 312 Nr 3 FamFG (öffentlich rechtliche Unterbringung) erfolgt sie durch die nach den Landesunterbringungsgesetzen zuständige Behörde (idR Ordnungsbehörde der Stadt- bzw Kreisverwaltung). 23

Die Einzelheiten des Vorgehens der Behörde, zB Uhrzeit der Festnahme, liegt in deren pflichtgemäßem Ermessen. Ein unmittelbares Einschalten der Polizei 24

27 AA *Walther* BtPrax 1997, 42.
28 AA LG Berlin BtPrax 1999, 112.

durch das Gericht ist nach Abs 5 nicht statthaft. Auch kann die Behörde die Vorführung nicht allein der Polizei überlassen; ein Vertreter der Betreuungsbehörde muss anwesend sein, damit er Einzelweisungen geben und den Vorgang eventuell abbrechen kann[29]. Eine zwangsweise **Wohnungsöffnung und -durchsuchung** ist nur in Ausnahmefällen statthaft; sie setzt ua voraus, dass dies angedroht wird und nicht mehr aufschiebbar ist, mildere Maßnahmen zumutbar ausgeschöpft wurden (§ 91 FamFG). § 91 passt allerdings nicht recht, weil er die Herausgabe von Personen betrifft, weshalb anderweitig die Meinung vertreten wird, dass Gewalt im Rahmen der Vorführung nicht zulässig sei[30], die Anhörung einfach unterbleibe. Besonderheiten gelten für die Vorführung von Rechtsanwälten in den Fällen des § 117 BRAO[31].

25 **4. Kosten.** Die Kosten der Behörde (zB Ausgaben für den Schlosser) sind Auslagen im Rahmen der Ermittlungen; die Betreuungsbehörde kann sie von der Justizkasse verlangen[32]; sie werden in bestimmten Fällen (vgl §§ 92 ff, 137 KostO) dem Betroffenen dann in Rechnung gestellt.

26 **5. Rechtsmittel.** Die Einleitung eines Unterbringungsverfahrens ist nicht anfechtbar. Die Androhung einer Vorführung ist ebenfalls nicht anfechtbar. Der Beschluss, der die Vorführung anordnet, ist wohl keine Endentscheidung im Sinn von §§ 38, 58 FamFG und daher unanfechtbar; das folgt auch aus § 284 Abs 3 S. 2 FamFG mittels Umkehrschluss. Im vergleichbaren Fall der unanfechtbaren Vorführung vor dem Sachverständigen (§ 283 Rz 14 ff) hat der BGH[33] zwar (unter Geltung des FGG) eine außerordentliche Beschwerde wegen greifbarer Gesetzeswidrigkeit verneint, aber für Fälle der Willkür die Beschwerde für statthaft erachtet[34]. Das muss auch für die Vorführung vor dem Richter gelten. Willkür legt vor, wenn keine Anhaltspunkte für eine Betreuungsbedürftigkeit sprechen und, falls nicht Gefahr im Verzug besteht, dem Betroffenen keine Gelegenheit zu rechtlichem Gehör gegeben worden ist. Dies muss aus den Akten erkennbar sein.

§ 320 FamFG Anhörung der sonstigen Beteiligten und der zuständigen Behörde

[1]Das Gericht hat die sonstigen Beteiligten anzuhören. [2]Es soll die zuständige Behörde anhören.

§ 320 FamFG knüpft an den bisherigen § 70d FGG an, variiert aber die Regelung.

I. Anhörungen

1 **1. Zweck der Anhörung.** Damit sollen alle relevanten Gesichtspunkte zu Gunsten des Betroffenen ermittelt und der Entscheidung zu Grunde gelegt werden können[1]. Die Regelung knüpft an § 319 FamFG an, wonach **der Betroffene** anzuhören ist und schreibt die Anhörung der „sonstigen" Beteiligten im Sinne von § 315 FamFG vor. Es handelt sich jeweils um Personen, die dem Betroffenen

29 HK-BUR-*Bauer* § 68 Rz 148.
30 *Prütting/Helms/Roth* § 319 Rz 18
31 OLG Stuttgart FGPrax 2007, 47.
32 OLG Köln FamRZ 2005, 1199 (L); der Schlüsseldienst stellte 3181 Euro (!) in Rechnung; HK-BUR-*Bauer* § 68 Rz 162; aA LG Limburg BtPrax 1998, 116; *Bassenge/Roth* § 70 g Rz 15.
33 BGH NJW-RR 2007, 1295.
34 BGHZ 171, 326 = NJW 2007, 3575 = FamRZ 2007, 1002.
1 BT-Drucks 11/4528 S. 184.

nahe stehen und daher Angaben über seine Lebensführung, Verhaltensweisen und persönlichen Verhältnisse machen können[2]. Die Anhörung bezweckt also einerseits die Sachverhaltsaufklärung, andererseits die Verstärkung des Rechtsschutzes des Betroffenen[3]. Außerdem erleichtert es dem Gericht die Würdigung des Sachverhalts, wenn andere Personen ihre Meinung zum Unterbringungsantrag äußern. Die Regelung entspricht dem für das Betreuungsverfahren geltenden § 279 FamFG.

a) **Sonstige Beteiligte.** Das sind bei der zivilrechtlichen Unterbringung (§ 312 Nr 1 und Nr 2 FamFG) der Betreuer bzw der Vorsorgebevollmächtigte (§ 315 Abs 1 FamFG), ferner der Verfahrenspfleger. Zur Anhörung bei Unterbringung von Kindern vgl § 167 Abs 4 FamFG. 2

Die **zuständige Behörde** ist bei Betreuung und Vorsorgevollmacht die Betreuungsbehörde, bei öffentlich-rechtlicher Unterbringung die nach Landesrecht (PsychKG, UnterbrG) zuständige Behörde, meist das Ordnungsamt von kreisfreier Stadt bzw Kreis; bei Kindern das Jugendamt. Die Behörde „soll" nach Satz 2 angehört werden (entgegen § 315 Abs 3 FamFG); die Anhörung ist also nicht zwingend; anders unter Geltung von § 70 d FGG[4]. Bei der öffentlich-rechtlichen Unterbringung ist die Behörde als Antragstellerin nach § 7 Abs 1 FamFG ohnehin Beteiligte. Bei der zivilrechtlichen Unterbringung wird die Behörde nur Beteiligte, wenn sie das beantragt hat (§ 315 Abs 3 FamFG); aber auch ohne einen solchen Antrag *soll* sie nach § 320 Satz 2 angehört werden. Die Behörde kann sich also darauf beschränken, im Rahmen der Anhörung oder auch schon vorher (ohne eine Beteiligtenstellung zu wünschen) Anregungen zu geben[5]. Die **Angehörigen** sind nur unter den Voraussetzungen des § 315 Abs 4 anzuhörende Beteiligte. 3

b) **Abgrenzung Anhörung/Beweisaufnahme.** In Unterbringungssachen hat das Gericht den Sachverhalt von Amts wegen zu ermitteln (§ 26 FamFG); das geschieht durch Anhörung des Betroffenen (§ 319 FamFG), durch Erholung eines Gutachtens (§ 321 FamFG) und gegebenenfalls durch Zeugenvernehmung (§§ 29, 30 FamFG). Nach § 27 Abs 1 FamFG *sollen* die Beteiligten bei der Ermittlung des Sachverhalts mitwirken. Die Anhörung der Beteiligten nach § 320 FamFG ist ein Auskunftsmittel (keine Beweisaufnahme), die angehörten Personen sind Auskunftspersonen[6]; keine Zeugen[7]; sie haben keine Pflicht zur Äußerung, erhalten damit auch keinen Kostenersatz nach dem JVEG. Es handelt sich auch nicht um die Gewährung des rechtlichen Gehörs. Die Einholung der Äußerungen gehört noch in das Stadium der Stoffsammlung. 4

Die Äußerungen der anderen Beteiligten können zur Überzeugungsbildung des Gerichts im Wege des **Freibeweises** ausreichen, wenn es sich um unwesentliche unstreitige Tatsachen handelt und wenn die Anhörungsergebnisse den anderen Beteiligten (Betroffener, Verfahrenspfleger, Antragsteller bei der öffentlich-rechtlichen Unterbringung) zur Wahrung des rechtlichen Gehörs vorher bekannt gemacht wurden. Wegen der Schwere des Eingriffs ist allerdings bei wesentlichen Tatsachen Sachverhaltsaufklärung durch Strengbeweis erforderlich[8]. 5

---

2 Saage/Göppinger III Rz 349; *Baumann,* Unterbringungsrecht S. 345; *Böning* SchlHA 1958, 301.
3 Vgl *Baumann,* Unterbringungsrecht S. 345.
4 OLG Brandenburg FamRZ 2007, 1127.
5 Keidel/*Budde* § 320 Rz 3.
6 Keidel/*Kayser* § 12 Rz 174; *Baumann,* Unterbringungsrecht S. 345.
7 *Prütting/Helms/Roth* § 320 Rz 4.
8 *Bienwald* § 70 d Rz 15; Holzhauer/*Reinicke* § 70 d Rz 12.

6 Denkbar ist, dass **Angehörige** nicht zu „Beteiligten" erhoben werden, aber gleichwohl vom Gericht im Rahmen des Freibeweises schriftlich befragt werden, oder dass sie trotz Beteiligtenstellung als Zeugen nach den Regeln des Strengbeweises vernommen werden. Benötigt das Gericht das Wissen eines Beteiligten, muss es diese Person als Zeuge vernehmen; dann besteht Zeugnispflicht.

7 c) **Anhörung und rechtliches Gehör.** Nach Art 103 Abs 1 GG ist „jedermann" rechtliches Gehör zu gewähren. Das sind in der freiwilligen Gerichtsbarkeit die Beteiligten im materiellen und formellen Sinne[9]. Ist ein Anzuhörender selbst verständigungsunfähig, scheidet die Bestellung eines Betreuers für ihn aus, weil der Betreuer das Wissen des Verständigungsunfähigen nicht weiterleiten kann. Auch die Bestellung eines Pflegers nach § 1909 BGB entfällt.

8 **2. Form der Anhörung.** – a) Sie liegt im Ermessen des Gerichts. Die Anhörung kann mündlich durchgeführt werden, auch durch den ersuchten bzw beauftragten Richter oder den Stationsreferendar. Im Regelfall wird die Anhörung aber schriftlich erfolgen. Die genannten Personen und Stellen werden angeschrieben, es wird ihnen mitgeteilt, worum es geht und es wird ihnen unter Setzen einer angemessenen Frist Gelegenheit zur Äußerung gegeben; dadurch ergibt sich für die Angehörigen zugleich, dass sie vom Gericht im Sinne von § 315 Abs 4 FamFG „beteiligt" wurden. Was nach Ablauf dieser Frist und vor Erlass der Entscheidung einläuft, muss gleichwohl berücksichtigt werden[10]. Eine Pflicht der berechtigten Personen und Stellen zur Äußerung besteht nicht. Ein „Beteiligter" kann Akteneinsicht nehmen (§ 13 Abs 1 FamFG), zB zur Vorbereitung seiner Äußerung.

9 b) Wird die Anhörung mündlich durchgeführt, ist der Betroffene vom Termin zu benachrichtigen; er hat das Recht der Anwesenheit. Bei schriftlicher Anhörung hat er zur Wahrung des rechtlichen Gehörs Anspruch darauf, von den Äußerungen Kenntnis zu erhalten; die Namen der Auskunftspersonen dürfen nicht vorenthalten werden. Das entfällt aber, wenn das Gericht diese Äußerungen nicht verwerten will, seine Entscheidung nicht darauf stützt[11]. Eine Einschränkung des rechtlichen Gehörs zum Schutz der Auskunftspersonen vor Belästigungen durch den Betroffenen, also eine Behandlung von Äußerungen als vertraulich, wird von der hM[12] zu Recht abgelehnt.

10 Das Wohl oder die Gesundheit des Betroffenen kann aber gegen die vollständige Bekanntgabe der Äußerungen der Auskunftspersonen sprechen[13]. Oft, so wird behauptet, führt die Bekanntgabe der Äußerungen der Familienangehörigen beim psychisch Kranken dazu, dass sich nachteilige Folgen für seinen Gesundheitszustand ergeben oder die Beziehungen zu den Angehörigen schwer beeinträchtigt werden[14]. § 319 Abs 3 verweist auf § 34 Abs 2 FamFG; danach kann die persönliche Anhörung des Betroffenen in bestimmten Fällen (Gesundheitsgefährdung; Verständigungsunfähigkeit) unterbleiben; in analoger Anwendung[15] wird man in diesen Fällen auch die Bekanntgabe der Äußerungen der Auskunftspersonen an den Betroffenen unterlassen können und sie statt dessen dem Verfahrenspfleger zwecks Wahrung des rechtlichen Gehörs zuleiten.

---

9 Keidel/*Kayser* § 12 Rz 107.
10 BGH NJW 1955, 504; BayObLG 1964, 69; Keidel/*Kayser* § 12 Rz 87.
11 BayObLG 1973, 167; KG FamRZ 1980, 1156; Keidel/*Kayser* § 12 Rz 119.
12 Keidel/*Kayser* § 12 Rz 119 mwN.
13 BayObLG 1965, 361; 1968, 243; Keidel/*Kayser* § 12 Rz 120; *Jansen* § 12 Rz 98.
14 Vgl Saage/*Göppinger* III Rz 359.
15 Vgl Saage/*Göppinger* III Rz 386; Holzhauer/*Reinicke* § 70d Rz 13.

II. Unterbleiben der Anhörungen

1. Allgemein. Im Falle des § 320 Satz 1 muss die Anhörung der anderen Beteiligten erfolgen; der **Widerspruch des Betroffenen** ist unbeachtlich. Bei den Angehörigen aber sagt § 315 Abs 4 FamFG, dass sie nur „im Interesse des Betroffenen“ zu beteiligen sind. Wenn also der Betroffene der „Beteiligung“ seiner Angehörigen widerspricht und das Gericht dies akzeptiert, dann werden sie vom Betreuungsgericht nicht zu Beteiligten „gemacht“, weshalb sie auch nicht nach § 320 FamFG anzuhören sind. Wurden die Angehörigen aber zu Beteiligten erhoben, kann der Betroffene einer Anhörung nicht mehr widersprechen. 11

Eine Einschränkung dahin, dass die Anhörung der Beteiligten entfallen könne, wenn davon keine Sachaufklärung zu erwarten ist, oder wenn der Betroffene darauf verzichtet, ist in § 320 FamFG nicht enthalten. 12

Auch wenn ein Angehöriger wegen des Widerspruchs des Betroffenen nicht zu Beteiligten erhoben wurde, kann der Amtsermittlungsgrundsatz (§ 26 FamFG) verlangen, dass das Gericht diese Person als Zeugen vernimmt. Auf dem Unterbleiben der Anhörung der Betreuungsbehörde könne die Unterbringungsgenehmigung beruhen[16]. 13

2. Einzelfälle. Die Anhörungen sind auch bei unterbringungsähnlichen Maßnahmen erforderlich. Hier werden sie oft wenig zur Sache beitragen. Ist die Maßnahme eilbedürftig, kommt eine **einstweilige Anordnung** oder eine gerichtliche **Maßnahme nach § 1846 BGB** in Frage: in beiden Fällen ist § 320 FamFG nicht anzuwenden, wenn Gefahr in Verzug ist (§ 332, 333 FamFG). 14

§ 321 Einholung eines Gutachtens

(1) [1]Vor einer Unterbringungsmaßnahme hat eine förmliche Beweisaufnahme durch Einholung eines Gutachtens über die Notwendigkeit der Maßnahme stattzufinden. [2]Der Sachverständige hat den Betroffenen vor der Erstattung des Gutachtens persönlich zu untersuchen oder zu befragen. [3]Das Gutachten soll sich auch auf die voraussichtliche Dauer der Unterbringung erstrecken. [4]Der Sachverständige soll Arzt für Psychiatrie sein; er muss Arzt mit Erfahrung auf dem Gebiet der Psychiatrie sein.

(2) Für eine Maßnahme nach § 312 Nr. 2 genügt ein ärztliches Zeugnis.

---

§ 321 FamFG entspricht teilweise dem früheren § 70e FGG.

Schrifttum: *Foerster*, Der psychiatrische Sachverständige, NJW 1983, 2049; *Schleicher*, Das ärztliche Attest als Grundlage der Unterbringung von psychisch Kranken, Med Diss Düsseldorf 1985; *Koch*, Der klinische Anhörungstermin im Unterbringungsverfahren, 1995; *Coeppicus*, Sachfragen, S. 212ff.; *Melchinger*, Zivilrechtliche Unterbringungen, BtPrax 2009, 59

Übersicht

---

16 Daher Aufhebung und Zurückverweisung an das LG; BayObLG FamRZ 1994, 721.

I. Einholung eines Sachverständigengutachtens, Abs 1

1 **1. Allgemeines.** Vor **Unterbringungsmaßnahmen**, dh vor Genehmigung bzw Anordnung von Unterbringungen nach §§ 312 FamFG, desgleichen vor der Verlängerung (§ 329 Abs 2 FamFG), ist ein Sachverständigengutachten einzuholen (Abs 1 Satz 1); es können auch mehrere Gutachten eingeholt werden.

2 a) § 312 FamFG schreibt insoweit eine **„förmliche Beweisaufnahme"** vor, vgl § 30 Abs 2 FamFG. Das bedeutet, dass die Beweisaufnahme nach den Regeln der ZPO über den Sachverständigenbeweis (§§ 402 ff ZPO) stattzufinden hat; Freibeweis (vgl § 29 FamFG) genügt also nicht.

3 **b) Veranlasser des Gutachtens.** Ein Gutachten im Sinne des § 321 FamFG liegt nur vor, wenn das Betreuungsgericht (und nicht der Betreuer, die Behörde oder sonst jemand) die Erstellung speziell für das konkrete Unterbringungsverfahren veranlasst hat[1]. Das bedeutet zweierlei: Von „Antragstellern" vorgelegte Gutachten entsprechen nicht den Anforderungen an § 321 FamFG; der Antrag eines

1 KG FGPrax 2006, 260.

behandelnden Arztes auf Unterbringung ist kein Gutachten, weil der Verfasser ohne gerichtlichen Auftrag handelte[2], selbst wenn er im Übrigen inhaltlich ausreichen würde. Ein vom Gericht in anderer Sache (zB einem Zivilprozess, in dem es um die Geschäftsfähigkeit einer Prozesspartei ging) eingeholtes Gutachten fällt ebenfalls nicht unter § 321 FamFG, selbst wenn der Zivilrichter personell identisch mit dem Betreuungsrichter ist. Aus anderem Anlass erstellte Gutachten, zB aus einem Strafverfahren anlässlich der Prüfung der Schuldfähigkeit, genügen daher allein ebenfalls nicht.

c) **Keine Bindung an Gutachten.** Das Gericht ist an das Gutachten nicht gebunden: es könnte theoretisch die Unterbringung anordnen, obwohl der Sachverständige sie für nicht notwendig erachtet und umgekehrt. Tatsächlich aber kann der Richter mangels eigener psychiatrischer Fachausbildung die Voraussetzungen in der Entscheidung nicht ausreichend darlegen[3]; Bezugnahme auf Fachliteratur genügt nicht; bei Zweifeln des Betreuungsgerichts bleibt nur, dass der Gutachter vernommen wird oder zusätzliche Gutachten eingeholt werden. 4

d) **Der Verstoß gegen Abs 1 Satz 1** führt nicht zur Nichtigkeit der Bestellung des Betreuers, bei Anfechtung aber zur Aufhebung[4] und gegebenenfalls Zurückverweisung. 5

2. **Entbehrlichkeit des Gutachtens. – a) Allgemeines.** Das Gutachten ist entbehrlich, wenn die Unterbringung durch einstweilige Anordnung beschlossen wird (§§ 331 Nr 2, 332, 333 FamFG); ferner wenn eine unterbringungsähnliche Maßnahme genehmigt werden soll (Abs 2). In beiden Fällen genügt ein ärztliches Zeugnis (sog Attest) Das Gutachten ist aber auch dann nicht entbehrlich, wenn die Anhörung durch den Richter eindeutig ergibt, dass die Voraussetzungen einer Unterbringungsmaßnahme vorliegen. Überflüssig ist es nur, wenn nach dem bisherigen Ermittlungsergebnis keine Unterbringungsmaßnahme anzuordnen ist; ferner vor Aufhebung einer Unterbringungsmaßnahme (§ 330 FamFG), dh der Entlassung. 6

b) **Vorangegangene einstweilige Anordnung.** Ist ein einstweiliges Anordnungsverfahren vorangegangen und wurden hierbei „Verfahrenshandlungen" (wie Begutachtung) vorgenommen, kann das Gericht im späteren (oder gleichzeitigen) Hauptsacheverfahren von der nochmaligen Durchführung absehen, wenn von einer erneuten Vornahme keine zusätzlichen Erkenntnisse zu erwarten sind (§ 51 Abs 3 Satz 2 FamFG); Doppelverwertung von Verfahrenshandlungen. Hier zeigt sich, dass die Unterscheidung Gutachten/ärztliches Zeugnis wichtig ist: denn für die einstweilige Anordnung genügt ein ärztliches Zeugnis (§ 331 Nr 2 FamFG), für die endgültige Unterbringung aber ist ein Gutachten notwendig. Wurde schon anlässlich der einstweiligen Anordnung ein „Gutachten" erstellt, kann uU darauf zurückgegriffen werden. 7

c) **Unterbringungen mit einer Dauer bis zu drei Monaten.** Die einstweilige Anordnung ist (anders als nach dem FGG) von der Hauptsache (endgültige Anordnung der Unterbringung) unabhängig; § 51 Abs 3 Satz 1 FamFG. Auf die Anregung einer Unterbringung kann der Richter deshalb verschieden reagieren. Er kann auf der Basis eines ärztlichen Zeugnisses eine einstweilige Anordnung mit einer Laufzeit (einschließlich Verlängerung) bis zu drei Monaten beschließen (§§ 331, 333 FamFG) und mit Einleitung des Hauptsacheverfahrens nebst der Begutachtung bis kurz vor Fristablauf warten; zeigt sich hingegen, dass die 8

2 LG Tübingen FamRZ 1996, 1344.
3 BayObLG BtPrax 1994, 59.
4 OLG Schleswig FamRZ 2008, 77.

Unterbringung nicht mehr erforderlich ist, entfällt ein Hauptsacheverfahren und die Unterbringung bestand somit (maximal) drei Monate, ohne dass jemals ein Gutachten im Sinne von § 321 FamFG über den Betroffenen erstellt wurde. Leitet das Gericht selbst kein Hauptsacheverfahren ein, können der Betroffene oder sein Verfahrenspfleger oder sonstige Beteiligte (§ 315 FamFG) aber durch einen Antrag nach § 52 Abs 1 FamFG die Einleitung eines Hauptsacheverfahrens mit Gutachten erzwingen.

9 3. **Auswahl und Qualifikation des Sachverständigen.** Die Auswahl erfolgt durch das Betreuungsgericht (Richter) und steht im Ermessen des Gerichts; die Betreuungsbehörde bzw das Ordnungsamt hat kein Mitspracherecht. Bei Unterbringungen von mehr als vier Jahren soll ein Gutachterwechsel stattfinden (§ 329 Abs 2 FamFG). Aber auch schon vorher kann es notwendig sein, einen externen (nicht im behandelnden Krankenhaus tätigen) Sachverständigen zu bestellen[5].

10 a) **Qualifikation.** Das Ermessen des Gerichts ist eingeschränkt durch Abs 1 Satz 4: der Sachverständige „soll" Arzt für Psychiatrie sein. In jedem Fall muss er aber Arzt sein *und* **Erfahrungen auf dem Gebiet der Psychiatrie** (vor allem der Fragen der geschlossenen Unterbringung) haben; notwendig ist also eine Ausbildung *und* eine dauernde Tätigkeit auf diesem Gebiet. Der Begriff „Erfahrung" ist unscharf; denn wie viel Kranke muss jemand untersucht haben, damit er Erfahrung hat? Diese Sachkunde ergibt sich entweder aus der Fachbezeichnung des Arztes[6]; anderenfalls ist sie vom Gericht darzulegen[7], notwendig ist eine solche Darlegung zB bei einem Vertragsarzt der Bezirkskrankenhäuser[8] oder einem Arzt, der als Medizinaloberrat im Gesundheitsamt tätig ist[9]. Bei Ärzten, die noch **in der Ausbildung** sind, gilt dasselbe erst recht; hier ist es ausgeschlossen, dass sie eine ausreichende Erfahrung haben. In allen Fällen ist der Umfang der Ausbildung und der gemachten Praxiserfahrungen (seit wann in welchem Umfang wo als was tätig?) durch Rückfrage beim Gutachter (der ohnehin selbst seine Kompetenz zu prüfen hat, § 407 a ZPO) festzustellen und in der gerichtlichen Entscheidung ist darzulegen, weshalb dem Gericht die Qualifikation genügte. Floskeln wie „dem Gericht ist die Sachkunde des X bekannt" genügen nicht, weil der Betroffene damit nichts anfangen kann.

11 Ein **Arzt im Praktikum** scheidet als Sachverständiger aus[10]. Wenn Assistenzärzte u. ä. das Gutachten erstellt haben und ein im Sinne von § 321 FamFG qualifizierter Oberarzt hinzufügt: **„Einverstanden"** oder ähnlich, dann genügt das nicht, weil nicht erkennbar ist, welche Tätigkeiten der Oberarzt selbst vorgenommen bzw kontrolliert hat[11]. Auch sonstige Formeln sind unzureichend, weil es bei schwerwiegenden Grundrechtseingriffen nicht auf die Auswahl des Stempels ankommen kann. Einen **Ausnahmefall,** in dem auch ein Nichtpsychiater begutachten kann, wird man nur annehmen können, wenn ein Facharzt nicht greifbar ist oder nicht in zumutbarer Zeit das Gutachten erstatten kann. Die Auswertung von Fallmaterial zeigt, dass erstaunlicher Weise der zB als suchtkrank diagnostizierte Patientenanteil von Bezirk zu Bezirk stark schwankt[12]; die fachliche Kompetenz des Gutachters muss daher vom Betreuungsgericht intensiv nachgeprüft werden.

---

5 OLG Celle NJW-RR 2008, 230 (Depotbehandlung mit Fluxanol).
6 ZB in Bayern bei einem Landgerichtsarzt, BayObLG FamRZ 1993, 851; Nervenarzt; öffentlich bestellte Amtsärzte mit psychiatrischer Vorbildung; Klinikärzte mit dieser Ausbildung und Tätigkeit.
7 OLG Naumburg FamRZ 2008, 186.
8 BayObLG FamRZ 1998, 1188.
9 BayObLG FamRZ 1997, 1565.
10 KG FamRZ 2007, 1127.
11 KG FamRZ 2007, 1127 will eine Mitunterzeichnung genügen lassen.
12 *Crefeld* BtPrax 1998, 47.

Zu beauftragen sind Einzelpersonen, ein Institut oder eine Klinik als solche kann nicht beauftragt werden[13]; auch ein Delegationsrecht des Klinikdirektors ist im Gesetz nicht vorgesehen[14]. Notfalls muss nach Vorliegen des Gutachtens der vom Klinikdirektor bestimmte Verfasser (nachträglich) durch Beschluss zum Gutachter bestellt werden, falls er geeignet erscheint und ausgewählt worden wäre. Der Gutachter darf Hilfskräfte (zB für Tests) zuziehen, wenn er für ihre Tätigkeit die Verantwortung übernimmt und der Umfang ihrer Mitwirkung angegeben ist (vgl § 407a Abs 2 Satz 2 ZPO). 12

b) **Ausgeschlossene Ärzte.** Ein Gutachter kann die Tätigkeit nach §§ 30 FamFG, 408 ZPO ablehnen. Zum Ausschluss bei öffentlich-rechtlicher Unterbringung vgl Rz 14, 15. Hat ein Klinikarzt die Unterbringung beantragt bzw angeregt, darf er nicht zum Gutachter bestellt werden[15], weil ein formell Beteiligter nicht gleichzeitig unbefangener Sachverständiger sein kann. 13

c) **Schweigepflicht.** Wenn der Gutachter Ärzte, die den Betroffenen früher behandelt haben, um Informationen ersucht, ist zu beachten, dass sie der Schweigepflicht unterliegen[16]. Wenn ein solcher vorbehandelnder Arzt (zB der Nervenarzt, bei dem der Betroffene seit langem in Behandlung war) nunmehr selbst zum Sachverständigen bestellt wird, muss er seinen Rollenwechsel dem Betroffenen mitteilen; er kann sein ihm damals vom Patienten *anvertrautes* Wissen nicht ohne Weiteres verwerten[17], er müsste vom Betroffenen von der Schweigepflicht entbunden werden (die Entbindung durch den Verfahrenspfleger genügt nicht), sonst ist das Gutachten unverwertbar. Andernfalls könnte er nur die jetzigen Befunde und Akteninhalte verwerten Wenn er nicht von der Schweigepflicht entbunden wird, stellt sich die Frage der Trennbarkeit der Erkenntnisse; er könnte die Tätigkeit als Gutachter ablehnen (§ 383 Abs 1 Nr 6 ZPO). Anders ist die Lage, wenn der Betreute vorläufig zwangsweise öffentlich-rechtlich untergebracht wurde und nun der behandelnde Arzt das Gutachten für die endgültige Unterbringung erstatten soll; hier entsteht keine ärztliche Schweigepflicht[18], denn es wird auf Grund Zwangs behandelt, es wird nichts *anvertraut,* der Betreute erlebt einen „Gegner". Der vom Betreuungsgericht bestellte Gutachter selbst unterliegt natürlich keiner Schweigepflicht gegenüber dem Betreuungsgericht. 14

d) In den Fällen der **landesrechtlichen Unterbringung** (§ 312 Nr 3 FamFG) ist nach den Landesgesetzen idR dem Unterbringungsantrag der Behörde ein Gutachten eines Arztes beizufügen[19]. Dieses Gutachten hat die antragstellende Behörde eingeholt, nicht das Gericht. Das Gericht kann dieses Gutachten daher nicht einfach als Gutachten nach § 321 FamFG gelten lassen. Allerdings wäre es nicht unzulässig, wenn das Gericht denselben Sachverständigen nunmehr mit dem gerichtlichen Gutachten beauftragt[20]; dieser Arzt ist nicht ausgeschlossen, da er selbst keinen Unterbringungsantrag stellte. In anderen Ländern ist nur ein ärztliches Zeugnis dem Antrag beizufügen (so zB nach § 3 Abs 2 Bad-Württ UBG); da taucht das Problem nicht auf. 15

e) In Thüringen hat der (zuständige) **sozialpsychiatrische Dienst** (eine Dienststelle des Gesundheitsamts) das Recht, die öffentlich rechtliche Unterbringung 16

13 OLG Düsseldorf FamRZ 1989, 1101; str.
14 AA *Knittel* § 70e Rz 8.
15 LG Tübingen FamRZ 1996, 1344.
16 KG FamRZ 2007, 1043; vgl Saage/Göppinger/*Volckart* (1994) § 70e Rz 12.
17 AA *Jürgens* § 70e Rz 3: ein solcher Arzt sei ausgeschlossen; unzutreffend, vgl § 6 FamFG, §§ 41, 406 ZPO.
18 AA *Knittel* § 70e Rz 11.
19 Dazu *Dodegge* NJW 1987, 1911.
20 Zur Zweckmäßigkeit vgl *Jürgens* § 70e Rz 3.

zu beantragen (ThürPsychKG § 7 Abs 1). Er ist somit formeller Beteiligter im Sinne des § 7 Abs 1 FamFG. Seine Ärzte sind daher als Gerichtsgutachter ausgeschlossen[21]. Dasselbe gilt in Ländern mit ähnlicher Rechtslage.

17 f) **Unterbringung von Kindern.** Die erforderliche Qualifikation des Sachverständigen ist in diesen Fällen in § 167 Abs 6 FamFG speziell geregelt.

18 **4. Verfahren des Sachverständigen, Abs 2. – a) Allgemeines.** Nach Abs 1 Satz 2 muss der Sachverständige den Betroffenen aus Anlass des Begutachtungsauftrags persönlich untersuchen oder befragen. Das Gericht hat den Betroffenen bereits vor der Untersuchung oder Befragung durch den Sachverständigen von der Einholung des Gutachtens zu unterrichten; dem Betroffenen ist also der **Name des Sachverständigen** vorher bekannt zu geben[22], damit er ihn eventuell nach §§ 6, 30 FamFG, 406 ZPO ablehnen kann. Der zeitliche Abstand zwischen Untersuchung und Erstattung des Gutachtens darf nur gering sein („zeitnahes Gutachten“).

19 Über **Hilfskräfte** des Sachverständigen vgl § 280 Rz 24:

20 Soll der **behandelnde Arzt als Sachverständiger** das Gutachten erstatten, so muss der Betroffene bei der Befunderhebung wissen, dass dieser ihm als Sachverständiger gegenübertritt[23]. Für den Betroffenen muss aber auch in den sonstigen Fällen erkennbar sein, dass er es mit einem in seiner Sache tätigen vom Gericht beauftragten Sachverständigen zu tun hat; unzulässig ist es daher, wenn sich der Sachverständige als Mitpatient, Besucher etc ausgibt.

21 b) **Allgemeingültige Anforderungen** an die Art und Weise der psychiatrischen Untersuchung/Befragung können nicht aufgestellt werden. Jedenfalls ist ein persönlicher Kontakt zwischen dem Sachverständigen und eine wie auch immer geartete Kommunikation erforderlich, die unter medizinisch-fachlichen Gesichtspunkten nach Lage des Einzelfalles eine fundierte Aussage ermöglicht[24]. Das OLG Hamm[25] hat es ausreichen lassen, dass der Sachverständige den Betroffenen aufsuchte, versucht hat, ihn in ein Untersuchungsgespräch zu verwickeln, und anschließend mit ihm telefonierte. Eine nur telefonische Befragung genügt aber nicht[26]. Eine Begutachtung allein nach Aktenlage genügt ebenfalls nicht. Unzureichend ist auch, wenn eine Begegnung aus anderem Anlass (zB Vorsprache beim Gesundheitsamt) als persönlicher Kontakt in diesem Sinne gedeutet wird[27]. Weitere Einzelheiten vgl § 280 Rz 20 ff:

22 c) **Vorführung zur Untersuchung.** Wenn sich der Betroffene weigert, kann das Gericht anordnen, dass der Betroffene zur Vorbereitung eines Gutachtens untersucht und durch die zuständige Behörde (Betreuungsbehörde bzw Ordnungsbehörde) zu einer Untersuchung bzw Befragung vorgeführt wird (§§ 322, 283 FamFG); zur Anfechtung vgl § 283 Rz 12 ff.

23 d) **Unterbringung zur Beobachtung.** Zur Vorbereitung des Gutachtens kann der Betroffene **bis zu sechs Wochen** untergebracht werden (§§ 322, 284 FamFG), wenn eine ambulante Untersuchung bzw Befragung nicht genügt. Eine Verlän-

---

21 *Zimmermann*, ThürPsychKG, 1994, Rz 32; *Zimmermann* FamRZ 1994, 677 und ThürVwBl 1994, 131.
22 KG FamRZ 2007, 1043.
23 KG FGPrax 2008, 40; KG FamRZ 2007, 1043.
24 OLG Hamm FGPrax 2009, 90.
25 OLG Hamm FGPrax 2009, 90.
26 *Knittel* § 70 e Rz 13.
27 Häufige Gutachterfehler sind zusammengestellt bei Saage/Göppinger/*Volckart* (1994) § 70 e Rz 6.

gerung bis zu drei Monaten ist möglich (§ 284 Abs 2 Satz 2 FamFG). Vor Anordnung ist der Betroffene vom Richter *persönlich* anzuhören (zu diesem Zweck kann er nach §§ 322, 283 FamFG vorgeführt werden; oder das Gericht verfährt nach § 34 Abs 3 FamFG); ferner ist ein Sachverständiger (zB schriftlich) anzuhören. Die *persönliche* Anhörung kann in den Fällen des § 34 Abs 2 FamFG unterbleiben. Für die Qualifikation dieses Sachverständigen gilt wieder § 321 FamFG; er kann seine Stellungnahme nach Aktenlage erstatten. Die Anordnung ist mit sofortiger Beschwerde anfechtbar (§ 284 Abs 3 Satz 2 FamFG); die sofortige Wirksamkeit muss daher angeordnet werden[28]. Der Fall des § 284 FamFG gilt kraft Definition in § 312 FamFG nicht als Unterbringungssache.

5. Form und Inhalt des Gutachtens. – a) Beweisthema soll nach Satz 1 sein: „die Notwendigkeit" der Maßnahme; dies ist aber eine Rechtsfrage. Grundsätzlich gibt das Gericht das Beweisthema vor, also die Fragen, um deren Beantwortung der Sachverständige gebeten wird. Der Sachverständige kann sich nur zu den Tatbestandsmerkmalen des § 1906 BGB bzw des PsychKG/UnterbrG äußern. Die rechtliche Bewertung, zB ob bei der Genehmigung der Unterbringung wegen einer notwendigen Heilbehandlung die Heilbehandlung vertretbar und verhältnismäßig ist, kann dem Sachverständigen nicht überlassen werden. Ein Mindestinhalt des Gutachtens wie bei § 280 Abs 3 FamFG ist nicht vorgeschrieben. 24

b) **Schriftform** ist in der Regel geboten[29], weil nur so das rechtliche Gehör und eine ausreichende Verteidigung des Betroffenen möglich ist; wird das Gutachten mündlich zu Protokoll erklärt, darf deshalb jedenfalls nicht anschließend sofort entschieden werden. 25

Wird ein Gutachten zur Unterbringung des Betroffenen nur **mündlich** erteilt, so kann dies im weiteren Verfahren nur dann verwertet werden, wenn die Ausführungen des Sachverständigen in der Art und Weise aktenkundig gemacht werden, die den Anforderungen an ein schriftliches Gutachten entsprechen; es muss der Untersuchungsbefund, aus dem der Sachverständige seine Diagnosen ableitet, im Einzelnen festgehalten und die Folgerungen aus den einzelnen Befundtatsachen auf die Diagnose oder die sonst gestellte Beweisfrage nachvollziehbar dargestellt werden[30]. 26

c) **Ärztliches Zeugnis.** Das Gutachten ist zu unterscheiden vom ärztlichen Zeugnis. Die Abgrenzung ist unscharf. Vgl. § 281. Letztlich ist der Inhalt derselbe, aber das Zeugnis stellt nur Ergebnisse zusammen, während ein Gutachten wesentlich ausführlicher ist. Die in der Praxis vorkommenden ärztlichen Atteste im Umfang weniger Zeilen sind nicht einmal ärztliche Zeugnisse. 27

d) **Inhalt eines Gutachtens.** Ein Gutachten nach § 321 FamFG muss so gestaltet sein, dass es für den Betreuungsrichter eine in den jeweiligen Einzelheiten nachvollziehbare und überprüfbare Entscheidungsgrundlage schafft[31]. Insbesondere muss das Gutachten Art und Ausmaß der Behinderung im einzelnen an Hand der Vorgeschichte, der durchgeführten Untersuchungen und der sonstigen Erkenntnisse darstellen und wissenschaftlich begründen, sich mit den gesetzlichen Voraussetzungen für die Freiheitsentziehung detailliert auseinander setzen, auch zur der Frage Stellung nehmen, ob und welche Alternativen anstelle der 28

28 *Jürgens* § 70e Rz 12; *Knittel* § 70e Rz 31; Keidel/*Kayser* § 70e Rz 9.
29 *Knittel* § 70e Rz 14.
30 KG NJW-RR 2007, 1089.
31 Beispiel für den Aufbau eines Gutachtens: *Melchinger* BtPrax 2009, 59/62.

Freiheitsentziehung zur Verfügung stünden[32]. Die voraussichtliche Dauer der Unterbringung „soll“ dargelegt werden (Abs 1 Satz 3 FamFG).

29 Bei einer **zivilrechtlichen Unterbringung** sind die medizinischen (nicht die juristischen!) Gesichtspunkte der materiell-rechtlichen Voraussetzungen der Unterbringung, dh des § 1906 BGB, anhand von dargelegten und nachprüfbaren Tatsachen und Ereignissen darzulegen[33]. Darzulegen sind insbesondere: Wann und wo die Befragung stattfand, wer anwesend war, Lebenslauf und Umfeld des Patienten, Entwicklung der Vorgeschichte. Wie wird die Einwilligungsfähigkeit des Betroffenen beurteilt? Welche Wünsche hat der Betroffene in Zusammenhang mit der Unterbringung? Welche psychische Krankheit oder Störung liegt beim Betroffenen vor (ICD-10 Ziffern)? Grad der Ausprägung? Art und Ausmaß der Behinderung sind im Einzelnen anhand der Vorgeschichte, der durchgeführten Untersuchungen und der sonstigen Erkenntnisse darzustellen und wissenschaftlich zu begründen. Kann die Gefährdung durch andere Hilfen abgewendet werden, gibt es Alternativen zur Freiheitsentziehung[34]? Nachteile bei Nichtunterbringung? Voraussichtliche Dauer des Zustandes[35]? Rehabilitations- und Therapiemöglichkeiten? Sind erhebliche Nachteile für die Gesundheit des Betroffenen zu besorgen, wenn er vom Gericht persönlich angehört wird (§ 319 Abs 3 FamFG)? Sind von der Bekanntmachung der (künftigen) Entscheidungsgründe solche erheblichen Gesundheitsnachteile zu befürchten (§ 325 Abs 1 FamFG) oder von der künftigen Unterrichtung, dass die Unterbringungsentscheidung auch anderen öffentlichen Stellen mitgeteilt wird (§§ 338, 308, 311 FamFG)?

30 Wird eine **Zwangsmedikation** genehmigt, muss sich das Gutachten mit den gegebenenfalls verbundenen Gefahren und Beeinträchtigungen auseinandersetzen, andererseits mit den möglichen Konsequenzen einer nicht durchgeführten Zwangsbehandlung; bei einem schon einjährigen Klinikaufenthalt ist eine detaillierte Verlaufschilderung erforderlich[36].

31 Eine **Unterbringung zur Verhinderung einer Selbstschädigung** infolge psychischer Erkrankung setzt ferner voraus, dass der Betreute aufgrund der Krankheit seinen Willen nicht frei bestimmen kann (das Gutachten muss sich daher damit befassen); dies ergibt die verfassungskonforme Auslegung des § 1906 BGB, wonach der Staat erwachsene und zu freier Willensbestimmung fähige Bürger nicht hindern darf, sich selbst gesundheitlich zu schädigen[37]. Diese Voraussetzungen gelten auch für unterbringungsähnliche Maßnahmen im Sinne des § 1906 Abs 4 BGB[38].

32 Bei einer **öffentlich-rechtlichen Unterbringung** nach § 312 Nr 3 FamFG sind zusätzlich die medizinischen Voraussetzungen des jeweiligen PsychKG bzw Unterbringungsgesetzes zu erörtern, darunter auch die Frage der Gefährdung der öffentlichen Sicherheit oder Ordnung. Bei der Frage, wie lange die Unterbringung dauern soll, ist zu beachten, dass die öffentlich-rechtliche Unterbringung nicht der Heilung dient, sondern der Gefahrenabwehr.

---

32 OLG Naumburg FamRZ 2008, 2060.
33 OLG Hamm FGPrax 2006, 230; OLG Düsseldorf FamRZ 1995, 118; OLG Bremen RuP 1995, 187.
34 OLG Hamm FGPrax 2006, 230; OLG Düsseldorf FamRZ 1995, 118.
35 BayObLG FamRZ 1995, 695.
36 OLG Celle NJW-RR 2008, 230.
37 BayObLG FamRZ 1993, 600; 1993, 998.
38 BayObLG BtPrax 1993, 139.

e) **Anknüpfungstatsachen.** Das Gutachten muss angeben, von welchen Anknüpfungstatsachen der Sachverständige ausgegangen ist, welche Befragungen und Untersuchungen er vorgenommen hat, welche Tests und Forschungsmittel er angewandt und welche Befunde er erhoben hat[39]. Soweit der Sachverständige an Verhaltensweisen des Betroffenen anknüpft (nachts im Garten geschlafen, Passanten angegriffen usw), müssen diese erwiesen sein, dürfen nicht nur auf Hörensagen (Erzählungen des Pflegepersonals) beruhen; die Vernehmung von Zeugen erfolgt durch das Betreuungsgericht, nicht durch den Sachverständigen, mögen sie auch (wie das Pflegepersonal) in seinem Umfeld sein. Es muss eindeutig erkennbar sein, was der Gutachter selbst beobachtet hat und was andere ihm mitgeteilt haben. Diese Frage ist vor allem bei der öffentlich-rechtlichen Unterbringung bedeutsam; wird der Betroffenen vorgeworfen, einen Dritten angegriffen zu haben und bestreitet der Betroffene das, ist die Anknüpfungstatsache vom Richter durch Beweisaufnahme zu entscheiden, nicht vom Sachverständigen. Eine Auseinandersetzung mit anderen, bereits vorliegenden Gutachten (auch Privatgutachten) ist notwendig[40]. 33

6. **Vergütung des Sachverständigen.** Sie richtet sich nach dem JVEG. Die Vergütung erfolgt nach Zeitaufwand (§ 9 JVEG). Für medizinische Gutachten gelten die Honorargruppen M 1 (50 Euro), M 2 (60 Euro), M 3 (85 Euro je Stunde), jeweils + Auslagen + Umsatzsteuer. Gutachten in Unterbringungsverfahren fallen unter M 3. 34

7. **Rechtliches Gehör. – a) Grundsatz.** Das Gutachten darf in der Entscheidung nur verwertet werden, wenn der Betroffene ausreichend Gelegenheit hatte, *vor* der Entscheidung dazu Stellung zu nehmen[41]; es muss ihm daher vollständig, schriftlich und rechtzeitig vor der Anhörung zugehen[42]; zumindest *vor* der Entscheidung[43]; ebenso dem Verfahrenspfleger. Der Betroffene erhält das Gutachten in vollständiger Form, auch wenn er geistesschwach ist und nach Meinung von Richter und Gutachter ohnehin nicht versteht. Ob der Patient auf Verlangen **Einsicht in sonstige Krankenunterlagen** erhalten muss, ist problematisch[44]. Im Einzelfall sind die Belange des Patienten, des Arztes und Dritter abzuwägen. 35

b) **Ausnahmen**[45]. Entsprechend § 319 Abs 3 FamFG wird die Auffassung vertreten, wenn die Kenntnis des Gutachtens die Gesundheit des Betroffenen ernsthaft gefährden würde (was dann durch ärztliches Gutachten nachvollziehbar dargetan sein muss) könne die Bekanntgabe des Gutachtens unterbleiben; solche Fälle sind selten vorstellbar. Gutachter und Gerichte neigen dazu, dem Betroffenen das Gutachten zu verheimlichen, weil sie dann weniger Probleme mit ihm haben. Wenn der Gutachter, der zugleich der behandelnde Arzt des Betroffenen ist, die künftige mangelnde Mitwirkungsbereitschaft bei der weiteren Behandlung („Compliance") befürchtet, wenn dieser das Gutachten liest, genügt dies nicht[46]. 36

c) **Verfahrenspfleger.** Wenn der Betreute offensichtlich nicht in der Lage sein soll, seinen Willen kundzutun (dh sich zum Gutachten zu äußern), soll ebenfalls die Bekanntgabe entbehrlich sein. Die Praxis sieht von der Zuleitung des 37

---

39 OLG Düsseldorf FamRZ 1995, 118; *Pentz* NJW 1990, 2779; *Crefeld* FuR 1990, 272.
40 BGH NJW 1996, 1597.
41 OLG Zweibrücken FamRZ 1989, 544.
42 BayObLG FamRZ 2003, 1499; FamRZ 1995, 605; FamRZ 1994, 1059; FamRZ 1993, 998; OLG Düsseldorf FamRZ 1997, 1362; OLG München Rpfleger 2006, 16.
43 OLG Schleswig FamRZ 2008, 718; LG München I FamRZ 1998, 1183.
44 Vgl BGHZ 85, 327; BGH NJW 1985, 145.
45 KG FGPrax 2006, 159 = Rpfleger 2006, 467; OLG Düsseldorf FamRZ 1997, 1361.
46 OLG München FamRZ 2006, 440.

Gutachtens oft zu Unrecht ab. Es genügt nicht, wenn das Gutachten dem Betroffenen „sinngemäß" mündlich bekannt gegeben wird. Falls die vollständige Bekanntgabe des schriftlichen Gutachtens nicht vertretbar erscheint, ist dem Betroffenen ein Verfahrenspfleger zu bestellen[47]; dieser muss das vollständige Gutachten erhalten.

38 **8. Angriffe gegen das Gutachten. – a) Ergänzungsgutachten.** Wenn nachträgliche Feststellungen ergeben, dass der Sachverständige möglicher Weise von unzutreffenden Tatsachen ausgegangen ist, hat das Gericht von Amts wegen (§ 26 FamFG) ein Ergänzungsgutachten einzuholen[48].

39 **b) Obergutachten.** Das ist ein laienhafter Ausdruck, dem Gesetz nicht bekannt; gemeint ist damit ein weiteres Gutachten. Seine Einholung (§§ 30 FamFG; 412 Abs 1 ZPO) liegt im pflichtgemäßen Ermessen des Gerichts. Die Einholung kommt idR nur bei besonders schwierigen Fragen oder groben Mängeln vorliegender Gutachten in Betracht; ferner bei Zweifeln an der Sachkunde der bisherigen Gutachter, wenn deren Gutachten von unzutreffenden tatsächlichen Voraussetzungen ausgehen oder Widersprüche enthalten oder wenn ein neuer Sachverständiger über Forschungsmittel verfügt, die denen des früheren überlegen sind[49].

40 **c) Erläuterung des schriftlichen Gutachtens.** Das Betreuungsgericht kann das Erscheinen des Sachverständigen anordnen, damit er das schriftliche Gutachtens erläutert (§ 30 Abs 1 FamFG; § 411 Abs 3 und 4 ZPO). [50] Einem entsprechenden Antrag des Betroffenen, seines Anwalts oder des Verfahrenspflegers *muss* das Gericht auch dann entsprechen, wenn es selbst das Gutachten für ausreichend und überzeugend hält[51]. Die Meinung der Gesetzesbegründung, das gelte „nicht ohne weiteres"[52], überzeugt nicht; nicht selten sind Gutachten unverständlich, der Sachverständige muss sich den Fragen stellen, obwohl ihm das lästig ist. Muss das schriftliche Gutachten erläutert werden, kann nur derjenige, der das Gutachten erstattet hat, auch dies mündlich erläutern; ist diese Person verhindert, bedarf es einer Beweiserhebung durch förmlichen Beschluss und der neu bestellte Gutachter erstattet jetzt sein Gutachten, erläutert also nicht das schriftlich vorliegende und nicht ausreichende oder unklare Gutachten[53].

41 **d) Ablehnung des Sachverständigen.** Der Sachverständige kann vom Betroffenen abgelehnt werden, wenn die Voraussetzungen der § 406 ZPO, §§ 6, 30 FamFG vorliegen[54]; wurde der Sachverständige vom AG bestellt, ist für die Entscheidung über den Ablehnungsantrag das AG (nicht das LG) zuständig[55]. Die Zurückweisung des Ablehnungsantrags ist mit sofortiger Beschwerde angreifbar, § 406 Abs 5, 567 ff ZPO; § 30 FamFG[56].

42 **9. Rechtsmittel.** Hierzu wird auf § 280 Rz 45 ff verwiesen.

---

47 OLG Schleswig FamRZ 2008, 718; OLG München Rpfleger 2006, 16 = FamRZ 2006, 289 (L).
48 BayObLG FamRZ 1994, 318; 1994, 720; 1994, 1059.
49 BayObLG FamRZ 1998, 921.
50 BVerfG FamRZ 1992, 1043; OLG Hamm FamRZ 1992, 1087.
51 BVerfG NJW 1998, 2273; BGH NJW 1998, 162; 1997, 802.
52 BT-Drucks 16/6308 S. 268.
53 OLG Naumburg FamRZ 2008, 186.
54 OLG München FamRZ 2006, 557: nicht genügt die Behauptung, der Betroffene habe bei einem früheren Klinikaufenthalt ärztliche Zwangsmaßnahmen gegen andere Patienten beobachtet und sei deshalb mit einem Gutachter aus dieser Einrichtung nicht einverstanden.
55 BayObLG FamRZ 1997, 1288.
56 OLG Saarbrücken BtPrax 1999, 152.

II. Unterbringungsähnliche Maßnahmen

Vor Genehmigung von unterbringungsähnlichen Maßnahmen nach § 312 Nr 2 FamFG in Verbindung mit § 1906 Abs 4 BGB ist kein Gutachten, sondern nur ein **ärztliches Zeugnis** erforderlich. Im Gegensatz zu Abs 1 ist nicht die Rede vom Erfordernis einer „förmlichen Beweisaufnahme", so dass auch Freibeweis genügt. Das hat zur Folge, dass sich das Gericht mit einem von einem Beteiligten vorgelegten ärztlichen Attest begnügen kann. Doch kann das Gericht die Vorlage eines solchen Attests einem Antragsteller oder Beteiligten nicht auferlegen, auch nicht der Betreuer, weil es sich bei der Genehmigung der Unterbringung um ein Amtsverfahren handelt, also grundsätzlich das Gericht selbst das Zeugnis erholen und auch nach den Regeln des JVEG bezahlen muss. 43

Für den **Aussteller des ärztlichen Zeugnisses** (Abs 2) ist keine weitere Facharzt-Qualifikation vorgeschrieben. Dass ein altersverwirrter Patient nach einer Operation uU gefesselt werden muss, damit er sich nicht den Verband abreisst[57], kann deshalb auch ein Arzt für Allgemeinmedizin bestätigen. In weniger eindeutigen Fällen genügt diese Qualifikation nicht. Für das Zeugnis ist ferner nicht bestimmt, dass der Arzt den Betroffenen persönlich untersuchen oder befragen muss. Eine andere Frage ist, ob ein derartiges Zeugnis zur Überzeugungsbildung des Gerichts ausreicht[58]. Wegen § 26 FamFG wird das Zeugnis in der Regel auf einer persönlichen Untersuchung beruhen müssen[59]. 44

§ 322 Vorführung zur Untersuchung; Unterbringung zur Begutachtung

Für die Vorführung zur Untersuchung und die Unterbringung zur Begutachtung gelten die §§ 283 und 284 entsprechend.

Die Regelung in § 322 entspricht im Wesentlichen dem früheren § 68 b Abs 3 und 4 FGG.

1. Vorführung. Die Vorführung zur richterlichen Anhörung ist nach § 319 Abs 5 FamFG zulässig. Die Vorführung zur (ambulanten) Begutachtung regelt § 322 durch Verweisung auf § 283 FamFG. Aus der Verweisung ergibt sich, dass das Gericht durch Beschluss anordnen kann, dass der Betroffene zur Vorbereitung eines Gutachtens über die Unterbringungsnotwendigkeit untersucht und durch die zuständige Behörde zu einer Untersuchung beim Sachverständigen vorgeführt wird (§ 283 Abs 1 Satz 1 FamFG). Der dritte Schritt ist die Vollstreckung der beschlossenen Unterbringung; vgl dazu § 326 FamFG. Zur Erstellung eines ärztlichen Zeugnisses ist eine Vorführung nicht zulässig[1]. 1

Sachlich zuständige Behörde ist bei der zivilrechtlichen Unterbringung durch den Betreuer bzw Bevollmächtigten (§ 312 Nr 1 und 2 FamFG) die Betreuungsbehörde (§ 1 BtBGG), bei der öffentlich-rechtlichen Unterbringung nach PsychKG/UnterbrG (§ 312 Nr 3 FamFG) die im jeweiligen Landesrecht bestimmte Behörde (in der Regel das Ordnungsamt der kreisfreien Stadt bzw des Landkreises). 2

---

57 Beispiel aus BT-Drucks 11/6949 S. 84.
58 MünchKomm- *Schwab*, 3. Aufl, § 1906 BGB Rz 53 weist zutreffend darauf hin, dass „Zeugnisse beliebiger Ärzte" nicht die nötige Aussagekraft haben werden. Vgl ferner *Schumacher*FamRZ 1991, 284.
59 LG Hildesheim BtPrax 1993, 210; *Rink* RuP 1991, 160.
1 *Bassenge/Roth* § 322 Rz 1.

3 Nach § 283 FamFG hat das Gericht ein **Ermessen**; lehnt der Betroffene im öffentlich-rechtlichen Unterbringungsverfahren die Begutachtung durch einen Sachverständigen ab, so hat das Gericht, um dem Amtsermittlungsgrundsatz zu genügen, Zwangsmaßnahmen zu ergreifen[2].

4 **Gewalt** darf die Behörde nur anwenden, wenn das Gericht dies ausdrücklich in der Entscheidung angeordnet hat (§ 283 Abs 2 Satz 1 FamFG). Die **Wohnung** des Betroffenen darf ohne dessen Einwilligung grundsätzlich ebenfalls nur betreten werden, wenn das Gericht dies ausdrücklich angeordnet hat (§ 283 Abs 3 FamFG). Die Behörde kann die Polizei hinzuziehen. Einzelheiten vgl Kommentierung bei § 283 FamFG.

5 **2. Unterbringung zwecks Beobachtung.** Manchmal kann bei der ambulanten Begutachtung durch Gespräch bzw Untersuchung noch nicht geklärt werden, ob der Betroffene unterbringungsbedürftig ist; das kann insbesondere der Fall sein, wenn er sich weigert, Fragen zu beantworten. Dann muss der Betroffene uU einige Zeit in einer Klinik bleiben, damit er vom Sachverständigen (und dem Personal) über einen längeren Zeitraum hinweg beobachtet werden kann. Das Gericht kann nach Anhörung eines Sachverständigen und persönlicher Anhörung des Betroffenen beschließen, dass der Betroffene auf bestimmte Dauer untergebracht und beobachtet wird, soweit dies zur Vorbereitung des Gutachtens erforderlich ist (§ 284 Abs 1 FamFG); das gilt nicht als Unterbringung im Sinne von § 312 FamFG. Diese Unterbringung zur Beobachtung darf die Dauer von sechs Wochen nicht überschreiten, kann aber bis zu insgesamt drei Monaten verlängert werden (§ 284 Abs 2 FamFG). Gewaltanwendung und Wohnungsdurchsuchung kann vom Gericht gestattet werden. Die zuständige Behörde (Rz 2) kann die Hilfe der Polizei in Anspruch nehmen. Einzelheiten vgl Kommentierung bei § 284 FamFG.

§ 323 Inhalt der Beschlussformel

Die Beschlussformel enthält im Fall der Genehmigung oder Anordnung einer Unterbringungsmaßnahme auch
1. die nähere Bezeichnung der Unterbringungsmaßnahme sowie
2. den Zeitpunkt, zu dem die Unterbringungsmaßnahme endet.

Die Regelung in § 323 FamFG entspricht teils dem früheren § 70 f FGG.

Übersicht

Rz

2 OLG Zweibrücken FGPrax 2007, 49 zu § 68 b Abs 3 und 4 FGG.

1. Anwendungsbereich. Die Vorschrift regelt den Mindestinhalt des Tenors (in § 323 Beschlussformel genannt) der Entscheidung, die eine Maßnahme trifft, also etwas anordnet oder erlaubt. Ablehnende Entscheidungen vgl Rz 18. Zum Inhalt der Entscheidung des Beschwerdegerichts vgl § 335. 1

2. Stattgebende Entscheidung. – a) Beschluss. Die Entscheidung ergeht als Beschluss („Urteile" gibt es in der freiwilligen Gerichtsbarkeit nicht); dafür gilt § 38 FamFG. Sie hat ein sog Sachrubrum („In der Unterbringungssache X"), in dem anzugeben ist: 2

– der Betroffene mit Name, Vorname, Geburtsdatum, Beruf, letzter Anschrift, Verfahrensbevollmächtigter bzw Verfahrenspfleger, 3

– Betreuer bzw Vorsorgebevollmächtigter, 4

– weitere Beteiligte im formellen Sinne (§ 315 FamFG), zB der „Antragsteller". 5

Erlassen wird der Beschluss vom Amtsgericht, Abteilung Betreuungsgericht. Der Familienname des Richters ist im Rubrum anzugeben sowie das Datum des Erlasses. Das Datum des Wirksamwerdens fügt die Geschäftsstelle an. 6

b) Der **Tenor** genehmigt die zivilrechtliche Unterbringung durch den Betreuer bzw den Bevollmächtigten (§ 312 Nr 1 FamFG) oder genehmigt eine bestimmte Maßnahme (§ 312 Nr 2 FamFG) oder ordnet die öffentlich-rechtliche Unterbringung an (§ 312 Nr 3 FamFG). Bei § 1906 Abs 1 Nr 2 BGB sind Art, Inhalt und Dauer der beabsichtigten Heilbehandlung in der Unterbringungsgenehmigung genau festzulegen[1]. Der BGH[2] hat einmal beiläufig gemeint, es seien auch die konkreten Medikamente sowie ihre Dosierung anzugeben. Das ist nicht sinnvoll[3], weil sich die Dosierung laufend ändern kann und bei Unverträglichkeit auf andere Medikamente ausgewichen werden muss. Es ist auch nicht richtig, weil sonst die Unterbringung nur als genehmigt gelten würde, solange genau dieses Medikament in der richterlich verordneten Dosierung verwendet wird. 7

Wurde eine Unterbringung schon genehmigt, ist streitig, ob zusätzliche unterbringungsähnliche Maßnahmen nach § 1906 Abs 4 BGB noch einer *besonderen* Genehmigung bedürfen[4]; vgl § 1906 BGB Rz 86. Deshalb kann es zweckmäßig sein, solche Maßnahmen von der Genehmigung auszunehmen bzw vorzubehalten oder bestimmte Maßnahmen bereits ausdrücklich zu genehmigen. 8

c) **Genaue Bezeichnung der Maßnahme (Nr 1).** Die Unterbringungsmaßnahme ist jeweils näher zu bezeichnen, zB bei der öffentlich-rechtlichen Unterbringung die **Art** der Unterbringungseinrichtung (Rehabilitationseinrichtung; Trinkerheilanstalt; psychiatrische Anstalt; Klinik für Suchtkranke). Ungenügend ist zB „in 9

1 OLG Brandenburg FamRZ 2007, 1127.
2 BGH FamRZ 2006, 615; zustimmend OLG Brandenburg FamRZ 2007, 1127.
3 OLG Karlsruhe FamRZ 2007, 2107; *Dodegge* NJW 2006, 1627; *Keidel/Budde* § 323 Rz 3; *Bahrenfuss/Grotkopp* § 323 Rz 5.
4 Zutreffend bejaht vom OLG München NJW-RR 2005, 1530; OLG Düsseldorf FamRZ 1995, 118.

einer geschlossenen Einrichtung"[5], notwendig wäre zB der Zusatz „eines Altenheims" gewesen.

10 **Fehlt die nähere Bezeichnung** der Unterbringungsmaßnahme, ist der Beschluss deswegen noch nicht nichtig, sondern nur anfechtbar[6]. Je nach dem Mangel kann es aber sein, dass der Beschluss nicht vollziehbar ist, etwa wenn die Art der Unterbringungseinrichtung bei der öffentlich-rechtlichen Unterbringung nicht angegeben ist. Dann muss der Beschluss ergänzt werden.

11 Die **konkrete Anstalt** bestimmt bei der öffentlich-rechtlichen Unterbringung die Verwaltungsbehörde, bei der zivilrechtlichen Unterbringung der Betreuer[7], bei der Unterbringung von Kindern die Eltern (bzw Vormund, Pfleger); das Gericht sollte also keine bestimmte Anstalt im Beschluss angeben; sie gilt als nicht geschrieben[8]. Weil aber die Polizei bei zwangsweiser Zuführung Probleme sieht, wenn keine konkrete Anstalt angegeben ist[9], kann geschrieben werden: „X-Klinik oder eine andere Einrichtung nach Wahl des Betreuers Y".

12 Bei den unterbringungsähnlichen Maßnahmen (§ 312 Nr 2 FamFG iVm § 1906 Abs 4 BGB) ist die Art der Maßnahme festzulegen (zB Fixierung am Bett; Uhrzeiten, zu denen das Abschließen der Räume erlaubt ist); dabei sollte die Formulierung nicht zu eng sein[10], zB nicht das Schlafmittel mit Handelsnamen und in der Dosierung genannt werden, durch das der Betroffene am Entweichen gehindert werden soll. Wird Fixierung im Bett genehmigt, soll es zulässig sein, dass das Betreuungsgericht die Einschränkung „nur nach ausdrücklicher Anordnung des behandelnden Arztes" hinzufügt[11]; dann braucht der Betreuer für jeden Einzelfall die Genehmigung des Arztes. Falsch ist eine Entscheidung, die lautet: „Die Unterbringung in … wird genehmigt. In der Einrichtung dürfen die üblichen Untersuchungen und Heilbehandlungen durchgeführt werden"[12]; denn was ist üblich? Außerdem willigt der Betreuer oder der Bevollmächtigte in ärztliche Maßnahmen ein und nicht der Richter.

13 In den Fällen des § **1846** ordnet das Betreuungsgericht selbst die Maßnahme an. Hier muss also die konkrete Klinik im Beschluss angegeben werden, ferner Angaben zu den durchzuführenden Maßnahmen enthalten[13].

14 **d) Befristung (Nr 2).** Der Tenor enthält ferner den Satz: „Die Unterbringungsmaßnahme endet am …, wenn sie nicht vorher verlängert wird". Dies sollte so in den Tenor aufgenommen werden, damit beim Betroffenen keine falschen Hoffnungen erweckt werden. Der Zeitpunkt darf höchstens ein Jahr nach dem Wirksamwerden liegen, vgl § 329 FamFG. Die Fristberechnung erfolgt nach § 16 FamFG. Die Höchstfrist gilt auch für Länder, in deren Landesrecht am 1.1.1992 noch kürzere Höchstfristen angeordnet waren[14]. Um Fristberechnungsprobleme beim Betreuer, Klinik und Geschäftsstelle auszuscheiden, sollte ein bestimmter Kalendertag angegeben werden (nicht zB: „sechs Monate nach Bekanntgabe", sondern: am …). Dauert die Unterbringungsbedürftigkeit „offensichtlich lange", kann ein Überprüfungszeitraum von zwei Jahren gewählt

---

5 BayObLG FamRZ 1999, 1304.
6 *Dodegge/Roth* G 158; aA *Prütting/Helms/Roth* § 323 Rz 7.
7 BayObLG FamRZ 1992, 105; 1993, 600; 1994, 320; OLG Düsseldorf FamRZ 1995, 118.
8 BayObLG FamRZ 1994, 320; OLG Düsseldorf FamRZ 1995, 118.
9 *Schulte-Bunert/Weinreich/Dodegge* § 323 Rz 8.
10 Vgl Holzhauer/*Reinicke* § 70f Rz 4.
11 BayObLG FamRZ 1994, 721.
12 BayObLG FamRZ 1999, 1304.
13 BayObLG NJW-RR 2002, 1446; *Schulte-Bunert/Weinreich/Dodegge* § 323 Rz 9.
14 LG Berlin BtPrax 1992, 71.

werden (§ 329 FamFG). Wird die Maßnahme nicht vor Fristablauf verlängert, endet sie automatisch; eine Aufhebung erübrigt sich.

Länge der Frist. Sie hängt vom Einzelfall ab. Einesteils darf sie nicht zu kurz sein, weil sonst der Zweck der Unterbringung nicht erreicht wird. Andererseits muss sie so gewählt werden, dass die Unterbringung beendet werden kann, bevor sie unzulässig geworden ist. Bei einer öffentlich-rechtlichen Unterbringung ist zu beachten, dass sie oft nur der Bewältigung einer kurzen Krise dient sowie zur Gefahrenabwehr, nicht der Zwangsheilung[15]. Die angemessene Länge ergibt sich aus dem Gutachten des Sachverständigen. Die Wahl der Höchstdauer muss *besonders* begründet werden[16]. Der Antragsteller muss keine bestimmte Frist beantragen. Stellt er einen entsprechenden Antrag, ist das Gericht daran nicht gebunden, kann also eine längere oder kürzere Frist als beantragt wählen[17]. 15

Fehlt im Beschluss **die Frist**, ist er fehlerhaft, aber nicht nichtig[18]. Das Gericht kann den Beschluss ergänzen[19], zB auf Anregung der antragstellenden Behörde; für die Fristberechnung ist aber dann ab dem ursprünglichen Beschluss zu rechnen. Wird die Ergänzung unterlassen, ist anzunehmen, dass das Gericht die im Regelfall längste Frist, also die Jahresfrist, aussprechen wollte. 16

e) **Aufgabenkreis des Betreuers.** Der Aufgabenkreis des Betreuers muss bei der zivilrechtlichen Unterbringung ausreichen, sonst kann sie nicht genehmigt werden. Gegebenenfalls muss der Aufgabenkreis im Tenor erweitert werden. Das gilt insbesondere, wenn in der Unterbringung bestimmte medizinische Behandlungen (vgl § 1904 BGB) durchgeführt werden sollen. 17

3. **Inhalt der ablehnenden Entscheidung.** Sie enthält das Rubrum wie oben Rz 2; im Tenor die Ablehnung der Maßnahme und bei einer zivilrechtlichen Unterbringung eventuell eine **Kostenentscheidung**, wonach die Staatskasse die Auslagen des Betroffenen (zB seine Anwaltskosten) zu tragen hat (§ 337 Abs 1 FamFG). Unter Umständen können auch einem Dritten die Kosten des Verfahrens auferlegt werden (§ 81 Abs 4 FamFG), oder einem anderen Beteiligten (§ 81 Abs 1 FamFG). Bei den öffentlich-rechtlichen Unterbringungen (§ 312 Nr 3 FamFG) können nach § 337 Abs 2 FamFG in bestimmten Fällen die Auslagen des Betroffenen der Körperschaft, der die antragstellende Behörde angehört (zB dem Landkreis), auferlegt werden, niemals aber der „Staatskasse". Zur Frage, ob eine Begründung des Beschlusses notwendig ist vgl Rz 19. Eine Rechtsmittelbelehrung ist erforderlich (§ 39 FamFG); vgl Rz 21. 18

4. **Begründung des Beschlusses.** Eine Begründung des Beschlusses ist notwendig (§ 38 Abs 3 Satz 1 FamFG). Nach § 38 Abs 4 Nr 2 FamFG würde die Begründung entbehrlich sein, wenn der Betroffene mit der Unterbringung einverstanden ist; nach § 38 Abs 4 Nr 3 FamFG, wenn *alle* Beteiligten (also nicht nur der Betroffene) auf Rechtsmittel verzichten. Davon klammert § 38 Abs 5 Nr 2 FamFG die Betreuungssachen aus („Rückausnahme"), nicht die Unterbringungssachen. Warum für derartige Unterbringungssachen in den Fällen des Abs 4 Nr 2 keine Begründungspflicht gelten sollte, ist unklar; die Gesetzesbegründung[20] äußert sich nicht. Der Verzicht auf eine Begründung wäre ein Rückschritt gegenüber der bisherigen Rechtslage (§ 70f Abs 2 FGG) und der früheren Rechtslage (§ 64d Abs 1 FGG aF). Da der Betroffene, auch wenn er 19

15 LG Berlin BtPrax 1992, 71.
16 BayObLG FamRZ 1995, 695; Rz 7.
17 BayObLG FamRZ 1994, 1416.
18 *Prütting/Helms/Roth* § 323 Rz 7; Saage/*Göppinger* FEVG § 9 Rz 3.
19 Keidel/*Kayser* § 70f Rz 6; *Prütting/Helms/Roth* § 323 Rz 7.
20 BT-Drucks 16/6308 S. 195.

ursprünglich mit der Unterbringung einverstanden war, seinen Willen ändern und Rechtsmittel einlegen kann, ist somit in allen Unterbringungssachen eine Begründung erforderlich.

20 Aus der Begründung muss die **rechtliche Grundlage** der Unterbringungsmaßnahme ersichtlich sein und die Tatsachen, die sie ausfüllen; formelhafte Wendungen ohne Angabe konkreter Tatsachen genügen nicht[21]. Die Beweiswürdigung muss für den Betroffenen nachvollziehbar sein, gegen falsch dargestellte Vorgänge muss er sich wehren können. Deshalb ist es auch nicht zulässig, Namen von Zeugen und Sachverständigen aus angeblichen therapeutischen Gründen zu verschweigen[22]. Die Dauer der Überprüfungsfrist ist zu begründen[23]. Wird die Höchstdauer der Unterbringung gewählt, bedarf dies besonderer Ausführungen[24]. Ferner muss das Gericht darlegen, ob die Umstände des Falles die Anordnung der sofortigen Wirksamkeit gebieten[25]. Wurde dem Betroffenen kein Verfahrenspfleger bestellt, ist dies in der Endentscheidung zu begründen, § 317 Abs 2 FamFG. Hat sich der Betroffene mit der Freiheitsentziehung einverstanden erklärt, ist auf die Einsichtsfähigkeit, die Ernsthaftigkeit der Erklärung und die Widerrufsgefahr einzugehen[26].

21 5. **Rechtsmittelbelehrung.** Gegen die Entscheidungen ist nach §§ 58 ff FamFG die befristete Beschwerde statthaft; zur Sprungrechtsbeschwerde vgl § 75 FamFG. Die Rechtsmittelbelehrung ist in allen Fällen notwendig (§ 39 FamFG). Die Rechtsmittelbelehrung muss durch die Unterschrift des Richters abgedeckt sein, also idR oberhalb stehen und mit ihrem vollständigen Text in den Akten enthalten sein[27]. Bloßes Beifügen eines Formblatts kann daher ungenügend sein. Gemeint sind nur die Rechtsmittel, die ein Beteiligter hat. Bei Untergebrachten ist die Möglichkeit, die Beschwerde nach § 336 FamFG einzulegen, anzugeben.

22 Bei Erlass einer **einstweiligen Anordnung** bestimmt sich die Beschwerdefrist nach § 63 Abs 2 Nr 1 FamFG. Eine Rechtsbeschwerde ist nicht statthaft (§ 70 Abs 4 FamFG); also auch keine Sprungrechtsbeschwerde (§ 75 FamFG). Die Beteiligten sind ferner über das **Antragsrecht nach § 52 Abs 1 FamFG** zu belehren[28].

23 Die Belehrung muss auch für einen **Laien** allgemein verständlich sein; bloßes Beifügen des Gesetzestextes ist unzureichend.

24 **Fehlt die Rechtsmittelbelehrung** oder ist sie falsch kommt eine Wiedereinsetzung in Frage (§ 17 Abs 2 FamFG). Die Auffassung, dass in einem solchen Falle die Frist nicht zu laufen beginnt[29], hat das FamFG nicht übernommen. Ist die Belehrung falsch, das Rechtsmittel aber fristgerecht eingelegt, ist der Fehler unschädlich.

25 6. **Weiterer Inhalt im Einzelfall. – a) Anordnung sofortiger Wirksamkeit,** § 324 Abs 2 FamFG.

---

21 OLG Brandenburg FamRZ 2007, 1768.
22 AA *Knittel* § 70f Rz 15.
23 *Knittel* § 70f Rz 8.
24 BayObLG FamRZ 1995, 695.
25 BayObLG NJW 1975, 2148.
26 Vgl BayObLG 1989, 17/19 und FamRZ 1992, 105; LG Oldenburg NJW 1987, 1953; *Zimmermann*, BayUnterbrG Rz A 109, Art 1 Rz 19; *Coeppicus* FamRZ 1992, 752.
27 BayObLG BtPrax 1993, 30 aE.
28 BT-Drucks 16/6308 S. 201.
29 BayObLG FamRZ 1994, 323.

b) **Gestattung der Gewaltanwendung.** Bei zivilrechtlicher Unterbringung sind § 326 Abs 2 und 3 FamFG zu beachten. Gewalt darf die Betreuungsbehörde nur anwenden, wenn dies vom Gericht gestattet wurde; dasselbe gilt für das Wohnungsbetreten.[30] 26

c) **Entscheidung über die Mitteilung und Unterrichtung.** Nach § 338 Satz 1 FamFG teilt das Gericht die Entscheidung anderen Behörden und öffentlichen Stellen mit (zB weil Führerscheine, Waffenscheine, Jagdscheine eventuell einzuziehen sind); davon ist der Betroffene grundsätzlich zu unterrichten (Ausnahmen in § 308 Abs 3 FamFG: Zweckgefährdung; Gesundheitsgefährdung beim Betroffenen; Verständigungsunfähigkeit). Es wird meist verfahrensökonomisch sein, (1) die Entscheidung, wem der Beschluss über die Unterbringung mitzuteilen ist und (2) die Unterrichtung des Betroffenen hierüber in den Tenor auszunehmen, weil dadurch ein gesonderter Beschluss erspart wird. **Beispiel:** „Diese Entscheidung ist dem Landratsamt X, Amt für … mitzuteilen“. 27

Die Genehmigung bzw Anordnung der Unterbringung ist auch dem Leiter der Einrichtung sowie der zuständigen Behörde bekannt zu geben (§ 325 Abs 2 FamFG). 28

Im Falle des § 338 Satz 2 FamFG (Aufhebung; Aussetzung des Vollzugs) ist auch der Leiter der Einrichtung, in der der Betroffene lebt, zu verständigen; im Falle der Aufhebung der Unterbringung auch die zuständige Behörde (§ 325 Abs 2 Satz 2 FamFG). 29

Bei Anordnung bzw Genehmigung der Unterbringung ist ein **Angehöriger** oder eine vom Betroffenen benannten Vertrauensperson zu benachrichtigen (§ 339 FamFG). 30

d) **Kostenentscheidung bei Anordnung bzw Genehmigung.** Sie entfällt bezüglich der Gerichtsgebühren, weil nach § 128 b Satz 1 KostO in Unterbringungsverfahren nach §§ 70 ff keine Gebühren erhoben werden. Gerichtliche Auslagen werden vom Betroffenen nur erhoben, wenn er nicht mittellos ist und auch dann nur hinsichtlich der Kosten des Verfahrenspflegers (§ 128 b Satz 2 KostO). Sachverstandigenhonorar, Reisekosten des Richters, Kopierauslagen werden also *dem Betroffenen* in keinem Fall in Rechnung gestellt. Alle Auslagenposten könnten aber durch eine Kostenentscheidung des Gerichts nach § 81 FamFG anderen Personen auferlegt werden. Im Regelfall entfällt also bei Genehmigung bzw Anordnung der Unterbringung eine Kostenentscheidung. Die Verfahrenspflegervergütung wird gegebenenfalls durch einen Kostenansatz des Kostenbeamten in Rechnung gestellt. Eine Kostenentscheidung entfällt auch bezüglich der außergerichtlichen Kosten (zB Anwaltskosten), weil diese der Betroffene *bei Anordnung* der Unterbringungsmaßnahme selbst zu tragen hat. Zur **Kostenentscheidung bei einer die Unterbringung ablehnenden Entscheidung** vgl oben Rz 18. 31

e) **Keine Mitteilung der Gründe an den Betroffenen.** Bei Gesundheitsgefährdung ist die Entscheidung erforderlich, die Gründe des Beschlusses dem Betroffenen nicht mitzuteilen (§ 325 Abs 1 FamFG). 32

7. **Feststellung der Rechtswidrigkeit einer Unterbringung.** Nach § 62 FamFG kann das Beschwerdegericht (LG) aussprechen, dass eine bestimmte Entscheidung des Betreuungsgerichts den Betroffenen in seinen Rechten verletzt hat. Das Betreuungsgericht selbst hat diese Kompetenz merkwürdigerweise nicht. Vo- 33

30 Vgl Muster Rz 525 bei Firsching/*Ruhl.*

raussetzung ist ein **Antrag** des Betroffenen (bzw seines Verfahrenspflegers, Bevollmächtigten), ferner dass vom Betroffenen eine Beschwerde gegen die Unterbringungsentscheidung eingelegt wurde, sich diese (zB) durch Entlassung erledigt hat, der Beschwerdeführer ein berechtigtes Interesse an der Feststellung hat (letzteres liegt wegen des Grundrechtseingriffs, Art 2 Abs 2 Satz 2 GG, in der Regel vor). Hier ist ferner eine Kostenentscheidung nach § 337 FamFG zu treffen. Die in der Praxis vorkommenden Fälle betreffen meist Verfahrensfehler, wie zB unterlassene Anhörung des Betroffenen[31], unterlassene Bestellung eines Verfahrenspflegers[32], kein rechtliches Gehör zum Gutachten[33], im Falle des § 1846 BGB keine nachfolgende Bestellung eines Betreuers[34], fehlende Verhältnismäßigkeit[35].

§ 324 Wirksamwerden von Beschlüssen

(1) Beschlüsse über die Genehmigung oder die Anordnung einer Unterbringungsmaßnahme werden mit Rechtskraft wirksam.

(2) [1]Das Gericht kann die sofortige Wirksamkeit des Beschlusses anordnen. [2]In diesem Fall wird er wirksam, wenn der Beschluss und die Anordnung seiner sofortigen Wirksamkeit
1. **dem Betroffenen, dem Verfahrenspfleger, dem Betreuer oder dem Bevollmächtigten im Sinne des § 1896 Abs. 2 Satz 2 des Bürgerlichen Gesetzbuchs bekannt gegeben werden,**
2. **einem Dritten zum Zweck des Vollzugs des Beschlusses mitgeteilt werden oder**
3. **der Geschäftsstelle des Gerichts zum Zweck der Bekanntgabe übergeben werden.**

[3]Der Zeitpunkt der sofortigen Wirksamkeit ist auf dem Beschluss zu vermerken.

Dem § 324 FamFG entspricht der frühere § 70 g Abs 3 Satz 3 FGG, zuletzt geändert durch das 1. BtÄndG 1998.

I. Wirksamwerden der Entscheidung, Abs 1

1 **1. Beginn des Wirksamwerdens.** Im Zivilprozess wird ein Urteil mit Verkündung wirksam (vgl § 311 ZPO), verlassen damit das Stadium des Entwurfs. Beschlüsse werden in der freiwilligen Gerichtsbarkeit grundsätzlich wirksam mit Bekanntgabe an denjenigen Beteiligten, für den ihrem wesentlichen Inhalt nach bestimmt sind (§ 40 Abs 1 FamFG). Das ist der Betroffene. Von dieser Grundregel weicht § 324 Abs 1 FamFG ab, indem es die dort genannten Beschlüsse (einschließlich der Verlängerungsbeschlüsse) erst später, nämlich mit Rechtskraft (§ 45 FamFG) wirksam werden lässt (nicht erfasst sind die **Aufhebung der Unterbringung** und die Ablehnung der Aufhebung). Es muss somit die Frist für die Beschwerde (§§ 63, 75 FamFG) für *alle* Beschwerdeberechtigten (§§ 315, 335 FamFG) abgelaufen sein oder alle Berechtigten verzichten auf Rechtsmittel. Doch wird das in 99 % der Fälle durch Abs 2 anders geregelt.

---

31 OLG Hamm BtPrax 2008, 43.
32 KG BtPrax 2008, 42.
33 OLG Schleswig NJW-RR 2008, 380.
34 OLG München NJW-RR 2008, 810.
35 OLG Celle NJW-RR 2008, 230.

Sowohl **die stattgebende wie die ablehnende Entscheidung** fällt unter Abs 1[1]; das war früher in § 70 g Abs 3 FGG ausdrücklich gesagt; jetzt könnte man wegen der Formulierung „Beschlüsse über die Genehmigung …“ annehmen, dass ablehnende Beschlüsse nicht unter Abs 1 fallen. Die Gesetzesbegründung sagt ausdrücklich, dass die frühere Regelung nur redaktionell neu gefasst wurde. Die ablehnende Entscheidung kann aber nur im Falle einer Beschwerdeentscheidung (§ 69 Abs 3) unter Abs 1 fallen, sonst bleibt es bei § 40 Abs 1 FamFG[2]. Eine „Genehmigung“ liegt in den Fällen der zivilrechtlichen Unterbringung vor (§ 312 Nr 1 und 2 FamFG), ein „Anordnung“ bei der öffentlich-rechtlichen Unterbringung (§ 312 Nr 3 FamFG). **2**

Die Anordnung einer **vorläufigen Unterbringungsmaßnahme** (§§ 331 bis 334 FamFG) wird ebenfalls erst mit Rechtskraft wirksam. Das war früher in § 70 h FGG durch Verweisung auf § 70 g FGG ausdrücklich regelt. **3**

Die **Unterbringung zur Beobachtung** (§ 284 bzw § 322 FamFG) dagegen ist in § 312 FamFG nicht genannt. Schon nach früherem Recht wurde eine solche „Verfügung“ nicht erst mit Rechtskraft wirksam[3]. Es bleibt daher bei der Grundregel: Die Entscheidung wird schon mit der Bekanntmachung an den Betroffenen wirksam (§ 40 Abs 1 FamFG); § 287 Abs 1 FamFG ist nicht einschlägig. Die Anordnung der sofortigen Wirksamkeit ist daher überflüssig, aber unschädlich. **4**

2. Ende der Wirksamkeit. Die Genehmigung bzw die Anordnung der Unterbringung erlischt mit Ablauf der im Beschluss genannten Frist; mit Aufhebung der Unterbringungsmaßnahme; zB endgültiger **Entlassung durch den Betreuer** (wozu er nach § 1906 BGB berechtigt ist)[4], mit Aufhebung der Genehmigung des Betreuungsgerichts. Der Arzt hat kein eigenes Entlassungsrecht; in den Fällen des § 1906 BGB (anders bei den PsychKG-Fällen) liegt aber keine strafbare Gefangenenbefreiung durch den Arzt vor, § 120 Abs 4 StGB[5]. Nach hM erlischt die Wirksamkeit der gerichtlichen Entscheidung auch, wenn der **Untergebrachte entwichen** ist und der Zeitpunkt der Rückkehr unbestimmt ist[6]; das ist indessen unzutreffend, weil dem Betroffenen ein Einfluss auf die Entscheidung nicht zusteht; schließlich findet auch gegen einen geflohenen Straftäter keine neue Hauptverhandlung statt. Bei der öffentlich rechtlichen Unterbringung bestimmt zB Art 10 Abs 2 Satz 3 BayUnterbrG[7], dass Entwichene von der Polizei zurückzubringen sind. Entsprechend kann keine neue Unterbringungsanordnung erforderlich werden, wenn der zivilrechtlich Untergebrachte entwichen ist und nach kurzer Zeit wieder in die Anstalt zurückgebracht wird. Bei längerer Abwesenheit kann es allerdings sein, dass entweder die Frist für die Unterbringung abgelaufen ist oder nun ein Anlass besteht, die Genehmigung aufzuheben. Wird eine vorläufige Unterbringung durch Entweichen des Betroffenen unterbrochen, ist nach dessen Wiedereinlieferung der bereits abgelaufene **5**

---

1 *Prütting/Helms/Roth* § 324 Rz 2.
2 Keidel/*Budde* § 324 Rz 2, MünchKomm FamFG/*Schmidt-Recla* § 324 Rz 1.
3 BT-Drucks 11/4528 S. 185.
4 BayObLG FamRZ 1995, 1296.
5 BGH NJW 1956, 1365: Die Unterbringung eines „schwachsinnigen Mündels durch den Vormund“ in einer Heil- und Pflegeanstalt ist keine „Verwahrung auf behördliche Anordnung“ im Sinne des § 120 IV StGB; ebenso *Schönke/Schröder* StGB § 120 Rz 5, wenn jemand auf Veranlassung des Betreuers in einer Heilanstalt untergebracht ist, auch nicht, wenn eine gerichtliche Genehmigung vorliegt; zustimmend *Tröndle/Fischer* StGB § 120 Rz 3, *Lackner/Kühl* StGB § 120 Rz 5.
6 BayObLG 1970, 202; 1973, 153; 1974, 256; OLG Hamm OLGZ 1970, 237; Keidel/*Budde* § 324 Rz 5; zweifelnd *Helle* MedR 1986, 25; aA *Bassenge/Roth* § 324 Rz 10.
7 Dazu *Zimmermann*, Art 10 Rz 6 BayUnterbrG.

Vollzugszeitraum bei Verlängerungsentscheidungen in die Höchstfrist der Maßnahme einzubeziehen[8].

6 Ob eine **probeweise (kurzfristige) Entlassung** oder probeweise Aussetzung der zivilrechtlichen Unterbringung durch den Betreuer zulässig ist, ist streitig[9]. Eine gesetzliche Regelung fehlt, § 328 FamFG gilt nur für die öffentlich-rechtliche Unterbringung und ist nicht analog anwendbar. Eine probeweise Entlassung kann allenfalls in ganz engen Grenzen anerkannt werden[10]. Den Ärzten ist sie nicht gestattet, nur dem Betreuer oder dem Gericht. Durch eine solche kurzfristige Entlassung wird die Genehmigung des Betreuungsgerichts nicht gegenstandslos[11].

7 Die **Verlegung des Betreuten** von einer geschlossenen auf eine offene Station einer psychiatrischen Klinik führt im Allgemeinen dazu, dass die Genehmigung des Betreuungsgerichts gegenstandslos wird[12]; für die Rückverlegung ist deshalb eine neue Genehmigung erforderlich[13]. Das kann aber nicht gelten, wenn die Ärzte die Verlegung eigenmächtig und ohne Zustimmung des Betreuers vornehmen. Wenn der Betreuer die Absicht der Durchführung der Unterbringung aufgegeben hat, erlischt die Wirksamkeit der Entscheidung nicht[14]. In diesen Fällen fehlt die für die Rechtssicherheit erforderliche Eindeutigkeit (der innere Vorgang beim Betreuer muss sich unwiderruflich dokumentieren). Das KG hat gemeint: Die probeweise Verlegung des Untergebrachten aus der geschlossenen auf eine offene Station führe dann nicht zur Wirkungslosigkeit der vormundschaftsgerichtlichen Genehmigung, wenn die ihr zugrunde liegenden Voraussetzungen weiter bestehen und die Verlegung in engem zeitlichen Zusammenhang mit dem Ende des genehmigten Unterbringungszeitraums stehe; das könne bei einer probeweisen Verlegung zehn Tage vor Entlassung des Untergebrachten der Fall sein[15].

II. Anordnung sofortiger Wirksamkeit, Abs 2

8 **1. Die Anordnung, Abs 2 Satz 1.** Das Gericht kann durch Beschluss (gesondert oder in der Hauptentscheidung) die sofortige Wirksamkeit anordnen, damit die Entscheidung in dringenden Fällen sogleich vollzogen werden kann. Dies kann von Amts wegen oder auf Anregung eines Beteiligten erfolgen. Eine stillschweigende Anordnung ist angesichts § 38 FamFG nicht möglich[16]. Da Unterbringungen ihrer Natur nach eilige Maßnahmen sind, wird die Anordnung im Regelfall ergehen müssen[17], insbesondere ist sie erforderlich, wenn einstweilige Anordnungen erlassen werden, wenn die Unterbringung bereits erfolgt ist oder aus sonstigen Gründen im Interesse des Betroffenen nicht mehrere Wochen bis zur Rechtskraft abgewartet werden können. In der Praxis wird die sofortige Wirksamkeit immer angeordnet.

9 Sollte die Anordnung in einem gesonderten Beschluss erfolgt sein, muss die Bekanntmachung der Anordnung an den Betroffenen nachfolgen.

---

8 OLG München NJW-RR 2008, 1032.
9 Ablehnend Keidel/*Budde* § 324 Rz 6.
10 Vgl HK-*BUR* § 1906 Rz 39.
11 BayObLG FamRZ 1995, 1296.
12 OLG Hamm Rpfleger 2000, 14; jedenfalls nach ca 6 Wochen Verlegung.
13 OLG Hamm Rpfleger 2000, 14.
14 AA Keidel/*Kayser* § 70 g Rz 14.
15 KG BeckRS 2005, 30.366.693.
16 *Bahrenfuss/Grotkopp* § 324 Rz 3; aA BayObLG BtPrax 2002, 39.
17 MünchKomm FamFG/*Schmidt-Recla* § 324 Rz 3.

2. Zeitpunkt des Wirksamwerdens, Abs 2 Satz 2. Wird die sofortige Wirksamkeit angeordnet, wird die Entscheidung bereits vor Rechtskraft wirksam. Aber wann genau? Mit einem Entäußerungsakt von der Hauptentscheidung *und* der Anordnung sofortiger Wirksamkeit (in der Praxis steht beides im selben Beschluss). Früher war nur die Übergabe an die Geschäftsstelle als wesentlicher Zeitpunkt vorgesehen, weil dort üblicherweise Rechtskraft- und ähnliche Vermerke angebracht werden. Probleme konnten deshalb auftreten, wenn (zB an Feiertagen) die Geschäftsstelle nicht besetzt ist oder der Richter von zu Hause aus oder in der Klinik entscheidet[18] und das Wesen des Vermerks, der Geschäftsstelle und seiner eigenen Stellung verkannte. In sonstigen Fällen ergab sich das Problem, dass der (noch in Freiheit befindliche) Unterzubringende die Entgegennahme des Beschlusses vereitelte, so das vertreten wurde, eine Ersatzzustellung der Beschlusses an Familienangehörige etc sei möglich[19]. 10

Damit sichergestellt ist, dass das Datum möglichst bald nach der Richterentscheidung liegt, hat Abs 2 Satz 3 (entsprechend der seit dem 1. BtÄndG ab 1999 geltenden Regelung) mehrere Zeitpunkte zur Verfügung gestellt, wobei der früheste gilt: 11

Nr 1: Bekanntgabe an den Betroffenen oder den Verfahrenspfleger oder dem Betreuer (mit dem Aufgabenkreis Unterbringung), oder dem Vorsorgebevollmächtigten; zum Begriff der Bekanntgabe vgl § 40 Abs 1 FamFG; sie kann auch mündlich erfolgen (§ 41 Abs 2 Satz 1 FamFG), wobei aber ein schriftlich fixierter vorliegender Tenor „vorzulesen" ist; dass der Richter den Tenor zum Zeitpunkt der Verlesung bereits unterschrieben hat ist nicht Wirksamkeitsvoraussetzung, ebenso wenig, dass der vollständige Beschluss schon ausgedruckt ist, wie sich aus § 41 Abs 2 Satz 1 FamFG ergibt, der nur auf die Beschlussformel abstellt. Bei mündlicher Bekanntgabe an den Betroffenen kommt es nicht darauf an, dass er die Entscheidung versteht[20], weil es nur darum geht, einen einer Urteilsverkündung entsprechenden Zeitpunkt festzulegen. 12

Nr 2: Mitteilung an einen Dritten, zB an den Leiter der geschlossenen Klinik, die Behörde, zwecks Vollzug der Entscheidung. Es muss sich um eine vollzugsberechtigte Person handeln, so dass die Mitteilung an den Krankenpfleger nicht genügt[21]. 13

Nr 3: Übergabe an die Geschäftsstelle des Betreuungsgerichts zwecks Bekanntmachung. Das ist nicht händisch zu verstehen, es genügt die Niederlegung in der Geschäftsstelle, auch wenn dort kein Urkundsbeamter anwesend ist. Hat der Richter die Entscheidung in der Klinik bzw in der Wohnung des Betroffenen getroffen, lag der richterliche Beschluss meist noch nicht vollständig (dh mit Gründen etc) vor. Nach § 41 Abs 2 FamFG konnte der Beschluss bereits wirksam werden. Anderntalls könnte der Richter ihn jetzt wirksam machen, indem er den Beschluss vollständig fertig stellt, unterschreibt, den Beschluss zur Geschäftsstelle bringt und (wenn dort niemand mehr anwesend ist) selbst den Zeitpunkt des Wirksamwerdens selbst[22] vermerkt. 14

3. Vermerk der Geschäftsstelle. Sie vermerkt im Falle der Nr 3 den Übergabezeitpunkt (mit Datum und Uhrzeit des Eingangs bei der Geschäftsstelle) auf der Entscheidung. Ist (zB am Abend, am Wochenende) die Geschäftsstelle 15

18 Vgl dazu *Rink* FamRZ 1992, 1011.
19 BayObLG FPR 2002, 159.
20 *Prütting/Helms/Roth* § 324 Rz 4; aA *Fröschle/Locher* FGG § 79 g Rz 8; MünchKomm FamFG/*Schmidt-Recla* § 287 Rz 8.
21 *Bahrenfuss/Grotkopp* § 324 Rz 4.
22 *Bahrenfuss/Grotkopp* § 324 Rz 5.

nicht besetzt, muss der Urkundsbeamte nicht eigens anreisen, um den Zeitpunkt zu vermerken. Der Richter vereinigt im Zweifel alle Funktionen des Gerichts in sich und kann daher den Vermerk in einem solchen Fall selbst anbringen. Auch in den anderen Fällen (Nr 1 und Nr 2) kann der Richter den Vermerk selbst anbringen oder der Geschäftsstelle das maßgebende Datum mitteilen.

16 **4. Rechtsmittel.** Die Anordnung der sofortigen Wirksamkeit ist ebenso wie ihre Ablehnung *isoliert* nicht anfechtbar[23], weil es sich um eine Zwischenentscheidung handelt, die nicht unter § 58 FamFG fällt. Sie kann aber aufgehoben werden (vgl § 48 Abs 1 FamFG, der aber rechtskräftige Endentscheidungen betrifft). Wird gegen die Unterbringungsentscheidung, die für sofort wirksam erklärt wurde, befristete Beschwerde eingelegt, kann das Beschwerdegericht die Vollziehung aussetzen (§ 64 Abs 3 FamFG). Weist das LG die sofortige Beschwerde zurück, bestätigt es damit die Anordnung der sofortigen Wirksamkeit durch das AG; ein gesonderter Ausspruch entfällt. Ordnet das LG im Beschwerdeverfahren erstmals die Unterbringungsmaßnahme an, kann es selbst die sofortige Wirksamkeit anordnen.

§ 325 Bekanntgabe

(1) Von der Bekanntgabe der Gründe eines Beschlusses an den Betroffenen kann abgesehen werden, wenn dies nach ärztlichem Zeugnis erforderlich ist, um erhebliche Nachteile für seine Gesundheit zu vermeiden.

(2) [1]Der Beschluss, durch den eine Unterbringungsmaßnahme genehmigt oder angeordnet wird, ist auch dem Leiter der Einrichtung, in der der Betroffene untergebracht werden soll, bekannt zu geben. [2]Das Gericht hat der zuständigen Behörde die Entscheidung, durch die eine Unterbringungsmaßnahme genehmigt, angeordnet oder aufgehoben wird, bekannt zu geben.

Dem § 325 FamFG entspricht teilweise der frühere § 70 g Abs 1 und 2 FGG.

I. Bekanntgabe der Entscheidung an den Betroffenen

1 **1. Grundsatz.** Alle Entscheidungen in Unterbringungssachen, auch einstweilige Anordnungen[1], Entscheidungen über ein Ablehnungsgesuch[2], Vergütungsfestsetzungen, sind dem Betroffenen selbst *vollständig* (also mit Gründen) bekannt zu machen (§ 41 Abs 1 FamFG)[3]; denn der Betroffene ist nach § 315 Abs 1 Nr 1 FamFG Beteiligter. Er ist auch dann Adressat, wenn er geschäftsunfähig ist oder sonst den Sinn der Entscheidung nicht mehr verstehen kann (§ 275 FamFG). Die Entscheidungen sind ferner den weiteren Beteiligten bekannt zu geben. Für Beschlüsse, die die Genehmigung eines Rechtsgeschäfts zum Gegenstand haben, ist die Bekanntgabe an den Betreuten in § 41 Abs 3 FamFG ausdrücklich zwingend vorgeschrieben; die Genehmigung einer Unterbringung durch den Betreuer (§ 1906 BGB) ist aber keine Genehmigung eines Rechtsgeschäfts in diesem Sinne.

2 **Verfahrensbevollmächtigte.** Ist der Betroffene durch einen Verfahrensbevollmächtigten, insbesondere einen Rechtsanwalt, vertreten (§ 10 FamFG), sind

23 *Prütting/Helms/Roth* § 324 Rz 9; MünchKomm FamFG/*Schmidt-Recla* § 324 Rz 8; Keidel/*Kayser* § 70 g Rz 13; Saage/*Göppinger* III Rz 487; *Baumann*, Unterbringungsrecht, S. 416; *Ritter*, Vorläufige Anordnungen in Angelegenheiten der freiwilligen Gerichtsbarkeit, 1991, S. 11.
1 BayObLG FamRZ 1994, 1060.
2 BayObLG v 13.1.1994 BtE 94/95 bei § 69 a.
3 BT-Drucks 16/6308 S. 269.

die Entscheidungen dem Anwalt bekannt zu geben. Aber auch in diesem Fall ist die Entscheidung zusätzlich dem Betroffenen bekannt zu machen[4]. Die Rechtsmittelfrist beginnt erst bzw bereits mit Bekanntgabe an den Rechtsanwalt (vgl § 172 ZPO).

Auch wenn für den Betroffenen ein **Verfahrenspfleger** bestellt wurde, ist dem Betroffenen die Entscheidung mit Gründen (Ausnahme Abs 1) bekannt zu geben. 3

Zur **Form der Bekanntgabe** vgl § 287 Rz 18. 4

2. Ausnahmen. Von der Bekanntgabe der Gründe eines Beschlusses an den Betroffenen kann abgesehen werden, wenn dies nach ärztlichem Zeugnis erforderlich ist, um erhebliche Nachteile für seine Gesundheit zu vermeiden (Abs 1). Dies entspricht wörtlich § 288 Abs 1 FamFG; auf die dortige Kommentierung wird daher verwiesen. **Erhebliche Nachteile** sind nach Ansicht des BayObLG[5] solche, die über das Maß dessen hinausgehen, was im allgemeinen an gesundheitlichen Nachteilen mit der Bekanntgabe gerichtlicher Entscheidungen verbunden ist; mit dieser Formel lässt sich wenig anfangen, weil schon ein kleines Überwiegen (das ohnehin nicht messbar ist) den Grundrechtsverstoß rechtfertigen würde; Einzelheiten teilt die Entscheidung nicht mit. Auch im Falle des § 325 FamFG gibt es meines Erachtens in Wirklichkeit praktisch nie Gründe, die die Nichtbekanntgabe rechtfertigen. Es handelt sich um einen Eingriff in ein Grundrecht (Art 103 GG), der nicht leicht genommen werden darf, letztlich um Reste mittelalterlicher Geheimverfahren. Mit ähnlichen Erwägung hat man jahrzehntelang (nicht betreuten) Patienten zu Unrecht Diagnosen verschwiegen („Therapeutisches Privileg"). Für die Ärzte ist es praktischer, wenn der Betroffene nichts erfährt; deshalb wird schnell durch ärztliches Attest bestätigt, dass die Nichtbekanntgabe erforderlich ist. Es genügt nicht, dass sich der Betroffene ärgert, wenn er die Gründe liest, oder einen Wutanfall bekommt, oder Gegenstände zertrümmert. Das Zeugnis muss genau angeben, welche Schäden zu erwarten sind und woher der Sachverständige dies wissen will. Die Befürchtung des behördlichen Sachverständigen, das Vertrauensverhältnis des Betreuten zum sozial-psychiatrischen Dienst könne gestört werden, reicht jedenfalls nicht aus[6]. 5

Die Entscheidung des Gerichts, nur den Tenor des Beschlusses, nicht aber die Gründe, dem Betroffenen bekannt zugeben, erfolgt durch einen Beschluss; entweder im Tenor der Hauptentscheidung oder durch eine gesonderte Entscheidung; sie muss begründet werden (§ 38 FamFG). Die Entscheidung über die Nichtbekanntgabe ist als Teil der Endentscheidung mit befristeter Beschwerde (§§ 58 ff FamFG) anfechtbar[7]; es handelt sich nicht nur um eine „Nebenentscheidung". Wegen des Eingriffs in ein Grundrecht (Art 103 GG) ist ferner nach Erschöpfung des Rechtswegs die Verfassungsbeschwerde gegeben; weiterhin die Rüge nach § 44 FamFG; noch einfacher ist es, wenn der Betroffene die ganze Entscheidung angreift. Dem Verfahrenspfleger bzw Verfahrensbevollmächtigten des Betroffenen ist die Entscheidung des Gerichts auch in den Fällen der Nichtbekanntgabe vollständig, dh mit Gründen, bekannt zu geben. Der Verfahrens- 6

4 *Bahrenfuss/Grotkopp* § 325 Rz 3; aA *Bassenge/Roth* § 325 Rz 1.
5 BayObLG FamRZ 2000, 250.
6 OLG Frankfurt FGPrax 2003, 221.
7 BayObLG FamRZ 2000, 250; OLG Frankfurt FGPrax 2003, 221 (noch zum FGG); Keidel/*Budde* § 288 Rz 5; MünchKomm FamFG/*Schmidt-Recla* § 288 Rz 6; aA *Bassenge/Roth* § 325 Rz 2; *Schulte-Bunert/Weinreich/Rausch* § 288 Rz 6; *Bahrenfuss/Brosey* § 288 Rz 4; *Prütting/Helms/Fröschle* § 288 Rz 12 (unanfechtbar, da keine Endentscheidung).

pfleger ist nicht gehindert, die Gründe dem Betroffenen mitzuteilen; das Gericht kann ihm dies nicht verbieten.

II. Bekanntgabe der Entscheidung an Dritte, Abs 2

7 **1. Angehörige.** Die (vollständige) Entscheidung in Unterbringungssachen (auch einstweilige Anordnungen; Verlängerungen) ist „den Beteiligten" bekannt zu geben (§ 41 Abs 1 Satz 1 FamFG). Die Beteiligten in Unterbringungssachen nennt § 315 FamFG; hier kommen möglicherweise die Angehörigen in Frage (§ 315 Abs 4 Nr 1 und 2 FamFG). Selbst wenn die Angehörigen nicht beteiligt wurden, ist von der Anordnung oder Genehmigung einer Unterbringung jedenfalls *ein* Angehöriger oder eine Vertrauensperson zu benachrichtigen (**§ 339 FamFG**). Unterbringungsanordnungen bzw -genehmigungen waren unter Geltung des § 70 g Abs 2 Satz 1 FGG den in § 70 d FGG bezeichneten Person bekannt zu geben, dh unter anderem dem Ehegatten, beiden Eltern, volljährigen Kindern. Das ist jetzt entfallen, weil diese Personen nicht mehr zwangsläufig anzuhören sind, sondern nur nach dem Ermessen des Gerichts beteiligt werden können (§ 315 Abs 4 FamFG). Die Bekanntmachung der (vollständigen) Entscheidung an die in § 70 d FGG genannten Personen und Stellen sollte gewährleisten, dass diese Dritten Kenntnis erhalten und im Interesse des Betroffenen Maßnahmen ergreifen können, zB Beschwerde einlegen[8]. Von diesem hehren Ziel hat man nun zwecks Portoersparnis Abstand genommen.

8 **2. Bekanntgabe bei getroffenen Maßnahmen.** Beschlüsse, die (endgültig oder durch einstweilige Anordnung) eine Unterbringung des Betreuten durch den Betreuer (§ 1906 Abs 1 BGB) oder eine unterbringungsähnliche Maßnahme des Betreuers (§ 1906 Abs 4 BGB) genehmigen, oder eine öffentlich-rechtliche Unterbringung anordnen, oder selbst die Unterbringung anordnen (§ 1846 BGB) sind bekannt zu geben:

9 a) an den Betroffenen, auch wenn er geschäftsunfähig ist (§ 316 FamFG); ob die Gründe ausnahmsweise weggelassen werden dürfen, ergibt sich aus § 325 Abs 1 FamFG;

10 b) an den Betreuer des Betroffenen (§ 315 Abs 1 Nr 2 FamFG);

11 c) an den Verfahrensbevollmächtigten des Betroffenen (§§ 315 Abs 2, 41 Abs 1 FamFG);

12 d) an den Vorsorgebevollmächtigten (§ 315 Abs 1 Nr 3 FamFG);

13 e) an den Verfahrenspfleger (§ 315 Abs 2 FamFG);

14 f) an die sonstigen Personen, die nach § 315 FamFG beteiligt wurden (oben Rz 7); also nicht an Angehörige, wenn sie nicht vom Gericht beteiligt wurden; jedoch kann sich hier eine Benachrichtigungspflicht aus § 339 ergeben;

15 g) an den **Leiter der Einrichtung**, in der der Betroffene untergebracht werden „soll" (während § 315 Abs 4 Nr 3 FamFG von der Einrichtung spricht, in der der Betroffene bei Erlass der Entscheidung lebt); Abs 2 Satz 1. Das setzt aber voraus, dass der (auswahlberechtigte) Betreuer im Falle des § 1906 Abs 1 BGB sich bereits für eine bestimmte Einrichtung (Heimplatz) entschieden hat. Bei § 1906 Abs 4 BGB dagegen hält sich der Betroffene bereits in einer bestimmten

8 BT-Drucks 11/4528 S. 185.

Einrichtung auf. Die Bekanntgabe an den Leiter setzt ferner voraus, dass eine Unterbringung vollstreckbar ist[9]; denn andernfalls würde unter Verstoß gegen das Persönlichkeitsrecht eine Information auch dann an den Leiter kommen, obwohl es nicht zur Unterbringung kommt;

h) an die zuständige **Behörde, Abs 2 Satz 2.** Der Behörde ist auch die Aufhebung einer Maßnahme mitzuteilen. Behörde: Das ist bei der Unterbringung nach § 1906 BGB die Betreuungsbehörde, bei der öffentlich-rechtlichen Unterbringung (wegen § 7 Abs 1 FamFG) die landesrechtlich bestimmte Behörde, meist das Ordnungsamt bei Stadt/Kreis; **16**

i) Bei Unterbringung eines Kindes: das Jugendamt (§ 162 Abs 1, 3 FamFG); **17**

j) Mitteilungen zur Gefahrenabwehr und Strafverfolgung nach § 338. **18**

3. Bekanntgabe bei Ablehnung einer Maßnahme. Falls eine Maßnahme abgelehnt wurde, erfolgt die Bekanntgabe: **19**

a) an den Betroffenen; **20**

b) an den Verfahrensbevollmächtigten; **21**

c) an den Verfahrenspfleger; **22**

d) an den Betreuer; **23**

e) an den Vorsorgebevollmächtigten (§ 315 Abs 1 Nr 3 FamFG); **24**

f) an die zuständige Behörde, falls sie einen förmlichen *Beteiligungsantrag* stellte (§ 315 Abs 3 FamFG); andernfalls ist die Behörde nicht zu informieren, gleichgültig ob sie angehört wurde (§ 320) oder nicht, wie der Wortlaut des Gesetzes eindeutig zeigt[10]; **25**

g) an Personen, die beteiligt wurden (§ 315) bzw als Beteiligte ein Beschwerderecht gegen die Entscheidung haben (§ 59 Abs 1 FamFG); **26**

h) keine Bekanntgabe erfolgt an sonstige Personen und Stellen[11], auch nicht gemäß § 339 FamFG an einen Angehörigen bzw eine Vertrauensperson. **27**

Die **Aufhebung einer Maßnahme** ist der zuständigen Behörde (Abs 2 Satz 2) und auch dem Leiter der Einrichtung mitzuteilen. **28**

4. Form der Bekanntgabe. Sie erfolgt grundsätzlich formlos (§ 41 Abs 1 Satz 1 FamFG); gegenüber demjenigen, der Beschwerde einlegen kann, ist Zustellung zweckmäßig (vgl § 41 Abs 1 Satz 2 FamFG), damit der Fristablauf kontrolliert werden kann. **29**

---

9 *Prütting/Helms/Roth* § 325 Rz 7.

10 *Prütting/Helms/Roth* § 325 Rz 11; aA Keidel/*Budde* § 325 Rz 3: die Behörde müsse ausnahmslos über alle Entscheidungen informiert werden.

11 Keidel/*Kayser* § 70 g Rz 5.

§ 326 Zuführung zur Unterbringung

(1) Die zuständige Behörde hat den Betreuer oder den Bevollmächtigten im Sinne des § 1896 Abs. 2 Satz 2 des Bürgerlichen Gesetzbuchs auf deren Wunsch bei der Zuführung zur Unterbringung nach § 312 Nr. 1 zu unterstützen.

(2) [1]Gewalt darf die zuständige Behörde nur anwenden, wenn das Gericht dies aufgrund einer ausdrücklichen Entscheidung angeordnet hat. [2]Die zuständige Behörde ist befugt, erforderlichenfalls die Unterstützung der polizeilichen Vollzugsorgane nachzusuchen.

(3) [1]Die Wohnung des Betroffenen darf ohne dessen Einwilligung nur betreten werden, wenn das Gericht dies aufgrund einer ausdrücklichen Entscheidung angeordnet hat. [2]Bei Gefahr im Verzug findet Satz 1 keine Anwendung.

---

§ 326 FamFG entspricht teilweise dem früheren § 70 g Abs 5 FGG.

1 **1. Vorführung des Betroffenen.** „Vorführung" betrifft einen Verfahrensschritt vor Erlass der Endentscheidung. Das Gesetz nennt drei Fälle, in denen der Betroffene vorzuführen ist, wenn er sich weigert, freiwillig zu erscheinen:
- Vorführung zur richterlichen Anhörung (§ 319 Abs 5 FamFG);
- Vorführung beim Sachverständigen zwecks Untersuchung zur Vorbereitung des Gutachtens (§ 322 FamFG);
- Vorführung zwecks Unterbringung zur Beobachtung (§ 322 FamFG).

2 Jeweils ist als Vorführungsorgan die **„zuständige Behörde"** genannt. Für zivilrechtliche Unterbringungen ist die Betreuungsbehörde zuständig (§ 1 BtBG), für öffentlich-rechtliche Unterbringungen die Behörde nach dem LandesUnterbrG oder PsychKG, meist das Ordnungsamt der kreisfreien Stadt bzw des Landkreises. Das FamFG stellt ferner klar, dass die Vorführung nicht durch den Gerichtsvollzieher oder den Gerichtswachtmeister oder die Polizei erfolgt; die Polizei kann allerdings von den vorgenannten Behörden zur Unterstützung hinzugezogen werden.

2. Vollzug der Unterbringungsmaßnahme, Abs 1. – a) Öffentlich-rechtliche
3 **Unterbringung.** Die öffentlich-rechtliche Unterbringung (§ 312 Nr 3 FamFG), also die richterliche Anordnung der Unterbringung aufgrund PsychKG bzw UnterbrG, wird von den nach den Unterbringungsgesetzen der Länder zuständigen Behörden (idR Ordnungsbehörden) vollzogen. In Bayern ist zB die Kreisverwaltungsbehörde zuständig (Art 8 Abs 1 BayUnterbrG), welche die Polizei hinzuziehen kann (Art 8 Abs 2 BayUnterbrG). Die Betreuungsbehörden sind dafür nicht zuständig.

4 **b) Zivilrechtliche Unterbringung.** Die zivilrechtliche Unterbringung (§ 312 Nr 1 und Nr 2 FamFG) wird nicht von einem Gericht oder einer Behörde vollzogen, sondern
- beim volljährigen Betreuten vom Betreuer;
- beim volljährigen Vollmachtgeber vom Bevollmächtigten;
- für die Fallgruppe § 1846 BGB fehlt ein Vollziehungsorgan, trotz § 333 FamFG. Hier ist § 326 entsprechend anzuwenden.

5 Der Betreuer muss von der Genehmigung des Gerichts nicht Gebrauch machen[1]. Aufgabe des Betreuers ist es, den unterzubringenden Betreuten zur geschlossenen Anstalt zu bringen (Unterbringung nach § 312 Nr 1 FamFG). Hat er hierbei Probleme, zB weil ein Spezialfahrzeug (Sitz mit Fixierungsvorrichtung) benötigt

---

1 Keidel/*Kayser* § 70 g Rz 18.

oder wegen Widerstand Fachpersonal gebraucht wird[2], darf er selbst keine Gewalt anwenden[3]; er kann aber von der Betreuungsbehörde die **Unterstützung** verlangen, Abs 1, § 1 BtBG. Bei Kindern ist das Jugendamt zur Hilfeleistung berufen (§ 167 Abs 5 FamFG). Die Unterstützungspflicht der Behörde folgt unmittelbar aus dem Gesetz, bedarf also keines gerichtlichen Beschlusses oder einer gerichtlichen Genehmigung[4]. Das folgt zweifelsfrei aus dem Wortlaut des § 326 Abs 1. § 89 FamFG ist nicht einschlägig, weil von keinem Dritten die Herausgabe des Betroffenen verlangt wird.

Den **Bevollmächtigten** muss die Behörde ebenfalls auf seinen Wunsch unter- 6
stützen (das ist neu gegenüber § 70 g Abs 5 FGG).

Durch die Worte „bei der **Zuführung** zur…“ wird klargestellt, dass die Tätigkeit 7
der Behörde an der Anstaltstür endet[5]; in der Anstalt selbst ist diese zuständig.

Weigert sich die Behörde, besteht keine Zuständigkeit des Betreuungsgerichts; 8
der Betreuer bzw Bevollmächtigte hat den Rechtsweg vor dem Verwaltungsgerichten[6], zB durch Beantragung einer einstweiligen Anordnung. Der Betreuer bzw Bevollmächtigte kann weder einen Gerichtsvollzieher beauftragen noch kann das Betreuungsgericht einen Gerichtsvollzieher oder Gerichtspersonal einschalten.

Aufgabenverteilung[7]. Zweifelhaft ist, was Pflicht der Behörde ist und worum 9
sich der Betreuer selbst kümmern muss[8]. Sache des Betreuers ist es, einen Anstaltsplatz zu suchen und den Krankentransport zu organisieren. Ist der Betroffene untergetaucht, gehört die Suche nach ihm zum Aufgabenbereich des Betreuers und (auch) der Behörde[9]. Für eine Fahndung im polizeirechtlichen Sinn hat die Betreuungsbehörde allerdings keine Rechtsgrundlage. Der Betreuer muss beim Vollzug anwesend sein, weil er die Entscheidung trifft ob Gewalt angewendet wird oder die Aktion abgebrochen wird. Die Behörde darf die Unterstützung nicht deswegen ablehnen, weil sie die Vorführungsanordnung des Betreuungsgerichts oder die Anweisung des Betreuers für unzweckmäßig oder unzulässig hält[10]; sie ist an den Beschluss des Gerichts und die Anweisung des Betreuers gebunden, Unsicherheiten sind im Rechtsmittelweg zu klären.

Eine analoge Anwendung des § 326 auf die Zuführung zur **ambulanten** 10
Zwangsbehandlung lehnt die hM[11] ab, weil kein Fall des § 326 BGB vorliege; das ist nicht hilfsreich.

Die **Kosten der Behörde** (zB Bezahlung eines Schlüsseldienstes) sind der Justiz- 11
kasse als Auslagen in Rechnung zu stellen[12].

---

2 Vgl *Dodegge* BtPrax 1998, 43/44, *Walther* BtPrax 1997, 42.
3 *Prütting/Helms/Roth* § 326 Rz 4; *Bahrenfuss/Grotkopp* § 326 Rz 2.
4 AA *Prütting/Helms/Roth* § 326 Rz 4: das Gericht habe dem Betreuer auf seinen Antrag die erforderliche Genehmigung zur Zuführung zu erteilen, der Beschluss folge § 89 FamFG.
5 BT-Drucks 11/6949 S. 84
6 *Bassenge/Roth* § 326 Rz 2.
7 Zur praktischen Durchführung vgl *Dodegge* BtPrax 1998, 43.
8 Dazu *Walther* BtPrax 1997, 42.
9 *Schulte-Bunert/Weinreich/Dodegge* § 326 Rz 8.
10 *Prütting/Helms/Roth* § 326 Rz 4.
11 BGH FamRZ 2001, 149.
12 OLG Köln FamRZ 2005, 1199 (L); der Schlüsseldienst stellte 3.181 Euro (!) in Rechnung; HK-BUR-*Bauer* § 68 Rz 162; aA LG Limburg BtPrax 1998, 116; LG Koblenz FamRZ 2004, 566; *Bassenge/Roth* § 326 Rz 6; *Prütting/Helms/Roth* § 326 Rz 9; *Schulte-Bunert/Weinreich/Dodegge* § 326 Rz 10; MünchKomm FamFG/*Schmidt-Recla* § 327 Rz 5 (diese Kosten seien von der Betreuungsbehörde zu tragen).

12 c) **Für unterbringungsähnliche Maßnahmen,** zB Anbringung eines Bettgitters (§ 1906 Abs 4 BGB; § 312 Nr 2 FamFG), gilt § 326 FamFG nicht; hier muss die betreffende Anstalt tätig werden[13].

13 d) Für Hilfeleistung in Fällen der **Zwangsbehandlung** ist die Betreuungsbehörde nicht zuständig und kann hierzu auch vom Betreuungsgericht nicht ermächtigt werden[14]. Die zwangsweise Verbringung des Betreuten in ein ***offenes*** **Altenheim** fällt nicht unter § 1906 BGB, so dass die Anwendung von Zwang hierbei nicht vom Betreuungsgericht genehmigt werden kann[15].

14 **3. Gewaltanwendung bei der Unterbringung, Abs 2 Satz 1.** Die Regelung ist speziell gegenüber §§ 35, 90 FamFG, auch § 758 ZPO ist nicht einschlägig. Zwangsgeld bzw Zwangshaft scheiden sinngemäß aus, wenn ein Betreuter zwangsweise in die Unterbringungseinrichtung gebracht werden soll. Abs 2 bezieht sich nur auf die Fälle des Abs 1. Zu unterscheiden ist die Unterbringungsgenehmigung des Betreuungsgerichts und die Entscheidung des Gerichts über die Anwendung von Gewalt; hier verlangt das Gesetz eine „ausdrückliche" Entscheidung, was besagt, dass aus der Unterbringungsgenehmigung allein noch nicht durch Auslegung die Gestattung der Gewaltanwendung geschlossen werden darf. Das Verfahren über die Gewaltanwendung ist selbstständig, kann aber mit dem Unterbringungsverfahren verbunden werden, was der Regelfall ist. Ein besonderer Antrag, Gewaltanwendung zu gestatten, ist nicht notwendig, weil § 326 Abs 2 Satz 1 dies nicht verlangt[16]. Die Gewaltanordnung setzt eine erneute, wenn auch eingeschränkte, am Wohl des Betroffenen orientierte sachliche Prüfung voraus[17]; in der Praxis wird meist einfach ein Formular verwendet, ohne Einzelfallprüfung. Der Grundsatz der Verhältnismäßigkeit ist zu wahren[18]. Jedoch wird dem Betroffenen hierzu nicht nochmals rechtliches Gehör gewährt. Vollzugsorgan ist die örtlich zuständige Betreuungsbehörde (§ 1 BtBG), nicht der Gerichtsvollzieher oder Gerichtswachtmeister.

15 **4. Unterstützung durch die Polizei, Abs 2 Satz 2.** Die Behörde bittet dann uU die Polizei um Vollzugshilfe (Abs 2 Satz 1). Dazu muss sie nicht vom Betreuungsgericht ermächtigt werden, weil die Befugnis unmittelbar aus dem Gesetz folgt. Die Vorführung kann aber von der Betreuungsbehörde der Polizei nicht vollständig überlassen werden (nur „Unterstützung"). Der Betreuer selbst kann die Polizei nicht *unmittelbar* einschalten. Das Betreuungsgericht kann die Betreuungsbehörde nicht unmittelbar ohne Willen des Betreuers einschalten. Der Polizei steht es nicht zu, die Erforderlichkeit ihrer Zuziehung nachzuprüfen; dies zu entscheiden ist allein Sache der Betreuungsbehörde. Wohl aber hat die Polizei selbst zu prüfen, ob die Anwendung unmittelbaren Zwangs verhältnismäßig ist. Die Frage, ob die Kosten der Polizei zu erstatten sind, richtet sich nach dem jeweiligen Landes-Polizeiaufgabengesetz (zB § 58 Abs 3 BayPAG); jedoch entspricht es in der Regel der Billigkeit, von der Kostenauferlegung auf den Betreuten abzusehen[19].

16 **5. Betreten der Wohnung, Abs 3.** Wegen Art 13 GG ist eine weitere ausdrückliche Entscheidung (Beschluss) erforderlich, wenn die Betreuungsbehörde die Wohnung betreten will. Abs 3 bezieht sich auf die Fälle des Abs 2, also die

---

13 MünchKomm FamFG/*Schmidt-Recla* § 326 Rz 1; Holzhauer/*Reinicke* § 70 g Rz 15.

14 LG Kassel BtPrax 1997, 38.

15 LG Offenburg FamRZ 1997, 899.

16 AA *Prütting/Helms/Roth* § 326 Rz 8, der einen Antrag des Betreuers oder der Behörde zur Gewaltanwendung verlangt.

17 OLG Düsseldorf FamRZ 1981, 601; Keidel/*Zimmermann* FGG § 33 Rz 42.

18 Vgl BayObLG FamRZ 1985, 737.

19 Vgl *Honnacker/Beinhofer*, Polizeiaufgabengesetz, 17. Aufl 1999, § 58 Anm 9.

Zuführung zur Unterbringung. Auch dieses Verfahren wird meist mit dem Verfahren der Gewaltanwendung verbunden. Der Beschluss kann zB lauten: „Die Betreuungsbehörde wird ermächtigt, bei der Zuführung zur Unterbringung Gewalt anzuwenden, insbesondere Türen gewaltsam zu öffnen, die Wohnung zu betreten und zu durchsuchen." Der Beschluss wird nach § 324 Abs 1, 2 FamFG wirksam. Er ist dem Betroffenen vorzuzeigen und zu überlassen.

Bei **Gefahr in Verzug** kann die Wohnung vom der Behörde und der Polizei auch ohne einen solchen ausdrücklichen Beschluss betreten werden (Abs 3 Satz 2). So ist es, wenn die gerichtliche Entscheidung nicht abgewartet werden kann, weil sonst (im Falle des § 1906 BGB) Gefahr für den Betroffenen entstünde; das ist eine Frage des Einzelfalls. Dabei kann es nicht zu Lasten des Bürgers gehen, wenn kein richterlicher Bereitschaftsdienst eingerichtet ist. Das BVerfG[20] hat es beanstandet, dass in einer Stadt der Größe Münchens am frühen Abend gegen 18 Uhr eine Wohnung allein auf Grund der Anordnung von Polizeibeamten ohne Gefahr im Verzug und ohne den Versuch, einen richterlichen Durchsuchungsbeschluss zu erwirken, durchsucht wird. 17

Inwieweit die Behörde dem Betreuer helfen darf/muss, wenn er die **Wohnung** des Betreuten **zu anderen Zwecken** betreten will (zB Ablesen des Gaszählers) und sich gewaltsam Zutritt verschaffen muss, ist streitig[21]. Der richtige Weg ist, dass der Gaslieferant mit Zivilprozess gegen den Gaskäufer vorgeht und dann nach der ZPO vollstreckt. Ähnlich ist es, wenn der Kaminkehrer nicht eingelassen wird (Vollstreckung nach VwVG)[22]. Eine „Zuführung zur Unterbringung" im Sinne von § 326 FamFG liegt in derartigen Fällen jedenfalls nicht vor. 18

6. **Rechtsmittel.** Die Gestattung der Gewaltanwendung und des Eindringens in die Wohnung ist ein wesentlicher Teil der Endentscheidung und daher mit **Beschwerde** anfechtbar, §§ 58 ff FamFG[23]; nach aA[24] gemäß §§ 35 Abs 5 FamFG, 567 ff ZPO, nach weiterer aA[25] gemäß §§ 35 Abs 5 FamFG, 567 ff ZPO; nach weiterer aA[26] soll es sich um nicht anfechtbare Nebenentscheidungen handeln. Ist aber Gewalt angewandt worden, also der Beschluss vollzogen, bleibt nur noch der Antrag auf Feststellung der Rechtswidrigkeit. Dasselbe gilt für die Gestattung, die Wohnung zu betreten und zu durchsuchen (vgl § 62 FamFG). 19

§ 327 Vollzugsangelegenheiten

(1) ¹Gegen eine Maßnahme zur Regelung einzelner Angelegenheiten im Vollzug der Unterbringung nach § 312 Nr. 3 kann der Betroffene eine Entscheidung des Gerichts beantragen. ²Mit dem Antrag kann auch die Verpflichtung zum Erlass einer abgelehnten oder unterlassenen Maßnahme begehrt werden.

(2) Der Antrag ist nur zulässig, wenn der Betroffene geltend macht, durch die Maßnahme, ihre Ablehnung oder Unterlassung in seinen Rechten verletzt zu sein.

---

20 BVerfG NJW 2007, 1444.
21 Bejahend LG Berlin BtPrax 1996, 116; aA *Walther* BtPrax 1997, 43.
22 AG Neuruppin FamRZ 2005, 2096.
23 *Keidel/Budde* § 326 Rz 5; *Prütting/Helms/Roth* § 326 Rz 8.
24 MünchKomm FamFG/*Schmidt-Recla* § 326 Rz 3.
25 MünchKomm FamFG/*Schmidt-Recla* § 326 Rz 3.
26 *Bassenge/Roth* § 326 Rz 5; *Bahrenfuss/Grotkopp* § 326 Rz 4.

(3) [1]Der Antrag hat keine aufschiebende Wirkung. [2]Das Gericht kann die aufschiebende Wirkung anordnen.

(4) Der Beschluss ist nicht anfechtbar.

Dem § 327 FamFG entspricht der frühere § 70 I FGG.

Übersicht

Rz

I. Gegenstand der Überprüfung, Abs 1

1 **1. Zweck der Vorschrift.** § 327 FamFG regelt den gerichtlichen Rechtsschutz im Vollzug. Abs 1 ist § 109 StrafvollzugsG und § 23 Abs 1 EGGVG sowie einschlägigen Vorschriften in den Landesunterbringungsgesetzen (zB Art 6 Abs 2 BayUnterbrG) nachgebildet. In der Struktur handelt es sich um einen den Zivilgerichten zugewiesenen Verwaltungsgerichtsprozess. Das Gericht hat nur eine Kontrollfunktion, es darf nicht in eigener Zuständigkeit Beschränkungen anordnen[1]. Verfahren nach § 327 sind sehr selten.

2 **2. Maßnahmen.** Gemeint sind Maßnahmen der Klinik. Der Begriff ist weiter als derjenige des Verwaltungsakts; er umfasst auch schlicht hoheitliches Handeln (zB Art der Essensausgabe) und rein tatsächliche Handlungen (zB Duzen des Untergebrachten)[2]. Die Maßnahme kann mündlich oder schriftlich erlassen werden. Der Antrag nach § 327 FamFG kann sich nicht nur gegen Maßnahmen des Anstaltsleiters richten; denn die Vorschrift enthält keine derartige Einschrän-

---

1 OLG Hamm NJW 2008, 2859.

2 *Bienwald/Sonnenfeld/Hoffmann* FGG § 70 l Rz 3.

kung. Gegen Maßnahmen nachgeordneter Bediensteter muss deshalb nicht zuerst die Entscheidung des Anstaltsleiters herbeigeführt werden. Auch spielt es keine Rolle, ob der Bedienstete nach der internen Zuständigkeitsverteilung zur Maßnahme befugt war. § 327 FamFG ist keine Rechtsgrundlage für Maßnahmen des Betreuungsgerichts, etwa Verbot des Schreibens von Briefen etc an Stalking-Opfer[3]; da müsste also ein Betreuer bestellt werden.

3. Regelung einzelner Angelegenheiten. Darunter versteht man eine rechtliche Gestaltung von Lebensverhältnissen mit rechtlicher Wirkung[4]. 3

Beispiele: Regelung von Besuchen; Paketempfang; Briefempfang; Regelungen bezüglich der Hygiene; Dauer der Beleuchtung der Räume; Zimmerkontrolle; Ablehnung der Heilbehandlung durch Anstaltsärzte; Zulassung eigener Radio- und Fernsehgeräte; Zulassung eines Handys; Nutzung des Internets; Art der Essensausgabe (zB Abendessen schon am Vormittag); unzulässige Auszahlung von Geld des Untergebrachten an dessen Gläubiger; Verweigerung der Einsicht in die Personalakte; Verwarnungen, die zu den Personalakten genommen werden (weil sie Einfluss auf Vollzugsaussetzungen haben können); Verlegung innerhalb der Anstalt; Ablehnung der Verlegung in eine andere Anstalt; Ablehnung von Urlaub. 4

Keine Regelungen sind: Meinungsäußerungen, Belehrungen[5], Ermahnungen, Ratschläge. Die allgemeine Kommunikation, das Gespräch als solches, ist keine Regelung. 5

4. Allgemeine Regelungen. Sie unterliegen als solche nicht der Überprüfung nach § 327 FamFG, wie aus dem Wortlaut der Vorschrift folgt. Darunter fallen zB allgemeine Verwaltungsanordnungen der Aufsichtsbehörden, ausgehändigte oder sonst bekannt gegebene Merkblätter, Hausordnungen der Anstalten. Die auf Grund dieser Hausordnungen oder allgemeinen Anordnungen der Aufsichtsbehörden usw ergehenden Einzelfall-Maßnahmen des Anstaltsleiters und seiner Bediensteten können aber nach § 327 FamFG angegriffen werden. 6

5. Regelung im Vollzug der Unterbringung. Nach § 327 FamFG anfechtbar sind nur Maßnahmen in Vollzug der Unterbringung. Es kommt also darauf an, ob die Maßnahme sich aus den Rechtsbeziehungen zwischen der Anstalt und dem Untergebrachten auf Grund des Unterbringungsrechts und der Landesunterbringungsgesetze ergibt[6]. Wenn Gläubiger des Untergebrachten in das in der Anstalt befindliche bewegliche Vermögen des Untergebrachten vollstrecken und die Anstalt trotz ihres Mitgewahrsams herausgabebereit ist (§ 809 ZPO), dann ist gegen die Vollstreckung der Rechtsweg nach der ZPO gegeben, gegen die Herausgabe der Weg nach § 327 FamFG. Maßnahmen in Ausführung einer gerichtlichen Entscheidung sind ebenfalls nicht nach dieser Vorschrift anfechtbar; hier muss die gerichtliche Entscheidung mit Beschwerde angegriffen werden. 7

Die **Abgrenzung** ist nicht immer eindeutig; so ist im Strafvollzug streitig, ob die Entnahme von Geld aus den Beständen des Gefangenen (zB für Gläubiger; für Telefonate) zum Strafvollzug zählt[7]. Die Aufrechnung eines Anspruchs auf Arbeitsentgelt mit einem Schadensersatzanspruch wird man zum Unterbringungsvollzug rechnen müssen, weil die Zahlung von Arbeitsentgelt im Unterbringungsrecht geregelt ist[8]. 8

3 OLG Hamm NJW 2008, 2859.
4 Vgl Callies/*Müller-Dietz* StVollzG, § 109 Rz 7; Volckart/*Schmidt* StVollzG, § 109 Rz 11.
5 Holzhauer/*Reinicke* § 70 l Rz 9.
6 Zur entsprechenden Lage im Strafvollzug vgl Calliess/*Müller-Dietz* StVollzG, § 109 Rz 5; Volckart/*Schmidt* StVollzG, § 109 Rz 8. Maßnahmen auf Grund anderer Rechtsgrundlagen scheiden also aus.
7 Vgl Calliess/*Müller-Dietz* StVollzG, § 109 Rz 6; Volckart/*Schmidt* StVollzG, § 109 Rz 15 a.
8 ZB BayUnterbrG Art 20 Abs 3.

9 **6. Öffentlich-rechtliche Unterbringung.** Nur Maßnahmen im Vollzug der öffentlich-rechtlichen Unterbringung können nach § 327 FamFG angegriffen werden. Für Maßnahmen im Vollzug der zivilrechtlichen Unterbringung ist dagegen eine Anfechtung nicht vorgesehen[9], weil dafür der jeweilige gesetzliche Vertreter verantwortlich ist. Der Betroffene kann hier Weisungen des Betreuungsgerichts an den Betreuer verlangen (§ 1837 BGB), notfalls dessen Entlassung beantragen.

10 **7. Konkurrenz.** Der Untergebrachte hat neben dem Antrag nach § 327 FamFG uU die Möglichkeit der Dienstaufsichtsbeschwerde, Strafanzeige, Privatklage, zivilrechtlichen Unterlassungs- und sonstigen Klagen. Eine dem § 24 Abs 2 EGGVG entsprechende Subsidiaritätsregelung fehlt. Im Einzelfall kann für den Antrag nach § 327 FamFG das Rechtsschutzbedürfnis fehlen, wenn gegen Maßnahmen nachgeordneter Bediensteter die Dienstaufsichtsbeschwerde ersichtlich zu dem vom Untergebrachten angestrebten Ziel geführt hätte.

II. Voraussetzungen, Abs 2

11 **1. Antrag.** Formvorschriften für den Antrag bestehen nicht (vgl § 23 FamFG). Es genügt daher einfache Schriftform; der Inhalt der Erklärung und die Person, die sie abgibt, muss hinreichend zuverlässig aus dem Schriftstück entnommen werden können. Eine handschriftliche **Unterzeichnung** ist nicht erforderlich, vgl § 23 Abs 1 Satz 4 FamFG [10]. Insoweit muss lediglich ausreichend klar sein, dass es sich nicht nur um einen Entwurf handelt, der versehentlich in den Postauslauf gelangt ist; das kann ggf durch Rückfrage geklärt werden (Amtsermittlungsgrundsatz, § 26 FamFG).

12 Hinsichtlich der Zulässigkeit **fernmündlicher Anträge** enthält § 327 FamFG keine Regelung. Es ist deshalb auf die allgemeinen Verfahrensgrundsätze zurückzugreifen. Dort gilt der Schriftlichkeitsgrundsatz nicht, auch formfreie Erklärungen sind beachtlich, wie § 23 FamFG zeigt. Der telefonische Antrag ist daher (im Rahmen von Abs 2) wirksam; geht ein solcher telefonischer Antrag ein, hat das Betreuungsgericht darüber einen Aktenvermerk zu machen[11]. Ist der Untergebrachte Antragsteller, spielt es keine Rolle, ob er geschäftsunfähig ist (§ 316 FamFG). Anwaltszwang besteht nicht. Eine Frist ist nicht einzuhalten.

13 **2. Antragsberechtigte.** Antragsberechtigt ist nach Abs 1 der Betroffene. Das ist der Untergebrachte. Auch ein Außenstehender kann Betroffener und also antragsberechtigt sein[12]. Dafür spricht, dass es im Gesetzestext nicht „der Untergebrachte" heißt; außerdem gebietet der Schutz des Untergebrachten eine solche Auslegung, wenn er in seinen Rechten (im Sinne von § 58 FamFG) beeinträchtigt ist: zB ist antragsberechtigt ein Besucher, wenn ihm die Besuchserlaubnis versagt wird; der Anwalt des Untergebrachten aus eigenem Recht, wenn der Schriftwechsel des Untergebrachten mit ihm überwacht wird; der Absender von Paketen an den Untergebrachten; Besuchskommissionen gegenüber Maßnahmen, die von der Anstaltsleitung ihr gegenüber getroffen werden und sie in ihren Rechten verletzen. Die Anstaltsleitung selbst kann nicht Antragsteller bezüglich früherer Maßnahmen sein.

---

9 BT-Drucks 11/4528 S. 187.

10 BVerfGE 15, 291.

11 Vgl Keidel/*Kahl* FGG § 11 Rz 31.

12 Ebenso *Prütting/Helms/Roth* § 327 Rz 9; *Schulte-Bunert/Weinreich/Dodegge* § 327 Rz 8; Keidel/*Kayser* § 70 l Rz 3; Saage/Göppinger/*Volckart* (1994) § 70 l Rz 15; aA *Bienwald/Sonnenfeld/Hoffmann* FGG § 70 l Rz 12; Holzhauer/*Reinicke* § 70 l Rz 6; Bassenge/*Roth* § 327 Rz 6: nur der Untergebrachte. Zweifelnd MünchKomm FamFG/*Schmidt-Recla* § 327 Rz 6.

3. Antragsgegner. Die Anstalt oder die Behörde ist formell und materiell Beteiligte. Gegen sie bzw ihren Träger ist der Antrag zu richten. Der Begriff des „Vollzugs" wird im Landesunterbringungsrecht missverständlich gebraucht; die Auswahl der Krankenanstalt und Einlieferung des Betroffenen fallen sicher darunter, dafür ist also die Behörde zuständig. Wird zB der Antrag, in eine andere Krankenanstalt verlegt zu werden, abgelehnt, ist somit die Behörde Gegner. Innerhalb der Einrichtung/Anstalt dagegen obliegt dieser die Ausführung; der Leiter der Einrichtung (und nicht die Kreisverwaltungsbehörde) gewährt bzw versagt den Urlaub (zB Art 22 BayUnterbrG; § 22 ThürPsychKG), ordnet Zwangsbehandlung an, serviert das Essen usw. Die Behörde hat kein Weisungsrecht gegenüber der Einrichtung in diesen Fragen; weshalb sollte sie als *Gegner* (uU auch kostenmäßig, § 81 FamFG) für etwas einstehen müssen, was sie nicht zu vertreten hat, wie etwa wenn das Mittagessen häufig ausfällt? In diesen Fällen ist also die Krankenanstalt bzw deren Träger Gegner[13]. 14

4. Zulässigkeit des Antrags. Abs 2 entspricht § 24 Abs 2 EGGVG, § 109 Abs 2 StVollzG und lehnt sich an § 58 Abs 1 FamFG und § 42 Abs 2 VwGO an. Dadurch soll eine „Popularklage" ausgeschlossen werden. Es soll sich nicht jemand in fremde Belange einmischen dürfen. Auch sollen unsinnige Eingaben schon über die Unzulässigkeit ausgefiltert werden können, ohne dass es auf eine Sachverhaltsermittlung und Begründetheitsprüfung noch ankäme. Andererseits dürfen die Zulässigkeitsanforderungen wegen der Situation des Untergebrachten, der seiner Freiheit beraubt ist und sich in einer speziellen psychischen Lage befindet, nicht überspannt werden. 15

Der Antrag ist nur zulässig, wenn sich aus ihm zweierlei entnehmen lässt: 16

a) **Rechtsverletzung.** Die (zumindest konkludente) **Behauptung, in seinen Rechten verletzt zu sein.** Gemeint ist eine (mögliche) Beeinträchtigung eigener Rechte, also Vortrag eines Sachverhalts, der, wenn er gegeben wäre, eine Rechtsverletzung als möglich erscheinen lässt, jedenfalls nicht als völlig abwegig und gänzlich ausgeschlossen. Die Beeinträchtigung von ideellen, rechtlichen, wirtschaftlichen und berechtigten Interessen allein genügt nicht. Die Abgrenzung dieser Begriffe ist im Einzelfall oft schwierig. Im Rahmen von § 58 FamFG wird von einem Teil der Rechtsprechung[14] der Begriff des Rechts dadurch erweitert, dass auch zwingende Verfahrensvorschriften als Rechte in diesem Sinne aufgefasst werden. Dieser Auffassung wird man für § 327 Abs 2 FamFG nicht folgen können; wer sich materiell nicht beeinträchtigt fühlt, hat kein Rechtschutzbedürfnis dafür, dass die Einhaltung von Verfahrensvorschriften in einem gerichtlichen Verfahren nachgeprüft wird[15]. Die Frage, ob das Recht tatsächlich verletzt ist, gehört dagegen zur Begründetheit des Antrags und ist erst dort zu prüfen. 17

b) **Sachvortrag.** Ein hinreichend konkreter Sachvortrag und die Erkennbarkeit des Ziels des Antrags. Dass eine Maßnahme (zB Zwangsbehandlung) **schon vollzogen** ist, ist unschädlich, wenn ein Feststellungsinteresse noch besteht[16]. 18

---

13 *Prütting/Helms/Roth* § 327 Rz 10; MünchKomm FamFG/*Schmidt-Recla* § 327 Rz 7; nach *Bassenge/Roth* § 327 Rz 3 soll in einem solchen Fall der Leiter (!) der Untereinbringungseinrichtung Gegner sein; aA *Bienwald/Sonnenfeld/Hoffmann* § 70 l Rz 10; Holzhauer/*Reinicke* § 70 l Rz 6: die Behörde.

14 ZB BayObLG MDR 1985, 151; OLG Hamm OLGZ 1977, 422.

15 BGH MDR 1961, 309.

16 Keidel/*Budde* § 327 Rz 3; Saage/Göppinger/*Volckart* (1994) § 70 l Rz 5.

III. Aufschiebende Wirkung, Abs 3

19 **1. Satz 1.** Der Antrag nach § 327 FamFG selbst hat **keine aufschiebende Wirkung,** hemmt also den Vollzug der Maßnahme nicht (Satz 1). Die Regelung entspricht § 114 Abs 1 StVollzG. Die Anstalt kann aber selbst den Vollzug aussetzen, sobald sie Kenntnis von einem Antrag nach § 327 FamFG erhalten hat.

20 **2. Satz 2.** Das (für die Hauptentscheidung zuständige) Betreuungsgericht kann, sobald der Antrag eingegangen ist, anordnen, dass die **Vollziehung der angefochtenen Maßnahme auszusetzen** ist (Satz 2). Diese Regelung entspricht § 114 Abs 2 StVollzG. Die Anordnung kommt in Betracht, wenn eine Maßnahme nicht mehr rückgängig gemacht werden könnte und das Interesse am sofortigen Vollzug nicht höher zu bewerten ist; in Frage kommen zB Disziplinarmaßnahmen[17]. Diese Anordnung setzt ihrerseits keinen Antrag voraus; sie erfolgt durch Beschluss, enthält keine Kostenentscheidung; eine Begründung ist nicht vorgeschrieben; sie ist nicht anfechtbar (vgl Abs 4). Sie steht im pflichtgemäßen Ermessen des Gerichts. Auch eine Teilaussetzung ist möglich. Das Gericht kann seine Anordnung jederzeit ändern.

21 **3. Einstweilige Anordnungen** sind in § 327 FamFG nicht vorgesehen. Unterlässt also die Anstalt eine Maßnahme, kann sie nicht nach § 327 durch eine Eilentscheidung vorläufig angeordnet werden. Daneben besteht aber die Möglichkeit einer einstweiligen Anordnung nach §§ 49 ff FamFG[18].

IV. Verfahren, Entscheidung

22 **1. Verfahren.** Es handelt sich um ein Verfahren der freiwilligen Gerichtsbarkeit. Beteiligt sind der Antragsteller und die Anstalt; ferner die Behörde, wenn die Maßnahme ihren Verantwortungsbereich betrifft. Für die Tatsachenfeststellung gilt § 26 FamFG. Eine mündliche Verhandlung über den Antrag ist nicht vorgeschrieben (wird aber oft zweckmäßig sein). Die Entscheidung ist zu begründen (§ 38 FamFG); eine Rechtsmittelbelehrung entfällt. Da sie nicht anfechtbar ist, wird sie formlos mitgeteilt, nicht zugestellt.

23 **2. Inhalt der Entscheidung (Abs 1 Satz 2). – a) Zuständigkeit.** Sachlich zuständig ist das Betreuungsgericht, § 312 Nr 3 FamFG. Die örtliche Zuständigkeit ist nicht speziell geregelt[19]; es ist deshalb auf die allgemeine Regelung in § 313 Abs 3 FamFG zurückzugreifen. Das Gericht, in dessen Bezirk das Bedürfnis „für die Unterbringung" hervortritt, ist sinngemäß das Gericht, in dessen Bezirk die Anstalt liegt[20], in der der Betroffene untergebracht ist. Die Zuständigkeit wird also neu bestimmt[21], hängt nicht an der Zuständigkeit für die seinerzeitig Unterbringung. Funktionell zuständig ist der Richter.

24 **b) Entscheidung.** Hier kann man sich an § 28 EGGVG orientieren. In Frage kommt:
- die Aufhebung oder Bestätigung einer getroffenen Vollzugsmaßnahme (Abs 1 Satz 1);

---

17 Keidel/*Kayser* § 70 l Rz 4.
18 Keidel/*Budde* § 327 Rz 5; *Bassenge/Roth* § 331 Rz 1.
19 MünchKomm FamFG/*Schmidt-Recla* § 327 Rz 8.
20 Ebenso Keidel/*Budde* § 327 Rz 5; *Knittel* FGG § 70 l Rz 15; Holzhauer/*Reinicke* § 70 l Rz 5.
21 AA HK-BUR-*Hoffmann* FGG § 70 l Rz 19; Keidel/*Kayser* § 70 l Rz 5: Gericht, das über die Anordnung entschieden hatte.

- die Verpflichtung der Vollzugsanstalt zur Vornahme der begehrten Maßnahme nach Abs 1 Satz 2, 1. Alt; hier ist die Ablehnung einer Maßnahme Voraussetzung, also ein vorheriger Antrag an die Anstaltsleitung;
- die Verpflichtung der Vollzugsanstalt zur Vornahme der begehrten Maßnahme nach Abs 1 Satz 2, 2. Alt; hier wird die Untätigkeit der Anstalt angegriffen;
- die Feststellung der Rechtswidrigkeit einer schon vollzogenen Maßnahme („auch" in Abs 1 Satz 2); vgl § 62 FamFG.

c) **Kosten.** Bezüglich der Gerichtskosten gilt die KostO. Die Kosten des Untergebrachten (zB seine Anwaltskosten) können nach § 81 FamFG der Anstalt bzw Behörde auferlegt werden, weil sie am Verfahren formell beteiligt ist. § 337 FamFG ist dagegen nicht einschlägig[22], weil es dort nur um den ursprünglichen Unterbringungsantrag geht, nicht um spätere Vollzugsmaßnahmen. 25

V. Rechtsmittel, Abs 4

Nach Abs 4 ist die Entscheidung des Gerichts unanfechtbar[23]; damit ist der Rechtsschutz gegenüber dem früheren Landesrecht eingeschränkt worden (das BayUnterbrG sah zB in Art 15 Abs 2 eine Rechtsbeschwerde zum damaligen BayObLG vor). Die gerichtliche Überprüfung in einer Instanz erschien dem Gesetzgeber ausreichend und angemessen[24]. Das Grundgesetz verlangt keinen Instanzenzug[25]. Die bloße Verletzung des Grundsatzes des rechtlichen Gehörs macht ein unstatthaftes Rechtsmittel noch nicht statthaft[26]. 26

Bei schweren Verfahrensverstößen und darauf beruhenden Fehlentscheidungen sollte man auch bei Abs 4 ein Rechtsmittel bejahen. Das war früher unter der Fallgruppe „außerordentliche Beschwerde", „greifbare Gesetzwidrigkeit" von Beschlüssen[27] anerkannt, wird aber nun vom BGH[28] abgelehnt; jetzt ist diese Fallgruppe teilweise in § 44 FamFG geregelt. Andere[29] schlagen eine Klage nach der VwGO vor. Notfalls kann Verfassungsbeschwerde eingelegt werden. 27

§ 328 Aussetzung des Vollzugs

(1) [1]Das Gericht kann die Vollziehung einer Unterbringung nach § 312 Nr. 3 aussetzen. [2]Die Aussetzung kann mit Auflagen versehen werden. [3]Die Aussetzung soll sechs Monate nicht überschreiten; sie kann bis zu einem Jahr verlängert werden.

(2) Das Gericht kann die Aussetzung widerrufen, wenn der Betroffene eine Auflage nicht erfüllt oder sein Zustand dies erfordert.

Dem § 328 FamFG entspricht der frühere § 70k FGG.

22 AA *Schulte-Bunert/Weinreich/Dodegge* § 327 Rz 12.
23 Vgl BayObLG v 29.10.1992 BtE 1992/93 § 70 l Nr 1.
24 BT-Drucks 11/4528 S. 187.
25 BVerfGE 11, 233; 54, 291; 65, 90.
26 BVerfG 60, 96; BGH NJW-RR 1986, 1263.
27 BGH NJW-RR 1997, 1155; *Lotz* NJW 1996, 2130.
28 BGH FamRZ 2007, 1315; NJW-RR 2008, 737.
29 MünchKomm FamFG/*Schmidt-Recla* § 327 Rz 16.

I. Aussetzung der Vollziehung, Abs 1

1 **1. Anwendungsbereich.** § 328 FamFG betrifft nur die **öffentlich-rechtliche Unterbringung.** Eine entsprechende Regelung für **zivilrechtliche Unterbringungen** wurde nicht getroffen, weil diese Unterbringungen nicht durch das Gericht oder eine Behörde vollzogen werden, sondern vom gesetzlichen Vertreter (Betreuer, Eltern, Vormund und Pfleger) oder vom Bevollmächtigten durchgeführt werden. Der Betreuer bzw Bevollmächtigte kann also selbst die zivilrechtliche Unterbringung des Betreuten aussetzen; stellt sich die Aussetzung als Beendigung dar, hat er § 1906 Abs 3 Satz 2 BGB zu beachten. Der Betreuer (bzw Bevollmächtigte) kann eine probeweise Entlassung des untergebrachten Betreuten nur in engen Grenzen vornehmen[1]. Sie kann zur Wirkungslosigkeit der gerichtlichen Unterbringungsgenehmigung führen; für die zeitliche Grenze (zB bei Verlegung von der geschlossenen in die offene Station) gibt es keine gesetzliche Regelung[2].

2 Auf eine **Beurlaubung** durch den Betreuer ist § 328 FamFG nicht analog anwendbar[3].

3 Ferner regelt § 328 FamFG nur die Aussetzung der Vollziehung einer bereits angeordneten Maßnahme, nicht eine **Aussetzung des Unterbringungsverfahrens** selbst. Eine solche Aussetzung ist nicht möglich[4], trotz § 21 FamFG. Ergibt sich nach Durchführung des Verfahrens, dass die Voraussetzungen vorliegen, ist die Maßnahme anzuordnen; lässt sich die Unterbringungsnotwendigkeit nicht eindeutig feststellen, ist nicht auszusetzen, sondern die Maßnahme abzulehnen[5]. § 328 FamFG soll einen flexiblen Vollzug sicherstellen.

4 **2. Voraussetzungen.** Das Betreuungsgericht (Richter) kann die probeweise Entlassung anordnen, wenn sich der Zustand des Betroffenen gebessert hat und durch Auflagen eine Gefährdung der öffentlichen Sicherheit oder Ordnung so weit gemindert werden kann, dass eine Unterbringung nicht mehr erforderlich erscheint. Es ist aber nicht zulässig, die Unterbringungsentscheidung für sofort wirksam zu erklären und *gleichzeitig* die Vollziehung auszusetzen; das ist ein Widerspruch in sich[6].

5 Als **Auflage** kommt zB die Weisung in Betracht, sich einer ärztlichen Behandlung zu unterziehen, in bestimmten Abständen regelmäßig einen Psychiater aufzusuchen, bestimmte Medikamente regelmäßig einzunehmen und dies vom Gesundheitsamt kontrollieren zu lassen, sich beaufsichtigen zu lassen, bestimmte Umgebungen und Personen zu meiden sowie bestimmte Hilfen in Anspruch zu nehmen. Mit der Überwachung der Einhaltung der Auflagen kann das Gericht die zuständige Behörde (zB das Ordnungsamt) oder das Gesundheitsamt beauftragen, die Überwachung aber auch selbst übernehmen.

6 Obwohl es in Abs 1 „kann" heißt, besteht **kein Ermessen** des Gerichts: liegen die Voraussetzungen vor, ist auszusetzen.

7 **Einstweilige Anordnungen** sind nach §§ 49 ff FamFG zulässig[7].

---

1 Im einzelnen umstritten, vgl Keidel/*Kayser* FGG § 70 g Rz 14.

2 OLG Hamm Rpfleger 2000, 14 hielt 6 Wochen für zu lang; Folge: Erlöschen der Unterbringungsgenehmigung.

3 OLG Hamm Rpfleger 2000, 14.

4 BT-Drucks 11/4528 S. 186; *Bassenge/Roth* § 328 Rz 1; Holzhauer/*Reinicke* § 70k Rz 4.

5 Keidel/*Kayser* § 70k Rz 3; BT-Drucks 11/4528 S. 186.

6 Vgl OLG Frankfurt BtPrax 1992, 70; Keidel/*Budde* § 327 Rz 2; MünchKomm FamFG/*Schmidt-Recla* § 328 Rz 7; aA Saage/Göppinger/*Volckart* (1994) § 70k Rz 2; § 70k Rz 2; *Jansen/Sonnenfeld* § 70k Rz 2.

7 *Bassenge/Roth* § 331 Rz 1.

II. Widerruf der Aussetzung, Abs 2

1. **Widerrufsvoraussetzungen** sind: 8
- Nichterfüllung der Auflagen, ganz oder teilweise; wegen des Zwecks der öffentlich-rechtlichen Unterbringung kommt es nicht darauf an, ob der Betroffene schuldhaft gegen die Auflagen verstoßen hat. Und:
- Verschlechterung des Gesundheitszustandes des Betroffenen; der bloße Ungehorsam gestattet also keinen Widerruf, der jetzige Zustand muss die neuerliche Unterbringung erfordern[8].

Ferner ist zu prüfen, ob durch eine Änderung der Auflagen oder zusätzliche Gewährung von Hilfen von einem Widerruf abgesehen werden kann. 9

2. **Rückfall.** Im Gesetz ist der Fall, dass der Betroffene während der Zeit der probeweisen Entlassung wieder die öffentliche Sicherheit oder Ordnung gefährdet, nicht ausdrücklich als Widerrufsgrund genannt. Dies fällt unter die Alternative „wenn ... sein Zustand dies erfordert“. 10

III. Verfahren, Abs 3

1. **Zuständigkeit.** Die örtliche Zuständigkeit des Betreuungsgerichts ergibt sich aus § 312 Nr 3 FamFG. Funktionell ist der Richter zuständig. 11

2. **Antrag.** Ein Antrag ist nach § 328 FamFG nicht notwendig. Anträge haben die Bedeutung von Anregungen, von Amts wegen ein Prüfungsverfahren einzuleiten. 12

3. **Anhörungen.** Sowohl vor der Aussetzung wie vor dem Widerruf der Aussetzung sind die Beteiligten (§ 315 FamFG) zu hören. Die Anhörung des Betroffenen und die Einholung eines Sachverständigengutachtens ist dagegen nicht zwingend vorgeschrieben; ob sie erforderlich sind, richtet sich daher nach § 26 FamFG. 13

4. **Entscheidung.** Das Gericht entscheidet durch Beschluss (§ 38 Abs 1 und 2 FamFG), in der Regel ohne Kostenentscheidung (vgl § 81 FamFG), mit Begründung (§ 38 Abs 3 FamFG) und Rechtsmittelbelehrung (§ 39 FamFG). Der Widerruf ist den Beteiligten bekannt zu geben, der Behörde (zB dem Ordnungsamt) auf jeden Fall (§ 325 Abs 2 Satz 2 FamFG). 14

5. **Rechtsmittel.** Die Anordnung probeweiser Entlassung steht der Ablehnung einer Unterbringungsmaßnahme gleich, der Widerruf der Aussetzung dem Treffen einer Unterbringungsmaßnahme; gegen beide Beschlüsse ist daher die befristete Beschwerde zum LG (§§ 58 ff FamFG) statthaft[9], die Rechtsbeschwerde zum BGH nur bei Zulassung (§ 70 FamFG). Das Gericht kann aber in beiden Fällen die sofortige Wirksamkeit anordnen (§ 324 Abs 2 FamFG). 15

---

8 BayObLG FamRZ 1995, 1001; Keidel/*Budde* § 327 Rz 3.

9 Bassenge/*Roth* § 327 Rz 10; *Schulte-Bunert/Weinreich/Dodegge* § 328 Rz 10; MünchKomm FamFG/*Schmidt-Recla* § 328 Rz 7; *Bienwald/Sonnenfeld/Hoffmann* FGG § 70k Rz 12; Keidel/*Kayser* § 70k Rz 5. Unrichtig *Bumiller/Harders* § 328 Rz 2, wonach wegen § 21 Abs 2 FamFG die sofortige Beschwerde nach §§ 567 ff ZPO gegeben sei; denn es geht nicht um eine Aussetzung des Unterbringungsverfahrens.

IV. Urlaub

16 Die Beurlaubung des Betroffenen ist von der Aussetzung des Vollzugs zu unterscheiden. Die Voraussetzungen der Beurlaubung eines **öffentlich-rechtlich Untergebrachten** sind im jeweiligen Landesrecht (UnterbrG bzw PsychKG) geregelt, zB in Art 22 BayUnterbrG: Urlaub bis zu zwei Wochen durch den Anstaltsleiter, § 11 BadWürttUBG: Urlaub bis zu vier Wochen, § 39 Hamburger PsychKG: Urlaub bis zu 10 Tagen durch den Arzt, § 29 NRW-PsychKG: Urlaub bis zu 10 Tagen. Soweit das Landesrecht (zB § 22 ThürPsychKG aF) eine Beurlaubung durch den Anstaltsleiter *ohne zeitliche Höchstgrenze* gestattet, liegt in Wirklichkeit eine Aussetzung des Vollzugs vor, die dem Gericht vorbehalten ist; solche landesrechtliche Bestimmungen dürften wegen Verstoßes gegen § 328 FamFG (Bundesrecht) unwirksam sein[10].

17 Für eine Beurlaubung von **zivilrechtlich untergebrachten Betreuten** gibt es keine ausdrückliche Regelung.

§ 329 Dauer und Verlängerung der Unterbringung

(1) Die Unterbringung endet spätestens mit Ablauf eines Jahres, bei offensichtlich langer Unterbringungsbedürftigkeit spätestens mit Ablauf von zwei Jahren, wenn sie nicht vorher verlängert wird.

(2) [1]Für die Verlängerung der Genehmigung oder Anordnung einer Unterbringungsmaßnahme gelten die Vorschriften für die erstmalige Anordnung oder Genehmigung entsprechend. [2]Bei Unterbringungen mit einer Gesamtdauer von mehr als vier Jahren soll das Gericht keinen Sachverständigen bestellen, der den Betroffenen bisher behandelt oder begutachtet hat oder in der Einrichtung tätig ist, in der der Betroffene untergebracht ist.

Die Regelung entspricht den früheren §§ 70f Abs 1 Nr 3, 70i Abs 2 FGG.

1 **1. Befristung, Abs 1.** § 329 Abs 1 meint mit „Unterbringung“ Unterbringungsmaßnahmen. Der Tenor des Beschlusses, der die Unterbringung anordnet bzw genehmigt, enthält nach § 323 Nr 2 FamFG den Satz: „Die Unterbringungsmaßnahme endet am …, wenn sie nicht vorher verlängert wird“. Dies sollte so in den Tenor aufgenommen werden, damit beim Betroffenen keine falschen Hoffnungen erweckt werden. Der Zeitpunkt darf höchstens ein Jahr ab dem Wirksamwerden (§ 324 FamFG) liegen, also nicht nach Bekanntgabe, Rechtskraft oder Beginn des Vollzugs. § 70f Abs 1 Nr 3 FGG stellte für den Beginn noch auf den „Erlass“ (§ 38 Abs 3 Satz 3 FamFG) ab, was bei Anordnung der sofortige Wirksamkeit aus dasselbe hinaus läuft. Die Fristberechnung erfolgt nach § 16 FamFG. Die Höchstfrist gilt auch für Länder, in deren Landesrecht am 1.1.1992 noch kürzere Höchstfristen angeordnet waren[1]. Um Fristberechnungsprobleme beim Betreuer, Klinik und Geschäftsstelle auszuscheiden, sollte ein bestimmter Kalendertag angegeben werden (nicht zB: „sechs Monate nach Bekanntgabe“, sondern am …). Dauert die Unterbringungsbedürftigkeit „offensichtlich lange“, kann ein Überprüfungszeitraum von zwei Jahren gewählt werden. Wird die Maßnahme nicht vor Fristablauf verlängert, endet sie automatisch; eine Aufhebung erübrigt sich.

---

10 Vgl *Zimmermann*, ThürPsychKG § 22 Rz 8 (die ab 1.1.2009 geltende Neufassung enthält eine Begrenzung auf 14 Tage); *Zimmermann* FamRZ 1994, 677 und ThürVwBl 1994, 131. Nach Saage/*Göppinger* (1994) S. 336 sollen landesrechtliche Obergrenzen gegen Art 2 GG verstoßen.

1 LG Berlin BtPrax 1992, 71.

2. Länge der Frist. 2. Sie hängt vom Einzelfall ab. Einesteils darf sie nicht zu kurz sein, weil sonst der Zweck der Unterbringung nicht erreicht wird. Andererseits muss sie so gewählt werden, dass die Unterbringung beendet werden kann, bevor sie unzulässig geworden ist. Bei einer öffentlich-rechtlichen Unterbringung ist zu beachten, dass sie oft nur der Bewältigung einer kurzen Krise dient sowie zur Gefahrenabwehr, nicht der Zwangsheilung[2]. Die angemessene Länge ergibt sich aus dem Gutachten des Sachverständigen[3]. Die Wahl der Höchstdauer muss besonders begründet werden[4]. Der Antragsteller muss keine bestimmte Frist beantragen. Stellt er einen entsprechenden Antrag, ist das Gericht daran nicht gebunden, kann also eine längere Frist als beantragt wählen[5]. 2

Fehlt im Beschluss **die Frist**, ist er fehlerhaft, aber nicht nichtig[6]. Das Gericht kann den Beschluss ergänzen[7], zB auf Anregung der antragstellenden Behörde; für die Fristberechnung ist aber dann ab dem Erlass des ursprünglichen Beschlusses zu rechnen. Wird die Ergänzung unterlassen, ist anzunehmen, dass das Gericht die im Regelfall längste Frist, also die Jahresfrist, aussprechen wollte[8]. 3

II. Verlängerung von Unterbringungsmaßnahmen, Abs 2

1. Satz 1. Es erschien dem Gesetzgeber notwendig, eine Regelung über die Anordnung der Fortdauer der Maßnahme zu treffen; die Vorschrift soll verhindern, dass die nachfolgenden erneuten Maßnahmen zur gerichtlichen Routine werden[9]. Satz 1 entspricht § 295 Abs 1 Satz 1 FamFG. Für erneute Unterbringungsmaßnahmen gelten die §§ 312 ff FamFG, weil dort nicht zwischen erstmaliger und (zweiter) erneuter Maßnahme unterschieden wird. Die **örtliche Zuständigkeit** ist neu zu bestimmen[10]; es ist also nicht zwingend dasjenige Betreuungsgericht örtlich zuständig, das seinerzeit die erste Unterbringung anordnete. Für Verlängerungen vor Ablauf der in Abs 1 genannten Frist ist somit das Verfahren mit allen Anhörungen, Begutachtungen, Äußerungen, Bekanntmachungen zu wiederholen. Aus der Einschränkung, dass die Vorschriften nur „entsprechend“ gelten, ergeben sich mE keine Einschränkungen. Bei der öffentlich-rechtlichen Unterbringung ist somit ein Antrag der Behörde notwendig, bei der zivilrechtlichen Unterbringung dagegen nicht. Verlängert werden kann auch durch einstweilige Anordnung. 4

2. Vierjahresfrist, Satz 2. Abs 2 Satz 2 soll die Rechtsposition des Betroffenen stärken. Dem eventuellen Verdacht des Betroffenen, die Maßnahmen gegen ihn beruhten auf Voreingenommenheit des Gutachters, soll entgegengetreten werden. Bei längerfristig Untergebrachten wird deshalb ein **Gutachterwechsel** empfohlen und ferner bestimmt, dass ein anstaltsunabhängiger Gutachter herangezogen werden soll. Wird trotzdem der frühere Gutachter herangezogen, müssen dafür „besondere Gründe“ vorliegen[11], was in der Entscheidung darzulegen ist. In solchen Fällen liegt meines Erachtens in der Regel ein Verstoß 5

2 LG Berlin BtPrax 1992, 71.
3 OLG München FGPrax 2007, 43.
4 OLG Schleswig FGPrax 2006, 138; BayObLG FamRZ 1995, 695.
5 BayObLG FamRZ 1994, 1416.
6 *Prütting/Helms/Roth* § 329 Rz 5; Saage/*Göppinger* FEVG § 9 Rz 3.
7 Keidel/*Budde* § 329 Rz 1; Keidel/*Kayser* § 70 f Rz 6; abweichend *Bienwald/Sonnenfeld/Hoffmann* § 70 f Rz 11.
8 MünchKomm-*Schwab* § 1906 BGB Rz 87.
9 BT-Drucks 11/4528 S. 186
10 *Bassenge/Roth* § 329 Rz 4; aA Keidel/*Budde* § 329 Rz 5 wegen § 2 Abs 2 FamFG; *Prütting/Helms/Roth* § 329 Rz 9; LG Tübingen FamRZ 1995, 485 zu § 70 i FGG.
11 BayObLG FamRZ 2005, 750.

gegen § 26 FamFG vor; denn weshalb sonst will das Gericht keine zweite Meinung hören und sich an einen bestimmten Gutachter klammern? In die Vierjahresfrist brauchen frühere Unterbringungszeiten nicht eingerechnet zu werden, wenn der Betroffene sich in der Zwischenzeit in Freiheit befunden hat[12]. Unklar ist, wie die Gesamtdauer von mehr als vier Jahren zu berechnen ist; gemeint ist wohl die Zeit vom Beginn der bestehenden Unterbringung bis zum Erlass der letzten tatrichterlichen Entscheidung (LG)[13].

6 Bezüglich der Qualifikation des Gutachters gilt § 321 FamFG. Dass der neue Sachverständige Einsicht in das Gutachten des früheren Sachverständigen nimmt, ist nicht unzulässig. Ein Verstoß gegen Abs 2 Satz 2 kann § 26 FamFG verletzen. Eine Ablehnung des Sachverständigen durch den Betroffenen (§ 6 FamFG) setzt einen Ablehnungsgrund voraus. Unschädlich ist, dass der Sachverständige den Betroffenen viele Jahre vor Beginn der nunmehrigen Unterbringung behandelt hat[14].

7 § 329 Abs 2 Satz 2 gilt nicht für **unterbringungsähnliche Maßnahmen** im Sinne von § 1906 Abs 4 BGB[15]; gleichwohl sollte nicht immer wieder derselbe Arzt eingeschaltet werden.

8 **3. Ausnahme:** Von der Regelung soll nur abgewichen werden, wenn zB andere als nach Abs 2 Satz 2 ausgeschlossene Ärzte für Psychiatrie nicht oder nur schwer erreichbar sind[16].

§ 330 Aufhebung der Unterbringung

[1]Die Genehmigung oder Anordnung der Unterbringungsmaßnahme ist aufzuheben, wenn ihre Voraussetzungen wegfallen. [2]Vor der Aufhebung einer Unterbringungsmaßnahme nach § 312 Nr. 3 soll das Gericht die zuständige Behörde anhören, es sei denn, dass dies zu einer nicht nur geringen Verzögerung des Verfahrens führen würde.

Dem § 330 FamFG entspricht der frühere § 70i Abs 1 FGG.

1 **1. Satz 1.** Die zivilrechtliche Unterbringung durch den Betreuer nach § 1906 BGB wird „genehmigt"; die öffentlich-rechtliche Unterbringung wird „angeordnet". Unterbringungsmaßnahmen (auch solche durch einstweilige Anordnung) sind in beiden Fällen (ganz oder teilweise) von Amts wegen aufzuheben, wenn die materiellen Voraussetzungen dafür nicht mehr vorliegen; diese ergeben sich entweder aus § 1896 BGB oder aus dem jeweiligen PsychKG/UnterbrG. Die Genehmigung kann auch gegen den Willen des Betreuers aufgehoben werden (seine Verpflichtung, Unterbringungen zu beenden, folgt aus § 1906 Abs 3 BGB). Umgekehrt kann der Betreuer die zivilrechtliche Unterbringung beenden (§ 1906 Abs 3 BGB), auch gegen den Willen des Richters. In einem solchen Fall käme allenfalls eine Weisung des Richters an den Betreuer (§ 1837 Abs 2 BGB) in Frage, in Extremfällen eine Entlassung des Betreuers wegen mangelnder Eignung; jedoch könnte ein widerspenstiger Betreuer nicht als „verhindert" im Sinne von § 1846 BGB angesehen werden.

---

12 BayObLG v 31.1.1994 BtE 1994/5 § 70i.

13 AA *Prütting/Helms/Roth* § 329 Rz 11: Berechnung ab Wirksamkeit.

14 BayObLG FamRZ 1994, 320.

15 Holzhauer/*Reinicke* § 70 Rz 13; *Bienwald/Sonnenfeld/Hoffmann* FGG § 70i Rz 19; Keidel/*Kayser* § 70i Rz 9.

16 BT-Drucks 11/4528 S. 186.

Eine Aufhebung kommt also nicht nur anlässlich der Überprüfung, ob eine Verlängerung erforderlich ist, in Betracht, sondern jederzeit. § 54 Abs 1 und 4 FamFG ist insoweit nachrangig, da § 330 FamFG, eine Spezialvorschrift ist. Insofern beinhaltet Abs 1 Satz 1 eine Pflicht für das Gericht, das Verfahren stets im Auge zu behalten, dh eine Art Verfahrensbeobachtungspflicht[1]. Satz 1 entspricht inhaltlich § 1631 b Satz 3 BGB. Besteht ein Überprüfungsanlass, ist nach § 26 FamFG von Amts wegen zu ermitteln, ob die Unterbringungsvoraussetzungen noch vorliegen. Eine Aufhebung hat zur Folge, dass sich eine Beschwerde gegen die seinerzeitige Unterbringung in der Hauptsache erledigt[2]; zu den Folgen (Unzulässigkeit der Beschwerde? Kosten? Feststellung der Rechtswidrigkeit?) vgl § 335 Rz 60. 2

Die Einholung eines **Sachverständigengutachtens** ist vor Aufhebung nicht zwingend vorgeschrieben (Umkehrschluss aus § 321 Abs 1 FamFG), wenngleich sie die Regel sein wird. 3

Anhörungen vor der Aufhebung sind nicht zwingend vorgeschrieben; dies folgt aus Satz 2 (Umkehrschluss) und der Gesetzesgeschichte[3]. Die Beteiligten ergeben sich aus § 315 FamFG. 4

Bei eindeutiger Sachlage ist das Gericht somit zur Aufhebung verpflichtet, ohne ein Gutachten einholen oder andere Verfahrenshandlungen, die zu einer Verzögerung führen könnten, vornehmen zu müssen[4]; insbesondere sind nach dem Gesetzestext die Anhörung des Betroffenen und weiterer Personen und Stellen nicht vorgeschrieben. 5

Die **örtliche Zuständigkeit** des Betreuungsgerichts ergibt sich aus § 313 FamFG. Eine Unterbringungssache in diesem Sinne ist auch die Aufhebung; das folgt jedenfalls aus der Gesetzesgeschichte[5]. Das zunächst mit der Sache befasste Betreuungsgericht ist auch dann zuständig, wenn (ohne dass eine Abgabe vorliegt) der Betreute inzwischen in einer Klinik außerhalb des Bezirks untergebracht ist[6]; das folgt aus der Zuständigkeitsreihenfolge in § 313 FamFG und gilt daher nur für die zivilrechtliche Unterbringung. Die Abgabemöglichkeiten im Anordnungsverfahren gelten sinngemäß auch für das Aufhebungsverfahren. 6

Funktionell ist der **Richter** zuständig. Die Aufhebung erfolgt durch **Beschluss** (Formalien § 38 Abs 1, 2 FamFG); eine Begründung ist notwendig (§ 38 Abs 3 FamFG), desgleichen eine Rechtsmittelbelehrung (§ 39 FamFG). Bekanntgabe: § 41 FamFG. Eine Anordnung von Kostenerstattung nach § 337 FamFG kann in Betracht kommen, desgleichen eine Kostenentscheidung nach § 81 FamFG. **Wirksam** wird die Aufhebung mit der Bekanntgabe an den Betroffenen[7], dh den Untergebrachten, § 40 Abs 1 FamFG. 7

Eine Aufhebung durch **einstweilige Anordnung** (§ 331, 332 FamFG) ist nicht vorgesehen, wie der Wortlaut der §§ 330, 331 zeigt; dafür besteht auch kein Bedürfnis, weil das Gericht die Genehmigung bzw Anordnung jederzeit ohne ärztliches Attest oder Anhörung des Betroffene aufheben kann. 8

1 *Prütting/Helms/Roth* § 330 Rz 2.
2 OLG Karlsruhe FamRZ 1995, 488; BayObLG FamRZ 1994, 320.
3 BT-Drucks 11/4528 S. 220; BT-Drucks 11/6949 S. 38.
4 BT-Drucks 11/4528 S. 186.
5 Vgl BT-Drucks 11/4528 S. 220; BT-Drucks 11/6949 S. 38, 85.
6 LG Tübingen FamRZ 1995, 485; *Prütting/Helms/Roth* § 330 Rz 3.
7 MünchKomm FamFG/*Schmidt-Recla* § 330 Rz 7.

9 **Benachrichtigung.** Die Personen und Stellen, die von der Unterbringung benachrichtigt wurden, sind auch von der Aufhebung zu informieren; desgleichen der Leiter der Unterbringungseinrichtung (§ 338 Satz 2 FamFG). Die Aufhebung einer öffentlich-rechtlichen Unterbringung ist der zuständigen (Ordnungs-) Behörde stets bekannt zu geben, damit sie die Einlegung von Rechtsmitteln prüfen kann. Das stand früher ausdrücklich in § 70i Abs 1 Satz 3 FGG. Jetzt folgt es daraus, dass die öffentlich-rechtliche Unterbringung immer einen Antrag der Behörde voraussetzt, die Behörde also nach § 7 Abs 1 FamFG immer Beteiligte ist und nach § 41 Abs 1 FamFG den Beteiligten der Beschluss bekannt zu geben ist. Insofern bezieht sich § 315 Abs 3 FamFG nur auf die Unterbringung durch den Betreuer. Die Benachrichtigung von Personen, die vom Betroffenen bedroht wurden und also nach der Entlassung einer Gefahr ausgesetzt sein könnten, ist nicht vorgeschrieben; vgl dazu § 338 FamFG.

10 Der Aufhebungsbeschluss ist mit **Beschwerde** anfechtbar, § 58 ff FamFG. Vgl dazu § 335 FamFG.

11 **2. Anhörung der Behörde, Satz 2.** Die Regelung betrifft nur **öffentlich-rechtliche Unterbringungen**[8]. Aus Gründen der öffentlichen Sicherheit und Ordnung ist es vor Aufhebung einer sicherheitsrechtlichen Unterbringung in der Regel geboten, die (Ordnungs-) Behörde zu hören, damit sie eventuelle Bedenken vorbringen und etwa notwendige Maßnahmen treffen kann[9]; deshalb bestimmt Satz 2, dass vor Aufhebung einer öffentlich-rechtlichen Unterbringung das Gericht der zuständigen Behörde Gelegenheit zur Äußerung gegeben werden soll; ob auch anderen Personen und Stellen Gelegenheit zur Äußerung zu geben ist, richtet sich nach § 26 FamFG.

12 Die Möglichkeit, von einer Anhörung der Behörde abzusehen, ist nach dem Wortlaut nicht als Ermessen des Gerichts ausgestaltet; nur bei Verzögerung muss somit das Gericht von der Anhörung absehen. Fälle, in denen eine solche Verzögerung vorliegen würde, sind wegen der Möglichkeit telefonischer Kommunikation nur am Wochenende und bei aufeinanderfolgenden Feiertagen denkbar. Als nur geringe (und daher unbeachtliche) Verzögerung wird man eine Zeitspanne von einigen Stunden auffassen können.

§ 331 Einstweilige Anordnung

Das Gericht kann durch einstweilige Anordnung eine vorläufige Unterbringungsmaßnahme anordnen oder genehmigen, wenn
1. **dringende Gründe für die Annahme bestehen, dass die Voraussetzungen für die Genehmigung oder Anordnung einer Unterbringungsmaßnahme gegeben sind und ein dringendes Bedürfnis für ein sofortiges Tätigwerden besteht,**
2. **ein ärztliches Zeugnis über den Zustand des Betroffenen vorliegt,**
3. **im Fall des § 317 ein Verfahrenspfleger bestellt und angehört worden ist und**
4. **der Betroffene persönlich angehört worden ist.**

Eine Anhörung des Betroffenen im Wege der Rechtshilfe ist abweichend von § 319 Abs. 4 zulässig.

Die Regelung entspricht dem früheren § 70h FGG.

---

8 Für analoge Anwendungen auf zivilrechtliche Maßnahmen *Bienwald/Sonnenfeld/Hoffmann* § 70 l Rz 12.

9 BT-Drucks 11/4528 S. 220.

Übersicht

I. Erlass einer einstweiligen Anordnung

1. Sinn der Vorschrift, Anwendungsbereich. Die öffentlich-rechtliche Unterbringung nach dem PsychKG bzw UnterbrG wird „angeordnet“, die zivilrechtliche Unterbringung durch den Betreuer bzw Bevollmächtigten (§ 1906 BGB) wird „genehmigt“. Der Erlass einer endgültigen gerichtlichen Unterbringungsentscheidung dauert längere Zeit. Die Gefahrenabwehr verlangt aber oft ein schnelles Eingreifen, zB wenn schnell ein Bettgitter genehmigt werden muss (§ 1906 Abs 4 BGB); wenn der Betroffene verwirrt im Wald aufgefunden wird, weil er die Orientierung verloren hat; wenn der Betroffene versuchte, sich selbst zu töten; wenn sich ein Betroffener bislang freiwillig in einer Anstalt aufhalt und nun seine Entlassung begehrt, also zurückgehalten werden soll; oder wenn der Betreuer die Genehmigung beantragt hat und dann den Betroffenen selbst unterbringt, weil mit dem Aufschub Gefahr verbunden wäre (§ 1906 Abs 2 Satz 2 BGB). 1

§ 331 spricht von der Genehmigung bzw Anordnung einer Unterbringungsmaßnahme; das erfasst auch **Verlängerungen** (§ 329 Abs 2 FamFG), etwa wenn sich erst kurz vor Ablauf der Geltungsdauer zeigt, dass wider Erwarten doch eine Verlängerung notwendig ist und für die Erstellung eines Gutachtens die Zeit nicht mehr ausreicht. § 331 erfasst aber nicht die Aufhebung von Genehmigungen/Anordnungen nach § 330 FamFG[1]. 2

---

1 *Bassenge/Roth* § 331 Rz 2.

3 **2. Möglichkeiten für Eilentscheidungen:**

- Vorläufige Unterbringungsmaßnahme durch eine einstweilige Anordnung, § 331 FamFG.
- Vorläufige Unterbringungsmaßnahme durch eine eilige einstweilige Anordnung, § 332 FamFG. Das ist der Hauptfall.
- Entscheidung des Betreuungsrichters nach § 1846 BGB; § 334 FamFG.
- Behördliche und polizeiliche Befugnisse nach LandesPsychKG, LandesunterbrG, Landespolizeirecht.
- Daneben sind einstweilige Anordnungen nach §§ 49 ff FamFG zulässig, etwa in den Fällen §§ 327, 328 FamFG[2].

4 **3. Voraussetzungen der gewöhnlichen einstweiligen Anordnung. – a) Dringende Gründe** für die Annahme, dass eine endgültige Unterbringungsmaßnahme getroffen werden wird (Nr 1). Es muss eine erhebliche Wahrscheinlichkeit dafür bestehen, dass die endgültige Unterbringung genehmigt/angeordnet wird, dh dass die **Voraussetzungen** des § 1906 BGB bzw des PsychKG/UnterbrG des jeweiligen Bundeslandes vorliegen.

- Bei der zivilrechtlichen Unterbringung muss also schon ein Betreuer mit dem Aufgabenkreis „Unterbringung" bestellt sein[3], zumindest muss durch einstweilige Anordnung nach §§ 300, 301 FamFG ein vorläufiger Betreuer mit diesem Aufgabenkreis bestellt werden; der Betreuer muss ferner die Genehmigung der Unterbringung „beantragt" haben oder gleichzeitig beantragen (§ 1906 Abs 2 BGB). Ferner müssen die materiellrechtlichen Voraussetzungen des § 1906 BGB mit erheblicher Wahrscheinlichkeit vorliegen. Zivilrechtliche Unterbringungen erfolgen allerdings von Amts wegen, nicht auf Antrag; aber wenn ein Betreuer bzw Bevollmächtigter die Unterbringung ohnehin nicht vollziehen wollen, erübrigt sich eine Genehmigung.
- Bei der öffentlich-rechtlichen Unterbringung muss die Behörde einen Unterbringungsantrag gestellt haben oder gleichzeitig stellen; dort ist ein Antrag unabdingbar. Ferner müssen die materiellrechtlichen Voraussetzungen des jeweiligen PsychKG bzw UnterbrG mit erheblicher Wahrscheinlichkeit vorliegen.

5 b) **Dringendes Bedürfnis für ein sofortiges Tätigwerden** (Nr 1). Mit dem Aufschub muss Gefahr verbunden sein (so die frühere, bessere Formulierung), man muss also nicht bis zur endgültigen Entscheidung oder bis zu weiteren Ermittlungen warten können. Nicht jede Gefahr genügt. Die Gefahr muss für wichtige Rechtsgüter bestehen, zB bei der zivilrechtlichen Unterbringung für die Gesundheit des Betroffenen, bei der öffentlich-rechtlichen Unterbringung (auch) für Dritte. Sie muss sich mit Wahrscheinlichkeit realisieren, wenn bis zur endgültigen Entscheidung gewartet wird.

6 Im Fall BVerfG FamRZ 1998, 895 begab sich der in nervenärztlicher Behandlung befindliche Betroffene in eine HNO-Klinik, weil er sich einbildete, ihm seien vor 32 Jahren Wanzen in die Ohren eingepflanzt worden; er begehrte die Entfernung. Das Gericht genehmigte durch einstweilige Anordnung die vorläufige Unterbringung – zu Unrecht. Es bestand keine aktuelle Gefahr irgendeiner Schädigung.

7 c) **Ärztliches Zeugnis** über den Zustand des Betroffenen (Nr 2). Zwar ist kein Gutachten vorgeschrieben; auch ist nach dem Gesetzestext nicht erforderlich, dass ein Arzt den Betroffenen persönlich untersucht bzw befragt hat; desgleichen sind keine Zusatzqualifikationen für den Zeugnisaussteller bestimmt, er muss also nicht Psychiatrieerfahrungen haben (wie bei § 321 Abs 1 FamFG). Aus § 26 FamFG folgt aber, dass in Hinblick auf den Eingriff in das Freiheitsgrundrecht

---

2 *Bassenge/Roth* § 331 Rz 1.

3 Vgl LG Hamburg BtPrax 1992, 111.

des Betroffenen in der Regel nur ein Zeugnis zur Überzeugungsbildung des Gerichts genügen wird, das nachprüfbar und gutachtensähnlich den Zustand des Betroffenen beschreibt, die Notwendigkeit[4] der Unterbringung näher begründet und auf einer persönlichen Untersuchung beruht[5]. In der Praxis kommen häufig unbrauchbare ärztliche Zeugnisse vor („behandlungsbedürftige Psychose"); es ist nicht erkennbar, was dem Betroffenen genau vorgeworfen wird. Bei Unterbringung aus gesundheitlichen Gründen wird das ärztliche Zeugnis von einem Facharzt für Psychiatrie oder Neurologie stammen müssen[6], zumindest von einem auf diesen Gebieten erfahrenen Arzt. Jedenfalls genügen Atteste von Orthopäden[7], Augenärzten, Hautärzten und dergleichen nicht. Der behandelnde Arzt kann das Zeugnis ausstellen, es muss nicht zwingend von einem anderen Arzt herrühren[8].

Dem Betreuer bzw Bevollmächtigten kann das Gericht nicht aufgeben, ein solches Zeugnis zu beschaffen und vorzulegen; denn es ist Sache des Gerichts, im Verfahren von Amts wegen selbst die Grundlagen zu beschaffen (§ 26 FamFG). Andererseits kann ein solches Zeugnis, das der „Antragsteller" vorlegt, genügen, weil § 331 FamFG kein Gutachten in der Strengbeweisform des § 30 FamFG verlangt. 8

Bei der öffentlich-rechtlichen Unterbringung ist in einzelnen Landesrechten vorgeschrieben, welchen Inhalt das ärztliche Zeugnis haben muss, das dem Antrag beizufügen ist. 9

Auch der Aussteller eines ärztlichen Zeugnisses kann wegen Befangenheit entsprechend § 406 ZPO **abgelehnt** werden, denn es tritt an die Stelle eines Gutachtens und muss dieselben Inhalte haben, allerdings weniger ausführlich[9]. 10

d) Bestellung eines Verfahrenspflegers. Dann, wenn für die endgültige Entscheidung ein Pfleger zu bestellen wäre (das richtet sich nach § 317 FamFG), ist er auch vor der einstweiligen Anordnung zu bestellen. Eine *persönliche* Anhörung des Verfahrenspflegers durch den Richter ist nicht erforderlich[10]. Doch muss ihm Gelegenheit zur Stellungnahme gegeben werden. Die Bestellung und Anhörung des Verfahrenspflegers entfällt im Falle des § 332 FamFG. 11

e) Persönliche Anhörung des Betroffenen durch den Richter. Sie kann auch durch den Rechtshilferichter erfolgen (§ 331 Satz 2 FamFG)[11]. Ist sie unterblieben, ist sie unverzüglich nachzuholen. Vgl § 332 FamFG. 12

f) Verhältnismäßigkeit. Die Freiheit der Person darf nur aus einem besonders gewichtigen Grund angetastet werden (Art 2 Abs 2 Satz 2 GG)[12]. Der Grundsatz der Verhältnismäßigkeit muss daher gewahrt sein. Bei bloßer Selbstschädigung muss dem Kranken ansonsten eine gewichtige gesundheitliche Schädigung drohen[13]. 13

4 Vgl *Bienwald* FamRZ 1988, 906; *Rink* RuP 1991, 160.
5 *Bassenge/Roth* § 331 Rz 5; *Prütting/Helms/Roth* § 331 Rz 10; aA Holzhauer/*Reinicke* § 70 h Rz 7: Persönliche Untersuchung nicht zwingend erforderlich.
6 OLG Zweibrücken FGPrax 2006, 235; MünchKomm FamFG/*Schmidt-Recla* § 31 Rz 7; Keidel/*Kayser* § 70 h Rz 10; Holzhauer/*Reinicke* § 70 h Rz 6.
7 OLG Zweibrücken BtPrax 2003, 80.
8 Vgl LG Tübingen FamRZ 1996, 1344.
9 AA KG BtPrax 2009, 186: keine Ablehnung, nur bei der Beweiswürdigung zu prüfen.
10 Anders die frühere Regelung (§ 70 h FGG), die auf einem Redaktionsversehen beruhte.
11 BayObLG Rpfleger 1998, 244.
12 BVerfGE 45, 187, 223.
13 BVerfG FamRZ 1998, 895.

14 g) **Beteiligung Dritter.** Unter Geltung von § 70 d FGG war den dort genannten Personen und Stellen (Ehegatte; Eltern; Kinder; Betreuer; Vertrauensperson; Anstaltsleiter; zuständige Behörde) Gelegenheit zur Äußerung zu geben, „sofern nicht Gefahr im Verzug ist". Das ist im FamFG gestrichen worden. Jetzt *kann* das Gericht die nächsten Angehörigen beteiligten (§ 315 Abs 4 FamFG), muss aber nicht. Wenn die im familiären Lebensbereich des Betroffenen wohnenden oder sonst leicht erreichbaren Personen nicht beteiligt werden, wird das in der Regel ein Ermessensmissbrauch sein.

15 h) **Ermessen des Gerichts?** Die Vorschrift sagt „kann". Damit kommt aber kein Ermessen zum Ausdruck, es wird nur die Rechtsmacht des Gerichts beschrieben. Wenn die Voraussetzungen vorliegen, *muss* das Gericht die Anordnung erlassen.

16 i) **Erforderliche Sachverhaltsaufklärung.** Die Voraussetzungen der einstweiligen Anordnungen (zB der Sachverhalt, die ärztliche Begutachtung, die Gefahr) müssen nicht voll erwiesen sein, es genügt Glaubhaftmachung[14]. Der Sachverhalt muss vor Erlass der Anordnung zwar nicht erschöpfend aufgeklärt werden[15], wegen des Eingriffs in ein Freiheitsrecht aber gleichwohl ausreichend erfolgen[16].

17 j) **Antrag.** Die einstweilige Anordnung ist (anders als unter Geltung des FGG) vom Hauptsacheverfahren unabhängig (§ 51 Abs 3 Satz 1 FamFG). Eine einstweilige Anordnung wird nur erlassen, wenn ein entsprechendes Hauptsacheverfahren nur auf Antrag eingeleitet werden kann (§ 51 Abs 1 Satz 2 FamFG). Das Hauptsacheverfahren einer zivilrechtlichen Unterbringung (§ 1906 BGB) setzt keinen „Antrag" des Betreuers bzw Bevollmächtigten voraus; ein Antrag auf Erlass der einstweiligen Anordnung ist daher nicht notwendig; die Eilmaßnahme kann von Amts wegen erlassen werden[17]. Bei der öffentlich-rechtlichen Unterbringung dagegen kommt es auf das jeweilige Landesrecht an: in einzelnen Landesrechten ist kein Antrag Voraussetzung[18], in anderen Landesrechten schon.

18 **4. Verhältnis der einstweiligen Anordnung zur Hauptsache. – a) Allgemeines.** Das Verfahren der einstweiligen Anordnung ist ein *selbstständiges* Verfahren, auch wenn eine Hauptsache anhängig ist (§ 51 Abs 3 Satz 1 FamFG). Unter Geltung des FGG dagegen konnte eine einstweilige Anordnung nicht isoliert ergehen, ein gleichzeitig eingeleitetes Hauptsacheverfahren war als „Träger" unabdingbar. Das FamFG beseitigt die bisherige Abhängigkeit. Das hat zur Folge, dass nicht auf jede einstweilige Anordnung ein diesbezügliches Hauptsacheverfahren folgen muss (vgl § 52 FamFG); für die einstweilige Anordnung fallen gegebenenfalls gesonderte gerichtliche Auslagen an (§ 128 b KostO); gesonderte Aktenzeichen und gesonderte Aktenführung sind erforderlich (anders die AktO).

19 b) **Nochmalige Verwertung der Verfahrenshandlungen.** Ist ein einstweiliges Anordnungsverfahren vorangegangen und wurden hierbei „Verfahrenshandlungen" (wie Anhörung des Betroffenen, Anhörung der sonstigen Beteiligten, Zeugenvernehmung, Begutachtung) vorgenommen, kann das Gericht im späteren (oder gleichzeitigen) Hauptsacheverfahren von der nochmaligen Durch-

---

14 BayObLG v 4.10.1995 BtE 1994/5 § 70 h.
15 Vgl Keidel/*Kayser* § 70 h Rz 10.
16 BVerfG FamRZ 1998, 895.
17 Keidel/*Budde* § 331 Rz 1; BT-Drucks 11/4528 S. 185 zur früheren Rechtslage; aA *Prütting/Helms/Roth* § 331 Rz 9 (Antrag notwendig).
18 OLG Frankfurt NJW 1992, 1395; LG Frankfurt NJW 1992, 986, jeweils zum HessFEG.

führung absehen, wenn von einer erneuten Vornahme keine zusätzlichen Erkenntnisse zu erwarten sind (§ 51 Abs 3 Satz 2 FamFG).

c) **Einleitung des Hauptsacheverfahrens.** Nach **§ 52 Abs 1 FamFG** hat das Gericht nach Erlass einer einstweiligen Anordnung *auf Antrag eines Beteiligten* (zB des Betroffenen!) das Hauptsacheverfahren einzuleiten. Ein solcher Antrag hat insofern Sinn, als die einstweilige Anordnung auf der (möglicherweise) dünnen Basis eines ärztliches Zeugnisses ergangen ist (was § 331 Satz 1 Nr 2 FamFG erlaubt) und der Antragsteller durch den Antrag erzwingen kann, dass ein Gutachten (§ 321 FamFG) in einem förmlichen Beweisverfahren erstellt wird und dass seine nächsten Angehörigen beteiligt werden (§ 315 Abs 4 FamFG). 20

Das Gericht könnte theoretisch eine Sperrfrist von maximal drei Monaten bestimmen, innerhalb der ein solcher Antrag unzulässig ist (§ 52 Abs 1 Satz 2, 3 FamFG); das passt aber nicht für die Unterbringung, wie § 330 Satz 1 FamFG zeigt, und ist deshalb nicht zulässig. Die Gesetzesbegründung[19] sagt dazu lediglich: „Ist das Gericht bei Erlass der einstweiligen Anordnung bereits zur Einleitung des Hauptsacheverfahrens entschlossen, unterbleibt die Fristsetzung". Es gibt also folgende Möglichkeiten: 21

aa) Erlass der einstweiligen Anordnung für maximal sechs Wochen und Verlängerung bis zu drei Monaten. Zeigt sich, dass die Unterbringung nicht mehr erforderlich ist, bestand sie somit drei Monate lang, ohne dass jemals ein Gutachten im Sinne von § 321 FamFG über den Betroffenen erstellt wurde. 22

bb) Das Gericht gewinnt schon bei Erlass der einstweiligen Anordnung die Auffassung, dass wohl eine länger als drei Monate dauernde Unterbringung erforderlich sein könnte; dann wird parallel zum einstweiligen Anordnungsverfahren schon jetzt von Amts wegen ein Hauptsacheverfahren eingeleitet. 23

cc) Leitet das Gericht selbst kein Hauptsacheverfahren ein, können der Betroffene oder sein Verfahrenspfleger oder sonstige Beteiligte (§ 315 FamFG) durch einen Antrag nach § 52 Abs 1 FamFG die Einleitung eines Hauptsacheverfahrens mit Gutachten und eventuell Angehörigenbeteiligung erzwingen. 24

d) **Außerkrafttreten der einstweiligen Anordnung.** Sie tritt entweder mit Zeitablauf außer Kraft (vgl § 329 FamFG) oder mit vorzeitiger Aufhebung durch das Gericht oder bei Wirksamwerden einer anderweitigen Regelung (§ 56 Abs 1 Satz 1 FamFG), also mit Anordnung oder Ablehnung einer „endgültigen" Unterbringung. 25

II. Weitere Verfahrensfragen

1. **Zuständigkeit.** Zuständig für die einstweilige Anordnung ist bei zivilrechtlicher Unterbringung das allgemein dafür zuständige Betreuungsgericht (§ 313 Abs 1 FamFG), aber daneben auch das Gericht, in dessen Bezirk „das Bedürfnis der Fürsorge hervortritt" (§ 313 Abs 2 FamFG). Bei öffentlich-rechtlicher Unterbringung ist ausschließlich das Fürsorgegericht zuständig (§ 313 Abs 3 FamFG). 26

19 BT-Drucks 16/6308 S. 201.

27 **2. Inhalt der Entscheidung.** Funktionell zuständig ist der Richter. Die Entscheidung ergeht (im Rahmen des anhängigen Hauptverfahrens) durch Beschluss (§ 38 FamFG); er enthält:
- die Bezeichnung des Betroffenen;
- die Bezeichnung der Beteiligten;
- die nähere Bezeichnung der Unterbringungsmaßnahme (vgl § 323 Nr 1 FamFG);
- die maximale Dauer der Unterbringung (§ 333 FamFG);
- Anordnung der sofortigen Wirksamkeit (§ 324 Abs 2 FamFG);
- ggf. Gestattung, Gewalt gegen den Betroffenen anzuwenden (§ 326 Abs 2 FamFG);
- Gestattung des Wohnungsbetretens (§ 326 Abs 3 FamFG);
- die Entscheidung ist zu **begründen** (vgl § 38 Abs 3 FamFG); in der Praxis wird oft nur der Gesetzestext abgeschrieben, es fehlt jeglicher konkrete Bezug zur Person und zum Verhalten des Betroffenen; das genügt nicht. Das Verhalten, aus dem sich eine Eigengefährdung oder Fremdgefährdung ergeben ist, ist vielmehr genau zu beschreiben. Aus welchem Anlass wurde der Betroffene ins Klinikum eingeliefert und woraus ergibt sich die mangelnde Behandlungseinsicht[20]? Bestreitet der Betroffene bei einer Anhörung bestimmte Vorfälle, ist eine Beweiswürdigung notwendig[21];
- Rechtsmittelbelehrung (vgl § 39 FamFG);
- eine Kostenentscheidung enthält der anordnende Beschluss in der Regel nicht[22], vgl § 128 b KostO. Wegen der Selbständigkeit der einstweiligen Anordnung wäre aber eine Kostenentscheidung denkbar. § 81 FamFG ist einschlägig. Bei Aufhebung der einstweiligen Anordnung kommt eine Entscheidung nach § 337 FamFG in Betracht[23].

28 Eine **Rechtsmittelbelehrung** ist erforderlich (§ 39 FamFG); dazu gehört nach Auffassung der Gesetzesbegründung[24] auch der **Hinweis auf das Antragsrecht** nach § 52 Abs 1 FamFG, obwohl dies kein „Rechtsmittel“ ist.

29 **3. Bekanntgabe der Entscheidung.** Für die Bekanntgabe der positiven Entscheidung gelten dieselben Vorschriften wie bei der endgültigen Unterbringungsentscheidung, nämlich § 41 FamFG. Die einstweilige Anordnung ist somit dem Betroffenen, seinem Verfahrensbevollmächtigten, dem Verfahrenspfleger und den weiteren Beteiligten (§ 315 FamFG) bekannt zu geben, ferner wegen § 339 FamFG mindestens einem Angehörigen. Form der Bekanntmachung: § 41 Abs 1 Satz 2 FamFG, dh gegenüber den beschwerdeberechtigten Personen durch Zustellung.

30 Bei **Ablehnung einer einstweiligen Anordnung** entfällt die Benachrichtigung nach § 339 FamFG.

31 **4. Wirksamkeit der Entscheidung.** Sie tritt nach § 40 Abs 1 FamFG mit Bekanntgabe an den Betroffenen (Untergebrachten, Unterzubringenden) ein. Wenn das Gericht die sofortige Wirksamkeit angeordnet hat, wird die einstweilige Anordnung nach einer der in § 324 Abs 2 FamFG genannten Modalitäten wirksam.

32 **5. Ende der Wirksamkeit.** Die Wirksamkeit der einstweiligen Anordnung endet mit Ablauf ihrer Dauer (das wird aber aus dem FamFG nicht klar, weil eine dem

20 BayObLG NJW-RR 2001, 654.
21 Keidel/*Budde* § 331 Rz 2.
22 OLG Hamm FamRZ 1995, 1595; aA OLG Schleswig FamRZ 1994, 781 (zum FGG).
23 Vgl OLG Frankfurt FamRZ 1996, 558.
24 BT-Drucks 16/6308 S. 442; zweifelnd *Bassenge/Roth/Gottwald* § 52 Rz 3.

§ 329 FamFG entsprechenden Bestimmung fehlt) sowie mit dem Beginn der Wirksamkeit der endgültigen Unterbringungsentscheidung (§ 56 Abs 1 Satz 1 FamFG)[25].

33 **6. Abänderung der einstweiligen Anordnung.** Die einstweilige Anordnung kann auf Beschwerde vom Betreuungsgericht geändert werden (§ 68 Abs 1 FamFG). Auch ohne Beschwerde kann sie nach § 330 Satz 1 FamFG, der speziell gegenüber § 54 Abs 1 und 4 FamFG ist, jederzeit aufgehoben werden. Bei Abgabe oder Verweisung geht diese Kompetenz auf das neue Gericht über (§ 54 Abs 3 Satz 2 FamFG).

34 **7. Anfechtung. – a) Befristete Beschwerde.** Entscheidungen, durch die im Wege der einstweiligen Anordnung eine vorläufige Unterbringungsmaßnahme getroffen oder abgelehnt wird, sind mit Beschwerde anfechtbar, §§ 58 ff FamFG. Beschwerdegericht ist das LG, nicht das OLG (§§ 72, 119 GVG). Die Frist beträgt bei Erlass der einstweiligen Anordnung zwei Wochen (§ 63 Abs 2 Nr 1 FamFG), bei Ablehnung ein Monat (§ 63 Abs 1 FamFG)[26]. Keine Rechtsbeschwerde gegen den Beschwerdebeschluss des LG (§ 70 Abs 4 FamFG). Die Beschwerde gegen die Anordnung einer vorläufigen Unterbringung wird (in vollem Umfang) allerdings unzulässig, wenn die Dauer der vorläufigen Unterbringung abgelaufen ist und die vor diesem Zeitpunkt eingelegte Beschwerde nicht auf die Kosten beschränkt wird[27] (über die Möglichkeit der Kostenbeschränkung wird das Beschwerdegericht den Beschwerdeführer belehren müssen); das Verfahren über die einstweilige Anordnung ist in der Hauptsache erledigt[28]; vgl dazu § 62 FamFG und wegen der Kosten § 337 FamFG. Eine **Sprungrechtsbeschwerde** zum BGH (§ 75 FamFG) ist nicht statthaft, weil nach § 75 Abs 4 FamFG keine Rechtsbeschwerde in Verfahren über einstweilige Anordnungen stattfindet. Auch die **Unterbringung eines Kindes** durch einstweilige Anordnung ist anfechtbar (§ 167 Abs 1 Satz1 FamFG[29]); § 57 Satz1 FamFG ist insoweit mißverständlich.

35 **b) Aufschiebende Wirkung.** Da die Entscheidung erst mit Rechtskraft wirksam wird (§ 324 Abs 1 FamFG) und die eingelegte Beschwerde die Rechtskraft hemmt, hat die Beschwerde aufschiebende Wirkung. Diese Wirkung entfällt allerdings, wenn das Betreuungsgericht, wie fast immer, die sofortige Wirksamkeit angeordnet hat. Das Betreuungsgericht kann der Beschwerde abhelfen (§ 68 Abs 1 FamFG), zumindest in der Form, dass die Anordnung der sofortigen Wirksamkeit aufgehoben wird, so dass die aufschiebende Wirkung wieder hergestellt wird. Das Beschwerdegericht kann ebenfalls die Vollziehung der angefochtenen Entscheidung aussetzen, § 64 Abs 3 FamFG.

36 **c) Beschwerdeberechtigte.** Beschwerdeberechtigt ist der Betroffene, auch wenn er geschäftsunfähig ist, §§ 59 Abs 1, 316 FamFG; für Kinder vgl § 60 FamFG. Der Verfahrenspfleger ist wegen §§ 315 Abs 2, 335 Abs 2 FamFG beschwerdeberechtigt. Der Betreuer dagegen ist gegen eine Genehmigung der Unterbringung nicht beschwerdeberechtigt, weil er nicht in *seinen* Rechten verletzt ist; er muss nämlich von der Genehmigung keinen Gebrauch machen. Gegen die Ablehnung einer beantragten Genehmigung ist er beschwerdeberechtigt, ebenso der Bevollmächtigte (§ 335 Abs 3 FamFG). Den Angehörigen will das FamFG Rechtsmittel verweigern; wenn sie in erster Instanz nicht beteiligt wurden, was wohl

25 KG FamRZ 1993, 84.
26 *Bassenge/Roth* § 331 Rz 13.
27 BayObLG FamRZ 1993, 720; 1995, 488; KG FamRZ 1993, 84.
28 KG FamRZ 1993, 84.
29 OLG Celle B v 12.3.2010 – 19 UF 49/10; *Götz* NJW 2010, 897; aA OLG Koblenz NJW 2010, 880.

der Regelfall ist, steht ihnen kein Beschwerderecht zu (§ 335 Abs 1 FamFG). Zum Beschwerderecht der Behörden vgl § 335 Abs 4 FamFG.

37 d) **Anfallswirkung.** Hat das AG eine einstweilige Anordnung erlassen und wird dagegen Beschwerde eingelegt, kann das LG im Beschwerdeverfahren zunächst nur über die einstweilige Anordnung entscheiden, nicht über die endgültige Unterbringung, weil insoweit noch die Entscheidung erster Instanz fehlt.

§ 332 Einstweilige Anordnung bei gesteigerter Dringlichkeit

[1]Bei Gefahr im Verzug kann das Gericht eine einstweilige Anordnung nach § 331 bereits vor Anhörung des Betroffenen sowie vor Anhörung und Bestellung des Verfahrenspflegers erlassen. [2]Diese Verfahrenshandlungen sind unverzüglich nachzuholen.

Die Regelung entspricht teilweise den früheren §§ 70h, 70d FGG.

1. Voraussetzungen der eiligen einstweiligen Anordnung. § 332 ist in der Praxis
1 der Hauptfall. – a) Dringende Gründe für die Annahme, dass eine endgültige Unterbringungsmaßnahme getroffen werden wird (§ 331 Nr 1 FamFG).

2 b) Dringendes Bedürfnis für ein sofortiges Tätigwerden (§ 331 Nr 1 FamFG).

3 c) Verhältnismäßigkeit. Die Freiheit der Person darf nur aus einem besonders gewichtigen Grund angetastet werden (Art 2 Abs 2 Satz 2 GG)[1].

4 d) Ärztliches Zeugnis über den Zustand des Betroffenen (§ 331 Nr 2 FamFG).

5 e) Bestellung eines Verfahrenspflegers. Die Bestellung und Anhörung des Verfahrenspflegers entfällt im Falle des § 332 FamFG. Die Reihenfolge ist in § 332 falsch angegeben: vor „Bestellung" zum Verfahrenspflegers ist jemand kein Verfahrenspfleger und kann daher nicht rechtlich bedeutsam angehört werden. Erst ab Bestellung wird er bezahlt.

6 f) Persönliche Anhörung des Betroffenen durch den Richter. Sie kann im Falle des § 332 FamFG vorerst entfallen.

7 g) Anhörung Dritter. Sie kann im Falle des § 332 FamFG entfallen, aber nicht, wenn es sich um „**Beteiligte**" (§ 315 FamFG) handelt; vgl § 320 FamFG[2]. Die Angehörigen müssen wegen § 315 Abs 4 nicht unbedingt beteiligt werden, auch nicht die Betreuungsbehörde, es sei denn sie hat ihre Beteiligung förmlich beantragt; bei öffentlich-rechtlicher Unterbringung ist die Ordnungsbehörde als Antragstellerin ohnehin schon beteiligt. Der Betreuer (Vorsorgebevollmächtigte) dagegen ist zwingend Beteiligter (§ 315); ist er nicht erreichbar, kann das Gericht nicht nach §§ 331, 332 vorgehen, sondern ist auf § 1846 BGB/§ 334 FamFG angewiesen.

8 **2. Gefahr in Verzug.** Nur bei „Gefahr in Verzug" dürfen die genannten Verfahrenshandlungen unterlassen werden. Die Sache muss also so eilig sein, dass für den Betroffenen oder die öffentliche Sicherheit und Ordnung eine Gefahr entsteht oder spürbar gesteigert wird, wenn das Gericht nicht sofort handelt.

1 BVerfGE 45, 187, 223.
2 *Prütting/Helms/Roth* § 332 Rz 2.

Kritisch ist vor allem, wenn zuvor keine Anhörung des Betroffenen erfolgt[3]. Meist ist die Anhörung durchaus möglich, wenn andere richterliche Geschäfte zurückgestellt werden. Jedenfalls muss im Beschluss konkret begründet werden, warum die Sache so eilig gewesen sein soll, dass die Anhörung unterbleiben musste[4]; rechtsmittelfest ist das kaum begründbar. Anders ist es bei der Anhörung des Verfahrenspflegers, denn auf dessen Schnelligkeit hat der Richter wenig Einfluss. Ein zumindest vorläufiger Betreuer (bzw Bevollmächtigter) mit dem Aufgabenkreis „Unterbringung“ und dessen Genehmigungsabsicht ist (bei zivilrechtlicher Unterbringung) aber auch hier erforderlich, ferner das ärztliche Zeugnis.

3. Nachholung. Die unterlassenen Verfahrenshandlungen (**Betroffener**, Verfahrenspfleger) sind baldigst nachzuholen (Satz 2); vgl § 301 Abs 1 Satz 2 FamFG. Eine Frist ist dafür nicht bestimmt[5]. „Unverzüglich“ heißt (wie bei Art 104 Abs 2 Satz 2 GG), dass eine Verzögerung sachlich zwingend geboten sein muss (objektiver Maßstab); es bedeutet nicht „ohne schuldhaftes Zögern“[6], weil es um Grundrechtseingriffe geht, und nicht nur (wie bei § 121 BGB) um das verhältnismäßig belanglose Verstreichen der Anfechtungsfrist. Ziel muss es sein, die Anhörung des Betroffenen am Tag nach der Festnahme durchzuführen[7]. Jedenfalls spielt es keine Rolle, an welchen Tagen der zuständige Richter üblicherweise die Klinik aufsucht, wann er also „seinen“ nächsten routinemäßigen Anhörungstag durchführt[8]. Bei Festnahme am Freitag ist Anhörung am Samstag geboten und nicht erst am Montag oder Dienstag. Eine Zeitspanne von neun Tagen ist viel zu lang[9]. Die Anhörung kann unterbleiben, wenn der Betroffene nicht ansprechbar ist; hiervon muss sich der Richter aber selbst überzeugen, er darf sich insoweit nicht mit einer Stellungnahme von Ärzten, Anstalten usw begnügen. Hat sich der Zustand wieder gebessert ist die Anhörung nachzuholen. Die Anhörung kann weiter unterbleiben, wenn sie für die Gesundheit des Betroffenen nachteilig wäre; solche Fälle kommen in der Praxis nicht vor. Die Nachholung der Anhörung der **Angehörigen** verlangt Satz 2 nicht, was bedenklich ist[10]. 9

Die nachgeholte Anhörung des Betroffenen muss nicht notwendigerweise durch das Gericht erfolgen, das die einstweilige Anordnung erlassen hat[11]; sie kann auch durch den **Rechtshilferichter** erfolgen, doch dürfen dann die Akten nicht einfach ohne Beschleunigung auf dem normalen Postweg versandt werden (die wesentlichen Aktenstücke sind vielmehr mit Telefax an das Rechtshilfegericht zu senden, unter telefonischer Vorankündigung beim Richter). 10

Die Anhörung des Verfahrenspflegers, also der Eingang seiner Stellungnahme, dagegen hat erst innerhalb der nächsten Tage zu erfolgen[12]. 11

Erfolgt die Nachholung der Anhörungen zu spät kommt eine **Feststellung der Rechtswidrigkeit der Unterbringung** (§ 62 FamFG) in Frage. 12

3 *Rink* RuP 1991, 161 hält dies für verfassungswidrig.
4 OLG Schleswig FamRZ 1994, 781.
5 Kritisch dazu *Schumacher* FamRZ 1991, 283.
6 *Jarass/Pieroth* GG Art 104 Rz 11; aA MünchKomm FamFG/*Schmidt-Recla* § 332 Rz 4; Keidel/*Kayser* § 70 h Rz 8.
7 LG Kleve FamRZ 2010, 326; *Prütting/Helms/Roth* § 332 Rz 5; Keidel/*Budde* § 332 Rz 2; *Klüsener/Rausch* NJW 1993, 617/622.
8 KG FGPrax 2008, 40.
9 OLG Hamm FGPrax 2008, 43.
10 MünchKomm FamFG/*Schmidt-Recla* § 332 Rz 5.
11 OLG Celle FamRZ 1993, 223.
12 *Prütting/Helms/Roth* § 332 Rz 5; *Dodegge/Roth* G 191.

§ 333 Dauer der einstweiligen Anordnung

[1]Die einstweilige Anordnung darf die Dauer von sechs Wochen nicht überschreiten. [2]Reicht dieser Zeitraum nicht aus, kann sie nach Anhörung eines Sachverständigen durch eine weitere einstweilige Anordnung verlängert werden. [3]Die mehrfache Verlängerung ist unter den Voraussetzungen der Sätze 1 und 2 zulässig. [4]Sie darf die Gesamtdauer von drei Monaten nicht überschreiten. [5]Eine Unterbringung zur Vorbereitung eines Gutachtens (§ 322) ist in diese Gesamtdauer einzubeziehen.

Die Regelung entspricht dem früheren § 70h Abs 2 FGG.

1 **1. Grundsätzliche Dauer.** Die einstweilige Anordnung nach §§ 331, 332 FamFG bzw die einstweilige Maßregel nach § 1846 BGB (§ 334 FamFG) darf die **Dauer von sechs Wochen** nicht überschreiten (Satz 1), dh der Betroffene darf nur längstens sechs Wochen aufgrund einer solchen Anordnung untergebracht werden (zur Verlängerung Rz 3). Die Frist wird nach § 16 FamFG berechnet. Zur Laufzeit der einstweiligen Anordnung, durch die ein Betreuer bestellt wurde, vgl § 302 FamFG. Die Dauer muss im Beschluss angegeben werden (zweckmäßig als Datum, notfalls „sechs Wochen" ab dem Wirksamwerden, § 40 Abs 1 FamFG). Fehlt eine Angabe, gilt die längstmögliche Dauer von sechs Wochen als angeordnet. Die Frist beginnt mit Wirksamwerden der Entscheidung, § 324 FamFG. An sich müsste das Gericht in jedem Einzelfall prüfen, welche Dauer angemessen ist und demzufolge zB auch Unterbringungen für nur zwei, drei oder mehr Wochen aussprechen. Da aber eine endgültige Entscheidung vor Ablauf von sechs Wochen nicht möglich sein dürfte, wird idR formularmäßig eine Unterbringung bis zu sechs Wochen ausgesprochen. Die Anordnung tritt mit Fristablauf außer Kraft; sie wirkt also nicht weiter, wie zB eine versehentlich nicht verlängerte Betreuung.

2 **Schon vor Ablauf der Frist** tritt die einstweilige Anordnung außer Kraft:
- mit dem Wirksamwerden der Endentscheidung über die Unterbringung; sie verliert dann von selbst ihre Wirkung, tritt damit von selbst außer Kraft (§ 56 Abs 1 Satz 1 FamFG)[1].
- mit vorzeitiger Aufhebung, §§ 330, 51 Abs 2 FamFG.

3 **2. Verlängerung.** Der Zeitraum kann nach **Anhörung eines Sachverständigen** durch den Richter bis zu insgesamt drei Monaten Dauer verlängert werden (Satz 2). Das ist nur in Ausnahmefällen möglich[2]. Bei Verstoß liegt eine rechtswidrige Unterbringung im Sinne von § 62 FamFG vor. Wird eine vorläufige Unterbringung durch Entweichen des Betroffenen unterbrochen, ist nach dessen Wiedereinlieferung der bereits abgelaufene Vollzugszeitraum bei Verlängerungsentscheidungen in die Höchstfrist der Maßnahme einzubeziehen[3].

4 Nach Ablauf der drei Monate könnte nur in einer *anderen* Sache noch eine einstweilige Anordnung ergehen. Ob es sich um dieselbe Angelegenheit handelt, hängt davon ab, ob ein **neuer Verfahrensgegenstand** vorliegt. Das kann nicht danach beurteilt werden, ob sich die neue gerichtliche Unterbringungsmaßnahme oder die Verlängerung unmittelbar an die vorherige Unterbringung anschließt oder ob die vorherige Unterbringungsmaßnahme durch das Entweichen des Betroffenen bereits abgeschlossen war. Maßgebend ist vielmehr, ob nach Beendigung der ersten Maßnahme eine neue Sachlage eingetreten ist. Dies

---

1 KG FamRZ 1993, 84.
2 Vgl BT-Drucks 11/4528 S. 186.
3 OLG München NJW-RR 2008, 1032.

könnte etwa der Fall sein, wenn ein neues Krankheitsbild entstanden ist[4]. Eine zivilrechtliche Unterbringung ist insoweit ein anderer Verfahrensgegenstand als die öffentlich-rechtliche Unterbringung[5], ausgenommen bei den Selbstmordfällen.

Voraussetzungen der Verlängerung sind: 5

a) **Zeitraum.** Der Zeitraum von sechs Wochen reicht bis zur endgültigen Entscheidung nicht aus; das kann daran liegen, dass das Gutachten längere Zeit dauert; bei öffentlich-rechtlicher Unterbringung kann eine Beweisaufnahme notwendig werden, wenn der Betroffene die ihm zur Last gelegten Vorfälle bestreitet. 6

b) **Anhörung eines Sachverständigen** anstelle des ärztlichen Zeugnisses. Sie muss nicht mündlich erfolgen, kann auch schriftlich sein. Da es in § 333 Satz 2 FamFG nicht mehr „Arzt" (wie bei § 331 Nr 2 FamFG), sondern „Sachverständiger" heißt, muss der Anzuhörende die Qualifikation nach § 321 Abs 1 FamFG haben. Der Gutachter muss sich mit dem Zustand des Betroffenen und der Erforderlichkeit der Unterbringung befassen; er muss den Betroffenen persönlich befragen bzw untersuchen. Die rechtliche Einordnung dieser Anhörung ist unklar; vgl unten Rz 10. 7

c) Sonstige **Voraussetzungen der einstweiligen Anordnung.** Alle sonstigen Voraussetzungen der einstweiligen Anordnung (dringende Gründe, Zustand, Gefahr usw) müssen weiterhin vorliegen. Bei der öffentlich-rechtlichen Unterbringung ist ein neuer Antrag der Ordnungsbehörde notwendig (§ 54 Abs 1 Satz 2 FamFG). Bei der zivilrechtlichen Unterbringung muss die Unterbringungsabsicht des Betreuers bzw Vorsorgebevollmächtigten weiter bestehen. Die Zuständigkeit für die Verlängerung richtet sich nach § 313, nicht nach § 54 Abs 3 FamFG. 8

d) **Wiederholung des Verfahrens,** insbesondere die Wiederholung der Anhörungen, zB des Verfahrenspflegers, des Betroffenen[6]. Denn nach § 333 Satz 2 FamFG erfolgt die Verlängerung „durch eine weitere einstweilige Anordnung"; es wird nicht einfach die ursprüngliche Anordnung ergänzt oder durch einen Satz „verlängert". Spätestens jetzt ist die Beteiligung der Angehörigen (§ 315 Abs 4 FamFG) zu prüfen. 9

Die **Rechtsnatur der Anhörung des Sachverständigen** ist unklar. Sie ist von Bedeutung zB für die Frage der Ablehnung wegen Befangenheit. Der Sachverständige ist (anders als ein Verfahrenspfleger) kein Beteiligter. *Ihm* ist jedenfalls kein rechtliches Gehör zu gewähren, sondern es geht darum, dass der Richter verpflichtet wird, eine Mini-Beweiserhebung durchzuführen. Jedenfalls stellt die Anhörung kein Gutachten im Sinne von § 321 FamFG dar[7]. Aus dem Zusammenhang mit § 331 Nr 2 FamFG muss man folgern, dass es sich um ein ausführlicheres „ärztliches Zeugnis" handeln muss[8], das im Freibeweis erholt werden darf, weil kein Fall von § 30 Abs 2 FamFG vorliegt. Dass der Sachverständige den Betroffenen hierzu persönlich anhören oder untersuchen muss, ist zwar nicht ausdrücklich vorgeschrieben; ohne diese Verfahrenshandlungen 10

4 BayObLGZ 1990, 350/354; OLG München NJW-RR 2008, 1032.
5 AA Keidel/*Budde* § 333 Rz 2; MünchKomm FamFG/*Schmidt-Recla* § 333 Rz 5.
6 Vgl BT-Drucks 11/4528 S. 186.
7 *Bassenge/Roth* § 333 Rz 3.
8 Nach *Prütting/Helms/Roth* § 333 Rz 4; *Bahrenfuss/Grotkopp* § 333 Rz 3 reicht ein ärztliches Zeugnis nicht aus; zur rechtlichen Einordnung fehlen Ausführungen. Nach Keidel/*Budde* § 333 Rz 3 handelt es sich um ein Mitteldinq zwischen ärztlichem Zeugnis und Gutachten.

wird die Stellungnahme aber kaum überzeugen können (§ 26 FamFG). Die Anhörung des Sachverständigen kann schriftlich oder (fern-)mündlich erfolgen; dann muss sie aber in den Akten dokumentiert werden. Der Sachverständige hat sich dazu zu äußern, ob die medizinischen Voraussetzungen noch vorliegen und welche weitere Zeitspanne erforderlich ist (und weshalb). Der Sachverständige kann mit dem Arzt, der das erste ärztliche Zeugnis erstellt hat, personengleich sein. Er wird nach dem JVEG bezahlt.

11 Zur Äußerung des Sachverständigen ist dem Betroffenen und seinem Verfahrenspfleger das **rechtliche Gehör** zu gewähren, ferner den Beteiligten im Sinne des § 315 FamFG.

12 **3. Weitere einstweilige Anordnungen (Satz 3).** Die Verlängerung erfolgt durch „weitere einstweilige Anordnungen". Jeder Verlängerungsbeschluss setzt also (abgesehen davon, dass anstatt des ärztlichen Zeugnisses nun eine Anhörung eines Sachverständigen erforderlich ist) dasselbe Verfahren voraus, wie eine erstmalige Anordnung; das heißt insbesondere die Wiederholung der Anhörungen des Betroffenen und seines Verfahrenspflegers. Es können mehrere kurzfristige Anordnungen ergehen, wenngleich ein solches tröpfchenweises Vorgehen nicht zweckmäßig ist. Die Verlängerungsanordnung kann auch als eilige einstweilige Anordnung (§ 332 FamFG) ergehen, wenn Gefahr in Verzug ist; dann ist die Anhörung des Betroffenen entbehrlich, muss aber nachgeholt werden. Solche Fälle sind zB denkbar, wenn sich erst kurz vor Ablauf der Sechswochenfrist die Notwendigkeit der Verlängerung aufdrängt und für die Anhörung keine Zeit mehr ist.

13 Wird die Anordnung vor Ablauf ihrer Laufzeit, spätestens von sechs Wochen, nicht verlängert, endet sie kraft Gesetzes von selbst[9]; § 56 Abs 1 Satz 1 FamFG. Wählt das Gericht für die Anordnung eine kürzere Laufzeit als sechs Wochen, zB indem es bestimmt, dass die Anordnung am ... außer Kraft tritt, gilt dasselbe[10]. Ergeht vor Fristablauf die Entscheidung in der Hauptsache, tritt die einstweilige Anordnung trotz ihrer Selbständigkeit von selbst außer Kraft, ohne dass eine ausdrückliche Aufhebung erforderlich wäre[11].

14 Eine Unterbringung zur Vorbereitung eines Gutachtens (§§ 322, 284 FamFG) ist in diese Gesamtdauer einzubeziehen (Satz 5).

15 Eine Verlängerung auf mehr als drei Monate ist nichtig (vgl Satz 4). Die **Berechnung der Höchstfrist** kann im Einzelfall kompliziert sein: wird der Betroffene aufgrund einstweiliger Anordnung festgehalten, welche vorzeitig durch einen Hauptsachebeschluss endet, und wird auch die Hauptsacheunterbringung vor Ablauf durch einstweilige Anordnung verlängert, sind die einzelnen Teil der Unterbringung aufgrund einstweiliger Anordnung zusammenzuzählen, obwohl sie nicht aneinander anschließen. Wird eine durch einstweilige Anordnung angeordnete Unterbringung beendet, weil der Betroffene erklärt, freiwillig in der Anstalt bleiben zu wollen, ist dieser Zeitraum herauszurechnen[12].

16 Die **verfahrensfehlerhafte Verlängerung,** die innerhalb der Frist bleibt, ist nicht nichtig, nur anfechtbar.

17 **4. Rechtsmittel.** Die Verlängerung ist wie jede andere (erstmalige) einstweilige Anordnung anfechtbar (§§ 58 ff, 63 Abs 2 Nr 1 FamFG). Eine Rechtsbeschwer-

9 BayObLG FamRZ 1994, 1190; Holzhauer/*Reinicke* § 69f Rz 19.
10 AA HK-BUR-*Rink* § 69f Rz 42: keine gesetzliche Beendigung dann.
11 Vgl OLG Karlsruhe FamRZ 1998, 568 zur Rechtslage nach dem FGG.
12 Hierzu vgl BayObLG 1990, 350; Keidel/*Budde* § 333 Rz 2.

de ist nicht statthaft (§ 70 Abs 4 FamFG). Ferner kommt ein **Antrag auf Einleitung des Hauptsacheverfahrens** nach § 52 Abs 1 FamFG in Betracht.

§ 334 Einstweilige Maßregeln

Die §§ 331, 332 und 333 gelten entsprechend, wenn nach § 1846 des Bürgerlichen Gesetzbuchs eine Unterbringungsmaßnahme getroffen werden soll.

Die Regelung entspricht dem früheren § 70h Abs 3 FGG.

1. Sinn der Regelung. Die Vorschrift ist nur auf zivilrechtliche Unterbringungen 1 anzuwenden. Die Notwendigkeit, bei der zivilrechtlichen Unterbringung einen Betreuer einzuschalten (vgl § 1906 BGB), führt dazu, dass in Eilfällen eine einstweilige Anordnung nicht möglich ist, weil an Feiertagen, dienstfreien Wochenenden und nachts ein geeigneter Betreuer nicht gefunden werden kann, es sei denn, das Gericht bestellt zufällig anwesende Sanitäter, Polizeibeamte usw zu Betreuern. Der schon vorhandene Betreuer ist uU nicht auffindbar oder hat noch nicht den Aufgabenkreis „Unterbringung“, so dass der Aufgabenkreis erst durch einstweilige Anordnung erweitert werden müsste. Die öffentlich-rechtliche Unterbringung (die keine Betreuerbestellung voraussetzt) kann in diesen Fällen uU durch einstweilige Anordnung nicht angeordnet werden, teils aus Zeitgründen, teils weil die Voraussetzungen (erhebliche Selbst- oder Fremdgefährlichkeit) nicht vorliegen, im Übrigen wegen der Subsidiarität.

Hier bringt § 1846 BGB die Möglichkeit, dass das Gericht durch Beschluss eine 2 Anordnung trifft, mit der eine vorläufige Unterbringungsmaßnahme getroffen wird. Die Vorschrift lautet: „Ist ein Vormund noch nicht bestellt oder ist der Vormund an der Erfüllung seiner Pflichten verhindert, so hat das Vormundschaftsgericht die im Interesse des Betroffenen erforderlichen Maßregeln zu treffen.“ Das Gericht genehmigt hier also nicht ein Handeln des Betreuers, sondern ordnet selbst an; es hat nicht nur „Organisations- und Kontrollfunktion“[1].

Die Frage, ob § 1846 BGB anwendbar bleiben sollte, war im Gesetzgebungs- 3 verfahren zum BtG sehr streitig. Im Gesetzesentwurf war davon abgesehen worden, weil man glaubte, im Vorhandensein eines Betreuers Vorteile zu sehen, die für unverzichtbar angesehen wurden[2]. Dabei wurde aber nicht ausreichend bedacht, dass es in der Praxis eindeutige Eilfälle gibt. Auf Einwendungen des Bundesrates wurde durch die Beschlüsse des 6. Ausschusses § 1846 BGB wieder für anwendbar erklärt[3]; damit folgte man der bisher hM[4].

2. Vorläufige Unterbringungsmaßnahmen. Sie können vom Gericht nach 4 § 1908i Abs 1 Satz 1 iVm § 1846 BGB getroffen werden; die Vorläufigkeit besagt nicht, dass nur Maßnahmen von kurzfristiger Wirkung getroffen werden dürfen. Dafür gelten nach § 334 FamFG die Vorschriften über die einstweiligen Anordnungen entsprechend.

1 *Schwab* FamRZ 1990, 688.
2 BT-Drucks 11/4528 S. 81.
3 Vgl BT-Drucks 11/4528 S. 160, 185, 211, 229; BT-Drucks 11/6949 S. 37, 85.
4 *Zettel* DRiZ 1981, 261; *Jansen* § 55a aF Rz 36; *Holzhauer*, Gutachten zum 57. Dt. Juristentag 1988, B 110; *Bürgle* NJW 1988, 1886; OLG Hamm FamRZ 1964, 380; BayObLG NJW-RR 1987, 779; BayObLGZ 1986, 174; 1987, 7 und 1990, 47.

5 a) **Unterschied zur einstweiligen Anordnung.** Die zivilrechtliche Unterbringung durch eine einstweilige Anordnung setzt bei beiden Formen (§§ 331, 332 FamFG) voraus, dass
- ein (zumindest vorläufiger) Betreuer (mit dem Aufgabenkreis zur Veranlassung einer Unterbringungsmaßnahme) bestellt ist und dass
- der Betreuer die Maßnahme ergreifen will.

6 §§ 331 bis 334 FamFG geben in Eilfällen vier abgestufte Möglichkeiten, tätig zu werden: zwei einstweilige Anordnungen (§§ 331, 332), zwei vorläufige Maßnahmen (§ 334). Bei der Abwägung hat das Gericht nach dem Grundsatz zu verfahren, dass das Verfahren zu wählen ist, das dem Betroffenen die größten Verfahrensgarantien gibt: nur wenn im Interesse des Betroffenen nicht gewartet werden kann, bis ein Betreuer bestellt ist, kann zur eigenen Maßnahme nach § 1846 BGB gegriffen werden; das Verfahren nach § 1846 BGB ist also subsidiär[5]. Nur wenn die Anhörung des Betroffenen nicht mehr durchführbar ist, kann innerhalb der zwei Formen der entsprechenden Anwendung des § 1846 BGB zu derjenigen Form gegriffen werden, die selbst *diese* Anhörung zunächst entbehrlich macht.

7 b) **Anwendungsbereich des § 1846 BGB.** – aa) Eine eigene Anordnung des Gerichts nach § 1846 BGB ist zulässig, wenn ein Betreuer mit dem Aufgabenkreis „Unterbringung" bereits bestellt ist, dieser Betreuer aber (zB durch Urlaub, Auslandsaufenthalt, Krankheit, Haft und eigene geistige Verwirrung) **verhindert** ist. Ist er nicht verhindert ist die Anordnung der vorläufigen Unterbringung nach § 1846 BGB unzulässig[6]. Ob schon ein Betreuer bestellt ist hat das Gericht in zumutbarem Umfang aufzuklären[7], etwa durch Befragung des Betroffenen, durch Blick in die Dateien des eigenen und des Wohnsitzamtsgerichts, Studium der Diagnose. Andernfalls ist die Anordnung rechtswidrig (§ 62 FamFG).

8 bb) Wenn zwar bereits ein Unterbringungsbetreuer bestellt ist, dieser präsent ist, aber die Unterbringung **nicht betreiben will,** ist § 1846 BGB mangels Verhinderung des Betreuers nicht einschlägig. In Eilfällen bleibt nur eine Unterbringung nach dem UnterbrG bzw PsychKG des jeweiligen Bundeslandes, falls deren materiellrechtliche Voraussetzungen vorliegen. Beim Betreuer ist die Entlassung zu prüfen, wenn seine Entscheidung dem Wohl des Betreuten nicht entspricht.

9 cc) Ist noch kein Betreuer bestellt, dann war früher umstritten, ob die Anordnung des Gerichts nach § 1846 BGB, § 334 FamFG voraussetzt, dass das Gericht *gleichzeitig* einen vorläufigen Betreuer (zB einen zufällig anwesenden Pfleger, Polizeibeamten) mit dem Aufgabenkreis Aufenthaltsbestimmung/Unterbringung (oder ähnlich) bestellt. Die hM[8] verneinte das, weil § 1846 BGB nur *sinngemäß* anzuwenden ist; der Wortlaut des § 1846 BGB gibt das nicht her; auch das Gesetzgebungsverfahren[9] zeigte eindeutig, dass eine gleichzeitige Betreuerbestellung nicht erforderlich ist. Die aA verlangte die gleichzeitige Bestellung eines (zumindest vorläufigen) Betreuers[10], wobei dann zufällig anwesende Personen (Rettungssanitäter etc) zu Betreuern bestellt wurden. Der BGH[11] entschied: Es ist grundsätzlich zulässig, in Eilfällen eine zivilrechtliche Unter-

---

5 BayObLG NJW-RR 1987, 779; 1990, 48; *Schwab* FamRZ 1990, 688; LG Berlin BtPrax 1992, 43; LG Hamburg BtPrax 1992, 111; Holzhauer/*Reinicke* § 70h Rz 22; Keidel/*Kayser* § 70h Rz 18.
6 BayObLG FamRZ 2000, 566.
7 OLG Frankfurt FamRZ 2007, 673; Keidel/*Budde* § 334 Rz 2.
8 OLG Schleswig NJW 1992, 2974; BayObLG FamRZ 2000, 1537.
9 BT-Drucks 11/4528 S. 81, 160, 185, 211, 229.
10 OLG Frankfurt FamRZ 1993, 357; BezG Chemnitz BtPrax 1992, 111; *Wiegand* FamRZ 1991, 1022.
11 BGH NJW 2002, 1801.

bringung anzuordnen, ohne dass zugleich damit schon ein Betreuer bestellt werden muss. Das Gericht ist in einem solchen Falle aber verpflichtet, gleichzeitig mit der Anordnung der Unterbringung *durch geeignete Maßnahmen* sicherzustellen, dass dem Betroffenen unverzüglich ein Betreuer oder jedenfalls ein vorläufiger Betreuer (§§ 331, 332 FamFG) zur Seite gestellt wird. Unterlässt das Gericht solche Maßnahmen, ist die Anordnung der Unterbringung (von Anfang an[12]) unzulässig und rechtswidrig. Mit „unverzüglich" ist gemeint: **innerhalb weniger Tage**[13]. Das OLG München[14] meint, eine derartige geeignete Maßnahme könne, je nach Sachlage, auch in dem unverzüglichen Ersuchen (!) an die Betreuungsstelle liegen, eine als Betreuer geeignete Person vorzuschlagen; das überzeugt nicht, weil es keinen Mangel an Betreuern gibt und telefonisch sofort eine geeignete Person, zB ein Rechtsanwalt, selbständiger Sozialarbeiter, gefunden werden kann; innerhalb weniger Tage kann überall in Deutschland ein Berufsbetreuer bestellt werden.

c) **Voraussetzungen des § 1846 BGB.** Die entsprechende Anwendung von 10
§§ 331, 332 FamFG besagt, dass die vorläufige Maßnahme des Richters nach § 1846 BGB *mindestens* **voraussetzt:**

aa) **Dringende Gründe** für die Annahme, dass künftig ein Betreuer bestellt wird, 11
der die Genehmigung einer endgültigen Unterbringungsmaßnahme beantragen wird (bzw dass der verhinderte Betreuer dies täte) und dass das Gericht die Maßnahme genehmigen wird. Konkrete Umstände mit erheblicher Wahrscheinlichkeit müssen also darauf hindeuten, dass auf Grund einer psychischen Krankheit oder einer körperlichen, geistigen oder seelischen Behinderung die Gefahr besteht, dass der Betroffene sich selbst tötet oder erheblichen Schaden zufügt und insoweit auch seinen Willen nicht frei bestimmen kann (§ 1906 Abs 1 Nr 1 BGB) oder dass die Voraussetzungen des § 1906 Abs 1 Nr 2 BGB vorliegen[15].

bb) **Dringendes Bedürfnis für ein sofortiges Tätigwerden** (früher „Gefahr in 12
Verzug" genannt): Konkrete Tatsachen müssen dafür vorliegen, dass das Zuwarten bis zu einer endgültigen Entscheidung eine akute Gefährdung oder Verschlechterung zur Folge hätte. Deshalb ist es abwegig, wenn mittels § 1846 BGB vom Richter Maßnahmen der Körperpflege angeordnet werden[16]. Ist ein Betreuer vorhanden, aber verhindert, darf nicht zugewartet werden können, bis der Betreuer tätig wird.

cc) **Ärztliches Zeugnis** über den „Zustand" des Betroffenen. Vgl § 281 13
FamFG.

Entbehrlich sind die Anhörung des Betroffenen (aber nur ausnahmsweise, 14
nämlich falls sie tatsächlich nicht durchführbar ist; § 332 FamFG), Bestellung und Anhörung des Verfahrenspflegers (§ 332 FamFG), Bestellung und Anhörung eines Betreuers bzw Vorsorgebevollmächtigten. Die Anhörungen (mit Ausnahme derjenigen des Betreuers) sind unverzüglich nachzuholen (§ 332 Satz 1 FamFG)[17]. Erstaunlicherweise *müssen* die nächsten Angehörigen (§ 315 Abs 4 FamFG) nicht angehört (dh beteiligt) werden, nicht einmal nachträglich.

---

12 OLG München NJW-RR 2008, 810; mE erst ab Ablauf der vertretbaren Zeitspanne für die Bestellung eines vorläufigen Betreuers.
13 OLG Brandenburg FamRZ 2007, 2107; OLG München OLG-Report 2006, 784.
14 OLG München FGPrax 2003, 145.
15 BayObLG FamRZ 2000, 566; BtPrax 2001, 38.
16 Vgl BayObLG FGPrax 2002, 191.
17 BayObLG FamRZ 2000, 566.

15 d) **Weitere Verfahrensfragen. Zuständig** für Maßnahmen nach § 1846 BGB ist der Richter; örtlich zuständig ist dasselbe Gericht, das für eine einstweilige Anordnung zuständig wäre (§ 313 FamFG).

16 Die **Dauer** der Maßnahme ist auf sechs Wochen befristet, was im Tenor zum Ausdruck zu bringen ist. Es besteht theoretisch eine Verlängerungsmöglichkeit (§ 332 FamFG). Da es aber keine Mühe macht, einen Berufsbetreuer binnen Tagen zu finden und zu bestellen, wird es keine Fälle geben können, in denen die Sechswochenfrist ausgeschöpft wird[18].

17 **Inhalt des Beschlusses.** Entschieden wird durch **Beschluss mit Rechtsmittelbelehrung** (§§ 38, 39 FamFG); dabei ist auch auf § 52 Abs 1 FamFG hinzuweisen. Die Gründe sollten darlegen, weshalb noch kein Betreuer bestellt werden konnte (Subsidiarität!)[19]. Der Satz, die Maßnahme sei bis zur Entscheidung des Betreuers befristet, gehört nicht zwingend in den Tenor, kann aber zur Klarstellung aufgenommen werden. Das BayObLG[20] hat gemeint, einem in Anschluss an eine Unterbringung gemäß § 1846 BGB bestellten vorläufigen Betreuer müsse „Gelegenheit gegeben werden, die Interessen des Betroffenen wahrzunehmen und die Entscheidung über die Fortdauer der Unterbringung in eigener Verantwortung zu treffen. Es muss daher gewährleistet sein, dass dem Betreuer diese *Aufgabe bekannt* ist." Im konkreten Fall wusste der Betreuer offenbar nicht, welche Funktion er hatte, was zeigt, dass eine ungeeignete Person bestellt wurde. In den Gründen des Beschlusses können daher dem Betreuer Hinweise auf seine Rechte und Pflichten gegeben werden; oder der Richter telefoniert mit dem Betreuer.

18 Das Gericht hat von Amts wegen (auch ohne Antrag des Betroffenen) **baldmöglichst einen (zumindest vorläufigen) Betreuer zu bestellen**, der zu prüfen hat, ob er die Maßnahme aufrechterhalten will. Die Zeitspanne beträgt „einige Tage" (Rz 9); die frühere Rechtsprechung[21] hat längere Zeitspannen für tolerabel gehalten. Wird eine solche Bestellung unterlassen wird die Unterbringung rechtswidrig im Sinne von § 62 FamFG[22]; allerdings erst ab dem Zeitpunkt, von dem ab eine Betreuerbestellung unabweisbar notwendig gewesen wäre, nicht vom Beginn der Unterbringung an, weil eine ursprünglich rechtmäßige Unterbringung nicht rückwirkend rechtswidrig werden kann.

19 **Ist schließlich der Betreuer bestellt** muss der § 1846-Beschluss nicht aufgehoben werden; er tritt von selbst außer Kraft (§ 56 Abs 1 Satz 1 FamFG). Der Betreuer kann dann den Betroffenen selbst entlassen und braucht dazu keine Genehmigung (§ 1906 Abs 3 BGB); will er die Unterbringung aufrechterhalten muss er dies gegenüber dem Betreuungsgericht zum Ausdruck bringen; beim Gericht ist dann über die Genehmigung der Unterbringung (§ 1906 Abs 2 BGB) zu entscheiden, sei es durch einstweilige Anordnung oder im regulären Verfahren. Ist im Rahmen des § 1846 BGB eine persönliche Anhörung erfolgt und liegt sie erst kurz zurück muss sie im Rahmen des folgenden Genehmigungsverfahrens nicht wiederholt werden[23]. Keinesfalls ist es zulässig, im § 1846-Beschluss gleichzeitig die Unterbringung durch den künftigen Betreuer zu genehmigen[24].

---

18 *Prütting/Helms/Roth* § 334 Rz 13: bis 3 Wochen; OLG München RuP 2006, 91: innerhalb weniger Tage.

19 Muster bei Firsching/*Ruhl* FamR Rz 530. Ein Beschlussmuster des AG München ist abgedruckt in FamRZ 1993, 515 mit einem wohl zu weit gehenden, weil aufschiebbaren, Behandlungsplan.

20 BayObLG FamRZ 2003, 783.

21 Vgl BayObLGZ 1990, 47; LG Berlin BtPrax 1992, 111 hielt zwei Wochen für angemessen.

22 OLG München NJW-RR 2008, 810.

23 Keidel/*Budde* § 334 Rz 3.

24 Keidel/*Budde* § 334 Rz 3.

Der Beschluss wird vom Grundsatz her erst mit Rechtskraft wirksam (§ 324 Abs 1 FamFG), weshalb wegen § 324 Abs 2 FamFG die **sofortige Wirksamkeit der Entscheidung** anzuordnen ist. 20

Der § 1846-Beschluss unterliegt der befristeten **Beschwerde** (§§ 58 ff FamFG[25]); die Frist beträgt zwei Wochen (§ 63 Abs 2 Nr 1 FamFG). Ferner kann der Betroffene verlangen, dass ein Hauptsacheverfahren eingeleitet wird (§ 52 Abs 1 FamFG), also in den Fällen zivilrechtlicher Unterbringung ein Betreuer bestellt wird und dann ein reguläres Verfahren nach § 1906 BGB eingeleitet wird. 21

§ 335 Ergänzende Vorschriften über die Beschwerde

(1) Das Recht der Beschwerde steht im Interesse des Betroffenen
1. dessen Ehegatten oder Lebenspartner, wenn die Ehegatten oder Lebenspartner nicht dauernd getrennt leben, sowie dessen Eltern und Kindern, wenn der Betroffene bei diesen lebt oder bei Einleitung des Verfahrens gelebt hat, den Pflegeeltern,
2. einer von dem Betroffenen benannten Person seines Vertrauens sowie
3. dem Leiter der Einrichtung, in der der Betroffene lebt,
zu, wenn sie im ersten Rechtszug beteiligt worden sind.

(2) Das Recht der Beschwerde steht dem Verfahrenspfleger zu.

(3) Der Betreuer oder der Vorsorgebevollmächtigte kann gegen eine Entscheidung, die seinen Aufgabenkreis betrifft, auch im Namen des Betroffenen Beschwerde einlegen.

(4) Das Recht der Beschwerde steht der zuständigen Behörde zu.

Die Regelung lehnt sich entfernt an § 70 m FGG an.

Schrifttum: *Schael*, Die Statthaftigkeit von Beschwerde und sofortiger Beschwerde nach dem neuen FamFG, FPR 2009, 11.

Übersicht

---

25 BayObLG FamRZ 2000, 566.

I. Rechtsmittel in Unterbringungssachen

1. Statthaftigkeit. – a) Endentscheidungen. Unterbringungssachen sind Angelegenheiten der freiwilligen Gerichtsbarkeit. Für sie gelten die allgemeinen Regeln §§ 1–110 FamFG, variiert durch § 335 FamFG. Die befristete Beschwerde findet gegen die im ersten Rechtszug ergangenen Endentscheidungen des Betreuungsgerichts (Amtsgerichts) in Angelegenheiten nach dem FamFG statt, sofern durch Gesetz nichts Anderes bestimmt ist (§ 58 Abs 1 FamFG). Endentscheidungen sind in § 38 FamFG definiert: Beschlüsse, soweit durch die Entscheidung der Verfahrensgegenstand ganz oder teilweise erledigt wird. Entscheidungen können aufgrund gesetzlicher Regelung unanfechtbar sein (zB die Bestellung eines Verfahrenspflegers, § 317 Abs 6 FamFG). 1

b) **Zwischen- und Nebeneinscheidungen** sind grundsätzlich unanfechtbar, wie man dem Wortlaut des § 58 FamFG („Endentscheidungen") entnehmen kann; in einigen Fällen ist durch Sonderregelungen die Anfechtung gestattet, zB in § 6 Abs 2 FamFG (Ablehnung von Gerichtspersonen); § 7 Abs 5 FamFG (Ablehnung der Einräumung der Beteiligtenstellung). In diesen Sonderfällen sind Entscheidungen mit der sofortigen Beschwerde in entsprechender Anwendung der §§ 567 bis 572 ZPO anfechtbar (also nicht mit der befristeten Beschwerde nach §§ 58 ff FamFG). 2

Sind Zwischen- und Nebeneinscheidungen kraft Gesetzes anfechtbar, werden sie aber nicht angefochten, kann das in der Beschwerdeinstanz nicht mehr inzident nachgeprüft werden (vgl § 58 Abs 2 FamFG). Hat der Betroffene zB den Richter wegen Befangenheit abgelehnt (§ 6 Abs 2 FamFG) und wurde die Ablehnung vom Amtsgericht zurückgewiesen, was der Betroffene rechtskräftig werden ließ, kann er den Ablehnungsgrund nicht mehr zum Thema der Beschwerde gegen die Unterbringungsgenehmigung machen; er hätte die Zurückweisung des Richterablehnungsantrags mit Beschwerde angreifen müssen. 3

Sind Zwischenentscheidungen überhaupt nicht anfechtbar, können sie gleichwohl zusammen mit der Hauptentscheidung angegriffen werden (§ 58 Abs 2 FamFG). Hatte der Betroffene zB die Bestellung eines Verfahrenspflegers beantragt und wurde dies abgelehnt, kann er gegen die Genehmigung der Unterbringung Beschwerde mit der Begründung einlegen, das rechtliche Gehör sei verletzt worden, weil ihm in erster Instanz keine Verfahrenspfleger bestellt worden sei. Das ergibt sich auch aus dem Wort „selbständig" in § 317 Abs 6 FamFG. 4

Im Übrigen kann eine Nebenentscheidung auch über die allgemeine Verweisungskette anfechtbar sein: so verweist § 30 Abs 1 FamFG für das Strengbeweisverfahren auf die ZPO; wird ein Sachverständiger abgelehnt, kann gegen die Zurückweisung daher sofortige Beschwerde eingelegt werden (§ 406 Abs 5 ZPO). Desgleichen wird im Kostenfestsetzungsverfahren (§ 85 FamFG) auf §§ 103 bis 107 ZPO und die dortigen Rechtsmittel verwiesen. 5

Unberührt bleibt ferner die Anfechtung von Nebenentscheidungen, die den Geschäftswert (Streitwert) betreffen, zB nach der KostO, nach dem RVG. 6

c) **Unanfechtbare Entscheidungen.** Unanfechtbar sind ua die Einleitung eines Unterbringungsverfahrens und die einzelnen Ermittlungshandlungen[1]; die Ablehnung von Beweisanträgen[2]; die Anordnung der medizinischen Unter- 7

1 BayObLG FamRZ 1998, 1183 Nr 745 = BtPrax 1998, 148.
2 OLG Zweibrücken FamRZ 1998, 1243.

suchung zur Vorbereitung des Gutachtens[3]; das Gutachten selbst; Auskünfte des Gerichts, ohne dass schon ein konkreter Fall vorliegt; die bloße Mitteilung von Rechtsauffassungen ohne Außenwirkung[4]. Worüber in erster Instanz noch nicht entschieden ist, kann idR kein Beschwerdeverfahren stattfinden; nur in Ausnahmefällen können Verfahrensreste aus der ersten Instanz in die zweite Instanz „hochgezogen“ werden. Die Bestellung oder Nichtbestellung eines Verfahrenspflegers ist nicht anfechtbar (§ 317 Abs 6 FamFG).

8 d) **Entscheidungen des Rechtspflegers.** Er ist in Unterbringungssachen funktionell nicht zuständig, was aus Art 104 Abs 2 GG folgt; alle Zuständigkeiten liegen beim Richter[5]. Nicht einmal für die Bestellung eines Verfahrenspflegers in Unterbringungssachen nach § 317 FamFG oder für die Festsetzung der Vergütung des Verfahrenspflegers ist er zuständig[6]. Eine gleichwohl erlassene Entscheidung des Rechtspflegers wäre unwirksam (§ 8 Abs 4 Satz 1 RPflG). Die aufgrund des unwirksamen Vergütungsfestsetzungsbeschlusses an den Verfahrenspfleger ausbezahlte Vergütung kann von diesem gleichwohl nicht zurückgefordert werden, weil er Vertrauensschutz genießt.

9 **2. Beschwerdeberechtigung. – a) Amtsverfahren.** Dazu gehört die Genehmigung der Unterbringung durch den Betreuer bzw Vorsorgebevollmächtigten. Die Beschwerde steht nicht jedermann zu, sondern nur demjenigen, der durch den Beschluss in seinen Rechten beeinträchtigt ist (§ 59 Abs 1 FamFG); das entspricht dem früheren § 20 Abs 1 FGG. Es kommt also auf die Beeinträchtigung *eigener Rechte* an. Das ist zwar beim Betroffenen immer der Fall, wenn er untergebracht wird. Andere Personen sind aber praktisch nie in eigenen Rechten betroffen; deshalb bringt § 335 hierzu eine Sonderregelung: in bestimmten Fällen wird Dritten eine Beschwerdeberechtigung eingeräumt, obwohl sie nicht in eigenen Rechten betroffen sind. Vgl Rz 69.

10 b) **In Antragsverfahren** wird § 59 Abs 1 FamFG weiter eingeschränkt; die Beschwerde steht nur dem Antragsteller des erstinstanzlichen Verfahrens zu (§ 59 Abs 2 FamFG). Die Genehmigung einer Unterbringung ist kein Antragsverfahren (die „Anträge“ des Betreuers und anderer Personen sind nur Anregungen); anders die öffentlich-rechtliche Unterbringung, die einen Antrag der Ordnungsbehörde voraussetzt (zB Art 5 BayUnterbrG).

11 c) **Behörden.** Die Beschwerdeberechtigung von Behörden bestimmt sich nach den besonderen Vorschriften des FamFG oder eines anderen Gesetzes (§ 59 Abs 3 FamFG). Die Beschwerdeberechtigung der Behörde (Betreuungsbehörde, Ordnungsbehörde; Jugendamt bei Kindern) ist in § 335 Abs 4 FamFG angeordnet (Rz 91). Sie müssen weder in eigenen Rechten beeinträchtigt sein noch in erster Instanz beteiligt gewesen sein.

3. Beschwerdewert; Zulassungsbeschwerde. – a) In vermögensrechtlichen Angelegenheiten ist die Beschwerde nur zulässig, wenn der Wert des Beschwerdegegenstandes 600 Euro übersteigt (§ 61 Abs 1 FamFG); der Wert entspricht dem 12
Beschwerdewert einer Berufung (§ 511 Abs 2 Nr 1 ZPO). Das ist von Bedeutung, wenn es um die **Festsetzung der Vergütung** des Verfahrenspflegers in Unterbringungssachen geht (§§ 168, 318 FamFG). Bei Abweichungen bis 600 Euro ist allerdings die befristete Erinnerung (§ 11 Abs 2 RPflG) statthaft.

3 BGH NJW-RR 2008, 737; OLG München FamRZ 2006, 557; BayObLG FamRZ 2003, 1106; BayVerfGH BtPrax 1995, 179; Jansen/*Sonnenfeld* § 68 b Rz 30; aA KG BtPrax 2001, 42.

4 Vgl OLG Karlsruhe FamRZ 1998, 1244.

5 BayObLG Rpfleger 1993, 483; LG Kaiserslautern Rpfleger 1994, 452; *Bassenge/Roth* RPflG § 3 Rz 15.

6 Vgl § 15 RPflG Rz 18.

Der Wert ist ferner von Bedeutung, wenn nur eine **Kostenentscheidung** (Auslagenentscheidung) oder eine Hauptsacheentscheidung nur im Kostenpunkt angefochten wird, so etwa im Fall des § 337 FamFG.

b) **In nicht vermögensrechtlichen Sachen** muss kein bestimmter Wert erreicht werden. Nichtvermögensrechtlich ist jedenfalls die Anordnung bzw Genehmigung der Unterbringung und alle ähnlichen Entscheidungen; desgleichen die Feststellung der Rechtswidrigkeit der Unterbringung (§ 62 FamFG). 13

4. **Beschwerdefrist. – a) Regelfrist.** Die Beschwerde ist binnen einer Frist von einem Monat einzulegen (§ 63 Abs 1 FamFG). Soweit die sofortige Beschwerde nach der ZPO gegen Neben- und Zwischenentscheidungen zugelassen ist (Rz 2), beträgt die Frist zwei Wochen (§ 569 ZPO); das weitere Verfahren richtet sich in diesen Fällen nach der ZPO. 14

b) **Verkürzte Frist.** Die Beschwerde ist binnen einer Frist von zwei Wochen einzulegen, wenn sie sich gegen eine einstweilige Anordnung (§§ 49 ff, 331, 332, 334 FamFG) richtet (§ 63 Abs 2 FamFG). 15

c) **Fristbeginn, Fristende.** Die Frist beginnt jeweils mit der schriftlichen **Bekanntgabe** des Beschlusses an den jeweiligen Beteiligten (§ 63 Abs 3 Satz 1 FamFG), läuft also nicht unbedingt für alle Beschwerdeberechtigten gleichzeitig ab; eine Zustellung ist nicht Voraussetzung des Fristbeginns, selbst wenn sie nach § 41 Abs 1 Satz 2 FamFG vorgeschrieben ist. Auch wenn ein Verfahrenspfleger bestellt ist, kommt es für ein Rechtsmittel *des Betroffenen* ebenfalls auf die Bekanntgabe an ihn selbst an[7]. 16

d) **Fristversäumung.** In diesen Fällen kommt Wiedereinsetzung in Frage, §§ 17 ff FamFG. Geistige Erkrankung ist zB ein Wiedereinsetzungsgrund[8]. 17

5. **Form, Inhalt und Einlegung der Beschwerde. – a) Adressat.** Die Beschwerde ist bei dem Gericht einzulegen, dessen Beschluss angefochten wird (§ 64 Abs 1 FamFG), also zB beim Betreuungsgericht, die bisherige Alternativlösung (Einlegung beim Untergericht oder beim Beschwerdegericht) wurde für die FamFG-Beschwerde gestrichen. Wird sie irrig beim Beschwerdegericht eingelegt, leitet dieses die Beschwerde im üblichen Geschäftsgang[9] an das erstinstanzliche Gericht, soweit es aus der Beschwerde erkennbar ist. Geht die Beschwerde dort verspätet ein ist das das Risiko des Beschwerdeführers. Durch die Rechtsmittelbelehrung (§ 39 FamFG) weiß der Betroffene allerdings, wo er seine Beschwerde einzureichen hat. Für die Beschwerdeeinlegung durch untergebrachte Personen gilt ferner § 336 FamFG. 18

b) **Beschwerdeschrift.** § 64 Abs 2 FamFG bestimmt, dass die Beschwerde durch Einreichung einer Beschwerdeschrift oder zur Niederschrift der Geschäftsstelle eingelegt wird. Die Beschwerde muss die Bezeichnung des angefochtenen Beschlusses (zB das Aktenzeichen, Datum) sowie die Erklärung enthalten, dass Beschwerde gegen diesen Beschluss eingelegt wird. Das Wort „Beschwerde" muss aber nicht benutzt werden. Sie ist von dem Beschwerdeführer oder seinem Bevollmächtigten zu unterzeichnen. Das Unterschriftserfordernis ist neu, für den erstinstanzlichen Antrag besteht es auch weiterhin nicht (§ 23 Abs 1 Satz 4 FamFG). **Anwaltszwang** besteht für die Beschwerde nicht (vgl § 10 FamFG). Eine Begründung der Beschwerde ist nicht notwendig, sie wird lediglich in § 65 FamFG empfohlen. 19

---

7 LG Stuttgart Die Justiz 1992, 417.
8 Weitere Beispiele bei Keidel/*Kahl* § 22 Rz 21.
9 BVerfG NJW 2006, 1579.

20 c) **Teilanfechtung.** Der Beschwerdeführer kann sein Rechtsmittel beschränken, soweit der Verfahrensgegenstand teilbar ist, zB kann er sich beschränken auf die Länge der Überprüfungsfrist bezüglich der Unterbringung, aber nicht auf die Gründe des Beschlusses.

21 d) **Verfahrensfähigkeit.** Der Betroffene ist auch im Beschwerdeverfahren verfahrensfähig (§ 316 FamFG).

22 6. **Beschwerdebegründung, neues Vorbringen.** Die Beschwerde muss nicht begründet werden; eine fehlende Begründung macht sie nicht unzulässig. Das Gericht kann dem Beschwerdeführer eine Frist zur Begründung der Beschwerde setzen (§ 65 Abs 2 FamFG). Wenn der Beschwerdeführer keine Begründung vorträgt, das Gericht ihm eine Frist zur Begründung setzt und er diese Frist entweder überschreitet oder überhaupt nicht reagiert, dann ist seine Beschwerde deswegen noch nicht als unzulässig zu verwerfen.

23 Die Beschwerde kann auf **neue Tatsachen und Beweismittel** gestützt werden (§ 65 Abs 3 FamFG). Die Beschwerdeinstanz ist also zwar eine zweite Tatsacheninstanz, aber wegen § 68 Abs 3 Satz 2 FamFG nicht vollwertig. Sie ist nicht nur auf Rechtsfehlerüberprüfung beschränkt. Die Möglichkeit der Zurückweisung neuen Vorbringens sieht das FamFG in Unterbringungssachen nicht vor.

24 Die Beschwerde kann nicht *nur* darauf gestützt werden, dass das Gericht des ersten Rechtszugs seine Zuständigkeit zu Unrecht angenommen hat (§ 65 Abs 4 FamFG). Das gilt sinngemäß nur, wenn das erstinstanzliche Gericht seine (örtliche, sachliche) Zuständigkeit bejahte, nicht wenn es wegen Unzuständigkeit einen Antrag ablehnt[10]. Die internationale Zuständigkeit ist stets nachprüfbar[11].

25 7. **Rücknahme der Beschwerde; Rechtsmittelverzicht.** Der Beschwerdeführer kann die Beschwerde bis zum Erlass der Beschwerdeentscheidung zurücknehmen (§ 67 Abs 4 FamFG). Eine Legaldefinition des Erlasses findet sich in § 38 Abs 3 Satz 3 FamFG. Eine Zustimmung anderer Beteiligter ist nicht vorgeschrieben. Zu den Kostenfolgen vgl §§ 81 ff FamFG.

26 Der Beschwerdeführer kann auf die Beschwerde nach Bekanntgabe des Beschlusses durch Erklärung gegenüber dem Gericht verzichten (§ 67 Abs 1 FamFG), sowohl vor als auch nach Erlass des Beschlusses. Der Untergebrachte kann auch dann auf Rechtsmittel verzichten, wenn er geschäftsunfähig ist (§ 316 FamFG). Einschränkungen vgl § 275 FamFG.

27 8. **Beschwerdeverfahren. – a) Zulässigkeitsprüfung.** Das Beschwerdegericht hat (von Amts wegen, nicht nur auf Rüge) zu prüfen, ob die Beschwerde an sich statthaft und ob sie in der gesetzlichen Form und Frist eingelegt ist. Mangelt es an einem dieser Erfordernisse, ist die Beschwerde als unzulässig zu verwerfen (§ 68 Abs 2 Satz 1, 2 FamFG).

28 b) **Abhilfebefugnis.** Zwischen der Abhilfe im Rahmen eines Rechtsmittels (§ 68 FamFG) und der Abänderung bei wesentlicher Veränderung der Sach- und Rechtslage (vgl §§ 330, 48 Abs 1 FamFG) ist zu unterscheiden. Hält das Gericht, dessen Beschluss angefochten wird, die Beschwerde für (zulässig und) begründet, hat es ihr (ganz oder teilweise) abzuhelfen (§ 68 Abs 1 Satz 1 FamFG); Voraussetzung ist, dass dem „Gegner“ rechtliches Gehör gewährt

10 Vgl MünchKomm/*Lipp* ZPO § 571 Rz 9

11 BGH NJW 2004, 1456; *Leibel* NJW 2003, 407.

wurde[12]. Wird einer Beschwerde abgeholfen (notwendig ist ein Beschluss mit Begründung und Rechtsmittelbelehrung, §§ 38, 39 FamFG), kann dies seinerseits eine anfechtbare Entscheidung darstellen. Hält das Gericht eine Beschwerde für unzulässig (zB wegen Fristversäumung), aber für begründet, ist streitig, ob es abhelfen darf[13]. Wenn es von Amts wegen ändern darf, ist die „Beschwerde" als Anregung zur Änderung, als Gegenvorstellung, aufzufassen und es kann geändert werden, zB nach § 330 FamFG.

Bei **Nichtabhilfe** ist die Beschwerde unverzüglich dem Beschwerdegericht vorzulegen (§ 68 Abs 1 Satz 1 FamFG); es besteht also eine angemessene Frist zur Prüfung der Abhilfe. Auch unzulässige oder unstatthafte Beschwerden sind vorzulegen; die Verwerfungskompetenz hat nur das Beschwerdegericht. Zur Frage, ob das Betreuungsgericht seine Entscheidungen auch dann ändern kann, wenn keine Beschwerde eingelegt wurde, vgl §§ 330, 48 FamFG. 29

c) **Einstweilige Anordnungen des Beschwerdegerichts.** Das Beschwerdegericht kann vor der Entscheidung eine einstweilige Anordnung erlassen; es kann insbesondere anordnen, dass die Vollziehung des angefochtenen Beschlusses auszusetzen ist (§ 64 Abs 3 FamFG). 30

d) **Verfahrensgrundsätze.** Das Beschwerdeverfahren bestimmt sich im Übrigen nach den Vorschriften über das Verfahren im ersten Rechtszug (§ 68 Abs 3 Satz 1 FamFG). 31

e) **Verfahren des Beschwerdegerichts.** Das Beschwerdegericht *kann* von der Durchführung eines Termins, einer mündlichen Verhandlung oder einzelner Verfahrenshandlungen (wie Anhörung des Betroffenen, Zeugenvernehmung, Sachverständigenbegutachtung) absehen, wenn diese bereits im ersten Rechtszug vorgenommen wurden und von einer erneuten Vornahme keine zusätzlichen Erkenntnisse zu erwarten sind (§ 68 Abs 3 Satz 2 FamFG). Das bedeutet, dass ein reines Büroverfahren ohne mündliche Verhandlung und ohne Wiederholung der Beteiligtenanhörung, Vernehmung des Sachverständigen oder von Zeugen möglich ist. Die Neuregelung ist nach Ansicht der Gesetzesbegründung[14] mit Artikel 6 der Europäischen Menschenrechtskonvention (EMRK) vereinbar. Dort stehe zwar den Grundsatz der mündlichen Verhandlung für alle streitigen Zivilverfahren, worunter nach der Rechtsprechung des EGMR auch Ehesachen, Kindschaftssachen und Unterbringungssachen fallen; eine zweite mündliche Verhandlung sei aber entbehrlich. Das Gericht habe die Vorschrift konform mit der EMRK auszulegen und bei der Ausübung des Ermessens auch die Rechtsprechung des EGMR hierzu zu beachten. 32

Die entscheidende Frage ist daher, ob von einer erneuten Vornahme von Verfahrenshandlungen **zusätzliche Erkenntnisse zu erwarten** sind. Das ist eine problematische Formulierung[15]. Denn das Beschwerdegericht ist nicht nur Kontrollinstanz, sondern zweite Erstinstanz. Die Tatsachen müssen zur Überzeugung auch des Beschwerdegerichts feststehen. Die Vorschrift verlangt eine **vorweggenommene Beweiswürdigung,** was im Amtsermittlungsverfahren der freiwilligen Gerichtsbarkeit bedenklich ist. Eine Beweisprognose kann aufgrund des Akteninhalts kaum verlässlich getroffen werden. Denn der Zustand des Betroffenen kann sich durch Behandlung und/oder Zeitablauf gebessert haben. Letztlich hängt es im Wesentlichen vom Beschwerdevorbringen, dem Akteninhalt, 33

12 OLG Hamm FamRZ 1986, 1127; MünchKomm/*Lipp* ZPO § 572 Rz 7.
13 Zum Meinungsstand vgl MünchKomm/*Lipp* ZPO § 572 Rz 6.
14 BT-Drucks 16/6308 S. 207.
15 Nach BVerfG FamRZ 1984, 139; KG OLGZ 1988, 279, aber unbedenklich.

den Umständen und dem Zeitablauf ab, ob zusätzliche Erkenntnisse zu erwarten sind.

34 aa) **Wiederholung der Anhörung des Betroffenen.** Nach § 319 Abs 1 FamFG ist in erster Instanz vor einer Unterbringung der Betroffene vom Richter persönlich anzuhören und ein persönlicher Eindruck von ihm zu gewinnen; für die zweite Instanz gilt dies abgeschwächt. Die wiederholte Anhörung des Betroffenen durch die Zivilkammer wird der Regelfall sein[16]. Es ist sogar zulässig, dass ein Einzelrichter der Zivilkammer tätig ist (§ 68 Abs 4 FamFG; § 526 ZPO). In beiden Fällen kann unter dem Voraussetzungen von § 319 Abs 4 FamFG ein ersuchter Richter (Rechtshilfegericht) die Anhörung durchführen. Wird die Anhörung unterlassen, obwohl sie sich hätte aufdrängen müssen, ist dies im Beschwerdebeschluss zu begründen[17]. Über Einzelfälle, in denen die wiederholte Anhörung im Regelfall erforderlich ist vgl § 278 Rz 57.

35 **Entbehrlich ist die wiederholte Anhörung** zB dann, wenn die Beschwerde zurückgewiesen werden soll und sich aus den Akten nichts ergibt, was eine nochmalige Anhörung des Betroffenen nahelegen würde; wenn es in zweiter Instanz nur noch um Rechtsfragen geht[18]; wenn die Beschwerde als unzulässig verworfen werden soll, also keine Sachentscheidung ergeht; wenn der Beschluss des AG aufzuheben ist, ohne dass es auf eine Anhörung noch ankäme.

36 bb) **Wiederholung der Zeugenvernehmungen.** Verfahrenshandlungen im Sinne von § 68 Abs 3 Satz 2 FamFG sind nicht nur Anhörungen, sondern auch die Beweiserhebung, Die Wiederholung der Zeugenvernehmung erübrigt sich dann, wenn die Zeugenaussage ausreichend protokolliert ist, es auf den persönlichen Eindruck vom Zeugen nicht ankommt sowie nichts Zusätzliches aufzuklären ist (§ 26 FamFG), gegen die Richtigkeit der Zeugenaussage weder etwas vorgebracht ist noch sich Bedenken aufdrängen.

37 cc) **Wiederholte Sachverständigenbegutachtung.** Das Beschwerdegericht kann sich auf die Gutachten und ärztlichen Zeugnisse der ersten Instanz stützen. Die wiederholte Begutachtung oder die wiederholte Anhörung des oder eines anderen Sachverständigen sind also nicht zwingend, sondern nur nach § 26 FamFG geboten. Das ist zB der Fall, wenn zwischen der Erstellung des ersten Gutachtens (wobei das Untersuchungsdatum maßgebend ist) und der Entscheidung des LG längere Zeit verstrichen ist[19]; oder wenn das Erstgutachten inhaltlich unzureichend erscheint[20]; oder wenn der Beschwerdeführer oder ein Beteiligter gegen das Gutachten Bedenken vortragen[21]; oder wenn sich die Anknüpfungstatsachen geändert haben.

38 dd) **Wiederholte Beteiligung in erster Instanz zugezogener Beteiligter.** Nach § 315 FamFG sind in erster Instanz zahlreiche Personen zu beteiligen bzw können beteiligt werden. Die eingeräumte Beteiligtenstellung erstreckt sich auch auf die Beschwerdeinstanz. Deshalb sind auch in der Beschwerdeinstanz zu beteiligen: der Betreuer bzw Vorsorgebevollmächtigte, soweit betroffen; der Verfahrenspfleger; die Behörde (sie muss keinen neuen Zuziehungsantrag stellen); Angehörige, Vertrauensperson und Leiter der Unterbringungseinrichtung, soweit schon in erster Instanz zugezogen. Eine vom Betreuungsgericht unterlas-

16 OLG Hamm FamRZ 2007, 763; OLG Frankfurt FamRZ 2006, 1845.
17 BayObLG FamRZ 1999, 873/4; OLG Hamm BtPrax 1999, 238.
18 BT-Drucks 11/4528 S. 179.
19 Vgl OLG Stuttgart Die Justiz 1974, 464: zwei Monate zu lang.
20 OLG Stuttgart FamRZ 1993, 1365.
21 BayObLG FamRZ 1994, 1059.

sene Zuziehung, etwa der Angehörigen, kann das Beschwerdegericht für das Beschwerdeverfahren nachholen.

9. Beschwerdegericht. Beschwerdegericht gegen von den Betreuungsgerichten entschiedene Sachen ist (wie bisher) das Landgericht (§§ 72, 119 GVG). Wenn aber das AG die Unterbringung ablehnte und erst das LG auf Beschwerde des Betreuers die Unterbringung genehmigte, ist nur noch die Rechtsbeschwerde zum BGH möglich[22]. 39

Nach **Abgabe** einer Unterbringungssache (§§ 4, 314 FamFG) an ein anderes Betreuungsgericht entscheidet über die Beschwerde gegen Beschlüsse, die *vor* der Abgabe vom alten Betreuungsgericht erlassen wurden, unabhängig vom Zeitpunkt ihrer Einlegung, das dem neuen Betreuungsgericht übergeordnete LG[23]. 40

Besetzung des Beschwerdegerichts. Das Beschwerdegericht (das ist in Betreuungssachen eine Zivilkammer des LG) kann die Beschwerde durch Beschluss der Kammer einem seiner Mitglieder zur Entscheidung als Einzelrichter übertragen, auch in Unterbringungssachen[24]; §§ 68 Abs 4 FamFG; 526 ZPO. Eine bloße Verfügung des Vorsitzenden genügt nicht[25]. Das Landgericht muss den Übertragungsbeschluss nach der allgemeinen Regel des § 38 Abs 3 FamFG begründen[26]; der Beschluss ist aber nicht anfechtbar (vgl § 526 Abs 3 ZPO). Jedoch kann der gesetzliche Richter (Art 101 Abs 1 Satz 2 GG) verletzt sein, wenn trotz grundsätzlicher Bedeutung der Sache die Beschwerde einem Einzelrichter übertragen wurde[27]. Dadurch, dass fast immer der Einzelrichter entscheiden kann, wird die interne Kontrolle durch die anderen Mitglieder der LG-Kammer beseitigt und der Rechtsschutz des Bürgers verringert[28]. 41

Eine Übertragung auf einen **Richter auf Probe** ist aber ausgeschlossen (§ 68 Abs 4 FamFG); in eine solchen Fall würde nicht der gesetzliche Richter tätig. 42

Es ist logisch an sich nicht möglich, dass der **Einzelrichter die Rechtsbeschwerde** wegen Grundsätzlichkeit (§ 70 Abs 2 Satz 1 Nr 1 FamFG) **zulässt**; denn bei von Anfang an von der Kammer erkannter Grundsätzlichkeit durfte die Kammer die Sache nicht dem Einzelrichter übertragen (§ 526 Abs 1 Nr 3 ZPO)[29]. Hier müsste der Einzelrichter die Sache zuvor wieder der Zivilkammer „andienen" (§ 526 Abs 2 ZPO); hält die Kammer die Sache nicht für grundsätzlich, der Einzelrichter schon, kann er die Rechtsbeschwerde zulassen. 43

10. Beschwerdeentscheidung. – a) Beschluss. Sein Inhalt richtet sich nach § 38 FamFG. Das Beschwerdegericht hat grundsätzlich in der Sache selbst zu entscheiden (§ 69 Abs 1 Satz 1 FamFG). 44

Hat das AG eine Unterbringung abgelehnt und will das LG auf Beschwerde hin die Unterbringung genehmigen bzw anordnen, stellt sich die Frage, ob es das selbst machen darf oder das Verfahren unter Aufhebung des Beschlusses zu 45

---

22 Vgl OLG München FGPrax 2006, 87 zur Rechtslage nach dem FGG.
23 BayObLG FamRZ 1996, 1157; Keidel/*Kahl* § 19 Rz 43.
24 BGH NJW-RR 2008, 1241; aA OLG Rostock FGPrax 2008, 149, das eine Übertragung für unzulässig hielt.
25 Vgl BayObLG Rpfleger 1994, 110; zur Heilung und Verwertung im Freibeweis bei einem fehlerhaften Verfahren vgl BayObLG FamRZ 1994, 324/325.
26 Vgl OLG Thüringen FGPrax 2000, 239.
27 MünchKomm/*Rimmelspacher* ZPO § 526 Rz 34.
28 Vgl *Knittel*, 86. Sitzung des Rechtsausschusses 11.2.2008, S. 10 der Stellungnahme.
29 Einzelheiten hierzu vgl BGH NJW 2003, 2900.

diesem Zweck an das AG zurückzuverweisen hat. Nach § 1906 Abs 2 Satz 1 BGB hat die **Bestellungskompetenz** nur das „Betreuungsgericht", das Landgericht ist kein Betreuungsgericht. In der Praxis treffen die Landgerichte gleichwohl selbst die Maßnahme, unter Berufung auf § 68 Abs 3 Satz 1 FamFG.

46 b) **Begründungspflicht.** Der Beschluss des Beschwerdegerichts ist zu begründen (§ 69 Abs 2 FamFG); das ist eine abweichende Regelung gegenüber § 38 Abs 5 Nr 3 FamFG, der merkwürdigerweise in Unterbringungssachen in bestimmten Fällen auf eine Begründung verzichtet. Für die Beschwerdeentscheidung gelten im Übrigen die Vorschriften über den Beschluss im ersten Rechtszug entsprechend (§ 69 Abs 3 FamFG).

47 Die Gründe müssen die tatsächlichen Feststellungen des LG unter Würdigung des Ergebnisses der Ermittlungen, einer Beweisaufnahme und des Vorbringens der Beteiligten enthalten sowie die Rechtsanwendung auf diesen Sachverhalt darstellen; das Gutachten darf nicht einfach kritiklos übernommen werden, es muss gewürdigt werden; eine allgemeine Bezugnahme auf den Akteninhalt genügt nicht[30]. Die Voraussetzungen des § 1906 BGB bzw des jeweiligen PsychKG bzw UnterbrG müssen daher vom LG hinreichend konkret und nachprüfbar festgestellt und dargelegt sein. Fundierte Ausführungen zu der Frage, ob eine *erhebliche* Gefährdung der öffentlichen Sicherheit oder Ordnung vorliegt, sind bei Unterbringung nach dem UnterbrG bzw PsychKG unabdingbar. Der Grundsatz der Verhältnismäßigkeit verlangt, dass in den Fällen des PsychKG/UnterbrG die Schutzwürdigkeit der vom psychisch Kranken gefährdeten Rechtsgüter der Schwere des Eingriffs in die persönliche Freiheit entsprechen[31]. Die gefährdeten Rechtsgüter müssen von erheblichem Gewicht, die den geschützten Rechtsgütern drohende Gefahr muss erheblich sein. Das erfordert, dass mit einer Beeinträchtigung der Rechtsgüter zum einen mit hoher Wahrscheinlichkeit und zum anderen jederzeit zu rechnen sein muss[32]. Zweckmäßig ist ferner, darzulegen, weshalb im Beschwerdeverfahren keine persönliche Anhörung des Betroffenen durch die Kammer erfolgte[33].

48 Die Entscheidung des LG darf nur den **Verfahrensgegenstand** regeln, der schon Gegenstand der erstinstanzlichen Entscheidung war (denn anderenfalls fehlt eine angreifbare Endentscheidung im Sinne von § 58 Abs 1 FamFG) und der angefochten ist (denn sonst fehlt die Anfallswirkung). **Auswechslung der Rechtsgrundlage.** Wenn das LG im Beschwerdeverfahren feststellt, dass die Voraussetzungen für eine vom AG nach dem UnterbrG/PsychKG, § 331 FamFG angeordnete vorläufige Unterbringung nicht vorliegen, zugleich aber die Voraussetzungen für eine Anordnung nach §§ 1846, 1908 i Abs 1 BGB iVm § 334 FamFG, § 1906 BGB gegeben sind, so kann es nach Ansicht des OLG München die weitere Unterbringung auf diese andere Rechtsgrundlage stützen[34]. Die bisherige Unterbringung war dann möglicherweise rechtswidrig (vgl § 337 FamFG).

49 **Reformatio in peius:** Legt nur *ein* Beteiligter Beschwerde ein, kann er (jedenfalls in Vergütungssachen) nicht verschlechtert werden[35].

30 BayObLG FamRZ 1998, 1327.
31 BayObLGZ 1989, 17, 20.
32 BayObLG 1998, 116, 118; OLG München FamRZ 2006, 62.
33 OLG Bremen RuP 1995, 187: „muss begründet werden".
34 OLG München FamRZ 2006, 62; bedenklich; offen gelassen vom OLG Frankfurt FGPrax 2007, 149.
35 BayObLG FamRZ 1996, 1166; 1995, 692.

c) **Zurückverweisung.** Eine Aufhebung und Zurückverweisung ist nur ausnahmsweise zulässig (§ 69 Abs 1 Satz 2, 3 FamFG): wenn das erstinstanzliche Gericht in der Sache noch nicht entschieden hat (etwa wenn das erstinstanzliche Gericht sich ausschließlich mit Zulässigkeitsfragen beschäftigt hat und eine Befassung in der Sache aus diesem Grund unterblieben ist); oder soweit das Verfahren an einem wesentlichen Mangel leidet und zur Entscheidung eine umfangreiche oder aufwendige Beweiserhebung notwendig wäre *und* mindestens ein Beteiligter die Zurückverweisung beantragt (vgl § 538 Abs 2 Satz 1 ZPO). Hierunter ist die Vernehmung einer *Vielzahl* von Zeugen oder die Beweisaufnahme an einem weit entfernt liegenden Ort zu verstehen. Die bloße Vernehmung *eines* Zeugen oder *eines* Sachverständigen ist dagegen regelmäßig kein Zurückverweisungsgrund[36]. Sind die Beteiligten trotz Vorliegen eines Zurückverweisungsgrundes mit einer Entscheidung des Beschwerdegerichts in der Sache einverstanden, so ist das Beschwerdegericht aus Gründen der Verfahrensbeschleunigung hieran gebunden. 50

Verfahren nach Zurückverweisung: Das Gericht des ersten Rechtszugs hat die rechtliche Beurteilung, die das Beschwerdegericht der Aufhebung zugrunde gelegt hat, auch seiner Entscheidung zugrunde zu legen (§ 69 Abs 1 Satz 4 FamFG). 51

d) **Kostenentscheidung:** §§ 81, 84 FamFG. § 130 Abs 5 KostO ist auch im Beschwerdeverfahren anwendbar[37]. Zu den Kosten im Einzelnen vgl § 337 FamFG. 52

e) **Rechtsmittelbelehrung.** In den Fällen, in denen die Rechtsbeschwerde zugelassen wurde (§ 70 Abs 1 FamFG) oder kraft Gesetzes wegen § 70 Abs 3 FamFG statthaft ist, ist ferner eine Rechtsmittelbelehrung erforderlich (§ 39 FamFG). Nach dem Sinn dieser Regelung, dem Betroffenen zu seinem Schutz die Anfechtung zu erleichtern, ist keine Belehrung erforderlich, wenn die Entscheidung nicht anfechtbar ist. Die Rechtsmittelbelehrung muss durch die Unterschriften der Richter gedeckt sein (also idR *oberhalb* stehen) und mit ihrem vollständigen Text in den Akten sein[38], damit feststellbar ist, welcher Text dem Betroffenen übermittelt wurde. 53

11. Rechtsbeschwerde. Die weitere Beschwerde zum OLG wurde durch das FamFG abgeschafft. Denkbar ist, gegen die Beschwerdeentscheidung des LG Rechtsbeschwerde zum BGH einzulegen. 54

Statthaftigkeit. In „Unterbringungssachen" ist die Rechtsbeschwerde ohne Zulassung statthaft; § 70 Abs 3 FamFG; auch bei fehlender Grundsätzlichkeit etc. Was Unterbringungssachen sind ist in § 312 FamFG definiert. Die Genehmigung bzw Anordnung einer Unterbringung oder unterbringungsähnliche Maßnahme fällt darunter, die Ablehnung nicht (§ 70 Abs 3 Satz 2 FamFG). Keine Unterbringungssache ist die Vergütung des Verfahrenspflegers in einer Unterbringungssache; hier ist die Rechtsbeschwerde zum BGH deshalb nur zulässig, wenn sie vom LG nach § 70 Abs 1, 2 FamFG zugelassen wurde. Gegen einen Beschluss im Verfahren über die Anordnung, Abänderung oder Aufhebung einer **einstweiligen Anordnung** (§§ 300, 301 FamFG) findet die Rechtsbeschwerde nicht statt (§ 70 Abs 4 FamFG). 55

Frist und Form der Rechtsbeschwerde; Anwaltszwang. Die Rechtsbeschwerde ist binnen einer Frist von einem Monat nach der schriftlichen Bekanntgabe des 56

36 So BT-Drucks, 16/6308 S. 208.
37 OLG München FamRZ 2006, 1681 (auch zur Veranlasserhaftung nach § 2 Nr 1 KostO).
38 BayObLG BtPrax 1993, 30 aE.

Beschlusses durch Einreichen einer Beschwerdeschrift beim BGH einzulegen (§ 71 Abs 1 Satz 1 FamFG). Weiter Formalien regeln § 70 Abs 1 bis Abs 4 FamFG. Die Beschwerde kann nur ein beim BGH zugelassener Anwalt einlegen und begründen (§ 10 Abs 4 FamFG).

57 **Gründe der Rechtsbeschwerde.** Ein neuer Sachantrag ist unzulässig[39]; eine neue Beweisaufnahme erfolgt nicht. Die Rechtsbeschwerde kann nur darauf gestützt werden, dass die angefochtene Entscheidung auf einer Verletzung des Rechts beruht. Das Recht ist verletzt, wenn eine Rechtsnorm nicht oder nicht richtig angewendet worden ist (§ 72 Abs 1 FamFG). Eine Anschlussrechtsbeschwerde ist möglich (§ 73 FamFG).

58 **Entscheidung über die Rechtsbeschwerde.** Dazu enthält § 74 FamFG Einzelheiten. Entscheiden muss ein Senat des BGH; Einzelrichter gibt es beim BGH nicht. Der BGH kann bei zugelassenen, aber unbegründeten Rechtsbeschwerden von einer Begründung absehen (§ 74 Abs 7 FamFG). Bei zu Unrecht zugelassenen Rechtsbeschwerden kann die Zurückweisung ohne mündliche Verhandlung und ohne nähere Begründung erfolgen (§ 74a FamFG).

59 **12. Sprungrechtsbeschwerde.** Gegen den Beschluss des Betreuungsgerichts kann ferner auf Antrag und nach Zulassung durch den BGH unmittelbar Rechtsbeschwerde beim BGH einlegt werden (§ 75 FamFG); die Regelung hat aber keine praktische Bedeutung, weil der Antrag als Verzicht auf die Beschwerde gilt.

II. Erledigung der Hauptsache; Feststellung der Rechtswidrigkeit

60 **1. Erledigung der Hauptsache.** Wird gegen die Unterbringungsmaßnahme Beschwerde eingelegt und wird der Betroffene vor Entscheidung über die Beschwerde entlassen oder wird gegen die Unterbringung durch einstweilige Anordnung Beschwerde eingelegt und läuft die vorläufige Betreuung vor der Beschwerdeentscheidung ab, so dass der Betroffene entlassen wird, hat sich die Hauptsache des Beschwerdeverfahrens erledigt[40]. Eine Hauptsacheerledigung tritt auch durch die Verlegung des Betroffenen von der geschlossenen auf die offene Station ein, wenn diese nicht lediglich zur Probe verfügt wurde, weil hierdurch die gerichtliche Genehmigung der geschlossenen Unterbringung wirkungslos wurde[41]. Wird die Beschwerde nicht **auf die Kosten beschränkt,** wird sie mangels Rechtsschutzbedürfnisses unzulässig[42] (zu den Kostenfolgen vgl § 337 FamFG). Auf diese Möglichkeit muss der Beschwerdeführer meines Erachtens vom Beschwerdegericht aus Gründen des fairen Verfahrens hingewiesen werden. Wird vom AG ein Unterbringungsantrag abgelehnt, die Beschwerde hiergegen vom LG zurückgewiesen und lehnt dann das AG einen weiteren auf neue Tatsachen gestützten Unterbringungsantrag ab, dann soll kein Rechtsschutzbedürfnis für eine Rechtsbeschwerde gegen den LG-Beschluss mehr bestehen[43].

61 **2. Feststellung der Rechtswidrigkeit.** Eine Beschwerde setzt grundsätzlich voraus, dass die angegriffene Entscheidung den Betroffenen noch belastet. War der Betroffene entlassen oder entwichen, hat sich die Rechtsprechung jahrzehntelang dagegen gewehrt, die seinerzeitige Rechtswidrigkeit der Unter-

39 BayObLG FamRZ 1998, 1245.
40 BayObLG FamRZ 2001, 253.
41 OLG Hamm NJW-RR 2000, 669.
42 BGH NJW 1983, 1672; OLG München NJW-RR 2008, 810.
43 OLG München FamRZ 2006, 506.

bringung noch nachzuprüfen; der Betroffene habe kein Rechtsschutzbedürfnis dafür (letztlich wollte man sich die Arbeit sparen). Erst verfassungsrechtliche Entscheidungen[44] brachten dann eine Wende. Basierend auf der danach ergangenen Rechtsprechung[45] wurde § 62 FamFG eingefügt: Hat sich die angefochtene Entscheidung in der Hauptsache erledigt, spricht das Beschwerdegericht auf Antrag aus, dass die Entscheidung des Gerichts des ersten Rechtszugs den Beschwerdeführer in seinen Rechten verletzt hat, wenn der Beschwerdeführer ein berechtigtes Interesse an der Feststellung hat. Ein berechtigtes Interesse liegt in der Regel vor, wenn schwerwiegende **Grundrechtseingriffe** vorliegen oder eine Wiederholung konkret zu erwarten ist. Auf die Möglichkeit, einen solchen Antrag zu stellen, muss ein Laie von Beschwerdegericht hingewiesen werden[46].

Es geht hierbei hauptsächlich um **Unterbringungen** psychisch auffälliger Personen[47] und Freiheitsentziehungen, bei denen der Betroffene Beschwerde einlegt und dann während des Beschwerdeverfahrens entlassen wird (also einige Wochen „eingesperrt" wurde, darin seine Ehre, seinen Ruf und sein Einkommen beschädigt sieht, und deshalb einen klarstellenden Beschluss haben will); ferner um Fälle der Wohnungsdurchsuchung aufgrund richterlicher Anordnung. Liegt das Feststellungsinteresse nicht vor, kann der Beschwerdeführer sein Rechtsmittel auf die Kosten beschränken[48], auch als Hilfsantrag. Andernfalls ist die Beschwerde unzulässig. 62

Weitere Beispiele: der Richter genehmigt eine Fixierung nach § 1846 BGB, obwohl bereits eine Betreuung bestand, was der Richter nicht nachgeprüft hatte, obwohl dafür genügend Zeit war; rechtswidrig[49]. 63

III. Beschwerdeberechtigung des Betroffenen und sonstiger Personen (Abs 1)

1. Beschwerdeberechtigung aus § 59 Abs 1 FamFG. Eine Beschwerdeberechtigung kann sich nicht nur aus § 335 FamFG ergeben, sondern auch aus § 59 Abs 1 FamFG[50], also wenn der Beschwerdeführer durch den angefochtenen Beschluss in *seinen Rechten* beeinträchtigt ist. Ergibt sich die Beschwerdeberechtigung aus § 59 Abs 1 FamFG, greifen die weiteren Beschränkungen des § 335 FamFG nicht ein: keine Begrenzung auf bestimmte Angehörige, keine Notwendigkeit der Beteiligung schon in erster Instanz, keine Beschränkung auf Beschwerdeausübung im Interesse des Betroffenen. 64

a) **Recht** in diesem Sinne ist jedes dem Beschwerdeführer durch die Rechtsordnung zuerkannte und von der Staatsgewalt geschützte private oder öffentliche subjektive Recht, dagegen nicht schon ein rechtliches oder berechtigtes (wirtschaftliches, ideelles oder sonstiges) Interesse[51]. Eine Beeinträchtigung liegt vor, wenn die angefochtene Entscheidung unmittelbar nachteilig in die Rechtsstellung des Beschwerdeführers eingreift, indem sie dessen Recht aufhebt, beschränkt, mindert oder gefährdet, die Ausübung des Rechts stört oder 65

44 BVerfG 104, 220/232.
45 ZB BGH FGPrax 2008, 149; OLG Hamm FamRZ 2007, 763.
46 OLG München FamRZ 2006, 62.
47 BVerfG NJW 1998, 2432.
48 BayObLG FamRZ 1998, 1325.
49 OLG Frankfurt FGPrax 2007, 149.
50 OLG Hamm FamRZ 2002, 194; BayObLG FamRZ 1994, 1061.
51 vgl BGH NJW 1997, 1855; BayObLGZ 1998, 82/84; BayObLG MDR 2001, 94.

erschwert oder eine Verbesserung der Rechtsstellung vorenthält[52]. Die Beeinträchtigung kann grundsätzlich nur aus dem Inhalt der Entscheidungsformel, nicht aber aus der Art der Begründung der angefochtenen Entscheidung hergeleitet werden[53]. Für die Prüfung der Beschwerdeberechtigung kommt es darauf an, ob ein Recht des Beschwerdeführers beeinträchtigt wäre, wenn die angefochtene Entscheidung sich in seinem Sinn als ungerechtfertigt herausstellen würde[54].

66 b) **Beeinträchtigung der Rechte des Betroffenen.** Der Betroffene (zB der Betreute, Untergebrachte) ist gemäß § 59 Abs 1 FamFG gegen alle ihn belastenden Entscheidungen des Betreuungsgerichts beschwerdeberechtigt, zB gegen die Anordnung bzw Genehmigung einer Unterbringung, gegen die Verlängerung; gegen die Ablehnung der Aufhebung der Entscheidung, die Ablehnung der Entlassung. Beantragt der Betreute oder sein Betreuer die Unterbringung und wird sie abgelehnt, ist *er selbst* nicht beschwerdeberechtigt, weil er sich ja freiwillig unterbringen lassen kann[55], zB als Drogensüchtiger zwecks Entgiftung.

67 c) **Entbehrlichkeit einer Rechtsbeeinträchtigung.** Der Betreuer kann durch eine Entscheidung des Betreuungsgerichts in einer zivilrechtlichen Unterbringungssache kaum in *seinen* Rechten beeinträchtigt sein. Für ihn ist daher § 335 Abs 3 FamFG einschlägig. Auch der Verfahrenspfleger ist nicht in eigenen Rechten beeinträchtigt (§ 335 Abs 2 FamFG), ebenso wenig die Behörde (§ 335 Abs 4 FamFG).

68 d) **Beeinträchtigung der Rechte der Angehörigen, Dritter.** Eine Beeinträchtigung in eigenen Rechten ist allenfalls beim **Ehegatten** wegen Art 6 GG vorstellbar, wohl auch bei Kindern. Die Frage der Erteilung oder Versagung von **Genehmigungen** betrifft nur das Verhältnis des Betreuungsgerichts zu dem Betreuer, weshalb in die Rechtssphäre eines Dritten, der auf die Erteilung der Genehmigung kein Recht hat, grundsätzlich nicht eingegriffen wird[56], so dass der Dritte grundsätzlich kein Beschwerderecht hat, wenn die Genehmigung erteilt oder versagt wird.

69 2. **Beschwerdeberechtigung aus § 335 Abs 1 FamFG.** Nach § 335 Abs 1 FamFG sind in „Unterbringungssachen" im Sinne von § 312 FamFG bestimmte Personen auch dann im eigenen Namen beschwerdeberechtigt, wenn sie es nach § 59 Abs 1 FamFG nicht wären.

70 Drei Voraussetzungen müssen allerdings bei § 335 Abs 1 FamFG vorliegen:
- Privilegierte Person (Rz 71),
- Beteiligtenstellung dieser Person schon in erster Instanz (Rz 77),
- Beschwerde im Interesse des Betroffenen (Rz 83).

71 3. **Privilegierte Personen, § 335 Abs 1 Nr 1 FamFG.** In den Fällen des Abs 1 können nur bestimmte Personen auch dann Beschwerde im eigenen Namen einlegen, wenn sie nicht in ihren eigenen Rechten im Sinne von § 59 Abs 1 FamFG beeinträchtigt sind; solche privilegierte Personen sind:

52 BayObLGZ 1998, 82; BayObLG MDR 2001, 94; OLG Dresden NJW-RR 1998, 830.
53 BayObLGZ 1975, 420/424; BayObLG MDR 2001, 94; KG FamRZ 1977, 65.
54 BayObLGZ 1983, 149/150; BayObLG MDR 2001, 94.
55 BayObLG BeckRS 2004, 12586.
56 OLG Frankfurt Rpfleger 1979, 423; OLG Schleswig BtPrax 1994, 142/143; BayObLG BtPrax 2004, 111; OLG München FGPrax 2006, 266.

a) **Ehegatte** des Betroffenen; auch der getrenntlebende Ehegatte (zum Begriff vgl § 1567 BGB), es sei denn, es liegt ein „dauerndes“ Getrenntleben vor. Der geschiedene Ehegatte ist beschwerdeberechtigt bis zur Rechtskraft der Scheidung[57], es sei denn, schon vorher lag ein dauerndes Getrenntleben vor. Der *(homosexuelle, registrierte)* **Lebenspartner** des Betreuten im Sinne von § 1 LPartG wird dem Ehegatten gleichgestellt. Der *heterosexuelle* Lebensgefährte (Mann/Frau) dagegen hat kein Beschwerderecht, weder aus § 335 Abs 1 noch aus § 59 Abs 1 FamFG, da eine Analogie ausscheidet[58]; das ist deshalb gerechtfertigt, weil die Abgrenzungsfrage (ab welcher Beziehungsnähe ist man Lebenspartner?) schwierig ist. Der Betroffene kann aber seine Partnerin als Vertrauensperson deklarieren (§ 335 Abs 1 Nr 2 FamFG); wenn sie dann vom Betreuungsgericht beteiligt wird, ist sie auch beschwerdeberechtigt. 72

b) **Nächste Angehörige und Verwandte.** Nur noch der „Kernfamilie“ räumt das FamFG Rechte ein: Eltern, Kinder (auch nichteheliche, adoptierte), aber nur, falls der Betroffene bei ihnen lebte oder gelebt hat; Pflegeeltern, bei ihnen gilt die Lebensklausel merkwürdigerweise nicht, was nur passt, wenn man auf die Unterbringung von minderjährigen Kindern nach § 167 Abs 1 FamFG abstellt. 73

Nicht beschwerdeberechtigt sind: Großeltern, Enkel, Urenkel, Geschwister des Betroffenen (anders als im Betreuungsverfahren), Neffen/Nichten, was durchaus problematisch ist, wenn man bedenkt, dass meist alte Menschen untergebracht oder Gegenstand unterbringungsähnlicher Maßnahmen (§ 1906 Abs 4 BGB) werden, deren nächste Bezugspersonen wegen vorverstorbener Kinder ihre Enkel oder Neffen, Nichten sind. Das Verwandtschaftsverhältnis muss bei Beschwerdeeinlegung bestehen („verwandt *sind*“, nicht „waren“), spätestens bei der Beschwerdeentscheidung. 74

c) **Vertrauensperson des Betroffenen,** § 335 Abs 1 Nr 2. Das muss eine natürliche Person sein, keine Organisation[59]. Jemand kann auch mehrere Vertrauenspersonen haben. Die Benennung erfolgt durch den Betroffenen, was auch konkludent geschehen kann. Deshalb wird man den nichtehelichen Lebensgefährten als Vertrauensperson auffassen müssen, wenn sich der Betroffene selbst nicht mehr artikulieren kann. Vgl § 274 Abs 1 Nr 1 FamFG. 75

d) **Der Leiter der Einrichtung, in der der Betroffene lebt,** § 335 Abs 1 Nr 3. Er könnte, falls in erster Instanz beteiligt worden, gegen die Versagung der Entlassung Beschwerde einlegen. 76

4. Beteiligtenstellung der privilegierten Personen in erster Instanz. – a) Beteiligung. Den privilegierten Personen steht das Beschwerderecht nur zu, wenn sie schon im ersten Rechtszug vom Betreuungsgericht beteiligt worden sind (§ 335 Abs 1 Schlusssatz FamFG). Damit soll die Zahl der Beschwerden verringert werden; die Stellung der Familie soll zurückgedrängt werden, was bedenklich ist. Eine Beteiligtenstellung kann den „privilegierten“ Personen aber vom Betreuungsgericht nur in den in § 312 FamFG genannten Fallgruppen eingeräumt werden, also nicht zB hinsichtlich der Vergütung des Verfahrenspflegers, die bei einem nichtmittellosen Betroffenen letztlich von ihm selbst zu zahlen ist, also zu Lasten der künftigen Erbschaft geht. 77

---

57 Dann nicht mehr, LG München I BtPrax 2000, 135.
58 OLG Karlsruhe FGPrax 2008, 21; BayObLG FamRZ 1998, 1185 Nr 748 = FGPrax 1998, 56; OLG Oldenburg NJW-RR 1997, 451; aA LG Oldenburg FamRZ 1996, 1343.
59 *Prütting/Helms/Roth* § 335 Rz 3.

78 Ein **förmlicher Beschluss** des Betreuungsgerichts („X wird am Verfahren ... beteiligt") ist bedauerlicherweise nicht vorgeschrieben[60], so dass es für den Angehörigen manchmal nicht erkennbar sein wird, ob er lediglich vom Gericht im Rahmen einer Freibeweiserhebung um Auskünfte gebeten wurde (vgl § 7 Abs 6 FamFG) oder zum Beteiligten gemacht wurde. Ob eine Beteiligung in erster Instanz vorliegt oder nicht ist dann vom Beschwerdegericht als Vorfrage der Zulässigkeitsprüfung zu entscheiden.

79 Wer als Angehöriger vom Verfahren irgendwie Kenntnis erlangt hat, kann sich beim Gericht melden und seine **Zuziehung beantragen.** Die schwierige Frage ist, ob ein Antwortschreiben eines Laien als Beteiligungsantrag aufzufassen ist oder nicht. Das Gericht entscheidet durch Beschluss, wenn es einem Antrag auf Hinzuziehung gemäß § 7 Abs 2 oder 3 nicht entspricht (§ 7 Abs 5 Satz 1 FamFG), den Antrag also ablehnt; der Beschluss muss eine Rechtsmittelbelehrung enthalten (§ 39 FamFG). Der Beschluss ist mit der **sofortigen Beschwerde** in entsprechender Anwendung der §§ 567 bis 572 ZPO anfechtbar (§ 7 Abs 5 Satz 1 FamFG), also nur mit Zweiwochenfrist. Die Beteiligtenstellung muss also, wenn sie vom Amtsgericht nicht freiwillig eingeräumt wird, auch deswegen schon in erster Instanz erkämpft werden, weil sonst das Beschwerderecht verloren geht.

80 Wer gegen einen Beschluss, der seinen Beteiligungsantrag ablehnt, **keine Beschwerde eingelegt**, kann nur noch in seltenen Fällen mit befristeter Beschwerde gegen die Endentscheidung vorgehen (§§ 58 ff FamFG). Denn jetzt kann er seine Beschwerdeberechtigung nicht mehr auf § 335 Abs 1 FamFG stützen, nur noch auf § 59 Abs 1 FamFG, was mangels Beeinträchtigung in *eigenen* Rechten kaum möglich ist.

81 b) **Nachholung.** Problematisch sind die Fälle, in denen ein Angehöriger sich deshalb in der ersten Instanz nicht beteiligen konnte (und auch seine Beteiligung nicht durch sofortige Beschwerde erzwingen konnte), weil seine **Adresse dem Betreuungsgericht nicht bekannt** war oder weil sich das Betreuungsgericht einfach das Anschreiben sparte, vielleicht sogar bewusst, um eine Beschwerde zu vereiteln. Der Angehöriger wird in einem solchen Fall zusammen mit der befristeten Beschwerde gegen die Endentscheidung, die beim Betreuungsgericht einzulegen ist (§ 64 Abs 1 FamFG), den **Antrag auf Beteiligung nachholen können**[61]. In der Beschwerde liegt sinngemäß immer ein solcher Antrag. Eine Frist für den Antrag ist nicht bestimmt. Vgl § 303 Rz 125.

82 c) **Einstweilige Anordnung.** Sie kann in Unterbringungssachen ohne Beteiligung der nächsten Angehörigen ergehen (§§ 331 ff FamFG). Die Folge ist, dass gegen die einstweilige Anordnung die Angehörigen kein Rechtsmittel einlegen können, wenn sie nicht beteiligt wurden.

83 5. **Ausübung des Beschwerderechts im Interesse des Betroffenen.** Die privilegierten Personen, Ehegatte und Verwandte können ihr Beschwerderecht nur im Interesse des Betroffenen ausüben, wie sich aus Abs 1 ergibt. Für die Behörde (§ 335 Abs 4 FamFG), den Verfahrenspfleger (§ 335 Abs 2 FamFG) und den Betreuer bzw Vorsorgebevollmächtigten (§ 335 Abs 3) besteht diese Einschränkung nicht. Schon die Zuziehung als Beteiligter ist nach § 315 FamFG nur zulässig im Interesse des Betroffenen. Das wird bei der Beschwerde nochmals verschärft: selbst wenn der Angehörige in erster Instanz beteiligt wurde, darf auch die Beschwerde nur im Interesse des Betroffenen eingelegt werden und ist andernfalls unzulässig. Die Gesetzesbegründung meint[62], das Gericht müsste

---

60 BT-Drucks 16/6308 S. 179.

61 Ähnlich *Prütting/Helms/Roth* § 335 Rz 4: wenn jemand zu Unrecht in erster Instanz nicht beteiligt wurde, kann dies nicht der Anlass sein, ihm das Beschwerderecht zu versagen.

62 BT-Drucks 16/6308 S. 265.

hierbei die Wünsche und Belange des Betroffenen berücksichtigen. Er müsste wohl erst gefragt werden, ob er mit der Beschwerde seiner Angehörigen einverstanden ist; dann könnte er sogar nachträglich der Unterbringungsmaßnahme zustimmen und so der Beschwerde den Boden wegziehen. Unklar ist, wie das Interesse des Betroffenen festzustellen ist, wenn er sich nicht mehr artikulieren kann. Gemeint ist wohl, dass die Beschwerde unzulässig sein soll, wenn der Beschwerdeführer *ausschließlich* eigene Interessen (etwa finanzieller Art) verfolgt.

IV. Beschwerderecht des Verfahrenspflegers, Abs 2

Die Bestellung eines Verfahrenspflegers in erster Instanz endet in der Regel erst mit Rechtskraft der Endentscheidung (§ 317 Abs 5 FamFG). Er kann deshalb Beschwerde und (mittels eines BGH-Anwalts, § 10 FamFG) Rechtsbeschwerde einlegen und ist auch im Beschwerdeverfahren beteiligt. Wurde er in erster Instanz nicht bestellt, kann er von der Zivilkammer (nicht durch den Vorsitzenden allein [63]) bzw vom Einzelrichter der Zivilkammer bestellt werden. 84

Der Verfahrenspfleger ist von nach § 59 FamFG in eigenen Rechten betroffen und daher beschwerdeberechtigt, wenn es um seine Vergütung geht (§§ 318, 277 FamFG). Abs 2 räumt dem Verfahrenspfleger zusätzlich eine Beschwerdeberechtigung ein, obwohl er in seinen Rechten nicht beschwert ist. Im Übrigen muss auch er die Beschwerdefrist wahren (sie beginnt mit dem Zugang der Entscheidung an ihn). Seine Beschwerdeberechtigung wird in Abs 2 nicht beschränkt: anders als Verwandte und die Vertrauensperson muss er nicht im Interesse des Betroffenen handeln[64], das ist merkwürdig. Jedoch kann sein Beschwerderecht sinngemäß nicht weiter gehen als das des Betroffenen; gegen die Ablehnung oder Aufhebung einer Unterbringung kann er deshalb keine Beschwerde einlegen[65]. Legt der Verfahrenspfleger Beschwerde ein und wird sie zurückgewiesen, dürfen ihm persönlich keine **Kosten** auferlegt werden (§ 317 Abs 7 FamFG). Hatte der Verfahrenspfleger einen Anwalt beauftragt, fragt sich, wer die Anwaltsgebühren zahlt; denn der Verfahrenspfleger ist kein gesetzlicher Vertreter des Betroffenen. 85

V. Beschwerderecht des Betreuers, Abs 3

Der Betreuer ist im eigenen Namen nicht immer beschwerdeberechtigt, weil die Entscheidung selten in seine *eigene* Rechtssphäre im Sinne von § 58 Abs 1 FamFG eingreift[66]. Abs 3 stellt klar, dass der Betreuer gegen eine Entscheidung, die seinen Aufgabenkreis betrifft, im eigenen Namen Beschwerde einlegen kann, wenn er dazu nach § 59 Abs 1 FamFG berechtigt ist oder im Namen des Betreuten, wenn dieser – wie stets – berechtigt ist. Er kann auch im eigenen und zugleich im fremden Namen Beschwerde einlegen, wie das Wort „auch“ zeigen soll. Im Zweifel ist Einlegung im Namen des Betreuten gewollt[67]. Bei der Entscheidung sind diese Beschwerden getrennt auf Zulässigkeit und Begründetheit zu prüfen, auch wenn über sie gemeinsam in *einem* Beschluss entschieden wird. 86

63 BayObLG FamRZ 1993, 1223.
64 AA *Prütting/Helms/Roth* § 335 Rz 7
65 BayObLG BtPrax 2005, 70; 2002, 165; OLG Frankfurt FamRZ 2000, 1446; Keidel/*Budde* § 335 Rz 3; MünchKomm FamFG/*Schmidt-Recla* § 335 Rz 9.
66 Vgl BayObLG FamRZ 1994, 1189.
67 Vgl BayObLG FamRZ 1999, 47.

87 **1. Beschwerde im eigenen Namen.** Der Betreuer kann gegen eine Entscheidung des Betreuungsgerichts im eigenen Namen Beschwerde einlegen, wenn er durch die Entscheidung in seinen eigenen Rechten beeinträchtigt ist (§ 59 Abs 1 FamFG).

88 Gegen die Aufhebung der Unterbringung kann der Betreuer **keine Beschwerde** einlegen, denn er hat kein eigenes Recht auf Anordnung oder Bestand einer Unterbringung.

89 **2. Beschwerde im Namen des Betreuten.** Der Betreuer kann gegen eine Entscheidung, die seinen Aufgabenkreis betrifft, *auch* im Namen des Betroffenen Beschwerde einlegen (Abs 3). Voraussetzung ist, dass die Betreuung noch besteht[68]; denn sonst hat er keine Vertretungsmacht mehr. Erfasst sind Entscheidungen, die eine Genehmigung der Unterbringung versagen[69]. Die Erteilung der Genehmigung ist nicht anfechtbar, weil der Betreuer davon nicht Gebrauch machen muss. Gegen eine öffentlich-rechtliche Unterbringungsanordnung ist der Betreuer beschwerdeberechtigt[70].

VI. Beschwerderecht des Vorsorgebevollmächtigten, Abs 3

90 Bestellt das Gericht einen Betreuer, obwohl ein Bevollmächtigter für den entsprechenden Aufgabenkreis vorhanden war, dann hatte unter Geltung des FGG der Bevollmächtigte nach hM[71] kein Beschwerderecht, weil er nicht in seinem Recht verletzt sei; diese irrige Auffassung hat das FamFG aufgegeben (§ 335 Abs 3 FamFG). Die Regelungen über die Beschwerdebefugnis des Betreuers gelten nun auch für den Vorsorgebevollmächtigten.

VII. Beschwerdeberechtigung der Behörde, Abs 4

91 § 59 Abs 1 FamFG grenzt den Kreis der beschwerdeberechtigten Personen ein, indem eine Beeinträchtigung *in eigenen Rechten* (Beschwerdeberechtigung) vorausgesetzt wird; damit soll eine Popularbeschwerde verhindert werden. In Antragsverfahren ist zusätzlich die weitere Einschränkung des § 59 Abs 2 FamFG zu beachten. Die Betreuungsbehörde ist in eigenen Rechten nicht betroffen (§ 59 Abs 1 FamFG), wäre deshalb nicht beschwerdeberechtigt. Das FamFG will aber aus rechtspolitischen Erwägungen, dass die Behörde Beschwerde einlegen kann und räumt der örtlich zuständigen Behörde deshalb kraft Gesetzes eine unbeschränkte Beschwerdeberechtigung ein (vgl § 59 Abs 3 FamFG), sowohl gegen die Genehmigung wie gegen die Ablehnung der Unterbringung und die vergleichbaren Fälle. Die Betreuungsbehörde benötigt keine Beschwer[72]. Die Beschwerde ist auch dann zulässig, wenn sich die Behörde in erster Instanz nicht beteiligte. Die anderen Zulässigkeitsvoraussetzungen der Beschwerde (richtige Einlegung, Fristwahrung) müssen aber auch bei einer Beschwerde der Behörde vorliegen.

92 Die **zuständige Behörde** ist bei zivilrechtlicher Unterbringung die Betreuungsbehörde, bei Unterbringung nach PsychKG/UnterbrG die nach Landesrecht zuständige Behörde (zB Kreisverwaltungsbehörde; Ordnungsamt); bei Unter-

---

68 BayObLG FamRZ 1994, 1189; 1996, 58; *Jansen/Sonnenfeld* FGG § 69 g Rz 35.
69 Vgl BayObLG BtPrax 1998, 72; Keidel/*Budde* § 335 Rz 4.
70 Keidel/*Budde* § 335 Rz 4.
71 BayObLG FamRZ 1996, 968; FGPrax 2003, 171; OLG München FamRZ 2006, 729; aA OLG Zweibrücken FGPrax 2002, 260.
72 BayObLG FamRZ 1995, 1595.

bringung von Kindern das Jugendamt. **Die Staatskasse ist** nicht „Behörde" im Sinne von Abs 4[73].

§ 336 Einlegung der Beschwerde durch den Betroffenen

Der Betroffene kann die Beschwerde auch bei dem Amtsgericht einlegen, in dessen Bezirk er untergebracht ist.

Die Vorschrift entspricht dem früheren § 69 g Abs 3 FamFG.

Der Betroffene kann die **befristete Beschwerde** nach §§ 58 ff FamFG bei dem Gericht einlegen, dessen Beschluss angefochten wird (§ 64 Abs 1 FamFG), also beim Betreuungsgericht (AG). In den Fällen der **sofortigen Beschwerde** (§§ 567 bis 572 ZPO) kann die Beschwerde beim Betreuungsgericht (AG) oder beim Beschwerdegericht (LG) eingelegt werden (§ 569 Abs 1 Satz 1 ZPO). Für Betreuungssachen findet sich eine identische Regelung in § 306 FamFG; auf die dortige Kommentierung wird verwiesen. 1

Wenn der Betroffene freiheitsentziehend im Sinne von § 312 FamFG untergebracht ist, kann *er* nach § 336 FamFG fristwahrend die befristete oder sofortige Beschwerde in einer Unterbringungssache beim zuständigen Gericht, aber auch bei dem Amtsgericht des Unterbringungsbezirks (nicht aber bei dem diesem übergeordneten LG[1]) einlegen; für den Verfahrenspfleger des Untergebrachten gilt dieses Privileg nicht[2], auch nicht für den Betreuer, den Verfahrensbevollmächtigten (Rechtsanwalt), Vorsorgebevollmächtigten[3] oder die Betreuungsbehörde; denn diese Personen können sich frei bewegen und nur dem in seiner Freiheit Behinderten will § 336 FamFG helfen. 2

Die Regelung gilt nicht für Personen, die sich in Strafhaft befinden[4], auch nicht für nach § 63 StGB Untergebrachte[5]. 3

§ 337 Kosten in Unterbringungssachen

(1) In Unterbringungssachen kann das Gericht die Auslagen des Betroffenen, soweit sie zur zweckentsprechenden Rechtsverfolgung notwendig waren, ganz oder teilweise der Staatskasse auferlegen, wenn eine Unterbringungsmaßnahme nach § 312 Nr. 1 und 2 abgelehnt, als ungerechtfertigt aufgehoben, eingeschränkt oder das Verfahren ohne Entscheidung über eine Maßnahme beendet wird.

(2) Wird ein Antrag auf eine Unterbringungsmaßnahme nach den Landesgesetzen über die Unterbringung psychisch Kranker nach § 312 Nr. 3 abgelehnt oder zurückgenommen und hat das Verfahren ergeben, dass für die zuständige Verwaltungsbehörde ein begründeter Anlass, den Unterbringungsantrag zu stellen, nicht vorgelegen hat, hat das Gericht die Auslagen des Betroffenen der Körperschaft aufzuerlegen, der die Verwaltungsbehörde angehört.

Dem § 337 FamFG entspricht teilweise der frühere § 13 a Abs 2 FGG.

73 OLG Schleswig-Holstein FGPrax 1999, 110.
1 BayObLG bei *Goerke* Rpfleger 1981, 281.
2 BayObLGZ 1971, 325.
3 AA *Prütting/Helms/Roth* § 336 Rz 2; *Bassenge/Roth* § 336 Rz 1.
4 AA *Bassenge/Roth* § 336 Rz 1.
5 BGH NJW 1965, 1182; *Jansen/Sonnenfeld* FGG § 69 g Rz 39.

I. Überblick

1. Anfallende Kosten in Unterbringungssachen. – a) Gerichtliche Gebühren. 1
Handelt es sich um eine Unterbringung durch einen Betreuer (§ 312 Nr 1 und 2 FamFG; § 1906 BGB), fallen für die Betreuungssache vermögensbezogene Jahresgebühren nach § 92 KostO erhoben; sie sind vom Betroffenen zu tragen, soweit nicht die Freibeträge des § 92 KostO eingreifen; bei mittellosen Person fällt also keine Gebühr an. Bei der öffentlich-rechtlichen Unterbringung entfällt mangels Betreuer diese Gebühr. In Unterbringungssachen werden (weder für die Genehmigung bzw Anordnung der Unterbringung noch für die laufende Unterbringung) keine Gerichtsgebühren erhoben (§ 128 b Satz 1 KostO).

b) Gerichtliche Auslagen (insbesondere Kosten der Sachverständigen, Zeugen, 2
Reisekosten des Richters): In Unterbringungssachen werden, wenn die Gerichtskosten nicht durch Beschluss einem anderen auferlegt worden sind, von dem Betroffenen Auslagen nur nach § 137 Abs 1 Nr 16 KostO erhoben und wenn die Voraussetzungen des § 93 a Abs 2 KostO gegeben sind (§ 128 b Satz 2 KostO). Das bedeutet: Was die Gerichtskasse an den **Verfahrenspfleger** in der Unterbringungssache zahlte, wird vom Betroffenen erhoben, falls er als „vermögend" einzustufen ist; von einem mittellosen Betroffenen werden diese Auslagen nicht eingefordert. Im Übrigen werden Auslagen nur von demjenigen erhoben, dem sie durch gerichtliche Entscheidung (§ 81 FamFG) auferlegt worden sind (§ 128 b Satz 3 KostO); das könnte ein anderer Beteiligter des Unterbringungsverfahrens sein. Jedoch sind Personen, die eine zivilrechtliche Unterbringung (zB ihres Kindes) „beantragen" keine Antragsteller im Sinne von § 2 KostO, weil kein Antragsverfahren vorliegt[1], sondern solche Unterbringungsgenehmigungen von Amts wegen erteilt werden.

Anders ist es bei der öffentlich-rechtlichen Unterbringung. Die Gesetzesbegrün- 3
dung[2] meint, die Formulierung in § 128 b Satz 3 KostO stelle klar, dass bei einer Anordnung der Unterbringung nach dem PsychKG/UnterbrG die antragstellende (Ordnungs-)Behörde die Kosten nicht schon deshalb schuldet, weil sie Antragstellerin ist, also an sich (§ 2 Nr 1 KostO) Kostenschuldnerin kraft Gesetzes ist. Für die Beitreibung der Gebühren und Auslagen ist die JustizbeitreibungsO v 11.3.1937 maßgebend.

c) **Außergerichtliche Auslagen des Betroffenen.** Dies sind zunächst seine 4
Anwaltskosten, ferner zB eigene Fahrtkosten, Verdienstausfall während der Anwaltsinformation, Verdienstausfall während des Vollzugs der Unterbringung. Die Anwaltsgebühren richten sich nach RVG VV 6300 ff. Der Betroffene schuldet sie dem von ihm beauftragten Anwalt aus dem zu Grunde liegenden Vertragsverhältnis, auch dann wenn er geschäftsunfähig ist (§ 275 FamFG Rz 6).

d) Betreuervergütung. Ihre Höhe richtet sich bei Berufsbetreuern nach § 1836 5
BGB in Verbindung mit dem VBVG; zahlungspflichtig ist die Staatskasse, bei „vermögenden" Betreuten der Betreute selbst. Diese Vergütung fällt bei einer zivilrechtlichen Unterbringung auch während der Zeit der Unterbringung an, ist dann allerdings geringer, weil der Betreute nun als jemand behandelt wird, der seinen gewöhnlichen Aufenthalt in einem „Heim" hat (§ 5 Abs 1 und 2 VBVG)[3]. Die Betreuervergütung kann einem anderen Beteiligten nicht durch Gerichtsbeschluss im Rahmen der freiwilligen Gerichtsbarkeit auferlegt werden,

1 OLG Hamm OLG-Report Frankfurt 2009, 44.
2 BT-Drucks 16/6308 S. 336.
3 Vgl OLG Rostock FGPrax 2007, 230 (zur Unterbringung in der Psychiatrie).

allenfalls als Schadensersatz (etwa aus § 826 BGB) durch ein Urteil des Zivilgerichts; auch der Staat kann im Rahmen von § 839 BGB schadensersatzpflichtig sein, der Sachverständige nach § 839a BGB.

6 e) **Kosten der Unterbringung.** Fraglich ist, wer die Kosten der Unterbringung, also des Zimmers, der Verpflegung und der Behandlung etc zu tragen hat. Das ist die Krankenkasse des Untergebrachten, hilfsweise der Betroffene selbst, seine Unterhaltspflichtigen, die Sozialhilfe. Für die öffentlich-rechtlich Untergebrachten finden sich entsprechende Bestimmungen im UnterbrG/PsychKG des jeweiligen Bundeslandes.

7 Davon zu unterscheiden ist die **Unterbringung zur Beobachtung** zwecks Erstattung eines Gutachtens nach §§ 322, 284 FamFG: wird sie richterlich angeordnet, so kommt die Erstattung der Kosten des stationären Aufenthaltes aus der Staatskasse als Aufwendungen des Sachverständigen nach §§ 8 Abs 1 Nr 4, 12 JVEG nur dann in Betracht, wenn der Aufenthalt ausschließlich der Begutachtung diente. Sind daneben auch medizinische Gründe gegeben, die einen stationären Krankenhausaufenthalt zur Erkennung oder Behandlung einer Krankheit erfordern, so wird die Leistungspflicht der Krankenkasse bzw des Sozialhilfeträgers durch die richterliche Anordnung der Unterbringung nicht ausgeschlossen[4]. Die Rechnung ist also aufzuteilen.

8 **2. Kostenentscheidungen des Gerichts. – a) Pflicht zur Kostenentscheidung?** Eine allgemeine Verpflichtung des Gerichts, über die Kosten zu entscheiden, besteht nicht (§ 81 Abs 1 Satz 1 FamFG). Die Endentscheidung in der Hauptsache muss deshalb eine Kostenentscheidung nur enthalten, wenn dies gesetzlich vorgeschrieben ist oder wenn es dem Gericht angemessen erscheint oder von einem Beteiligten beantragt wird. Bei **einstweiligen Anordnungen** gelten die allgemeinen Vorschriften (§ 51 Abs 4 FamFG), so dass auch hier grundsätzlich eine Kostenentscheidung zulässig bzw erforderlich ist. Enthält die Entscheidung **keinen Kostenausspruch,** liegt darin in der Regel die stillschweigende Entscheidung, dass keine Kostenerstattung (und auch keine Gerichtskostenermäßigung) stattfindet. Dann hat derjenige die Gerichtskosten (bei Unterbringung: Auslagen des Gerichts; Rz 2) zu tragen, der nach der KostO Kostenschuldner ist. Die jeweiligen Anwaltskosten hat dann derjenige zu tragen, der einen Anwalt mandatiert hat.

9 b) **Zeitpunkt der Kostenentscheidung.** Ergeht eine Entscheidung über die Kosten, hat das Gericht hierüber in der Endentscheidung zu entscheiden (§ 82 FamFG). Eine **Nachholung** der Kostenentscheidung ist zulässig; wäre eine Kostenentscheidung notwendig gewesen, fehlt sie aber, kann der Beschluss auf Antrag um die Kostenentscheidung ergänzt werden (§ 43 Abs 1 FamFG); für den Antrag gilt eine Zweiwochenfrist (§ 43 Abs 2 FamFG). Ein „Übergehen“ eines früher gestellten Kostenantrags ist hier nicht erforderlich, wie § 43 FamFG klarstellt. Bei offenbarer Unrichtigkeit kann der Beschluss vom Gericht auch ohne Antrag um die Kostenentscheidung berichtigt werden, § 42 FamFG.

10 c) **Fallgruppen.** Es ist zu unterscheiden:

11 aa) **Kostenentscheidung im Verhältnis zur Staatskasse.** Sie regelt die Verpflichtung des Betroffenen, der Staatskasse die Gerichtskosten (Auslagen) zu zahlen. Ob und in welcher Höhe im Verfahren der freiwilligen Gerichtsbarkeit Gerichtskosten vom Betroffenen zu entrichten sind, regelt die KostO; der Kostenbeamte prüft dies (§ 14 KostO); für eine gerichtliche Kostenentscheidung ist daher in der

4 OLG Frankfurt FGPrax 2008, 275.

Regel kein Raum. Jedoch bestimmt **§ 81 Abs 1 Satz 2 FamFG** (im Gegensatz zur früheren Rechtslage), dass das Gericht von der Erhebung „der Kosten" (definiert in § 80 FamFG als Gebühren und Auslagen; bei Unterbringung sind wegen § 128 b KostO nur die Auslagen relevant) ganz oder teilweise absehen kann. Die Gesetzesbegründung meint: Ein Absehen von Kostenerhebung „wird regelmäßig dann in Betracht kommen, wenn es nach dem Verlauf oder dem Ausgang des Verfahrens unbillig erscheint, die Beteiligten mit den Gerichtskosten des Verfahrens zu belasten"[5]. Bei den gerichtlichen Auslagen für Sachverständige ist eine Unbilligkeit denkbar. Zulässig wäre daher eine Entscheidung des Betreuungsgerichts, dass von der Auferlegung der Sachverständigenentschädigung oder der Verfahrenspflegerkosten auf den Betroffenen abgesehen wird. In Frage kommt daneben ein Ausspruch des Gerichts nach § 16 KostO (Anordnung der Nichterhebung von Gerichtskosten wegen unrichtiger Sachbehandlung).

bb) **Kostenentscheidung über Beteiligtenauslagen zu Lasten der Staatskasse.** Diese Fallgruppe regelt § 337 FamFG. Vgl unten Rz 17 ff. 12

cc) **Kostenentscheidung zum Verhältnis zwischen den Beteiligten.** Sie regeln, ob ein Beteiligter von einem anderen Beteiligten die Erstattung von Kosten verlangen kann. Dazu bestimmt **§ 81 Abs 1 Satz 1 FamFG**, dass das Gericht die Kosten des Verfahrens (notwendige Aufwendungen der Beteiligten im Sinne von § 80 Satz 1 FamFG, also vor allem die Anwaltskosten eines Beteiligten) nach billigem Ermessen den Beteiligten ganz oder zum Teil auferlegen kann. Vgl unten Rz 48 ff. 13

dd) **Kostenentscheidung zulasten Dritter.** Hiernach könnten Anzeigeerstatter etc mit Kosten belastet werden. Vgl unten Rz 59 ff. 14

ee) **Verfahrenspfleger.** Einem Verfahrenspfleger dürfen keine Kosten auferlegt werden (§ 317 Abs 7 FamFG), ebenso nicht dem **Rechtsanwalt** des Betroffenen. Legt der Verfahrenspfleger namens des Betroffenen erfolglos Beschwerde ein, können *ihm* somit vom Beschwerdegericht keine Kosten auferlegt werden. Anders ist es, wenn der Verfahrenspfleger in eigener Sache tätig wird, zB wegen seiner Vergütung. 15

II. Zivilrechtliche Unterbringung: Kostenpflicht der Staatskasse, Abs 1

1. Gegenstand der Regelung. Für Unterbringungssachen enthält § 337 FamFG zusätzliche Regelungen, die aber § 81 FamFG nicht ausschließen[6]. § 337 FamFG regelt nur die Frage, wann die Auslagen des Betroffenen von der Staatskasse zu erstatten sind. Wann sie von anderen Beteiligten (§ 315 FamFG) zu erstatten sind, ergibt sich aus § 81 Abs 1 Satz 1 FamFG. Die Erstattungspflicht nicht beteiligter Dritter regelt § 81 Abs 4 FamFG. 16

2. Kostentragung der Staatskasse. Wird ein Unterbringungsverfahren eingeleitet, ist der Staat, dh das Land, welches Träger des Amtsgerichts ist, kein Beteiligter im Sinn von § 315 FamFG. Ihm könnten daher keine Kosten auferlegt werden. § 337 FamFG bringt hier eine Rechtsgrundlage für die Erstattungsanordnung. Der Gesetzgeber wollte Härten vermeiden[7]. Der Staat ist der fak- 17

5 BT-Drucks 16/6308 S. 215.
6 Vgl BayObLG BtPrax 1999, 151/2 zu § 13 a FGG.
7 BT-Drucks 11/4528 S. 213.

tische Gegner des Betroffenen; wenn der Betroffene „obsiegt“, muss ihm die Staatskasse daher seine Kosten ersetzen.

18 **Voraussetzungen der Kostenauferlegung:**

19 a) **Unterbringungssache.** Sie sind definiert in § 312 FamFG.

20 b) **Unterbringungsmaßnahme** nach § 312 Nr 1 oder Nr 2 FamFG.

21 c) **Bestimmte Art der Verfahrensbeendigung. – aa) Ablehnung.** Gemeint ist, dass eine Maßnahme abgelehnt wird, keine Unterbringung genehmigt wird. Die vorläufige Maßnahme steht insofern der endgültigen gleich. Der Grund der Ablehnung (unzulässig, unbegründet) spielt keine Rolle. Wenn der Betroffene die Maßnahmen gegen sich schuldhaft veranlasst hat, fehlt das Rechtsschutzbedürfnis für eine Kostenerstattung (vgl den Rechtsgedanken des § 5 Abs 2 Satz 1 StrEG).

22 bb) **Volle Aufhebung** als *von Anfang an*[8] **ungerechtfertigt.** „Ungerechtfertigt“ heißt: wenn die Maßnahme schon damals nicht hätte ergehen dürfen[9]. Bei Aufhebung wegen später eingetretener Änderungen (etwa weil sich der Gesundheitszustand des Betroffenen mittlerweile gebessert hat) scheidet eine Kostenerstattung nach dieser Vorschrift aus.

23 cc) **Einschränkung.** Darunter fällt zB die Verkürzung der Unterbringungsdauer. Die Abgrenzung der Fälle „aufgehoben“ zu den Fällen „eingeschränkt“ ist unklar. Eine Einschränkung wird im Beschluss als Teilaufhebung des früheren Beschlusses formuliert; nur bei „aufgehoben“ steht in § 337 FamFG der Zusatz „als ungerechtfertigt“. Da es sich aber inhaltlich um dasselbe handelt, muss das Gesetz so gelesen werden, als hieße es „... als ungerechtfertigt eingeschränkt“. Bei Einschränkung wegen späterer Änderungen scheidet eine Erstattung aus, wenn die Maßnahme ursprünglich gerechtfertigt war. Bei *unwesentlichen* Einschränkungen ist keine Kostenerstattung angebracht; bei *wesentlichen* Einschränkungen eine ganze oder teilweise Kostenerstattung. Im Einzelnen muss bedacht werden, ob der zu weit gezogene Rahmen dem Betroffenen ausscheidbare Kosten verursacht hat; diese sind dann zu erstatten. Die Höhe der Anwaltskosten ist in der Regel unabhängig vom Umfang der Maßnahme.

24 dd) **Verfahrensbeendigung ohne Entscheidung über eine Maßnahme.** Darunter fällt zB der Tod des Betroffenen während des Verfahrens, ferner Antragsrücknahme durch den Betreuer, sonstige Erledigung der Hauptsache. In den Fällen des Todes des Betroffenen entspricht die Anordnung der Kostenerstattung nicht der Billigkeit, wenn die Maßnahme anderenfalls voraussichtlich anzuordnen gewesen wäre.

25 d) **Ermessen?** Das Gericht „kann ...“, es scheint also ein Ermessen zu haben. Das wird nicht bei allen vier Fallgruppen des § 337 FamFG in gleicher Weise zutreffen. Bei Ablehnung oder Aufhebung der Maßnahme gibt es kaum plausiblen Differenzierungen, weshalb dem einen Beteiligten seine Auslagen erstattet werden sollen und dem anderen nicht. Hat ein Beteiligter das misslungene Verfahren durch grobes Verschulden veranlasst, können *ihm* die Kosten auferlegt werden (§ 81 Abs 2 Nr 1 FamFG). In den Fallgruppen Einschränkung und entscheidungslose Beendigung sind dagegen vielfältige Differenzierungen denkbar, ein Ermessen des Gerichts ist anzuerkennen.

---

8 BT-Drucks 11/4528 S. 95; BayObLG FamRZ 2000, 1523.

9 OLG Karlsruhe FamRZ 1997, 1547/8.

e) **Umfang der Erstattung.** Erstattet werden nur die **Auslagen des Betroffenen,** soweit sie zur zweckentsprechenden Rechtsverfolgung notwendig waren. Das sind seine außergerichtlichen Auslagen, insbesondere seine Anwaltskosten[10], Kosten für den Verfahrenspfleger (soweit sie ihm in Rechnung gestellt wurden, § 137 Nr 16 KostO) und die Reisekosten des Betroffenen zu den Gerichtsterminen und zum Sachverständigen[11]; Kosten für eigene Ermittlungen, etwa für ein Privatgutachten[12]. Zur Frage der Erstattung der Betreuervergütung vgl § 307 Rz 32. 26

g) **Notwendige Kosten.** Die Einschränkung „soweit sie zur zweckentsprechenden Rechtsverfolgung notwendig waren" entspricht § 91 Abs 1 Satz 1 ZPO; ihr kann (im Rahmen der Ermessensausübung) schon in der Kostenerstattungsentscheidung Rechnung getragen werden (zB Anordnung, dass nur 2/3 der Anwaltskosten erstattet werden). Im Übrigen wirkt sie sich in der Kostengrundentscheidung des Beschlusses grundsätzlich nicht aus; erst im Kostenfestsetzungsverfahren wird diese Einschränkung vom Rechtspfleger beachtet. 27

Auf § 91 Abs 2 ZPO, wonach die gesetzlichen Gebühren und Auslagen eines Rechtsanwalts *stets* zu erstatten sind, wird in § 80 FamFG nicht Bezug genommen; daraus ergibt sich, dass die Anwaltskosten des Betroffenen nicht *zwingend* erstattungsfähig sind. Die Bedeutung der Sache für den Betroffenen (Unterbringung!) wird aber im Regelfall die Zuziehung eines Anwalts notwendig machen. Die aA[13] meint, Anwaltskosten seien nur erstattungsfähig, wenn aus objektiver Sicht mit rechtlichen oder tatsächlichen Schwierigkeiten zu rechnen war oder anhand objektiver Kriterien vorhersehbar war, dass das Betreuungsgericht seiner Amtsermittlungspflicht nicht nachkommt. 28

Wenn das Betreuungsgericht dem Betroffenen, der sich gegen die Anordnung der Betreuung wehren will, einen Rechtsanwalt in Verfahrenskostenhilfe beiordnet (§ 76 FamFG), dann erhält der Anwalt seine Vergütung aus der Staatskasse (§ 45 RVG). Vom Mandanten darf er nichts verlangen (§ 76 FamFG; § 122 Abs 1 Nr 3 ZPO), so dass eine Entscheidung, wonach eine Erstattung der notwendigen Auslagen (Anwaltskosten) nicht stattfinde, falsch wäre und daher nicht vom Betreuungsgericht getroffen werden darf[14]. 29

h) **Nicht notwendige Kosten.** Nicht notwendig ist dagegen idR die Zuziehung *mehrerer* Anwälte; oder ein Anwaltswechsel. 30

g) **Erstattung ganz oder teilweise.** Möglich ist ein Ausspruch, wonach die Kosten des Betroffenen nach Bruchteilen („1/3 der Gerichtsauslagen und außergerichtlichen Auslagen") zu erstatten sind. Zweckmäßiger aber erscheint eine Differenzierung nach Kostenarten (zB die Anwaltskosten, Fahrtkosten), weil für eine Bruchteilsquote der Gesamtkosten keine eindeutigen Anknupfungspunkte vorhanden sind; anders ist es im Zivilprozess, wo der Streitwert und die Unterliegensquote Rechengrößen sind. 31

h) **Formulierung des Tenors.** Es ist unzweckmäßig, wenn das Gericht dahin formuliert, dass der Staatskasse „die Auslagen, soweit sie zur zweckentsprechenden Rechtsverfolgung notwendig waren, auferlegt werden"; denn dann folgt der Streit über die Notwendigkeit vor dem Rechtspfleger im Kostenfestsetzungsverfahren. Das Gericht kann die Notwendigkeit von Anwaltskosten 32

10 HK-BUR-*Hoffmann* § 13a Rz 43.
11 BT-Drucks 11/4528 S. 181.
12 LG Düsseldorf FamRZ 2010, 328.
13 LG Koblenz BtPrax 1998, 156.
14 OLG München FamRZ 2006, 1461.

bindend für das Kostenfestsetzungsverfahren vorschreiben, wenn es tenoriert: „Die Staatskasse hat die dem Betroffenen entstandenen Anwaltskosten (aus einem Streitwert von ...) zu erstatten".

33 **3. Staatshaftung.** In Frage kommt § 839 BGB in Verbindung mit Art 34 GG[15]. Die Staatshaftung ist in einem Prozess vor dem Landgericht geltend zu machen (§§ 23, 71 Abs 2 GVG), nicht vor dem Betreuungsgericht. Der BGH[16] hat entschieden, dass eine einstweilige Anordnung betreffend eine vorläufige Unterbringung kein „Urteil in einer Rechtssache" im Sinne von § 839 Abs 2 Satz 1 BGB ist; dasselbe wird für die Genehmigung einer Unterbringung in einem regulären Verfahren gelten. Wegen der richterlichen Unabhängigkeit könne die Entscheidung im Amtshaftungsprozess nicht uneingeschränkt auf ihre sachliche Richtigkeit, sondern nur daraufhin zu überprüfen sein, ob sie vertretbar ist.

III. Öffentlich-rechtliche Unterbringung: Kostenpflicht der Körperschaft, Abs 2

33a

	ö-r Unterbringung nach PsychKG bzw UnterbrG	
	wird angeordnet	Antrag wird abgelehnt oder zurückgenommen
Gerichtskosten (ohne Verfahrenspflegervergütung)	Gerichtsgebührenfrei, Auslagen vgl § 128b KostO	Gerichtsgebühren- und auslagenfrei, § 128b KostO
Eigene Auslagen des Betroffenen	trägt der Betroffene selbst	trägt der Betroffene selbst oder sie werden der veranlassenden Körperschaft auferlegt, § 337 Abs 2 FamFG
Verfahrenspflegervergütung	zahlt Staatskasse zunächst (§§ 318, 277 FamFG) und stellt sie dem *vermögenden* Betreuten in Rechnung, § 128b KostO	zahlt Staatskasse zunächst und stellt sie dem *vermögenden* Betreuten in Rechnung. Eventuell Ersatz über § 337 FamFG von der Körperschaft

34 **1. Sinn der Regelung.** § 337 Abs 2 FamFG (zuvor: § 13a Abs 2 Satz 3 FGG) trifft eine zusätzliche Regelung. Inhaltlich handelt es sich um eine Anlehnung an § 16 FEVG sowie an Regelungen in den Landesunterbringungsgesetzen und eine Konkretisierung von § 81 Abs 2 FamFG. § 337 Abs 2 ist auf die zivilrechtliche Unterbringung (§ 1906 BGB) nicht anwendbar.

35 **2. Voraussetzungen der Kostenentscheidung. – a) Bestimmtes Verfahrensende.**

- Ein Antrag auf Anordnung einer freiheitsentziehenden Maßnahme nach den Landesgesetzen über die Unterbringung psychisch Kranker (also nicht nach § 1906 BGB) wird vom Gericht (als unzulässig oder unbegründet) abgelehnt. Abs 2 ist auch in Verfahren anwendbar, in denen es nur um eine **einstweilige Unterbringung** (einstweilige Anordnung) geht, weil dieses Verfahren jetzt nach § 51 Abs 3 Satz 1 FamFG selbständig ist; unter Geltung des FGG

15 Dazu *Zimmermann* BtPrax 2008, 185.
16 BGH NJW 2003, 3052.

dagegen musste das Hauptsacheverfahren abgewartet werden[17]. Oder:
- Ein solcher Antrag wird von der antragstellenden Behörde zurückgenommen.

Analoge Anwendung? Die anderen Modalitäten (Aufhebung, Einschränkung, sonstiges Verfahrensende) sind in Abs 2 nicht geregelt. Insoweit muss auf § 81 FamFG zurückgegriffen werden. In den Fällen der Erledigung der Hauptsache infolge Todes des Betroffenen können nach § 81 FamFG die Kosten der antragstellenden Behörde auferlegt werden, wenn der Antrag zurückweisungsreif war und die Behörde ohne ausreichenden Anlass den Antrag stellte. Kosten des Verfahrens oder Auslagen des Betroffenen können aber nicht nach § 81 FamFG der *Staatskasse* auferlegt werden[18]. 36

Der Sachverhalt, dass die Rechtswidrigkeit einer öffentlich-rechtlichen Unterbringung nicht auf einem fehlerhaften Antrag der zuständigen Behörde, sondern auf Rechtsfehlern der Instanzgerichte (zB fehlende Anhörung) beruht, ist in § 337 FamFG nicht ausdrücklich geregelt. 37

Erledigt sich die Hauptsache und wird auf Antrag die Rechtswidrigkeit der Unterbringungsanordnung und der sie bestätigenden Beschwerdeentscheidung wegen einer verspäteten erstinstanzlichen Anhörung des Betroffenen festgestellt, können dessen notwendige Auslagen in entsprechender Anwendung von §§ 83 Abs 2, 81 FamFG der Staatskasse auferlegt werden[19]. 38

Bei **Anordnung der Maßnahme** scheidet eine Kostenerstattung aus; dem Betroffenen kann aber Verfahrenskostenhilfe bewilligt werden (§ 76 FamFG). 39

b) Kein begründeter Anlass. Für die antragstellende Behörde darf ein begründeter Anlass, den Antrag zu stellen, nicht vorgelegen haben. Irgendein Anlass zur Antragstellung genügt nicht, er muss „begründet" gewesen sein, sonst muss die Behörde die Kosten tragen. Dabei kommt es auf den Sachverhalt an, der **zur Zeit der Antragstellung** für die Verwaltungsbehörde feststellbar war[20]; zu beachten ist ferner, dass die Behörde vor der Antragstellung nicht im selben Umfang zu ermitteln hat wie das Gericht vor der Entscheidung. **Unbegründet** war zB der Anlass, wenn bei entsprechenden Erkundigungen über die Sach- und Rechtslage der Antrag nicht gestellt worden wäre[21]; wenn die Verwaltungsbehörde Erkenntnisquellen überhaupt nicht oder nicht in einem ihr zumutbaren Umfang herangezogen hat[22]; wenn die Verwaltungsbehörde „bei umsichtiger Prüfung des vorliegenden Tatsachenmaterials" und Anwendung der Rechtskenntnisse hätte erkennen können, dass ein Antrag keine Aussicht auf Erfolg hat[23]. Es geht also um Fälle, in denen unzureichend ermittelt wurde, keine ausreichenden medizinischen Gutachten erholt wurden oder Rechtsfehler begangen wurden. Verschulden eines Behördenangehörigen ist nicht erforderlich[24]. Ein begründeter Anlass liegt in der Regel vor, wenn der Betroffene in der Vergangenheit mehrfach Selbstmordankündigungen geäußert hat[25]. 40

17 OLG Hamm FamRZ 1995, 1595; aA OLG Schleswig FamRZ 1994, 781 = BtPrax 1994, 62, OLG Frankfurt FamRZ 1996, 558.
18 OLG Frankfurt FamRZ 1996, 558 LS für Auslagen (anders die Fassung in OLG-Report 1995, 364); aA und unrichtig (aber jetzt überholt) LG Heilbronn JurBüro 1993, 480 m Anm *Mümmler*
19 Vgl OLG München NJW-RR 2006, 1377 = FamRZ 2006, 1617 (zu § 13 a FGG).
20 Saage/*Göppinger*, 2. Aufl FEVG § 16 Rz 10; *Baumann*, Unterbringungsrecht S. 589.
21 *Jansen* § 13 a Rz 9; Keidel/*Zimmermann* § 13 a Rz 22.
22 Saage/*Göppinger*, 2. Aufl FEVG § 16 Rz 10; *Böning* SchlHA 1958, 329.
23 *Baumann*, Unterbringungsrecht S. 589.
24 Saage/*Göppinger*, FEVG, § 16 Rz 10; aA *Baumann*, Unterbringungsrecht S. 589.
25 BayObLG FamRZ 2004, 1899 (L) = BayVerwBl 2004, 603.

41 c) **Weitere Ermittlungen.** Zweifelhaft ist, ob in Fällen, in denen der Antrag alsbald zurückgenommen wird, noch vom Gericht ermittelt werden muss, ob der Anlass zur Antragstellung seinerzeit „begründet" war. Es ist ein verbreiteter Rechtsgedanke, dass allein wegen der zu treffenden Kostenentscheidung nicht weiter ermittelt und Beweis erhoben wird; er kommt zB in § 91a ZPO zum Ausdruck. § 337 Abs 2 FamFG stellt darauf ab, was das Verfahren „ergeben hat". Hat das bisherige Verfahren nicht ergeben, dass die Behörde ohne ausreichenden Anlass den Antrag stellt, wird deshalb nach dem Gesetzestext nicht weiter ermittelt und es erfolgt keine Anordnung der Kostenerstattung[26]. So ist es auch bei Erledigung der Hauptsache im Unterbringungsverfahren, etwa wenn der Betroffene entlassen wird[27]. Diese Auslegung befriedigt aber nicht in allen Fällen; wenn der Betroffene sogleich einen Anwalt eingeschaltet hat, sind ihm die Kosten entstanden und es spielt für ihn insoweit keine Rolle, ob die Behörde sogleich (ohne dass schon vom Gericht ermittelt wurde) oder erst später (nach Vorliegen von Ermittlungen) den Antrag zurücknimmt; die Behörde soll sich durch schnelles Handeln ihrer Kostenpflicht nicht entziehen können. Es ist deshalb nicht ausgeschlossen, dass allein zur Vorbereitung der Kostenentscheidung noch ermittelt wird[28].

42 d) **Ermessen?** Das Gericht „hat" im Falle des Abs 2 die Auslagen der Körperschaft aufzuerlegen; das ist zwingend. Die Erstattung ist auch dann anzuordnen, wenn sie im konkreten Fall nicht der Billigkeit entspricht. Ein Antrag des Betroffenen ist nicht erforderlich. Fehlt eine ausdrückliche Erstattungsentscheidung ist anzunehmen, dass keine Erstattung erfolgen soll[29]; gleichwohl kann das übersehen worden sein, dann ist eine Ergänzung möglich.

43 e) **Was kann auferlegt werden?** Zu entscheiden ist **nur über die Auslagen** des Betroffenen insgesamt; eine Quotelung oder eine Auferlegung nur bestimmter Auslagen scheidet nach Abs 2 aus. Zu diesen Kosten gehören zB die Anwaltskosten, Reisekosten, Verdienstausfall, Kosten ärztlicher Privatgutachten; Kosten des Verfahrenspflegers, wenn sie vom Betroffenen zu tragen waren (§ 137 Nr 16 KostO); gerichtliche Auslagen. Gerichtsgebühren fallen nicht an (§ 128b KostO).

44 Das Schicksal der Kosten, die die **Anstalt** dem Betroffenen für die Unterbringung selbst berechnet, richtet sich nach dem jeweiligen Landesrecht; nach § 33 Abs 2 ThürPsychKG zB werden Kosten der Untersuchung, Unterbringung, Heilbehandlung von der *Staatskasse* (nicht: von der in Abs 2 genannten Behörde) getragen, wenn eine Unterbringungsanordnung als von Anfang an unrichtig aufgehoben wird; das kann jedenfalls dann, wenn der Betroffene vorbringt, solches bezahlt zu haben, zusätzlich in den gerichtlichen Beschluss aufgenommen werden[30]. Die Einschränkung auf „notwendige" Auslagen bringt Abs 2 nicht, sie ergibt sich aus § 80 FamFG. Die Kostenhöhe wird im Kostenfestsetzungsverfahren bestimmt (§ 85 FamFG).

45 f) **Erstattungsberechtigter.** Erstattungsberechtigt ist nur der Betroffene, nicht seine Verwandten für ihre Kosten. Ist der Betroffene verstorben, kann Erstattung an seine Erben angeordnet werden. Stirbt der Betroffene nach Einlegung seiner Beschwerde, kann eine Kostenerstattung nur in Frage kommen, wenn sie auch anzuordnen wäre, wenn der Betroffene noch leben würde[31].

---

26 OLG München BayVerwBl 2004, 603.
27 BayObLGZ 1990, 350.
28 Vgl HK-BUR-*Hoffmann* § 13a Rz 61.
29 OLG München FGPrax 2008, 44.
30 AA HK-BUR-*Hoffmann* § 13a Rz 63.
31 Vgl KG FGPrax 2006, 182 = FamRZ 2006, 1301 (L).

g) Körperschaft. Die Auslagen sind nicht der antragstellenden Behörde aufzuerlegen, auch nicht der Staatskasse[32], nicht der Betreuungsbehörde, sondern der Körperschaft, der die Behörde angehört, zB dem Landkreis, wenn das Landratsamt den Antrag stellte; der kreisfreien Stadt, wenn das dortige Ordnungsamt Antragstellerin war. Die Auslagen des Betroffenen können auch dann der zuständigen Behörde auferlegt werden, wenn die Behörde von dem hierzu verpflichteten Leiter der Klinik nicht verständigt worden war[33], so dass die Behörde „nichts dafür kann". Eine unrichtige Entscheidung kann uU nach § 42 FamFG berichtigt werden; eine unvollständige Entscheidung kann ergänzt werden. Zur Vollstreckung gegen die Behörde vgl § 882 a ZPO. 46

h) Tenorierung. Verneint das Gericht das Vorliegen der Voraussetzungen des § 337 Abs 2 FamFG, sollte dies in den Tenor aufgenommen werden: „Die Auslagen des Betroffenen werden nicht erstattet". 47

IV. Kostenpflichtigkeit zwischen Beteiligten

1. Allgemeines. Das FamFG ermöglicht eine flexible Kostenverteilung (vgl § 81 FamFG). Ein **Antrag** auf Kostenentscheidung ist nicht erforderlich. **Mehr als eine Person** muss an einer Angelegenheit beteiligt sein, damit eine Kostenerstattungsregelung getroffen werden kann; dies ergibt sich daraus, dass von „den Beteiligten" die Rede ist. § 81 Abs 1 Satz 2 FamFG (Absehen von Kostenerhebung) dagegen ist sowohl bei einem einzigen Beteiligten wie bei mehreren Beteiligten anwendbar. 48

2. Beteiligte. Das Gericht kann die Kosten des Verfahrens (definiert in § 80 FamFG) „den Beteiligten" auferlegen; gemeint ist, dass sie auch einem einzelnen von mehreren Beteiligten oder mehreren Beteiligten auferlegt werden können. Wer Beteiligter ist, ist in § 7 FamFG und § 315 FamFG näher geregelt. § 7 Abs 1 FamFG ist für die öffentlich-rechtliche Unterbringung einschlägig, nicht für die zivilrechtliche Unterbringung, weil die Unterbringungsgenehmigung von Amts wegen erteilt wird. 49

Bei den **Verwandten** und der Vertrauensperson kommt es darauf, ob sie vom Betreuungsgericht zur Beteiligten erhoben wurden (sie sind keine Muss-Beteiligten, denn der Fall des § 7 Abs 2 Nr 1, also eine *unmittelbare* Beeinträchtigung eines Verwandten in eigenen *Rechten*, ist allenfalls beim Ehegatten vorstellbar; vgl Art 6 GG). Dem für den Betroffenen auftretenden Betreuer, Vorsorgebevollmächtigten, Verfahrensbevollmächtigten (Rechtsanwalt) können persönlich keine Kosten auferlegt werden, weil er kein Beteiligter ist. Dem Verfahrenspfleger dürfen persönlich keine Kosten auferlegt werden (§ 317 Abs 7 FamFG). Dasselbe gilt für den nur im Termin anwesenden Beistand (§ 12 FamFG). 50

Behörden können Beteiligte sein, sie sind beteiligtenfähig (§ 8 Nr 3 FamFG). In Betreuungsverfahren kommt die Betreuungsbehörde als Beteiligte in Betracht (§ 274 Abs 3 FamFG), in öffentlich-rechtlichen Unterbringungsverfahren die antragstellende Behörde (§ 7 Abs 1 FamFG). 51

Im entgegen gesetzten Sinn beteiligt[34] müssen die Personen bzw Behörden/Stellen sein, also unterschiedliche Entscheidungen anstreben, weil es sonst nicht 52

32 OLG Frankfurt FamRZ 1996, 558.
33 BayObLG FamRZ 2003, 1777; BayObLGZ 1990, 350.
34 BayObLG NJW-RR 1993, 530; OLG Düsseldorf MittRhNotK 1978, 46.

sinnvoll ist, dass ein Beteiligter einem anderen parallel Beteiligten dessen Kosten erstatten muss.

53 **3. Grundsätze der Ermessensausübung.** § 81 Abs 1 Satz 1 FamFG stellt für die Frage der Kostenauferlegung auf „billiges Ermessen" ab. Die Entscheidung nach Billigkeit erfordert eine sorgfältige Abwägung aller Gesichtspunkte und deren Niederlegung in der Begründung des Beschlusses. Auch die wirtschaftlichen und persönlichen Verhältnisse der Beteiligten können eine Rolle spielen.

54 Das **Unterliegen eines Beteiligten** erfordert es zwar nicht unbedingt, seine Verpflichtung zur Erstattung des Kosten des entgegengesetzt Beteiligten anzuordnen; doch wird dies der Regelfall sein.

55 **4. Regelbeispiele für Billigkeit der Kostenauferlegung.** In § 81 Abs 2 FamFG sind Fälle zusammengestellt, bei denen es in der Regel billigem Ermessen entspricht, wenn ein bestimmter Beteiligter alle oder wenigstens einen Teil der Kosten im Sinne von § 80 FamFG trägt.

56 **a) Durch grobes Verschulden Anlass für das Verfahren.** Das Gericht soll die Kosten des Verfahrens ganz oder teilweise dem Beteiligten auferlegen, der durch grobes Verschulden Anlass für das Verfahren gegeben hat (§ 81 Abs 2 Nr 1 FamFG). Die Vorschrift setzt nicht die Verursachung *zusätzlicher* Kosten voraus[35] und beschränkt sich nicht auf die Mehrkosten. *Grobes* Verschulden verlangt Vorsatz oder eine Außerachtlassung der nach den Umständen erforderlichen Sorgfalt in ungewöhnlich großem Maße unter Nichtbeachtung dessen, was jedem einleuchten muss[36]. Diese extrem hohen Anforderungen liegen praktisch nie vor.

57 **b) Von vornherein aussichtsloser Antrag.** Das Gericht soll die Kosten des Verfahrens ganz oder teilweise einem Beteiligten auferlegen, wenn der Antrag des Beteiligten von vornherein (also schon im Zeitpunkt seiner Einreichung!) keine Aussicht auf Erfolg hatte *und* der Beteiligte (bzw sein Anwalt; gesetzlicher Vertreter; Zurechnung nach § 9 Abs 4 FamFG) dies erkennen musste (§ 81 Abs 2 Nr 2 FamFG). Ein Antrag wird nur bei der öffentlich-rechtlichen Unterbringung gestellt und zwar von der Behörde. Der Fall ist wohl speziell in § 337 Abs 2 FamFG geregelt.

58 **c) Unwahre Angaben eines Beteiligten.** Das Gericht soll die Kosten des Verfahrens ganz oder teilweise einem Beteiligten auferlegen, wenn dieser Beteiligte zu einer *wesentlichen* Tatsache *schuldhaft* unwahre Angaben gemacht hat (§ 81 Abs 2 Nr 3 FamFG). Das kommt in Frage, wenn bei einem Unterbringungsverfahren über den Gesundheitszustand des Betroffenen falsche Angaben gemacht werden. Schuldhaftes Handeln liegt auch bei Fahrlässigkeit vor. Aber die Tatsache muss „wesentlich" sein und der Tatsachenvortrag muss zweifelsfrei „unwahr" (und nicht nur schief oder lückenhaft) sein.

V. Kostenauferlegung auf einen Dritten (§ 81 Abs 4 FamFG)

59 **1. Sinn der Regelung.** Eine Bestimmung ist notwendig, wonach zumindest theoretisch einer Person oder Stelle, die nicht „Beteiligte" ist, aber halbkriminell das Verfahren veranlasst hat, Kosten auferlegt werden können. Die Regelung in § 81 Abs 4 FamFG entspricht dem früheren § 13a Abs 2 Satz 2, dieser lehnte

35 BT-Drucks 16/6308 S. 216.

36 OLG Hamm FamRZ 1983, 1264; OLG Brandenburg FamRZ 1996, 496.

sich an § 658 Abs 2 aF ZPO an und spann den Gedanken des § 13a Abs 1 Satz 2 FGG weiter. Die Art der Verfahrensbeendigung spielt keine Rolle.

2. Voraussetzungen. – a) Dritter. Ein Dritter kann *nur* nach Abs 4 kostenpflichtig werden. Dritter ist eine Person oder Stelle, die weder nach § 7 FamFG noch nach § 315 FamFG Beteiligte war. Die Betreuungsbehörde kann Dritte sein. Jedoch beschränkt sich die Bestimmung auf den Kostenausspruch im Unterbringungsverfahren. Daneben besteht die Möglichkeit, dass der Betroffene oder ein anderer Beteiligter gegen den Dritten vor dem Prozessgericht klagt, zB aus Schadensersatz aus §§ 823, 826 BGB. Beim Tod des Dritten können die Kosten den Erben des Dritten auferlegt werden[37]. Hat ein Rechtsanwalt im Auftrag eines Mandanten einen leichtfertigen Antrag gestellt, sind die Kosten dem Mandanten, nicht dem Anwalt aufzuerlegen. Anders ist es, wenn der Anwalt im eigenen Namen tätig wird. Hat eine juristische Person durch eine leichtfertige Anregung das Verfahren veranlasst, sind wegen der Schuldbezogenheit der Kostenentscheidung die Kosten der natürlichen Person aufzuerlegen, die verantwortlich für die juristische Person gehandelt hat[38]. 60

b) Veranlassung. Zivilrechtliche Unterbringungsverfahren beginnen von Amts wegen, die veranlassenden Aktionen der anderen Personen oder Stellen sind Anregungen, also Veranlassungen. Dies sind Fälle, in denen Nachbarn, Verwandte, Altenheime, Betreuungsbehörde und sonstige Behörden usw durch Anzeigen oder „Anträge“ mittelbar oder unmittelbar das Amtsverfahren des Gerichts veranlassen. Einem Dritten können Kosten des Verfahrens (im Sinne von § 80 FamFG) nur auferlegt werden, soweit die Tätigkeit des Gerichts durch ihn veranlasst wurde. Der Dritte muss nicht Alleinveranlasser sein, Mitveranlassung genügt. Auch mittelbare Veranlassung genügt, so wenn leichtfertige Anzeigen an die Polizei oder die Betreuungsbehörde gerichtet werden und diese die „Anzeige“ an das Betreuungsgericht weitergibt. 61

c) Grobes Verschulden. Diesen Dritten muss ein grobes Verschulden treffen. Einesteils darf der Dritte, der gutgläubig und hilfswillig die Gerichte und Behörden von einem vermeintlichen Unterbringungsfall verständigt, nicht durch ein Kostenrisiko dazu gebracht werden, dass er lieber nichts sieht und hört, andererseits aber muss eine Kostenauferlegung auf den Böswilligen in extremen Fällen möglich sein. Freilich ist das Theorie, weil ein solches grobes Verschulden in der Praxis nicht rechtsmittelfest begründet werden kann. 62

Gemeint ist Verschulden (Vorsatz oder Fahrlässigkeit) bei Antragstellung bzw Verfahrensanregung. Aber auch spätere Aktionen des Dritten können ihn kostenpflichtig machen, etwa wenn er böswillig ein Gutachten veranlasst. Das Verschulden muss nach allgemeinen Verfahrensgrundsätzen (§ 26 FamFG) festgestellt werden, ein Ermessen bei der Sachverhaltsaufklärung gestattet § 81 FamFG nicht. Bei ungeklärter Schuld entfällt die Auferlegung auf den Dritten. 63

Grobes Verschulden setzt Vorsatz (**doloses Verhalten**) voraus oder Außerachtlassung der nach den Umständen erforderlichen Sorgfalt in ungewöhnlich großem Maße unter Nichtbeachtung dessen, was jedem einleuchten muss[39]. Dazu gehören leichtfertige, auf falschen Behauptungen beruhende, entstellte Anregungen. 64

---

37 Vgl Zöller/*Philippi*, ZPO, § 658 aF Rz 7.
38 Vgl BVerfG NJW 1967, 195; NJW 1981, 2457 zu § 890 ZPO.
39 KG NJW 1965, 1540; OLG Hamm FamRZ 1983, 1264; *Jansen* § 13a Rz 17; Keidel/*Zimmermann* § 13a Rz 25.

65 **Mitverschulden** kommt in Frage, wenn der Dritte sich nicht unmittelbar an das Gericht wendet, sondern an eine Behörde, die dann die Information an das Gericht weiterleitet. Auch die Betreuungsbehörde kann Veranlasser sein; ein grobes Verschulden kann vorliegen, wenn sie sich nicht an die Einschränkungen in § 7 Abs 1 BtBG hält. Grobes Verschulden des Anregenden dürfte in solchen Fällen meist ausscheiden.

66 d) **Kosten des Verfahrens.** Auferlegbar sind die Kosten des Verfahrens gemäß der Definition in § 80 FamFG, also nicht nur die Auslagen des Betroffenen. Zu den Kosten gehören die Kosten und Auslagen des Gerichts, die außergerichtlichen Kosten des Betroffenen (insbesondere seine Anwaltskosten), Kosten von Privatgutachten, vom gerichtlichen Gutachten, Kosten der stationären Begutachtung (§§ 284, 322 FamFG), Kosten des Verfahrenspflegers. Die **Vergütung,** die der Betreute an seinen Betreuer zu zahlen hatte, sind keine Kosten des Verfahrens in diesem Sinn; hier ist der Betroffene auf Staatshaftung angewiesen und deshalb im Regelfall ohne Erfolg. Ebenso ist es bei den Kosten der Unterbringung (Verpflegung, Zimmer, Medikamente etc).

67 e) **Ganz oder teilweise auferlegte Kosten.** Sie können ganz auferlegt werden, oder zum Teil; der Teil als Quote der Gesamtkosten oder als spezieller Kostenposten wie Anwaltskosten, Gutachterkosten.

68 f) **Ermessen des Gerichts.** § 81 Abs 4 FamFG gestattet dem Gericht eine Ermessensentscheidung.

69 g) **Rechtliches Gehör.** Rechtliches Gehör ist dem Dritten vor der Kostenentscheidung zu gewähren.

70 h) **Dritte als Kostenerstattungsberechtigte. Dritte als Kostenerstattungsberechtigte.** Ein Nichtbeteiligter kann keine Kostenerstattung erhalten, wie aus § 81 Abs 1 FamFG folgt. Beauftragt der Nachbar einen Rechtsanwalt damit, eine Unterbringung beim Gericht anzuregen, können die Anwaltskosten des Nachbarn daher dem Betroffenen nicht auferlegt werden. Wenn das **Gericht Nichtbeteiligte hinzuzieht,** ohne dass das nach § 7 Abs 2 oder § 315 FamFG zulässig wäre, also fälschlich, scheidet nach § 81 FamFG eine Kostenerstattung aus.

VI. Sonstiges

71 **Kostenfestsetzung:** vgl §§ 105 FamFG, 103 bis 107 ZPO.

72 **Rechtsmittel gegen den Kostenfestsetzungsbeschluss:** §§ 104 Abs 3 Satz 1 mit §§ 567 Abs 2, 569 ZPO, §§ 11 Abs 2, 21 RPflG.

73 Die **Zwangsvollstreckung** aus dem Kostenfestsetzungsbeschluss erfolgt nach § 95 FamFG, also nach den Regeln der ZPO auf Grund einer vollstreckbaren Ausfertigung des Beschlusses, § 724 ZPO.

74 **Kosten des Beschwerdeverfahrens** vgl § 307 Rz 67 ff.

VII. Anfechtung der Kostenentscheidung

75 Die Regelung des § 20a FGG wurde nicht ins FamFG übernommen. Die Kostenentscheidung ist mit befristeter Beschwerde (§§ 58 ff FamFG) isoliert

anfechtbar[40], falls der Beschwerdewert von mindestens 600,01 Euro erreicht ist oder die Beschwerde zugelassen wurde (§ 61 FamFG). Denn es handelt sich um einen Teil einer Endentscheidung, nicht etwa um eine unanfechtbare Nebenentscheidung.

§ 338 Mitteilung von Entscheidungen

[1]Für Mitteilungen gelten die §§ 308 und 311 entsprechend. [2]Die Aufhebung einer Unterbringungsmaßnahme nach § 330 Satz 1 und die Aussetzung der Unterbringung nach § 328 Abs. 1 Satz 1 sind dem Leiter der Einrichtung, in der der Betroffene lebt, mitzuteilen.

Dem § 338 FamFG entspricht der frühere § 70n FGG, der durch das JustizmitteilungsG v 18.6.1997 neu gefasst worden war.

1. Zweck. Die Vorschrift regelt die Frage, wann das Betreuungsgericht von sich aus andere Stellen informieren darf oder muss. Auf die Kommentierung bei § 308 und § 311 FamFG wird verwiesen. Die tatsächliche Handhabung durch die Betreuungsgerichte ergibt sich aus einer Verwaltungsvorschrift, der Anordnung über Mitteilungen in Zivilsachen (MiZi), Nr II 1 bis 5. 1

2. Fallgruppen. § 338 FamFG erfasst folgende Fälle: 2

a) Unterbringungsmaßnahmen, auch durch einstweilige Anordnung oder gemäß § 1846 BGB, ferner deren Verlängerung: sie werden an Ehegatten, Eltern, Kinder, Betreuer, Vertrauensperson sowie an die zuständige Behörde (idR die untere Verwaltungsbehörde, zB Landkreis, kreisfreie Stadt; vgl Nr II 2 MiZi) mitgeteilt. 3

b) Die Aufhebung oder Aussetzung einer öffentlich-rechtlichen Unterbringung wird dem Leiter der Einrichtung und der zuständigen Verwaltungsbehörde (vgl Nr II 2 MiZi) mitgeteilt. 4

c) Entscheidungen und sonstige Erkenntnisse werden an die zuständige Behörde mitgeteilt, wenn dies erforderlich ist, um eine erhebliche Gefahr für den Betroffenen, für Dritte oder für die öffentliche Sicherheit abzuwenden. In Frage kommen zB Mitteilungen an die für die Fahrerlaubnis zuständige Behörde, Polizei, Staatsanwaltschaft. Mitteilungen an bedrohte Dritte sind nicht vorgesehen. 5

d) Mitteilungen zur Verfolgung von Straftaten und Ordnungswidrigkeiten an die zuständige Verfolgungsbehörde, Polizei und Staatsanwaltschaft (§ 311 FamFG). 6

d) In den Fällen des § 313 Abs 4 FamFG erfolgt eine Mitteilung an das andere Betreuungsgericht. 7

e) Die Freiheitsentziehung von Ausländern wird auf Verlangen oder gemäß Staatsvertrag dem ausländischen Konsulat mitgeteilt, desgleichen die Freiheitsentziehung von Personen an Bord eines ausländischen Seehandelsschiffes (Nr II 5 MiZi). 8

---

40 So ausdrücklich BT-Drucks 16/6308 S. 276; Bassenge/*Roth* § 337 Rz 17. AA *Prütting/Helms/Roth* § 337 Rz 11: sofortige Beschwerde nach § 85 FamFG, § 104 Abs 3 ZPO. Aber diese Vorschriften betreffen das Rechtsmittel gegen den Kostenfestsetzungsbeschluss, nicht gegen die Kostengrundentscheidung. Weitere aA *Bahrenfuss/Grotkopp* § 337 Rz 9: Gesetzeslücke!

9 3. **Veranlasser der Mitteilung.** Die Mitteilung ist jeweils vom **Richter** zu veranlassen[1]. Sie erfolgt, sobald die Erkenntnisse (zB Aussagen, Gutachten) vorliegen bzw sobald die Entscheidung *wirksam geworden* ist; denn § 338 FamFG setzt keine Rechtskraft voraus. Unterliegt die Entscheidung der Beschwerde, sollte sie gleichwohl erst mitgeteilt werden, wenn sie rechtskräftig ist, weil sonst später auch die Aufhebung mitzuteilen ist (Ausnahme: Abs 2).

10 4. **Anfechtbarkeit der Mitteilungsanordnung.** Die richterliche Anordnung wird als Beschluss zu qualifizieren sein, daher nach §§ 38, 58 ff FamFG anfechtbar (vgl § 308 Rz 40), wobei zu differenzieren ist: ist die Mitteilung erfolgt und hat die Empfangsstelle noch nichts veranlasst, kann nur noch die Feststellung ihrer Rechtswidrigkeit begehrt werden. Hat die Empfangsstelle bereits eine Entscheidung erlassen oder Maßnahme getroffen (zB den Waffenschein eingezogen), ist der Betroffene darauf verwiesen, gegen die Maßnahme direkt vorzugehen (also zum Verwaltungsgericht wegen des Entzugs des Waffenscheins). Letztlich kommt also nur eine Anfechtung der Anordnung der Mitteilung in Betracht, die von der Geschäftsstelle noch nicht ausgeführt ist, von der der Betroffene aber zufällig Kenntnis erlangt hat.

11 5. **Sonstiges** Der Verfahrenspfleger und der Betreuer werden von der Mitteilung verständigt, der Betroffene nur bedingt (§ 308 Abs 3 FamFG; Nr II 4 MiZi).

12 **Dokumentation:** Ein Aktenvermerk der Geschäftsstelle ist erforderlich, § 308 Abs 4 FamFG. Der Aktenvermerk ist nicht anfechtbar.

13 **Pflichten des Empfängers:** Die Stelle, die die Mitteilung erhält, darf damit nur eingeschränkt umgehen; Einzelheiten regeln §§ 19 ff EGGVG (vgl § 308 Rz 39 ff).

§ 339 Benachrichtigung von Angehörigen

Von der Anordnung oder Genehmigung der Unterbringung und deren Verlängerung hat das Gericht einen Angehörigen des Betroffenen oder eine Person seines Vertrauens unverzüglich zu benachrichtigen.

1 Die Regelung, die im FGG fehlte, übernimmt Art 104 Abs 4 GG, welcher lautet:

2 „Von jeder richterlichen Entscheidung über die Anordnung oder Fortdauer einer Freiheitsentziehung ist unverzüglich ein Angehöriger des Festgehaltenen oder eine Person seines Vertrauens zu benachrichtigen. „Zweck der Regelung ist, zu verhindern, dass Menschen in „Einrichtungen" verschwinden und niemand weiß, wo sie geblieben sind und sich für sie einsetzen kann. Die Benachrichtigung hat von Amts wegen und unverzüglich[1] zu erfolgen. Davon kann nicht abgewichen werden[2], etwa weil die Benachrichtigung für den Adressaten gesundheitsschädlich wäre.

3 Adressat der Mitteilung ist (mindestens) *ein* Angehöriger oder eine Vertrauensperson, jeweils nach Wahl des Betroffenen. Benennt er niemand wird ein Angehöriger nach Wahl des Betreuungsgerichts benachrichtigt; um die Adressenermittlung kann die Betreuungsbehörde ersucht werden (§ 8 BtBG). Der

---

1 *Prütting/Helms/Roth* § 338 Rz 6.

1 Nach *Prütting/Helms/Roth* § 339 Rz 2 am nächsten Tag.

2 Sachs/*Degenhart* GG Art 104 Rz 28.

Begriff Angehöriger entspricht dem des § 52 Abs 1 StPO. Wer seine Vertrauensperson ist bestimmt allein der Untergebrachte; ein allgemeines soziales Näheverhältnis ist nicht Voraussetzung. Dem Gericht steht eine Nachprüfung nicht zu. Auch der Rechtsanwalt des Untergebrachten kann von ihm als Vertrauensperson benannt werden[3]. besteht. Der vom Gericht bestellte Verfahrenspfleger ist keine Vertrauensperson in diesem Sinne, denn ihm wird die Entscheidung ohnehin mitgeteilt, § 339 FamFG denkt aber an eine zusätzliche Information einer Person außerhalb des Gerichts im weitesten Sinn. Bei Minderjährigen, die nach dem PsychKG bzw UnterbrG untergebracht wurden, sind wegen Art 6 Abs 2 GG die Eltern zu verständigen.

Inhalt der Mitteilung ist, wer, ab wann und wo untergebracht ist; der vollständige Gerichtsbeschluss ist in § 339 FamFG nicht gemeint. Wegen der Bedeutung der Sache ist schriftliche[4] Mitteilung notwendig, auch damit dem Angehörigen das Aktenzeichen und das Gericht genau bekannt werden. Es handelt sich nicht um eine Bekanntgabe des vollständigen Beschlusses nach § 41 FamFG. Ist ein Angehöriger beteiligt worden (§ 315 FamFG) erhält er ohnehin den Beschluss, so dass eine weitere Mitteilung nach § 339 entfällt. 4

Auch für den Inhaftierten ungünstige Entscheidungen über eine Haftbeschwerde lösen die Benachrichtigungspflicht aus[5]; für die Unterbringung nach BGB bzw PsychKG bedeutet das, dass ein Angehöriger vom Beschwerdegericht zu verständigen ist, wenn eine Beschwerde des Betroffenen gegen die Anordnung oder Genehmigung der Unterbringung verworfen oder zurückgewiesen wird. 5

Nach der Gesetzesbegründung[6] genügt es, dass ein Angehöriger nach § 315 Abs 4 FamFG beteiligt wurde; denn durch die Beteiligung erfährt der Angehörige das Ergebnis des Verfahrens (aber bei der zivilrechtlichen Unterbringung steht im Beschluss nicht, *wo* der Betroffene festgehalten wird). Auf die Benachrichtigung kann der Untergebrachte nicht verzichten (sonst wäre der Schutzzweck verfehlt)[7], sie aber auch nicht verbieten. 6

Der Verstoß gegen § 339 FamFG hat keine weiteren Folgen. 7

3 BVerfG NJW 1963, 1597 (zum Wahlverteidiger).
4 Nach *Prütting/Helms/Roth* § 339 Rz 2 genügt telefonische Mitteilung.
5 BVerfGE 38, 32, 34.
6 BT-Drucks 16/6308 S. 276.
7 Sachs/*Degenhart* GG Art 104 Rz 26; aA BK/*Rüping* GG Art 104 Rz 82.

Teil IV Rechtspflegergesetz

– Auszug –

§ 3 RPflG Übertragene Geschäfte (auszugsweise)

Dem Rechtspfleger werden folgende Geschäfte übertragen:
1. **in vollem Umfange die nach den gesetzlichen Vorschriften vom Richter wahrzunehmenden Geschäfte des Amtsgerichts in ...**
2. **vorbehaltlich der in den §§ 14 bis 19b dieses Gesetzes aufgeführten Ausnahmen die nach den gesetzlichen Vorschriften vom Richter wahrzunehmenden Geschäfte des Amtsgerichts in**
   a) ...
   b) **Betreuungssachen sowie betreuungsgerichtlichen Zuweisungssachen nach den §§ 271 und 340 des Gesetzes über das Verfahren in Familiensachen und in den Angelegenheiten der freiwilligen Gerichtsbarkeit,**

...

Betreuungssachen gehören in den Bereich der Vorbehaltsübertragung. 1

Unterbringungssachen sind dem Rechtspfleger nicht übertragen; aus verfassungsrechtlichen Gründen können sie ihm auch nicht übertragen werden. Vgl Art 104 Abs 2 Satz 1 GG. Die Nichtübertragung führt dazu, dass auch vorbereitende Tätigkeiten, wie Durchführung von Ermittlungen, Beweiserhebungen, Anhörungen, Festsetzung von Verfahrenspflegervergütung, zum Zuständigkeitsbereich des Richters gehören. 2

§ 11 RPflG Rechtsbehelfe (auszugsweise)

(1) Gegen die Entscheidungen des Rechtspflegers ist das Rechtsmittel gegeben, das nach den allgemeinen verfahrensrechtlichen Vorschriften zulässig ist.

(2) [1]Ist gegen die Entscheidung nach den allgemeinen verfahrensrechtlichen Vorschriften ein Rechtsmittel nicht gegeben, so findet die Erinnerung statt, die in Verfahren nach dem Gesetz über das Verfahren in Familiensachen und in den Angelegenheiten der freiwilligen Gerichtsbarkeit innerhalb der für die Beschwerde, im Übrigen innerhalb der für die sofortige Beschwerde geltenden Frist einzulegen ist. [2]Der Rechtspfleger kann der Erinnerung abhelfen. [3]Erinnerungen, denen er nicht abhilft, legt er dem Richter zur Entscheidung vor. [4]Auf die Erinnerung sind im Übrigen die Vorschriften über die Beschwerde sinngemäß anzuwenden.

(3) ...

(4) Das Erinnerungsverfahren ist gerichtsgebührenfrei.

1. Absatz 1. § 11 RPflG, geändert seit 1.9.2009 (BGBl 2009, 2586), wurde dem FamFG angepasst. Da in allen Fällen Endentscheidungen durch Beschluss ergehen (§ 38 FamFG) ist stets die Beschwerde gegen den Beschluss des Betreuungsgerichts gegeben, sowohl wenn in erster Instanz der Richter als auch wenn der Rechtspfleger entschieden hat. Diese Beschwerde ist befristet (§§ 58 ff FamFG); teils wird sie im FamFG als „sofortige Beschwerde“ bezeichnet und unterliegt dann der Befristung nach §§ 567 ff ZPO. Fälle unbefristeter Beschwerde kennt das FamFG nicht mehr (zum Übergangsrecht vgl Art 111 FGG-ReformG). Der Rechtszug geht in Betreuungs- und Unterbringungssachen immer zur Zivilkammer des Landgerichts, also vom Rechtspfleger zur LG- 1

Zivilkammer (bzw Einzelrichter), vom Betreuungsrichter zur LG-Zivilkammer (bzw Einzelrichter). Der Betreuungsrichter ist nicht mehr dazwischen geschaltet, wenn gegen den Beschluss des Rechtspflegers vorgegangen wird; die frühere Erinnerung ist in der alten Form seit 1.10.1998 abgeschafft worden.

2 2. **Absatz 2.** In einigen Fällen ist kraft gesetzlicher Regelungen keine Beschwerde gegeben. Wenn es sich hierbei um richterliche Entscheidungen handelt (zB Unanfechtbarkeit, zB Anordnung der Vorführung, § 283 FamFG), bleibt es bei der Unanfechtbarkeit. Wenn es sich um Rechtspflegerentscheidungen handelt (zB im Vergütungsrecht, wenn der Beschwerdewert von 600 Euro nicht erreicht wird, § 61 Abs 1 FamFG) ist aus verfassungsrechtlichen Gründen hiergegen die befristete Erinnerung (Frist: ein Monat bzw zwei Wochen, § 63 FamFG) eröffnet. Darüber entscheidet der Betreuungsrichter.

§ 15 RPflG Betreuungssachen und betreuungsgerichtliche Zuweisungssachen

(1) [1]Von den Angelegenheiten, die dem Betreuungsgericht übertragen sind, bleiben dem Richter vorbehalten

1. **Verrichtungen aufgrund der §§ 1896 bis 1900, 1908a und 1908b Abs. 1, 2 und 5 des Bürgerlichen Gesetzbuchs sowie die anschließende Bestellung eines neuen Betreuers;**
2. **die Bestellung eines neuen Betreuers im Falle des Todes des Betreuers nach § 1908c des Bürgerlichen Gesetzbuchs;**
3. **Verrichtungen aufgrund des § 1908d des Bürgerlichen Gesetzbuchs, des § 291 des Gesetzes über das Verfahren in Familiensachen und in den Angelegenheiten der freiwilligen Gerichtsbarkeit;**
4. **Verrichtungen aufgrund der §§ 1903 bis 1905 des Bürgerlichen Gesetzbuchs;**
5. **die Anordnung einer Betreuung über einen Angehörigen eines fremden Staates einschließlich der vorläufigen Maßregeln nach Artikel 24 des Einführungsgesetzes zum Bürgerlichen Gesetzbuche;**
6. **die Anordnung einer Betreuung oder Pflegschaft aufgrund dienstrechtlicher Vorschriften;**
7. **die Entscheidungen nach § 1908i Abs. 1 Satz 1 in Verbindung mit § 1632 Abs. 2 und 3, § 1797 Abs. 1 Satz 2 und § 1798 des Bürgerlichen Gesetzbuchs;**
8. **die Genehmigung nach § 6 des Gesetzes über die freiwillige Kastration und andere Behandlungsmethoden;**
9. **die Genehmigung nach § 3 Abs. 1 Satz 2 sowie nach § 6 Abs. 2 Satz 1, § 7 Abs. 3 Satz 2 und § 9 Abs. 3 Satz 1, jeweils in Verbindung mit § 3 Abs. 1 Satz 2 des Gesetzes über die Änderung der Vornamen und die Feststellung der Geschlechtszugehörigkeit in besonderen Fällen.**

[2]Satz 1 Nummer 1 bis 3 findet keine Anwendung, wenn die genannten Verrichtungen nur eine Betreuung nach § 1896 Abs. 3 des Bürgerlichen Gesetzbuches betreffen.

(2) Die Maßnahmen und Anordnungen nach den §§ 6 bis 12 des Erwachsenenschutzübereinkommens-Ausführungsgesetzes vom 17. März 2007 (BGBl. I S. 314) bleiben dem Richter vorbehalten.

Abs 1 Satz 2 wurde durch G v 30.7.2009 (BGBl 2009, 3474) angefügt.

I. Dem Richter vorbehaltene Angelegenheiten

1 Die **funktionelle Zuständigkeit** ist in Betreuungssachen zwischen Richter und Rechtspfleger aufgeteilt. Damit soll ua Geld gespart werden, denn der Rechts-

pfleger bezieht ein geringeres Gehalt als der Richter; auch standespolitische Gründe waren maßgebend. Der Beschluss über die Bestellung des Betreuers enthält zugleich die Anordnung der Betreuung, in dem die Anordnung des Betreuungsverhältnisses, die Auswahl des Betreuers und die Bestellung des Betreuers sowie die Feststellung, ob er berufsmäßig tätig wird oder nicht, in einer einzigen Entscheidung erfolgt (sog **Einheitsentscheidung**); es wird also nicht aufgeteilt zwischen Anordnung der Betreuung (Richterzuständigkeit) und Auswahl des Betreuers (Rechtspflegerzuständigkeit), wie vor 1992 bei der Gebrechlichkeitspflegschaft. Durch § 19 RPflG ist das Prinzip der Einheitsentscheidung wieder teilweise rückgängig gemacht worden. Bei den Genehmigungspflichten wurden aus verfassungs- und rechtspolitischen Gründen dem Richter die personenrechtlichen Entscheidungen vorbehalten und nur der Bereich der vermögensrechtlichen Entscheidungen dem Rechtspfleger übertragen; das beruht auf politischem Kompromiss[1] und ist teils nicht überzeugend.

Die Regelung der funktionellen Zuständigkeit war bisher in § 14 enthalten und 2
befindet sich seit 1.9.2009 mit Änderungen in § 15 (FGG-ReformG v 17.12.2008, BGBl 2009, 2586). Was „Verrichtungen" im Sinne des § 15 genau sind ist unklar, desgleichen, weshalb nicht das Wort „Entscheidungen" gewählt wurde.

Wird der Rechtspfleger tätig, obwohl der Richter zuständig gewesen wäre und 3
umgekehrt: § 8 RPflG. Bei engem Zusammenhang zwischen einem Richtergeschäft und einem Rechtspflegergeschäft: § 5 Abs 1 Nr 2 RPflG, § 6 RPflG. Bei Unklarheit, wer zuständig ist: § 7 RPflG.

Dem Richter sind nach § 15 RPflG vorbehalten: 4
Nr 1. Verrichtungen auf Grund §§ 1896–1900 BGB (ausgenommen die Fälle der Kontrollbetreuung, § 1896 Abs 3 BGB; vgl § 15 Abs 1 Satz 2 RPflG, dafür ist der Rechtspfleger zuständig), also:
Bestellung des Betreuers (§§ 1896 Abs 1, 1897 BGB) mit späteren Erweiterungen und Beschränkungen; die Bestellung eines Kontrollbetreuers (§ 1896 Abs 3 BGB) sollte ursprünglich (FGG-ReformG v 17.12.2008) unter die Richterzuständigkeit fallen, was aber durch G v 30.7.2009 wieder beseitigt wurde, so dass der missliche alte Rechtszustand, der zu Überschneidungen führt, weiter fortbesteht. Die Anordnung, dass der Betreuer berufsmäßig (§ 1836 Abs 1 Satz 2 BGB) und nicht ehrenamtlich tätig wird, ist zwar dem Richter in § 15 nicht vorbehalten, wird aber von ihm wegen § 6 RPflG gleichzeitig getroffen[2]; bei Nachholung wäre dagegen der Rechtspfleger zuständig[3].
Bestimmung des Aufgabenkreises (§ 1896 Abs 2 BGB);
Bestellung mehrerer Betreuer nach § 1899 BGB; Entscheidung von Meinungsverschiedenheiten;
Bestellung des **Sterilisationsbetreuers** nach § 1899 Abs 2 BGB;
Bestellung eines **Ergänzungsbetreuers**, §§ 1795, 1796, 1908 i Abs 1 Satz 1[4];
Bestellung eines **Gegenbetreuers**, §§ 1792, 1908 i, weil § 15 Nr 7 RPflG nicht auf § 1792 BGB verweist[5]; vielfach wird aber die Auffassung vertreten, der Rechtspfleger sei zuständig[6];

---

1 Vgl *Rink* RuP 1991, 148.
2 BayObLG Rpfleger 2001, 418; *Bassenge/Roth* RPflG § 15 Rz 3.
3 OLG Frankfurt FamRZ 2003, 1414; aA *Bassenge/Roth* RPflG § 15 Rz 3.
4 HK-BUR-*Bauer* § 1896 Rz 7; *Bienwald* § 1896 Rz 42; *Spanl* Rpfleger 1992, 142; *Dallmayer/Eickmann* § 14 RPflG Rz 56.
5 *Bassenge/Roth* RPflG § 15 Rz 3; *Klüsener* Rpfleger 1991, 228.
6 LG Bonn Rpfleger 1993, 233; *Spanl* Rpfleger 1992, 142; *Dallmayer/Eickmann* § 14 RPflG Rz 82; *Prütting/Helms/Fröschle* § 272 Rz 31.

5 **§ 1908 a BGB:** Betreuerbestellung und Einwilligungsvorbehalt (§§ 1896, 1903 BGB) für Siebzehnjährige.

6 **§ 1908 b Abs 1 BGB:** Entlassung des Betreuers (anders bei Abs 3, 4). Liegen mehrere Entlassungsgründe vor, für die teils der Richter (Abs 1), teils der Rechtspfleger (Abs 3, 4) zuständig ist (zB: der Betreute und der überlastete Betreuer schlagen einen anderen Betreuer vor), ist wegen der grundsätzlichen Zuweisung der Betreuungssachen an den Rechtspfleger (§ 3 Nr 2 b RPflG) zunächst dieser berufen, nach der Norm, für die er zuständig ist, zu entscheiden[7].
§ 1908 b Abs 2 BGB: der Betreuer verlangt Entlassung;
§ 1908 b Abs 5 BGB: Entlassung des Vereins bzw der Behörde,
die anschließende Bestellung eines neuen Betreuers in den Fällen § 1908 b Abs 1, 2, 5 BGB.

7 **Nr 2. § 1908 c BGB:** Bestellung eines neuen Betreuers bei Tod des alten Betreuers; (ausgenommen die Fälle der Kontrollbetreuung, § 1896 Abs 3 BGB; vgl § 15 Abs 1 Satz 2 RPflG).

8 **Nr 3. § 1908 d BGB** bei *Betreuung:* Aufhebung, Aufhebung der Antragsbetreuung auf Antrag, Einschränkung des Aufgabenkreises, Erweiterung des Aufgabenkreises; beim *Einwilligungsvorbehalt* die entsprechenden Entscheidungen.
§ 291 FamFG. Bei Bestellung eines Vereins/einer Behörde zum Betreuer: Überprüfung der Auswahl der wahrnehmenden Person. Wenn aber die Behörde bzw der Verein nur als Kontrollbetreuer bestellt wurde (§ 1896 Abs 3 BGB) ist für die Überprüfung der Rechtspfleger zuständig (§ 15 Abs 1 Satz 2).

9 **Nr 4. §§ 1903–1905 BGB: Einwilligungsvorbehalt** (§ 1903 BGB) und Erstreckung auch auf geringfügige Angelegenheiten des täglichen Lebens (§ 1903 Abs 3 Satz 2 BGB); Genehmigung der Einwilligung in bestimmte **Heilbehandlungen** (§ 1904 BGB); Genehmigung der Einwilligung in **Sterilisation** (§ 1905 BGB).

10 **Nr 5.** Betreuung/Pflegschaft über **Ausländer**; auch vorläufige Maßregeln, Art 24 EGBGB; auch Bestellung eines Kontrollbetreuers für einen Ausländer (§ 1896 Abs 3 BGB)[8].

11 **Nr 6.** Anordnung einer Betreuung/Pflegschaft auf Grund **dienstrechtlicher Vorschriften** (§ 3 BDG iVm § 16 VwVfG; § 85 Abs 2 Nr 1 WDO).

12 **Nr 7. § 1632 Abs 1 bis 3 BGB:** Anordnung der Herausgabe des Betreuten; Bestimmung des Umgangs des Betreuten mit Dritten; Entscheidung von Streitigkeiten in diesen Fällen.
1797 Abs 1 Satz 2 BGB: Entscheidung einer Meinungsverschiedenheit mehrerer Betreuer mit gleichem Aufgabenkreis.
§ 1798 BGB: Entscheidung einer Meinungsverschiedenheit mehrerer Betreuer mit verschiedenem Aufgabenkreis.

13 **Nr 8. Kastrationsentscheidungen.**

14 **Nr 9.** Fälle der **Namensänderung** und Änderung der Geschlechtszugehörigkeit.

---

7 *Bassenge/Roth* RPflG § 15 Rz 3.
8 *Bassenge/Roth* RPflG § 15 Rz 7.

II. Richterzuständigkeit in sonstigen Fällen

15 Aus der Natur der Sache, § 6 RPflG (und dem Wort „Verrichtungen" in § 15 RPflG) ergibt sich, dass der Richter, wenn er für die Entscheidung zuständig ist, auch für **das vorangegangene Verfahren** zuständig ist, also zB für die Anhörung des Betroffenen, der Betreuungsbehörde und anderer Personen; die Entscheidung darüber, wer zu beteiligen ist (§§ 7, 274 FamFG); die Vernehmung der Zeugen, die Auswahl und Beauftragung des Sachverständigen; Anordnung von Zwangsmaßnahmen wie Vorführung und Unterbringung (§§ 283, 284 FamFG), Festsetzung von Zwangsmitteln zur Herausgabe einer Betreuungsverfügung (§ 285 FamFG)[9].

16 **§ 1906 BGB**: für die Genehmigung der Unterbringung mit Freiheitsentzug durch den Betreuer bzw die Anordnung einer Unterbringung nach PsychKG/UnterbrG ist wegen Art 104 GG der Richter zuständig. Ebenso für einstweilige Anordnungen nach §§ 331, 332 FamFG.

17 **§ 1846 BGB.** Soweit die Zuständigkeit beim Richter liegt (zB Unterbringung; § 332 FamFG) ist er auch für einstweilige Maßregeln nach § 1846 BGB zuständig; im Übrigen (zB in Nachlasssachen) der Rechtspfleger.
Bestellung eines **Verfahrenspflegers**, soweit für die Angelegenheit der Richter zuständig ist (§§ 276, 317 FamFG)[10], in den restlichen Fällen (zB Genehmigung von Grundstücksgeschäften des Betreuers nach §§ 40 Abs 2, 41 Abs 3 FamFG) ist der Rechtspfleger zuständig. Für die Festsetzug der Vergütung des Verfahrenspflegers nahm das BayObLG[11] eine Zuständigkeit dessen an (Richter bzw Rechtspfleger), der ihn bestellt hat.
Festsetzung der Vergütung des Verfahrenspflegers in Unterbringungssachen[12].
Einholung eines **Sachverständigengutachtens**, soweit für die Angelegenheit der Richter zuständig ist[13], also zB nach § 280 FamFG.
Erlass einer **einstweiligen Anordnung**, soweit für die Angelegenheit der Richter zuständig ist (zB §§ 300, 301 FamFG).
Feststellung der Berufsmäßigkeit des Betreuers (§ 1836 BGB; § 1 VBVG)[14].
Alle weiteren verfahrensrechtlichen **Nebenentscheidungen**, wenn der Richter für die Hauptentscheidung zuständig ist[15].
Veranlassung von Mitteilungen. Da die §§ 308 bis 311 FamFG in der Aufzählung des § 15 RPflG nicht genannt sind, scheint für die dort genannten Anordnungen der Rechtspfleger zuständig zu sein. Die Entscheidung, von der Bekanntmachung der Grunde abzusehen oder zwecks Abwendung erheblicher Gefahren andere öffentliche Stellen zu verständigen, basiert auf den Erkenntnissen des Richters bei der Anhörung des Betroffenen und der Beweisaufnahme; sie stellt sich daher als Teil der Hauptentscheidung dar und ist somit vom Richter zu treffen[16]. Nach der **Anordnung über Mitteilungen in Zivilsachen** (MiZi), Ziffer XV, sind vom Richter die dort genannten Mitteilungen zu veranlassen.
Die **Abgabe** von Sachen, die dem Richter vorbehalten sind, darf nicht durch den Rechtspfleger erfolgen. Der Rechtspfleger darf auch eine von einem anderen

---

9 *Bassenge/Roth* RPflG § 15 Rz 13.
10 BT-Drucks 11/4528 S. 165; *Bassenge/Roth* RPflG § 15 Rz 13.
11 BayObLG Rpfleger 1993, 483; zustimmend *Bassenge/Roth* RPflG § 15 Rz 13.
12 BayObLG 1993, 256; OLG Hamm FamRZ 1995, 486; *Schlöpke* Rpfleger 1993, 435; *Bassenge/Roth* RPflG § 15 Rz 14; aA *Feuerabend* FamRZ 1996, 896.
13 BT-Drucks 11/4528 S. 165.
14 BayObLG NJWE-FER 2001, 269; *Bassenge/Roth* RPflG § 15 Rz 3; für die nachträgliche Feststellung ist der Rechtspfleger zuständig, OLG Frankfurt FamRZ 2003, 1414.
15 BT-Drucks 11/4528 S. 165.
16 *Bassenge/Roth* RPflG § 15 Rz 12; ebenso im Ergebnis *Rink* RuP 1991, 148.

Gericht angetragene Übernahme nicht ablehnen. Dies gilt insbesondere für die Genehmigung der Unterbringung (§ 1906 BGB); ist ein solches Verfahren anhängig, kann deshalb der Rechtspfleger weder um Übernahme des gesamten Betreuungsverfahrens noch lediglich der Unterbringungssache ersuchen. Weder kann er ablehnen noch dem Obergericht zur Entscheidung vorlegen[17]. Ohne Bedeutung ist dabei, ob der Richter den Rechtspfleger beauftragt oder sonst ermächtigt hat[18]. Aber auch, wenn kein Verfahren betreffend der Unterbringung anhängig ist, sondern eine einfache Betreuung vorliegt, besteht trotz § 15 RPflG keine Abgabezuständigkeit des Rechtspflegers; sonst könnte der Rechtspfleger dem Richter die zentrale Entscheidung (wie Aufhebung oder Verlängerung der Betreuung) entziehen. Die Abgabe ist vielmehr als verfahrensrechtliche Nebenentscheidung aufzufassen, für die der Richter deshalb zuständig ist, weil er auch für die bevorstehende Hauptentscheidung über die Betreuung zuständig ist[19]. Das gilt erst recht, wenn Anträge auf Entlassung eines Betreuers oder auf Anordnung eines Einwilligungsvorbehalts noch unerledigt sind[20].

III. Zuständigkeit des Rechtspflegers

18 Der **Rechtspfleger** hat die Grundzuständigkeit, da ein Fall der Vorbehaltsübertragung vorliegt. Er ist zB für folgende Tätigkeiten zuständig:
Aufnahme des „Antrages“ auf Betreuerbestellung, § 24 Abs 2 Nr 3 RPflG[21]; statt dessen kann aber auch die Geschäftsstelle tätig werden;
Zahlreiche **Genehmigungen** nach §§ 1812 ff iVm § 1908 i; wichtig sind vor allem die Genehmigung von Grundstücksgeschäften (§ 1821 Abs 1 Nr 1 BGB) und von erbrechtlichen Geschäften (wie § 1822 Abs 1 Nr 2 BGB);
Verrichtungen nach § 291 FamFG, falls sie Betreuungen nach § 1896 Abs 3 BGB betreffen;
Genehmigung der **Kündigung** der vom Betreuten gemieteten Wohnung, § 1907 Abs 1 BGB;
Bearbeitung von **Mietverhältnismitteilungen** nach § 1907 Abs 2 BGB;
Genehmigung von **Mietverträgen** (Betreuter als Vermieter) und anderen Verträgen über wiederkehrende Leistungen nach § 1907 Abs 3 BGB;
Aufhebung von Befreiungen, die für nahe Angehörige und Vereins-/Behördenbetreuer gelten (§ 1908 i Abs 2 Satz 2 BGB).
§ 1908 b Abs 3 BGB: Betreuerentlassung, wenn der Betreute einen Ersatzbetreuer vorschlägt; Bestellung des neuen Betreuers[22].
§ 1908 b Abs 4 BGB: Entlassung des Vereins-/Behördenbetreuers auf Antrag des Vereins bzw der Behörde; Bestellung des neuen Betreuers; Weiterführungsbeschluss nach Satz 2.
Mündliche Verpflichtung und Unterrichtung des Betreuers, § 289 FamFG;
Einführungsgespräch, § 289 FamFG;
Beratung und Aufsicht über den Betreuer, §§ 1908 i Abs 1, 1837 BGB; Kontrolle der Abrechnungen;
Genehmigung des Versprechens einer **Ausstattung** (zB ein Hochzeitsgeschenk für das Kind des Betreuten), § 1908 BGB.

---

17 OLG Zweibrücken FGPrax 2008, 210 und FGPrax 2005, 216; OLG Frankfurt FGPrax 2007, 119; BayObLG NJW 1992, 1634; OLG Düsseldorf Rpfleger 1997, 426; KG Rpfleger 1996, 400; aA OLG Hamm OLGZ 1994, 343; OLG Köln FamRZ 2001, 939; OLG Düsseldorf Rpfleger 1994, 244 (aufgegeben Rpfleger 1998, 103).

18 BayObLG Rpfleger 1992, 424.

19 Ebenso BayObLG FamRZ 1993, 448; KG FamRZ 1996, 1340; OLG Düsseldorf Rpfleger 1998, 103; *Bassenge/Roth* RPflG § 15 Rz 13; dagegen *Klüsener* FamRZ 1993, 986; OLG Hamm FamRZ 1993, 388 und 1994, 449; früher OLG Düsseldorf Rpfleger 1994, 244.

20 BayObLG FamRZ 1993, 222.

21 *Wenker* BtPrax 1993, 161.

22 BayObLG FamRZ 1996, 250/1.

Bestellung eines **Verfahrenspflegers** in ihm zugewiesenen Angelegenheiten, zB im Vergütungsfestsetzungsverfahren, bei Genehmigung nach § 1821 BGB[23].
Anordnung der **Mitteilungen** in sonstigen Fällen, Ziffer XV MiZi[24].
Abgabe von Sachen, soweit eine Richterzuständigkeit nicht eintreten kann[25].
Vergütungsfestsetzung[26], ausgenommen in Unterbringungssachen. Ist die Staatskasse zahlungspflichtig, kann der Rechtspfleger die Festsetzung dem Urkundsbeamten der Geschäftsstelle überlassen (§ 168 Abs 1 Satz 4 FamFG).
Festsetzung der Jahresgebühr nach § 92 KostO (Kostenansatz) nebst Entscheidung über die Erinnerung hiergegen[27].
Vorlage gem § 159 Abs 1 GVG, sofern die anstehende Entscheidung und die ersuchte Rechtshilfe (zB Anhörung bei § 1908i Abs 1 Satz 1 iVm § 1821 BGB) in die Rechtspflegerzuständigkeit fällt[28].
Weitere Fälle nach Landesrecht, falls ein Land von § 19 RPflG Gebrauch gemacht hat.
In **Baden-Württemberg** sind die Zuständigkeiten aufgeteilt zwischen Amtsnotaren und Amtsgerichten; Richtervorbehalte bestehen ua für Genehmigungen nach §§ 1903 bis 1906 BGB (§ 37 BadWürtt-LFGG)[29]. Zum Rechtspfleger vgl § 35 RPflG.

§ 19 Aufhebung von Richtervorbehalten (auszugsweise)

(1) Die Landesregierungen werden ermächtigt, durch Rechtsverordnung die in den vorstehenden Vorschriften bestimmten Richtervorbehalte ganz oder teilweise aufzuheben, soweit sie folgende Angelegenheiten betreffen:
1. **die Geschäfte nach § 14 Abs. 1 Nr. 8 und § 15, soweit sie nicht die Entscheidung über die Anordnung einer Betreuung und die Festlegung des Aufgabenkreises des Betreuers auf Grund der §§ 1896 und 1908a des Bürgerlichen Gesetzbuchs sowie die Verrichtungen auf Grund der §§ 1903 bis 1905 und 1908d des Bürgerlichen Gesetzbuchs und von § 278 Abs. 5 und § 283 des Gesetzes über das Verfahren in Familiensachen und in den Angelegenheiten der freiwilligen Gerichtsbarkeit betreffen;**
2. **...**

Die Landesregierungen können die Ermächtigung auf die Landesjustizverwaltungen übertragen.

(2) In der Verordnung nach Absatz 1 ist vorzusehen, dass der Rechtspfleger das Verfahren dem Richter zur weiteren Bearbeitung vorzulegen hat, soweit bei den Geschäften nach Absatz 1 Satz 1 Nr. 2 bis 5 gegen den Erlass der beantragten Entscheidung Einwände erhoben werden.

(3) Soweit von der Ermächtigung nach Absatz 1 Nr. 1 hinsichtlich der Auswahl und Bestellung eines Betreuers Gebrauch gemacht wird, sind die Vorschriften des Gesetzes über das Verfahren in Familiensachen und in den Angelegenheiten der freiwilligen Gerichtsbarkeit über die Bestellung eines Betreuers auch für die Anordnung einer Betreuung und Festlegung des Aufgabenkreises des Betreuers nach § 1896 des Bürgerlichen Gesetzbuchs anzuwenden.

Die Neuregelung will dem Rechtspfleger aus **standespolitischen Erwägungen** mehr Rechte geben; denn wer den Betreuer auswählen kann vergibt bzw nimmt 1

23 *Wesche* Rpfleger 1992, 377.
24 HK-BUR-*Bauer* § 1896 Rz 9.
25 Vgl BayObLG Rpfleger 1992, 285; abweichend FamRZ 1993, 448; unklar OLG Hamm Rpfleger 1992, 390.
26 LG Mainz Rpfleger 1994, 240.
27 LG Koblenz FamRZ 2000, 305.
28 OLG Karlsruhe Rpfleger 1994, 203.
29 Einzelheiten vgl *Bühler* BWNotZ 1991, 153; *Stolz* BWNotZ 1991, 164.

nach Ermessen Verdienstmöglichkeiten und hat Einfluss. Es könnte somit die Zuständigkeit dahin abgeändert werden, dass der Richter für die Anordnung der Betreuung zuständig ist und der Rechtspfleger für die Auswahl des Betreuers. Folge wäre, dass der Betroffene zweimal anzuhören ist. Das wäre unsinnig[1].

2 Solche Verordnungen mit unterschiedlichen Inhalten gibt es zB in Bayern (GVBl 2006, 170); Baden-Württemberg (GBl 2004, 919); Hessen (GVBl 2008, 927); Thüringen (GVBl 2008, 426); Niedersachsen (GVBl 2007, 244); Mecklenburg-Vorpommern (GVBl 2006, 755); Rheinland-Pfalz (GVBl 2008, 426).

1 Die Neuregelung wurde vom Bund Deutscher Rechtspfleger befürwortet, RpflBl 2003, 66.

Teil V Gerichtsverfassungsgesetz (GVG)

– Auszug –

§ 23a GVG (Sachliche Zuständigkeit)

(1) Die Amtsgerichte sind ferner zuständig für
1. Familiensachen;
2. Angelegenheiten der freiwilligen Gerichtsbarkeit.

(2) Angelegenheiten der freiwilligen Gerichtsbarkeit sind
1. Betreuungssachen, Unterbringungssachen sowie betreuungsgerichtliche Zuweisungssachen.
2. ...

§ 23c GVG (Betreuungsgerichte)

(1) Bei den Amtsgerichten werden Abteilungen für Betreuungssachen, Unterbringungssachen und betreuungsgerichtliche Zuweisungssachen (Betreuungsgerichte) gebildet.

(2) [1]Die Betreuungsgerichte werden mit Betreuungsrichtern besetzt. [2]Ein Richter auf Probe darf im ersten Jahr nach seiner Ernennung Geschäfte des Betreuungsrichters nicht wahrnehmen.

§ 72 GVG (Beschwerde)

(1) [1]Die Zivilkammern, einschließlich der Kammern für Handelssachen, sind die Berufungs- und Beschwerdegerichte in den vor den Amtsgerichten verhandelten bürgerlichen Rechtsstreitigkeiten, soweit nicht die Zuständigkeit der Oberlandesgerichte begründet ist. [2]Die Landgerichte sind ferner die Beschwerdegerichte in Freiheitsentziehungssachen und in den von den Betreuungsgerichten entschiedenen Sachen.

(2) ...

§ 119 GVG (Beschwerde)

(1) Die Oberlandesgerichte sind in Zivilsachen zuständig für die Verhandlung und Entscheidung über die Rechtsmittel:
1. der Beschwerde gegen Entscheidungen der Amtsgerichte
   a) in den von den Familiengerichten entschiedenen Sachen;
   b) in den Angelegenheiten der freiwilligen Gerichtsbarkeit mit Ausnahme der Freiheitsentziehungssachen und der von den Betreuungsgerichten entschiedenen Sachen;
2. der Berufung und der Beschwerde gegen Entscheidungen der Landgerichte.

(2) ...

§ 133 GVG (Rechtsbeschwerde)

In Zivilsachen ist der Bundesgerichtshof zuständig für die Verhandlung und Entscheidung über die Rechtsmittel der Revision, der Sprungrevision, der Rechtsbeschwerde und der Sprungrechtsbeschwerde.

§ 170 GVG (Öffentlichkeit)

(1) Verhandlungen, Erörterungen und Anhörungen in Familiensachen sowie in Angelegenheiten der freiwilligen Gerichtsbarkeit sind nicht öffentlich. Das Gericht kann die Öffentlichkeit zulassen, jedoch nicht gegen den Willen eines Beteiligten. In Betreuungs- und Unterbringungssachen ist auf Verlangen des Betroffenen einer Person seines Vertrauens die Anwesenheit zu gestatten.

(2) Das Rechtsbeschwerdegericht kann die Öffentlichkeit zulassen, soweit nicht das Interesse eines Beteiligten an der nicht öffentlichen Erörterung überwiegt.

Teil VI **Kostenordnung**

vom 26.7.1957 (BGBl 1957, 960), zuletzt geändert durch G v 24.9.2009 (BGBl 2009, 3145)
– Auszug –

I. Überblick

Die Anordnung einer Betreuung löst zahlreiche Kostenfolgen aus: 1

a) Der Betreuer erhält für seine Tätigkeit eine Vergütung und Auslagenersatz, was sich nach §§ 1908 i Abs 1, 1836 BGB, VBVG richtet. Vermögende Betreute müssen selbst zahlen, bei Mittellosen springt die Staatskasse ein.
b) Der Betreute muss uU an die Staatskasse Gebühren und Auslagen zahlen (§§ 92 ff KostO).
c) Der Verfahrenspfleger erhält ebenfalls für seine Tätigkeit eine Vergütung und Auslagenersatz, was sich nach § 277 FamFG richtet. Vergütung und Auslagenersatz des Verfahrenspflegers werden immer von der Staatskasse bezahlt, auch wenn der Betreute vermögend ist. Vgl aber Rz 10.
d) Der Sachverständige wird nach dem JVEG aus der Staatskasse vergütet; der Richter erhält seine Reisekosten nach den Regelungen des Reisekostenrechts aus der Staatskasse.
e) Wird eine Betreuung abgelehnt, kann das Betreuungsgericht die Auslagen des Betroffenen (zB Anwaltskosten, Reisekosten) der Staatskasse auferlegen, § 307 FamFG. Anderenfalls bleibt der Betroffene auf diesen Kosten sitzen. Einem böswilligen Veranlasser des Verfahrens können uU durch Beschluss des Betreuungsgerichts die gesamten Kosten auferlegt werden, § 81 Abs 4 FamFG.

II. Gerichtskosten der Betreuung

1. Anordnung einer Betreuung, die *nicht nur auf einzelne Rechtshandlungen beschränkt* ist. 2

a) Gerichtsgebühren. Eine derartige sog Dauerbetreuung liegt vor, wenn ein Betreuer für alle Angelegenheiten oder für einen bestimmten Aufgabenkreis bestellt wird; das ist der Regelfall. Bei diesen Betreuungen werden nach § 92 Abs 1 Satz 1 Kosten (dh Gebühren und Auslagen; § 1 KostO) vom Betroffenen (§ 2 Nr 2 KostO) nur erhoben, wenn und soweit sein Nettovermögen eine bestimmte Freigrenze überschreitet (auf das Einkommen des Betreuten kommt es also nicht an): frei sind 25.000 Euro, ferner der Wert des vom Betroffenen und/oder Angehörigen bewohnten angemessenen Hausgrundstücks (§ 90 SGB XII). 3

Ist die Freigrenze überschritten, wird für jedes angefangene Kalenderjahr eine Gebühr von 5 Euro für jede angefangenen 5.000 Euro erhoben, um die die Freigrenze überschritten ist; der Mindestbetrag einer Jahresgebühr ist 50 Euro, § 92 Abs 1 Satz 4 KostO (im Gegensatz zu 33 KostO). Bezüglich des Wertes kommt es auf §§ 18 ff KostO an; entscheidend ist jeweils der Wert zur Zeit der Fälligkeit der einzelnen Jahresgebühren. Renten werden nicht durch Kapitalisierung gebührenrechtlich zum Vermögen. Auch wenn das Vermögen des Betreuten von einem Testamentsvollstrecker verwaltet wird, zählt es zum Ver- 4 mögen iSv § 92 KostO[1]. Bei Betreuungen, die nur auf die Gesundheitssorge oder nur sonstige Personensorge beschränkt sind, beschränkt § 92 Abs 1 Satz 6 KostO die Gebührenhöhe; die frühere Regelung, die auf das volle Vermögen abstellte, was verfassungswidrig[2].

5 Für das Jahr der Verfahrenseinleitung und das Folgejahr wird nur *eine* Gebühr erhoben, andererseits für das letzte unvollständige Jahr die volle (und nicht nur eine anteilige) Jahresgebühr. Die erste Gebühr wird bei Anordnung fällig, die späteren Jahresgebühren jeweils am 1.1. im Voraus.

6 **Beispiel (1):** Die Betreute besitzt eine selbstbewohnte Eigentumswohnung im Wert von 150.000 Euro, Aktien im Wert von 500.000 Euro, Schulden in Höhe von 50.000 Euro. Der Wert i.S.v § 92 KostO beträgt 425.000 Euro (500.000 abzüglich 50.000 Schulden abzüglich 25.000 DM Freigrenze), die Jahresgebühr somit 425 Euro. Wurde die Betreuung am 1.10.2007 angeordnet und endet sie durch den Tod der Betreuten am 3.4.2010, sind drei Jahresgebühren zu zahlen (für 2007/8, für 2009 und 2010).
Beispiel (2): Die Betreute besitzt ein selbstbewohntes Reihenhause und hat 22.500 Euro Sparguthaben sowie 1.500 Euro Monatsrente. Die Freigrenze wird nicht überschritten. Die Betreute hat keine Gerichtsgebühren zu zahlen.

7 b) **Gerichtliche Auslagen.** Was Auslagen iSd KostO sind, regeln §§ 136, 137, 139 KostO. Betragsmäßig ins Gewicht fallen drei Posten:
- Sachverständigenhonorar, § 137 Nr 6 KostO;
- Reisekosten des Betreuungsrichters, § 137 Nr 7a KostO;
- Vergütung und Auslagen des Verfahrenspflegers, § 137 Nr 16 KostO.

8 Die KostO behandelt diese Auslagen verschieden:

9 aa) **Sachverständigenhonorar und Richter-Reisekosten** (sowie die sonstigen Auslagen nach §§ 136, 137 Nr 1 bis 15 KostO) fallen unter den allgemeinen Oberbegriff der Kosten (§ 1 KostO); sie werden nach § 92 Abs 1 Satz 1 KostO vom Betreuten nur erhoben, wenn sein Nettovermögen (das Einkommen bleibt außer Betracht) die Grenze von 25.000 Euro + Wert des eigengenutzten Hausgrundstücks übersteigt[3], dann aber in voller Höhe. Im obigen Beispiel (1) hat der Betreute also der Staatskasse diese Auslagen zu erstatten, im Beispiel (2) nicht.

10 bb) Der von der Staatskasse an den **Verfahrenspfleger** bezahlte Betrag dagegen wird vom Betreuten (§ 2 Nr 2 KostO) nur erhoben, wenn sein Vermögen und Einkommen (!) die Grenzen des § 1836c BGB übersteigt (§ 93a Abs 2 KostO). Hinsichtlich des Einkommens sind dabei komplizierte Berechnungen anzustellen (§ 1836c Nr 1 BGB). Bezüglich der Vermögensgrenze verweist § 1836c Nr 2 BGB auf den ganzen § 90 SGB XII, nicht nur auf § 90 Abs 2 Nr 8 SGB XII (wie § 92 Abs 1 Satz 1 KostO). Geschützt ist deshalb das eigengenutzte Hausgrundstück und ein Betrag von in der Regel 2.600 Euro und nicht 25.000 Euro.

11 Im obigen Beispiel (2) hat der Betreute (weil sein ungeschütztes Nettovermögen 22.500 Euro beträgt) der Staatskasse die Verfahrenspflegerkosten zu erstatten, das Sachverständigenhonorar und die Richterreisekosten dagegen nicht.

12 Es gibt es also **drei verschiedene Gruppen:**
- Betreuter ist frei von Gerichtsgebühren und Auslagen, auch frei von Verfahrenspflegerkosten;

---

1 BayObLG FamRZ 1997, 833; LG Koblenz ZEV 2005, 529.
2 BVerfG NJW 2006, 2246 (bei einem Vermögen von 25 Millionen und Einrichtung einer bloßen Gesundheitsbetreuung forderte das Gericht jährlich 24.950 Euro Gebühren).
3 *Mümmler* JurBüro 1991, 323/6.

- Betreuter ist frei von Gerichtsgebühren und Auslagen, muss aber Verfahrenspflegerkosten erstatten;
- Betreuter hat Gerichtsgebühren und Auslagen (auch Verfahrenspflegerkosten) zu zahlen.

cc) Bei Vermögensbetreuungen kann die Staatskasse **Rechnungsgebühren** (10 Euro je Stunde) als Auslagen berechnen, falls drei Voraussetzungen kumulativ vorliegen: Die Rechnungsprüfung wurde durch einen dafür besonderes bestellten Bediensteten (also nicht durch den zuständigen Rechtspfleger oder Urkundsbeamten) vorgenommen (Einzelheiten regelt das Landesrecht); das Nettovermögen überschreitet die Freigrenze des § 92 Abs 1 Satz 1 KostO; die Bruttoeinnahmen überschreiten 1.000 Euro jährlich (§ 139 Abs 2 KostO). 13

2. Anordnung einer vorläufigen Betreuung. In der Praxis wird häufig zunächst eine vorläufige Betreuung durch einstweilige Anordnung angeordnet (§§ 300, 301 FamFG), die vor Fristablauf durch eine endgültige Betreuung ersetzt wird. Kostenrechtlich bilden beide Verfahren dann eine Einheit, § 92 Abs 4 KostO. Wird nur eine einstweilige Anordnung erlassen wird sie nach § 92 abgerechnet[4] und es gibt keine Ermäßigung. 14

3. Anordnung einer Betreuung, die nur auf einzelne Rechtshandlungen beschränkt ist. 15

a) **Abgrenzung § 92 KostO – § 93 KostO.** Die Fallgruppe Einzelfallbetreuung ist in § 93 KostO geregelt. Ein Anwendungsfall des § 93 KostO wäre zB gegeben, wenn ein Betreuer lediglich zwecks Stellung eines oder mehrerer Rentenanträge, Sozialhilfeanträge, zur Durchführung eines Hausverkaufs oder einer Erbauseinandersetzung bestellt wird. Auch eine Betreuung für mehrere einzelne Rechtshandlungen fällt unter § 93 KostO. Letztlich kommt es auf die Auslegung des Betreuerbestellungsbeschlusses an. Die Anordnung einer Dauerbetreuung mit einem beschränkten Aufgabenkreis (zB Gesundheitssorge und Aufenthaltsbestimmung; oder: Vermögenssorge) fällt nicht unter § 93 KostO[5], sondern unter § 92 KostO; dasselbe gilt für die Anordnung einer geteilten Mitbetreuung nach § 1899 BGB (Betreuer A sorgt sich um das Vermögen, Betreuer B um alle sonstigen Aufgabenkreise) oder einer Kontrollbetreuung (§ 1896 Abs 3 BGB). Der Zeitaufwand für oder die Dauer der Betreuung spielen für die Abgrenzung keine Rolle; eine Einzelfallbetreuung nach § 93 KostO kann sich durchaus über eine längere Zeit hinziehen[6]; andererseits liegt eine Dauerbetreuung auch dann vor, wenn der allseits Betreute schon nach kurzer Zeit stirbt. Die Frage, ob § 92 oder § 93 KostO heranzuziehen ist, kann bedeutsam sein, weil die jeweiligen Gebühren unterschiedlich hoch sind. 16

b) Erhoben wird (einmalig) die **volle Gebühr** nach der KostO (keine laufende Jahresgebühr); zahlungspflichtig ist der Betreute, § 2 Nr 2 KostO. Diese Gebühr deckt auch eine eventuelle betreuungsgerichtliche Genehmigung der Einzeltätigkeit ab. Bemessungsgrundlage für die Gebühr ist der Wert des Gegenstandes, auf den sich die Rechtshandlung bezieht (§ 93 Satz 1 KostO), zB der Wert des Rentenantrags (anders bei § 92 KostO!). Beim Wert werden im Falle des § 93 KostO die Schulden nicht abgezogen[7]; bei Anordnung einer Betreuung zwecks Veräußerung eines Hauses verringern die darauf lastenden Schulden somit den Gebührenwert nicht. Bei mehreren Einzelangelegenheiten (zB drei Rentenanträ- 17

---

4 OLG Zweibrücken FGPrax 2006, 136; LG Koblenz FamRZ 2005, 1000.
5 BayObLG FamRZ 1997, 833.
6 *Rohs-Wedewer-Belchaus*, KostO, § 93 Rz 5.
7 BayObLG JurBüro 1994, 358.

ge) werden die Werte addiert. **Auslagen** werden grundsätzlich ebenfalls vom Betreuten erhoben, § 2 Nr 2 KostO.

18 c) **Die Gebühr und die Auslagen werden nicht erhoben,** wenn das Netto-Vermögen des Betreuten die Grenze von 25.000 Euro + eigengenutztes Hausanwesen nicht überschreitet (§§ 93 Satz 5, 92 Abs 1 Satz 1 KostO); bei Überschreitung werden aber die vollen Gebühren und Auslagen berechnet (und nicht nur 5 Euro je 5.000 Euro Vermögen). § 93 KostO spricht zwar nur von *Gebühren*; wegen der Verweisung in Satz 5 auf § 92 Abs 1 Satz 1 KostO (wo von *Kosten* die Rede ist) muss sich die Befreiung auch auf Auslagen beziehen[8].

19 d) Die Gebühr und die Auslagen werden ferner nicht erhoben, wenn für den Betreuten eine Dauerbetreuung iSv § 92 KostO besteht oder gleichzeitig anzuordnen ist (§ 93 Satz 6 KostO); denn diese wird ohnehin nach § 92 KostO abgerechnet.

20 **Beispiel:** Die Tochter ist vom Betreuungsgericht bestellte Betreuerin ihrer Mutter. Sie will ihre Mutter in den Haushalt aufnehmen und gegen Bezahlung pflegen. Ein Ergänzungsbetreuer muss bestellt werden, der lediglich die Aufgabe hat, den Pflegevertrag zwischen der Betreuten (Mutter) und der Betreuerin (Tochter) zu schließen, weil die Betreuerin wegen des Verbots des Selbstkontrahierens daran gehindert ist (§§ 1908 i Abs 1, 1795, 181 BGB). Gemäß § 93 Satz 6 KostO fallen für die Ergänzungsbetreuung keine zusätzlichen Gerichtskosten an; vom Sinn der Regelung her muss dies auch für Auslagen gelten.

21 **4. Abgabe des Betreuungsverfahrens.** Wird ein Betreuungsverfahren von einem Betreuungsgericht an ein anderes Betreuungsgericht abgegeben (§ 273 FamFG), bilden die Verfahren eine Einheit, es fallen nicht getrennte Gebühren an (§ 92 Abs 4 KostO).

22 **5. Bestellung eines Verfahrenspflegers.** Die Bestellung und die Aufhebung der Bestellung eines Verfahrenspflegers ist gerichtsgebührenfrei (§ 93 a Abs 1 Satz 2 KostO), sowohl bei Bestellung im Verfahren betreffend eine Dauerbetreuung wie für eine Einzelfallbetreuung nach § 93 KostO. Die Regelung soll klarstellen, dass die Bestellung kostenrechtlich zu dem Verfahren gehört, für das der Verfahrenspfleger bestellt wird und dass die Zahlung der Staatskasse an den Verfahrenspfleger (§ 137 Nr 16 KostO) Teil der jeweiligen Kosten ist[9].

23 **6. Anordnung eines Einwilligungsvorbehalts.** – a) Wird gleichzeitig mit der Bestellung eines Betreuers oder später ein **Einwilligungsvorbehalt angeordnet** (§ 1903 BGB), löst diese keine zusätzlichen Gerichtsgebühren aus, weil ein entsprechender Gebührentatbestand fehlt (§ 91 KostO). Auslagen (zB für die erneute Anhörung, für ein weiteres Gutachten) werden vom Betreuten erst erhoben, falls die Vermögensfreigrenzen des § 92 Abs 1 Satz 1 KostO überschritten sind; Auslagen für die erneute Bestellung eines Verfahrenspflegers aus Anlass der Anordnung des Einwilligungsvorbehalts werden vom Betroffenen dagegen bereits erhoben, wenn sein Einkommen/Vermögen die niedrigeren Grenzen des § 1836 c BGB übersteigt (§ 93 a Abs 2 KostO).

24 b) Wird die **Anordnung eines Einwilligungsvorbehalts abgelehnt** oder die Verlängerung abgelehnt, fallen keine zusätzlichen Gerichtsgebühren an; Auslagen (zB Sachverständigengutachten, Verfahrenspfleger, Richter-Reisekosten) werden vom Betroffenen *in keinem Fall* erhoben (§ 96 c KostO), gleichgültig wie hoch sein Einkommen oder Vermögen ist. Begünstigt sind nur die Auslagen, die in

---

8 Vgl *Wesche* Rpfleger 1993, 230.
9 BT-Drucks 13/7158 S. 40.

Zusammenhang mit *dieser* Entscheidung entstehen, nicht sonstige Auslagen. Von Dritten können die Auslagen uU erhoben werden (§ 81 FamFG).

c) Wird der **Einwilligungsvorbehalt** als von Anfang an ungerechtfertigt **aufgehoben**, werden vom Betroffenen keine diesbezüglichen Auslagen erhoben (wie b), § 96 KostO. **25**

d) Wurde der **Einwilligungsvorbehalt** zunächst zu Recht angeordnet, dann aber wegen Wegfalls der Voraussetzungen **aufgehoben**, fallen Gerichtsgebühren nicht an. Unklar ist, ob Auslagenfreiheit besteht. Der Fall ist in § 96 KostO ausdrücklich nicht geregelt. ME ist eine analoge Anwendung geboten. **26**

7. Genehmigungen des Betreuungsgerichts. – a) **Genehmigungen** des Betreuungsgerichts, zB nach §§ 1810 ff BGB (Vermögensverwaltung), § 1904 BGB (Gesundheitssorge), § 1905 BGB (Sterilisation); § 1906 BGB (Unterbringung); § 1907 BGB (Wohnungskündigung) verursachen keine zusätzlichen Gerichtsgebühren, weil ein entsprechender Gebührentatbestand fehlt (§§ 91, 128 b KostO). Die Auslagen (zB Sachverständigenhonorar) werden vom Betroffenen im Rahmen seiner finanziellen Verhältnisse erhoben. **27**

b) Wird eine **Genehmigung nach §§ 1904 oder 1905 BGB abgelehnt**, werden Auslagen im Zusammenhang mit der Vorbereitung der Entscheidung (idR Sachverständigenhonorar) in keinem Fall erhoben (§ 96 KostO). Bezüglich der Auslagen in den Genehmigungsfällen § **1907 BGB** und §§ **1810 ff BGB** (zB Kosten der Schätzung eines Hauses) fehlt eine ausdrückliche Freistellungsregelung; daraus ist der Umkehrschluss zu ziehen, dass sie auch bei Ablehnung der Genehmigungen (zB eines Hausverkaufs) dem Betreuten im Rahmen seiner finanziellen Verhältnisse in Rechnung gestellt werden. **28**

8. Bestellung mehrerer Betreuer. Werden demselben Betreuten mehrere Betreuer bestellt (mit demselben oder verschiedenem Aufgabenkreis – gemeinsame Mitbetreuung bzw geteilte Mitbetreuung), liegt trotzdem nur *eine* Betreuung vor, fällt die laufende Gerichtsgebühr nur einmal an. Dies ergibt sich auch aus § 93 Satz 6 KostO. **29**

9. Betreuung über mehrere Personen. Jede Betreuung wird gesondert abgerechnet; die Freigrenze fällt somit mehrfach an. **30**

10. Ablehnung einer Betreuung. Endet das Amtsverfahren damit, dass wegen fehlender Voraussetzungen (§ 1896 BGB) keine Betreuung angeordnet bzw die Bestellung eines Betreuers abgelehnt wird, fallen für das Verfahren und den Beschluss keine **Gerichtsgebühren** an (§§ 91, 92 KostO). **Auslagen** wie zB das Sachverständigenhonorar und die Reisekosten des Betreuungsrichters werden vom Betroffenen nicht erhoben (§ 96 a KostO). Hinsichtlich der von der Staatskasse an den Verfahrenspfleger bezahlten Beträge (§ 137 Nr 16 KostO) ist die Rechtslage missverständlich formuliert. § 93 a Abs 2 KostO bestimmt zwar die Erhebung dieser Auslagen, falls der Betroffene eine bestimmte Einkommens-/Vermögenslage hat. Doch ist § 96 KostO demgegenüber als Sonderregelung aufzufassen[10]; bei Ablehnung der Betreuung werden somit Auslagen (auch Verfahrenspflegerkosten) in keinem Fall erhoben, also vermögensunabhängig. **31**

Weder Gebühren noch Auslagen fallen ferner an, wenn das **Verfahren ohne Entscheidung über die Maßnahme beendet** wird (§ 96 KostO), zB weil der Betroffene vor Abschluss des Verfahrens stirbt. **32**

10 BT-Drucks 13/7158 S. 40: „§ 96 KostO bleibt unberührt".

33 **11. Aufhebung einer Betreuung.** Bei jeder Betreuung wird eine Überprüfungsfrist festgesetzt; sie beträgt längstens sieben Jahre (§ 295 Abs 2 FamFG). Kurz vor Fristablauf wird geprüft, zB durch neue Gutachten, ob eine Verlängerung erforderlich ist (§ 295 Abs 1 FamFG). Wird die **Betreuung nicht verlängert,** werden vom Betroffenen in keinem Fall die in diesem Zusammenhang angefallenen Auslagen erhoben (§ 96 a KostO). Wird eine zunächst zu Recht angeordnete Betreuung schon vor Ablauf der Überprüfungsfrist **aufgehoben**, weil ihre Voraussetzungen bereits weggefallen sind (§ 1908 d BGB), zB weil der Betreute wieder gesund geworden ist, löst der Aufhebungsbeschluss keine besonderen Gerichtsgebühren aus. Für das Kalenderjahr der Aufhebung ist aber noch die volle Jahresgebühr zu zahlen (§ 92 Abs 1 Satz 2 KostO). Die durch die Prüfung des Aufhebungsantrags bedingten Auslagen, also vornehmlich die Gutachterkosten, sind in § 96 KostO nicht ausdrücklich erwähnt.

34 Auch hier ist, wie schon beim Einwilligungsvorbehalt, mE eine analoge Anwendung geboten: ob eine Betreuung nicht verlängert wird oder ob sie noch früher aufgehoben wird, macht wertungsmäßig keinen Unterschied. Folge ist somit auch hier völlige Auslagenfreiheit, § 96 a KostO.

35 Wird die Betreuung (zB auf Beschwerde hin) rückwirkend aufgehoben, weil ihre Anordnung von Anfang an ungerechtfertigt war, werden (rückwirkend) ebenfalls weder Gebühren noch Auslagen erhoben, § 92 Abs 1 Satz 1 KostO.

36 **12. Verlängerung der Betreuung.** Die Verlängerung der Betreuung vor Ablauf ihrer Überprüfungsfrist (§ 295 Abs 2 FamFG) gelten die Vorschriften über die erstmalige Bestellung entsprechend. Die Jahresgebühr läuft einfach weiter. Das Privileg des § 92 Abs 1 Satz 3 KostO (Zusammenrechnung der ersten beiden Kalenderjahre) wiederholt sich nicht. Wird die **Verlängerung abgelehnt**, fällt keine besondere Gerichtsgebühr an; Auslagen (wie Sachverständigenhonorar, Richter-Reisekosten, Verfahrenspfleger) im Zusammenhang mit der Prüfung, ob die Betreuung verlängert wird, werden vom Betreuten nicht erhoben (§ 96 a KostO). Für die Erweiterung des Aufgabenkreises fällt keine besondere Gebühr an (§ 91 KostO); bei Ablehnung der Erweiterung werden weder besondere Gebühren noch Auslagen erhoben (§ 96 b KostO).

III. Gerichtskosten in Unterbringungssachen

37 Die Unterbringung des Betreuten durch den Betreuer bedarf der Genehmigung des Betreuungsgerichts. Wieder ist zu unterscheiden zwischen Gerichtsgebühren und Auslagen des Gerichts. Für die Genehmigung einer Unterbringung (§ 1906 BGB) verlangt das Betreuungsgericht keine **Gerichtsgebühren** (§ 128 b Satz 1 KostO). Auch die Bestellung eines Verfahrenspflegers für das Unterbringungsverfahren (§ 317 FamFG) ist nach § 93 a KostO gerichtsgebührenfrei.

38 Die von der Gerichtskasse an den Verfahrenspfleger bezahlte Vergütung und Auslagenersatz (§ 137 Nr 16 KostO) werden aber als **Auslagen** vom Untergebrachten erhoben, falls er vermögend iSv § 1836 c BGB ist (§§ 128 b Satz 2, 93 a Abs 2 KostO).

39 Bei Ablehnung der Unterbringung werden die Verfahrenspfleger-Auslagen dem Betroffenen nicht in Rechnung gestellt (analoge Anwendung von § 96 KostO).

40 Sonstige Auslagen iSv § 137 KostO, insbesondere also die Kosten des Sachverständigen, der vorläufigen Unterbringung zwecks Beobachtung (§§ 321, 322

FamFG) und die Reisekosten des Gerichts, werden in Unterbringungsverfahren (vom Betroffenen) nicht gefordert, weder bei Anordnung noch bei Ablehnung der Unterbringung. Dritten können sie gem § 81 Abs 4 bzw § 337 FamFG auferlegt werden.

IV. Gerichtskosten des Beschwerdeverfahrens

1. Eine ***erfolgreiche*** **Beschwerde** ist gerichtsgebühren- und auslagenfrei (§ 131 Abs 1 Satz 2 und Satz 5 KostO). Dazu gehört auch die Aufhebung und Zurückverweisung. Hatte das LG eine Beschwerde zurückgewiesen, der BGH auf Rechtsbeschwerde den Beschwerdebeschluss des LG aufgehoben und der Beschwerde stattgegeben, liegt ein in beiden Instanzen erfolgreiches Beschwerdeverfahren vor; es besteht Kostenfreiheit. **41**

2. Bei ***erfolglosen*** **(unzulässigen, unbegründeten) Beschwerden** bzw weiteren Beschwerden ist zu unterscheiden: **42**

a) Richtet sich die Beschwerde gegen eine Entscheidung des Betreuungsgerichts und ist sie von dem Betreuten oder im Interesse des Betreuten eingelegt, so ist sie in jedem Fall (auch bei Erfolglosigkeit) *gerichtsgebührenfrei*, § 131 Abs 3 KostO. Die *Auslagen* (zB für ein neues Sachverständigengutachten) hingegen muss der Beschwerdeführer tragen[11]. Der beauftragte Anwalt muss ebenfalls vom Beschwerdeführer bezahlt werden. **43**

b) Legt der Betreuer, der Verfahrenspfleger, ein Angehöriger oder ein Dritter erfolglos Beschwerde ein, kommt es darauf an, ob sie *im Interesse des Betreuten* eingelegt wurde; nur dann ist sie gerichtsgebührenfrei. Nicht im unmittelbaren Interesse des Betreuten liegen zB in der Regel: Vergütungsbeschwerden des Betreuers oder des Verfahrenspflegers; Beschwerden gegen die Entlassung aus dem Amt; Beschwerden Dritter, die in ihrem Interesse (zB um kündigen zu können) eine Betreuung anordnen lassen wollen; Beschwerden von nicht Beschwerdeberechtigten (vgl §§ 59, 303 FamFG). Dagegen liegen Beschwerden Dritter gegen die Anordnung der Betreuung, gegen deren Umfang, gegen die Auswahl des Betreuers, kurz alle Beschwerden, die die rechtliche Stellung des Betreuten unmittelbar berühren, im Interesse des Betreuten. **44**

aa) Fallen Gerichtsgebühren an, belaufen sie sich auf eine 1/2 Gebühr (§ 131 Abs 1 Nr 1 KostO). Die **Höhe** des Betrages richtet sich nach dem Beschwerdewert; dieser bestimmt sich nach § 30 Abs 2, Abs 3 KostO. Es handelt sich bei Betreuungen um eine nichtvermögensrechtliche Angelegenheit, auch wenn die Betreuung nur den Aufgabenkreis „Vermögenssorge" hat. Der **Beschwerdewert** (Geschäftswert) ist daher *regelmäßig* mit 3.000 Euro anzunehmen, eventuell geringer, höchstens aber mit 500.000 Euro. Insbesondere bei sehr guter Vermögenslage des Betreuten kann ein höherer Wert als 3.000 Euro angenommen werden. Bei einem Vermögen von 4,4 Mio DM hat das BayObLG[12] den Geschäftswert mit 400.000 DM, also rund 10 % des Vermögens, bestimmt. **45**

bb) **Auslagen, welche im Beschwerdeverfahren angefallen sind,** werden bei unbegründeten Beschwerden vom Beschwerdeführer (§ 2 Nr 1 KostO) immer erhoben. Der Beschwerdeführer kann aber anregen, dass das Beschwerdegericht **46**

---

11 *Rohs-Wedewer-Belchaus*, KostO, § 131 Rz 28; *Korintenberg/Lappe/Bengel/Reimann*, KostO, 17. Aufl 2008, § 131 Rz 35.
12 BayObLG FamRZ 1994, 588.

von der Erhebung von Kosten absieht, wenn und weil seine Beschwerde auf unverschuldeter Unkenntnis beruhte (§ 130 Abs 5 KostO).

§ 2 Allgemeiner Grundsatz

Zur Zahlung der Kosten ist verpflichtet

1. bei Geschäften, die nur auf Antrag vorzunehmen sind mit Ausnahme der Verfahren zur Festsetzung eines Zwangs- oder Ordnungsgeldes, jeder, der die Tätigkeit des Gerichts veranlaßt, bei der Beurkundung von Rechtsgeschäften insbesondere jeder Teil, dessen Erklärung beurkundet ist;

1 a. im Verfahren auf Bewilligung von Verfahrenskostenhilfe der Antragsteller, wenn der Antrag zurückgenommen oder abgelehnt wird;

2 bei einer Betreuung, einer Dauerpflegschaft oder einer Pflegschaft nach § 364 des Gesetzes über das Verfahren in Familiensachen und in den Angelegenheiten der freiwilligen Gerichtsbarkeit der von der Maßnahme Betroffene; dies gilt nicht für Kosten, die das Gericht einem Anderen auferlegt hat;

3. in Unterbringungssachen der Betroffene, wenn die Unterbringung angeordnet wird;

4. in Handels-, Genossenschafts-, Partnerschafts- und Vereinsregistersachen bei solchen Geschäften, die von Amts wegen vorgenommen werden, die Gesellschaft oder der Kaufmann, die Genossenschaft, die Partnerschaft oder der Verein;

5. bei sonstigen Geschäften, die von Amts wegen vorgenommen werden, derjenige, dessen Interesse wahrgenommen wird; dies gilt nicht für Kosten, die das Gericht einem Anderen auferlegt hat.

§ 91 Gebührenfreie Tätigkeiten

[1]Für die in den §§ 92 bis 93 a und 97 genannten Tätigkeiten werden nur die in diesen Vorschriften bestimmten Gebühren erhoben; im Übrigen ist die Tätigkeit gebührenfrei. [2]Für einstweilige Anordnungen werden keine Gebühren erhoben.

1 Satz 2 kollidiert mit § 92 Abs 4 KostO; letztere Vorschrift geht als spezielle Regelung vor[1], was bedeutet, dass eine Betreuung, die durch einstweilige Anordnung beschlossen wird, nicht gebührenfrei ist, es sei denn, sie ist es wegen § 92 KostO. Satz 2 betrifft somit nur sonstige einstweilige Anordnung, etwa wenn dadurch ein Betreuer entlassen wird (§ 300 Abs 2 KostO).

§ 92 KostO Dauerbetreuung und Dauerpflegschaft

(1) [1]Bei Betreuungen, die nicht auf einzelne Rechtshandlungen beschränkt sind, werden Kosten nur erhoben, wenn das Vermögen des Fürsorgebedürftigen nach Abzug der Verbindlichkeiten mehr als 25.000 Euro beträgt; der in § 90 Abs. 2 Nr. 8 des Zwölften Buches Sozialgesetzbuch genannte Vermögenswert wird nicht mitgerechnet. [2]Für jedes angefangene Kalenderjahr wird eine Gebühr in Höhe von 5 Euro für jede angefangenen 5.000 Euro erhoben, um die das reine Vermögen die in Satz 1 genannten Vermögenswerte übersteigt; die Gebühr beträgt mindestens 50 Euro. [3]Ist Gegenstand der Maßnahme ein Teil des Vermögens, ist höchstens dieser Teil des Vermögens zu berücksichtigen. [4]Ist vom Aufgabenkreis nicht unmittelbar das Vermögen erfasst, beträgt die Gebühr 200 Euro, jedoch nicht mehr als die sich nach Satz 2 ergebende Gebühr. [5]Für das bei der Einleitung der Fürsorgemaßnahme laufende und das folgende Kalenderjahr wird nur eine Jahresgebühr erhoben. [6]Die Gebühr wird

1 *Korintenberg/Lappe/Bengel/Reimann* § 91 Rz 9 a.

erstmals bei Anordnung der Fürsorgemaßnahme und später jeweils zu Beginn eines Kalenderjahres fällig.

(2) Bei Dauerpflegschaften, wird für jedes angefangene Kalenderjahr eine Gebühr in Höhe von 5 Euro für jede angefangenen 5.000 Euro des reinen Vermögens erhoben. Absatz 1 Satz 3, 5 und 6 ist anzuwenden.

(3) Erstreckt sich eine Fürsorgemaßnahme nach den Absätzen 1 und 2 auf mehrere Fürsorgebedürftige, so werden die Gebühren für jeden von ihnen besonders erhoben.

(4) Geht eine vorläufige Betreuung in eine endgültige über oder wird eine Betreuung oder Pflegschaft von einem anderen Gericht übernommen, so bildet das Verfahren eine Einheit.

I. Fallgruppen, Abs 1

1. Satz 1. – a) Mehrere Fallgruppen werden von § 92 Abs 1 Satz 1 erfasst, darunter die Dauerbetreuung (§§ 1896 ff BGB), auch vorläufige Betreuung (§§ 300, 301 FamFG; vgl § 92 Abs 4 KostO, trotz § 91 Satz 2 KostO). Unterbringung vgl § 128 b KostO. Betreuung für einzelne Rechtshandlungen vgl Rz 2. 1

b) Für auf **einzelne Rechtshandlungen beschränkte** Betreuungen ist § 93 KostO anzuwenden. Sie liegen vor, wenn es sich um zeitlich einmalige Angelegenheiten handelt; auf den theoretischen Begriff der Rechtshandlung ist nicht abzustellen; auch nicht auf den Umfang. Einmalige Angelegenheiten sind zB Prozesse und andere Gerichtsverfahren; einzelne Rechtsgeschäfte, Bestellung eines Ergänzungsbetreuers zum Abschluss eines Vertrages; Realakte. Die Bestellung eines Betreuers für einen bestimmten Aufgabenkreis (zB Gesundheitssorge und Aufenthaltsbestimmung) ist eine Dauerbetreuung[1], nicht nur eine Betreuung für eine einzelne Rechtshandlung. Bei Betreuungen für einzelne Rechtshandlungen wird nach § 93 Abs 1 Satz 1 KostO die volle Gebühr des § 32 KostO erhoben. 2

c) **Kosten** sind Gebühren und gerichtliche Auslagen (insbesondere Sachverständigenkosten und Reisekosten der Richter) 3

d) **Freigrenzen.** Kosten (sowohl Gebühren wie Auslagen[2]) werden vom Betreuten nur erhoben, wenn sein *Vermögen* eine bestimmte Höhe überschreitet (auf das *Einkommen* stellt § 92 KostO ausdrücklich nicht ab[3]): 4

aa) Nicht gerechnet wird, was nach § 90 Abs 2 Nr 8 SGB XII nicht eingesetzt werden muss. Vgl dazu die Kommentierung bei § 1836 c[4]. Die in § 90 Abs 2 Nr 1 bis 7 SGB XII genannten Vermögenswerte sind dagegen anzusetzen; sie sind im Freibetrag von 25.000 Euro pauschal berücksichtigt. 5

bb) Das übrige **Nettovermögen** muss **25.000 Euro** überschreiten. Gemeint ist hier das Gesamtvermögen, auch wenn es von einem Testamentsvollstrecker[5] oder Nießbraucher verwaltet wird; allerdings nur, soweit es von der Betreuung usw erfasst wird (also uU nicht Auslandsvermögen), wie **Satz 3** zeigt. 6

---

1 BayObLG FamRZ 1997, 833.
2 BayObLG FamRZ 2003, 1411; LG Koblenz FamRZ 2004, 1308.
3 OLG Hamm FamRZ 1993, 1229; anders als nun §§ 93 a Abs 2, 128 b KostO.
4 LG Hamburg Rpfleger 2003, 503.
5 BayObLG FamRZ 1997, 833.

7 cc) **Die Bewertung der Aktiva und Passiva** erfolgt nach §§ 18 ff KostO. Wiederkehrende Nutzungen und Leistungen sind nach §§ 24, 25 KostO zu bewerten. Zweifelhafte Ansprüche und Ähnliches sind nach § 30 Abs 1 KostO zu schätzen. Es kommt jeweils auf den Wert des Vermögens zur Zeit der Fälligkeit der jeweiligen Jahresgebühren (dazu § 92 Abs 1 Satz 4) an, § 18 Abs 1 KostO. Zu den Aktiva gehören zB Grundstücke, Bankguthaben, Forderungen; Renten gehören nur zum Vermögen, wenn sie nicht unmittelbar zum Unterhalt benötigt werden. Passiva: der Abzug der Verbindlichkeiten stellt eine Ausnahme von § 18 Abs 3 KostO dar. Nießbrauchsbelastung ist eine Verbindlichkeit in diesem Sinne, weil die Belastung den Wert des Vermögens mindert.

8 Zweifelhaft könnte sein, ob auch Verbindlichkeiten abzuziehen sind, mit denen nur das „angemessene Hausgrundstück" belastet ist; denn das Gesetz bestimmt, dass der in § 90 Abs 2 Nr 8 SGB XII genannte Vermögenswert nicht mitgerechnet wird, sieht ihn also isoliert als Sondervermögen.

9 **2. Satz 2. Höhe der Gebühr.** Sie beträgt 5 Euro für jede angefangene 5.000 Euro, um die die Freigrenze überschritten wird; die Mindestgebühr beträgt 50 Euro (Satz 2). Ist dem Betreuer nicht (auch) die Vermögenssorge zugewiesen, sondern zB *nur* die **Gesundheitssorge oder** nur die **Unterbringung,** beträgt die Gebühr zwischen 50 und 200 Euro jährlich (**Satz 4**)[6]; hier darf also nicht vom Vermögen ausgegangen werden.

10 **3. Satz 3. Jahresgebühren.** Es werden Kalenderjahresgebühren erhoben; das erste unvollständige Jahr wird allerdings mit dem folgenden Jahr zu *einer* Jahresgebühr zusammengefasst (**Satz 5**); das letzte unvollständige Jahr wird andererseits voll gerechnet. Es kommt jeweils auf den Vermögenswert bei Fälligkeit (§ 92 Abs 1 Satz 6) an, § 18 Abs 1 KostO. Einleitung einer Fürsorgemaßnahme liegt vor, sobald das Gericht die erste auf Durchführung des Verfahrens gerichtete Tätigkeit entfaltet hat[7]. Die volle Jahresgebühr wird auch erhoben, wenn die **Betreuung nur Stunden** dauert[8].

11 **4. Satz 6. Fälligkeit.** Die erste Jahresgebühr wird bei Anordnung der Betreuung fällig (also nicht schon mit Einleitung des Verfahrens), die folgenden Gebühren am 1.1. im Voraus (Abweichung von § 7 KostO): die letzte Gebühr am 1.1. des Jahres, in dem die Fürsorgemaßnahme endet. Gegen den Kostenansatz ist Erinnerung gegeben, § 14 Abs 3 KostO; darüber entscheidet der Rechtspfleger[9].

II. Dauerpflegschaften über Volljährige, Abs 2

12 Die Vorschrift gilt für die Betreuung nicht.

III. Mehrere Betreute, Abs 3

13 Beispiel: Ein Ehepaar erhält einen Betreuer. Jeder Fall wird gesondert abgerechnet; das Vermögen der mehreren Personen wird also nicht zusammengerechnet.

---

6 Gesetzesänderung, weil die frühere Regelung verfassungswidrig war, BVerfG NJW 2006, 2246.

7 OLG Rankfurt Rpfleger 1974, 331.

8 LG Koblenz FamRZ 2005, 1000 (Betreuung am 12.7. wirksam geworden, die Betreute starb am selben Tag; Nachlass 143.000 Euro; Gerichtsgebühr 120 Euro); LG München I FamRZ 2004, 389.

9 LG Koblenz FamRZ 2000, 305.

IV. Verfahrenseinheit, Abs 4

Das Verfahren bildet eine Einheit, weshalb nur *eine* Gebühr erhoben wird (und nicht etwa zwei getrennte Gebühren), wenn 14
- eine vorläufige Betreuung in eine endgültige übergeht (§§ 300, 301 FamFG);
- eine Betreuung usw von einem anderen Gericht übernommen wird (§ 273 FamFG).

§ 93 Betreuung und Pflegschaft für einzelne Rechtshandlungen

[1]Bei Betreuungen oder Pflegschaften für einzelne Rechtshandlungen wird die volle Gebühr nach dem Wert des Gegenstands erhoben, auf den sich die Rechtshandlung bezieht. [2]Ist der Fürsorgebedürftige an dem Gegenstand der Rechtshandlung nur mitberechtigt, so ist der Wert seines Anteils maßgebend; bei Gesamthandverhältnissen ist der Anteil entsprechend der Beteiligung an dem Gesamthandvermögen zu bemessen. [3]Bei einer Pflegschaft für mehrere Fürsorgebedürftige wird die Gebühr nach dem zusammengerechneten Wert einheitlich erhoben. [4]Die Gebühr wird mit der Anordnung fällig. [5]Die Gebühr für eine Betreuung darf eine Gebühr nach § 92 Abs. 1 Satz 2, die Gebühr für eine Pflegschaft eine Gebühr nach § 92 Abs. 2 nicht übersteigen. [6]Eine Gebühr wird nicht erhoben, wenn für den Fürsorgebedürftigen eine Dauerbetreuung oder -pflegschaft besteht oder gleichzeitig anzuordnen ist.

1. Die **Dauerbetreuung** ist kostenrechtlich in § 92 KostO geregelt, die Betreuung nur für einzelne Rechtshandlungen in § 93 KostO. § 93 ist auch auf Ausländer anwendbar (Art 24 EGBGB). Die Unterbringung ist in § 128 b KostO geregelt. Erhoben wird die volle Gebühr, § 32 KostO. 1

Gebührentatbestände, Satz 1: § 93 KostO gilt, wenn lediglich für **einzelne Rechtshandlungen** (zum Begriff vgl § 92 Rz 3) eine Betreuung angeordnet wird. Aufeinanderfolgende Einzelmaßnahmen lösen jeweils gesonderte Gebühren aus. 2

Bemessungsgrundlage ist bei § 93 KostO der „Wert des Gegenstandes ..., auf den sich die Rechtshandlung bezieht“, also nicht der Wert der Beteiligung des Betreuten, sondern der Wert des ganzen Rechtsverhältnisses; Verbindlichkeiten werden nicht abgezogen (§ 18 Abs 3 KostO). Beim Abschluss eines Gesellschaftsvertrages ist Wert also die Summe aller Einlagen, nicht nur die Einlage des Betreuten usw; anders bei Satz 2. 3

2. **Mitberechtigung, Satz 2.** Gemeint sind die Fälle, in denen die Willenserklärung von einer Rechtsgemeinschaft abgegeben wird, an der der Betreute beteiligt ist. Solche Mitberechtigungen liegen zB vor bei Erbengemeinschaften, BGB-Gesellschaften, OHG, KG, GmbH. Maßgebend ist jeweils die Größe des Anteils am Ganzen. Gründet zB eine BGB-Gesellschaft, an der ein Betreuter mit 1/3 beteiligt ist, eine GmbH (Kapital 150.000 Euro), beträgt der Kostenwert für den Betreuten 50.000 Euro. 4

3. **Mehrere Pfleglinge, Satz 3** gilt für Betreuungen nicht. 5

4. **Fälligkeit der Gebühr, Satz 4:** Mit Anordnung der Betreuung. Dieser Zeitpunkt ist auch maßgebend für die Bewertung des Gegenstandes, § 18 Abs 1 KostO. Den Gebührenschuldner bestimmt § 2 KostO (nämlich der Betreute). 6

5. **Höchstsatz der Gebühr, Satz 5:** insgesamt darf die Gebühr nicht höher sein, als sie wäre, wenn eine Dauerbetreuung angeordnet worden wäre. Die Frei- 7

grenze des § 92 Abs 1 Satz 1 KostO (25.000 Euro) gilt deshalb auch für die Betreuung für einzelne Rechtshandlungen.

8 6. **Zusammentreffen von Maßnahmen, Satz 6:** Die Gebühr wird nicht erhoben, wenn ohnehin für den Betreuten eine Dauerbetreuung besteht; Voraussetzung ist, dass sich die Einzelmaßnahme und die schon bestehende Dauermaßnahme auf denselben Gegenstand beziehen.

9 Die Gebühr wird ferner nicht erhoben, wenn die Dauermaßnahme gleichzeitig anzuordnen ist. Nicht erforderlich ist, dass die Dauermaßnahme gleichzeitig angeordnet „wird" (im Gesetz steht nur „anzuordnen ist"); wenn die Voraussetzungen bereits bei Anordnung der Betreuung für die Einzelmaßnahme vorlagen, genügt somit spätere Anordnung der Dauerbetreuung.

§ 93a KostO Verfahrenspflegschaft

(1) Die Bestellung eines Pflegers für das Verfahren und deren Aufhebung sind Teil des Verfahrens, für das der Pfleger bestellt worden ist. Bestellung und Aufhebung sind gebührenfrei.

(2) Die Auslagen nach § 137 Nr. 16 können von dem Betroffenen nach Maßgabe des § 1836c des Bürgerlichen Gesetzbuches erhoben werden.

1 § 93a KostO wurde durch das 1. BtÄndG 1998 mit Wirkung ab 1.1.1999 eingefügt und mehrfach geändert. Für die Bestellung eines Verfahrenspflegers in Betreuungs- oder Unterbringungssachen (§§ 276, 317 FamFG) berechnet das Betreuungsgericht keine *Gerichtsgebühren*.

2 Allerdings erhält der Verfahrenspfleger aus der Staatskasse eine Vergütung und Ersatz seiner Auslagen, §§ 277, 318 FamFG. Dies sind Auslagen der Staatskasse. Das Betreuungsgericht fordert vom Betroffenen diese Beträge als Auslage zurück (§ 137 Nr 16 Kost), aber nur, wenn er nicht mittellos ist. Wann das der Fall ist, richtet sich nach § 1836c BGB. Das Gesetz zieht hier die Vermögensgrenze anders als bei § 92 KostO. Dort kommt es auf das Einkommen des Betroffenen nicht an, bei § 93a KostO schon. Vermögende Betroffene müssen also ihren Verfahrenspfleger letztlich selbst finanzieren, mittellose nicht.

3 Nach Meinung der *Motive*[1] folgt aus § 93a, dass die Auslagen zu den Kosten des Verfahrens gehören, für das der Verfahrenspfleger bestellt wurde. § 96 KostO bleibe unberührt. Das bedeutet, dass der Betroffene der Staatskasse die Kosten des Verfahrenspflegers nicht zu erstatten hat, wenn *keine* Betreuung angeordnet wird.

§ 96 Nichterhebung von Auslagen in besonderen Fällen

Wird
a) die Bestellung eines Betreuers oder ihre Verlängerung,
b) die Erweiterung des Aufgabenkreises des Betreuers,
c) die Anordnung oder Verlängerung eines Einwilligungsvorbehalts,
d) die Erweiterung des Kreises der einwilligungsbedürftigen Willenserklärungen oder
e) eine Genehmigung nach den §§ 1904 und 1905 des Bürgerlichen Gesetzbuchs

---

1 BT-Drucks 11/13/7158 S. 40.

abgelehnt oder das Verfahren ohne Entscheidung über die Maßnahme beendet oder wird eine dieser Maßnahmen als ungerechtfertigt aufgehoben oder eingeschränkt, so werden Auslagen, die im Zusammenhang mit der Vorbereitung oder dem Erlass der Entscheidung entstehen, von dem Betroffenen in keinem Fall erhoben.

1. Es ist zu unterscheiden zwischen **Gerichtsgebühren** und **Auslagen** des Gerichts. § 92 KostO gilt für beides. § 96 KostO betrifft nur Auslagen; er regelt nur noch Fälle, in denen *Auslagen* auch bei vermögenden Betroffenen (ohne Rücksicht auf die Höhe des Vermögens) immer unerhoben bleiben. Gerichtsgebühren fallen in diesen Fällen ohnehin nicht an (§§ 91, 92 KostO). 1

2. **Eine bestimmte Art der Verfahrensbeendigung** wird vorausgesetzt: 2
- Ablehnung;
- Verfahrensbeendigung ohne Entscheidung;
- Aufhebung einer Maßnahme als ungerechtfertigt;
- Einschränkung einer Maßnahme als ungerechtfertigt.

3. Zusätzlich: Nur **für bestimmte Fallgruppen** gilt § 96 KostO: 3
- Ablehnung oder rückwirkende Aufhebung usw der Bestellung eines Betreuers.
- Ablehnung usw der Verlängerung der Bestellung.
- Ablehnung usw der Erweiterung des Aufgabenkreises; § 293 FamFG.
- Ablehnung usw der Anordnung eines Einwilligungsvorbehalts; § 1903 BGB.
- Ablehnung usw der Verlängerung eines Einwilligungsvorbehalts; § 1903 BGB.
- Ablehnung usw der Erweiterung des Kreises der Willenserklärungen; § 1903 BGB.
- Ablehnung usw der Genehmigung nach § 1904 BGB (ärztliche Behandlung).
- Ablehnung usw der Genehmigung nach § 1905 BGB (Sterilisation). Sonderregelung für Genehmigungen nach § 1906 BGB in § 128 b KostO.

4. **Folge:** Auslagen werden nicht erhoben, gleichgültig, wie hoch Einkommen oder Vermögen des Betroffenen (Betreuten) ist. Hauptanwendungsfälle: Im Zuge eines Verfahrens betreffend Anordnung einer Betreuung oder Genehmigung einer Operation zahlt die Gerichtskasse nach dem JVEG an die medizinischen Sachverständigen Honorare; ferner fallen an Schreibauslagen (§ 136 KostO), Rechnungsgebühren (§ 139 KostO), sonstige Auslagen (§ 137 KostO). Wird die Betreuung angeordnet, muss der Betreute diese Auslagen erstatten und eine gerichtliche Gebühr zahlen, falls er vermögend ist, § 92 KostO. Wird die Betreuung nicht angeordnet, muss er weder eine Gebühr zahlen noch die Auslagen des Betreuungsgerichts erstatten. 4

5. **Einschränkungen:** – a) Die Auslagen werden nur nicht erhoben, wenn sie im Zusammenhang mit der Vorbereitung oder dem Erlass der Entscheidung entstehen. – b) Nur vom Betroffenen werden sie nicht erhoben; von einem am Verfahren nicht beteiligten Dritten, der die Einleitung des Verfahrens grob schuldhaft verursacht hat (vgl § 81 Abs 4 FamFG) können sie also erhoben werden[1]. Die Regelung ergänzt § 337 FamFG. 5

1 Vgl BT-Drucks 11/6949 S. 50, 86.

§ 97 Verfügungen des Betreuungsgerichts

(1) Die volle Gebühr wird erhoben für Verfügungen des Betreuungsgerichts, die sich nicht auf Betreute oder Pfleglinge beziehen.

(2) Der Geschäftswert bestimmt sich nach § 30 Abs. 2.

1 § 97 Abs 1 KostO stellt klar, dass die sonstigen (dh die von §§ 92 ff nicht erfassten) Verfügungen des Betreuungsgerichts, die sich auf Betreute beziehen, *gebührenfrei* sind, falls der Gegenstand der Verfügung von der Betreuung erfasst wird. Gebührenfrei ist auch die Bestellung eines Verfahrenspflegers, § 93 a KostO. Gebührenpflichtig sind alle Zuweisungssachen.

§ 128 b Unterbringungssachen

[1]In Unterbringungssachen (§ 312 des Gesetzes über das Verfahren in Familiensachen und in den Angelegenheiten der freiwilligen Gerichtsbarkeit) werden keine Gebühren erhoben. [2]Von dem Betroffenen werden, wenn die Gerichtskosten nicht einem Anderen auferlegt worden sind, Auslagen nur nach § 137 Abs. 1 Nr. 16 erhoben und wenn die Voraussetzungen des § 93 a Abs. 2 gegeben sind. [3]Im Übrigen werden Auslagen nur von demjenigen erhoben, dem sie durch gerichtliche Entscheidung auferlegt worden sind.

1 § 128 b wurde durch das FGG-ReformG mit Wirkung ab 1.9.2009 geändert. Es ist zu unterscheiden zwischen **Gerichtsgebühren** und **Auslagen** des Gerichts. In den bundeseinheitlich geregelten Unterbringungssachen (§ 312 FamFG: zivilrechtliche Unterbringung von Betreuten; unterbringungsähnliche Maßnahmen; öffentlich-rechtliche Unterbringungen nach Landesrecht) werden keine *Gerichtsgebühren* erhoben (mißverständlich daher § 2 Nr 3 KostO). Gebührenfrei sind also die Genehmigung und Versagung der Unterbringung, die Aufhebung der Unterbringung, die Verlängerung einstweiliger Anordnungen, das Verfahren nach § 327 FamFG. Die Bestellung eines Verfahrenspflegers ist nach § 93 a KostO gerichtsgebührenfrei. Das gilt für alle Rechtszüge. **Satz 2** stellt klar, dass die Gerichtskosten (Gebühren und Auslagen, § 80 FamFG) einem anderen auferlegt werden könnten; das ist nach §§ 81, 337 FamFG möglich.

2 Die von der Gerichtskasse an den Verfahrenspfleger bezahlte Vergütung und Auslagensersatz (§ 137 Nr 16 KostO) werden aber als **Auslagen** (vom Betroffenen) erhoben, außer er ist mittellos (§ 93 a Abs 2 KostO verweist zur Klärung der Frage, wann jemand nicht mehr mittellos ist, auf § 1836 c BGB). Bei Ablehnung der Unterbringung werden wegen § 96 KostO die Verfahrenspfleger-Auslagen vom Betroffenen nicht erhoben. *Sonstige* Auslagen im Sinne von § 137 KostO, insbesondere also die Kosten des Sachverständigen (JVEG) und die Reisekosten des Gerichts, werden in Unterbringungsverfahren (vom Betroffenen) nicht erhoben, weder bei Anordnung noch bei Ablehnung der Unterbringung. Einem veranlassenden Dritten aber könnten sie auferlegt werden (§ 81 Abs 4 FamFG)[1], was **Satz 3** besagt. Jedoch ist bei der öffentlich-rechtlichen Unterbringung die antragstellende Verwaltungsbehörde trotz § 2 Nr 1 KostO nicht zwingend Schuldnerin der Auslagen[2]; sie können ihr aber vom Gericht auferlegt werden.

---

1 Vgl BT-Drucks 13/7158 S. 40.
2 BT-Drucks 16/6308 S. 336.

§ 131 Beschwerden, Anrufung des Gerichts gegen Entscheidungen anderer Behörden oder Dienststellen

(1) Für das Verfahren über die Beschwerde wird, soweit nichts anderes bestimmt ist,
1. **in den Fällen der Verwerfung oder Zurückweisung die volle Gebühr, höchstens jedoch ein Betrag von 800 Euro,**
2. **in den Fällen, in denen die Beschwerde zurückgenommen wird, bevor über sie eine Entscheidung ergeht, die Hälfte der vollen Gebühr, höchstens jedoch ein Betrag von 500 Euro erhoben.**

(2) Für das Verfahren über die Rechtsbeschwerde wird, soweit nichts anderes bestimmt ist,
1. **in den Fällen der Verwerfung oder Zurückweisung das Eineinhalbfache der vollen Gebühr, höchstens jedoch ein Betrag von 1 200 Euro,**
2. **in den Fällen, in denen die Rechtsbeschwerde zurückgenommen wird, bevor über sie eine Entscheidung ergeht, drei Viertel der vollen Gebühr, höchstens jedoch ein Betrag von 750 Euro erhoben.**

(3) Im Übrigen ist das Beschwerde- und Rechtsbeschwerdeverfahren gebührenfrei.

(4) Der Wert ist in allen Fällen nach § 30 zu bestimmen.

(5) Richtet sich die Beschwerde gegen eine Entscheidung des Betreuungsgerichts und ist sie von dem Betreuten oder dem Pflegling oder im Interesse dieser Personen eingelegt, so ist das Beschwerdeverfahren in jedem Fall gebührenfrei. Entsprechendes gilt für ein sich anschließendes Rechtsbeschwerdeverfahren.

(6) Werden Angelegenheiten der in diesem Abschnitt bezeichneten Art von anderen Behörden oder Stellen, insbesondere von Notaren, erledigt und ist in diesen Fällen eine Anrufung des Gerichts vorgesehen, so steht diese hinsichtlich der Gebühren einer Beschwerde gleich. Dies gilt nicht bei Anträgen auf Änderung von Entscheidungen des ersuchten oder beauftragten Richters oder des Urkundsbeamten der Geschäftsstelle. Es gilt ferner nicht, wenn nach einem Verwaltungsverfahren der Antrag auf gerichtliche Entscheidung gestellt wird.

(7) Auslagen, die durch eine für begründet befundene Beschwerde entstanden sind, werden nicht erhoben, soweit das Beschwerdeverfahren gemäß Absatz 1 Satz 2 gebührenfrei ist.

§ 131 wurde durch das FGG-ReformG (BGBl 2008, 2586) ab 1.9.2009 geändert. Nach § 131 Abs 5 KostO sind Beschwerden, die *von dem Betroffenen* (oder seinem beauftragten Anwalt oder sonstigen Verfahrensbevollmächtigten) *oder in seinem Interesse* von Dritten (zB dem Verfahrenspfleger; bei Verwandten ist zu differenzieren) erhoben werden, immer gebührenfrei. Auslagen werden aber erhoben (Ausnahme in Abs 7). Sind die Beschwerden nicht gebührenfrei, hat der Beschwerdeführer Gerichtskosten zu tragen. 1

Der **Geschäftswert für das Beschwerdeverfahren** ist gemäß § 131 Abs 4 KostO nach § 30 KostO zu bestimmen. Da das Verfahren über die Anordnung oder Aufhebung einer Betreuung eine staatliche Fürsorgemaßnahme zu Gunsten einer hilfsbedürftigen Person und damit regelmäßig eine nicht vermögensrechtliche Angelegenheit ist, unabhängig davon, für welche Angelegenheiten eine Betreuung erforderlich wurde[1], ist der Geschäftswert nach § 30 Abs 3 Satz 1 u Abs 2 KostO *regelmäßig* auf 3.000 Euro anzunehmen, nach Lage des Falles niedriger oder höher. Hinreichender Anlass, von dem Regelwert abzuweichen, besteht zB 2

1 Vgl BayObLG JurBüro 1988, 863, 864.

bei sehr guter Vermögenslage des Betreuten[2]. Bei einem Vermögen von 4,4 Mio. DM erschienen ca 10 % (400.000 DM) als Geschäftswert für das Beschwerdeverfahren angemessen[3].

§ 137 KostO Sonstige Auslagen

(1) Als Auslagen werden ferner erhoben
1. bis 15. …
16. an Verfahrenspfleger gezahlte Beträge.

2 Vgl BayObLGZ 1960, 158, 166; 1974, 208.

3 BayObLG FamRZ 1994, 588; vgl OLG Düsseldorf Rpfleger 1992, 158; OLG Stuttgart JurBüro 1990, 857.

Teil VII Betreuungsbehördengesetz

vom 12.9.1990 (BGBl 1990, 2002), zuletzt geändert durch G v 6.7.2009 (BGBl 2009, 1696)

Schrifttum: *Deinert/Walther*, Handbuch der Betreuungsbehörde, 2006; *Brucker* (Hrsg), Aufgaben und Organisation der Betreuungsbehörde, 1999.

§ 1 BtBG [Betreuungsbehörde]

[1]Welche Behörde auf örtlicher Ebene in Betreuungsangelegenheiten zuständig ist, bestimmt sich nach Landesrecht. [2]Diese Behörde ist auch in Unterbringungsangelegenheiten im Sinne des § 312 Nr. 1 und 2 des Gesetzes über das Verfahren in Familiensachen und in den Angelegenheiten der freiwilligen Gerichtsbarkeit zuständig.

1. Satz 1. Behördenträgerschaft. Es bleibt den Ländern überlassen, die in ihrem Bereich zuständigen Behörden zu bestimmen. Entsprechende Regelungen finden sich in den Ausführungsgesetzen der Länder (Kapitel VIII). Danach wurden die Aufgaben auf örtlicher Ebene fast immer den Kreisen und kreisfreien Städten übertragen. Die Körperschaft kann dann die Aufgaben auf eine schon bestehende Behörde (zB das Jugendamt, Sozialamt, Gesundheitsamt) oder eine neu errichtete Behörde übertragen; sie kann auch die Aufgaben auf verschiedene Behörden verteilen, zB Sachverhaltsermittlungen auf den Sozialpsychiatrischen Dienst sowie die sonstigen Aufgaben auf eine andere Dienststelle. Dagegen ist es mangels Befugnisnorm unzulässig, wenn die Kommune Aufgaben nach dem FamFG/BtBG durch Vertrag auf Betreuungsvereine überträgt[1]; ausgenommen sind die (nichthoheitlichen) Aufgaben, die Vereine ohnehin (auch) nach § 1908 f BGB zu erfüllen haben, wie Fortbildung ehrenamtlicher Betreuer. Die zuständige Behördendienststelle führt teils die Bezeichnung „Betreuungsbehörde“, teils „Betreuungsstelle“. Die Zuweisung erfolgte auf örtlicher Ebene als **Aufgabe des eigenen Wirkungskreises** bzw weisungsfreie Pflichtaufgabe und Selbstverwaltungsangelegenheit. Die Kommunen sind zur Übernahme verpflichtet, in der konkreten Ausgestaltung aber frei; sie unterliegen der Rechtsaufsicht. Die zuständige Behörde kann sich für einzelne Aufgaben der Amtshilfe anderer Behörden bedienen, zB für die Vorführung (§ 278 Abs 5 FamFG). 1

2. Satz 2. Sachliche Zuständigkeit der Betreuungsbehörde. Sie ist zuständig für Betreuungsangelegenheiten, das sind solche nach §§ 1896 ff BGB, 271 ff FamFG. Ferner ist die Behörde für Angelegenheiten der zivilrechtlichen Unterbringung (volljähriger Betreuter) sowie der unterbringungsähnlichen Maßnahmen zuständig (§ 312 Nr 1 und Nr 2 FamFG); also für die Äußerung gegenüber dem Betreuungsgericht, Vorführung des Betroffenen, Hilfe bei der Zuführung zur Anstalt, Beschwerdeeinlegung. **Nicht zuständig ist die Betreuungsbehörde** für Tätigkeiten im Rahmen der Unterbringung eines Kindes (§ 151 Nr 6, 7 FamFG); dafür bestimmt sich die Zuständigkeit nach dem KJHG (das Jugendamt ist zuständig). Die Betreuungsbehörde ist auch nicht zuständig für Tätigkeiten im Rahmen der öffentlich-rechtlichen Unterbringung nach den Landes-UnterbrG, LandesPsychKG (dafür sind die in den Landesgesetzen angegebenen Behörden zuständig, idR die Ordnungsämter). 2

Welche Aufgabe die Behörde in diesen Angelegenheiten konkret bat, ergibt sich aus dem FamFG und dem §§ 4 ff, 9 BtBG. 3

1 HK-BUR-*Walther* § 1 BtGB Rz 22.

4 3. Im Gesetzentwurf (DiskE II 91) war die Errichtung eines der Behörde angegliederten Betreuungsrats als Koordinationsgremium zwischen Gericht, Behörde und Betreuungsvereinen vorgesehen. Davon hat man abgesehen, weil informelle Kontakte effektiver erschienen. In einigen Ländern haben aber die Betreuungsbehörden auf örtlicher Ebene Arbeitsgemeinschaften eingerichtet.

§ 2 BtGB [Weitere Behörden]

Zur Durchführung überörtlicher Aufgaben oder zur Erfüllung einzelner Aufgaben der örtlichen Behörde können nach Landesrecht weitere Behörden vorgesehen werden.

1 Örtliche Betreuungsbehörden *müssen* eingerichtet werden, überörtliche *können* eingerichtet werden. Nach § 2 können die Länder vorhandene Behörden oder neu errichtete Behörden mit **überörtlichen Aufgaben** betrauen; entsprechende Regelungen finden sich in den BtG-Ausführungsgesetzen der Länder.

2 In Baden-Württemberg und Sachsen sind die **Kommunalverbände** betraut, in Nordrhein-Westfalen die **Landschaftsverbände** (Landesbetreuungsamt), in Bayern die **Bezirksregierungen**, in Hessen die Regierungspräsidien, in Brandenburg, Rheinland-Pfalz und Thüringen die **Landesämter** für Jugend und Soziales, in Berlin, Bremen, Saarland und Sachsen-Anhalt die **Senatoren** für Jugend und Soziales bzw das **Sozialministerium**. In Hamburg, Niedersachsen und Schleswig-Holstein gibt es keine überörtliche Behörde, aber Teilübertragung überörtlicher Aufgaben. Auch in Mecklenburg-Vorpommern gibt es keine überörtliche Behörde.

3 Welche Aufgaben den überörtlichen Behörden übertragen werden, ist den Ländern überlassen. Als Aufgaben sind meist beratende und unterstützende Tätigkeit zugewiesen, Sicherung der Fortbildung, Ermittlung und Sicherung des Bedarfs an Betreuern, Einrichtung überörtlicher Arbeitsgemeinschaften, Anerkennung, (finanzielle und sonstige) Förderung und fachliche Beratung von Betreuungsvereinen[1]. Die von der überörtlichen Behörde wahrzunehmenden Aufgaben wurden zur Erfüllung nach Weisung bzw als Aufgabe des übertragenen Wirkungskreises zugewiesen. Die Behörde unterliegt insoweit der Fachaufsicht und einer Zweckmäßigkeitskontrolle[2].

4 Einzelne Aufgaben der örtlichen Behörden: Das Landesrecht kann dafür die Zuständigkeit anderer Behörden (als der Betreuungsbehörde) begründen. Denkbar wäre zB, dass einer besonderen Behörde die Durchführung von Vorführungen des Betroffenen übertragen wird.

§ 3 BtBG [Zuständige Behörde]

(1) [1]Örtlich zuständig ist diejenige Behörde, in deren Bezirk der Betroffene seinen gewöhnlichen Aufenthalt hat. [2]Hat der Betroffene im Geltungsbereich dieses Gesetzes keinen gewöhnlichen Aufenthalt, ist ein solcher nicht feststellbar oder betrifft die Maßnahme keine Einzelperson, so ist die Behörde zuständig, in deren Bezirk das Bedürfnis für die Maßnahme hervortritt. [3]Gleiches gilt, wenn mit dem Aufschub einer Maßnahme Gefahr verbunden ist.

---

1 Vgl *Haltenberg/Vorberg* DAVorm 1991, 79.
2 Vgl *Uhlenbruch* BtPrax 1993, 151.

(2) Ändern sich die für die örtliche Zuständigkeit nach Absatz 1 maßgebenden Umstände im Laufe eines gerichtlichen Betreuungs- oder Unterbringungsverfahrens, so bleibt für dieses Verfahren die zuletzt angehörte Behörde allein zuständig, bis die nunmehr zuständige Behörde dem Gericht den Wechsel schriftlich anzeigt.

I. Abs 1

1. Satz 1. Die örtliche Zuständigkeit ist bundeseinheitlich geregelt; sie knüpft nicht an den Wohnsitz des Betroffenen, sondern an den gewöhnlichen Aufenthalt an. Dies entspricht § 272 FamFG; auf dessen Kommentierung wird verwiesen. Mit dem Gleichlauf der Zuständigkeit soll gewährleistet sein, dass die Gerichte immer mit denselben Behörden zu tun haben, was den Vorteil einer möglichst reibungslosen Zusammenarbeit bieten soll. Da die Gerichtsbezirke häufig nicht mit den Verwaltungsbezirken übereinstimmen, muss uU ein Betreuungsgericht mit mehreren Betreuungsbehörden zusammenarbeiten und umgekehrt. 1

2. Satz 2. Die Regelung betrifft zB Obdachlose; sie entspricht § 272 Abs 1 Nr 3 FamFG; darauf wird verwiesen. Lediglich die Fallgruppe „betrifft die Maßnahme keine Einzelperson“ ist in § 272 FamFG nicht enthalten. Welche Fälle damit gemeint sind, ist unklar; auch die Motive[1] geben darüber keinen Aufschluss; vermutlich geht es um Maßnahmen in Zusammenhang mit Vereinen oder Aufgaben der überörtlichen Behörden[2]. 2

3. Satz 3 entspricht inhaltlich § 272 Abs 2 FamFG. Beispiel: Vorläufige Betreuerbestellung, vorläufige Unterbringung. Vor allem im Bereich von Unfallkrankenhäusern, Psychiatrischen Kliniken wird deshalb in Eilfällen oft die nur nach der Ausnahmeregelung zuständige Behörde zur Betreuerin bestellt. 3

II. Abs 2

Ändert sich der Aufenthalt der Betroffenen, wird ohne Weiteres eine andere Behörde örtlich zuständig, eine förmliche Abgabe wie nach § 273 FamFG ist nicht erforderlich. Nach den landesrechtlichen Parallelvorschriften zu § 3 VwVfG könnte allerdings die bislang zuständige Behörde das Verfahren fortführen. Dem Betreuungsgericht ist der verdeckte Wechsel der Behördenzuständigkeit oft nicht bekannt; Abs 2 gibt deshalb dem Betreuungsgericht die Möglichkeit, die Entscheidung an die bisher zuständige Behörde noch wirksam **zuzustellen**. Entscheidend ist der Zeitpunkt der Veranlassung der Zustellung. Gibt das Gericht am 1.2. die Entscheidung zur Zustellung an die Behörde A hinaus und geht am 2.2. die Mitteilung der Behörde B ein, dass nunmehr sie zuständig sei, ist die am 3.2. erfolgte Zustellung an die Behörde A wirksam, die Rechtsmittelfrist läuft. Wenn der alten Behörde zugestellt wurde, kann nur sie von Rechtsmitteln Gebrauch machen. Die bisherige Behörde bleibt für *alle* Aufgaben der Behörde (vgl § 8 BtBG; FamFG) gegenüber dem Betreuungsgericht noch zuständig, bis die neue Behörde ihre Zuständigkeit anzeigt. 4

Die **Anzeige des Zuständigkeitswechsels** hat die neu zuständige Behörde schriftlich vorzunehmen; Telefax genügt; telefonische Mitteilung genügt nicht, auch wenn das Betreuungsgericht einen Aktenvermerk anfertigt. Die Anzeige durch 5

1 DiskE II 95; Bt-Drucks 11/4528 S. 197.
2 HK-BUR-*Walther* § 3 BtBG Rz 8.

die bislang zuständige Behörde wäre unwirksam; wenn die neue Behörde sich also mit der Mitteilung Zeit lässt, muss die alte Behörde unverdient weiterarbeiten.

6 Abs 2 gilt nur, wenn die **Behörde schon beteiligt war** und dann der Betroffene umzieht. Zieht er um und wird erst dann erstmals die Behörde eingeschaltet, ist von vornherein die Behörde zuständig, in deren Bezirk der Betroffene sich nun aufhält[3].

7 Ist die Behörde zur Betreuerin bestellt worden (§ 1900 Abs 4 BGB) und **wechselt der Betreute seinen Aufenthalt** außerhalb des Behördenbezirks, ist die Behörde vom Betreuungsgericht auf ihren Antrag zu entlassen[4]. Das Betreuungsgericht prüft, ob natürliche Personen bestellt werden können; ist das nicht der Fall, ist die nun örtlich zuständige Behörde zur Betreuerin zu bestellen.

§ 4 BtBG [Aufgaben der Behörde]

Die Behörde berät und unterstützt Betreuer und Bevollmächtigte auf ihren Wunsch bei der Wahrnehmung ihrer Aufgaben, die Betreuer insbesondere auch bei der Erstellung des Betreuungsplans.

1 § 4 stellt eine Sonderregelung gegenüber dem RechtsdienstleistungG dar. Die Behörde hat (nur) den **Betreuer** (der im Zuständigkeitsbereich der Behörde wohnt oder als Betreuer tätig ist) zu beraten und zu *unterstützen*, § 4. Gemeint sind ehrenamtliche Betreuer, Vereine und Vereinsbetreuer, doch können auch Berufsbetreuer beraten werden. Auch **Bevollmächtigte** sind zu beraten; gemeint sind Vorsorgebevollmächtigte, deren Tätigkeit begonnen hat. Es besteht ein Rechtsanspruch[1]. **Verfahrenspfleger** müssen nicht beraten werden. Die Behörde kann diese Pflicht nicht durch Vertrag auf Betreuungsvereine oder Rechtsanwälte delegieren, weil eine entsprechende Ermächtigung fehlt. Eine exakte Abgrenzung zwischen Beratung und Unterstützung ist nicht möglich, für § 4 auch belanglos. Die Problematik besteht darin, dass nicht „die Behörde" berät, sondern ein konkreter Behördenbediensteter, dessen juristische Qualifikation nicht immer ausreicht; darin liegt ein Wertungswiderspruch zum RDG. Wer falsch berät **haftet**; das gilt auch für die Behörde.

2 Der (berufsmäßige oder ehrenamtliche) Betreuer kann sich ferner vom **Betreuungsgericht** (Rechtspfleger; Richter) beraten (aber nicht unterstützen) lassen, §§ 1908 i Abs 1, 1837 Abs 1 BGB. Ein Subsidiaritätsverhältnis besteht nicht. Praktisch unterstützen kann die Behörde den Betreuer zB, indem sie ihm soziale Dienste vermittelt, beim Sozialhilfeantrag, bei der Abrechnung oder beim Vergütungsantrag hilft.

3 Die Verpflichtung für die Behörde, auch den **Betroffenen** zu beraten, ergibt sich aus § 4 BtBG nicht, wohl aber aus allgemeinen verwaltungsrechtlichen Grundsätzen. Desgleichen sind auch Personen, die überlegen, ob sie eine Betreuung übernehmen sollen, oder die **Angehörigen** von Betreuten, auf Verlangen zu beraten. In erster Linie ist aber der Betreuer zu beraten; es soll keine Doppelberatung geben, die mögliche Konflikte zwischen Betreuer und Betroffenem schürt.

3 HK-BUR-*Walther* § 3 BtBG Rz 16.

4 OLG Zweibrücken FamRZ 1992, 1325; OLG Hamburg BtPrax 1994, 138; aA OLG Schleswig RuP 1992, 65.

1 HK-BUR-*Walther* § 4 BtBG Rz 4.

Die Pflicht der Behörde zur Unterstützung bei der Erstellung eines **Betreuungsplans** (vgl § 1901 Abs 4 Satz 2) wurde durch das 2. BtÄndG in § 4 BtBG eingefügt. Seit Änderung des Vergütungsrechts (Pauschalvergütung statt Stundenvergütung) ist das Interesse der Berufsbetreuer am Betreuungsplan eingeschlafen. Fälle, in denen solche Pläne sinnvoll sein könnten, sind ohnehin sehr selten. **4**

§ 5 BtBG [Einführung der Betreuer]

Die Behörde sorgt dafür, dass in ihrem Bezirk ein ausreichendes Angebot zur Einführung der Betreuer in ihre Aufgaben und zu ihrer Fortbildung vorhanden ist.

Es bleibt der Behörde überlassen, ob sie die in § 5 genannten Aufgaben selbst erfüllt oder auf andere Weise für die Sicherstellung sorgt. Zur Einführung gehört die Veranstaltung entsprechender Vorträge sowie die Herausgabe von Informationsschriften. Zur Fortbildung ist zusätzlich die Möglichkeit zum Erfahrungsaustausch zwischen den Betreuern zu rechnen. Kostenlosigkeit ist nicht vorgeschrieben. **1**

§ 6 BtBG [Weitere Aufgaben der Behörde]

(1) [1]Zu den Aufgaben der Behörde gehört es auch, die Tätigkeit einzelner Personen sowie von gemeinnützigen und freien Organisationen zugunsten Betreuungsbedürftiger anzuregen und zu fördern. [2]Weiterhin fördert sie die Aufklärung und Beratung über Vollmachten und Betreuungsverfügungen.

(2) [1]Die Urkundsperson bei der Betreuungsbehörde ist befugt, Unterschriften oder Handzeichen auf Vorsorgevollmachten oder Betreuungsverfügungen öffentlich zu beglaubigen. [2]Dies gilt nicht für Unterschriften oder Handzeichen ohne dazugehörigen Text. [3]Die Zuständigkeit der Notare, anderer Personen oder sonstiger Stellen für öffentliche Beurkundungen und Beglaubigungen bleibt unberührt.

(3) Die Urkundsperson soll eine Beglaubigung nicht vornehmen, wenn ihr in der betreffenden Angelegenheit die Vertretung eines Beteiligten obliegt.

(4) [1]Die Betreuungsbehörde hat geeignete Beamte und Angestellte zur Wahrnehmung der Aufgaben nach Absatz 2 zu ermächtigen. [2]Die Länder können Näheres hinsichtlich der fachlichen Anforderungen an diese Personen regeln.

(5) [1]Für jede Beglaubigung nach Absatz 2 wird eine Gebühr von 10 Euro erhoben; Auslagen werden gesondert nicht erhoben. [2]Aus Gründen der Billigkeit kann von der Erhebung der Gebühr im Einzelfall abgesehen werden.

(6) [1]Die Landesregierungen werden ermächtigt, durch Rechtsverordnung die Gebühren und Auslagen für die Beratung und Beglaubigung abweichend von Absatz 5 zu regeln. [2]Die Landesregierungen können die Ermächtigung nach Satz 1 durch Rechtsverordnung auf die Landesjustizverwaltungen übertragen.

Schrifttum: *Renner*, Von der Betreuungsbehörde beglaubigte Vollmachten, grundbuch- und registertauglich?, Rpfleger 2007, 367.

1. Textgeschichte. Abs 1 Satz 2 wurde durch das 1. BtÄndG 1998 angefügt. Durch das 2. BtÄndG v 21.4.2005 (BGBl 2005, 1073) wurde § 6 BtBG neu gefasst. Abs 2 Satz 1 wurde durch G v 6.7.2009 (BGBl 2009, 1696) geändert. **1**

2 2. Die **Aufgaben der Betreuungsbehörde** können in verschiedene Komplexe eingeteilt werden: (1) Beratung und Unterstützung von Betreuern und Vorsorgebevollmächtigten (zB durch Zuführung bei der geschlossenen Unterbringung), von Vereinen, Fortbildung (§§ 4 bis 6 BtBG); diese Aufgaben werden (wenig anschaulich) als **Querschnittaufgaben** bezeichnet. (2) Hilfe gegenüber dem Betreuungsgericht, zB bei der Sachverhaltsermittlung, Vorschlag eines Betreuers, Vorführungen. (3) Förmliche Beteiligung am Verfahren (§ 274 Abs 3 FamFG), was aber zB in Genehmigungsverfahren (§§ 1904, 1907, 1821, 1822 BGB) nicht möglich ist. (4) Kontrolle des Betreuungsgerichts durch Einlegung von Rechtsmitteln, § 303 Abs 1 FamFG. (5) Führung von Betreuungen, selbst oder durch Mitarbeiter. (6) Sonstige durch BtG, FamFG und weitere Normen zugewiesene Aufgaben.

3 § 6 BtBG nennt weitere Aufgaben der Betreuungsbehörde, aber recht allgemein „anregen, fördern"). Die Behörde hat im Einzelnen ua folgende **Aufgaben:**
- Beratung und Unterstützung der Betreuer, § 4 BtBG.
- Sorge für Einführung und Fortbildung der Betreuer, § 5 BtBG.
- Gewinnung von Betreuern und Betreuungsvereinen, § 6 BtBG.
- Mitteilungen über Betreuungsbedürftige an das Gericht, § 7 BtBG.
- Unterstützung des Gerichts, § 8 Satz 1 BtBG.
- Vorschlag eines geeigneten Betreuers, § 8 Satz 2 BtBG.
- Übernahme von Betreuungen durch Mitarbeiter, § 1897 Abs 2 BGB.
- Übernahme von Betreuungen durch die Behörde, § 1900 Abs 4 BGB.
- Beteiligung am Verfahren, § 274 Abs 3 FamFG.
- Stellungnahmen gegenüber dem Gericht, zB § 279 Abs 2 FamFG.
- Stellungnahme zur Frage der Eignung eines Betreuers und zur Berufsmäßigkeit seiner Tätigkeit, § 1897 Abs 7 BGB.
- Vorführung des Betroffenen beim Gericht, § 278 Abs 5 FamFG.
- Vorführung des Betroffenen beim Sachverständigen, § 283 FamFG.
- Entgegennahme von Entscheidungen des Betreuungsgerichts, § 288 Abs 2 FamFG.
- Prüfung, ob Rechtsmittel eingelegt werden sollen, § 303 Abs 1 FamFG.
- Auswahl anderer Betreuer, § 291 FamFG.
- Auswahl anderer Betreuer nach § 1900 Abs 4 und 3 BGB.
- Aufklärung und Beratung über Vollmachten, Betreuungsverfügungen (§ 6 Abs 1 Satz 2 BtBG), nicht über Patientenverfügungen.
- Entgegennahme der Entscheidung des Betreuungsgerichts bei Unterbringung, § 325 Abs 2 FamFG.
- Vorführung der Betreuten zur Anhörung, § 326 FamFG.
- Unterstützung des Betreuers bei Gewaltanwendung usw, § 326 Abs 2 FamFG.
- Gemeinnützige und freie Organisationen (vgl SGB I § 17 Abs 3) sollen angeregt und gefördert werden. Das sind zum einen Organisationen iSv § 52 AO, zum anderen die im Rahmen der freien Wohlfahrtspflege tätigen Vereinigungen[1]. Diese sind oft anerkannte Betreuungsvereine (§ 1908 f BGB). Aber auch Selbsthilfegruppen können gefördert werden. Eine finanzielle Förderung schreibt § 6 BtBG nicht vor[2].
- Sonstige Aufgaben, § 9 BtGB (zB nach LandesUnterbrG, LandesPsychKG). In Niedersachsen sind die örtlichen Betreuungsbehörden für die Anerkennung von Betreuungsvereinen zuständig.

4 **3. Vollmachten und Betreuungsverfügungen.** (Abs 1 Satz 2): die Aufklärung und Beratung darüber soll „gefördert" werden. Das ist verschwommen formu-

1 BT-Drucks 11/4528 S. 109.

2 Zur Finanzierung der Betreuungsvereine vgl *Wienand* FuR 1990. 281 und *Heilmann* BtPrax 1992, 1; Richtlinien in BtPrax 1993, 130 und bei *Knittel* Band II.

liert und bedeutet nicht zwingend, dass die Behörde selbst beraten soll. In rechtlichen Fragen der Vorsorgevollmacht dürfte sie angesichts der unklaren Formulierung nicht beraten[3] (vgl 8 Abs 1 Nr 2 RDG). Denn zur Beratung über eine Vollmacht (Vorteile bzw Nachteile gegenüber der Betreuung; Risiken; Innenverhältnis usw) ist in der Regel eine volljuristische Qualifikation notwendig, über die Behördenmitarbeiter meist nicht verfügen. Insofern liegt ein Widerspruch zu § 1908f Abs 4 BGB vor (die Vereine beraten in Rechtsfragen, sind aber ebenfalls ohne volljuristische Mitarbeiter). **Patientenverfügungen** (§ 1901a BGB) sind in § 6 BtBG nicht genannt. Insoweit besteht also keine Obliegenheit zur Aufklärung und Beratung.

4. Unterschriftsbeglaubigungen (Abs 2). Vorsorgevollmachten und Betreuungs- 5
verfügungen werden meist schriftlich abgefasst; eine Beglaubigung der Unterschrift ist nicht vorgeschrieben. Banken und ähnliche Geschäftspartner akzeptieren aber Vorsorgevollmachten oft wegen des Fälschungsrisikos nicht, wenn die Unterschrift nicht bankintern oder durch einen Notar beglaubigt ist. Um die Beglaubigung (deren Gebühr sich bei Notaren nach § 45 KostO, dh nach dem Wert, richtet) zu verbilligen wurde durch § 6 BtBG eine zusätzliche Beglaubigungskompetenz der Betreuungsbehörde eingeführt.

Landesrechtliche Beglaubigungsbefugnisse (vgl § 63 BeurkG) gibt es in Hessen 6
(Ortsgerichte), Rheinland-Pfalz (Kommunen) und Baden-Württemberg (Ratsschreiber). Aus dem Wort „hat“ in Abs 4 kann man folgern, dass jede Behörde verpflichtet ist, solche Urkundspersonen zu bestellen[4].

Isolierte Patientenverfügungen müssen von der Behörde nicht unterschrifts- 7
beglaubigt werden[5], wie der Gesetzestext zeigt; gemischte Texte (Vollmacht und Patientenverfügung etc) sind zu beglaubigen.

Örtlich zuständig ist die in § 3 Abs 1 BtBG genannte Behörde. Beglaubigt die 8
Urkundsperson einer nicht örtlich zuständigen Behörde liegt gleichwohl eine wirksame öffentliche Beglaubigung vor.

Beglaubigt werden können auch **Handzeichen**; das sind die drei Kreuze oder der 9
Daumenabdruck derjenigen Personen, die nicht schreiben können, aber auch Unterschriften in fremden Schriftzeichen (arabisch, chinesisch usw).

Die Unterschrift muss nicht **in Gegenwart der Urkundsperson** geleistet werden, 10
damit sie beglaubigt werden kann; es genügt, wenn der Unterzeichner das von ihm bereits unterzeichnete Schriftstück mitbringt und erklärt, dass die Unterschrift von ihm stammt. Wohl aber muss der Unterzeichner persönlich anwesend sein, wenn die Urkundsperson die vor ihr geleistete oder legitimierte Unterschrift beglaubigen soll. Es ist also nicht möglich, dass ein Bote das Schriftstück bringt und der Unterzeichner die Unterschrift telefonisch anerkennt.

Eine Unterschrift auf einem Blatt Papier ohne Text (**Blanko**) darf nicht beglau- 11
bigt werden (Abs 2 Satz 2). Ein Betroffener könnte ein diesbezügliches Interesse haben, wenn er nicht will, dass der Name des Bevollmächtigten bekannt wird. Zur Tätigkeit des Notars in solchen Fällen vgl § 40 Abs 5 BeurkG.

Nicht jeder Bedienstete der Betreuungsbehörde, sondern nur die **„Urkunds-** 12
person“ bei der Betreuungsbehörde ist befugt, Unterschriften auf Vorsorgevollmachten oder Betreuungsverfügungen zu beglaubigen (Abs 2 Satz 1). Die Behör-

3 *Bienwald/Sonnenfeld/Hoffmann* § 6 BtBG Rz 9; HK-BUR-*Walther* § 6 BtBG Rz 29.
4 AA HK-BUR-*Walther* § 6 BtBG Rz 58.
5 HK-BUR-*Walther* § 6 BtBG Rz 72; Dodegge/*Roth* J 49c.

de bestellt bestimmte Beamte und Angestellte zu Urkundspersonen (Abs 4 Satz 1). Beglaubigt eine nicht ermächtigte Person liegt keine öffentliche Beglaubigung vor. Damit stellt sich die Frage, wie das Grundbuchamt erkennen kann, dass derjenige, der beglaubigt, intern dazu bestellt war.

13 Die Urkundsperson hat den Inhalt der Vollmacht bzw Vollmacht nicht auf ihre rechtliche Wirksamkeit zu überprüfen, wenn sie nur die Unterschrift beglaubigt. Dass man zur Beglaubigung eine besondere fachliche Qualifikation braucht, wie Abs 4 Satz 2 meint, ist nicht ersichtlich; es wird ja nur der Ausweis mit der Person verglichen.

14 Die Urkundsperson bestätigt durch die Beglaubigung der Unterschrift nur, anhand des Personalausweises, dass die Unterschrift von einer bestimmten Person stammt. Die Bestätigung gibt Nummer und Ausstellungsdaten des Personalausweises an, wird von der Urkundsperson unterschrieben, mit Namensstempel und Siegel der Anstellungskörperschaft versehen; sie erhält ein behördliches Aktenzeichen. Für die **behördlichen Akten** wird eine Kopie des beglaubigten Schriftstücks angefertigt[6], damit später bei einem eventuellen Fälschungseinwand Ermittlungen möglich sind; ausreichend dürfte sein, in einem Tagebuch nur den Namen, Vornamen, Adresse der Person deren Unterschrift beglaubigt wurde, Datum, Name der Urkundsperson, sowie Gebührenzahlung zu registrieren.

15 Die **Geschäftsfähigkeit** des Betroffenen ist bei der Vorsorgevollmacht nicht zu überprüfen (vgl § 40 Abs 2 BeurkG); ist die Geschäftsunfähigkeit offensichtlich kann die Beglaubigung abgelehnt werden.

16 Streitig war früher, ob eine **öffentliche Beglaubigung** vorlag, ob also die Vollmacht auch grundbuchtauglich (§ 29 GBO) war. Um diesen Streit auszuräumen, wurde 2009 in Abs 2 Satz 1 das Wort „öffentlich" eingefügt. Die von der Behörde unterschriftsbeglaubigte Vollmacht genügt also zum Nachweis der Vertretungsmacht gegenüber dem Grundbuchamt, dem Handelsregister und in sonstigen Fällen (zB § 29 GBO; § 1945 Abs 3 BGB; § 12 HGB).

17 Die Gebühr beträgt 10 Euro (unabhängig vom Vermögen des Betroffenen) und kann im Einzelfall erlassen werden (Abs 5). Landesrecht kann andere Regelungen treffen (Abs 6).

18 Die Behörde kann die beglaubigte Vollmacht bzw Patientenverfügung zur Registrierung an das **Zentrale Vorsorgeregister** der Bundesnotarkammer in Berlin senden, schriftlich oder online. Sie muss beim Antrag darauf achten, dass die Gebühr der Notarkammer vom Vollmachtgeber direkt erhoben wird.

§ 7 BtBG [Mitteilungen]

(1) Die Behörde kann dem Betreuungsgericht Umstände mitteilen, die die Bestellung eines Betreuers oder eine andere Maßnahme in Betreuungssachen erforderlich machen, soweit dies unter Beachtung berechtigter Interessen des Betroffenen nach den Erkenntnissen der Behörde erforderlich ist, um eine erhebliche Gefahr für das Wohl des Betroffenen abzuwenden.

(2) Der Inhalt der Mitteilung, die Art und Weise ihrer Übermittlung und der Empfänger sind aktenkundig zu machen.

---

6 Wie beim Notar, vgl *Winkler*, BeurkG § 40 Rz 87; § 18 DONot (ein „Vermerkblatt" sei zurückzuhalten).

Schrifttum: *Klie*, (Datenschutz in der Behörde) BtPrax 1998, 3; *Schimke*, (Datenschutz) BtPrax 1993, 74; *Pardey*, (Datenschutz) Rpfleger 1990, 997.

1. Absatz 1. Die Vorschrift bezweckt den Schutz personenbezogener Daten; sie 1
regelt den Informationsfluss Behörde – Gericht. Den umgekehrten Fall regeln §§ 288, 308 FamFG.

a) Nur solche Umstände *können* mitgeteilt werden (Ermessen), die die Bestellung 2
eines Betreuers oder eine andere Maßnahme in Betreuungssachen (zB Beschränkung, Aufhebung der Betreuung; Einwilligungsvorbehalt; Wohnungsauflösung; Heilbehandlung; Unterbringung des Betreuten) erfordern, nicht andere Tatsachen. Auch Mängel in der Betreuung und damit die Notwendigkeit, einen anderen Betreuer zu bestellen, können mitteilungsbedürftig sein, sobald eine Abhilfe ohne Einschaltung des Gerichts keinen Erfolg mehr verspricht.

Verhältnis des § 7 zu § 8: § 7 BtBG hat nur datenschutzrechtliche Bedeutung. 3
Wird die Behörde nach § 8 BtBG um Sachverhaltsermittlung ersucht, dann darf sie die *hierbei* gewonnenen Erkenntnisse nicht nach § 7 BtBG verschweigen. Problematisch ist, was mit dem schon vorhandenen Wissen der Behörde zu geschehen hat. Äußert sich die Behörde lediglich gem § 279 Abs 2 FamFG, ist sie nicht Beteiligte (§ 7 Abs 6 FamFG); daher steht es im Ermessen der Behörde, welche Stellungnahme sie abgibt.

b) Die Anzeige muss erforderlich sein, um eine *erhebliche* Gefahr für das Wohl 4
des Betroffenen abzuwenden; Interessen nur Dritter genügen nicht[1].

c) Dabei hat das Gericht *berechtigte* Interessen des Betroffenen (an der Nicht- 5
weitergabe der Information) zu beachten; es hat also eine Verhältnismäßigkeitsprüfung stattzufinden.

d) Es besteht ein Anzeigerecht, keine Pflicht. Die Gesetzesbegründung meint, „es 6
kann nämlich durchaus Fälle geben, in denen übergeordnete Gründe dafür sprechen, von einer Mitteilung abzusehen“. Insbesondere könnte das Vertrauensverhältnis des Betroffenen zur Behörde oder zu anderen Personen an einer Mitteilungspflicht leiden[2].

Insgesamt verdient die Regelung keine Zustimmung. Nach § 1896 BGB sind die 7
Bestellung eines Betreuers und die sonstigen Betreuungsmaßnahmen *Aufgabe des Gerichts*; eine Mitwirkung von Behörden im Sinne gefilterter Informationen ist dort nicht vorgesehen und bringt ein im BGB nicht vorgesehenes Opportunitätsprinzip in das Verfahren. Die Behörde wird einem Anzeigeerstatter mitteilen müssen, dass sie seine Mitteilung nicht dem Gericht weiterleitet. Dem Außenstehenden (Nachbarn, Verwandten, Arzt, Sozialdienst) ist zu raten, unmittelbar das Gericht zu verständigen.

2. Absatz 2. Die Vorschrift soll den Informationsfluss Behörde – Gericht nach- 8
vollziehbar machen, also für den Dienstvorgesetzten und sonstige Zwecke kontrollierbar; sie entspricht § 308 Abs 4 FamFG. Es genügt ein Aktenvermerk: „Abschrift von Bl 5/6 am ... an das Betreuungsgericht Adorf“.

3. Der frühere Abs 3 wurde durch das JustizmitteilungsG v 18.6.1997 (BGBl I 9
S. 1430) aufgehoben.

1 BT-Drucks 11/4528 S. 199.
2 BT-Drucks 11/4528 S. 199.

§ 8 BtBG [Unterstützung des Gerichts]

[1]Die Behörde unterstützt das Betreuungsgericht. [2]Dies gilt insbesondere für die Feststellung des Sachverhalts, den das Gericht für aufklärungsbedürftig hält, und für die Gewinnung geeigneter Betreuer. [3]Wenn die Behörde vom Betreuungsgericht dazu aufgefordert wird, schlägt sie eine Person vor, die sich im Einzelfall zum Betreuer oder Verfahrenspfleger eignet. [4]Die Behörde teilt dem Betreuungsgericht den Umfang der berufsmäßig geführten Betreuungen mit.

Schrifttum: *Bienwald* (zu § 8 Satz 1 BtBG) BtPrax 1997, 226.

1 **1. Satz 1** scheint einen Zustand zu beschreiben. Gemeint ist: Satz 1 legt eine **allgemeine Unterstützungspflicht** der Behörde fest. Konkrete Pflichten sind zwar nicht angesprochen (dazu vgl § 6 BtBG). Andererseits schreibt Satz 2: „insbesondere"; daraus folgt, dass das Betreuungsgericht Unterstützung im Gesamtfeld des ihm zugewiesenen Betreuungswesens erbitten darf, nicht nur in den in Satz 2 und Satz 3 genannten Fallgruppen. Deshalb ist es zulässig (aber nicht sinnvoll), wenn die Behörde um Überprüfung von Vergütungsanträgen gebeten wird[1]. Eine Abhängigkeit vom Betreuungsgericht wollte der Gesetzgeber aber nicht begründen[2], auch keine Weisungsgebundenheit. Hält das Betreuungsgericht einen Vorgang für ermittlungsbedürftig und bittet es die Behörde um Tätigwerden, darf die Behörde dies allerdings nicht mit der Begründung ablehnen, es bestehe keine Aufklärungsbedürftigkeit[3].

2 **2. Satz 2.** Das Gericht kann die Behörde im Rahmen der Beweiserhebung (§ 26 FamFG) um **Sachverhaltsaufklärung** und Ermittlungen ersuchen, zB um einen sog Sozialbericht über den Betroffenen. *Wie* die Behörde das Ersuchen erledigt, bestimmt sie eigenverantwortlich[4]; im Gesetz ist nur unscharf von einer *Unterstützung* die Rede, aber nicht, worin sie zu bestehen hat. Deshalb kann das Betreuungsgericht zB die Behörde nicht anweisen, Zeugen zu vernehmen oder einen Augenschein durchzuführen.

3 Die Behörde hat **keine Zwangsmittel** bei der Ermittlung, kann Zeugen nicht zur Aussage zwingen. Die Rechtsnatur des Unterstützungsprodukts der Behörde (zB Berichte der Sozialarbeiter) ist nicht eindeutig: Zeugenbeweis liegt nicht vor, weil weder der Richter noch der Rechtspfleger des Betreuungsgerichts die Zeugen vernommen haben (auch war das rechtliche Gehör der Beteiligten des Betreuungsverfahrens nicht gewahrt; sie konnten keine Fragen stellen, sich kein Bild von den Zeugen machen). Auch Urkunden im Sinne des Verfahrensrechts werden nicht erstellt. Ein Gutachten liegt nicht vor[5]. Es handelt sich lediglich um einen Freibeweis. Das Gericht ist aber nicht auf die Behörde angewiesen; es kann den Sachverhalt selbst aufklären, zB indem es Zeugen vorlädt. Unter den Gesichtspunkten des Strengbeweises, der Wahrung des rechtlichen Gehörs und der erleichterten Überzeugungsbildung für das Gericht, ist die eigene Aufklärungstätigkeit vorzuziehen. Der Schlusssatz ist missverständlich: Werbetätigkeit ist keine Aufgabe des Betreuungsgerichts, weshalb es bei der Gewinnung geeigneter Betreuer nicht unterstützt werden kann; worum es geht, zeigt Satz 3.

4 **3. Satz 3.** Das Gericht hat eine eigene Ermittlungspflicht; ist die Suche nach einem Betreuer aber ohne Erfolg, hat die Behörde eine Gestellungspflicht. Vorzuschlagen sind natürliche Personen, also Einzelbetreuer, Vereinsbetreuer,

1 AA *Bienwald* BtPrax 1997, 226.
2 BT-Drucks 11/4528 S. 200.
3 LG Hamburg FamRZ 1997, 119.
4 LG Hamburg FamRZ 1997, 119.
5 HK-BUR-*Klie* § 8 BtBG Rz 6.

Behördenbetreuer[6]; nicht aber Betreuungsvereine als solche. Notfalls muss die Behörde selbst als Betreuerin einspringen (§ 1900 Abs 4 BGB). Niemand hat einen Anspruch darauf, von der Behörde dem Betreuungsgericht als Betreuer vorgeschlagen zu werden[7]. Ein Betreuungsbewerber hat keinen Anspruch darauf, dass die Behörde das ihr nach § 303 Abs 1 FamFG zustehende Beschwerderecht zu seinen Gunsten ausübt[8]. Die Behörde ist nicht berechtigt, ein Zulassungsverfahren für Berufsbetreuer („Bochumer Modell") einzuführen, das zugleich das Auswahlermessen des Betreuungsgerichts dahin binden könnte, nur die so zugelassenen Bewerber als Berufsbetreuer zu berücksichtigen[9].

4. Satz 4. Die Behörde teilt bei einem Berufsbetreuer dem Betreuungsgericht mit, wie viel Betreuungen er im Augenblick führt, damit das Gericht, falls angebracht, eine gleichmäßige Auslastung aller Berufsbetreuer vornehmen kann. Ihr Wissen schöpft die Behörde aus den Mitteilungen der Berufsbetreuer nach § 10 VBVG. Etwa 40 Betreuungen sind ein Durchschnittswert. 5

5. Behörde als Beteiligte. Seit 1.9.2009 *kann* sich die Behörde an bestimmten Teilen des Betreuungsverfahrens beteiligen (§§ 274 Abs 3, 315 Abs 3 FamFG), was ihr eine starke Rechtsstellung verleiht. Sie kann sich aber auch auf Stellungnahmen beschränken (§ 7 Abs 6 FamFG) und keine Beteiligtenstellung einnehmen. 6

§ 9 BtBG [Sonstige Aufgaben der Behörde]

[1]Die Aufgaben, die der Behörde nach anderen Vorschriften obliegen, bleiben unberührt. [2]Zuständige Behörde im Sinne dieser Vorschriften ist die örtliche Behörde.

Satz 1. Die Betreuungsbehörde hat nicht nur die im BtBG genannten Aufgaben, sondern auch die Aufgaben nach sonstigen Gesetzen (Überblick bei § 6 BtBG). **Satz 2.** Zuständig ist jeweils die örtliche Behörde, nicht die Mittel- oder Oberbehörde. 1

6 AA *Schwab* FamRZ 1990, 684.
7 OVG Lüneburg NdsRpfl 2001, 67; VG Frankfurt BtPrax 1997, 83.
8 OVG Lüneburg NdsRpfl 2001, 67.
9 OLG Hamm NJW 2006, 3436.

Teil VIII Landesrecht

Schrifttum: Das Landesrecht ist (außer in den Gesetz- und Verordnungsblättern) abgedruckt bei *Knittel* Band II.

1. Baden-Württemberg. – a) BtG-Ausführungsgesetz: G v 19.11.1991[1]. Örtliche Betreuungsbehörden sind die Stadt- und Landkreise (weisungsfreie Pflichtaufgaben); überörtliche Betreuungsbehörden sind die Landeswohlfahrtsverbände. 1

b) Unterbringung: Gesetz über die Unterbringung psychisch Kranker v 11.4.1983/2.12.1991[2]. 2

2. Bayern. – a) BtG-Ausführungsgesetz: G v 19.11.1991[3]. Zuständig für die Wahrnehmung der behördlichen Aufgaben der Betreuungsbehörde sind die Landkreise und kreisfreien Städte (Angelegenheiten des eigenen Wirkungskreises). Die Regierungen sind auf überörtlicher Ebene zuständig für die Betreuungsvereine. 3

b) Unterbringung: Gesetz über die Unterbringung psychisch Kranker und deren Betreuung v 20.4.1982/5.4.1992[4]. 4

3. Berlin. – a) BtG-Ausführungsgesetz: G v 17.3.1994[5]. Örtliche Betreuungsbehörden sind die Bezirksämter. Überörtliche Betreuungsbehörde ist die Senatsverwaltung für das Sozialwesen. 5

b) Unterbringung: Gesetz über psychisch Kranke v 8.3.1985/17.3.1994[6]. 6

4. Brandenburg. – a) BtG-Ausführungsgesetz: G v 14.7.1992[7]. Örtliche Betreuungsbehörden sind die Landkreise und kreisfreien Städte (weisungsfreie Pflichtaufgabe der Selbstverwaltung); auf überörtlicher Ebene ist das Landesamt für Soziales und Versorgung zuständig. 7

b) Unterbringung: Gesetz über Hilfen und Schutzmaßnahmen (PsychKG) v 8.2.1996[8]. 8

5. Bremen. – a) BtG-Ausführungsgesetz: G v 18.2.1992[9]. Auf örtlicher Ebene ist Betreuungsbehörde in der Stadtgemeinde Bremen das Amt für Soziale Dienste, in der Stadtgemeinde Bremerhaven der Magistrat. Auf überörtlicher Ebene ist der Senator für Jugend und Soziales zuständig. 9

b) Unterbringung: Gesetz über Hilfen und Schutzmaßnahmen bei psychischen Krankheiten v 9.4.1979/18.2.1992[10]. 10

---

1 GBl 1991, 681.
2 GBl 1983, 133; 1991, 794.
3 GVBl 1991, 496.
4 GVBl 1992, 61.
5 GVBl 1994, 86.
6 GVBl 1985, 586; 1994, 86.
7 GVBl 1992, 294.
8 GVBl 1996, 25.
9 GBl 1992, 31.
10 GBl 1979, 123; 1992, 31.

11 6. **Hamburg.** – a) **BtG-Ausführungsgesetz:** G v 1.7.1993[11]. Zuständig ist die Behörde für Arbeit, Gesundheit und Soziales.

12 b) **Unterbringung:** Hamburgisches Gesetz über Hilfen und Schutzmaßnahmen bei psychischen Krankheiten v 27.9.1995[12].

13 7. **Hessen.** – a) **BtG-Ausführungsgesetz:** G v 5.2.1992[13]. Als Betreuungsbehörden sind auf örtlicher Ebene zuständig die Magistrate der kreisfreien Städte sowie die Kreisausschüsse der Landkreise.

14 b) **Unterbringung:** Hessisches Gesetz über die Entziehung der Freiheit geisteskranker, geistesschwacher, rauschgift- oder alkoholsüchtiger Personen v 19.5.1952/5.2.1992[14].

15 8. **Mecklenburg-Vorpommern.** – a) **BtG-Ausführungsgesetz:** G v 30.12.1991[15]. Örtliche Betreuungsbehörden sind die Landräte und die Oberbürgermeister der kreisfreien Städte (Aufgaben des eigenen Wirkungskreises).

16 b) **Unterbringung:** Gesetz über Hilfen und Schutzmaßnahmen für psychisch Kranke v 1.6.1993[16].

17 9. **Niedersachsen.** – a) **BtG-Ausführungsgesetz:** G v 17.12.1991[17]. Örtliche Betreuungsbehörden sind die Landkreise und kreisfreien Städte.

18 b) **Unterbringung:** PsychKG v 16.6.1997[18].

19 10. **Nordrhein-Westfalen.** – a) **BtG-Ausführungsgesetz:** G v 3.4.1992[19]. Örtliche Betreuungsbehörden sind die kreisfreien und die großen kreisangehörigen Städte, für die übrigen kreisangehörigen Gemeinden die Kreise. Überörtlich: Landschaftsverbände.

20 b) **Unterbringung:** PsychKG v 17.12.1999[20].

12 11. **Rheinland-Pfalz.** – a) **BtG-Ausführungsgesetz:** G v 20.12.1991[21]. Örtliche zuständige Betreuungsbehörde ist die Kreisverwaltung, in kreisfreien Städten die Stadtverwaltung (Pflichtaufgaben der Selbstverwaltung). Überörtlich: Landesamt für Jugend und Soziales.

13 b) **Unterbringung:** PsychKG v 17.11.1995[22].

14 12. **Saarland.** – a) **BtG-Ausführungsgesetz:** G v 15.7.1992[23]. Betreuungsbehörden sind die Landkreise, der Stadtverband Saarbrücken und die kreisfreien Städte (Aufgabe der Selbstverwaltung). Überörtlich: Ministerium für Frauen, Arbeit, Gesundheit und Soziales.

---

11 GVBl 1993, 149.
12 GVBl 1995, 235.
13 GVBl 1992, 66.
14 GVBl 1952, 111; 1992, 66.
15 GVBl 1992, 2.
16 GVBl 1993, 528.
17 GVBl 1991, 366.
18 GVBl 1997, 272.
19 GBl 1992, 124.
20 GVBl 1999, 662.
21 GVBl 1991, 407.
22 GVBl 1995, 473.
23 ABl 1992, 838.

b) Unterbringung: UnterbrG v 11.11.1992[24]. 15

13. Sachsen. – a) BtG-Ausführungsgesetz: G v 10.11.1992[25]. Örtliche Betreuungsbehörden sind die Landkreise und kreisfreien Städte (weisungsfreie Pflichtaufgaben), überörtliche Behörde ist der Landeswohlfahrtsverband. 16

b) Unterbringung: Gesetz über die Hilfen und die Unterbringung bei psychischen Krankheiten v 16.6.1994[26]. 17

14. Sachsen-Anhalt. – a) BtG-Ausführungsgesetz: G v 17.6.1992[27]. Örtliche Betreuungsbehörden sind die Landkreise und kreisfreien Städte (Aufgabe des eigenen Wirkungskreises); überörtlich ist das Ministerium für Arbeit und Soziales zuständig. 18

b) Unterbringung: Gesetz über Hilfen für psychisch Kranke und Schutzmaßnahmen v 30.1.1992[28]. 19

15. Schleswig-Holstein. – a) BtG-Ausführungsgesetz: G v 17.12.1991[29]. Örtliche Betreuungsbehörden sind die Kreise und kreisfreien Städte (Aufgabe in eigener Verantwortung). 20

b) Unterbringung: PsychKG v 26.3.1979/17.12.1991[30]. 21

16. Thüringen. – a) BtG-Ausführungsgesetz: G v 19.7.1994[31]. Zuständige Betreuungsbehörden sind die Kreise und kreisfreien Städte (Aufgabe des eigenen Wirkungskreises). Überörtlich: Landesamt für Soziales und Familie. 22

b) Unterbringung: Gesetz zur Hilfe und Unterbringung psychisch Kranker v 2.2.1994/5.2.2009[32]. 23

24 ABl 1992, 1021.
25 GVBl 1992, 539
26 GVBl 1994, 1097.
27 GVBl 1992, 478.
28 GVBl 1992, 88.
29 GVBl 1991, 693.
30 GVBl 1979, 251; 1991, 693.
31 GVBl 1994, 905.
32 GVBl 1994, 81; 2009, 10.

Stichwortverzeichnis

(Die Zahlen hinter dem Komma bezeichnen die jeweilige Randziffer des zuvor genannten Paragraphen.)

D

E

H

I